COLLINS
METRO
ENGLISH
LEARNER'S
DICTIONARY

İngilizce - Türkçe

Hazırlayan
Önder RENKLİYILDIRIM

Collins
London and Glasgow

Metro
İstanbul

Milliyet

English - Turkish Edition

© William Collins Sons & Co. Ltd.
and
Metro Kitap Yayın Pazarlama A.Ş.
1989
89.34.Y.0028.I.M - 027

English-only edition first
published 1974

English-only edition prepared by
David J. Carver,
Michael J. Wallace
and
John Cameron

Computer Typeset by Eldim Dizgi; Damla Dizgi;
Metro A.Ş.
Keyed by Ali Tavlı; Nesrin Birinci
Printed by Çetin Ofset
Bound by Websan (Ünver İbili)
Designed by Mustafa Delioğlu, Tuncay Borteçin

İÇİNDEKİLER

Ne gibi bilgiler elde edeceksiniz?   viii
İstediğiniz bilgileri nasıl bulacaksınız?   viii
1. Giriş sözcük sırası   viii
2. Sesletim/telâffuz   ix
3. Dilbilgisi bakımından verilen bilgiler   xi
4. Yazım (imlâ)   xiii
5. Sözcüklerin yerinde kullanılması   xiv
6. 'Bakınız' notları   xv
7. Kısaltılmış sözcüklerde noktalama   xv
Amerikan ve İngiliz İngilizcesindeki farklılıklar   xv
Sözlükte kullanılan kısaltmalar   xviii

SÖZLÜK

Kurala uymayan fiiller tablosu   879
Noktalama imleri ve diğer simgeler   884
Noktalama ve büyük harflerin kullanımı   885
İsimleri çoğul yapma   887
Mektup yazma ve mektup başlıkları   888
Alfabeler tablosu   891
Metrik birimlerin isimleri ve simgeleri   892
Metrik/İngiliz sistemi eş değerleri gösterge tablosu   894
Isı eş değerleri gösterge tablosu   895
Matematik simgeleri   896
Kimya simgeleri   897
Coğrafi isimler   899
Kısaltmalar tablosu   902

EDİTÖRDEN ÖNSÖZ

Bu sözlüğü hazırlamaktaki ilk düşüncemiz sizlere yararlı bir sözlük kazandırmaktı. Fakat piyasada o kadar çok sözlük vardı ki, bizim sözlüğümüzün onlardan ne farkı olacaktı? Biz mutlaka çok daha iyi ve çok daha farklı bir şey yapmak istiyorduk. Bunun için uzun bir araştırma devresi geçirdik. Kesinlikle yepyeni bir sözlük arıyorduk. Bu sözlük İngilizceye yeni girmiş sözcükleri kapsamalı, en çok kullanılan, geçerli anlamları, bunlarla ilgili deyimleri vermeli ve özellikle de sözcüklerin kullanımını canlı örneklerle yansıtmalıydı. Sonunda aradığımızı bulduk. Bu Collins yayıncılık şirketinin 'English Learner's Dictionary' adlı sözlüğüydü. Kolları sıvayarak işe giriştik.

Düşüncemiz boyutları büyük olmayan, fakat içeriği büyük bir sözlüktü. Sözlüğün kolay taşınır olmasını, kolay ve çabuk anlaşılır olmasını istiyorduk. Sözlük tamamlandığı zaman kıvançla gördük ki, yalnız öğrencilere yararlı olacağını düşündüğümüz eser, aynı ölçüde öğretmenler, dış ülkelere gidip gelen, yazışma yapan iş adamları, kısaca İngilizce bilen ve öğrenen herkese yararlı olacaktı.

Hazırlanışı dört yıla yakın süren bu sözlüğün tüm kullananlara yararlı olmasını diler, hazırlanmasında yardımlarını esirgemeyen, yapıcı eleştirileriyle eserin daha mükemmel hale gelmesini sağlayan herkese en içten şekilde teşekkür ederim. Ayrıca bu uzun zaman zarfında çalışmalarımda bana tahammül gösterebilen eşim Hüsran Renkliyıldırım'a ve arkadaşım, iş ortağım Necip İnselel'e teşekkür ederim.

Önder Renkliyıldırım

EDITORIAL STAFF
(Original Collins Edition)

Publishing Manager   William F. McLeod
Editor   Iseabail C. Macleod
Assistant Editor   Peter Terrell
Editorial Assistant   Carol Purdon
Designer   Alyson Blackadder

(Collins-Metro Bilingualized Edition)

English-Turkish Edition prepared by
Önder Renkliyıldırım
With the editorial assistance of
Maureen Günkut, Rod Wheeler, Güngör Oktay and
John S. Dyson
Clerical Assistant
Nesrin Birinci

ÖNSÖZ

Milliyet, okurlarına 1991 yılının en yeni ve eşi bulunmaz bir eserini daha sunuyor.

MİLLİYET'in yeni sözlüğü, COLLİNS - Metro İngilizce - Türkçe - "English Learner's Dictionary" pek çok özelliği bir arada taşıyor.

Milliyet, içeriği boyutlarını kat kat aşan bu nefis sözlüğü, okurlarının bugüne kadar elde ettiği diğer sözlükleri de tamamlayıcı özelliklere sahip olduğu için seçti.

İngilizce'ye, dile, bugünkü hayata henüz giren pek çok yeni kelimeyi bu sözlükte bulabileceksiniz (Örnek: AIDS).

Sözlük başlangıçta, **"Öğrenciye en iyi şekilde öğretme"** ilkesi ile yola çıkmış, sonunda öğretmene, iş adamına, esnafa, İngilizce'yi bilene, orta bilene, iyi bilene de yeni şeyler verebilecek bir kaliteye ulaşmıştır.

• Milliyet'in bu sözlüğünde İngilizce'de en çok kullanılan kelimelere yer verilmiştir.

• Milliyet'in bu sözlüğünde kelimelerin anlamları ile birlikte nasıl kullanılacakları da çok net, çok açık ve canlı örneklerle anlatılmıştır.

• Milliyet'in bu sözlüğü çok kullanışlıdır. Kolay taşınır, kolay anlaşılır.

Milliyet böylesine kıymetli bir sözlükle okurlarının karşısına çıkmaktan gururludur.

Milliyet

KULLANIM KILAVUZU

Bu sözlüğün amacı, Türk öğrencisine, İngilizcede en yaygın biçimde kullanılan 20.000 sözcük, deyim ve deyişlerin öğrenilmesinde yardımcı olmaktır.

Sözlüğün temelini 'Collins Gem Learner's Dictionary' oluşturmaktadır ve bu sözlüğün içeriğindeki tüm sözcük, deyim ve deyişleri kapsamaktadır. Ayrıca anlaşılmasında güçlük çekileceği düşünülen ya da birden fazla anlam taşıyabilen sözcüklere, daha ayrıntılı Türkçe anlatım ve tanımlar getirilmiştir. Bu gibi durumlarda bu tanımlara yeni örnek cümleler eklenmiştir.

Dilbilgisi açısından önem taşıyan bazı sözcükler (örn. _who/whom_) için açıklamalara ve örneklemelere ayrıntılı bir biçimde yer verilerek, elden geldiğince fazla bilgi verilmiştir. Öte yandan _gerund_ ve _mood_ gibi dilbilgisi terimleri sözlüğün alfabetik dizini içinde ayrı ayrı tanımlanmıştır.

Ayrıca sözlüğe, dile yeni girmiş ve güncellik kazanmış sözcükler (örn. _AIDS_) ve kültürel bakımdan Türk öğrenciler için gerekli olan sözcükler (örn. _Koran_) eklenmiştir.

Sözlüğe, David J. Carver, Michael J. Wallace ve John Cameron'un birlikte hazırladıkları büyük Collins English Learner's Dictionary'den şu alıntılar yapılarak eklenmiştir: _Ne gibi bilgiler elde edeceksiniz?, İstediğiniz bilgileri nasıl bulacaksınız?, Amerikan ve İngiliz İngilizcesindeki farklılıklar, Kurala uymayan fiiller, Ağırlık ve ölçüm birimleri, Coğrafi isimler, Kişi isimleri, Kısaltmalar, Matematik simgeleri, Noktalama imleri ve büyük harflerin kullanımı, İsimleri çoğul yapma._

Ne gibi bilgiler elde edeceksiniz?

1   günümüzde kullanılan yaklaşık 20.000 sözcüğün anlamını.

2   bu sözcüklere bağlı olan, ve deyimlerin de bulunduğu, binlerce sözcük ve deyişleri. Bu sözcük ve deyişlerin anlamlarının pek açığa kavuşmadığı durumlarda daha ayrıntılı tanımlamaları ve örneklemeleri.

3   sözcüklerin ve deyişlerin nasıl kullanıldığını gösteren örnek cümleleri.

4   giriş sözcüklerinin sesletim durumlarını ve giriş sözcüğünden türemiş diğer sözcüklerin de gerekiyorsa sesletimlerini.

5   dilbilgisi bakımından sözcük çeşitlerini, (yani isim, sıfat, zamir, vb.).

6   İngiliz İngilizcesiyle belirgin bir ayrılık gösteren Amerikan sözcük yazım ve anlamlarını.

7   sözcüklerin farklı özelliklerini ve kullanım durumlarını açıklayan ve dilbilgisi tanımlamalarının yapıldığı 'NOT' kısmını.

8   sözcüğün kullanım yerinin resmî İngilizcede mi, yoksa konuşma dilinde mi ya da eskimiş bir sözcük mü olduğunu.

9   sözcüklerin karşıt ve eş anlamlarını. Ayrıca karşıt anlamlısının hangi önek ile yapıldığını, örn., un*faithful,* in*experienced* gibi.

10   sözcüklerin çoğul biçimlerinin nasıl yapıldığını.

11   sözcüklerin geçmiş zaman biçimlerinin ve geçmiş zaman ortaçlarının nasıl yapılacağını. (Ayrıca sözlüğün sonundaki fiiller tablosuna da bakılması tavsiye edilir.)

12   İngiliz İngilizcesi ve Amerikan İngilizcesi arasındaki genel farklılıkları. (Bunun için 'içindekiler' kısmına bakınız.)

İstediğiniz bilgileri nasıl bulacaksınız?

1. Giriş sözcük sırası

Giriş sözcükleri alfabetik bir sıra takip etmekte olup siyah karakterde gösterilmiştir. Giriş sözcüğünü, onun sesletimi, dilbilgisi bakımından çeşidi ve bir ya da varsa birden fazla açıklaması takip etmektedir. Bunları, daha ufak ama siyah karakterdeki, ilgili sözcükler ve varsa deyişler izlemektedir.

(a) giriş sözcüğü ile ilgili dilbilgisi yapıları, örn. çoğul, geçmiş zaman biçimi ve ortacı şöyle gösterilmektedir:

come ... geç. zam. biç. came. geç. zam. ort. come.

(b) giriş sözcüğünden türemiş diğer sözcükler şöyle gösterilmektedir:

specify ... specific *s* ... specifically *z* ... specification *i + sy/-sy.*

(c) giriş sözcüğü ile başlayan bileşik sözcükler şu sırayı takip etmektedir:

hair ...	horse ...	mail ...	life ...
hairbrush	horseback	mailbox	lifebelt
haircut	horse chestnut	mailman	lifeboat
hairdresser	horseman	mail-order	lifelike

Sıralama, bileşik sözcüğün, ikinci sözcüğüne göre yapılmıştır (örn. *hairbrush*'daki 'b', *haircut*'daki 'c' ve *hairdresser*'daki 'd').

(d) giriş sözcüğü ile biten bileşik sözcükler şöyle gösterilmiştir:

card ...	ticket ...
greetings card	complimentary ticket
playing card	return ticket
postcard	season ticket

Sıralama, bileşik sözcüğün ilk sözcüğüne göre yapılmıştır (örn. *greetings, playing, post*).

(e) zarflı/edatlı-fiiller şöyle gösterilmiştir: (tanımı için xi sayfaya bakınız).

get ...
get about
get back
get down

Bu tür deyimsel fiillerde sıralama, bileşimi oluşturan ikinci sözcüğe göre yapılmıştır (*about, back, down*).

(f) deyimler şöyle gösterilmiştir:

issue ...
at issue
face the issue
join/take issue with somebody

Sıralama, önemli olan ilk sözcüğe göre, elden geldiğince özen gösterilerek yapılmıştır.

2. Sesletim/telâffuz

(İngiliz İngilizcesindeki sesletim şekli ile Amerikan İngilizcesindeki sesletim şekli arasındaki farklar için xvi sayfaya bakınız.)

İngilizce, çok farklı biçimlerde sesletilir ve çoğu, belkide tamamına yakın bir kısmı herkesce normal olarak kabul edilir. Örneğin ufak bir yer olan Britanya Adalarında bile, düşünün ki, bir normal İngiliz sesletimi, İrlanda sesletimi, İskoç sesletimi ve Galler sesletimi vardır, ayrıca bunların da kendi aralarında belirgin bir nitelikte farklı farklı sesletim biçimleri olduğunu düşünmek zorundayız. Şimdi durum bu ilginçliğini korurken, bu dili öğrenen bir öğrenci ne yapacaktır? Bunun cevabı, öğrencinin (i) İngilizcenin konuşulduğu her yerde herkesce kabul edilen ve (ii) güvenilir bir kaynağın tanımladığı, veya yol gösterdiği sesletim biçimini seçip öğrenmesi gerekir. Bu da *Received Pronunciation (RP)* denilen ve herkesce kabul edilen sesletim çeşididir (Türkçenin İstanbul sesletimi gibi). Sözlüğümüzde işte bu tür bir sesletim biçimine yer verilmiştir.

Sesletim, *International Phonetic Alphabet (IPA)* 'Uluslararası Fonetik Alfabesi ' sisteminin özü bozulmadan biraz değiştirilerek gösterilmiştir. Bu sistem üniversitelerde, okullarda ve İngilizce ders kitaplarında, vb. seçilen ve uygulanan yöntemdir.

Sesletim Anahtarı
Ünlüler

simgesi	örnek	simgesi	örnek
[æ]	bat [bæt]	[ɔ:]	board [bɔ:d]

simgesi	örnek	simgesi	örnek
[a:]	farm [fa:m]	[u]	full [ful]
[e]	set [set]	[u:]	root [ru:t]
[ə]	above [ə'bʌv]	[ʌ]	come [kʌm]
[ɔ:]	fern [fɔ:n]		
[i]	pity ['piti]		
[i:]	green [gri:n]		
[ɔ]	rot [rɔt]		

Çift ünlüler

simgesi	örnek	simgesi	örnek
[ai]	lie [lai]	[eə]	fair [feə*]
[au]	how [hau]	[iə]	here [hiə*]
[ei]	fate [feit]	[ɔi]	toy [tɔi]
[ou]	ago [ə'gou]	[uə]	pure [pjuə*]

Ünsüzler

simgesi	örnek	simgesi	örnek
[b]	bet [bet]	[r]	rate [reit]
[d]	dime [daim]	[s]	sit [sit]
[f]	face [feis]	[t]	tell [tel]
[g]	go [gou]	[v]	vine [vain]
[h]	hit [hit]	[w]	wine [wain]
[j]	you [ju:]	[z]	zero ['ziərou]
[k]	catch [kætʃ]	[ʒ]	leisure ['leʒə*]
[l]	lick [lik]	[ʃ]	shame [ʃeim]
[m]	roam [roum]	[θ]	thin [θin]
[m̩]	nut [nʌt]	[ð]	this [ðis]
[ŋ]	bank [bæŋk]	[x]	loch [lɔx]
[p]	pepper ['pepə*]	[tʃ]	church [tʃə:tʃ]
		[dʒ]	judge [dʒʌdʒ]

Gözönünde tutulması gereken noktalar:

(i) asıl vurgu, vurgusu yapılacak hecenin önünde (') işareti ile gösterilmiştir. Örneğin, *insect* sözcüğü; ['insekt] şeklinde verilmiştir, çünkü vurgu ilk hece üzerindedir, ama *insist* sözcüğü, [in'sist] şeklinde verilmiştir, çünkü vurgu ikinci hece üzerindedir.

(ii) sesletim grubunda sonda yer alan (*) işaretinin anlamı şudur: eğer kendinden sonra gelen harf ünlü bir harf ise r sesletilecek demektir, yoksa sesletilmiyecek demektir. Örneğin *better*; eğer *better*'dan sonra ünlü bir harf yoksa [betə] diye sesletilecek demektir. Varsa [betər ai'diə] olarak sesletilecektir.

(iii) türetilmiş sözcüklerde sesletim değişikliği olmuşsa bu değişiklik gösterilmiştir. Örneğin,

acid ['æsid] *s* ... acidity [ə'siditi] *i-sy.*

(iv) sesletim için örnek alınan asıl kaynak eser, *Daniel Jones*'un *English Pronouncing Dictionary,* 13. baskısının A. C. Gimson (Dent, London 1967) tarafından gözden geçirilmiş nüshasıdır. Fakat, burada da bir değişiklik yaptık: örn. 12. baskısında çift ünlülerden, örn. [əu], *go*'daki [gəu], sesletim şeklini [ou] olarak, yani [gou] olarak değiştirdik. [ɔu] şeklinin daha tercih edilir olduğu kanaatindeyiz.

3. Dilbilgisi bakımından verilen bilgiler

Sadece bir sözcüğün ne anlama geldiğini öğrenmek yetmez. Onun kadar önemli olan bir şey de bunun nasıl kullanılacağını bilmektir. Biz bunu mümkün olduğunca basite indirgeyerek vermeye çalıştık. Örneğin **testify** sözcüğü:

> 1 doğrulamak, teyit etmek, kanıtlamak. *Her tears testified her grief.*
> 2 tanıklık etmek, şahitlik yapmak. *I can testify to his honesty. He will not testify against his own brother.*

Bu örnekte, *testify* sözcüğünün anlamını öğrenmek isteyen okuyucu, sözcüğü iki madde halinde ve cümle içindeki kullanımının da üç ayrı cümle halinde verildiğini görmektedir. 1 maddedeki örnek cümlede *testify* herhangi bir edat almadan kullanılmakta, ama 2 maddede ise hem *to* hem de *against* ile kullanıldığı dikkati çekmektedir.

İkinci olarak, dilbilgisi bakımından sözcüğün ne çeşit bir yapıda olduğu da gösterilmiştir. Bu gösterilme iki temel bölümde ele alınarak belirtilmiştir:

(a) anlamsal sözcükler: isim, fiil, sıfat, zarf.
(b) işlevsel sözcükler: yardımcı fiil, bağlaç, belirten, ünlem, edat, zamir.

Bu iki bölümdeki sözcükler için gerekiyorsa kısaltmalar kullanılmıştır. Bu kısaltmalar şöyle özetlenebilir:

i + sy ve *i-sy*   *i + sy* 'sayılabilen isim' demektir, örn. *chair, boy, desk.* Bu sözcükler çoğul yapılabilirler.

i-sy 'sayılamayan isim' demektir, örn. *information, luggage.* Bu sözcükler pek ender olarak, veya hiçbir zaman çoğul yapılamazlar. Bazı isimler, duruma göre bazı bağlamlarda sayılabilen, bazı bağlamlarda ise sayılamayan isim durumunda olabilirler. Bizim yaptığımız tanımlarda, bu durumlar açık olarak gösterilmiştir.

İngilizcede, hangi ismin sayılabilir hangisinin sayılamaz olduğuna dair elde açık ve kesin bir kural olmadığını da belirtmek zorundayız.

f + n ve *f-n*   *f + n* geçişli fiil, yani nesne alan fiil demektir. Bu nesne, bir isim, veya zamir olabilir. Örneğin:

> *The boys were kicking a ball*
> *The waitress dropped some plates.*
> *He is reading a book.*

f-n geçişsiz fiil, yani nesne almayan fiil demektir. Bu fiil, bir isim, veya zamir ile birlikte kullanılmaz. Örneğin:

> *The boys are running.*
> *He never comes here.*
> *He is always reading.*

Örnek cümlelerde görüldüğü gibi, bazı fiiller cümlesine göre, geçişli olarak da, geçişsiz olarak da kullanılabilmektedir.

zarflı/edatlı-fiiller (ya da deyimsel fiiller) hakkında bazı notlar

Bir fiil, bir zarf ya da edatla birleşerek yeni bir anlam meydana getirir. Bu türde kurulmuş bir yapıya deyimsel fiil *(phrasal verb)* diyoruz. Örn. *give + in, go + without.* Bazen de bir fiil bir zarf ile birlikte bir edatla birleşir. Örn. *put + up + with.*

Zarflı/edatlı-fiiller değişik yapılarda kullanılabilir. Sözlükte biz bunu üç biçimde gösterdik. Ayrıca bu fiilin aldığı nesnenin bir kimse *(someone)* veya bir şey *(something)* ya da her ikisi de *(someone/something)* olabileceğini gösterdik

1.   Nesne almayan (geçişsiz). *After much fighting, the enemy gave in.*
   · *Give in* maddesine bakınız.
2.   Zarf, veya edat ekinden sonra gelebilen nesne. *These people live on meat and milk.*

Live on maddesine bakınız.

3. Zarf, veya edat ekinden önce de sonra da gelebilen nesne. *He picked up his hat/He picked his hat up.* Bu durumda şu noktayı belirtmek gerekir. Eğer nesne bir zamirse, ekten daima önce gelir. *He picked it up.* Eğer nesne uzun bir isim grubu halinde ise, normal olarak ekten sonra gelir. *He picked up the old green hat which his mother-in-law had given him.*
   Pick up maddesine bakınız.

Bazı zarflı/edatlı-fiiller her zaman bir nesneye gerek duymazlar. Bu gibi durumlarda nesne parantez içine alınarak gösterilmiştir, örn. *go without (something). He went without food for days. There is no food so you must go without.*

s	sıfat: Bir ismi nitelemek ya da belli etmek için kullanılan bir sözcüktür. Aşağıdaki cümlelerde kullanılan *good* sözcüğü bir sıfattır.

          John is a good boy.
          Exercise is good for you.

Sıfatların da ikiye ayrıldığını söylemek yerinde olur:

yüks	1. yüklem sıfatı: Yüklem sıfatı isme bir fiille bağlanır. *The child is still alive* cümlesinde *alive* yüklem sıfatıdır. Çünkü *The alive child...* şeklinde kullanılması mümkün değildir.
nits	2. niteleme sıfatı: Niteleme sıfatı ismin hemen yanında bulunur. *It was an utter waste of time!* cümlesinde *utter* niteleme sıfatıdır. Çünkü *The waste of time was utter!* şeklinde kullanılması mümkün değildir.
z	zarf: Zarf bir fiili, bir sıfatı ya da kendi gibi başka bir zarfı niteleyen bir sözcüktür. Aşağıdaki cümlelerde içinde zarf olan örnekler yer almaktadır. Ayrıca her cümlenin sonunda, parantez içinde, hangi sözcüğün zarf olduğu gösterilmiştir.

          He is doing well in his studies (well).
          The time went quickly (quickly).
          We shall have to leave now (now).
          Nevertheless, I agree with you (nevertheless).
          Mary will wait for you here (here).

İşlevsel sözcükler

yarf	yardımcı fiil: Yardımcı fiiller şunlardır (geçmiş zaman ve ortaç halleri ve kişilere göre çekim şekilleri gösterilmemiştir): *be, have, do, will, shall, can, may, must, ought, dare, need, used.*
belirten	Niteleyiciler cümlede *the*'nın yaptığı görev gibi bir işlevde bulunurlar: *The boys were present.* Diğer bazı niteleyiciler şunlardır: *a/an, both, few, other, one, two, enough, this, these,* vb.

        Örnekler: *Have you enough sugar? (enough)*
                Some scientists are very brilliant men (some).
                Those boys have lost their bags (those ve *their).*

ünlem	Ünlemeyi gösteren sözcüklerden bazıları şunlardır: *oh, well, really,* vb.

        Örnekler: *Oh, I must tell you something.*
                Well, here we are.
                Really! What a rude man!

edat	Edatlar sayı bakımından oldukça fazladır. Bunlardan bazıları şunlardır: *above, across, against, among, beneath, beside, for, from, in, on, over, round, through, to, under, until, up, with,* vb.

Örnekler: *across the street, over ten years, from London to Birmingham, until yesterday, with John and Mary.* Bir ismi tekrar etmekten kaçınmak için yerine zamir kullanılır. Ama, aşağıdaki örneklerde de göreceğiniz gibi, zamirler sadece isimlerin tekrarından kaçınmak için kullanılmazlar. Zamirlerden bazı örnekler şunlardır: *I, we, he, him, who, which, that, this, whoever,* vb.

Örnekler: *When I saw Mary standing there, I went over and spoke to her (I* ve *her).*
Anyone can learn English (anyone).
Who is that? (who ve *that).*
He can speak twelve languages, which is most unusual (he ve *which).*

4. Yazım (imlâ)

Sözlükte hem Amerikan, hem de İngiliz yazım şekilleri, farklılaşmanın olduğu durumlarda, gösterilmiştir. Böyle bir durumda (*AmI'*de) gibi bir ifade kullanılmıştır. Bu bölümün sonundaki 'Amerikan İngilizcesi ve İngiliz İngilizcesindeki farklılıklar' kısmına bakınız. Ama şunu belirtmekte de fayda var. Bu kısımda da ayrıntılı bir açıklama yapılmamıştır. Çünkü sözlükte gerektiği her yerde bu farklı kullanım biçimleri gösterilmiştir, amaçta zaten budur. Kuşkuya düşüldüğünde bu sözcüğe bakmak yeterlidir.

Sözlüğün nasıl kullanıldığını göstermek için gereken bilgiler beş madde halinde verilmiştir: (i) çoğullar; (ii) fiil biçimleri; (iii) karşıt ve eş anlamlar; (iv) sonu - ise/-ize ile biten sözcükler; (v) kısa çizginin kullanımı.

DİKKAT: İngilizcedeki ünsüzler şunlardır: *bcdfghjklmnpqrstvwxyz.* Ünlüler ise: *aeiou.*

(i) İsimleri çoğul yapmak

Çoğul biçimleri iki genel sınıfta toplanır:

(a) Kurallı bir şekilde çoğul olabilenler

İngilizcede bir ismi çoğul yapmanın genel kuralı ismin sonuna -s eklemektir, örn: *boy-boys, desk-desks, field-fields, dog-dogs, house-houses, valley-valleys.*
AMA
1. eğer isim *-s, -x, -z, -sh* ile bitiyorsa sonuna *-es* eklenir, örn: *bus-buses, miss-misses, sex-sexes, bush-bushes,* vb.
2. eğer ismin son iki harfi *'ünsüz + y'* ise *-y* atılır ve *-ies* eklenir, örn: *city-cities, duty-duties,* vb. (bu kuralı son iki harfi bir *ünlü+y* olan *boys* ve *valleys* ile karşılaştırın).

(b) Çoğul yapılması zor olan ve kurala uymayanlar

(a) maddesinin dışında kalan ve sonu *-o* ile biten bütün isimlerin çoğul yapılması zordur. Bu nedenle sözlükte, bu sınıfa girenlerin nasıl çoğul yapıldıkları sözlük içinde gösterilmiştir, örn: *studio-studios, cargo-cargoes, crisis-crises, phenomenon-phenomena, scarf-scarves, salmon-salmon,* vb.
(Ayrıca sözlüğün arkasındaki 'İsimleri çoğul yapma' kısmına bakınız.)

(ii) Fiil biçimleri

Gerektiği durumlarda fiillerin üç biçimi üzerinde bilgi verilmiştir:
şimdiki zaman ortacı (*şim. zam. ort.*)
geçmiş zaman biçimi (*geç. zam. biç.*)
geçmiş zaman ortacı (*geç. zam. ort.*)
Sözlükte, aşağıda belirtilen iki durumda herhangi bir özel açıklama yapılmamıştır.
(a) sadece bir ekleme sözkonusu olduğu yerlerde

-ing veya *şimdiki zaman ortacı* ve
-ed, yani *geçmiş zaman biçimi* ve *ortacı.*

Örnekler:

(fiilin yalın hali)	*talk*
şim. zam. ort.	talking
geç. zam. biç.	talked
geç. zam. ort.	talked

(b) fiilin 'okunmayan' bir *-e* ile bittiği (örn. *close*) ve *-e*'nin düştüğü yerlerde
Örnekler:

(fiilin yalın hali)	*close*
şim. zam. ort.	closing
geç. zam. biç.	closed
geç. zam. ort.	closed

Eğer fiilin yazım şeklinde bir değişiklik varsa bunun için bir açıklama yapılmıştır,
örn. *creep-crept, admit-admitted.* (Ayrıca sözlüğün sonundaki kurala uymayan
fiiller kısmına bakınız.)

(iii) Karşıt ve eş anlamlar
Sözcüklerin en yakın karşıt ve eş anlamları verilmiştir. İnsan *'ability'* gibi bazı
sözcüklerin karşıtını bulmaya çalışırken, sözcüğün başına ek olarak *in-* mi yoksa
un- mu geleceği hakkında kuşkuya düşebilir.

(iv) Sonu -ise/-ize (sesletim [aiz]) ile biten fiiller
Bazı fiillerin sonu her iki ekle de, yani hem *-ise* hem de *-ize* ile bitebilir. Böyle
durumlarda biz genel kullanım eğilimine uyarak bu gibi, fiilleri hep *-ize* ile
gösterdik.

örn. *civilise* yerine *civilize.*

Bu durum Amerikan İngilizcesinde de aynıdır. Ama bazı durumlarda bir
farklılaşma da söz konusudur (örn. İngiliz İngilizcesinde *analyse,* Amerikan
İngilizcesinde *analyze*).

(v) Bileşik sözcükler ve kısa çizgi
Bir bileşik sözcük, acaba ne zaman tek bir sözcük (örn. *blackboard*) olarak, ne
zaman arasına kısa çizgi (örn. *black-cloth*) konularak, ne zaman ayrı iki sözcük
(örn. *garden party*) olarak yazılacaktır? Ne yazık ki, bunun için tam ve kesin bir
kural yoktur. Üstelik, aynı sözcüğün her üç hali de ayrı ayrı değişik kitaplarda
görülebilir. Bazı bileşik sözcükler yıllardan beri tek bir birim olarak yazılageldiği
için, bundan bir kuşkumuz yoktur, örn. *blackbird* (=karatavuk). Bu sözcüğün
black bird (=kara kuş) ile aynı anlama gelmediğine de dikkatinizi çekeriz. Her
iki sözcüğün hece vurgulaması da aynı değildir; '*blackbird*, '*black* '*bird.*
Günümüz İngilizcesinde, bazı durumlar dışında, kısa çizgi kullanmamaya yönelik
bir eğilim vardır. Örneğin, eğer bir bileşik isim, bir ismin önünde kullanılıyorsa,
ikili bir anlama meydan vermemek için tire kullanılır: *a light-coloured box* (=açık
renkli bir kutu). Ama *a light, coloured box* (=hafif, renkli bir kutu).
Bazı durumlarda da bileşik isim, eğer tek bir sözcük olarak yazılırsa, ortaya garip
bir sözcük çıkabilir (örn. *steering wheel* (=direksiyon)). Bunu tek bir sözcük olarak
yazamayız. Bu nedenle bu bileşik isim, ya kısa çizgi ile ya da ayrı ayrı yazılmalıdır.

5. Sözcüklerin yerinde kullanılması
Kullanımı bazı durumlarda uygun olan bir sözcük, diğer bazı durumlarda uygun
olmayabilir. İşte bu nedenle biz sözcükleri gösterirken, gerekli yerlerde *formal*
(=resmi) ve *informal* (=konuşma dili) olarak gösterdik. Resmi İngilizce; hükümet
raporlarında, vergi beyannamelerinde, vb. kullanılır; konuşma dilinde kullanılmaz.
Konuşma dili, sözcüğün anlamından da anlaşılacağı üzere, gündelik dilde, dost
ve arkadaşlar arasında geçer. Ama iş raporlarında, makalelerde, vb. kullanılmaz.'

Ayrıca eğer bir sözcük belli bir toplulukta, veya alanda kullanılıyorsa, bu da (yasa dili), (askerlikte) vb. biçiminde gösterilmiştir.
Bazı durumlarda da, yine bir takım sözcükler güncelliğini yitirdiği için, okuyucuya bu sözcüğü kullanmamasını göstermek için (esk, kul.) 'eski kullanım' şeklinde belirttik. Gereken yerlerde bunun yerine neyin kullanılması gerektiğini gösterdik.

6. 'Bakınız' notları

Eğer bir sözcük diğer bir başka sözcük ile ilgiliyse, buna gönderme yapılmıştır, örn. fo'c'sle için forecastle'a bkz.
Aynı şekilde bir deyimi, veya deyişi oluşturan sözcükler sözlükte ayrı ayrı sayfalarda geçtiğinden, bu deyim ya da deyişin anlamının hangi sözcük altında verildiğini göstermek üzere o sözcüğe göndermede bulunulmuştur, örn.

> horse ...
> flog a dead horse için flog'a bkz.

7. Kısaltılmış sözcüklerde noktalama

Bazı kısaltmalar, örn. f + n, s, z, vb. italik harflerle yazılmış olup sonlarına nokta konulmamıştır. Bazıları da ya italik harflerle yazılmış, örn. şim. zam. ort. vb. ya da düz karakterde yazılarak, örn. 'genl.', 'çoğk.' sonlarına nokta konulmuştur.
Sözlükte takip edilen noktalama sistemlerine şu hususları da eklemekte yarar var:
   (a) anlamda eğer biraz değişim varsa, veya anlam daha da açıklanarak anlatılıyorsa bunu göstermek için (;) kullanılmıştır. Ayrıca, bir örnek cümle verilmiş ve bundan sonra bir ifade grubu geliyorsa ikisinin arasında yine noktalı virgül kullanılmıştır.
   (b) (/) yatık kesme işareti iki veya üç şık arasındaki bir seçimi gösterir.
Örnekler:
   f + n/-n demek, bu fiilin hem geçişli hem de geçişsiz kullanılabileceğini göstermektedir.
   someone/something demek, birlikte olduğu fiilin aldığı nesnenin hem bir kimse hem de bir şey olabileceğini göstermektedir.

Amerikan ve İngiliz İngilizcesindeki farklılıklar

İngilizce'nin ana dil olduğu bölgelerde, ve ikinci bir dil olarak konuşulduğu bir çok yerde, İngilizce hem değişik bir sesletimle konuşulur, hem de farklı sözcük ve deyimlere sahiptir. İngiliz ve Amerikan İngilizcesi dışında ayrıca bir de Hindistan İngilizcesi, Avustralya İngilizcesi, Malezya İngilizcesi, Batı Afrika İngilizcesi vardır. Ancak, bu dili öğrenen kişiler, öğrenimlerini yaparken durumların elverdiği koşullarda ya Amerikan ya da İngiliz İngilizcesini seçerler. Bazı durumlarda, bu iki İngilizce arasındaki farklılaşma öğrenciye güçlük çıkarabilir.
İtiraf etmek gerekir ki, bu farklılaşma öyle gözde büyütüldüğü boyutlarda değildir. Ve bir Amerikalı ile bir İngilizin birbirlerini anlamadığı durumlar pek nadirdir. Aşağıda, İngiliz ve Amerikan İngilizceleri arasındaki en göze çarpan farklılıklar verilmiştir.

Sesletim

1. [r]

bir sözcüğün sonunda ya da bir sessizden önce.
Bu durumda, [r] sesini Amerikalıların ve İskoçların çoğu telâffuz eder; İngilizlerin çoğu telâffuz etmez, örn.

	England	USA
far	[fa:]	[fa:r]
hard	[ha:d]	[ha:rd]

2. [æ] ve [a:]

Amerikalıların çoğu bu iki ses arasında ayırım yapmaz; RP'de yapılır, örn.

	RP	USA
bath	[ba:θ]	[bæθ]
hat	[hæt]	[hæt]

3. [ɔ]

Amerikalıların çoğu kısa [a] gibi sesletirken, Britanya halkı [ɔ] olarak sesletir, örn.

	Britain	USA
hot	[hɔt]	[hat]
top	[tɔp]	[tap]

4. Sözcük sesletimi

Bazı seslerin değişik sesletimleri dışında, bazı sözcüklerin sesletiminde de farklılaşma vardır, örn.

	Britain	USA
lieutenant	[lef'tenənt]	[lu:'tenənt]
missile	['misail]	['misl]

Yazım farklılıkları

1. -our ve -or örn.

Britain	USA
colour	color
honour	honor
labour	labor

2. -re ve -er örn.

Britain	USA
centre	center
theatre	theater

3. -ce ve -se örn.

	Britain	USA
	defence	defense
	offence	offense
AMA	licence (isim)	license
	license (fiil)	license
	practice (isim)	practise
	practise (fiil)	practise

4. *-l* ve *-ll* örn.

Britain	USA
travelled	traveled
traveller	traveler
levelled	leveled
skilful	skillful

5. Bazı sözcükler örn.

Britain	USA
grey	gray
plough	plow

Sözcük çeşitlemesi

Amerikan yaşamının kendine özgü sözcük türleri vardır, örn. yiyecek, oyun, manzara isimleri, vb. Biz bunlardan burada söz etmeyeceğiz. Aynı şekilde, Amerikada doğmuş ve İngiliz İngilizcesinde henüz tam olarak kabul edilmemiş sözcük türlerine de değinmiyeceğiz.

Durum böyle olunca, geriye İngiliz İngilizcesinde ve Amerikan İngilizcesinde çok az farklı ifade veya aynı ifadelerin değişik anlama geldiği durumlar kalmaktadır, örn.

Britain	USA
aluminium	aluminum
flat	apartment
autumn	fall
tap	faucet
railway	railroad
windscreen	windshield

SÖZLÜKTE KULLANILAN KISALTMALAR

AmI	Amerikan İngilizcesi	American English
bağ	bağlaç	conjunction
BrI	Britanya İngilizcesi	British English
çoğ. biç.	çoğul biçimi	plural
dilb.	dilbilgisinde	grammar
dşl.	dişil	feminine
edat	edat	preposition
ed. çat.	edilgen çatı	passive
enüst. biç.	enüstünlük biçimi	superlative
erl.	eril	masculine
esk. kul.	eski kullanım	old fashioned
geç. zam. biç.	geçmiş zaman biçimi	past tense
geç. zam. ort.	geçmiş zaman ortacı	past participle
geç. zam. ve ort.	geçmiş zaman ve ortacı	past tense and past participle
genl.	genellikle	usually
harfi tarif	harfi tarif	article
IrlI	İrlanda İngilizcesi	Irish English
i+sy	isim sayılabilir	countable noun
i-sy	isim sayılamaz	uncountable noun
i+sy/-sy	isim sayılabilir/sayılamaz	countable or uncountable noun
İskI	İskoç İngilizcesi	Scottish English
krş. biç.	karşılaştırma biçimi	comparative
karş.	karşıtı	opposite
kib. olm.	kibar olmayan	impolite
k. dil.	konuşma dilinde	informal
f+n	nesne alan fiil	transitive verb
f-n	nesne almayan fiil	intransitive verb
f+n/-n	nesne alan/almayan fiil	transitive or intransitive verb
nits	niteleme sıfatı	attributive adjective
oldukça esk. kul.	oldukça eski kullanım	rather o.f.
örn.	örneğin	for example
özl.	özellikle	especially
r. kul.	resmi kullanım	formal
s	sıfat	adjective
şim. zam. ort.	şimdiki zaman ortacı	present participle
tek. biç.	tekil biçimi	singular
®	ticari marka	registered trademark
ünlem	ünlem	interjection
vb.	ve benzeri	etcetera
yani	yani	that is
yarf	yardımcı fiil	auxiliary
yüks	yüklem sıfatı	predicate adjective
zamir	zamir	pronoun
z	zarf	adverb

A

a [ei,ǝ] *belirten* **1** (belli) bir. *John has bought a new car. çoğ. biç. John has bought some/several/two new cars. James is a friend of mine/yours/his* (=James benim/senin/onun arkadaşlarım(n)dan biridir). **2** (herhangi) bir. *A new car costs a lot of money. çoğ. biç. New cars cost a lot of money.* **3** bir: *a gallon of petrol; a pound of butter. çoğ. biç. two/three gallons of petrol, etc.* **4** her (bir)i: *five pence a pound* (=poundu beş pense). *çoğ. biç. five pence for two/three pounds* (=iki/üç poundu beş pense). **5** (sözü edilen kişiyi konuşan insanın tanımadığını belirtmek üzere)...diye birisi; ...adında birisi; ...gibi biri. *A Mr. Smith is waiting to see you* (=Bay Smith adında birisi sizi görmek için bekliyor). (genl. *çoğ. biç.* olmaz). **6** (bazı miktar belirtenleri ile birlikte). *A few spectators were there. Give him a little milk. There weren't a great many people there. He has a lot of money.*
NOT: *1* sessiz bir sedadan önce *a* kullanılır; sesli bir sedadan önce ise *an* kullanılır. *union, united, useful, one,* vb. sözcükler ise sesli bir harf ile başladıkları halde ilk ses, sessiz bir seda verdiği için *a* kullanılır. Bazı kişiler genellikle sessiz seda ile başlayan *hotel, historian,* ve diğer bir kaç sözcüğü *an* ile kullanırlar, ama bu tür bir kullanımın artık modası geçmiştir ve tavsiye edilmez. *2* vurgulu söylenme şekli olan [ei] ve [æn]'in bu tür kullanımına sık rastlanmaz. Vurgulama daha çok *one* ile yapılır (örn. *I wanted 'one' book, not six* şeklindeki bir kullanım *I wanted 'a' book, not six* şeklindeki bir kullanımdan daha yaygındır). *3 many* yerine *a man, many a one* yapıları oldukça eskidir; bu yapıların yerine *many men* (=birçok adam), *many* (=bir çok), vb. yapılarını kullanılın.

aback [ǝ'bæk] *z* sadece **taken aback** şeklinde kullanılır—şaşırıp kalmak,

afallamak (özl. hoş olmayan bir şekilde). *He was taken aback at/by the news.*

abandon [ǝ'bændǝn] *f+n* vazgeçmek, terketmek; bırakıp kaçmak; olduğu gibi, dönmemecesine bırakmak, ayrılmak. *We had to abandon the plan we first thought of. I don't think that John would abandon his friends if they were in trouble.* **abandoned** *s* **1** terkedilmiş. *We came to an old abandoned farm house. (eş. anl. deserted).* **2** davranışlarında kontrolsuz (genl. ahlâksız). *He was living an abandoned life.* **abandon oneself to** kendini (genl. mutsuz, veya insanı iyiye götürmeyen bir duygu(y))a kaptırmak, terketmek. *She abandoned herself to a life of pleasure.* **with abandon** kendinden geçme; kendini bırakma; kişinin duygularının ve hareketlerinin kontroldan çıktığı durum. *They danced with gay abandon.*

abashed [ǝ'bæʃt] *s* utanmış, mahçup. *Mary looked/stood/felt guilty and abashed. (karş. unabashed).*

abate [ǝ'beit] *f+n/-n* (genl. rüzgâr, fırtına, hastalık, ağrı, gürültü, vb.) dinmek, yatışmak, azalmak. *At last the storm abated. The screams in the night began to abate when the police arrived. After taking aspirin, I found my pain abating. (karş. increase). (eş. anl. lessen).*

abattoir ['æbǝtwa:*] *i+sy* mezbaha, salhane.

abbey ['æbi] *i+sy* **1** manastır, keşişhane; bazı kesin kurallara bağlı rahip, veya rahibelerin dünya ile ilgilerini keserek yaşadıkları yapı. **2** bir zamanlar manastırın bir bölümü olan kilise (örn. Westminister Abbey, London). *(eş anl. monastery).*

abbot ['æbǝt] *i+sy* başrahip; erkekler için olan manastırın başındaki erkek.

abbreviate [ǝ'bri:vieit] *f+n* kısaltmak (genl. bir sözcüğü, veya deyişi) *'United Kingdom' can be abbreviated* *to* '*U.K.*' (*karş.* **extend**). (*eş anl.* shorten). **abbreviation** [əbriːˈviːeifən] *i + sy/-sy* bir sözcüğün, veya deyişin kısaltılmış biçimi. '*U.K.*' *is the abbreviation of/for* '*United Kingdom*'.

abdicate [ˈæbdikeit] *f + n/-n* resmen çekilmek; (genl. kral veya kraliçelikten) feragat etmek. *He abdicated the throne in favour of his brother.* (*eş anl.* **step down**). **abdication** [æbdiˈkeifən] *i + sy/-sy* tahttan çekilme; vazgeçme.

abdomen [ˈæbdəmən] *i + sy* karın; insan ve hayvanlarda gövdenin kaburga kenarlarından kasıklara kadar olan ön bölge; burada hazım organları bulunur. **abdominal** [æbˈdɔminl] *s* karna ait. **abdominal cavity** karın boşluğu. NOT: *abdomen* sözcüğü tıbbî ya da biyoloji terimidir; günlük kullanım için *stomach* tercih edilirse daha iyi olur (örn. *I have a pain in my stomach*) (= Karnım ağırıyor)). Tıp dilinde, tüm hazım organlarını belirtmek için *abdomen* kullanılır. *Stomach* ise sadece bu hazım organlarından birini ifade eder, örn. mide, tıbbî kullanımda [æbˈdoumən] şeklinde telâffuz edilir.

abduct [æbˈdʌkt] *f + n* adam kaçırmak; dağa kaldırmak; (genl. yasalara aykırı olarak ve zor kullanarak) (bir insanı) alıp götürmek. *The terrorists abducted the president as he was walking to his car. He was abducted at gun point.* **abduction** *i + sy/-sy* adam kaçırma.

aberration [æbəˈreifən] *i + sy/-sy* sapma; alışılmış düşünce, veya davranış biçiminden genellikle birden bire ayrılış: *an aberration of the mind.*

abet [əˈbet] *f + n/-n* genl. **to aid and abet somebody to do something** sözünde—bir suçu işlemekte bir kimseye yardım etmek. (yasal bir sözcük olup normal durumlar için **help**'i kullanın). **abettor** *i + sy* suç ortağı. *A look-out is an abettor in a bank robbery.* (*eş anl.* **accomplice**).

abeyance [əˈbeiəns] *i-sy* genl. **be in/fall into abeyance** sözünde—geçerli olmayış yürürlükten kaldırış (adetler, yasalar, kurallar vb. hk.) *The custom has fallen into abeyance. This law is in abeyance.*

abhor [əbˈhɔː*] *f + n* (büyük bir) nefret hissi duymak; tiksinmek, iğrenmek. *Spitting in the street is a practice I abhor. geç. zam. biç. ve ort.* **abhorred.**
abhorrence [əbˈhɔrəns] *i-sy* (büyük) nefret; tiksinti, iğrenme.

abide [əˈbaid] *f + n* tahammül etmek (genl. sadece **can't** veya **cannot** ile birlikte kullanılır) örn. *I can't abide that chap* (= Şu adama tahammül edemiyorum). (*k. dil.*). **abide by** (yasalara, adetlere, anlaşmalara, vb.) uymak, bağlı kalmak; itaat etmek. *We must abide by the rules of the game.*

ability [əˈbiliti] *i + sy/-sy* yetenek, kabiliyet, hüner; yapmak, düşünmek, davranmak, vb. konularda beceri. *John's ability for organizing is very great. His organizing ability is very great. He has great ability in German. He has the ability to learn languages very easily.* (*karş.* **inability**). **able**'a bkz.

abject [ˈæbdʒekt] *s* sefil, aşağılık; acınacak halde. *The people lived in abject poverty.*

ablaze [əˈbleiz] *z/yüks* 1 yanmakta, tutuşmuş, alev almış durumda. *In a moment the hut was ablaze.* 2 pırıl pırıl. *The centre of the town was ablaze with lights.* 3 heyecandan içi dopdolu olma; içi kabarmış (örn. öfkeden). *His followers were ablaze with enthusiasm.*

able [ˈeibl] *s* 1 bir şeyi yapabilecek gücü, zekâsı, veya fırsatı, vb. olan. *Most children are able to walk at the age of 15 months. Are you able to help me? When will you be able to come?* (*karş.* **unable**). 2 (insanlar, konuşmalar, tartışmalar, vb. hk.) becerikli, usta. *He is an able administrator. The lawyer made a very able speech.* 3 (bir kişi hk.) (yaşlılığına rağmen) gücü kuvveti yerinde. *The old woman was still quite able.* **ability**'e bkz. **able-bodied** *s* vücutca sağlam; güçlü kuvvetli.

abnormal [æbˈnɔːməl] *s* anormal; garip, acayip, olağan dışı. *The heat is abnormal for this time of the year.* **abnormality** [æbnɔːˈmæliti] *i + sy/-sy* anormallik.

aboard [əˈbɔːd] *z/edat* bir gemide, trende, uçakta, vb. *We were aboard on time.*

abolish [əˈbɔlif] *f + n* (özl. yasa ile)

ortadan kaldırmak; sona erdirmek (örn. köleliği, sefaleti, vb. ya da bir yasayı, bir adeti, bir uygulamayı, vb.). *Abraham Lincoln abolished slavery in the United States.* **abolition** [æbə'lifən] *i-sy* kaldırma; yürürlükten kaldırma. *The abolition of slavery in the United States occurred in 1865.*

abominable [ə'bɔminəbl] *s* iğrenç, nefret uyandıran; berbat, çok kötü: *abominable working conditions. Slavery was an abominable practice.* (*eş anl.* **disgusting**). **abominably** *z* berbat olarak, çok fena bir şekilde.

aborigine [æbə'ridʒini] *i+sy* (genl. *çoğ. biç.*) yerli (özl. Avustralya'nın sömürge haline gelmesinden önce orada yaşayan yerli kabile mensubu).

abortion [ə'bɔːʃən] *i+sy* çocuk düşürme (kaza, veya isteyerek olabilir) (yasal terim, veya tıbbî terim). *Jane had two abortions before her first child was born.* NOT: günlük konuşmada kaza ile çocuk düşürmeye **miscarriage** denir. **abortive** [ə'bɔːtiv] *s* (özl. bir plan, bir girişim, bir darbe teşebbüsü, vb. hk.) sonuca ulaşamayan, başarısız; gerektiği gibi gelişmeyen. (*eş anl.* **fruitless**).

abound [ə'baund] *f-n* **1** çok sayıda olmak; büyük miktarlarda bulunmak; mebzul olmak. *Wild animals abound in Africa.* **2** çok sayıda ve miktarda bulundurmak, sahip olmak. *Saudi Arabia abounds in oil.*

about [ə'baut] *z/edat* **1** hakkında, o konu üstüne, o şeye dair, ...-e ilişkin, ...-e ait: *a story about a little boy. He told me about his visit to France.* **2** şurasında burasında; her tarafına; çevresinde. *He walked about the town for a long time.* **3** aşağı yukarı, takriben; sayı, zaman ve derece bakımından yaklaşık olarak; üç aşağı beş yukarı. *The little boy is about six years old.* **4** buralarda; yakınlarda, etrafta, çevrede, civarda. *Is John about? (k. dil.).* **5** ters yöne dönecek biçimde. *He turned about (= Geriye döndü).* **about to** (bir şeyi) yapmak üzere olmak. *The trial is about to begin* (= Yargılama başlamak üzere). **bring something about** neden olmak; meydana getirmek. *This accident has been brought about by your recklessness.* **turn (and turn) about** nöbetleşe, sıra ile. *When we go bird-watching, we have only one pair of binoculars for watching the birds, so we take it turn and turn about to use them.* **that's about it/all** hepsi bu kadar. **what about?** ne haber? ne dersin? *What about going home immediately?* **while you're/I'm about** it gelmişken, elin/elim değmişken.

above [ə'bʌv] *z/edat* **1** yukardaki, yüksek bir yerdeki, tepedeki. **2** yukarıda; önceki sayfalarda birinde, veya aynı sayfanın daha yukarısında sözü edilen. **3** cennetteki, veya cennette olan; göklerdeki, semalardaki. **above all** için **all'a** bkz. **above board** *z/yüks* hilesiz, aldatmacasız; dürüst; kandırmaya çalışmaksızın. *They say that he accepts bribes but I have always found him to be honest and above board.*

abrasion [ə'breiʒən] *i+sy/-sy* (sürtme yüzünden) aşınma, yenme: *an abrasion of the skin.* **abrasive** [ə'breisiv] *s* (yüzeyi) aşındırıcı; rahatsız edici: *abrasive personality.*

abreast [ə'brest] *z* yan yana, bir hizada. *The runners finished the race abreast of each other and were co-winners.* **two/three/four**, etc. ikişer/üçer/dörderli, vb. sıralar halinde. **keep/stay/be abreast of/with something** (olayları vb.) günü gününe izleyip haberi olmak; en son haberleri her zaman için bilmek: *abreast of the news.*

abridge [ə'bridʒ] *f+n* kısaltmak (genl. okunmasını kolaylaştırmak için). *The 150 pages of the book were abridged to 100. (karş.* **expand**).

abroad [ə'brɔːd] *z* yurt dışında, veya dışına; bir başka ülkede, ülkeye. *John and I are going abroad next week.*

abrupt [ə'brʌpt] *s* **1** birden bire olan; ani ve beklenmedik bir biçimde; beklenmedik, ani: *an abrupt change of direction; an abrupt decision.* **2** (davranış, konuşma, vb. hk.) kaba, ters, nezaketsiz. *His abrupt reply hurt me. (eş anl.* **curt**). **abruptly** *z* birden bire, aniden. *He stopped abruptly as I pushed open the door.*

abscess ['æbsis] *i+sy* vücudun herhangi bir yerinde oluşan ve çoğunlukla, deride şişkinlik, kızartı, ağrı ve ateş ile kendini gösteren irin birikimi; apse. *I had an abscess under one of my teeth. (eş anl.* **boil**).

abscond [əb'skɔnd] *f+n* birdenbire, gizlice kaçmak; sıvışmak, firar etmek (özl. insan yanlış bir şey yaptıysa, veya yasalara aykırı bir eylemde bulunduysa). *The boys absconded from school after breaking the window. The treasurer absconded with the funds.*

absence ['æbsıns] *i+sy/-sy* 1 hazır bulunmayış, yokluk. *Your absence from the meeting was noticed by the chairman. (karş. presence).* 2 yokluk, eksiklik. *Darkness is the absence of light.*

absent ['æbsənt] *s* 1 hazır değil, yok; namevcut. *John is absent from school today. (karş. present).* 2 dalgın; çevresinde olup bitenlere ilgisiz. *He had an absent expression on his face.* Ayrıca [əb'sent] *f+n* absent oneself sözünde—gitmemek. *He absented himself from the meeting.* absentee [æbsən'ti:] *i+sy* (gereken yere) gelmeyen kişi: *absentee landlord* (=sahip olduğu mülkünde yaşamayan arazi sahibi). absent-minded *s* dalgın; kendi düşüncelerine iyice dalmış; bu yüzden de çevresinde olup bitenlere, hatta kendi yaptıklarına bile pek dikkat etmeyen. *She is so absent-minded and careless. An absent-minded movement of his hand caused the cup to fall.*

absinth ['æbsinθ] *i-sy* apsent; acı yeşil renkte çok sert bir içki.

absolute ['æbsəlu:t] *s* 1 tam, eksiksiz, bütün, mükemmel, kusursuz: *absolute freedom/truth/stupidity.* 2 tüm yetkilere sahip; mutlak; sınırsız. *The Queen of England is not an absolute ruler.* absolutely ['æbsəlu:tli] *z* 1 tamamen, tümü ile. 2 [æbsə'lu:tli] kesinlikle (öyle); tabii! evet! (*k. dil.*). *'She's excellent though.'—'Absolutely.' (eş anl. certainly).* absolute zero ['æbsəlu:t 'zi:rou] *i-sy* (ısıda) mutlak sıfır; mümkün olabileceği düşünülen en alçak ısı derecesi (—273°C). absolutism ['æbsəlu:tizəm] *i-sy* mutlakiyet yönetimi; kayıtsız şartsız kral, vb. egemenliği.

absolve [əb'zɔlv] *f+n* 1 (papazlar hk.) (birisinin) günahını bağışlamak, suçunu affetmek. *The priest absolved the man.* 2 (of, from ile) bir yükümlülükten ya da görevden affetmek, serbest bırakmak.

absorb [əb'zɔ:b] *f+n* 1 (özl. sıvıyı) emmek, içine çekmek. *A sponge absorbs water.* 2 tüm dikkatini, ilgisini, zamanını, enerjisini, vb. bir işte yoğunlaştırmak. *The students were completely absorbed in their work.* absorbent *s* emici, içine çekici. absorbing *s* çok ilginç; insanın tüm dikkatini alan.

abstain [əb'stein] *f-n* çekinmek, kaçınmak; bir şeyi artık bırakmak, kullanmamak (genl. sıhhati için): *abstain from alcohol. John abstained from drinking.*

abstemious [əb'sti:miəs] *s* az yeyip, az içen; pek az bir zevkle yetinen.

abstention [əb'stenʃən] *i+sy/-sy* çekimserlik; çekinme; insanın bir şeyi yapmaktan bilinçli olarak kaçınması. *The motion was carried by 150 votes to 147, with 3 abstentions.*

abstinence ['æbstinəns] *i-sy* (yiyecek, zevk verici maddelerden, vb. şeylerden) kendini tutma, kaçınma; perhiz, rejim. *The doctor recommended total abstinence from alcohol.*

abstract[1] ['æbstrækt] *s* 1 soyutlama ile elde edilen, varlığı ancak eşyada gerçekleşen; soyut. 2 anlaşılması, kavranılması güç: *abstract ideas; an abstract argument.* 3 (20. yüzyıl Batı sanatı hk.) soyut; abstre; soyut resim ile, veya bunları yaratma ile ilgili. abstract noun (dilb.) soyut isim; düşünce yolu ile kabul edilen varlığın adı, örn. *height, weight, whiteness, honesty.*

abstract[2] ['æbstrækt] *i+sy* özet; kısaltılmış biçim; bir kitabın, yazının, konuşmanın, tebliğin, vb. özet tanıtımı. (*eş anl.* abridgment, summary).

abstract[3] [əb'strækt] *f+n* çalmak, aşırmak. *He could abstract any wallet from any pocket at ease.*

abstracted [æb'stræktid] *s* 1 (çevresinde olup bitenleri fark edemeyecek kadar) düşünceye dalmış, zihni meşgul. 2 çıkarılmış ya da ayrılmış olan. abstraction *i-sy* dalgınlık, zihin meşguliyeti.

abstruse [æb'stru:s] *s* anlaşılması güç; muğlak: *a very abstruse theory; abstruse ideas. (karş. simple).*

absurd [əb'sɔ:d] *s* saçma, anlamsız; gülünç, veya yanlış, aptalca olduğu apaçık. *She gave an absurd expla-*

nation as to why her hair was pink.
absurdity *i+sy/-sy* gülünçlük, anlamsızlık; saçmalık.

abundance [ə'bʌndəns] *i-sy* bolluk, çokluk, bereket. *He has an abundance of good stories.* **abundant** *s* bol, mebzul. **in abundance** bol bol, çok. *There was food in abundance at the party.*

abuse[1] [ə'bju:s] 1 *i-sy* kaba, terbiyesiz ve kırıcı sözler. *The prisoner shouted abuse at the judge.* 2 *i+sy* (görevini, yetkisini, vb.) kötüye kullanma, yolsuzluk; suistimal. *The commission of enquiry found a number of abuses in the granting of import licences.*

abuse[2] [ə'bju:z] *f+n* 1 kötüye kullanmak, yolsuzluk yapmak; suistimal etmek: *abuse somebody's trust in oneself* (= kendisine duyulan güveni suistimal etmek). *(eş anl.* **misuse, take advantage of).** 2 hor kullanmak; kötü bir biçimde kullanmak: *abuse one's health.* *(eş anl.* **misuse). abusive** [ə'bju:siv] *s* kaba, terbiyesiz, kırıcı sözlerin bulunduğu, veya böyle sözleri kullanan; ağzı bozuk; küfürlü: *an abusive letter; abusive language.*

abysmal [ə'bizml] *s* son derecede berbat; çok kötü: *abysmal ignorance* (= koyu cehalet). *Her exam results were abysmal.*

abyss [ə'bis] *i+sy* dipsiz, bucaksız kuyu (kullanımı yaygın değildir— yerine **hole, pit,** vb. kullanın).

academic [ækə'demik] *s* 1 akademik; öğretimle, veya öğrenimle ilgili. 2 zihni eğitici konularla ilgili; el becerilerine pek yönelmeyen: *an idea which is of academic interest only.* Ayrıca *i+sy* bir yüksek okuldaki, veya üniversitedeki bilim adamı; öğretim üyesi.

academy [ə'kædəmi] *i+sy* 1 bazı orta dereceli okullara verilen isim: *Accra Academy; Edinburgh Academy.* 2 akademi; yüksek okul; özel bir sanat, veya beceri kazandırmak üzere eğitim yapan bir okul: *Academy of Music; Military Academy.* 3 akademi; bilginler kurulu; bilim adamları derneği; bu kişiler sanat, bilim ve edebiyat dallarındaki ilerlemeler ile gelişmelerle ilgilenen kimselerdir.

accede [æk'si:d] *f-n* razı olmak; bir öneriyi, bir planı, bir isteği, vb. onaylamak. *He acceded to any request. (eş*

anl. **consent).**

accelerate [æk'seləreit] *f+n/-n* hızlanmak, hızlandırmak; süratini arttırmak. *Neglect has accelerated this building's decay. The engineer accelerates a train by turning on more power. (karş.* **decelerate). acceleration** [ækselə'reiʃən] *i-sy* hızlanma; süratini arttırma; ivme. **accelerator** [ək-'seləreitə*] *i+sy* gaz pedalı.

accent ['æksent] *i+sy* 1 ağız; bir ülkenin insanlarına, bir çevreye özgü ses perdesi değişiklikleri: *speak English with a London accent; speak French with an English accent.* 2 vurgu, aksan işareti, imi; el yazısında, veya matbaa baskısında kullanılır. 3 vurgu; sözcük, veya hece vurgusu (örn. *many* sözcüğünde vurgu ilk hece üzerindedir). *(eş anl.* **stress).**

accentuate [æk'sentjueit] 1 *f+n* heceleri daha kuvvetli, veya üstüne basarak okumak, sesletmek. *He accentuated the main parts of his speech by thumping his fist on the table.* 2 daha bir belli etmek, daha ortaya çıkarmak. *Her black dress accentuated the whiteness of her shoulders. The sunlight accentuated the greyness of his face.*

accept [ək'sept] *f+n* 1 kabul etmek; (sunulan, ikram edilen bir şeyi) almak. *He accepted my offer/ suggestion. (eş anl.* **receive).** 2 inanmak; kabul etmek; bir kanıya varmak. *He accepted my excuse. The new theory became widely accepted.* **acceptable** *s* (genl. bir hediye, bir teklif, veya davet, vb. hk.) kabul etmeye değer; layık, makbul. *(karş.* **unacceptable): acceptance** *i+sy/-s* kabul etme, veya edilme durumu; kabul, onay. *We have sent out thirty invitations and have had twenty acceptances.* **accepted** *s* doğruluğu kabul edilmiş.

access ['ækses] *i+sy* 1 giriş; giriş yolu. *Access to the town was across a narrow bridge.* 2 kullanma, ulaşma ya da girme yolu, hakkı veya olanağı. *Students have access to the library during the vacation. The prime minister had direct access to the king at any hour of the day.* **accessible** [æk'sesibl] *s* ulaşılabilir; ulaşması, erişmesi kolay. *Medicine should not be kept where it is accessible to children. (karş.* **inaccessible).**

accession [æk'seʃən] *i+sy* belli bir göreve, mevkiye geliş; cülus, tahta çıkış: *accession to power.*

accessory [æk'sesəri] *i+sy* yardımcı şey, veya şeyler; aksesuar; bütünleyici şeyler (örn. bir otomobilin parçaları, örn. ışıklar, silecekler, radyo, vb. ya da bir kadının giyimini bütünleyici şeyler, örn. ayakkabılar, şapka, çanta, vb.).

accident ['æksidənt] *i+sy* **1** kaza; can ya da mal kaybına neden olan kötü olay. *Seventy-five people were killed in accidents at work last year. She met with an accident today. She had an accident.* **2** tesadüf; rastlantı. *It was just an accident that I found the missing letter.* **accidental** [æksi'dentl] *s* tesadüfi; rastlantılı; kaza eseri olan. *Don't get angry with him for breaking the window because it was purely accidental.* **accidentally** *z* kaza ile, istemeyerek. *John fell/did·it/broke the glass accidentally.* **accident-prone** (kişiler hk.) hep kazaya uğrayan; başına boyuna kaza gelen. *He is so accident-prone no-one was surprised when he fell down the stairs.* **by accident** tesadüfen; rastlantı sonucu: *meet somebody by accident.*

acclaim [ə'kleim] *f+n* alkışlamak; coşku ile karşılamak; bağırıp çağırarak selâmlamak: *The crowd acclaimed the new king.*

acclimatize [ə'klaimətaiz] *f+n/-n* (BrI'de) (kendisini, bir başkasını, veya bitkileri, hayvanları, vb.) yeni iklim şartlarına, yeni koşullara ve yeni yerlere alıştırmak. *John soon became acclimatized to the heat in India. (AmI'de* **acclimate** ['æklimeit]).

accommodate [ə'kɔmədeit] *f+n* (bir şey için) yeteri kadar yeri olmak. *This car accommodates six people quite comfortably.* **accommodating** *s* uysal, yumuşak başlı; yardıma istekli, gönüllü. *The bank clerk was most accommodating when I opened my account.* **accommodation** [əkɔmə'deiʃən] *i-sy* yatacak, kalacak, oturulacak, yaşanacak yer (özl. kısa bir süre için ev, oda, otel odası vb.). *If you go to London for a holiday you will have no difficulty in finding accommodation.*

accompany [ə'kʌmpəni] *f+n* **1** yolculukta birisine eşlik etmek; yanında bulunmak, refakatte bulunmak, ona arkadaşlık etmek. *The Prime Minister's wife accompanied him when he visited the northern region.* **2** müzikte eşlik etmek; destekleyici müzik yapmak. *John accompanied his wife on the piano.*

accompaniment [ə'kʌmpənimənt] *i+sy/-sy* akompaniman; müzikte bir şarkıya, veya bir başka enstrümana eşlik etmek üzere bir müzik aletinde çalınan müzik (parçası). *Jane sang a song with a piano accompaniment by John.* **accompanist** *i+sy* akompanist; bir müzik aletini çalarak bir başkasına eşlik eden kimse. *I played the piano as the accompanist for my sister who played a violin solo.*

accomplice [ə'kʌmplis] *i+sy* suç ortağı; yardakçı; suç işleyen birisine yardımcı olan kimse. *The role of the murderer's accomplice was that of weapon procurer. (eş anl.* **abettor**).

accomplish [ə'kʌmpliʃ] *f+n* başarmak, becermek; üstesinden gelmek; başarı ile sona erdirmek. *He accomplished a great deal during his first year.* **accomplished** *s* hünerli, becerikli; belli bir beceri düzeyine erişmiş, deneyli (özl. müzik çalabilen, dans edebilen, ilginç sohbetler edebilen, vb.) *Jane is a very accomplished dancer.* **accomplishment** *i+sy* başarı; bir işi başarı ile sonuna erdirme. *Winning the cup two years in a row was a great accomplishment. (eş anl.* **achievement**).

accord¹ [ə'kɔːd] *i-sy* uyum, uzlaşma, ahenk (özl. iki ulus arasında). *They are in perfect accord.*

accord² [ə'kɔːd] *f+n* dostça, içtenlikle vermek; izin vermek. *His friends accorded Tom their sincere thanks.* **of one's own accord** kendiliğinden, kendi isteğiyle; kendisinden istenmeden; isteyerek; kendi özgür oyuyla. *I did it of my own accord, not because anyone asked me to do it. A boy who washes behind his ears of his own accord is indeed unusual.* **in accordance with** gereğince uyarak. *In accordance with the law they had to pay a fine.* **according to somebody/something** (birine/bir şeye) göre. *According to John, there will be a meeting next week.* **with one accord** hep birlikte; oybirliği ile. *The club* *members voted with one accord to raise the dues.* **accordingly** *z* bu nedenle; ...-e uygun olarak, gereğince. *Be patient and you will be treated accordingly.* (*eş anl.* **consequently, therefore**).

accordion [ə'kɔːdiən] *i+sy* akordiyon.

accost [ə'kɔst] *f+n* (birisine) yaklaşıp konuşmak; birisine yanaşmak (özl. bir yabancıya, sokakta rahatsız edici ve hoş olmayan bir teklif için) *A stranger accosted me in the street yesterday and asked for money.*

account[1] [ə'kaunt] *f-n* açıklamak, hesabını vermek. *I can account for my strange behaviour last week; I was feeling ill and tired.*

account[2] [ə'kaunt] *i+sy* **1** yazılı, veya sözlü rapor; (bir şeyin) tanıtımı, anlatımı. *I read an account of the fire in the newspaper.* (*eş anl.* **report**). **2** (genl. *çoğ. biç.*) bir banka, veya şirket tarafından alınan, veya ödenen para miktarlarının kaydı: *keep accounts/an account.* **3** hesap; borç hesabı; borçlu olunan parayı belirten hesap (genl. ay sonunda çıkartılır). **accountable** *s* sorumlu, mesul; açıklama yapmakla görevli, veya buna zorunlu; hesap vermesi gerekecek durumda. *A child is not always accountable for its behaviour. The dog was responsible for tearing the coat and its owner was held accountable for the damage.* (*eş anl.* **answerable, responsible**). **accountancy** *i-sy* muhasebecilik; bir muhasebecinin işi, veya görevi. **accountant** *i+sy* muhasebeci. **on account 1** veresiye, kredi ile: *buy something on account* (=bir şeyi taksitle satın almak). (*eş anl.* **on credit**). **2** (taksitle satın almada ödenen) nakit. *Here's five pounds on account.* **on account of** (bir şeyden) dolayı, nedeniyle. *We could not come on account of the rain.* (*eş anl.* **because of**). **on no/not on any account** asla, katiyen; hiç bir suretle, hiç bir nedenle. *On no account must you touch these books.* (*eş anl.* **never**). **take something into account** (bir şeyi) hesaba katmak, göz önüne almak. *We must take all possibilities into account when planning for next year.*

accrue [ə'kruː] *f-n* (genl. para hk.) artmak; çoğalmak; eklemelerle daha büyük, veya daha çok olmak. *A large sum should accrue to you by the end of the year.*

accumulate [ə'kjuːmjuleit] *f+n/-n* toplamak, biriktirmek. *The old man had accumulated a lot of books/a great deal of experience during his lifetime.* **2** birikmek, çoğalmak; yığın haline gelmek. *If you don't clear away the rubbish regularly, it will just accumulate.* (*eş anl.* **amass**). **accumulation** [əkjuːmjuˈleiʃən] *i-sy* biriktirme, birikme, birikinti.

accurate ['ækjurit] *s* **1** yanlışsız, hatasız; kesinlikle doğru; tam. *It took a week of investigation to get an even reasonably accurate account of the accident. Is that an accurate copy of the original?* **2** dikkatli; hiç hata yapmaz (özl. kişinin yaptığı işte). (*karş.* **inaccurate**). **accurately** *z* tam olarak, doğru bir şekilde. *The doctor accurately diagnosed a tumour in the liver.* **accuracy** *i-sy* doğruluk, dikkat. (*karş.* **inaccuracy**).

accusative [ə'kjuːzətiv] *s* genl. şu kullanımda **the accusative (case)** (dilb.) ismin -i hali. NOT: ismin cümle içinde başka bir sözcük ile ilgisine, veya bu ilgisi belirtmek için uğradığı şekil değişikliğine 'hal' denir. İngilizce'de beş 'hal' vardır: **nominative case** (=yalın hali), **vocative case** (=çağrı hali), **accusative case** (=-i hali), **genetive case** (=-in hali), **dative case** (=-e hali). Zamirlerin bazılarında da *accusative* için, özel biçimler vardır. *Accusative case'e objective case* (=nesne hali) de denir. *Accusative case* cümlede *I* nesne halindedir. (örn. *She corrected our mistakes*) 'mistakes' -i halindedir. **2** nesne tamlayıcısı halindedir. (örn. *We elected him president*) 'him' -i halindedir. **3** edatın nesnesi durumundadır (örn. *Don't walk with your hands in your pocket*) 'with' edatının nesnesi 'hands', ve 'in' edatının nesnesi 'pockets' de *accusative* haldedir.

accuse [ə'kjuːz] *f+n* suçlamak, itham etmek. *John accused his friend of stealing the money.* (*eş anl.* **charge**). **accusation** [ækjuːˈzeiʃən] *i-sy* suçlama. *He made an accusation against her.* **the accused** *itek* veya *çoğ. biç.* kullanılır—sanık(lar); hata

yapmakla, veya suç işlemiş olmakla
itham olunan kişi(ler). *The police
brought the accused into the court.
The five accused all pleaded guilty.*
stand accused bir cinayet, vb.'nin
suçlusu olarak görülmek.

accustom [əˈkʌstəm] *f+n* genl, şu
kullanımda **accustom oneself** (kendini) (bir şeye) alıştırmak. *You must
learn to accustom yourself to hard
work.* **be accustomed to** -e alışık/
alışkın olmak. *He is accustomed to
this kind of work. I am not accustomed to lie. I am not accustomed to
lying.* (*eş anl.* **be used to**).

ace [eis] *i+sy* 1 iskambilde birli, bey,
as (kâğıdı). 2 birinci, yıldız, as; bir
konuda en yüksek düzeyde, klasta
olan, veya en üstün beceriyi gösteren
kimse (örn. bir pilot, bir futbolcu).
*Douglas Bader, the pilot, was an ace
of World War II.* **hold all the aces**
bütün kozlar elinde olmak; (bir
yarışmayı kazanmak için) her türlü
avantaja sahip olmak. **within an ace
of** az kalsın; az daha, ramak kaldı.
*Our horse was within an ace of
winning the race, but he stumbled at
the last fence.*

ace

ache [eik] *i+sy* sürekli acı, ağrı, sızı,
sancı: *toothache; stomach ache;
headache; backache. He said he had
an ache in one of his front teeth.*
Ayrıca *f-n* ağrımak, acımak. *My foot
aches.*

achieve [əˈtʃiːv] *f+n* başarıyla bitirmek, sona erdirmek. *The runner
achieved his ambition of running the
mile in four minutes.* (*eş anl.*
accomplish). **achievement** *i+sy/-sy*
başarma, başarı ile sona erdirme;
başarı; eser; başarı ile bitirilmiş, veya
kazanılmış bir şey. *They praised him
for his achievement in completing the
marathon.* (*eş anl.* **accomplishment**).

acid [ˈæsid] *i+sy* 1 asit; kimyasal bir

madde. 2 asitli bir madde; içinde belli
bir tür asit bulunan şey (özl. bir sıvı).
Ayrıca *s* 1 asitli; kimyasal bir asit gibi.
2 ekşimsi ve acımsı bir tadı olan.
Vinegar has an acid taste. **acidity**
[əˈsiditi] *i-sy* asitlik; ekşilik. **acid test**
mihenk taşı; sınama, deneme. *The
play passed the critic's acid test.*

acknowledge [əkˈnɔlidʒ] *f+n* 1 (öyle
olduğunu) kabul etmek; itiraf etmek;
doğruluğunu kabul etmek. *He
acknowledged that he had done
wrong.* (*eş anl.* **admit**). 2 (bir şeyin)
alındığını bildirmek (ve genl.
minnettar, müteşekkir olduğunu
göstermek). *He acknowledged the gift
from his aunt.* **acknowledged** *s*
herkesce kabul edilmiş; tanınmış,
bilinen. *He is an acknowledged
expert on ancient history.* **acknowledg(e)ment** *i+sy/-sy* 1 bir şeyin
alındığını belirten bir yazı, mektup,
haber, vb. (genl. teşekkürlerini belirtmek üzere). 2 teşekkür. *My friends
bought me some flowers in acknowledgment of the help I had given
them.*

acne [ˈækni] *i-sy* sivilce; ergenlik; akne
(genl. çocukluk çağından yetişkinlik
çağına geçen kimselerin yüzünde
çıkan sivilceler). *She suffers from
acne. She is using a cream to clear up
her acne.*

acorn [ˈeikɔːn] *i+sy* meşe palamudu;
pelit.

acorn

acoustic [əˈkuːstik] *s* işitme duyusu ile
ilgili; işitmeye ait. **acoustics** 1 *içoğ*
kapalı bir yerde seslerin dağılım
biçimi, ses dağılımı, yankılanım. *The
acoustics of the hall are good.* 2 *i-sy*
sesbilimi, akustik bilimi. *Acoustics is
a branch of physics.*

acquaint [əˈkweint] *f+n* (bir şeyi)
yakından tanımak; (birisine) bir şeyi
yakından tanıtmak; (o konuda) bilgisi
olmak. *John acquainted me with the*

facts of the case. **be acquainted with someone** bir kimseyi şahsen tanımak.

acquaintance 1 *i+sy* tanıdık, bildik, tanış; insanın tanıdığı, veya tanışık olduğu bir kimse (böyle birisi insanın arkadaşı (=*friend*) kadar yakın olmaz). *He is only an acquaintance I talk to on the bus.* **2** *i-sy* bilgi, az malümat: *only a slight acquaintance with mathematics.* **make the acquaintance of somebody** bir kimse ile tanışmak, veya ahbap olmak.

acquiesce [ækwi'es] *f+n* kabul etmek, razı olmak; çoğu kez istemeyerekten, gönülsüzce; tartışmaksızın, veya sorun çıkarmadan; yumuşak başlılıkla kabul etmek. *He acquiesced in the arrangements which I had made.* (*eş anl.* **consent**).

acquire [ə'kwaiə*] *f+n* kazanmak, elde etmek; kendi çalışması, becerisi, girişimi, vb. sonunda kendine (bir şeyi) edinmek: *acquire a knowledge of German.* (*eş anl.* **get**). **acquisition** [ækwi'zifən] *i+sy/-sy* kazanılmış bir şey. **acquisitive** [ə'kwizitiv] *s* bir çok şeyleri toplama, biriktirme, veya edinme meraklısı; böyle bir alışkanlığı olan; kirli çıkı.

acquit [ə'kwit] *f+n* **1** suçsuz bulmak, beraat ettirmek; birisinin bir hata, veya, suç işlemediği konusunda mahkemece karar vermek. *He was acquitted of the robbery.* **2** görevini başarılı bir şekilde yapmak. *He has acquitted himself very well in his new job. geç. zam. biç. ve ort.* **acquitted.** **acquittal** *i+sy* beraat (etme, veya ettirme). *The man's acquittal by the jury was announced on the news.*

acre ['eikə*] *i+sy* (bir çeşit) dönüm; yaklaşık 4.000 metre karelik, veya 4.840 yarda karelik bir alan.

acrimonious [ækri'mouniəs] *s* acı, sert, nefret dolu: *an acrimonious argument.*

acrobat ['ækrəbæt] *i* akrobat, cambaz; yerde ve tel, at, bisiklet, vb. üzerinde dengeye dayanan, tehlikeli, heyecan verici gösteriler yapan (özl. geçimini insanları eğlendirerek kazanan) kimse. **acrobatics** *içoğ* akrobasi.

across [ə'krɔs] *z/edat* **1** bir taraftan öbür tarafa; karşıdan karşıya. *He walked across the bridge.* **2** (**from** ile) ...-in karşısında. *There is a shop across the road from my house.* **come**

across somebody/something 1 birisine/bir şeye rastlamak, tesadüfen karşılaşmak. *I came across him by chance one day last week.* **2** tesadüfen bulmak. *If you come across my book, will you send me it?*

acrylic [ə'krilik] *s* suni, sentetik; plastik, veya naylon: *acrylic fibre.*

act[1] [ækt] *i+sy* **1** yapılan belli bir şey, iş, hareket, fiil. *Helping the blind man was an act of kindness.* **2** (tiyatro eserinde) perde. **3** bir yasa, kanun: *act of Parliament.*

act[2] [ækt] *f-n* **1** harekete geçmek; eylemde bulunmak: *We must act at once to stop this.* **2** belli bir biçimde davranmak. *He acted very strangely. Mary acted very badly towards my brother.* **3** rol yapmak. **4** bir görevi (birisiymiş gibi) yapmak. *John was asked to act as chairman of the meeting because Mr. Brown was ill.* **5** etki yapmak, etkilemek; etkisi görülmek; işlemek. *Acids act on most metals.* **acting** *i-sy* rol yapma sanatı. Ayrıca *s* vekalet eden; birisinin görevini yapan, veya onun yerine bakan. *John was acting chairman at the meeting.* **act of God** *i+sy* (deprem, sel baskını, vb.) doğal afet. *I'm insured against fire and theft, but not against acts of God.*

action ['ækʃən] **1** *i+sy/-sy* iş, hareket, eylem. *We must have action not words.* **2** *i-sy* etki, etkileme: *the action of acid on metal.* **3** *i-sy* çarpışma, savaş: *killed in action;* go *into action.* (*eş anl.* **fight**). **4** *i+sy* genl. şu kullanımda **take/bring an action against somebody** birisinin aleyhinde dava açmak; birisini mahkemeye vermek. *I brought an action for damages against him.* **take action** harekete geçmek; belli bir amaç için gerekli gücü, veya kuvveti kullanmak. *She will take action on our problem.* **action replay** (özl. sporda, örn. atılan bir golü tekrar görmek için) ağır çekimde (tekrar).

active ['æktiv] *s* **1** aktif, faal, çalışkan: *He is an active old man.* (*karş.* **inactive**). **2** etkin, etkili. *I intend to play an active part in the society.* **3** (dilb.) etken, aktif çatıda; bu durumda cümlenin öznesi ile iş yapan kişi aynıdır (örn. *he read the book; he helped his friend.* (*karş.* **passive**

(= edilgen)). (Ayrıca **passive voice**'a
bkz.) **activity** [æk'tiviti] **1** *i-sy* faal
olma durumu; canlılık. **2** *i+sy* (genl.
çoğ. biç.) faaliyet; özl. belli bir ilgi
alanında, veya eğitim amacıyla ya-
pılan bir şey; hareket, faaliyet, eylem.
*He is fond of walking and other
outdoor activities. The police were
investigating the activities of a
number of well-known criminals.*
activate ['æktiveit] *f+n* (genl. *ed. çat.*)
harekete geçirmek, faal hale getirmek.
The muscle activates the heart.

actor ['æktə*] *i+sy* aktör, oyuncu; bir
piyeste, filmde, radyo veya televiz-
yonda rol alan erkek. (*kadınına*
actress *denir*).

actual ['æktjuəl] *s* gerçek, hakiki, asıl.
*Mum gave me the actual prayer book
she carried on her wedding day.*
actually *z* **1** gerçekten, hakikaten,
sahiden, aslında. *Actually, it is no
great mystery; it's simply a clever
deception. John is a bore, but actually
he means well.* (*eş anl.* **in fact**). **2**
olacak şey değil ya; garip görünebilir
ama.

acumen ['ækjumən] *i-sy* çabuk ve
doğru düşünüp karar verme yeteneği.
He showed great business acumen.

acupuncture ['ækjupʌŋktʃə*] *i-sy*
akupunktur; Çin'de yayılmış olan ve
vücudun belirli noktalarına genl. altın
iğne batırılarak yapılan tedavi.

acute [ə'kjut] *s* **1** şiddetli, kuvvetli,
derin; (bir hastalık, hk.) ciddi, vahim,
akut: *acute pain; an acute illness.* **2**
(zihin ve duygular hk.) ufak farkları
ayırt edebilen; çok iyi çalışan, işleyen;
keskin: *an acute sense of hearing; very
acute criticism.* **acutely** *z* şiddetle; en
ufak ayrıntıları ayırt edebilecek bir
şekilde.

(*k. dil.*).
AD [ei di:] *i-sy* (= **Anno Domini**)—
Milâttan Sonra (M.S.): *in AD 300.*
AH'ye bkz.

adage ['ædidʒ] *i+sy* eskiden kalma
bilgece bir söz; atasözü. *'More haste
less speed' is a common adage.* (*eş
anl.* **proverb**).

adamant ['ædəmənt] *s* fikrinden
caymaz; sert; boyun eğmez; nuh deyip
peygamber demeyen. *He was
adamant that he would not go.*
adamantly *z* ısrarla, inatla.

adapt [ə'dæpt] *f+n* **1** yeni ihtiyaçlara,
farklı koşullara, vb. uyacak biçimde
değişmek, veya değiştirmek: *adapt
oneself to the weather in England/to
the new arrangements.* (*eş anl.*
adjust). **2** (bir şeye) uydurmak; uyar-
lamak; adapte etmek. *My radio has
been adapted for use in the tropics.*
adaptable *s* yeni ihtiyaçlara, farklı
koşullara, vb. uyabilecek, uydurula-
bilecek biçimde değişen, veya değiş-
tirilebilen. (*karş.* **unadaptable**).
adaptation [ædæp'teiʃən] *i+sy/-sy*
(özl. konusu bir kitaptan alınan bir
film, bir temsil, vb. hk.) uyarlama
(adaptasyon); uyarlama yeteneği, veya
uyarlanabilme. *An adaptation of
Heidi was broadcast on the radio.*

add [æd] *f+n/-n* **1** toplamak; toplama
işlemi yapmak; toplam sayıyı bulmak
için (sayıları, miktarları, vb.) birbir-
lerine eklemek. *Add five to/and
eighteen.* **2** eklemek, ilâve etmek. *Add
some more milk to your coffee.* **3**
sözlerine eklemek; ayrıca söylemek. **4**
arttırmak. *The news of John's success
added to our happiness.* **add
(something) up** sonucu elde etmek
üzere (rakamları) toplamak; birik-
mek. **add up to** -e varmak, yekûn

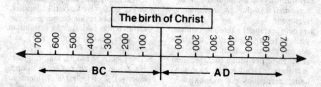

ad [æd] *i+sy* (= **advertisement**)—ilan.
*John found his job through an ad in
the paper. The put an ad in the paper.*

tutmak. *Their expenses added up to
a large sum.*
adder ['ædə*] *i+sy* Avrupa'da başında

V işareti olan ufak zehirli bir yılan; engerek (yılanı). **viper** da denir; Amerika'da ufak ve zararsız bir yılan; Afrika'da büyük ve zehirli bir yılan. **addict** ['ædikt] *i+sy* tiryaki, müptela; bir şeye düşkün kimse: *a drug addict; a morphine addict; a heroin addict.* **addiction** [ə'dikʃən] *i+sy/-sy* alışkanlık, düşkünlük: *drug addiction.* **addicted** [ə'diktid] *yüks* alışkanlık edinmiş; tiryakisi, müptelası olmuş; genellikle uyuşturucu maddeye düşkün: *He is addicted to lying. John is addicted to drugs.* **addition** [ə'diʃən] *i+sy/-sy* 1 eklenen bir şey; ek, eklenti. *The new members will be a welcome addition to the club.* **add'e** bkz. 2 rakamları, sayıları toplama. **additional** *s* katma, ilave; ek: *additonal charges.* **in addition (to something)** (bir şeye) ilâveten, ayrıca, bundan başka. *They eat, in addition to leaves, a great deal of fruit.* (*eş anl.* **moreover**). **address** [ə'dres] *i+sy* 1 adres; bir kimsenin arandığında bulunabileceği yer, oturduğu yer. *What's your address?* 2 gönderilen şeyin üzerine, alacak olan kimsenin adını ve bulunduğu yeri bildirmek için yazılan yazı. 3 konferans, nutuk, konuşma (özl. resmi olarak hazırlanır). (*eş anl.* **speech**). Ayrıca *f+n* 1 adres yazmak: *address an envelope.* 2 söylev vermek, konuşmak: *address a public meeting.* 3 hitabetmek, söz yöneltmek. *He likes to be addressed as Mr Dyson.* **adept** ['ædept] *s* bir işte çok becerikli ve hünerli; usta, erbap. *He is very adept at playing games.* (*eş anl.* **adroid**). **adequate** ['ædikwit] *s* 1 yeterli, yetecek kadar, yeterince: *an adequate supply of food.* (*karş.* **inadequate**). 2 uygun, elverişli. *I hope our clothes are adequate for the cold weather.* **adequately** *z* yeteri derecede. **adhere** [əd'hiə*] *f-n* 1 (çamur, tutkal, zamk, yağlıboya, vb. hk.) (bir yere) iyice yapışmak, yapışıp kalmak. *Her wet clothing adhered to her body.* 2 (adet, din, siyasi parti, vb. hk.) taraftar olmak ve ona sıkıca bağlanmak; sadık kalmak. *I no longer adhere to those beliefs.* **adhesive** [əd'hi:ziv] *s* yapışkan; yapışabilen, veya yapıştırabilen: *an*

adhesive tape. Ayrıca *i+sy/-sy* yapıştırıcı. *What's the best adhesive for mending this broken chair leg?* **adhesion** [əd'hiʒən] *i-sy* 1 yapışma. 2 bağlılık. **adjacent** [ə'dʒeisənt] *s* (genl. bir arazi, odalar, vb. hk.; sayılar, rakamlar için kullanılmaz) bitişik, yan yana; çok yakın; birbirine değen, veya neredeyse dokunan. *Austria and Switzerland are adjacent countries.* (*eş anl.* **adjoining**). **adjective** ['ædʒektiv] *i+sy* (dilb.) sıfat; bir adı, nitelik, nicelik, yer, sıra vb. bakımından niteleyen, belirten sözcük (örn. *black, clever, heavy, hot*, vb.). SIFAT TABLOSUNA bkz. **adjoin** [ə'dʒɔin] *f+n/-n* bitişik olmak, yan yana olmak. *His fields adjoin mine.* **adjoining** *s* bitişik, yan yana, yakın. (*eş anl.* **adjacent**). **adjourn** [ə'dʒə:n] *f+n/-n* ertelemek, tehir etmek; (bir toplantıya, duruşmaya, vb.) son vermek; belli bir süre için, veya daha sonraki bir zamana kadar durdurmak. *Shall we adjourn the meeting for a week? It's 1 o'clock. Let's adjourn the meeting until after lunch.* **adjunct** ['ædʒʌnkt] *i+sy* 1 ek, ilâve. 2 (dilb.) zarf tümleci. NOT: Bir zarf tümleci (*adjunct*) bir cümleciğin temel öğelerinden biridir. Bir şeyin ne zaman, nerede, nasıl meydana geleceğini, gelmekte olduğunu, veya geldiğini ve ayrıca olasılık derecesini belirtir. Bir zarf tümleci tek bir zarftan (örn. *down, then, quickly*, vb.), bir isim grubundan (örn. *last year, yesterday morning*, vb.), veya bir edat grubundan (örn. *at home, in the morning*, vb.) oluşur. **adjust** [ə'dʒʌst] *f+n* düzeltmek, ayarlamak: *adjust a seat to one's height.* **adjustable** *s* ayar edilebilir, düzeltilebilir. **adjustment** *i+sy* düzeltme, ayar. **adjutant** ['ædʒətənt] *i+sy* belli bir askeri birliğin büro işlerinden sorumlu olan subay. **administer** [æd'ministə*] *f+n* 1 yönetmek, idare etmek. 2 uygulamak; yerine getirmek; vermek, sağlamak: *administer justice; administer medicine to the sick. He administered the medicine which the doctor had*

SIFATLAR
(Adjectives)

Bir ismi, veya zamiri nitelemek ya da belli etmek için kullanılan sözcüklere sıfat (**adjective**) denir. Sıfatlar genellikle *Which?, What kind of?, How many?,* veya *How much?* sorularına cevap verirler:

   İstanbul was built on *seven hills,* and *two suspension bridges* cross the Bosphorus which bisects this lovely old *city.*

★ Sıfatların iki kullanış şekli vardır:
  a. Niteleme sıfatı (**attributive adjective**)
  b. Yüklem sıfatı (**predicative adjective**)

★ Niteleme sıfatları niteledikleri ismin hemen önünde bulunurlar:

   the **young** boy   five **young** boys
   a **blonde** girl   many **blonde** girls

★ Yüklem sıfatı isme bazı fiillerle bağlanır. Bunlar **be, become, grow, taste, seem, appear, look, feel, smell** ve **sound** fiilleridir.

   He *is* ill.   Lorna *looks* beautiful.
   John *seems* sad.   The soup *smells* delicious.

---

prescribed. **administration** [ədminis-'treiʃən] *i+sy/-sy* 1 yönetim, idare; siyasal iktidar. *He was Minister of Education in the last administration.* 2 bir şirketin ya da bir kuruluşun işlerini yönetme. *He is responsible for the administration of this office.* **administrative** [əd'ministrətiv] *s* idari, yönetimle ilgili. *The council met to discuss purely administrative affairs.* (*eş anl.* **management**). **administrator** [əd'ministreitə*] *i+sy* yönetici, idareci; bir ülkenin, veya bir şirketin işlerini yöneten, veya yönelten kimse. *The lawyers appointed an administrator who looked after the business.*

admirable ['ædmərəbl] *s* insanı hayran eden; hayran olunmaya değer, fevkalâde, şayan-ı takdir. *The soldier showed admirable courage in battle.* **admiral** ['ædmərəl] *i+sy* amiral. **admiralty** *i+sy* (İngiltere'de) Amirallik Dairesi; Deniz Kuvvetleri Komutanlığı.

admire [əd'maiə*] *f+n* birisini/bir şeyi çok beğenmek, hayran olmak; hakkında olumlu bir fikri olmak. *I admired it when I saw it.* **admiration** [ædmi'reiʃən] *i-sy* hayranlık, takdir. *We were filled with admiration watching/as we watched her.*

admit [əd'mit] *f+n/-n* 1 itiraf etmek; (genl. kötü bir şeyin) doğru olduğunu kabul etmek, veya bunu belirtmek: *admit a crime. He admits having seen us. He admits he saw us.* 2 bir kişinin içeri girmesine izin vermek; içeri bırakmak: *admit somebody into a house. Many colleges will admit only those who have done well in the entrance examination. geç. zam.* ve *ort.* **admitted. admission** [əd'miʃən] 1 *i+sy* itiraf; (genl. kötü bir şeyin) doğru olduğunu belirten, veya durumun böyle olduğunu kabul eden ifade. 2 *i-sy* giriş, kabul: *no admission without tickets.* **admittance** *i-sy* giriş, girme, kabul. *The thief gained admittance through a broken window.* **admittedly** itiraf etmeliyiz ki; şu gerçeği kabul etmeliyiz ki. *Admittedly, economists often disagree among each other.*

ado [ə'du:] *i-sy* **without further/more ado** sözünde—daha fazla gecikmeden, derhal; daha fazla gürültü, patırtı yapmadan. *So, without more ado, let me introduce tonight's guest.*

adolescent [ædə'lesnt] *i+sy* 12-19 yaşlarındaki genç, ergen, yeni yetme; oğlan, veya kız çocuğu. *We spent most of our adolescent years at secondary school.* (*eş anl.* **teenager**). Ayrıca *s* genç, delikanlı. **adolescence** *i-sy* delikanlılık çağı, yeniyetmelik, ergenlik.

adopt [ə'dɔpt] *f+n* **1** evlat edinmek, evlatlığa kabul etmek. *The committee adopted the chairman's plan. They adopted the baby.* **2** benimsemek, kabul etmek. **adoption** *i-sy* evlat edinme; kabul.

adore [ə'dɔ:*] *f+n* **1** taparçasına sevmek ve saymak. *I adored my mother.* **2** pek çok sevmek; bayılmak, içi gitmek, aklı çıkmak. *I adore chocolate.* (*k. dil.*). **adorable** *s* tapılmaya layık, pek güzel. **adoration** [ædɔ'reifən] *i-sy* tapma.

adorn [ə'dɔ:n] *f+n* çiçeklerle, mücevheratla, vb. süslemek, güzelleştirmek, bezemek. *The hat was adorned with flowers.* (*eş anl.* **embellish**).

adrenalin [ə'drenəlin] *i-sy* adrenalin; böbreküstübezlerinin etkili bir maddesi; kızgınlık, korku, vb. duyulduğu zaman vücut tarafından salgılanır ve insanı ani ve şiddetli hareketlere girişebilecek duruma geçirir.

adrift [ə'drift] *z/yüks* (genl. gemi ve diğer deniz araçları hk.) rüzgâra, veya akıntıya kapılarak sürüklenen; başıboş. *The boat was set adrift by the storm.*

adroit [ə'drɔit] *s* usta, becerikli, mahir; kafası çalışan, elleri maharetli; bu nitelikleri anında, derhal, çabucak kullanabilen. *I admired the lawyer's adroit questioning of the witness.* (*eş anl.* **adept**).

adult ['ædʌlt] *i+sy* **1** ergin; haklarını kendi kullanmak için yasanın gösterdiği yaşa gelmiş olan (kimse); reşit (genl. 18 yaşın üstünde). **2** tam olarak büyümüş hayvan. *The adult birds are quite a different colour from their young.* Ayrıca *s* ergin, reşit.

adulterate [ə'dʌltəreit] *f+n* safiyetini bozmak, içine daha düşük nitelikli bir madde katmak.

adultery [ə'dʌltəri] *i+sy/-sy* zina; aralarında evlilik bağı olmayan kişiler arasındaki cinsel ilişki. *His wife accused him of committing adultery with Ms Amon.* **adulterer** [ə'dʌltərə*] *i+sy* zina yapan erkek. **adulteress** [ə'dʌltəris] *i+sy* zina yapan kadın.

advance [əd'va:ns] *f+n/-n* ilerlemek, veya ilerletmek; öne almak; daha önceki bir tarihe, veya zamana aktarmak: *He advanced twelve paces.*

The soldiers advanced towards the city. The general advanced his army. He had no chance to advance his opinion. The time of the meeting was advanced by an hour. He advanced rapidly in his career. Ayrıca *i+sy* **1** ilerleme; gelişme. (*eş anl.* **development**). **2** avans; gereken zamandan daha önce ödenmiş, veya borç verilmiş olan para. **advanced** *s* **1** ileri, gelişmiş; modern, çağdaş: *advanced views on religion; advanced studies.* **2** yaşı oldukça ilerlemiş: *advanced in years.* **advancement** *i-sy* ilerleme; gelişme: *the advancement of the country's economic growth; the advancement of learning. His being made president of the company was a great advancement for him.*

advantage [əd'va:ntidʒ] *i+sy/-sy* avantaj, üstünlük; yarar, fayda; olumlu bir durum. *It would be of no advantage to us to do that.* (*karş.* **disadvantage**). **advantageous** [ædvən'teidʒəs] *s* avantajlı, elverişli, istifadeli. *It would be advantageous to get your tickets early so you don't miss out.* (*karş.* **disadvantageous**). **take advantage of somebody/something** birisinden/bir şeyden yararlanmak, istifade etmek; birisini aldatarak ondan yararlanmak; suistimal etmek. *Take advantage of the low prices to save money. He takes advantage of his employer's absence and does not work.*

advent ['ædvent] *i+sy* **1** geliş ya da varış (*esk. kul.*—yerine **arrival**'ı kullanın). **2** (**Advent**) Hz. İsa'nın dünyaya gelmesi, doğuşu; Noel'den önceki 4 haftalık süre.

adventure [əd'ventfə*] *i+sy* macera, serüven. *The climbing of Mt. Everest is one of the boldest adventures of man.* **adventurous** *s* serüveni seven, gözü pek, maceraya istekli. (*karş.* **unadventurous**).

adverb ['ædvə:b] *i+sy* (dilb.) zarf, belirteç; bir fiilin, bir sıfatın, veya bir başka zarfın anlamını zaman, yer, ölçü, nitelik, soru kavramları bakımından etkileyen sözcük (örn. *when, how, where; quickly, always, there*). ZARFLAR TABLOSUNA bkz.

adversary ['ædvəsəri] *i+sy* düşman, hasım, rakip. *The boxer's adversary*

ZARFLAR
(Adverbs)

Bir fiili, bir sıfatı ya da kendi gibi bir zarfı niteleyen sözcüklere zarf (adverb) denir. Zarflar genellikle *When?, Where?, How?* sorularına cevap verirler.

★ Bir fiili niteler: ★ Kendi gibi bir zarfı niteler:
  I *drive* **carefully**.   I *run* **very fast**.

★ Bir sıfatı niteler:
  An **unusually** *long* wait.

ZARFLARIN CÜMLEDE SIRALANIŞ DÜZENİ
(Sequence of adverbs in a sentence)

			ZARFLAR (Adverbs)				
Özne Subject	Fiil Verb	Nesne Object	Yer Place	Tarz Manner	Yineleme Frequency	Zaman Time	Neden/Amaç Reason/Purpose
We	have	lunch	in the restaurant	every day		at 1 P.M.	
She	drives	her car		carefully		when it's wet.	
He	walks		to work		all the time		to save money.
They	went		to Ankara	by car	every weekend	last month	to see their mother

weighed much more than he did. (*r. kul.*—yerine **enemy**'i kullanın).

adverse ['ædvə:s] *s* karşı, ters; aleyhte; olumsuz; karşı çıkan: *an adverse report; adverse winds; adverse circumstances.* **adversity** [əd'və:siti] *i+sy/-sy* zorluk, güçlük.

advert ['ædvə:t] *i+sy* ilân. *I had seen such adverts before, from countries all over the world.* (*k. dil.*).

advertise ['ædvətaiz] *f+n/-n* **1** (bir malın tanınıp, alıcı bulunabilmesi için) (gazete, televizyon, reklam panoları ile) reklam yapmak; tanıtmak. *We advertised our car in the newspaper because we wanted to sell it.* **2** (bir kimseyi işe almak, kaybedilen bir şeyin bulunması için, vb.) (bir gazeteye) ilân vermek. *He*

advertised for a new housemaid. He advertised for his missing wallet. **advertisement** [əd'və:tizmənt] *i+sy/-sy* reklam, ilân. **advertiser** reklamcı. **advertising** *i-sy* reklamcılık. (*eş anl.* **publicity**). **advertising media** (gazete, dergi, radyo, sokak ilânları, bilbord, vb.) reklam araçları.

advice [əd'vais] *i-sy* tavsiye, salık; öğüt, akıl: *give advice to somebody about his work. Let me give you some advice.* NOT: *1* iş dünyasında kullanılan ve 'teslim alınma haberi; bildirme' anlamında *advice* sözcüğü sayılabilen bir isimdir ve çoğul yapılabilir; oysa 'tavsiye, salık, vb.' anlamında sayılamayan bir isimdir ve çoğul durumunu ise *some advice* olarak

kullanın. *2 sözcüğün isim* hali *advice;*
fiil hali ise *advise* şeklinde yazılır.
Aralarındaki telâffuz farkına da
dikkat edin.

advise [əd'vaiz] *f+n* **1** salık vermek,
tavsiye etmek; öğüt vermek, akıl
vermek. *The doctor advised his
patient to get more exercise.* **2**
(ticarette) bildirmek, haberdar etmek
(ticarî amaç dışında yerine* **tell,
inform,** vb. kullanın). *We advised the
bank that we were moving to the
country.* **advisable** *s* tavsiye edilebilir;
akıllıca; yerinde; yapılması en uygun.
*It is not advisable to lend money to
that man because he will not be able
to repay it.* (karş. **inadvisable**). **ill-
/well-advised** akılsızca/akıllıca
davranış, hareket. **advisedly** [əd-
'vaizidli] *z* kasten, bilerek, mahsus. (*eş
anl.* **on purpose**).

advocate ['ædvəkeit] *f+n* lehine
konuşmak, savunmak, desteklemek:
*advocate a course of action; advocate
going to see the doctor.* Ayrıca *i+sy*
avukat. (*eş anl.* **barrister**).

adze [ædz] (*AmI*'de **adz**) *i+sy* keser.

aerial ['eəriəl] *i+sy* anten; radyo ve
televizyon yayınlarını almak için
kullanılır. (*eş anl.* **antenna**). Ayrıca *s*
hava ile ilgili; havada, havaya: *aerial
warfare.*

aerobics [eə'roubiks] *i-sy* ayrobik;
oksijen egzersizi; kalbi ve akciğerleri
güçlendirmek amacıyla kandaki
oksijen miktarını arttırmak için
yapılan spor.

aeroplane ['eərəplein] *i+sy* (*BrI*'de)
uçak. (*AmI*'de) **airplane**).

aeroplane

aeresol ['eərəsɔl] *i+sy* sprey tüpü,
aerosol.

aesthetic, esthetic [is'θetik] *s* estetik;
güzellikle, güzel olanla ilgili (özl. re-
sim, edebiyat ve müzikte). **aesthetics,**

esthetics *i-sy* sanatsal güzellik
konusunu inceleyen bilim dalı.

affable ['æfəbl] *s* nazik, hoş; dost
olmaya yatkın; çelebi. *Richard is a
pleasant and affable gentleman.*

affair [ə'feə*] *i+sy* **1** yapılmış olan,
veya yapılacak olan bir şey; olay, vaka
(çoğunlukla esrarengiz bir olay). *We
must try to get to the bottom of this
affair.* (=Bu olayın içinde yatan
gerçeği öğrenmeliyiz). **2** (çoğ. biç.) iş,
mesele: *Ministry of Foreign Affairs*
(=Dış İşleri Bakanlığı). **3** ilişki; cinsel
ilişki; birbirleri ile evli olmayan iki kişi
arasındaki ilişki (özl. kısa süre süren
türden): *have an affair with someone.*
(*eş anl.* **love affair**).

affect [ə'fekt] *f+n* **1** etkilemek, tesir
etmek (çoğk. kötü türden). *His health
was affected by the poor food he ate.
Music affects some people very
strongly.* **2** (birisinde) üzüntü,
kızgınlık, sevgi, vb. duyguları
uyandırmak. *He was deeply affected
by the news.* **affected** *s* yapmacıklı;
numaradan, poz keserek yapılan: *an
affected accent.* (karş. **unaffected**). (*eş
anl.* **la-di-da**). **affectation** [æfek-
'teiʃən] *i+sy/-sy* yapmacık davranış;
kişinin doğal olmayan hareket tarzı.
NOT: *affect* ve *effect* sözcükleri çoğu
zaman birbirleriyle karıştırılır. *I affect*
[ə'fekt] *şeklinde, effect* ise [i'fekt]
şeklinde sesletilir. *2 affect* genl. bir
fiildir; *effect* ise bir isimdir ve temel
anlamı '(bir şeyin) sonucu' demektir.
effect aynı zamanda bir fiildir de ve
'başarmak, meydana getirmek'
anlamına gelir. *The members of the
club effected a change in the rules.*

affection [ə'fekʃən] *i-sy* sevgi,
muhabbet, sevecenlik: *show affection
to somebody. His affection for his
children was touching to see.*
affectionate [ə'fekʃənit] *s* sevecen;
yumuşak ve tatlı bir sevgi gösteren.
*The affectionate puppy kept licking
my hand.* (karş. **unaffectionate**).
affectionately *z* sevgiyle; sevgilerimle.

affiliate [ə'filieit] *f+n/-n* (**with, to** ile)
yakın ilişki kurmak. *Our nearest
neighbours live several miles away,
and we don't affiliate with them
much. The small club decided to
affiliate itself to the larger organ-
ization.*

affinity [ə'finiti] *i+sy/-sy* yakın ilişki,

yakın benzerlik, veya bağlantı. *There is an affinity between the Bantu languages.*

affirmation [æfə'meifən] *i+sy/-sy* doğrulama, tastik. **affirmative** *s* doğrulayan, doğrulayıcı. **negative'e** bkz. **answer in the affirmative** 'evet' diyen bir cevap. (*r. kul.*—yerine **say yes, agree, admit,** vb. kullanın).

affix ['æfiks] *i+sy* bir kök sözcüğün başına ya da sonuna eklenen bir harf, veya hece. Eğer başına eklenirse, 'önek' (= **prefix**) sonuna eklenirse, 'sonek' (= **suffix**) adını alır ve kök sözcüğün anlamını değiştirir.

afflict [ə'flikt] *f+n* insanı hasta etmek; başına bela olmak; musallat olmak; zihnini rahatsız etmek: *afflict somebody with extra work; afflicted with leprosy.* **affliction** *i+sy/-sy* ızdırap, eziyet, acı çekme; üzüntü.

affluent ['æfluənt] *s* zengin, parası bol, servet sahibi. *Denmark is an affluent country.* (*eş anl.* **rich**). **affluence** *i-sy* bolluk, zenginlik.

afford [ə'fɔ:d] *f+n* **1** yeterince parası, vakti olmak; paraca gücü yetmek; bir şeyi zarara uğramadan yapabilmek. *We can afford a new car. We can afford the money for a new car. I can't afford to go/going out/every night.* **2** vermek, sağlamak, temin etmek. *Reading affords him a lot of pleasure.* (*eş anl.* **provide**).

affront [ə'frʌnt] *i-sy* kasten, veya herkesin önünde yapılan hakaret. *That speech was an affront to the audience.* Ayrıca *f+n* hakaret etmek. *She affronted her visitors by making rude comments about their appearance.*

afloat [ə'flout] *z/-yüks* yüzmekte; nehirde, denizde yüzer durumda.

afoot [ə'fut] *z/yüks* devam etmekte, ilerlemekte (olan). *Rumours/ preparations were afoot.*

afraid [ə'freid] *yüks* korkulu, korkmuş, korku dolu. *The travellers were afraid that they would be robbed. The small boy was afraid of the dark. I'm afraid to ask him* (= Ona sormaktan çekiniyorum). (*eş anl.* **frightened, scared**). **be afraid that** galiba, zannedersem, korkarım ki. *I'm afraid (that) I don't know. I'm afraid (that) I can't help you.* '**I am afraid...**' maalesef... korkarım (ki)..., '**I'm afraid not...**'

maalesef..., korkarım (ki).... *'Did he book himself on the next flight?' 'I'm afraid not'* (= Maalesef yapmadı. / Korkarım yapmadı). **'I'm afraid so'** maalesef..., korkarım ki..., *'Is John going along?' 'I'm afraid so'* (= Korkarım gidiyor. / Maalesef gidiyor).

afresh [ə'freʃ] *z* yeniden, tekrar; sil baştan, bir kere daha: *start afresh.*

after ['a:ftə*] *z/bağ/edat* **1** (bir şeyden) sonra: *after the meeting; after they had visited him; the day after tomorrow* (= yarın değil öbürsü gün). **2** yer, veya sıra bakımından bir sonraki. *I was after him in the queue.* **3** rütbece daha küçük. *A major comes after a general.* **4** peşine düşerek, arayaraktan; ardından koşarak: *run after someone.* **one after the other** peş peşe, birbiri ardına. *I broke three windows one after another.* **after-effect** *i+sy* (genl. çoğ. biç.) yan etki, gecikmeli etki; esas neden, veya etken ortadan kalktıktan epey bir süre sonra ortaya çıkar: *after-effects of an illness.* **afterlife** ahret hayatı; öbür dünyadaki yaşam. **after all** için **all'a** bkz. **after you** (örn. kapıdan çıkarken) önce siz buyurun.

aftermath ['a:ftəmɑ:θ] *i-sy* sonraki dönem; bir şeyin bitimindeki durum: *the aftermath of war; the aftermath of the storm.*

afternoon ['a:ftə'nu:n] *i+sy* öğleden sonra; öğle ile akşam arası. *John left in the afternoon. He left on the afternoon of May 2nd. That afternoon he went to London. He came back at 2 o'clock yesterday afternoon.*

aftershave (lotion) ['a:ftəʃeiv] *i-sy* traş losyonu. *John smells of aftershave.*

afterwards ['a:ftəwədz] *z* daha sonra; ondan sonra. *First they will go to the theatre, then afterwards to dinner.* (*AmI'*de genl. **afterward**).

again [ə'gen] *z* **1** gene, yine; bir daha. *Try again.* **2** yeniden; eskisi gibi; daha önceki yerine, durumuna, vb. *Come home again. Get well again soon.* **again and again/time and again** devamlı olarak, hep. *I have told these children again and again not to play football near the main road.*

against [ə'genst] *z/edat* **1** karşı, zıt; aykırı: *act against somebody's wishes; be against war; protect against cold.*

That is against the law. **2** (bir şeye) karşı, dayalı, dayanacak biçimde. *He put the ladder against the wall.*

...leaning against the tree...

age¹ [eidʒ] **1** *i-sy* yaş; insanın yaşadığı, veya bir şeyin mevcut olduğu süre. *Children go to school in Britain at the age of five. There are children of different ages there.* **2** (bazı deyişlerde çoğ. biç. ile kullanılır) tarihteki belli bir dönem; çağ: *the Stone Age; the Middle Ages; the atomic age; in former times.* **age group** yaş grubu, kümesi. **come/be of age** için **come**'a bkz. **take ages** uzun bir süre almak; epey bir vakit almak. *They took ages to mend the cooker. (k. dil.).* **age of consent** cinsi temasta bulunması, veya evlenmesi yasal olan yaş. **age limit** emeklilik yaşı. İngiltere'de kadınlar için 60, erkekler için 65'dir.

age² [eidʒ] *f-n* yaşlanmak, kocamak. *He is ageing rapidly.* şim. zam. ort. (*Brİ*'de) **ageing**, (*AmÌ*'de) **aging**. **aged** ['eidʒid] *s* **1** çok yaşlı, kocamış: *an aged man.* **2** [eidʒd] belirli bir yaşta: *a boy aged two.* **ageless** *s* yaşlanmaz, ihtiyarlamaz; hiç yaşlanmayan, veya yaşlanma belirtileri göstermeyen.

agenda [ə'dʒendə] *i+sy* (genl. tek. biç.) gündem; bir toplantıda görüşülecek işlerin, veya konuların (madde madde) listesi: *be on the agenda. After three hours they were still discussing the first item on the agenda.*

agent ['eidʒənt] *i+sy* acente, mümessil; bir şahsın, veya bir şirketin (ticaret) işlerine bakan ya da bu gibilerini temsil eden kimse. *He is an agent for Volkswagen.* **agency** *i+sy* acente, acentelik. *This company has the agency for Volkswagen.*

aggravate ['ægrəveit] *f+n* **1** (durumu) ağırlaştırmak, kötüleştirmek. *The failure of his business aggravated*

John's grief for the death of his son. **2** canını sıkmak, sinirlendirmek. *Don't aggravate me, child. (k. dil.).* NOT: bazı kimselerce de bu tür bir kullanım yanlıştır; kuşku duyulduğunda yerine **annoy**'u kullanın). **aggravation** [ægrə'veiʃn] *i+sy/-sy* şiddetlendirme; kızdırma.

aggregate ['ægrigit] *i+sy* (genl. bir maçta, yarışmada, veya bir sınavda elde edilen sayı, numara, atılan gol, veya puan hk.) toplam, yekün. *What is the aggregate of goals from the two football matches?* Ayrıca *s* bütün. **in the aggregate/in aggregate** toplam olarak.

aggression [ə'greʃən] *i+sy/-sy* saldırı; savaşa, döğüşe başlama (genl. haklı bir neden olmaksızın; bir ülkenin diğer bir ülkeyle savaş yapması ile ilgili olarak): *commit an act of aggression against a neighbouring country.* **aggressive** [ə'gresiv] *s* saldırgan, kavga etmeye, veya saldırmaya her zaman hazır; çaçaron. *He is only aggressive if you tease him. (eş anl.* **belligerent**).

aggrieved [ə'gri:vd] *s* hakarete uğramış olan, duyguları incinmiş olan. *He was aggrieved at his friends' lack of interest in his success.*

agile ['ædʒail] *s* çevik, atik, kıvrak; faal, hareketli: *an agile mind. She was still agile despite her age. (eş anl.* **nimble**).

agitate ['ædʒiteit] *f+n/-n* bir davayı halkın önünde, kamuoyunda tartışmak, savunmak. *The workers are agitating for higher wages and better conditions.* **agitator** *i+sy* kışkırtıcı, tahrikçi (genl. kötü anlamda siyasal, veya toplumsal bir değişikliğe yöneltecek biçimde).

agnostic [æg'nɔstik] *i+sy* agnostik; bilinemezci; Tanrı'nın ve ahiretin var olup olmadığını kesin şekilde söylemenin mümkün olmadığına inanan kimse. *The minister tried to convince the agnostic.*

ago [ə'gou] *z* önce, evvel, eskiden: *three days ago; long ago. I left India a year ago.*

agony ['ægəni] *i* (genl. çoğ. biç.) şiddetli bir acı, veya ıstırap çekme; zihnen ve vücutça kıvranma. *He suffered agonies in hospital. The agony of the injured man was dreadful to see.*

agonize *f-n* çok acı ve ızdırap çekmek. *He agonized for months over the thought of his son's execution.* **agonizing** ['ægənaiziŋ] *s* büyük bir acıya neden olan; ızdırap çektiren; endişe verici. **agony aunt** (*BrI*'de) bir gazetenin dert köşesinde okuyucuların dertlerine çare bulmak için yazı yazan kimse, 'Güzin Abla'. **agony column** bir gazetede, veya dergideki dert köşesi.

agree [ə'gri:] *f+n/-n* 1 aynı fikirde olmak; uyuşmak, anlaşmak. *I agree with you.* 2 bir fikri, düşünceyi kabul etmek; onaylamak, razı olmak. *The headmaster agreed to the request for a half-term holiday.* 3 (bir fikri, düşünceyi, vb.) kabul etmek. *I agree we ought to try again. He agreed to go/on going.* 4 bir tartışmadan sonra uyuşmak, anlaşmak. *We agreed on a date for the next meeting.* 5 (birisine, bir şeyi) yapmak için istekli olduğunu söylemek; kabul etmek. *He agreed to help me.* 6 sağlığa uymak; bünyesine iyi gelmek; (midesini, vb.) bozmamak. *Pepper doesn't agree with me.* 7 (dilb.) uyum, uygunluk; bir cümledeki adların, sıfatların, fiillerin, vb. biçimce birbirlerine uymaları. (*karş.* **disagree;** 2. ve 7. anlamlar hariç). **agreement** *i+sy/-sy* 1 anlaşma, uyuşma. 2 (dilb.) uyuşma. (*karş.* **disagreement**). **agreeable** *s* 1 hoş, tatlı. *He is a very agreeable person to be with.* (*karş.* **disagreeable**). 2 (bir şeyi yapmaya) hazır; istekli, razı. *If you're agreeable we can start now.* **agreeably** *z* tatlılıkla, hoş bir şekilde.

agriculture ['ægrikʌltʃə*] *i-sy* tarım, ziraat. (*eş anl.* **farming**). **agricultural** [ægri'kʌltʃərəl] *s* zirai, tarımsal. (*eş anl.* **farming**).

aground

aground [ə'graund] *s* (gemiler hk.)

karaya oturmuş, karaya vurmuş: *run aground.*

AH [ei eitʃ] *i-sy* (=**After Hegira**)— Hicri, Hicri yıl, Hicretten sonra (622 AD.). **AD**'ye bkz.

ahead [ə'hed] *z* önde, ilerde; öne ileriye doğru. *Walk ahead of me. Full speed ahead!* (=Tam yol ileri!)

ahoy [ə'hɔi] *ünlem* Hey! Hu!; bir bağırma, bağırtı (sözcüğü) (özl. diğer bir gemide bulunan kişiye). *'Ahoy, there, Fire Crest! Ahoy there! Can I come aboard? Ahoy, there! Ahoy! Ahoy! Ahoy!'*

A.I.D. (=**artificial insemination by donor**)—bir başka erkeğin yaptığı suni dölleme. Ayrıca **A.I.H.**'e bkz.

aid [eid] *i-sy* yardım, destek (özl. zengin bir ülkenin daha fakir olan bir ülkeye yaptığı). *The government sends aid to the developing countries of the world.* **in aid of** yardım etmek için. *This money has been collected in aid of the dog's home.* **first aid** ilk yardım.

AIDS [eidz] *i-sy* (=**acquired immune (or immuno-) deficiency syndrome**)—hastalıklara karşı doğuştan var olan bağışıklığın tamamiyle ortadan kalkmasıyla meydana gelen bir hastalık. Bu hastalık, hastalıklı bir kimse ile yapılan cinsi temas, kan nakli vb. yollarla sağlıklı bir kimseye geçer; eydz. *Hospital tests revealed that he was suffering from AIDS. She's got AIDS. AIDS is a virus disease, spread by the HIV virus and it is not curable.* Ayrıca **HIV**'e bkz.

A.I.H. (=**artificial insemination by husband**)—kocanın yaptığı suni dölleme. Ayrıca **A.I.D.**'ye bkz.

ailment ['eilmənt] *i+sy* hastalık, rahatsızlık (genl. ciddi olmayan türden). *My lumbago is the one ailment that keeps me on edge day in, day out.*

aim¹ [eim] *f+n/-n* 1 nişan almak; (bir noktaya) yöneltmek (genl. vurmak amacıyla): *aim a blow/a gun at somebody; aim a camera.* 2 amaçlamak, amacını gütmek. *I aim to finish this book by next week. He aimed at being friendly.*

aim² [eim] *i+sy* 1 (bir silahla) nişan alma; (birisine) söz atma, vb.: *not a good aim.* 2 amaç, hedef, maksat, niyet. *His aim in life is to become*

rich. (eş anl. **ambition**). **aimless** *s*
amaçsız, gayesiz, hedefsiz. **aimlessly**
z rastgele, gayesiz bir şekilde.
ain't [eint] değil (=not); **am not, is not,
has not** veya **have not**'ın kaynaşmış
bir biçimi. *I ain't ready. He ain't got
it. I ain't seen it.* **be** ve **have**'e bkz.
air [eə*] *f+n* **1** hava; dünyayı kuşatan,
bütün canlıların solunumuna yarayan
renksiz, kokusuz akışkan gaz karı-
şımı. **2** hava, gökyüzü: *fly in the air.*
3 (görünüş, davranış, söz, vb. için) bir
kimsenin durumunu belirten özellik.
*He has a guilty air. The rich business
woman has an air of success.* **airbus**
kısa mesafelerde ekonomik taşımayı
amaçlayan büyük yolcu uçağı. **air-
conditioned** *s* klima tertibatı bulunan.
air-conditioner klima tertibatı. **air
conditioning** havayı düzenleme; yaz
aylarında bir binadaki, veya odadaki
havayı serin ve kuru tutma düzeni.
aircraft *i+sy* uçak, helikopter, planör;
motorlu, veya motorsuz herhangi bir
tip uçucu araç. **aircraft carrier** uçak
gemisi. **aircrew** uçak mürettebatı.

aircraft carrier

airing *itek* odayı havalandırma.
airforce hava kuvvetleri. **air freight**
havayolu ile taşınan mallar. **airgun**
hava tabancası, tüfeği; içindeki mermi
barut yerine çok kuvvetli bir hava
basıncı ile fırlatılır. **airletter** uçak
mektubu. **airline** hava yolu, uçak
şirketi. **airliner** *i+sy* büyük bir yolcu
uçağı. **airlock** hava blokajı; aynı
miktarda hava basıncı olmayan iki yer
arasındaki basıncı ayarlamak için
kullanılan basınç odası. **airmail** uçak
postası; hava yolu ile gönderilen
mektup, paket, vb. **air pocket** (uçuş
sırasında meydana gelen) hava
boşluğu. **airport** sivil havalimanı, sivil
havaalanı (özl. büyük kentlerin

yakınında bulunur, örn. *London
Airport*). **air raid** hava akını, hava
baskını. **airsick** *s* uçak tutmuş; uçakta
uçma yüzünden hastalanmış. **airstrip**
uçak pisti; küçük toprak pist; uçak-
ların iniş ve kalkışına elverişli hale
getirilmiş toprak zemin. **airtight** *s*
hava geçirmez, sızdırmaz. **air time**
radyo, veya televizyondaki bir
programın yayın süresi.
air² [eə*] *f+n* (elbise, çarşaf, yatak,
vb.) havalandırmak: *air clothes.* **air
one's views** kendi fikirlerini,
düşüncelerini, vb. bildirmek, ortaya
koymak, dile getirmek (çoğk. baş-
kalarının ne düşündüğünü öğrenmek
amacıyla). *She is not the kind of
person one can introduce into
company; she is too fond of airing her
views.*
airy ['eəri] *s* **1** havadar, esintili. **2** yap-
macıklı, havalı, kendine bir havalar
veren: *airy behaviour; an airy manner.*
airily z hoppaca, hafife alarak.
aisle [ail] *i+sy* bir kilisede, sınıfta,
tiyatroda, vb. geçit, koridor.
NOT: kilise dışında kalan yerler için
gangway de kullanılır. *aisle* için böyle
bir kısıtlama yoktur.
rolling in the aisles (seyirciler)
gülmekten kırılmak; kırmak. *It had
us rolling in the aisles.*
ajar [ə'dʒa:*] z (bir kapı hk.) aralık;
yarı açık. *I left the door ajar so the
cat can come in.*
alarm [ə'la:m] *i-sy* **1** panik; ani korku
ve telaş. **2** *i+sy* alarm; tehlike işareti.
*He gave the alarm when the thief
appeared.* Ayrıca *f+n* ani bir korkuya
ve endişeye kaptırmak; telaşa
düşürmek. *I was alarmed when I
heard the noise.* **alarmist** *i+sy* (ortada
endişe yaratacak bir durum, veya
neden olmamasına rağmen) ortalığı
telaşa veren, panik yaratan kimse.
alarm clock çalar saat.
alas [ə'læs] *ünlem* (üzüntü, keder, veya
korku ifade eden haykırış) Tüh!,
Eyvah!, Yazık!. (*esk. kul.*).
album ['ælbəm] *i+sy* albüm; resim,
fotoğraf, pul gibi şeyleri dizip sak-
lamaya yarayan bir tür defter.
alcohol ['ælkəhɔl] *i+sy* alkol; alkollü
içkiler. **alcoholic** [ælkə'hɔlik] *s* alkol-
lü. *They should not be encouraged to
take alcoholic drinks.* Ayrıca *i+sy*
alkolik (kimse); ayyaş.

alcoholism *i-sy* ayyaşlık; içki tutkunluğu; alkolizm.

alcove ['ælkouv] *i+sy* cumba; bir odada yapılan çıkma, bölme.

alderman ['ɔːldəmən] *i+sy* İngiltere ve Amerika'da yerel yönetim üyesi.

ale [eil] *i-sy* bir tür bira. pale ale ve brown ale olarak iki çeşittir. (*esk. kul.* —yerine beer'ı kullanın).

alert [ə'ləːt] *s* uyanık, tetik. *The guards were alert to any danger.* (*eş anl.* wide awake). Ayrıca *i+sy* alarm, uyarı. Ayrıca *f+n* alarm vermek, alarma geçirmek; uyarmak, ikaz etmek. *The police have alerted all motorists to the need to drive carefully.*

A level ['ei levəl] *i+sy* (=Advance level)—İngiltere, Galler ve Kuzey İrlanda'daki genellikle 18 yaş öğrencilerinin girdiği ileri düzeydeki bir sınav. Ayrıca GCE ve O level'a bkz.

algebra ['ældʒibrə] *i-sy* cebir; artı ve eksi gerçek sayılarla, bunların yerini tutan harfler yardımı ile nicelikler arasında genel bağlantılar kuran matematik kolu.

alias ['eilias] *i+sy* takma ad; bir kişinin (özl. suç işleyip duran birisinin) yalancı adı, veya başka adı; namıdiğer. *John Smith alias Tom Brown* (=Takma adı Tom Brown olan John Smith. / Tom Brown olarak da bilinen John Smith).

alibi ['ælibai] *i+sy* savunma kanıtı; belli bir suçu işlemekle suçlanan bir kişinin kendisini temize çıkarmak için ileri sürdüğü bir karşı sav; buna göre sanık kimse suçun işlenmesi sırasında başka bir yerde olduğunu savunur. *The fact that he was speaking before a large audience in Glasgow, one hundred miles away from the scene of crime, at the time the murder was committed proved a perfect alibi.*

alien ['eiliən] *i+sy* yabancı, ecnebi, yabancı uyruklu kimse: *UK citizens, Commonwealth citizens, EEC citizens and aliens.* (oldukça resmi—yerine foreigner'ı kullanın). Ayrıca *s* yabancı, uzaylı. *An alien spaceship has entered the galaxy.*

alienate ['eiliəneit] *f+n* yabancılaştırmak; düşmanca hisler besletmek; düşman haline getirmek. *He alienated his sister by his unkindness. His sister was alienated from him by*

his unkindness. alienation *i-sy* yabancılaştırma; daha önce dostça ilişkiler içinde bulunan birisinden soğutma.

alight¹ [ə'lait] *yüks* tutuşmuş, yanmakta, alevler içinde. *The fire is alight on the hearth.*

alight² [ə'lait] *f-n* (bir araçtan) inmek. *He alighted from the train. geç. zam.* ve *ort.* alighted, veya alit [ə'lit]. NOT: *alit* biçimi şiir dilinde kullanılır.

align [ə'lain] *f+n/-n* sıraya dizmek, veya dizilmek. alignment *i-sy* sıraya dizme; aynı çizgiye gelmek üzere düzenleme.

alike [ə'laik] *z/yüks* (hemen hemen) aynı biçimde; eşit olarak; benzer, aynı. *They look alike.* (*karş.* different).

alimony ['æliməni] *i-sy* nafaka; birinin geçindirmekle yükümlü bulunduğu kimselere, mahkeme kararı ile bağlanan aylık. (*eş anl.* maintenance).

alive [ə'laiv] *z/yüks* 1 canlı, diri, sağ. (*karş.* dead). 2 canlı, faal, hayat dolu. alive with (canlı şeylerle) kaplı, veya dolu. *The kitchen was alive with ants.*

alkali ['ælkəlai] *i+sy* (kimyada) alkali; asitlerle birleştiklerinde kimyasal tuzları oluştururlar ve turnusol kağıdını maviye dönüştürürler. (*karş.* acid).

all [ɔːl] 1 *s/belirten* (bir şeyin) hepsi, tamamı: *all the pupils in the school; all the soup. All pupils must observe the rules.* 2 *zamir* her (şey), hepsi, her biri. *You'll find all you need in that box. All of them are going.* 3 hepsi, tümüyle: *all wrong; all finished.* all but neredeyse, hemen hemen: *all but empty.* (*eş anl.* nearly). all at once birdenbire, aniden. (*eş anl.* suddenly). all right 1 sağlığı yerinde, sağlam. *Do you feel all right?* (=İyi misin?/Bir şeyin yok ya?) 2 Tamam! Kabul! Pekâlâ! Olur! Peki, kabul ediyorum, veya ediyoruz. '*Will you do this?*'—'*All right, I'll do it.*' NOT: bazen *alright*'ın da kullanıldığı görülebilir, ama bu bazılarınca yanlış kabul edilmektedir.

all-important çok önemli, hayatî. all-purpose çok maksatlı, yönlü. all-rounder bir çok spor dallarında başarılı kişi; atlet komple; komple atlet. all/just the same (hiç) farketmez; (benim, senin, vb.) için hep aynı hesap; (kendi açımdan, vb.) hiç sorun yok. *He is rather boastful, but I like him all/just the same.* **all the better** çok daha iyi. *I feel all the better.* **all-star** bütünü ile ünlü yıldızların, şarkıcıların, vb. oluşturduğu. **above all** her şeyden en önemlisi. **after all 1** (şurası da) hatırlanmalıdır ki, unutulmamalıdır ki. *He doesn't work very hard, but after all, he is getting old.* **2** her şeye rağmen, karşın; eninde sonunda; gene de. *I went to town after all.* **at all** (soru ve olumsuz cümlelerde kullanılır) hiç. *I don't remember him at all.* **in all** hepsi, tamamı. *Six boys and two girls; that's eight in all.* **go all out** büyük bir hırs ve azimle çalışmak, yapmak. (*k. dil.*). **on all fours** elleri ve dizkapakları üstüne; dört ayak üstüne. *The cat jumped from the top of the tree and landed on all fours.* **once and for all** son olarak, son bir kere daha; bundan sonra artık yok: *warn somebody once and for all.* (bazen bu sözü kullanmak oldukça nezaketsiz kaçar; kullanırken dikkatli olun). **not at all** bir şey değil; rica ederim; zararı yok; (her teşekkür edildiğinde bu sözü kullanmak gereksizdir).

allay [ə'lei] *f+n* yatıştırmak, teskin etmek, dindirmek, sakinleştirmek: *allay somebody's fear; allay the pain of a disease.* (*eş anl.* **calm**).

allege [ə'ledʒ] *f+n* iddia etmek; kanıt göstermeksizin bir şeyi ileri sürmek. *The shopkeeper didn't see the girl steal the book but he alleges that she took it.* **allegation** [æli'geiʃən] *i+sy* suçlama, kanıtsız iddia.

allegiance [ə'li:dʒəns] *i-sy* bağlılık, sadakat (bir lidere, veya üyesi olduğu bir kuruluşa). *He swore an oath of allegiance to the new president.*

allegory ['æligəri] *i+sy* alegori, öykü; bir ders vermek amacıyla kaleme alınmış ve içinde ya soyut fikirler (örn. nefret, güzellik, sadakat) ya da insan kılığında gözüken hayvanlar vardır.

allergy ['ælədʒi] *i+sy* alerji, aşırı duyarlılık; kimi canlıların birtakım yiyeceklere, ilaçlara, toz, koku gibi nesnelere karşı hastalık derecesinde gösterdikleri aşırı tepki; genl. bu tür bir şey aynı şekilde bir başkası üzerinde etki yapmaz. *My daughter has a penicillin allergy.* **allergic** [ə'lə:dʒik] *s* 1 alerjik; belli bir alerjisi olan. *He is allergic to fish.* 2 bir şeye karşı nefret duyan, antipati duyan.

alleviate [ə'li:vieit] *f+n* yatıştırmak dindirmek, hafifletmek: *alleviate pain. Talking to my parents alleviated my worry.* (*karş.* **aggravate**). **alleviation** [əli:vi'eiʃən] *i-sy* yatıştırma, teskin; hafifleme.

alley ['æli] *i+sy* dar sokak (genl. karanlık ve pis). **alley cat** sokak kedisi.

alliance [ə'laiəns] *i+sy* anlaşma, bağlaşma, birleşme, ittifak: *an alliance for war.* **allied** ['ælaid] *s* bağlaşıklık, müttefik: *the allied powers.* **ally**'e bkz.

alligator ['æligeitə*] *i+sy* timsah; Amerika'nın tropikal nehirlerinde bulunur.

alliteration [əlitə'reiʃən] *i-sy* aliterasyon; uyum sağlamak için sözcük başlarında ve ortalarında aynı sessiz ve aynı hecelerin yinelenmesi (özl. şiirde, örn. *speak slowly and softly*).

allocate ['æləkeit] *f+n* birisi, veya bir amaç için herhangi bir şeyi ayırmak, tahsis etmek. *I have allocated this room to you.* **allocation** [ælə'keiʃən] *i+sy/-sy* ayırma, tahsisat. *The Education Department made an allocation of funds for school libraries.*

allot [ə'lɔt] *f+n* **1** pay etmek, bölüştürmek. *Their father's will allotted equal shares of the farm to the two brothers.* **2** tahsis etmek, ayırmak. *He has been allotted £10,000 for research.* geç. zam. biç. ve ort. **allotted**. **allotment** *i+sy/-sy* pay; tahsis; bölüştürme.

NOT: *allotment* genl. sadece arazi için kullanılır. Bunun dışındaki diğer anlamlar için **allocation**'ı kullanmak daha doğru olur.

allow [ə'lau] *f+n/-n* **1** (bir şey yapması için birisine) izin vermek, müsade etmek. *He allowed his children to go to the cinema.* (*karş.* **forbid**). (*eş anl.* **permit**). **2** vermek (özl. para). *He allowed his children fifteen pence a week.* **3** hesaba katmak; göz önünde tutmak. *We must allow three days for travelling from London to Hong Kong.* **allowance** *i+sy* ödenek, tahsisat; birisine özel bir amaçla düzenli olarak verilen para. *He has an allowance from the government for travelling expenses.* **make allowances for** hesaba katmak, göz önüne almak; hoş görmek, göz yummak. *All athletic teams must allow for the possibility of injuries.* **allow me** (bir kimseye bir şeyi verirken, veya bir şey söyleyecekken) izin veriniz..., müsaadenizle. NOT: *allow* fiili *of* edatı ile kullanılırsa 'izin vermek, müsaade etmek' anlamına gelir. *His weakened condition would not allow his being questioned by the police.* Eğer *for* edatı ile kullanılırsa 'hesaba katmak, göz önünde tutmak' anlamına gelir. *You can't make it in an hour; you must allow for the detour. John allowed for her great age and was very patient in listening to her complaint.*

alloy ['ælɔi] *i+sy* alaşım; bir metale bir ya da birkaç elementin katılması ile elde edilen metal niteliğinde madde: *an alloy of copper and tin.*

allude [ə'lu:d] *f-n* ima etmek, dolaylı olarak sözünü etmek; taş atmak; doğrudan doğruya temas etmeksizin bir şeyden bahsetmek. *You mustn't even allude to his father's illness.* **allusion** [ə'lu:ʒən] *i+sy/-sy* ima; taş. *The angry flush that at once overspread his face showed that he understood the allusion.*

allure [ə'ljuə*] *f+n* ayartmak, aklını çelmek, baştan çıkarmak. *The beauty of the day allured the ladies into the garden.* Ayrıca *i-sy* çekicilik, cazibe, albeni. **alluring** *s* gönül ayartıcı, alımlı, çekici. *She invited him sit down with an alluring smile.*

ally ['ælai] *i+sy* müttefik; siyasi anlaşma yolu ile bir ülkeye bağlanan ve bir savaşta kendisine destek sağlamaya söz vermiş olan başka bir ülke; insana yardım edip onu destekleyen kimse. *We were natural allies and agreed perfectly.* **alliance**'a bkz.

almighty [ɔ:l'maiti] *s* her şeyi yapabilecek gücü olan; kadiri mutlak. **The Almighty** Allah.

almond ['a:mənd] *i+sy* badem. **almond paste** badem ezmesi.

almost ['ɔ:lmoust] *z* az daha, hemen hemen, neredeyse; yaklaşık olarak. *It was almost midnight. (eş anl. practically).*

alms [a:mz] *itek* veya *çoğ biç* sadaka, zekat; fakirlere verilen para, yiyecek, giyecek, vb. (*esk. kul.*—yerine **charity**'i kullanın). *The mosque collected alms for the poor.*

alone [ə'loun] *z/yüks* yalnız, tek başına: *work alone; leave something alone* (=bir şeye ilişmemek, bırakmak, karışmamak). *He alone understands me. He went to the cinema alone. He is living alone.*

along [ə'lɔŋ] *z/edat* (bir şey) boyunca; uzunluğuna; sonuna doğru (ilerleyerek). *We walked/drove along the road.* **all along** her zaman, hep, öteden beri, ta başından beri. *He knew the answer all along, but he kept quiet.* **along with** beraberinde, yanında, eşliğinde. **alongside** yanına, yanında; bordasına, bordasında (genl. bir gemi): *come alongside.*

aloof [ə'lu:f] *z/yüks* ayrı, uzakta; uzak duran, katılmayan (genl. dost olmayan bir şekilde): *stand/hold oneself aloof from somebody.*

aloud [ə'laud] *z* duyabilecek bir sesle, yüksek bir sesle. *First Mary read the poem to herself and then aloud to the class. (karş. read to oneself ya da read silently).*

alphabet ['ælfəbet] *i+sy* alfabe; bir dilin seslerini gösteren harflerin tümü. *John can read and write the Russian alphabet/letters of the Russian alphabet.* **alphabetical** [ælfə'betikl] *s* alfabetik; alfabe sırasına göre dizilmiş. NOT: *alphabet* sözcüğü harfleri gösterir, yani A B C... çoğulu *alphabets* ise bir dilin yazma sistemini ifade etmek için kullanılır (örn. *the alphabets of German and Turkish*).

already [ɔ:l'redi] *z* çoktan, önceden, zaten, bile (daha) şimdiden, şimdi, bu kadar erken. *When we arrived, they were already there.*

alright ['ɔ:l'rait] **all**'a bkz.

also ['ɔ:lsou] *z* hem, hem de, dahi, keza, üstelik, aynı zamanda, ayrıca. *John is also coming to the party.* **also-ran** *i+sy* bir yarışmada ilk üç dereceye giremeyen yarışmacı.

altar ['ɔ:ltə*] *i+sy* sunak, kurbantaşı; üzerine Tanrı'ya adanan, veya kurban edilen şeyler konulur.

alter ['ɔ:ltə*] *f+n/-n* değiştirmek,

değişmek; başkalaşmak. *They altered their plans so I could come too.*
alteration [ɔltə'reifən] *i+sy/-sy* değişiklik, düzeltme. *She made some .alterations in her new dress.* **alter ego** 1 bir kimsenin ikinci kişiliği. 2 çok yakın dost.

alternate¹ [ɔl'tə:nit] *s* (iki şey hk.) birbiri ardına sırayla gelen; önce biri sonra öbürü gelecek biçimde; nöbetleşe: *alternate stars and circles (*o*o*o); on alternate days* (Monday, Wednesday, Friday, Sunday). (*eş anl.* **every other**). **alternately** *z* sıra ile. *The black and white squares on a draughtsboard are arranged alternately.*

alternate² ['ɔltə:neit] *f+n/-n* sıra ile, nöbetleşe yapmak, veya yaptırmak, değişmek ya da değiştirmek. (İki kişi ya da grup arasında). *John and his sister alternate in coming to see me.* (= John ile kızkardeşi sıra ile beni görmeye gelirler.) *John alternates hard work and/with laziness.* (John önce sıkı çalışır sonra tembellik yapar; sonra yine sıkı çalışır yine tembellik yapar.) **alternation** [ɔltə:'neifən] *i+sy/-sy* **alternating current** alternatif akım, dalgalı akım. (*karş.* **direct current**).

alternative [ɔl'tə:nətiv] *s* (iki şey hk.) başka, öbür, öteki, diğer: *an alternative route.* Ayrıca *i+sy* şık, seçenek, alternatif. *The judge offered the criminal the alternative of a fine or six months in prison. You know the alternatives, now you must choose.* **alternatively** *z* yoksa, aksi takdirde. *Alternatively, if you do not choose to fight you may run away.* (*eş anl.* **otherwise**).
NOT: bazı kişiler elde sadece 2 seçenek varsa *alternative*'i kullanır, fakat çoğu kişi bu kurala uymaz ve seçenek ikiden fazla dahi olsa yine *alternative*'i kullanır.

although [ɔːl'ðou] *bağ* her ne kadar... -ise de; olmasına rağmen; olduğu halde. *Although the book is difficult to understand, it is interesting.* (*eş anl.* **though**).
NOT: *although* ve *though* aynı anlama gelen iki sözcüktür. Fakat aralarında kullanım farkları vardır, *I as though* ((...-miş) gibi, sanki (...-miş gibi)) sözünde *though* yerine *although*

kullanılamaz. *2 I went to town, I didn't see John though.* (= Şehre indim, ama John'ı görmedim.) cümlesinde *though* bir cümleciğin sonunda kullanılmış olup 'ama, fakat' anlamına gelir. İşte böyle bir durumda *though* yerine *although* kullanılamaz.

altimeter ['æltimi:tə*] *i+sy* altimetre; deniz yüzeyinden itibaren yüksekliği ölçen bir alet.

altitude ['æltitju:d] *i+sy* (genl. bir uçak, veya bir dağ hk.) deniz seviyesinden olan yükseklik, irtifa. *Mt Kenya has an altitude of over 5,000 metres.*

alto ['æltou] *i+sy* (müzikte) 1 alto, alto düzeyinde erkek sesi (tenorun üstünde). 2 en düşük kadın sesi. (genl. **contralto**); ve böyle bir sesi olan. çoğ. biç. **altos**.

altogether [ɔ:ltə'geðə*] *z* 1 tamamen, tümü ile, büsbütün, hepsi: *an altogether stupid idea. The meeting was altogether a waste of time.* 2 her şeyi hesaba katarak; tümüyle ele alınacak olursa. *Your plan would be very difficult and also dangerous, so altogether, I think it would be better to try something else.*
NOT: *all together* (= hep birlikte, bir arada). *He gathered his books all together. John and his friends were all together again.*
in the altogether anadan doğma çıplak; çırılçıplak. (*eş anl.* **naked**).

aluminium [ælju'miniəm] (*AmI*'de **aluminum** [ə'lu:minəm] *i-sy* alüminyum; gümüş beyazı renkte hafif bir metal; uçak ve tencere yapımında kullanılır. Simgesi Al.

always ['ɔ:lweiz] *z* her zaman, daima, hep; ebediyen. *I will always remember her. George is always late for school.* (*karş.* **never**).

a.m. [ei'em] *z* (= ante meridiem) — öğleden önce (saatlerle kullanılır). *It's 9 a.m.* (*karş.* **p.m.**).

amalgam [ə'mælgəm] *i-sy* iki maddenin birbirine karışması, veya karıştırılması; amalgam, karışım.
amalgamate [ə'mælgəmeit] *f+n/-n* (özl. iki, veya daha fazla şirketler, dernekler, vb. hk.) birleşmek, birbirine katılmak ve tek bir birim oluşturmak. *The board of directors decided to amalgamate the two*

companies. **amalgamation** [əmælgə-meiʃən] *i-sy* halita, karışım.

amass [ə'mæs] *f+n* yığmak, toplamak, biriktirmek (genl. para, mal, malumat, vb.). *In his lifetime, he amassed a large fortune.*

amateur ['æmətə*] *i+sy* 1 (özl. futbol oynamak, müzik çalmak, resim yapmak hk.) amatör; bir işi, bir uğraşı yalnız kendi zevki için ve karşılığında para beklemeksizin yapan kişi. (*karş.* **pro, professional**). 2 acemi, yeni hevesli. Ayrıca *s* amatör. **amateurish** ['æmətəriʃ] *s* amatörce. *Dad did an amateurish job of painting the house.*

amaze [ə'meiz] *f+n* hayretler içinde bırakmak. *I was amazed by the sight.* **amazement** *i-sy* şaşkınlık, hayret. **amazed** *s* saşmış, hayretler içinde kalmış. *I am amazed at you.* **amazing** *s* şaşırtıcı, hayret verici; garip, acayip. *It was an amazing finish to the race.*

ambassador [æm'bæsədə*] *i+sy* büyük elçi, sefir; ülkesini başka bir ülkede temsil eden yüksek rütbeli bir hükümet görevlisi.

amber ['æmbə*] *i-sy* 1 kehribar, amber; portakal, veya sarı renkte sert ve yarı saydam bir madde; mücevharat, vb. yapımında kullanılır. 2 (özl. trafik ışıklar hk.) bu madde renginde.

ambiguous [æm'bigjuəs] *s* 1 iki, veya daha fazla anlama çekilebilecek olan. *The speaker gave an ambiguous reply.* 2 belirsiz, açık seçik, veya kesin olmayan. (*karş.* **unambiguous**). **ambiguity** [ambi'gjuiti] *i-sy/-sy.*

ambition [æm'bifən] 1 *i-sy* tutku, ihtiras (özl. zengin, ünlü, başarılı olmak için). 2 *i+sy* hırsla ve tutkuyla arzulanan bir şey. *My ambition is to be a rich man.* (*eş anl.* **dream**). **ambitious** *s* 1 hırslı, ihtiraslı, istekli. 2 büyük bir çaba ve beceri gerektiren. *That is a very ambitious plan, but I hope it succeeds.* (*karş.* **unambitious**).

amble ['æmbl] *f-n* (bir kişi hk.) ağırdan alarak yürümek; yavaş yavaş yürümek. *We ambled along the road.* (*eş anl.* **stroll**).

ambulance ['æmbjuləns] *i+sy* ambülans; hasta, veya yaralı taşımada kullanılan motorlu bir araç.

ambush ['æmbuʃ] *f+n* pusu kurmak, pusuya yatmak; gizli bir yerde bekleyip sırası gelince aniden saldırmak. *The raiding party was ambushed in*

the forest. Ayrıca *i+sy* pusu; gizlenilen bir yerden yapılan ani hücum.

ameliorate [ə'mi:liəreit] *f+n* daha iyi ya da daha hoş yapmak: *ameliorate the conditions of the poor.* **amelioration** [əmi:liə'reiʃən] *i-sy* düzelme, iyileşme.

amen ['a:'men] *ünlem* amin; 'Öyle olsun (= **May it be so**), 'Tanrı kabul etsin (= **May this prayer be granted**)' anlamında, duaların sonunda kullanılır.

amenable [ə'mi:nəbl] *s* uysal, yumuşak başlı; söz dinler, kulağına laf girer. *The young prince was amenable to the advice of his elders.*

amend [ə'mend] *f+n/-n* ıslah etmek, düzeltmek: *The new government amended the law.* (*eş anl.* **revise**). **amendment** *i+sy/-sy* değişiklik (genl. bir yasa, veya bir kuralda). **make amends** için **make**[1]a bkz.

amenity [ə'mi:niti] *i+sy* (genl. *çoğ.* *biç.*) hayatı daha zevkli bir hale getiren ve insanın da tadını çıkarabileceği bir şey, bir durum (özl. bir sinema, bir park, bir kütüphane, iyi yollar, vb.).

Americanize [ə'merikənaiz] *f+n* davranışı, karakteri, özellikleri açısından Amerikalılaştırmak, veya benzer hale getirmek.

amiable ['eimiəbl] *s* sevimli, tatlı ve arkadaşlık, dostluk dolu. *He is a very amiable person.*

amicable ['æmikəbl] *s* arkadaşça, dostça; patırtısız gürültüsüz. *An amiable man is usually willing to make an amicable settlement.* (*karş.* **hostile**). (*eş anl.* **friendly**).

amid(st) [ə'mid(st)] *edat* (bir şeyin) ortasında.

amiss [ə'mis] *z/yüks* yanlış, hatalı, kusurlu; kusurlu bir biçimde. *As soon as I entered the house, I felt that there was something amiss.* **take something amiss** bir şeye kızmak, bozulmak, darılmak (genl. bir yanlış anlamadan dolayı). *He took it amiss when I showed him his mistakes.*

ammunition [æmju'niʃən] *i-sy* cephane, mühimmat (mermiler, bombalar, tahrip kalıpları, vb.).

amnesia [æm'ni:ziə] *i-sy* hafıza kaybı, bellek yitimi; amnezi.

amnesty ['æmnisti] *i+sy* genel af. *The*

government declared an amnesty for all petty criminals, to mark the nation's bicentenary.

amok [ə'mɔk] **amuck**'a bkz.

among [ə'mʌŋ] edat (bir çok şeyin) arasında, ortasında; (başka şeylerle) çevrilmiş, kuşatılmış. He lived among his own people for ten years. **amongst** [ə'mʌŋst] edat (=among).
NOT: between genl. iki şey ya da kişinin; among ise iki ya da daha fazla şey, veya kişinin arasında, içinde olmayı ifade eder.

amoral [æ'mɔrl] s doğru yanlış kavramı bulunmayan; ahlak kavramı yer etmemiş olan. **immoral**'a bkz.

amorous ['æmərəs] s aşka eğilimli, kolayca aşık olabilen; aşk ile ilgili olan. **amorously** z âşıkane. **amorousness** i-sy aşıklık.

amorphous [ə'mɔ:fəs] s amorf, şekilsiz, özel bir biçimi olmayan.

amount [ə'maunt] i+sy (özl. para hk.) miktar, meblağ: a small amount of money. A large amount of damage was done in a very short time. Ayrıca f-n 1 (özl. para hk.) bir miktara varmak, ona baliğ olmak. The total cost of repairs amounted to sixty pounds. 2 aynı anlama gelmek, bir şeye eşit düşmek, aynı şey demek olmak. Keeping money which you find in the street amounts to stealing.

amp [æmp], **ampere** ['æmpeə*] i+sy amper, elektrik akımını ölçmede bir ölçü birimi (bir voltun gönderdiği bir om'luk akım).

amphibious [æm'fibiəs] s 1 hem karada hem de suda yaşayıp hareket edebilen. 2 amfibik: amphibious attack; amphibious vehicle.

ample ['æmpl] s 1 yeterinden, gereğinden fazla. an ample supply of paper. 2 geniş, ferah, büyük; yeterince büyük; yeterinden, gereğinden daha büyük. There is ample room for twelve desks here. **amply** z bol bol, fazlasıyla.

amplify ['æmplifai] f+n gücünü arttırmak, yükseltmek; daha da bir ayrıntıya girmek. The tunnel amplified the noise. **amplifier** i+sy amplifikatör, yükselteç (özl. pikaplarda, vb. kullanılır).

amputate ['æmpjuteit] f+n tıbbi nedenlerle vücudun bir uzantısını (örn. kol, bacak, vb.) kesip atmak. After gangrene set in, surgeons had to amputate his leg.

amuck [ə'mʌk], **amok** [ə'mɔk] **run amuck** sözünde kullanılır—cinnet getirmek, aklı zıvanadan çıkmak; adam öldürmek arzusuyla yanıp tutuşmak; oraya buraya deliler gibi koşup saldırmak. (eş anl. **go berserk**).

amuse [ə'mju:z] f+n eğlendirmek, neşelendirmek; hoşça ve neşeli vakit geçirtmek. John tells stories to amuse us. The children were amused at/by the clown's jokes. **amusement** 1 i-sy eğlenme, zevk alma. 2 i+sy eğlence; zamanı eğlenceli bir biçimde geçirten şey. **amusing** s eğlenceli. We watched the clown's dogs perform many amusing tricks. (eş anl. **funny**). **amusement park** i+sy lunapark.

an [æn, ən] belirten sesli bir seda ile başlayan sözcüklerden önce kullanılır. **a**'ya bakın.

anaemia [ə'ni:miə] (AmI'de anemia) i-sy anemi, kansızlık; kandaki alyuvar sayısının yeteri derecede olmayışı nedeniyle meydana gelen rahatsızlık; hasta kendini halsiz ve güçsüz hisseder. Symptoms of anaemia are tiredness and pale colour. **anaemic** s anemik, kansız.

anaesthetic [ænis'θetik] (AmI'de **anesthetic**) i+sy narkoz ilacı, uyuşturucu madde; böyle bir madde duyuları uyuşturup acı, sızı, vb. şeylerin hissedilmesine engel olur; bu uyuşturma işi sınırlı bir alanda olduğu gibi tam vücutta uygulanabilir; doktor veya dişçiler ameliyat, veya çekim yapmadan önce kullanırlar: local anaesthetic; general anaesthetic.

anagram ['ænəgræm] i+sy çevrik söz; bu söz bir tek sözcük, veya bir sözcük takımı olabilir; böyle bir yeni söz, daha başka bir sözdeki harflerin yerlerini değiştirmekle elde edilir (örn. rat is an anagram of art; pain is an anagram of a pin).

analogy [ə'nælədʒi] i+sy/-sy bir ölçüde benzerlik, veya aynılık; bir şeyi ona bir ölçüde benzemeyen başka bir şey ile karşılaştırarak açıklama. Shakespeare makes an analogy between the citizens of a country and the parts of a person's body.

analyse ['ænəlaiz] (AmI'de **analyze**) f+n analiz etmek, ayrıştırmak, tahlil etmek; bir şeyi çok dikkatli bir şekilde incelemek ve bileşenlerine ayırarak neden meydana geldiğini ya da bunun ne olduğunu anlamak. *The food was carefully analysed to see if it contained anything harmful.* **analysis** [ə'næelisis] *i+sy/-sy* analiz, ayrıştırma, tahlil, çözümleme. *That newspaper has a very good good analysis of the political situation.* çoğ. biç. **analyses** [ə'næelisi:z].

anarchy ['ænəki] *i-sy* hükümet ve yasaların bulunmayışı; böylece herkes istediğini, dilediğini yapar (genl. diğer insanların da huzuru bozulur). *When he was assassinated, the country fell into anarchy.* (eş anl. **disorder**). **anarchist** *i+sy* anarşist; kargaşaya inanan birisi.

anatomy [ə'nætəmi] *i-sy* 1 anatomi, vücut yapısı bilimi. *My son is studying anatomy.* 2 ölü hayvan, veya insan vücutlarını keserek (genl. bunu tıp öğrencileri yaparlar) bu bilim dalını inceleme. 3 vücut. *Nerves, muscles, every part of my anatomy cried out for rest.*

ancestor ['ænsestə*] *i+sy* ata, cet, soy. *What country did your ancestors come from.* (karş. **descendant**). (eş anl. **forebear**). **ancestral** [æn'sestrl] *s* atalara ait, atalardan kalma. *They kept their ancestral customs.* **ancestry** *i-sy* soy sop, bir insanın tüm olarak ailesi; atalar, ecdat.

anchor ['æŋkə*] *i+sy* çapa, demir, lenger; bir ipe, veya zıncire bağlı ağır demir kanca; gemi, veya tekneden denizin dibine indirilir ve gemi yerinden oynamaz. *He went to check that the anchor was safe.* Ayrıca *f+n/-n* demirlemek. *The ship anchored in the harbour.* **at anchor** demirli, demir atmış. *The ship was lying safely at anchor.* **drop/cast anchore** demir atmak. **weigh/up anchor** demir almak. *She got her anchor up and steamed out of the bay.* **anchorage** *i+sy* demirleme yeri; gemilerin demirlediği sahile yakın bir yer.

ancient ['einʃənt] *s* (özl. tarih hk.) eskiden kalma, çok öncelerden beri var olan; eski, uzun zaman önceki: *history of ancient Egypt; ancient monuments.*

and [ænd, ənd, ən] *bağ* ve, ile; (iki, veya daha fazla sözcüğü, sözcük takımını ya da cümlecikleri birbirine bağlar). *He likes books, films and plays. I like bread and butter* (=tereyağlı ekmek). *He opened the door and looked round the room. Come and sit beside me. Come over here and I'll tell you a secret* (=Buraya gel de sana bir sır vereyim). *Wait and see* (=Bekle de gör).

anecdote ['ænikdout] *i+sy* fıkra, anekdot, belirli bir olay, veya kişi hakkında anlatılan kısa ve çoğk. de doğru olan bir hikâye (genl. ilginç, veya eğlendirici türden).

angel ['eindʒəl] *i+sy* 1 melek, Tanrının habercisi; (genl. kanatları olan güzel bir kişi olarak temsil edilir). 2 çok iyi birisi. (k. dil.). **angelic** [æn'dʒelik] *s* 1 melek gibi, veya meleğe benzer. 2 (çocuklar hk.) çok terbiyeli, melek gibi.

anger ['æŋgə*] *i-sy* kızgınlık, öfke, hiddet; insanın kafasının bozulması, iyice canının sıkılması; insanın gidip kendine kötü bir şey söyleyen, veya zarar veren kişiyle kavga ya da münakaşa etme hissi. *He does not often show his anger. He was filled with anger. My anger at losing it was very great.* Ayrıca *f+n* kızdırmak, öfkelendirmek, hiddetlendirmek, kafasını attırmak, asabını bozmak. *My explanation only angered him more.* **angry**'e bkz.

angle¹ ['æŋgl] *f-n* açı; birbiriyle kesişen 2 çizgi, veya yüzey arasındakі açıklık. *The beach sloped up at an angle of about twenty degrees.*

angle² ['æŋgl] *f-n* dolaylı yoldan bir şeyi istemek; bir şeyi almaya, elde etmeye çalışmak (genl. bazı numaralar yaparak, veya masum görünüşlü sorular sorarak). *I think he was angling for a loan.* **angler** *i+sy* spor amacıyla oltayla balık tutan kimse. **angling** *i-sy* bu şekilde balık avlama sporu.

Anglican ['æŋglikən] *i+sy* İngiliz kilisesine bağlı birisi. Ayrıca *s* İngiliz kilisesine ait.

anglicize ['æŋglisaiz] *f+n* İngilizleştirmek; görünüş özellik, veya nitelik bakımından İngilizler gibi yapmak. *Many foreign town names are anglicized.*

Anglo- ['æŋglou] *ön-ek* İngiliz;

Britanya ve İngiltere ile ilgili: *Anglo-American; Anglo-Irish; Anglo-French cooperation* (= İngiliz-Fransız işbirliği).

angry ['æŋgri] *s* **1** kızgın, öfkeli; bozuk çalan. *Are you angry with him? What are you angry about? I was very angry at losing it. I was angry with myself.* **2** (bir yara, kesik, vb. hk.) iltihaplı, kızarmış; acı, sızı veren görünümde. **angrily** *z* öfkeyle. Ayrıca **anger'** a bkz.

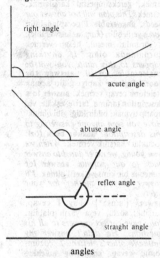

right angle

acute angle

abtuse angle

reflex angle

straight angle

angles

anguish ['æŋgwiʃ] *i-sy* çok büyük acı ve ıstırap; keder, elem (özl. zihinsel bakımdan). *The parents of the lost child suffered terrible anguish.* (eş anl. **agony**).

animal ['æniml] *i+sy* **1** hayvan; bitki dışında kalan canlı. **2** bitki dışında kalan canlı, bir varlık; bir insan, kuş, balık, böcek veya bir sürüngen (örn. bir köpek, kedi, kaplan, vb.). Ayrıca *s* hayvanlara ait, hayvani. *the animal kingdom* hayvanlar alemi.

animate ['ænimeit] *f+n* canlandırmak, hayat vermek; canlılık kazandırmak; kımıldatmak, harekete geçirmek; heyecan katmak, sağlamak. *When I showed the child a toy, curiosity animated his face.* Ayrıca ['ænimət] *s* canlı, yaşayan (karş.

inanimate). **animated** *s* hareketli; görüş ve fikirlerle dolu. *We had an animated discussion.*

animosity [æni'mɔsiti] *i-sy* düşmanlık. kin, husumet. *I think that man feels great animosity towards you. The woman was staring at both men with equal animosity.* (eş anl. **hostility**, **enmity**).

aniseed ['ænisi:d] *i-sy* anason; koku ve tad vermek için kullanılan bir tohum.

ankle ['æŋkl] *i+sy* ayak bileği. *I was up to my ankles in snow.*

annex¹, annexe ['æneks] *i+sy* ek bina; müştemiîât; daha büyük bir binaya eklenen, veya onunla birleştirilen bir yapı: *build an annex to a school.*

annex² [ə'neks] *f+n* eklemek, katmak; ilhak etmek, kendi yönetimi altına almak (çoğk. bir ülkenin diğer bir ülkeyi kendine katıp yönetimi altına alması hk.). *The farmer annexed the neighbouring land.*

annihilate [ə'naiəleit] *f+n* yok etmek, imha etmek, tümüyle ortadan kaldırmak. *The raiders annihilated the village.*

anniversary [æni'və:səri] *i+sy* yıldönümü, senei devriye (örn. *If John and his wife got married on 15 February 1955, their wedding anniversary is 15 February every year*).

Anno Domini [ænou'dɔminai] *z* (=**AD**)—Milâdi sene; Milâttan sonra. Ayrıca **AD**'ye bkz.

annotate ['ænouteit] *f+n* anlaşılması güç olan bir şeyi daha açıklığa kavuşturmak, veya ek bilgiler vermek için notlar koymak, yazmak. *It is usually better to buy an annotated edition of a Shakespeare play.* **annotation** [ænou'teifən] *i-sy/-sy* not.

announce [ə'nauns] *f+n* ilan etmek, haber vermek, bildirmek. *They have announced their wedding. The headmaster has announced that there will be a holiday tomorrow.* **announcement** *i+sy/-sy* bildiri, ilan. **announcer** *i+sy.* spiker; ilan eden, haber veren kimse (özl. radyo ve televizyonda haberleri okuyan, programları sunan, veya bir tren istasyonunda, vb. hoparlörden konuşan kimse).

annoy [ə'nɔi] *f+n* (insanın) canını sıkmak, (birisini) rahatsız etmek;

epeyce kızdırmak, öfkelendirmek. *Children should not annoy their parents.* (*eş anl.* **irritate**). **annoyance** *i+sy/-sy* rahatsızlık, sıkıntı, üzüntü. **annoying** *s* can sıkıcı, rahatsız edici. *This rain is so annoying because I wanted to go to the beach.* (*eş anl.* **irritating**).

annual ['ænjuəl] *s* 1 her yıl yapılan, yıllık, senelik. (*eş anl.* **yearly**). 2 (çiçekler hk.) yalnızca bir yıl süren; mevsimlik. Ayrıca *i+sy* 1 yalnızca bir yıl süren, veya bir mevsim yaşayan türden bir bitki. 2 yıllık; içinde gerçek olaylar ve hikâyeler bulunan ve her yıl aynı zamanda satışa çıkan kitap. **annually** *z* yılda bir, her sene. **annual income** yıllık gelir.

annuity [ə'njuiti] *i+sy* yıllık ödenek; birisine yılda bir kere ödenen, miktarı aynı ve değişmeyen para, örn. yaşlı kimselere ömrünün geri kalan kısmı için ödenen emekli aylığı.

annul [ə'nʌl] *f+n* (genl. bir anlaşma, bir yasa, bir kural, vb. hk.) iptâl etmek, yürürlükten kaldırmak, feshetmek. *Parliament annulled the law against wearing bikinis.* geç. zam. ve ort. **annulled**. **annulment** *i+sy/-sy* kaldırma, ilga.

anode ['ænoud] *i+sy* anot; pozitif elektrot. (*karş.* **cathode**).

anoint [ə'nɔint] *f+n* birisinin başına veya vücuduna yağ sürmek (özl. taç giyen kral, veya kraliçenin başına); (Kırkpınar'da pehlivanların vücutlarına yağ sürmeleri için de kullanılır).

anomalous [ə'nɔmələs] *s* düzensiz, anormal, kuraldışı; alışılmış olan türden, veya kuraldan farklı. **anomaly** *i+sy* kural dışılık, uymazlık; farklı olan bir şey. *A school with no books in it would be an anomaly these days.*

anonymous [ə'nɔniməs] *s* yazarının, veya yapanın adı bilinmeyen ya da belirtilmeyen; imzasız, isimsiz. *He received an anonymous gift/letter/phone call. This poem is anonymous.* **anonymity** [ænə'nimiti] *i-sy* adını koymama, imza koymama. **Anon** (= anonymous)—yazarının adı bilinmeyen bir şiirin, bir yazının sonunda.

anorak ['ænəræk] *i+sy* anorak, başlıklı kısa tür bir palto; rüzgâr ve yağmur geçirmez.

another [ə'nʌðə*] *s/zamir* bir tane daha; başka bir tane, farklı bir tane, öbürüsü, diğer. *He ordered another drink. I don't like this shirt; show me another one. Another part of the play is amusing. He lives in another town.* **one after another** birbiri ardından. **one another** birbiri(ni). (*eş anl.* **each other**).

answer[1] ['a:nsə*] *f+n/-n* 1 cevap vermek: *answer a question/a letter; answer somebody. She answered (me) by laughing.* (*eş anl.* **reply**). 2 tatmin etmek, gereksinmesini karşılamak, yetmek. *This plan will not answer our needs.* **answerable** 1 cevaplanabilir, cevap verilebilir. (*karş.* **unanswerable**). 2 sorumlu, mesul, hesap vermek durumunda olan. *If anything happens to this radio, you will be answerable for it.* **answer the door/telephone** kapıyı gidip açmak /telefona cevap vermek. **answer to a description** tanıma, tarife, eşkâle, vb. tıpatıp uymak; bildirildiği gibi olmak. *Have you seen anyone answering to this description?* **answer back** (özl. çocuklar) karşılık vermek. *When we were young, we never dared to answer back to our parents.* **answer for someone** bir kimseye kefil olmak. *I'll answer to your mother for your safety.*

answer[2] ['a:nsə*] *i+sy* 1 cevap, karşılık; sözlü, veya yazılı olabilir. *John gave correct answers to all his questions. He didn't answer my mother/mother's letter.* 2 çözüm, sonuç, cevap. **answering machine** *i+sy* telefon cevap verme aygıtı; evde, büroda olunmadığı zaman telefon edenlere, daha önce kaydedilmiş bir bantı çalan aygıt; tele sekreter.

ant [ænt] *i+sy* karınca.

antagonism [æn'tægənizm] *i-sy* düşmanlık, zıtlık. **antagonist** *i+sy* düşman, hasım, rakip. *The antagonists fought to the bitter end as they each wanted to win the trophy.* **antagonistic** [æntægə'nistik] *s* muhalif, nefret dolu. *She was antagonistic to any new ideas.* **antagonize** *f+n* kendine düşman etmek; muhalefet, karşıtlık yaratmak. *Do not antagonize.that man; he is dangerous.*

Antarctic [ænt'a:ktik] *özel i* Antarktika, Güney Kutbu. Ayrıca *s* Güney

Kutbu'na ait.

ante- ['ænti] *ön-ek* bir şeyden önce, evvel; zaman, yer, veya sıra bakımından önce gelen (örn. **antenatal** (=doğum öncesi)).
NOT: *ante-*'yi *anti-* (=karşı, muhalif) ile karıştırmayın.

antecedent [ænti'si:dnt] *i+sy* 1 (başka bir şeyden) daha önce gelen şey. *Its antecedents were the great compaigns of the Liberal Party.* 2 (dilb.) bir zamirin yerini tuttuğu bir isim, veya isim cümleciği; böyle bir durumda bu isim, veya isim cümleciği zamirden önce gelir. 3 (genl. *çoğ. biç.*) bir şeyin, bir kişinin, bir ailenin ya da bir topluluğun geçmişine ait tarihsel kayıtlar, veya soyu, sopu, geçmişi. *Horse trainers think that it is important to know the antecedents of a thoroughbred horse.*

antelope ['æntiloup] *i+sy* antilop, ceylan, gazal.

antenatal [ænti'neitl] *s* bir bebeğin doğum öncesi; doğum yapmazdan önceki dönem ile ilgili: *antenatal clinic* (=hamile hanımlara tıbbi bakımın yapıldığı yer). (*karş.* **postnatal**).

antenna [æn'tenə] *i+sy* 1 duyarga, anten; böceklerin başları üzerinde bulunan bir çift ince hassas organ. (*eş anl.* **feelers**). 2 anten; radyo ve TV dalgalarını gönderen ya da alan tel. *çoğ. biç.* **antennae** [æn'teni:].

anteroom ['æntirum] *i+sy* ön oda; daha büyük bir odaya açılan küçük bir oda; bekleme odası.

anthem ['ænθəm] *i+sy* 1 bazı törenlerde söylenen övgü dolu bir tür şarkı; milli, ulusal marş (*özl.* **national anthem** biçiminde). *'God Save the Queen' is Britan's national anthem.* 2 ilâhi; dinsel bir ezgi (kilisede bir koro tarafından söylenen ve İncil'den alınmış sözler olan).

anthology [æn'θɔlədʒi] *i+sy* antoloji, dermece; şairlerin, yazarların, bestecilerin eserlerinden alınmış seçme parçalardan oluşan kitap; güldeste. *We studied several of the poems in the anthology at school.*

anthropology [ænθrə'pɔlədʒi] *i-sy* insanbilim, antropoloji; insanın kökenini, evrimini, biyolojik özelliklerini, toplumsal ve kültür yönlerini inceleyen bilim.

anti- ['ænti] *ön-ek* karşı; karşı belli bir duygu, veya fikri belirten (örn. **antisocial**); bir şeyin zıttı, karşıtı olan; bir şeye karşı etkili olan, veya etkili bir şekilde kullanılabilen (örn. **anti-aircraft**).
NOT: *anti-*'yi *ante-* (=bir şeyden önce) ile karıştırmayın.

anti-aircraft ['ænti'eəkra:ft] *s* uçaksavar: *anti-aircraft gun.*

antibiotic ['æntibai'ɔtik] *i+sy* antibiyotik, mikropkıran; hastalığa neden olan mikropları yok etmede kullanılır. *Penicillin is an antibiotic.*

antic ['æntik] *i+sy* (genl. *çoğ. biç.*) komik, veya tuhaf hareket (genl. güldürmek için yapılır); maskaralık, soytarılık (genl. bir çocuğun, veya hayvanın yaptığı). *The child's antics made us laugh.*

anticipate [æn'tisipeit] *f+n* 1 beklemek, olacağından endişe etmek. *We did not anticipate any trouble.* 2 davranmak, (başkasından) önce davranıp eyleme geçmek. **anticipation** [æntisi'peiʃən] *i-sy* bekleyiş, umma; evvelden sezinleme.

anticlimax ['ænti'klaimæks] *i+sy* ani düşüş; soylu, ciddi, heyecan verici, vb. bir şeyden aptalca, önemsiz, veya ilginç olmayan bir şeye doğru ani değişme. *The end of the story was an anticlimax.*

anticlockwise ['ænti'klɔkwaiz] *z* saat istikametinin tersi yönünde. (*karş.* **clockwise**).

clockwise

anticlockwise

anticyclone ['ænti'saikloun] *i+sy* antisiklon; yüksek basınçlı atmosfer kütlesi.

antidote ['æntidout] *i+sy* 1 panzehir; zehirin insan vücudundaki etkisini durduran madde. *There is no satisfactory antidote to cyanide.* 2 deva, çare; bir başka şeyin kötü etkilerinin önüne geçmede kullanılan bir şey. *Hard work is an antidote for unhappiness.*

antifreeze ['ænti'fri:z] *i-sy* antifriz; kimyasal bir madde; bir sıvıya katıldığında o sıvının donma derecesini düşürerek donmasını önleyen madde.

antipathy [æn'tipəθi] *i-sy* nefret, tiksinme, antipati; değişmez ve önüne geçilmez bir sevmeme, veya nefret duygusu: *an antipathy to dictators.* (*karş.* **sympathy**).

antiquated ['æntikweitid] *s* (genl. nesne, veya fikirlerle ilgili) çok eski, modası geçmiş, köhne; bugünün ihtiyaçlarına ya da koşullarına elverişli olmayan. *That antiquated textbook has some interesting diagrams in it that show how people thought the human body worked in those days.* (*karş.* **modern**). (*eş anl.* **outmoded**).

antique [æn'ti:k] *s* (genl. nesneler hk.) çok eski. *They found some antique statues in the pyramid.* Ayrıca *i+sy* antika eşya; çok eski ve değerli bir şey. NOT: Eğer bir şey için *antiquated* dersek, onun artık değerinin, geçerliliğinin olmadığını ifade ederiz; fakat *antique* dersek onun zaman geçtikçe daha da seyrekleşip nadir hale geldiğini, ve bu yüzden de değerinin gittikçe arttığını belirtmiş oluruz. **antique shop** antikacı dükkânı.

antiseptic [ænti'septik] *s* antiseptik, arıtkan; kokuşmayı önleyen; mikropların üremesini durduran ve böylece hastalığın yayılmasını önleyen. *John gargled with an antiseptic mouthwash.* Ayrıca *i+sy* bu özelliğe sahip olan madde, antiseptik.

anti-social [ænti'souʃl] *s* 1 toplumdaki insanların çoğunun kabul ettiği iyi olan düşünce ve fikirlere karşı çıkan (örn. hırsızlık, başkalarının huzur ve rahatını bozmak, cinayet işlemek düzenli bir toplum ve yaşam biçimine karşı çıkan davranışlardır). 2 insanlara sokulmayan, başkalarına karışmayan. *He has been anti-social since his face was so badly scarred.* (*eş anl.* **unsociable**).

antithesis [æn'tiθisis] *i+sy* antitez; bir şeyin tam karşıtı; birbirine taban tabana zıt oluş. *Laughter is the antithesis of tears.*

antler ['æntlə*] *i+sy* (genl. çoğ. biç.) geyik boynuzu.

antler

antonym ['æntənim] *i+sy* karşıt, zıt anlama gelen sözcük. *Big is the antonym of small.* (*karş.* **synonym**).

anus ['einəs] *i+sy* anüs, makat; barsaklardan inen aptesin, kakanın atıldığı delik.

anvil ['ænvil] *i+sy* örs; biçimleri yapılacak işe göre değişen, üzerinde maden dövülen, çelik yüzeyli demir araç.

anvil

anxiety [æŋ'zaiəti] *i+sy/-sy* endişe, korku; ne olacağı bilinmediği zaman duyulur. *I felt great anxiety when told of my uncle's accident.*

anxious ['æŋkʃəs] *s* 1 endişeli, kaygılı, huzursuz, merak içinde. *He is very anxious about the results of his test. 'Why didn't you telephone? You knew how anxious I was!'* 2 bir şey yapmaya hevesli, can atan, çırpınan. *The people here are very anxious to help you. I am anxious to find a job.* **anxiously** *z* endişe ile; istekle.

any ['eni] *belirten* 1 herhangi bir; hangisi olursa olsun. *Take any book you want to. Come any time you like. Any kind of box will do.* 2 *belirten/zamir* (özl. olumsuz ve soru cümlelerinde) hiç; herhangi birisi;

hangisi olursa olsun; bazı; bir kaç. *Have you got any children besides John? Do you want any of these? Can't this car go any faster?* (=Bu araba daha hızlı gidemez mi?). *I don't want any more* (=Daha fazla istemiyorum). **not just any** öyle sıradan bir... değil. *He is not just any doctor.* **anybody** *zamir* herhangi biri. **anyhow** *z* 1 hiçbir şekilde. 2 dikkatsizce, rastgele, gelişigüzel. *He leaves his books about anyhow.* 3 her şeye rağmen; yine de, gene de; her ne olursa olsun; zaten, artık. *The teacher will forbid it, but you must do it anyhow. (k.dil.).* **anyone** *zamir* birisi, herhangi birisi, kimse, hiç kimse; kim olursa; istediğine, rastgele birisi. **anything** *zamir* bir şey; herhangi bir şey; hiçbir şey; şu, veya bu. **anything but** ...-den başka bir şey; hiç de ...değil. *He was anything but mean; in fact, he gave most of his money away to charity.* **anything like** ...-e benzer bir şey. **...like anything** delicesine. *John waved to us and we waved back like anything.* **anyway** her şeye rağmen; yine de, gene de; her ne olursa olsun; zaten, artık. *I know it is dangerous but you must go there anyway.* **anywhere** *z* herhangi bir yere, veya yerde; hiç bir yere, veya yerde. **apart** [ə'pa:t] *z* 1 birbirlerinden ayrı, uzak; mesafeli; parça parça: *stand apart from other people.* **apart from** hariç, ...-den başka. *She can't think of anything she needs, apart from a car.* **take something apart** bir şeyi parçalarına ayırmak, sökmek. *The mechanics took the engine apart.*
apartheid [ə'pa:tait] *i-sy* ırk ayırımı; Güney Afrika hükümetinin politikası; bu politikada ayrı ırktan olanların birlikte çalışmalarına, birbirleriyle görüşmelerine ve aynı haklara sahip olmalarına izin verilmez.
apartment [ə'pa:tmənt] *i+sy* (AmI'de) apartman dairesi. *He lives in an apartment, not a house.* (BrI'de **flat**).
apathy ['æpəθi] *i-sy* ilgisizlik, kayıtsızlık. *There is too much apathy about the need for further education.* **apathetic** [æpə'θetik] *s* ilgisiz, kayıtsız. *The people passing by seemed to be apathetic about the demonstration.*
ape¹ [eip] *i+sy* iri, kuyruksuz bir maymun (özl. bir goril (=**a gorilla**),

bir şempanze (=**a chimpanzee**) bir orangutan (=**an orang-utan**), veya bir şebek (=**a gibbon**).
ape² [eip] *f+n* birisini taklit etmek; birisinin taklidini yapmak (bir maymunun insanların hareketlerini taklit ettiği gibi). *He is only four but he apes his big brother.*
aperitif [ə'peritif] *i+sy* yemek öncesi içki, aperatif (genl. alkollü cinsten); iştahı arttırmak için yemekten önce alınır.
aperture ['æpətjuə*] *i+sy* ufak delik, menfez (özl. ışığın içeri girmesini sağlar) (örn. fotoğraf makinasında diyafram açıklığı; ışığın içeri süzüldüğü aralık). *We squeezed through the narrow aperture in the rocks.*
apex ['eipeks] *i+sy* tepe (özl. bir üçgenin); (bir şeyin) en yüksek noktası; doruk, zirve. *Only one tree grew on the apex of the mountain.*
APEX ['eipeks] *i* (=**Advanced Purchase Excursion**)—seyahate başlamadan en az 30 gün önce parası ödenerek alınmış indirimli uçak bileti.
apiece [ə'pi:s] *z* adam başına; her biri. *Our cakes are a pound apiece.*
aplomb [ə'plɔm] *i-sy* kendine güven; kendi yeteneklerine inanma: *do something with aplomb.*
apology [ə'pɔlədʒi] *i+sy* özür dileme. **apologize** *f+n* özür dilemek, af dilemek. *He apologized for his mistake.* **apologetic** [əpɔlə'dʒetik] *s* (yapılandan, yaptığından) utanmış, mahçup; kendini mazur göstermek istercesine.
apostle [ə'pɔsl] *i+sy* 1 Hz. İsa'nın 12 havarisinden biri. 2 havari, mürid.
apostrophe [ə'pɔstrəfi] *i+sy* (yazıda kullanılan) (') işareti, kesme imi, apostrof, tepeden virgül; (örn. *John's book; I've read that book).*
appal [ə'pɔl] *f+n* şoke etmek, derinden sarsmak; yüreğine korku, nefret, dehşet salmak. *The number of people killed on the roads appals me.* geç. zam. ve ort. **appalled**. (eş anl. **horrify**). **appalling** *s* müthiş, dehşet verici.
apparatus ['æpəreitəs] *i-sy* aygıt, cihaz; (takım halinde) bir dizi araç, makina, vb. *The blood sample was tested in a special piece of apparatus.*
apparent [ə'pærənt] *s* 1 açık seçik, kolayca görülebilir, veya anlaşılabilir;

besbelli. *It's quite apparent that you do not understand me.* (*eş anl.* **evident**). 2 görünüşte, sözde; görünüşe bakılırsa. (*eş anl.* **seeming**). **apparently** *z* galiba, anlaşıldığı kadarı ile, görünüşe göre. *Apparently he is a good player, although I have never seen him play myself.* (*eş anl.* **seemingly**).

apparition [æpə'rifən] *i+sy* hayalet, bir tür görüntü; ölmüş birisinin ruhu. *He fainted because he said he saw an apparition of a very old man in the mirror.*

appeal [ə'pi:l] *f-n* 1 bütün samimiyetiyle ve ciddi olarak istemek; dileğini güçlü bir biçimde belirtmek. *The teacher appealed to John to work harder.* 2 yalvarıp yakarmak; yardım, destek, merhametini istemek. *The injured man appealed for help. The prisoner appealed for one more chance.* 3 ilgisini çekmek, hoşuna gitmek, sarmak. *This book does not appeal to children.* 4 bir alt yetkilice verilmiş bir kararı temyiz etmek için daha yüksek düzeydeki bir yetkiliye başvurmak. *Thousands of people appealed to the queen to pardon the condemned man.* Ayrıca *i+sy/-sy* **make an appeal to somebody; have no appeal for somebody; make an appeal to a higher court.* **appealing** *s* çekici, albenili; cana yakın. **appealingly** *z* yalvararak.

appear [ə'piə*] *f-n* 1 ortaya çıkmak; görünmek; belirmek. *A face suddenly appeared at the window.* 2 (gibi) görünmek; (...-imiş) gibi gözükmek. *He appeared to be happy. It appears that I am wrong.* 3 (aktör, şarkıcı, program sunucusu, vb. hk.) sahneye çıkmak. (*karş.* **disappear**). **judge by appearances** bir kimse, ve bir şeyin görünüşüne göre karar vermek. *It is often a mistake to judge people by appearances.* **keep up appearances** görünüşü kurtarmak. *His family is not as wealthy as it used to be, but they keep up appearances by running a big car and living in the same large house.* **make an appearance** (kısa bir süre) hazır bulunmak; şöyle bir görünüvermek; görünüş, ortaya çıkma. *She made a late appearance at the party.*

appease [ə'pi:z] *f+n* (istenileni vererek) yatıştırmak, sakinleştirmek, teskin etmek, tatmin etmek: *appease somebody.*

appendicitis [əpendi'saitis] *i-sy* apandisit; kör barsağın iltihaplanması. **appendix** [ə'pendiks] *i+sy* 1 apandis, kör bağırsak. *He has had his appendix removed.* 2 ek, ilâve; bir kitabın sonuna eklenen yardımcı bilgiler. *çoğ. biç.* **appendixes** ya da **appendices** [ə'pendisi:z].

appetite ['æpitait] *i+sy/-sy* iştah; güçlü bir istek (özl. yiyecekler için). **appetizing** *s* iştah açıcı, iştah kamçılayıcı. *Some very appetizing smells were coming from the kitchen.* (*karş.* **unappetizing**). **lose one's appetite** iştahı kaybolmak, iştahını kaybetmek.

applaud [ə'plɔ:d] *f+n/-n* alkışlamak; bir kişiye, veya bir olaya olan hayranlığı belirtmek; takdirlerini belirtmek (genl. ellerini çırparak): *applaud an actor.* **applause** [ə'plɔ:z] *i-sy* alkış, el çırpılarak gösterilen beğeni, övgü. (*eş anl.* **clapping**).

apple ['æpl] *i+sy* elma. *Are there many apples on your trees this year?* **Adam's apple** gırtlak çıkıntısı; erkeklerde kadınlardan daha belirgindir. **be the apple of one's eye** çok sevilen bir kimse; gözbebeği. *My youngest son was the apple of my eye.* **in apple-pie order** çok düzenli, her şey yerli yerinde. *We were pleased to see that the previous occupants had left the house in apple-pie order.* (*eş anl.* **shipshape**). **upset the applecart/upset someone's applecart** bir çuval inciri berbat etmek, bir kimsenin planlarını altüst etmek. *Please do what you are told: don't upset the applecart.*

appliance [ə'plaiəns] *i+sy* alet, aygıt, araç: *appliance for cutting holes in metal.*

applicable [ə'plikəbl] *s* (özl. kural, veya yasalarla ilgili olarak) uygulanabilir, tatbik edilebilir. *This rule is not applicable to government employees.* (*karş.* **inapplicable**).

applicant ['æplikənt] *i+sy* başvuran, istekte bulunan kişi; resmen ve yazılı olarak müracaat eden kimse (özl. bir göreve, bir işe).

application [æpli'keifən] 1 *i+sy* başvuru, müracaat. *We have received twenty applications for this post.* 2 *i+sy* kullanım olanağı, uygulama alanı; kullanışlı, elverişli ya da uygun olma durumu: *application of scientific knowledge to the development of agriculture. I don't understand the application of this word.* 3 *i-sy* üstüne sürme; tatbik etme: *application of ointment to a wound; application of the brake.* 4 *i-sy* dikkat, özen; titiz ve sürekli bir çaba ve dikkat. *By application to his studies he succeeded in gaining a better job.*

apply [əˈplai] *f+n/-n* 1 başvurmak, müracaat etmek, dilekte bulunmak. *Nobody applied for the reward.* 2 üstüne sürmek, veya tatbik etmek: *apply an ointment.* 3 uygulamak, tatbik etmek, kullanmak. *He applied the brake. We must apply our scientific knowledge to the problems of mankind.* 4 ilgisi, etkisi, ilişkisi olmak; geçerli olmak, yürürlükte olmak. *This rule does not apply in Scotland. What I have just said does not apply to you.* **applied** *s* uygulamalı, tatbiki: *applied mathematics; applied science.* (*karş.* **pure mathematics/science, etc.**). **apply oneself** kendini vermek, hasretmek; sıkı bir biçimde dikkatli ve özenli olarak çalışmak. *John applied himself to his studies.*

appoint [əˈpɔint] *f+n* 1 atamak, tayin etmek, görevlendirmek; bir göreve, veya işe yerleştirmek, veya belli bir işi yapmak üzere seçmek. *They appointed Mr Jones headmaster.* 2 kararlaştırmak, tespit etmek, tayin etmek. *We must appoint a date for our next meeting.* **appointment** *i+sy* 1 iş, görev, hizmet, veya memuriyet. *We were pleased at his appointment as general manager of the company.* 2 randevu, buluşma; üzerinde anlaşmaya varılan zaman ve yerde bir araya gelme, görüşme. *John has an appointment with his housemaster today.*

appreciable [əˈpriːʃəbl] *s* hissedilir, farkedilir, sezilebilir (genl. şu sözde **make an appreciable difference**).

apposite [ˈæpəzit] *s* uygun, yerinde, münasip. *That was a very apposite remark you made at the meeting.*

apposition [ˌæpəˈziʃən] *i-sy* (dilb.) bağlaçsız isim açıklayan; bir bağlaç kullanmadan bir kimse, veya şeyin

hemen ardından gelerek bunları açıklayan bir sözcük grubu. '*Mr Jones*, **the new headmaster**, *is arriving today* cümlesinde '*the new headmaster*' bağlaçsız isim açıklayandır.

appreciate [əˈpriːʃieit] 1 *f+n* takdir etmek; kadrini, değerini bilmek; müteşekkir olmak, veya kılmak; teşekkür borçlu olmak. *We appreciate everything that you have done for us.* 2 *f+n* (örn. şiir, müzik, resim gibi bir şeyi) anlayıp sevmek, takdir etmek. *He appreciates good music.* 3 *f-n* değeri artmak, değerlenmek. *The value of this land has appreciated greatly recently.* **appreciation** [əˌpriːʃiˈeiʃən] *i-sy* taktir, değerlendirme, kıymet bilme. **appreciative** [əˈpriːʃiətiv] *s* 1 takdir eden, kadirşinas, müteşekkir. *He was most appreciative of John's offer to help him paint the house.* 2 anlayan, anlayış gösteren; hayranlık duyan ve gösteren. (*karş.* **unappreciative**).

apprehend [ˌæpriˈhend] 1 *f+n* tutuklamak, tevkif etmek, (bir suçluyu) yakalamak. *The police apprehended three men yesterday.* 2 anlamak, kavramak. *A child does not apprehend danger in an electric wire.* **apprehension** *i-sy* (geleceğe yönelik türden) korku, endişe. *It was odd, but I felt no qualms, no sense of apprehension.* **apprehensive** *s* (geleceğe yönelik türden) korku, endişe içinde, yüreği kalkık; vehimli, vesveseli. *That lady is very apprehensive about being attacked by thieves.*

apprentice [əˈprentis] *i+sy* çırak, yetişmen, yamak; bir ustadan hüner ve beceri öğrenme karşılığında ona belli bir süre, ve özellikle düşük bir ücretle hizmet etmeyi üstlenmiş olan birisi (genl. genç birisi). Ayrıca *s* **apprenticeship** *i+sy* çıraklık (süresi).

appro [ˈæprou] **buy/get something on appro** sözünde—bir şeyi muhayyer olarak almak; beğenilmediği takdirde belli bir süre içinde alındığı yere geri vermek. *My wife bought two dresses on appro.* (eş anl. **on approval**).

approach¹ [əˈproutʃ] *f+n/-n* 1 yaklaşmak; yakınına gitmek, veya gelmek. *We are approaching İstanbul/the sea.* 2 bir şey hakkında

konuşmak; bir konuyu açmak. *He approached the headmaster with a request for some advice.*
approach² [ə'prəutʃ] *i + sy/-sy* yaklaşma, yanaşma, yakına gelme. 2 bir şey isteme; teklifte bulunma. 3 (bir şeye, bir işe) yaklaşım, tutum, ele alış biçimi. *There is no very easy approach to mathematics.* **approachable** *s* kendisiyle kolayca konuşulabilir; dostça davranan, araya mesafe koymayan. *The headmaster is approachable.* (*karş.* **unapproachable**).
appropriate¹ [ə'prəupriət] *s* uygun, münasip, yerinde, elverişli. *What kind of badge would be appropriate for our new school?* (*karş.* **inappropriate**). **appropriately** *z* uygun bir şekilde.
appropriate² [ə'prəuprieit] *f + n* 1 belli bir amaç için bir kenara koymak. *We have appropriated a small amount of money for office supplies.* 2 (parayı, malı, vb.) üstüne geçirmek; çalmak, iç etmek, deve yapmak. **appropriation** [əprəupri'eiʃən] *i-sy* ödenek, tahsisat.
approve [ə'pru:v] *f + n/-n* beğenmek, uygun görmek, onaylamak. *I must say I approve of that boy's fondness for hard work.* (*karş.* **disapprove**). **approval** *i-sy* 1 onaylama, tasvib etme. *We had to get the headmaster's approval before we could change the school uniform.* (*karş.* **disapproval**). 2 (bir plan, vb. için) izin, müsaade. **buy/get something on approval** bir şeyi muhayyer olarak satın almak; beğenilmediği takdirde belli bir süre içinde alındığı yere geri vermek. *My wife bought two dresses on approval.* (*eş anl.* **appro**).
approximate¹ [ə'prɔksimət] *s* yaklaşık olarak, aşağı yukarı; hemen hemen öyle, ama tam da değil. *I can't give you an approximate answer.* **approximately** *z* aşağı yukarı, civarında, yaklaşık olarak. *There were approximately 50 people there.* (*eş anl.* **about**).
approximate² [ə'prɔksimeit] *f + n/-n* yaklaşmak, yaklaştırmak; (bir meblağı) tutturabilmek; (bir rakama) ulaşmak. **approximation** [əprɔksi'meiʃən] *i + sy* doğruya yaklaşık olarak elde edilen bir sonuç. **approximately** *z* yaklaşık olarak, tak-

riben. (*karş.* **exactly, precisely**). (*eş anl.* **roughly**).
apricot ['eiprikɔt] *i + sy* kayısı, zerdali.
April ['eiprl] *i-sy* Nisan; yılın 4. ayı. *It was on the 20th of April.* **April Fool's Day/All Fool's Day** 1 Nisan (şakası).
apron ['eiprn] *i + sy* önlük; çalışırken üst baş kirlenmesin diye giyilen bir giysi.

apron

apt [æpt] *s* 1 eğilimli, meyyal, bir şey yapmaya müsait. *John is apt to be careless.* 2 tam yerinde, çok uygun: *an apt remark. It was an apt answer.*
aptitude ['æptitju:d] *i-sy* yetenek, kabiliyet; kolayca ve çabucak öğrenme yeteneği. *John has an aptitude for mathematics.* **aptitude test** *i + sy* beceri testi.
aqualung ['ækwəlʌŋ] *i + sy* skuba aleti; su altına dalış yapan kişiye hava, veya oksijen sağlayan tertibat.
aquarium [ə'kweəriəm] *i + sy* 1 akvaryum. 2 bir hayvanat bahçesinde, vb. bulunan bina; içinde akvaryumlar bulunur. *çoğ. biç.* **aquariums**, veya **aquaria** [ə'kweəriə].
aquatic [ə'kwætik] *s* suda yaşayan, su içinde yaşayan. *Seals are aquatic animals.*

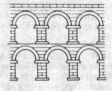

aqueduct

aqueduct ['ækwidʌkt] *i + sy* su kemeri, su yolu (özl. taştan, vb. yapılmış kemerler vasıtasıyla vadi üstünden su taşıyan kanal).

aquiline ['ækwilain] *s* kartal gagası gibi kıvrık; kartal gibi. *He had quick, intelligent eyes and a hard, aquiline nose.*

aquiline

arable ['ærəbl] *s* sürülebilir, işlenebilir, veya hayvan yetiştirmekten çok ürün alınabilir arazi: *arable land; arable farming.*

arbitrate ['a:bitreit] *f+n/-n* hakemlik yapmak; (genl. iki tarafın isteği üzerine) (bir tartışmada) hakem olarak rol almak. *Will you arbitrate for us because we can't agree?* **arbitrator** *i+sy* hakem, bir tartışmayı sürdüren iki tarafın birlikte seçtikleri kimse. **arbitration** [a:bi'treiʃən] *i-sy* hakem kararıyla çözüm. *The dispute between the workers and the employers went to arbitration.* **arbiter** ['a:bitə*] *i+sy* hakem; son söz sahibi (kimse veya grup). **arbitrary** ['a:bitrəri] *s* keyfi, kişinin keyfine kalmış, subjektif, öznel. *This is just an arbitrary decision.*

arc [a:k] *i+sy* kavis, yay.

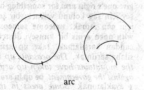

arc

arcade [a:'keid] *i+sy* 1 üstü kapalı bir geçit, veya sokak; (genl. içinde sıra sıra dükkânlar bulunan türden).

arch¹ [a:tʃ] *i+sy* 1 bir binanın, veya

köprünün kavis, yay biçimindeki kemeri 2 ayak kemeri; ayak tabanındaki kemer.

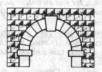

arch¹

arch² [a:tʃ] *f+n/-n* yay biçimine getirmek; sırtını kabartmak. *Cats arch their backs when they are angry.* **archway** (bir yere) kemer, veya tak altından olan giriş; tavanı kemerli kapalı geçit.

arch-³ [a:tʃ] *ön-ek* önde gelen, başlıca, birinci; en yüksek dereceden, veya sınıftan (örn. **archbishop**).

archaeology, archeology [a:ki'ɔlədʒi] *i-sy* kazıbilim, arkeoloji; tarih öncesi ve eski çağlardan kalma anıtları özl. tarih ve sanat bakımından inceleyen bilim. **archaeologist** *f+n* arkeolog.

archaic [a:keiik] *s* konuşulan ve yazılan dilde, kullanımdan düşmüş, eskimiş. *'Thee' and 'thou' are archaic words that are not used very often today.* (*karş.* **modern**).

archbishop ['a:tʃ'biʃəp] *i+sy* baş piskopos.

archer ['a:tʃə*] *i+sy* okçu, ok atan birisi. **archery** *i-sy* okçuluk (özl. spor, veya harpte).

archipelago [a:ki'peligou] *i+sy* 1 takım adalar, adalar kümesi. 2 adalar denizi; içinde takım adaların bulunduğu bir deniz bölgesi. *çoğ. biç.* **archipelagoes.**

architect ['a:kitekt] *i+sy* mimar. **architectural** [a:ki'tektfərəl] *s* mimarlığa ait, mimari. **architecture** *i-sy* 1 mimarlık. 2 inşaat, veya yapı üslubu, stili, tarzı: *Greek architecture.*

archives ['a:kaivz] *i çoğ* 1 arşiv binası; eski belgelerin depolandığı ve saklandığı yapı. 2 arşiv, eski belge ve yazılar.

arctic ['a:ktik] *s* 1 Kuzey Kutbuna ait. 2 çok soğuk, buz gibi, dondurucu. **Arctic** *özel i* (the ile) (= Arctic

Zone)—Kuzey Kutbu dairesinin kuzeyinde kalan kısım.

ardent ['a:dnt] *s* coşkun, heyecanlı, ateşli (genl. aşk, beğenme, taraftarlık, vb. hk.). *He was an ardent supporter of the school football team. (eş anl.* **fervent).**

arduous ['a:djuəs] *s* zor, güç, çetin; çok gayret isteyen. *It must have been a very arduous task to build the pyramids.*

area ['εəri] *i+sy* 1 yüzölçümü, alan; bir yüzeyin eni ile boyunun çarpımı sonunda ortaya çıkan alan (örn. *If a field is 30 metres long and 20 metres wide it has an area of 30×20=600 square metres).* 2 bölge, geniş bir yerin bir parçası. 3 belli bir konu, veya uzmanlık alanı: *area of knowledge.*

arena [ə'ri:nə] *i+sy* oyun alanı, etrafı oturulacak yerlerle çevrili oval bir alan, arena. 2 etrafı çevrili alan; halka açık gösteriler, eğlenceler, sporlar, ve döğüşler, vb. için kullanılan bir alan.

argue ['a:gju:] *f+n/-n* 1 kendi düşüncesini kuvvetle savunmak; aynı zamanda karşısındakinin düşüncelerini çürütmeye çalışmak. *I argued with Peter all day about politics.* 2 kanıtlamak için nedenler ileri sürmek, veya kanıtlamaya çalışmak. *I argued that the earth must be round since all the other planets are.* **argue against** something bir şeye karşı çıkmak. *They argued against going home.* **argue for** something bir şeyi savunmak, müdafaa etmek. *She argued for accepting the plan.* **argue someone out of doing something** konuşarak bir kimsenin bir şeyi yapmasına engel olup onu bundan vazgeçirmek. *I argued my wife out of buying the car.*

argument ['a:gjumənt] *i+sy/-sy* 1 birisini ikna etmek, inandırmak için akıl yolunun kullanılması. 2 bir şeyi desteklemek veya çürütmek için ileri sürülen sebep, iddia, neden. **argumentative** [a:gju'mentətiv] *s* tartışma meraklısı, münakaşacı. *Some people are argumentative if they are criticised.*

argy-bargy ['a:dʒi'ba:dʒi] *i-sy* hırıltı dırıltı, ağız kavgası, atışma.

aria ['a:riə] *i+sy* arya, şan solosu; operalarda solistlerden birinin orkestra eşliğinde söylediği şarkı.

arid ['ærid] *s* kurak, çorak, kıraç. *The soil was very arid. (karş.* **fertile).** **aridity** [ə'riditi] *i-sy* kuraklık.

arise [ə'raiz] *f-n* baş göstermek, ortaya çıkmak, meydana gelmek. *The discussion arises out of what we were saying last week. geç. zam. biç.* **arose** [ə'rouz], *geç. zam. ort.* **arisen** [ə'rizn].

aristocracy [æris'tɔkrəsi] *i-sy* aristokratlık, aristokrasi, soylular sınıfı; toplumun en üst tabakasından kimseler; bu kimseler geniş arazilere ve ünvanlara sahip olup çok da paraları vardır; örn. *Duke, Earl, Lord,* vb. **aristocrat** ['æristəkræt, *AmI'*de ə'ristəkræt] *i+sy* soylu (kişi), soylular sınıfından birisi. **aristocratic** [æristə'krætik] *s* soylu birisi gibi; bir soylu kişi için uygun olan. *Our new black stallion looked aristocratic.*

arithmetic [ə'riθmətik] *i-sy* sayılar bilgisi, aritmetik; dört işlem; toplama, çıkartma, çarpma ve bölme.

ark [a:k] *i+sy* (Kutsal Kitapta) **Noah's Ark** Nuh'un gemisi; Nuh, ailesini ve her çeşit hayvandan iki tanesini bu gemiye bindirerek dünyayı kaplayan selden, tufandan kurtarmıştı.

arm¹ [a:m] *i+sy* 1 kol, insan kolu. 2 kol; ceket gibi bir giysinin kolu. 3 *(çoğ. biç.)* savaş silahları; top, tüfek, kılıç, vb. 4 *(çoğ. biç.) coat'a* bakın. 5 (askeri) kuvvetler; silahlı kuvvetlerin belli bir kolu (örn. hava, kara, veya deniz kuvvetleri). **armful** *i+sy* kucak dolusu. **armchair** koltuk. **armpit** koltuk altı. **arms race** *itek* silahlanma yarışı. **keep someone at arm's length** bir kimseye fazla yüz vermemek; araya mesafe koymak. *I always end up quarrelling with that man so I try to keep him at arm's length.* **would give one's right arm for something** bir şey için sağ kolunu vermek; bir şey için can atmak. **welcome someone with open arms** bir kimseyi dostça, candan karşılamak. **take up arms** silaha sarılmak. *The peasants up in the mountains have taken up arms against the government.* **be up in arms** 1 ayaklanmak. *Some areas in the north of the country are already up in arms.* 2 kızmak; gürültü patırtı çıkarmak. *The members of the audience were up in arms when told that the performance had been cancelled.*

arm² [a:m] 1 *f+n/-n* silahlanmak;

silahlandırmak. (*karş.* **disarm**). 2 bir
amaç için gerekli olanı sağlamak, veya
bununla donanmak. *John had armed
himself with an excuse before he went
to see the headmaster.*
armistice ['a:mistis] *i+sy* ateşkes,
mütareke (genl. barış yapma görüş-
meleri için). *An armistice was
declared.*
armour ['a:mə*] (*AmI*'de **armor**) *i-sy*
1 zırh; vücudu koruyan metal örtü. 2
bir tank, veya gemi zırhı. **armoured
car** zırhlı araç, otomobil.

armour

army ['a:mi] *i+sy* 1 ordu; bir ülkenin
askeri kuvvetleri. 2 kalabalık, sürü,
ordu; herhangi bir büyük topluluk.
He had an army of assistants.
aroma [ə'roumə] *i+sy* koku, rayiha;
hoş ve güzel koku (genl. yiyecekler,
veya yemeklere tat ve koku veren
bitkiler hk.). *The kitchen was filled
with the aroma of coffee.* **aromatic**
[ærə'mætik] *s* hoş kokulu, mis gibi
kokan.
arose [ə'rouz] **arise** fiilinin geçmiş
zaman biçimi.
around [ə'raund] *z/edat* 1 etrafta,
civarda, çevrede; etrafına. *He looked
around.* 2 her bir yana; bir baştan
öbür başa; sağda solda, şurada bura-
da. *We are going for a walk around
the town.* 3 (bir yerin) çevresinde,
etrafında. *They sailed around the
world.* 4 etrafına, çevresine; çepe-
çevre: *cut off an enemy town by
placing troops around it; wear a scarf
around one's shoulders.* 5 aşağı
yukarı; sularında, yaklaşık, yakın. *He
earns around £4,000 a year.*
arouse [ə'rauz] *f+n* uyandırmak,
kaldırmak; canlandırmak, tahrik
etmek, harekete geçirmek. *The sleepy
children were aroused by their father.
Her anger was aroused by his*

rudeness.
arrange [ə'reindʒ] *f+n/-n* 1 düzen-
lemek, sıraya koymak, tanzim etmek.
*The children had to arrange their
books neatly on their desks.* (*karş.*
disarrange). 2 (önceden) hazırlamak,
planlamak, düzenlemek. *We will have
to arrange another meeting. I must
arrange to meet Peter. It was arranged
that John should wait behind.*
arrangement *i+sy* 1 düzenleme,
tanzim etme. 2 anlaşma, uyuşma. 3
planlama, hazırlık. *I hope there is no
change in the arrangements.*
array [ə'rei] *itek* düzenli, tertipli
sıralanmış.
arrears [ə'riəz] *içoğ* 1 özl. kira, emlâk
vergisi, vergiler, temettü ya da
aidatlarda olmak üzere gecikmiş olan
ödeme yükümlülüğü. 2 yarım kalmış
iş, hâlâ bitirilmeyi bekleyen iş. **be in
arrears** borçlu durumda, veya işi
yapmada gecikmiş olma. *I am two
weeks in arrear with my rent.*
arrest [ə'rest] *f+n* 1 tutuklamak, tevkif
etmek, yakalayıp hapse atmak. *The
man was arrested and fined ten
pounds.* 2 (bir hareketi, veya
gelişmeyi) durdurmak, sona erdir-
mek: *arrest the growth of a
tree/natural development.* (*eş anl.*
check).Ayrıca *i+sy/-sy* tutuklama,
veya tutuklanma. **under arrest**
tutuklu. *Three of the gang are in the
police station under arrest.* **arrest
warrant** tutuklama emri.
arrive [ə'raiv] *f-n* 1 bir yere varmak,
erişmek, vasıl olmak (özl. bir
seyahatten sonra). *We arrived at our
hotel at nine o'clock. We arrived at
the hotel rather late. We arrived in
Manchester early.* 2 vakti, zamanı
gelmek. *The moment has arrived for
us to begin.* 3 (bebekler hk.) doğmak.
The baby arrived in the morning. (*eş
anl.* **is born**). **arrival** *i+sy/-sy* geliş,
varış; bir yere erişme, vasıl olma. 2
şimdi gelen kişi. *The new arrival
entered the room.* **arrive at a decision**
bir karara varmak, ulaşmak.
NOT: *arrive* ile *reach*'in kullanım
şekline dikkat edin. Bir nesne ile
kullanıldığında *arrive*'dan sonra *at*
edatı gelir, oysa *reach* böyle bir edata
gerek duymaz. *We arrived at the
village*, ama *We reached the village.*
arrogant ['ærəgənt] *s* kibirli, kendini

beğenmiş; kaba ve küstah bir şekilde mağrur; burnu büyük. *Her arrogant reply was that she knew she was very clever.* **arrogance** *i-sy* azamet, kibir.
arrow ['ærou] *i+sy* 1 ok. 2 ok işareti (genl. dikkat çekmek için kullanılan işaret).

arrows

arse [a:s] *i+sy* kıç, popo.
arsenal ['a:sənl] *i+sy* silah deposu, cephanelik; silahların ve patlayıcı maddelerin yapıldığı, veya depolandığı yer.
arsenic ['a:senik] *i-sy* arsenik, sıçan otu. Simgesi As.
arson ['a:sn] *i-sy* kundakçılık; kasten yangın çıkarma. *He was charged with arson.*
art [a:t] *i+sy/-sy* 1 resim, karakalem, heykeltraşlık ve mimari. 2 sanat; güzel olanı yaratma, veya yansıtma eylemi (örn. resim, karakalem, heykeltraşlık, müzik, edebiyat, dans, vb.). 3 sanat, beceri, hüner, ustalık. *There's an art in driving this car.* 4 çoğ. biç. dil, tarih, edebiyat, vb. bilim konuları. **artist**'e bkz. **artful** *s* hilekâr, kurnaz, üçkağıtçı, dalavereci. *The artful football fans found a way into the sports ground without paying.* **fine arts** güzel sanatlar. **work of art** sanat eseri (özl. resim, heykel, vb.); erbabınca yapılmış, yaratılmış güzellik.
artery ['a:təri] *i+sy* atardamar, kırmızı kan damarı; kanı kalpten alıp vücudun öbür kısımlarına taşır. **vein**'e bkz.
arthritis [a:'θraitəs] *i-sy* mafsal iltihabı, artrit.
artichoke ['a:titʃouk] *i+sy* enginar.
article ['a:tikl] *i+sy* 1 eşya, şey, nesne. *There were various articles lying around the room.* 2 makale, yazı; bir gazete, veya dergide yayınlanan bir yazı parçası. 3 (dilb.) harfi tarif,

artikel; *'a', 'an'* ve *'the'* sözcükleri. **definite article** (dilb.) belgili harfi tarif; *'the'* sözcüğü. **indefinite article** (dilb.) belgisiz harfi tarif; *'a'* ve *'an'.*

artichoke

articulate¹ [a:'tikjuleit] *f+n/-n* 1 açık seçik ve etkili bir biçimde ifade etmek. *He articulated every word so that everyone could hear.* 2 eklemler ile birleştirmek. **articulated lorry/vehicle** TIR kamyonu, çekicili kamyon.
articulate² [a:'tikjulət] *s* 1 sesleri ve sözcükleri tane tane, iyice anlaşılır. *He gave a very articulate account of what had happened.* 2 (bir kişi hk.) iyi konuşabilen, sözü sazı yerinde, söylediği anlaşılan. *His father was not an articulate man. (karş.* **inarticulate**).
artifice ['a:tifis] *i+sy* 1 akıllıca bir beceri, kurnazlık. 2 becerikli bir hile; özellikle aldatmaca amacı ile yapılan türden.
artificial [a:ti'fiʃl] *s* 1 yapma, suni, yapay: *artificial flowers; an artificial leg.* 2 insan yapısı; doğal, tabii değil. *Electricity gives us artificial light.* **artificial insemination** suni dölleme. Ayrıca **A.I.D.** ve **A.I.H.**'e bkz. **artificial person** tüzel kişi. **artificial respiration** suni teneffüs, suni solunum; hemen hemen ölmüş haldeki birisine yeniden nefes aldırma çabası (genl. suda boğulmalarda).
artillery [a:'tiləri] *i-sy* 1 (tekerlekli olan cinsinden) toplar. *The artillery was left behind.* 2 topçu sınıfı; topçuluk. *The artillery were to the right of us.*
artisan ['a:tizən] *i+sy* zenaatkâr elleriyle çalışmak üzere eğitilmiş kimse, usta (örn. marangoz, otomobil tamircisi, vb.) *(eş anl.* **craftsman**).
artist ['a:tist] *i+sy* 1 ressam. 2 sanatçı (örn. müzisyen, mimar, dansör, şair) 3 usta; hüner sahibi; sanatkâr. **art**'a bakın. **artistic** [a:'tistik] *s* 1 artistik;

sanat yönü olan, estetik güzelliğe sahip. (*karş.* **inartistic**). **2** (bir kişi hk.) sanat zevki olan, beğenisi incelmiş. **artistry** ['a:tistri] *i-sy* sanatkârlık; yaratıcı bir hayal ve yetenek.
as [æz] *z/bağ* **1** çünkü, ...-diği için, ... -diğinden dolayı. *As he was drunk we would not let him into the house.* **2** ...-diği sırada, ...-iken, ...-makta iken. *As he pulled the rope, you could see his muscles quivering.* **3** ...-diği biçimde, ...-diği gibi, aynen öyle. *Do as I say.* **as...as** aynı derecede, o kadar. *You are as strong as I (am).* **as from** (belli bir tarihten) itibaren. (*eş anl.* on and after). **as good as** hemen hemen, neredeyse, ...-di sayılır. *It's as good as finished. He as good as told me that I was a fool.* (*k. dil.*). **as it is** fakat gerçekte; duruma bakınca. **as it were** sanki, adeta, tabir caizse; denilebilir ki, neredeyse. *The English, the Scots and the Welsh are all, as it were, members of the same family.* **as long as** (yap)tıkça, (yap)tığı müddetçe, mademki. *As long as you understand, we shall say no more about.* (*k. dil.*)— yerine **if, since,** vb. kullanın). **as much** ben de öyle...; zaten böyle olacağını (biliyordum). *I thought as much* (=Ben de öyle düşünmüştüm). (genl. kötü bir şey hk.). **as a rule** genellikle. **(just) as soon** ...-mekte bir sakınca görmemek; (bir şeyi) yapmaya hazır, gönüllü olmak. *I would just as soon not go* (=Gitmiş gitmemişim bence farketmez (ya da gitmeyi tercih ederim)). **as well** aynı zamanda, de, dahi. **as yet** (genl. olumsuz cümlelerde) şimdiye kadar, henüz, daha. *Nothing unusual has happened as yet.* **asap** (= **as soon as possible**)— mümkün olan en kısa zamanda.
asbestos [əs'bestəs] *s* asbest, amyant; yanmayan cinsten bir madde; yangına karşı elbise, perde, vb. yapımında ve ısı geçirmez levhalar halinde kullanılır.
ascend [ə'send] *f+n/-n* yükselmek, tırmanmak. *Jack and Jill ascended the hill.* **ascent** [ə'sent] *i+sy* tırmanış, yükseliş; yokuş, bayır. **ascension** [ə'senʃən] *i+sy* yükselme, tırmanış (genl. **the Ascension** Hz. İsa ve Meryem'in cennete yükselişi hk.).
ascertain [æsə'tein] *f+n* araştırmak, soruşturmak, tahkik etmek. *The*

detectives are trying to ascertain the truth/how it happened.
ascetic [ə'setik] *i+sy* kendisini bedensel zevklerden sıyırmış kimse (genl. dinsel nedenlerle).
ascribe [əs'kraib] *f+n* (bir şeye) bağlamak, (bir şey ile) ilgili görmek, atfetmek, yormak; (bir şeyin) bir başka şeyin sonucu olduğuna inanmak; ilgili saymak; (bir şeyin belli birisi) tarafından yazılmış olacağını kabul etmek. *He ascribed his success to many years of hard work. The disaster was ascribed to his negligence.*
ash[1] [æʃ] *i+sy* dişbudak ağacı; kerestesi sert ve değerli bir ağaç.
ash[2] [æʃ] *i+sy/-sy* kül; bir şeyin yanıp bittikten sonra geri kalanı. *çoğ. biç.* bir ölünün yakıldıktan sonra kalan külleri. **ashtray** kül tablası, sigara tablası, küllük.
ashamed [ə'ʃeimd] *yüks* utanmış, mahçup; (yapılan bir şeyden dolayı) utanç, suçluluk, veya üzüntü duyan. *He was ashamed of his failure. He was ashamed of having failed. He was ashamed to tell anyone that he had failed. John was very ashamed of himself.*
ashore [ə'ʃɔ:*] *z* (genl. gemi ve denizciler hk.) karada, karaya; veya kıyıda, kıyıya. *We decided to stay ashore that evening.* (*eş anl.* on shore).
aside[1] [ə'said] *z* (bir) kenara, (bir) yana. *John is putting £40 aside each week to pay for his car.* **aside from** (*AmI*'de) hariç, ...-den başka. (*eş anl.* apart from). **take someone aside** (konuşmak, bir şey söylemek için) birini kenara çekmek. *She took me aside and told me the news.*
aside[2] [ə'said] *i+sy* (özl. tiyatro hk.) bir oyuncunun sahnede kendi kendine, veya seyircilere söylediği sözler; diğer oyuncular bu sözleri sözüm ona duymazlar. *I whispered an aside to her.*
ask [a:sk] *f+n/-n* sormak, istemek; (birisinden) cevap istemek. *I didn't understand, so I asked. I asked (him) his name. I asked how to mend the radio. I asked him to help me. I often ask myself questions.* **ask someone somewhere** bir kimseyi bir yere davet etmek. **for the asking** ne zaman isterseniz; istemeniz yeter. *It's yours*

for the asking. **if you ask me** (kişisel görüşünü söylemek için) bana sorarsanız, bence. **I ask you** (bir konudaki hayreti belirtmek için) ne iştir bu! **ask after someone** bir kimsenin halini hatırını sormak. *They were asking after you, and I told them you were very well. She asked after the children.* **ask for** istemek, sormak, aramak. *She asked me for some money. The boy asked for candy.* **ask(ing) for trouble** başına belâ aramak, kaşınmak, belâsını aramak. *She had been teasing the dog for weeks, and I'm not surprised it bit her—she certainly asked for it. (k. dil.).*

askance [əsˈkaːns] *z* **look askance at somebody** sözünde kullanılır—birisine beğenmeyerek, hoşlanmaksızın bakmak; yan yan, göz ucuyla bakmak. *Mary looked askance at my ofter to help.*

asleep [əˈsliːp] *z/yüks* **1** uykuda, uyumakta. *He wasn't asleep. I went to bed at 12.00, but didn't fall asleep until 2.00. (karş. **awake**).* NOT: *asleep* bir isimden sonra kullanılmaz, örn. *the baby is asleep* denmez. Doğrusu *the sleeping baby*'dir. **2** (insanın kolu, veya bacağı uzun süre hareketsiz kalmışsa kanın serbestçe dolaşmaması nedeniyle) uyuşmuş, hissizleşmiş. *My arm is asleep, probably because I've been lying on it.* **fall asleep** uyuya kalmak. *He went to bed at 11, and finally fell asleep at 12.30. I always fall asleep in trains.* **be fast/sound asleep** derin uykuda. *My daughter is fast asleep.*

asparagus [əsˈpærəgəs] *i-sy* kuşkonmaz; uzun, taze, yeşil sapları olan bir sebze.

aspect [ˈæspekt] *i+sy* **1** görünüş. **2** bir binanın baktığı yön, manzara, cephe. *His house has a southern aspect.* **3** sorunların, fikirlerin, işlerin, düşüncelerin vb. çeşitli yönlerinden yalnızca belirli bir tanesi: *the most important aspect of the question. I'm interested in all aspects of science.*

asphalt [ˈæsfælt] *i-sy* asfalt; yol yapımında kullanılan bir madde. Ayrıca *f+n* asfaltlamak; asfalt kaplamak.

asphyxiate [əsˈfiksieit] *f+n* birisini havasız, oksijensiz bırakıp öldürmek; boğmak. *We heard on the news that the gas had asphyxiated ten people. (eş anl. **suffocate**).* **asphyxiation** [əsfiksiˈeiʃən] *i-sy* oksijen yokluğundan boğulma. *(eş anl. **suffocate**).*

aspirate [ˈæspərit] *i+sy* örn. *hate* sözcüğündeki 'h' harfinin gösterdiği nefesli ses gibi ses çıkarma, veya bu harfin kendisi. Ayrıca [ˈæspireit] *f+n* 'h' sesini çıkarmak (genl. bir sözcüğün başındaki).

aspire [əsˈpaiə*] *f-n* **aspire to** sözünde kullanılır—bir şeye erişmeyi, kazanmayı çok istemek, can atmak. *He aspires to write poetry.* **aspiration** [æspiˈreiʃən] *i+sy/-sy* şiddetli (bir) istek, arzu, özlem, vb.

aspirin [ˈæsprin] **1** *i-sy* aspirin; ağrı kesici bir ilaç. **2** *i+sy* tablet; aspirin hapı. *I took an aspirin (tablet) before going to bed.*

ass [æs] *i+sy* **1** eşek, merkep. **2** ahmak, aptal, budala. *(k. dil.).* **3** kıç, popo. *(k. dil.).*

assassinate [əˈsæsineit] *f+n* katletmek, suikastte bulunmak, öldürmek (genl. politik bir nedenle). *The man who assassinated the president was arrested with the gun in his hand.* **assassination** [əsæsiˈneiʃən] *i+sy/-sy* suikast, cinayet. **assassin** *i+sy* suikastçı; kiralık katil.

assault [əˈsɔːlt] *f+n* saldırmak, tecavüz etmek. *The thugs assaulted the old man and he had to be taken to hospital.* Ayrıca *i+sy/-sy* saldırı; fiilî tecavüz. *There was an assault on the town before dawn.*

assemble [əˈsembl] **1** *f+n/-n* toplamak; toplanmak, bir araya gelmek. *A large crowd assembled.* **2** *f+n* monte etmek, parçaları yerli yerine takmak. *In that factory they can assemble a vehicle in less than a day.* **assembly** [əˈsembli] **1** *i+sy* (özel bir amaçla bir araya gelen) topluluk, bir insan grubu. **2** *i+sy* bir çok parçaların, bir araya gelip oluşturduğu, sözgelimi bir motor, veya bir otomobil. **3** *i-sy* bir şeyin parçalarını bir araya getirme; montaj. **assembly line** montaj hattı; bir fabrikada işçilerin ve makinelerin bir tür düzenlenmiş biçimi. Böyle bir fabrikada herkes yalnızca belirli bir işi yapar; üretilecek şey ise yürüyen bir bant üzerinde ilerleyerek bir işçiden öbürüne aktarılır ve sonunda tamamlanmış olarak çıkar. *I work on an assembly line.*

assent [ə'sent] *f-n* kabul etmek; olur, evet demek. *The committee assented to our proposals.* Ayrıca *i-sy* kabul, onay, olur. (*eş anl.* **approval**).

assert [ə'sə:t] *f+n* **1** kesinlikle söylemek, belirtmek, ağırlığını koyarak belirtmek. *He asserted his innocence.* (*eş anl.* **contend**). **2** hak iddia etmek; (sözle) hakkını savunmak. *He asserted his right to a share in the money.* **assertion** *i+sy/-sy* kesinlikle belirtme: *make an assertion.*

assess [ə'ses] *f+n* bir malın, bir mülkün değerini saptamak; veya bir gelirin miktarını hesaplamak; (bir şeyin) niteliğini, veya değerini saptamak: *His taxes were assessed at £200. They sent someone to assess the value of the house. It is difficult to assess the importance of the decision.* **assessment** *i+sy/-sy* değerlendirme. **assessor** *i+sy* vergi tahkik ve tahakkuk memuru, veya sigorta eksperi.

asset ['æset] *i+sy* **1** değerli bir nitelik, veya erdem; ya da beceri. *Her only asset was o gentle nature.* **2** (*çoğ. biç.*) kişinin sahip olduğu mal; mal mülk. *Our house and car are our most important assets.*

assiduous [ə'sidjuəs] *s* sürekli çalışan ve ayrıntılara büyük önem veren; gayretli, dikkatli. (*eş anl.* **diligent**).

assign [ə'sain] *f+n* **1** pay, hisse veya görev olarak vermek. *The teacher assigned the work to John.* **2** birisine görev olarak bir şeyi yapmasını söylemek; bir işe, bir göreve atamak. *The teacher assigned three boys to clean the room.* **assignment** *i+sy/-sy* atama; okul ödevi. *Our assignment was to make a model of our solar system.*

assimilate [ə'simileit] *f+n/-n* (yiyecekleri) sindirmek, hazmetmek; kendine mal etmek, anlayıp kavramak. *It is difficult to assimilate a lot of information in a short time.* **assimilation** [əsimi'leiʃən] *i-sy* özümleme; benzeşme.

assist [ə'sist] *f+n/-n* yardım etmek. *Scientists have assisted us in the*

stamping out of this disease. **assistance** *i-sy* yardım. **assistant** *i+sy* asistan, yardım eden kişi.

assizes [ə'saiziz] *içoğ* İngiltere'de gezici mahkeme duruşması, veya duruşmaları; yüksek rütbeli bir yargıç ilden ile dolaşarak mahkeme kurup duruşmalara bakardı.

associate[1] [ə'souʃieit] *f+n* aralarında ilişki kurmak; çağrışım yapmak. *Christmas is usually associated with parties and giving presents.*

associate[2] [ə'souʃiət] *i+sy* iş arkadaşı, meslektaş veya ortak. *My father's accountant is a business associate.* **association** [əsousi'eiʃən] *i+sy* **1** ortaklık, veya birisiyle arkadaşlık. **2** aralarında ilişki kurma; çağrışım. *There is an association between Christmas and parties.* **3** dernek, cemiyet, birlik; belirli bir amaç için biraraya gelmiş kişilerden oluşan bir topluluk: *the Automobile Association.* **association football** için **foot**'a bkz.

assortment [ə'sɔ:tmənt] *i+sy* ayrı ayrı şeylerden oluşan karışım. *We have a wide assortment of travel books in our library.* (*eş anl.* **variety**). **assorted** [ə'sɔ:tid] *s* çeşitli, türlü türlü; karışık: *assorted chocolates.*

assume [ə'sju:m] *f+n* **1** farzetmek, varsaymak, öyle kabul etmek. *Let us assume that you are right.* **2** yüklenmek, üstlenmek, üzerine almak. *The prince assumed power when he was only fifteen. He assumed authority over the other workers.* **assumption** [ə'sʌmpʃən] *i+sy* farz; üstlenme. **assumed** *s* sahte. *He lived in France under an assumed name.*

assure [ə'ʃuə*] *f+n* **1** söz vermek, vaad etmek. *I assure you that I will do everything I can to help you. I assured him of my support for his application.* **2** garanti etmek, temin etmek. *The only way to assure success is to work hard.* **3** hayatını sigorta ettirmek. **insure**'a bkz. **assurance 1** *i+sy* güvence, teminat. *The shopkeeper gave me many assurances about the radio.* **2** *i-sy* söz, vaat. **3** *i-sy* kendine güven, nefsine itimat. *He answered all my questions with complete assurance.* **4** *i-sy* sigorta. Ayrıca **insure**'a bkz.

asterisk ['æstərisk] *i+sy* yıldız işareti

* (bir sayfanın altındaki dip notunu göstermek için kullanılır).

astern [əs'tə:n] z bir geminin arka tarafında, kıçında. (*karş.* **ahead**).

asteroid ['æstərɔid] *i+sy* asteroid, küçük gezegen; güneşle Mars ve Jüpiter yörüngeleri arasındaki çok küçük gezegenlerden biri.

asthma ['æsmə] *i-sy* nefes darlığı, astım. *She suffers from asthma.*

astonish [əs'tɔniʃ] *f+n* şaşırtmak, afallatmak. *I was astonished to hear that he had recovered.* (*eş anl.* **amaze**). **astonishing** *s* şaşırtıcı, hayret verici. *It was astonishing to see the slow tortoise beat the hare.* **astonishment** *i-sy* şaşkınlık, hayret.

astound [əs'taund] *f+n* hayretler içinde bırakmak, hayretten, şaşkınlıktan dili tutulmak, feleğini şaşırtmak, yıldırımla vurulmuşa döndürmek, aklını başından almak. (*eş anl.* **astonish, amaze**). **astounding** *s* şaşırtıcı, hayret verici. *The astounding result shocked us.*

astray [əs'trei] *z/yüks* (doğru) yoldan sapmış, yolunu şaşırmış; yanlış yol tutmuş. **lead someone astray** bir kimseyi ayartmak, azdırmak, kötü yola yöneltmek, baştan çıkarmak. *Don't worry, I won't lead you astray.* **go astray** yolunu sapıtmak, yanlış yere gitmek, (yolda) kaybolmak. *The letter had gone astray.* (*eş anl.* **go missing**).

astride [əs'traid] *z/edat* ata binermiş gibi bacakları ayrık; bir bacağı bir tarafta, öbür bacağı öbür tarafta: *sit astride a fence.*

astrology [əs'trɔlədʒi] *i-sy* astroloji, yıldız falcılığı; müneccimlik. Ayrıca **zodiac**'a bkz. **astrologer** *i+sy* müneccim.

NOT: *astrology* ile *astronomy* arasındaki farka dikkat edin. **astronomy**'e bkz.

astronaut ['æstrənɔ:t] *i+sy* astronot, uzay adamı.

astronomy [əs'trɔnəmi] *i-sy* astronomi, gökbilim, yıldızlar bilimi; uzaydaki güneş, uydular, yıldızlar, ve diğer nesneleri bilimsel inceleme. **astronomer** *i+sy* astronom, astronomi bilgini. **astronomical** [æstrə'nɔmikl] *s* 1 astronomi ile ilgili. 2 çok büyük, inanılmaz derecede, astronomik: *an astronomical distance; an astronomical amount.*

NOT: *astronomy* ile *astrology* arasındaki farka dikkat edin. **astrology**'e bkz.

astute [əs'tju:t] *s* zeki, akıllı, cin fikirli; kendisi için en iyi olana hemen karar verebilen. *The astute manufacturer saw how good my invention was.*

asylum [ə'sailəm] *i+sy* 1 akılhastanesi. (oldukça eski—yerine **mental hospital**'ı kullanın). 2 sığınılacak yer; sığınak, barınak. *My grandmother's quiet house is my asylum in time of trouble.* **ask for asylum** sığınma hakkı talebetmek. *Three days later he appeared at the Turkish Embassy and asked for asylum.*

at [æt] *edat* 1 ...-de, ...-da; bir yerde: *at my house; at school; at the door.* 2 (içinde bulunulan durum hk.) ...halinde, ...-de, ...-da: *at peace; at war; at rest.* 3 (zaman hk.) ...-de, ...-da; o sırada, o zamanda; o vakitte: *at six o'clock; at Christmas time.* 4 bir şeyi yapmakta; ...-de, ...-da: *at work; at play; at his books.* 5 ...-e, ...-a doğru: *look at somebody; rush at somebody; throw a stone at somebody.* 6 (fiyatlar hk.) ...-e, ...-a. *He is selling them at four for £1.* **what is he, she...** etc. **at?** (=Ne yapıyor?).

at once için **once**'a bakın. **at that** 1 ondan sonra hemen. 2 üstelik, ilâveten; de, da.

NOT: *at* bir yer hk. kullanılır. Ancak böyle bir yerin büyük bir alanı kapsamasından çok, belli ufak bir nokta olması gerekir (örn. *he lives at a village called XY*); ama XY büyük bir yer ise, bu kez *he lives in a village called XY* şeklinde söylenir. Yine bir örnek verelim; *he lives in London; his house is in New York.* Ama Londra, New York gibi geniş alanları, sözgelimi bir seyahatin varış noktası olarak düşünürsek, bu kez *the plane didn't stop at New York* dememiz gerekir. Fakat *at* ile kullanılacak yerler, genelde bir şehir büyüklüğünde olmayan yerlerdir.

ate [et, eit] **eat** fiilinin geçmiş zaman biçimi.

NOT: *Brİ*'de genl. telâffuzu [et]'dir ve [eit] ise genl. yanlış olarak düşünülür. *Amİ*'de normal telaffuz şekli [et] olup, [et] ise genl. yanlış olarak düşünülür. Demek ki daha geçerli olan telaffuz şekli; *Brİ*'de [eit],

AmI'de [et] olmakta.

atheist ['eiθiist] *i+sy* Tanrı tanımaz, zındık, ateist. *The atheists were married in a registry office.* **agnostic**'e bkz. **atheism** ['eiθiizəm] *i-sy* Tanrı tanımazlık; Allahsızlık, zındıklık, ateism; Tanrı'nın varlığını inkâr etme.

athlete ['æθli:t] *i+sy* atlet, sporcu; güç ve sürat isteyen (özl. koşma ve atlama) spor dallarında becerikli kimse. **athletic** [æθ'letik] *s* atletik. *Our runners are very athletic, which is why our school won the cross-country race.* **athletics** *itek* veya *çoğ* atletizm; koşma ve atlama gibi kuvvet ve hız gerektiren spor dalları ile uğraşma.

atlas ['ætləs] *i+sy* atlas; haritalar kitabı.

atishoo [ə'tiʃu:] 'hapşırma' sesinin yazı ile söyleniş biçimi; hapşu.

atmosphere ['ætməsfiə*] *i+sy* **1** atmosfer, havaküre; yeryüzünü kuşatan hava. **2** herhangi bir yerdeki hava. **3** ortam, hava, atmosfer; insan bulunduğu bir yerden, veya bir durumdan elde ettiği his veya duygu. *He grew up in an atmosphere of love and trust. There was an atmosphere of excitement in the theatre.*

atoll ['ætɔl] *i+sy* mercan adası, atol; mercandan oluşan yüzük şeklindeki ada.

atoll

atom ['ætəm] *i+sy* **1** atom; basit bir maddenin en küçük parçası. **2** zerre, parçacık. **atomic** [ə'tɔmik] *s* atoma ait. **atomizer** *i+sy* sıvıyı buğu haline dönüştüren bir alet; püskürteç. **atom/atomic bomb** atom bombası.

atrocious [ə'trouʃəs] *s* acımasız, merhametsiz, tüyler ürpertici. *I can't put up with her atrocious behaviour.* **atrocity** [ə'trɔsiti] *i+sy* çok kötü, habis davranış (genl. ızdırap ve ölüm getiren türden). (*eş anl.* **cruelty**).

attach [ə'tætʃ] *f+n* **1** bağlamak, tutturmak; yapıştırmak. *He attached a rope to his car. He attached a label to his suitcase.* **2** önemli saymak, önem vermek. *We didn't attach much importance to what he was saying.* **attachment** *i+sy* **1** eklenmiş bir şey (özl. daha büyük ve daha önemli bir şeye eklenmiş ufak bir şey). *A sewing machine has various attachments for doing certain special stitches.* **2** sevgi, bağlılık, dostluk. *He has a strong attachment for his home.* **attaché** [ə'tæʃei] *i+sy* ateşe; bir elçilikte belli, özel bir görevi olan kimse (örn. bir askeri ateşe (=a military attaché), ordu ile ilgili işlere bakar; bir basın ataşesi (=a press attaché), gazete, vb. ile ilgili işlere bakar. **be attached to something/somebody** bir şeye /birisine bağlanmak, sevmek, hoşlanmak, tutkusu olmak. *He is very attached to his sister.*

attack [ə'tæk] *f+n/-n* hücum etmek, saldırmak; taarruzda bulunmak: *attack the enemy. The newspaper attacked the government. The team attacked their opponents' goal.* Ayrıca *i+sy* **1** hücum, saldırı. **2** nöbet, kriz: *a heart attack; an attack of malaria. I had an attack of fever.* **attacker** *i+sy* saldıran.

attain [ə'tein] *f+n* ulaşmak, varmak, erişmek. *He attained his ambition. He attained to fame.* **attainable** *s* ulaşılabilir, erişilebilir. (*karş.* **unattainable**). **attainment** *i+sy* ulaşma, varma, erişme; bir beceri, bir ustalık.

attempt [ə'tempt] *f+n* teşebbüs etmek, girişmek, kalkışmak, denemek. *He attempted a very difficult piece of work. He attempted to find the old woman.* Ayrıca *i+sy* deneme, girişme, teşebbüs etme. *His attempt to become the first man to land on Mars begins tomorrow.* NOT: *attempt* (isim hali), teşebbüs edilecek şeyin çok zor ve cesurca olduğunu gösterir.

attend [ə'tend] *f+n/-n* **1** gitmek, devam etmek (özl. düzenli bir biçimde sürdürmek): *attend school/church/a meeting.* **2** dikkat etmek, zihnini vermek, dinlemek, kulak vermek; meşgul olmak, bakmak, uğraşmak: *attend to one's work. You should*

*attend to what your father tells you.
I'm very busy, I can't attend to you
now.* **attendance** *i+sy/-sy* hazır
bulunma, devam etme. *Attendance at
school is compulsory. There was a
large attendance at the meeting*
(=Toplantıda çok kimse vardı).
attendant[1] *i+sy* bir başkası ile gidip
ona hizmet eden, veya bakan kimse;
refakatçi, hizmetçi. **attendant**[2] *s* ilgili,
birlikte, ayrılmaz: *the weakness which
is attendant upon disease.* **attention**
[ə'tenʃən] **1** *i-sy* dikkat, zihni bir
nokta üzerinde toplama: *give one's
attention to something.* **2** *i+sy* (genl.
çoğ. biç.) nezaket, iltifat. **3** *i-sy* hazırol
vaziyeti (örn. bir asker gereğinde bu
şekilde durur). *Attention!* Hazır ol!
attentive [ə'tentiv] *s* dikkatli, dikkat
eden, özel özen gösteren. *Only the
most attentive people saw how the
trick was done.* (karş. **inattentive**).
attentively *z* dikkatle. **attract some-
one's attention** birisinin dikkatini
çekmek, ona dikkat ettirmek. **pay
attention to someone/something**
düşünceyi ve ilgiyi birisinin/bir şeyin
üzerinde yoğunlaştırmak. *He should
pay attention to his mother/what his
mother says.*
attenuate [ə'tenjueit] *f+n* zayıflatmak,
şiddetini azaltmak. *The artillery
could only attenuate somewhat the
force of the attack.* (karş. **strengthen**).
attic ['ætik] *i+sy* tavan arası.
attire [ə'taiə*] *i-sy* elbise, giysi. *The
guests at the opening night of the play
wore formal attire.*
attitude ['ætitjuːd] *i+sy* davranış,
tutum, tavır; duygu ve davranış tarzı:
*not a very friendly attitude. My
attitude would be to ignore him.*
attorney [ə'təːni] *i+sy* avukat (daha
çok *Aml*'de kullanılır). *Our attorney
will sign our business papers while we
are overseas.*
attract [ə'trækt] *f+n* **1** dikkatini
çekmek, cezbetmek; etkilemek. *The
young man was very attracted by the
girl. Bright colours often attract
young children.* **2** kendine doğru
çekmek. *A magnet attracts steel.*
(karş. **repel**). **attractive** *s* çekici, cazip;
alımlı, albenili; güzel, büyüleyici.
*Going to the beach instead of
studying is an attractive idea.* (karş.
unattractive). **attraction 1** *i-sy* çekim,

çekme gücü, çekicilik; cazibe,
alımlılık. **2** *i+sy* çekici, cezbedici,
büyüleyici, bağlayıcı şey. *There are
many attractions in a big city*
(=Büyük bir kentte pek çok ilginç
şeyler vardır). *What is the attraction
in collecting stamps?* (=İnsanlar
neden pul koleksiyonu yapmaktan
hoşlanırlar?)
attribute[1] ['ætribjuːt] *i+sy* nitelik,
özellik, sıfat, vasıf, hassa; sembol,
işaret, nişan, timsal. *Patience is an
attribute of a good mother. Hard
work is an attribute of a successful
man.*
attribute[2] [ə'tribjuːt] *i+sy* **1** (bir şeye)
bağlamak, (bir şey ile) ilgili görmek,
(bir şeyin) bir başka şeyin sonucu
olduğuna inanmak. *He attributed his
success to good luck.* **2** ilgili saymak,
bağlamak, atfetmek. *He attributed
great cunning to his enemies.*
attributive adjective (dilb.) niteleme
sıfatı; bir addan önce kullanılan bir
sıfat (örn. **old** *man* sözünde **old** bir
niteleme sıfatıdır).
attrition [ə'triʃən] *i-sy* bir şeyi düzenli
bir şekilde daha ufak, daha zayıf,
daha az kullanışlı, vb. hale getiren bir
hareket; yıpranma, yıpratma, aşınma,
aşındırma: *a war of attrition.*
aubergine ['oubədʒiːn] *i+sy* patlıcan.
(eş anl. **eggplant**).
auburn ['ɔːbən] *s* (genl. saç hk.)
kumral, kestane rengi.
auction ['ɔːkʃən] *i+sy* mezat,
müzayede, açık arttırma; alıcılar
arasındaki yarışmaya dayanan ve en
yüksek fiyatı sürene malın veril-
mesiyle biten yöntem. *He sold it by
auction.* Ayrıca *f+n* açık arttırma
yolu ile satmak, haraç mezat satmak.
He auctioned all his old furniture.
auctioneer [ɔːkʃə'niə*] *i+sy* mezatçı,
mezat tellalı. **Dutch auction** için
Dutch'a bkz.
audacious [ɔː'deiʃəs] *s* **1** cesur,
gözüpek, cüretkâr, atılgan: *an
audacious decision.* (karş. **cowardly**).
(eş anl. **bold**). **2** küstah, terbiyesiz ve
saygısız; daha yüksek bir mevkide
olana karşı korkusuz. *His audacious
manners are an effrontery to good
taste.* **audacity** [ɔː'dæsiti] *i-sy/-sy*
küstahlık, cüret.
audible ['ɔːdibl] *s* duyulabilir, işiti-
lebilir. (karş. **inaudible**).

audience ['ɔ:diəns] i+sy 1 izleyiciler; seyirciler ve dinleyiciler topluluğu; bir film, bir temsil seyreden, bir konser dinleyen, radyo dinleyen, veya televizyon, vb. seyredenler. 2 huzura kabul, resmî kabul; yüksek bir mevkideki birisi ile daha az önemsiz birisi arasındaki resmi bir toplantı: *an audience with the Pope.*

audio ['ɔ:diou] s ses kayıt ve dinleme (aygıtı): *the audio and video tapes* (=ses ve video bantları). audio-typist i+sy önceden yapılmış olan bir bant kayıdını daktilo kullanarak kâğıda aktarmada eğitilmiş bir kişi. audio-visual [ɔ:diou 'viʒuəl] s görsel-işitsel: *audio-visual aids for language teaching.*

audit ['ɔ:dit] f+n muhasebe işlerini resmen incelemek ve denetlemek. Ayrıca i+sy denetim, kontrol, murakabe.

audition [ɔ:'diʃən] i+sy ses, veya oyun yeteneği sınavı; bir oyuncuya, bir şarkıcıya, vb. yaptırılan bir deneme. *Elsa is having an audition for a part in the new play.*

auditorium [ɔ:di'tɔ:riəm] i+sy konferans, veya konser salonu.

augment [ɔ:g'ment] f+n/-n bir şeyleri ekleyerek çoğaltmak, veya büyütmek. *Dad began working at night to augment his income.*

augur ['ɔ:gə*] f-n gelecekteki bir şeyin işareti, iyi, veya kötü olacağı işareti, alâmeti olmak.

August ['ɔ:gəst] i-sy Ağustos; yılın 8. ayı. *She'll be back by August the 1st.*

august [ɔ:'gʌst] s soylu, görkemli: *the august beauty of the mosque.*

aunt [a:nt] i+sy (babanın kız kardeşi) hala; (annenin kız kardeşi) teyze; (amcanın, veya dayının karısı) yenge. aunty (=aunt) i+sy (k. dil.).

au pair ['ou'pɛə*] i+sy bulunduğu ülkenin dilini öğrenmek için, bir ailenin yanına girerek evdeki hafif işlere yardım eden ve karşılığında da az bir miktar ücret alan ama aile ile eşit statüde yabancı uyruklu, genl. bir kız. Ayrıca s. *She is an au-pair girl.*

auspices ['ɔ:spisiz] içoğ genl. şu sözde under the auspices of something—bir şeyin destek ve yardımları ile, himayesinde. *The meeting was held under the auspices of the Ministry of Education.*

auspicious [ɔ:s'piʃəs] s başarı umudu veren; uğurlu, hayırlı. *All the signs were auspicious so our parents decided to set up their own business.* (karş. inauspicious). auspiciously z hayırlı bir şekilde.

austere [ɔs'tiə*] s 1 sert ve haşin. *His father was a very austere man who punished his children whenever they did the smallest thing wrong.* 2 süssüz, sade, yalın: *an austere room, with only a table, a chair and a bed in it.* austerity [ɔs'teriti] i-sy hayatın zaruri olmayan herhangi bir mala harcama yapmayı göze alamadığı ve bundan dolayı da hayatın ve iş aleminin sıkıntıya düştüğü iktisadi durum.

authentic [ɔ:θentik] s sahici, hakiki, gerçek: *authentic news.* (karş. fake, false). (eş anl. real). authenticate [ɔ:'θentikeit] f+n (bir şeyin) sahiciliğini kanıtlamak; hakiki, sahici olduğunu ispat etmek. authenticity [ɔ:θen'tisiti] i-sy sahicilik, gerçeklik, hakikilik.

author ['ɔ:θə*] i+sy 1 oyun, şiir, roman, öykü, vb. yazan kimse; yazar, müellif. 2 yaratıcı; bir şeye başlayan, veya bir şeyi tasarlayan kimse: *the author of this idea/plan/scheme/proposal* (=bu fikri/bu planı/bu projeyi/bu öneriyi ilk kez düşünen kimse).

authority [ɔ:'θriti] 1 i-sy yetki, nüfuz, otorite; bir şeyi yapma, veya başkalarına emir verme yetki ve gücü. *He was given authority over the other boys. He had authority to buy more books for the library.* 2 i+sy (genl. çoğ biç) yetki, veya otorite sahibi; emir verme yetki ve gücüne sahip kimse, veya kimseler; yetkililer. *The authorities have forbidden us to hold the meeting tomorrow.* 3 uzman kişi, otorite. *He is an authority on the history of Turkey.* authoritarian [ɔ:θori'tɛəriən] s otoriter, kurallara uyucu: *an authoritarian system of government* (=kurallara ve yasalara uymayı öngören ve böyle bir itaati şart koşan hükümet). authoritative s 1 doğru ve güvenilir. *He gave an authoritative account of the recent events.* 2 otoriteye, yetkiye sahip. *He had a very authoritative manner.* authorize ['ɔ:θəraiz] f+n (bir şeyi

yapması için) birisine yetki, sâlahiyet
vermek. *I am authorized to buy more
books for the library.* **authorization**
[ɔ:θərai'zeiʃən] *i-sy* bir şeyi yapmak
için resmi izin; yetki, salahiyet.
auto ['ɔ:tou] *i+sy* (*AmI*'de) araba,
otomobil.
autobiography [ɔ:toubai'ɔgrəfi] *i+sy/
-sy* özyaşam öyküsü, otobiyografi; bir
kişinin özyaşam öyküsünü yazdığı
yazı, veya kitap. **autobiographical**
[ɔ:təbəiə'græfikl] *s* yazarın otobi-
yografisine ait.
autocracy [ɔ:'tɔkrəsi] *i+sy/-sy*
mutlakiyet, istibdat, saltçılık,
otokrasi; hükümdarın tüm siyasal
gücü elinde bulundurduğu yönetim
biçimi. (*eş anl.* **dictatorship**).
autocratic [ɔ:tə'krætik] *s* zorba,
despot. *'What an autocratic king he
is,' groaned his subject.* (*eş anl.*
despotic). **autocrat** ['ɔ:təkræt] *i+sy* **1**
mutlak hükümdar, müstebit, otokrat.
2 dediği dedik kimse; hükmeden. (*eş
anl.* **dictator**).
autograph ['ɔ:təgrə:f] *i+sy* bir
kimsenin kendi eliyle attığı imzası.
autocue ['ɔ:toukju] *i+sy* televizyonda
spikerin önünden söyleneceği sözleri
geçiren aygıt. Spiker önünden geçen
bu yazıları okurken, sanki bunları
ezberlemiş görüntüsünü verir ve
doğrudan kameraya bakar.
automatic [ɔ:tə'mætik] *s* **1** ken-
diliğinden işleyen, otomatik. **2**
kendiliğinden, otomatik olarak;
dikkat verilmesi gerekmeyen.
Breathing is an automatic action.
Ayrıca *i+sy* otomatik tüfek, veya
tabanca. **automatically** *z* otama-
tikman, otomatik olarak. **automation**
[ɔ:tə'meiʃən] *i-sy* otomasyon;
endüstride, yönetimde ve bilimsel
işlerde insan aracılığı olmadan işlerin
otomatik olarak yapılması. **automatic
pilot** bir uçuş sırasında, uçağı
otomatik olarak yöneten cihaz.
automobile ['ɔ:təməbi:l] *i+sy* (özl.
AmI'de) otomobil, araba. (*BrI*'de **car**
veya **motorcar**).
autonomy [ɔ:'tɔnəmi] *i-sy* özerklik,
muhtariyet; bir topluluğun, bir
kuruluşun kendine özgü yasalarla
kendi kendini yönetme hakkı. (*eş anl.*
independence). **autonomous**
[ɔ:'tɔnəməs] *s* özerk, kendi kendini
idare eden. *Kenya was once a British*

*Colony. It is now an autonomous
nation.* (*eş anl.* **self-governing**).
autopsy ['ɔ:tɔpsi] *i+sy* otopsi; bir
cesedin ölüm nedenini belirlemek
amacıyla incelenmesi (genl. vücud
kesilerek açılır): *perform an autopsy
on somebody.*
autumn ['ɔ:təm] *i+sy* sonbahar, güz,
hazan; eylül; ekim ve kasım ayları.
*Last autumn I went to Birmingham.
It is rainy here in (the) autumn.*
(*AmI*'de ayrıca **fall**).
auxiliary [ɔ:g'ziliəri] *s* yardımcı
(görevde): *an auxiliary nurse* (=bir
hastanede hemşirelere yardım eden
kimse); *auxiliary troops* (=takviye
birlikleri). Ayrıca *i+sy* yardımcı.
auxiliary verb (dilb.) yardımcı fiil
(örn. *I am going* cümlesinde 'am'; *I
can see him* cümlesinde de 'can').
(Ayrıca **be** ve **modal**'a bkz).
avail [ə'veil] *f+n/-n* yararlanmak,
istifade etmek, kendisi için kul-
lanmak. *He availed himself of the
opportunity which he was offered.*
Ayrıca *i-sy* fayda, yarar, işe yararlılık.
to no avail boşuna, nafile.
available [ə'veiləbl] *s* **1** kullanılmaya
hazır, elde mevcut, elde edilebilir,
kullanılabilir. *More information
becomes available through the use of
computer.* (*karş.* **unavailable**). **2**
görüşülebilir, ziyarete uygun, meşgul,
veya dolu değil. *John is never
available when I want to see him.*
(*karş.* **busy**). **availability** [əveilə'biliti]
i-sy hazır bulunma, mevcut olma.
avalanche ['ævəla:nʃ] *i+sy* **1** çığ; dağın
bir noktasından kopup yuvarlanan ve
yuvarlandıkça büyüyen kar kümesi. **2**
yığın, büyük miktarda veya çok
sayıda şey: *an avalanche of questions.*
avarice ['ævəris] *i-sy* para hırsı, tamah.
avenge [ə'vendʒ] *f+n* bir şeyin öcünü
almak, intikamını almak: *avenge (the
murder of) one's father, avenge an
insult; avenge oneself on the murderer
of one's father.*
NOT: *avenge* ve *revenge* fiillerinin
anlamları birbirine pek yakındır.
Avenge yapılan bir haksızlığa karşılık
o işi yapanı, veya yapanları ceza-
landırma yolu ile tatmin olmak
demektir (verilen bu ceza yasal
olmamakla beraber yine de bir
adaletin yerine getirildiğini ima eder).
Revenge kendisine yapılan haksızlık

nedeniyle o işi yapandan, veya yapanlardan öcünü almak anlamındadır. Bu sözcüğün kullanımında *avenge*'deki 'doğal adalet' fikri yoktur. Her iki fiilin cümle içinde kullanım şekli şöyledir. *He avenged /revenged himself on his enemy,* veya *He avenged/revenged the murder done by his enemy* ya da *He avenged/revenged (the murder of) his father.*

avenue ['ævənju:] *i+sy* yol (özl. şehir içindeki iki yanı ağaçlıklı yol). **2** geniş cadde.

average ['ævəridʒ] *i+sy* **1** bir şeyin ortalaması; çeşitli miktarları, sayıları, vb. birbirine ekleyip çıkan toplamı da miktar sayısına bölerek elde edilen sonuç (örn. $7+8+3 = (18÷3)=6$). **2** ortalama. Ayrıca *s* **1** ortalama. **2** alışılmış, sıradan; ne çok iyi ne çok kötü. Ayrıca *f+n* **1** ortalamasını almak. **2** ortalama olanı, veya her zamanki miktarı tutturmak. *He averages forty-five hours' work a week.* **below/above/up to (the) average** ortalamanın altında/üstünde/ ortalama düzeye kadar. **on (the) average** genellikle, normal olarak.

averse [ə'və:s] *s* bir şeyden hoşlanmayan; bir şeye karşı olan. *He is averse to hard work.* **aversion** [ə'və:ʃən] *i-sy* nefret, tiksinme, iğ-renme. *He has an aversion to/for hard work.*

avert [ə'və:t] *f+n* olmasını önlemek, meydan vermemek, önüne geçmek. *John's quick action averted a serious accident.*

aviary ['eiviəri] *i+sy* büyük kuş kafesi; çeşitli türden kuşların yetiştirildiği, sergilendiği büyük kuş kafesi.

aviation [eivi'eiʃən] *i-sy* havacılık; uçuş bilimi veya sanatı; uçak yapımı, uçak sanayisi.

avid ['ævid] *s* çok istekli, arzulu; doymaz, haris: *avid for money /fame/success.* **avidly** *z* hırsla, can atarak.

avocado [ævə'ka:dou] *i+sy* bir tür armut şeklinde, yeşil veya siyah renkli, tropik bölge meyvası; ortasında iri bir çekirdeği olup yiyecek kısmı yumuşak soluk renktedir. Ayrıca **avocado pear** de denir. çoğ. biç. **avocados.**

avoid [ə'vɔid] *f+n* atlatmak, uzak durmak; anlamazlıktan, veya gör-

mezlikten gelmek; kaçınmak, sakınmak, meydan vermemek: *avoid an accident. I tried to avoid meeting him. He has been avoiding me. I can't avoid being late.* **avoidance** *i-sy* sakınma, kaçınma. **avoidable** *s* atlatılabilir, kaçınılabilir. (*karş.* **unavoidable**).

AWACS ['eiwæks] (=**airborne warning and control system**)—havadan uyarı ve kontrol sistemi.

await [ə'weit] *f+n* (birisini, bir şeyi) beklemek. *I am awaiting a telephone call.* (*eş anl.* **wait for**).

awake[1] [ə'weik] *yüks* uyanık, uyanmış; farkında, bilincinde. *They were awake to the dangers of walking home in the dark.*

awake[2] [ə'weik] *f+n/-n* uyanmak, uyandırmak. *I awake at six each morning. I awoke my daughter at nine o'clock yesterday.* geç. zam. biç. **awoke** [ə'wouk]. geç. zam. ort. **awoken**, veya **awaked.** NOT: ayrıca **wake**[1]'e bkz; fiilin bu biçimi daha çok kullanılır.

awaken [ə'weikən] *f+n* (birinin) gözünü açmak; haberdar etmek: *awaken the people to the danger.*

award [ə'wɔ:d] *f+n* ödül: *an award for gaining the highest marks in the class; an award in a competiton.* Ayrıca *f+n* ödül vermek, ödüllendirmek. *They awarded the first prize to John. / They awarded John the first prize.*

aware [ə'weə*] *yüks* farkında, haberdar, bilincinde. *I am aware of the danger. I am aware that it is dangerous.* (*karş.* **unaware**). **awareness** *i-sy* farkında, bilincinde olma. *As she watched the waves beat against the rocks she felt an awareness of the power of the ocean.*

awash [ə'wɔʃ] *z/yüks* (özl. gemi, veya tekneler hk.) dalgalara kapılmış bocalayan; deniz suyu ile kaplanmış.

away [ə'wei] *z* **1** (bir yerden) uzağa, öteye, başka bir yere, veya yerde; başka bir yöne, veya yönde: *go away; run away; away from home; three miles away; throw something away. We can hear it from a long way away.* **2** yavaş yavaş yok olmak, kaybolmak. *The water has boiled away. The noises died away.* **give oneself away** kendini ele vermek.

awe [ɔ:] *i-sy* korku ve hayranlıkla

karışık saygı duygusu. *The small boy felt a sense of awe when he entered the headmaster's room/when he saw the high mountains in the distance.* Ayrıca *f+n* (genl. *ed. çat.*) içinde korku ve hayranlık ile karışık saygı duygusu uyandırmak. *The travellers were awed by the sight of the distant mountains.* **awe-inspiring** *s* korku ve hayranlık ile karışık saygı uyandıran. **awesome** *s* korku dolu hisler uyandıran; korkunç; müthiş. **awestruck** *s* dili tutulmuş, dehşete düşmüş. **awful** *s* korkunç, müthiş; berbat, çok kötü: *an awful pain; an awful lot of work. (k. dil.).* **awfully** *z* çok, son derece; (bir söze daha fazla güç vermek için kullanılır): *thanks awfully. That's awfully clear. (k. dil.).*
awhile [ə'wail] *z* biraz, kısa bir zaman için. *(oldukça esk. kul.—*yerine **for a time; for a while; for a few minutes/ hours/days** kullanın).
awkward ['ɔ:kwəd] *s* 1 (birisi, veya bir hayvan hk.) hantal, sakar; gövdesini, veya bacağını kullanmada beceriksiz. *He's a very awkward boy, he's always knocking things over.* 2 kullanışsız; elverişsiz; güçlük çıkaran: *an awkward shape to paint; an awkward part of the road; an awkward question* (=anlaşılması güç/güç durumda bırakan bir soru). *I can't meet you at six o'clock, it's a very awkward time for me. It's very awkward to use this tool.* **awkwardly** *z* beceriksiz bir şekilde; vakitsiz. **awkwardness** *i-sy* beceriksizlik; sıkıntı.
awl [ɔ:l] *i+sy* biz; derilerin dikiminde iğnenin geçmesini sağlayacak deliği açan alet.
awning ['ɔ:niŋ] *i+sy* tente, güneşlik.
awoke [ə'wouk] **awake**[2] fiilinin geçmiş zaman biçimi.
axe, ax [æks] *i+sy* balta. **have an axe to grind** bir işten çıkarı olmak. *When you are looking for advice, try to find someone who doesn't have an axe to grind.* Ayrıca *f+n* birden bire son

vermek.

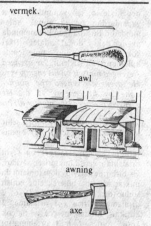

awl

awning

axe

axiom ['æksiəm] *i+sy* 1 aksiyom; kendiliğinden apaçık olan ve böyle olduğu için öteki önermelerin ön dayanağı olan temel önerme. 2 başarılı olmak için uyulması zorunlu olan kural. **axiomatic** [æksiə'mætik] *s* besbelli, kendiliğinden belli.
axis ['æksis] *i+sy* eksen, mihver; bir cismi iki eşit parçaya bölen gerçek, veya böyle olduğu sanılan çizgi. *çoğ biç* **axes** ['æksi:z].
axle ['æksl] *i+sy* dingil, aks, tekerlek mili.
ayatollah [aiə'tɔlə] İran şii mezhebinin bir lideri.
ay(e) [ai] *ünlem* evet (eski ya da bölgesel kullanım—yerine **yes**'i kullanın). **the ayes** olumlu oylar, veya olumlu oy sahibi kimseler; bir fikir, bir yasa, vb. hakkında olumlu oylar, veya böyle oyları veren kimseler. *(karş* **the noes**).
AZT (=azidothymidine)—AIDS'li bir hastanın hastalık belirtilerini azaltarak yaşamını uzatan ilaç.
azure ['eiʒə*] *s* gök mavisi. *Jane's eyes are azure.*

B

babble ['bæbl] *itek* çocukça, karmakarışık, veya anlamsız sözler. Ayrıca *f-n* (away/on ile) saçma sapan konuşmak; ipe sapa gelmez laflar etmek. *The shy boy babbled in reply to her questions.*

baboon ['bə'bu:n] *i+sy* şebek; yerde dört ayak üstünde dolaşan bir tür maymun; Afrika ve Asya'da yaşar.

baboon

baby ['beibi] 1 *i+sy* bebek. *Babies start to walk when they are about 12 months old.* 2 (özl.*Amr*'de) (kadın eşe ya da sevgiliye hitap ediş şekli) sevgilim, tatlım, yavrum. (*k. dil.*). (eş anl. **darling**). **babyhood** *i-sy* bebeklik devresi. **babyish** *s* bebekçe, çocukça; çocuk gibi. **baby-minder** *i+sy* bebeklere kendi evinde bakan bebek bakıcısı. **baby-sitter** *i+sy* bebeklerin kendi evlerine gidip onlara bakan bebek bakıcısı. **baby-sit** *f-n* bebek bakmak. **throw the baby out with the bathwater** pireye kızıp yorganı yakmak; önemsiz bir durum için kendine büyük zararı dokunacak bir karar vermek.

bachelor ['bætʃlə*] *i+sy* 1 evlenmemiş erkek, bekâr erkek. (*kadınına* **spinster** denir). 2 üniversite mezunu; lisans diplomasına sahip erkek, veya kadın.

back[1] [bæk] *i+sy* 1 sırt, arka; bir insanın, veya hayvanın sırtı. 2 bir şeyin arka tarafı, sırtı, tersi; bir şeyin en üst, veya daha uzak kısmı: *at the back of the house; the back of one's*

hand. *He sat in the back of the car.* 3 (futbol ya da benzeri oyunlar hk.) bek. **back-bencher** *i+sy* Parlamento üyesi; bakan olmayan veya parti içinde ya da muhalefette resmi görevi bulunmayan sade milletvekili; genl. meclisin arka sıralarında otururlar. **backbone** belkemiği. **back-cloth** için **cloth**'a bkz. **backfire** *f-n* 1 (araba hk.) erken ateşlenmek; bu yüzden patlama sesleri duyulduğu halde araba ileri gitmez. 2 (plan, proje, fikir, vb. hk.) tasarlanan sonucun yerine beklenmedik ters bir tepki görmek; geri tepmek; aleyhine dönmek. *He was punished when his evil plans backfired.* (*k. dil.*). **background** 1 arka plan, artalan; bir şeyin arkasındaki manzara, veya görünüm. 2 (bir şeyin rengi hk.) diğer renklerle birlikte görülen ana renk. 3 yetişim; bir insanın yetişmesinde etkili olmuş şeylerin tümü; sözgelimi, aile çevresi, yaşam deneyimi, öğrenim durumu, iş deneyimi, vb. 4 bir öykünün, bir olayın gerisinde meydana gelmiş hadiseler. **backhand** *i+sy* (teniste) elin tersi öne gelecek şekilde yapılan vuruş.

...a backhand stroke...

backhanded *s* elin tersi ile vurulan. **backhanded compliment** lastikli iltifat; hem iyiye hem de kötüye çekilebilecek söz. **backlash** bazı kimselerin hoşlanmadıkları siyasal, veya toplumsal değişikliklere karşı gösterdikleri düşmanca ya da aşırı tepki. *The government did not pass the act because of the possible backlash* **back number** *i+sy* **1** bir gazete, veya bir derginin eski sayısı; en son sayıdan daha önceki bir nüsha. **2** bir zamanlar önemli olan, ama artık unutulmuş, veya önem verilmeyen birisi; itibarı kalmamış kimse. (*k. dil.*). **back pack** sırt çantası. (*eş anl.* **rucksack**). Ayrıca *f-n* sırtında çantası engebeli arazide uzun yürüyüş yapmak. **back pay** gecikmiş ödeme. **backside** kıç, popo. (*k. dil.*). **backstroke** *i-sy* sırtüstü yüzüş. **backwater** çevrede olup bitenlerden, dünyada oluşan yeni-liklerden hiç payını almamış bir yer, veya düşünce yapısı. (*k. dil.*).

back² [bæk] *z* **1** geriye, eski yere, eski yerine. *He put the book back. I gave back the pencil which John had lent me. He threw the ball to me and I threw it back.* **2** arkada, geride, arkaya, geriye. *We sat a long way back at the theatre. Sit back in your chair. Stand back!* **backbiter** *i+sy* (birisinin) arkasından konuşan kimse; (orada olmayan birisini) çekiştiren, kötüleyen, yeren kişi. **backbiting** *i-sy* arkadan çekiştirme.

back³ [bæk] *f+n* **1** (özl. bir araba hk.) geri geri gitmek; geri geri sürmek. *Back the car carefully into the garage. John backed the car out carefully.* **2** desteklemek, yardım etmek, teşvik etmek, cesaret vermek. *He decided to back the plan.* **3** yarışlarda bir at üzerine oynamak: *back a horse.* **backing** *i-sy* destek, yardım teşvik. *He had the backing of all his friends.* **back out (of something)** (genl. bir anlaşmayı, bir sözü. bir vadı, vb.) yerine getirmekte kusur etmek; vazgeçivermek, döneklik, etmek. *Sometimes it seems necessary to back out of an agreement. (k. dil.).* **back someone (up)** desteklemek; arka çıkmak. *Will they back me up in the argument?*

backward ['bækwəd] *s* **1** geri, geriye, geriye doğru. *She went off without a backward glance.* **2** az gelişmiş, geri kalmış: *backward child.* **backwards** *z* geriye, arkaya (doğru); geri geri, arka arka: *walk backwards; move backwards.*

bacon ['beikən] *i-sy* domuz pastırması; domuz sırtından ve böğründen çıkartılan etten yapılan tütsülenmiş ve tuzlanmış domuz eti. **bring home the bacon 1** evin geçimini sağlamak. **2** istediğini elde etmek.

bacteria [bæk'tiəriə] *içoğ* bakteriler; gözle görülmeyecek kadar küçük canlı yaratıklar; havada, suda ve bitkilerde bulundukları gibi insanların ve hayvanların vücutlarında da yaşarlar. Bazı türleri hastalığa neden olurlar. NOT: bu sözcüğün tekil biçimi *bacterium* [bæk'tiəriəm]'dur, ama genellikle çoğul haliyle kullanılır.

bad [bæd] *s* kötü, fena. niteliksiz, yetersiz, iyi değil; bozuk, çürük, kokmuş; yaramaz, itaatsiz; hasta, keyifsiz; tatsız, üzücü, kötü: *a bad boy; a bad headache; a bad smell. This egg is bad. The light in this room is very bad. karş. biç.* **worse** [wə:s]. *enüst. biç.* **worst** [wə:st]. **badly** *z* **1** kötü, fena (şekilde): *badly made.* **2** fena halde, çok fazla, iyice: *badly hurt. He badly needs a haircut.* **bad for** sağlığına zararlı. *Reading in a dim light is bad for the eyes. Running upstairs is bad for a weak heart.* **bad debt** tahsili mümkün olmayan alacak; şüpheli alacak. **be bad at** (bir şeyi) beceremmek. *I'm bad at remembering names. John is very bad at French.* **in a bad temper** (genl. önemsiz bir şey için) kızgın. **go bad** bozulmak, çürümek. **go from bad to worse** gittikçe kötüleşmek, kötüye gitmek. **not bad** iyi, fena değil. (*k. dil.*). **be badly off** hali vakti yerinde olmayan. (*karş.* **be well off**).

badge [bædʒ] *i+sy* nişan, rozet.

badger ['bædʒə*] *i+sy* porsuk; su kıyılarında kazdıkları deliklerde yaşayan ot ve etle beslenen, pis kokulu, memeli bir hayvan.

badger

badminton ['bædmintən] *i-sy* badminton; tenise benzer bir oyun olup bir ağın iki yanında yer alan oyuncular ucu tüylü küçük topu birbirlerine raket ile fırlatırlar.

baffle ['bæfl] *f+n* şaşırtmak, aklını karıştırmak. *The thief was so clever that he completely baffled the police. Question No.7 baffled all of us.* **baffling** *s* şaşırtıcı, aldatıcı.

bag¹ [bæg] *i+sy* 1 çanta, torba, heybe, çuval, kese kâğıdı; kâğıt, kumaş veya deriden yapılır: *a bag of apples.* 2 av; bir avda vurulan, veya yakalanan hayvanlar. **bag and baggage** tasını tarağını toplayarak, nesi var nesi yoksa. *He husband threw Jane out of the house bag and baggage.*

bag² [bæg] *f+n/-n* 1 çantaya, torbaya oymak. 2 avlamak, öldürmek. *geç. zam.* ve *ort.* **bagged. baggy** *s* (giysiler hk.) torba gibi sarkık, gevşek.

baggage ['bægidʒ] *i-sy* yolcu eşyası, bagaj; kişinin yolculukta yanında taşıdığı çantalar, bavullar, valizler.

bagpipes ['bægpaips] *içoğ* gayda; tulum; bir tür çalgı, İskoçya'da ve diğer bazı ülkelerde bulunur. *He played on the bagpipes.*

bagpipes

bail [beil] *i-sy* kefalet, teminat; sanığın yargılanıncaya kadar serbest kalabilmesi için adliyeye yatırılan para. *John was released on bail of $5,000. / John was released on payment of $5,000 bail.* **go/stand bail for someone** kefil olmak. *I stood bail of $5,000 for John.* **bail out** 1 kefalet ödeyerek tahliye ettirmek. *I paid $5,000 to bail him out.* 2 iflastan, güç durumdan kurtarmak. *The government has decided to bail out the bank.* 3 paraşütle atlamak. *When the aeroplane caught fire, the pilot bailed out.*

bailiff ['beilif] *i+sy* 1 icra memuru. 2 mübaşir.

bait [beit] *i+sy* yem; olta, veya tuzak yemi. Ayrıca *f+n* yemlemek; oltaya, veya kapana yem koymak.

bake [beik] *f+n/-n* 1 (özl. ekmek, bisküvi, pasta hk.) fırında pişmek, veya pişirmek. *He baked the bread. The bread is still baking.* 2 (özl. balçık, çömlekçilik, toprak, tuğla hk.) ateşte kuruyup sertleşmek, veya ısıtarak kurutup sertleştirmek, pişirmek: **baker** *i+sy* fırıncı, ekmekçi, pastacı. **bakery** *i+sy* fırın; ekmekçi dükkânı, pastacı.

balance¹ ['bæləns] *f+n/-n* 1 dengede tutmak; dengede durdurmak dengede durmak: *balance on one's hands. Because he never balances them very well, the books are always falling on the floor.* 2 genl. şu sözde **balance the books, balance the accounts**—(hesaplarda) giden paranın gelen paradan daha fazla olmamasına dikkat etmek; (bütçeyi) denkleştirmek. **balanced** *s* 1 dengeli, düşmeyen. 2 dengeli, muvazeneli, aklı başında. (*karş.* **unbalanced**, özl. 2. madde için).

balance² ['bæləns] *i-sy* 1 denge, muvazene. *John lost his balance and fell from the ladder.* 2 *i-sy* denge unsuru; karşıt ağırlık: *the balance of power in the world.* 3 *i+sy* terazi; bir tartı aleti. 4 bakiye, kalıntı. *I'll pay you the balance when I get my pay check.* **balanced diet** dengeli beslenme (düzeni). **balance of payments** ödemeler dengesi. **balance of trade** dış ticaret dengesi. **balance sheet** bilanço.

balcony ['bælkəni] *i+sy* balkon.

bald [bɔːld] *s* 1 saçsız, kel, keleş, dazlak. *Dad always wears a hat in the garden to keep the sun off his bald head.* 2 yalın, çıplak; harbi, doğrudan doğruya: *a very bald account of the facts.*

bale [beil] *i+sy* balya, denk; sıkıca bağlanmış kocaman bir yük; böyle bir yük genl. gemi, uçak kamyon, vb. ile taşınır.

baleful ['beilful] *s* kin ve nefret dolu; kötü niyetli, uğursuz.

balk, baulk [bɔːlk] *f+n/-n* güç bir durum ile yüz yüze gelmek istememek, bir şeyi kullanmaktan ya da yapmaktan kaçınmak; zor, veya tatsız

bir şeyi kabule yanaşmamak. *John
balked at having to do any more
work.*
ball [bɔ:l] *i+sy* 1 top: *football, cricket
ball.* 2 yumak: *a ball of string /wool.*
3 balo, eğlence; dans edip eğlenmek
için yapılan büyük çapta ciddi bir
parti.
NOT: eğer verilen parti, veya
düzenlenen eğlence resmi değilse buna
dance denir.
ball bearing 1 rulman; bilyeli yatak.
2 bilye; böyle bir yatak içinde bulunan
metal kürelerden biri. **ball-point pen**
tükenmezkalem; tükenmez. **ballroom**
balo salonu, dans salonu. **ball game**
beyzbol maçı.
ballad ['bæləd] *i+sy* balad; bir tür şiir
ya da bir öyküyü anlatan şarkı (genl.
geleneksel bir öykü). *We sat around
the campfire singing ballads about
gypsies and pirates.*
ballast ['bæləst] *i-sy* safra; gemileri ve
her boyda deniz aracını, su yüze-
yinden belli bir derinliğe kadar
batırarak dengede tutmak için, dip
bölümlerine konulan ağırlık. *The
cargo of iron bars acted as ballast for
the ship.* Ayrıca *f+n* safra koymak:
ballast a ship.
ballerina [bælə'ri:nə] *i+sy* balerin;
bale sanatçısı hanım.
ballet ['bælei] *i+sy/-sy* bale.
ballistics [bə'listiks] *içoğ* (tekil fiil ile
kullanılır) balistik (bilimi); bir
silahtan fırlatılan merminin hareketini
bilimsel olarak inceleyen bilgi dalı.
balloon [bə'lu:n] *i+sy* 1 (oyuncak)
balon. 2 havada asılı kalabilen bir tür ⸰
taşıt aracı; balon.
ballot ['bælət] *i+sy* gizli oylama
(düzeni) (genl. üzerine işaret koyulan
kağıtlar oy toplanan sandığa atılır).
balmy ['ba:mi] *s* (özl. hava durumu
hk.) yumuşak, tatlı ve ılık: *a balmy
breeze. In the balmy spring weather
they were often outdoors.*
balsa ['bɔ:lsə] *i-sy* balsa ağacının maket
uçak, vb. yapımında kullanılan ve çok
hafif olan tahtası. (Ayrıca **balsa wood**
da denir).
bamboo [bæm'bu:] *i+sy/-sy* bambu,
hintkamışı; sapı oyuk tropikal, veya
yarı-tropikal bir bitki.
NOT: bu sözcük dilbilgisi bakımından
genl. tek tek sayılmayan isim olarak
kabul edilir; çoğul şekli için (eğer

bamboo bitkisi diyecekseniz) *a lot of
bamboo;* (eğer kamışın kendisinden
söz edecekseniz) *pieces of bamboo*
şekli kullanılmalıdır.
bamboozle [bæm'bu:zl] *f+n* 1
aldatmak, dolandırmak. 2 şaşırtmak.
*She bamboozled us by sending us a
message written in secret code.*
b and b (=**bed and breakfast**)—
(gazete ilanlarında görülür) otel, vb.
oda ücretine kahvaltı dahil.
ban [bæn] *f+n* yasaklamak, menet-
mek: *The police will soon ban the
parking of cars in this street. A book
is banned if it is prohibited by the
authorities. geç. zam. ve ort. **banned.**
(eş anl. **forbid**). Ayrıca *i+sy* yasak-
lama emri.
banal [bə'na:l] *s* adi, bayağı; yavan,
basmakalıp, sıradan: *a very banal
remark. The plot of the TV soap
opera was so banal we didn't watch it.*
banana [bə'na:nə] *i+sy* muz. **banana
republic** *i+sy* muz cumhuriyeti; özl.
Orta Amerika'nın siyasi bakımdan
çalkantılı, ekonomik bakımdan
gelişmemiş, geliri muz ihracatına
dayalı cumhuriyetlerinden biri.
band[1] [bænd] *i+sy* 1 bir müzik
topluluğu.
NOT: dans, veya popüler müzik çalan
gruba *band* denir; klasik müzik çalan
gruba ise *orchestra* denir.
2 takım, güruh, çete; belli bir amaçla
bir araya gelmiş insan topluluğu (gen.
kötü bir amaçla): *a band of robbers.*
3 bant, şerit, kurdele.
band[2] [bænd] *f-n* bir araya gelmek,
birleşmek; belirli bir amaç için
toplanmak. *The people banded
together aganist the robbers.*
bandage ['bændidʒ] *i+sy* sargı (bezi),
bandaj. Ayrıca *f+n* bir sargı bezi ile
bağlamak, sarmak: *bandage a wound
/a person.*
bandit ['bændit] *i+sy* haydut, eşkiya;
dağlarda ormanlarda, vb. yerlerde
yaşayan silâhlı soyguncu. *A gang of
bandits broke into the bank. (eş anl.
brigand).
bandy[1] ['bændi] *s* eğri, çarpık: *bandy-
legged* (=eğri bacaklı).
bandy[2] ['bændi] *f+n* dalaşmak, atış-
mak; birbiri ile tartışmak, söz dalaşı
yapmak: *bandy insults.*
bang [bæŋ] *i+sy* 1 gürültü; güm veya
bam sesi. *He heard a bang.* **2** darbe,

şiddetli bir vuruş: *a bang on the head.*
Ayrıca *f+n/-n* şiddetle, ve çoğkez de
gürültülü bir biçimde vurmak,
çarpmak: *bang the door; bang one's
head on the wall.*

bangle ['bæŋgl] *i+sy* bilezik, halhal;
kola veya bileğe süs olarak takılan
madeni bir halka.

banish ['bæniʃ] *f+n* sürgün etmek,
sürmek, kovmak (özl. yurt dışına ceza
olarak sürmek). *The king banished
the evil magician from his country
forever.* (*eş anl.* exile).

banister ['bænistə*] *i+sy* (genl. çoğ.
biç.) tırabzan; merdiven korkuluğu;
merdivenlerin dış kenarlarına
korkuluk olarak konur. *The children
slide down the banisters.*

banjo ['bændʒou] *i+sy* banço; bir
müzik aleti. *çoğ. biç.* banjoes veya
banjos·

bank¹ [bæŋk] *i+sy* 1 kıyı, kenar, yaka;
nehir ya da göl, vb. sahilindeki arazi.
2 set; bır tarlada, veya bahçede
yığılmış toprak.

bank² [bæŋk] *f+n/-n* dönerken
hafifçe yana yatmak. *The aeroplane
banked sharply before coming down
to land.*

bank³ [bæŋk] *i+sy* 1 banka. *I have an
account at/with this bank. She works
in a bank.* 2 ...bankası; bir şeyin
gereğinde kullanılmak üzere saklan-
ıldığı yer: *a data bank; a blood bank.*
Ayrıca *f+n/-n* banka (para)
yatırmak. *Where\ does he bank?*
banker *i+sy* bir bankanın yöne-
timinde ·sözü geçen bir kimse, veya
banka sahibi, ya da hissedarı.
banking *i-sy* bankacılık; banka, veya
banka hissedarının·yaptığı işler. **bank
account** banka hesabı. **bank clerk**
banka memuru. (*eş anl.* teller). **bank
holiday** (İngiltere'de)(bir tür) bayram
tatili, veya bankaların resmî tatil
günü. **banknote** banknot; kâğıt para.
bank loan banka kredisi. **bank
manager** bir banka müdürü. **bank
book/passbook** banka hesap cüzdanı.
bank rate bank faiz oranı.

bankrupt ['bæŋkrʌpt] *s* iflas etmiş;
borçlarını ödeyemeyeceği mahkemece
resmen bildirilmiş olan. *He was
bankrupt after his business failed.*
Ayrıca *i+sy* iflas etmiş bir kimse,
müflis, batkın birisi. **bankruptcy** *i-sy*
iflas, iflas durumu.·*The inflation has*

caused *hundreds of bankruptcies.*

banner ['bænə*] *i+sy* pankart, döviz
(genl. iki sopa arasına gerilmiş uzunca
bir bez. kâğıt, vb. parçası; halkın
görmesi, okuması için üzerinde yazı,
veya resim bulunur). **banner headline**
çok iri harflerle yazılmış gazete
manşeti.

banns [bænz] *içoğ* evlilik duyurusu;
askıya çıkma; kilisede tahtaya asılan
ve bir kadınla bir erkeğin evleneceğini
duyuran ilan.

banquet ['bæŋkwit] *i+sy* ziyafet; geniş
çapta verilen resmî bir yemek; böyle
bir yemekte bol yiyecekler bulunur ve
konuşmalar yapılır.

baptism ['bæptizəm] *i-sy* vaftiz (ayini);
bu ayinde kişinin başına elle su
damlatılır, veya kişi suya sokulup
çıkarılır; böylece arınmış olan kimse
artık kilisenin bir üyesi olur. **Baptist**
i+sy Baptist; Protestan Hıristiyan;
Baptist mezhebi mensubu; vaftiz
işleminin çocuklara değil, bu ayinin
anlamını kavrayacak kadar büyümüş
olan insanlara uygulanmasına
inanmış olan kimse. Bu mezhebe göre
vaftiz edilen kişi iyice suya bastırılıp
çıkarılmalıdır. **baptize** [bæp'taiz] *f+n*
1 vaftiz etmek. 2 vaftiz töreni
sırasında (birisine) ad koymak.

bar¹ [ba:*] *i+sy* (genl. demir, altın,
kurşun, vb. ile, ya da çikolata, sabun
hk.) kalıp; katı ve uzunca bir parça.
2 engel, mania, mâni; bir şeyin
ilerlemesine, veya gelişmesine engel
olan herhangi bir şey. *Lack of mineral
resources was a bar to the economic
development of the country.* 3 bar,
meyhane; alkollü içki satılan yer;
içecek, yiyecek servisi yapılan yer. **the
Bar** baro; tüm olarak avukatlık
mesleğini yapan kimseler. **barmaid**
meyhaneci kız veya kadın; kadın
barmen. **barman** meyhaneci, barmen;
içki servisi yapan adam. **bartender**
(*AmI*'de) barmen. **behind bars**
mahpus, hapiste. *The criminal spent
twenty years behind bars.*

bar² [ba:*] *f+n* 1 sürgülemek. *He
barred all the doors and windows of
his house.* 2 engellemek, mani olmak,
önünü tıkamak. *A high wall bars the
way into his garden.* geç. zam. ve ort.
barred.

barbarian [ba:'bɛəriən] *i+sy* barbar;
görgüsüz, medeniyetsiz, kaba ve

yabani olan kimse; böyle bir kimsenin sanata, edebiyata, eğitime, vb. inancı ve saygısı yoktur. *Everyone condemned the barbaric torture of prisoners.* Ayrıca *s* uygar olmayan. **barbaric** [ba:ˈbærik] *s* uygar olmayan; vahşi, barbar. **barbarous** [ˈba:bərəs] *s* uygar olmayan, kaba. *The slaughter of the prisoners was a barbarous act.* **barbarity** [ba:ˈbæriti] *i+sy/-sy* zalimlik, gaddarlık. *The barbarities practiced upon the wounded are too dreadful to describe.* NOT: *barbaric,* genl. kültürel konular hk. kullanılır, örn. *barbaric art; barbarous* ise genl. çok zalim, vahşi bir davranışla ilgilidir, örn. *barbarous torture.*

barbecue [ˈba:bikju:] *i+sy* (bir tür) döner partisi, veya ziyafeti, veya pikniği (genl. açık havada yapılır); bu tür bir partide et açık hava ateşinde kızartılır. Ayrıca *f+n* açık havada ızgara olarak pişirmek. *In summer Dad barbecues chops and sausages and we eat them on paper plates and then play games.*

barbed wire [ˈba:bdˈwaiə*] dikenli tel.

barber [ˈba:bə*] *i+sy* berber. NOT: kadınların saçını kesen kimseye ise *hairdresser* denir.

bare [beə*] *s* **1** çıplak; üstünde giysisi olmayan. *I like to fell the warm sun on my bare skin.* (*eş anl.* **naked**). **2** bomboş, tamtakır, çıplak: *a bare hillside. The house looks rather bare. The trees are bare in winter.* **3** ancak yetecek kadar; çok az. *He earns a bare living.* Ayrıca *f+n* soymak, üstünü açmak; bomboş, tamtakır yapmak. **bareness** *i-sy* çıplaklık. **barely** *z* **1** ancak, kıtı kıtına, hemen hiç. *We have barely enough money for our needs.* **2** daha henüz, ancak. *I'd barely hung the clothes when it started to rain* (=Çamaşırları henüz asmıştım ki yağmur başladı). *She can barely say two words in English.* (*eş anl.* **scarcely**). **bareback** *s/z* (ata binmeyle ilgili olarak) eğersiz, eğer vurmadan; çıplak. **barefaced** *s* utanmaz, arlanmaz, yüzsüz: *barefaced liar.* **barefoot, barefooted** *s* yalın ayak; ayağında ayakkabı, veya başka bir şey olmaksızın.

bargain [ˈba:gin] *i+sy* **1** pazarlık. *They shook hands on the bargain.* **2** kelepir;

gerçek değerinden daha ucuza satın alınabilen, veya alınmış bir şey. *That house is a real bargain at £40,000.* Ayrıca *f-n* pazarlık etmek. *I spent one hour bargaining about/for/over the price. We have to bargain with the dealer if we want a discount.* **bargain for** hesaba katmak; aklına gelmek, olacağını ummak, beklemek. *We didn't bargain for the crowd at the picnic ground.* (*k. dil.*). **into the bargain** ayrıca, üstelik, buna ilâveten. *That shopkeeper is a very rude man and a cheat into the bargain.* (*k. dil.*).

barge¹ [ba:dʒ] *i+sy* mavna, şat; nehirlerde yük taşıyan altı düz büyük bir tür tekne. **dumb barge** yelkeni ve makinası olmayan, yedekte çekilerek hareket ettirilebilen mavna. **power(ed) barge** kendi makinası ile hareket edebilen mavna.

barge² [ba:dʒ] *f+n/-n* paldır küldür içeri dalmak. *He barged into the room.* (*k. dil.*).

baritone [ˈbæritoun] *i+sy/-sy* bariton; tenor ile bas arasında bir erkek sesi.

bark¹ [ba:k] *i+sy* havlama; köpeğin çıkardığı ses. Ayrıca *f+n* havlamak. *The dog barked at us.* **bark up the wrong tree** yanlış kapı çalmak; aldanmak. *If you think that I was responsible, then you are barking up the wrong tree: I am completely innocent.* **his bark is worse than his bite** ne varsa dilinde. *Don't be put off by what my father says: his bark is worse than his bite, and he is quite a kindly man, really.*

bark² [ba:k] *i-sy* ağaç kabuğu; bir ağacı çevreleyen sert kabuk.

barley [ˈba:li] *i-sy* arpa.

barn [ba:n] *i+sy* ahır, ambar; bir çiftlikte, tarım ürünlerinin depolandığı, veya hayvanların barındığı bir bina.

barnacle [ˈba:nikl] *i+sy* bir tür midye; kayalara ve gemi diplerine tutunup yaşayan kabuklu bir deniz hayvanı.

barometer [bəˈrɔmitə*] *i+sy* barometre, basınç ölçer; hava basıncını ölçerek yer yükseltilerini ve hava değişimlerini saptamak için kullanılan bir aygıt.

baron [ˈbærn] . *i+sy* **1** baron; bir soyluluk, asalet ünvanı. (*kadınına* **baroness** *denir*). **2** büyük bir sanayi ya da finansman kuruluşunun başındaki büyük güç sahibi bir iş adamı.

baroque ['bɔ'rɔk] s barok üslubu; 1550 ile 1750 yılları arasında Avrupa'da görülen bir sanat, mimari, vb. üslubu; bu anlatım ifadesinde aşırı derecede süslülük ve gereğinden fazla şatafat vardır; ayrıca eserlerde kavisli şekiller hakimdir.

barracks ['bærəks] içoğ kışla, baraka; askerlerin yaşadıkları binalar.

barrage ['bæra:ʒ] i+sy 1 engelleme ateşi; baraj; çok sayıda ağır topların birlikte, devamlı ateş etmesi. 2 büyük bent, baraj.

barrel ['bærl] i+sy 1 fıçı; bir araya getirilerek çemberlerle tutturulmuş ensiz tahtalardan yapılan yuvarlak, karnı şişkin ve altı üstü düz kap. (eğer bu kap silindir biçiminde olursa, o zaman buna **drum** (=bidon) denir). 2 namlu; ateşli bir silâhta merminin içinde ilerlediği uzun, boru biçimindeki kısım.

barrel

barren ['bærn] s 1 meyvasız, çorak verimsiz, kıraç: a barren tree; barren land. (karş. **fertile**). 2 (dişi insan, veya hayvanlar hk.) kısır, dölsüz: a barren woman. (eş anl. **infertile**).

barricade [bæri'keid] i+sy barikat, engel, mânia; halkın ilerlemesini önlemek için (genl. ayaklanma, veya ihtilal sırasında) bir sokağın, vb. ortasında aceleyle kurulan engel. Ayrıca f+n kapatmak, bir barikat ile engellemek: barricade the main street. NOT: barricade aceleyle kurulan geçici bir engeldir. Kalıcı engele ise barrier denir.

barrier ['bæriə*] i+sy 1 bariyer; insanların ilerlemesini önleyen bir duvar, tahta parmaklık, kapı, vb. bir engel. 2 belli bir yöne giden insanları, veya bir gelişmeyi engelleyen herhangi bir şey. Not being able to speak the same language can often be a barrier between people.

barrister ['bæristə*] i+sy (İngiltere'de) avukat. The barrister defended the man accused of murder in the High Court.

barrow ['bærou] i+sy (bir ya da iki tekerlekli) (sokak satıcılarının kullandığı) el arabası. (eş anl. **wheelbarrow**). **barrow-boy** sokak satıcısı.

barrow

barter ['ba:tə*] f+n/-n trampa etmek, takas yapmak, değiş tokuş usulü ile alışveriş etmek: barter rice for cotton.

base[1] [beis] i+sy 1 taban, kaide, temel. The refrigerator is standing on a wooden base. 2 üs, merkez; (özl. harp zamanında) askeri bir birliğin yüksek rütbeli subaylarının bulunduğu yer.

base[2] [beis] f+n dayandırmak, isnat ettirmek, bir esas üzerine bina ettirmek; kurmak, tesis etmek: He based his argument on the following fact. This book is based on a true story.

base[3] [beis] s aşağılık, adi, alçak.

baseball ['beisbɔ:l] i-sy beyzbol; bir sopa ve bir topla oynanan bir Amerikan oyunu; 9 kişiden oluşan 2 takım ile oynanır.

basement ['beismənt] i+sy bodrum katı.

bash [bæʃ] f+n fena halde vurmak; küt diye vurmak.

bashful ['bæʃful] s (genl. çocuklar, veya gençler hk.) utangaç, sıkılgan, mahçup; insanlar ile karşılaşmaktan korkan.

basic ['beisik] s başlıca, temel, ana, esas. **basically** z aslında, esasında. basically, I think Turkey shouldn't go into the Common Market. **basic needs** insanın yaşaması için zorunlu olan şeyler; yiyecek, giyecek ve barınak.

BASIC ['beisik] (=B(eginner's) A(ll-purpose) S(ymbolic) I(nstruction) C(ode))—İngilizce sözcüklerin kullanıldığı basit kompütür programlama kodu.

basin ['beisən] *i+sy* **1** leğen, küvet; yuvarlak, geniş, yayvan bir kap. **2** (coğrafyada) havza; yuvarlak ve uzunca bir vadi. *The river basin lies between the two mountain ranges.* **coal basin** kömüş havzası.

basis ['beisis] *i+sy* temel, esas; bir fikrin, bir gerçeğin, vb. hareket noktası. çıkış yeri. *çoğ. biç.* **bases** ['beisi:z].

bask [ba:sk] *f-n* tatlı bir sıcaklıkta uzanmak; sıcak ve ışıklı bir ortamda gevşeyip keyif yapmak; güneşlenmek. *He was basking in the sun.*

basket ['ba:skit] *i+sy* sepet, küfe.

basketball *i* basketbol; 5 oyuncudan oluşan 2 takım arasında oynan bir oyun.

bass¹ [beis] *i+sy* bas; en alçak perdeden erkek sesi.

bass² [bæs] *i+sy* levrek (balığı).

bastard ['ba:stəd] *i+sy* piç; gayri meşru çocuk; birbirleriyle nikahlanmamış ana babanın çocuğu.

baste [beist] *f+n* kızarmakta olan etin üstüne erimiş yağ dökmek.

bastion ['bæstiən] *i+sy* kale burcu: esas duvardan dışarı doğru biraz çıkıntılı kısım.

bat¹ [bæt] *i+sy* sopa; özel bir biçim verilmiş tahta sopa; çeşitli oyunlarda topa vurmak için kullanılır. Ayrıca *f-n* sopa ile vurmak. *She batted the ball over the fence. geç. zam. ve ort.* **batted. not bat an eye/eyelash/eyelid** şaşkınlık ve telaş göstermeden; soğukkanlılıkla, gözünü kırpmadan. *When I told him that his wife had decided to leave him, he didn't bat an eyelid.*

bat² [bæt] *i+sy* yarasa.

batch [bætʃ] *i+sy* yığın, takım, sürü; bir fırın (dolusu): *a batch of loaves in the oven. He received a batch of telegrams.*

bated ['beitid] *s* genl. **with bated breath** sözünde—nefesini tutarak, soluğu kesilerek; sözgelimi korku içindeyken, endişe ile beklerken; bu veya buna benzer şiddetli duygular içindeyken.

bath [ba:θ] *i+sy* **1** banyo küveti. *There was a shower and a bath in the bathroom.* **2** yıkanma, banyo. *He was given a cold bath.* **3** (genl. çoğ. biç.) hamam; yüzme havuzu *çoğ. biç.* **baths**

mak. *Jane is bathing the baby.* **bathroom** banyo (odası); tuvalet. **bathrobe** bornoz. **bathtub** banyo küveti.

bathe [beið] *f-n* **1** suya girmek; denize, göle, yüzme havuzuna girmek; yüzmek; banyo yapmak. *It's dangerous to bathe in the river here.* **bath'e** bkz. **2** bir şeyi (özl. bir yarayı) dikkatle yıkamak, temizlemek. *I bathed my elbow with boiled water.* **bather** *i+sy* yüzen, veya banyo yapan kimse. **bathing** *i-sy* banyo yapma; deniz banyosu. **bathing costume** (kadınlar için) mayo. (*eş anl.* **swimming costume, swim suit**).

baton ['bætn] *i+sy* baton; orkestra şefinin değneği.

battalion [bə'tæliən] *i+sy* tabur; üç, veya daha çok bölükten oluşan askeri bir birlik.

batter¹ ['bætə*] *f-n* **1** arka arkaya sert darbeler indirmek; güm güm vurmak. **2** (genl. bir çocuğu, veya kadını) dövmek.

batter² ['bætə*] *i-sy* sulu hamur; un, yumurta ve süt, vb. birlikte çırpılarak elde edilir; kek, pasta, vb. yapımında kullanılır.

battery ['bætəri] *i+sy* **1** pil ya da akü(mülatör). **2** batarya; topçu bölüğü; ağır toplardan oluşan bir askeri birlik. **battery hen** özel kafeslerde üretilen tavuk.

battle ['bætl] *i+sy* **1** muharebe, çatışma, çarpışma (genl. ordular, deniz birlikleri, veya uçak filoları arasında yapılır). *A battle was fought between the two armies.* **2** mücadele, savaşma. Ayrıca *f-n* savaşmak, çarpışmak; mücadele etmek. *We must continue to battle against/with poverty and disease.* **battle cry 1** savaş narası, savaş çığlığı. **2** slogan. **battlefield** savaş alanı, muharebe sahası. (*eş anl.* **battleground**). **battleship** zırhlı, harp gemisi, en büyük savaş gemisi.

battlement ['bætlmənt] *i+sy* (genl. çoğ. biç.) bir tür mazgallı siper; aradaki boşluklardan ateş edilir.

baulk [bɔ:lk] *f+n/-n* **balk**'a bkz.

bawl [bɔ:l] *f+n/-n* avazı çıktığı kadar kaba ve çirkin bir sesle bağırmak; böğürmek; bas bas bağırmak. *It is very bad manners to bawl at people in the street.* **bawl someone out** bas

She bawled him out in public for forgetting her cigarettes.

battlements

bay [bei] *i+sy* körfez; bir denizin, veya büyük bir gölün sahilindeki genişçe bir girinti. *The sailing boats were anchored in the bay.* **bay window** cumba; sokağa doğru çıkıntı yapan pencere. **at bay** köşeye sıkıştırılmış halde; kaçamayacak durumda.

bayonet ['beiənet] *i+sy* süngü, kasatura.

bazaar [bə'za:*] *i+sy* **1** (Asya'daki ülkeler hk.) çeşitli dükkânların toplu olarak bulunduğu bir yer; çarşı. **2** (İngiltere ya da Amerika hk.) kermes; hayırlı bir amaçla para toplamak üzere düzenlenen bir satış.

BBC [bi:bi:'si:] *özeli* (=**British Broadcasting Corporation**)—(the ile) İngiliz Yayın Kurumu.

B.C. [bi:'si:] *i-sy* (=**before Christ**)—milâttan önce, M.Ö. Ayrıca **AD**'ye bkz.

be [bi:] *yarf* **am, are, is,** vb.'nin; mastar şekli; diğer fiillerle birlikte kullanılarak bileşik zamanları ve fiillerin edilgen çatılarını oluştururlar. **be that as it may** şimdilik bu konuyu geçelim, ama... **be-all and end-all** önemli ve değerli olan tek şey. BE TABLOSUNA bkz.

beach [bi:tʃ] *i+sy* sahil, kumsal; bir denizin, veya bir gölün kıyısı (genl. böyle bir kıyıda kum ve çakıl parçaları bulunur). Ayrıca *f+n/-n* kumsala çekmek, sahile çekmek; sahile yanaşmak.

beacon ['bi:kən] *i+sy* bir tehlikeyi haber vermek için' (genl. gemileri uyarmak için) kullanılan demet ışık.

bead [bi:d] *i+sy* **1** (genl. çoğ. biç.) boncuk; tesbih, vb. tanesi; cam, maden, ağaç, vb. maddeden yapılmış ufak bilye. **2** boncuk, tespih biçiminde

herhangi bir şey: *bead of sweat.* NOT: *bead* sözcüğü süs olarak kullanılan kıymetli taş veya madenler için kullanılmaz. **beady** *s* (gözler hk.) boncuk gibi; küçücük, pırıl pırıl: *beady-eyes/-eyed.*

beak [bi:k] *i+sy* gaga; bir kuşun boynuz gibi sertleşmiş ağız kısmı.

beaks

beaker [bi:kə*] *i+sy* geniş ağızlı ve sapsız bir içki bardağı; beher; silindir şeklinde, bardağa benzer bir cam kap. (özl. kimya deneyleri için kullanılır).

beam [bi:m] *i+sy* **1** kriş, hatıl, mertek, direk, putrel; binalarda kullanılan uzun, ağır kereste parçası. **2** şua, ışık, ışın; ışık demeti, hüzme. *A beam of sunlight was shining through a hole in the curtain.* **3** gülümseme, tebessüm; parlak bir bakış ve gülümseme. Ayrıca *f-n* gözlerinin içi gülmek, mutlu bir biçimde gülümsemek. *The headmaster beamed with pleasure when he saw our good results.* **be off beam, be off the beam** yanlış veya hatalı olmak. **be on one's beam-ends** (paraca) sıfırı tüketmek, geçinecek parası kalmamak.

bean [bi:n] *i+sy* fasulye, bakla, bezelye, vb. tanesi. **not worth a bean** beş para etmez. **spill the beans** (gizli kalması gereken bir şeyi) söyleyivermek, anlatmak, konuşmak; ötmek; açığa vurmak. *The police have arrested four men suspected of committing the robbery: they are trying to get one of them to spill the beans.*

bear¹ [beə*] *f+n/-n* **1** taşımak, çekmek, ağırlığını kaldırmak. *Will this beam bear the weight of the roof?* **2** bir meyva, ürün vermek. *These trees bear fruit twice a year.* **3** katlanmak, dayanmak, tahammül etmek. *I didn't think I would be able to bear such*

BE Fiilinin Çekimi (Conjugation of verb BE)		
Geniş Zaman (Simple Present)		**Şimdiki Bitmiş Zaman (Present Perfect)**
I am We are You are You are He is They are		I have been We have been You have been You have been He has been They have been
Geçmiş Zaman (Simple Past)		**Geçmişte Bitmiş Zaman (Past Perfect)**
I was We were You were You were He was They were		I had been We had been You had been You had been He had been They had been
Gelecek Zaman (Future)		**Gelecekte Bitmiş Zaman (Future Perfect)**
I shall be We shall be You will be You will be He will be They will be		I shall have been We shall have been You will have been You will have been He will have been They will have been

pain. **4** üzerinde bulundurmak, taşımak. *This cheque bears his signature. geç. zam. biç.* **bore** [bɔ*]. *geç. zam. ort.* **borne** [bɔ:n].
NOT: *borne, bear* fiilinin normal *geç. zam. ort.*'ıdır. Fakat, *bear,* 'doğurmak, dünyaya getirmek' anlamında kullanıldığında iki türlü *geç. zam. ort.* vardır. Şu iki örnekteki kullanış biçimlerine dikkat edin. *She has borne twelve childen* (= On iki çocuk doğurdu). *He was born in 1920* (=1920'de doğdu). *bear* fiili 'doğurmak, dünyaya getirmek' anlamında kullanıldığında bunun *geç. zam. ort.* yani fiilin *3. zam. biç.* **borne**'dur. *She has borne twelve children* (= On iki çocuk doğurdu). Oysa *bear* 'doğmak, dünyaya gelmek' anlamında kullanıldığında *geç. zam. ort.* **born**'dur. *He was born in 1920* (= 1920'de doğdu).
bearable *s* katlanılabilir, tahammül edilebilir. (*karş.* **unbearable**). **bearer** *i* + *sy* **1** (bir şey, örn. evrak, mektup, tabut, teskere, vb.) taşıyan kimse;

hamil kimse: *the bearer of the letter.* **2** (Asya'da) uşak, erkek hizmetkâr. **bearing 1** *i-sy* ilgi, bağlantı, münasebet (genl. şu sözde **have a/no bearing on something**). *That question has no bearing on the subject we are discussing.* **2** *i* + *sy* mil yatağı; makinenin dönen mili bu parçanın içinde bulunur. **3** *i-sy* duruş, vücudun tutuş tarzı; davranış biçimi. **bearings** *içoğ* yer, mevki (genl. şu sözde **take one's bearings** (=yönünü tayin etmek). (*karş.* **lose one's bearings** (=yolunu yordamını şaşırmak, nerede olduğunu bilmemek). **bear with somebody** birine tahammül etmek, birine karşı sabırlı olmak, katlanmak, dayanmak (genl. şu sözde **if you will bear with me for a few more minutes, I will...**). **bear someone/something in mind** ya da **bear in mind some-one/something** bir kimseyi/bir şeyi unutmamak, akılda tutmak. *Bear in mind that you must be back home by nine o'clock.* **bear right/left** (birisine gideceği bir yönü anlatırken kul-

lanılır) hafifçe sağa/sola dönünüz, sağa/sola (giden yolu) tutun, izleyin. **can't bear** tahammül edememek, dayanamamak. *I can't bear his singing. She can't bear to watch a bóxing match. I can't bear him.*
bear² [bɛə*] *i+sy* ayı. **black bear** siyah ayı. **brown bear** boz ayı. **polar bear** kutup ayısı.

1 polar bear   2 black bear
3 brown bear

beard [biəd] *i+sy* sakal; çene ve yanaklardaki kıllar.
NOT: üst dudakta olan kıllara *moustache* (=bıyık) denir.
bearded *s* sakallı. (*karş.* **clean-shaved**).
beast [bi:st] *i+sy* **1** hayvan (özl. evde bakılan, veya insana hizmet eden türden anlamına gelmeyip sadece basit anlamıyla bir hayvan demektir). **2** hödük, ayının teki; kaba saba kimse; hayvan gibi adam; sevilmeyen bir kişi(özl. bir çocuk veya adam).
beastly *s* berbat, rezil, kepaze; sevilmeyen, nefret edilen.
beat¹ [bi:t] *f+n/-n* **1** ardarda vurmak, dövmek (genl. bir sopa ile). **2** yenmek, mağlup etmek; bir işin üstesinden gelmek; daha iyisini yapmak. **3** düzenli bir biçimde vurmak, çarpmak. *His heart stopped beating.* *geç. zam. biç.* **beat.** *geç. zam. ort.* **beaten.**
NOT: *beat* vuruştaki ardardalığı ifade eder. Eğer vuruş bir, veya birkaç defa

yapılırsa *hit* kulanılır.
beater *i+sy* mikser; çırpma makinesi; çırpmak için kullanılan bir alet. **beat someone up** birisini tekme tokat dövüp iyite hırpalamak; ağzını, burnunu, kemiklerini kırmak; birisini fena halde döverek yaralamak. *The gang beat him up and left him for dead.* (*k. dil.*). **beat off an attack** bir taaruzu püskürtmek. **beat about the bush** lafı ağzında geveleyip durmak; bin dereden su getirmek. *Stop beating about the bush: tell me directly why you have come to see me.* (*k. dil.*). **beat time** tempo tutmak; düzenli biçimde hareketler yaparak müziğin hızını saptamak. *The teacher played the tune, while the children beat time with their pencils on the desks.*
beat² [bi:t] *i+sy* **1** vuruş, atış, tempo; düzenli olarak çıkarılan bir ses (genl. şu sözlerde **beat of a drum; heart-beat** (=kalp atışı)). **3** devriye gezilen bir bölge bir cadde, vb.; devriye. *The policeman was on his beat.*
beauty ['bju:ti] *i+sy/-sy* güzellik. *We were very impressed by the beauty of the scene.* **beautify** *f+n* güzelleştirmek. **beautiful** *s* güzel, göze, kulağa, vb. çok hoş gelen: *beautiful music; a beautiful woman.* (*karş.* ugly). **beautifully** *z* güzel bir şekilde. **beauty contest** güzellik yarışması. **beauty parlour** güzellik salonu. **beauty queen** güzellik kraliçesi. **beauty salon** güzellik salonu.
beaver ['bi:və*] *i+sy* kunduz; kuyruğu geniş ve yassı, art ayak parmaklarının arası perdeli, ağaçları kemirerek beslenen ve su kıyılarında yaşayan kürkü değerli bir hayvan. **eager beaver** için **eager**'a bkz.

beaver

becalmed [bi'ka:md] *s* (yelkenli bir gemi hk. rüzgârsızlıktan) hareketsiz,

kımıldamayan. *The ship was be-calmed for five days.*
became [bi'keim] **become** fiilinin
geçmiş zaman biçimi.
because [bi'kɔz] *bağ* çünkü, zira, bu
sebepten ötürü, şundan dolayı. *He
left because it was late. If you are
hungry it is because you didn't eat.*
NOT: eğer *The reason... is...* şeklinde
cümleye başlanırsa *because* kullan-
maya gerek kalmaz; yerine *that*
kullanılır. *The reason I am late is that
I missed the bus.*
because of bir şeyden dolayı, bir şey
yüzünden. *Our holiday was most
enjoyable, mainly because of the
good weather.*
NOT: **'because of** + bir isim'
(=**because** + cümlecik): *I moved
away because of the civil war there.
I moved away because there was a
civil war there.*
beckon ['bekən] *f+n/-n* el ile işaret
etmek, eli ile işaret edip çağırmak. *He
beckoned (to) us to follow him. He
beckoned us nearer, forward.*
become [bi'kʌm] *f+n/-n* olmak; başka
bir şeye dönmek, dönüşmek. *He
became tired easily. He became a rich
man. geç. zam. biç.* **became** [bi'keim].
geç. zam. ort. **become. become of** bir
kişinin, veya bir şeyin başına gelmek;
olmak. *What became of John after he
left school?* **becoming** *s* giyene
yaraşan; giyenin üzerinde çok şık
duran; uygun, yerinde. *You look very
nice in that dress. It is very becoming.*
(*karş.* **unbecoming**).
bed [bed] *i+sy* **1** yatak. *My mother is
in bed with cold. Lie down on bed if
you are tired. She is sitting up in bed
drinking a cup of tea.*
NOT: eğer bir kimse, yatakta üstüne
yorgan, battaniye, vb. örtmüş olarak
yatıyorsa *he is in bed/in his bed* denir.
Eğer bu kimse, yatakta yorganın,
battaniyenin, vb. üzerinde yatıyorsa
on his bed denir.
2 insanın uyuduğu herhangi bir yer.
3 deniz, nehir, göl, vb. yatağı. *We
found the wrecked ship on the sea
bed.* **4** (bahçelerdeki) çiçeklik, tarh. **5**
üzerine bir şey oturtulan bir yüzey;
taban, temel: *a bed of a concrete.
bedding i-sy* yatak takımı; çarşaf,
battaniye, yastıklar. **bedbug** tahta-
kurusu. **bedclothes** yatak üstü takımı;

yani çarşaflar, battaniyeler. **bedpan**
yatak lazımlığı. **bedridden** *s* yatalak;
hastalık, veya yaşlılık nedeniyle
yataktan kalkıp yürümeyen. *Jane
stayed at home to look after her
bedridden mother.* **bedroom** yatak
odası. **bedside** yatağın yanıbaşı. *The
child's mother sat at his bedside until
he recovered.* **bed-sitter, bed-sitting
room** hem oturma odası hem de yatak
odası olarak kullanılan tek oda.
bedtime yatma vakti, uyku saati. *Go
to bed; it's past your bedtime.*
bedwetting (*özl.* çocuklar hk.) gece
yatağına işeme; yatağı ıslatma. **double
bed** iki kişilik yatak. **single bed** tek
kişilik yatak. **go to bed** (uyumak
üzere) yatmak. **bed and breakfast**
otel, vb. oda ücretine kahvaltı dahil.
(*eş anl.* **b and b**).
bedlam ['bedləm] *i-sy* gürültülü
patırtılı bir yer, veya hareket. (*k. dil.*).
bedraggled [bi'drægld] *s* (genl. bir
kimse, veya onun giysileri hk.)
pejmurde (görünüşlü); saçı başı
dağınık. *Their clothes were
bedraggled when they came out of the
storm.* (*k. dil.*).
bee [bi:] *i+sy* arı, bal arısı. **beehive** arı
kovanı. **make a beeline for something**
kestirmeden çabucacık gitmek. *When
he saw that I was in the room he
made a beeline for the door.* (*k. dil.*).
beech [bi:tʃ] *i+sy/-sy* kayın ağacı;
düzgün, gümüşümsü renkte kabuğu
olan bir ağaç.
beef [bi:f] *i-sy* sığır eti.
been [bi:n] *be* fiilinin geçmiş zaman
ortacı.
beer [biə*] *i-sy* bira.
beet [bi:t] *i+sy/-sy* pancar; iki çeşittir,
birincisinden şeker elde edilir; yani
şeker pancarı (=**sugar beet**);
ikincisinin yuvarlak, kırmızı renkte
kökü vardır; sebze olarak yenir; yani
kırmızı pancar (=**beetroot**).

beetle

beetle ['bi:təl] *i+sy* bir tür böcek;
kınkanatlılar takımından herhangi bir
böcek.
beetroot ['bi:tru:t] *i+sy* pancar;

kırmızı pancar; sebze olarak yenir.
befall [bi'fɔ:l] *f+n/-n* insanın başına
gelmek; olmak (*esk. kul.*). *geç. zam.*
biç. **befell** [bi'fel]. *geç. zam. ort.*
befallen. (*eş anl.* **overtake**).
before [bi'fɔ:*] bağ/edat **1** (bir şeyden)
önce; (bir şeyden) daha önce; daha
önceden: *before six o'clock; before the*
end of the term. Haven't I met you
somewhere before? He has never
behaved like that before. **2** önünde:
before the king.
NOT: *before* (=önünde) oldukça *esk.*
kul.—yerine *in front of*'u kullanın.
beforehand *z* (daha) önceden,
evvelden. *The meal was prepared*
beforehand.
beg [beg] *f+n/-n* **1** (bir şeyi) dilemek,
rica etmek, yalvarmak. *He begged for*
forgiveness. He begged the judge to
forgive him. I begged him to
leave/that he leave. **2** dilenmek,
sadaka istemek (genl. el açıp gelip
geçenlerden). *geç. zam. ve ort.*
begged. beggar'a bkz. **beg pardon**
sözünde—**I beg your pardon 1**
Affedersiniz! Özür dilerim! Ba-
ğışlayın! Pardon! **2** Efendim?
Pardon? Anlayamadım?
began [bi'gæn] **begin** fiilinin geçmiş
zaman biçimi!
beggar ['begə] *i+sy* **1** dilenci;
çalışmayıp dilenerek geçinen kimse. **2**
özl. yardım ve anlayış bekleyen zavallı
bir kimse. Ayrıca *f+n* para harca-
tarak yoksullaştırmak, fakirleştirmek.
beggar description tarifi imkansız;
lafla sözle anlatılamaz. *The scene at*
the reception was so impressive that
it completely beggars descrition.
beggars can't be choosers oluruyla
yetinmek zorunda olmak; seçme
hakkı olmamak. *The people made*
homeless by the floods will have to
take whatever accommodation is
offered to them: beggars can't be
choosers.
begin [bi'gin] *f+n/-n* başlamak;
başlatmak. *My father began building*
a new house last week. The baby will
soon begin to talk. The day began
with rain. şim. zam. ort. **beginning.**
geç. zam. biç. **began** [bi'gæn]. *geç.*
zam. ort. **begun** [bi'gʌn]. (*karş.* **stop**).
(*eş anl.* **commence, start**). **beginning**
i+sy/-sy başlangıç. *We arrived just in*
time to see the beginning of the

match. **beginner** *i+sy* yeni başlayan,
acemi; öğrenime yeni başlayan. **to**
begin with ilk önce, evvelâ. **beginning**
of the end sonun başlangıcı.
begrudge [bi'grʌdʒ] *f+n* **1** gözü
kalmak; haset etmek. **2** vermek
istememek; çok görmek. *The old man*
begrudged his workers their wages.
behalf [bi'ha:f] birisi/bir şey, veya bir
şey için (şu sözde **on behalf of**
someone/something birisi adına; bir
başkası hesabına, birisinin temsilcisi,
sözcüsü olarak). *They are collecting*
on behalf of charity. He spoke on
behalf of all the members of the
society.
behave [bi'heiv] *f-n* (belli bir biçimde)
davranmak, hareket etmek; adam gibi
davranmak; görgü kurallarına uygun
olarak, kibar ve nazik bir biçimde
hareket etmek. *How did they behave*
towards you? They should behave
more politely towards people. They
behaved very badly at the party. You
must try to behave. He behaved
extremely well. How is your new car
behaving? (=Araban nasıl? İyi
gidiyor mu?) **behaviour** [bi'heivjə*]
i-sy (*AmI*'de **behavior**). **behave**
yourself genl. bir çocuğa söylenir)
(=Terbiyeni takın! Kendine gel! Uslu
otur!).
behead [bi'hed] *f+n* kafasını kesmek,
boynunu vurmak, kellesini uçurmak.
behind [bi'haind] *z/edat* **1** arka
tarafına, arka tarafında, gerisinde. *He*
hid behind a tree. He looked behind
but he couldn't see anyone coming.
The dog was running behind it's
master's bicycle. (*karş.* **in front of**).
2 geç; (bir şeyde) geri kalmış. (genl.
okulda, sınıfta diğer öğrencilerden;
bir işte, vb.). *He was a long way*
behind the other boys in his class. **3**
arkasında, gerisinde (genl. öldükten
sonra). *He left a large family behind*
when he died. Ayrıca *i+sy* (insanın)
gerisi; kıç, popo. (*k. dil.*). **behind bars**
için **bars**'a bkz. **behind the times** için
time'a bkz.
behold [bi'hould] *f+n* görmek,
gözlemek, bakmak (*esk.kul.*—yerine
see, notice, vb. sözcükleri kullanın).
geç. zam. ve ort. **beheld** [bi'held].
beige [beiʒ] *i-sy* bej (renk); sarıya çalar
açık kahverengi.
being¹ ['bi:iŋ] **1** *i+sy* varlık, insan

(genl. şu sözde **human being**). **2** *i-sy*
yaşam, mevcudiyet, var oluş.
being² ['bi:iŋ] **be** fiilinin şimdiki
zaman ortacı.
belch [beltʃ] *f-n* **1** geğirmek; midede
toplanan gazı sesli bir biçimde
ağzından çıkarmak. (*eş anl.* **burp**).
NOT: bebeklerin geğirmesi için *burb*
fiilini kullanın.
2 güçlü bir biçimde püskürtmek,
çıkartmak. *A chimney belches (out)
smoke.* Ayrıca *i+sy* geğirme, veya
geğirme sesi; geğirti.
belfry ['belfri] *i+sy* çan kulesi; çan
kulesi sahanlığı, çanın kule içinde asılı
durduğu yer (özl. bir kilisede).

belfry

belie [bi'lai] *f+n* yanlış bir izlenim
vermek, gizlemek, saklamak. *His
happy face belied his feeling of
misery.* (*karş.* **reveal**).
belief [bi'li:f] *i-sy* **1** inanç, güven.
believe'e bkz. **2** iman, inanç, itikat: *the
beliefs of the Christian Church.* (*eş
anl.* **faith**).
believe [bi'li:v] *f+n* inanmak, itimat
etmek, güvenmek. *I believe your
story. I don't believe you at all. I
believe him to be a good man. I
believe that you are telling the truth.*
(*karş.* **disbelieve**). **believable** *s*
inanılması mümkün; inanılabilir.
Your story is strange but believable.
(*karş.* **unbelievable**). **believer** *i+sy*
inanan kimse (özl. Allah'ın varlığına);
mümin. (*karş.* **unbeliever**). **believe in
someone/something** birisinin /bir
şeyin gerçekten var olduğuna inan-
mak. *I believe in God. I believe in
kindness to criminals.* **2** birisine
inanmak, güvenmek. **3** bir şeyin
doğru olduğunu düşünmek, yararlı
olduğuna inanmak. *I believe in
helping other people.* **believe it or not**
ister inan ister inanma. *Well, since*

*you say I may believe it or not, I think
I will not.* **(not) believe one's ears/eyes**
(genl. olumsuz anlamda kullanılır)
kulaklarına/gözlerine in(a)n(ama)-
mak; gördüğüne/duyduğuna in(a)n-
(ama)mak. *I could hardly believe my
ears when I heard that he had married
again.*
belittle [bi'litl] *f+n* (davranışlarla,
konuşma biçimi ya da yazı biçimi, vb.
ile) bir şeyi küçümsemek, aşağılamak,
alçaltmak, azımsamak. *We belittled
the danger. Do not belittle what he
has achieved.*
bell [bel] *i+sy* **1** çan, zil, kampana,
çıngırak, **2** kendisine vurulduğunda
çınlama sesi çıkaran herhangi bir şey.
bellboy *i+sy* otelde bavulları taşıyan,
müşterilerin odalarına istenileni
götüren adam, veya çocuk. (*eş anl.*
bellhop). **bell push** (bir binanın) dış
kapı zili.
belligerent [bi'lidʒərənt] *s* kavgacı;
öfkeli ve döğüşmeye hazır. *Her bel-
ligerent behaviour towards her friends
surprised us.* **belligerence** *i-sy*
kavgaya, döğüşe hazır oluş.
bellow ['belou] *f-n* böğürmek; boğa
gibi derinden, şiddetli bir ses
çıkartmak. *When the brick fell on the
man's foot, he bellowed with pain.*
bellows ['belouz] *içoğ* körük; ateşin
üstüne hava üfleyip daha şiddetli
yanmasını sağlayan bir alet.
belly¹ ['beli] *i+sy* karın. *The belly of
the starving child was swollen.*
NOT: *belly* kullanılması pek kibar
olmayan bir sözcüktür. Yerine
stomach'ı kullanın.
bellyache karın ağrısı. **belly button**
(genl. çocuklar söyler) göbek.
(normal kullanımda *eş anl.* **navel**).
belly dance göbek dansı. **belly flop**
suya karın üstü düşme. **belly laugh**
göbeğini tuta tuta gülme, göbeğinden
ses çıkara çıkara gülme.
belly² ['beli] *f-n* (genl. yelken hk.)
şişmek; rüzgârla dolup şişkinleşmek.
*The ship's sails bellied out in the
wind.*
belong [bi'lɔŋ] *f-n* **1** (birisine) ait
olmak; (birisinin) malı olmak. *That
pen belongs to me.* **2** bir topluluğun
üyesi olmak. *He belongs to the
Labour Party* (=O İşçi Partisi
üyesidir). **3** uygun yerinde olmak; yeri
orası olmak. *These shoes don't*

belong in this cupboard, take them out. Does this belong here? (= Bunun yeri burası mı?). *The cups belong on the shelf. The pan belongs under the sink.* **belongings** içoğ bir kimsenin kişisel eşyaları. *I had to decide where to put my belongings in my new bedroom.* NOT: *belongings* kişiye ait olan özel eşyalardır; ev arazi, para, vb. şeyler bu gruba girmez.
beloved [bi'lʌvd] *s* çok sevilen, sevgili. *He was pleased to be in Austria, close to his beloved wife.* Ayrıca [bi'lʌvid] *i* tek çok sevilen kişi, sevgili. *He sighed for his beloved.*
below [bi'lou] *z/edat* altında, aşağıda; aşağısında; bir şeyden daha aşağı bir şeyden daha aşağı bir yerde. *They looked out of the aeroplane window at the sea below. Miners work below the surface of the earth. The temperature is below freezing.* (*karş.* **above**).
belt [belt] *i+sy* 1 kemer, bel kayışı. 2 kuşak; şerit halindeki herhangi bir şey: *a belt of trees.* **conveyor belt** taşıyıcı kayış; fabrikalarda kullanılan döner bant (üretimi yapılacak madde bu bantın üzerine konulur; bantın sırayla her işçinin önünde gelen bu madde üzerinde işçiler bir çalışma yaparlar.)
bench [bentʃ] *i+sy* 1 sıra, bank, kanepe (genl. uzunca, bir oturma, yeri; tahtadan ve arkalıksız). 2 tezgah; marangozların, ayakkabı tamircilerinin, vb. çalıştığı bir masa. 3 mahkemede yargıcın oturduğu yer; yargıç kürsüsü. **the Bench** bir ülkedeki yargıçlar, bir ülkenin yargıçları.
bend [bend] *f+n/-n* 1 eğmek, bükmek. *I can't ride my bicycle because I've bent the wheel. He bent the knife out of shape.* 2 eğilmek, bükülmek. *He bent forward to look at the picture. He bent himself double.* 3 bir yöne dönmek, kıvrılmak. *The road bends to the right when it leaves the town. geç. zam. ve ort.* **bent.** Ayrıca *i+sy* dirsek, dönemeç.
NOT: *bend,* 'bir yöne dönmek, kıvrılmak' anlamında sadece bir yol, bir patika, bir nehir, vb. için kullanılır; kişiler için kullanılmaz. Şu iki örnek cümleyi karşılaştırınız: *The road bends to the right,* ama *The*

traveller/car turned to the right.
be bent on something bir şeyi yapmakta kararlı olmak; bir şeye yönelmek. *He is bent on becoming an engineer. He was bent on making them happy.*
beneath [bi'ni:θ] *z/edat* altta, altında; daha aşağı bir durumda. (*karş.* **underneath**).
benediction [beni'dikʃən] *i+sy* 1 hayır, dua; taktis, kutsama (özl. kilisede ayin sırasında bir papaz tarafından yapılır). 2 Katolik Kilisesinde bir ibadet.
benefactor ['benifæktə*] *i+sy* hayırsever, iyiliksever; bir kuruma para bağışında bulunan kimse.
beneficial [beni'fiʃl] *s* yararlı, faydalı. *After a long tiring hike we longed for the beneficial effects of a hot bath.*
beneficiary [beni'fiʃəri] *i+sy* vâris, kendisine bir şey (genl. para veya mal) kalan kimse. (*eş anl.* **heir**).
benefit[1] ['benifit] *i+sy* 1 yardım, yarar, avantaj, kâr. *I don't know of what benefit this new arrangement will be.* (= Bu yeni düzenlemenin ne gibi bir yardımı olacağını bilmiyorum). *I feel the benefit of this medicine already.* 2 hastalık veya işsizlik durumunda devletçe veya sigorta şirketince kişiye yapılan para yardımı; yardım parası. **benefit match/performance** bir kimse, veya bir hayır kurumu yararına düzenlenen maç, veya konser.
benefit[2] ['benifit] *f+n/-n* yardımı, yararı dokunmak; avantajı, kârı olmak; yararlanmak, istifade etmek. *This will not benefit you. You will not benefit by/from this. geç. zam. ve ort.* **benefited.**
benevolent [bə'nevələnt] *s* başkalarına yardım etmeyi sever; nazik ve iyiliksever. **benevolence** *i-sy* yardımseverlik, iyilik yapma arzusu.
benign [bi'nain] *s* (bazı hastalık, vb. hk.) selim; habis olmayan; tehlikesiz: *a benign tumour.* (*karş.* **malignant**).
bent[1] [bent] **bend** fiilinin geçmiş zamanı ve ortacı.
bent[2] [bent] *i+sy* eğilim, temayül, meyil; doğal yetenek, özel bir kabiliyet. *He has a bent for engineering.*
bequeath [bi'kwi:ð] *f+n* (özl. ölümünden sonra) miras bırakmak. *He bequeathed a thousand pounds to*

his niece. (eş anl. **leave***)*. **bequest** [bi'kw st] *i + sy* miras, vasiyet yolu ile bırakılan şey.

bereave [bi'ri:v] *f + n* (genl. *ed. çat.*). (genl. ölüm nedeni ile) ayırmak; yoksun bırakmak; mahrum etmek; elinden almak. *He was bereaved of his wife and children. geç. zam.* ve *ort.* **bereaved** veya **bereft** [bi'reft]. **bereavement** *i + sy/-sy* ölüm nedeniyle birisini kaybetme. *(eş anl.* **loss***)*.

beret ['berei] *i + sy* bere; başa giyilen sipersiz ve yuvarlak bir tür şapka.

beriberi ['beri'beri] *i-sy* beriberi hastalığı; bir tür tropikal hastalık.

berry ['beri] *i + sy* ufak, yuvarlak bir meyve (genl. içinde çok çekirdeği vardır); çilek, ağaççileği, böğürtlen, vb.

bersek [ba'za:k] *s/z* kızgınlıktan çılgına dönmüş. **go bersek** kızgınlıktan çılgına dönmek. *The prisoner went berserk and wrecked the prison.*

berth [ba:θ] *i + sy* **1** ranza, kuşet, (taşıtlarda) yatak; gemi ya da trende uyumak için yatılan yer. *There is a sleeper on the train tonight, and I'll try and book berths.* **2** bir rıhtım, vb. yerde palamar yeri; geminin bağlandığı yer. Ayrıca *f + n/-n* (gemi) rıhtıma yanaşmak; rıhtıma yanaştırmak, gemiyi palamarlanması için limana getirmek. *When the ship berthed we saw our friends standing on the deck. We berthed our ship in the morning.*

beseech [bi'si:tʃ] *f + n* yalvarmak, rica etmek. *I besought him to tell me the truth. geç. zam.* ve *ort.* **besought** [bi'so:t].

beset [bi'set] *f + n* musallat olmak, rahatsız etmek; tehlike ve güçlüklerle sarmak, kuşatmak. *The expedition was beset with dangers. şim. zam. ort.* **besetting.** *geç. zam.* ve *ort.* **beset.**

beside [bi'said] *edat* yanında, yanıbaşında, bitişiğinde. *You must sit beside this boy here. Put your book beside the window. (eş anl.* **by***)*. **beside oneself** (with rage, anger, etc.) (öfkeden, kızgınlıktan, vb.'den) çılgına dönmüş; kendini kaybetmiş. *When he saw his enemy escaping he was beside himself with rage.*

besides [bi'saidz] *z/edat* ayrıca, (... -den) başka, üstelik, zaten. *That car*

besides, *it uses too much petrol. Have you any other books besides these? What has he done, besides reading the book? Besides his jacket, he was wearing a thick sweater. Besides stealir all my money, the thieves damaged my car. (eş anl.* **apart from***)*. NOT: *beside* ile *besides* sözcüklerini karıştırmayın.

besiege [bi'si:dʒ] *f + n* **1** kuşatmak, muhasara etmek; bir düşman şehrini, vb. ele geçirmek için askerler ile etrafını sarmak, çevirmek. **2** başına üşüşmek; çevresini sarmak; soru, rica, vb. yağmuruna tutmak. *He was besieged with requests.*

bespectacled [bi'spektikld] *s* gözlüklü, gözlüğü olan.

best [best] *s/z* **good** ve **well**'in enüstünlük derecesi. *Of all those books, I like this one best. This is the best television set we have.* **best man** sağdıç; düğünde güveye yardımcı olan kimse. **best seller** en çok satan kitap; satış rekoru kıran kitap. **at best** olsa olsa, en çok. *At best we shall have only four good players in our team.* **make the best of something** oluru ile yetinmek; (elde) olandan mümkün olduğu kadar yararlanmak; iyi, veya istenildiği gibi olmayan bir şeyi kabullenip yine de iyimser olmaya çalışmak. **at best** en iyi ihtimal olarak. **all the best** herşeyin gönlünüzce olmasını dilerim (bir mektubu bitirirken). **best-looking** en güzel: *the best-looking woman.*

bestow [bi'stou] *f + n* resmen vermek; bağışlamak, ihsan etmek. *I thank God for all the blessings that have been bestowed upon me.*

bet [bet] *f + n/-n* bahse girmek; iddiaya tutuşmak. *He bet five pence. He bet me five pence. He bet me that he would win. He bet me five pence that he would win. şim. zam. ort.* **betting.** *geç. zam.* ve *ort.* **bet** veya **betted.** Ayrıca *i + sy* bahis, iddia. **betting** *i-sy* at, vb. üzerine bahse girme. **I bet/I'll bet/I am willing to bet/my bet is** bahse girerim ki... *I bet he'll be beaten.* **Do you want a bet?/Do you want to bet?** Bahse girer misin?

betide [bi'taid] *f + n* olmak, meydana gelmek. *(esk. kul.).* **woe betide somebody** başı derde girecek;

betide any pupil who comes in late.
(eş anl. **heaven help***).*
betray [bi'trei] *f+n* **1** ele vermek,
ihanet etmek, hıyanet etmek. *He*
betrayed his friends to the enemy. (eş
anl. **sell out***).* **2** (kişinin gerçek
duygularını, veya niteliklerini) açığa
çıkarmak; ortaya koymak; belirtmek,
göstermek. *His face betrayed his fear*
(=Yüzünün ifadesi onun korktuğunu
gösteriyordu). *(karş.* **conceal***).*
betrayal *i+sy/-sy* ele verme, ihanet,
hıyanet.
better[1] ['betə*] *s/z* good ve well'in
karşılaştırma biçimi. **better off**
durumu çok daha iyi olmak; zengin
olmak, hali vakti yerinde olmak. *(k.*
dil.). **get the better of someone**
hakkından gelmek; birisini yenilgiye
uğratmak. **know better than (to) do**
something bir şeyi yapmayacak kadar
aklı olmak; bir şeyi yapmaktan
kendini alıkoyacak kadar zeki olmak.
You ought to know better than stay
away from school. **think better of**
something bir şeyi yapmaktan
vazgeçmek; fikrini değiştirmek. *He*
was going to answer me back, but he
thought better of it. **had/'d better**
(yap)sa iyi olur. *I'd better take a taxi.*
You had better not go home. (eş anl.
overcome*).* **for better or worse** iyi de
olsa, kötü de olsa; ne olursa olsun. **so**
much the better/all the better daha iyi
ya; olsun. *'Bill says he can't come.'—*
'All the better, it will give more room
in the car.'
better[2] ['betə*] *f+n* iyileştirmek; daha
iyi hale getirmek; düzeltmek.
between [bi'twi:n] *z/edat* **1** arasında;
iki kişi veya iki şey arasında. *3 comes*
between 2 and 4. **2** (bağlantılar,
ilişkiler hk.) ikisi arasında; ...-ile
....arasında: *a connection between*
smoking and lung cancer; war
between two countries; the journey
between London and Edinburgh. **3**
(zaman ve mesafe hk.) arasında; ...
-ile ... arasında: *between four and six*
o'clock; between five and ten miles.
4 iki veya daha fazla şeyler, veya
kimseler arasında: *share something*
between two people.
NOT: bazı kimselere göre *between*
sadece iki şey/iki kimse için, *among*
ise ikiden fazla olan şey/kimseler için
kullanılmalıdır, (örn. *He divided his*

money between his two sons. Fakat
He divided his money among his
three sons). Ama İngiliz'lerin çoğu bu
kurala aldırış etmezler.
between ourselves/between you and
me/between you, me and the bed-
/gate-/lamp-post aramızda kalsın;
kimse duymasın; başkası bilmesin.
Between you and me, I think this
matter has been very badly handled.
beverage ['bevəridʒ] *i+sy* meşrubat,
içecek. (örn. çay, alkollü içki, meyva
suyu, vb.).
beware [bi'wɛə*] *f+n/-n* (sadece emir
cümlelerinde, veya mastar halinde
kullanılır; başka bir biçimi yoktur).
dikkatli olmak, bir şeyden sakınmak,
kaçınmak. *Beware of falling rocks!*
You must beware of losing your
books (=Kitaplarını kaybetmemeye
dikkat et). *Beware how you do*
something.
bewilder [bi'wildə*] *f+n* şaşırtmak,
şaşkına çevirmek, sersemletmek.
Most of the questions in the
examination bewildered me. I was
bewildered by the new rules. (eş anl.
baffle*).* **bewildering** *s* şaşırtıcı. *He*
couldn't find his way out of the
bewildering maze. (eş anl. **confusing***).*
bewilderment *i-sy* şaşkınlık, hayret.
bewitch [bi'witʃ] *f+n* **1** büyü yapmak.
2 hayran bırakmak, büyülemek, cez-
betmek. *The beautiful girl bewitched*
all the young men in the village. (eş
anl. **enchant***).* **bewitching** *s* cazibeli.
beyond [bi'jɔnd] *z/edat* **1** ötesinde,
ötesine. *The house is beyond the*
village. The station was beyond our
office. **2** çok daha ötesinde; erişilmez
durumda; bir şeyin sınırları dışında.
beyond help (=yardım edilemez);
beyond belief (=inanılması mümkün
değil). *How he can tell such lies is*
beyond my understanding (=Nasıl
böyle yalanlar atabiliyor aklım al-
mıyor).
bezique [bi'zi:k] *i-sy* bezik; marköz
denen sayıları yazmaya özgü işaret
tahtaları kullanarak oynanan bir çeşit
iskambil kâğıdı oyunu.
b.f. *(BrI'de)* (=**bloody fool**)—aptal
herif, beyinsiz. *(k. dil.).*
bi- [bai] *ön-ek* iki, iki kere; iki (taraflı)
(örn. **bilateral***).*
biannual [bai'ænjuəl] *s* yılda iki kez;
altı ayda bir. Ayrıca **biennial**'a bkz.

bias ['baiəs] *f*+*n* önyargılı davrandırmak; önyargılı olmaya koşullandırmak. *He was biassed against the plan from the beginning. The newspapers biassed their readers against the new government. He was biassed towards the plan.* geç. zam. ve ort. **biased** veya **biassed**. Ayrıca *i*+*sy*/ -*sy* önyargı, peşin hüküm; lehinde veya aleyhinde olma eğilimi. **biassed** *s* önyargılı; taraf tutan. *The soccer player was too biased in favour of his sport to see any good in cricket.* (karş. **unbiassed**).

bib [bib] *i*+*sy* mama önlüğü.

bible ['baibl] *i*+*sy* Kutsal Kitap; Kitabı Mukaddes; Hıristiyan, veya Yahudilerin kutsal kitabı. **biblical** ['biblikl] *s* Kutsal Kitab'a ait, veya onda olan.

bibliography [bibli'ɔgrəfi] *i*+*sy* bibliografya; kaynakça; belli bir konuda yazılan, veya belli bir yazarca yazılmış kitap ya da diğer yazıların dizini, listesi.

bicentenary [baisen'ti:nəri] *i*+*sy* ikiyüzüncü yıldönümü; 200 yıl önce olan bir şeyin kutlanması.

biceps ['baiseps] *i tek* ya da *çoğ* (genl. çoğ. biç.) pazı; kolun üst kısmının ön tarafındaki büyük kas.

bicker ['bikə*] *f*-*n* ufak tefek konularda münakaşa etmek; tartışmak, atışmak. *The children have been bickering all day.* **bickering** *i*-*sy* ufak tefek konularda münakaşa; tartışma, atışma.

bicycle ['baisikl] *i*+*sy* bisiklet; iki tekerlekli bir tür taşıt. *Everybody should learn how to ride a bicycle. John comes to school by/on his bicycle.* (eş anl. **bike, cycle**).

bid[1] [bid] *f*+*n* bir müzayedede, veya açık arttırmada fiyat teklif etmek, fiyat vermek. *He bid five pounds for the chair.* geç. zam. ve ort. **bid**. Ayrıca *i*+*sy* pey sürme; açık arttırmada fiyat teklifi. *His bid was the highest and the vase became his.* **bidder** *i*+*sy* pey süren, açık arttırmada fiyat teklif eden. **bidding** *i*-*sy* fiyat teklifinde bulunma. *Was there much bidding?* (= Fiyat teklifinde bulunan çok oldu mu?).

bid[2] [bid] *f*+*n* emretmek (*esk. kul.*— yerine **order**, vb. sözcükleri kullanın). geç. zam. biç. **bid, bade** [bæd]. geç. zam. ort. **bid, bidden. bidding** *i*-*sy*

emir. **bid somebody goodbye, farewell, welcome, etc.** birisine Allahaısmarladık demek, birisine veda etmek; birisine hoş geldin demek, vb. *I bid you good morning.*

bidet [' bi:dei] *i*+*sy* bide; bedenin belden aşağı alt kısmını yıkayıp temizlemekte kullanılan ayaklı küvet.

biennial [bai'eniəl] *s* iki yılda bir olan: *a biennial conference.* Ayrıca **biannual**'a bkz.

big [big] *s* büyük, iri, kocaman. *They made a big cake so that everone could have a piece.* krş. biç. **bigger.** enüst. biç. **biggest. biggish** büyükçe, irice. **talk big** öğünmek, böbürlenmek. **have made it big** başarılı olup üne kavuşmak. **big letter** büyük harf. (*k. dil.*). **have a big heart** gönlü bol, cömert, eliaçık olmak. **big brother** diktatör. **big hand** (saat) yelkovan. **big mouth** boşboğaz. (*eş anl.* **blabbermouth**). **big head** *i*+*sy* kendini beğenmiş kimse; herşeyi bildiğini ve kendinin çok zeki olduğunu sanan kimse. **big-headed** *s* kendini beğenmiş; herşeyi bildiğini ve kendini çok zeki sanan. *Jane is so big-headed now that she has an older boyfriend that she won't speak to her old friends.* **big-hearted** *s* kibar ve cömert; herkesin yardımına koşan. **big shot** çok önemli bir kimse; kodaman. *She is a big shot in a successful accountancy firm.* (eş anl. **VIP**). **big whell** çok önemli ve büyük yetki sahibi bir kimse. *He soon became a big wheel in his family's business.* (eş anl. **VIP**). **bigwig** çok önemli bir kimse; kodoman. *My uncle is a bigwig in the police force.* (eş anl. **big shot**).

bigamy ['bigəmi] *i*-*sy* iki-eşlilik; yasal yolla, veya kilisede evli olduğu halde ikinci bir eşle evlenme; bir çok ülkede böyle bir evlilik suç ve günah sayılır. **bigamist** *i*+*sy* iki kişiyle aynı zamanda evli olan kimse.

bigot ['bigət] *i*+*sy* (özl. dini inanç bakımından) kaba sofu, bağnaz, yobaz. **bigoted** *s* bağnaz, dar görüşlü. *The bigoted Christian was very rude to my Jewish friend.* **bigotry** *i*-*sy* bağnazlık, yobazlık; darkafalılık.

bike [baik] *i*+*sy* bisiklet. (*k. dil.*). (*eş anl.* **bicycle, cycle**).

bikini [bi'ki:ni] *i*+*sy* bikini; iki parçalı

çok küçük bir kadın mayosu.

bilateral ['bai'lætərl] *s* iki taraflı, iki yanlı; iki karşıt tarafça hazırlanan. *The two countries signed a bilateral agreement on trade.*

bile [bail] *i-sy* safra, öd; karaciğer tarafından salgılanan acı sıvı; yiyeceklerin sindirimine yardım eder.

bilingual [bai'liŋwəl] *s* 1 iki dili konuşan, veya bilen. *Some children educated in foreign countries become bilingual.* 2 iki dilde yazılmış, veya söylenmiş: *a bilingual text.*

bilious ['biliəs] *s* 1 aşırı safra nedeniyle meydana gelen: *a bilious attack.* 2 insanın içini bayıltıcı: *a bilious colour.*

bill[1] [bil] *i+sy* gaga, kuş gagası.

bill[2] [bil] *i+sy* 1 hesap pusulası, fatura. *The shop sent me a bill for £15.* 2 yasa tasarısı. (Parlamentonun onayından önce **bill**, onayından sonra **act** adını alır). 3 (*AmI*'de) banknot; kağıt para: *a five-dollar bill.* (*BrI*'de **note**: *a five-pound note*). **billposter** afişçi; duvar, vb. yerlere afiş, ilan, vb. asan işçi.

billboard [bil'bɔ:d] *i+sy* (genl. çoğ. biç.) büyük reklâm panosu, ilân tahtası. (*eş anl.* **hoarding**).

billfold [bilfould] *i+sy* (*AmI*'de) para cüzdanı. (*BrI*'de **wallet**).

billet ['bilit] *i+sy* belli bir süre için askerlerin kaldığı ev, veya lojman. Ayrıca *f+n* askerleri konaklatmak, bir eve, lojmana yerleştirmek.

billiards ['biliədz] *i-sy* bilardo. *Billiards is great fun.*

billion ['biliən] *i+sy* 1 (*BrI*'de) bir trilyon (1,000,000,000,000). 2 (*AmI*'de) bir milyar (1,000,000,000).

bin [bin] *i+sy* geniş ağızlı büyük bir kap (genl. kapaklıdır). **dustbin** (*BrI*'de) çöp tenekesi. (*AmI*'de **trash can**).

bind [baind] *f+n* 1 bağlamak. *He bound the sticks together.* 2 (genl. yasa zoru ile) uymaya zorlamak; itaat etmesini sağlamak. *The contract binds us to complete the work within six months.* geç. zam. ve ort. **bound** [baund]. **binding** *i+sy* ciltleme, cilt.

bingo ['biŋgou] *i-sy* bingo; (bir tür) tombala oyunu.

binoculars [bi'nɔkjuləz] içoğ dürbün, ırakgörür; uzaktaki cisimlerin görüntülerini büyütmeye ya da yaklaştırmaya yarayan optik aygıt (genl. **a pair of binoculars** şeklinde kullanılır).

binoculars

biochemistry ['baiou'kemistri] *i-sy* biyokimya; canlılar kimyası.

biography [bai'ɔgrəfi] *i+sy* biyografi; hayat hikâyesi; bir kimsenin hayatının yazılı anlatımı; bu anlatım başka birisi tarafından kaleme alınır. **autobiography**'ye bakın. **biographical** [baiou'græfikl] *s* biyografi ile ilgili: *a biographical note.* **biographer** *i+sy* biyografi yazarı.

biology [bai'ɔlədʒi] *i-sy* biyoloji; canlı varlıkların (örn. bitkiler ve hayvanlar) bilimsel incelenmesi. **biological** [baiə'lɔʒikl] *s* biyolojik. **biologist** *i+sy* biyolog.

bionic [bai'ɔnik] *s* biyonik; insan üstü, süper (güce sahip): *the bionic girl.*

birch [bə:tʃ] *i+sy* huş ağacı; kayın ağacı; düzgün kabuklu; ince dallı bir ağaç türü.

bird [bə:d] *i+sy* 1 kuş. 2 kız, fıstık, piliç. (*k. dil.*). **a bird in the hand is worth two in the bush** bugünün tavuğu yarının kazından iyidir. *She ought to take the job she's been offered now, rather than wait for something better turn up: a bird in the hand is worth two in the bush.* **kill two birds with one stone** bir taşla iki kuş vurmak. *If I get a job in London, I shall be killing two birds with one stone: I shall be near my parents and I shall also be in the best place for advancement in my career.* **birdbrained** kuş beyinli. *That's what you think, birdbrained.* **bird-seed** *i+sy* kuş yemi. **bird's eye view** kuş bakışı, genel bakış. *The teacher gave his pupils a bird's eye view of the subject.* **birdie** *i+sy* (büyüklerin çocuklara söylerken kullandıkları) kuşçuk.

Biro ['bairou] *i+sy* bir çeşit tükenmez kalem. (*eş anl.* **ballpoint**).

birth [bə:θ] *i+sy* **1** doğum, doğma, doğuş: *the birth of a baby.* **2** bir şeyin başlangıcı: *the birth of a new political party.* **birth control** doğum kontrolü. (*eş anl.* **family planning**). **birthday** doğum günü. *My birthday is the 22nd of April. Happy birthday, dear John, happy birthday to you.* **birthmark** doğum lekesi; doğduğunda insanın cildinde bulunan bir leke, veya işaret. **birthplace** doğum yeri; insanın doğduğu ilçe, il, vb. **birth rate** doğum oranı; bir ülkede, bir yılda doğan bebeklerin o ülkenin toplam nüfusuna oranlanması ile elde edilir. **birth certificate** doğum belgesi, nüfus cüzdanı. **give birth** doğurmak, doğum yapmak. *She gave birth to a baby boy.*

biscuit ['biskit] *i+sy* **1** (*Brl'*de) bisküvi; sert, yassı kek, çoğk. tatlandırılmıştır. **2** (*Ami'*de) ufak çörek şeklinde yapılan bir çeşit ekmek.

bisect [bai'sekt] *f+n* ikiye bölmek. **bisection** *i-sy* ikiye bölme.

bishop ['biʃəp] *i+sy* piskopos; Hıristiyan mezheplerinin bazılarında kıdemli bir din görevlisi.

bistro ['bi:strou] *i+sy* bistro; küçük meyhane, veya lokanta.

bit¹ [bit] *i+sy* **1** ufak bir parça; az bir miktar, azıcık. *He wrote it on a bit of paper. I'm going to sleep for a bit.* **2** matkap ucu; delik açmak için kullanılan bir aletin ucu. **3** gem; bir atı kontrol etmeye yarayan dizginin atın ağzına giren metal kısmı. **bit by bit** azar azar, her seferinde biraz. **not a bit** hiç de...değil, hiç mi hiç öyle değil. **to bits** paramparça: *knocked to bits. She knocked the plates to bits.*

bit² [bit] *z* epeyce, oldukça; bir dereceye kadar. *This job is a bit difficult. He's a bit better.* NOT: *bit* bütün sıfatların önüne gelmez. Bazı sıfatlar bu kullanımın dışında kalır örn. *nice.*

bit³ [bit] **bite** fiilinin geçmiş zaman biçimi.

bitch [bitʃ] *i+sy* **1** kancık, dişi köpek, veya kurt. **2** karı, kahpe, orospu. (*k. dil.*).

bite [bait] *f+n/-n* **1** ısırmak, dişlemek. *He bit the apple. The dog bit the man.* **2** (genl. böcekler hk.) sokmak. *I was bitten by a mosquito.* **3** (balıklar hk.) oltaya vurmak, oltanın ucundaki yemi (=**bait**) yutmak; ısırmak. *Are the fish biting today? şim. zam. ort.* **biting**. *geç. zam. biç.* **bit** [bit]. *geç. zam. ort.* **bitten.** Ayrıca *i+sy* **1** ısırma, dişleme. **2** ısırık; ısırık yeri, veya yarası. **3** bir ısırıklık şey; ısırılmış bir parça. **4** oltaya vurma, yem kapma. *I was fishing for a long time before I had a bite.* **biting** *s* **1** acı, keskin: *a biting wind.* **2** zalim, acımasız: *biting remarks.* **bite off more than one can chew** başından büyük işlere/işe kalkışmak. *I'm trying to study for a degree while doing my normal work, and I'm afraid I may have bitten off more than I can chew.* **once bitten, twice shy** sütten ağzı yanan ayranı üfleyerek içermiş.

bitten ['bitn] **bite** fiilinin geçmiş zaman ortacı.

bitter ['bitə*] *s* **1** acı; bira gibi buruk bir tadı olan. *This coffee is very bitter.* **2** keskin, acı, ısırır gibi; üzücü, acı, sonu hüzünlü: *a bitter wind. His son's behaviour has been a bitter disappointment to him.* **3** nefret, öfke dolu. *Their friendship ended with a bitter quarrel.* **bitterly** *z* acı, keskin olarak. **bitterness** *i-sy* acılık, sertlik.

bivouac ['bivuæk] *i+sy* geçici askerî, veya dağcı kampı.

bizarre [bi'za:*] *s* çok garip, acayip, tuhaf. *The multi-coloured car is bizarre.* (*eş anl.* **strange**).

blab [blæb] *f+n/-n* boşboğazlık etmek (ve özl. boşboğazlık ederken de bir sırrı ağzından kaçırmak, söyleyivermek). *She was angry when I blabbed the name of her boyfriend to everyone. geç. zam. ve ort.* **blabbed.** (*k. dil.*). **blabbermouth** boşboğaz kimse. (*eş anl.* **big mouth**).

black [blæk] *i-sy* **1** siyah, kara renk. **2** (insanlar hk.) zenci; Afrikalı, veya Afrika kökenli birisi. NOT: siyah ırktan olanlar kendilerine *black* denmesini isterler. Ama *coloured, negro,* özellikle de *nigger* onlara hakaret olur. Ayrıca *s* çok kötü, berbat, iç karartıcı. **blacken** *f+n/-n* kararmak; karartmak. *The sky was blackening ominously.* **blackbird** kara tavuk; ardıçkuşuna benzer sarı gagalı siyah renkte ötücü bir kuş türü. **blackboard** yazı tahtası, kara tahta; okulda, dersanede kullanılır. **black economy** *i+sy* kara piyasa; resmi kayıtlara geçmeyen ve vergisi verilmeyen ve özel kişiler arasında sunularak karşılığı nakit ödenen emek, veya hizmetler. **blackhead** ciltten çıkan ufak sivilce; başı siyah renktedir. **blackleg** greve katılmayıp çalışmasını sürdüren işçi. **blacklist** *i+sy* kara liste; dürüst veya başka biçimlerde güvenilir olmadıkları bildirilen ve bunlarla ticari işlemlere gireceklerin dikkatli olmaları ya da hiçbir ilişkide bulunmamaları salık verilenlerin listesi. *They had been placed on a black list.* Ayrıca *f+n* kara listeye almak. *Their firm was blacklisted by the government.* **black magic** kara büyü; insanlara kötülük getiren büyü. **blackmail** *i+sy* şantaj; bir kimsenin sırrını veya başkalarından gizlediği bir şeyi para verilmemesi halinde açığa vurma tehdidi. Ayrıca *f-n* şantaj yapmak. *He was able to blackmail me because he knew I had cheated in the exam.* **blackmailer** *i+sy* şantajcı. **black mark (against somebody)** kara leke; bir kimsenin karakteri, şerefi, vb. ile bağdaşmayan bir şey. **(the) black market** için *market*'a bkz. **black money** *i-sy* karapara; yasadışı yollardan kazanılmış olan ve genellikle nakit ya da benzeri şekilde tutulan para. **blackout** *i+sy* **1** geçici bilinç yitimi, şuur kaybı. **2** karartma, bütün ışıkları söndürme. **black out** *f+n* bayılmak, kendini kaybetmek. *Mary blacked out and lay on the ground without moving.* **black sheep (of the family)** (ailenin) yüz karası, işe yaramaz bir ferdi. *My uncle Arthur was the black sheep of the family: he was always in some kind of trouble.* **blacksmith** demirci; (özl. at nalı yapan kimse) nalbant. **black and blue** mosmor olmuş, çürük içinde. *After the fight he was black and blue.* **black-and-white television (set)** siyah-beyaz televizyon. (karş. **colour-television (set)**). **black belt** judo ve karatede siyah kuşak. **black box** (uçaklarda) kara kutu. **black eye** morarmış göz. **be in somebody's black books** bir kimsenin kara listesinde olmak. *John is in the teacher's black books; he was late for school every day last week.* **give somebody black looks/a black look** bir kimseye kızgın nazarlarla kötü

kötü bakmak. *When he started eating an apple during the last act, he got some black looks from the other members of the audience.*
bladder ['blædə*] *i+sy* **1** sidik torbası, mesane, idrar kesesi. **2** futbol topu lastiği; iç lastik.
blade [bleid] *i+sy* **1** bıçak veya kılıç ağzı; bunların yassı ve kesici kısmı. **2** herhangi bir şeyin uzun yassı kısmı: *a blade of grass.*
blah [bla] **blah blah, blah** şeklinde kullanılır—falan filan; vesaire vesaire; bir sürü zırva, saçma.
blame [bleim] *f+n* kabahatli bulmak, kusurlu görmek, kınamak; bir şeyde birisine hak vermemek, kabahati birisinde, veya bir şeyde bulmak. *He blamed his brother for breaking the window. He blamed the accident on his brother.* Ayrıca *i-sy* kınama, kabahat. **blameless** *s* kabahatsiz, suçsuz, masum. **be to blame** suçlu olmak. *John is to blame for the accident.* **bear the blame** kabahati, sorumluluğu yüklenmek. *You must bear the blame for this accident.*
blancmange [blə'mɒnʒ] *i+sy/-sy* bir çeşit tatlı, bir tür paluze, sütlü pelte; süt ve mısır unundan yapılır.
bland [blænd] *s* **1** çok kibar ve çok nazik; gücendirmeyen. **2** (yiyecekler hk.) hafif ve hazmı kolay (genl. de yavanca; tadı tuzu pek yerinde olmayan türden). *I always put a lot of salt and pepper on the meals she cooks because they are too bland for me.*
blank[1] [blæŋk] *s* yazısız, boş; *a blank piece of paper; a blank wall.* (=kapısı penceresi olmayan bir duvar); *a blank cartridge* (=kurusıkı; kurşunsuz fişek). *There was a blank look on his face* (=Yüzünde boş bir ifade vardı). **blank cheque** üzerine para miktarı yazılmamış çek; açık çek.
blank[2] [blæŋk] *i+sy* **1** üzerine hiçbir şey yazılmamış boşluk; boş yer. *Leave a blank if you don't know the answer.* **2** kurşunsuz fişek; içinde sadece barut vardır. *The soldiers were firing blanks.* **3** boşluk veya bir şeyin olmayışı. *His mind was a blank* (=Hiçbir şey düşünemiyor ve hatırlamıyordu. / Kafasının içi bomboştu). **blankly** *z* boş boş.
blanket ['blæŋkit] *i+sy* **1** battaniye. **2**

kalın bir tabaka, bir örtü: *a blanket
of snow.*
blare [bleə*] *f+n/-n* boru gibi ses
çıkarmak; bangır bangır bağırmak,
ötmek. **blaring** *s* bangır bangır öten.
*The police car went by with its siren
blaring.*
blasé ['bla:zei] *s* hayatın bütün zevk-
lerini tatmış, şimdi de her şeyden
bıkmış, ilgi duymaz olmuş.
blasphemy ['blæsfəmi] *i+sy/-sy* Allah
hakkında saygısızca, dalga geçerek
konuşma; küfür. **blasphemous** *s*
(kutsal şeylere) hürmetsiz, saygısız.
*My Muslim friend was angry when he
heard the blasphemous joke about
Allah.* **blaspheme** [blæs'fi:m] *f+n/-n*
Allah hakkında saygısızca, dalga
geçerek konuşmak, küfür etmek.
blast[1] [bla:st] *i+sy* 1 ani ve şiddetli bir
hava akımı (özl. bir infilak so-
nucunda, veya içinde havanın ısındığı
bir fırının, veya benzeri bir şeyin
kapağını birden açınca meydana gelen
türden). *The blast from the explosion
shattered hundreds of windows.* 2 bir
boru, veya benzeri nefesli çalgılardan
çıkan şiddetli ses. 3 patlama, infilâk.
at full blast (radyo, pikap, vb.) sesi
sonuna kadar açılmış.
blast[2] [bla:st] *f+n* dinamit, vb. ile
havaya uçurmak, infilâk ettirmek.
blasted *s* yere batası, Alahın belâsı,
kör olası. (*k. dil.*). (*eş anl.* **damned**).
blast-off *i-sy* (roketin yörüngesine
oturtulması için) yerden kalkış (anı)
(*eş anl.* **lift-off**).
blatant ['bleitənt] *s* 1 pervasız, utan-
maz; terbiyesizliğini gizlemeye bile
gerek görmeyen; yakışık almaz
biçimde açık bariz, aşikâr. *The
student showed blatant disrespect for
the rules of the college.* 2 şamatalı ve
adi, kötü davranışlı.
blaze[1] [bleiz] *i+sy* (genl. sadece *tek.
biç.*) 1 alev; çok parlak bir ateş: *the
blaze of the fire.* 2 pırıl pırıl bir ışık,
veya parlak bir renk. *There was a
sudden blaze of light and then it
became dark again.* 3 bir binayı yakıp
yerle bir yangın. *The fireman fought
the blaze for two hours before they
put it out.*
blaze[2] [bleiz] *f-n* 1 alev alev yanmak.
The fire was blazing. 2 ışıl ışıl
parlamak. *The headlights of the car
blazed into my eyes and I couldn't see*

anything. (*eş anl.* **shine**). 3 güçlü bir
duyarlılık göstermek. *His eyes were
blazing with anger.* (=Öfkeden
gözleri alev alevdi). **blazing** *s* alev alev.
*The blazing fire soon warmed the
whole room.* (*eş anl.* **hot**). **blaze away
(at something)** (bir şeyi) yaylım
ateşine tutmak. (*k. dil.*). **blaze a trail**
1 ormanda ağaçların gövdelerine
işaretler koyarak gidilecek yönü
belirtmek. 2 önayak olmak, yol
göstermek; bir şeyi ilk kez kendisi
yaparak diğerlerinin de yapmaları için
onları yüreklendirmek. *With his
discoveries the famous scientist
blazed a trail which many of his
colleagues followed.*
blazer ['bleizə*] *i+sy* blazer; bir tür
spor ceket; bazen parlak renkte olup,
İngiltere'de bazı öğrenciler tarafından
giyilir; yetişkinlerin giydiklerinin
üzerinde ise bağlı oldukları spor
klüplerinin arması (örn. kriket, vb.)
bulunur.
bleach [bli:tʃ] *i-sy* çamaşır suyu,
ağartıcı; kimyasal bir madde; bazı
kumaşların rengini ağarmada ya da
giysileri temizlemede kullanılır.
Ayrıca *f+n/-n* bu maddeyi kulla-
narak ağartmak, veya temizlemek; ya
da güneşten rengi solmak, rengi
atmak. *The old curtains had been
bleached by the sun.*
bleak [bli:k] *s* 1 soğuk rüzgârlara açık;
soğuk rüzgârlardan korumasız. *The
countryside here is very bleak in
winter.* 2 cesaret kırıcı, hiç de ümit ve
mutluluk vadetmeyen. *Without
money, the future looked bleak for
John.* (*karş.* **bright**). (*eş anl.* **gloomy**).
3 soğuk; dostça olmayan. *When we
arrived, we got a rather bleak
welcome.* (*karş.* **cheerful**).
bleary ['bliəri] *s* (örn. yeterince uyku
uyumadığı için gözleri) kırmızı ve sulu
sulu. **bleary-eyed** *s* mahmur, uykulu.
*The man looked at them bleary-eyed
and asked to see their badge.*
bleat [bli:t] *f-n* melemek; koyun ve keçi
gibi ses çıkarmak. Ayrıca *i+sy* mele-
me; koyun, veya keçi sesi.
bled [bled] **bleed** fiilinin geçmiş zaman
biçimi ve ortacı.
bleed [bli:d] *f-n* kanamak; kan
kaybetmek. *The cut on his finger was
bleeding. He was bleeding from the
cut on his finger. geç. zam. ve ort.*

bled [bled]. **bleeding** *i-sy* kanama.

bleed someone dry/white para sızdırmak; yasa dışı yollarla bir kimsenin varını yoğunu alarak onu mahvetmek.

blemish ['blemiʃ] *i+sy* kusur, leke; bir şeyin güzelliğini, veya kusursuzluğunu bozan bir işaret: *a blemish on one's reputation.* Ayrıca *f+n* güzelliğini veya kusursuzluğunu bozmak, lekelemek. (*eş anl.* **flaw**).

blend [blend] *f+n/-n* 1 (özl. başka başka çay, kahve, viski, tütün çeşidini birbirine karıştırılması hk.) harmanlanmak; karıştırmak, karışmak. 2 (değişik renkler hk.) uyuşmak, uyuşum sağlamak. *I like the way the colour of the carpet blends with the yellow curtains.* Ayrıca *i+sy* karışım, harman (özl. çay, kahve, viski veya tütün hk.).

bless [bles] *f+n* 1 (birisi ya da bir şey için) Allah'ın lütfunu, inayetini istemek. *The priest blessed the people.* 2 kutsamak, takdis etmek, mübarek kılmak. *geç. zam. ve ort.* **blessed** veya **blest**—her ikisinin de telaffuzu aynıdır [blest]. **blessing** *i+sy* 1 hayır dua; lütuf; Allahın yardımını ve korumasını isteme. 2 kutsama, takdis etme. 3 inayet; insanı memnun eden ve minnettar bırakan bir şey. *Good health is a blessing.* **bless you!** (birisi hapşırınca söylenir) Çok yaşa! (genl. İngilizler bunun karşılığında hiçbir şey söylemezler). **God bless /God bless you** Allaha emanet ol (ayrılırken söylenir). **bless you** Allah senden razı olsun.

blew [blu:] **blow**[1] fiilinin geçmiş zaman biçimi.

blight [blait] *i-sy* 1 çeşitli bitki hastalıklarından birisi. 2 insanın ümitlerini boşa çıkaran, planlarını bozan, vb. herhangi bir şey. Ayrıca *f+n* mahvetmek, boşa çıkarmak, bozmak. *The accident blighted his life.*

blimey ['blaimi] **Blimey** veya **Cor blimey** şeklinde bir ünlem—kör olayım (ki)...; gözüm çıksın (ki)...; kahrolayım; vay anasını.

blind[1] [blaind] *s* 1 kör, âmâ. *The old man with the white stick was blind.* 2 çıkmaz (yol): *a blind alley.* Ayrıca *f+n* kör etmek. **blindly** *z* körükörüne. **blindness** *i-sy* körlük. **the blind** *içoğ*

âmâlar, körler. **blind alley** *i+sy* 1 çıkmaz sokak. (*eş anl.* **dead end**). 2 dahaca bir gelişmenin sağlanamadığı bir durum; çıkmaz. **blind date** *i+sy* bir arkadaş vasıtasıyla söylenip hiç tanımadığı karşı cinsten birisiyle buluşup dışarı çıkma. **blind drunk** *s* körkütük sarhoş. **blindfold** *i+sy* göz bağı; birisinin görmesini önlemek için göze bağlanan bez parçası. **blind spot** *i+sy* 1 kör nokta; göz yuvarının arka kısmında bir nokta; bu nokta ışığa karşı duyarlı değildir. 2 insanın bir türlü kavrayamadığı bir şey. **turn a blind eye to something** bir şeye göz yummak, görmemezlikten gelmek. *Near the exam time, some students miss my lectures and go to the library to study, but I just turn a blind eye to that.* **as blind as a bat** kör mü kör. **the blind leading the blind** kelden köşeye yardım olur mu? *When Harry was teaching Tom to play tennis, it was a case of the blind leading the blind: they are both terrible at sports.* **blind man's bluff** körebe oyunu. **love is blind** aşkın gözü kördür.

blind[2] [blaind] *i+sy* çekme perde; (genl. kumaştan yapılmıştır) sarılı olduğu rulodan aşağı çekilince açılır, bırakılınca sarılır.

blink [bliŋk] *f+n/-n* (gözlerini) kırpmak, kırpıştırmak.

blinkers ['bliŋkəz] *içoğ* (atların) göz siperi; atın gözlerinin iki yanına takılan bir çift meşin parçası; böylece atın gözleri doğru ilersini görür.

bliss [blis] *i+sy* çok büyük ve huzurlu bir mutluluk, bahtiyarlık; kendini sanki cennetteymiş gibi hissetme. **blissful** *s* mutlu, bahtiyar. *They had a blissful time together after so many years apart.* **blissfully** *z* neşeyle; mutluluk içinde.

blister ['blistə*] *i+sy* 1 kabarcık, su toplama; deri altında (genl. sürtünme, veya yanıklar nedeniyle) oluşur ve içinde suya benzer bir sıvı vardır. 2 tahta üzerindeki boyanın kabarması; ısı nedeniyle meydana gelir. Ayrıca *f+n/-n* su toplamak; kabarmak, kabarcık oluşturmak. *After the fire Jane's hands were badly blistered.*

blithe [blaið] *s* mutlu ve şen. *He was blithe and gay as he walked along in the sunshine.* (*esk. kul.*). (*eş anl.* **cheerful**). **blithely** *z* vicdan azabı çekmeden, üzülmeden, vb. mutlu bir şekilde. *He blithely ignored me.*

blizzard ['blizəd] *i+sy* tipi; şiddetli kar fırtınası.

bloated ['bloutid] *s* çok şişman; sağlıksız bir biçimde şişman.

blob [blɔb] *i+sy* damla; ufak yuvarlak bir şey. *A blob of ice cream fell on her dress.*

bloc [blɔk] *i+sy* blok; bir grup oluşturan insan, veya ülke; amaçları belli bir siyasi amaç doğrultusunda birlikte hareket etmektir. *There is an Afro-Asian bloc at the United Nations.*

block[1] [blɔk] *i+sy* **1** büyük parça, kütle; blok; büyük yekpare ağaç kaya, vb. **2** (*Brl'*de) büyük ve yüksek bina; apartman, veya iş hanı. *They are building a new block of offices near the school.* **3** blok; iki sokak arasına düşen bir bina, veya binalar topluluğu. *The place you're looking for is three blocks along the street.* **4** bölüm, blok, kesim; bir sinema, veya tiyatroda tek bir bütün oluşturan oturacak yerler. **5** tıkanıklık. (genl. **blockage**; ya da, eğer trafik ile ilgili olursa **traffic jam** sözcüğünün kullanımı daha yaygındır). **blockage** *i+sy* tıkanma, tıkanıklık. *There is a blockage in the pipe, and so the water is not coming through.* **block letters** büyük harfler; sözcükleri majiskül biçimleri ile yazma: LETTERS WRITTEN LIKE THIS. (*eş anl.* **block capitals**). **block and tackle** palanga.

block and tackle

block[2] [blɔk] *f+n* **1** hareketine engel olmak; tıkamak; kapamak. *You can't leave the city, all the roads are blocked by snow. They will have to block up the entrance to the tunnel.* **2** engellemek; bir faaliyeti; bir

başarıyı önlemek. *All our plans have been blocked by our opponents.*

blockade [blɔ'keid] *i+sy* abluka, kuşatma; malların, veya insanların bir şehre, bir ülkeye, vb. girişini çıkışını önlemek için ablukaya alma. (*eş anl.* **siege**). Ayrıca *f+n* kuşatmak, ablukaya almak. *The enemy ships blockaded our main port and food became very scarce.*

blond [blɔnd] *i+sy* (erkekler için) sarışın kimse. **blonde** [blɔnd] (kadınlar için) sarışın kimse. Ayrıca *s* sarışın.

blood [blʌd] *i-sy* kan; vücuttaki kırmızı sıvı. *She suffered serious loss of blood.* **bloody** *s* **1** kanlı, kanlanmış, kana bulanmış. **2** şu Alahın belâsı; anasını sattığım. (*k. dil.*). NOT: **2.** madde de yer alan bu sözcüğün neredeyse hiç bir anlamı yoktur. Arkadaşlar arasındaki kullanımı dışında, başkaları ile konuşurken uygun olmaz. Diğer bir kullanım yeri de söylenen bir şeye vurgulama yapmaktır. Bunun Türkçe karşılığı şunlar olabilir: 'müthiş, o biçim', örn. *bloody good.*

blood count kan sayımı. **blood donor** kan bağışında bulunan kimse. **give/donate blood** kan vermek, kan bağışında bulunmak. **blood group** kan grubu. (*eş anl.* **blood type**). **blood loss** kan kaybı. **blood poisoning** (= **septicaemia**) kan zehirlenmesi. *If you don't clean that wound, you may get blood poisoning.* **bloodhound** bir cins iri köpek; firarda olan kimselerin (özl. suçluların) izini sürmekte kullanılır. **blood-letting** (özel. rakip gangsterler, veya aileler arasında) kan dökme; bir sebepten karşı taraftaki belli kişileri öldürme, vurma kırma. (*eş anl.* **bloodshed**). **blood money** bir kimsenin gözünü korkutmak, veya bir kimseyi öldürtmek için kiralanan kimseye verilen para. **blood pressure** tansiyon; kan basıncı; kanın, kan damarlarının çeperlerine yaptığı basınç. **blood-red** kan kırmızı. **bloodshed** kan dökme; adam öldürme. *The king defeated his enemies, but only after much bloodshed.* **bloodshot** *s* (gözler hk.) kanlı, kanlanmış; kızarmış. *I think I must be reading too much because my eyes are rather bloodshot.* **bloodstained** *s* kanlı, kan bulaşmış. (*eş anl.* **bloodied**). **blood-thirsty** *s* kana susamış; insanları ve hayvanları öldürmekten zevk alan; canavar ruhlu. *The bloodthirsty pirates made all the prisoners walk the plank.* **blood transfusion** (tıpta) kan nakli; bir kimsenin damarından alınan kanın bir başkasına verilmesi. **bloody-minded** *s* bilerek herkese zıt gitmekten hoşlanan; nâlet. **blood type** kan grubu. (*eş anl.* **blood group**).

bloom [blu:m] *i+sy* 1 çiçek. 2 birisinin /bir şeyin en iyi, en güzel zamanı, doruk noktası. *The girl was in the bloom of youth.* Ayrıca *f-n* çiçek açmak, çiçeklenmek. *The trees are blooming.* **in bloom** çiçeklenmiş, çiçek açmış. (*eş anl.* **in flower**).

blossom ['blɔsəm] 1 *i-sy* bir meyva ağacının tüm çiçekleri. 2 bu çiçeklerden biri. Ayrıca *f-n* (meyva ağaçları hk.) çiçek açmak. *Many trees blossom in the spring.*

blot [blɔt] *i+sy* mürekkep lekesi. Ayrıca *f+n* 1 kurutma kağıdı, vb. ile kurutmak. 2 mürekkep lekesi ile kirletmek. *geç. zam. ve ort.* **blotted.** **blotting paper** mürekkep kurutma kağıdı. **blot something out** bir şeyi örtmek, gizlemek; tümü ile yok etmek; bir sözcüğü, bir cümleyi mürekkeple üstünü çizerek karalamak. *He blotted out his mistake. The whole city has been blotted out by bombing. He intends to blot out all opposition.*

blotch [blɔtʃ] *i+sy* (özl. bir insanın yüzünde) belirli bir şekli olmayan deri lekesi, derideki kızarmış kabartı. **blotchy** *s* lekeli, leke leke.

blottor ['blɔtə*] *s* zil zurna sarhoş. (*k. dil.*).

blouse [blauz] *i+sy* bluz; vücudun üst kısımına giyilen bir giysi (özl. kadınlar giyer).

blow¹ [blou] *f+n/-n* 1 (rüzgâr, vb. hk.) esmek. *The wind was blowing.* 2 uçmak; uçurmak; rüzgâra kapılmak. *All the papers blew off his desk. The wind blew them off.* 3 (müzik aletleri hk.) üfleyerek çalmak; öttürmek; ötmek, çalmak. *The trumpet was blowing. He blew the trumpet.* 4 (elektrik sigortası hk.) atmak, patlamak, yanmak. *If there is too much current in the circuit a fuse will blow. geç. zam. biç.* **blew** [blu:]. *geç. zam. ort.* **blown** [bloun]. **blow-**

by-blow ayrıntılı olarak: *the blow-by-blow account of a great storm. He gave the story to them blow-by-blow.* **blow-dry** saçı yıkadıktan sonra fön makinesi ile kurutmak. Ayrıca *i-sy* bu şekilde saç kurutma. **blow out** (mum alevi, yanan bir kibrit, vb. hk.) üfleyip söndürmek. *She blew out the candle.* **blow-out** lastik patlaması. **blow up** 1 patlamak; patlatmak; havaya uçurmak. *The bomb blew up. He blew up the building. The soldiers blew up the bridge up.* 2 (bir lastik, bir balon, vb. hk.) hava ile şişmek; şişirmek, hava basmak. *He blew up the balloons for the birthday party.* **blow one's nose** sümkürmek (genl. bir mendile). *He blew his nose before answering the teacher's question.* **I'm blowed if (I'll do something)/I'll be blowed (if I'll do it)**...-sam bana da adam demesinler. **Blow!** Hay Allah! Tüh be! İyi mi! **at a blow** bir darbe ile, bir vuruşta, bir hamlede. *He killed four of the enemys at a blow.*

blow² [blou] *i+sy* 1 vuruş, darbe; elle, yumrukla, veya bir silahla indirilen sert darbe: *hut/strike somebody a blow in the eye; give somebody a blow.* 2 darbe, şok; yıkım. *News of John's sudden death was a great blow to his friends.*

blown [bloun] **blow¹** fiilinin geçmiş zaman ortacı.

blubber ['blʌbə*] *i-sy* balina ve diğer deniz hayvanlarının yağ tabakası.

blue [blu:] *i-sy* mavi renk. Ayrıca *s* mavi. *He was blue with cold.* **blues** itek veya çoğ. biç. bir tür caz müziği (genl. oldukça ağır bir tempoda ve hüzünlü). **blue blood** asil kan; soyluluk. (*k. dil.*). **blue-bottle** mavi renkli büyükçe bir sinek. **blueprint** 1 ozalit kopya; bir bina planının fotoğraf kağıdı üzerindeki kopyası (genl. bu kağıt mavi renktedir). 2 yapılacak herhangi bir işin planı ya da projesi. **out of the blue** birdenbire, ansızın; damdan düşer gibi. *The news came completely out of the blue.* (*k.dil.*). **blue-collar** işçi sınıfı. (*karş.* **white-collar**). **blue-eyed boy** gözde çocuk, veya adam. **once in a blue moon** kırk yılda bir. *I meet John once in a blue moon.*

bluff [blʌf] *f+n/-n* blöf yapmak; kurusıkı atmak; bir şeyi elde etmek,

veya hasmını altetmek için oldu-
ğundan daha zeki, daha güçlü, vb.
görünmek. *The police were bluffing
when they said that they knew who
had committed the crime.* Ayrıca
i+sy/-sy blöf; kurusıkı atma;
aldatmaca. **call someone's bluff** bir
kimsenin blöfünü görmek. *The
landlord said he would throw us out
if we didn't pay our rent: we decided
to call his bluff and refused to pay.*
blunder ['blʌndɔ*] *i+sy* gaf; aptalca
(veya dikkatsizce) yapılan hata. *What
a blunder to tell you the wrong day!*
Ayrıca *f-n* gaf yapmak, çam devir-
mek, pot kırmak.
blunt¹ [blʌnt] *s* (bir bıçak, bir kalem,
vb. hk.) küt, kör; keskin veya sivri
olmayan. Ayrıca *f+n* körleştirmek;
kör, küt hale getirmek: *blunt a knife.*
blunt² [blʌnt] *s* kaba ve açık konuşan;
dobra; lafını, sözünü esirgemeyen.
*They gave a blunt refusal to our
request.* (*eş anl.* **frank**). **bluntly** *z*
açıkça. **bluntness** *i-sy* pervasızlık,
lafını esirgememe.
blur [blɔ:*] *f+n* anlaşılmasını güç-
leştirmek; bulanıklaştırmak, bulan-
dırmak. *Your writing is very blurred.*
Tears blurred her eyes. *geç. zam.* ve
ort. **blurred.** Ayrıca *i+sy* bulanık bir
şey; hayal meyal görünen bir şey.
blurt [blɔ:t] *f+n* **1 blurt something out**
sözünde—(söylemekten korktuğu,
çekindiği bir şeyi) pat diye söylemek.
*She blurted it out before I had time
to stop her.* **2 blurt out something**
sözünde—sonucunun neye varacağını
düşünmeden birden söylemek (genl.
de sonradan pişman olunur): *blurt
out the secret/truth. She suddenly
blurted out, 'I'm not going.'*
blush [blʌʃ] *f-n* yüzü kızarmak; utanç
veya mahcubiyetten kıpkırmızı
olmak. Ayrıca *i+sy* yüzü kızarma,
utanma. **spare one's blushes** bir
kimseyi utandıracak, mahcup edecek
bir şeyi söylemekten, veya yapmaktan
kaçınmak. (*eş anl.* **redden**).
bluster ['blʌstə*] *f-n* (bağıra çağıra ve
yakışmaz biçimde) şikâyet etmek,
tehdit etmek, vb.
blustery ['blʌstəri] *s* (rüzgâr hk.) gürül-
tülü ve şiddetli.
B.O. [bi:'ou] *i-sy* (=**body odour**)—
terlemeden doğan fena vüçut kokusu.
John's got B.O.

boa ['bouə] *i+sy* boa yılanı. *A boa
kills its prey by crushing it.*
boar [bɔ:*] *i+sy* **1** erkek domuz. **2**
yabanî domuz. (Ayrıca **wild boar** da
denir).
board¹ [bɔ:d] **1** *i+sy* tahta; kereste. **2**
oyun tahtası, ilan tahtası, vb. özel bir
amaç için kullanılan tahta, veya diğer
şeyler (örn. *chessboard, noticeboard,
blackboard,* vb.). **3** kurul; yönetim
kurulu; bir şirketin yöneticilerinden,
veya hükümet görevlilerinden oluşan
bir komisyon. *The board of the golf
club is holding a meeting next week.*
4 pansiyon. **board and lodging** yemek
dahil kalacak ve yatacak yer. **full
board** tam pansiyon. **half board**
yarım pansiyon. **board room** idare
heyeti odası; yönetim kurulu salonu.
board of directors yönetim kurulu. **go
by the board** planlar, tasarılar, vb.
hk.) tümü ile başarısızlığa uğramak,
hiçbir sonuca varamamak, bir kenara
atılmak. *The plan for a new
swimming pool had to go by the
board.* **on board** bir gemide, bir
vapurda, veya bir uçakta. *Soon we
were on board the steamer 'liberty'.*
board² [bɔ:d] *f+n/-n* **1** (bir otobüse,
trene, gemiye, uçağa, vb.) binmek. **2**
(tahta levhalar ile) kaplamak: *board
up the windows.* **boarder** *i+sy* **1**
pansiyoner; parasını ödeyerek bir
başkasının evinde yatıp ve yemeklerini
yiyen kimse. **2** yatılı öğrenci; okulda
yatıp kalkan öğrenci. **boarding card**
uçağa, veya gemiye biniş kartı.
boarding house 1 pansiyon; (otel
olmayan) özel konuk evi. **2** yatılı bir
okulda öğrencilerin kaldığı bina.
boarding school yatılı okul. **board
with someone** bir kimsenin yanında
pansiyoner olarak kalmak. *John
boards with Mrs Neary.*
boast [boust] *f+n/-n* **1** övünmek,
iftiharla söylemek; kendisinden,
ailesinden, ülkesinden, vb. övgüyle
söz etmek. *I don't like John, he is
always boasting. He boasted that he
was the strongest boy in the class.* (*eş
anl.* **brag**). **2** (sahip olduğu bir şey ile)
böbürlenmek; gert gert gerinmek.
*Our town boasts the largest secondary
school in the country.* Ayrıca *i+sy* **1**
övünme, iftihar. **2** övünme nedeni,
gururlanma vesilesi. *Until last week,
it was our team's proud boast that*

they had not been beaten this year.
boastful *s* kendini öven, övüngen.
boat [bout] *i+sy* kayık, sandal; gemi,
tekne. *They got away by/in a boat.*
Where do we have to get/off the boat.
NOT: genellikle bir *ship* ile bir *boat*
arasındaki fark şudur: ufak deniz
araçlarına *boats*, büyüklerine de *ships*
denir. Şu tekneler hep *boats* sınıfına
girer—*fishing boat* (=balıkçı mo-
torları); *sailing boats* (=yelkenli
gemiler); *rowing boats* (=kayıklar
veya sandallar); *motorboats* (=deniz
motorları); *ferryboats* (=feribotlar ve
şehiriçi yolcu vapurları). Şu tekneler
de *ship* sınıfına girer—bir ülkenin
donanmasını oluşturan gemiler *battle
ship* (=harp gemisi), vb.; okyanus
aşırı giden yolcu gemileri. Aşağıdaki
tekneler ise hem *boat* hem de *ship*
sınıfına girerler—yük ve yolcu taşıyan
orta boy gemiler.
boatswain, bosun ['bousn] lostromo;
bir gemideki baş denizci (genl. görevi
demir atmak, halatlarla vb. ilgilen-
mektir). **miss the boat** fırsatı
kaçırmak. *You should have applied
for the job when it was advertised;
now it's too late and you've missed
the bus.* **be on the same boat** aynı (hoş
olmayan bir) durumda olmak.
bob [bɔb] *f+n/-n* aşağı yukarı inip
çıkmak; sallanmak; sallamak: *bob
one's head up and down. The boats
were bobbing on the water.* geç. zam.
ve ort. **bobbed. bob up** birden bire
ortaya çıkmak. *A head bobbed up
beside the floating wreck.*
bobbin ['bɔbin] *i+sy* bobin; ipliğin
sarıldığı makara (örn. dikiş makina-
sında olduğu gibi).
bodice ['bɔdis] *i+sy* korsaj; kadın veya
çocuk elbisesinin, veya iç çamaşırın
üst kısmı.
body ['bɔdi] *i+sy* **1** vücut, beden; insan
hayvan ve diğer canlı varlıkların ruh
ve zihinleri dışında kalan maddesel
bölümü. *Sports makes the body
strong.* **2** gövde; baş, kol ve bacakların
dışında kalan kesim. **3** ana bölüm,
esas kısım: *the body of the hall; the
body of the work.* **4** grup, topluluk.
*They went in a body to see the Prime
Minister.* **bodily** *s* bedensel. **body-
building** vücut geliştirme sporu.
bodyguard koruma görevlisi; goril; işi
bir kimseyi/kimseleri korumak olan

biri. **body odour** terlemeden doğan
fena vücut kokusu. *(eş anl. B.O.).*
body politic (bir ülkedeki) halk.
bog [bɔg] *i+sy* bataklık. *Be careful you
don't wander into the bog.* **boggy** *s*
bataklıklı. **bog down 1** (bir araç hk.)
çamura/kara saplanmak, batmak;
veya saplamak, batırmak. *Your car
will bog down in that mud. This rain
will bog all the cars down in the field.*
2 çıkmaza girmek, veya çıkmaza
sokmak. *The negotiations bogged
down over the question of re-
patriating the prisoners of war. The
question of the prisoners will bog the
negotiations down.*
boggle ['bɔgl] *f-n* genl. **the mind
boggles** sözünde—insanın aklı
duruyor. *(k. dil.).*
bogus ['bougəs] *s* sahte, görüşte iyi,
içerikte ise tamamen kötü olan;
düzme, taklit. *Her whole story was
bogus; don't believe it. (eş anl.
phoney).* **bogus company** uydurma
şirket.
boil¹ [bɔil] *f+n/-n* **1** (sıvılar hk.) kay-
namak; kaynatmak. *Water boils at
100° C. He boils the water in a sauce-
pan.* **2** (yiyecekleri kaynar suda) haş-
lamak, haşlanmak; pişmek, pişirmek.
*The potatoes are boiling. He boiled
the potatoes.* **boiler** *i+sy* buhar
kazanı; gemilerde suyun ısınıp buhar
haline geldiği kazan. **boiling point** bir
sıvının kaynama noktası. *The boiling
point of water is 100° C.* **come/bring
to the boil** (ahçılıkta) kaynayıncaya
kadar ısınmak/ısıtmak. **boil over**
kaynayıp taşmak. *'Can you hold just
a second? The coffee is about to boil
over.' Part of the soup was lost when
it boiled over.*
boil² [bɔil] *i+sy* çıban; mikrop-
lanmanın neden olduğu deri altındaki
ağrılı iltihap.
boisterous ['bɔistərəs] *s* (insanlar ve
davranışları hk.) şamatacı, gürültücü;
rahatsız edecek kadar neşeli.
bold [bould] *s* **1** gözüpek, cesur, atıl-
gan, yiğit: *a bold attempt. The bold
young man attacked the robbers. (eş
anl. daring).* **2** hatları belirgin; biçimi
seçkin, kolayca görülebilen. **3** haddini
bilmez, arsız, yüzsüz. *This child is
much too bold; he is always arguing
with his parents.* **as bold as brass** çok
yüzsüz; hiç utanması sıkılması

olmayan. **boldly** z cesaretle. **boldness** i-sy cesaret.

bolster ['boulstə*] i+sy uzun yastık; yatağın baş ucuna boydan boya uzanan yastık. **bolster up** gerekli yardımda bulunmak, desteklemek, teşvik etmek. *John's friends had to bolster up his courage.*

bolt¹ [boult] i+sy 1 civata. 2 sürgü, kol demiri. 3 kilit dili; anahtar ile oynatılan kilitin bir parçası. Ayrıca f+n civatalamak; sürgülemek. *He bolted the door. He bolted the two pieces of metal together.*

bolt

bolt² [boult] f-n (genl. atlar hk.) ok gibi fırlamak; ileri atılmak (genl. kaçmak için). (*k. dil.*). (insanlar için de kullanılır) fırlayıp kaçmak; tüymek, tabanları yağlamak.

bolt³ [boult] f+n alelacele tıkınmak; çiğnemeden yutmak.

bomb [bom] i+sy bomba; içine patlayıcı maddeler doldurulmuş metal bir kap. Ayrıca f+n (genl. bir uçaktan) bombalamak, bomba atmak. **bomber** i+sy 1 bombardıman uçağı. 2 bombacı, bomba atan kimse. **bomb disposal squad** bomba imha ekibi. **bombshell** büyük sürpriz; bomba (gibi) haber (genl. tatsız bir şey için). (*k. dil.*).

bombard [bɔm'ba:d] f+n 1 bombardıman etmek. 2 soru, vb. yağmuruna tutmak. *The Members of Parliament bombarded the Prime Minister with questions.* **bombardment** i+sy/-sy bombardıman, topa tutma.

bona fide ['bounə'faidi] s gerçek, hakiki; samimi, iyi niyetli. *He made a bona fide enquiry.* **bona fides** itek (fakat bazen *içoğ.* olarak) iyi niyet, dürüst niyet. *She wanted to check on my bona fides.*

bonanza [bə'nænzə] i+sy büyük kâr ve kazanç getiren bir şey.

bond [bɔnd] i+sy 1 senet; yazılı söz; yazıyla belirtilmiş yasal bir söz (genl. verilmesi gereken para için). 2 bağ, ilişki; birleştirici kuvvet. *The English language is a bond between Britain and America.* **bondage** i+sy kölelik; esaret. (*eş anl.* **slavery**).

bone [boun] i+sy kemik, veya kemiklerden biri. Ayrıca f+n (etin) kemiklerini çıkarmak; (balığın) kılçıklarını ayıklamak. **bony** s 1 sıska; bir deri bir kemik. 2 kılçıklı (örn. yenmek için pişirilmiş bir balıkta). **bone-dry** kupkuru, takır takır. (*k. dil.*).

bonfire ['bɔnfaiə*] i+sy şenlik ateşi; açık havada yakılan bir ateş. **bonfire night** (İngiltere'de) 5 Kasım gecesi; şenlik ateşlerinin yakıldığı, havai fişeklerin atıldığı gece.

bonnet ['bɔnit] i+sy 1 başlık; başın üstünü örten bu yuvarlak şapka çene altından bağlanır (genl. kadınlar ve çocuklar giyer.) 2 (*BrI'de*) motor kapağı, kaput, kaporta; bir arabanın motorunu örten metal kapak. (*AmI'* de **hood**).

bonus ['bounəs] i+sy ikramiye; pirim; belli bir ödemenin ötesinde verilen para. *Each worker received a bonus.*

boo [bu:] i+sy/ünlem Yuuh! Yuha! insanın bir şeyi beğenmediğini belirten bir haykırış (genl. bir toplantıda). *çoğ. biç.* **boos**. Ayrıca f+n/-n yuhlamak, yuhalamak, yuh çekmek; 'yuuh' diye haykırmak. *The crowd booed the Prime Minister. geç. zam. ve ort.* **booed**. **wouldn't/couldn't say boo to a goose** aşırı çekingen, çok utangaç, ağzına vur lokmasını al. *He is a very quiet, timid sort of person: he wouldn't say boo to a goose.*

booby ['bu:bi] i+sy aptal, budala, salak kimse. (*k. dil.*). **booby prize** sondan birincilik ödülü; bir yarışmadaki en kötü oyuncuya, veya sonuncuya verilen ödül. **booby trap** 1 bubi tuzağı; üstüne basınca, veya gizlendiği şeye dokunup hareket ettirilince patlayan gizlenmiş bomba tuzağı. 2 tuzaklı oyun (genl. şaka olsun diye).

book¹ [buk] i+sy 1 kitap, veya defter. 2 deste; birbirine tutturulmuş şeyler birimi; koçan: *a book of tickets; a book of stamps.* 3 (*çoğ. biç.*) kayıt defteri; içine gelir ve giderlerin yazıldığı ticari bir defter. **booklet** i+sy kitapçık; ince ciltsiz bir kitap. (*eş anl.* **pamphlet**). **bookcase** kitap dolabı, kitap rafı. **book-keeper** i+sy şirket muhasebeci; şirket veya benzeri yerlerde gelir ve gider kayıtlarını tutan kimse. **book-keeping** *i-sy* muhasebecilik. **bookmaker** müşterek bahis oynatan kimse, müşterek bahisçi, müşterek bahis paralarını toplayan kişi (özl. at yarışlarında). **bookmark** sayfa işareti; kitapta nereye kadar okunduğunu gösteren bir şey. **bookworm** okuma meraklısı, kitap kurdu; okumayı çok seven kimse. (*k. dil.*). **be in somebody's good/bad books** başkasının gözüne girmiş/ gözünden düşmüş; kara listeye alınmış. *Jack must be in the teacher's good books: he was the only student who was not punished for being late.* (*k. dil.*).

book² [buk] *f+n/-n* **1** yer ayırtmak; bir gezi, film, tiyatro, vb. için gerekli bilet, veya biletleri almayı ya da ayırtmayı önceden düzenlemek. **2** (yaptığı faul için oyuncuya sarı kart gösterip) adını deftere yazmak. **bookable** *s* önceden ayırtılabilir. **be booked up/fully booked up/fully booked 1** (otel, tiyatro, vb. hk. bütün yerler dolu olmak. **2** (bir kimse hk.) vakti dolu olmak, meşgul olmak. (*karş.* **free**). (*eş anl.* **busy**). **booking clerk** bilet memuru (genl. bir tren istasyonunda). **booking office** bilet gişesi; bir gezi, bir tiyatro, vb. biletin satıldığı yer. **book someone in/into a hotel** bir kimseye otelde yer ayırtmak. **in my book** bana göre; benim kitabımda.

boom¹ [bu:m] *i+sy* gürleme, sesi; 'bum' diye çıkan ses; bir tüfeğin, tabancanın, sesten hızlı bir uçağın çıkardığı ses. Ayrıca *f-n* gürlemek; 'bum' diye ses çıkarmak.

boom² [bu:m] *i+sy* ticarette alış ve satışların birden artması

boomerang ['bu:məræŋ] *i+sy* bumerang; Avustralya'lı yerlilerin kullandığı kıvrık ve eğik bir tür tahta sopa; eğer bir şeye çarpmazsa atana geri döner.

boon [bu:n] *i+sy* nimet, lütuf; yardım. *My new overcoat is a boon in this cold weather.*

boor [buə*] *i+sy* hödük; görgüsüz adam; yontulmamış herif. **boorish** *s* hoyrat, kaba. (*eş anl.* **coarse**).

boost [bu:st] *f+n* **1** bir şeyin methini, reklamını yapmak (özl. bir şeyi satın almaları için insanları ikna etmek amacıyla). **2** ileri ya da yukarı itmek;

alttan yukarı itip kaldırmak. **3** gücünü veya hızını arttırmak. *Her win in the first heat boosted her confidence.* Ayrıca *i+sy* yardım, destek.

boot [bu:t] *i+sy* **1** çizme, bot, potin. **2** (*Brİ*'de) arabanın bagajı. (*Amİ*'de **trunk**).

booth [bu:ð] *i+sy* **1** (pazar yerinde) satış kulübesi, baraka. **2** kulübe, bölme, kabin. *çoğ. biç.* **booths**.

booty ['bu:ti] *i-sy* ganimet, çapul, yağma; soyguncunun, veya bir savaş sırasında ordunun yağmaladığı para ya da mal. *The pirates shared their booty of gold.*

booze [bu:z] *i-sy* alkollü içki. Ayrıca *f-n* kafayı çekmek, kafayı tütsülemek; içki içmek. (*k. dil.*).

border ['bɔ:də*] *i+sy* kenar; sınır, hudut (özl. iki komşu ülke topraklarının birleştiği arazi). Ayrıca *f+n* sınırlamak, sınır olmak; sınırında bulunmak. *A thick forest borders the school grounds on the south side.* **borderline** *itek* (kabul edilme ile edilmeme arasındaki) sınır; baraj: *the borderline between friendship and love. His marks in the examination were on the borderline between a pass and a fail.* Ayrıca *s* iki durum/şey arasında kararsız; ortada: *a borderline failure in the examination.* **border on 1** komşusu olmak, ile sınırı olmak. *Scotland borders on England.* **2** nerdeyse aynı olmak; çok benzemek, yakın olmak. *His behaviour sometimes borders on madness.*

bore¹ [bɔ:*] *f+n* delmek; yuvarlak bir delik açmak (özl. matkap ile): *bore a hole in a piece of wood; bore a tunnel under the sea.* Ayrıca *i+sy* bir boru ya da tüfek namlusu çapı.

bore² [bɔ:*] *f+n* tatsız tuzsuz konuşmasıyla, eğlendirmeğe çalışmasıyla karşısındakini bıktırmak, usandırmak; esnetmek, sıkmak. *John always bores me when I meet him.* Ayrıca *i+sy* insanı bıktıran, canını sıkan kimse, veya bir şey; baş belası, karın ağrısı. *John is a bore.* **boredom** *i-sy* can sıkıntısı. **boring** *s* can sıkıcı.

bore³ [bɔ:*] **bear¹** fiilinin geçmiş zaman biçimi.

born [bɔ:n] **bear¹** fiilinin geçmiş zaman ortacı. **born** fiili sadece **be born** (=doğmak) sözünde kullanılır örn. *I was born in a small village on*

6th April 1939. Diğer kullanımlarda **bear**[1] fiilinin *geç. zam. ort.* **borne** şeklinde yazılır. Ayrıca *s* belirtilen bir niteliğe doğuştan sahip; anasından... doğmuş; sanki...yaratılmış *He is a born leader.* **'I wasn't born yesterday'** 'aptal değilim'; 'dünkü çocuk değilim ben.' *Don't try to trick me: I wasn't born yesterday, you know.*

borne [bɔ:n] **bear**[1] fiilinin geçmiş zaman ortacı **born.** bear[1]'daki Not'a bkz.

borough ['bʌrə] *i+sy* ilçe; büyük bir şehrin bir kesimi; belediyesi vardır (ve İngiltere'de Parlamentoda temsilcisi bulunur).

borrow ['bɔrou] *f+n* ödünç almak, borç almak. *May I borrow your pen? May I borrow five pounds until Saturday.* (*karş.* **lend**).
NOT: bazen *borrow* ile *lend* birbirine karıştırılır. Şu iki cümleyi karşılaştıralım *I borrowed John's dictionary* (= John'ın sözlüğünü ödünç aldım). *John lent me his dictionary* (= John bana sözlüğünü ödünç verdi).

bosom ['buzəm] *i+sy* (bir kadının, kızın) meme(si). **bosomy** *s* iri memeli. **bosom friend** samimi arkadaş, can dostu.

Bosporus ['bɔspərəs], **Bosphorus** ['bɔsfərəs] *özeli* (**the** ile) İstanbul Boğazı; Karadeniz'i Marmara'ya bağlayan boğaz.

boss [bɔs] *i+sy* şef, amir; sözü geçen en önemli kişi; patron, işveren. *Our boss is very fair and makes sure no-one is overworked.* (*k. dil.*). Ayrıca *f+n* herkese iş buyurmak; yönetmek. **bossy** *s* emretmekten hoşlanan; hükmeden. *The little girl was bossy when she played with younger children.*

bosun ['bóusn] *i+sy* **boatswain**'a bkz.

botany ['bɔtəni] *i-sy* botanik, bitkibilimi. **botanical** [bə'tænikl] *s.* **botanist** ['bɔtənist] *i+sy* botanik bilimcisi.

botch [bɔtʃ] *f+n* **1** beceriksizliği yüzünden berbat etmek; içine etmek. *She botched the cake by using too much sugar.* **2** bir şeyi beceriksizce, kabaca tamir etmek, onarmak. **botch up** berbat etmek, içine etmek. *He has botched up our plans. I wish you wouldn't come along and botch everything up.*

both [bouθ] *belirten/z/zamir* (her) ikisi de; her iki; hem...hem (de); *both men; both John and James; both of them. You can read both these books/both of these books. You can read them both. We both can go/We can both go. This machine can move both backwards and forwards.*
NOT: *both* iki şey ya da nesne için kullanılır, ikiden fazla olanlar için ise *all* kullanılır. *all two of them* şeklinde bir yapıyı kullanmayın, yerine *both of them* kullanılır.

bother ['bɔðə*] *f+n/-n* **1** üzmek, canını sıkmak; rahatsız etmek, sinirlendirmek. *Did the noise bother you last night?* **2** işinden alakoymak, yük olmak; rahatsız olmak; zahmet etmek. kendini yormak. *Don't bother to come with me, I shall be all right by myself.* (*eş anl.* **trouble**). Ayrıca *i+sy/-sy* üzüntü, rahatsızlık, sıkıntı; endişe; üzüntü kaynağı.

bottle ['bɔtl] *i-sy* şişe: *a bottle of milk; a bottle of beer.* Ayrıca *f+n* şişelemek; şişelere koymak, doldurmak. **bottle feed** *f+n/-n* (bebeği) biberonla beslemek, büyütmek. (*karş.* **breast feed**). **bottleneck** darboğaz; hareketin yavaşladığı yer. *The narrow road through the town is a bottleneck for traffic.* **take to the bottle** kendini içkiye vermek.

bottom ['bɔtəm] *i+sy* **1** dip, alt; bir şeyin en aşağı kısmı, dibi: *the bottom of the page; the bottom of the sea.* (*karş.* **top**). **2** popo, kıç. Ayrıca *s* (en) alt, dip: *the bottom shelf; the bottom rung of a ladder.* **bottomless** *s* uçsuz bucaksız; çok derin, dipsiz. **believe something at the bottom of one's heart** bir şeye bütün kalbiyle inanmak. **wish something, apologize etc. from the bottom of one's heart** bütün kalbiyle bir dilekte bulunmak, özür, vb. dilemek.

bough [bau] *i+sy* büyük bir ağaç dalı (genl. ana dallardan biri).

bought [bɔ:t] **buy** fiilinin geçmiş zamanı ve ortacı.

boulder ['bouldə*] *i+sy* iri bir kaya; buzun, suyun, vb. etkisiyle yüzeyi düzleşmiştir. *We tried to move the boulder that was blocking the entrance to the cave.*

bounce [bauns] *f+n/-n* **1** (özl. vurup yere çarptıktan sonra) zıplamak, sıçramak; zıplatmak, sıçratmak. *The ball bounced in front of the goal. The boy was bouncing his ball against the wall.* 2 ileri fırlamak. *He bounced out of the room.* 3 (çek) karşılıksız çıkmak. **bounce back** (kötü bir durumdan sonra) tekrar eski haline kavuşmak; kendine gelmek. **bouncing with health** sağlıklı, bomba gibi.

bound¹ [baund] *f-n* zıp zıp zıplayıp gitmek; sıçraya sıçraya uzaklaşmak; sıçramak, zıplamak. *He bounded right over the fence and ran up the path.* Ayrıca *i+sy* zıplama, sıçrama.

bound² [baund] *f+n* hudutlamak, sınırlamak, kuşatmak, sınırı olmak; komşu olmak. *The small country of Lesotho is bounded on all sides by South Africa. England is bounded in the south by the English Channel.* Ayrıca *i+sy* (genl. *çoğ. biç.*) sınır. *We must keep our hopes within reasonable bounds.* **boundless** *s* sınırsız, sonsuz, engin: *boundless ambition.* **out of bounds** belli kişilerce (örn. öğrenciler, askerler) girilmesi yasak. *The two cinemas in the town are out of bounds to all junior pupils.* (*karş.* **in bounds**). **I am bound to say...** maalesef söylemeliyim ki... **I am bound to admit** itiraf etmeliyim ki... **by leaps and bounds** büyük bir hızla. *You will be pleased to know that your son's English is improving by leaps and bounds.*

bound³ [baund] *s* giden, gitmekte olan; gitmek üzere, gitmeye hazır olan (özl. bir gemi hk.) *That ship is bound for Hong Kong.*

bound⁴ [baund] *yüks* **be bound to do something** bir şeyin (ola)cağı belli, (yapı)lacağı muhakkak olmak.*He is bound to win.* (*eş anl.* **be sure to**). **homeward bound** (özl. gemiler hk.) yurda, eve doğru. **outward bound** yurttan, evden uzağa doğru.

bound⁵ [baund] **bind** fiilinin geçmiş zamanı ve ortacı.

boundary [baundəri] *i+sy* (özl. bir arazi hk.) sınır, hudut, kenar: *the boundary of the school playing fields.* NOT: *boundary* bir ülke toprakları içindeki bir arazinin sınırıdır, oysa *border* iki ülke topraklarının birbirleriyle meydana getirdiği sınırıdır.

bouquet [bu'kei] *i+sy* buket, çiçek demeti; demet halinde elde götürülen

çiçekler (örn. bir ziyarete, bir düğüne giderken): *a bouquet of roses.*

bout [baut] *i+sy* 1 müsabaka ya da mücadele (özl. bir boks maçı). *The boxers were exhausted after their bout to decide who would be world champion.* 2 devre, süre; hastalık nöbeti. *I've just recovered from a bout of malaria.*

boutique [bu:'ti:k] *i+sy* son moda giysileri ve en yeni aksesuarları satan ufak dükkân; butik.

bow¹ [bau] *f+n/-n* selâm vermek, saygısını göstermek, veya ibadet sırasında vücudun üst kısmını öne eğmek; eğilmek. Ayrıca *i+sy* öne eğilme.

bow² [bou] *i+sy* 1 (ok atmada kullanılan) yay. 2 (yaylı sazlarda) yay; keman yayı. 3 fiyonk; bir kurdele. **bow-legged** *s* çarpık bacaklı. **bow tie** papyon; papyon kravat.

bow³ [bau] *i+sy* bir gemi, veya teknenin başı; pruva. (*karş.* **stern**).

bowel ['bauəl] *i+sy* 1 (genl. *çoğ. biç.*) bağırsak; özl. kalın bağırsak (= **large intestine**). 2 herhangi bir şeyin iç kısmı (özl. şu sözde **the bowels of the earth** (= yer yüzünün iç kısmı)). **bowel movement** büyük aptestini yapma.

bowl¹ [boul] *i+sy* 1 kâse çanak, tas; içine yiyecek konulan çukur bir kap. 2 bir şeyin çanak gibi olan kesimi: *the bowl of a spoon.*

bowl² [boul] *i+sy* bazı oyunlarda kullanılan ağır tahta top. **bowls** tahta top oyunu. **bowler** *i+sy* 1 tahta topu fırlatan, veya yuvarlayan oyuncu. 2 melon şapka; yuvarlak, sert, siyah bir şapka (Ayrıca **bowler hat** de denir).

box¹ [bɔks] *i+sy* 1 kutu; metal, tahta, veya kartondan yapılmış bir kap. 2 tiyatroda loca. Ayrıca *f+n* kutulamak; kutu, veya kutulara yerleştirmek. **Boxing Day** Noelin ertesi günü; 26 Aralık (tatil) günü. **box office** 1 bilet gişesi; bir tiyatroda veya sinemada biletlerin satıldığı yer. 2 hasılat yapan bir film, oyun, film yıldızı: *the musical was bad box office.* **witness box** için **witness**'a bkz.

box² [bɔks] *f+n/-n* boks yapmak. **boxer** *i+sy* 1 boksör. 2 bir tür köpek; bokser. **boxing** *i-sy* boks (sporu); boks eldivenlerini giyerek yumruk yumruğa dövüşme sporu. (Arka sayfadaki BOKSTA VE GÜREŞTE SIKLET-

LER TABLOSUNA bkz.)

BOKSTA VE GÜREŞTE SIKLETLER (Boxing and Wrestling Weights)			
SIKLETLER (Weights)	PROFESYONEL BOKS (Professional Boxing)	OLİMPİK BOKS (Olympic Boxing)	SERBEST GÜREŞ (Freestyle Wrestling)
LIGHT FLYWEIGHT		48 kg'ın altında	48 kg'ın altında
FLYWEIGHT	50.8 kg'ın altında	51 kg'ın altında	52 kg'ın altında
BANTAMWEIGHT	53.3 kg'ın altında	54 kg'ın altında	57 kg'ın altında
FEATHERWEIGHT	57.2 kg'ın altında	57 kg'ın altında	62 kg'ın altında
JUNIOR LIGHTWEIGHT	59.0 kg'ın altında		
LIGHTWEIGHT	61.2 kg'ın altında	60 kg'ın altında	68 kg'ın altında
JUNIOR WELTERWEIGHT	63.5 kg'ın altında		
LIGHT WELTERWEIGHT		63.5 kg'ın altında	
WELTERWEIGHT	66.7 kg'ın altında	67 kg'ın altında	74 kg'ın altında
JUNIOR MIDDLEWEIGHT	70.0 kg'ın altında		
LIGHT MIDDLEWEIGHT		71 kg'ın altında	
MIDDLEWEIGHT	72.3 kg'ın altında	75 kg'ın altında	82 kg'ın altında
LIGHT HEAVYWEIGHT	79.4 kg'ın altında	81 kg'ın altında	90 kg'ın altında
MID HEAVYWEIGHT			100kg'ın altında
HEAVYWEIGHT	79.4 kg'ın üstünde	81 kg'ın üstünde	100 kg'ın üstünde

boy [bɔi] *i + sy* erkek çocuk, oğlan; on sekiz yaşına kadar ki olan delikanlı. **boyish** *s* oğlan gibi; oğlansı. (*karş.* **girlish**). **boyfriend** bir kadının birlikte vakit geçirip eğlendiği genç bir erkek; erkek arkadaş.
NOT: *boyfriend* bir hanımın, sadece dostluk olsun diye edindiği bir erkek, onun erkek arkadaşı demek değildir; bu erkek onun flörtü, veya cinsel ilişkide bulunduğu kimsedir. Eşcinsel bir erkeğin birlikte gezdiği ve cinsel ilişkide bulunduğu erkeğe de *boyfriend* denir. Ayrıca **girlfriend**'e bkz. **boys will be boys** erkek çocuklar böyle işte. *The children had left her living room in a mess, but she simply shrugged and said, 'Boys will be boys.'* **Boy/Oh boy** Vay anasını; Üff.
boycott ['bɔikɔt] *f + n* boykot etmek; başkalarıyla, veya bir ülke ile işbirliği edip bir kimse, bir ülke, bir ticari kuruluş ile iş yapmayı reddetmek, alışverişte bulunmamak. *If they will not buy our goods, we will boycott theirs.* Ayrıca *i + sy* boykot; boykot etme eylemi.
bra [bra] *i + sy* sutyen; kadınların göğüslerini yerinde tutmak için giydikleri bir iç çamaşırı. (**brassiére** sözcüğünün kısa biçimi).
brace [breis] *i + sy* bağ, kuşak; bir şeyi başka bir şeye tutturmaya yarayan metal, tahta vb. bir madde. Ayrıca *f + n* sağlamlaştırmak, güçlendirmek; desteklemek; sıkıca dayamak. *He braced the ceiling with long pieces of wood.* **bracing** *s* canlandırıcı: *a bracing walk.*
bracelet ['breislit] *i + sy* bilezik; bileğe veya kola takılan halka.
braces ['breisiz] *içoğ* (*Brİ*'de) pantolon askısı; pantolon kemeri olarak omuzlara takılan lastikli bir çift şerit askı. (*Amİ*'de **suspenders**).
bracken ['brækən] *i-sy* bir tür eğrelti otu; bu tür bitkilerden, oluşan bir küme.
bracket ['brækit] *i + sy* **1** ayraç, yuvarlak parantez (), köşeli parantez []; verilen ek bir bilgi böyle bir çift işaretin arasına alınır.
NOT: bu işaretler her zaman bir çift olarak kullanılır ve söylenirken ya *a bracket*, ya da *brackets* denir.
2 dayanak, mesnet; bir şeyi, sözgelimi

bir rafı tutmak üzere duvara sokulmuş bir metal parçası.

brag [bræg] *f + n/-n* övünmek; kendisini, ailesini, ülkesini, vb. methetmek. (genl. palavra ataraktan). *John said that he could fight anyone but we knew that he was only bragging. He brags that he has robbed the bank. He brags of having robbed a bank.* geç. zam. ve ort. **bragged.** (*eş anl.* **boast**).

Brahman ['bra:mən] *i + sy* **1** Hint kastlarında ilk kast. **2** bu kasttan olan kimse. Brahmanism Brahmanlık; kalıtım yolu ile geçen bir kast (= **caste**) bölünmesine dayalı toplumsal bir kuruluşu içeren Hint dini. Ayrıca **caste**'e bkz.

braid [breid] *i + sy* **1** kurdele, bant; saç örgüsü. **2** kordon, şerit. *His coat was covered with braid.*

zekice bir fikir. *His brainstorm gave us the solution to the whole problem.* (*Brl*'de **brainwave**). **brainwashing** *i-sy* beyin yıkama işi, veya eylemi (özl. politik düşünce ve görüşler için); sürekli sorular sorarak, veya eziyet ederek, işkenceler yaparak kişinin düşünce ve görüşlerini değiştirmeye yönelik bir yöntem.

braise [breiz] *f + n* eti kapalı bir kapta ve hafif ateşte ağır ağır pişirmek; bu pişirmede kaba çok az su konulmuştur. *I love the delicious gravy you get when you braise chops with lots of onions and tomatoes.*

brake [breik] *i + sy* fren; bir aracı yavaşlatan, veya durduran bir aygıt. Ayrıca *f + n/-n* fren yapmak; fren yaparak yavaşlatmak veya durdurmak. **brake light** (araçlarda) fren lambası.

Braille

Braille [breil] *i-sy* körler alfabesi; Breyl alfabesi; körler için icad edilmiş bir yazma, okuma sistemi; bu sistemde ufak kabarık noktalar birleşerek harfleri, işaretleri oluştururlar; gözü görmeyen kişiler elle dokunarak yazılanları okuyup anlarlar.

brain [brein] *i + sy* (bazen *çoğ. biç*). beyin. **brainless** *s* beyinsiz, salak, şapşal, aptal. **brainy** *s* zeki, kafalı, akıllı. *She is so brainy she remembers everything she reads.* (*k. dil.*—yerine **intelligent**'ı kullanın). **brain-child** bir kimsenin buluşu, icadı veya parlak fikri. **brain drain** *itek* beyin göçü; çok sayıda bilgin, doktor, vb. kimselerin başka bir ülkeye orada çalışıp yaşamak üzere gitmeleri. **brainstorm** *i + sy* (*Aml*'de) akla birden bire gelen

branch [bra:ntʃ] *i + sy* **1** dal; bir ağacın gövdesinden çıkan sap, kol gibi uzanan kısım. **2** şube, kol, branş; ana parçadan bir ağacın dalları gibi çıkan ve yayılan herhangi bir şey: *a branch line of a railway; a branch of a family; a branch of learning.* Ayrıca *f-n* dallara, kollara ayrılmak; dal, kol oluşturmak. *Keep straight on until the road branches.*

brand [brænd] *i + sy* **1** marka; üretilen bir mal çeşidi, veya tipi. *Smith and Co. sell three brands of tea. I think you'll like this brand of cheese.* **2** damga, nişan, marka; kızgın bir demirle deri üzerine yapılan bir işaret (genl. sığırlar ve atlara yapılır; böylece kimin malı oldukları belirlenir). Ayrıca *f + n* damga vurmak; yakarak işaretlemek, dağlamak. *The farmer brands his new calves every year.* **brand-new** s gıcır gıcır, yepyeni.

brandish ['brændiʃ] *f+n* (bir şeyi) havada sallamak, ya da sarsmak (özl. tehdit eder, korkutur bir şekilde). *The thief was brandishing a revolver.*

brandy ['brændi] *i-sy* konyak; alkol derecesi yüksek sert bir içki. Türkiye'deki patent adı kanyaktır.

brash [bræʃ] s bağıra bağıra konuşan ve kendinden pek emin, hatta saldırgan.

brass [braːs] *i-sy* pirinç; parlak sarı renkte bir metal; bir bakır ve çinko alaşımı. **the brass** bir orkestrada prinçten yapılmış, müzik aletleri, trompet, trombon, tuba, grubu. **get down to brass tacks** asıl konuya gelmek, sadede gelmek.

brassière ['bræsiə*] *i+sy* **bra**'ya bkz.

brat [bræt] *i+sy* terbiyesiz ve yaramaz bir çocuk; velet. (oldukça *kib. olm.*).

bravado [brə'vaːdou] *i-sy* kabadayılık; cnayice bir cesaret, veya gözüpeklik gösterisi. *The man of true bravery is not frightened by a display of bravado.*

brave [breiv] *s* cesur, yiğit, yürekli. (*karş.* **cowardly**). (*eş anl.* **courageous**). Ayrıca *f+n* tehlikeyi ve acıyı korku göstermeden; cesaretle karşılamak: *brave death* (= ölüm pahasına yapma). **bravely** z yiğitçe. **bravery** *i-sy* cesaret, yiğitlik. **Brave New World** *itek* hürriyet, adalet ve gelişme ilkeleri üzerine kurulmuş ideal bir topluluk, veya hükümet.

bravo ['braː'vou] *ünlem* Bravo! Aferin! Çok güzel!

brawl [brɔːl] *i+sy* ağız dalaşı, gürültülü kavga; (genl. sokakta, herkesin gözü önünde) gürültülü bir biçimde tekme tokat birbirine girme; yumruk yumruğa kavga etme. *He had no intention of getting into a brawl with the man.* (*eş anl.* **punch-up**). Ayrıca *f-n* bu biçimde kavga etmek.

brawn [brɔːn] *i-sy* insan gücü; kas gücü. **brawny** s kuvvetli, adaleli, iriyarı; pazulu ve güçlü (özl. bir adam). *She liked the brawny lifesaver.*

bray [brei] *f-n* 1 (eşek hk.) anırmak. 2 anırır gibi söylemek, konuşmak. 3 anırır gibi gülmek. *He brayed at the joke.* Ayrıca *i+sy* 1 anırma, anırtı. 2 kulakları tırmalayan bir ses: *a bray of protest.*

brazen ['breizn] *s* arsız, utanmaz, yüzsüz. *Her brazen behaviour embarrassed us all. The brazen man laughed loudly at the judge who sentenced him.* **brazen something out** bir şeyi yüzsüzlüğe, pişkinliğe vurmak. *The witness brazened out the prosecuter's questions.* (*k. dil.*).

brazier ['breiziə*] *i+sy* mangal.

breach [briːtʃ] *i+sy* 1 bozma, ihlâl; yasalara uymama; sözünü tutmama: *a breach of the peace; a breach of contract.* 2 gedik, yarık; duvarda açılan aralık. Ayrıca *f+n* bir duvarda, vb. gedik açmak. **breach of confidence** sır olarak verilen bir bilgiyi başkalarına söyleme. **breach of contract** sözleşme ihlâli.

bread [bred] *i-sy* ekmek. *I want some bread. He gave him two slices of bread. My mother has bought a loaf of bread.* **breadcrumb** *i+sy* (genl. çoğ. biç.) ekmek kırıntısı. **breadline** *itek* çok yoksul kimselerin kendilerine yemek verilmesini beklerken oluşturduğu kuyruk; aşkuruğu. **on the bread-line** çok yoksul, pek fakir. **breadwinner** aileyi geçindiren kişi; ailenin ekmeğini kazanan kimse. *John is the breadwinner of the family.* **bread-and-butter** *i-sy* 1 yağlı ekmek; üzerine yağ sürülmüş ekmek. 2 geçim kaynağı; para kazanma yolu. (*k. dil.*). **know which side one's bread is buttered on** çıkarının hangi tarafta olduğunu bilmek. *You can be sure that Tom will not offended the new manager. Tom knows which side his bread is buttered on.*

breadth [bretθ] *i+sy* genişlik, en. *They measured the length and breadth of the room.* (*eş anl.* **width**).

break [breik] *f+n/-n* 1 kırmak, koparmak; kırılmak. *He broke the window by throwing a stone through it. The cup broke when he dropped it. My mother broke the chocolate into two pieces.* 2 kırmak, kırılmak; bozmak, bozulmak. *He broke the chair when he jumped on it. My watch has broken.* 3 (gün veya şafak hk.) ağarmaya başlamak; atmak. *Day was breaking when I woke up.* 4 (anlaşmalar hk.) sözünde durmamak, bir yasayı ihlal etmek: *break a promise; break the law. geç. zam. biç.* **broke**

[brouk]. *geç. zam. ort.* **broken**
['broukən]. Ayrıca *i+sy* **1** kırık,
çatlak. **2** ara, fasıla, mola, teneffüs:
*a break in the conversation; a break
for refreshments.* **3** fırsat, olanak: *give
me a break.* (*k. dil.*). **broken** *s* **1** kırık,
kırılmış: *a broken leg; the broken
glass.* **2** bozuk: *a broken radio.* **3** (bir
söz, anlaşma, vb. hk.) dönülmüş,
ihlâl edilmiş. **4** (evlilik hk.) bozulmuş;
boşanma ile bitmiş. **breakable** *s* kolay-
ca kırılabilen. *I wiped up the
saucepans while Dad dried all the
breakable plates and glass.* (karş
unbreakable). **breakage** *i+sy/-sy* **1**
kırma, dökme, parçalama; hasar. **2**
kırılmalardan doğan zarar, ziyan;
kırılan şeyler. *All breakages must be
paid for.* **breaker** *i+sy* köpük köpük
sahile vuran çok iri bir dalga.
breakwater dalgakıran; denize doğru
inşa edilmiş dalgaların gücünü kesen
kalın bir çeşit duvar, **breakdown** *i+sy*
(genl. sadece *tek. biç.*) **1** asap bozul-
ması, çökme; zihinsel gerginlik so-
nucu sağlığın bozulması; kontrolünü
kaybetme; duygularını bastıramama,
hakim olamama: *a nervous break-
down.* **2** arıza, bozukluk, bozulma,
çalışmama. *We had a breakdown on
the journey. The car has broken
down.* **3** çeşitli öbeklere ya da kendi
türlerine ayırma: *a breakdown of the
figures. I want you to break this data
down.* **break in/into** (genl. bir hırsızın
eve girmesi hk.) bir binaya zorla
girmek. *Last week a burglar broke
into his house and stole his TV set.*
break in a wild/young horse vahşi,
veya genç bir atı terbiye etmek. *It will
be difficult to break that horse in.*
break in (on/upon) sözünü kesip lafa
karışmak. *It is not polite to break in
on what another person is saying.*
break off (görüşmeler) kesilmek;
(ilişkiler) bitmek; (bir nişan, bir anlaş-
ma) bozulmak. *Peace talks between
Iran and Iraq have broken off.* **break
out 1** kaçmak. *The prisoners have
broken out.* **2** (savaş, yangın, vb.)
çıkmak, patlak vermek. *War broke
out in 1940. Cholera has broken out.
A fire broke out.* **breakthrough** *i+sy*
1 kuşatma çemberini yarma harekâtı;
düşman hatları arasında kesinde
zorla yol açma. **2** başka buluşlara yol
açacak yeni bir buluş yapma; keşifte

bulunma. **break (something) up** (bir
şeyi) dağıtmak, sona erdirmek;
dağılmak, son bulmak. *The two
friends broke up. The headmaster
broke up the fight.* **break the news**
kötü bir şeyi iyi bir dille bildirmek,
haber vermek. **break a record** (genl.
spor hk.) rekor kırmak: *Naim Süley-
manoğlu broke three world records in
weight lifting.* **breakneck** *s* başdön-
dürücü (bir sürat, hız), tehlikeli öl-
çüde hızlı.
breakfast ['brekfəst] *i+sy/-sy* kahvaltı;
sabah yenen günün ilk yemeği. *Was
John at breakfast yesterday? I have
breakfast at 7.00 every day.* **breakfast
television** *i-sy* çoğu kimselerin
kahvaltılarını yaptıkları sırada yayın-
lanan televizyon programı.
breast [brest] *i+sy* **1** meme; kadınların
vücudunda bebeğin süt emdiği yer;
göğüs. **2** vücudun ön kısmı; göğüs.
breast feed *f+n/-n* (bebeği) emzirerek
beslemek, büyütmek. (*karş.* **bottle
feed**). **breastfed** *s* memeyle, veya emzi-
rilerek beslenen. *My daughter was
breastfed for the first three months.*
breast-stroke kurbağalama yüzüş.
make a clean breast of some-thing bir
gerçeği, veya yapılan bir hatayı itiraf
etmek. *The criminal made a clean
breast of everything he had done.* (eş
anl. **own up**).
breath [breθ] *i+sy/-sy* soluk, nefes;
ciğerlere çekilip sonra bırakılan hava.
*He took deep breaths/a deep breath
of fresh sea air. His breath smells of
onions. I took a deep breath and
dived into the water.* **breathless** *s* **1**
nefes nefese (kalmış), nefesi kesilmiş;
güçlükle nefes alan; hızlı hızlı nefes
alma gereği duyan. *John was
breathless after running for half a
mile. After running upstairs I became
breathless and had to sit down.* **2**
insanın nefesini kesen: *breathless
excitement.* **breathtaking** *s* nefes kesi-
ci; çok heyecanlı. *We had a breath-
taking view of the volcano from the
cable car.* **out of breath** nefes nefese;
soluk soluğa (örn. çok hızlı koştuktan
sonra). **last/dying breath** (ölmeden
önceki) son nefes. **in the same breath**
(birbirinden farklı ve tam zıt iki şey
için) aynı zamanda.
Breathalyzer, Breathalyser ['breθ-
əlaizə*] ⑧ (=breath+(an)alyser)

i+sy nefes-testi aygıtı; nefesteki alkol derecesini ölçmeye yarayan aygıt. **breathalyze** *f+n* nefestesti yapmak. *The police breathalyzed the motorist.* **Breathalyzer test** nefes testi. *The doctor applied a Breathalyzer test to me.*

breathe [bri:ð] *f+n* nefes almak, soluk almak; ciğerlere hava çekmek ve dışarı vermek. *He was breathing noisily. We ought to breathe the fresh sea air.*

bred [bred] **breed** fiilinin geçmiş zaman ve ortacı. **well-bred** *s* (insanlar hk.) terbiyeli ve iyi bir aileden. (*karş.* **ill-bred**).

breed [bri:d] *f+n/-n* 1 (hayvanlar hk.) yavrulamak, doğurmak, üremek. *Rats breed very quickly. Bacteria breed in dirty water.* 2 beslemek, yetiştirmek (genl. para kazanmak için). *Many farmers breed cows and sheep. geç. zam.* ve *ort.* **bred** [bred]. Ayrıca *i+sy* bir hayvan cinsi, soyu: *several different breeds of cattle; a good breed of sheep.* **breeder** *i+sy* hayvan yetiştiricisi. **breeding** *i-sy* hayvan üretimi. **born and bred** doğma büyüme.

breeze [bri:z] *i+sy* meltem; hafif rüzgâr. **breezy** *s* 1 esintili, hafif rüzgârlı: *a very breezy day.* 2 (insanlar veya davranışları hk.) teklifsiz, canlı, hareketli; neşeli. (*eş anl.* **cheery**).

brevity ['breviti] *i-sy* kısalık; uzun bir süre devam etmeme niteliği. Ayrıca **brief¹**'a bkz.

brew [bru:] *f+n/-n* 1 bira mayalamak. 2 çay demlemek; demlenmek: *brew some tea.* 3 hazırlamak, düzenlemek, planlamak: *brew trouble; brew mischief.* 4 olmaya, meydana çıkmaya hazır olmak. *Some trouble is brewing.* Ayrıca *i+sy* mayalama, demlenme yoluyla hazırlanmış bir içki: *a brew of tea. The best brew of beer is made by XYZ.* **brewery** *i+sy* bira fabrikası.

bribe [braib] *f+n* rüşvet vermek; para yedirmek, yapılmaması gereken bir şeyi yapması için birisine para, veya armağanlar vermek. *He tried to bribe the policeman not to arrest him.* (*eş anl.* **buy off**). Ayrıca *i+sy* rüşvet; para yedirme; rüşvet sırasında teklif edilen bir şey. *He was dismissed for taking bribes.* **bribery** *i-sy* rüşvet verme, veya alma; para yedirme. *Bribery is im-*

possible to stamp out.

brick [brik] *i+sy* tuğla; dikdörtgen şeklinde pişmiş kil (genl. rengi kırmızıdır); bina yapımında kullanılır. *This house is built of brick.* **bricklayer** *i+sy* duvarcı, tuğla örücü. **brickwork** tuğla ile örülen duvar, veya binanın diğer kısımları; tuğla kullanılan inşaat işi. *The brickwork in this house is not very good.*

bride [braid] *i+sy* gelin. **bridal** *s* gelin ya da düğüne ait. **bridegroom** damat. **bridesmaid** nedime; düğün günü geline yardım eden kız, veya kadın. **bride-to-be** gelin adayı.

bridge¹ [bridʒ] *i+sy* 1 köprü. *She crossed the bridge.* 2 kaptan köprüsü; gemi kaptanı ve diğer görevlilerin seyir sırasında gemiyi idare ettikleri yer. 3 burun kemiği. Ayrıca *f+n* köprü kurmak, yapmak: *bridge a river.* **bridging loan** *i+sy* köprü kredi; örn. yeni bir evin satınalınması ve eski evin satılması arasında geçen süreyi kapatmak amacı ile kısa bir dönem için bankanın açtığı kredi.

bridge² [bridʒ] *i-sy* briç; bir tür iskambil oyunu.

bridle ['braidl] *i+sy* at başlığı, yular; atın yüzüne geçirilen meşin kemer; bununla atın hareketleri kontrol edilir. Ayrıca *f+n/-n* yular takmak. *He bridled his horse.* 2 kontrol etmek, frenlemek, dizginlemek. *He learned to bridle his temper.*

brief¹ [bri:f] *s* kısa; uzun sürmeyen: *a brief period of happiness; a very brief visit. We had only time for a brief talk.* **briefly** *z* kısaca. *I answered briefly and without interest. She smiled briefly.* **briefness** *i-sy* kısalık. **in brief** kısaca, özet olarak. *And now for the news in brief.* (*karş.* **in full**). Ayrıca **brevity**'ye bkz.

brief² [bri:f] *i+sy* dava özeti; avukatın mahkemede bir dava hakkında eldeki bilgi ve kanıtları açıklayan kısa konuşma. Ayrıca *f+n* 1 bir dava konusunda avukata gerekli bilgileri vermek. 2 brifing yapmak; belli bir konuda gerekli bilgileri vermek. *Before the soldiers advanced towards the enemy, they were briefed by their commanding officer. I was briefed on the new product.* **briefing** *i+sy* brifing; belli bir konuda gerekli bilgileri verme. *All the officers attended a*

briefing given by the commander.
briefcase evrak çantası; içinde evrakların, veya kitapların taşındığı yassı bir çanta. **briefs** *içoğ* don, külot. NOT: *briefs* sözcüğü *panties* ile aynı anlamdadır ama *briefs*'i erkekler de giyer.

brigade [bri'geid] *i+sy* tugay; (genl. 3.000 ile 8.000 kişi arasında değişen •askeri bir birlik). **brigadier** [brigədiə*] *i+sy* tuğbay; İngiliz ordusunda bir tugaya komuta eden, albay rütbesi ile tuğgeneral rütbesi arasında bir rütbeye sahip olan subay.

brigand ['brigənd] *i+sy* haydut, eşkiya, soyguncu. *Beware of brigands when you get to that lonely mountain road.* (*eş anl.* **bandit**).

bright [brait] *s* 1 parlak; ışıldayan: *a bright fire; a bright light.* 2 canlı, parlak; kolayca görülebilen: *a bright-coloured dress.* 3 zeki, kafalı; çabuk kavrayan: *a very bright pupil.* **brightly** ᴐ parlak bir şekilde. **brightness** *i-sy* parlaklık. **brighten** *f+n/-n* parlatmak, aydınlatmak, aydınlanmak, ağarmak. *The weather is brightening.*

brilliant ['briliənt] *s* 1 çok parlak; pırıl pırıl parlayan. *They enjoyed the display of brilliant fireworks.* 2 çok zeki, çok akıllı; çok çabuk kavrayan: *a very brilliant pupil; a brilliant piece of work.* **brilliantly** *z* parlak bir şekilde. **brilliance** *i-sy* ihtişam; zekâ parlaklığı.

brim [brim] *i+sy* 1 (fincan, kase, bardak, vb. şeyler hk.) ağız, üst kenar. *He filled the glass to the brim.* 2 şapka siperi. **brimful** *yüks* ağzına kadar dolu; dolmuş da taşmak üzere; artık bir damla bile almaz. *The cup was brimful.*

brine [brain] *i-sy* tuzlu su; salamura, turşu suyu.

bring [briŋ] *f+n* getirmek. *Bring me your book. He brought his dog to school.* geç. zam. ve ort. **brought** [brɔ:t]. **bring about** neden olmak, meydana getirmek. *He brought about a quarrel between his parents. Modern medicine has brought about a longer average life span.* **bring something off** bir şeyi başarmak; başarı ile sona erdirmek. **bring off an important business deal. Trust her to bring it off.** **bring someone round** 1 birisinin fikrini (kendi yö-

nünde) değiştirmek. *At first he didn't want to go with us, but we soon brought him round. They'll bring her round, don't worry.* 2 bir kimseyi ayıltmak, kendine getirmek. *I was brought round by a policeman after I had been hit on the head by the thief.* **bring someone/something up** 1 (çocuklar hk.) büyütmek, yetiştirmek; eğitmek. *My parents brought me up. They brought up four children. / They brought four children up.* 2 kusmak, istifra etmek. *He was so ill that he brought up everything he ate.* 3 (bir konuyu) ortaya sürmek. *John brought up the question of giving the school an extra week's holiday. Who brought up such a topic to discuss?* **bring upon oneself** kendi başına gelmesine neden olmak. *You've brought this punishment upon yourself.* **bring to an end** son vermek, sona erdirmek. **bring home to someone** bir kimseye gerçeği kabul ettirmek, kavratmak, idrak ettirmek. *The accident brought home to the children the importance of crossing the road carefully.* **bring to light** açığa çıkarmak, ortaya koymak. *The investigation brought to light a number of interesting facts.*

brink [briŋk] *i+sy* 1 kenar; uçurum kenarı. *They have put up a fence on the brink of the cliff.* 2 tehlikeli ya da tatsız bir şeyin kenarı, kıyısı, eşiği; ramak kalma durumu. *He brought his country to the brink of war.* **on the brink of** hoş olmayan, veya tehlikeli bir şeyin eşiğinde. *The country was on the brink of civil war.* (*eş anl.* **on the verge of**).

brisk [brisk] *s* 1 tavır ve hareketlerde, veya konuşmada canlı, çevik çabuk, aktif. *He was a brisk well-organized man. The busy woman took a brisk walk.* 2 (hava, rüzgâr hk.) sert, kamçılayan. *The brisk winter weather made us hungry.*

bristle ['brisl] *i+sy* bir hayvanın kısa, sert kılı. Ayrıca *f-n* (örn. kızdığı, veya korktuğu zaman) saçları, tüyleri kabarmak; diken diken olmak, ayağa kalkmak. **bristly** *s* kıllı. *There was a bristly stubble on his jaw.*

brittle ['britl] *s* kolay kırılır, gevrek. *We packed the brittle seashells in cottonwool to keep them safe.*

broach [brəutʃ] *f+n* söz konusu

etmek, öne sürmek. (*eş anl.* **bring up**).
broad [brɔːd] *s* **1** enli, geniş; bir yandan
öbür yana epey tutan. *We watched the
boats on the broad river.* (*karş.*
narrow). (*eş anl.* **wide**). **2** çok büyük,
geniş: *the broad ocean; very broad
experience.* **3** (konuşma hk.) şiveli,
lehçeli; taşraya ait, taşralı: *a broad
Irish accent.* **4** genl. **the broad outline**
sözünde—genel. **broadly** *z* geniş bir
şekilde; kabaca. **broadly speaking**
genellikle. *Broadly speaking, I would
say her chances are poor.* **broaden**
f+n/-n genişlemek ya da genişletmek.
broad daylight güpegündüz. **broad-
minded** *s* hoşgörü sahibi; geniş fikirli.
*When you start to meet different sorts
of people you learn to be broad-
minded and enjoy the things that are
different about them.* (*karş.* **narrow-
minded**).
broadcast [ˈbrɔːdkɑːst] *f+n/-n* radyo-
dan, veya televizyondan vermek;
yayınlamak. *The radio station broad-
cast the latest news on the disaster.*
Ayrıca *i+sy* radyo veya televizyon ya-
yını. *We listened to the news broad-
cast.*
brocade [brəˈkeid] *i-sy* brokar; süslü ve
işlemeli bir kumaş; üzerinde kabart-
malı bir desen vardır.
brochure [ˈbrouʃuə*] *i+sy* broşür,
kitapçık; karton ciltli olup bir şehir,
ülke, bir ticari firma, okul, vb. hak-
kında bilgi verir: *a brochure about
holidays Turkey.* (*eş anl.* **pamphlet**).
broil [brɔil] *f+n/-n* ızgarada kı-
zartmak. *We broil meat over charcoal.*
broiler *i+sy* **1** ızgara. **2** kızartmalık
piliç.

...stony broke...

broke [brouk] **1** **break** fiilinin geçmiş
zaman biçimi. **2** *s* meteliksiz, meteliğe
kurşun atan, cebi delik, yolsuz. *I am
flat/stony broke* (=Hiç param kal-

madı). (*k. dil.*). **go broke** iflas etmek.
The company went broke.
broken [ˈbroukən] **break** fiilinin geçmiş
zaman ortacı. **broken-down** *s* bozuk,
tamamiyle bozulup elden çıkmış: *a
broken-down old car.* **broken-hearted**
s umutsuzluğa kapılmış, kalbi kırık;
çok mutsuz.
broker [ˈbroukə*] *i+sy* komisyoncu,
simsar; başkaları adına hisse senetleri
alıp satan kimse.
bronchitis [brɔŋˈkaitis] *i-sy* bronşit;
bronşların yani nefes borusunu
akciğerlere bağlayan iki borudan her
birinin iltihaplanması.
bronze [brɔnz] *i-sy* bronz; bakır ve
kalay alaşımı; tunç. *The statue is
made of bronze.*
brooch [broutʃ] *i+sy* broş; kadınların
elbiselerine taktıkları süs iğnesi.
brood [bruːd] *i+sy* **1** bir yuvadaki yav-
ru kuşlar; bir kuluçkada çıkan civ-
civler. *How many chickens are in the
brood?* **2** çocuklar, yumurcaklar. Ay-
rıca *f-n* **1** (kuşlar, kümes hayvanları
hk.) kuluçkaya yatmak; yumurtaların
üzerine yatıp civciv çıkartmak. **2**
arpacı kumrusu gibi düşünmek; kara
kara düşünmek. *He brooded for a
long time after they said such hurtful
things to him.* **broody** *s* **1** (tavuk,
ördek, kaz hk.) kuluçkaya yatmaya
hazır. **2** sıkıntılı ve içine kapanık. **3**
(*Brİ*'de) (bir hanım hk.) bebeği ol-
masını isteyen. *Jane was feeling
broody.* **brood on/over something** bir
şeyin üzerinde derin derin, uzun uzun
düşünmek. *He brooded on/over his
problem for several days.*
brook [bruk] *i+sy* dere, çay.
broom [bruːm] *i+sy* saplı süpürge.
broomstick *i+sy* süpürge sopası.
bros.; **Bros.** (=**brothers**)—(ticari bir
şirketin isminde) kardeşler.
broth [brɔθ] *i+sy* et suyuna çorba.
brothel [ˈbrɔθl] *i+sy* kerhane, genelev.
(*eş anl.* **whore house**).
brother [ˈbrʌðə*] *i+sy* erkek kardeş,
birader. **brotherly** *s* ağabeyce; kar-
deşçe. **brotherhood** [ˈbrʌðəhud] *i+sy*
kardeşlik, birlik, beraberlik; aynı
siyasi amaç ve inançları olan ve aynı
meslek, veya işten insanların oluş-
turduğu bir topluluk: **brother-in-law**
kayın birader, kayınço; enişte. *çoğ.
biç.* **brothers-in-law**.
brought [brɔːt] **bring** fiilinin geçmiş

zamanı ve ortacı.

brow [brau] *i+sy* 1 alın. *John's cap covered his brow.* 2 kaş. (genl. eyebrow denir). 3 bir tepenin üstü.

browbeat ['braubi:t] *f+n* kaşlarını çatarak, gözlerini devirerek birini korkutup istediğini yaptırmak. *geç. zam. biç.* **browbeat.** *geç. zam. ort.* **browbeaten.**

brown [braun] *i+sy/-sy* kahverengi; toprak rengi. Ayrıca *s* kahverengi. **browned off with something** bir şeyden bıkmak, usanmak; gına gelmek. *It is no use talking to her when she is browned off.* (*eş anl.* **fed up with**).

Brownie ['brauni] *i+sy* kız yavrukurt.

browse [brauz] *f-n* kitap karıştırmak; rastgele gözden geçirmek; orasını burasını okumak. (örn. bir kütüphanede, veya kitapçıda yapıldığı gibi). *I browsed through a magazine while I was waiting to see the dentist.*

bruise [bru:z] *i+sy* yara bere, çürük, ezik. Ayrıca *f+n/-n* orasını burasını yara bere etmek; berelemek; çürütmek, ezmek, incitmek. *My skin bruises easily. The man bruised the child's arm when he hit him.*

brunch [brʌntʃ] *i+sy/-sy* öğleye doğru yapılan sabah kahvaltısı; sabah kahvaltılı öğle yemeği.

brunette [bru'net] *i+sy* (genl. beyaz tenli kimseler hk.) esmer kadın; koyu kahverengi saçlı kız, veya kadın. *His wife is a sexy brunette.*

brunt [brʌnt] genl. **bear/take the brunt** sözünde—bir şeyin asıl yükünü taşımak; sıkıntısını çekmek.

brush [brʌʃ] *i+sy* 1 fırça (saç taramada, diş fırçalamada, yerleri süpürmede, vb. kullanılan, kısa saplı, sert naylondan, kıldan, vb. yapılır). 2 ufak bir takışma, çatışma. 3 tilki kuyruğu. Ayrıca *f+n/-n* 1 fırçalamak, fırça ile temizlemek. *He brushed the floor/his hair/his teeth, etc.* 2 sürtünmek; geçerken belli belirsiz bir şekilde değmek. *He brushed against the door as he entered the room.* **brush aside** bir kenara itmek, itilmek; üzerinde dikkat harcamaktan kaçınmak. *He brushed aside all our objections. I don't like being brushed aside like this.* **brush up (on)** bilgisini tazelemek; yeniden çalışıp öğrenmek. *He said he had to*

brush up on his history before the examination. (*k. dil.*).

brusque [bru:sk] *s* (davanış, veya konuşmada) kaba, haşin; nezaketsiz. *His brusque manner upset me.* (*eş anl.* **abrupt**).

Brussels ['brʌsəlz] **sprout**[2]'ya bkz.

brute [bru:t] *i+sy* zalim, acımasız, kaba saba bir adam. **brutal** *s* kaba ve yabani; acımasız. *It was a brutal blow when the flood destroyed all our crops.* (*eş anl.* **cruel**). **brutality** [bru'tæliti] *i+sy/-sy* zalimlik, acımasızlık. *The captain of the convict ship refused to allow any brutality on the voyage.*

BS [bi:'es] *i-sy* (= British Standard)— İngiliz standartı.

BST [bi:es'ti:] *i-sy* (= British Summer Time)—Greenwich meridyenine göre, mart ile ekim ayları arası saatlerin bir saat ileriye alınması; İngiliz yaz saati.

bubble ['bʌbl] *i+sy* hava kabarcığı; bir sıvı içindeki hava kürreciği. Ayrıca *f+n* hava kabarcıkları çıkarmak; kabarcıklar halinde yükselmek. **bubble gum** çiklet.

buck[1] [bʌk] *i+sy* erkek geyik, ya da tavşan.

buck[2] [bʌk] *f-n* (atlar hk.) dört ayağı yerden kesilip sıçramak. **buck up 1** acele etmek. *Buck up or we'll be late.* 2 neşelenmek; neşelendirmek. *This news will make him buck up. Oh, buck up, things could be worse.* (*k. dil.*).

bucket ['bʌkit] *i+sy* kova. **kick the bucket** ölmek; nalları dikmek. *The old man finally kicked the bucket at the age of 83.*

buckle[1] ['bʌkl] *i+sy* toka (genl. bir metalden yapılmıştır); bir kemerin, veya bir takışma; uçlarını birbirine tutturmaya yarar. Ayrıca *f+n/-n* toka ile tutturmak; tokalamak.

buckle[2] ['bʌkl] *f-n* (metaller hk.) bir basınç sonucunda eğilmek, bükülmek.

bud [bʌd] *i+sy* tomurcuk, gonca, filiz. Ayrıca *f-n* tomurcuklanmak; gonca vermek, filiz çıkarmak, filiz sürmek. *geç. zam. ve ort.* **budded. budding** *s* yeni yeni gelişen: *a budding author.* **buddy** (bir erkeğin) yakın arkadaş. **nip something in the bud** bir şeyin daha başlangıcında önünü almak, gelişmesine engel olmak. *It looked as* *if there was going to be some trouble at the meeting, but the police nipped it in the bud by quickly arresting a few of troublemakers.*

budge [bʌdʒ] *f+n/-n* kımıldamak, kımıldatmak; yerinden biraz oynamak, oynatmak. *He has been sitting for two hours; he won't budge. This box is too heavy; I can't budge it.*
budgerigar ['bʌdʒəriga:*] *i+sy* muhabbet kuşu.

budgerigar

budget ['bʌdʒit] *i+sy* bütçe; devletin, bir kuruluşun, bir aile ya da bir kimsenin gelecekteki belirli bir süre için tasarladığı gelir ve giderlerini tür ve ayrıntılarıyla gösteren çizelge. *They have agreed budgets for next year.* Ayrıca *f+n* bütçe yapmak. **budged for** bütçeye koymak. *We need to budged for a fuel increase this winter.*
buff [bʌf] *i-sy* uçuk kahve rengi; deve tüyü rengi. Ayrıca *s* deve tüyü renginde. **blind man's buff** için **blind**'a bkz.
buffalo ['bʌfəlou] *i+sy* bufalo; bizon; boynu pösteki gibi tüylü iri, vahşi bir sığır türü; Amerika'da bulunur. *çoğ. biç.* **buffaloes**.
buffer ['bʌfə*] *i+sy* **1** tampon; tren vagonlarının önünde ve arkasında bulunan yaylı bir düzenek; çarpma şiddetini azaltır. **2** bu şekilde bir darbenin etkisini azaltan herhangi bir şey.
buffet¹ ['bʌfit] *i+sy* sert bir darbe (özl. el ile yapılan cinsinden); yumruk tokat, sille. Ayrıca *f+n* yumruk atmak, tokatlamak; sert bir biçimde vurmak. *The wind buffeted the people walking along the street.*
buffet² ['bufei] *i+sy* **1** büfe; hafif ve soğuk türde yiyecek ve meşrubatın satın alındığı yer (özl. bir trende, veya tren istasyonunda). **2** büfe; bir partide

masaya daha önceden hazırlanıp konulmuş yiyecekler.
buffoon [bʌ'fu:n] *i+sy* maskara, soytarı, palyaço. (*eş anl.* **clown**).
bug [bʌg] *i+sy* **1** tahtakurusu; kanatsız, kan emici bir böcek. **2** (özl. *Aml*'de) sürünen ve uçan türden herhangi bir böcek. **3** virüs, mikrop; hastalığa neden olan gözle görülmeyen bir canlı. (*k. dil.*). Ayrıca *f+n* gizli dinleme aygıtları yerleştirmek; böylece o yerde, veya odada geçen gizli konuşmalar öğrenilir. *The spy bugged the room.* **be bitten by a bug** bir heves, veya tutkuya kapılmak. *They've been abroad three times this year; it looks as if they've been bitten by the travel bug.*
bugle ['bju:gl] *i+sy* boru, borazan; trompete benzer nefesli bir çalgı aleti.
build [bild] *f+n/-n* inşa etmek, yapmak: *build a house/a ship/a wall. geç. zam.* ve *ort.* **built** [bilt]. **build up 1** kurmak, geliştirmek. *He built up a very large business.* **2** yavaş yavaş artmak, çoğalmak. *His anger built up during the day.* Ayrıca *i-sy* (genl. insanlar hk.) yapı, boy pos. *Jonn and his brother have the same build.* **builder** *i+sy* inşaatçı, müteahhit; işi bina, vb. yapmak olan kimse. **building 1** *i+sy* bina, yapı; insanların içinde yaşadığı, çalıştığı yer (örn. bir ev, okul, fabrika, dükkân.) **2** inşaatçılık, yapı yapma sanatı, ya da uzmanlığı. **building society** yapı kredi kurumu; ev alacak olanlara borç para veren bir kuruluş. **built-in** *s* bir şeyin ayrılmaz parçası olarak yapılmış (örn. *a built-in cupboard*). **built-up area** binalar ile dolu bir alan; binalarla kaplı bir arazi.
bulb [bʌlb] *i+sy* **1** çiçek soğanı; yumru şeklinde kök. **2** (elektrik lambasında) ampul. (*eş anl.* **light bulb**). **bulbous** *s* soğan biçiminde, şişkin ve yuvarlak.
bulge [bʌldʒ] *f+n/-n* çıkıntı yapmak, dışarı uğramak, uğratmak; şişmek. *His pockets were bulging with apples.* Ayrıca *i+sy* çıkıntı, şişkinlik. *There was a bulge in his pockets.*
bulk [bʌlk] *i-sy* **1** hacim; oylum, (genl. iri) cüsse, (büyük) miktar, kütle. (genl. büyük). **2** bir şeyin büyük kesimi. *The bulk of the work is finished.* **bulky** *s* iri, çok büyük, cüsseli. *It was difficult to hide the bulky present.* **in bulk**

fazla miktarda: *buy something in bulk*. **bulk buy** *f+n* toptan satın almak.

bulkhead ['bʌlkhed] *i+sy* gemi bölmesi; bir geminin içindeki duvarlar; eğer gemi bir hasar görür de su almaya başlarsa bu duvarlar suyun geminin diğer bölümlerine yayılmasını önler.

bull [bul] *i+sy* 1 boğa; damızlık erkek sığır. 2 erkek fil, erkek balina, erkek fok balığı ve diğer büyük hayvanların erkeği. **bull's-eye** hedef merkezi; nişan tahtasının tam ortası; 12. **bullfighting** *i-sy* boğa güreşi. **like a bull in a china shop** züccaciye. dükkânına girmiş boğa gibi; aşırı sakar, beceriksiz, paldır küldür (birisi). *John rushed in like a bull in a china shop, and knocked my glass off the table.*

bulldog ['buldɔg] *i+sy* buldok; ufak ama güçlü ve gözüpek bir köpek cinsi.
bulldoze [buldouz] *f+n* üstünden buldozer geçirmek; buldozerle taşları, toprakları sürerek bir yeri açmak, düzeltmek. **bulldozer** *i+sy* buldozer. **bulldoze someone into doing something** birisini bir şey yapmaya zorlamak, birisini bir şey. yapması için sindirmek. *You can't bulldoze us into going if we don't want to.*

bulldozer

bullet ['bulit] *i+sy* kurşun, mermi (genl. elde taşınabilen ateşli silahlarda kullanılır). **shell'e** bkz.
bulletin ['bulitin] *i+sy* bildiri, bülten. *Did you see the latest bulletin on the floods on TV?* **bulletin board** duyuru tahtası.
bullion ['buliən] *i-sy* külçe halinde altın, veya gümüş; altın, veya gümüş külçesi.
bullock ['bulək] *i+sy* iğdiş edilmiş boğa, dölleme yeteneği olmayan boğa.
bully ['buli] *i+sy* zorba, alıkıran başkesen; kendinden daha zayıf olanlara gücü yeten kimse. Ayrıca *f+n/-n* zorbalık etmek, kabadayılık etmek. *She bullied us into agreeing with her.* **'Bully for you', 'Bully for him'** (alaylı bir şekilde) 'Aferin sana' 'Aferin ona'.
bulwark ['bulwək] *i+sy* 1 bir yeri bir saldırıdan koruyan duvar; savunma duvarı; sur, siper. 2 küpeşte; gemi güvertesinin yan tarafı.
bum [bʌm] *i+sy* 1 göt; insanın üzerinde oturduğu kısmı. (*k. dil.* ve *kib. olm.*). 2 (AmI'de) serseri, aylak, berduş kimse; başkalarına avuç açan birisi; çalıp çırpıp, dilenip geçinen kimse; dalgacı, beceriksiz kimse. (*k. dil.*).
bumblebee ['bʌmblbi:] *i+sy* yaban arısı; iri bir arı cinsi.

bumblebee

bump [bʌmp] *i+sy* 1 hafifçe çarpma, vuruş. *The aeroplane landed with a bump.* 2 çarpma, vurma sonucu oluşan şişkinlik; şiş, yumru. *He had a large bump on his head.* 3 (yol üstündeki) tümsek, veya engebe. *The bump in the road caused many traffic accidents.* Ayrıca *f+n/-n* çarpmak; çarpışmak, vurmak, toslamak. *He bumped into the wall.* **bumpy** *s* tümsekli, engebeli; yolda arabayı sarsan, veya tökezlene tökezlene gitmeye neden olan: *a very bumpy road.*
bumper ['bʌmpə*] *i+sy* (BrI'de) (araçlarda) tampon, (AmI'de **fender**). **bumper to bumper** tampon tampona. Ayrıca *s* çok bol, mebzul: *a bumper crop of apples.*
bumptious ['bʌmpʃəs] *s* ukala, küstah; kendi yeteneklerine aşırı güvenci olan kimse.
bun [bʌn] *i+sy* 1 içine genl. kurutulmuş meyva konulan ufak tatlı çörek

2 topuz; top biçiminde toplanmış saç.
Jane wore her hair in a bun.
bunch [bʌntʃ] *i+sy* demet, salkım,
hevenk: *a bunch of grapes/of flowers
/of keys.* **the pick/the best of the
bunch** içlerinde en iyisi (bir kimse,
veya bir şey).
bundle ['bʌndl] *i+sy* bohça, çıkın,
denk; demet, tomar: *a bundle of
newspapers.* Ayrıca *f+n* **1** bohça, çıkın, demet, tomar yapmak; bohçalamak, demetlemek. **2** tıkmak,
tıkıştırmak; rastgele ve düzensiz bir
biçimde bir araya koymak. *He
bundled everything into his pockets.*
bung [bʌŋ] *i+sy* tıpa, tıkaç; bir kabın,
örn bir fıçının deliğini kapatmak için
kullanılır; bu şey bir mantar, bir lastik, vb. bir şey olabilir.
bungalow ['bʌŋgəlou] *i+sy* bungalov;
genl. tahtadan yapılmış tek katlı ev.
bungle ['bʌŋgl] *f+n/-n* bir işi berbat
etmek, yüzüne gözüne bulaştırmak.
He bungled the whole job.
bunion ['bʌniən] *i+sy* ayakta (özl.
ayak başparmağında) çıkan acı veren
bir şişlik.
bunk [bʌŋk] *i+sy* **1** (gemi, veya trende
duvara tutturulmuş cinsten) ranza,
kuşet. **2** ranza yatağı; üst üste konan
bu iki yataktan birisi.
bunker ['bʌŋkə*] *i+sy* **1** kömürlük,
kömür deposu. **2** toprak tümsek, veya
çukur; golf sahasında topa vurulması
güçleşsin diye yapılmış bir engel.
bunny [bʌni] *i+sy* (çocuk dilinde)
tavşan. **bunny girl** (gece kulüplerinde
tavşan kılığında servis yapan) tavşan
kız.
bunting ['bʌntiŋ] *i-sy* bayrağımsı
bezler, flamalar; bayramlarda caddeleri ve binaları süslemek için kullanılır.
buoy [bɔi] *i+sy* şamandıra; gemilere
bulunduğu yerin tehlikeli olduğunu
işaret eden yüzer cisim. **buoy up** ümit,
veya cesaret vermek; moralini yükselmek. *This news certainly buoys me
up. Success buoys up one's morale.*
(eş anl. **hearten**).
buoyant ['bɔiənt] *s* **1** yüzebilir, batmaz.
Wood is buoyant, iron is not. **2** neşeli,
morali yerinde: *a very buoyant
person.* **buoyancy** *i-sy* **1** yüzebilirlik,
batmazlık. **2** neşe, canlılık.
burden ['bə:dn] *i+sy* **1** ağır yük. *He
lifted his heavy burden onto his back.*

2 ağır yükümlülük, sorumluluk. Ayrıca *f+n* yüklemek, zahmet, veya sıkıntı vermek.
bureau ['bju:rou] *i+sy* **1** yazıhane,
büro, ofis, çalışma odası. **2** bir tür
yazı masası. **bureaucrat** ['bju:rəkræt]
i+sy bürokrat; devlet dairesinde çalı
şan görevli. *The bureaucrats refused
me to build an apartment house.*
bureaucratic [bju:rə'krætik] *s* bürokrasi ile ilgili: *bureaucratic procedures.* **bureaucracy** [bju'rɔkrəsi] **1**
i+sy bürokrasi; bürokratlar yönetimi:
an inefficient bureacracy. **2** *i-sy*
bürokrasi, kırtasiyecilik; devletle ilgili
işlerin yürütülmesinde biçime gere
ğinden çok önem verilmesi. *(eş anl.*
red tape).
burglar ['bə:glə] *i+sy* hırsız; (özl.
geceleri) ev, dükkân, vb. soyan kimse.
*Our house has an alarm to scare away
burglars.* **burglary** ['bə:gləri] *i+sy/-sy*
ev, dükkân, vb. soyma; gece hırsızlığı.
He was charged with burglary. **burgle**
['bə:gl] *f+n* (bir yeri) soymak; bir eve,
dükkâna, vb. gizlice girip oradan mal,
para vb. çalmak, hırsızlık yapmak:
burgle a house.
burial ['beriəl] *i+sy* defin, gömme;
ölmüş bir kimseyi bir mezara koyup
üstünü toprakla örtme. **bury**'e bkz.
burly ['bə:li] *s* (insanlar hk.) güçlü
kuvvetli; iri yarı; kapı gibi. *His burly
figure was just right for a wrestler.*
burn [bə:n] *f+n/-n* **1** yakmak,
tutuşturmak; yakıp yok etmek, ateşe
atıp yakmak. *He burned all his old
letters.* **2** yanmak, yanabilmek; tutuşmak, tutuşabilmek. *Paper burns very
easily.* **3** bir yerini, veya bir şeyi
yakmak. *Hot water will burn you.
She burned the dinner which she was
cooking. geç. zam.* ve *ort.* **burned** veya
burnt. Ayrıca *i+sy* yanık, yanık yeri,
izi veya yarası.
NOT: **burnt** sözcüğü genl. sıfat olarak
kullanılır, örn. *the burnt letters* (=yanık/yanmış mektuplar). *burnt* ve
burned sözcüklerinin her ikisi de fiil
olarak kullanılır. *He burned/burnt
the letters* (=mektupları yaktı).
be burned alive/to death yanarak
ölmek. **burn the midnight oil** için oil'a
bkz.
burnish ['bə:niʃ] *f+n* (metal nesneler
hk.) cilalamak, parlatmak. *She burnished the copper kettle, too.*

burnt [bə:nt] **burn** fiilinin geçmiş zamanı ve ortacı

burp [bə:p] *f-n* geğirmek. (*eş anl.* **belch**).
NOT: *burb* sözcüğü özellikle bebekler için kullanılır; yetişkinler için *belch*'i kullanın.
burb a baby bebeğin sırtına vurarak gazını çıkartmak.

burrow ['bʌrou] *i+sy* yuva, barınak; bazı hayvanların (örn. tavşanların) toprakta açtıkları oyuk. Ayrıca *f+n/-n* oyuk açmak, delik açmak, toprak oyuk açarak yuva yapmak.

bursary ['bə:səri] *i+sy* burs; eğitimine devam edebilmesi için öğrenciye verilen para. (*eş anl.* **scholarship**).

burst [bə:st] *f+n/-n.* 1 (lastik, balon, su borusu, vb.) patlamak; patlatmak. *Jane burst her baloon. The bag of flour burst as I was carrying it.* 2 (bomba) infilak etmek, patlamak; infilak ettirmek, patlatmak. *The bomb burst.* 3 (kapı, kapak, vb.) birden pat diye (bir şey) olmak. *The door burst open.* 4 öfkesini zaptedemeyip birden patlamak; (gurur ve azametten) yanına varılamamak. *Jane could have burst with rage.* 5 birden ileri fırlamak. 6 (hava) patlamak. *The storm burst.* **burst in on someone** kapıdan paldır küldür girip birinin yanına varmak. **burst into tears/laughter** birden gözünden yaşlar boşanmak; katıla katıla ağlamaya başlamak kahkaha koparmak; katıla katıla gülmeye başlamak. **burst into blossom, leaf/flower** (ağaçlar hk.) birden çiçek açmak, yaprak vermek /çiçeklenmek, çiçek açmak. *The trees were bursting into flowers.* **burst into flames** birden alevler kaplamak, alev alev yanmaya başlamak. *The building burst into flames.* **burst out crying/laughing** birden bire hüngür hüngür ağlamaya/kahkaha ile gülmeye başlamak. *He burst out laughing. geç. zam.* ve *ort.* **burst.** Ayrıca *i+sy* ani bir patlama; birden havaya uçma; aniden çıkagelme.

bury ['beri] *f+n* 1 (ölen kimselerin cesetleri hk.) gömmek, defnetmek; mezara koyup üstünü toprakla örtmek. *She was buried in the cemetery.* 2 saklamak; gömmek. *Dogs like to bury bones. şim. zam. ort.* **burying.** *geç. zam.* ve *ort.* **buried.**

burial *i+sy* gömme, defin. *The burial was done at noon.* **bury oneself in something** bir şeye dalmak, kendini bir şeye vermek. *He buried himself in his work. He was buried in a book.*

bus [bʌs] *i+sy* otobüs. *The prisoner got away in a/by bus. Where do we have to get off/out of the bus?* Ayrıca *f-n* otobüsle gitmek. **bus shelter** üstü kapalı otobüs durağı.

busby ['bʌzbi] *i+sy* bir tür kürklü askeri şapka.

bush [buʃ] *i+sy* çalı. (*eş anl.* **shrub**). **bushy** *s* 1 çalı gibi uzanan: *a bushy tail.* 2 çalı ile kaplı. **the bush** *i-sy* çalılık arazi; yaban bir kırsal alan (bazen üzerinde hiç ağaç olmaz) (örn. Afrika'da veya Avustralya'da bulunur). **beat about the bush** asıl konuya gelmeyip lafı döndürüp dolaştırmak. *Stop beating about the bush: tell me directly why you have come to see me.*

bushel ['buʃl] *i+sy* İngiliz kilesi; (tahıl, kuru meyva ve sebze) ölçmede kullanılan yaklaşık 8 galon, veya 36 litre karşılığı bir ölçü.

business ['biznis] *i+sy/-sy* 1 iş, meslek, veya görev. *What's his line of business* 2 ticarî firma, veya dükkân; iş yeri, ticarethane. *He owns several businesses in this town.* 3 (genl. sadece *tek. biç.*) sorun, mesele, olay, konu. *We haven't had time to discuss this business until now.* **businesslike** *s* iş becerir, pratik, sistemli. (*karş.* **un-businesslike**). **businessman, business-woman** iş adamı, iş kadını. *Jane is a good businesswoman.* **business card** kartvisit. **mind your own business/none of your business** sen kendi işine baksana; başka işin yok mu senin?/ seni ilgilendirmez; sen karışma; sana ne? senin neyine gerek? (*kib. olm.*).

bust [bʌst] *i+sy* 1 (özl. kadınlar hk.) göğüs, meme. 2 büst; başı, göğsü, kimi zamanda omuzları içine alan bir heykel. Ayrıca *f+n* 1 tutuklamak. 2 (polis) bir yeri basmak. **go bust** iflas etmek. (*k. dil.*).

bustle ['bʌsl] *f+n/-n* telaşlı faaliyet, patırtılı gürültülü iş. Ayrıca *i-sy* koşuşturmak; patırtılı gürültülü bir biçimde iş görmek.

busy ['bizi] *s* meşgul; boş, serbest değil; işi çok; hareketli; iş veya faaliyet dolu: *a busy man; a busy day. The shops* *are very busy. I am busy working the whole day. He is busy at his work. krş. biç.* **busier.** *enüst. biç.* **busiest. busybody** herkesin işine burnunu sokan birisi; işgüzar. *(eş anl.* **nosey-parker).**

but [bʌt, bət] **1** *bağ* ama, fakat, lâkin, ancak. *John is clever, but Jane is not. John wanted to go to the party, but his wife was too tired.* **2** *edat* dışında, hariç; (birisin)den/(bir şey)den başka. *I am alone here; there is no one but me. You can tell anyone but Jane.* **but for** (eğer) olmasaydı. *We would have been lost but for John.* **can but** sadece (yapa)bilir. *You can but try.* **first/last but one/two** baştan ikinci/üçüncü; sondan ikinci, üçüncü. *You're first but one.* **nothing but** sadece, yalnız, ...-den başka hiçbir şey. *He is interested in nothing but football.*

butcher ['butʃə*] *i+sy* **1** kasap; et satan kimse. **2** bir çok kişiyi acımasızca öldüren katil; kasap, insan kasabı. Ayrıca *f+n* **1** (eti için) kesmek *(eş anl.* **slaughter). 2** zalimce öldürmek, boğazlamak. **butcher's** *i+sy* kasap dükkânı. **butchery** *i+sy* katliam. *(eş anl.* **massacre).**

butler ['bʌtlə*] *i+sy* baş uşak, kâhya; bir evin baş erkek hizmetkârı.

butt¹ [bʌt] *i+sy* **1** damacana, fıçı. **2** bir şeyin kalınca, enlice ucu; sigara izmariti: *a cigar butt.* **3** (genl. çoğ. biç.) boy hedefi. elalemin maskarası, alay konusu olan kimse. *The new boy was the butt of the whole class.*

butt² [bʌt] *f+n/-n* tos vurmak. *Goats butt.* **butt in** lafa karışmak, araya girmek. *Don't butt in when someone else is talking. John butted in every time I tried to tell a story.* (k. dil.).

butter ['bʌtə*] *i-sy* tereyağı. *She spread butter on her bread.* Ayrıca *f+n* tereyağı sürmek. *She buttered her bread.* **buttercup** *i+sy* düğün çiçeği, altıntabak; bir çeşit sarı renkte ufak yabanî çiçek: **butterfingers** *ünlem* (tuttuğu şeyi elinden düşüren, sakar) Beceriksiz! **know which side your bread is buttered on** için bread'e bkz. **butter wouldn't melt in one's mouth** (görünüşte) uslu ve masum (ama...). *The little girl looked as if butter wouldn't melt in her mouth, but she was actually very misc. 'vous.* **butterfly** ['bʌtəflai] *i+sy* kelebek.

buttocks ['bʌtəks] *içoğ* kıç, popo; insan vücudunda üzerine oturulan kısım.

button ['bʌtn] *i+sy* düğme. Ayrıca *f+n/-n* düğmelemek, iliklemek; düğmelenmek, iliklenmek. *My coat is buttoned up. My shirt doesn't button easily.* **buttonhole 1** düğme iliği, ilik. **2** cekete takılan bir çiçek (genl. erkek ceketine takılır; sözgelimi bir düğüne giderken). Ayrıca *f+n* lafa tutmak, durdurup dinlemeye zorlamak; traşa tutmak.

buttress ['bʌtris] *i+sy* destek, ayak, payanda; duvar desteği.

buy [bai] *f+n/-n* **1** satın almak: *buy food in the shop. I'll buy myself a new dress. You can't buy chewing-gum for a penny here.* **2** (rüşvet vererek) bir kimseyi satın almak. *geç. zam. ve ort.* **bought** [bɔːt]. **I'll buy that** kabul ediyorum; inanıyorum. **buy someone off** bir kimseyi rüşvetle elde etmek, para yedirmek. *The blacmailer hopes you will buy him off.* **buy someone out** ortağının hissesini satın almak. *He needs, at least £50,000 in order to buy out his partner.* **buyer** *i+sy* **1** satın alan; müşteri. **2** satın alıcı.

buzz [bʌz] *i+sy* vızıltı, vınlama sesi; böceklerin, sözgelimi arıların uçarken, insanların alçak sesle konuşurken çıkardıkları ses. Ayrıca *f-n* vızıldamak, vınlamak, uğuldamak. *His stream of words buzzed in my head.* **buzzer** *i+sy* vızıltaç; zile benzer bir aygıt. **buzz off** defolup gitmek; çekip gitmek. *I told them to buzz off. Buzz off, can't you see I'm busy! (eş anl.* **beat it).**

buzzard ['bʌzəd] *i+sy* bir tür şahin; bir tür akbaba; küçük hayvanları ve kuşları yiyerek geçinen bir kuş.

by [bai] *z/edat* yanında, yakında, yakınında, yanı başında: *a house by the river.* **2** boyunca; (bir yer)den geçerek. *It takes longer to get there if you go by the road.* **3** geçerek, önünden, yanıbaşından geçerek. *All the lights were out when I came by the house last night.* **4** süresince, boyunca: *by night; by day.* **5** daha önceden; daha geç kalmaksızın; olmadan, ...-e kadar. *I will finish the work by next week.* **6** (uçak, vapur, araba) ile, vasıtası ile, tarafından: *travel by aeroplane; heat a house by electricity;*

written by him. 7 (düzüne, tane, avuç, vb.) ölçüsü ile: *buy things by the dozen.* **by and by** az sonra, biraz sonra, çok geçmeden. *He said that he would meet me at the pub by and by.* **by and large** genellikle, genel olarak; tüm olarak ele alınırsa. **by oneself, all by oneself** yalnız, tek başına; tamamen yalnız. *He was sitting (all) by himself.* **by the way** (yeni bir konuya girerken, veya daha önce sözü edilmemiş olan bir şeyi söylerken) aklıma gelmişken, (Haa) sırası gelmişken, bu arada (söyleyeyim).

bye-bye ['bai'bai] *ünlem* Allahaısmarladık; Hadi hoşça kalın; Eyvallah; **good-bye**'ın konuşma dilinde söyleniş biçimi.

by-election ['baiilekʃən] *i+sy* ara seçimi; sadece belli bir bölgede yapılır; ölüm, veya istifa nedeniyle yeri boşalan bir meclis, veya parlamento üyesinin yerine yenisi seçilir.

bygone ['baigɔn] *s* eski, geçmiş; geçmiş gitmiş. *We read stories about bygone days when highwaymen roamed the countryside.* **let bygones be bygones** geçmişi unutalım; olanları bitenleri unutalım; geçmişi deşmeyelim. *The two enemies agreed to let bygones be bygones and became friends from then on.*

by-law ['bailɔ:] *i+sy* yerel kanun; bir ülkenin hükümetince değil de o ülkedeki bir şehrin, veya kasabanın belediyesi ya da meclisince hazırlanan bir kanun.

bypass ['baipa:s] *i+sy* çevre yolu; şehrin içinden geçen değil de çevresini dolaşan ana yol. **bypass surgery** bypass ameliyatı; kalbin tıkanmış olan damarlarının tıkandıkları kesimi atlayıp kan akımını yeniden sağlayacak biçimde yapılan damar eklemesi ameliyatı.

by-product ['baiprɔdəkt] *i+sy* yan ürün; bir şeyi üretirken onun yanı sıra elde edilen ikinci derecedeki bir ürün.

byre ['baiə*] *i+sy* inek ahırı.

bystander ['baistændə*] *i+sy* olup bitenlere karışmadan kenarda dikilip duran kimse; seyirci. (*eş anl.* **onlooker**).

byword ['baiwɔ:d] *i+sy* (bir kimse, bir şey, bir yer hk.) (olumsuz bir niteliğin simgesi olarak) adı dillerde; adı dillere destan: *His name was a byword for cruelty.*

C

cab [kæb] *i+sy* 1 taksi. 2 bir trende,
bir otobüste, bir kamyonda sürücü
yeri; şoför mahalli.
cabaret ['kæbərei] *i+sy/-sy* kabare, bir
tür şov programı (genl. şarkı söyleme
ve dans etme). (*eş anl.* floor show).
cabbage ['kæbidʒ] *i+sy/-sy* lahana.
cabin ['kæbin] *i+sy/-sy* 1 kamara;
gemi kamarası. 2 küçük kulübe.
cabinet ['kæbinət] *i+sy* 1 kabine,
bakanlar kurulu. 2 büfe; raf ve
çekmeceleri olan bir mobilya çeşidi.
cable ['keibl] *i+sy* 1 tel halat. 2 (elek-
trik iletiminde kullanılan) kablo. 3
telgraf; tel. Ayrıca *f+n /-n* telgraf
çekmek, tel çekmek. cable-car (bir
kabloya asılı olarak bir dağın tepesine
gidip gelen) teleferik vagonu.
cablegram telgraf; tel. cable transfer
telgraf havalesi.
cache [kæʃ] *i+sy* 1 bir yere saklanmış
olan bol miktar da erzak, silâh, ilâç,
vb. madde. (*eş anl.* hoard). 2 bol
miktarda erzak, silâh, ilâç, vb.
maddenin saklandığı gizli depo.
cackle ['kækl] *i+sy/-sy* 1 gıdaklama;
yumurtlayan tavuğun çıkardığı ses. 2
kıh kıh etme, kesik kesik gülme.
Ayrıca *f-n* gıdaklamak; gıdaklar gibi
gülmek. *The witch cackled as she
stirred her magic brew.*
cacophony [kəˈkɔfəni] *i+sy* uyumsuz,
ahenksiz ses; ses kargaşası.
cactus ['kæktəs] *i+sy* kaktüs, atlas-
çiçeği. *çoğ. biç.* cacti ['kæktai] veya
cactuses.
caddie, caddy[1] ['kædi] *i+sy* golf sopa-
cısı; işi golf oyuncusunun sopalarını
taşımak olan kimse. Ayrıca *f-n* sopacı
olarak iş görmek, golf sopalarını
taşımak.
caddy[2] ['kædi] *i+sy* çay kutusu.
cadet [kəˈdet] *i+sy* harp okulu (kara,
deniz, hava harpokullarında), veya
polis akademisi öğrencisi.
cadge [kædʒ] *f+n/-n* otlakçılık etmek;
başkalarından bedava bir şeyler
koparmak. *John is always cadging
meals from his friends.* cadger

[kædʒə*] *i+sy* otlakçı.
café ['kæfei] *i+sy*lokanta (özl. pahalı
olmayan cinsinden). *We had lunch in
a café.*
cafeteria [kæfiˈtiəriə] *i+sy* kafeterya;
bu tür bir lokantada müşteriler kendi
yiyecek ve içeceklerini kendi alırlar
(özl. kolej, okul, fabrika, vb. yerlerde
bulunur). *Is there a cafeteria in this
store?*
caffeine ['kæfi:n] *i-sy* kafein; kahvede,
vb. bulunan bir uyarıcı kimyasal
madde.
cage [keidʒ] *i+sy* kafes; kuş, vb. hay-
vanların beslendiği yer. Ayrıca *f+n*
kafese kapatmak. cagey *s* ağzı sıkı, sır
vermeyen. *She was very cagey when
I asked her where she went yesterday
afternoon.*
cajole [kəˈdʒoul] *f+n* hoş sözlerle, veya
sahte vaatlerle birisine bir şey yap-
tırmak; canım cicimle, vallahi billahi
ile ikna etmek. (*eş anl.* coax).
cake [keik] *i+sy/-sy* kek, pasta. 2 şekli
böyle olan herhangi bir şey; kalıp: *a
fish cake; a cake of soap.* a piece of
cake çok kolay. *I won the race easily;
it was a piece of cake.* (sell) like hot
cakes peynir ekmek gibi satılmak,
kapış kapış gitmek. *This book is very
popular; it is selling like hot cakes.*
calamity [kəˈlæmiti] *i+sy* büyük ve
korkunç kaza, veya büyük bir talih-
sizlik; belâ, felâket, afet. *If I fail my
exams, it will be a calamity.* (*eş anl.*
catastrophe). calamitous *s* felâket
getiren, belâlı.
calcium ['kælsiəm] *i-sy* kalsiyum; tebe-
şirde, kemikte, sütte, vb. bulunan
kimyasal bir madde. Simgesi Ca.
calculate ['kælkjuleit] *f+n/-n* he-
saplamak; sayıları dört işlemden ge-
çirerek (toplama (=addition), çıkar-
ma (=subtraction), çarpma (=mul-
tiplication), veya bölme (=division)
işlemleri yaparak) bir problemi çöz-
mek: *calculate the cost of buying a
new house; calculate the date on
which the holiday will begin.* calcu-

lation [kælkju'leifən] *i+sy/-sy* hesap,
hesaplama. **calculating** *s* ihtiyatlı,
dikkatli; çıkarcı, bencil; iler-de
olabilecekleri bir bir hesaplayan ve
bunların ne çıkar sağlayacağını
inceden ииceye düşünen. **calculator**
hesap makinası.
calculus ['kælkjuləs] *i+sy/-sy* hız veya
büyüme oranındaki değişimleri
hesaplama yöntemi.
calendar ['kælində*] *i+sy* **1** takvim;
bir yılda bulunan ay ve günleri gös-
teren bir liste: *a calendar for 1980.* **2**
bir yılı aylara, haftalara, günlere böl-
me yöntemi: *the Christian calendar;
the Muslim calendar.*
calf[1] [ka:f] *i+sy* buzağı, dana; fil ve
ayı balığı türündeki deniz hayvan-
larının, vb. yavrusu. *çoğ. biç.* **calves**
[ka:vz]. **calfskin** dana derisi; vidala.
calf[2] [ka:f] *i+sy* baldır; bacağın diz ile
ayak bileği arasında, arka kısımda
bulunan etli kısım. *çoğ. biç.* **calves**
[ka:vz].
calibre ['kælibə*] *i+sy* **1** kalibre; bir
borunun, veya tabanca, tüfek namlu-
sunun, bir merminin, vb. çapı: *a fifty
calibre 14-inch gun.* **2** kabiliyet, yete-
nek. *He is a man of very high calibre.*
caliph ['keilif] *i+sy* halife; Hz. Mu-
hammed'in vekili olarak Müslü-
manların imamlığını ve şeriatın
koruyuculuğunu yapmakla görevli
kimse.
call[1] [kɔ:l] *f+n/-n* **1** ad vermek, isim-
lendirmek; öyle olduğunu düşünmek,
öyle saymak. *They called their baby
William. They gave the name William
to the baby. She called him a fool.* **2**
bağırmak, çağırmak, seslenmek. *He
called for help, but nobody came.* (*eş
anl.* **shout**). **3** (özl. *Aml*'de) telefon
etmek. (*Brl*'de genl. yerine **ring up,
phone** kullanılır). *I called you last
night, but I couldn't get any reply.* **4**
uyandırmak, uykudan kaldırmak. *I
must leave early tomorrow; will you
call me at six o'clock.* **5** çağırmak; bir
araya toplamak. *He called the doctor.
I shall call the police. He called a
meeting.* (*eş anl.* **send for**). **6** uğra-
mak, kısa bir ziyarette bulunmak. *Mr
Smith called to see me yesterday.* **call
for someone /something. 1** birisini
/bir şeyi uğrayıp almak. *I'll call for
you at your house at six o'clock. I've
bought a new car; I shall call for it on*

my way home this evening. (*eş anl.*
pick up). **2** istemek, gerektirmek. *This
problem calls for very careful
thought.* **call something off** bir şeyi
iptal etmek, durdurmak, yaptırt-
mamak. *He called off the plan. They
called off the football match.* (*eş anl.*
cancel). **call (up)on someone 1**
birisine uğramak, birisini ziyaret
etmek. *They called on me yesterday
for about an hour.* **2** birisinden (bir
şey yapmasını) istemek, (yardım için)
çağırmak. *If you need any help, you
must call on me.* **call out** bağırmak.
(*eş anl.* **cry out**). **call up 1** askere,
göreve çağırmak. *The general called
up reinforcements.* (*eş anl.* **draft**). **2**
telefon etmek. *I'll call you up if I
need your help.* (*eş anl.* **phone up**).
call[2] [kɔ:l] *i+sy* **1** bağırma, bağırış,
çağırma, haykırış. *We heard a call for
help.* (*eş anl.* **cry**). **2** telefon etme,
telefonla arama; telefon konuşması. *I
had a call from John yesterday.* **3**
uykudan uyandırma. *Will you give
me a call at six o'clock tomorrow
morning?* **4** kısa ziyaret, uğrama. *I
made a call on my neighbour.* **call box**
için kiosk'a bkz. **caller** *i+sy* kısa bir
ziyarette bulunan kimse; ziyaretçi,
misafir. **calling** *i+sy* meslek, iş, uğraşı
dalı. (*eş anl.* **occupation**). **call girl**
i+sy telefonla kiralanan orospu; tele-
kız.
callous ['kæləs] *s* vurdum duymaz;
duygusuz, hissiz; kaşarlanmış: *his
callous attitude. It was callous of
them not to visit their lonely grand-
mother.* (*eş anl.* **unfeeling, heartless**).
callously *z* hissizce, aldırış etmeden.
callousness *i-sy* hissizlik, aldırış
etmeyiş. **calloused** ['kæləst] *s* nasır-
laşmış, nasırlı.
callus ['kæləs] *i+sy* nasır; en çok el ve
ayağın sürekli sürtünmelere uğrayan
noktalarında üstderinin kalınlaşması
ve sertleşmesiyle oluşmuş deri. *He has
two calluses on his hand.*
calm [ka:m] *s* **1** (insanlar hk.) sakin,
sessiz; heyecansız: *a calm person.* **2**
(denizler ve göller hk.) durgun,
dalgasız: *a calm sea.* **3** (hava hk.)
sakin, durgun, esintisiz: *a calm sunny
day.* Ayrıca *i+sy* durgunluk, sakinlik;
huzur ve sükûnet durumu. Ayrıca
f+n yatıştırmak, sakinleştirmek.
calmly *z* sükûnetle, sakinlikle.

calmness *i-sy* sükûnet, sakinlik, durgunluk. **calm down** (genl. insanlar hk.) yatışmak, sakinleşmek, sükûnet bulmak. *I told him to calm down.* (*eş anl.* **cool down**).

Calor gas ['kælə gæs] *i-sy* (ısıtma ya da yemek pişirmede kullanılan) tüp gaz.

calorie ['kæləri] *i+sy* kalori; ısı ölçme birimi (özl. besinlerin vücuda sağladıkları enerji miktarını ölçmek için). *An ounce of sugar contains about a hundred calories.*

calve [ka:v] *f+n/-n* buzağılamak; buzağı doğurmak. **calf**['a bkz.

calves [ka:vz] **calf** sözcüğünün çoğul biçimi.

calypso [kə'lipsou] *i+sy* kalipso; Batı Hint Adalarına özgü bir tür şarkı; sözleri, şarkı söylenirken uydurulur; böyle bir şarkı için çalınan müzik. **çoğ. biç. calypsoes** veya **calypsos**.

camber ['kæmbə*] *i+sy* bombe; bir yüzeyin üzerindeki hafif kavisli kalkık (genl. yol ortasında olur; yağmur sularının kenarlardan akıp gitmesini sağlar).

came [keim] **come** fiilinin geçmiş zaman biçimi.

camel ['kæml] *i+sy* deve; üzerinde bir, veya iki hörgücü (=**humps**) olan iri cüsseli bir hayvan; Afrika ve Asya'nın çöllük bölgelerinde insan ve eşya taşımak için kullanılır. **camel hair** *i-sy* deve tüyü.

Arabian camel/dromedary

bactrian camel

cameo ['kæmiou] *i+sy* kabartma taşlı mücevher.

camera ['kæmərə] *i+sy* fotoğraf, veya sinema makinası. **cameraman** film ve televizyon kameracısı; kameraman.

camouflage ['kæməfla:ʒ] *i-sy* (özl. silâhların, tankların, gemilerin, vb. savaş sırasında türlü renklerde boyanarak düşmanın gözünden gizlenmesi hk.) gizleme, maskeleme, kamuflaj. Ayrıca *f+n* gizlemek, maskelemek, kamufle etmek. *He had left his radio on to camouflage his absence from the room.*

camp[1] [kæmp] *i+sy* **1** kamp; yolculuk yapanların, izcilerin, vb. açık havada (genl. çadırlarda) bir süre kaldıkları yer. **2** ordugâh; askerlerin kulübelerde, veya çadırlarda yaşadıkları yer. Ayrıca *f-n* kamp kurmak, açık havada yaşamak (özl. kısa bir süre için); ordugâh kurmak. *The travellers camped in the mountains for three days.* **camp bed** portatif yatak, kamp yatağı. **camping site, campsite** kamp yeri. **camp out** açık havada kamp yapmak, kamp kurmak. **go camping** kampa çıkmak, bir çadırda yaşayarak tatil yapmak.

camp[2] [kæmp] *s* gülünç, abartılı; abartılmış ve biraz da gülünç bir şekilde yapılan: *camp gestures/behaviour.*

campaign [kæm'pein] *i+sy* belli bir amaçla girişilen bir seri hareket, veya faaliyet (genl. savaş sırasında yapılır); kampanya. *The committee began a campaign to get more members for the society.* Ayrıca *f-n* belli bir kampanyaya girişmek, katılmak, mücadele etmek, kampanya açmak. *We have compaigned against smoking for ages.*

campus ['kæmpəs] *i+sy* üniversite sitesi; bir kolej, veya üniversitenin üzerine inşa edildiği arazi; kampüs. *Our bookshop is in the centre of the campus.*

can[1] [kæn] *yarf* **1** yapabilmek, edebilmek, muktedir olmak. *He can speak French.* **2** yapmaya izni olmak. *You can go home now.* geç. zam. biç. **could** [kud]. *olumsuz biçimi* **cannot** ['kænɔt] veya **can't** [ka:nt].
NOT: *1 can't* yapısı *cannot*'a gore daha senli benlidir. *can't* konuşma dilinde ve bir arkadaşa yazılan mektup türündeki yazı dilinde kullanılır. *2*

bazı kimseler 'izin' için kullanılan *can*'in bu şekilde kullanılmasının yanlış olduğunu bunun yerine *may*'in kullanılması gerektiğini söylerler. *You may go home now.* Bütün bunlara rağmen resmi yazışmalar dışında 'izin' anlamında *can*'ın kullanımı pek yaygındır.

can² [kæn] *i+sy* konserve kutusu; teneke kutu: *three cans of beans.* Ayrıca *f+n* kutulamak, konserve yapmak. *geç. zam.* ve *ort.* **canned.** NOT: *BrI*'de genl. *can* yerine *tin* kullanılır: *a tin of sardines; two tins of tomatoes; a tin of condensed milk.*

canned *s* (radvo, veya TV'de efekt olarak kullanılmak üzere) önceden banta kaydedilmiş, veya hazırlanmış: *canned music.* **cannery** ['kænəri:] *i+sy* konserve fabrikası. **carry the can** (bir başarısızlık hk.) sorumluluğu yüklenmek, şuçu üstüne almak; kabak başına patlamak. *I think we should do what Bob says; he is in charge and he is the one who has to carry the can if anything goes wrong.*

canal [kə'næl] *i+sy* kanal; arazide kazılmış dar su yolu.

canary [kə'neəri] *i+sy* kanarya; sarı renkli tatlı ötüşlü ufak bir kuş.

cancel ['kænsl] *f+n* iptal etmek, bozmak; bir şeyin artık geçersiz olduğunu bildirmek. *He cancelled the meeting. They decided to cancel the agreement.* (*eş anl.* **call off**). 2 (bir şeyin yeniden kullanılmasını önlemek için) üstünü çizmek, damgalamak; iptal etmek. *Postage stamps on letters are cancelled before the letters are delivered. geç. zam.* ve *ort.* **cancelled.** (*AmI*'de **canceled**). **cancellation** [kænsə'leiʃən] *i+sy/-sy* iptal etme.

cancer ['kænsə*] *i-sy* kanser; vücudun bir yerinde büyüyüp yayılan hastalıklı ur. *Doctors removed a cancer from her right breast. He had cancer of the lung.* NOT: *the* veya *a* ile kullanıldığında belli bir tümörü, uru ifade eder, fakat *the* veya *a* ile kullanılmadığında ise hastalığı belirtir.

candid ['kændid] *s* hiçbir şeyi gizlemeye çalışmadan gerçek neyse onu söyleyen; açık sözlü, samimi, içten; dürüst, riyasız. *He gave a candid answer to the judge's question.* (*eş anl.* **frank, honest**).

candidate ['kændideit] *i+sy* aday, talip, namzet, istekli. *In an election people are asked to choose between a number of candidates.*

candle ['kændl] *i+sy* mum. **candlestick** *i+sy* şamdan. **burn the candle at both ends** sabah çok erken kalkıp bütün gün çalıştıktan sonra bütün gece de geç saatlere kadar eğlenmek. *Jack has got a difficult job and yet he also goes to parties almost every night; I wonder how long he can go on burning the candle at both ends.* **(not) hold a candle to someone/something** bir kimsenin eline su dökememek; bir şeyle kıyaslanamamak. *John is fairly good at English, but he doesn't hold a candle to his brother.*

candour ['kændə*] (*AmI*'de **candor**) *i+sy* düşündüğünü, veya bildiğini açık açık söyleme niteliği; hiçbir şeyi gizlemeye çalışmadan gerçek neyse onu söyleme özelliği; açık sözlülük, samimiyet, açık yüreklilik; dürüstlük. (*eş anl.* **frankness**). **candid**'e bkz.

candy ['kændi] *i+sy/-sy* 1 şekerleme, bonbon; kaynatılarak sertleştirilmiş şeker. 2 (*AmI*'de) şekerden yapılan tatlı şeyler. (örn. çikolata, veya karamela), (*BrI*'de **sweets** veya **chocolate**). **candy floss** pamuk helva.

cane [kein] 1 *i+sy* baston, değnek, sopa. 2 *i+sy/-sy* bazı bitkilerin uzun sapları: *bamboo cane* (=bambu kamışı); *sugar cane* (=şeker kamışı). Ayrıca *f+n* sopa ile dövmek, sopa çekmek, sopalamak.

canine ['keinain] *s* köpeğe ait; köpek gibi. **canine (tooth), eye tooth** köpek dişi. NOT: iki tanesi üstçenede, iki tanesi de altçenede olmak üzere dört adet köpek dişi vardır. Üstçenedeki köpek dişlerine *eye tooth* denir.

canister ['kænistə*] *i+sy* (çoğunlukla madenden yapılmış olan) çay, kahve, vb. kutusu; içine şeker, un, çay, vb. konulan kapaklı bir kap.

cannibal ['kænibl] *i+sy* yamyam; insan eti yiyen kimse. **cannibalism** *i-sy* yamyamlık; kendi cinsinden olanları yeme adeti.

cannon ['kænən] *i+sy* 1 top; eski tip büyük bir ateşli silah; metal, veya taş gülle atar. 2 modern çağın topu.

cannot ['kænɔt] **can¹**'a bkz.

canny ['kæni] *s* dikkatli, uyanık, tedbirli; açıkgöz; zeki ve ihtiyatlı. *The canny businessman always bought his supplies from people he trusted.*

canoe [kə'nu:] *i+sy* kano; kürekle yürütülen dar, uzun hafif tekne. **canoeist** [kə'nu:ist] *i+sy* kanocu; kanoyu kullanan kimse.

canoe

canon ['kænən] *i+sy* **1** kilise kanunu (özl. Roma Katolik kilisesinin). **2** kilisenin özel heyet üyesi. **canonize** ['kænənaiz] *f+n* ölmüş bir kimseyi aziz ilan etmek.

canopy ['kænəpi] *i+sy* gölgelik, sayvan; önü açık olup sırıklar üzerine oturtulmuş, üzeri kumaş, veya tahta ile örtülmüştür; bir tahtı, yatağı, veya dış kapı yolunun üstünü güneş, yağmur, vb. korumak için kullanılır.

can't [ka:nt] **cannot**'ın kaynaşmış biçimi. **can't**'a bkz.

cantankerous [kæn'tæŋkərəs] *s* geçimsiz, aksi, huysuz. *The cantankerous bus driver told off the children for singing.*

canteen [kæn'ti:n] *i+sy* **1** kantin; kışla, fabrika, vb. yerlerde yiyecek ve içecek maddelerinin satıldığı yer. *My brother works in the school canteen on Thursdays.* **2** çatal, bıçak ve kaşık takımı.

canter ['kæntə*] *f-n* (atlar hk.) eşkin gitmek; hafif dörtnal gitmek. *Two horses cantered past.*
NOT: eğer bir at **walk** yaparsa, adeta yani bayağı yürüyüşle yürür; eğer **trot** yaparsa, tırıs gider yani kısa adımlarla hızlı yürür; eğer **gallop** yaparsa, dört nala, dört nal koşarak gider.

cantilever ['kæntili:və*] *i+sy* dirsek; kola benzer bir metal kiriş; sadece bir ucundan irtibatlıdır.

canto ['kæntou] *i+sy* uzun bir şiirin ana bölümlerinden biri.

canton ['kæntən] *i+sy* kanton; İsviçre konfederasyonunu oluşturan küçük devletçilerden her biri.

canvas ['kænvəs] **1** *i-sy* çadır bezi, yelken bezi, branda bezi; pamuk, veya ketenden dokunmuş kalın, sık bir bez türü; çadır, yelken, vb. yapımında ve ayrıca üzerine yağlı boya resmi yapmakta kullanılan. **2** *i+sy* bir yağlıboya tablo. **under canvas 1** çadır içinde; bir çadırda oturup, yatma. **2** (gemiler hk.) yelkenlerini açmış, fora etmiş.

canvass ['kænvəs] *f+n/-n* seçimler sırasında ev ev, dükkân dükkân dolaşarak bir adaya oy toplamak. *I've canvassed all the people in this street on behalf of John Smith.*

canyon ['kænjən] *i+sy* kanyon; bir akarsuyun kalkerli bir alanda oyarak oluşturduğu derin ve dar vadi (özl. Amerika'da olduğu gibi).

cap [kæp] *i+sy* **1** kep, kasket (genl. öğrencilerin, veya üniformalı kimselerin giydiği bir tür şapka). **2** tıpa, kapak, tıkaç. **3** milli takıma seçilmiş bir sporcuya bir onur simgesi olarak verilen özel bir şapka. *He has won three England caps.* **4** milli takıma seçilen bir oyuncu. Ayrıca *f+n* (genl. ed. çat.) milli takıma seçmek. *He was capped 30 times by Scotland.* **cap in hand** saygı göstererek, hürmetkâr bir şekilde. *He came to me and asked for a raise.* **if the cap fits (wear it)** yarası olan gocunsun. *The headmaster has said that any students who don't attend classes reguarly may be expelled: if the shoe fits, wear it.* **a feather in one's cap** koltuk kabartan bir başarı. *The young salesman knew that, if he could get the valuable contract, it would be quite a feather in his cap.* **put on one's thinking cap** külahını önüne koyup düşünmek. *We shall have to put on our thinking caps if we want to solve this problem.*

capable ['keipəbl] *s* yapabilen, elinden gelen; bir şeyi yapabilme yeteneği, veya gücü olan; becerikli, ehliyetli, akıllı. *He is capable of being very unkind to people. He is a capable person.* (karş. **incapable**). **capability** [keipə'biliti] *i-sy* kabiliyet, yetenek.

capacity [kə'pæsiti] *i-sy* **1** (bir şeyin) içine alma, sığdırma sınırı; kapasite, istiap haddi. *The capacity of this bottle is two litres.* **2** yetenek, kabiliyet; güç, iktidar. *He has a great capacity for work.* **3** mevki, görev, sıfat: *in his capacity as a judge.*

cape¹ [keip] *i+sy* pelerin, kap; omuz-

lardan aşağı dökülen, geniş, kolsuz
bir çeşit üstlük.
cape² [keip] *i+sy* burun; karanın
denize uzanmış bölümü: *The Cape of
Good Hope* (=Ümit Burnu).
capital ['kæpitl] **1** *i+sy* bir devletin
yönetim merkezi olan kent; devlet
merkezi; başkent, başşehir. *Ankara is
the capital of Turkey.* **2** *i+sy* büyük
harf: *A, B, C, etc. are capitals.* **3** *i-sy*
bir ticaret işinin kurulması, yürütül-
mesi için gereken anapara ve paraya
çevrilir malların tümü; kapital, ser-
maye: *a company with a capital of
£20,000/a company with £30,000
capital.* **capitalism** ['kæpitəlizəm] *i-sy*
kapitale dayanan, kâr amacı güden,
tüm üretim araçlarının özel girişim-
cilerin elinde bulunması gereğine ve
üretim araçlarından yoksun bulunan-
ların emek ve güçlerinin satın alın-
masına dayanan düzen; kapitalizm.
(*eş anl.* **capitalist economy, free
enterprise**). **capitalist** *i+sy* üretim
araçlarını özel mülkiyetinde bulun-
duran; sermayedar, kapitalist: *the
capitalist countries.* (*karş.* **com-
munist**). **capital letter** büyük harf
(örn. A,B,C,D). **capital punishment**
(yasal anlamda) ölüm cezası; ölüm ile
cezalandırma. *The sentence of capital
punishment is not used in Great
Britain today.* (*eş anl.* **the death
penalty**).
capitulate [kə'pitjuleit] *f-n* düşmana
boyun eğmek; belli bir anlaşmanın
koşullarına göre teslim olmak. *They
capitulated after only a short battle.*
(*eş anl.* **submit, yield**). **capitulation**
[kəpitju'leifən] *i-sy* silahları bırakma,
şartlı olarak teslim olma.
caprice [kə'pri:s] *i+sy* kapris; geçici,
düşüncesizce, değişen istek. (*eş anl.*
whim). **capricious** [kə'prifəs] *s* kapris-
li; gelgeç gönüllü, maymun iştahlı.
*He's so capricious I can never be sure
of him.*
capsize ['kæp'saiz] *f+n/-n* (gemi ve
diğer tekneler hk.) alabora olmak;
devrilip ters dönmek. *The boat cap-
sized and we had to swim to shore.*
capstan ['kæpstn] *i+sy* bocurgat,
ırgat; ağır şeyleri çekmek için
manivelâ ile döndürülen ve çekilecek
şeyin bulunduğu urganı kendi üzerine
saran yuvarlak çıkrık.
capsule ['kæpsju:l] *i+sy* **1** kapsül; bazı

capstan

ilaçların kolay yutulmak üzere içine
konulduğu, ilacın yapısını etkile-
meyen ve suda eriyen kap. *I swallowed
two capsules of pain killer.* **2** herhangi
bir (ufak) kap (özl. bir uzay kapsülü).
captain ['kæptin] *i+sy* **1** kaptan, sü-
vari. **2** (Deniz Kuvvetlerinde) albay. **3**
(Kara Kuvvetlerinde ve Amerikan
Hava Kuvvetlerinde) yüzbaşı. **4** (spor-
da) kaptan. **5** (havacılıkta) kaptan
(pilot). Ayrıca *f+n* kaptanlık yap-
mak. *John will captain the team.*
caption ['kæpfən] *i+sy* bir gazete, veya
dergide çıkan bir resmin altına
konulan açıklayıcı yazı; altlık.
captivate ['kæptiveit] *f+n* büyülemek,
cezbetmek.
captive ['kæptiv] *i+sy* (özl. bir savaş
sırasında) esir; tutsak. *The terrorists
kept the captives locked up for almost
a year.* (*eş anl.* **hostage**). **captivity**
[kæp'tiviti] *i+sy* tutsaklık, esaret.
(*karş.* **freedom**). **captive audience**
zoraki dinleyici, veya seyirci; kendi
istekleri dışında bazı reklamları izle-
mek, veya dinlemek zorunda kalan
dinleyici ya da seyirciler.
captor ['kæptə*] *i+sy* bir kimseyi
yakalayıp esir alan kimse.
capture ['kæptfə*] *f+n* **1** yakalamak;
esir etmek. *The policeman captured
the thief as he was running away.* **2**
zaptetmek, ele geçirmek. *The soldiers
captured the town from the enemy.* (*eş
anl.* **conquer**). Ayrıca *i+sy* yakalama,
ele geçirme; yakalanan, ele geçirilen
bir şey.
car [ka:*] *i+sy* otomobil, araba. *The
murderer got away by car/in a car.* **car
park** araba park sahası, park yeri.
(*AmI'*de **parking lot**).
carafe [kə'ræf] *i+sy* sürahi.
caramel ['kærəml] *i+sy/-sy* karamela;
eritilmiş ve biraz yakılmış şekerle
yapılan şekerleme.

carat ['kærət] *i+sy* kırat; elmas, zümrüt gibi değerli taşların tartısında kullanılan iki desigramlık ölçü birimi; ayar; altın, gümüş gibi madenlerden yapılmış şeylerin arılık derecesini gösterir ölçü.

caravan ['kærəvæn] *i+sy* **1** bir dizi hayvan ya da araç üzerinde katar halinde yolculuk yapan bir insan topluluğu (özl. çöllük bölgelerde). **2** (*Brİ*'de) karavan, gezer ev; bir otomobilin arkasına takılan, tekerlekli, üstü kapalı ev. (*Amİ*'de **trailer**). **caravan site** karavan park alanı.

caravanserai [kærə'vænsərai] *i+sy* kervansaray; anayollarda kervanların konaklaması için yapılan büyük han.

carbohydrate [ka:bou'haidreit] *i+sy* **1** (kimyada) karbon, hidrojen ve oksijenden oluşan organik kimya bileşiklerinin genel adı; karbonhidrat. **2** karbonhidratlı bir yiyecek, örn. ekmek; çok yenirse insanı şişmanlatır.

carbon ['ka:bən] *i-sy* doğada elmas, grafit gibi saf, veya madenkömürü, linyit gibi saf olmayan biçimde bulunan element; karbon. Simgesi C. **carbon paper** karbon kâğıdı, kopya kâğıdı; aynı zamanda hem yazmak hem de kopya çıkarmak için yazı kağıtlarının arasına konulan bir yüzü boyalı kâğıt.

carburettor ['ka:bjuretə*] *i+sy* karbüratör; patlamalı motorlarda akaryakıtı ile hava karışımını sağlayan aygıt.

carcass, carcase ['ka:kəs] *i+sy* hayvan ölüsü, leş (insan ölüsüne 'ceset' (=**corpse** [kɔ:ps] denir).

card [ka:d *i+sy* kart, posta kartı, tebrik kartı, giriş kartı, üyelik kartı, iskambil kartı, kartvizit; düzgün kesilmiş ince karton parçası (genl. dikdörtken biçimindedir). **greetings card** tebrik kartı.

NOT: bir kimsenin doğum gününü kutlamak için gönderilen karta **birthday card** denir; Noel'ini kutlamak için gönderilen karta **Christmas card** denir; yeni yılını kutlamak için gönderilen karta da **New Year greetings card** denir.

playing card oyun kağıdı, iskambil kağıdı, (genl.) 52 kartlık bir iskambil destesi. **postcard** için **post¹**'a bkz. **visiting card** için **visit**'e bkz. **on the cards** muhtemel, olası. *It's on the cards that I shall go to France next year. (k. dil.).* **play one's cards right** elindeki kozu iyi oynamak. *If you play your cards right, you may get the job.* **lay/put one's cards on the table** samimi olarak, gizleyip saklamadan açıklamak. *I'm going to lay my cards on the table and tell you everything I know about this affair.* **card-carrying** *s* bir örgütün kayıtlı üyesi: *a card-carrying Communist.*

cardboard ['ka:dbɔ:d] *i-sy* mukavva, karton; kağıt hamuru ile yapılan, ayrıca içinde bir, veya birkaç lif tabakası bulunan kalın ve sert kağıt; kutu, vb. yapımında kullanılır. *John needs some (pieces) of cardboard for this.*

cardiac ['ka:diæk] *s* (tıpta) kalp ile ilgili. **cardiac arrest** (tıp dilinde) kalp sektesi (=**heart attack**).

cardigan ['ka:digən] *i+sy* hırka; genl. uzun kolludur.

cardinal ['ka:dinl] *i+sy* kardinal; Roma Katolik kilisesinde Papa'yı seçen ve danışmanlığını yapan başpapazlardan her biri. **cardinal number** sayma sayısı; 1, 2,6,10,93, vb. sayılardan her biri. (*karş.* **ordinal number** (=sıra sayı), örn 1st, 2nd, 6th, 10th, 93rd).

care¹ [keə*] *f+n/-n* (genl. olumsuz cümlelerde kullanılır) umurunda olmak, aldırış etmek; istemek. *When I told him that he would be punished, he said he didn't care. I don't care what you say, I shall do it tomorrow. I do not care to go. I do not care about going.* **care for 1** ...-e¨bakmak (bakım göstermek), ilgilenmek, ilgi göstermek. *When her mother died she was left to care for her father. We ought to care for our old parents.* **2** sevmek, beğenmek, hoşlanmak, zevk almak. *I don't care for modern art. David doesn't care for fish.* **care of** (bir mektubun zarfı üstüne **c/o** olarak yazılır) eliyle. *Mr John Dyson, c/o Metro A.Ş. Cağaloğlu-İstanbul.* **have a care** dikkatli olmak; tehlikeden kaçınmak; dikkat etmek, hasara, vb. neden olmamaya çalışmak. (*eş anl.* **be careful**). **for all I care/I couldn't care less** hiç aldırış etmiyorum; umurumda bile değil, beni hiç ilgilendirmez.

care² [keə*] **1** *i-sy* özen, dikkat, ihtimam. *He gave a lot of care to his work.* **2** koruma, sevgi; yardım. *A* child needs a mother's care. She left her children in the čare of her neighbour. 3 i-sy kaygı, endişe; üzüntü, keder, tasa. His face showed the signs of care and sorrow. careful s dikkatli. I ought to be careful that the boys do their work. carefully z dikkatle. careless s dikkatsiz. I was careless, my mind was on other things. carelessly s dikkat etmeden. carelessness i-sy dikkatsizlik. carefree s kaygısız, üzüntüsüz; mutlu, keyfi yerinde. caretaker kapıcı, bakıcı. (eş anl. janitor). take care dikkat etmek. You must take care when you cross the road. take care of ...-e bakmak, ...-e göz kulak olmak. He took care of his younger brothers while his mother went shopping. We ought to take care of our money. career [kə'riə*] i+sy 1 meslek, kariyer. He had a very successful career. 2 meslek hayatı; bir kimsenin çalışma hayatının izlediği genel çizgi. Ayrıca f+n (genl. along ile) tam hızla gitmek, tam gaz yol almak. We were careering along in the car. career girl/woman bir meslek sahibi (ve bunu da emekliliğine dek sürdürmeye kararlı) kadın.

caress [kə'res] f+n okşamak, sevmek, öpmek. I caressed her lovingly. Ayrıca i+sy okşama, kucaklama, öpme. She enjoyed my caresses.

cargo ['ka:gou] i+sy/-sy kargo; navlun karşılığında gemi, veya uçakla taşınan mal. çoğ. biç. cargoes.

caricature ['kærikətjuə*] i+sy karikatür; insan ve toplumla ilgili her tür olayı konu olarak abartılı bir biçimde belirten, düşündürücü ve güldürücü resim.

carnal ['ka:nl] s bedensel (spiritual'ın (=manevi, ruhsal) karşıtı olarak ve genl. kötü anlamda), cinsel, şehevi: carnal sins/desires.

carnation [ka:'neifən] i+sy karanfil; pembe, beyaz, kırmızı çiçekler açan güzel kokulu bir süs bitkisi.

carnival ['ka:nivl] i+sy karnaval, eğlence; (özl. Katoliklerin büyük perhizden önce) şaşırtıcı kılıklara girerek yaptıkları şenlik ve eğlence dönemi; bu dönemde yapılan eğlence.

carnivorous [ka:'nivərəs] s etobur, etçil. Lions and tigers are carnivorous animals.

carol ['kærl] i+sy Noel'de söylenen ilahi, dinsel şarkı. They all gathered in the park with candles and sang Christmas carols.

carp[1] [ka:p] i+sy sazan balığı; eti yenilen bir tür tatlı su balığı.

carp[2] [ka:p] f+n (genl. at ile) durmadan ve gereksiz yere şikâyet etmek; devamlı kusur bulmak, beğenmemek. He was always carping at the arrangements made by other people.

carpenter ['ka:pintə*] i+sy marangoz; ağaç işleri yapan kimse (genl. mobilya yapmaz). carpentry i-sy marangozluk.

carpet ['ka:pit] i+sy halı, kilim. Ayrıca f+n halı ya da kilimle kaplamak, döşemek.

carriage ['kærid3] 1 i+sy yolcu vagonu. 2 i+sy binek arabası, atlı araba. 3 i-sy taşıma (ücreti), nakliye (ücreti); mal taşıma ve bunun parasal karşılığı. carriageway taşıt yolu; yolun trafiğe ayrılmış şeridi.

carrier ['kæriə*] i+sy carry'e bkz.

carrot ['kærət] i+sy havuç.

carry ['kæri] f+n/-n 1 taşımak, götürmek. The bus was carrying 28 passengers when the accident happened. He was carrying his hat. (=Şapkasını taşıyordu. / Şapkası elindeydi). Help me carry these boxes. 2 (özl. bir binanın bölümleri hk.) ağırlığını kaldırmak, (durduğu yerde) üstünde tutmak, taşımak. 3 (genl. sesler hk.) belli bir uzaklığa ulaşabilmek, yetişmek, (uzaktan) duyulabilir olmak. His voice did not carry to the back of the room. carrier ['kæriə*] i+sy 1 nakliyeci ya da nakliye şirketi. 2 taşıyıcı, portör; kendisi hastalığa yakalanmaksızın o hastalığın nedeni olan mikrobu taşıyan (kimse, veya hayvan). carrier bag plastik, veya kağıttan alışveriş torbası. (eş anl. shopping bag). carry away 1 alıp başka bir yere götürmek. 2 (genl. ed. çat.) kendinden geçmek, heyecanlanmak, coşmak. He was so carried away by fear that he did not know what he was saying. carry off 1 (zorbalıkla, veya sahibinden izin almadan) alıp götürmek, kapıp götürmek, kaçırmak. 2 (yarışma, ödül, vb. hk.) kazanmak. Who carried off the first prize in the 100-metre race? carry on 1 devam etmek, devam ettirmek. He carried on his father's business. We must carry on in spite of our difficulties. 2 kıyameti koparmak,

bağırıp çağırmak. (*k. dil.*). **3** bir aca-
yip davranmak; çok heyecanlı ve
endişeli bir biçimde davranmak. (*k.
dil.*). **carry-on** *i+sy* telaş, yaygara,
velvele: *a carry-on about getting
tickets.* (*k. dil.*). **carry out** yerine
getirmek, uygulamak, gerçekleştir-
mek: *carry out an order/a threat/a
promise. He carried out his plan.*
carry all before one tam bir zafer
kazanmak, eksiksiz bir başarı elde
etmek. **carry authority** sözü geçmek,
sözünün değeri olmak. **carry coals to
Newcastle** gereksiz olan bir şeyi
yapmak (örn. Zonguldak'a kömür
göndermek gibi). *Building another
restaurant in this district would be
carrying coals to Newcastle; the place
is full of restaurants already.* **carry
conviction** inandırıcı olmak. **carry
weight** (fikirler, tartışmalar, öneriler,
vb. hk.) ağır basmak, etkilemek. *The
arguments which John put forward
carried a lot of weight with every-
body.*
carsick [ka:sik] *s* **to be carsick** araba
tutup midesi bulanmış. **to get carsick**
araba tutup midesi bulanmak.
carsickness *i-sy* araba tutması; araba
yolculuğu sırasında beydana gelen
mide bulantısı.
NOT: bu mide bulantısı bir uçakta
olursa buna **airsickness** denir; bir
deniz yolculuğu sırasında meydana
gelirse buna **seasickness** denir.
cart [ka:t] *+sy* araba; iki tekerlekli,
tahtadan yapılmış ve genl. atlı yük
arabası. Ayrıca *f+n* araba ile taşı-
mak. **cart-track** araba yolu; motorlu
araçlar için uygun değildir. **put the
cart before the horse** bir işi tersine
yapmak, bir işe ters taraftan
başlamak. *Some teachers teach a
course and then test their students,
but that is putting the cart before the
horse: first, they should test their
students to find out what they need
to know, and then they should teach
them.*
cartilage ['ka:tilidʒ] *i+sy/-sy* kıkırdak;
esnek, bükülgen, damarsız bağ do-
kusu.
carton ['ka:tn] *i+sy* mukavva kutu.
cartoon ['ka:'tu:n] *i+sy* **1** karikatür;
insan ve toplumla (özl. de politika ile)
ilgili olayları konu alarak abartılı ve
alaycı bir biçimde belirten düşün-

dürücü ve güldürücü çizgi resim. **2**
miki fare, çizgi film (genl. eğlendirici
türden); art arda çizilmiş resimlerin
filme çekilmesi ile hazırlanmış öykülü
ve hareketli sinema filmi. (*eş anl.*
animated cartoon).
carve [ka:v] *f+n/-n* **1** (pişmiş eti, vb.)
kesmek, dilimler halinde bölmek. **2**
(taş, tahta. vb. hk.) yontmak, oymak,
biçim vermek. **carving** *i+sy* oyma,
yontu; oyma yapıt, oyularak ya da
yontularak biçimlendirilmiş bir nesne.
carving knife uzun et bıçağı.
cascade [kæs'keid] *i+sy* küçük bir
çağlayan, şelâle. Ayrıca *f-n* küçük bir
çağlayan gibi akmak, dökülmek.
case[1] [keis] **1** (tıbbi bir sorunu, veya
hastalığı olan) hasta. *The doctor went
to see a case of malaria. Jane is a
mental case.* **2** örnek, misal. *These
tribes are a classic case of people
living in harmony with their en-
vironment.* **3** vakaj durum, olay. *Only
one case of stealing was reported to
the police.* **4** dava, hukuk davası. *The
lawyer put his case to the judge.* **5**
(dilb.) hal; bir ismin, veya zamirin
cümle içinde başka bir sözcük ile
ilgisi, veya bu ilgiyi belirtmek için
uğradığı şekil değişikliği (örn. **I** (ben)
ile **me** (beni, bana) arasındaki şekil
değişikliği gibi). Ayrıca **pronoun**'a
bkz. **in any case** ne olursa olsun; her
halde; mutlaka. **in case** (ol)duğu
takdirde, (ol)ması ihtimaline karşı;
(ol)abilir diye; (ol)masın diye;
çünkü...belki de; eğer. *You must take
your umbrella in case it rains. I'll give
you some money in case you need to
buy some food.* **in that case** eğer öyle
olursa; o halde. *The boy told me that
he had lost his money and so, in that
case, he could not buy a new football.*
case[2] [keis] *i+sy* sandık, kutu.
cigarette case tabaka, sigara tabakası.
Ayrıca **suit**[1]'a bkz.
cash ['kæʃ] *i-sy* peşin para, nakit. Ay-
rıca *f+n* paraya çevirmek; (bir çeki,
veya bir ödeme emrini) tahsil etmek:
cash a cheque. **cashier** [kæ'ʃiə*] *i+sy*
kasiyer, veznedar; bir bankada, bir
dükkânda para alıp veren kimse. **cash
box** (içine para konan) kasa. **cash
crop** piyasa için yapılan tarımsal
üretim. **cash-desk** (büyük bir mağa-
zada para ödenilen) kasa, vezne.
(*AmI*'de **checkout**).

cashmere ['kæʃmiə*] i-sy kazmir, kaşmir; ince sık bir yün.

casino [kə'si:nou] i+sy gazino, kumarhane; paralı şans oyunlarının oynandığı bir bina, veya salon. çoğ. biç. casinos.

cask [ka:sk] i+sy fıçı, veya varil; içinde genl. içki saklanır.

casket ['ka:skit] i+sy 1 küçük kutu, mücevher kutusu. 2 (AmI'de) tabut. (eş anl. coffin).

cassava [kə'sa:və] i-sy 1 manyok; Güney Amerika'da yetişen, kalın köklü bir ağaç. 2 bu ağacın kökünden elde edilen un.

casserole ['kæsəroul] i+sy 1 güveç; içinde yemek pişirilen toprak kap. 2 bu kapta pişirilen yemek; güveç.

cassette [kə'set] i+sy kaset; görüntü ve seslerin kaydedildiği, içinde manyetik şerit bulunan küçük kutu.

cast¹ [ka:st] f+n/-n 1 atmak, fırlatmak, savurmak: cast a fishing line (= balık oltasını fırlatmak); cast a shadow (=gölge yapmak). NOT: cast fiili throw ile aynı anlamdadır; 'balık oltası' ve 'gölge' dışında cast yerine throw'u kullanın.
2 düşürmek; çıkarıp atmak; değiştirmek. The horse cast a shoe. The snake has cast its skin. 3 kalıba dökmek. 4 birisine bir oyunda rol vermek. I cast John as Hamlet and Mary as Ophelia. geç. zam. ve ort. cast.

cast² [ka:st] i+sy (bir oyundaki) oyuncu kadrosu. castaway kazazede (denizde); bir deniz kazasında bilinmeyen, ve ıssız (genl. kimsenin yaşamadığı) bir yere ulaşarak ölümden kurtulan birisi. castiron i-sy dökme demir, pik demir, font; sert, ama kolaylıkla kırılabilen bir demir çeşidi. casting vote başkanlık oyu; iki tarafın oylarının eşit gelmesi halinde başkanın verdiği oy. The chairman used his casting vote to block the motion.

castanet [kæstə'net] i+sy (genl. çoğ. biç.) kastanyet; parmaklara takılarak çalınan bir tür zil.

caste [ka:st] +sy kast; Hindistan'da bireylerin sosyal yolla bağlı oldukları Brahman, Kshatriya, Vaisya ve Sudra toplumsal ve dini sınıflardan herhangi biri. Bu sınıflara kast sistemi (= caste system) de denir. lose caste (bir kimse hk.) sosyal itibarını ve başkalarını gözündeki saygınlığını kaybetmek.

castle ['ka:sl] i+sy kale, şato, hisar. build castles in the air olmayacak şeyler düşünmek, hayal peşinde koşmak, hülya kurmak. You should give yourself aims that you know you can achieve; there is no point in building castles in the air.

castor [ka:stə*] mobilya tekerleği; mobilyaların oradan oraya çekilmesini kolaylaştırmak için altlarına çakılmış olan küçük tekerlek.

castor oil ['ka:stər ɔil] i-sy hintyağı; hekimlikte kullanılan tadı hoş olmayan bir yağ.

castor sugar ['ka:ʃtəʃugə*] i-sy pudra şekeri.

castrate [kæs'treit] f+n hadım etmek, iğdiş etmek; bir erkek insan, veya hayvanın erkeklik bezlerini burarak ya da çıkararak erkekliğini gidermek.

casual ['kæʒjual] s 1 rastgele, gelişigüzel, tesadüfi: a casual meeting. 2 hareket ve davranışlarında dikkatsiz ve oldukça kaba. He spoke in a rather casual way to the headmaster. 3 (elbise, ayakkabı, vb. hk.) rahat, gündelik. casually z rastgele olarak.

casualty ['kæʒjuəlti] i+sy bir kazada, veya savaşta ölen ya da yaralanan kimse. The tornado took a fearful toll of casualties. (eş anl. victim).

cat [kæt] i+sy kedi. catty s (genl. bir kadın, veya söylediği bir şey hk.) sinsi, kinci, içten içe nefret dolu; kedi gibi. cat call i+sy (genl. çoğ. biç.) yuhalamak, ıslıklamak. (play) a cat and mouse game kedinin fareyle oynaması (gibi oynamak). I don't like the way that Jim was treated; the manager decided to sack him, but played a cat and mouse game with him for weeks before he finally did so. lead a cat and dog life/live like cat and dog (özl. karı koca arasında) kedi köpek gibi geçinmek. let the cat out of the bag baklayı ağzından çıkarmak, bir sırrı açığa vurmak. We were planing a surprise birthday party for Mary, but Mark let the cat out of the bag, so now she knows about it. while the cat's away, the mice will play kedinin olmadığı yerde fareler cirit atarmış. cat burglar i+sy evlerin üst katlarına duvarları, boruları, vb. tırmanarak girip soyan hırsız.

catalogue ['kætələɔg] (AmI'de catalog)

i+sy katalog; kitaplıktaki kitapları arandıklarında bulmak amacı ile, yer numaraları belirtilerek hazırlanmış kitap, defter, veya fişten oluşmuş bütün fihrist; bazı büyük satış kurumlarının ürettikleri malları, eşyaları tanıtan liste, veya kitap. Ayrıca *f+n* katalog hazırlamak; katologa geçirmek. *The librarian catalogued the new books.*

catalyst ['kætəlist] *i+sy* katalizör, hızlandırıcı; kimyasal tepkimenin olmasını, veya hızının değişmesini sağlayan madde.

catapult ['kætəpʌlt] *i+sy* (*BrI*'de) sapan; ufak taşlar atmak için kulanılan, iki ucuna lastik ve lastiklerin arasına da genişçe bir meşin parçası bağlanmış bulunan çatal. (*AmI*'de **slingshot**).

cataract ['kætərækt] *i+sy* 1 büyük şelale, çağlayan. 2 katarakt, perde; aksu, akbasma; göz merceğinin saydamlığını yitirerek ağarmasından ileri gelen körlük. *Cataract form most often in people after the age of 50.*

catarrh [kə'ta:*] *i-sy* nezle; soğuk almaktan ileri gelen burun akması ve buna eşlik eden boğaz yanması; burundan akan sümük. *Is there anything I can take to relieve my catarrh?*

catastrophe [kə'tæstrəfi] *i+sy* felaket, bela, afet (örn. bir yangın, zelzele, uçak kazası). *What a catastrophe it was when the grandstand at the football match collapsed.* (*eş anl.* **disaster**). **catastrophic** [kætəs'trɔfik] *s* felaketli, yok edici. (*eş anl.* **disastrous**).

catch¹ [kætʃ] *f+n/-n* 1 yakalamak, ele geçirmek. *The policeman caught the thief.* 2 (bir şeye vaktinde) yetişmek yakalamak. *He caught a train to London.* 3 (havada giden bir şeyi) tutmak, yakalamak. *He caught the ball in one hand.* 4 (ilgisini dikkatini) çekmek, üstüne toplamak. *The beautiful picture caught my attention.* 5 (hastalığa yakalanmak, mikrop kapmak. *He caught influenza last year.*

NOT: *catch* fiili bu anlamda sadece bulaşıcı hastalıklar (=**infectious diseases**) için kullanılır; örn. *catch a cold* (=nezle olmak, nezleye yakalanmak), ama *he caught cancer* denmez. *geç. zam.* ve *ort.* **caught** [kɔ:t].

catching *s* (hastalıklar hk.) bulaşıcı, sâri. (*eş anl.* **infectious**). **catch on** moda olmak, tutulmak. *Her strange hair-style is catching on; all the young girls are copying it.* **catch somebody doing something** bir kimseyi (genl. kötü) bir şey yaparken yakalamak. *I caught the thief trying to open the window. The teacher caught the boy cheating.* **catch up with someone/something** 1 bir kimseye/bir şeye arkadan gelip yetişmek; onunla aynı düzeye gelmek. *John left the house ten minutes before I did, but he walked so slowly that I was able to catch up with him.* 2 arayı kapatmak, zaman açığını gidermek. *I have been ill for two weeks, and so I must try to catch up with my work.* **catch fire** ateş almak, yanmaya başlamak, tutuşmak.

catch² [kætʃ] *i+sy* 1 (özl. balık avı hk.) yakalanan, avlanan şey, av. 2 sürgü, kanca, kol, susta; pencere ve kapı tutturmak için kulanılan bir parça. 3 bityeniği, hile, dümen, oyun. (*k. dil.*). **catchy** *s* (müzik hk.) kolayca akılda kalan ve hoş: *a catchy tune.* **catch word/catch phrase** slogan; kısa ve çarpıcı propaganda sözü. (reklam, veya politik amaçla kullanılır). **catchpenny** para tuzağı; müşterinin gözünü ve gönlünü cezbederek para harcamasına sebep olan mallar.

catechism ['kætəkizəm] *i+sy* ilmihal, öğreti kitapçığı; sorulu ve cevaplı biçimde hazırlanmış liste, kitapçık; tam bir Hıristiyan olabilme eğitiminde kullanılır.

category ['kætəgəri] *i+sy* kategori, bölüm, sınıf; aralarında herhangi bir bakımdan ilgi, veya benzerlik bulunan şeylerin tümü. (*eş anl.* **class**). **categorize** *f+n* sınıflandırmak. **categorical** [kætə'gɔrikl] *s* (sözler hk.) kesin, kati; herhangi bir kuşku bırakmayan.

cater ['keitə*] *f-n* 1 (genl. to ile yiyecek ve içecek) sağlamak ve sunmak. *He catered for two hundred guests at the party.* 2 zevk, eğlence, vb. temin etmek. *The radio and television have to cater to many different types of interest and taste among the public.*

caterpillar ['kætəpilə*] *i+sy* tırtıl; kelebek, veya güve kurtçuğunun yumurtadan çıktıktan sonra başkalaşım

durumuna geçinceye kadarki biçimi.
caterpillar tracks *içoğ* tank, buldozer
gibi araçların iki yanındaki tırtıl
tekerlekler; palet tekerlekler.

caterpillar

caterpillar tracks

cathedral [kə'θi:drl] *i+sy* katedral,
başkilise, piskoposluk kilisesi; bir
piskopos, veya baş piskopos böl-
gesinin kilisesi.
cathode ['kæθoud] *i+sy* katod; negatif
elektrot. (*karş.* **anode**).
catholic ['kæθlik] *s* 1 ilgi alanı geniş;
değişik zevkleri olan. *He has catholic
tastes and reads all kinds of books.* 2
bütün Hıristiyan Kiliselerini kap-
sayan. 3 (Catholic) *Roma Katolik
Kilisesine ait.* Ayrıca *i+sy* Katolik;
Katolik mezhebi üyesi.
catnap ['kætnæp] *i+sy* tavşan uykusu;
hafif uyku, şekerleme, kestirme,
uyuklama. (*eş anl.* **doze**). Ayrıca *f-n*
kestirmek, şekerleme yapmak. *I
catnapped in my seat. geç. zam.* ve
ort. **catnapped.**
cat's cradle *i+sy* iki elin parmaklarına
geçirilerek oynanan bir oyun.

cat's cradle

cattle ['kætl] *içoğ* sığır; gevişge-
tirenlerden, boynuzlu, büyük baş evcil
hayvanların genel adı. *He has ten
thousand cattle.*

catty ['kæti] **cat'e** bkz.
caught [kɔ:t] **catch**[1] fiilinin geçmiş
zamanı ve ortacı.
cauldron ['kɔ:ldrn] *i+sy* kazan; büyük,
derin ve kulplu kap.
cauliflower ['kɔliflauə*] *i+sy/-sy* kar-
nıbahar.
causative ['kɔ:zətiv] *s* 1 neden olan,
neden gösteren. 2 (dilb.) ettirgen;
başkasının aracılığı ile yapılan geçişli
bir eylemi anlatan (fiil).
cause [kɔ:z] *i+sy* 1 neden, sebep. *What
was the cause of your failure? You
have no cause to worry.* 2 amaç,
maksat; kuvvetle savunulan bir ilke,
bir inanç, veya bir eylem. *He was
collecting money for a good cause.
The United Nations Organization has
done a lot for the cause of world
peace.* Ayrıca *f+n* neden olmak, se-
bebiyet vermek, yol açmak, do-
ğurmak.
causeway ['kɔ:zwei] *i+sy* bir tür yol;
ıslak, veya sulak bir arazi üzerine
yapılmış olan, kalkık ve yüksekçe bir
yol.
caustic ['kɔ:stik] (sözler hk.) iğneleyici;
acı, sert, zalim. (*eş anl.* **biting**).
caution ['kɔ:ʃən] *i* 1-sy sakınma,
dikkat; ihtiyat, tedbir. *I did it with
caution.* 2 *i+sy* uyarı, ikaz. *They were
let of with a caution.* Ayrıca *f+n*
uyarmak, dikkati çekmek, ikaz et-
mek. *The policeman cautioned the
boy after he caught him stealing fruit.*
cautious *s* dikkatli, ihtiyatlı. *Be
cautious when you cross a busy street.*
cautiously *z* ihtiyatla. **caution money**
kapora, pey akçası.
cavalry ['kævəlri] *itek* veya *çoğ* süvari
sınıfı.
cave [keiv] *i+sy* mağara, in; bir yama-
ca, veya kaya içine uzanan yer ko-
vuğu. **caveman** mağara adamı; tarih
öncesi zamanlarda yaşayan bir insan.
cave in *f+n* 1 (bir binanın damı,
çatısı, vb. hk.) çökmek, göçmek. *The
roof of the old mine is dangerous and
could cave in at any time.* 2 razı
olmak, kabul etmek, teslim olmak.
*He caved in the weight of her
complaints. Enemy resistance soon
caved in. (k. dil.).*
cavern ['kævən] *i+sy* büyük mağara.
cavernous *s* mağara gibi.
caviare, caviar ['kævia:*] *i-sy* havyar;
balık yumurtası.

BAŞLICA ETTİRGEN CÜMLE YAPILARI
(Causitive Sentences)

ETKEN
(active)

WITHOUT TO (to'suz)	WITH TO (to ile)	
have sb. do sth.	get sb. to do sth.	birisine bir şey yaptırmak
make sb. do sth.	force ⌐ sb. to do sth. cause ⌐	birisini bir şey yapmaya zorlamak, mecbur etmek
		birisinin bir şey yapmasına neden olmak
let sb. do sth.	permit ⌐ sb. to do sth. allow ⌐	birisinin bir şey yapmasına izin vermek

ÖRNEKLER:

1. I **had** the man **adjust** our washing machine.
   (*Adama çamaşır makinamızı ayarlattım.*)

2. He **got** the mechanic **to fix** the car.
   (*Tamirciye arabayı tamir ettirdi.*)

3. He **made** me **miss** the bus.
   (*Bana otobüsü kaçırttırdı.*)

4. He **forced** me **to do** it.
   (*Onu yapmaya beni zorladı.*)

5. I don't know what **caused** him **to say** it.
   (*Onu söylemesine ne sebep oldu bilmiyorum.*)

6. Would you **let** your little boy **play** with a razor.
   (*Küçük oğlunun ustura ile oynamasına izin verir misiniz?*)

7. He always **permits** me **to drive** his car.
   (*O herzaman arabasını kullanmama izin verir.*)

8. **Allow** me **to go.**
   (*Bırak gideyim.*)

EDİLGEN (passive)		
have *sth.* done	get *sth.* done	bir şeyi yaptırmak
make edilgen ettirgen (passive causitive) yapılarda kullanılmaz. make'in yerine have kullanılabilir.		
let *sth.* be done	permit ⎤ allow ⎦ *sth.* to be done	bir şeyin yapılmasına izin vermek

ÖRNEKLER:

1. He **had** some food **brought** in.
   (*Biraz yemek getirtti.*)
2. I **got** the car **fixed.**
   (*Arabayı tamir ettirdim.*)
3. He **lets** his name **be mentioned.**
   (*İsminden söz edilmesine izin verir.*)
4. He **permits/allows** his names **to be mentioned.**
   (*İsminden söz edilmesine izin verir.*)

CCTV (= closed circuit television)— kapalı devre televizyonu.

cavity ['kæviti] *i + sy* oyuk, kovuk, çürük (özl. dişlerde).

C.D. [si:'di:] **1** (= Civil Defence (corps))—Sivil Savunma (birliği). **2** (= Crops Diplomatique (Diplomatic Corps))—kordiplomatik (elçiler heyeti).

CB [si:'bi:] *i + sy/-sy* (= citizens band)'a bkz.

cease [si:s] *f + n/-n* durdurmak, kesmek; durmak, sona ermek. *The rain ceased. The boys ceased quarrelling.* (*karş.* **start**). (*eş anl.* **stop, end**). **ceaseless** *s* bitmez tükenmez, sürekli, aralıksız. **ceaselessly** *z* durmaksızın. **ceasefire** *i + sy* ateşkes (özl. kısa bir süre için).

cedar ['si:də*] **1** *i + sy* sedir ağacı, dağ servisi; 40 metreye ulaşan boyu, geniş dalları ve hoş kokulu kerestesi olan bir ağaç; kışın yapraklarını dökmez. **2** *i-sy* sedir ağacının kerestesi.

cede [si:d] *f + n* bırakmak, vazgeçmek; bir araziyi, veya bir hakkı, bir başka ülkeye ya da kimseye devretmek: *cede a point in an argument.*

ceiling ['si:liŋ] *i + sy* **1** tavan; bir yapının, bir odanın üst bölümünü oluşturan düz ve yatay düzey. **2** en üst yükseklik sınırı (özl. bir uçağın güvenle uçabileceği en büyük yükselti). **celebrate** ['selibreit] *f + n/-n* **1** bir olayı, veya özel bir şeyi kutlamak. *The people celebrated the victory. He celebrated his twenty-fifth birthday.* **2** tören yapmak, bayram yapmak. **celebration** [seli'breiʃən] *+ sy* kutlama. **celebrated** ['selibreitid] *s* ünlü, meşhur, şöhretli: *the celebrated Mr Neary. The Bosphorus is celebrated for its fish.* (*eş anl.* **renowned**). **celebrity** [si'lebriti] *i + sy* ünlü kişi, tanınmış kimse. *The audience clapped and cheered when the celebrity finished her violin recital.*

celery ['seləri] *i-sy* kereviz; kök ve yaprakları sebze olarak kullanılan kokulu bir bitki.

cell [sel] *i+sy* 1 hücre; tutukluların, veya hükümlülerin yalnız olarak kapatıldıkları küçük oda. *The prisoners were locked in their cells each night.* 2 bir organizmanın yapı ve görev bakımından en küçük birliği; hücre, göze. 3 pil; kimyasal enerjiyi elektrik enerjisine çeviren aygıt. **cellular** ['seljulə*] *s* 1 hücreli, gözeli. 2 (bazı pamuklu kumaşlar hk.) gevşek dokunmuş, gözenekli.

cellar ['selə*] *i+sy* mahzen; yapılarda yer altı deposu (özl. yakıt veya şarap depolanır).

cello ['tʃelou] *i+sy* viyolensel; dört telli ve yaylı bir orkestra çalgısı. *çoğ. biç.* **cellos. cellist** *i+sy* viyolensel çalan sanatçı. NOT: bu sözcüğün tam adı *violoncello*'dur.

Cellophane ['seləfein] * *i-sy* selofan; selülozdan yapılmış ince, saydam, ambalaj yapımında kullanılan kağıt.

Celsius ['selsiəs] *s* santigrad; suyun donma noktasını 0, kaynama noktasını 100 sayarak, arasını derece alarak adlandırılan yüz eşit kısma bölme yoluyla bulunan ısı ölçeği. (*karş.* **Fahrenheit**). (*eş anl.* **centigrade**). Ayrıca **Fahrenheit**'a bkz.

cement [si'ment] *i-sy* 1 çimento; kireçtaşı, kil gibi maddeleri özel fırınlarda pişirip ezmekle elde edilen, yapılarda harç olarak kullanılan, su ile karışılmış hemen katılaşıp sertleşen, beyazı da olan külrengindeki toz madde. 2 tutkal, zamk, çiriş, macun; (dişçilikte) dolgu alçısı. *I'll need some special cement to stick these broken tiles back together.* Ayrıca *f+n* 1 çimento ile birleştirmek, veya doldurmak; yapıştırmak. 2 güçlendirmek, pekiştirmek; *cement relations between our two countries.*

cemetery ['semitri] *i+sy* mezarlık, kabristan. NOT: bir mezarlık genl. bir kilisenin yanında olmaz; kilisenin bulunduğu arazide olan mezarlığa *churchyard* denir.

cenotaph ['senətɑ:f] *i+sy* bir savaşta şehit düşmüş askerlerin anısana dikilmiş anıt. (*eş anl.* **memorial**).

censor ['sensə*] *i+sy* sansür görevlisi; her türlü yayının, sinema ve tiyatro yapıtlarının denetlenmesi için hükümetçe görevlendirilmiş kimse; ahlaki, veya politik nedenlerle bu yapıtların gerekli görülen kısımlarını silmeye ya da atmaya yetkilidir. Ayrıca *f+n* sansür koymak, sansürden geçirmek. *The Board censored the film because it was too violent.* **censorship** *i+sy* sansür, sansür işleri.

censure ['senʃə*] *f+n* kınama, suçlama. *The government censured its opponents for their policy concerning the nation's economy. He was censured for his neglect of duty.*

census ['sensəs] *i+sy* sayım, nüfus sayımı; bir ülkede kaç kişi bulunduğunu, bunların türlü yönlerden özelliklerini belli etmek üzere hükümetçe yapılan sayım.

cent [sent] *i+sy* sent; bir doların yüzde biri. **per cent** yüzde; yüze bölünen bir şeyin belirtilen miktardaki parçası; % şeklinde yazılır: *five per cent* (= %5). *Ten per cent of two hundred is twenty.*

centenary [sen'ti:nəri] *i+sy* bir olayın 100. yıldönümü. *This year is the centenary of the birth of William Smith.* Ayrıca *s* yüzyıllık, yüzyılda bir olan.

center ['sentə*] *i+sy* **centre**'a bkz.

centigrade ['sentigreid] *i-sy* **Celsius**'a bkz.

centimetre ['sentimi:tə*] (*AmI*'de **centimeter**) *i+sy* santimetre; bir metrenin yüzde biri.

centipede ['sentipi:d] *i+sy* kırkayak, çiyan; çokayaklılar sınıfından, vücudu yuvarlak ve uzun bir böcek.

centre ['sentə*] (*AmI*'de **center**) *i+sy* 1 belirli bir yerin ortası, merkez. *He was standing in the centre of the room. He lives in the centre of the city.* 2 bir işin yoğun olarak yapıldığı, veya öğretildiği yer, merkez: *a social centre.* **central** *s* 1 merkezi; merkezde olan, veya merkezle ilgili. 2 belli başlı, başlıca, ana; en önemli. **centralize** *f+n/-n* merkezileştirmek, merkezileşmek; bir merkezde toplamak, veya toplanmak. **central heating** kalorifer tesisatı. **centre around** (bir şeyin) en önemli kısmı olmak, özü olmak; bir şeyin, veya birisinin etrafında toplanmak, çevresinde yoğunlaşmak. *All the recent changes and new developments have been centred around the need for a more modern look in our store.* **centre on** (bir şeyin) en önemli bölümü olmak, dikkati toplayan kısmı olmak; bir şeyin, veya

birisinin üzerinde toplanmak,
üzerinde yoğunlaşmak. *All the recent
changes that have taken place in our
office are centred on the need for a
more modern approach to business.
Attention centred on a display of
enormous photographs in the middle
of the exhibition hall.*
century ['sɛntʃəri] *i+sy* asır, yüzyıl.
*That happens in the present century.
He lived in the eighteenth century.*
ceramic [si'ræmik] *s* (özl. yapma ve
bezeme hk.) seramik, veya seramik-
çilik ile ilgili.
cereal ['siəriəl] *i+sy* 1 herhangi bir
tahıl; buğday, mısır, pirinç, vb. 2
buğdaydan, mısırdan, vb. yapılmış
ince pulcuklar biçiminde bir yiyecek.
Kahvaltı olarak süte karıştırılarak
yenir; örn. mısır gevreği gibi.
cerebral ['seribrl] *s* beyne ait, beyinsel.
ceremony ['serimani] *i+sy* tören, me-
rasim: *traditional ceremonies for
crowning the king.* **ceremonial** [seri-
'mouniəl] *s* merasim ile ilgili. *The
centenary was a ceremonial occasion.*
Ayrıca *i+sy/-sy* bir törenin özel dü-
zeni ve biçimsel kuralları; tören,
merasim. **without ceremony** teklifsiz.
stand on ceremony resmi olmak,
resmi davranmak. *There's no need to
stand on ceremony; we are all friends.*
certain ['sə:tn] *s* 1 emin, kesin, kati; hiç
kuşkusuz; olacağı kesin. *I think I'm
right, but I'm not certain. He risked
certain death if he was caught.* (*eş anl.*
sure). 2 bazı; ayrıca belirtilmemiş,
açıklanmamış; kimi; adı bilinip, kendi
bilinmeyen; (falanca) diye birisi. *A
certain person told me about the
accident. It is very dangerous under
certain conditions. Certain people in
this office are not working as hard as
they should.* **certainly** 1 kesinlikle,
mutlaka. *He looks quite ill. He
certainly needs a holiday.* 2 hay hay,
elbette. *'Could you pass me the salt,
please?'*—'*Certainly.'* **certainly not**
elbette hayır. **certainty** *i+sy/-sy* kesin-
lik, katiyet; emin olma durumu. (*karş.*
uncertainty). **for certain** muhakkak,
şüphesiz. **make certain** soruşturup
emin olmak, gerçeği öğrenmek;
garantiye almak; (bir şeyi elde etme
konusunda) işi garantiye almak;
sonucun kesin olması için bir şey
yapmak. *I think that I'm right, but*

*you should ask somebody else to
make certain.* **to a certain extent
/degree** bir dereceye kadar. (*eş anl.* **to
some degree**).
certificate [sə'tifikət] *i+sy* belge, berat,
vesika, ehliyet, sertifika, diploma,
ruhsat. **certify** *f+n* (özl. doktorlar
hk.) deli raporu vermek; (bir kim-
senin) deli olduğunu resmen, belge ile
bildirmek. *He had been behaving
strangely for many years and at last
he was certified.* 2 onaylamak, tastik
etmek. **certified copy** tastikli suret.
cf [si:'ef] (=**confer** [Latin: *com-
pare*])—karşılaştırınız.
chafe [tʃeif] *f+n/-n* 1 sürte sürte
acıtmak, yara yapmak. *The saddle
chafed the hores's back. The stiff
collar chafes my neck.* 2 ısıtmak için
ovmak, ovuşturmak. *The mother
chafed her child's hands to warm
them.* 3 kızmak; kızdırmak. *His big
brother's teasing chafed him. He
chafed under his big brother's teasing.*
Ayrıca *i+sy* (derinin sürtünmesi
sonunda oluşmuş) bir kızarma, bir
yara.
chaffinich ['tʃæfintʃ] *i+sy* ispinoz;
Avrupa kıtasında bulunan ufak bir
kuş; erkeğinin başı ve boynu yeşi-
limtırak mavi renktedir; güzel ötüşlü
bir kuştur.
chain [tʃein] *i+sy* 1 zincir. 2 art arda
gelen şeylerin oluşturduğu dizi;
kesintisiz süren olaylar, nedenler, vb.
dizisi: *a chain of events; a mountain
chain; a chain of ideas; a chain of
shops/restaurants.* Ayrıca *f+n* (genl.
up ile) zincirlemek, zincire vurmak.
The dog was chained up every night.
chain reaction zincirleme tepki,
zincirleme reaksiyon; birbiri ile ilişkili
bir dizi kimyasal değişiklikler; bazı
atomlardaki bir değişiklik ötekilerde
de değişikliğe neden olur. **chain
smoke** *f+n* sigaranın birini sön-
dürmeden ötekini yakmak. **chain
smoker** *i+sy* sigaranın birini sön-
dürmeden öbürünü yakan kimse.
chain store mağazalar zinciri, veya
bunlardan biri.
chair [tʃɛə*] *i+sy* 1 iskemle, sandalye.
2 kürsü; bir profesörün mevkii. *Dr
Smith holds the chair of English.* 3
makam, kürsü, mevki; bir toplantıya
başkanlık eden birinin temsil ettiği
görev. *Mr Brown took the chair at the*

meeting. Ayrıca *f+n* başkanlık
etmek, yönetmek. *Will you chair the
meeting or shall I?* **chairlift** telefirik
sandalye; özl. kayak yapanları gerekli
yükselti seviyesine çıkartan hareketli
sandalye. **chairman 1** (kadın, veya
erkek olabilir) bir toplantıya, bir
münazaraya başkanlık eden kimse;
başkan, reis. **2** (bir şirkette) yönetim
kurulu başkanı. (*eş anl.* **president**).
chairperson (özl. cinsiyet belirtilmek
istenmediğinde) başkan, reis. **chair-
woman** kadın başkan.
chalet ['ʃælei] *i+sy* **1** (bir tür) dağ evi;
Alp dağlarında çobanların kaldıkları
dikçe damlı, küçük, ahşap ev. **2** bu
biçimde yapılmış bir ev (genl. bir tatil
evi).
chalice ['tʃælis] *i+sy* ayin kadehi; Aşai
Rabbani gibi Hıristiyan ayinlerinde
içine şarap koymak için kullanılan
gümüş kadeh.
chalk ['tʃɔ:k] *i-sy* **1** bir tür kireç taşı.
2 tebeşir. Ayrıca *f+n* tebeşir ile
yazmak. **as different as chalk and
cheese** (iki kişi ya da şey hk.) birbir-
leriyle taban tabana zıt; aralarında
dağlar kadar fark var. *You would
never believe that John and Michael
are brothers: they are as different as
chalk from cheese.* **by a long chalk**
çok daha; fersah fersah daha. *John is
better than James by a long chalk.*
challenge ['tʃæləndʒ] *f+n* **1** birisine
meydan okumak; 'hodri meydan'
demek. *I challenged him to a game of
chess. I challenged him to fight me.*
2 bir şeyin doğruluğunu tartışmak; bu
konuda şüphesini belirtmek. Ayrıca
i+sy **1** meydan okuma; 'hodri
meydan' deme. **2** (insanı) zorlayıcı bir
özellik; kendini gösterici bir nitelik;
(insanın) ilgisini kamçılayan durum.
challenger *i+sy* meydan okuyan
(kimse). **challenging** *s* **1** kamçılayıcı,
yarışmaya itici: *a challenging state-
ment.* **2** güç, ama ilginç: *challenging
work.*
chamber ['tʃeimbə*] *i+sy* oda (özl.
yatak odası). *The sick woman received
visitor in the chamber.* (*esk. kul.*).
chamber of commerce ticaret odası;
tüccarlar arasındaki dayanışmayı sağ-
lamak, ortak sorunlarla uğraşmak,
yabancı tüccarlar ile ilişki kurmak
için yasa ile kurulan kurum. **chamber-
maid** oda hizmetçisi; bir otelde odayı

temizleyen, derleyip toplayan kadın.
chamber music oda müziği; az sayıda
çalgı için ve özel toplantılarda çalın-
mak amacı-ile bestelenmiş müzik.
chamois ['ʃæmwa:] *i+sy* Avrupa ve
Asya dağlarında yaşayan dağ keçisi.
çoğ. biç. **chamois. chamois leather**
['ʃæmi'leðə*] *i+sy/-sy* güderi; camları
temizlemekte kullanılan koyun ve keçi
derisinden yapılmış yumuşak ve mat
meşin.
champagne [ʃæm'pein] *i-sy* şampanya,
açık renkte, tatlı ve köpüklü Fransız
şarabı.
champion ['tʃæmpiən] *i+sy* **1** şam-
piyon; ulusal, veya uluslararası bir
yarışmada ilk dereceyi alan, veya
birinci olan kimse, bir takım ya da
hayvan. **2** savunucu, destekleyici; bir
ilkeyi, bir akımı, bir hareketi, bir
kimseyi, vb. tüm gücü ile destekleyen,
veya savunan kimse. *Mr Smith is a
champion of equal rights for women.*
championship *i+sy* şampiyonluk; bir
şampiyonu seçmek için yapılan yarış-
ma, şampiyona. *Clare has entered in
the 800 metre running championship.*
chance[1] [tʃa:ns] **1** *i+sy* fırsat, imkân.
*I had the chance of going to India last
year, but I decided not to go. I gave
him another chance.* **2** *i+sy* olasılık;
bir şeyin olabileceği ihtimali. *Is there
any chance that you will be able to
find the money?* (*eş anl.* **possibility**).
3 *i-sy* kısmet, talih, şans. *I didn't
really mean to do that, it was just
chance. Leave it to chance.* Ayrıca *s*
tesadüfi, rastlantılı, planlanmamış: *a
chance meeting; a chance discovery.*
by chance tesadüfen, şans eseri;
bilerek değil, *It happened by chance.*
by pure/sheer chance sırf şans eseri.
by any chance (kibarca, nazikçe
sorulan sorularda kullanılır) acaba. *I
wonder whether you could lend me
some money by any chance.* **the
chance of a lifetime** hayatta bir kere
ele geçen fırsat. **have an eye to the
main chance** daima kendi çıkarına
bakmak. *Brown was a very ambitious
young man: he always had an eye to
the main chance.* **on the (off) chance
of** ümidiyle. *I waited for another hour
on the chance of meeting him.* **outside
chance** çok az ihtimal; ihtimali çok
az. *There is an outside chance that he
will win.* (*k. dil.*). **take a chance** göze

almak, riske girmek. *He took a chance when he went near the enemy camp; he might have been shot.*
chance² [tʃɑːns] *f + n/-n* göze almak, denemek, riske girmek. *There are pretty deep snow-drifts on the road. You might manage to get through, but I shouldn't chance it.* (*k. dil.*). **chancy** s riskli, rizikolu; kesin olmayan, şüpheli. *I might get a seat on the plane, but it's too chancy.* **by chance** tesadüfen. *We met in the street yesterday, quite by chance.*
chancel [ˈtʃɑːnsl] *i + sy* kilisede rahipler ve koro bölümü.
chancellor [ˈtʃɑːnsələ*] *i + sy* şansölye; çok yüksek mevkide resmi bir görevli (örn. bazı ülkelerde başbakan; İngiltere'de rektör). **Chancellor of the Exchequer** İngiliz Maliye Bakanı.
chandelier [ʃændiˈliə*] *i + sy* avize; tavana asılan, şamdanlı, lambalı, cam ya da metal süslü aydınlatma aracı.
change¹ [tʃeindʒ] *f + n/-n* **1** değişmek, değiştirmek. *He has changed the date of the meeting. He has changed his ideas since last year. I want to change my seat. He went to the library to change his books. She has changed a lot since you last saw her.* **2** üstünü değiştirmek; elbiselerini değiştirmek; üstüne (değişik bir elbise) giymek. *I shan't be long; I'm just going to change.* **3** para bozdurmak, para değiştirmek; döviz bozdurmak; bir ülke parasını başka bir ülke parasıyla değiştirmek. *Can you change this £5 note for me?*
NOT: bir şeyi diğer bir şeyle değiştirmek için *change...for...* kullanılır; bir kimseyle elbiseleri değiştirmek için *change...with...* kullanılır; peri masallarında prensin kurbağa şekline dönüşmesi için *change from...* kullanılır; akşamlar gecelere yerini bırakırken *change to* kullanılır.
change hands el değiştirmek; sahibi değişmek. *This house has changed hands three times this year.* **change (bus/train)** aktarma yapmak. *I changed at Knightsbridge.* **change (gear)** vites değiştirmek. *I changed from second to first gear. I changed into third.* **change down/up** vitesi küçültmek/büyütmek. *The driver changed down from third to second (gear). The driver changed up from*

third to top (gear). The driver changed up too soon and the car stalled.
change of life menapoz, yaşdönümü; kadınlarda aybaşı halinin kesilmeye başladığı devre. **change one's mind** fikrini değiştirmek. *I used to think he was clever, but I changed my mind.*
change² [tʃeindʒ] **1** *i + sy* değişim, değişme, değişiklik. *I'm going to make some changes in this room. There have been many changes in the world during the last 100 years. He needs a change* (= Onun bir değişikliğe ihtiyacı var). **2** *i-sy* paranın üstü; küsurat: *give someone change of a pound. I gave the shopkeeper a £1 note for a newspaper and I nearly forgot to take my change.* **3** *i-sy* bozuk para, bozukluk, ufaklık. **changeable** [ˈtʃeindʒəbl] *s* değişken, sık sık değişen; kararsız, istikrarsız. *The weather is very changeable today.* **'All change!'** (bir metro, otobüs istasyonundan yapılan duyuru) 'son durak!'
channel [ˈtʃænl] *i + sy* **1** dar boğaz; iki kara parçası arasındaki dar su. **2** su yolu; nehir yatağı. *Farmers pump water from irrigation channels to water their crops.* **3** bilgilerin aktarıldığı herhangi bir yol, kanal. *I heard the news through a reliable channel.* **4** kanal, hat; televizyon yayınlarında kullanılan belli bir dalga bandı. (*eş anl.* **band**). **5** (izlenen) bir yol: *apply through the usual channels.* Ayrıca *f + n* yönetmek, kanalize etmek.
chant [tʃɑːnt] *f + n/-n* şarkı, nağme; terane; sık sık söylenen bir ezgi. Ayrıca *f + n/-n* tek düzeli tempoda ardarda yinelemek; tekdüze bir ezgi ile şarkı söylemek. *The crowd in the street were chanting in support of their leader.*
chaos [ˈkeiɔs] *i-sy* karışıklık, kargaşa. *After the revolution started, there was chaos in the country until the army took control of the goverment.* **chaotic** [keiˈɔtik] *s* karmakarışık, alt-üst. *The house was chaotic when we were unpacking after our holiday.*
chap¹ [tʃæp] *f + n/-n* (deri üzerinde rüzgâr ve soğuğun yaptığı etki hk.) kızartmak, çatlatmak; kızarmak, çatlamak. *The cold wind chapped her hands. geç. zam. ve ort.* **chapped**.
chap² [tʃæp] *i + sy* adam; çocuk. *He's a good chap; everyone likes him.* (*k.*

dil.).

chapel ['tʃæpl] *i+sy* **1** küçük kilise; bir hapisane, okul, vb. yerde Hıristiyanların ibadeti için ayrılmış bir oda. **2** kilisenin bir bölümü; burada yalnız başına dua edilir ve küçük çapta ayinler yapılır. **3** (İngiltere'de) Katolik, veya Anglikan meshebinden olmayan Hıristiyanların gittikleri kilise.

chaplain ['tʃæplin] *i+sy* bir hapishanede, okulda, vb. ile kara, deniz, hava kuvvetlerinde, veya ünlü ya da zengin bir kimsenin evinde görev yapan rahip. *The hospital chaplain gave great comfort to the sick man and his family.*

chapter ['tʃæptə*] *i+sy* bölüm, kısım; bir kitabın bölünmüş olduğu kısımlardan birisi. **chapter and verse** (anlatılan, veya söylenilen bir şey için) kaynak, belge, kesin bilgi. *He was able to give the lawyer chapter and verse for everything that had happened since the beginning of the dispute.*

char¹ [tʃa:*] *f+n/-n* kısmen yanıp kömür haline gelmek, kavrulmak; yakarak kısmen kömür haline getirmek, kavurmak; ateşe tutmak. *The book was charred when it fell into the fire.*

char² *i+sy* (=**charwoman**)'a bkz. (*esk. kul.*). (*eş anl.* **charlady**). **charring** *f-n* saat ya da günlük ücretle, veya büro temizliğinde çalışmak. (*esk. kul.*).

character ['kæriktə*] **1** *i+sy* bir kimsenin tutumu; duygulanma ve davranış biçimi; huy, tabiat. *He has a very cheerful character.* **2** *i-sy* bir kimsenin kendine özgü yapısı, onu başkalarından ayıran temel belirti ve bireyin davranış biçimlerini belirleyen ana özellik; özyapı, kişilik, karakter. *He is a man of character.* **3** *i+sy* bir kitap, veya oyundaki kişi, kahraman, karakter. *There are very many characters in the novels of Charles Dickens.* **4** *i+sy* ünlü bir kimse. (özl. alışılmışın dışında davranışlar gösteren birisi). *Old Mr Jones is quite a character.* (*k. dil.*).

characteristic [kæriktə'ristik] *s* bir kimseye bir yere, vb. özgü, has, ayırıcı nitelikte olan, tipik. *These small white houses are characteristic of Turkish villages. That behaviour is characteristic of him.* (*karş.* **uncharacteristic**). (*eş anl.* **feature**). Ayrıca *i+sy* özellik, nitelik, hususiyet, vasıf. *I*

described to him the characteristics of Scottish people. **characterize** *f+n* (genl. *ed. çat.*). tanımlamak, nitelemek; ayırıcı, belirleyici, tipik özelliği olmak. *The farms in this part of the country are characterized by small fields separated by stone walls.* **in character** huyuna uygun, karakterine yakışır. **out of character** (her zamanki) huyuna uymaz, karakterine aykırı; hiç mi hiç beklenmez. *It's out of character for John to cheat.* **character actor** karakter oyuncusu.

charade [ʃə'ra:d] *i+sy* yanlışlığı, veya saçmalığı kolayca anlaşılan bir hareket ya da durum; kimseyi kandıramayacak kadar açık saçma ve gereksiz bir yapmacık.

charades [ʃə'ra:dz] *i+sy* yapılan mimiklere, veya pandomim hareketlerine bakarak sözcük bulma oyunu; sözcükler rol yaparak, hece hece anlatılmaya çalışılır.

charcoal ['tʃa:koul] *i-sy* odunkömürü; mangal kömürü; odunun kömürleştirilmesiyle oluşan kalori değeri düşük kömür.

charge¹ [tʃa:dʒ] *i+sy* **1** saldırı, hücum; üstüne hızla gelerek hamle etme. *The troops charged the enemy trenches.* **2** (bir dükkânda alınan bir mal karşılığı için kullanılmaz) ücret; bir hizmet karşılığında ödenen para. *The man made no charge for mending my watch.* (=Adam saatimi tamir etmek için ücret almadı). *The charges for electricity and gas will be increased next year.* **3** suçlama, itham; sözlü, veya yazılı olabilir (özl. bir mahkemede yapıldığı biçimde). *My friend denied the charge of dangerous driving.* **4** barut hakkı; bir atışta kullanılan patlayıcı madde miktarı. **bring a charge against somebody** bir kimseyi itham etmek, suçlamak. *The police brought a charge of dangerous driving against him.* **in charge of** yetkili, sorumlu. *You are in charge of the team, and everybody must do what you want.* **take charge of** (bir kimseden, veya bir şeyden) sorumlu olmak ya da sorumluluğu üzerine almak. *I want you to take charge of the office until I come back.* **charge account** (*AmI*'de) veresiye hesabı. (*BrI*'de **credit account**).

charge² [tʃa:dʒ] *f+n/-n* **1** saldırmak,

hücum etmek; üstüne hızla gelerek hamle etmek. *Our soldiers charged the enemy.* 2 ücret, fiyat istemek. *I charged him five pounds for repairing his car.* 3 (**with** ile) (özl. sulh mahkemesinde) suçlamak, itham etmek. *He was charged with dangerous driving. The police charged him with dangerous driving.* 4 şarj etmek; elektrik, vb. yüklemek.

charisma [kə'rizmə] *i-sy* büyülü çekicilik; kişisel ve büyüleyici nitelik; insanların sevgisini, ilgisini ve bağlılığını çekip bunu sürdürten bir özellik. *Atatürk had charisma.* **charismatic** [kæriz'mætic] *s* büyülü çekiciliği olan. *The charismatic leader had a large following.*

charity ['tʃæriti] 1 *i-sy* yardımseverlik, hayırseverlik; merhamet; sadaka; fakirlere yardım etme, sadaka verme. *When the man offered the poor people some money, they said that they didn't need his charity.* 2 *i+sy* hayır kurumu, yardım derneği, hayrat, **charitable** *s* fakirlere, veya başkalarına karşı şefkat duyguları besleyen; yardımsever, hayırsever, cömert, merhametli, şefkatli; hayır işleri ile meşgul olan. **charity begins at home** insan önce kendi ailesini ve yakınlarını sonra başkalarını düşünmelidir. *You should offer the job to your son first, before offering it to others; after all, charity begins at home.*

charlady [tʃa:'leidi:] *i+sy* **charwoman**'a bkz.

charlatan ['ʃa:lətən] *i+sy* şarlatan; bilmediği halde bilir görünen ve yüksekten atarak karşısındakini kandıran, aldatan yalancı kimse.

charm¹ [tʃa:m] 1 *i+sy/-sy* alımlılık, sevimlilik, çekicilik, *All the girls in that family have a lot of charm.* 2 *i+sy* tılsım, nazarlık, muska; insanı kötülükten koruyan ya da talih getirdiğine inanılan bir nesne, veya sözcükler. *Jane wears lucky charms on her bracelet.*

charm² [tʃa:m] *f+n/-n* kalbini kazanmak, cezbetmek, büyülemek, meftun etmek. *The young girl charmed everyone she met.* (*eş anl.* **appeal, attract**). **charming** *s* alımlı, çekici, cazibeli; sevimli, cana yakın, tatlı. *She is a charming young lady. This is a very charming village.* (*eş anl.*

delightful). **lead/have a charmed life** hep şanslı olmak. *John leads a charmed life.*

chart [tʃa:t] *i+sy* 1 deniz haritası. 2 çizelge, tablo, grafik, kroki. (*eş anl.* **diagram, graph**).

charter ['tʃa:tə*] *i+sy* patent, imtiyaz, berat; bir buluşun, veya o buluşu uygulama alanında kullanma hakkının bir kimseye ait olduğunu gösteren belge. Ayrıca *f+n* 1 patent, imtiyaz, berat vermek. 2 özel bir amaçla, otobüs, uçak, tren, vb. kiralamak. *The members of the club chartered a plane to take them on holiday to France.* **chartered** *s* lisansı olan: *a chartered accountant* (= yeminli muhasip). **charter flight** çarter seferi; belirli bir amaçla kiralanan bir uçağın bu amaçla yaptığı sefer. (*krş.* **scheduled flight**).

charwoman [tʃa:'wumən] *i+sy* (= **char**)—gündelikçi kadın; ev, veya büro temizliğinde saat ya da günlük ücretle çalışan kadın. (*eş anl.* **charlady**).

chase [tʃeis] *f+n* kovalamak, takip etmek; yakalamak, veya öldürmek için peşine düşmek; kovalayıp uzaklaştırmak. *The policeman chased the thief. I chased the children out of my study.* Ayrıca *i+sy* kovalama, takip.

chasm ['kæzəm] *i+sy* derin yarık; toprağın yüzeyindeki çok derin bir açıklık.

chassis ['ʃæsi] *i+sy* şasi; otomobilin, üzerine karoser oturtulan iskelet bölümü. *çoğ. biç.* chassis ['ʃæsiz].

chaste [tʃeist] *s* 1 iffetli, namuslu; (yasak) cinsel ilişkide kaçınan. 2 basit, sade, süssüz. **chastity** ['tʃæstiti] *i-sy* iffet, temizlik, saflık; (yasak) cinsel ilişkiden kaçınma.

chat [tʃæt] *f-n* hoşbeş etmek; çene çalmak, yarenlik etmek; sohbet etmek. *We were chatting about the weather this morning. geç. zam.* ve *ort.* **chatted.** Ayrıca *i+sy* sohbet, hoşbeş, çene çalma. **chatty** *s* geveze, çalçene; konuşmayı seven (genl. bıktırıcı ve can sıkıcı bir şekilde). *I don't like that woman very much; she's so chatty.* **chat show** *i+sy* (televizyon, veya radyoda) bir kimse ile yapılan sohbet programı.

chatter ['tʃætə*] *f-n* 1 gevezelik etmek, saçma sapan konuşmak. *At camp the* *children chattered long after they should have been asleep.* 2 takırdamak, birbirine çarpmak; (bazı hayvan ve kuşlar hk.) konuşuyormuş gibi çatur çutur ses çıkarmak. *His teeth were chattering with cold . The monkeys were chattering.* Ayrıca *i-sy* gevezelik, saçma sapan konuşma. **chatterbox** geveze, çenesi düşük, çalçene. (*k. dil.*).

chatterer [tʃætərə*] *i+sy* (=**chatterbox**)—geveze, çenesi düşük, çalçane.

chauffeur [ˈʃoufə*] *i+zy* özel şoför; özel araba şoförü. Ayrıca *f+n* özel şoförlük yapmak.

chauvinist [ˈʃouvinist] *i+sy* aşırı, veya bağnazlık derecesinde yurtseverlik ve ulusçuluk. **chauvinism** *i+sy* aşırı milliyetçilik.

cheap [tʃi:p] *s* 1 ucuz. *These shoes are very cheap at £25. You can get it much cheaper in that shop.* (karş. **expensive**). 2 kalitesiz. *This is very cheap cloth; it will soon begin to look old.* 3 bayağı, adi; tiksindirici: *a cheap joke about someone's thick glasses.* **cheaply** *z* ucuza, ucuzca. *I can buy fruit cheaply here.* **cheapen** *f+n* 1 alçaltmak, küçük düşürmek, itibarını sarsmak. *Jane's behaviour cheapened her in my eyes. Don't cheapen yourself.* 2 değerini, kıymetini düşürmek; ucuzlatmak. **dirt cheap** inanılmayacak kadar ucuz, sudan ucuz. **on the cheap** ucuza. (*eş anl.* **cheaply**).

cheat [tʃi:t] *f+n/-n* hile yapmak, dalavere yapmak; (birisini) dolandırıp, kandırıp elinden almak; ihanet etmek, aldatmak. *That boy tried to cheat in the examination* (=Şu çocuk sınıvda kopya çekmeye çalıştı). *That shopkeeper cheats his customers. He cheated his brothers out of the land which their father had given to all of them.* Ayrıca *i+sy* 1 dolandırıcı, dalaverici, düzenbaz, hilebaz kimse. 2 hile, dalavere, oyun, dolandırıcılık; ihanet, aldatma.

check¹ [tʃek] *f+n/-n* kontrol etmek; bir şeyin doğru olduğundan emin olmak için muayene etmek, denetlemek. *I'm not sure whether I've added up these numbers correctly; will you check them for me?* 2 durdurmak, sınırlamak, denetim altına almak. *The government scientists*

were working hard to check the spread of the disease. This bad habit must be checked. **check in** 1 gelişini, varışını bildirmek. (örn. otel resepsiyonunda deftere kaydolmak; havaalanında uçak bürosuna başvurmak). *When you reach your hotel, you should check in at once.* 2 bir eşyayı muhafaza amacı ile emanete (=**checkroom, cloakroom, left-luggage**) bırakmak, veya almak. 3 bir fabrika, veya büroda işe geliş saatini kaydetmek. (*eş anl.* **clock in/on**). **check out** 1 bir otel, lokanta, veya büyük bir mağazada hesabı ödeyerek ayrılmak. *He checked out last night, and left no forwarding address.* 2 bir iş sonrası fabrika, veya bürodan ayrılış saatini kaydetmek. (*eş anl.* **clock out/off**). **check up on something** bir şey hakkında tam bir araştırma yapmak. *I'm not sure when my train leaves; I must go to the station to check up. I am going to check up on the time of the train.* **keep/hold someone/ something in check** bir kimse, veya bir şeyi durdurmak, önüne geçmek, kontrol altına almak, kontrol altında tutmak, denetim altında bulundurmak. *He was holding his enthusiasm pretty well in check.*

check² [tʃek] *i+sy* 1 kontrol, denetleme, muayene. *You aren't very good at arithmetic; you ought to ask somebody to give your addition a check.* 2 engel, mânia, fren; durdurma, sınırlama, denetim altına alma. *The new drug acted as a check to the spread of the disease.* 3 (genl. *AmI*'de) lokantada hesap pusulası. (*BrI*'de **bill**). 4 damalı desen, karolu desen. 5 (*AmI*'de) çek; bir kimsenin bankasındaki parasının dilediği kimseye ödenmesi için bankaya gönderdiği yazılı belge. (*BrI*'de **cheque**); çek kâğıdı. **checked** *s* kareli, damalı, ekose. **checkers** *i-sy* (*AmI*'de) dama oyunu. (*BrI*'de **draughts**). **checkmate** (santrançta) karşısındakinin şahını kıpırdayamaz duruma sokacak biçimde kendi taşlarını sürmek; mat etmek, oyunu kazanmak. **checkout** *i+sy* (genl. *tek. Biç.*) bir süpermarkette alınan malların parasının ödendiği kasa. **checkpoint** kontrol noktası; yolcu ve araçların

kontrol edildiği yol üzerindeki bir yer.
check-up *i+sy* genel sağlık kontrolü;
çekap *I'm going to the doctor for a
check-up.*
cheek¹ [tʃiːk] *i+sy* yanak; yüzün ağız,
kulak ve burun arasındaki bölümü. *It
was a little girl with red cheeks.*
cheek² [tʃiːk] *i-sy* 1 kaba sözler (özl.
bir çocuğun, bir büyüğe söylediği).
*When I told those boys to stop
breaking windows, they gave me a lot
of cheek and ran away.* (*eş anl.*
insolance). 2 cüret; yüzsüzlük,
küstahlık. *David had the cheek to
refuse me.* **cheeky** *s* kaba, ama
oldukça eğlendirici. *He's a cheeky
little boy, but he's very friendly.*
cheep [tʃiːp] *i+sy* cıvıltı; ufak bir
kuşun çıkardığı ses. Ayrıca *f-n* cı-
vıldamak.
cheer¹ [tʃiə*] *f+n/-n* 'Yaşa!', 'Varol!',
'Haydi!', 'Bravo' demek, 'Haydi
aslanım!' diye çığlık atmak, alkış
tutmak, tempo tutarak bağırmak,
teşvik etmek, cesaretlendirmek. *The
crowds cheered when they heard the
news of the victory.* (*karş.* **boo**). 2 bir
kimseyi neşelendirmek, keyiflen-
dirmek. *The old man was cheered by
the visit of his grandsons.* **cheer up**
(daha da) neşelenmek, neşelendir-
dirmek; (daha da) mutlu olmak,
mutlu etmek; teselli etmek; keyif-
lendirmek. *Don't be so worried, try
to cheer up. They went to visit the old
man, in order to cheer him up. Mary
hoped that her father would cheer up.*
cheer² [tʃiə*] *i+sy* Yaşa! Varol! Haydi!
Bravo! vb. gibi yüreklendirici, övücü
bir çığlık. **cheerful** *s* mutlu, neşeli,
şen. *She smiled back at the cheerful
faces of her students.* **cheerfulness**
i-sy. **Cheers** 1 (içki içerken) Şerefinize!
Sağlığınıza! 2 teşekkür ederim. (*eş
anl.* **ta**). 3 (özl. telefonda) Hoşçakal!
Eyvallah! Allahaısmarladık! (*eş anl.*
bye, cheerio). (2. ve 3. anlamları *k.
dil.*).
cheerio ['tʃiəriˈou] *ünlem/i+sy*
(*BrI*'de) Hoşçakal! Eyvallah! Allaha-
ısmarladık! (*eş anl.* **bye, cheer**). *çoğ.
biç.* **cheerios**.
cheerleader ['tʃiəliːdɔ*] *i+sy* (spor
karşılaşmalarında) amigo.
cheese [tʃiːz] *i-sy* peynir. **Say cheese**
(fotoğraf çekilirken) Gülümseyin.
chef [ʃef] *i+sy* bir lokanta, veya otelde

erkek aşçı. (özl. aşçıbaşı).
chemistry ['kemistri] *i-sy* kimya;
maddelerin temel yapılarını, bileşim-
lerini, dönüşümlerini; çözümleme,
birleşim ve üretim yöntemlerini
inceleyen bilim. **chemical** ['kemikl] *s*
kimyaya ait, kimya ile ilgili. Ayrıca
i+sy kimyasal madde; kimya yolu ile
üretilmiş olan bir madde. **chemist**
i+sy 1 kimyager. 2 eczacı (=**dis-
pensing chemist**) ilaç yapan ve hazır
ilaçları satan diplomalı kimse. (*eş anl.*
pharmacist). **the chemist** eczahane;
ilaç, sabun, dişmacunu, vb. satılan
yer. *John went to the chemist to get
some cough medicine.* (*eş anl.*
pharmacist).
cheque [tʃek] (*BrI*'de) çek; bir kimse-
nin bankasındaki parasının dilediği
kimseye ödenmesi için bankaya gön-
derdiği yazılı belge. (*AmI*'de **check**).
cheque book çek defteri. **cheque card**
banka kartı; hesap sahibinin belli bir
miktara kadar yazacağı çeklerin kar-
şılığının ödeyeceğine dair bankanın
taahhüdünü belirten kart.
chequered, checkered ['tʃekəd] *s*
değişik, değişik olaylarla dolu. özl. **a
chequered career** sözünde—dalgalı
bir meslek hayatı; bazen iyi bazen
kötü günlerle geçmiş, değişik değişik
işlere girilmiş çıkılmış, bir çok yerler
gezilmiş görülmüş bir hayat.
cherish ['tʃeriʃ] *f+n* kalbinde yaşat-
mak; unutmamak; güçlü derin, duy-
gular ile anısını taptaze tutmak. *He
cherished the memory for many
years. I cherish the hope of meeting
him one day.*
cheroot [ʃəˈruːt] *i-sy* iki ucu da düz
kesilmiş bir çeşit puro.
cherry ['tʃeri] *i+sy* kiraz. **have another
bite at the cherry/a second bite at the
cherry** (özl. ilk denemede başarama-
yınca) bir şansı daha olmak.
cherub ['tʃerəb] *i+sy* 1 kanatlı, çıplak
ve tombul bir çocuk olarak
resmedilen bir melek. *High on its
façade you can see a naked cherub.*
2 nur topu gibi çocuk; masum ve
güzel yüzlü genç bir insan. (*çoğ. biç.*
cherubs veya **cherubim** ['tʃerəbim]).
cherubic ['tʃerəbik] *s* melek gibi. *The
child had a round, cherubic face.*
chess [tʃes] *i-sy* satranç. *Shall we have
a game of chess?* **chessboard** satranç
tahtası. **chessman** satranç taşı.

chest [tʃest] *i+sy* 1 içinde eşya saklanan büyük sağlam sandık. (*eş anl.* trunk). 2 göğüs; vücudun boyunla karın arasındaki ön kısmı. *I had a severe pain in my chest.* chest of drawers konsol; içine iç çamışırı konulan çekmeceli dolap. get something off one's chest (derdini, üzüntüsünü anlatıp) içini boşaltmak; içini dökmek.

chestnut ['tʃesnʌt] *i+sy* 1 kestane. 2 kestane ağacı.

chew [tʃuː] *f+n/-n* çiğnemek; ağza alınan bir şeyi dişler arasında ezmek, öğütmek. chewing gum çiklet, jiklet; şekerli ve kokulu çiğneme sakızı. bite off more than one can chew için bit'a bkz.

chic [tʃiːk] *s* (genl. kadınlar hk.) şık, modaya uygun. *Jane looks very chic.* Ayrıca *i-sy* şıklık.

chick [tʃik] *i+sy* 1 yavru kuş. 2 (kadınlar için kullanılır) yavru, fıstık. (*k. dil.*).

chicken ['tʃikin] *i+sy* 1 civciv. 2 piliç. Don't count your chickens / Don't count your chickens before they're hatched Dereyi görmeden paçaları sıvama. *'If I get the new job, the first thing I shall buy is a car.'—'Don't count your chickens before they are hatched; you haven't been interviewed yet.'* a chicken and egg situation 'tavuk mu yumurtadan çıkar, yumurta mı tavuktan?' durumu. chicken out korkup yapmamak. *John chickened out of accepting the challenge at the last minute.*

chickenpox ['tʃikinpɔks] *i-sy* suçiçeği; üç gün ateş yapan ve çiçek hastalığına benzeyen, fakat ondan çok hafif olan bir çocuk hastalığı. *John got chickenpox.*

chickpea ['tʃikpiː] *i+sy* (genl. çoğ. biç.) nohut.

chicory ['tʃikəri] *i-sy* 1 hindiba, güneğik, frenk salatası; yaprakları haşlanarak salata gibi yenilebilen otsu bir bitki. 2 hindiba tozu; bu bitkinin kurumuş köklerinden ezilerek elde edilen toz; kahveye bir tat vermek için kullanılır.

chief [tʃiːf] *i+sy* 1 reis, şef, kabile lideri. 2 başkan, lider. *We elected her as the chief of the committee to talk to the manager about our complaints.* too many chiefs and not enough Indians / all chiefs and no Indians yol gösteren çok ama işi yapan yok. Ayrıca *s* önemli, belli başlı. *My chief problem is with spelling.* chiefly *z* başlıca; en çok. *He chiefly wondered what on earth she was trying to do.*

chiffon ['ʃifɔn] *i-sy* şifon; ince iplikle (genl. ipek) dokunmuş çok ince, şeffaf kumaş: *a red chiffon dress; a dress of red chiffon.*

chilblain ['tʃilblein] *i+sy* mayasıl; soğuk sonucu el ve ayaklarda oluşan bir kızarıklık, veya acı veren bir şişlik. *She got a chilblain.*

child [tʃaild] *i+sy* çocuk; küçük yaştaki oğlan, veya kız. *çoğ. biç.* children ['tʃildrn]. childhood *i-sy* çocukluk (dönemi); bebelik ile erginlik arasındaki dönem. *In my childhood, I lived in Manchester. Her childhood was a happy one.* childish *s* çocuk gibi, çocukça olan, çocuk ruhlu, çocuksu: *childish manners. Stop being childish!* childbirth *i-sy* doğum; çocuk doğurma: *die in childbirth.* childlike *s* çocuk gibi (örn. saf, her zaman doğruyu söyleyen, iyi, hoş ve güvenilir): *a woman with a childlike figure. My wife has a childlike faith in my ability.* childless *s* çocuksuz. child's play çok kolay, çocuk oyunu. *You'll learn this job very easily: it's just child's play, actually.* with child hamile.

chill [tʃil] *i+sy* 1 üşütme; hafif ateş, baş ağrısı ve hapşırma ile ortaya çıkan bir hastalık. *My son got a bad chill.* 2 soğuk. *The sun had gone down now and the valley was darkening with the chill of the night.* Ayrıca *f+n* ürpermek, titremek. chilly *s* rahatsız olunacak kadar soğuk. *It was a chilly day.*

chime [tʃaim] *i+sy* ahenkli çan sesi (özl. bir kilisenin, veya bir saatin). Ayrıca *f+n/-n* (çan) ahenkle çalmak, çana benzer müzikli ses çıkarmak, çıkartmak. *The clock was chiming six when I came in.* chime in (with) söze karışmak. *When John started to describe an accident, Mary chimed in to give a few other details.* chime in with ...-e uymak, gitmek.

chimney ['tʃimni] *i+sy* baca. chimney sweep baca temizleyicisi.

chimpanzee [tʃimpənˈziː] *i+sy* şempanze; çok zeki Afrika maymunu.

chimpanzee

chin [tʃin] *i+sy* çene; altlı üstlü dişleri taşıyan ve ağzın açılıp kapanmasını sağlayan parça. *She rested her chin on her hand while she was thinking. I hit man on the chin.* **keep one's chin up** cesaretini kaybetmemek. *I know that things are going badly for you just now, but you will just have to keep your chin up and hope that they will get better.* **take it on the chin** hiç sızlanmadan, şikâyet etmeden cesaretle karşı koymak.

china ['tʃainə] *i-sy* porselen; kaolinden elde edilen çömlek hamurunun yüksek ısıda pişirilmesi ile yapılan, tabak, fincan, vb. **a bull in a china shop** için **bull**'a bkz.

chink [tʃiŋk] *i+sy* çatlak, yarık (özl. bir duvarda, veya kapıda). *I could just slip my fingers through the chink in the wall.*

chip [tʃip] *i+sy* **1** yonga, kıymık, parça; tahta, bardak, taş, porselen, vb. şeylerin kırılması, parçalanması sonucu kopup ayrılmış küçük bir parça. **2** (*Brİ*'de) (genl. çoğ. biç.) (bir tek) (parmak) patates kızartması. (*AmİI*'de **French fried potato**). Ayrıca *f+n/-n* ufak bir parça kopmak, veya koparmak. *This cup is chipped; bring me another one.* geç. zam. ve ort. **chipped. a chip off the old block** hık demiş burnundan düşmüş. *If you knew Jim's father, then you will find Jim very like him; Jim's a real chip off the old block.* **have a chip on one's shoulder** öfkesi burnunda olmak. *He applied for a promoted post and did not get it; ever since then he has had a chip on his shoulder.* **chip in 1** sözü kesmek, lâfa karışmak. *You shouldn't chip in that way, when your elders are holding a conversation.* **2** paraca yardım etmek; yardımda bulunmak.

We decided to chip in with a fiver (£5).

chiropody [ki'rɔpədi] *i-sy* pedikür; ayak bakımı ve tedavisi (örn. nasır, tırnak batması, vb. rahatsızlıklarla ilgilidir). **chiropodist** *i+sy* pedikürcü.

chirp [tʃɔ:p] *i+sy* cıvıltı; cır cır ötme; bazı kuşların ve böceklerin çıkardığı ses. Ayrıca *f+n/-n* cıvıldamak; cır cır ötmek.

chisel ['tʃizl] *i+sy* keski, kalem, iskarpela; tahta, metal, veya taşı işlemeye yarayan çelik araç.

chit [tʃit] *i+sy* not, pusula; bir şeyi yapmaya, veya almaya izni olduğunu gösteren kısa yazı. **chit-chat** *i-sy* havadan sudan konuşma, hoşbeş, çene çalma.(eş anl. **chat**).

chivalry ['ʃivəlri] *i+sy* **1** (Orta Çağlarda) şövalyelik; şövalyelik nitelikleri. **2** (özl. kadınlara karşı) erkeklerin gösterdiği kibarlık, naziklik; efendilik. **chivalrous** *s* nazik, kibar ve cesur. *Have you read the story of the chivalrous knights of King Arthur and the Round Table?* (karş. **unchivalrous**).

chlorine ['klɔ:ri:n] *i+sy/-sy* klor; yeşil renkli, keskin kokulu, solunum yollarını tahriş eden boğucu, zehirli bir gaz. Simgesi Cl. **chlorinate** ['klɔ:rineit] *f+n* klorlamak; mikropları öldürmek için suya belirli miktarda klor karıştırmak.

chloroform ['klɔ:rəfɔ:m] *i-sy* kloroform; renksiz ve keskin kokulu, koklatılınca insanları bayıltan bir sıvı; ameliyatlarda narkoz olarak kullanılır.

chlorophyll ['klɔrəfil] *i-sy* klorofil; güneş ışığını emerek bitkilerde karbon özümlemesini sağlayan ve bitkilere yeşil renklerini veren madde.

chocolate ['tʃɔklit] **1** *i-sy* çikolata. **2** *i-sy* şokola; kakao ve sıcak sütten yapılan bir içecek. **3** *i+sy/-sy* (şekerleme olarak yenilen) çikolata: *Don't eat chocolate before lunch.*

choice [tʃɔis] *i+sy* **1** seçme, seçim; seçenek, tercih. *Take your choice* (=Beğendiğini al). **2** çeşit, çeşitler. *If you go to a big shop you will have a better choice of dresses.* Ayrıca *s* seçkin; nefis, mükemmel; kalburüstü. Ayrıca **choose**'a bkz.

choir ['kwaiə*] *i+sy* koro; bir müzik yapıtını uygulamak için bir araya

gelen topluluk (özl. kilisede).
choke¹ [tʃouk] *f+n/-n* **1** boğulmak,
(nefesi) tıkanmak; boğmak, (nefesini)
tıkamak. *He choked when he ate his
food too quickly. She choked on a
piece of cake. / A piece of cake made
her choke.* **2** boğmak (özl. gırtlağını
sıkarak). *He was found choked to
death. (eş anl.* **strangle**). **3** (genl. **up**
ile) (bir yeri) tıkamak (örn. bir boru-
yu, bir geçidi, bir akıntıyı vb.). *The
stream was choked (up) with weeds.*
choke² [tʃouk] *i+sy* jikle, hava
kelebeği; bir motora giden hava yakıt
karışımında hava miktarını ayar eden
düzenek. *The car engine is cold, pull
the choke out.*
cholera ['kɔlərə] *i-sy* kolera; şiddetli
ishal ve kusmalarla kendini gösteren,
çok bulaşıcı, salgın ve öldürücü bir
hastalık. *My foster brother died of
cholera.*
choose [tʃuːz] *f+n/-n* bir çok şey
arasından seçmek, ayırmak. *You can
have one of these books; choose the
one you want. He went to the shop
to choose a present for his wife.* **2**
karar vermek; istemek, arzu etmek.
*He did not choose to help me. He did
not choose to run. geç. zam. biç.*
chose [tʃouz]. *geç. zam. ort.* **chosen**
[tʃouzn]. Ayrıca **choice**'a bkz. **choosy**
s (seçmekte) çok titiz; güç beğenen,
müşkülpesent. (*k. dil.*). **cannot choose
but** ...-mekten başka bir şey yapa-
mamak; ...-mekten başka seçeneği
olmamak. *We cannot choose but vote
for him.* **there is little to choose
between/there is not much to choose
between** aralarında hiç fark yoktur.
chop¹ [tʃɔp] *f+n* yarmak; balta ile
kesmek. *He chopped a lot of wood
for the fire. geç. zam. ve ort.* **chopped**.
chop up keserek çok ufak parçalara
ayırmak; doğramak, kıymak. *She
chopped up the meat and vegetables
to make a stew. He chopped up that
old chair for firewood.*
chop² [tʃɔp] *i+sy* pirzola, külbastı.
choppy *s* (özl. deniz hk.) çırpıntılı,
küçük kaba dalgalı. **chop and change**
durmadan (yön, fikir, plan, vb.) de-
ğiştirmek.
chopsticks [tʃɔpstiks] içoğ çubuk;
yemek yeme çubuğu; Çinlilerin kul-
landıkları çubuk (kaşık, çatal yerine
kullanılır).

choral ['kɔːrl] *s* koro ile ilgili, koroya
ait.
chord [kɔːd] *i+sy* **1** çalgı teli. **2** (geo-
metride) bir eğrinin iki noktasını bir-
leştiren doğru parçası; kiriş. **strike/
touch a cord** can alacak noktasına
dokunmak; en hassas noktaya do-
kunmak.
chore [tʃɔː*] *i+sy* günlük iş, ufak tefek
iş (özl. evde yapılan). *My wife does
her chores in the afternoon.*
choreography [kɔri'ɔgrəfi] *i-sy*
koregrafi; bir baleyi oluşturan adım,
figür ve anlatımların bütünü. **chor-
eographer** *i+sy* koregraf, baleyi oluş-
turan adım ve figürleri düzenleyen
sanatçı.
chortle ['tʃɔːtl] *f-n* kıkırdamak, kıkır
kıkır gülmek. *She chortled happily
/with delight. (eş anl.* **chuckle**).
chorus ['kɔːrəs] *i+sy* **1** koro; şarkıcılar,
aktörler, veya dans edenler topluluğu
(özl. bir tiyatroda şarkı söyleyip dans
edenler). **2** koro tarafından söylenen
şarkı. **3** (şarkılarda) nakarat; her
kıtada yinelenen ve bestesi değiş-
meyen parça. **4** bir çok kimse tara-
fından aynı anda söylenen bir şey.
chose, chosen [tʃouz, 'tʃouzn] **choose**
fiilinin geçmiş zamanı ve ortacı.
christen ['krisn] *f+n* çocuğa vaftiz
sırasında ad vermek (böylece Hıris-
tiyan kilisesine katılır). *The priest will
christen our baby tomorrow.*
Christian ['kristiən] *s* Hıristiyanlarla
ilgili, Hıristiyanlara özgü. Ayrıca
i+sy İsa Peygamber'in Allah'ın oğlu
olduğuna inanan kimse. **Christianity**
[kristi'æniti] *i-sy* Hıristiyanlık,
Hıristiyan dini. **Christian name**
doğduğunda çocuğa ailesi tarafından
verilen ad.
NOT: eğer bir kimsenin adı 'John
Smith Richard' ise 'John Smith'
verilen ad, yani **Christian name**'dir ve
'Richard'da soyadıdır. Eğer bu kimse
Hıristiyan değilse, **Christian name**
yerine ya **first name** ya da **forename**
denir.
Christmas ['krisməs] *i+sy* Noel; İsa
Peygamber'in doğumunun yortusu
(bir çok Hıristiyan mezhebinde 25
Aralıkta kutlanır). **Christmas tree**
Noel ağacı; Noel bayramında
Hıristiyanların mumlarla ve oyun-
caklarla süsledikleri küçük çam ağacı.
Father Christmas Noel baba; Hıris-

tiyan çocuklarına, Noel gecesi gelip kendilerine armağan bıraktığı anlatılan düşsel kişi.

chrome, chromium ['kroum(iəm)] *i-sy* krom; ısıya dayanıklı havada oksitlenmeyen, parlak gümüş renginde bir metal. Simgesi Cr.

chronic ['krɔnik] *s* 1 (hastalıklar hk.) kronik, müzmin: *a chronic invalid; a chronic disease. Being a chronic smoker, he had a chronic cough. He left her in a chronic condition.* 2 çok kötü, berbat. *The play was chronic. (k. dil.* ve genl. yanlış bir kullanım olduğu kabul edilmektedir).

chronological [krɔnə'lɔdʒikl] *s* genl. **in chronological order** sözünde—zaman akışı içindeki sıraya göre düzenlenmiş; kronolojik.

chrysanthemum [kris'ænθiməm] *i+sy* kasımpatı, krizantem; sonbahardan kışa değin, açan bir bahçe çiçeği.

chubby ['tʃʌbi] *s* (genl. genç olan bir kimse/bir şey, örn. bir çocuk, veya bir köpek yavrusu hk.) iyice tombalak, ama görünüşü tatlı olan, tombiş, tombul, dolgun.

chuck [tʃʌk] **1** fırlatmak, atmak. *They chucked snowballs at me.* **2** bir kimseyi sille tokat dışarı atmak. (**1.** ve **2.** anlamları *k. dil.*).

chuckle [tʃʌkl] *f-n* kıkırdamak; hafiften bir ses çıkarak mutlu mutlu gülmek. *She chuckled as she read his funny letter.* (*eş anl.* chortle).

chum [tʃʌm] *i+sy* arkadaş, ahbap. **chum up** arkadaş olmak. *Her daughter has chummed up with some well-behaved girls.*

chunk [tʃʌŋk] *i+sy* iri parça, kalın bir parça: *a chunk of meat/coal.* (genl. *k. dil.*). (*eş anl.* **lump**).

church [tʃə:tʃ] *i+sy* **1** kilise; Hıristiyan tapınağı **2** herhangi bir Hıristiyan mezhebi: *the Roman Catholic church; the Metodist church.* **church service** ayin. **churchyard** kilise çevresindeki arazi (genl. ölülerin gömülmesi için kullanılır). **Church of England** Anglikan Kilisesi; bu kilisenin başı olan Kral ya da Kraliçe Papa'nın yetkisini tanımaz.

churlish ['tʃə:liʃ] *s* aksi; huysuz, ters. *He's extremely churlish; I don't like him.*

churn [tʃə:n] *i+sy* yayık; tereyağı çıkarmak için sütün içinde dövül-

düğü, veya çalkalandığı kap.

chute [ʃu:t] *i+sy* kaydırma oluğu; eğilimli bir oluk olup içinden bir şey geçirilebilir, aşağı atılabilir, veya kaydırılabilir.

chutney ['tʃʌtni] *i-sy* meyva ve baharat ile yapılan bir tür turşu olup etle birlikte yenir.

CIA [si:ai:'ei] *özeli* Amerika'da (=Central Intelligence Agency)— Merkezi Haberalma Örgütü.

cicada [si'ka:də] *i+sy* ağustosböceği. *çoğ. biç.* **cicadas, cicadae** [si'ka:di:].

CID [si:ai'di:] *özeli* İngiltere'de (=Criminal Investigation Department)—Cinayet Şubesi.

cider ['saidə*] *i-sy* elma şarabı.

cigar [si'ga:*] *i+sy* puro; yaprak tütünle yapılmış kalın ve uzun sigara. **cigarette end** izmarit; içilmiş sigara artığı.

cigarette [sigə'ret] *i+sy* sigara.

cinch [sintʃ] *i+sy* kolayca yapılan bir şey, çocuk oyuncağı. (*k. dil.*).

cinder ['sində*] *i+sy* kor; iyice yanarak ateş durumuna gelmiş kömür, veya odun parçası.

cine- ['sini] *ön-ek* sinemacılık ile ilgili (örn. **cine-camera** film çekme makinası).

cinnamon ['sinəmən] *i-sy* kimyon.

cinema ['sinəmə] *i+sy* sinema (binası). **the cinema** sinema; film endüstrisi. *I sometimes go to the cinema.*

cipher, cypher ['saifə*] *i+sy* şifre; gizli haberleşmeye yarayan işaretlerin tümü.

circle ['sə:kl] *i+sy* **1** daire, çember. **2** daire biçiminde bir şey: *a circle of chairs.* **3** çevre, muhit; ortak ilgilerden dolayı, dostça bir araya gelen insanlar topluluğu: *a large circle of friends; people in business and political circles; the family circle.* **4** (bir sinema, veya tiyatroda) balkon; koltukların yarım ay biçiminde dizildiği yer. Ayrıca *f+n/-n* halka çizmek, dönmek, etrafında dolaşmak. *The plane circled the airport several times before it landed.* **come full circle** dönüp dolaşıp aynı yere gelmek.

circuit ['sə:kit] *i+sy* **1** elektrik devresi. **2** tur, tam bir dolanım: *three circuits of a racetrack.* **circuitous** [sə:'kju:itəs] *s* dolaylı, dolambaçlı; düz ve direk gideceğine, çevresinden dolaşıp uzun yoldan giden. (*eş anl.* **roundabout**).

circular ['sə:kjulə*] s yuvarlak, dairesel. Ayrıca *i+sy* genelge, sirküler, tamim; yasa ve yönetmeliklerin uygulanmasında yol göstermek, herhangi bir konuda aydınlatmak, dikkati çekmek gibi konularda ilgililere gönderilen yazı.

circulate ['sə:kjuleit] *f+n/-n* bir yerden öbür yere, veya bir kimsenin yanından öbür kimsenin yanına dolaşmak, dolaştırmak; gidip gelmek. *Traffic circulates in the streets of a city. The news was circulated through the room. Blood circulates around the body.* **circulation** [sə:kju'leifən] 1 *i-sy* dolaşım, devir, cereyan, sirkülasyon. 2 *i+sy* baskı sayısı, tiraj, bir dergi, veya gazetenin genl. satış miktarı. 3 *i+sy* kan dolaşımı. *I rubbud my hands to get the circulation going.*

circumcise ['sə:kəmsaiz] *f+n* sünnet etmek, yapmak; (sağlık, veya dini nedenlerle) erkek çocukta üreme organının ucundaki deriyi çepeçevre kesmek.

circumference [sə'kʌmfərəns] *i+sy* 1 daire çevresi, bir dairenin dış kenarı. 2 dairenin çevre uzunluğu.

circumspect ['sə:kəmspekt] s dikkatli, tedbirli, ihtiyatlı. (*karş.* **reckless**). (eş anl. **careful**).

circumstance ['sə:kəmstəns] *i+sy* (genl. *çoğ. biç.*). durum, koşul; hal, şart, vaziyet. *Most countries would be willing to go to war under certain circumstances. I don't remember all the circumstances of the quarrel. When I explained my circumstances to the old man, he decided to help me.* **in/under the circumstances** bu şartlar altında; işler böyle olduğu için. *Under the circumstances, you were lucky not to be hurt. Under the circumstances, I cannot help you.* **not... under any (under no)** hiçbir surette, hiçbir zaman, asla. *You must not touch this switch under any circumstances.*

circus ['sə:kəs] 1 sirk; sirk gösterisi. *I never go to the circus.* 2 yuvarlak meydan; bir çok sokakların, caddelerin açıldığı daire biçimindeki açıklık.

cirrhosis [sir'ousis] *i-sy* siroz; genl. aşırı alkol içilmesinin doğan ve karaciğerin irileşmesi, veya körelmesi ile beliren öldürücü bir hastalık. (Ayrıca **cirrhosis of the liver** da denir.)

cirrus ['sirəs] *i-sy* sirrus; saçak bulut.

(Ayrıca **cloud**'a bkz.).

cistern ['sistən] *i+sy* 1 su deposu; evlerin dam, veya çatılarında su depolamak için konulmuş depo. 2 tuvalette sifon deposu.

cite [sait] *f+n* örnek ya da kanıt olarak bir kimsenin/bir şeyin adından söz etmek. *He cited three other people who had done same thing.* (*r. kul.*).

citizen ['sitizn] *i+sy* 1 hemşeri; aynı ilden olan kimse; memleketli. *The citizens of New York are called New Yorkers.* 2 yurttaş, vatandaş; yurtları, veya yurt duyguları bir olanlardan her biri. *I am a Turkish citizen by birth.* **citizenship** *i-sy* yurttaşlık, vatandaşlık;. bir yurtta doğup büyüme, veya yaşamış olma durumu.

Citizen's Band *özeli* halk telsiz bandı; özl. kamyon şoförleri, ve diğer vatandaşların haberleşmeleri için izin verilmiş telsiz bandı.

citrus ['sitrəs] s turunçgiller familyasına ait; portakal, limon, greyfrut, vb. meyva, veya ağaçları ile ilgili (genl. **citrus fruit** (=narenciye) biçiminde kullanılır).

city ['siti] *i+sy* şehir, kent. **the City** Londra'nın en eski bölgesi; şimdi iş ve bankacılık merkezi.

civic ['sivik] s bir şehir ile ilgili; şehre ait (özl. bir şehrin idaresi hk.). **civics** *i-sy* yurttaşlık bilgisi.

civil ['sivil] s 1 yurttaşlık ile ilgili 2 sivil; asker olmayan kimselerle ilgili. (*karş.* **military** 3 kibar, nazik, uygar. (*karş.* **uncivil**). **civil engineering** *i-sy* inşaat mühendisliği; köprü, yol, liman, vb. inşa etme mühendisliği. **civil engineer** *i+sy* inşaat mühendisi. **civil law** medeni kanun; yurttaşlar yasası; yurttaşların hak ve görevleri, onların mülkiyet hakları, vb. ile uğraşan yasa (suç ve ceza ile ilgilenmez). **civil marriage** medeni nikah. **civil rights** yurttaşlık hakları. **civil service** *i-sy* kamu görevi, devlet memurluğu. *She has a job in the civil service.* **civil servant** devlet memuru. **civil war** için **war**'a bkz.

civilian [si'viliən] *i+sy* sivil; asker olmayan kimse.

civilize ['sivilaiz] *f+n* uygarlaştırmak, medeni hale getirmek. *The Romans civilized many of the tribes of northeren Europe.* **civilized** s 1 (insanlar hk.) kültürlü, eğitimli, görgü kurallarına uyan. 2 uygar, medenileşmiş; vahşi değil: *behave in a civilized manner.* **civilization** [sivilai'zeiʃən] 1 *i-sy* uygarlık, medeniyet. *The Romans brought civilization to Britain.* 2 *i-sy* bir ülkenin, bir toplumun maddi, ve manevi varlıklarının, fikir, sanat çalışmalarıyla, bilimsel ve dinsel yönleri ile ilgili niteliklerinin, tümü; uygarlık, medeniyet. *Civilization may be destroyed if there is another world war.* 3 *i+sy* bir uygarlık örneği; belli bir zamanda ve yerde ortaya çıkmış olan belli bir uygarlık türü: *the Chinese civilization; the Roman civilization.*

claim¹ [kleim] *f+n/-n* 1 hak iddia etmek; (bir malın, paranın, vb.) yasal sahibi olduğunu ileri sürmek. *The United States claims certain islands in the Pacific at present held by New Zealand. Nobody has come to claim this book which was found in the road.* 2 iddia etmek; (bir şeyi) doğru imiş gibi ileri sürmek. *He claimed to be 100 years old. He claimed to have read the book, but he couldn't answer any questions about it.*

claim² [kleim] *i+sy* 1 (bir şeyin yasal olarak kendisinin olduğu konusunda) istem, istek, talep, iddia. *I made a claim for that book.* 2 (bir şeyi) doğru imiş gibi ileri sürme; iddia etme. *Nobody believed his claim to be 100 years old.* 3 (bir şey konusunda) hak; (bir şeyi elde etmeye) layık olma. *Children have the first claim on their parents.* **claimant** *i+sy* (bir şey üzerinde) hak iddia eden kimse; davacı.

clam [klæm] *i+sy* (bir tür) midye. **clam up** çenesini kapamak; sus pus olmak, ağzını açmamak. *Don't clam up just when the story is getting interesting. (k. dil.).*

clamber ['klæmbə*] *f-n* elleri ve ayakları kullanarak, güçlükle ve çaba harcayarak tırmanmak. *We clambered over the wall.*

clammy ['klæmi] *s* soğuk ve nemli: *clammy hands; clammy walls.*

clamp ['klæmp] *i+sy* mengene; kıskaç, kenet, kelepçe, işkence. Ayrıca *f+n* mengene, kıskaç ile sıkıştırmak. **clamp down on someone/something** bir şeyi durdurmak, veya yasaklamak için çok sert bir şekilde davranmak.

The policemen have decided to clamp down on motorists who drive too fast. (k. dil.).

clan [klæn] *i+sy* kabile, boy, klan; ortak bir atadan türediklerine inanan, geleneksel bir topluluk.

clang [klæŋ] *i-sy* bir metale hızla vurulduğunda çıkan çınlama, veya tınlama sesi. Ayrıca *f+n/-n* bu şekilde çınlamak; çınlatmak.

clap¹ [klæp] *f+n/-n* el çırpmak, alkışlamak. *The audience clapped at the end of the play. He clapped his hands. I clapped my hands in time to the music. geç. zam.* ve *ort.* **clapped**. (*eş anl.* **applaud**).

clap² [klæp] *i+sy/-sy* 1 alkış; el çırpma sesi, alkış sesi. *The audience gave him a clap.* NOT: çoğul biçimi pek kullanılmaz; birden fazla alkış sesini belirtmek için **clapping** kullanılır. *After the end of the concert the clapping went on for three minutes.* 2 gök gürültüsü, gürleme: *a clap of thunder.* 3 belsoğukluğu. (*k. dil.*). (*r. kul.* **gonorrhoea**).

claret ['klærit] *i-sy* kırmızı Bordo şarabı.

clarify ['klærifai] *f+n/-n* açıklığa kavuşmak, kavuşturmak; aydınlanmak, aydınlatmak; daha kolay anlaşılmak, anlatmak. *John clarified his last question.* **clarification** [klærifi'keiʃən] *i-sy* açıklama, aydınlığa kavuşturma. *The wording of the clause was ambiguous and needed clarification.*

clarinet [klæri'net] *i+sy* klarnet; tahtadan metal perdeli bir üflemeli çalgı.

clarity ['klæriti] *i-sy* açıklık, netlik: *the clarity of my speech/explanation.*

clash [klæʃ] *i+sy* 1 şiddetli uyuşmazlık, anlaşmazlık, çatışma. *There was a clash between the Prime Minister and the leader of the Opposition.* 2 çarpışma, çatışma, müsadere. *There was a clash between the two armies.* 3 zıtlık, uygunsuzluk. *There is a clash between these two colours.* 4 şakırtı, gürültü: *the clash of cups.* Ayrıca *f-n* çatışmaya girmek; birbirine karşı olmak. *The mobs clashed with police in the street.*

clasp [kla:sp] *i+sy* toka (örn. kemer, kayış, vb.'nin iki ucunu birbirine bağ-

lamaya yarayan tutturmalık). Ayrıca
f+n tokalamak. **clasp knife** cepte
taşınan ağzı açılır kapanır çakı. (*ol-
dukça esk. kul.*—yerine **penknife**'ı
kullanın).

clasp knife

class [kla:s] *i+sy* 1 önemlerine,
niteliklerine göre kişi, veya nesnelerin
yerleştirildiği gruplardan her biri;
sınıf. *They travelled first class on the
ship. Is this a second-class compart-
ment?* 2 sınıf; öğrencilerin yıllık öğ-
renime göre ayrıldıkları bölümlerden
her biri. *Jane is in the second class.*
3 dershane, derslik. 4 toplumsal sınıf:
*the upper class; the middle class; the
·working class.* 5 (biyolojide) takım-
lardan oluşan. birlik, dalların alt-
bölümü; sınıf. Ayrıca *f+n* grup, veya
sınıflara ayırmak. **classroom** derslik,
dershane, sınıf. **in a class of one's own**
eşsiz, emsalsiz, eşi bulunmaz, benzeri
olmayan, dengi bulunmayan.
classic¹ ['klæsik] *s* 1 birinci sınıf, mü-
kemmel, klas, çok kaliteli (özl. sanat,
veya edebiyatta). 2 klasik; eski Grek
ve Latin çağı dili ve sanatı ile ilgili
olan; eski Grek ve Roma tarzında. 3
(sanat ve edebiyat hk.) alışılmış olan,
yenilik getirmeyen, geleneksel, klasik.
4 (bazı at yarışları hk. örn. Derby
yarışı) büyük bir önemi ve uzun bir
geçmişi olan; çok önemli ve ünlü.
classic² [klæsik] *i+sy* birinci sınıf bir
niteliğe sahip ve önemi hiç eksilmeden
sürüp giden bir eser; klasik yapıt;
klasik eserler vermiş olan yazar.
*'Hamlet' has become a classic.
Shakespeare is a classic.* **the classics**
içoğ Eski Grek ve Latin edebiyatı.
classical ['klæsikl] *s* 1 klasik; eski Grek
ve Latin ile ilgili. 2 (resim ve edebiyat
hk.) klasik; üslup bakımından sâde,
süssüz, fakat güzel. 3 (müzik hk.)
klasik; (pop, veya caz müziği değil).
classify ['klæsifai] *f+n* sınıflandırmak;
tasnif etmek. *This book classifies
plants into different groups according
to where they come from.* **classified**
s gizli: *classified information. Lock
the classified files away where no-one
else can read them.* **classification**

[klæsifi'keiʃən] *i+sy/-sy* sınıflama,
tasnif.
clatter ['klætə*] *i-sy* takırtı; tabakların,
kaşıkların, çatalların birbirlerine vu-
ruş sesi. (*eş anl.* **rattle**). Ayrıca *f+n/
-n* takırdamak, takırdatmak.
clause [klɔ:z] *i+sy* 1 (dilb.) cümlecik,
yan cümle; bir cümlenin kendine ait
ayrı bir öznesi ve yüklemi bulunan
bölümü. *'He was eating* **when I
arrived'** bileşik cümlesinde *'He was
eating'* temel cümlecik, *'when I
arrived'* ise yan cümleciktir.
NOT: üç çeşit yan cümlecik vardır:
'Adjective clause' sıfat, veya ilgi cüm-
leciği—*That is the man who called
here yesterday.* 'Adverbial clause' zarf
cümleciği—*He called* **because he
wanted to see Father.** 'Noun clause'
isim cümleciği—*I said* **that Father was
not at home.**
2 (yasa dilinde) madde, bent, fıkra.
*They did not agree to clause 2 in the
contract. The wording of the clause
is ambiguous and needs clarification.*
claustrophobia [klɔstrə'foubia] *i-sy*
kapalı yer korkusu. *He gets claus-
trophobia in lifts. Being in lifts gives
him claustrophobia.* (*karş.* **agora-
phobia**).
claw [klɔ:] *i+sy* pençe; pençe tırnağı;
kuşların ve bazı hayvanların pençe-
lerindeki keskin tırnak. Ayrıca *f+n*
tırnak atmak; pençe vurmak.
clay [klei] *i-sy* kil, balçık, çamur; ıs-
landığı zaman kolayca biçimlendiri-
lebilen yumuşak ve yağlı toprak;
çanak, çömlek, vb. yapımında kul-
lanılır.
clean [kli:n] *s* 1 temiz, yıkanmış, pak;
henüz kullanılmamış. 2 arı, saf, halis;
masum, temiz ahlâklı. 3 pürüzsüz,
düzgün, düz: *a clean cut.* 4 biçimli,
muntazam, düzgün. *The new ship has
very clean lines.* Ayrıca *f+n* temiz-
lemek. **cleanly** *s/z* her zaman temiz.
*It was a cleanly house. He is naturally
a cleanly man and the dirt of his new
surroundings depressed him.* **clean-
ness** *i-sy* temizlik. **cleanliness**
['klenlinis] *i-sy* alışkanlık haline gel-
miş temizlik. **cleaner** *i+sy* 1 temiz-
leyici, temizlikçi; işi odaları, binaları,
yolları, elbiseleri, vb. temizlemek olan
kimse. 2 temizleyici madde. **clean
shaven** *s* yüzü tertemiz tıraşlı. **clean
out** 1 silip süpürmek, silip süpürüp

temizlemek. *He cleans out his room once a week.* 2 soyup soğana çevirmek. **clean up** ortalığı temizlemek; baştan aşağı temizlemek. *Jane cleaned up the floor. After working, Jane cleaned up by taking a shower.* **clean-cut** 1 düzgün biçimli, hatları düzgün: *a clean-cut face.* 2 anlamı açık, açık seçik. *(eş anl.* **clearcut). cleaning lady** (ev ve büroları temizleyen) temizlikçi kadın.

cleanse [klenz] *f+n* temizlemek, tertemiz hale getirmek.

NOT: *clean* (fiili) toz ve kirden arındırmayı, *cleanse* ise bir yarayı, bir kesik yeri, vb. temizlemek demektir. Eğer hangisinin kullanılacağı konusunda kuşkuya düşülürse *clean*'i kullanın.

clear[1] ['kliə*] *s* 1 parlak; berrak, açık; saydam, şeffaf: *clear glass; a clear sky; a clear stream.* 2 kolay duyulur: *the clear sound of a bell.* 3 kolayca anlaşılır. *This paragraph is not clear to me, will you explain it please?* 4 açık; serbest, kurtulmuş. *He drove slowly until he was clear of the town* (= Kasabadan çıkıncaya kadar arabayı yavaş yavaş sürdü). *The road in front was clear.* 5 aşikâr, belirgin, göze çarpan. *It is quite clear that you do not understand.* **clearly** *z* açıkça, belli bir şekilde. *Clearly you do not believe me.* **clear-cut** *s* 1 düzgün biçimli, hatları düzgün, temiz olan. *The woman's features were clear-cut.* 2 anlamı açık, açık seçik; kesin: *a clear-cut argument. (eş anl.* **clean-cut). all clear** tehlike geçti. *It's all clear, you need not hide any longer.* **stand clear** yoldan çekilmek, yaklaş-mamak, uzak durmak. **in the clear** suçluluktan, suçlamadan, vb. uzak, kurtulmuş; tehlikeyi atlatmış. *The police have caught the real murderer; he is in the clear now. She contracted malaria but she's in the clear now.*

clear[2] ['kliə*] *f+n/-n* 1 kaldırmak, atmak, temizlemek; açmak, açılmak; aydınlanmak. *He cleared all the books and papers off his desk. He cleared all the stones from his garden. The sky has cleared.* 2 yanından geçmek, veya üzerinden aşmak (özl. dokunmadan, değmeden). *The horse cleared the gate.* 3 temize çıkarmak, aklandırmak; suçsuz olduğunu ka-

nıtlamak, suçsuzluğuna karar vermek. *In the trial he was cleared of all the charges.* **clear something away** bir şeyi kaldırarak ortalığı düzeltmek; bir şeyi kaldırıp ortalığı açmak, bir şeyi ortalıktan kaldırmak. *He cleared away all the old boxes in his garage.* **clear off** uzaklaşmak, def olmak, çekip gitmek; tüymek, sıvışmak, toz olmak. *I don't want you to help me, so clear off. (k.dil.* ve *kib. olm.).* **clear something out** 1 *f+n* gereksiz şeyleri toplayıp atmak; köşe bucak temizlemek, boşaltıp temizlemek. *He cleared out his desk.* 2 *f-n* sıvışmak, tüymek; basıp gitmek, toz olmak. *You're causing a lot of trouble so clear out. (k. dil.* ve *kib. olm.).* **clear something up** 1 derleyip toplamak, çeki düzen vermek. *He cleared up his room before the visitors arrived.* 2 bir sorunu çözmek, halletmek; açıklamak, aydınlatmak. *When the policeman arrived he soon cleared up the mystery of the broken window.* **clear-headed** aklı başında, özl. güç ve tehlikeli bir durumda sağlıklı düşünebilen. **clearway** (arıza dışında) üzerinde durulma yapılmayan yol, servis yolu.

clearance ['kliərəns] i-sy 1 açma, giderme, temizleme işi. 2 açıklık, boşluk; dokunmadan geçen iki şey arasındaki mesafe, açıklık. 3 güvenlik belgesi; temiz kâğıdı; sabıka kaydı belgesi. **clearance sale** mevsim sonu satışı.

clearing ['kliəriŋ] *i+sy* ormanda açıklık arazi. *I found him in a clearing in the forest.*

treble clef   bass clef

clef [klef] *i+sy* (müzikte) anahtar; notaların müzik merdivenindeki yükseklik derecelerini göstermek ve okunmasını sağlamak için portenin başına konulan işaret. **bass clef** fa

anahtarı. **treble clef** sol anahtarı.
cleft [kleft] *i+sy* yarık, çatlak (özl.
yerde, veya bir kayada). **be in a cleft
stick** çıkmaza girmek.
clemency ['klemənsi] *i+sy* acıma,
merhamet (özl. hata eden, suç işleyen
bir kimseye karşı).
clench [klentʃ] *f+n/-n* (genl. dişleri ve
yumrukları) sıkıca kapamak, kenet-
lemek; sımsıkı kavramak, tutmak.
clergy ['klə:dʒi] *i çoğ* rahipler sınıfı,
.ruhban sınıfı; Hıristiyan din adamları
sınıfı. **clergyman** *i+sy* rahip, papaz,
veya Hıristiyan din adamı. *He is
studying to be an Anglican clergy-
man.* (*eş anl.* **minister**).
cleric ['klerik] *i+sy* rahip, papaz, veya
Hıristiyan din adamı. (*eş anl.* **clergy-
man**). **clerical** *s* 1 rahipler sınıfına ait,
veya bu sınıf hakkında. 2 büro işle-
riyle ilgili: *clerical work; clerical
worker.* **clerk'e** bkz.
clerk [kla:k, *AmI'*de klə:k] *i+sy* 1
yazıcı, katip; bir dairede mektupları
yazan, hesap işlerine bakan memur.
2 (*AmI'*de) tezgahtar. (*BrI'*de
assistant veya **shop assistant**). **town
clerk** kasaba sicil memuru.
clever ['klevə*] *s* 1 çabuk öğrenir, ça-
buk kavrar; akıllı, zeki: *a clever boy.
John is clever at maths.* (*karş.* **stupid**).
(*eş anl.* **bright**). 2 akıllıca, zekice;
kurnazca: *a clever answer; a clever
piece of work.* **cleverly** *s* zekice.
clew [klu:] *i+sy* **clue** sözcüğünün
*AmI'*deki biçimi.
cliché ['kli:ʃei] *i+sy* basmakalıp söz;
beylik söz; çok sık kullanıldığı için
artık anlamını yitirmeye başlayan bir
söz, veya fikir. *It's got to get worse
before it gets better.*
click [klik] *i+sy* tıkırtı, şıkırtı. Ayrıca
f+n/-n 1 tıkırdatmak, tıkırdamak;
şakırdatmak, şakırdamak. *She sat in
the armchair and her knitting needles
clicked rhythmically.* 2 (bir fikri, bir
sözü, vb.) anlamak; jeton düşmek. *It
finally clicked when her name was
mentioned.* (*k. dil.*). 3 görür görmez
birbirinden hoşlanmak. *They clicked
from their first meeting.* (*eş anl.* **hit
it off**).
client ['klaiənt] *i+sy* 1 bir avukatı
kendine vekil seçen kimse; müvekkil.
2 bir dükkânda alışveriş yapan kimse;
müşteri. (genl. **customer**). **clientele**
[kli:ən'tel] *itek* veya *çoğ* müvekkiller,

veya müşteriler.
cliff [klif] *i+sy* uçurum, yar. **cliff-
hanger** özl. radyo ve televizyonda tam
heyecanlı yerinde kesilerek 'arkası ya-
rın' ya da 'devam edecek' şekilde oy-
nanan, veya gösterilen çok heyecanlı
bir oyun ya da film.
climate ['klaimit] *i+sy* iklim; yer-
yüzünün herhangi bir yerindeki hava
olaylarının uzun yılların ortalamasına
dayanan durumu. *California has a
very pleasant climate. We have a bad
climate in my country.*
climax ['klaimæks] *i+sy* 1 bir şeyin en
ilginç ve heyecanlı kısmı, doruk nok-
tası (özl. son kısmı, bölümü ve genl.
bir kitabın, bir filmin, oyunun, vb.).
*The boys agreed that the picnic
around a campfire had been the
climax of their vacation. The climax
of the story is when Baby Bear finds
Goldilocks.* 2 (cinsel ilişki hk.) doyu-
ma ulaşmak, doyum noktası; bo-
şalma.
climb [klaim] *f+n/-n* tırmanmak,
çıkmak. *He climbed to the top of the
tree. He climbed the hill. John climb-
ed up/down the ladder.* Ayrıca *i+sy*
1 tırmanış, tırmanma. 2 tırmanılacak
yer. **climber** *i+sy* tırmanan kimse,
dağcı (özl. spor yapmak amacı ile ip
ve gerekli malzeme kullanarak bir
dağa tırmanan kimse). **climbing** *i-sy*
dağcılık sporu. Ayrıca *s* tırmanıcı.
climbing plant (=sarmaşık, vb. tır-
manıcı bitki); *climbing holiday*
(=dağcılık tatili). **climb down** (bir
tartışmada, vb. yanlış, veya hatalı
olduğunu kabul edip) yelkenleri suya
indirmek, aşağıdan almak. *They had
to climb down when they saw the
evidence.*
clinch [klintʃ] *f+n* (bir konuda) niha-
yet, (bir şey) üzerinde anlaşmaya
varmak; sonunda kesin olarak karara
varmak: *clinch a bargain.* (*eş anl.*
agree, finalize).
cling [kliŋ] *f-n* iyice yapışmak, sıkı
sıkıya sarılmak. *He clung to the rope
with both hands.* geç. zam. ve ort.
clung.
clinic ['klinik] *i+sy* klinik; hasta bakı-
lan yer. *John was treated in a
private clinic.* **clinical** *s* 1 klinik; bir
hastanede verilen ve örnek hastalık-
ların gösterildiği bir ders. 2 soğuk,
duygusuz; bir durumun, bir olayın

bilimsel yönü ile ilgilenir gibi görünen. **clinical thermometer** derece; doktor termometresi.

clink [kliŋk] *i+sy* 1 şıngırtı, tıngırtı; iki su bardağının birbirine çarpınca çıkardığı ses. 2 (*BrI*'de) hapishane. *He is in the clink.* (*k. dil.*). (*eş anl.* **nick**). Ayrıca *f+n/-n* şıngırdamak, şıngırdatmak; tıngırdatmak, tıngırdamak. NOT: çoğul biçimi pek kullanılmaz; birden fazla şıngırtı sesini belirtmek için *clinking* kullanılır.

clip[1] [klip] *f+n* (özl. saç, bitki, vb.) kırpmak, kırkmak; kesmek. *She clipped the hedge. Wool is clipped from sheep.* *geç. zam.* ve *ort.* **clipped**. **clippers** *içoğ* makasa benzer bir alet; saçları, tırnakları, vb. kırpmada, kesmede kullanılır. **clipping** *i+sy* kırpıntı veya bir şeyden kesilip, kopartılan bir parça (özl. bir gazete, veya dergiden kesilen bir yazı, makale). **clip one's wings** bir kimsenin hareket ya da faaliyetini kısıtlamak; imkânlarını kısıtlamak, kolunu, kanadını kopartmak. *David wanted to run the whole thing himself, but the committee clipped his wings; he has to report them.*

clip[2] [klip] *i+sy* 1 toka, tel raptiye, ataş; saç veya kağıtları birbirine tutturmaya yarayan bir metal parça. 2 klip; bir filmden, veya bir televizyon programından alınmış kısa bir parça. (*eş anl.* **excerpt**). Ayrıca *f+n* toka, tel raptiye, ataç ile tutturmak. *geç. zam.* ve *ort.* **clipped**.

clique [kli:k] *i+sy* hizip, klik; bir örgüt içinde inanç ve düşünce bakımından ayrılık gösteren küçük topluluk.

cloak [klouk] *i+sy* gocuk, pelerin, cübbe; kolsuz, bol ve gevşek bir tür elbise (genl. boyuna bağlanarak tutturulur). **cloakroom** 1 vestiyer; şapka, palto, vb. eşyaların bırakıldığı yer. 2 tuvalet. **cloak and dagger** *s* (özl. oyunlar, filmler, öyküler, vb. hk.) macera, polisiye olaylar, casusluk ile ilgili. *He took part in some cloak-and-dagger exploits during the Second World War.*

clock [klɔk] *i+sy* saat; masa, veya duvar saati. **clockwise** *z* saat yelkovanı yönünde (*krş.* **anticlockwise**). **clockwork** kurgulu düzenek; saat düzeneği. **work round the clock** 24 saat çalışmak; gece gündüz çalışmak. (*eş anl.* **work day and night**). **keep one's eyes**

on the clock/watch the clock (iş yerinde çalışırken) gözü hep saatte olmak, sürekli iş ne zaman bitecek diye düşünmek. **put the clock forward** (geri kaldığı için) saati ileri almak. **set the clock back** (ileri gittiği için) saati geri almak. **clock in/on** bir fabrika, veya büroda işe geliş saatini kaydetmek. (*eş anl.* **check in**). **clock out/off** iş sonrası fabrika, veya bürodan ayrılış saatini kaydetmek. (*eş anl.* **check out**). **clock up 1** (bir araba ile) (belli bir) kilometre, mil yapmak. *He clocked up 200 km. coming here.* **2** (arabalar hk.) (belli bir) kilometre, mil katetmiş bulunmak. *This car has clocked up 80.000 miles.* **3** (saatte) (belli bir) kilometre, mil yapmak. *He clocked up 150 km/h on the straight in that car.*

clog[1] [klɔg] *i+sy* tahta tabanlı bir ayakkabı; tümü tahtadan oyulmuş ayakkabı (örn. Hollandalılar'ın giydiği türden).

clog[2] [klɔg] *f+n/-n* (genl. **up** ile) tıkamak, tıkanmak. *The water pipe has clogged up again. The drains were clogged with dirt, and so the water could not flow away. geç. zam.* ve *ort.* **clogged**.

cloister ['klɔistə*] *i+sy* (genl. *çoğ. biç.*) bir meydanın (özl. bir manastır, veya kolejin) ortasındaki avluyu çevreleyen üstü kapalı kemerli yol.

close[1] [klouz] *f+n/-n* **1** kapamak, kapatmak; kapanmak. *The door has closed. Close the door.* **2** bitmek, sona ermek; sona erdirmek, sonunu getirmek. *When do you think the meeting will close?* **closed shop** sendikacı fabrika; sadece sendika üyelerini çalıştıran bir fabrika, veya her hangi bir iş yeri. **close down** (bir fabrikanın, iş yerinin, limanın, vb.) faaliyetini durdurmak, faaliyetine son vermek, faaliyetin durdurmak, (böyle bir yeri) kapamak. *The little shop on the corner has closed down. The radio station closed down for the night.* **close in on/upon someone/something** bir kimseyi /bir şeyi dört bir yandan sarmak, çevirmek, kuşatmak. *The soldiers closed in upon the town. The enemy were closing in.* **closed-circuit television** kapalı devre televizyonu. (*eş anl.* **CCTV**). **closedown** *i+sy/-sy* radyo, veya televizyonda kapanış. **close**

season avlanma yasağı mevsimi. (*karş.* **open season**). **closing time** *i+sy/-sy* dükkânların, kütüphanelerin, barların, vb. kapanış saati.
close² [klous] *s/z* **1** yakın; yakınında, yanında, bitişik. *The bus drove very close to the car. He came quite close to where I was hiding, but he did not see me. There were so many people in the room that we had to stand close together; a close friend* (=yakın/ samimi bir arkadaş). **2** çok dikkatli; tam. *He gave very close attention to what I was saying.* **3** (hava hk.) bunaltıcı, sıkıntılı, kasvetli. *The room was close and someone fainted.* **4** (oyun ve karşılaşmalar hk.) çok az bir fark ile saptanan, başa baş, göğüs farkı ile; neredeyse berabere. *It was a very close race.* **closely** *z* **1** yakından. **2** dikkatle. **a close shave** için **shave'e** bkz. **close-up** *i+sy* yakın çekim fotoğraf.
close³ [klouz] *itek* son; bitim. *The national anthem was sung at the close of the meeting.*
closet ['klɔzit] *i+sy* **2** (*AmI*'de) küçük bir oda, veya gömme dolap. **2** açıkta, arazide kazılmış tuvalet, hela.
closure ['klouʒə*] *i+sy* kapama, kapanma, veya son verme, sona erdirme. (*karş.* **opening**). (*eş anl.* **shutdown**).
clot [klɔt] *i+sy* pıhtı; koyulaşarak yarı katı duruma gelmiş sıvı (özl. kan). Ayrıca *f+n/-n* pıhtılaştırmak, pıhtılaşmak. *After you have been bleeding for a while, your blood clots and stops flowing. geç. zam. ve ort.* **clotted**.
cloth [klɔθ] **1** *i-sy* yünlü, pamuklu, ipekli, naylon, vb. kumaş, bez. *Jane polished the car with a (piece of) cloth.* **2** *i+sy* (bir şey) örtüsü, bezi; bir parça bez. **back-cloth** arka perde; sahnenin arkasında asılı duran resimli, veya dekorlu perde.
clothe (klouð] *f+n* giydirmek. *He clothed himself in his best suit.* (oldukça *esk. kul.*—yerine **dress**'i kullanın).
clothes [klouðz] *içoğ* **1** elbise(ler); pantolon, ceket, entari, şapka, vb. üste giyilen giyim eşyası. *Thousers are clothes. I ought to buy beautiful clothes.* NOT: Bu sözcük tekil anlamda kullanılamaz. Eğer biz, üste giyilecek

elbisenin hangisi olacağını belirtmek istersek, bu eşyanın adını söylemeliyiz (*örn. a coat* (=bir ceket), *a pair of trousers* (=bir pantolon), vb.), veya *an article of clothing* (=bir giyim eşyası), *garment* (=giysi, elbise) ifadelerinden birini kullanmalıyız. **2** yatak takımı; sözgelimi çarşaf, ve battaniye. **clothes line** çamaşır ipi. **clothes peg** (*BrI*'de) çamaşır mandalı. (*AmI*'de **clothespin**).
clothing ['klouðiŋ] *i-sy* giyim eşyası (*örn.* ceket: pantolon, entari). *A coat is a piece of clothing. A skirt is an article of clothing.*
cloud [klaud] *i+sy/-sy* **1** bulut; yığın halinde bulunan havadaki su buharı. Ayrıca **cirrus, cumulus, nimbus** ve **stratus**'a bkz.**2** (bir şey) bulutu (*örn. a cloud of smoke* (=duman bulutu); *clouds of insects* (=böcek sürüleri)). **be on cloud nine** son derece mutlu ve oldukça da heyecanlı. *When he heard that he had passed the exam he was on cloud nine. (k. dil.).* **cloudy** *s* **1** bulutlu. *It was a cloudy day. We arrived under a cloudy sky.* **2** (sıvılar hk.) bulanık, berrak olmayan, saydam olmayan. *We added ammonia and now the water is cloudy.* **cloudburst** ani ve şiddetli yağmur; sağanak. **cloud up** (hava) bulutlanmak. *It is clouding up and the wind is getting strong.*
clout [klaut] *i+sy* tokat, şaplak; darbe. *His father gave him a clout for being saucy.* Ayrıca *f+n* tokat atmak, şaplak indirmek. (*k. dil.*).
clover ['klouvə*] *i+sy* yonca; hayvanlara yem olarak yetiştirilen (genl. üç yapraklı) çayır bitkisi. **be in clover** rahat yaşamak, çok rahat bir durumda olmak.
clown [klaun] *i+sy* soytarı, palyaço, maskara; genl. sirklerde, panayır tiyatrolarında güldürücü rol oynayan acayip kılıklı, yüzü boyalı oyuncu. Ayrıca *f-n* maskaralık yapmak, şaklabanlık etmek; soytarı gibi davranmak.
club [klʌb] *i+sy* **1** sopa; bir ucu daha kalın olan ve silah gibi kullanılan kalın sopa. **2** golf sopası. **3** (iskambilde) ispati ya da sinek; ispati işareti; üç yapraklı yonca gibi bir şekil. **4** kulüp, dernek; görüşmek, konuşmak, okumak, spor yapmak gibi amaçlar

ile biraraya gelmiş olan bir grup insan; bu insanların biraraya geldikleri bina, yer. Ayrıca *f+n* sopa ile vurmak, dövmek. *geç. zam* ve *ort.* **clubbed. club together** *f-n* masrafı paylaşmak; bir amaç için yapılacak harcamanın tutarını başkaları ile bölüşmek. *The boys clubbed together to buy their teacher a present.*

cluck [klʌk] *i+sy* gıdaklama; tavuk sesi. Ayrıca *f-n* gıdaklamak; 'gıt gıt gıdak' diye ses çıkarmak.

clue [klu:] *i+sy* (özl. bir cinayet, veya çapraz bulmaca hk.) ipucu; aranılan gerçeğe ulaştıracak iz. *The fingerprints on the window were the best clue to the identity of the burglar.* **I haven't a clue** (=Bilmiyorum). (genl. sözü edilen konu ile ilgilenilmediği de ima edilmektedir). (*k. dil.*).

clump [klʌmp] *i+sy* yığın, küme (genl. ağaç, veya bitki).

clumsy ['klʌmzi] *s* beceriksiz, sakar; hareketleri acemice ve kaba; hantal, biçimsiz, kullanışsız. *He is a clumsy boy; he is always breaking things.*

clung [klʌŋ] **cling** fiilinin geçmiş zamanı ve ortacı.

cluster ['klʌstə*] *i+sy* küme, salkım, demet. Ayrıca *f-n* (genl. **round** veya **around** ile) kümelenmek; biraraya toplanmak.

clutch¹ [klʌtʃ] *f+n/-n* sımsıkı kavramak. (*eş anl.* **grasp, grip**). **a drowning man will clutch at a straw** denize düşen yılana sarılır.

clutch² [klʌtʃ] *f+n/-n* sımsıkı tutuş. **2** debriyaj, kavrama; otomobilde motor ile vites kutusunu birbirine bağlayıp ayıran, motordan gelen hareketi sarsıntısız olarak öteki aktarma öğelerine ileten düzen.

clutter ['klʌtə*] *f+n* (genl. **up** ile) dağıtmak, karmakarışık etmek. *These boxes have been cluttering up my garage for weeks.* Ayrıca *itek* dağınıklık, karmakarışıklık. **cluttered** *s* darmadağınık.

CND [si:en'di:] *özeli* (=Campaign for Nuclear Disarmament)—Nükleer Silahsızlanma Kampanyası.

c/o [si:'ou] (=care of)—eliyle; bir mektubun zarfı üstüne yazılır. *Mr John Dyson, c/o Metro A.Ş. Cağaloğlu-İstanbul.*

co- [kou] *ön-ek* birlikte, beraber, ortak (örn. **co-owner** (=ortak mal sahibi)).

Co. [kou] *itek* (=company)—şirket.
C.O. [si:'ou] (=commanding officer)'a bkz.

coach¹ [koutʃ] *i+sy* **1** yolcu taşıyan kapalı ve büyük at arabası. (Ayrıca **stagecoach** da denir). **2** şehirler arası yolcu otobüsü. **3** (*Brİ*'de) trenlerde yolcu vagonu. (*Amİ*'de **car**).

coach² [koutʃ] *i+sy* antrenör, koç; bir spor dalında sporcuları çalıştıran kimse. *Did the coach say we have to do a hundred push-ups?* Ayrıca *f+n/-n* antreman yaptırmak; bir antrenör görevinde bulunmak, antrenörlük yapmak.

coagulate [kou'ægjuleit] *f+n/-n* (sıvılar, özl.de kan hk.) pıhtılaşmak; pıhtılaştırmak. *The gravy became cold and coagulated in the bottom of the pan. My blood does not coagulate easily.* (*eş anl.* **clot**).

coal [koul] *i-sy* kömür, maden kömürü, taş kömürü. **coalfield** kömür yatağı bölgesi; kömür havzası. **coalmine, coalpit** *i+sy* kömür madeni, kömür ocağı. **carry coals to Newcastle** için **carry**'e bkz.

coalesce [kouə'les] *f-n* birleşip kaynaşmak; bir bütün olacak biçimde birleşmek. **coalescence** *i-sy* birleşme.

coalition [kouə'liʃən] *i+sy/-sy* koalisyon; çeşitli güçlerin bir araya gelmesiyle oluşturulan birlik (özl. birçok siyasal parti, veya grubun bir hükümet kurmak için bir araya gelmesiyle oluşturalan ortak yönetim).

coarse [kɔ:s] *s* **1** kaba, kalın; ellenince yumuşak olmayan: *coarse cloth.* **2** topaklı, ince olmayan: *coarse sugar; coarse sand.* **3** kaba saba, adi, bayağı, incelikten yoksun: *Such coarse behaviour does not belong in the classroom.*

coast [koust] *i+sy* sahil; deniz kıyısı. **coastal** *s* kıyısal, sahil ile ilgili. **coaster** *i+sy* sahil boyunca işleyen ticaret gemisi; koster; kıyı kıyı gidip bir limandan diğerine uğrayan gemi. **coastguard** sahil koruma görevlisi; işi denizlerdeki kaçakçılığı önlemek, veya tehlike içindeki gemilere yardım etmek olan bir hükümet görevlisi. **coastline** kıyı boyu, kıyı çizgisi.

coat [kout] *i+sy* **1** palto, manto; ceket. **2** örtü; kabuk, kat, tabaka: *a coat of paint.* **3** kürk, post; hayvanı örten tüy: *a dog's coat.* Ayrıca *f+n* kaplamak;

üstünü ince bir tabaka ile örtmek. *The boy was coated with mud.* **coating** *i+sy* tabaka, kat: *a coating of dirt.* **coat of arms** arma; bir devletin, bir kentin, veya bir hanedanın simgesi olarak kabul edilmiş resim, harf ya da şekil.

coat of arms

coax [kouks] *f+n/-n* kandırmak, inandırmak; bir şeyi gönlünü yaparak, dil dökerek elde etmek. *The boy coaxed his father into buying him a new bike.* *(eş anl.* **cajole).**

cob [kɔb] *i+sy* mısır koçanı.

cobble [kɔbl] *i+sy* kaldırım taşı. *The horse's hooves clattered on the cobbles in the old town.* (Ayrıca **cobble stone** da denir).

cobbler ['kɔblə*] *i+sy* ayakkabı tamircisi.

cobra ['kɔbrə] *i+sy* kobra; gözlüklüyılan.

cobra

cobweb ['kɔbweb] *i+sy* örümcek ağı. *The old house was full of cobwebs.* **blow the cobwebs/clear away the cobwebs** başını dinlendirmek; yorgunluktan, vb. kurtulmak, hava almak.

cock¹ [kɔk] *i+sy* **1** horoz; tavukların erkeği. **2** herhangi bir av kuşunun erkeği. **cockpit** pilot kabini. **cock-and-bull story** martaval; yalan dolan, inanılmayacak hikâye. *As an excuse*

for being late, he told some cock-and-bull story about being involved in an accident.

cock² [kɔk] *f+n* **1** (genl. **up** ile) (vücudun bazı kısımlarını) dikmek, kaldırmak (genl. hayvanlar için kullanılır). *He cocked his ears up.* (= Kulaklarını dikip dinlemeğe başladı).

cockerel ['kɔkrl] *i+sy* horoz yavrusu; yavru horoz.

cockle ['kɔkl] *i+sy* deniz tarağı; yumuşak olan etli kısmı yenir. **warm the cockles of one's heart** çok memnun etmek, mutlu etmek. *The sight of my daughter playing with her children, my grandchildren, really warmed the cockles of my heart.*

cockney ['kɔkni] *i+sy* **1** Londra'nın Doğu Ucu (=**East End**) denilen bölgesinden birisi. **2** 'the East End' şivesi.

cockroach ['kɔkroutʃ] *i+sy* hamamböceği; temiz tutulmayan yerlerde üreyen zararlı bir böcek.

cockroach

cocktail ['kɔkteil] *i+sy* kokteyl; türlü içkiler karıştırılarak yapılan içki (genl. yemeklerden önce içilir). **cocktail bar** kokteyl salonu; bir otel, veya lokantanın içki satılan ve içilen bölümü.

cocoa ['koukou] *i-sy* **1** kakao (tozu). **2** kakao (içeceği).

coconut ['koukənʌt] **1** *i+sy* hindistan cevizi. **2** *i-sy* hindistan cevizi içi.

cocoon [kə'ku:n] *i+sy* koza; içinde tohum, veya krizalit, yani kelebek olmadan önce bir böceğin geçirdiği başkalaşma durumu, bulunan koruncak.

cod [kɔd] *i+sy* morina balığı. *çoğ. biç.* **cod. cod-liver oil** *i-sy* balık yağı; morina balığının karaciğerinden elde edilen ve içinde bol miktarda A ve D vitamini olan bu yağ özl. çocuklarda geliştirici bir ilaç olarak kullanılır.

code [koud] **1** kod, şifre; gizli haberleşmeye yarayan işaretler. **2** özel bir işaretler düzeni (örn. *the Morse code* (=Mors alfabesi; nokta ve çizgilerden oluşan bir alfabe kullanan telgraf düzeni). **3** kurallar düzeni; yerleşmiş toplumsal geleneklerin tümü. **4** yasalar topluluğu. Ayrıca *f+n* kodlamak, şifre düzenine dönüştürmek. **code name** kod adı.

co-ed ['koued] *s* karma öğretim yapan.

coeducation ['kouedju'keifən] *i-sy* karma öğretim; kız ve erkek öğrencilerin aynı okul ve sınıflarda okutulduğu öğretim sistemi. **coeducational** *s* karma öğretim yapan.

coerce [kou'ə:s] *f+n* zorla yaptırmak, zorlamak. *I was coerced into changing my plans.* **coercion** [kou'ə:ʃən] *i-sy* zorlama, baskı. (*eş anl.* **pressure**).

coexistence [kouig'zistns] *i-sy* (aynı anda ve) birlikte var olma (durumu) (genl. barış içinde).

coffee ['kɔfi] *i-sy* kahve; kahve çekirdeklerinin kavrulup dövülmesiyle, çekilmesiyle elde edilen toz; bu tozla hazırlanan içecek. **coffee bar** kahve ve diğer meşrubatın satıldığı ve içildiği yer. **coffee bean** kahve çekirdeği. **coffee break** kahve molası.

coffin ['kɔfin] *i+sy* tabut, sanduka.

cog [kɔg] *i+sy* çark dişi.

cogent ['koudʒənt] *s* (kanıtlar, nedenler, açıklamalar, vb. hk.) inandırıcı; ikna edici. (*eş anl.* **convincing**).

cognac ['kɔnjæk] *i-sy* konyak; Fransız kökenli, alkol derecesi yüksek bir içki. NOT: bu içkinin Türkiye'deki patent adı kanyaktır.

coherent [kou'hiərnt] *s* (özl. konuşmalar, düşünceler, fikirler, vb. hk.) tutarlı, bağlantılı; bu nedenle de kolay anlaşılır. *Her essay had a coherent argument.* (*karş.* **incoherent**).

C.O.I [si:ou'ai] (=**Central Office of Information**)—(İngiliz) Merkezi Haberalma Bürosu.

coil [kɔil] *i+sy* sarmal, kangal, helezon; büklüm; bobin, makara; spiral. Ayrıca *f+n* sarmak; halka, helezon biçiminde kıvırıp sarmak.

coin [kɔin] *i+sy/-sy* madeni para, sikke. **coinage** *i+sy* (bir ülkenin Merkez Bankası kanalı ile tedavüle çıkardığı ve denetlediği) madeni para sistemi. **coin box** madeni para ile çalışan genel telefon (eş anl. **telephone** box).

coincide [kouin'said] *f-n* **1** (aynı zamana) rastlamak, rastgelmek. *My holiday coincides with John's* (=Benim tatilim John'ınki ile aynı zamana rastlıyor). *Our holidays coincide.* (=Tatillerimiz aynı zamana rastlıyor). **2** (fikirler, düşünceler, vb. hk.) uyuşmak, uymak. *Our ideas on this matter coincide.* **coincidence** [kou'insidns] *i+sy/-sy* rastlantı, tesadüf. **coincidental** [kouinsi'dentl] *s* tesadüfi, rastlantı eseri olan. *It was coincidental that we both went to the movies yesterday.*

coke [kouk] *i-sy* kokkömürü; madenkömürünün damıtılmasıyla elde edilen, bileşiminde kömürden çok daha az oranda uçucu madde bulunan katı yakıt.

Coke [kouk] (=**Coca-Cola**)'nın kısaltılmış biçimi.

colander ['kʌləndə*] *i+sy* kevgir; süzgeç; haşlanmış yiyeceklerin suyunu, veya bazı sıvıları süzmek için kullanılan, delikli, genl. yuvarlak biçimli mutfak kabı.

cold¹ [kould] *s* **1** soğuk. *Snow and ice are cold. The night is colder than the day. If you don't drink your tea it will get cold.* (*karş.* **hot**). **2** arkadaşça duygulardan yoksun; duygusuz, soğuk. *His cold greeting showed he didn't like me.* **coldly** *z* soğuk olarak. **coldness** *i-sy* soğukluk. **leaves someone cold store** heyecanlandırmamak, etkilememek, vız gelmek. **have/get cold feet about doing something** bir şey yapmaya cesareti olmamak; korkmak. *It is no good getting cold feet now.* **cold-blooded** *s* **1** soğuk kanlı, duygusuz, merhametsiz. *The coldblooded murderer shot the shopkeeper.* **2** (biyolojik bakımdan) soğukkanlı. (*karş.* **hot-blooded**). **cold store** soğuk hava deposu.

cold² [kould] **1** *i-sy* soğuk. *It·is difficult to imagine the cold of the winter when one is enjoying a warm summer.* **2** *i+sy* nezle, soğuk algınlığı. **catch (a) cold** nezle olmak; nezleye yakalanmak. *I caught a cold by standing in the rain. Jane is in bed with a cold. Don't come near me—I've got a cold and you may catch it.* **cold snap** kısa süreli, soğuk ve don yapan hava. **cold sore** dudak ve bu-

runda soğuktan meydana gelen uçuk.
cold sweat soğuk ter. **cold war** soğuk
savaş. **cold shoulder** *f+n* soğuk dav-
ranmak, yüz vermemek. *After Jack's
rude behaviour in the meeting, several
people gave him the cold shoulder.*
colic ['kɔlik] *i-sy* (özl. çocuklarda)
karın ağrısı; kalınbağırsak iltihabı;
kolit.
collaborate [kə'læbəreit] *f-n* (özl. bir
kitabı yazarken) birisi ile birlikte ça-
lışmak, işbirliği yapmak. *John col-
laborated with his father in writing
the book. John and his father col-
laborated.* **collaborator** *i+sy* işbirliği
yapan. **collaboration** [kəlæbə'reiʃən]
i-sy işbirliği. *Our collaboration on the
project was profitable.*
collapse [kə'læps] **1** *f-n* (bina vb. hk.)
çökmek, birden göçmek. *The whole
building collapsed. The bridge col-
lapsed three weeks after it was build.*
2 *f-n* gerçekleşememek, suya düşmek.
*His story collapsed on investigation.
My hopes collapsed. My plans
suddenly collapsed.* **3** *f-n* bayılmak.
*The woman collapsed when she was
told of the death of her son.* **4** *f-n*
(balon, paraşüt, vb. hk.) sönmek.
Suddenly my parachute collapsed. **5**
f-n (ayakta duramayıp) çökmek,
yıkılmak. *After running to catch his
train he collapsed.* **6** *f+n/-n* (bir
cisim, sözgelimi, sandalye, teleskop,
çadır, vb. açılır kapanır bir şey hk.)
katlamak, kapamak, katlanmak, ka-
panmak, açılır kapanır olmak. *He
collapsed his tent and put it into his
car.* Ayrıca *i+sy* çökme, yıkılma;
başarısızlığa uğrama; çöküntü,
bayılma. **collapsible** *s* açılır kapanır,
katlanabilir, portatif. (*eş anl.* **folding**).
collar ['kɔlə*] *i+sy* yaka; bir ceketin,
elbisenin, gömleğin, vb. boyun çev-
resindeki kesimi. **collarbone** köp-
rücük kemiği; omuz başı ile göğüs
kemiğini birbirine bağlayan kemik.
colleague ['kɔli:g] *i+sy* meslektaş; aynı
meslekteki çalışma arkadaşı; (örn. bir
büroda, okulda, kolejde, vb. yerde
aynı uğraşıda bulunan kimse). *People
can learn a lot by talking to their
colleagues. When I am very busy I
ask my colleague to stand in for me.*
collect [kə'lekt] *f+n/-n* **1** toplanmak,
birikmek. *A crowd collected after the
accident.* **2** toplamak. *He was col-*

lecting money to help the poor. **3**
koleksiyon yapmak , biriktirmek. *He
collects stamps for a hobby.* **collector**
i+sy **1** toplayan, toplayıcı: *a ticket
collector.* **2** koleksiyoncu: *a stamp
collector; a coin collector.* **collected** *s*
1 toplanmış: *the collected poems of
John Clare.* (*eş anl.* **complete**). **2**
sakin, kendine hakim, aklı başında.
collection *i+sy/-sy* **1** bir araya gelmiş
kimseler/şeyler; koleksiyon: *a col-
lection of people; a stamp collection.*
2 (özl. kilisede) bir amaç için para
toplama. **3** toplama eylemi, derleme,
biriktirme. **collective noun** topluluk
adı; biçimi tekil, ama anlamı çoğul
olan bir ad türü (örn. *flock* (=sürü);
the staff (=personel)).
college ['kɔlidʒ] *i+sy* **1** yüksek okul;
yüksek düzeyde mesleki eğitim
yapılan bir okul olup çoğu kez bir
üniversiteye bağlıdır. **2** böyle bir öğ-
retim kurumunun öğretmenleri ve
öğrencileri, veya binaları.
collide [kə'laid] *f-n* **1** birbirine şiddetle
çarpmak, çarpışmak. *My car collided
with a lorry.* **2** çatışmak, ters düşmek,
şiddetle karşı olmak. (*eş anl.* **clash**).
collision [kə'liʒən] *i+sy/-sy* çarpış-
ma; çatışma.
collie ['kɔli] *i+sy* koyunlara bekçilik
eden bir cins köpek.
collier ['kɔliə*] *i+sy* kömür madeni
işçisi.
colliery ['kɔliəri] *i+sy* maden kömürü
işletmesi; kuyuları binaları, makine-
leri, vb. ile toplu olarak maden kö-
mürü ocağı.
colloquial [kə'loukwiəl] *s* (diller hk.)
gündelik, sıradan konuşma dilinde;
samimi, teklifsiz, ahbapça bir şekilde.
(*eş anl.* **familiar**). **colloquialism** *i+sy*
gündelik konuşma dilinde kullanılan
sözcük, veya deyim; bu sözcük ve
deyimler resmi yazışmalarda ve
konuşma dilinde kullanılmaz.
collusion [kə'lu:ʒən] *i+sy* iki, veya
daha fazla kişi arasında başkalarını
aldatmaya yönelik bir gizli anlaşma,
danışıklı iş. *The judge said that the
witnesses were in collusion and
dismissed the case.*
cologne [kə'loun] *i-sy* kolonya.
colon ['koulən] *i+sy* iki nokta üstüste
(:).
colonel ['kɔ:nl] *i+sy* (Kara Kuvvetler-
inde) albay.

colonnade [kɔlə'neid] *i+sy* sıra sütunlar; bir çatı, veya kemerler altındaki eşit aralıklı bir dizi sütun.

colonnade

colony ['kɔləni] *i+sy* 1 sömürge, koloni; bir devletin kendi ülkesi dışında, üzerinde egemenlik kurduğu, ekonomik ve siyasal yararlar elde ettiği ülke; müstemleke. *Nigeria used to be a British colony but is now independent.* 2 aynı ülkeden gelen, veya aynı dine, aynı ilgi alanlarına, aynı mesleklere, vb. sahip olup birlikte yaşayan bir grup insan. *There is a large Italian colony in London.* **colonial** [kə'louniəl] *s* bir sömürgeye ait. Ayrıca *i+sy* bir sömürgede yaşayan kimse; sömürgeli. **colonialism** [kə'louniəlizəm] *i-sy* 1 bir yerin, veya bir ülkenin zenginlik kaynaklarından geniş ölçüde yararlanma hali; sömürgecilik. 2 sömürge edinme siyaseti. **colonize** *f+n* sömürgeleştirmek, sömürge haline getirmek; sömürge kurmak: *The English and the Spanish were among the first to colonize North America.*

colossal [kə'lɔsl] *s* çok büyük, muazzam, kocaman. *He was a man of colossal stature.*

colour ['kʌlə*] (*AmI'*de **color**) *i+sy/ -sy* renk; cisimler tarafından yansıtılan ışığın gözde meydana getirdiği durum. Güneş ışığının bir biçimde çözümlenmesinden doğan temel renkler. Mor, lacivert, mavi, yeşil, sarı, turuncu, kırmızı olmak üzere yedi renktir. 2 boya; bir şeyin rengini değiştirmek için kullanılan madde. 3 yüz kızarması; utançtan, heyecandan, hararetten, vb. meydana gelen yüzün rengi. Ayrıca *f+n/-n* (bir şeyi) boyamak, renklendirmek. **the colours** *içoğ* sancak; flama; bir askeri birliğin, kıtanın, vb. bayrağı. **coloured** *s* (filanca, falanca) renkli. 2 (insanlar

hakkında) beyaz ırk dışındaki bir ırktan (olan). **colourful** *s* 1 renkli; canlı, gösterişli renkleri olan; parlak renkli. 2 renkli, ilginç; zengin anlatımlı, çeşitli ayrıntılı. *The opening of the Olympic Games was a colourful sight.* **colouring** *i-sy* 1 boya; renk maddesi. 2 boyama işi, yöntemi. **colour bar** (*AmI'*de **color line**) ırk ayırımı; bazı topluluklarda farklı renkte olanlara diğer renkte olanlara göre daha kötü davranılması. **colourblind** renkkörü; bazı renkler arasındaki farkı göremeyen. **colour television/picture/photograph** renkli televizyon/resim/fotoğraf. (*karş.* **black and white**). **watercolour** 1 *i-sy* suluboya; resim yapımında su ile karıştırılarak kullanılan boya. 2 *i+sy* bu boya ile yapılmış olan resim; suluboya resim. **off colour** biraz rahatsız, keyifsiz. *Jane is off colour today.* **with flying colours** büyük bir başarıyla. *My daughter passed her exam with flying colours.* **see someone in his true colours** bir kimsenin gerçek kişiliğini görmek. **show one's true colours** gerçek kişiliğini göstermek; asıl karakterini açığa vurmak. *We all thought that our new neighbour was a charming man; it was only later that he showed his true colours.*

colt [koult] *i+sy* erkek tay; erkek at yavrusu.

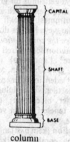

column

column ['kɔləm] *i+sy* 1 sütun, direk, kolon; taştan, veya çimentodan yapılmış olup, dikine konmuş bir bina desteği, veya bir anıt da olabilir. 2 kol, konvoy; sıra sıra insan, hayvan, araç dizisi; sütun, gazete, dergi, kitap, vb. yazılı şeylerde sayfanın yukarıdan aşağıya doğru bölünmüş olduğu kısımlardan her biri; alt alta yazılmış rakamlar dizisi: *a column of soldiers;* *a column of dust. The page of a newspaper is divided into columns.* 3 köşe; bir gazetede, veya bir dergide, belli bir yazarın sürekli yazısı, makalesi. **columnist** ['kɔləmnist] *i+sy* köşe yazarı, makale yazarı.

coma ['koumə] *i+sy* koma; bazı hastalıklar sırasında görülen anlama, duyma ve hareketin tümüyle, veya az çok yitimiyle beliren derin dalgınlık durumu. *She slipped/went into coma.*

comb[1] [koum] *i+sy* tarak.

comb[2] [koum] *f+n* **1** (saçları) taramak. **2** bir şeyi bulmak için bir yeri sıkı bir biçimde aramak. *I combed the shops until I found a pair of shoes that I liked.*

combat ['kɔmbæt] *i+sy* döğüş, kavga; çarpışma, muharebe. *Soldiers are trained for combat.* Ayrıca *f+n/-n* geç. zam. ve ort. **combat(t)ed**. *(AmI'de* **combated**).

combine[1] [kəm'bain] *f+n/-n* birleştirmek, birleşmek; bir araya getirmek, gelmek. *He was able to combine business with pleasure. He combined his visit to England with a tour of Scotland.* **combination** [kɔmbi'neifən] **1** *i-sy* birleştirme (işi) **2** *i+sy* birlik, dernek; aynı amaç için birleşmiş, veya bir araya gelmiş bir grup insan ya da bir araya getirilmiş bir grup nesne. **3** *i+sy* kilit şifresi; şifreli kilidi açmak için bilinmesi gerekli olan özel rakamlar, veya harfler dizisi. *He had forgotten the combination of the safe.* **combination lock** şifreli kilit.

combine[2] ['kɔmbain] *i+sy* ortak amaçlı grup; birleşen, veya birlikte hareket eden insanlar, işletmeler, siyasal partiler, vb. topluluğu. **combine harvester** biçerdöver; ekin biçen, dövüp taneleri ayıran ve temizleyen makine.

combustion [kəm'bʌstfən] *i-sy* yanma, tutuşma. **combustible** [kəm'bʌstibl] *s* yanabilir, tutuşabilir, kolayca tutuşup yanabilen. *(karş.* **incombustible**).

come [kʌm] *f-n* **1** gelmek. *John came to see me yesterday. Shall I come with you to the market? I hope you will come to see me when I go to live in France next year.* **2** gelmek, varmak; konuşan kişinin olduğu noktaya, veya belli bir yere erişmek. *I've been*

waiting for an hour, but John hasn't come yet. Ayrıca *ünlem: Come come!* (=Hadi hadi! Hadi! Üzülme! Emin misin?! Yapma! Hadi canım (sende)!? geç. zam. biç. **came** geç zam. ort. **come. come about** olmak, meydana gelmek. *How did the accident come about?* **come across someone /something** şans eseri birisi/bir şey ile karşılaşmak, rastgelmek, rastlamak, veya bulmak, keşfetmek. *I came across an old friend last week. I came across my glasses while I was cleaning my room.* **come apart** dağılmak, parçalanmak. *The machine came apart when he started it up.* **come back** geri gelmek, dönmek. *He came back two hours later. Now, to come back to what I was saying a moment ago.* **comeback** *i+sy* geri dönüş; eski gücüne ya da rağbetine kavuşma; (bir unutuluş döneminden sonra) eski önemini kazanmak. *The old actor retired when he was 85, but he made a comeback two years later.* (*k. dil.*). **come by something** bir şeyi elde etmek, edinmek. *How did you come by that money?* **come down** aşağıya inmek *I watched the climbers come down.* **2** (ateş, fiyat, vb.) düşmek. *The price of beer is coming down. Her weight is slowly coming down. The child's temperature came down in the morning.* **3** sosyal saygınlığını, önemini, vb. kaybetmek. *I'm afraid the family has come down in the world lately.* **comedown** *i+sy* (eski öneminden, saygınlığından, mevkisinden) kaybetme, düşme. (*k. dil.*). **come forward** öne çıkmak, ortaya çıkmak; gönüllü olmak, adaylığını koymak. *He has come forward with an offer of help. She has come forward as a candidate in the local elections.* **come from** (bilmen nere)li olmak, (bir yer)den gelmek; memleketi şu olmak. *John come from England.* **come in 1** içeriye gelmek, girmek; eve gelmek. *She opened the door and came in.* **2** moda olmak. *I expect long skirts will come in again soon.* **come into** mirasa konmak; birisinin ölümünden sonra miras yolu ile (belli bir miktarda para) eline geçmek. *He came into a large amount of money when his uncle died.* **come of something** bir şeyden sonuç çıkmak. *Nothing came of the* *meeting.* **come off** 1 (bir toplantı, vb. hk.) olmak, meydana gelmek. *The meeting will come off next week.* (=Toplantı haftaya yapılacak). **2** bir yarışma, bir kavga, vb. sonunda (iyi, veya kötü) bir durumda olmak. *He came off worst* (=Döğüşü kaybetti). **3** (bir deneyde, veya bir kumarda) başarılı olmak, kazanmak. *The attempt isn't likely to come off.* **come off it!** Bırak numarayı şimdi! Saçmalama! Hadi canım sende! *I told him to come off it. Oh, come off it.* **come on!** hadi! *Come on, try it again!* **come out** 1 öğrenilmek, ortaya çıkmak, anlaşılmak. *The whole story came out in the end.* **2** (kitaplar hk.) yayınlanmak, piyasaya çıkmak. *His new book comes out next month.* **come out with** something bir şeyi söylemek, anlatmak. *He came out with a long story to explain why he was late.* (k. dil.). **come round** kendine gelmek, ayılmak; bilincini yeniden kazanmak. *He fainted and John and I took care of him until he came round.* **come to** kendine gelmek, ayılmak; bilincini yeniden kazanmak. *The unconscious man slowly began to come to. He was hit on the head by a brick, and did not come to for half an hour.* **come to something** bir rakama ulaşmak; yekûn tutmak. *The food which I bought came to £3* (=Aldığım yiyecekler 3 sterlin tuttu). **come to do something** (genl. soru cümlelerinde kullanılır) bir şeyi istemeyerek yapmak, kazaen yapmak. *How did you come to break it? it's this nasıl kırdın?* **come up to** ...-e kadar gelmek, ...-e ulaşmak. *The water came up to the top of the steps. The concert did not come up to expectations* (=Konser umuları vermedi). **come up with** (bir plan, bir cevap, vb.) öne sürmek, ortaya atmak. *She has come up with a useful suggestion.* **come/be of age** reşit olmak, rüştünü ispat etmek, belli bir yaşa (İngiltere'de 18) gelip yasal açıdan artık yaptıklarından sorumlu tutulabilir olmak, örn. evlenebilmek, oyunu kullanabilmek. *John comes of age on Tuesday;. it's his eighteenth birthday.* **come into effect/force** (yasa) yürürlüğe girmek. *The new rules come into effect next year.* **come true** gerçekleşmek, hakikat olmak. *At*

last my dreams have come true.to come gelecek, önümüzdeki: *in years to come.* **comings and goings** bir yere gelip gidenler.

Comecon [ˈkɔmikɔn] (=Council for Mutual Economic Aid)—Demirperde Ülkeleri Ortak Pazarı..

comedy [ˈkɔmədi] *i+sy* 1 komedi; güldürücü bir oyun, veya film. **2** insanı güldüren herhangi bir olay. **comedian** [kəˈmiːdiən] *i+sy* komedyen; komedilerde oynayan oyuncu. **comedienne** [kəˈmiːdien] *i+sy* (kadın) komedyen.

comet [ˈkɔmit] *i+sy* kuyrukluyıldız; güneş çevresinde büyük bir elips çizen, kuyruk denilen bir uzantısı olan gökcismi.

comfort [ˈkʌmfət] 1 *i-sy* rahat, huzur; tam bir hoşnutluk, memnunluk; endişeden ve acıdan uzak olma durumu. *He lived in comfort all his life.* **2** *i+sy* insanın yaşamını mutlu kılacak herhangi bir şey; mutsuzluk içinde birisinin acısını, veya ıstırabını azaltan bir kimse, veya şey. *He liked the comforts of his home. He was a great comfort to his old mother.* Ayrıca *f+n* teselli etmek, avutmak, rahatlatmak. **comfortable** [ˈkʌmftəbl] *s* rahat, konforlu; insana rahat sağlayan; sıkıntısız, rahatı yerinde; oldukça zengin; sakin, sükûnet dolu. *He has a very comfortable home. This is a comfortable chair. The sick man had a comfortable night.* (karş. **uncomfortable**).

comfy [ˈkʌmfi] *s* (=**comfortable**) (k. dil.).

comic[1] [ˈkɔmik] *s* komik, gülünç; komedi ile ilgili. **comical** *s* gülünç, tuhaf, komik. *The clown's dogs were comical walking on their hind legs and wearing clothes.* **comic strip** çizgi resimli öykü. (eş anl. **cartoon**).

comic[2] [ˈkɔmik] *i+sy* komedyen; komedi oyuncusu, güldürü ustası. (k. dil.). **2** (içinde çizgi biçiminde ve bazen de gülünç öyküler bulunan) resimli çocuk mecmuası. (eş anl. **comic book**). **comic[2]**'ya bkz. **comic opera** eğlenceli bir öyküsü olan, konuşmalı ve şarkılı bölümlerin bir arada bulunduğu oyun.

comma [ˈkɔmə] *i+sy* virgül; (,) işareti. **inverted commas** tırnak işareti; (" ").

command[1] [kəˈmaːnd] 1 *i+sy* emir,

buyruk. *The soldiers obeyed the officer's command.* 2 (bir şeye) hâkim olma; kullanma yeteneği. *He has a very good command of English.* **be in command** (bir şeye) komuta etmek. *General Smith was in command of the army.*

command² [kə'ma:nd] *f+n* 1 emretmek. *He commanded the soldiers to attack.* 2 komuta, kumanda etmek. *General Smith commanded the army.* 3 kullanabilmek, kullanım yetkisi olmak, hizmetinde bulundurmak. *He was able to command the help of everybody in the country. He can command more than a million pounds.* **commander** *i+sy* 1 komutan, kumandan. 2 (Deniz Kuvvetlerinde) yarbay. **commanding** *s* amir durumunda bulunan. **commanding officer** *i+sy* birlik komutanı. (*eş anl.* C.O.). 2 (bir şeyden) daha yüksek, hâkim; tepeden bakan: *a commanding view of the city.*

commandment [kə'ma:ndmənt] *i+sy* 1 buyruk, emir (özl. Allah emri). 2 Allah'ın İsraillilere verdiği On Emir'den (**the Ten Commandments**) biri.

commando [kə'ma:ndou] *i+sy* komando; düşman bölgelerine sızarak daha önce planlanmış hedeflere baskınlar düzenlemek için özel eğitim ile yetiştirilmiş asker. çoğ. biç. **commandos.**

commemorate [kə'memǝreit] *f+n* bir şeyin, bir olayın, bir kimsenin anısını kutlamak; bir şeyin, birisinin hatırasına yapmak, anısına olmak; anmak, hatırasını yad etmek. *The people built a new theatre to commemorate the birth of Shakespeare. The new theatre commemorates the birth of Shakespeare.* **commemoration** [kǝmemǝ'reiʃǝn] *i+sy/-sy* anma, hatırasını yad etme, kutlama. **commemorative** [kə'memǝrativ] *s* anmaya yarayan, anımsatıcı.

commence [kə'mens] *f+n/-n* başlamak, başlatmak. *The play will commence at nine o'clock.* (r. kul.). (*eş anl.* **begin, start**).

commend [kə'mend] *f+n* 1 methetmek, övmek. *He was commended for his good work.* 2 tavsiye etmek. *I can commend this book to you.* (*eş anl.* **recommend**). **commendable** *s* övül-

meye layık, övgüye değer. (*eş anl.* **admirable**). **commendation** [kɔmǝn'deiʃǝn] *i-sy* övgü, takdir, metih.

commensurate [kə'merʃǝrǝt] *s* boyut, nitelik ya da zaman süresi bakımından eşit, orantılı. *The danger of the journey was commensurate with its importance* (=Seyahat ne kadar tehlikeliyse o derecede de önemliydi).

comment ['kɔment] *f-n* (genl. **on** veya **about** ile) yorum yapmak, açıklama yapmak, değerlendirmek, fikrini söylemek. *He commented on the weather. He won't comment on what people say.* Ayrıca *i+sy* yorum, açıklama, düşünce; bir şey hakkında yapılan sözlü, veya yazılı bir açıklama ya da tenkit.

commentary ['kɔmǝntri] *i+sy* 1 bir olayın (genl. bir spor karşılaşmasının) (genl. oynandığı veya yapıldığı sırada) radyoda ya da televizyondan nakli, anlatımı, yorumu. 2 bir şey hakkındaki yazılı yorumlar, açıklamalar, düşünceler ya da tenkitler. **commentator** ['kɔmǝnteitǝ*] *i+sy* yayın spikeri; açıklamacı.

commerce ['kɔmǝːs] *i+sy* ticaret. **commerical** [kǝ'mǝːʃl] *s* ticari. Ayrıca *i+sy* radyo ya da televizyon reklamı. **commercialize** [kǝ'mǝːʃǝlaiz] *f+n* ticari bir mal haline getirmek, sokmak. **commercial traveller** için **travel**'e bkz.

commiserate [kə'mizǝreit] *f+n* (genl. **with** ile) kederine ortak olmak; birisine acımak, üzülmek ya da anlayış göstermek. *He commiserated with me on my failure in the examination. I commiserated with him on his bad luck.*

commission [kə'miʃǝn] 1 *i+sy* komisyon, heyet, komite; belli görevleri yerine getirmek üzere atanmış bir grup insan. *The government appointed a commission to examine the country's educational system.* 2 *i+sy* kara, deniz, hava kuvvetlerinde bir subayın görevi, kendisine verilen emir, komuta yetkisi. 3 *i+sy/-sy* komisyon; bir işte aracılık yapan kimseye bırakılan yüzdelik, simsariye. *In some large shops the assistans get a commission on what they sell.* Ayrıca *f+n* bir kimseye özel bir görev vermek; özel olarak ısmarlamak. *He was commissioned to write the music for*

that film. **commissioned officer**
subay. **commissioner** _i+sy_ komisyon
üyesi; hükümet temsilcisi; (bir devlet
dairesinde) genel müdür, yetkili me-
mur; (özl.) yüksek komiser.
commissionaire [kəmiʃə'neə*] _i+sy_
üniformalı kapıcı; sinema, tiyatro,
otel, vb. girişinde, giriş ve çıkışlara
yardım eden üniformalı görevli.
commissioner [kə'miʃənə*] _i+sy_
commission'a bkz.
commit [kə'mit] _f-n_ bir şey yapmak
(genl. yanlış, kötü, veya yasa dışı). _He
committed a crime. geç. zam._ ve _ort._
committed. commitment _i+sy_ söz
vaat, taahhüt. **commit oneself** kendini
sözünden dönmeyecek bir duruma
sokmak; bir şey yapacağına dair kati
olarak söz vermek. _I have committed
myself to helping him._
NOT: Amerikan İngilizcesi'nde _I have
committed myself to help him_ şekilde
kullanılır.
commit something to memory ezber-
lemek. **commit something to paper**
yazmak, kaleme almak. _Peter is such
a brilliant talker: I wish he would
commit some of his ideas to paper._ (eş
anl. **write down**). **commit to prison**
(yargılaması yapıldıktan sonra) hap-
setmek. _The judge committed him to
prison._ **commit suicide** intihar etmek.
committee [kə'miti] _i+sy_ komisyon,
heyet, komite; beli bir işi yapmak için
ya da özel görevleri yerine getirmek
üzere seçilmiş bir grup insan.
NOT: _committee_ sözcüğü hem _tek_
hem de _çoğ_ bir fiille kullanabilir. _The
special committee meet/meets on
Friday._
commodity [kə'məditi] _i+sy_ (iktisadi
anlamda) mal. _Sugar and rice are
commodity._ (eş _anl._ **product**).
common¹ ['kɔmən] _s_ 1 ortak, müş-
terek; birden çok kimse, veya nesneyi
ilgilendiren, onlara özgü olan, onların
katılması ile oluşan. _In a block of
flats, the roof and the lift are often
common property. Britain and
America share a common language._
2 yaygın, her yerde bulunan; sık sık
görülen. _This bird is common
throughout Europe._ 3 olağan, alışıl-
mış, normal. _It is common for a
woman to leave her parent's house
when she gets married._ 4 kaba saba;
düşük nitelikli; adi, bayağı. (2. ve 3.

maddeler için _karş._ **uncommon**).
commonly _z_ ortaklaşa; çoğunlukla.
the (House of) Commons (İngil-
tere'de) Avam Kamarası. Avam
Kamarasını oluşturan temsilciler bu
parlamento üyeliğine seçim ile
gelmişlerdir. Lordlar Kamarası (=**the
House of Lords**). Üyeleri seçimle
gelmemişlerdir. **the Common Market**
Ortak Pazar. Resmi adı **EEC**
(=**European Economic Community**).
NOT: 1958'de kurulan bu topluluğa
ilk üye ülkeler şunlardır: Belçika,
Fransa, Batı Almanya, İtalya, Lük-
semburg ve Hollanda. 1973'de katılân
ülkeler: İngiltere, İrlanda Cumhu-
riyeti ve Danimarka. 1981'de Yuna-
nistan ve 1986'da da İspanya ve
Portekiz üye olmuştur.
commonplace _s_ olağan, sıradan.
common room okullarda, kolejlerde
öğretmen, veya öğrenci dinlenme oda-
sı. **common sense** _i-sy_ sağduyu,
aklıselim; doğru, akla uygun yargılar
verme yeteneği. Ayrıca _s_ sağduyu ile
ilgili. **the Commonwealth** İngiliz
Milletler Topluluğu; daha önceleri
İngiliz İmparatorluğuna bağlı olan
devletlerce kurulmuş bulunan bu
topluluk kendi üyeleri arasında
ticareti ve dostça ilişkileri geliştirmeyi
amaçlamıştı. **in common** ortaklaşa,
birlikte, müşterek. _They have a lot in
common._ (=Birçok yönden birbir-
lerine benzerler).
common² [kɔmən] _i+sy_ (özl. _BrI_'de)
çimenlik, çayırlık; herkese açık olan
park. **common or garden** sıradan,
alelade.
commotion [kə'mouʃən] _i+sy_ karı-
şıklık, kargaşa, hay huy: _the com-
motion in classroom during the
teacher's absence. There was a great
commotion in the playground when
two dogs started fighting._
commune ['kɔmju:n] _i+sy_ komün;
Çin, vb. ülkelerde tarımsal ürünler ve
hayvan yetiştirmek amacı ile emek-
lerini birleştirmiş ve toplumun genel
yararı için takım halinde çalışan bü-
yük bir topluluk. **communal** _s_ top-
lumsal, topluluk ile ilgili; toplulukça
paylaşılan. _He took no part in
communal life._
communicate [kə'mju:nikeit] _f+n/-n_
1 haberleşmek, görüşmek. _While he
was in prison he was not allowed to_

communicate with his family. 2 bir
hastalığı geçirmek, bulaştırmak. *He
communicated the disease to the rest
of his family.* 3 (odalar, evler, vb. hk.)
bağlantılı olmak; birbirine açılmak.
communication [kəmju:ni'keiʃən]
i+sy/-sy 1 haber, mesaj, mektup.
*While he was in prison his family
received no communication from
him.* 2 iletişim, haberleşme, komü-
nikasyon, ulaşım. (örn. telefonlar,
yollar, uçaklar). **communication cord**
(*Brl'de*) imdat freni; acil bir durumda
bir yolcu tarafından çekilerek trenin
durmasını sağlayan ve katar boyunca
uzanan zincir. **communicative** *s* ko-
nuşkan. *Bill is a friendly, communi-
cative person.* (*eş anl.* **talkative**).
communion [kə'mju:niən] 1 *i-sy* aynı
araziyi, veya düşünce ve inançları
başkaları ile paylaşma. 2 mezhep; bir
dinin görüş ve anlayış ayrılıkları
nedeniyle ortaya çıkan kollarından
her biri. **Communion, Holy Com-
munion** *i-sy* Aşai Rabbani ayini;
Protestan kiliselerinde yapılan dinsel
ayin; bu ayinde İsa'nın ölümünü
anmak üzere, onun bedenini temsil
eden özel ekmek (= the Host) ve
kanını temsil eden şarap bir törenle
dağıtılıp paylaşılır.
communiqué [kə'mju:nikei] *i+sy* (özl.
bir hükümetçe yayınlanan) resmi
bildiri, tebliğ. *After the meeting the
premiers issued a communiqué to the
public.* (*eş anl.* **bulletin**).
communism ['kɔmjunizəm] *i-sy*
Komünizm; bütün malların ortaklaşa
kullanıldığı ve özel mülkiyetin olma-
dığı toplum düzeni; böyle bir düzenin
kurulmasını amaçlayan siyasal, eko-
nomik ve toplumsal öğreti. **com-
munist** *i+sy* komünist; komünizm
yanlısı olan kimse (özl. Komünist
Parti üyesi).
community [kə'mju:niti] *i+sy* 1
topluluk, cemiyet; birlikte yaşayan bir
insanlar grubu. 2 uluslar arası bir
topluluk. **community centre** halk evi;
belli bir bölgede olan insanların, top-
lumsal, kültürel ve diğer amaçlar için
biraraya toplandıkları bina.
commute [kə'mju:t] *f+n* her gün
evinden işine, işinden evine, otobüs,
tren ile gidip gelmek, yolculuk yap-
mak. **commuter** *i+sy* genl. şehrin
merkezinden uzakta oturan ve hergün

evinden işine, işinden evine gidip ge-
len kimse. *The buses are filled with
commuters every morning and eve-
ning.*
compact[1] [kəm'pækt] *s* 1 sağlamca ve
sıkıca biraraya getirilmiş. *The sales-
woman tied my purchases into a
compact bundle.* 2 kısa, özlü. *His
report was clear and compact.*
compact[2] ['kɔmpækt] *i+sy* 1 bir şeyi
yapmak için bir kimse ile yapılan
anlaşma, sözleşme. 2 pudra kutusu,
pudralık. **compact disc** *i+sy* üzerine
özl. müzik kaydedilen ve bir plaktan
daha küçük, yuvarlak bir disk; ancak
laser ile çalışan özel cihazlarda kul-
lanılır.
companion [kəm'pæniən] *i+sy* 1
arkadaş, dost, ahbap, yoldaş; yol-
culuk sırasında birlikte giden kimse.
*I like to go fell-walking with a
companion.* 2 eşlik eden herhangi bir
şey. 3 ücretli refakatçi. *She was
employed as a companion to an old
lady.* **companionship** *i-sy* arkadaşlık,
dostluk. (*eş anl.* **company**).
company ['kʌmpəni] 1 *i+sy* bir amaç
için biraraya gelmiş bir grup insan;
topluluk, grup. 2 *i+sy* şirket, ortak-
lık. 3 *i+sy* (askerlikte) bölük. 4 *i-sy*
arkadaşlık, dostluk. *He enjoys
company.* **be good company** arkadaş-
lığı, sohbeti iyi olmak. *He is very
good company.* (*eş anl.* **companion-
ship**). **have company** evde misafirleri
olmak. **keep somebody company**
birisine eşlik etmek, birisi ile birlikte
gitmek. **keep company with** arkadaş-
lık etmek, (birisi) ile gezip tozmak.
*He's keeping company with some
strange people.*
compare [kəm'pɛə*] *f+n* 1 **compare
(with)** bir kimse, veya bir şey ile
karşılaştırmak. *He compared Hitler
with Napoleon I. Compare this bag
with a really good one, and you will
see how poor it is.* 2 **compare (to)** bir
kimseye, veya bir şeye benzetmek. *He
compared Hitler to Napolean I. He
compared the transplanting of organs
to the transplanting of plans. Shall I
compare you to a summer night? He
compared the brave man to a lion.*
comparison[kəm'pærisn] *i+sy/-sy*
karşılaştırma, mukayese, kıyaslama.
comparable ['kɔmpərəbl] *s* karşılaş-
tırılabilir, mukayese edilebilir. *This is*

comparable to/with that. (karş.
incomparable —genl. 'eşsiz, emsalsiz'
anlamında. **comparative** [kəm-
'pærətiv] *s* 1 karşılaştırmalı, muka-
yeseli. 2 (dilb.) sıfat ve zarfların
karşılaştırma dereceleri (örn. *easier,
better, more beautiful, more quietly*
sıfat ve zarfların karşılaştırma
dereceleridir). **comparatively** *z* (bir
şeye) kıyasla; belli bir dereceye kadar,
nispeten. *This is comparatively easy.
(eş anl. **relatively**). **by/in comparison**
(with)** (bir şey)e kıyasla. **not to be
compared with**... ...ile kıyas edilemez.
*His old car is not to be compared with
my new one.*
compartment [kəm'pa:tment] 1 *i+sy*
kopartıman, bölme (örn. yolcu tren-
lerinde vagonların bölmelerle ayrılmış
bölümlerinden her biri. *We shared
our compartment with two other
passengers.* 2 cüzdan gözü; bir
cüzdanın bölümlerinden her biri).
compass ['kʌmpəs] *i+sy* 1 pusula;
üzerinde kuzey-güney doğrultusunu
gösteren bir mıknatıs iğnesi bulunan
ve yön saptamak için kullanılan kad-
ranlı aygıt. 2 pergel; yay, veya çember
çizmekte kullanılan araç. (Bazen
compasses *çoğ. biç.* bazen de **a pair
of compasses** biçiminde kullanılır.)

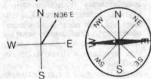

directional compass

drawing compass

compassion [kəm'pæʃən] *i-sy* acıma,
merhamet, şefkat. *The Red Crescent
asked us to show compassion for the
victims of the earthquake by sending
money.* **compassionate** [kəm'pæʃənit]

s merhametli, sevecen. *The com-
passionate employer did not call the
police when his employee confessed to
stealing from him.* **compassionate
leave** (çalışılan yerden) özel nedenlerle
alınan izin, örn. ölüm ve hastalık izni.
*The sergeant consented to the
corporal's request for compassionate
leave.*
compatible [kəm'pætibl] *s* bağda-
şabilir; geçimli, uyumlu; uyum içinde
birarada kalabilen, veya işgörebilen.
*Those two people are not compatible.
His ideas are not compatible with
mine.* (karş. **incompatible**).
compel [kəm'pel] *f+n* zorlamak,
zorunda bırakmak, mecbur etmek. *I
compelled him to come with me. geç.
zam.* ve *ort.* **compelled. compulsion**'a
bkz.
compensate ['kɔmpənseit] 1 *f+n* bir
kimse, veya bir şeyin eksiğini ya da
kaybını karşılamak; telafi etmek. *The
government compensated the families
of the men who were killed in the
accident.* 2 *f-n* (çoğk. **for** ile) (bir şeyi)
karşılamak, yerini tutmak. *I hope
that this present will compensate for
the trouble I have caused you.* (eş anl.
make up). **compensation** [kɔmpən-
'seiʃən] *i+sy/-sy* tazminat, bedel.
compete [kəm'pi:t] *f-n* yarışmak, re-
kabet etmek; birisi ile bir müsaba-
kaya girip bir şey kazanmaya çalış-
mak. *Six runners competed in the last
race. He was competing against/with
his friends in the examination.*
competition [kɔmpi'tiʃən] 1 *i-sy* yarış,
yarışma, rekabet. 2 *i+sy* yarışma,
müsabaka. **competitive** [kəm'petitiv]
s 1 rekabete, veya yarışmaya dayanan;
competitive sports. 2 hırslı, gözü
ilerde: *a competitive personality.* 3
rekabet edebilen. **competitor** [kəm-
'petitə*] *i+sy* yarışmacı, müsabık.
competent ['kɔmpitənt] *s* yetenekli,
ehil; yapılması gereken bir şeyi yapa-
bilme becerisi ve gücü olan. *He is
competent to do work.* (karş.
incompetent). (eş anl. **capable**). **com-
petence** *i-sy* gerekli olan bir şeyi ya-
pabilme becerisi ve gücü; yeterlik,
kifayet, yetenek, ehliyet, iktidar, güç.
(karş. **incompetence**). (eş anl. **capa-
bility**).
compile [kəm'pail] *f+n* (özl. bir kitap
yazarken gerekli malzemeyi toplama

hk.) derlemek, biraraya getirmek. **compiler** *i+sy* derleyici.

complacent [kəm'pleisnt] *s* kendini beğenmiş (genl. gülünç ve rahatsız edici bir biçimde). *She is too complacent to realize she has to work harder. (eş anl. smug).* **complacence, complacency** *i-sy* kendini beğenmişlik.

complain [kəm'plein] *f-n* 1 yakınmak, şikâyet etmek, hoşnutsuzluğunu belirtmek. *He complained about the food in the hotel.* 2 bir hastalıktan, bir dertten şikâyet etmek. *He complained of pains in the stomach.* **complaint** *i+sy* 1 şikâyet, şikâyet etme. *He made a complaint to the manager.* 2 keyifsizlik, yakınma; hastalık, dert; acı ve rahatsızlık veren şey. *She is suffering from a nervous complaint. (eş anl. ailment).* complaint box/book şikâyet kutusu, veya defteri.

complement ['kɔmpliment] *i+sy* 1 tamlayıcı; bütünleyici şey, tamamlayıcı şey. 2 (tam) kadro; bir gemiye gerekli tüm görevliler ve tayfalar; mürettabat. 3 (dilb.) tümleç, tamlayıcı; bazı fiillerden sonra, örn. 'seem', 'be', 'become' gelen isim, veya sıfat grubu, örn. *John is happy* cümlesinde *'happy'; He seemed very nice* cümlesinde *'very nice'; We called our son John* cümlesinde *'John'; John thinks Mary pretty* cümlesinde *'Mary'* tamlayıcıdır. **complementary** [kɔmpli'mentəri] tamamlayıcı, tümleyen. NOT: *complement* ile *compliment* sözcüklerini karıştırmayınız.

complete [kəm'pli:t] *s* 1 tam, tamam, eksiksiz. *The work is complete and so we can rest.* 2 tam, iyice, adamakıllı: *a complete surprise.* Ayrıca *f+n* bir şeyi bitirmek, sona erdirmek. *He completed the work.* **completion** *i-sy* tamamlama, bitiriş. **completely** *z* bütünü ile, tamamen: *completely different. (eş anl. totally).*

complex¹ ['kɔmpleks] *s* 1 karmaşık, kompleks; anlaşılması güç. *Maths is too complex for me.* 2 (dilb.) bileşik: *complex sentence* (= bileşik cümle), örn. *I realized that he was wrong; The boy who is small rode the bike; Where John went was the problem.* Ayrıca **clause**'a bkz. **complexity** [kəm'pleksiti] *i+sy/-sy* güçlük.

complex² ['kɔmpleks] *i+sy* birbirleri ile yakından ilgili çok sayıda parçadan oluşan bir düzen. (örn. bir çok binalardan oluşan bir kurum). 2 kompleks; sağlıksız davranışları ortaya çıkaran, kişinin bilincini az çok koşullandıran genellikle, çocukluk döneminde kazanılmış, baskı altında tutulmuş anı, duygu ve düşüncelerin tümü.

complexion [kəm'plekʃən] *i+sy* 1 cilt, ten; yüzün tabii rengi ve görünümü. *John has a healty complexion.* 2 (genel) görünüm; görünüş. *A fresh coat of yellow paint gave the room a completely different complexion.*

complicate ['kɔmplikeit] *f+n* bir şeyi güçleştirmek; zorlaştırmak, karmakarışık etmek; bir şeyin anlaşılmasını, veya çözümlenmesini güçleştirmek. **complication** [kɔmpli'keiʃən] *i+sy/-sy* karışıklık, karmaşa. **complicated** *s* karışık, karmaşık; anlaşılması güç. *(eş anl. complex).*

compliment ['kɔmplimənt] *i+sy* 1 övgü, iltifat, kompliman. *He paid Mary a compliment about her new hat* (=Mary'e şapkasını beğendiğini söyledi). 2 (çoğ. biç.) kutlama, iyi dilekler. Ayrıca ['kɔmpliment] *f+n* iltifat etmek, kompliman yapmak. *He complimented her on her new hat.* **complimentary** [kɔmpli'mentəri] *s* hayranlık belirten; hayranlık, övgü, saygı. vb. ifade eden. *(karş. uncomplimentary).* complimentary ticket bir film, veya oyun için nezaket gereği, veya saygı sonucu olarak verilen ücretsiz bilet.

comply [kəm'plai] *f-n* genl. comply with someone's wishes sözünde— birisinin arzu ve isteklerine uymak, razı olmak, boyun eğmek. *The audience complied with the request to remain in their seats.*

component [kəm'pounənt] *i+sy* öğe, unsur; parça, eleman, bir bütünü oluşturan parçalardan birisi. *This machine has 300 different components. Salt is a component of sea water.*

compose [kəm'pouz] *f+n/-n* (genl. kitap ya da şiir yazımı ile, özl. de müzik eserleri hk.) yaratmak, yazmak, bestelemek. *John composed the t:ne for this song.* 2 sakinleştirmek, yatıştırmak: *compose oneself; compose one's thoughts.* **composer** *i+sy* bes-

teci, bestekâr, kompozitör. **composed**
s sakin; kontrol altında. *I know you
are upset now, but after a good sleep
you may feel more composed.* **be
composed of** ...-den oluşmak, mey-
dana gelmek. *This substance is
composed of many chemicals.* (*eş anl.*
consist of).
composition [kɔmpə'ziʃən] 1 *i+sy*
kompozisyon; yazı ödevi (özl. okulda
yazılan). *John is doing/writing his
composition.* 2 *i+sy* (parçaları) bir-
leştirme, biraraya getirme, (böylece)
bir şey oluşturma, yaratma. 3 *i-sy*
bileşim, karışım, halita; çeşitli mad-
delerin bileşiminden, karışımından
oluşan bir şey.
compost ['kɔmpɔst] *i-sy* çürümüş bitki
ve hayvan artıkları karışımından
oluşan ve toprağı zenginleştirmek için
kullanılan gübre.
composure [kəm'pouʒə*] *i-sy* sükûnet,
huzur; bir insanın kendi duygularına
tam hakimiyeti; dengeli ruh hali.
compound¹ ['kɔmpaund] *i+sy* 1
bileşik (özl. birden fazla maddeden
meydana gelen herhangi bir madde).
2 (kimyada) alaşım, bileşim; terkip.
Ayrıca *s.* **compound interest** bileşik
faiz. **compound sentence** bağlı cümle,
örn. *John must speak now, or he
must hold his peace. John plays ball
and Jack plays chess.*
compound² ['kɔmpaund] *i+sy* (genl.
sadece Asya ve Afrika hk.) bir kişiye,
veya bir kuruma ait olan ve çevresi
duvar, çit, vb. ile çevrili binalardan
oluşan bir birim; binalar topluluğu.
comprehend [kɔmpri'hend] *f+n* 1
anlamak, kavramak. *We tried hard to
comprehend our parents' reasons for
not wanting us to watch that TV
programme.* (*eş anl.* **grasp**). 2
kapsamak, içine almak, ihtiva etmek.
comprehension *i-sy* anlama, kavrama.
comprehensive *s* kapsamlı, geniş; çok
şey içeren. *The newspaper gave a
comprehensive report of the opening
of the school's new building.*
comprehensive school *Brİ'*de aynı
semtte oturan, her yetenekten ve
sınıftan öğrencinin gittiği ortaokul.
compress¹ [kəm'pres] *f+n* sıkış-
tırmak, basmak; bastırmak. *The
workers compressed the wool into
bales ready for transportation.*
compression *i-sy* sıkıştırma, bastırma,

tazyik.
compress² ['kɔmpres] *i+sy* tampon,
kompres; bir yaradaki kanamayı dur-
durmak, şişliği indirmek, veya ağrıyı
hafifletmek için vücudun o noktasına
bastırılan ufak, yumuşak bir yas-
tıkçığa benzeyen birkaç kat bez
yumağı.
comprise [kəm'praiz] *f+n* oluşmak,
meydana gelmek; içine almak, kap-
samak. *The village comprises two
hundred houses, three shops, a garage
and a school.* (*eş anl.* **consist of).**
compromise ['kɔmprəmaiz] 1 *f-n* uz-
laşmak; bir orta yol bulmak; tavizde
bulunmak. *The strike was settled by
a compromise.* 2 *f+n* (birisinin)
şerefini gölgelemek; (bir kimseyi, veya
bir şeyi) şerefsizliğe, tehlikeye, vb.
maruz bırakmak. *John compromised
his friends by stealing the money.*
Ayrıca *i+sy* uzlaşma, anlaşma; taviz.
compulsion [kəm'pʌlʃən] *i-sy* zorlama,
sıkıştırma; baskı. *A promise made
under compulsion is not binding. She
will take her medicine only under
compulsion.* **compulsory** [kəm'pʌl-
səri] *s* zorunlu, mecburi. *Voting is
compulsory in some countries.* (*karş.*
voluntary). (*eş anl.* **obligatory).**
compel'e bkz.
computer [kəm'pju:tə*] *i+sy* bilgi-
sayar, kompüter, elektronik beyin.
NOT: üç türlü bilgisayar vardı.r: (*I*)
digital computer çift rakamla
kullanılan sayıcı bilgisayar. (*2*) **anolog
computer** eşitleyici bilgisayar. (*3*)
hybrid computer digital ve anolog
birleşimi bilgisayar.
comrade ['kɔmrid] *i+sy* 1 arkadaş,
dost; birlikte çalışan ve can yoldaşı
olan kimse. *My father and my uncle
have been comrades since being in the
army together.* 2 (özl. Komünist
ülkelerde) *Mr* veya *Sir* yerine kulla-
nılan 'yoldaş' anlamında bir ünvan.
con¹ [kɔn] *i+sy* (bir şeyin) aleyhindeki
bir nokta; genl. **pros and cons** söz-
ünde—(bir önerge, bir işin gidişatı
hk.) lehte ve aleyhte olan noktalar.
con² [kɔn] *f+n* öğrenmek için dikkatle
incelemek. *geç. zam. ve ort.* **conned**.
(*esk. kul.).*
con³ [kɔn] *f+n* yutturmak, dolan-
dırmak. (*k. dil.).* **con man** dolandırıcı,
karşısındakinin güvenini kazanıp
para, veya değerli malları ele geçirerek

ortadan kaybolan kimse. Ayrıca **confidence trick**'e bkz.

concave ['kɔn'keiv] s (özl. mercekler hk.) içbükey, konkav. (*karş.* **convex**).

conceal [kən'si:l] *f+n* gizlemek, saklamak. *He could not conceal the crime any longer. I concealed myself from the police.*

concede [kən'si:d] *f+n* **1** (genl. isteksizce) kabul etmek; doğru, haklı, uygun bulmak. *He had no choice but to concede that he had been guilty of bad judgement.* **2** vermek; hakkını tanımak; (kabul edip) bırakmak. *After the war the enemy had to concede some territory.* **concede defeat** mağlubiyeti resmen kabul etmek. **concession** [kən'seʃən] **1** *i-sy* kabul etme, teslim etme. (*eş anl.* **compromise**). **2** *i+sy* ödün, taviz.

conceit [kən'si:t] *i-sy* kendini beğenme, kibir, kurum. (*karş.* **modesty**). **conceited** s kendini beğenmiş, kibirli. *She became unbearably conceited after the football captain asked her out.*

conceive [kən'si:v] *f+n* düşünmek, tasarlamak; üzerinde düşünmek, aklına gelmek. *He very quickly conceived a new plan. I cannot conceive of his doing such a thing.* **conceivable** s akla uygun, makul; düşünülebilir; hayal edilebilir. *It is conceivable that her story is true.* (*karş.* **inconceivable**). **conception** [kən'sepʃən] **1** *i+sy/-sy* düşünme, tasavvur etme. **2** *i-sy* gebe kalma. **3** *i+sy* kavram, düşünce, fikir. *Her conception of freedom is wrong.*

concentrate ['kɔnsəntreit] *f+n/-n* **1** bir noktada biraraya gelmek, veya getirmek; toplamak, toplanmak. **2** (genl. **on** ile) (düşüncelerini, çabalarını, tüm dikkatini, vb.) bir noktada toplamak, veya bir noktaya yöneltmek. *He has concentrated on his work this year. You must try to concentrate.* **concentration** [kɔnsən'treiʃən] **1** *i-sy* toplama, toplanma. **2** *i+sy* toplanan, bir araya getirilen bir şey. **3** *i-sy* yoğun dikkat, veya çalışma. **concentration camp** toplama kampı; özl. Nazi yönetimi sırasında Almanya'daki siyasi mahkûmların içine kapatıldıkları, etrafı dikenli telle çevrili hapishane.

concentric [kɔn'sentrik] s aynı merkezli, ortak merkezli; merkezleri aynı olan: *concentric circles.*

concept ['kɔnsept] *i+sy* kavram; genel bir düşünce. *A small baby has no concept of right and wrong.* **conceptualize** [kɔn'septjuəlaiz] *f+n/-n* kavramlaştırmak. **conception** [kən'sepʃən] *i+sy/-sy* için **conceive**'e bkz.

concern[1] [kən'sə:n] *f+n* ilgilendirmek; ilişiği olmak; önemi olmak; etkisi olmak. *This matter concerns all of us.* **concerned** s **1** (bir şeyi ile) ilgili, alâkalı. *Are you concerned with this matter?* **2** endişeli, kaygılı; içi, içini yiyen. *Mrs. Smith was very concerned when I was ill last year.* NOT: *concerned about/for* '(birisi, veya bir şey için) endişeli, kaygılı' demektir: *He felt strong concern for her. concerned in/with* ise '(bir şey ile) ilgili, (bir şeye) katılmış' anlamına gelir: *He concerns himself with other people's affairs.*

concerning *edat* (bir kimse, bir şey) hakkında; (birisi, bir şey) ile ilgili olarak: *questions concerning the future. John knows nothing concerning this affair.* (*eş anl.* **about, regarding, re**).

concern[2] [kən'sə:n] **1** *i-sy* bir kimseyi ilgilendiren, bir kimse için önemli olan bir konu. *This matter is the concern of all of us.* **2** *i-sy* kaygı, merak, endişe. *Mrs. Smith felt great concern when I was ill last year.* **3** *i+sy* şirket, kuruluş, işletme, vb. *He bought the shop as a going concern.*

concert ['kɔnsət] *i+sy* konser; birden fazla şarkının çalındığı, veya söylendiği bir müzik gösterisi. **concerted** [kən'sə:tid] s birlikte tasarlanmış; birlikte yapılan; toplu (genl. **a concerted attack** veya **concerted action** sözünde). **in concert** birlikte, birarada. *They decided to act in concert to defeat the enemy.*

concerto [kən'tʃeətou] *i+sy* konçerto; birlikte çalınmak üzere, bir çalgı ve orkestra için bestelenmiş müzik yapıtı. *çoğ. biç.* **concerto**s.

concertina [kɔnsə'ti:nə] *i+sy* akordiyona benzer bir çalgı.

concession [kən'seʃən] *i+sy/-sy* **concede**'e bkz.

conciliate [kən'silieit] *f+n* (bir kimseyi) yatıştırmak, sakinleştirmek; gönlünü almak, yapmak. **conciliation** [kən sili'eiʃən] *i-sy* uzlaştırma, yatıştırma. **conciliatory** s yatıştırıcı; gönül alıcı: *a conciliatory letter.*

concertina

concise [kən'sais] *s* kısa ve açıkseçik; birkaç sözcük ile çok şey anlatan: *a concise letter/speaker. He gave a concise account of what had happened.*

conclave ['kɔnkleiv] *i + sy* Papa'yı seçmek üzere özel olarak yapılan kardinaller toplantısı.

conclude [kən'klu:d] 1 *f + n/-n* bitmek, bitirmek; sona ermek, erdirmek. *He concluded his speech with some words by Shakespeare. The meeting concluded after three hours.* (karş. **begin**). (eş anl. **finish**). 2 *f + n* bir anlaşma yapmak: *conclude a treaty/ an agreement.* 3 *f-n* eldeki veriler üzerinde düşünüp bir kanıya varmak. *He concluded that Jones had stolen the money.* **conclusion** *i + sy* 1 son, bitim. *At the conclusion of the concert the curtain fell.* 2 sonuç, karar. *What conclusion did you reach in your discussion?* 3 kanı, kanaat. *We came to the conclusion that the woman had been killed.* **conclusive** *s* kesin, katî; kuşkuya, veya belirsizliğe son verici: *conclusive proof.* (karş. **inconclusive**). **conclusively** *z* kesin olarak. **in conclusion** (genl. bir konuşmayı bitirirken) sonuç olarak; neticede. *In conclusion, I would like to say that everyone should be able to work if they want to.* (eş anl. **finally**). **draw a conclusion** eldeki verileri inceledikten sonra karar vermek. **jump to a conclusion/jump to conclusions** (yeterince inceleyip dinlemeden) acele karar vermek, hemen karar vermek. *Don't jump to conclusion: wait until I have finished speaking.*

concourse ['kɔŋkɔ:s] *i-sy* bir demiryolu istasyonunda, veya havaalanı terminalinde halkın toplanabildiği açık bir alan. *I'll meet you under the clock in the concourse.*

concrete[1] ['kɔŋkri:t] *i-sy* beton; kum ve çimentoyu karıştırarak elde edilen bir yapı malzemesi: *made of concrete; a concrete floor.*

concrete[2] ['kɔŋkri:t] *s* somut; elle tutulabilir; gerçekten varolan. **concrete noun** (dilb.) madde ismi (örn. *house, fire, sugar, aeroplane*). (karş. **abstract noun**).

concur [kən'kə:*] *f-n* 1 aynı fikirde olmak, uymak, uyuşmak. *She cannot cocur with him in this matter.* 2 aynı anda meydana gelmek.

concurrent [kən'kʌrnt] *s* aynı zamanda vaki olan; aynı anda meydana gelen. *The dates of the two events were concurrent.* (eş anl. **simultaneous**). **concurrently** *z* aynı zamanda.

concussion [kən'kʌʃən] *i-sy* beyin sarsıntısı; çarpma, vuruş, veya düşme sonucu beyinde ortaya çıkan tahribat: *suffer from concussion.*

condemn [kən'dem] *f + n* 1 (yargıçlar hk.) (bir suçlunun) cezasını belirlemek, mahkum etmek. *The judge condemned him to five years in prison.* (eş anl. **sentence**). 2 kınamak, ayıplamak; (bir şeyi) onaylamadığını kesinlikle bildirmek. *Most people condemn war.* 3 kullanılamaz diye hüküm vermek, bir şeyin kullanmaya elverişli olmayıp yok edilmesi gerektiğini resmen bildirmek. **condemned** *s* ölüm cezasına çarptırılmış, idam edilecek. **condemned cell** cezaları infaz edilmeden önce mahkûmların kapatıldığı hücre; ölüm hücresi. **condemnation** [kɔndem'neiʃən] *i-sy* mahkûm etme; kınama.

condense [kən'dens] *f + n/-n* 1 yoğunlaşmak, koyulaşmak; yoğunlaştırmak, koyulaştırmak. 2 gaz halinden sıvı hale dönüştürmek, dönüşmek. 3 özetlemek, kısıtlamak. *He condensed his essay from 3000 to 1500 words.* **condensation** [kɔnden'seiʃən] *i + sy* 1 gaz halinden sıvı hale dönüşme; yoğunlaşma. 2 gazın yoğunlaşması sırasında oluşan ufak sıvı damlaları. **condensed milk** koyulaştırılmış süt; suyunun bir kısmı buharlaştırıldıktan sonra (genl. tatlılaştırılıp) teneke kutularda satılan süt.

condescend [kɔndi'send] *f-n* 1 sözde alçak gönüllülük göstermek, böyle davranarak karşısındakini küçümsemek; kendisini başkalarından daha üstün sınıftan biriymiş gibi gösterecek biçimde davranmak. 2 tenezzül etmek, lütfetmek. *She did not condescend to have lunch with me.* **condescending** *s* lütfeden.

condition¹ [kən'diʃən] 1 *i-sy* hal, durum, vaziyet. *This car is in good condition. The Prime Minister asked for a report on the condition of the national economy.* 2 *i+sy* şart, koşul, kayıt. *I shall lend you this money; my only condition is that you spend it carefully.* (=Sana bu parayı ödünç olarak vereceğim, ama tek bir şartım var, o da bu parayı dikkatli bir şekilde harcamandır). 3 *i-sy* form, kondisyon, sağlık.

condition² [kən'diʃən] *f+n* 1 spor yaparak sağlıklı hale getirmek; forma sokmak. 2 bir kimseyi, veya bir hayvanı belirli bir yönde eğitmek; hareket ve davranışlarını yönlendirmek. *What we are taught by our parents and teachers conditions the way we live.* 3 (genl. edil. çat.) belirlemek, tayin etmek. *The success of the government's school building programme is conditioned by the money available.* **conditional** *s* belli bir koşula, veya koşullara bağlı; şartlı. *He made a conditional promise to help me. The offer of the money was conditional on my accepting within three days. (karş.* **unconditional**). **on condition that** şartı ile; koşulu ile. *I shall lend you this money on condition that you give it back in one month. John said that we could have the evening off on condition that we were back by midnight. (eş anl.* **providing, as long as**). **conditional clauses** şart/koşul cümlecikleri; içinde bir şart belirten (ki bu şart genl. **if, unless** vb. ile başlatılır) cümleciklere denir. Ayrıca IF CLAUSES TABLOSUNA BKZ.

condolence [kən'doulns] *i+sy* (genl. çoğ. biç.) başsağlığı, taziye; ölen bir kimsenin yakınlarına söylenen ilgi ve yakınlık sözü. *She received many condolences when her father died. I send her my condolences on the that of her father. I wished to offer my condolences.*

condone [kən'doun] *f+n* (yanlış bir hareketi, veya davranışı) bağışlamak, affetmek; (buna) göz yummak. *I cannot condone the damage you have*

caused.

conducive [kən'djuːsiv] *s* neden olan, yardım eden. *This behaviour is not conducive to hard work* (=Böyle hareket edilirse sıkı bir çalışma yapılamaz). *Exercise is conducive to good health.*

conduct¹ ['kɔndəkt] *i-sy* tavır, hareket, davranış. *The conduct of all the pupils was very good.* 2 idare, yönetim: *the conduct of a government department.*

conduct² [kən'dʌkt] *f+n/-n* 1 götürmek, yol göstermek. *He conducted the members of the audience to their seats.* 2 yönetmek, idare etmek; kontrol ve organize etmek. *The Minister of Education conducted the business of his department very successfully.* 3 orkestra ya da bir konserde koro yönetmek. 4 (elektriği, ısıyı, vb.) iletmek, geçirmek. *Copper wire conducts electricity.* **conductor** *i+sy* 1 orkestra, veya koro şefi. 2 otobüs biletçisi. *(kadınına* **conductress** *denir).* **conduct oneself** davranmak, hareket etmek. *She conducted herself very badly.* **conducted tour** rehberli tur. *(eş anl.* **guided tour**).

cone [koun] *i+sy* 1 koni; tabanı bir daire olan ve tepe noktası taban merkezinden geçen ve bu dairenin yarıçapına dik olan doğru üzerinde bulunan bir cisim. 2 koni biçiminde olan herhangi bir şey (örn. *cone of a volcano; ice cream cone* (=dondurma külahı)). 3 kozalak; çam ya da köknar ağacının meyvesi. **conical** ['kɔnikl] *s* konik.

confectionery [kən'fekʃənəri] *i-sy* 1 tatlı, örn. çikolatalar. 2 pastalar, şekerler. *This shop sells tobacco, cigarettes, sweets, confectionery and magazines.* **confectioner** *i+sy* şekerci; tatlıcı.

confederation [kənfede'reiʃən] *i+sy* 1 konfederasyon; egemenliklerini yitirmeden, birden çok devletin bir birlik meydana getirmesi. 2 konfederasyon; uğraşıları aynı amaca yönelen ve eşit haklara sahip hukukî kurumların birleşmesinden meydana gelen birlik.

confer [kən'fəː*] 1 *f-n* (özl. bir iş, veya hükümet sorunu hk.) görüşmek, konuşmak; müzakere etmek. *I will have to confer with the other teachers about that. (eş anl.* **consult**). 2 bir madalya ünvan, veya resmi bir ödül vermek, bahşetmek. *The king conferred a medal on the soldier. geç. zam. ve ort.* **conferred. conference** ['kɔnfərns] *i+sy* konferans; dinleyicilere bilim, sanat, vb. bir konuda bilgi vermek için yapılan konuşma; uluslararası bir sorunun çözülmesi için yapılan toplantı.

confess [kən'fes] *f+n/-n* 1 itiraf etmek; (bir suçu ya da kötü bir şeyi) kabul etmek. *He confessed his crime to the police. I must confess that I was happy when she left. I confess I have heard about it. I confess to having heard about it.* 2 (Katolik'lerde ve diğer bazı Hıristiyan mezheplerinde) rahibe günah çıkartmak. **confession** [kən'feʃən] *i+sy/-sy* itiraf; günah çıkarma. *John went to confession every week. Father Neary heard his confession.* **confessor** *i+sy* günah çıkartan rahip. **confessional** [kən-'feʃənl] *i+sy* kilisede günah çıkartma hücresi, veya bölmesi.

confetti [kən'feti] *i-sy* konfeti; düğün, balo gibi eğlencelerde serpilen, küçük yuvarlak pul biçiminde kesilmiş renkli kağıt parçaları.

confidant [kɔnfi'dænt] *i+sy* (erkek) sırdaş; yakın arkadaş. *He was confident that his confidant would keep his secret. (kadın sırdaşa* **confidante** [kɔnfi'dænt] *denir).*

confide [kən'faid] *f+n/-n* (birisine) bir görevi, veya işi vermek. *I shall confide this duty to you.* 2 güvenmek, itimat etmek. *You can confide in the police.* **confidence** ['kɔnfidns] 1 *i+sy* sır; varlığı, veya bazı yönleri açığa vurulmak istenmeyen, gizli kalan, gizli tutulan şey. 2 *i-sy* güven, itimat, veya büyük inanç. *I have confidence in you.* **confident** ['kɔnfidnt] *s* kendine güvenen, emin. (genl. kendi yeteneklerinden). *I am confident that they will find us soon.* **confidently** *z* sır olarak; güvenerek. **confidential** [kɔnfi'denʃl] *s* 1 gizli; sır olarak saklanması gereken. *This information is confidential.* 2 (insanlar hk.) kendisine gizli iş verilebilir; güvenilebilir, itimat edilebilir: *a confidential secretary/agent.* **confidence trick** (*BrI'*de) dolandırıcılık; karşısındakinin güvenini kazanarak para, veya değerli malları ele geçirip ortadan kaybolma.

(*AmI'*de **confidence game**). **in confidence** özel olarak, sır olarak. *I am telling you this in confidence.*

confine[1] [kən'fain] *f+n* 1 belli sınırlar içinde tutmak, sınırlamak. *It's very difficult to confine the disease to the farm where it has broken out.* 2 kapatmak, hapsetmek. *The warders confined the unruly prisoner in her cell for two days. I'll confine you to your room until you stop being cheeky.* 3 evde ya da yatakta tutmak; bir şeyin içinde kalıp normal yaşamına devam edememek. *Arthiritis confined him to bed. Since his accident he has been confined to a wheelchair.* **confine oneself to** (bir şeyi yapmakla, bir şey)le yetinmek. *I shall confine myself to the subject of geography. Confine yourself to the facts when you tell the story. We confined ourselves to discussing the weather.* **confinement** *i-sy* 1 (belli bir süre için) hapsedilme. 2 hasta olup evde kalma. 3 loğusalık; bebeği doğurduktan sonra bir kadını yatakta tutulduğu süre.

confine[2] ['kɔnfain] *i+sy* (genl. çoğ. biç.) sınır, hudut. *He passed his life within the confines of his own country.*

confirm [kən'fə:m] *f+n* 1 doğrulamak, teyit etmek. *The Prime Minister confirmed that he would visit France next month. He cofirmed that he would appear in court. (eş anl.* **substantiate**). 2 doğrulamak, desteklemek. *What you say confirms my opinion. His story confirmed my doubts.* 3 kilise topluluğuna kabul etmek; kilisenin tam üyeliğine almak. 4 (bulunduğu yeri, gücünü, rolünü) sağlamlaştırmak, güçlendirmek. (*eş anl.* **strenghten**). **confirmation** [kɔnfə'meiʃən] *i-sy* doğrulama; onaylama. **cofirmed** *s* müzmin, süregen. *I'm a confirmed bachelor. He was a confirmed smoker.*

confiscate ['kɔnfiskeit] *f+n* el koymak; müsadere etmek; bir şeyi yasal olarak (birisinin) elinden almak. *The teacher confiscated the book which the boy was reading in class. The court ordered the drugs to be confiscated. (eş anl.* **seize**). **confiscation** [kɔnfis'keiʃən] *i-sy* müsadere, haciz.

conflagration [kɔnflæ'greiʃən] *i+sy*

(genl. *tek. biç.*) büyük yangın.

conflict¹ ['kɔnflikt] *i+sy* savaş, çatışma, mücadele; çekişme, sürtüşme, anlaşmazlık, ihtilâf, zıtlaşma, fikir ayrılığı. *We want to avoid a conflict between nations so that there will be peace in the world.* (*karş.* **agreement**). (*eş anl.* **dispute**).

conflict² [kən'flikt] *f-n* (genl. with ile) çekişmek, (ile) ihtilâfa düşmek; mücadele etmek, zıtlaşmak; birbirine karşıt olmak, uyuşmamak; birbirini tutmamak; ayrı, farklı olmak. *Our ideas conflict about that because we are so different.*

conform [kən'fɔːm] *f+n/-n* uydurmak; uymak, itaat etmek; (bir şeye) uygun hareket etmek. *He conformed to the rules of the club. When travelling in a foreign country, it is wise to conform to the habits of the natives.* **conformist** *i+sy* toplum kurallarına uyan kimse.

confront [kən'frʌnt] *f+n* 1 yüzleştirmek, yüz yüze getirmek. *He decided to confront his enemies.* (*eş anl.* **face**). 2 karşısına getirmek, karşı karşıya bırakmak. *He confronted them with the evidence of the crime.* **confrontation** [kɔnfərn'teiʃən] *i+sy/-sy* yüzleştirme.

confuse [kən'fjuːz] *f+n* 1 şaşırtmak. *When I arrived in London, the crowds of people and the traffic confused me.* 2 birbirine karıştırmak; (iki şey) arasındaki farkı söyleyememek. *I confused you with your brother. I confused the two brothers.* **confusion** [kən'fjuːʒən] *i+sy/-sy* şaşkınlık, karışıklık. **confused** *s* şaşırmış. *I am so confused that I do not know what is the right thing to do.* **confusing** *s* şaşırtıcı. *I could not follow the confusing instructions.*

congeal [kən'dʒiːl] *f+n/-n* (yağ, kan, vb. hk. özl. soğuğun etkisiyle) donmak, dondurmak; pıhtılaşmak, pıhtılaştırmak. *Cooking fat congeals as it cools.*

congenial [kən'dʒiːniəl] *s* 1 cana yakın, kafa dengi: *a congenial companion.* 2 uygun, elverişli; hoş, tatlı: *congenial surroundings.* (*karş.* **uncongenial**).

congestion [kən'dʒestʃən] *i-sy* aşırı kalabalık; tıkanıklık, sıkışıklık: *traffic congestion.* **congested** *s* (normal hareketin imkânsız olduğu bir biçimde) tıkanık, sıkışık. *The town is very congested on market days.*

conglomeration [kənglɔmə'reiʃən] *i+sy* küme, yığın; düzensiz bir biçimde bir araya gelmiş değişik şeyler topluluğu: *conglomeration of buildings/ old clothes.*

congratulate [kən'grætjuleit] *f+n* tebrik etmek, kutlamak. *I congratulated my friend on the birth of his new son.* **congratulation** [kəngrætju'leiʃən] *i-sy* kutlama, tebrik. **congratulations** *içoğ* 1 Tebrikler! Tebrik ederim! Kutlarım. (*eş anl.* **well done**). 2 tebrik ve kutlamalar.

congregate ['kɔngrigeit] *f+n/-n* bir araya gelmek, toplanmak; bir araya getirmek, toplamak. *The people congregated in the town square.* (*karş.* **disperse**). (*eş anl.* **assemble**). **congregation** [kɔngri'geiʃən] *i+sy* cemaat; bir camide, veya kilisede ibadet etmek üzere toplanmış olan halk. *Our mosque has a large congregation each Friday.*

congress ['kɔngres] *i+sy* 1 kurultay, kongre; bir kurumun belli zamanlarda, temel işleri konuşmak üzere yaptığı genel toplantı. 2 (**Congress**) (ABD ve bazı diğer ülkelerde) Temsilciler Meclisi temsilciler meclisi ile ilgili, özl. de **congressional** [kən'greʃənl] *s* ABD kongresine ait. **congressman** milletvekili; Parlamento üyesi; ABD'de Kongre üyesi; Temsilciler Meclisi üyesi.

conical ['kɔnikl] *s* **cone**'a bkz.

conifer ['kɔnifə*] *i+sy* kozalaklı ağaç (örn. köknar veya çam ağacı). **coniferous** [kə'nifərəs] *s* kozalaklı.

conjecture [kən'dʒektʃə*] *f+n/-n* tahmin etmek; zannetmek, tasavvur etmek; tam olmayan ve doğruluğu tartışılır bilgilerden bir fikir, veya görüş oluşturmak. *May I conjecture that John was there at that time?* Ayrıca *i+sy* tahmin, zan, varsayı, farz. *We made conjecture about the extent of the hazard.*

conjunction [kən'dʒʌŋkʃən] 1 *i+sy* (dilb.) bağlaç; cümlecikleri, sözcük gruplarını, sözcükleri, vb. birbirine bağlayan **and** (=ve), **but** (=fakat), **or** (=veya) gibi sözcükler. NOT: bağlaçlar ikiye ayrılır *(a)* sıralama bağlaçları (=**coordinating conjunctions**) *(b)* tamlama bağlaçları (=**subordinating conjunctions**). *(a)*

sıralama bağlaçları eşit değerli
cümlecikleri, veya cümlede eşit görevli
sözcükleri birbirine bağlar:
**and, both...and, as well as, not
only...but also, no less than, besides,
further, furthermore, either...or,
neither...nor, otherwise, else, or, but,
and yet, still, yet, nevertheless,
though, however, whereas, while, on
the other hand, on the contrary, only,
therefore, on account of,
consequently, accordingly, hence,
then, so, so then, for.**
(b) tamlama bağlaçları, bileşik
cümlelerde, yan cümleciği temel
cümleye bağlar:
**after, although, as, because, before, if,
since, than, though, unless, until,
when, whenever, where, wherever,
whereas, while, as far as, as long as,
as soon as, as though, considering
(that), for fear that, inasmuch as, in
order that, in the hope that, provided
(that), seeing that, so long as, so that,
supposing that, to the end that.**
2 *i+sy/-sy* birleşme işi. **in conjunction
(with)** (ile) birlikte, beraber, bir arada.
*I did the work in conjunction with
three other people.*

conjunctivits [kəndʒʌŋkti'vaitis] *i-sy*
konjonktivit; göz yuvarlağını göz
evinde tutan sümüksü zarın iltihap-
lanması. *She is suffering from con-
junctivits.*

conjure ['kʌndʒə*] *f-n* sihirbazlık yap-
mak; sihirbazlık yaparak (bir yerden)
bir şey çıkarmak, örn. şapkadan tav-
şan çıkarmak gibi, el çabukluğu ile
sihirli numaralar yapmak. **conjurer,
conjuror** *i+sy* sihirbaz, hokkabaz;
başkalarını eğlendirmek için hokka-
bazlık, sihirbazlık yapan birisi. **con-
jure up 1** ruh, veya hayalet çağırmak.
*He conjured up the ghost of his
grandfather.* 2 hatıra getirmek, anım-
satmak, zihinde canlandırmak. *This
book conjures up a vivid picture of
London.*

connect [kə'nekt] *f+n/-n* **1** (genl.
together veya **up** ile) birleştirmek,
bağlamak; (bir aleti) prize takmak,
(bir elektrik kaynağına) bağlamak.
*The radio will not work unless you
connect these two wires together.
Connect this wire with/to that one.*
(karş. **disconnect**). **2** (aralarında) ilgi
kurmak; ilgili saymak. *I always con-*

*nect little girls with dolls and dolls'
prams.* **3** (**with** ile) (otobüsler, trenler,
uçaklar, vb. hk.) bağlantılı olmak;
aktarması bulunmak. *This train con-
nects with one at Birmingham.* **con-
nection, connexion** *i+sy* **1** birleşme,
bağlantı, irtibat. *I can't see any con-
nection between these two wires.* **2**
bağlantı, ilişki, münasebet, alâka.
*Scientists have shown that there is a
connection between cigarette smoking
and certain diseases.* **3** aktarma;
aktarma treni, otobüsü, uçağı, vb.;
yolcuları bir başka araçtan alıp
götürecek olan bir tren, otobüs, uçak,
vb. **4** bir insanın toplumsal, mesleki,
veya ticari bakımdan ilişkilerde
bulunduğu kimse; meslektaş, müşteri.
in connection with (bir şey) ile ilgili
olarak; hususunda, münasebeti ile.
*He asked me many questions in
connection with life in Britain.* (eş anl.
about, concerning). **in this/that con-
nection** bu/o münasebetle. *The
manager wants to see you in that con-
nection.*

connoisseur [kɔni'sə*] *i+sy* sanatla
ilgili bir konuda büyük bir bilgisi olan
kimse; uzman, erbap, ehil: *a con-
noisseur of painting.*

conquer ['kɔŋkə*] *f+n/-n* **1** fethet-
mek, zaptetmek; savaşarak yenmek.
*Julius Caesar conquered the Gauls.
The Mongols conquered India.* **2**
(olumsuz, veya güç bir şeyi) (kendi)
yönetimine almak; güç kullanarak,
veya yılmadan uğraşarak (bir şeye)
son vermek, yenmek. *I conquered my
dislike for mathematics.* **conqueror**
i+sy fetheden, fatih. **conquest** ['kɔŋ-
kwest] *i+sy/-sy* zaptedilmiş bir şey;
savaşta kazanılan toprak; fetih, zapt:
The Norman Conquest of England.

conscience ['kɔnfəns] *i+sy/-sy* vicdan;
kişiyi kendi davranışları hakkında bir
yargıda bulunmaya iten, kişinin kendi
ahlak değerleri üzerine dolaysız ve
kendiliğinden yargılama yapmasını
sağlayan güç. *My conscience kept me
from stealing.* **get/have a bad/guilty
conscience** suçluluk duymak, kendini
suçlu hissetmek. **have something on
one's conscience** insanın kendisini
suçlu hissetmesine neden olan bir şeyi
olmak, bir şeyden vicdanı rahatsız
olmak. **in all conscience** vicdanen.
conscience-stricken *s* vicdan azabı

çeken. **conscience money** kendi vicdanını rahatlatmak için birisine verilen para.

conscientious [kɔnʃi'enʃəs] *s* mümkün olduğu kadar işine ve görevine dikkat eden; dikkatli, çalışkan; dürüst, vicdanlı. *The conscientious nurse was praised by the doctor.* **conscientiously** z dürüstlükle, dikkatle; vicdani olarak. **conscientious objector** yanlış ve inançlarına aykırı olduğunu ileri sürerek askerlik hizmeti yapmayı ya da savaşta çarpışmayı reddeden kimse.

conscious ['kɔnʃəs] *s* **1** olup biteni anlayabilen; bilinci, şuuru yerinde; uyanık, ayık. *Although he had been hit on the head he was still conscious.* **2** farkında olan, bilincinde olan; anlayan, bilen. *I wasn't conscious of being rude.* (=Kabalık yaptığımın farkında değildim). *He was hardly conscious of his own motive. He was conscious of blushing.* (*karş.* **unconscious**). **consciousness** *i-sy* bilinç, şuur; akıl; anlayış. **self-conscious** *s* utangaç, sıkılgan. the **subconscious** *i-sy* bilinçaltı; bir kimsede, bilince inmeyen olayların geçtiği varsayılan özellik, şuuraltı.

conscript ['kɔnskript] *i+sy* yasa gereği askerliğe alınmış kimse; kur'a neferi. **conscription** [kən'skripʃən] *i-sy* askere alma.

consecrate ['kɔnsikreit] *f+n* **1** özel bir törenle bir kimse, veya bir şeyin kutsal olduğunu açıklamak; kutsamak, taktis etmek: *consecrate a bishop/a new church.* **2** bir şeyi özel bir amaç için saklamak; adamak, vakfetmek, tahsis etmek, hasretmek. *He consecrated his life to helping the poor.*

consecutive [kən'sekjutiv] düzenli ve kesiksiz biçimde birbirini izleyen, ardıl ardışık: *three consecutive days* (örn. Monday, Tuesday, Wednesday). (*eş anl.* **successive**).

consensus [kən'sensəs] *i+sy* özl. **consensus of opinion** sözünde—fikir birliği, ortak görüş; genel mutabakat. *There was some consensus of opinion. In the absence of a consensus, no decision could be taken.*

consent [kən'sent] *f-n* (genl. **to** ile) kabul etmek; razı olmak; izin vermek. *He has consented to the plan. He consented to go.* Ayrıca *i-sy* rıza, uygun bulma. *Silence gives consent*

(=Sükut ikrardan gelir). (*eş anl.* **approval**). Ayrıca **age of consent**'e bkz.

consequence ['kɔnsikwəns] *i+sy* sonuç, netice; bir eylemin, veya durumun sonucu olarak ortaya çıkan şey. *Do you know what the consequences of your action will be?* **consequent** ['kɔnsikwənt]*s* (bir olayın, veya durumun doğrudan doğruya) sonucu olan: *the rapid increase of trade and the consequent influx of wealth.* **consequently** z bundan dolayı, böylece, bu nedenle; sonuç olarak. *Her husband had a stroke; consequently, she took charge. He failed the exam; consequently, he couldn't go to college.* **in consequence of** nedeniyle; sonucunda. **take/suffer the consequences** sonucuna katlanmak; cezasını çekmek. *You must suffer the consequences of your carelessness.* **of consequence** çok önemli. *This matter is of great consequence to all of us. Don't worry, it's of no consequence* (=Üzülme, önemli değil). **consequential** [kɔnsikwen'ʃəl] *s* **1** (bir olayın, veya durumun doğrudan doğruya) sonucu olan. *These privileges will draw consequential difficulties in their training.* **2** önemli, mühim. *He is a consequential man and must be treated with respect.*

conservative [kən'sə:vətiv] *s* **1** tutucu, muhafazakâr; toplumsal düzeni, düşünceleri ve kurumları değiştirmeden, olduğu gibi korumak isteyen (kimse). *She is so conservative in her dress that she never wears jeans.* **2** dikkatli, ölçülü; (özl. iş hayatında ve politikada) riske girmeyi pek istemeyen; ılımlı. **Conservative** *i+sy* Muhafazakâr Parti üyesi. Ayrıca *s* tutucu, muhafazakâr.

conservatory [kən'sə:vətri] *i+sy* **1** limonluk, sera; (genl. bir binaya ekli, içinde bitkiler bulunan, duvarları camdan bir oda, veya binacık. **2** konservatuar; müzik veya müzikle birlikte tiyatro ve bale öğretimi de yapılan okul.

conserve [kən'sə:v] *f+n* korumak, muhafaza etmek. *We must conserve the natural resources of the country.* **conservation** [kɔnsə'veiʃən] *i-sy* koruma.

consider [kən'sidə*] *f+n/-n* **1** düşünmek; düşünüp tanışmak. *I have considered your request.* (*eş anl.*

think). 2 düşünmek; saymak, gözü ile bakmak. *I consider that you are wrong. Everybody considered her (to be) (very) good/a (very) good person. I considered him to have acted disgracefully.* 3 dikkate almak, hesaba katmak; göz önünde bulundurmak. *You should consider other people before you behave like that.* considerable *s* epeyce büyük, bir hayli; hatırı sayılır derecede: *a considerable amount of money.* considerably *z* çok, pek çok; oldukça, bir hayli. *He has improved considerably.* (eş anl. significantly). considerate [kən-'sidərit] *s* düşünceli, saygılı, hürmetkâr, nazik; başkalarının hakları ve duyguları konusunda anlayışlı: *a considerate person/action/suggestion.* (karş. inconsiderate). (eş anl. thoughtful). consideration [kənsidə'reifən] 1 *i-sy* düşünüp taşınma. 2 *i+sy* bir karara varılırken göz önüne alınacak husus; neden, sebep. *That is an important consideration.* 3 *i-sy* anlayış; başkalarının isteklerine ve duygularına dikkat gösterme; saygı, düşünce. *That boy shows no consideration for other people.* considering *edat* düşünülecek olursa; bakınca; göz önüne alınırsa *That child walks very well considering that he is only fourteen months old. Considering the distance, he arrived very quickly.* under consideration (resmen) incelenmekte, gözden geçirilmekte. *The plan is under consideration by the Minister of Education.* no/of little consideration önemli değil; öyle pek önemi yok. take into consideration (bir şeyi) göz önüne almak, dikkate almak, hesaba katmak. *If you are planning a holiday in Britain, you should take the weather into consideration.* (eş anl. consider).

consign [kən'sain] *f+n* bir malı herhangi bir taşıt aracı ile göndermek, sevketmek. *Our order has been consigned by airfreight.* consignment *i+sy* gönderilmiş, veya gönderilecek mal; mal gönderme işi ya da eylemi.

consist [kən'sist] *f-n* (of ile) (bir şeyden) oluşmak, meydana gelmek. *The soup consists of tomatoes, meat and peas.* (eş anl. comprise, be made up of). consistence, consistency *i-sy* 1 tutarlılık, istikrar; hep aynı biçimde

hareket etme ya da düşünme. 2 koyuluk; yoğunluk; sertlik, katılık, kalınlık derecesi; kıvam. (genl. consistency biçiminde kullanılır). consistent *s* hep aynı biçimde hareket eden ya da düşünen; istikrarlı, tutarlı, birbirini tutan. *What you say is not consistent with what you do. Jane was consistent in her views.* (karş. inconsistent).

console [kən'soul] *f+n* teselli etmek, avutmak, avundurmak; bir kimsenin acısını, veya sıkıntısını yatıştırmak. (eş anl. comfort). consolation [kənsə-'leifən] *i+sy/-sy* teselli. consolation prize teselli mükâfatı.

consolidate [kən'sɔlideit] *f+n/-n* 1 birleştirmek, birleşmek. 2 güçlendirmek, güçlenmek; pekiştirmek, pekişmek; sağlamlaştırmak; sağlamlaşmak; takviye etmek. *The army consolidated the position which they had captured.* (eş anl. reinforce).

consommé [kən'sɔmei] *i-sy* et, balık, vb. suyu çorba.

consonant ['kɔnsənənt] *i+sy* 1 sessiz, ünsüz; nefesin ağızda, veya gırtlakta durdurulması ile elde edilen ses. 2 sessiz harf, ünsüz harf (örn. b,d, vb. harfler).

consort ['kɔnsɔːt] *i+sy* eş; kral karısı; veya kraliçe kocası.

consortium [kən'sɔːtiəm] *i+sy* konsorsiyum; çeşitli sanayi kollarındaki girişimleri, bankaları, ulaştırma ve sigorta şirketlerini ortak bir amaç için birbirine bağımlı ve ortak kılan uluslararası ticaret birliği. *The suspension bridge was built by a Turkish and Japan consortium.* çoğ. biç. consortiums veya consortia [kən'sɔːtiə].

conspicuous [kən'spikjuəs] *s* apaçık, aşikâr, bariz; kolayca görülen, göze çarpan. *She was conspicuous in her red dress.* (karş. inconspicuous). (eş anl. glaring). be conspicuous by one's absence yokluğu ile dikkati çekmek; yokluğu göze çarpmak. *John was conspicuous by his absence.*

conspire [kən'spaiə*] *f+n* 1 (özl. yasa dışı, veya kötü bir şey) planlamak; komplo kurmak. *The generals conspired to overthrow the government. The terrorists conspired to hijack a plan.* (eş anl. plot). 2 elbirliği etmek; bir sonuca ulaşmak için birlikte hareket etmek. *Everything conspired to make him a rich man.* conspiracy [kən'spirəsi] *i+sy* komplo; yasa dışı bir şey yapmak için tasarlanan gizli bir plan. *The rebels entered into a conspiracy to assassinate the president.*

constable ['kʌnstəbl] *i+sy* polis memuru; en düşük rütbede polis memuru. *(eş anl.* **Con.***).* **chief constable** polis komseri.

constant ['kɔnstnt] *s* sabit, değişmez; devamlı, sürekli: *constant noise; constant friend.* **constantly** z hiç durmadan, sürekli olarak. *He is constantly tearing up what he has already written and beginning all over again.* **constancy** *i-sy* sebat, değişmezlik.

constellation [kɔnstə'leiʃən] *i+sy* (bir ismi olan) takımyıldız, burç. *Orion is a constellation.*

consternation [kɔnstə'neiʃən] *i-sy* şaşkınlık; büyük hayret, dehşet. *We were filled with consternation at the news. Jane and Mary looked at each other in consternation. (eş anl.* **dismay***).*

constipation [kɔnsti'peiʃən] *i-sy* kabızlık, peklik. *I am suffering from constipation.* **constipated** ['kɔnstipeitəd] *s* kabız (olmuş). *I am constipated.*

constituency [kən'stitjuənsi] *i+sy* Avam Kamarası üyesinin temsil ettiği seçim bölgesi.

constituent[1] [kən'stitjuənt] *i+sy* **1** bir bütünü oluşturan parçaların her biri; bileşen, eleman, öğe. *Oxygen and nitrogen are two important constituents of the air.* **2** bir seçim bölgesinde yaşayan kimse; seçmen.

constituent[2] [kən'stitjuənt] *s* **1** meydana getiren, oluşturan. **2** yasa, yapma yetkisi olan: *a constituent assembly* (=kurucu meclis; bir ülkenin anayasasını değiştirmek için seçilmiş olan meclis).

constitute ['kɔnstitju:t] *f+n* **1** (bir şey) ile aynı olmak. *The behaviour of that country constitutes an act of aggression against her neighbours* (=O ülkenin davranışı komşularına karşı girişilmiş bir saldırı hareketi ile aynı). **2** oluşturmak, meydana getirmek, teşkil etmek. *England, Wales, Scotland, Northern Ireland and some smaller islands constitute the United Kingdom.*

constitution [kɔnsti'tju:ʃən] *i+sy* **1** anayasa; bir devletin yönetim biçimini belirten yasama, yürütme, yargılama güçlerinin nasıl kullanılacağını gösteren, yurttaşların kamu haklarını bildiren temel yasa. *The new president asked the assembly to draft a new constitution.* **2** bünye, beden yapısı; bir insanın genel vücut ya da zihin durumu. *He has a very strong constitution.* **constitutional** *s* anayasal, anayasa ile ilgili, anayasaya uygun. *I have a constitutional right to speak. (karş.* **unconstitutional***).*

constrain [kən'strein] *f+n* birisini bir şey yapmaya zorlamak; mecbur etmek, zorla (bir şey) yaptırmak. *I constrained him to come. (k. dil.). (eş anl.* **compel***).* **constraint** *i+sy/-sy* zorlama, baskı. *He agreed to help under constraint.*

constrict [kən'strikt] *f+n* **1** sıkmak, sıkıştırmak; daraltmak. *John felt as though the tight collar was constricting his neck.* **2** hareketini kısıtlamak, özgürce davranmasını sınırlamak, engellemek. *He felt constricted by the rules.* **constriction** *i+sy/-sy* sıkma; kısıtlama.

construct [kən'strʌkt] *f+n* inşa etmek, yapmak. *(eş anl.* **build***).* **construction** **1** *i-sy* inşa (etme); inşaatçılık. **2** *i+sy* inşaat, yapı, inşa edilen bir şey, bir bina. **3** *i+sy* (dilb—özl. Latince ve eski Yunanca dilb.) bir cümlede sözcükleri kullanma biçimi; cümle yapısı. **constructive** *s* (görüşler, sözler, öneriler, vb. hk.) yapıcı, olumlu: *constructive criticism. She made a constructive suggestions. (karş.* **destructive***). (eş anl.* **positive***).* **under construction** inşa halinde.

construe [kən'stru] *f+n* anlamak, anlam vermek, yorumlamak. *You can construe that in different ways.*

consul ['kɔnsl] *i+sy* konsolos; yabancı ülkelerde, orada bulunan yurttaşlarının haklarını koruyan, bağlı bulunduğu hükümete siyasal ve ticarî bilgileri veren dışişleri görevlisi. **consulate** ['kɔnsjulit] *i+sy* konsolosluk; konsolosun çalıştığı yer. **vice-consul** ikinci konsolos. **consular agent** fahri konsolos.

consult [kən'sʌlt] *f+n* **1** bilgi, görüş, nasihat, vb. almak için bir kimseye gitmek, sormak; danışmak, başvurmak. *He consulted his lawyer. I consulted an eye specialist.* **2** bir kitaba, veya basılı bir şeye bakmak. *He consulted the dictionary.* **consultation** [kɔnsəl'teiʃən] **1** *i+sy* müzakere, görüşme; danışma. *How much did he charge for a consultation?* **2** *i-sy* (bir kitaba, vb.) bakma. *She keeps her car handbook near her for consultation.* **consultant** *i+sy* **1** danışman, müşavir, **2** uzman doktor; mütehassıs. **consulting room** (doktorun) muayene odası.

consume [kən'sju:m] *f+n/-n* tüketmek, bitirmek (örn. yiyerek, içerek, yakarak, vb.); yakıp yok etmek. *The chocolate biscuits were so delicious we consumed every one. The fire consumed the house. John consumed a large meal. Football consumed my energy.* **consumer** *i+sy* tüketici, müstehlik. *(karş.* **producer**). **consumer goods** *içoğ* tüketim maddeleri.

consumption [kən'sʌmpʃən] *i-sy* tüketim: *consumption of alcohol; a car with low petrol consumption.* **consumption tax** tüketim vergisi.

contact ['kɔntækt] **1** *i-sy* dokunma, değme, temas. **2** *i+sy/-sy* (biraraya gelerek, mektup yazarak, konuşarak, vb. kurulan) ilişki, bağlantı, irtibat, temas. *The prisoner was not allowed to have any contact with his family.* **3** *i+sy* tanıdık, bildik; ilişki kurabilecek kimse, temasa geçilebilecek birisi. *The journalist has a contact in Paris.* Ayrıca *f+n* bir kimse ile ilişki kurmak, temasa geçmek, görüşmek, konuşmak. *I'll contact John and get his reaction.* **contact lens** kontak lens; gözün saydam tabakasının üzerine doğrudan uygulanan, görmeyi düzeltici cam, veya plastik mercek.

contagious [kən'teidʒəs] *s* **1** (özl. bir hastalıklar hk.) bulaşıcı, sâri; temas yolu ile yayılan. *(eş anl.* **infectious**). **2** (insanlar hk.) bulaşıcı hastalığı olan. **3** başkalarına geçen, geçici. *His laughter was contagious.*

contain [kən'tein] *f+n* **1** içine almak; içinde bulundurmak. *This box contains biscuits.* **2** içermek, kapsamak, ihtiva etmek. *It contains sugar.* **3** (duyguları) tutmak, zaptetmek, bastırmak. *He contained his anger. (eş anl.* **control**). **4** kontrol altına almak, durdurmak. *Our troops could not contain the enemy attack.* **contain oneself** kendini tutmak. **container**

i+sy **1** kap; içine bir şey koymak için kullanılan içi boş bir nesne, örn. kutu, varil, şişe, vb. **2** konteyner; içine mal konularak kamyon, tren ve gemilerle taşınabilecek standart biçim ve büyüklükte metal kasa. **container ship** konteyner gemisi. **container train** konteyner treni.

contaminate [kən'tæmineit] *f+n* kirletmek, pisletmek; pis, zehirli, veya radyoaktif maddeler karıştırarak kullanılmaz hale sokmak. *The drinking water has been contaminated by chemicals from the factory.* **contamination** [kəntæmi'neiʃən] *i-sy* bulaşma, pislenme.

contemplate ['kɔntəmpleit] *f+n/-n* **1** uzun uzun ve ciddi bir şekilde düşünmek. *It is well to contemplate one's past before making decisions for the future.* **2** bir şeye bakmak, seyretmek, süzmek. *He contemplated the letter for several minutes.* **3** tasarlamak, niyetinde olmak. *I am contemplating buying some new furniture. (eş anl.* **consider, think about**). **contemplation** [kɔntəm'pleiʃən] *i-sy* düşünceye dalma; niyet, tasavvur.

contemporary [kən'tempərəri] *s* **1** bir başkası ile aynı zamanda doğan, veya yaşayan; çağdaş. *Shakespeare was contemporary with Queen Elizabeth I.* **2** çağdaş; modern, asri; günümüze ait. *The house was decorated in a contemporary style. (eş anl.* **present-day**). Ayrıca *i+sy* bir başkası ile aynı zamanda doğan, veya yaşayan kimse.

contempt [kən'tempt] *i-sy* küçümseme, hor görme, hakir görme, tepeden bakma; nefret, tiksinti. *We feel contempt for anyone who steals from a child.* **contemptible** *s* aşağılık, adi, rezil: *a contemptible liar. Tripping the other runner was a contemptible thing to the.* **contemptuous** [kən'temptjuəs] *s* küçük gören, hakir gören, hor gören. *He was contemptuous of the thief* (= Hırsızdan aşağılayıcı kelimelerle söz etti). *It is true that his attitude towards the project is contemptuous, but it must be granted that many of those engaged in it are contemptible.*

contend [kən'tend] *f-n* **1** (**with** ile) uğraşmak, savaşmak, mücadele etmek. *He had to contend with many difficulties when he was a young man.* **2**

(that ile) iddia etmek, ileri sürmek, münakaşa etmek; üzerine basarak söylemek. *John contends that the accident could have been avoided.* **contender** *i+sy* yarışmacı (özl. bir ünvanı elde etmeye çalışan bir boksör). **contention**'a bkz.

content¹ [kən'tent] *s* hoşnut, memnun, mutlu, halinden memnun. *The cat was very content after drinking the milk. He was quite content to do no work all day.* Ayrıca *f+n* memnun etmek, hoşnut etmek, mutlu kılmak. **contented** *s* halinden memnun, hoşnut. (*karş.* **discontented).**

content² ['kɔntent] *i+sy* 1 (genl. *çoğ. biç.*) (dergi, kitap, vb. hk.) içindekiler. *He looked at the table of contents of the magazine.* 2 bir şeyin içinde bulunanların tümü. *We examined the contents of the box.* 3 içerilen miktar, bir şeyin içinde bulunan miktar. *The metallic content of this rock is high.* 4 (bir yazı, konuşma, TV programı hk.) konu, içerik.

contention [kən'tenʃən] *i-sy* çekişme, uğraşma, mücadele; kavga. *There was a great political contention about the presidential elections.* 2 bir tartışmadaki ana fikir, sav. *My contention was that America was once a British colony, but James said that this was not true.* **contend**'e bkz.

contest ['kɔntest] *i+sy* çekişme, mücadele; yarışma, müsabaka. Ayrıca [kən'test] *f+n/-n* çekişmek, mücadele etmek, yarışmak. *The rivals contested with each other for his friendship.* **contestant** [kən'testnt] *i+sy* yarışmacı, müsabık. (*eş anl.* **competitor).**

context ['kɔntekst] *i+sy* bağlam; söz konumu; bir sözcük ya da bir deyimin anlamını açıklamaya yardımcı olan diğer sözcükler. *It is unfair to quote out of context. Context is so important when you are translating.* 2 *i+sy* genel durum; bir olayı, veya durumu çevreleyen koşullar. *We must examine these ideas in the context of recent events.*

continent ['kɔntinənt] *i+sy* kıta, anakara (örn. Avrupa, Asya, Afrika). **the Continent** Britanya ve İrlanda'yı içine almayan Avrupa kıtası. **Continental** [kɔnti'nentl] *s* kıtasal. Ayrıca *i+sy* kıta Avrupalısı; İngilizlerin ve İrlandalıların dışında kalan Avrupalı.

continental breakfast ekmek, tereyağı, reçel ve çay, vb. sıcak bir içecekten oluşan ve pişmiş bir yiyecek içermeyen sabah kahvaltısı. (*karş.* **English breakfast). continental shelf** kıta sahanlığı.

contingency [kən'tindʒənsi] *i+sy* ihtimal, olasılık. *Our plans need to be detailed enough to meet any contingency.* **contingent** *s* (**on** ile) şarta bağlı. *The raid was contingent on the weather.*

continue [kən'tinju:] *f+n/-n* sürmek, devam etmek, (durmaksızın, veya durduktan sonra). *John continued to read/reading when I came into the room. He continued his breakfast. The cold weather continued for three weeks. He stopped to buy some bread and then continued his journey. The president continued in office for another three years. John continued silent/silently.* **continuation** [kəntinju-'eiʃən], **continuance** [kən'tinju'əns] *i+sy/-sy* devam (süresi). **continual** *s* 1 sık, sık sık yapılan. *We have had continual interruptions throughout the day.* 2 sürekli, ardı arkası kesilmez: *a continual noise. Life is a continual struggle.* **continually** *z* sürekli olarak, aralıksız, sık sık. *John is continually reminding me of what I owe him.* **continuity** [kɔnti'njuiti] *i-sy* 1 süreklilik, devamlılık. 2 kesintisizlik; (özl. bir öyküdeki, bir kitaptaki, bir filmdeki, vb.) bölümlerin kesintisiz bir biçimde sıralanması, düzenlenmesi. (*karş.* **discontinuity). continuous** *s* sürekli, devamlı; bitene kadar devam eden, durana kadar hep süren. *Five days of continuous rain.* (*karş.* **discontinuous). continuously** *z* boyuna, hiç durmadan, mütemadiyen. *The wind blew continuously for three days.*

NOT: Hem *continual* ve hem de *continuous* çoğu zaman, hemen hemen aynı anlama gelirler. Fakat eğer biz bir şeyin arada bir durup tekrar başlayarak uzun bir süre devam ettiğini ifade etmek istiyorsak kullanacağımız sözcük *continual* olmalıdır. Ama bir şeyin hiç durmadan bir süre devam ettiğini söylemek istersek bu kez *continuous* sözcüğünü kulanmamız gerekir.

contort [kən'tɔ:t] *f+n* burmak, bükmek, eğmek ve böylece biçimini bozmak, çarpıtmak. *Her pretty face contorted with anguish.* (*eş anl.* twist). **contortion** *i+sy/-sy* burulma, bükülme. **contortionist** *i+sy* başkalarını eğlendirmek için vücudunu kıvırıp bükerek acayip biçimlere sokan bir tür akrobat.

contour ['kɔntuə*] *i+sy* 1 bir şeyin dış hatları, çevre çizgisi; şekil. *The contours of her body were full and round.* 2 eşyükselti eğrisi; harita üzerindeki böyle bir hayali eğri, belli yüzeylerin deniz seviyesinden aynı yükseklikte olduğunu gösterir. (Ayrıca **contour line** da denir).

contraband ['kɔntrəbænd] *i-sy* kaçak mal; yasal olmayan yollarla bir ülkeye sokulan ya da ülkeden çıkartılan mal(lar). (örn. kıymetli taşlar, altın, ve diğer vergiye tabi eşyalar). (*eş anl.* **smuggled goods**).

contraception [kɔntrə'sepʃən] *i-sy* doğum kontrolu; gebelikten korunma. (*eş anl.* **birth control**). **contraceptive** *s* koruyucu. Ayrıca *i+sy* gebeliği önleyici herhangi bir şey. **contraceptive pill** doğum kontrol hapı.

contract¹ ['kɔntrækt] *i+sy* (özl. ticarette) mukavele, sözleşme, anlaşma. *We signed a contract to buy the house.*

contract² [kən'trækt] 1 *i+sy/-sy* mukavele yapmak, sözleşme yapmak, anlaşma yapmak: *contract to supply food to the school; contract an agreement.* 2 *f+n/-n* kısmak, büzmek, daraltmak, kısaltmak; büzülmek, kısalmak, daralmak. *Metal contracts as it cools.* **contractor** [kən'træktə*] *i+sy* müteahhit; (özl. inşaat işleri) yapan kimse.

contradict [kɔntrə'dikt] *f+n/-n* aksini iddia etmek, tersini söylemek. *He contradicted me* (=Bana gerçeği söylemediğimi söyledi). *This book contradicts that one.* **contradiction** *i+sy/-sy* çelişki, tutmazlık.

contralto [kən'træltou] 1 *i-sy* kontralto; kadın seslerinin en kalını. 2 kontralto; sesi böyle olan sanatçı. *çoğ. biç.* **contraltos.**

contraption [kən'træpʃən] *i+sy* garip görünüşlü ya da kötü yapılmış bir makine, veya bir aygıt. (*k.dil.*).

contrary¹ ['kɔntrəri] *s* 1 ters, aksi, zıt, aykırı, karşı. *His opinion is contrary to mine.* 2 (rüzgârlar hk.) elverişsiz, müsait olmayan. **on the contrary** tam tersine; aksine; bilakis. *You think that he is a kind man, but on the contrary he is very unkind.* **to the contrary** tersini belirtecek bir biçimde. *I shall meet him on Tuesday unless I hear anything to the contrary.*

contrary² [kən'treəri] *s* karşı, muhalif, ters, aksi, inatçı; birlikte çalışılması zor. *He is sure to be contrary no matter what we suggest.* **contrary-to-fact statements** için **subjunctive mood**'a bkz.

contrast ['kɔntrɑːst] *i+sy* zıtlık, tezat; (iki şey arasındaki) fark, veya benzemezlik. *The contrast between his words and actions is disappointing.* Ayrıca [kən'trɑːst] *f+n/-n* 1 çelişmek; birbirinin zıddı olmak; tezat teşkil etmek, karşılaştırıldığında bir başkalık göstermek. *Black and white are contrasting colours. My hat contrasts with my coat.* 2 (iki şeyi ya da iki insanı) karşılaştırmak. *He contrasted Britain and America.*

contribute [kən'tribjuːt] *f+n/-n* 1 katkıda bulunmak; bağışlamak, bağışta bulunmak. *I contributed £5 to the party funds.* 2 bir gazeteye, veya bir dergiye yazı yazmak, yazı vermek, makale yollamak. *He contributed an article to the Daily Post.* 3 (bir şey)e katkısı olmak; (ortaya çıkmasına) yardımcı olmak; neden olmak. *The driver's carelessness contributed to the accident.* **contribution** [kɔntri'bjuːʃən] *i+sy/-sy* 1 yardım, bağış. 2 katkı, katılma. **contributor** *i+sy* 1 yardım eden. 2 yazı, makale gönderen. 3 katkıda bulunan.

contrite ['kɔntrait] *s* pişman, nâdim; suçluluk hisseden. *Jane was very contrite when she realized how much she had offended John. She looked contrite.*

contrive [kən'traiv] *f+n/-n* bir yol düşünmek, icat etmek; akıllıca bir biçimde becermek, bir yolunu bulmak. *He contrived to get an extra week's holiday. He contrived that he should get an extra week's holiday.* **contrivance** *i+sy* icat, tertip; bir kimsenin buluşu, icadı olan bir makine, veya aygıt.

control [kən'troul] *f+n* yönetmek, idare etmek, hükmetmek; (bir kimse, veya bir şey) üzerinde güç sahibi olmak; denetim altında tutmak; kumanda etmek, kontrol etmek. *She cannot control her two brothers. It was difficult to control the car on the mountain roads. geç. zam.* ve *ort.* **controlled.** Ayrıca *i-sy* denetim, kontrol: *She has no control over her two brothers. He lost control of the car.* **controller** *i+sy* denetici, kontrolör. **controls** *içoğ* kumanda aygıtları, kontrol kolları ve düğmeleri (özl. bir uçağı uçurmak ve yönetmek için kullanılan âletler, göstergeler, vb.). *The pilot was seated at the controls.* **out of control** kontroldan çıkmış, denetim dışı. *The aeroplane got out of control and fell into the sea.* **under (one's) control** (birisinin) kontrolu, denetimi altında. *The people began to break the windows, but the police soon had the situation under control. The school library is under my control.* **control tower** *i+sy* uçuş (kontrol) kulesi.

controversy ['kɔntrəvə:si] *i+sy/-sy* tartışma, münakaşa, ihtilaf, çekişme, münazara (özl. doğru mu, yanlış mı sorularının bulunduğu cinsten). *There has been a public controversy over where the new airport should be built.* (*eş anl.* **dispute**). **controversial** [kɔntrə'və:ʃl] *s* tartışmalı, ihtilaflı, çekişmeli; anlaşmazlığa yol açan ya da açabilecek olan: *a very controversial decision.*

convalescence [kɔnvə'lesns] *i-sy* iyileşme dönemi; nekahet (devresi); hastalık sonrası sağlıklı duruma geçme dönemi. (*eş anl.* **recovery**).

convalesce [kɔnvə'les] *f-n* nekahet döneminde olmak, sağlığına yeniden kavuşmak, iyileşmek. *He is convalescing at home after his operation.* **convalescent** [kɔnvə'lesnt] *i+sy* nekahet halindeki (kimse), iyileşmekte olan (kişi).

convenient [kən'vi:niənt] *s* uygun, elverişli, münasip, müsait, rahat, kullanışlı; yakın, ulaşması kolay; el altında bulunan, kullanılmaya hazır. *I should like to talk to you, if it is convenient* (=Eğer bir mahsuru yoksa, sizinle konuşmak istiyor(d)um). *The kitchen is a very convenient size for working.* (*karş.* **inconvenient**). **convenience** 1 *i-sy* uygunluk, rahatlık, kolaylık, elverişlilik, müsait olma özelliği. 2 *i+sy* rahatlık sağlayan bir aygıt, bir makine, vb.; yararlık, kolaylık sağlayan bir şey; konfor (genl. **modern conveniences** biçiminde kullanılır ve soğutma, ısıtma sistemi, vb. şeyleri ifade eder). **public convenience** (*Brİ*'de) genel tuvalet, umumî helâ. **at one's (own) convenience** uygun gelen bir zamanda, ne zaman, nerede kolay olursa; müsait bir zamanda. *You may do this work at your own convenience.* **convenience food** *i+sy/-sy* hazır yiyecek(ler); dondurulmuş, kurutulmuş, veya konserve edilmiş yiyecekler. (*eş anl.* **fast food**).

convent ['kɔnvənt] *i+sy* 1 rahibe manastırı. 2 rahibelerin yaşadıkları bina, veya binalar. **convent school** manastır okulu; öğretmenliğini rahibelerin yaptığı okul

convention [kən'venʃən] 1 *i+sy* toplantı, kongre; ortak bir amaç için bir araya gelmiş insanların toplantısı. 2 *i+sy/-sy* gelenek, görenek, âdet; toplum içindeki davranışlar bakımından herkesçe kabul edilmiş olan uygulama. *In Britain it is not the convention to shake hands every time one meets a person.* **conventional** *s* 1 geleneksel, göreneksel; adetlere uygun. (*eş anl.* **traditional**). 2 (harp ve silâhlar hk.) geleneksel; konvansiyonel; atomik olmayan. (*karş.* **nuclear**). 3 (insanlar hk.) kabul edilmiş adetlere, uygulamalara fazlaca uyan; girişken olmayan. (*karş.* **unconventional**).

converge [kən'və:dʒ] *f-n* (belli bir noktaya doğru yönelip) birleşmek. *These two lines converge. The crowd converged on the palace.* (=Kalabalık saraya doğru yöneldi, gitmeye başladı). (*eş anl.* **merge**).

conversant [kən'və:snt] *s* (**with** ile) yakından bilen, iyi bilen; bilgi, veya deneyim sahibi olan. *I am not conversant with the history of India.* (*r. dil.*).

conversation [kɔnvə'seiʃən] *i+sy/-sy* söyleşi, karşılıklı konuşma, sohbet; insanların, birbirleri ile haber, duygu ve düşünce alışverişi yaptığı teklifsiz bir konuşma. *I had an interesting conversation with the old man. Conversation is one of the pleasures of life.* **conversational** *s* konuşmaya düşkün; konuşmaya ait.

converse [kən'və:s] *f-n* söymeşmek, sohbet etmek, karşılıklı konuşmak; konuşmak. *He can converse in three languages.*

converse [kən'və:s] *i+sy* zıt, aksi, ters; karşıt. *'Yes' is the converse of 'no'.* conversely *z* tam tersine, aksine olarak.

convert [kən'və:t] *f+n* bir şeyi başka bir şeye dönüştürmek, değiştirmek, çevirmek. *Water is converted into steam if it is boiled.* 2 birisini dininden döndürmek, belli bir dini kabul etmeye ikna etmek. *Many Africans were converted to Christianity.* Ayrıca ['kɔnvə:t] *i+sy* dönme; dini inançlarını değiştirmiş kimse. *He is a Catholic convert.* conversion *i+sy/-sy* çevirme, değiştirme; dininden döndürme. convertible *i+sy* üstü açılır kapanır araba.

convex ['kɔn'veks] *s* (özl. mercekler hk.) dışbükey, konveks. *(karş. concave).*

convey [kən'vei] *f+n* 1 (özl. taşıt araçları hk.) bir yerden başka bir yere taşımak, götürmek, nakletmek. *This train conveys over three hundred passengers every day.* 2 bildirmek, iletmek, ifade etmek. *I conveyed the message to John. It is difficult to convey what the Sahara desert is like to somebody who hasn't been there.* conveyor *i+sy* taşıyıcı kayış; bir fabrikada nesneleri bir işçinin önünden başka bir işçinin önüne aktarmakta döner kayış. (Ayrıca conveyor belt de denir).

convict [kən'vikt] *f+n* (yargıçlar, juriler, avukatlar, vb. hk.) mahkûm etmek, bir kimseyi suçlu bulmak, suçluluğunu kanıtlamak. *The judge convicted him of robbery.* Ayrıca ['kɔnvikt] *i+sy* suçlu bulunarak hapsedilen kimse; mahkûm. conviction *i+sy/-sy* 1 mahkûmiyet, hüküm giyme; suçlu bulunma. 2 kanı, kanaat, inanç. *It's my conviction that you did not try hard enough. He said it with conviction* (=Çok emin bir şekilde söyledi).

convince [kən'vins] *f+n* inandırıcı sözler söyleyerek, veya kanıtlar göstererek birisini inandırmak, ikna etmek, razı etmek. *He convinced me that he was right. He convinced me of the difficulty of the work.* convincing *s* inandırıcı, ikna edici: *a convincing argument.* (karş. unconvincing). (eş anl. persuasive).

convivial [kən'viviəl] yeyip içmeye ve sohbete düşkün; şen, neşeli, keyifli: *a convivial man/party.*

convoy ['kɔnvɔi] *i+sy* 1 gemi konvoyu; harp sırasında koruma altında ilerleyen bir sıra gemi. 2 birlikte giden bir sıra araç; konvoy.

convulse [kən'vʌls] *f+n* (genl. *ed. çat.*). şiddetle sarsmak. *He was convulsed with laughter* (=Gülmekten katılıyordu). convulsion *i+sy* (genl. çoğ. biç.) bir yaralanmanın, veya bir hastalığın neden olduğu çırpınma, kasılma, katılma, havale, ıspazmoz. *She had convulsions.*

coo [ku:] *i+sy* (örn. bir kumrunun, veya bir bebeğin çıkardığı ses gibi) kuğurma, hafif ve yumuşak bir ses çıkarma. Ayrıca *f-n* kuğurmak.

cook [kuk] *f+n/-n* yemek pişirmek, yemek yapmak. *He cooked the dinner.* 2 *f-n* pişmek. *The food is cooking.* Ayrıca *i+sy* aşçı. cooker *i+sy* fırın, ocak (özl. hava gazı, veya elektrikli). (Brl'de) cookery book, (Aml'de) cook book yemek kitabı. 'too many cooks/too many cooks spoil the broth bir işe burnunu sokan çok olursa o işten hayır gelmez. *The party never took place because there were six people organizing it, and they all had different ideas on how it should be done: it was a case of too many cooks spoiling the broth.*

cookie, cooky ['kuki] *i+sy* (Aml'de) kurabiye; ufak yassı ve tatlı çörek. (Brl'de biscuit).

cool¹ [ku:l] *s* 1 serin; ılık ile soğuk arası. *The weather is rather cool today. Let your tea get cool before you drink it.* (karş. warm). 2 sakin, serin kanlı; heyecansız. *He remained cool when the enemy attacked.* 3 soğuk, samimi ve sıcak duygulardan yoksun; mesafeli. *He gave me a very cool greeting.* coolly *z* serin kanlılıkla. coolness *i-sy* serinlik.

cool² [ku:l] *f+n/-n* (genl. down veya off ile) serinletmek, soğutmak; serinlemek, soğumak. *The tea has cooled down a little. The weather had started to cool off. The wind cooled us off.*

coop [ku:p] *i+sy* kümes; tavukların konduğu tel örgülü yer. coop up (genl.

ed. çat.) tıkmak, kapamak. *The family were cooped up in two small rooms.*

co-op ['kouɔp] *i+sy* kooperatif mağazası. *(k. dil.).*

cooperate [kou'ɔpəreit] *f-n* işbirliği yapmak; ortak bir amaç için birlikte çalışmak. *All the people in the village cooperated to bring in the harvest.* **cooperation** [kouɔpə'reiʃən] *i-sy* **cooperative** [kou'ɔpərətiv] *s* işbirliği etmesini seven; yardımcı, yardımsever. *(karş.* **uncooperative**). **cooperative** *i+sy* kooperatif; üyelerin sahip olduğu ve yönettiği bir şirket, bir dükkân, bir çiftlik, vb.

coordinate [kou'ɔ:dineit] *f+n* birbirine göre ayarlamak, ahenk kazandırmak, uyum sağlamak; koordine etmek. *A baby cannot easily coordinate his movements. Unless we coordinate our efforts we shall never succeed.* **coordination** [kouɔ:di'neiʃən] *i-sy* koordinasyon, eşgüdüm; bağlantı. **coordinating conjunction** için **conjunction**'a bkz.

cop [kɔp] *i+sy* polis (kadın/erkek); aynasız. *(k. dil.).* **cops and robbers** hırsız polis oyunu. *The played at cops and robbers.*

cope [koup] *f-n* **(with** ile) başa çıkmak; üstesinden gelmek, altından kalkmak. *She could not cope with all the work. He had a lot of work, but he was able to cope.*

co-pilot ['kou'pailət] *i+sy* ikinci pilot.

copper ['kɔpə*] **1** *i-sy* bakır; doğada serbest ve bileşik olarak bulunan, kolay işlenir ve kızıl renkte bir element. Simgesi Cu. **2** *i+sy* bir tür mangır; bakır veya bronzdan yapılmış bir madeni para. **3** *i+sy (Brl'*de) polis memuru, aynasız. *(k. dil.).* *(eş anl.* **cop).**

copy[1] ['kɔpi] *f+n/-n* birisini taklit etmek, yaptıklarını yapmak; bir şeyi örnek almak. *The young boy copied his father's way of walking.* **copy out** bir şeyin suretini çıkarmak, kopyasını çıkarmak. *The teacher asked him to copy out the letters from that book. He has copied the whole essay out again.*

copy[2] ['kɔpi] *i+sy* **1** kopya, suret. *This painting is a copy of one in the museum.* **2** dergi, kitap, gazete, vb. bir yayının tek bir örneği; sayı, kopya,

nüsha. *May I borrow your copy of 'David Copperfield'?* **copyright** telif hakkı; bir yazarın, bir müzisyenin, bir film yapımcısının, vb. tek yayınlayıcısı, veya üreticisi olmayı sağlayan yasal hak. **copyright notice** e şeklinde gösterilen telif hakkı işareti.

copybook ['kɔpi'buk] *s* (yerleşmiş kurallara göre) mükemmel, fevkalâde. *The pilot made a copybook landing; a copybook example.* **blot one's copybook** sicilini lekelemek, adını, şöhretini lekelemek.

copycat ['kɔpi'kæt] *i+sy* kopyacı, taklitçi kimse.

cor [kɔ:*] *ünlem* Vay anasını! Üf ulan! Vay be! *Cor! What a place! I ain't ever seen anything like it in all my life.* *(eş anl.* **good heavens).** Ayrıca **blimey**'e bkz.

coral ['kɔrl] *i+sy/-sy* mercan; tropikal denizlerin kayalık yerlerinde toplu olarak yığınlar halinde yaşayan çok ufak deniz canlılarının iskeletlerinden oluşan taşımsı ya da boynuzumsu, kırmızı renkte bir madde.

cord [kɔ:d] *i+sy/-sy* ip, sicim, kaytan, kordon.

cordial[1] ['kɔ:diəl] *s* içten, candan, samimi, yürekten: *a cordial greeting.*

cordial[2] ['kɔ:diəl] *i+sy/-sy* konsantre meyva suyundan yapılmış bir tür tatlı içecek; likör.

cordon ['kɔ:dn] *i+sy* kordon; bir kimseyi, veya bir şeyi korumak için polis, asker, vb. den oluşan bir hat ya da çember. **cordon off** bir şeyi kordon altına almak. *The police cordoned off the house.*

corduroy ['kɔ:dərɔi] *i-sy* fitilli kadife.

core [kɔ:*] *i+sy* **1** meyva göbeği; (örn. elma, veya armutun) ortasındaki çekirdekli sert ve katı topak. **2** bir şeyin en önemli kesimi; öz, esas: *the core of the argument.*

cork [kɔ:k] **1** *i-sy* mantar; mantar meşesinin esnek kabuğu. **2** mantar, tıpa; şişe mantarı. **corkscrew** tirbuşon; şişe tıpalarını çekip çıkarmaya yarayan burgulu bir alet.

corn[1] [kɔ:n] *i-sy* tahıl tanesi, hububat tanesi (İngiltere'de **wheat** (=buğday), veya herhangi bir hububat; ABD'de **maize** (=mısır); İskoçya'da **oats** (=yulaf)). **corncob** mısır koçanı. **cornflour** mısır unu. *(Aml'*de **cornstarch). cornflower** peygamber çiçeği;

küçük mavi renkli bir çiçek.

corn² [kɔ:n] *i+sy* nasır; (özl. ayakta) üstderinin kalınlaşması ve sertleşmesi ile oluşmuş deri.

corned ['kɔ:nd] *s* **corned beef** sözünde —salamura sığır eti.

corner¹ ['kɔ:nə*] *i+sy* **1** köşe. *A square has four corners. He was standing on the corner of the street.* **2** kuytu, tenha, veya ücra yer, köşe. *He has been in every corner of the world. I've lost my pen; I must have put it in some old corner somewhere.* **3** (futbolda) köşe atışı, korner. **cornerstone** köşe taşı, temel taşı; temel, esas; birinci derecede önemli olan bir şey. *Freedom of speech is the cornerstone of democracy.* **cut the corner** kestirmeden gitmek. **cut corners** işin kolayına, veya ucuzuna kaçmak. *They can't cut corners if they want the building to be of good quality.* **just around the corner** çok yakın, hemen köşeyi dönünce.

corner² ['kɔ:nə*] **1** *f-n* (taşıt araçları, sürücüler, vb. hk.) viraj almak; bir köşeyi dönmek. *He was cornering at 60 miles an hour.* **2** *f+n* bir kimseyi köşeye sıkıştırmak, kıstırmak. *The police finally cornered the thief.*

cornet ['kɔ:nit] *i+sy* **1** kornet; boruya benzer, bronzdan yapılmış ufak bir müzik aleti. **2** dondurma külahı.

corny ['kɔ:ni] *s* modası geçmiş, bayatlamış, beylik: *his corny jokes. (k. dil.).*

coronary ['kɔrənəri] *s* koroner damar; kalbi besleyen iki damardan herhangi birisi (genl. **coronary thrombosis** sözünde)—kalp sektesi; kalbi besleyen iki damardan birisindeki bir kan pıhtısı yüzünden ortaya çıkan hastalık durumu. (Ayrıca **coronary, coronary attack** de denir). Ayrıca *i+sy* kalbi besleyen damarlara ait: *suffer a coronary.*

coronation [kɔrə'neiʃən] *i+sy* kral ya da kraliçenin taç giyme töreni.

coroner ['kɔrənə*] *i+sy* doğal nedenler sonucu olduğu pek açık olmayan ölümlerin nedenini araştıran bir kamu görevlisi; adli tıp görevlisi.

corporal¹ ['kɔ:prəl] *i+sy* onbaşı.

corporal² ['kɔ:prəl] *s* bedensel, gövdesel. Ayrıca **carnal**'a bkz. **corporal punishment** dayak, bedensel ceza.

corporation [kɔ:pə'reiʃən] *i+sy* **1** şehir meclisi, belediye meclisi (üyeleri). **2** anonim şirket; yasalarca tek bir kişiymiş gibi faaliyet göstermesine izin verilen ticarî bir şirket. *The government set up a broadcasting corporation.*

corps [kɔ:*] *i+sy* **1** özel birlik, özel kıta (örn. *Signal Corps* (=Muhabere Kıtası); *Medical Corps* (=Sıhhiye Kıtası). **2** aynı faaliyeti yürüten kişilerin oluşturduğu bir topluluk. **3** kolordu; değişik sayıda tümen ve savaş destek birliklerinden kurulu bir askeri birlik. *çoğ. biç.* **corps** [kɔ:z].

corpse [kɔ:ps] *i+sy* ceset, kadavra. NOT: hayvan ölüsüne, **carcass** (=leş) denir.

corpuscle ['kɔ:pʌsl] *i+sy* kan yuvarı; kırmızı kan hücresi (=**red blood cell**), veya beyaz kan hücresi (=**white blood cell**).

correct¹ [kə'rekt] *s* **1** doğru, yanlışsız, hatasız. *What is the correct answer to question 7?* **2** uygun, yerinde, münasip. *It is not considered correct for a man to wear a hat in church. (karş. **incorrect**).* **correctly** *z* doğru olarak.

correct² [kə'rekt] *f+n* **1** düzeltmek, tashih etmek: *correct an essay.* **2** bir yanlış davranıştan kurtarmak, düzeltmek: *correct someone's behaviour.* **3** azarlamak, cezalandırmak: *The mother corrected the disobedient child.* **4** tamir etmek; ayar etmek. *I have corrected the fault in the radio.* NOT: 4. maddede anlamı verilen *correct* fiilinin nesnesi genellikle 'fault' ve 'trouble' gibi bir sözcüktür. *He corrected the radio* gibi bir cümle genellikle söylenmez. Bunun yerine *He repaired the radio* denir.

correction **1** *i-sy* düzeltme. **2** düzelti; bir şeyi düzelten bir değişiklik. *Look carefully at the corrections which I have written down.*

correlate ['kɔrileit] *f+n/-n* (genl. matematikte) aralarında ortak ilişkiler, veya nedensel bağlar bulunduğunu göstermek; aralarında ilişki kurmak; karşılıklı ilişkisi olmak. **correlation** [kɔri'leiʃən] *i+sy/-sy* ilişki, karşılıklı münasebet.

correspond [kɔris'pɔnd] *f+n* **1** (**with** ile) yazışmak, mektuplaşmak, haberleşmek. *John and I have corresponded for many years. I have been corresponding with John.* **2** (**with** veya **to**

ile) (bir şeye) uymak, uygun gelmek, karşılamak, benzemek ya da eşit olmak. *Your story does not correspond with the facts. Your impression of what happened corresponds with mine.* **correspondence** *i-sy* 1 mektuplaşma, yazışma. *John was in correspondance with Jane for many years but then she moved and he lost her address.* 2 (**between/with** ile) benzerlik, uygunluk. *In African languages there is a close correspondance between sounds and letters.* **corresponding** s benzer, aynı. *She told a corresponding story to that of her friend.* **correspondent** *i+sy* muhabir; basın ve yayın organlarına haber toplayan, bildiren ya da yazan kimse. **correspondence course** mektupla öğretim.

corridor ['kɔridɔ*] *i+sy* koridor.

corroborate [kə'rɔbəreit] *f+n* doğrulamak, teyit etmek. *I was able to corroborate John's story. The information I gave the policeman corroborates his report of what had happened.* (*karş.* **deny**). (*eş anl.* **confirm**). **corroboration** [kərɔbə'reiʃən] *i-sy* teyit, doğrulama.

corrode [kə'roud] *f+n/-n* aşındırmak, çürütmek; paslanmak, aşınmak, çürümek; kimyasal bir işlem sonucu olarak yavaş yavaş yıpranmak, harap olmak. *The meat was corroded by acid. Iron corrodes if it is not protected from the damp air.* **corrosion** [kə'rou-ʒən] *i-sy* aşınma, paslanma.

corrugate ['kɔrəgeit] *f+n/-n* buruşturmak, kırıştırmak; buruşmak, kırışmak. **corrugated iron/paper** oluklu demir levha/oluklu karton.

corrupt [kə'rʌpt] s 1 ahlâksız; kötü, yoz. 2 rüşvetçi, yiyici. *The corrupt magistrate had been in the pay of criminals for years before he was found out.* 3 çürük, bozuk. Ayrıca *f+n* 1 ahlakça bozmak, yozlaştırmak. *Using those disgusting words is really corrupting your language.* 2 rüşvet vermek, rüşvet yedirmek: *corrupt a judge or government offical.* **corruption** *i+sy/-sy* 1 bozulma, çürüme. 2 ahlak bozukluğu; rüşvet.

corset ['kɔːsit] *i+sy* (genl. *çoğ. biç.*) korsa; vücudu sıkıca saran bir iç giysisi.
NOT: Bu giysinin daha modern biçi-

mine *girdle, belt*, veya *roll-on* adı verilir.

cortége [kɔː'teːʒ] *i+sy* kafile, alay (*özl.* cenaze alayı). *The cortege followed the PM's coffin.*

cos, 'cos [kɔs] (=**because**). (*k. dil.*).

cosh [kɔʃ] *i+sy* cop; polislerin kullandığı ağaç, veya lastik sopa. Ayrıca *f+n* coplamak; copla dövmek. *They coshed me on the head.*

cosmetic [kɔz'metik] *i+sy* (genl. *çoğ. biç.*) kozmetik, güzellik malzemesi, makyaj malzemesi; cildi ve saçları güzelleştirmeye, diri tutmaya yarayan her türlü kokulu madde. Ayrıca *s* güzelleştirici.

cosmopolitan [kɔzmə'pɔlitn] *s* çeşitli uluslardan kimseleri barındıran, kapsayan; kozmopolit. *London is a cosmopolitan city.*

cosmos ['kɔzmɔs] *i+sy* acun, evren, kâinat, kozmos. **cosmic** ['kɔzmik] *s* kainata ait. **cosmonaut** ['kɔzmənɔːt] *i+sy* uzayadamı, kozmonot (*özl.* Rusça bir terim—*AmI*'de **astronaut**).

cost [kɔst] *f+n* 1 (şu kadar paraya) mal olmak; pahası olmak, bedel olarak tutmak. *This book costs two pounds. This chair cost me twenty pounds.* (Ayrıca **value**'ya bkz.). 2 (birisine) bir şey kaybettirmek; (bir şeye) patlamak. *One mistake may cost you your life/your job. geç. zam. ve ort.* **cost**. Ayrıca *i+sy* fiyat, maliyet. *What is the cost of this book?* **costly** ['kɔstli] *s* pahalı. *Those are very costly jewels.* **cost effective** *s* maliyet etkinliği. **cost of living** geçim masrafı; bir kimse, veya bir ailenin belirli bir düzeyde yaşayabilmesi için gerekli yiyecek ve diğer ihtiyaçları için ödediği para. **at all cost/costs** ne pahasına olursa olsun; ne olursa olsun. *I must finish the work by tomorrow at all costs.*

co-star *f+n* baş rolü paylaşmak. Ayrıca *i+sy* baş rolü paylaşan yıldız (oyuncu).

costume ['kɔstjuːm] *i-sy* 1 kılık, kıyafet, elbise, kostüm (*özl.* belirli bir dönemin, veya yerin giysisi). 2 kostüm; sahnede, veya bir filmde bir oyuncunun giydiği kıyafet.

cosy ['kouzi] *s* rahat ve sıcak; sıcacık ve rahat: *a cosy room. This cardigan will keep you cosy.*

cot [kɔt] *i+sy* 1 (*BrI*'de) çocuk karyolası; çocuğun düşmemesi için her iki yanında parmaklıkları olan karyola. (*Aml*'de **crib**). 2 (*Aml*'de) portatif yatak. (*Brl*'de **campbed**). **cot death** (uyumadan önce sağlıklı olan çocuk hk.) uykuda ani ölüm, beşikte ölüm.

cottage ['kɔtidʒ] *i+sy* kır evi; bir çiftçinin, veya çiftlikte çalışanların kaldıkları ufak ev, kulübe.

cotton ['kɔtn] *i-sy* 1 pamuk. 2 pamuk ipliği. 3 pamuklu bez. **cotton wool** (özl. *Brl*) yara, vb. temizlemek için kullanılan pamuk; hidrofil pamuk. (*Aml*'de **absorbent cotton**). **cotton candy** pamuk helva.

couch [kautʃ] *i+sy* kanepe, sedir, divan; birkaç kişinin oturabileceği genişlikte koltuk.

cough [kɔf] *f-n* öksürmek. *The smoke made her cough. I had a bad cold and keep on coughing and sneezing.* Ayrıca *i+sy* 1 öksürük, öksürme; öksürük hareketi ya da sesi. *Mary gave a little cough to attract John's attention.* 2 öksürük; sık sık ve sürekli öksürme. *Mr Neary had a bad cough and couldn't make his speech.* **cough up** (para) vermek, sökülmek, uçlanmak. *I don't think he'll cough up unless you put pressure on him.*

could [kud] (çekimsiz yardımcı fiil) dolaylı sözlerde (=**reported speech**) ve yapabilmek, edebilmek (**be able to**) anlamlarında **can** çekimsiz yardımcı fiilinin geçmiş zamanı olarak kullanılır.

council ['kaunsl] *i+sy* kurul, meclis, konsey, encümen, divan, şûra. *His election to the council assured the citizens of better a government.* **councillor** *i+sy* (*Brl*'de) kurul üyesi, bir meclis, encümeni üyesi. (*Aml*'de **councilor**). **counsel**'a bkz. **Council of Ministers** Bakanlar Konseyi; Avrupa Ekonomik Topluluğu'nun, yani AET'nin karar alma organı.

counsel ['kaunsl] *i-sy* 1 öğüt, tavsiye, nasihat, salık. (*r. dil.*). *When we need your counsel, we shall send for you.* 2 bir davada bir tarafın avukatı, veya avukatları. *The barrister took his counsel to court with him to help him argue the difficult case.* Ayrıca *f+n* öğüt vermek, nasihat etmek; akıl öğretmek. *geç. zam. ve ort.* **counselled**. (*Aml*'de **counseled**). **counsellor** (*Aml*'de) **counselor**.*i+sy* 1 danışman, müşavir. *The careers counsellor*

helped me to decide what I should do. 2 (*Aml*'de) avukat; dava vekili. NOT: *council* ile *counsel* sözcüklerini birbiriyle karıştırmayın. **Queen's (King's) Counsel** İngiliz Hükümeti'ni temsil eden avukat.

count[1] [kaunt] *f+n/-n* 1 saymak; bir şeyin kaç tane olduğunu bulmak. *It is imposible to count the stars in the sky.* 2 sayı saymak, bir rakama kadar saymak. *I shall count up to ten and then we can begin.* 3 değeri, gücü ve önemi olmak. *Don't think that winning a game is the only thing that counts.* (=Tek önemli şeyin bir oyunu kazanmak olduğunu sanma (önemli olan diğer bir takım şeyler de vardır; antreman yapmak, zevk almak, takım ruhu, vb.)). 4 hesaba katmak, dahil etmek, (içine alacak biçimde) saymak. *I've got five Turkish postage stamps, or six if you count this torn one. That one doesn't count.* **count on/upon someone/something** birisine /bir şeye güvenmek, bel bağlamak. *I hope that we can count on your support in the election.* **count something up** bir şeyi sayma miktarını hesap etmek; bir şeyin toplamını bulmak için saymak, hesap etmek. *I must count up how much money I've spent today.*

count[2] [kaunt] *i+sy* sayma, hesaplama. **countless** *s* pek çok, sayısız, hesapsız. **countable noun** (dilb.) tek tek sayılabilen isim, örn. *man, book, country.* Bu isimlerin çoğul biçimleri yapılabilir ve kendilerinden önce *a* harfi tarifi kullanabilir. (*karş.* **uncountable noun**, örn. *rice, honesty*). **countdown** geriye sayma; belli bir sayıdan başlayarak sıfıra doğru sayma, örn. 5, 4, 3, 2, 1. **keep count** kaç tane olduğunu bilmek için bir zaman süresi boyunca saymak. *I've been keeping count of the cars on this road.* **lose count** sayısını şaşırmak, unutmak. *I've lost count of the letters I've written to him about this.*

count[3] [kaunt] *i+sy* kont; Avrupalı bir soylu, veya bu soylunun ünvanı. **countess** ['kauntis] *i+sy* 1 kontes; bir kontun karısı. 2 (*Brl*'de) bir kontun (=**earl**) karısı, veya kadın kont.

countenance[1] ['kauntinəns] *i+sy* (insanlar hk.) çehre, sima, yüz. **giye countenance to something** bir şeyi

teşvik etmek; onaylamak; destekle-
mek. *I cannot give countenance to
your plan*. (*r. kul.*). **keep (one's)
countenance** gülmemek, gülmemek
için kendini tutmak. *It was difficult
to keep my countenance when the
king fell over.* (*r. kul.*). **put somebody
out of countenance** bir kimseye dik
dik bakarak onu utandırmak, şaşırt-
mak.
countenance² ['kauntinəns] *f+n* des-
teklemek, onaylamak. *I cannot coun-
tenance your plan.*
counter¹ ['kauntə*] *s, z* karşı, mukabil,
zıt, aksi, kontra; aksi yolda, aksine,
tersine. *His behaviour was counter to
my wishes.* Ayrıca *f+n/-n* karşı çık-
mak, karşı gelmek, mukabele etmek,
karşılık vermek. *He countered my
plan with one of his own.*
counter² ['kauntə*] *i+sy* 1 fiş, marka;
kumar ve kumara benzer oyunlarda
para yerine kullanılan, metal, tahta,
veya plastikten yuvarlak, yassı bir şey.
2 tezgah; bir dükkân, vb. yerde müş-
terilerin işlerinin görüldüğü yer.
counter-³ ['kauntə*] *ön-ek* karşı, zıt,
kontra (örn. **counter-attack** (=karşı
taaruz, saldırı)).
counteract [kauntə'rækt] *f+n* etkisiz-
leştirmek; etkisiz hale getirmek; etki-
sini hafifletmek, azaltmak. *This drug
will counteract the poison.*
counter-attack ['kauntərətæk] *i+sy*
karşı taaruz, karşı saldırı Ayrıca
f+n/-n karşı taaruzda bulunmak.
counter-espionage ['kauntər'espiəna:ʒ]
i-sy karşı casusluk.
counterfeit ['kauntəfit] *i+sy* sahte,
kalp bir şey (özl. para), taklit. *This
coin is a counterfeit.* (*eş anl.* **forged**).
Ayrıca *s* sahte, taklit: *a counterfeit
coin/cheque/bank-note.* Ayrıca *f+n*
kalp para basmak; taklit etmek, sah-
tesini yapmak. (*eş anl.* **forge**).
counterfoil ['kauntəfoil] *i+sy* bir mak-
buz, veya çekin gönderici de belge
olarak kalan kısmı; makbuz koçanı.
(*eş anl.* **stub**).
counter-measure ['kauntəmeʒə*] *i+sy*
karşı önlem: *new counter-measures
against terrorism.*
counter-offensive ['kauntərə'fensiv]
i+sy bir düşman taarruzuna karşı
yapılan geniş çaplı karşı saldırı.
counterpart ['kauntəpa:t] *i+sy* bir
kimse, veya bir şeyin karşılığı, eşiti,

benzer iş göreni. (*eş anl.* **equivalent**).
counter-revolution ['kauntərevə'lu:-
ʃən] *i+sy* karşı devrim. **counter-rev-
olutionary** *s* karşı devrimle ilgili. Ay-
rıca *i+sy* karşı devrimci.
countess ['kauntis] *i+sy* **count³**'ye
bkz.
country ['kʌntri] *i+sy* 1 ülke, mem-
leket. *France, Italy, Turkey, Japan are
countries.* 2 bir ülkenin, veya devletin
halkı; ulus, millet. *The whole country
supported the Prime Minister.* 3 (sa-
dece *tek. biç.*) kır, taşra, sayfiye;
kentler ve kasabalar dışındaki arazi.
*He spends his holiday on a farm in
the country.* Ayrıca *s* kırsal, kıra ait
(bazı isimlerden önce kullanılır). *He
enjoys country life.* **country dance**
i+sy bir çok çiftin (genl. sıra halinde,
yüz yüze) yaptıkları bir dans. **country
dancing** *i-sy* Britanya Adalarına özgü
bir halk dansı. **countryman** 1 taşralı
biri, taşrada yaşayan kimse. 2 vatan-
daş, yurttaş, hemşeri. (genl. **fellow
countryman** biçiminde). **countryside**
kırsal bölge. *The countryside was
pretty that we stopped for a picnic.*
county ['kaunti] *i+sy* 1 (İngiltere ve
İrlanda'da) il, vilayet. 2 (ABD'de) her
eyaletin yerel yönetim bölgesi. **county
town** ilçe merkezi. **Home Counties**
Londra'ya bitişik kontluklar.
coup [ku:] *i+sy* darbe; hükümet dar-
besi, askeri darbe; bir ülkede zor
kullanarak yönetimi devirme eylemi.
*The generals have been in power since
the army coup.* (Ayrıca **coup d'état**
[ku:deita:] da denir).
couple ['kʌpl] *i+sy* 1 iki kişi, veya iki
şey; bir çift: *a couple of books.* (*k.
dil.*). 2 çift; evli, veya nişanlı bir
kadınla bir erkek. 3 dans eden bir çift.
Ayrıca *f+n* birleştirmek; eklemek.
*The men had to couple the carriages
together before the train could leave.*
coupling ['kʌpliŋ] *i+sy* kavrama; iki
şeyi, (özl. iki vagonu) birbirine bağ-
layan düzenek.

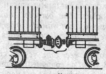

coupling

coupon ['ku:pɔn] *i+sy* kupon; tüketiciler tarafından bir malı bedava ya da indirimli olarak almada kullanılan bir kağıt. *Some manufacturers give away coupons to people who buy their goods.*

courage ['kʌridʒ] *i-sy* cesaret, yüreklilik. *I admired the Turkish troops for their courage.* courageous [kə'reidʒəs] *s* cesur, korkusuz, yiğit. *The courageous girl swam across the flooded river to get help.*

courier ['kuriə*] *i+sy* 1 rehber, mihmandar; turistlerle birlikte gidip onların işlerini gören birisi. 2 kurye; özel haber taşıyan birisi.

course [kɔ:s] *i+sy* 1 (yalnız *tek. biç.*) yön, istikamet; gidiş; yer ve zaman içinde sürekli hareket; akış, seyir, cereyan. *During the course of many years, the old man had seen many surprising things. I have studied the course of this discussion.* 2 yol, rota; seyir; bir şeyin izlediği yol. *The ship continued on her course.* 3 davranış şekli, eylem biçimi. *I have not decided what course to take with those bad boys.* (= Şu yaramaz çocuklara ne yapacağıma daha karar vermedim). 4 ders dizisi, kurs; bir konu üzerinde (verilen) bir dizi ders. 5 bir dizi sağlık tedavisi, veya ilaç kürü. 6 bir yemeğin çeşitli kısımlarından birisi; yemek, tabak. *The first course was soup or fruit juice.* 7 oyun alanı, yarış pisti, parkur (örn. *a golf course, a race-course for horse-racing).* in the course of sırasında, esnasında. *In the course of a term, both pupils and teachers become tired.* in due course zamanında, sırası gelince. *I shall answer all your questions in due course.* of course elbette, tabii, şüphesiz, pek tabii. (*eş anl.* sure, certainly). a matter of course gayet tabii bir şey, doğal bir şey. *He treated my sudden arrival as a matter of course.* take a course 1 (in ile) bir kursa devam etmek; (bir konuda) bir süre ders almak. *I took a course in geology last year.* 2 (of ile) bir hastalığın tedavisi için uzun bir süre kullanmak. *I took a course of drugs for my rheumatism.* course (=of course). (*k. dil.*).

court¹ [kɔ:t] *i+sy* 1 mahkeme, mahkeme salonu, duruşmaların yapıldığı oda. 2 mahkeme heyeti. 3 hükümdar sarayı. 4 saray halkı, kral maiyeti. 5 iç bahçe; etrafı bina, veya duvarlar ile çevrilmiş avlu. 6 oyun alanı, spor sahası, bazı top oyunlarının oynandığı bir yer: *a tennis court.* courtier ['kɔ:tiə*] *i+sy* saray mensubu; bir kralın, veya kraliçenin maiyetindeki bir soylu. court-martial *i+sy* askeri mahkeme. *çoğ. biç.* courts-martial. (*r. dil.*). veya court-martials. (*k. dil.*). Ayrıca *f+n* (bir kimseyi) askeri mahkemede yargılamak; (birisini) divanı harbe vermek. courtyard için court²'nın 5. maddesine bkz. Court of Appeal Temyiz Mahkemesi.

court² [kɔ:t] *f+n* kur yapmak; elde etmeye çalışmak. *John has been courting Mary for three years. (k. dil.).* courteous ['kɔ:tiəs] *s* kibar, nazik; saygılı. (*karş.* discourteous). courtesy ['kɔ:təsi] *i+sy/-sy* kibarlık, nezaket, incelik; saygı hürmet. *John is a model of courtesy. He did me a courtesy once and I don't like to be rude to him.* (*karş.* discourtesy). by courtesy of izni ile, yardımı ile. *John Smith appears in this film by courtesy of XYZ Film Corporation.*

cousin ['kʌzn] *i+sy* kuzen; amca, dayı, hala, veya teyze çocuğu.

cove [kouv] *i+sy* koy, küçük liman. *There was room for just a few cottages and a shop along the shore o the cove.*

cover¹ ['kʌvə*] *f+n* 1 örtmek, kapamak. *He covered the table with a cloth. He covered the wall with green paint.* 2 (bir şeyin) yüzeyini kaplamak; (bir şeyin) üstünü örtmek, üzerinde yayılı durmak. *Pieces of paper covered his desk. The blankets did not completely cover the bed. The streets were covered with ice and snow.* 3 (özl. savaşlar ve silahlı çatışmalar hk.) destek ateşi sağlamak; ateş ederek korumak; (bir yeri) tutmak, saldırabilecek bir durumda olmak. *Our planes covered the tanks which were attacking the enemy. Two policemen covered the back door and two covered the front.* 4 yol almak; (bir mesafeyi) katetmek. *He covered twelve miles a day when he was walking in the mountains.* 5 (kitaplar, dersler, konuşmalar, vb. hk.) kapsamak, içermek. *This dictionary does not cover the whole of the*

English vocabulary. **6** (para hk.)
yetmek, tutarını karşılamak. *Here is
£5: that should cover all your
expenses.* **7** (bir olayın, bir durumun
vb.) ayrıntılarını bildirmek; haber
yazmak. *The best reporters were sent
to cover the war.* **8** sigorta etmek;
sigortalamak. *I am covered against
fire* (=Yangına karşı sigorta oldum).
cover² [ˈkʌvə*] **1** *i+sy* örtü, kapak;
cilt. *I haven't got a cover to put on
this box.* **2** *i-sy* bir kimse, veya
hayvanın arkasına saklanabileceği bir
şey. *The lion was able to find cover
in the grass.* **3** *i-sy* sigorta. *I must get
cover for my new car.* **covering** *i+sy*
örtü, perde; muhafaza; örten, veya
gizleyen bir şey. *There was a thick
covering of snow on the street.* **cover
charge** servis ücreti; lokantalarda ve
gece kulüplerinde içki ve yemek
ücretine eklenen bir ücret. **covering
letter** açıklayıcı mektup; bir başka
yazılı evrak ile birlikte gönderilen ve
içinde belli bir açıklama, veya ék
bilgiler bulunan bir mektup. **(read)
from cover to cover** (bir kitabı, vb.)
başından sonuna kadar (okumak).
He read the book from cover to cover.
cover girl kapak kızı. **take cover** giz-
lenmek; saklanmak. *Everybody took
cover when the bombs began to fall
on the town.* **under cover (of some-
thing)** (bir şeyin) perdesi altında; (bir
şeyden) faydalanarak, gizlice. *The
army moved under the cover of dark-
ness.* **cover-up** (bir girişimi) örtbas
etme, gizleme. **cover up for...** gizle-
mek; örtbas etmek. *The police think
he is covering up for someone else. I
tried to cover up for him, but without
success.*
covet [ˈkʌvit] *f+n* (genl. başka bir
kimsenin sahip olduğu bir şeye)
imrenmek, içi gitmek, gıpta etmek,
sahip olmayı açgözlülükle istemek.
She covets that car of yours. (oldukça
esk. kul.).
cow [kau] *i+sy* inek. **cowboy** sığırt-
maç; sığır çobanı; kovboy. **till the
cows come home** hiç sıkılmadan,
bıkmadan; uzun süre hep. *He is a
marvellous singer: I could listen to
him till the cows come home.* (k. dil.).
Cowboys and Indians kovboyculuk
(ve kızılderili) oyunu; bir grup çocuk
kovboy, bir grup çocuk da kızılderili

olur.
coward [ˈkauəd] *i+sy* korkak, yürek-
siz, ödlek birisi; tehlikeden kaçan,
veya korktuğu için dövüşmekten ka-
çan kimse. **cowardly** *s* korkak, ödlek,
alçak, alçakça. *It was a cowardly
thing to leave his post just because he
smelled smoke.* **cowardice** [ˈkauədis]
i-sy korkaklık. (karş. **courage**). (eş
anl. **faint-hearted**).
cower [ˈkauə*] *f-n* korku, acı, utanç,
soğuk, vb. bir şeyden dolayı iki
büklüm olmak; çömelmek, çökmek,
sinmek: *cower in fear; cower away
from a fierce dog.* (eş anl. **cringe**).
cowrie [ˈkauri] *i+sy* eskiden Afrika ve
Asya'nın bazı bölgelerinde para
olarak kullanılan ufak deniz hayvanı
kabuğu. Ayrıca **cowrie shell** de denir.
cox [kɔks] *i+sy* (=**coxwain**)—dümenci
(özl. filika dümencisi). Ayrıca *f+n/
-n* dümen kullanmak; dümencilik
yapmak.
coy [kɔi] *s* (genl. çocuklar, veya genç
bayanlarla ilgili olarak ve gerçekten de
öyle olmadığı iması ile) çekingen,
utangaç, mahçup; yabancılarla ko-
nuşmaktan kaçınan, yabancılardan
korkan: *a coy smile. They can't afford
to sit around being coy.*
crab [kræb] *i+sy* **1** yengeç. **crabbed**
[kræbd] *s* ters, aksi, huysuz. *My
granddad was very crabbed.* **crabby** *s*
ters, aksi, huysuz. *He was very
crabby.* **crabwise** *z* yengeç vari, yan
yan.

crab

crack¹ [kræk] *i+sy* **1** çatlak, yarık. **2**
dar bir aralık, açıklık. *He hid the
money in à crack in the wall.* **3**
gümbürtü; patlamayı andıran ani bir
ses; çatırtı: *a crack of thunder; the
crack of a gun.* **4** sert bir vuruş; ani
bir darbe. *He got a crack on the head.*
(k. dil.). **5** şaka, nükte, espri. *He made
a crack about my red hair.* (k. dil.).
cracker *i+sy* **1** patlangaç, çatapat. **2**
kraker; bir tür tuzlu bisküvi.
crack² [kræk] *f+n/-n* **1** çatlamak,

yarılmak; çatlatmak. *The cup cracked when I washed it, but you can still drink out of it. He cracked the cup.* 2 ani bir patlama sesi çıkarmak. *The gun cracked.* 3 (erkeklik dönemine yaklaşan bir çocuğun sesi hk.) sesi çatallaşmak. 4 (insanlar hk.) yıkılmak, çökmek; başarısızlığa uğramak. *He cracked under the strain of work. (k. dil.).* **cracked** *s* 1 çatlak. 2 (sesler hk.) kulakları tırmalayan ve tiz. 3 kaçık, kafadan çatlak. *(k. dil.).* **crack down on somebody/something** bir kimse/bir şey üzerinde baskıyı arttırmak; sertleşmek; haşinleşmek. *The police have decided to crack down on motorists who drive too fast. (k. dil.).* **crack up** bozulmak, ruhen yıkılmak; takattan düşmek. *(k. dil.).* **crack a joke** fıkra anlatmak; nükte yapmak. *He likes cracking jokes.* **crack a problem** (özl. uzun uzun çalıştıktan sonra) bir problemi çözmek. **crack a safe** içindekileri çalmak için bir kasayı açmak. *(k. dil.).*

crack³ [kræk] *s* (genl. sporcular hk.) çok iyi, mükemmel. *He is a crack shot.* (=Çok iyi bir atıcıdır). **crackers** deli, kaçık, kafadan çatlak. *(k. dil.).*

crackle ['krækl] *i-sy* (kuru odunların yanarken çıkardığı ses gibi) çatırtı, çıtırtı. Ayrıca *f-n* çatırdamak, çıtırdamak. **crackling** *i-sy* 1 çatırtı sesi, çatırdama. 2 kızarmış sert domuz derisi.

cradle ['kreidl] *i+sy* 1 beşik; iki kavisli bacak üzerinde sağa sola sallanabilen bebek yatağı. 2 (genl. *tekil* olarak ve **the** ile) beşik; bir şeyin doğup geliştiği yer: *the cradle of the industrial revolution.* **from the cradle to the grave** beşikten mezara; insanın bütün yaşamı boyunca (süren). (*eş anl.* **all your life**). **cradle-snatcher** *i+sy* kendinden çok daha küçük biri ile evlenen, veya cinsel ilişkiye giren bir kimse.

craft [kra:ft] *i+sy* 1 zanaat; el hüneri gerektiren bir iş: *the craft of the goldsmith/carpenter/painter.* 2 sandal, mavna, vb. herhangi bir küçük tekne. *çoğ. biç.* genl. **craft. craftsman** *i+sy* 1 zanaatkâr; el sanatçısı. **crafty** *s* kurnaz, şeytan.

crag [kræg] *i+sy* yalçın kayalık, kayalık tepe, sarp ve kayalık uçurum. **craggy** *s* sarp, yalçın.

cram [kræm] *f+n/-n* 1 (içine) tıkmak,

tıkıştırmak; tıka basa doldurmak. *He crammed the box with his papers. He crammed the papers into the box.* 2 ivedilikle sınava hazırlanmak; aşırı bir çalışma ile sınava hazırlanmak. *The boys were cramming for the examination. geç. zam. ve ort.* **crammed. cram-full** *s/z* tıka basa dolu. *The box was cram-full of papers.*

cramp¹ [kræmp] (*BrI*'de) *i-sy*, (*AmI*'de) *i+sy* kramp; adale kasılması; bir veya birden fazla kasın birden istemsiz, ağrılı ve geçici olarak kasılması. *I got cramp while I was swimming in the pool. I had cramp in my leg. I always suffer from cramp.*

cramp² [kræmp] *f+n* (bazen **up** ile) (rahat harekete) engel olmak, daracık bir yerde tutmak. **cramped** *s* 1 sıkışık, dar; alanı kısıtlı. *The room was cramped with three desks in it.* 2 (elyazısı hk.) birbirinin içine girmiş; kargacık burgacık.

crane¹ [krein] *i+sy* 1 vinç, maçuna; ağır yükleri kaldırmada, başka yere aktarmada kullanan alet. 2 turna ; Avrupa ve Kuzey Afrika'da toplu halde yaşayan, tüyleri külrenginde , uzun bacaklı, uzun boyunlu, çok iri göçebe bir kuş.

crane

crane

crane² [krein] *f+n/-n* bir şeyi görebilmek için boynunu uzatmak. *He craned (his neck) to see over the*

heads of the crowd.
cranefly ['kreinflai] *i + sy* tipula sineği; uzun bacaklı bir sinek. *(eş anl.* **daddy longlegs).**
crank¹ [kræŋk] *i + sy* krank, kol, manivela. Ayrıca *f + n* (genl. **up** ile) krank kolu kullanarak bir aracın motorunu çalıştırmak.
crank² [kræŋk] *i + sy* acayip, tuhaf ve kendine özgü fikirleri olan bir kimse. *You've undoubtedly decided by now that I'm a crank.* **cranky** *s* acayip, tuhaf.
cranny ['kræni] *i + sy* (özl. bir duvar, veya kaya içindeki) küçük delik; yarık, çatlak.
crash [kræʃ] *f + n/-n* **1** gürültülü bir şekilde, veya çatur çutur sesler çıkararak, düşmek, kırılmak veya bir şeye çarpmak, yere düşmek. *The aeroplane crashed into the house. All the plates and cups crashed to the floor. The driver crashed the bus.* **2** (bir ticari kuruluş, hükümet ya da zengin bir kimse hk.) çökmek, iflas etmek, batmak. Ayrıca *i + sy* **1** gürültü, çatırtı, gümbürtü. **2** araba, uçak kazası. **3** iflas, batma. **crash course/programme** kısa sürede sonuca ulaşmayı amaçlayan kurs/program; yoğun kurs /program. **crash helmet** koruyucu başlık, helmet, kask. **crash landing** (uçaklar hk.) mecburi iniş.
crate [kreit] *i + sy* içinde eşya taşınan büyük tahta sandık. Ayrıca *f + n* sandıklamak, sandığa koymak. *He crated up all his books.*
crater ['kreitə*] *i + sy* **1** yanardağ ağzı, krater. **2** bombanın açtığı çukur.
cravat [krə'væt] *i + sy* kravat, boyunbağı.
crave [kreiv] *f + n/-n* şiddetle arzu etmek, can atmak. *The unhappy child was craving his mother's love. I crave to hear her voice. I crave that he come.* **craving** *i + sy/-sy* özlem, şiddetli arzu. *Mountain climbers usually have a craving for excitement in their lives.* *(eş anl.* **longing).**
crawl [krɔ:l] *f-n* **1** emeklemek; bir bebeğin yaptığı gibi eller ve dizler üzerinde ilerlemek. **2** çok yavaş gitmek; gıdım gıdım ilerlemek. Ayrıca *itek* **1** emekleme. **2** çok yavaş gitme, ilerleme. **3** kulaçlama yüzüş, krol yüzme. **be crawling with** böcek, veya benzeri hayvanlarla ya da hoşa gitmeyen, is-

tenmeyen şeylerle dolu olmak, kaplanmış olmak, kaynamak. *This house was crawling with rats.* **make one's skin crawl** insanın tüylerini ürpertmek, tüylerini diken diken etmek. *His stories of the war made my flesh crawl.*
crayon ['kreiən] *i + sy/-sy* mum boya; resim çizmede kullanılan çubuk şeklinde renkli yumuşak bir madde.
craze [kreiz] *i + sy* rağbet, düşkünlük; kısa bir süre için geçerli olan bir tutku, geçici moda. *Everyone in the family had a craze for Chinese food.* *(k. dil.).* **crazed** [kreizd] *s* delice, çılgınca (bir davranış): *a crazed effort; fight with crazed ferocity.*
crazy ['kreizi] *s* **1** deli, çılgın, kaçık. *(k.dil.).* **2** bir şey için deli olan; aşırı ilgi duyan. *He was crazy about old gramophone records last year. (k. dil.).* **crazy paving** *i-sy* aynı biçimde olmayan taşların döşenmesi ile yapılmış olan bahçe yolu.
creak [kri:k] *i + sy* gıcırtı; gıcırtılı ses; menteşeleri iyi yağlanmamış bir kapının çıkardığı ses. Ayrıca *f-n* gıcırdamak. **creaky** *s* gıcırtılı.
cream [kri:m] *i-sy* **1** kaymak, krema; sütün üstünde biriken koyu ve yağlı madde. **2** krem; cilt kremi; merhem, pomat. Ayrıca *f + n* bir yiyecek maddesini çırpmak, krema haline getirmek. *She creamed the potatoes.* Ayrıca *s* krem rengi; beyazla sarı arası bir renk. **creamy** *s* kaymak gibi, kaymaklı. *It tasted very creamy.* **creamery** *i + sy* süthane, mandıra. **cream cheese** krem peyniri; yumuşak beyaz renkli bir peynir. **the cream of something** bir şeyin kaymağı; bir şeyin en iyi tarafı: *the cream of society* (=zengin ve nüfuzlu kimseler).
crease [kri:s] *i + sy* kırışık; buruşuk, katyeri. Ayrıca *f + n/-n* buruşmak; buruşturmak *The cloth does not crease. (karş.* **smooth).** *(eş anl.* **crumple).**
create [kri'eit] *f + n* yaratmak, yeni bir şey meydana getirmek. *God created the world. This news creates several difficulties for me.* **creation** [kri'eiʃn] *i + sy* yaratma; buluş, icat. **creative** *s* yaratıcı; yeni ve özgün düşünceler ya da şeyler üreten. *He is a very creative writer.* **creator** *i + sy* kreatör; bir şeyi yaratan, ortaya koyan kimse. **The**

Creator Tanrı, Allah, Yaradan.
creature ['kri:tʃə*] *i+sy* bir yaratık (özl. bir hayvan, örn. bir kuş, bir balık, bir böcek. Genellikle bitkiler ve insanlar için kullanılmaz, ama bir acıma, sevgi gösteriliyorsa kullanılması mümkün olur, örn. *poor creature* (=zavallı şey, mahlûk). creature comforts vücudun rahatını sağlayan şeyler, örn. yiyecek, giyecek, ısınma. vb.
crèche [kreʃ] *i+sy* çocuk yuvası, çocuk bakım evi; kreş.
credentials [kri'denʃlz] *içoğ* 1 bir kimsenin kendi hakkında söylediklerinin doğruluğunu ispatlayan mektup, veya diğer belgeler. 2 referans mektubu.
credible ['kredibl] *s* güvenilir, inanılır. *His story was quite credible. (karş.* incredible). credibility *i-sy* güvenirlilik, itimada layıklık. *John has lost credibility.* credibility gap bir kimsenin söyledikleri, söz verdiği şeylerle, hareketleri arasındaki tutarsızlık; hareketlerin sözlere uymaması. NOT: *credible, credulous* ve *creditable* sözcüklerini birbirine karıştırmayınız.
credit¹ ['kredit] *i-sy* 1 banka hesabındaki para (miktarı). *I have a large credit with Brown's Bank.* 2 veresiye, kredi; kredili alışveriş. *He buys all his food on credit. This shopkeeper does not give credit.* 3 saygınlık, itibar. *He gained a lot of credit from that journey.* creditable *s* övgüye değer, onurlandırıcı. *His refusal to accept the bribe was a creditable action. (karş.* discreditable). be a credit to someone /something birisine/bir şeye onur kaynağı, iftihar vesilesi olmak. *John is a credit to his old school.* credit account (özl. kredi kartı ile yapılan) veresiye hesabı. (*AmI'de* charge account). credit worthy itimada şayan; borçlarını vadesinde ödeyen ve bundan dolayı da itibarı olan.
credo [kri:'dou] *i+sy* (genl. *tek. biç.*). creed'e bkz. (*r. kul.*).
credit² ['kredit] *f+n* inanmak, güvenmek, itimat etmek. *I didn't credit his story.* creditor *i+sy* kredi açan kimse; alacaklı.
credulous ['kredjuləs] *s* her şeye inanan; saf, safdil. *He is a credulous fool; he thought that I was telling the truth when I said I could do magic. (karş.* incredulous).

creed [kri:d] *i+sy* amentu; inanç, itikat. (*eş anl.* credo).
creek [kri:k] *i+sy* 1 bir tür koy; bir denizin bir gölün kara içine giren, dar bir uzantısı. 2 (*AmI'de*) dere, çay.
creep [kri:p] *f-n* 1 sürünerek yavaşça ve sessizce ilerlemek. 2 (bazı bitkiler hk.) sarılarak büyümek; tırmanarak büyümek. *geç. zam.* ve *ort.* crept [krept]. Ayrıca *i+sy* yağcı, dalkavuk; sevimsiz bir tip. (*k. dil.*). give one the creeps insanın tüylerini diken diken etmek; insana korku ve tiksinti duygusu vermek. (*k. dil.*).
cremate [kri'meit] *f+n* ölmüş bir insanı (gömmek yerine) yakmak. *His uncle wanted to be cremated, not burned, when he died.* cremation *i-sy* ölüyü yakma. crematorium [kremə-'tɔːriəm] *i+sy* ölü yakım evi; krematoryum.
crepe, crape [kreip] *i-sy* krep; hafif yumuşak ve ince bir kumaş. crepe paper krepon kağıdı; süsleme, vb. için kulanılan ince buruşuk ve parlak renkli bir tür kağıt.
crept [krept] creep fillinin geçmiş zamanı ve ortacı.
crescent ['kresnt] *i+sy* 1 hilâl, yeniay. 2 hilâl biçiminde herhangi bir şey.
cress [kres] *i-sy* tere; yaprakları salata olarak yenen baharlı bir bitki.
crest [krest] *i+sy* 1 tepe, doruk, zirve. *There is a wonderful view from the crest of the hill.* 2 bir dalganın tepesi. 3 ibik, tepelik. 4 sorguç; askerlerin, veya şövalyelerin miğferlerine süs olarak takılan bir tüy, veya benzeri bir şey. 5 arma, antet, özel marka; bir kimsenin, ailenin, kentin, firmanın, okulun, vb. işareti (çoğk. bu çeşitli kişilerin kullandığı yazı kâğıtlarının üzerine basılır). crestfallen *s* üzgün, meyus, düşkırıklığına uğramış; morali bozuk. *He was crestfallen at his failure in the competition.*
cretin [kretin] *i+sy* (küçük düşürmek niyetiyle kullanılır) alık, ahmak, salak, budala kimse. (*eş anl.* idiot).
crevasse [kri'væs] *i+sy* bir buz tabakasındaki derin bir yarık.
crevice ['krevis] *i+sy* (özl. bir duvar, veya kayadaki) çatlak. *I quickly pushed the secret map through the crevice in the rock to hide it.*
crew¹ [kru:] *i+sy* 1 bir gemi, veya uçakta görevli tüm personel; tayfa,

mürettebat. 2 ekip (örn. **train crew**).
3 güruh, sürü, kalabalık. (*k.dil.*).
crewcut alabros traş; asker traşı.
crew² [kru:] *i+sy* **crow¹** fiilinin geçmiş
zamanı ve ortacı.
crib¹ [krib] *i+sy* 1 (özl. *AmI*'de)
çocuk karyolası. (*BrI*'de **cot**). 2
İsa'nın doğuş tasviri.
crib² [krib] *i+sy* 1 öğrencilere yardımcı olması amacı ile yabancı bir dilde
yazılmış bir kitabın kelimesi kelimesine çevirisi. 2 aşırma, kopya. Ayrıca
f+n/-n bir başkasının çalışmasından,
eserinden habersizce ve ahlaksızca
aşırıp kopya etmek. *He cribbed all the
answers from the boy sitting next to
him. geç. zam. ve ort.* **cribbed** (*k. dil.*).
crick [krik] *i+sy* (özl. boyunda
meydana gelen) adele kasılması, tutulması. *My neck has a crick in it.*
cricket¹ ['krikit] *i-sy* kriket (oyunu); 11
kişilik iki takım arasında sopa (=**bat**)
ve top (=**ball**) kullanarak oynanan bir
oyun. **cricketer** *i+sy* kriket oyuncusu.
cricket² ['krikit] *i+sy* cırcırböceği;
kanatlarını birbirine sürterek cırcır
diye ses çıkaran bir böcek.
cried [kraid] **cry¹** fiilinin geçmiş
zamanı ve ortacı.
crime [kraim] 1 *i-sy* suç, cürüm; genel
olarak herhangi bir yasadışı hareket.
*Part of the work of the police is to
fight against crime.* (*eş anl.* **offence**).
2 *i+sy* suç, cürüm; yasalara göre
cezalandırılacak bir kabahat, veya bir
kusur. *Murder and robbery are
crimes.* 3 *i+sy* aptalca veya acınacak
bir şey, günah. *It is a crime to throw
away all that good food.* (*k. dil.*).
criminal ['kriminl] *i+sy* suçlu; suç
işlemiş birisi. *The police were sure he
was the criminal but they could not
prove it.* Ayrıca *s* cezaya ait. *Murder
is a criminal act.* **criminal law** ceza
hukuku. **criminology** [krimənɔe'ədʒi]
i-sy kriminoloji; toplumsal bir olgu
olarak suç ve suçluluğu inceleyen
bilim.
crimson ['krimzn] *i-sy* fes rengi; koyu
kırmızı renk. Ayrıca *s* koyu kırmızı.
cringe [krindʒ] *f-n* sinmek; korkuyla
eğilmek. *The dog cringed before his
cruel master.* (*eş anl.* **cower**).
crinkle ['kriŋkl] *i+sy* (özl. kâğıttaki,
veya kumaştaki) buruşuk, kırışık.
Ayrıca *f+n/-n* buruşturmak, kırıştırmak. *He crinkled the paper.*

cripple ['kripl] *i+sy* sakat insan; kollarını, veya bacaklarını kullanamayan
bir kimse. Ayrıca *f+n* 1 sakatlamak.
2 zayıflatmak; felce uğratmak. *Our
air force has crippled the enemy.*
crisis ['kraisis] *i+sy* bunalım, kriz, özl.
bir ülkenin ekonomik yaşantısında
zor ve sıkıntılı bir dönem: *a crisis in
the country's economy. çoğ. biç.*
crises ['kraisi:z].
crisp¹ [krisp] *s* 1 (özl. yiyecekler hk.)
gevrek, çıtır çıtır. *The vegetables were
fresh and crisp.* 2 (hava hk.) kuru ve
soğuk: *a crisp autumn morning.*
crisp² [krisp] *i+sy* (İngiltere'de) ince
dilimlenmiş patates kızartması, cips.
(*AmI*'de **potato chip**).
criss-cross ['kriskrɔs] *s* birbirini çaprazlama kesen çizgilerden oluşmuş;
çapraz.
criterion [krai'tiəriən] *i+sy* bir yargıya
temel olan yerleşik bir kural, bir ölçü,
ölçüt, kıstas, kriter; mihenk, denektaşı. *There are several criteria of a
good school. çoğ. biç.* **criteria** [krai-'tiəriə].
critic ['kritik] *i+sy* 1 eleştirmen; eleştiri
yazan kimse. 2 boyuna hata bulmayı
alışkanılık haline getirmiş bir insan;
tenkitçi birisi. **criticize** ['kritisaiz]
f+n/-n eleştirmek, tenkit etmek; yermek, kınamak, kusur bulmak.
criticism ['kritisizəm] *i+sy/-sy* eleştiri,
tenkit, eleştirme; yerme, kınama. *I'm
doing the best I can and I resent his
criticism.* **critical** *s* 1 eleştiri niteliğinde. 2 tenkit edip duran, kusur
bulan. *He is too critical of his
grandchildren.* 3 bir şeyin gidişatı
sırasında sonucu belirleyecek olan
dönüm noktasına ait, kritik. *He
arrived at the critical moment.* 4
ciddi, vahim, nazik, tehlikeli, buhranlı. *There is a critical weakness in the
country's economy.* **crisis**'a bkz.
croak [krouk] *i+sy* gaklama; kurbağanınki gibi derinden gelen pes bir
ses. Ayrıca *f+n/-n* gaklamak; kurbağa gibi, derinden ses çıkarmak.
crochet ['krouʃei] *f+n/-n* kroşe yapmak, tığ ile işlemek, yapmak. Ayrıca
i-sy tığ örgüsü, tığ işi, kroşe.
crockery ['krɔkəri] *i-sy* pişmiş topraktan yapılmış çanak çömlek.
crocodile ['krɔkədail] *i+sy* timsah.
crocodile tears sahte göz yaşları;
sahte, yapmacık üzüntü. *There were*

only crocodile tears, because John was not sorry at all.

crocodile

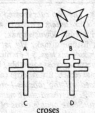

croses
(A, Greek; B, Maltese; C, Latin;
D, Patriarchal)

crocus ['kroukəs] *i+sy* safran; çiğdem; mor, sarı, veya beyaz renkli tek bir çiçeği baharın ilk günlerinde açan bir bahçe bitkisi. *çoğ. biç.* **crocuses.**

crony ['krouni] *i+sy* yakın arkadaş.

crook [kruk] *i+sy* **1** dolandırıcı, hırsız, sahtekâr, düzenbaz kimse. (*k. dil.*). **2** çoban değneği. **crooked** ['krukid] *s* **1** dolandırıcı, sahtekâr, namussuz. (*eş anl.* **dishonest**). **2** eğri, çarpık.

croon [kru:n] *f+n/-n* mırıldanmak, alçak sesle şarkı söylemek. *The woman was crooning to her baby.*

crop¹ [krɔp] *i+sy* **1** ekin, tarımsal ürün, mahsul; tarımsal araziden elde edilen hububat, meyva ve sebze gibi bir ürün. *Wheat is an important crop in many parts of the world.* **2** ürün, hasat, rekolte; bir mevsimde kaldırılan ürün miktarı. *I had a poor crop of apples this year.* **3** yığın, küme. *There is a large crop of mistakes in your essay.* (*k. dil.*).

crop² [krɔp] *f+n/-n* **1** (hayvanlar hk.) otlamak, yemek. *The sheep were cropping the grass.* **2** (saçlar, tüyler, kıllar, kuyruklar, hk.) kırpmak, kırkmak, kısa kesmek. **crop up** birden ortaya çıkmak; baş göstermek. *Various subjects cropped up in the conversation.*

croquet ['kroukei] *i-sy* tahta topları, ufak, metal çemberler içinden geçirmeyi amaçlayan bir oyun.

cross¹ [krɔs] *i+sy* **1** haç, ıstavroz. **2** çapraz işareti; çarpı işareti (x); artı işareti (+). Bu işaretler bir şeyin yerini, bir yanlışı belirtmek için ya da yazmasını bilmeyen birinin imzası olarak kulanılır. **3** melez, karma, kırma. *That dog is cross between a sheepdog and a labrador.* **crossing** *i+sy* **1** bir yerden bir yere yapılan deniz yolculuğu. **2**

yaya geçidi. **3** hemzemin tren yolu geçidi. (Ayrıca *BrI*'de **level crossing.** *AmI*'de **grade crossing**). **crossbreed** melez bir insan, hayvan, veya bitki. **cross-check** *f+n/-n* sağlama yapmak; değişik bir kaynaktan doğruluğunu saptamak. Ayrıca *i+sy* sağlama yapmak. **cross-country** *s/z* açık arazide (yapılan). ((genl.) **cross-country race** sözünde kullanılır). **cross-examine** *f+n/-n* karşı tarafın tanığını sorguya çekmek (özl. bir mahkemede, daha önce karşı tarafça sorguya çekilen bir tanığın söylediklerinin doğru olup olmadığını saptamak üzere değişik biçimde sorular sormak). **cross-eyed** *s* şaşı, şaşı gözlü. **cross-fire** çapraz ateş; çapraz biçimde iki, veya daha fazla yönden açılan ateş. **cross-legged** *s/z* bacak bacak üstüne atmış, bağdaş kurmuş. *He was sitting cross-legged.* **cross-purposes** (iki kişi hk.) birbirini yanlış anlama; aynı şeyi konuştuğuna inanırken, gerçekte farklı şeyler hakkında konuşma. *We were talking at cross-purposes.* **cross-reference** yollama, gönderme; kitapta, okuyucuya kitabın bir başka tarafına bakmasının gerekli olduğunu gösteren not. **crossroads** *itek* kavşak; dörtyol ağzı. **cross section** *i+sy* **1** enine kesit. **2** bir bütünü belirtecek biçimde ona özgü tanıtıcı örnek: *a cross section of society.* **crossword (puzzle)** çapraz bulmaca.

cross² [krɔs] **1** *f+n/-n* (bir şey)in öbür tarafına geçmek, karşıdan karşıya geçmek, veya geçirmek. *He crossed the road.* **2** birbirleri ile keşişmek; birbirlerinin üzerinden çaprazlama geçmek. *The road crosses the river there.* **3** *f+n/-n* karşılaşmak karşılaşıp geçmek; birbirinin yanından geçip gitmek. *The two cars crossed on the road. Our letters crossed.* 4 *f+n* birbiri üstüne kavuşturmak; bacak bacak üstüne atmak. *He sat down and crossed his legs.* 5 *f+n* melez bir cins üretmek. **cross something off** bir şeyi iptal etmek, üstüne çizgi çekmek. *I crossed off the jobs as I finished each one. I crossed some names off the list. Some people cross off each day on a calender.* **cross something out** bir yazının üstünü çizmek; üzerini karalamak. *I have crossed out all the mistakes in your work. I have crossed that word out.* **cross a cheque** bir çekin üstüne yanyana iki çizgi çekmek; bu işaret, çeki yazanın bankasının çek yazılana nakit para ödemeyeceğini, ancak paranın o kişinin banka hesabına yatırılacağını gösterir (yan yana çekilen iki çizginin arasına genl. '& Co' yazılır).

cross³ [krɔs] *s* kızgın, öfkeli; huysuz, ters, aksi; dargın. *It's no good getting cross with her.*

crotch [krɔtʃ] *i+sy* kasık altı; pantolon ağı. (Ayrıca **crutch** da denir).

crotchet ['krɔtʃit] *i+sy* (*Brİ*'de) müzikte bir nota; dörtlük. (*Amİ*'de **quarter note**). **crotchety** *s* huysuz, ters, geçimsiz. (*k. dil.*).

crouch [krautʃ] *f-n* (korkudan, veya bir saldırıya hazırlanmak için) çömelmek; yere çökmek. *The soldiers crouched behind the bush.*

crow¹ [krou] *i+sy* horoz ötüşü. Ayrıca *f-n* (horoz) ötmek. *geç. zam. biç.* **crowed** veya **crew** [kru:]. *geç. zam. ort.* **crowed.** **crow over something** (bir dövüşte, yarışmada, vb. yendiği kişiye karşı) böbürlenmek, övünmek, eğlenircesine konuşmak. *They have won the fight, but they are not crowing over their defeated opponents.*

crow² [krou] *i+sy* karga. **as the crow flies** kuş uçuşu; dosdoğru. *The distance from London to Edinburgh is about 350 miles as the crow flies.* **crow's feet** gözlerin etrafındaki kırışıklıklar.

crowbar ['krouba:*] *i+sy* manivela, kol demiri.

crowd [kraud] *i+sy* 1 kalabalık; insan kalabalığı. *There is a crowd of children in the yard.* 2 belli bir topluluk; tayfa, güruh. (*k. dil.*). Ayrıca *f+n/-n* bir yere üşüşmek, toplanmak, dol-

mak, doluşmak; doldurmak. *The people crowded round the Prime Minister. The bus was crowded* (=Otobüs doluydu). **a whole crowd of/crowds of/a crowd of** bir sürü. **follow the crowd/move with the crowd/go with the crowd** çoğunluğa ayak uydurmak.

crown¹ [kraun] *i+sy* 1 taç. 2 krallık, veya kraliçelik mevkisi; hükümdarlık, krallık. *The power of the crown is limited by parliament.* 3 şapka tepesi. 4 dişin üst kısmı. 5 başın üst kısmı, tepesi. 6 bir şeyin en üst, veya en büyük kesimi. **crown land** İngiltere'de Kraliyet arazisi. **Crown Prince** (erkek) veliaht; geleceğin kralı, prensi.

crown² [kraun] *f+n* taç giydirmek; özel bir törenle bir kimseye taç giydirerek kendisine krallık, veya kraliçelik yetkisi vermek (bu törene **coronation** denir). **to crown it all** bütün bunlar yetmiyormuş gibi (üstelik).

crucial ['kru:ʃl] *s* çok önemli, can alıcı, dönüm noktası olabilecek, kritik. *The Prime Minister has to make a crucial decision within the next few weeks.*

crucifix ['kru:sifiks] *i+sy* İsa'lı çarmıh; üzerinde İsa resmi, veya heykelciği bulunan bir haç. **crucify** ['kru:sifai] *f+n* çarmıha germek. **crucifixion** [kru:si'fikʃən] *i+sy/-sy* çarmıha germe.

crude [kru:d] *s* 1 kaba, nezaketsiz; incelikten, zerafetten, eğitimden yoksun: *a very crude person; crude behaviour.* 2 ham, işlenmemiş; kaba veya doğal durumda: *crude oil.* (*karş.* **refined oil**). 3 acemice yapılmış: *a crude drawing.* **crudely** *z* kabaca. **crudeness** *i+sy* hamlık; kabalık. **crudity** *i+sy/-sy* kabalık.

cruel ['kruəl] *s* 1 acımasız, gaddar, zalim. *The king was very cruel to his people.* 2 çetin, çekilmez, dayanılmaz: *a cruel winter/war.* **cruelty** ['kruəlti] *i+sy/-sy* işkence, zulüm, gaddarlık.

cruise [kru:z] *f-n* 1 zevk için gemi seyahati yapmak, gemi ile geziye çıkmak, zevk için dolaşmak. 2 uygun hızda gitmek; seyir hızında yol almak. Ayrıca *i+sy* zevk için yapılan uzun deniz gezisi. **cruiser** *i+sy* kruvazör; hafif ve hızlı bir savaş gemisi. **cruising speed** seyir hızı; yakıttan en iyi bir şekilde yararlanmak amacı ile yapılan belli bir hız. **cruise missile** nükleer başlıklı güdümlü füze.

crumb [krʌm] *i+sy* **1** kırıntı; ekmek veya kurabiye kırıntısı. **2** parça; zerre; azıcık miktar: *a crumb of comfort.*

crumble ['krʌmbl] *f+n/-n* ufalamak, parçalamak; ufalanmak, parçalanmak. *He crumbled his bread. The walls of the houses were crumbling. The rock crumbled under his hands and he fell from the cliff.*

crumpet ['krʌmpit] *i+sy* (*Brİ*'de) üzerine tereyağı sürülerek yenilen, ekmeğimsi, yassı bir kek.

crumple ['krʌmpl] *f+n/-n* (genl. **up** ile) buruşmak, kırışmak; çökmek, içine göçmek; buruşturmak, kırıştırmak. *He crumpled the piece of paper in his hand. The car crumpled up when it hit the wall* (= Araba duvara çarpınca ezildi).

crunch [krʌntʃ] *f+n/-n* **1** hatır hutur yemek; çatır çutur çiğnemek. *He crunched the apple.* **2** (üzerinde yürürken, vb.) çatır çatır etmek, hışırdamak; haşur huşur etmek. *The hard snow crunched under his feet.* **the crunch** güç bir durum, veya an. **if/when it comes to the crunch...** paça sıkışınca; güç bir durumda kalıp bir karar vermek, veya harekete geçme zamanı gelince. *We are not selling enough of our goods: if it comes to the crunch, then some of the men will have to be sacked.*

crusade [kru:'seid] *i+sy* **1** (genl. **Crusade**) Haçlı Seferi; Orta Çağlarda (XI.yüzyıl ile XII. yüzyıl arası) batılı Hıristiyanlarca kutsal yerleri Müslümanların elinden almak için düzenlenen seferlerden biri. **2** kampanya, mücadele: *the anti-drugs crusade.*

crush¹ [krʌʃ] *f+n/-n* **1** ezmek, kıracak biçimde kuvvetle sıkmak. *Certain types of snake crush small animals to death before eating them.* **2** buruşmak. *The cloth will not crush.* (eş anl. **crumple**). **3** ezmek, bastırmak, yok etmek. *The Prime Minister said that he was determined to crush the enemies of the country.* **crushing** *s* ezici, mahvedici, mağlup edici: *a crushing blow.*

crush² [krʌʃ] *i+sy* **1** sıkışıklık, izdiham. **2** sıkma meyve suyu. **3** geçici tutku; birisine karşı duyulan, güçlü fakat mantıksız, kısa süreli bir sevgi

ya da aşk. *Little girls sometimes have a crush on their teachers. (k. dil.).*

crust [krʌst] *i+sy* **1** ekmek kabuğu. **2** herhangi bir şeyin sert, dış tabakası: *the crust of the earth.*

crutch [krʌtʃ] **1** koltuk değneği. *John came walking in on crutches.* **2** **crotch**'a bkz.

crux [krʌks] *i+sy* **1** can alıcı nokta; düğüm noktası: *the crux of the problem.*

cry¹ [krai] **1** *f-n* ağlamak; yaş dökmek. *She cried when she heard that her son was dead.* **2** *f-n* haykırmak, bağırmak. *He cried for help when the thief attacked him.* (eş anl. **cry out**). **3** *f+n* duyurmak, ilân etmek; bağırarak bildirmek. *geç. zam* ve *ort.* **cried** [kraid]. **cry-baby** *i+sy* olur olmaz şeye ağlayan çocuk, veya kimse, en ufak şeye sızlanan birisi; ağlak. *They called her cry-baby for whimpering when they shouted 'boo'.* **cry off** vazgeçmek, caymak. *John was going to help us, but he cried off. (k. dil.).* **cry wolf** sebepsiz yere, veya gerçekten bir nedeni olmadan yalan yere imdat çağrısında ya da yardım isteğinde bulunmak. *John's cried wolf so often now that no one believes him any longer.* **cry for the moon** olmayacak duaya amin demek, veya olmayacak bir şeyi istemek. *When I requested breakfast in bed, the receptionist looked at me as if I was crying for the moon.* **cry oneself to sleep** ağlaya ağlaya uyuyup kalmak. **cry one's eyes /heart out** hüngür hüngür ağlamak; acı acı ağlamak; iki gözü iki çeşme ağlamak. *When her cat died the little girl cried her eyes out.* **(it's no use) cry(ing) over spilt milk** iş işten geçtikten sonra dövünme(k) (bir işe yaramaz). *There's no use crying over spilt milk; you have failed the test, so the best thing is to start working now for the next one.*

cry² [krai] *i+sy* **1** ağlama. *She had a cry about the sad news. (k. dil.).* **2** haykırma, bağırma. *We heard a cry for help.* **crying** *i-sy* (özl. çocuklar hk.) hıçkırma; hıçkırarak ağlama. Ayrıca *s* (özl. kötü bir şey hk.) ilgi gerektiren. **a crying shame** büyük bir ayıp. **a crying need** acil bir ihtiyaç. (k. dil.). **a far cry from** bir şeyden iyice başka; dağlar kadar farklı.

crypt [kript] *i+sy* özl. bir kilisenin altında, bir zamanlar ölülerin gömülmüş olduğu mahzen.

cryptic ['kriptik] *s* esrarlı, esrarengiz; gizli, örtülü, kapalı: *a cryptic remark /letter.*

crystal ['kristl] 1 *i+sy* kristal, billur. *Salt and sugar occur as crystals.* 2 *i-sy* kristal cam. **crystallize** ['kristəlaiz] 1 *f+n/-n* kristalleşmek, billûrlaşmak, kristalleştirmek, billûrlaştırmak. *The substance crystallized when it became cool.* 2 *f+n/-n* belirgenleştirmek, kesin bir biçim vermek; belirginleşmek, belli olmak. *His plans have crystallized at last.* **crystal ball** (falcının kullandığı) kristal küre.

CSE [si:es'i:] *i-sy* (=**Certificate of Secondary Education**)—orta öğrenim belgesi; 1988 yılında GCSE yerine kabul edilen belge.

CS gas *i+sy* gözyaşı gazı.

cub [kʌb] *i+sy* bazı hayvanların (örn. ayı, tilki, aslan) yavrusu.

cubby-hole ['kʌbihoul] *i+sy* kapalı bir ufak yer; hücre, göz.

cube [kju:b] *i+sy* 1 küp; birbirine eşit karelerden oluşan altı yüzlü geometrik cisim. 2 küp; bir sayının üçüncü kuvveti. *3x3x3 = 27 (=27 is cube of 3/3 is the cube root of 27).* **cubic** *s* kübik; küp biçiminde olan: *a cubic root* (=bir küp kök).

cubicle ['kju:bikl] *i+sy* odacık, bölme, kabin. *We left our clothes in the changing cubicle.*

cubism ['kju:bizəm] *i-sy* 20. yüzyılın başlarında ortaya çıkan ve nesneleri geometrik biçimlerde gösteren bir sanat akımı; kübizm.

cuckoo

cuckoo ['kuku:] *i+sy* guguk kuşu; Avrupa'da yaşayan ve adı gibi 'guguk' diye ses çıkaran, dişileri, başka kuşların yuvasına yumurtlayarak yavrularının bakım işlerini onlara gördüren

bir kuş. *çoğ. biç.* **cuckoos**. **cockoo clock** guguklu saat.

cucumber ['kju:kʌmbə*] *i+sy/-sy* hıyar, salatalık. **cool as a cucumber** soğuk kanlı, kılı kıpırdamayan. *When the burglar found a lady in the bedroom, he simply walked out past her, cool as a cucumber.*

cud [kʌd] *i-sy* (hayvanlar hk.) çiğneme, geviş. **chew the cud** 1 geviş getirmek; yutmuş olduğu yiyeceği midesinden ağzına çıkarıp yeniden çiğnemek. 2 bir şeyi uzun uzun ve dikkatle düşünmek.

cuddle ['kʌdl] *f+n/-n* kucaklamak, sarılmak, bağrına basmak. *I cuddled my mother when I went home.* Ayrıca *i+sy* kucaklama, sarılma.

cue[1] [kju:] *i+sy* 1 bir oyuncunun, sözü bir sonrakine bırakmadan önceki son sözü, veya hareketi; başlama işareti. 2 işaret; ne yapılacağının, veya nasıl davranılacağının bir işareti. *Jane and her husband started yawning, so that was our cue to leave.*

cue[2] [kju:] *i+sy* isteka, bilardo sopası.

cuff[1] [kʌf] *i+sy* 1 kol ağzı, manşet. 2 (*Aml*'de) pantolon paçası kıvrımı. 3 (*çoğ. biç.*) kelepçe. (Ayrıca **hand cuffs** da denir). **speak off the cuff** hazırlıksız konuşmak; içine doğduğu gibi söylemek, konuşmak. *I did not have time to prepare a speech so I just made one off the cuff.* (*Brİ*'de **turn-up**). **cufflink** kol düğmesi.

cuff[2] [kʌf] *i+sy* sille; el ayası ile vurulan hafif bir tokat. *The mother cat gave her kitten a cuff.* Ayrıca *f+n* tokat atmak; el ayası ile hafifçe vurmak. **cuff someone/cuff one's hands** bir kimsenin ellerini kelepçelemek, ellerine kelepçe vurmak.

cuisine [kwi'zi:n] *i+sy/-sy* 1 yemek pişirme işleri, mutfak işleri. 2 yemek pişirme yöntemi, mutfak. *French cuisine is one of the best in the world.* 3 yemek çeşidi ve kalitesi. *That hotel is famous for its cuisine.*

cul-de-sac ['kʌldəsæk] *i+sy* çıkmaz sokak. (*eş anl.* **dead end**).

culinary ['kʌlinəri] *s* mutfak ile ilgili, aşçılığa ait.

culminate ['kʌlmineit] *f-n* neticelenmek, bitmek, sona ermek; en son noktaya erişmek; doruğa çıkmak. *The long quarrel between Tom and his neighbour culminated in a fight.*

culprit ['kʌlprit] *i+sy* suçlu, sanık, mücrim. (genl. **crime**'a göre) daha hafif bir suçu işlemiş olan kimse.

cult [kʌlt] *i+sy* **1** (bir tür) mezhep, tarikat; (özl. aynı dinin içinde) bazı ilkelerle birbirinden ayrılan Tanrı'ya ulaşma yollarından her biri. *The cult of the Virgin Mary is an important part of Christianity.* **2** bir şeye duyulan büyük bir ilgi; tutulan bir moda (özl. böyle bir ilgi belli sayıda kişiler arasında sınırlı kalır).

cultivate ['kʌltiveit] *f+n* **1** yetiştirmek: *cultivate wheat.* **2** (toprağı) ekip biçmek; araziyi işlemek: *cultivate the land.* **3** (bir şeyi) geliştirmek, ilerletmek: *cultivate one's knowledge of French.* **cultivation** [kʌlti'veifən] *i-sy.* **cultivated** *s* **1** (arazi hk.) ekip biçmek için kullanılan. **2** (insanlar hk.) eğitilmiş; kültürlü, zarif. *Cultivated people enjoy reading, music and going to the theatre.* (karş. **uncultivated**).

culture ['kʌltʃə*] *1 i-sy* kültür; insanın resim, müzik, edebiyat hakkında sahip olduğu bilgi ya da eğitim. **2** belirli bir topluma ya da halk topluluğuna özgü yaşam biçimi, düşünce ve sanat yapıtlarının tümü. *Many ancient cultures can be found in Africa. African culture should be studied more carefully by Europeans.* **cultural** *s* kültürel. **cultured** *s* (insanlar hk.) kültürlü; iyi yetiştirilmiş. (karş. **uncultured**).

cumbersome ['kʌmbəsəm] *s* hantal, taşıması zor; kullanışsız: *a cumbersome piece of furniture.*

cumulative ['kju:mjulətiv] *s* birikimli, eklenerek artan. *The cumulative effect of all those late nights has begun to catch up with me.*

cumulus ['kjumjuləs] *i+sy/-sy* kümülüs, kümebulut. (çoğ. biç. **cumuli** ['kjumjulai]. Ayrıca **cloud**'a bkz.

cunning ['kʌniŋ] *s* zeki ve genl. de namussuz; kurnaz, şeytan, hinoğlu hin: *a cunning thief; a cunning trick.*

cup [kʌp] *i+sy* **1** fincan. **2** bir fincan dolusu miktar. *He drank a cup of water.* **3** (bir yarışma ödülü olarak verilen) kupa. **Cup final** kupa finali: *the cup final at Mithatpaşa.* **cupful** ['kʌpful] *i+sy* fincan dolusu.

cupboard ['kʌbəd] *i+sy* (özl. *Brl*'de) dolap, büfe; yüklük.

cupola ['kju:pələ] *i+sy* (cami, kilise, vb. de) kubbe.

cuppa [kʌpə] *i+sy* (*Brl*'de) bir fincan çay. *What about a cuppa?* (k. dil.).

curb¹ [kə:b] *i+sy* **1** gem zinciri, suluk zinciri; atın çenesi altından tutturulan bir boy zincir, veya meşin kayış. **2** gem, engel, yönlendirici herhangi bir şey. Ayrıca *f+n* gem vurmak; denetim altında tutmak, frenlemek. *You must learn to curb your temper.*

curb² [kə:b] *i+sy* **kerb**'e bkz.

curd [kə:d] *i+sy* (genl. çoğ. biç.) kesik, lor; süt kesilip ekşiyince ondan ayrılan, kalın, yumuşak topaklar.

curdle ['kə:dl] *f+n/-n* (süt hk.) kesilmek. *This milk has curdled.*

cure [kjuə*] *f+n* **1** iyileştirmek, tedavi etmek. *The drug cured my fever.* **2** çare bulmak; (kötü bir şeyi) ortadan kaldırmak. *The government is trying to cure unemployment.* **3** (özl. balık, et, tütün, kürk, deri hk.) tuzlayarak, kurutarak, dumanda tutarak saklamak. Ayrıca *i+sy* ilaç; bir hastalığı, vb. tedavi eden bir madde. **curable** *s* tedavi edilebilir; iyileştirilebilir. (karş. **incurable**).

curfew ['kə:fju:] *i+sy* (bir ayaklanma, veya ihtilâl sırasında uygulanan) sokağa çıkma yasağı; bu sürenin başlangıcını duyuran bir işaret. *There was a curfew in force from eight o'clock last night.*

curio ['kjuəriou] *i+sy* eski, az bulunur, veya güzel oluşundan dolayı değerli sayılan bir eşya. çoğ. biç. **curios**.

curious ['kjuəriəs] *s* **1** meraklı; (özl. başkalarını ilgilendiren konuları) bilmeye ve öğrenmeye istekli. *Children are very curious, eager to find out anything that they think is being concealed from them by their parents.* **2** garip, tuhaf, acayip. *I heard a curious noise last night.* **curiosity** [kjuəri'ɔsiti] **1** *i-sy* merak; (bir şeyi) bilmek ve öğrenmek arzusu. **2** nadir bir şey. *This old armchair is quite a curiosity.* **curiosity killed the cat** insanın başına ne gelirse meraktan gelir; fazla meraklı olmak iyi değildir. *I wouldn't ask him any more questions if I were you; remember curiosity killed the cat.*

curl [kə:l] *i+sy* büklüm, saç lülesi; bukle. Ayrıca *f+n/-n* bukleli yapmak; büklüm büklüm o'mak. *Her hair*

curlew

170

custom

curls naturally. She curled her hair.
curly *s* kıvırcık, kıvrımlı. **curler** *i+sy*
(genl. *çoğ. biç.*) bigudi; saçları bukleli
yapmak için kulanılan bir şey.

curlew ['kə:lju:] *i+sy* çulluk; Avrupa,
Asya ve Kuzey Afrika'da yaşayan,
tüyleri kahverengi ve külrengi, göçebe
ve eti için avlanan, uzun gagalı bir
kuş.

currant ['kʌrnt] *i+sy* 1 (kuru) kuş-
üzümü. 2 ufak meyvalara verilen isim
(örn. *red currant, black currant*).

currency ['kʌrnsi] 1 *i+sy* bir ülkede
kulanılmakta olan para. *Most
countries have a decimal currency*
(= Çoğu ülkelerde ondalık para birimi
vardır). 2 *i-sy* geçerlik; yaygınlık;
yürürlük. *Many English words are in
common currency throughout the
world.* **current**'a bkz.

current¹ ['kʌrnt] *s* geçer, geçerli,
revaçta olan; şimdiki, bugünkü, hali
hazırdaki. *the current issue of a
magazine; current events.* **currently** *z*
halen, şu anda, bu günlerde, sürekli
olarak. **current account** (faizsiz) cari
hesap. **current affairs** güncel siyasi ya
da toplumsal olaylar.

current² ['kʌrnt] *i+sy* 1 akım, akıntı,
cereyan. 2 elektrik akımı; belli bir
noktadan geçen elektriksel akıntı.

curriculum [kə'rikjuləm] *i+sy* bir
okul, veya üniversitedeki müfredat ya
da ders programı. *çoğ. biç.* **curricula**
[kə'rikjulə], veya **curriculums**.
curriculum vitae yaşam özeti, hal
tercümesi (örn. bir insanın öğreni-
mini, çalıştığı işleri, vb. içeren kısa bir
yazı). (*eş anl.* **summary, history**).
Ayrıca **CV**'ye bkz.

curry ['kʌri] *i+sy/-sy* çok acılı bir et,
sebze yemeği (genl. pilav, veya pide ile
yenir).

curse [kə:s] *f+n/-n* 1 beddua etmek,
lanet okumak. *The old man cursed
his enemies.* 2 sövmek, küfretmek;
sövüp saymak. (*eş anl.* **swear**). Ayrıca
i+sy 1 beddua, lanet. *The old man
pronounced a curse on his enemies.*
2 belâ, musibet, felâket sebebi.

cursory ['kə:səri] *s* üstünkörü, gelişi-
güzel. *He took a cursory look at the
title.*

curt [kə:t] *s* (bir kimsenin söyledikleri
hk.) ters, kısa, sert, kaba. *He gave a
very curt reply. I can understand
being a little abrupt if one is really*

*busy, but he's always curt even when
he's just wasting his time.*

curtail [kə:'teil] *f+n* azaltmak,
kısmak, sınırlandırmak. *I have had to
curtail my spending.* (*eş anl.* **cut
back**).

curtain ['kə:tn] *i+sy* 1 perde; pencere
perdesi. 2 tiyatro perdesi. 3 perde,
siper, pano; perdeye benzer herhangi
bir şey: *a curtain of smoke; a curtain
of lies.* **safety curtain** bir tiyatroda,
sahnede başlayabilecek bir yangının
başka kısımlara sıçramasını önleyen
asbest, veya yangına dayanıklı bir
maddeden yapılan yangın emniyet
perdesi.

curtsey, curtsy ['kə:tsi] *i+sy* reverans;
diz kırmalı selam. Ayrıca *f-n* reverans
yapmak. *We curtseyed to the king.*

curve [kə:v] *i+sy,* eğri, kavis. Ayrıca
f+n/-n eğilmek, bükülmek, kıvrıl-
mak; eğmek, bükmek. *The road
curved. He curved the piece of wood.*

cushion ['kuʃən] *i+sy* 1 yastık. 2
yastığımsı herhangi bir şey. Ayrıca
f+n' (bir şeyin) vuruş gücünü
azaltmak, sadmesini hafifletmek;
yastık, veya minder koymak. *His hat
helped to cushion the blow.*

custard ['kʌstəd] *i+sy/-sy* süt ve
yumurta ile yapılan, tatlı, rengi sarı
bir tür muhallebi, krema.

custody ['kʌstədi] *i-sy* gözetim, bakım;
vesayet, himaye; gözaltı, nezaret,
tutuklama. *The police have the thief
in custody. The father asked for the
custody of his children when his wife
left him.* **be in custody** nezarette, veya
gözaltında olmak.

custom ['kʌstəm] 1 *i-sy* gelenek, göre-
nek, âdet. *Custom has a strong in-
fluence on people's behaviour.* 2 *i+sy*
alışkanlık; bir kimsenin âdet halinde
yaptığı şey. *It is not the custom in
Britain to shake hands every time one
meets a person.* 3 *i-sy* alışveriş;
(alışveriş bakımından) iş. *The butcher
lost a lot of custom by charging high
prices.* **customary** *s* alışılmış, mutat;
adet olan. *He has a habit of twitching
his left eye, but it is customary among
well-bred people not to seem to notice
such things.* (*eş anl.* **usual, habitual**).
customs *içoğ* 1 gümrük. 2 geneide
ithalat üzerinden alınan dolaylı
vergiler. **Custom(s) House** gümrük;
gümrük daireleri. **Board of Custom**

and Excise Gümrük ve Tekel İdaresi. (*karş.* **Board of Inland Revenue**). **customer** *i+sy* müşteri, alıcı. **custom-build/-made** ısmarlama; sipariş üzerine yapılan. **customs tariff** gümrük tarifesi.

cut¹ [kʌt] **1** *f+n/-n* kesmek. *He cut his finger with a knife. This knife doesn't cut very well.* **2** *f-n* kesilebilmek, dilimlenebilmek. *This piece of meat cuts very well.* **3** *f+n* kesip açmak; keskin bir alet kullanarak (belli bir işi) yapmak. *He cut a hole in the cloth.* **4** *f+n* kesip kısaltmak: *cut someone's hair.* **5** *f+n* azaltmak, kısaltmak. *A producer of a play sometimes cuts an actor's speeches. We must cut the cost of education.* **6** *f+n* dersi, okulu, vb. asmak, kırmak. (*k. dil.*). **7** *f+n/-n* (iskambil kağıdı destesini dağıtmadan önce) kesmek. **8** *f+n* (özl. geometride) kesmek. *The line AB cuts the line DC at the point E.* *şim. zam. ort.* **cutting.** *geç. zam. ve ort.* **cut. cut across something** kestirmeden gitmek. *We can get home quicker if we cut across the field, instead of keeping to the road. The car cut across my path.* **cut something back 1** azaltmak, kısmak. *We must cut back our expenses.* **2** bir bitkiyi köküne yakın yerden kesmek. *The gardener cut back all the bushes.* **cut something down** kesmek; yıkıp devirmek. *He cut down all the old trees.* **cut down (on) something** kısmak, azaltmak. *We must cut down on our expenses. I have decided to cut down my smoking.* **cut in 1** (özl. bir arabayı kullanırken) birden sollayıp önüne geçmek. *Good drivers do not cut in.* **2** sözünü kesmek, söze karışmak. **cut something off 1** keserek ayırmak. *He cut off some flowers from the bush.* **2** bağlantıyı kesmek. *The government cut off the supply of oil to the enemy.* **3** engellemek, yolunu kesmek, veya kuşatmak, ablukaya almak. *Our troops cut off the enemy /the enemy's retreat.* **cut something open** keserek, yararak açmak. *He cut open the door of the safe. The sharp stone cut his head open.* **cut out** (bir makine, vb. hk.) aniden durmak. *The radio cut out.* **cut something out 1** (özl. içinden) kesip çıkarmak. *The surgeon cut out all the diseased tissue.*

2 biçmek; keserek yapmak. *She cut out a new dress.* **3** kesmek, bırakmak. *Cut it out!* (*k. dil.*). **cut something short** (genl. bir konuşma hk.) (birisini) susturmak, kısa kestirmek; kısa kesmek. *He began to explain his ideas to me, but I cut him short.* **cut something up** doğramak; ufak parçalara ayırmak. *He always cuts up his food before he eats it. The recipe says to cut up the cabbage first.* **cut the corner** ve **cut corners** için **corner**'a bkz.

cut² [kʌt] *i+sy* **1** kesik; yara. *He made a cut on his finger with a knife.* **2** kesinti. *The government is trying to make cuts in its spending this year.* **3** kılıç, bıçak, kamçı, kriket, vb. oyunlarda darbe; hızlı keskin vuruş. **4** kesilme biçimi, kesim. *Your new suit has a very good cut.* **5** çalınan, veya kazanılan para ya da maldan kişinin hissesine düşen, pay. (*k. dil.*). **cutting** *i+sy* **1** dergilerden, gazetelerden, vb, kesilmiş olan bir makale, bir ilân, veya bir fotoğraf. **2** bir bitkide aşı için kesilen parça; çelik. **3** karayolu, demiryolu, vb. geçebilsin diye dağlık, veya tepelik bir arazide açılan bir geçit, tünel, yarma. Ayrıca *s* **1** acı, keskin; donduruçu, içe işleyen. **2** (sözcükler hk.) incitici, sert, acı, keskin: *a cutting remark.* **cut-price** *s* düşük fiyattan satılan, ucuz; fiyatı indirimli, tenzilâtlı. **cut-price shop** *i+sy* ucuzcu mağaza. **cut-throat competition** kıyasıya rekabet; genl. piyasada az sayıda satıcının bulunduğu ve arzın talebi aşması durumunda ortaya çıkan rekabet. (*eş anl.* **ruthless**). **short cut** kestirme (yol): *He took a short cut across the fields.* **cut-and-dried** hazır, önceden hazırlanmış, önceden kararlaştırılmış, değişmesi olası olmayan.

cute [kju:t] *s* **1** akıllı, zeki. **2** (kadın ve çocuklar hk.) hoş, şirin, sevimli, cana yakın, tatlı. (her iki anlamda *k. dil.*).

cuticle ['kju:tikl] *i+sy* üst deri (özl. parmak tırnaklarının etrafındaki deri).

cutlery ['kʌtləri] *i-sy* çatal bıçak takımı. (*eş anl.* **knives and forks**).

cutlet ['kʌtlit] *i+sy* pirzola, külbastı, kotiet. *For supper there were lamb cutlets and fresh peas.*

CV [si:'vi:] (= *curriculum vitae*)'ye bkz.

cyanide ['saiənaid] *i-sy* siyanür; çok güçlü bir zehir.

cycle ['saikl] *i+sy* 1 bisiklet. (*eş anl.* **bike**). 2 dönem, devre; düzenli olarak yinelenen bir dizi olay: *the cycle of the year* (=yılın mevsimleri). Ayrıca *f-n* bisiklete binmek. **cyclist** *i+sy* bisiklete binen kimse, bisiketçi. **cycling** *i-sy* bisiklete binme, bisiklet sporu.

cyclone ['saikloun] *i+sy* kasırga, hortum, siklon; atmosferde bir alçak basınç alanı çevresinde hızla dönen rüzgârların oluşturduğu şiddetli fırtına.

cygnet ['signit] *i-sy* kuğu yavrusu.

cylindir ['silində*] *i+sy* 1 silindir, alt ve üst tabanları birbirine eşit dairelerden oluşan bir nesnenin eksenini dikey olarak kesen, birbirine parelel iki yüzeyin sınırladığı cisim. 2 silindir; motorlu taşıtların motorunda pistona güçlü bir itiş sağlamak için gaz karışımının yandığı, veya patladığı yer. **cylindrical** [si'lindrikl] *s* silindir gibi.

cymbal ['simbl] *i+sy* büyük zil, bir tür müzik çalgısı.

cynic ['sinik] *i+sy* alaycı, olumsuzcu;

cymbal

insanların çıkarları yüzünden hep bencil davrandıkları düşüncesind? olan kimse. **cynical** *s* alaycı. **cynicism** ['sinisizəm] *i-sy* kinizm; olumsuz bir kimsenin zihin, veya duygu durumu.

cypher ['saifa*] *i+sy* **cipher**'a bkz.

cyst [sist] *i+sy* kist; içi yağ gibi sıvı, veya yarı sıvı bir madde ile dolu patolojik torba.

cystitis [sis'taitis] *i+sy* sistit; genellikle bakterilerin neden olduğu sidik torbası iltihabı.

czar [za:*] *i+sy* çar.

czarina [za:'ri:nə] *i+sy* çariçe.

D

d' [ɔd, -d] **1** (= would). *I'd like a sandwich, please.* **2** (= do). *D'you like it in London?*

dab [dæb] *f+n/-n* hafifçe dokunmak. *She dabbed the wound with a piece of cloth.* Ayrıca *i+sy* hafifçe bir dokunuş. *This wall needs a dab of paint. geç. zam. ve ort.* **dabbed. dab hand at something** bir şeyde usta, mahir. *My mother is a dab hand at making soup with the remains of the previous day's meals.*

dabble ['dæbl] *f+n/-n* (**at, in** ile) ellerini veya ayaklarını suya sokup çıkarmak. *He dabbled his fingers in the stream.* **dabble in something** konu ile amatörce uğraşmak. *He used to dabble in politics.*

dad [dæd], **daddy** ['dædi] *i+sy* father'ın *k. dil.* söylenişi. *When is Mummy coming home Dad?* **daddy-long-legs** tipula sineği; uzun bacaklı uçan bir böcek. (*eş anl.* **cranefly**).

daffodil ['dæfədil] *i+sy* altıntop; zerrin, fulya.

daffodil

daft [da:ft] *s* aptal, sersem, budala. (*k. dil.* '*I want to be an astronaut.*'— '*Don't be daft!*' (*k. dil.*). (*eş anl.* **silly**).

dagger ['dægə*] *i+sy* kama, hançer. **be at daggers drawn** birbirinin kanına susamak, birbirinin can düşmanı olmak.

daily ['deili] *s/z* day'e bkz.

dainty ['deinti] *s* çıtı pıtı, güzel ve zarif: *a very dainty little girl. We saw a collection of dainty china dolls.*

dairy ['dɛəri] *i+sy* süt ve süt ürünlerinin (peynir, tereyağı, vb.) satıldığı yer (bir dükkân, veya bir kuruluş). **dairy products** süt ürünleri. **dairy industry** süt endüstrisi.

dais ['deiis] *i+sy* kürsü; bir toplantı salonunda, konuşmacılar ya da diğer önemli kişiler için ayrılmış olan yüksekçe bir kısım.

daisy ['deizi] *i+sy* papatya. *Girls were picking daisies in the grass.* **push up (the) daisies** öbür dünyayı boylamış olmak, mortayı çekmiş olmak. *I don't know what happened to the man who betrayed the criminals; he's pushing up daisies, I should imagine.*

dam [dæm] *i+sy* baraj, bent. *The farmers use water from the dam to irrigation their crops.* Ayrıca *f+n* (genl. **up** ile) baraj vasıtası ile engellemek, tutmak. *They dammed the river. geç. zam. ve ort.* **dammed.**

damage ['dæmidʒ] *f+n* zarar vermek, hasar yapmak. *He damaged my car with a stone.* Ayrıca *i-sy* zarar, ziyan, hasar. *He did a lot of damage to my car. I am not liable for any damage.* **damages** *içoğ* tazminat; bir zararı karşılamak üzere ödenen para. **the damage is done** olan oldu; iş işten geçti (artık). **What's the damage?** Borcumuz ne?; Hesabımız kaç lira tuttu? (*k. dil.*).

dame [deim] *i+sy* **1** (*AmI*'de) kadın, hanım. **2** (*BrI*'de) kadınlara verilen bir soyluluk ünvanı. NOT: *Dame* ünvanına sahip bir kadına '*Dame Jane Smith*' diye hitap edilir; '*Dame Smith*' denmez.

damn [dæmn] *f+n* kötü veya yanlış olduğunu belirtmek. *He damned all my suggestions.* Ayrıca ünlem (kuvvetli bir öfke, veya düşkırıklığı belirtisi) Allah kahretsin! *Damn you! Damn this work!* **damned** *s* (bir söze güç katmak için kullanılır) Allahın belâsı, anasını sattığım, vb.: *that damned pen.* **I'll be damned/I'm damned** Vay anasını, Allah Allah.

Ayrıca z/s çok: *a damned good book.*
(k. dil.). **is not worth a damn** on para
etmez; bir boka değmez. **as near as
damn it** aşağı yukarı; ...kadar. **not
care/give a damn** hiç umurunda
olmamak; zerre kadar önem verme-
mek.

damp¹ [dæmp] *s* biraz nemli, biraz
rutubetli. *The ground is still damp
after the rain. The damp climate does
not suit her. We took the damp
clothes off the line before the rain
started.* Ayrıca *i-sy* nem, rutubet.
There's still damp in these clothes.

damp² [dæmp] *f+n* **1** nemlendirmek;
ıslatmak. *He damped his cloth before
cleaning the windows.* **2** neşesini,
cesaretini kırmak; keyfini kaçırmak.
*My failure last time has not damped
my interest.* **dampen** *f+n* **1** nemlen-
dirmek; ıslatmak. *I dampened my
handkerchief with water and rubbed
the dirty mark from my cheek.* **2**
neşesini, cesaretini kırmak; keyfini
kaçırmak **damper** *i+sy* soba borusu
anahtarı; ateş tanzim kelebeği. **put a
damper on something** bir söz, veya
hareketle bir şeye karşı duyulan ilgiyi
azaltmak; gölge düşürüp zevkini,
tadını kaçırmak. *He put a damper on
our plans for a holiday, by telling us
how expensive it would be. (k. dil.).*

damson [ˈdæmzn] *i+sy* **1** mürdüm
eriği: mor renkte bir cins küçük erik.
2 mürdüm eriği ağacı.

dance [da:ns] *i+sy* **1** dans; müzik
eşliğinde yapılan hareketler. *I learnt
a new dance at the disco last night.*
2 danslı toplantı; danslı parti. *We are
going to the dance tomorrow night.*
Ayrıca *f+n/-n* dans etmek. *They were
dancing. He danced few steps. May
I dance with you Jane? John asked
me to dance with him.* **dancer** *i+sy*
dans eden kimse. **dancing** *i-sy* dans
etme. *My daughter loves Michael
Jackson's dancing.* **dance hall** dans
salonu.

dandelion [ˈdændilaiən] *i+sy* kara-
hindiba; uzun ve dişli yapraklı,
çiçekleri sarı ve tohumları havada
uçuşan bir kır çiçeği.

dandruff [ˈdændrʌf] *i+sy* (saçlarda)
kepek; baş derisinin utak, beyaz ölü
hücreleri. *I have dandruff.*

dandy [ˈdændi] *i+sy* iki dirhem bir
çekirdek kimse; giyimine pek düşkün

kimse.

danger [ˈdeindʒə*] **1** *i-sy* tehlike; ya-
ralanma, ölüm, veya hasar meydana
getirebilecek büyük olasılık. *The
young child did not realize the danger
of playing on the road.* **2** *i+sy* tehlike;
tehlike durumu, veya kaynağı. *Chil-
dren who play on the road are a
danger to motorists.* **dangerous** [ˈdein-
dʒrəs] *s* tehlikeli. *He is a dangerous
criminal. It's dangerous to throw
stones.* **dangerously** *z* tehlikeli bir
biçimde. *She is dangerously ill. John
drives dangerously.* **in danger**
tehlikede. *Children who play on the
roads are in danger.* **on the danger list**
(özl. hastanede yatan bir hasta hk.)
(durumu) kritik (safhada). **out of
danger** (hastalar hk.) tehlikeyi atlat-
mış, tehlikeden uzak. *Jane has been
very ill, but she is now out of danger.*
danger money tehlikeli bir iş yapana
verilen fazladan para. *They have
stopped work and asked for danger
money.*

dangle [ˈdæŋgl] *f+n/-n* sallandırmak,
sarkıtmak; sarkmak. *He dangled his
arm over the back of the chair.*

dank [dæŋk] *s* rahatsız edecek bir
şekilde nemli ve soğuk: *a dank cellar.
The back of the cave was dank from
lack of sun and fresh air.*

dare [dɛə*] **1** *yarf* (özl. *olumsuz* ve *soru
cümleleri* ile *if*'den sonra kullanılır)
yeterince cesur, veya cüretli olmak *I
dare not tell my father what has
happened* (=Babama bunu söyleme-
ye cesaret edemiyorum). *How dare
you speak to me like that?* (=Benimle
böyle konuşmaya nasıl cesaret edebi-
liyorsun?) *He daren't go any higher*
(=Artık daha yükseğe çıkmaya cesa-
reti yok). *If you dare speak to me like
that again, you will be sorry* (=Eğer
benimle yine öyle konuşmaya kalkar-
san pişman olursun). **2** *f-n* yeterince
cesur, veya cüretli olmak. *To our sur-
prise, he dared to repeat his state-
ments* (=Sözlerini tekrara kalkışması
bizi hayretler içinde bıraktı). *He dares
to behave like that in my house!*
(=Evimde öyle davranmaya cüret
ediyor!) *The children don't dare (to)
make a sound while their parents are
sleeping* (=Anne babaları uyurken,
çocuklar gürültü yapmaya cesaret
edemezler).

NOT: 1. ve 2. maddelerde sadece cümle kuruluşları farklıdır; anlamları her ikisinde de aynıdır. 1. maddede *dare* yardımcı fiili *to* almadan kullanılır ve 3. tekil kişilerde (he/she/it) fiilin sonuna *s* eklenmez. 2. maddede *dare* normal bir fiildir ve *to* alır (örn. *dared to repeat*), ama İngilizler son örnekteki *to*'yu kullanmadan da cümleyi söylerler.
3 *f + n* meydan okumak, alnını karışlamak, yeterince yürekli olmadığını söylemek. *I dared him to climb the wall* (= Duvarı tırmanmak için meydan okudum). **daring** *i-sy* cesur, gözü pek, atılgan, korkusuz. *That boy has a lot of daring* (= Bu çocuk çok cesur). **daredevil** *i + sy* gözünü daldan budaktan sakınmayan insan; gözüpek birisi; cesur ama yeterince dikkatli olmayan (kimse). Ayrıca *s* gözünü daldan budaktan sakınmayan; atak: *a daredevil action.* **I dare say/daresay** sanırım, belki, galiba; kuşkusuz, elbette; diyebilirim ki. *I dare say (that) it will rain tomorrow.*
dark [da:k] *s* **1** karanlık; kısmen, veya tümü ile ışıksız. *The night is very dark. I'm afraid of the dark.* **2** koyu; siyaha çalan. *He has dark eyes.* **3** (renklerle ilgili olarak) koyu renk: *dark red* (= koyu kırmızı), *dark blue* (= koyu mavi). Ayrıca *itek* karanlık. *Some animals can see in the dark.* **darkness** *i-sy* karanlık. *We couldn't see very well because of the darkness.* **darken** *f + n/-n* kararmak, veya kararmak, veya karartmak. *Buildings often darken as they get older.* **dark horse** hakkında pek fazla bir şey bilinmediği halde başarılı olup insanı şaşırtan birisi. (*k. dil.*). **after/before dark** karanlık bastıktan sonra/basmadan önce; hava karardıktan sonra/kararmadan önce. *There were not many people on the streets after dark.* **darken one's doors** bir kimsenin evine adım atmak, girmek. *Since the day she took offence at something I said to her, she has never darkened my doors.* **in the dark** habersiz, bilgisi yok. *I don't know what John intends to do; I'm in the dark about his plans.*
darling ['da:liŋ] *i + sy* sevgili, sevgilim. *Hurry up, darling, or well be late.* Ayrıca *s* sevgili: *my darling daughter* (= sevgili/hayatım/tatlı/bir tane

kızım).
darn [da:n] *f + n/-n* bir kumaştaki, bir giysideki, bir çoraptaki yırtığı, deliği (iğne ile) örerek onarmak. *I darned the hole in my sock.* Ayrıca *i + sy* kumaştaki örülmüş yer. **darn it** hay Allah!
dart [da:t] *i + sy* **1** okçuluk oyununda (= **darts**) nişan tahtasına (= **dartboard**) fırlatılan ufak, sivri uçlu küçük ok. **2** (belli bir yöne doğru) ok gibi fırlama. *He made a dart towards the door.* **darts** *i-sy* okçuluk oyunu. *We played darts.* Ayrıca *f + n/-n* (belli bir yöne doğru) ok gibi fırlamak. *He darted towards the door.*

dart

dash¹ *i + sy* **1** (özl. koşarak yapılan) fırlama, seyirtme. *They made a dash towards the house.* **2** *i + sy* (genl. pişirme hk.) bir tutam, azıcık; bir fırt. *You should add a dash of vinegar.* **3** tire ya da kısa çizgi (-) işareti. **4** *i-sy* cesaret ve atılganlık. *Our troop attacked the enemy with a great deal of dash.*
dash² [dæʃ] **1** *f-n* hızla koşmak, fırlamak. *He dashed towards the house.* **2** *f + n* kırıp paramparça etmek için fırlatmak, atmak. *He dashed the cup on the ground.* **3** *f + n* (bir sıvıyı) fırlatmak. *He dashed a glass of beer in my face.* **4** *f + n* (genl. *ed. çat.*) düş kırıklığına uğratmak; (umutlarını, vb.) kırmak. *Our hopes were dashed by the news.* **I have to/must dash** acelem var, gitmem lazım. **dash!** Allah kahretsin! **dashing** *s* çalımlı, çakalı, fiyakalı; çalım satan, hava atan. *He looked very dashing in his new suit.* **dashboard** arabalarda kontrol paneli; üzerinde çeşitli gösterge ve düğmelerin bulunduğu tablo. (*eş anl. fascia*).
data ['deitə] *itek* veya *çoğ* bilgiler; veriler topluluğu.
NOT: *data* sözcüğü genl. sayılmayan bir isim olarak kullanılır ve *datum*'un

çoğul biçimidir. *Data* resmî İngilizcede, bilim ve teknik alanında çoğul biçimi ile kullanılır.

data bank/database isteyenin kullanması için bilgisayara yüklenmiş bilgiler; veri bankası.

date¹ [deit] *i+sy* **1** tarih; gün, ay ve yıl olarak belirtilen bir zaman dilimi. *The date of the Norman Conquest of England is 1066. What is the date today?* (= Bugün ayın kaçı?). **2** buluşma, randevu (özl. genç bir erkekle genç bir hanım arasındaki buluşma). *Sue and Martin have a date to go to the movies.* (*k. dil.*). **at a later date/at some future date** ilerdeki bir tarihte. **out of date** modası geçmiş; artık kullanılmayan; eski, köhne. *His clothes are rather out of date. These are very out-of-date ideas.* **up to date** çağdaş, modern, yeni; zamana uygun. *His ideas are up to date.*

date² [deit] *f+n* **1** üzerine tarih yazmak; tarihini belirtmek. *He dated his letter 6 August 1967. He forgot to date the cheque.* NOT: *1* ay ve günü gösteren bir tarih yazılırken '*March 3*', '*March 3rd*', '*3 March*', veya '*3rd March*' diye yazılır ve söylenirken de '*March the third*', veya '*the third of March*' diye söylenir. Amerikan İngilizcesinde '*March 3*' bazen '*March three*' olarak da söylenebilmektedir. *2* günün tarihi sorulurken '*What date is it?*' diye sorulabilir ve buna verilen cevaplar da şu örneklerden biri olabilir: '*It's the 5th today*', '*Friday June the fifth*', '*Friday the fifth of June.*' *3* 5/2/89 gibi yazılmış bir tarih genellikle *BrI*'de *February 5th 1989* olmasına karşın *AmI*'de *May 2nd 1989*'dır.

2 tarihini kestirmek; tarihini tahmin etmek. *The professor of Ancient History was asked to date the ruins which had been discovered.* **3** birisi ile çıkmak; başkası veya birileri ile buluşmak. *John used to date Joan last year.* (*k. dil.*). **dated** *s* **1** tarihli. **2** modası geçmiş; artık kullanılmayan; eski, köhne, demode. *His clothes are dated.* **date back/from** ...-den kalmak; ...zamanında yapılmak. *This town dates back to Roman times. This town dates from the 13th century.* **date of birth, dates of birth** doğum tarihi. **dateless 1** tarihsiz, üzerine bir

tarih yazılmamış. **2** çok eski, hatırlanmayacak kadar eski.

date³ [deit] *i+sy* hurma; (Kuzey Afrika'da adına **date palms** denilen bir ağaçta yetişen) bir meyve.

dative ['deitiv] *s* (dilb.) ismin -e hali. Ayrıca **çase**'e bkz.

daub [dɔ:b] *f+n/-n* (boya, çamur, vb. bir şey) sürmek, bulaştırmak. *He daubed jam all over his face. The people daub the walls of their huts with mud.*

daughter ['dɔ:tə*] *i+sy* kız evlât, kız çocuk. **daughter-in-law** *i+sy* gelin; bir insanın oğlunun karısı. *çoğ. biç.* **daughters-in law.**

daunt [dɔ:nt] *f+n* korkutmak, yıldırmak; gözünü korkutmak. *The difficulties of the journey did not daunt us at all.* (*eş anl.* **scare**). **dauntless** *s* korkusuz, cesur. (*eş anl.* **fearless**). **undaunted** *s* korkmamış, gözü yılmamış.

dawdle ['dɔ:dl] *f-n* oyalanmak, sallanmak; işi ağırdan almak; aylaklık etmek. *Stop dawdling and do something useful. You'll never get there if you dawdle so much!*

dawn ['dɔ:n] *i+sy* tan, şafak vakti; şafak sökmesi; tan ağarması. *They left at dawn. By the time the dawn came, the weather had calmed.* (*karş.* **dusk**). (*eş anl.* **daybreak**). Ayrıca *f-n* şafak sökmek. *The day was dawning.* (*eş anl.* **break**). **from dawn to dusk** sabahtan akşama kadar; bütün gün (boyunca).

day [dei] *i+sy* **1** gün; 24 saatlik bir süre. *There are seven days in a week. During those days, I went to see my mother. I wasn't there on the first day.* **2** gündüz; bir günün ışıklı süresi. *In winter the day is shorter than the night in the northern hemisphere.* **3**

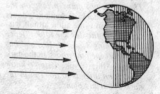

day and night

(*çoğ. biç.*) (bir kimse, bir şey) zamanında: *the days of the Romans.* **daily** *s/z* günlük, gündelik: *daily newspapers. We cross this bridge daily.* Ayrıca *i+sy* 1 günlük gazete. 2 gündelikçi (hizmetçi). **daybreak/ break of day** gün ağarması, şafak. *He goes to work at daybreak.* (*eş anl.* **dawn**). **daydream** *i+sy* düş, hayal, hülya; gözü açık rüya. *I often daydream about being a film star.* Ayrıca *f-n* düş kurmak; hayal etmek. **daylight** gün ışığı, gündüz; şafak. **daylight robbery** soygunculuk; müthiş pahalı. *I'm not going to the show: at the prices they are charging it's daylight robbery.* **daylight-saving time** yaz saati; gün ışığından daha fazla yararlanmak için saatlerin bir saat ileri alınması. Ayrıca **summer time'**a bkz. **dayspring** tan, şafak sökmesi. **daytime** gündüz. **daystar** sabah yıldızı. **day after day** her gün, sürekli olarak, durmaksızın (yapılan bir işteki bıkkınlık, veya yoruculuk ima edilir). *I have to do this work day after day.* **day by day** hergün, günden güne. **one fine day** bir gün, günün birinde. *I hadn't seen him fourteen years then one fine day he just turned up.* **to this day** bugüne kadar, bugün bile. **in broad daylight** güpegündüz, gündüz gözüyle. *Two gunmen robbed the bank in broad daylight.* **scare the living daylights out of someone** korkudan ödü kopmak. *The howling sound she heard outside just about scared the living daylights out of her.* **day off** günlük izin. **day pupil** yatısız öğrenci. **day return** (*BrI'*de) normal gidiş-dönüş biletinden daha ucuz olan ve sadece alındığı gün için geçerli olan gidiş-dönüş otobüs, veya tren bileti. **day school** yatısız okul. **day-to-day** günlük, her günkü. (*eş anl.* **daily**). **call it a day** o günkü çalışmaya son vermek, paydos etmek. **day in day out** her gün hep. *I have to spend about three hours travelling in the train, day in, day out.* **the good old days** hey gidi günler hey. **makes one's day** çok mutlu etmek, memnun etmek. *Her smile made my day.* **some day/ one of these days** bir gün, günün birinde/bugünlerde. *John hopes to get married some day.* **those were the days** neydi o günler, hey gidi günler hey. **(the) day after tomorrow** öbür gün. *I'll call you again the day after tomorrow.* **(the) day before**

yesterday evvelki gün. *I bought a new jacket the day before yesterday.* **one day** (geçmişte veya gelecekte) bir gün. *One day, Jane met a young man called Selim.* **the other day** (daha) geçenlerde; yakın bir geçmişte. **two/ three/four** etc. **day's grace** borçluya borcunu ödemesi için fazladan tanınan iki/üç/dört, vb. gün. **the next day/the following day/the day after** ertesi gün. *John had to leave the next/following day/the day after.* **daze** [deiz] *f+n* (özl. bir darbe sonunda) sersemletmek, afallatmak. *He was dazed by a blow on the head.* **dazed** *s* şaşkın, afallamış. *He looked dazed and desperately tired in his new suit.* **dazzle** ['dæzl] *f+n* gözünü kamaştırmak. *He was dazzled when he looked at the sun.* **DDR** (=**Deutsche Demokratische Republik**)—(Batı) Almanya Demokratik Cumhuriyeti. **D-day** *i-sy* (=**D(ay)-day**)—(özl. askeri bir harekat için ya da) önemli bir girişime başlamak için seçilen gün. **DDT** [di:di:'ti:] *i-sy* (=**Dichloro Diphenyl Trichloroethane**)—zararlıları yok etme ilacı. **deaf** [def] *s* 1 (kısmen, veya tamamen) sağır. *She was deaf and could not hear the noise.* 2 (**to** ile) kulak asmayan. *She was deaf to my pleading. A miser is deaf to all requests for money.* **deafen** *f+n* (geçici bir süre için kulaklarını) sağır etmek. *The explosion deafened me.* **deafening** *s* kulakları sağır eden. *The pneumatic drils were deafening so the workmen had to wear earmuffs.* **deaf-and-dumb** *s* sağır ve dilsiz. **deaf-mute** *i+sy* sağır ve dilsiz birisi. **as deaf as a post** duvar gibi sağır. (*eş anl.* **stone deaf**). **deaf-aid** *i+sy* BrI'de işitme cihazı. (*eş anl.* **hearing aid**). **turn a deaf ear to** dinlemek istememek kulak asmamak. *Several of the customers were angry, but he simply turned a deaf ear to their complaints.* **dead** [ded] *s* 1 (insanlar, hayvanlar, bitkiler hk.) ölü, ölmüş. *The doctor arrived too late, for the old man was dead. These flowers are dead.* 2 içinde, veya üzerinde hayat olmayan; ölü. *Jupiter is a dead planet.* 3 aktif ya da faal olmayan. *The volcano is* *dead.* **4** (vücudun bir kısmı hk.) hissiz. *My left leg has gone dead.* **5** (diller hk.) ölü. *Latin is a dead language.* **6** (sigara, püro, vb. hk.) sönmüş, yanmayan: *the dead cigarette.* **7** (telefon, veya elektrikli bir aygıt hk.) çalışmıyor, ceryansız. *The battery is dead.* **8** (renkler hk.) soluk, solgun. **9** (fikirler, düşünceler hk.) modası geçmiş, günü geçmiş. *That idea is completely dead.* Ayrıca *z* tamamiyle; dosdoğru. *I'm dead tired* (=Ölü gibi yorgunum). *The house is dead ahead.* **deaden** *f+n* azaltmak, zayıflatmak, hafifletmek. *This pill will deaden the pain.* **the dead** *içoğ* ölüler. **dead beat** *yüks* bitkin bir halde. **dead end** *i+sy* **1** çıkmaz; çıkmaz sokak. (*eş anl.* **cul-de-sac**). **2** (bir iş ya da bir gidişat hk.) hayırsız, sonu başarısız görünen bir iş ya da durum. Ayrıca *s* başarı olasılığı olmayan: *a dead-end job.* **dead heat** *i+sy* (yarışta) başa baş varış. **dead-heat** *f+n* (yarışta) başabaş gelmek. *John and Richard dead-heated for first place.* **dead letter 1** resmen, halen yürürlükte olduğu halde geçerliliğini yitirmiş kanun. **2** sahibi bulunmayıp postanede kalan mektup. **deadline** *i+sy* son mühlet. **deadlock** *i-sy* çıkmaza girme. *After three hours of discussion the two governments reached deadlock.* **deadpan** *s* (yüz hk.) tamamen ifadesiz. **dead slow** *s* çok ağır, yavaş. **dead weight** *i+sy* gavur ölüsü gibi ağır, çok ağır bir şey. **dead to the world** ölü gibi uyuyor. **the dead of the night** gece yarısı el ayak çekildiği bir saat. **go dead** (telefon, telsiz, vb. hk.) birden (ses) kesilmek. *The wireless went dead.* **over my dead body** dünyada olmaz, buna ölsem izin vermem. *If he wants to come into my house again, it will be over my dead body!* **deal¹** [di:l] *f+n/-n* (özl. iskambil oyununda) oyunculara (kağıt) dağıtmak. *geç. zam.* ve *ort.* **dealt** [delt]. **deal in** ...ticareti yapmak, alıp satmak. *This small store deals only in decorated flower pots.* **deal something out** bir şeyi vermek, dağıtmak. *The teacher dealt out the books to the class.* **deal with someone/something 1** ile ilgili olmak, ilgilenmek *This office deals with licences for motorcars.* **2** (bir yer)den alışveriş etmek, yapmak.

Manufacturers do not usually deal direct with members of the public. Do you like to deal with business people who are not honest? **3** hareket etmek, muamele etmek, davranmak; hakkından gelmek, icabına bakmak. *I don't know how to deal with these bad children.*

deal² [di:l] *i+sy* anlaşma, pazarlık. **dealer** *i+sy* **1** (iskambil oyununda) kağıt dağıtıcı. **2** satıcı, tüccar. *Buy your car from a good dealer.* **a good/great deal** pek çok, miktarda. *I spent a good deal of money last year.*

dealt [delt] **deal¹** fiilinin geçmiş zamanı ve ortacı.

dear [diə*] *s* **1** değerli, kıymetli. *His children were very dear to him.* **2** bir mektuba başlarken kullanılır: *Dear Sir* (=Sayın Bay, / (Muhterem) Efendim); *Dear Mr Smith* (=Sayın Bay Smith); *Dear Bob* (=Sevgili Bob/Kardeşim Bob). **3** pahalı. *Sugar is very dear.* (*karş.* **cheap**). (*eş anl.* **expensive**). Ayrıca *ünlem* bir tanem; biricik (kızım, oğlum); canım, güzelim. *Hullo dear!* Ayrıca *z* pahalıya. *He sells his goods very dear.* Ayrıca *ünlem* Yaa! Eyvah! Vah vah! Aman yarabbi! Deme Allahını sıversen!. *Oh dear! Dear me!*

death [deθ] *i+sy* **1** ölüm, yaşamın sonu. *There have been 23 deaths from road accidents in the last week.* **2** bir şeyin sonu, veya yok oluşu, yıkılışı. *The fall of the Roman Empire did not mean the death of civilization in Europe.* **deathly** *s* ölü gibi, öldürücü; *Jane was deathly white and her feet were deathly cold.* **deathbed** ölüm döşeği; bir insanın öldüğü, veya üzerinde ölmekte olduğu yatak. **death certificate** *i+sy* defin ruhsatı. **death throes** *içoğ* (özl. ızdırap içinde) ölmek üzere olan bir kimsenin can çekişmeleri. **death toll** *i+sy* bir kazada, bir felaket sırasında, harpte ölen insan miktarı; ölü sayısı. **death trap** *i+sy* (bir araç, bina hk.) ölüm tuzağı. **death warrant** *i+sy* idam hükmü. **death wish** *itek* (bilerek, veya bilmeyerek) ölme, öldürülme arzusu. **be at death's door** çok hasta olmak, ölümün eşiğinde olmak. **fight to death** ölünceye kadar savaşmak, mücadele etmek. **be tired to death** ölü gibi yorgun olmak. *I was tired to death.* **sign one's (own)**

death warrant kendi mahvına neden olmak.

debate [di'beit] 1 *i+sy* (resmî) bir tartışma; karşıt düşünceleri karşılıklı savunma. *The Members of Parliament hold debates.* 2 münazara; bir konu üzerinde, belli kural ve yöntemlere uyularak yapılan tartışma. *The grammar school pupils are having a debate today.* Ayrıca *f+n* tartışmak; münazara etmek; müzakere etmek; görüşmek. *He debated with himself whether to go.* **debatable** *s* su götürür; tartışılabilir. *That's a debatable point; not everyone would agree with your opinion.* (*eş anl.* **open to debate**).

debauchery [di'bɔ:tʃəri] *i+sy/-sy* sefahat; ayyaşlık, ahlâksızlık: *a life of debauchery.*

debit ['debit] *i+sy* zimmet, borç; (hesap defterinde) harcanan, veya borçlu bulunulan paranın kaydı. (*karş.* **credit**). Ayrıca *f+n* hesabına kaydetmek, geçirmek. *The bank has debited the money against/to my account.*

debris, débris ['debri:] *i-sy* (özl. kaya, tuğla, vb.) kalıntı, moloz, enkaz; yıkıntı, döküntü (örn. bir bombanın patlaması sonucunda meydana gelir). *The rescuers had to clear away piles of debris to get to the victims of the earthquake.*

debt [det] *i+sy* borç; ödenmesi gerekli para, veya başka bir şey. *He lent me £5 last week and now he wants me to pay my debt.* **debtor** *i+sy* borçlu kimse. (*karş.* **creditor**). **in debt** borçlu. *I always try to avoid being in debt to anyone.* **out of debt** borçsuz. *I was out of debt for the first time in my life.* (*karş.* **in debt**). **run a debt** borca girmek. **be in one's debt** birine minnet borcu olmak.

debut, début ['deibju:] *i+sy* sahneye, veya toplum önüne ilk kez çıkış.

decade ['dekeid] *i+sy* on yıl; on yıllık süre.

decadent ['dekədnt] *s* bir zamanlar bulunduğu daha iyi, veya daha yüksek bir düzeyden, daha kötü ya da alçak bir düzeye düşmüş, çökmüş. **decadence** *i-sy* yıkılış, çöküş.

decant [di'kænt] *f+n* bir sıvıyı (özl. şarabı) bir kaptan öbürüne yavaş yavaş süzmek (böylece tortulu kısım ilk kapta kalıp öbürüne geçmez). **decanter** *i+sy* şarap sürahisi.

decapitate [di'kæpiteit] *f+n* boynunu vurmak, başını kesmek. (*eş anl.* **behead**).

decathlon [di'kæθlɔn] *i+sy* dekatlon; 100 m. yarış (= **100-metre dash**), 400 m. koşusu (= **400-metre dash**), uzun atlama (= **long jump**), gülle atma (= **16 pound shot-put**), yüksek atlama (= **high jump**), 110 m. engelli koşu (= **100 metre hurdles**), disk atma (= **discus throw**), sırıkla yüksek atlama (= **pole vault**), cirit atma (= **javelin throw**), ve 1500 metre koşusu (= **1500 metre run**) yapılan bir atletizm yarışması.

decay [di'kei] *f+n/-n* çürümek, bozulmak; çürütmek, bozmak. *The fruit decayed in the damp weather.* (*eş anl.* **decompose**). Ayrıca *i-sy* (özl. dişler hk.) çürük; çürük kısım(lar).

decease [di'si:s] *i+sy* (genl. *tek. biç.*) ölüm, vefat. (*resmi* ve *yasal*). **the deceased** merhum, rahmetli; müteveffa. *The deceased men's belongings were sent to his widow.* (*resmi* ve *yasal*).

deceit [di'si:t] *i+sy/-sy* dalaverecilik, yalancılık, hilekârlık, düzenbazlık. **deceitful** *s* hileci, yalancı. Ayrıca **deception**'a bkz. **deceive** [di'si:v] *f+n* kandırmak, aldatmak, hile yapmak, yutturmak. *The boy tried to deceive his father by saying that he did not know who broke the window.*

decelerate [di:'seləreit] *f+n/-n* yavaşlamak; yavaşlatmak, hızını kesmek. (*karş.* **accelerate**).

December [di'sembə*] *i* Aralık (ayı); yılın 12. ayı. *The current agreement ends on 10 December.* Ayrıca **date**'e bkz.

decent ['di:snt] *s* 1 uygun, münasip, nezih, nazik, terbiyeli. *He behaved in a decent manner. He seemed to be a decent, honest citizen.* (*karş.* **indecent**). 2 oldukça iyi; (şöyle) adam gibi. *That was a very decent meal.* 2 terbiyeli, efendi. *He's quite a decent headmaster.* (2. anlamı *k. dil.*). **decency** *i+sy/-sy* edep, terbiye.

deception [di'sepʃən] *i+sy/-sy* aldatma, kandırma, hile yapma, yutturma; hile, dalavere, numara. *This deception shall cost him dear.* **deceptive** [di'septiv] *s* için **deceit**'e bkz.

decibel ['desibel] *i+sy* desibel; sesin

şiddetini ölçmek için kullanılan birim; sesgücü birimi.

NOT: *decibel* genl. *dB* olarak yazılır, örn. *20dB* (= **twenty decibels**). Bir kimse ile karşılıklı olarak konuşulduğunda sesin şiddeti yaklaşık. *50dB*'dir. En yüksek ses (örn. bir uçağın gürültüsü) *120dB*'dir.

decide [di'said] **1** *f-n* karar vermek. *I have decided to help you. He decided to go. He decided he would go. He decided on going. (eş anl.* **make up one's mind**). **2** *f + n* karar verdirmek; seçim yapmaya zorlamak. *The news decided me.* **3** *f + n* açık seçik, kesin bir sonuca vardırmak; (sonucu) belirlemek. *John's information decided the argument.* Ayrıca **decision**'a bkz. **decided** *s* **1** kesin, açık seçik; besbelli. *There was a decided improvement in my car after he repaired it.* **2** kesin, kararlı; kendinden emin. *He was quite decided in his answer. He was a decided man.*

deciduous [di'sidjuəs] *s* (ağaçlarla ilgili olarak) yapraklarını döken. *The beech is a deciduous tree. (karş.* **evergreen**).

decimal ['desiml] *s* ondalık; temel olarak on sayısını alan. Ayrıca *i + sy* ondalık kesir; paydası 10 veya 10'un herhangi bir kuvveti olan kesir (örn. 0.7865).

decimate ['desimeit] *f + n* **1** en azından onda birini öldürmek. **2** çoğunlu öldürmek; büyük bir kısmını yok etmek. *The plague decimated thousands of people.*

decipher [di'saifə*] *f + n* **1** deşifre etmek; çözmek. *(eş anl.* **decode**). **2** zor ve anlaşılması güç bir şeyin anlamını bulmak, çözmek.

decision [di'siʒən] **1** *i + sy* karar, hüküm; karar verme (eylemi). *The committee discussed the matter for three hours, but could not come to a decision.* **2** *i-sy* çabuk ve kesin kararlar verip, bunları azimle uygulayabilme yeteneği; kararlılık. *He acted with decision as he heard the news.* Ayrıca **decide**'a bkz. **decisive** [di'saisiv] *s* **1** kesin, kati; tartışılmaz. *The allies won a decisive victory.* **2** kararlı, azimli. *He had a decisive character. (karş.* **indecisive**).

deck¹ [dek] *i + sy* **1** güverte; gemide ambar ve kamaraların üstü. *The ship*

deck

has three decks. We stayed on deck. **2** iskambil destesi. *There are 52 cards in the deck.* **deckchair** şezlong; üzerine uzanılabilecek biçimde ayarlanan, döşeme yerine bez gerilen ve gemilerde, plajlarda kullanılan bir tür taşınabilir koltuk. **deck hand** güverte tayfası; sıradan gemici.

deck² [dek] *f + n* (**in**, **with** ile) **deck something/someone out** sözünde— (bir kimse, veya şeyi) (güzel şeyler ile) bezemek, süslemek, donatmak. *The streets were decked out with flowers. Jane decked herself out in a blouse and hat.*

declaim [di'kleim] *f + n/-n* yüksek sesle, sözcüklerin üzerine basa basa söylemek, sözcüklerin etkisini arttıracak biçimde söylev verir gibi konuşmak. *The newspapers declaimed against the new taxes. He declaimed a poem to the class.* **declamation** [deklə'meifən] *i + sy/-sy* söz söyleme sanatı.

declare [di'kleə*] *f + n* **1** ilan etmek, açıklamak; kurallara, vb. uygun olarak resmen duyurmak, veya herkese açıklamak. *He declared the results of his experiments. He declared that he could not help us.* **2** bildirimde bulunmak; (gümrüğe tabi malları) bildirmek, beyan etmek. *I have nothing to declare* (= Gümrüğe tabi herhangi bir şeyim yok). **declaration** *i + sy/-sy* beyan; bildiri; beyanname. **declare against/for something** bir şeyin aleyhinde/lehinde olduğunu söylemek, bildirmek.

decline [di'klain] **1** *f + n/-n* kibarca reddetmek, kabul etmek. *I declined his offer of help.* **2** *f-n* zayıflamak, gücünü yitirmek; yolun sonuna gelmek. Ayrıca *i + sy* (genl. sadece *tek. biç.*) düşüş, iniş, bozulma; (bir kimsenin, veya bir şeyin sonu yaklaştıkça) kötüleşme, alçalma dönemi. *There has been a decline in English cricket over the last ten years.* (=Krikette İngiltere'nin on yıl önceki gücü yok).

decode ['di:'koud] *f+n* şifreli bir yazıyı okumak; şifreyi çözmek. *(eş anl.* **decipher).**

decompose ['di:kəm'pouz] *f+n/-n* ayrışmak; çürümek; çürütmek. *(eş anl.* **decay).** **decomposition** [di:kɔmpə-'zifən] *i-sy* çürüklük, bozukluk, ayrışma.

decontaminate [di:kən'tæmineit] *f+n* (bir şeyi, veya bir yeri) zehir, gaz, radyoaktif veya diğer zararlı maddelerden temizlemek.

decor, décor ['deikɔ:*] *i+sy* (genl. sadece *tek. biç.*) (örn. bir evin) dekoru; tiyatro sahnesinin gösterişli bir biçimde düzenlemesi.

decorate ['dekəreit] *f+n/-n* **1** süsleyip püslemek; özl. bir şeyi kutlamak için süslemek. *She decorated her room with flowers in preparation for the party.* **2** bir binanın iç duvarlarını, veya dış cephesini boyamak ya da duvar kağıdı ile kaplamak. *I want to decorate my house this year.* **3** nişan veya madalya vermek. *He was decorated in the war* (=Savaşta bir madalya kazandı). **decorative** ['dekərətiv] *s* süslemede kullanılan, süslemeye yarayan, süsleyici. **decoration** [dekə-'reifən] **1** *i-sy* süsleme (işi); süsleme sanatı; dekorasyon. **2** süs, tezyinat; süsleyici bir şey. **3** *i+sy* nişan, madalya. **decorator** *i+sy* süsleyici, dekoratör; işi bir binanın iç duvarlarını, vb. yerleri boyayan, veya duvar kağıdı ile kaplayan kimse.

decorous ['dekərəs] *s* terbiyeli, edepli, ağırbaşlı; göreneklere uygun bir ciddiyet içinde. *(karş.* **indecorous). decorum** [di'kɔ:rəm] *i-sy* terbiye, edep; görgülü bir davranış.

decoy ['di:kɔi] *f+n* **1** çağırtkan; ötüşüyle kendi türünden olan kuşların çevresine toplanması için avcıların yararlandığı kuş. Bu bir kuşun modeli de olabilir. **2** yem; bir kimseyi tuzağa düşürmek için başvurulan bir hile. Ayrıca *f+n* **1** çağırtkan aracılığı ile tuzağa düşürüp avlamak, veya yakalamak. **2** bir kimseyi hile kullanarak tehlikeli bir duruma sokmak.

decrease [di:'kri:s] *f+n/-n* (boyutları, sayısı, miktarı, gücü, niteliği bakı-

mından) azaltmak, küçültmek; azalmak, küçülmek. *I will decrease the size of the group from 20 to 10.* Ayrıca ['di:kri:s] *i-sy* azalma, eksilme. *There has been a decrease in the number of university students in the last two years. (karş.* **increase).**

decree [di'kri:] *i+sy* (kral, hükümet, vb.) tarafından çıkarılan bir emir, veya karar; buyruk, ferman. *The king decided to dismiss parliament and rule by decree. By decree all stores were closed for one day.* Ayrıca *f+n/-n* emretmek; hüküm vermek, buyurmak. *The authorities decreed that nobody should walk on the grass. The judge decreed that a divorce be granted.*

decrepit [di'krepit] *s* yaşlılıktan zayıflamış, dermansız, bitkin, eli ayağı tutmaz. *The decrepit old man stumbled downstairs.*

dedicate ['dedikeit] *f+n* **1** (genl. dini bir nedenle) adamak, vakfetmek. *Churches are dedicated to God. He dedicated his life to helping the poor.* **2** adamak, ithaf etmek, adına sunmak. *The author dedicated the book to his wife.* **dedication** [dedi'keifən] **1** *i-sy* adama, ithaf. **2** *i+sy* bir şeyi bir amaca adarken, veya bir kitabı, vb. birisine ithaf ederken kullanılan sözcükler. **3** *i-sy* kendini bir işe adamış olma durumu.

deduce [di'dju:s] *f+n* sonuç çıkarmak, istidlâl etmek; bir konuda kanıtlara dayanarak sonuç çıkarmak. *From the position of his body, the police deduced that the man had killed himself.* Ayrıca **deduction**'a bkz.

deduct [di'dʌkt] *f+n* bir toplamdan, bir bütünden (bir miktar, bir parça) çıkarmak; eksiltmek, indirmek, düşmek. *My employer deducted a pound from my wages this week to pay for the window which I broke.* **deduction 1** *i+sy* indirim, kesinti; çıkarılan miktar. **2** *i-sy* tümel bir önermeden tikel bir önermeye, yasalardan olaylara, etkenden etkiye, geçme yolu; dediksiyon, tümdengelim. *By deduction, Insp. Holt came to the conclusion that the dead person has not been murdered. (karş.* **induction).** Ayrıca **deduce**'a bkz.

deed [di:d] *i+sy* **1** iş, fiil, amel (oldukça *esk. kul.* veya *r. kul.).* *To feed the* *hungry is a good deed. Deeds, not words, are needed.* 2 yapılmış olan bir anlaşmanın resmi belgesi; mukavele(name).

deejay ['di:dʒei] (= disc jockey)'e bkz. (k. dil.).

deem ['di:m] f+n inanmak; saymak, farzetmek. *John deems it wise to remain silent.*

deep [di:p] s 1 derin. *The river is not deep; you can walk through it. The river is only two feet deep.* (karş. **shallow**). 2 (genl. raf hk.) içerlek, derin. *This shelf is not deep enough for these books.* 3 koyu; duru, mat: *a very deep blue coat.* 4 pes, kalın, boğuk. *He spoke in a deep voice.* 5 anlaşması zor; güç, karışık. *This book is too deep for me; I can't understand it.* 6 kuvvetli, şiddetli: *deep sorrow.* **deeply** z 1 son derece, ziyadesiyle. *Her skirt was deeply wrinkled.* 2 derinden. *He was sleeping deeply* (= Derin derin uyuyordu). **deepen** f+n/-n derinleşmek, veya derinleştirmek. Ayrıca **depth**'e bkz. **deep-freeze/freezer** derin dondurucu; yiyecekleri donma noktasında muhafaza ederek uzun bir süre saklayan ve buzdolabına benzer ama daha hacimli bir buzdolabı çeşidi. **deep-rooted/-seated/-set** s köklü, kökleşmiş, kökleri derine uzanan: *a deep rooted hatred for his enemies; a deep rooted tradition.*

deer [diə*] i+sy geyik. çoğ. biç. **deer.**

deface [di'feis] f+n bozmak, tahrif etmek; bir şeyin yüzeyini ve görünümünü karalayarak, veya işaretler koyarak berbat etmek. *He defaced the library book by writing in it.* (eş anl. **damage**).

defame [di'feim] f+n adını lekelemek, namusuna leke sürmek; karaçalmak, iftira etmek; yermek, kötülemek. *The newspaper story defamed the politician.* (eş anl. **slander**). **defamation** [defə'meifən] i-sy lekeleme, iftira.

default [di'fɔːlt] f-n (**on** ile) yasal bir zorunluluğu yerine getirmeme, örn. mahkeme huzuruna çıkmama, borcunu ödememe; kusur, ihmal. **defaulter** i+sy mahkemeye çıkmayan, borcunu ödemeyen kimse. **by default** hükmen; hakem kararıyla. *John won the competition by default.* **in default of** var olmadığında, sağlanmadığında, yapılmadığında: *in default of pay-*

-ment (eş anl. **in the absence of**).

defeat [di'fi:t] f+n mağlup etmek, yenmek. *Our troops defeated the enemy.* Ayrıca i+sy/-sy yenilgi, bozgun. **defeatist** i+sy bozguncu, yenilgiyi bekleyen bir kimse.

defecate ['defəkeit] f-n (insanlar ve hayvanlar hk.) büyük aptesini yapmak. (r. kul.). Ayrıca **faeces**'a bkz.

defect[1] ['di:fekt] i+sy bozukluk, aksaklık, kusur, noksan. *There is a defect in the steering of this car.* **defective** [di'fektiv] s kusurlu. *I replaced the defective car battery with a new one.*

defect[2] [di'fekt] f-n döneklik etmek, karşı tarafa geçmek. *The young soldier defected to the enemy.*

defence [di'fens] (Amİ'de **defense**) i+sy/-sy 1 savunma, müdafaa. *Every country in the world keeps secret its plans for defence.* 2 savunmak, veya korunmak için kullanılan bir yöntem, bir gerçek. *High walls were their only defence against the enemy.* 3 savunma konuşması; mahkemede, bir insanın kendisini savunmak için kullandığı kanıtları içeren bir konuşma. *The accused woman made no defence.* 4 savunma, (davalarda) sanığı savunan bir, veya birden fazla avukat. 5 (bir takımda) savunma; bir maçta oyuncularbından, kaleyi korumakla görevli olanlar. *Liverpool's defence is very strong this year.* **defend**'e bkz. **defenceless** s savunmasız, müdafaasız. **defensive** s savunma için kullanılan; savunucu, koruyan. **be on the defensive** kendine yönelecek eleştiri, veya saldırılara karşı koymak için savunma durumunda olmak. *The general manager was on the defensive during yesterday's TV interview; he denied rumours that his firm was going bankrupt.*

defend [di'fend] f+n 1 savunmak, müdafaa etmek; saldırıya karşı koymak. *The army was defending the town during the battle.* 2 mahkemede savunma yapmak; sanık avukatı olarak konuşmak. *That lawyer is defending Mr. Smith.* 3 (maç yaparak şampiyonluk) ünvanını korumak; (oyunda) savunma yapmak. Ayrıca **defence**'e bkz. **defendant** i+sy sanık, davalı; hakkında dava açılan bir kimse.

defer¹ [di'fə:] *f+n* ertelemek, tehir etmek. *I have decided to defer the meeting until next week.* (*eş anl.* put off). *geç. zam. ve ort.* deferred.

defer² [di'fə*] *f+n* (to ile) hürmet etmek, riayet etmek, uymak. *I shall defer to your wishes.* deference ['defərns] *i-sy* uyma, riayet. deferential [defə'renʃl] *s* hürmetkâr. in/out of deference hürmeten.

defiance [di'faiəns] *i-sy* ve defiant [di'faiənt] *s* için defy'a bkz.

deficient [di'fiʃənt] *s* yetersiz, eksik, noksan, zayıf. *He is deficient in courage* (=O korkaktır). *The crops died because of the deficient water supply.* (*eş anl.* short of). deficiency *i+sy/-sy* açık, eksik, noksan; yetersizlik. *We made up for our deficiency in numbers by working extra hard to finish on time.*

deficit ['defisit] *i+sy* yersiz miktar, eksik miktar; hesap açığı, noksanlık. (*karş.* surplus).

defile [di'fail] *f+n* 1 kirletmek, pisletmek. *The lake was defiled by the wastes poured into it.* (*eş anl.* pollute). 2 lekelemek, kirletmek. *Her evil acts defiled her family's name.*

define [di'fain] *f+n* 1 (bir sözcüğün, veya bir kavramın) anlamını belirtmek; tanımlamak, tam olarak tarif etmek. *A dictionary defines words.* 2 belirlemek; (bir şeyin) özelliklerini, yapısını, görevlerini, vb. göstermek ya da açıklamak. *The treaty defined the boundary between the two countries.* definite ['definit] *s* kesin, şüphe edilmez; su götürmez; katı, açık. *He made a definite promise to help us. It is a definite advantage to be able to run fast. I found the definite instructions you gave me very helpful.* (*karş.* indefinite). definitely *z* kesinlikle, tamamen. definition [defi'niʃən] *i+sy* tanımlama, tarif etme, belirleme; tanım, tarif, açıklama. definitive [di'finitiv] *s* son, nihaî; bir konuyu daha ötesine geçilmeyecek biçimde ele alan; en güvenilir: *a definitive edition of a book.* definite article (dilb.) belgili harfi tarif; *'the'* sözcüğü.

deflate [di'fleit] *f+n* söndürmek; havasını, veya gazını boşaltmak (örn. bir balonun, bir lastiğin, vb.). (*karş.* inflate). deflation *i-sy* 1 havasını boşaltma. 2 (ekonomide) paradarlığı,

deflasyon; paraşişkinliğine (=reflation) karşı önlem olarak paranın piyasada azalmasıyla satın alma gücünün artması.

deflect [di'flekt] *f+n/-n* saptırmak, döndürmek; yönünü değiştirmek. *The ball hit the goalkeeper's boot and was deflected into the goal.*

deform [di'fɔ:m] *f+n* (genl. vücudun bir organı hk.) biçimini bozmak, biçimsizleştirmek; bir şeyin normal gelişmesini önlemek. *The boy had a serious illness when he was a baby and this deformed his arms and legs.* deformity *i+sy* sakatlık, biçimsizlik. deformed *s* biçimsiz, biçimi bozulmuş; çarpuk çurpuk. *His arm was deformed.*

defraud [di'frɔ:d] *f+n* dolandırmak, aldatmak; bir şeyi haksızca ve genl. yasalara aykırı bir biçimde hile ile ele geçirmek. *People who do not pay their taxes are defrauding the government. He defrauded me of the money.* (*eş anl.* cheat).

defray [di'frei] *f+n* genl. defray the cost/expenses sözünde—ödemek; masrafını görmek. *We agreed to defray the cost of replacing the damaged goods.* (*r. dil.*).

defrost ['di:'frɔst] *f+n* buzlarını eritmek, çözmek.

deft [deft] *s* (özl. ustalık isteyen bir işte ellerini kullanmada) becerikli, hünerli, marifetli.

defunct [di'fʌŋkt] *s* 1 ölü, ölmüş. 2 varlığı son bulmuş, veya gereği gibi bir işlev göstermeyen.

defy [di'fai] *f+n* 1 hiçe saymak, çekinmemek, karşı gelmek. *Criminals defy the law. The driver of the car was defying the law by speeding.* (*karş.* obey). (*eş anl.* disobey). 2 'hadi bakalım görelim' diye meydan okumak, alnını karışlamak; birisinin bir şeyi yapabileceğini sanmadığını söylemek. *I defy you to find the answer to this problem.* 3 birisini döğüşmeye çağırmak. *He defied his enemies.* 4 gücünü aşmak, ötesinde olmak. *This problem defies me* (=Bu problemi çözemiyorum). *The city defied the enemy for three years* (=Düşman şehri üç yıl eline geçiremedi. / Şehir düşmana üç yıl dayandı). defiant *s* meydan okuyan, serkeş. *The defiant prisoners would not return to their cells.* **defiance** *i-sy* meydan okuma, karşı koyma. *He showed his defiance by walking away.* **in defiance of someone/something** bir kimse, veya bir şeyi hiçe sayarak. *He acted in defiance of his teacher.*

degenerate [di'dʒenəreit] *f-n* dejenereleşmek, yozlaşmak, soysuzlaşmak. *He degenerated into a lazy good-for-nothing while his parents were away.* Ayrıca *s* [di'dʒenərit] dejenere, soysuz, yoz. *She began to take drugs and now her lifestyle is completely degenerate.* **degeneration** [didʒenə'reiʃən] *i-sy* dejenerasyon, yozlaşma, soysuzlaşma.

degrade [di'greid] *f+n* aşağılamak, küçük düşürmek, rezil etmek, onurunu kırmak. *He degraded himself by his foolish behaviour.* **degradation** [degrə'deiʃən] *i+sy/-sy* alçalma, zillet. **degrading** *s* küçültücü, aşağılayıcı.

degree [di'gri:] *i+sy* 1 derece; ısı ölçüm birimi: *the temperature is only 25° Celsius. The normal body temperature of man is 36.8 degrees centigrade.* NOT: *degree* işareti ° rakamdan sonra konulur: *25°C.* Bu okunurken *twenty-five degrees Celsius* diye söylenir. Ayrıca **Fahrenheit**'e bkz. 2 derece; altmış dakikaya eşit açı ölçü birimi. *A circle has 360°.* 3 derece, miktar. *He has a very high degree of ability.* 4 bilimsel derece, akedemik ünvan; üniversitelerce verilen bir paye. **by degrees** azar azar, derece derece. *He did the work by degrees.* (*eş anl.* **gradually**).

dehydrate ['di:hai'dreit] *f+n/-n* kurutmak, suyunu çıkarmak; su kaybettirmek, kaybetmek. *The sick baby dehydrated because she couldn't drink without vomiting. Currants are dehydrated grapes.*

deign [dein] *f-n* alçak gönüllülük göstermek, tenezzül etmek. *The queen deigned to talk to the poor boy.* (*eş anl.* **stoop**).

deity ['di:iti] *i+sy* bir tanrı, veya tanrıça.

dejected [di'dʒektid] *s* üzgün, kederli, mahzun, neşesiz, meyus. *John was looking very dejected.* (*eş anl.* **despondent**).

delay [di'lei] *f+n/-n* ertelemek, tehir etmek; oyalamak, kasıtlı olarak yavaş davranmak; geç kalmasına neden olmak, oyalanmak, gecikmek. *He de-*

layed for a long time before accepting my offer. They decided to delay the meeting. You have delayed me for three hours. He delayed answering the letter.* (*eş anl.* **postpone**). Ayrıca *i+sy/-sy* erteleme, tehir, gecikme. *We must act without delay. I hope we shall not have any more delays.* **delayed action** gecikmeli hareket (örn. *delayed-action bomb* (=hedefe isabetten bir süre sonra patlayan bomba; tavikli bomba).

delegate ['deligət] *i+sy* delege; vekil, temsilci. *Each country sent three delegates to the meeting.* (*eş anl.* **representative**). Ayrıca ['deligeit] *f+n* temsilci olarak atamak. *I have been delegated to attend the meeting.* **delegation** [deli'geiʃən] *i+sy* temsilciler kurulu; delegeler topluluğu, delegasyon. *Britain sent a large delegation to the meeting.* (*eş anl.* **deputation**).

delete [di'li:t] *f+n* silip çıkarmak; silmek, çizmek. *Delete their names from the list.*

deliberate[1] [di'libərət] *s* 1 düşünülüp taşınılmış; baştan sona planlanmış, mahsus, kasti. *That was a deliberate act of cruelty.* (*eş anl.* **intentional**). 2 yavaş, ağır; dikkatli acelesiz. *He spoke in a very deliberate manner.* (*eş anl.* **unhurried**).

deliberate[2] [di'libəreit] *f+n* üzerinde uzun uzun düşünüp taşınmak; enine boyuna düşünmek; ölçüp tartarak konuşmak. *The government is deliberating about what should be done to solve the problem.* **deliberation** [dilibə'reiʃən] *i+sy/-sy* uzun uzun düşünme, düşünüp taşınma.

delicate ['delikət] *s* 1 ince, kibar, zarif, hoş, güzel: *a delicate flower; delicate food.* 2 kolay kırılan, kolayca incinen, nazik, narin. *A spider's web is very delicate.* 3 zayıf nahif, narin; kolayca hastalanıveren; dikkat gerektiren. *That child is very delicate. This is a delicate piece of work. This is a delicate problem.* 4 duyarlı, hassas; en ufak değişiklikleri kaydeden. *This is a very delicate piece of apparatus.* **delicacy** ['delikəsi] *i+sy* az bulunan ya da pahalı sayılan leziz bir yiyecek maddesi. *He provided local delicacies for his guests' meal.*

delicatessen [delikə'tesn] *i+sy* mezeci

dükkânı, şarküteri; özl ithal malı peynir ve salam, sosis gibi kaliteli yiyeceklerin satıldığı yer.
delicious [di'lifəs] s nefis, lezzetli; nefis bir tadı ve kokusu olan yiyecek. *This looks delicious. It was a delicious meal.*
delight [di'lait] 1 *i-sy* zevk, keyif, haz, sevinç, neşe. *He rubbed his hands with delight at the news.* 2 *i+sy* insana büyük bir haz veren bir şey, veya bir kimse; zevk kaynağı. *A flower garden can be a constant delight.* Ayrıca *f+n* (birisini) sevindirmek, hoşnut etmek eğlendirmek; zevk vermek. *The news delighted us all.*
delightful s hoş, güzel, sevimli; son derece tatlı. **delighted** s memnun. *We were delighted that the holidays are starting soon.* **take delight in doing something** bir şeyi yapmaktan haz duymak, zevk almak.
delinquency [di'liŋkwənsi] *i+sy/-sy* özl. **juvenile delinquency** sözünde— (çocuk yaştaki bir kimse tarafından, ikinci dereceden işlenen) suç. **delinquent** s mükerrer suçlu: *delinquent behaviour. She was sent to a home for delinquent girls.*
delirium [di'liriəm] *i-sy* bazı hastalıklarda görülen abuk sabuk konuşma, anlamsız davranışlarda bulunma gibi belirtiler gösteren ruh bozukluğu; hezeyan. *In a state of delirium, he thought he had stepped out of his body and looked back on it. In his delirium John talked nonsense.*
delirious s sayıklayan; çılgın. *A person can become delirious because of shock, fear, drugs or fever.* **delirium tremens** için **DT's**'e bkz.
deliver [di'livə*] *f+n/-n* 1 (mektup, haber, mal, vb.) dağıtmak, yerine götürüp teslim etmek. *The postman delivers letters. Most of the big shops will deliver if you ask them to.* 2 (bir topluluk önünde) konuşma yapmak. *He delivered a lecture to the students.* 3 kurtarmak, serbest bırakmak. 4 çocuk doğurtmak. *The baby was delivered by the midwife.* 5 birden (yumruk) vurmak, atmak. *He delivered a hard blow to my stomack.* **delivery** *i+sy* 1 teslim etme, dağıtma, tevzi. *The next delivery will be this afternoon.* 2 konuşma tarzı; konuşma yapma, söylev verme. *His delivery*

was rapid. 3 doğum. *The delivery went smoothly*
delta ['deltə] *i+sy* delta; bir ırmağın denize kavuştuğu yerde alüvyonların birikmesiyle oluşan üçgen biçimli ova: *the delta of the Nile.*
delude [di'lu:d] *f+n* yanlış yola yöneltmek; aldatmak, kandırmak; aklını çelmek. *The lawyer tried to delude us. Don't delude yourself.* **delusion** [di'lu:ʒən] *i+sy/-sy* 1 aldanma, aldatma; gaflet. *The belief that the world is flat is a delusion.* 2 düş, hayal, dalgı. *John suffered from the delusion that he was wanted by the police.*
deluge ['delju:dʒ] *i+sy* 1 ani bastıran çok şiddetli yağmur; sağnak. *The rain turned to deluge.* (eş anl. **downpour**). 2 (şiddetli yağmurların oluşturduğu) sel. *A few people survived the deluge.* (eş anl. **flood**). 3 (rica, soru, vb.) ...yağmuru: *a deluge of questions.* Ayrıca *f+n* (şiddetli yağmurlardan dolayı) sel basmak, suya boğmak. *A rainstorm deluged the town.* (eş anl. **flood**).
de luxe [di'lʌks] *s* lüks; gösterişli, şatafatlı: *a de luxe hotel. I can't affort the de luxe model of the car.* (eş anl. **luxury**).
delve [delv] *f-n* (genl. **among/into** ile) (bir şey hk. bilgi edinmek için vb. aramak, araştırmak. *He delved in the Bible for quotations. I delved into all the encyclopaedias I could find for information for my project.* 2 (**in/into, among** ile) (bir şeyi bulmak için) (cepleri, çekmeceleri, vb.) araştırmak, arayıp taramak, altını üstüne getirmek. *Jane delved in the cupboard looking for old clothes.*
demand¹ [di'ma:nd] *f+n* 1 'Hayır' cevabını kabul etmeksizin istemeyi sürdürmek; istemekte dayatmak; talep etmek, istemek. *The boys stopped the old man in the street and demanded money.* 2 gerektirmek, istemek. *This question demands my immediate attention.*
demand² [di'ma:nd] 1 *i+sy* istek, talep. *I have several demands to make.* 2 *i+sy* ihtiyaç. *There are many demands on my time at present* (=Şu anda yapmam gereken çok şey var). 3 *i-sy* halkın belirli mallara, veya hizmetlere olan talebi; istek, rağbet. *Most newspaper shops in Britain do*

not sell foreign newspapers because there is no demand for them. **demanding** *s* 1 büyük bir yetenek isteyen ve yorucu; iddialı. *Teaching in poor urban areas is a demanding job.* 2 çok fazla isteği ve beklentisi olan: *a demanding wife.* **in demand** aranan, rağbette. *He is always in demand when people are giving parties.* **on demand** istendiğinde; (ödeme) istenildiğinde. *If you save money in the post office you can draw up to £20 on demand.*

demarcation [di:maːˈkeiʃən] *i-sy* sınır çizme; sınır çekme. **demarcation dispute** (sendikalar arasında) iş ayırımı uyuşmazlığı; hangi işlerin, hangi sendikalara bağlı üyelerce yapılacağı konusundaki anlaşmazlık. *The workers were on strike because of a dispute over demarcation.*

demean [diˈmiːn] *f+n* (genl. **demean oneself** sözünde)—kendini alçaltmak; küçük düşürmek, küçültmek. *He demeaned himself by doing such dirty and badly-paid work.* (eş anl. **degrade**).

demeanour [diˈmiːnəˈ] *i-sy* davranış, tutum, hal, tavır. *His demeanour was very strange.*

demented [diˈmentid] *s* deli, kaçık, çıldırmış; aklını oynatmış.

demo [demou] *i+sy* (= **demonstration**)—(BrI'de *k. dil.*).

demobilize [ˈdiːˈmoubilaiz] *f+n/-n* seferbirliği sona erdirmek; terhis etmek. *After the war many soldiers were demobilized. The country did not demobilize immediatly after the war.* **demobilization** [ˈdiːˈmoubilaiˈzeiʃən] *i-sy* seferberliğin bitmesi, terhis.

democracy [diˈmɔkrəsi] 1 *i-sy* halk yönetimi; demokrasi. 3 *i+sy* demokratik devlet; kendi halkı tarafından, veya halkın seçtiği temsilciler yolu ile yönetilen bir ülke. 4 *i-sy* toplumsal eşitlik; karar oluşturmaya katılma hakkı. **democratic** [deməˈkrætik] *s* demokrasiye ait, halkçı. (*karş.* **undemocratic**). **democrat** [ˈdeməkræt] *i+sy* halkçı; demokrasiye inanan, veya bunun için çalışan bir kimse.

demolish [diˈmɔliʃ] *f+n* tahrip etmek; yerle bir etmek; yok etmek. *The bomb demolished the house.* **demolition** [deməˈliʃən] *i-sy* yıkma, tahrip.

demon [ˈdiːmən] *i+sy* şeytan, iblis. (eş anl. **devil**).

demonstrate [ˈdemənstreit] 1 *f+n/-n* kanıtlamak; göstermek, gözler önüne sermek; mantık yürüterek, veya çok sayıda örnekler vererek açık seçik hale getirmek. *The teacher demonstrated the experiment to the class* (= Öğretmen, sınıfa deneyin nasıl yapıldığını gösterdi). 2 gösteri yapmak, nümayiş yapmak; halkın ilgisini çekecek biçimde topluca ve açıkça bir istekte ya da karşı görüşte bulunmak. *Large crowds demonstrated outside the British Embassy.* **demonstration** [demənˈstreiʃən] *i+sy/-sy* 1 gösteri; gösterme, açıklama. *He gave a demonstration of horse-riding.* (eş anl. **demo**). 2 gösteri, nümayiş. *The workers held a demonstration against the government.* **demonstrative** [diˈmɔnstrətiv] *s* duygularını açığa vuran, belli eden. *He greeted us in a demonstrative manner.* (karş. **undemonstrative**). Ayrıca *i+sy* (dilb.) işaret zamiri. *'This' and 'that' are demonstrative pronouns.* (Ayrıca DEMONSTRATIVE PRONOUNS TABLOSUNA bkz.) **demonstrator** *i+sy* 1 gösterici, nümayişçi; gösterilere katılan bir kimse. 2 alıştırman; tatbikat öğretmeni; uygulama yardımcısı.

demoralize [diˈmɔrəlaiz] *f+n* moralini bozmak; ruhsal yönden direnme gücünü azaltmak, sarsmak. *After losing three important battles, the army had become demoralized.*

demote [diˈmout] *f+n* rütbesini indirmek. *The soldier was demoted for failing to obey orders.* (karş. **promote**).

demure [diˈmjuəˈ] *s* (özl. genç kızlar hk.) ağırbaşlı, ölçülü; başkaları ile kolayca kaynaşmayan. *In the olden days women were expected to be demure.*

den [den] *i+sy* 1 -in, mağara; aslan, kaplan, vb. hayvanların barınağı. *The hunter followed the lion to its den.* 2 bir hayvanat bahçesinde bir aslan, veya kaplanın muhafaza edildiği yer. 3 tek başına kalınabilecek rahat ve sessiz çalışma ve dinlenme odası. *The professor worked until midnight in his den.*

denial [diˈnaiəl] *i+sy/-sy* deny'a bkz.

denim [ˈdenim] *i-sy* bir tür sağlam pamuklu kumaş. **denims** *içoğ* bu pa-

İŞARET ZAMİRLERİ
(Demonstrative Pronouns)

Tekil (singular)	Çoğul (plural)
this	these
that	those

Yer bakımından yakınlık, uzaklık
(nearness or distance in space)

This is a book.	**These** are books.
May I have **this**?	May I have **these**?
That door creaks.	**Those** doors creak.
Look at **that**.	Look at **those**.

Zaman bakımından yakınlık, uzaklık
(nearness or distance in time)

This is the most pleasant time of the year in South.
This is the weekend we are planning to go on a picnic.
That was the day I first met John.
That is the weekend we are planning to go on a picnic.
These are unusually cold days that we have been having.
Those were the good old days.

muklu kumaştan yapılmış pantolon, veya iş tulumu.

denizen ['deni/n] *i+sy* belli bir yerde yaşayan (bir kimse, hayvan, veya bitki). *The lion is a denizen of the jungle.*

denomination [dinɔmi'neiʃən] *i+sy* mezhep, tarikat; bir dinin görüş ve anlayış ayrılıkları nedeniyle ortaya çıkan kollarından her biri (örn. Katolik, Anglikan, Metodist). *The service was attended by people of different denominations.* **2** belli bir ölçü birimi; nitelik, miktar, ve özel-

likle değer ölçümü için kullanılan bir birim. *Inches and feet are different denominations.* **denominator** [di'nɔmineitə*] *i+sy* payda, bölen; bayağı kesirlerde birimin kaç eşit parçaya bölünmüş olduğunu gösteren sayı. *In 2/3, 3 is the denominator.*

denote [di'nout] *f+n* göstermek, belirtmek, anlamına gelmek; ifade etmek. *A rapid pulse often denotes a fever. An expensive car may denote its owner to be a man of wealth.*

denounce [di'nauns] *f+n* I eleştirmek, kınamak, şiddetle aleyhinde bulunmak; yazılı veya sözlü suçlamada bulunmak. *The newspapers denounced the new taxes.* 2 ele vermek, ihbar etmek. *He denounced Mr Jones to the police.*

dense [dens] s 1 sık, sıkışık: *dense crowds of people. The tropical rain forest was very dense and hard to walk through.* (*karş.* **sparse**). 2 (gaz, vb. hk.) yoğun, koyu, kesif. *The airport was closed due to the dense fog.* 3 (bir kimse hk.) kalın kafalı; ahmak. *I'm rather dense when it comes to following road maps.* **density** *i+sy/-sy* 1 sıklık; yoğunluk kesafet. 2 (fizikte) bir maddenin hacmi ile kitlesi arasındaki ilişki; yoğunluk.

dent [dent] *i+sy* çöküntü, göçüntü. *He made a dent in his car when he backed into the tree.* Ayrıca *f+n* göçürtmek, çöküntü yapmak.

dentist ['dentist] *i+sy* diş hekimi, dişçi. *You must go to the dentist. My son hates going to see the dentist. He hasn't ever been to the dentist's before.* **dentistry** *i-sy* diş hekimliği, dişçilik. **dental** ['dentl] s dişler hakkında, veya dişler ile ilgili. **dentures** ['dentʃəz*] *i+sy* takma diş. (*eş anl.* **false teeth**).

deny [di'nai] *f+n* 1 inkâr etmek; doğruluğunu kabul etmemek. *He denied that he had broken the window. He denied the story.* 2 çok görmek, vermemek, esirgemek. *He denied me any help while I was doing the work.* 3 bir şey konusunda ilişkiyi, veya sorumluluğu kabul etmemek. *He denied all knowledge of the crime.* **deny oneself** vazgeçmek, kendini mahrum etmek. *Jane deny herself sweet things if she's dieting.*

deodorant [di'oudərnt] *i+sy/-sy* deodorant, koku giderici. *I perspire a lot; I ought to use (a) deodorant.*

depart [di'pa:t] *f-n* (**from** ile)—ayrılmak, gitmek; (bir yerden) hareket etmek, yola çıkmak. *The train will depart from Platform 2.* 2 sapmak, ayrılmak. *We must not depart from this agreement* (=Bu anlaşmaya uymamız gereklidir. / Bu anlaşmada verilen sözleri yerine getirmemiz lazım). **departure** *i+sy/-sy* 1 kalkış, hareket, gidiş; ayrılış. 2 yeni bir alışkanlık, yeni bir hareket, yeni bir ilgi duyma. *Learning Turkish is a new*

departure for him. **departed** *itek* (**the** ile) merhum, müteveffa. Ayrıca *s* ölmüş. *Let us pray for our departed relatives.*

department [di'pa:tmənt] *i+sy* bölüm, şube, kısım; bir hükümetin, bir işletmenin, bir okulun, veya bir fakültenin önemli bir kesimi. **departmental** [di:pa:t'mentl] *s* bölüme ait, kısımlara ait. **department store** büyük mağaza, bonmarşe.

depend [di'pend] *f+n* (**on** veya **upon** ile) 1 birisine güvenmek, itimat etmek, bel bağlamak. *We can depend on him for help. You can depend on this newspaper.* 2 geçimi (bir kimse, veya bir şeye) bağlı olmak, eline bakmak, muhtaç olmak. *He could not work and so he had to depend on his family.* 3 bir şeye bağlı olmak; duruma göre değişir olmak. *The sort of job I get depends on my examination results. Whether she can come or not depends on how big the party is. It depends (on) what you want.* **dependable** *s* güvenebilir, emin. *This newspaper is dependable, it always tells the truth.* **dependent** *i+sy* başkasının korunmasına, veya yardımına muhtaç olan kimse. *The children are dependent on their father.* (*karş.* **independent**). **dependency** *i+sy* 1 sömürge; bir devletin kendi ülkesinin sınırları dışında egemenlik kurarak yönettiği, ekonomik, veya siyasal çıkarlar sağladığı ülke. 2 bağımlılık.

depict [di'pik.] *f+n* resmetmek, çizmek; tanımlamak, tarif etmek, dile getirmek. *My grandmother tells me stories depicting life when she was a girl.*

deplete [di'pli:t] *f+n* tüketmek, bitirmek. *Our supplies of food have been much depleted.*

deplore [di'plɔ:*] *f+n* acımak, üzülmek, hayıflanmak. *He deplored the waste of time and money.* **deplorable** *s* çok kötü ve acınacak halde: *deplorable living conditions.*

deploy [di'plɔi] *f+n* savaş düzeni almak için birlikleri yaymak açmak. *The captain deployed his company along the beach.*

depopulate [di:'pɔpjuleit] *f+n* büyük ölçüde nüfusunu seyreltirmek, azaltmak. *The north of Scotland has been greatly depopulated in the last*

100 years. **depopulation** [di:pɔpju-'leifən] *i-sy* nüfusunun azalması.

deport [di'pɔ:t] *f+n* istenmeyen bir yabancıyı sınır dışı etmek; sürmek, sürgün etmek. *The police deported the criminal who had entered the country illegally.* (*eş anl.* **expel**). **deportation** [di:pɔ:'teifən] *i+sy/-sy* sürgün; sürgüne gönderme.

depose [di'pouz] *f+n* görevden almak, azletmek; tahttan indirmek. *The army deposed the king and set up a republic.* (*eş anl.* **oust**).

deposit [di'pɔzit] *i+sy* 1 yatırılan para, mevduat. *I went to the bank to draw out my deposit.* 2 pey (akçesi), kaparo, depozito, teminat. 3 tabaka, çökelek, tortu, birikinti. *There was a thick deposit of mud at the bottom of the river. Several deposits of gold have been found in those hills.* Ayrıca *f+n* tortu bırakmak, döküntü bırakmak; katı madde tabakası ile örtmek. *The sea has deposited a lot of stones on the beach.* 2 bankaya yatırmak, veya kasaya koymak. *He deposited his money in the bank.*

depot [depou] *i+sy* 1 (özl. askeri gereçlerin) saklandığı bir yer; debboy. 2 (*AmI'*de) tren istasyonu. 3 askerlerin ilk eğitim merkezi.

deprave [di'praiv] *f+n* ahlâkını bozmak; ayartmak. **depraved** *s* ahlâksız, ahlâkı bozuk: *depraved tastes. He was as depraved as the cruel, wicked thieves he mixed with.*

deprecate ['deprəkeit] *f+n* uygun bulmamak, karşı çıkmak. *The old man deprecated the boy's foolish behaviour.*

depreciate [di'pri:fieit] *f+n/-n* 1 hafifsemek; küçümsemek; küçük düşürmek. 2 değeri düşmek; aşınmak. *Money usually depreciates in value over a period of years.* **depreciation** [dipri:fi'eifən] *i+sy* değerini düşürme.

depress [di'pres] *f+n* 1 kasvet vermek, canını sıkmak; moralini bozmak, içini karartmak. *The bad news depressed us all.* 2 (anahtar, düğme, şalter, vb. hk.) basmak, bastırmak. **depressing** *s* iç karartıcı, kasvet verici. *It is depressing when it rains all day. We finally told him to keep his depressing comments to himself.* **depression** 1 *i+sy/-sy* kasvet, can sıkıntısı. *The man had feelings of depression be-*

cause of his illness. 2 *i+sy* alçak atmosfer basıncı. 3 *i+sy* çevresinden daha çukurda kalan yüzey, çukurluk: *a small depression in a field. The heavy rains filled the depression in the road.* 4 (ekonomik) durgunluk, buhran, kriz. *There was a severe depression in the 1930's.*

deprive [di'praiv] *f+n* (genl. **of** ile) yoksun bırakmak, elinden almak, mahrum etmek: *deprive someone of his rights. I have been deprived of sleep for two nights. Death deprived the children of their parents.* **deprived** *s* yoksun, mahrum. **deprivation** *i+sy/-sy* yoksulluk, ihtiyaç; yoksunluk. *Both their parents were invalids so they suffered from great deprivation.* (*eş anl.* **poverty**).

depth [depθ] 1 *i+sy* (dibe, aşağıya doğru olan) derinlik. *The depth of this river is three feet.* 2 *i+sy* (içeriye doğru olan) derinlik. *The depth of these shelves is six inches.* 3 *i+sy/-sy* bir renkteki koyuluk. 4 *i+sy/-sy* ses perdesindeki alçaklık. 5 *i+sy* (genl. çoğ. biç.) bir yerin en uzak, en derin kısmı. *Coal miners have to work in the depths of the earth.* Ayrıca **deep**'e bkz. **be out of one's depth** su boyunu aşmak (bu nedenle de ayakta duramayıp yüzmek zorunda kalmak). **depth charge** *i+sy* su bombası.

depute [di'pju:t] *f+n* bir kimsenin kendi adına hareket etmesine izin vermek; vekil tayin etmek. *I cannot go to the meeting, and so I am deputing you to go instead.* **deputy** ['depjuti] *i+sy* vekil; (özl. ABD'de) şerif yardımcısı. *The sheriff appointed a deputy.* 2 Fransa ve diğer bazı ülkelerde milletvekili. **deputation** [depju'teifən] *i+sy* temsilciler heyeti (özl. bir şikâyette bulunmak için). (*eş anl.* **delegation**). **deputize** ['depjutaiz] *f+n* (**for** ile) vekalet etmek. *I am deputizing for Mr Smith.*

derail [di'reil] *f+n* (tren) raydan çıkmak; çıkarmak. **derailment** *i+sy/-sy* (tren) raydan çıkma).

derby [da:bi] 1 özeli (**Derby** olarak) her yıl yapılan ünlü İngiliz at yarışı. 2 *i+sy* derbi maçı; aynı bölge ya da aynı şehrin iki takımının yaptığı karşılaşma: *the derby between Everton and Liverpool.*

derelict ['derilikt] *s* terkedilmiş, sahip-

siz. *There were many derelict houses
in the streets of the city.* Ayrıca *i+sy*
işi gücü, yatacak yeri olmayan kimse.
(r. kul.). **dereliction of duty** (kasıtlı ya
da kasıtsız olarak) görevi ihmal. *The
major was accused of dereliction of
duty.*

deride [di'raid] *f+n* alaya almak, alay
etmek. *He derided my plan.* (*eş anl.*
ridicule). **derision** [di'riʒən] *i-sy* alay.
*The children treated the crybaby with
derision.* **derisory** [di'raisəri] *s* alay
konusu.

derive [di'raiv] 1 *f+n* almak, çıkar-
mak. *He derives a lot of pleasure
from reading.* 2 *f-n* (özl. sözcükler
hk.) türemek, gelmek. *Many English
words derive from French.* **derivation**
[deri'veiʃən] *i+sy/-sy* köken, menşe;
türetme. **derivative** [di'rivətiv] *i+sy*
türev, türemiş sözcük

derogatory [di'rɔgətəri] *s* bir kimse,
veya bir şeyi küçük düşürtücü, alçal-
tıcı. *The boy made several derogatory
remarks about his teacher.*

derv [də:*] *i-sy* (=**d**(diesel) **e**(ngine)
r(oad) **v**(ehicle)) dizel yakıtı; motorin.
(*eş anl.* **diesel oil**).

derrick ['derik] *i+sy* 1 vinç, maçuna;
ağır yük kaldırmaya yarayan araç. 2
petrol kuyusu iskelesi.

derrick

descant ['deskænt] *i+sy* asıl melodinin
yanısıra söylenen bir ezgi.

descend [di'send] *f+n/-n* aşağı inmek.
*He descended the hill. The path de-
scended steeply.* (*karş.* **rise**). (*eş anl.*
go down). **descendant** *i+sy* birisinin
soyundan gelen insan; torun. *He says
that he is a descendant of Julius
Caesar.* (*karş.* **ancestor**). **descent** [di-
'sent] 1 *i+sy* bayır, yokuş; iniş. *He
began the descent of the mountain.* 2
i-sy aile kökeni, soy. *Many Americans
are of English descent.* **descend on/**

upon someone/ something 1 (bir şeye,
bir kimseye) baskın yapmak, çullan-
mak. *The robbers descended on the
lonely house.* 2 aniden gelmek, üşüş-
mek, başına toplanmak. *They de-
scended on us at lunchtime.* **be
descended from someone** birisinin
soyundan gelme, torununun torunu
olma. *Queen Elizabeth II is de-
scended from Queen Victoria.* **to
descend to something** bir şey için
alçalmak, bir şeye tenezzül etmek. *He
was so poor that he descended to
begging for his food.*

describe [dis'kraib] *f+n* tanımlamak,
tarif etmek, tasvir etmek. *He de-
scribed the town where he used to live.
She described what she had seen.*
description [dis'kripʃən] *i+sy/-sy*
tanımlama, tarif, tasvir. *She gave a
description of what she had seen.*
descriptive [dis'kriptiv] *s* tanımlayıcı;
tanımlayan: *descriptive writing.* **of
every description** her türden, her
çeşitten. *There are shops of every
description in this town.* **answer to a
description** tarif edildiği gibi olmak;
bir tarife (eşkâle) uymak. *The thief
answers to the following description....*

desecrate ['desikreit] *f+n* kutsal sa-
yılan bir şeye açıkça hakaret etmek ya
da onu tahrip etmek. **desecration** *i-sy*
mukaddesata saygısızlık, hürmetsiz-
lik. *The stabling of horses in a church
/mosque would be a desecration.*

desegregate [di:'segrəgeit] *f+n* ırk
ayrımını kaldırmak; ırk ayrımına son
vermek: *desegregate education* (=ırk
ayrımı gözetmeksizin aynı okulda eği-
tim yapma). (*karş.* **segregate**). **de-
segregation** ['di:segrə'geiʃən] *i+sy* ırk
ayırımının kaldırılması.

desert¹ ['dezət] *i-sy* çöl, sahra. *Over
two-thirds of the world's surface is
covered by oceans. One-fifth of the re-
maining land is desert.* **desert island**
kimsenin yaşamadığı tropikal bir
bölgede bulunan ıssız küçük bir ada.

desert² [di'zə:t] *f+n/n* 1 ayrılmak,
terketmek, bırakmak; yüzüstü bırak-
mak, güç bir zamanda, veya durumda
bırakmak. *He deserted his friends.* (*eş
anl.* **abandon**). 2 askerden kaçmak,
firar etmek. *The soldiers deserted.*
desertion *i-sy* 1 terk, bırakıp kaçma.
2 (askerlikten) firar, kaçma. **deserter**
i+sy firari, asker kaçağı. **just deserts**

layığını bulma, (hakettiği) cezasını bulma, belasını bulma. **get one's just deserts** layığını bulmak.
deserve [di'zə:v] *f+n* layık olmak, hak etmek. *He deserves to have a holiday for his hard work. He deserves a reward. He deserves that we should help him.*
design[1] [di'zain] *f+n/-n* **1** tasarlamak, çizmek, biçimlemek, plânını yapmak. *The new building was designed by an American architect.* **2** belli bir amaç, veya kullanım için geliştirmek. *The road was not designed for heavy lorries. The blinds were designed to keep out the sun.*
design[2] [di'zain] *i+sy* **1** tasarı, örnek, plan, model. *Here is a design of the house I want to build.* **2** *i-sy* modeller ya da örnekler yapma sanatı. *He is studying furniture design.* **3** *i+sy* düzenleniş biçimi, model. *I like the design of your furniture.* **4** *i+sy* desen, motif. **by design** kasten, mahsus. *Did you do this by design or by accident?* **designer** *i+sy* desinatör, modelci. **have designs on somebody /something** bir kimsenin malında, parasında, veya bir kimsede gözü olmak (ve elde etmek için de dolap çevirmek).
designate ['dezigneit] *f+n* (bir görev atamak, tayin etmek. *The Prime Minister has designated three new members of his government.* **designation** [dezig'neiʃən] *i+sy/-sy* işaret etme, gösterme; atama tayin.
desire [di'zaiə*] *f+n* **1** arzulamak, şiddetle istemek. *The only thing they desire is peace.* **2** rica etmek. *John desires to speak to you.* (r. *kul.*). Ayrıca *i+sy/-sy* şiddetli arzu, rica, istek. **leaves much/a lot/a great deal to be desired** arzu edilen durumdan çok uzak; Allahlık. **desirable** *s* **1** çekici, cazibeli, istek uyandıran: *a very desirable house.* **2** istemeye değer, hoş. *It is not desirable for us to go there.* (*karş.* **undesirable**). **desirability** [dizaiərə'biliti] *i-sy* hoşa gitme, arzu edilir olma.
desk [desk] *i+sy* yazı ya da çalışma masası; (okul) sıra. **desk clerk** (*AmI'de*) (bir otelde resepsiyon (kabul) görevlisi.
desolate ['desələt] *s* **1** ıssız, tenha, kuş uçmaz kervan geçmez. *The farm was*

in a lonely desolate valley. **2** yalnız, arkadaşsız, kimsesiz, üzgün, perişan. *After the death of their parents the children were desolate.* **desolation** [desə'leiʃən] *i-sy* ıssızlık; yalnızlık. *There were scenes of desolation after the earthquake.*
despair [dis'peə*] *f-n* (genl. **of ile**) umudunu yitirmek, umutsuzluğa düşmek. *After the failure of his plans he began to despair. He despaired of finding the answer. They despaired of ever finding thier way.* Ayrıca *i-sy* umutsuzluk, tüm ümidini kaybetme: *be in despair.* Ayrıca **desperate**'a bkz.
despatch [dis'pætʃ] *f+n* **dispatch**'e bkz.
desperate ['despərət] *s* **1** bütün ümidini kaybetmiş, umutsuz. *He was desperate after the failure of his plans.* **2** umutsuzluktan, çaresizlikten her şeyi yapmayı göze almış. *He was desperate for money and so he stole £5.* **3** tehlikeli, gözü dönmüş: *a desperate criminal.* **4** çok tehlikeli, çok güç, vahim: *a desperate situation.* **desperately** *z* umutsuz bir şekilde. **desperation** [despə'reiʃən] *i-sy* umutsuzluk. *He stole the money in desperation.* Ayrıca **despair**'a bkz.
despise [dis'paiz] *f+n* küçümsemek, hakir görmek; nefret etmek. *He despised people who killed animals for pleasure.* **despicable** [dis'pikəbl] *s* adi; aşağılanacak ya da aşağılanması gereken: *a despicable act of cruelty.*
despite [dis'pait] *edat* (bir şeye, bir kimseye) rağmen. *Despite the rain he went for a walk.* (*eş anl.* **in spite of**).
despond [dis'pɔnd] *f-n* ümidini kaybetmek. *You must not despond if your plans do not succeed.* **despondent** *s* umutsuz, kederli. *He is despondent over his wife's long and painful illness.* (*eş anl.* **dejected**).
despot ['despɔt] *i+sy* despot; bir ülkeyi zorla ve baskıya dayanarak yöneten kimse; müstebit. (*eş anl.* **tyrant**). **despotic** [dis'pɔtik] *s* zorba: *despotic parents; a despotic president.*
de-spun antenna [di: spʌn æn'tenə] *i+sy* yeryüzünde hep aynı yeri gösteren uzay anteni.
dessert [di'zə:t] *i+sy/-sy* (yemeklerden sonra yenilen) tatlı; özl. meyva. **dessert spoon** tatlı kaşığı.
destination [desti'neiʃən] *i+sy* gidi-

lecek yer, varılacak nokta; bir şeyin gönderildiği yer. *Our destination is Glasgow.*

destine ['destin] *f+n* (genl. *ed. çat.*) nasip etmek, alnına yazmak, geleceğini belirlemek. *He seemed to be destined for great success.* **destiny** 1 *i-sy* (genl. **Destiny**) felek, kısmet, bütün olmakta ve olacak olanları önceden ve değişmiyecek biçimde düzenlediğine inanılan doğaüstü güç. (*eş anl.* **fate**). 2 alınyazısı, kader, talih. *Nobody knows his own destiny.* (*eş anl.* **fate**).

destitute ['destitʃuːt] *s* yoksul, muhtaç; (yeterince) yiyeceği, giyeceği, barınağı, vb. olmayan. *The whole family was destitute after the fire destroyed their home.*

destroy [dis'trɔi] *f+n/-n* yıkmak, yok etmek; tahrip ya da imha etmek. *The house was destroyed by a bomb. The hurricane destroyed the entire village.* **destruction** [dis'trʌkʃən] *i+sy* yıkma, tahrip; yok etme. *The destruction of their house left them no place to live.* **destructive** [dis'trʌktiv] *s* yıkıcı, imha edici. **destroyer** *i+sy* 1 muhrip, destroyer. 2 yok edici bir kimse, veya bir şey. *Earthquakes, cyclones and floods are the major destroyers.*

detach [di'tætʃ] *f+n* ayırmak; çözmek, çıkarmak. *She detached the baby's hand from her dress.* **detachable** *s* ayrılabilir; çözülebilir. **detached** *s* 1 (bir kimse hk.) fazla bir kişisel duygu dışarı vurmayan; tarafsız, yansız. *He spoke in a detached way about the danger.* 2 (evler hk.) ayrı, müstakil; yanındaki binalar ile bitişik olmayan. Ayrıca **semidetached**'a bkz. **detachment** 1 *i+sy* müfreze; bir görev nedeniyle bağlı olduğu birliğinden ayrılarak başka bir yere gönderilmiş askerî grup. 2 *i-sy* yansızlık, tarafsızlık. *He spoke with complete detachment about the danger which threatened all of them.*

detail[1] ['diːteil] 1 *i+sy* ayrıntı, detay. *He gave me all the details of his new job.* 2 *i-sy* ayrıntılar, teferruat. *There is a lot of detail in the sewing she is doing. The detail in that film was good.* **in detail** ayrıntılarıyla, ayrıntılı olarak, tafsilatıyla, teferruatlı olarak. *He told me in detail what I should do.* **detailed** *s* ayrıntılı: *a detailed report/*

account. **go into (the) detail** en ince ayrıntılarına girmek.

detail[2] ['diːteil] *f+n* 1 ayrıntılı olarak anlatmak, sayıp dökmek. *He detailed my new duties to me.* 2 özel bir işi yapmakla görevlendirmek. *He detailed six men to clean the windows.*

detain [di'tein] *f+n* 1 göz altına almak; (belli bir süre) gözetim altında bulundurmak. *The policemen decided to detain the man until they had questioned him further.* 2 alıkoymak, geciktirmek. *Thank you very much for seeing me and I do hope that I haven't detained you too long.* **detention** [di'tenʃən] *i+sy* 1 okulda dersler bittikten sonra öğrenciye verilen fazladan bir çalışma cezası. *The pupil was given two hours' detention for his bad behaviour.* 2 (özl. politik nedenlerle) tutuklama, veya hapis. *He died in detention.*

detect [di'tekt] *f+n* gizli veya saklı olan bir şeyi bulmak, ortaya çıkarmak. *He detected a fault in my car. I detect a strange smell* (=Burnuma garip bir koku geliyor. / Tuhaf bir koku duyuyorum). **detector** *i+sy* bulucu; dedektör. **detective** *i+sy* polis hafiyesi, dedektif.

deter [di'təː*] *f+n* caydırmak, vazgeçirmek. *The bad weather deterred us from making the long journey.* geç. zam. ve ort. **deterred. deterrent** [di'ternt] *i+sy* bir savaşa girişmeye caydırıcı rol oynayan silah, veya silahlar. Ayrıca *s* caydırıcı, engelleyici.

detergent [di'təːdʒənt] *i+sy* deterjan; temizleme, arıtma özelliği bulunan, toz veya krem durumundá olabilen kimyasal madde; arıtıcı.

deteriorate [di'tiəriəreit] *f-n* bozulmak, kötüleşmek. *His work has deteriorated.* **deterioration** [ditiəriə'reiʃən] *i-sy* bozulma, kötüleşme.

determine [di'təːmin] *f+n/-n* 1 karar vermek. *He determined to work harder.* 2 belirlemek, nedeni olmak. *The amount of money we have will determine the length of our holiday.* 3 saptamak, tespit etmek; bir şeyin durumu, niceliği üzerine kesin bilgi edinmek. *The policeman wanted to determine all the facts. They are trying to determine the cause of the outbreak of the poisoning.* **determination** [ditəːmi'neiʃən] *i-sy* 1 azim, sebat, kararlı oluş. **2** belirleme, saptama. **determined** s azimli, kararlı. *He is determined to come. The President was determined to end the confusing situation.* **determiner** i+sy (dilb.) belirten; bir ismin önüne gelerek onun anlamını sınırlayan bir sözcük, örn. *such, both, this, those, a, very,* vb.

deterrent [di'ternt] i+sy **deter**'e bkz.

detest [di'test] f+n iğrenmek, tiksinmek. *He detests watching television.* (karş. **love**). (eş anl. **loathe**). **detestable** s iğrenç tiksindirici.

detonate ['detəneit] f+n infilâk etmek, veya ettirmek. *The soldiers detonated the bomb.* **d**e**tonator** i+sy funya, tapa, fitil; ateşlemeye yarayan patlayıcı düzenek, mekanizma.

dethrone ['di:'θroun] f+n bir kral, veya bir hükümdarı tahtından indirmek. *The emperor was dethroned.* (eş anl. **depose**).

detour ['di:tuə*] i+sy dolaşan yol; trafik yoğunluğundan kaçmak gibi bir nedenle seçilen ve ana yoldan saparak dolaşan daha uzunca yol.

detract [di'trækt] **detract from** sözünde—eksiltmek, azaltmak; değerinden, mükemmelliğinden bir şeyler alıp götürmek. *I want nothing to detract from your enjoyment today.*

detriment ['detrimənt] i-sy zarar, ziyan, hasar. *The car caused great detriment to the nation's economy.* **detrimental** [detri'mentl] s çok zarar ve ziyan veren.

devalue [di:'vælju:] f-n devalüe etmek, devalüasyon yapmak; (paranın) değerini düşürmek. *The British Government devalued the pound.* **devaluation** [di:vælju'eifən] i-sy devalüasyon; değer düşürme.

devastate ['devəsteit] f+n yakıp yıkmak, enkaz haline getirmek, harap etmek. *The bomb devastated a large part of the city.* **devastation** [devə'steifən] i-sy yakıp yıkma, viran etme: *A devastating war.* **devastating** s **1** yıkıcı, tahrip edici. **2** çok iyi, müthiş, şahane, çok etkileyici. (**2.** anlamda k. dil.). (eş anl. **brilliant**).

develop [di'veləp] f+n/-n **1** gelişmek; geliştirmek. *The new town slowly developed until it became one of the largest towns in the country. I have a few ideas, but I need more time to develop them properly.* **2** (fotoğrafçı-

lıkta) filmi banyo etmek. *He developed the photographs which he had taken. He spent all day developing.* **development 1** i-sy gelişme, gelişim, ilerleme, kalkınma: *the development of mind and body; industrial development. The full development of the idea took many months.* **2** i+sy gelişmeler, yeni bir olay ya da haber; (son) gelişme: *the latest developments in agriculture/medicine; the major development during the day.* **development area** kalkınma bölgesi. **developing country** gelişmekte olan ülke; endüstri alanında henüz tam bir gelişme göstermemiş ülke.

deviate ['di:vieit] f-n (çoğk. **from** ile) sapmak, ayrılmak; doğru yoldan ayrılmak. *He never deviated from complete honesty.* **deviation** [di:vi'eifən] i+sy/-sy sapma.

device [di'vais] i+sy **1** icat, aygıt, cihaz, düzenek. *He invented a device for sharpening old razor blades.* **2** hile oyun, tertip. *That's cunning device, but it won't save him now.* **devise**'a bkz. **leave somebody to his own devices** (birisini) kendi haline, yardımsız bırakmak; kendi başının çaresine bakması için işine hiç karışmamak. *To our amazement, our host went away and left his guests to their own devices.*

devil ['devl] i+sy **1** kötü ruh. **2** (genl. **the Devil**) Şeytan; iblis. (eş anl. **Satan**). **3** kötü ruhlu birisi, Allahın belâsı biri. **the devil** hayret, şaşkınlık, vb. ifadeleri göstermek için *who/why where/what* ile birlikte kullanılır ve 'Hay Allah...!', 'Allah aşkına...!', 'Aman...!', 'Vay canına...!' gibi bir anlam gösterir. *What the devil are you doing?* **devil-may-care** kayıtsız, pervasız. *I don't like being a passenger in John's car: he has a very devil-may-care attitude to driving.* **Between the devil and the deep blue sea** aşağı tükürsem sakal, yukarı tükürsem bıyık; iki cami arasında kalma. *If the explorers went forward, they faced new dangers; if they went back, their mission had failled; they were between the devil and the deep blue sea.* **give the devil his due** kötü bir kişinin bile hakkını yememek. *I dont trust Jack but, give the devil his due, he has a very good sense of* *humour.* **talk/speak of the devil (and he's sure to appear)** iyi insan lafının üstüne gelirmiş/iti an, sopayı hazırla. *I am surprised that Jones has not come—well, speak of the devil, here he comes now!* **the luck of the devil** anasından sırf şans doğmuş. **devil's advocate** bir tartışmada gerçekten öyle olduğuna inanmadığı halde karşı fikri, veya görüşü destekleyen kimse. **devilish** *s* çok kötü, melun. *He can be really devilish when he doesn't get his own way.*

devious ['di:viəs] *s* 1 dosdoğru gitmeyen ya da en kestirme yolu izlemeyen; dolambaçlı. *We travelled by a devious route.* (*karş.* **straight forward**). 2 pek de dürüst olmayan.

devise [di'vaiz] *f+n* düşünüp bulmak; icat etmek. *He devised a machine that would use the same water over and over. He devised a way getting out of paying his debts without at the same time losing face in the community.* (*eş anl.* **invent**). Ayrıca **device**'a bkz.

devoid [di'void] *s* (**of** ile) (bir şey)siz; (bir şeyden) yoksun. *He is completely devoid of humour* (=Nükteden hiç anlamaz).

devote [di'vout] *f+n* (**to** ile) adamak, hasretmek, vakfetmek; bir şeyin bütününü bir işe vermek. *This magazine is devoted to the study of African history. He devoted himself to helping the poor.* **devotion** *i+sy* 1 (**for** ile) (bir kimseye olan) derin bağlılık, düşkünlük: *my mother's undying devotion for her children.* 2 (**to** ile) (bir şeye) kendini vakfetme, adama. *My devotion to duty was admired.* **devoted** *s* sadık, vefakâr, bağlı; üzerine titreyen, üstüne düşen. *He was a devoted servant.* **devotee** [devə'ti:] *i+sy* 1 düşkün, hayran, meraklı. 2 sofu, dindar.

devour [di'vauə*] *f+n* 1 kıtlıktan çıkmış gibi yiyip bitirmek; yalayıp yutmak, oburca yemek; gövdeye indirmek. *The antelope was devoured by a lion. She devoured a whole tin of beans.* 2 yakıp yok etmek, yakıp kül etmek. *The fire devoured the house.* 3 bir çırpıda okumak, bir nefeste okumak. *He devoured the book he had bought.*

devout [di'vaut] *s* sofu, mümin; dine içten bağlı olan. *She is a devout Muslim.*

dew [dju:] *i-sy* çiy, şebnem; havada buğu durumundayken akşamın ve gecenin serinliğiyle yerde, veya bitkilerin üzerinde toplanan küçük su damlaları. *My shoes were wet with early morning dew.* **dewy** [dju:i] *s* çiyli, çiyle ıslanmış; nemli. *The dewy emerald fields glistened in the sun.*

dexterity [deks'teriti] *i-sy* (özl. ellerin kullanımında) ustalık, beceriklilik. *He used the knife with dexterity and a sense of power.*

diabetes [daiə'bi:ti:z] *i-sy* şeker (hastalığı); kanda glikozun artması sonucu, idrarda şeker bulunması. *James suffers from diabets.* **diabetic** [daiə'betik] *i+sy* şeker hastası. *James is a diabetic.* Ayrıca *s* şeker hastalığına ait; şeker hastalıklı. *She bought some diabetic jam. He is diabetic.*

diagnose [daiəg'nouz] *f+n* hastalığın ne olduğunu araştırıp ortaya koymak; ayrıcalı olarak teşhis etmek. *The doctor has diagnosed the disease.* **diagnosis** [daiəg'nousis] *i+sy* 1 teşhis etme (işi). 2 bu işten sonra varılan karar, teşhis. *He's quite sure his diagnosis will be confirmed.* çoğ. biç. **diagnoses** [daiəg'nousi:z].

diagonal [dai'ægənl] *i+sy* köşegen; çapraz çizgi. *There was a diagonal red line on the label.* Ayrıca *s* diyogonal, çapraz.

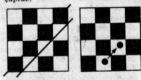

diagonal

diagram ['daiəgræm] *i+sy* şema, diyagram; herhangi bir olayın değişimini gösteren grafik.

dial ['daiəl] *i+sy* kadran; bazı aygıtlarda, üzerinde yazı, rakam, veya başka işaretler bulunan düzlem (örn. saat, telefon kadranı; otomobillerde benzin göstergesi, vb.) Ayrıca *f+n* telefon etmek, telefon numaralarını çevirmek. *Dial the police. Dial 999.* geç. zam. ve ort. **dialled** (*AmI'*de **dialed**). **dialling code** çevir kod numarası. **dialling tone** telefonda çevir sesi.

dialect ['daiəlekt] *i+sy* lehçe, ağız; bir

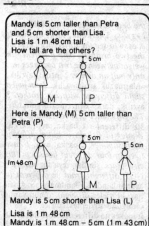

Mandy is 5 cm taller than Petra
and 5 cm shorter than Lisa.
Lisa is 1 m 48 cm tall.
How tall are the others?

Here is Mandy (M) 5 cm taller than
Petra (P)

Mandy is 5 cm shorter than Lisa (L)
Lisa is 1 m 48 cm
Mandy is 1 m 48 cm – 5 cm (1 m 43 cm)
Petra is 1 m 43 cm – 5 cm (1 m 38 cm)

diagram

dilin, o ülkenin bir bölgesinde konuşulan değişik bir biçimi: *Lancashire dialect; Cockney dialect.*

dialogue ['daiəlɔg] *i+sy* (özl. bir kitap, veya piyeste) karşılıklı konuşma. *Their dialogue was interrupted by Philip's voice. The action was good but the dialogue was forced.*

diameter [dai'æmitə*] *i+sy* çap; uç noktaları dairenin çevresi üzerinde bulunan ve çemberin merkezinden geçen doğru parçası. *It's diameter is twenty feet. It is twenty feet in diameter.* **diametrically** *z* bütünü ile, tamamen. *This is diametrically opposed to what I said.* (eş. anl. **totally**).

diamond ['daiəmənd] *i+sy* 1 elmas; çok sert değerli bir taş. 2 karo; üzerinde baklava biçiminde kırmızı şekiller olan bir iskambil kağıdı. **diamond jubilee** önemli bir olayın 60. yıldönümü. **diamond wedding** bir evliliğin 60. yıldönümü.

diaper ['daiəpə*] *i+sy* (*AmI*'de) bebek bezi. (*BrI*'de **nappy**).

diaphragm ['daiəfræm] *i+sy* diyafram; göğüs ve karın boşluklarını birbirinden ayıran ince ve geniş kas. *The diaphragm is a muscle which in breathing expands and contracts with tha walls of the chest.*

diarrhoea [daiə'riə] (*AmI*'de **diarrhea**)

i-sy ishal, amel. *I have diarrhoea. I am suffering from diarrhoea.* (karş. **constipation**). (eş anl. **the runs**).

diary ['daiəri] *i+sy* hatıra defteri; bir kimsenin yaşamındaki olayların günlük kaydı. *My daughter has kept a diary since 1985.*

dice [dais] *i+sy* veya içoğ oyun zarı. çoğ. biç. **dice.**
NOT: *dice* sözcüğü aslında *die*'ın çoğul biçimidir. Ama *die* artık kullanılmamakta olup resmi bir sözcük durumundadır. Günümüz İngilizcesinde bu sözcüğün *tek.* ve *çoğ. biç.* olarak sadece *dice* kullanılmaktadır. Ayrıca *f+n* sebze, vb. yiyecekleri ufak küpler halinde küçük küçük kesmek; kuşbaşı doğramak. **dicey** *s* oldukça riskli ve altından ne çıkacağı belli olmayan. *Hitch-hiking's a bit dicey in this area.* (k. dil.). **dice with death** ölümle kumar oynamak. *People who drive very fast in these bad conditions are dicing with death.*

dice

dicky-bird [dikibə:d] *i+sy* kuşçuk; büyükler çocuklarla konuşurken bazen kuşa bu adı vererek söylerler.

dictate¹ ['dikteit] 1 *f+n/-n* söyleyip yazdırmak; dikte etmek. *He dictated a letter to his secretary.* 2 isteklerini zorla kabul ettirmek; **dictation** *i-sy/ -sy* imlâ, dikte.

dictate² ['dikteit] *i+sy* (genl. çoğ. biç.) uyulması gereken bir emir: *the dictates of common sense.* **dictator** [dik'teitə*] *i+sy* diktatör; bütün siyasal yetkileri kendinde toplamış bulunan kimse. **dictatorial** [diktə'tɔ:riəl] *s* diktatörce, amirane. *The manager's dictatorial manner made him unpopular.* **dictatorship** [dik'teitə- ʃip] 1 *i-sy* diktatörlük; diktatörün yönetimi; diktatörlük dönemi. 2 *i+sy* diktatör tarafından yönetilen ülke.

diction ['dikʃən] *i-sy* diksiyon, ifade; seslerin, sözcüklerin, vurguların, anlam ve heyecan duraklarının hakkını vererek söyleme biçimi. *The actor*

spoke with a very clear diction.
dictionary ['dikʃənəri] *i+sy* sözlük, lügat. *(eş anl.* **lexicon).**
did [did] **do** fiilinin geçmiş zamanı ve ortacı.
didle ['didəl] *f+n* (parasını) dolandırmak. *This man didled me out of money. I was didled. (eş anl.* **swindle).**
die [dai] *f+n* **1** ölmek, vefat etmek. *He became very ill and then he died. He died happy. She died in a car crash.* **2** yavaş yavaş sona ermek; durmak, bitmek. *He watched his cigarette die in the ashtry. True love never dies.* şim. zam. ort. **dying. die away** yavaş yavaş yok olmak; gittikçe azalarak bitmek; alçalarak duyulmaz olmak. *The sound of the car died away.* **die down** yavaşlamak, şiddetini yitirmek, gittikçe hafiflemek, yatışmak. *The fighting has died down. The wind has died down a bit. The fire has died down.* **die out** tümü ile ortadan kalkmak; tükenmek. *Many of our traditions have died out. The great dinosaurs died out millions of years ago.* **be dying for something/to do something** bir şeye/bir şeyi yapmak için can atmak; çok istemek. *I'm dying to read Ed MacBean's new book. (k. dil.).* **the die is cast** ok yaydan çıktı; artık çok geç, dönüşü yok. *Since I have entered for the exam, the die is cast: I shall have to sit it.*
diesel ['di:zl] *i+sy* **diesel engine** sözünde—dizel motoru; sıkıştırılmış hava içine püskürtülen yakıtla çalışan motor. *This year one car in ten sold in Turkey will be a diesel.* **diesel oil/fuel** mazot.
diet ['daiət] *i+sy* **1** günlük besin; beslenme düzeni, veya biçimi. *His diet consisted of bread and lentils.* **2** perhiz, rejim; sağlığı korumak, veya düzeltmek amacı ile (genl. fazla kiloları atmak için) uygulanan beslenme düzeni. **be on a diet** perhizde, veya rejimde olmak. Ayrıca *f-n* perhiz yapmak; rejim uygulamak. *She is dieting because she wants to lose weight.*
differ ['difə*] *f-n* **1** benzememek, farklı olmak, başka olmak, ayrılmak. *The climate in the north differs from the climate in the south.* **2** ters düşmek, farklı düşünmek; aynı fikirde olmamak. *John and his brother differ on*

the best way to cook fish. **difference** *i+sy/-sy* **1** farklılık, fark, ayrılık. *It is easy to see the difference between the two brothers. The difference in weight between the two packages was only half an ounce.* **2** ihtilâf, ayrılık, anlaşmazlık, uyuşmazlık. *John had a slight difference with his brother.* **3** ayrılık, fark; benzemezlik miktarı. *The difference between 90 and 60 is 30.* **different** *s* **1** başka, ayrı, farklı. *Winter in Britain is quite different from summer.* **2** başka, ayrı. *I have lived in four different houses in this city. (karş.* **similar** veya **the same).**
NOT: *different from* ile *different to* aynı anlamda kullanılmasına rağmen bazı kimseler *different to*'nun yanlış olduğunu söylemektedirler.
it makes no difference/does not make any difference fark etmez; aynı şey, hepsi bir. *An extra few days would make no difference.* **it makes all the difference** bu her şeyi değiştirir. **split the difference** aradaki farkı paylaşmak, önerilen iki miktar arasındaki farkın yarısını kabul edip uyuşmak, uzlaşmak.
differential [difə'renʃəl] *i+sy* (matematikte) aradaki fark; nesneler arasındaki fark miktarı. **differentiate** [difə'renʃieit] *f+n/-n* (iki şey arasındaki) bir farkı görmek, veya (bu farkı) belirtmek. *It is difficult to differentiate between the two brothers.*
difficult ['difikəlt] *s* **1** zor, güç; yapılması, anlaması, vb. güç. *Many people did not finish the work because it was so difficult. That book is very difficult. It was very difficult to repair my car. (karş.* **easy).** *(eş anl.* **hard).** **2** (kişiler hk.) huysuz, geçimsiz; sürekli tartışan: *a difficult child.* **difficulty** *i+sy* zorluk, güçlük, müşkülat, sıkıntı. **have/find difficulty doing something** bir şeyi yapmakta güçlük çekmek. **with difficulty** güçlükle.
diffident ['difidnt] *s* kendi gücüne güveni eksik olan, bu eksikliği nedeniyle de konuşmaktan kaçınan; çekingen. *He is so diffident that he is afraid to meet other people. (karş.* **confident).** **diffidence** *i-sy* kendine güvensizlik.
dig¹ [dig] *f+n/-n* (toprağı) kazmak; toprağı kaldırıp atarak (bir çukur) açmak. *The workmen dug a hole. The dog began to dig.* şim. zam. ort.

digging. *geç. zam.* ve *ort.* dug.

dig² [dig] *i+sy* (sivri uçlu bir şeyle) (özl. parmakla) dürtme. digs içoğ pansiyon, lojman; öğrenci yurdu: *live in digs. (k. dil.).* NOT: *digs* yerine daha resmi olan *lodgings* kullanılır.

digest¹ [di'dʒest] *f+n/-n* 1 (yiyecekler hk.) sindirmek, hazmetmek; sindirilmek, hazmedilmek. *He is digesting his dinner. His food is still digesting.* 2 üzerinde düşünüp zihnine sindirmek. *He is still digesting the sad news.* digestible *s* kolayca hazmedilebilir. *Glucose is an easily digestible form of sugar.* (karş. indigestible). digestion *i-sy* 1 yiyecekleri sindirme gücü, hazım. *He has a good digestion.* 2 hazmetme, sindirme. 3 sindirim sistemi. (*eş anl.* digestive system). Ayrıca indigestion'a bkz.

digest² ['daidʒest] *i+sy* (bir yazı hk.) kısa bir anlatım; özet.

digit ['didʒit] *i+sy* 1 0'dan 9'a kadar olan sayılardan herhangi biri. 2 el, veya ayak parmaklarından biri. digital computer için computer'a bkz.

dignity ['digniti] *i-sy* ağırbaşlılık, vakar; sakin, ciddi ve kendini önemseyen bir davranış. *The man has a lot of dignity. He has no dignity; he is always behaving foolishly.* dignitary ['dignitəri] *i+sy* yüksek mevki sahibi bir kimse; ileri gelen; (özl. kilisede) yüksek bir makamda bulunan biri. (*eş anl.* VIP). dignify ['dignifai] *f+n* değer, paye, şan ve şeref vermek. dignified *s* ağır başlı, vakur. (*karş.* undignified.

digress [dai'gres] *f-n* konudan ayrılmak, sapmak; konu dışına çıkmak. *I started to lecture on the effects of smoking but I'm afraid I have digressed.* digression *i+sy/-sy* konudan ayrılma.

dike, dyke [daik] *i+sy* 1 set, bent; suyun yayılmasını önlemek için yapılan kalın duvar. 2 su yolu, hendek.

dilapidation [dilæpi'deiʃən] *i-sy* bakımsızlıktan yıkılma, harap olma. dilapidated *s* harp, yıkık dökük: *a dilapidated fence.*

dilate [dai'leit] *f+n/-n* (özl. vücudun bazı kesimleri hk.) genişlemek, açılmak, büyümek; genişletmek, açmak, şişirmek. *His eyes dilated with surprise. He dilated his nostrils.* (karş.

contract). (*eş anl.* widen).

dilemma [dai'lemə] *i+sy* çıkmaz, açmaz; ikilem; ikisi de hiç istenmeyen iki seçenekten birini seçmek zorunda kalma. *The doctor was in a dilemma, should he tell his patient that he would probably not recover or should he tell a lie.*

diligence ['dilidʒəns] *i-sy* gayretli olma niteliği; çalışkanlık. diligent *s* çalışkan, gayretli. *The diligent worker was promoted to foreman.*

dill [dil] *i-sy* dereotu.

dillydally ['dili'dæli] *f-n* oyalanmak, sallanmak; (genl. kararsızlık sonucu olarak) boşuna zaman harcamak. *John dillydallied over what film to go to until it was too late to go to any of them. (k. dil.).*

dilute [dai'lju:t] *f+n* (genl. su ilâve ederek, katarak) (başka bir sıvıyı) inceltmek, sulandırmak. Ayrıca *s* inceltilmiş, sulandırılmış.

dim [dim] *s* 1 loş, donuk; parlak olmayan. *The lights are dim.* 2 kalın kafalı. (*k. dil*). (*eş anl.* thick). Ayrıca *f+n/-n* loşlaştırmak; donuklaşmak. *She dimmed the lights in the sick child's bedroom. geç. zam.* ve *ort.* dimmed. dimmer ışığın şiddetini yavaş yavaş azaltan elektrik düğmesi. (Ayrıca dimmer switch de denir). take a dim view of something bir şeyi yadırgamak, uygun bulmamak. *I take a dim view of her failure to pay me back.*

dime [daim] *i+sy (AmI'de)* on sentlik madeni para; on sent. (*k. dil.*).

dimension [dai'menʃən] *i+sy* boyut; doğruların, yüzeylerin, veya cisimlerin ölçülmesinde ele alınan üç doğrultudan, uzunluk, genişlik ve derinlikten her biri; buut.

diminish [di'miniʃ] *f+n/-n* azaltmak, küçültmek; azalmak, ufalmak. *As people approach old age their energy may diminish. As his confidence in his work increased, his anxieties about it diminished.* diminutive [di'minjutiv] *s* küçücük, ufacık, minimini. Ayrıca *i+sy* küçültme sözcüğü; '-cik' sözcüğü (örn. piglet (=*a baby pig* (=domuzcuk, domuz yavrusu)).

dimple ['dimpl] *i+sy* gamze; bazı insanların çenelerinde, yanaklarında doğal olarak bulunan, veya güldükleri zaman görülen küçük çukur. *Jane has dimples in her cheeks when she smiles.*

dimwit ['dimwit] *i+sy* ahmak kimse, alık. (*eş anl.* **dunce**).

din [din] *i-sy* gürültü, patırtı, şamata: *the ear-splitting din of a factory.* Ayrıca *f+n* gürültü etmek. **din something into someone** bir şeyi tekrar tekrar söyleyerek bir kimsenin kafasına sokmak. *We have been trying to din some sense into him.*

dine [dain] *f+n* akşam yemeği yemek. *She ate a light lunch so that she would be able to dine later without a guilty conscience.* **diner** *i+sy* 1 akşam yemeği yiyen kimse. 2 (özl. *Aml'*de lokantalı vagon. **dining car** (trenlerde) lokantalı vagon. **dining room** yemek odası. **dine out** akşam yemeğini dışarda (örn. bir lokantada, birisinin evinde) yemek. *We seldom dine out because of the high prices.* (*karş.* **dine in**). (*eş anl.* **eat out**).

dinghy ['diŋgi] *i+sy* dingi; bir çifte kürekli küçük sandal, veya yelkenli.

dingy ['dindʒi] *s* karanlık ve pis: *a dingy room. They live in a dingy flat.*

dinner ['dinə*] *i+sy/-sy* 1 öğlen yemeği. 2 akşam yemeği. *Where were you at dinner yesterday?* NOT: İngiltere'de işçi sınıfının çoğunluğu *dinner'*ı öğle yemeği için kullanır; orta direk ise akşam yemeği için kullanır. 3 akşam ziyafeti; bir olayı kutlamak için, veya önemli birinin şerefine düzenlenen yemek. (*eş anl.* **banquet**).

dinosaur ['dainɔsɔ:*] *i+sy* dinazor; ilk çağlarda yaşamış, günümüze fosilleri kalmış bir sürüngen.

dint [dint] *edat* **by dint of** sözünde— vasıtasıyla. *I succeeded by dint of hard work.* (*eş anl.* **by means of**).

diocese ['daiəsis] *i+sy* piskoposun yönetimi altında bulunan bölge.

dip¹ [dip] *f+n/-n* 1 alçalmak, meyil yapmak. *The road dips as it approaches the river. The land dips towards the river.* 2 (kaplama yapmak, veya ıslatmak için) bir sıvının içine daldırıp çıkarmak ya da dalıp çıkarılmak. 3 batmak, veya birden batıp kaybolmak. *The sun dipped below the horizon.* 4 arabanın uzun farlarını söndürüp kısa farlarını yakmak. 5 (elini, parmaklarını) (bir kaba, cebe, vb.) (bir şeyi alıp çıkar-

mak için) daldırmak, sokmak. *He dipped in his pocket for money.* **dip into one's savings/purse/pocket** para harcamak, masrafa girmek. *geç. zam. ve ort.* **dipped**.

dip² [dip] *i+sy* 1 (denizde, gölde) suya bir dalıp çıkma; acele banyo. 2 meyil, iniş; hafif bir alçalma. *We had reached the dip in the road that led down to the hotel and he stopped.* 3 çukur.

diphtheria [dip'θiəriə] *i-sy* kuşpalazı, difteri; (özl. çocuklarda görülür) burun, boğaz, yutak çeperlerine yerleşen mikropların yol açtığı bulaşıcı hastalık. *The patient was suffering from diphtheria.*

diphthong ['difθɔŋ] *i+sy* 1 diftong; iki ünlünün meydana getirdiği ses, örn. *ice* sözcüğündeki [ai] sesi. 2 bir ses halinde söylenen iki ünlü harf, örn. *meat* sözcüğündeki *ea*.

diploma [di'ploumə] *i+sy* diploma; bir kimsenin herhangi bir okulu, veya öğrenim programını başarı ile tamamladığını gösteren resmi bir belge.

diplomat ['dipləmæt] *i+sy* diplomat; uluslararası konularda ülkesini temsil etmekle görevlendirilen kimse. **diplomatic** [diplə'mætik] *s* 1 hariciyeye ait, diplomatik. 2 ustaca, becerikli. *He was very diplomatic in dealing with customers' complaints.* (*karş.* **undiplomatic**). **diplomatic immunity** diplomatik dokunulmazlık. **diplomacy** [di'plouməsi] *i-sy* diplomasi; yabancı bir ülkede ve uluslararası toplantılarda ülkesini temsil etme işi ve sanatı. 2 güç bir görüşme sırasında gösterilen ustalık ve beceriklilk.

dire [daiə*] *s* dehşetli, korkunç, müthiş: *be in dire peril* (=korkunç bir tehlike içinde olmak).

direct¹ [dai'rekt] *s* bir yana sapmadan giden; dosdoğru, doğrudan doğruya. *I want to travel by the most direct route. He got a direct flight to Tangier. The bomb made a direct hit on the post office. He gave me a direct answer to my question.* (*karş.* **indirect**). **directly** *z* 1 hemen, derhal; yapar yapmaz, olur olmaz. *He came directly I called. Directly you feel any pains, you must go to the doctor.* 2 doğrudan doğruya. *He drove home directly.* **direct object** (dilb.) dolaysız nesne; içinde geçişli bir fiil bulunan bir cümlenin anlamını tamamlamak için gereken bir isim, veya bir isim grubu (örn. *I saw John* cümlesinde *'John'* dolaysız nesnedir. **direct speech** dolaysız söz; bir kimsenin söylemiş olduğu sözler dilbilgisi kurallarına göre hiç değiştirilmeden aynen söylenir. *(karş.* **indirect speech** veya **reported speech**). **indirect speech**'e bkz.

direct² [dai'rekt] *f+n/-n* 1 emretmek, emir vermek. *He directed the men to move the furniture.* 2 idare etmek, yönetmek. *I shall direct the work. Richard Smith directed that film.* 3 yolu tarif etmek. *Can you direct me to the post office?* 4 ...-e (doğru) yöneltmek. *At a meeting, you must direct your remarks to the chariman. He directed his attention to me. We directed our course towards Tangier.* **direction** [dai'rekʃən] 1 *i+sy* yön, taraf, cihet. *London is in that direction. I went in the direction of the station.* 2 *i-sy* yönetme, yönetim, idare: *work under somebody's direction.* 3 *i+sy* (genl. çoğ. biç.) talimat, yönerge. *I followed your directions.* **directive** *i+sy* direktif, emir, kararname. *A directive was issued to all executives concerning an increase in productivity during the next year.* **director** *i+sy* 1 yönetici, müdür. *The board of directors meets once a month to make sure the manager is following their orders.* 2 yönetmen, rejisör. **directory** *i+sy* kılavuz, rehber; içinde isimler, tarihler, bilgiler bulunan bir kitap.

dirge [də:dʒ] *i+sy* ağıt, mersiye; ölen bir kimsenin iyi hallerini ve ölümünden duyulan acıları sayıp dökmek üzere söylenen söz, veya okunan ezgi. *(eş anl.* **elegy, lament**).

dirt [də:t] *i-sy* 1 toz, toprak, çamur. *He was sitting in the dirt.* 2 kir, pislik. *There is dirt on your face. She washed the dirt out of the clothes.* **dirty** *s* 1 kirli, pis. *His hands were dirty after he had been working in the garden. The children were dirty from the journey.* 2 açık saçık, müstehcen: *dirty books.* Ayrıca *f+n* kirletmek, pisletmek. *Who dirtied the clean floor?* **dirt-cheap** sudan ucuz, çok ucuz. *The bicycle was dirt-cheap. I bought this car dirt-cheap.* **dirt road** toprak yol.

dis- [dis] *ön-ek* bir şeyin karşıt anlamını oluşturur (örn. **disagree, dislike, displease, dissatisfy**).

disable [dis'eibl] *f+n* 1 sakatlamak, sakat etmek. *He was disabled in the accident. (eş anl.* **cripple**). 2 saf dışı bırakmak; ehliyetsiz kılmak. **the disabled** *içoğ.* sakatlar. **disability** [disə'biliti] *i+sy/-sy* 1 sakatlık, malüliyet. *(eş anl.* **handicap**). 2 ehliyetsizlik, yetersizlik.

disadvantage [disəd'va:ntidʒ] *i+sy/-sy* aleyhte olan bir durum, dezavantaj. *To have only one leg is a disadvantage. (karş.* **advantage**). **disadvantaged** *s* sosyal ve ekonomik bakımdan imkânları kıt olan. *Many disadvantaged people receive a pension to help them buy some of the things they need.* **disadvantageous** [disædadva:n'teidʒəs] *s* sakıncalı, müsait olmayan, aleyhine olan.

disagree [disə'gri:] *f-n* 1 uyuşmamak, aynı fikirde olmamak. *After a long discussion, the two sides still disagreed. The two reports of the disaster disagree as to the number of casualties. (karş.* **agree**). 2 (yiyeceklerle ilgili olarak) dokunmak, yaramamak. *Some kinds of meat disagree with me.* **disagreement** *i-sy* anlaşmazlık, ayrılık. *We are having a disagreement over whom to invite to the party.* **disagreeable** *s* 1 hoşa gitmeyen, tatsız: *a disagreeable task.* 2 huysuz, ters, aksi: *a disagreeable person.*

disallow [disə'lau] *f+n* (resmi kararla bir şeyi) kabul etmemek. *The referee disallowed the goal* (=Hakem golü saymadı).

disappear [disə'piə*] *f-n* gözden kaybolmak; yok olmak, sırra kadem basmak. *The snow on the roads disappeared when the sun shone. She disappeared around the corner.* **disappear into thin air** ortadan yok olmak; sanki yer yarıldı da içine girdi. *My notebook was on the table a few minutes ago, but now it seems to have disappeared into thin air.* **disappearance** *i-sy* ortadan kaybolma, gözden kaybolma.

disappoint [disə'pɔint] *f+n* düş kırıklığına uğratmak; ümitlerini boşa çıkarmak. *I promised to buy my son a new bicycle but I had to disappoint him.* **disappointment** *i+sy/-sy* düş kırıklığı, ümidi boşa çıkma. *It was a great disappointment to me when it rained on my birthday.* **disappointed** *s* düş kırıklığına uğramış; ümidi kırılmış. **disappointing** *s* düş kırıklığına uğratan. *His examination results are disappointing.*

disapprove [disə'pru:v] *f-n* uygunsuz bulmak, beğenmemek; uygun görmemek, onaylamamak. *I disapprove of children smoking cigarettes.* (*karş.* **approve**). **disapproving** *s* onaylamayan, uygun bulmayan. **disapproval** *i-sy* beğenmeyiş, hoşnutsuzluk.

disarm [dis'a:m] **1** *f-n* (bir ülke hk.) silâhsızlanmak; sayıca, silah, cephane, asker, uçak, vb. azaltmak. **2** yumuşatmak, yatıştırmak. *We were angry but he disarmed us by his smile. He disarmed his opponents by his frankness* . **disarmament** [dis'a:məmənt] *i-sy* silâhsızlanma.

disarray [disə'rei] **in disarray** sözünde—karışıklık, kargaşa içinde olmak. *Our army was in disarray after the battle.*

disaster [di'za:stə*] *i+sy/-sy* facia, felâket; çok büyük ve korkunç bir kaza, veya talihsizlik. *Three hundred people were killed in the disaster.* **disastrous** [di'za:strəs]'s felâket getiren.

disband [dis'bænd] *f+n/-n* organize olmuş bir grubu, veya topluluğu dağıtmak, ayırmak; dağılmak, ayrılmak. *The six criminals agreed to disband. The government disbanded all political parties.*

disbelieve [disbi'li:v] *f+n* inanmamak. *I disbelieve it completely.* **disbelief** [disbi'li:f] *i-sy* güvensizlik; inanmayış.

disc, disk [disk] *i+sy* **1** disk; yassı ve yuvarlak bir cisim. **2** gramofon plağı. **disc jockey** radyoda, veya bir diskotekte plakları tanıtıp çalan bir kimse. (*eş anl.* **DJ**).

discard [dis'ka:d] *f+n* gereksiz ya da yararsız sayarak atmak; ıskartaya çıkarmak. *He discarded all his clothes.*

discern [di'sə:n] *f+n* (özl. görülmesi, hissedilmesi, koklanması, vb. güç olan bir şeyi) görmek, anlamak, farketmek, farkına varmak, seçmek. *I discerned a fault in his argument.* **discerning** *s* nitelikten anlar; ayırt edip karar verecek güce sahip.

discharge [dis'tʃa:dʒ] *f+n* **1** ateş etmek. *He discharged the gun.* **2** işten

atmak; yol vermek. *He discharged his servant.* **3** dökmek, boşaltmak, akıtmak. *Some towns discharge rubbish into the sea.* **4** (görevleri, sorumlulukları) yerine getirmek. *He discharged his responsibilites as mayor.* **5** tahliye etmek, serbest bırakmak. *The judge found him not guilty and discharged him.* **6** (hastahaneden) taburcu etmek. *The hospital discharged the patient.* Ayrıca *i+sy/-sy* **1** tahliye etme. **2** (hastahaneden) taburcu etme. **3** dökme, boşaltma. **4** işten çıkartma. **discharge a debt** bir borcu ödemek.

disciple [di'saipl] *i+sy* mürit; (özl. Hz. İsa'nın 12 yardımcısından birisi) Havari.

discipline ['disiplin] **1** *i-sy* disiplin. *Soldiers have to learn discipline.* **2** *i-sy* denetim; düzen; inzibat, otorite. *The officer had no discipline over his men.* **3** *i+sy* üniversitede bilim dalı. Ayrıca *f+n* **1** disiplin sağlamak, eğitmek. *He disciplined the new soldiers.* **2** cezalandırmak. *He disciplined us for being careless by making us pay for the new window.*

disclaim [dis'kleim] *f+n* (bir şey ile herhangi bir ilgisi olduğunu) kabul etmemek, reddetmek. *He disclaimed any interest in the plan.*

disclose [dis'klouz] *f+n* **1** (gizli bir şeyi) açığa vurmak; ifşa etmek. *He disclosed that he had made arrangements to buy a new car.* **2** meydana sermek, ortaya çıkarmak. **disclosure** *i+sy/-sy* açığa vurma; ortaya çıkarma.

disco ['diskou] *i+sy* (=**discotheque**). *I learned a new dance at the disco last night.* (*k. dil.*).

discolour [dis'kʌlə*] (*AmI*'de **discolor**) *f+n/-n* rengini bozmak, soldurmak. *Smoke and dirt had discoloured the walls. If the skin on the lips is discoloured it may indicate that the patinet has swallowed a poison.*

discomfort [dis'kʌmfət] *i+sy* **1** (utanç ya da mahcubiyetten doğan) huzursuzluk, sıkıntı, üzüntü. *Jane's letter caused me some discomfort.* **2** rahatsızlık, ıstırap. *My broken arm caused me great discomfort.*

disconcert [diskən'sə:t] *f+n* (birisini) şaşırtmak, endişenlendirmek. *We were rather disconcerted when he* *rudely refused our invitation.*

disconnect [diskə'nekt] *f+n* (bir makine parçası, veya elektrik cihazı hk.) bağlantısını kesmek. *He disconnected the antenna of the television.* **disconnected** *s* (düşünceler, veya konuşmalar hk.) bağlantısız, kopuk, iyi planlanmamış.

discontent [diskən'tent] *i-sy* hoşnutsuzluk; memnun olmayış. *(eş anl. dissatisfaction).* **discontented** *s* gayri memnun, hoşnutsuz. *He is discontented with his job.*

discontinue [diskən'tinju] *f+n/-n* (yarıda) kesmek, bırakmak, sona erdirmek. *The doctor decided to discontinue the treatment.*

discord ['disko:d] *i+sy/-sy* 1 anlaşmazlık, uyuşmazlık. *Discord between branches of a family often lasts for generations.* 2 (özl. müzikte) ahenksizlik, akortsuzluk. **discordant** [dis-ko:dnt] *s* 1 aralarında uyuşmazlık bulunan, muhalif. 2 (müzikte) uyumsuz, düzensiz. *If the orchestra doesn't tune up properly the music will be discordant.*

discotheque ['diskoutek] *i+sy* diskotek; plaktan çalınan pop müziği eşliğinde gençlerin dans ettiği kulüp. *How about going to a discotheque?*

discount ['diskaunt] *i+sy* indirim, iskonto. *Some shops give a discount to students.* Ayrıca *f+n* [dis'kount] 1 iskonto yapmak, indirim yapmak. *They are discounting the price five percent today.* 2 aldırmamak, önem vermemek. *Discount half of what he says.*

discourage [dis'kʌridʒ] *f+n* 1 cesaretini kırmak; moralini bozmak. *I put new locks on my doors to discourage thieves.* (karş. **encourage**). 2 (birisinin bir şey yapmasına) engel olmak; (onu) vazgeçirmek. *I discouraged him from borrowing the money.* **discouraging** *s* düşkırıklığına uğratan; cesaret kırıcı. *His discouraging talk began to make us lose hope.*

discover [dis'kʌvə*] *f+n* (gizli veya bilinmeyen bir şeyi) bulmak, keşfetmek, ortaya çıkarmak. *Columbus discovered America. I discovered a new way home. Fleming discovered penicillin.* **discovery** *i+sy/-sy* keşif, buluş. *Columbus's discovery was at first misunderstood.*

discredit [dis'kredit] *f+n* 1 inanmamak, itimat etmemek. *He has discredited John's story at last.* 2 gözden düşürmek, itibarını sarsmak. *She was discredited by the details which now came to light.* Ayrıca *i+sy/-sy* inanmama; itibarını kaybetme.

discreet [dis'kri:t] *s* ihtiyatlı, tedbirli, ağzı sıkı; sağduyulu. *His secretary was very discreet in his presence, but in his absence more free and jolly.* (karş. **indiscreet**). **discreetly** *z* akıllıca; tedbirli olarak. **discretion** [dis'kreʃən] *i+sy* 1 basiret, sağgörülü olma niteliği; kibarlık, nezaket. 2 karar verebilme yeteneği; yargı gücü. *Use your own discretion* (=Yapılması gereken neyi düşünüyorsan onu yap). (karş. **indiscretion**).

discrepancy [dis'krepənsi] *i+sy* 1 uymazlık, farklılık. 2 çelişki, ayrılık, başkalık. *There is a discrepancy between what you say and what John says.*

discriminate [dis'krimineit] *f-n* ayırım yapmak; farklı muamele etmek. *A teacher must not discriminate between pupils.* **discrimination** [dis-krimi'neiʃən] *i-sy* ayırım, fark gözetme. *There shall be no discrimination because of race, colour or country of origin.* **discriminating** *s* ince farkları ayırtederek en iyisini seçebilen.

discuss [dis'kʌs] *f+n* tartışmak, görüşmek. *We discussed the situation.* (eş anl. **talk over**). **discussion** [dis-kʌʃən] *i+sy/-sy* müzakere, görüşme, tartışma. *We had a discussion about the strike.*

disdain [dis'dein] *f+n* aşağı görmek, hor görmek, tepeden bakmak, küçümseme ile davranmak; dudak bükmek. *He disdained to steal.* Ayrıca *i-sy* aşağılama, küçümseme; dudak bükme. *He spoke to the poor young man with disdain.* **disdainful** *s* kibirli, hor gören. *The nobles were disdainful of the peasants.*

disease [di'zi:z] *i+sy/-sy* hastalık; mikrop kapma sonucunda ya da kötü bir tümör nedeni ile ortaya çıkan sağlıksız bir durum. *A person with that disease will have a fever.* (eş anl. **sickness**).
NOT: çiçek hastalığı, veya kanser; ayağın kırılması ya da kurşun yarası *disease* değildir.

diseased *s* hastalıklı; hasta.

disembark [disim'ba:k] *f+n/-n* (bir gemiden) sahile çıkmak, veya (bir uçaktan) inmek; karaya çıkarmak. *Passengers should check their luggage before they disembark. (eş anl.* **embark**).

disentangle [disin'tæŋgl] *f+n* **1** bir ipin, vb. düğümlerini çözüp açmak. **2** karmaşık olmaktan kurtarmak, çözmek; bir çok şey arasında bulup ayırmak. *Inspector Holt disentangled the facts of the case. It took him some time to disentangle a pound note from the other crumpled paper in his pocket.*

disfigure [dis'figə*] *f+n* güzelliğini bozmak; çirkinleştirmek, biçimini bozmak. *He disfigured the picture by throwing ink at it.*

disgrace [dis'greis] *i-sy* **1** utanç, ayıp; onur yitirme. *He suffered the disgrace of being beaten by a boy much smaller than he was.* **2** yüz karası. *That boy is a disgrace to his family* (= Çocuk ailesi için bir utanç kaynağıdır). Ayrıca *f+n* utanç yaratacak biçimde rezil etmek; gözden düşürmek. **disgraceful** *s* ayıp, utandırıcı. **be in disgrace** gözden düşmüş olmak. *That boy is in disgrace with the headmaster.*

disgruntled [dis'grʌntəld] *s* (istediğini elde edemeyince) kırılmış; küskün. *He is disgruntled because he has to leave for work so early.*

disguise [dis'gaiz] *i+sy/-sy* değiştirilmiş kılık, kılık değişikliği; tebdili kıyafet. *He grew a moustache and wore dark glasses as a disguise because the police were looking for him. He went to the house in disguise.* Ayrıca *f+n* **1** kılık kıyafet değiştirmek. *He was disguised as an old man.* **2** (hisleri, vb.) gizlemek, saklamak. *He disguised his greed with generous words.*

disgust [dis'gʌst] *i-sy* tiksinti, iğrenme. *The food tasted so unpleasant that I threw it away in disgust.* Ayrıca *f+n* tiksindirmek, iğrendirmek. *The food disgusted me.* **disgusting** *s* tiksindirici, iğrenç.

dish [diʃ] *i+sy* **1** servis tabağı. **2** pişmiş ya da hazırlanmış yiyecek; (bir porsiyon) yemek. *Fried chicken is my favourite dish.* Ayrıca *f+n* (Brİ'de)

mahvetmek, bozmak. *He dished his chances of getting the job.* **dishes** içoğ kap kacak; tüm tabaklar, fincanlar, bıçaklar, çatallar, vb. **dishwasher** *i+sy* bulaşık yıkama makinesi. **dishwater** *i-sy* bulaşık suyu. **dishy** *s* (hanımların bir erkek hk. düşüncesi) seksi, çekici, yakışıklı. **dish it out** bir kimseye ceza vermek, cezaya çarptırmak. *He can't take it, but he can sure dish it out.* **dish up** tabağa koyup servis yapmak. *She dished up the stew.*

disheartened [dis'ha:tənd] *s* cesareti kırılmış, umudunu yitirmiş. *The failure of his first attempt disheartened him.* **disheartening** *s* cesaret kırıcı, umut yitirici. *The news that the Prime Minister was to resign was very disheartening to the people.*

dishevelled [di'fevəld] (*AmI*'de **disheveled**) *s* (kişisel görünüm hk.) darmadağınık, düzensiz, karmakarışık. *Jane's hair was dishevelled by the wind.*

dishonest [dis'ɔnist] *s* namussuz, şerefsiz, haysiyetsiz; sahtekâr. *The dishonest employee lost his job. (eş anl.* **deceitful**). **dishonesty** *i-sy* namussuzluk, şerefsizlik; sahtekârlık. (*karş.* **honesty**).

dishonour [dis'ɔnə*] (*AmI*'de **dishonor**) *i-sy* onursuzluk, şerefsizlik; yüz karası bir şey. **dishonourable** *s* namussuz, şerefsiz.

disillusion [disi'lu:ʒən] *f+n* yanılgıdan kurtarmak; gözünü açmak; (özl. tatsız olan gerçeği söylemek, veya göstermek). *He thought that he had won the prize, but I disillusioned him.*

disinfect [disin'fekt] *f+n* dezenfekte etmek, mikroplardan temizlemek. *Every day she disinfects the sink.* **disinfectant** *i+sy/-sy* dezenfektan, mikrop kırma özelliği olan madde. Ayrıca *s* dezenfektant, mikrop kırma özelliği olan.

disintegrate [dis'intigreit] *f+n/-n* parçalara ayırmak, bölmek; parçalara ayrılıp dağılmak. *The bomb disintegrated when it exploded.*

disinterested [dis'intərestid] *s* **1** tarafsız, yansız; adilce davranmaya yatkın olan. *They called for a disinterested outsider to settle the dispute. His disinterested kindness to us in our days of misfortune can never be forgotten. (karş.* **biased**). *(eş*

anl. **impartial).** 2 ilgisiz; aldırış etmeyen.
NOT: Birçok kimse bu sözcüğün 2. anlamda kullanılmasının yanlış olduğunu ve yerine *uninterested'in* kullanılmasının gerektiğine inanırlar.

disjointed [dis'dʒɔintid] *s* (konuşmalar, veya yazılar hk.) tutarsız, kopuk; ipe sapa gelmez. *His story was so disjointed we couldn't work out who had really hidden the chocolate biscuits.*

disk [disk] *i+sy* disc'e bkz.

dislike [dis'laik] *f+n* sevmemek, hoşlanmamak. *I dislike beer. He dislikes working.* Ayrıca *i+sy/-sy* hoşlanmayış, sevmeme, nefret: *feel dislike for something. I could not hide my dislike of him.* **take a dislike to someone/something** bir kimseden/bir şeyden soğumaya başlamak.

dislocate ['dislǝkeit] *f+n* **1** (bir kemiği) oynak yerinden çıkarmak. (örn. bir kazada olduğu gibi). *He dislocated his arm in a fall.* **2** bozmak, altüst etmek.

dislodge [dis'lɔdʒ] *f+n* yerinden zorlayıp çıkarmak. *He dislodged a stone from the mountainside.*

disloyal [dis'lɔiǝl] *s* sadakatsiz, vefasız. *It was disloyal of you not to take my side in the argument.* (*eş anl.* **unfaithful).**

dismal ['dizml] *s* **1** loş ve kasvetli: *a dismal room. The weather has been dismal for days.* **2** kederli, neşesiz: *a dismal person. Sickness or bad luck often makes a person feel dismal.*

dismantle [dis'mæntl] *f+n/-n* sökmek, söküp parçalara ayırmak; sökülmek, sökülebilmek. *He dismantled his old car. These chairs dismantle for storage.*

dismay [dis'mei] *i-sy* korkulu bir umutsuzluk. *The mother was filled with dismay when her confessed he had robbed the store.* Ayrıca *f+n* içine korkulu bir umutsuzluk salmak. *The thought that she might fail the arithmetic test dismayed her.*

dismiss [dis'mis] *f+n* **1** gitmesine izin vermek, bırakmak. *After talking to the pupils, the headmaster dismissed them to their classrooms.* **2** (işten) çıkarmak, atmak, yol vermek. *He has been dismissed from his job with the railway.* **3** (aklından) çıkarıp atmak.

I have dismissed the matter from my mind. **dismissal** *i+sy/-sy* işten atma, azletme.

dismount [dis'maunt] *f+n* (attan, bisikletten, vb.) inmek. *The cavalry dismounted near the woods.* (*karş.* **get on).** (*eş anl.* **get off).**

disobey [disǝ'bei] *f+n/-n* itaat etmemek, söz dinlememek: *disobey the headmaster; disobey an order.* (*eş anl.* **obey).** **disobedient** [disǝ'bi:diǝnt] *s* itaatsiz. *The disobedient girl was punished.* (*eş anl.* **obedient). disobedience** [disǝ'bi:diǝns] *i-sy* itaatsizlik. *Disobedience cannot be allowed in the army.*

disorder [dis'ɔ:dǝ*] **1** *i-sy* karışıklık, düzensizlik. *His room was in disorder.* **2** *i+sy/-sy* (genl. siyasi amaçlı) kargaşalık. *The riots led to greater national disorder.* **3** *i+sy* hafif hastalık, rahatsızlık. *The doctor says it's just a stomach disorder; nothing serious.* **disorderly** *s* **1** karışık, düzensiz, intizamsız. **2** gürültülü, patırtılı, şamatalı.

disown [dis'oun] *f+n* ilişkisi olmadığını söylemek, kabul etmemek; reddetmek. *Mr Dyson disowned his wicked son.*

disparity [dis'pæriti] *i+sy/-sy* eşitsizlik; fark. *There is a great disparity between the salaries of Mr Brown and Mr Smith. There was a disparity in their height.*

dispassionate [dis'pæʃǝnǝt] *s* heyecansız, sakin, serinkanlı; hislerine kapılmayan; bir tartışma sırasında taraf tutmayan. *To a dispassionate observer, the drivers of both cars seemed equally at fault.* (*eş anl.* **impartial).**

dispatch, despatch [dis'pætʃ] *f+n* göndermek, yollamak, sevketmek. *He dispatched a telegram.* Ayrıca *i+sy* haber, rapor, mesaj.

dispel [dis'pel] *f+n* (özl. korkuları, tasaları, vb.) dağıtmak, defetmek, gidermek. *His explanation of what the noise really was dispelled all my fears.* geç. zam. ve ort. **dispelled.**

dispense [dis'pens] *f+n/-n* ilaç hazırlayıp vermek, veya satmak. *The pharmacist dispensed the prescription with great care.* **dispenser** *i+sy* eczacı, ilaç veren kimse. **dispensary** [dis'pensǝri] *i+sy* dispanser; hastalara bakılan ve ilaç verilen bir yer. **dispense with something** (özl. artık ihtiyacı olmadığı için bir şeyi kullanmaktan) vazgeçmek ya da onu bir kenara atmak. *I can dispense with these old clothes.* (*eş anl.* **discard**).

disperse [dis'pə:s] *f+n/-n* dağıtmak; dağılmak, ayrılmak. *The crowd of people slowly dispersed. The police dispersed the crowd.* **dispersal** *i-sy* dağıtma; dağılma.

dispirited [dis'piritid] *s* morali bozulmuş, keyifsiz, neşesiz, heyecanını ve hevesini yitirmiş. (*eş anl.* **disheartened**).

displace [dis'pleis] *f+n* 1 yerinden çıkarmak, yerini değiştirmek. *The impact displaced the foundations of the house.* 2 (bir şeyin, veya bir kimsenin) yerini almak, yerine geçmek. *John has displaced Tom.*

display [dis'plei] *f+n* göstermek, teşhir etmek, sergilemek. *He displayed his prize roses in a beautiful vase. He displayed his good nature by answering all our questions.* (*eş anl.* **exhibit**). Ayrıca *i+sy/-sy* sergi; teşhir. *We enjoyed the interesting displays at the fair.*

displease [dis'pli:z] *f+n* canını sıkmak, sinirlendirmek. *His bad manners displease his friends.* (*karş.* **please**). **displeased (with)** gücenmiş, kırgın. *I am displeased with your behaviour.*

disposal [dis'pouzəl] *i-sy* atma, elden çıkarma. **at one's disposal** birisinin hizmetinde ya da emrinde; emrine amade. *He placed his house at my disposal.*

dispose [dis'pouz] *f+n* 1 **dispose of something** bir şeyi satarak, bir kimseye hediye ederek onu elden çıkarmak. *He disposed of his old car.* 2 bir sorunu, bir güçlüğü yenerek, hallederek onu bertaraf etmek. *He disposed of all the difficulties.* 3 bir kimseyi, bir hayvanı öldürmek.

disposition [dispə'zifən] *i+sy/-sy* tabiat, yaratılış, mizaç, huy. *He has a very friendly disposition.*

disproportionate ['disprə'pɔ:fənət] *s* oransız, nispetsiz; ya çok büyük ya da çok küçük. *A pound would be disproportionate pay for a day's work.*

disprove [dis'pru:v] *f+n* (bir şeyin) aksini kanıtlamak; çürütmek, yalanlamak. *The new experiments dis-*

proved the old theory. (*karş.* **confirm**).

dispute [dis'pju:t] *f+n/-n* 1 (bir şey hk.) tartışmak, münakaşa etmek. *We disputed for a while (about) what to buy.* 2 (bir şeyin) doğruluğundan şüphe etmek. *I disputed his story.* Ayrıca *i+sy* tartışma, veya kavga. *They had a dispute over who was the better singer.* **beyond dispute** tartışma kabul etmez. **in dispute** tartışılan, tartışılmakta (olan).

disqualify [dis'kwɔlifai] *f+n* yarış dışı bırakmak; (bir şeyi yapmak için) uygun olmadığını bildirmek, yetkisiz kılmak, engel olmak. *His age disqualifies him from entering the competition.* **disqualification** [diskwɔlifi-'keifən] *i+sy/-sy* 1 oyun dışı bırakma. 2 yetersizlik.

disregard ['disri'ga:d] *f+n* önemsememek, aldırmamak. *He disregarded my advice.* Ayrıca *i-sy* önemsememe (işi); ihmal. *The girl's failure was due to continued disregard of his studies.*

disreputable [dis'repjutəbl] *s* kötü şöhretli, adı kötüye çıkmış. *Not all disreputable people are in gail.*

disrespect ['disri'spekt] *i-sy* saygısızlık, nezaketsizlik. *The demonstrators showed their disrespect for the new law by heckling the Prime Minister.* (*karş.* **respect**). **disrespectful** *s* saygısızca, hürmetsizce. (*karş.* **respectful**).

disrupt [dis'rʌpt] *f+n* bozmak, karışıklık içine itmek. *John disrupted our arrangements.* **disruption** *i+sy/-sy* bozma, karışıklık içine itme.

dissatisfy [dis'sætisfai] *f+n* tatmin edememek; hoşnut etmemek. **dissatisfied** *s* memnun olmayan, hoşnutsuz. *When we do not get what we want, we are dissatisfied.* **dissatisfaction** [disætis'fækfən] *i-sy* tatminsizlik, hoşnutsuzluk.

dissect [di'sekt] *f+n* bir bitkiyi, hayvanı, veya insanı incelemek için kesip parçalara ayırmak.

dissent [di'sent] *f-n* (**from** ile) kabul etmemek, muhalefet etmek. *He dissents from a whole way of life.* **dissension** *i+sy/-sy* uyuşmazlık, bozuşma; (kavgaya varan) çekişme; anlaşmazlık, ihtilaf.

dissertation [disə'teifən] *i+sy* tez; uzunca ve genellikle yazılı bir inceleme.

dissident ['disidnt] *i+sy* karşıt görüşlü (kimse); bir görüşe, veya bir topluluğa açıkça karşı çıkan kimse. Ayrıca *s* ayrı görüşte, muhalif. *The dissident group held a rally to protest against the harsh new laws.*

dissipate ['disipeit] *f+n/-n* **1** çarçur etmek, har vurup harman savurmak. *He managed to dissipate his fortune by the time he was thirty.* **2** dağılmak, dağıtmak; gidermek, yok etmek. *He dissipated my fears.* **dissipation** [disiˈpeiʃən] *i-sy* israf; yok etme. **dissipated** *s* sefih; tehlikeli ve aptalca zevkler (örn. içki içerek, kumar oynayarak) peşinde koşup yaşamını kötüye harcayan.

dissociate [diˈsouʃieit] *f+n* (birbirinden) ayırmak. **dissociate oneself from someone/something** bir kimse/ bir şey ile ilgisini kesmek; bağlantılarını koparmak. *He dissociated himself from John and Tom. He dissociated himself from the committee's request.*

dissolute ['disəluːt] *s* sefih, hovarda, uçarı.

dissolve [diˈzɔlv] *f+n/-n* **1** bir sıvı içinde erimek; çözülmek. *Sugar dissolves in water. He dissolved the sugar in his tea.* **2** bozmak, sona erdirmek; dağıtmak, feshetmek; sona ermek. *They dissolved their partnership. The Queen dissolved Parliament. Parliament dissolved.*

dissuade [diˈsweid] *f+n* vazgeçirmek, caydırmak; aksine ikna etmek. *I dissuaded him from borrowing the money.*

distant ['distnt] *s* **1** uzak, uzakta. *The stars are distant from the earth. There was a house (about) two miles distant.* **2** soğuk, yakınlık göstermeyen; dostluk ya da samimiyet göstermeyen. *He greeted me in a very distant manner.* **distance** *i+sy/-sy* (zaman ve yer bakımından) uzaklık, mesafe. *The distance between the towns is only five miles.* **at/from a distance** uzakta/ uzaktan. *The mountains do not seem very high from a distance, but when you get near you can see that they are high. There were houses at a distance of (about) one mile.* **in the distance** uzakta. *We saw the village in the distance.* **keep someone at a distance** biriyle araya mesafe koymak, samimi olmamak.

distaste [disˈteist] *i-sy* hoşlanmayış, sevmeme; tiksinme. *He looked at me with distaste.* **distasteful** *s* antipatik, tatsız, nahoş; tiksinme uyandıran.

distemper [disˈtempə*] *i-sy* **1** duvarları boyamada kullanılan bir tür boya. **2** hayvanların, özl. köpeklerin yakalandığı tehlikeli ve geçici bir hayvan hastalığı.

distend [disˈtend] *f+n/-n* (genl. mide hk.) şişmek, anormal bir biçimde büyümek; şişirmek, genişletmek. *The baloon was distended almost to the bursting point.*

distil [disˈtil] *f+n/-n* **1** damıtmak; imbikten çekmek. **2** damıtarak içki (örn. **whisky**) yapmak. *geç. zam.* ve *ort.* **distilled. distillery** *i+sy* içki imal eden fabrika.

distinct [disˈtiŋkt] *s* **1** açık, belirgin; açıkça duyulabilir, veya görülebilir. *The photograph is not distinct.* (*karş.* **indistinct**). **2** (**from** ile) (bir şey)den farklı, ayrı. **distinctly** *z* belirgin olarak, açıkça. **distinction 1** *i+sy* fark. *What is the distinction between a newspaper and a magazine?* **2** *i-sy* üstünlük; liyakat. *He served with distinction in the army. This is a car of great distinction.* **3** *i+sy* (çoğk. bir yarışma ya da sınavda alınan) üstün başarı belgesi, veya nişanı. *He gained a distinction in the examination.* **distinctive** *s* diğerlerinden farklı ve hemen göze çarpan özel bir niteliğe sahip. *This bird has several distinctive features.* **draw/make a distinction** ayırım yapmak. *The law makes a distinction between murder and man slaughter, but in both cases the result is the same: the death of the victim.*

distinguish [disˈtiŋgwiʃ] *f+n* (genl. **between** ile) ayırt etmek, ayırmak; seçmek. *How do you distinguish between a star and a planet?* **distinguished** *s* seçkin; ünlü, meşhur. *He is a distinguished soldier.* (*karş.* **undistinguished**).

distort [disˈtɔːt] *f+n* **1** (asıl biçim ve yapısını) bozmak, değiştirmek, çarpıtmak. *The heat of the sun had distorted the railway.* **2** (bir gerçeği, bir sözü) çarpıtmak, değiştirmek, tahrif etmek. *He distorted my story.* **distortion** *i+sy/-sy* çarpıklık, çarpıtma.

distract [disˈtrækt] f+n dikkatini dağıtmak, başka yöne çekmek. *The advertisements by the side of the road sometimes distract the attention of motorists.* **distraction** i+sy/-sy dikkati, veya zihni başka tarafa çekme.

distraught [disˈtrɔːt] s şaşırmış, aklı başından gitmiş; üzüntü ve endişeden ne yapacağını, nasıl düşüneceğini bilmez durumda. *The distraught father ran out of the burning house with the child in his arms.*

distress [disˈtres] i-sy ızdırap, elem. *Her distress was very great when she read the letter.* Ayrıca f+n ızdırap vermek, üzmek. *I'm sorry If I've distressed you by asking all this.* **distressing** s üzücü, elem verici. *It was a distressing experience for me.*

distribute [disˈtribjuːt] f+n (ilgili yerlere, veya kimselere) dağıtmak. *Goods are taken from the factories by lorry and are distributed to the shops. The teacher distributed the books to the children.* **distribution** [distriˈbjuːʃən] i-sy dağıtım, dağıtmak. **distributor** i+sy 1 toptancı, dağıtıcı 2 distribütör; motorlarda yüksek gerilimli akımı çalışma sırasına göre bujilere yayıp gönderen aygıt.

district [ˈdistrikt] i+sy mıntıka, mahal, bölge. *He was elected to represent his district. We live in a farming district.* **district attorney** bölge savcısı. Kısaltılmış biçimi **D.A.**

distrust [disˈtrʌst] f+n güvenmemek; (hakkında) kuşku duymak. *I distrust that man.* Ayrıca i-sy güvensizlik; kuşku: *feel distrust for somebody.*

disturb [disˈtɜːb] f+n 1 rahatsız etmek. *May I disturb you for a moment.* 2 bozmak; aksatmak; altüst etmek. *You disturbed my sleep. He disturbed our plans.* **disturbing** s rahatsız edici. **disturbance** i+sy/-sy 1 kargaşa, karışıklık: *political disturbance.* 2 sıkıntı, rahatsızlık.

ditch [ditʃ] i+sy hendek. *Her yard was surrounded by a dry ditch.*

ditto [ˈditou] 1 *zamir* (yazı ile söylenirken genl. do şeklinde kısaltılır) keza, aynı şekilde; denden. *Two books at £2.50, ditto at £3.90 = £12.80.*

two books at £2.50 = £5.00
" " " £3.90 = £7.80
Total: £12.80

2 (başkasının söylediği bir cümlenin

kendisi için de geçerli olduğunu ifade etmek için kullanılır) Ben de; Aynen. *'I'm tired of this job.'—'Ditto.'* (k. dil.).

divan [diˈvæn] i+sy divan, sedir.

dive[1] [daiv] f-n 1 (suya) dalmak. *The swimmers dived from the side of the boat.* 2 (uçaklar hk.) pike yapmak, dik biçimde inmek. *The plane dived toward the earth.* 3 (elini bir şeyin, örn. bir çantanın içine) daldırmak. *He dived into his pocket and fished out a pound.* (3. anlamı k. dil.). **diver** i+sy dalgıç.

dive[2] [daiv] i+sy 1 (suya) dalma. 2 (uçaklar hk.) pike. **diving board** tramplen; suya yüksekten atlamada kullanılan bir ucu sabit, öteki ucu esneyen sıçrama tahtası.

diverge [daiˈvɔːdʒ] f-n 1 birbirinden uzaklaşmak, ayrılmak. *The routes of two journeys have been diverging.* 2 farklı olmak, uyuşmamak. *Although we agreed that the project should be done, our opinions diverge on the matter of who should do it.*

diverse [daiˈvɔːs] s farklı, değişik; her bakımdan birbirine benzemeyen. *John and his brother have diverse interests.* **diversify** f+n değişik ve yeni konulara, alanlara girmek. *The bank has decided to diversify its interests by financing a major new housing project. We are forced to diversify our range of products if we are to compete with foreign imports.* **diversity** i-sy çeşitlilik, başkalık.

divert [daiˈvɔːt] f+n başka yöne çevirmek, saptırmak. *The police diverted the traffic.*

divide [diˈvaid] f+n/-n 1 ayırmak, ayrılmak; pay etmek, bölüştürmek. *Spain is divided from France by the Pyrenees. The road divides into two at the other side of the town. We divided into two teams. He divided the money among his family.* 2 (matematikte) bölmek (örn. *divide 10 into 190 = 19*). **dividend** [ˈdividend] i+sy 1 bölünen (sayı) (örn. *if we divide 10 into 190, 190 is the dividend*). Ayrıca **divisor**'a bkz. 2 kâr hissesi. *They paid a good dividend to the investors in the business.* **dividers** içoğ pergel. **division** [diˈviʒən] 1 i-sy bölme, ayırma. 2 i-sy (matematikte) bölme işlemi. 3 i+sy ayrılan, bölünen

dividers

kısım; bölüm. **4** *i+sy* fikir ayrılığı, ihtilaf. **5** *i+sy* yaklaşık 15.000 kişiden oluşan askeri birlik, tümen. **divisor** [di'vaizə*] *i+sy* bölen (sayı) (örn. *if we divide 10 into 190, 10 is the divisor).* Ayrıca **dividend**'a bkz.

divine [di'vain] *s* ilahi; Tanrı'ya özgü, Tanrı'sal. **divinity** [di'viniti] **1** *i-sy* ilahiyat; Tanrı'nın varlığı, aslı ve nitelikleri öğretisi. **2** *i+sy* tanrı; tanrıça.

division [di'viʒən] *i+sy/-sy* ve **divisor** [di'vaizə*] *i+sy* için **divide**'a bkz.

divorce [di'vɔːs] *i+sy/-sy* boşanma. Ayrıca *f+n* boşanmak, boşamak. *She divorced her husband.* **divorcé** boşanmış erkek. **divorcée** boşanmış kadın. **divorcee** boşanmış kadın, veya erkek.

divulge [dai'vʌldʒ] *f+n* açığa vurmak, ortaya dökmek, söylemek. *The traitor divulged secret plans to the enemy.* (eş *anl.* **reveal**).

D.I.Y, d.i.y [diːai'wai] *i-sy* (=**Do-It-Yourself**) (kendi işini) kendin yap. *She was doing some D.I.Y over the weekend.*

dizzy ['dizi] *s* başı dönen. (eş *anl.* **giddy**). **feel dizzy** başı dönmek, gözü kararmak. *I felt dizzy after travelling all day in the car.*

D.J. [diː'dʒei] *i-sy* (=**disc jokey**) (*Aml*'de **disk jockey**) **disc**'e bkz.

djnn [dʒin] *i+sy/-sy* (=**genie**)—cin.

DNA [diːen'ei] *i-sy* (=**Deoxyribo Nucleic Acid**)—kalıtımın maddi temeli olup kromozomları meydana getiren başlıca madde.

do [duː] **1** *zarf* (a) olumlu soru cümlelerinde kullanılır: *Do you like it?* (b) olumsuz düz cümlelerde kullanılır: *I do not/I don't like it.* (c) olumsuz soru cümlelerinde kullanılır: *Don't you like it?* (d) tekil isimlerle, veya üçüncü tekil kişi zamirleriyle kullanılan *do* yardımcı fiili *does*

biçimine girer: *Does he like it? He does not/doesn't like it. Doesn't he like it?* (e) olumlu düz cümlelerde, bütün cümleye kuvvet vermek için kullanılır: '*You don't have any baggage* (=(Hiç) bagajın yok).' '*I do have some baggage* (=Elbette, bagajım var).' (f) konuşan kimse söylediği sözün doğruluğunu belirtmek, veya onu olumsuz bir düz cümle ile tezatlı yapmak istediğinde kullanılır: '*He does feel better, doesn't he?* (=Kendini (gerçekten) daha iyi hissediyor, değil mi?).' (g) cümlenin başında olumsuzluk gösteren *not only...but; only, little,* vb. gibi deyimler ve sözcükler bulunursa kullanılır: *Only outside of Turkey do you find people eating yogurt with jam.* **2** *do* temel fiil olarak şu durumlarda kullanılır: (a) '(bir işi) yerine getirmek'' anlamında çeşitli iş, spor ve oyun adlarıyla kullanılır. *You did a good job. Let's do our schoolwork first. John doesn't like to do gymnastics* (=John jimnastik yapmayı sevmez). *John and Jane are doing a waltz. She's doing the washing today.* (=Bugün çamaşır yıkıyor). *'do+-ing'* yapısı ile günlük iş, veya bir uğraşı ifade edilir. *Mary does the cleaning on Friday. She does her shopping here all the time. I do little swimming in the summer* (=I swim a little in the summer). (c) herhangi bir fiil ile kullanılabilir. *We're doing something important. I didn't do anything important.* (d) yardımcı fiil *do,* kısaltılmış cümlelerde herhangi bir ana fiil yerine kullanır. '*Does he play the piano?'— 'No, he doesn't.' 'Do you play football?'— 'Yes, I do.'* **3** *f+n* işi, mesleği olmak. *What does your father do?* **4 well done** çok pişmiş. *He likes his steaks well done.* **5** *f+n* belli bir süratte, hızda gitmek. *This car does 110 miles an hour.* **6** *f+n* aldatmak, kazıklamak, dolandırmak. *That shopkeeper did me.* (k. dil.). şim. zam. ort. **doing** ['duiŋ]. geç. zam. biç. **did** [did]. geç. zam. ort. **done** [dʌn]. Ayrıca *i+sy* parti, toplantı. *We're going a formal do tonight.* **do away with** yok etmek, ortadan kaldırmak, kökünü kazımak. *Medical research has almost done away with smallpox and polio.* **do something up** paket

yapmak, bağlamak. *He did up his parcel. He did up his shoelace.* **can/ could do with something** bir şeye ihtiyacı olmak ya da bir şeyi istemek. *I could do with a drink* (=Bir içki olsa bana iyi gelirdi. / Bir içkiye hayır demem.). (*k. dil.*). **do better** daha iyi yapmak, düzelmek. *Perhaps he will do better in his studies next year.* **do (someone) (some/any) good** bir kimseye faydası olmak. *The medicine will do you good. Complaining won't do you any good.* **do good** iyilik yapmak. *He likes to do good.* **do-gooder** *i+sy* başkalarına iyilik olsun diye birşeyler yapan, ama bu kişilerce işlerine burnunu sokduğu düşünülen kimse. **How do you do?** Tanıştığımıza memnun oldum.
NOT: tanıştırılan kimse, tanışığı kimseye '*How do you do?*' derse karşısındaki de '*How do you do?*' ile karşılık verir.
have to do with someone/something bir kimse/bir şey ile ilgisi, alâkası olmak; ile ilgili, alâkalı olmak. *I wonder whether my stomach ache has anything to do with the food I ate yesterday. I shall have nothing to do with him. 'What has that to do with you?' 'It's nothing to do with you.'* **done in** yorgun, bitkin. **dos and don'ts** belli bir durumda yapılması ya da yapılmaması gereken şeyler; kurallar. **do someone in** birisini öldürmek, katletmek. *They did him in while he was sleeping.* **Nothing doing!** Olmaz (kabul etmiyorum/ almıyorum/yapmıyorum, vb.).

d.o.b. [di:ow bi:] (=date of birth)—doğum tarihi.

doc [dɔk] *i+sy* (=doctor)—doktor. *Hello, doc!*

docile ['dousail] *s* uysal, yumuşak başlı. *The children learned to ride on the docile horse.*

dock[1] [dɔk] *i+sy* (genl. çoğ. biç.) rıhtım; gemilerin indirme bindirme, veya yükleme boşaltma yapabileceği yer. Ayrıca *f+n/-n* rıhtıma yanaşmak ya da yanaştırmak. *The captain docked his boat beside pier 10.* **docker** *i+sy* gemilere yükleme boşaltma yapan işçi; dok işçisi. **dockyard** tersane.

dock[2] [dɔk] *i+sy* mahkemede sanık yeri.

doctor ['dɔktə*] *i+sy* 1 doktor, hekim.

2 doktor; bir fakülteyi, veya bir yüksekokulu bitirdikten sonra belli bir bilim dalında en yüksek öğrenim aşamasına vardığını, geçirdiği özel sınavla ve başarılı bir eserle gösterenlere verilen şan.

doctrine ['dɔktrin] *i+sy/-sy* 1 doktrin, öğreti; bilimde bir düzenli görüşü oluşturan ilke ve dogmaların tümü. 2 belli bir anlayışa, düşünceye dayalı olan ilke, veya ilkeler dizisi: *the Keynesian economic doctrine.*

document ['dɔkjumənt] *i+sy* doküman, belge, vesika. *Keep an important document like your birth certificate in a safe place.* **documentary** [dɔkju'mentəri] *s* belgelere dayanan. Ayrıca *i+sy* belgesel film.

dodge [dɔdʒ] *f+n/-n* 1 (bir şeyden sakınmak için) hızla yana çekilmek. *He had to dodge flying tomatoes.* 2 (vurulmamak, yakalanmamak, veya görülmemek için) birden önünden kaçmak ya da uzaklaşmak. *He stopped the car and dodged into the post office.* 3 atlatmak, kaytarmak. *He's been trying to dodge going to school by pretending to be ill.* Ayrıca *i+sy* hile, oyun, dolap. **dodger** *i+sy* hilekâr, madrabaz. (*k. dil.*).

dodgem ['dɔdʒəm] *i+sy* (genl. çoğ. biç.) (lunaparkta) çarpışan araba(lar). (Ayrıca **dodgem car**'da denir).

doe [dou] *i+sy* dişi (tavşan, geyik, antilop, vb.).

D.O.E [di:ou'i:] *i-sy* (=the Department of the Environment)—(İngiltere'de) Çevre Bakanlığı.

dog [dɔg] *i+sy* köpek, it. **dog collar** köpek tasması. **dog-eared** *s* sayfalarının kenarları kıvrılmış. **dogfight** *i+sy* 1 köpek dalaşı, köpek kavgası. 2 (havada) savaş uçakları muharabesi. **doggie, doggy** *i+sy* (çocuk dilinde) köpek, kuçukuçu. **treat someone like a dog** bir kimseye köpek muamelesi

...let sleeping dogs lie...

yapmak. **let sleeping dogs lie** başına
belâ arama, işi kurcalama. *You say
that he took part in a bank robbery
when he was a young man; I say it all
happened a long time ago, and we
should let sleeping dogs lie.* **love me
love my dog** gülü seven dikenine
katlanır. **you can't teach an old dog
new tricks** (özl. yaşlı kimseler hk.) bu
yaştan sonra artık huyumu değişti-
remem; kırk yıllık Yani, olur mu
Kâni. **every dog has its day** herkesin
bir günü, sırası vardır. *After years of
neglect, the old artist's work was
recognized and honoured; every dog
has his day.* **give a dog a bad name
(and hang him)** bir insanın adı
çıkacağına canı çıksın. **dog-eat-dog**
herkesin birbirinin kuyusunu kazdığı
(bir durum), iti iti yiyor. *He left his job
because he couldn't stand the dog-
eat-dog conditions in which he had to
work.* **dog train** köpeklerin çektiği
kızak.

dogged ['dɔgid] *s* inatçı, tuttuğunu ko-
paran: *dogged determination.*

dogma ['dɔgmə] *i + sy/-sy* dogma;
doğruluğu sınanmadan benimsenen
bir öğretinin, veya ideolojinin temeli
sayılan sav. **dogmatic** [dɔg'mætik] *s*
deney bilgisini, deneye dayanan kanıt-
ları inkâr ederek, kanılarını inanç öğ-
retilerinden çıkaran.

doldrums ['dɔldrəmz] *içoğ* **be in the
doldrums** sözünde—1 keyfi kaçık ol-
mak, canı sıkkın olmak, için sıkıl-
mak. *I told him that there was no
need to be in the doldrums about
such an unimportant problem.* 2
durgunluk içinde bulunmak, hareket-
siz olmak. *The American market is as
much in the doldrums as the British
one.*

Dolby ['dɔlbi] plak çalarken çıkan
tıslama sesini en aza indiren bir sis-
tem.

dole [doul] *f + n* **(out** ile) azar azar
vermek, gıdım gıdım vermek. *He
doled out the food to the children.* **the
dole** *i-sy* işsiz olanlara muntazam
aralıklarla verilen para. *There was no
dole for farm labourers.* **on the dole**
işsizlik parası listesinde olmak. *He's
on the dole.* (k. dil.).

doleful ['doulful] *s* çok kederli, acılı:
a doleful wail.

doll [dɔl] *i + sy* oyuncak bebek. **doll up**

(kadınlar hk.) süslenip püslenmek,
takıp takıştırmak. *She dolled herself
up for the party.*

dollar ['dɔlə*] *i + sy* dolar ($).

dolphin ['dɔlfin] *i + sy* yunus(balığı);
ılık ve sıcak denizlerde sürüler halinde
yaşayan, boyları üç metreye kadar eri-
şebilen, memeli deniz hayvanı.

dolphin

domain [də'mein] *i + sy* **1** krallık,
memleket, ülke. **2** bilgi, çalışma, veya
ilgi alanı: *the domain of chemistry.*

dome [doum] *i + sy* kubbe.

domestic [də'mestik] *s* **1** eve ait; aile ile
ilgili. **2** (hayvanlar hk.) evcil. **3** iç,
dahili; kendi ülkesine ait: *the domestic
and foreign policy of Turkey; dom-
estic postage.* **domesticate** [də'mes-
tikeit] *f + n* (hayvanlar hk.) evcilleş-
tirmek. **domestic science** *i-sy* ev ida-
resi bilimi.

dominate ['dɔmineit] *f + n/-n* **1** idaresi
altına almak, hükmetmek. *That big
boy dominates the other boys in the
class. His stepmother dominated him.
The western nations no longer domi-
nate the world economy.* **2** (büyük-
lüğü ve uzunluğu nedeniyle her yerden
görülebildiği için bütün o çevreye)
hakim olmak. *That building domi-
nates the town.* **3** başta gelmek, en
önemli bir duruma sahip olmak.
*Africa has dominated the news re-
cently.* **dominant** ['dɔminənt] *s* ege-
men, hâkim. *She is the dominant
partner in their marriage.* **domination**
[dɔmi'neifən] *i-sy* egemenlik, hâkimi-
yet. **domineer** [dɔmi'niə*] *f + n* (genl.
over ile) ezmek, zalimlik etmek, baskı
yapmak. **domineering** *s* baskı yapan,
ezen, zalimlik yapan, dediğini yap-
tırmak isteyen. *John suffers from
having a domineering father.*

dominion [də'miniən] **1** *i-sy* hâkimiyet,
egemenlik. *They have a plan for the
achievement of world dominion.* **2**

dominyon; bir kralın ya da benzeri bir hükümdarın egemenliği altında olan bir ülke.

dominoes ['dɔminouz] *i-sy* domino (oyunu); üzerleri noktalarla işaretli dikdörtgen biçiminde yirmi sekiz taşla masa üzerinde oynanan bir oyun. *We played dominoes all night.* NOT: Bu oyunun taşına da domino ['dɔminou] denir. *çoğ. biç.* **dominoes**.

don [dɔn] *i+sy* **1** Oxford ve Cambridge üniversitelerindeki öğretim görevlisi. **2** herhangi bir üniversitedeki öğretim görevlisi. *a don at the Ankara faculty of political science.* Ayrıca *f+n* (giysi) giymek. *John donned a hat. geç. zam. ve ort.* **donned**.

donate [dɔ'neit] *f+n* (bir şeyi, bir kimse, veya bir kuruluşa bağışlamak, bağışta bulunmak. *We donated some money the Red Cross.* **donation** *i+sy* bağış, hibe. *We made a donation to the fund for freedom from hunger.*

done [dʌn] **1** **do** fiilinin geçmiş zaman ortacı. **2** Oldu! Tamam! Kabul! *'Shall we say £30 then?'—'Done!'*

Don Juan ['dɔn 'dʒuːən] *i+sy* usta kadın avcısı; her zaman yeni aşk serüvenleri arayan kimse; donjuan.

donkey ['dɔŋki] *i+sy* **1** eşek, merkep. *John visited the caves on a donkey.* **2** eşek herif, aptal. *(k. dil.).* (Ayrıca **ass**). **talk the hind legs off a donkey** lafı alınca hiç bırakmamak, kimseye fırsat vermeden sürekli konuşmak. *John could talk the hind legs off a donkey.* **donkey's years** yıllardır, sittin sene. *She's been there for donkey's years.*

Don Quixote ['dɔn ki:'howti:, 'kwiksət] *i+sy* beceriksiz idealist; gereği yokken kahramanlık göstermeye kalkışma durumu.

donor ['dounə*] *i+sy* bağış yapan; özl. kan bağışında bulunan kimse: *a kidney donor. There is still a shortage of a blood donor.*

don't [dount] **do not**'ın kaynaşmış biçimi.

doodah [du:dɑ] *i+sy* zımbırtı, zamazingo, şey, şu şey; ismi bilinmeyen herhangi bir şey. *If you want your coffee with milk you have to press the doodah at the bottom of the machine. (eş anl.* **thingummy**).

doodle ['du:dl] *f-n* (dalgınken, veya bir şeyi düşünürken önündeki bir kâğıdı)

karalamak, bir şeyler çizmek. *People sometimes doodle while they are listening to a lecture.*

doom [du:m] *i+sy* (genl. *tek. biç.*) akibet, ölüm, kıyamet. *She felt a sense of doom.* **Doomsday** özeli kıyamet günü.

door [dɔː*] *i+sy* **1** kapı. *I closed the door behind me.* **2** giriş. *They gathered at the door.* **answer the door** (zili çalan, vurulan bir) kapıyı açmak. **see someone to the door** bir kimseyi kapıya kadar geçirmek. **show someone the door** (istenmeyen, veya kızılan bir kimseye) kapıyı göstermek, kovmak. **shut/slam the door in one's face** bir kimsenin yüzüne kapıyı kapatmak /çarpmak. **doorman** otel, lokanta, vb. kapıcısı. **doorstep** eşik. **doorway** kapı aralığı, antre. **indoors** *z* içeride, içeriye. **next door** *s/z* bitişikte, bitişiğe. *They live next door. Let's go next door.* **next door to** ...-in bitişiğinde/... -ne. *They live next door to us.* **next-door** bitişik(teki). *Our next-door neighbours are coming over for coffee.* (= Bitişikteki komşularımız kahve içmeye geliyorlar). **outdoor** *s* açıkhava(da yapılan). *Do you enjoy outdoor sports?* **outdoors** *z* dışarıda, açık havada. *You can play outdoors.* **out of doors** açık havada.

dope [doup] *i-sy* **1** esrar, haşiş, vb. türden uyuşturucu madde: *dope addicts.* **2** ilaç veya hap. **3** tiyo; el altından alınan bilgi. *Give me the dope on that new computer. (k. dil.).* **4** salak. *(k. dil.).* **dopey** *s* **1** sanki esrar çekmiş gibi uykulu. *(k. dil.).* **2** şaşkın, saf. *She's all right, but her mother's a bit dopey.*

dormant ['dɔːmənt] *s* (bitkiler, volkanlar, hayvanlar, fikirler, kuruluşlar, vb. hk.) faal değil, ama ileride faaliyete geçebilir; uyku halinde. *Some plants lie dormant in the wintertime. (eş anl.* **latent**).

dormitory ['dɔːmətəri] *i+sy* yatakhane, öğrenci yurdu.

dormouse ['dɔːmaus] *i+sy* Güney İngiltere ve Galler'de bulunan bir çeşit ufak fare. Kışı uykuda geçirir. *çoğ. biç.* **dormice** ['dɔːmais].

dose [dous] *i+sy* doz; bir seferde alınan ilaç miktarı. *It is dangerous to exceed the prescribed dose.* Ayrıca *f+n* belli miktarlarda ilaç vermek. *I*

dormouse

*dosed my daughter with aspirin be-
fore she went to her examination.*
dossier ['dɔsiə*] *i+sy* (bir kişi (özl. bir
suçlu) hakkında ayrıntılı bilgi içeren)
dosya. *The police have a dossier on
him.*
dot [dɔt] *i+sy* nokta. Ayrıca *f+n* nok-
talamak. *geç. zam.* ve *ort.* **dotted. on
the dot** tam vaktinde. *He arrived at
one o'clock on the dot.*
dote [dout] *f-n* (**on** ile) aşırı düşkün
olmak, fazlaca sevmek. *She dotes on
her children.*
double[1] [dʌbl] *s* çift; iki...-li: *a double
bed* (=iki kişilik bir yatak). *He ate a
double portion of food. This has a
double purpose.* Ayrıca *z* iki misli.
doubly *z* iki misli, iki kez. **double
agent** iki taraflı casus, iki tarafada
çalışan casus. **double bass** kontrbas;
keman türünden, en kalın sesli yaylı
çalgı. **double-breasted** *s* (ceket, palto
hk.) kruvaze; ön parçaları birbiri
üzerine gelecek biçimde yapılmış
olan. **double chin** katmerli gerdan.
double-cross someone birisine kazık
atmak ya da ihanet etmek. *The leader
of the gang double-crossed the other
thieves.* (*k. dil.*). **double-dealing** *i-sy*
sahtekârlık, iki yüzlülük. *They even
accused each other of double-dealing.*
double-decker *i+sy* iki katlı otobüs.
double Dutch *i-sy* hiç anlaşılmayan
konuşma, veya yazı. **double-edged**
lastikli, övüldüğü sövüldüğü belli ol-
mayan. *She made a very double-
edged remark about my work.*
double-glazing *f+n* çift cam taktır-
mak. *Is it really worth double-glazing
your house?* Ayrıca *i-sy* çift cam.
double negative *i+sy* çift olumsuzluk
(örn. *I didn't never say that*).
NOT: İngilizcede üç çeşit çift olum-
suzluk yapısı vardır: *1* olumsuz an-
lamı olan bir sıfat olumsuz bir cüm-
lede kullanılır ve olumluluk ile olum-
suzluk arasında bir anlam ayrıntısı
ifade edilir, örn. *He was a not in-
frequent visitor. It is not an un-
common sight. 2* iki olumsuz ifade
aynı cümlede bulunur ve olumsuzluk
anlamı daha da güçlendirilir, örn. *He
never went back, not even to collect
his belongings.* Bu iki çift olumsuz-
luğun dilde kullanılması doğaldır ve
doğru kabul edilir. Ancak üçüncü bir
çeşit çift olumsuzluk daha vardır.
Aynı cümlede kullanılan iki olum-
suzluk zayıf bir olumlu anlamı verir,
örn. *I shouldn't wonder if it didn't
rain today* (=*I expect it to rain
today*). Bu üçüncü çift olumsuzluk
resmi olmayan dilde kullanılır.
double-quick *s* hemencecik, şipşak.
*The police arrived double-quick and
arrested him.* **double room** *i+sy* özl.
otellerde iki kişilik oda. **double-take**
bir sözün, bir şakanın, bir hareketin
anlamını sonradan kavrama; jetonun
geç düşmesi: *do a double-take.* **double
vision** *i-sy* (hastalık, veya fazla alkol
alma sonucunda) nesneleri çift gör-
me.
double[2] [dʌbl] *i+sy* **1** bir başkasına
tıpkı tıpkısına benzeyen birisi, biri-
sinin benzeri. *I saw your double in the
street last night.* **2** dublör. *My first job
was as Sophia Loren's double in an
air-crash scene.* **doubles** *içoğ* teniste
çiftler maçı. **at the double** (genl. as-
kerler hk.) koşar adım.
double[3] [dʌbl] **1** *f+n/-n* iki misli ol-
mak, iki katına çıkmak, veya çıkar-
mak. *The price has doubled since last
year. I shall double your wages.* **2**
ikiye katlamak, iki kat etmek. *He
doubled his blankets because it was
a cold night.* **3** *f-n* asıl işi, veya kul-
lanma amacı dışında ikinci bir işi
olmak ya da ikinci bir maksat için
kullanılmak. *Her secretary doubled
as her housekeeper. This room doubles
as a study* (=Yatak odası, çalışma
odası olarak da kullanılıyor).
doubt [daut] *f+n/-n* ...-den şüphe
etmek, şüphesi olmak, kuşkulanmak.
*I doubt whether we shall succeed. I
doubted his story.* Ayrıca *i+sy/-sy*
şüphe, kuşku. *He had doubts about
the answer.* **doubtful** *s* şüpheli, kuş-
kulu. **doubtless** *z* kuşkusuz, şüphesiz.

(*eş anl.* **no doubt**). **be in doubt** şüphesi olmak, kuşkusu olmak. *I was in doubt about the answer.* **no doubt** şüphesiz, muhakkak. *No doubt he will help us if we ask him.* **without (a) doubt** şüphesiz, kuşkusuz, muhakkak. *Without (a) doubt you have been working very hard.*

dough [dou] *i-sy* **1** hamur (örn. ekmek, pasta, vb.). **2** para, mangır. *How the hell could we scrape up enough dough to pay him off.* **doughnut** *i + sy* halka biçiminde lokmaya benzer tatlı bir çörek.

dove [dʌv] *i + sy* güvercin, kumru.

dovetail [dʌvteil] *f + n/-n* köşe bağı dişleriyle bitiştirmek. Ayrıca *i + sy* köşe-bağı dişi; geçme. (Ayrıca **dovetail joint** de denir).

dovetail

dowdy [ˈdaudi] rüküş, kılıksız: *a dowdy woman.*

down¹ [daun] *z/edat* aşağıda, aşağıya; ...-in ilerisinde. *They walked down the stone steps leading to the river bank. He ran down the hill. There is a wash room just down the hall on the right.* **break down 1** bozulmak. *The motor broke down.* **2** kesilmek. *Discussions between management and the union seem to have broken down.* **fall down** (yere) yıkılmak, devrilmek. *The street was icy, and I fell down three times. John built a tower of boxes, but it soon fell down.* **knock down** devirmek. *He got knocked down in a fight.* **lie down** yatmak, uzanmak. *Lie down and get some rest. Was John lying down, or was he up?* (= John yatıyor muydu, ayakta mıydı?) **turn down** (radyo, vb.)nin sesini kısmak. *The volume is too high. Please turn it down.* **write down** (bir yere) yazmak, kaydetmek. *Please write your answers down.* **down below** aşağıda, aşağıya. *The clouds were down below us*

(= Bulutlar ayağımızın altındaydı). *He just went down below* (= Şimdi aşağıya indi). **down south** güneyde, güneye. *My brother lives down south.* **downward** *s* aşağı doğru: *the downward climb.* **downwards** *z* aşağı doğru. *The long term trend in the male suicide rate is downwards. Read from the top downwards.* **downcast** *s* **1** (gözleri) yere doğru. *John stood still with his eyes downcast.* **2** üzgün, müteessir. *She seemed downcast.* **downfall 1** (bir hükümet, veya hükümdar hk.) ani yıkılış, çöküş: *the downfall of the government.* **2** mahvolma. *Laziness was his downfall.* **down hearted** *s* düş kırıklığı nedeniyle meyus, üzgün, morali bozuk, maneviyatı kırılmış. *Don't be too downhearted.* **downhill** *s/z* bayır aşağı, tepeden aşağıya: *a downhill climb; run downhill.* **go downhill** (sağlık, iş, vb.) bozulmak gittikçe kötüleşmek. **down payment** bir malı taksitle satın alırken ödenen peşin para, peşinat. **downpour** sağanak, şiddetli yağmur. **downright** *s/z* **1** tam; tamamen, büsbütün: *a downright liar; downright foolish.* **2** samimi, dürüst, dobra dobra konuşan. *He spoke in a downright way.* **downstairs** *s/z* aşağıda, aşağıya (daha aşağı bir kat/kata): *the downstairs room. He went downstairs.* **downstream** *z* akıntı yönüne, akıntı yönünde. *He sailed downstream.* **downtown** *s/z* (genl. *AmI*'de şehre (çarşıya, şehir merkezine); şehirde: *the downtown shops. He went off downtown.* **down-to-eart** *s* makul, pratik, gerçekçi. *He's always down-to-earth in the way he solves his problems.* **down with somebody/ something** kahrolsun... *Down with Imperialism! The crowd was shouting 'Down with the King!'* **have a down on somebody** birine kancayı takmak; kini, garezi olmak.

down² [daun] *i-sy* yavru kuşun yumuşak tüyü; herhangi bir yumuşak tüy, veya yün.

dowry [ˈdauri] *i + sy* drahoma; (Hıristiyan ve Musevilerde) gelinin güveye verdiği para, veya mal.

doze [douz] *f-n* kestirmek, şekerleme yapmak. *He dozed in his chair after dinner.* (*eş anl.* **nap**). Ayrıca *i + sy* şekerleme, kestirme. *I fell into a short doze at about ten o'clock.* **doze off**

dalmak, içi geçmek. *John dozed off but awoke suddenly.*

...dozing off in his chair...

dozen ['dʌzən] *i+sy* düzine: *a dozen of these eggs; a dozen eggs. Get three dozen(s). There were dozens of flies everywhere.*

drab [dræb] *s* tekdüze, monoton, sıkıcı. *The drab curtains spoil the look of the room.*

draft [dra:ft] *i+sy* **1** taslak, müsvedde. *He made a draft of his essay.* **2** (genl. *AmI*'de) mecburi askerlik. *He received his draft card three months after he left school.* **3** çek, poliçe. **4 draught**'a bkz. Ayrıca *f+n* müsveddesini yapmak, tasarlamak. **draftsman** için **draught**'a bkz.

drag [dræg] **1** *f+n/-n* sürüklemek, çekmek. *He dragged the heavy table across the room.* **2** *f-n* geçmek bilmemek, ağır ve sıkıcı geçmek. *The last part of the play dragged a little.* **3** *f+n* ağ veya kanca ile bir gölün ya da nehrin dibini aramak. *geç. zam.* ve *ort.* **dragged**. Ayrıca *i+sy* can sıkıcı (bir şey). *This film is a drag.* **drag one's heels/feet** (istemediği için) ağırdan almak, veya yapmayı geciktirmek.

dragon ['drægən] *i+sy* ejderha. **dragonfly** yusufçuk, teyyare böceği.

dragonfly

drain [drein] *i+sy* **1** lağım, veya pis-su kanalı ya da borusu. **2** malı mülkü, gücü kuvveti tüketen masraf; yük. *The cost of his children's education was a drain on his money.* Ayrıca *f+n/-n* **1** akıtmak, akıtarak boşaltıp kurutmak; akmak. *The river drains into the sea. He drained his land. The water drained away.* **2** malını mülkünü, gücünü kuvvetini tüketmek; zayıflamak, zayıflatmak. *The illness drained his strength. His strength drained away.* **drainage** *i-sy* drenaj; atık suları tophlayan dösem; kanalizasyon. **drainpipe** oluk.

drake [dreik] *i+sy* erkek ördek.

dram [dræm] *i+sy* dirhem; 28.35 gr.

drama ['dra:mə] **1** *i+sy* drama, dram; acıklı, üzüntülü olayları, bazen güldürücü yönlerini de katarak konu alan tiyatro, radyo ve televizyon oyunü. **2** acıklı olay. **dramatic** [drə'mætik] *s* **1** drama ait, drama ile ilgili. **2** heyecan verici. (2. anlamda *karş.* **undramatic**). **dramatist** ['dræmətist] *i+sy* drama yazarı. **dramatis personae** [dra:mətis pə'sounai] *içoğ* bir oyunda oynayan kişiler; karekter listesi.

drank [dræŋk] **drink** fiilinin geçmiş zaman biçimi.

drape [dreip] *f+n* itina ile düzelterek üstüne koymak, örtmek. *He draped his coat over the back of his chair.* Ayrıca *i+sy* (genl. *çoğ. biç.*) kıvrımlı kalın perde (genl. pencere, veya tiyatro sahnesindeki gibi). **draper** *i+sy* (*BrI*'de) manifaturacı, kumaşçı.

drastic ['dræstik] *s* etkin, zorlayıcı, yasaklayan. *He took drastic action to cure the disease.*

draught [dra:ft] *i+sy* hava akımı, cereyan. *She opened the windows and doors to create a draught.* **draughty** *s* cereyanlı. *The room was draughty.* **draughts** *itek* (*BrI*'de) dama; karelere ayrılmış zemin üzerinde on altı taşla iki kişi arasında oynanan oyun. (*AmI*'de **checkers**). **draughtsman** teknik ressam. **draught beer** fıçı bira, sifon bira.

draw¹ [drɔ:] **1** *f+n/-n* (resim) çizmek, resmetmek, (çizerek) resim yapmak. *He is drawing. He drew a house.* **2** *f+n* çekmek. *The engine drew the train from the station. He drew the curtains.* **3** *f+n* (örn. bir bankadan) para çekmek. *He drew some money from the bank.* **4** *f+n* sonuç çıkarmak. *What conclusions can we draw from this?* **5** *f+n* çekmek, cezbetmek. *The play drew large audiences.* **6** *f+n/-n* berabere kalmak, berabere bitirmek. *The two teams drew. They drew the game.* **7** *f+n/-n* tabanca, bıçak, vb. çekmek. *He drew a gun. He let the other man draw first.* **8** belli bir miktarda para, veya maaş almak. *She draws a good salary each month.* **9** (diş) çekmek. **10** (bir kuyudan su; bir enerji kaynağından elektrik) çekmek. *geç. zam. biç.* **drew** [dru:]. *geç. zam. ort.* **drawn**. **drawer** [drɔ:*] *i+sy* çekmece, göz. **drawing 1** *i+sy* çizim resim. **2** *i-sy* karakalem resim sanatı. *She teaches drawing.* **drawbridge** açılır kale köprüsü. **drawing pin** için

drawbridge

pin¹'a bkz. **drawing room** oturma odası. **drawback** *i+sy* dezavantaj, noksan, eksiklik. *This is a good car; its only drawback is that it uses a lot of petrol. (eş anl.* **disadvantage**). **draw up** gelip durmak, yaklaşıp durmak. *The car drew up at the traffic lights.* **draw something up** resmi bir evrak düzenlemek, yazmak: *draw up a will/ agreement/treaty.* **draw attention to something** bir şeye dikkati çekmek. **draw someone's attention to something** bir kimsenin dikkatini bir şeye çekmek. **draw near** yaklaşmak. *The end of the month is drawing near. The old man drew near.* **long-drawn-out** uzun süren, sürüp giden, çok yavaş ilerleyen. *The play/meeting/lecture was very long-drawn-out.*

draw² [drɔ:] *i+sy* (oyunda) beraberlik. *The match ended in a goalless draw.* **drawl** [drɔ:l] *f+n/-n* sözcükleri uzatarak konuşmak, ağır ağır ve ünlü harfleri uzatarak konuşmak. Ayrıca *i+sy* bu şekilde yapılan konuşma. **dread** [dred] *f+n* (olan, veya meydana gelebilecek bir şey)den çok korkmak.

I dread the examination. Everything you dread doing you must do straight away. He dreads going/to go. I dread to see him go. I dread to have him go. **dreadful** *s* **1** korkunç, ürkütücü. **2** kötü, berbat. *The weather is dreadful.* **dreadfully** *z* **1** çok kötü bir şekilde. **2** çok. *I'm dreadfully busy.* (**2**. anlamı *k. dil.*).

dream [dri:m] *f+n/-n* **1** rüya görmek. *I dreamed that I was a king.* **2** (bir şey)i hayal etmek, düşlemek. *I never dreamt that I would be the winner of the competition. He dreams he is there. He dreams of being there. geç. zam.* ve *ort.* **dreamed** veya **dreamt** [dremt]. Ayrıca *i+sy* **1** rüya: *in my dream; have bad dreams; have a strange dream.* **2** hayal edilen bir şey, düş. *My dream of becoming a pilot had come true.* **dreamy** *s* **1** romantik, hayalperest: *a dreamy person.* **2** sanki bir rüyadaymış gibi. *We talked to each other in gentle dreamy voices.* **dreamer** *i+sy* hayalperest kimse. **dreamily** *z* rüyada gibi, dalgın dalgın. **dreamlike** *s* rüya gibi.

dreary ['driəri] *s* kasvetli, iç karartıcı; sıkıcı: *a dreary room; dreary weather; a dreary person. (eş anl.* **boring**).

dredge [dredʒ] *f+n/-n* bir nehrin, gölün, denizin dibini tarakla temizlemek: *dredge the river; dredge mud from the river.* Ayrıca *i+sy* tarama aleti. **dredger** *i+sy* tarak dubası, veya gemisi.

dregs [dregz] *içoğ* tortu; telve. *The dregs are bitter.* **dregs of society** ayak takımı.

drench [drentʃ] *f+n* ıslatmak, sırılsıklam etmek. *We were drenched by the rain. (eş anl.* **soak**).

dress¹ [dres] **1** *i+sy* entari; (kadın, kız) elbise. *She was wearing a green dress with a white hat. She put on her nice dress. I should buy beatiful dresses.* **2** *i-sy* elbise; giyim kuşam. *More money is spent on dress than on books.* **dresser** *i+sy* **1** tiyatroda aktör ve aktristlerin giyinmesine yardım eden kimse. **2** tabak dolabı, büfe. **dressing** *i+sy/-sy* **1** sargı bezi; bandaj. **2** (salata) sos. *What kind of dressing would you like on your salad?* **dress circle** tiyatroda birinci balkon. **dressmaker** kadın terzisi. **dress rehearsal** kostümlü prova. **dressing gown**

sabahlık; robdöşambr. **dressing table**
tuvalet masası. **evening dress 1** *i+sy*
tuvalet; kadınların gece toplantıların-
da giydikleri ağır ve uzun etekli giysi.
2 *i-sy* gece resmi davetlerde giyilen
kıyafet.
dress² [dres] *f+n/-n* giyinmek, giy-
dirmek. *He dressed in his best suit.*
She dressed the children. **dress up**
giyinip kuşanmak, iyi giyinmek; giy-
dirmek. *Many people dress up before*
going to church. She dressed the child
up in her newest clothes. **dress some-**
one down bir kimseyi azarlamak. *He*
dressed us down in no uncertain
terms. **dressing down** *itek* azarlama;
bir güzel paylama. *The boss gave*
Jack a good dressing down for beeing
late.
drew [dru:] **draw¹** fiilinin geçmiş za-
man biçimi.
dribble ['dribl] **1** *f-n* salyası akmak.
Tears and dribble ran down his face.
2 *f+n/-n* (futbol ve basketbolda) top
sürmek; dripling yapmak. **3** *f-n* damla
damla akmak. **in/by dribs and drabs**.
We are
trying to raise some money for
charity, but we're only getting it in
dribs and drabs.
dried [draid] **dry** fiilinin geçmiş zamanı
ve ortacı.
drier ['draiə*] *i+sy* **dryer**'a bkz.
drift¹ [drift] *f+n/-n* **1** (rüzgâr, veya
suyun hareketiyle) sürüklenmek; sü-
rüklemek. *The engine has broken*
down and the boat is drifting. **2** (kar
hk.) birikmek, yığılmak; biriktirmek,
yığmak. *The snow is drifting.*
drift² [drift] **1** *i-sy* sürükleme. **2** *i+sy*
(kar, kum) birikinti, yığın: *snow*
drifts. **driftwood** dalgaların sahile
attığı tahta parçaları.
drill¹ [dril] *i+sy* **1** matkap; delik aç-
maya yarayan alet. Ayrıca *f+n/-n*
matkapla delik açmak.
drill² [dril] *i+sy/-sy* **1** askeri eğitim,
talim. **2** alıştırma. **3** tatbikat: *a fire*
drill. Ayrıca *f+n/-n* eğitim, alıştırma,
tatbikat yapmak.
drink [driŋk] *f+n/ r./-n* **1** (su, vb.) içmek.
2 içki içmek. **take to drink** (üzüntü-
den, vb.) içkiye başlamak, kendini
içkiye vermek. *He had taken to drink*
after his wife died. **What are you**
drinking? Ne içersiniz? **drink some-**
thing in bir kimseyi can kulağıyla

dinlemek; bir şeyi içine sindire sindire
seyretmek, bakmak. *He was drinking*
in my words. She stood and drank in
the panorama. **drink to/drink the**
health of someone/something bir
kimsenin, veya bir şeyin sağlığına, şe-
refine, vb. içmek, kadeh kaldırmak.
drink (something) up içip bitirmek.
Drink up and we will go. Drink up
your milk. Ayrıca *i+sy/-sy* **1** içecek.
2 (bira, şarap, whisky, vb.) içki. *geç.*
zam. biç. **drank** [dræŋk]. *geç. zam.*
ort. **drunk** [drʌŋk]. **drinkable** *s*
içilebilir. (*karş.* **undrinkable**). **drinker**
i+sy içkici, ayyaş. *He became a heavy*
drinker when his wife died. **drinking**
water *i-sy* içme suyu.
drip [drip] *f+n/-n* damla damla ak-
mak, damlamak. *The rain dripped*
from the trees. I must have presented
a sorry spectacle, standing there, the
water dripping from my clothes. geç.
zam. ve ort. **dripped**. Ayrıca *i+sy*
damla; damlama. **dripping** *i-sy* kebap
yapılırken, veya kızartılırken etten
damlayan yağ. **drip-dry** ütü istemez,
yıka-giy: *a drip-dry shirt.*
drive¹ [draiv] *f+n/-n* (araba) kullan-
mak, sürmek. *He drove the car. Can*
you drive? I drove through the forest.
2 arabayla gitmek; arabayla götür-
mek. *I drove my aunt to town.* **3** (hay-
vanları) gütmek, önüne katıp sür-
mek: *drive sheep.* **4** (çivi) çakmak. *He*
drove a nail into the door. **5** (bıçak,
vb.) saplamak. *He drove a knife into*
his enemy. **6** *f+n/-n* topa çok sert
vurmak. **drive away** kovmak, defet-
mek. *He drove the beggars away from*
the gate. **drive off** yok etmek, saf dışı
bırakmak. *The defenders drove the*
enemy off with heavy losses. geç. zam.
biç. **drove**. [drouv] *geç. zam. ort.*
driven ['drivən].
drive² [draiv] **1** *i+sy* araba gezintisi. **2**
i+sy evin garajı, veya ön kapısı ile
cadde arasında kalan yol, giriş çıkış
yolu. **3** *i-sy* yeni ve iyi şeyler yapmak
için sahip olunan şevk, heyecan, ener-
ji, azim, hırs. *That man has plenty of*
drive. **5** *i+sy* kampanya, özel çaba: *a*
drive to get new members for the
club. **driver** *i+sy* sürücü, şoför.
driver's/driving licence. (*AmI*'de
driver's/driving license) şoför ehliyeti.
driving school şoförlük okulu.
driving test şoför ehliyet sınavı. **drive-**

in cinema/store otomobille gidilip, içinden çıkmadan film seyredilen sinema/alışveriş yapılan dükkân. **what is he/are you driving at?** maksadı(n) ne? ne demek istiyor-(sun)? *When you asked me about John, what were you driving at?*

drizzle ['drizl] *i-sy* çisinti, ahmak ısla-tan. Ayrıca *f-n* çiselemek, ince ince yağmak.

droll [droul] *s* gülen bir kimse, veya şey; eğlenceli, tuhaf. *His droll sense of humour made us realize how funny the situation was. (esk. kul.).*

dromedary ['drɔmidəri] *i+sy* tek hör-güçlü deve. (**Arabian camel** de denir). (Ayrıca **camel**'a bkz.).

drone[1] [droun] *i+sy* erkek arı. *The queen is likely to mate with two or three drones.*

drone[2] [droun] *i+sy/-sy* sürekli ve değişmeyen, alçak ses tonunda vızıltı, veya uğultu, örn. bir arının ya da uzaktaki bir jenaratörün çıkardığı ses, vızıltı: *the steady drone of the traffic.* Ayrıca *f-n* vızıldamak, uğuldamak. **drone on** monoton ve can sıkıcı bir şekilde konuşup durmak. *I remember him droning on about how important it was to study literature.*

drool [dru:l] *f-n* 1 salyası akmak. 2 (genl. **over** ile) birisine bakarak ağzı sulanmak. *As they passed by the cinema, his friend stopped to drool over a poster advertising a film called 'Naked Passion'.* Ayrıca *i-sy* salya.

droop [dru:p] *f+n/-n* gücünü ve canlılığını yitirerek çökmek, sarkmak, eğilmek. *His shoulders drooped and his head hung to his chest.*

drop[1] [drɔp] *i+sy* 1 damla: *rain drops; a drop of blood.* 2 bir yudum, damla: *a little drop of wine/milk.* 3 düşme: *a drop in the temperature.* 4 (en yüksek nokta ile en alçak nokta arasındaki) mesafe; iniş, düşüş: *the drop from the top of the cliff.* **at the drop of a hat** der demez hemen. *If you ask him to sing, he'll do it at the drop of a hat.* **a drop in the ocean /bucket** devede kulak. *They are a big company with very big outlays of money; the amount they pay for your salary is only a drop in the ocean.*

drop[2] [drɔp] 1 *f+n/-n* (aşağıya) bırakınak, düşürmek; düşmek. *The bomb dropped on the village. He*

dropped his book on the floor. 2 *f+n* birisini, veya bir şeyi bir yere bırak-mak, indirmek. *He ordered his taxi to drop him at the corner of the street.* 4 *f+n* (bir alışkanlığı, huyu, vb.) bı-rakmak, vazgeçmek. *I am trying to drop that bad habit.* 5 (bir dersi) bırakmak. *I want to drop History.* 6 terketmek, görüşmemek, selamı saba-hı kesmek. *He dropped his friends. (k. dil.). geç. zam. ve ort.* **dropped. drop behind** geride kalmak. *The Italian runner is dropping behind. This student is dropping behind the rest of the class.* **drop in (on someone)** bir kimseyi önceden haber vermeden ziyaret etmek; şöyle bir uğramak. *I happened to be driving by your house, and just thought I'd drop in for a minute. (eş anl.* **pop in**). **drop one's aitches/h's** 'h' harfini telâffuz etmemek, söylememek. **drop a brick/clanger** pot kırmak, çam devirmek. *I dropped a brick when I mentioned seeing Jack at the bar: his wife had thought that he was working in the office, and she was furious.* **drop (someone) a line** bir kimseye bir iki satır bir şey yazıp göndermek. *Drop me a line to let me know that you have arrived safely.* **drop (someone) a hint** (bir kimseye) bir imada bulun-mak. *I always go to Professor Brown's lectures: he often drops a hint about what topics will come up in the exam.* **you could have heard a pin drop** öyle sessizdi ki çıt çıkmıyordu. **drop off** uyuya kalmak, içi geçmek. *I sat in my favourite armchair and dropped off.* **drop someone off** birisini arabaya alarak gideceği yere götürüp bırakmak. *I can drop Daisy off on my way home.* **drop out (of something)** bırakmak, devam etme-mek. *A number of students drop out of university every year.* **dropout** *i+sy* okuldan ayrılan öğrenci. *There have been fewer dropouts this year. (k. dil.).* **droppings** içoğ tavşan, koyun, kuş, vb. pisliği, kakası, boku.

drought [draut] *i+sy* kuraklık, susuzluk.

drove[1] [drouv] **drive**[1] fiilinin geçmiş zaman biçimi.

drove[2] [drouv] *i+sy* (koyun, inek, vb.) sürü.

drown [draun] 1 *f+n/-n* (suda) boğulmak; boğmak. *She drowned in the river. He drowned his wife.* **2** *f+n* (sesi) bastırmak; işitilmesine engel olmak. *The noise of the train drowned his voice.* **3** *f+n* (su ile) kaplamak, su altında bırakmak. **drown one's sorrow** kederini, üzüntüsünü unutmak için içmek. *If his team loses, he usually goes to the pub to drown his sorrows.*

drowse [drauz] *f-n* uyuklamak, pineklemek. *John drowsed in the sun.* **drowsy** *s* uykulu; uyku basmış; uyku getiren. *Beer makes me drowsy.* **drowsily** *z* uykulu uykulu; uyur gezer bir halde.

drudgery ['drʌdʒəri] *i-sy* sıkıcı ve zor bir iş. *She hated the drudgery of scrubbing the floors.*

drug [drʌg] *i+sy* **1** (vücut için) ecza; ilaç. *The doctors are trying to cure him with a new drug.* **2** uyuşturucu madde: *be on drugs; take drugs; drug addiction.* Ayrıca *f+n* **1** ilaçla uyutmak, uyuşturucu ilaç vermek. **2** (yiyeceğe, içeceğe) zehirleyici, veya uyuşturucu madde koymak. *He drugged my drink. geç. zam. ve ort.* **drugged.** **druggist** *i+sy* eczacı. **drug addict** *i+sy* esrarkeş, uyuşturucu madde düşkünü kimse. **drug addiction** *i-sy* uyuşturucu madde alışkanlığı. **drugstore** (genl. *AmI'*de) ilaç, yiyecek, içecek, vb. satılan dükkân. (*BrI'*de **chemist's shop**). Ayrıca **chemist'**e bkz.

drum [drʌm] *i+sy* **1** davul, trampet. **2** bidon: *oil drums.* Ayrıca *f+n/-n* **1** davul, trampet çalmak. *John can play the drums.* **2** parmakları ile trampet çalar gibi vurmak. **drummer** *i+sy* davulcu, trampetçi. **drum something into someone, drum something in** tekrar ede ede bir şeyi bir kimsenin kafasına sokmak. (*eş anl.* **inculcate**).

drunk [drʌŋk] **drink** fiilinin *geç. zam. ort.* Ayrıca *s* sarhoş, içkili: *get drunk* (=sarhoş olmak). *The drunk soldier was plainly looking for a quarrel. After one more drink he was distinctly drunk.* Ayrıca *i+sy* ayyaş kimse. *The drunk stared at me furiously.*

dry [drai] *s* **1** kuru: *dry branches; dry cloth. The washing is dry.* **2** kurak, yağmursuz. *The climate is dry.* **3** kurumuş; susuz, kör. *The river was almost dry. The well runs dry.* **4** (inek ve kadın memesi) sütü çekilmiş. **5**

(ağız, boğaz gırtlak) kuru, kurumuş. **6** susamış. *I'm so dry I could drink anything.* **7** alkollü içkilerin, satılması, alınması ve içilmesi yasak olan; içki yasağı olan. *The country is dry.* **8** yavan, can sıkıcı. *This book is dry.* **9** soğuk ve kayıtsız. *He said it in a cool dry voice.* **10** yağ veya reçel sürülmemiş: *a piece of dry toast.* **11** (şarap) sert, sek. **12** (öksürük) kuru, balgamsız. **13** ağlamadan; gözünden yaş gelmeden. **as dry as a bone** takır takır kuru, kemik gibi kuru. **dryness** *i-sy* kuraklık; kuruluk. Ayrıca *f+n/ -n* **1** kurumak, kurutmak. *He dried the clothes. The washing is drying.* **2** kurulamak. *I dried the dishes. geç. zam. ve ort.* **dried.** **dry cleaning** *i-sy* kuru temizleme. **dry cleaner** *i+sy* kuru temizleyici. **dry-clean** *f+n* kuru temizlemek. **dry rot** keresteyi çürütüp toz haline getiren bir tür hastalık. **dry up** kurumak, suyu çekilmek; kurutmak. *In the warm sun the wet grass dried up quickly. The sun dried the grass up.*

dryer, drier ['draiə*] *i+sy* kurutma makinası: *a hair drier; a clothes drier.*

DT's [di:'ti:z] *içoğ* (=the Delirium Tremens)—özl. aşırı alkol içme alışkanlığından kurtulmaya çalışırken ortaya çıkan ve kontrol edilmeyen vücut titremesi.

dual ['djuəl] *s* çift; aynı birim, veya durumda iki parçadan, fonksiyondan ve görünümden oluşan. **dual carriageway** gidiş gelişi ayrı, çift yönlü yol.

dub [dʌb] *f+n* dublaj yapmak; bir filmi oynatıldığı ülkenin diline çevrilmiş şekliyle seslendirmek. *Many foreign films are dubbed when they are shown in England. geç. zam. ve ort.* **dubbed.**

dubious ['dju:biəs] *s* **1** şüpheli, şüphe duyan. *I'm dubious about my chances of success. 'At first he was dubious of my identity. But when I repeated in some detail conversations we had had at various times, he seemed convinced and agreed to see me.'* **2** belirsiz, müphem, güvenilmez, sonucu şüpheli; insanda şüphe uyandıran: *a dubious suggestion.*

duchess ['dʌtʃis] *i+sy* düşes; dükün karısı.

duck¹ [dʌk] *i+sy* ördek. **take to something like a duck to water** bir şeye

doğuştan yatkın olduğunu ya da on-
dan çok hoşlandığını anlamak; bir
şeyi doğal olarak kolayca öğrenmek
ya da bir şeye kolayca alışmak. *They
have taken to the idea like ducks to
water.* **like water off a duck's back** hiç
tesirsiz; vız gelip tırıs gitmek. *My
suggestions were like water off a
duck's back.*

duck² [dʌk] *f+n/-n* (bir şeyden korun-
mak, kaçınmak için) birden başını ya
da vücudunu eğmek; eğilmek. *He
ducked. He ducked his head.* 2 *f+n*
birisinin başını suya sokmak, daldır-
mak. *He ducked his friend.*

duct [dʌkt] *i+sy* sıvı veya gaz nakleden
kanal, boru, tüp.

dud [dʌd] *s* işe yaramaz; bozuk. *This
is a dud watch.* Ayrıca *i+sy* **1** kabili-
yetsiz, ve işe yaramaz kimse; adi bir
şey. **2** patlamamış bomba, mayın.
He'd stepped on a dud mine (k. dil.).
dud cheque karşılıksız çek.

dudgeon ['dʌdʒən] *i-sy* **in high dud-
geon** sözünde—müthiş öfkeli, veya
gücenmiş. *He slammed the door and
went off in high dudgeon.*

due [dju] *s* **1** vadesi gelmiş, vadesi
dolmuş, ödemesi gerekli olan. *Pay-
ment is now due.* **2** gelmesi, varması,
olması beklenen. *He is due to arrive
today. There's a train (that is) due (to
arrive) at ten.* **3** gereken, veya uygun,
münasip. *Library books must be
treated with due care and attention.*
(3. anlamda *karş.* **undue**). Ayrıca
i+sy **1** hak, alacak. **2** (sadece *çoğ.
biç.*) aidat, üyelik aidatı. **duly** *z* tam
zamanında, beklendiği gibi. *Thatcher
duly attended the ceremony at the
appointed time. I was expecting the
question which he duly asked.* **due to**
...-den dolayı, yüzünden. *The delay is
due to the bad weather. Due to bad
weather, the train was late.*
NOT: bazı kimseler ikinci örneğin
yanlış olduğunu düşünürler. *Due to*
ile cümleye başlamanın doğru
olmadığı görüşündedirler. Bu kişiler
due to'yu bir sıfat grubu olarak
kullanmaktan yanadırlar, yani *due to
something, another thing happened*
yapısını değil *de something is due to
something* yapısını kullanırlar. Fakat
aynı kimseler, *due to* ile eş anlamda
olan *owing to*'yu ise yukarıdaki ikinci
örnekte *due to* yerine kullanırlar:

*Owing to bad weather the train was
late.*
credit where credit's due bir kimseye
hakkını vermek; Sezar'ın hakkını
Sezar'a vermek. *I don't like him but
credit where credit's due, he is a good
doctor.* **due to the fact that** (=be-
cause). çünkü.

duel ['djuəl] *i+sy* düello; iki kişi ara-
sında, tanıklar önünde yapılan silahlı
vuruşma. Ayrıca *f-n* düello yapmak,
düello etmek. *They duelled on the
common at daybreak.*

duet [dju:'et] *i+sy* **1** düet; iki ses için,
veya iki müzik âleti için düzenlenmiş
müzik parçası. **2** karşılıklı olarak iki
kişi tarafından söylenen şarkı.

dug [dʌg] **dig¹** fiilinin geçmiş zamanı
ve ortacı.

duke [dju:k] *i+sy* dük; prensten sonra
gelen bir asalet ünvanı, (*kadınına*
duchess ['dʌtʃis] *denir*).

dulcimer ['dʌlsimə*] *i+sy* santur;
kanuna benzer bir çalgı.

dulcimer

dull [dʌl] *s* **1** bulutlu, kapalı: *a dull day.*
2 tatsız, yavan, can sıkıcı: *a dull book;
dull place.* (*eş anl.* **boring**). **3** neşesiz,
durgun: *She became dull and silent.*
4 (renk) donuk, sönük: *a dull grey.* **5**
(ses) boğuk, pek duyulur gibi değil:
a dull thud. **6** (ağrı) hafif, belli belir-
siz, uzun sürmeyen. *Although the
doctor said he had recovered from his
motorcycle accident, he still felt a dull
pain in his back from time to time.*
7 kalın kafalı, kafası çalışmaz: *a dull
boy.* (*eş anl.* **slow**). **8** küt, kesmez,
körleşmiş: *a knife with a dull blade.*
(*karş.* **sharp**).

duly ['dju:li] *z* **due**'ya bkz.

dumb [dʌm] *s* **1** dilsiz: *deaf and dumb
from birth* (=doğuştan sağır ve dil-
siz). **2** aptal, sersem. *I can't teach my
dog tricks; he's too dumb to learn.* (2.
anlamı *k. dil.*). (*karş.* **clever**). (*eş anl.*

dim). **dumbfound** s hayretten konuşamaz hale gelmiş, şaşkına dönmüş. *He was watching, dumbfounded, when suddenly he heard a scream.* **dumb waiter** tekerlekli servis arabası.

dummy ['dʌmi] *i+sy* 1 (elbiseci dükkânlarının vitrindeki) manken. *Shops which sell clothes often have dummies in the window.* 2 (çocuk) emziği; meme. Ayrıca *s* yapma, taklit.

dump¹ [dʌmp] *i+sy* 1 çöplük; bir yerleşme merkezinin çevresindeki çöp dökme yeri. 2 geçici askeri depo. **be (down) in the dumps** keyfi yerinde olmamak. *My son has been down in the dumps ever since his team was knocked out of the cup.*

dump² [dʌmp] *f+n/-n* 1 boşaltmak, atmak, dökmek. *The workmen dumped the dirt into the hole.* 2 damping yapmak; ucuzluk yapmak. **dumper truck** damperli kamyon; bir şasinin üzerine takılmış inip kalkan kasası olan, kendinden hareketli, yük boşaltan kamyon. (Ayrıca **dump truck** da denir).

dunce [dʌns] *i+sy* ahmak ve öğrenme yeteneği olmayan (adeta gerizekâlı gibi) kimse. (*eş anl.* **dimwit**). **dunce's cap** eskiden okullarda tembel öğrencilere giydirilen kağıt şapka.

dune [dju:n] *i+sy* kumul; rüzgârların yığdığı kum tepeciği.

dung [dʌŋ] *i-sy* gübre, hayvan pisliği.

dungarees [dʌŋgə'ri:z] *içoğ* mavi renkli kaba pamuklu kumaştan yapılan askılı iş tulumu.

dungeon ['dʌndʒən] *i+sy* zindan; yeraltı hapishanesi, veya bir kaledeki hücre.

dupe [dju:p] *f+n* kandırmak, aldatmak. *I was duped into openning my heart and expressing my thoughts.* (*eş anl.* **con, fool**). Ayrıca *i+sy* enayi.

duplicate ['dju:plikeit] *f+n* teksir etmek, kopya etmek, suretini çıkarmak. *The letter was typed and duplicated.* (*eş anl.* **photocopy**). Ayrıca ['dju:plikət] *s* benzer, eş: *duplicate keys.* **duplicator** *i+sy* teksir makinası.

duplicity ['dju:plisəti] *i-sy* ikiyüzlülük. *She admitted that she had been guilty of duplicity in saying she had another engagement that evening.*

durable ['djuərəbl] *s* dayanıklı: *durable clothes/furniture/products.* **durability** [djuərə'biliti] *i-sy* dayanıklık; devam-

lılık: *the durability of a product; the durability of their love.*

duration [djuə'reifən] *i-sy* süre, müddet, devam: *for the duration of the holiday.*

during ['djuəriŋ] *edat* esnasında, müddetince, süresince. *They will serve sandwiches during the party* (= Parti devam ederken sandviç verecekler). *He plays basketball during the winter* (= Kışın basketbol oynar). NOT: *I during* bağlaç olarak kullanılmaz. Buna karşılık olan bağlaç *while* veya *during the time*'dır. *They served sandwiches while we played games. He played basketball during the time he was there.* 2 zarf olarak kullanıldığı zaman, aylar tek başına kullanılmaz. Ya *in* ya da *during* ile kullanılır. *They moved away in March* (= Kasımda (taşınıp) gittiler). *It rained a lot during April* (= Nisanda çok yağmur yağdı).

dusk [dʌsk] *i-sy* (the ile) (akşam) alaca karanlık. **dusky** *s* oldukça karanlık. *He returned to the dusky room.*

dust [dʌst] *i-sy* toz: *cloud of dust; dust cloud; in the dust. She wrote 'I love you' in the dust on the coffee table.* **allow the dust to settle/let the dust settle** işlerin, durumun yatışmasını beklemek. **bite the dust** bozulup çalışmamak. Ayrıca *f+n/-n* 1 tozunu almak. *She dusted the furnitur*ː. *She was dusting.* 2 (**with** ile) (üzerine) serpmek; pudralamak. *She put on lipstick and dusted her face with powder.* **dust something down** (genl. bir fırça, veya toz bezi ile) tozunu almak. *She dusted down the furnature.* **dusty** *s* tozlu. **duster** *i+sy* 1 toz bezi. 2 tebeşir silgisi. **dustbin** (*BrI*'de) çöp tenekesi. (*AmI*'de **garbage can**). **dustman** çöpçü. **dustpan** faraş.

Dutch [dʌtʃ] *özeli* Hollandalı; Hollandaca. **Dutch auction** açık eksiltme. **Dutch courage** içkiden gelen cesaret. *Before going to his boss to ask for an increase in wages, he gave himself some Dutch courage by having a quick drink of whisky.* **Dutch treat** herkesin kendi parasını çekmesi. **Dutch uncle** babaca konuşup tenkit eden kimse. **go Dutch** hesabı paylaşmak.

duty ['dju:ti] 1 *i+sy/ꞏsy* vazife, görev.

It is your duty to fight for your country. The headmaster has many different duties. 2 *i + sy* gümrük resmi, veya vergisi. **dutiable** *s* gümrük resmine tabi. **dutiful** *s* büyüklerine karşı itaatli, saygılı, hürmetkâr: *a dutiful daughter.* **dutifully** *z* itaat li olarak. **duty-free** *s* gümrüğe tabi olmayan, gümrüksüz. **off duty** görevli olmamak. *I'm off duty after eight* (= *I'm off after eight*). **on duty** görevli olmak. *I'm on duty till eight.*

dwarf [dwɔ:f] *i + sy* 1 cüce. 2 peri masallarındaki cüce.

dwell [dwel] *f-n* ikamet etmek, oturmak. *geç. zam.* ve *ort.* **dwelled.** (*r. kul.*). **dwelling** *i + sy* ikametgâh, ev. **dwell on/upon something** bir konu üzerinde durmak; bir şeyin üzerinde uzun uzun düşünmek, yazmak, veya konuşmak. *Some authors dwell on the sadness of life; others on its pleasures.*

dwindle ['dwindl] *f-n* (genl. **away** ile) yavaş yavaş küçülmek, azalmak. *My money had dwindled away to nothing.*

dye [dai] *i + sy/-sy* (kumaşın, saçın, vb.

rengini değiştirmeye yarayan) boya. Ayrıca *f + n* rengini değiştirmek, boyamak. *She dyed her coat blue. şim. zam. ort.* **dyeing.** *geç. zam.* ve *ort.* **dyed.**

dying ['daiiŋ] **die**[2] fiilinin şimdiki zaman ortacı.

dyke [daik] *i + sy* **dike**'a bkz.

dynamic [dai'næmik] *s* son derece enerjik, dinamik. *The coach of the football team was a dynamic person.*

dynamite ['dainəmait] *i-sy* dinamit; nitrogliserin ile yapılan patlayıcı bir madde.

dynamo ['dainəmou] *i + sy* dinamo; mekanik enerjiyi elektrik enerjisine dönüştüren aygıt. *çoğ. biç.* **dynamos.**

dynasty ['dinəsti] *i + sy* hanedan; hükümdar, veya devlet büyüğü gibi bir kişiye dayanan soy, büyük aile: *the Habsburg dynasty.*

dysentery ['disntri] *i-sy* dizanteri; ağrılı ve kanlı ishalle beliren, bağırsakta yaralara yol açan bulaşıcı bir hastalık. *She caught dysentery by drinking infected water. No cases of dysentery were recorded in the eastern area this year.*

E

each [i:tʃ] *belirten/z/zamir* (teker teker düşünüldüğünde) her, her bir; her biri, tanesi. *He spoke to each member of the team. These books cost two pounds each. Each of the boys has a prize. Each boy has a prize. Each student has an advisor. I saw each of the players. Each of the boys has a football* (= Çocukların hepsinin birer futbol topu var). *Each of them has a football* (= Her birinin bir futbol topu var). *Each of them has his promblems* (= Her birinin kendi problemleri var). *The boys are each writing a composition* (= Çocukların hepsi birer kompozisyon yazıyor).
NOT: *each* zamir olarak kullanıldığında birlikte kullanıldığı fiil de tekildir, *'each of the boys has'. 'each of the boys have'* denmez.
each other *z* birbiri(ni). *Mary and Peter saw each other last night.*
NOT: *1 each other* zamiri (ki buna işteş zamir (= **reciprocal pronoun**) da diyoruz) özne çoğul olduğunda bir fiilin nesnesi olarak kullanılabilir. *We try to help each other* (= Birbirimize yardım etmeğe çalışırız). *2 each other* bir edatın nesnesi de olabilir. *John and Mary just looked at each other* (= John'la Mary birbirlerine sadece baktılar). *3 each other, 's* iyelik eki ile de kullanılabilir. *We went to each other's homes* (= Birbirimizin evine gittik).

eagle

eager ['i:gə*] *s* hevesli, istekli. *He was eager to help us. He was eager for*

information. **eagerly** *z* büyük bir istekle, anlatacak çok şeyleri varmış gibi. **eagerness** *i-sy* şiddetli arzu, hırs. *He couldn't hide his eagerness to get away.* **eager beaver** görevine, vazifesine çok bağlı olan kimse. *Susan will do well in her new job; she is a real eager beaver. (k. dil.).*
eagle ['i:gl] *i+sy* kartal.

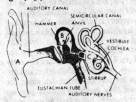

HUMAN EAR
(A, external ear; B, middle ear; C, inner ear)

ear [iə*] *i+sy* **1** kulak. **2** başak; arpa, yulaf, buğday gibi ekinlerin tanelerini taşıyan kılçıklı baş. **3** *i-sy* sesler arasındaki en ufak farkı bile duyabilme yeteneği: *a keen ear* (= keskin bir kulak). **4** *i-sy* dikkat. *May I have your ear for a moment* (= Beni bir dakika dinler misiniz, lütfen). **eardrum** kulakzarı. **earmark something** bir şeyi özel bir amaçla biriktirmek, veya saklamak; bir kenara koymak. *(eş anl. set aside).* **earphone** (telefon, veya radyo sinyallerini alabilmek için) kulaklık. **ear trumpet** işitme özürlüler için kulak borusu. **be all ears** kulak kesilmek. **be out on one's ear** kulağından tutup dışarı atmak. **be up to one's ears in something 1** işi başından aşmak. *We've been up to our ears in work this week.* **2** borç içinde yüzmek; gırtlağına kadar borç içinde olmak. *Don't lend him any money; he's up to his ears in debt.* **give/lend an ear to** dinlemek, kulak vermek. *Give an ear to what I have to say. The owner of the factory lent an ear to the complaints of the workers.* **go in one**

ear out the other bir kulağından girip öbüründen çıkmak. (k. dil.). **listen to something/someone with only half an ear** bir şeyi/bir kimseyi yarım ağızla dinlemek. **out of/within earshot** çok uzak/yakın (ses mesafesinde). **play something by ear** bir parçayı (notaları görmeden) ezberden çalmak. **play it by ear** değişen durumlara göre hareket etmek. *We don't know what questions will be raised at the meeting, so we shall just have to play it by ear* **turn a deaf ear** duymamazlıktan gelmek. *Young people sometimes seem to turn a deaf ear to the the words of their anxious parents.*

earl [ə:l] *i+sy* kont.

early ['ə:li] *s/z* 1 erken, erkenden: *in the early morning.* 2 ilk, başlangıç: *in the early part of the book.* 3 erken; kararlaştırılan, veya uygun olan zamandan önce. *We arrived too early. She arrived early and had to wait for the others.* 4 eski; ilk zamanlara ait: *early history.* **early bird** sabah erken kalkan, veya bir yere çok erkenden giden bir kimse. *My husband always gets up first to make breakfast; he's an early bird. (k. dil.).* **early bird catches/gets the worm.** Sona kalan dona kalır. Erken davranan çorbayı içer. *If you want to be sure of a ticket for next week's performance, buy it now: the early bird catches the worm.* **early-warning** erken uyarı sistemi.

earn [ə:n] *f+n* 1 (çalışarak para) kazanmak. *How much does he earn a week? He earns £20 a week. John earns a/his living by selling shoes.* (eş anl. **make**). 2 layık olmak, haketmek. *You have earned your holiday. The fearless soldier earned a medal for bravery.* **earnings** içoğ işte kazanılan para, kazanç, kâr; maaş, gelir. *Did he spent all his earnings.*

earnest ['ə:nist] *s* ciddi, şaka yapamayacak ve de buna gülemeyecek kadar ciddi. *The scientist has an earnest attitude toward his work.* **earnestly** *z* ciddi olarak, ciddi ciddi. *He was in a corner of the room talking earnestly to Julia.* **earnestness** *i-sy* ciddiyet: *speaking with great earnestness.* **in earnest** ciddi, şaka etmeyen. *I was in earnest when I told you that.*

earth [ə:θ] 1 *i-sy* toprak; bitkilerin içinde büyüdüğü madde. *The toddlers made mud pies out of earth and water. He planted seeds in the earth.* 2 *i-sy* kara; toprak. 3 *i-sy* (genl. **the earth** olarak kullanılır). yeryüzü, dünya. *The earth travels around the earth.* 4 *i+sy* (elektrikte) toprak hattı. 5 *i+sy* (kimyada) bazı metallerin oksitleri. 6 *i+sy* hayvan ini. Ayrıca *f+n* topraklamak; elektrik cihazını toprağa irtibatlamak. *He earthed the radio.* **earthen** *s* toprak, veya kilden yapılmış: *an earthen pitcher.* **earthenware** çanak çömlek. **earthy** *s* 1 kaba; düşünce ve davranışlarında nezaketsiz: *an attractive earthy girl.* 2 topraklı; toprak gibi. *The cellar was damp and had an earthy smell.* **earthly** *s* dünyevi, bu dünyaya ait. *She believed that our earthly life is all that matters.*

NOT: *earthly* soru ve olumsuz cümlelerde kullanılarak 'geçerli', 'akla uygun' anlamlarına gelir. *There is no earthly reason for me to dislike her* (=Ondan nefret etmem için geçerli bir nedenim yok! / Ondan niçin nefret edeyim ki!).

earthquake deprem. *Many buildings were damaged by the earthquake.* **earthworm** solucan. **down-to-earth** *s* dürüst; doğru bildiğini hiç çekinmeden söyleyen; pratik zekaya sahip. **move heaven and earth** için **move**'a bkz. **on earth** için aşağıdaki nota bkz.

NOT: *on earth* deyişi *'who', 'why', 'what',* veya *'where'* soru sözcükleri ya da olumsuz bir cümlede kullanılarak şaşma, kızgınlık durumları ifade edilir. Böyle bir yapı Türkçeye 'Allah aşkına...', 'Yahu...', 'Ne halt etmeye...', 'Acaba hangi cehennem-de...', vb. şekilde çevrilebilir: *Why on earth are you studying Portuguese? Who on earth can that be? He was wondering what on earth he should do? There is no reason on earth why it shouldn't work.*

earwig

earwig ['iəwig] *i+sy* kulağakaçan; karnında çatal biçiminde iki uzantı bulunan, meyve ve sebzelere zarar veren otçul bir böcek.

ease [i:z] *i-sy* 1 rahat, huzur, refah. *The rich family lived a life of ease.* 2 kolaylık, rahatlık; güçlük çekmeden bir şeyi yapabilme yeteneği. *He did the work with ease.* Ayrıca *f+n/-n* (genl. **off** ile) yavaşlamak, gevşemek; yavaşlatmak, gevşetmek, hafifletmek. *The wind has eased off. He eased the screw. This medicine will ease your pain.* **ease up** yavaşlamak, gevşemek; yavaşlatmak, gevşetmek. *He worked hard at first, but he has eased up lately.* **at ease** huzurlu, endişesiz, rahat, teklifsiz. *I never feel at ease when I talk to him.* **ill at ease** endişeli, rahatsız, huzursuz. *The boy felt ill at ease when the headmaster spoke to him.* **(stand) at ease** (askerler hk.) rahatta durmak. **take one's ease** (işten sonra) istirahate çekilmek, dinlenmek.

easel ['i:zl] *i+sy* ressam sehpası.

easel

east [i:st] *s/z/i-sy* doğu; doğuya. *Turkey is in/to the east of Europe. Turkey is east of Europe. He travelled east. An east wind was blowing.* **eastern** *s* doğu. **eastern bloc** doğu bloku. **easterly** ['i:stəli] *s* doğudan esen; doğuya doğru. **the east/East** 1 Asya. 2 Avrupa kıtasının doğusunda kalan ülkeler ve Rusya. 3 doğudaki herhangi bir ülke, veya kıta. **the Middle East** Orta Doğu (örn. Mısır, İsrail, Ürdün, vb. ülkelerin bulundukları bölge). **the Far East** Uzak Doğu (örn. Hindistan, Pakistan, Çin, Japonya, vb. ülkelerin bulundukları bölgeler).

Easter ['i:stə*] *i+sy/-sy* Paskalya; Hıristiyanların, her yıl İsa Peygamber'in dirildiğine inanılan günün yıl-dönümünde kutladığı bayram.

easy ['i:zi] *s* 1 kolay. *The work is easy. It is easy (for me) to climb that ladder.* (karş. **difficult**). (*eş anl.* **simple**). 2 rahat; üzüntü ve endişeden uzak, sakin. *If you prepare your work well, you will be able to sit the examination with an easy mind. When I retire, I expect to lead an easy life.* (2. anlamı için *karş.* **uneasy**). **easily** *z* 1 kolayca, kolaylıkla. *He did the homework easily.* 2 şüphesiz, kuşkusuz. *This car is easily the most popular one.* **easiness** *i-sy* kolaylık. **easy does it** yavaş ve dikkatli git; dikkatli ol. **easy chair** (genl. yanlarında kol koyma yeri olan) rahat ve yumuşak koltuk. **easy-going** *s* mutlu; şen şakrak; geniş, kaygısız. **Easy come, easy go** haydan gelen huya gider. *Within a year she had spent the fortune she had won by gambling; as they say, easy come, easy go.* **easier said than done/more easily said than done** Söylemesi kolay. Yapta görelim! Söylemesi kolay, ama yapması zor. **far from easy, none too easy, no easy task** hiç de kolay değil. **as easy as pie** çok kolay; çocuk oyuncağı. **take it easy/take things easy** kendini fazla yormamak; dinlenmek, keyfine bakmak. *The doctor told my wife to take it easy.* **stand easy!** (askerler hk.) Yerinde rahat!

eat [i:t] *f+n/-n* 1 yemek. 2 yem k yemek. 3 (kimyasal bir yolla) (bir şeyi) aşındırmak, çürütmek. *geç. zam. biç.* **ate** [et, eit]. *geç. zam. ort.* **eaten** ['i:tn]. NOT: *BrI*'de *eat* fiilinin geçmiş zaman biçimi olan *ate* genl. [et] olarak telaffuz edilir; bazı kimseler ise bunu [eit] olarak seslendirirler. *AmI*'de genl. telaffuz biçimi [eit] olup [et] söylenişinin yanlış olduğu düşünülür. **eatable** *s* yenilebilir. *Bread mixed with sea water in time becomes so bitter as not to be eatable.* (karş. **uneatable**). **eat away something** (asitler hk.) bir şeyi aşındırmak. **eat something up** bir şeyi tamamiyle yemek, yiyip bitirmek, silip süpürmek. *He ate up his dinner.* **cry/eat one's heart out** için **cry¹**'a bkz. **eat like a horse** eşek gibi yemek, hayvan gibi tıkınmak, çok yemek yemek. (*k. dil.*). **eat humble pie** yanıldığını itiraf edip özür dilemek; övüngenlikten vazgeçip boyun eğmek. *I'll have to eat humble pie if she's proved*

right. **eat one's words** tükürdüğünü yalamak. *He made her eat her words.*
eau de cologne ['oudəkə'loun] *i+sy* kolonya.
eaves [i:vz] *içoğ* (binadaki) saçak. *Eaves are dripping.* **eavesdrop** *f-n* (**on** ile) kulak misafiri olmak; gizlice dinlemek. *John took a table next to the one where she and her boy friend were dining, and before long he was eavesdropping on their conversation.* *geç. zam.* ve *ort.* **eavesdropped.** **eavesdropper** *i+sy* kulak misafiri; gizlice dinleyen kimse. **eavesdropping** *i-sy* kulak misafiri olma; gizlice dinleme.
ebb [eb] *i+sy* (genl. sadece *tek. biç.*) suların çekilmesi; kıyıdan çekilme. Ayrıca *f-n* 1 (deniz) kıyıdan çekilmek. *The tide ebbed away, leaving behind seaweed and debris.* 2 azalmak; yavaş yavaş gücünü kaybetmek. *His courage was ebbing.*
ebony ['ebəni] 1 *i-sy* abanoz; ağır, sert ve kara renkli tahta. 2 *i+sy* abanoz ağacı. Ayrıca *s* kapkara, simsiyah. *The cat stared me through it's large, ebony eyes.*
ebullient [i'bʌljənt] *s* kaynayan, içi içine sığmayan. *He is an ebullient person.* **ebullience** *i-sy* coşkunluk, kaynayıp taşma.
eccentric [ik'sentrik] *s* 1 (bir kimse hk.) tuhaf, acayip, zıpır. 2 eksantrik; dışmerkezli, merkez dışı (olan), ekseni merkezden geçmeyen. Ayrıca *i+sy* tuhaf, acayip kimse.
echo ['ekou] *i+sy* 1 yankı; sesin bir yere çarpıp geri dönmesiyle duyulan ikinci ses; aksiseda, eko. *She heard the echo of his voice from the other side of the valley.* 2 yankı; bir olgunun çevrede uyandırdığı duygu, düşünce, dedikodu gibi tepki, akis: *the echos of the French Revolution.* *çoğ. biç.* **echoes.** Ayrıca *f+n/-n* 1 yankılanmak, yankı yapmak. *The shot echoed out. Her shout echoed back from the mountain.* 2 yankılanmak; çınçın ötmek. *The room echoed with his voice.* 3 söyleneni tekrar etmek. *He echoed my words.* **echosounding** sonar sistemi; radyo dalgaları gönderip yansıma yoluyla suyun derinliğini, veya batık gemilerin yerini bulma sistemi.
ecclesiastical [ikli:zi'æstikl] *s* kilise ile

ilgili. **ecclesiastic** *i+sy* rahip, papaz.
eclectic [i'klektik] *s* 1 eklektik, seçmeci; en iyisini seçip alıp kendi öğretisinde birleştirici. (*eş anl.* **selective**).

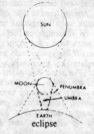

eclipse

eclipse [i'klips] *i+sy* 1 (güneş, veya ay) tutulma: *a partial/complete eclipse* (=kısmi/tam tutulma); *an eclipse of the sun* (=güneş tutulması; ayın yeryuvarlağı ile güneş arasına girmesi yüzünden güneşin yeryüzünden kararmış görünmesi): *an eclipse of the moon* (=ay tutulması; yeryuvarlağının güneşle ay arasına girmesiyle, ayın yeryuvarlağı gölgesinde kalması). 2 şöhret, veya ün kaybı. *Painters and sculptors were protesting against their eclipse.* (*eş anl.* **in decline**). **in eclipse** kaybolmakta, düşüş halinde. *His reputation is in eclipse.* Ayrıca *f+n* 1 (güneş, veya ay) tutulmak. *The moon was partially eclipsed at 10 a.m.* 2 (bir kimseyi) gölgede bırakmak. *The young poet eclipsed all the older writers.*
ecology [i'kɔlədʒi] *i-sy* ekoloji; çevrebilim; canlıların aralarındaki bağlantı ve ortamlarıyla olan ilişkilerini inceleyen biyoloji dalı. **ecologist** *i+sy* çevrebilimci, ekolojist.
economy [i'kɔnəmi] 1 *i-sy* ekonomi; insanların yaşayabilmek için üretme ve ürettiklerini bölüşme biçimlerini ve bu eylemlerinden doğan ilişkilerin tümü. *The economy of the country is in a bad condition.* 2 *i+sy* bir ülkenin para, sanayi, vb. sistemi. 3 *i+sy* ekonomi, tutum, tasarruf, aşırı harcamalardan sakınma. *Walking to work instead of driving one's car is an economy.* Ayrıca *s* ucuz (servis, seyahat): *to travel economy class.* **economic** [i:kə'nɔmik] *s* 1 ekonomi ile ilgili olan, ekonomik. *The present*

economic position of Japon is strong.
2 kazançlı, hesaplı, az masraflı. *This
is not an economic business. It is not
economic for us to sell our books so
cheaply.* (**2.** anlamı için *karş.* **unec-
onomic**). **economics** [i:kə'nɔmiks] *i-sy*
ekonomi, iktisat bilimi.
NOT: *economics*'den sonra fiilin tekil
biçimi kullanılır.
economical [i:kə'nɔmikl] *s* az mas-
raflı, hesaplı; keseye uygun; tutumlu,
idareli. *It is more economical to buy
the largest size. She has to be very
economical because she hasn't much
money.* (*karş.* **expensive**). **economist**
i+sy ekonomist, iktisatçı. **economize**
f-n ekonomi yapmak; idareli kullan-
mak, veya harcamak.
ecstasy ['ekstəsi] *i+sy/-sy* **1** ruhun
bedenden ayrılıp Tanrı ile birleştiği
durum; vecit. **2** sevinç ve mutlulukla
sarhoş olma durumu. *The beautiful
music filled me with ecstasy.* **ecstatic**
[ek'stætik] *s* kendinden geçmiş. *They
were ecstatic when they saw each
other at the airport.* **in ecstasies**
mutluluktan çılgına dönmüş, çok
mutlu. (*k. dil.*). **go into ecstasies**
mutluluktan çılgına dönmek. (*k. dil.*).
ecumenical [i:kju:'menikl] *s* bütün
Hıristiyan kiliselerinin birleştirilme
girişimleri, fikirleri ve çabaları ile il-
gili, veya bunlar için olan. **ecumenism**
i+sy bütün Hıristiyan kiliselerinin
birleştirilmesi inancı.
eczema ['eksimə] *i-sy* egzama, mayasıl;
kızartı, kaşınma, sulanma, kabuk
bağlama gibi doku bozuklukları ile
belirginleşen bir deri hastalığı. *He
suffers from eczema. The commonest
form of allergy in babies is eczama.*
eddy ['edi] *i+sy* (su, rüzgâr, toz,vb.
hk.) girdap, anafor, burgaç; bir en-
gelle karşılaşan su, veya hava akın-
tısının dönerek ve çukurlaşarak yap-
tığı çevirti. Ayrıca *f+n* girdap gibi
dönmek, anafor yapmak.
edge [edʒ] *i+sy* **1** (bıçak, kılıç, vb.)
keskin taraf, ağız. *He sharpened the
edge of his knife.* **2** kenar, uç. *He
stood at/on the edge of the field.*
Ayrıca *f+n* **1** kenar yapmak; çevre-
lemek. *She edged the neck of the
dress with blue.* **2** *f+n/-n* bir kala-
balık arasından ağır ağır ve güçlükle
ilerlemek. *We edged forward. We
edged our way through the crowd.*

edging *i-sy* sınır, veya kenar: *put an
edging on a piece of cloth.* **edge away**
(farkettirmeden) yandan yandan
uzaklaşmak. **get a word in edgeways**
(genl. olumsuz cümlelerde kullanılır)
fırsatını bulup, veya ağzını açıp bir iki
kelime söyleyebilmek. *I couldn't get
a word in edgeways.* **have an/the edge
on someone** birisine karşı daha avan-
tajlı, şanslı durumda olmak. (*k. dil.*).
on edge tedirgin; rahatı ve huzuru
kaçmış. *She is on edge today. We were
kept on edge for days, waiting to hear
from our son, who had been in the
area of the earthquake.* **set one's teeth
on edge** dişlerini kamaştırmak; içini
gıcıklamak. **edgy** sinirli, tedirgin. *The
day I start catching a cold I feel very
edgy, ready to snap at everyone.*
edible ['edibl] *s* yenilebilir, yenir: *ed-
ible food.* (*karş.* **inedible**).
edict ['i:dikt] *i+sy* ferman, bildiri.
edifice ['edifis] *i+sy* büyük ve etki-
leyici bina. (*r. kul.*).
edit ['edit] *f+n* **1** (bir başkasının yaz-
dıklarını) baskıya hazırlamak: *edit the
works of Shakespeare.* **2** bir ga-
zetenin, bir derginin bir bölümünün
yazı işleri yönetmenliğini yapmak. *I
edit the town newspaper.* **editor** *i+sy*
bir eseri yayına hazırlayan kimse;
yayın müdürü; baş yazar. **edition**
[i'diʃən] *i+sy* baskı, sayı, edisyon.
The Collins edition is out of print.
editorial [edi'tɔ:riəl] *s* bir gazetenin,
derginin, kitabın, vb. basıma hazır-
lanması ile ilgili. *We expanded our
editorial staff.* Ayrıca *i+sy* başyazı:
the paper's editorial policy.
educate ['edjukeit] *f+n* (özl. bir okul-
da) eğitmek. *John was educated at
Cambridge.* **education** [edju'keiʃən]
i+sy eğitim, öğretim, tahsil. *Doctors'
bill, which doctors explain, are high
because of the high cost of a medical
school education. Our girls' edu-
cation has been unsatisfactory. They
need (some) education.* **educational**
[edju'keiʃənl] *s* **1** eğitim ile ilgili: *an
educational toy. A university is an
educational institution.* **2** eğitici.
educated *s* okumuş, tahsilli. *We need
educated people in parliament.* (*karş.*
uneducated).
NOT: *educate* 'bir kimseyi davranış,
duygu ve görgü bakımından güdülen
amaca göre yetiştirmek, terbiye et-

mek' demektir. Evde yapılan 'büyüt-
me' ve 'terbiye'ye ise *bring up* denir.
Eğer bir kimse büyütülmesi sırasında
gerekli terbiyeyi almamışsa, yani kötü
bir şekilde büyütülüp terbiye edil-
mişse, bu kimse *badly brought up*
yapılmış olur.
EEC [i:i:'si:] *özeli* (=**European Econ-
omic Community**)—Avrupa Ekono-
mik Topluluğu. (*eş anl.* **Common
Market**).
eel [i:l] *i+sy* yılanbalığı.

eel

eerie ['iəri] *s* acayip ve korkunç: *an
eerie story about ghosts.*
efface [i'feis] *f+n* (bir izi, işareti, le-
keyi) silmek; temizlemek. **efface one-
self** geri planda kalmak, kendini gös-
termemek.
effect [i'fekt] 1 *i+sy/-sy* sonuç, netice.
*What effects did the war have?
Wrinkles are an effect of old age.* (*eş
anl.* **result, consequence**). 2 *i+sy/-sy*
etki, tesir. *Punishment does not have
any effect on him. This drug has a
strong effect. Such films have a bad
/dangerous effect on children.* 3 içoğ
kişisel, eşyalar (örn. bir hastaneye
yatınca, hapishaneye girince insanın
yanına aldığı türden). Ayrıca *f+n*
meydana getirmek; olmasına neden
olmak. *He effected several important
changes.*
NOT: *effect* ile *affect* arasındaki fark
için *affect*'e bkz.
effective *s* tesirli, etkin. (*karş.* **ineffec-
tive**). **side effect** *i+sy* (genl. *çoğ. biç.*)
yan tesir. **for effect** etki uyandırmak
için. *He acts like that for effect.* **give
effect to something** bir şeyi uygula-
mak, yerine getirmek: *give effect to
a decision.* **in effect** gerçekte, aslında.
In effect he has no choice. **of no effect**
etkisiz, tesirsiz. *The medicine is of no
effect.* **come into effect/force** için

come'a bkz. **take effect** etkisini
göstermek, tesir etmek. *The medicine
is taking effect.* **to the effect that**
anlamında, ...-e/...-a dair. *He sent us
a telegram to the effect that he would
be coming on Friday.*
effeminate [i'feminət] *s* (erkekler hk.)
kadınlara özgü davranışlar gösteren.
*The longer, more feminine hair styles
of male singers are no longer regard-
ed as effeminate.* (*eş anl.* **womanish**).
effervesce [efə'ves] *f-n* (sıvılar hk.)
köpürmek, kabarmak. **effervescent** *s*
1 köpüren, kabaran. 2 galeyan ha-
linde, çoşkun. **effervescence** *i-sy* 1
kabarma, köpürme. 2 coşkunluk.
efficient [i'fiʃənt] *s* verimli; randıman
oranı yüksek olan. *He claims that his
new device is the most efficient fly-
catcher ever invented. You need a very
efficient production manager.* (*karş.*
inefficient). **efficiently** *z* becerikli
olarak. **efficiency** *i-sy* randıman
oranı, yeterlilik.
effigy ['efidʒi] *i+sy* 1 (sevilmeyen,
nefret edilen bir kimseyi temsil eden,
ve genl. kaba ve çirkin biçimde ya-
pılmış) kukla. 2 (ünlü bir kimseye ait)
heykel, resim, veya oyma. *There is an
effigy of the Queen on the back of all
our coins.*
effort ['efət] *i+sy/-sy* gayret, çaba,
emek. *He puts a lot of effort into his
work.* 2 (özl. zihinsel, veya bedeni bir
gereksinmeyi gerektiren) teşebbüs,
deneme. *I made an effort to read that
book.* **effortless** *s* kolay, zahmetsiz,
çaba gerektirmeyen.
effrontery [i'frʌntəri] *i-sy* küstahlık,
yüzsüzlük. *The student had the ef-
frontery to accuse the professor of
being stupid.*
E F L [i:efel] *i-sy* (=**English as a
Foreign Language**)— Anadili İngiliz-
ce olmayan kimseler için İngilizce
öğretimi ile ilgili kitaplar, kurslar ve
öğretmenleri içine alan bir tanım.
e.g. [i:dʒi:] (=**exempli gratia**)—örne-
ğin, meselâ. *The contract is valid in
some countries, e.g. Italy, Spain, but
not in others.*
egalitarian [igæli'teəriən] *s* tüm insan-
sanların eşit ve aynı haklara sahip
olduğu düşüncesinde olan insanlar,
cemiyetler, veya fikirler ile ilgili: *an
egalitarian tax structure.*
egg [eg] *i+sy* yumurta. *I'm allergic to*

eggs. The seagull laid two eggs in its nest. **eggcup** yumurtalık, (rafadan) yumurta kabı. **egghead** *i+sy* entel, entellektüel; (pratik olmayan) aydın kişi. (*k. dil.*). (*eş anl.* **highbrow**). **eggplant** *i+sy/-sy* patlıcan. **eggshell** yumurta kabuğu. **egg-timer** *i+sy* (yumurta pişirirken yaklaşık üç dakikalık bir zamanın geçtiğini gösteren) kum saati. **put all one's eggs in one basket** herşeyi bir tek girişimin riskine bırakmak; bütün planlarını bir şeyin başarısına bırakmak. *This car company used to sell several different models but now it has decided to put all its eggs in one basket, and produce only one mouel.* **Don't teach your grandmother to suck eggs** Tereciye tere satma! *Once we started playing our game of tennis I discovered that the man I had been giving advice to was actually a better player than I was: I had been teaching my grandmother to suck eggs.* **as sure as eggs is eggs** şüphesiz, muhakak, yüzde yüz; kalıbımı basarım. *If we decide to have a picnic, it'll rain, as sure as eggs is eggs.* (*eş anl.* **for sure**). **egg someone on (to do something)** bir kimseyi saçma ve cesaret isteyen bir şeyi yapması için kışkırtmak, tahrik etmek. *They egged him on to fight those other boys . We don't want to do it, so stop egging us on.*

HEN'S EGG
(A, yolk; B, air space; C, white; D, outer shell membrane; E, inner shell membrane; F, chalaza-bearing membrane; G, chalaza; H, shell)

ego ['i:gou] *i+sy* ben, benlik; bir kimsenin öz varlığı, kişiliği. *çoğ. biç.* **egos.** **egoist** ['egouist] *i+sy* egoist, bencil; yalnız kendi düşüncesini beğenen. **egoism** ['egouizəm] *i-sy* egoizm, bencillik. *Subjective idealism is basically egoism.* **egotist** ['egətist] *i+sy* hep kendinden söz eden kimse. **egotism** ['egətizəm] *i-sy* hep kendini düşünme, beğenme. *His observing*

egotism was annoying to all who had to associate with him. **egotistic** [egə'tistik] *s* bencil. *The boy told us all about his holiday but didn't ask about ours.*

eiderdown ['aidədaun] *i+sy* kuştüyü yorgan. (*eş anl.* **quilt**).

eight [eit] *i/zamir* sekiz; **8. eighteen** on sekiz. **eighth** sekizinci.

either ['aiðə*] *zamir/z/bağ* **1** (olumsuz) ...de/...da. *I can't come, and my wife can't come either.* **2** (ikisinden) biri/hiçbiri/herhangi biri. *I don't look like either of my parents* (= Annemle babamın hiçbirine benzemiyorum). *Is either of them tall?* (= İkisinden biri uzun boylu mu?).
NOT[1]: *any* gibi *either* da hem olumlu hem de soru cümlelerinde, özne veya yüklem grubunda kullanılabilir. *I'll take either of them* (= (İkisinden) herhangi birini alayım). *Either of them will be fine* (= (İkisinden) herhangi biri olur).
NOT[2]: *both* gibi *either* da bir isimden önce sıfat olarak kullanılabilir. *You can enter by either door* (= Kapıların birinden girebilirsin). *Did John cut either hand?* (= John ellerinden birini mi kesmiş?) **2** *each, every,* vb. ile olduğu gibi *either* da *one* sözcüğünden önce kullanılabilir. *He didn't cut either one* (= (İkisinden) hiçbirini kesmedi).
3 ya...ya (da). *I'm sure that either John or Peter has the book.*
NOT[3]: *1* bir bağlaç olarak kullanıldığında *either...or* eğer iki tekil ismi birbirine bağlıyorsa tekil bir fiil kullanılır. *Either John or his uncle has the key* (= Anahtar ya John'da ya da amcasında). *2 either* bir edattan hem önce hem de sonra da gelebilir, fakat. *either*'dan önce gelen sözcük, veya sözcük grubu ve *or*'dan sonra gelen sözcük, veya sözcük grupları aynı yapıda olmalıdır. *You can go either by train or by bus* (= Ya trenle ya da otobüs ile gidebilirsin). *I am not very good at either football or swimming* (= Ne futbolu iyi oynayabilirim ne de iyi yüzebilirim).

ejaculate [i'dʒækjuleit] *f+n/-n* **1** (hayret ya da şaşkınlıktan) birden bire söyleyivermek, veya bağıra kalmak. *'What is that?' she ejaculated in surprise.* (*eş anl.* **exclaim**). **2** (bir sıvıyı,

özl. erkeklik menisini) fışkırtmak.
eject [i'dʒekt] *f+n/-n* **1** dışarı atmak;
fışkırtmak. *The machine ejected a
handful of cigarettes.* **2** kapı dışarı
etmek, kovmak, defetmek.
eke [i:k] *f-n* (**out** ile) katmak, ilâve et-
mek. *She eked out the soup with a
little milk.* **eke out a living/an exist-
ence** kıt kanaat geçinmek; yaşamını
zar zor sürdürmek.
elaborate [i'læbərət] *s* özenilerek hazır-
lanmış; ayrıntılı: *an elaborate story;
an elaborate decoration. Elaborate
plans were made for the wedding.*
Ayrıca [i'læbəreit] *f+n/-n* özen gös-
termek, özenle hazırlamak; ayrıntılı
olarak açıklamak. *He said it was easy
to operate, but he didn't elaborate on
the matter.*
elapse [i'læps] *f-n* (zaman hk.) geçip
gitmek. *Too much time had elapsed
since I had attemped any serious
study.* (*eş anl.* **go by**).
elastic [i'læstik] *s* **1** lastikli, lastikten
yapılmış: *an elastic band* (=lastik
bant). **2** esnek; çekilip bırakıldıktan
sonra eski şeklini alabilen. (*karş.*
rigid). (*eş anl.* **stretchy**). **3** şartlara
kolayca uyabilen. *My plans are fairly
elastic.*
elate [i'leit] *f+n* (genl. *ed. çat.*) çok
mutlu etmek, sevindirmek. *I was elat-
ed by the news.* **elation** *i-sy* mutluluk,
sevinç.
elbow ['elbou] *i+sy* dirsek. *The arm
bends at the elbow.* Ayrıca *f+n* dir-
sekle dürtmek; dirsekleriyle (kendine)
yol açmak. *I elbowed him aside. I
elbowed my way through the crowd.*
(*eş anl.* **jostle**). **elbow room** rahatça
hareket edebilecek kadar geniş yer. (*k.
dil.*).
elder[1] ['eldə*] *s* (genl. aynı aile içinde)
yaşça daha büyük olan kimse: *my
elder brother* (=ağabeyim). *He is the
elder of the two brothers.* (*karş.*
younger). Ayrıca *i+sy* daha kıdemli
olan kimse; daha yaşlı birisi. (*karş.*
junior). (*eş anl.* **senior**). **elderly**
['eldəli] *s* geçkin, yaşlıca, ihtiyar.
eldest ['eldist] *s* en yaşlı. *She is the
eldest of the (four) sisters.*
elder[2] ['eldə*] *i+sy* mürver ağacı;
çiçekleri demet durumunda ve güzel
kokulu, meyvesi zeytinsi bir bitki.
elect [i'lekt] *f+n* **1** (oyla) seçmek; ata-
mak. *They elected Tom Jones as their*

Member of Parliament. **2** karar ver-
mek. *He elected to go by train.* (**2.**
anlamı *r. kul.*). **elector** *i+sy* seçmen.
(*eş anl.* **voter**). **electorate** [i'lektərət]
i+sy bir ülke, veya bölgedeki
seçmenler. **electoral** *s* seçimle ilgili. **the
elect** *içoğ* cennetlik kimseler. (*r. kul.*).
election *i+sy/-sy* seçim. *There is a
presidential election every four years.*
electricity [ilek'trisiti] *i-sy* elektrik.
*There were no telephones and no
electricity.* **electrical** [i'lektrikl] *s* elek-
triğe ait: *electrical appliances; elec-
trical equipment; electrical system.*
electric [i'lektrik] *s* elektrikli, cere-
yanlı. *John has an electric shaver.*
electrician [elək'trifən] *i+sy* elekt-
rikçi. **electrify** [i'lektrifai] *f+n* **1** elek-
triklendirmek. *Only 30 percent of the
villages are electrified.* **2** heyecanlan-
dırmak. *The news electrified us.* *geç.
zam.* ve *ort.* **electrified**. **electrification**
[ilektrifi'keifən] *i-sy* elektriklenme,
elektrikleme. **electrocute** [i'lektrək-
ju:t] *f+n* **1** elektrik çarpması sonu-
cunda ölmek. *Don't touch that wire,
you'll electrocute yourself.* **2** elektrikle
idam edilmek. **electrocution** [ilektrə'-
kju:fən] *i+sy/-sy* **1** elektrik çarpması
sonucu ölme. **2** elektrikle idam.
electrode [i'lektroud] *i+sy* elektrot;
bir elektrolitin içine daldırılan iki
iletken çubuktan her biri; bunların
pozitif (+) olanına anot (=**anode**),
negatif (-) olanına da katot
(=**cathode**) denir. **electrolysis** [ilek'-
trəlisis] *i+sy* elektroliz; elektrik
akımıyla bileşik bir cismi çözümleme
(analiz), elamanlarına ayırma işi ve o
sırada görülen olaylar. **electron**
[i'lektrən] *i+sy* elektron; atom çekir-
deği çevresinde (-) elektrikle yüklü
tanecik; protonun karşıtı, negatif
elektrik yüklü atom parçacığı. **elec-
tronics** [ilek'trɔniks] *itek* elektronik;
radyo, TV gibi karmaşık elektrikli
aygıtların kullanımı ve incelenmesi ile
ilgili bilim ve sanayi dalı. **electronic** *s*
elektronik, elektron ile ilgili. **electric
blanket** elektrikli battaniye. **electric
chair** elektrikli sandalye.
electro- *ön-ek* elektrikle işleyen; elek-
triğe ait: *electromagnetic.*
elegant ['eləgənt] *s* **1** şık, zarif, kibar:
*an elegant dark suit; a tall, elegant
woman.* **2** mükemmel; basit, açık ve
zekice. *His proposal has an elegant*

simplicity. **elegance** *i-sy* şıklık, zariflik.

elegy ['elədʒi] *i+sy* ağıt, mersiye; ölen bir kimse için duyulan acıları anlatan şiir. (*eş anl.* **dirge, lament**). **elegiac** [eli'dʒaiik] *s* mersiye; tarzında, ağıt tarzında.

element ['eləmənt] *i+sy* 1 (kimyada) element; kimyasal analizle ayrıştırılamayan, veya sentez yolu ile elde edilemeyen madde. *Oxygen, hydrogen, copper, etc. are elements.* 2 eleman, öğe, unsur. *You must bring the human element into it.* (*eş anl.* **factor**). 3 (dört ana öğe) ateş, toprak, su, veya havʌ (herşeyin bunlardan meydana geldiği zannedilir). 4 az bir miktar, biraz. *There is still an element of doubt.* 5 (genl. siyasi alanda) grup, unsur: *elements who are plotting against the government.* 6 rezistans teli: *the element of an electric iron.* **elementary** [elə'mentəri] *s* 1 ilk: *an elemantary school* (=ilk okul; 6 ya da 8 yıl süreli ilk öğretim okulu. (*eş anl.* **primary school**). Ayrıca **school**'a bkz. 2 basit, sade; anlaması kolay. **the elements** *içoğ* 1 hava (durumu) (özl. rüzgâr, yağmur, fırtına, vb.). *The elements were wild.* 2 temel esaslar. **be in/out one's element** havasını bulmak /bulamamak; bulunduğu durumdan, veya yaptığı şeyden hoşlanmak/ hoşlanmamak.

ELEPHANTS
(shoulder height:
African, 3-4 m; Indian 2.5-3 m)

elephant ['elifənt] *i+sy* fil. **elephantine** [eli'fæntain] *s* fil gibi ağır ve hantal. **elephantiasis** [elifən'taiəsis] *i-sy* fil hastalığı; en çok bacakların şişip fil ayağı biçimini alması ile kendini belli

eden bir hastalık. **white elephant** çok pahalı ama hiçbir yararı olmayan herhangi bir eşya. (*k. dil.*).

elevate ['eliveit] *f+n* 1 yükseltmek, kaldırmak. *The platform was elevated to a height of three feet.* 2 yüceltmek; olduğundan daha fazla bir değer vermek. *Some people elevate football into a religion.* **elevator** *i+sy* (*AmI*'de) asansör. (*BrI'de* **lift**). *This elevator stops at the fifth floor.*

eleven [i'levən] *i/zamir* 1 on bir; 11. 2 on bir kişiden oluşan futbol, kriket, hokey, vb. takımı. **eleventh** [i'levənθ] on birinci. **eleventh hour** son dakika. *Help came at the eleventh hour.*

elevenses [i'levənziz] *i-sy* sabah saat 11 sıralarında biraz kurabiye yiyerek içilen bir bardak çay, veya kahve; on bir çayı. *We stopped at a wayside café for our elevenses.*

elf [elf] *i+sy* peri masallarındaki insan şeklindeki ufak bir yaratık; cin. *çoğ. biç.* **elves. elfin** ['elfin] *s* ufacık, tefecik; cin gibi. *Her elfin looks matched her cheeky behaviour.*

elicit [i'lisit] *f+n* 1 (çok dikkatli ve yerinde sorular sorarak) bilgi edinmek, öğrenmek: *elicit information/ an answer/the truth.* 2 bir tepkiye, bir karşılığa neden olmak, yol açmak. *Threats to reinstate the tax elicited much of a response.*

eligible ['elidʒibl] *s* gerekli nitelikleri olan; seçilmeye uygun. *Women are not eligible to be president of that club.* (*karş.* **ineligible**).

eliminate [i'limineit] *f+n* bertaraf etmek, yok etmek; elemek: *eliminate a difficulty.* **elimination** [ilimi'neiʃən] *i-sy* yok etme; eleme.

elite, élite [i'li:t] *i+sy* seçkin; benzerleri arasında niteliklerinin yüksekliği ile göze çarpan; üstün, mümtaz.

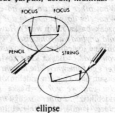

ellipse

ellipse [i'lips] *i+sy* elips; bütün

noktalarının odak denilen belirli iki ayrı noktaya olan uzaklıklarının toplamı birbirine eşit olan kapalı eğri. **elliptical** [i'liptikl] *s* **1** elips ile ilgili; elips biçiminde olan. **2** bazı sözcükleri çıkartılmış olduğu için anlaşılması zor, veya kolayca yanlış anlaşılabilir bir konuşma ya da yazı.

elm [elm] *i+sy* karaağaç; kerestesi değerli bir ağaç.

elocution [elə'kju:ʃən] *i-sy* (özl. bir topluluğa hitap ederken) güzel söz söyleme sanatı; hitabet.

elope [i'loup] *f-n* evlenmek için, genl. anasından babasından izin almadan, evden kaçmak. *The young woman eloped with the man she loved. They didn't want a big wedding so they eloped.* **elopement** *i+sy/-sy* aşığı ile kaçma.

eloquent ['eləkwənt] *s* belagatlı hitabet yeteneğine sahip; konuyu bütün yönleri ile kavrayıp hiçbir yanlış ve eksik anlayışa yer bırakmayan, düzgün anlatımlı. *She was so eloquent that I was nearly cryirg by the time she finished.* (eş anl. **expressive**). **eloquently** *z* yapmacıktan uzak düzgün bir anlatımla. **eloquence** *i-sy* güzel ve etkili söz söyleme sanatı; belagat. *The speaker was noted for his eloquence.*

else [els] *s/z* başka. *Who else was there? What else did he say? You must work hard, or else you will fail your examination* (=Çok çalışmalısın, yoksa sınavı veremezsin). *I did nothing else but/except sleep and eat.* NOT[1]: *1 else, other* yerine kullanılarak soru sözcüklerini ve çoğu bileşik belgisiz zamirleri ve zarfları niteler; *else* niteleyeceği sözcükten hemen sonra gelir. *I have some other work to do.* (=) *I have something else to do* (=Yapacak başka bir şeyim var). *What other work do you have?* (=) *What else do you have to do?* (=Yapacak başka neyin var?) *Have you told anybody/anyone else?* (=Başka birisine söyledin mi?) *Who else have you told?* (=Başka kime söyledin?) *Let's go somewhere else tonight* (=Bu akşam başka bir yere gidelim). *Where else can we go?* (=Başka nereye gidebiliriz?). *2 other* sözcüğü *thing* ve *place* isimlerini niteleyebilmesine rağmen *else* içinde *thing*, veya *place* olan bileşik belgisiz zamirleri niteler.

There is no other thing we can see. (=) *There is nothing else we can see.* *They don't stock them any other place.* (=) *They don't stock them anyplace else. 3 else* sözcüğü *why* ile kullanılabilir, ama *which* ile kullanılamaz. *Why else would I ask? 4 else,* bir bileşik belgisiz zamir ile bir sıfat arasına girebilir. *Did he say anything else interesting?* (=Başka ilginç bir şey söyledi mi?). *4* bilindiği gibi iyelik eki *'s* daima bir ismin sonuna eklenir, ama bu yapı *else* ile birlikte kurulursa, *'s* isme değil *else'e* eklenir. *I took somebody else's coat by mistake* (=Yanlışlıkla bir başkasının paltosunu almışım).

NOT[2]: *or else* yapısı 'yoksa, ya..., ya (da)' anlamlarına gelir. *Let's hurry, or else we'll be late.* (=Hadi acele edelim, yoksa geç kalacağız). Bazen *else, either...or* ile de kullanılır. *Either John comes with us, or else I stay here!* (=Ya John bizimle gelir, ya da ben burada kalırım!).

elsewhere *z* başka bir yere, veya yerde. *You had better try elsewhere.*

E L T [i:el'ti:] *i-sy* (=**English Language Teaching**)—İngilizce Dili Eğitimi.

elucidate [i'lu:sideit] *f+n/-n* (anlaşılması güç bir şeyi anlaşılır bir şekilde) açıklamak, izah etmek. *I can't give you an answer until you elucidate what you want.* (eş anl. **clarify**).

elude [i'lu:d] *f+n* **1** (bir kimse, veya bir şeyden) yakasını kurtarmak; (on-dan) sıyrılmak; (daha akıllı hareket ederek) atlatmak. *The fugitive eluded the pursuers by planting false clues.* **2** bir fikri, veya gerçeği) anlayamamak, farkına varamamak. *The solution eluded her.* (eş anl. **evade**).

elusive [i'lu:siv] *s* bulunması, başarılması, tanımlanması, veya hatırlanması güç. *Love is an elusive quality.*

elves [elvz] **elf**'in çoğul biçimi.

emaciated [i'meisieitid] *s* (hastalık ya da açlık nedeniyle) bir deri bir kemik kalmış, çok zayıflamış: *emaciated survivors of a Nazi concentration camp; the awful sight of emaciated children.* **emaciation** [imeisi'eiʃən] *i-sy* hastalık, veya bir deri bir kemik kalma.

emanate ['eməneit] *f-n* yayılmak, çıkmak. *This story emanates from you* (=Bu hikâyeyi sen çıkardın). **ema-**

nation [emə'neiʃən] *i+sy/-sy* çıkma, yayılma.

emancipate [i'mænsipeit] *f+n* kölelikten kurtarıp özgürlüğüne kavuşturmak, (kölelikten) azad etmek. *Abraham Lincoln wanted to emancipate the slaves in the southern states of America.* (*eş anl.* **liberate**). **emancipation** [imænsi'peiʃən] *i-sy* kölelikten kurtarma, kurtulma; azad etme. **emancipated** *s* kölelikten kurtulmuş, azat edilmiş.

embalm [em'ba:m] *f+n* tahnit etmek; bir ölünün çürümesini geciktirmek amacıyla damarlarına formaldehit enjekte etmek; mumyalamak.

embankment [em'bæŋkmənt] *i+sy* (nehir, veya deniz sularının içeriye dolmaması için yapılan) toprak set.

embankment

embargo [em'ba:gou] *i+sy* ambargo; bir malın bir ülkeye serbest sürümünü engellemek için konulan yasal yasak. *The government placed an embargo on trade with enemy countries. They put an embargo on certain goods. They have lifted the embargo with that country.* *çoğ. biç.* **embargoes**.

embark [em'ba:k] *f+n/-n* 1 (bir yolculuğa çıkmak üzere) gemiye, uçağa binmek; bindirmek, gemiye almak. *We embarked.* 2 (**on** ile) (özl. yeni, zor, veya heyecan verici bir şeye) başlamak, girişmek. *He is embarking on a new job tomorrow. The government has embarked on a new campaign to reduce unnecessary bureaucratic formalities.* (*karş.* **disembark**). **embarkation** [emba:'keiʃən] *i-sy* (gemi, uçağa) binme, bindirme.

embarrass [em'bærəs] *f+n* mahcup etmek; utandırmak; utanmak. *The small boy was embarrassed when he met the old lady. He had been highly embarrassed by this confession.* **embarrassment** *i+sy/-sy* mahcub-

olma, mahçubiyet; utanma.

embassy ['embəsi] *i+sy* 1 sefarethane; elçilik. 2 sefir ve maiyeti.

embed, imbed [em'bed] *f+n* (genl. **in** ile ve *ed. çat.*) gömmek, oturtmak, içine koymak. *The foundations of the bridge are embedded in concrete. geç. zam.* ve *ort.* **embedded**.

embellish [em'beliʃ] *f+n* süslemek; daha çekici ve güzel hale getirmek. (*eş anl.* **adorn**).

ember ['embə*] *i+sy* (genl. *çoğ. biç.*) kor, köz. *John watched her stare into the embers of the fire. Two embers fell out of the fire on the floor.*

embezzle [em'bezl*] *f+n* zimmetine geçirmek; kendisine bırakılmış parayı kendine mal etmek. *The bank manager embezzled the money.* **embezzler** *i+sy* zimmetine para geçiren kimse. **embezzlement** *i+sy/-sy* zimmete geçirme.

embitter [im'bitə*] *f+n* nefret ettirmek; hırçınlaştırmak, ters ve huysuz yapmak. *The failure of his plans embittered the old man.* **embittered** *s* dünyadan nefret etmiş. *He appeared a profoundly disappointed and embittered man.* **embittering** *s* nefret ettirici: *an embittering experience.*

emblem ['embləm] *i+sy* amblem; soyut bir şeyin, bir kavramın simgesi olan varlık, veya eşya: *the eagle that is an emblem of the USA. A soldier has various emblems on his uniform to show the branch of the army he belongs to and his own rank and duties.* **emblematic** [emblə'mætik] *s* sembolik, temsil edici: *the emblematic function of this type of art.*

embody [em'bɔdi] *f+n* 1 somutlaştırmak, şekillendirmek. *They expect their leaders to embody their aspirations.* 2 katmak, dahil etmek. **embodiment** *i+sy/-sy* somut örnek, simge. *She was the embodiment of loyalty.*

embolden [em'bouldn] *f+n* cesaretlendirmek, teşvik etmek.

emboss [em'bɔs] *f+n* (bir metalin, kâğıdın, vb. üzerine) kabartma bir şekil, yazı, vb. basmak; kabartma işi yapmak; kabartmalı ile süslemek. **embossed** [em'bɔst] *s* kabartmalı, kabartma olarak yapılmış, yazılmış, vb. *The words were embossed in gold at the base of the portrait.*

embrace [em'breis] *f+n/-n* 1 kucaklamak, kolları arasına almak; kucaklaşmak. *He embraced her. The two sisters embraced each other after their long separation.* (*eş anl.* **hug**). 2 bir fikri, bir öneriyi, bir dini, vb. benimsemek, kabul etmek. *She embraced the Catholic faith.* 3 içermek, kapsamak. *His course of study embraces History, Geography and Economics.* Ayrıca *i+sy* kucaklaşma, kucaklama.

embroider [em'brɔidə*] 1 *f+n/-n* nakış işlemek. *I embroider a tray cloth for my mother.* 2 *f+n* (bir öyküyü daha ilginç kılmak için hayal dünyasını kullanarak) şişirmek, süslemek, telleyip duvaklamak. *He embroidered his story. My mother embroidered the tale so much that I could hardly believe the things she described had happened to her.* **embroidery** *i+sy/-sy* nakış.

embryo ['embriou] *i+sy* embriyon; döllenmemiş yumurtacığın cenin haline gelinceye kadar aldığı biçim; oğulcuk. *A seed contains an embryo plant, and an egg contains the embryo of a chicken.* **in embryo** tasarı halinde.

emerald ['emərld] *i+sy/-sy* 1 zümrüt. 2 zümrüt rengi; koyu yeşil renk. *The dewy emerald fields glistened in the sun.*

emerge [i'mə:dʒ] *f-n* 1 (from, veya out of ile) kapalı bir yerden, örn. bir odadan, bir araçtan, veya gizlenilen bir yerden) ortaya çıkmak, görünmek. *He emerged from behind the tree. After the rain, the sun emerged from the clouds.* (*eş anl.* **appear**). 2 netice olarak anlaşılmak. *The truth emerged at last.* **emergent** *s* (genl. ülkeler hk.) bağımsızlığını yeni kazanmış: *the needs of underdeveloped and emergent countries.* **emergence** *i-sy* ortaya çıkma.

emergency [i'mə:dʒənsi] *i+sy* acil durum; derhal harekete geçilmesi gereken beklenmedik, güç, veya tehlikeli bir durum, özl. bir kaza; acil vaka. *An outbreak of fire or an accident is an emergency. The fire created a serious emergency.* **emergency exit** (otobüs, uçak tiyatro, vb. yerlerdeki) tehlike çıkışı; tehlike anında çıkılacak kapı, vb. **emergency service** acil servis.

emery ['eməri] *i-sy* zımpara. **emery paper** zımpara kağıdı. **emery board** zımparalı tırnak törpüsü.

emetic [i'metik] *i+sy* kusturucu madde (ilaç). Ayrıca *s* kusturucu.

emigrate ['emigreit] *f-n* (kendi ülkesinden bir başka ülkeye) göç etmek. *He and his mother received permission to emigrate to Canada.* Ayrıca **immigrate**'e bkz.
NOT: Bir insanın kendi ülkesini terkederek kalkıp başka bir ülkeye yerleşmek için gitmesi eylemine *emigrate* denir. Eğer bu insan bir ülkeden kalkıp bu ülkeye yerleşmek için gelirse bu eyleme (bu ülkede yaşayanlara göre) *immigrate* denir. Eğer bir insan özl. iş bulmak, veya kısa bir süre yaşamak için bir yerden başka bir yere giderse bu eyleme *migrate* denir.

emigrant ['emigrnt] *i+sy* göçmen. **emigration** [emi'greiʃən] *i+sy* (dışa) göç.

eminent ['eminənt] *s* 1 (kişiler hk.) ünlü, tanınmış; *an eminent lawyer/ general. The eminent scientist talked to us about his nuclear experiments.* (*eş anl.* **prominent**). 2 yüksek; çok büyük ve derhal farkedilen: *eminent honesty/intelligence/ability.* **eminently** *z* çok, ziyadesiyle. *He is eminently suitable for the work.* **eminence** *i-sy* itibar, şöhret. (*eş anl.* **prominence**).

emir [e'miə*] *i+sy* emir; özl. Güney-Batı Asya ve Batı Afrika ülkelerinde, Müslüman lider.

emit [i'mit] *f+n* 1 (ses, veya gürültü) çıkarmak. *She emitted a shrill scream.* 2 ısı, ışık, veya koku yaymak, neşretmek, çıkarmak. *A fireball emits a first heat wave lasting only a fraction of a second.* (*eş anl.* **give out**). geç. zam. ve ort. **emitted**. **emission** [i'miʃən] *i+sy/-sy* (atmosfere) gaz ve radyasyon yayma, salıverme.

emotion [i'mouʃən] *i+sy/-sy* his, heyecan. *Anger, happiness, hate, anxiety are emotions.* **emotional** *s* 1 heyecan uyandıran: *an emotional piece of music.* 2 duyarlı, duygusal. *I think the Turks are a much more emotional people.* (*karş.* **unemotional**). **emotionally** *z* duygusal yönden.

emperor ['empərə*] *i+sy* imparator.

emphasize ['emfəsaiz] *f+n* kuvvet vererek söylemek, vurgulamak;

önemle belirtmek. *He emphasized his instructions to us. He emphasized the word 'one'. She emphasized her eyes by painting her eyelids* (=Göz kapaklarını boyayarak gözlerinin güzelliğini ortaya çıkardı). **emphasis** ['emfəsis] *i-sy* 1 önem, ehemmiyet. *Too much emphasis is being placed on basic research.* 2 vurgu; sözcüklerde hecelerden birinin daha baskılı söylenmesi *In pronouncing the word 'travel,' the emphasis is on the syllable 'trav'.* **emphasizing pronoun** için **intensive pronoun**'a bkz. **emphatic** [em'fætik] *s* kuvvetle söylenen, kuvvet verilen; kesin. (*karş.* **unemphatic**). **emphatically** *z* kuvvetle; kesin olarak. *She is emphatically not a recluse.*

empire ['empaiə*] *i+sy* imparatorluk: *the ancient empires of Austria and Turkey.*

empirical [em'pirikl] *s* dengeye ve gözleme dayalı, deneysel; teorik olmayan.

employ [em'plɔi] *f+n* 1 iş vermek, çalıştırmak. *He employs fifty men in his factory. Jane is employed in a bank.* 2 (belli bir amaç için bir şeyi) kullanmak. *He employed statistical methods in his work. I'd rather employ my spare time reading than watching television.* **employer** *i+sy* işveren. **employee** [emplɔi'i:] *i+sy* çalışan, ücretli. *That employer pays his employees good wages.* **employment** *i-sy* 1 iş verme, istihdam. 2 iş, memuriyet. **employment agency** özel iş bulma bürosu. **employment exchange** (*r. kul.*—**labour exchange**'e bkz.).

empress ['empris] *i+sy* 1 imparatoriçe; imparatorun karısı. 2 kadın imparator.

empty ['empti] *s* 1 boş; üstünde hiç kimse, veya hiçbir şey bulunmayan. *The room was empty. The children were disappointed when they discovered that the letterbox was empty.* 2 boş; amaçsız, maksatsız, değersiz: *Her life was empty and meaningless.* 3 boş; bir işe yaramayan; samimiyetten, içtenlikten yoksun. *Their marriage has been empty for years.* 4 boş; bir şey anlatmayan, anlamsız. *She has an empty look.* 5 boş; enerjisi bitmiş; hisleri, duyguları kaybolmuş. *After the violent argument he felt very empty.* Ayrıca *f+n/-n* boşaltmak;

boşalmak. *The theatre emptied. He emptied the box. geç. zam. ve ort.* **emptied. emptiness** *i-sy* boşluk, hiçlik. **empty-handed** *s* eli boş. *They returned from the negotiations empty-handed.* **empty-headed** *s* boş kafalı; akılsız, veya aptal. (*k. dil.*).

EMS (=European Monetary System)—Avrupa Para Sistemi.

emulate ['emjuleit] *f+n* büyük hayranlık duyulduğu için bir şeyi, veya bir kimseyi taklit etmek, ona benze-meye çalışmak. *I tried to emulate his success. He is forever trying to emulate people like Mr Thomas.* (*eş anl.* **copy**).

emulsion [e'mʌlʃən] *i+sy/-sy* 1 emülsiyon; fotoğraf filmini ışığa karşı duyarlı kılan madde. 2 kuruyunca matlaşan bir boya. (Ayrıca **emulsion paint** de denir).

enable [i'neibl] *f+n* imkân vermek; mümkün kılmak. *The money enabled me to take a holiday.* (*karş.* **prevent**). (*eş anl.* **allow**).

enact [i'nækt] *f+n* 1 yasa çıkarmak, kabul etmek. 2 bir filmde, tiyatroda, vb. rol almak, temsil etmek. NOT: *enact* yerine *act* veya *perform*'ın kullanılması çok daha yaygındır.

enamel [i'næml] *i-sy* 1 kuruyunca matlaşmayan boya. 2 diş minesi. 3 emay; metalden yapılmış bazı eşyaların, gereçlerin üzerini kaplamakta kullanılan parlak bir madde. *Our kitchen sink is covered with enamel.*

enamoured [i'næməd] *s* (of ile) 1 (bir şeye) çok tutkun, çok hevesli. *I am not much enamoured of travelling.* (*eş anl.* **keen on**). 2 (birisine) aşık olmuş. *He became enamoured of a preity young Turkish girl.*

encampment [in'kæmpmənt] *i+sy* (askerlerin, veya çingenelerin kurdukları, çadır veya benzeri şeylerin oluşturduğu) kamp, ordugâh.

encase [in'keis] *f+n* sandıklamak, sandığa koymak; kılıfına koymak; örtmek. *The machine was encased in plastic.*

enchant [in'tʃa:nt] *f+n* 1 büyülemek, hayran bırakmak, aklını başından almak. *She enchanted all her friends. The beautiful house enchanted everyone who saw it.* 2 büyülemek; büyü yapmak. *The wizard enchanted the princess.* **enchanting** *s* gözalıcı, cazi-

beli; sihirli.
encircle [in'sə:kl] *f+n* etrafını kuşat-
mak, sarmak. *The house is encircled
by trees.*
enclose, inclose [in'klouz] *f+n* **1** et-
rafını (örn. bir duvarla) çevirmek.
*The house was enclosed by a high
wall.* **2** (aynı zarfa mektupla birlikte)
koymak; mektubun içine koymak,
ilişikte göndermek. *He enclosed a
letter with the book which he sent to
me.* **enclosure** [in'klouʒə*] *i+sy* **1**
(etrafı) kapalı yer. **2** aynı zarfa ko-
yularak gönderilen (ek) şey.
encore ['aŋkɔ:*] *i+sy* sonunda seyir-
cinin isteği üzerine tekrarlanan şarkı,
bir müzik parçası. Ayrıca *ünlem* 'Bir
daha!', 'Bravo, bir daha!'.
encounter [in'kauntə*] *f+n* **1** tesadü-
fen karşılaşmak, rastlamak. *At the
beginning of their journey they en-
countered an English couple.* (*eş anl.*
run into). **2** (güç bir durumla, bir
sorunla) yüz yüze gelmek, karşılaş-
mak. *I encountered some difficulty in
finishing the work.* Ayrıca *i+sy* **1**
karşılaşma, rastlama. **2** kavga, çatış-
ma. *The bloody encounter was the
beginning of the war.*
encourage [iŋ'kʌridʒ] *f+n* cesaretlen-
dirmek; teşvik etmek. *My success en-
couraged me to continue. I encour-
aged him to buy the house.* (*karş.*
discourage). **encouraging** *s* cesaret
verici; teşvik edici. **encouragement**
i+sy/-sy cesaret verme, teşvik etme.
encroach [iŋ'kroutʃ] *f-n* (**on**, veya **upon**
ile) tecavüz etmek, el atmak. *He en-
croached upon my land.*
encumber [iŋ'kʌmbə*] *f+n* hareketine
engel olmak. *His heavy clothes en-
cumbered him.* **encumbrance** [iŋ-
'kʌmbrns] *i+sy* engel, yük. *Please
don't bring all those books because
they'll just be an encumbrance.* (*eş
anl.* **burden**).
encyclopaedia, encyclopedia [ensa-
iklou'pi:diə] *i+sy* ansiklopedi; bütün
bilim, sanat dallarını tek, veya bir
arada yöntemli olarak inceleyen eser.
end[end] *i+sy* **1** son; uç: *the end of the
year; the end of the road; the two ends
of a piece of string. Jane can't stay
here till/until the end.* **2** bir amaç, veya
hedef: *their use of industrial power
for political ends.* Ayrıca *f+n/-n*
bitmek; bitirmek. *The road ends five*

miles from here. He ended his story.
ending *i+sy* **1** (özl. bir öyküde) son.
This novel has a happy ending. **2**
(dilb.) son-ek, takı (örn. *-s, -ed, -ing*).
endless *s* sonu olmayan, bitmez
tükenmez; sonsuz, ebedi, ölümsüz.
*Endless snowstorms prolonged the
winter into April. Her endless stories
bored everyone in the house.* **end
product** bir takım endüstriyel, veya
bilimsel yöntemler sonucunda elde
edilen bir ürün; asıl ürün. **end up**
sonunda...olmak, soluğu...almak;
nihayet (bir yer)e varmak, gelmek. *He
tried several different jobs, and he
ended up as a lawyer. We walked
through the forest for three hours and
ended up where we had started.* **in the
end** nihayet, sonunda. *He bought the
house in the end. We waited a long
time but in the end we gave up.* **at a
loose end** boş, işsiz, aylak. (*k. dil.*).
on end **1** dik, dikine, dikey. *He put the
table on end.* **2** sürekli olarak, arka
arkaya: *for six weeks on end; for days
on end.* **make ends meet** kıt kanaat
geçinmek; iki ucunu bir araya
getirmek. *Prices are rising so fast that
housewifes are finding it very difficult
to make ends meet.*
endanger [en'deindʒə*] *f+n* tehlikeye
sokmak ya da atmak. *He endangered
our lives by setting fire to the house.
He endangered his chances of success.*
(*eş anl.* **jeopardize**).
endear [en'diə*] *f+n* genl. **endear one-
self to** sözünde—kendini sevdirmek.
He endeared himself to the old lady.
endearing *s* sevimli, tatlı: *endearing
smile.*
endeavour [en'devə*] *f+n* yapmaya
çalışmak, gayret etmek, çalışmak. *He
endeavoured to finish the work.* Ay-
rıca *i+sy* çaba, gayret. *My brother
made an endeavor to save the drown-
ing girl.*
endemic [en'demik] *s* (hastalıklar hk.)
yöresel, belli bir topluluğa, veya böl-
geye ait. *Sleeping sickness is endemic
wherever the tsetse fly is unchecked.
AIDS appears to be endemic in sev-
eral countries.*
endorse, indorse [in'dɔ:s] *f+n* **1**
onaylamak, uygun bulmak. *I endorse
his plan.* **2** (çek, fatura, vb. hk.) ar-
kasını imzalamak; ciro etmek. **en-
dorsement** *i-sy/-sy* onaylama; ciro.

endow [en'dau] *f+n* bir okula, kütüphaneye, müzeye, vb. bağışta bulunmak. *The rich man endowed a new school for special studies in medicine.* **be endowed with something** bir şeye Allah vergisi olarak sahip olmak, doğuştan sahip olmak. *He is well endowed with intelligence.*

endure [en'djuə*] *f+n/-n* 1 acı, veya güç bir duruma yakınmadan, sabırla katlanmak, tahammül etmek. *He endured great pain in hospital.* 2 sürmek, devam etmek. *Their hopes endured for many years.* **endurance** *i-sy* dayanma, tahammül. **enduring** *s* uzun bir zaman süren: *hopes for an enduring peace; Hollywood's most enduring and respected actors.* **endurable** *s* dayanılır, katlanılabilir, çekilir. (*karş.* **unendurable**). **beyond/past endurance** tahammülün üstünde. *He suffered beyond endurance.*

enemy ['enəmi] *i+sy* 1 düşman. *By calling John a fool, he made an enemy of him* (= John'a aptal demekle onu kendine düşman etti). 2 zararlı, veya zararı dokunan bir şey. **the enemy** itek veya *çoğ* düşman ordusu; savaş halinde bulunulan ülke, düşman.

energy ['enədʒi] *i-sy* 1 enerji, kuvvet, güç. *He had no energy and he could not finish the work.* 2 maddede var olan ve ısı, ışık biçiminde ortaya çıkan güç. *Coal is an efficient source of energy.* 3 (fizikte) iş yapma kapasitesi. **energetic** [enə'dʒetik] *s* enerjik; güçlü ve hareketli; bir şeyi başarmak için büyük gayret, istek ve azim gösteren.

enforce [en'fɔ:s] *f+n* 1 (yasayı) uygulamak. *The police enforce the law.* 2 bir kimseye bir şeyi zorla yaptırmak; mecbur etmek. *They enforced payment of the money.*

engage [en'geidʒ] 1 *f+n* hizmetine almak, işe almak, ücretle tutmak. *I engaged a new servant.* 2 *f+n* (yer) ayırtmak; ayarlamak. *I have engaged a room for the party next week.* 3 *f-n* (bir makinenin hareketli parçaları hk.) birbirine geçmek. *He engaged the clutch. The two wheels engaged.* 4 *f+n* muharebeye tutuşmak. *We engaged the enemy.* **engaged** *s* 1 nişanlı, nişanlanmış: *the engaged couple. John and Jill are engaged.* 2

meşgul, işi var. *The headmaster is engaged at the moment.* 3 (telefon hk.) meşgul. *I phoned John last night but the number was engaged.* (*eş anl.* **busy**). 4 (tuvalet, vb. hk.) meşgul, dolu. **engagement** *i+sy* 1 evlenme sözü, nişan. *Their engagement was announced.* 2 savaş, muharebe. 3 randevu. *She could not see me because she had another engagement.* **engaging** *s* çekici, tatlı, hoş: *a very engaging young woman.* **be engaged in something** bir şeyi yapmakta olmak, ...ile uğraşmakta, meşgul. *He was engaged in painting his house.*

engender [en'dʒendə*] *f+n* neden olmak, yol açmak. *The meeting engendered several quarrels.*

engine ['endʒin] *i+sy* 1 makine, motor. *The plane I was in had engine trouble.* 2 lokomotif. *Our car was the first one behind the engine.* **engineer** [endʒi'niə*] *i+sy* 1 mühendis. 2 (gemilerde) çarkçıbaşı. 3 (tren) *AmI'*de makinist. (*BrI'*de **engine driver**). **engineering** [endʒi'niəriŋ] mühendislik.

engrave [en'greiv] *f+n* (taşa, metallere) oymak, hakketmek. *He engraved my name on the silver plate. He engraved the silver plate with my name. He engraved our initials on the tree trunk.* **engraving** 1 *i-sy* oymacılık. 2 *i+sy* oyulmuş, veya hakkedilmiş bir resim.

engross [en'grous] *f+n* (genl. *ed. çat.*) bir şeye dalmak; tüm dikkatini ve ilgisini vermek. *He was engrossed in a book.*

engulf [en'gʌlf] *f+n* 1 (alevler, dalgalar, vb. hk.) tamamiyle yutmak, içine çekmek. *The little boat was engulfed by the waves.* 2 dalıp gitmek. *My grandmother sat in front of the window engulfed in her memories.*

enhance [en'ha:ns] *f+n* değerini, veya güzelliğini arttırmak, çoğaltmak. *The soft evening light enhanced Jane's beauty. It will enhance my reputation.*

enigma [e'nigmə] *i+sy* 1 muamma, bilmece. *Where he hid the jewels remains enigma.* 2 anlaşılmayan, bilinmeyen bir şey, veya kimse. *John has worked here for five years but he is still an enigma to me.* **enigmatic** [enig-'mætik] *s* anlaşılmaz, muamma gibi.

I gave her a cool and enigmatic smile and turned away. (eş anl. puzzle).

enjoy [en'dʒɔi] *f+n* 1 ...-den hoşlanmak, ...-den zevk almak. *He enjoyed the film. I enjoyed meeting John on the train.* 2 (iyi bir şeye, örn. paraya, iyi bir yaşama, vb.) sahip olmak. *He enjoys good health. (eş anl.* **possess**). **enjoyable** *s* hoş. **enjoyment** *i+sy/-sy* zevk. **enjoy oneself** eğlenmek. *We enjoyed ourselves at the picnic.*

enlarge [en'la:dʒ] *f+n/-n* büyütmek, genişletmek; büyümek, genişlemek. *We enlarged the house by adding a new wing. He enlarged the photograph.* **enlargement** *i+sy/-sy* büyütme, genişletme. **enlarge on/upon something** daha ayrıntılı bilgiler vererek bir konuyu anlatmak, veya yazmak. *He wanted to enlarge on his original statement.*

enlighten [en'laitn] *f+n* (bir şey hakkında birisini) aydınlatmak; bir soru hakkında gerekli bilgileri vermek. *The father enlightened his daughter as to the bad financial situation of the family. This book enlightened me.* **enlightened** *s* aydın; kültürlü, okumuş, çağın gereksinmelerini benimseyen. (karş. **unenlightened**).

enlist [en'list] 1 *f+n/-n* askere yazılmak, veya almak. *He enlisted in the army. The government enlisted him.* 2 *f+n* (bir kimsenin) yardım, veya desteğini sağlamak. *May I enlist your help?* **enlisted man** er; rütbesiz asker.

enmity ['enmiti] *i-sy* düşmanlık, kin, nefret. *The enmity between Israelis and Arabs threatened to break into open war at any time. (eş anl.* **hostility**).

enormity [i'nɔ:miti] 1 *i+sy* büyük kötülük, iğrençlik: *the enormity of the assault on the little girl. The enormity of this crime leaves one astonished.* 2 itek (**the** ile) (bir sorun, veya tehlike hk.) büyüklük, ciddilik: *the enormity of the danger.*

enormous [i'nɔ:məs] *s* muazzam, kocaman. *The France is an enormous ship. It was an enormous house with more rooms than I had ever seen.* **enormously** *z* aşırı derecede.

enough [i'nʌf] *s/z/zamir* yeteri kadar, kâfi derecede, ...-ecek kadar. *I haven't enough money to buy a new car. Have*

you got enough time to finish it/time enough to finish it? He didn't work hard enough and so he failed the examination. Have you got enough or do you want some more? NOT: 1 *enough, very* gibi bir nicelik zarfıdır, ama niteleyeceği sıfattan sonra gelir. *John is strong enough* (=John yeteri kadar kuvvetlidir). 2 Fakat *enough* bir isim, veya isim grubunu niteleyen belgisiz bir sıfat olarak kullanılırsa, genellikle niteleyeceği bu isimden, veya bu ismi niteleyen herhangi bir sıfattan önce gelir. *We don't have enough boxes* (=Yeteri kadar kutumuz yok). *We don't have enough big boxes* (=Yeteri sayıda büyük kutumuz yok). *Did you do enough reading?* (=Yeteri kadar okudun mu?) 3 *enough'*tan sonra genellikle *to*'lu bir ifade ya da *for*'lu bir edat takımı gelir. *I haven't enough money to buy a new car* (=Yeni bir araba alacak kadar pa-ram yok). *It is cold enough for me to drink* (=Benim içebileceğim kadar soğuk). 4 diğer nicelik zarflarında olduğu gibi *enough* genellikle bir hal zarfı durumunda olan başka bir zarfı niteler. *John spoke loudly enough (to be heard)).* (=(Onu duyabilmemiz için) *John* yeteri kadar yüksek sesle konuştu). 5 *much, many,* vb. sözcükler gibi *enough* da yanına bir isim almadan tek başına kullanılabilir. *Did you read enough?* (=Yeteri kadar okudun mu?). 6 *much* gibi *enough* da bir zarf olarak kullanılır. *Do you read enough?* (=Yeteri kadar okur musun?).

enough is enough yetti be; illallah; artık sabrım kalmadı. *The teacher said, 'Sit down all of you and be quiet; enough is enough.'*

enquire [en'kwaiə*] *f+n/-n* **inquire**'a bkz.

enrage [en'reidʒ] *f+n* öfkelendirmek, çok kızdırmak, çileden çıkarmak, kudurtmak. *Her cheeky questions enraged the teacher.* **enraged** *s* çileden çıkmış, kudurmuş. *Enraged at the deliberate insult, I struck the young man full in the face.*

enrich [en'ritʃ] *f+n* 1 zenginleştirmek, daha da zengin yapmak. 2 bir şeyin değerini, veya niteliğini arttırmak. *Farmers enrich the soil with fertilizer.*

enrol [en'roul] (*AmI*'de **enroll**) *f+n/ - n* (bir okula, kursa, vb.) yazılmak, kaydolmak; yazmak, kaydetmek. *My son enrolled at the University of İstanbul. He enrolled me at the college. geç. zam. ve ort.* **enrolled. enrolment** *i+sy/-sy* yazma, yazılma, kayıt.

en route [an'ru:t] *z* yolda, giderken. *The tanker sank when she was en route to the Gulf. He was en route for Oxford.*

ensign ['ensain] *i+sy* **1** (özl. bir geminin hangi ülkeye ait olduğunu gösteren) bayrak; bandıra. **2** Amerikan donanmasında en ast rütbedeki subay; asteğmen. **3** eskiden İngiliz donanmasında en ast rütbedeki subay; asteğmen.

enslave [en'sleiv] *f+n* (genl. *ed. çat.*) köleleştirmek. *He was enslaved and ill treated.* (*karş.* **free**).

ensue [en'sju:] *f-n* netice olarak meydana gelmek, çıkmak; daha sonra olmak, ardından gelmek. *What ensued from your conversation with John?* (*eş anl.* **follow**). **ensuing** *s* daha sonraki, bundan sonraki. *Two people were killed in the ensuing riot.*

ensure [in'ʃuə*] *f+n* (bir şeyin olacağına, veya olduğuna) güvence vermek, garanti etmek; sağlamak, emin kılmak. *I tried to ensure that everybody understood the instructions.* (*eş anl.* **assure**).

entail [en'teil] *f+n* gerektirmek, yol açmak, neden olmak. *He bought a bigger house and this entailed buying more furniture. Spring cleaning entails a great deal of work.* (*eş anl.* **mean**).

entangle [en'tæŋl] *f+n* (genl. *ed. çat.*) **1** (**in, with** ile) (bir engele) takılmak, (ip, tel, ağ, vb.) dolanmak. *I was entangled in the bushes.* **2** (**in** ile) kurtulması hayli güç bir duruma düşmek. *He was entangled in a lawsuit.*

enter ['entə*] **1** *f+n/-n* (bir yerin içine) girmek. *He entered the house.* **2** *f+n* sokmak; girmek, katılmak. *He entered the school. The teacher entered the boy for the examination.* **3** *f+n* kaydetmek. *He entered all his expenses in a notebook.* **4** (bir partiye, kuruluşa, vb.) yazılmak, katılmak, üye olmak. Ayrıca **entrance¹**, **entrant** ve **entry**'e bkz. **enter into something 1**

başlamak, katılmak. *He entered into a discussion with us.* **2** girişmek, (bir şey hakkında konuşmaya) başlamak. *He entered into an explanation.* **enter upon something** (bir şeyi) yapmaya başlamak, veya (bir şey)e katılmak. *Brandt entered upon this new policy in the 1960s.* **enter one's mind** (genl. olumsuz yapıda) aklına gelmek. *It never entered my mind that he could be a thief.* (*k. dil.*).

enterprise ['entəpraiz] **1** *i-sy* girişim, teşebbüs. *Building the steel factory was a great enterprise.* **2** (genl. iş alanında) kuruluş, organizasyon. **enterprising** *s* girişken, müteşebbis, açıkgöz.

entertain [entə'tein] **1** *f+n* eğlendirmek. *She entertained us by singing songs.* **2** *f+n/-n* ağırlamak; misafirleri yedirip içirmek. *We entertain him to dinner. We do not entertain very much* (=Yemeğe pek misafir davet etmeyiz). **entertainer** *i+sy* şovmen; genl. şarkı söyleyerek, dans ederek, eğlendirici nitelikte gösteri yapan sanatkâr. *He earnes his living as an entertainer in clubs.* **entertaining** *s* eğlenceli. **entertainment** *i+sy/-sy* (programlı) eğlence. (*eş anl.* **show**).

enthusiasm [in'θju:ziæzəm] *i-sy* şevk, istek, gayret. *The Prime Minister's supporters were filled with enthusiasm.* **enthusiastic** [inθju:zi'æstik] *s* hevesli, can atan. *Sarah is very en. husiastic about learning. The ndidate was greeted with shrill whistles and stampings of feet by his enthusiastic admirers.* (*karş.* **unenthusiastic**). **enthusiast** *i+sy* istek ve heyecan duyan bir kimse, aşırı taraftar. (*eş anl.* **fanatic**).

entice [in'tais] *f+n* ayartmak, baştan çıkarmak, kandırmak. *He enticed the dog into the house by offering it some meat. He enticed her into breaking her promise.* (*eş anl.* **tempt**).

entire [en'taiə*] *s* tüm, bütün. *He spent the entire day in his room. The entire village was wiped out by a flood.* **entirely** *z* bütünüyle. **entirety** *i-sy* bütünlük, veya bütün olma hali. **in its entirety** bütünü ile, tamamen. (*karş.* **in part**).

entitle [en'taitl] *f+n* **1** (bir kimseye, bir şeyi yapma) hakkını vermek. *Every child in Britain is entitled to free education at school. This ticket entitles* *you to a front seat.* **2** bir kitaba, veya bir esere) isim vermek.

entity ['entiti] *i+sy* varlık, mevcudiyet. *When do children start being aware of themselves as separate entity?*

entourage [ɔntu'ra:ʒ] *i+sy* maiyet; ünlü, veya üst rütbeli bir kimsenin seyahati sırasında ona hizmet eden kimseler.

entrails ['entreilz] *i çoğ* iç organlar (özl. barsaklar). *(eş anl.* guts).

entrance¹ ['entrns] **1** *i+sy/-sy* giriş, içeriye girme. *He has entrance to the best society.* **2** *i+sy* giriş; giriş kapısı, antre. **3** bir şeyin üyesi olma. **enter**'a bkz.

entrance² [en'tra:ns] *f+n* büyülemek, hayran etmek. **entrancing** *s* hayran edici: *entrancing smile. (eş anl.* **charming**).

entrant ['entrnt] *i+sy* orduya, bir işe, bir sınava, bir yarışa, vb. giren, katılan kimse. Ayrıca **enter**'a bkz.

entrust [in'trʌst] *f+n* emanet etmek; önemli bir şeyi bir kimsenin sorumluluğuna, emanetine teslim etmek. *I entrusted him with my money. I entrusted my money to him.*

entreat [in'tri:t] *f+n* yalvarmak, yakarmak, rica etmek. *He entreated her to marry him. We entreat you to help us escape.*

entry ['entri] **1** *i+sy* içeriye girme. *He made an entry into the room.* **2** *i+sy* giriş; giriş kapısı, antre. *The front door is located in the entry.* **3** bir şeyin üyesi olma. *He applied for entry to the university.* **4** *i+sy* bir kitaba, bir listeye, vb. yazılan, kaydedilen şey. *He made an entry in his notebook.* **entry fee** giriş ücreti, duhuliye.

enunciate [i'nʌnsieit] *f+n/-n* **1** açık bir şekilde söylemek; telaffuz etmek. *He enunciates his words very well although he is only three.* **2** ilan etmek, bildirmek.

envelope¹ [en'veləp] *f+n* sarmak, veya tamamiyle kaplamak. *Smoke from the burning house enveloped the whole street.*

envelope² ['envəloup] *i+sy* (mektup) zarf(ı).

envious ['enviəs] *s* **envy**'e bkz.

environment [in'vaiərnmənt] *i+sy* ortam, çevre, muhit, civar. *He grew up in a city environment. They are fighting pollution to protect the environment.*

envisage [in'vizidʒ] *f+n* zihninde canlandırmak, tahayyül etmek. *I can't envisage him doing such a terrible thing. He envisaged great success for his project.*

envoy ['envɔi] *i+sy* **1** delege, bir ülkenin diğer bir ülkeye gönderdiği haberci. *The general sent an envoy to the besieged town demanding that its troops surrender.* **2** elçi; devleti başka bir devlet katında temsil etmek, veya dışişleri ile ilgili görevler yapmak üzere bir dış ülkeye gönderilen kimse.

envy ['envi] *i-sy* kıskançlık, haset, çekememe. Ayrıca *f+n* kıskanmak, çekememek. *I envy him. The award has made him envy you, and he is no longer your friend.* **envious** *s* kıskanç; haset dolu. *I am envious of your good luck in winning the prize.* **enviable** *s* imrenilecek, gıpta edilecek. *My job was not as enviable as it appeared to be.*

EP [i:pi:] *i+sy* (=**extended play**)— genl. 18cm. çapında, hem 45'lik hem de 33'lük olarak çalınabilen ve her yüzü yaklaşık 8 dakika süren plak.

epaulette ['epəlet] *i+sy* apolet; rütbe belirtmek için subay elbiselerinin omuzlarına takılan işaret.

epaulette

ephemeral [i'femərl] *s* çok kısa süren; geçici. *Man's life is transitory; a butterfly's life is ephemeral.*

epic ['epik] *i+sy* destan. Ayrıca *s* destanla ilgili; destansı.

epidemic [epi'demik] *i+sy* salgın (hastalık). *There was an epidemic of Spanish influenza in the United States in 1918.* Ayrıca *s* salgın.

epigram ['epigræm] *i+sy* kısa, zekice ama nükteli bir biçimde söylenmiş söz, veya yazılmış şiir; hicviye, taşlama. *'Speech is silver, but silence is gold' is a well-known epigram.*

epilepsy ['epilepsi] *i-sy* sara; kasılma, çırpınma, titremeyle birlikte belli eden ve şuur kaybına neden olan bir sinir hastalığı. *He suffers from epilepsy.* **epileptic** [epi'leptik] *i+sy* saralı. Ayrıca *s* saraya ait.

epilogue ['epilɔg] *i+sy* sonsöz; bir kitabın, veya bir piyesin sonuna, sonuç olarak eklenen kısım ya da söz. (*karş.* **prologue**).

episode ['episoud] *i+sy* **1** (özl. bir televizyon dizisi, veya radyoda oynayan bir temsilde ya da bir dergide yayınlanan öyküde) kısım, bölüm. **2** heyecanlı, üzücü, veya önemli bir olayın içinde geçen bir hadise, veya bölüm. *The episode of the rescue was the most exciting part of the book.*

epitaph ['epita:f] *i+sy* mezartaşı yazısı, mezar kitabesi.

epitome [i'pitəmi] *i+sy* (tipik bir) örnek, misal: *the epitome of laziness.* (*eş anl.* **model**). **epitomize** [i'pitəmaiz] *f+n* (tipik bir) örnek olmak.

epoch [i:pɔk] *i+sy* devir, çağ. **epoch-making** yeni bir devir başlatıcı: *an epoch-making discovery.*

equable ['ekwəbl] *s* düzenli ve dengeli; ılıman, mutedil (iklim): *an equable person/climate.*

equal ['i:kwl] *s* eşit; eşittir. *Two and two is equal to four. These two things are not equal.* (*karş.* **unequal**). Ayrıca *f+n* eşit olmak, bir olmak. *Two and two equals four.* geç. zam. ve ort. **equalled.** (*AmI'*de **equaled**). Ayrıca *i+sy* yaşıt; akran. *He is my equal.* **equally** *z* eşit olarak, aynı derecede. **equality** [i'kwɔliti] *i-sy* eşitlik. (*karş.* **inequality**). **equalize** *f+n* eşitlemek. **equal to doing something** bir şeyi yapacak kadar güçlü, akıllı, vb. olmak. *My grandfather is not equal to walking long distance these days.*

equate [i'kweit] *f+n* eşit saymak, bir saymak. *She equates cruelty to animals with cruelty to people.* **equation** [i'kweiʒən] *i+sy* (matematikte) eşitlik.

equator [i'kweitə*] *i+sy* ekvator; dünyanın eksenine dik olarak geçtiği ve dünyayı iki eşit parçaya böldüğü varsayılan en büyük çember. **equatorial** [ekwə'tɔriəl] *s* ekvatoral.

equilibrium [i:kwi'libriəm] *i-sy* (zihni, veya fiziki) denge.

equinox ['i:kwinɔks] *i+sy* gün-tün eşitliği, ekinoks; bir yıl içinde gecenin 12, gündüzün de 12 saat olarak eşitlendiği iki zamandan biri.

equip [i'kwip] *f+n* donatmak, teçhiz

etmek. *The government equipped the soldiers with new guns.* geç. zam. ve ort. **equipped. equipment** *i-sy* teçhizat; makineler, cihazlar, aletler; edavat. *His firm supplies kitchen equipment. They want some new pieces of equipment.*

equity ['ekwiti] *i-sy* dürüstlük, hakkaniyet. **equitable** *s* adil; adalete uygun. *The wage agreement was equitable to both management and unions.*

equivalent [i'kwivəlnt] *i+sy* karşılık, aynı değerde olan bir şey. *You may pay me in cash or give me the equivalent in merchandise.* Ayrıca *s* eşit, aynı. *His behaviour was equivalent to treason.*

era ['iərə] *i+sy* devir, çağ (genl. meydana gelen olay, veya o devrede yaşayan kimsenin ismi ile birlikte kullanılır): *the Victorian era.*

eradicate [i'rædikeit] *f+n* kökünü kazımak, yok etmek: *eradicate a bad habit. The new vaccine eradicated all traces of the disease within two months.*

erase [i'reiz] *f+n* silmek. *Pencil marks can be erased with a piece of rubber. He tried to erase the idea from his mind.* **eraser** *i+sy* (*AmI'*de) silgi. (*BrI'*de **rubber**).

erect [i'rekt] *s* dik, dimdik. Ayrıca *f+n* inşa etmek, dikmek, yapmak: *erect a building.* **erection** *i+sy/-sy* kaldırma, dikme; inşa etme.

erode [i'roud] *f+n/-n* aşınmak; aşındırmak. *Rain and rivers eroded the soft sandstones.* **erosion** [i'rouʒən] *i-sy* erozyon; aşınma.

erotic [ı'ratik] *s* cinsi arzu ve duygular ile ilgili; cinsel istek uyandıran: *an erotic film.* **erotica** [ı'ratikə] *i-sy* genl. cinsi hisleri uyandırmak amacıyla sanatsal tarzda işlenmiş çıplak insan ve cinsi temas resimleri ve yayınları. Ayrıca **pornography** ile karşılaştırınız.

err [ə:*] *f-n* hata yapmak. *She erred when she said that the earth was flat.* **to err is human** kul hatasız olmaz.

errand ['ernd] *i+sy* ufak tefek işler görme; getir götür işi; bir iş için gönderme. *Dad sent me into town on an errand for him.* **errand boy** (evlere siparişlerini dağıtan) bakkal, kasap, vb. çırağı. **run an errand** ayak işleri görmek.

erratic [i'rætik] *s* değişken, kararsız.

The Coastguard went to investigate the boat because of its erratic course.
error ['erə*] *i+sy/-sy* hata, yapılmaması gereken bir şey, yanlış. *He made some errors in his essay.* **erroneous** [e'rouniəs] *s* yanlış, hatalı: *an erroneous belief.*
erudite ['erjudait] *s* ilim irfan sahibi, engin bilgili: *an erudite professor.* **erudition** [erju'diʃən] *i-sy* engin bilgi.
erupt [i'rʌpt] *f+n* **1** (yanardağ hk.) püskürmek, patlamak. *The volcano erupted.* **2** (harp) patlamak; (döğüş, kavga) birden çıkmak. **eruption** *i+sy/ -sy* **1** püskürme, patlama. *The volcano was on the point of eruption. The eruption of Vesuvius filled the sky with smoke and flames.* **2** döğüş, kavga çıkma; harb çıkma: *the eruption of a war between the superpowers.*
escalate ['eskəleit] *f+n/-n* şiddetlendirmek, tırmandırmak; şiddetlenmek, tırmanmak. *The war has escalated. Prices escalated because of inflation.* (*eş anl.* **worsen, increase**).
escalator ['eskəleitə*] *i+sy* yürüyen merdiven.
escapade [eskə'peid] *i+sy* sonucu müşkül bir duruma neden olan heyecanlı ve oldukça da aptalca bir macera; haylazlık, yaramazlık. *Such escapades might have been forgiven a boy, but they were inexcusable in a man of his age.*
escape [is'keip] *f+n/-n* **1** firar etmek, kaçmak. *The prisoners escaped. He escaped capture. He escaped from prison.* **2** (gaz, ısı, sıvı, vb.) sızmak, sızıntı yapmak, kaçmak. *The gas was escaping from the pipe.* **3** (gözden, dikkatten) kaçmak. *He escaped notice.* **4** akla gelmemek, hatıra gelmemek, hatırdan çıkmak. *The word escapes me* (= Kelimeyi hatırlayamıyorum). Ayrıca *i+sy/-sy* **1** (genl. **from/to** ile) kaçma, kaçış, firar. *It was a daring escape. He made an escape. Escape was difficult.* **2** sızıntı. *There was an escape of gas.* **escapee** [is'keipi:] *i+sy* hapisten firar eden kimse. **fire escape** için **fire**'a bkz. **a narrow escape** neredeyse/az daha...-ecekti.../-acaktı...; ...-den/...-dan ucuz kurtulma, güç belâ kurtulma. *He had a narrow escape from being drowned.*
escort [is'kɔːt] *f+n* **1** korumak ama-

cıyla bir kimseye eşlik etmek; koruyucu olarak birlikte gitmek. *The soldiers escorted the old man to safety.* **2** karşı cinsten birisine bir davete giderken eşlik etmek. **3** bir kimsenin gideceği yere vardığına emin olmak için onunla birlikte gitmek. Ayrıca ['eskɔːt] *i+sy* **1** korumak amacıyla eşlik eden bir kimse, veya araç. *An escort was waiting for the distinguished visitor.* **2** karşı cinsten birisine bir davete giderken eşlik eden bir kimse.
ESP [i: es pi:] *i-sy* **1** (= **English for specific purposes** veya **English for special purposes**)—özel amaçlı İngilizce. **2** (= **extra-sensory perception**)'a bkz.
esp. (= **especially**)—özellikle, bilhassa. *Every one in the area, esp. children under 5, is at risk.*
especial [es'peʃl] *s* özel, ayrı, mahsus. *He paid especial attention to her that evening.* **especially** *z* özellikle, bilhassa. *I like all of Dickens' novels but especially 'Bleak House'.*
espionage ['espiənɑ:ʒ] *i-sy* casusluk.
esplanade [esplə'neid] *i+sy* (genl. bir deniz kenarında, veya bir bina önündeki) düz gezinti yeri.
Esq. (= **esquire**)—bay; sayın. *David Neary, Esq. 8 Grafton Street, London WIX 3LA.* Ayrıca **esquire**'a bkz.
esquire [es'kwaiə*] bir kimsenin adı ve soyadından sonra yazılır ve 'sayın' veya 'bay' anlamına gelir, örn. *J. L. Smith, Esq.* NOT: *esquire* oldukça resmi bir kullanım olup Amerikan İngilizcesinde kullanılmaz.
essay ['esei] *i+sy* makale, deneme; bir konu hk. yazılmış kısa bir yazı, son biçimini bulmamış, taslak durumda eser. *The students wrote essays about the importance of education.*
essence ['esns] *i+sy* **1** öz; esans: *brandy essence.* **2** temel, asıl, öz, esas. *Freedom of speech is the essence of democracy.* **in essence** aslında, esasen. *These problems are in essence the same.* (*eş anl.* **essentially**). **be of the essence** çok önemli olmak, çok gerekli olmak, elzem olmak. *Time was is of the essence in that project.* **essential** [i'senʃl] *s* **1** zorunlu, gerekli. *It is essential to have enough money.* **2** özle ilgili: *an essential oil* (= esans,

ruh). **essentially** z aslında, esasen.
establish [es'tæbliʃ] f+n **1** kurmak, te-
sis etmek. *He established a new shop.*
(eş anl. **set up, found). 2** yerleşmek.
He has established himself in his new
house. **3** saptamak, tesbit etmek. *The*
police are trying to establish the facts.
establishment 1 *i-sy* kurma, tesis et-
me. **2** *i+sy* tesis, müessese; bir iş ku-
ruluşu (örn. dükkân, fabrika, vb.). **the**
Establishment (özl. İngilterede) güçlü
organizasyonlar ve kimseler; kurum.
estate [es'teit] *i+sy* **1** mülk, arazi; tek
bir kimsenin, bir ailenin, veya bir
kuruluşun sahip olduğu ve kırsal
alanda üzerinde ev ve çiftlik binaları
olan geniş topraklar. **2** arazi, alan;
şehir kıyısında üzerinde fabrika ve
binaların bulunduğu yer. **estate agent**
emlâkçı; emlâk acentası. **real estate**
taşınmaz mal, gayrimenkul. **estate car**
(*Brİ*'de) (=**station wagon**) altı ya da
yedi kişi alabilen ve yanlardan ikişer
ve arkasında da bir kapısı olan oto-
mobil.
esteem [es'ti:m] *i-sy* saygınlık, saygı,
itibar. Ayrıca f+n saygı duymak, hür-
met etmek. **hold someone/something**
in high/great esteem bir kimse/bir şe-
ye karşı büyük bir saygı ve sevgi bes-
lemek. *They hold him in high esteem.*
esthetic [is'θetik] s **aesthetic**'e bkz.
estimate ['estimeit] f+n/-n tahmin et-
mek, kestirmek, yaklaşık olarak he-
saplamak. *They estimated that the*
trip would take three hours. Ayrıca
i+sy **1** tahmin, kestirme. *The lowest*
estimate for the concrete work was
more than one million. **2** kıymet tak-
diri. **estimation** [esti'meiʃən] **1** *i+sy*
tahmin, takdir. *My estimation of the*
damages will require some time as its
full extent cannot be known until the
waters have receded. **2** *i-sy* saygı, iti-
bar: *a high estimation for him.* **3** *i-sy*
fikir, görüş. *In my estimation, we*
shall not be successful. **at a rough**
estimate tahmini olarak; kabaca
estrange [is'treindʒ] f+n (genl. *ed. çat.*)
aralarını açmak, veya soğutmak. *His*
friends had become estranged from
him. **estrangement** *i+sy/-sy* yabancı-
laştırma, yabancılaşma. *The sense of*
isolation and estrangement was easy
enough to understand.
estuary ['estjuəri] *i+sy* nehrin denizle
birleştiği geniş kısım.

E.T.A. [i:ti:'ei] (=**estimated time of**
arrival)—tahmini varış zamanı.
etc [it'setrə] (=**et cetera**)—ve benzeri;
vb. *He brought paper, ink, note-*
books, etc. Emily had to empty bed
pans, do the cleaning, make beds etc,
etc.
et cetera [it'setrə] **etc**'ye bkz.
E.T.D. [i:ti:'di:] (=**estimated time of**
departure)—tahmini kalkış zamanı.
eternal [i'tə:nl] s sonsuz, ebedi; ezeli ve
ebedi. *In Hinduism, the soul has no*
beginning and need never end and is
consequently eternal. (eş anl. **ever-**
lasting). eternally z ebediyen, sonsuz-
luğa kadar. *(eş anl.* **forever). eternity**
[i'tə:niti] *i+sy/-sy* ebediyet, sonsuz-
luk.
ether ['i:θə*] *i+sy* eter; halk arasında
lokman ruhu denilen, tıpta kullanı-
lan, uçucu, renksiz, keskin ve kendi-
sine özgü kokusu olan bir sıvı. *Ether*
was one of the earliest anaesthetics.
ethics ['eθiks] *itek* veya *çoğ* ahlâk ilmi.
ethical s ahlâki. *Our school expects*
high ethical standarts from us. (karş.
unethical).
ethnic ['eθnik] s etnik, ırksal, ırka ait;
aynı dil ve aynı kültürde olan kimse-
lerle, uluslla ilgili. *There are many*
ethnic groups in New York.
etiquette ['etiket] *i-sy* görgü kuralları.
Eucharist ['ju:kərist] *i+sy/-sy* Hıristi-
yan dininde Hz. İsa'nın 12 Havarisi
ile birlikte yediği son yemeğin anım-
sanıp kutlandığı ayin. Aşai rabbani
ayini, Komünyon.
eulogy ['ju:lədʒi] *i+sy* methiye. *çoğ.*
biç. **eulogies.**
euphemism ['ju:fəmizəm] *i+sy/-sy*
örtmece; kaba, veya çarpıcı sözcükler
kullanılacak yerde, istenileni dolayı-
sıyla anlatma yolu. *'Pass away' is a*
euphemism for 'die'.
NOT: *euphemism* özellikle din, seks,
ölüm ve tuvalete çıkma ile ilgilidir,
örn:
sleep with = have sexual intercourse with
departed = dead
relieve oneself = urinate
euphoria [ju:'fɔ:riə] *i-sy* kendini çok
mutlu hissetme hali.
European [juərə'pi:ən] *i+sy* Avrupa'lı.
Ayrıca s Avrupa'ya ait. **European**
Economic Community (=Avrupa
Ekonomik Topluluğu). *kıs. biç.* **EEC**

evacuate [i'vækjueit] *f + n* boşaltmak, tahliye etmek. *During the war, many people were evacuated from the city. The troop evacuated the town.* **evacuation** [ivækju'eifən] *i + sy/-sy* tahliye, boşaltma.

evade [i'veid] *f + n* **1** (bir kimse, veya bir şeyden) yakasını kurtarmak; (ondan) sıyrılmak; (daha akıllı hareket ederek) atlatmak. *The thief evaded the policeman who was chasing him.* **2** (görev ve sorumluluklarından hile ile) yan çizmek, kaçınmak; bir yolunu bulup yapmamak. *He tried to evade his duties.* (*eş anl.* **elude**). **evasion** [i'veiʒən] *i + sy/-sy* kaçınma, baştan savma. **evasive** [i'veisiv] *s* baştan savma, kaçamak. *He gave an evasive answer.*

evaluate [i'væljueit] *f + n* bir şeye değer biçmek, değerlendirmek. **evaluation** [ivælju'eifən] *i-sy* değerlendirme.

evangelist [i'vændʒəlist] *i + sy* **1** İncil'i yazan dört havari Matthew, Mark, Luke, John'dan biri. **2** gezici vaiz; yer yer dolaşarak insanları Hıristiyan dinine döndürmeye çalışan kimse.

evaporate [i'væpəreit] **1** *f + n/-n* (sıvılar hk.) buharlaşmak, buharlaştırmak. *Water evaporates when boiled.* **evaporation** [ivæpə'reifən] *i-sy* buharlaşma. **evaporated milk** kısmen suyu alınmış süt, kısmen yoğunlaştırılmış süt.

evasion [i'veiʒən] *i + sy/-sy* **evade**'e bkz.

eve [i:v] *i + sy* ...akşam(ı), arife gecesi; arife: *Christmas Eve; New Year's Eve. December thirty-first is New Year's Eve.*

even¹ [i:vən] *z* (hatta...) bile, (daha) da. *Even now some people still believe that the earth is flat. I didn't see him even. He didn't even try. It was even more unpleasant than I had thought it would be.* **even if, even though** ...-diği halde, ...-se de. *Even if he comes I shall not see him. Even though you say so, I do not believe it.*

even² [i:vən] *s* **1** engebesiz; düz: *an even surface.* **2** düzenli: *an even development.* **3** eş, eşit, aynı. *The two boxers were even in strength and skill.* (**1.** ve **2.** anlamları için *karş.* **uneven**). **4** (sayılar hk.) çift; 2'ye bölünebilen (örn. 2, 4, 6, 8, 10). (*karş.* **odd**). Ayrıca *f + n* (genl. **up** ile) eşitlemek. **evenly** *z* düz olarak, düz bir şekilde; eşit olarak. *Spread the butter on the bread evenly.* **get even with somebody** birisinden öcünü almak. (*k. dil.*).

evening ['i:vniŋ] *i + sy/-sy* akşam (yatma vaktine kadar). *I saw her at 9 o'clock in the evening. Mary left on the evening of May 1st. I saw her on a/that spring evening. This/Last/ Next/The next evening we went to Birmingham.* **evening dress** için **dress¹**'a bkz.

event [i'vent] *i + sy* **1** (genl. önemli, veya heyecan verici türden) olay. *The minor events of the average day are too slight to deserve notice.* **2** yarış, yarışma. **eventful** *s* olaylarla dolu maceralı: *an eventful life.* **at all events** ne olursa olsun. **in any event** ne olur-sa olsun. *I shall come with you in any event.* **in the event of something** ... -diği takdirde, ...-ecek olursa. *Here is what you must do in the event of my death.*

eventual [i'ventfuəl] *s* sonuç olarak. **eventually** *z* neticede. *It was a long journey, but we eventually arrived.*

ever ['evə*] *z* **1** hiç. *Have you ever been to France? Don't you ever take any exercise? He hasn't ever spoken to me.*

NOT: *never* zarfının olumsuz bir anlamı vardır, fakat sadece olumlu bir yapı ile, yani *not*'sız kullanılır. *I never eat it* (= Onu hiç yemem). Olumsuz bir fiil yapısında olan düz cümlelerde bunun yerine *ever* kullanılır. *I don't ever eat it* (= Onu hiç yemem).

2 daima, hep, her zaman. *He is ever hopeful.* (oldukça *esk. kul.*). **evergreen** *i + sy* yapraklarını yaz kış dökmeyen ağaç. *Pine is an evergreen.* (*karş.* **deciduous**). Ayrıca *s* yapraklarını yaz kış dökmeyen. **everlasting** *s* daimi, ebedi, ölümsüz: *the Everlasting God.* (*eş anl.* **eternal**). **ever after** ondan sonra hep. *They got married and lived happily ever after.* **hardly ever** hemen hemen hiç. **ever since** ...-den beri hep. *I have been worried ever since I lost my money. I lost my money and I have been worried ever since.* **evermore** *z* daima, hep. *He will regret it evermore.* (*eş anl.* **always**). **ever so çok, pek.** *I am ever so grateful.* (*k. dil.*).

every ['evri] *s* her. *He talked to every person in the room. I used to see him every day. Every pupil was present* *this morning. Take one of these pills every four hours* (=Her dört saatte bir bu haplardan alın). **everybody** *itek* herkes. *Everybody is waiting outside.* **every other** (her) iki...-de bir. **everyday** *s* her günkü, günlük. *It is an everyday occurance.* **every day** *z* her gün. *He paid every day.* **everyone** *itek* herkes. **everything** *itek* her şey. *Everything is/was all right.* **everywhere** *z* her yerde, her yere, her tarafta/tarafa. **every now and then** ara sıra.

evict [i'vikt] *f + n* yasa yolu ile tahliye ettirmek. *The owner of the house evicted the people who did not pay their rent.* **eviction** *i + sy/-sy* tahliye.

evidence ['evidns] *i-sy* delil. *If you answer questions, your answers may be used as evidence against you.*

evident ['evidnt] *s* besbelli, aşikâr. *It was evident that he was telling the truth.* **evidently** *z* besbelli.

evil ['i:vil] *s* 1 kötü, zararlı, fena. *Drinking is an evil habit.* 2 günahkâr, ahlâkça kötü, sefih. *The criminal led an evil life.* Ayrıca 1 *i-sy* fenalık, kötülük. *Although he treated me badly, I wish him no evil.* 2 *i + sy* felâket, dert. *War is an evil.* **the evil eye** nazar. *She gave me the evil eye.*

evince [i'vins] *f + n* açığa vurmak, belli etmek. *He evinced a strong interest in my work.*

evoke [i'vouk] *f + n* (anıları canlandırmaya, duyguları uyandırmaya) neden olmak, aklına getirmek. *The photograph evoked happy memories. His stories evoked laughter from all of us.* **evocation** [evou'keifən] *i + sy/-sy* hatırlatma. **evocative** [i'voukətiv] *s* bir şeyi hatırlatan.

evolution [i:və'lu:fən] *i-sy* (özl. bitkiler, hayvanlar, hk.) evrim, gelişim. Ayrıca **evolve'a** bkz.

evolve [i'vɔlv] *f + n/-n* 1 gelişmek; geliştirmek. *The plan gradually evolved. They evolved a new plan.* 2 (**in, into** ile) evrim geçirmek. Ayrıca **evolution'a** bkz.

ewe [ju:] *i + sy* (dişi) koyun.

ex- [eks] *ön-ek* eski, sabık (örn. **ex-president**).

exact[1] [eg'zækt] *s* tam; doğru. *The exact weight is 25.68 kilograms. He did some very exact work.* (karş. **inexact**). **exactly** *z* tam, tastamam; tıpatıp. *I do not know exactly. I don't*

exactly know. I gave him exactly what he asked for. Exactly! (=Elbette!/Çok doğru!/Aynen!). **exactness** *i-sy* doğruluk; hatasızlık.

exact[2] [eg'zækt] *f + n* 1 tehditle, zorla istemek, elde etmek: *exact money from people.* 2 (bulunduğu mevkiin, veya elinde tuttuğu yetkinin verdiği hakla) talebetmek, istemek: *to exact respect from one's employees.* **exacting** *s* 1 müşkülpesent, titiz. 2 çok emek ve sabır isteyen, zahmetli: *exacting work.*

exaggerate [eg'zædʒəreit] *f + n/-n* abartmak, şişirmek. *The fisherman exaggerated the size of the fish.* **exaggeration** [egzædʒə'reifən] *i + sy/-sy* abartma.

exalt [eg'zɔ:lt] *f + n* 1 yüksek bir makama, göreve getirmek. *He exalted many of his friends.* 2 övmek, methetmek, göklere çıkarmak. *The hero was exalted in song.* 3 gururlandırmak. *We were exalted by our daughter's success.*

exam [eg'zæm] *i + sy* (= **examination**) —sınav, imtihan. *She passed all her exams.* (k. dil.).

examine [eg'zæmin] *f + n* 1 sınav yapmak, imtihan etmek. 2 incelemek, gözden geçirmek. **examination** [egzæmi'neifən] 1 *i-sy* inceleme. 2 sınav, imtihan. *Did you pass your examination? The pupils can go in/enter for this examination. The pupils were having/taking an examination. Jane is sitting for an examination for History. The teacher was giving the pupils an examination.* **examiner** *i + sy* imtihan eden kimse, ayırtman.

example [ig'za:mpl] *i + sy* 1 örnek, misal. *Cows and horses are examples of domestic animals.* 2 örnek kimse. 3 (aritmetikte) problem. **for example** meselâ, örneğin *There are many big cities in Europe, for example, London, Paris and Rome.* (eş anl. **for instance**). **set an example** başkalarına örnek olmak. **make an example of someone** bir kimseyi başkalarına örnek olsun diye cezalandırmak: *a punishment that was intended to make an example of him before the whole class.*

exasperate [eg'za:spəreit] *f + n* çok kızdırıp çileden çıkarmak, sinirlendirmek. **exasperation** [egza:spə-reifən] *i-sy* öfke, kızgınlık.

excavate ['ekskəveit] *f+n/-n* hafriyat yapmak; (arkeolojik amaçla) kazı yapmak, kazıp ortaya çıkarmak. *The archaeologists excavated an ancient city.* **excavation** [ekskə'veifən] **1** i-sy hafriyat, kazı. **2** *i+sy* çukur; kazı sonucunda ortaya çıkarılan bir yer. **excavator** *i+sy* ekskavatör; kazı yapmakta kullanılan makina.

excavator

exceed [ek'si:d] *f+n* aşmak, geçmek. *Cars must not exceed thirty miles an hour in certain areas. The result exceeded my expectation.* **exceedingly** *z* son derece. *I am exceedingly grateful for the many kindness you have shown my son.*

excel [ek'sel] *f+n/-n* (**in**, **at** ile) daha iyi olmak, üstün olmak. *He excels at football.* geç. zam. ve ort. **excelled**.

excellent ['eksəlnt] *s* mükemmel, çok iyi: *an excellent work; an excellent dinner.* **excellence** *i-sy* fazilet, üstünlük.

Excellency ['eksəlnsi] *i+sy* yüksek rütbeli bir devlet memuruna, örn. bir valiye, bir büyük elçiye hitap edilirken kullanılır. *Good night Excellency. His Excellency is very busy at the moment.*

except [ek'sept] *edat* ...-den başka, hariç. *I invited everyone except James.* (*karş.* **including**). (*eş anl.* **apart from**, **save**). Ayrıca *f+n* saymamak, hariç tutmak. *I excepted James from my invitation.* (*eş anl.* **exclude**). **excepting** *edat* ...-den başka, hariç. **exception** *i+sy* istisna; hariç tutma. *Everyone must be here; there will be no exception.* **exceptional** olağanüstü, ender, apayrı. *John is an exceptional person.* (*karş.* **unexceptional**). **exceptionally** *z* son derece, olağanüstü. *He is exceptionally nice.* **take exception to something** bir şeye gücen-

mek, veya bir şeyden hoşlanmadığını belli etmek (ve bunu şikâyet konusu yapmak). *I took exception to what he said.* **with the exception of** ...-den başka, hariç. *I invited everybody with the exception of James.* **without exception** istisnasız; ayrıcasız.

excerpt ['eksə:pt] *i+sy* bir kitap, bir konuşma, veya bir müzik eserinden alınmış bir parça; seçme parça.

excess [ek'ses] *i+sy* fazlalık; aşırı ölçüde ya da fazla miktarda bir şey. *He has an excess of fluid in his body.* **excessive** *s* aşırı, haddinden fazla: *excessive pessimism.* **excessively** *z* aşırı olarak. *I have an excessively high blood presure.* **excess baggage** (özl. bir uçağa binerken) belirtilen ağırlığı aşan bagaj; fazla bagaj.

exchange[1] [eks'tʃeindʒ] *f+n/-n* değiş tokuş etmek, değiştirmek. *John and James exchanged hats. James exchanged his hat for John's.* **exchange words/blows** ağız kavgası etmek/yumruklaşmak, döğüşmek.

exchange[2] [eks'tʃeindʒ] **1** *i+sy/-sy* değiş tokuş, trampa. **2** borsa. **labour exchange** iş ve işçi bulma kurumu; (yeni ismi **Employment Services Agency**). **rate of exchange** kambiyo rayici. **stock exchange** için stock'a bkz. **telephone exchange** için telephone'a bkz. **in exchange for something** bir şeye karşılık, bir şeyin karşılığında. *He gave me a book and I gave him a pen in exchange. He got a pen in exchange for a watch.*

exchequer [eks'tʃekə*] *i+sy* (İngiltere'de) Maliye Bakanlığı.

excise[1] ['eksaiz] *i-sy* tüketim vergisi.

excise[2] [ek'saiz] *f+n* kesmek, kesip çıkarmak, veya almak. (*eş anl.* **cut out**).

excite [ek'sait] *f+n* **1** heyecanlandırmak. *The football match excited all the boys.* **2** tahrik etmek; neden olmak: *excite anger/envy/interest. He was excited by all new ideas.* **excitement** *i+sy/-sy* heyecan. **excitable** *s* kolay heyecanlanan. **excited** *s* heyecanlı (heyecan uyandıran). **exciting** *s* heyecan verici, heyecanlı; *exciting film/story.*

exclaim [eks'kleim] *f+n/-n* ...diye bağırmak, hiddetle söylemek; ...diye şaşkınlığını belirtmek, hayretini ifade etmek. *'John! What the hell are you* *doing here?' he exclaimed.* **exclamation** [ekskləˈmeiʃən] *i+sy/-sy* ünlem. **exclamation mark** ünlem işareti; (!). (*AmI*'de **exclamation point**).

exclude [iksˈkluːd] *f+n* hariç tutmak, dahil etmemek; dışlamak, hesaba katmamak. *I excluded John from the invitation.* (*karş.* **include**). **exclusion** [iksˈkluːʒən] *i-sy* hariç tutma, dışlama. **exclusive** [iksˈkluːsiv] *s* 1 seçkin, kibar: *an exclusive club/school/person.* 2 özel; başkalarıyla paylaşılmayan: *the exclusive possession of something.* **exclusively** *z* özellikle, sadece. (*eş anl.* **only**). **exclusive of** hariç; dahil değil. *Prices in this hotel are exclusive of meals* (=Bu oteldeki fiyatlara yemekler dahil değildir).

excommunicate [ekskəˈmjuːnikeit] *f+n* (özl. Roma Katolik Kilisesi hk.) aforoz etmek.

excruciating [eksˈkruːʃieitiŋ] *s* çok acı, ve ağrı veren: *excruciating pain/torture.*

excursion [eksˈkəːʃən] *i+sy* (özl. bir seyahat acentesinin düzenlemiş olduğu kısa süreli) gezinti.

excuse¹ [eksˈkjuːs] *i+sy* mazeret, neden. *He made an excuse for arriving late. What was her excuse for telling lies?*

excuse² [eksˈkjuːz] *f+n* 1 affetmek. *I excused him for coming late.* 2 özür dilemek. *He excused his late arrival by saying that his car had broken down.* 3 ...-e izin vermek. *Will you excuse me from the meeting.* **excuse oneself** 1 özür dilemek. *He excused himself for being late.* 2 kendine izin vermek. *He excused himself from the meeting.* **excuse me** affedersiniz. NOT: *excuse me* deyimi şu durumlarda kullanılır: *1* bir soru soracağınız zaman birisinin dikkatini çekmek için, örn. *'Excuse me,' he said, 'but is there a fairly cheap restaurant here?'* 2 birisinin sözlerini kabul etmediğiniz ya da farklı, zıt bir fikir ileri süreceğiniz zaman, örn. *Excuse me, but with all respect, I think you have misunderstood.* 3 birisini rahatsız ettiğinizde, veya sözünü kestiğinizde özür dilemek için, örn. *Well, excuse me for disturbing you at home. Excuse me butting in.* 4 birisi ile konuşmak istemediğinizi belli etmek için, örn. *Excuse me, I'm busy.*

5 odayı, genl. kısa bir süre için, terk üzere olduğunuzu ifade etmek için, örn. *'Excuse me.' He stood up. 'I have to make a telephone call.'* 6 hafifçe utanılacak ya da kaba bir şey yaptığınızda, örn. geğirdiğinizde, hıçkırdığınızda, veya hapşırdığınızda özür dilemek için. 7 birisinin söylediği bir sözü tekrarlamasını istediğinizde (*AmI*'de kullanılır).

execute [ˈeksikjuːt] *f+n* 1 (bir mahkemede yargılandıktan sonra verilen ölüm cezasını) infaz etmek; idam etmek. *The man who murdered his wife was executed by hanging.* (*eş anl.* **put to death**). 2 (bir emri, görevi, vb.) yerine getirmek, icra etmek. 3 (bir müzik eserini) icra etmek; (bir resmi, veya heykeli) yapmak. **execution** [eksiˈkjuːʃən] *1 i+sy/-sy* idam, infaz. *2 i-sy* ifa, icra. *3 i-sy* icra (biçimi). **executioner** [eksiˈkjuːʃənə*] *i+sy* cellât. (*eş anl.* **hangman**). **executor** [egˈzekjutə*] *i+sy* bir vasiyetnamedeki istekleri yerine getiren kimse. (*kadınına* **executrix** [egˈzekjutriks] *denir*). **executive** [egˈzekjutiv] *i+sy* bir firmadaki yönetici, idareci. Ayrı-ca *s* yetki sahibi, idareci durumunda olan. **the executive** (yasa) icra, yürütme organı.

exemplary [igˈzempləri] *s* örnek alınacak, veya örnek teşkil edecek: *Mary's exemplary behaviour.* **exemplify** [igˈzemplifai] *f+n* örneği olmak, veya örnek olarak göstermek. *This exemplifies what I mean.*

exempt [igˈzempt] *s* bağışık, muaf; ayrı tutulmuş; ayrıcalık tanınmış. *He is exempt from the examination.* (*eş anl.* **excused**). Ayrıca *f+n* muaf tutmak, ayrıcalık tanımak. **exemption** *i+sy/-sy* muafiyet.

exercise¹ [ˈeksəsaiz] 1 *i+sy/-sy* vücudu çalıştırma, idman. *Exercise makes one strong. He was doing his exercises.* 2 *i+sy* tatbikat, manevra. *The soldiers were sent into the mountains for three weeks on an exercise.* 3 *i+sy* araştırma.

exercise² [ˈeksəsaiz] 1 *f+n/-n* idman yapmak. *He exercises every morning. He was exercising his dog.* (=Köpeğini her gün yürüyüşe/açık havaya çıkarıyordu). 2 alıştırma yaparak geliştirmek, işletmek. *He exercised his intelligence to solve the problem.*

exert [ig'zə:t] *f+n* (güç, kuvvet, vb.) sarfetmek, kullanmak: *exert one's strength; exert pressure.* **exertion** *i+sy/-sy* gayret, çaba; kullanma. *He was tired after his exertions.* **exert oneself** çabalamak, uğraşmak. *He never exerts himself.*

exhale [eks'heil] *f+n/-n* 1 (gaz, koku, vb.) neşretmek, çıkarmak. 2 (nefes) dışarı vermek. *She held his breath for a moment before he exhaled. (karş.* **inhale).**

exhaust[1] [ig'zɔ:st] *f+n* 1 yorgun düşürmek, yormak. *The game of football has exhausted me.* 2 tüketmek, bitirmek. *The government has exhausted all its money. We have exhausted the subject of politics.* **exhaustion** *i-sy* yorgunluk, bitkinlik. **exhaustive** *s* ayrıntılı, etraflı: *an exhaustive discussion.*

exhaust[2] [ig'zɔ:st] *i+sy* 1 egsoz; içten yanmalı motorlarda yanan akaryakıtın oluşturduğu gaz ve bu gazın boşaltılması. 2 egsoz borusu; bu gazın atılmasını sağlayan düzenek.

exhibit [ig'zibit] 1 *f+n/-n* sergilemek, teşhir etmek. *He exhibited his paintings.* 2 *f+n* göstermek, ortaya koymak. *He exhibited fear.* Ayrıca *i+sy* (özl. bir müzede) sergilenen şey. **exhibition** [eksi'biʃən] *i+sy* 1 sergileme, teşhir etme. 2 sergi. **exhibitor** *i+sy* sergileyen kimse, sergi açan kimse. **exhibitionist** [eksi'biʃənist] *i+sy* teşhirci, göstermeci. **make an exhibition of oneself** kendini rezil etmek, aleme gülünç olmak.

exhilarate [ig'ziləreit] *f+n* neşelendirmek, coşturmak, canlandırmak, ferahlatmak. *I felt listless until the sea breeze exhiliarated me.* **exhilaration** [igzilə'reiʃən] *i-sy* neşe, canlılık. *There was a sense of exhilaration about being alone on the beach.* **exhilarating** *s* neşelendirici, keyiflendirici.

exhort [eg'zɔ:t] *f+n* teşvik etmek; (bir kimseyi bir şeyi yapması için) yüreklendirmek. *The general exhorted his soldiers to fight bravely.*

exile ['eksail] *f+n* sürgüne göndermek; ceza olarak bir yere sürmek. *The political leaders were exiled to an island.* Ayrıca 1 *i+sy* sürgün; ceza olarak belli bir yerin dışında, veya belli bir yerde oturtulan kimse. *The exile lived a lonely life.* 2 *i-sy* sürgün.

He was living in exile. They were sent into exile.

exist [eg'zist] *f-n* var olmak, mevcut olmak; yaşamak. *Wild elephants no longer exist in Europe.* **existence** 1 *i-sy* varlık, varoluş; mevcudiyet. *I believe in the existence of God.* 2 *i+sy* hayat, ömür. *A life of poverty can be a painful existence.*

exit ['eksit] *i+sy* 1 çıkma, çıkış. *He made his exit through the window.* 2 (sinema, tiyatro, vb.) çıkış kapısı, çıkış yeri. (*eş anl.* **way out).** Ayrıca *f-n* (piyeslerde aktörlerin sahneden çıkmaları gereken anı göstermek için yazılır) dışarı çıkmak: *exit Ophelia.* (=Ophelia çıkar). **exit visa** çıkış vizesi.

exorbitant [eg'zɔ:bitnt] *s* aşırı, fahiş, pek fazla: *an exorbitant price.*

exorcize ['eksɔ:saiz] *f+n* kötü ruhları dua ile defetmek.

exotic [ig'zɔtik] *s* (genl. uzak bir) dış-ülkeden gelme ve (bu nedenle de) görülmemiş ve ilginç, alışılmamış, ekzotik.

expand [iks'pænd] *f+n/-n* büyümek, genişlemek; büyütmek, genişletmek. *He expanded his lungs. The chest expends as the person breathes in. Our company is expanding fast.* **expansion** *i-sy* genişleme, büyüme. **expanse** [eks'pæns] *i+sy* geniş saha, alan: *an expanse of scorching desert; an inflamed expanse of skin across his chest and stomach.*

expatriate [eks'pætriət] *i+sy* yabancı bir ülkede yaşayan kimse. *There is a large expatriate community of expatriate in London.*

expect [iks'pekt] *f+n* 1 (yap)acağını tahmin etmek, ummak. *I expect he will come soon.* 2 beklemek, ummak, olabileceğini düşünmek. *I am expecting the postman; he usually comes at this time. She is expecting a baby.* 3 zannetmek, tahmin etmek. *I expect you've forgotten my name.* **expectation** [ekspek'teiʃən] *i+sy/-sy* bekleyiş.

expedient [eks'pi:diənt] *i+sy* yol, çare, çıkar yol. Ayrıca *s* uygun, yerinde (ama doğru mu, veya namusluca mı tartışılır). *It would be expedient to help someone with such political influence. (karş.* **inexpedient).** **expedience** *i-sy* uygunluk. **expediency** *i+sy/*

-sy kişisel çıkar. The government is torn between principle and expediency.

expedite ['ekspidait] f+n çabuklaştırmak, hızlandırmak. He expedited the arrangements. (eş anl. speed up).

expedition [ekspi'difən] i+sy 1 (belirli bir amaç için yapılan) uzun yolculuk, sefer. The boy dreamed of going on an expedition to discover an unknown land. 2 sefer heyeti. There were ten people in the expedition.

expel [eks'pel] f+n 1 (örn. bir okuldan) kovmak, çıkarmak, atmak. The student was expelled from college. 2 (kuvvetle dışarı) atmak, çıkarmak. Water is sucked in at one end and expelled at the other. geç. zam. ve ort. **expelled. expulsion** [eks'pʌlʃən] i+sy/-sy kovma, çıkarma.

expend [eks'pend] f+n harcayıp tüketmek, sarfetmek: expend time/money/energy. **expendable** s gözden çıkarılabilir, feda edilebilir. **expenditure** i-sy masraf, gider; harcama, sarfetme. The government has had to cut down on public expenditure.

expense [eks'pens] i-sy masraf, gider; masraf kapısı: the expense of buying a new car. It's well worth the expense. **expensive** s pahalı. That is a beautiful coat, but it is too expensive for me. I really don't need such a big, expensive car. (karş. **inexpensive**). **expenses** içoğ masraflar, giderler. **at the expense of something** (bir şey) pahasına, zararına. His successful career was at the expense of his social life. **go to great expense** (bir şeyi yapmak için) çok masraf etmek, büyük masrafa girmek.

experience [eks'piəriəns] 1 i-sy tecrübe, deneyim. He learned by experience. He has a lot of experience as an engineer. Jane has no experience of/in teaching. She has no teaching experience. She gained her experience abroad. 2 i+sy başa gelen bir şcy. I had a strange experience last night. Jane had a lot of interesting experiences in Turkey. Ayrıca f+n yaşamak, tatmak, çekmek, görüp geçirmek: experience life in prison; experience a pain. **experienced** s tecrübeli, deneyimli. (karş. **inexperienced**).

experiment [eks'perimənt] i+sy de-

ney, tecrübe. Ayrıca f+n deney yapmak. Jane experimented with her teaching abilities on me. I don't like experimenting with new chemicals. **experimental** [eksperi'mentl] s deneysel. **experimentally** z deneysel olarak.

expert ['ekspə:t] i+sy uzman, usta. John is an expert on law. Ayrıca s usta, uzman. Only expert acrobats can master these activities. **expertise** [ekspə'ti:z] i-sy uzmanlık. We hired him because of his expertise in the Turkish market. We asked for a second expert opinion.

expire [eks'paiə*] f-n 1 ölmek. He expired within the hour. (eş anl. **pass away**). 2 nefes vermek. 3 (bir süre devam eden bir şey hk.) sona ermek, bitmek. The lease expired in March. **expiration** [ekspi'reifən] 1 i-sy sona erme. 2 i+sy/-sy nefes verme. **expiry** i-sy 1 ölme. 2 (özl. anlaşma ve yasal dökümanlar hk.) sona erme.

explain [eks'plein] f+n 1 anlatmak, açıklamak. Can you explain this (word) to me? I don't know what you mean; please explain. 2 nedenini açıklamak, sebep göstermek. Can you explain why you were late? **explanation** [eksplə'neifən] i+sy/-sy açıklama. **explanatory** [eks'plænətəri] s açıklayıcı. David sent me an explanatory letter. **explain away** sözü çevirmek, neden oluşturmak; örtbas etmek. He is rather good at explaining away awkward situations.

explicit [eks'plisit] s apaçık, belirgin. I gave him explicit instructions. (karş. **inexplicit**). **explicitly** z açıkça. It was explicitly stated that you were in no way obliged to him.

explode [eks'ploud] 1 f+n/-n patlamak, infilâk etmek; patlatmak, infilâk ettirmek. The bomb exploded. He exploded a bomb. 2 f-n (bir kimsenin hissettiği, duyduğu duygular hk.) birden ortaya çıkmak. He exploded with/in laughter (=kahkahayı bastı./Kahkahalarla gülmeye başladı). He exploded with/in anger (=Birden öfkelendi). **explosion** [eks'plouʒən] i+sy patlama. **explosive** [eks'plousiv] s patlayıcı. Ayrıca i+sy/-sy patlayıcı bir madde (örn. bir bomba).

exploit¹ ['eksploit] i+sy cesur bir eylem; kahramanlık, yiğitlik. The captain was decorated for his exploits.

exploit² [eks'plɔit] *f+n* **1** kazanç sağlamak için kullanmak, işletmek: *exploit a gold mine. We hope to exploit the oil resources in Batman.* **2** istismar etmek, kendi çıkarı için kullanmak. *Slaves were exploited by their masters. (eş anl.* take advantage of). **exploitation** [eksplɔi'teiʃən] *i-sy* **1** sömürü. **2** işletme.

explore [eks'plɔ:*] *f+n/-n* **1** bir yerde keşfe çıkmak; bilinmeyen bir ülkeye keşif amacıyla seyahat etmek. *Many Europeans explored the continent of Africa in the 19th century.* **2** dikkatle incelemek, araştırmak; keşfetmek. *He explored every inch of the cave to see if there was another way out.* **exploration** [eksplɔ'reiʃən] *i+sy/-sy* keşif. **explorer** *i+sy* ülke keşfeden; kâşif. **exploratory** [eks'plɔrətəri] *s* bir şeyi öğrenmek amacı ile yapılan; araştırıcı: *an exploratory meeting.*

explosion [eks'plouʒən] *i+sy* **explode**'a bkz.

exponent [eks'pounənt] *i+sy* **1** belli bir inancı, düşünceyi, veya planı destekleyip bunu yorumlayan ve başkalarına kabul ettirmeye çalışan kimse; tefsir eden kimse. **2** (matematikte) üs. *2³ means 2×2×2 and the ³ is the exponent (2³ = 2×2×2= 8).* Ayrıca **expound**'a bkz.

export ['ekspɔ:t] *i+sy* ihracat, dışsatım. *Exports to Iran have increased by 40%. (karş.* import). Ayrıca [eks'pɔ:t] *f+n/-n* ihracat yapmak.

expose [eks'pouz] *f+n* **1** karşı karşıya bırakmak, korumasız bırakmak. *The general exposed his men to danger. His house is exposed to the weather.* **2** ışığa tutmak. *This film has been exposed.* **3** meydana çıkarmak; açığa vurmak, göstermek. *The detective exposed the criminal. He exposed the plan to the newspapers.* **exposure** [eks'pouʒə*] *i+sy* açık havada soğukta kalma, veya bırakılma; muhafazasız olma. *He died of exposure.* **2** *i-sy* (bir olayı) açığa vurma, ifşa etme. **3** *i+sy* (fotoğrafçılıkta) poz; film miktarı. *This film has 36 exposures.*

exposé [eks'pouzei] *i+sy* utanç verici, veya üçkâğıtçılıkla yapılmış bir durumu kamuoyuna açıklama (özl. bir gazetede).

expound [eks'paund] *f+n* (bir fikri, düşünceyi) açıklamak: *expound an*

idea/a theory/a philosophy. **exponent**'a bkz.

express¹ [eks'pres] *f+n* anlatmak, ifade etmek, dile getirmek: *express one's ideas, gratitude, etc.* **express oneself** (konuşarak, yazarak, çizerek) kendini ifade etmek, meramını anlatmak.

express² [eks'pres] *s* **1** hızla giden, gönderilen: *an express train; express delivery.* **2** açık, kesin; genl. **express wish/purpose** sözünde—açıkça belirtilmiş bir dilek/maksat. Ayrıca *i+sy* ekspres tren, ekspres. **expressly** *z* açıkça. *I expressly told you to wait for me.*

expression [eks'preʃən] **1** *i+sy* yüz ifadesi: *an angry expression.* **2** *i-sy* anlatım, ifade. *He played the music with a lot of expression.* **3** *i+sy* (dilb.) grup, sözcük grubu, ifade. **expressive** [eks'presiv] *s* duygulu ve anlamlı. (*karş.* unexpressive). (*eş anl.* eloquent).

expropriate [eks'prouprieit] *f+n* kamulaştırmak, istimlâk etmek. *The government has expropriated his land.*

expulsion [eks'pʌlʃən] *i+sy/-sy* için **expel**'e bkz.

exquisite [eks'kwizit] *s* **1** çok güzel; çok güzel olarak yapılmış; enfes, nefis. *The exquisite diamond pin was a work of art.* **2** fevkalâde kibar ve hoş: *a man with exquisite manners.*

extend [eks'tend] *f+n/-n* **1** uzamak, sürmek; (süresini) uzatmak. *The land extends for three miles in that direction. The headmaster has extended the term for three weeks.* **2** sunmak, göstermek: *extend an invitation/ welcome/ congratulations* (**2**. anlamı *r. kul.*). **extension** [eks'tenʃən] **1** *i-sy* (süresini) uzatma, temdit. *The pupils disliked the extension of the term.* **2** *i+sy* ek yapı, ilâve. *They are building an extension to the school.* **3** *i+sy* dahili telefon (numarası). **extensive** *s* **1** büyük, geniş. *His land is very extensive.* **2** geniş ölçüde, büyük. *The bomb did extensive damage to the house.* **extent** [eks'tent] *i-sy* uzanım, genişlik: *the extent of the damage.* **to a certain extent** bir dereceye kadar **to such extent** that o derecede ki.

extenuate [eks'tenjueit] *f+n* (bir hatayı, bir cinayeti, vb.) bir sebep, neden bularak, hafifletmek. *Star-vation may serve to extenuate an instance of theft.* **extenuating circumstances** cezayı hafifletici nedenler.

exterior [eks'tiəriə*] *i+sy* dış yüzey. *The exterior surface of pumpkin is smooth and hard.* Ayrıca *s* dış, harici. (*karş.* **interior**).

exterminate [eks'tə:mineit] *f+n* kökünü kazımak, tümünü yok etmek, imha etmek. *He exterminated the rats on his farm.* **extermination** [ekstə:-mi'neiʃən] *i-sy* kökünü kazıma, imha.

external [eks'tə:nl] *s* 1 dış, harici; dıştan olan, veya gelen: *the external walls of the castle.* 2 dış; yabancı ülkelerle ilgili. *The country's external problems concerned its frontiers with neighbouring countries.* **for external use** içilerek, veya yutularak haricen kullanılması için. *This medicine is for external use only.* (*karş.* **internal**). **externally** *z* haricen, dıştan.

extinct [eks'tiŋkt] *s* 1 (bir hayvan, veya bitki türü hk.) nesli tükenmiş, yaşamayan. 2 (bir yanardağ hk.) sönmüş, aktif değil. 3 (hisler, duygular hk.) bitmiş, tükenmiş. **extinction** *i-sy* tükenme; sönme.

extinguish [eks'tiŋgwiʃ] *f+n* ışığı, ateşi söndürmek. **fire extinguisher** yangın söndürme aleti, minimaks.

extol [eks'toul] *f+n* övmek, methetmek, göklere çıkarmak. *The teacher was publicly extolled by his headmaster on the occasion of his promotion to head of department.* *geç. zam.* ve *ort.* **extolled**.

extort [eks'tɔ:t] *f+n* zorla, tehditle almak, gasbetmek; baskı yaparak söyletmek. *He extorted money from the poor. He extorted a promise from me.* **extortion** *i-sy* gasbetme; zor kullanarak, veya tehditle, özl. parasını alma. **extortionate** [eks'tɔ:ʃənit] *s* aşırı, fahiş, çok yüksek.

extra¹ ['ekstrə] *s* fazla, eklenilen ilâve edilen, ekstra: *an extra holiday; extra money.* (*eş anl.* **additional**).

extra² ['ekstrə] *i+sy* 1 ilave, ekstra, fazladan olan şey. *With the extras, the car cost £4,400.* 2 figüran. *Even the extras were dressed like kings and queens.*

extract¹ [eks'trækt] *f+n* çekmek, çıkarıp almak; güçlükle almak; elde etmek. *The police extracted infor-*

mation from the thief. A miner extracts gold from the earth. The dentist extracted one of my teeth. **extraction** *i-sy* 1 çekme, çıkarıp alma; elde etme. 2 soy, asıl. *He is of Russian extraction.*

extract² ['ekstrækt] 1 *i-sy* konsantre edilmiş madde, hulâsa. *Beef extract is sometimes used for making soup.* 2 *i+sy* (bir kitap, veya konuşmadan alınmış) seçme parça; seçme: *an extract from a book.*

extradite ['ekstrədait] *f+n* suçluyu (yargılanması için) ülkesine geri iade etmek. *The British Government extradited the man wanted by the French police.*

extraneous [eks'treiniəs] *s* konu dışı, konu ile ilgisi olmayan. *He tries to bring in extraneous questions when I have a discussion with him.*

extraordinary [eks'trɔ:dnri] *s* normalin ötesinde; çok garip, alışılmamış, görülmemiş, olağanüstü, fevkalâde. *A genius has extraordinary talents.*

extra-sensory perception ['ekstrə-sensəri pə'sepʃən] *i-sy* altıncı his. (Ayrıca **ESP** de denir).

extraterrestrial ['ekstrətı'restriəl] *s* dünyanın dışında bir yerde yaşadığı düşünülen, veya var olabilecek bir dünyanın ötesinde bir yerde olagelen, var olan ya da böyle bir yerden gelen yaratık.

extravagant [eks'trævəgənt] 1 müsrif, tutumsuz, savurgan. *He is simply too extravagant for the company's good.* 2 akıl dışı, aşırı, müfrit, denetimsiz: *extravagant ideas.* **extravagance** *i-sy* müsriflik. *Buying a second car was an extravagance.*

extreme [eks'tri:m] *s* 1 en uzak, en uçta, veya kenarda olan. *He lives in the extreme north of the country.* 2 son derece, çok şiddetli: *extreme cold.* 3 (fikirler, düşünceler hk.) aşırı müfrit. Ayrıca *i+sy* uç, kenar, sınır, son derece. **extremely** *s* ziyadesiyle, aşırı derecede: *extremely tired.* **extremist** *i+sy* müfrit, ifrata kaçan birisi; herhangi bir konuda çok ileri giden, ölçüyü aşan kimse. **extremity** [eks'tremiti] *i+sy* 1 uç, sınır, 2 derin acı, büyük felâket. **the extremities** el ve ayaklar. **in the extreme** son derece, çok. *This work is difficult in the extreme.* **go to extremes** ölçüsüz davranmak; fazla ileri gitmek.

extricate ['ekstrikeit] *f+n* kurtarmak, çıkarmak. *He extricated his friend from the chains. He extricated himself from debt.*

extrovert ['ekstrəvə:t] *i+sy* içine kapanık olmayan kimse, dışa dönük kimse. Ayrıca *s* dışa dönük. *She is a rather extrovert student.* (karş. **introvert**).

exuberant [ig'zju:bərnt] *s* hayat dolu, şen şakrak, neşeli ve sağlıklı. **exuberance** *i-sy* coşkunluk. *He greeted me with the same exuberance.*

exude [ig'zju:d] *f+n/-n* sızmak, sızdırmak; yaymak, yayılmak, saçmak. *Blood exuded through the bandage. His wound exuded blood.*

exult [eg'zʌlt] *f-n* (genl. önemli bir şey için) sevinçten uçmak, kabına sığamamak. *The people exulted when they heard the news of the great victory.* **exultation** [egzʌl'teiʃən] *i-sy* sonsuz mutluluk.

eye [ai] *i+sy* **1** göz. *I have blue eyes.* **2** göz şeklinde bir delik. (örn. iğne deliği). Ayrıca *f+n* süzmek; dikkatle, veya kuşkuyla bakmak. *He eyed me carefully. He eyed her up and down.* **eyeball** göz yuvarlağı. **eyebrow** kaş. **eyelash** kirpik. **eyelid** göz kapağı. **eyeopener** *i+sy* insana daha önce

inanmadığı bir gerçeği gösteren şaşırtıcı bir şey, bir olay, vb. yeni öğrenilen ilginç bir şey. **eyeshadow** far; göz kapaklarına sürülen boya. **eyesight** görme gücü; görüş mesafesi. *He has good eyesight.* **eyesore** görünüşü çirkin şey. *That new statue which has been put up in the main street is an eyesore.* **eye strain** göz yorgunluğu. **eyetooth** köpekdişi. **eyewitness** görgü şahidi; bir olayı meydana gelirken gören kimse. **an eye for an eye and a tooth for a tooth** göze göz, dişe diş. *Anyone who commits a murder should be executed; you know the old saying: an eye for an eye, and a tooth for a tooth.* **catch someone's eye** birisinin dikkatini (üzerine) çekmek; birisinin gözüne çarpacak biçimde hareket etmek. **have an eye for something** bir şeyden iyi anlamak. *He has an eye for a bargain.* **keep an eye on someone/ something** bir kimse, veya bir şeye göz kulak olmak, dikkat etmek. (k. dil.). **in the eyes of the law** yasaya göre, yasaca; kanun nazarında. *In the eyes of the law, if you keep something which you find, you are stealing it.* **with one's eyes open** göz göre göre; ne olabileceğini bilerek. *He made the agreement with his eyes open.* (k. dil.).

F

F [ef] (= **Fahrenheit**)—fahrenhayt; suyun donma noktasını 32, kaynama noktasını 212 kabul edip dereceleme yapan ısı ölçeği. *The outside temperature is 30°F.*

fab [fæb] *s* (= **fabulous**) (bir şeyi beğenip onaylamak için söylenir) çok iyi, mükemmel. *Those new jeans look really fab on you, Marcia. (k. dil.).*

fable ['feibl] *i* + *sy* hayvan masalı, fabl; çoğunlukla manzum, sonuçta ahlaki bir ders (= **a moral lesson**) çıkarılan, hayvanların da insanlar gibi konuşup davrandığı öykü. *I read to my daughter from an old book of fables.*

fabric ['fæbrik] *i* + *sy*/-*sy* kumaş. *Clothes are made of fabric.* **fabricate** ['fæbrikeit] *f* + *n* uydurmak, atmak; yalan söylemek. *She fabricated the story.* **fabrication** *i* + *sy*/-*sy* uydurma, yalan.

fabulous ['fæbjuləs] *s* 1 fevkalâde, çok güzel, mükemmel. *She's got a fabulous figure.* 2 uydurma, hayali: *a fabulous beast.* 3 çok büyük, muazzam.

facade, façade [fə'sa:d] *i* + *sy* 1 binanın ön yüzü. 2 herhangi bir şeyin dış görünüşü. *Under a facade of respectability he was in fact the leader of a gang of criminals. (eş anl. pretence).*

face[1] [feis] *i* + *sy* 1 yüz, surat, çehre. *She has a pretty face.* 2 herhangi bir şeyin yüzü: *the face of a clock/of a building.* **facing** *edat* ...-e karşı, bakan. *I live in the house facing the church.* **face down** yüz üstü; yüzü, veya suratı yere gelecek şekilde. **face to face** karşı karşıya, yüz yüze. **face up** sırt üstü; yüzü, veya suratı yukarı gelecek şekilde. **face value** itibari değer, saymaca değer; gerçekten öyle olmadığı halde öyle sayılan kıymet. **in the face of something** 1 (bir soruna, güçlüğe) rağmen, yinede. *They carry on smiling in the face of adversity. She completed the work in the face of many difficulties. (eş anl. despite).*

2 (bir sorun, güçlük) karşısında. *John showed his courage in the face of danger. He became afraid in the face of danger.* **on the face of it** görünüşe göre, görünüşte, galiba. **On the face of it, you are responsible. On the face of it, his plan seems good.** **come face to face with something** (bir sorun, güçlük, vb.) ile karşı karşıya gelmek. **disappear/vanish off the face of the earth** ortadan yok olmak; ortadan kalkmak, veya kaybolmak, ne olduğu ya da nereye gittiği bilinmemek. **have the face** (bir şeyi yapma)ya yüzü tutmak, cesaret etmek. *I don't have the face to tell him to leave.* **keep a straight face** gülmemek, veya kahkahayı basmamak için kendini tutmak. *The situation was so humorous that I found it difficult to keep a straight face.* **lose face** saygınlığını yitirmek, itibarını kaybetmek, rezil olmak. **make/pull a face** yüzünü gözünü buruşturmak; ağzını burnunu oynatmak. *That rude child is making faces at me. When Jane tested the bitter medicine, she made a face.* **pull/wear a long face** yüzünden düşen bin parça olmak, suratını bir karış asmak. *When I said that we were going for a walk, John pulled a long face; he hates going for walks.* **put on a bold/good face** işi bozuntuya vermemek, erkekliğe toz kondurmamak. **save face** görünüşü kurtarmak, vaziyeti kurtarmak; mahcup, veya rezil olmaktan kurtulmak. **to someone's face** bir kimsenin yüzüne karşı. *I told him the truth to his face.*

face[2] [feis] *f* + *n* 1 karşı karşıya gelmek, ...-in karşısında bulunmak. *I'm nervous I've never faced a class of children before.* 2 ...-e bakmak, ...-e karşı olmak. 3 yüzünü (...-e) doğru döndürmek. *He faced his enemies.* **face up to something** bir şeyi cesaretle karşılamak. *He faced up to the problem.* **let's face it** şunu kabul edelim ki.

Let's face it, we're getting old. **face the music** yaptığının sonucuna katlanmak. *He has been caught stealing, and he will have to face the music today in court.* **face cream** yüz kremi. **face lift, face lifting operation** yüz gerdirme; yüzün derisini germek için yapılan estetik ameliyatı. *Mary has gone into hospital for a face lift.* **face saver** *i+sy* vaziyeti kurtaran bir şey; itibarı, veya beslenen saygıyı kurtarmaya yarayan bir hareket ya da özür.

facet ['fæsit] *i+sy* **1** façeta; elmasın yontulmuş yüzlerinden her biri; faseta. **2** yön, taraf. *There are many facets to his character.*

facetious [fə'si:ʃəs] *s* **1** (zekice ya da eleştirici bir biçimde, veya yerli yersiz) şaka yapan, komiklik yapan. *He was being facetious and Granny got crosser and crosser.* **2** gayri ciddi. *He ought not to be facetious about serious matters.*

facile ['fæsail] *s* kolayca yapılan, fazla bir gayret ve hüner gerektirmeyen (ve çoğk. kalitesiz). *He made a facile speech.*

facilitate [fə'siliteit] *f+n* (yapılmasını, olmasını) kolaylaştırmak. *I decided to employ a secretary in order to facilitate the work.*

facility [fə'siliti] **1** *i-sy* (bir şeyi, örn. bir dili öğrenmeyi) kolayca yapabilme yeteneği; ustalık, hüner, maharet. *We admired her facility in playing the guitar.* **2** *i+sy* (genl. çoğ. biç.) yaşamı, veya bir işi daha kolay, hoş yapan bir şey, kolaylık: *cooking facilities.*

facsimile [fæk'simili] *i+sy* **1** bir kitabın, bir yazının, bir resmin fotoelektrik sistemiyle aynısını kopya etme; tıpkıbasım. *I will send a facsimile of the design plan.* **2** fotoelektrik sistemiyle çalışan ve istenilen dökümanı, veya resimleri alıcıya ileten cihaz. *The facsimile machine is next to the telephone switchboard.* Fiil hali için **fax**' a bkz. **facsimile copy** bir evrakın tıpkı kopyası. **facsimile transmission** radyo link kanalı, veya telefonla bir görüntünün dijital formda alınması ya da gönderilmesi.

fact [fækt] *i+sy/-sy* (bir) hakikat, gerçek. *The police tried to find out the facts. He acquainted me with the facts of the case.* **factual** ['fæktjuəl] *s* gerçeklere dayalı, gerçek: *factual information.* **in fact** hatta, hakikaten, gerçekten. *Look me up if I can help you. In fact, look me up anyway* (=Sana yardımım dokunabilirse uğrayıver. Hatta, her ne olursa olsun bana uğra). **as a matter of fact** zaten, gerçekte, aslında, işin doğrusu. *No, it's not a very wide river. As a matter of fact, It's so narrow you can almost jump across* (=Hayır, çok geniş bir nehir değil. Hatta o kadar dar ki, nerdeyse karşıya atlayabilirsin). **in point of fact** gerçekten, hakikaten, gerçeği söylemek gerekirse. *In point of fact, we arrived thirty minutes early.* (eş anl. **actually**). **the facts of life** hayatın gerçekleri; (çocuğa anlatılan) bir erkekle bir kadının cinsel ilişkisi ve bir bebeğin nasıl dünyaya geldiği.

faction ['fækʃən] *i+sy* hizip, grup, bölüntü; bir örgüt içinde inanç ve düşünce bakımından ayrılık gösteren ve taraf tutmaya yönelik küçük topluluk: *faction within the political party. I belong to the liberal faction of my political party.*

factor ['fæktə*] *i+sy* **1** faktör, etken. *He tried to consider all the factors in the situation. It has been an important factor in our development.* **2** (matematikte) çarpan. *The factors of 10 are 2 and 5.*

factory ['fæktəri] *i+sy* fabrika. **factory ship** *i+sy* fabrika balıkçı gemisi; balıkların yakalanıp işlendiği gemi.

faculty ['fækəlti] *i+sy* **1** yetenek, kabiliyet; hassa, meleke; zihinsel güç: *the faculty of sensation. Although my father is 80 years old he still has all his faculties.* **2** fakülte. **3** (*AmI*'de) bir üniversitedeki öğretim üyeleri. *John is a member of the college faculty.*

fade [feid] *f+n/-n* **1** (renk) solmak; soldurmak. *The wallpaper may have faded. The sun faded the cloth.* **2** (ses, görüntü) yavaş yavaş kaybolmak. *The sound has faded.* **fade away** yavaş yavaş yok olmak. *The sound faded away.* (eş anl. **die out**).

faeces ['fi:si:z] *içoğ* (*AmI*'de **feces**) dışkı, bok. (*r. kul.*). Ayrıca **defecate**'e bkz.

fag [fæg] *i+sy* (*BrI*'de) sigara. (*k. dil.*). **fag end** izmarit. (*k. dil.*).

faggot [fægət] *i + sy* 1 ateşte yanması için bir araya getirilmiş ince odun, veya çalı demeti. 2 ibne. (*k. dil.*).

Fahrenheit ['færənhait] *i-sy* fahrenhayt (yapımcısı Fahrenheit'in adından); erimekte oian buzun sıcaklığını 32, kaynar suyun buhar sıcaklığını 212'de gösterebilecek biçimde derecelenmiş bulunan ısı ölçeği. *The freezing point of water is marked 32 degrees Fahrenheit (32°F). The boiling point of water is marked at 212 degrees Fahrenheit (212°F).*

when she heard the news. John fainted when he saw the blood. Ayrıca *i + sy* bayılma, baygınlık. *She fell in a faint.*

faint² [feint] *s* 1 zayıf, baygın. *He felt faint through lack of food.* 2 hafif, belli belirsiz. *He heard a faint sound.* **faintly** *z* hafiften, belli belirsiz. **faintness** *i-sy* baygınlık. **fainthearted** *s* çekingen, mahçup; yüreksiz, korkak, cesaretsiz.

NOT: *faint* sıfatının karşılaştırma biçimi *fainter* ve en üstünlük biçimi

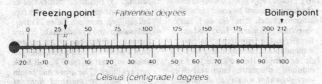

Fahrenheit

fail [feil] 1 *f-n* başarısızlığa uğramak, başarılı olamamak. *His plans failed. I fail to understand* (= Anlayamadım). 2 *f-n* zayıflamak; güçten düşmek. *The radio is failing.* 3 *f + n* sınavı verememek, geçememek; kalmak, çakmak. *I failed the composition part of the exam because I didn't understand the question properly.* 4 iflâs etmek. 5 *f + n* (test, veya sınavda) birisinin başarısız olduğuna kanaat getirmek, bırakmak, çaktırmak. *The examiner failed 25 of the candidates.* **failing**¹ *i + sy* karakter zayıflığı, zaaf. *He has one failing; he tells lies.* **failing²** *edat* olmadığı takdirde. *Failing that, we must think of another plan. Try the company secretary, and failing that the chairman.* **failure** ['feiljə*] 1 *i + sy/-sy* başarısızlık; fiyasko: *a terrible failure; failure to do something.* 2 *i + sy* başarısız kimse, veya şey. *He is a failure. The exhibition was a failure.* **without fail** mutlaka, muhakkak; hep, daima; aksatmaksızın. *He came to visit me every Thursday without fail.* **words fail** söyleyecek söz bulamıyorum, (vallaha) ne desem bilmem ki. *Words fail me; her incompetence is beyond belief.*

faint¹ [feint] *f-n* bayılmak. *She fainted*

ise *faintest*'dır. Ayrıca *Faintest* sözcüğü olumsuz cümlelerde kullanılarak 'en ufak', 'hiç' gibi bir anlam da kazanır ve söze kuvvet katar: *faintest desire/chance of winning. I haven't the faintest idea /notion of what he was talking about.*

fair¹ [feə*] *s* 1 adil, doğru, dürüst. *He didn't think that the arrangement was fair. John is fair even to people he hates.* (*karş.* **unfair**). 2 kurallara uygun, adil. *The result of the game was not fair.* 3 sarışın; sarı. *Jane has short fair hair; a fair-haired boy.* 4 (hava hk.) açık, iyi; yağmursuz. *The weather is fair today.* 5 orta, vasat, şöyle böyle: *a fair cook. There is a fair crop of wheat this year.* 6 güzel, hoş: *a fair lady.* (6. anlamı *esk. kul.*). 7 çok, hayli: *a fair amount of money. He is able to see a fair way* (= Çok uzağı görebilir). (*karş.* **meagre**). **fair enough** 1 doğru (ama). *All this is fair enough, but it touches only the surface of the problem.* 2 peki. '*Oh, yes, just go ahead*', '*Fair enough.*' **fair copy** temize çekilmiş nüsha. **fair's fair** eğriye eğri, doğruya doğru, eğri oturup doğru konuşalım. *Come on, fair's fair. He's always giving you lifts. Why don't you offer to take your car for once?* **fair and**

square açıkça ve dürüstçe. *He beat his opponent fair and square in the second round.* **fairness** *i-sy.* **fairly** *z* 1 hakça,adilane, adilce. *He acted very fairly to us.* 2 kurallara göre; uygun bir şekilde. *He played fairly.* 3 oldukça. *This book is fairly interesting. I'm fairly certain I have met him before.*

fair² [feə*] *i+sy* 1 panayır. *A fair was held in the village every Saturday.* 2 fuar. 3 gezici lunapark. (Ayrıca **funfair** de denir).

fairy ['feəri] *i+sy* 1 peri. *In my dream the fairy promised to grant my wish.* 2 homoseksüel, ibne. (*k. dil.*). **fairy story/tale** peri masalı. **fairyland** periler ülkesi. **the fairy lights** süslemede kullanılan küçük renkli ampuller.

fait accompli [feit ə'kɔmli:] *i+sy* oldubitti, olupbitti; emrivaki. *We were presented with a fait accompli.*

faith ['feiθ] 1 (**in** ile), (bir kimseye, bir şeye) güven, itimat, emniyet. *They have faith in their friends.* 2 *i-sy* Allah'a inanç, itikat, iman. *I have faith in God.* 2 *i+sy* din: *the Muslim /Catholic faith. People have different faith.* **faithful** *s* 1 sadık, vefalı: *a faithful friend/servant; faithful to one's country.* (*karş.* **unfaithful**). 2 doğru, güvenilir, aslına sadık. *He gave us a faithful account of what happened.* **faithfullness** *i-sy* sadakat. *We'll always be grateful for the faithfulness of our friends.* **faithfully** *z* sadakatla. **in good faith** iyi niyetle, doğru olduğuna inanarak. *I made the agreement in good faith.* **lose faith in someone/something** birisine/bir şeye olan güvenini yitirmek; bir kimseden/ bir şeyden sıdkı sıyrılmak; inancı, sevgisi kalmamak. **Yours faithfully** Saygılarımla.

NOT: **Dear Sir** (= Sayın Bay; (Muhterem) Efendim), **Dear Madam** (= Sayın Bayan; Muhterem Hanımefendi) gibi kibar ve resmî hitap şekilleriyle başlayan bir mektubun bitiriş kısmı olarak **Yours faithfully** kullanılır.

fake [feik] *s* yapma, uydurma, sahte: *a fake passport; a fake accident* (= uydurma kaza). Ayrıca *i+sy* sahte şey. *The pictures were fake.* Ayrıca *f+n* 1 sahtesini, taklidini yapmak. 2 yalandan yapmak, kendini ...imiş

gibi göstermek: *fake an illness.*

falcon ['fɔ:lkən] *i+sy* şahin, doğan.

fall¹ [fɔ:l] *i+sy* 1 düşme, düşüş. *He had a fall and broke his leg.* 2 (*AmI*'de) sonbahar. 3 düşüş, iniş, inme: *a fall in price.* 4 yıkılış, çöküş: *The rise and fall of the Roman Empire.* 5 zapt, ele geçirme, geçirilme, zapt olunma: *the fall of the Bastille; the fall of Constantinople.*

fall² [fɔ:l] *f-n* 1 düşmek. *He was climbing a tree when he fell to the ground.* 2 yağmak. *The snow was falling.* 3 düşmek, inmek. *The government has fallen.* geç.zam.biç. **fell** [fel] *geç. zam. ort.* **fallen** ['fɔ:lən]. **fall asleep** uykuya dalmak, uyuya kalmak. *I fell asleep at 1 a.m. and didn't wake up until noon. She fell asleep in front of the TV.* **fall back** geri çekilmek. *The army has begun falling back to prepared lines of defence.* **fall back on/upon something** (çare olarak) bir şeye, bir çözüme başvurmak. *He wanted to keep the money his uncle gave him, but he had to fall back on it to pay his debts.* **fall behind** 1 geri kalmak, arkada kalmak. *I began to limp and fell behind.* 2 bir şeyi sürdürememek, zamanında yapmamak; sorumluluğunu, gereğini, ödemesini zamanı geldiğinde yerine getirememek. *He fell behind with his rent.* **fall down** (yere) düşmek, yıkılmak; devrilmek. *The street was icy, and I fell down three times. John built a tower of boxes, but it soon fell down.* **fall for someone/something** 1 (birisine) âşık olmak, vurulmak, abayı yakmak. *I fell for her the moment I saw her.* 2 (bir şey)e kanmak, (bir şey)i yutmak. *He fell for the trick.* **fall ill** hastalanmak. *She fell ill while on holiday and had to be flown home.* **fall in** 1 (askerler hk.) sıraya girmek, arka arkaya dizilmek, arkasında sıraya geçmek. *He ordered the men to fall in.* 2 çökmek. *The roof of the burning house fell in.* **fall out** (askerler hk.) (sıradan) çıkmak; ayrılıp dağılmak. *Company, fall out!* **fallout** *i-sy* radyo aktif serpinti: *exposure to radioactive fallout.* **fall out (with someone)** (birisi ile) kavga etmek; bozuşmak. *John and I fell out over who should pay the bill.* **fall over**

(something) (bir şeyin üstüne) düşmek, veya boylu boyunca serilmek. *He was walking along and suddenly he fell over. He fell over a small table.* **fall upon someone** bir kimseye saldırmak, hücum etmek. **fall through** (bir plan, anlaşma, vb.) suya düşmek. *John's plans to go on a skiing holiday fell through because he broke his leg.* **fall flat** başarısızlığa uğramak, bekleneni vermemek. *His plans fell flat.* **fall in love (with someone)** (birine) âşık olmak. *He fell in love with her. They fell in love.* **fall short of** yetmemek, yetişmemek, kâfi gelmemek, eksik gelmek. *The amount I have been given falls short of my requirements.*

fallacy ['fæləsi] *i+sy* **1** yanlış düşünce, veya inanç; yanlış fikir. *I think it is a fallacy to suppose that riches always bring happiness.* **2** yanlışlık, yanlış, hata; safsata; boş, temelsiz sav; *a logical fallacy in the information.*

fallible ['fæləbl] *s* yanılabilir, hataya düşübelir. *Human beings are fallible.* (*karş.* **infallible**).

fallow ['fælou] *s* (bir çiftlikteki arazi hk.) ekilmemiş, nadasa bırakılmış. *He decided to let this field lie fallow for a year.*

false [fɔːls] *s* **1** sahte, taklit, yanlış, yalan: *a false statement; a false name. The answer you gave is false.* **2** takma. *She wears false teeth.* **falsify** *f+n* tahrif etmek; bozmak, kalem oynatmak, değiştirmek. *He falsified the accounts.* **sail under false colours** olduğundan başka görünmek.

falter ['fɔːltə*] *f+n* **1** sendelemek, bocalamak. *The old man faltered as he climbed the hill.* **2** duraklamak, tereddüt etmek. *The soldiers did not falter in their progress as their lieutenant fell.*

fame ['feim] *i-sy* ün, şöhret, nam. *John's fame as an honest man spread everywhere.* **famous** *s* ünlü, meşhur. **famous for** ile meşhur. *Manchester is famous for its football teams.*

familiar [fə'miliə*] *s* **1** bildik, tanıdık, aşina: *a familiar face.* (*karş.* **unfamiliar**). **2** teklifsiz, samimi. *He spoke to her in a very familiar way.* **3** lâubali; aşırı samimî. **be on familiar terms (with) someone** birisi ile samimi olmak. **familiarity** [fəmili'æriti]

i+sy/-sy **1** iyi bilme. *I was surprised by her familiarity with Dutch.* **2** teklifsizlik, samimiyet; laubalilik. *You musn't allow such familiarities from your students.* **familiarize** *f+n* alıştırmak, tanıtmak. *I familiarized myself with the strange city.* **be familiar with something** bir şeyi bilmek, tanımak. *John is familiar with my family.*

family ['fæmili] *i+sy* **1** aile (anne, baba ve çocuklar). *His family are neighbours of hers.* **2** anne babanın çocukları. **3** akrabalar (örn. *uncles, aunts, cousins, nephews, nieces,* vb.) **family doctor** aile doktoru. **family man** aile babası; evli barklı erkek. **family name** soyadı. **family planning** aile planlaması. (*eş anl.* **birth control**). **family tree 1** soy ağacı, şecere. **2** soy.

famine ['fæmin] *i+sy/-sy* açlık, kıtlık. *If the crops fail, there will be a famine this year.*

famished ['fæmiʃt] *s* çok aç. (*k. dil.*). (*eş anl.* **ravenous, starving**).

famous ['feiməs] *s* **fame**'e bkz. (*eş anl.* **well-known**).

fan[1] [fæn] *i+sy* vantilatör; yelpaze. Ayrıca *f+n* yelpazelemek, yellemek, körüklemek. *She fanned herself. He fanned the fire. geç. zam ve ort.* **fanned. fan belt** (araçlarda) vantilatör kayışı.

fan[2] [fæn] *i+sy* taraftar, hayran: *Madonna fan; football fan. (k. dil.).* **fanmail** taraftar, veya hayranlardan gelen mektuplar.

fanatic [fə'nætik] *i+sy* fanatik; bir din, veya düşüncenin çok 'aşırı taraflısı, bağnaz, mutaassıp. **fanatical** *s* aşırı müfrit.

fancy[1] ['fænsi] *f+n* **1** sanmak, zannetmek. *I fancied I had met him before.* **2** arzu etmek, istemek; sevmek, hoşlanmak. *I fancy a cup of coffee and a piece of cake. I don't fancy walking in the rain.* (**2.** anlamı *k. dil.*). **(just) fancy!** Acayip! Hayret! Aaa! Vay vay vaay! (*k. dil.*). **fancy oneself** kendini (bir şey) zannetmek, kendini (bir şey) olarak hayal etmek.

fancy[2] ['fænsi] **1** *i-sy* hayal gücü. **2** *i+sy* gerçeğe dayanmayan hayali fikir; hayal, düş. *It is difficult to separate fact from fancy.* **take a fancy to someone/something** bir kimseden/bir şeyden hoşlanınaya başlamak;

beğenmek, sevmek. **fanciful** s düşsel,
hayal ürünü olan; hayalperest, hayal
peşinde koşan. *She has many fanciful
notions about her dolls coming alive
at night. She is a very fanciful girl.*
have a fancy for something (hoş) bir
şeyin olmasını arzu etmek, istemek.
I have a fancy for a piece of that cake.
fancy³ ['fænsi] s fantezi, süslü. (*k.
dil.*). **fancy dress** bir parti, veya dansta
giyilen fantezi elbise. **fancy woman**
metres, veya fahişe. (*k. dil.*).
fanfare ['fænfeə*] i + sy fanfar; yalnız
bakır nefesli çalgıların çaldığı sert,
keskin ve kısa bir çeşit karşılama, veya
takdim müziği.
fang [fæŋ] i + sy hayvanın uzun keskin
dişi, yılanın zehirli dişi.

fang

fantastic [fæn'tæstik] s 1 garip, tuhaf
ve inanılması güç. *The whole thing is
much too fantastic not to be true.* 2
çok iyi, harika, şahane. *We saw a
fantastic movie last week.* 3 çok bü-
yük. *David made a fantastic profit on
this.* (2. ve 3. anlamları *k. dil.*).
fantasize ['fæntəsaiz] f-n (ya **that**'li
cümlecik ile ya da **about** ile) hayal
etmek, düşlemek. *John fantasized
that he would be together with her
again. He fantasized about being
together again.* (*eş anl.* **daydream**).
fantasy ['fæntəsi] i + sy hayal, hülya. *In
his fantasies, the meek little man was
a bold, brave hero.*
far [fa:*] z 1 uzak, uzakta, uzağa. *He
didn't walk far. The next village is not
very far. How far is it to London?* 2
çok, bir hayli. *This book is far more
interesting than that one. I would far
sooner go with John than James*
(= John ile gitmeyi tercih ederdim).
NOT: *1* olumsuz cümlelerde *a long
way* yerine *far* daha çok kullanılır.
Ama olumlu cümlelerde, konuşma
dilinde, *far*'ın *pretty, so,* vb.
sözcüklerle nitelendiği durumların

dışında *far* sözcüğünün yerine, *a long
way* (veya *a long ways*) kullanılır.
*England isn't far from here. England
is pretty far from here. England is a
long way from here.* 2 cevabı *yes/no*
ile başlayan sorularda hem *far* hem de
a long way kullanılabilir, ama cevabın
olumlu, yani *yes* ile, olacağı umulan
sorularda, genelikle soru, *a long way*
ile sorulur: *Is it far/a long way to
London?* (= Londra uzak mı?) *Are we
far/a long way from town?* (= Şehir-
den uzakta mıyız?) *3 have we have
got*'lı cümlelerde *far* ve *a long way*
sözcüklerinden sonra bir mastar gele-
bilir. *Do we have far to go?* (= Gide-
cek çok yolumuz var mı?) *How far do
we have to go?* (= Gidecek ne kadar
yolumuz var?) *We've got a long way
to go* (= Gidecek epeyce yolumuz
var). Ayrıca s daha uzaktaki, ötedeki,
öbür: *the far side of the moon. krş.
biç.* **farther** ['fa:ðə*] veya **further**
['fə:ðə*]. *enüst. biç.* **farthest** ['fa:ðist]
veya **furthest** ['fə:ðist].
NOT: bazı kimseler *farther/farthest*
yapılarının mesafe için, *further/
furthest* yapılarının da zaman, mik-
tar, vb. için kullanılması gerektiğini
söylerler. (örn.*three miles farther* ama
to go further in an investigation).
Fakat bir çok kimse ise aralarında bir
ayırım yapmazlar, ve *further/furthest*
belki de daha fazla kullanılır.
faraway s 1 uzak: *a faraway place.* 2
dalgın, uzaktaki bir şeye dalıp gitmiş.
She had a faraway look in her eyes.
far-fetched s (bir düşünce, öneri, vb.)
gerçek, veya ihtimal dahilinde
olmayan, zorlama, zoraki. *I prefer a
story to be realistic rather than far-
fetched.* **far-flung 1** çok uzak, en ücra:
in a far-flung corner of the Empire.
2 çok uzaklara yayılmış. *Mali's
enormous wealth came from its far-
flung trade routes in gold and copper.*
far-reaching s geniş kapsamlı, geniş
etkisi olan; *far-reaching changes in
government policy.* **as far as 1** edat ...-
e kadar. *They went as far as London*
(= Londra'ya kadar gittiler). 2 *bağ*
kadar. *They went as far as they could.*
(= Gidebildikleri kadar gittiler). **as far
as...knows** bildiği kadarı ile, ...-e
sorarsan, ...-e kalırsa. *As far as we
know, she's coming tomorrow* (= Bize
sorarsan/bildiğimiz kadarı ile/

bildiğimize göre yarın geliyor). **as far as...can tell** ...-e kalırsa (görebildiği kadarı ile). *'I can't tell which is which.', 'As far as I can tell, that one is the same as this one'* (='Hangisinin hangisi olduğunu anlayamıyorum.', 'Bana kalırsa o bunun aynısı'). **as far as...is concerned** ...-e kalırsa, düşünüldüğünde. *As far as his work is concerned, there's no problem* (=İşi bakımından mesele yok). *You can go now, as far as I'm concerned* (=Bana kalırsa, şimdi gidebilirsiniz). **by far** kat kat, büyük bir farkla. *This is by far the best.* **far be it from me** ben yapamam, bana göre değil; Allah esirgesin. *Far be it from me to criticize her.* **so far so good** (şimdiye kadar/o ana kadar) işler/her şey yolunda. **in so far as/insofar as** bağ -diği derecede, -diği ölçüde. *She had felt complete sympathy with the movement insofar as she perceived it.* **far and near** her yere, her tarafa; her yerde, her tarafta. *They looked for him far and near.* **far and wide** yurdun her yerine, dünyanın dört köşesinde. *He has travelled far and near.* **few and far between** pek nadir, seyrek, hemen hemen yok denecek kadar. *While we were touring, we tried to stay only at good hotels; but we discovered that they were few and far between.*

farce [fa:s] *i+sy* 1 fars; ilkel, yalın güldürme ögelerinden yararlanan, kimi kez inanırlığın sınırlarını aşan, güldürmeyi amaç edinen oyun, veya film. 2 saçmalık, maskaralık. **farcical** ['fa:sikll] *s* gülünç. *The farcical introduction of a talking horse gave the play its flavour.*

fare [feə*] *i+sy* 1 bilet ücreti. *How much is the fare on this train?* 2 araba yolcusu, müşteri. *The taxi picked up three fares on the corner.* **bill of fare** (lokantada) yemek listesi.

farewell [feə'wel] *ünlem/i+sy* (=goodbye) veda; elveda! *Farewell my dear!* (*esk. kul.*).

farm [fa:m] *i+sy* 1 çiftlik; tarıma ve türlü hayvan yetiştirmeye elverişli geniş alan. *They have a farm in the country. You can buy eggs and vegetables at the farm.* 2 çiftlik; çiftçinin oturduğu bina. Ayrıca *f+n/-n* çiftçilik etmek; hayvan yetiştirmek; (toprağı) işlemek, ekmek, ekip biçmek. *He farms in Scotland.* **farmer** *i+sy* çiftçi, çiftlik sahibi. *His father's a farmer.* **farming** *i-sy* çiftçilik, tarım, hayvan yetiştirme: *chicken farming; cattle farming. He's interested in sheep farming.* **farmyard** çiftlik avlusu.

fart [fa:t] *f-n* yellenmek, osurmak. (*k. dil.*). Ayrıca *i+sy* osuruk. **fart about/around** (asıl yapılması gereken şeyi yapmak yerine) ıvır zıvırla uğraşıp vakit harcamak.

farther, farthest ['fa:ðə*, 'fa:ðist] **far**'a bkz.

fascinate ['fæsineit] *f+n* çok ilginç gelmek, hayran bırakmak, büyülemek. *Old houses fascinate me.* **fascination** [fæsi'neiʃən] *i+sy/-sy* büyüleme, çekicilik, cazibe. **fascinating** *s* büyüleyen: *a fascinating story.*

fascism ['fæʃizəm] *i-sy* faşizm; aşırı milliyetçi otoriteye dayanan, devlet sınırlarını genişletme isteğini güden bir rejim. **fascist** ['fæʃist] *i+sy* faşist; faşizim taraftarı.

fashion ['fæʃən] 1 *i+sy/-sy* moda. *Fashion has more influence on women than on men. She always reads the newspapers to find out the new fashions in dress.* 2 *i+sy* (genl. sadece *tek. biç.*) usul, biçim. *She talked in a childish fashion.* Ayrıca *f+n* yapmak (genl. basit aletler ve ellerini kullanarak) *He fashioned a walking stick for his father.* **fashionable** *s* modaya uygun; şık, kibar, zarif: *a fashionable person; a fashionable part of the town.* (*karş.* **unfashionable**). **in fashion** moda, rağbette. *Short skirts are in fashion.* (*karş.* **out of fashion**).

fast¹ [fa:st] *s* 1 hızlı, çabuk: *a fast train.* 2 (saatler hk.) ileri. *This clock is fast.* 3 (renkler, boyalar hk.) sabit çıkamaz, solmayan. *The colours are fast.* 4 hızlı (yaşam şekli hk.); zevk sefa dolu, veya tehlikelerle dolu: *the desire for a fast life.* 5 eğlenceye düşkün, hoppa, hafifmeşrep, oynak: *a fast woman.* Ayrıca *z* 1 hızla, süratle, (çabuk) çabuk. *He runs fast.* 2 sıkıca. **not so fast** dur(un) bakalım, hele bekleyin. (*eş anl.* **hold on**). **hold fast** 1 sıkı sıkı sarılmak. 2 vazgeçmemek, dönmemek. **fast food** *i-sy* çabucak hazırlanıp servisi yapılan sıcak yiyecek, özl. hamburger, kızartılmış tavuk, vb. **fast asleep** derin uykuda. **make something fast** bir şeyi sıkıca bağlamak. *He made the rope fast.* **play, fast and loose** canının istediği gibi yapmak, kullanmak, vb.; yalan söyleyerek yararlanmak; sorumsuzca hareket etmek. *John played fast and loose with his father's money.* **pull a fast one** (özl. para hk.) (bir kimseyi) aldatmak, kandırmak.

fast² [fa:st] *f-n* **1** oruç tutmak. *He fasts for a whole day every week. Strict Muslims should fast during the daytime for the month of Ramadan.* **2** (sağlık nedeniyle) perhiz yapmak. Ayrıca *i+sy* oruç; perhiz. *During the Ramadan fast I lost three kilos.*

fasten ['fa:sn] *f+n/-n* **1** bağlamak; bağlanmak. *This dress fastens at the back.* **2** ilişmek, takmak; iliştirmek, takılmak. (*karş.* **unfasten**). **fastener** *i+sy* toka, raptiye, bağ.

fastidious [fæs'tidiəs] *s* titiz, müşkülpesent, zor beğenen. (*eş anl.* **fussy**).

fat¹ [fæt] *i-sy* yağ; bitkisel, veya hayvansal yağ. *Fry the eggs in some fat. If you don't like the fat on the meat, cut it off.* **fatty** *s* yağlı: *fatty tissue.*

fat² [fæt] *s* **1** şişman, şişko: *a fat man.* **2** kalın: *a fat book. krş. biç.* **fatter.** *enüst. biç.* **fattest. the fat of live on the land** her şeyin en iyisine ve pahalısına sahip olarak yaşamak, lüks ve rahat yaşamak. *They're living on the fat of the land.* **the fat's in the fire** olanlar oldu, gör şimdi neler olacak, şimdi kıyamet kopacak. **fat chance** zayıf ihtimal. **fathead** aptal, salak kimse. (*eş anl.* **idiot, fool**). **fatten** *f+n/-n* şişmanlamak, şişmanlatmak; semirmek, semirtmek.

fatal ['feitl] *s* öldürücü, ölümcül: *a fatal illness. She was in a fatal accident.* **fatally** *z* öldürücü bir şekilde. *His heart was fatally weakened by the lung disease.* **fatality** [fə'tæliti] *i+sy/-sy* **1** ölümle sonuçlanan bir kaza, veya talihsizlik. *There were two fatalities during the flooding.* **2** kader, kısmet. *The world is dominated by a sense of fatality.*

fate [feit] **1** *i-sy* alınyazısı, kader, talih. *Fate was against me.* (*eş anl.* **destiny**). **2** akibet, son. *I opened the letter in*

order *to learn my fate* (=Başıma neler geleceğini öğrenmek için mektubu açtım). **fateful 1** felâket getiren, can alıcı. **2** çok önemli, kaderi belirleyen: *a fateful decision. The world will always remember the fateful day when the atomic bomb was first dropped.*

father ['fa:ðə*] *i+sy* **1** baba. **2** bir şeyi icad eden, bulan, veya kuran kimse; baba, pir, kurucu, bâni: *the founding fathers of the University. Atatürk was the father of his country.* **3** (**Father**) Peder; Katolik kilisesi papazı. **city fathers** bir şehrin önde gelen kişileri. **father-in-law** *i+sy* kayınpeder, kaynata. *çoğ. biç.* **fathers-in law. Father Christmas** (=**Santa Claus**) Noel Baba. **Father confessor** günah çıkartan papaz. **Father's Day** Babalar Günü; Haziran ayının üçüncü pazarına rastlayan gün.

fathom ['fæðəm] *i+sy* kulaç (=1.8 m.). Ayrıca *f+n* anlamını, içyüzünü öğrenmek; etraflıca anlamak. *I couldn't fathom the instructions for building the model until Sue helped me.*

fatigue [fə'ti:g] *i-sy* çok büyük (fiziksel, veya zihinsel) yorgunluk, bitkinlik. *After a hard day's work, they were overcome by fatigue.* Ayrıca *f+n* yormak. *Working in the kitchen fatigued me.*

fatuous ['fætjuəs] *s* (söz, eylem, plan, vb. hk.) anlamsız, saçma sapan. *He made a fatuous remark about animals not feeling pain.* (*eş anl.* **foolish**).

faucet ['fɔ:sit] *i+sy* (*AmI*'de) musluk. (*Brl*'de **tap**).

fault [fɔ:lt] *i+sy* **1** kusur, hata, yanlış, suç. *He is a kind of a nice fellow, but he has a lot of faults. There is a serious fault in his character. The driver of the lorry admitted that the accident was his fault. It's not my fault that it's raining today.* **2** (jeolojide) fay, çatlak. **faulty** *s* kusurlu, sakat, bozuk. *The accident was caused by faulty repairs to the brakes.* **faultless** *s* kusursuz. *They gave a faultless performance at the concert.* **faultlessly** *z* kusursuz bir şekilde. *John never learnt to speak French faultlessly.* **be at fault** hatalı olmak; yanılmak. *The driver of the lorry was at fault when the accident happened.* **find fault with**

için **find**'a bkz.

fauna ['fɔːnə] *i-sy* (özl. belli bir bölgedeki, veya zamandaki) hayvanlar.

fax [fæks] *i+sy* (=**facsimile**)'e bkz. Ayrıca *f+n* tıpkıbasım ile göndermek. *Please fax me your degree certificate so that we can forward your application to the personnel manager. şim. zam. ort.* **faxing.** *geç. zam. ve ort.* **faxed** [fækst].

favour ['feivə*] (*AmI*'de **favor**) 1 *i+sy/-sy* dostça yardım ve destek, iyilik, lütuf. *I did him a favour.* 2 *i-sy* kayırma, iltimas. *I showed some favour to the other boy.* (*karş.* **disfavour**). Ayrıca *j+n* 1 uygun görmek, desteklemek. *I favour your suggestion.* 2 iltimas yapmak, kayırmak. *The teacher must not favour some children more than others.* **favourable** *s* lehte, destekleyen: *a favourable reply.* **favourably** *z* lehinde. **favourite** ['feivərit] *s* gözde; en çok sevilen, veya beğenilen. *Michael Jackson is my daughter's favourite pop singer.* Ayrıca *i+sy* 1 gözde; en çok sevilen (bir kimse, veya şey). *Manchester United is his favourite.* 2 kayrılan kimse. 3 favori; herhangi bir iş, veya yarışmada üstünlük kazanacağına inanılan kimse, takım, at, vb. **favouritism** ['feivəritizm] *i-sy* iltimas, adam kayırma, taraf tutma. **in favour of someone/something** (-e) taraftar. *I am in favour of making John the captain of the team.*

fawn[1] [fɔːn] 1 *i+sy* karaca ya da geyik yavrusu. 2 *i-sy* sarıya kaçan kahverengi. Ayrıca (**2.** anlamda) *s.*

fawn[2] [fɔːn] *f-n* (on ile) yaltaklanmak, dalkavukluk etmek. *She fawned on me only to borrow money.*

FBI [ef biː'ai] *i+sy/-sy* (=**Federal Bureau of Investigation**)—Federal Soruşturma Bürosu.

fear [fiə*] *f+n/-n* korkmak. *He always feared the dentist. They feared for his life.* (*eş anl.* **be scared of**). Ayrıca *i+sy/-sy* korku. *I know that my fears were groundless.* (*eş anl.* **dread**). **fearful** *s* 1 korkulu, korkunç, korku veren *The lion gave a fearful roar. When I first went to the farm I was fearful of the cows.* 2 çok fena, dehşetli. **fearless** *s* korkusuz, gözü pek. **fearlessly** *z* korkusuzca. **for fear**

of someone/something bir kimse, veya bir şeyin korkusundan. *The old lady hesitated to cross the road, for fear of being knocked down by a car.* **be in fear of someone/something** bir kimse, veya bir şeyden korkmak. *The thief was in fear of the police.* **in fear and trembling** korkudan ödü kopmuş.

feasible ['fiːzəbl] *s* mümkün; yapılabilir, veya uygulanabilir: *a feasible idea. I think your plan is feasible.* **feasibility** [fiːzə'biliti] *i-sy* olurluk, uygulama olanağı.

feast [fiːst] *i+sy* ziyafet, şölen. *They enjoyed the wedding feast.* **feast one's eyes on/upon something** hayranlıktan gözlerini alamamak, doya doya seyretmek, gözlerine ziyafet çekmek. *The visitors feasted their eyes on the beautiful display of paintings.*

feat [fiːt] *i+sy* büyük bir cesaret, veya hüner isteyen bir şey. *The first flight into space was a feat.*

feather ['feðə*] *i+sy* kuş tüyü. **birds of a feather** menfaatları aynı olan kişiler; aynı yapı, inanç, karaktere sahip kişiler. **a feather in one's cap** övünülecek bir başarı. *The young salesman knew that, if he could get the valuable contract, it would be quite a feather in his cap.* **feather one's nest** (bulunduğu mevkiden faydalanarak) küpünü doldurmak. *The former finance minister was accused of using state funds to feather his nest.* **featherbrained** ahmak ve unutkan; kuş beyinli. **feather weight** *i+sy* tüy siklet; ağırlığı 53,5 ile 57 kilo olan boksör. Ayrıca **box**'a bkz.

feature ['fiːtʃə*] 1 nitelik, özellik. 2 yüzün kısımlarından biri: *beautiful features. Her eyes are her best feature.* 3 bir gazetede vb. çıkan ve belli bir konuya değinen makale. *The local newspaper ran a feature on drug abuse.* 4 sinemada gösterilen uzun metrajlı film. *He was in some feature with Ava Gardner.* Ayrıca *f+n* 1 (bir şeyin) önemli kısmı olmak. *The economy featured very largely in the Prime Minister's speech.* 2 başrol oyuncusu olarak sahip olmak. *This film features John Smith.* **featureless** *s* özelliği olmayan.

February ['februəri] *i-sy* şubat; yılın 2. ayı. *The General Election will be held*

in February 1989.
fed [fed] **feed¹** fiilinin geçmiş zamanı ve ortacı. **be fed up (with)** gına gelmek; bıkıp usanmak. *We were fed up with camping after a week of rain.* (k. dil.).

federation [fedə'reifən] 1 *i+sy* federasyon; küçük devletlerin tek bir devlet durumuna gelmek için yaptıkları ortaklık, devletler birliği. 2 *i-sy* federasyon şeklinde birleşme eylemi. **federal** ['fedərəl] *s* federal.

fee [fi:] *i+sy* ücret; bir hizmete ödenen para. *The fee for a visit by the doctor was small.*

feeble ['fi:bl] *s* cılız, zayıf; kuvvetsiz, dermansız, takatsiz. *Grandma became so feeble she had to use a walking stick.* **feeble-minded** *s* aptal, ebleh. (*eş anl.* **slow-witted**).

feed¹ [fi:d] 1 *f+n* beslemek, yedirmek. *She was feeding the baby.* 2 *f-n* (hayvanlar, veya bebekler hk.) yemek yemek, beslenmek, gıda almak. 3 *f+n* (çalışması, büyümesi, varlığını sürdürmesi için) gereken şeyi vermek, tedarik etmek: *feed a machine; feed information to a government department. geç. zam.* ve *ort.* **fed** [fed].

feed² [fi:d] 1 *i+sy* mama; bebeğin yediği yemek, içtiği süt. *The baby has four feeds a day.* 2 *i-sy* (hayvanlara verilen) yem. **feedback** *i-sy* bir şeyin başarılı olup olmadığını, veya beğenilip beğenilmediğini gösteren bilgi ya da yorum; görüş, düşünce, bir işlemin sonucu hakkındaki bilgi (işlemden sorumlu kişiye, veya makineye verilir); geri besleme. *The more feedback we get from viwers, the better.*

feel [fi:l] *f+n/-n* 1 elle, veya vücudun bir yeri ile dokunmak, elle yoklamak. *I felt the water to see whether it was too hot.* 2 dokunulduğunda belirtilen etkiyi yapmak. *The water felt cold.* 3 (bir şey) hissetmek, duymak; belirtilen bir duyguya sahip olmak. *I feel tired/hungry/bored/angry/cold,* vb. 4 düşüncesinde, kanısında olmak, öyle olduğunu düşünmek. *I feel that your idea is the best one.* **feel about/around** elleri ile aramak. *He felt about in the aark for the door handle. She felt about for the light switch.* **feel for** -e acımak. *I felt for her in her sorrow. geç. zam.* ve *ort.* **felt**

[felt]. Ayrıca *i-sy* 1 his, duygu, 2 dokunum, temas, dokunma: *the feel of a piece of cloth.* **get the feel of something** bir şeye alışmak. *I haven't got the feel of this car yet.* **feeler** *i+sy* (böceklerde) anten, duyarga. **feeling** *i+sy/-sy* 1 duyu, his. 2 duygu, his. *Mary saw the jewel and had a sudden feeling of envy.* 3 his, kanaat, kanı. *I had a feeling that someone was watching me.* **feelings** (sadece *çoğ. biç.*) hissiyat; duygular, sezişler. *She tried to hide her feelings.* **have mixed feelings about someone/something** birisi, veya bir şey hk: karışık duygulara sahip olmak. **hurt someone's feelings** duygularını incitmek, gücendirmek. **feel like something** 1 canı çekmek, canı... -mek istemek. *I feel like a cup of coffee. I feel like drinking a cup of coffee.* 2 gibi gelmek, gibi hissetmek. *I feel like a schoolboy again* (=Kendimi tekrar bir okul çocuğu gibi hissediyorum). *The water in the shower feels like ice* (=Duştaki su buz gibi). *I felt like a fool. It feels like rain/snow* (=Galiba) yağmur/kar yağacak).

feet [fi:t] **foot**'un çoğul biçimi.

feign [fein] *f+n/-n* kendini...-miş gibi göstermek, yalandan yapmak. *He feigned illness.*

feint [feint] *i+sy* (özl. bir boks karşılaşmasında) yumruk atar gibi yapma; (rakibini) deneme.

fell¹ [fel] **fall¹** fiilinin geçmiş zaman biçimi.

fell² [fel] *f+n* 1 vurup devirmek, yere yıkmak, düşürmek. *This blow would have felled most men.* (*eş anl.* **floor**).2 (ağacı) kesmek, kesip devirmek: *fell a tree.*

fell³ [fel] *i+sy* (çoğk. *çoğ. biç.*) dağ, bayır, kır. *I like to go fell-walking with a companion.*

fellow ['felou] *i+sy* 1 adam. *John's a good fellow.* (k. dil). 2 (birlikte bir şey yapılan, çalışılan, aynı yerde bulunulan, vb.) arkadaş, kimse: *my fellow prisoners* (=hapishane arkadaşlarım); *my fellow passengers* (=yolculuk arkadaşlarım); *my fellow students* (=sınıf/okul arkadaşlarım). 3 akademi üyesi; bir bilim kurulu ya da üniversite üyesi. **fellowship** 1 *i-sy* arkadaşlık. 2 dernek, kurum.

felony ['feləni] *i+sy/-sy* ağır (suç)

cürüm. *Murder and burglary are felonies.*

felt¹ [felt] **feel** fiilinin geçmiş zamanı ve ortacı.

felt² [felt] *i-sy* keçe.

felt tip pen [felt tip pen] *i+sy* keçe uçlu kalem.

female ['fi:meil] *s* 1 dişilere, kadınlara ait. 2 dişi, dişil: *a female singer; the female birds.* Ayrıca *i+sy* kız, kadın: *a perfect job for ambitious females; a lone female.*

feminine ['feminin] *s* 1 kadın gibi, kadınımsı; kadına özgü, kadına yakışır: *feminine charm.* 2 (dilb.) dişil. NOT: Latince, İngilizce, vb. dillerde her isim mutlaka bir cinsten olur. Cansız varlık isimleri bile erkek, dişi, ya da cinssiz kabul edilir, örn. *cow, hen, mother* dişi, *ox, cock, father* erkektir. *house, tree* cinssizdir. İngilizcede bazı cansız isimler insan gibi kabul edilirler ve bunları bir zamirle belirtirken *he* ya da *she* kullanılır, örn. *wind, day, anger* erkektir, oysa *ship, night, liberty* dişidir.

feminism ['feminizm] *i-sy* feminizm; toplumda kadının yararlanacağı hakları çoğaltmak ve erkeğinkine eşit kılmak amacını güden düşünce akımı. **feminist** *i+sy* feminizm yanlısı (kimse, görüş). *My wife thought herself as a feminist.*

fence¹ [fens] *i+sy* çift, tahta perde, parmaklık. Ayrıca *f+n* (genl. **off** ile) çit çekerek ayırmak, veya çevirmek.

fence² [fens] *f-n* (genl. spor amacı ile) eskrim yapmak. **fencing** *i-sy* eskrim (sporu).

fend [fend] *f-n* (**off** ile) savuşturmak. *He fended off the blow.* **fend for oneself** kendini geçindirmek, kendi başının çaresine bakmak. *His parents died when he was a boy, so he has always had to fend for himself.*

fender ['fendə*] *i+sy* 1 şömine paravanası. 2 (*AmI*'de) otomobil çamurluğu. (*BrI*'de **mudguard**).

ferment¹ ['fə:ment] *i-sy* (özl. politikada) huzursuzluk, karışıklık; heyecan, galeyan.

ferment² [fə'ment] *f-n* mayalanmak. **fermentation** [fə:men'teiʃən] *i-sy.*

fern [fə:n] *i+sy* eğreltiotu.

ferocious [fə'rouʃəs] vahşi, gaddar, yırtıcı: *a ferocious dog. The overseer*

dealt out ferocious punishment to the slaves under his control. (*eş anl.* **fierce**). **ferocity** [fə'rɔsiti] *i-sy* vahşilik, gaddarlık. *The ferocity of the attack on the defenceless man stunned the bystanders.*

ferry ['feri] *i+sy* 1 kısa mesafeli, veya şehir hatlarında çalışan yolcu vapuru; feribot. (*eş anl.* **ferryboat**). *I go to work by ferry every day.* 2 vapur iskelesi; feribot iskelesi. Ayrıca *f+n/-n* feribot ile taşımak, veya gitmek.

fertile ['fə:tail] *s* 1 (toprak hk.) verimli, mümbit, bereketli: *fertile land.* 2 (insan aklı hk.) yaratıcı, üretken: *Einstein had a fertile mind.* (*eş anl.* **creative**). 3 (insanlar, hayvanlar hk.) döl verebilen, doğurabilen: *a fertile woman.* **fertility** [fə'tiliti] *i-sy* bereket, verimlilik, doğurganlık. **fertilize** ['fə:tilaiz] *f+n* 1 gübrelemek, verimli kılmak. 2 döllemek, aşılamak. **fertilization** [fə:tilai'zeifən] *i-sy* gübreleme, dölleme. **fertilizer** ['fə:tilaizə*] *i-sy* gübre; suni gübre.

fervent ['fə:vənt] *s* ateşli, coşkun. *He is a fervent supporter of the local football team.* (*eş anl.* **ardent**).

festival ['festivl] *i+sy* 1 festival; dönemi, yapıldığı çevre, katılanların sayısı, veya niteliği programla belirtilen sanat gösterisi: *the Edinburgh/İstanbul festival.* 2 belli bir sanat dalında oyun ve filmlerin sunulması ve gösterilmesi sonunda ödül, veya derece verilmesi biçiminde düzenlenen ulusal ya da uluslararası şenlik: *the Antalya Film festival.* 3 bayram, yortu. *Christmas and Easter are festivals of the Christian church.*

festivity [fes'tiviti] *i+sy* (genl. çoğ. biç.) şenlik, bayram, eğlence, festival.

festive ['festiv] *s* sevinçli, neşeli. *My brother's birthday was a festive occasion.* (*eş anl.* **joyous**).

festoon [fes'tu:n] *f+n* ışık, çiçek, yaprak, vb. ile süslemek. *The Christmas tree was festooned with coloured lights.*

fetch [fetʃ] *f+n* 1 gidip almak, alıp getirmek. *He went to fetch some meat from the market.* 2 (fiyatına) satılmak. *This fruit fetches fifteen pence a pound.* (2. anlamı *k. dil.*)

fete, fête [feit] *i+sy* (genl. özel bir amaç için, para toplamak üzere yapılan) eğlence, şenlik. *A large fete* *was given in aid of the local hospital. The money was raised through a summer fete.*

fetter ['fetə*] *i+sy* (genl. *çoğ.biç.*), (mahkûmların bağlandığı) zincir, pranga.

feud [fju:d] *i+sy* kan davası. *We had never met his cousin because of the family feud. (eş anl. vendetta). Ayrıca f+n* kan davası gütmek. *They are still feuding.*

feudalism ['fju:dəlizm] *i-sy* derebeylik, feodalite; 9. ile 15. asırlarda Batı Avrupa'da toprağı ve üzerinde yaşayan köylüleri tek bir kimsenin malı sayan ortaçağ siyasal düzeni. **feudal** *s* derebeyliğe ait.

fever ['fi:və*] *i+sy/-sy* (vücutta) ateş. *He is in bed with a fever. He got a fever. She is running a slight fever. He must stay in bed until the fever has gone down.* **feverish** *s* 1 ateşi olan, ateşli. *I felt feverish and took an aspirin.* 2 heyecanlı, telaşlı. **feverishly** *z* hararetle.

few [fju:] *zamir* az, az miktar. *There are hundreds of books in the school library, but few of them are really interesting. Few of them are my friends. Few of my friends were willing to help me.* **a few** birkaç. *I have met a few of these people before. If you want something to read, there are a few magazines on the table.* NOT: *1 few* ve *a few* çoğul isimlerden önce kullanılır. *I know few/a few jokes. A few/Few people know about it.* 2 *few*'ın krş. biç. *fewer,* enüst. biç. de *fewest*'tır. *John has fewer friends than James* (=John'ın James'ten az arkadaşı var). *Who has the fewest friends?* (=Kimin en az arkadaşı var?) *3 a few,* bir isimden önce gelen *more* sıfatını nitelemek için bir zarf olarak kullanılır. *We need a few more apples* (=Birkaç elmaya daha ihtiyacımız var). *4* miktardaki azlığı daha da kuvvetlendirmek için *a few*'dan önce *only* kullanılır. *Only a few girls came* (=Yalnız birkaç kız geldi).
a good few, quite a few epeyce, çok. *He has quite a few/a good few friends here.*

fiancé [fi'ɔnsei] *i+sy* bir kadının, veya kızın nişanlısı. *(erkeğin nişanlısına* **fiancée** [fi'ɔnsei] denir).

fiasco [fi'æskou] *i+sy* fiyasko; bir girişimde gülünç ve başarısız sonuç. *çoğ. biç.* **fiascos.**

fib [fib] *i+sy* ufak, önemsiz yalan; küçük yalan. *Little Mary is always telling fibs.*

fibre ['faibə*] *(AmI'de* fiber) *i+sy* elyaf, lif. **fibre-glass** cam elyafı: fiberglas.

fickle ['fikl] *s* dönek, kararsız, maymun iştahlı. *It is a popular belief that women are fickle.*

fiction ['fikʃən] 1 *i-sy* hayal ürünü roman, veya öykü. 2 uydurma hikâye, hayal: *fact and fiction.* **fictitious** [fik'tiʃəs] *s* uydurma, uyduruk, sahte.

fiddle ['fidl] *i+sy* 1 (özl. halk müziğinde çalınan) keman. *The man with the fiddle was the one who played 'O Sole Mio'. (k. dil.).* 2 (para elde etmek için yapılan) dalavere, katakulli. *(k. dil).* Ayrıca 1 *f-n* keman çalmak. 2 *f+n/-n* bir şey ile (örn. kalem, gözlük) sinirli sinirli oynamak, elinde evirip çevirmek. *He was fiddling with his pen while he was talking to me. (k. dil.).* 2 (kendine ait olmayan bir şeyi) kurcalamak. 3 dalavere yapmak, katakulli çevirmek. *He tried to fiddle his tax returns.* **play second fiddle to someone** birisine göre ikinci derecede rol oynamak. **fiddler** *i+sy* 1 kemancı. 2 dalavereci. **fiddling** *s* ufak, veya önemsiz ama yapması zor.

fidelity [fi'deliti] *i-sy* 1 sadakat, bağlılık. *There's nothing like a dog's fidelity.* 2 doğruluk; (ses, şekil, renk, vb. bakımından) orijinalinin aynısını üretebilme, çıkarabilme, yapabilme yeteneği.

fidget ['fidʒit] *f+n/-n* kıpır kıpırdamak, kıpırdayıp durmak. *I fidgeted nervously as I waited for my turn.* Ayrıca *i+sy* yerinde durama-yan özl. bir çocuk. **fidgety** *z* kıpırkıpır kıpırdayan, kurtlu.

field [fi:ld] *i+sy* 1 (genl. bir duvar, veya çift çevrili) otlak, çayır ya da tarla. *The farmer was ploughing his field.* 2 saha, alan, meydan: *a football field; a coalfield; an airfield; a battlefield.* 3 bir bilim, bilgi alanı: *the field of nuclear physics.* **field day** 1 (özl. okul ve kolejlerde) spor günü; atletizm, vb. yarışmalarının yapıldığı gün. 2 çok başarılı ya da özel bir gün. **field-**

glasses *içoğ* dürbün. **field marshal**
mareşal.
fiend [fi:nd] *i+sy* 1 şeytan, ifrit, iblis;
kötü ruh. *The fiends in my dreams*
frightened me. 2 kötü, canavar ruhlu
kimse. *The police caught the fiend*
who committed these murders.
fiendish *s* şeytanca.
fierce [fiəs] *s* öfkeli ve tehlikeli; azgın,
azılı, şiddetli, hiddetli, sert, vahşi: *a*
fierce lion; a fierce fire. **fiercely** *z* şid-
detle, vahşetle. **fierceness** *i-sy* şiddet,
vahşet.
fiery ['faiəri] *s* 1 ateş gibi, kızgın. *A*
blast of fiery heat hit me as I opened
the door. 2 hemen parlayıveren. 3
kıpkırmızı. *The tonsils became fiery*
red and swollen.
fiesta [fi'estə] *i+sy* (özl. İspanya, veya
Güney Amerika ülkelerinde) yortu,
bayram; şenlik yapılan dini bir
bayram.
FIFA ['fi:fə] (= Fédération Inter-
nationale de Football Association)—
Uluslararası Futbol Birliği; fifa.
fifth [fifθ] *belirten* beşinci; 5. **fifth**
columnist *i+sy* beşinci kol; ülkesinin
düşmanlarını gizli gizli destekleyen ve
onlara yardım eden kimse. **fifty** elli.
fifty-fifty 1 yarı yarıya. *The money*
was split fifty-fifty between the two
men. 2 (olasılık olarak) yüzde elli. *I*
have a fifty-fifty chance of making a
profit.
fig [fig] *i+sy* incir. **doesn't care a**
fig/doesn't give a fig aldırış bile
etmemek, umurunda olmamak. *He*
doesn't give a fig for my opinion.
fight¹ [fait] *i+sy* kavga, döğüş;
mücadele. *The two boys had a fight.*
The police are continuing the fight
aganist crime. **fighter** *i+sy* 1 döğüşen
kimse (özl. boksör). 2 avcı uçağı.
fight² [fait] *f+n/-n* 1 kavga etmek,
dövüşmek. *Are those boys fighting?*
They fought each other almost every
day. He has never fought with his
brother? Who were they fighting
with? (= Kiminle döğüşüyorlardı?)
Who were they fighting against?
(= Kime karşı döğüşüyorlardı?) 2 (ile)
mücadele etmek, uğraşmak. *You*
can't fight aganist progress. The
police fought against crime. 3
savaşmak, harbetmek. *He had fought*
in the First World War. geç. zam. ve
ort. **fought** [fɔ:t]. **fight somebody/**

something off defetmek, püs-
kürtmek. *He fought off his attacker.*
figment ['figmənt] *i+sy* genl. sadece a
figment of the imagination sözünde
— hayal ürünü. *That rich aunt in*
London that Mary talks about is just
a figment of her imagination.

figurehead

figure¹ ['figə*] *i+sy* 1 vücudun şekli;
boy pos, endam. *I saw a figure in the*
darkness. The dancer has a graceful
figure. 2 önemli bir kişi. *He is one of*
the figures in history. 3 resim, şekil,
desen. 4 (geometride) şekil (örn. bir
kare, veya daire). 5 para miktarı; fiyat.
6 rakam, sayı. *You have to write the*
amount in words and figures on a
cheque. **figurative** ['figjurətiv] *s* meca-
zi, mecazla ilgili: *figurative language.*
(eş anl. **metaphorical**). **figuratively** *z*
mecazi olarak. **figurehead** *i+sy* 1
eskiden gemilerin burnunda bulunan
insan şeklinde büyük bir oyma süs;
gemi aslanı. 2 sözde mevki sahibi
kimse; mostralık, kukla. *The king*
can't help; he is only a figurehead.
figure of speech mecaz, kinaye.
figure² ['figə*] *f+n* 1 önemli bir yer
almak. *The economy figured very*
largely in the Prime Minister's speech.
2 (genl. *AmI*'de) sanmak, (öyle)
düşünmek. *I figured that I could help*
you. (2. anlamı *k. dil.*). **figure some-**
one/something out iyice düşündükten
sonra birisini/bir şeyi anlamak, hal-
letmek, içinden çıkmak, hesaplayarak
bulmak; anlamak. *I tried to figure out*
what he meant. I don't see how
anyone could figure all this out if he
didn't have an adviser (= İnsanın
müşaviri olmadıkça bütün bunların
içinden nasıl çıkılır aklım ermiyor) *I*
just can't figure her out. (*k. dil.*).
filament ['filəmənt] *i+sy* filaman;

elektrik ampullerinden akım geçtiğinde, akkor duruma gelen ince iletken tel.

filch [filtʃ] *f+n/-n* (ufak tefek şeyler) çalmak, aşırmak. *He filched two apples from a costermonger who was occupied with a customer. (eş anl.* **pilfer).**

file[1] [fail] *i+sy* törpü, eğe. Ayrıca *f+n* eğelemek. **fillings** *içoğ* eğe talaşı.

file[2] [fail] *i+sy* 1 dosya, klasör. *Put the letters in the customer file.* 2 birisi, veya bir konu hakkında tutulmuş, düzenlenmiş dosya. *The police have a file on him.* Ayrıca *f+n* dosyalamak. *The librarian filed all the index cards so that we could find them easily.*

file[3] [fail] *i+sy* sıra, dizi, kol: *in single file* (= tek sıra halinde, birerle kolda). Ayrıca *f-n* tek sıra halinde yürümek. *They filed past the coffin. They filed out of the room.* **the rank and file** bir cemiyete, bir derneğe, vb. bağlı sıradan kimseler.

fill [fil] *f+n/-n* dolmak; doldurmak. *The room filled with people. He filled the box with books. I was filled with admiration watching him.* **filling** *i+sy/-sy* 1 dolgu maddesi; özl. diş dolgu maddesi. 2 (diş) dolgu. *I had to have two fillings when I went to the dentist's.* **filling station** (*BrI*'de) benzin istasyonu. *I stopped at the filling station to get some petrol before going on to motorway. (eş anl.* **petrol station).** **fill something in 1** (boş yeri, vb.) doldurmak, tamamlamak: *fill in an application; fill in one's name.* 2 (bir deliği) doldurmak. *He filled in the hole.* **fill something up 1** ağzına kadar doldurmak; tıka basa doldurmak. *He filled up my cup. I filled the room up with furniture.* 2 resmi bir evrakı doldurmak: *fill up a form.* **have had one's fill of something** bir şeyden artık gına gelmek, bıkıp usanmak. (*eş anl.* **be sick of).**

fillet ['filit] *i+sy* 1 fileto; hayvanların sırtında, dikensi çıkıntı boyunca iki yandaki et. Ayrıca *f+n* fileto çıkarmak.

film [film] 1 *i+sy* (sinemada gösterilen) film. *There is a new film showing at the theatre.* 2 *i-sy* (fotoğraf, veya sinema) film. 3 *i+sy* ince örtü, tabaka: *a film of oil/dust.* Ayrıca *f+n/-n* filme çekmek; film çekmek. *They were filming a famous play.* **filming** *i-sy* sinema, veya televizyon filmi çekme. *Filming will start next week if the weather is fine.* **filmy** *s* 1 ince bir zarla kaplı. 2 şeffaf, yarı saydam.

filter ['filtə*] *i+sy* filtre, süzgeç. Ayrıca 1 *f+n* süzmek, süzgeçten geçirmek. *He filtered the liquid.* 2 *f-n* (genl. **down** veya **through** ile) ağır ağır yayılmak, girmek, sızmak. *The new ideas filtered down to the majority of people. People filtered across the border.* **filter-tip** *i+sy* (sigaranın ucundaki) filtre. **filter-tipped** *s* filtreli sigara.

filth [filθ] *i-sy* 1 pislik. *The old house was full of filth.* 2 çırılçıplak resimler ve açık saçık sevişme sahneleri ile dolu film, veya yazılar. **filthy** *s* 1 çok pis, kirli. *The beach was filthy where the sewage emptied onto it.* 2 açık saçık, müstehcen. 3 (hava hk.) yağmurlu, veya karlı (belki de rüzgârlı ve soğuk), pis. **filthy rich** çok zengin.

fin [fin] *i+sy* 1 (balık) yüzgeç. 2 yüzgeç şeklinde herhangi bir şey (örn. bir bomba, veya roketin üzerinde olduğu gibi).

final ['fainl] *s* 1 son. *He was completing the final stages of the work.* 2 kati, kesin. *What was the final score of the football match? The headmaster's decision is final.* 3 final; şampiyonluk maçı. *Holland beat Russia in the European Cup Final.* **finally** *z* nihayet sonunda, en sonunda; son olarak. *At our party we had games, then tea, and finally dancing.* **the finals** *içoğ* 1 (spor müsabakalarında) finaller. *We hope to qualify for the finals* (= Finallere kalmayı umuyoruz). 2 (bir kolej, veya üniversitede) bitirme sınavları. **finale** [fi'na:li] *i+sy* (müzikte) final, bitiş. *We sang 'Land of Hope and Glory' as the finale of the concert.* **finalist** *i+sy* finale kalan müsabık. **finalize** *f+n* tamamlamak, bitirmek, son şeklini vermek. *He finalized the arrangements.*

finance ['fainæns] 1 *i-sy* maliye. 2 *i+sy* (genl. **çoğ. biç.**) malî durum, para durumu. Ayrıca *f+n* para sağlamak; gereken parayı vermek; finanse etmek. *The government have financed a new factory.* **financial** [fai'nænʃl] z malî. *I have a financial interest in the company.* **financially** z malî bakımdan. *The company is financially very strong.* **financier** [fai'nænsiə*] *i+sy* sermayedar. **financial year** *i+sy* mali yıl. (Mali yıl İngiltere'de 5 Nisan'da başlar). (*Aml*'de **fiscal year**).

find¹ [faind] *f+n* 1 (kaybolmuş, gizlenmiş, veya bilinmeyen bir kimseyi, bir şeyi) bulmak. *I found some money in this old coat. Large deposits of oil and gas have been found under the sea.* 2 farkına varmak, sezmek, anlamak; öğrenmek. *In the morning we found that the car would not start. I find that I am unable to help you.* geç. zam. ve ort. **found** [faund]. **findings** içoğ yargıcın, jürinin, veya soruşturma heyetinin kararı: *the findings of the court/committee.* **find out** (araştırıp) öğrenmek. *I tried to find out the answer in the library. I don't know when he is arriving but I will try to find out.* **find someone out** bir kimseyi kötü ya da ahlâksızca bir şey yaparken enselemek, yakalamak. *He used to cheat in the examination until the teacher found him out.* **find fault with someone/something** bir kimse, veya bir şeye hata, kusur bulmak. *He finds fault with everything I do.* **find one's feet** yeni bir durumla başa çıkabilmek, üstesinden gelebilmek. *I found the new job difficult at first but I soon found my feet.* **Take me as you find me** Beni olduğum gibi kabul ediniz. **You'll have to take us as you find us** Bizi olduğumuz, göründüğümüz gibi kabul edin. **find somebody guilty/not guilty** (yargılama sonunda) bir kimseyi suçlu/suçsuz bulmak. *John was found guilty of evading the VAT regulations.* **be found** bulunmak, var olmak, yaşamak. *Kangaroos are found in Australia.*

find² [faind] *i+sy* buluş, keşif. (*eş anl.* **discovery**).

fine¹ [fain] s 1 iyi, güzel (mükemmel): *a fine house; a fine meal.* 2 iyi; sağlıklı. '*How are you?*' '*Fine, thanks.*' 3 çok ince: *a fine point to a pencil; fine cotton.* 4 çok ufak taneli:

very fine rain. 5 ince, hassas. *A watch maker does very fine work.* 6 (hava hk.) yağışlı değil, özl. aynı zamanda da güneşli: *fine weather; a fine day.* 7 saf, katkısız: *fine gold.* **fine arts** (the ile) güzel sanatlar. **fine-sounding** kulağa hoş gelen. *Mary is a fine-sounding name.* **go over/through something with a fine-tooth comb/fine toothed comb** bir şeyi inceden inceye en ufak ayrıntısına kadar araştırıp incelemek. *The police went over the murdered man's flat with a fine-tooth comb, but they didn't find any clues.*

fine² [fain] *i+sy* para cezası. *John was given a fine of £10 for parking his car in the wrong place.* Ayrıca *f+n* para cezasına çarptırmak. *The judge fined him £10.* **fine/that's fine** peki; olur; tamam. (*eş anl.* **okay, all right**).

finesse [fi'nes] *i+sy* büyük bir hüner ve incelik. *A diplomat must be a master of finesse.*

finger ['fiŋgə*] *i+sy* (eldeki) parmak. Ayrıca *f+n* parmak ile dokunmak. NOT: Bazen *thumb* (=başparmak) elin diğer parmakları dışında tutulur. **burn one's fingers/get one's fingers burnt** (bir şeyden dolayı) ağzı yanmak. *The last time I invested in the stock-market, I got my fingers burnt; I lost all my savings.* **lay a finger on** birinin kılına dokunmak; bir şeye el sürmek. **lift/raise a finger** özl. yardım etmek için harekete geçmek. *She didn't raise a finger to help her mother.* **have a/one's finger in the pie** bir işte parmağı olmak. *Jones is a very important man in our town; whenever anything is being planned you can be sure he will have a finger in the pie.* **have something at one's fingertips** bir konuyu çok iyi bilmek. **fingernail** tırnak. **fingerprint** *i+sy* parmak izi. *The police found fingerprints near the broken window.* **fingertip** parmak ucu.

finicky ['finiki] s (özl. yiyecek seçmede) titiz, her şeyi pek beğenmeyen.

finish¹ ['finiʃ] *f+n/-n* bitirmek; bitmek. *I've nearly finished; wait another ten minutes. I've finished the work.* **finished** s bitmiş, sona ermiş. (*karş.* **unfinished**). **finishing school** genç kızlara toplumda nasıl davranılacağını (örn. dans etmeyi, giysi seçmeyi, sohbet etmeyi, vb.) öğreten okul. **finish something off/up** tamamiyle bitirmek. *I hurried to finish off the work. I finished up all the food in the house.* **finish with** ilişkiyi kesmek. *I have finished with John.*

finish² [finiʃ] *itek* 1 son, bitiş, varış. *She ran the race to the finish.* 2 rötuş, perdah, cilâ.

finite ['fainait] *s* sonu olan, veya sınırlı. (*karş.* **infinite** ['infinit]).

fiord, fjord [fjɔːd] *i+sy* fiyort; (özl. Norveç'te) buzulların oluşturdukları dik yamaçlı körfez.

fiord

fir [fəː*] *i+sy* köknar; çamgillerden, iğneyapraklı, reçineli ve kozalaklı bir orman ağacı. *The fir remains green all year.*

fire¹ ['faiə*] 1 *i-sy* ateş, yangın. *Animals are afraid of fire.* 2 *i+sy* (ısınmak için yakılan) ateş. *He lit a fire because the room was cold. We built a fire to keep warm.* 3 (odayı ısıtmada kullanılan ve gaz, veya elektrikle çalışan) soba: *an electric fire.* 4 (tabanca, veya tüfek ile yapılan) ateş. *We heard the enemy's fire.* **catch fire** ateş alıp yanmaya başlamak, tutuşmak. *The papers in the waste paper basket caught fire.* **on fire** yanmakta. **play with fire** ateşle oynamak; çok tehlikeli bir işe girmek. **set fire to/set on fire** ateşe vermek, yakmak. **open fire** ateş açmak. **fire-raiser** *i+sy* kundakçı.

fire² ['faiə*] 1 *f+n/-n* ateş etmek, patlatmak; patlamak. *He fired at me. He fired a gun. The gun fired.* 2 *f+n* yakmak (**set fire to** daha yaygın olarak kullanılır). 3 *f+n* canlandırmak, harekete geçirmek; tahrik etmek, teşvik etmek. *The speaker fired the audience with enthusiasm.* 4 *f+n* işten atmak, sepetlemek. (*k. dil.*). **fire**

alarm *i+sy* yangın alarmı. **firearm** *i+sy* (genl. *çoğ. biç.*) ateşli silâh, özl. tabanca. **fire brigade** *itek* (**the** ile) itfaiye. **fire drill** *i+sy/-sy* yangın tatbikatı. **fire engine** *i+sy* itfaiye arabası. **fire escape** *i+sy* yangın merdiveni. **fire extinguisher** için **extinguish**'e bkz. **firefly** *i+sy* ateşböceği. **fireguard** *i+sy* soba, veya ocak paravanası. **fire hydrant** *i+sy* yangın söndürme musluğu. **fireman** *i+sy* itfaiyeci. **fireplace** *i+sy* şömine. *I lit a fire in the fireplace.* **fireproof** *s* yanmaz, ateşe dayanıklı: *fireproof curtains.* **fireside** *i+sy* (gen. *tek. biç.*) ocak başı: *a fireside chat.* **firewood** sobalık odun, yakacak odun. **firework** *i+sy* havai fişek: *a firework display; a few loud fireworks went off.* **firing squad** *i+sy* idam mangası.

firm¹ [fəːm] *i+sy* firma, ticari şirket. (*eş anl.* **company**).

firm² [fəːm] *s* 1 sıkı, sağlam. *The leg of that chair is not very firm.* 2 emin ve kararlı. *He spoke in a firm voice.* **firmly** *z.* **firmness** *i-sy* 1 sağlamlık, dayanıklılık: *the firmness of his body.* 2 kesinlik, katiyet. *'This is what I want,' I said, with firmness.*

first [fəːst] *s/z* 1 ilk, birinci. *He lives in the first house in that street. He came first in the race.* 2 ilk (olarak/defa). *I first met him two years ago.* **at first** başlangıçta, ilk zamanlar. *At first I didn't like John, but I soon changed my mind.* **first of all** her şeyden önce. *First of all I want to improve my English.* **at first sight** ilk görüşte. **for the first time** ilk olarak. **firstly** *z* ilk önce, önce. **first aid** ilk yardım. *I ran to the man who had been knocked down and gave him first aid until the ambulance arrived.* **first class** *s* 1 birinci sınıf, mükemmel. *He is a first class carpenter.* 2 birinci mevki. *This is a first class compartment.* **first-day cover** (pulculukta) ilk gün zarfı. **first night** (bir piyesin, vb.) gala gecesi. **first-rate** *s* birinci sınıf, birinci kalite. *We saw a first-rate film at the cinema the other day.* (*k. dil.*). (**the**) **first thing** ilk iş olarak. *I'll see you first thing tomorrow.* **first things first** herşeyden önce, evvelemirde. *Rodin held up his hand. 'First things first, gentlemen. Are we willing to accept the*

proposals?' **I will/would die first**
Ölürüm daha iyi. Ölürüm de bunu
yapmam. *Dance? I'd die first!*
(= Dans mı? Ölürüm daha iyi!) **from
first to last** başından (başlangıçtan)
sonuna kadar. *(eş anl.* **throughout).
first come, first served** ilk gelen sırayı
alır. *In the dining-hall, it's a case of
first come, first served; so if you've
late there may not be much left.* **first
and last** evvel emirde; herşeyden önce,
ilk önce, her bakımdan. *He is first
and last a scientist.*

fiscal ['fiskl] *s* devlet hazinesi ile ilgili.
fiscal year *AmI*'de malî yıl. *(BrI*'de
financial year).

fish [fiʃ] 1 *i+sy* balık. 2 balık (eti). *He
eats a lot of fish.* çoğ. biç. **fish** veya
fishes. Ayrıca *f+n/-n* balık tutmak,
balık tutmağa çalışmak. *I am fishing
for blue fish. I fished the lake all day
and caught nothing.* **fishing** *i-sy* balık
tutma; balıkçılık: *a small fishing boat.*
fishy *s* 1 balık gibi (kokan, tadı olan).
2 içinde bir bit yeniği olan, şüpheli.
It sounded fishy to me. (2. anlamı *k.
dil.).* **fish and chip shop** kızarmış
balık, (patetesli) balık köftesi
(= **fishcake),** sosis, parmak patates
(kızartması), vb. satılan dükkân.
fishmonger balıkçı, balık satıcısı.
fisherman balıkçı, balık avlayan
kimse. **fishing rod** olta kamışı.
fishwife *i+sy* 1 balıkçı kadın, balık
satan kadın. 2 ağzı kalabalık cadoloz
kadın. **fish for** elde etmeye çalışmak,
aramak; peşinden koşmak. *There's no
good fishing for information, I can't
tell you anything.* **fish out** bulmak,
bulup çıkarmak. *He fished out a
piece of string from his pocket.*

fission ['fiʃən] *i-sy* atom çekirdeğinin
parçalanması.

fist [fist] *i+sy* yumruk. *He shook his
fist at me in anger. He clenched his
fist.*

fit¹ [fit] *s* 1 formda, zinde, sağlıklı. *He
felt fit after his holiday.* 2 uygun,
elverişli, münasip. *The house was not
fit to live in. He is not a fit person to
decide what should be done. (karş.
unfit).*

fit² [fit] 1 *f+n/-n* (-e) uymak; uydur-
mak. *I could not find a pair of shoes
which fitted me.* 2 sığmak; sığdırmak.
All my clothes fit into one suitcase.
3 takmak. *The electrician fitted my*

new cooker. 4 *f+n* uygun, elverişli
kılmak. *His long experience fits him
for the job.* 5 koymak, döşemek. *I
have been fitting a carpet in this
room.* geç. zam. ve ort. **fitted. fitness**
i+sy sağlıklı olma. *Being in the
football team demands a high level of
physical fitness.* **fitness test** sağlık
kontrolu. *He had to pass a fitness test
to join the police force.* **fitter** *i+sy*
tesisatçı. **fitting** *s* uygun, münasip: *a
fitting punishment.* Ayrıca *i+sy* 1
tesisat (örn. elektirik, su, vb.). 2
prova. **fit in** uygun olmak,
bağdaşmak. *We invited him to join
our club but he didn't fit in.* **fit
someone/something out** ihtiyacını
temin etmek; donatmak: *fit out a boy
for school.* **a good/bad fit** (numarası,
ölçüsü, vb.) uymak/uymamak. *This
pair of shoes is a good fit for me.* see
fit/think fit (to do) yapmayı uygun
bulmak. *You can either come yourself
or not, as you see fit (to do).* **fit like
a glove/fit someone like a glove**
tıpatıp uymak; biçilmiş kaftan olmak;
tamamiyle uymak. *Mary and Jane are
almost exactly the same size; when
Mary wears one of Jane's dresses it
usually fits her like a glove.* **if the cap
fits** için cap'e bkz.

fit³ [fit] *i+sy* 1 sara; hastalık nöbeti:
an epileptic fit (=sara nöbeti). *Jane
suffers from fits.* 2 ani olarak ortaya
çıkan geçici bir hal; kriz: *a fit of
coughing; in fits of laughter.* **fitful** *s*
düzensiz biçimde; kesintili, kesik
kesik: *a fitful sleep. The sick man's
fitful sleep worried the nurse.* **by fits
and starts** düzensiz, ara sıra. *He
worked by fits and starts (k. dil.).*

five [faiv] *i/zamir* beş; 5. **five o'clock
shadow** *i+sy* (genl. tek. biç.)
sabahleyin sakal traşı olduktan sonra
akşama doğru çıkan hafif sakaldan
dolayı yüzün aldığı esmerimsi hal.
fiver ['faivə*] *i+sy* beş sterlin, veya beş
dolar (kağıt para). **Five-Year Plan**
(sosyalist ekonomide)—Beş Yıllık
Plan.

fix¹ [fiks] *f+n* 1 çakmak, yerleştir-
mek, oturtmak, tutturmak, rapt-
etmek. *He fixed the cupboard to the
wall with nails.* 2 tespit etmek,
saptamak, kararlaştırmak:. *fix a
date/price; fix up a meeting.* 3 tamir
etmek, onarmak: *fix a watch.* 4

hazırlamak: *fix a drink*. (4. anlamı *k. dil.*). **fixed** *s* 1 sabit, bağlı. *We set the ladder in a fixed position so we could always reach our attic.* 2 kararlaştırılmış, saptanmış. **fixture** *i+sy* 1 binada sabit eşya (örn. su tesisatı, elektrik tesisatı, vb.). 2 fikstür; belli bir tarihte oynanması kararlaştırılmış olan bir maç, veya spor yarışması.

fix² [fiks] *i+sy* (genl. *tek. biç.*) güç durum, çıkmaz. *He's in a fix.* (*k. dil.*). **fixation** *i+sy* hastalık derecesindeki bağlılık, düşkünlük.

fizz [fiz] *f-n* fışş diye ses çıkarmak, fışırdamak. Ayrıca *i+sy* fışırtı. **fizzy** *s* fışırtılı; gazlı, köpüklü, köpüren: *a fizzy drink*.

fizzle ['fizl] *f-n* **fizzle out** sözünde— sonu fos çıkmak, hayal kırıklığı ile son bulmak. *His plans fizzled out.*

fjord [fjɔːd] *i+sy* **fiord**'a bkz.

flabbergasted ['flæbəgɑːstəd] *s* afallamış, hayrete düşmüş. *She was flabbergasted at his deceit.*

flabby ['flæbi] *s* şişman ve yumuşak; sarkık. *I have got flabby from sitting at my desk all day.*

flag¹ [flæg] *i+sy* 1 bayrak: *a ship flying a French flag. The general's coffin was draped with a Turkish flag.* 2 kağıt bayrak. **flag day** (kâğıt bayrakların satılarak) bir hayır kurumu para toplama günü. **flagpole/flagstaff** bayrak direği; gönder. **flagship** sancak gemisi, amiral gemisi. **flagstone** yassı kaldırım taşı.

flag² [flæg] *f-n* gücü kesilmek, nefesi tükenmek. *The runners were flagging. geç. zam.* ve *ort.* **flagged. flag down** (bir araca, özl. bir taksiye) durması için işaret etmek. *She flagged down a passing car.*

flagrant ['fleigrnt] *s* (kötü, veya ahlâksızca bir şey hk.) apaçık, bariz, gün gibi ortada: *flagrant disobedience.*

flair [fleə*] *i+sy* (genl. *tek. biç.*) özl. yetenek, Allah vergisi, kabiliyet. *He has a flair for mathematics.* (*eş anl.* **talent**).

flake [fleik] *i+sy* bir şeyin ufak, incecik parçası, pul. *The snow was falling in large flakes.* **flaky** *s* ince tabakalardan oluşan: *flaky pastry.* **flake (off)** pul pul dökülmek. *The* paint is flaking off.

flamboyant [flæm'bɔiənt] *s* 1 parlak renkli, gözalıcı. 2 aşırı gösterişli, haddinden fazla göze batan: *a flamboyant display of temper.*

flame [fleim] *i+sy* alev. **fan the flames /add fuel to the flames** 1 yangına körükle gitmek. *I don't think he would have broken with them completely if his wife hadn't been there to fan the flames.* 2 bir durumu iyi, veya kötü bir şekilde etkilemek. *His film will be a big hit and fan the flames of his success.*

flamingo [flə'miŋgou] *i+sy* flamingo. *çoğ. biç.* **flamingos** veya **flamingoes**.

flamingo

flammable ['flæməbl] *s* çabuk tutuşur. NOT: Bu sözcüğün karşıt anlamı *not flammable*'dir. *Flammable*'ın eş anlamı *inflammable*'dir.

flange [flændʒ] *i+sy* (özl. makine ve aletlerde) flanş; içindeki cismi tutmaya yarayan çıkık kenar.

flank [flæŋk] *i+sy* 1 hayvanlarda (bazen insanlar için de kulanılır) böğür, yan. *The horse's flanks are wet.* 2 (askerlikte) yan, kanat, cenah. Ayrıca *f+n* -ın yanında, veya yan tarafında olmak: *He appeared, flanked by the two policemen.*

flannel ['flænl] 1 *i-sy* flanel, fanila; pazen, veya yünden dokunan kumaş. 2 *i+sy* (yıkanırken kullanılan) kese. **flannels** *içoğ* içi havlı eşofman pantolon (çoğk. spor amacıyla kullanılır).

flap¹ [flæp] *i+sy* 1 kapak (örn. cep, zarf). *I sealed the flap of the envelope.* 2 çırpma, veya çırpma sesi: *the flap of a large bird's wing.* Ayrıca *f+n/-n* ses çıkararak aşağı yukarı sallamak, çırpmak. *The bird flapped its wings. geç. zam.* ve *ort.* **flapped.**

flap² [flæp] *f-n* (*BrI*'de) telaşlanmak, heyecanlanmak. *Although there was a lot of blood, the cut was too small to flap about.* Ayrıca *i+sy* (*BrI*'de) telaş, heyecan: *be in a flap.* (*k. dil.*).

flare [fleə*] *f-n* birden alevlenmek, birden parlayıp büyük bir alevle kısa bir süre yanmak. *The candle flare in the wind.* Ayrıca *i+sy* 1 işaret fişeği: *a warning flare.* 2 bir şeyin, örn. eteğin, genişleyen ya da yayılan kısmı: *flared skirt* (= kloş etek). **flare up** 1 birden alevlenmek, aniden öfkelenmek, parlamak. 2 aniden patlak vermek, birden baş göstermek. *Panic flared up in her. A quarrel flared up.*

flash¹ [flæʃ] *i+sy* 1 parıltı, ani alev, çakış, çakma, birden parlama: *a flash of lightning.* 2 yıldırım haber; radyo, veya TV'de program kesilerek verilen haber.

flash² [flæʃ] 1 *f+n/-n* çakmak, birden parlamak; parıldamak, birden yanmak, veya yakmak. *The lightning flashed in the sky. He flashed his torch for a few seconds.* 2 *f-n* vınnn diye geçmek; yıldırım hızıyla geçip gitmek. *The cars were flashing past.* 3 *f-n* birden akla gelmek. *An idea flashed into his mind.* 3 *f+n* radyo ve telgrafla bir haberi yaymak, göndermek. *He flashed the news to us.* **flashy** *s* gösterişli, göze çarpan, frapan, ama kalitesi iyi değil: *flashy clothes. We went for a ride in the flashy red sports car.* **flashback** *i+sy* seyirciyi, veya okuyucuyu birden geçmişteki bir olaya ya da olaylara döndüren sahne, veya kısım; geri dönüş, geriye dönme. **flashlight** (fotoğrafçılıkta) flaş. (Ayrıca **flash** denir). **in a flash** kaşla göz arasında, hemencecik. **a flash in the pan** saman alevi gibi; arkası gelmeyen başarı.

flask [flɑːsk] *i+sy* 1 laboratuarlarda kullanılan dar boğazlı şişe. 2 cepte taşınan yassı içki şişesi. 3 termos.

flat¹ [flæt] *i+sy* 1 (*BrI*'de) kat, apartman dairesi. (*AmI*'de **apartment**). 2 herhangi bir şeyin düz, yassı kısmı. 3 patlak lastik. 4 bemol; sesin yarım ton kalınlaştırılacağını gösteren nota simgesi. *B flat is one semitone below B natural.*

flat² [flæt] *s* 1 düz (aynı seviyede); engebesiz: *a flat surface. The long, flat road stretched out in front of us.*

2 tatsız tuzsuz, yavan, ilginç olmayan. *This drink tastes flat.* 3 (bira ve köpüren içkiler hk.) köpüksüz, havası kaçmış. 4 bemol. 5 (araç lastiği hk.) patlak. 6 kesin, kati; başkaca bir tartışmaya meydan bırakmayan: *a flat refusal.* **flatness** *i-sy.* **flatly** *z* düpedüz, açıkça. *He flatly refused to help me.* **flatten** *f+n* düzleştirmek. **flat-footed** düztaban. **flat rate** tek fiyat. **flat shoes** topuksuz ayakkabı, düz ayakkabı. **be flat broke/be flat out of money** yolsuz olmak, meteliğe kurşun atmak; beş parası olmamak. **and that's flat!** işte o kadar. **as flat as a pancake** tepsi gibi düz, dümdüz.

flatter ['flætə*] *f+n* pohpohlamak, dalkavukluk etmek. *She flatters those who can help her.* **(be) flat out (on one's feet)** yorgunluktan gebermek; yorgunluktan canı çıkmak. *After my first day of working in the shop, I was flat out on my feet.* **(go) flat out** var gücüyle (bir şeyi yapmaya çalışmak) *The ambitious young senator went flat out to become president.* **flattery** *i+sy/-sy* pohpohlama, yaltaklanma. **flatterer** *i+sy* yağcı, dalkavuk.

flatulent ['flætjulənt] *s* karnı gaz dolu olan. **flatulence** *i-sy.*

flaunt [flɔːnt] *f+n/-n* övüne övüne gösterip çaka satmak. *She was flaunting her new clothes.*

flavour ['fleivə*] (*AmI*'de **flavor**) *i+sy/-sy* 1 tat, lezzet. *This food has a strong flavour.* 2 kendine has bir hava, özellik, nitelik. *This book has a romantic flavour.* Ayrıca *f+n* tat vermek, lezzet katmak, çeşnilendirmek. **flavouring** *i+sy* tat, lezzet, çeşni veren şey.

flaw [flɔː] *i+sy* 1 defo, özür, sakat, kusur. *There is a flaw in this skirt.* 2 (cam, vb. eşyada) çatlak. 3 hata, veya yanlışlık: *a flaw in an argument.* **flawless** *s* kusursuz; mükemmel.

flax [flæks] *i-sy* keten; lifleri dokumacılıkta kullanılan bir bitki. **flaxen** *s* (genl. saç rengi hk.) soluk sarı, lepiska. *Jane has flaxen hair and green eyes.*

flay [flei] *f+n* 1 (ölü bir hayvanın) derisini yüzmek, soymak. 2 sopa, veya kamçı ile döve döve derisini yüzmek, şiddetle kırbaçlamak.

flea [fliː] *i+sy* pire. *The dog's got fleas.* **send someone away with a flea in his**

ear birisini iyice haşlayıp yüz geri ettirmek, iyice bir zılgıt çekip göndermek. *I asked her to go out with me but she sent me off with a flea in my ear.* **flea market** bitpazarı.

flea

fleck [flek] *i+sy* benek, nokta. (*eş anl.* **speck**). Ayrıca *f+n* lekelemek, beneklemek, benek benek yapmak.

fled [fled] **flee** fiilinin geçmiş zamanı ve ortacı.

fledged [fledʒd] *s* genl. **fully-fledged** sözünde—istenilen nitelik ve özelliklere tam sahip: *a fully-fledged member of the clup* (*k. dil.*). **fledgling** *i+sy* henüz uçmayı öğrenen kuş yavrusu.

flee [fli:] *f+n/-n* kaçmak; kaçırmak. *The robbers fled. He fled his enemy.* geç. zam ve ort. **fled** [fled]. (*eş anl.* **take (to) flight**).

fleece [fli:s] *i+sy* koyun postu; bir seferde koyundan kırpılan yün; yapağı. *My warm coat was made from the fleece of a sheep.*

fleet¹ [fli:t] *i+sy* **1** (gemi) filo. *The fleet was in the harbour.* **2** (bir kuruluşa, veya şahsa ait) araç filosu.

fleet² [fli:t] *s* çabuk. (*esk. kul.*). **fleeting** *s* geçici, fani; çabuk geçen: *a fleeting glance* (= şöyle bir bakış). (*eş anl.* **passing**). **Fleet Street** Londra'da gazete bürolarının bulunduğu sokak.

flesh [fleʃ] *i-sy* **1** hayvan, veya insan eti; et. *The knife cut into the flesh of my arm.* **2** vücut, beden. **flesh-coloured** *s* ten renkli; pembemsi. **flesh wound** hafif yara, derin olmayan yara. **in the flesh** yaşayan, canlı, (bizzat) kendisi. **one's own flesh and blood** aynı kandan ve etten olan (örn. anne baba, çocuklar, kız ve erkek kardeşler, vb.). *I didn't think my own flesh and blood would do such a thing.* **the spirit is willing but the flesh is weak** gönül arzu ediyor ama derman kalmadı. **fleshpot** *i+sy* (genl. *çoğ. biç.*) zevk ve

sefa yuvası; striptiz yapılan bir kulüp, genelev, vb. bir yer.

flew [flu:] **fly²** fiilinin geçmiş zamanı biçimi.

flex¹ [fleks] *i+sy/-sy* elektrik kablosu; izole edilmiş ince elektrik teli.

flex² [fleks] *f+n* bükmek, kasmak. *He flexed his muscles.*

flexible ['fleksibl] *s* **1** kolayca bükülebilir, esnek. **2** uysal, yumuşak başlı, mülayim; düşünce ve görüşlerinde esnek. *John has a flexible nature.* (*karş.* **inflexible**). **flexibility** [fleksi'biliti] *i-sy.*

flexitime [fleksi'taim] *i-sy* çalışma saatlerinde esneklik; çalışanların günlük, haftalık, vb. çalışma saatlerini tamamlamak koşulu ile, işe başlama ve bitiş saatlerini kendilerine bırakan sistem. *They work flexitime. Our company introduced flexitime working last year.*

flick [flik] *f+n* fiske vurmak, hafifçe vurmak. *He flicked the hollow door with his finger.* Ayrıca *i+sy* fiske.

flicker [flikə*] *f+n/-n* (genl. ışık, veya alev hk.) titrek titrek yanmak, titremek. *The fire flickered and died.* Ayrıca *i+sy* titrek ışık, veya alev.

flight [flait] **1** *i+sy* uçuş, uçma: *the flight of a bird.* **2** *i+sy* belli bir yöne giden uçak. *Can you tell me what time Flight No. 172 arrives in İstanbul?* **3** *i+sy* bir durum, veya yerden kaçış: *the flight of the enemy.* **4** *i+sy* iki kat arasındaki merdiven, veya basamak: *a short flight of steps.* **flighty** *s* havai, oynak, hafif mizaçlı:

flight

a flighty young woman. **flight deck 1** (bir uçak gemisinde) uçuş güvertesi. **2** (büyük bir uçakta) uçuş kabini. **in flight** uçuş sırasında, uçarken. **take (to) flight** kaçmak; tüymek. *The thieves took flight when the police arrived.* (*eş anl.* **flee**). **flight recorder** (= **black box**)'a bkz.

flimsy ['flimzi] s dayanıksız, çürük; düşük kaliteli. *This flimsy fence will probably blow down in the wind.*

flinch [flintʃ] *f-n* tehlike, veya acıdan çekinmek, korkup kaçınmak. *He let the match burn down to his thumb and forefinger without flinching.*

fling [fliŋ] *f+n/-n* bütün gücüyle fırlatmak, atmak. *The boy was flinging stones. geç. zam. ve ort.* flung [flʌŋ]. fling off üstündekilerini alelacele çıkarmak. *He flung off his jacket as he came in.* fling on alelacele üstüne bir şeyler giymek.

flint [flint] *i+sy/-sy* 1 çakmaktaşı; *a wall made of flints.* 2 (çakmaktaki) taş.

flip [flip] *f+n* fiske vurmak; başparmakla havaya fırlatmak. *He flipped a coin to decide what to do. geç. zam. ve ort.* flipped.

flippant ['flipənt] s hiçbir şeyi ciddiye alamayan, veya ciddi olmayan; uçarı, havai: *his flippant attitude; flippant answers. (eş anl.* frivolous). flippancy *i-sy.*

flipper ['flipə*] *i+sy* 1 bir ayıbalığı, veya penguenin yüzerken kullandığı kolu. 2 (yüzerken kulanılan) palet.

flirt [flə:t] *f+n* 1 flört etmek, kur yapmak. *She was flirting with him.* 2 (bir fikri pek ciddiye almadan) aklından geçirmek. *He flirted with the idea.* Ayrıca *i+sy* herkesle flört eden kimse, oynak kimse. flirtation [flə:'teiʃən] *i+sy/-sy.*

flit [flit] *f+n* 1 uçuşup durmak. *The birds were flitting about in the trees.* 2 daldan dala konmak, bir düşünce, veya bir konuda sabit kalmamak: *the butterfly mind which flits from the idea to idea. geç. zam. ve ort.* flitted.

float¹ [flout] 1 *f+n/-n* yüzmek; yüzdürmek. *The boy was floating his boat.* 2 *f-n* havada durmak; batmamak. *Dust floats in the air. The boat was floating on the water.*

float² [flout] *i+sy* 1 olta mantarı. 2 bir geçit töreninde üzerinde özel gösteriler sergilenen araç.

flock [flɔk] *i+sy* koyun, keçi, kuş sürüsü. *The flock of birds all flew to one tree.* Ayrıca *f-n* sürü sürü gelmek, gitmek, sürü halinde hareket etmek. *The people were flocking to the theatre.*

flog [flɔg] *f+n* 1 (bir sopa, veya kamçı ile) dövmek. *They flogged him for stealing money.* 2 satmak. *He tried to flog me a stolen watch.* (2. anlamı *k.dil.). geç. zam. ve ort.* flogged. flogging *i+sy* kamçılama, sopalama. flog a dead horse olmayacak duaya amin demek; imkânsız bir şeyi istemek. *John is still trying to arrange a picnic on Saturday, but he is flogging a dead horse; no-one is interested.* be flogged to death (bir fıkra, bir fikir, düşünce, hk.) bayatlamak; artık ilginçliğini, güncelliğini yitirmek.

flood [flʌd] *i+sy* 1 sel. 2 sel gibi, yağmur gibi bir şey; çok büyük miktar: *a flood of tears.* Ayrıca *f+n/-n* 1 sel basmak; taşmak. *The fields were flooded by the heavy rains. The river has flooded.* 2 yağdırmak; (bir şey) yağmuruna tutmak. *He was flooded with applications for tickets.* floodlight *i+sy* genl. bir binayı, gece dışarıdan aydınlatmak için kullanılan güçlü lamba; projektör. Ayrıca *f+n* böyle bir lamba ile aydınlatmak. *geç. zam. ve ort.* floodlit ['flʌdlit]. be flood of tears gözyaşları içinde olmak.

floor¹ [flɔ:*] *i+sy* 1 odanın tabanı; döşeme, yerler. *The floor of the cave was quite dry.* 2 kat. *This building has two floors.* NOT: *Brİ*'de zemin kata ground floor, birinci kata da *first floor* denir. *Amİ*'de ise zemin kata *first floor,* birinci kata da *second floor* denir. floor show varyete, atraksiyon. be given/get/have/take the floor 1 dansa kalkmak. *The band struck up and severel couples took the floor.* 2 (bir tartışma, veya toplantıda) konuşmak üzere kürsüye çıkmak. *The young man took the floor and spoke very well.*

floor² [flɔ:*] *f+n* 1 vurup yere yıkmak, yere devirmek. (*k. dil.*). 2 şaşırtmak; çarşaflatmak, çuvallatmak. *His question completely floored me.* (*k. dil.*).

flop¹ [flɔp] *f-n* pat diye oturmak, veya çökmek, çöküvermek. *He flopped into a chair. geç. zam. ve ort.* flopped. floppy *s* sarkık. floppiness *i+sy* sarkıklık, yumuşaklık.

flop² [flɔp] *i+sy* fiyasko, başarısızlık. *The new play was a flop.* Ayrıca *f-n* başaramamak, becerememek. *geç.*

zam. ve *ort.* **flópped** (*k. dil.*).

floppy disk ['flɔpi disk] *i+sy* disket (=**diskette**); bilgisayarda program, veya bilgi yüklenen manyetik disk.

flora ['flɔːrə] *i+sy/-sy* belli bir dönemde, veya belli bir yerde yetişen bitkilerin tümü.

floral ['flɔːrl] *s* çiçekler hakkında, çiçeklere ait.

florid ['flɔrid] *s* 1 (bir kimsenin yüzü hk.) kırmızı, al. *John's florid complexion is a result of drinking too much alcohol. (eş anl.* **ruddy**). 2 fazla süslü, cafcaflı.

florist ['flɔrist] *i+sy* çiçekci, çiçek satan kimse. **the florist, the florist's** çiçekçi; çiçek dükkânı.

flotilla [flɔ'tilə] *i+sy* flotilla; (genl. askeri gemilerden oluşan) ufak filo.

flotsam ['flɔtsəm] *i-sy* (batan bir gemiden) su yüzüne çıkan kırık dökük; veya eşya. **flotsam and jetsam** 1 evsiz barksız, veya işsiz güçsüz kimseler; ayak takımı. 2 denizde yüzen, veya sahile vuran çerçöp.

flounce [flauns] *f-n* yerinden fırlayıp öfkeyle ve gürültüe patırtı yaparak yürümek. *She flounced out of the room.*

flounder ['flaundə*] *f-n* 1 (çamur, veya suda) bata çıka, ağır ağır yürümek, veya sahile ağır ve zorlukla ilerlemek, debelenmek: *the sudden cramp that caused me to flounder desperately in the deep water.* 2 birden ne söyleyeceğini, neye karar vereceğini, ne yapacağını bilememek; birden şaşırmak. *He flaundered for a moment before answering.*

flour ['flauə*] *i-sy* un. **floury** *s* una bulanmış.

flourish¹ ['flʌriʃ] 1 *f-n* (hayvan ve bitkiler hk.) büyümek, gelişmek, serpilmek. *My plants are flourishing. In these waters, bacteria flourish.* 2 *f-n* gelişmek, en şaşalı devrine erişmek. *The British Empire flourished in the 19th century.* 3 *f+n* havada sallamak, savurmak. *He was flourishing a sword. The victorious army flourished a captured flag.*

flourish² ['flʌriʃ] *i+sy* havada sallama, savurma. *He was making flourishes with his sword.* 2 fanfar; kısa ve canlı bir müzik parçası.

flout [flaut] *f+n* aldırmamak; açıkça itaat etmemek. *He tried to flout the headmaster's authority.*

flow ['flou] *f-n* akmak. *The river flows out to the sea.* Ayrıca *i+sy* (genl. *tek.biç.*) akış, akıntı. *The doctor used a tourniquent to try to stop the flow of blood.* **flowing** *s* akıcı.

flower ['flauə*] *i+sy* çiçek. Ayrıca *f-n* çiçek açmak, çiçeklenmek. *The trees are flowering. (eş anl.* **bloom, blossom**). **flowery** *s* 1 çiçekli, çiçeklerle süslü. 2 tumturaklı, şiirsel sözlerle dolu: *a flowery speech.* **flowerbed** çiçek tarhı. **flower people** hipi; 1960 yılının sonlarına doğru ortaya çıkan, aşk ve barışı savunan ve bunun simgesi olarak da çiçeği seçen kimseler. **in flower** çiçek açmış. *My garden is in flower.* **come into flower** çiçek açmak.

flown [floun] **fly²** fiilinin geçmiş zaman ortacı.

flu [fluː] *i-sy* (=**influenza**) grip. *I had flue. She is in bed with flu. There is a lot of flu about this winter.*

fluctuate ['flʌktjueit] *f-n* 1 (ateş, fiyatlar, miktarlar hk.) sık sık inip çıkmak, düzensiz bir şekilde değişmek *His income fluctuated between five and ten thousand a year.* 2 (tutum ve davranışlar hk.) bir kararda olmamak, kararsız olmak: *fluctuating opinions. He fluctuated between yes and no until I decided for him.* **fluctuation** [flʌkju'eifən] *i+sy/-sy* dalgalanma, oynama.

fluent ['fluːənt] *s* akıcı, düzgün. *He is a fluent speaker. He made a fluent speech.* **fluently** *z* akıcı olarak. **fluency** *i-sy* ifade düzgünlüğü.

fluff [flʌf] *i-sy* (özl. yünlü kumaşlardan dökülen) hafif tüy; hav. **fluffy** *s* çok yumuşak ve tüylü; tüy gibi yumuşak.

fluid ['fluːid] *i+sy* 1 sıvı. *Water, oil, blood, milk are fluids.* 2 sıvı, veya gaz. Ayrıca *s* 1 akıcı, akışkan. 2 (bir durum, plan, fikir, hk.) gerekirse değiştirilebilir, oynak. *The plans are fluid enough to be changed quickly.*

fluke [fluːk] *i+sy* şans eseri, tesadüfen. *The police have stumbled on this man by a fluke. (k. dil.).*

flummox ['flʌməks] *f+n* (genl. *ed. çat.*) afallatmak; çuvallatmak. *She completely flummoxed him.*

flung [flʌŋ] **fling** fiilinin geçmiş zamanı ve ortacı.

flunk [flʌŋk] *f+n/-n* (sınavda) çakmak; çaktırmak. (*k. dil.*).

fluorescent [fluə'resnt] *s* floresans görevi gören; elektrik ile temasa geçtiğinde ışık veren.

flurry ['flʌri] *i+sy* deli rüzgâr; birden esip kısa süren rüzgâr; ani ve şiddetli ama kısa süreli kar ya da yağmur.

flush[1] [flʌʃ] **1** *f+n/-n* (heyecandan, utançtan, yiyecek ve içecekten, vb.) yüzü kızarmak; yüzünü kızartmak. **2** *f+n* tuvaletin sifonunu çekmek: *flush a lavatory*.

flush[2] [flʌʃ] *i+sy* **1** (poker oyununda) floş. **2** kızartı, kızarıklık. *A flush covered his face.* **3** coşkunluk, heyecan.

flush[3] [flʌʃ] *s* kenarı kenarına tıpa tıp denk gelen. *The window is not flush with the wall.*

fluster ['flʌstə*] *f+n* telâşa düşürmek, telâşlandırmak, şaşırtmak, bocalatmak. Ayrıca *i-sy/itek* heyecan, telâş, şaşkınlık, bocalama. *He is in a fluster.*

flute [flu:t] *i+sy* flüt; perdeli ve yan tutularak çalınan bir nefesli çalgı.

flute

flutter ['flʌtə*] *f+n/-n* **1** (genl. kuşların kanatları hk.) çırpmak. *Brightly-coloured butterflies fluttered amongst the flowers.* **2** (bayrak) dalgalanmak. *The flag fluttered in the breeze.* Ayrıca *i+sy* çırpınma; dalgalanma.

flux [flʌks] *itek* genl. **in a state of flux** sözünde—sürekli değişim halinde.

fly[1] [flai] *i+sy* **1** sinek. *Flies can carry infection onto food. Flies can walk on the ceiling.* **2** (gen. çoğ. biç. Brİ'de) pantolonun fermuar, veya düğme ile kapatılan ön kısmı. *Your fly is open. Button up your flies.*

fly[2] [flai] **1** *f+n/-n* uçmak; uçurmak. *The aeroplane was flying. He flew the aeroplane.* **2** *f-n* fırlamak, atılmak. *She flew down the stairs to greet him.* (**2.** anlamı *k. dil.*). şim. zam. ort.

flying. geç. zam. biç. **flew** [flu:].*geç. zam. ort.* **flown** [floun]. **wouldn't harm a fly/wouldn't hurt a fly** (öyle kibar ve iyidir ki) karıncayı bile ezmez. **drop like flies/drop off like flies** (insanlar) sinek gibi ölmek. *People were dropping like flies from heart disease.* **fly-by-night** *s* kapkaççı, vurguncu. *He lost all his money when he invested it in a fly-by-night business.* (*k. dil.*). **fly-over** üst geçit. **flypast** (*Brİ*'de) şehrin üzerinde bir şeyi kutlamak için yapılan gösteri uçuşları. (*Amİ*'de **flyover**). **flying doctor** *i+sy* hastalarını bulunduğu kuruluşa bağlı özel uçakla gidip ziyaret eden doktor; uçaklı doktor. **flying saucer** uçan daire. (*eş anl.* UFO). **flying squad** motorize polis ekibi. **flying visit** çok kısa bir ziyaret; şöyle bir merhaba demeye gelme. **with flying colours** büyük bir başarı ile (genl. **pass an examination with flying colours** sözünde).

foal [foul] *i+sy* tay.

foam [foum] *i-sy* köpük. *The wind whipped the waves into foam.* **foam at the mouth/mouth foam** bir hastalık, veya öfkeden ağzı köpürmek, çok öfkelenmek (bu bir insan, veya hayvan olabilir). *Don't go near Brown; he's foaming at the moment because you did not turn up for work yesterday.* Ayrıca *f-n* köpürmek, küplere binmek. **foam rubber** (yastık, vb. yapımında kullanılan) sünger.

fob [fɔb] *f+n* **fob somebody off** sözünde—bir kimseye bir şeyi yutturmak; kazıklamak, kandırmak. *He fobbed me off with an excuse.* geç. zam. ve ort. **fobbed** (*k. dil.*).

focal ['foukəl] *s* **focus**'a bkz.

fo'c's'le ['fouksl] *i+sy* **forecastle**'a bkz.

focus ['foukəs] *i+sy* **1** odak; bir ışık kaynağından yayılan ışınların toplandığı nokta. **2** dikkat, veya ilginin üzerinde toplandığı kimse, veya şey: *the focus of trouble; a focus of interest. He expected to be the evening's chief focus of attention.* çoğ. biç. **focuses** veya **foci** [fouki:] Ayrıca *f+n* **1** (bir teleskop ya da fotoğraf makinasının) odağını ayar etmek. **2** (dikkatini) bir noktaya toplamak: *focus one's mind on something.* geç.zam. ve ort. **focussed**. (*Amİ*'de **focused**). **focal** *s* **1** odaksal, odağa ait. **2** en önemli, hayati. **out of focus** ayarı bozuk, flu. *This photograph is out of focus.* (*karş.* **in focus**). **fodder** ['fɔdə]*] *i-sy* (inek, at, koyun, vb. için depolanmış, kuru ot, saman gibi) hayvan yemi.

fog [fɔg] *i+sy/-sy* **1** sis. *I hate driving in fog.* **2** *itek* (evin, veya odanın içindeki) duman: *a nicotine fog.* **fog up** (cam) buğulanmak. **fogbound** *s* sis nedeniyle kapalı (örn. bir havalimanı). **foggy** *s* sisli: *a foggy day.* **not have the foggiest idea/notion** en ufak bir fikri bile olmamak. *I haven't the foggiest idea who he is. I haven't the foggiest notion what you're talking about.* **foghorn** (gemi uyarı) sis düdüğü. **fog lamp** sis lambası. **fogy, fogey** *i+sy* (genl. **old** ile) sıkıcı ve eski kafalı adam.

foible ['fɔibl] *i+sy* zaaf, kusur. *He loves to talk about the Civil War; it's his foible.* (*eş anl.* **shortcoming**).

foil[1] [fɔil] **1** *i-sy* (yiyecekleri taze tutmak için sarılan) aliminyum kağıt. **2** tezat teşkil ederek birisini, veya bir şeyi daha iyi, daha güzel, daha akıllı, daha belirgin, vb. gösteren bir kimse ya da şey. *She had bronzed skin, for which her yellow swimsuit was a perfect foil.*

foil[2] [fɔil] *f+n* (özl. kötü bir şeyi) engellemek. *I foiled the thief. I foiled his attempt to steal the money.*

fold[1] [fould] *f+n/-n* **1** (genl. **up** ile) katlamak. *She folded her dress up and put it in a drawer. He folded up the letter and put it in the envelope.* (*karş.* **smooth**). **2** (iş, vb. hk.) iflâs etmek. (**2.** anlamı *k. dil.*). Ayrıca *i+sy* kat, kıvrım. **folder** *i+sy* dosya. **folding money** (*AmI'* de) kâğıt para. **fold**[3] [fould] *s* (koyun) ağıl.

foliage ['fouliidʒ] *i-sy* ağaç, veya çalı yaprakları. *In summer the house next door is hidden by foliage.*

folk [fouk] *içoğ* halk, ahali, millet. (*esk. kul.*). **folks** içoğ ana baba. (*k. dil.*). **folklore** folklor, halkbilgisi; halk geleneklerini, âdetlerini, inançlarını, efsanelerini, türkülerini, edebiyatlarını, ineceleyen bilim dalı. **folksong 1** *i+sy* halk şarkısı, türküsü. **2** *i-sy* türkü, şarkı. **folksinger** *i+sy* halk şarkısı söyleyen kimse, türkücü.

follow ['fɔlou] **1** *f+n/-n* takibetmek, izlemek. *The hunters were following*

a lion. Famine and disease followed the war. **2** *f+n/-n* anlamak. *I don't follow you.* **3** *f+n* uymak, riayet etmek, dinlemek: *follow somebody's advice/example.* **4** ilgilenmek, ilgi duymak. *He follows football.* **follower** *i+sy* (bir önderi) takibeden kimse, (bir kimse)ci, mürit. **following** *itek* taraftar. *The Prime Minister has a large following.* Ayrıca *s* ertesi. *I met him on the following day.* **follow something up 1** işin peşini bırakmamak. *I want to follow up this subject.* **2** sonuna kadar götürmek. *They followed up their victory.* **as follows** aşağıdaki gibi, şöyle. *My name is spelled as follows: W-I-L-S-O-N.* **following** *s* aşağıdaki. *Read the following examples.* **the following** aşağıdaki(ler). *The following is an exception: ... The following are two important exceptions: ...* **it follows (that)** bundan şu anlaşılıyor ki... ; öyleyse... *If today is Monday 15 March, it follows that tomorrow is Tuesday 16.*

folly ['fɔli] *i+sy/-sy* aptalca sözler, veya bir davranış; ahmaklık, aptallık. *It's folly to drive fast on icy roads.* (*eş anl.* **foolishness**).

fond [fɔnd] *nits* düşkün, çok seven: *a fond father.* **be fond of** -e düşkün olmak, bayılmak. *He is fond of his grandmother. He is fond of potatoes.* **fondness** *i-sy* düşkünlük; sevgi. **fondly** *z* **1** sevgiyle, şefkatle. *She smiled fondly at me.* **2** safiyane, safça, aptalcasına. *I fondly believed that we could succeed.*

fondle ['fɔndl] *f+n* okşamak. *She fondled my neck with her open palm.* (*eş anl.* **pet, caress**).

food [fu:d] *i-sy* yemek, yiyecek. *This food tastes funny. I like Chinese food. This restaurant is famous for its food.* **foodstuff** gıda maddeleri. **food poisoning** gıda zehirlenmesi. *All the people at the party went down with food poisoning.* **be off one's food** (hastalıktan vb.) iştahı olmamak.

fool [fu:l] *i+sy* aptal kimse, ahmak, veya budala birisi, alığın teki.. Ayrıca **1** *f+n* aldatmak; aldatıp enayi yerine koymak. **2** *f-n* (genl. **about** veya **around** ile) avare avare dolaşmak. *The boys were fooling around instead of doing their work.* **foolish** *s* saçma,

budalaca; akılsız, ahmak. *You will not, of course, be so foolish as to try anything foolish. It would be extremely foolish for you to come now.* **foolishly** *z* akılsızca, budalaca, enayice. *They have acted a little foolishly.* **foolishness** *i-sy* akılsızlık, enayilik. **foolery** *i-sy* maskaralık. *The whole class laughed at his foolery.* **foolhardy** *s* çılgıncasına cesur. *Swimming out beyond one's dept when tired or after eating is a foolhardy action.* **foolproof** *s* çok basıt: *a foolproof method.* **play the fool** soytarılık etmek; akılsızca işler yapmak. **more fool you** aptallık ettin işte; kafasızlık etme; delilik etmiş olursun. **make a fool of someone** biriyle alay etmek, gülünç duruma sokmak, maskaraya çevirmek. **make a fool of oneself** kendisiyle alay ettirmek, gülünç olmak. *He made a fool of himself by forgetting the name of the guest of honour.*
foot [fut] *i + sy* 1 ayak. *You stepped on my foot.* 2 (*tek.biç.*) bir şeyin alt kısmı, etek, dip: *the foot of a mountain/a bed/a page/the stairs.* 3 ayak (30,5 santimetre), (=12 inç). *çoğ. biç.* **feet** [fi:t]. **footing** *itek* 1 ayak basacak yer. *He lost his footing.* 2 esas, temel. *He placed the business on a firm footing.* **football** 1 *i-sy* futbol (oyunu). *I like (the game of) football. I would like to play football. Can you play football?* 2 futbol topu. *In American football, the ball is egg-shaped.* **footballer** *özl.* profesyonel futbolcu. **footbridge** yaya köprüsü; üzerinden sadece yayaların geçtiği köprü. **foothill** dağ eteği, dağın yamacındaki tepe. **foothold** (örn. bir dağa tırmanırken) ayak basacak yer. *He found a foothold on the side of the hill.* **footlights** için **light**'a bkz. **foot-and-mouth disease** bir çeşit sığır, keçi, koyun, vb. hastalığı olup ağız çevresinde ve tırnaklarda su kabarcıkları oluşur. **footnote** sayfa altındaki not; dip not. **footpath** patika, keçiyolu, **footprint** ayak izi. **footsore** *s* yürümekten ayakları acımış, yorulmuş. **footstep** *i + sy* (genl. *çoğ. biç.*) ayak sesi, veya izi. **follow/tread in somebody's footsteps** bir kimsenin yapmış olduğu şeyleri yapmak, (on)un izinden gitmek. *John is going*

to follow in his father's footsteps and become a doctor also. **footwear** ayakkabı, terlik, vb. ayağa giyilen şeyler. **on foot** yaya, yürüyerek. **underfoot** (ayağın bastığı) yer. *It is very wet underfoot..* **foot the bill** hesabı ödemek, parasını çekmek. *We can have a party if you like, but who's going to foot the bill.* (*eş anl.* **pick up the tab**). (*k. dil.*). **put one's foot in one's mouth** çam devirmek, pot kırmak. *Senator Davey is in trouble with the press. He must have put his foot in his mouth again.* **have one foot in the grave** bir ayağı çukurda olmak.
for [fɔ:*] *edat* 1 -in karşılığında, -e/-a: *sell a book for a pound.* 2 lehinde, (bir şeye) taraftar. *I am for the plan.* 3 (bir kimse, veya bir şey) yerine. *I'll do your work for you if you want to leave early.* 4 için, maksadıyla. *He went for a walk.* 5 -mek üzere, için. *He left for London* (=Londra'ya gitmek için ayrıldı). *He ran for shelter.* 6 katedilen, veya edilecek olan mesafenin ya da zamanın miktarını belirtir: *walk for a mile/an hour.* 7 (bir şeyi kullanma amacı) için: *a box for keeping papers in; a party for children.* 8 (birisine karşı beslenen, duyulan) için, olan, -e/-a: *love for somebody.* 9 -e karşın: *for every one who voted 'yes', fifty voted 'no'.* 10 (bir kimse, veya bir şey) -e göre. *It is warm for January. He is rather tall for his age.* 11 -den dolayı, nedeniyle. *He was sent to prison for stealing the money.* Ayrıca *bağ* çünkü. (*r. kul.*). *Finding answers will eventually lead to useful discoveries and inventions, for we know that science keeps enriching our lives.* (*eş anl.* **as, because, since**). **for the first/second/last time** ilk kez/ikinci kez/son olarak. **for the present** şimdilik. **be for it, be in for it** başı derde girmek, başı belada olmak, hapı yutmak. **for ever** ebediyete kadar, sonsuza dek. **for all** -e rağmen. *For all your cleverness, you could not win.* **but for** olmasa(ydı). *I would have won the competition but for bad luck.* **what...for?** Ne için? Niçin? Niye?
forbade [fɔ'bæd] **forbid** fiilinin geçmiş zamanı ve ortacı.
forbear¹, forebear ['fɔːbeə*] *i + sy* (genl. *çoğ. biç.*) ata, ced. (*esk. kul.*).

His forbears came from Africa. (eş anl. **ancestor**).

forbear² ['fɔ:bɛə*] *f-n* kaçınmak, kendini tutmak, sakınmak. *The teacher forbore to report the child's misbehaviour to his parents. They ought to forbear from talking about it.*

forbid [fə'bid] *f+n* yasaklamak, menetmek. *I forbade him to go to the party. The government decided to forbid the meeting. geç. zam. biç.* **forbade** [fə'bæd] *geç. zam. ort.* **forbidden. forbidding** *s* korkunç, tehlikeli. **God forbid! Heaven forbid!** Allah göstermesin! Allah korusun! (*k. dil.*). **forbidden** *s* yasak, yasaklanmış. **forbidding** *s* tehlikeli; ürkütücü: *the dank walls and barred windows of the forbidding castle.*

force¹ [fɔ:s] **1** *i-sy* güç, kuvvet, zor; şiddet: *the force of the wind/the blow/the explosion.* **2** *i+sy* örgütlenmiş insan topluluğu; organize olmuş insan gücü: *police force; air force; armed forces.* **3** *i+sy* etkiye sahip bir şey. *The United Nations Organization is a force for good* (=Birleşmiş Milletler Teşkilatının insanlığın hayrına olan bir etkinliği vardır). **forceful** *s* etkili, etkileyici. **in force** 1 yürürlükte; yasal olarak geçerli. *These rules are still in force.* (*eş anl.* **in effect**). 2 (genl. askerler hk.) büyük kuvvetlerle: *an attack in force.* **by force of** bir durumun, bir hareketin, vb.) gereği olarak. **come/put into force** yürürlüğe girmek/koymak. *This law will come/be put into force next month.* **forcible** ['fɔ:səbl] *s* zorla yapılan. *Finding all doors and windows locked, the police had no choice but to make a forcible entrance.* **forcibly** *z* zorla. **force of habit** alışkanlık (haline geldiği için). *'You shouldn't have switched the light off.'—'Oh, sorry. Force of habit.'*

force² [fɔ:s] *f+n* **1** mecbur etmek, zorlamak. *We forced him to come.* **2** (bir şeyi) zor kullanarak yapmak. *He forced the door.* **3** (genl. bitkiler hk.) yapay usullerle turfanda yetiştirmek.

forceps ['fɔ:seps] *içoğ* forseps, lavta; doğacak çocuğu ana rahminden çekmeye yarayan aygıt.

ford [fɔ:d] *f+n* bir akarsuyun sığ yerinden geçmek: *ford a river.* Ayrıca

i+sy akarsuyun sığ geçit yeri.

fore¹ [fɔ:*] *s* (özl. taşıt araçları hk.) ön, ön taraftaki, öndeki. *Your seat is in the fore part of the bus.*

fore-² [fɔ:*] *ön-ek* ön, önde (örn. **forearm** (=önkol); **forenoon** (=sabah)). *A donkey has two forefeet and two hind feet.*

forearm ['fɔ:ra:m] *i+sy* önkol; bilekle dirsek arası.

forebear ['fɔ:bɛə*] *i+sy* **forbear**'e bkz.

foreboding [fɔ:'boudiŋ] *i+sy* (kötü bir şey hk.) ön sezi, içe doğma: *have a foreboding about something. She carried her school report home with a sharp foreboding of the nasty scene she would face that evening.*

forecast ['fɔ:ka:st] *i+sy* (özl. hava hk.) tahmin. *What's the forecast for the next few days?* Ayrıca *f+n* (hava) tahmin yapmak. *Some nice warm weather had been forecast. geç. zam. ve ort.* **forecast.**

forecastle, fo'c's'le ['fouksl] *i+sy* baş kasarası; ön üst güverte; tayfa koğuşunun bulunduğu yer. *I followed David on to the fo'c's'le to find the whole ship bathed in brilliant moonlight.*

forefather ['fɔ:fa:ðə*] *i+sy* ata, ced. *My forefathers came from Yugoslavia.* (*eş anl.* **forebear**).

forefinger ['fɔ:fiŋgə*] *i+sy* işaret parmağı. (*eş anl.* **index finger**).

forefront ['fɔ:frʌnt] ön taraf, ön sıra, en öndeki yer; ön plan. *There is an idea in the forefront of my mind that....* (=Bu konuda aklıma ilk gelen şey şöyle...).

forego [fɔ:'gou] *f+n* **forgo**'ya bkz.

foregoing ['fɔ:'gouiŋ] *s* önceki, daha önce sözü geçen; yukarıda sözü edilen. *See the foregoing page for an explanation. (r. kul.). (eş anl.* **the above**).

foregone ['fɔ:gɔn] *s* genl. **foregone conclusion** sözünde—kaçınılmaz sonuç. *The outcome of both votes was assumed to be a foregone conclusion. If an Olympic runner races against us, it is a foregone conclusion who will win.*

foreground ['fɔ:graund] *i-sy* (bir fotoğraf, veya resimde) ön plan. *In the foreground, there is a small tree.* (*karş.* **background**).

forehand ['fɔ:hænd] *i+sy* (teniste) (elin

içyüzü rakibe dönük olarak yapılan) sağ vuruş; forhend. *Her forehand always confuses her opponents.* Ayrıca *s/z*: *a forehand stroke.* (*karş.* **backhand**).

forehand

forehead ['fɔriɑ] *i+sy* alın. (*eş anl.* **brow**).

foreign ['fɔrin] *s* 1 dış, yabancı, ecnebi: *a foreign language; foreign trade.* 2 önce denenmemiş; yabancı. *This is foreign to our experience.* **foreigner** *i+sy* ecnebi, yabancı; başka ülkeden olan kimse. (*eş anl.* **stranger**). **foreign body** yabancı madde; doğal olarak içinde bulunduğu şeye ait olmayan bir şey.

foreman ['fɔːmən] *i+sy* 1 ustabaşı. *The factory foreman said the men would not do overtime.* 2 jüri başkanı.

foremost ['fɔːmoust] *s* en önemli, başta gelen, en öndeki: *our foremost duty.* **first and foremost** *z* ilk önce, evvel emirde. (*eş anl.* **above all**).

forename ['fɔːneim] *i+sy* (bir kimsenin) ilk adı. (*karş.* **surname**).

forensic [fə'rensik] *s* bir cinayetle ilgili eşyaları bilimsel bir şekilde inceleyip bilgi elde etmeyle ilgili: *forensic medicine; forensic department* (= adlî tıp).

forerunner ['fɔːrʌnə*] *i+sy* 1 selef; ata, ced. 2 müjdeci, haberci. *This invention was the forerunner of many important developments in space travel.*

foresee [fɔː'siː] *f+n* ileriyi görmek, önceden sezmek, geleceği anlamak. *I made careful preparations because I foresaw that we would be very busy this year.* şim. zam. ort. **foreseeing**. geç. zam. biç. **foresaw** [fɔː'sɔː]. geç. zam. ort. **foreseen**. (*eş anl.* **predict**).

foreshadow [fɔː'ʃædou] *f+n* tehlikeli, veya kötü bir şeyin belirtisi olmak, habercisi olmak.

foreshore ['fɔːʃɔː*] *i+sy* sahilin gelgit noktaları arasındaki kısmı.

foresight ['fɔːsait] *i-sy* önseziş, basiret, önceden görme ihtiyat, tedbir. *He showed remarkable foresight in storing up fuel for the winter.*

forest ['fɔrist] *i+sy/-sy* orman. *They live in a forest. They walked through the forest.* **forestry** *i-sy* ormancılık.

forestall [fɔː'stɔːl] *f+n* başkasından önce davranıp onun önüne geçmek. *He forestalled my question by bringing up the subject himself.*

foretaste ['fɔːteist] *i+sy* sonradan olacak, veya gelecek bir şeyin ufak örneği.

foretell [fɔː'tel] *f+n* olacağı önceden bilip söylemek. *Who could have foretold that such a routine tour was to culminate in such a tragedy?* geç. zam. ve ort. **foretold** ['fɔː'tould]. (*eş anl.* **predict**).

forever [fə'revə*] *z* hep, daima. (*eş anl.* **evermore**).

forewarn [fɔː'wɔːn] *f+n* önceden

foreword ['fɔːwəːd] *i+sy* önsöz.

forfeit ['fɔːfit] *f+n* ceza olarak, veya davranışları sonucu bir şeyi kaybetmek. *Violation of this contract makes them liable to forfeit £250.* Ayrıca *i+sy* ceza olarak kaybetme.

forgave [fə'geiv] **forgive** fiilinin geçmiş zaman biçimi.

forge[1] [fɔːdʒ] *f+n/-n* 1 sahtesini yapmak; kalpazanlık etmek. (*eş anl.* **counterfeit**). 2 ağır ağır güçlükle ilerlemek. **forger** *i+sy* kalpazan. **forgery** *i+sy/-sy* kalpazanlık. *He was sent to prison for forgery.* **forge ahead** (örn. bir yarışta) öne geçmek.

forge[2] [fɔːdʒ] *i+sy* demirhane.

forget [fə'get] *f+n/-n* unutmak; unutmuş olmak, hatırlamamak. *I forgot to buy the book. I forget where you live.* şim. zam. ort. **forgetting**. geç. zam. biç. **forgot** [fə'gɔt]. geç. zam. ort. **forgotten** [fə'gɔtn]. **forgetful** *s* unutkan. *She became very forgetful, and had to be looked after by her sister.* **forgetfulness** *i-sy* unutkanlık. *Increasing forgetfulness is a sign of old age. ..., and don't you forget it! tamam mı? It's my house and my record player, and don't you forget it!* (*eş anl.* **okay? alright?**).

forgive [fə'giv] *f+n/-n* affetmek, bağışlamak. *I forgave him for losing*

my book. I forgave his behaviour.
şim. zam. ort. **forgiving.** *geç. zam. ort.*
forgave [fə'geiv]. *geç. zam. ort.*
forgiven [fə'givən]. **forgiveness** *i-sy* af,
bağışlama, affetme. *(eş anl.* **mercy).**
forgiving *s* bağışlayan, affeden.

forgo, forego [fɔː'gou] *f+n* (genl. hoş,
güzel bir şeyden) vazgeçmek; -den
kendini mahrum etmek. *He decided*
to forgo sugar in his tea. geç. zam. biç.
forwent [fɔː'went]. *geç. zam. ort.*
forgone [fɔː'gɔn]. *(eş anl.* **go without).**
Ayrıca **foregone'a** da bkz.

fork [fɔːk] *i+sy* 1 çatal. 2 yaba, çatallı
bel. 3 yol, nehir, patika, veya bir dalın
Y biçimindeki yeri. *I turned left at the*
fork in the road. Ayrıca *f-n* ikiye
ayrılmak, çatallaşmak. *The road*
forked. **forked** *s* çatallı: *a forked*
tongue. **fork out** parayı ödemek/
uçlanmak: *fork out four pounds. (k.*
dil.).

forlorn [fə'lɔːn] *s* 1 ıssız ve terkedilmiş.
The house looked bare and forlorn.
2 üzgün, perişan: *a forlorn voice.* 3
ümitsiz: *a forlorn attempt/hope.*

form¹ [fɔːm] 1 *i+sy/-sy* şekil, biçim;
endam. *She made a cake in the form*
of a letter 'S'. The word 'sheep' has
the same form in the singular and the
plural. Form is as important as colour
in the art of painting. 2 çeşit. *There*
are many different forms of food
throughout the world. 3 *i+sy* form;
basılı resmî kâğıt. 4 *(Brİ'de)* (okulda)
sınıf (örn. 3. sınıf, 10. sınıf). *(Amİ'de*
grade). *My daughter is in form 5.* 5
(sporda) form. *The horse is off/on*
form (=At formunda değil/ for-
munda). 6 *i+sy* sıra, bank.

form² [fɔːm] *f+n/-n* 1 şekil almak;
şekil vermek, biçimlendirmek,
oluşmak, oluşturmak. *Ice was*
forming on the river. He formed a
ball of earth in his hands. 2 oluşmak,
tasarlamak, kurmak. *An idea was*
forming in his mind. He formed a
football club.

formal ['fɔːml] *s* resmî, belli kurallara
göre yapılan: *formal handshake/*
clothes/approval/education. (karş.
informal). formally *z* resmen. *They*
have formally applied for planning
permission for the new shopping
precinct. **formality** [fə'mæliti] *i+sy/-*
sy formalite. *(karş.* **informality).**

format ['fɔːmæt] *i+sy* bir kitap, dergi,

vb. genel düzeni, boyu. *(eş anl.*
layout).

formation [fə'meiʃən] *i+sy/-sy* düzen,
tertip. *The planes were flying in*
formation.

formative ['fɔːmətiv] *s* şekillendiren,
şekil veren, gelişmeye, oluşmaya ait:
the formative years (=kişinin
karekterinin, zekasının oluştuğu
çocukluk yılları).

former¹ ['fɔːmə*] *s* 1 önceki. *The*
former headteacher of our school
came back to visit us. (karş. **latter).**
(eş anl. **one-time).** 2 eski: *in former*
times. **formerly** *z* eskiden. *(eş anl.*
previously).

former² ['fɔːmə*] *i+sy* **first/second,**
etc **former** sözünde—birinci/ikinci,
vb. sınıf öğrencisi.

Formica [fɔː'maikə]® *i-sy* formika,
yaprek halinde ısıya dayanıklı plastik.

formidable ['fɔːmidəbl] *s* korkunç,
müthiş; yapılması, başarılması zor: *a*
formidable enemy; a formidable task.
They had a formidable job to do.

formula ['fɔːmjulə] *i+sy* 1 formül
(örn. H_2O, πr^2). 2 fazla bir anlamı
olmayan ve yan yana getirilmiş söz-
cükler (örn. *good morning, how do*
you do). 3 *(Amİ'de)* bebek maması,
süte benzer sıvı mama. *çoğ. biç.*
formulas veya **formulae** ['fɔːmjuliː].
formulate ['fɔːmjuleit] *f+n* bir fikri,
vb. kesin ve açık bir biçimde ifade
etmek. *It was so vaguely formulated*
that it invited misinterpretation.

forsake [fə'seik] *f+n* (ailesini,
dostunu, vb.) yüzüstü bırakmak,
terketmek. *She pleaded with her*
husband not to forsake her. şim. zam.
ort. **forsaking.** *geç. zam. biç.* **forsook**
[fə'suk]. *geç. zam. ort.* **forsaken.** *(eş*
anl. **abandon, desert).**

fort [fɔːt] *i+sy* kale, hisar. *There is an*
old fort at the mouth of the river.

forte ['fɔːtei] *i* tek bir kimsenin çok iyi
yaptığı bir şey. *Driving is his forte.*

forth [fɔːθ] *z* ileri; dışarıya doğru. *He*
went forth to attack the enemy. (esk.
kul.). **and so forth** ve benzeri.

forthcoming [fɔːθ'kʌmiŋ] *s* 1 yakında
çıkacak; olacak: *a forthcoming book*
(=yakında yayınlanacak, çıkacak
kitap); *the forthcoming presidential*
election. 2 hazır, mevcut. *It was not*
forthcoming. 3 cana yakın, dost; bir
şey hakkında bilgi vermeye hazır. *He*

was not a forthcoming person.
forthright ['fɔ:θrait] dobra, açık, samimi. *She is a forthright speaker.* *(eş anl.* **blunt, direct).**
forthwith [fɔ:θ'wiδ] z hemen, derhal, hiç vakit kaybetmeden. *I gave her answer forthwith.*
fortify ['fɔ:tifai] *f+n* 1 (bir yeri bir saldırıya karşı korumak için etrafına hendek kazarak, duvar çevirerek) sağlam ve dayanıklı hale getirmek. *The people fortified the town against an attack.* 2 (özl. yiyecekler, içecekler hk.) kuvvetlendirmek, güçlendirmek. *The hot meal fortified me against the cold.* **fortification** [fɔ:tifi'keiʃən] *i+sy/-sy* takviye, kuvvetlendirme.
fortitude ['fɔ:titju:d] *i-sy* metanet, cesare*, tahammül.
fortnight ['fɔ:tnait] *i+sy* iki hafta, on beş gün. *John went to London for a fortnight.* **fortnightly** *s/z* iki haftada bir, on beş günde bir.
FORTRAN ['fɔ:træn] *i+sy/-sy* (= formula translation)— matematiksel ve bilimsel amaçlı yüksek düzeyli bilgisayar programlama dili; karmaşık problemlerin çözümünü kolaylaştırıp hızlandırmak için oluşturulmuştur.
fortress ['fɔ:tris] *i+sy* kale; iyi korunmuş bir yer.
fortuitous [fɔ:'tjuitəs] *s* tesadüfi, raslantı sonucu: *a fortuitous discovery/meeting.* *(eş anl.* **coincidental).**
fortune ['fɔ:tʃən] *i+sy/-sy* 1 talih; kısmet. *He had good fortune.* *(karş.* **misfortune).** 2 servet. *He made his fortune by selling cars.* **fortunate** ['fɔ:tʃənənt] *s* talihli, mutlu. *You were fortunate to find the money you lost.* *(karş.* **unfortunate).** **fortunately** *z* çok şükür, bereket versin, Allahtan, iyi ki. *I was afraid Peggy would be disappointed, but fortunately she didn't seem to mind.* *(karş.* **unfortunately).** **fortunately for you** şansısınız; şansınız varmış. *Well, fortunately for you, here come your friends now.* **tell fortunes** /tell someone's fortune fala bakmak /bir kimsenin falına bakmak. *Gypsies can tell people's fortunes.* **fortuneteller** *i+sy* falcı.
forty ['fɔ:ti] *i/zamir* kırk; 40. **forty winks** için **winks**'e bkz.
forum ['fɔ:rəm] *i+sy* 1 bazı sorunların görüşülerek karara bağlandığı genel

toplantı. 2 dinleyici durumunda olanların da söz alabildikleri belli bir konu üzerinde düzenlenmiş toplantı.
forward[1] ['fɔ:wəd] *z* öne, ileri(ye). *He ran forward.* *(karş.* **backwards).**
forward[2] ['fɔ:wəd] *s* 1 öndeki. *(karş.* **backward).** 2 (çocuklar hk.) küstah, şımarık. **forwardness** *i-sy*
forward[3] ['fɔ:wəd] *i+sy* (örn. futbolda) forvet; ileri uç oyuncusu.
forward[4] ['fɔ:wəd] *f+n* (mektup, vb.) yeni adrese göndermek. *Please forward my mail to this address.* **forwarding address** *i+sy* yeni adres, veya gittiği yerin adresi.
fossil ['fɔsl] *i+sy* fosil; geçmiş yerbilim zamanlarına ilişkin hayvan, veya bitkilerin, yerkabuğu kütleleri içindeki kalıntıları °ya da izleri.
foster ['fɔstə*] *f+n* 1 gelişmesine, büyümesine yardım etmek: *foster a political movement.* 2 (kendisinin olmayan bir çocuğa belirli bir süre) bakmak, büyütmek: *foster a child.* **foster mother/brother/child** sütanne/süt (erkek) kardeş/evlâtlık, süt evlât. **foster home** 1 sütanne sütbaba evi. 2 öksüzler yurdu; çocuk bakım evi.
fought [fɔ:t] **fight**[2] fiilinin geçmiş zamanı ve ortacı.
foul[1] [faul] *s* 1 pis, kirli: *foul air.* 2 kötü, berbat: *a foul day.* 3 hain,haince, menfur: *a foul crime.* 4 ayıp, müstehcen: *foul language.* 5 kötü, bozuk (rüzgârlı, fırtınalı, yağmurlu, veya karlı): *foul weather.* **foul play** *i-sy* cinayet. *There was no evidence of foul play; many people die from accidental poisoning.* **foul-mouthed** ağzı bozuk, küfürbaz.
foul[2] [faul] *i+sy* faul; kurallara aykırı hareket. *Tanju was sent off the field for a foul against Banks.*
foul[3] [faul] 1 *f+n* pisletınek, kirletmek. *The smoke fouled the air.* 2 *f+n/-n* faul yapmak. *The footballer tried to foul. He fouled his opponent.* 3 *f+n* dolaşmak; dolaştırmak, dolanmak. *The ship fouled its anchor. The boat fouled the fishing nets of the other boats.*
found[1] [faund] **find**[1] fiilinin geçmiş zamanı ve ortacı.
found[2] [faund] *f+n* kurmak, temelini atmak: *found a city/school/club.*
founder[1] *i+sy* kurucu. **foundation**

[faun'deifən] **1** *i+sy* kuruluş; vakıf. *The work of the Ford Foundation is known everywhere.* **2** kurma, tesis etme. **3** kurma için sağlanan para. **4** *i+sy* (genl. çoğ. biç.) temel. **5** *i+sy/-sy* temel, esas: *the foundations of democracy. This theory has no foundation in fact.*

founder² ['faundə*] *f+n/-n* **1** (gemiler hk.) su dolup batmak; su doldurup batırmak. **2** (atlar hk.) tökezlenip düşmek: tökezletip düşürmek.

founder³ ['faundə*] *i+sy* dökmeci; dökümhane işçisi.

foundling ['faundliŋ] *i+sy* ana babası tarafından terkedilip sokakta, veya başka bir yerde bulunan bebek ya da çocuk.

foundry ['faundri] *i+sy* dökümhane.

fount [faunt] *i+sy* **1** aynı puntoda hurufat takımı. **2** çeşme. (*esk.kul.*).

fountain ['fauntin] *i+sy* fıskıye; çeşme. **fountain pen** dolmakalem.

four [fɔ:*] *i/zamir* dört; 4. **foursome** (özl. bir oyunda) dörtlü takım; dört kişiden oluşan grup. **four-letter word** ayıp söz (örn. *fuck, cunt, cock, bugger*). (*eş anl.* **swear-word**). **four-poster** dört direkli karyola. **foursquare** s **1** kare. **2** namuslu, içten. **on all fours** için **all**'a bkz.

fourth [fɔθ] *i/zamir* (=**4th**)— dördüncü; 4., 4üncü. **fourth dimension (the** ile) fizikte zaman. Diğer üç boyut şunlardır: uzunluk (=**length**), genişlik (=**breadth**) ve yükseklik (=**heigth**).

fowl [faul] *i+sy* **1** kümes hayvanı. **2** hindi, tavuk, kaz, vb. eti.

fox [fɔks] *i+sy* tilki. **foxy** s tilki gibi, kurnaz, akıllı ama namussuz. **foxglove** yüksük otu. **foxhound** zağar (tilki avı köpeği). **foxtrot** *i+sy/-sy* foxtrot (bir dans çeşidi).

foyer ['fɔiei] *i+sy* (otel, sinema, veya büyük binalardaki) antre, giriş. (*eş anl.* **lobby**).

F. P, f.p./fp 1 (=**freezing point**)— donma noktası. **2** (=**fully paid**)— tamamı ödenmiştir.

fracas ['fræka:] *i+sy* gürültü, patırtı, kavga. *There was a fracas about the wages at the meeting.* çoğ. biç. **fracas** ['fræka:z].

fraction ['frækʃən] *i+sy* **1** küçük parça, kısım. bölüm. **2** kesir; bir birimin bölündüğü eşit parçalardan

birini, veya birkaçını anlatan sayı. (örn. 1/2, 1/4, 1/8). **fractional** *s*.

fraction

NOT: 1/2, 1/4, 1/8 gibi gösterilene *vulgar fractions* (=bayağı kesirler) denir. 0.5, 0.25, 0.125 gibi gösterilenlere de *decimal fractions* (=ondalık kesirler) denir. Matematikte bu iki çeşit yapının genel ismi **fractions** (=kesirler) olur.

fractious ['frækʃəs] *s* (genl. çocuklar hk.) huysuz, hırçın. **fractiously** *z* ters ters. **fractiousness** *i-sy* huysuzluk; çocuk terbiyesizliği.

fracture ['fræktʃə*] *i+sy* **1** (kemik) kırma, kırılma. **2** kırık. Ayrıca *f+n /-n* kırmak; kırılmak. *The skull fractured in two places.*

fragile ['frædʒail] *s* **1** kolay kırılır. *That glass dish is very fragile.* **2** (sıhhat, vb. hk.) (hastalık, fazla içki, vb. nedeniyle) solgun, bitkin, halsiz. **fragility** [frə'dʒiliti] *i-sy* naziklik; kolay kırılma.

fragment ['frægmənt] *i+sy* **1** kısım, parça. *I read Jane a fragment of the letter.* **2** (bir bütünden kırılıp kopmuş) parça. *I was cut by a fragment of glass.* Ayrıca ['fræg'ment] *f+n/-n* kırıp, veya kırılıp parçalara ayırmak ya da ayrılmak: **fragmentary** ['frægməntri] *s* kısım kısım, parça

parça. *The news from the war zone was fragmentary because the walkie-talkies picked up so much static.*

fragrant ['freigrnt] *s* (bir çiçek gibi) güzel kokulu. **fragrance** *i-sy* güzel koku. *The fragrance of baking bread reminds me of home.*

frail [freil] *s* zayıf (ve genl. yaşlı). *I helped the frail old lady cross the road.* **frailty** *i-sy* zayıflık.

frame[1] [freim] *i+sy* 1 (resim, pencere için) çerçeve. 2 (insan, veya hayvan hk.) iskelet. 3 (özl. ev, gemi, uçak, hk.) yapı, iskelet. **frame of mind** ruh hali. *I'm not in the right frame of mind for a party.*

frame[2] [freim] *f+n* 1 çerçevelemek: *frame a picture.* 2 kurmak, çatmak; tasarlamak, taslağını yapmak: *frame a sentence/a law.* 3 (suçsuz bir insanı) yalan yere suçlamak. *I didn't do it your honour, he framed me.* (3. anlamı *k. dil.*). **frame-up** birini suçlu göstermek için kurulan düzen, kumpas. (*k. dil.*). **framework** 1 iskelet, kafes. *The framework of the ship was made of steel.* 2 yapı: *the framework of society/of the economy.*

franchise ['fræntʃaiz] *s* 1 *i tek* (seçimlerde) oy verme hakkı. 2 *i+sy* imtiyaz, hak.

frank [fræŋk] *s* samimi, doğru sözlü: *a frank answer.* **frankly** *z* açıkçası. *Frankly, I'm going to have to ask you to wait for a while.*

frankfurter [fræŋk'fɔ:tə*] *i+sy* bir tür tütsülenmiş sosis.

frankincense ['fræŋkinsens] *i-sy* buhur, günlük.

frantic ['fræntik] *s* çok endişeli, veya heyecanlı olması nedeniyle ne düşüneceğini ya da doğru dürüst nasıl davranacağını bilmez; çılgın, kendinden geçmiş, çileden çıkmış. *As the night passed and the child could not be found the woman grew frantic and could scarcely be restrained by her neighbours from rushing out in the storm.* **frantically** *z* çılgınca.

fraternal [frə'tə:nl] *s* kardeş gibi, kardeşçe; kardeşlere ait. **fraternity** 1 *i+sy* kardeşlik cemiyeti; dinsel, veya toplumsal amaç ile kurulan birlik. 2 *i+sy* (*AmI'*de) erkek öğrenci birliği. 3 *i-sy* kardeşlik. **fraternize** ['frætənaiz] *f-n* (özl. daha önce birbiri ile düşman olanlar hk.) dost olmak.

fraud [frɔ:d] 1 *i-sy* hile, sahtekârlık. *He took my property from me by fraud.* (*eş anl.* **swindle**). 2 *i+sy* hilekâr, sahtekâr kimse. *She said she was an expert dressmaker but she was a fraud.* **fraudulent** ['frɔ:djulənt] *s* hileli. *They were facing a fraudulent murder charge.*

fraught [frɔ:t] *s* dolu (genl. **fraught with something** sözünde—(sorunlar, olasılıklar, vb.) ile dolu. *It was fraught with horror/terror/risk/danger*).

fray[1] [frei] *i+sy* kavga, veya mücadele.

fray[2] [frei] *f+n/-n* (kumaş, ip, vb. hk.) yıpratmak; yıpranmak.

freak [fri:k] *i+sy* 1 hilkat garibesi, anormal yaratık (insan, hayvan ya da bitki). Ayrıca *s* görülmemiş, anormal: *a freak storm.*

freckle ['frekl] *i+sy* (tendeki) çil. Ayrıca *f+n/-n* çillenmek; çillendirmek. *She freckles very easily. The sun freckled her skin.*

free [fri:] *s* 1 serbest; sınırlanmamış, veya kontrol altına alınmamış. *The thief is still free. Nobody is free to do what he likes.* 2 parasız, bedava. *Education is free in England.* 3 özgür, hür, bağımsız. *In 1940 India was not yet free.* 4 eli açık, cömert. 5 işi yok, serbest, meşgul değil. *I'm free this afternoon.* 6 boş, kimse oturmuyor. *This seat is free.* krş. biç. **freer** ['friə*]. enüst.biç. **freest** ['fri:ist]. Ayrıca *f+n* serbest bırakmak, tahliye etmek: *free the prisoners.* **freely** *z* serbestçe. *Money should circulate freely within the Common Market.* **freedom** *i-sy* özgürlük, hürriyet. **Freefone** İngilterede bazı belli kurumlara para ödemeden telefon etme düzeni. **freepost** posta ücretini alıcı kurumun karşıladığı bir İngiliz mektup gönderme sistemi. **a free hand** tam yetki: *give someone a free hand.* (*k. dil.*). **freelance** *i+sy* serbest yazar, ressam. *Are you employed by Metro? No, I'm a freelance.* Ayrıca *s/z. She works freelance as an advertising agent.* **Freemason** *i+sy* Farmason. **free trade** serbest ticaret. **free market economy** serbest pazar ekonomisi. **free of tax/tax-free** vergisiz. **free of duty/duty-free** gümrük vergisiz. **free will** özgür irade. **free and easy** *s* teklifsiz. (*k. dil.*). **free-for-all** herkesin katıldığı kavga, meydan kavgası ya da da

yarışma. **the Free World** (komünist olmayan) Hür Dünya. **for free** bedava, parasız. (*eş anl.* **for nothing**).
freeze [fri:z] 1 *f+n/-n* donmak; dondurmak. *The river froze last night. He froze the water in his refrigerator.* 2 (hava) çok soğuk olmak, donmak; çok üşümek. *It's freezing. My feet are freezing.* 3 dona kalmak, kıpırdamadan öyle kalmak. *The hunter froze when he saw the lion.* 4 *f+n* (fiyatlar, ücretler, vb. hk.) dondurmak. *The government decided to freeze prices for six months.* şim. zam. ort. **freezing.** geç. zam. biç. **froze** [frouz]. *geç. zam. ort.* **frozen** ['frouzn]. Ayrıca *itek* 1 soğuk hava, don. 2 (fiyat, ücret, vb.) dondurma. **freeze over** üstü buz tutmak. **freezer** *i+sy* için **deep-freez**'e bkz. **freezing point** donma noktası.
freight [freit] *i-sy* 1 taşıma, nakliye. *Air freight is becoming increasingly popular.* 2 yük, mal, eşya. Ayrıca *f+n* bir gemiye yük yüklemek. **freighter** *i+sy* şilep.
French [frentʃ] s Fransızlar hakkında, Fransızlar ile ilgili. Ayrıca *i-sy* Fransızca (dili). **French door** (örn. bir bahçeye açılan) pencereye benzer cam kapı. **French bean** *i+sy* (genl. çoğ. biç.) taze fasulye. **French fries** içoğ kızarmış parmak patates. **French window** için **French door**'a bkz. **take French leave** izinsiz sıvışmak; kırmak. (*k. dil.*).
frenzy ['frenzi] *i-sy* çılgınlık, taşkınlık; geçici cinnet. **frenzied** *s* çılgın; çılgınca. *The dog began a frenzied barking when he saw his owner.* **frenziedly** *z*.
frequent[1] ['fri:kwənt] *s* çok (sık sık) görülen, sık. *He made frequent visits to the hospital.* (*karş.* **infrequent**). **frequently** *z* sık sık. *I visit my uncle's farm frequently.* **frequency** 1 *i-sy* sık sık olma. 2 *i+sy* frekans; birim zamandaki titreşim sayısı, sıklık.
frequent[2] [fri'kwent] *f+n* sık sık gitmek. *He frequented the bars.*
fresco ['freskou] 1 *i-sy* fresk; yaş duvar sıvası üzerine kireç suyunda eritilmiş madensel boyalarla resim yapma yöntemi. 2 *i+sy* bu yöntemle yapılmış duvar resmi. çoğ. biç. **frescos** veya **frescoes.**
fresh [freʃ] *s* 1 yeni: *fresh news.* 2 taze:

fresh fruit. Fresh vegetables are expensive in winter. 3 (henüz, az önce yapılan, edinilen) yeni: *fresh footprints.* 4 (su) tatlı: *fresh water.* 5 (bir kimsenin yüz görünümü hk.) sağlıklı, pırıl pırıl. 6 (hava hk.) oldukça serin ve esintili: *a fresh spring morning.* 7 (renkler hk.) açık ve parlak: *fresh pink.* 8 canlı, zinde. 9 temiz, veya kullanılmamış. *She put some fresh sheets on the bed.* **freshly** *z* taze taze. **freshness** *i-sy* tazelik. **freshen** *f+n/-n* canlanmak; canlandırmak; tazelemek. **freshman, fresher** kolej, veya yüksek okul birinci sınıf öğrencisi. **freshwater** tatlı su. (*karş.* **salt water**).
fret [fret] *f+n/-n* 1 (genl. çocuklar hk.) kızdırmak, sinirlendirmek, rahatsız etmek, huysuzlandırmak; kızmak, sinirlenmek, huysuzlanmak. *The baby was fretting because he was hungry.* 2 üzmek; üzülmek; kendini yemek. *Since her husband's death, she has done nothing but fret.* geç. zam. ve ort. **fretted. fretful** *s* ters, huysuz, (genl. **fretting** olarak kullanılır). **fretfully** *z* terslenerek, söylenerek. **fretfulness** *i-sy* terslik, huysuzluk.
friar ['fraiə*] *i+sy* Roma Katolik Kilise'sinde rahip.
friction ['frikʃən] *i-sy* 1 friksiyon; ovma, ovuşturma. 2 sürtüşme, anlaşmazlık. (*eş anl.* **conflict**).
Friday ['fraidi] *i+sy/-sy* cuma; haftanın 6. günü. **Good Friday** Paskalya'dan evvelki cuma.
fridge [fridʒ] *i+sy* (*Brİ*'de) **refrigerator** (=buzdolabı) sözcüğünün kısa söyleniş biçimi.
friend [frend] *i+sy* arkadaş, dost, ahbap. **friendly** *s* arkad·ş canlısı, dost, samimi, cana yakın. *Everyone at the party was friendly.* (*karş.* **unfriendly**). **friendliness** *i-sy* samimilik. **friendship** *i+sy/-sy* arkadaşlık. **make friends (with someone)** (bir kimse ile) arkadaş olmak. *He finds it difficult to make friends. He made friends with that boy.* **be friends with someone** (bir kimse ile) ahbap olmak; (-in) arkadaşı olmak. *He didn't want to be friends with me.*
frieze [fri:z] *i+sy* friz; yapılarda taban kirişi ile çatı arasında kalan üzeri boydan boya kabartmalarla süslü

bölüm.

frigate ['frigət] *i+sy* firkateyn; üç direkli, bir tür yelkenli savaş gemisi.

fright [frait] *i+sy/-sy* 1 ani ve büyük korku. *He got a fright when he found a snake in his bath.* (*eş anl.* **terror**). 2 (giyim nedeniyle) korkunç, veya gülünç görünen kimse. (*k. dil.*).

frighten *f+n/-n* (birisini) korkutmak; korkmak, ağzını yüreğine getirmek. *The snake frightened him. The cat frightened the mice away. He doesn't frighten easily.* **frightened** *s* korkmuş. *Don't leave her alone; she's frightened of the dark. I'm frightened of mice.* **frightening** *s* korkutucu. *The hydrogen bomb is a frightening thing.* **frightful** *s* korkunç; berbat, iğrenç. *They had a frightful time trying to cross the flooded river.* **frightfully** *z* 1 korkunç bir şekilde. 2 çok. *I'm frightfully sorry.* (*k. dil.*). (*eş anl.* **awfully**).

frigid ['fridʒid] *s* 1 çok soğuk. *The frigid temperature in Antarctica makes life difficult for the scientists who work there.* 2 hiç cana yakın değil, buz gibi soğuk. (*eş anl.* **icy**). **frigidly** *z* soğuk bir şekilde. **frigidity** [fri'dʒiditi] *i-sy* duygusuzluk, soğukluk.

frill [fril] *i+sy* 1 fırfır, farbala. 2 gereksiz süs; süs olsun diye konulmuş bir şey.

fringe [frindʒ] *i+sy* 1 perçem, kâkül. 2 (bir ormanın, bir siyasi partinin, bir grubun, bir şehrin, vb.) kenar(ı), veya dış(ı): *on the fringe of a group.* 2 (genl. bir halının, atkının, elbisenin kenarındaki) saçak; püsküllü saçak. *The fringe of the rug is badly worn.* **fringe benefit** yan ödeme(ler).

frisk [frisk] 1 *f-n* (örn. bir hayvan yavrusunun yaptığı gibi) sıçrayıp oynamak. *They frisked around joyfully in the warm, spring sunshine.* 2 *f+n* (silah taşıyıp taşımadığını anlamak için bir kimsenin) üstünü aramak. (2. anlamı *k. dil.*). **frisky** *s* neşeli, oynak. *The first round of drinks made me frisky.*

fritter[1] ['fritə*] *f-n* **fritter away** **something** sözünde—bir şeyi azar azar israf etmek, ziyan etmek. *He frittered away his money.*

fritter[2] ['fritə*] *i+sy* dilim dilim kızartılmış meyva, et veya sebze.

frivolous ['frivələs] *s* uçarı, havaî. (*eş anl.* **flippint**). **frivolity** [fri'vɔliti] *i+sy/-sy* hoppalık.

frizzy ['frizi] *s* (saç hk.) kıvırcık; kıvır kıvır.

fro [frou] *z* sadece **to and fro** sözünde—aşağı yukarı, ileri geri.

frock [frɔk] *i+sy* 1 kadın elbisesi, rop. 2 papaz cüppesi. **frock coat** redingot, frak.

frog [frɔg] *i+sy* kurbağa. *A frog/The frog usually lives in cold, damp places. Frogs usually live in cold, damp places.* **frogman** kurbağa adam. **have a frog in one's throat** (boğaz şişmesi, veya ağrısı nedeniyle meydana gelen balgam yüzünden) rahat konuşamamak, veya sesi kısılmak. (*k. dil.*). **frog-march** *f+n* yaka paça götürmek, kollarını arkasına bükerek götürmek.

frog

frolic ['frɔlik] *i+sy* gülüp oynama, eğlence. *After the harvest they had a frolic.* Ayrıca *f+n* gülüp oynamak, eğlenmek. *We love to frolic on the grass.*

from [frɔm] *edat* 1 -den/-dan. *He travelled by train from London. He took a book from the shelf. I waited here from ten o'clock. She made soup from meat and carrots. I've searched the house from top to bottom* (=Evi baştan aşağıya aradım). 2 **be from** -li olmak, -den gelmek, -den olmak. *He is from Germany.* 3 yüzünden, -den dolayı. *He acted from fear. He was suffering from measles.* (*eş anl.* **because of**).

front [frʌnt] *i+sy* 1 (genl. *tek. biç.*) ön, ön taraf: *the front of a house. I spilt soup down the front of my shirt.* 2 yüz, cephe. 3 (savaşta) cephe. 4 (bir çok partilinin belli bir amaçla birleşerek meydana getirdikleri) cephe. 5 paravan kuruluş, veya faaliyet. *The club was a front for a* *drug racket.* Ayrıca *s: the front seat of a car* (=arabanın ön koltuğu). Ayrıca *f+n/-n* (genl. **onto** ile) (-e karşı) bakmak. *His house fronts onto a field.* **frontage** ['frʌntidʒ] *i+sy* yoldan görünen bina, veya arazi cephesi **in front (of something)** (bir şey)in önünde/-ne. *He parked his car in front of the house.* **put on a bold/good front** bozuntuya vermemek, cesur görünmek. *I knew that I was not going to get a friendly reception, but I put on a bold front, and went in.*

frontier ['frʌntiə*] *i+sy* hudut, sınır. *We were stopped at the frontier and our luggage was searched.*

frost [frɔst] **1** *i+sy/-sy* don, ayaz. *We have had several frosts this winter.* **2** *i-sy* (ağaçlarda, yerde pencere camlarında görülen) don, kırağı. **frosty** *s* buz gibi donuk; soğuk. *She greeted me with a frosty smile.* (*eş anl.* **cold**). **frostbite** *i-sy* bir organın donması. *The skier suffered from frostbite.* **frostbitten** *s* soğuktan donmuş. **frosted glass** buzlu cam.

froth [frɔθ] *i-sy* (örn. bira bardağındaki) köpük. Ayrıca *f-n* köpürmek. **frothy** *s* köpüklü.

frown [fraun] *f-n* kaşlarını çatmak. *They stopped talking when she frowned at them and shook her head.* Ayrıca *i+sy* kaş çatma. **frown (up)on something** bir şeyi beğenmemek, hoş karşılamamak. *They frown upon drinking and smoking.*

frowzy ['frauzi] *s* pasaklı, kirli.

froze [frouz], **frozen** ['frouzn] **freeze** fiilinin geçmiş zamanı ve ortacı.

frugal ['fru:gəl] *s* **1** tutumlu, hesabını kitabını bilen: *a frugal housewife.* **2** sade: *a frugal meal.*

fruit [fru:t] **1** *i-sy* meyva. *Do you buy any fruit in the market? He sells unusual kinds of fruit in his shop.* NOT: *fruit* sözcüğü hemen her zaman sayılamayan isim durumundadır. *He bought some fruit in the market.* **2** *i+sy/-sy* tohum; herhangi bir bitkinin tohumlu kısmı. **3** *i+sy* (genl. *çoğ. biç.*) sonuç, meyva: *the fruits of the earth* (=tüm ürünler); *the fruits of your hard work.* Ayrıca *f-n* meyva vermek. **fruitful** *s* **1** bol meyva veren. **2** verimli, bereketli. (*karş.* **unfruitful**). **fruition** [fru'iʃən] *i-sy* muradına erme;

gerçekleştirme: *bring one's work/hopes/plans to fruition.* **fruiterer** ['fru:tərə*] *i+sy* (*BrI*'de) meyvacı; meyva satıcısı. **fruitless** *s* sonuçsuz, semeresiz: *a fruitless search.*

frustrate [frʌs'treit] *f+n* amacına engel olmak; işini bozmak. *He frustrated us. He frustrated our plans.* **frustrating** *s* asap bozucu, usandırıcı; boşa çıkaran, engelleyici. **frustration** *i+sy/-sy* boşa çıkma, boşuna uğraşma, hüsran; men edilme.

fry[1] [frai] *f+n/-n* yağda kızartmak; kızarmak. *The fish was frying. He fried the bacon. geç. zam.* ve *ort.* **fried. frying pan** tava. **out of the frying pan into the fire** yağmurdan kaçarken doluya tutulma. *My daughter's first marriage was unhappy but her second was even more unhappy; it was a real case of out of the frying pan into the fire.* (*k. dil.*).

fry[2] [frai] içoğ yeni yumurtadan çıkmış balık yavruları. **small fry** içoğ önemsiz kişiler (özl. ufak çocuklar).

fuddle ['fʌdl] *f+n* (içki) zihnini karıştırmak, sersemletmek. *His brain was fuddled with whisky.*

fuddy duddy ['fʌdidʌdi] *i+sy* eski kafalı kimse.

fudge [fʌdʒ] *i-sy* şeker, süt, tereyağdan yapılan bir tür şekerleme.

fuel [fjuəl] *i+sy/-sy* yakacak, yakıt (örn. kömür mazot, odun, vb.). *Petrol is fuel for an automobile.* Ayrıca *f+n/-n* yakıt vermek, veya almak. *geç. zam.* ve *ort.* **fuelled.** (*AmI*'de **fueled**).

fugitive ['fju:dʒitiv] *i+sy* kaçak. *She is a fugitive from the police.* Ayrıca *s. The fugitive murderer was captured.*

fulcrum ['fulkrəm] *i+sy* manivela destek noktası.

fulcrum

fulfil ['ful'fil] *f+n* yerine getirmek,

yapmak: *fulfil one's duty; fulfil a promise. geç. zam.* ve *ort.* **fulfilled.** (*eş anl.* **carry out**). **fulfilment** *i+sy/-sy.*

full [ful] *s* 1 dolu: *a full glass of beer.* 2 **full of** (ile) dolu. *The room was full of people. This tree is full of apples.* 3 büyük, şişman. *He has a very full face.* 4 tam, olanca. *He drove at full speed.* 5 bol, geniş. *She was wearing a very full coat.* **fully** z tamamen. **fullness** *i-sy.* **fullback** bek oyuncusu. **full-blooded** *s* 1 safkan. *He is a full-blooded American Indian.* 2 güçlü, kuvvetli. **full-blown** *s* (çiçekler hk.) tamamen açmış. **fully-fledged** için **fledged**'e bkz. **full house** kapalı gişe (oyun). **full moon** dolunay. **full stop** nokta. (*eş anl.* **period**). **full-time** tam gün. *He works full-time. John is in full-time employment.* **in full** tamamen. *He told me the story in full.* **at full blast** (bir makine hk.) bütün kuvvetiyle, bütün hızıyla.

fumble ['fʌmbl] *f+n/-n* 1 el yordamıyla aramak. *He fumbled in his pocket.* 2 becerip tutamamak, düşürmek. *He fumbled the catch.*

fume[1] [fju:m] *i+sy* (genl. çoğ. biç.) keskin, veya pis kokulu gaz ya da buhar. *The gasoline fumes made me sick.*

fume[2] [fju:m] *f* 1 *f+n/-n* gaz, veya duman çıkarmak, tütmek; tütsülemek. *The chimney is fuming.* 2 (genl. istediğini elde edemediği için) kızmak, öfkelenmek. *Uncle James fumed because he had missed the train.*

fumigate ['fju:migeit] *f+n* dumanla dezenfekte etmek: *fumigate a room.*

fun [fʌn] *i-sy* eğlence, zevk. *He had fun playing football. The journey home was really great fun. It's not much fun being lost in the rain. Have fun!* (= İyi eğlenceler!). *He's (great) fun* (= O (çok) eğlencelidir/ hoştur/ matraktır). **for fun/for the fun of it** şaka olsun diye şakadan. *You don't come to work for the fun of it.* **fan fair** için **fair**[2] (1. maddeye) bkz. **make fun of someone/something, poke fun at someone/something** bir kimse, veya bir şey ile alay etmek, alaya almak, gırgır geçmek: *make fun of someone's bad accent.* **funnyman** komedyen.

function ['fʌŋkʃən] *i+sy* 1 görev, fonksiyon: *the functions of a magistrate; the function of a part of*

a machine. *My function was that of a teacher.* 2 resmi, veya özel tören (örn. evlenme, parti, vb.). 3 (matematikte) fonksiyon; bir ya da birçok değişken niceliklere bağlı olarak değişen nicelik. *In* $x=2y$, *x is a function of y.* Ayrıca *f-n* 1 görevini yapmak, (olarak) iş görmek. *The school dining room functions as a meeting place· for teachers and students.* 2 çalışmak, işlemek. *My car is not functioning properly.* **functional** *s* 1 ameli, işlevsel, pratik. 2 süs için değil de kullanım niyetiyle: *furniture of very functional design.*

fund [fʌnd] *i+sy* 1 belli bir amaç için harcanmak üzere ayrılıp işletilen para; fon. *The club is holding a dance in order to raise funds for new equipment* (= Kulüp yeni gereçler için gereken parayı toplamak amacıyla bir danslı eğlence tertip ediyor). 2 stok: *a fund of information.*

fundamental [fʌndə'mentl] *s* esaslı, önemli, mühim: *fundamental changes.* (*eş anl.* **essential**). Ayrıca *i+sy* (genl. çoğ. biç.). esas, temel.

funeral ['fju:nərl] *i+sy* 1 cenaze töreni, gömme. *People have come from great distances to attend his funeral.* 2 cenaze alayı. **that's your funeral** bu senin bileceğin iş; beni (hiç) ırgılamaz. *If you don't want to come that's your funeral.* (*k. dil.*).

fungus ['fʌŋgəs] *i+sy/-sy* mantar (örn. mushroom (= mantar); toadstools (= şapkalı/zehirli mantar); mould (= küf); mildew (= bitki küfü). çoğ. biç. **funguses** veya **fungi** ['fʌŋgai].

funicular [fju:'nikjulə*] *s* tel tel, lifli. **funicular railway** gereken yerlerde kablo ile çekilen dağ demir yolu ve treni.

funnel ['fʌnl] *i+sy* 1 huni. 2 gemi bacası.

funnel

funny ['fʌni] *s* 1 tuhaı, komik. *He's a*

very funny man. **2** acayip, tuhaf. *It gave me a funny feeling.* **(2.** anlamı *k. dil.).* **funny bone** dirsekte, bir yere çarptığında çok acıyan yer. **funnies** içoğ **(the** ile) *(AmI'*de) gazetede çizgi öyküler. *I don't like Jimmy to read all those funnies.* **funny business** karanlık iş; yalan dolan, düzenbazlık. *(k. dil.).* **funnily enough** işin tuhafı. *I hated the green scarves, although, funnily enough, those were the ones that most people bought.*

fur [fə:*] **1** *i-sy* hayvan postu, kürk. **2** *i+sy* kürk; giyecek yapmak için işlenmiş hayvan postu. **furry** *s* kürklü, kürk gibi. **furred** *s* kürk kaplanmış: *a furred hat.* **make the fur fly/ set the fur flying** şiddetli bir kavgaya neden olmak. *That'll really make the fur fly!.*

furious ['fjuəriəs] *s* **1** kızgın, öfkeli, gözü dönmüş, köpürmüş: *a furious man. On receipt of the news he was furious and ordered the hostages to be massacred.* **2** şiddetli, azgın: *a furious wind/struggle.* **furiously** *z* hiddetle, öfkeyle. *'Who is this man?' the man exclaimed furiously.* Ayrıca **furry**'ye bkz.

furl [fə:l] *f+n* (şemsiye, bayrak, veya yelken hk.) sarmak.

furlong ['fə:lɔŋ] *i+sy* 220 yarda, veya 201,2 metre.

furlough ['fə:lou] *i+sy/-sy* (özl. bir asker hk.) sıla izni, sılaya gitme, memleket izni, yıllık izin: *have a furlough; go/be on furlough.*

furnace ['fə:nis] *i+sy* (ısıtmada kullanılan) ocak.

furnish ['fə:niʃ] *f+n* **1** (bir yeri) döşemek: *furnish a room.* **2** vermek, sağlamak: *furnish proof/help/materials.* **furnishings** içoğ mobilya, mefruşat. *The furnishings are mostly modern.*

furniture ['fə:nitʃə*] *i-sy* mobilya, eşya. *We have lots of pieces of furniture in our house. I have bought some furniture for my house.* NOT: *furniture* sayılmayan bir isimdir, bu nedenle çoğul biçimi olmaz ve *a piece of/two pieces of,* vb. şeklinde kullanılır.

furrow ['fʌrou] *i+sy* **1** saban izi, karık. *The farmer was proud of his straight furrows.* **2** alın, veya yüzdeki kırışık. *There are deep furrows on the old*

man's forehead. Ayrıca *f+n* genl. **to furrow one's brow** sözünde — kaşlarını çatmak.

furry ['fə:ri] *s* **fur**'e bkz.

further[1] ['fə:ðə*] *z* **1** daha ileriye, daha fazla, daha çok. *He studied the subject further than I did.* **farther**'deki NOT'a bkz. **must not go any further** (aman) başkaları duymasın; kimseye söyleme. *'This musn't go any further.'—'No it won't, I promise.'*

furrow

further[2] ['fə:ðə*] *s* **1** daha uzak. *England is further from here than Germany. Which city is the furthest?* **2** ayrıca, bundan başka, daha fazla. *I don't want to cause any further trouble.* **3 furthermore**'a bkz. **further education** okulu terkedip çalışma hayatına atıldıktan sonra yapılan eğitim.

further[3] ['fə:ðə*] *f+n* ilerletmek, ilerlemesine yardımcı olmak, kolaylaştırmak: *further a plan/ development/ growth.* **furthermore** *z* bundan başka, ayrıca, üstelik. *I want you to give those books back. Furthermore, I don't want you to borrow my books any more without asking. Furthermore, I must tell you....* (eş anl. **moreover, in addition**). **furthermost** *s* en uzak. *We made our way to the furthermost hut.* (eş anl. **farthest**). **furthest** *s* en uzak. (eş anl. **farthest**).

furtive ['fə:tiv] *s* sinsi, hırsızlama, kaçamak, gizli, gözden kaçınmaya çalışan: *a furtive person/action/look.* **furtively** *z* gizlice, çaktırmadan. (eş anl. **stealthily**).

fury ['fjuəri] **1** *i+sy/-sy* kızgınlık, müthiş öfke. *He smashed the door in his fury.* **in a fury** büyük bir öfkeyle. *When the women heard this, they jumped on him in a furry.* (eş anl. **in a rage**). **2** *i+sy/-sy* şiddet: *the fury of the storm.* Ayrıca **furious**'a bkz.

fuse¹ [fju:z] *i+sy* sigorta; elektrik devresinde, akım çok güçlü olduğunda eriyerek güvenliği sağlayan düzen. *When I replaced the fuse, the light went on again.* Ayrıca *f+n/-n* erimek; eritmek. *The light has fused* (=Sigorta attı). *He fused the light* (=Sigortayı attırdı).

fuse² [fju:z] *i+sy* fitil; patlayıcı maddelerin ateşlemesinde kullanılan kaytan biçiminde tutuşucu madde. *Ten seconds after he lit the fuse, the bomb exploded.*

fuse³ [fju:z] *f+n/-n* (genl. **together** ile) büyük ısı etkisiyle eriyerek birleşmek, birbirine kaynamak. *The two pieces of metal had fused together.*

fuselage ['fju:zila:ʒ] *i+sy* (kanat ve kuyruk dışında kalan) uçak gövdesi.

fusion ['fju:ʒən] **1** *i-sy* erime, eritme; eritip birleştirme: *the fusion of metals.* **2** *i+sy/-sy* birleşme, kaynaşma, karışma: *a fusion of various races/languages/ideas.*

fuss [fʌs] *i-sy* gereksiz telâş, lüzumsuz gürültü; yaygara, velvele. *She made a fuss when the boy kicked a football into her garden.* Ayrıca *f+n/-n* gereksiz yere telâşlanmak, velveleye vermek. *That's too silly to fuss about.* **make a fuss** mesele çıkarmak. **make/kick up a fuss about something** bir şeye kızmak; kızıp mesele

çıkarmak. *There's no point making a fuss about it.* **make a fuss of someone** bir kimsenin üzerine titremek, çok düşmek. *She made a lot of fuss of her baby granddaughter.* **fusspot** *i+sy* mızmız; her şeyde kusur bularak hiçbir şeyden memnun olmayan. *Sit down and stop being such a fusspot, Emily.* **fussy** *s* **1** velveleci. **2** fazla titiz, mızmız; kılı kırk yaran. *She was such a fussy worker that she was the last one to finish.* (*eş anl.* **fastidious**).

futile ['fju:tail] *s* beyhude, boş. *They made a futile search.* **futility** [fju'tiliti] *i-sy* beyhudelik, boş oluş. *She sits there brooding on the futility of human effort.*

future ['fju:tʃə*] *i+sy* **1** gelecek, ati. **2** gelecek, ileri bir tarihte beklenen, müstakbel. Ayrıca *s* gelecekle ilgili: *future happiness; future years.* **future tense** (dilb.) gelecek zaman. **in future** bundan sonra. *You must not be late in future.* **in the future** gelecekte. *She doesn't know what'll happen in the future.*

fuzz [fʌz] *i-sy* **1** (özl. insanın kolunda, yüzünde, veya bacaklarında çıkan) kısa, ince kıl; tüy. **2** belli bir biçimi olmayan kıvırcık saç. **3** polis, aynasız. (*k. dil.*).

fuzzy ['fʌzi] *s* **1** çok kısa saçlı. **2** bulanık; net değil: *a fuzzy picture.*

G

gab [gæb] *f+n* (dişe dokunur bir şey söylemeden) uzun uzadıya konuşmak; laf edip durmak. *He likes to gab about his good luck. geç. zam. ve ort.* **gabbed.** Ayrıca *i-sy* gevezelik, boş laf. *I do not listen to his gab. (k. dil.).* **the gift of the gab** güzel konuşma yeteneği. *He should make a good salesman: he certainly has the gift of the gab.*

gabardine, gaberdine [gæbə'di:n] *i-sy* gabardin; sık dokunmuş bir tür ince yünlü, veya pamuklu kumaş.

gabble ['gæbl] *f+n/-n* çabuk çabuk konuşarak anlaşılmaz sesler çıkarmak. *They sometimes gabble when they are excited. In his haste to finish, he gabbled the speech he had to make.* Ayrıca *i-sy* laklak, gevezelik, gürültü. *There was so much gabble that I could not hear the music.*

gable ['geibl] *i+sy* bir duvarın çatıyla birleştiği (genl. üçgen biçimindeki) yukarı ucu.

gadget ['gædʒit] *i+sy* ufak ama kullanışlı bir aygıt ya da alet (örn. bir patates soyacağı, şişe mantarı açacağı, mikser, vb.). *Her kitchen is very modern and full of gadgets.*

gaff [gæf] **blow the gaff** sözünde— (yanlışlıkla, veya bilmeyerek) bir sırrı açığa vurmak. *John blew the gaff about the phone call.*

gaffe [gæf] *i+sy* gaf, pot kırma. *He made/committed an awful gaffe by calling Mrs Smith 'Miss'. (k. dil.).*

gag [gæg] *i+sy* 1 birisinin bağırmasına, veya konuşmasına mâni olmak için ağzına tıkanan ya da bağlanan bir şey örn. bir bez; tıkaç. 2 (özl. bir sahne sanatçısı tarafından söylenen) fıkra, espri. *The comedian's gag kept the audience laughing.* Ayrıca *f+n/-n* 1 susturmak için ağzını tıkamak. *The thieves gagged him before they took his money. The government has no right to try to gag this newspaper.* 2 kusacak gibi olmak; öğürmek. *Every time the doctor tries to examine his throat, he gags. She gagged on the food. geç. zam. ve ort.* **gagged.**

gaggle ['gægl] *içoğ* kaz sürüsü.

gaiety ['geiiti] *i-sy* **gay**'e bkz.

gaily ['geili] z **gay**'e bkz.

gain [gein] *i+sy* kâr, kazanç; çıkar, fayda; istenilen bir şeydeki artış. *The gains are balanced by the losses. We all work for gain. A gain in health/strength/knowledge is a good thing.* Ayrıca *f+n/-n* 1 elde etmek; edinmek, kazanmak. *He gained full marks in the examination. He went abroad to gain more experience. Nothing is gained by being lazy.* 2 (genl. **on** veya **upon** ile) (bir rakip ile) aradaki mesafeyi kapatmak; (ona) yavaş yavaş yaklaşmak. *In the race he gained on the other runners quite easily. Oil is steadily gaining on coal in the world market. His work is sure to gain if he uses these new methods.* **gain time** 1 (saatler hk.) ileri gitmek. *My watch gains time if I wind it too often. (karş. **lose time**).* 2 vakit kazanmak. *To gain time, I pretended that I had not heard the question.* **gain weight** kilo almak; şişmanlamak.

gainsay [gein'sei] *f+n* inkâr etmek. *It was such an evident truth that there was no gainsaying it. geç. zam ve ort.* **gainsaid** [gein'sed].

gait [geit] *i tek* yürüyüş tarzı, biçimi. *You can see from his gait that he is tired.* (oldukça *esk.kul.*).

gaiter

gaiter ['geitə*] *i+sy* (genl. çoğ. biç.) getr, tozluk.

gal [gæl] *i+sy* (yazı dilinde kullanılır) kız. *(eş anl.* girl).

gala ['ga:lə] *i+sy* 1 gala; resmi bir törenden sonra verilen büyük ve gösterişli şölen. 2 gala; genl. resmi giysilerle gidilen, bir temsilin ilk oynayışı, veya bir filmin ilk gösterilişi. swimming gala yüzme yarışması.

galaxy ['gæləksi] *i+sy* 1 galaksi; milyonlarca yıldızdan, yıldız kümelerinden, bulutsulardan ve gaz bulutlarından oluşmuş, samanyolu gibi bağımsız uzay adası. *Our universe is made up of many galaxies.* 2 (genl. Galaxy) Samanyolu; açık gecelerde gökyüzünde boydan boya görülen uzun yıldız kümesi; hacılaryolu (genl. the Milky Way denir). 3 seçkin kişiler grubu. *The exhibition was attended by a galaxy of scientists.* galactic [gə'læktik] *s* Samanyolu'na ait.

gale [geil] *i+sy* fırtına, bora, sert rüzgâr. *The tree was blown down in/by the gale. Gales are common in winter.* gale force fırtına gücü, veya sürati. *The wind reached gale force last night.*

gall [gɔ:l] *i-sy* safra, öd; karaciğerin salgıladığı yeşil, sarı renkte acı sıvı. gall bladder safra kesesi. gallstone safra kesesi taşı.

gallant ['gælnt] *s* 1 cesur, yürekli. *The gallant sailor died to save his friends.* *(eş anl.* courageous). 2 (özl. hanımlara karşı) nazik, kibar, saygılı. *You were very gallant at the party last night.* gallantry *i-sy* 1 cesaret. 2 yiğitlik. 3 hanımlara karşı aşırı nezaket.

galleon ['gæliən] *i+sy* (eskiden) kalyon; yelkenle ve kürekle yol alan büyük İspanyol gemisi.

gallery ['gæləri] *i+sy* 1 galeri; bir yapının birçok bölümlerini aynı katta birbirine bağlayan içten, veya dıştan yapılmış geniş geçit. 2 galeri; sanat eserlerinin, veya herhangi bir malın sergilendiği salon. *The National Gallery contains many valuable pictures. The art galleries of Florence are very famous.* 3 galeri; tiyatro, veya sinema salonundaki en üstteki ucuz balkon. 4 bir salonun iki yanında seyircilerin oturup konuşmacıları dinledikleri balkon. *The visitors' gallery in the House of Commons was full when the Prime Minister*

began speaking. 4 maden ocaklarında açılan yeraltı yolu. play to the gallery halkın sempatisini kazanmaya çalışmak; aşağı tabakaya hoş görünmek için onların istediği biçimde davranmak. *He thought he would be elected if he played to the gallery.*

galley ['gæli] *i+sy* 1 kadırga; hem yelken, hem de kürekle yol alan, özl. Akdeniz'de kullanılmış tek güverteli bir savaş gemisi (genl. kürekleri esirler çekerdi). 2 gemi, veya uçak mutfağı.

gallon ['gæln] *i+sy* galon; 8 pint, veya yaklaşık 4.5 litrelik bir sıvı ölçü birimi. *My car does twenty-three miles per gallon./My car does twenty-three miles to the gallon.*

gallop ['gæləp] *f-n* 1 (atlar hk.) dört nala koşmak. *The horses galloped across the field.* 2 (genl. through ile) acele etmek. *The boy galloped through his dinner.* Ayrıca *i+sy/-sy* 1 dört nal. *The other horse passed mine at a gallop.* 2 dört nala kaldırma. *The cavalry charged at full gallop.*

gallows

gallows ['gælouz] *i+sy* darağacı. *The murderer died on the gallows. (eş anl.* gibbet).

NOT: *gallows* tekil fiille kullanılır. *Long ago the gallows was on this hill.*

galvanize ['gælvənaiz] *f+n* 1 (birden) harekete geçirmek. *The alarm bell galvanized them into action.* 2 galvanizlemek; madensel bir parçayı paslanmaktan korumak için galvaniz banyosunda erimiş çinko ile kaplamak.

gamble ['gæmbl] *f+n* 1 kumar oynamak. *He made a lot of money gambling at cards.* 2 bir işe para yatırmak; şansa bağlı bir işe girişmek: *gamble in cotton/steel/soap.* 3 riske girmek. *Drive carefully and don't gamble with your life.* Ayrıca *i+sy* kumar; riskli bir şey, veya eylem. *The attack was a gamble which did not succeed.* **gamble away** kumarda tüketip bitirmek. *He gambled away all the money his father left him.* **gambler** *i+sy* kumarbaz. **gambling** *i+sy* kumar. *Gambling is forbidden in some countries.* **gambling den** kumar yuvası, kumarhane. *The police raided those gambling dens.* **gambling debt** kumar borcu.

gambol ['gæmbl] *f-n* çocuklar gibi, veya kuzular gibi oynayıp zıplamak; zıp zıp zıplamak. *The children gambolled along the water's edge. geç. zam.* ve *ort.* **gambolled.**

game [geim] **1** *i+sy* oyun, maç. *Football is a game played everywhere. We hope to have a game of football next Saturday.* **2** *i+sy* (sadece *çoğ. biç.*) (özl. atletizmde) karşılaşmalar; oyunlar. *The Olympic Games are held every four years. He won the mile (race) in the school games.* **3** *i-sy* av hayvanı (örn. geyik, sülün, vb. gibi avlanması yasalarla belirlenip korunmuş hayvanlar). *The streams and forests were rich in game.* **4** *i+sy* (sadece *tek. biç.*) hile, dolap, plan. *I don't know what his game is. Their game was to wait and see what the others did.* Ayrıca *s* cesur, gözüpek; hazır. *He was game to the last* (= Sonuna kadar cesurca çarpıştı.) *I'm game for anything.* **gamekeeper** av hayvanı bakıcısı ve yetiştiricisi. **game park/reserve** av hayvanlarını koruma bölgesi. **game ranger/warden** av hayvanlarını koruma bölgesinde görevli korucu. **big game** *içoğ/i-sy* spor olsun diye avlanan büyük hayvanlar. *He went big game hunting in Africa.* **fair game 1** yasal olarak izinle avlanan hayvan, veya kuşlar. **2** kolaylıkla alaya alınacak, veya saldırıya uğrayabilecek bir kimse, veya şey. *Women's fashions are fair game to journalists.* (2. anlamı *k. dil.*). **make game of** alay etmek, gırgıra almak. (*esk. kul.*). **play the game** oyunu kurallara göre oynamak; dürüst hareket etmek. *I think he will play the game and return your book.* **play a good/poor game** iyi/kötü bir oyun çıkarmak, veya oynamak. **the**

game is up hapı yutmak; yanmak; planı suya düşmek. *The escaped prisoners knew the game was up when they saw the policemen.*

gammon ['gæmən] *i-sy* jambon; tuzlama, veya dumanlama yolu ile hazırlanmış domuz budu, veya kolu: *a slice of gammon.*

gamut ['gæmət] *i tek* bir şeyin (özl. his ve duygular) en küçük ayrıntısından en geneline kadar tüm boyutları; bir şeyin tamamı. *The actor can express a whole gamut of emotions.*

gander ['gændə*] *i+sy* erkek kaz.

gang [gæŋ] *i+sy* **1** çete; suçluların oluşturduğu grup. *The bank robbery was the work of a gang.* **2** ekip; bir arada çalışan insan topluluğu. *Lorries picked the work gangs up at dusk.* **3** (gençlerden oluşan) arkadaş grubu. *Our gang used to meet in this café.* **gangster** ['gæŋstə*] gangster; yasadışı işler yapan çete üyesi. *I saw three of the four gangsters get out of the car and go into the bank.*

gangrene ['gæŋgri:n] *i-sy* kangren; vücudun bir yerindeki dokunun ölmesi. *The doctor had to amputate his left arm because it had gangrene in it. After he had frostbite, gangrene set in and his toes had to be amputated.*

gangway ['gæŋwei] *i+sy* **1** rıhtım ile gemi arasına uzatılan iskele. *The ship's captain stood at the gangway to welcome the passengers aboard.* **2** (bir tiyatro, veya sinemada) koltuklar arasındaki geçit. *Please do not block the gangway.*

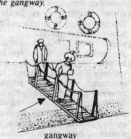

gangway

gaol, jail [dʒeil] *i+sy* hapishane. *He was gaoled/jailed for six months.* **gaoler, jailer, jailor** *i+sy* gardiyan (*esk. kul.*—yerine **prison officer'ı**

kullanın).

NOT: *gaol*, İngiltere'de resmen kullanılması gereken bir sözcük olmasına rağmen yerine çoğunlukla *jail* kullanılır. *prison* gibi, hem *gaol* hem de *jail* herhangi bir harfitarif ile kullanılmaz: *in jail; sent to jail; escape from jail*. Ama bina olarak, yani 'hapishane binası' anlamında kullanıldığında harfitarif kullanılır: *The jail is on a hill above the town* (=Hapishane (binası) kasabanın üstündeki tepededir).

gap [gæp] *i+sy* **1** aralık, boşluk, yarık. *He escaped through a gap in the wall.* **2** (iki dağ arasındaki) geçit. *The main road goes through a mountain gap.* **3** eksiklik, boşluk, ayrılık. *There are gaps in our knowledge of the moon. There is a great gap between his ideas and mine.* **gap-toothed** *s* dişlek, ayrık dişli.

gape [geip] *f-n* **1** hayret, veya şaşkınlıktan ağzı bir karış açık bakmak; alık alık bakmak. *Why are you gaping at these pictures?* **gaping** *s* alabildiğine açık; büyük, iri. *There is a gaping hole in the roof.*

garage ['gæra:ʒ] *i+sy* garaj; taşıtların konulduğu, bakım ve onarımlarının yapıldığı ya da benzin, vb. satılan üstü kapalı yer. *His car was in the garage for repairs.*

garbage ['ga:bidʒ] *i-sy* (*AmI*'de) çöp. (genl. mutfak artıkları). *Our household garbage is collected every week by the council.* (*BrI*'de **rubbish**). **garbage can** çöp tenekesi. (*BrI*'de **dustbin**).

garble ['ga:bl] *f+n* bir raporun, konuşmanın, vb. aslını bozarak yanlış fikir vermek; tahrif etmek. *The newspaper account of the minister's speech was completely garbled.*

garden ['ga:dn] *i+sy* **1** bahçe; çiçek ve sebze yetiştirilen yer. **2** (çoğ. biç.) park-bahçe; halkın dolaşıp gezdiği, içinde çeşit çeşit bitki ve ağaçları olan, gerektiğinde oturup dinlenebilecek yerleri bulunan parka benzer bahçe: *zoological garden* (=hayvanat bahçesi); *botanical garden* (=botanik bahçesi); *Kew gardens* (=Kew Kraliyet botanik bahçesi). **gardener** *i+sy* bahçıvan. **gardening** *i-sy* bahçıvanlık; bahçe düzenleme ve bakım işi. *Gardening is very popular*

in summer. **garden party** garden parti; bahçede verilen parti. **kitchen garden** için **kitchen**'a bkz. **market garden** (*BrI*'de) **market**'a bkz.

gardenia [ga:'di:niə] *i+sy* gardenya; güzel kokulu bir çiçek.

gargle ['ga:gl] *f-n* gargara yapmak; bir sıvı ile boğazı çalkalamak. *I gargle every morning when I have a cold.* Ayrıca *i+sy* gargara; gargara yapma. *Hot water with salt makes a good gargle.*

gargoyle

gargoyle ['ga:gɔil] *i+sy* bir bina (genl. kilise) damının kenarında taştan, veya metalden yapılmış çirkin bir insan ya da hayvan başı taş oluk. Yağmur suları bu heykelciklerin ağzından aşağıya dökülür.

garish ['geəriʃ] *s* cafcaflı, gösterişli, parlak. *The room is spoilt by the garish wallpaper.*

garland ['ga:lnd] *i+sy* (özl. bir kutlama, veya zafer işareti olarak) başa takılan çelenk, çiçek tacı.

garlic ['ga:lik] *i-sy* sarımsak.

garment ['ga:mənt] *i+sy* giysi, elbise; vücuda giyilen giysilerden herhangi biri (örn. pantolon, gömlek, etek, vb.). *Jane's best garment is a blue dress.* **undergarment** *i+sy* iççamaşırı (örn. don, sutyen, vb.). (*eş anl.* **underwear, underclothes**).

garnish ['ga:niʃ] *f+n* (**with** ile) garnitür ile süslemek; asıl yemeğin herhangi sebze, patates, vb. koyarak süslemek. *The cook garnished the beef with onions.* Ayrıca *i-sy* garnitür; yemeğin süsü.

NOT: *garnish*, veya *garnishing* yemek dışında, mecazi bir anlamda da

kullanılır. *What I want is a plain
statement without any garnishing*
(= Benim istediğim şey allanıp
pullanmamış basit bir söz).

garret ['gærit] *i + sy* tavan arasındaki
oda. *They lived in garrets.* (*eş anl.*
attic).

garrison ['gærisn] *i + sy* garnizon; bir
kenti savunan, veya yalnız orada
bulunan o kentin askeri birlikleri, ya
da onların bulundukları yer. *The
garrison was on the hill.* Ayrıca *f + n*
garnizon kurmak; bir kente asker
yerleştirmek. *The Romans garrisoned
all the forts near the border. The
general garrisoned the town with his
own troops after the victory.*

garrulous ['gærjuləs] *s* geveze. *A
garrulous old man kept interrupting
out chat.*

garter ['ga:tə*] *i + sy* jartiyer, çorap
bağı.

gas [gæs] **1** *i + sy* gaz; sıvı ya da katı
olmayan madde. *Oxygen is a gas.* **2** *i-
sy* (ısıtmada, veya enerji elde etmede
kullanılan) gaz: *coalgas* (= havagazı);
natural gas (= doğal gaz). **3** *i-sy*
(*Aml*'de) **gasoline**'inin kısa söyleniş
biçimi. (*Brl*'de **petrol**). **4** *i-sy*
anestetik; anestezide kullanılan gaz
karışımı. (**4**. anlamı *k. dil.*). Ayrıca
f + n gazla zehirlemek. *Iraq denies
that it gassed Iranians.* geç. *zam* ve.
ort. **gassed**. **gassy** *s* gazlı; gaz gibi,
gazımsı. *There's a gassy smell about
here.* **gas cooker** havagazı ocağı. **gas-
mask** gaz maskesi. **gas fire** gazlı ısıtıcı,
hava gazı, vb. ile çalışan ısıtıcı. **gas
meter** havagazı saati. **gasworks**
gazhane.

gash [gæʃ] *i + sy* (genl. deride) uzun ve
derin yara, kesik. *I was taken to the
hospital with a nasty gash in my
hand.* Ayrıca *f + n* yaralamak, derin
yara açmak. *His cheek was gashed by
a knife.*

gasket ['gæskit] *i + sy* conta; geçirmez-
liği sağlamak için sıkıştırılmış iki
yüzey arasına yerleştirilmiş, genl.
kauçuk, veya kurşundan yapılmış ince
parça.

gasoline ['gæsəli:n] *i-sy* (*Aml*'de)
benzin. *My car drives 25 miles on a
gallon of gasoline.*

gasp [ga:sp] *f + n* **1** solumak, nefes
nefese kalmak, nefesi kesilmek. *After
the race he stood gasping for air.* **2**

(hayret, şaşkınlık, veya korkudan)
soluğu kesilmek. *His bad behaviour
left me gasping.* (*eş anl.* **gulp**). Ayrıca
i + sy (acıdan, hayretten, kızgınlıktan)
nefesini tutma; soluğu kesilme;
soluma, nefes. *His jokes caused a few
gasps among the audience. We shall
fight to the last gasp.* (= Ölene
kadar/Son nefesimizi verene kadar
savaşacağız). *That dog is at its last
gasp* (= Köpek can çekişiyor).

gassy ['gæsi] *s* **gas**'e bkz.

gastric ['gæstrik] *s* mide hakkında,
veya mide ile ilgili.

NOT: *gastr-*, *gastro-* ön-ekleri mide ile
ilgili tıbbi terimleri oluştururlar, örn.
gastritis (= mide iltihabı); *gastro-
enteritis* (= mide ve bağırsakların
iltihabı).

gate [geit] *i + sy* **1** (dış) kapı; (bahçe)
kapı(sı). *He walked through the gate
into the garden. Please shut the gate
when you leave the field. The gate is
too high to climb.* **2** bir spor
müsabakasındaki biletli seyirci
(miktarı). *There was a gate of 35,000
at the football final.* **3** (havaalanında
yolcuların uçağa binmeleri için)
...nolu kapı. *Flight TK253 is now
boarding at Gate 3.* **gatecrash** *f + n* bir
yere davetsiz girmek, veya para
ödemeden girmek. *He tried to
gatecrash the party.* **gateway** kapı giriş
yeri. *He stood in the gateway to stop
her going in.*

gateau ['gætou] *i + sy/-sy* pasta; genl.
kremalı, çikulatalı, vb. pasta. çoğ. biç.
gateaux ['gætouz].

gather ['gæðə*] **1** *f + n/-n* toplamak;
toplanmak. *The people gathered in
the street. She gathered her children
round her. Gather your books
together and follow me. He is busy
gathering information about birds.* **2**
f + n anlamak; sonuç çıkarmak. *I
gather you live here. From what he
said I gathered that he was not
pleased.* **3** *f + n* kırma yapmak,
büzmek. *The child's dress is neatly
gathered at the neck.* **4** *f-n* şişmek, irin
toplamak. **gathering** *i + sy* **1** toplantı:
sports gathering. **2** iltihap, cerahat.
*The gathering on his arm was very
painful.*

gaudy ['gɔ:di] *s* cafcaflı, şatafatlı;
parlak ve çiğ. *My gaudy towel is very
easy to find on the crowded beach.*

gauge¹ [geidʒ] *f+n* ölçmek; tartmak; tahmin edip ölçüsünü bulmak. *With a long stick you can gauge the amount of water in this well. It is not easy to gauge his thoughts about your plan.*

gauge² [geidʒ] *i+sy* 1 ölçü standartı. 2 tel ya da metal nesnelerin kalınlıkları. *This wire is sold in several gauges.* 3 bir demiryolunun rayları arasındaki uzaklık. *The standard gauge for British railways is 4 feet 8½ inches.* 4 ölçüm aleti, ölçek.

gaunt [gɔ:nt] *s* (açlıktan, veya ızdıraptan) bitkin; sıska, kuru: *the tall, gaunt fig. re of Don Quixote.*

gauntlet ['gɔ:ntlit] *i+sy* spor, veya iş eldiveni; eli koruyan uzun eldiven.

gauze [gɔ:z] *i-sy* 1 ince ve seyrek dokunmuş kumaş; tül. *She put a gauze dressing on the wound.* 2 kafes tel. *The windows are covered with wire gauze.* **gauzy** *s* şeffaf; tül gibi. *Why don't we use gauzy material to make the curtains so that the sunshine can still come through.*

gave [geiv] **give** fiilinin geçmiş zaman biçimi.

gay [gei] *s* 1 şen, neşeli ve mutlu. *The dinner party was certainly a gay one. When we were young and gay. The room was gay with flowers.* 2 (renkler hk.) parlak ve çekici. *The dancers in their national costumes presented a gay scene.* 3 eşcinsel. (3. anlamı *k. dil.*). **gaily** *z* neşe ile, sevinçle. **gaiety** ['geiiti] *i-sy* neşe, şenlik. *We enjoyed looking at the scene of gaiety during the street carnival.*

gaze [geiz] *f-n* (özl. hayret, veya şaşkınlıkla) gözünü dikip bakmak. *The children gazed round the shop. He stood gazing at the view.* (*eş anl.* **stare**). Ayrıca *i+sy* dik bakış, uzun uzun bakma; gözünü dikerek bakma. *My gaze is fixed on the moon.*

gazelle [gə'zel] *i+sy* ceylan, gazal.

gazetteer [gæzə'tiə*] *i+sy* coğrafya sözlüğü.

GCE [dʒi:si:'i:] *i-sy* (=**General Certificate of Education**)—genel eğitim sertifikası; İngiltere'de öğrencilerin 15-16 yaşlarında girdiği *O level* ve üniversiteye girmeden önce girdiği *A level* sınavlarının genel adı. (Ayrıca **O level** ve **A level'a** bkz).

GCSE [dʒi:si:es'i:] *i-sy* (=**General**

Certificate of Secondary Education)—genel orta öğretim sertifikası; İngiltere'de 1988 yılında 'GCE O level' ve 'CSE' yerine kabul edilmiş olan ve 15-16 yaş öğrencilerinin girdiği sınav.

gdn [dʒi:di:'en] (=**garden**)—satılık ev ilanlarında evin bahçeli olduğunu belirtmek için kullanılan kısaltma.

GDR [dʒi:di:'a*] *özel i* (=**German Democratic Republic**)—Almanya Demokratik Cumhuriyeti; Doğu Almanya.

gear [giə*] *i+sy* 1 (bir makinenin) donatım, tertibat: *the lifting gear of a crane.* 2 dişli, vites. *This car has three forward gears.* 3 takım, levazımat. *Put your fishing gear in the bag.* Ayrıca *f+n* uydurmak, düzene sokmak. *We had to gear our lives to the new changes.* **gearbox** vites kutusu. **gear lever** vites kolu. **gear up (for something)** (bir şeye) hazır olmak; hazırlamak. *The team is geared up, fit for anything. He geared himself up for the interview.*

geese [gi:s] **goose**'un çoğul biçimi.

gelatin, gelatine ['dʒeləti:n] *i-sy* jelatin; hayvanların kemik ve kıkırdak gibi dokularından, veya bitkisel yosunlardan elde edilen saydam, renksiz, kokusuz bir madde. **gelatinous** *s* jelatinli; jelatin gibi. *The gelatinous mass on the beach was the body of a dead jellyfish.*

gelignite ['dʒelignait] *i-sy* gelignit; jelatinli dinamit.

gem [dʒem] *i+sy* (genl. takmak için kesilmiş ve parlatılmış) kıymetli taş. *The crown was sparkling with gems.*

gen [dʒen] *i-sy* (genl. **the** ile) (bir konu hk.) bilgi, haber, malûmat. (*k. dil.*). (*eş anl.* **detail**). **gen up on something** bir şey hk. gereken bütün bilgileri elde etmek. *He's all genned up on what to do and when to do it.*

gender ['dʒendə*] *i+sy* (dilb.) cinsiyet. *The gender of the word 'boy' is masculine, of the word 'girl' feminine, and of the word 'house' neuter.*

general¹ ['dʒenərl] *s* 1 yaygın, umumi. *Watching television has become general.* 2 genel; ayrıntılı değil. *The general idea is to wait and see. We had a general talk about books.* **generally** *z* 1 genellikle. *I am generally at home after 7 o'clock.* 2 genel olarak;

ayrıntılara girmeden. *I can only speak generally. Your promise is generally believed.* **generalize** *f-n* genelleme yapmak. *One cannot generalize from a few examples.* **generalization** [dʒenərəlaiˈzeiʃən] *i+sy/-sy* genelleme. *It is a generalization to say that men are stronger than women.* **general election** genel seçim. **general knowledge** genel bilgi; herkesin bildiği şey. *This examination will test your general knowledge. It is general knowledge that he will come tomorrow.* **general post office** büyük postahane. **general practitioner** pratisyen hekim. Ayrıca **specialist**'e bkz. **in general** genel olarak. *Women in general like fashionable clothes. In general I agree with you.* (*eş anl.* **generally**).

general² [ˈdʒenərl] *i+sy* general. **generalissimo** [dʒenərəˈlisəmou] *i+sy* başkumandan.

generate [ˈdʒenəreit] *f+n* (ısı, elektrik, vb.) üretmek; meydana getirmek. *A fire generates heat. The machine generates electricity/gas/steam, etc. His kind smile soon generated friendliness.* **generator** *i+sy* jenaratör. **generation** [dʒenəˈreiʃən] **1** *i-sy* üretme; üretim: *the generation of electricity by atomic power.* **2** *i+sy* nesil, kuşak: *the younger/rising generation* (=genç nesil); *past generation. Grandfathers, fathers and sons belong to three different generations.* **generation gap** iki nesil (biri genç, biri yaşlı) arasındaki farklılık; kuşak farkı.

generous [ˈdʒenərəs] *s* **1** cömert, eli açık; yüce gönüllü; bol. *They are generous with their advice /help/money/time. Be generous to him; he has been ill.* **2** bol, daha çok. *He gave me a generous lunch. Wages here are generous.* **generously** *z.* **generosity** [dʒenəˈrɔsiti] *i+sy/-sy* cömertlik; yüce gönüllülük.

genetic(s) [dʒiˈnetik(s)] *i-sy* genetik; bitki hayvan ve insanlarda kalıtım olaylarını inceleyen biyoloji dalı; kalıtımbilim. Ayrıca *s* kalıtımla ilgili.

genial [ˈdʒiːniəl] *s* hoş, tatlı; cana yakın; güler yüzlü; *in genial company; genial neighbours; genial climate /weather. His genial behaviour made us all feel relaxed.*

genie [ˈdʒiːni], **jinn** [dʒin] *i+sy* cin, peri; masallara ve boş inançlara göre gözle görülmeyen düşsel yaratık. *çoğ. biç.* **genies** veya **genie**. (*eş anl.* **djinn**).

genie

genital [ˈdʒenitl] *s* üreme organları ile ilgili: *genital organ.* **genitals, genitalia** [dʒeniˈteiliə] *içoğ* cinsel organlar.

genitive [ˈdʒenitiv] *s* (dilb.) isim ve zamirlerin -in hali.

NOT: -in hali bir şeye sahip olmayı gösterir ve Türkçe birinci ve ikinci isim tamlamasının karşılığıdır. İki türlü yapılır: *(a)* sözcüğün sonuna 's getirilerek, örn.: *John's book, the boy's book; the boys' book. (b)* of edatı ile, örn. *the end of the book.*

genius [ˈdʒiːniəs] **1** *i-sy* deha, üstün zekâ, üstün yetenek: *a writer of genius. Genius is needed to solve this problem.* **2** *i+sy* dâhi; üstün zekâsı, bilgisi ve gücü olan kimse. *Shakespeare was a genius. Only a genius can solve this.*

genocide [ˈdʒenəsaid] *i-sy* soykırım; bir insan topluluğunu ulusal, etnik, dinsel, vb. nedenlerle yok etme.

gent [dʒent] *i+sy* **gentleman** sözcüğünün kısa ve *k. dil.*'de söyleniş biçimi: *tables for ladies and gents.* **Gents** *içoğ* erkekler tuvaleti. (*k. dil.*).

gentile [ˈdʒentail] *i+sy* Yahudi olmayan kimse. *European gentiles assisted Jews in escaping from the Nazis.*

gentle [ˈdʒentl] *s* tatlı; kibar, nazik, yumuşak, hafif, yavaş: *a gentle smile; a gentle knock on the door; a gentle manner; gentle rain; a gentle slope.* **gently** *z* yavaşça; nezaketle. **gentleness** *i-sy* tatlılık, nezaket.

gentleman ['dʒentlmən] *i+sy* 1 saygıdeğer, veya iyi bir aileden gelen bir erkek; zengin ve boş vakti olan bir erkek. 2 kibar adam, centilmen. *He is no gentleman.* 3 **man** yerine söylenen ve 'bay', 'sayın bay' anlamına gelen sözcük. *There is a gentleman to see you. Please sit down, gentleman. çoğ. biç.* **gentlemen** ['dʒentlmən].
NOT: Kadınlar için söylenen ve *gentleman*'ın karşılığı olan *gentlewoman* artık kullanılmamaktadır. Hem erkek hem de hanımların bulunduğu bir gruba hitap edilirken *ladies* and *gentlemen* denir. Sadece erkekler varsa çoğul biçiminde, yani *gentlemen* olarak kullanılır, ama tek bir kişiye hitap edilirken *sir* denir. *Please sit down, gentleman* yerine *Please sit down, Sir* deyiniz. Üçüncü bir kişiden söz ediliyorsa ve özellikle de bu kişi kendisinden söz edildiğini duyuyorsa şöyle denir: *There is a gentleman to see you.* Aksi halde *gentleman* yerine *man* deyiniz, örn. *He is a very rich man. He is a very rich gentleman* olmaz.
gentlewoman ['dʒentlwumən] *i+sy* **gentleman**'ın altındaki NOT'a bkz. (*eş anl.* **lady**).

gentry ['dʒentri] *içoğ* kibar tabakadan olanlar; orta sınıf aristokratları ve toprak sahipleri. *All the gentry in this part of the country like fishing.*

genuine ['dʒenjuin] *s* hakiki, gerçek; sahte değil: *a genuine gold ring; a genuine old Roman coin. His illness is genuine.* **genuinely** *z* gerçekten, hakikaten.

geography [dʒi'ɔgrəfi] *i-sy* coğrafya. *They studied the geography of their country. They needed maps to study geography.* **geographic, geographical** [dʒiə'græfik (1)] *s* coğrafi. **geographer** *i+sy* coğrafya uzmanı.

geology [dʒi'ɔlədʒi] *i-sy* jeoloji, yerbilim. **geologist** *i+sy* jeolog. **geological** [dʒiə'lɔdʒikl] *s* jeolojik.

geometry [dʒi'ɔmətri] *i-sy* geometri. **geometric, geometrical** [dʒi'ɔmətrik (1)] *s* geometrik. **geometrically** *z* geometrik olan.

germ [dʒə:m] *i+sy* 1 tohum, öz: *germ of wheat.* 2 daha sonra gelişecek bir fikir, veya his başlangıcı ya da

oluşumu; tohum. 3 mikrop. *Colds are spread by germs.*

germinate ['dʒə:mineit] *f+n* (genl. tohumlar hk.) sürmek, filizlenmek. *The seeds germinated and now we can see the little green shoots above the ground.* **germination** [dʒə:mi'neiʃən] *i-sy* filizlenme.

gerund ['dʒerənd] *i+sy* isim-fiil, ulaç; fiillerin sonuna -*ing* eki eklenerek elde edilen isim. İsim-fiil, bir hareket, veya bir durum bildirir. *In the sentence, 'Winning the race was important to me', 'winning' is a gerund.*
NOT: *1* isim-fiiller bir cümlede özne (*subject*), nesne (*object*), edatın nesnesi (*object of preposition*), durumunda bulunurlar, örn.: *Reading is fun* (=Okumak bir zevktir). *John enjoys reading* (=John okumaktan hoşlanır). *We cleared the room for dancing* (=Dans etmek için. odadaki öteberiyi kenara çektik). *2* isim-fiil takımı (*gerund phrase*) (ki bunlar aşağıdaki örnek cümlelerde siyah harflerle gösterilmiştir) bir cümlede ismin yaptığı işlevin aynısını yapar ve (*1*) özne olarak kullanılır: **Buying a second-hand car** *is a gamble.* (*2*) dolaysız nesne olarak kullanılır: *John enjoys* **going to the movies.** (*3*) özne tamlayıcısı olarak kullanılır: *His work is* **teaching English.** (*4*) edatın nesnesi olarak kullanılır: *I'm out of breath from* **walking** *so fast.* (*5*) fiil-edat bileşiminin nesnesi olarak kullanılır: *He is* **looking forward to seeing** *his old friends.* (*6*) bir isimden sonra gelerek onu açıklar (bağlaçsız isim açıklayıcı *'appositive'*) (ama arada herhangi bir bağlaç olmaz ve bu iş virgülle yapılır): *His hobby,* **collecting coins,** *is interesting.*

gesticulate [dʒes'tikjuleit] *f-n* (heyecanlanıldığı, veya bir şeyi anlatmada güçlük çekildiği durumlarda) konuşurken el kol hareketleri yapmak, jestler yapmak, veya el kol hareketleri ile söylemek. **gesticulation** [dʒestikju'leiʃən] *i-sy* el kol hareketleriyle yapılan anlatım. *Their conversation was carried on with great vivacity and gesticulation.*

gesture ['dʒestʃə*] *i+sy* 1 sözle ifade etme yerine el, kol ve baş hareketleriyle yapılan anlamlı davranış, hareket, jest, duruş, veya çalım. *He*

made a rude gesture with his fingers.
He shook his fist in a gesture of anger.
2 kişinin düşündüğünü, veya
hissettiğini gösteren herhangi bir
hareket. *His quick reply to your letter
is an encouraging gesture.* Ayrıca *f-n*
el kol, veya baş hareketleri yapmak.
I gestured to attract her attention.
NOT: *gesture* fiili, *gesticulate* ile aynı
anlamdadır, fakat *gesticulate*'te
kontrolunu kaybediş, sertlik ve şiddet
vardır. *He always gesticulates when he
is excited.*

get [get] *f* + *n/-n* 1 elde etmek, almak.
He got his degree by working hard.
2 kazanmak, (maaş, ücret olarak)
almak. *I am getting £1,500 a year.* 3
(satın) almak. *She has gone to get
some bread.*4 alıp yemek. *Go and get
your breakfast.* 5 (yemek hk.)
hazırlamak, pişirmek. *Get some food
for the visitors. She is getting lunch.*
6 almak, eline geçmek. *I got your
letter this morning.* 7 (yağış) almak.
This country gets very little rain. 8
(tekme, vb.) yemek. *John got a kick
on the leg.* 9 (bir hastalığa) yaka-
lanmak: *get a cold/a fever/malaria.*
NOT[1]: *get cold* (=üşümek); *get a
cold* ise, (=nezle olmak, üşütmek)
anlamlarına gelir.
10 (başka bir fiilin geçmiş zaman
ortacı ile) başa gelmek, (bir şeye)
uğramak: *They got beaten*
(=Yenildiler).
NOT[2]: *I be*'li edilgen takım yerine
bazen *get*'li edilgen takım (*get* + fiilin
3. biçimi) kullanılır. *get*'li edilgenler
çok kere *be*'lilerden daha etkilidir.
John beat me at tennis yesterday
(=Dün beni John teniste yendi). (*a*)
be'li edilgen takım: *I was beaten at
tennis yesterday* (=Dün teniste
yenildim). (*b*) *get*'li edilgen takım: *I
got beaten at tennis yesterday* (=Dün
teniste yenildim/beni yendiler). *be*'li
edilgen takım, durum belirtir (yani,
be beaten, 'yenilmiş' olma
durumunu), *get*'li edilgen ise hareket
belirtir (yani, *getting beaten* 'yenilme'
hareketini). 2 hem *be* hem de *get*'li
edilgen takımlarda *be* ve *get*'ten sonra
fiilin 3. biçimi, yani *geç. zam. ort.*
gelse de bu iki yapı birbirinden
farklıdır. Birinci yapıdaki *be* normal
bir yardımcı fiildir, ama ikinci
yapıdaki *get* bir temel fiil gibi

kullanılır ve *do* yardımcı fiili ile
olumsuz ve soru cümleleri yapılır.
Aşağıdaki (*a*) ile (*b*)'de verilen
örnekleri karşılaştırınız: (*a*) *I am
always beaten. I wasn't beaten. Was
I beaten? I wasn't beaten, was I?* (*b*)
*I always get beaten. I didn't get
beaten. Did I get beaten? I didn't get
beaten, did I?* Ayrıca **passive voice**'a
bkz.
11 sıfatlardan önce kullanılır;
(durumu değişerek) olmak. *He soon
got tired. In summer it gets very hot
here.* 12 bir sıfatla birlikte
kullanılarak, kişinin kendini belli bir
duruma sokması ifade edilir. *Get
ready* (=Hazırlan). *Get shaved*
(=Traş ol). *Get washed. Get dressed.
Hurry and get dressed. We're all
waiting.* 13 *get, to*'lu bir fiille
kullanılır; -ebilmek/-abilmek; -e izni
olmak; (yap)abilmek; imkânı, fırsatı,
şansı olmak. *They got to know. I'll
never get to understand him.* 14
(bazen güçlükle, veya çaba sarfederek)
gitmek, gelmek, varmak, seyahat
etmek. *We'll get there somehow. How
do we get across the river?*
(=Nehirden karşıya nasıl geçiyoruz?).
He got back last week (=Geçen hafta
döndü). *I hope they get home.* 15
ettirgen yapıda kullanılır: '*get
someone to do something* (=birisine
bir şey yaptırmak)'. *Has she got the
baby dressed yet? I cannot get him to
agree.*
NOT[3]: ettirgen yapı, yani (*causative
construction*) hem (*a*) etken (*active*),
hem de (*b*) edilgen (*passive*) çatıda
kurulabilir. (*a*) etken çatı: '*get
someone to do something*'—I got
Mary to alter the sleeves* (=Mary'e
kolları düzelttirdim). (*b*) edilgen çatı:
'*get something done*'—I got the
sleeves altered (by Mary)* (=(Mary'e)
kolları düzelttirdim). Ayrıca
causative'e bkz.
geç. zam. ve *ort.* **got** [gɔt]. (*AmI*'de,
'almak, veya olmak' anlamında *geç.
zam. ort.* **gotten** ['gɔtn]. **have got**
(=have) sahip olmak, ...-de olmak,
yanında olmak. *I have got two pairs
of shoes.*
NOT[4]: (özl. konuşma dilinde) *have
got,* yapısı *have*'e göre daha fazla
kullanılır.
get about 1 sağa sola gitmek;

dolaşmak. *Since he broke his leg, he can't get about.* 2 (genl. ağızdan ağıza) yayılmak, söylenmek. *The news of the disaster soon got about.* **get above oneself** ukalâlık yapmak, haddini aşmak; taşkınlık yapmak. *These students are getting above themselves.* **get across** karşıya geçmek. **get something across** bir şeyin anlaşılmasını sağlamak, açıklamak, aktarmak. *How can a teacher get this across to his pupils?* (k. dil.). **get after someone** (özl. bir suç işleyip kaçan birisini) yakalamaya çalışmak, peşinde olmak: **get ahead (in)** (-de) öne geçmek, geride bırakmak, ilerlemek, başarı kazanmak. *John got ahead of the other runners in the race. To get ahead, Africa needs more schools.* **get along** 1 ilerlemek, gitmek, başarılı olmak. *Is he getting along all right in his new job? How did you get along in the examination?* 2 geçinmek, anlaşmak. *He is so kind that he gets along with everyone.* 3 Haydi canım! Amma yaptın ha! Haydi git! *Get along with you!* (3. anlamı k. dil.). Ayrıca **get on'a** bkz. **get at 1** -e yetişmek, varmak, ulaşmak. *The little boy cannot get at the books on the top shelf.* 2 elde etmek, araştırıp öğrenmek. *It is difficult to get at the real cause of this.* 3 saldırmak, hücum etmek. *Let me get at him! In this book the writer gets at his critics. The witnesses have been got at* (= Şahitlere rüşvet verilmiş/Şahitler ayartılmış/tehdit edilmiş, vb.). 4 demek istemek. *What exactly are you getting at?* **get away** kaçmak, savuşmak, kaçıp kurtulmak; ayrılmak. *The prisoner got away from his guards. I cannot get away from the office before six o'clock. 'Get away from me,' John said to the growling dog.* **getaway** *i+sy* firar, kaçış. **get away with something** yakalanmadan, şüphe uyandırmadan atlatmak. *He thinks he can always get away with telling lies. Mike got away with the bank robbery; the police didn't even find his finger prints.* **get away with you!** Haydi canım! Amma yaptın ha! Haydi git! **get back** (geri) dönmek. *We got back before nightfall.* **get something back** kaybedilen, veya

birisinin aldığı bir şeye yeniden sahip olmak. *John got back the watch he lost.* **get back at someone** bir kimseden intikâmını almak, öcünü almak. *He will get back at you for this.* **get one's own back** öcünü almak, acısını çıkarmak. *By winning the game they got their own back for last year's defeat.* **get by 1** geçmek. *How can I get by while you stand in the way?* 2 geçinmek, (ekmeğini kazanıp) hayatını sürdürmek. *They have very little money but they will get by.* 3 çok iyi olmasa da yapabilmek, becermek, yeterli olmak. *He hopes to get by at the dance although he cannot dance at all.* **get (something) down 1** (aşağıya) inmek; indirmek. *They got down from the hill before the evening. He is getting the papers down from the room upstairs.* 2 (güçlükle) yutmak. *I got the drink down with difficulty.* **get something down** bir şeyi yazmak, not etmek. *Get what he says down in writing. Have you got it all down?* **get someone down** bir kimseyi sinir etmek, üzüp umutsuzluğa düşürmek; cesaretini kırmak, gözünü korkutmak. *His bad manners get me down. Don't let the other team get you down.* (k. dil.). **get down to something** çok çalışmak; işe iyice girişmek; sarılmak. *You must get down to your studies this year.* **get far** 1 uzağa gitmek. 2 başarmak; ilerleme kaydetmek. *John won't get far if he is lazy.* **get home** 1 eve dönmek, gelmek. 2 hedefe isabet etmek, vurmak. *Two of the shots got home.* 3 birisine bir şeyi anlatabilmek. *How can I get this home to him* **get in/into** 1 (taksi, vb.)e binmek (girmek). 2 içeri girmek. *We got in late last night.* 3 (bir yere) varmak, gelmek. *They will get into London this afternoon.* 4 içeri almak. *Get the washing in before it rains.* 5 yatağa yatmak, girmek. *Get into bed and stay there.* 6 (bir yere) getirmek. *The bus got me into the village at two o'clock.* 7 birisine (genl. kötü) bir şey olmak, başına (bir şey) gelmek. *He got in/into a rage/temper* (= Kızmak/ Köpürmek). *I am afraid I'll get into trouble* (= Maalesef başım belaya girecek). *They got into debt* (= Borca girdiler). *This mistake may get him into difficulties* (= Bu hata onun başını derde sokabilir). **get it into one's head** (genl. belli bir nedeni olmadan) inancında olmak. *He has got it into his head that we hate him. I can't get it into his head that he has to go.* **get into the way of** -e alışmak, alışmaya başlamak. *We soon got into the way of having classes on Saturday morning.* **get near (to) 1** yanına yaklaşmak, sokulmak; (vakit) gelmek. *You must get near (to) him if you wish to hear what he says. It is getting near bedtime.* **2** hemen hemen, neredeyse. *We got near (to) finishing it.* **get off 1** kurtulmak; kurtarmak; atlatmak. *Although he fell from the top window, he got off with a few bruises.* **2** karşı cinsten biriyle ilişki kurmaya başlamak.*He is getting off with the most beautiful girl in the room.* (*k. dil.*). **get (someone/something) off 1** (otobüs, vb.)den inmek. *She got off the bus.* **2** aşağıya inmek. *Get off the floor at once.* **3** işten çıkmak. *What time do you get off (work/from work)?* **4** çıkarmak, soyunmak. *The boy is getting off his wet clothes.* **5** göndermek, yollamak. *He got the report off to his teacher last week. We cannot get our guests off to London before Monday.* **6** başlamak. *They at last got off to sleep. The concert got off to a good start* (= Konser iyi başladı). **7** kurtarmak; kurtulmak. *You won't get off next time you do it. Blaming the other driver did not get him off. They could not get them off until the storm ended.* **Get off, Get your hands off** Elini çek; Dokunma; Elleme. **get off with you!** Saçma! Hadi canım sende! (*k. dil.*). **get on 1** başarılı olmak, sivrilmek. *How are you getting on at school? That man is sure to get on.* **2** (genl. vakit, zaman hk.) geçmek. *Time is getting on* (= Vakit geç oluyor). *He is getting on in years* (= Yaşlanıyor). *He is getting on for sixty* (= Yaşı nerdeyse altmışa geldi/Altmışına merdiveden dayadı). *I have to get on my way* (= Gitme vaktim geldi/ Gitmek zorundayım). **get on something** binmek; çıkmak, tırmanmak. *Get on a horse/bicycle/roof/wall.* **get on with someone** bir kimseyle iyi geçinmek, anlaşmak; araları iyi olmak. *I get on well with my mother-*

in-law. **get out** kaçmak, kurtulmak; kaçırmak; çıkmak, çıkarmak. *He got out the door/ window. Our dog has got out. We got the box out the door/window.* **get out of something 1 get out'a** bkz. *When did you get out of bed?* (= Yataktan ne zaman kalktın?) *The prisoner got out of the cell by breaking down the door* (= Mahkûm kapıyı kırarak hücresinden kaçtı). *Please get me out of here* (= Lütfen beni buradan çıkarınız). **2** bir şeyi yapmaktan kaçınmak. *You cannot get out of paying your debts. My illness got me out of having to see him* (= Hastaydım, onu görmek zorunda değildim). **get out of sight/ one's sight** gözden kaybolmak. **get out of one's way** yolunun üzerinden çekilmek; çekilip yol vermek. **get over (something)** (bir şeyin üzerinden) geçmek, geçirmek; atlamak. *The boy is getting over the fence/gate wall. It was difficult to get the pole over the hedge.* **get over something 1** kurtulmak, atlatmak, sağlığına kavuşmak, iyileşmek. *John's just getting over mumps.* **2** (kötü bir şeyi) unutamamak, tesirinden kurtulamamak. *The parents will never get over the death of their son.* **get something over 1** bir şeyi bitirmek. *Let's get it over as soon as possible.* **2** bir kimsenin bir şeyi anlamasını sağlamak; bir şeye onu inandırmak. *I got it over to him that they wouldn't come.* (*k. dil.*). **get round (something)** dolaşıp geçmek, dönmek; döndürmek. *You can get round the park in half an hour. We got the car round the corner without being seen.* **get round something** bir zorluğu yolunu bulup halletmek, bir güçlükten sıyrılmak. *They have got round the difficulty by writing to the headmaster.* **get round someone** ikna etmek, kandırmak. *He got round the others by pretending to help them. When shall we get him round to helping us?* **get (something) through 1** bir şeyin arasından geçmek; içinden geçmek, veya geçirmek. *I was able to get through the forest by myself. He tried to get the box through the window.* **2** (genl. telefonla, mektupla, vb.) bağlantı kurmak; ulaşmak; ulaştırmak. *He could not get through until after the* *floods. I want you to get this message through to headquarters.* **3** anlamasını sağlamak. *I can't get through to her.* **get through something 1** bitirmek; tamamlamak. *They got through the meal without speaking. You must get through this book before Monday. They got through her husband's money in a year.* **2** (sınıf, test, vb. hk.) geçmek, başarmak; geçmesini, başarılı olmasını sağlamak. *Did you get through your driving test? His job as a tutor is to get me through this examination.* **get together** (genl. bir amaç için) toplanmak, bir araya gelmek. **get-together** *i+sy* toplantı. *(eş anl.* **gathering**). **get up 1** yataktan kalkmak, ayağa kalkmak; yataktan kaldırmak, ayağa kaldırmak. *I got up very early. The pupils get up when their teacher comes into the classroom. The teacher got the boys up when the headmaster came into the classroom.* **2** tırmanmak, yukarsına çıkmak, veya çıkartmak. *We got up the ladder to the roof.* **3** giyinmek, süslenmek; giyinip (bir kimse) kıyafetine bürünmek. *She was got up in very expensive clothes. The spy was got up to look like a waiter.* **4** hazırlamak, tertip etmek. **get-up** *itek* belli bir amaç için giyilmiş garip, veya alışılmışın dışındaki giysi takımı. **get up to 1** -e yetişmek, gelmek; yaklaşmak, ulaşmak. *The enemy got up to the wall of the town before they attacked. Yesterday I got up to page 100.* **2** (genl. çocuklar hk.) (yaramazlık, şeytanlık) yapmak. *What are these children getting up to now?*

geyser ['giːzə*] *i+sy* **1** geto; zaman zaman fışkıran sıcak su kaynağı; kaynaç. **2** (mutfak, veya banyodaki) su ısıtıcısı, şofben.

ghastly ['gaːstli] *s* **1** dehşet uyandıran, korkunç. *It was a ghastly murder.* **2** kötü, berbat. *The school concert was ghastly.* (k. dil.). **3** soluk, sapsarı, ölü gibi. *After a sleepless night, I looked ghastly.*

ghetto ['getou] *i+sy* **1** geto; eski yahudi mahallesi. **2** genl. yoksul azınlıkların oturduğu mahalle. *Large cities like London have many ghettos.* çoğ. biç. **ghettos.**

ghost [goust] *i+sy* hortlak, hayalet. *He*

told me the ghost of his father appeared at his bedside. (eş anl. **spook**). **to give up the ghost 1** (insanlar hk.) ölmek. *He gave up the ghost.* (eş anl. **die**). **2** (makineler hk.) tamir edilemeyecek biçimde bozulmak, arıza yapmak. **the ghost of a chance** en ufak bir olasılık, şans. *You haven't a ghost of a chance of winning.* **ghost town** artık kimsenin yaşamadığı terkedilmiş kasaba. **ghost-write** *f+n* başkası adına (örn. bir politikacı, bir sporcu, vb.) (bir makale, konuşma, veya bir kitap) yazmak. **ghost-writer** *i+sy* başkası adına yazan kimse. *He did not write his own memoirs; he employed a ghost-writer.* **ghostly** *s* hayalet gibi.

GHQ *i-sy* (=General Headquarters)—Genel Karargâh.

GI [dʒiːaɪ] *i+sy* (=Government Issue)—**1** ABD askeri malzemesinin üzerine vurulan damga. **2** ABD askeri.

giant ['dʒaɪənt] *i+sy* dev; masallardaki korkunç, iriyarı, güçlü kuvetli uydurma yaratık. *I used to like stories about giants.* Ayrıca *s* dev gibi, kocaman: *a giant box of chocolates; a giant animal.*

gibbet ['dʒibit] *i+sy* darağacı. *(eş anl.* **gallows**).

gibberish ['dʒibəriʃ] *i-sy* anlaşılmaz söz, saçma sapan laf; saçma şey. *Higher mathematics is gibberish to me.*

gibe, jibe [dʒaib] *f-n* **(at** ile) alay etmek, matrak geçmek, dalga geçmek. *He could not bear the gibes of the other boys. The two old men constantly gibed at one another about their political opinions.*

giddy ['gidi] *s* **1** başı döndürücü; başı dönen. *High buildings make me giddy.* (eş anl. **dizzy**). **2** havaî, hoppa: *just a giddy young girl.* **giddiness** *i-sy* baş dönmesi. *I began to suffer attacks of giddiness.*

gift [gift] *i+sy* **1** armağan, hediye: *a wedding / birthday gift. Officials are not allowed to receive gifts from the public.* **2** (doğuştan sahip olunan, Allah vergisi) hüner, yetenek, kabiliyet. *I have no gift for foreign languages.* **3** çok kolay, çok basit. *In the examination paper Question 2 was a gift.* **(3.** anlamı ᴋ. dil.). **gift shop**

hediyelik eşya satan dükkân. **gifted** yetenekli, kabiliyetli: *a gifted speaker.* **gift-wrapped** s hediyelik kağıda sarılmış.

gigantic [dʒai'gæntik] s kocaman, devasa. *He says he caught a gigantic fish. The basketball player is gigantic.*

giggle ['gigl] f-n şımarık şımarık gülmek, kıkır kıkır gülmek, kıkırdamak. *Tell those girls to stop giggling.* Ayrıca i+sy şımarık şımarık gülme, kıkırdama. *I heard a giggle in the back of the room.*

gild [gild] f+n ince bir tabaka altınla, veya altın yaldız ile kaplamak; yaldızlamak. **gilded** s yaldızlanmış: *a bird in a gilded cage; gilded youth* (=varlıklı ve moda düşkünü gençlik).

gill¹ [gil] i+sy (genl. çoğ. biç.) galsame, solungaç; suda yaşayan hayvanların solunum organı.

gill² [dʒil] i+sy bir pint'in dörtte biri; yaklaşık 0.412 litre.

gilt [gilt] s yaldızlı. *She is wearing a gilt brooch.*

gimmick ['gimik] i+sy dikkati, ilgiyi çekmek için yapılan numara; çekiciliğini artırmak için bir şeye eklenen kısım, yapılan bir değişiklik; küçük bir aygıt. *Changing the colour of the packet and not its contents is just a gimmick. (k. dil).*

gin [dʒin] i+sy/-sy cin; buğday, arpa, yulaf gibi tanelerden çıkarılan ve ardıçla kokulandırılan bir tür alkollü içki.

ginger ['dʒindʒə*] i-sy zencefil; zencefil bitkisinden elde edilen ve baharat olarak kullanılan toz. **gingerly** z ihtiyatla, dikkatle. *He lifted the baby very gingerly.* **ginger beer/ale** zencefilli gazoz. **gingerbread** zencefilli kek.

giraffe

gipsy, gypsy ['dʒipsi] i+sy çingene; Hindistan'dan çıktığı söylenen, Avrupa ve Asya'da göçebe olarak

yaşayan bir topluluk, veya bu topluluktan olan kimse.

giraffe [dʒi'ra:f] i+sy zürafa.

girder ['gə:də*] i+sy ana kiriş; köprü veya bina çatılarını destekleyen uzun, güçlü çelik kiriş, belleme kirişi, hatıl.

girdle ['gə:dl] i+sy 1 korsa; güzellik, veya sağlık nedenleriyle giyilen esnek iç giysisi. *The doctor told me to wear a girdle. (eş anl.* corset). 2 (bele takılan) kemer, kuşak. *Jane wore a girdle with a silver clasp.*

girl [gə:l] i+sy 1 kız. *All their children are girls.* 2 kız evlat. *My girl left school last year.* 3 evlenmemiş genç kız. *The town is full of lovely girls.* 4 bir erkeğin kız arkadaşı. (genl. **girlfriend** şeklinde söylenir. *John and his girlfriend were married yesterday.* **girlie** s (dergiler, takvimler hk.) içinde çıplak kız ve kadın resimleri bulunan. **girlish** s genç kız gibi; kızlara özgü. **Girl Friday** bir işadamının, veya kadınının kişisel yardımcısı olan ve genel büro işlerini de yapan bir kız ya da genç kadın.

NOT: *girlfriend,* artık günümüzde bir erkeğin flörtü, veya cinsel ilişkide bulunduğu hanım anlamına gelmiştir. Bir hanımın *girlfriend'*i ise ya onun hanım arkadaşı ya da eşcinseli, yani sevicisi demektir. Ayrıca **boyfriend, gay** ve **homosexual**'a bkz.

giro ['dʒairou] i-sy bir tür banka, veya postane para transfer sistemi; Giro sistemi: *a giro cheque; giro account.*

girth [gə:θ] i+sy 1 eğeri atın sırtına tutturan kuşak, kolan. 2 bir şeyin çevresinin kalınlığının ölçüsü. *He is a man of great girth* (=Kalın belli bir adam).

gist [dʒist] i-sy (daima **the** ile) (genl. söylenen, veya yazılan bir şey hk.) ana fikir, öz. *He gave me the gist of the headmaster's report.*

give [giv] f+n/-n 1 vermek; eline vermek. *They gave him a good breakfast. She will give it a wash* (=Onu yıkayacak). *She gives me her cat to look after while she is away. He gave the letter to the boy to post. I gave her my coat and hat* (=Ona (asması için) şapkamı ve paltomu verdim). 2 hediye olarak vermek, hediye etmek. *At Christmas my father gave me £5. He gave all his books to the school library.* 3 karşılığında vermek; ödemek. *I'll give you five pounds for these stamps. The shopkeeper gave us two packets of soap for the price of one. They would give anything to be with us now.* 4 vermek, sağlamak. *Hens give us eggs. The lamp gave very little light. His letter gave the latest news. He forgot to give us the date. This book gives few details.* 5 (genl. zaman hk.) ayırmak, vermek. *Please give them another chance* (=Onlara, lütfen bir şans daha veriniz). *I must be given more time to finish it. We gave him five minutes to decide. They should give themselves two hours to get there. He is honest; I give him that* (=Namusludur; bunu kabul ediyorum). 6 iletmek, bildirmek; etki uyandırmak; bir his, duygu, veya bazı ruhsal etkilere neden olmak. *Give them our best wishes/ love/regards/ thanks* (=Onlara en iyi dileklerimizi/ sevgilerimizi/ selâmlarımızı/ teşekkürlerimizi iletiniz, söyleyiniz). *Did the child give you any trouble?* (=Çocuk size rahatsızlık verdi mi?) *The sudden noise gave her a shock* (=Ani gürültü onu çok sarstı). *This tooth is giving me pain. It gives me great pleasure to open this school. Please give me your attention.* 7 (vücuda yapılan bir hareket hk.) atmak, vurmak, vb. *Give someone/ something a blow/kick* (=Birisine, veya bir şeye yumruk/ tekme atmak). *Give someone/something a knock/ look/pull/punch/push/sign/ smile/ tap.* 8 bir duyguyu vücudun bir hareketiyle ifade etmek. *Give a cry/groan/jump/shout/shrug/ sigh.* (=Ağlamak/İnlemek/ Sıçramak/ Bağırmak/Omuz silkmek/İç çekmek). 9 bel vermek, bükülmek. *The roof began to give because of a great weight on it. His knees gave/He gave at the knees* (=Dizleri büküldü). *geç. zam. biç.* gave [geiv]. *geç. zam. ort.* given. give *i-sy* esneme, eğilme (niteliği). *This bed has no give.* giver *i+sy* veren kimse. given belirlenmiş, saptanmış: *at a given time.* given to, much given to -e (çok) düşkün, müptelâ, kendini vermiş. *He is given to drinking.* give something away 1 vermek, dağıtmak, hediye etmek, bağışlamak. *He gave away all his*

pictures. *After the sports he gave away the prizes* (=Yarışmalardan sonra kazananlara ödüllerini verdi). 2 bir sırrı açığa vurmak; ifşa etmek. *He gave away the plan of attack to the enemy.* give someone away 1 bir düğünde gelini, damada teslim etmek. *She was given away by her uncle.* 2 ele vermek; foyasını meydana çıkarmak. *Please don't give me away.* give (something) back (bir şeyi) geri vermek, iade etmek. *He won't give me back my pen.* give (something) in 1 teslim olmak, boyun eğmek. *After much fighting the enemy gave in. He is always giving in to other people.* (eş anl. surrender, yield). 2 yetkili bir kimseye götürüp vermek, teslim etmek. *You should give in your names to the headmaster. I gave in :ny driving licence.* (eş anl. hand in). give off (something) salmak, yaymak, neşretmek. *This flower gives off a pleasant smell. The engine gives off smoke and steam.* give out 1 bitmek, tükenmek. *Our money soon gave out.* 2 durmak, yapmamak, (bir işe) son vermek, bozulmak. *The car engine suddenly gave out.* 3 çıkarmak, yaymak. give off'a bkz. 4 bildirmek, ilân etmek. *The radio has just given out the football results.* 5 dağıtmak, vermek. *Open the cupboard and give out the books.* give over 1 teslim etmek, eline vermek. 2 durmak, vazgeçmek. *Give over!* (2. anlamı *k. dil.*). give (something) up 1 vazgeçmek, bırakmak. *I had to give up my place in the queue.* 2 ele vermek; teslim etmek. *He gave himself up to the police.* (eş anl. betray). 3 terketmek, bırakmak. *Why are you giving up your job? He has given up playing football.* 4 umudunu kesmek, ümidi kalmamak. *The teacher gave him up because he was so lazy. They gave him up for lost* (=bütün aramalarına rağmen bulamayacaklarını anlayınca) Ondan ümitlerini kestiler). 4 cesaretini, inancını, ümidini kaybetmek. *Don't give up, you may still win.* give birth (to) doğurmak, bebek dünyaya getirmek. *She gave birth (to a boy).* give chase (to) takip etmek, peşinden gitmek. give credit to 1 (bir müşteriye) kredi açmak. 2 inanmak. *It is difficult to give credit to all he says.* **give a hand to/with** yardım etmek. *I'll give you a hand with the dishes. (k. dil.).* **give it to someone** bir kimseyi haşlamak, azarlamak. *I'll give it (to) him when I see him. (k. dil.).* **give one's life for something** yaşamını, hayatını bir şeyi yapmaya, veya bir şeye adamak. *She gave her life to helping the poor.* **give an/the order, give orders** 1 emir, emirler vermek; talimat vermek. *When I give orders/ an order you must obey them/it. The captain gave the order to advance.* 2 sipariş vermek. *Be sure you give the order for bread to the baker.* **give someone a piece of one's mind** bir kimseye haddini bildirmek, ağzının payını vermek. *My son, Jack, drove my car yesterday without my permission: I'm going to give him a piece of mind when I see him. (k. dil.).* **give and take** karşılıklı fedakârlık yapmak; karşılıklı anlayış içinde olmak. *We must all give and take a little if we want peace.* Ayrıca *i-sy* karşılıklı fedakârlık, anlayış.*Without some give-and-take there will be no peace.* (hem fiil hem de isim hali *k. dil.*). **give or take** aşağı yukarı; üç aşağı beş yukarı. **give way** 1 (trafikte öncelik sağlayarak) yol vermek. *At the roundabout give way a traffic from the right.* 2 -e kapılmak, -e teslim olmak; kabul etmek. *They had to give way to the writers' complaints. Give way to grief/sorrow/despair, etc.* 3 (üzerindeki ağırlığa basınca dayanamayıp) çökmek; kopmak. *The bridge/floor/ roof suddenly gave way. The rope gave way.*

glacier ['glæsiə*] *i+sy* buzul.

glad [glæd] *s* memnun. *They are very glad about their new house. I would be glad of your help. He looks / feels glad. I am glad to see you.* krş. biç. **gladder.** *enüst. biç.* **glladdest. gladly** *z* memnuniyetle. **gladden** *f+n* memnun etmek, sevindirmek. *He was gladdened by the news that he had become the father of twins.*

glamour ['glæmə*] (*AmI'de* glamor) *i+sy* çekicilik; büyük ilgiye neden olan şey: *the glamour of the stage. There is no glamour in office work.* **glamorous** *s* göz alıcı.

glance [gla:ns] *f-n* 1 (**at, into, over,**

round, through ile) şöyle bir göz atmak, göz gezdirmek. *I glanced at the newspaper. We glanced through the book. The teacher glanced round the classroom.* 2 (**off** ile) sıyırıp geçmek. *The bullet glanced off the wall.* Ayrıca *i-sy* (-e) (acele bir) bakış: *see at a glance. I took a glance at the newspaper.* **glancing** *s* (bir darbe, vuruş, vb. hk.) sıyırıp geçen: *a glancing blow.*

gland [glænd] *i+sy* bez, beze, gudde: *sweat gland* (=ter bezi). **glandular** ['glændjulə*] *s* beze gibi.

glare [gleə*] *f-n* 1 (genl. güneş hk.) göz kamaştıracak şekilde parlamak. 2 öfkeli öfkeli bakmak, dik dik bakmak, yiyecekmiş gibi bakmak. *The angry father glared at his son.* Ayrıca *i+sy/-sy* 1 göz kamaştırıcı ışık. *I have to wear sunglasses because of the glare of the sun. He stood in the glare of the car's headlights.* 2 öfkeli bakış. *My glare silenced her.* **glaring** *s* 1 göz kamaştırıcı, çok parlak: *glaring light; glaring colours.* 2 öfkeli, dik bakışlı: *glaring eyes.* 3 apaçık, hemen göze batan; sırıtan: *glaring mistake; glaring injustice.* (*eş anl.* **conspicuous**).

glasnost ['glæsnɔst] *i-sy* Mikhail Gorbachov'un liderliğinde Rusya'da başlatılan açıklık ve sorumluluk politikası.

glass [gla:s] 1 *i-sy* cam. *He broke the glass of the front window. This jar is made of thick glass.* 2 *i+sy* camdan yapılmış bir şey; cam eşya; bardak, ayna, barometre, dürbün, teleskop, büyüteç: *drinking glasses* (=bardaklar). *The glass fell out of my watch* (=Saatimin camı düştü). *She looked at herself in the glass* (=Aynada kendine baktı). (*esk. kul.*). *The glass is rising* (=Barometre yükseliyor). *The sailor watched the distant ship through his glass* (=Denizci teleskopla uzaktaki gemiye baktı); *a magnifying glass* (=büyüteç). 3 *i+sy* bir bardak (dolusu): *drink a glass of beer/milk/water; a glass(ful) of wine. Thank you, I'll have a glass* (=Teşekkür ederim, bir bardak alırım). **glassy** *s* 1 cam gibi, cam gibi düz, ve parlak, ayna gibi: *a glassy sea.* 2 dalgın, donuk ve cansız. *He had a glassy look in his eyes.* **glasses** içoğ

gözlük(ler). *I must put on my glasses to read this.* (*eş anl.* **spectacles**).
glasshouse için **greenhouse**'a bkz.
glassware züccaciye, cam eşya. Ayrıca **glaze**'e bkz.

glasshouse

glaze [gleiz] *f+n* **1** cam takmak. **2** sırlamak; parlaklık vermek, dış etkilerden korumak, vb. amaçlarla vernik sürmek ya da aynaların arkasını ve başka eşyaların üzerini sırlamak. *The potter put a beautiful blue glaze on his vase.* Ayrıca *i-sy* sır; cilâ. **glazed** *s* sırlı. **glazier** ['gleiziə*] *i+sy* camcı; sırcı, perdahçı.

gleam [gli:m] *i+sy* (genl. kısa bir an sürüp kaybolan) ışık, parıltı, ışın. *I saw the gleam of his lamp in the wood.* Ayrıca *f-n* parıldamak, ışıldamak. *The newly-polished car stood gleaming in the sunshine. His eyes gleamed with pleasure.*

glee [gli:] *i-sy* mutluluk, neşe; (başarı, veya hoşnutluk nedeniyle duyulan) büyük çoşku. *His defeat caused great glee among his enemies.*

glen [glen] *i+sy* (özl. İskoçya'da) derin, ve dar vadi.

glib [glib] *s* dilli; dil döken; çabuk çabuk ve kendinden emin konuşan, genl. zor bir durumu sanki kolaymış gibi gösteren ve böylece insana güven vermeyen; gerçek olamayacak kadar kolay söylenen. *This salesman is a glib speaker. I don't believe his story; it is too glib.* *krş. biç.* **glibber.** *enüst. biç.* **glibest. glibly** *z.*

glide [glaid] *f-n* kaymak, kayıp gitmek; süzülmek. *The bird glided to the ground. The dancers glided over the floor of the room.* Ayrıca *i+sy* kayma, süzülme. **glider** *i+sy* planör; motorsuz hava taşıtı. **gliding** *i-sy* planörcülük (sporu).

glimmer ['glimə*] *f-n* donuk donuk parlamak. *In the distance a small light glimmered.* Ayrıca *i tek* parıltı,

hafif ışık; nebze, bir parça: *glimmer of light; glimmer of hope* (=umut ışığı).

glimpse [glimps] *i+sy* bir anlık görüş, görüverme, gözüne ilişme. *I caught/got a glimpse of his face as he ran past.* Ayrıca *f+n/-n* bir an için görmek, gözüne ilişmek. *We glimpsed the field through the trees.*

glint [glint] *f-n* parıldamak, ışıldamak. *The sun is glinting through the clouds. His eyes glinted with anger.* Ayrıca *i+sy* parıltı, ışıltı: *a glint of light. He had an evil glint in his eyes.*

glisten ['glisn] *f-n* (genl. ıslak, veya boyanmış bir şey) parlamak: *glisten with sweat. Her eyes glistened with tears.*

glitter ['glitə*] *f-n* parıldamak, ışıl ışıl parlamak. *The diamond ring glittered on her finger.* Ayrıca *i-sy* parıltı, ışıldama: *the glitter of ice on the road.* **glittering** *s* **1** ışıldayan, parıldayan: *glittering jewels.* **2** muhteşem; herkesin dikkatini çeken. *He has had a glittering career.*

gloaming [glou'miŋ] *itek* akşam karanlığı, alaca karanlık. (*eş anl.* **twilight**).

gloat [glout] *f-n* (**over, on** ile) şeytanca bir zevk duymak; kendi başarısını, veya bir başkasının başarısızlığını büyük bir zevkle seyretmek; 'Oh olsun!' demek. *He gloats over/on his money. They gloated over/on my failure.*

globe [gloub] *i+sy* **1** küre, top, yuvarlak, küresel bir cisim. **2** yer küre modeli; dünya. *If you look at this globe you will see where the equator is.* **global** *s* **1** dünyanın tümünü ilgilendiren, tüm dünyayı kapsayan, dünya çapında. *These marks give a global picture of their progress.* **2** bir durumun bütün yönlerini kapsayan. (*eş anl.* **overall**). **globetrotter** [gloub'trotə*] *i+sy* çoğu zamanını dünyayı dolaşarak geçiren kimse.

globule ['globju:l] *i+sy* damlacık. *Globules of sweat ran down his forehead.* (*eş anl.* **droplet**).

gloom [glu:m] *i+sy* **1** (az da olsa ışık olan) karanlık. *He walked through the gloom of the thick forest.* **2** hüzün, keder, kasvet. *His illness has caused great gloom among his friends.* **gloomy** *s* **1** epeyce karanlık, loş: *a gloomy room.* 2 kasvetli, iç karartıcı; kederli, endişeli. *The bad weather has made everyone gloomy.* **gloomily** z ümitsizce.

glorify ['glɔːrifai] *f+n* 1 (Tanrı'yı) övmek, ululamak, O'na şükür etmek. *All men should glorify God.* 2 yüceltmek, göklere çıkarmak, övmek. *The history book glorifies the country's heroes.* **glorification** [glɔːrifi'keiʃən] *i-sy* övgü, ululama.

glory ['glɔːri] *i+sy* 1 güzellik, şan, şeref, şöhret, parlaklık, şaşaa, haşmet, ihtişam; güzel, veya övülmeye değer bir şey: *the glory of flowers in the spring; the glories of our past history.* Ayrıca *f-n* (**in** ile) (bir şeyi) ile övünmek, iftihar etmek. *He glories in his skill at football. They gloried in showing me my mistakes.* **glorious** *s* şanlı, şerefli, parlak. *It was a glorious victory.* (*karş.* **inglorious**). **bathe in reflected glory** kendi başarısından değil de, ilgili olduğu bir kimsenin ya da şeyin başarısı sayesinde ün ya da hayranlık kazanmak.

gloss [glɔs] *i+sy/-sy* parlaklık, cilâ, perdah; bir yüzeyin cilâlı parlaklığı. *This paint has a fine gloss.* **glossy** *s* kaymak gibi düzgün, parlak. *I like a book to have a glassy cover.* **gloss over** bir kusuru, utanç verici bir durumu, sanki önemli değilmiş gibi geçiştirerek, üzerinde durmayarak örtmeye çalışmak, söz kaçamağı yapmak. *He tried to gloss over his past mistakes.*

glossary ['glɔsəri] *i+sy* bir kitap, veya bir konuda geçen sözcüklerin, deyimlerin, teknik, veya özel terimlerin alfabe sırasına göre dizilmiş açıklamalı listesi; küçük sözlük, ek sözlük. *All the technical terms are shown in the glossary at the back of the book.*

glove [glʌv] *i+sy* eldiven. **work/be hand in glove with someone** (genl. kötü anlamda) bir kimse ile ortak çalışmak/sıkı işbirliği içinde olmak. *He is hand in glove with our rivals.* **fit like a glove** tıpatıp uymak.

glow [glou] *f-n* 1 (alev çıkarmadan) ışık vermek, veya ısı yaymak, ısıdan kızarmak, veya beyazlaşmak, kor, veya akkor haline gelmek, kızarmak, kırmızılaşmak *Red-hot iron glows.* 2 parlamak; yüzü kızarmak. *These red*

curtains certainly glow in this dull room. His cheeks glowed after the race. Their faces were glowing with joy. Ayrıca *i+sy* (sadece *tek. biç.*) parlaklık; parıltı: *the glow of the fire; a glow of pleasure.* **glow-worm** ateşböceği.

glower ['glauə*] *f-n* (genl. **at** ile) öfke ile bakmak, yiyecekmiş gibi bakmak. *She glowered at me when I asked her to justify her remarks.*

glucose ['gluːkous] *i-sy* glikoz; üzüm şekeri.

glue [gluː] *i+sy/-sy* (özl. tahtadan eşyaları yapıştırmada kullanılan) tutkal; zamk. *I used glue to repair my geography book.* Ayrıca *f+n* tutkallamak; zamk ile yapıştırmak. *Glue the boards together. He glued it to the desk.*

glum [glʌm] *s* kederli, üzgün; asık suratlı: *a glum expression; look glum.*

glut [glʌt] *f+n* gereğinden fazla sağlayarak (piyasayı) mala boğmak. *At present coffee is glutting the world market. geç. zam. ve ort.* **glutted.** Ayrıca *i+sy* (piyasada) fazla mal olması, bolluk. *There is a glut of coffee.* (*eş anl.* **surplus**). **glut of money** (piyasadaki) para bolluğu.

glutton ['glʌtn] *i+sy* obur kimse. *The food was so tasteless and ill-prepared that it could appeal only to a starving man or a glutton.* **gluttonous** *s* obur.

glycerine ['glisəriːn] *i-sy* gliserin; yağlı maddelerin sabunlaşma olayı sırasında ortaya çıkan ve tıpta ya da patlayıcı maddelerin yapımında kullanılan, renksiz, kokusuz, yakıcı şekerli şurup tadında ve kıvamında bir madde.

GMT [dʒiːemˈtiː] *i-sy* (=**Greenwich Mean Time**)—Greenwich meridyenine göre ayarlanan uluslararası saat ayarı: *departs Bermuda 12.42 GMT 17th Jan; at 12.42 GMT.*

gnarled [naːld] *s* 1 boğumlu ve eğri; budaklı. 2 (yaşlılık, veya bedensel ağır çalışma sonucu) yıpranmış; çarpuk, çurpuk. *He stroked his dog with his gnarled, old hand.*

gnash [næʃ] *f+n* **gnash one's teeth** sözünde—(acı, veya öfkeden) dişlerini gıcırdatmak. (*eş anl.* **grind**).

gnat [næt] *i+sy* tatarcık; insan kanını emen sivrisinekten küçük bir böcek.

gnaw [nɔː] *f+n/-n* 1 kemirmek. *The dog gnawed (at) the bone.* 2 içini

kemirmek, ızdırap vermek. *Hunger
gnawed (at) his stomach.*
gnome [noum] *i+sy* yeraltında
yaşadığı söylenen cüce peri. *Gnomes
live underground in caves to guard
buried treasure.*

gnome

gnu [nu:] *i+sy* Afrika antilopu.
(Ayrıca **wildebeest** de denir).
go [gou] *f-n* **1** bir yerden bir yere
gitmek; seyahat etmek, yolculuk
etmek, gitmek. *The train goes from
London to Glasgow. He went by
boat/car/steamer. This aeroplane can
go at 600 miles per hour.* **2** belli bir
durumda hareket etmek, belli bir
halde kalmak. *All the men here go
armed.* (=Buradaki bütün erkekler
silah taşırlar). *The children must not
go hungry* (=Çocuklar aç kalmama-
lıdırlar). **3** (*-ing* ile biten fiillerin
başında kullanıldığında gidip
yapmak; bir şeyi yapmak için bir yere
gitmek: *go swimming/shopping/
looking for/sailing* (= yüzmeye/
alışverişe/aramaya/yelkenliyle
gezmeye gitmek). **4** gitmek, ayrılmak.
I must go now. **5** (vakit) geçmek,
geçip bitmek. *The time went quickly.*
6 olmak. *He is going blind. His hair
has gone grey. Russia went
Communist.* **7** ulaşmak, gitmek, bir
yerden bir yere kadar uzanmak. *How
far does this railway go? The path
goes to the village. Her skirt went to
her knees.* **8** ilerlemek, gelişmek. *Our
new plans are going well.* **9** işlemek,
çalışmak. *The engine goes smoothly.*
10 (iyi, kötü) gitmek, sonuçlanmak.
The meeting went badly. **11** ('*be going
to*' yapısında) *-ecek/-acak. I am going
to study harder next term. It is going
to be hot today.*
NOT: *I* gelecek zamanı oluşturmanın

en yaygın biçimi *will* yardımcı fiilini
kullanmak olmayıp, *be going to*'lu
yapıyı kullanmaktır. Bu yapıda *go*
'gitmek' anlamına gelmez. *2 be going
to* olumsuz düz cümlelerde ve
sorularda diğer fiiller gibi kullanılır.
It is not going to be hot today
(=Bugün hava sıcak olmayacak). *Is
it going to be hot today?* (=Bugün
hava sıcak olacak mı?) *3 be going to,*
tastik sorularıyla (yani 'değil mi?'li)
kısaltılmış cümlelerde diğer fiiller gibi
kullanılır. *It is going to be hot today,
isn't it?* (=Bugün hava sıcak olacak,
değil mi?) *You are going to study
harder next term, aren't you? Yes, I
am going to./Yes, I am.* **4** özelıkle
birinci tekil kişilerle kullanıldığında,
be going to genellikle, Türkçe gelecek
zaman eki '-ecek/-acak'a karşılıktır;
will yardımcı fiili ise, Türkçe geniş
zaman gelecek zaman bildirdiğinde
'-ir/-er' ekine ya da bazen '-eyim/
-ayım'a karşılıktır. *(a) I am going to
see John* (=John'ı göreceğim). *(b) I
will see John* (=John'ı görü-
rüm/John'ı göreyim). *(a)* konuşma
anından bir süre önce tasarlanmış
belli bir planı, bir 'hareketi gösterir.
Ama *(b)*, konuşma anında akla gelen,
tasarlanan bir planı, bir hareketi
gösterir. *5 you*'lu sorularda *be going
to* bir süre önce tasarlanmış bir plan
hakkında bilgi istemek için ve *will* de
ricalarda kullanılır. *Are you going to
show me your pictures?* (=Bana
resimlerini gösterecek misin?) *Will
you show me your pictures?* (=Bana
resimlerini gösterir misin?).
12 kırılmak, kopmak; düşmek,
çökmek; bozulmak. *He felt the
branch go beneath him. His eyesight
is going. The brakes of the car went*
(=Arabanın frenleri boşaldı). geç.
zam. biç. **went** [went]. geç. zam. ort.
gone [gɔn]. Ayrıca *i+sy/-sy. Go* şu
deyimsel yapılarda kullanılır: **have** a
go (**at**) (yapmaya) çalışmak, denemek.
I'll have a go at mending it. **be on the
go** meşgul olmak; bir faaliyet ve
çalışma içinde olmak. *They are
always on the go.* **at one go** bir
denemede, bir teşebbüste. çoğ. biç.
goes. going *s* genl. a **going** business/
concern sözünde—kâr getiren,
başarılı bir iş/şirket. **the going price**
rayiç fiyat; bir malın piyasa ederi.

What is the going price for a secondhand 1985 Fiat 131? **go about** (genl. birçok yeri) gezmek, dolaşmak, yayılmak. *He always goes about with his children. The story is going about that you are leaving.* **go about something** (bir şeyi sonuçlandırmak için) başlamak, ele almak. *How shall we go about this problem?* **go after someone/ something** bir kimse, veya şeyi yakalamak için peşinden gitmek; elde etmeye çalışmak, peşinde olmak. *Go after him! He is running away. They are going after the first prize.* **go against something** bir şeye karşı gitmek, karşı olmak; zıt düşmek; aleyhinde sonuclanmak. *The boat is going against the tide. This goes against their belief. The game was going against us* (=Oyunu kaybediyorduk). **go ahead with** başlamak; devam etmek; işbirliği yapmak. *They are going ahead with the plan.* **go-ahead** s müteşebbis, girgin, faal. *We have a very go-ahead committee. (k. dil.).* **go along 1** beraber gitmek 2 ilerlemek, devam etmek. *You will learn as you go along.* **go along with someone** bir kimse ile beraber bulunmak, ona eşlik etmek. *I went along with them to London.* 2 aynı fikirde olmak; razı olmak, kabul etmek. *We are ready to go along with you in this plan.* (2. anlamı *k. dil.*). **go at 1** (bir kimseye) saldırmak, hücüm etmek. *He went at them with a knife.* 2 (bir şeye) başlamak, girişmek, sarılmak. *They are going at their work as they never have before.* **go back 1** geri dönmek, gitmek. 2 eskiye dönmek; -den kalmak, zamanına ait olmak. *The quarrel goes back to the beginning.* **go back on something** (sözünden) dönmek, tutmamak, su koyuvermek, caymak, yapmamak. *He went back on his promise.* **go-between** *i+sy* aracı, arabulucu. *The two governments used him as their go-between when discussing peace.* **go beyond something 1** bir şeyin, bir yerin aaha ilerisine kadar gitmek, ötesine ulaşmak. *The road does not go beyond the river.* 2 (bekleneni, umulanı) aşmak; haddini aşmak. *You have gone beyond my orders. The results have gone beyond our hopes.*

go down 1 batmak; dinmek; inmek, düşmek. *The ship/moon/sun went down. The wind/sea is going down. Prices here never go down. The dentist treated his bad tooth and his swollen cheek soon went down.* 2 kabul edilmek, onaylanmak. *His story went down (well) with his friends.* 3 kaydedilmek; (tarihe) geçmek. *Everything you say will go down in writing.* 4 yenilmek. *France went down to Germany.* **go for someone/something 1** almaya gitmek, -e/-a gitmek, çıkmak: *go for a walk/a holiday. She has gone for a newspaper.* 2 saldırmak, hücum etmek. *The wounded lion went for the hunter. The dog went for John and hurt his leg.* **go at'e** bkz. 3 satılmak. *Shoes are going for four pounds a pair.* 4 geçerli olmak, ait olmak, mahsus olmak. *These remarks go for all of you.* 5 hoşlanmak, beğenmek; elde etmeye çalışmak. (5. anlamı *k. dil.*). **go forward** ilerlemek, ileri gitmek. *The building of the new hall is going forward without any trouble.* **go in for something 1** (bir yarışmaya, bir faaliyete) katılmak girmek. *Are you going in for the mile (race)? The pupils can go in for this examination.* 2 bir mesleğe girmek. *He went into teaching* (=Meslek olarak öğretmenliği seçti). 3 -e meraklı olmak, meşgul olmak, ilgilenmek, ilgi duymak. *Many boys go in for stamp collecting.* **go into something 1** (aritmetik) (bir sayıyı) tam olarak bölmek; (bir sayının içinde tam(sayı) olarak bulunmak. *Two goes into six three times.* 2 yapmaya başlamak; meslek olarak seçmek. *He has gone into teaching.* 3 (genl. olumsuz) bir duyguya kapılmak, bir hisse kapılıp tepki göstermek. *He went into a rage.* 4 incelemek, araştırmak. *You should go into its cost before buying it.* **go off 1** (bir yerden) gitmek, ayrılmak. 2 patlamak, ateş almak. *The gun went off. Five people were killed when the bomb went off.* 3 bozulmak. *His work has gone off recently. The milk/meat is going off.* 4 yolunda gitmek; istenilen, veya planlanan bir biçimde geçmek. *The lesson went off well.* 5 uyumak, uykuya dalmak. *The*

child soon went off into a deep sleep.
6 kendinden geçmek, kendini
kaybetmek. *He went off into a trance.*
go off with something izinsiz almak,
izinsiz alıp götürmek. *You went off
with my umbrella.* **go on 1** devam
etmek. *I am going on to the next
town. The concert went on for hours.
Don't go on about it* (=Onun
hakkında konuşmaya devam etme). **2**
(bir şeyi bitirdikten sonra (diğer bir
şey) yapmak. *He went on to show us
how to do it.* **3** inanmak, güvenmek,
bel bağlamak. *We have only his word
to go on.* **4** olmak, meydana gelmek.
There is always a lot going on here.
goings-on içoğ (genl. istenmeyen
türden) gidişat, olup bitenler. *The
goings-on in that house are shocking.*
(*k. dil.*). **go out 1** (genl. evden) dışarı
çıkmak; gitmek. *They do not go out
much these days. I am going out to
Africa.* **2** (ateş, ışık) sönmek. *The fire
went out.* **3** (moda) bitmek, geçmek.
Long skirts have gone out. **go over
(something) 1** incelemek, tekrar
gözden geçirmek. *They went over the
plans which they had made. Let us go
over your answer again.* **2** taraf
değiştirmek, öbür tarafa geçmek,
katılmak. *Most of the army went over
to the enemy.* **go round (something)**
1 sarmak, çevirmek. *This belt does
not go round my waist.* **2** (yakında
bulunan bir kimseyi, veya bir şeyi)
gidip görmek, ziyaret etmek. *Let us
go round and ask him.* **3** herkese
yetmek, yeterli olmak. *Twenty books
will not go round this class.* **go
through (something) 1** gözden
geçirmek; dikkatle kontrol etmek. *We
shall go through these papers
together. They went through our
luggage at the customs.* **2** harcamak,
yiyip bitirmek. *He went through all
the money his father gave him.* **3**
(genl. istenmeyen bir şeyi) geçirmek;
geçmek; uğramak, çekmek. *He has
been through a long illness. You will
have to go through a severe test.* **4**
kabul edilmek, onaylanmak. *The plan
did not go through.* **go through with**
bitirmek; sonuca bağlamak. *I am not
going through with it.* **go under 1**
batmak. **2** iflâs etmek, batmak. *Many
traders went under during the war.* **go
up 1** artmak, yükselmek. *Fees will go
up next year.* **2** havaya uçmak,
patlamak. *The whole village went up
when it was bombed. The hut went
up in flames* (=Kulübe tutuşup
yandı). **go with (something)** uyumak,
uyuşmak, gitmek. *The green hat does
not go with your blue coat. Potatoes
don't go with ice cream.* **go without**
(bir şey)siz olmak, olmadan yaşamak,
olmadan yaşamını sürdürmek. *The
poor man had to go without many
things.* **go behind someone's back** bir
kimsenin haberi, veya izni olmadan
bir şeyi yapmak. *They went behind
the manager's back to arrange the
meeting.* **go (one) better** birisin-
den/bir şeyden daha iyi yapmak;
daha iyisini yapmak. *You gave ten
pounds; I shall go one better by giving
fifteen pounds.* (*k. dil.*). (*eş anl.* **do
better**). **go far 1** çok uzaklara erişmek,
gitmek. **2** uzun süre gitmek,
dayanmak; çok iş görmek. *A pound
doesn't go far these days.* **3** başarılı
olmak. *This young man should go
far.* **as far as it goes** bir noktaya kadar,
bir dereceye kadar; tamamen değil;
sınırlar içinde. **be far gone 1** çok hasta
olmak. **2** kafayı bulmak, körkütük
sarhoş olmak. (*k. dil.*). **3** hemen
hemen bitmiş olmak. **go at it hammer
and tongs** olanca gücüyle, veya büyük
bir gayretle bir şeyi yapmaya
başlamak ya da bir kimseye
saldırmak, kavga etmek. *They
started quarrelling before dinner and
an hour later they were still at it
hammer and tongs.* (*k. dil.*). **go a long
way** çok büyük bir şekilde yardımcı
olmak; çok iş halletmek. *The money
will go a long way to paying my
school fees.* **go far'a** bkz. **go to pieces**
1 kır(ıl)ıp paramparça etmek ya da
olmak. *The glass bowl went to pieces
in my hands* **2** ruhsal, veya fizikî bir
çöküntüye uğramak; kendine hâkim
olmamak. *When she saw her dead
child, she went to pieces.* (*2. anlamı
k. dil.*). **go to seed 1** (bitkiler hk.)
tohuma kaçmak, tohum vermek. **2**
(insanlar hk.) giyim kuşamına,
görünüşüne, tavır ve hareketlerinc
dikkat etmemek. (*2. anlamı k. dil.*).
go slow (örn. verilen düşük ücretleri
protesto etmek için) işi yavaşlatmak
The dockers agreed to go slow. **go-
slow** *i+sy* işi yavaşlatma eylemi. **go-**

cart *i+sy* tek kişilik, motorlu ufak yarış arabası. **here goes/here we go** başlıyoruz; haydi bakalım. **Where do we go from here?** Şimdi ne yapacağız? **What/Whatever I say, goes.** Ben ne dersem, o olur.

goad [goud] *i+sy* 1 üvendire; çift öküzlerini yürütmek için kullanılan, ucuna sivri demir çivi çakılmış uzun değnek. 2 bir kimseyi zorlayarak harekete getiren herhangi bir şey; dürtük. Ayrıca *f+n* bir kimseyi zorlayarak harekete getirmek, veya bir şeyi yaptırmak; teşvik etmek. *Their laughter goaded him to try it again. The teacher was goaded into fury by their stupid mistakes.*

goal [goul] *i+sy* 1 (futbol ve hokeyde) gol. *We scored a goal in the first minute of the game.* 2 kale. *He kicked the ball towards the other team's goal.* 3 amaç, gaye. *His goal is to be a doctor.* **goalie** [gouli] kaleci. (*k. dil.*). **goalkeeper** kaleci.

goat [gout] *i+sy* keçi. **goatherd** keçi çobanı. **get one's goat** sinir etmek, sinirine dokunmak. *He gets my goat.* (*k. dil.*).

gobble [gɔbl] *f+n/-n* 1 çabuk çabuk, gürültüyle yemek, yalayıp yutmak. *Because they were late they gobbled (down) their food.* 2 hindi gibi 'glu, glu' ses çıkarmak.

goblet [gɔblit] *i+sy* (sapı olmayan) ayaklı içki kadehi, kupa.

goblin [gɔblin] *i+sy* gulyabani, cin; karanlık ve ıssız yerlerde, insanın gördüğünü sandığı korkunç hayalet. *Goblins are night creatures, they are the companions of witches and the Devil.*

god [gɔd] 1 *özel i* Allah, Tanrı, Yaradan. *I prayed to God for help.* 2 *i+sy* hayran olunan bir şey, bir kimse; ilah, tanrı. *The school captain was (a) god to the younger boys. Money is his god.* 3 *i+sy* ilah, tanrı, mabud. *These people pray to many gods; the god of war.* **My God!/God!/Oh God!** Aman Allahım!/Aman Tanrım!/O Yarabbim! **God help** Allah yardım etsin. *God help them if that's whom they follow.* **I pray to God, I hope to God** İnşallah, Allah'tan. **God forbid** Allah korusun, Allah esirgesin, Maazallah. **God willing** İnşallah. **God knows, God only knows** Allah bilir, Ancak

Allah bilir. **godlike** *s* tanrı gibi. **godless** *s* Allah'sız; Tanrı'ya inanmayan. **goddess** [gɔdis] *i+sy* tanrıça, ilâhe. *The river Osun is sacred to the river goddess.* **godfearing** *s* çok dindar. **god forsaken** *s* (genl. bir yer hk.) Allahın belâsı. *Below us was a god forsaken coast of dark sand.* **godfather/ godmother** vaftiz babası/anası. **godparent** vaftiz annesi, veya babası. **godchild/godson /goddaughter** vaftiz çocuğu/oğlu/kızı.

goggle [gɔgl] *f-n* (hayretten) gözleri faltaşı gibi açılmak, gözleri yerinden fırlamak; gözlerini dikip bakmak. *His eyes goggled with surprise. Stop goggling at the visitors.* **goggle box** itek (the ile) televizyon. (*k. dil.*). **goggles** [gɔglz] *içoğ* gözleri, su, toz, rüzgâr, kıvılcım, vb. şeylerden koruyan iri gözlük.

gold [gould] *i-sy* altın. Simgesi Au. *The ring was made of gold.* Ayrıca *s* altından yapılmış; altın: *gold coin/ring/watch.* **golden** *s* 1 altından yapılmış; altın. 2 altın gibi; altın renginde, altın renkli; çok değerli, olgun: *golden grain; the golden rays of the sun.* 3 örneğinin en iyisi, üstüne olmayan: *a golden opportunity* (=bulunmaz fırsat); *golden rule* (=altın kural); *golden age* (=altın çağ); *the golden age of English literature.* **gold digger** 1 altın arayıcısı. 2 erkeklerden para ve hediyeler sızdıran güzel kadın. **gold dust** altın tozu. **goldfield** altın bulunan bölge. **goldfish** sarı, veya kırmızı akvaryum balığı. **gold leaf** çok ince altın yaprak (varak). **gold mine** 1 altın madeni. 2 servet kaynağı; pek kazançlı iş. *This restaurant is a gold mine.* (2. anlamı *k. dil.*). **gold rush** yeni bulunan altın bölgesine hücum. **goldsmith** kuyumcu. **golden handshake** işinden emekli olurken, ayrılışı sırasında, patronu tarafından eli sıkılırken kişiye verilen ve vergiden muaf para hediyesi. *The sales director received a golden handshake of £200,000.* (*k. dil.*). **golden wedding** bir evliliğin ellinci yıldönümü.

golf [gɔlf] *i-sy* golf; küçük ve sert lastik bir topu (=**golf ball**) sopalarla (=**golf clubs**) belli çukurlar (=**holes**) arasında ilerleterek oynanan bir kır oyunu. *I like golf better than swimming.* **golfer** *i+sy* golfçu. **golf club 1** golf sopası. **2** golf kulübü. *I belong to the local golf club.* **golf course** golf sahası.

gone [gɔn] **1** go fiilinin geçmiş zaman ortacı. **2** geçmiş. *When she got home, it was gone twelve midnight.*

goner [gɔnə*] *i+sy* gidici; kurtulması imkânsız, ölmek üzere olan kimse.

gonna [gɔnə] (=**going to**)—(*AmI*'de) yazı dilinde kullanılır. *I'm gonna get you.*

gong [gɔŋ] *i+sy* gonk; tokmakla vurulunca uzun ve tınlayıcı ses veren madenden tepʰi biçiminde bir alet.

good¹ [gud] *s* **1** ahlaklı, dini bütün. *The priest is a good man.* **2** uslu, iyi. *Try to be a good boy.* **3** saygın, hatırı sayılır: *a good family. They live in a good neighbourhood.* **4** güzel, hoş: *good clothes.* **5** uygun, doğru: *a good book about flowers; a good cooking pot; This medicine is good for a cold.* **6** faydalı, yararlı. *Eat this food; it is good for you. Games are good for the health.* **7** hünerli, yetenekli; nasıl yapılacağını, davranılacağını bilen: *a good cook/farmer/football player; good housekeeping. She is very good with young children. She is good at games.* **8** güzel, hoş, iyi; sonuca giden, başarılı: *a good hard game; a good long sleep. Did you have a good holiday? It's good to see you again. That is a good story.* **9** nazik, kibar; yardım eden, yardımcı. *It is good of him to come. He is good to his servants Will you be good enough to hold my bag?* (=Çantamı tutmak lûtfunda bulunur musunuz?) **10** tam, yeterli, iyi. *Have a good breakfast / a good rest. He has a good excuse / reason. Take a good look at it. It needs a good wash.* **11** çok: *a good deal of arguing* (=epey(ce), çok münakaşa); *a good number of people* (=çok sayıda kimse); *a good few examples* (=çok örnek). **12** -den biraz fazla: *a good half hour; a good half ton; a good ten miles. Yesterday we walked a good ten miles.* krş. biç. **better** [ˈbetə*]. *enüst. biç.* **best** [best]. (*karş.* **bad**). **well** [wel] *z* iyi (şekilde). **goodish** *s* epeyce, çok. **good¹**'ın **10**. anlamına bkz. **goodly** *s* **1** güzel (*esk. kul.*). **2** çok büyük, iri. **goodish**'e bkz.

goodness *i-sy* **1** işe yarar, veya faydalı kısım; iyilik, mükemmellik. *If you cook it too long you lose the goodness. Would you have the goodness to stop that noise?* (=Lütfen şu gürültüyü keser misiniz?). **2** 'Allah' yerine kullanılan bir ünlem. **good behaviour** *i-sy* (yasada) iyi hal. *He was sentenced to four years in prison, but was released early for good behaviour.* **Goodness knows!** Allah bilir (ki)! **For Goodness' sake!** Allah aşkına! **Thank Goodness!** Allaha şükür! Hamdolsun! **good-for-nothing** *s* bir işe yaramaz, haylaz. Ayrıca *i+sy* işe yaramaz kimse. **good-looking** *s* yakışıklı, güzel. *Everyone in my family is good-looking.* **good-natured** *s* yumuşak huylu; cana yakın, dost. *He's so good-natured everyone wants to be in his team.* **good-naturedly** *z*. **good-tempered** *s* yumuşak başlı, iyi huylu. **good-temperedly** *z.* **as good as** neredeyse, hemen hemen, adeta. *The house is as good as built. We were as good as lost.* **give as good as one gets** aynen karşılık vermek, bir kimsenin ağzının payını vermek; altında kalmamak. *In the argument they gave as good as they got.* (*k. dil.*). **good for 1** (para, güç, vb. hk.) verebilir, temin edebilir; dayanabilir. *Because he is rich, he is good for £10,000. I am still good for another game* (=Bir oyun daha oynayabilirim). *The old man is good for ten more years* (=Yaşlı adam daha on sene yaşar). **2** (biletler, vb. hk.) geçerli. *The theatre ticket is good for next Saturday.* **good humour** *i-sy* şakacılık; hoş mizaç. **good-humoured** *s* şakacı, neşeli. *The crowds were patient and good-humoured.* **good looks** kişisel güzellik. **have a good mind** canı ...-mek istemek, aklına koymak. *I have a good mind to punish you.* (*k. dil.*). **good morning /afternoon/evening/day/night** (=günaydın/tünaydın/akşamlar hayrolsun /iyi günler/iyi geceler, iyi akşamlar). NOT: Yukarıda, *good night* dışında kalan tüm selâmlamalar, bir kimse ile hem karşılaşıldığında, hem de ayrılırken kullanılabilir. Ama daha yaygın olan usul ise, bunları sadece karşılaşıldığında kullanmaktır. Ayrılırken de *goodbye* denir. *Good* *night,* akşam bir kimseden ayrılırken söylenir. *Good evening Mr Jones; I am glad to see you. Good night, Mr Jones; I'll see you tomorrow.* **be a good thing** (sadece **it** ile) iyi ki; Allah'tan. *It was a good thing that I was there to help.* **do a good turn** iyilikte bulunmak. *He did me a good turn by lending me ten pounds. (k. dil.).*

good² [gud] **1** *i-sy* fayda, yarar, menfaat; iyilik. *The new rules are for the good of the school. You should do it for your own good.* **good¹'ın 6.** maddesine bkz. *What's the good of staying here?* **2** *i+sy* (sadece çoğ. biç.) eşya, mal. *This shop has foreign goods for sale. During the war they lost all their goods.* **3** *i+sy* (çoğ. biç.) demiryolu ile taşınan yük. **goods shed** demiryolu ambarı. **goods train** (*Brİ*'de) marşandiz, yük katarı. (*Amİ*'de **freight train**). **good-will 1** iyi niyet, hüsnüniyet. **2** bir ticarî şirketin itibarı. **be up to no good** kötü birşeyler çevirmek, bir dolap peşinde olmak. (*k. dil.*). **for good** temelli olarak, bütün bütün. *He has gone for good.* **be to the good** kârda olmak, kârı olmak. *He was £100 to the good after a week's business.*

goodbye [gud'bai] *ünlem* Allaha ısmarladık. *Goodbye, my dear! They said goodbye and left. I said goodbye to my sister.* Ayrıca *i+sy* veda. *There were many sad goodbyes.*

goose [gu:s] **1** *i+sy* kaz. **2** *i-sy* kaz eti. çoğ. biç. **geese** [gi:s]. **gooseflesh, goosepimples** soğuk, veya korkudan ürperme, tüyleri diken diken olma. *This silent house gives me gooseflesh.* **kill the goose that lays the golden eggs** altın yumurtlayan tavuğu kesmek. *The new government does not seem to realize that, by overtaxing all the shopkeepers, it is killing the goose that lays the golden eggs.*

gooseberry ['guzbəri] *i+sy* bektaşi üzümü; mayhoş, nohut büyüklüğünde ak ya da kara çalı yemişi.

Gordian knot [gɔː'diən 'nɔt] *i+sy* (genl. *tek. biç.*) kördüğüm; güç ve içinden çıkılması zor bir durum, veya sorun. **cut/untie the Gordian knot** bir sorunu cesurca atılmış bir adımla halletmek.

gore [gɔː*] *f+n* boynuzla yaralamak.

The bull gored the farmer.

gorge [gɔːdʒ] *i+sy* (tepeler arasındaki) dar boğaz; geçit. *The rivers flows through a gorge.* Ayrıca *f+n/-n* tıka basa yemek ya da yedirmek, oburcasına tıkınmak, hızla atıştırıp midesini şişirmek. (*eş anl.* **ravine**). *The lions were gorged with meat. The children gorged themselves with cakes.*

gorgeous ['gɔːdʒəs] *s* harikulade, muhteşem, göz kamaştırıcı: *a gorgeous view of the mountain; a gorgeous blonde. We had a gorgeous time.* **gorgeously** z.

gorilla [gə'rilə] *i+sy* goril.

gorilla

gorse [gɔːs] *i-sy* katırtırnağı; çok ince çiçekli sarı bir bitki. .

gory ['gɔːri] *s* kanlı. (*eş anl.* **bloody**).

gosh [gɔʃ] *ünlem* Hayret! Vay canına! Aman Allahım! Hay Allah!

go-slow *i-sy* işçi yavaşlatma grevi.

Gospel ['gɔspl] *i+sy* İncil; dört İncil'den biri. *He went to Africa to preach the Gospel* (= Hıristiyan dinini yaymak için Afrika'ya gitti).

gossamer ['gɔsəmə*] *i+sy* **1** örümcek ağının çok ince teli, veya telleri. **2** çok ince bir kumaş.

gossip ['gɔsip] **1** *i-sy* dedikodu. *At lunch I heard all the gossip about Jones. Have you heard the latest gossip?* **2** *i+sy* dedikoducu. *All the people in the village are gossips.* Ayrıca *f-n* dedikodu yapmak. *Our wives sat gossiping in the garden.*

got [gɔt] **get** fiilinin geçmiş zamanı ve ortacı.

gotten ['gɔtn] **got** fiil biçiminin *Amİ*'deki şekli. **get**'e bkz.

gourd [guəd] *i+sy* **1** sukabağı; bir tür asma kabağı. **2** bu bitkinin kabağından yapılmış su kabı.

gout [gaut] *i-sy* gut hastalığı; organizmadaki ürik asidinin atılmayarak, özl. ayak başparmağında, topuk ve eklem yerlerinde birikmesinden ileri gelen; ağrı ve şişlerle ortaya çıkan bir hastalık. *My uncle is suffering from gout.*

govern ['gʌvən] *f+n* idare etmek, hükümet sürmek; yönetmek. *For many years Great Britain governed India. These laws govern the sale of beer and wine.* governing body *i+sy* yönetim kurulu: *the governing body of the school.* governess ['gʌvənis] *i+sy* mürebbiye; kendisine bir çocuğun eğitim ve bakımı verilmiş olan kadın. *The governess taught the children their manners as well as reading, writing and arithmetic.* government 1 *i-sy* devlet idaresi, yönetim. *In the past the government of the country was in the hands of the king.* 2 yönetim, rejim. *We voted for a Labour government. This country now has self-government.* 3 (genl. Government) hükümet, ülkeyi yönetenler. *The Government have (has) increased taxes. The President is forming a new Government.* governor *i+sy* 1 vali. 2 (bir kolej, okul, hastanede) yönetici. *Our school has its own board of governors.* 3 regülatör; bir makineyi istenilen ayarda tutmaya yarayan alet, düzengeç. governor-general *i+sy* genel vali; İngiliz Uluslar Topluluğu idaresi altındaki bir yere Kral, veya Kraliçeyi temsil etmek üzere atanan kimse. *çoğ. biç.* governors-general. (*r. kul.*), veya governor-generals (*k. dil.*). Ayrıca dominion'a bkz.

gown [gaun] *i+sy* 1 kadın robu. *Jane bought an evening gown for the party.* 2 avukatların, üniversite öğretim üyelerinin, öğrencilerin, okul öğretmenlerinin, vb. giydiği cübbe. *The students received their university degrees wearing cap and gown.*

GP [dʒiː'piː] *i+sy* (=general practitioner)—stajyer doktor.

grab[1] [græb] *f+n/-n* 1 elleriyle birden tutmak, yakalamak, kapmak. *He grabbed my jacket. I'll grab him as he comes out. I grabbed his arm and pulled him out of the path of the car. You may have a piece of chocolate, but don't grab.* 2 ele geçirmek,

gaspetmek. *They grabbed the land when oil was discovered in the district. geç. zam. ve ort.* grabbed. grab[2] [græb] *i+sy* 1 kapma, kapış; gaspetme. *He made a grab at my jacket.* 2 bir şeyi tutup kaldırmaya yarayan tırnaklı alet. *The crane has a grab.*

grace [greis] 1 *i-sy* nezaket, zarafet, incelik; cazibe. *We admired the grace with which she walked across the room. He agreed with (a) good/bad grace* (=Severek, isteyerek/istemeye istemeye, söylene söylene kabul etti). *Knowing he was not wanted, he had the grace to refuse the invitation.* 2 *i+sy/-sy* nezaket; iyilik, inayet, lütuf, merhamet; izin, mühlet. *By the grace of God I was not killed. By the grace of God, we have been saved from death. Give me a month's grace and I will pay you* (=Bana bir aylık mühlet veriniz de size ödeyeyim). *He fell from grace* (=Gözden düştü). 3 *i+sy/-sy* (yemeğe başlarken, veya sonunda söylenen) şükran duası; Allaha teşekkür duası. *We always say grace before we start lunch on Sundays.* Ayrıca *f+n* şeref vermek, şereflendirmek, teşrif etmek. *It is good to see so many important people gracing our meeting.* graceful *s* zarif, hoş, nazik: *her graceful way of making introductions; a graceful walk.* gracefully *z* zerafetle, incelikle. gracious ['greiʃəs] *s* 1 cana yakın, nazik. *She has a gracious smile.* 2 (Allah) kerim, rahim, merhametli. *God is gracious to those who pray for forgiveness.* Ayrıca *ünlem: Goodness gracious!* (=Aman Yarabbi!/Allah Allah!).

gradation [grə'deiʃən] *i+sy/-sy* 1 (renklerde) bir tondan diğer tona derece derece geçme; (müzikte) perde değiştirme. *The pleasant gradation of sounds in this music.* 2 derece derece değişme; sıralama. *The gradation of public opinion ran from sympathy to anger.*

grade[1] [greid] *i+sy* 1 cins, sınıf, kalite: *low grades of oil; a poor grade of steel. Only the highest grade of goods is sold here.* 2 (okul) sınıf. *The youngest pupils are in the first grade, the oldest pupils in the sixth grade.* NOT: *grade* (=sınıf) genellikle

Aml'de kullanır. *Brl*'de ya *class* ya da *form* kullanır.
3 (ders) not(u). *All her grades were high.* **4** (*Aml*'de) (yol) meyil, eğim. (*Brl*'de **gradient**). *The road has a steep grade.* **grade school** (*Aml*'de) ilkokul. Ayrıca **school**'a bkz.

grade² [greid] *f+n* **1** sınıflandırmak, niteliklerine göre ayırmak. *He graded the students according to ability.* **2** not vermek. *The teacher graded the test paper.*

gradient ['greidiənt] *i+sy* (yol) meyil, eğim. *On that hill the road has a gradient of 1 in 6.*

gradual ['grædjuəl] *s* kademe kademe, derece derece, tedrici: *a gradual slope. There was a gradual change in the weather.* **gradually** *z* azar azar, tedricen. *My vacation gradually came to an end.* (*eş anl.* **bit by bit**).

graduate¹ ['grædjueit] *f+n* derecelere ayırmak; sıraya koymak. *The container is graduated in pints, quarts and gallons for measuring liquids.*

graduate² ['grædjueit] *f-n* **1** (bir üniversiteden) mezun olmak. *At what university did you graduate?* **2** (*Aml*'de) (bir okuldan, kolejden) mezun olmak. *He graduated from high school.* Ayrıca ['grædjuət] *i+sy* **1** üniversite mezunu. **2** (*Aml*'de) (bir okul) mezunu. **graduation** [grædju-'eiʃən] *i-sy* üniversite mezunu olma; mezuniyet töreni, diploma merasimi: *a graduation ceremony.*

graffiti [grəfi:'ti] *i-sy/içoğ* sokak duvarlarına, taşıt araçlarına, tuvaletlere yazılan yazı, veya resim: *walls covered with graffiti.*

graft¹ [gra:ft] *f+n* **1** aşılamak; bir ağacın dal, ya da gövdesi üzerine aynı familyanın daha iyi bir türünden alınan dal, göz, tomurcuk gibi parçaları kaynaştırmak. *He grafted the branch onto the apple tree.* **2** ameliyatla, hastalıklı bir kemik, deri, veya organın yerine sağlıklı bir kemik, deri ya da organı yerleştirmek. *His hands were so badly burned that the doctors had to graft new skin onto them.* Ayrıca *i+sy/-sy* **1** aşı. **2** kemik, deri ekleme, veya organ yerleştirme. *The badly burned girl was given a skin graft.*

graft² [gra:ft] *i-sy* rüşvet; para yeme; yolsuzluk. *The mayor went to prison because of graft. He was accused of graft and corruption.*

grain [grein] **1** *i+sy/-sy* (mısır, pirinç, vb.) tane; hububat: *a store full of grain. The hen ate the grains of corn on the ground.* **2** *i+sy* zerre, tane: *a grain of powder/salt/sand/sugar; a grain of honesty/truth. There is not a grain of truth in what he says.* **3** *i+sy/-sy* mermerin, taşın, ağacın, vb. damarı. *This kind of wood has a very fine/coarse grain.*

gram, gramme [græm] *i+sy* gram; (santimetre, gram, saniye) sisteminde kilogramın binde biri değerindeki kütle birimi.

grammar ['græmə*] **1** *i-sy* dilbilgisi, gramer; bir dilin, ses, biçim ve cümle yapısını inceleyip, kurallarını saptayan bilim: *good/bad grammar* (=dilbilgisinin doğru/yanlış kullanımı). **2** *i+sy* dilbilgisi kitabı. *Take out your English grammars.* **grammatical** [grə'mætikl] *s* dilbilgisi kurallarına uygun; dilbilgisine ait. (*karş.* **ungrammatical**). **grammar school** eskiden, Latince dilbilgisinin ağırlıkta olduğu okul; şimdi, 11 ve 18 yaş grubunda yetenekli öğrencilerin devam ettiği bir okul. Ayrıca **school**'a bkz.

gramophone ['græ.nəfoun] *i+sy* (*Brl*' de) gramofon. *My uncle had an old portable gramophone.* (Ayrıca **record player** denir). (*Aml*'de **phonograph**).

granary ['grænəri] *i+sy* tahıl ambarı; buğday, mısır, arpa, vb. depolanan yer.

grand¹ [grænd] *s* **1** büyük, önemli; kibar; soylu, asil; görkemli, debdebeli, muhteşem, muazzam, enfes: *a grand fellow; in a grand manner; grand finale; grand piano* (=kuyruklu piyano); *grand total* (=genel toplam). *He lives in a grand house.* **2** hoş, tatlı, eğlenceli. *We had a grand holiday.* **3** bin dolar, veya sterlin. *They offered me fifty grand for the information.* (*k. dil.*). **grandeur** ['grændjə*] *i-sy* büyüklük, haşmet, ihtişam, azamet; kibarlık, güzellik. **grandstand** (at yarışı, futbol maçında) kapalı tribün.

grand-² [grænd] *ön-ek* aile içinde akrabalık durumunu göstermek için kullanılır (*örn.* **grandfather** (=dede, büyükbaba); **grandmother** (=nine, büyükanne); **grandparent** (=dede,

veya nine); **grandson** (=erkek torun);
granddaughter (=kız torun)).
grandfather clock sarkaçlı büyük
dolap saat.
grandiose ['grændiouz] s gösterişli,
göz alıcı, heybetli.
granite ['grænit] i-sy granit; türlü
renkte, billursu, çok sert bir tür kaya.
*This building is faced with polished
granite.*
granny ['græni] özel i/i+sy nine. (eş
anl. **grandma, grandmother**).
grant [gra:nt] f+n/-n 1 bahşetmek,
vermek. *The headmaster granted us
an extra holiday. I cannot grant your
request.* 2 kabul etmek, onaylamak.
I grant that what you say is correct.
Ayrıca *i+sy* bağış, yardım, teberru.
*The council made a grant of land to
the people. Students in this country
receive a grant from the government.*
take for granted (fazla bir şey
düşünmeden, başka bir şeye gerek
duymadan) olmuş gibi kabul etmek,
kesin olduğuna inanmak, muhakkak
addetmek. *Do not take his help for
granted.* **take someone/something for
granted** birinin iyi niyetini, veya bir
durumun sağladığı yararı kötüye
kullanmak; kıymetini takdir etmeden
hak diye kabullenmek. *I mean she
just takes me absolutely for granted.*
grape [greip] *i+sy* üzüm. **grapefruit**
greyfurt, greypfrut. **grapevine 1** üzüm
asması. 2 dedikodu, kulaktan kulağa
haber nakli. **hear something on the
grapevine** dedikodudan/laf arasında/
konuşurken öğrenmek.
graph [gra:f] *i+sy* grafik; bir olayın,
niceliğin çeşitli durumlarını gös-
termeye, veya birkaç şey arasında
karşılaştırma yapmaya yarayan
çizgilerden oluşmuş şekil. *A graph
showing the increase in trade by years
from 1900 to 1940.*

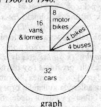

graph

graphic ['græfik] s 1 yazı, veya resme

ait. 2 açık seçik, canlı. *He gave a
graphic account of his adventures.*
graphite ['græfait] *i-sy* grafit;
kurşunkalemi yapımında kullanılan,
yumuşak, kolay toz durumuna
gelebilen, gri siyah renkli doğal
karbon.
grapple ['græpl] f+n/-n 1 (genl. **with**
ile) tutup boğuşmak. *He grappled
with the thief.* 2 bir sorunu, veya
problemi halletmeye, çözmeye
çabalamak. *They are grappling with
the problem.*
grasp [gra:sp] f+n/-n 1 elle tutmak,
kavramak, yakalamak. *I had to grasp
the rope to stop falling.* 2 anlamak,
kavramak. *It is difficult to grasp his
meaning.* Ayrıca *i-sy* tutma; kavrama.
*He held my hand in a friendly grasp.
You seem to have a good grasp of
English history.* **grasping** s açgözlü,
haris.
grass [gra:s] 1 *i-sy* ot(lar), çimen(ler).
*Cattle eat grass. Let us sit on the
grass.* 2 ot gibi herhangi bir bitki. *Not
all the grasses found in this country
can be eaten by animals.* 3 haşiş (k.
dil.). **the grass is always greener on the
other side of the fence** komşunun
tavuğu komşuya kaz görünür. *He
wishes to give up teaching and
become a lawyer like his brother: I
think it's a case of the grass being
always greener on the other side of
the fence.* **put out to grass** emekli
aylığı bağlayıp işten çıkarmak. **grassy**
s otlu, çimenli. **grassland** otlak: *the
grassland of North America.*
grasshopper çekirge. **grass snake** su
kenarlarında yaşayan, kafası sarı
benekli zehirsiz bir yılan.
grate[1] [greit] f+n/-n 1 rendelemek.
She grated the cheese into a bowl. 2
gıcırdatmak; sürtünerek ses çıkar-
mak. *The sharp stone grated on the
window.* 3 canını sıkmak, sinirlen-
dirmek. *His boasting grates on
everyone.* **grating** s gıcırtılı, kulakları
tırmalayıcı: *a grating voice.* **grater**
i+sy rende.
grate[2] [greit] *i+sy* ocak garası.
grateful ['greitful] s minnettar,
müteşekkir; bir kimseden gördüğü
iyiliğe karşı teşekkür borcu olan. *I am
grateful (to you) for your help. They
sent us a very grateful letter.* (karş.
ungrateful). (eş anl. thankful)

gratefully z minnetle, şükranla.
gratefulness, gratitude ['grætitju:d] *i-sy* minnettarlık. *He showed his gratitude by sending her flowers.* (*karş.* ingratitude).

gratify ['grætifai] *f+n* memnun etmek; tatmin etmek. *He was gratified to learn you could come.* gratifying *s* memnun edici, sevindirici. *It was gratifying for him to learn this.* gratification [grætifi'keiʃən] *i-sy* memnuniyet, zevk. *I had the gratification of seeing him win.*

grating ['greitiŋ] *i+sy* demir parmaklık, ızgara.

gratuitous [grə'tju:itəs] *s* 1 bedava, parasız; karşılığında para almadan, veya bir şey beklemeden. *I was given plenty of gratuitous advice/help /information.* 2 gereksiz, sebepsiz: *a gratuitous remark.*

gratuity [grə'tju:iti] *i+sy* 1 (*Brl'*de) işinden, özl. silahlı kuvvetlerden, ayrılırken ikramiye olarak verilen para; emekli ikramiyesi, veya tazminatı. 2 yapılan bir iş karşılığında verilen para, bahşiş. *The staff are instructed not to accept gratuities.*

grave¹ [greiv] *i+sy* mezar. *He visited his father's grave. I put flowers on my mother's grave.* to turn in one's grave mezarında kemikleri sızlamak. *His mother must be turning in her grave.* have one foot in the grave için foot'a bkz. gravedigger mezarcı. gravestone mezar taşı. graveyard mezarlık. graveyard shift (fabrikalarda) geceyarısı vardiyası. *He had the graveyard shift last night.*

grave² [greiv] *s* 1 çok ciddi, ağır, tehlikeli. *The situation is grave.* 2 ciddi, ağırbaşlı, temkinli. *His face is always grave.* gravely z ciddi bir tavırla.

gravel ['grævl] *i-sy* çakıl (taşı). *The bottom of the river is covered with gravel.*

gravitate ['græviteit] *f-n* (belli bir yere, bir şeye, veya olaya) çekilmek, cezbolunmak. *People gravitate toward food that are cheaper.*

gravity ['græviti] *i-sy* 1 yerçekimi; cisimleri ağırlık merkezlerinden yerin merkezine doğru çektiği kabul edilen güç: *the law of gravity* (=yerçekimi kanunu). 2 büyük önem ve ciddiyet. *You do not seem to understand the*

gravitiy of your mistake.

gravy ['greivi] *i+sy* pişen etten sızan su ve yağlar; bunlardan yapılan sos. *My mother made some gravy to pour over the roast beef.*

gray [grei] *i+sy/-sy, s* grey'e bkz.

graze¹ [greiz] *f+n/-n* 1 otlamak; otlatmak. *The cows are grazing in the field. The farmers graze their sheep here.* grazing *i-sy* otlak. *There is good grazing here.*

graze² [greiz] *f+n/-n* 1 sıyırıp geçmek, sıyırmak; sürtünmek. *The car grazed (against) the wall.* 2 sürtüp berelemek. *I grazed my hand on the wall.* Ayrıca *i+sy* bere, sıyrık: *a graze on the knee.*

grease [gri:s] *i-sy* içyağı; makine yağı, gres yağı. Ayrıca *f+n* (gresle) yağlamak. *I must grease the wheels.* greasy *s* yağlı; gresli; kaygan: *a greasy road.*

great [greit] *s* 1 büyük, muazzam. *We reached a great city.* 2 (mecazi anlamda) büyük. *He's a great friend of ours. The man is a great rogue; a great eater/reader/talker.* Take great care of her. 3 ünlü, büyük. *Shakespeare was a great writer. This is a great book.* 4 çok: *a great deal of trouble; a great many people; a great number of questions.* 5 hayli; epey, çok; *a great big cake; a great fat sheep; a great long stick.* (*k. dil.*). NOT: *great* bazen bir sıfatın, veya bir ismin önünde, özellikle senli benli konuşmada söze kuvvet katma amacı ile kullanılır. *They were moving a great big bureau* (=*They were moving a very big bureau*). *We're great friends* (=*We're very good friends*). 6 şahane; hoş, tatlı. *It would be great if we could meet again.* (*k. dil.*). a great deal epey(ce), çok; daha fazla. a great deal (of) epey(ce), çok. a great many pek çok. be great at -de akıllı olmak; üstüne yok olmak. *He is great at finding excuses.* (*k. dil.*). be great on çok bilgili, veya meraklı olmak. *Our teacher is great on local geography.* (*k. dil.*). greatly z çok, adamakıllı. greatness *i-sy* büyüklük.

great- [greit] *ön-ek* 'amca', 'torun', vb. akraba adlarıyla kullanılır, örn. great-grandfather (=büyük dede, büyük büyük baba); great-granddaughter (=torunun kızı).

greed [gri:d] *i-sy* hırs, tamah,

açgözlülük: *their greed for power/ praise.* **greedy** *s* tamahkâr, hırslı; (genl. yiyeceklere karşı) obur, açgözlü: *a greedy child.* **greedly** *z* açgözlülükle, hırsla. **greediness** *i-sy* açgözlülük, hırs.

green [gri:n] **1** *i+sy/-sy* yeşil renk: *the green of the trees. I like the greens in that picture.* **2** *i+sy* yeşil saha; yeşillik, çimen, çayır: *the village green.* **3** *i+sy* (*çoğ. biç.*) yaprak sebze; ıspanak, lahana gibi sebzelerin pişirilip yenilen yaprakları. Ayrıca *s* **1** yeşil: *green fields and trees* **2** ham, olmamış: *green corn/dates/berries; green wood* (=yaş odun) . **3** acemi, tecrübesiz, toy. *The team is still very green.* **4** benzi sararmış; hastalanmış gibi görünen, rengi uçmuş. *The rough sea made him turn green.* **5** kıskanç. *I was green when I saw his new bike.* **green with envy** kıskançlıktan, hasetten çatlıyacak halde. *I am green with envy.* **greenness** *i-sy* yeşillik. **greenish** *s* yeşilimsi. **greengrocer** *i+sy* manav, sebzeci. **greenhouse** limonluk, ser; turfanda, sebze yetiştirmek için, bitkiyi dış etkenlerden korumak amacıyla hazırlanmış özel yer. (*eş anl.* **glasshouse**). **green pepper** taze biber, yeşil biber. **green pound** yeşil sterlin; İngiltere'nin AET Ziraat Fonu'na yaptığı yardımların ya da Ziraat Fonu'ndan yapılan ödemelerin hesaplanmasında kullanılan para birimi. **Greenwich Mean Time** için **GMT**'ye bkz.

greet [gri:t] *f+n* **1** ('el sıkarak', 'Merhaba', vb. diyerek) karşılamak; selâmlamak, selâm vermek. *They greeted me at the door by saying 'Good morning'.* **2** (gülerek, hayretle, dostça olmayan, vb. bir biçimde) karşılamak. *They were greeted with loud laughter.* **3** karşılamak, karşısına çıkmak; görünmek, çarpmak. *The rain greeted us as soon as we went out. Shouts of anger greeted our ears.* **greeting** *i+sy* selâm. *When you meet somebody in the evening the correct greeting is 'Good evening', not 'Good night'. Give our greetings to your mother.*

gregarious [grə'geəriəs] *s* topluluğu seven; toplu halde yaşayan. *Man is very gregarious.* (*eş anl.* **outgoing**).

grenade [grə'neid] *i+sy* el, veya bir silahla atılan ve içinde tahrip maddesi ya da göz yaşartıcı madde bulunan ufak bir bomba: *a hand grenade* (=elbombası); *an anti-tank grenade* (=tanksavar bombası).

grew [gru:] **grow** fiilinin geçmiş zaman biçimi.

grey, gray [grei] *i+sy/-sy* gri, külrengi. *Grey is not a cheerful colour.* Ayrıca *s* **1** gri, kurşuni. *She wore a grey dress.* **2** çok bulutlu ve karanlık. *We looked at the grey sky and knew there would be storm.* Ayrıca *f+n/-n* kırlaşmak, ağarmak. *Your hair is greying quickly.* **greyish** *s* oldukça gri. **grey-haired** *s* kır saçlı.

greyhound ['greihaund] *i+sy* tazı; çok hızlı koşan, uzun bacaklı, çekik karınlı ve çok çevik bir av, veya yarış köpeği.

greyhound

grid [grid] *i+sy* **1** ızgara. **2** grid; bir haritada birbirlerini dikine kesen ve altları numaralanmış yatay ve dikey çizgiler sistemi: *the grid reference; a grid map.* **3** (*Brİ*'de) elektrik şebekesi; şebeke.

grief [gri:f] *i-sy* elem, gam, keder, büyük üzüntü. *I was filled with grief when I heard of his death.* (*eş anl.* **sorrow**). **come to grief** başı derde girmek, felâkete uğramak; kaza geçirmek.

grieve [gri:v] *f+n/-n* kederlendirmek, müteessir etmek; kederlenmek, müteessir olmak. *I grieved over the death of my father. Nothing grieves me more.* **grievance** *i+sy* şikâyet, veya üzüntüye neden olan bir şey ya da durum. *Long hours of work without extra pay was our grievance. He won't listen to our grievances.*

grill [gril] *i+sy* **1** ızgara. **2** *i+sy/-sy* ızgarada pişmiş et. Ayrıca *f+n/-n* **1** ızgarada pişmek, veya pişirmek. *For breakfast we grilled some sausages and bacon.* **2** uzun uzun sorguya çekmek. *He was grilled by the police after his arrest.* (2. anlamı *k. dil.*). (*eş anl.* **interrogate**).

grim [grim] *s* 1 korkunç, tehlikeli; çetin. *We had a grim struggle before we won.* (*eş anl.* **terrible**). 2 suratsız; vahşi, gaddar. *He had a grim look on his face.* 3 çirkin; iğrenç, berbat: *a grim sense of humour.* **grimly** *z* vahşiyane.

grimace [gri'meis] *i+sy* (duyulan acıyı, nefreti, küçük görmeyi, vb. gösteren) yüz ekşitme, yüzünü buruşturma. *The agonizing pain gave his face a constant grimace.* Ayrıca *f+n* yüzünü ekşitmek. (*eş anl.* **pull a face**).

grime [graim] *i-sy* yüze, ele, elbiseye bulaşan, veya binaların dış yüzeylerinde uzun yıllar boyu oluşan ve çıkarılması zor, kir. *Miners at work soon get covered with grime. The windows were thick with grime.* **grimy** *s* kirli, pis. *Underneath the grimy surface the walls were painted bright blue.*

grin [grin] *f+n/-n* sırıtmak; dişlerini göstererek aptalca, veya alay edercesine gülmek; acı, veya öfke ile dişlerini sıkmak. *Everyone in the classroom grinned when he dropped his books. geç. zam. ve ort.* **grinned**. Ayrıca *i+sy* sırıtış, sırıtma. *Take that grin off your face!* **grin and bear it** (yapacak başka bir şey olmadığı için, kötü, veya istenmeyen bir duruma) sabırla tahammül etmek; güler yüzle tahammül etmek. *I don't want to share my room, but I suppose I'll just have to grin and bear it.*

grind [graind] *f+n/-n* 1 öğütmek: *grind corn into flour.* 2 bastırmak; bastırarak söndürmek. *I ground my cigarette into the ashtray.* 2 (genl. ed. çat.) ezmek, inim inim inletmek, zulmetmek. *The peasants are ground down by poverty, ignorance and disease.* 3 sürterek parlatmak; bilemek. *Grind these knives, they are blunt.* 4 gıcırdatmak. *He was grinding his teeth with rage. geç. zam. ve ort.* **ground** [graund]. **grinding** *s* 1 ezici: *grinding poverty.* 2 gıcırtılı. *The lorry came to a grinding halt.* Ayrıca *i-sy* uzun ve sıkıcı iş, sınav için sıkı çalışma. **grindstone** bileği taşı. **keep one's nose to the grindstone** durmadan, bıkıp usanmadan çalış-

mak, didinmek. *He kept his nose to the grindstone and eventually built up a prosperous business.* **have an axe to grind** için **axe**'e bkz.

grip [grip] *f+n/-n* 1 kavramak, sımsıkı tutmak. *Grip this stick and don't let go. Worn tyres do not grip (on) wet roads.* 2 çok etkilemek; dikkatini, ilgisini çekmek. *The book gripped my attention. geç. zam. ve ort.* **gripped**. Ayrıca *i+sy* 1 kavrama, sımsıkı tutma; el, pençe. *He had a stick in his grip.* 2 (seyahatlerde kullanılan) el çantası. *I packed my grip for a trip.* **gripping** *s* sürükleyici, ilgi çekici: *a gripping story.*

grisly ['grizli] *s* ürkütücü, korkunç, dehşet verici, tüyler ürpertici.

gristle ['grisl] *i-sy* kıkırdak; özl. kalitesiz ette olduğu gibi.

grit [grit] *i-sy* 1 çok ufak taş, veya kum tanesi. *I have a piece of grit in my eye.* 2 (bir şeyi yapmak için gerekli olan) cesaret ve azim. *You need grit to win.* (2. anlamı *k. dil.*). Ayrıca *f+n* 1 (kar, veya buzlu yollara daha az kaygan olması için) kum dökmek. *I expect they'll be gritting the roads tonight.* 2 gıcırdatmak: *grit one's teeth. geç. zam. ve ort.* **gritted**.

groan [groun] *f+n/-n* 1 inlemek, ah etmek. *He groaned when he broke his arm.* 2 inler gibi ses çıkarmak, inildemek. *The floorboards groan when you walk on them.* Ayrıca *i+sy* inilti; sızlanma. *He gave a groan. The bad news was received with loud groans.*

grocer ['grousə*] *i+sy* bakkal. **grocery** *i+sy* (*AmI*'de) bakkal dükkânı. *I bought flour and coffee at the grocery.* **groceries** *içoğ* bakkaliye; bakkaldan alınan şeyler. *He has bought enough groceries.*

groggy ['grɔgi] *s* (örn. hastalık nedeniyle) ayakta duramaz, veya yürüyemez halde; halsiz, dermansız; sersemlemiş. *She was feeling a little groggy with the injection. The blow on the head made him groggy.*

groin [grɔin] *i+sy/-sy* kasık; karın ile uyluk arası.

groom [gru:m] *i+sy* 1 seyis; ata bakıp tımar eden kimse. *The groom brushed the horses.* 2 **bridegroom**'a bkz. Ayrıca *f+n* 1 seyislik yapmak; özl. tımar etmek. 2 bir kimseye özel eğitim vererek onu bir işe hazırlamak. *He is being groomed for the job of manager.*

groove [gru:v] *i+sy* yiv, oluk. *The door slides along the groove in the floor. A gramophone needle moves around in a groove.*

grope [gru:p] *f+n/-n* el yordamı ile aramak, arayıp bulmak, veya yürümek. *I groped for the door. He groped our way through the dark forest.*

gross[1] [grous] *i+sy* 144 adet, 144 tane; 12 düzine, grosa. *We ordered a gross of pencils.*

gross[2] [grous] *s* 1 çirkin bir şekilde şişman, şişko. *Since he stopped taking exercise he has become gross.* 2 (tavır ve davranışlar hk.) çirkin, kaba, nezaketsiz. *His language and behaviour are gross.* 3 göze batan, belirgin, apaçık, besbelli: *a gross mistake; gross impertinence; gross indecency.* 4 toplam, gayrisafi, brüt; net olmayan; daralı: *the gross amount; 100 tons gross.* (karş. **net**). **grossly** *z* fena şekilde.

grotesque [grə'tesk] *s* garip şekilde, biçimsiz; gülünç. *These designs are grotesque. A grotesque creature stepped out of the flying saucer.*

grotto ['grɔtou] *i+sy* doğal mağara, veya genl. bir park ya da bahçede insan eliyle, renkli ve güzel kayalardan yapılmış mağara. *çoğ. biç.* **grottoes**, veya **grottos**).

ground[1] [graund] 1 *i-sy* toprak. *The ground here is fertile.* 2 yer (kara), zemin: *above/below ground. I fell to the ground. They are lying on the ground.* 3 (özl. bir amaç için kullanılan) saha, alan: *a cricket /football/hockey ground.* 4 (*çoğ. biç.*) arazi; bir binayı çevreleyen saha. *The castle stands in lovely grounds.* 5 *i+sy/-sy* (genl. çoğ. biç.) neden, gerekçe; özür, mazeret. *You have no ground(s) for believing that. He has good ground(s) for doing that.* **on grounds of, on the grounds that, on the grounds of** nedeniyle, yüzünden. *He was excused on the grounds of his illness. They refused to participate on the grounds that broader issues would be discussed. They refused to publish the report on the grounds of cost.* **ground floor** için **floor**[2]'ya bkz.

groundnut yerfıstığı. (Ayrıca **peanut** da denir). **groundwork** daha sonraki bir çalışmaya, veya işe temel oluşturacak ilk çalışma; ön hazırlık. *Producing a play needs a lot of groundwork.*

ground[2] [graund] *f+n/-n* 1 karaya oturmak, veya oturtmak. *The boat grounded on the rocks.* 2 pilotun ya da uçağın uçmasına izin vermemek. *They grounded the aircraft because it had engine trouble.* 3 esaslı şekilde öğretmek; bir konunun temel prensip ve esaslarını öğretmek. *Primary school teachers must ground their pupils in correct English.* **grounding** itek esaslı öğretim, temel bilgiler eğitimi: *a good grounding in English.* **groundless** *s* asılsız. *The rumour proved to be groundless. I know you are frightened that there is a ghost in the cellar but your fears are groundless.*

ground[3] [graund] **grind** fiilinin geçmiş zamanı ve ortacı.

group [gru:p] *i+sy* grup, küme, topluluk: *a group of people/ buildings/trees. They stood in groups.* Ayrıca *f+n/-n* gruplandırmak, gruplara ayırmak; gruplaşmak, grup oluşturmak, biraraya gelmek. *He grouped the children according to ability.*

grove [grouv] *i+sy* koru; bakımlı küçük orman.

grovel ['grɔvl] *f-n* (duyduğu korku yüzünden, veya hürmet etmek, saygı göstermek için) yerlere yatmak ya da sürünmek, yerlere yüz sürmek; köpekleşmek, yaltaklanmak, kendini alçaltmak. *The slaves grovelled before their master.* (eş anl. **crawl**).

grow [grou] *f+n/-n* 1 yetişmek, büyümek; yetiştirmek, büyütmek. *Very little grows in the desert. He has grown very tall. The seed grew into a tree. The farmers here grow corn.* 2 (yavaş yavaş bir şey) olmak, (bir şey)leşmek. *It is growing cold* (= Hava soğuyor). *The light grew fainter. I am growing to hate him.* geç. zam. biç. **grew** [gru:]. geç. zam. ort. **grown**. **grower** *i+sy* (sebze, meyva, tahıl, vb.) üretici, yetiştirici. **grow on/upon someone** birisince gittikçe daha çok sevilmek, beğenilmek; bir kimseyi kendine ısındırmak. *The town is* *growing on me.* **grow out of something** (özl. bir çocuk hk. büyüdüğü için, örn. ayakkabıları, ceketi, vb.) üstüne dar gelmek, küçülmek, üstüne gelmeyecek kadar büyümek. *He grew out of his clothes.* 2 (bir alışkanlıktan, özl. başkalarının çocukça saydığı, olgun bir insana yakışmayan bir davranıştan) zamanla vazgeçmek, bırakmak. *You will soon grow out of your fear of other boys.* **grow up** büyümek, olgunlaşmak. *When you grow up you will earn your own living.* **grown-up** *s* (yaşına göre) olgun, büyümüş, yetişkin: *a grown-up daughter.* Ayrıca *i+sy* yetişkin kimse. *This meeting is for grown-ups only.* (*eş anl.* **adult**).

growl [graul] *f+n/-n* 1 hırlamak. *The dog growled at the stranger.* (*eş anl.* **snarl**). 2 homurdanmak. *He growled a reply.* Ayrıca *i+sy* hırlama. *The growls of the dog frightened the child.* (*eş anl.* **snarl**).

grown [groun] **grow** fiilinin geçmiş zaman ortacı.

growth [grouθ] 1 *i-sy* büyüme, gelişme: *the growth of democracy. He has not yet reached full growth.* 2 uzamış, büyümüş bir şey: *a growth of hair/bushes/trees.* 3 *i+sy* (insan, hayvan ya da bir bitki gövdesinin içinde, veya dışında oluşan ve bir hastalığa ya da anormalliğe neden olabilecek, örn. bir kansere yol açabilecek) şişkinlik, kütle. *He has a growth in the stomach. The doctor found she had a cancerous growth on the left breast.*

grub¹ [grʌb] *i+sy* kurtçuk, sürfe, larva. (*eş anl.* **larva**).

grub² [grʌb] *i-sy* yiyecek. *This place serves good grub.* (*k. dil.*).

grubby [ˈgrʌbi] *s* kirli, pis: *grubby hands.*

grudge [grʌdʒ] *f+n* 1 bir kimseye bir şeyi gönülsüzce, istemeye istemeye vermek, veya hiç arzu etmediği halde bir şeyi yapmak. *She grudges the dog even the little food she gives it. He grudges paying his taxes.* 2 haset etmek, kıskanmak. *He grudges me my success.* Ayrıca *i+sy* kin, haset, diş bileme. *He bears me a grudge./He bears a grudge against me. I bear/carry/have a grudge against John because he got the job I wanted.* **grudging** *s* cömert olmayan;

gönülsüz. **grudgingly** *z* gönülsüz gönülsüz, istemeye istemeye. *'Okay', he said grudgingly, 'I suppose I was to blame.'*

gruelling [ˈgruəliŋ] *s* çok yorucu, bitap düşürücü; çok güç ve büyük gayret isteyen: *a gruelling walk.*

gruesome [ˈgruːsəm] *s* tüyler ürpertici, korkunç, iğrenç. *The injured man, with blood all over his face, was a gruesome sight.*

gruff [grʌf] *s* (konuşma şekli ve davranışları) kaba, sert, ters; (sesi) sert, hırçın, boğuk.

grumble [ˈgrʌmbl] *f-n* 1 (genl. alçak sesle ve kırgın bir şekilde) yakınmak, homur homur söylenmek. *These lazy workmen grumble at/about/over everything.* 2 guruldamak. *My stomach grumbled with hunger.* Ayrıca *i+sy* yakınma, söylenme, homurdanma. **grumbler** *i+sy* şikâyetçi.

grumpy [ˈgrʌmpi] *s* (biraz kızgın, umduğunu bulamadığı için, veya kötümser olduğu için) somurtkan, huysuz; aksiliği tutmuş, hırçınlığı üstünde. (*eş anl.* **surly**). **grumpily** *z* huysuz huysuz, aksi aksi.

grunt [grʌnt] *f-n* homurdanmak. *'Better say half past two,' he grunted sleepily. Pigs grunt as they eat.* Ayrıca *i+sy* homurtu hırıltı.

guarantee¹ [gærənˈtiː] *i+sy* 1 (genl. yazılı olarak verilen) güvence, teminat, garanti. *I give my guarantee that he will be here tomorrow. I offer my house as a guarantee.* 2 garanti belgesi. *The radio has / carries a twelve months' guarantee.*

guarantee² [gærənˈtiː] *f+n* teminat vermek, garanti etmek. *I guarantee that he will pay the money. We guarantee to be here tomorrow. The radio is guaranteed for twelve months. Nobody can guarantee good weather.*

guard¹ [gaːd] *f+n/-n* korumak. *A mother always guards her children. They guarded the bridge.* **guarded** *s* dikkatli, tedbirli, ihtiyatlı: *a guarded statement. He was very guarded in his answers.*

guard² [gaːd] 1 *i+sy* koruma, muhafaza; nöbet tutma. *The soldiers keep guard/are on guard round the President's house.* 2 nöbetçi, muhafız, gardiyan. *The officer inspected the guard. The guards stopped me at the gate.* **3** *i+sy* (*BrI'de*) kondüktör; yolcu trenlerinde biletleri denetleyen ve vagon işlerine bakan görevli. (*AmI'de* **conductor**). **fireguard** için **fire²**'ya bkz. **mudguard** için **mud**'a bkz. **be on one's guard** bir tehlikeye, saldırıya karşı hazır olmak. (*karş.* **off one's guard**).

guardian ['ga:diən] *i+sy* veli, vasi. *When their father died, I became their guardian.*

guerilla, guerrilla [gə'rilə] *i+sy* gerilla, çeteci; düşman kuvvetlerinin eylemlerini engellemek, baltalamak, ya da geciktirmek için sivil halktan kurulu ve düzenli orduya bağlı olmayan birlik mensubu kimse. *The train was attacked by guerillas.* Ayrıca s gerilla ile ilgili: *guerilla war.*

guess¹ [ges] *f+n/-n* tahmin etmek, zannetmek, farzetmek. *Not knowing which way to go, I had to guess. Can you guess its weight/ how much it weighs?* **I guess** galiba, anlaşılan. *I guess he's right. I guess you will want to rest after your long trip.* **Guess what!** Haberin var mı? *Guess what, John. The Dysons are taking a trip to the West Coast, and they have asked me to go along.*

guess² [ges] *i+sy* tahmin, zan, varsayım. *I'll have to make a guess. At a guess there are a hundred people here* (=Tahminen burada yüz kişi var). **guesswork** *i-sy* tahmin işi, tahmin. *Their answer is just guesswork.*

guest [gest] *i+sy* **1** misafir, konuk. *We usually have guests at the weekend.* **2** otel ya da pansiyon müşterisi. *The hotel has rooms for fifty guests.* **guest-house** misafirhane, pansiyon.

guffaw [gʌ'fɔ:] *i+sy* kaba gülüş, kahkaha, hoho. Ayrıca *f-n* kahkahayı koyuvermek, kahkaha ile gülmek. *He guffawed loudly at the comedian's joke.*

guide [gaid] *i+sy* **1** rehber, kılavuz; yönetmelik, talimatname. *You will need a guide if you wish to climb that mountain. The guide showed them round the church.* **2** rehber kitap; turist kılavuzu: *a good guide to British flowers; a short guide to sailing.* **3** Girl Guides'ın bir üyesi.

Aşağıdaki **Girl Guides**'a bkz. Ayrıca *f+n* rehberlik etmek, kılavuzluk etmek. *He will guide you to the top of the mountain. They will be guided by what you say.* **guidance** *i-sy* yol gösterme, rehberlik; idare. *He wrote the report under the guidance of the manager.* **the Girl Guides** kız izci teşkilatı; kızlara disiplinli olmayı, kendine güveni ve beceriyi öğreten bir kızlar kuruluşu. Bu kuruluş erkek izci (**Boy Scouts**) teşkilatı karşılığıdır. **guidebook** rehber kitabı, turist kitabı. **guided missile** (yerden; bir geminin, veya bir uçaktan atılan) güdümlü füze.

guild [gild] *i+sy* esnaf birliği, lonca; dernek. *There were many guilds in London during the Middle Ages. The ladies' guild raised money for the hospital.*

guile [gail] *i-sy* kurnazlık, aldatma. *Don't try to match your inexperience with the guile of an unscrupulous antique dealer.* **guileless** s dürüst, saf, temiz.

guillotine ['giləti:n] *i+sy* giyotin; Fransa'da ölüm cezasına çarptırılanların başını kesmek için kullanılan aygıt. Ayrıca *f+n.*

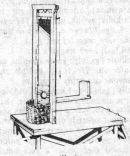

guillotine

guilt [gilt] *i-sy* suç, suçluluk. *My guilt was proven by my fingerprints.* **guilty** s **1** suçlu, suç işlemiş, suçu olan. *I am not guilty of this crime. Do you plead guilty to stealing the bicycle?* (=Bisikleti çalma suçunu kabul ediyor musun?). **2** suçluluk duyan: *a guilty conscience. karş. biç.* **guiltier**, *enüst. biç.* **guiltiest.**

guinea-pig ['ginipig] *i+sy* **1** kobay,

hintdomuzu; bilimsel araştırmalarda denek olarak kullanılan, fareye benzer, kuyruksuz memeli bir hayvan. 2 denek insan; bilimsel araştırmalarda denek olarak kullanılan kimse. *We are the guinea-pigs for his new ideas about teaching science.*

guinea-pig

guise [gaiz] *i+sy/-sy* özl. insanları aldatmak, kandırmak amacıyla dış görünüşteki yeni, değişik, farklı bir görünüş, veya şekil; kisve. *They got into the school in the guise of inspectors* (=Okula müfettiş kılığında girdiler). *A lot of nonsense was talked, under the guise of philosophy.*

guitar [gi'ta:*] *i+sy* gitar.

gulf [gʌlf] *i+sy* 1 körfez; karanın içine girmiş deniz parçası. *Fishing boats are out in the gulf.* 2 (fikirler, inançlar, vb. arasında) önemli, belirgin bir farklılık; ayrılık, uçurum. *There is a great gulf between the very rich and the very poor.* (eş anl. **gab**).

gull [gʌl] *i+sy* **seagull**'a bkz.

gullible ['gʌlibl] *s* kolay aldatılır, saf, safderun. *He is so gullible that anyone can easily cheat him.*

gully ['gʌli] *i+sy* 1 koyak; iki dağ, veya tepe arasında kalan çukur yer, ya da dere boyu, vadi. 2 yamaçlardan akan yağmur sularıyla oluşmuş dar yarık.

gulp [gʌlp] *f+n/-n* 1 yutuvermek, gövdeye indirmek. *They gulped (down) their food.* 2 yutkunmak, yutkunarak durdurmak; bastırmak. *She tried to gulp back her tears.* Ayrıca *i+sy* yudum, yutma; lokma. *He drank the glass of water in one gulp/at a gulp. The dog ate the meat in one gulp.*

gum¹[gʌm] 1 *i-sy* (genl. çoğ. biç.) dişeti. **gumboil** dişetlerinde oluşan apse.

gum² [gʌm] 1 *i-sy* zamk, ağaç sakızı; bazı ağaçların kabuklarından sızıp donan saydam madde. 2 zamk; kağıt, mukavva gibi şeyleri yapıştırmakta

kullanılan sıvı yapıştırıcı. 3 sakız: *chewing gum* (=çiklet, sakız). 4 sakız ağacı. Bu ağacın kabuğundan çıkarılan renksiz reçine; damla sakızı yapımında kullanılır. (Ayrıca **gum tree** de denir). 5 *i-sy* lastik: *gumboots* (=lastik çizme(ler)). Ayrıca *f+n* zamklamak, zamkla yapıştırmak. *I gummed the labels on the packages.*

gun [gʌn] *i+sy* ateşli silah (örn. tabanca, tüfek, makineli tüfek, top). *They shouted to the robbers to drop their guns.* **gunner** *i+sy* 1 topçu eri, veya topçu sınıfındaki herhangi bir rütbedeki asker. 2 (bahriyede) subay ile astsubay arasındaki rütbede olan topçu. **gunman** gangster; silahlı cani, veya soyguncu. **gunpowder** barut. **gunshot** atış menzili. *Keep out of/within gunshot.* **gun down** silahla adam öldürmek; silahla vurup öldürmek. *He was gunned down in the street outside his office.*

gurgle ['gə:gl] *i+sy* çağıltı, lıkırtı. Ayrıca *f-n* çağıldamak; lık lık diye ses çıkarmak.

gush [gʌʃ] *f-n* 1 fışkırmak, taşmak, foş diye akmak. *The water gushed from the broken pot.* 2 (bir şey hk.) büyük bir hevesle konuşmak, coşmak. *They were gushing over the new play.* Ayrıca *i+sy* fışkırma; coşma.

gusset ['gʌsit] *i+sy* peş; bazı giysilerin geniş olması için yanlarına eklenen kumaş parçası.

gust [gʌst] *i+sy* 1 rüzgârın, yağmurun, dumanın, vb. ani bir kısa süreli şiddetlenişi, bora. *We were walking along peacefully when a gust of wind blew our hats off.* 2 ani bir duygu yükselişi; birdenbire kızma; içine aniden bir mutluluk dolma; aniden içinde bir özlem dolma: *a sudden gust of anger.*

gusto ['gʌstou] *i-sy* ağız tadı; zevk alma. *He ate with gusto.*

gut¹ [gʌt] 1 *i+sy* (çoğ. biç.) bağırsak. *I have a pain in my guts.* (k. dil.). 2 *i+sy* (çoğ. biç.). kıçı yeme; cesaret, yürek. *You haven't the guts to do it.* (k. dil.). (eş anl. **grit**).

gut² [gʌt] *f+n* 1 balığın içini temizlemek. 2 bir binanın içindekilerini tamamen tahrip edip sadece duvarlarını bırakmak. *The factory was gutted by fire. geç. zam. ve ort.* **gutted.**

gutter['gʌtə*] *i+sy* **1** (bir binada) yağmur sularının aktığı oluk. *The leaves must be taken from the gutters.* **2** yol kenarındaki su yolu, hendek. *The gutters filled with water in the heavy rain.*

gutter

guy[1] [gai] *i+sy* bir şeyi (örn. bir çadırı) yerinde tutan ip, veya halat, veya çelik halat. (Ayrıca **guy-rope** da denir).

guy[2] [gai] *i+sy* **1** 5 Kasım günü yakılan Guy Fawkes'in kuklası. **2** (genl. *AmI*'de) herif, adam ya da (erkek) çocuk. *I went to the beach with the guys from school.* (**2**. anlamı k. dil.).

guzzle ['gʌzl] *f+n/-n* birbiri arkasına, oburcasına yemek, veya içmek; habire yutmak, durmadan çakıştırmak. *The louts at the bar guzzled their beer while talking loudly.* (*eş anl.* **knock back**).

gym [dʒim] *i+sy/-sy* **gymnasium**, **gymnastics**'in *k. dil.* ve kısa söyleniş biçimi.

gymnasium [dʒim'neiziəm] *i+sy* spor salonu. *On rainy days the students play games in the gymnasium.* **gymnast** ['dʒimnæst] *i+sy* beden eğitimi öğretmeni. **gymnastic** [dʒim'næstik] *s* beden eğitimine ait. **gymnastics** [dʒim'næstiks] *içoğ* beden eğitimi, cimnastik.

gypsy ['dʒipsi] *i+sy* **gipsy**'e bkz.

gyrate [dʒai'reit] *f-n* dairesel, veya sarmal bir şekilde dönmek. *An eagle was gyrating up in the sky. The sails of the windmill gyrated slowly on their axle in the light breeze.*

gyroscope ['dʒaiərəskoup] *i+sy* jiroskop; denizcilikte ve havacılıkta kullanılan, bir eksen çevresinde dönen ve içinde bulunduğu aracı dengede tutan, tekerlek biçiminde bir aygıt.

H

haberdasher ['hæbədæʃə*] *i+sy* **1**
(*Brİ*'de) tuhafiyeci. **2** (*Amİ*'de) erkek
gömleği, kravat, vb. satan kimse.
haberdashery [hæbə'dæʃəri] **1** *i+sy*
tuhafiye dükkânı (günümüzde şimdi
bir **department store**'daki tuhafiye
reyonuna bu isim verilmektedir). **2** *i-
sy* tuhafiye.
habit ['hæbit] *i+sy* **1** huy, alışkanlık,
adet. *It is a good habit to eat slowly.
He has a habit of arriving early. The
habit of spitting in common here.
Spitting is a common habit here.* **2**
rahibe, veya keşişlerin giydikleri
elbise. **3** atın eğerine yan olarak
binildiği zaman hanımların giydiği
elbise. **be in the habit of** bir şeyi
yapma alışkanlığında olmak. *I
wouldn't like you to think that I am
in the habit of making a nuisance of
myself.* **make a habit of, make
something a habit** bir şeyi alışkanlık
haline getirmek, adet edinmek. *They
made a habit of lunching together
twice a week. Having done it once,
she made a habit of it.*
habitable ['hæbitəbl] *s* içinde otu-
rulabilir, oturmaya elverişli. *Although
the house is very old, it is quite
habitable.* (*karş.* **uninhabitable**).
habitat ['hæbitæt] *i+sy* bir hayvan,
veya bitkinin doğal ortamı. *The
natural habitat of the tiger is Asia, not
Africa.* (*eş anl.* **home**).
habitation [hæbi'teiʃən] **1** *i-sy* oturma,
bir yerde yaşama. *The North Pole is
not suitable for human habitation.* **2**
ev, mesken. (**2.**anlamı *esk. kul.*).
habitual [hə'bitjuəl] *s* **1** gedikli
sürekli, daimi. *They are habitual
visitors to our house.* **2** huy edinmiş;
alışkanlık haline getirmiş: *a habitual
chain-smoker; a habitual liar.*
habitually *z.*
hack [hæk] *f+n/-n* gelişigüzel, veya
kaba bir biçimde kesmek. *He hacked
the branch off the tree. They are
hacking the meat to pieces. The
firemen were forced to hack down the*

*door to rescue the children. The
vandals had hacked all the office
furniture with knives. The little girl
hacked off her long hair.* **hacksaw**
demir testeresi. **go hacking** atla, genl.
kırlarda, dolaşmak. (*eş anl.* **riding**).
hackneyed ['hæknid] *s* beylik,
basmakalıp (genl. söz veya yazı). *The
essay is spoilt by having too many
hackneyed phrases. 'Of course I love
you with all my heart.' The hackneyed
phrase came unintended to*'his lips.
had [hæd] **have** fiilinin geçmiş zamanı
ve ortacı.
haddock ['hædək] *i+sy* mezgit
(balığı), tavukbalığı. *çoğ. biç.*
haddock veya **haddocks**.
haemo- ['hi:mou] *ön-ek* **hemo**'ya bkz.
haggard ['hægəd] *s* süzgün, bezgin;
yorgunluktan ve üzüntüden avurtları
çökmüş. *His face was haggard from
lack of sleep. There was a drawn and
haggard look about his eyes.*
haggle ['hægl] *f-n* sıkı pazarlık etmek.
*In many countries you have to haggle
before you buy anything.* (*eş anl.*
bargain).
hail¹ [heil] *i+sy* dolu. *For a short time
the ground was covered with hail.*
hailstone dolu tanesi. **hailstorm** dolu
fırtınası.
hail² [heil] *f+n/-n* **1** selam vermek ya
da dikkatini çekmek için genl. ismini
söyleyerek seslenmek. *A voice hailed
him from the steps.* **2** selam ve
alkışlarla karşılamak. *They hailed
him (as) a hero.* **3** taksi çağırmak;
durması için taksiye işaret vermek. *I
hailed a taxi and ordered the driver
to take me at once to the airport.* **4**
(**from** ile) (bir yer)li olmak. *Where do
you hail from?* (=Nerelisiniz?) *I hail
from America.* **be within hailing
distance** ses mesafesinde olmak. **hail-
fellow-well-met** tanışır tanışmaz
hemen senli benli olan; herkesle
çabucacık arkadaş olan. *Some people
do not like his hail fellow-well-met
manner. He greeted me in his usual*

hail-fellow-well-met fashion. (k. dil.).
hair [heə*] **1** *i-sy* saç, kıl. *The bodies of most animals are covered with hair; brush/comb/cut one's hair. Jane had ribbons in her hair. Lorna had oil on her hair.* **2** *i+sy* bir saç teli, tek bir kıl. *There are hairs on your jacket.* **hairy** *s* kıllı; tüylü. **hair-breadth, hair's breadth** *itek* (**a** ile) kıl kadar mesafe; kılpayı. *The car missed me by a hair's breadth.* Ayrıca *s: a hair's breadth victory.* **hairbrush** saç fırçası. **hair cut** saç traşı. *I must get a haircut.* **hairdresser** berber, kuaför. **hairpin 1** firkete, saç tokası. **2** keskin viraj (Ayrıca **hairpin bend** de denir). *I was nearly killed on a hairpin bend near Sparrowpit.* **hair-raising** *s* tüyler ürpetici. (*eş anl.* **terrifying**). **hair-splitting** *i-sy* kılı kırk yarma. *To say there's any difference between these two shades of red is hair-splitting; to me they are identical.* **hairsplitter** *i+sy* kılı kırk yaran kimse.
hairdo ['heədu:] *i+sy* (özl. kadınlar hk.) **1** saç yaptırmak. **2** saç biçimi, saç tuvaleti. *çoğ. biç.* **hairdos**.
halcyon ['hælsiən] *s* sakin, mutlu ve huzur dolu. *He would often remember the halcyon days of his childhood.*
half [ha:f] **1** *i+sy/s* yarı, yarım, buçuk: *three and a half hours/three hours and half; half a minute/mile/dozen/pound. (The) half of ten is five. The money was divided into two halves.* **2** *i+sy* yarısı: *half (of) my time; half (of) my friends.* Ayrıca *z* kısmen, tamamen değil: *half-cooked meat; half asleep; half open. çoğ. biç.* **halves** [ha:vz]. **halve** [ha:v] *f+n* **1** iki eşit parçaya bölmek. *Halve the apple.* **2** yarıya indirmek, yarı yarıya azaltmak. *The cost of food has been halved.* **half-back** (futbol, hokey, vb. oyunlarda) hafbek; orta saha oyuncusu. **half-breed** melez; babası ayrı, anası ayrı ırktan olan kimse. (*kib. olm.*). **half-hearted** *s* isteksiz, gönülsüz: *a half-hearted cheer.* **at half-price** yarı fiyatına. *Students can get in (at) half-price.* **half-time 1** yarım iş günü, yarım günlük çalışma. *Some of the workers are on half-time because business is bad.* **2** haftaym, ara. *The football players changed round at half-time.* **halfway** *s/z* **1** yarı

yolda, ortada. *The town is halfway between the hill and the river.* **2** yetersiz, noksan, yarımyamalak. *The solution is only a halfway one.* **meet someone halfway** (karşılıklı fedakârlıklarda bulunarak) bir kimseyle uyuşmak, anlaşmak. **half-wit** *i+sy* ahmak, budala kimse. (*eş anl.* **fool**). **half-witted** *s.* aptalca, ahmakça. *Well, that was a pretty half-witted thing to do.* **half-yearly** altı ayda bir. **go half** with ile eşit olarak paylaşmak. *I shall go halves with you in paying for the drinks.* **half a minute/second** az bekle; bir saniye. **better half, other half** eş; bir karının kocası, veya bir kocanın karısı. **half-brother** üvey kardeş. **half-sister** üvey kızkardeş. **in half** iki (eşit) parça halinde. *The ruler broke in half.* **not half** çok, hem de nasıl. (*k. dil.*).
halibut ['hælibət] *i+sy* pisi balığı; kalkan (=**turbot**) gibi eti lezzetli, yassı, iri bir balık. *çoğ. biç.* **halibut, halibuts**.

halibut

hall [hɔ:l] *i+sy* **1** büyük salon: *assembly hall* (=toplantı salonu); *dining hall* (=yemek salonu); *lecture hall* (=konferans salonu). **2** konser, toplantı, sergi, vb. sosyal faaliyetlerin yapıldığı büyük bir bina: *town hall.* (=Belediye sarayı); *dance hall; concert hall.* **3** bir üniversite, veya kolejde yatakhane binası. *I lived in hall during my first and second years.* **4** hol, koridor. *He met me in the hall.* **hallmark** (altın, veya gümüş üzerine vurulan) ayar damgası.
hallelujah [hæli'lu:jə] *ünlem* Elhamdülillah! Allahaşükür!
hallo [hə'lou] *i-sy/ünlem* hello'ya bkz.
Halloween, Hallowe'en [hæləw'i:n] *i-sy* 31 Ekim Hortlak Gecesi; bu gecede hortlakların ve cadıların ortaya çıktıklarına inanılır. Bu nedenle çocuklar hortlak ve cadı kıyafetleri

giyip, balkabağından fenerler yaparlar. NOT: *halloween* genellikle *AmI*'de; *hallowe'en* ise *BrI*'de kullanılır.

hallucination [həlu:si'neifən] *i+sy* sanrı; gerçekte olmayan bir şeyi vermiş gibi görme, işitme ya da duyma. *Drugs can cause hallucinations.*

halo ['heilou] *i+sy* hale; güneş, ay veya resimlerdeki azizlerin başı çevresinde görülen parlak daire. *çoğ. biç.* **halos** veya **haloes.**

halt [hɔ:lt] *f+n/-n* durmak; durdurmak. *The train halted at the station. He halted the children at the street corner.* **come to a halt** durmak. *The soldiers came to a halt.* **call a halt to something** bir şeyi, örn. bir faaliyeti durdurmak. *Halt!* (=Dur!) (askerî emir). *Parade, halt! Stand at ease!* (=Tören Kıtası, dur! Tören rahat!). *Halt! Who goes there?* (=Dur! Kimdir o ?). Ayrıca *i+sy* **1** (istasyon binası olmayan) ufak tren istasyonu, durak. **2** mola yeri, duruş mahalli. *Where is the next halt?*

halter ['hɔ:ltə*] *i+sy* yular.

halve [ha:v] *f+n* **half**'a bkz.

ham [hæm] **1** *i-sy* jambon; tuzlanıp işlenmiş, veya kurutulmuş domuz budu. *I like ham and eggs for breakfast.* **2** *i+sy* amatör radyo operatörü. **ham-fisted, ham-handed** *s* özl. ellerini kullanmada, beceriksiz. **ham up** (aktörler hk.) bir rolü abartarak oynamak.

hamburger ['hæmbə:gə*] *i+sy* hamburger.

hamlet ['hæmlət] *i+sy* (kilisesi olmayan) ufak köy.

got at it hammer and tongs

hammer ['hæmə*] *i+sy* çekiç. **hammer and sickle** (Rus bayrağında görülen) orak çekiç (sembolü). **come under the hamer** haraç mezat satılmak. **go at it hammer and tongs** şiddetle,

vargücüyle münakaşa etmek. *They started quarreling before dinner and an hour later they were still at it hammer and tongs.* Ayrıca *f+n* (bir şeye) çekiçle vurmak, çekiçlemek. *He hammered the nails into the wall. He hammered in the nails.* **hammer out** zorlu ve uzun görüşmelerden sonra anlaşmaya varmak.

hammock ['hæmək] *i+sy* hamak; iki direk, veya ağaç arasına asılarak, içine yatılan ağ yatak. *She slept on/in the hammock.*

hammock

hamper[1] ['hæmpə*] *f+n* engel olmak; kolayca hareketini güçleştirmek. *The army's advance was hampered by bad weather. Hampered by three small children, the young mother had difficulty in getting on the bus.*

hamper[2] ['hæmpə*] *i+sy* kapaklı büyük sepet. *She took a hamper of food with her on her journey.*

hand[1] [hænd] *i+sy* **1** el. *Each hand has five fingers.* **2** bir saatin yelkovanı, veya akrebi; bir göstergedeki ibre: *the hour hand* (=akrep); *the minute hand* (=yelkovan). *The two hands on my watch are broken.* **3** işçi, amele; tayfa, gemici. *This factory employs a thousand hands; all hands on deck* (=bütün mürettebat (tayfalar) güverteye). **4** maharet, ustalık. *He writes a good hand* (=Okunaklı yazı yazar). *He is a good hand at painting. I am an old hand at teaching.* (=Öğretimde büyük bir deneyime sahibim). (*k. dil.*). **5** (genl. çoğ. biç.) sorumluluk; sahiplik. *The stolen car is now in the hands of the police. The book changed hands many times. Your success is in your own hands.* **6** alkış. *Let's give him a big hand.* (6. anlamı *k. dil.*). **handbill** el ilanı, prospektüs. *The handbill said there was a special sale.* **handbag** kadın el çantası. **handball** hentbol. **handbook**

el kitabı. **handcuff** *i+sy* kelepçe.
Ayrıca *f+n* kelepçe takmak,
kelepçelemek. *The policeman
handcuffed the thief.* **handful 1** avuç

handcuffs

dolusu: *a handful of rice.* **2** bir avuç:
a handful of men. **3** ele avuca sığmaz,
haşarı. *This class of boys is quite a
handful.* (**3.** anlamı *k. dil.*).
handiwork (nakış, vb. hk.) elişi. *Her
home was filled with examples of her
handiwork.* **handshake** el sıkma, el
sıkışma, tokalaşma. **handstand** el
üstünde amuda kalkma. *I can't do a
handstand; I keep falling over.*
handwork el ile yapılan iş.
handwriting el yazısı. *It is difficult to
read his handwriting.* **at hand, near at
hand, close at hand** (zaman, veya yer
olarak) yakın. *Christmas is at hand.
The post office is close at hand.* **by
hand 1** elle; (bir makine ile değil de)
el ile yapılan. *My shoes were made by
hand.* **2** elden, birisi vasıtasiyle. *The
letter came to me by hand.* **hand-in-
hand** el ele tutuşmuş. *The boy and girl
arrived hand-in-hand.* **hand-to-hand**
yumruk yumruğa; göğüs göğüse.
*They threw down their rifles and
fought hand-to-hand with knives.*
Ayrıca s: *hand-to-hand fighting.*
hands off *ünlem* dokunma, elini
sürme, çek elini. *That's mine—hands
off!* **Hands up!** Eller yukarı! **in hand
1** ele alındı, ele alınmış bulunmakta,
başlandı. *The building of the new
bridge is now in hand.* **2** kontrol
altında. *The students should be taken
in hand.* **on the other hand** diğer
taraftan, öte yandan. *A soccer player
can't touch the ball with his hands.
A football player, on the other hand,
can touch the ball whenever he wants
to.* **on the one hand,...; on the other
hand** bir yandan,...; diğer taraftan.
*I'm not sure that the new sports
program is a good idea. On the one*
hand, *most students need more
physical exercise and more outdoor
activities; on the other hand, very few
students have enough free time.* **out
of hand** kontrolsuz; elden çıkmış. *The
angry crowd got out of hand.* **second
hand** *s* **1** başkasından öğrenilmiş. *His
news is second hand* (= Haberi o da
bir başkasından öğrenmiş). **2**
kullanılmış, elden düşme: *second-
hand books; secondhand clothes.*
have one's hands full çok meşgul
olmak, başını kaşıyacak vakti
olmamak; işi başından aşkın olmak.
*I dont think Jane will be able to help
you: she has her hands full with her
father being ill.*

have one's hands full

hand² [hænd] *f+n* (bir kimseye)
uzatmak, el ile vermek. *I handed him
his hat/I handed his hat to him.* **hand
something down 1** bir şeyi yukardan
alıp aşağıdaki bir kimseye vermek.
*Please hand me down my books from
the top shelf.* **2** bir sonraki nesle miras
bırakmak, nesilden nesile devretmek.
*Our fathers handed down these
customs to us.* (*eş anl.* **pass on**). **hand
something on** bir şeyi bir kimseden
bir diğerine vermek, elden ele
geçirmek. *They will hand on the
photograph to those who have not
seen it.* (*eş anl.* **pass on**). **hand
something out** bir şeyi dağıtmak,
vermek. *Please hand out the history
books. They were standing in the
street, handing out leaflets to passers-
by.* (*eş anl.* **give out**).
handicap ['hændikæp] *i+sy* **1** engel,
mahzur, dezavantaj. *Bad health is a
great handicap.* **2** (sporda) bir
müsabakada, yarışmanın eşit geçmesi
için rakiplerinden üstün olan
sporcuya başlangıç noktasında,
taşınan ağırlıkta, vb. yapılan aleyhte
fark. *Your handicap in the mile race
is ten yards.* (= Bir millik koşuda, sen

on yarda geriden koşacaksın). *What is your handicap in golf?* 3 görme, işitme, vb. fiziksel, veya zihinsel bozukluğu olan; engelli kimse. Ayrıca *f+n* engellemek, engel olmak; normal insanlar gibi yaşayıp hareket etmesini önlemek. *His lack of English handicaps him. geç. zam. ve ort.* **handicapped.** Ayrıca *s* sakat, özürlü, engelli: *handicapped children.*

handicraft ['hændikrɑft] *i+sy* 1 el hüneri, el sanatı. 2 el sanatı ürünü. *The chief handicrafts of this country are pottery and wood carving.*

handkerchief ['hæŋkətʃif] *i+sy* mendil. *çoğ. biç.* **handkerchiefs.** *(eş anl.* **hankie).**

handle[1] ['hændl] *i+sy* sap, kulp tutacak yer: *the handle of a cup/ door/jug/knife.* Ayrıca *cup handle, door handle, etc.* olarak da kullanılır. **handlebars** gidon; bisiklet direksiyonu.

handle[2] ['hændl] *f+n* ellemek, eline almak. *You should not handle broken glass.* 2 (elle) kullanmak; idare etmek. *She had handled a machine gun herself.* 3 davranmak, idare etmek, muamele etmek. *The manager knows how to handle his staff. (eş anl.* **deal with).** 4 ele almak, meşgul olmak. *I'll handle this matter. (eş anl.* **cope with).**

handpick ['hænd'pik] *f+n* tek tek ve dikkatle seçmek. *The team were all handpicked.* Ayrıca *s* tek tek ve dikkatle seçilmiş.

handsome ['hænsəm] *s* 1 (erkekler hk.) yakışıklı. 2 (kadınlar hk.) güçlü ve çekici. *Garbo was not merely beautiful, but breath takingly handsome.* 3 büyük ve güzel: *a handsome place/rug/apartment.*

handy ['hændi] *s* 1 eli işe yatkın, becerikli. *He is handy at tying knots.* 2 yakın, el altında. *Is there a postbox handy? This house is handy for the shops. Have you a hammer handy?* 3 elverişli, kullanışlı. *The can opener is very handy.* **come in handy** işe yaramak. *Old newspapers come in handy when lighting a fire. (k. dil.).* **handyman** elinden her iş gelen kimse.

hang [hæŋ] *f+n/-n* 1 asılı durmak, asılı olmak; sarkmak. *Her hair hangs down. His coat is hanging (on a nail) behind the door. Your shirt is hanging out* (=Gömleğin pantolonundan

sarkıyor). 2 asmak. *They hung (up) their coats. My mother is hanging out the washing.* 3 asmak, asarak idam etmek: *hang a murderer. geç. zam. ve ort.* **hung** [hʌŋ] **(1. ve 2.** anlamları için). *geç. zam. ve ort.* **hanged** (3. anlamda). **hanger** *i+sy* elbise askısı; askı, çengel: *clothes hanger; coat hanger.* **hangdog** *s* yüzünde bir suçluluk, utanma ifadesi olan. **hangglider** *i+sy* uçurtmaya benzeyen bir çeşit planör. **hanging** *i+sy/-sy* asma, ipe çekerek idam. *There are no more hangings in this country.* **hangman** cellât; görevi adam asma olan kimse. **hangover** *i+sy* içkiden sonra sabahleyin meydana gelen baş ağrısı: *have a hangover; suffer from a hangover; He claimed that vodka didn't give you hangovers. I woke up with a dreadful hangover.* **hang about/around** bir yerin yakınında işsiz güçsüz durmak, oyalanmak. *Don't hang about my office. (k. dil.).* **hang on** 1 sıkıca tutmak, bırakmamak. *Although the branch was breaking, he hung on.* 2 ümidini kaybetmemek; dayanmak. *Although we are beaten, we must hang on.* 3 beklemek; yaptığı ya da söylediği bir şeyi bir an için kesmek, durmak. *Hang on! I'll call him. (k. dil.).* 4 (bir şeye bağlı olmak. *Everything hangs on money at the moment.* **hang on someone's every word** birisinin söylediklerini, anlattıklarını can kulağı ile dinlemek. *The audience hung on the speaker's every word.* **hanger-on** *i+sy* beleşçi, asalak, çanak yalayıcı. *Every famous man has his hangers-on. (eş anl.* **parasite).** **hang up** 1 telefonu kapamak, kapatmak. *'Good night.' He hung up the telephone.* 2 telefonu birden yüzüne

be hung up

kapatmak. **be hung up** aklı bir şeye takılmak, tutturmak; bir şeyin delisi

olmak; bir şey.hakkında sabit bir
fikre sahip olmak; akla uygun
olmayan bir tepki göstermek.
hangar ['hæŋə*] *i+sy* (uçaklar için
büyük) hangar.
hank [hæŋk] *i+sy* yün, veya iplik çilesi
ya da kangalı.
hanker ['hæŋkə*] *f-n* (**after** ile) can
atmak, içi gitmek: *hanker after
success; hankering after the woman
at the bar who kept looking at him
in the mirror.* **hankering** *i+sy* (**for** ile)
(bir şeye karşı duyulan) dayanılmaz
istek, arzu, özlem.
hanky ['hæŋki] *i+sy* **handkerchief**
sözcüğünün kısa ve (*k. dil.*) söyleniş
biçimi.
haphazard [hæp'hæzəd] *s/z* rastgele,
gelişigüzel: *a haphazard choice.*
happen ['hæpən] *f-n* **1** olmak,
meydana gelmek. *It happened very
suddenly.* **2** (soru cümlelerinde)
acaba. *Do you happen to have a
match?* **3** tesadüfen, rastlantı sonucu
olarak. *It happened to snow that day.
We happened to be in town on the
night of the concert. He happened to
walk into the bank just at the very
moment the robbery was taking
place.* **happen to someone/something**
bir kimseye/şeye...olmak, -in başına...
gelmek. *A funny thing happened to
me on my way to the theater*
(=Tiyartoya giderken yolda başıma
tuhaf bir şey geldi). *This shirt keeps
fading, and the same thing is
happening to that one* (=Bu gömlek
solup duruyor ve şuna da aynı şey
oluyor). **It (just) happens that...**
tesadüfen, kazara. *It (just) happens
that I'm free for a few minutes.*
(=Tesadüfen birkaç dakika için işim
yok). *It happened that he'd left the
door unlocked* (=Kazara kapıyı
kilitlemeden gitmişti). **as it happens**
tesadüfen, kazara. *As it happens, I've
got my things with me here.*
happening *i+sy* olay, vaka. *There
have been strange happenings in the
village recently.*
happy ['hæpi] *s* **1** mutlu, sevinçli. *She
was so happy at the news that tears
gathered silently in her eyes and ran
down her cheeks. I shall be happy to
come.* **2** talihli, şanslı. *By a happy
coincidence we were there at the same
time.* **3** isabetli, pek yerinde. *Hiring*

him proved to be a happy decision.
(karş. **unhappy**). **happily** *z* **1** mutlu bir
şekilde, sevinçle. *She talked about it
happily.* **2** bereket versin ki, iyi bir
raslantı sonucu. *Happily no one was
hurt in the accident.* (*eş anl.*
fortunately). **happiness** *i-sy mutluluk,
saadet.* **happy-go-lucky** *s* gamsız,
kaygısız, tasasız. (*eş anl.* **easy-going**).
harass ['hærəs] *f+n* (genl. *ed. çat.*)
canını sıkmak, tedirgin etmek. *They
were harassed by debt.* **harassed** *s* canı
sıkkın, bezmiş. *You look very
harassed.*
harbinger ['ha:bindʒə*] *i+sy* haberci,
müjdeci. *An autumn frost is a
harbinger of winter. The robin is a
harbinger of spring.*
harbour ['ha:bə*] (*AmI*'de **harbor**)
i+sy liman. *During the gale the ships
stayed in (the) harbour. The long
glass windows were open to the little
harbour of Santa Lucia.* Ayrıca *f+n*
barındırmak; korumak. *It is an
offence to harbour escaped prisoners.*
(*eş anl.* **shelter**).
hard¹ [ha:d] *s* **1** sert, katı. *Iron is hard.
The dry ground was very hard.* (karş.
soft). **2** (yapması, veya anlaması) zor,
güç. *They find arithmetic hard. This
book is too hard for children. He is
hard to please. He is a hard man to
please.* (karş. **easy**). **3** sert, nazik
olmayan; merhametsiz. *He is a hard
father. Don't be hard on them (karş.
soft). **4** zor, çetin. *It was a hard game.*
5 çok soğuk; çok kötü. *We had a hard
winter.* **6** sorun ve güçlüklerle dolu.
Life is hard. (karş. **easy**). **hardback**
ciltli kitap. (karş. **paperback**). **hard-
boiled** *s* çok kaynamış: *a hard-boiled
egg.* **hard-working** *s* çok çalışkan. *She
is a hard-working housewife.* **hard of
hearing** *s* ağır işiten. **hard-headed** *s*
inatçı ama işini bilen, zeki: *a hard-
headed businessman.* **hard hearted** *s*
katı yürekli, kalpsiz. **hard labour**
kürek cezası; ağır hapis cezası. *He
was sentenced to two years hard
labour.* **hard luck, hard lines** şansızlık,
talihsizlik. *Did you lose? Hard luck.*
(*k. dil.*). **hardware** hırdavat; tencere,
tava, vb. ev eşyası. **hard up** *s* ihtiyaç
içinde; parasız. *The farmer was hard
up because of a crop failure. I was so
hard up before pay-day that I had to
borrow money for lunch.*

hard² [ha:d] *z* **1** çok (sıkı); büyük bir
çaba ve hızla: *play/try/work hard. Hit
it hard! It is raining hard.* **2** büyük bir
dikkat ve gayretle. *He listened hard
but could hear only silence.* **3** sert,
katı: *boil an egg hard. The ground
was baked hard by the sun.*

harden ['ha:dn] *f+n/-n* sertleşmek,
katılaşmak; sertleştirmek, katılaş-
tırmak. *Clay hardens when it
becomes dry. They harden clay by
putting it in a fire.*

hardly ['ha:dli] *z* hemen hiç. *We have
hardly any money left/ We hardly
have any money left* (=Hemen hiç
paramız kalmadı). *I hardly know
where I should begin* (=Nereden
başlamam gerektiğini bilemiyorum).
*I could hardly do that without asking
John* (=John'a sorma·dan onu
yapamam ki). *I'd hardly hung out the
clothes when it started to rain*
(=Elbiseleri henüz asmıştım ki
yağmur başladı). *I've hardly begun
my homework* (=Ev ödevime
başladım sayılmaz bile). *(eş anl.*
barely, scarcely).

hardship ['ha:dʃip] *i+sy/-sy* zorluk,
güçlük, sıkıntı: *the hardships of
poverty. Not having enough water
was a hardship.*

hardy ['ha:di] *s* soğuğa, zorluklara, vb.
dayanıklı: *the hardy life of the
Himalayan guides. Sledge dogs are
hardy enough to withstand the arctic
weather.* **2** cesur ve gözüpek. *(eş anl.*
intrepid).

hare [heə*] *i+sy* yabani tavşan.

hare

harem [ha:'ri:m] *i+sy* harem; saray ve
konaklarda kadınlara ayrılan bölüm;
bu bölümde oturan kadınların tümü.

hark [ha:k] (genl. emir kipi olarak)
Dinle! *(esk. kul.)*—yerine **listen**'ı

kullanın.

harm [ha:m] *i-sy* zarar, ziyan; vücutta
meydana gelen bir hasar. *The storm
did a lot of harm. It will do them no
harm to try. There is no harm trying.*
Ayrıca *f+n* zarar vermek; kötülük
etmek; incitmek. *Doctors say
smoking harms our health.* **harmful**
s zararlı, dokunur, muzır: *harmful
effects on children. This medicine is
harmful to you; harmful effects on
children. (karş.* **harmless**).

harmonica [ha:'mɔnikə] *i+sy* ağız
mızıkası. *(eş anl.* **mouth organ**).

harmonize ['ha:mənaiz] *f+n/-n*
birbirleriyle uyum içine sokmak;
renk, vb. bakımından birbirleriyle
uyum sağlamak. *These colours
harmonize beautifully.* **harmony**'ye
bkz.

harmony ['ha:məni] **1** *i+sy* (müzik,
renk, şekil, vb. bakımından) ahenk,
uyum. *The choir sang in perfect
harmony. The colours of the room
were in harmony.* **2** *i-sy* (duygu, fikir,
vb. bakımından) uyum. *There can be
no harmony between two selfish
people. They lived in harmony. (eş
anl.* **accord, unity**).

harness ['ha:nis] *i+sy* **1** koşum takımı.
2 bir bebeği, bir paraşütçüyü tutan
kayış. vb. takım. Ayrıca *f+n* (atı)
koşmak.

harp [ha:p] *i+sy* arp, harp; üç köşeli
ve telli, büyük çalgı. Ayrıca *f-n* arp
çalmak. **harp on/about** dönüp
dolaşıp hep aynı şeyden söz etmek;
(bir şey) hakkında durmadan
konuşmak. *I wish you wouldn't harp
on about it all the time.*

harp

harpoon [ha:'pu:n] *i+sy* (genl. balina
avı için ateşlenerek fırlatılan) zıpkın.

harrow ['hærou] *i+sy* tırmık. Ayrıca
f+n tırmıklamak. **harrowing** *s* üzücü,
acıklı: *a harrowing experience; a
harrowing story.*

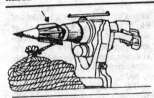

harpoon

harsh [haːʃ] s 1 kulakları tırmalayan, bet: *a harsh voice.* 2 sert, acımasız, gaddar: *harsh treatment; a harsh parent. A strong harsh wind was blowing off the river to the north.* **harshly** z sertçe, kaba bir şekilde. **harshness** i-sy kabalık, haşinlik.

harvest ['haːvist] i+sy hasat; hasat mevsimi. *It rained during the harvest. The harvest this year is a good one.* Ayrıca f+n hasat yapmak. **harvester** i+sy 1 hasatçı. 2 biçerdöver.

has [hæz] **have** fiilinin 3. tekil biçimi.

has-been ['hæz biːn] i+sy gününü doldurmuş, ününü, etkisini kaybetmiş bir kimse. *Ten years ago she was very famous; she's a real has-been now.*

hashish ['hæʃiːʃ] i-sy esrar.

haste [heist] i-sy acele, telaş. *Forgive the haste with which this note is written; I will send a long letter shortly.*

hasten ['heisn] f+n/-n acele etmek; acele ettirmek; hızlandırmak. *They hastened to deny it.* (= İnkâr etmekte hiç vakit kaybetmediler /Hemen inkâr ettiler). *He hastened my departure.*

hasty ['heisti] s 1 acele ile yapılan; alelacele: *a hasty visit; a hasty breakfast.* 2 çabuk kızar. *He is too hasty with people he does not like.* **hastily** z telaşla, aceleyle.

hat [hæt] i+sy şapka. **hatter** i+sy şapkacı. **I'll eat my hat if,.... ...-sa arap olayım/adam değilim/gel yüzüme tükür.** *He boasts that he was a champion swimmer when he was younger: if that's true, I'll eat my hat! I will eat my hat, if John gives it to you back.* **keep something under one's hat** bir şeyi kimseye söylememek, gizli tutmak. **pass the hat round** yardım için, bir hediye almak için para toplamak. **take off one's hat to someone** birine yaptığı bir şeyden dolayı hayranlığını

göstermek için şapka çıkartmak. **talk through one's hat** kafadan atmak; saçma sapan konuşmak.

hatch¹ [hætʃ] f+n/-n 1 yumurtadan çıkmak; civciv çıkmak, veya çıkarmak. *Seven chickens hatched this morning. The hen hatched all the eggs.* 2 gizlice hazırlamak, çevirmek. *They are hatching a plan to escape.*

hatch² [hætʃ] i+sy 1 (gemide) ambar ağzı, kapağı. *Hatches are closed when a ship is at sea.* 2 bölme; iki oda arasında bulunan duvardaki bölme. **hatchback** arka kısmı kapak olarak yukarı doğru kalkan otomobil.

hatchet ['hætʃit] i+sy kısa saplı küçük balta. **bury the hatchet** bir tartışma, veya kavgadan sonra tekrar anlaşıp dost olmak. (eş anl. **make it up**).

hate [heit] f+n (bir kimse, veya bir şey)den nefret etmek, -den hiç hoşlanmamak. *I hate liars. I hate you. I hate to say it. She hates string beans. They hate being laughed at. Wouldn't you hate to have to leave? Don't you hate doing this all the time. I hate them playing outside my window (= I hate their playing outside my window).* Ayrıca i+sy/-sy nefret, kin: *his hate of/for injustice. He was full of hate.* **hatred** ['heitrid] i-sy nefret, kin. *Discrimination breeds hatred between negro and white in some parts of the United States.* **hateful** s nefret dolu; nefret uyandıran.

haughty ['hɔːti] s kendini beğenmiş, kibirli. *He is very haughty towards people poorer than himself.* **haughtily** z gururla, kibirle.

haul [hɔːl] f+n zahmetle ve güçlükle çekmek, çekerek taşımak. *They hauled him out of the river. Lorries were hauling heavy goods from factories to the ports. She hauled the loaded basket up two storeys by a long sturdy rope.* Ayrıca i+sy 1 yolsuz kazanç; bir soygun, hırsızlık sonunda çalıntı mallar, ganimet. *The thieves made a good haul.* 2 ağ ile bir defada çekilen balık miktarı: *a haul of fish.* **haulage** i-sy (karayolu ile yapılan) eşya taşıma: *road haulage.* **haulage contractor** taşıma işleri yapan müteahhit.

haunch [hɔːntʃ] i+sy kalça. *A mouse was sitting on its haunches on the*

*bedside table cleaning its whiskers
with its fore-paws.*
haunt [hɔːnt] *f+n* **1** (korku salan ruh
ve hayaletler için söylenir) sık sık
görünmek, çıkmak, ziyaret etmek.
*The spirit of his dead father haunted
the village.* **2** (genl. korku, veya
üzüntüye neden olan bir şey) aklından
çıkmamak, yakasını bırakmamak,
taciz etmek. *The years of the war still
haunt me; a haunting tune.* Ayrıca
i+sy sık sık gidilen yer. *This café is
one of his haunts.*
have [hæv] *f+n* **1** *yarf* geçmiş zaman
ortaçlı fiil zamanlarını, yani 'perfect
tense'leri oluşturur. *I have seen him.*
(=Onu gördüm /onu görmüştüm). **2**
had biçimi ile başlayıp tersine sözcük
sırasını (yani bir soru cümlesi gibi)
oluşturup gerçek dışı varsayımlı
cümleleri meydana getirir. *Had he
been here, he would have spoken = If
he had been here, he would have been
spoken to* (=Burada olmuş olsaydı
kendisiyle konuşulurdu). **3** sahip
olmak, -de olmak, yanında olmak. *I
have a bicycle. He has no children.
She has a nice smile. This house has
many rooms. Each day has 24 hours.*
Ayrıca **have got.** *I have/I've got a
bicycle.* (kaynaşmış biçimi *I've,* vb.
için **7**.maddenin altındaki Not
kısmına bkz. **4** içmek, yemek, almak:
have breakfast. Ayrıca bu anlamda,
'have + bir isim' kalıbıyla birçok
fiilin yerine kullanılabilir: '*have a
look at = look at*'; '*Shall we have
a look? = Shall we look?*'; '*have a
walk = walk*'; '*He had a walk = He
walked*'; '*have a dance /drink/fight/
rest/smoke/swim/wash....* **5** '*have +
sıfat + time*' yapısında kulanılır: *have
a good time* (=iyi vakit geçirmek);
have a hard time (=zorluk çekmek).
6 ettirgen cümle kalıplarında
(=**causative constructions**) kullanılır:
(*a*) *have someone do something*
birisine bir şey yaptırmak. *I have him
do somework* (=(Ona) biraz iş
yaptırırım). (*b*) *have something done*
bir şey yaptırmak. *I have somework
done* (=Biraz iş yaptırırım). Ettirgen
cümle yapısında şu örnekleri
inceleyiniz. *You must have this work
finished by Monday. They are having
their house painted. I would have you
know that I am ill* (=Bilmeni isterim

ki ben hastayım). Ayrıca **causative**'e
bkz. **have the best/worst of
something/someone; have one's own
way** deyimlerinde *have* yerine *get*
kullanılırsa ettirgen yapıya benzer bir
anlam meydana gelir, örn. *In the end
he had his own way* (=Sonunda onun
istediği oldu). *In the end he got his
own way* (=Sonunda istediğini
yaptırdı). **7 have to** [hæftə] -mesi
lazım. *I have to go now. They had to
do it.* (soru ve olumsuzluk için Not³'e
bkz.). Ayrıca **have got to** yapısı *have
to* yerine kullanılır. *I have got to go-
now.*
NOT¹: *have got to* şu yapılarda
kullanılmaz. *1* emir cümlelerinde:
Have another piece of chicken (=Bir
parça tavuk daha yiyin). *2 have*'in
hareket gösteren bir fiil olarak
kullanıldığı durumlarda. *John is
having a dream* (=John bir rüya
görüyor). *3* bir çekimsiz fiil (=**modal**)
veya *to* ya da *-ing*'li fiillerle kurulan
cümlelerde. *I may have to leave early*
(=Erken gitmek zorunda
kalabilirim). *I want to have my own
book.* (=Kendi kitabımın olmasını
isterim). *I was having dinner*
(=Akşam yemeği yiyordum).
have been (to) (-e) gidip geri gelmiş
olmak, ziyaret etmiş olmak. *I have
been to London. We have already
been there* (=Orayı daha önce
görmüştüm). **have a heart of gold**
altın kalpli olmak. *He is not good-
looking, it is true, but he has got a
heart of gold.* **have a good laugh** doya
doya gülmek, iyi gülmek. *We had a
good laugh.*
NOT² konuşma dilinde *have, has* ve
had birlikte olduğu öznelerle
kaynaşmış olarak *'ve; 's; 'd* biçiminde
kullanılır. *I've got two pounds.
You've finished. He's read it. I'd no
idea. It'd fallen.* Yardımcı fiil *has*'in
kaynaşmış şekilleri *is*'inkilerin aynıdır
[iz]. *has*'in ('s) kaynaşmış şekli,
s,z,ş,j,c seslerinden sonra [iz] olarak
okunur: *She's already gone.* p,t,k,f,θ
seslerinden sonra [s] olarak okunur:
Mike's already gone. Seslilerle diğer
bütün sessizlerden (b,d,g,v,f,m,h,l,r)
sonra [z] olarak okunur: *He's already
gone. Jean's already gone.* Olumsuz
düz cümle ve sorularda *have not,
haven't* ve *has not, hasn't* şeklinde

kaynaştırılır: *I haven't (got) a penny.*
You haven't finished. He hasn't read
it. I hadn't any idea. Haven't they
read this yet? Olumlu soru cümlelerde
bu kaynaşmalar olmaz.
NOT³ **6.** madde verilen anlamda
*have'*in soru ve olumsuzluk yapıları
üç şekilde yapılabilir: *(a) Do you have*
to go to school? (b) Have you to go
to school? (c) Have you got to go to
school? Yukarıda *(a)* maddesinde
gösterilen yapılarda eylemin genl. bir
alışkanlık olduğu, veya devamlı bir iş
olduğu anlamı vardır. *(b)* ve *(c)* ise
bize belli zamanlarda ya da o anda
yapılması gereken bir işin olduğunu
söyler, yani *have you to* veya *have you*
got to go early/now/today gibi. Fakat
(a), *(b)*, *(c)* yapıları arasındaki bu
anlam farkları her zaman bu böyle
olacak demek anlamına gelmez,
örneğin olumsuz cümlelerde *don't*
have to -mesine gerek yok (ister yapar,
ister yapmaz) anlamına gelir—*(a) You*
don't have to go to school. (b) You
haven't to go to school. (c) You
haven't got to go to school. (=Bugün
okula gitmene gerek yok (çünkü
bugün cumartesi, tatil vb.)).
have on 1 giymek, üzerinde (giyecek,
saat, kravat, vb.) olmak *That's an*
awfully pretty dress you've got on,
Mary (=Üzerindeki çok güzel bir
elbise Mary). **2** yapacak işi olmak. *I*
can't meet you next week. I have
something on (i.e. am busy).
haven ['heivən] *i+sy* liman; barınak,
sığınak. *They have made the park a*
haven for weary Londoners.
have-nots ['hæv'nɔts] *içoğ* **(the** ile)
fakirler, yoksullar. *Last year was a lot*
tougher for the have-nots. (karş. **the**
haves). (eş anl. **the poor**).

haversack
haversack ['hævəsæk] *i+sy* (genl.
sırtta taşınan ve içinde yiyeceklerin
taşındığı, çadır bezinden) arka

çantası.
haves [hævz] *içoğ* **(the** ile) zenginler.
(karş. **the have-nots**). (eş anl. **the**
rich).
havoc ['hævək] *i-sy* zarar, ziyan,
tahribat. *Wars cause great havoc. The*
storm has played havoc with the
harvest.
hawk [hɔ:k] *i+sy* atmaca, doğan,
şahin, çaylak, kerkenez. **Watch**
someone like a hawk gözünü
üstünden ayırmamak. Ayrıca *f+n*
seyyar satıcılık yapmak. **hawker** *i+sy*
seyyar satıcı. **hawk-eyed** gözleri
keskin, keskin gözlü.
hay [hei] *i-sy* saman, kuru ot. **make**
hay while the sun shines fırsattan
yararlanmak. *Make hay while the sun*
shines: enjoy yourself while you are
young. **hay fever** *i-sy* saman nezlesi.
My sister gets hay fever; she is allergic
to grass seeds. **hayrick, haystack** ot
yığını. **(like looking for) a needle in**
a haystack saman yığını içinde iğne
(aramak gibi bir şey). *It was a huge*
car-park; trying to find Jim's car was
like trying to find a needle in a
haystack. **haywire** *yüks* **1** arapsaçına
dönmüş, kontroldan çıkmış. *All our*
plans went haywire (k. dil.). **2** deli,
çıldırmış. *She's gone haywire.*
hazard ['hæzəd] *i+sy* (kişinin
kendisine, sağlığına, önüne karşı
olabilecek) tehlike. *A soldier's life is*
full of hazards. Ayrıca *f+n* tehlikeye
atmak. *They hazarded all they had to*
win. **hazardous** *s* tehlikeli, şansa bağlı.
haze [heiz] *i-sy* pus; görüş uzaklığını
çok azaltmayan bir tür hafif sis: *the*
haze of smoke. The sun shone
through the haze. **hazy** *s* **1** puslu, sisli:
a hazy view. **2** belli belirsiz, bulanık.
My wife has only the haziest of
notions about what I do at work.
hazel ['heizl] *i+sy* fındık ağacı. Ayrıca
s (göz rengi hk.) elâ; sarıya çalar
kestanerengi. **hazel nut, hazelnut** *i+sy*
fındık.
H-bomb ['eitʃbam] *i+sy* hidrojen
bombası.
he [hi:,hi] *zamir* o (erkek). *I spoke to*
your father just before he went out.
He is coming /He's coming. **him** ve
his'e bkz.
head [hed] *i+sy* **1** (vücutta) kafa, baş.
He has no hair on his head. **2** bir şeyin
üst kısmı, tepe, kafa: *the head of a*

nail/page/valley; the head of a bed
(=yatağın baş kısmı); *the head on a*
glass of beer (=bir bardak biranın
köpüklü üst kısmı). **3** kafa, akıl,
beyin. *He has a good head for figures.*
He found the answer out of his own
head. Use your head! (=Kafanı
kullan!). **4** baş, şef, lider: *the head of*
state; heads of departments. **5** tura;
madeni paranın resimli ön yüzü.
(*karş.* **tail**). *Heads or tails?* (=Yazı mı,
tura mı?) **6** (*çoğ. biç.* olmaz) baş
hayvan: *a hundred head of cattle.* **7**
adam başına. *The cost of the journey*
is fifty pence a/per head. Ayrıca *f+n*
1 (futbolda) kafa vurmak. *He headed*
the ball. **2** başta olmak, liderlik
etmek: *His name headed the list. The*
company is headed by David Neary.
heady *s* sert, çarpıcı; sarhoş eden:
heady news. This is a heady drink.
headache *i+sy* başağrısı. *I suffer*
from headaches. I have a splitting
/slight headache. **headdress** süslü
başlık. **headlamp, headlight**
(otomobil, bisiklet, tren, vb.) far.
headland karanın denize uzanan
kısmı; burun. **headline** manşet;
gazetelerin ilk sayfalarının üst
bölümüne iri harflerle konulan
başlık. *I only had time to read the*
headlines. **headmaster** okul müdürü.
headmistress okul müdiresi. **head-on**
s/z kafa kafaya, önden: *a head-on*
collision. The two cars crashed head-
on. **headphones** kulaklık. (*eş anl.*
earphones, headset). **head-quarters**
karargâh; merkez büro. *His*
headquarters is/are in London.
headstone mezartaşı. (*eş anl.*
gravestone). **headway** ilerleme;
gelişme gösterme. *We could make no*
headway in the huge crowd. By the
late 1980s their research will probably
begin to make headway. **headwind**
baş rüzgârı, pruva rüzgârı. **head for**
someone/something (bir kimse/bir
şey)e doğru gitmek, yol almak. *The*
car was heading for Glasgow. The
police expected the criminals to head
for the coast. **head someone/**
something off yolunu kesip geri, veya
başka bir yöne döndürmek. *He tried*
to head off the angry mob. **at the**
head of 1 -in önünde. *The band was*
at the head of the ~~~~ **2** baş
köşede: *at the head c* ~~~~ **head**

first *z* balıklama; baş aşağıya. **head**
over heels tepe taklak. *He went head*
over heels into the water.
header ['hedə*] *i+sy* **1** başaşağı düşüş,
atlayış, veya dalış. *She took a header*
into the bushes. **2** (futbolda) kafa
vuruşu.
heading ['hediŋ] *i+sy* yazılı, basılı bir
şeyde başlık. *Each chapter heading is*
printed in capital letters.
headlong ['hedlɔŋ] *s/z* **1** acele ile.
Don't rush headlong into buying new
furniture. **2** balıklama, başaşağı. *He*
fell headlong.
headstrong ['hedstrɔŋ] *s* dediğini
yapan, istediğinde kararlı ve bundan
da dönmeyen. *John is stubborn and*
headstrong. His headstrong attempt
to seize control of the party was
political suicide. (*eş anl.* **wilful**).
heady ['hedi] *s* **head**'e bkz.
heal [hi:l] *f-n* (genl. yara ve bereler hk.)
kapanmak, iyi olmak. *The cut on my*
leg has healed. His injured back had
been healing nicely until he wrenched
it again yesterday. **heal up** (yara, vb.
ñk.) iyileşmek, kapanmak.
health [helθ] *i-sy* beden sağlığı: *good*
health; bad/poor health. Ayrıca
sağlık, sıhhat. *Health comes before*
wealth. **healthy** *s* sağlıklı, sıhhatli,
sağlam; sıhhi, sağlığa yararlı: *a*
healthy baby; a healthy place to live
in; a healthy respect for the law. (*karş.*
unhealthy). **drink to someone's**
health, drink one's health bir
kimsenin başarısına, sağlığına içmek/
kadeh kaldırmak.
heap [hi:p] *i+sy* **1** yığın, küme, öbek.
The fallen leaves lay in heaps; a heap
of stones. **2** bir yığın, bir sürü, çok.
We have heaps of time. They have
heaps of money. (**2.** anlamı *k. dil.*).
Ayrıca *f+n* yığmak. *They are heaping*
wood on the fire. **heaped** *s* yığın
olmuş, yığın halinde, yığılmış: *a*
heaped plate of rice; heaped baskets
waiting for ironing.
hear [hiə*] *f+n* **1** duymak, işitmek. *I*
heard the drums. **2** haber almak,
öğrenmek, duymak. *I hear you are*
leaving. **3** dinlemek; yargılamak. *I will*
hear your story before I give an
answer. The judge heard the case this
morning. **hear from** ...-den haber
~~~~ak. *Have you heard from home?*
geç. zam. ve ort. **heard** [hə:d].

Hear! Hear! ünlem. Çok iyi! Bravo! Yaşa! **hear somebody out** bir kimsenin konuşmasını sonuna kadar dinlemek. *We decided to hear him out before making any judgements on what he had done.* **have heard of someone/something** bir kimse/bir şeyi bilmek, hakkında (hiç olmazsa biraz) bilgi sahibi olmak, duymuş olmak. *Have you heard of Tina Turner?* **hearer** *i+sy* dinleyici. **hearing** *i-sy* işitme duyusu. **hearing aid** *i+sy* (sağırlar için) işitme cihazı. *(eş anl.* **deaf-aid***).* **hearsay** *i-sy* dedikodu. *(eş anl.* **rumour***).*

hearse [hə:s] *i+sy* cenaze arabası. *The hearse will lead the procession of cars to the graveyard.*

heart [ha:t] *i+sy* **1** kalp, yürek. *He has a weak heart.* **2** kalp, gönül. *She has a kind heart.* **3** orta, merkez, göbek: *the heart of the city; the heart of the lettuce.* **4** kalp şeklinde herhangi bir şey; (özl. oyun kağıdında) kupa: *ace/king/queen of hearts* (=kupa ası/ruası/damı). **4** can evi, can damarı; bir konunun, bir durumun en önemli noktası. *We got straight to the heart of the matter and found out what the problem really was.* **hearty** *s* **1** neşeli; dostça, candan, yürekten, içten, samimi. *He had a hearty laugh.* **2** bol, kuvvetli. *I had a hearty breakfast.* **3** kuvvetli, şiddetli: *a hearty hatred; a hearty appetite.* **heartily** *z* içtenlikle, samimiyetle. *She laughed heartily.* **heartless** *s* kalpsiz, zalim. **heart attack** kalp krizi. *My mother had had a heart attack five years earlier.* **heartbeat** kalp atışı. *The doctor listened to my heartbeat.* **heart-breaking** *s* çok üzücü, yürek parçalayıcı. **heartbroken** *s* çok üzgün, gönlü kırık, acı çeken. *She was heartbroken when her best friend died.* **heartburn** *i-sy* mide ekşimesi. **heartfelt** *s* candan, samimi, yürekten: *my heartfelt thanks. I gave her my heartfelt sympathy.* **heartrending** *s* yürek parçalayıcı, çok acıklı. *Her sigh was heartrending.* **at heart** kalben, aslında. *At heart he is a kind man.* **'Cross my heart and hope to die'/'Cross my heart'** (çoğk. çocuklar tarafından söylediklerinin doğruluğuna inanılmasını istediklerinde ya da tutacakları bir söz verdiklerinde

kullanılır) Valla billa doğru söylüyorum; Kuran çarpsın ki (yapacağım). *I promise I'll do that, cross my heart and hope to die.* **by heart** ezbere: *know/learn/repeat something by heart. He knows the multiplication tables by heart.* **from the heart, from the bottom of one's heart** yürekten, bütün kalbiyle, en samimi hisleriyle. **have a heart** insaflı olmak. *When their father told them to have all the grass cut by noon, the children asked him to have a heart.* **do something to one's heart's content** bir şeyi doya doya, kana kana, gönlü dilediğince yapmak. **after one's own heart** tam kalbine göre; tam insanın istediği, hoşlandığı gibi. *My new neighbour is a man after my own heart: he also likes walking and fishing, so we often go away at the weekend together.* **have one's heart in one's boot** çok üzgün olmak. **heart-to-heart** samimi. *The boy had a heart-to-heart talk with his father about what he should do for a career.* **have one's heart in one's mouth** ödü kopmak, yüreği ağzına gelmek. *With my heart in my mouth I nervously walked along the narrow bridge.* **one's heart is in the right place** iyi niyetli, sevecen, gönlü bol olmak. *Jack may not seem a very friendly person, but his heart is in the right place.* **take heart** cesaretlenmek. *We took heart from our leader's words.* (karş. **lose heart**). **take (something) to heart** (bir şeye) çok üzülmek, (bir şeyin) etkisini derinden hissetmek. *They took the bad news to heart.* **with all my heart** bütün kalbimle.

hearth [ha:θ] *i+sy* ocak, şömine, **hearth and home** yuva, aile ocağı. *John was so much reluctant to leave hearth and home and work in Turkey again.*

heat¹ [hi:t] *i-sy* **1** sıcaklık, ısı: *the heat of a fire. The heat of the sun made the road melt.* (karş. **cold**). **2** kızgınlık, öfke, heyecan. *They argued with great heat.* **3** bir yarışta, veya karşılaşmada eleme. *Because he won his heat he will run in the finals.* **heatspot** derideki kırmızı kabartı ve yanma. **heatstroke** *i-sy* güneş çarpması. *She sunbathed for too long and got heatstroke.* (eş anl.

sunstroke). **heatwave** *i+sy* sıcak dalgası. **dead heat** berabere biten yarış.
heat² [hi:t] *f+n/-n* ısınmak; ısıtmak. *The sun heats the earth.* **heated** *s* ısıtılmış, ısınmış; kızgın, kanı beynine sıçramış: *a heated room; a very heated meeting.* **heater** *i+sy* ısıtıcı, radyatör, ocak. **heat something up** (pişmiş bir yemeği) ısıtmak. *Let me heat up some soup for you.*
heath [hi:θ] *i+sy* kır, çalılık, fundalık; işlenmemiş vahşi açık arazi parçası.
heathen ['hi:ðən] *i+sy* kâfir, putperest; dinsiz kimse; Hıristiyan, Musevi veya Müslüman dinlerinin dışında bir dinden olan kimse. *(eş anl. pagan).*
heather ['heðə*] *i-sy* funda, süpürge otu.
heave [hi:v] **1** *f+n* (ağır bir şeyi) alıp kaldırmak, kaldırıp koymak. *They heaved their luggage into the car.* **2** *f+n* (genl. bir ipi, halatı) zorla çekmek. *Heave!/Heave away!* **3** (göğüs) inip kalkmak, kabarmak *His chest heaved.* **4** (dalga) kabarmak, kabarıp şişmek. *The sea was heaving.* Ayrıca *i+sy* kaldırıp çekme, kaldırıp itme; çekip kaldırma. *He pulled it out with one heave. geç. zam. ve ort.* **heaved** veya **hove** [houv]. NOT: *hove* genl. gemiler için kullanılır.
heave a sigh göğüs geçirmek, içini çekmek. *They all heaved a sigh of relief when he finally departed.*
heaven ['hevən] *i+sy* **1** cennet. *(karş.* **hell**). **2** (genl. **Heaven**) Allah, Tanrı. *It is Heaven's will. Thank Heaven!* (=Allaha şükürler olsun!) **3** (genl. çoğ. biç.) gökyüzü, sema. **4** mutluluk. *It's heaven to be here.* **(4.** anlamı *k. dil.).* **heavenly** *s* harika, çok güzel; büyük mutluluk veren.
heavy ['hevi] *s* **1** ağır. *The box is too heavy to carry. I wondered if the floor could support the heavy piano. (karş.* **light**). **2** ağırlaşmış; uyuşuk; baygın: *heavy with sleep.* **3** dalları basmış, bol, fazla, olağandan çok: *heavy crops.* **4** şiddetli, bardaktan boşanırcasına: *heavy rain.* **5** kaba dalgalı, fırtınalı: *heavy seas.* **6** güç, zahmetli: *heavy work.* **heavily** *z* çok, ağır bir şekilde: *heavily-laden. krş. biç.* **heavier.** *enüst. biç.* **heaviest.** **heavy-duty** *s* zor ve ağır koşullara

dayanıklı, bozulmayan: *heavy-duty machinery.* **heavy industry** *i-sy* ağır sanayi. **heavy metal** *i-s* elektro gitar ve davulların çok gürültülü ve hızlı ritmi ile çalınan bir 'rock' müziği.
heckle ['hekl] *f+n* (halka hitabeden bir konuşmacının, veya gösteri yapan bir sanatçının) sözünü kesmek, gürültü patırtı yaparak onu güç duruma sokmak: *to heckle a candidate for political office.*
hectare ['hekta:*] *i+sy* hektar; 2.47 ar veya 10.000 m².
hectic ['hektik] *s* telaşlı, koşuşturmalı ve heyecanlı: *the hectic traffic during rush hours. We had a hectic holiday.*
hedge¹ [hedʒ] *i+sy* çit; bir bahçe, veya tarlanın etrafını duvar gibi çeviren çalılık.
hedge² [hedʒ] *f-n* cevap vermekten kaçınmak; kaçamak cevaplar vermek. *Stop hedging and say what you think.*
hedgehog ['hedʒhɔg] *i+sy* kirpi; 25-30 cm. boyunda, sırtı dikenlerle kaplı memeli bir hayvan.

hedgehog

heed [hi:d] *f+n* (bir kimsenin öğüt, veya uyarılarına) kulak asmak. *(eş anl.* **mind, listen to**). Ayrıca *i-sy* dikkat; aldırış, önem verme. *They give/pay no heed to what I say. You should take heed of what I say.* **heedful** *s* dikkatli; dinleyen. *They are more heedful of what I say.* **heedless** *s* aldırış etmeyen; dikkatsiz. *She was heedless of her parents' sound advice. They let out sail, heedless of the gathering storm clouds.*
heel [hi:l] *i+sy* **1** topuk. **2** çorap topuğu. *There is a hole in the heel of your sock.* **3** ayakkabı, veya çizme topuğu: *high heels, flat heels.* **4** namussuz kimse. *He acted like a perfect heel in promising to meet her and then standing her up cold. (4.* anlamı; *k. dil.).* **kick/cool one's heel** (özl. kasten, veya gereksiz yere)

bekletilmek.*The headmaster decided to let the two mischievous boys cool their heels outside his study for ten minutes.* **bring someone to heel** bir kimseyi yola getirmek. *His supporters may be behaving wildly at the moment, but he can always bring them to heel when he wants to.* **drag one's heel** ayakları geri geri gitmek; ayaklarını sürümek; bir şeyi gönülsüz yapmak. *The manager is dragging his heels over making these improvements we suggested: I think we shall have to speak to him again.* **take to one's heels** tüymek, tabanları yağlamak. *They took to their heels when the policeman came.*

hefty ['hefti] s iri yarı, ağır; çok büyük: *hefty football player; hefty piece of cheese. He grunted as he lift the hefty briefcase.*

hegemony [hi:geməni] *i-sy* hegemonya; bir devletin başka bir devlet üzerindeki politik üstünlüğü ve baskısı.

height [hait] *i-sy* yükseklik. *What is the height of that building? He is six feet in height.* **heighten** *f+n/-n* arttırmak, çoğaltmak; artmak, çoğalmak. *The news heightened our fears. The tension heightened.*

heir [eə*] *i+sy* varis, mirasçı. *I am my uncle's heir. He was heir to the throne.* (*kadınına* **heiress** ['eəris] *denir*).

heirloom ['eəlu:m] *i+sy* nesilden nesile geçen aile yadigârı; mücevherat: *Jewels and other family heirlooms.* **held** [held] **hold¹** fiilinin geçmiş zamanı ve ortacı.

helicopter ['helikɔptə*] *i+sy* helikopter. (*eş anl.* **chopper**).

helicopter

heliport [heli'pɔ:t] helikopter alanı.
hell [hel] *i-sy* **1** cehennem. *Why do they picture hell as flaming with heat?* **2** felâket; tarifi imkânsız kötü bir

durum. *War is hell.* **come hell or high water** gökten taş yağsa; ne olursa olsun yine de. *He said he'd be there, come hell or high water.* **give someone hell** /**make someone's life hell** anasından emdiği sütü burnundan getirmek; anasını ağlatmak. **go to hell** defolup gitmek. *What the hell are you talking about?* (=Sen neden söz ediyorsun Allahaşkına yahu?) *Who the hell do you think you are?* (=Sen kendini ne zannediyorsun be?). *How the hell should I know?* (=Ben nereden bileyim Allahaşkına?). **for the hell of it** gırgırına, eğlence olsun diye. (*k. dil.*).

hello, hallo, hullo [hə'lou] *i-sy/ünlem* **1** merhaba. *'Hello', John said. 'Hello', the man said.* **2** (telefonda) alo. *'Hello.'—'Hello. Could I speak to Sue, please?'.* **3** (şaşkınlık ifade eder). Allah Allah! Nedir bu! Vay anasını! *'Hullo!' Charlie said. 'What's this?'* çoğ. biç. **hellos.** NOT: *hallo* ve *hullo* Brİ'de kullanılır.

helm [helm] *i-sy* dümen yekesi.
helmsman *i+sy* dümenci.
helmet ['helmit] *i+sy* miğfer. *Soldiers wear steel helmets in battle.*

help¹ [help] *f+n* **1** yardım etmek. *The rich should help the poor. I help my father in the garden. He helped me (to) cook the food.* **2** yiyecek, veya içecek ikram etmek. *May I help you to some pudding? Help yourself to a beer!* (=Buyurun, bir bira için!) **3** -e fayda etmek. *Running didn't help them* (=Koşmak kendilerine fayda etmedi). **4** (*can,* veya *could* ile) .... -mekten kendini alamamak, elinde olmamak. *I can't help laughing* (=Gülmekten kendimi alamıyorum). *I couldn't help laughing* (=Gülmekten kendimi alamadım). *They talked too much; they couldn't help themselves. You can't help who you fall in love with.* **there is no help for it** başka çaresi yok. *There is no help for it, we'll just have to sell the shop.* **so help me** (sözüm) söz, inanki; ister inan, ister inanma. *I'll pay your money back, so help me. I really kissed her, so help me.* **so help me God** (örn. bir mahkemede yemin ederken) Tanrı şahidim olsun. **helper** *i-sy* yardımcı. *She had to admit that her husband was a good helper* *around the house.* Ayrıca **help²'**ya bkz. **helping** *i+sy* porsiyon, bir tabak yemek. *He had two helpings of pudding.*

help² [help] **1** *i-sy* yardım(lar). *I am grateful for your help. We need all the help we can get. He gave us no help.* **2** *i+sy* hizmetçi, uşak: *a daily help.* **helpful** *s* yardım sever; işe yarar, faydalı. *I wasn't meddling; I was only trying to be helpful. He is very attentive in public but not very helpful around the house.* (karş. **unhelpful**). **helpless** *s* **1** aciz, zayıf. **2** çaresiz. *The old watchman was helpless to prevent the thieves opening the safe.*

helter-skelter ['heltə'skeltə*] *i+sy* kaydırak; yukardan aşağıya dönerek kayılan bir lunapark eğlence aracı.

hem [hem] *i+sy* elbise kenarı, baskı; alta doğru kıvrılıp dikilen kumaşın kenarı: *the hem of a dress /handerkerchief.* Ayrıca *f+n* **1** kıvırıp kenarını bastırmak, **2** etrafını sarmak, kuşatmak. *The garden is hemmed in/round with trees.* geç. *zam* ve *ort.* **hemmed. hem and haw** kem küm etmek; hık mık etmek. *The question was so surprising that he could only hem and haw in answer.*

he-man ['hi:mæn] *i+sy* çok güçlü bir adam, özl. ne kadar güçlü olduğunu herkese göstermeyi seven cinsten bir adam. (k.dil.).

hemisphere ['hemisfiə*] *i+sy* yarımküre: *the Northern /Southern hemisphere* (=(ekvatorun kuzeyinde ve güneyinde kalan) Kuzey/Güney yarımküre); *the Eastern/Western hemisphere* (=(Meridyen başlangıç yeri İngiltere'deki Greenwich'in doğu ve batısında kalan) Doğu/Batı yarımküre).

hemo-, haemo- ['hi:mou, 'hemou] *önek* kan (örn. **hemorrhage** (=kanama)).

hemorrhage ['heməridʒ] *i+sy/-sy* kanama. *He had died of a brain hemorrhage.* Ayrıca *f-n* kanama yapmak. *He began to hemorrhage badly.*

hemorrhoids ['hemərɔidz] *içoğ* basur, emoroit; kalınbağırsağın alt bölümünde ve anüste toplardamarların genişlemesiyle oluşan varis. *My uncle suffers from hemorrhoids.*

hemp [hemp] *i-sy* kenevir, kendir.

hen [hen] *i+sy* **1** tavuk. (*erkeğine* **cock** denir). **2** herhangi bir kuşun dişisi: *a hen pheasant.* **henpecked** *s* kılıbık. (*k. dil.*). **hen party** sadece hanımların katıldığı parti. *Mary held a hen party for her friends once a month.* (*k. dil.*).

hence [hens] *z* **1** bundan sonra: *a year hence (esk.kul.* yerine **a year from now** veya **in a year's time**'ı kullanın). **2** bundan dolayı bu nedenle. *It started raining, and I didn't have my raincoat. Hence, I was quite wet by the time I got home.* (eş anl. **therefore**).

henchman ['hentʃmən] *i+sy* önemli, veya güçlü bir kimsenin sadık adamı. *He signed the papers and left it to his henchmen to do the work.* (= Kağıtları imzaladı ve işi yapmalarını adamlarına bıraktı). çoğ. biç. **henchmen** ['hentʃmən].

henna [henə] *i-sy* kına. Ayrıca *f+n* kına yakmak; (saçlarını) kına ile boyamak. şim. zam. ort. **hennaing.** geç. zam. ve ort. **hennaed.**

her [hə:*] zamir **1** onu (kadın). *You saw her there.* **2** ona (kadın). *Give it to her* **3** (onun)-(s)i. *It's her book/problem.* **herself** kendisi, kendi, kendini, kendine. *She can now feed herself without help.* **by herself** kendi kendine.

herald [herəld] *i+sy* **1** (eskiden) kral, veya hükümdar habercisi. **2** haberci, müjdeci. *Grey skies are the heralds of rain.* **heraldry** *i-sy* hanedan armalarını kullanma ve inceleme bilimi.

herb [hə:b] *i+sy* şifalı bitki, ot. **herbivorous** *s* otçul; sadece otla beslenen.

herd [hə:d] *i+sy* birlikte yaşayan ve beslenen bir hayvan sürüsü: *a herd of buffaloes/cattle/deer/elephants.* Ayrıca *f+n* sürüyü gütmek, sığırtmaçlık yapmak. *The little boy is herding his father's cattle.*

here [hiə*] *z* **1** burada, buraya. *I am sitting here. He works here. Come here!*

NOT: *here* sözcüğü cümlenin başında kullanıldığında birisini ya da bir şeyi takdim eder. Anlamı ise 'işte' dir. Bu şekildeki kullanımda özne bir isim ise filden sonra gelir: *Here are my books* (= İşte benim kitaplarım). *Here is*

Mary (= İşte Mary). *Here comes Mary* (= İşte Mary geliyor). Eğer özne bir zamir ise fiilden önce gelir: *Here she comes* (= İşte geliyor). *Here they go* (= İşte gidiyorlar). **2** buraya, bu tarafa (doğru). *Come over here! He's coming over this way.* **3** bir eylemin yapıldığı sırada burada. *Let us stop here* (örn. bir kitabı okurken) *and find out what is meant. Here I cannot agree with you.* **Here you are** Buyurun(uz). **here and there** şurada burada. **here's to you; here's to your new job.** (kadeh kaldırırken) şerefinize; yeni işinizin şerefine. **hereabouts** *z* buralarda, bu çevrede. *Is there a fellow Turk hereabouts?* **hereafter** bundan böyle, bundan sonra. **hereby** *z* bundan dolayı, bu nedenle. *I hereby resign. We hereby revoke the agreement of March 15th 1989.* **herein** *z* bunun içinde, bunda. **hereinafter** *z* (yasal bir yazıda) aşağıda. **heretofore** *z* bundan önce. (*eş anl.* **previously**). **herewith** *z* (mektupla) ilişik olarak. *I herewith return the signed contract. Please find the cheque enclosed herewith.*
heredity [hi'rediti] *i-sy* soyaçekim; kalıtım; kalıtım yolu ile geçen bir özellik. *The colour of our skin is due to heredity.* **hereditary** [hi'reditəri] *s* **1** bedensel, veya zihni bir özellik, hastalık, vb. hk.) kalıtsal, ırsi: *hereditary diseases.* **2** (bir rütbe, sosyal bir paye vb. hk.) babadan oğula yasal olarak intikal eden: *a hereditary chief.*
heresy ['herisi] *i-sy* **1** hurafe; dine sonradan girmiş boş inanç; dinsel öğretiye aykırı düşünce. **2** sapkın düşünce. **heretic** ['heritik] *i+sy* hurafeye inanan kimse, kâfir. **heretical** ['heritikl] kabul edilmiş doktrinlere aykırı olan: *heretical opinions.*
heritage ['heritidʒ] *i+sy* miras. *English poetry is one of our great heritages.*
hermit ['hə:mit] *i+sy* (özl. dini inançları nedeniyle) insanlardan uzak, yalnız ve basit bir hayat sürdüren kimse; münzevi, keşiş.
hernia ['hə:niə] *i+sy* fıtık, iç organlarda bir parçanın, daha çok bağırsak bölümünün karın çeperlerini geçip deri altında ağ gibi şişkinlik yapması. (*eş anl.* **rupture**).
hero ['hiərou] *i+sy* **1** kahraman, yiğit.

2 (bir oyunda, öyküde, vb.) başkarakter, kahraman *çoğ. biç.* **heroes.** (*kadınına* **heroine** ['herouir] denir). **heroism** ['herouizɔm] *i-sy* kahramanlık. **heroic** [hi'rouik] *s* kahramanca, yiğitçe; cesur. *The heroic fireman carried the woman from the burning house.*
heroin ['herouin] *i-sy* eroin; morfinden yapılan güçlü uyuşturucu.
heron ['hern] *i-sy* balıkçıl (kuşu).
herring ['heriŋ] *i-sy* ringa (balığı). *çoğ. biç.* **herrings** veya **herring.**
hers [hə:z] **1** *zamir* onun (ki(ler)) (kadın). *We'll have to seperate hers from yours.* **2** *yüks* onun. *This dress is hers.*
hesitate ['heziteit] *f-n* (bir şey)e tereddüt etmek. *She ought to be told about it, but she's so sensitive that one hesitates to tell her* (= Ona bunun söylenmesi gerek, ama öylesine hassas ki, insan söylemeye tereddüt ediyor). *He hesitated before choosing a book. These men hesitate at nothing.* **hesitation** [hezi'teiʃən] *i-sy* tereddüt, duraksama. **without hesitation** tereddütsüz.
heterosexual [hetə'rəsekju:l] *s* karşı cinse ilgi duyan.
hew [hju:] *f+n* (genl. bir balta, keser, vb. kullanarak) kesmek, yarmak. *He hewed the trunk of the tree into logs. They hewed a path through the thick forest. geç. zam. biç.* **hewed.** *geç. zam. ort.* **hewed** veya **hewn** [hju:n].
hexagon ['heksəgən] *i+sy* (geometride) altıgen.
hey [hei] *ünlem* hey. *'Hey, Dad, what's for dinner?'* (*eş anl.* **hi**).
heyday ['heidei] *i-sy* bir kimsenin, bir ulusun, bir kuruluşun en güçlü, en başarılı veya en zirvede olduğu zaman; altın çağı: *in the heyday of it's power. The country was then in its heyday.*
hi [hai] *ünlem* merhaba, ne haber. (*eş anl.* **hello**).
hibernate ['haibəneit] *i-sy* (bazı hayvanlar, örn. ayı) kış uykusuna yatmak. **hibernation** [haibə'neiʃən] *i-sy* kış uykusu. *The brown bear emerged from its hibernation.*
hiccup, hiccough ['hikʌp] *i+sy* hıçkırık. *Mary is still suffering with hiccups.* Ayrıca *f-n* hıçkırık tutmak, hıçkırmak. *Mary patted John on the*

back when he suddenly started to hiccup.

hid [hid], **hidden** ['hidn] **hide**[1] fiilinin geçmiş zamanı ve ortacı.

hide[1] [haid] *f+n/-n* gizlemek, saklamak; gizlenmek, saklanmak. *They are hiding in the wood. We hid (ourselves) in the wood. He tried to hide his anger.* geç. zam. biç. **hid** [hid] geç. zam. ort. **hidden** ['hidn] veya **hid.** Ayrıca *i+sy* (özl. kuş ve hayvan gözetlemek, fotoğraf çekmek için) gözlenme yeri. **hideaway, hideout** (özl. yasadan kaçan insanlar ve suçluların) saklandıkları yer. **hide-and-seek** *i-sy* saklambaç (oyunu). **hiding place** gizlenme, saklanma yeri. **be in hiding** saklanmış, gizlenmiş. (Ayrıca **go into/come out of hiding** gizlenmek, saklanmak/gözlendiği, saklandığı yerden dışarı çıkmak).

hide[2] [haid] *i+sy* deri, post (özl. hayvandan çıkarılıp deri yapmak için olanı). **hiding** *i+sy* dayak, sopa, kötek. *He gave him a good hiding.* (k. dil.). (*eş anl.* **beating**).

hideous ['hidiəs] *s* korkunç; iğrenç, tiksindirici: *a hideous face; a hideous mistake. A car accident left hideous scars on his face.* **hideously** *z* korkunç bir şekilde; iğrenç bir biçimde. *hideously mutilated bodies.*

hierarchy ['haiərɑ:ki] *i+sy* hiyerarşi; önem ve değer bakımından giderek yükselen basamaklar dizisi.

high [hai] *s* 1 yüksek: *high mountains; a high wall. The tree is fifty feet high.* NOT: Bu anlamda insanlar ve diğer bazı hayvanlar için *tall*'u kullanın. 2 (makamca) yüksek, önemli, baş: *the high priest; high society; high school* (=lise). 3 yüksek pahalı, aşırı, şiddetli: *high prices; high speed; high winds; hold someone in high regard* (=bir kimseye büyük saygı göstermek). 4 asil, soylu, yüce: *a man of high principles/ high/character; high ideals.* 5 yüksek perdeden, tiz: *a high note; high voices.* Ayrıca *z* yüksek düzeyde/düzeye, yüksek derecede. *high-placed officials; play high* (=kağıt oyunlarında büyük bir kağıdı oynamak); *They climbed high. They held their heads high.* **highbrow** *i+sy* entel, ukala aydın. (*k. dil.*). (*eş anl.* **egghead**). Ayrıca *s* başkalarından daha bilgili, veya zevkleri daha

mükemmel olan. *She complained of my being too highbrow.* **High Commissioner** *i+sy* büyük elçilik görevi ile İngiliz Uluslar Topluluğundaki bir ülkeyi başka bir ülkede temsil eden bir memur. **High Commission** *i+sy* böyle bir memurun tüm yanında çalışanlarıda kapsayan makamı, görevi. **high-handed** *s* kendi gücünü baskı ile kullanan; keyfi, zorba: *the government's high-handed policies.* **highlands** *içoğ* dağlık arazi. **high jump** yüksek atlama. **high-level** *s* yüksek düzeyde: *a high-level meeting.* **highlight** 1 en çok ilgi çeken. *Your performance was the highlight of the show.* 2 bir resim, veya fotoğrafta ışıktan en çok etkilenen kısım. **high-pitched** *s* çok tiz: *a high-pitched voice.* **high spirits** *içoğ* büyük ve heyecan veren mutluluk. **high seas** açık deniz; denizin, kara sularının dışında kalan bölümü. **high season** *itek* turist akınının bol olduğu mevsim; turist mevsimi. **high spirited** *s* oynak, canlı; eğlence ve macera arayan. **high(ly) strung** çok sinirli ve hemen kızan. **high summer** *i-sy* yaz mevsiminin ortası. *I'll need to buy some clothes because it's High summer out there now.* **high-tension** (elektrik) yüksek gerilim. **highway** *i+sy* anayol, otoyol, otoban.

highly ['haili] *z* son derece: *a highly dangerous job. He is highly pleased. He spoke highly of you* (=Sizi çok övdü). NOT: Bir zarf olarak *high* ve *highly* arasında pek az anlam farkı vardır. Birçok söz grubunda birbirinin yerine kulanılabilir: *high/highly strung; high/highly paid.* Ama bazı durumlarda bu değişir. örn. *climb/play high* olurken *speak highly; highly pleased* denir.

highness ['hainis] *i+sy* (kraliyet ailesi mensupları için, veya onlardan söz ederken, kullanılan bir ünvan; kral ve kraliçe için kullanılmaz) ekselansları. *His (Royal) Highness; Your Highness; Their (Royal) Highnesses.*

hijack ['haidʒæk] *f+n* yolculuk sırasında içinde bulunulan bir uçağı, veya aracı kaçırmak. *Our plane was hijacked by two armed terrorists.* **hijacker** *i+sy* korsan. **hijacking** *i+sy/-sy* yolculuk sırasında içinde

'bulunulan bir uçağı, veya aracı kaçırma. *The hijacking took place just after the plane took off.*
hike [haik] *i+sy* (özl. kırsal kesimde zevk için yapılan) uzun yürüyüş. *Do some hiking.* Ayrıca *f-n* kırlarda uzun yürüyüşe çıkmak. *John and I hiked through the woods.* **hiker** *i+sy* kırlarda uzun yürüyüşe çıkan. **hike something up** acele ile birden yukarı kaldırmak. *He hiked up his trousers.*
hilarious [hi'lɛəriəs] *s* 1 şen şatır, neşeli. 2 kahkahalara neden olan, çok eğlendiren: *a hilarious film.* **hilarity** [hi'læriti] *i+sy* eğlence ve kahkaha. *The noise of hilarity in the restaurant below kept him awake until the small hours.*
hill [hil] *i+sy* 1 tepe: *walk up the hill; on top of the hill; a lovely region of green hills and valleys.* 2 bir yolun eğimi. *The bus got stuck on the hill.* **as old as the hills** (someone/something) çok yaşlı, veya ihtiyar. **hilly** *s* tepelik: *hilly area. krş. biç.* **hillier.** *enüst. biç.* **hilliest. hillside** yamaç.
hillbilly ['hilbəli] *i+sy* ABD'nin güney doğu dağlık bölgesinden gelmiş birisi; köylü.
hilt [hilt] *i+sy* bıçak, veya kılıç kabzası. **to the hilt/up to the hilt** tamamen, bütün bütün. *She had backed me to the hilt in all my projects.*
him [him] *zamir* 1 onu (erkek). *You saw him there.* 2 ona (erkek). *Give it to him.* **himself** 1 kendisi, kendi. *He had to do it himself.* 2 kendini, kendine. *The boy has hurt himself.* **by himself** kendi kendine, kendi.
hind[1] [haind] *i+sy* dişi geyik.
hind[2] [haind] *s* hayvanların arka ayakları, art ayakları.
hinder ['hində*] *f+n* alakoymak, engellemek. *The crowd hindered him from leaving. I was hindered by the heavy traffic. The child's hysterical crying hindered the doctor from completing his examination. Bad weather hindered the military operation. Overcrowded school rooms hinder the education of our children.*
hindrance ['hindrns] *i+sy* engel, mâni; engelleyen kimse; veya şey. *Children are a hindrance when you wish to work quietly.*

Hindu ['hin'du:] *i+sy* 1 Hindistan'ın resmi dili. 2 Hinduizm taraftarı. **Hinduism** ['hindu:izm] *i-sy* niteliği bakımından Brahmanizm'den daha katı olan bir din.
hinge [hindʒ] *i+sy* menteşe. *The door opens easily because the hinges are oiled.* Ayrıca *f+n* (**on/upon** ile) bağlı olmak, dayanmak. *The result hinges on/upon his reply.* (*eş anl.* **depend on**).
hint [hint] *f+n/-n* ima etmek, dokundurmak, üstü kapalı söylemek. *He hinted that I should go. They hinted at his bad behaviour.* Ayrıca *i+sy* 1 ima, üstü kapalı söz, ihsas, üstü kapalı anlatma. *They gave no hint of their plans.* 2 yararlı öğüt, tavsiye. *This book is full of good hints.* **take a hint** leb demeden leblebiyi anlamak. *I took the hint and left at once.*
hip[1] [hip] *i+sy* kalça. *She put her hand on her hip.*
hip[2] [hip] *ünlem* **hip hip hurrah!** sözünde—**hurrah**'ya bkz.
hippo [hipou] *i+sy* (=**hippopotamus**)'a bkz. (*k. dil.*).
Hippocratic oath ['hipəkrætik 'ouθ] *i+sy* Hipokrat yemini; tıp öğrencilerinin yemini. *The newly qualified doctors made the Hippocratic oath, saying that they would follow the standards set by their profession and try to save life.*
hippopotamus [hipə'potəməs] *i+sy* suaygırı. *çoğ. biç.* **hippopotamuses** veya **hippopotami** [hipə'potəmai].
hippy, hippie ['hipi] *i+sy* hippi; toplumsal düzene karşı çıkan, derbederce yaşayan, örgütlenmemiş gençler topluluğu: *the pop and hippy generation.*
hire ['haiə] *f+n* kiralamak, ücretle tutup çalıştırmak. *They hire (out) boats to people on holiday. I hired a boat so that I could go fishing.* Ayrıca *i-sy* kira: *boats on/for hire* (=kiralık tekneler). NOT: *hire* sözcüğü kısa süreli ve belirli amaçlı bir kiralamayı anlatır. *They want to hire a hall for the concert.* Oysa *rent* sözcüğündeki kiralama anlamı genel ve uzun bir süre için söz konusudur. *He rented a house for the summer.*
hire purchase *i-sy* taksitle alışveriş,

taksitle satın alma. *Have you bought anything on hire purchase?* **hire out** kiraya vermek. *The company hires out cars. They hire out machinery for this kind of work.*

his [hiz] **1** *s* (onun) (erkek). *It's his book /problem.* **2** *zamir* (onun(ki(ler)) (erkek). *We'll have to separate his from yours.*

hiss [his] *f+n/-n* tıslamak, ıslık gibi ses çıkarmak. *Snakes hiss when angry. The crowd hissed (at) him as he passed.* Ayrıca *i+sy* tıslama; ıslık: *the hisses of the crowd.*

history ['histəri] *i+sy* tarih. *History is his main subject at college. They are writing a new history of Africa.* **historic** ['his'tɔrik] *s* tarihi, tarihe geçmiş; meşhur. *The signing of the Declaration of Independence was a historic occasion.* **historical** [his'tɔrikl] *s* tarih ile ilgili; tarihi: *a historical novel; from a historical point of view.*

hit¹ [hit] *f+n* **1** vurmak, çarpmak. *He hit me on the chest. I am hitting the nail with a hammer. The bullet hit the target. The car hit the wall. He hit his hand on/against the door.* **2** (genl. **hard** ile) çok üzmek, çok sarsmak. *The death of his father hit him hard. The farmers were hard hit by the drought.* **hit a man when he's down.** düşene tekme vurmak. **hit the roof/ceiling** tepesi atmak, çok kızmak. *John's father hit the roof when he discovered that John had borrowed his car without permission.* **hit the nail on the head** tam üstüne

hit the nail on the head

basmak, taşı gediğine koymak, tam isabet kaydetmek. *I thought that the chairman's suggestion hit the nail on the head.* **hit it off** birbirini görür görmez sevmek, hoşlanmak. *David and Mary hit it off well from the start.* **hit the bottle** içkiye başlamak, kendini içkiye vermek. *He hit the bottle when*

his wife left him, **hit the sack/hay** kafayı vurup yatmak; uyumak. *I always hit the sack easily.* **hit-and-run** çarpanın durmayıp kaçtığı bir trafik kazası. *He was killed in a hit-and-run accident.*

hit² [hit] *i+sy* **1** vurma, çarpma; vuruş, darbe. **2** en başarılı kitap, plak, vb. *This song is one of the hits of the year.* **hit man** kiralık katil.

hitch¹ [hitʃ] *f-n* **1** ani bir hareketle çekerek yukarı kaldırmak. *He hitched up his trousers.* **2** (genl. çabucak ve kolayca) ip ile bağlamak. *They hitched the horses to the wagon.* **hitch a lift/ride** otostop yapmak.

hitch² [hitʃ] *i+sy* **1** ani çekiş, veya itme, itiş. **2** adi düğüm. **3** pürüz, aksilik, aksaklık. *The negotiations continued without a hitch.*

hitchhike, hitch-hike ['hitʃhaik] *f-n* otostop yapmak. **hitchhiker** *i+sy* otostopçu, otostop yapan kimse.

hi tech [hai'tek] *s* en modern yöntem ve malzeme kullanılarak yapılan, yüksek teknoloji ürünü olan.

HIV [eitʃ ai 'vi:] (= **human immunodeficiency virus**)—insandaki bağışıklığı yok eden virüs. Bu virüs AIDS hastalığına neden olur. *Tests showed that he was HIV positive.* Ayrıca **AIDS**'e bkz.

HM [eiʃt em] *i* (= **Her Majesty's/His Majesty's**)—(bazı İngiliz devlet kurumlarının adının ya da bir kimsenin ünvanının bir parçası olarak kullanılır) Kraliyet... : *HM. forces.*

HMS [eiʃt em 'es] *i* (bir isim, veya ünvandan önce kullanılır) (= **Her/His Majesty's Ship**)—Kral/Kraliçelerinin gemisi; Kraliyet Donanmasına ait bir gemi.

hive [haiv] *i+sy* arı kovanı; arı kümesi.

hoard [hɔːd] *i+sy* biriktirilmiş şey, saklanmış mal (özl. de para ya da yiyecek). Ayrıca *f+n* istif etmek, gizlice saklamak. *In war time, people may hoard scarce items. We hoarded biscuits so we could have a midnight feast.* **hoarder** *i+sy* istifçi.

hoarding ['hɔːdiŋ] *i+sy* **1** bir bina, veya bir arazi parçasını çeviren geçici tahtaperde. **2** ilan tahtası. *On the way in from London Airport I scanned the hoardings for election posters.* **3** istifçilik. *As a result of hoarding, sugar has become scarce with prices* *shooting up.*

hoarse [hɔːs] *s* 1 kaba ve boğuk sesli: *a hoarse cry.* 2 kısık sesli. *I am hoarse because I have a bad cold.*   -

hoax [houks] *f+n* aldatmak, oyun oynamak, işletmek. *The people were hoaxed by his false story. She even hoaxed her family with her clever disguise.* Ayrıca *i+sy* muziplik, oyun. *The report that a bomb had been put in the room was a hoax. We didn't really mean it—it was only a hoax.*

hob [hob] *i+sy* ocakların üstündeki tencere, vb. koymaya yarayan ızgara.

hobble ['hɔbl] *f-n* aksayarak yürümek, topallamak. *The old man hobbled along, leaning on his stick. The injured man hobbled over to the emergency centre. The lame horse hobbled up.* (eş anl. **limp**).

hobby ['hɔbi] *i+sy* zevk için yapılan uğraşı; hobi. *Gardening is the hobby of many businessmen.*

hobby-horse, **hobbyhorse** ['hɔbihɔːs] *i+sy* 1 çocukların at diye binip oynadığı at başlı değnek. 2 bir kimsenin dönüp dolaşıp geldiği bir konu ya da sabit bir düşünce. *Oh, dear, he's on his hobby-horse.*

hobo ['houbou] *i+sy* (*AmI*'de) işi gücü olmayan 've oradan oraya dolaşıp duran kimse, serseri. *çoğ. biç.* **hobos, hoboes.**

Hobson's choice ['hobsən 'tʃɔis] *s* başka seçenekler var gibi gözükmesine rağmen aslında sadece bir seçeneğin olduğu durum; 'ya bu ya hiç' şeklinde bir seçenek. *I'm afraid it's a case of Hobson's choice. We can either travel in this old car, or we cannot go at all; it's Hobson's choice.*

hockey ['hɔki] *i-sy* 1 (*BrI*'de) çim hokeyi. (*AmI*'de **field hockey**). 2 buz hokeyi. (*BrI*'de **ice hockey**).

hocus-pocus ['houkəs 'poukəs] *i-sy* hile, dümen, üçkağıt. *There's been a bit of hocus-pocus going on here.*

hoe [hou] *i+sy* çapa.

hog [hɔg] *i+sy* 1 (özl. *AmI*'de) iğdiş edilmiş erkek domuz. *They raise hogs for the market.* 2 pisboğazlı pespaye birisi. **hogwash** *i-sy* zırva; saçma sapan söz. *This is all hogwash as far as I'm concerned.*

hoi polloi [hɔipɔlɔi] *içoğ* (**the** ile) ayak takımı.

hoist [hɔist] *f+n* kaldırmak; (özl bir ip

yardımıyla) yukarı çekmek: *hoist a flag/sail. They hoisted the tractor abord the ship. They tried to hoist the huge stones up with a rope, but failed.* Ayrıca *i+sy* ağır cisimleri yukarı çeken, kaldıran bir aygıt; vinç.

hold¹ [hould] *f+n/-n* 1 (elle) tutmak. *They held me so that I could not move. Please hold my bag for me.* 2 (vücudunun bir organı ile) tutmak. *She was holding the baby in both arms. He held the rope in/with his teeth.* 3 alakoymak, tutmak, zaptetmek. *Hold your tongue! We held our breath.* 4 (belli bir durumda ya da biçimde) tutmak. *I held my hands at my side. They held their heads high. They are holding themselves ready. The speech held our attention.* 5 (içine) almak. *How much does this bag hold? geç. zam. ve ort.* **held** [held]. **holding** *i+sy* 1 hisse senedi. *The maximum holding is £5,000. I have holdings in the business.* 2 sahip olunan, veya kiralanan çiftlik arazisi. *He has a small holding near here.* **hold back** 1 bir şeyi söylemek istememek. *He is holding back important information. Don't hold anything back, you must tell me everything.* 2 kendini tutmak, gözyaşlarını, gülmesini tutmak, zaptetmek. *They just couldn't hold back their laughter. She was very upset, but held back her tears for as long as she could.* 3 bir kimse, veya bir şeyi kontrol altında tutmak, yayılmasını ya da ilerlemesini önlemek. *Rows of police held back the crowds.* **hold down** 1 bir kimseyi yerinde tutmak, zaptetmek. *It took three men to hold him down.* 2 fiyatları, ücretleri kontrol altında tutup artmasını, yükselmesini önlemek: *hold down wages/inflation.* **hold on** (özl. telefonda) (biraz) durmak, beklemek. *Hold on a minute and I'll get it for you. (k. dil.).* **hold on to 1** (sıkı sıkı) elinde tutmak. *He held on to the rope.* 2 elinden çıkarmamak, başkasına vermemek. *You should hold on to your lovely house.* **hold out 1** teslim olmamak, dayanmak. *The troops held out for a week.* 2 yetmek, ihtiyacı karşılamak. *The water won't hold out much longer.* 3 vaat etmek, vermek. *I can*

hold out no hope for you. **hold up 1**
gecikmek; geciktirmek. *The storm
held us up.The traffic was held up for
two hours because of an accident that
blocked the road.* **2** yolunu kesip
soymak. *The thieves held up the van
and took everything in it. A masked
robber with a gun held up the bank
and escaped with two hundred
thousand pounds.* **3** (elini, veya
elindeki bir şeyi) yukarı kaldırmak.
Hold up your exercise books! **4**
(örnek olarak) göstermek. *What do
you hold up to the children as being
desirable goals.* **hold-up** *i+sy* **1**
gecikmeye neden olan bir şey. *He may
be delayed by some triffling hold-up
in the department.* **2** şiddet kullanarak
yapılan soygun. *Seven people were
wounded towards the end of July in
different hold-ups.* **3** trafik sıkışıklığı.
*I nearly missed my flight owing to a
traffic hold-up.* **hold with** (bir şeyi)
doğru bulmak, onaylamak, kabul
etmek. *I don't hold with gambling.*
(eş anl. **approve**) *(k. dil.).*

hold² [hould] *i-sy* tutma, yakalama:
*catch/lay/seize take hold of
somebody/something.* *(karş.* **let go/
lose (one's) hold).** **2** tutunacak yer.
*There were no holds for the hands on
the wall. He found a foothold.*
(= (tırmanırken) Ayak basacak bir yer
buldu).

hold³ [hould] *i+sy* (uçak veya gemide)
kargo ya da bavulların konulduğu
bölüm; gemi ambarı.

hole [houl] *i+sy* **1** delik, çukur. *There
is a hole in the roof, which lets in the
rain. They dug a big hole in the
ground. Golf courses have either nine
or eighteen holes.* Ayrıca *f+n* **1** delik
açmak. **2** (golfta) topu deliğe sokmak.
*He holed the ball from a distance of
twenty feet.*

holiday [hɔlidei] *i+sy* **1** tatil, tatil
günü. *The headmaster has made
Friday a holiday. Was it a holiday on
8th July?* **2** (genl. çoğ. biç.) bayram,
bayram tatili; yıllık, senelik tatil. *The
school is closed for Christmas
/summer holidays. They went on
holiday last week. When are you
taking your holiday? John is off on
holiday tomorrow. He is away on
holiday for three weeks.* **holiday-
maker** *i+sy* turist; tatile çıkmış kimse:

crowded with holidaymakers.

holiness [houlinis] *i-sy* kutsal olma
niteliği; kutsallık. **Your Holiness, His
holiness** Papa veya diğer bazı dinî
liderlere hitap ederken ya da onlardan
sözederken kullanılan saygı sözü.

hollow¹ [hɔlou] *s/z* **1** içi boş, oyuk.
Pipes are hollow. **2** (ses hk.) boğuk,
yankı yapan. *He has a hollow voice.*
3 yalan, boş, samimi olmayan. *These
are hollow words. It was a hollow
victory.* Ayrıca *z* kolayca, hiç
zorlanmadan. *They beat us hollow.*
(k. dil.).

hollow² [hɔlou] *i+sy* **1** delik. *He
discovered a hollow in the tree's
trunk.* **2** çukur. *The cottage is in the
hollow.* Ayrıca *s* çökük, çukura
kaçmış: *hollow eyes/cheeks.* Ayrıca
f+n çukur açmak. **hollow something
out** bir şeyi oymak; içini oyarak
yapmak. *He hollowed out a small dip
in the ground. The man hollowed out
a tree-trunk in order to make a canoe.*

holly [hɔli] *i-sy* çobanpüskülü; koyu
parlak yeşil renkte dikenli yaprakları
ve kırmızı ya da sarı renkte de ufak
meyvası olan yaz kış yapraklarını
dökmeyen bodur bir ağaç; Noel'de
evleri süslemekte kullanılır: *a holly
hedge.*

holocaust [hɔləkɔːst] *i+sy/-sy* (genl.
bir harp sırasında, veya yangında
meydana gelen) büyük boyutlardaki
can ve mal kaybı. *Incendiary bombs
led to a holocaust in the slum quarter.*

holster [houlstə*] *i+sy* tabanca kılıfı.

holy [houli] *s* **1** kutsal; Tanrı veya bir
din hk.: *the Holy Koran; the Holy
Bible.* **2** mübarek, mukaddes; *a holy
man; a holy life.* *(karş.* **unholy**).
holiness *i-sy.* **Holy Father** Papa. **Holy
Ghost/Spirit** Kutsal Ruh, (yani Tanrı).

homage [hɔmidʒ] *i+sy* (yetki sahibi,
veya ünlü, özl. ölmüş bir kimseye
gösterilen) hürmet, saygı. *We all paid
homage to the great man. He
accepted the homage of his people
with a gracious smile.*

home [houm] **1** *i+sy/-sy* ev. *He has a
pleasant home near the river. In our
home, Sunday dinner in the middle of
the day has always been the custom.*
2 yuva, aile, ev. *Loving parents tend
to provide secure homes for children.
The young soldier kept dreaming of
home.* **3** vatan, memleket; insanın

doğup büyüdüğü yer. *Although I have lived in London for five years, my home is in Manchester.* **4** hayvanların yaşadıkları doğal yer: *the wolf's home in the rock; the whales home in the depths of the sea. The home of the lion is Africa.* **5** *i+sy* bakımevi, yurt: *a home for the aged; a children's home; a nursing home.* Ayrıca *s* yerli malı, evde yapılmış, eve ait: *home cooking; home trade.* Ayrıca *z* eve, memlekete; evde. *They went home. He's home.* **homeless** *s* evsiz barksız: *homeless families.* **homecoming** *i+sy/-sy* eve, veya yurda dönüş. **home-grown** *s* kendi bahçesinde, bölgesinde, veya yurdunda yetişen. **homeland** *i+sy* anayurt, memleket. **home-made** *s* evde yapılmış. *They had home-made biscuits for tea.* **Make yourself at home** Rahatınıza bakın. Kendi evinizdeymiş gibi hareket edin. **bring something home to someone** bir şeyi bir kimseye iyice anlatmak, gözünü açmak. *My cousin's death from cancer brought home to me the dangers of being a heavy smoker.* **be at home with/in a subject** bir konuyu iyice bilmek. *He is quite at home with problems like this.* **bring something closer to home** bir şeyin ne olduğunu yakından görüp anlamak. **nothing to write home about** sıradan, ilginç olmayan, söz etmeye değmez. *I don't see why she is so attracted to him: he's really nothing to write home about.* **a home from home** (insanın) kendi evi ve sayılabileceği bir yer; kendi evi gibi bir yer. **homesick** *s* evini, veya vatanını özleyen. *Children are often homesick when they go to boarding school.* **homestead** çiftlik müştemilatı. **home town** memleket; insanın doğduğu ve/veya büyüdüğü yer. **home truth** *i+sy* (genl. çoğ. biç.) bir insanın, genl. bir başkasından kendi hk. öğrendiği hoş olmayan gerçekler. *I'm going to tell Bill a few home truths about his rude behaviour.* **homework** ev ödevi. *My homework consists of history and English. I am doing my homework. I have got some/a lot of/homework to do.* **at home 1** evde. *I keep my tools at home.* **2** (bir takım hk.) kendi sahasında, içerde, deplasmanda değil. *Our football team plays at home next*

Saturday. (2. anlam için *karş.* **away**).

homely ['houmli] *s* basit, sade, gösterişsiz: *homely speech; homely food.* NOT: (*AmI'*de) insanlar için kullanılır ve 'çirkin' demektir: *a homely wife. Paul is a homely boy.*

homicide ['hɔmisaid] *i-sy* adam öldürme, cinayet. *The man has been found guilty of homicide. All the members of the gang were charged with homicide when the guard was killed during robbery.*

homogeneous [hɔmə'dʒi:niəs] *s* homojen; türdeş, aynı türden *The people of this country are homogeneous.*

homograph ['hɔməgraf] *i+sy* homograf, eşyazılış; yazılış biçimleri aynı, anlam ve okunuşları ayrı olan sözcükler, (örn. '*wind*' (=**a breeze**) and '*wind*' (=**to coil**).

homonym ['hɔmənim] *i+sy* homonim, eşses; söylenişleri aynı, anlam ve kökleri ayrı olan sözcükler, (örn. '*bear*' (=**the animal**) and '*bear*' (=**to carry**).

homosexual ['hɔmou'seksjuəl] *s* homoseksüel, eşcinsel; cinsel isteklerini kendi cinsinden olan kimseler üzerinde gidermek huyunda olan. Ayrıca *i+sy* homoseksüel, eşcinsel kimse (genl. bir erkek). *He is (a) homosexual.* NOT: bütün genç erkek eşcinseller kendilerine *gay* denmesini ister. Yaşlanmakta olanlar ise *queen* denmesini ister. Eşcinsel kadına *lesbian* (=sevici) denir. Ayrıca **boyfriend, girlfriend, gay**'e bkz.

honest ['ɔnist] *s* dürüst, namuslu. *He is honest in all he does. They gave me an honest answer; an honest face.* (*karş.* **dishonest**). **honestly** *z* **1** dürüstlükle, namusu ile. *He got the money honestly.* **2** doğrusunu isterseniz, gerçekten, sahiden. *Honestly, I don't know.* (eş anl. **really**). **honesty** *i-sy* dürüstlük.

honey ['hʌni] *i-sy* **1** bal. **2** (özl. *AmI'*de) (sevgi ve muhabbet duyulan bir kimseye seslenirken) sevgilim, güzelim, tatlım. *Hi there, honey.* (*BrI'*de **darling**). **honeybee** *i+sy* balarısı. **honeycomb** *i+sy/-sy* bal peteği. **honeyed** *s* tatlı ve yumuşak. *She was soothed by his* *honeyed words.*

honeymoon ['hʌnimu:n] *i+sy* balayı.
*They went to the mountains for their
honeymoon.* Ayrıca *f+n* balayı
yapmak. *şim. zam. ort.* **honey-
mooning.** *geç. zam.* ve *ort.*
honeymooned.

honeysuckle ['hʌnisʌkəl] *i-sy* hanımeli;
ilkbaharda güzel kokulu çiçekler
açan, çoğu tırmanıcı olan bir süs
bitkisi.

honeysuckle

honk [hɔŋk] *i+sy* **1** kaz sesi, veya
korna sesi. Ayrıca *f-n* **1** (kaz) ötmek.
*The geese were making a frightful
honking sound.* **2** korna çalmak. *He
honked his horn.* (*eş anl.* **hoot**).

honorary ['ɔnərəri] *s* **1** fahri; şeref,
onur için, parasız, ücretsiz görülen ya
da yapılan: *the honorary secretary of
our club* (genl. **hon. secretary** şeklinde
yazılır). **2** onursal, fahri olarak
verilen: *an honorary degree of the
university; honorary membership of
the students society.*

honour¹ ['ɔnə•] (*AmI'*de **honor**) **1** *i-sy*
büyük saygı, şeref, onur. *There will be
a special meeting in honour of the
President.* **2** *i-sy* şeref, onur, haysiyet,
izzetinefis. *He is a man of honour.
They fight for the honour of their
country. I promise on my honour that
it will be done.* **3** *i-sy* övünç, şeref
kaynağı. *You are an honour to your
school.* **4** *i+sy* (genl. bir yargıca hitap
edilirken bir saygı ifadesi) saygı değer
yargıcım; sayın yargıcım. *His Honour
the judge; I am not guilty, Your
Honour.* **5** *i+sy* (genl. çoğ. biç.)
(askeri) tören. *The general was buried
with military honours.* **6** içoğ
üniversite şeref payesi. *He took
honours at this university.* **word of
honour** şeref sözü. *He gave me his*
word of honour that he'll do it.

honour² ['ɔnə•] (*AmI'*de **honor**) *f+n*
1 saygı göstermek, hürmet etmek;
şeref vermek. *Children should honour
their father and mother. The king
honoured him with a knighthood. I
am honoured to be asked to speak.* **2**
bir faturayı/çeki kabul edip ödemek.
*He has not enough money to honour
his cheques.* (*karş.* **dishonour**).

honourable ['ɔnərəbl] (*AmI'*de
honorable) *s* şerefli; saygıdeğer. *He
has done honourable work. We must
have an honourable peace.* (*karş.*
dishonourable). **honourable mention**
i+sy teselli ödülü, mansiyon.

hood [hud] *i+sy* **1** kapşon, başlık,
kukuleta: *the parka hood.* **2** örtü;
baca örtüsü. **3** (otomobillerde) kaput;
motor kapağı. (*BrI'*de **bonnet**).

hoodlum ['hu:dləm] *i+sy* serseri,
külhanbeyi.

hoodwink ['hudwiŋk] *f+n* aldatmak,
kandırmak. *He tried to hoodwink the
police by laying false trails.* (*eş anl.*
fool).

hoof [hu:f] *i+sy* (at, inek, koyun, vb.
hayvanlarda) toynak; toynaklı ayak.
çoğ. biç. **hooves** [hu:vz].

hook¹ [huk] *i+sy* kanca, çengel, olta
iğnesi: *a fish hook; a boat hook.* **let
someone off the hook, get someone
off the hook** bir kimseyi güç, veya
tehlikeli bir durumdan kurtarmak. **by
hook or by crook** ne yapıp yapıp, ne
yapıp edip. *He owes me some money,
and I intend to get it back by hook
or by crook.* **hook, line and sinker**
tamamiyle. *They were cheated hook,
line and sinker.* (*k. dil.*).

hook² [huk] *f+n/-n* **1** iliklemek;
iliklenmek. *This dress hooks down
the side.* **2** çengele asmak. *He hooked
up his coat.* **3** oltayla yakalamak. *I
have hooked a fish.* **4** çengel gibi
bükmek, kıvırmak. *He hooked his
fingers over the branch.* **hooked** *s* **1**
çengel gibi; kancaları olan. *Its huge
hooked claws are extremely
dangerous.* **2** (bir şeye) alışmış,
düşkün, müptela: *hooked on drugs.*
hooker *i+sy* orospu. *Can you
recognize a hooker by just looking at
her?* **hook-nosed** *s* kanca burunlu,
gaga burunlu.

hooligan ['hu:ligən] *i+sy* (genl. grup
halinde kendine benzer arkadaşları ile

dolaşan, yaşı genç, gürültü patırtı edip etrafı rahatsız eden ve mala mülke zarar verip tahrip eden) sokak serserisi, hergele. *I dreamed I was being beaten by a black-shirted hooligan.*

hoop [hu:p] *i+sy* çember, kasnak. *Wooden barrels are fitted with iron hoops.* **hoop-la, hoop-las** *i+sy/-sy* (panayır, vb. yerlerde) çember atma oyunu. *I won the ball at hoop-la.*

hoot [hu:t] *i+sy* 1 baykuş ötüşü. *He heard the hoot of an owl.* 2 yuhalama; "yuuh" sesi. 3 korna sesi; fabrika düdüğü sesi. **don't give a hoot/don't care two hoots** hiç umurunda olmamak, vız gelip tırıs gitmek. *I don't care two hoots whether she loves me or not.* Ayrıca *f+n/-n* (baykuş) ötmek; yuhalamak; korna çalmak. *I heard an owl hooting. He hooted with laughter. At the corner I hooted my horn.* **hoot down** yuhalayarak susturmak. (*eş anl.* **boo**). **hoot off** yuhalayarak sahneden dışarı kovmak. (*eş anl.* **boo**). **hooter** *i+sy* fabrika düdüğü, veya siren.

Hoover ['hu:və] *i+sy* bir elektrik süpürgesi. **hoover** *f+n* elektrik süpürgesi ile süpürmek.

hooves [hu:vz] **hoof**'un çoğul biçimi.

hop¹ [hɔp] *i+sy* şerbetçiotu; sapı sarılgan, bira yapımında çeşni vermek için kulanılan bir bitki.

hop² [hɔp] *f+n/-n* (insanlar hk.) tek ayak üzerinde zıplamak, sekmek; (kuşlar ve diğer hayvanlar hk.) iki, veya dört ayağı üzerinde zıplamak, sekmek. *The small boy hopped over into the garden. The bird hopped up on to the windowsill, looking for crumbs.*

hop³ [hɔp] *i+sy* 1 zıplama, sekme. 2 (uzun bir yolculuğun bir parçası olarak, genl. uçakla yapılan) kısa yolculuk. *The fifty-minute Glasgow hop was so violent that even the stewardesses had been sick.* **catch someone on the hop** birisini gafil avlamak. *The boss caught us on the hop.* (*eş anl.* **catch napping**).

hope¹ [houp] *f+n/-n* ümit etmek, ummak; (I/we ile) inşallah. *I hope (that) you will come. We hope to see you again. Will he come? I hope so. Will they be angry? I hope not. They hoped for victory.*

hope² [houp] *i+sy/-sy* ümit. *We have some hope of success. There is little hope that he will come. I have great hopes of victory.* **hopeful** *s* ümitli, ümit verici. *They continue to be hopeful. This is hopeful news. He is one of our most hopeful scientists.* **hopefully** *z* ümitle; inşallah (=*I hope so*). **hopeless** *s* ümitsiz. *The situation is hopeless. You are completely hopeless* (=Senden ne han olur ne hamam). **with the hope of** ...ümidi ile. *I didn't do it with the hope of getting something.*

horde [hɔ:d] *i+sy* (genl. kontroldan çıkmış) sürü, veya kalabalık. *Hordes of people tried to get into the hall.*

horizon [hə'raizn] *i+sy* ufuk; gökle yerin uzakta birleşir gibi göründüğü yer. *We saw a ship far away on the horizon.* (*eş anl.* **skyline**).

horizontal [hɔri'zɔntl] *s* yatay, ufki. *The horizontal lines on the paper are an inch apart. When you are laying paving bricks, use a horizontal piece of string as a guide.* (*karş.* **vertical**).

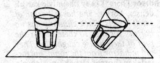

horizontal

hormone ['hɔ:moun] *i+sy* hormon; iç salgı bezlerinin saldığı ve doğrudan doğruya kana verdikleri kimyasal etkili maddelerin genel adı. **hormonal** *s* hormonlarla ilgili.

horn [hɔ:n] 1 *i+sy* geyik, koyun, keçi, vb. hayvanların başları üzerindeki kemiksi uzantı; boynuz. *A bull has two horns.* 2 *i-sy* boynuz maddesi. *The dagger has a handle of horn.* 3 *i+sy* boru; nefesle çalınan (şimdilerde boynuzdan yapılmayıp metalden yapılan) bir çalgı: *a hunting horn.* 4 *i+sy* klakson, korna, düdük: *a motor horn; a foghorn.* **on the horns of a dilemma** ya arada bir derede; iki ucu boklu değnek. *John is on the horns of a dilemma; he has received invitations to two parties for the same evening, and he cannot decide which* *to áttend.* **take the bull by the horns** korku ve heyecanı bir kenara bırakıp tehlikeli, güç bir şeye karşı işe girişmek. *My boss has ignored my hints about increasing my pay, so I'm just going to take the bull by the horns and ask him directly.*

hornet ['hɔːnit] *i+sy* eşek arısı. **a hornet's nest** çok pis ve güç bir durum. **stir up a hornet's nest** başına bela açmak, belayı satın almak. *The speech you made at the meeting last week seems to have stirred up a real hornet's nest: there are a lot of angry letters in the newspapers today.*

horoscope ['hɔrəskoup] *i+sy* yıldız falı.

horrible ['hɔribl] *s* **1** dehşet verici, korkunç: *horrible injuries.* **2** berbat iğrenç. *The food is horrible. Don't you dare touch my bag, you horrible man!*

horrid ['hɔrid] *s* kötü, korkunç; iğrenç, pis. *Why are you so horrid to him?*

horrify ['hɔrifai] *f+n* korkutmak, dehşete düşürmek. *Hearing about that murder on the news horrified me.*

horror ['hɔrə*] *i+sy* tiksintiyle karışık dehşet, korku. *She has a horror of small insects. Rock climbing has no horrors for me. To their horror the roof of their house caught fire. They ran in horror from the room.* **horror-stricken/horror-struck** *s* dehşete kapılmış, korkudan donakalmış.

hors de combat [ɔːdəˈkɔmba:] *s* (yaralandığı veya sakatlandığı için) (bir muharebe, veya müsabakada) saf dışı kalmış.

hors d'oeuvre [ɔːˈdəːvr] *i+sy* ordövr; asıl yemekten önce ve yenilen az miktarda çeşitli yiyecekler. *I've never had an hors d'oeuvre that I liked.* çoğ. biç. **hors d'oeuvres.**

horse [hɔːs] *i+sy* **1** at. *She went to the ruins on a horse. Do you ever ride a horse? John and I went to the beach on horses.* **2** eroin. (*k. dil.*). **3** (jimnastikte) atlama beygiri. **horsy**, **horsey** *s* **1** at gibi, örn. bir kadın. **2** atlara, ata binmeye, at yarışlarına pek düşkün. **ride on horseback** atla gitmek. *Do you ever ride on horseback?* **flog a dead horse** için **flog**'a bkz. **horse chestnut** *i+sy* **1** at kestanesi ağacı. **2** at kestanési. **horseman** *i+sy* binici, süvari, atlı.

horsepower beygir gücü; 75 kg. ağırlığındaki bir cismi bir saniye içinde bir metre yüksekliğe çıkaran bir motorun gücü. **horse-race** at yarışı. **horseshoe** atnalı.

horticulture ['hɔːtikʌltʃə*] *i-sy* meyva, sebze ve çiçek yetiştirme bilimi; bahçeçilik, çiçekcilik.

hose [houz] *i+sy* hortum. **hosepipe** hortum boru: *a short length of hosepipe.*

hospitable [hɔsˈpitəbl] *s* konuksever, misafirperver. *Our hospitable neighbours invited us to dinner the day we moved to our new house.* (*karş.* **inhospitable**).

hospital ['hɔspitl] *i+sy* hastane. *John's very ill he has been sent to hospital. He's been in hospital for ten days.* NOT: *Hospital* sözcüğü *the* almadan kullanıldığında genl. tedavi amacı ile orada bulunulduğunu belirtir. Örn. *He is in hospital. the* ile kullanılması halinde orada ziyaret, vb. amacı ile bulunulduğunu gösterir. Şu iki cümleyi karşılaştırın: *The driver left hospital* (=Şoför hastaneden çıktı; çünkü iyileşip sağlığına kavuştu). *The driver left the hospital* (=Şoför hastaneden çıktı; çünkü müşterisini bıraktı, veya birisini ziyaret etti, vb.). **private hospital** özel hastane.

hospitality [hɔspiˈtæliti] *i-sy* konukseverlik, misafirperverlik *I thanked him for his hospitality.* **hospitable**'a bkz.

hospitalize [hɔsˈpitəlaiz] *f+n* hastaneye kaldırmak, veya yatırmak. *I was so ill that I had to be hospitalized.*

host¹ [houst] *i+sy* kalabalık, çokluk. *We met hosts of students.*

host² [houst] *i+sy* ev sahibi. *Last night we were hosts to a few friends.*

host³ [houst] *i+sy* Aşai Rabbani ayininde kutsanmış ekmek.

hostage ['hɔstidʒ] *i+sy* rehine; bir anlaşma, sözleşme, veya isteğin yerine getirilmesini sağlamak için teminat olarak ele geçirilen kimse. *The enemy took hostages from the village after they captured it. He had been taken hostage by terrorists. They are being held hostage until our demands are met* (=İsteklerimiz kabul edilinceye kadar onlar rehine olarak tutulacaklardır).

hostel ['hɔstl] *i+sy* öğrenci yurdu.
hostess ['houstes] *i+sy* **1** ev sahibesi.
2 konsomatris; gazino, bar, vb. yerlerde, müşteri ile birlikte yiyip içerek çalıştığı yere para kazandıran kadın. **3** (uçakta) hostes. **4** lokantalarda müşteriyi masaya alan ve garsonları denetleyen hanım.
hostile ['hɔstail] *s* düşmanca; saldırgan. *Bombing the town was a hostile act. The crowd outside is hostile. The people are hostile to any change.* **hostility** [hɔs'tiliti] **1** *i-sy* düşmanlık, kin, husumet. *She met his attempts to be friendly with hostilitiy.* **2** *i+sy* (çoğ. biç.) savaş, savaş durumu. *Hostilities ended when the treaty was signed.*
hot [hɔt] *s* **1** sıcak. *The climate of that country is hot. Hot water is better than cold water for washing clothes. I feel hot. The children played in the hot/strong/bright sun.* (karş. **cold**). **2** acı, yakıcı. *Pepper is hot.* **3** sert, hiddetli, şiddetli, çabuk, kızan. *He has a hot temper. The argument became hot.* krş. biç. **hotter**. enüst. biç. **hottest**. **hotly** *z* kızgın kızgın, münakaşa ede ede. *They argued hotly.* **hot-blooded** *s* sabrı hemen taşan; hiddetli, öfkeli. **hot-bloodedly** *z.* **hot dog** uzun sandviç ekmeği içine konulan sıcak sosis, sosisli sandviç. **red-hot** el değmeyecek kadar sıcak.
hotel [hou'tel] *i+sy* otel.
NOT: *a hotel,* veya *an hotel,* ikisi de doğrudur.
hound [haund] *i+sy* av köpeği. *They brought out hounds to track down the escaped convict.* Ayrıca *f+n* peşini bırakmamak. *They hounded him out of the country.*
hour ['auə*] *i+sy* saat; altmış dakika. *The journey took three hours. The meeting lasted hours. I'll see you in an hour's time. It is an hour from here to Manchester. It takes an hour to get there.* **at all hours/at all hours of the day and night** her zaman, günün her saatinde, gece veya gündüz her an. *The café serves meals at all hours. They seem to enjoy being called at all hours of the day or night.* **strike the hour** saat başında vurmak, çalmak. *I heard the clock strike the hour.* **on the hour** saat başında, örn. tam 5'te, 6'da vb. *He arrived on the*

hour. visiting hours ziyaret saatleri. **office hours** büroda çalışma saatleri. *Please do not telephone during office hours.* **hourly** *z* **1** saatte bir, veya her saat başı. *The clock strikes hourly.* **2** her an. *His arrival is expected hourly.* Ayrıca *s* her saat başı olan: *an hourly train to London.* **hourhand** akrep. **by the hour** saat hesabıyla. *I am paid by the hour.* **per hour** saatte: *ninety kilometres per hour.*
house¹ [haus] *i+sy* **1** ev. *Our house has three bedrooms; a storehouse* (=depo); *a* warehouse (=depo, antrepo). **2** belli bir amaç için insanların toplandığı yer: *a picture house* (=sinema); *a gambling house* (=kumarhane); *a roadhouse* (*Brİ*'de) (=şehirlerarası bir yol üstündeki lokanta, veya kafeterya); *the House of Commons* (=Avam Kamarası); (*Amİ*'de **the House of Representatives** (=Millet Meclisi)). çoğ. biç. **houses** ['hauziz]. **houseful** *i-sy* ev dolusu: *a housefull of guests.* **houseboat** yüzen ev. **housebreaker** *i+sy* ev hırsızı. **housebreaking** *i-sy* ev soyma. **household** *i-sy* ev halkı. Ayrıca *s.* **householder** (kiracı olarak da olabilir) ev sahibi. **housekeeper** *i+sy* evin kâhya kadını. **housekeeping** *i-sy* **1** ev idaresi. *Good housekeeping saves money.* **2** evin idaresi için ayrılan para. **house-proud** *s* evi ile gurur duyan. **house-trained** *s* (örn. bir köpek, veya kedi) ev için eğitilmiş; dışkısını evde yapmaması öğretilmiş. **house warming (party)** yeni eve taşınanların dostlarına verdiği parti. **housewife** ev hanımı, ev kadını. **housework** ev işi. *Her housework consists of cleaning and cooking. She has a lot of housework.*
house² [hauz] *f+n* **1** eve yerleştirmek, barındırmak. *They housed the visitors in the next village.* **2** (birisin)e yaşanacak yer sağlamak. *Too many married couples are waiting to be housed.* **housing** *i-sy* konut sağlama, iskân. *The government has a serious housing problem.* Ayrıca *s.* **housing estate** toplu konut bölgesi.
hovel ['hɔvl] *i+sy* mezbele; ahır gibi, ufak pis bir ev. *They lived in hovels on their lord's estate.*
hover ['hɔvə*] *f-n* **1** havada süzülerek

belli bir yerde kalmak. *The bird hovered over its nest.* 2 yanında durmak, beklemek. *The children hovered at the door.* **hovercraft** hava yastıklı hem suda hem de karada işleyebilen bir tür tekne.

how [hau] *z* 1 nasıl. *How did you do it?* 2 ne kadar. *How big is it?* 3 'how+ sıfat+zarf' yapısında—*How pretty this is!* (=Bu ne kadar güzel!) *How pretty!* (=Ne (kadar) güzel!) *How quickly the years pass!* (=Yıllar ne de çabuk geçiyor!) 4 'how about +... -ing' yapısında— ...-sek nasıl olur, ... -meğe ne dersin? *How about a cup of tea? How about having lunch together?* 5 **how come...?** Niçin...?/Neden...? Nasıl oldu (da)...? *How come he did that?* (=Nasıl oldu da böyle bir iş yaptı?) 6 **How else...?** Başka nasıl...? *How else can I explain it?* 7 **How far...?** Arası ne kadar...? ...ne kadar (yol)...? ...ne kadar uzak? *How far is it to Glasgow? I don't know how far it is. How far is it from here to Glasgow?* (=Buradan Glasgow'a ne kadar var?) *How far do we have to go?* 8 **How long...?** ...ne kadar zaman...? *How long has John lived here?* (=John burada ne kadar zamandan beri oturuyor?) 9 **How many...?** ...kaç (tane)...? *How many are there?* 10 **How much...?** ...ne kadar...? *How much sugar do you want?* 11 **How much is/are...?** ...kaça, ne kadar (fiyatı ne)?.*How much is this book? How much are eggs?* 12 **How near...to...?** ...-e ne kadar yakın? *How near are we to Glasgow?* 13 **How often...?** ...ne kadar zamanda bir (ne kadar sık)...? *How often do you go to Glasgow?* 14 **How old...?** ...kaç yaşında? *How old are you?* 15 **how to...** ...-mesini, nasıl (yapıl)dığını. *I don't know how to drive. Will you explain how to fix it?* Ayrıca *bağ: Tell me how you are.* **howdy** [haudi] (*AmI*'de) merhaba. (*eş anl.* **hello**). **however** bununla beraber. Ayrıca *bağ* (her) ne şekilde... -se (de) (öyle), nasıl ...-se (öyle). *However hard I try, I can't seem to make them fit.* **howl** [haul] *f+n/-n* 1 (köpek, kurt, vb. hk.) inlemek, ulumak. *I could hear the wolves howling in the forest.* 2 feryat etmek, acı acı ağlamak. *The boy howled when he was hit.* 3

kahkaha ile gülmek. *We howled with laughter.* 4 (rüzgâr, fırtına hk.) ulumak, uluyarak esmek. *The wind was howling through the smashed windowpanes.* 5 yüksek sesle söylemek, bağırarak söylemek. *'Be silent!' the judge howled.* **howl away** uluyup durmak. *The wolves have been howling away on the edge of the forest for hours.* **howl down** yuhalayarak kürsüden indirmek, veya sözünü kesmek. *The students howled down the speaker, because they did not like his opinions.* Ayrıca *i-sy* uluma; feryat. Ayrıca *s* çok büyük, muazzam bir başarı, veya hata. **howler** *i+sy* (özl. bir öğrencinin yaptığı cinsten) gülünç ve aptalca bir hata. (*k. dil.*).

hp [eitʃ'piː] (=**horse power**)—beygir gücü: *a 200 hp car.*

HQ [eitʃ'kyuː] (=**headquarters**)— karargâh; merkez büro.

hub [hʌb] *i+sy* 1 tekerlek göbeği. 2 faaliyet merkezi. *This office is the hub of the whole company.*

hubbub ['hʌbʌb] *i-sy* gürültü, şamata. *I could not hear myself speak above the hubbub.*

huddle ['hʌdl] *f+n/-n* biraraya toplamak, toplanmak; sıkışmak, sıkıştırmak. *We all huddled round the fire. They huddled the poor children into a corner.* Ayrıca *+sy* karmakarışık yığın, insan kalabalığı.

hue[1] [hjuː] *i+sy* renk tonu, veya renk: *the hues of the woods in autumn.*

hue[2] [hjuː] *i-sy* sadece **hue and cry** sözünde—(bir hırsız, veya suçlu kovalanırken, veya herhangi bir adaletsizliğe karşı yapılan) çığrışma; hay huy. *In the hue and cry after the robbery was discovered, the thief was able to escape.*

huff [hʌf] *i-sy* dargınlık, küskünlük, öfke, kızgınlık. *He walked away in a huff* (=Öfke ile). (*k. dil.*).

hug [hʌg] *f+n* 1 kucaklamak, sarılmak. *She hugged her sister when she met her.* (*eş anl.* **embrace**). 2 kıyıdan gitmek, kıyı kıyı gitmek, (bir şeyin) yakınından gitmek. *The boat is hugging the coast. We hugged the wall to avoid being seen.* Ayrıca *i+sy* kucaklama. *Give me a hug. şim. zam. ort.* **hugging.** *geç. zam. ort.* **hugged.**

huge [hjuːdʒ] *s* dev gibi, kocaman: *a*

huge basketball player. They inflated a huge balloon for the carnival procession. (eş anl. **gigantic).**

hulk [hʌlk] *i+sy* 1 hurda gemi. *(eş anl.* **wreck).** 2 iri ve hantal kimse. **hulking** *s* ağır ve hantal.

hull [hʌl] *i+sy* geminin tekne kısmı.

hullo [hə'lou] *i+sy/ünlem* **hello'ya** bkz.

hum [hʌm] *f+n/-n* 1 mırıldanmak; mırıldamak. *He hummed the tune to me.* 2 (böcekler hk.) vızıldamak, vınlamak. *I hear the insects humming.* 3 uğuldamak. *Cars hummed in the road.* 4 harıl harıl çalışmak. *The office is humming with activity.* Ayrıca *i+sy* mırıltı, vızıltı, uğultu. *There was a hum of approval.*

human ['hju:mən] *s* insana ait, insanca. *There is no human life on Mars. To starve a child is not human.* **humanity** [hju'mæniti] *i-sy* 1 insanlık, insanlar: *a crime against humanity.* 2 insanca, insana yakışır. *They treated the prisoner with humanity.* **humanities** *içoğ* beşeri ilimler, örn. tarih, edebiyat, felsefe, vb. *She has a background in humanities and modern languages.* **humane** [hju'mein] *s* insancıl, sevecen: *the humane treatment of prisoners.* (karş. **inhumane). humanoid** ['hju:mənɔid] *s* insan gibi, insana benzer. Ayrıca *i+sy* insana benzer, ve insan gibi davranan robot. **human being** *i+sy* insan.

humble ['hʌmbl] *s* 1 alçak gönüllü, mütevazı. *Why were you so humble in the manager's office?* 2 önemsiz, basit; yoksul. *He is of humble birth. They live in a humble street.* **eat humble pie** yanıldığını itiraf etmek. *Oh, well, I'll have to eat humble pie, I'll have to go and see him.*

humdrum ['hʌmdrʌm] *s* yavan, tek düze. *Life in a small village can be very humdrum.*

humid ['hju:mid] *s* rutubetli, nemli. *The air is so humid that your breath turns to mist in front of you.* **humidity** [hju:'miditi] *i-sy* rutubet, nem. *The air was heavy with humidity, and not a breath of wind.* **humiliate** [hju:'milieit] *f+n* küçük düşürmek, alçaltmak. *They humiliated us by laughing at everything we said.* **humiliating** *s*

küçük düşürücü. **humiliation** [hju:mili'eifən] *i+sy/-sy* kibrini kırma, rezil etme. **humility** [hju:'militi] *i-sy* alçak gönüllülük, tevazu.

humour ['hju:mə*] *(AmI'de* **humor**) *i-sy* 1 mizah, eğlendirebilme yeteneği, nükte. *They have a good/keen/no sense of humour. His reports are famous for their humour.* 2 keyif, neşe; ruh hali. *He was in a good/bad humour.* Ayrıca *f+n* (bir kimsenin) suyuna gitmek, kaprislerine boyun eğmek. *They humoured him by agreeing they were wrong.* **humorous** *s* gülünç, komik: *humorous book.* **humorist** *i+sy* mizahçı.

hump [hʌmp] *i+sy* 1 kambur. *(eş anl.* **hunchback).** 2 hörgüç. *Camels have humps.* **humpbacked** *s* hörgüçlü: *humpbacked animals.*

hunch [hʌntʃ] *i+sy* 1 kambur. 2 önsezi. *The detective had a hunch about the crime.* Ayrıca *f+n* kamburlaştırmak. *He sat hunched up on a chair. He hunched up his shoulders against the cold, driving rain.* **hunchback** kambur, kambur kimse.

hundred ['hʌndrid] yüz; 100. *There are hundreds of flies everywhere. We sold two hundred copies of the book.* **hundredth** yüzüncü.

hundredweight ['hʌndridweit] *i+sy (BrI'de* 112 librelik, *(AmI'de)* 100 librelik bir ağırlık birimi.

hung [hʌŋ] **hang[1]** fiilinin geçmiş zamanı ve ortacı.

hunger ['hʌŋgə*] *i-sy* 1 açlık. *We satisfied our hunger. These children often suffer from hunger.* 2 kuvvetli istek, özlem: *their hunger for news from home.* **hungry** ['hʌŋgri] *s* aç, acıkmış. **hungrily** *z* açlıkla, istekle, arzuyla. *He ate hungrily.*

hunt [hʌnt] *f+n* 1 avlamak. *Lions hunt zebra. I have never hunted big game.* 2 (bir şeyi) aramak. *We hunted everywhere for the money. (eş anl.* **search).** Ayrıca *i+sy* avlama, av; arama. *We helped in the hunt for the money.* **hunter** *i+sy* 1 avcı. 2 avda binilen at. **hunting** *i-sy* avlanma: *a hunting knife. Hunting in these hills is dangerous.* **hunt something down** buluncaya, veya yakalayıncaya kadar peşini bırakmamak. *The men hunted*

down the mad dog until they cornered
and shot it. The police were intent
upon hunting down the escaped
convict. **hunt something out** (genl.
gizlenmiş, saklanmış bir şeyi) arayıp
bulmak. *I hunted out my old notes.
They go into town at this time every
year and hunt out bargains in the
shops.*
hurdle ['hə:dl] *i+sy* **1** üzerinden
atlanan engel, engelli yarış. *He won
the 120 yards hurdle-race/hurdles.* **2**
sorun, veya güçlük. *We soon got over
that particular hurdle.*

hurdle

hurl [hə:l] *f+n* hızla atmak, fırlatmak.
*He hurled himself at the door. He
hurled the book across the room.*
hurrah [hu'ra:], **hurray** [hu'rei] *ünlem*
yaşa, yaşasın. *Hip, hip, hurray!*
hurricane ['hʌrikən] *i+sy* kasırga.
hurry ['hʌri] *f+n/-n* acele etmek;
aceleyle gitmek; acele ettirmek, acele
ile göndermek, sıkıştırmak. *We
hurried to school. Why are you
hurrying them? What made him
hurry away/off? Hurry along, please!
Hurry up! I'm waiting.* Ayrıca *i-sy*
acele, telâş. *What's (the reason for)
your hurry? There's no hurry.* **hurried**
s telâşlı, aceleye gelen, çabucacık
yapılan. *We just had time for a
hurried talk before he left.* **hurriedly**
z çabucak. **in a hurry** acele (ola-
rak/ile).
hurt [hə:t] *f+n/-n* **1** acıtmak, incitmek,
yaralamak; acımak, ağrımak. *He hurt
his arm when he fell. My feet hurt
(me).* **2** acı, ağrı, sızı, kalp kırma,
incitme. *They were very hurt by your
rude remarks. I was hurt at not being
asked.* **It won't hurt/It never
hurts.../...won't hurt** bir şey yapmaz;
ne olacak; öldürmez. *It won't hurt*

them to wait. Just a little drink won't
hurt. geç. zam.ve ort. **hurt**. Ayrıca
i+sy/-sy kalbini kırma. **hurtful** *s*
zararlı, acı veren. *Some of the things
they say are hurtful.*
hurtle ['hə:tl] *f-n* büyük bir hızla
atmak, fırlatmak, uçmak; fırlamak,
atılmak, gitmek. *The spears hurtled
through the air. The train hurtled
along at 120mph.*
husband ['hʌzbənd] *i+sy* koca, eş.
Ayrıca *f+n* idareli kullanmak, idare
etmek. *You must husband your
strength after your illness.* **husbandry**
i-sy çiftcilik, ziraat: *animal
husbandry.*
hush [hʌʃ] *f+n/-n* susmak; susturmak.
*Hush! They hushed the crying
children.* (eş anl. **shush**). **hush up**
örtbas etmek. *The police had hushed
the matter up. They tried to hush up
the scandal, but news soon leaked
out.* Ayrıca *i-sy* sessizlik. **hush money**
sus parası.
husk [hʌsk] *i+sy* hububat ve diğer bazı
tohumların kuru dış kabuğu.
husky[1] ['hʌski] *s* (özl.ses hk.) boğuk,
kısık. *His voice is husky because he
has a cold.*
husky[2] ['hʌski] *i+sy* Eskimo köpeği.
husky[3] ['hʌski] *s* iri yarı güçlü kuvvetli
ve yakışıklı: *a fine, husky fellow.*
hustle ['hʌsl] *f+n/-n* apar topar
gitmek, veya götürmek; iteklemek,
itip kalkmak. *The hustled him into a
car and drove off.* Ayrıca *i-sy* itişip
kakışma; acele telâş.
hut [hʌt] *i+sy* bir veya iki odalı kulübe.
hutch [hʌtʃ] *i+sy* tavşan ve diğer ufak
evcil hayvan kafesi.
hyacinth ['haiəsinθ] *i+sy* sümbül.
hyaena [hai'i:nə] *i+sy* **hyena**'ya *bkz.*
hybrid ['haibrid] *i+sy* melez (hayvan,
veya bitki). *A mule is a hybrid.*
hydrant ['haidrnt] *i+sy* yangın
musluğu.
hydraulic [hai'drɔ:lik] *s* hidrolik; su ya
da başka bir sıvı basıncı ile işleyen
(makine, cendere, vb.): *a hydraulic
press.*
hydroelectric ['haidroui'lektrik] *s*
hidroelektrik; su gücünden elde edilen
(elektrik). *This hydroelectric scheme
uses the waters of the River Nile.*
hydrogen ['haidrədʒən] *i-sy* hidrojen;
oksijenle birleşerek suyu oluşturan,
rengi, kokusu ve tadı olmayan bir gaz.

Simgesi H.

hydroplane ['haidrəplein] *i+sy* büyük bir hıza sahip su teknesi.

hyena, hyaena [hai'i:nə] *i+sy* sırtlan.

hygiene ['haidʒi:n] *i-sy* hijyen; sağlıkbilgisi. **hygienic** [hai'dʒi:nik] *s* temiz; sağlıkla ilgili. *Don't touch the food with dirty hands—it isn't hygienic.* (*karş.* **unhygienic**).

hymn [him] *i+sy* ilahi; Tanrı'yı övmek, ona dua etmek. için yazılıp makamla okunan nazım. *We began the service by singing our favourite hymn.* Ayrıca *f+n* ilahi okumak.

hyphen ['haifən] *i+sy* tire, kısa çizgi; bir sözcüğü hecelere ayırmaya (örn. **Mon-day**), veya iki sözcüğü birleştirmeye (örn. **self-help**) yarayan işaret.

hypnotize ['hipnətaiz] *f+n* ipnotize etmek. **hypnotic** [hip'nɔtik] *s* uyutucu; ipnotize edici. *The effect of the rhythmic music can be hypnotic.* **hypnotism** ['hipnətizəm] *i-sy.* **hypnotist** ['hipnətist] *i+sy* ipnotizmacı. **hypnosis** [hip'nousis] hipnoz/ipnoz; sözle, bakışla telkin yapılarak sağlanan bir çeşit uyku durumu. *Doctors can sometimes cure a patient under hypnosis.*

hypochondriac [haipə'kɔndriæk] *i+sy* hastalık hastası olan kimse. *Jane is such a hypochondriac that she thinks she has appendicitis every time she has a pain in her stomach.*

hypocrisy [hi'pɔkrisi] *i+sy/-sy* iki yüzlülük, riyakârlık. **hypocrite** ['hipəkrit] *i+sy* iki yüzlü, riyâkar kimse. **hypocritical** [hipə'kritikl] *s* ikiyüzlü. *'They send you their love.'—'It would be hypocritical of me to do the same.'*

hypothesis [hai'pɔθisis] *i+sy* hipotez, varsayım. *His theory is based on the hypothesis that all men are born equal.* çoğ. biç. **hypotheses** [hai'pɔθisi:z]. **hypothetical** [haipə'θetikl] *s* varsayımlı, kuramsal. *Let me put a hypothetical question to you.*

hysteria [his'tiəriə] *i-sy* isteri; duyu bozuklukları, türlü ruh karışıklıkları, çırpınma, kasılmalar ve bazen de inlemeler ile kendini gösteren bir sinir bozukluğu. *She was white-faced, on the verge of hysteria.* **hysterical** [his'terikl] *s* isterik. **hysterics** [his'teriks] *itek* veya *çoğ* isteri nöbet(ler)i: *a fit of hysterics* (=isteri nöbeti). *She went into sobbing hysterics.*

I

I [ai] *zamir* ben. *I am/I'm leaving now.*
NOT: *I* ile bir soru cümlesi kurulurken
genelde iki yol vardır: *am I not* ve
aren't I ['a:ntai]. *I am quite tall, am
I not/aren't I?* (=Ben oldukça uzun
boyluyum, değil mi?).
ibex ['aibeks] *i+sy* uzun boynuzlu bir
tür dağ keçisi.

ibex

ibis ['aibis] *i+sy* balıkçıl familyasından
uzun bacaklı bir çeşit su kuşu.

ibis

IBM [ai bi: 'em] (=**International
Business Machines Corporation**)—
Uluslararası İş Makineleri Şirketi.
ICBM [ai si: bi: 'em] (=**interconti-
nental ballistic missile**)—kıtalararası
balistik füzesi.
ice¹ [ais] *i-sy* buz. *In winter the lake is
covered with ice.* **icy** *s* buz gibi; buzlu,
buzla kaplı; soğuk: *icy winds; icy
streets; an icy welcome. Let me rub
your icy hands.* **ice age** buzul çağı.
iceberg aysberg, buzdağı. **icebox**
(*AmI'*de) buzdolabı. **ice cream** *i+sy/-
sy* dondurma. **ice hockey** (*BrI'*de) buz
hokeyi, hokey. (*AmI'*de **hockey**). **ice
rink** üstü kapalı buz pateni sahası.

break the ice resmiyeti kaldırmak,
soğuk havayı dağıtmak, havayı
yumuşatmak. *Playing party-games
sometimes helps to break the ice at a
party, especially if the guests have
never met before.* **cut no ice (with)**
etkisi olmamak, sökmemek. *If you
are late there is no use giving excuses
to Mr Brown: they cut no ice with
him.* **put (a plan or project) on ice** (bir
planı, bir projeyi) askıya almak.
ice² [ais] *f+n/-n* **1** (genl. **over** veya **up**
ile) buz ile kaplamak, veya kaplan-
mak. *The river has iced over.* **2**
pastanın üzerine şekerli krema
sürmek. *His mother iced his birthday
cake.* **icing** *i-sy* pastanın üstüne
sürülen şekerli krema. **icicle** dam
saçaklarından sarkan buz.

[icicle illustration]

icicle

idea [ai'diə] *i+sy* **1** fikir, düşünce.
*Their idea is to sell their big house
and buy a smaller one. Have you any
idea how we should do it?* **2** fikir; zan,
sanı. *I had no idea you would go
away. Where did you get the idea that
I could not come?* **3** düşünce, görüş,
fikir. *They have no idea of life in a
hot country. My idea of happiness is
not the same as yours.* **I've no idea**
Hiçbir fikrim yok; Hiç bilmiyorum.
ideal [ai'diəl] *s* ideal, kusursuz,
mükemmel; düşünülebilecek bütün
üstün nitelikleri kendinde toplayan.
*This is the ideal place to spend a
holiday. He will make an ideal
captain for the team.* Ayrıca *i-sy*
ulaşılmak istenen amaç; kusursuz ve
mükemmel bir kimse; ülkü. *He is not*

my ideal of a good teacher. Their ideals are peace and prosperity. **ideally** z ideal olarak; arzu edilen şekilde. *The airbus proved ideally adapted to an era of high fuel costs.* **idealism** *i-sy* 1 idealizm, ülkücülük. *Young people in their idealism think war is impossible.* 2 idealizm; bilgide temel olarak düşünceyi alan ve varlığı, insan düşüncesinin kurduğunu kabul eden öğretilerin genel adı. (*karş.* **materialism**). 3 (resimde) idealism. (*karş.* **realism**). **idealist** *i+sy* idealist, ülkücü.

identical [ai'dentikl] *s* aynı, benzer, tıpkı. *My hat is identical to/with yours. Your hat and mine are identical.* **identical twins** aynı yumurta ikizleri.

identify [ai'dentifai] *f+n* 1 tanımak, teşhis etmek. *I cannot identify this signature. Doctors have identified the cause of the outbreak of dysentery. Passengers were asked to identify their suitcases.* 2 bir tutmak, aynı saymak. *Wealth cannot be identified with happiness.* **identification** [aidəntifi'keifən] *i-sy* (bir kimse, veya şeyin) kimliğini tespit etmek; teşhis: *the identification of criminals by their fingerprints. The policeman asked me for proof of identification.* **identikit** [ai'dentikit]* *i+sy* robot resim; polis tarafından aranmakta olan bir kişinin görgü şahitlerinin tarifine uygun olarak çizilen resmi. *The police issued an identikit of the terrorist.* (Ayrıca **identikit picture** da denir).

identity [ai'dentiti] 1 *i-sy* özdeşlik; her türlü nitelikçe eşit olma hali, eşitlik, aynılık. 2 kimlik; birinin belirli bir kimse olmasını sağlayan ya da bir şeyi belirlemeye yarayan özelliklerin tümü. *The police are trying to find out the identitiy of the man killed in the accident. I was asked for proof of identity.* **identity card/disc** kimlik kartı/(boyna asılarak göğüste saklanan) kimlik madalyonu.

ideology [aidi'ɔledʒi] *i+sy* ideoloji; bir kimsenin, veya bir grubun kuvvetle inandığı (özl. felsefi, veya · siyasi) düşüncelerin tümü: *our democratic ideology; the ideology of a dictator.* **ideological** [aidiə'lɔdʒikl] *s* ideolojik. **ideologist** *s* ideolog.

idiocy ['idiəsi] *i+sy/-sy* **idiot**'a bkz.

idiom ['idiəm] *i+sy* deyim, tabir; içindeki sözcüklerin anlamından əz çok ayrı bir anlam taşıyan kalıplaşmış söz. (örn. *What do you take me for?* (= Sen beni ne sandın?)).

idiosyncrasy [idiou'siŋkrəsi] *i+sy* mizaç, huy; yaradılıştan gelen karakter, özellik. (*eş anl.* **peculiarity**). **idiot** ['idiət] *i+sy* aptal, budala, geri zekâlı kimse. (*eş anl.* **fool**). **idiotic** [idi'ɔtik] *s* ahmakça, aptalca, salakça. *I won't listen to any more of your idiotic ideas.* **idiocy** ['idiəsi] 1 *i-sy* ahmaklık, budalalık; geri zekâlılık. 2 çok aptalca bir hareket.

idle ['aidl] *s* 1 işsiz, boş. *Many workmen were made idle when the factory was closed.* 2 kullanılmayan, işletilmeyen; kullanılmamakta olan. *It is a pity that all this equipment is left idle.* 3 tembel, çalışmak istemeyen. *He is too idle to do anything.* 4 aslı esası olmayan, asılsız. *There has been too mach idle gossip/talk.* Ayrıca *f+n/-n* 1 (about veya away ile) aylak aylak dolaşmak, boş gezmek. *He is always idling about street corners.* 2 boş yere harcamak. *They idled away two hours doing nothing.* 3 (motorlar hk.) başta çalışmak, rölantide çalışmak. *The car engine is very quiet when it is idling.* **idleness** *i-sy* işsizlik, avarelik. **idler** *i+sy* boş gezen kimse; aylak, tembel birisi.

idol ['aidl] *i+sy* 1 put; bazı ilkel toplulukların tapındıkları insan, veya hayvana benzer şekilde yapılmış resim, heykel. *A stone idol stood at the entrance to the village.* 2 (bir film yıldızı, popüler müzik şarkıcısı, sporcu, vb.) çok sevilen, hayran olunan kimse. *This football player is the idol of the crowd.* **idolize** *f+n* tapmak, taparcasına sevmek.

idyll ['idil] *i+sy* 1 idil; mutlu kır yaşamı hakkında şiir; kır yaşamı içinde aşk konusunu işleyen kısa şiir. 2 bir mutluluk sahnesi; rüya gibi bir durum. **idyllic** [i'dilik] *s* kır hayatına ait; cennet gibi.

i.e [ai'i:] (= **that is (to say)**)—yani. *He threatened them with massive retaliation, i.e. the hydrogen bomb.*

if [if] *bağ* 1 (eğer)...-se/-sa. *If he comes, he will tell you* (= Gelirse, sana söyler). *If he came, he would tell you*

ŞART/KOŞUL CÜMLECİKLERİ (IF-Clauses)

Bu cümlecikler iki ana grupta toplanır:

1. **Gerçek** ya da **gerçeğe aykırı olmayan** şartları belirten şart cümlecikleri.
2. **Gerçeğe aykırı, şüpheli** ya da **varsayımlı** şartları belirten şart cümlecikleri.

1nci grupta **şimdiki** ya da **gelecek zamandaki gerçek**, veya **gerçeğe dayalı** şartları belirten cümleciklerde **geniş zaman** ya da bunun bir eşiti (genl. *yardımcı fiilin geniş zaman biçimi + ana fiilin yalın hali*) kullanılır. Temel cümledeki fiil biçimi ise belirtilmek istenen anlama bağlıdır. Şöyle ki:

(1) Bir durum, şart cümleciğinde belirtilen şartlar altında gerçekleşecek ya da gerçekleşebilecekse, temel cümlecikte *gelecek zaman* ya da eşiti bir şekil kullanılır:

If **you** have time, I'll **visit** you tomorrow.
(=*Eğer zamanınız varsa, yarın sizi ziyaret edeceğim.*)
If you're **not** tired, you **may play** football.
(=*Eğer yorgun değilseniz, futbol oynayabilirsiniz.*)
If I **can't stay, is** he **going** to stay?
(=*Eğer ben kalamazsam, o kalacak mı?*)
If it **snows**, I'll **stay** home.
(=*Eğer kar yağarsa, evde kalırım.*)

(2) Şart cümleciğinde belirtilen şartlar altında bir ricada, bir öneride bulunuluyorsa ya da bir yükümlülük ifade ediliyorsa, temel cümledeki fiil biçimi ricada bulunulurken kullanılan yapılardan birisi olur:

If you **have to speak** to him, please **call** him **up.**
(=*Eğer onunla konuşmanız gerekiyorsa, lütfen ona telefon edin.*)
If they **are** not at Jane's, **will** you please **tell** me?
(=*Eğer onlar Jane'de değilseler, lütfen bana söyler misiniz?*)
If you **speak** to Mr. Johns, **would** you please **tell** him to see me?
(=*Eğer Bay Johns ile konuşursanız, beni görmesini lütfen ona söyler misiniz?*)
If you **fail** the exam, I **suggest** that you study harder.
(=*Eğer sınavı geçemezsen, daha çok çalışmanı öneririm.*)
If you **get** too cold, you **shouldn't swim** in the sea.
(=*Eğer çok üşüyorsan, denizde yüzmemelisin.*)

(3) Bir durum, şart cümlesinde belirtilen şartlar altında alışıldığı şekilde ya da âdet olduğu üzere gerçekleşiyorsa temel cümlede genel olarak *geniş zaman* ya da eşiti bir zaman biçimi kullanılır:

If he **has** a lot of patients in the evening, he **goes** home very late.
(=*Eğer akşamları çok hastası olursa, eve çok geç gider.*)
If I **have** enough money, I usually **eat** my lunch at the Chinese restaurant.
(=*Eğer yeteri kadar param varsa, öğle yemeğimi Çin lokantasında yerim.*)
If she **doesn't have** breakfast, she **can't work** properly.
(=*Eğer kahvaltı yapmazsa, iyi çalışamaz.*)

ÖZET OLARAK CÜMLE YAPISI ŞÖYLEDİR

If + ÖZNE + geniş zaman , ÖZNE + **will/can/may**, vb. + fiilin yalın hali

Bu yapıda ayrıca şu zamanlar da kullanılabilir:

If he **is going to play** tennis tomorrow, I'll **go** along.
(=*Yarın tenis oynayacaksa, ben de giderim.*)
If they've **seen** her, they **may have gotten** word to her.
(=*Eğer onu gördülerse, haber vermiş olabilirler.*)
If he **was there**, he **saw** her.
(=*Orada bulunduysa, onu görmüştür.*)

ŞART/KOŞUL CÜMLECİKLERİ (IF-Clauses)

2nci grupta temel cümlecikte ifade edilen durum, şart cümleciğinde belirtilen şartlar altında belki gerçekleşebilir ya da gerçekleşmiş olabilir.

Gerçeğe aykırı şart cümlecikleri iki biçimde gerçekleştirilebilir:

(1) *Gerçeğe aykırı* şart cümleciklerinin *şimdiki,* veya *gelecek zamanı* bu cümleciklerde *geçmiş zaman* (be fiili için were) kullanılarak yapılır, temel cümlecikteki fiil biçimi ise 'would (could, might) + fiilin yalın hali' şeklindedir:

If I were you, I would buy a Cadillac.
(=*Sizin yerinizde olsaydım, bir Cadillac satın alırdım.*)
If it were easy, I could do it (now).
(=*Eğer kolay olsaydı, (şimdi) yapabilirdim.*)
If it snowed, I would stay home.
(=(şimdi, veya yarın) *Kar yağarsa, evde otururum* (fakat yağacağını zannetmiyorum).)

Eğer kar yağmayacağı hava raporundan, vb. biliniyorsa cümlenin anlamı şöyle olur: *(Yarın) kar yağsaydı evde otururdum.*

Bazen şart cümleciğinde bir *yardımcı fiil + fiilin yalın hali* de bulunabilir:

If I could speak English, I would make a lot of money.
(=*İngilizce konuşabilseydim, çok para kazanırdım.*)

(2) *Gerçeğe aykırı* şart cümleciklerinin *geçmiş zamanı,* bu cümleciklerde *geçmişte bitmiş zaman* (past perfect) kullanarak yapılır, temel cümledeki fiil biçimi ise 'would (could, might) + have + ana fiilin geçmiş zaman ortacı (past participle)' şeklindedir:

If you had been nice to her, she would have danced with you.
(=*Eğer ona karşı nazik olmuş olsaydınız, sizinle dans ederdi.*)
If we had understood each other, the problem could have been settled easily.
(=*Eğer birbirimizi anlamış olsaydık, sorun kolayca çözülebilirdi.*)
If it had snowed, I would have stayed home.
(=*Kar yağmış olsaydı, evde otururdum.*)

ÖZET OLARAK CÜMLE YAPISI ŞÖYLEDİR

Şimdiki ya da gelecek zaman

If + ÖZNE + geçmiş zaman , ÖZNE + [would could might] , vb. + fiilin yalın hali

Geçmiş zaman

If +ÖZNE + geçmişte bitmiş zaman ,

ÖZNE + [would could might] , vb. + şimdiki bitmiş zaman

(=Gelseydi, sana söylerdi (şimdi)). *If he had come, he would have told you* (=Gelmiş olsaydı, sana söylerdi. (ama gelmedi)). *If he were to come* (veya *if he came*) *he would tell you* (=Gelseydi, sana söylerdi (şimdi)). 2 (gelecek zaman yapısıyla) lütfen. *If you will hold my bag, I'll open the*

door (=Lütfen şu çantamı tutunuz da ben de kapıyı açayım). 3 (gel)diğinde, -diği zaman, -ince; her ne zaman (yap)arsa, her (yap)tığında, (yap)-tıkça. *If they are tired, they have a short rest.* 4 (yap)ıp (yap)madığını/-mayacağını, (ol)up (ol)madığını/-mayacağını. *Can you tell me if he is*

coming? Ayrıca **whether**'a bkz. **5**
(olumsuz cümlelerde bir hayret,
şaşkınlık göstermek için kullanılır).
Well, if it isn't our old friend Smith!
(=Vay eski dostumuz Smith geldi!).
6 -diği halde, -se de, -sa bile. *He is a
very good man, if rather dull.* **as if**
(-miş) gibi, sanki (...-miş gibi). *He
talks as if he knows everything. As if
I cared!* (=Bana ne! / Umrumda
değil!). *It isn't as if he is coming* (=O
gelmiyor). **even if** -diği halde, -se de.
*Even if you did do it, I forgive you.
He will come even if he is ill. I want
to go even if you don't.* **if only** keşke.
*If only I had money. If only he had
seen me?* **if clause** şart cümleciği,
koşul cümleciği. ŞART/KOŞUL
CÜMLECİKLERİ tablosuna bkz.
igloo ['iglu:] *i+sy* üstü ve duvarları
buzdan, veya sertleştirilmiş kardan
yapılan Eskimo kulübesi.

igloo

ignite [ig'nait] *f+n/-n* ateşlemek, ateş
almak; tutuşmak, tutuşturmak. *Dry
grass ignites easily.* **ignition** [ig'nifən]
i-sy (motorun çalışmasını sağlayan)
ateşleme düzeni.
ignoramus [ignə'reiməs] *i+sy* cahil
kimse; hiçbir şey bilmeyen birisi (ama
genl. öyle değilmiş gibi bir havaya
bürünür).
ignorant ['ignərnt] *s* cahil, bilgisiz;
habersiz. *He is so ignorant that he
cannot write his own name. They are
ignorant of/about what happened.* (*eş
anl.* **uninformed**). **ignorance** *i-sy*
cahillik, cehalet, bilgisizlik. *There is
no excuse for their ignorance of
English.*
ignore [ig'nɔ:*] *f+n* bilmemezlikten,
görmemezlikten gelmek; aldırma-
mak, önem vermemek. *His letters to
the editor were ignored. Because he
does not like me he ignores me when
we meet.*
ilk [ilk] *itek* **of that ilk** sözünde—bu

türden, bu gibiler: *...blueberies and
many small berries of that ilk.*
ill [il] **1** *yüks* hasta; çalışamayacak,
günlük yaşamını normal olarak
devam ettiremeyecek kadar sağlığı
bozuk. *He was ill for two days. If you
feel ill you ought to see a doctor.* **2** *s*
(sözcüklerin başında, özl. sıfat ve
geçmiş zaman ortaçlı sözcüklerin
başında kullanılır) fena, kötü: **ill
health** (=hasta). *John has been in ill
health for sometime.* **ill mannered**
(=terbiyesiz) *Jane's an ill mannered
young girl.* **ill will** (=kötü niyet; kin,
garez). *He assured me he felt no ill
will toward me.* **ill written** (=kötü bir
biçimde yazılmış). Ayrıca *z* kötü
şekilde, uygunsuz olarak. *You should
not speak ill of your friends. I can ill
afford the money* (=Bütçem pek
buna müsait değil). Ayrıca *i+sy*
kötülük; acı. *Man's life is full of ills.*
illness 1 *i-sy* hastalık. *There has been
no illness at school this term. Your
illness is not serious. As a child he had
several illnesses.* **ill-advised** *s* tedbirsiz,
ihtiyatsız, düşüncesiz. *John would be
ill-advised to do that.* **ill-at-ease** *s* içi
rahat olmayan, huzursuz, canı sıkkın.
*The last witness seemed very ill-at-
ease when she was being questioned:
do you think she was lying?* **ill-bred**
s terbiyesiz; iyi ve terbiyeli yetişti-
rilmemiş. *He's just an ill-bred lout.*
ill-breeding *i-sy* kabalık, terbiyesizlik.
ill-disposed *s* dost olmayan, düş-
manca, düşman gibi. *I think he is ill-
disposed towards me.* **ill-fated** *s*
talihsiz, bahtsız. *It was an ill-fated
boating expedition.* **ill feeling** hoş
olmayan tavır. *John and I parted
without any ill feeling(s).* **ill-natured**
ters, huysuz. *She's an ill-natured
baby—she's always crying.* **ill-starred**
bahtı kara, talihsiz. *I had been ill-
starred in love.* **ill-timed** yanlış
zamanlama ile yapılan; yersiz,
zamansız, vakitsiz. *My action was ill-
timed.* **ill-treat** *f+n* kötü davranmak.
Aunt Mandy ill-treated her children.
fall ill, be taken ill hastalanmak. *He
fell ill while on holiday and had to be
flown home.*
illegal [i'li:gl] *s* yasaya aykırı, yasal
olmayan. *He was arrested for the
illegal sale of guns. Illegal immigrants
are deported.* **illegality** *i+sy/sy* yasaya

aykırılık: *the illegality of abortion.*
illegally z yasaya aykırı olarak. *They were accused of illegally bringing firearms into the country.* ·
illegible [i'ledʒibl] s okunmaz, okunaksız. *Your writing is illegible.*
illegitimate [ili'dʒitimət] s 1 evlilik dışı doğan, piç. 2 yasaya aykırı.
illicit [i'lisit] s yasaya aykırı, kanunen yasak. *The police raided the ilicit gambling house.*
illiterate [i'litərət] s cahil, okuma yazma bilmeyen. *The government runs classes to teach illiterate people the skills they lack.* Ayrıca i+sy cahil kimse. **illiteracy** i-sy cehalet.
illogical [i'lɔdʒikl] s mantıksız, mantığa aykırı. *Wearing an overcoat on a hot day is illogical.*
illuminate [i'lu:mineit] f+n 1 aydınlatmak. 2 (özl. dükkânları ve caddeleri) renkli ışıklarla aydınlatmak ve süslemek. *All the streets are illuminated at Christmas.*
illumination [ilu:mi'neifən] 1 i-sy aydınlatma, aydınlatılmış olma durumu. 2 i+sy (çoğ. biç.) bayramlarda, sevinçli günlerde yapılan renkli ışıklandırma. *We are going to town to see the illuminations.*
illusion [i'lu:ʒən] i+sy 1 hayal; zihinde tasarlanan, canlandırılan ve gerçekleşmesi özlenen şey, düş. *Perfect happiness is an illusion.* 2 aldatıcı görünüm, aldanma; gerçekte olduğundan farklı görünen bir şey. *This picture gives the illusion that the flowers in it are real.* **have illusions about someone** bir kimse hakkında boş hayaller kurmak (genl. olumsuz cümlelerde kullanılır). *He has no illusions about his children* (=Çocukları hakkında boş hayaller kurmuyor (çünkü onların ne olduklarını, nasıl bir yeteneğe sahip olduklarını biliyor)). **illusive** [i'lu:siv] s hayali; aldatıcı. **illusory** [i'lu:səri] s hayali; aldatıcı. **optical illusion** gözü aldatan görüntü (örn. ayın bulutlar arasından kayışı gibi, ama aslında kayan ay değil bulutlardır).
illustrate ['iləstreit] f+n örneklerle, resimlerle açıklamak. *He illustrated his lesson about France with photo--graphs of the people who live there.* **illustration** [ilə'streifən] i+sy/-sy 1 örnek. *As an illustration of his poor work just look at this essay.* 2 resim, çizim, vb. *I like magazines full of illustrations.* **by way of illustration** örnek olarak. *I tell you this story by way of illustration* (=Örnek olarak size şu öyküyü anlatacağım). **illustrative** ['iləstrətiv] s tanımlayan, açıklayan.
illustrious [i'lʌstriəs] s şanlı, şöhretli. (r. kul.—yerine **celebrated** veya **distinguished**'i kullanın).
image ['imidʒ] i+sy 1 hayal, imaj; duyu organlarının dıştan algıladığı bir nesnenin bilince yansıyan benzeri. 2 şekil, tasvir; put. *In the temple there are the images of many gods.* 3 (bir aynadan yansıyan, veya fotoğraf makinesinin merceğinden görülen) görüntü. **the image of/the living image of someone** bir kimsenin tıpatıp benzeri, kopyası. *The boy is the image of his father.* **imagery** ['imidʒəri] i-sy benzetme, benzeti, teşbih, tasvir. *This poem is full of imagery.*
imagine [i'mædʒin] f+n 1 hayal etmek, tahayyül etmek, tasavvur etmek, göz önüne getirmek, zihinde canlandırmak. *I cannot imagine what life on the moon would be like. We tried to imagine ourselves as old men.* 2 farzetmek, sanmak, zannetmek. *Do you imagine they will help? Don't imagine that you are the only person in trouble. I imagined (that) I had seen Jane before.* **imaginable** s tasavvur edilebilir, göz önüne getirilebilir. (karş. **unimaginable**). **imaginary** [i'mædʒinəri] s hayali; hayal niteliğinde, veya hayal ürünü olan: *an imaginary person. When everyone else is busy I play with my imaginary friend.* **imagination** [imædʒi'neifən] i-sy hayal gücü; yaratma gücü. *You must have imagination to write a good play. In my imagination I saw myself sitting on a beach in the sun.* **imaginative** s hayal gücünü kullanan yaratıcı, veya hayal gücü kuvvetli: *an imaginative person.* (karş. **unimaginative**).
imbecile ['imbəsail] s ahmak, budala. Ayrıca i+sy ahmak kimse, budala kimse. (eş anl. **idiot**).
imbed [im'bed] f+n **embed**'e bkz.
imbue [im'bju] f+n (genl. ed. çat. **with** ile) (genl. his ve duyglar hk.) dol-

durmak; telkin etmek, aşılamak. *The speech imbued us with a desire to help.*

IMF ['aı em ef] *i tek* **(the** ile) (=International Monetary Fund)— Uluslararası Para Fonu. *The IMF is an international agency which is part of the United Nations and which tries to promote trade and improve economic conditions in the countries which belong to it. The IMF also lends money to its members to help them to develop industries, etc.*

imitate ['imiteit] *f+n* taklit etmek; bir kimse, veya bir şeye benzemeye çalışmak. *Children like to imitate adults. He can imitate a lion's roar.* **imitator** *i+sy* taklit eden kimse; taklitçi. **imitation** [imi'teiʃən] **1** *i-sy* taklit etme. *Children learn by imitation.* **2** sahte şey; taklit. *These drawings are poor imitations of the original ones. He gives a good imitation of a lion's roar.* Ayrıca *s: imitation gold.*

immaculate [i'mækjulət] *s* **1** tertemiz, lekesiz. *The tablecloth was immaculate. (eş anl.* **spotless). 2** kusursuz, mükemmel. *His performance of the sonata was immaculate.*

immaterial [imə'tiəriəl] *s* **(to** ile) önemsiz ya da ilgisi olmayan. *What you say is immaterial to the discussion.*

immature [imə'tjuə*] *s* **1** henüz tamamiyle büyümemiş, veya gelişmemiş. **2** (insanlar hk.) toy, olgunlaşmamış; yetişmiş bir kimse gibi henüz aklı başında olmayan. *I suppose we are all a little immature.*

immediate [i'mi:diət] *s* **1** derhal yapılan, hemen gereken. *I asked for an immediate reply* (=acele cevap) *to my letter. Her conditon needs immediate treatment.* **2** (bir yere, veya kimseye) yakın (bir yer, veya yön). *There is a hotel in the immediate neighbourhood.* (=Buralara yakın bir yerde bir otel var). *(eş anl.* **close). 2** (zaman bakımından) yakın. *These are my plans for the immediate future.* **immediately** *z* hemen, derhal. *He finished harvesting his crop last week, and he began ploughing immediately in preparation for the next crop. (eş anl.* **at once).**

immense [i'mens] *s* son derece büyük. *She was left an immense fortune.* **immensely** *z* son derece, pek çok. *He has grown immensely. I enjoyed myself immensely.*

immerse [i'mə:s] *f+n* **1** (suya, veya başka bir sıvıya) daldırmak. *He immersed the knife in boiling water.* **2** (bir şey)e dalmak; kendini bir şeye vermek. *He immersed himself in work. (eş anl.* **absorb). immersion heater** kaynatmak, veya ısıtmak için suyun içine daldırılan elektrik ısıtıcısı.

immigrate ['imigreit] *f-n* göç etmek; bir dış ülkeden gelip yerleşmek. **emigrate**'e bkz. NOT: *immigrate* sözcüğü bir fiildir ve fiil olarak İngilizcede hemen hemen hiç kullanılmaz, ama isim hali *immigrant* ve *immigration* kullanılır. **immigration** [imi'greiʃən] *i+sy/-sy* harıçten gelip yerleşme. *The government decided to put stricter controls on immigration.* **immigration control** *i-sy* göçmen kontrol; limanlarda, havaalanlarında, sınır geçiş noktalarında ülkeye girmek için giriş yapan kimselerin pasaportlarının kontrol edildiği kısım. **immigrant** ['imigrnt] *i+sy* harıçten gelip yerleşen göçmen. *(eş anl.* **settler).**

imminent ['iminənt] *s* çok yakın, eli kulağında, çok yakında olması beklenen, veya olmasından korkulan. *War seems imminent. We said goodbye and boarded the plane when we knew its departure was imminent.*

immobile [i'moubail] *i-sy* sabit, kımıldamayan, hareketsiz. *The plaster cast will make sure the broken bones in your arm are immobile while they heal.* **immobility** [imə'biliti] *i-sy* sabitlik, hareketsizlik. **immobilize** [i'moubilaiz] *f+n* kımıldamaz hale getirmek. *Heavy snow immobilized all traffic.*

immoderate [i'mɔdərət] *s* aşırı, ifrata kaçan; çok fazla. *He is immoderate in his drinking* (=Çok fazla içki içer). *(eş anl.* **excessive).**

immodest [i'mɔdist] *s* yakışıksız, edebe aykırı; çirkin, kaba.

immoral [i'mɔrl] *s* (genl. cinsel davranışlar hk.) edepsiz, ahlâksız, ahlâka aykırı: *the immoral earnings of a prostitute.* **immorality** [imə'ræliti] *i+sy/-sy* ahlâksızlık, edepsizlik.

immortal [i'mɔ:tl] ş ölümsüz, baki, kalımlı. *Gods are immortal; the immortal poetry of Shakespeare.* Ayrıca *i+sy* (genl. çoğ. biç.) 1 hiçbir zaman unutulmayacak olan bir kimse; ölümsüzleşen kimse. *Shakespeare is one of the immortals.* 2 (ölümsüzlüğe kavuşmuş) tanrı, veya tanrıça. **immortality** [imɔ:tæliti] *i-sy* ölümsüzlük. **immortalize** *f+n* ölümsüzleştirmek, unutulmaz hale getirmek, ebedileştirmek.

immune [i'mju:n] *s* bağışık; hayati varlığı herhangi bir bulaşıcı hastalığa karşı bağışıklığı olan. *This medicine will make you immune to/from malaria. He seems to be immune to colds.* **immune deficiency** bir hastalığa karşı bağışıklığın olmayışı. (Ayrıca AIDS'e bkz.). **immunity** *i-sy* 1 bağışıklık, muafiyet. *A successful vaccination confers an immunity from smallpox for many years.* 2 dokunulmazlık, muafiyet. *When he offered to give information to the police, he was granted immunity from prosecution.* **diplomatic immunity** diplomatik dokunulmazlık. **judicial immunity** (yargıçlara tanınan) kişisel dokunulmazlık. **immunize** ['imjunaiz] *f+n* (belli bir hastalığa karşı genl. aşı yaparak) bağışıklık kazandırmak, bağışık kılmak. *I have been immunized against typhoid.* **immunization** [imjunai'zeifən] *i+sy/-sy* aşı.

imp [imp] *i+sy* 1 küçük şeytan; peri masallarındaki sihirli güce sahip ve çoğk. şakacı bir şekilde sorunlar çıkaran cüce. 2 küçük maskara, afacan çocuk.

impact ['impækt] *i+sy* 1 vurma, vuruş, çarpış. *When the car hit the wall, the impact broke the windscreen.* 2 tesir, etki. *This book had/made a great impact on its readers.*

impair [im'peə*] *f+n* bozmak, zayıflamak. *You need spectacles if your eyesight is impaired.*

impale [im'peil] *f+n* ucu sivri bir cismi (örn. şiş, mızrak, kılıç, vb.) (birşeye, veya bir kimseye) saplamak; kazığa oturtarak, şişleyerek, vb. öldürmek.

impart [im'pa:t] *f+n* (haber, bilgi) vermek; söylemek, bildirmek. *A teacher's aim is to impart knowledge.*

impartial [im'pa:fəl] *s* yansız, tarafsız, bitaraf, taraf tutmayan. *A judge must be completely impartial.* **impartiality** [impa:fiæliti] *i-sy* tarafsızlık. *The newspapers doubted the impartiality of the judge.*

impassable [im'pa:səbl] *s* geçit vermez, geçilemez: *an impassable forest; impassable mountains. This road is impassable during the rains.*

impassioned [im'pæfənd] *s* heyecanlı, ateşli: *an impassioned request for help.*

impatient [im'peifənt] *s* sabırsız, tahammülsüz; tezcanlı. *They are impatient to go. He is impatient of anything stupid. I'm always impatient with my children.* **impatiently** *z* sabırsızlıkla. *He stood waiting impatiently.* **impatience** *i-sy* sabırsızlık.

impeach [im'pi:tf] *f+n* (özl. Amerika'da) yüksek bir görevdeki devlet memurunu, veya politikacıyı görevi ile ilgili işlediği ciddi bir suçtan dolayı itham etmek, suçlamak. *A few politicians were impeached for accepting bribes.*

impeccable [im'pekəbl] *s* (bir kimsenin davranış, veya görünümü hk.) kusursuz, mükemmel. *His manners were impeccable during his visit.*

impede [im'pi:d] *f+n* engel olmak; kesintiye uğratmak, sekte vurmak. *Bad weather impeded us during our journey.* **impediment** [im'pedimənt] *i+sy* 1 engel, mâni. 2 (örn. konuşmada, yürümede, vb. fiziki bir) engel, sakatlık. *The little boy has an impediment in his speech.*

impending [im'pendiŋ] *s* (bir tehlikenin, bir yere varışın, vb.) olması yakın; yakında umulan. *Our departure was delayed by the impending arrival of another plane.*

impenetrable [im'penitrəbl] *s* 1 içinden geçilemez: *an impenetrable wall.* 2 içine girilmesi imkânsız, veya çok zor: *the impenetrable jungle.* 3 anlaşılması imkânsız, veya çok güç.

imperative [im'perətiv] *s* 1 şart, zorunlu; olması, yapılması muhakkak gerekli. *It is imperative for him to be taken to hospital at once./It is imperative that he should be taken to hospital at once.* 2 (dilb.) emir belirten (örn. **Stop!**). Ayrıca *i+sy* emir kipi.

NOT: emir kipi, bir emir, bir tavsiye, veya bir rica bildirmede kullanılır, örn. *Keep off the grass. Don't do it. Please give it to him.*

imperceptible [impə'septibl] *s* sezilemez, farkedilemez, seçilemez, hissolunamaz, belli belirsiz; görülmesi, duyulması, hissedilmesi, vb. güç ya da imkânsız. *He gave an almost imperceptible nod.*

imperfect [im'pə:fikt] *s* **1** kusurlu, noksan, eksik. **2** (dilb.) geçmiş zamanda devam eden, veya yinelenen bir hareketi gösteren (örn. *I was walking along the street).* Ayrıca (**2.** anlamında). *itek* böyle bir eylemi gösteren fiil. **imperfection** [impə'fekʃən] *i-sy* kusur, noksanlık, eksiklik.

imperial [im'piəriəl] *s* imparatora, veya imparatorluğa ait: *imperial Rome.* **imperialism** *i-sy* emperyalizm; bir ulusun başka bir ulusu siyasal ve ekonomik egemenliği altına alarak yayılması, veya yayılmayı istemesi. **imperial system** İngiliz ölçü sistemi; bu sistemde uzunluk: **inch** (= inç), **feet** (= fitu) ve **yard** (= yarda) ile, ağırlık: **ounce** (= ons) ve **pound** (= libre) ile; hacim: **pit** (= pint) ve **gallon** (= galon) ile ölçülür.

etmektedir.

impersonal [im'pə:sənl] *s* **1** kişisel olmayan, şahsi olmayan; kişiliksiz: *an impersonal manner.* **2** (dilb.) boş özne (örn. *it* ve **there**). NOT: Hem *it* boş öznesi hem de *there* öznemsisi, öznenin yerini doldurmak için kullanılır. Fakat *there* öznemsisinin aksine, *it* boş öznesi dilbilgisi bakımından içinde bulunduğu cümleciğin gerçek öznesidir ve başka bir gerçek özne yoktur ve de fiil, üçüncü tekil kişi olan bu *it* ile uyuşmak zorundadır. *There is a book here* (= Burada bir kitap var). *There are two books here* (= Burada iki kitap var). *It is raining* (= Yağmur yağıyor). *It is ten o'clock* (= Saat on).

impersonate [im'pə:səneit] *f + n* **1** (bir kimsenin kılığına girerek o kimseyi) taklit etmek, kendini o imiş gibi göstermek. *The prisoner escaped by impersonating a policeman.* **2** (özl. güldürmek amacıyla, bir kimsenin, konuşmasını, şivesini, hareketlerini) taklit etmek; taklidini yapmak. **impersonation** [impə:sə'neiʃən] *i + sy/ -sy* taklit etme. *He was charged with impersonation of a police officer.*

impertinent [im'pə:tinənt] *s* (özl. yaşlı kimselere karşı) haddini bilmez, arsız,

---

Imperial measure

16 ounces (oz) = 1 pound (lb)

14 pounds = 1 stone (st)

112 pounds = 1 hundredweight (cwt)

20 cwt = 1 ton

Metric measure

1000 milligrams (mg) = 1 gram (g)

1000 grams (g) = 1 kilogram (kg)

1000 kg = 1 tonne

NOT: Britanya Krallığı, İngiliz ölçü standardını terkedip, resmen metrik sisteme geçmiştir. Ancak İngiliz halkı, metrik sistemi tamamen benimseyemediği için· hâlâ İngiliz ölçü standardını kullanmaya devam

terbiyesiz; küstah. *The pupils were impertinent to their teacher.*
imperturbable [impə'tə:bəbl] *s* soğukkanlı, sakin; kolay kolay kızmayan. *Despite all his troubles, John remained imperturbable.*

impetuous [im'petjuəs] *s* düşüncesizce hareket eden, aceleci. *There was no reason for his impetuous refusal to come.*

impetus ['impətəs] *i+sy* 1 bir ilerlemeyi daha da çabuklaştırıp geliştirecek bir) etken. 2 hız, güç, şiddet. *The impetus of the falling rock caused it to make a deep hole in the ground. His success gave a great impetus to the others. çoğ. biç.* **impetuses**.

impinge [im'pindʒ] *f+n* (**on** veya **upon** ile) vurmak, çarpmak; sınırı aşmak, tecavüz etmek; (alışılagelmiş, veya normal bir davranışa) etkisi olmak. *This work is impinging on my spare time.*

implacable [im'plækəbl] *s* (öfke, nefret, düşmanlık, vb. hk.) sakinleştirilemez, yatıştırılamaz; amansız: *an implacable enemy.*

implant [im'pla:nt] *f+n* (genl. his ve düşünceler hk.) aşılamak; aklına sokmak. *His visit to the country implanted in him a love for its people.*

implement[1] ['implimənt] *i+sy* alet, araç. *A spade is an implement for digging.*

implement[2] ['impliment] *f+n* (bir durumu kontrol etmek, veya değiştirmek için bir planın, bir sistemin, bir yasanın, vb. gerektirdiklerini) yerine getirmek, gerçekleştirmek. *The government is implementing its policy of helping the unemployed.*

implicate ['implikeit] *f+n* (bir kimseyi, doğru olmayan, çirkin bir durum, veya olaya) karıştırmak, bulaştırmak; ilişkisi olduğunu göstermek. *This evidence implicates them in the robbery. I don't want to be implicated in your plans.* **implication** [impli'keiʃən] 1 *i-sy* işin içine sokma, karıştırma, ilişkisi olduğunu gösterme. 2 ima, dolayısıyle anlatma. *The implication of your statement is that I was wrong.* Ayrıca **imply**'a bkz.

implicit [im'plisit] *s* 1 dolayısıyle anlatılan, üstü kapalı, örtülü. *It is implicit in your statement that I was wrong. (karş.* **explicit**). 2 itirazsız, kesin, tam. *He has an implicit belief in democracy.*

implore [im'plɔ:*] *f-n* (bir şeyi yapması için bir kimseye) yalvarmak, rica etmek. 2 ima etmek. *I implore you to help me. (eş anl.* **beseech**).

imply [im'plai] *f+n* 1 dolayısıyle anlatmak, ima etmek. *Your statement implies that I am wrong. (eş anl.* **hint**). 2 anlamına gelmek, demeye gelmek. *The bad behaviour of a child sometimes implies that he is unhappy.*

impolite [impə'lait] *s* kaba; terbiyesiz, nezaketsiz. *It's impolite to talk when someone else is speaking.*

impolitic [im'pɔlitik] *s* düşüncesiz, ihtiyatsız; uygunsuz. *It would be impolitic to ask him now, because he is very angry now.*

imponderable [im'pɔndərəbl] *s* ölçülmesi, veya tahmini imkânsız ya da çok güç: *the great imponderable forces of nature.*

import[1] [im'pɔ:t] *f+n* ithal etmek; yabancı bir ülkeden getirtmek. *Our company imports books from England. (kı.rş.* **export**) ˳**importation** [impɔ:'teiʃən] *i+sy/-sy* ıthal edilen şey; dışalım, ithalat. *The importation of arms is forbidden.* **importer** *i+sy* ithalat yapan kimse, ithalatçı.

import[2] ['impɔ:t] *i+sy* (genl. *çoğ. biç.*) ithalat, ithal mal. *The import of arms is forbidden.* **import-export** *i+sy/-sy* (genl. *çoğ. biç.*) ithalat-ithalat. Ayrıca *s* ithalat-ihracat ile ilgili. *I'm in import-export.* **import levy** ithalat vergisi; özl. Avrupa Ekonomik Topluluğu'na dahil olmayan ülkelerden, bu ülke devletlerine ithal edilen mallara konulan vergi. **import licence/permit** ithalat izni.

important [im'pɔ:tnt] *s* 1 (bir şey, veya inanç, düşünce, vb. hk.) önemli, mühim. *The battle was the most important one in the war.* 2 (bir kimse hk.) önemli, etkili, nüfuzlu. *The Prime Minister is the most important person in the government.* **importance** *i-sy* önem, ehemmiyet. *It is of great importance.*

impose [im'pouz] *f+n* 1 (vergi) koymak; (ceza) vermek. *A new tax has been imposed on cigarettes. The judge imposed a fine of ten pounds on him.* 2 (düşünceleri, inançları, vb.) zorla kabul ettirmek: *parents who impose authoritative religion on their children.* 3 (istenmedik ya da tatsız bir etkiye) neden olmak, yol açmak. *Overcrowding imposes mental strains.* 4 zaafından faydalanmak. *May I impose upon your kindness? He*

imposed upon (on) my good will.
imposing *s* azametli, heybetli;
etkileyici: *an imposing headmaster.*
The castle is an imposing building.
imposition [impə'ziʃən] *i+sy* (vergi)
koyma; (ceza) yükleme, zorla kabul
ettirme; etkileme; haksız istek: *the*
imposition of a fine of ten pounds.
impossible [im'pɔsibl] *s* 1 imkânsız,
olamaz, yapılamaz, mümkün olma-
yan. *It is impossible to be in two*
places at once. It's impossible for me
to be there before 7 o'clock. 2
çekilmez, tahammülü imkânsız; çok
güç. *This is an impossible state of*
affairs. She's impossible! Ayrıca
ünlem olamaz; saçma, gülünç.
impossibility [imposə'biliti] *i+sy/-sy*
imkânsızlık; olmayacak şey.
impostor, imposter [im'postə*] *i+sy*
kendine bir başkası süsü vererek
şerefsizce bir çıkar sağlamaya çalışan
kimse; sahtekâr, dolandırıcı; (yalancı
peygamber, sahte doktor, vb.).
impotent ['impətnt] *s* 1 iktidarsız;
cinsel bakımdan erkeklik görevini
yapamayan. 2 güçsüz; aciz, zayıf.
When his soldiers deserted him the
old leader was impotent.
impound [im'paund] *f+n* (polisce,
veya resmi bir görevlice yasal işlemler
başlayıncaya kadar bir şeye) el
koymak. *The judge ordered the*
documents to be impounded. Security
Police had come to our house and
impounded all our belongings.
impoverish [im'povəriʃ] *f+n*
yoksullaştırmak, fakirleştirmek. *They*
are impoverished by heavy taxes. Bad
farming impoverishes good soil.
impracticable [im'præktikəbl] *s* 1
(yapılması, uygulanması) imkânsız. *It*
was a thoroughly impracticable plan.
2 (yol hk.) geçilmez.
impregnable [im'pregnəbl] *s* 1 ele
geçirilmesi, zaptedilmesi imkânsız: *an*
impregnable castle. 2 etkilenmez,
hakkından gelinmez; değiştirilmez: *an*
impregnable belief.
impresario [imprə'sa:riou] *i+sy*
tiyatro, bale, (özl. konser ve opera,
vb.) eğlenceleri düzenleyen ve yöneten
kimse. *çoğ. biç.* **impresarios.**
impress [im'pres] *f+n* 1 damga, veya
mühür basmak. 2 hayranlık uyandırıp
saygı besletmek; etkilemek. *I was*
impressed by all he said. 3 ne derece

önemli olduğunu anlatıp inandırmak.
He impressed on me the importance
of the work. He impressed me with
the importance of the work.
impressive *s* (2. anlamda) etkileyici:
an impressive book. (*karş.*
unimpressive). **impression** *i+sy* 1 iz,
damga: *the impression of his thumb*
on the clay. 2 (özl. bir defada, veya
belli bir sayıda yapılan) baskı, basım.
The first impression of this book was
sold very quickly, so two more
impressions were ordered. 3 izlenim,
intiba; kanı, fikir. *These are only my*
impressions, I don't really know. **be**
under the impression that... (bir
şeyi)...zannetmek, sanmak, ...oldu-
ğunu düşünmek. *He is under the*
impression that I did it. **make an**
impression (bir kimse üzerin)de bir
etki bırakmak. *The news made a great*
impression on those who heard it. (*eş*
anl. **impress**). **impressionable** *s* çabuk
etkilenir, duygusal; hassas, aşırı
duygulu: *an impressionable young*
man. **impressionism** *i-sy* empres-
yonizm, izlenimcilik; doğayı, gerçekte
olduğu gibi bütün ayrıntılarına bağlı
olarak değil, ondan edinilen izlenimin
ölçüsüne göre anlatan sanat akımı.
imprint [im'print] *f+n* etkilemek,
derin etki yapmak, zihnine sokmak.
The terrible accident is still imprinted
on my memory.
imprison [im'prizn] *f+n* hapsetmek.
The kidnappers imprisoned their
victim in an old farm house.
imprisonment *i-sy* hapsetme, hapiste
oluş; mahpusluk.
improbable [im'prɔbəbl] *s* muhtemel
olmayan, gerçekleşme olasılığı
olmayan, inanılması zor. *I've never*
heard such an improbable excuse.
impromptu [im'promptju:] *s/z*
hazırlıksız; hazırlıksız olarak, içine
doğduğu gibi (konuşmak, veya
söylemek): *an improptu lesson; play*
a tune impromptu. At the surprise
party in his honour he made a witty
impromptu speech. çoğ. biç.
impromptus.
improper [im'prɔpə*] *s* 1 (belli bir
amaç için) uygun değil, münasip
kaçmaz. *Short trousers are improper*
at a dance. 2 edebe aykırı, uygunsuz,
yakışıksız: *improper jokes.*
improve [im'pru:v] *f+n/-n* daha iyi

yapmak ya da olmak; ilerlemek, ilerletmek; gelişmek, geliştirmek. *Your English has improved. He is trying to improve his English.* **improvement** *i+sy/-sy* ilerleme, gelişme, düzelme; ilerletici şey, bir şeyi geliştirmek için yapılan ya da eklenen şey, yenilik. *The improvements to the school buildings cost a lot of money. There is some improvement in your work this term.*

improvise ['imprəvaiz] *f+n/-n* **1** irticalen söylemek; birdenbire, düşünmeden, içine doğduğu gibi çalmak, konuşmak, söylemek, rol yapmak, o anda uydurmak. *He improvised a song about the football team's victory.* **2** birdenbire çaresini bulmak. *We left the tent poles behind, so we had to improvise.* **improvisation** [imprəvai'zeiʃən] *i+sy/-sy* hemen uydurulup söylenen; geçici tedbir.

imprudent [im'pru:dnt] *s* tedbirsiz, ihtiyatsız, düşüncesiz. *It was imprudent of you to lend money to a stranger.* (*eş anl.* **unwise**).

impudent ['impjudnt] *s* küstah, saygısız, arsız, edepsiz. *That impudent boy put his tongue out at me.* **impudence** *i-sy* arsızlık, edepsizlik. *The impudence of that young boy, telling me that when he wanted my advice he'd ask for it.*

impulse [impʌls] **1** *i+sy* dürtü, itiş, güdü. *The nerves carry impulses to the brain.* **2** *i+sy/-sy* ani ve mantıksız istek. *I bought it on impulse. I had an impulse to hit him.* **impulse buy** *i+sy* görür görmez beğenip satın alma. **impulsive** [im'pʌlsiv] *s* düşünmeden hemen karar veren.

impunity [im'pju:niti] *i-sy* (**with** ile) cezasını çekmeyerek, ceza almadan. *No-one can flout the law with impunity. You can't go through a stop sign in this town with impunity.*

impure [im'pjuə*] *s* saf olmayan; pis, kirli; iffetsiz: *impure food; an impure mind; impure intentions.* **impurity** *i+sy/-sy* kirlilik, pislik, saf olmayış. **impurities** içoğ saf, veya temiz olmayan maddeler. *The kidneys filter impurities out of the blood.*

in [in] *z* **1** (ev)de, (iş, veya çalışma yerin)de. *Is your father in? The manager is not yet in.* (*karş.* **out**) **2** **come, get, go, jump, walk,** vb. fiillerle kullanılarak içeriye girme hareketlerinden birini gösterir. *Come in, please. Let me in. He walked in.* **3** bir trenin, geminin, uçağın, vb. istasyona, limana geldiğini, meydana indiğini, veya istasyon, liman, veya meydanda hazır olduğunu gösterir. *Our train is in. What time does the boat get in?* **4** hava, su, veya yiyeceklerin bir insanın, hayvanın, veya bir bitkinin dışından onların içine giriş hareketini gösterir. *She went on breathing in and out. Plants take in water through their roots.* (*karş.* **out**). **5** diğer kimselerin yaptıkları bir şeye katılmayı (=**join in**), veya bir şeyi diğer bir şeye katmayı (=**add in**) gösterir. *When other games are played, he tries to join in. Put the flour into a bowl then rub in the fat.* **6** tenis, voleybol, vb. oyunlarında topun sahanın içine düştüğünü gösterir. *The ball was in not out.* **7** (kriket takımının) topa vurma sırasının o takıma geçtiğini gösterir. *Our team is in.* (*karş.* **out**). **8** nehir ve deniz sularının yükselip kabarmasını gösterir. *The tide was coming in.* (*karş.* **out**). **9** diğer bir çok deyim ve sözlerde kullanılır: *The fire is in* (=Ateş yanıyordu). *The Labour Party is in* (=İşçi Partisi iktidarda bulunuyor). *Short skirst are in* (=Kısa etek moda oldu). Ayrıca diğer bir çok fiil ile birlikte kullanılır. **fill in** (boş yeri, vb.) doldurmak, tamamlamak; (boş yerlere) koymak. *I haven't fill in my tax form yet.* **give in** teslim olmak. *If we can continue with the struggle, we may as well give in now.* **run in** tutuklamak. *The police have run him in again.* **take in** aldatmak, dolandırmak. *The guide took the tourists in, and managed to get extra money out of them.* Ayrıca *edat* **1** -de/-da, -in içinde; -e/-a: *in the room; in the village; in London; in Europe; in the dark* (=karanlıkta); *in the rain* (=yağmurda). *Throw it in the fire* (=Onu ateşe at). *Go in that direction* (=Şu tarafa git).

NOT: *I* bir hareketi göstermek için kullanıldığında *in* ve *into* arasında herhangi bir fark yoktur. Hem *Throw it in the fire* hem de *Throw it into the fire* diyebiliriz. Dışarıdan içeriye yapılan bir hareketi göstermenin en iyi şekli *into* (=-in içine) ile olur, bu nedenle genellikle *He went into the room (=Odaya gitti)* denir. *He looked in the room* (=Odaya baktı/ Odada (bir şeyi) aradı) anlamına da gelebilirken, *He looked into the room* sadece bir tek anlama gelir (dışarıdan (odaya baktı)). Özet olarak, eğer bir hareket belirtilecekse *into*'yu kullanmak en emin yoldur. *2 in* (-de/ -da) bir yer ismi ile kullanıldığında, nokta olarak bir yeri değilde geniş bir alanı gösterir. Eğer biz ufak bir yeri, bir alan ya da saha olarak düşünüyorsak *in*'i kullanırız, (örn. *He lives in a little village called XY).* Normal olarak, geniş alanlar, nokta yer olarak düşünülmediği için şöyle deriz. *He lives in London. His house is in New York.* Fakat geniş bir alanı, nokta olarak bir yer diye düşünüyorsak, örn. bir seyahat sırasında X noktası olarak, şöyle diyebiliriz. *The plane didn't stop at New York.* Bir şehirden büyük olan yerler *at* ile değil daima *in* ile belirtilir (örn. *The plane didn't stop in Italy on its way to Africa).* **2** esnasında, -leyin; sonra; içinde (bir zaman ölçüsü ile): *in the 19th century; in the future* (gelecekte); *in their absence* (=gittiklerinde/olmadıklarında). *I'll be in a week.* NOT: *in* bir zaman dönemini, *at* ise bir zaman noktasını gösterir. *He got up in the morning* (=Sabahleyin kalktı) ama *He got up at 7.30 in the morning* (=Sabahleyin 7.30'da kalktı); *in winter,* ama *at Christmas; in the future,* ama *at a future date* (=gelecek bir tarihte/günde). **3** giyen, giymiş; -li/-lı: *the woman in the red hat.* **4** bir iş, bir meslekte çalışma; bir işte olma. *I am in insurance* (=Sigortacılık yapıyorum). *I am in Navy* (=Donanmadayım). *They are in research* (Araştırma yapıyorlar). **5** bir şeyin parçası; -de/ -da: *one in a hundred* (=yüzde biri); *12 inches in a foot* (=bir fitte 12 inç); *the best in the class* (=Sınıfın en iyisi). **6** bir durumda, veya vaziyette: *in anger* (=öfkeyle); *in doubt* (=şüpheli, henüz belli olmayan); *in a hurry* (=aceleyle); *in poor health* (=sağlığı/sıhhati bozuk); *in secret* (=gizlice); *in trouble* (=başı belada). **7** ile; olarak. *He wrote in pencil. I*

spoke in French. He paid me in dollars. He shouted in a loud voice. The room is painted in bright colours. **8** -e dair, -e ilişkin. *He is lame in one leg* (=Bir ayağı topal); *weak in character* (=karakteri zayıf); *rich in gold* (=altın dolu); *greater in size* (=hacimce, ölçü ya da boyutça daha büyük); *forty miles in length* (=uzunluğu kırk mil). *In him we have an excellent headmaster* (=Allah bize mükemmel bir müdür verdi). **in case** eğer, şayet. *I've got the key in case we want to go inside.* **in case of** olduğu takdirde, ...durumunda. *In case of difficulty, ask the shopkeeper to help you.* **in any case** ne olursa olsun, her halde; mutlaka, nasıl olursa olsun. *In any case, I'll have to be at the airport by 7.* **day in, day out** her gün, ama her gün hep: *the same food day in, day out.* (Ayrıca **week in, week out** ve **year in, year out**). **in itself** aslında, esasen, zaten. *Starch in itself is not dangerous to health. It is only dangerous if you eat too much.* (eş anl. on its own). **in so far as, in as far as** -dığı için, -den dolayı. *He can be trusted in so far as he has never yet told a lie.* **be in for** 1 başına tatsız bir şey gelmesi olası olmak. *You're in for trouble.* **2** bir yarışmaya katılmak. *I'm in for the mile race.* **be in on** katılmak, iştirak etmek; işin içyüzünden haberi olmak, haberdar olmak. *Are you in on the new plan? (k. dil.).* **in that** çünkü, madem ki. *I'm in a very difficult position, in that I've been offered three jobs and they all sound pretty good.* **ins and outs** bir işin bütün ayrıntıları, girdisi çıktısı. *I don't know all the ins and outs of the matter; I just have a general idea. (k. dil.).* **in the way of** -e dair, -e ilişkin; -e gelince. *What have you in the way of money?* **be well in with** -ile çok samimi, yakın olmak; sıkıfıkı olmak.

inability [inə'biliti] *i-sy* iktidarsızlık; yeteneksizlik, kabiliyetsizlik; yetersizlik, yeterli olmayış, ehliyetsizlik. *He had a strange inability to make up his mind. Jane suffered from a temporary inability to pass water.*

inaccessible [inək'sesibl] *s* (bir şeye) varılması, ulaşılması imkânsız, veya çok zor; varılamaz, ulaşılamaz. *Most* *villages are inaccessible by road in winter.*

inaccurate [in'ækjurit] *s* yanlış, hatalı. *This copy is inaccurate.* **inaccuracy** *i+sy/-sy* hatalı oluş; hata.

inaction [in'ækʃən] *i+sy* hareketsizlik; tembellik. **inactive** *s* hareketsiz. *They must not be allowed to become inactive.* **inactivity** [inæk'tivity] *i-sy* hareketsizlik. *I have periods of inactivity.*

inadequate [in'ædikwit] *s* yetersiz, kifayetsiz; uygun olmayan: *inadequate amount. He's inadequate for the job.* **inadequacy** *i+sy/-sy* yetersizlik.

inadvertent [inəd'vəːtnt] *s* yanlışlıkla yapılan, dikkatsizlikten kaynaklanan, kasıtsız olan: *an inadvertent mistake.* **inadvertently** *z* istemeyerek.

inadvisable [inəd'vaizəbl] *s* akla uygun olmayan, veya akıllıca olmayan, tavsiye edilmez. *It was inadvisable for John to go alone.*

inane [i'nein] *s* boş, saçma (bir davranış, veya hareket). *I'm sick of your inane chatter.* (*eş anl.* **idiotic**).

inanimate [in'ænimit] *s* cansız, ölü. *Wood is inanimate.*

inapplicable [inə'plikəbl] *s* (özl. kurallar ve yasalar hk.) uygulanamaz.

inappropriate [inə'proupriət] *s* uygun olmayan, uygunsuz; yersiz.

inapt [in'æpt] *s* uygun olmayan, uygunsuz; yersiz. **inaptitude** [in'æptitjuːd] *i+sy/-sy* uygunsuzluk.

inarticulate [ina:'tikjulət] *s* (bir kimse hk.) kendini kolaylıkla ve iyi ifade edemez; meramını anlatmaktan aciz. *Uneducated people are usually inarticulate.*

inasmuch [inəz'mʌtʃ] *z* (**as** ile) madem ki, çünkü, -dığı için. *Tourism is a good thing inasmuch as it brings people into contact with other nations, but no one stops to think what harm it may do to the cultures of those countries which become dependent on it for their economic survival.* (*eş anl.* **insofar as**).

inattention [inə'tenʃən] *i-sy* dikkatsizlik. **inattentive** [inə'tentiv] *s* dikkatsiz.

inaudible [in'ɔːdibl] *s* işitilemez, duyulamaz.

inaugurate [i'nɔːgjureit] *f+n* bir kimseyi bir törenle bir göreve getir-

mek. *He was inaugurated as professor.* 2 açılış töreni yapmak; törenle açmak. *The Queen inaugurated the exhibition.* **inaugural** [i'nɔːgjurl] *s* açılış töreni ile ilgili. **inauguration** [inɔːgju'reiʃən] *i+sy/-sy* göreve başlama töreni; açılış töreni.

inborn ['in'bɔːn] *s* doğuştan, yaratılıştan. *Intelligence is said to be inborn. A body has an inborn tendency to reject transplanted organs.* (*eş anl.* **inbred**).

inbred [in'bred] *s* 1 doğuştan yaratılıştan: *inbred courage.* (*eş anl.* **inborn**). 2 yakın akraba evliliğinden doğmuş.

Inc. [iŋk] *i* (=**Incorporated**)—anonim (şirket): *Toold Stores Inc.*

inc. [iŋk] 1 *edat* (=**including**)—dahil. *Large gdn inc. rockery.* 2 *s* (=**inclusive**)—dahil, kapsayan. *Cost £250 inc of VAT.*

incalculable [in'kælkjuləbl] *s* sayılmayacak, veya ölçülemiyecek kadar büyük; hesap edilemez.

incandescent [inkæn'desnt] *s* akkor; ışık saçacak kadar ısıtılmış olan. *The bar of iron was heated until it was incandescent and then began to melt.*

incantation [inkæn'teiʃən] *i+sy* afsun, büyü, sihir; normal biçimde ya da bir nağme şeklinde söylenen sihirli sözcükler.

incapable [in'keipəbl] 1 (iyi karekteri nedeniyle kötü bir şeyi yapmak) elinden gelmez. *He is incapable of being unkind to people.* 2 âciz, zavallı, veya aptal.

incapacitate [inkə'pæsiteit] *f+n* (**for** veya **from** ile) (bir şeyin bir kimseyi fiziki olarak, veya başka bir şekilde zayıflatıp onu bazı şeyleri) yapamaz hale getirmek. *The accident has incapacitated him from working/for work.* **incapacity** *i-sy* ehliyetsizlik: *their incapacity to learn/for learning.*

incarcerate [in'kaːsəreit] *f+n* hapsetmek. *The woman was incarcerated in a stone tower.* (*r. kul.*).

incarnation [inka:'neiʃən] *i-sy* insan şeklinde vücut bulma (özl. Hz. İsa'nın).

incendiary [in'sendiəri] *i+sy* 1 kundakçı, kasten yangın çıkaran kimse. 2 yangın bombası. *Incendiary boms led to a holocaust in the slum quarter.* Ayrıca *s* kışkırtıcı, tahrik

edici: *incendiary speech.*
incense¹ [in'sens] *f+n* çileden
çıkarmak, öfkelendirmek. *The
official was incensed at the lack of
respect shown him.*
incense² ['insens] *i-sy* günlük; tütsü;
(genl. dini bir tören için) yanınca hoş
bir koku salan madde.
incentive [in'sentiv] *i+sy* isteklen-
dirme, özendirme; (özl. daha fazla
çalıştırmak için) insanı teşvik eden bir
şey. *The best incentive in business is
the chance of making more money.*
incessant [in'sesnt] *s* durmaksızın,
aralıksız, devamlı. *The incessant
barking of the dog kept me awake.*
incessantly *z* boyuna, hep. *My
telephone rang incessantly. (eş anl.
continually).*
incest ['insest] *i-sy* kendi öz ailesi
içindeki biriyle (örn. ağabey ile
kızkardeş, baba ile kızı arasında)
cinsel ilişkide bulunma.

friendly staff. **incidental expenses**
(=ihtiyari; zorunlu olmayan mas-
raflar). **incidentally** *z* aklıma
gelmişken; hatırıma gelmişken söyle-
yeyim. *Incidentally, I should like to
raise another point. (eş anl.* **by the
way).**
incinerator [in'sinərèitə*] *i+sy* çöp
yakma aygıtı, veya fırını.
incipient [in'sipiənt] *s* başlangıç
halinde, yeni başlayan, daha yeni
başlamış: *an incipient war. I have an
incipient appendicitis.*
incise [in'saiz] *f+n* (genl. bir ameliyat
hk.) kesmek, yarmak. **incision**
[in'siʒən] *i+sy* (tıpta) ensizyon; yarma
deşme. *The doctor made an incision
in the patient's arm.*
incisive [in'saisiv] *s* (düşünce ve sözler
hk.) sert, acı; dokunaklı. *He refused
the request in a few incisive words.*
incite [in'sait] *f+n* körüklemek,
kışkırtmak, tahrik etmek. *He is*

INCH	1		2		3
CM	2	3	4	5	6	7

inch [intʃ] *i+sy* yaklaşık 2.54 cm.
uzunluğunda bir İngiliz uzunluk
ölçüsü. Ayrıca *f+n/-n* yavaş yavaş ve
çok dikkatle yürümek, veya hareket
etmek, ettirmek; santim santim
yürümek, veya yürütmek. *He inched
(his way) across the high roof. The car
inched along through the dense fog.
He inched the car along through the
dense fog.* **inch by inch** yavaş yavaş;
azar azar. **within an inch of** hemen
hemen, neredeyse, -e kıl kalmış. *He
was/came within an inch of death.*
incidence [in'insidns] *i-sy* yinelenme,
tekrarlanma oranı, veya oluş derecesi:
the incidence of malaria in Africa
(=Afrika'da sıtmaya yakalanma
oranı). *The incidence of car accidents
is increasing.*
incident ['insidnt] *i+sy* (genl. önemli
olmayan cinsten) olay, hadise. *The
meeting passed without incident.
There were several incidents on the
frontier. (eş anl.* **occurrence).**
incidental [insi'dentl] *s* ek, ilâve; daha
önemli olan başka bir şeyle ilişkili
olarak ortaya çıkan, veya var olan (bir
şey). *As well as being central, the
hotel had other incidental
advantages—excellent view and*

inciting them to go on strike.
inclement [in'klemənt] *s* (genl. hava
şartları hk.) soğuk, sert.
incline¹ [in'klain] *f+n/-n* **1**
meyillenmek; eğim yapmak; eğmek,
meylettirmek. *The road inclines to the
left.* **2** (to veya **toward** ile)
meylettirmek; meyletmek. *The
argument inclines me to agree.* **to be/
feel inclined** (bir şeyi yap)ma
eğiliminde olmak, meyilli olmak. *I
am inclined/feel inclined to agree.
They are inclined to be late.* **inclined**
s. (karş. **disinclined). inclination**
[inkli'neiʃən] *i+sy* meyil, eğilim; istek:
*an inclination of the head. My
inclination is to agree.*
incline² ['inklain] *i+sy* meyil, eğim;
yokuş. *The road has a steep incline.*
inclose [in'klouz] *f+n* ve **inclosure**
[in'klouʒə*] *i+sy* için **enclose**'a bkz.
include [in'klu:d] *f+n* **1** kapsamak,
içermek. *The book includes two
chapters on grammar.* **2** katmak, ilave
etmek, dahil etmek. *Please include
me in your group. The charge
includes VAT.* **inclusive** [in'klu:siv] *adj*
dahil: *from Tuesday to Friday
inclusive; the inclusive cost* (=her şey
dahil fiyat). **inclusion** *i+sy* hesaba

katma ya da katılma; kapsama.

incognito [inkɔg'ni:tou] s/z tebdili kıyafet etmiş; gerçek kimliğini gizleyerek. *To avoid the crowds the film star travels incognito.*

incoherent [inkou'hiərnt] s (özl. konuşmalar, düşünceler, fikirler, tanımlamalar hk.) tutarsız, ipe sapa gelmez, abuk sabuk.

income ['inkʌm] i+sy kazanç, gelir. *He has an income of £3,000 a year.* **income tax** gelir vergisi.

incomparable [in'kɔmpərəbl] s eşsiz, emsalsiz; kıyas kabul etmez: *incomparable skill.*

incompatible [inkəm'pætibl] s birbiriyle geçinemeyen; birbirine zıt. *Those two people are incompatible.* **incompatible blood** uyuşmayan kan; kan veren kimsenin kanının, kanı alacak olanınkiyle uyuşmaması.

incompetent [in'kɔmpitnt] s yetersiz; bir işi başarıyla yapabilecek beceriye sahip olmayan, ehliyetsiz. *He is incompetent at working with his hands.* **incompetence, incompetency** i-sy beceriksizlik.

incomplete [inkəm'pli:t] s tamam olmayan, eksik, noksan. *The jigsaw is incomplete.*

incomprehensible [inkɔmpri'hensibl] s anlaşılmaz, anlaşılması imkânsız.

inconceivable [inkən'si:vəbl] s düşünülemez, inanılamaz.

inconclusive [inkən'klu:siv] s bir karara vardırmayan; inandırıcı olmayan, yetersiz: *inconclusive evidence.*

incongruous [in'kɔŋgruəs] s 1 aykırı, zıt, birbirine uymaz. *They are an incongruous couple.* 2 yetersiz, uygunsuz, münasebetsiz: *an incongruous remark.* **incongruity** [inkɔŋ'gru:iti] i+sy/-sy uyumsuzluk, uygunsuzluk; münasebetsizlik.

inconsequential [inkɔnsi'kwenʃl] s 1 tutarsız. 2 önemsiz.

inconsiderate [inkən'sidərət] s düşüncesiz, saygısız; sözlerinin ve hareketlerinin başkaları üzerinde ne gibi bir etki yapacağına aldırış etmeyen: *inconsiderate behaviour. It was inconsiderate of him to slam the door when the baby was asleep.*

inconsistent [inkən'sistnt] s 1 kararsız, dönek, düzensiz. *Your inconsistent behaviour is very confusing and we*

never know if you'll be cross or not. 2 ne yapacağı belli olmaz, güvenilmez. *They play very inconsistent football.* **inconsistency** i+sy/-sy 1 kararsızlık, düzensizlik. 2 tutarsızlık, çelişki. **inconsistent** with ile aykırı, ile uyuşmuyor. *What you say is inconsistent with what you do.*

inconspicuous [inkən'spikjuəs] s 1 göze çarpmayan, gözle farkedilmeyen. *The Prime Minister's bodyguard was inconspicuous in the crowd around him.* 2 önemsiz, ehemmiyetsiz.

inconstant [in'kɔnstnt] s (özl. duygular hk.) kolayca değişen; kararsız, sebatsız. **inconstancy** i-sy tutarsızlık.

incontestable [inkən'testibl] s inkâr edilemez, su götürmez.

incontinent [in'kɔntinənt] s 1 (özl. cinsel arzu bakımından) nefsine hâkim olamayan, kendini tutamayan. 2 çişini tutamayan. **incontinence** i-sy çişini tutamama. **faecal incontinence** kakasını tutamama. **stress incontinence** (hanımlarda) fazla gülünce, veya öksürünce çişini tutamama.

inconvenient [inkən'vi:niənt]s 1 rahatsız edici, zahmet verici, zahmetli. 2 münasip olmayan, uygunsuz, elverişsiz. *Saturday is an inconvenient day to see him.* **inconvenience** i+sy/-sy rahatsızlık, sıkıntı: *the inconvenience of having to travel a long way to work. Your visit caused him great inconvenience.* Ayrıca f+n rahatsız etmek; sorun çıkarmak. *I hope my visit will not inconvenience you.*

incorporate [in'kɔ:pəreit] f+n/-n (in veya into ile) birleşmek, katılmak; birleştirmek, içine almak, dahil etmek. *May I incorporate what you have written in my book.* **incorporated** s (AmI'de) anonim (genl. **Inc.** şeklinde yazılır, örn. *Todd Stores Inc.*). (BrI'de **Ltd.** (=Limited)).

incorrect [inkə'rekt] s yanlış, doğru olmayan, hatalı.

incorrigible [in'kɔridʒibl] s ıslah olmaz, düzelmez, adam olmaz: *an incorrigible thief.*

incorruptible [inkə'rʌptibl] s 1 rüşvet yemez, namuslu, dürüst. 2 bozulmaz, çürümez.

increase [in'kri:s] f+n/-n artmak; arttırmak. *The number of people living in the city is increasing rapidly. I increased my efforts.* Ayrıca ['inkri:s] *i+sy/-sy* artış. *There has been an increase in the taxes we must pay.* **increasing** *s* artan, çoğalan. **increasingly** *z* gittikçe artarak; giderek, gitgide artan bir şekilde.

incredible [in'kredibl] *s* inanılmaz, akıl almaz. *She told me an incredible story. (eş anl.* **unbelievable**). **incredibly** *z* 1 inanılmaz şekilde. 2 son derece, pek. *The water was incredibly cold.*

incredulous [in'kredjuləs] *s* inanmaz; kuşku duyan. *When they heard his story they were at first incredulous. He gave me an incredulous look.* **incredulity** [inkri'dju:liti] *i-sy* (söylenilen, veya yapılan bir şeye) inanmamazlık.

increment ['inkrimənt] *i+sy* artış, çoğalma; (özl. maaştaki her yıl) artış miktarı; zam. *You will get your next increment on 1 July.*

incriminate [in'krimineit] *f+n* suçlamak. *She was incriminated by the recorded message she sent to the victim.*

incubate ['inkjubeit] *f+n/-n* kuluçkaya yatırmak; civciv çıkarmak. **incubation** [inkju'beiʃən] *i-sy* kuluçkaya yatma; civciv çıkarma. **incubator** *i+sy* 1 kuluçka makinesi. 2 küvöz; erken doğmuş bebeklerin içine konduğu aygıt.

inculcate ['inkʌlkeit] *f+n* (özl. tekrar ede ede bir kimsenin) kafasına sokmak, öğretmek. *The teacher inculcated neatness and accuracy in his pupils. (eş anl.* **drum in**). **inculcation** [inkʌl'keiʃən] *i-sy* telkin.

incur [in'kə:*] *f+n* 1 (hoş olmayan bir şeye, örn. bir kayba) uğramak, (bir borca) girmek. *He has incurred many debts.* 2 hedef olmak, üstüne çekmek. *You will incur your father's disapproval. geç. zam. ve ort.* **incurred**.

incurable [in'kjuərəbl] *s* iyi olmaz, şifa bulmaz, devasız. *John is suffering from an incurable disease of the blood.* Ayrıca *i+sy* iyi olmaz hasta. **incurably** *z* şifa bulmaz bir şekilde.

incursion [in'kə:ʃən] *i+sy* ani ve beklenmedik bir saldırı: *their incursion into Italy.*

indebted [in'detid] *s* 1 borçlu. *Argentina is one of the most indebted nations in the world.* 2 minnettar; birinden gördüğü iyiliğe karşı kendini borçlu gören. *I am indebted to David Neary for his assistance.*

indecent [in'di:snt] *s* açık saçık, edepsiz: *indecent jokes. We were shocked by his indecent language.* **indecency** *i+sy/-sy* ahlâksızlık, edepsizlik, açık saçıklık.

indecision [indi'siʒən] *i-sy* karar verememe, kararsızlık. **indecisive** [indi'saisiv] *s* 1 kesin olmayan; bir sonuca bağlanmayan, ortada. *The result of the game was indecisive and another will have to be played.* 2 kararsız; çabucak karar veremeyen. *He is a very indecisive man.* **indecisively** *z* kararsız bir şekilde; kesin olmayarak.

indeed [in'di:d] *z* tabii, şüphesiz, elbette, gerçekten. *He is indeed the man we want. Are you coming with us? Yes, indeed. He is very fat indeed.* Ayrıca *ünlem* öyle mi! *Your friend, indeed!*

indefinable [indi'fainəbl] *s* (nitelikler veya duygular hk.) kolayca tanımlanamaz, veya tamamen açıklanamaz: *the indefinable quality of leadership.*

indefinite [in'definit] *s* 1 müddeti olmayan; ne zaman sona ereceği, veya biteceğine karar verilmemiş. 2 (hareketler, olaylar, veya durumlar hk.) belirsiz. **indefinitely** *z* süresiz (olarak). *He is staying here indefinitely.* **indefinite article** belgisiz, veya belirtisiz harfi tarif (**a** ve **an**). **indefinite pronoun** beligisiz zamir. BELGİSİZ ZAMİRLER TABLOSUNA bkz.

indelible [in'deləbl] *s* (silmeyle, yıkamayla) çıkmaz, sabit, silinmez: *an indelible pencil; indellible writing.*

indelicate [in'delikət] *s* (konuşma, veya davranışlar hk.) kaba, nezaketsiz.

indemnify [in'demnifai] *f+n* 1 zarar ziyanını ödemek. 2 sigorta ettirmek. *The company indemnifies you against any injuries you may suffer while at work.* **indemnity** 1 *i-sy* zarar ziyana karşı koruma, veya sigorta. 2 *i+sy* tazminat. *I had to pay an indemnity of £50.*

independent [indi'pendənt] *s* 1 bağımsız, hür. *It is an independent country.* 2 kendi geliri ile geçinebilen; maddi bakımdan bağımsız. 3 kendi başına buyruk: *an independent worker.* **independence** *i-sy* bağımsızlık. *Many countries have recently*

BELGİSİZ ZAMİRLER (Indefinite Pronouns)

some	few	a few	none
many	none	most	
each	both	several	
any	either	neither	
much	little	a little	
another	others	all	
enough	a lot	lots	
something	someone	somebody	
anything	anyone	anybody	
nothing	no one	nobody	
one	the former	the latter	
everyone	everybody	everything	

1: Özne durumundaki belgisiz zamir:
   (Indefinite pronoun as subject)

Some Another Few A few One Many More Most Both No one	prefer(s) their (his) steak well done.

2. Dolaysız nesne durumundaki belgisiz zamir:
   (Indefinite pronoun as direct object)

I bought	many. both. several. another. nothing. the former.

---

3 Dolaylı nesne durumundaki belgisiz zamir:
(Indefinite pronoun as indirect object)

I gave	each several a few others many everyone all the former	some money.

4 Edat nesnesi durumundaki belgisiz zamir:
(Indefinite pronoun as object of a preposition)

The book was interesting to	some. both. neither. a few. everybody. no one. all.

---

gained their independence.

indescribable [indis'kraibəbl] *s*
tanımlanamaz, tarif edilemez,
anlatılamaz. (*eş anl.* **unbelievable**).

index ['indeks] *i+sy* **1** indeks, fihrist;
bir kitabın içinde neler bulunduğunu
sayfa numaraları ile gösteren ve
kitabın sonuna konulan cetvel;
içindekiler. *I taught the children how
to use the index of their textbook.* **2**
işaret; delil, kanıt. *The number of
servants he has is an index of his
wealth.* çoğ. biç. **indexes** veya **indices**
['indisi:z]. **index finger** işaret parmağı.

index-linked *s* eşel mobil sistemli;
hayat pahalılığındaki artış yüzdesine
bağlı olarak, ücretlerin, emekli
aylıklarının, vb. otomatikman artışı
ile ilgili: *index-linked wages. My
pension is index-linked.*

indicate ['indikeit] *f+n* **1** (-e) işaret
etmek, göstermek. *He indicated my
seat at the table.* **2** ima etmek, dolaylı
olarak belirtmek. *They indicated that
they were very tired.* **indication**
[indi'keiʃən] *i+sy/-sy* gösterme;
belirti, kanıt. *This map gives no
indication of the heights of the hills.
Are there any indications of an
improvement?* **indicative** [in'dikətiv] *s*

gösteren, bildiren, belirten. **indicative
mood** (dilb.) haber kipi.

NOT: *mood* (=kip) bir sözün ne
şekilde söylendiğini gösteren fiil
şeklidir. *Indicative mood* İngilizcede
dört kipten biridir ve bir şeyi bir istek
olarak değil, bir gerçek olarak belirtir,
veya sorar: *I play football* (=Ben
futbol oynarım). *Do you play
football?* (=Sen futbol oynar mısın?)

indicator *i+sy* **1** arabanın döneceği
yönü gösteren sinyal lambası. *The
indicator on his car showed that he
was going to turn left.* **2** (bir
makinede, otomobilde) gösterge,
gösterge ibresi. *The indicator on the
petrol gauge showed that the car was
nearly out of petrol.* **3** (bir kimsenin
ne düşündüğünü, ne hissettiğini
gösteren bir) işaret, gösterge.

indict [in'dait] *f+n* (resmen) suçlamak,
itham etmek. *He was indicted for
murder / as a murder / on a charge
of murder.* **indictable** *s* suçlanabilir:
an indictable offence. **indictment**
i+sy/-sy suçlama, itham.

indifferent [in'difərnt] *s* **1** ilgisiz,
kayıtsız, aldırışsız. *He was indifferent
to all our appeals for help.* **2** şöyle
böyle, vasat: *indifferent health; an*

indifferent pupil; indifferent work.
indefference *i-sy* ilgisizlik; kayıtsızhk.
indigenous [in'didʒinəs] *s* yerli; bir
ülkede doğan ve oraya ait olan: *the
indigenous peoples of South
America.* (eş anl. **native**).
indigestible [indi'dʒestibl] *s* hazmı,
veya sindirilmesi güç. **indigestion**
[indi'dʒestʃən] *i-sy* hazımsızlık; sin-
dirim güçlüğü. *Jane is taking tablets
to relieve her indigestion.*
indignant ['indignənt] *s* (bir adalet-
sizliğe, veya haksızlığa) kızmış,
içerlemiş. *They are indignant about
the increased prices.* **indignation**
[indig'neiʃən] *i-sy* haksızlığa karşı
duyulan içerleme, kızgınlık.
indignity [in'digniti] *i+sy/-sy* küçük
düşme, alçalma; aşağılayıcı muamele,
küçük düşüren bir şey. *He suffered
the indignity of being kept waiting for
three hours.*
indigo ['indigou] *i+sy* 1 koyu mavi,
çivit rengi. 2 çivit; sarılığını gidermek
için çamaşırın son suyuna karıştırılan
toz boya.
indirect [indi'rekt] *s* dolaylı, doğrudan
doğruya olmayan. *I travelled to
London by an indirect route. He gave
only an indirect answer to my
question.* **indirectly** *z* dolaylı olarak.
indirect object (dilb.) dolaylı nesne.
NOT: İngilizcede bazı fiiller *direct
object* (=dolaysız nesne)'den önce bir
de *indirect object* (=dolaylı nesne)
alabilirler, örn. *He threw the ball*
cümlesinde '*the ball*' dolaysız nes-
nedir. Fakat, *He threw him the ball/
He threw the ball to him* cümlelerinde
ise '*him*' dolaylı nesnedir.
indirect speech (dilb.) dolaylı anlatım,
dolaylı söz.
NOT: *say, tell,* vb.'den sonraki bir
that- cümleciğinde, sözleri aktarılan
bir kimsenin kullandığı sözcüklerin
aynıları kullanılmayıp, kişi zamir-
lerinin, fiilin ya da her ikisinin de şekli
değiştirilir. Buna dolaylı anlatım
denir. Örn. *He said, 'I will do it'*
(='(Ben) Yaparım,' dedi). (**direct
speech** (=dolaysız anlatım). *He said
that he would do it* (=Onu yapacağını
söyledi). **indirect speech** (=dolaylı
anlatım). *indirect speech*'e *reported
speech* de denir.
indiscreet [indis'kri:t] *s* düşüncesiz,
patavatsız; boşboğaz, ağzında bakla

ıslanmayan; sır olarak saklanması
gereken bir şeyi söyleyen, veya yapıl-
maması gereken bir şeyi yapan.
indiscretion [indis'kreʃən] *i+sy/-sy*
boşboğazlık, patavatsızlık.
indiscriminate [indis'kriminət] *s*
gelişigüzel, rastgele; fark gözetmeyen,
ayırım yapmayan; dikkatle düşünü-
lerek, veya seçilerek yapılmamış:
indiscriminate punishment.
indispensable [indis'pensibl] *s* elzem;
çok gerekli, vazgeçilmez. *Books are
indispensable to a scholar.*
indisposed [indis'pouzd] *s* biraz rahat-
sız; keyifsiz. *I stayed at home because
I was indisposed.* (eş anl. **unwell**).
indisputable [indis'pju:təbl] *s* kesin,
muhakkak; su götürmez, tartışılmaz.
*We're going to have a very hard time.
That's indisputable.*
indistinct [indis'tiŋkt] *s* belli belirsiz,
seçilmez, hayal meyal; iyice görülmez,
işitilmez, vb. *Your voice is indistinct.*
individual [indi'vidjuəl] *s* bireysel,
kişisel; ayrı (her bir). *Everyone has an
individual way of signing his name.
You need a class card for each indi-
vidual class.* Ayrıca *i+sy* birey, fert.
*The purpose of the law is to protect
the rights of the individual.* **indi-
vidually** *z* teker teker. *Your advisor
will talk to each of you individually.*
individuality [individju'æliti] *i-sy*
kişilik, şahsiyet; özellik. **individualism**
i-sy bireycilik; bencillik, özel çıkar-
larını arama. **individualist** *i+sy* birey-
ci. *He is an individualist.*
indoctrinate [in'dɔktrineit] *f+n* beyni-
ni yıkamak; bir inancı, veya öğretiyi
kafasına sokmak. **indoctrination**
[indɔktri'neiʃən] *i-sy* beyin yıkama,
fikir aşılama. *It is difficult to over
come the early indoctrination of
children.*
indolent ['indələnt] *s* tembel, uyuşuk.
*An indolent man makes a poor
husband.*
indoor ['indɔ:*] *s* içerdeki, bina içi; bi-
na içinde yapılan, kullanılan, vb.: *in-
door games.* (karş. **outdoor**). **indoors**
z içerde, içeriye; -in içinde/içerisinde:
to play indoors. They went indoors.
indorse [in'dɔ:s] için **endorse**'a bkz.
indubitable [in'dju:bitəbl] *s* şüphesiz,
muhakkak.
induce [in'dju:s] *f+n* 1 (bir durum)a
neden olmak, sebep olmak. *One of*

Dolaysız ve Dolaylı Söz
(Direct and Indirect Speech)

★ Dolaysız bir söz dolaylı bir söze çevrilirken fiiller şu değişikliğe uğrar:

Dolaysız Söz (Direct Speech)	Dolaylı Söz (Indirect Speech)
am/is/are	was/was/were
has/have	had/had
had	had
can	could
may	might
will	would
must/have to	had to
shall	should

★ Zaman belirten sözcükler şu değişikliğe uğrar:

now	then
today	that day
this evening	that evening
this afternoon	that afternoon
tomorrow	the nex day the following day
yesterday	the previous day the day before
the day before yesterday	two days before
the day after tomorrow	in two day's time
next week/month/year	the following week/month/year
last week/month/year	the previous week/month/year
a week/month/year ago	a week/month/year before the previous week/month/year

★ Kişi zamirleri şu değişikliğe uğrar:	
I	he/she
we	they
me	him/her
mine	his/hers
my	his/her
our	their
ours	theirs
★ Yer belirten sözcükler ve diğerleri şu değişikliğe uğrar:	
here	there
this	that
these	those

these pills is guaranteed to induce sleep. 2 ikna ederek, etkileyerek yaptırmak. *They induced me to go away.* 3 (doktor tarafından ilaç, veya diğer tıbbî yollarla hamile bir hanımı doğum yapmaya) sevketmek, teşvik etmek. *The doctor induced the birth of the child.* **inducement** *i+sy* teşvik, ikna. *They added £10 to his salary as an inducement to stay.*
induct [in'dʌkt] *f+n* 1 (özl. bir din adamını) resmen göreve başlatmak. 2 (*AmI'*de) askere almak.
indulge [in'dʌldʒ] *f+n/-n* 1 (bir şey)e kapılmak; kendini vermek. *John had spent the previous three weeks indulging his passion for climbing.* 2 göz yummak, müsamaha etmek. *I'd love an ice-cream. Will you indulge me?* 3 bazen, arasıra içki içmek. **indulgent** *s* göz yuman, hoşgörülü, müsamahakâr. **indulgence** *i+sy/-sy* düşkünlük; tiryakilik, iptilâ. *One of my few indulgences is having breakfast in bed on Sunday morning. Indulgence in drink can harm your health.* **self-indulgence** (özl. aşırı derecede) kendi isteklerine düşkünlük.
industry ['indəstri] *i+sy/-sy* 1 çalışkanlık; çok, veya sıkı çalışma

(isteği ya da özelliği). *A country's greatest wealth is the industry of its people.* 2 endüstri, sanayi; hammaddeleri işlemek, enerji kaynaklarını yaratmak için kullanılan yöntemlerin ve araçların tümü: *the iron and steel industry. The country is mainly agricultural and has few industries.* 3 bir ticaret dalı: *the shopping industry.* **heavy industry** ağır sanayi. **light industry** hafif sanayi. **industrial** [in'dʌstrəil] *s* endüstriyel, sınai: *the industrial part of the city.* **industrious** [in'dʌstriəs] *s* çalışkan: *an industrious pupil. It is advantageous to be studious in your studies and industrious in all your work.* **industrialize** [in'dʌstriəlaiz] *f+n* sanayileşmek; sanayileştirmek: *industrialize a country.* **industrialist** [in'dʌstriəlist]*i+sy* sanayici.
inebriate [in'i:brieit] *f+n* sarhoş etmek. Ayrıca [in'i:briit] *i+sy* ayyaş. **inebriated** *s* sarhoş, kafayı bulmuş. (bu anlamların tümü ya *r. kul.* ya da *esk. kul.*).
inedible [in'edibl] *s* (kötü, berbat, veya zehirli olduğu için) yenmez. *Those biscuits are so hard they're inedible.*
ineffective [ini'fektiv] *s* etkisiz, sonuçsuz; umulan sonucu yarat-

mayan; başarısız. *He is an ineffective salesman.*

ineffectual [ini'fektjuəl] *s* etkisiz, sonuçsuz; umulan sonucu yaratmayan; başarısız. *He was an ineffectual spokesman for us in our protest against weekend homework.*

inefficient [in'ififənt] *s* yetersiz, ehliyetsiz, kabiliyetsiz, az verimli, randımanı az. **inefficiency** *i-sy* randıman düşüklüğü.

inelegant [in'eligənt] *s* zarif olmayan, kaba.

ineligible [in'elidʒibl] *s* (herhangi bir nedenle) yeterli nitelikleri olmayan.

inept [i'nept] *s* 1 uygunsuz, yersiz, münasebetsiz: *an inept remark.* 2 beceriksiz, acemi, yüzüne gözüne bulaştıran: *an inept politician.* **ineptitude** *i+sy* beceriksizlik.

inequality [ini'kwɔliti] *i-sy* eşitsizlik, adaletsizlik.

ineradicable [ini'rædikəbl] *s* giderilmesi olanaksız; kökü kazınamaz: *ineradicable error; an ineradicable disease.*

inert [i'nɔːt] *s* 1 etkisiz, etkimesiz; başka maddelerle kimyasal etkimeye girmeyen: *an inert gas.* 2 hareketsiz, sanki cansızmış gibi görülen. *He lay inert on the ground.* **inertia** [i'nɔːʃə] *i-sy* 1 atalet; tembellik. 2 (fizikte) atalet; bir cismin içinde bulunduğu düzgün devim, veya devimsizlik durumunun sürüp gitmesi.

inescapable [inis'keipəbl] *s* kaçınılmaz, bertaraf edilmez, çaresiz.

inestimable [in'estiməbl] *s* çok değerli; paha biçilmez; hesaba kitaba sığmaz: *inestimable wealth.*

inevitable [in'evitəbl] *s* 1 kaçınılmaz, olması muhakkak. *Defeat was inevitable.* 2 her zamanki, mutat. *She gave us her inevitable smile.*

inexact [inig'zækt] *s* hatalı, yanlış.

inexcusable [iniks'kjuːzəbl] *s* affolunamaz, bağışlanamaz.

inexhaustible [inig'zɔːstəbl] *s* bitmez tükenmez; sonsuz; yorulmak bilmez: *inexhaustible patience.*

inexorable [in'eksərəbl] *s* amansız, merhametsiz, acımasız. *The spread of the disease was inexorable.*

inexpensive [iniks'pensiv] *s* ucuz, pahalı olmayan. *We want to stay at an inexpensive hotel.* (*eş anl.* **cheap, reasonable**).

inexperience [iniks'piəriəns] *i-sy* tercübesizlik; acemilik. **inexperienced** *s* tecrübesiz; acemi. *An inexperienced driver has to be particullarly careful in wet weather.*

inexplicable [iniks'plikəbl] *s* açıklanamaz; nedeni, niçini söylenemez.

inexpressible [iniks'presəbl] *s* tarif edilemez, anlatılamaz, tanımlanamaz.

inextricable [iniks'trikəbl] *s* içinden çıkılamaz, halledilemez. *He was in inextricable difficulties.*

infallible [in'fæləbl] *s* 1 yanılmaz, yanlış yapmaz. *He is so proud that he thinks himself infallible.* 2 şaşmaz, katî. *This is an infallible way to get good results.*

infamous ['infəməs] *s* adı kötüye çıkmış; alçak, rezil. *She is an infamous liar.* (*eş anl.* **notorious**). **infamy** *i-sy* rezillik, alçaklık.

infant ['infənt] *i+sy* küçük çocuk, veya bebek; iki yaşın altındaki çocuk. *Legally, an infant is a child under eighteen years of age.* NOT: *infant* sözcüğü eskimiş bir sözcük olup yerine *minor*'ı kullanın. Ayrıca *s* küçük çocuk, veya bebekle ilgili, ona ait: *infant years* (= bebeklik yılları); *infant school.* **infant mortality rate** çocuk ölüm oranı. **infantile** ['infəntail] *s* çocukça, çocuksu; çocuğa ait: *infantile disease. He is a grown man but his jokes are infantile.* **infancy** *i-sy* 1 çocukluk, bebeklik. 2 başlangıç; ilk devre. *Modern science was then in its infancy.*

infantry ['infəntri] *i-sy* piyade (askerî). **infantryman** piyade askeri: *120 infantrymen in one company of infantry.*

infatuate [in'fætjueit] *f+n* (genl. *ed. çat.*). gözü hiçbir şeyi görmeyecek kadar sevdaya düşürmek. *He is infatuated with her.* (= Ona delicesine aşık oldu). **infatuation** [infætju'eifən] *i+sy/-sy* delicesine aşık olma.

infect [in'fekt] *f+n* 1 (bir hastalık) bulaştırmak. *If you do not keep away from the children, you will infect them with your cold.* 2 (kirleterek, veya mikroplayarak) bozmak. *This meat is infected.* 3 (his ve duygular hk.) yayılmak, dağılmak. *His sadness infected us all.* **infection** *i-sy* 1 bulaşıcı hastalık; iltihap. *As a carrier she was*

spreading infection to other people in
the school. **2** bulaşma, geçme, sirayet,
bulaştırma. **contagious**'a bkz.

infectious [in'fekʃəs] s bulaşıcı;
yayılıcı: *an infectious disease;
infectious laughter. Her measles is at
the infectious stage.*

infer [in'fə:*] *f* + *n* (eldeki bilgilere göre)
bir sonuç çıkarmak, bir sonuca
varmak. *We infer from his letters that
he is very unhappy. geç. zam. ve ort.*
inferred. inference ['infərns] **1** *i-sy* bir
sonuca, yargıya varma. **2** *i* + *sy* sonuç,
yargı. *We can draw/make other
inferences from his letters.*

inferior [in'fiəriə*] s **1** mevki ve rütbece
aşağı; ast. *An assistant manager is
inferior in position to a manager.* **2**
adi, bayağı. *This cloth is inferior to
that one.* **inferiority complex** aşağılık
kompleksi. *She has an inferiority
comlex about her size.* (*kar.*
superiority complex).

infernal [in'fə:nl] s **1** cehenneme ait;
cehennem gibi. **2** iğrenç; lanet olası:
an infernal noise. (**2.** anlamı *k. dil.*).

inferno [in'fə:nou] *i* + *sy* cehennem;
cehennem gibi sıcak, veya korkunç
herhangi bir yer. *The fire turned the
forest into an inferno.* çoğ. biç.
infernos.

infertile [in'fə:tail] s **1** çorak, verimsiz:
infertile ground. **2** (insan, veya
hayvanlar hk.) kısır, döl vermeyen.

infest [in'fest] *f* + *n* (böcekler, fareler,
veya diğer hayvanlar) istila etmek,
sarmak. *The food store was infested
with rats. My daughter's hair was
infested with lice.*

infidel ['infidl] *i* + *sy* kâfir, yani
Tanrı'nın varlığına ve birliğine
inanmayan kimse; aynı dinden
olmayan kimse. *To muslims all
Christians are infidels.* (*eş anl.*
unbeliever).

infidelity [infi'deliti] *i* + *sy*/-*sy* (özl. evli
çiftler arasında sadakatsizlik,
aldatma.

in-fighting ['infaitiŋ] *i-sy* (aynı grup,
veya kuruluş üyeleri arasındaki) iç
çekişme ya da rekabet: *bureaucratic
in-fighting.*

infiltrate ['infiltreit] *f* + *n*/-*n* sızmak,
sızıp girmek; sokmak, sızdırmak,
düşman hatlarına gizlice girmek.
*During the war the enemy tried to
infiltrate spies into our country.*

infinite ['infinit] s sonsuz, bitmez
tükenmez, sınırsız; ölçülemeyecek
kadar büyük, veya çok: *the infinite
space of the universe. The storm
caused infinite damage.* **infinitude**
[in'finitju:d] **1** *i-sy* sonsuzluk,
sınırsızlık. **2** *i* + *sy* sınırsız sayı, veya
miktar. **infinity** [in'finiti] *i* + *sy*/-*sy*
sonsuzluk.

infinitive [in'finitiv] *i* + *sy* (dilb.)
mastar.
NOT: mastar, 'to + fiilin yalın
şekli'nden oluşan bir fiil biçimidir,
örn. *to be* (= olmak); *to go*
(= gitmek), vb. mastarlar bir cümlede
(a) bir isim olarak kullanılırlar: **To fly**
requires skill. *(b)* bir sıfat olarak
kullanılırlar: *I have no passion* **to**
wait. *(c)* bir zarf olarak kullanılırlar:
John will be delighted **to write.**
infinitive phrase (dilb.) mastar grubu.
NOT: *1* bir mastar grubunda ki, buna
to'lu grup da denir, 'to + fiilin yalın
şekli' ile bunu niteleyen, veya açık-
layan diğer sözcükler bulunur: *(a) I
like* **to be comfortable** (sıfat tümleci).
(b) She wants **to become a doctor**
(isim tümleci). *(c) John will be glad*
to be home again (zarf tümleci). *2*
mastar grubundan sonra bir, veya
birden fazla nesne kullanılabilir: *John
hopes* **to break the record.** *I work
hard* **to suport my family.** *She told me*
to give John the letter. *3* bir mastar
grubu cümlede bir isim olarak ve şu
durumlarda kullanılabilir: *(a)* özne:
To speak English *is easy.* **To make
friends easily** *is a gift.* *(b)* nesne: *John
wanted* **to go away.** *They plan* **to leave**
early. *(c)* özne tümleci: *My aim is* **to
finish the course as soon as possible.**
His plan is **to leave as soon as
possible.** *(d) It* boş öznesi ile birlikte
kullanılır: *It is sometimes better* **to
remain silent.** *It is foolish* **to leave in
this stormy weather.** impersonal'a
bkz. *(e)* sıfat olarak kullanılır: *This is
the time* **to speak plainly.** *The thing
to tell them is that you can't go.* *(f)*
yüklem niteleyicisi olarak kullanılır:
He stopped **to smoke a cigarette.** *I
come* **to learn English.** *(g)* bir cümle,
veya cümleciğin yerine kullanılır: *Oh,*
to be young and foolish again! *Oh,* **to
be in England,** *now that April's here!*
(h) bütün bir cümlenin niteleyicisi
olarak kullanılır: **To be honest with,**

you, I have never cared much for John. To save money, *he walked instead of taking the bus.*

infirm [in'fə:m] *s* (özl. yaşlı bir kimse hk.) dermansız, güçsüz, halsiz, zayıf. *She's infirm now that she's old, so you'll have to help her. Granny is quite infirm now.* **infirmity 1** *i-sy* dermansızlık, güçsüzlük, halsizlik. **2** hastalık, sakatlık. *In spite of her infirmities she still reads all the newspapers.* **infirmary** [in'fə:məri] *i+sy* hastahane, revir.
NOT: hernekadar *infirmary* sözcüğü eski bir kullanımsa da, günümüzde hastahane adlarıyla pekâlâ kullanılabilmektedir: *the Glasgow Royal Infirmary; Manchester Royal Infirmary.*

inflame [in'fleim] *f+n* **1** iltihaplandırmak; kanlandırıp kızartmak. *The dust inflamed my eyes.* **2** çok kızdırıp tahrik etmek, kışkırtmak. *The people were inflamed by the news.* **inflammation** [inflə'meiʃən] *i-sy* iltihap, iltihaplanma: *inflammation of the eyes. Aunt Mandy has an inflammation of the bladder/bladder inflammation.*

inflammable [in'flæməbl] *s* (genl. Brİ'de) çabuk ateş alır, tutuşur. *Deposits of gasoline and other inflammable materials must be clearly marked by warning signs.* (*Amİ*'de **flammable**). (*karş.* **uninflammable** veya **not inflammable**).

inflate [in'fleit] *f+n* **1** (hava, veya bir gazla) şişirmek; hava basmak. *I had to inflate the tyre.* **2** para arzını arttırarak, fiyatlar ya da ekonomik faaliyet düzeyinin yükselmesine yol açmak. *Scarcity has inflated the price of food.* **inflation** [in'fleiʃən] *i-sy* **1** şişirme. **2** enflasyon; para arzı ve banka kredilerindeki artışın neden olduğu talep fazlasının yol açtığı genel fiyat artışı. *Because of inflation, they had to spend more money for food. Inflation is running at 80%. We have 80% inflation.*

inflexible [in'fleksibl] *s* **1** kararından dönmez, bir kararda. *He is inflexible on this matter.* **2** bükülmez, eğilmez.

inflict [in'flikt] *f+n* (hoş olmayan ya da istenmeyen bir şeye) uğratmak; çektirmek, vermek. *They inflicted defeat on/upon their enemies.*

infliction *i+sy* eziyet, ceza, vb. verme.

influence ['influəns] **1** *i+sy* etki, tesir; sözü geçen kimse, etkili birisi, veya şey. *Religion has a great influence on man's behaviour. He is one of the good influences in the school.* **2** *i-sy* (genl. toplumdaki yeri, veya zenginliği nedeniyle) sözü geçerlik, nüfuz. *People with influence get the best jobs here.* Ayrıca *f+n* etkilemek; üzerinde nüfuzu olmak: *influence somebody's decision.* **influential** [influ'enʃl] *s* etkili; forslu, hatırlı. *John is a respected and influential man.*

influenza [influ'enzə] *i-sy* (=**flu**)—grip (hastalığı). *He is ill in bed with influenza. The influenza epidimic has killed several people.*

influx ['inflʌks] *i+sy* içeriye akış, giriş; akın, üşüşme. *The unexpected influx is due to an unscheduled stopover at the airfield.* çoğ. biç. **influxes.**

info [infou] *i-sy* (=**information**) (*k. dil.*).

inform [in'fɔ:m] *f+n* bilgi vermek, haber vermek. *He will inform us where to go. They informed him of their arrival. He informed us that they had arrived.* **information** [infə'meiʃən] *i-sy* bilgi(ler), haber(ler), malumat. **information bureau** [infə'meiʃən 'bju:rou] danışma bürosu. **information desk** müracaat masası. **informative** *s* öğretici; haber dolu. *This book is very informative.* **informed** *s* bilgili; olandan bitenden haberi olan. **informer** *i+sy* muhbir, müzevir, gammaz, jurnalci; ele veren kimse.

informal [in'fɔ:ml] *s* **1** merasimsiz, resmî olmayan: *an informal meeting of heads of state; an informal dinner; informal clothes.* **2** teklifsiz; resmi olmayan, günlük konuşma ya da yazma diline ait: *an informal expression.* **informality** [infɔ:'mæliti] *i+sy/-sy* teklifsizlik. *The people of this locality are known for their simplicity, informality, and practicality.* (=Bu civarın ahalisi sadelikleri, teklifsizlikleri ve pratik kafalı olmalarıyla tanınırlar).

infra-red ['infrə'red] *s* kızılötesi olan, enfraruj; ışık tayfında kırmızı olanın ötesindeki alanda yayılmış ısı ışınlarından oluşan, gözle görülmeyen ışınım. **infra-red rays/radiation**

kızılötesi ışınları.

infrequent [in'fri:kwənt]*s* seyrek, sık sık olmayan. *Our grandparents' visits to us have been very infrequent since they sold their car.*

infringe [in'frindʒ] *f+n* 1 (bir yasayı) ihlâl etmek, karşı gelmek; (bir anlaşmayı) bozmak. *People who drive without a licence infringe the law.* 2 (bir kimsenin hak, veya haklarına) tecavüz etmek. *He has infringed our privacy. You must not infringe the copyright of this article.* **infringement** *i+sy/-sy* bir hakka tecavüz; ihlâl.

infuriate [in'fjuərieit] *f+n* çileden çıkarmak, çok kızdırmak. *The workers infuriated their boss when they refused to work overtime.*

infuse [in'fju:z] 1 *f+n/-n* (genl. çayın) (üzerine sıcak su dökerek) demlemek. *Heat the teapot before you infuse the tea.* (*eş anl.* brew). 2 (ümit, moral) vermek; telkin etmek, aşılamak. *The good news infused them with hope.*

ingenious [in'dʒi:niəs] *s* 1 yeni fikirler bulmakta, veya yenilik yaratmada zeki, hünerli. *The ingenious boy won a prize for his invention.* 2 zekice, ustalıkla yapılmış. *The door was fastened with an ingenious lock.* **ingenuity** [indʒi'nju:iti] *i-sy* maharet, yaratıcılık.

ingenuous [in'dʒenjuəs] *s* temiz yürekli, saf; samimi, candan. *He has an ingenuous face.* (*karş.* disingenuous).

ingot ['iŋgət] *i+sy* (özl. altın veya gümüş) külçe; eritilerek kalıba dökülmüş maden, veya alaşım.

ingrained [in'greind] *s* (özl. alışkanlıklar, inançlar hk.) kökleşmiş; değiştirilmesi, veya ortadan kaldırılması güç.

ingratiate [in'greişieit] *f+n* (yağcılık yaparak) gözüne girmeye çalışmak, kendini sevdirmek. *He ingratiated himself with the new master.*

ingratitude [in'grætitju:d] *i-sy* nankörlük; kendisine yapılan iyiliğin değerini bilmeyiş.

ingredient [in'gri:diənt] *i+sy* 1 bir karışımdaki maddelerin her biri, örn. bir yemek yaparken, bu yemeğe konan şeyler: *a cake made from flour, sugar and various other ingredients.* 2 etken, faktör. *Mental illness and*

detachment from society are the ingredients of suicide.

inhabit [in'hæbit] *f+n* içinde oturmak, ikamet etmek. (*eş anl.* dwell in).

inhabitant *i+sy* (bir yerde) oturan, yaşayan kimse, veya hayvan. *The inhabitants of Turkey are the Turks.*

inhale [in'heil] *f+n/-n* nefes almak; içine çekmek. *They say it is dangerous to inhale cigarette smoke.*

inherint [in'hiərənt] *s* aslında, veya tabiatında var olan. *Love of their children is inherint in all parents.* (*eş anl.* innate).

inherit [in'herit] *f+n* 1 (genl. bir akrabasının ölümü üzerine) (para, mal mülk, veya bir mevkiyi) miras olarak almak. *He inherited his uncle's farm.* (*eş anl.* come into). 2 (bir özelliği, veya niteliği ana baba veya atadan) (kalıtsal olarak) almak. *He has inherited his grandfather's skill in making money. The baby inherited his mother's green eyes.* **inheritance** *i+sy/-sy* miras, veraset; kalıt.

inhibit [in'hibit] *f+n* (bir kimsenin bir şeyi yapmasını) engellemek, mani olmak. *His bad English inhibits him from speaking freely. / He is inhibited from speaking freely by his bad English.* (*karş.* uninhibited). **inhibition** [inhi'bişən] *i+sy/-sy* engelleme; çekingenlik, tutukluk. *He has no inhibitions about speaking French.*

inhospitable [inhɔs'pitəbl] *s* misafir sevmez; misafire karşı soğuk davranan. *The family next door in quite inhospitable and never asks us in to swim in their pool.*

inhuman [in'hju:mən] *s* zalim; insanlığa yakışmaz. **inimitable** [i'nimitəbl] *s* taklit edilemez (bir özellik) (çünkü ya eşsizdir ya da sadece bunu yapana hastır): *his inimitable way of making his students interested in their work.*

iniquitous [i'nikwitəs] *s* (bir şey hk.) çok kötü ve adaletsiz.

initial [i'nifl] *s* birinci, ilk, baştaki: *initial reaction. I failed in my initial attempts.* Ayrıca *i+sy* bir kimsenin adının ve soyadının, veya bir sözcüğün ilk harfi. *J. S. are the initials of John Smith; U.N.O. of the United Nations Organization. What do the initials IMF stand for?* Ayrıca *f+n*

parafe etmek; adının ve soyadının
yalnız baş harfleriyle imzalamak. *He
initialed the correction to show that
he had approved it. geç. zam. ve ort.*
initialled. (*Amİ'*de **initialed**). **initially**
z başlangıçta, ilk zamanlar.

initiate [i'nifieit] *f+n* **1** (bir şeyi)
başlatmak; başlamak. *He has
initiated talks about opening new
schools.* **2** (bir şeyi) öğretmek; (bir
şeyin) kurallarını, becerilerini
göstermek. *The lecture initiated us
into the problems of living abroad.* **3**
özel bir törenle, bir sosyal topluluğa
kabul etmek, bazı sırları ya da
hünerleri öğreterek bir gruba almak.
*We were initiated into the sports club
by one of the members.* **initiation**
[inifi'eifən] *i-sy* başlatma; üyeliğe
alma. **initiative** [i'nifətiv] *i-sy*
girişkenlik, başlama yeteneği; kişisel
teşebbüs, girişim. *He went to see the
headmaster on his own initiative. He
has got no initiative* (=Müteşebbis
değildir). **take the initiative** teşebbüsü
ele almak; (bir şey)e önayak olmak.
*He took the initiative by speaking
first at the meeting.*

inject [in'dʒekt] *f+n* iğne yapmak,
şırınga etmek, enjeksiyon yapmak.
*The doctor injected the drug into my
arm.* **inject someone against** (bir
hastalığa, veya enfeksiyona) karşı iğne
yapmak, aşılamak. **injection** *i+sy/-sy*
iğne yapma, enjeksiyon. *She had a
penicillin injection.*

injure [in'dʒə*] *f+n* **1** (bir insan, veya
hayvanın bir tarafını) yaralamak;
zedelemek. *I injured my leg when I
fell.* **2** (his ve duygularını) incitmek,
kırmak. **injured** *s* **1** yaralı. **2** incinmiş,
kırılmış, küskün, darılmış. *She spoke
in an injured voice.* Ayrıca içoğ (**the**
ile) (bir kazada) yaralılar. *All the
injured were taken to the nearest
hospital.* **injured party** *i+sy* (genl. **the**
ile) haksızlığa uğrayan kimse, zarara
uğrayan birisi. **injurious** *s* zararlı.
injury *i+sy/-sy* **1** zarar, ziyan, hasar.
2 yara, bere, kırık, vb. *Because of his
many injuries he was taken to
hospital.* **injury benefit** iş kazası
tazminatı. **industrial injury** iş kazası.
add insult to injury için **insult**'a bkz.
injury time (futbol maçında)
uzatmalar, oyundaki kesintiler, örn.
sakatlanmalar, vb. yüzünden oyuna

eklenen süre.

injustice [in'dʒʌstis] *i-sy* haksızlık,
adaletsizlik: *social injustice* (=sosyal
adaletsizlik). **do someone an injustice**
bir kimseye haksızlık, insafsızlık
etmek. *They did me a great injustice
by calling me a liar.*

ink [iŋk] *i+sy* mürekkep. **inky** *s* **1**
mürekkepli, mürekkep bulaşmış. **2**
simsiyah, zifirî karanlık. *He
disappeared completely into the inky
shadows.* **ink in something** (genl.
daha önce kurşunkalemle yazılmış,
çizilmiş, işaretlenmiş bir şeyi
mürekkeple yazmak, çizmek. *She
inked in the outlines on the paper.*

inkling ['iŋkliŋ] *i+sy* (bir şey hakkında
duyulan) sezgi, kestirme. *They have
an inkling of his plans. The first
inkling of what impended was an
earthquake.*

inland ['inlənd] *s* bir ülkenin iç
kısımlarında bulunan, dahili, deniz-
den uzak: *inland postal service*
(=memleket içi posta servisi).
Birmingham is an inland city. Ayrıca
['in'lænd] *z* içeriye doğru; denizden
uzakta. *They travelled inland from
the coast. The city lies inland.* **Board
of Inland Revenue** Kamu Gelirleri
İdaresi. (*karş.* **Board of Custom and
Excise**).

in-laws ['inlɔ:z] içoğ bir kimsenin
kocasının, veya karısının annesi ve
babası ya da evlilikten dolayı yakın
akrabaları; **mother-in-law** (=kayın-
valide), **father-in-law** (=kayınpeder),
vb. kısa ve *k. dil.* biçimi. *He has gone
to see his in-laws.*

inlet ['inlet] *i+sy* küçük körfez, koy.
We entered the inlet in a boat.

inmate ['inmeit] *i+sy* bir binada (özl.
bir hastanede, veya bir hapisanede)
diğer kimselerle birlikte kalan kimse.
*The inmates refused to listen to the
warden's terms.*

inn [in] *i+sy* **1** han. **2** özl. içinde bir
birahanesi/meyhanesi olan ve genl.
kasaba yolları üzerindeki küçük otel.
innkeeper **1** hancı. **2** birahaneci,
otelci.

innate [i'neit] *s* doğuştan, tabii;
sonradan öğrenerek olmayan, elde
edilmeyen: *man's inate desire for
happiness.* (*eş anl.* **inherint**).

inner ['inə*] *s* dahili, iç: *the inner circle.
They went to the inner rooms of the*

house.

innocent ['inəsnt] *s* 1 masum; suçsuz, günahsız, kabahatsiz. *I am innocent of the crime.* 2 saf; kurnazlığa aklı ermeyen, kolay aldatılan. *He is innocent about nightlife in a big city. They were innocent enough to believe him.* **innocence** *i-sy* 1 masumiyet, suçsuzluk. *She tried to establish her innocence.* 2 saflık.

innocuous [i'nɔkjuəs] *s* zararsız, incitmeyen. *He didn't seem like an innocuous man.* (*eş anl.* **harmless**).

innovate ['inəveit] *f-n* yenilik yapmak, yeni fikirler getirmek, değişiklikler yapmak. *He innovated a lot of rules when he first came to our school.* **innovation** [inə'veiʃən] *i+sy/-sy* yenilik: *major innovations such as frozen food and antibiotics.*

innuendo [inju'endou] *i+sy/-sy* (özl. bir kimsenin hareket ve şahsiyetini küçük düşürmek için yapılan) ima, kinaye; üstü kapalı, sitemli, dokunaklı söz. *çoğ. biç.* **innuendoes**.

innumerable [i'nju:mərəbl] *s* sayısız, hadsiz hesapsız, sayılamayacak kadar çok. *As soon as we started our picnic, innumerable flies descended on us.*

inoculate [i'nɔkjuleit] *f+n* aşılamak; organizmada bağışıklık yaratmak, veya yerleşmiş bir hastalığa karşı koyabilmek için hazırlanmış bir aşıyı vücuda vermek, aşı yapmak. *The doctor inoculated the children against influenza.* (*eş anl.* **vaccinate**). **inoculation** [inɔkju'leiʃən] *i+sy/-sy* aşı; aşılama. *The baby had an influenza inoculation.*

inopportune [in'ɔpətju:n] *s* uygunsuz, sırasız, yersiz, vakitsiz; uygun olmayan bir zamanda olan, veya yapılan ve bu nedenle de bir mahcubiyete, veya sıkıntıya yol açan: *an inopportune remark.*

inordinate [i'nɔ:dinət] *s* aşırı, ölçüsüz: *inordinate pride.*

inorganic [inɔ:'gænik] *s* inorganik; cansız olan (örn. mineraller inorganik maddelerdir). *Substance which is not made from animal or vegetable sources is inorganic.*

in-patient ['inpeiʃənt] *i+sy* hastanede yatarak tedavi gören hasta. (*karş.* **out-patient**).

input ['input] 1 *i+sy/-sy* bir işe yatırılan, veya harcanan para. 2 *i-sy*

bilgisayara verilmek üzere hazırlanmış bilgi. 3 *i-sy* giriş akımı, bir makineye verilen elektrik gücü miktarı. (*karş.* **output**).

inquest ['inkwest] *i+sy* (özl. şüpheli bir ölüm için yapılan) adli soruşturma; resmi soruşturma.

inquire, enquire [in'kwaiə*] *f+n/-n* sormak, soruşturmak, araştırmak, sorup öğrenmek. *They inquired where to go.* **inquire about someone /something** bir kimse, veya bir şey hakkında bilgi edinmek. *I inquired about his daughter. We inquired about her past experience.* **inquire after someone** bir kimsenin halini, hatırını sormak. *He inquired after John's mother.* **inquire into** tahkikat yapmak, soruşturmak. *The police are inquiring into the murder.* (*eş anl.* **look into**). **inquiring** *s* öğrenmeye meraklı, araştırıcı: *an inquiring mind.* **inquiry** *i+sy* soruşturma, araştırma. *I have to make inquiries about his name and address.*

inquisitive [in'kwizitiv] *s* meraklı; başkaları hakkında yersiz sorular sorup olup biteni öğrenmeye çalışan. *Our neighbours are very inquisitive about our friends.* (*eş anl.* **nosy**).

insane [in'sein] *s* deli; akli dengesi yerinde olmayan. *Insane people are treated in special hospitals.* (*eş anl.* **mad**). **insanity** [in'sæniti] *i-sy* delilik. (*eş anl.* **madness**)'.

insanitary [in'sænitəri] *s* pis ve sağlığa zararlı. *Cholera spread rapidly because of insanitary conditions in the city.*

insatiable [in'seiʃəbl] *s* tatmin edilemez; hep daha fazlasını isteyen, doymak bilmez, aç gözlü.

inscribe [in'skraib] *f+n* 1 hakketmek; maden, ağaç, taş üzerine elle yazı ya da şekil oymak. *Their names are inscribed on the stone above their grave.* 2 (bir kitabın, genl. ön kapağının içine) adını soyadını yazmak; (eğer hediye ediliyorsa, hediye edilene) kısa bir not yazmak. *He inscribed his name in the book.* **inscription** [in'skripʃən] *i+sy/-sy* 1 hediye edilen bir kitaba yazılan yazı; ithaf. 2 bir yazıttaki kabartmalı, veya oymalı yazı. *The inscription on the ancient monument was hard to read.*

inscrutable [in'skru:təbl] *s* ne

düşündüğü anlaşılmaz, veya keş-
fedilemez. *His face was inscrutable.*

insect ['insekt] *i+sy* böcek;
eklembacaklıların, altı bacaklı, çoğu
kanatlı ve vücutları baş, göğüs, karın
olarak eklemlerden oluşmuş hayvan
sınıfı, haşere: (örn. *a fly* (=bir sinek);
a bee (=bir arı), veya *an ant* (=bir
karınca)). *Little Jane was stung by an
insect.* **insecticide** [in'sĕktisaid] *i+sy*
böcek öldürücü ilaç.

insecure '[insi'kjuə*] *s* **1** kendinden,
yeteneklerinden emin olmayan;
bundan kuşku duyan. (*karş.*
confident). **2** sağlam, veya emniyetli
olmayan. *These boxes are insecure. I
feel insecure in this lonely house.*
insecurity *i-sy* güvensizlik, emniyet-
sizlik.

inseminate [in'semineit] *f+n*
döllemek. **insemination** [insemi
'neifən] *i-sy* dölleme. Ayrıca **A.I.D.** ve
A.I.H.'a bkz.

insensible [in'sensibl] *s* **1** baygın,
kendinden geçmiş. *He is still
insensible after the blow on head.* **2**
aldırışsız, kayıtsız, hissiz, duyarsız:
insensible to suffering. **3** farkına
varılamaz, belli belirsiz: *the insensible
growth of a tree.*

insensitive [in'sensitiv] *s* duygusuz,
hissiz, hissetmez: *insensitive to pain.*

inseparable [in'sepərəbl] *s* **1**
ayrılamayan, birbirinden ayrılmaz.
Culture is inseparable from class. **2**
birbirinden hiç ayrılmaz, içtikleri su
ayrı gitmez.

insert [in'sə:t] *f+n* (bir şeyi)in içine
koymak; arasına koymak. *The book
would be improved by inserting
another chapter.* Ayrıca ['insə:t] *i+sy*
bir kitabın, veya derginin sayfaları
arasına konulan bir şey (örn. bir
kağıda yazılmış bir ilan). **insertion**
i+sy/-sy ilave; eklenen şey.

inshore ['in'fɔ:*] *s/z* kıyıya yakın;
kıyıya doğru: *inshore weather; an
inshore wind. We swam inshore.*
(*karş.* **offshore**).

inside ['in'said] **1** *s* iç, içteki, dahili; *the
inside pages of a book; an inside wall.
Have you read the inside pages.* (*karş.*
outside). **2** *z* içeride, içeriye. *Let's go
inside. There is a boy inside. John just
went inside for a minute.* (*karş.*
outside). **3** *edat* -in içinde/içerisinde.
Let's go inside the house. There is a

toy inside the box. Ayrıca *i+sy* iç
taraf(ı), iç(i). *I want to see the inside
of the house. He has a pain in his
inside.* (*k. dil.*). *Her name was on the
inside of the box.* **inside out** ters
(dönmüş), (içi dışına çıkmış), tersyüz.
He is wearing his coat inside out.
know someone/something inside out
bir kimsenin/bir şeyin içini dışını
bilmek; çok iyi, avucunun içi gibi
bilmek. *They know this town inside
out.*

insidious [in'sidiəs] *s* sinsi, hain;
önemsizmiş görünüp aslında çok
tehlikeli ya da, öldürücü olan: *an
insidious illness.*

insight ['insait] *i+sy* bir şeyin gerçek
anlamını, içyüzünü kavrama ya da
anlama yeteneği; anlayış, anlama. *He
has a great insight into modern
science. His speech gave us a valuable
insight into the problems of
education.*

insignia [in'signiə] *içoğ* rütbe işaretleri;
nişan, işaret, rozet.

insignificant [insig'nifikənt] *s* önemsiz,
ehemmiyetsiz. *He is an insignificant
member of the club and won't take
on any responsibilities.*

insincere [insin'siə*] *s* riyakâr, yüze
gülen, ikiyüzlü, samimiyetsiz. (*eş anl.*
hypocritical). **insincerity** [insin'seriti]
i-sy ikiyüzlülük, samimiyetsizlik,
riyakârlık. (*eş anl.* **hypocrisy**).

insinuate [in'sinjueit] *f+n* **1** (genl.
oneself ile) kurnazlıkla sokulmak,
girmek. *He insinuated himself into all
our discussions. John insinuated
himself into the boss's favour.* **2** ima
etmek, üstü kapalı anlatmak. *They
have insinuated to me that you drink
too much. I was angry when he
insinuated I had cheated.* **insinuation**
[insinju'eifən] *i+sy/-sy* ima, kinaye.

insipid [in'sipid] *s* **1** lezzetsiz, tatsız
tuzsuz, yavan: *insipid food. I think
this cup of tea is insipid.* **2** yavan, can
sıkıcı: *an insipid meeting.*

insist [in'sist] *f+n/-n* (-de/hususunda)
ısrar etmek, ısrarla belirtmek. *John
insists on coming with us* (=John
bizimle gelmekte ısrar ediyor). *I insist
on your being on time* (=Vaktinde
gelmeniz hususunda ısrar ediyorum).
He insists on the need to work hard
(=Çok çalışmanın gereği üzerinde
ısrarla duruyor). *I insist that you be*

here/shall be here (= Burada olma-
nızda ısrar ediyorum). **insistent** *s* ısrar
edici, zorlayıcı. *John was insistent
that we should have a drink.*
insistence *i-sy* ısrar.

insofar as [insə'fa:ˈəz] *bağ* ...-i
derecede, ...-e kadar, ...-i ölçüde.
*Studying late at night is not bad
insofar as it does not prevent one
from getting adequate rest. Insofar as
I know, she has gone home.* (*eş anl.*
inasmuch).

insolent ['insəlnt] *s* (özl. kendinden
daha yaşlı, veya daha önemli olan
birine karşı) küstah, terbiyesiz,
saygısız, arsız; sıra, saygı tanımadan
davranan. *He was insolent to his
teacher. We were surprised by their
insolent behaviour towards their
parents.* **insolence** *i-sy* küstahlık,
terbiyesizlik.

insoluable [in'sɔljubl]s 1 (özl. suda)
erimez. 2 çözülmez, içinden çıkı-
lamaz, halledilmesi imkânsız: *an
insoluble problem.*

insolvent [in'sɔlvənt] *s* (bir kimse, veya
bir şirket hk.) borcunu ödeme gücü
olmayan; iflas etmiş. *Because he was
insolvent he could only pay half of
what he owed people. The company
was declared insolvent.* (*eş anl.*
bankrupt).

insomnia [in'sɔmniə] *i-sy* uykusuzluk,
uyku uyuyamama. *I suffer from
insomnia.*

Insp. (= Inspector)—müfettiş. *Insp.
Holt and his assistant Bill try to solve
the mystery of the missing fur coats.*
inspector'a bkz.

inspect [in'spekt] *f+n* denetlemek,
teftiş etme; muayene etmek. *A man
came to inspect our school yesterday.*
inspection 1 *i-sy* muayene, kontrol.
*On inspection the meat was found to
be bad.* 2 denetleme, teftiş. **inspector**
i+sy 1 (özl. tren ve otobüslerde bilet)
kontrol memuru. 2 (polis) müfettiş;
çavuş rütbesindeki polis memurunun
bir üst rütbelisi. *Inspector Holt went
to Birmingham in search of a
jewellery thief.*

inspire [in'spaiə*] *f+n* 1 (daha iyi
duygu ve düşüncelere) neden olmak,
özendirmek. *His speech inspired us to
try again.* 2 ilham etmek, telkin
etmek. *The good news inspired us
with hope.* **inspired** *s* yaratıcı duygu

ve düşüncelerle dolu; ilhamlı: *an
inspired artist.* **inspiring** *s* ilham verici;
yaratıcı duygu ve düşünceler yaratan:
an inspiring speech. (*karş.* **unin-
spiring**). **inspiration** [inspi'reiʃən] *i-sy*
1 ilham. 2 bir anda akla gelen bir
fikir, veya düşünce. *I've had an
inspiration.* 3 ilham veren bir şey, veya
kimse. 4 vahiy; Tanrı tarafından bir
buyruk ya da düşüncenin Peygambere
bildirilmesi.

inst [inst] ['] (= of this month)—**instant**
sözcüğünün kısaltması—bu ay.
*Thank you for your letter of the 17th
inst.*

instability [instə'biliti] *i-sy* (genl.
karakter, veya tutum ve davranışlar
hk.) dengesizlik, kararsızlık, sebat-
sızlık. *World money markets are
showing signs of instability. Many
soldiers who survived the Japanese
prison camps later showed signs of
mental instability.*

install [in'stɔ:l] *f+n* 1 (genl. törenle)
(bir kimseyi) (çoğk. bir kilisede ya da
üniversitede) önemli bir makam, veya
bir göreve getirmek. *The new Vice-
Chancellor of the university has been
installed.* 2 tesisat yapmak, döşemek,
kurmak: *install an electric light/a
bathroom/a fireplace.* **install oneself
in a place** bir yere yerleşmek. *He has
just installed himself in his new office.*
installation [instə'leiʃən] 1 *i+sy* askeri
üs, askeri tesisler: *missile installations.*
2 *i-sy* tesisat. 3 önemli bir işe, veya
göreve getirme töreni.

instalment [in'stɔ:lmənt] (*AmI*'de
installment) *i+sy* taksit; bir borcun
belli zamanlarda ve belirli bir
miktarda ödenmesi gerekli olan
parçalarından her biri. *We are paying
for our car by/in monthly instalments
of £10.* 2 bölüm, kısım. *I am looking
forward to the next instalment of his
book in the Sunday newspaper.*

instance ['instns] *i+sy* 1 örnek, misal.
2 vaka, olay. *This is the first instance
of fever in the village.* **for instance**
örneğin, meselâ, söz gelimi. *I mean
for instance a girl like Jane.* (*eş anl.*
for example, say). **in the first instance**
ilkönce, evvel emirde, ilkin. *We have
to help ourselves at least in the first
instance.*

instant¹ ['instnt] *s* 1 hemen, derhal,
ani: *an instant reply.* 2 ivedi, âcil;

geciktirilemez. *The sick boy needs instant attention.* **3** su ilavesiyle hemen hazırlanan: *instant coffee.* **instantly** z derhal, hemen. *She was killed instantly.* (*eş anl.* **at once**).

instant² ['instnt] *i+sy* an, lahza. *The children hesitated for an instant.* **this instant** hemen, derhal. *Go away this instant.* (*eş anl.* **at once**). **the instant** I called his name.

instead [in'sted] z onun yerine. *He didn't give John the money, but he gave it to me instead. Last night I stayed at home. Tonight I'm going out instead.* **instead of** ...-ın yerine. *Instead of giving him the money, he gave it to me. I'll go instead of you. He studies in the evening instead of during the day.* NOT: *instead* bir geçiş sözcüğü olarak ve *of* kullanılmadan bir cümleciğin başında ve sonunda kullanılabilir: *I was going to buy a blue suit. Instead, I bought a brown one, because I liked the material. We didn't feel like going to a show, so we went for a walk instead.*

instigate ['instigeit] *f+n* fitlemek, kışkırtmak, teşvik etmek. *They instigated the crime.*

instinct ['instiŋkt] *i+sy/-sy* içgüdü; bir canlı türünün bütün bireylerinde akıl ve düşünceden bağımsız olarak, doğuştan gelen bilinçsiz her türlü eylem ve davranış. *Ants build ant-hills by instinct. Man is controlled by his instincts as well as by reason. The body has a natural instinct to protect itself from danger.* **instinctive** [in'stiŋktiv] *s* içgüdüsel. *His behaviour in an emergency was instinctive. Everybody has an instinctive reaction to move away from fire.* **instinctively** z içgüdü ile. *No point in denying it when she'd known it instinctively.*

institute ['institju:t] *i+sy* enstitü; üniversitelerde, fakültelerde, belli konularda bilimsel araştırmalar amacı ile örgütlenmiş ayrı bölüm. *Many universities have institutes of education.* **institution** [insti'tju:ʃən] *i+sy* **1** kurum, tesis. *A hospital is an institution to cure the sick.* **2** yerleşmiş âdet. *Slavery was one of the institutions of ancient Greece.*

instruct [in'strʌkt] *f+n* **1** (olaylara dayanarak, veya nasıl yapılacağını anlatarak) öğretmek. *He instructs his pupils in mathematics.* **2** talimat, emir vermek. *He instructed them to listen.* (*eş anl.* **direct, order**). **instructor** *i+sy* (araba kullanma, kayak yapma, vb. dersleri veren) öğretmen. (*kadınına* **instructress** [in'strʌktris] *denir*). **instruction 1** öğretim; öğrenim: *instruction in mathematics.* **2** içoğ (bir şeyin kullanışı için) teknik talimat (özl. yazılı biçimde). *The instructions are written on the medicine.* **instructive** *s* öğretici, bilgi verici. (*eş anl.* **informative**).

instrument ['instrumənt] *i+sy* **1** (özl. bilimsel amaçlar için) alet, veya aygıt. *A doctor's instrument must be kept absolutely clean.* **2** bir müzik aleti; saz (örn. keman, piyano, vb.). *She prefers to play a stringed instrument, such as the violin, rather than a wind instrument, such as the flute.* **3** (bir amaca varmak için kullanılan bir kimse, sistem, vb.) alet. *He made the army his instrument to gain power.* **instrumental** [instrə'mentl] *s* **1** alet olan, veya alet olarak kullanılan (3. anlamda). *They were instrumental in getting him home safely.* **2** enstrümental; çalgılar için yazılmış olan (eser); çalgı müziği ile ilgili. (*karş.* **vocal**).

insubordinate [insə'bɔ:dinit] *s* itaatsiz, asi. *The sailor was sent to the captain for insubordinate behaviour.* **insubordination** [insəbɔ:di'neiʃən] *i-sy* başkaldırma.

insufferable [in'sʌfərəbl] *s* tahammül edilemez, dayanılamaz: *insufferable conduct.* (*eş anl.* **unbearable**).

insufficient [insə'fiʃənt] *s* yetersiz, eksik. **insufficiently** z yetersiz derecede.

insular ['insjulə*] *s* dar görüşlü; önyargılı: *an insular outlook.* **insularity** [insju'læriti] *i-sy* dar görüşlülük.

insulate ['insjuleit] *f+n* izole etmek, yalıtmak; tecrit etmek. *Rubber is used to insulate electric wires. The room is insulated against noise.* **insulating** *s* tecrit edici, yalıtıcı: *insulating tape* (=izole bant).

insulin ['insjulin] *i-sy* **1** insülin, ensülin; kandaki şeker miktarını kontrol etmek için pankreas bezinin çıkardağı kimyasal bir madde. **2** insülin; şeker hastalığı ilacı.

insult [in'sʌlt] *f+n* hakaret etmek. *He insulted the speaker by leaving before the lecture was ended.* Ayrıca ['insʌlt] *i+sy* hakaret. *Your refusal to believe my story is an insult.* **insulting** *s* onur kırıcı, küçük düşürücü, aşağılayıcı. **add insult to injury** tüy dikmek; kötü bir durum almış bir şeyi, büsbütün kötü bir duruma sokmak. *'We shall never invite the Smiths to dinner again.—First, they turned up late and then, to add insult to injury, they criticised the food!'*

insuperable [in'su:pərəbl] *s* yenilemez, başa çıkılamaz: *insuperable difficulties. They were forced to admit that the problems were insuperable.* (*eş anl.* **insurmountable**).

insure [in'ʃuə*] *f+n* sigorta etmek. *He has insured himself for £6,000. My house is insured against fire and theft.* **insurance** *i-sy* **1** sigorta. **2** sigorta parası, veya taksidi. *I pay my insurance every January.* **3** (alınan) sigorta bedeli. *When his car was damaged he got £100 insurance.* **insurance policy** sigorta poliçesi, sigorta senedi. *He took out an insurance policy against accidents in the home.*

insurmountable [insə'mauntəbl] *s* başa çıkılamaz, yenilemez. (*eş anl.* **insuperable**).

insurrection [insə'rekʃən] *i+sy* isyan, ayaklanma, baş kaldırma. *They were not prepared for an armed insurrection. The queen was killed during the insurrection.*

intact [in'tækt] *s* zarar ziyan görmemiş; el sürülmemiş. *The parcels I sent by post arrived intact.*

intake ['inteik] *i+sy* **1** giriş; örn. suyun, gazın ya da bir sıvının bir boruya alındığı yer, ağız; genl. alınan bir şeyin miktarı. **2** belli bir zamanda, bir okula, bir kuruluşa alınan kimselerin miktarı. *This college has an intake of 200 students each year.*

intangible [in'tændʒibl] *s* fiziksel varlığı olmayan; görülebilmesi, dokunulabilmesi, veya kolayca farkına varılması yeterince açık ve belirgin olmayan bir fikir ya da nitelik: *an intangible sensation of fear.*

Courage is an intangible but valuable asset.

integer ['intidʒə*] *i+sy* (matematikte) tam sayı (örn. 2,4,7, vb.). *We made a list of all the integers up to a hundred that could be divided evenly by three.*

integral ['intigrl] *s* bütünleyici, tamamlayıcı. *Your help is an integral part of our plan.*

integrate ['intigreit] *f+n* (bir kimseyi bir topluluğun) bir ferdi haline getirmek; (onu bir toplulukla) bütünleştirmek. *We must integrate people who come to live here into the community.* **integration** [inti'greiʃən] *i-sy* bütünleme.

integrity [in'tegriti] *i-sy* dürüstlük, doğruluk. *His integrity prevents him (from) doing anyhthing wrong.*

intellect ['intəlekt] *i-sy* akıl, zihin. *Her ease in solving that problem showed the power of his intellect.* **intellectual** [intə'lektjuəl] *s* **1** zihinsel; düşün sorunlarıyla ilgili: *intellectual interests.* **2** entellektüel; akla, zekâya ilişkin fikir işlerine eğilimli ve meraklı: *an intellectual teacher.* Ayrıca *i+sy* entellektüel kimse; aydın.

intelligence [in'telidʒəns] *i-sy* **1** zekâ, akıl. *His intelligence is poor. They had the intelligence to answer the question correctly.* **2** haber alma, istihbarat: *an intelligence agent* (=haber alma ajanı; casus). *No intelligence about the flood victims has reached us.* **intelligence quotient** için **IQ**'ya bkz. **intelligent** *s* zeki, akıllı. *He is an intelligent boy who succeeds in whatever he does.* (*karş.* **unintelligent**). **intelligently** *z* akıllıca, zekice.

intelligible [in'telidʒibl] *s* anlaşılır, açık: *speak intelligible English.* (*karş.* **unintelligible**).

intemperate [in'tempərət] *s* **1** aşırı, taşkın: *an intemperate rage; intemperate drinking.* **2** (hava hk.) sert, bozuk: *an intemperate climate.*

intend [in'tend] *f+n* **1** niyet etmek, tasarlamak, zihninde kurmak, niyetinde olmak. *I intend to come back soon. / I intend coming back soon.* **2** demek istemek, kastetmek. *I don't think he intended any disrespect.* (*eş anl.* **mean**). **3** (bir amaç için) düşünmek, tasarlamak. *It is* *intended as a handbook. (eş anl. mean).* **4** istemek, arzu etmek. *I intend that we shall arrive tomorrow.* **intention'a** bkz.

intense [in'tens] *s* **1** şiddetli, sert: *intense cold/heat.* **2** derin, ciddi: *intense anger/suffering/resentment/ unhappiness.* **3** ciddi: *an intense young man.* **intensely** *z* kuvvetle, şiddetle. *She was suffering intensely from pains in the knee.* **intensity** *i-sy* kuvvet, şiddet; yoğunluk. *The heat was of such intensity that it was impossible to sleep.* **intensive** *s* yoğun: *intensive farming* (=dar bir alanda çok mahsul almaya yönelik çiftçilik); *an intensive course; an intensive struggle against racism. He made intensive inquiries.* **intensive care** *i-sy* yoğun bakım. *She spent one week in intensive care. She was put in intensive care. She came out of intensive care.* **intensive pronoun** pekiştirme zamiri.

NOT: dönüşlü zamirler (=**reflexive pronouns**) bazen bir isim, veya zamire kuvvet vermek için kullanılır ve pekiştirme zamirleri adını alırlar. Türkçede 'kendim, kendin', zamirinin ya da 'bizzat, şahsen' sözcüklerinin karşılığıdır. *I myself washed the car* (=Arabayı kendim yıkadım). *Mary herself did it* (=Mary onu kendi yaptı). Ayrıca **self**[1]'daki NOT'a ve **them**'e ve de PERSONAL PRONOUNS TABLOSUNA bkz.

intensively *z* bir noktada toplanmış olarak.

intent[1] [in'tent] *s* **1** (**on** veya **upon** ile) istekli, azimli, kararlı. *He was intent on/upon winning the race.* **2** dikkatli; gözlerini dikerek, sabit. *He gave me an intent look.* **loitering with intent** bir suç işleyecekmiş süphesini uyandırarak bir binanın etrafında kuşkulu tavırlarla dolaşmak. **intently** *z* dikkatle.

intent[2] [in'tent] *i-sy* (=**intention**) (yasa dilinde kullanılır)—niyet, maksat, amaç. *He entered the house with intent to steal* (=Eve hırsızlık amacı ile girdi). **to all intents and purposes** esas olarak, aslında gerçekte. *She was to all intents and purposes the infant's mother.*

intention [in'tenʃən] *i+sy/-sy* niyet, maksat, amaç. *We do not know their*

intentions. It is their intention to return as soon as possible. I have no intention of meeting them. **intentional** *s* kasti; bile bile, isteyerek yapılan: *an intentional insult.* (*karş.* **unintentional**). **intentionally** *z* kasten; bile bile, isteyerek. (*eş anl.* **on purpose**). **intend'e** bkz.

inter-[1] ['intə*] *ön-ek* arası, arasında (*örn.* **interchange** (=değiş tokuş etmek)).

inter[2] [in'tə:*] *f+n* toprağa, veya mezara gömmek. *geç. zam.* ve *ort.* **interred.**

interact [intə'rækt] *f-n* karşılıklı olarak birbirini etkilemek. *Mothers and babies interact in a very complex way.* **interaction** *i+sy/-sy* karşılıklı etki.

intercede [intə'si:d] *f+n* araya girmek; (birinin suçunun bağışlanması, veya dileğinin yerine getirilmesi için) aracılık etmek. *He interceded in the argument. I interceded with the head master for/on behalf of the boys who were to be punished.*

intercept [intə'sept] *f+n* yolunu kesip durdurmak, veya yakalamak. *They intercepted him before he crossed the road.*

interchange [intə'tʃeindʒ] *f+n* birinin yerine ötekini koyarak değiştirmek. Ayrıca ['intətʃeindʒ] *i+sy* karayolu kavşağı. **interchangeable** [intə-'tʃeindʒibl] *s* birbirinin yerine değiştirilebilir. *The front wheels are interchangeable with the back ones.*

intercom ['intəkɔm] *i-sy* dahili telefon sistemi.

intercourse ['intəkɔ:s] *i-sy* kişi, veya ülkeler arasındaki ilişki, münasebet, haberleşme. *Trade is the main form of intercourse between Europe and the Far East.* **sexual intercourse** iki insan, veya hayvan arasındaki cinsel ilişki. *Sexual intercourse with a girl under sixteen is an offence.*

interest ['intrest] **1** *i-sy* ilgi, merak. *He takes (a) great interest in sport* (=Sporla çok ilgilenir. / Spora karşı büyük ilgi duyar). *Have you lost interest?* **2** *i+sy* önem: *news of little interest.* **3** *i+sy* ilgi duyulan şey; merak konusu. *My only interests are books and the theatre.* **4** *i+sy* menfaat, çıkar, yarar. *It is in your (own) interests to be honest.* **5** *i-sy* faiz. *This bank charges 6 per cent* *interest on all money borrowed from it.* They have *interests in gold mining.* Ayrıca *f+n* ilgilendirmek; merakını uyandırmak. *He interested me in football.* His story *interested me.* **interested** *s* 1 ilgi duyan, meraklı: *interested students. I am interested in him.* (= Ona karşı ilgi duyuyorum). **2** payı, hissesi olan: *the two interested people in this dispute.* **interesting** *s* i!ginç, enteresan: *a very interesting story.* (karş. **uninteresting**). **interest free** faizsiz. **simple interest** basit faiz. **compcount interest** bileşik faiz.

interfere [intə'fiə*] *f-n* 1 (başkasının işine) karışmak, burnunu sokmak. *You should not interfere in other people's arguments.* **2** müdahale etmek, araya girmek. *It is sometimes dangerous to interfere between parents and children.* **3** engel olmak. *The noise interfered with my studies.* **4** dokunmak, zarar vermek. *Who interfered with my camera?* **interference** *i-sy* (radyoda) parazit. *Interference can be due to electrical noise, natural galactic noise or two signals mixing due to insufficient insulation.*

interior [in'tiəriə*] *s* içerideki, iç yerlere ait, dahili: *the interior walls of a house.* Ayrıca *i+sy* 1 iç, dahil. *The interior of the house is very pleasant.* **2** (bir ülkenin) iç kısmı; orta kısmı. *He was lost in the interior of Africa for many years.*

interject [intə'dʒekt] *f+n* bir kimse konuşurken araya girip lafı ağzından almak. *'Why?', he interjected, before I had finished my story.* **interjection** *i+sy* 1 ünlem (örn. *'Stop!' 'Help me!').* **2** (dilb.) ünlem; kuvvetli bir heyecan ya da duyguyu belirtmek için çıkarılan bir ünleme sesi (örn. **Oh!** (=Ah!, Ay!, Vay!), **Ah!** (=Ah!), **Gosh!** (=Hay Allah!), **Good gracious!** (=Allah Allah! Deme!), **Down with it!** (=Kahrolsun!).

interlock [intə'lɔk] *f+n/-n* birbirine sıkıca bağlamak, bağlanmak; kenetlemek, kenetlenmek. *The different parts of this puzzle should interlock. She interlocked his fingers.*

interloper ['intəloupə*] *i+sy* (genl. üstüne vazife olmadığı halde) bir şeye karışan kimse.

interlude ['intəlu:d] *i+sy* iki olay arasındaki ara (örn. bir piyeste perde arası).

intermarry [intə'mæri] *f-n* (ayrı bir sosyal gruptaki, ırktaki, veya dindeki biri ile) evlenmek. *For many years these people have intermarried with foreigners.* **intermarriage** [intə'mæridʒ] *i-sy* böyle bir evlilik.

intermediary [intə'mi:diəri] *i+sy* arabulucu; aracı. *He bought his stocks through an intermediary.* (eş anl. **go-between**).

intermediate [intə'mi:diət] *s* ortadaki, aradaki; orta: *an intermediate examination.*

interminable [in'tə:minəbl] *s* bitmez tükenmez, bitmez: *an interminable speech.* (eş anl. **never-ending**).

intermission [intə'miʃən] *i+sy/-sy* ara, fasıla. *They worked all night without intermission.*

intermittent [intə'mitnt] *s* aralıklı; durup, kesilip yine başlayan. *He sends only intermittent news.*

intern[1] [in'tə:n] *f+n* (bir savaş sırasında, başka bir ülke halkından olanları) enterne etmek; gözaltına almak. *During the last war all Germans living in Great Britain were interned.* **internment** *i-sy* gözaltına alma.

intern[2] ['intə:n] *i+sy* (Brİ'de **house officer, houseman**) stajyer doktor; çalıştığı hastahanede yatan, tıp fakültesinden ya henüz mezun olmuş ya da mezun olmak üzere olan kimse.

internal [in'tə:nl] *s* dahili, içle ilgili. *This medicine is not for internal use. His office is concerned with internal affairs.* **internally** *z* dahilde, dahili olarak. *She is bleeding internally.*

international [intə'næʃənl] *s* uluslararası: *international trade; international understanding.* Ayrıca *i+sy* 1 milli maç, 2 milli (olan bir oyuncu). **International Monetary Fund** için IMF'e bkz. **international standard book number** için ISBN'e bkz.

interplanetary [intə'plænitəri] *s* uydulararası.

interplay ['intəplei] *i-sy* (iki kişi, veya şey arasındaki) karşılıklı etki. *The interplay of the two main characters in the play is interesting.*

interpret [in'tə:prit] *f+n* (bir dilden

SORU ZAMİRLERİ (Interrogative Pronouns)	
cümle içindeki görevi	Who is calling?
Özne (Subject)	What happened?
	Which is yours?
	Whose (car) is this?
Dolaysız nesne (Direct Object)	Who(m) did you visit?
	What did you buy?
	Which do you prefer?
	Whose (car) did you buy?
Edat nesnesi (Object of Preposition)	Who(m) did you talk to?
	From whom did you buy it?
	What did they make it from?
	Which (address) did they send it to?
	Whose (house) did they go to?

başka bir dile sözlü olarak) çevirmek, tercüme etmek. *He quickly interpreted to me what the German was saying.* 2 yorumlamak; bir olayı belli bir görüşe göre açıklamak. *They interpreted his arrival as showing that he wished to be their friend.* 3 bir sözün, bir yazının anlaşılması güç yönlerini açıklayarak aydınlığa kavuşturmak. *Can you interpret the meaning of this passage?* 4 yorumlamak; bir müzik parçasını, veya bir tiyatro oyununu kendine özgü bir duyarlık ve teknikle çalmak, söylemek ya da oynamak; icra etmek. *Turkish violinists are better equipped to interpret Hungarian folk music than the Americans are.* **interpretation** [intə:pri'teiʃən] 1 *i-sy* yorumlama. 2 *i-sy* yorum. *His arrival can be given more than one interpretation.* **interpreter** *i+sy* yorumcu; tercüman. *Mr Cornfield's secretary will act as interpreter. The witness spoke very little English, so the court had to appoint an interpreter.*

interrelate [intəri'leit] *f+n/-n* birbirine bağlamak. *These matters are interrelated.*

interrogate [in'terəgeit] *f+n* (uzun bir süre) sorgulamak, sorguya çekmek. *The police interrogated him for two hours.* **interrogator** *i+sy* sorguya çeken kimse. **interrogation** [interə-'geiʃən] *i+sy* sorgulama. *They confessed their crime during their interrogation.* **interrogative** [intə-'rogətiv] *s* 1 soru ifade eden: *in an interrogative tone of voice.* 2 (dilb.) soru sormada kullanılan. **interrogative pronoun** soru zamiri; soru kelimesi, örn. *who, which, what, whom, whose.* SORU ZAMİRLERİ TABLOSUNA bkz.

interrupt [intə'rʌpt] *f+n/-n* 1 (bir kimsen)in sözünü kesmek. *You are constantly interrupting me!* 2 yarıda kesmek; engel olmak. *The storm has*

interrupted all travel by sea.
interruption *i+sy/-sy* kesinti; söze
karışma. *He could not say all he
wished because of the interruptions.
I wish you'd stop these constant
interruptions!*
intersect [intə'sekt] *f+n/-n* (birden
fazla hat, yol, vb.). kesmek, birbirini
kesmek; kesişmek. *The two lines
intersect at point X. This line
intersects the other at point X. The
village is intersected by two main
roads.* **intersection** *i+sy* kesişme;
kavşak, kesişme noktası.
intersperse [intə'spə:s] *f+n* (genl. *ed.
çat.* ve **with** veya **by** ile) arasına
serpiştirmek. *The trees are
interspersed with grass.*
interval ['intəvl] *i+sy* 1 süre, müddet,
ara, aralık, mesafe. *At school there is
an interval between the third and
fourth periods. There will be a short
interval after the second act of the
play.* 2 (müzikte) iki ses arasındaki
perde farkı. **at intervals** 1 kısa zaman
aralıklarıyla. *She brought us coffee at
intervals.* 2 ara ara; arada kısa
mesafelerle. *There are houses at
intervals along the road.*
intervene [intə'vi:n] *f-n* 1 müdahele
etmek; karışmak, araya girmek, el
atmak. *The government had to
intervene in the strike. He intervened
in the quarrel between the two
brothers.* 2 geçmek. *Three years
intervened before I heard from him
again.* **intervention** [intə'venʃən]
i+sy/-sy.
interview ['intəvju:] *i+sy* röportaj,
mülâkat; görüşme. *The parents had
an interview with the headmaster
about school fees. Before he left, the
Prime Minister gave an interview to
the newspaper reporters. She is going
for an interview tomorrow. She has an
interview tomorrow.* Ayrıca *f+n*
mülâkat yapmak; bir kimsenin bir
konu, veya sorunla ilgili görüşlerini
almak (özl. radyo, veya televizyonda).
*After Naim Süleymanoğlu had won
the world championship he gave a
series of interviews to newspapers and
television.*
intestate [in'testeit] *s* vasiyetname
bırakmadan. *He died intestate.*
intestine [in'testin] *i+sy* (genl. çoğ.
biç.) bağırsak. *Absorption of*

*substances in partly digested food is
the main function of the small
intestine* (=ince bağırsak). *The large
intestine* (=kalın bağırsak) *absorbs
water from the food after it has
passed through the small intestine. (eş
anl.* **gut**). **intestinal** *s* bağırsaklara
ilişkin.
intimate[1] ['intimət] *s* 1 çok yakın,
samimi; içli dışlı, sık fıkı. *They are
intimate friends.* 2 mahrem; gizli,
başkalarına söylenmeyen. *I cannot tell
them my intimate thoughts.*
intimately *z* samimi bir şekilde.
intimacy *i-sy* 1 teklifsiz dostluk. 2
mahremiyet.
intimate[2] ['intimeit] *f+n* dolaylı
olarak anlatmak, ima etmek. *He
intimated to them that he did not
agree. He intimated by a glance at his
watch that it was time to leave. (eş
anl.* **hint**).
intimidate [in'timideit] *f+n* gözünü
korkutup istediğini yaptırmak,
gözdağı vermek. *The thieves
intimidated the boy into not telling
the police.* **intimidation** [intimi-
'deiʃən] *i-sy* gözdağı verme.
into ['intə, 'intu] *edat* 1 -(in için)e. *He
walked into the room. John ran into
the gymnasium. Don't take any food
into the classroom. (karş.* **out of**). 2
biçimine, haline, şekline. *When it is
boiled, water changes into steam.
Water turns into ice at 0°C.* **be into
something** bir şeye karşı büyük bir ilgi
duyup ondan çok hoşlanmak,
meraklısı olmak. *Teenagers are into
those old, romantic novels.*
intolerable [in'tɔlərəbl] *s* tahammül
olunmaz, çekilmez, dayanılmaz. *The
heat in the little room was intolerable.*
(karş. **tolerable**).
intolerant [in'tɔlərnt] *s* hoşgörüsüz;
tahammülsüz, müsamahasız. *He is
intolerant of fools.* **intolerance** *i-sy*
hoş görmeme.
intonation [intə'neiʃən] *i-sy* ses
tonunda yükselme alçalma şekli;
konuşmada sesin duyguları belirtecek
biçimde çıkması.
intoxicated [in'tɔksikeitid] *s* 1 sarhoş.
*We went into town and got
intoxicated.* 2 sevinçten çılgına
dönmüş, mest olmuş. *They were
intoxicated by their victory.*
intoxication [intɔksi'keiʃən] *i-sy* 1

sarhoşluk. *He was driving his car in a state of intoxication.* **2** mest olma. *This is a film that leaves you in a state of intoxication with the joy of life. The intoxication of victory did not last long.*

intransitive [in'trænsitiv] *s* (dilb.) geçişsiz, nesnesiz. (bu sözlükte *'i-sy'* olarak gösterilen). NOT: fiiller ikiye ayrılır: *(a)* **transitive** verbs (= geçişli fiiller), *(b)* **intransitive** verbs (= geçişsiz fiiller). Bir fiil bir nesne üzerine doğrudan doğruya etki yapan bir hareket gösterirse ona geçişli (= **transitive**) denir. Bu nesne bir ad grubu, veya *myself, herself,* vb. bir dönüşümlü zamir olabilir. Bu türlü fiiller edilgen çatıya (= **passive voice**) dönüştürülebilirler, örn. *They gave him a nice pen. He was given a nice pen.* Eğer bir fiil nesne almazsa ona geçişsiz (= **intransitive**) denir, örn. *die* ve *rise* fiilleri: *He died. Prices will rise.* Bazı geçişli fiillerin nesne almadan da kullanılabildiğini unutmayın.

intrepid [in'trepid] *s* korkusuz, gözüpek. (*eş anl.* **fearless**).

intricate ['intrikət] *s* karışık, grift; birbirinin içine girip karışmış; anlaşılması, veya içinden çıkılması zor: *the intricate works of a clock; an intricate argument.* **intricacy** *i-sy* griftlik, karmakarışıklık, şaşırtıcı derecede karışık olma.

intrigue [in'tri:g] *f+n/-n* **1** ilgi veya merakını uyandırmak. *Their sudden arrival intrigues me.* **2** entrika çevirmek, dolap çevirmek; amacına ulaşmaya çalışmak. *They are intriguing against the government.* Ayrıca *i+sy* entrika; bir işi sağlamak, veya bozmak için girişilen gizli çalışma; dolap, düzen. *They were accused of political intrigues.* **intriguing** *s* son derece ilgi çekici.

intrinsic [in'trinsik] *s* **1** (nitelikler hk.) aslında, veya tabiatında var olan; yaradılıştan; doğal. *Dependency is an intrinsic part of love.* (*eş anl.* **inherent**). **2** gerçek, hakiki: *the intrinsic value of his work.*

introduce [intrə'dju:s] *f+n* **1** ilk defa (halka, piyasaya) sunmak, tanıtmak, öğretmek, yolunu göstermek, ortaya getirmek, başlatmak. *The Romans introduced roads into Britain. My*

father introduced me to the game of football. **2** takdim etmek, tanıştırmak. *He introduced me to his mother and father. Have you been introduced?* **introduction** [intrə-'dʌkʃən] **1** *i-sy* sunma, başlatma: *the introduction of roads into Britain.* **2** *i+sy* takdim etme, tanıştırma. *Before the meeting began I made the necessary introduction.* **3** *i+sy* önsöz; başlangıç, giriş. **introductory** [intrə-'dʌktəri] *s* tanıtıcı.

introspection [intrə'spekʃən] *i-sy* içebakış; iç gözlem; kendi düşüncelerini, fikirlerini ve hislerini, genl. uzun uzun inceleme. *I simply hadn't time for introspection.* **introspective** *s* kendi kendini inceleyen; düşüncelere dalmış. *He is a very introspective person.*

introvert [intrəvə:t] *i+sy* içekapanık kimse, içedönük kişi. (*karş.* **extrovert**).

intrude [in'tru:d] *f+n/-n* davetsiz girmek, istenilmeyen bir yere sokulmak, veya özel bir konuşmaya katılmak (böylece orada olanları rahatsız etmek). *I hope I am not intruding (upon you).* **intruder** *i+sy* (genl. bir şeyler çalmak amacıyla) hakkı olmayan bir yere giren kimse, davetsiz misafir. **intrusion** [in'tru:ʒən] *i+sy/-sy* zorla içeri girme; araya girme, karışma. *Please excuse my intrusion.* **intrusive** [in'tru:siv] *s* izinsiz, veya münasebetsizce içeriye ya da araya giren.

intuition [intju:'iʃən] *i-sy* önsezi; hiçbir belirti yokken bir şeyin olacağını bilme, içine doğma. *They say women have more intuition than men.* **intuitive** [in'tju:itiv] *s* önsezi ile anlaşılan; önsezgili: *an intuitive guess. I have an intuitive sense of danger.*

inundate ['inʌndeit] *f+n* **1** su ile kaplamak, su basmak, sel basmak. *After the rain, the rivers inundated the fields.* **2** (genl. *ed.* çat ve **with** ile) garketmek, (bir şeye) boğmak; (gelen mektuplarla, yapılan talep ve isteklerle, vb.) artık başa çıkamaz hale getirmek. *We were inundated with visitors.*

invade [in'veid] *f+n* **1** istilâ etmek; bir yeri kuvvet kullanarak ele geçirmek. *The Germans invaded France in 1940.* **2** akın etmek, kaplamak, istilâ etmek.

People from the town invade the country at the weekend. 2 rahatını, huzurunu bozmak. *I object to our privacy being invaded.* **invasion** [in'veiʒən] *i+sy/-sy* istilâ; tecavüz. **invader** *i+sy* istilâ eden kimse, istilâcı.

invalid¹ ['invəlid] *i+sy* hasta, veya sakat kimse. *My father has been an invalid since he had the accident two years ago.* **invalid chair** tekerlekli sandalye. *Jane manages to do all her shopping using her invalid chair.*

invalid² [in'vælid] *s* (bir yasa, evlilik, seçim, veya bir çek hk.) geçersiz, hükümsüz. *This law is now invalid. The cheque is invalid unless you sign it. She tried to use an invalid passport.* **invalidate** [in'vælideit] *f+n* geçersiz, hükümsüz kılmak. *Her will was invalidated by the court.*

invaluable [in'væljuəbl] *s* paha biçilmez, çok kıymetli. *Thank you for your invaluable help.*

invariable [in'veəriəbl] *s* hep aynı; hiç değişmez bir durumda kalan. **invariably** *z* aynı şekilde, mütemadiyen; değişmeyerek.

invasion [in'veiʒən] *i+sy/-sy* **invade**'e bkz.

invective [in'vektiv] *i+sy/-sy* (insanların çok kızdıkları vakit bağıra çağıra birbirlerine söyledikleri türden) sövüp sayma, küfür. *He began to assail me with a torrent of invective.*

invent [in'vent] *f+n* **1** icadetmek; yeni bir şeyi meydana getirmek. *We do not know who invented the wheel.* **2** icadetmek, uydurmak. *He invented a story to explain why he was late.* **inventor** *i+sy* mucit. **invention** *i+sy* icat, buluş. **inventive** *s* icadedici, yaratıcı.

inventory ['invəntri] *i+sy* envanter; bir yerdeki malların bir hesap dönemi sonundaki miktarları; bunların maliyet ve değerlerini göstermek üzere düzenlenen liste. *Every six months he sat down an inventory of his stok.*

inverse ['in'və:s] *s* (durumu, sırası, vb. bakımından) ters, aksi.

invert [in'və:t] *f+n* baş aşağı çevirmek; tersyüz etmek. **inverted commas** için **comma**'ya bkz.

invertebrate [in'və:tibrət] *s* omurgasız (örn. bir solucan, veya böcek). Ayrıca *i+sy* omurgasız hayvan.

invest [in'vest] *f+n/-n* **1** yatırım yapmak; kazanç sağlayan bir işe para yatırmak. *I have invested all my money in cotton. Have you invested in anything?* **2** (**with** ile) (resmen ve yasal olarak) bir hak vermek, bir yetki ile donatmak. *The government invested him with special powers to deal with the situation.* **investor** *i+sy* yatırımcı, yatırım yapan kimse. **investment** *i+sy/-sy* yatırım, plasman: *to make investment in real estate/oil companies.* **investiture** [in'vestitʃə*] *i+sy* bir kimseye resmi bir ünvan vermek için yapılan tören.

investigate [in'vestigeit] *f+n* tetkik etmek, incelemek; (bir kimse hakkında) tahkikat yapmak. *The police are investigating the murder. If you hear such a rumour, investigate it thoroughly.* (**eş anl. look into**). **investigator** *i+sy* müfettiş. *John is a special investigator for the FBI.* **investigation** [investi'geiʃən] *i+sy/-sy* tetkik, inceleme, araştırma, soruşturma. *The police are carrying out investigations.*

investiture [in'vestitʃə*] *i+sy* **invest**'e bkz.

investment [in'vestmənt] *i+sy/-sy* **invest**'e bkz.

inveterate [in'vetərət] *s* kökleşmiş, yerleşmiş, müzmin, iyice alışkanlık haline gelmiş, huy edinilmiş; düşkün, tutkun, tiryaki, müptelâ. *He is an inveterate liar. He had been an inveterate hunter.*

invigilate [in'vidʒileit] *f+n* sınav gözcülüğü yapmak. *He wrote this whilest invigilating a biology examination.* **invigilator** *i+sy* sınav gözcüsü.

invigorate [in'vigəreit] *f+n* zindeleştirmek, dinçleştirmek, güçlendirmek. *The walk in the fresh air invigorated us.* **invigorated** *s* zinde, dinç, güçlü kuvvetli. *I felt invigorated.* **invigorating** *s* zindelik, dinçlik veren. *I had an invigorating bath.*

invincible [in'vinsibl] *s* yenilmez, mağlup olmaz: *the invincible football team/army.* (**eş anl. unbeatable**).

inviolate [in'vaiələt] *s* bozulmamış, halel gelmemiş.

invisible [in'vizibl] *s* (gizlenmiş olduğu, veya çok küçük olduğu için) görülmez, görünmez, görünmeyen. *We could all hear the aeroplane even*

though it was invisible in the sky.
invite [in'vait] *f+n* **1** davet etmek,
çağırmak. *At the meeting they invited
me to speak. He invited us to his
wedding. She hopes to invite all her
friends along to a reunion party.* **2** (bir
tehlikeye, bir soruna) neden olmak,
yol açmak. *To speak of it to others
would invite danger.* **inviting** *s* çekici,
cazip; ağız sulandırıcı. *The food looks
inviting.* (*karş.* **uninviting**). **invitation**
[invi'teiʃən] **1** *i-sy* davet, çağrı. *You
can see the school only by invitation.*
2 *i+sy* davetiye. *She sent out many
invitations to her wedding.*
invoice ['invɔis] *i+sy* fatura; satılan
malların cinsini, miktarını, fiyatını
bildiren ve satıcının alıcıya verdiği
hesap pusulası: *to make out an
invoice for £100.* Ayrıca *f+n* fatura
düzenlemek, fatura kesmek. *We were
invoiced for goods which we did not
order.*
invoke [in'vouk] *f+n* **1** niyaz etmek,
dua ederek Tanrı'nın yardımını
dilemek. **2** yasanın himayesine
sığınmak. *They invoked the power of
the law when they were accused.* **3**
anımsatmak, hatıra getirmek: *nursery
rhymes that invoke memories of my
childhood.*
involuntary [in'vɔləntəri] *s* irade dışı;
bir içtepi ile yapılan. *When I touched
his arm he gave an involuntary jump.*
involuntarily *z* elde olmadan, iste-
meyerek.
involve [in'vɔlv] *f+n* **1** (-e) karıştırmak,
bulaştırmak, sokmak. *They always
involve me in their quarrels. Don't get
yourself involved with these people.*
2 gerektirmek, istemek. *Being a sailor
involves long periods away from
home.* **involved** *s* kolay anlaşılmaz,
karışık. *He told me an involved story
about his family.* **involvement** *i+sy/
-sy* karıştırılma, bulaştırılma.
invulnerable [in'vʌlnərəbl] *s* bıçak,
veya kurşun işlemez ya da yara-
lanmaz.
inward ['inwəd] **1** *s* (düşünce ve hisler
hk.) saklı, gizli, içe dönük:
preoccupied with his inward thoughts.
2 *z* içeriye doğru. *The door swung
inward.* **inwardly** *z* içeride, içte;
derinliğinde. **inwards** *z* içeriye doğru.
The doors opened inwards.
iodine ['aiədi:n] *i-sy* iyot; özl. tıpta ve

fotoğrafçılıkta kullanılan morumsu
esmer renkte bir element. Simgesi I.
IOU [ai ou'ju] *i+sy* (=**I owe you**
(=size olan borcum)); borç senedi.
He wrote out an IOU for £100.
IQ [ai'kju] *i+sy/-sy* (=**intelligence
quotient**) zekâ ölçüsü; insan zekâsını
gösteren bir ölçü olup ortalama zekâyı
gösteren rakam 100'dür. *John has an
IQ of 145. She has a very low IQ.*
IRA [ai a:r 'ei] *özeli* (=**Irish
Republican Army**)—İrlanda Cum-
huriyet Ordusu. *The IRA wants
Northern Ireland to become
independent of the United Kingdom
and to be united politically with the
Irish Republic.*
irascible [i'ræsibl] *s* öfkesi burnunda;
hemen kızıverir. (*eş anl.* **short-
tempered**).
irate [ai'reit] *s* öfkeli, kızgın. *The
customer was irate when he wasn't
served in his turn.* (*eş anl.* **infuriated**).
iris ['airis] *i+sy* **1** iris; gözün renkli
kısmı. *The irises were of flecked grey.*
2 süsen (çiçeği); kılıca benzer
yaprakları ve iri mor, sarı, veya beyaz
çiçekleri olan bir bitki.
Irish ['airiʃ] *s* İrlandalı; İrlanda ile
ilgili. Ayrıca *içoğ* İrlanda halkı.
Irishman *i+sy* İrlanda'lı erkek.
Irishwoman *i+sy* İrlanda'lı kadın.

iron¹

iron¹ ['aiən] **1** *i-sy* demir. Simgesi Fe.
*Iron is an essential part of the red
pigment in red blood cells. Steel is
made from iron.* **2** ütü. **irons** *içoğ*
zincir, pranga. *The thief was put in
irons.* **Iron Curtain** demir perde;
Rusya ve peykleri ile batı Avrupa
ülkeleri arasındaki sınır: *the Iron
Curtain countries.* **ironmonger**
['aiənmʌngə*] *i+sy* (*Brİ*'de) hırda-
vatçı, nalbur. (*AmI*'de **hardware
dealer**). **ironworks** *itek* veya *çoğ* demir
eşya fabrikası, veya demirhane.

iron² ['aiən] *f+n* ütülemek. **ironing** *i-sy* ütü (işi). *My mother is doing her ironing.* **ironing board** ütü tahtası. **iron something out 1** ütülemek. *She ironed out all the creases in the shirt.* **2** (ufak sorunları, güçlükleri, pürüzleri, vb.) gidermek, ortadan kaldırmak. *The bank manager has ironed out all my worries about money.* **have many/too many/plenty of... irons in the fire** kırk tarakta bezi olmak; birçok işlerde birden ilişkisi olmak. *I'm very busy at the moment because I have several irons in the fire.* **strike while the iron is hot** demiri tavında dövmek; bir işi en başarılı olacak zamanda yapmak. *I have just been chosen salesman of the year, so I have decided to ask for a rise in salary now; I might as well strike while the iron is hot.*

irony ['airəni] *i-sy* düşünülenin ya da kastolunanın tersi söylenerek yapılan ince alay. (örn. *Aren't we clever!* (=Bizdeki de ne zekâ!) cümlesi akıllıca yapılmayan bir şeyi alaya alan bir sözdür). **ironic(al)** [ai'rɔnik(l)] *s* inceden inceye alay eden, cinaslı. **ironically** *z* alaylı.

NOT: *irony* ve *sarcasm* sözcükleri aynı anlamda imiş gibi görünebilir, ama *irony*'de eğlenceyle karışık bir alaya alma varken, *sarcasm*'da kişinin duygularını yaralama amacı güdülür.

irrational [i'ræʃənl] *s* akılsız, mantıksız; saçma. *The mentally disturbed are irrational in their behaviour patterns. This seems an entirely irrational act.* **irrationally** *z* mantıksız bir şekilde.

irreconcilable [irekən'sailəbl] *s* uzlaşmaz; uzlaştırılamaz. *The demands of his working life were irreconcilable with his wish to be a family man.*

irrefutable [iri'fju:təbl] *s* reddedilemez, itiraz kaldırmaz, aksi iddia edilemez.

irregular [i'regjulə*] *s* **1** düzensiz, intizamsız. *The trains from here are irregular. His breathing was irregular.* **2** çarpık, düz olmayan. *The fields are irregular in shape.* **3** kurallara aykırı, usulsüz. *To go away without telling your father is most irregular.* **4** (dilb.) kuralsız, kurala uymayan: *an irregular verb* (=kuralsız fiil) (örn. *go, went, gone*). **irregularity** [iregju'læriti]

i+sy/-sy düzensizlik: *irregularities of heart rate.*

irrelevant [i'reləvənt] *s* konu ile ilgisi olmayan, konu dışı. *Your answer to my question is irrelevant.* **irrelevance** *i-sy* konu dışı olma.

irreligious [iri'lidʒəs] *s* dinsiz, veya bütün dinlere karşı olan.

irreparable [i'repərəbl] *s* telâfisi imkânsız; tamiri mümkün değil. *He has suffered irreparable losses.*

irrepressible [iri'presəbl] *s* söndürülmez, bastırılamaz, baskıya gelmez; zaptolunamaz; önüne geçilemez: *the irrepressible Frederica; irrepressible delight at hearing the good news.*

irreproachable [iri'prəutʃəbl] *s* (davranış ve karakterce) kusursuz, kusur bulunamaz.

irresistible [iri'zistəbl] *s* (bir arzu; bir şey, veya bir kimse hk.) karşı konulamaz, dayanılmaz. *I had an irresistible desire to run away. She was irresistible.*

irresolute [i'rezəlu:t] *s* kararsız, mütereddit.

irrespective [iri'spektiv] *s* önem vermez, aldırmaz; hesaba almayan. *He is going to buy it irresspective of what you say* (=Ne dersen de onu satın alacak).

irresponsible [iri'spɔnsəbl] *s* **1** (insanlar hk.) (hareket ve davranışlardan dolayı) sorumlu tutulamaz. *By law babies are irresponsible.* **2** sorumsuz, mesuliyet duygusu olmayan. *Your irresponsible refusal to help your friends surprised me.* **irresponsibility** [irispɔnsə'biliti] *i-sy* sorumsuzluk.

irrevocable [i'revəkəbl] *s* iptal edilemez, veya değiştirilemez: *an irrevocable decision.*

irrigate ['irigeit] *f+n* (araziyi) sulamak; (toprağa) su vermek. *They irrigate their crops with water from the river.* **irrigation** [iri'geiʃən] *i-sy* sulama.

irritate ['iriteit] *f+n* **1** kızdırmak, veya canını sıkmak. *Your poor work irritated him.* **2** tahriş etmek; dağlayıp kaşındırmak. *Thick clothes irritcte my skin.* **irritation** [iri'teiʃən] *i-sy* **1** kızdırma, canını sıkma, öfke, hiddet. **2** tahriş. **irritable** ['iritəbl] *s* çabuk kızan, hemen canı sıkılan. **irritability** [irita'biliti] *i-sy.* **irritant** ['iritnt] *i+sy* tahriş edici madde. *Dust in the eyes is an irritant.*

I.S.B.N, ISBN [ai es bi: 'en] (=**International Standart Book Number**)—(uluslararası numaralama sistemine göre) Uluslararası Standart Kitap Numarası.

Islam ['izla:m] *i-sy* İslâm; İslâm âlemi; İslâmiyet. *The sacred book of Islam is the Koran.* **Islamic** [iz'læmik] *s.*

island ['ailnd] *i+sy* 1 ada; çevresi su ile çevrili kara parçası: *the Mediterranean island of Cyprus.* 2 ada gibi bir yer: *a traffic/street island.* **islander** *i+sy* adalı.

isle [ail] *i+sy* (edebi bir sözcük ve bazı durumlarda İngiliz ada isimlerinin önünde kullanılır, örn. *the Isle of Man*) ada.

isolate ['aisəleit] *f+n* (-den) ayırmak, tek başına bırakmak; tecrit etmek. *The village was isolated for a week by the floods.* **isolation** [aisə'leiʃən] *i-sy* ayırma, tecrit, yalnızlık. *During the flood they lived in isolation.*

issue ['iʃu:] *f+n* 1 yayınlamak, çıkarmak. *This magazine is issued weekly.* 2 çıkmak, yayılmak. *Smoke and flames issued from the burning house.* 3 dağıtmak, vermek. *They have issued food to the hungry people/the hungry people with food.* 4 resmen, veya alenen bir bildiri ya da uyarı, emir yayınlamak; çıkarmak. *They issued a serious warning. He issued orders to his men.* 5 çıkarmak, vermek. *This office issues driving licences.* Ayrıca 1 *i+sy* sayı, nüsha: *the issues of this magazine.* 2 *i+sy* sorun, tartışılan konu, mesele. *The great issue today is weather there will be war or peace.* 3 *i-sy* dağıtım, tevzi. 4 *i+sy* sonuç, netice. *The battle decided the issue of the war.* 5 *i-sy* çocuklar. *He died without issue.* **evade the issue/duck the issue** kaçamaklı cevaplar vererek asıl sorundan kaçınmak, boğuntuya getirmek. *I can no longer go on ducking the issue.* **cloud the issue/confuse the issue** asıl sorunu dikkati önlemek için ortaya önemsiz sorunlar, konular atmak. *Let us not cloud the issue.* **make an issue of something** önemsiz bir şeyi sorun yapmak. *She didn't agree with me, but she didn't want to make an issue of it.* **join/take issue with somebody**

bir kimse ile aynı fikirde olmayıp tartışmaya başlamak. *I joined issue with him about his new ideas.*

it [it] *zamir* (özne, veya nesne olarak) 1 (eşyalar, hayvanlar, bitkiler ve bazen de cinsiyeti bilinmeyen bebekler için kullanılır) O; onu, ona. *Where is my book? It's here. The dog is tired. It is also hungry. Give it a bone. The baby is asleep. It will wake up soon.* 2 daha önce sözü edilmiş birisi, veya bir şey hakkında cevap ya da bilgi verirken kullanılır. *Who is that? It's my father. What is this? It's a flower. It was they who did it.* 3 belirli bir özneye gerek göstermeyen birçok fiilin genel öznesi olarak kullanılır. *It was raining. It's ten o'clock. It is four miles from here to the shop. It's no use crying. It seems a silly thing to do.* 4 cümlede daha sonra söz edilecek bir şeyi göstermekte kullanılır. *It is obvious that he is very tired.* **its** belirten onun. *The book has lost its cover. The baby opened its eyes.* NOT: *it's* ile *its*'i birbiriyle karıştırmayınız. *it's,* it *is*'in kaynaşmış biçimidir.

itself 1 *it*'in pekiştirme biçimidir ve 'kendisi' anlamına gelir. *The dog found the food itself.* 2 *it*'in dönüşlü biçimidir ve 'kendini' anlamına gelir. *The dog has hurt itself.* **by itself** bizzat kendisi, kendi kendine. *The tree stands by itself in the garden.*

italic [i'tælik] *s* italik; basım harflerinden üstten sağa doğru eğik olan: *printed like this.* Ayrıca *içoğ* italik harfler. *Parts of his dictionary are printed in italics.*

itch [itʃ] *i-sy* 1 kaşıntı. *I have an itch on my left hand.* 2 dayanılmaz istek, şiddetli arzu. *They have an itch to travel abroad.* Ayrıca *f-n* 1 kaşınmak. *My left foot itches/is itching.* 2 can atmak, şiddetle arzu etmek. *They are itching to travel abroad.* **itchy** *s* kaşınan, kaşıntılı. *The main symptom of the disease is an itchy red rash.*

item ['aitəm] *i+sy* 1 madde, parça (eşya), adet (şey). *Please check the items in this buil.* 2 haber. *There are no items of interest in today's newspaper.*

itinerant [ai'tinərnt] *s* gezici, dolaşan.

itinerary [ai'tinərəri] *i+sy* yolculukta izlenecek yol, veya program: *a*

salesman's itinerary.
its, itself [its, it'self] *belirten/zamir* it'e bkz.
ivory ['aivəri] *i-sy* fildişi. Ayrıca *s* fildişinden yapılmış, veya fildişi rengi.
ivy ['aivi] *i-sy* sarmaşık; tırmanıcı bir bitki.

J

jab [dʒæb] *f+n* (sivri bir şeyle, örn.
sopa, veya parmakla bir kimseyi ya da
bir şeyi) dürtmek. *He jabbed his stick
into me. / He jabbed me with his
stick. The boy jabbed the stick in. geç.
zam. ve ort.* **jabbed.** Ayrıca *i+sy* 1
dürtme, dürtüş. 2 iğne; aşı. *He went
to the doctor to get a cholera jab. She
has had a tetanus jab.* (2. anlamı k.
dil.).

jabber [ˈdʒæbə*] *f+n/-n* çabuk çabuk
ve heyecanlı heyecanlı konuşmak
(böylece de söyledikleri anlaşıl-
mamak). *He is always jabbering. He
jabbered something to me.* **jabber
away** saçma sapan konuşup durmak.
*I'm tired of these politicians
jabbering away about matters of
which they have no knowledge.*

jack [dʒæk] *i+sy* 1 kriko; ağır bir şeyi
biraz yukarı kaldırmaya yarayan,
ençok araba ve kamyonlarda
kullanılan ve kolu hareket ettirilerek
çalışan bir alet. 2 (iskambilde) vale,
bacak, oğlan. **every man jack** herkes.
*Unfortunately every man jack of
them had a criminal record.* (eş anl.
everyone). **I'm all right, Jack** benden
sonrası tufan; bencil ve hiç kimseyi
düşünmeyen. *The attitude of western
government's toward this problem
has too often been 'I'm all right Jack'.*
(k. dil.). **jack in** vazgeçmek; kesmek,
bırakmak. *I've had enough; I'm
going to jack it in now.* **jack up** kriko
ile kaldırmak. *We must jack up the
car to change the wheel.* **jackdaw**
kargaya benzeyen siyah-gri renkte iri

jack-in-the-box

bir kuş. **jack of all trades** *i+sy* (genl.

sadece *tek* olarak) elinden her iş gelen
kimse (ama genl. hiçbirinde de uzman
değil). (eş anl. **handyman**). **jack-in-
the-box** *i+sy* kapağı açılınca içinden
yaylı bir kukla fırlayan kutu, bir
çocuk oyuncağı. **jack-knife** açılır
kapanır iri çakı. **jackpot** kumarda,
veya piyangoda kazanılan en büyük
para, en büyük ikramiye. **hit the
jackpot** çok büyük miktarda para
kazanmak, en büyük ikramiyeyi
kazanmak, veya büyük bir şans
yakalamak ya da başarı kazanmak.
His last novel seems to have hit the

hit the jackpot

jackpot. **Union Jack** Büyük Britanya
bayrağı.

jackal [ˈdʒækɔːl] *i+sy* çakal.

jacket [ˈdʒækit] *i+sy* 1 ceket. 2 kitabın
üstüne geçirilen kap: *book jacket.* 3
(haşlanmış) patatesin kabuğu.

jade [dʒeid] *i-sy* yeşimtaşı; süs taşı
olarak kullanılan ve zümı ut yeşili,
bazen sarı, beyaz ve pembe renkli
değerli taş.

jaded [ˈdʒeidid] *s* yorgun ve usanmış.

jag [dʒæg] *f+n* kesmek, veya yırtmak.
I jagged my finger on a rusty nail.
geç. zam. ve ort. **jagged** [dʒægd].
Ayrıca *i+sy* sivri uçlu bir şey; böyle
bir şeyle meydana gelen kesik, yırtık.
jagged [ˈdʒægid] *s* kertikli, sivri uçlu:
the jagged pieces of a broken bottle.

jaguar [ˈdʒægjuə*] *i+sy* jagar; Orta ve
Güney Amerika'nın tropikal orman-
larında yaşayan kürkü oldukça değerli

pars cinsinden çok saldırıcı ve yırtıcı bir hayvan.

jaguar

jail [dʒeil] *i+sy* hapishane, cezaevi. *He spent ten years in jail.* Ayrıca *f+n* (genl. *ed. çat.*) hapsetmek, tutuklamak. *The judge jailed him for five years. He was jailed for five years. He was jailed for manslaughter.* **jailbird** hapishane kuşu. **jailbreak** hapishaneden kaçma. **mass jailbreak** hapishaneden toplu kaçış. Ayrıca **gaol'a** bkz. (*eş anl.* **prison**).

jam¹ [dʒæm] *f+n/-n* 1 (**on** ile) basmak; bastırmak. *He jammed on the brakes of the car.* (*eş anl.* **slam on**). 2 kıpırdayamaz hale koymak; sıkmak, sıkıştırmak. *We were jammed together in the large crowd.* 3 tıka basa doldurmak, tıkmak, tıkıştırmak. *I jammed my books into the bag.* 2 sıkışmak; çalışamaz, veya işlemez hale gelmek. *The door has jammed. The recorder's not working because the tape is jammed in the motor. geç. zam. ve ort.* **jammed.** Ayrıca *i+sy* 1 kalabalık, izdiham. *There was such a jam of people that we could not get in.* 2 çok zor durum, müşkül durum. *Because I lost my money I was in a jam.* (2. anlamı *k. dil.*). **traffic jam** trafik tıkanıklığı.

jam² [dʒæm] *i-sy* reçel. **jam-jar** (*AmI'de*) reçel kavonozu.

jamboree [dʒæmbə'riː] *i+sy* yüzlerce kişinin katıldığı, büyük bir neşe ve eğlenti içinde geçen bir parti, kutlama, veya toplantı.

jangle ['dʒæŋgl] *f+n/-n* (iki metal parçanın birbirine çarpması gibi) çangıl cungul etmek; şıngır şıngır etmek; şıngırdatmak; ahenksiz ses çıkarmak.

janitor ['dʒænitə*] *i+sy* kapıcı; (*Iskl'de*) bina sorumlusu.

January ['dʒænjuəri] *i-sy* ocak (ayı); yılın ilk ayı. *The meeting is on the 10th of January.*

jar¹ [dʒaː*] *i+sy* kavanoz.

jar² [dʒaː*] *f+n/-n* 1 gıcırdamak; kulakları tırmalayan bir ses çıkarmak. 2 sinirlendirmek, sinirine dokunmak. *He had a way of speaking that jarred. Their loud voices jar on my nerves.* 2 sarsmak; rahatsız etmek. *His thought jarred me.* 3 uyuşmamak, uymamak, gitmemek, sırıtmak. *The two colours jar. geç. zam. ve ort.* **jarred.** Ayrıca **jarring** *s. Her voice is very jarring. The red curtains with the orange carpet have a jarring effect.*

jargon ['dʒaːgən] *i-sy* bazı çevrelerin kullandıkları özel dil; belirli bir grubun kullandığı dil, meslek argosu. *When engineers talk about their work, they use a lot of jargon.*

jasmine ['dʒæzmin], jessamine ['dʒesəmin], *i+sy/-sy* yasemin; çiçekleri beyaz, sarı ya da kırmızı renkli, güzel kokulu bir süs bitkisi.

jaundice ['dʒɔːndis] *i-sy* sarılık (hastalığı); safradaki renkli pigmentin kana karışması sonucu gözaklarının ve ciltin sarı bir renk almasıyla ortaya çıkan bir hastalık. *I am suffering from jaundice.* **jaundiced** ['dʒɔːndist] *s* karamsar ve kuşkulu. *He has a very jaundiced opinion of their work.*

jaunt [dʒɔːnt] *f-n* (zevk ve eğlence amacıyla) gezmek, seyahate çıkmak. Ayrıca *i+sy* gezinti. *They went for a jaunt in their car.*

jaunty ['dʒɔːnti] *s* canlı, şen, neşeli; kaygısız. *He walked into the room with a jaunty step.*

javelin ['dʒævəlin] *i+sy* cirit.

jaw [dʒɔː] 1 *i+sy* çene. *The punch on the boy's mouth broke his lower jaw.* Teeth are fixed in both the upper and lower jaw.* 2 (*çoğ. biç.*) ağız (örn. bir mengenenin): *the jaws of a vice.* 3 *i-sy* gevezelik. *I have had enough of their jaw.* (3. anlamı *k. dil.*). Ayrıca *f-n* çene çalmak, gevezelik etmek. (*k. dil.*). **jawbone** *i+sy* (insan ve hayvanlarda) alt, veya üst çene kemiği.

jay [dʒei] *i+sy* alakarga; mavi ve siyah kanatları olan kahverengimsi pembe renkli bir kuş. Avrupa ve Asya'da yaşar. **jaywalker** trafik kurallarına aldırmadan caddelerde karşıdan karşıya geçen kimse. *He is a jaywalker.* **jaywalking** *i-sy* trafik kurallarını hiçe sayarak karşıdan karşıya geçme, veya yürüme. *He was arrested for jaywalking.*

jazz [dʒæz] *i-sy* caz müziği; başlangıçta Kuzey Amerika zencilerinin müziği iken sonradan bütün dünyada benimsenen bir müzik türü. **jazzy** *s* gözalıcı parlak renkli: *wearing a jazzy tie.*

jet [dʒei si:'ti:] (=**junction**)— demiryolu, karayolu kavşağı (haritalarda, işaret levhalarında kullanılan kısaltma).

jealous ['dʒeləs] *s* 1 çekemez, hasetçi. *He is jealous of me because I won and he did not. They are jealous of his wealth.* 2 kıskanç. *He is very jealous if his girl talks to another man.* 3 titiz; düşkün. *The people here are jealous of their freedom.* **jealously** *z* hasetle; kıskançlıkla. **jealousy** *i-sy* haset, kıskançlık: *his jealousy of me because I won.*

jean [dʒi:n] 1 *i-sy* bir tür pamuklu sağlam kumaş. 2 *i+sy* (çoğ. biç.) blucin. (*eş anl.* **denims**).

jeep [dʒi:p] *i+sy* cip.

jeer [dʒiəˀ] *f+n/-n* alay etmek, eğlenmek; yuhalamak. *When the player fell, the crowd jeered. They jeered at him.* Ayrıca *i+sy* alay: *the jeers of the crowd.*

Jekyll and Hyde ['dʒekl n haid] (biri iyi biri kötü olan) iki ruhlu kimse.

jelly ['dʒeli] *i+sy/-sy* pelte, jöle. *My mother is making apple jelly. Children like jelly and ice cream.* 2 pelteye benzer herhangi bir şey. **jellyfish** *i+sy* denizanası; medüz.

jemmy ['dʒemi] *i+sy* (hırsızların kapı ve pencereleri açtıkları) bir ucu kıvrık kısa demir çubuk.

jeopardize ['dʒepədaiz] *f+n* tehlikeye atmak. *Don't jeopardize all your good work by being careless now.* (*eş anl.* **endanger**). **jeopardy** ['dʒepədi] *i-sy* tehlike. **be in jeopardy** tehlikede olmak. **place/put in jeopardy** tehlikeye atmak, koymak. *Such a gamble against odds would put their whole venture in jeopardy.*

jerk [dʒə:k] *f+n* hızla ve birden çekmek. *He jerked the letter out of my hand.* Ayrıca *i+sy* 1 ani çekiş, itiş. *When I touched his arm, he gave a jerk. The car started with a jerk.* 2 (çoğk. *AmI*'de) aptal kimse, ahmak

birisi. (2. anlamı *k. dil.*). **jerk off** cinsel bölgelere dokunarak doyuma ulaşmak; otuzbir çekmek. **jerk out** kesik kesik ve sinirli bir şekilde söylemek. *The boy jerked out an answer.*

jerkin ['dʒə:kin] *i+sy* (erkeklerin giydiği ve genl. deriden yapılmış) kollu ya da kolsuz yelek.

jersey ['dʒə:zi] *i+sy* kazak. *In cold weather he wears a jersey under his jacket.*

jest [dʒest] *i+sy* nükte, şaka. *Their jests made everyone laugh.* Ayrıca *f-n* fıkra anlatmak, veya şaka etmek. (*eş anl.* **joke**). **jester** *i+sy* (eski zamanlarda kral, veya lordu eğlendiren, güldüren) soytarı, maskara. *'Ask my jester to come and sing to us,' shouted the king.*

jet¹ [dʒet] *i+sy* 1 (bir delik, veya borudan çıkan) fışkırma. *The jet of water from the hosepipe soon put out the fire.* 2 (bir motor, veya havagazı fırınındaki) meme, ağızlık. 3 jet uçağı. *Four enemy jets flew over the town.* **jetlag** *i-sy* (uzun bir uçak yolculuğundan sonra ve saat farkı olan bir yere gelinince duyulan) yolculuk yorgunluğu, gece-gündüz farkının yarattığı rahatsızlık. *I am suffering from jetlag. She took several days to get over his jet lag.* **jet-propelled** *s* tepkili. **jet propulsion** *i-sy* jetle çalıştırma. **jet stream** *i+sy* için **vapour trail**'e bkz.

jet² [dʒet] *i-sy* siyah kehribar. **jet-black** simsiyah, kuzguni siyah. *Her hair is jet-black.* **jet set** jet sosyete. (*eş anl.* **high society**).

jetsam ['dʒetsəm] *i-sy* 1 gemiden atılıp sahile vuran yüzen pislik, çöp. 2 denizden sahile vurmuş eşya. **flotsam**'a bkz.

jettison ['dʒetisn] *f+n* 1 ıskartaya çıkarmak, işe yaramaz deyip atmak. (*eş anl.* **discard**). 2 bir gemi, veya uçağı kurtarmak için denize ya da yere eşya, yük, vb. atmak. *The pilot jettisoned most of the spare fuel before making the crash landing.* 3 bir fikri, veya bir fırsatı bile bile geri çevirip onu kullanmamak. *They were willing to jettison the chance of earning £5,000.*

jetty ['dʒeti] *i+sy* 1 rıhtım. 2 dalgakıran, mendirek.

jewel [dʒuəl] *i+sy* değerli taş, mücevher. *The ladies were wearing their jewels. The jewel in her ring was a diamond.* **jeweller** *i+sy* kuyumcu. **jewellery, jewelry** *i-sy* mücevherat.

jib¹ [dʒib] *i+sy* flok yelkeni.

jib² [dʒib] *f-n* (çoğk. **at** ile) (atlar, veya eşekler hk.) birden durup inat ederek ileri gitmek istememek. *The horse jibbed at that high fence.* **jib at** diretmek, dayatmak. *I jib at providing all this information in order to prove that I'm creditworthy. geç. zam. ve ort.* **jibbed.**

jibe [dʒaib] *f-n* **gibe**'a bkz

jiffy ['dʒifi] *i-sy* an, lahza. *I'll be ready in a jiffy* (=Hemen gelirim). *(k. dil.).*

jig [dʒig] *i+sy* cig dansı; oynak ve hızlı bir halk dansı; cig dansı müziği.

jigsaw ['dʒigsɔ:] *i+sy* **1** bul-koy oyunu; türlü biçimlerde oyularak kesilmiş tahta, veya karton parçalarını birbirine birleştirerek oynanan oyun: *watching pieces of a jigsaw puzzle fit into place and a picture emerge.* **2** çapraşık, veya çözülmesi güç bir durum.

jihad [dʒiˈhæd] *itek* cihat; din uğrunda savaş. *A jihad is a holy war.*

jilt [dʒilt] *f+n* evlilikten dönmek; evlenmeye söz verdiği halde bundan birden vazgeçip sevgilisini terketmek. *She jilted him the day before they were to be married.*

jimmy [dʒimi] *i+sy* (*AmI*'de) **jemmy**'e bkz.

jingle ['dʒiŋgl] *f+n/-n* şıngırdamak, şık şık etmek. *As he ran, the pennies and keys in his pocket jingled.* Ayrıca *i+sy* şıngırtı.

jinks [dʒiŋks] *içoğ* sadece **high jinks** sözünde—gürültülü patırtılı eğlenti; gülüp oynama. *There were high jinks in the playground when the teacher announced that the school would be closed the next day.*

jinn [dʒin] *i+sy* **genie**'ye bkz.

jinx [dʒiŋks] *i+sy* (genl. *tek. biç.*) uğursuzluk; uğursuzluk getiren bir kimse, veya şey. *There is a jinx on this plan.*

jitters ['dʒitəz] *içoğ* (**the** ile) (önemli bir haber beklerken, veya mühim bir şeyi yapmadan önce duyulan) büyük tedirginlik, sinirlilik. *I have got the jitters about the examination next week.* **jittery** *s* sinirli, gergin. *We were*

jittery before the race started. (k. dil.).

Jnr (=**Junior**) sözcüğünün yazı dilindeki kısa biçimi. Babası ile aynı ismi taşıyan oğulun adının sonuna eklenir: *Bob Dickson Jnr. (karş.* **Snr.** veya **Sr.** (=**Senior**. *Bob Dickson, Snr.*).

job¹ [dʒob] *i+sy* **1** iş, insanın çalışarak yaptığı şey. *The new building was a big job. The builders have done a good job of it/made a good job of it.* **2** iş, meslek, görev, vazife. *I have a job in a shop. Jobs are not easy to get.* **3** zor iş, mesele. *It was a job for him to agree.* (**3.** anlamı *k. dil.*). **a good job** iyi ki; Allahtan. *It was a good job that you had a friend with you to help. (k. dil.).* **a bad job** şansız bir durum, aksilik: *give something up as a bad job* (=başarı şansı olmadığı için bir şeyden vazgeçmek). *We had to make the best of a bad job by agreeing to do it against our wishes.* **odd job** ufak tefek çeşitli işler. *He likes doing odd jobs in his garden.* **on the job** meşgûl, iş başında, vazife başında. *(k. dil.).* **on-the-job training** iş başı eğitim. **off-the-job training** iş dışında (örn. bir okulda) eğitim.

job² [dʒob] *f+n/-n* **1** ufak tefek işler yapmak. *This builder is jobbing for a large number of people.* **2** simsarlık yapmak; komisyonculuk yapmak. **3** kişisel çıkarı için görevini kötüye kullanmak. *He is jobbing to get himself made chairman. geç. zam. ve ort.* **jobbed. jobber** *i+sy* **1** borsa simsarı; komisyoncu. **2** parça başı, veya götürü usûlü iş yapan kimse. **3** resmi görevini kötüye kullanarak çıkar sağlayan. **jobless** *s* işsiz. *(eş anl.* **unemployed**). **the jobless** *içoğ.* işsizler.

Job [dʒoub] **1** **the patience of Job** sözünde—Hz. Eyüp sabrı. **2** **Job's comforter** sözünde—teselli ederken insanın yarasına daha da tuz biber eken kimse.

jockey ['dʒɔki] *i+sy* cokey. **disk jockey** radyo, veya bir diskotekte plak çalan ve bunları tanıtan kimse. *(eş anl.* **D.J.**).

jockstrap ['dʒɔkstræp] *i+sy* süspansuvar; sporcuların cinsel organlarını içine koymak için kullandıkları haya bağı.

jocular ['dʒɔkjulə*] *s* şakacı; nükteyi seven.

jodhpurs ['dʒɔdpəz] *içoğ* ata binerken

giyilen ve dizden bileğe kadar olan kısmı ·sıkı oturan pantolon, külot pantolon.

jog [dʒɔg] *f+n/-n* **1** zinde kalmak amacı ile ağır ağır ama bir kararda koşmak. **2** yavaş yavaş koşmak. *John jogs along at school.* **3** hafifçe sarsmak; itmek, dürtmek. *The old bus jogged us on the rough road. He jogged my elbow, making me spill my drink. geç. zam. ve ort.* **jogged**. Ayrıca *i+sy* yavaş yavaş koşma. **jog someone's memory** birisine (bir şeyi) hazırlatmak; bir kimsenin, birini veya bir şeyi hatırlamasına yardım etmek. **jogging** *i-sy* zinde kalmak için yapılan hafif koşu.

joggle ['dʒɔgl] *f+n* hafif hafif ve devamlı sarsmak ya da aşağı yukarı sallamak. *Jane joggled the baby in her arm.*

join [dʒɔin] *f+n/-n* **1** (iki yol, veya nehir) birleşmek. *The three roads join near the bridge.* **2** (genl. iki kimse, veya şey hk.) bir araya getirmek; birleştirmek. *He joined the two pieces of wood (together) with nails. The priest joined the man and woman in marriage.* **3** katılmak, iştirak etmek. *Please join us for dinner. They joined him in a visit to London. When did you join the air force?* **4** üye olmak, -e girmek. *I have joined the football club.* Ayrıca *i+sy* birleşme yeri; bitişim noktası. **join in something** (bir şeye) katılmak, iştirak etmek: *join in singing; be asked to join in.* **join up** askere yazılmak. *He has joined up in the Parachute Regiment. (k. dil.).* **join battle** savaşa, muharebeye başlamak: *join battle with the enemy.* **join forces** müşterek bir amacı gerçekleştirmek için birlikte çalışmak, bir araya gelmek, birleşmek; iş birliği yapmak. *We joined forces with them to finish the work. The two armies joined forces to fight against the common enemy.*

joiner ['dʒɔinə*] *i+sy* bir binanın iç ahşap işlerini (pencere çerçevelerini, kapıları, kapı kasalarını) yapan kimse; doğramacı. **joinery** *i-sy* doğrama işi, doğramacılık.

joint¹ [dʒɔint] *i+sy* **1** eklem, mafsal; insan ya da hayvanda gövde kemiklerinin uç uca, veya yan yana gelip birleştiği yer. *He has hurt the*

joints of his fingers. **2** kol, but gibi koca et parçası. *We had a joint of beef for dinner.* **3** (*AmI'de*) kötü kumarhane, gece kulübü, meyhane, vb. **(3.** anlamı *k. dil.*).

joint² [dʒɔint] *s* ortak, ortaklaşa, müşterek. *They made a joint request to the manager. They are the joint owners of the hotel. I was made joint heir with my brother.* **jointly** *z* ortaklaşa, birlikte, müştereken. **put someone's nose out of joint** bir kimsenin pabucunu dama attırmak. *I think it put his nose out of joint when she was promoted.*

joist [dʒɔist] *i+sy* (özl. zemini, veya tavanı destekleyen) kiriş.

joke [dʒouk] **1** *i+sy* şaka; komik fıkra. *Did you hear the joke about the giraffe with a sore throat? He likes making/cracking jokes.* **2** itek **(a** ile) alay konusu olan kimse, veya şey; maskaralık. *We know the election was a joke. We regard John as a joke.* **3** *i+sy* muziplik, oyun, şaka. Ayrıca *f-n* komik fıkra anlatmak. *We never joked about sex in front of the children.* (eş anl. **jest**). **2** şaka etmek, şakadan söylemek, takılmak. *I was only joking with you. They are joking. Don't worry, I was only joking.* **can't take a joke** şakadan anlamaz, şaka kaldırmaz. **make a joke of something** (bir şeye) gülmek, ile alay etmek. **go beyond a joke** şaka olmaktan çıkmak. **no joke** ciddi, veya zor bir iş; şaka değil, oyun değil. *Being cold and hungry is no joke.* **joking apart/aside** şaka bir yana, sahiden. *Joking apart, I think we should do something to make that path outside safer.* **you're joking** şaka ediyorsun; bırak şakayı; dalga geçme. **joker** *i+sy* **1** şakacı. **2** gıygır herif; sözü edilmeye değmez kimse. **3** (iskambilde) joker. ʒkı

jolly ['dʒɔli] *s* şen, neşeli. *He was a jolly man who made us laugh a lot.* Ayrıca *z* çok, son derece. *He played a jolly good game.* (*k. dil.*). **jollity** *i-sy* neşe ve mutluluk.

jolt [dʒoult] *f+n/-n* sarsmak; sarsıla sarsıla gitmek. *The car jolted along the rough road. The train jolted us from our seats by stopping suddenly.* Ayrıca *i+sy* sarsıntı. *The bad news gave us a jolt.*

jostle ['dʒɔsl] *f+n/-n* (kalabalıkta) itip kakmak, dirsek vurmak. *We had to jostle through the crowd to reach the gate. The crowd jostled against us.* (*eş anl.* elbow). Ayrıca *i+sy* itip kakma.

jot[1] [dʒɔt] *i+sy* (genl. *tekil* ve *olumsuz biçimde*) parça, az miktar, zerre. *I won't change my story (by) one jot.* (*eş anl.* bit).

jot[2] [dʒɔt] *f+n* (down ile) not etmek, yazmak, kaydetmek. *I jotted down the name of the book which he was talking about. geç. zam.* ve *ort.* jotted. jotter *i+sy* not defteri. jottings *içoğ* acele ile alınmış notlar.

journal ['dʒɜ:nl] *i+sy* 1 günlük; tarih atılarak, düzenli olarak günü gününe yazılan muhtıra, anı. *Do you keep a journal of the amount of work you do?* 2 günlük, haftalık, vb. gazete ya da dergi. *The doctor always reads the monthly medical journals.* journalism *i-sy* gazetecilik, dergicilik. journalist *i+sy* gazeteci. *The Prime Minister was asked questions by several journalists.* (*eş anl.* newspaperman).

journey ['dʒɜ:ni] *i+sy* 1 (genl. uzak yerlere ve karadan yapılan) seyahat, yolculuk (denizden yapılana voyage denir). *We made the journey from Paris to Berlin by car.* 2 belli bir zamanda alınan yol, mesafe. *From Paris to Berlin is a journey of one day/one day's journey by car.* Ayrıca *i+sy* seyahat etmek, yolculuk etmek. *We journeyed up from the coast at a leisurely pace. They journeyed along through the wine country.*

jovial ['dʒouviəl] *s* şen şakrak, neşeli ve samimi.

joy [dʒɔi] 1 sevinç, neşe; büyük mutluluk. *They received the good news with joy. To our great joy he agreed to help us. The children jumped with joy when they saw the new toys.* 2 sevinç kaynağı, sevinç vesilesi, memnuniyete neden olan bir şey. *One of the joys of living here is the friendliness of the people.* joyful *s* sevinçli; sevindirici, neşeli, neşe dolu, memnun. *The family had a joyful reunion when their grandparents came from Poland.* joyfully *z* neşeyle. joyfulness *i-sy* neşelilik. joyous *s* neşeli, sevinçli. (*eş anl.* festive). joyousness *i-sy* neşelilik.

joy ride (özl. çalıntı araba ile yapılan) gezinti. joystick (uçuş) levye(si).

Jr. (=Junior) sözcüğünün yazı dilindeki kısa biçimi. Babası ile aynı ismi taşıyan oğlun adının sonuna eklenir. *Bob Dickson, Jr.* (*karş.* Snr. veya Sr (=Senior. *Bob Dickson, Sr.*).

jubilant ['dʒu:bilnt] *s* neşeli, şen; sevinçten uçan. *They gave him a jubilant welcome after his victory.* jubilation [dʒu:bi'leiʃən] *i+sy/-sy* büyük mutluluk ve başarı; zafer şenliği.

jubilee ['dʒu:bili:] *i+sy* jübile; ellinci yıldönümü: *the silver jubilee year.*

judge ['dʒʌdʒ] *i+sy* 1 hâkim, yargıç. *The judge sentenced the thief to three years in prison.* 2 hakem. *He was one of the judges at the boxing match.* 3 bir şeyden iyi anlayan; bilirkişi. *He is a good judge of modern art. Because I don't know him well, I am no judge of his character.* Ayrıca *f+n* 1 yargılamak, hüküm vermek. 2 hakemlik etmek, karar vermek. 3 bir kimse, veya bir şey hakkında fikir edinip karar vermek. *We judged him to be a stranger. He judges it safer to go away than to stay.* I'll be the judge of that/let me be the judge of that. Bana bırakın da ona ben karar vereyim. / Bırakın ben karar vereyim ona (bir kimse size 'eğer şöyle yapsan iyi olur', 'şöyle yapmasan iyi olur', vb. akıl vermeye kalktığında cevap olarak söylenir). judgment, judgement. 1 *i-sy* yargılama. 2 yargı, karar, hüküm. *The judgments of the court are reported in all newspapers.* 3 *i+sy/-sy* düşünce, fikir, *In their judgment he is stupid.* 4 *i+sy* doğru karar verebilme yeteneği, ayırdetme gücü. *Our doctor is a man of judgment.* pass judgement on/about something bir şey konusunda/hakkında görüşünü söylemek.

judicial [dʒu:'diʃl] *s* adli, hukuki; yargıçlara, veya mahkemeye ait: *judicial proceedings; judicial functions.*

judicious [dʒu:'diʃəs] *s* akla uygun, isabetli, akıllı, tedbirli, iyi düşünebilen.

judo ['dʒu:dou] *i-sy* judo. *Do you want to learn judo?*

jug [dʒʌg] *i+sy* sürahi. jugful *i+sy* sürahi dolusu.

juggle ['dʒʌgl] *f+n/+n* hokkabazlık

yapmak; elçabukluğu ile marifet yapmak (özl. cisimleri havaya atıp tutmak şeklinde). **juggler** *i+sy* hokkabaz.

juice [dʒuːs] *i+sy* 1 meyva suyu, domates suyu; et suyu, vb. *I like a glass of tomato juice at breakfast.* 2 benzin. (*k. dil.*). 3 elektrik. (*k. dil.*). **juicy** *s* 1 sulu, özlü: *a juicy piece of meat.* 2 ilgi çekici, çarpıcı, sarsıcı. *There are some juicy reports about him.* (2. anlamı *k. dil.*). **juiciness** *i-sy* sululuk, özlülük.

jukebox ['dʒuːkbɔks] *i+sy* kafe, bar, vb. yerlerde, içine para atılıp bir düğmeye basılınca istenilen plağı çalan otomatik pikap.

July [dʒuˈlai] *i-sy* temmuz (ayı); 7. ay. *He died on July 11th, 1980.*

jumble ['dʒʌmbl] *f+n/-n* karmakarışık etmek, ya da olmak. *His books and mine were jumbled together.* Ayrıca *i+sy* karmakarışık yığın: *a jumble of books. Her clothes were in a jumble on the floor.* **jumble sale** (özl. yoksullar, hastalar, vb. için yapılan) yardım satışı (bu satışta, insanların evlerinden getirdikleri ve artık kullanmadıkları eşyaları ucuza satarlar); (yoksullara, hastalara, vb.) yardım kermesi.

jumbo ['dʒʌmbou] *s* kocaman, çok büyük. (*k. dil.*). **jumbo jet** yüzlerce kişi taşıyan büyük uçak.

jump [dʒʌmp] *f+n/-n* 1 atlamak. *Can you jump over this wall? I jumped into the water.* 2 hoplamak, irkilmek. *My heart was jumping with fear.* 3 sıçramak, zıplamak, fırlamak. *He jumped out of his car. The boys jumped to their feet when the teacher came into the room.* 4 üzerinden atlamak. *You jumped the wall easily.* 5 aniden artmak, yükselmek; fırlamak. *Last week the price of food jumped. The number of students in universities has jumped.* Ayrıca *i+sy* 1 *He won the high/long jump* (=Yüksek/ uzun atlamayı kazandı). 2 *My heart gave a jump* (=Kalbim hopladı). 3 *There has been a jump in the price of food* (=Yiyecek fiyatlarında bir yükselme oldu). **jumpy** *s* sinirli (sinirleri bozuk). *I'm jumpy if I'm alone in the house at night.* (*eş anl.* **nervous**). **jumper**[1] *i+sy* iyi atlayan, veya sıçrayan bir kimse ya

da hayvan. **jump at something** bir şeyin (örn. bir fırsatın) hemen üstüne atlamak. *I jumped at the chance to go.* **jump down someone's throat** birden sinirlenerek, veya kızarak konuşmaya, itiraza, karşı çıkmaya başlamak. *When I told him a joke about lawyers, he just about jumped down my throat: it was then I discovered he was a lawyer himself.* **jump on/upon someone** bir kimseyi azarlamak, çıkışmak. *He jumped on me for forgetting to come.* **jump to conclusions/a conclusion** acele hüküm vermek. *Don't jump to conclusions: wait until I have finished speaking.* **jump a queue** sırayı, kuyruğu bozup öne geçmek. **queue-jumper** *i+sy* sırayı bozup öne geçen kimse. **jump jet** yerden dikey olarak havalanan ve inen jet uçağı. **jump the gun** (bir yarışmada) hatalı çıkış yapmak, fo depar yapmak. *The runner was disqualified for jumping the gun three times.*

jumper[2] ['dʒʌmpə*] *i+sy* süveter; (*AmI'*de) çocuk önlüğü.

junction ['dʒʌŋkʃən] *i+sy* (iki ya da daha fazla yolun birleştiği) kavşak. *We stopped at the road junction.*

juncture ['dʒʌŋktʃə*] *i+sy* bir olay esnasındaki belli bir an, önemli an, nazik zaman. *The people began to throw stones. At this juncture the police arrived.* (=Halk taş atmaya başlamıştı. İşte bu sırada polisler geldi).

June [dʒuːn] *i-sy* haziran (ayı); 6. ay. *The current agreement ends on June 24.*

jungle ['dʒʌŋgl] *i+sy* (genl. **the** ile) balta girmemiş tropikal orman. *Many wild animals live in the jungle.*

junior ['dʒuːniə*] *s* 1 kıdemsiz, ast. *In the army a captain is junior to a major.* (*karş.* **senior**). 2 yaşça küçük; daha genç. *My other brother is junior to me.* 3 kolej, veya yüksek okul üçüncü sınıf öğrencisi. **Junior** hem baba hem de oğlu aynı ismi taşıyorlarsa, oğlu babadan ayırmak için isminin sonuna eklenir (genl. **Jnr** veya **Jr.** olarak kısaltılır. *karş.* **Senior** ya da kısaltılarak **Snr.** veya **Sr.**). *'Who do you want? Williamson Junior or Williamson Senior?'* **junior school** *i+sy/-sy* İngiltere ve Galler'de yedi ile on bir yaşındaki çocukların gittikleri okul, veya bu yaştaki öğrencilerin devam ettikleri ilk okulun bir bölümü.

junk¹ [dʒʌŋk] *i+sy* bir tür Çin yelkenlisi. Teknenin altı düz olup, yelkenleri kare biçimindedir.

junk¹

junk² [dʒʌŋk] *i-sy* ıvır zıvır; eski püskü, döküntü, hurda. *There was nothing up there but a lot of old junk.* **junk food** *i+sy/-sy* hazırlanıp yemesi kolay ama sağlıksız yiyecek. **junkie** *i+sy* eroînman, esrarkeş. *(eş anl.* **drug addict)**.

junta [dʒʌntə] *i+sy* cunta; bir ülkede yönetime el koyan kimselerden oluşan kurul: *a country ruled by a military junta.*

jurisdiction [dʒuərisˈdikʃən] *i-sy* yargı, yargılama hakkı; yargılama yetkisi. *This crime is not within the jurisdiction of this court.*

jurisprudence [dʒuərisˈpruːdns] *i-sy* hukuk ilmi. *(eş anl.* **law).**

jury [ˈdʒuəri] *i+sy* **1** jüri; seçilmiş kişilerden (genl. oniki kişi) oluşan ve davayı dinlerken sanığın suçlu olup olmadığına karar veren kurul. Jüri sanığın ceza şekline karışmaz. *The jury found him guilty of murder. The jury decided the woman was guilty.* **2** jüri; seçiciler kurulu. **juror** [ˈdʒuərə*] *i+sy* jüri üyesi. (Ayrıca **juryman; jurywoman).**

just¹ [dʒʌst] *s* adil; doğru: haklı. *This is a just decision. (karş.* **unjust).**

just² [dʒʌst] *z* **1** tam, tam olarak. *Tell me just what happened. This coat is just the right size.* **2** şimdi, az önce, henüz. *They have just gone. I am just out of hospital. They went just before we did.* **3** hemen, derhal. *They are just going. I am just about to write him a letter. They went just after we did.* **4** sadece, yalnız. *He just stood there looking at us* (= Orada öylece durmuş

bize bakıyordu). *He is just a child. I need just two more days to finish it. Just a minute!* (= Bir dakika!). **5** (çoğk. *only* ile) ancak; kılpayı, ucu ucuna. *The bullet (only) just missed him. We had (only) just enough money to pay the bill.* **6** tam anlamı ile, tek kelime ile. *The food is just wonderful. I just can't wait to see him* (= Onu görmek için sabırsızlanıyorum). **just about** hemen hemen, neredeyse. *I left my hat just about here. This box is just about big enough for my books. I am just about finished.* **just as 1** tam tamına; tıpkı. *I did just as you told me. Leave it just as it is.* **2** aynı derecede, ...kadar. *I am just as brave as you are. It would be just as well if he left* (= Giderse iyi olur). **just now 1** biraz önce, az önce. *They gave it to me just now.* **2** şu anda, şimdi. *Just now they are asleep.* **just so** öyle; tabii öyle. *(eş anl.* **indeed).**

justice [ˈdʒʌstis] *i-sy* **1** dürüstlük, doğruluk; insaf. *Children expect justice from their parents.* **2** adalet, hak. *In the interest of justice, a new trial was ordered.* **3** mahkeme; adliye. *It is the duty of the police to bring those who break the law to justice.* (= Yasaya karşı gelenleri mahkemeye verip cezalandırmak polisin görevidir). **do oneself justice** kendini (yeteneklerini, neyi yapabileceğini) göstermek, yeteneklerinden yararlanmak. *He cannot do himself justice as a singer if he refuses to practise.* **do justice to someone/something 1** birine/bir şeye hakça muamele etmek, hakkını gözetmek. *It would not be doing me justice to call me lazy when I'm so ill.* **2** bir şeyi iştah ile yemek, hakkını vermek. *They did justice to all the food we brought them.*

justify [ˈdʒʌstifai] *f+n* haklı göstermek, haklı çıkarmak; gerekçesini, nedenini göstermek. *His illness does not justify his long absence. You will have to justify your work to the others.* **justifiable** *s* savunulabilir, doğruluğu kanıtlanabilir; hak verilebilir, mazur gösterilebilir. *(karş.* **unjustifiable).** **justifiably** *z* haklı olarak. **justification** [dʒʌstifiˈkeiʃən] *i+sy/-sy* haklı neden, geçerli mazeret; haklı gösterme, mazur gösterme. *His justification for* *being absent is his illness.*

jut [dʒʌt] *f-n* (**out** ile) çıkıntı yapmak, ileri çıkmak. *The rocks jut out above the trees.* geç. zam. ve ort. **jutted**.

juvenile ['dʒuːvənail] *i + sy* çocuk, veya genç delikanlı. Ayrıca *s* genç, gençliğe özgü: *juvenile books; juvenile court* (= çocuk mahkemesi); *juvenile*

delinquent (= suçlu çocuk); *juvenile employment* (= çocukları işte çalıştırma).

juxtapose ['dʒʌkstə'pouz] *f + n* (aralarındaki farkı ortaya çıkarmak için) iki şeyi, veya fikri yan yana koymak, sıralamak.

K

K (= kilo)—bin: *salary £20K* + (= yılda 20,000 sterlinden fazla maaş).

kaleidoscope [kə'laidəskoup] *i+sy* kaleydoskop, çiçek dürbünü; bir ucu buzlucamla kapatılan, metal ya da mukavvadan bir boru içine yerleştirilmiş aynaların aracılığı ile, boru içine konulmuş renkli küçük cisimlerin ve görüntülerinin oluşturduğu çeşitli biçimleri gösteren araç.

kangaroo [kæŋgə'ru:] *i+sy* kanguru. **kangaroo court** *i+sy* yasal olmayan mahkeme. *Because he had not joined in the strike, the poor man was tried before a kangaroo court and sentenced to be beaten up.*

kangaroo

kapok ['keipɔk] *i-sy* divan ya da koltuk yastıklarını doldurmada, veya sıcak tutması için uyku tulumu, ceket, vb. içlerine konan ve bir tropikal ağaçtan elde edilen pamuğa benzer lif.

karate [kə'ra:ti] *s* 1 (insanlar hk.) karate; sadece eller, dirsekler, ayaklar ve bacaklar ile yapılan spor. Japonya'da başlatılan bu spor, önceleri kendini koruma amacıyla yapılırdı.

kayak ['kaiæk] *i+sy* kanoya benzer küçük Eskimo kayığı.

keel [ki:l] *i+sy* gemi omurgası. **keel over** alabora olmak. *The ship keeled over in the storm.*

keen [ki:n] *s* 1 (insanlar hk.) çok hevesli, istekli, meraklı. *He is a keen football player. He is always keen to play.* 2 (akıl, hisler, duygular, vb. hk.) hassas, duyarlı; keskin, kuvvetli. *He has a keen brain. They have keen sight/are keen-sighted. My hearing is not as keen as it used to be.* 3 derin, kuvvetli. *He takes a keen interest in his work.* 4 şiddetli, kuvvetli, soğuk: *a keen wind.* 5 keskin. *An axe must have a keen blade.* **keenly** *z* şevkle, gayretle; şiddetle. **keenness** *i-sy* gayret, şevk; keskinlik; düşkünlük. **be keen on** çok düşkün olmak, hevesli, veya meraklı olmak. *He is keen on that girl. I am keen on fishing. They are keen on buying a new house.* (k. dil.).

keep[1] [ki:p] *f+n/-n* 1 ya bir süre ya da tamamen sahip olmak; kalmak. *You may keep my book for a fortnight. Please keep the picture, I don't want it* (= Resim senin olsun, ben istemiyorum). 2 tutmak, alıkoymak. *The doctors are keeping him in hospital for another week. What kept you?* (= Seni engelleyen neydi?/Niye geciktin?). *The weather had kept us indoors that day.* 3 -e bakmak, bakım göstermek; ...-e göz kulak olmak; saklamak; (...-den) sorumlu olmak. *He is keeping my coat and hat for me until I return. She keeps house for her brother. I am keeping the cake for tea tomorrow. He keeps goal in our football team.* 4 . sahip olmak, işletmek. *My father keeps a grocer's shop.* 5 beslemek, yetiştirmek. *The farmers here keep cattle.* 6 bakmak, geçindirmek. *I have a wife and three cihdren to keep. They get enough money to keep themselves in food and clothing.* 7 sürüp gitmek, devam etmek; sürdürmek, devam ettirmek, idame etmek; (beili bir durumda, veya yerde) olmak, bulunmak, kalmak. *Although they have many difficulties, they keep happy. Good food keeps you healthy. You must keep inside the house during the cold weather.* 8 bozulmamak, dayanmak. *Will this fish keep?* 9 (yap)mağa devam etmek, boyuna/durmadan (yap)mak, (yap)ıp durmak, (yap)adurmak. *He keeps coming back for more.* 10 (yap)tırmak, (yap)ar durumda tutmak. *He* *kept them working all day.* 11 tutmak, yerine getirmek, ...-e sadık kalmak. *He always keeps his promise.* 12 uymak, riayet etmek. *Everyone must keep the law.* 13 kutlamak. *Most people keep Christmas at home.* geç. zam ve ort. **kept** [kept]. **keeper** *i+sy* bekçi; bakıcı; muhafız. (Bir isimle birleşerek, yeni bileşik isimler oluşturur, örn. *gamekeeper* (=avlak bekçisi); *goalkeeper* (=kaleci); *housekeeper* (=ev idare eden kadın, kâhya kadın); *innkeeper* (=hancı); *shopkeeper* (=dükkâncı). **keeping** *i-sy* 1 koruma, muhafaza, himaye. *Your books are in good keeping if he is looking after them.* 2 uyum, uygunluk. *The speech was in keeping with the happy event. What he says now is out of keeping with what he said before.* **keep (someone) back** kalmak, geri durmak; (birisini) göndermemek, önlemek, durdurmak, alıkoymak. *They all ran forward but I kept back.* **keep something back** söylememek, gizlemek. *He may be telling the truth but he is keeping something back.* **keep something from someone** bir kimseden bir şey gizlemek. *They kept the truth from him.* **keep early hours** erken yatmak. *They keep early hours.* **keep in with someone** genl. kendi çıkarı için bir kimseyle iyi geçinmek. *He keeps in with his manager.* **keep late hours** geç yatmak. **keep someone/something off** bir kimseyi, veya bir şeyi bir yere yaklaştırmamak, uzak tutmak. *Keep your dog off the grass.* **keep off** 1 uzak durmak yaklaşmamak. *Keep off the grass.* 2 (yiyecekler, içecekler hk.) yememek, içmemek. *She has to keep off butter.* 3 (kötü hava hk.) başlamamak. *The rain keeps off.* **keep on** (yap)maya, (et)meye devam etmek; (ya)pıp durmak, sürdürmek. *They kept on working after dark. He didn't stop running. He just kept on. I'm sorry to keep on coughing.* **keep something on** bir şeyi giymeye, takmaya devam etmek; üstünden çıkarmamak. *He kept his hat on even when he went into the house.* **keep/have one's finger crossed** (bu söz kullanıldığında, bazen gerçekten bir elin iki parmağı çapraz şekilde üstüste bindirilir) işlerin/şansının

keep/have one's finger crossed

yolunda gitmesini ümit etmek, dilemek. *I have sent in my application for the job; all I can do now is keep my fingers crossed.* **keep out of something** bir şeyin dışında kalmak (...-den) uzak durmak, veya tutmak. *I keep out of his troubles. You should try and keep him out of it, or it will only complicate things further.* **Keep out** Girilmez! Yaklaşma! *'Private property. Keep out!'* **keep (someone/something) up** 1 (moralini, neşesini, iyimserliğini) yüksek tutmak; yüksek neşeli, veya iyi kalmak. *Their spirits are keeping up although they have many troubles. The good news keeps our spirits up.* 2 (hava, vb. hk.) sürmek, devam etmek. *I hope the weather keeps up.* 3 devam ettirmek, sürdürmek. *They keep up the habit of visiting old friends. Keep it up!* (=Durma!/Devam et!). 4 yatırmamak, uykusuz bırakmak. *They kept me up for three hours talking about their work.* **keep up with someone/something** 1 ..-den geri kalmamak, ..-e ayak uydurmak. *They could not keep up with us when we climbed the mountain. He can't keep up with his rich friends.* 2 ...-den haberi olmak, yakından izlemek; *keep up with the news.* **keep one's head** sakin olmak, soğukkanlılığını kaybetmemek. *He survived the accident because he kept his head.* (karş. **loose one's head**). **keep (oneself) to oneself** kendi başına kalmak, başkalarına katılmamak. *At the party he kept to himself.* **keep one's nose to the grindstone** durmadan çalışmak. *He kept his nose to the grindstone and eventually built up a prosperous business.* **keep something to himself** bir şeyi kendine saklamak, başkalarına söylememek. *He keeps his thoughts to himself.*

keep up with the Joneses komşulardan geri kalmamak, onlar ne yaparsa onu yapmak. *It's silly to spend all your time working just so that you can keep up with the Joneses.*

keep² [ki:p] 1 *i+sy* bir kalenin en iç ve sağlam kısmı, kalenin iç burcu. 2 *i-sy* yiyecek ve yatacak ücreti. *Everybody living here pays for his keep.* keepsake *i+sy* hatıra olarak verilen ufak bir hediye. *I gave Sue a beutiful shell as a keepsake of our picnic at the beach.*

keg [keg] 1 *i+sy* küçük fıçı. 2 *i-sy* fıçı bira.

kennel ['kenl] *i+sy* köpek kulübesi.

kept [kept] keep¹ fiilinin geçmiş zamanı ve ortacı.

kerb [kə:b] (*Aml*'de curb) *i+sy* kaldırım kenarı. *Please park your car close to the kerb.* kerbstone kaldırımtaşı.

kernel ['kə:nl] *i+sy* 1 fındık, ceviz, vb. içi; çekirdek içi; buğday tanesi. 2 bir şeyin en önemli kısmı, özü, esası. *The kernel of his problem is lack of money.*

kerosene ['kerəsi:n] *i-sy* gazyağı, gaz. *She would put kerosene on her fire to make it burn.*

kestrel ['kestrl] *i+sy* kerkenez; atmacadan ufak, leşle beslenen yırtıcı bir kuş.

ketchup ['ketʃəp] *i-sy* ketçap; baharatlı domates sosu. Ayrıca catsup, catchup da denir.

kettle ['ketl] *i+sy* çaydanlık. kettledrum kazan şeklinde büyük orkestra davulu. a fine/pretty kettle of fish ayıkla şimdi pirincini taşını! ayvayı yedik! *This is a fine kettle of fish: not even one of my students has managed to pass the final exam!*

keetle

key [ki:] *i+sy* 1 anahtar. *Have you got the key to this door? I'm afraid I've lost the key to the filling cabinet.* 2 (müzikte) anahtar; ton, perde. 3 piyano ya da yazı makinesi tuşu. *A piano has a row of black and white keys. Typewriters have a key for each letter of the alphabet.* 4 (bir şey)in püf noktası, (bir şey)in anahtarı, (bir şey)in cevap anahtarı. *The key to this problem is better planning. I need a key when I am reading Latin.* 5 (genl. sıfat olarak kullanılır) kilit nokta, çok önemli. *He has the key post in this factory. He is the key man. The enemy hold all the key positions.* keyboard klavye; piyano, org ve yazmakinesinde olduğu gibi bir sıraya dizilmiş olan tuşların bütünü. *She sat down at the keyboard and began to play a popular song.* keyhole anahtar deliği. keynote ana fikir, tema. *The keynote of all his writings is the need for peace.* key something up 1 akort etmek. 2 heyecanlandırmak. *They were keyed up for the examination.*

KGB (=Komitet Gosudarstvennoi Bezopasnosti)—Devlet Emniyet Komitesi; Rus gizli polisi.

khaki ['ka:ki] *i-sy* 1 hâki; toprak rengi, yeşile çalar sarı renkli. 2 (kara kuvvetlerindeki üniformaların yapımanda kullanılan) hâki kumaş. Ayrıca *s* haki.

kibbutz [ki'bu:ts] *i+sy* kibuts; İsrail'de çalışanların bir arada yaşayıp işini ve gelirini paylaştıkları bir çiflik, fabrika, veya bir iş yeri. *çoğ. biç.* kibbutzim. [ki'bu:tsi:m] veya kibbutzes.

kick [kik] 1 *f+n* -e tekme vurmak, şut atmak. *He kicked the ball.* 2 *f-n* tekmelemek, tekme atmak. *He kicked and shouted when the police caught him.* Jane felt the baby kicking. Ayrıca *i+sy* 1 tekme; vurma, vuruş. *She could feel the baby give a kick. He gave the ball a kick.* 2 sertlik, kuvvet. *The drink he gave me had a kick in it.* 3 zevk, heyecan. *He did it for kicks.* (3. anlamı *k. dil.*). kickback *i+sy* (özl. bir ticari girişimde, yardımlarından dolayı bir hükümet görevlisine verilen ve yasal olmayan) rüşvet. *He has denied that he received any kickbacks from the company.* kick off (futbolda) başlama vuruşu yapmak; oyunu başlatmak. kick-off *i-sy* 1 (futbolda) başlama vuruşu; (oyuna) başlama. *The kick-off's at 3 o'clock*. **2** bir partinin, bir konserin, vb. başlama saati. **kick out** kovmak, kapı dışarı etmek. *He has been kicked out of his job. (k. dil.).* **kick up a fuss/row** mesele çıkarmak; kavga çıkarmak; yaygara koparmak. *When he discovered that his room had been given to someone else, the tourist kicked up quite a fuss.* **kick a habit** bir alışkanlıktan,· örn. sigara tiryakiliğinden vazgeçmek. **kick the bucket** nalları dikmek; öbür dünyayı boylamak; ölmek. *Everyone in that television show ended up kicking the bucket.*

kid¹ [kid] *i+sy* **1** keçi yavrusu, oğlak. **2** oğlak derisinden yapılan kösele. **3** çocuk *(k. dil.).* **4** *(AmI'*de) delikanlı. **kid brother/sister** küçük erkekkardeş/ kızkardeş. **kids' stuff** çocuk işi, çocuk oyuncağı.

kid² [kid] *f+n* şaka etmek, takılmak; yutturmak, kandırmak. *Don't listen! He is kidding you. I was only kidding. geç. zam. ve ort.* **kidded. kid oneself** kendini aldatmak. **you're kidding** dalga geçme; bırak gırgırı; şaka ediyorsun. *(eş anl.* **you're joking). I kid you not** valla, doğru söylüyorum; şaka etmiyorum, inan. *(eş anl.* **honestly). no kidding** valla doğru söylüyorum, inan doğru. *(eş anl.* **honest).**

kidnap ['kidnæp] *f+n* birisini (özl bir çocuğu, ailesinden para koparmak amacı ile) kaçırmak. *The terrorists kidnapped the president as he was walking to his car. geç. zam. ve ort.* **kidnapped. kidnapper** *i+sy* adam kaçıran kimse; çocuk hırsızı. **kidnapping** *i+sy/-sy* çocuk hırsızlığı; adam kaçırma.

kidney ['kidni] *i+sy* böbrek. *She was given the kidney of a person killed in a car crash. I have a kidney infection. He is being treated for kidney trouble.* **kidney machine** böbrek cihazı. **kidney stone** böbrek taşı.

kill [kil] *f+n* **1** öldürmek. *He killed him with a spear. Malaria killed them.* **2** yok etmek, mahvetmek. *He has killed our chances of success.* Ayrıca *itek* öldürme; avda öldürülmüş hayvan, av. *We saw the lion sitting besides its kill.* **killer** *i+sy* **1** katil. *The police are searching for the girl's killer.* **2** öldürücü hastalık. *In the*

winter, bronchitis is the killer of hundreds of old people. **killer whale** katilbalina. **killjoy** neşe kaçıran kimse, **kill something off** kökünü kazımak, öldüre öldüre bitirmek, canına okumak. *Hunters have killed off all the large animals in this country.* **kill oneself laughing/with laughter** gülmekten ölmek, gülmekten katılmak, katıla katıla gülmek. **kill time** vakit öldürmek. *The train was very late, so we killed time by playing cards.*

kiln [kiln] *i+sy* tuğla, veya kireç ocağı; (içinde çanak çömlek, kiremit, vb. pişirilen) fırın.

kilo(gram), kilo(gramme) ['ki:lou-(græm) *i+sy* kilo(gram) (=2.2 pounds).

kilometre ['kiləmi:tə*] *(AmI'*de **kilometer)** *i+sy* kilometre. (bir mil 1609 metre eder). *My car does twenty kilometres to the litre.*

kilt [kilt] *i+sy* İskoç erkeklerinin giydiği plili, kareli ve yünlü İskoç kumaşından yapılmış kısa etek. Bu etekliği kızlar ve kadınlar da giyerler.

kilt

kimono [ki'mounou] *i+sy* kimono; Japonya'da kadın erkek herkesin giydiği, ulusal giysinin adı; kadınların giydikleri kolları geniş sabahlık. *çoğ. biç.* **kimonos.**

kin [kin] *içoğ* hısım, akraba. *He's no kin of mine.* **kith and kin** dostlar ve akrabalar. **next of kin** en yakın akrabalar; insanın ailesi. *The hospital has notified the next of kin of the death of the accident victim.*

kind¹ [kaind] *i+sy* çeşit, tür, cins. *Rice is a kind of grain. I don't like this kind (of person) who always arrives late.* **a kind of** bir çeşit, gibi bir şey, adeta. *It was a kind of ar·mal with long ears and a short tail. We had a kind of feeling that we were being followed.* **kind of** biraz (gibi), ...-ce,

...-e benziyor, galiba, bir bakıma. *It was kind of strange to see her again after all those years.* (*eş anl.* **sort of**). **nothing of the kind** hiç de öyle değil!, kesinlikle değil!. *You're drunk! I'm nothing of the kind!* **of a kind** sözüm ona, sözde; çok iyi olmayan, umulduğu kadar iyi olmayan. *He is a football player of a kind. They gave us a welcome of a kind.* (*eş anl.* **of a sort**).

kind² [kaind] *s* iyi kalpli, nazik, iyi, uysal. *I have a kind father and mother. I find them all extremely kind and helpful.* **kind (to)** (...-e) (karşı) iyi kalpli. *They ar᷉ very kind to children. It was kind of them to ask us to the concert* (= Bizi konsere davet etmekle nezaket gösterdiler). (*karş.* **unkind**) **kindness** *i+sy/-sy* nezaket, lütuf; iyilik, şefkat. *Thank you for your many kindnesses.* **out of kindness** nezaketen; iyilik severliğinden. *He did not know me, but out of kindness he helped.*

kindergarten ['kindəga:tn] *i+sy* anaokulu. (*eş anl.* **nursery school**).

kindle ['kindl] *f+n/-n* 1 tutuşmak, yanmak; tutuşturmak, yakmak. *Damp wood does not kindle. He kindled the wood with a match.* 2 ... -e neden olmak, uyandırmak, tahrik etmek. *The story kindled our desire for adventure.*

kindly¹ ['kaindli] *s* şefkâtle, içten, gönülden, nezaket göstererek. *Thank you for treating us so kindly during our visit. They kindly invited us to the concert.* NOT: **to take kindly to** hoşlanmak, sevmek; hoş karşılamak, isteyerek kabul etmek. *I do not take kindly to the cold weather.*

kindly² ['kaindli] *z* lütfen. *Would you kindly lend me your pen?* (= *Would you please lend me your pen?* (= Lütfen dolmakaleminizi bana biraz verebilir misiniz?)).

kindly³ ['kaindli] *s* hoş, hoşa giden; içten, gönülden, samimi, cana yakın, dost. *He has a kindly manner.* **kindliness** *i-sy* iyilik sevecenlik.

kindred ['kindrid] 1 içoğ akraba. 2 *i-sy* akrabalık. Ayrıca *s* akraba olan, birbirine benzer, aynı soydan. *They belong to kindred tribes and speak kindred languages.*

kinetic [ki'netik] *s* kinetik; hareketle ilgili, hareket sonucunda ortaya çıkan, devimsel: *kinetic energy.*

king [kiŋ] *i+sy* 1 kral. 2 satrançta en önemli taş; şah. 3 (iskambilde) papaz. 4 (bir şeyin) kralı, örn. *He is a cotton king* (=O pamuk kralıdır). *Elvis Presley was the king of Rock and Roll.* **live like a king** kral gibi yaşamak. **kingfisher** iskelekuşu; suya dalıp balık avlayan, iri başlı, uzun ve sivri gagalı bir kuş; yalıçapkını. **kingpin** 1 tekerlek pimi. 2 herşeyin ona bağlı olduğu önemli kimse, bir yerin bel direği. *The kingpin of this company is not the manager but his assistant.*

kingdom ['kiŋdəm] *i+sy* 1 krallık, kraliyet. *When the king died the young prince became the new ruler of the kingdom.* 2 (biyolojide) âlem; doğayı oluşturan varlıkların üç ana bölümünden biri, yani (a) **the animal kingdom.** (b) **the plant kingdom.** (c) **the mineral kingdom.**

king-size, king-sized [kiŋ'saiz, kiŋ'saizd] *s* olabilenin en büyüğü: *a king-size filter cigarette; a king-size bed.*

kink [kiŋk] *i+sy* 1 tel, saç, ip, vb. dolaşması, kıvrım. *If you pull the rope tight, the kinks in it will disappear.* 2 acayiplik, acayip düşünce, garip, fikir. *He had a kink about religion.* (*eş anl.* **foible**). **kinky** *s* garip; müsthehcen.

kiosk ['ki:ɔsk] *i+sy* 1 (gazete, sandviç, vb. alınan) satıcı kulübesi: *a telephone kiosk; a newspaper kiosk.* **all-night kiosk** bütün gece açık satış kulübesi. 2 (*Brİ'*de) telefon kulübesi. *She went into a kiosk to telephone John.* (Ayrıca **callbox**).

kipper ['kipə*] *i+sy* tuzlanıp, tütsülenerek kurutulmuş ringa balığı. Ayrıca *f+n* ringa balığını tuzlayıp tütseleyerek kurutmak.

kiss [kis] *f+n/-n* öpmek; öpüşmek. *When the two sisters met they kissed. He kissed his mother goodbye.* Ayrıca *i+sy* öpücük; buse. **blow someone a kiss** eliyle öpücük göndermek. *She blew me a kiss as I drove off.* **kiss of death** *itek* (**the** ile) uğursuzluk getiren bir şey; insana hapı yutturan/ayvayı yediren bir şey. *Every time he comes near me when I'm playing cards it's*

*the kiss of death. Every thing went
well until the unpopular Mr Smith
said he supported us; it was the kiss
of death to all our efforts.* **kiss of life**
hayat öpücüğü, ağzından yapılan suni
solunum. *She was given the kiss of
life.*

kit [kit] *i+sy* 1 (askerlikte) elbise ve
tüm techizat, 2 takım, avandanlık:
carpenter's kit; first-aid-kit (=ilk
yardım çantası); *football kit.* **kitbag**
(askerlikte) takım çantası; elbiselerin,
çamaşırların, vb. içine konduğu,
silindir biçiminde uzun torba.

kitchen ['kitʃin] *i+sy* mutfak. **kitchen
garden** sebze, meyve ve nane, dereotu,
vb. bitkilerin yetiştirildiği bahçenin
bir bölümü.

kite [kait] *i+sy* uçurtma. **as high as a
kite** (içkiden, esrardan) kafayı
bulmuş; (sevinçten, heyecandan)
kendinden geçmiş, havalarda uçan.

kite

kith [kiθ] *i-sy* sadece **kith and kin**
sözünde—**kin'e** bkz.

kitten ['kitn] *i+sy* kedi yavrusu. *The
cat has five kittens.*

kitty ['kiti] *i+sy* 1 kumarda ortaya
sürülen para. 2 pisipisi, kedicik. (2.
anlamı *k. dil.*).

kleptomania [kleptou'meiniə] *i-sy*
kleptomani; anlaşılır bir zorunluluğu
olmaksızın, ruhsal yapı bozuk-
luklarından ileri gelen çalma, hırsızlık
hastalığı. **kleptomaniac** [klep-
tou'meiniæk] *i+sy* kleptoman;
hırsızlık hastalığına tutulmuş kimse.
*So many things have been
disappearing that I think there must
be a kleptomaniac in the school.*

knack [næk] *i-sy* beceri, hüner,
marifet, ustalık. *There is a knack in
tying ropes together. He has the
knack of disappearing when he is
needed.*

knapsack ['næpsæk] *i+sy* (özl.
askerlerin, seyahat edenlerin

taşıdıkları) sırt çantası.

knave [neiv] *i+sy* 1 hilekâr, üçkağıtçı
kimse. *The king called him a knave
for trying to cheat the trusting old
man.* (*esk. kul.*). 2 (iskambilde) oğlan,
bacak, vale. (Ayrıca **jack** de denir).
The knave of hearts.

knead [ni:d] *f+n* 1 yoğurmak, hamur
haline getirmek, (örn. ekmek yapmak
için un ve suyu; çömlek yapmak için
yumuşak kili). 2 vücudun ağrıyan bir
yerine parmaklarla) masaj yapmak.
*He started to knead my aching
shoulder.*

knee [ni:] *i+sy* diz. *You have to bend
your knees to sit down. My mother
mended the holes in the knees of my
trousers. I was up to the knees in
mud.* **kneecap** *i+sy* dizkapağı. Ayrıca
f+n (özl. misillemede bulunmak için)
diskapağından kurşunlamak. **knee-
deep (in something)** *s/z* diz boyu; diz
boyu derinliğinde. *He stood knee-
deep in the river.* **knee-high** *s/z* dize
kadar yükselen, diz boyu; diz
boyunda. *The corn is not yet knee-
high. It was a knee-high child*
(=Bacak kadar çocuktu). **knees-up**
i+sy danslı, eğlenceli parti, kutlama.
knee-high to a grasshopper (genl.
çocuklar hk.) bacak kadar. *I knew
you many years ago, when you were
only knee-high to a grasshopper.*

kneel [ni:l] *f-n* diz çökmek. *Every
evening they kneel (down) to pray/in
prayer. geç. zam. ve ort.* **knelt** [nelt].

knew [nju:] **know** fiilinin geçmiş
zaman biçimi.

knickers ['nikəz] *içoğ* uzun paçalı
kadın külotu. *These knickers are torn.*

knife [naif] *i+sy* bıçak. *çoğ. biç.* **knives**
[naivz]. Ayrıca *f+n* bıçaklamak. *He
was knifed in the back by the robber.*
(*eş an.* **stab**). **twist/turn the knife in
the wound** bir kimsenin yarasını
deşmek.

knight [nait] *i+sy* 1 (Orta Çağlarda)
şövalye. 2 (günümüzde İngiltere ve
bazı ülkelerde) **Sir** ünvanını kazanan
kimse. 3 (satrançta) at. Ayrıca *f+n* (2.
anlamda) Sir'lük ünvanı vermek. *Mr
Smith was knighted by the Queen and
became Sir John Smith.*
NOT: Ya *Sir John Smith* ya da *Sir
John* denir. *Sir.Smith* denmez.

knighthood Sir'lük, şövalyelik. *He
has been given a knighthood.*

knit [nit] *f*+*n*/-*n* 1 örgü örmek. *She is
knitting a pair of socks.* 2 sıkı sıkıya
bağlamak, birleştirmek. *Danger knits
people together.* (*eş anl.* unify). 3
(kemik) kaynamak. *The two broken
bones in his arm have knitted well.*
geç. zam. ve *ort.* knitted veya knit.
knitting *i-sy* 1 örme. 2 örgü. *Mother
can't find her knitting.* knitting needle
örgü şişi; şiş. knit one's brows
/eyebrows kaşlarını çatmak. *He knits
his brows when he is thinking hard.*
knives [naivz] knife'ın çoğul biçimi.
knob [nɔb] 1 *i*+*sy* (kapıları, veya
çekmeceleri açıp kapamayᵃ yarayan)
topuz, tokmak. *He opened the door
by turning the knob.* 2 şemsiye sapı,
baston, vb. topuzu. *He carried a stick
with a big knob.* 3 (televizyon, vb.)
düğme. *A television set has a number
of knobs which control vision and
sound.* 4 *i-sy* (yağ, vb.) topak: *a knob
of butter.*
knock [nɔk] *f*+*n*/-*n* 1 vurmak,
çarpmak (genl. ses çıkararak). *He
knocked his head against the wall. I
knocked at his door before going in.*
2 (bir kimse, veya bir şeyi). tenkit
etmek, eleştirmek. *He is always
knocking his country's foreign policy.*
(2. anlamı *k. dil.*). Ayrıca *i*+*sy* (bir)
kapı çalınması. *There is a knock at
the door.* knocker *i*+*sy* kapı (çalma)
tokmağı. knock-kneed *s* çarpık
bacaklı; yürürken dizleri birbirine
dokunan. knock someone/something
about bir kimse, veya bir şeyi
tartaklamak, itip kakmak. *They say
he knocks his children about.* (*k. dil.*).
knock someone/something down bir
kimse, veya bir şeyi devirmek, yere
yıkmak. *He knocked him down with
one blow of his fist.* knock
(something) off 1 fiyat kırmak,
indirmek. *They knocked five pounds
off the price.* 2 işi paydos etmek. *We
knock off every day at 5 p.m. We
knocked off an hour early.* 3 çalmak,
aşırmak; soymak. *Our neighbours are
always knocking off things from the
corner shop. He knocked of a watch.
They knocked off a bank.* 4
öldürmek. *I think he had one of his
elderly relatives knocked off so that
he could inherit the fortune.* 5
sevişmek, düzüşmek. knock someone
out (özl. boksta) nakavt etmek; vurup

yere yıkmak ve kendinden geçirmek.
*The boxer knocked his opponent out.
He was knocked out by a blow on the
head.* knockout *i*+*sy* nakavt. *He won
the boxing match by a knockout.*
Ayrıca KO'ya da bkz. knock over
devirmek. knock up çabucak inşa
etmek; birşeyler bulup hemen
yapmak, şıpınişi yapıvermek. *Do you
want me to knock up a meal for you;
to knock up a ramshackle home to
live in.* knock someone up geceleyin
kapıyı çalıp uyandırmak. *They
knocked us up at six a.m.* knock a
woman up bir kadını hamile
bırakmak. (*k. dil.*). knocking shop
(Brİ'de) genel ev. (*k. dil.*).
knot [nɔt] *i*+*sy* 1 düğüm. *He tied the
two ropes together with/in a knot.* 2
(bir tahtadaki) budak. 3 deniz mili;
yaklaşık 1853 m. (=6080 feet). *The
ship was sailing at 15 knots.* Ayrıca
f+*n*/-*n* düğüm atmak, düğümlemek;
düğümlenmek, düğüm olmak. *This
rope does not knot as well as that. He
knotted the pieces of string together.*
geç. zam. ve *ort.* knotted. knotty *s* 1
budaklı, veya düğümlü, düğüm
düğüm. 2 güç; çözülmesi, veya
açıklanması zor: *a knotty problem.*
know [nou] *f*+*n*/-*n* 1 bilmek. *I know
(that) he lives here. He knows three
languages. We did not know whether
we were right or wrong. I'm your
friend. Yes, I know. Do you know
how to use this machine?* (=Bu
makinenin kullanılmasını / nasıl
kullanıldığını biliyor musun?) 2
tanımak. *I know your brother but not
your sister. They have known me for
many years.* 3 ayırt etmek, ayırmak.
*They know good food when they taste
it. He doesn't know a lion from a
tiger. geç. zam. biç.* knew [nju:]. *geç.
zam. ort.* known. known *s* bilinen,
belli, tanınmış. (*karş.* unknown).
knowable *s* bilinir, bilinmesi
mümkün. knowing *s* bilen, haberi
olan; çok bilmiş, şeytan, kurnaz,
açıkgöz. *He gave me a knowing look.*
knowingly *z* 1 anlayışlı bir tavırla; çok
bilmişçesine. *He looked at me
knowingly.* 2 bile bile, kasten. *We did
not knowingly leave you behind.*
know-all ukalâ; bilgiçlik taslayan
kimse, her şeyi bildiğini sanan kimse.
I grew tired of the know-all correcting

me whenever I started to say something. (k. d:l.). **know-how** *...-mesi̇ni̇/nasıl (yapıl)dığını bilme. I have considerable business know-how. She needs some legal know-how to do this job.* **be known as** diye bilinmek, olarak tanınmak. *He is known as the best engineer in the country.* **known as** adıyla bilinen: *the man known as Smith.* **know about something** haberi olmak; hakkında bilgisi olmak. *He, knew about my father's arrival before I did.* Ayrıca **known of**'a da bkz. **know better than** öyle bir şey yapmamak, o işin yapılmayacağını bilecek kadar aklı ya da bilgisi olmak. *I know better than to lend him any money. He ran away from school. He ought to have known better* (= Okuldan kaçmış. Okuldan kaçılmayacağını da bilmeliydi). **know of** bildiği... olmak, haberdar olmak. *Has he gone? Not that we know of* (= Gitti mi? Bildiğimiz kadarıyla, hayır). **know the ropes** (= tecrübesiyle) usulünü, çaresini bilmek. *Everything will be confusing for you at the beginning, b:t you'll soon get to know the ropes. (k. dil.).* **know which side one's bread is buttered on** neyin daha kârlı olacağını, veya çıkarının en iyi nereden olacağını bilmek. *You can be sure that Tom will not offend the new manager: Tom knows which side his bread is buttered on.* **make oneself known to somebody** bir kimseye kendini tanıtmak, takdim etmek. *When I saw the new teacher I made myself known to him.* **there is no knowing** bilmek imkânsız; Allah bilir. *There is no knowing what he'll do next. (k. dil.).* **I'm blessed/damned if I know** Biliyorsam Kuran çarpsın. **How was I to know** Nerden bilecektim ki...? *How was I to know that she would tell everybody what I had told her.* **Heaven knows, God knows, Christ knows** Allah bilir. *Don't go just yet. Heaven knows it's been long enough since we've seen you.* **I know what** bir fikrim var. **You know what I mean** Yani, ne demek istediğimi biliyorsun! / Ne demek istediğimi anlıyorsun, değil mi! **I don't know about you,...** Sen ne

düşünüyorsun bilmiyorum, ama... / Sen ne dersin bilmem, ama....
knowledge ['nɔlidʒ] *i-sy* 1 bilgi. *I have no knowledge of mathematics. He has a good knowledge of English.* 2 haber, bilgi, malumat; tanıma, bilme. *Our knowledge of our neighbours is not very great. He has no knowledge of life in a small village.* **knowledgeable** ['nɔlidʒəbl] *s* bilgili. *He is very knowledgeable about cars.* **to the best of one's knowledge** bildiği(m) kadarıyla. *To the best of my knowledge he still lives in London.* **...without the knowledge of somebody** birisine haber vermeden, bilgi vermeden. *He went out of the classroom without the knowledge of his teacher.*
knuckle ['nʌkl] *i+sy* parmağın oynak yeri; eklem, boğum. *Fingers bend at the knuckles.* **knuckle bone** *i+sy* aşık kemiği. **knucklebones** içoğ. aşık kemiği ile oyun oynama; aşık oyunu. **knuckle down** (bir süre az iş yaptıktan sonra) ciddi bir şekilde çalışmaya, iş yapmaya başlamak. *You'll just have to knuckle down and get the work done as required.* **knuckle under** pes etmek, yelkenleri suya indirmek, boyun eğmek. *After being punished the pupils knuckled under.* **knuckle-duster** (demir) muşta.
K O, k.o. [key ou] *i+sy* (= knockout)'a bkz.
Koran [kɔ:'ra:n] *özel i* Kur'an. *The Koran is the sacred book on which the religion of Islam is based.*
kosher ['kouʃə*] *s* Yahudi şeriatına göre yenilmesi caiz sayılan.
kowtow ['kau'tau] *f-n* 1 aşırı saygı göstererek dalkavukluk ⸗mek. 2 kayıtsız şartsız boyun eğmek. *Why should we kowtow to the members of the committee?*
kraal [kra:l] *i+sy* Güney Afrika'da etrafı telörgülerle çevrili köy; telörgüyle çevrili ağıl.
kudos ['kju:dɔs] *i-sy* saygınlık, şeref, şan. *We did the work but we didn't get much kudos for it.*
Kung Fu ['kʌŋ 'fu:] *i-sy* Kung Fu; sadece el ve ayakları kullanarak yapılan Çin usulü bir döğüş şekli.

L

lab [læb] *i+sy* (=**laboratory**)—laboratuvar. *The samples have been returned by the lab.*

label ['leibl] *i+sy* etiket, bir şey hakkında bilgi veren, üzerinde ne olduğu, nereye gideceği, kime ait olduğu yazılı olan ve bir şeyin üzerine asılan, veya yapıştırılan kağıt. *(eş anl.* **tag**). *When you are travelling you should put labels on your luggage. The bottles got wet and all the labels came off.* Ayrıca *f+n* etiketlemek; üzerine bir etiket yapıştırmak. *He labelled the parcel before posting it. geç. zam.* ve *ort.* **labelled.** (*AmI*'de **labeled**). **address label** adresli etiket. **price label** fiyat etiketi. **self-sticking label** yapışkanlı etiket.

labor ['leibə*] *i+sy/-sy* **labour** sözcüğünün *AmI*'deki biçimi.

laboratory [lə'bɒrətəri] *i+sy* laboratuvar; bilimsel araştırma, deney veya hazırlıklar yapmak için kurulmuş içinde gerekli alet, madde ve araç bulunan bir oda ya da bina. *The new drug has passed its laboratory tests.*

laborious [lə'bɔːriəs] *s* büyük çaba, gayret isteyen; güç, zahmetli. *They had the laborious task of cutting down the huge tree.* **laboriously** *z* çalışarak, emek vererek.

labour[1] ['leibə*] (*AmI*'de **labor**) 1 *i+sy/-sy* emek, zahmet. *They have succeeded by their own labours.* 2 *i-sy* işçiler, emekçiler; işçi sınıfı. *This country has not enough skilled labour. The factory has had trouble with its labour.* 3 *i+sy* doğum; doğum yapma. *She is having labour pains. She is in labour for two hours. Labour usually starts about nine months (or 266 days) after conception.* **labour exchange** için **exchange**'e bkz. **labour force** *itek* (genl. **the** ile) bir işyerinde çalışanlar. *They are setting up a factory in the Far East because of the cheap labour force available.* **Labour Party** İngiliz Sosyalist Partisi; İşçi Partisi. **labour-saving** *s* işten tasarruf sağlayan. *They have a modern house which is full of labour-saving devices.* **labour union** *i+sy* işçi sendikası.

labour[2] ['leibə*] (*AmI*'de **labor**) *f+n/-n* 1 çok çalışmak, uğraşmak. *I laboured at the English course for two years.* 2 güçlükle ilerlemek. *They laboured through the thick forest and up the steep hill.* **labourer** *i+sy* vasıfsız, sıradan işçi.

laburnum [lə'bəːnəm] *i+sy/-sy* sarısalkım; sarı çiçekleri olan küçük bir süs ağacı.

labyrinth ['læbirinθ] *i+sy* labirent; içinden zor çıkılan, geçit ve yolları karmakarışık ve iç içe olan bir yer, veya bir yapı. *(eş anl.* **maze**).

lace [leis] 1 *i-sy* dantel, dantelâ. *The tablecloth has lace round the edges.* 2 *i+sy* bağ, bağcık (örn. *shoelace* (=ayakkabı bağı)). *I bent down to tie my shoelace.* Ayrıca *f+n/-n* bir bağ ile bağlamak. *He laced (up) his shoes.* **lacy** *s* dantelli; dantel gibi.

lacerate ['læsəreit] *f+n* (eli, kolu, yüzü, vb.) (tırnak, kırık bir cam parçası, vb. ile) tırmalamak, kesmek, yaralamak. *The barbed wire had lacerated her skin. The broken glass lacerated his foot.*

lack [læk] *f+n/-n* gereği olan bir şeyi olmamak; (bir şey)den yoksun olmak. *They lack the courage to do it. It is lacking a signature.* Ayrıca *i-sy* eksiklik, noksan; gereksinme; yoksunluk. *I cannot buy it because of my lack of money. They are ill for lack of good food.* **for/through lack of** olmadığı için, ...-sizlik yüzünden. *They were acquitted for lack of evidence.*

lackadaisical [l'kə'deizikl] *s* ilgisiz, gayretsiz; uyuşuk, gevşek. *He has a very lackadaisical attitude towards his work.*

laconic [lə'kɒnik] *s* özlü, veciz; kısa ve öz. *She is so laconic. He gave laconic*

answers to all our questions.
lacquer ['lækə*] *i-sy* 1 lake, vernik; tahta veya metal eşyaları sıvayıp cilâlamakta kullanılan şeffaf bir madde. 2 briyantin; saçları yatırmak ve parlatmak için kullanılan sıvı bir madde.

lacy ['leisi] *s* **lace**'e bkz.

lad [læd] *i+sy* erkek çocuğu; delikanlı. *We lived on a farm when I was a lad.* (*k. dil.*).

ladder ['lædə*] *i+sy* 1 seyyar merdiven, ip merdiven, el merdiveni. Bu merdivenlerdeki basamaklara **rungs** denir. *She got down the ladder.* 2 (*Brİ*'de) kadın çorabındaki merdivene benzer kaçık; çorap kaçığı. (*Amİ*'de **run**). Ayrıca *f+n/-n* çorabın kaçmasına neden olmak, veya çorabı kaçırmak; (çorap) kaçmak. *She has laddered her best stockings.*

laden ['leidn] *s* yüklü. *The bushes were laden with fruit. They arrived laden with language.*

la-di-da [la:di'da:] *s* kibarlık satan, fiyakalı, züppe; yapmacıklı. *a la-di-da person.* (*esk. kul.*).

ladle ['leidl] *i+sy* kepçe; sulu yemekleri dağıtmak için kullanılan uzun saplı, büyük ve derin bir kaşık. Ayrıca *f+n* kepçe ile dağıtmak. *She ladled soup into the plates.*

lady ['leidi] *i+sy* 1 bayan, hanım, hanımefendi; kadının (=**woman**) kibar söylenişi. *There is a lady to see you. This shop sells ladies' hats.* 2 yüksek bir toplumsal mevkiye, iyi bir eğitime sahip kadın (eskiden soyluluk payesinin hemen altında yer alırdı); zengin, hali vakti yerinde kadın. *Because she has a rich husband she lives like a lady.* 3 (**Lady**) (*Brİ*'de) Leydi; dükün altındaki, veya şövalye derecesindeki asil bir kimsenin karısı (örn. *Sir Winston and Lady Churchill*). Ayrıca soyluluk payesine sahip bir kimsenin kızının ilk isminden önce kullanılır (örn. *Lady Jane*). NOT: bu sözcüğün erkekler için kullanılanına *gentlemen* denir. Bir toplulukta hem erkek hem de kadınlar varsa, bu kimselere hitap ederken *ladies and gentlemen* denir. Birden fazla hanıma *ladies* denir. Eğer bir tek hanım varsa *madam* denir, örn. *Please come in, ladies* ve *Please come in, madam.* (*Amİ*'de *lady* de kullanı-

lır, örn. *Come this way, lady*). Bir hanıma *woman* diyerek hitap etmek kabalıktır. *Shut up, woman!* Fakat bunun dışında kalan durumlarda *lady* ve *woman*'ın kullanım biçimlerinde bir açıklık yoktur. *Woman* genellikle pek kibar bir söyleniş biçimi değildir. *She pays a woman to clean her house twice a week. The woman who lives next door is a nuisance.* Fakat *lady doctor* (= kadın doktor), *lady lawyer* (= kadın avukat), vb. yerine *woman doctor, woman lawyer,* vb. denir.

ladies' room *itek* (**the** ile) genel hanım tuvaleti. **ladylike** *s* hanımca, hanımefendiye yaraşır; hanımefendi gibi davranan. (*karş.* **unladylike**). **ladyship** *i+sy* Leydi ünvanına sahip bir kadın. Ayrıca böyle birisi ile, veya böyle birisi hakkında konuşurken kullanılır. *Yes, Your Ladyship. Her Ladyship will see you now.* **ladybird** uğur böceği, uç uç böceği. **ladies' man/lady's man** hanımlardan hoşlanan ve hanımların da hoşuna giden erkek. *Young Bill is turning into quite a ladies' man.* **lady killer** kadın avcısı; kadınlara çok çekici gelen erkek. *He was a real lady killer when he was younger.* **Lady Muck** kendini bir şey zanneden, havalı kadın. *Who the hell does she think she is? Lady Muck?*

lag[1] [læg] *f-n* (başkalarından) geri kalmak, daha yavaş hareket etmek. *Some of the runners in the race began to lag. The little boy lagged behind the older ones. geç. zam. ve ort.* **lagged**, **time lag** ısı olay arasındaki gecikme ya da geri kalma süresi. *There was a time lag between making the plan and carrying it out.*

lag[2] [læg] *f+n* ısı kaybının önüne geçmek, veya donmaya engel olmak için boruların, kazanın, vb. üzerini özel bir madde ile kaplamak, yalıtmak. *geç. zam ve ort.* **lagged**. **lagging** *i-sy* bu nedenle kullanılan madde, yalıtkan madde.

lager ['la:gə*] *i-sy* bir tür hafif bira.

lagoon [lə'gu:n] *i+sy* atol gölü; (sığ) deniz gölü. Dar bir kanalla denize bağlıdır.

laid [leid] **lay** fiilinin geçmiş zamanı ve ortacı.

lair [leə*] *i+sy* vahşi hayvan ini.

laity ['leiəti] *itek* (**the** ile) rahip sınıfı dışındakiler; ayrıca **lay**[3]'ye bkz.

la**ke** [leik] *i+sy* göl; bütün çevresi kara ile çevrili su alanı. *She was swimming in a lake. He went sailing on the lake.* **lakeside** *itek* göl kıyısı, göl çevresi. *We had lunch at a likeside restaurant.* **lamb** [læm] 1 *i+sy* kuzu. 2 kuzu eti. **lambs-wool** kuzu yünü. **like a lamb** kuzu gibi. *The camels were behaving like lambs.*

lame [leim] 1 topal; ayağı sakat. *Mike has been lame since his accident. The lame man needs a stick when the walks.* 2 (bir tartışma, özür, neden, vb. hk.) zayıf; tatmin edici ya da inandırıcı olmayan. *He gave a lame excuse for being late.* **lame duck** *i+sy* yardım edilmezse varlığını sürdüremeyecek olan (bir kimse, veya kuruluş). *The government has said it will give no more public money to help lame duck industries.*

lament [lə'ment] *f+n/-n* (genl. ağlayıp sızlayarak) matem tutmak; üzüntü veya keder duymak. *The children lament the death of their mother. They lament for her. We lamented over our bad luck.* Ayrıca *i+sy* 1 yas, matem, keder; ağlama, figan. *The lament of the mourners was heard during the funeral.* 2 ağıt; bir ölünün, gençliğini, güzelliğini, iyiliklerini, arkada bıraktıklarının acılarını dile getiren söz ya da ezgi, yazılan yazı. (*eş anl.* **elegy, dirge**). **lamentable** ['læməntəbl] *s* acı, acılı, üzüntülü; berbat, yürekler acısı. *His examination results were lamentable.* **lamentation** [læmən'teiʃən] *i+sy/-sy* ağlama, feryat, figan; üzüntü, veya keder (ifadesi).

laminate ['læmineit] *f+n/-n* levha levha ayırmak, tabakalara ayırmak; bir maddeden yapılma ince tabakaları üst üste koyup bunları sımsıkı bir biçimde birleştirerek (sağlam bir madde) elde etmek; ince metal, veya plastik yaprakları ile kaplamak.

lamp [læmp] *i+sy* lamba; petrol gibi yanıcı bir madde, veya elektrik akımı ile çalışarak ışık veren aygıt. **lamppost** lamba direği. **lampshade** abajur.

lance[1] [la:ns] *i+sy* mızrak, kargı. **lance corporal** onbaşı.

lance[2] [la:ns] *f+n* neşter ile, bistüri ile kesmek, yarmak, deşmek, yarıp açmak. *The doctor lanced the boil on his hand.* **lancet** ['la:nsit] *i+sy* neşter, bistüri.

land[1] [lænd] 1 *i-sy* kara, yer, yeryüzü. *After sailing for two days we reached land. They travelled over/by land and sea.* 2 *i+sy* yurt, ülke, memleket: *the land where I was born; land of the free. He has lived in many lands.* NOT: *land* daha çok edebi anlamda olup, bunun yerine genl. *country* kullanılır). 3 *i+sy/-sy* arazi; mülk olarak sahip olunan toprak, yer. *This farmer has a lot of land. All these lands belong to the church.* 4 *i-sy* tarım ve hayvancılık için kullanılan toprak, yer. *The land here is very fertile. He does not get good crops because the land is poor. The farmers work on the land most of the year.* **landed** *s* arazi sahibi (olan); büyük miktarda arasizi olan: *landed gentry.* **landlady** 1 arazi sahibi, veya evini kiraya veren kadın; mal sahibi kadın. 2 pansiyon sahibi olup, bunu işleten kadın; pansiyoncu kadın. (Bu hanımın işlettiği pansiyonda genl. yemek servisi de yapılır). **landlocked** *s* denize çıkışsız; hemen hemen her yönden kara ile çevrili. *The city is landlocked; its nearest port is 100 miles away.* **landlord** 1 arazi sahibi, veya evini kiraya veren erkek, mal sahibi erkek. 2 bir hanın, bir otelin, vb. sahibi olan, veya bunları yöneten kimse. NOT: *landlord* sözcüğü hem erkek hem de kadın için kullanılabilir: *landlady* genl. 2. anlam için kullanılır. **landlubber** denize ve gemilere alışık olmayan kimse. (genl. aşağılayıcı anlamdadır ve denizciler kullanır). **landmark** 1 insanın bulunduğu yeri saptayabilmesi için uzaktan kolayca görülebilen herhangi bir şey; nirengi noktası. *The large rock on top of the hill is a landmark to all the people who live nearby.* 2 dönüm noktası; önemli bir noktayı ya da bir değişimi belirten bir şey. *The discovery of the cause of malaria was a landmark in the history of medicine.* **landowner** toprak sahibi kimse). **landscape** kırsal arazinin geniş bir görünümü; (kırsal) manzara. *From the hill he looked down on the peaceful landscape.* **landslide** 1 toprak kayması, heyelan. *Heavy rain often precipitates landslides where the new roads have been cut through the mountains.* 2 (özl.

siyasi bir parti açısından) seçimlerde kazanılan, umulmadık çok büyük bir başarı, ezici zafer. *The presidential election of 1936 was a Democratic landslide.* **land reform** *i-sy* toprak reformu. **land registry** *i+sy* tapu; tapu dairesi.

land² [lænd] *f+n/-n* 1 (uçağı) yere indirmek; inmek. *We landed in London last night.* 2 (bir tekneyi) karaya çıkarmak; çıkmak. *He landed the boat on the beach.* 3 (balık) yakalayıp karaya getirmek. *The fishermen landed many fish.* 4 bir yeri boylatmak; bir duruma getirmek, sokmak. *His laziness has landed him in trouble. I landed myself in an argument with them.* **land on one's feet/both feet** dört ayak üzerine düşmek; yarar sağlayan bir durumu ustaca ve kolaylıkla ele geçirmek. *Jack was dismissed one day, and the following day he had got a much better-paid job: he always lands on his feet.*

landing ['lændiŋ] *i+sy* 1 (uçak) yere inme, iniş; (bir tekne) karaya varma, varış. *The aeroplane made a safe landing.* 2 merdiven sahanlığı. **landing craft** çıkarma gemisi; bir ucu açılan düz tabanlı bir gemi. **landing field** uçak pisti. (*eş anl.* **airstrip, landing strip**). **landing stage** üzerine yolcuların, veya malların indirildiği (genl. yüzer) iskele.

lane [lein] *i+sy* 1 kırsal kesimde daryol, patika; dar sokak. *The children were playing in the lane.* 2 yol şeriti; geniş yolların üzerinde birbirine paralel çizgiler ile bölünmüş kesimlerden birisi. *The motorway has four lanes of traffic. Heavy vehicles should keep to the left-hand lane.*

language ['læŋgwidʒ] 1 *i-sy* dil, lisan; insanların düşündüklerini ve duyduklarını bildirmek için sözcüklerle, veya işaretlerle yaptıkları anlaşma. *He was accused of using offensive language to a policeman.* 2 dil, lisan; (bir halkın ya da ulusun kullandığı biçimi ile) belli bir sözcükler düzeni: *the Russian language. There are many African languages.* 3 bir bilim dalının, bir mesleğin, vb. kullandığı özel sözcükler ve deyimler: *legal/scientific/technical language.* 4 dil, anlatım; işaret veya semboller ile anlatılan herhangi bir ifade. *Deaf and dumb people use*

a finger language. **computer/programming language** bilgisayara yükleme yapmak için kullanılan işaretler, harfler ve sözcükler; bilgisayar dili.

languid ['læŋgwid] *s* aygın baygın; isteksiz, azimsiz; güçsüz. *She was languid for days after she had the flu.*

languish ['læŋgwiʃ] *f-n* (uzun süre) acı çekmek; çile doldurmak; kötü koşullar altında yaşamak; (dayanılmaz bir istek nedeni ile) eriyip bitmek. *They languished in prison for many years. Orphans languish for a mother's love.*

lank [læŋk] *s* 1 (saç hk.) dümdüz ve cansız. 2 (vücut hk.) uzun ve zayıf. **lanky** *s* (insanlar hk.) fasulye sırığı gibi; uzun ve zayıf: *a lanky youth.*

lantern ['læntn] *i+sy* (üstünde bir kulbu olan) fanuslu fener.

lantern

lap¹ [læp] *i+sy* kucak; (oturan bir kimsenin) beli ile dizleri arasındaki vücudun ön kısmı. *She sat by the fire with a book in/on his lap.* **in the lap of the gods** tamamen şansa kalmış; Allaha kalmış. *We have done all we can to help him; from now on his future is in the lap of the gods: there is nothing more we can do.* **in the lap of luxury** bir eli yağda bir eli balda; refah içinde. *He won a lot of money in a competition and since then he has been living in the lap of luxury.*

lap² [læp] *i+sy* (yarışlarda) tur; pistin etrafında bir kerelik dönüş. *The race was over four laps of the track. He began to pass the other runners on the last lap.*

lap³ [læp] *f+n/-n* 1 dil ile yalayıp içmek, yutmak. *The dog lapped (up) the water.* 2 şapırdamak, küçük dalgalarla vurarak tatlı bir ses çıkarmak. *The sea was lapping on/against the rocks. geç. zam. ve ort.* **lapped.**

lapel [lə'pel] *i+sy* klapa; yakanın göğse doğru inen devrik kısmı. *He wore a*

badge in/on the lapel of his jacket.
lapse [læps] *i+sy* 1 ufak bir hata (örn.
yazarken, konuşurken, veya bir hare-
ket sırasında yapılan kusur): *a lapse
of memory* (=birden unutuverme). 2
uygun bir davranıştaki aksaklık, ku-
sur; sapma, kayma: *a lapse from his
usual high standards of honesty; a
lapse into crime.* 3 süre: *after a long
lapse of time. She was not conscious
of the time lapse.* **lapsed passport**
vizesi bitmiş pasaport.
larceny ['la:səni] *i+sy/-sy* hırsızlık.
They were convicted of larceny. **petty
larceny** adi hırsızlık. **grand larceny** bü-
yük hırsızlık.
lard [la:d] *i-sy* domuz yağı (yemek
pişirmede kullanılır).
larder ['la:də•] *i+sy* kiler, erzak odası,
veya yiyecek dolabı. Ayrıca **pantry**'e
bkz.
large [la:dʒ] *s* büyük, iri; bol yeri ve
alanı olan, geniş; çok, külliyetli. *He
has a large farm and a large herd of
cattle. They have a large area of re-
sponsibility.* **largely** *z* büyük ölçüde,
ekseriyetle. *The people in the town are
largely strangers to me.* **large-scale** *s*
büyük ölçüde; büyük çapta, büyük ve
önemli: *large-scale changes in our
lives. The directors decided on a large-
scale reorganization of the company.*
at large 1 serbest; (hapisten) kaçmış.
Two prisoners are at large in the city.
2 genel olarak; bir bütün olarak: *the
world at large.* **by and large** için **by**'a
bkz.
lark¹ [la:k] *i+sy* tarlakuşu; ince yapılı,
sivri kanatlı, sırtı kahverengi, karnı
beyazımsı ve genl. uçarken öten bir
kuş türü.
lark² [la:k] *i+sy* oyun, muziplik; şaka,
veya eğlence için yapılan bir şey. *He
did it for a lark* (=Onu muziplik
olsun diye yaptı). Ayrıca *f-n* (genl.
about/around ile) (çocuklar) eğlen-
mek; oynayıp zıplamak. *The children
were larking about in the garden.* (*k.
dil.*).
larva ['la:və] *i+sy* kurtçuk, sürfe; bazı
böceklerin yumurtadan çıktıktan son-
ra krizalit oluncaya kadar geçirdikleri
evre. *çoğ. biç.* **larvae** ['la:vi:].
laryngitis [lærin'dʒaitis] *i-sy* gırtlak il-
tihabı, larenjit. **larynx** ['læriŋks] *i+sy*
gırtlak, hançere; içinde ses telleri bu-
lunan ve nefes borusunun üst ucun-

da yer alan yarı aralık kesim.
lash¹ [læʃ] *i+sy* 1 kamçı, kırbaç. *The
lash made a cracking sound.* 2 kamçı
(darbesi). *He gave the prisoner ten
lashes.* Ayrıca *f+n* 1 kamçılamak,
kırbaçlamak. *The rider lashed his
horse to make it go faster.* 2 şiddetle
çarpmak, dövmek; şiddetle ve aniden
vurmak. *The waves lashed (against)
the sides of the ship. He lashed out
at them with his fists* (=Onlara yum-
rukları ile saldırdı). *We played all day,
while the rain lashed at the windows
and the gale shook the house.* 3
azarlamak, haşlamak. *He lashed out
at us* (=Bizi sert sözlerle şiddetle
azarladı). 4 (bir ip ile) sıkıca bağla-
mak. *They lashed their prisoner to a
tree so that he would not run away.*
lass [læs] *i+sy* (özl. *İskİ*'de) genç kız,
veya kadın. *Jane was a pretty lass.*
lasso [læ'su:] *i+sy* kement; uzakta
bulunan at ve sığırları tutup çekmek
için atılan ucu ilmekli uzun ip. *çoğ.
biç.* **lassos** veya **lassoes.** Ayrıca *f+n*
kement ile tutmak, yakalamak.
last¹ [la:st] *s* 1 son, sonuncu. *He was
the last person to leave. December is
the last month of the year.* (*karş.*
first). 2 geçen; bundan önceki: *last.
Saturday/on Saturday last; last June.
We met last night/week/month/year.
The last few days have been cold.*
(*karş.* **next**). 3 en son; ihtimali en az
olan. *He is the last person to tell a lie.*
4 son; geriye kalmış bulunan. *This is
your last chance to do it. We spent the
last days of our holiday at home.*
Ayrıca *z* son olarak, en son, nihayet.
He left last. (*karş.* **first**). *We last met
fifteen years ago.* (*karş,* **next**). Ayrıca
i-sy son. *He was the last of the visitors
to leave. He has spent the last of his
money. He hasn't heard the last of it.*
(=Başına gelecekler daha bitmedi. /
Dur bakalım, daha neler olacak). **last-
minute** *s* son anda yapılan. *The
headmaster had to make some last-
minute changes in the timetable.* **at
(long) last** sonunda, nihayet; uzun bir
süre sonra. *At last he had passed the
examination. My son is home at last.*
last but one/two/three... sondan ikin-
ci/üçüncü/dördüncü...
last² [la:st] *f-n* sürmek, devam etmek;
dayanmak. *The war lasted five years.
Our money will not last until the end*

of the month (=Paramız ayın sonuna
kadar yetmeyecek). *This watch has
lasted me since I was a child* (=Bu
saati çocukluğumdan beri kullanı-
yorum). **lasting** s sürekli, devamlı;
uzun süre devam eden. *We want a
lasting peace.* **Last Judgement** *özel i*
(the ile) Kıyamet Günü.
latch [lætʃ] *i+sy* 1 kapı mandalı. 2 yay-
lı ev kapısı kilidi. **latch on** anlamak;
çakmak. *I don't think he has latched
on to what we are doing.*
late [leit] s 1 geç, gecikmiş, geç kalmış.
He was late for school. 2 (bir günün,
bir sürenin, vb.) sonuna yakın mey-
dana gelen. *He came here in late
June. He is a man in his late forties*
(=45-50 yaşlarında bir adamdır). 3
geçenlerdeki; son (zamanlardaki);
(bu) yakınlardaki: *the late agreement
between the two countries. This news-
paper has the latest news.* 4 rahmetli,
merhum; müteveffa: *the funeral of
the late President.* Ayrıca z geç. *He
always arrives late. He goes to bed
late and gets up late.*
NOT: *latest* sözcüğünün sadece tek bir
anlam vardır, o da 'en yeni' demektir.
Oysa *late* sözcüğünün ise iki anlamı
vardır: *(a)* en yeni. *(b)* (en) son. *Have
you read his last book?* cümlesi ya
(=Onun (en) yeni çıkan kitabını oku-
dun mu?) 'Yazarı hâlâ yaşamaktadır
ve bu son çıkan kitabından sonra da
yazmaya devam edecektir' ya da (=O-
nun (en) son kitabını okudun mu?)
'yazarının ölmeden önce, veya yazı
hayatına son verdikten sonra çıkan
kitabı' anlamına gelir.
lately z geçenlerde, yakınlarda; son
günlerde. *Have you seen him lately?.*
NOT: *lately* zarfı genl. soru ve olum-
suz cümlelerde, *only* veya *as lately as*
gibi bir sözcük grubu ile olumlu cüm-
lelerde de kullanılır (örn. *I haven't
been here lately* (=Son günlerde bu-
raya hiç gelmedim)). *I came to this
town only lately* (=Bu şehre kısa bir
süre önce geldim). *He came as lately
as last week* (=Daha geçen hafta
geldi). Bunun dışında olumlu cümle-
lerde *recently* 'geçenlerde, son za-
manlarda' sözcüğünü kullanın. **latest** söz-
cüğü, **late**'in en üstünlük biçimidir. **at
the latest** en geç; (belli bir zaman)dan
sonra değil. *You must finish your
work by/on Friday at the latest.* **late-**

night s gece geç vakitte olan, veya ya-
pılan. *The minister had a late-night
meeting at the airport.* **later on** (daha)
sonra. *Can we talk about it later on?*
sooner or later eninde sonunda, ergeç.
latent ['leitnt] s gizli, saklı; henüz ha-
rekete geçmemiş. *Young children have
many latent abilities.* (*eş anl.* **dor-
mant**).
lathe [leið] *i+sy* torna (tezgâhı).
lather ['la:ðə*] *i+sy* (genl. **a** ile) (sa-
bun, deterjan, ter, vb.) köpük. *To
shave properly you need a good lather
on your face. After the race the horse
was in a lather.* Ayrıca *f+n/-n* köpür-
mek, köpürtmek, sabunlamak. *This
soap does not lather easily. You must
lather your face before shaving.*
Latin ['lætin] *i-sy* Latince; eski Roma-
lı'ların dili. Ayrıca s Latin; Latinceden
gelen bir dili (örn. Fransızca, İtalyan-
ca, İspanyolca) konuşan bir ulustan
olan, veya böyle bir ulus ile ilgili
kimse.
latitude ['lætitju:d] *i-sy* enlem derecesi,
arz derecesi; derece bakımından ek-
vatorun kuzeye ve güneye olan uzak-
lığı. *One degree of latitude on the
earth's surface equals almost 70 miles.*
(*eş anl.* **parallel**). Ayrıca **longitude**'a
bkz.
latrine [lə'tri:n] *i+sy* (örn. arazide
kamp yaparken yere kazılmış bir çu-
kur şeklinde) helâ.
latter ['lætə*] s 1 ikincisi, sonraki; (sö-
zü edilen iki kişi, veya şeyden) sonun-
cusu. (*former* birincisi, ilki). *John
and James are brothers. The former
is a teacher; the latter is an engineer.*
2 son, sonraki. *During the latter part
of the lesson we read our notes.*
latterly z geçenlerde, yakınlarda; son
günlerde. *Mary was wearing the very
special perfume I had latterly al-
lowed her to use.*

lattice

lattice ['lætis] *i+sy* (perdeleme, destekleme, vb. için kullanılan) kafes.

laudable ['lɔ:dəbl] *s* övgüye değer, taktire layık: *a laudable attempt to do better. His desire to pay off his father's debts was laudable.*

laugh[1] [la:f] *f+n/-n* gülmek. *They laughed loudly when I told them the story.* **laughable** *s* güldürücü, gülünecek; tuhaf, gülünç: *a really laughable attempt.* **laughing** *s* gülen, neşeli. *They all had laughing faces.* **laughing stock** haline gülünen kimse, veya şey; maskara. *Because of his stupid mistakes he became the laughing stock of the whole school.* **laugh at someone/something** 1 bir şeye gülmek. *They laughed at my story.* 2 birisi, veya bir şey ile alay etmek. *They laughed at their own failure. He laughs at us when we try to help.* **laugh away** umursamamak, gülüp geçmek. *He laughed away the dangers.* **laugh one's head off** katıla katıla gülmek; gülmekten başına ağrılar girmek. **not to know whether to laugh or cry** gülsün mü, ağlasın mı bilememek. **He who laughs last laughs longest.** Son gülen iyi güler. *I know you are winning so far, but remember; he who laughs last laughs longest.*

laugh[2] [la:f] *i+sy* gülme, gülüş, kahkaha. *They gave a loud laugh when I told them the story. He's a laugh* (=O çok şakacıdır/matraktır).

laughter ['la:ftə*] *i-sy* gülüş, gülme, kahkaha. *The laughter of the crowd could be heard everywere.*

launch [lɔ:ntʃ] *f+n* 1 (gemiler hk.) suya indirmek. 2 başlatmak. *The police have launched a campaign against drunken drivers. The government has at last launched a new plan to build more houses. They're holding a big party to launch the new film.* (=Yeni filmi halka tanıtmak için büyük bir parti veriyorlar). 3 uzaya fırlatmak; göndermek. *The Americans and Russians have launched many rockets into space.* 4 (askeri bir harekâta) başlamak, girişmek. *The enemy launched an attack against us at dawn.* Ayrıca *i+sy* 1 kısa mesafeli gidiş gelişlerde kullanılan motorlu kayık. 2 suya indirme, uzaya gönderme. **launching** *i+sy* suya indirme,

veya uzaya gönderme (eylemi). **launching pad** füze, roket fırlatma rampası.

launder ['lɔ:ndə*] *f+n/-n* çamaşırları, çarşafları, vb.) yıkayıp ütülemek. **launderette** [lɔ:n'dret] *i+sy* otomatik çamaşır makinelerinin bulunduğu genel çamaşır yıkama yeri; çamaşırhane. (*eş anl.* AmI'de **Laundromat**). **laundry** ['lɔ:ndri] 1 *i+sy* çamaşırhane. *We sent our dirty clothes to the laundry.* 2 *i-sy* (yıkanması gereken) çamaşır. *She is helping her mother with the laundry.*

Laundromat ['lɔ:ndrəmæt]* *i+sy* (AmI'de); ⟨BrI'de **launderette**). Ayrıca **laundry**'e bkz.

laurel ['lɔrl] *i+sy* defne ağacı. **rest on one's laurel** kazanılan bir başarıyla yetinmek. (*eş anl.* **sit back**).

lava ['la:və] *i-sy* lav; yanardağların ağzından fışkırıp ateş seli halinde akan erimiş madde.

lavatory ['lævətəri] *i+sy* tuvalet, hela, yüznumara. *The ladies' lavatory is to the right.* **lavatory paper** tuvalet kağıdı.

lavender ['lævəndə*] *i-sy* 1 lavanta çiçeği; mavi ya da mor renkli çiçekleri koku sanayinde kullanılan bir süs bitkisi. 2 eflatun rengi.

lavish ['læviʃ] *s* eli bol, eli açık; müsrif, savurgan; bol, pek çok. *He gave his friends lavish gifts. He was lavish in his help to others.* Ayrıca *f+n* bol bol ya da savurganca vermek. *They lavished their attention on us.*

law [lɔ:] 1 *i+sy* yasa; devletin yasama kurulunca konulan her türlü kural, kanun. *The laws of the country are made by Parliament. There is no law in this country against living where you want to.* 2 kural, kaide, nizam. *The laws of football do not allow the players to fight.* 3 *i+sy* bilimsel kanun, veya ilke; doğa olaylarının bağlı göründükleri düzen: *the law of gravity; an important law in chemistry; the laws of nature.* 4 *i-sy* (**the** ile) (özl. bir ülkedeki) yasalar, kanunlar (topluluğu). *All citizens should obey the law. If you break the law you will be punished.* 5 *i-sy* (**a** veya **the** kullanılmadan) hukuk; yasalar bilimi. *My brother is studying law. He is an expert in company / criminal / international law.* **lawful** *s* yasal, yasaca tanınan, kanuni; yasalarca izin verilen. (*karş.* **unlawful**). **lawfully** *z* kanunen, yasaya uygun olarak. **lawyer** ['lɔːjə*] *i+sy* avukat. *I had a lawyer to represent me in court.* **law-abiding** *s* yasalara saygılı, kanuna itaat eden. **law-court** mahkeme. **law-making** *s* kanun yapan. *Parliament is the law-making body in Great Britain.* **lawsuit** dava; birinin, başkası aleyhine mahkemeye başvurması. *He brought a lawsuit against them for refusing to pay back the money he lent them.*

lawn [lɔːn] *i+sy* (kısa biçilmiş, iyi bakımlı) çimen; çimenlik (örn. bir evin bahçesindeki gibi). *He is cutting the lawn.* **lawnmower** çim biçme makinesi. **lawn tenis** çimen kort tenisi. NOT: genl. sadece *tennis* denir. Asıl ismi *lawn tennis* ise de ille çim sahada oynanmaz, toprak kortta da oynanır.

lawyer ['lɔːjə*] *i+sy* **law**'a bkz.

lax [læks] *s* gevşek, dikkatsiz, dalgacı, ihmalci; *lax behaviour; lax discipline.*

laxative ['læksətiv] *s* müshil, yumuşaklık veren, ishal edici; bağırsakları çalıştırıp temizleyen, dışkının kolaylıkla dışarı atılmasını sağlayan. Ayrıca *i+sy* müshil ilacı. *Laxatives are very commonly used without prescription to treat constipation.*

lay¹ [lei] *f+n/-n* **1** koymak, bırakmak. *Lay the sticks on the ground. He laid the book on the table.* **2** yumurtlamak. *Birds lay eggs. My hens are laying well.* **3** (sofra) kurmak; hazırlamak: *lay the table.* **4** yaymak, sermek, döşemek. *The carpets had been laid by a fitter from the shop.* **5** (ateş) hazırlamak: *lay a fire.* **6** (tuzak) hazırlamak; kapan kurmak: *lay a trap.* **7** (yemeği) hazırlamak: *lay breakfast /lunch/dinner/supper* (=sabahkahvaltısı/öğle yemeği/akşam yemeği/akşam yemeği için masayı hazırlamak). **8** bahse girmek; bir yarışın sonucu üzerine (para) oynamak. *Don't lay money on that horse. It won't win. I'll lay you a pound that the horse will win.* (=Oʹnun kazanacağına dair seninle bir sterlinine bahse girerim) *geç. zam.* ve *ort.* **laid** [leid]. **layabout** *i+sy* dalgacının teki. (*k. dil.*) **lay/put/keep something aside/by 1** vazgeçmek; kullanmayı, veya yapmayı bırakmak. *I want you to lay aside these useless prejudices.* **2**

gelecekte kullanmak üzere biriktirmek; bir kenara koymak. *I have laid aside enough money for our holidays.* **lay-by** *i+sy* (karayollarında) cep, girinti; araçlar, trafik akışından çıkıp buralarda park edebilirler, ve sürücüler dinlenir. **lay something down 1** yere bırakmak. *Lay down the sticks.* **2** vazgeçmek, feda etmek; (silahlarını, vb.) bırakmak. *He laid down his life for his country. The soldiers laid down their arms.* **3** (prensipler, kurallar, vb. hk.) koymak; şart koşmak. *The headmaster has laid down new rules about work in the evening.* **lay someone off** (genl. geçici olarak) (bir işçiyi) işten çıkarmak; işine son vermek. *The factory laid off 100 men last week.* **lay something on** sağlamak; düzenlemek. *The pupils are laying on a big concert for the visitors.* (*k. dil.*). **lay something out 1** hazırlamak. *His wife has laid out all the clothes he will need for the journey. They laid out the body/corpse* (=Ölüyü/cesedi gömülmeye hazırladılar). **2** planlamak; bir plana göre düzenlemek. *The new town is laid out to keep factories and houses as far apart as possible,* **layout** *i+sy* plan, düzen, tertip: *the layout of the new town.* **lay one's hands on 1** yakalamak, ele geçirmek. *The police are waiting to lay (their) hands on him.* **2** bulmak. *I can't lay my hands on the letter he sent me.*

lay² [lei] **lie²** fiilinin geçmiş zaman biçimi.

lay³ [lei] *s* (özl. tıp ya da hukuk için) meslekten olmayan, kişilerle ilgili, veya dinsel resmi görevlere sahip olmayan kimselere ait, veya bu kimselerce yapılan: *the lay mind* (=meslekten olmayan kimselerin fikir, veya görüşleri). Ayrıca **laity**'ye bkz. **layman** meslekten olmayan birisi; rahip olmayan birisi.

layer ['leiə*] *i+sy* tabaka, katman. *The cake has a layer of jam inside. The earth's surface is made up of many layers of rock.*

laze [leiz] *f+n/-n* tembelleşmek; tembelce vakit geçirmek. *We lazed (away) the whole week.* **lazy** *s* tembel; iş yapmayı sevmeyip bundan kaçınan: *a lazy morning* (=hareketsiz bir sabah; insana uyuşukluk veren bir sabah). *He comes to school by bus because* *he is too lazy to walk.* **lazily** z tembel tembel. **laziness** *i-sy* uyuşukluk, tembellik. **lazybones** tembel adam; uyuşuk herif. *çoğ. biç.* **lazybones.** (*k. dil.*).

lb (=**pound**)—libre; 454 gr.

lead[1] [led] *i-sy* 1 kurşun; yumuşak ve büküşgen, mavimtırak esmer renkte bir element. Simgesi Pb. 2 grafit; kurşun kalemi yapımında kullanılan bir çeşit doğal karbon: *lead pencils. He is sharpening his pencil because the lead is broken.* 3 *i+sy* ipucu. *The police are following up several leads in the murder investigation.* (*eş anl.* **clue**). 4 başrolü oynayan aktör. **lead-free** içinde kurşun olmayan benzin, kurşunsuz benzin.

lead[2] [li:d] *f+n/-n* 1 (birisine) yol göstermek; klavuzluk, rehberlik etmek. *He led us through the forest to the river. I led the blind man across the road.* 2 önde gitmek, başta olmak. *He is leading in the race/competition. Our football team leads theirs by two goals.* 3 yönetmek, idare etmek; komuta etmek. *He will lead the party of scientists going to London. He led the expedition to Africa.* 4 (bir yere) gitmek. *This road leads to our house. One path leads down to the river. The other leads up the hill.* 5 bir hayat sürmek, sürdürmek, yaşamak. *They lead a quiet life. geç. zam. ve ort.* **led** [led]. **leader** *i+sy* 1 önder, lider; elebaşı, reis. 2 başmakale. (*eş anl.* **leading article**). **leading** s en önemli, önde gelen: *the leading newspapers; the leading members of the committee.* **leadership** *i-sy* önderlik, liderlik. **leading article** *i+sy* başmakale. (*eş anl.* **lead**). **leading lady** baş rolü oynayan kadın oyuncu; baş aktris. **lead the way** öne düşüp yolu göstermek. **lead someone by the nose** bir kimseyi parmağında oynatmak; burnuna kancayı takmak. *Jack is very much under Mary's influence; she just leads him by the nose.*

lead[3] [li:d] 1 *itek* (a veya the ile) örnek; rehberlik, kılavuzluk; yardım. *We could not get the correct answer until the teacher gave us a lead. They follow the lead of the older men.* 2 *itek* (**the** ile) ön sıra, baş taraf; önde bulunma; (tiyatroda) baş rol. *He is in the lead in this race. He took the lead*

at the beginning. He has/plays the lead in the school play. 3 *itek* önde oluş, ileride oluş; bir kimsenin ya da bir şeyin, başka birisine, veya bir şeye göre, önde bulunduğu mesafe, puan, vb. *Our football team has a lead of two goals.* 4 *i+sy* elektrik kordonu, kablo parçası. 5 *i+sy* köpek kayışı, veya zinciri. *He had/kept his dog on a lead in the public park.* (*eş anl.* **leash**).

leaf [li:f] *i+sy* 1 yaprak; bitkilerde solunum, karbon özümlemesi, terleme gibi olayların oluştuğu, çoğu klorofilli, yeşil ve türlü biçimdeki bölümler. *The leaves of the trees gave us good shade.* 2 bir masanın açılabilir, kapanabilir kanadı. *çoğ. biç.* **leaves** [li:vz]. **leafy** z yapraklı; çok yaprağı bulunan. **leaflet** ['li:flit] *i+sy* broşür; küçük kitap, risale. (*eş anl.* **booklet, pamphlet**). **take a leaf out of somebody's book** bir kimseyi örnek almak, taklit etmek. *If you want to be wealthy take a leaf out of my book.* **turn over a new leaf** yaşam tarzını değiştirmek. *He used to get up to all sorts of mischief, but now he seems to have turned over a new leaf.*

league[1] [li:g] *i+sy* yaklaşık 3 mil, veya 5 km'ye eşit bir uzunluk ölçüsü.

league[2] [li:g] *i+sy* 1 birlik, dernek, cemiyet; insanlardan, ülkelerden, vb. oluşan bir birlik; (bu topluluğun yaptığı) antlaşma; ittifak. *The league of Nations was formed after the First World War to try to keep peace.* 2 lig, birbirine karşı maçlar yapan spor takımlarının oluşturduğu küme. *This football team is at the top of the league.* **be in league with** (genl. kötü bir amaç ile) işbirliği yapmak, işbirliği içinde olmak, birlikte çalışmak.

leak [li:k] *i+sy* 1 yarık, çatlak. *We have no water because of a leak in the water pipe. There is a leak in the boat.* 2 böyle bir çatlaktan akan sıvı, gaz, vb.; sızıntı, kaçak. Ayrıca *f+n/-n* 1 sızmak, kaçmak; sızdırmak, kaçırmak. *The water leaked from the pipe. The boat is leaking.* 2 (gizli tutulması gereken haberler, vb. hk.) dışarı sızmak, sızdırmak, açığa vurmak. *News of the changes in governments has leaked out.* **leaky** s yarık, çatlak; sızıntı yapan: *a leaky roof.* **take a leak/go for a leak** işemek; çişini yapmak. (k. dil.).

lean¹ [li:n] s (insanlar ve hayvanlar hk.) etsiz, zayıf; kuru, sıska: *lean meat* (=çok az yağı olan/yağsız et).

lean² [li:n] *f+n/-n* **1** eğilmek; eğik durmak, meyilli olmak. *The trees lean in the strong wind. He was leaning over his desk.* **2** dayanmak, yaslanmak; eğik bir durumda tutmak, veya durmak. *The ladder is leaning against the wall.* **2** dayamak, yaslamak. *He leaned his arms on his desk. I leaned the stick against the wall.* **3** (**on veya upon** ile) güvenmek, itimat etmek. *They always lean on/upon us when they are in trouble. geç. zam. ve ort.* **leaned** veya **leant** [lent]. **leaning** *i+sy* (**towards** ile) eğilim, meyil, temayül; (lehte) bir duygu, veya bir düşünce. *Their leanings are towards education for everybody.* **lean-to** *i+sy* büyük bir binanın duvarına dayalı olarak yapılmış damı meyilli kulübe. *çoğ. biç.* **lean-tos.**

leap [li:p] *f+n/-n* sıçramak, hoplamak, zıplamak. *He leapt into the river. geç. zam. ve ort.* **leapt** [lept]. Ayrıca *i+sy* atlama, sıçrama. **leapfrog** birdirbir oyunu. **leap year** artık yıl: dört yılda bir gelen 366 günlük yıl. (Her dört yılda bir, Şubat ayının 28 gün yerine 29 gün çektiği yıl). **by leaps and bounds** için **bound**'a bkz. **leaps to one's mind, leaps into one's mind** hemen aklına gelmek. *The name of Ahmet was not one that would leap automatically to my mind.* **leap in the dark** tehlikeli ya da sonu belirsiz iş, veya girişim. *We're going to open up a hotel, and it's really a leap in the dark.* *We've never done this sort of thing before.* **leap at** (fırsatı) ganimet bilmek; (bir teklifi) etekleri zil çalarak kabul etmek. *He leapt at the opportunity.*

learn [lə:n] *f+n/-n* **1** öğrenmek; bilgi edinmek. *We go to school to learn. I am learning (to speak) English. He is learning (how) to play football.* **2** (bir şeyi) öğrenmek; (bir şeyden) haberi olmak. *We learnt/learned the news this morning. I learnt/learned of his arrival* veya *I learnt/learned that he had arrived. geç. zam. ve ort.* **learned** veya **learnt. learner** *i+sy* öğrenen bir kimse, acemi. **learning** *i-sy* (özl. okuma ve çalışma ile kazanılan) derin ve

geniş bilgi, ilim. *Our teacher is a man of learning. We admire his great learning.* **learned** ['lə:nid] s (özl. çalışması ve okuması sonucu olarak) çok bilgi edinmiş; alim, bilgin: *a learned book* (=bilgi dolu/ileri düzeyde bir çalışma ile gerçekleştirilen bir kitap). *Our teacher is a learned man.* **learn from one's mistakes** hatalarından ders almak. **learn off** ezberlemek. *She has learned off his lines.*

lease [li:s] *i+sy* kira kontratı, veya anlaşması. *We have (taken) this house on a ten years' lease/on a lease of ten years.* (=Bu evi on seneliğine kiraladık). *After ten years the lease expires.* Ayrıca *f+n* kontratla kiralamak; kiraya vermek, veya tutmak. *He has leased the house to us for ten years.* **leaseholder** *i+sy* kiracı.

leash [li:ʃ] *i+sy* tasma kayışı, köpek kayışı. *Dogs must be kept on the leash in this public park.* (eş anl. **lead**).

least [li:st] *s/z/i+sy* en küçük, en ufak, en az. *He has least money of all of us. He has the least.* NOT: *least* sözcüğü *little*'ın enüstünlük biçimidir. Karşılaştırma biçimi ise *less*'dir.

at least en az; en azından, hiç olmazsa. *There were at least 100 people. Even if you tell nobody else you should at least tell me.* **not in the least** hiç; zerre kadar değil. *'Are you tired?' 'Not in the least.' They don't like this teacher in the least.* **last but not least/last but by no means least** (sözü edilecek bir kimse, veya şey hk.) son ama oldukça önemli. **to say the least (of it)** en hafif deyimiyle; en azından. *It is not a good essay, to say the least.*

leather ['leðə*] *i-sy* (tabaklanmış) deri; kösele. Ayrıca s deriden yapılmış; deri: *a leather coat.*

leave¹ [li:v] *f+n/-n* **1** (bir yerden) ayrılmak, uzaklaşmak, terketmek (Bu ayrılış kısa bir süre için olduğu gibi bir daha dönmemek üzere de olabilir). *He leaves for work every morning at 8 a.m. My brother left school last year. His wife has left him.* **2** (ardından) bırakmak. *Did he leave a message for me? Please leave your books on the desk.* **3** (olduğu gibi) bırakmak. *Leave him alone* (=Onu rahat/kendi haline bırak./Ona do-

kunma). *She has left the door open.*
4 (almayı, veya getirmeyi) unutmak.
*I left my pen at home. He left his
watch in the hotel.* 5 (elinde) kalmak;
geriye kalmak. *If you take 2 from 6,
4 is left. 2 from 6 leaves 4. If I pay
the bill, I shall be left with only five
pence. Is there any coffee left?* 6
(birisinin) sorumluluğuna bırakmak;
(birisine) havale etmek. *We are
leaving him to do it. I'll buy the food
but I'll leave the cooking to you.* 7
miras (olarak) bırakmak; ölümünden
sonra bağışlamak. *My father died last
month and left all his money to my
mother and m². (eş anl. **bequeath**).*
Ayrıca öldükten sonra ardında bırak-
mak. *He left a widow and one son.*
geç. zam. ve ort. **left** [left]. **leave
something behind** (almayı, veya
getirmeyi) unutmak. *I've left my coat
behind in the bus.* **leave someone/
something out** bir kimse, veya bir şeyi
dışarıda bırakmak, dahil etmemek;
unutmak. *He has been left out of the
football team. You've left some
figures out in your calculations.* **take
it or leave it** ister beğen, ister beğen-
me. *The price is £5: take it or leave
it.* **left-overs** *içoğ* yemek artığı; bir
öğünden sonra yenilmeden kalan
yiyecekler. *After dinner the children
ate the left-overs.*
leave² [li:v] **1** *i-sy* (özl. işte, görevde bu-
lunmamak için alınan) izin, müsade.
*The headmaster gave us leave to go
to the concert.* **2** *i+sy* (özl. orduda,
veya devlet memuriyetinde) izin; izin
süresi. *The soldiers are given two
leaves each year. We are on leave until
December. They were given six weeks'
leave.* **3** *i+sy* (genl. **take** ile) veda et-
mek, Allahaısmarladık demek; izin
isteyip ayrılmak. *I stayed for an hour
and then took my leave. I took leave
of my friend.* **sick leave** hastalık izni;
hava değişimi. *She is away on sick
leave.*
leaves [li:vz] **leaf**'in çoğulu.
lecherous ['letʃərəs] *s* şehvet düşkünü.
lecture ['lektʃə*] *i+sy* **1** (özl. üniver-
sitelerde) ders, konferans. *The pro-
fessor gave a lecture on modern art.*
2 (ahlak) dersi verme, konferans çek-
me; uzun uzun azarlama, veya uya-
rıda bulunma. *My father gave me a
lecture for smoking. Ayrıca f+n/-n* **1**

ders vermek, konferans vermek. *Mr
Neary lectured on biology yesterday
afternoon.* **2** azarlamak. *My father
lectured me for smoking.* **lecturer**
i+sy (bir üniversitede) konferanslar,
veya dersler veren (bir profesörden ve
doçentten daha ast bir mevkide olan)
kimse; okutman.
led [led] **lead²** fiilinin geçmiş zamanı
ve ortacı.
ledge [ledʒ] *i+sy* bir duvar, veya kaya-
lığın üzerindeki rafa benzer uzantı: *a
window ledge. They seated themselves
on the ledge facing the river.*
ledger [ledʒə*] *i+sy* defteri kebir; ana
defter; (bir iş yerinde, bir bankada,
vb.) gelirlerin ve giderlerin kaydedil-
diği hesap defteri.
lee [li:] *i-sy* rüzgârdan korunacak yer;
rüzgâr almayan taraf, rüzgâr altı,
boca. *The ship stayed in the lee of the
island during the storm.* **leeway 1**
rüzgâr altına sapma; boca etme. **2** bir
şeyi yapmada başarı fırsatı sağlayan,
fazladan bir zaman, yer vb.
leech [li:tʃ] *i+sy* **1** sülük. **2** anaforcu,
beleşçi, sülük gibi adam. **medicinal
leech** tıbbi amaçlar için yetiştirilen
sülük.
leek [li:k] *i+sy* pırasa.
leer [liə*] *f-n* pis pis bakmak; yiyecek
gibi bakmak. *The old man leered at
the girl.* Ayrıca *i+sy* şehvet bakışı,
yan bakış.
left¹ [left] **leave¹** fiilinin geçmiş zamanı
ve ortacı.
left² [left] *s/z/i-sy* sol, sola ait; sol ta-
rafta; sola, solda; sol taraf. (karş.
right). *Most people write with their
right hand not their left one. Turn left
at the next corner. In Britain road
traffic keeps to the left.* **left-hand** *s* sol
tarafta. **left-handed** *s* (bir kimse hk.)
solak. (karş. **right-handed**). **the left,
the left wing** sol kanat, sol; sol par-
tiler, veya gruplar (örn. sosyalistler ve
kominislter). **left-hand drive** *s* direk-
siyonu solda olan. **left-luggage** *i+sy*
(Brİ'de) (tren istasyonlarında, hava-
alanlarında) emanetçi.
left-overs ['leftouvəz] *içoğ* **leave¹**'a
bkz.
leg [leg] *i+sy* **1** bacak. **2** pantolon ba-
cağı: *the legs of his trousers.* **3** mo-
bilya ayağı, bacağı. *Most chairs have
four legs.* **-legged** ['leg(i)d] *s* -ayaklı;
-bacaklı: *three-legged* (=üç ayaklı);

bare-legged (=çıplak bacaklı).
leggings içoğ tozluk; bacakları (ayaktan dize kadar olan kesimi) korumak için giyilen sağlam kumaş, veya deriden bir giysi. **legroom** (örn. bir otomobilde) bacak uzatma boşluğu.

legacy ['legəsi] *i+sy* **1** miras; ölen birinden yakınlarına kalan mal, veya para. (*eş anl.* **bequest**). **2** geçmişten kalan herhangi bir şey; arta kalan şey. *One of legacies of the war was famine.*

legal ['li:gl] *s* yasal; kanuni, meşru. *I leave all legal matters to my lawyer. It is legal to marry one's cousin?* (karş. **illegal**). **legally** *z* hukuken, kanunen. **legalize** ['li:gəlaiz] *f+n* yasallaştırmak. *The government has legalized gambling.*

legation [li'geifən] *i+sy* bir orta elçinin emrindeki devlet görevlileri. **2** bu görevlilerin evleri ve ofisleri.

legend ['ledʒənd] *i+sy* efsane; destan; eski zamanlardaki olağan üstü bir öykü: *the legends of Greece and Rome.* (*eş anl.* **myth, saga**). **legendary** ['ledʒəndri] *s* **1** efsanevi, destan gibi. **2** ünlü, meşhur.

leggings ['leginz] içoğ **leg**'e bkz.

legible ['ledʒibl] *s* (el yazıları, veya basılmış yazılar hk.) okunaklı. *In an examination your handriting must be legible.* (karş. **illegible**). **legibly** *z* okunaklı olarak. **legibility** [ledʒi'biliti] *i-sy* okunaklılık.

legion ['li:dʒən] *i+sy* (eski Roma'da) tümen (yaklaşık 5.000 askerden oluşurdu).

legislate ['ledʒisleit] *f-n* kanun yapmak. *The Congress of the United States has the power to legislate.* **legislative** ['ledʒislətiv] *s* yasama ile ilgili; kanun yapan. **legislation** [ledʒis'leifən] *i-sy* kanun yapma, yasama; (toplu olarak) kanunlar, yasalar. *This legislation gives help to educate.* **legislature** ['ledʒislətʃə*] *i+sy* yasama meclisi (örn. parlamento, veya büyük millet meclisi).

legitimate [li'dʒitimət] *s* **1** yasal, kanuni. *John has a legitimate claim to the property.* **2** mantıklı, akla uygun, yerinde. *He has a legitimate excuse for being absent from school.* **3** yasal olarak evlenmiş bir anne babadan doğma; meşru: *a legitimate child.* (karş. **illegitimate**).

leisure ['leʒə*] *i-sy* işten, veya görevden serbest kalınan zaman; boş zaman. *He spends his leisure reading newspapers and magazines.* Ayrıca *s* boş, serbest. *I have little leisure time.* **leisurely** *s* acelesiz, telaşsız. **at one's leisure** uygun bir boş zamanda; vakti olduğu bir zamanda. *Finish the job at your lesiure.*

lemon ['lemən] *i+sy* limon. Ayrıca *s* **1** limondan yapılan; limonlu. **2** açık ve parlak sarı. **lemonade** [lemə'neid] *i-sy* limonata. *Two bottles of lemonade, please.*

lend [lend] *f+n* borç vermek, ödünç vermek. *Will you lend me twenty pounds? He lent me his pen. / He lent his pen to me. geç. zam.* ve *ort.* **lent** [lent]. **lend oneself/itself 1** (kötü bir işe) adını karıştırmak, (pis bir işe) bulaşmak. *I refused to lend myself to such a stupid plan.* **2** yaramak, uygun düşmek, elverişli olmak. *This music doesn't lend itself to dancing. This material is very cheap but also very long-lasting: it lends itself to all sorts of uses in industry.* **lend a hand** yardım etmek. *He lent me a hand with the heavy boxes. Would you mind giving me a hand with this case?*

length [leŋθ] *i+sy* uzunluk. *The length of the stick is 2 metres. / The stick is 2 metres in length. The classroom is 10 metres in length and 5 metres in breadth. The length of time we were there was 2 hours.* **lengthen** *f+n/-n* uzatmak, veya uzamak. **lengthy** *s* çok uzun; aşırı uzunlukta: *lengthy argument.* **lengthways, lengthwise** *s/z* boylu boyunca; uzunluğuna, uzunlamasına. *He put the stick lengthwise on the table.* **at length 1** en sonunda, nihayet. (*eş anl.* **at last**). **2** uzun uzadıya; ayrıntılı olarak; tam olarak. *He explained the difficulty at great length.* **to go to great lengths to get something** bir şeyi yapmak, elde etmek için herşeyi yapmak, hatta cinayet bile işlemek. *We went to great lengths to keep the news secret.*

lenient ['li:niənt] *s* yumuşak; merhametli; hoş görülü. *The headmaster is never lenient to/towards boys who tell lies.* **leniently** *z* merhametle hoşgörü ile, yumuşaklıkla. **leniency** *i-sy* yumuşaklık, hoşgörülük.

lens [lenz] *i+sy* mercek, büyüteç. *He*

has broken one of the lenses in his glasses. **contact lens** için **contact'e** bkz.

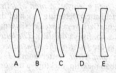

lens

lent [lent] **lend** fiilinin geçmiş zamanı ve ortacı.

Lent [lent] *i-sy* Büyük Perhiz; Paskalya'dan (=**Easter**) önceki 40 günlük süre; (bu günlerde bazı Hıristiyanlar basit yiyecekler yerler ve sigara, vb. şeyleri içmeyi bırakırlar).

lentil ['lentil] *i+sy* **1** mercimek. **2** bu bitkinin yenen tanesi.

leopard ['lepəd] *i+sy* pars, leopar, panter.

leper ['lepə*] *i+sy* cüzamlı kimse. *Jane works in a leper hospital.*

leprosy ['leprəsi] *i-sy* cüzam. *Leprosy attacks the nervous in the skin, and finally the patient loses all feeling in a limb, and parts, such as fingers or toes, can drop.* NOT: Bu hastalığın diğer adı **Hansen's disease**'dir.

lesbian ['lezbiən] *i-sy* sevici (kadın); zürafa; erkek yerine kadın seven ve kadınla cinsel ilişkilerde bulunan sapık kadın: *a lesbian relationship.* Ayrıca **homosexual**'a da bkz.

less [les] *s/belirten* (bir şey)den daha az (miktarda, sayıda, veya boyutta). *They now do less work than they did before. Richard has less money. You should take less with you.* (karş. **more**). NOT: *less* genl. sayılamayan isimler veya sayılamayan anlamda kullanılan isimler için kullanılır. Sayılabilen isimler ile *fewer* kullanılmalıdır. *They work on fewer days. You should take fewer boxes with you.* Ayrıca z '(onun) kadar değil; (bir şey)den daha az derecede; daha ufak ölçüde' anlamlarına gelir. *Talk less and work more. You look less sad*

today. They are running less quickly. (karş. **more**). Ayrıca *edat* eksi. *6 less 4 is 2.* **less and less** gittikçe daha az. *As I spoke to him he became less and less angry.* (karş. **more and more**). **more or less** için **more**'a bkz.

lessen ['lesn] *f+n/-n* azaltmak, küçültmek; azalmak, küçülmek; hafiflemek. *The injection will lessen the pain.*

lesson ['lesn] *i+sy* ders; bir öğrenciye öğretilen, veya bir öğrencinin öğrendiği bir şey; ders saati; (bir şey) dersi. *Afternoon lessons begin at 2 p.m.*

lest [lest] *bağ* **1** olmasın/etmesin diye. *We hid the money lest it should be stolen* (=Çalınmasın diye parayı sakladık). **2** (**be afraid, fear** ile) (yapa)cak, (ede)cek diye; (yapa)cağından, (ede)ceğinden; (korkusu) ile, belki... (olur) diye, olmayaki... diye. *We were afraid lest it should be stolen.*

let¹ [let] *f+n* **1** (**let**'den sonra bir nesne ve onu takibeden fiilin yalın hali gelir) ...-e izin vermek, bırakmak. *The headmaster lets them play football every Saturday. They want to play football on other days but he won't let them.* **2** (**me, us, it**, veya **them** ile) (emir kipinde bir rica, istek, öneri, vb. bildirir) (et)meli, (yap)malı; (yap)abilir. (yap)acaktır; (yap)ayım; (yap)ayım, (yap)sın, (et)sinler. *Let us/ Let's go for a walk. Let me try. Let him do it.* NOT: Aşağıda *let* ile kurulmuş cümlelerdeki sözcüklerin, cümle içinde yer değiştirmeleri bazen anlamı da değiştirebilir. *He let the boy go* cümlesi iki anlama gelir: *a* (=Çocuğun gitmesine izin verdi). *b* (=Çocuğu tutmayı bıraktı/koyverdi). Fakat *He let go the boy* cümlesi ise tek bir anlama gelir (=Çocuğu tutmayı bıraktı/salıverdi). Ayrıca *Let him alone* cümlesinin anlamı (=Onu yalnız bırak; Onu rahat bırak; Onu rahatsız etme; Ona dokunma) demektir, fakat *Let alone him* cümlesinin anlamı ise (=O şöyle dursun; Onu bir yana bırak) demektir. **let somobody down** bir kimseyi düşkırıklığına uğratmak; ümidini boşa çıkarmak; yarı yolda terketmek. *He let his friends down by arriving late.* **letdown** *i+sy* düşkırıklığı, hayal kırıklığı. *Everybody told us we were in for a letdown when we came here.* (k.

dil.). **let something down 1** bir şeyi aşağı uzatmak, bırakmak. *He let down the rope to us. / He let the rope down to us.* **2** düşkırıklığına uğratmak. *Don't let me down. We are counting on you not to let us down.* **let someone/something in** bir kimseyi, veya bir şeyi içeri almak. *Go, and let them in, John. Let the cat in, will you? The roof lets in the rain.* **let oneself in** kapıyı açıp (bir eve, veya binaya) girmek. *'Please don't wait until I return. I have a key and can let myself in.'* **let somebody off** bir kimsenin cezasını bağışlamak. *I'll let you off if you promise never to do it again. The headmaster let me off with a warning.* **let something off 1** kaçırmak, salıvermek, dışarı koyuvermek. *The engine lets off steam.* **2** (tabanca, vb. ateşli silahlar hk.) patlamak, ateşlemek. *He let his revolver off at the crowd.* **let on** bir sırrı açığa vurmak, başkasına söylemek. *I'll never forgive you if you let on that I was late.* **let (it) out** açıklamak, bildirmek. *He has let (it) out that he is going away.* **let somebody out** birisinin gitmesine, veya dışarı çıkmasına izin vermek. *They let Mike out of prison after ten years.* **let something out 1** boşaltmak, dışarı salıvermek. *He let the air out of my tyres.* **2** (elbiseler hakkında) genişletmek, bollaştırmak. *He has grown so much that he has had to let out his jacket.* **let go** yukarıdaki NOT kısmına bkz. **let me see, let's see, let me think** dur bakayım, dur bakalım, dur bir düşüneyim. *His address was, let me see, 6 Cork Street. Her brother is—let's see—a doctor... He's—now let me think a second—he's about ten.* **let alone** şöyle dursun; nerde kaldı ki. *She will not help her own brother, let alone a stranger.* **without let our hindrance** serbestçe; hiçbir engelle karşılaşmadan. **let sleeping dogs lie** için **dog'a** bkz.

let² [let] *f+n* kıraya vermek, kiralamak. *I have let my house to him while I am abroad. There are plenty of houses to let here.*

lethal ['li:θl] *s* öldürücü. *Her mother took a lethal dose of aspirin.*

lethargy ['leθədʒi] *i-sy* uyuşukluk, rehavet. *I shook her out of her lethargy.*

lethargic [le'θɑ:dʒik] *s* uyuşuk, içi geçmiş.

letter ['letə*] *i+sy* **1** harf. *A, B and C are letters (of the alphabet).* **2** mektup. *Letters are usually sent by post.* **3** (*çoğ. biç.*) edebiyat: *a man of letters* (=edebiyatçı). **lettering** *i-sy* harf düzeni; harfleri, veya sözcükleri yazma, çizme, vb. (işi ya da stili). *The lettering on the front of the newspaper is large and clear.* **letter-bomb** *i+sy* bombalı mektup; mektup ya da posta kolisi ile gönderilen bomba. **letterbox** posta kutusu (evin içinde, sokakta, veya postanedeki olabilir). **to the letter** harfi harfine, aynen, virgülü virgülüne. *They obeyed the wishes of their teacher to the letter.* (*eş anl.* **exactly**).

lettuce ['letis] *i+sy* marul, kıvırcık salata.

leukaemia, leukemia [lu:'ki:miə] *i-sy* kan kanseri; lösemi. *His only son died of leukaemia.*

level¹ ['levl] *s* **1** düz. *Football should be played on level ground.* **2** eşit, müsavi; aynı düzeyde. *These two boys are about level in mathematics.* **level crossing** (*BrI*'de) hemzemin geçit; karayolu ile aynı düzeyde olan tren yolu geçidi. (*AmI*'de **grade crossing**). **level headed** *s* dengeli, ölçülü; sakin, soğukkanlı; mantıklı, sağgörülü. **level off/out 1** düzeltmek, yassılaştırmak. *The gardner has levelled the ground off.* **2** düz (uçuşa) geçmek. *The pilot levelled off at 10.000 ft.*

level² ['levl] *i+sy* düzlük, düz yer; seviye; yükseklik düzeyi. *The town is 5,000 feet above sea level. Because of the heavy rain the level of the lake has risen 6 inches. Turn the sound level down, it's far too loud.*

level³ ['levl] *f+n/-n* yıkmak, yerle bir etmek, veya yıkılmak, yerle olmak. *They levelled the house to the ground. geç. zam. ve ort.* **levelled.** (*AmI*'de **leveled**).

lever ['li:və*] *i+sy* kaldıraç, manivela, lövye; kol (örn. **gear lever** (=vites kolu)). Ayrıca *f+n* (bir şeyi) kaldıraç ile kaldırmak, oynatmak. **leverage** *i-sy* kaldıraç gücü. **gear lever** için **gear'a** bkz.

levity ['leviti] *i+sy/-sy* hafiflik, ciddiyetsizlik. *A funeral is not an occasion for levity.*

levy ['levi] *f + n* resmen isteyip toplamak. *The government levies taxes on motorists.* **levies on luxury items** lüks eşyalara konan vergiler. Ayrıca *i + sy* vergi emri.

lewd [lu:d] *s* şehvet düşkünü; açık saçık, müstehcen: *a lewd joke.*

liable ['laiəbl] *s* 1 (yasa yönünden bir şeyi ödeme konusunda) sorumlu, yükümlü. *He is liable for all the damage done by his workmen.* 2 (bir şey)e uğraması muhtemel; (bir şey)e eğilimli; (bir şey)den sık sık rahatsızlanıveren; duyarlı; çabuk etkilenen. *They are liable to run away if you speak to them. In winter I am liable to (get) bad colds.* **liability** [laiə'biliti] 1 *i-sy* sorumluluk, yükümlülük; duyarlılık; çabuk etkilenirlik: *his liability for all the damage done; my liability (to) get bad colds.* 2 *i + sy* (çoğ. biç.) toplam borçlar; pasif. *The balance sheet shows the company's assets and liabilities. (karş.* **assets**). 3 *i + sy* engel, mahzur. *He is a liability to us.*

liasion [li:'eizən] *i + sy* işbirliği; irtibat, bağlantı. (özl. bir ordu ile, veya ordular arasında). *Victory depended on close liaison between the American and British armies.*

liar ['laiə*] *i + sy* **lie**[1]'a bkz.

libel ['laibl] *i + sy/-sy* karaçalma; onur kırıcı yayın. *Editors of newspapers must be very careful that they do not publish libels. Your silly letter is a libel on an honest man.* Also *f + n* onur kırıcı yayın yapmak; (birisine) karşı karalayıcı bir söz, bir resim, vb. yayınlamak. *geç. zam. ve ort.* **libelled**. *(AmI'de* **libeled**). **libellous** *s* iftira türünden.

NOT: *libel* sözcüğü 'karaçalma'nın yazılı olarak yapıldığını ifade eder, ama halk arasında sözle yapılan için de kullanılır. Sözle yapılan 'karaçalma' için *slander* sözcüğünü kullanınız: *The reporter slandered the company director when she spoke about him on the radio.*

liberal ['libərl] *s* 1 bol, pek çok; cömert, eli açık. *My father gives me a liberal amount of money each week. They were liberal in their help.* 2 başkalarının düşünce ve duygularını anlamaya çalışan ve bunları saygı ile karşılamaya hazır olan; açık fikirli, özgür düşünceli. *Our headmaster has liberal views about what his pupils should wear (karş.* **illiberal**). 3 **(Liberal)** sosyal reformlar taraftarı İngiliz Liberal Partisi ile ilgili. Ayrıca *i + sy* 1 **(Liberal)** Liberal Parti üyesi. 2 açık fikirli kimse; değişikliklerden yana olan geniş düşünceli birisi. **liberally** *z* serbestçe, cömertçe.

liberate ['libəreit] *f + n* özgürlüğüne kavuşturmak, salıvermek, serbest bırakmak. *The prisoners of war were liberated.* **liberation** [libə'reifən] *i-sy* kurtuluş, serbest bırakılma; azat etme.

liberty ['libəti] 1 *i + sy/-sy* özgürlük, hürriyet; istiklâl. 2 *i + sy* (genl. **take** ile) yapmaktan çekinmemek, yapmak cüretini göstermek. *I took the liberty of using my friend's pen* (= Arkadaşımın kalemini izni olmadan kullandım). *You are taking too many liberties with the English language* (İngilizceyi saygısızlık derecesinde senli benli konuşuyorsun). **at liberty** özgür, hür, serbest; hapiste olmayan. *You are at liberty to say what you like. The escaped prisoner is still at liberty.*

library ['laibrəri] *i + sy* 1 kütüphane, kitaplık. 2 kitapların bulunduğu bir oda, veya başka bir yer. **librarian** [lai'breəriən] *i + sy* kütüphaneci.

lice [lais] **louse**'un çoğul biçimi.

licence *(AmI'de* **license)** *i + sy* (genl **a** ile) izin belgesi, ruhsatname, lisans; bir şeyi yapmaya izin verilmiş olduğunu gösteren, yazılı veya basılı resmî bir belge, bir kağıt. *In Britain you must have a licence if you want to sell beer. Have you a driving licence? This office deals with driving licences* (= Bu büro şoför ehliyeti işlerine bakar). **licensing hours** *(BrI'de)* bir pubda içki verme saatleri. **off licence** *(BrI'de)* bira, şarap ve diğer alkollü içkilerin şişeyle satıldığı dükkân; bir cins tekel bayii.

license ['laisns] *f + n* resmî izin vermek; ruhsat vermek. *This shop is licensed to sell tabacco.*

lichen ['laikən] *i-sy* liken; bir mantarla bir yosunun ortakça yaşamasıyla meydana gelen bir bitki olup taşların ve ağaçların yüzeylerini kaplar.

lick [lik] *f + n* 1 yalamak; tatmak, temizlemek, ıslatmak, vb. için dili üzerinde gezdirmek. *He licked the stamp and stuck it on the letter.* 2 (alevler, dalgalar hk.) yalamak, yala-

yıp geçmek. *The flames of the fire
licked the coal.* Ayrıca *i+sy* yalama;
yalayış. *He gave the stamp a lick.*
licking *i+sy* **1** dayak (atma), sopa
(çekme). **2** yenilgi, mağlubiyet. *Our
team gave theirs a licking. (k. dil.).* **at
a great/tremendous lick** büyük bir
süratle. *Both teams set off at a great
lick.* **lick someone's boot** dalkavukluk
yapmak, el etek öpmek, çanak ya-
lamak. *I am not interested in getting
promotion if it means I have to lick
the boss's boots.* **lick one's chops/lips**
dört gözle, sabırsızlıkla beklemek.
*The home team are sure they are
going to win, so the are licking their
chops in anticipation of tonight's
game. (eş anl.* **smack one's chops
/lips).** **lick someone/something into
shape** biçim vermek, hazırlamak; eği-
terek istenilen düzeye getirmek. *After
a few month's training, the recruits
had been licked into shape. (eş anl.*
**get/knock/put someone /something
into shape).**

lid [lid] *i+sy* kapak: *the lid of a pot/
box; a medicine bottle with a child-
proof lid. Put the lid back of the jar.*
lidded *s* kapaklı.

lido ['li:dou] *i+sy* açık yüzme havuzu;
kumsalda yüzmek, güneş banyosu ya
da su sporları yapmak için kullanılan
özel bir kesim. *çoğ. biç.* **lidos.**

lie¹ [lai] *f-n* yalan söylemek. *He lied to
me when he said he didn't do it. şim.
zam. ort.* **lying** *geç. zam. ve ort.* **lied.**
Ayrıca *i+sy* yalan. *He told a lie.* **liar**
['laiə*] *i+sy* yalancı. *She's not a liar!*

lie² [lai] *f-n* **1** yatmak, uzanmak. *He
was lying on the ground. Susan lay in
bed all day.* **2** (söylenen bir durumda,
veya konumda) olmak, bulunmak.
*Uganda lies far from the coast. The
difficulty lies in their great poverty.* **3**
(durup) durmak; bir yüzey üzerinde
yatay bir konumda olmak, veya bu-
lunmak. *He lay dead on the floor.
The machine lay idle all week* (=Bü-
tün bir hafta makine çalışmadı). *The
road to the sea lay open before us.
şim. zam. ort.* **lying.** *geç. zam. biç.* **lay**
[lei].
NOT: *geç. zam. ort.* **lain** [lein] artık
kullanılmamaktadır. Bu nedenle *have
lain* yerine *have been lying* kullanıl-
maktadır, örn. *The papers have been
lying on your desk since yesterday).*

lie back geriye yaslanmak, arkaya
yaslanıp dinlenmek. *He lay back on
the pillow.* **lie down** yatmak, uzan-
mak. *He told his dog to lie down.
Why don't you go and lie down?* **lie
in** sabahleyin yataktan kalkmayıp ya-
tıp durmak. *My mother is lying in this
morning.* **lie low** (tehlike geçinceye
kadar) gizlenmek, saklanmak; sin-
mek. *After committing the robbery,
the thieves agreed that it would be a
good idea to find a safe place to stay
and lie low for a while.* **lie in wait**
pusuya yatmak. *The police lay in wait
for the thieves.* **the lie of the land/how
the land lies** durum, vaziyet; şartlar.
*Before you make any changes, it
would be best to take a few weeks to
see the lie of the land.* **lie with some-
one** bir kimseye ait olmak, düşmek.
*What we do next lies with him. (eş
anl.* **depend on).** **take something lying
down** hiçbir şey yapmadan öyle dur-
mak. *Are you going to take this defeat
lying down?* **let sleeping dogs lie** bir
işi kurcalamamak, başa dert olacak
konuları deşmekten kaçınmak. *You
say that he took part in a bank
robbery when he was a young man:
I say it all happened a long time ago,
and we should let sleeping dogs lie.*

lieutenant [lef'tənənt], *AmI*'de [lu:'ten-
ənt] *i+sy* **1** teğmen; (donanmada)
yüzbaşı. **2** birlikte kullanıldığı rütbe-
nin bir alt rütbesinde bulunan subay
(örn. albay (=colonel) yanında yar-
bay (=lieutenant colonel)).

life [laif] **1** *i-sy* yaşam, hayat. *Life de-
pends on air, food and water.* **2** *i-sy*
canlılar, hayat. *There seems to be no
life on the moon. We should protect
wildlife.* **3**. *i+sy* kişi, kimse, insan.
*Thousands of lives were lost during
the war.* **4** *i+sy* yaşam, ömür; doğum-
dan ölüme kadar olan süre; doğum-
dan bulunulan ana kadar, veya bulu-
nulan andan ölüme kadar olan süre.
*He spent his whole life in one country.
He intends to spend the rest of his life
abroad.* **5** *i+sy* hayat hikâyesi, yaşam
öyküsü. *They are reading the life of
Napoleon.* **6** *i-sy* hayat; toplum olarak
birlikte yaşama; zaman harcama bi-
çimi. *How do you find life in a big
city?* **7** *i-sy* canlılık, faaliyet, hareket,
enerji. *The children are full of life.
çoğ. biç.* **lives** [laivz]. **lifeless** *s* **1** can-

sız; ölü, ölmüş. **2** cansız, sönük; ruhsuz, hiç gücü kalmamış: *a lifeless expression.* **lifelike** *s* canlı imiş gibi; sanki gerçek birisi imiş gibi. *This is a lifelike drawing of my father.* **lifebelt** cankurtaran kemeri. **lifeboat** cankurtaran sandalı, tahliye sandalı. **lifebuoy** cankurtaran simidi. **lifeguard** cankurtaran; plajda ya da yüzme havuzunda yüzenleri boğulmaktan kurtaran bir yüzücü. **life jacket** cankurtaran yeleği.

life jacket

lifeline 1 cankurtaran halatı. **2** hayat bağı; insanın hayatının bağlı olduğu bir şey. *During winter the telephone is our lifeline.* **lifelong** ömür boyu (süren): *a lifelong friendship.* **life-size(d)** *s* (özl. resim ya da fotoğraflar hk.) doğal büyüklükte, aslı ile aynı boyda. **lifetime** ömür; bir kimsenin, hayatta canlı olarak kaldığı süre: *the chance of a lifetime. Many things happened in my lifetime.* **come to life** (bayıldıktan sonra) ayılmak, canlanmak. *She fainted but came to life when we threw cold water over her.* **take one's own life** intihar etmek, canına kıymak. (*eş anl.* **commit suicide**). **take somebody's life** birini öldürmek. **How's life?** Merhaba! Ne haber! Ne var ne yok? (*eş anl.* **How are you?**). **life/a life after death** ölümden sonra hayat. **life isn't worth living without someone/something** onsuz hayatın (hiç)bir değeri yok. **live one's own life** kendi hayatını yaşamak. **a matter of life and death** hayat memat meselesi. **Not on your life** Hayır! Tabiiki hayır! Asla!; Dünyada olmaz. *'Are you going to Richard's party?'—'Not on your life! His last party was terrible.'* **That's life** İşte hayat böyle. **This is the life** İşte ben buna hayat derim. **life-and-death (problem/struggle/decision)** ölüm kalım, hayat memat (meselesi/mücade-

lesi/kararı).

lift¹ [lift] **1** *f+n* (bir şeyi el(ler)ine alıp) kaldırmak. *Jane can't lift it. It is too heavy. Lift it up on the table.* **2** *f-n* (özl. bulutlar, sis, pus, vb. hk.) yükselmek, kalkmak, dağılmak. *We saw the mountain when the clouds lifted.* **3** *f+n* (elini, kolunu) kaldırmak. *I lifted my hand to ring the bell.* **4** (gözlerini, başını) kaldırmak. *She lifted her eyes from the table.* **5** (sesini) yükseltmek; (sesi) yükselmek. *John lifted his voice for me to hear.* **6** (bir yasayı, bir uygulamayı) kaldırmak. *The government has lifted the embargo on textile imports.* **7** neşelenmek, ferahlamak. *The sudden sight of the mountains lifted our mood.* **8** (bir yerden bir şey) çalmak, aşırmak. *They lifted a briefcase from a locked car.* **9** birisinin yazmış olduğu bir eserden, müzik parçasından çalmak, aşırmak. *He lifted it from a book.* **lift-off** *i+sy* (roketler veya uzay gemileri hk.) (yerden) kalkma, kalkış, havalanma. *We have lift-off.* Ayrıca **shop'a** bkz. **not lift a finger to do something** bir şey yapmak için parmağını oynatmamak. *He turned out to be a very poor friend: when I was in trouble he didn't even lift a finger to help me.* **lift one's hand to** (cezalandırmak, dövmek için) elini kaldırmak. *He never lifted his hands to his children.* **lift up one's head** herkesin yüzüne bakabilmek. *If they beat us, I will never lift up my head again.*

lift² [lift] *i+sy* **1** kaldırma; yükselme, veya yükseltme. **2** arabaya alma, beleş seyahat; bedava bindirme. *I gave him a lift to the railway station.* **3** (Brİ'de) asansör. *She took the lift to the 3rd floor. The lift stopped itself.* (Amİ'de **elevator**).

ligament ['ligəmənt] *i+sy* kiriş; kasların uçlarında bulunan, kasları kemiklere ve başka organlara bağlayan beyazımsı kordon.

light¹ [lait] **1** *i-sy* ışık, ziya: *the light of the sun. We read by the light of a candle/by candlelight.* **2** *i+sy* ışık veren bir şey (örn. bir lamba, veya bir el feneri): *traffic lights. Turn off all the lights.* **3** *i-sy* ateş; başka bir şeyi tutuşturan bir şey (örn. kibrit). *He put a light to the old papers. Can you give me a light?* **4** *i+sy* açıklama, ışık tutma; (bir işte) bir şeyin, veya bir kimsenin göründüğü ya da dikkate alındığı yan görüş, düşünce; noktai nazar. *His speech throws a different light on what happened. He does not see this matter in the same light as we do.* **lighthouse** deniz feneri. **lightship** deniz feneri görevi yapan gemi; fener gemisi. **light year** ışık yılı; ışığın bir yılda aldığı yol (Işığın hızı saniyede 300.000 km.'dir—dünya ile yıldızlar arasındaki uzaklıkları ölçmek için kullanılır). **daylight 1** gün ışığı, gündüz. **2** şafak. *Let us wait until daylight.* **footlights** sahnenin ön kenarındaki ışıklar. **moonlight** ay ışığı. **skylight** bir binanın damındaki pencere. **sunlight** güneş ışığı.

light³ [lait] *f+n/-n* **1** yakmak, tutuşturmak; yanmak, tutuşmak. *Shall I light a fire?* **2** aydınlatmak, ışık vermek. *The lamp lights the room quite well. The lamp lights up the room. The whole town is lit up.* **3** (özl. gözler ve yüz hk.) (zevkten, veya heyecandan) parlamak, aydınlanmak. *The children's faces lit up when they saw the food.* geç. zam. ve ort. **lit** [lit] (daha çok kullanılır) veya **lighted**. **lighting-up time** ışıkların (özl. araçların farlarının) yasayla belirlenen yakma zamanı.

light³ [lait] *s* **1** aydınlık; karanlık olmayan. *His room is light and airy.* **2** açık, soluk: *light red; light coloured.*

light⁴ [lait] *s* **1** hafif; ağır olmayan. *Your bag is very light.* (karş. **heavy**) **2** (şarap, veya başka alkollü içkiler hk.) hafif, çok sert olmayan: *light beer.* **3** (hastalıklar hk.) ciddi olmayan, hafif: *a light ilness.* **4** (yemekler hk.) hafif; tıka basa yenen cinsinden değil. **5** hafif, dokunur gibi: *a light touch.* **6** ciddi olmayan; önemsiz: *light reading.* **7** (iş hk.) hafif; zahmetli değil: *light work.* **8** kaygısız, gamsız, tasasız. *We went away with a light heart. The drink gave me a light head.* **light/heavy industry** için **industry**'ye bkz. Ayrıca *z* hafifçe, kolayca. *We always travel light* (=Biz hep fazla çanta, veya bavul taşımadan seyahat ederiz). **lightness** *i-sy* hafiflik; kaygısızlık; çeviklik; mutluluk. **lightly** *z* tatlı bir biçimde. *He slept lightly.* NOT: *light* ve *lightly* zarfları anlam bakımından aynıdır, fakat *light*'ı kul-

lanmak bazen yanlış olur. Bu nedenle bundan kaçınmak için *lightly*'nin kullanılması daha iyi bir yoldur (örn. bir insan ya *light*, veya *lightly* olarak seyahat eder, ama birisine dokunurken, bu dokunma hareketi sadece *lightly* olarak yapılır).

light-headed *s* sersemlemiş, afallamış; sayıklayan. *The drink caused him to feel lightheaded.* **light-hearted** *s* gamsız, kaygısız; neşeli, mutlu, şen. *The good news made her feel very lighthearted.* **lightweight** ve diğer kilolar için **box**'a bkz.

lighten¹ [laitn] *f+n/-n* hafiflemek, hafifletmek. *He lightened his bag by taking out some books.* **light**'a bkz.

lighten² ['laitn] *f+n/-n* aydınlanmak, aydınlatmak. *The sky lightened at dawn.* **light**¹'a bkz.

lighter¹ ['laitə*] *i+sy* mavna, salapurya, dayter; gemilerden, limanı olmayan kıyılara mal taşımak için kullanılan bir tür tekne.

lighter² ['laitə*] *i+sy* **1** *light* sıfatının karşılaştırma biçimi. **2** çakmak. (eş anl. **cigarette lighter**).

lightning ['laitniŋ] *i-sy* şimşek, yıldırım; buluttan buluta, veya yere elektrik boşalırken meydana gelen kırık çizgi biçimindeki çakım. (Bu çakım sırasında çıkan sese **thunder** (=gök gürültüsü) denir). *Lightning is usually followed by thunder.* **lightning conductor** paratoner; yıldırımların zararını önlemek için yapılan ve binaların tepesine yerleştirilen demir çubuk ve bununla toprak arasında çekilen bakır telden oluşan bir aygıt; yıldırımsavar. **with lightening speed** yıldırım hızıyla. *The bartender brought a fresh martini with lightening speed and grace.*

like¹ [laik] *f+n/-n* **1** sevmek, hoşlanmak; beğenmek. *I like good food. Do you like my new hat? I like our teacher.* **2** istemek, arzu etmek; seçmek, tercih etmek. *I should like to see him. Would you like a cup of tea?* (karş. **dislike**). **liking** *i-sy* **1** sevme, hoşlanma; düşkünlük, eğilim. *I have a liking for good food. They took a liking to me.* (=Bana kanları kaynadı. /Benden hoşlandılar) **2** istek, arzu; zevk, beğeni. *The journey was not my liking.* **like it or not, whether someone likes it or not** istesek de, istemesek de; istese de, istemese de.

like² [laik] *s/edat* 1 bunun gibi; böyle; benzer. *Have you a book like this?* 2 gibi; aynı biçimde. *You are talking like a fool. It tastes like salt.* 3 tıpkı, gibi; (birisine veya bir şeye özgü) aynı nitelikleri taşıyan. *It was (just) like them to leave the work to us. Isn't it (just) like a woman to want new clothes?* 4 (**feel** ile) canı...-mek istemek. *I feel like going for a walk./ I feel like a walk.* 5 (**look** ile) olacağa benzemek; olacak gibi görünmek. *He looks like winning the race.* **like father, like son** baba oğlu hep aynı. *Geoge and his father never miss going to a football match on Saturdays: like father, like son.* Ayrıca *i+sy* benzer, eş; benzeri bir şey. *I have never seen the like of it* (= Hiç böyle bir şey görmemiştim). *We have met the likes of you before* (= Daha önce senin gibiler ile karşılaşmıştık).
NOT: *like* aynı zamanda bir bağlaç olarak da kullanılır, örn. *He doesn't speak English like I speak it.* Böyle bir kullanım günlük konuşma dilinde yer alır ve birçok kimsece de yanlış olarak kabul edilir. En iyisi *like* yerine as ya da *in the same way as* kullanınız.
likeness *i+sy* benzerlik, benzeyiş; kopya. *This photograph is not a good likeness of you.* (*eş anl.* **resemblance**).
likewise z aynı, aynı biçimde. *This is how I do it. I want you to do likewise.* (*eş anl.* **similarly**). Ayrıca *bağ* ayrıca, keza; de, dahi. **something like** aşağı yukarı, gibi bir şey. *I walked something like 10 miles.* (*eş anl.* **about, almost**).
likely ['laikli] *s/z* olası, muhtemel; muhtemelen, ihtimal ki, belki, galiba. *This is a likely place for him to stay. He is likely to do very well. / It is likely that he will do very well. They very likely won't come.* (*karş.* **unlikely**). **likelihood** *i-sy* olasılık, ihtimal. *There is no likelihood that he will come/of his coming. In all likelihood I shall be at home* (= Büyük bir olasılıkla evde olacağım). **not likely** hayır, ne münasebet. **A likely story/tale!** Sen onu benim külahıma anlat! *'The teacher said I could come home early.'—'A likely story!'*
liken ['laikən] *f+n* benzetmek; (bir şey) ile karşılaştırmak. *Life on this planet has been likened to a pyramid.*

lilac ['lailək] *i+sy/-sy* 1 leylak. 2 leylak (ağacı). Ayrıca s leylak rengi, açık mor, eflatun.
lilt [lilt] *i+sy* (yükselip alçalan) düzenli ses örgüsü; oynak türkü, kıvrak şarkı. Ayrıca *f+n/-n* düzenli, tatlı bir ses örgüsüne sahip olmak; oynak, kıvrak biçimde söylemek. **lilting** s oynak, kıvrak.
lily ['lili] *i+sy* zambak. **lily of the valley** inciçiçeği.

lily of the valley

limb [lim] *i+sy* 1 kol, bacak. *Her uncle lost one of his limbs in the accident.* 2 büyük dal. *I cut off the dead limb of the tree.*
limber ['limbər*] s eğilir, bükülür. **limber up** ısınma hareketleri yapmak; kasları harekete hazırlamak. *The runners limbered up before the race.*
limbo ['limbou] *i+sy/-sy* 1 Araf; cennet ve cehennem arası bir yer. 2 belirsizlik durumu, tereddüt hali. *She was in limbo, waiting to see if she's been accepted for the new job. The prisoner waited in a state of limbo until another officer appeared to escort him to the cell.*
lime¹ [laim] *i-sy* sönmemiş kireç; harç yapımında kullanılan ve kireç taşının yakılması ile elde edilen beyaz renkli bir madde. **limestone** kireç taşı. **in the limelight** her yerde kendisinden söz edilme, herkesin dikkati üzerinde olan. *Famous athletes are always in the limelight.*
lime² [laim] *i+sy* 1 misket limonu ağacı. 2 misket limonu.
lime³ [laim] *i+sy* ıhlamur ağacı. (*eş anl.* **linden**).
limerick ['limərik] *i+sy* beş mısralı mizahi bir şiir.
limit ['limit] *i+sy* 1 sınır, hudut. *There is a limit to the amount of money we can spend. He sees no limits to man's*

progress. **2 (the** ile) katlanılamıyacak kadar berbat birisi, veya bir şey. *The man's the limit.* **(2.** anlamda *k. dil.).* Ayrıca *f+n* sınırlamak, kısıtlamak. *We must limit the amount of money we spend. I must limit my intake of coffee to three cups a day.* **limitation** *i-sy* sınırlama: *arms limitation talks.* **limited** *s* miktarca az; sınırlı, kısıtlı. *The amount of money we have is limited. I have only a limited knowledge of the language.* (*karş.* **unlimited**). **limited company** sınırlı sorumluluğa sahip olan şirket; limited şirket.

limousine ['liməzi:n] *i+sy* limuzin; şoför yeri, arka kısımdan bir cam levha ile ayrılmış araba.

limp¹ [limp] *s* gevşek, laçka; yumuşak: *a limp hand. The book has a limp cover.* limply *z* yumuşak olarak, gevşek bir şekilde. *The rope fell limply to the ground.*

limp² [limp] *f-n* topallamak, aksamak. *After being kicked on the ankle, the player limped off the field.* Ayrıca *i+sy* (genl. **a** ile). *He walks with a limp.*

limpet ['limpit] *i+sy* yaşadığı yerde kayalara sıkıca tutunan çok küçük bir deniz böceği.

limpid ['limpid] *s* (özl. sıvılar ve gözler hk.) duru, berrak, saydam, şeffaf.

linden ['lindn] *i+sy* ıhlamur ağacı. (*eş anl.* **lime**).

line¹ [lain] *i+sy* **1** ip, sicim; kordon, tel: *throw a line to a ship; a fishing line; a clothes line* (=çamaşır ipi). **2** (telefon) hat. *The line is bad. The line is engaged. He's on the other line.* **3** çizgi, hat: *the finishing line in a race* (=(yarışlarda) bitiş çizgisi; finiş hattı). *He drew the picture in bold lines. The lines* (=buruşukluklar, kırışıklıklar) *on his face showed that he was worried.* **4** sıra, dizi, saf, kuyruk: *a line of soldiers; a long line of trees. The people stood in a line at the bus stop.* **5** dize, mısra: *a few lines of verse.* **6** satır; basılı sayfadaki bir dizi sözcük. *There are forty lines of print on each page of the book.* **7** sınır, hudut, veya kenar: *contour lines on a map. The top of the mountain is above the snow line. Ships sailing from South Africa to Europe have to cross the line* (=ekvator). **8** demiryolu hattı: *the main line between London and Edinburgh. The line was covered with snow.* **9** (izlenen) yol, yön. *The army's line of retreat was through the wood. We tried a different line of approach.* **10** tutum, yol, davranış biçimi. *We must take a firm/strong line with these people. You cannot win the games on these lines.* **11** çalışma sahası, ilgi alanı; iş, meslek. *His line is bookselling.* (*k. dil.). That is not my line.* **liner** *i+sy* büyük yolcu gemisi. **linesman** *i+sy* (tenis, futbol, vb. oyunlarda) yan hakem. **all along the line** her hususta, her yerde, tamamen. *We were lucky all along the line.* **bring somebody/something into line with** bir kimse, veya bir şeyi hizaya getirmek, bir etmek. *They have brought their prices into line with ours.* **drop somebody a line** bir kimseye bir iki satır yazıp göndermek. *Drop me a line to let me know that you have arrived safely.* **line one's (own) pockets** (genl. yetki sahibi olan bir kimse hk.) (çoğk. de namusunca değil) yükünü tutmak, cebini doldurmak. *They say that, when he was Commissioner of Police, he lined his pockets with bribes from criminals.* **shoot a line** övünmek, böbürlenmek, çalım satmak. **toe the line /mark** yasa ya da kurallara uymak; söylenenlere itaat etmek. *The club rules are there to be obeyed: anyone who does not toe the line will be expelled.* **lined** *s* (kağıt sayfası hk.) çizgili. *I prefer lined paper for writing notes.*

line² [lain] *f+n* **1** çizgilerle işaretlemek, çizgilerle göstermek; üzerinde çizgiler meydana getirmek, çizgiler oluşturmak. *Old age has lined his face.* **2** sınırlamak, sınır oluşturmak; (bir şeyin) boyunca dizilmek; (boyunca) sıra oluşturmak. *Tall trees line the road. The crew lined the sides of the ship.* **line up** sıraya koymak, veya dizmek; kuyruğa girmek. *The teacher lined up the boys in front of his desk. We lined up to buy tickets.* **line-up** *i+sy* oyuna başlamak için sporcuların yerlerini alması (örn. futbol maçında).

line³ [lain] *f+n* **1** astarlamak, astar koymak. *Her coat is lined with silk.* **2** içini kaplamak. *He lined the box with clean paper.* **lining** *i+sy* astarlama; astar. *I tore the lining of my*

jacket.
linen ['linin] *i-sy* 1 keten bezi. *My wife bought four yards of linen for a tablecloth.* 2 keten çarşaf, masa örtüsü, gömlek vb. *We must change the linen on the bed.* Ayrıca *s keten: a linen tablecloth.*
liner ['lainə*] *i+sy* line¹'a bkz.
linesman ['lainzmən] *i+sy* line¹'a bkz.
linger ['liŋgə*] *f-n* gidecek yerde bir süre kalmak; oyalanmak, eğlenmek. *We lingered in the garden until it was dark. Why is he lingering about the school?* **lingering** *s* uzun süren; ağır ağır kaybolan: *a lingering look.* **linger on** 1 uzun zaman can çekişmek, koayca ölmemek. *Although we had expected him to die months ago, he has lingered on in pain.* 2 beklendiğinden daha uzun süre kalmak, gitmemek. *Some of the guests lingered on until well after two a.m.*
lingerie ['lænʒəri] *i-sy* kadın iç çamaşırı ve yatak kıyafeti.
lingo ['liŋgou] *i+sy* 1 (özl. insanın konuşamayıp anlamadığı yabancı) bir dil. *It has its own local lingo for its different districts. çoğ. biç.* **lingoes.** (*k. dil.* ve oldukça da *kib. olm.*) 2 belirli bir grubun kullandığı, veya kendine özgü bir bağlamda kullanılan bir dizi sözcükler. *School children have their own lingo.*
lingua franca ['liŋgwə'fræŋkə] *i-sy* (birçok yerel dil bulunan bir ülkede, veya bölgede çoğu halkın kullandığı) ortak dil.
lingual ['liŋgwəl] *s* dil ile ilgili, veya dile ait. Ayrıca *i+sy* dil ile çıkarılan ses (örn. *d, l, n*).
linguist ['liŋgwist] *i+sy* 1 dilci; dilbilimle uğraşan kimse. 2 birden fazla dil bilen kimse. **linguistic** [liŋ'gwistik] *s* dilbilim ile ilgili. **linguistically** *z* dil bakımından. **linguistics** [liŋ'gwistiks] *içoğ* dilbilim.
liniment ['linimənt] *i+sy/-sy* vücuda ovularak sürülen ve eklemlerdeki sertlikleri, ağrıları gideren bir tür sıvı merhem.
lining ['lainiŋ] **line³**'ye bkz.
link [liŋk] *i+sy* 1 zincir baklası, veya halkası. 2 bağ, bağlantı; iki ayrı şeyi birbirine bağlayan bir kimse, veya şey. *The road was our only link with the village.* Ayrıca *f+n/-n* bağlamak, birleştirmek. *The railroad cars were link-*

ed together. **cufflink** için **cuff**'a bkz.
missing link 1 bir şeyi anlayabilmek, veya eldeki bilgileri tamamlayabilmek için eksik olan bir bilgi, veya delil. 2 insanla maymun arasındaki yaratık.
link up birleşmek, bağlamak; birleştirmek, bağlanmak. *The two parties linked up and went on together.* **link-up** *i+sy* birleşme, bağlama: *the link-up of the US Apollo and Soviet Soyuz spacecraft.*
links [liŋks] *içoğ* (özl. denize yakın) çimenle kaplı (ve genl. üzerinde golf oynanan) bir alan.
lino ['lainou] *i-sy* (=**lineleum**)—döşemelik mantarlı muşamba. **linocut** muşamba oymacılığı.
linoleum [li'nouliəm] *i-sy* **lino**'ya bkz.
linotype ['lainotaip] *i+sy* linotip; basımevinde harfleri dizen ve satırları blok durumunda döken dizgi makinesi.
linseed ['linsi:d] *i-sy* keten (=**flax**) tohumu. **linseed oil** beziryağı.
lint [lint] *i-sy* keten tiftiği; yaraları sarıp korumada kullanılan bir madde. *The nurse put some lint on the wound before bandaging it.*
lion ['laiən] *i+sy* 1 aslan. (*dişisine* **lioness** *denir*). 2 önemli birisi, ünlü bir kimse. **lion-hearted** *s* aslan yürekli; cesur. **the lion's share** aslan payı. *Since he was the leader of the gang, he had the lion's share of the money.* (*k. dil.*).
lip [lip] *i+sy* 1 dudak: *the lower/upper lip. He kissed her on the lips. My lips were cracked from the cold.* 2 (fincan) kenar: *the lip of a cup.* 3 kaba konuşma; küstahlık. *Less/none of your lip!* (=Benimle böyle kaba konuşma). (3. anlamı *k. dil.*). **lip-reading** dudaktan okuma; ne söylediğini anlamak için dudak hareketlerini anlama (sağırlar kullanır). **lip-read** *f-n* dudaktan okumak. *The deaf girl can lip-read what I say.* **pay lip service** gerçekten değil de sadece laf ile desteklemek. *They pay lip service to my ideas but they do not really believe them.* **lipstick** ruj; dudak boyası. **bite one's lip** (öfkesini, veya düştüğü umutsuzluğu göstermemek için) dudaklarını ısırmak. **hang on one's lips** bir kimsenin anlattıklarını can kulağıyla dinlemek. *The audience hung on the lips of the orator.* **curl one's lip** dudak bükmek,

bir şeyi beğenmediğini, küçümsediğini belli etmek. **keep a stiff upper lip** için **keep**[1]'a bkz. **open one's lips** ağzını açmak, konuşmak. *During the meeting he never opened his lips.* **Smack/lick one's lips** için **sınack**[1]'a bkz.

liquefy ['likwifai] *f + n/-n* sıvılaşmak; sıvılaştırmak: *hydrogen liquefies.*

liqueur [li'kjuə*] *i + sy* likör; meyva, alkol, esans karışımıyla yapılan şekerli içki.

liquid ['likwid] 1 *i + sy/-sy* sıvı; bulunduğu kabın biçimini alabilen ve üstü yatay bir düzlem durumuna gelebilen madde. *Water and tea are liquid.* 2 *i + sy* akıcı ünsüz. (örn. *l* ve *r*). Ayrıca *s* 1 akıcı, sıvı. 2 berrak, şeffaf: *liquid eyes.* **liquid assets** kolayca paraya çevrilebilen mallar.

liquidate ['likwideit] *f + n* 1 (borcu) ödemek. 2 iflas etmiş olduğunu bildirerek işini tasfiye etmek. 3 yok etmek, ortadan kaldırmak; öldürmek. **liquidation** [likwi'deiʃn] *i-sy* tasfiye. **go into liquidation** (= iflas etmek). *The company went into liquidation.* **liquidator** *i + sy* iflas memuru, tasfiye görevlisi.

liquor ['likə*] *i + sy/-sy* alkollü içki (özl. ABD'de viski, konyak gibi sert alkollü içki).

liquorice, licorice ['likəriʃ] *i + sy/-sy* 1 meyankökü; hekimlikte ve serinletici içkilerin yapımında kullanılan otsu bir bitki. 2 meyanbalı.

lisp [lisp] *f + n/-n* peltek peltek konuşmak (özl. *'s'* yerine *'th'* demek, örn. *'sip'* yerine *'thip'* demek). *The boy lisped out his name.* Ayrıca *i + sy* peltek peltek konuşma. *The boy speaks with a lisp/has a lisp.*

list[1] [list] *i + sy* liste: *wine list; shopping list. He made a list of the friends he knew.* Ayrıca *f + n* liste yapmak; listeye koymak. **on the short-list** son listede olmak; elemelerden sonra geriye kalan aday listesinde olmak. **on the active list** (silâhlı kuvvetler mensupları hk.) faal görevde olmak. **list price** katalog fiyatı.

list[2] [list] *f-n* (özl. gemiler hk.) yan yatmak. Ayrıca *i + sy* geminin yan yatması: *a ship with a list.*

listen ['lisn] *f + n/-n* 1 dinlemek. *I often listen to music. Although we were listening, we did not hear them coming.* 2 kulak asmak, dinlemek. *Children should listen to their parents.* **listener** *i + sy* dinleyici. **listen for something** bir şeyi işitmek, duymak için dinlemek. *The boys are listening for the bell at the end of the lesson.* **listen in** 1 başkalarının konuşmasını dinlemek. *Please speak quietly. I think somebody is listening in.* (*eş anl.* **eavesdrop**). 2 radyoda bir yayın dinlemek. *We listened in to an interesting talk last night.* 3 (genl. bir telefon konuşmasını) gizlice dinlemek. *Somebody has been listening in to our telephone conversation.*

listless ['listlis] *s* halsiz ve yorgun. *I became listless and bored.*

lit [lit] **light**[2] fiilinin geçmiş zamanı ve ortacı.

liter ['li:tə*] **litre**'ın *AmI*'deki yazılış biçimi.

literacy ['litərəsi] *i-sy* **literate**'a bkz.

literal ['litərl] *s* 1 harfi harfine; gerçekte olduğu gibi. *This is a literal translation in French of an English proverb. In its literal sense 'anti-' means 'against'.* 2 (bir kimse hk.) hayal gücü az. *A literal man cannot be an artist.* **literally** *z* 1 harfi harfine. 2 gerçekten, aslında. *They were literally starving to death.*

literary ['litərəri] *s* edebiyatla ilgili, edebi; edebiyatla uğraşan. *Mr Sinclair is a literary critic.*

literate ['litərət] *s* okur yazar; okuyup yazabilen. *Only half the children in this class are literate.* (*karş.* **illeterate**). (*eş anl.* **well-read**). **literacy** ['litərəsi] *i-sy* okuyup yazma: *the adult literacy campaign in Turkey.* (*karş.* **illiteracy**).

literature ['litəritʃə*] *i-sy* 1 edebi değere sahip kitaplar. 2 edebiyat. *My daughter is studying English literature.* 3 broşür. *Please send me literature about your new product range.*

litigate ['litigeit] *f + n/-n* mahkemeye başvurmak, dava açmak. **litigation** [liti'geiʃn] *i-sy* dava etme, dava açma. *I have got into litigation with the county council.* **litigant** ['litigənt] *i + sy* davalı, veya davacı kimse. *In my experience litigants nearly always deceive their solicitors.* **litigious** [li'tidʒəs] *s* 1 davalı, nizalı. 2 dava açmaktan hoşlanan.

litmus ['litməs] *i-sy* turnusol; bazların etkisiyle maviye, asitlerin etkisiyle

kırmızıya dönüşen, bir tür yosundan
elde edilen bir çeşit boya. **litmus paper**
turnusol kağıdı; turnusol boyasından
yapılan ayraç kağıt.
litre ['li:tə*] (*Amf*'de **liter**) *i+sy* litre;
sıvıları ölçmede kullanılan bir desimetre küp hacminde ölçü birimi. 1
litre 1.76 paynt (=**pint**)'a eşittir.
litter ['litə*] **1** *i-sy* çöp, çerçöp, döküntü
(örn. okunmuş gazeteler, boş şişeler.
izmaritler). *Many public parks are
spoilt by litter.* **2** *i-sy* hayvan yatağı
olarak kullanılan sap, saman **3** *i+sy*
bir batında doğan hayvan yavruları:
*a litter of kittens. There are six kittens
in the litter.* Ayrıca *f+n/-n* **1** dağıtmak, karmakarışık etmek. **2** hayvanın
altına sap, saman sermek. **3** yavrulamak, doğurmak. **litter bin** çöp kutusu. **litterbug** etrafı kirleten kimse.
little ['litl] *s* **1** (*krş. biç.* **less** veya **lesser**.
enüst. biç. **least**) küçük, ufak: *a little
box.* **2** az. *May I have a little sugar?
He spent a little time talking to us.* **3**
genç, küçük. *We met Mrs Smith with
her two little ones. All the little
children are in Class I.*
NOT¹: *1 little* '(çok)az, yeterli olmayan, hemen hemen hiç' demektir; *a
little* ise 'biraz' anlamına gelir. *They
have little money for extra food.
There is little hope of seeing him
again.* **2** *little* sözcüğü ile *small* sözcüğünün anlamları çoğu kez aynı olmasına rağmen, bazı farklılıkları da
vardır, örn. *Would you like a little
pudding?* (='Biraz puding ister misiniz?' yani, büyük bir pudingten ufak
bir parça ister misiniz?) *Would you
like a small pudding?* (='Küçük bir
puding ister misiniz?' yani, boyutları
küçük ayrı bir puding ister misiniz?).
3 *little* sıfatı çoğk. başka bir sıfatla
birlikte bir şeyin az olduğunu belirtmek için değil, insanın ondan hoşlandığını, memnun olduğunu göstermek için kullanılır: *He made a nice
little profit in the market* (=Piyasada
iyi bir kâr elde etti). *a nice little profit*
denilmesine rağmen *a nice small
profit* denilmez, çünkü küçük bir kâr
hiç te iyi bir şey değildir. *pretty* sözcüğü '(dış görünüş için) güzel, güzelce' anlamı dışında bir de 'oldukça,
epey' anlamına gelir. Şimdi *pretty*
sözcüğünü hem *little*, hem de *small* ile
kullanarak anlam farklarını görelim:

She's a pretty little girl (=O güzel
küçük bir kızdır). *She's a pretty small
girl* (=O oldukça ufak bir kızdır\.
Ayrıca *pretty'e* bkz. *4 a little* bir kar
şılaştırma derecesindeki sözcükten
önce nicelik zarfı (*adverbs of degree*)
olarak kullanılabilir, ama *pretty* kullanılmaz: *This book is a little simpler
than that one* (=Bu kitap şundan
biraz daha basit). *This book is a little
more interesting* (=Bu kitap biraz daha ilginç).
Ayrıca *i-sy* az miktar, az şey. *I drank
a little of the wine. I am not surprised
at the little he does.* Ayrıca *z* az miktarda, azıcık. *They will come back a
little later. They live very little in this
country.*
NOT²: Zarf olarak *little,* beklenmeyen, umulmayan bir şeyin olduğunu
gösteren fiillerden önce kullanılabilir:
*She little thought that her life was in
danger* (=Hayatının tehlikede olduğu
hiç aklına gelmemişti). *We little believed that he would come to harm us.*
after a little biraz sonra. **for a little**
biraz, kısa bir süre. **little by little** azar
azar, yavaş yavaş. (*eş anl.* **bit by bit**).
little or nothing az buçuk, hemen,
hemen yok denecek kadar. **a little bit
(of)** azıcık, birazcık. *With a little bit
of luck, we'll be home in time for
supper. There is a little bit of paint left
in it.*
live¹ [liv] *f+n/-n* **1** yaşamak, sağ olmak; hayatta olmak, hayatta kalmak.
I am happy to be living.
NOT: yukarıdaki cümlemiz dilbilgisi
bakımından doğru ise de İngilizcede
böyle bir cümlenin kullanılması tercih
edilmez. Yerine *alive*'ı kullanınız:
I am happy to be alive.
2 yaşamı sürdürmek, yaşamak, hayatta kalmak. *Not many people live to
a hundred. She is so badly injured
that she is not likely to live. Women
seem to live longer than men.* **3** oturmak, kalmak. *Where do you live? We
live in London.* **4** (genl. bir zarf ile)
belli bir hayat sürmek, bir yaşam sürdürmek, ömür sürmek. *They live
quietly in the country. When I was
rich I lived very well.* **5** hatırlanmak,
unutulmamak; yaşamak. *His poetry
will live forever.* **liveable** ['livəbl] *s*
katlanabilir, dayanılabilir; içinde
oturulabilir, yaşanabilir. **live some-**

thing down kötü bir davranışı, hareketi daha sonra yapılan iyi bir davranış ile unutturmak. *He will not easily live down his very rude behaviour at the party.* **live in 1** (özl. hizmetçi, uşak, vb. hk.) çalıştığı evde yaşamak. *The servants live in.* **2** yatılı olmak. *Students of this college are expected to live in. (karş. live out).* **live off** başkasının cebinden geçinmek. *He doesn't work, he just lives off his friends.* **live on** yaşamaya devam etmek. *After her mother's death she lived on in the house by herself. These traditions will live on for centuries.* **live on something** belli bir gelir, veya yiyecek ile geçinmek, (bir şey) ile geçinmek. *He and his family live on £20 a week. These people live on meat and milk.* **live out 1** (özl. hizmetçi, uşak, vb. hk.) çalıştığı evden başka bir yerde yaşamak. *The servants live out.* **2** yatılı olmamak. *Students can live out (of college) if they wish. (karş. live in).* **live out one's life** (özl. yaşlı kimseler hk.) hayatının geri kalan kısmını ya da belirli bir bölümünü geçirmek. *He lived out the remaning 56 years of his life in London.* **live through something** hayatta kalmak; ...-e rağmen ölmeyip yaşamak. *They lived through the long famine.* **live it up** vur patlasın çal oynasın eğlenmek; hayatın tadını çıkarmak. *We've been living it up in London.* **live up to something** (belli davranışlara, bir yaşama düzeyine) uyarak yaşamak. *I try to live up to the high standards of the school.* **live a double life** ikili bir hayat yaşamak (örn. dışarda namussuz, veya üçkağıtçı, evde namuslu, şerefli). **live from hand to mouth** kıt kanaat geçinmek. *After he lost his job, the whole family had to live from hand to mouth.* **live and learn** yaşadıkça öğrenmek. *I have been in the habit of leaving my door unlocked, and last night someone walked in and stole my wallet: you live and learn.* **live and let live** hoşgörülü-olmak, başkasının kusurlarını görmemeye çalışmak; kimsenin tavuğuna kış dememek. *I know that she dresses very strangely but it is no business of mine; live and let live, I say.* **live with someone** karşı cinsten bir kimseyle birlikte yaşamak. *John didn't live with Jane before hey were*

married.
live² [laiv] *s* **1** canlı, diri, yaşayan: *a live mouse.* **2** (radyo, TV yayınları hk.) yapıldığı veya oynandığı anda görülen veya dinlenen, canlı: *a live broadcast.*
NOT: sağ, yaşayan anlamında kullanıldığında *live,* bir yüklem sıfatı olarak kullanılmaz—yerine *alive,* veya *living*'i kullanın (örn. *the live mouse,* ama *The mouse is alive/living*).
2 elektrikle yüklü, cereyan olan. *Be careful, this wire is live. She was killed when she touched a live wire.* **3** patlamamış: *a live bomb.* **4** herkesi ilgilendiren, güncel; önemli. *The problem of disease is a live one.*
livelihood ['laivlihud] *i+sy* maişet, geçim; rızk, geçim kaynağı. *For many years teaching was his livelihood. She made a livelihood by writing. (eş anl. living).*
livelong ['livlɔŋ] *s* **all the livelong day /night...** sözünde—hiç bitmeyecekmiş gibi gelen bir gün/gece ...boyunca. *(esk. kul.).*
lively ['laivli] *s* **1** canlı, hareketli; şen, neşeli. *Young children are usually lively. He has a lively mind. Because of all the arguments the meeting was a lively one.* **2** sanki gerçekmiş gibi; canlı gibi. *He told a very lively story about his life in Africa.* **liveliness** *i–sy* canlılık, zindelik.
liven ['laivən] *f+n/-n* (genl. up ile) neşelenmek, canlanmak; neşelendirmek, canlandırmak. *He livened up the class by telling an interesting story. He livened up when the dancing girls appeared.*
liver¹ ['livə*] *i+sy* (genl. nasıl yaşadığını gösteren bir sözcükle kullanılır) (yaşayan) kimse, birisi: *a long liver* (=uzun bir ömür süren kimse); *a clean liver* (=temiz, namuslu bir hayat süren kimse).

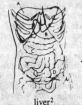

liver²

liver² ['livə*] 1 *i+sy* karaciğer. *I have been suffering from liver trouble.* 2 (yiyecek olarak kullanılan) hayvan ciğeri. **liverish** *s* 1 karaciğeri bozuk. (*k. dil.*). 2 sinirli, titiz.

livery ['livəri] *i+sy* 1 uşak elbisesi; hizmetçi elbisesi. 2 Londra'da bazı esnaf loncası üyelerinin törenlerde giydikleri elbise.

lives [laivz] **life**'ın çoğul biçimi.

livestock ['laivstɔk] *i-sy* çiftlik hayvanları (örn. sığır, koyun, keçi, vb.—köpek, kedi, vb. bu sınıfa girmez).

livid ['livid] *s* külrenginde; rengi kül gibi. *He is livid with anger.*

living¹ ['liviŋ] *s* canlı, diri, sağ, yaşayan; kullanılmakta olan, varlığını sürdüren. *English is a living language. He is a living example of courage.* (*eş anl.* **in use**).

living² ['liviŋ] *i-sy* yaşama, yaşama biçimi; geçim, geçinme; yaşamı sürdürmek için gerekli şeyleri satın alma gücü. *The standard of living in poor countries is very low. Rich men like good living. He earns/makes his living by growing rice.* (*eş anl.* **livelihood**). **living room** oturma odası. **living standards/standard of living** *içoğ.* hayat standartı. *Living standards fell as unemployment rose.*

lizard ['lizəd] *i+sy* kertenkele; uzun kuyruklu, kuru sert derili ufak bir sürüngen.

load¹ [loud] *f+n/-n* 1 (bir şeye, örn. bir kamyona, bir gemiye, vb.) (genl. ağır bir şeyi) yüklemek; taşıması için birisine ağır bir şey vermek. *They are loading the bags of rice on to the lorry. He loaded me with books.* 2 (bir tüfek, tabanca, vb. hk.) barut, mermi doldurmak. *Be careful! That gun is loaded.* 3 (bir fotoğraf makinası hk.) film koymak. *I forgot to load my camera.* (*karş.* **unload**).

load² [loud] *i+sy* 1 (ağır olan türden) yük. *He has brought the lorry for a load of wood.* 2 (genl. başka bir sözcük ile birlikte kullanılır) (araba, vagon, kamyon, vb.) dolusu: *three lorry-loads of wood; a shipload of cotton.* 3 (mecazi anlamda) ağır yük, güçlüğe neden olan bir şey. *The good news has taken a load off my mind* (=İyi haberler bana rahat bir nefes aldırdı. / İyi haber (bütün) endişelerimi giderdi). *He carries a heavy load of*

responsibility (=Ağır bir sorumluluk yükü taşıyor).

loaf [louf] *i+sy* bir somun/tane ekmek. *I bought a brown loaf and a white one.* çoğ. biç. **loaves** [louvz]. Ayrıca *f-n* (**about/around** ile) dalga geçmek, vaktini boşa harcamak. *Tell these boys to stop loafing (about).* (*k. dil.*).

loaf

loam [loum] *i-sy* bir tür bereketli toprak.

loan [loun] *i+sy* (özl. faiz amacı olan para hk.) ödünç para; ödünç verilen bir şey; ödünç verme, veya verilme. *The government needs a big loan to build more schools. I gave him the loan of my pen* (=Dolmakalemimi ona ödünç verdim). *We have the car on loan from a friend.* Ayrıca *f+n* ödünç vermek (**lend** sözcüğü daha çok kullanılır). **loan shark** tefeci.

loathe [louð] *f+n* nefret etmek; iğrenmek; hiç sevmemek. *She loathes watching television.* (*eş anl.* **hate**). **loathing** *i-sy* nefret. *I remember my boarding school with loathing.*

loaves [louvz] **loaf**'un çoğul biçimi.

lobby ['lɔbi] *i+sy* 1 lobi; hol, koridor. *I'll wait for you in the lobby of the theatre.* 2 (özl. Brl'de) Yasama Meclisi'nde millet vekilleri ile halk temsilcilerinin görüştüğü salon. 3 kimi çıkar gruplarının temsilcilerinden oluşan grup; belli bir çıkar çevresi adına milletvekillerini etkilemeye çalışan bir grup insan. Ayrıca *f+n/-n* lobi yapmak; belli bir politikanın oluşması için parlamento üyelerini etkilemeye çalışmak. *They lobbied for the ending of the death penalty.*

lobe [loub] *i+sy* 1 kulak memesi. 2 lop; bir organın yuvarlak ve birbirinden ayrılmış parçalarından her biri.

lobster ['lɔbstə*] *i+sy* ıstakoz. **lobster pot** ıstakoz tutma sepeti.

lobster

local ['loukl] s yerel, mahalli: *local news; local injury* (=lokal/mevziî yaralanma). *We went to the local shop.* Ayrıca *i+sy* 1 (bir bölgenin) yerlisi; o bölgenin insanı. *We stopped in the village and asked one of the locals the way to the post office.* 2 han, meyhane. *He's always in the local in the evening.* (k. dil.). **locally** z yerel olarak; mevzii olarak. **locality** [lou'kæliti] *i+sy* yer, mevki, mahal. *There are no hotels in this locality.* (eş anl. **vicinity**).

locate [lou'keit] *f+n* 1 (bir şeyin) yerini bulmak, öğrenmek. *Can you locate your seat in the cinema?* 2 belli bir yere yerleştirmek; orada kurmak. *The company wishes to locate its new factory beside the river.* **location** *i+sy* /-sy 1 yer mevki, konum. 2 bir filmdeki bazı sahnelerin çekildiği, film stüdyosu dışındaki yer. *The film actors are on location in Jamaica.*

loch [lɔx] *i+sy* (İskî'de) göl ya da karaya uzanmış deniz kolu.

lock¹ [lɔk] *i+sy* 1 kilit. 2 bir kanal, veya nehir üzerinde bulunan iki yanı kapaklı havuz. Bu kapaklar açılarak ya da kapatılarak suyun seviyesi alçaltılıp yükseltilir ve böylece tekneler bir yüzeyden diğerine geçerler. **lockjaw** için **tetanus**'a bkz.

lock² [lɔk] *f+n/-n* 1 kilitlemek. *He locked the door and put the key in his pocket.* 2 kilitlenmek. *The front door doesn't lock.* 3 kilitlenip kalmak, hareket edememek. *His car hit the wall because the front wheels locked.* 4 yakalayıp kıstırmak, hareket edemez hale getirmek. *He locked my arm in a firm grip.* **lock oneself out** (genl. kazara) bir binanın girişini, veya bir odanın kapısını kilitleyerek içeri girememek, veya kendini dışarda bırakmak. *They have deliberately locked*

us out. *I locked myself out by mistake.* **lock someone out** bir binanın girişini, veya bir odanın kapısını kilitleyerek başkasını içeri sokmamak. *Because I was very late in returning home my father locked me out.* **lock someone up** bir kimseyi güvenli bir yere saklayıp üstüne kilit vurmak; hapsetmek, hapse tıkmak; delilik nedeniyle özel bir hastaneye kapatmak. *They have locked the prisoners up in their cells.* **lock something up** 1 bir şeyi kilit altında tutmak; kilit altında saklamak; güvenlikli bir yere saklayıp üstüne kilit vurmak. *I always lock up my money in a strong box.* 2 (binalar, vb. hk.) kilitlemek; kapıları kilitleyerek binayı güvenlik altına almak. *We locked up our house when we went away on holiday.* **lockout** *i+sy* lokavt; bir işyerinde uzlaşmaya varılıncaya kadar işveren tarafından işçilerin topluca işten uzaklaştırılması.

lock³ [lɔk] *i+sy* bukle, saç lülesi, perçem. *He had a lock of hair over his left eye.*

locker ['lɔkə*] *i+sy* okullarda, veya spor salonlarının soyunma odalarında her öğrenciye ya da sporcuya ayrılmış bulunan kilitli küçük dolap. *In this school pupils keep their books in lockers* **locker room** sporcuların soyunma odası.

locket ['lɔkit] *i+sy* madalyon; içine küçücük resim, saç teli gibi hatıralar konulan, boyna zincirle asılan, (genl. altın ya da gümüşten yapılan) küçük yassı kutu.

locomotion [loukə'moufn] *i-sy* hareket; bir yerden başka bir yere gitme. *To walk is the usual word to describe human locomotion.* **locomotive** [loukə'moutiv] *i+sy* lokomotif; demir yollarında vagonları çeken makina. *The locomotive was pulling a long line of freight cars.*

locust ['loukəst] *i+sy* çekirge.

lodge¹ [lɔdʒ] *i+sy* 1 büyük bir binanın (örn. bir okulun), veya büyük bir evin girişinde bulunan ufak bir ev ya da oda; kapıcı kulübesi, vb. 2 avcı kulübesi, barınak; dağ veya kır evi: *a shooting/hunting lodge.*

lodge² [lɔdʒ] *f+n/-n* 1 (at, veya with ile) kira ile oturmak. *When I was at college I lodged at No. 12 Smith Street. I lodged with one of the staff.*

2 konaklamak; kısa bir süre için misafir etmek. *They lodged the soldiers in the town until the army camp was ready.* 3 saplanmak, takılıp kalmak. *The stick was lodged between two big stones. My car was lodged in the mud.* **lodger** *i+sy* pansiyoner; bir başkasının evinde kalmak için ücret ödeyen kimse. **lodging** 1 *i-sy* kısa bir süre kalacak, veya din|enilecek bir yer. *My brother offered him lodging while he looked for a work.* 2 (çoğ. biç.) pansiyon; odaiarı kiraya verilen ev. *He found lodgings near his work.* **lodge a complaint** ilgili ve sorumlu bir kimseye resmen şik^yette bulunmak, arz-etmek. *Some parents have lodged a complaint with the headmaster agains: one of the teachers.*

loft [lɔft] *i+sy* tavan arası. (*eş anl.* **attic**).

lofty ['lɔfti] *s* 1 yüce, çok yüksek: *the lofty tops of the mountains.* 2 (insanların duygu ve düşünceleri hk.) yüce, yüksek. *He has lofty ideals about life.* 3 (insanların davranışları hk.) mağrur, kibirli, tepeden bakan. *He spoke to me in a lofty manner.*

log¹ [lɔg] *i+sy* ağaçtan kesilmiş kalın parça; kütük. **log cabin** kütükten yapılmış kulübe; dağ evi. *I live in a log cabin.*

log² [lɔg] *i+sy* seyir günlüğü; bir geminin hızı, seyir mesafesi, bulunduğu mevki, vb. yazılı resmi kayıt. **logbook** seyir defteri.

log³ [lɔg] *i+sy* logaritma. (*eş anl.* **logarithm**).

logarithm ['lɔgəriðəm] *i+sy* logaritma; büyük çarpmaları, bölmeleri, kök ve kuvvet alışlarını yapabilmek için bulunan bir yol. Çarpma ve bölme yerine toplama ve çıkarma yapılır. (*eş anl.* **log**).

loggerheads ['lɔgəhedz] *içoğ* sadece **be at loggerheads with someone** sözünde—bir kimse ile sürekli olarak anlaşmazlık, uyuşmazlık halinde olmak.

logic ['lɔdʒik] *i-sy* mantık; doğru düşünme sanatı ve bilimi. *She studied logic in college.* **logical** *s* mantıklı. *He gave a logical answer to the question.* (*karş.* **illogical**). **logically** *z* mantık kurallarına göre, mantığa uygun olarak.

loiter ['lɔitə*] *f-n* aylak aylak dolaşmak, sürtmek; oyalanmak. *They loitered all the way to school. Why are*

these boys loitering in the play-ground?

loll [lɔl] *f-n* yayılmak, gevşemek, tembel tembel oturmak, veya ayakta durmak. *He was lolling in a chair with his hands in his pockets.*

lollipop ['lɔlipɔp] *i+sy* lolipop; saplı şeker. *The child was licking a lollipop.*

lone [loun] *s* yalnız, bir başına. *The lone pine tree on the hillside marked the path to the farmhouse.* **lonesome** *s* kendini yalnız hisseden; garip, yalnız. *She had a lonesome look on her face.*
NOT: *lone* yerine *alone* ve *lonely* sözcüklerinin kullanılması daha yaygındır.

lonely ['lounli] *s* yalnız, bir başına, kimsesiz, mutsuz. *He was lonely because there were no other boys to play with. He lives in a lonely house far away from the village.* **loneliness** *i-sy* yalnızlık, kimsesizlik. *The loneliness of old people is one of the saddest things about modern societies.* **lonely hearts** yalnız kalpler; gazetede arkadaş arama sütunu. *She found her husband through the lonely hearts column of a magazine.*

long¹ [lɔŋ] *s* 1 uzun. *He has long legs. I have been here a long time.* (*karş.* **short**). 2 (ölçü gösteren bir isimden sonra) uzunlukta, uzunluğunda. *The stick is 1 metre long. A year is 12 months long. How long is the new stretch of motorway?* Ayrıca *i-sy* (zaman hk.) *Was he here for long? We shall finish before long.*
NOT: *before long* (=çok geçmeden; yakında) demektir, oysa *long before* (çok önceleri; uzun zaman önce) anlamına gelir.
Ayrıca **long**²'ya bkz. **long distance** *s* 1 uzun mesafeli. 2 şehirlerarası, veya ülkelerarası (telefon konuşması). **long wave** (radyoda) uzun dalga. (İngiltere'de) dalga boyu 1,053—2,000 m. uzunluktadır. Ayrıca **short wave** ve **medium wave**³'e bkz. **long-winded** *s* durmaksızın konuşan; söz' uzatan. (*k. dil.*). **have long sight** 1 nesneleri ya da yazıları uzaktan görebilmek. 2 geleceği görebilmek.

long² [lɔŋ] *z* 1 uzun süre, uzun bir zaman. *He did not sleep for long. He waited as long as he could.* (=Bekleyebildiği kadar bekledi). 2 (**all ile**) bütün bir zaman boyunca. *They worked all night long* (=Bütün gece çalıştılar). **3** (bir *edat* ile). *He went home long ago* (=Uzun bir süre önce eve gitti). *I came long before he did* (=O gelmeden çok önce ben geldim). *They finished long after the others.* NOT: *long¹*'ın altındaki *not*'a bkz. ve *before long* ile *long before* arasındaki farka dikkat ediniz.

longer (**any, no, much** ile) *I could not wait any/much longer* (=Daha fazla bekleyemezdim). *How much longer must he stay here?* (=Onun daha ne kadar burada kalması gerekiyor?) **long-awaited** *s* uzun zamandır beklenen. **longed-for** *s* özlenen, beklenen, çok istenen. **long jump** *itek* uzun atlama. **long-lasting** *s* daha uzun süren; dayanıklı. **long-lived** *s* uzun ömürlü, uzun süre dayanan. **long-lost** *s* çoktan kaybolmuş; uzun zamandır kayıp olan. **long-term** *s* uzun vadeli. (*karş.* **short-term**). **long-sighted** *s* geleceği, uzağı gören. **long-standing** *s* eskiden beri süre gelen; bitmez tükenmez. **long-suffering** *s* sürüp giden bir sıkıntıya katlanan; sabırlı, tahammüllü.

long³ [lɔŋ] *f-n* çok istemek, arzulamak, özlemek, hasretini çekmek. *The people longed for peace. He is longing to meet you.* **longing** *i+sy/-sy* can atma, hasret, veya özlem (duygusu): *their longing for peace.* Ayrıca *s* aşırı bir istek, arzu gösteren. *He had a longing look on his face.*

longitude ['lɔŋgitju:d] *i-sy* boylam; yeryüzündeki herhangi bir noktanın meridyen dairesiyle, başlangıç olarak alınan Greenwich gözlemevinin meridyen dairesi arasındaki açı değeri. Ayrıca **latitude**'a bkz.

loo [lu:] *i+sy* (genl. **the** ile). yüznumara, helâ; kenef. *She's in the loo. She wants to go to the loo.* (çoğ. biç. **loos**). (*k. dil.*).

loofah ['lu:fə] *i+sy* yıkanırken banyo lifi olarak kullanılan kurutulmuş bir bitki gövdesi içi.

look [luk] *f+n/-n* **1** bakmak. *I want you to look at this map. He loked everywhere but could not find it. If you look carefully, you will see a small mark on the paper.* **2** göze görünmek. *They looked very happy. The box looks heavy. The school looks closed.* Ayrıca **like** ve **as if** ile

He looks like a soldier (=(Görünüşü) askere benziyor). *It looks like rain.* / *It looks as if it will rain* (=Yağmur yağacağa benziyor. / Sanki yağmur yağacakmış gibi). **3** (cisimler, nesneler hk.) (bir yöne doğru) bakmak; cephesi bir tarafa doğru olmak. *Our house looks south.* **4** dikkat etmek. *Look where you are going! Look what he's done!* **5** (bir şeyi yapmayı) beklemek, ummak. *I look to hear from you.* Ayrıca *i+sy* bakış, bakma. *He had/took a look at the picture.* **2** bakış, nazar. *He gave me a thankful look.* **3** (çoğ. biç.) görünüş, görünüm. *The cut above his eye has spoilt his looks.* **look after someone** (birisine) bakmak (bakım göstermek), gözkulak olmak. *Who is looking after the children?* **look at someone/somehing 1** birine/bir şeye bakmak. **2** muayene etmek; incelemek. *The doctor looked at his injured hand. They refuse to look at my suggestion.* **look back** arkaya, geriye bakmak. *He stopped at the door and looked back.* **look down on someone/something** bir kimseyi /bir şeyi küçük görmek, küçümsemek; hor görmek. *The rich look down on the poor.* **look for something 1** bulmaya çalışmak, aramak. *We were looking for an ambitious young assistant.* **2** beklemek, ummak. *Don't look for any help from him.* **look forward to** sabırsızlıkla beklemek, iple çekmek. *I am looking forward to seeing my parents again.* **look into something 1** bir şeyin içine bakmak. *He looked into the hole.* **2** incelemek; bir şeyin anlamını ya da nedenini araştırmak. *The police are looking into the complaint.* **look on 1** (başkaları katılırken) yalnızca seyredip durmak; öylece bakıp durmak. *When they began fighting he just looked on.* **2** başkası ile birlikte kitap, vb. okumak. *Because I lost my history book I looked on with him.* **look out 1** bir yerden (dışarı) bakmak. *The boy looked out (of) the window.* **2** (cisimler hk.) (bir yöne doğru) bakmak; cephesi bir tarafa doğru olmak. *His house looks out to sea. The garden looks out over the mountains.* **3** dikkat etmek, dikkatli olmak. *Look out!* **look out for** aramak. *I'm looking out for a new house.* **look-out 1** *i+sy* gözcü, gözetleyici. 2 *i+sy* gözetleme yeri. 3 *i-sy* tetikte olma; hazırlıklı ve dikkatli olma. *You must keep a good look-out for snakes.* **look round something** etrafı şöyle bir dolaşıp bakmak. *We looked round the shops before we bought anything.* **look through something 1** (bir şey ile) bakmak. *I was looking through my binoculars.* 2 incelemek; göz gezdirmek, gözden geçirmek. *I'll look through my papers and see if his name is mentioned. Before the meeting I looked through the reports.* **by the look/ looks of someone/something** görünüşe göre, galiba, anlaşılan. *It's ten o'clock. By the look of it, John won't be comming.* (*eş anl.* **apparently**). **You are not looking yourself** Oldukça yorgun, veya hasta görünüyorsunuz. **look up 1** ziyaret etmek, uğramak. *I want to look them up sometime.* 2 (hava, iş, durumlar, vb. hk.) iyileşmek, canlanmak. *The weather is looking up. Things are looking up now.* **look something up** (bir kitapta, vb.) aramak. *I shall look up their number in the telephone directory. He looked the word up in the dictionary.* **looker-on** *i+sy* bir olaya uzaktan durup bakan, kimse, seyirci olan kimse. (*eş anl.* **onlooker**).

loom¹ [lu:m] *i+sy* dokuma tezgâhı ya da makinası.

loom² [lu:m] *f-n* belli belirsiz bir biçimde görünmek, ortaya çıkıvermek. *The trees loomed through the mist. The ship loomed up out of the fog.*

oop [lu:p] *i+sy* ilmek; halka. Ayrıca *f+n/-n* ilmek, veya halka yapmak; ilmek olmak, ilmek gibi kıvrılmak. *He looped the rope round the post. The road loops through the forest.*

loophole ['lu:phoul] *i+sy* atlatma yolu; kaçamak, boşluk. *Wealthy people often look for loopholes in the tax laws.*

loose [lu:s] *s* 1 gevşek; sıkıca tutturulamamış: *loose knot; loose screw; loose tooth* (=sallanan diş); *loose coat* (=sıkıca oturmayan, bolca ceket); *a box full of loose stones* (=içi takır takır eden taşla dolu bir kutu). 2 bağlanmamış, serbest, başı boş. *The horses are running loose in the field. Our dog got loose last night.* 3 davranışları, içinde bulunduğu toplu-

mun ahlâk anlayışına uymayan, oynak (kadın), hafifmeşrep; çapkın, cinsel maceralar ile dolu: *a loose woman. He leads a loose life.* 4 (vücut hk.) serbest, oynak, yumuşak. *He has loose limbs.* Ayrıca *f+n* salıvermek, serbest bırakmak (*esk. kul.*). yerine **loosen**'ı kullanınız). **loosely** *z* 1 gevşek olarak. 2 üstünkörü. **break loose** bağlandığı yerden kopmak; bir kapıyı kırarak, bağlanmış olduğu ipi kopararak, vb. kurtulmak, serbest kalmak. *During the storm the boxes on the ship broke loose.*

loosen ['lu:sn] *f+n/-n* gevşemek, veya gevşetmek; çözmek, açmak, veya çözülmek.

loot [lu:t] *i-sy* çalıntı, veya yasal olmayan yolla ele geçirilmiş mal; çapul. *The thieves were caught with their loot by the police.* (*eş anl.* **booty**). Ayrıca *f+n/-n* yağma etmek, yağmalamak. *The angry crowd looted the shops.* (*eş anl.* **plunder**). **looting** *i-sy* yağma. *The police cordoned off the area to prevent looting.*

lop [lɔp] *f+n* (**off** veya **away** ile) (ucunu ya da tepesini) kesmek, budamak, biçmek, kesip düşürmek. *He lopped off the small branches of the tree.* (*eş anl.* **prune**). geç. zam. ve *ort.* **lopped**. **lop-sided** *s* bir tarafa eğrilmiş; bir tarafı sarkık.

lord [lɔ:d] *i+sy* 1 efendi; hükümdar; kral. 2 (**Lord**) Tanrı; Hz. İsa: *the Lord's Day* (= Pazar günü, Tanrı'nın günü). 3 (*Brİ'*de) soylu; lord. *The House of Lords* (=Lordlar Kamarası). 4 (*Brİ'*de) (**Lord**) bazı resmi kişilerin ünvanlarının bir parçası: *Lord Chancellor* (= Adalet Bakanı); *Lord Mayor* (= Londra Belediye Başkanı). **lordly** *s* lordlara yakışır, lordvari, amirane; gururlu. **lordliness** *i-sy* azamet, gurur. **lordship** *i+sy* (**His, Your, Their** ile) bir lord ile konuşurken, veya ondan söze ederken kullanılır. *I am very pleased Your lordship could come.* **lord it over someone** bir kimseye karsı amirane tavır tavır takınmak, ona üstünlük taslamak. *The older boys lord it over the younger ones.* **Lord of the Flies** şeytan, iblis.

lore [lɔ:*] *i-sy* (özl. atadan oğula, bir nesilden diğerine geçen) bilgi, kültür. *In the past every young man learnt*

the lore of his tribe.
lorry ['lɔri] *i+sy* (*Brl*'de) kamyon.
Mike drives a five-ton lorry. (*Aml*'de
truck).
lose [lu:z] *f+n/-n* **1** kaybetmek. *If you
are not careful, you will lose your
money. He has lost his father.
Laziness lost him his job.* (=Tembel-
liği ona işini kaybettirdi). **2** yolunu
kaybetmek; bir şeyi arayıp da bula-
mamak. *You will lose your way if you
go alone. I have lost my cigarette.* **3**
(bir şeyi) kaçırmak. *Hurry up! You
may lose your train.* **4** (saatler hk.)
geri kalmak. *This clock loses five
minutes each day.* **5** yenilmek, kaybet-
mek. *Our team lost the game.* (karş.
win). **6** (*ed. çat.*) ölmek. *Thousands
of soldiers were lost in the battle. His
brother was lost at sea.* **7** görememek,
anlayamamak, duyamamak. *I lost the
gist of his speech. geç. zam. ve ort.*
lost [lɔst]. **loser** *i+sy* kaybeden, ye-
nilen kimse; mağlup kimse: *bad loser*
(=yenilmeyi hazmedemeyen kimse);
good loser (yenilmeyi olgunlukla
karşılayan kimse). (*karş.* **winner**).
loss [lɔs] *i-sy* kayıp. *The loss of his
job worries him. The accident caused
a great loss of time. The loss of the
last game by our team surprised us.*
2 *i+sy* kaybolan bir kimse, veya şey,
zayiat; zarar, ziyan. *The enemy re-
treated after heavy losses* (=Büyük
bir zayiattan sonra düşman geri çe-
kildi). *The profits are greater than the
losses* (=Kâr, zarardan daha büyük).
lose face itibarını kaybetmek, küçük
düşmek, mahçup olmak. *He tried to
conceal his mistake so as not to lose
face.* **lose one's heart to** aşık olmak,
gönlünü kaptırmak. *She lost her heart
to the young man who had rescued
her from drowning.* **lose oneself in** bir
şeye dalmak, kapılıp gitmek. *He lost
himself in the exciting story.* **be lost
in** bir şeye dalmak, kapılıp gitmek. *He
is lost in his books. I was lost in
admiration for his skills.* Ayrıca **lose
oneself in'e** bkz. **lose time** vakit har-
camak, zaman kaybetmek. *They lost
time waiting for a bus.* **lose no time**
hiç vakit kaybetmeden yapmak; he-
men yapmak. *We shall lose no time
in telling them.* **be lost (up)on** hiç
etkilememek, hiç tesir etmemek. *All
my good advice was lost on them.* **lose**

weight zayıflamak, kilo kaybetmek.
He lost weight during his illness. **be
at a loss** şaşkınlık içinde olmak; ne
yapacağını ne edeceğini, ne söyleye-
ceğini, bilemez bir durumda bulun-
mak. *I was at a loss as to/about what
to tell him. They were at a loss for
words.* **at a loss** zararına. *I sold the
car at a loss.* **loss leader** *i+sy* müşteri
çekmek için zararına satılan bir mal.
lot [lɔt] *i+sy* **1** kader, kısmek, baht,
talih, nasip. *Poverty was his lot in life.*
2 kura (çekme). **3** müzayedede bir ke-
rede toplu olarak satışa sunulan bir
parti mal. **4** çok miktar, yığın. *The
class has been given a new lot of
reading books.* **5** arsa. *He is loking for
an empty lot on which to built his
house.* **a lot, lots of** çok, birçok, bir
sürü. *He has a lot/lots of money. A
lot/lots of people came. We see a lot
of him these days.* Ayrıca **z** hayli,
epey. *He is a lot/lots fatter.*
NOT: *lots* genl. *k. dil.* kullanılır.
lotion ['louʃən] *i+sy* losyon; deri ve saç
bakımında kullanılan alkollü, veya
alkolsüz, kokulu sıvı. *Women use
many kinds of skin lotion. She uses
lotion on her hands. I use this lotion
on my eczema.*
lottery ['lɔtəri] *i+sy* piyango. *I won a
fortune in a state lottery. She has
bought a lottery ticket.*
lotus ['lɔtəs] *i+sy* nilüfer (çiçeği).
loud [loud] **s 1** yüksek (ses), çok ses
çıkaran; yüksek sesli, patırtılı. *The
loud noise of the guns could be heard
for miles. He spoke in a loud voice.*
2 (renkler hk.) gözü rahatsız edici;
cafcaflı; çiğ renkli. *He was wearing a
loud tie.* (*eş anl.* **garish**). **3** (hareketler
hk.) gürültülü patırtılı. **loud, loudly**
z yüksek sesle, bağırarak. *He should
not speak so loud/loudly.* **loudness**
i-sy gürültü. **loud-mouthed** z ağzı ka-
labalık, övüngen. **loudspeaker 1** ho-
parlör; radyo, pikap, vb. araçlarda sesi
işitilebilecek duruma getiren araç. **2**
hoparlör; merkeze bağlı bir hat ile
gönderilen sesi yükselten aygıt (örn.
tren istasyonlarında, vb. bulunur).
lounge [laundʒ] *f-n* tembel tembel
durmak, veya oturmak; aylaklık et-
mek. *The pupils are lounging about
the playground.* (*eş anl.* **loaf**). Ayrıca
i+sy **1** istirahat salonu (örn. bir otel-
de, havaalanında, vb.). *We met at/in*

the main lounge. **2** evde oturma odası.
lounge suit (özl. *Brl'de*) gündelik
kıyafet; erkeklerin gündüzün giydik-
leri sıradan elbise; ceket ve pantolon.
louse [laus] *i+sy* bit. **body louse** vücut
biti. **head louse** baş biti. *çoğ. biç.* **lice**
[lais]. **lousy** ['lauzi] *s* **1** bitli. **2** çok
kötü, berbat. *Mr Neary made a lousy
speech.* (2.anlamı *k. dil.*).
lout [laut] *i+sy* kaba saba adam, hö-
dük. (*eş anl.* **yob**).
love [lʌv] **1** *i-sy* güçlü sevgi ve bağlılık
duygusu. *He always had a love of/for
sport. It is easy to understand their
love for their parents.* **2** *i-sy* (karşı
cinsiyetten iki kişi arasında) aşk, sev-
gi; cinsel arzu. *They are in love with
each other.* **3** *i+sy* (birisinin) aşkı;
sevdiği; ilgi duyduğu, merak konusu
ettiği şey. *She was his one and only
love. Hunting is their great love.* **4**
i-sy (sporda, özl. teniste) sıfır (sayı).
The score is now 40-love (=Sayılar,
şimdi 40-0); **love all** (=Sıfır-sıfır). Ay-
rıca *f+n* sevmek, âşık olmak. *He
loves his parents. He loves football.
They love each other.* **lover** *i+sy*
(genl. **2**. anlamda kullanıldığında er-
kekler hk.) âşık. **love affair** (özl. evli
olmayan bir kadın ile erkek arasındaki
cinsel ilişki ile ilgili olarak) aşk ma-
cerası. **lovebirds** iki sevgili, kumrular
gibi sevişen iki kişi. **love child** aşk
mahsulü gayrimeşru çocuk. **love letter**
aşk mektubu. **love potion** aşk iksiri.
love at first sight ilk görüşte âşık
olmak. **not for love nor money** asla;
hiç bir surette; ölsem. *I wouldn't walk
through that part of town after dark;
not for love or money.* **there is no love
lost, there is little love lost** birbirlerini
hiç sevmezler, aralarında dostça bir
ilişki yok. **make love to someone** se-
vişmek; cinsel ilişkide bulunmak.
lovely ['lʌvli] *s* güzel, çekici; çok hoş,
nefis. *She is a lovely woman. We are
having lovely weather just now.*
loving ['lʌviŋ] *s* seven; sevgi gösteren:
a loving beautiful wife. **lovingly** *z*
sevgi ile. *She looked her son lovingly.*
low [lou] *s* **1** alçak, yüksek olmayan.
*A low shelf ran round the room.
Behind there was a row of low houses.*
2 (ses, ışık basınç, hararet, vb. hk.)
yavaş, alçak, normalden düşük. *He
spoke in a low voice. The lamp was
low* (=Lambanın ışığı zayıftı). *In*

winter temperatures are low. **3** normal
düzeyden düşük; ucuz, düşük fiyatlı.
*It was a very low tide. We bought it
at a low price.* **4** (insanlar hk.) mevki
ya da rütbece aşağıda olan; önemsiz.
He has a low position in the factory.
5 kaba, terbiyesiz; iyi, saygın, vb. ol-
mayan. *He enjoys low company. They
have low manners and a low sense of
humour. krş. biç.* **lower**. *enüst. biç.*
lowest. Ayrıca z alçak sesle. *You must
speak low.* **lowlands** *içoğ* çevresinde-
kilerden daha alçak düzeyde olan
arazi. **lie low 1** yere değer gibi yatmak,
uzanmak. **2** gizlenmek, saklanmak.
*The thieves are lying low until they
can leave the country.* **run low** tüken-
mek, azalmak. *Before the end of the
holiday my money was running very
low.* **low-grade** *s* **1** pek önemli olma-
yan. *He's a low-grade official from
the Ministry of Education.* **2** düşük
kaliteli. *This car runs best on low-
grade petrol.*
lower ['louə*] *f+n/-n* **1** indirmek,
azaltmak, veya azalmak. *They
lowered the flag at sunset. This shop
has loered its prices.* **2** alçaltmak, in-
dirmek, azaltmak, zayıflatmak. *You
must lower your voice. I lowered the
presure in the tyre.*
lowly ['louli] *s* rütbe, mevki, vb. bakı-
mından aşağı olan, ast. *The magazine
ranked a lowly 52nd among British
publication.*
loyal ['lɔiəl] *s* hakikatli; arkadaşlarına,
ülkesine sadık olan. *He is a loyal
friend. We should be loyal to our
country.* (*karş.* **disloyal**). (*eş anl.* **faith-
ful**). **loyally** *z* sadakatla. **loyalty** *i+sy/
-sy* sadakat, bağlılık.
lozenge ['lɔzindʒ] **1** baklava biçiminde
dört kenarlı bir şekil, eşkenar dört-
gen. **2** pastil; ağızda eritilmek için
yapılmış şekerli ilaç tableti (genl.
boğaz ağrıları için kullanılır). *He was
sucking a cough lozenge.*
L-plate ['el pleit] *i+sy* acemi şoför plâ-
kası; kare şeklinde beyaz bir plastik,
veya metal plâka üzerine kırmızıyla
büyük L harfi yazılmış olup aracın
önüne ve arkasına takılır.
LSD [el es 'di:] *i-sy* (=**Lysergic acid
Diethylamide**)—bir tür uyuşturucu;
bu uyuşturucuyu alan bir kimse ha-
yatı, dünyayı gerçekte olduğundan
daha güzel, daha tuhaf, daha zalim,

vb. olarak görür; ayrıca var olmayan şeyleri de görmeye başlar. (k. dil.). (eş anl. acid).

lubricate ['lu:brikeit] f+n yağlamak; bir makinedeki hareketli parçaların çalışmasını kolaylaştırmak için makine yağı kullanmak. You should lubricate the wheels of your bicycle once a month. **lubrication** [lubri-'keifən] i-sy yağlama.

lucid ['lu:sid] s 1 açık seçik, kolay anlaşılır. He gave a lucid description of what happened. He has a lucid brain. 2 aklı başında, kendinde (genl. bir şuur kaybı, veya delilik nöbetinden sonra): in his lucid moments. He was lucid for a few minutes before he lost his senses again. **lucidity** [lu:'siditi] i-sy berraklık, açıklık; bilinci yerinde olma.

luck [lʌk] i-sy şans, talih (bu talih iyi de kötü de olabilir). It was luck that saved his life. Our luck made us lose. They have good/bad luck in all they do. If my luck doesn't change, I will not buy a car. **lucky** s şanslı, talihli. Richard is a lucky man. (karş. **unlucky**). **luckily** z bereket versin ki, çok şükür, Allahtan. Luckily I was able to help him. (eş anl. **fortunately**). **be in luck** şansı açık olmak, talihli ol-mak. (k. dil.). **be out of luck** şansı ters gitmek. When we at last reached the railway station we were out of luck. The train had gone. (k. dil.).

lucrative ['lu:krətiv] s kârlı, kazançlı. I signed a lucrative contract with a publishing company. (eş anl. **profitable**).

ludicrous ['lu:dikrəs] s komik, gülünç. You can't possibly expect one teacher to look after three classes; it's absolutely ludicrous. **ludicrously** z gülünç şekilde.

lug [lʌg] f+n büyük bir gayretle ve zorlukla çekmek, sürükleyip çekmek. They lugged the boxes across the field. geç. zam. ve ort. **lugged**. (eş anl. **drag**).

luggage ['lʌgidʒ] i-sy bagaj(lar), yolcu eşyası (özl. AmI'de **baggage**). She has three pieces of luggage.

lugubrious [lu'gu:briəs] s çok mahzun, üzgün; kederli: a lugubrious face. (eş anl. **gloomy**).

lukewarm ['lu:k'wɔ:m] s 1 (sıvılar hk.) ılık. 2 (hisler, duygular, davranışlar,

vb. hk.) pek ilgi göstermeyen; isteksiz, kayıtsız, ilgisiz, soğuk. They have only a lukewarm interest in the plan. (eş anl. **half-hearted**).

lull [lʌl] f+n/-n 1 yatışmak, dinmek; yatıştırmak, dindirmek. During the night the wind lulled. 2 (sallayarak, veya nini ile) uyutmak. She lulled the baby to sleep. Ayrıca i+sy sakin devre, geçici sükunet, fasıla. There was a lull in the storm. During the holidays there was a lull in business.

lullaby ['lʌləbai] i+sy ninni. He finally fell asleep as his mother rocked him in her arms and sang a lullaby.

lumbago [lʌm'beigou] i-sy lumbago; bel bölgesinde birden bire beliren, ağrılı hastalık. I suffer from lumbago.

lumber ['lʌmbə*] i-sy 1 kereste. 2 bir kenara kaldırılmış öte beri; gereksiz ev eşyası. (eş anl. **junk**). Ayrıca f+n (özl. istenmedik bir sorumluluk yükleyerek) güçlük çıkarmak, zora koşmak. I was lumbered with this job. **lumberjack** i+sy ağaç kesip deviren kimse.

luminous ['lu:minəs] s 1 ışıldayan, ışık veren. The clock has a luminous face. 2 açık seçik, kolay anlaşılır.

lump [lʌmp] i+sy 1 topak; belli bir şekli olmayan ufak bir parça: a lump of bread; a few lumps of coal. 2 vücuttaki şiş, yumru. There is a lump on his head where it hit the wall. Ayrıca f+n (genl. **together** ile) bir bütün yapmak; bir bütün olarak ele almak, bir araya getirmek. We lumped all our money together to buy our teacher a present. We can't lump all these different things together. Ayrıca f+n (ister istemez) durumu kabullenmek; tahammül etmek; sineye çekmek. If you don't like it you can lump it. (k. dil.). (eş anl. **put up with**). **lumpy** s yumru yumru, topak topak. **lump sum** yekten verilen para, peşin ödeme; taksitle yapılmayan ödeme. You have the choice of getting your pension in one lump sum, or of having it paid to you in weekly instalments.

lunacy ['lu:nəsi] i-sy **lunatic**'e bkz.

lunar ['lu:nə*] s ay ile ilgili, aya ait: the lunar spacecraft. **lunar month** i+sy kameri ay.

lunatic ['lu:nətik] s deli. Ayrıca i+sy akıl hastası kimse. (eş anl. **madman**). **lunacy** ['lu:nəsi] i-sy delilik, akıl hastalığı. (*eş anl.* **madness**).

lunch [lʌntʃ] *i+sy/-sy* öğle yemeği. *He
will be back from lunch: soon.* Ayrıca
f+n/-n öğle yemeği yemek, öğle ye-
meği yedirmek. *We usually lunch at
home. They lunched us at the hotel.*
lunch in öğle yemeğini (evde, iş ye-
rinde, büroda) yemek. *We are lunch-
ing in today.* **lunch out** öğle yemeğini
dışarda (bir lokantada) yemek. *I don't
often lunch out.*

luncheon ['lʌntʃən] *i+sy/-sy* öğle ye-
meği (oldukça *r. kul.*). **luncheon
voucher** yemek fişi.

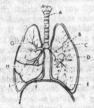

LUNGS
(A, trachea; B, bronchus; C, visceral
pleura; D, parietal pleura; E,
bronchiole; F, diaphragm; G, upper
lobe; H, middle lobe; I, lower lobe)

lung [lʌŋ] *i+sy* akciğer. *The doctor
listened to my chest to see if my lungs
were all right.*

lunge [lʌndʒ] *i+sy* (özl. elinde kılıç, vb.
bir silah ile) hamle, saldırış. Ayrıca
f+n/-n saldırmak, hamle etmek. *He
lunged at me with his stick.*

lurch [lɔːtʃ] *i+sy* geminin birdenbire
sallanması, silkinmesi; sendeleyerek
yürüme. *The ship gave a lurch.* Ay-
rıca *f-n* yalpalamak. *The ship lurched
through the rough sea. The beaten
boxer lurched into his corner after the
fight. The drunk man was lurching
along.* **leave somebody in the lurch** bir
kimseyi güç bir durumda bırakıp
kaçmak, yüzüstü bırakmak. *She has
had a hard life; after she had her third
child, her husband walked out and
left her in the lurch. (k. dil.).*

lure [luə*] *i+sy* 1 kuşları veya diğer
hayvanları kandırmak için kullanılan
parlak bir şey; yalancı yem. 2 çekici,
büyüleyici şey. *The lure of gold caused

them to explore the country. He left
home because of the lures of life in
the city.* Ayrıca *f+n* cezbetmek,
ayartmak. *Life in the city lured him
from home.*

lurid ['luərid] *s* 1 çok parlak renkli (özl.
aleve benzer) açık sarı renkte. 2 tatsız
ve dehşet verici, korkunç. *He told us
many lurid stories about the war.*

lurk [lɔːk] *f-n* (genl. saldırmak için)
gizlenip beklemek; pusuya yatmak.
*There is a lion lurking somewhere in
the long grass.*

luscious ['lʌʃəs] *s* yemesi çok lezzetli ve
tatlı: *luscious fruit.*

lush [lʌʃ] *s* 1 (bitki ve otlar hk.) gür ve
sağlıklı büyüyen, çoğalan. 2 rahat;
zenginlikle sağlanacak türden: *lush
surroundings.* (2. anlamda *k. dil.*).

lust [lʌst] *i+sy/-sy* 1 şehvet; aşırı cinsel
istek. *He stared at her with lust.* 2
hırs, tamah. *He is filled with a lust for
power.* Ayrıca *f-n* cinsel açıdan aşırı
arzu duymak; şiddetle istemek. *Some
men lust for women, and others lust
for gold.* **lustful** *s* şehvet düşkünü,
şehvetli.

lustre ['lʌstə*] (*AmI*'de **luster**) *i-sy* par-
laklık, parıltı, cilâ (örn. cilalanmış
metal, kumaş, vb.'deki gibi). *I shined
my shoes to a high lustre.*

lusty ['lʌsti] *s* dinç, canlı, sağlıklı. (*eş
anl.* **sturdy**).

luxuriant [lʌg'zjuəriənt] *s* çok bol, gür.
After the rains the grass is luxuriant.

luxury ['lʌkʃəri] 1 *i-sy* lüks, konfor.
The king lived in luxury. 2 *i+sy* lüks
eşya; pek de gerekli olmayıp pahalı ve
hoşa giden bir şey. *In some places
white bread is a luxury.* Ayrıca *s* lüks:
a luxury hotel. **luxurious** [lʌg'zjuəriəs]
s lüks, konforlu. *He leads a luxurious
life. The carpets in the house are
luxurious.*

lying ['laiiŋ] **lie** fiilinin şimdiki zaman
ortacı.

lynch ['lintʃ] *f+n* linç etmek. *Yester-
day, the angry mob lynched the crimi-
nal.*

lyrics ['liriks] *içoğ* güfte; bir şarkının
(genl. bir pop) sözleri. **lyrical** *s* lirik,
içli. *When he speaks about his own
country he becomes lyrical.*

M

ma [ma:] *özel i/i+sy* çocuk dilinde
mother. (*k. dil.*).

ma'am [mæm] (= **madam**)—konuş-
ma dilinde söyleniş biçimi.

mac [mæk] *i+sy* (= **mackintosh**)—
(*Brİ'*de). (*k. dil.*).

macabre [mə'ka:br] *s* (ölümle ya da
ölülerle ilgili olan) insanın içine korku
salan; korkunç. *The film I saw last
night frightened me; it had some very
macabre scenes. He has a macabre
sense of humour.*

macaroni [mækə'rouni] *i-sy* çubuk
makarna.

maçe

mace [meis] *i+sy* tören bastonu, asası;
güç simgesi olarak yüksek rütbeli bir
görevlinin (örn. belediye başkanın)
taşıdığı baston.

Mach [mæ:k] *i* 1 (= **Mach number 1**)—
bir yüksek sürat ölçüsü; 'Mack 1'
yerden belli bir yükseklikte uçan bir
cismin hızının bir ses hızına eşit oldu-
ğunu gösterir. *A Hercules missile can
cruise at Mach 5.*

machine [mə'fi:n] *i+sy* makine: *a
printing machine; a sewing machine.*

machinery [mə'fi:nəri] *i-sy* 1 genel
olarak makineler. *The hut was full of
farm machinery* 2 bir aletin, aygıtın
işleyen parçaları. 3 düzen, sistem; bir
şeyin çalışma biçimi. *In this lesson we
are going to study the machinery of
government.* **machinist** *i+sy* maki-
nist; bir makinevi çalıştıran kimse.
machine gun makineli tüfek; tetiğe
basıldığı sürece ateş eden silah.

mackerel ['mækrl] *i+sy/-sy* uskumru

(balığı); eti lezzetli bir deniz balığı
türü. *çoğ. biç.* **mackerel** veya **mac-
kerels.**

mackintosh ['mækintɔʃ] *i+sy* (bir tür
su geçirmez kumaştan yapılmış) yağ-
murluk. (*eş anl.* **mac**).

mad [mæd] *s* 1 deli, çılgın; normal dü-
şünce gücüne sahip olmayan. *When
he heard of his son's death, the poor
old man went mad.* 2 çok aptal, veya
çılgın. *It was a mad idea to climb the
mountain in this bad weather.* 3 kız-
gın, hiddetli, öfkeli. *He is mad at
losing all his money.* (*k. dil.*). **madly**
z delice. **madness** *i-sy* delilik. **madden**
f+n delirtmek, çıldırtmak; öfkelen-
dirmek, sinirlendirmek. *Your insolent
attitude maddened him.* **maddening** *s*
sinirlendirici, can sıkıcı. *It's mad-
dening; I'm sure I put my book on my
desk but now I can't find it.* **madman**
deli. **drive someone mad** birisini iyice
kızdırıp deli etmek. **go mad** deli
olmak; delirmek, çıldırmak. **mad as
a hatter/March hare** zırdeli, fıttırık.
*Don't pay any attention to anything
he says: he is a mad as a hatter.*

madam ['mædəm] 1 (özl. ismi bilinme-
diği durumlarda, bir hanıma hitap
edilirken kullanılır) bayan, hanım,
hanımefendi. *It's half past eleven,
Madam.* 2 (bir mağazada satış yapan
görevliler, hanım müşterilere hitap
ederken kullanırlar) bayan, efendim,
hanımefendi. *May I help you,
Madam?* 3 (resmi mektuplarda, bir
hanıma yazarken kullanılır) **Dear
Madam** Sayın Bayan; Muhterem Ha-
nımefendi.
NOT: böyle bir resmi mektup yazılır-
ken, yazılan hanımın ismi, bilinse de
bilinmese de **Dear Madam** diye baş-
lanır.

made [ineid] **make¹** fiilinin geçmiş
zaman biçimi ve ortacı; imal edilmiş,
üretilmiş, yapılmış: *Turkish made/
made in Turkey.* **made-to-measure** *s*
(giysiler hk.) ısmarlama (elbise, göm-

lek). **made-up** s 1 uydurma, uydurul-
muş. *It was only a made-up story
about a unicorn.* 2 makyajlı, makyaj
yapılmış: *made-up lips.*

Madonna [mə'dɔnə] i+sy 1 Meryem-
ana; Hz. İsa'nın annesi. 2 Meryemana
resmi, veya heykeli.

magazine [mægə'zi:n] i+sy magazin,
resimli dergi; içinde kısa öyküler,
makaleler, fotoğraflar, vb. bulunan
bir tür yayın; (genl. haftalık veya aylık
yayınlanır): *do-it-yourself magazine;
computer magazine; travel magazine.
He made some money from writing
short stories for magazines.* (eş anl.
journal).

maggot ['mægət] i+sy sürfe, kurtçuk,
sinek kurdu; çoğu kez kokmuş ette
bulunur.

magic ['mædʒik] i-sy 1 büyü, sihir. *The
villagers thought that the young man
had been killed by magic.* 2 hokka-
bazlık, sihirbazlık. *In a display of
magic, the performer pulled a rabbit
out of a hat.* 3 sihir; akıl dışı bir etki,
veya güç: *the magic of his words.*
magical s sihirli, büyülü. **magician**
[mə'dʒiʃən] i+sy büyücü.

magistrate ['mædʒistreit] i+sy ast
dereceli sulh mahkemelerinde dava-
lara bakma yetkisi olan kimse; sulh
hakimi (=Justice of the Peace (JP)).
*The magistrate found the prisoner
guilty.*

magnanimous [mæg'næniməs] s yüce
gönüllü, gönlü yüce, bağışlayıcı, soy-
lu. *After winning the war, the mag-
nanimous victor set all his prisoners
free. He is too magnanimous to hold
a grudge.* **magnanimity** [mægnə'nim-
iti] i-sy yüce gönüllülük, bağışlayı-
cılık.

magnate ['mægneit] i+sy zengin, veya
önemli kimse; kodaman (özl.iş haya-
tında). *He started off poor but he
eventually became an oil magnate.* (eş
anl. **tycoon**).

magnet ['mægnit] i-sy mıknatıs; başka
metalleri kendine çekme özelliği olan
ve genellikle at nalı, veya çubuk biçi-
mindeki bir metal. **magnetic** [məg'n-
etik] s 1 manyetik; bir mıknatısın ni-
teliklerine sahip: *magnetic field
(=manyetik alan); magnetic needle
(=manyetik ibre).* 2 çekici, cazibeli.
He has a magnetic personality. **mag-
netize** f+n cezbetmek; kendine hay-

ran bırakmak. *The way she danced at
the disco magnetized us.* **magnetism**
i-sy 1 mıknatıslılık. 2 kişisel cazibe
çekicilik.

magnificent [mæg'nifisnt] s 1 mükem-
mel, muhteşem, fevkalâde, görkemli.
He is a magnificent athlete. 2 aza-
metli, fevkalâde güzel. *In their full
uniforms the soldiers looked mag-
nificent.* **magnificently** z mükemmel
şekilde, muhteşem olarak. **magnifi-
cence** i-sy ihtişam, görkem. *We had to
admire the magnificence of the court.*

magnify ['mægnifai] f+n 1 (özel bir
mercek, veya büyüteç ile) bir şeyi ol-
duğundan daha büyük göstermek,
büyültmek. *The microscope magnified
the object one hundred times.* 2 bü-
yütmek, abartmak. *She always mag-
nifies her troubles.* **magnifying glass**
büyüteç; cisimleri büyütmek için kul-
lanılan iki yanı bombeli cam aygıt.

magnitude ['mægnitju:d] i+sy/-sy
(boyutça) kocamanlık; (önemce) bü-
yüklük. *It is a problem of some mag-
nitude.*

magpie ['mægpai] i+sy saksağan; kar-
ga ailesinden siyah beyaz renkte bir
kuş.

maharajah [ma:hə'ra:dʒə] i+sy mih-
race: Hint prensi.

mahogany [mə'hɔgəni] 1 i+sy maun
ağacı; tropikal bölgelerde (örn. özl.
Amerika'da) bulunur. 2 i-sy maun
ağacından elde edilen kereste, veya
tahta. 3 i-sy maun rengi; koyu kırmı-
zımsı kahverengi.

maid [meid] i+sy 1 (kadın) hizmetçi.
2 genç kız (esk. kul.). **old maid** 1
evlenmemiş ve evlenme olasılığı da
pek zayıf yaşlı kız; kız kurusu. 2 çok
dikkatli ve titiz; müşkülpesent, kılı
kırk yaran, mızmız kimse (kadın veya
erkek olabilir). (k. dil.).

maiden ['meidn] i+sy genç kız, evlen-
memiş kız; bakire. *The gallant knight
saved the pretty maiden.* Ayrıca s
evlenmemiş, bekâr. (hem isim hem de
sıfat biçimi esk. kul.). **maiden name**
bir kadının evlenmeden önceki soy-
adı. **maiden speech** ilk konuşma (örn.
Parlamentoda yapılan). **maiden
voyage** bir geminin ilk seferi.

mail [meil] i-sy 1 posta; postayla gön-
derilen, veya yollanan herhangi bir şey
(örn. mektup, koli, vb.) *The mail is
sorted into bags.* 2 posta dağıtımı.

Has the morning mail arrived yet? **3** posta servisi. *Send it by mail.* Ayrıca *f + n* postalamak, postayla göndermek, (postaya) atmak. *Please mail these letters for me.* (eş anl. **send**). **mailbox** (*AmI'*de) posta kutusu. (*BrI'*de **letterbox**). **mailman** (*AmI'*de) postacı. (*BrI'*de **postman**). **mail-order** postayla alışveriş; bir mağazadan bizzat gidip alışveriş yapılacağına posta kanalıyla sipariş edip alma yöntemi. **mailing list** isim ve adres listesi; bir kuruluş (örn. şirket) mektup broşür, vb. malzemeyi postayla yollarken bunu kullanır. *Your name was on our mailing list.* **airmail** uçak postası. *The letter was sent by airmail.*

maim [meim] *f + n* sakaılamak, sakat etmek; sakat bırakmak; vücudun bir parçasına zarar verip kulanılmaz, veya kısmen kullanılmaz hale getirmek. *The accident maimed him and he was unable to work. The accident maimed him for life.*

main¹ [mein] *s* başlıca, asıl, ana, esas; en önemli. *With him, pleasure is the main thing in life! My main reason for training so hard is to get into the swimming team for the Olympics. Traffic is busiest on the main road.* **mainly** *z* esas olarak, başlıca, temelde; ekseriyetle, çoğu. *We are interested mainly in buying ELT books.* **mainland 1** ana kara; kendisine bağlı adalar varsa bunlardan ayrı olarak düşünülen kıta, veya ülke (örn. *the mainland of Scotland*). **2** bir adaya yakın en büyük kara parçası. *The ship left the island and headed for the mainland.* **main drag** en önemli, en işlek cadde. *On our first night in the town we wandered down the main drag looking at the sights.* **in the main** çoğunlukla, tüm olarak, genellikle. **have an eye to the main chance** için **chance**'e bkz.

main² [mein] *i + sy* ana boru; su havagazı, vb. taşıyan ana boru (örn. *gas main*). **main clause** *i + sy* temel cümlecik; bir bileşik cümlede temel düşünceyi belirten cümleciğe denir, örn. '**I know the girl** *who lives here*' cümlesinde '**I know the girl**' temel cümleciktir. **main road** şehirlerarası karayolu. Ayrıca **complex**'e bkz.

maintain [mein'tein] *f + n* **1** bakmak, korumak, iyi durumda tutmak, ge-

rekli onarımı ve bakımı yaparak bir şeyin sağlam durumunu sürdürmek. *The Town Council maintains the roads.* **2** devam etmek, sürdürmek; önceki şeyi korumak, muhafaza etmek. *The two countries maintained friendly relations in spite of their differences.* **3** bakmak, geçindirmek. *He has to maintain a wife and five children.* **4** iddia etmek; karşı çıkılsa dahi bir fikri savunmak. *I still maintain that I am right and you are wrong.* **maintenance** ['meintənəns] *isy* **1** (özl. bir makine, vb. hk.) bakım; iyi durumda tutma. **2** nafaka. (*eş anl.* **alimony**). **3** sürdürme, devam ettirme: *the maintenance of law and order.*

maize [meiz] *i-sy* mısır. (*eş anl.* **corn**).

majesty ['mædʒisti] *i-sy* ihtişam, haşmet, büyüklük; insanı etkileyen, heybet (ulu dağların, veya bir kral veya kraliçenin görünmesiyle duyulan cinsinden). *We could not help being impressed by the majesty of the mountains, as they rose high above us.* **majestic** [mə'dʒestik] *s* şahane, muhteşem. *The majestic view left them speechless.* (*eş anl.* **grand**). **His (Her, Your) Majesty** Majesteleri; bir kral, veya kraliçeye hitap ederken, veya kendilerinden söz ederken kullanılan bir saygı sözcüğü.

major ['meidʒə*] *s* büyük, önemli, başlıca, asıl. *Road accidents are a major problem these days. He is having a major operation.* (*karş.* **minor**). Ayrıca *i + sy* (Kara Kuvvetleri'nde) binbaşı. **majority** [mə'dʒɔriti] *i + sy* **1** çoğunluk; bir grubun sayıca daha çok olan kesimi. *The majority of households in Britain now have television.* (*karş.* **minority**). **2** oy çokluğu, oy farkı. *This dispute will be settled by the majority powers. The party I support has won by a majority of 264 votes.* **3** erginlik yaşı, reşit olma yaşı: *reach one's majority. The age of majority in the UK and US is eighteen.*

make¹ [meik] *f + n* **1** yapmak (yapma işlevi ya yoktan var edilir, ya bir şeyi bir şeylere katarak olur ya da bir şeyi başka bir şekle dönüştürerek olur). *God made the world. This factory makes cars. You can make bread from flour. That house is made of stone.* **2** (birisini bir şey) yaptırmak; (birisinin bir şey yapmasına) neden olmak. *Your answer made him angry. The stones at the bottom of the bag made it heavy.* 3 (bir şeyi birisine zorla) yaptırmak; (birisine bir şeyi yapmaya) mecbur etmek, mecbur bırakmak. *The robbers made me give them all my money* (= Soyguncular bütün paramı zorla aldılar). *They made the naughty boy go to bed early* (=Yaramaz çocuğu zorla erken yatırdılar). NOT: *l* bu yapıdaki cümlelerde *make* fiilinden sonra *to* kullanılmaz. *He made me stand up* (= Beni ayağa kaldırttı). *2* eğer bu cümle edilgen çatıda kurulmuş olsa *to*'nun kullanılması zorunlu olurdu. *I was made to stand up* (= Ayağa kaldırtıldım). 4 para kazanmak. *He makes plenty of money. He makes £20 a week.* 5 toplamı şu etmek; sonucu şu olmak; eşit olmak. *One hundred centimetres make one metre* (=Yüz santimetre bir metre eder). *geç. zam* ve *ort.* **made** [meid]. **maker** *i+sy* yapımcı; imalatçı. (genl. diğer bir isimle birlikte kullanılır. örn. *shoemaker*). **make for something** bir yönde ilerlemek, bir yöne doğru gitmek. *The ship is making for the nearest port.* **make light of** bir şeye önem vermemek, önemsememek. *She made light of her injuries.* **make off** acele ile kaçmak, sıvışmak. *The boys made off when we shouted at them. The thief made off with our money.* **make something out** yazmak. *Make out a cheque for what you owe me.* **make someone/something out** bir kimseyi/bir şeyi güçlükle seçmek; anlamak; çözmek, sökmek. *Can you make out what that object is on the other side of the valley? Can you make out what he is saying?* **make something up 1** uydurmak, icadetmek, hazırlamak. *The teacher asked the children to make up a story about a trip to the moon. It's not true; he made it up.* 2 barışmak. *They made it up. Have John and Jane made up since their argument?* **make up (one's face)** yüzüne pudra ve özel boyalar sürmek; makyaj yapmak. *These days many girls make up when they are still quite young. She made up her face.* **make-up** *i-sy* 1 makyaj. *Jane had a lot of make-up on.* 2 yaratılış, mizaç, tabiat. 3 bileşim, ter-

tip. **make up for** telâfi etmek. *This payment should make up for the time you have wasted.* **make amends (to someone for something)** yapılan bir zararı tamir etmek, veya kırılan bir kalbi onarmak. *The young man made amends for the damage he caused by paying for it out of his wages. He promised to make amends to her for his carelessness.* **make/pull a face at someone** için face'e bkz. **make a fool of somebody** bir kimseyi gülünç duruma sokmak; biriyle alay etmek. *It is very cruel of these boys to make a fool of that old man.* **make it 1** (genl. zaman, mesafe, vb. hk.) tahmin etmek; (tahmin ederek ya da bir ölçüye göre) hüküm vermek, hesap etmek, kestirmek. *'What time do you make it?'* (=Saatiniz kaç?)'— *'I make it one o'clock'. How far do you make it to the beach?* 2 başarmak; varmak; ulaşmak; (zamanında) yetişmek (özl. bir güçlük çıkacaksa). *Do you think the ship will make it to the shore? We're too late; I don't think we'll make it. After years as an unsuccessful businessman he's finally made it.* (k. dil.). **make a living** hayatını kazanmak. *He makes his living from mending shoes.* **make a slip** hata yapmak. *We don't want to make a slip at the last moment.* **make use of** kullanmak, yararlanmak. **make one's way** gitmek (genl. ağır ağır veya güçlüklere rağmen) *I made my way carefully down the narrow staircase.*

make² [meik] *i+sy* marka; yapım, tip, model, biçim. *What make is the new computer system? / What is the make of the new computer system?*

make-believe ['meikbili:v] *i-sy* hayal, uydurma bir şey. *That's nothing but make-believe.* Ayrıca *f-n* yalandan yapmak, yapar gibi görünmek. *Let's make believe we are pirates.*

makeshift ['meikʃift] *s* geçici, iğreti; o anda daha iyisi olmadığı için kullanılan ya da yapılan. *They used the boxes as makeshift chairs.*

maladjusted [mælə'dʒʌstid] *s* uyumsuz; zihinsel, veya ruhsal yapı bakımından mutsuz ve uyumsuz olup normal davranışlarda bulunamayan: *school for maladjusted children.*

malaria [mə'leəriə] *i-sy* sıtma, malarya; belirli bir sivrisinek türünün ısırma-sıyla meydana gelen bir hastalık. *John has had another attack of malaria. Malaria is a recurrent disease, which produces regular periods of shivering, vomiting, sweating and headaches as the parasites develop in the body.*

male [meil] *s* erkek; cinsiyeti doğum yapmaya elverişli olmayan. *A bull is a male animal, a cow is not.* (*karş.* **female**). Ayrıca *i+sy* erkek insan, hayvan, vb. *At the camp, there was one block of toilets for the males and one for the females.*

malevolent [mə'levəlnt] *s* kötü niyetli; başkalarına kötülük etmek isteyen. *He gave me a malevolent look.* **malevolence** *i-sy* kötü niyet, kincilik.

malfunction [mæl'fʌŋkʃən] *f-n* normal çalışmamak, düzensiz çalışmak; teklemek. *During the operation his heart began to malfunction. Some of the keys on the keyboard have started to malfunction.* Ayrıca *i+sy* düzensiz çalışma; tekleme. *His loss of consciousness was due to a kidney malfunction.*

malice ['mælis] *i-sy* kötülük; başkalarına kötülük etme duygusu. **malicious** [mə'liʃəs] *s* kötü niyetli; hain, kinci. *She was just being malicious when she broke his pencil.* **maliciously** *z* haince.

malign [mə'lain] *f+n* birisi hakkında maksatlı olarak doğruyu söylemeyip kötü konuşmak, bile bile kötülemek; iftira etmek, günahına girmek. *They maligned her character as much as they could.* (*eş anl.* **slander**). **malignant** [mə'lignənt] *s* (hastalıklar hk.) öldürücü: *a malignant growth on the body. My uncle died from a malignant tumour.*

mallet ['mælit] *i+sy* tokaç; ağaç tokmak.

malnutrition [mælnju'triʃən] *i-sy* kötü beslenme; alınan besinlerin ya yanlış türden ya da yetersiz olması ile ortaya çıkan sağlık bozukluğu. *The people in this area suffer from malnutrition.*

malpractice ['mæl'præktis] *i+sy/-sy* (yasa dili) yolsuzluk; kişisel kazanç sağlamak amacıyla görevi kötüye kullanma; (bir doktor tarafından yapılan) yanlış veya özensiz tedavi. *The doctor who had neglected his patient was found guilty of malpractice.*

malt [mɔːlt] *i-sy* malt; bira ve diğer alkollü içki yapımı için özellikle bir dizi işlemden geçirilmiş olan tahıl (örn. arpa, yulaf).

maltreat [mæl'triːt] *f+n* kötü davranmak; eziyet etmek. *This man is accused of maltreating his children. The dog bit him when he maltreated it.*

mam [mæm] *özeli/i+sy* anne. (*eş anl.* **mum**).

mammal ['mæml] *i+sy* memeli hayvan; yavrusunu emzirerek besleyen hayvan. *Dogs and cats are mammals.*

mammoth ['mæməθ] *s* dev gibi, muazzam: *a mammoth parade.* (*eş anl.* **enormous**). Ayrıca *i+sy* mamut.

man [mæn] **1** *i+sy* adam; ergin erkek kişi. *Save the women and children first and let the men out afterwards.* **2** *itek* (genl. **Man**) insan, insan ırkı. *What wonderful things Man has achieved!* NOT: bu anlamda *Man* hiçbir harfi tarif almadan tekil olarak kullanılır. *çoğ. biç.* **men**. Ayrıca *f+n* (bir gemiye, vb.) insan gücü sağlamak; gerekli yerlere adam koymak, adam tayin etmek. *An order was given to man the boats. geç. zam ve ort.* **manned. manly** *s* cesur, güçlü; erkekçe, erkek gibi; mert, yiğit. (*karş.* **unmanly**). **manliness** *i-sy* yiğitlik, mertlik. **manfully** *z* cesurca, yiğitçe; azim ve sebatla yılmadan. *The drowning boy struggled manfully against the waves.* **manhunt** *i+sy* insan avı; bir kaçağın peşine düşüp onu yakalamağa çalışmak. **man Friday** sadık hizmetçi, veya yardımcı. **mankind** insanoğlu, (tüm) insanlık. *The scientist's discoveries were of great help to mankind.* **manpower** insan gücü (örn. işçiler). *There is a shortage of manpower in many of our industries.* **mannish** *s* (bir kadının hareketleri, vb. hk.) erkeğimsi, erkek gibi. *Her voice was almost mannish.* **manservant** uşak; erkek hizmetkâr. (*esk. kul.—* yerine **servant**'ı kullanın). *çoğ. biç.* **menservants. manslaughter** adam öldürme. *The driver of the car which killed the child was accused of manslaughter.* **man-to-man** erkek erkeğe; açık ve samimi bir şekilde.

manage ['mænidʒ] *f+n/-n* **1** (bir kuruluşu) yönetmek. *He manages a large business for his mother.* (*eş anl.*

direct). 2 başarmak; bir şeyi yapabilmek. *I'll manage somehow. How does he manage to get such high marks? Can she manage at home all by herself.* **manageable** ['mænidʒibl] *s* başa çıkılabilir; üstesinden gelinebilir. (*karş.* **unmanageable**). *The problems are too large to be manageable.* **management 1** *i-sy* yönetim idare; yönetme işi, veya eylemi. *I'll leave the management of my affairs to you.* **2** *i+sy/-sy* (toplu olarak) idareciler, yöneticiler, yönetim kurulu; bir şirketi, vb. yöneten görevliler. *She is going to report the whole thing to the management. The management and the workers disagree.* **manager** *i+sy* müdür, direktör; bir işi yöneten kimse. (*kadınına* **manageress** [mænidʒə'res] *denir*).

mandarin ['mændərin] *i+sy* **1** (eski zamanlarda) yüksek rutbeli bir Çin devlet memuru. **2** mandalina.

mandate ['mændeit] *i+sy* **1** emir veya izin (özl. yüksek dereceli bir görevli tarafından verilir). *The magistrate was given a mandate on how to deal with the case.* **2** bir kimseye verilen hak ve yetki. *The country gave the Prime Minister a mandate to carry out new policies.* **mandatory** ['mændətəri] *s* zorunlu, mecbur, yapılması şartı: *mandatory power.* (*eş anl.* **compulsory, obligatory**).

mane [mein] *i+sy* yele; bazı hayvanların (örn. at, aslan) ensesindeki uzun kıllar veya tüyler.

maneuver [mə'nu:və*] **manoeuvre**'a bkz.

manger ['meindʒə*] *i+sy* yemlik; uzun ve açık bir sandık biçiminde at ve sığırların yem yedikleri yer.

mangle ['mæŋgl] *f+n* parçalamak; çok kötü bir şekilde hasara uğratmak.

mango ['mæŋgou] *i+sy* **1** bir tür tropikal meyva; olgunlaştığında kabuğu beyaz olur. **2** mango ağacı *çoğ. biç.* **mangoes**.

mangrove ['mæŋgrouv] *i+sy* bir tür tropikal ağaç; bataklık arazide ve sulak yerlerin yakınında (örn. deniz) yetişir.

manhandle ['mænhændl] *f+n* insan gücü kullanarak (ağır birşeyi) itmek, oynatmak; (bir kimseyi) itip kakalamak.

manhole ['mænhoul] *i+sy* delik; içine girilerek yer altından geçen boruların ve lağım kanallarının tamir edildiği ve üstünde kapağı olan delik.

man-hour *i+sy* (genl. *çoğ. biç.*) bir kimsenin bir saatte yaptığı iş miktarı.

mania ['meiniə] *i+sy* **1** delilik, cinnet. **2** bir şeye karşı duyulan delicesine tutkunluk, düşkünlük. *He has a mania for collecting stomps.* **maniac** ['meiniæk] *i+sy* manyak, deli.

manicure ['mænikjuə*] *i+sy/-sy* ma nikür; el ve tırnakların bakımı. *She gives her daughter a manicure twice a month.* Ayrıca *f+n* manikür yapmak. *Jane was sitting manicuring her nails.*

manifest ['mænifest] *s* açık seçik, meydanda, aşikâr. *He is a manifest liar.* Ayrıca *f+n* açıkça göstermek, belli etmek, açığa vurmak. *The prisoner's guilt soon manifested itself.* **manifestation** [mænifes'teifən] *i+sy* görünme, tezahür, belirti, kanıt; hisleri, duyguları, vb. ortaya koyan herhangi bir yol. *The boy's bad behaviour is a manifestation of his unhappiness.* **manifesto** [mæni'festou] *i+sy* beyanname, bildiri. *çoğ. biç.* **manifestos**.

manioc ['mæniɔk] **cassava**'ya bkz.

manipulate [mə'nipjuleit] *f+n* ustalıkla kullanmak; idare etmek. *He manipulated the controls of the plane so well that it did not crash.*

manner ['mænə*] *i+sy* **1** biçim, yol, seçik. *You must use your knife in this manner.* **2** tavır ve hareket; davranış biçimi. *She was behaving in a strange manner.* **manners** *içoğ* görgü, terbiye davranış biçimi, tavır ve hareket: *good manners; bad manners. He has no manners.* **mannerism** *i+sy* kişinin kendine özgü bir davranış, konuşma, vb. biçimi, yapma tavır. *That woman has many annoying mannerisms.* **all manner of** her türlü, her türden. *They were filled with all manner of tools.*

manoeuvre [mə'nu:və*] (*AmI*'de **maneuver**) *i+n* **1** manevra, tatbikat. **2** ustalıkla yapılan bir plan ya da zekice bir oyun; hile dolap. (*eş anl.* **ploy**). Ayrıca *f+n/-n* **1** tatbikat yaptırmak; tatbikata katılmak. **2** dolap çevirmek; zekice bir oyunla bir kimseye bir şeyi yaptırmak. *He was manoeuvred into selling his land. The enemy were manoeuvred out of their strong position.* **3** ustalıkla hareket ettirmek, yer değiştirmek, manevra yaptırmak. *He manoeuvred his car into the garage.*

manor ['mænə*] *i+sy* 1 (eskiden) derebeylik zamanında bir soyluya ait olan arazi; toprak 2 malikâne, köşk. Ayrıca **manor house** da denir.

mansion ['mænʃən] *i+sy* konak, köşk (genl. zengin bir kimseye aittir).

manslaughter [man'slouter] *i-sy* man'e bkz.

mantelpiece ['mæntəlpi:s] *i+sy* 1 şöminenin üstündeki raf; üzerine biblo, vb. eşyalar konur. (*eş anl.* **mantelshelf**).

manual ['mænjuəl] *s* elleri ile çalışan; el ile yapılan; elin kullanılması ile ilgili: *manual work.* Ayrıca *i+sy* el kitabı, kılavuz (genl. güç bir şey hk. bilgi vermek için hazırlanmıştır). *We looked at the manual to see how to fix the car.* (*eş anl.* **handbook, guide**).

manufacture [mænju'fæktʃə*] *f+n* büyük miktarlarda üretmek, imal etmek. *He works for a company that manufactures furniture.* NOT: malların bu şekilde üretildiği yere **factory** denir. Ayrıca *i-sy* imal, yapma. **manufacturer** *i+sy* fabrikatör, imalatçı.

manure [mə'njuə*] *i+sy/-sy* hayvan dışkısı; ekinlerin daha iyi büyümesi için kullanılır; hayvan gübresi.

manuscript ['mænjuskript] *i+sy* bir kitap, vb. el yazması . *Some ancient manuscripts were found.*

many ['meni] *belirten/zamir* (sayılabilen isimlerle kullanılır) çok, çok sayıda. *Do you have many visitors?'—'No, not many.' I haven't got many books. Many people came here to stay. You have made too many mistakes.* (*karş.* **few**). (*eş anl.* **lots of**). **many-sided** *s* çok yönlü. NOT: *1 krş. biç.* **more**. *enüst. biç.* **most**. *2* olumlu cümlelerde *many* yerine *a large number of* ya da *a lot of*'un kullanılması daha iyidir. Bu nedenle *The baby has many toys* yerine *The baby has a lot of toys* yapısını kullanın.

map [mæp] *i+sy* harita: *map of Africa; map of the heavens* (= gökyüzü haritası, gökyüzü cisimleri haritası) Ayrıca *f+n* bir yerin haritasını yapmak, krokisini çıkarmak. *geç zam.* ve *ort.* **mapped**. **map out** ayrıntılı

olarak planlamat. *He has mapped out what he will do.*

maple ['meipəl] *i+sy* akçaağaç. **maple leaf** 1 akçaağaç yaprağı. 2 Kanada'nın simgesi.

mar [ma:*] *f+n* bozmak, sakatlamak. *His essay was marred by careless mistakes. geç. zam.* ve *ort.* **marred**. (*eş anl.* **deface**).

marathon ['mærəθən] *i+sy* 1 (atletizmde) maraton koşusu; 26 millik (=42 km.) koşu 2 uzun süren herhangi bir yarış, seyahat veya faaliyet. 3 çok uzun (süren), bitmez tükenmez (uzunlukta) bir olay.

maraud [mə'rɔ:d] *f+n/-n* çapulculuk etmek, yağma etmek, hücum edip çalıp kaçmak. **marauder** *i+sy* yağmacı, çapulcu.

marble ['ma:bl] 1 *i-sy* mermer; sert bir taş türü; -parlatılabilir, bina, heykel, vb. yapımında kullanılır. *The temple had a marble floor.* 2 *i+sy* bilye; zıpzıp; çocukların oynadığı cam, veya plastikten yapılan ufak küreler: *play marbles.*

march [ma:tʃ] *f-n* sert adımlarla ve aynı tempoda (askerler gibi) yürümek. Ayrıca *i+sy* 1 yürüyüş; askerî yürüyüş: *a long march.* 2 marş; uygun adımda yürürken çalınan bir müzik türü. *The band played a military march.* **march-past** resmi geçit; geçit resmi; askerlerin kıta halinde önemli bir kimsenin (örn. bir subayın) önünden tören yürüyüşü ile geçmesi.

March [ma:tʃ] *i-sy* Mart (ayı) ; yılın 3. ayı. *I was born in March 1950.*

mare [meə*] *i+sy* kısrak; atın dişisi. (*karş.* **stallion**).

margarine [ma:dʒə'ri:n] *i-sy* margarin; hayvansal veya bitkisel yağlardan elde edilir (tereyağına benzesin diye özel bir yöntem uygulanır).

marge [ma:dʒ] *i-sy* margarin. (*k. dil.*).

margin ['ma:dʒin] *i+sy* 1 marj: bir sayfanın üst, alt ve yanlarında kalan beyaz boş kısımlar. *While reading, he would write some words in the margin.* 2 gerekenden fazla bir miktar. *Our plans allowed a wide margin for error* (= Bir çok hatalar olsa bile planlarımız istenileni verecek). **marginal** *s* ufak; önemsiz: *a marginal increase /success.*

marigold ['mærigould] *i+sy* kadife çiçeği; sarı renkli bir tür çiçek.

marijuana, marihuana [mæri'wa:nə]
i-sy marihuana; haşiş; kurutulmuş
kenevirden elde edilen uyuşturucu bir
madde.

marina [mə'ri:nə] *i+sy* yat limanı.

marine [mə'ri:n] *s* 1 deniz ile ilgili;
denizde yaşayan: *marine plants.* 2 ge-
miler hakkında, gemiler ile ilgili, de-
nizsel: *marine insurance.* Ayrıca *i+sy*
deniz eri; bahriyeli (asker). *The
marines left their ship and fought the
enemy on the nearby island.* mariner
['mærinə*] *i+sy* denizci, gemici. *Be-
cause he loved boats and travelling to
new places he decided to be a mariner.*
(esk. kul.).

Marine Corps [mə'ri:n kɔ:*] *özel i* (the
ile) (Amerikan) Deniz Piyade Birliği.

marionette [mæriə'net] *i+sy* bir tür
kukla; ipleri ile oynatılıp hareket
ettirilen tahtadan yapılmış bir insan,
veya hayvan modeli.

marital ['mæritl] *s* evlilik ile ilgili:
marital vows (=evlilik yeminleri).
marital status evlilik durumu (evli mi?
bekâr mı? boşanmış mı?).

maritime ['mæritaim] *s* denizciliğe ait,
deniz ile ya da gemiler ile ilgili:
maritime law; maritime countries
(=deniz kenarında bulunan, veya ge-
micilikle uğraşan ülkeler).

mark [ma:k] *i+sy* 1 leke, iz. *There are
dirty marks on the wall. (eş anl.
stain).* 2 işaret, iz. *Grey hairs are a
mark of old age.* 3 numara, not: *good
marks; a good mark. (eş anl. grade).*
4 imza yerine konan işaret; kendi
adını yazamayan birinin koyduğu işa-
ret. *He put his mark at the bottom of
the page.* Ayrıca *f+n* 1 leke yapmak,
iz bırakmak. *The hot water has mark-
ed the table.* 2 bir şeyin yerini gös-
termek, belirtmek, veya işaret etmek.
*Mark where you have stopped in your
reading.* 3 sınavda, vb. not vermek:
mark an essay. 4 (sporda) karşı ta-
kımdaki bir oyuncuya dikkat etmek.
marked *s* aşikâr, belirgin, kolayca gö-
ze çarpan: *a marked improvement.*
mark my words lafıma kulak ver, din-
le bak, söylediklerimi unutma, sözle-
rimi aklından çıkarma. *Mark my
words, that son of yours will be a
famous politician one day.* **on/off the
mark** tamamen doğru/yanlış. **mark
time** 1 yürüyormuş gibi yapıp yerinde
saymak. *The soldiers were ordered to*

mark time. 2 hiç ilerleme kaydetme-
mek; yerinde saymak. *Our business is
marking time.* **mark down** fiyatını
düşürmek. *John marked the price
down from £50 to £69.* **mark up** fiya-
tını arttırmak. *He marked another
price up from £70 to £80.*

market ['ma:kit] *i+sy* 1 çarşı, pazar;
malların alınıp satıldığı bir yer: *the
village market. She took the cattle to
(the) market.* 2 pazar; satış olanakları
bulunan yer. *Traders are looking for
new markets.* 3 pazar; belli mallara
olan istek, talep: *a good market for
meat.* **market day** pazar günü;
malların alınıp satılması için ayrılan
gün. *Monday is market day, so the
streets are closed to traffic.* **market
garden** (*Brİ*'de) sebze ve meyva
bahçesi; böyle bir bahçede yetiştirilen
sebze ve meyvalar satılmak üzere
yetiştirilir. (*Amİ*'de **truck garden**).
marketing *i-sy* pazarlama. *We're
planning the marketing of a new
product.* **market place** pazar yeri; pa-
zarın kurulduğu açık yer. **black
market** *i+sy* karaborsa; bulunması
güç olan malların yasal olmayan
şekilde alım satımı. *He bought it on
the black market.*

marksman ['ma:ksmən] *i+sy* keskin
nişancı; silah atmada hedefi vurabilen
bir kimse. *He is noted as a marksman.*

marmalade ['ma:mələid] *i-sy* mar-
melat; portakal (veya diğer turunç-
giller) içine şeker katılarak kaynatılır;
böylece bir çeşit reçel elde edilir.

maroon[1] [mə'ru:n] *i-sy* vişne çürüğü
rengi (olan).

maroon[2] [mə'ru:n] *f+n* bir kimseyi
ıssız bir adaya, veya herhangi bir
terkedilmiş yere yapayalnız bırakıp
gitmek (örn. cezalandırmak amacı
ile). *Pirates used to maroon people on
desert islands.*

marquee [ma:'ki:] *i+sy* büyük çadır.
(*eş anl.* **pavilion**).

marquis, marquess ['ma:kwis] *i+sy*
marki; bir soyluluk ünvanı, veya bu
ünvana sahip birisi. (*kadına* **mar-
chioness** ['ma:ʃənis] *denir*).

marrow ['mærou] 1 *i-sy* ilik; kemik
içindeki yumuşak yağ. *Two types of
bone marrow are found: red bone
marrow and yellow bone marrow. The
icy wind chilled me to the marrow.* 2
i+sy sakız kabağı; iri, yeşil sarı renkte

yumurta biçiminde bir tür sebze.
marry ['mæri] **1** *f+n/-n* (birisi ile)
evlenmek. *Philip has married Jane.* **2**
f+n (bir kişiyi) evlendirmek; (bunla-
rın) nikâhını kıymak. *What is the
name of the priest who married you?*
marriage ['mærid3] *i+sy/-sy* evlilik.
*She became a Turkish citizen by
marriage. The marrige was performed
in the afternoon.* **married** *s* evli. *I'm
a married man. (karş.* **unmarried**). **be
married** evli olmak. *I'm a married
man. I'm married to John's sister*
(= John'ın kızkardeşiyle evliyim). **get
married to someone** bir kimseyle
evlenmek. *I got married to John's
sister.* **marry someone off** birisini (özl.
de kızını) başgöz etmek, evlendirmek
için uygun birisini bulmak. *He is
always trying to marry me off.*
marsh [ma:ʃ] *i+sy* bataklık. **marshy** *s*
bataklığa ait, bataklı.
marshal ['ma:ʃl] *i+sy* (*AmI*'de) bir
şerifin görev ve sorumluluklarına
sahip bir memur. Ayrıca *f+n* düzen-
lemek; doğru düzgün bir biçimde
sıralamak: *to marshal one's thoughts.
geç. zam. ve ort.* **marshalled**. (*AmI*'de
marshaled).
martial ['ma:ʃl] *s* savaş ile ilgili: *martial
music* (= savaş müziği, cenk havası):
martial law (= sıkıyönetim; askeri ida-
re).
martyr ['ma:tə*] *i+sy* inanç kurbanı;
inandığı şeyleri değiştirmek yerine
ölmeyi, veya acı çekmeyi yeğleyen
kimse. *Many of the early Christians
were martyrs.* **martyrdom** *i+sy/-sy*
inanç kurbanı olma. **be a martyr to**
(örn. bir hastalıktan) büyük ızdırap
çekmek. *My wife was a martyr to
migraine.*
marvel ['ma:vl] *i+sy* harika, mucize,
akıllara durgunluk verecek bir şey. *It
is a marvel how he works so hard.*
Ayrıca *f+n/-n* hayret etmek, şaşmak,
şaşkınlık içinde kalmak. *I marvel at
his tremendous achievements. They
marvelled that he could do so much.
geç. zam. ve ort.* **marvelled**. (*AmI*'de
marveled). **marvellous** *s* fevkalâde;
çok güzel; hayret verici, olağanüstü.
It's been a marvellous day. **marvel-
lously** *z* hayret verici bir şekilde. *I
slept marvellously well.*
marzipan ['ma:zipæn] *i-sy* badem
ezmesi.

mascara [mæs'ka:rə] *i-sy* rimel; kir-
pikleri daha da koyu gösteren bir boya
karışımı. .
mascot ['mæskət] *i+sy* maskot, uğur;
uğur getirdiğine inanılan bir şey, veya
bir kimse. *The boys kept the stray dog
as a mascot.*
masculine ['mæskjulin] *s* **1** erkek;
erkek ile ilgili: *a masculine sport.
(karş.* **feminine**). **2** (dilb.) eril öbekte
bulunan, yani ne dişi ne de cinsiyetsiz
olan. *"Bull" is masculine, but "cow"
is feminine.*
mash [mæʃ] *i+sy/-sy* lâpa, ezme, püre;
yumuşakça herhangi bir karışım. Ay-
rıca *f+n* ezmek, lapa yapmak. *I'll
mash the potatoes.* **mashed potatoes**
patates püresi.

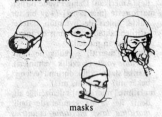

masks

mask [ma:sk] *i+sy* maske; yüzün
tamamını, veya bir kısmını örten bir
şey. *The robbers were wearing masks.*
Ayrıca *f+n* maske ile örtmek, kapa-
mak; gizlemek, maskelemek. *They
masked their true intentions.* **masked
ball** *i+sy* maskeli balo.
masochism ['mæzəkizəm] *i-sy* mazo-
şizm; canın acıtılması ile duyulan
(cinsel) zevk tatma sapıklığı. (*karş.*
sadism).
mason ['meisn] *i+sy* duvarcı. **masonry**
i-sy taşlardan örülmüş duvar, veya
böyle bir duvarın bir parçası.
masquerade [ma:skə'reid] *f-n* kendini,
veya bir şeyi, birisi ya da bir şeymiş
gibi göstermeye çalışmak sanki biri-
siymiş gibi davranmak (özl. giyinip
kuşanarak).
mass [mæs] **1** *i+sy* yığın, küme, sürü;
çok sayıda insan, veya şey. *There is a
mass of stones in the yard. They are
masses of people in the hall.* **2** *i+sy*
yığın, kütle. *The workmen left a huge
mass of concrete behind. The
patient's back was covered with a
mass of red spots.* **3** *i-sy* (doğa bilim-

·lerinde) kütle; bir cisimde bulunan madde miktarı; hızdaki değişmeye karşı gösterdiği dirençle ölçülür. Ayrıca *f+n/-n* toplamak, yığmak; toplanmak, yığılmak, kütle halinde oluşmak. *The enemy are massing their forces for an attack.* **mass meeting** kütle halinde toplantı (genl. bir şeye karşı çıkma amacıyla). **mass media** için **medium**'a bkz. **mass-produce** *f+n* seri halinde imalatta bulunmak; bir malı çok sayıda ve ucuza üretmek.

Mass [mæs] *i+sy* (özl. Katolik kilisesinde) ekmek ve şarabın takdisi ayini; Hz. İsa'nın son akşam yemeğinin anısı için düzenlenen dini merasim: *hear Mass* (=bu ayine katılmak) ; *say Mass* (=bu ayinin duasını okumak).

massacre ['mæsəkə*] *i+sy* çok sayıda (genl. kendini savunamayan) insanı acımasızca öldürme; katliam, toptan öldürme. *(eş anl.* **slaughter**). Ayrıca *f+n* kesip biçmek; acımasızca öldürmek. *When the soldiers captured the town, they massacred all the inhabitants. (eş anl.* **slaughter**).

massage ['mæsɑ:ʒ] *f+n* masaj yapmak, ovmak; vücudun belli bir yerini ovarak, veya sıkıca bastırarak yapılan bir tedavi şeklidir; kaslardaki ve eklemlerdeki ağrı, veya tutukluğu gidermek için yapılır. *Let me massage your back for you.* Ayrıca *i+sy/-sy* masaj. *A thorough massage feels good when you are tired.* **masseur** [mæˈsə*] *i+sy* masör; masaj yapan erkek. *(kadınına* **masseuse** [mæˈsə:z] *denir)*.

massive ['mæsiv] *s* kocaman; ağır ve sağlam: *massive doors.*

mast [mɑ:st] *i+sy* uzun gemi direği; yelkenleri çekmek için kullanılır.

master ['mɑ:stə*] *i+sy* **1** evin erkeği; hakim olan kişi; bir hayvanın sahibi: *a dog's master; master of the house.* **2** patron, âmir; iş veren; veya evin efendisi, sahip, işçileri çalıştıran kimse: *servants and their masters* **3** *(Brİ'de)* erkek öğretmen. **4** kendisinin patronu, usta işçi: *a master builder.* **5** küçük bey; bir delikanlıya hitap biçimi: *Master John Brown.* Ayrıca *f+n* hakim olmak, zaptı rapt altına almak; bir şeyde ustalık kazanmak; iyice öğrenmek: *master a new language.* **masterly** *s* becerikli, hünerli: *in masterly fashion. Rembrand was a masterly painter.* **mastermind** *i+sy*

çok akıllı bir kişi; üstün beyin (özl. bir suç eyleminde). Ayrıca *f+n* akıllıca tertip edip yöneltmek: *mastermind a plan.* **masterpiece** şahaser; başyapıt.

masturbate ['mæstəbeit] *f-n* mastürbasyon yapmak; cinsel bölgelere dokunarak orgazm sağlamak. **masturbation** [mæstəˈbeiʃən] *i-sy* mastürbasyon.

mat¹ [mæt] *i+sy* yer örtüsü, yaygı: *doormat* (=kapı paspası); *tablemat* (=tabak/tencere altlığı). **matted** *s* birbirine dolanmış; keçeleşmiş: *matted hair.*

mat², **matt** [mæt] *s* mat, donuk, parlak olmayan: *mat black; a mat surface; mat paintwork.*

match¹ [mætʃ] *i+sy* kibrit. *I bought two boxes of matches.*

match² [mætʃ] *i+sy* **1** maç; iki tarafın birbiriyle yarıştıkları oyun ya da spor: *a football match.* **2** akran, denk; başka birine güç, yetenek, vb. bakımından eşit olan kimse. *He met his match.* **3** birbirine uyan, uygun iki şey. *This chair is a match for that one.* **4** evlilik, evlenme; evlenebilecek erkek ya da kız; koca, veya karı olmaya aday kimse. *She made a good match* (=Kendine iyi/varlıklı bir koca buldu). Ayrıca *f+n* **1** (kullanım bakımından) bir şeyin benzerini, veya başka bir şeye uyanını, uygun düşenini bulmak, uydurmak. *She matched the carpet with some very nice curtains. They are trying to match the donor to the recipient.* **2** yarıştırmak, başkası ile boy ölçüştürmek. *He matched his brother against/with the champion.* **matching** *s* birbirlerine uyan, giden, denk düşen: *matching chairs.* **matchless** *s* eşsiz, emsalsiz; eşi benzeri olmayan ya da görülmemiş. *Atatürk had matchless courage.* **matchmaker** çöpçatan; evlenmelerde aracılık yapan kimse. **matchmaking** *i-sy* çöpçatanlık işi. **match point** (tenis, voleybol, vb. oyunlarda) maç sayısı (kazanıldığında maç biter). **matchstick** kibritçöpü.

mate [meit] *i+sy* **1** birlikte çalışılan kimse. **2** arkadaş. *(k. dil.). Hand me that hammer, mate.* **3** (genl. hayvanlar hk.) erkek-dişi ikilisinden yalnızca birisi: *a lion and his mate.* **4** (deniz kuvvetleri dışında) kaptandan sonra gelen bir görevli: *first mate.* Ayrıca *f+n/-n* çifleştirmek; çifleşmek. *The animals were mated last spring.*

material [mə'tiəriəl] *i+sy/-sy* 1 madde, malzeme; bir şeyin yapımında kullanılan ya da kullanılabilecek olan herhangi bir madde. 2 kumaş: *dress material; clothes made from beautiful material.* Ayrıca *s* 1 maddi, maddesel, fiziksel; manevi, veya ruhsal olmayan. (*karş.* **spiritual**). 2 (genl. hukukta) önemli, kararı etkileyici; *material evidence.* (*karş.* **immaterial**). **materially** *z* 1 fiziki olarak. *He improved materially and morally.* 2 epey, çok. *The tide helped the progress of the boat materially.* **materialize** *f-n* gerçekleşmek. *Their hopes did not materialize.*

maternal [mə'tə:nl] *s* anne veya annelik ile ilgili; anneye özgü; anne tarafından gelen. *Everyone has two grandparents and two paternal grandparents.* (baba hk. **paternal**). **maternity** *i-sy* annelik, hamilelik, gebelik. **maternity hospital** doğum evi, doğum hastanesi. **maternity ward, maternity unit** doğum koğuşu.

math, maths [mæθ(s)] *i-sy* (= **mathematics**); *AmI*'de **math**. *BrI*'de **maths**.

mathematics [mæθə'mætiks] *i-sy* matematik; sayılar bilimi. *Mathematics is a subject studied in nearly every school.* NOT: çoğul bir isimdir, ama tekil bir fiille kullanılır. **mathematical** [mæθə'mætikl] *s* matematikle ilgili. *Mathematical problems are not always easy.* **mathematician** [mæθəmə'tiʃən] *i+sy* matematikçi.

matinée ['mætinei] *i+sy* matine; sinema ve tiyatrolarda sabah, veya öğleden sonra programı.

matins ['mætinz] *içoğ* 1 (Anglikan kilisesinde) sabah ayini 2 (Katolik kilisesinde) gün ağarırken okunan dua.

matron ['meitrn] *i+sy* 1 başhemşire. *Mary has been made matron of the maternity hospital.* 2 yurt müdüresi; bir okulda kalan çocukların sağlık, beslenme, vb. işlerinden sorumlu kadın görevli. **matronly** *s* ağır başlı, vakarlı; yaşını başını almış bir kadın gibi olgun: *matronly appearance; matronly duties.*

matted ['mætid] *s* **mat**[1]'a bkz.

matter ['mætə*] 1 *i- sy* madde, cisim;

dünyayı ve uzaydaki herşeyi oluşturan şey: *the matter of the universe.* 2 *i+sy* konu, iş, mesele: *a very difficult matter; another matter.* 3 *i-sy* cerahat, irin; sarımsı ve mikroplu bir madde olup, yaralarda, vb. görülür. 4 *i-sy* içerik; hakkında yazılan, veya konuşulan şey. *The matter of his speech was good.* Ayrıca *f-n* önemi olmak; fark etmek. *It doesn't matter* (=Önemli değil. / Fark etmez). **be the matter with someone** birinin derdi, sorunu, problemi, hastalığı, ağrısı, vb. olmak. *What's the matter with you?* (=Neyin var?) (*k. dil.*). **it doesn't matter** 1 ziyanı yok; olsun. 2 farketmez, o da olur, bu da. **no matter** (**what** /who/whose/how/where... (her) (ne /kim/kimin/nasıl/nerede... (olur)sa (ol)sun. *No matter where I go I'll always remember this place.* **no laughing matter** gülünecek bir konu değil. **the fact of the matter/the truth of the matter** işin doğrusu şu. **that's the end of the matter/that's an end to the matter** işte bu kadar; son sözümü söyledim. **as a matter of fact** işin doğrusu, gerçekten, gerçek şu ki, nitekim; aslında: *as a matter of fact.* **matter-of-fact** *s* gerçekçi, gerçeklerden ayrılmayan, düşe kapılmayan. *He gave a matter-of-fact speech rather than an imaginative one.*

matting ['mætiŋ] *i-sy* bir tür kaba madde; yaygı, paspas için kullanılır.

mattress ['mætris] *i+sy* şilte; üzerinde yatılıp uyunan yatak.

mature [mə'tjuə*] *s* 1 ergin, yetiş-kin; olgun, kemale ermiş, aklı başında: *mature person.* 2 olmuş, olgunlaşmış. (*karş.* **immature**). (*eş anl.* **grown-up**). Ayrıca *f+n/-n* olgunlaştırmak; olgunlaşmak. **maturity** *i-sy* olgunluk.

maul [mɔ:l] *f+n* yaralayıp berelemek: *be mauled by a lion.*

mausoleum [mɔ:zə'liəm] *i+sy* anıtkabir; büyük mezar. (*eş anl.* **tomb**).

mauve [mouv] *i+sy/-sy* leylâk rengi; açık mor renkte.

maxi- ['mæksi] *ön-ek* maksi; ayaklara erişecek uzunlukta (örn. **maxiskirt**).

maxim ['mæksim] *i+sy* kural, düstur, vecize, mesel; kısa ve herkesçe bilinen bir özdeyiş. *The book contained many wise maxims.* (*eş anl.* **motto**).

maximum ['mæksiməm] *i+sy* en yüksek sayı, miktar. *My salary is at its* *maximum.* Ayrıca *s* en yüksek, azamî. *His maximum speed was 80 miles per hour. She was sentenced to the maximum sentence of imprisonment.* (*karş.* **minimum**).

may [mei] *yarf*
NOT[1]: geç. zam. biç. *might'*tır ve başka bir fiil zaman biçimi de yoktur. Olumsuzluk şekli *may not* olup konuşma dilinde *mayn't* kulanılabilir. **1** *may* çekimsiz yardımcı fiili olasılık belirtir: ...-ebilir, belki (yap)ar. *Our team may win tomorrow. You may see him if you hurry. He might be there, but I dont think so. I am afraid that your son may have been injured.* NOT[2]: *might* da olasılık gösterir, ama *may'*e göre bu olasılık daha azdır. Şimdi hem *may* ve hem de *might* ile kurulmuş cümleleri ince-leyerek aralarındaki farkı görelim: *(a) They may arrive now/tomorrow. (b) They might arrive now/tomorrow.* Bu iki cümlenin anlamı aşağı yukarı aynıdır, fakat birinci cümlede olası olan durum, ikinci cümlede daha azdır. *(c) They may have arrived yesterday. (d) They might have arrived yesterday.* Bu iki cümle arasındaki anlam farkı da olasılık açısından yukardaki iki cümlede olduğu gibidir. Ancak ikinci cümledeki olasılık çok şüphelidir. Şöyleki: *They might have arrived yesterday, but their plane could not land* (=Dün gelebilirlerdi, ama uçakları inemedi). Burada durumun daha önce olası bulunduğu, fakat bu olasılığın artık bulunmadığı ifade edilmektedir. **2** izin istemeyi, veya bu izni vermeyi belirtir: ...-bilir. *May I leave now? 'Might I ask what you paid for it?'— 'Yes, of course.' May we go to the cinema tomorrow?* NOT[3]: yukarıdaki sorularda *might, may'*e göre daha fazla bir tereddüt, isteksizlik ya da ağırdan almayı ifade eder. **3** rica ya da çok nazik emir belirtir: (yapa)bilirsin, belki (ede)bilirsiniz, vb. *You might post these letters on your way home. You might try to get that finished for tomorrow.* **4** bir dilekte bulunmak için kullanılır: inşallah, ümit ederim ki/ederiz ki. *May you both be very happy!* (*esk. kul.*—yerine *I hope you'll both be very happy!* ·

cümlesini kullanın). **5** ..-diği halde, ... -se de. *He may not study much, but he gets good marks.* (=Çok çalışmadığı halde yine de iyi notlar alıyor).
maybe ['meibi:] z belki, olabilir. *Maybe he will come tomorrow.* (*k. dil.*).
may/might as well (bir şey başka bir şeye tercih edilir olduğu zaman kullanılır) yapması daha akıllıca olmak, yerinde olmak, daha iyi olmak. *It's very cold so we might as well take the car* (=Hava çok soğuk, onun için arabaya binsek daha iyi ederiz).
May [mei] *i-sy* mayıs; yılın 5. ayı. *The match is on the 10th of May.* **May Day** *i+sy/-sy* 1 Mayıs Bahar Bayramı.
mayday, mayday signal ['meidei] *i+sy* bir uçak, veya gemi tarafından gönderilen 'imdat' sinyali.
mayonnaise [meiə'neiz] *i-sy* mayonez; koyu sarımsı sos; salata, soğuk yenen sebzeler, sandviç, vb. şeylere lezzet vermek için kullanılır.
mayor [mɛə*] *i+sy* belediye başkanı, belediye reisi. **mayoress** ['mɛəres] *i+sy* belediye başkanının karısı.
maypole ['meipoul] *i+sy* bahar direği; insanlar böyle bir direğin etrafında 1 Mayıs günü dans ederler.
maze [meiz] *i+sy* labirent; karmaşık ve içinden çıkılmaz bir yol şebekesi; yollar birbirini birçok yerlerden keser ve içinde yürüyen yolunu bir türlü bulamayıp kolayca kaybolur.
MCP [em sı:'pi:] *i+sy* (=**male chauvinist pig**)—körükörüne erkekliğin üstün olduğunu savunan (domuz) herif; (kadınlar tarafından söylenir).
me [mi:] *zamir 'I'* zamirinin nesne biçimi—beni, bana. *You saw me there. Give it to me.*
NOT: *Who is there?* ile sorulan bir soruya *It is I* yerine *It is me* şeklinde cevap verilmesi daha yaygın ve alışılmış bir cümle kuruluşudur.
meadow ['medou] *i+sy* otlak, çayır çimen.
meagre ['mi:gə*] (*AmI'*de **meager**) *s* az, yetersiz: *meagre wages; a meagre supply. It was difficult to live on his meagre earnings.*
meal[1] [mi:l] *i+sy* **1** yemek vakti (örn. sabah kahvaltısı, akşam yemeği, vb.); öğün. *We get three meals a day at the hotel* **2** yemek vaktinde yenilen yiyecek. *I feel like a meal* (=(Canım yemek) yemek istiyor (acıktım)). **make**

a meal of something bir şeyi yapmak için gereğinden fazla zaman ve çaba harcamak. **meals-on-wheels** *içoğ* İngiltere'de yerel yönetim tarafından çok yaşlı ve hastalara evlerine kadar bir araç ile götürülüp dağıtılan sıcak yemek.

meal² [mi:l] *i-sy* elenmemiş kaba un.

mealy ['mi:li] *s* suyu ve rengi kaçmış; kurumaya yüz tutmuş. *We ate flavourless mealy bananas.* **mealymouthed** *s* samimiyetsiz, söylediklerinde samimi olmayan; riyakâr: *a mely-mouthed politician.*

mean¹ [mi:n] *f+n/-n* **1** demek istemek, kastetmek; belli bir amaç ile söylemek; niyet etmek; (yapmayı, vb.) düşünmek. *They mean to leave by the midnight train. He meant to go home early, but he didn't. The young couple were meant for each other* (= Genç çift sanki birbirleri için yaratılmıştı). *What do you mean by saying that?* **2** demek; anlamına gelmek. *What does this word mean?* **3** anlamına gelmek; demek olmak; işareti belirtisi olmak. *Failing one paper means failing the whole examination. I'm afraid that this means war. geç. zam. ve ort.* **meant** [ment]. **meaning** *i+sy/-sy* anlam, mâna; kastedilen, anlaşılması istenen düşünce, fikir. *What is the meaning of this word? We've been trying to discover the meaning of his actions.* **meaningful** *s* içinde önemli bir anlam taşıyan, anlamlı, manalı. *She gave him a meaningful look.* (*eş anl.* **expressive**). **meaningless** *s* anlamsız; fa, dasız. **'I mean'** yani; demek istiyorum. (*eş anl.* **that is to say**). '**you mean!**' ...-mı demek istiyorsun?

mean² [mi:n] *s* **1** cimri, pinti, nekes: *a man who is greedy and mean.* (*karş.* **generous**). (*eş anl.* **stingy**). **2** eski ve ihmal edilmiş: *a mean street.* **3** kaba, bayağı, adi: *a mean act.* **4** kötü huylu; incitmekten, kırmaktan hoşlanan, kaba, rezil, alçak.. *Watch him; he can be really mean* (*k. dil.*).

mean³ [mi:n] *i+sy* **1** ikisi ortası durum, orta yol; bir şeyin aşırı uçlara kaçmayan ölçüsü: *a mean between heat and cold. We must find a mean between hope and despair.* **2** ortalama; bir miktarın, sayının, veya değerin orta derecesi. *The mean of 68, 77 and 83 is 76. (68+77+83= 228;*

228÷3= 76).

meander [mi'ændə*] *f-n* (akarsular: çay, dere, nehir, vb. hk.) yılankavi bir biçimde akıp gitmek, kıvrılmak, menderes yapmak. *A brook meanders through the meadow.* (*eş anl.* **zigzag**).

means [mi:nz] *itek* veya *çoğ* **1** araç, vasıta, yol; bir şeyi yapma yöntemi ya da yolu. *He forced the snake to come out from where it was hiding by means of a long pole. I don't know what means they used.* **2** para, imkân, gelir, veya zenginlik. *They say that he is a man of means.* **by all means** elbette; hay hay; lütfen (yapın). *May I leave now? By all means.* **know what it means** ne demek olduğunu bilmek. *I now knew what it meant to be a star.* **mean well** iyi niyetli olmak; niyeti kötü olmamak. *She may be rather bossy, but she means well.* (*eş anl.* **be well-intentioned**).

meantime ['mi:ntaim], **meanwhile** ['mi:nwail] *itek* bu arada, bu sırada, bu süre irerisinde. *You will be allowed to rest shortly; in the meantime you must keep working. Keep working in the meantime.* Ayrıca *bağ ...iken. You pack the cases; meanwhile I'll get the car ready.*

measles ['mi:zlz] *i-sy* kızamık; genl. küçük yaşlarda görülen, kuluçka dönemi bir iki hafta süren, bulaşıcı, ateşli, ufak kızıl lekeler döktüren bir hastalık. *Measles is a disease that people usually get in childhood. She's in bed with measles. Have you had measles? Jane and Jack caught measles from their friends at school.* NOT: biçimi çoğul gibidir, ama sayılamayan bir isim olup tekil bir fiille kullanılır.

measly ['mi:zli] *s* (sözü söyleyenin düşüncesine göre) az miktarda; yeterli olmayan. *He paid us a measly fifty pence.* (= Bana elli peni gibi bir para verdi).

measure ['meʒə*] **1** *i+sy* ölçme aygıtı ya da aleti. **2** *i-sy* cisimlerin uzunluğunu, boyunu, ağırlığını, vb. bulmak için kullanılan hesaplama sistemi; ölçme veya ölçü düzeni. **3** *i+sy* önlem, tedbir, girişim. *I shall have to take stern measures.* **4** *i+sy* yasa tasarısı. *Parliament is considering new measures against crime.* Ayrıca *f+n* **1** ölçmek, ölçüsünü almak. *They* *measured the room.* **2** belirli bir ölçüde, genişlikte, büyüklükte, vb. olmak. *The board measured 90 centimetres by 120 centimetres.* **measurement** *i+sy/-sy* ölçme (işlemi). **measurements** içoğ bir şeyin ölçüleri (özl. elbise için kişinin beden ölçüleri) *The tailor took my measurements.* **measured** *s* dikkatli; ölçülü, hesaplı. *He walked with measured steps.* **made to measure** *s* (giysiler hk.) beden ölçüsüne göre yapmak. *He has his clothes made to measure.*

meat [mi:t] *i-sy* et; yenebilir hayvan eti. *I went to the butcher's to buy some meat. I prefer fresh meat. Meat prices may fall.*

mechanic [mi'kænik] *i+sy* teknisyen, makine tamircisi. **mechanical** *s* **1** makine ile yürütülen; makine ile ilgili, mekanik: *mehanical toys.* **2** (insanlar ve davranışlar hk.) robot gibi: düşünce, veya istek ile değilde alışkanlıkla: *a mechanical reply.* **mechanics** *i-sy* mekanik, makina bilimi; makinelerin nasıl çalıştıklarını gösteren bilim. *Mechanics is the part of physics that deals with forces acting on moving or stationary objects.* NOT: biçimi çoğul gibidir, ama sayılamayan bir isim olup tekil bir fiille kullanılır.

mechanism ['mekənizəm] *i+sy* **1** mekanizma; bir makinedeki değişik parçalar ve bunların işleyişi. *The drive mechanism appears to be faulty.* **2** karmaşık bir şcyin işleyiş biçimi: *the mechanism of government.* **mechanize** ['mekənaiz] *f+n* makineleştirmek; iş çıkarmak için makinelerden yararlanmak: *mechanized agriculture.* **mechanization** [mekənai'zeiʃən] *i-sy* makinalaşma; makinalaştırma.

medal ['medl] *i+sy* madalya, nişan. *The captain won a medal for bravery.* **medallion** [mi'dæliən] *i+sy* madalyon (genl. bir süs eşyası olarak kullanılır). **medallist** ['medəlist] (*AmI'*de **medalist**) *i+sy* madalya sahibi; madalya kazanmış bir kimse: *gold-medallist.*

meddle ['medl] *f-n* karışmak; (kendisini ilgilendirmediği halde başkasının işine) burnunu sokmak. *I hope he doesn't try to meddle in my affairs.* (*eş anl.* **interfere**).

media ['mi:diə] **medium**'un çoğul biçimi.

mediaeval [medi'i:vl] *s* **medieval**'a bkz.

mediate ['mi:dieit] *f-n* arabuluculuk yapmak; araya girip uzaklaştırmak (genl. iki karşı kişi, veya grup arasında barışı sağlamak ya da aralarında anlaşmaya vardırmak için). *The government offered to mediate in the dispute.* (*eş anl.* **arbitrate**). **mediation** [mi:di'eiʃən] *i-sy* arabuluculuk. *The employers refused an offer of government mediation.* **mediator** *i+sy* arabulucu.

medicine ['med(i)sən] **1** *i-sy* tıp; tıp bilimi; hekimlik. *He is studying medicine because he wants to be a doctor.* **2** *i-sy/-sy* ilâç; hastalığı tedavi için kullanılan madde. *Take some cough medicine if your cough is bad. I should take the medicine three times a day.* **medical** ['medikl] *s* tıbbi; tıp veya tedavi ile ilgili: *medical instruments; medical students; medical school* (=tıp fakültesi). Ayrıca *i+sy* resmi sağlık muayenesi. *James wanted to join the army, but he failed his medical.* **medically** *z* tıbben, tıbbi bakımdan. **medicated** ['medikeitid] *s* tıbbi bir madde ile karıştırılmış; içinde ilâç olan: *medical cotton wool.* **medicinal** [me'disinl] *s* ilâç yerine, ilâç olarak kullanılan; ilâç gibi tedavi etkisi bulunan, iyileştirici, tedavi edici. *He kept a little brandy for medicinal purpose.*

medieval, mediaeval [medi'i:vl] *s* Avrupa tarihinde ortaçağ ile ilgili; ortaçağa ait—yaklaşık M.S. 110 ile 1500 yılları arası.

mediocre [mi:di'oukə*] *s* ne iyi ne kötü; şöyle böyle, orta şekerli: *a mediocre actor; mediocre performance.* (*eş anl.* **ordinary**).

meditate ['mediteit] *f+n/-n* derin derin, uzun uzun, enine boyuna, düşünüp tartmak; düşünceye, tefekküre dalmak; kurmak, veya tasarlamak: *meditate on/upon what one has done.* (*eş anl.* **ponder, muse**). **meditation** [medi'teiʃən] *i+sy/-sy* derin düşünceye dalma. *She spent a night in prayer and meditation.*

medium ['mi:diəm] *i+sy* **1** araç, vasıta. *Money is a medium for buying and selling.* **2** iletişim aracı. *Television is a very efficient medium for spreading information.* **3** orta durum, orta hal, veya yol: *happy medium.* çoğ. biç.

media ['mi:diə]. Ayrıca s orta, vasat; ne büyük ne de küçük: *of medium height*. **medium wave** (radyo yayınlarında) orta dalga; (İngiltere'de 187 ve 571 metre arasında uzunluktadır). **mass media** *içoğ* iletişim araçları (örn. radyo, televizyon, gazeteler vb.)

medley ['medli] *i+sy* bir demet, bir grup; çeşitli türden örneklerden oluşmuş karma bir şey; potpori; çeşitli müzik eserlerinden seçilmiş parçalardan oluşan bir müzik parçası. *The band played a medley of jazz music.*

meek [mi:k] *s* yumuşak huylu; uysal; şikâyet etmeyen, yakınmayan. *In his fantasies, the meek little man was a bold, brave hero.* **meekly** *z* uysalca; yakınmadan. *'I'm sorry dear,' he said meekly.*

meet [mi:t] *f+n/-n* 1 buluşmak; karşılaşmak, rastlamak. *I met him in the street last night. We met (up) in Paris last year.* (*eş anl.* **encounter**). 2 tanışmak, veya bir kimse ile ilk kez tanıştırılmak. *Would you like to meet my brother? Pleased to meet you* (=Tanıştığımıza memnun oldum). NOT: istenirse bu cümle yerine *How do you do?* da kullanılabilir. 3 karşılamak; gelişinde orada bulunmak: *I met my uncle at the station.* 4 gidermek, tatmin etmek, karşılamak: *meet a complaint.* 5 ödemek; masrafını karşılamak: *meet a bill. geç. zam. ve ort.* **met** [met]. **meeting** *i+sy* toplantı (genl. belli bir amaç için yapılan türden): *sports meeting; political meeting. The meeting will be held in the committee room.* **there's more to this than meets the eye** (düşündükçe) durum hiç de göründüğü kadar basit değil. **meet with an accident** başına bir kaza gelmek. **meet with success/failure** başarılı/başarısız olmak. **meeting place** buluşma yeri.

megaphone

megaphone ['megəfoun] *i+sy* megafon; huni biçiminde metal bir alet.

melancholy ['melənkəli] *i-sy* melankoli, karasevda; can sıkıntısı, üzgünlük, kederlilik. *Her melancholy was so deep none of us could cheer her up.* Ayrıca *s* melankolik.

mellow ['melou] *s* 1 (sesler, lezzetler, renkler, vb. hk.) yumuşak, olmuş; iç ısıtıcı. *The last mellow notes of the organ echoed around the concert hall.* 2 (insanlar hk.) incitmeyen ve kibar, iyi huylu. *One is mellower as one gets older.* Ayrıca *f+n/-n* olgunlaşmak; hoşgörülü olmak. *He says that age should mellowed me.*

melodrama ['meloudra:mə] *i+sy* melodram; bir tür tiyatro oyunu; geçen olaylar heyecan verici, ama pek inandırıcı olmayıp ziyadesiyle duygusaldır. **melodramatic** [meloudrə'mætik] *s* etkileyiş bakımından çok heyecan verici, ama çoğu kez gerçek olabileceği pek düşünülmeyen: *a melodramatic speech.*

melody ['melədi] *i+sy* melodi, ezgi, nağme; kulağa hoş gelen bir müzik parçası. **melodious** [mi'loudiəs] *s* kulağa hoş gelen; tatlı, hoş. *She was wakened by the melodious ringing of nearby church bells.*

melon ['melən] *i+sy/-sy* kavun.

melt [melt] *f+n/-n* 1 eritmek; erimek, sıvı haline gelmek: *melting snow.* 2 yumuşatmak; yumuşamak. *Her tears melted her father's. geç. zam. biç.* **melted. molten** ['moultn] *s* (metaller hk.) (yüksek ısı ile) erimiş. **melt away** kolayca eriyip ortadan kaybolmak, dağılmak. *His followers melted away at the first sign of danger.* **melt something down** bir metal cismi yeniden kullanmak üzere eritmek. *He melted down the silver cups.*

member ['membə*] *i+sy* üye, aza; bir gruba bir derneğe, bir klübe, vb. bağlı olan kimse: *member of Parliament; the member counties of EEC.* **membership** *i-sy* 1 üyelik: *renew one's membership. Turkey has applied for membership of the Common Market.* 2 bir derneğin, vb. üyeler topluluğu; tüm üyeleri: *a very large membership.*

membrane ['membrein] *i+sy* zar, perde; bir hayvan, veya bitkinin gövdesinde bulunan yumuşak, ince deri.

memento [mə'mentou] *i+sy* hatıra,

yadigâr; birisine bir şeyi, veya birini hatırlatan bir şey. *She gave them a book as a memento of her visit. çoğ. biç.* mementos veya **mementoes**. *(eş anl.* keepsake).

memo ['memou] *i+sy* **memorandum**'un kısa biçimi. *çoğ. biç.* **memos**.

memoir ['memwa:*] *i+sy* (genl. *çoğ. biç.* kullanılır) biyografi; yaşam öyküsü (özl. kişinin kendisinin). *He was writing his memoirs of his career abroad. (eş anl.* reminiscences).

memorandum [memə'rændəm] *i+sy* bir tür resmî olmayan iş mektubu. *He made a memorandum of his appointment with the dentist. çoğ. biç.* **memorandums** veya **memoranda** [memə'rændə].

memory ['memərı] **1** *i-sy* bellek, hafıza; olayları ve baştan geçenleri hatırlayabilme yeteneği. *He has a very good/bad memory. I have a good memory for faces. His memory is going* (=Hafızası zayıflıyor). *She lost her memory after the accident.* **2** *i+sy* anı, hatıra. *I have very pleasant memories of my travels abroad.* **memorable** *s* anılmaya, anımsamaya, hatırlanmaya değer; unutulmaz. *It was a memorable day.* **memorial** [mi'mɔ:riəl] *i+sy* anıt; abide: *war memorial* (=savaşta ölenlerin anısına dikilmiş bir heykel, bir anıt, vb.). Ayrıca *s* **memorize** *f+n* ezberlemek, bellemek: *memorize a poem. (eş anl.* learn by heart). **in memory of someone** bir kimsenin anısına; bir kimsenin hatırlanmasına yardımcı olmak üzere. *I send you this card in memory of our happy summer together.*

men [men] **man**'in çoğul biçimi.

menace ['menəs] *i+sy/-sy* **1** tehdit; tehlike. *The arms race is a menace to world peace. (eş anl.* threat). **2** tehdit etme. **3** baş belası kimse; sorun yaratan şey. *(k. dil.).* Ayrıca *f+n/-n* **1** tehdit etmek. *One danger menaced his future. (eş anl.* threaten). **2** korkutmak. *They were menaced by drunks. (eş anl.* frighten). **menacing** *s* tehlikeli; tehdit edici. **menacingly** *z* tehdit ederek; korkutarak.

menagerie [mi'nædʒəri] *i+sy* hayvanat bahçesi; halkın görebilmesi için toplanmış vahşi hayvanlar koleksiyonu (özl. bir yerden başka bir yere taşınabilir türden).

mend [mend] *f+n* tamir etmek, onarmak: *mend a broken chair; mend a stocking with a hole in it. (eş anl.* repair, fix). **on the mend** iyileşmekte, düzelmekte olma (özl. bir hastalıktan sonra). *My father wasn't well for a time, but he's on the mend now. (k. dil.).* **mend matters** bir durumu tamir etmek. *You won't mend matters by being so impolite.*

menial ['mi:niəl] *s* bayağı, adi, aşağılık, süfli: *a menial task.*

meningitis [menin'dʒaitis] *i-sy* menenjit; beyin zarlarının çeşitli mikroplarla iltihaplanması sonucu ortaya çıkan çok tehlikeli bir hastalık. *Jane is ill with meningitis.*

menstruation [menstru'eifən] *i-sy* adet görme, aybaşı; bir kadının rahminden gelen aylık kan akımı. **menstrual** ['menstruəl] *s* adetle ilgili: *menstrual cycle.* **menstruate** ['menstrueit] *f-n* adet görmek.

mental ['mentl] *s* zihinsel, zihnî; zihin ya da akıl ile ilgili: *mental illness; mental hospital* (=akıl hastanesi); *mental arithmetic. He has a mental age of four. (karş.* physical). **mentally** *z* aklen, zihnen. *She was sick, not mentally but physically. Mentally, he is very advanced for his age.* **mentality** [men'tæliti] *i+sy/-sy* anlayış, düşünce; kişinin düşünme şekli. *He is able to understand the mentality of the nation.*

mention ['menfən] *f+n* bahsetmek, söz etmek; kısaca hakkında birşeyler söylemek, veya yazmak. *I must just mention that everyone has been very kind to us here.* Ayrıca *i+sy* birisi/bir şey hakkında fikrini açıklama; birisinin adından söz etme.

menu ['menju:] *i+sy* menü; yemek listesi. *What's on the menu? çoğ. biç.* **menus.**

MEP [em i:'pi:] *i+sy* (=Member of the European Parliament)—Avrupa Parlamentosu Üyesi.

mercenary ['mə:sinəri] *s* aklı fikri para kazanmakta, mal edinmekte olan: *mercenary person; mercenary motives.* Ayrıca *+sy* paralı asker; kendisine para ödeyen bir ülke için savaşan asker—kendi vatanı için değil.

merchandise ['mə:tfəndaiz] *i-sy* ticari eşya, mal (özl. üretilmiş olan cinsten). *The mechandise was shipped.*

merchant ['mə:tʃənt] *i+sy* 1 tüccar; büyük çapta mal alıp satan kimse. 2 belli bir mal çeşidi ile uğraşan tüccar: *wine merchant; coal merchant.* **merchant navy** ticaret filosu ve ticaret gemilerinde çalışanların tümü. Ayrıca **merchant marine** de denir.

mercury ['mə:kjuri] *i-sy* cıva; gümüşî renkte ağır bir metal; termometrelerde kullanılır. Simgesi. Hg.

mercy ['mə:si] *i+sy* merhametli, şefkatli, acıma; lütuf, inayet. *He showed mercy to the defeated enemy. The judge gave the convicted man no mercy. They had no mercy on their prisoners.* **merciful** *s* merhamet, acıma gösteren. *We believe God is merciful an forgiving.* (*karş.* **unmerciful**). (*eş anl.* **clemency, leniency**). **merciless** *s* merhametsiz, acımasız. **at the mercy of** (başkasının) insafına kalmış, (onun) elinde; (birisine ya da bir şeye) karşı çaresiz. *The ship was at the mercy of the wind and waves.* **mercy killing** *i+sy/-sy* hasta bir kimsenin daha fazla acı çekmesini önlemek için öldürme.

mere [miə*] *s* ancak, yalnız, sırf, sadece (o kadar): *a mere child. The cut was a mere scratch.* **merely** *z* yalnızca, ancak; sadece ve sadece. (*eş anl.* **simply, just**).

merge [mə:dʒ] *f+n/-n* bir şeyin içine karışıp kaybolmak; bir başka şeye katılıp onun parçası olmak; birleşmek, bir tek kuruluş haline gelmek. *It was decided that the two businesses should be merged.* **merger** *i+sy* iki ya da daha fazla şirket, veya firmanın birleşmesi.

NORTH POLE

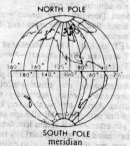

SOUTH POLE
meridian

meridian [mə'ridiən] *i+sy* 1 meridyen; ekvatoru dik olarak kestiği ve iki

kutup noktasından geçerek dünyayı çevrelediği varsayılan daire. *Meridians are drawn on maps to help you describe the position of a place.* 2 öğle. 3 (özl. bir yıldız hk.) en yüksek nokta; zirve, doruk. *The sun is at its meridian.*

meringue [mə'ræŋ] *i+sy/-sy* beze, bir çeşit pasta, kek; şeker ve yumurta akının karıştırılmasıyla yapılır.

merit ['merit] *i+sy/-sy* meziyet, erdem, fazilet; övgüyü hak eden nitelik. *There is a great deal of merit in what he has achieved. His greatest merit is his courage.* Ayrıca *f+n* layık olmak, hak etmek. *This book merits our close attention.* (*eş anl.* **earn, deserve**). **on its merits** değerine göre. *Your application will be judged on its merits.*

mermaid ['mə:meid] *i+sy* denizkızı; denizlerde yaşadığı söylenen hayali bir yaratık; vücudu kadın, belden aşağısı balık kuyruğu biçimindedir.

merry ['meri] *s* 1 neşeli, şen: *having a merry time.* 2 epey sarhoş, kafayı bulmuş. (*k. dil.*). **merrily** *z* neşeyle. **merriment** *i-sy* neşe, keyif. **merry-go-round** atlıkarınca. **Merry Christmas!** Mutlu ve neşeli Noeller! *I wish you a Merry Christmas.*

mesh [meʃ] *i+sy* ağ gözü; ağ, veya file örgüsünün iplikleri, veya telleri arasında bulunan aralıklar. *This net has a fine mesh* (=Bu ağın aralıkları küçük).

mesmerize ['mezməraiz] *f+n* hipnotize etmek, büyülemek. *The beauty of the scenery mesmerized us.*

mess¹ [mes] *i+sy* karışıklık, dağınıklık; darmadağınık hal, veya durum. *Tom is very untidy; he always leaves his room in a mess. That's another mess I'll have to clean up. What a mess!* **messy** *s* karmakarışık, dağınık; kirli, pis, kirpas içinde. *Working underneath the car is always a messy job.* **mess about** 1 aylak aylak oturmak, dolaşmak; tembellik etmek. 2 aptal aptal konuşmak, veya davranmak (*k. dil.*). **mess something up** bir şeyi bozmak, berbat etmek; bir şeyi karmakarışık etmek, altını üstüne getirmek. *You've messed up all our arrangements.* (*k. dil.*). **make a mess of something** 1 bir şeyi altüst etmek, kirletmek. 2 bir şeyi berbat etmek; yüzüne gözüne bulaştırmak. (*k. dil.*).

no messing gırgıt geçmiyorum; dalga geçmiyorum. (*k. dil.*). (*eş anl.* **no kidding**).

mess² [mes] *i+sy* **1** toplu halde yemek yiyen kimseler (örn. askerler, vb.). **2** böyle bir topluluğun yediği yemek. **3** böyle bir topluluğun yemek yediği yer; yemekhane: *officers' mess; sergeants' mess.*

message ['mesidʒ] *i+sy* mesaj, haber, bir kimseden bir başkasına yollanan, gönderilen bilgi. *We received our first message from him after six months.* **messenger** ['mesindʒə*] *i+sy* haber getirip götüren kimse; ulak, haberci. *Dawn is the messenger of the day.*

Messrs ['mesəz] **Mr**'ın çoğul biçimi: *Messrs Smith and Jones.* (*esk. kıd.*— yerine her ismin önünde **Mr** kullanın: *Mr Smith and Mr Jones*).

met [met] **meet** fiilinin geçmiş zamanı ve ortacı.

metabolism [me'tæbəlizm] *i+sy/-sy* metabolizma; vücuda alınan her türlü yiyecek ve içeceklerin değişimi için meydana gelen işlemler. *My metabolism is better than yours.*

metal ['metl] *i+sy/-sy* metal; demir, gümüş, kurşun, vb. bir madde. *The spears were made of metal. Silver and copper are both metals.* **metalic** [me'tælik] *s* metalik; metal ile ilgili, veya metale benzer: *metalic sound.*

metamorphose [metə'mɔ:fouz] *f+sy/ -sy* başkalaştırmak; başkalaşmak. *Young girls are metamorphosed into stunning stars of the screen. The headstrong girl metamorphoses into the loving wife and mother.* **metamorphosis** [metə'mɔ:fəsis] *i+sy/ -sy* metamorfoz (olayı); başkalaşım, başkalaşma, görünüşün ya da doğanın büyük değişimi: *metamorphosis of a caterpillar into a butterfly/a criminal into a saint.* çoğ. biç. **metamorphoses** [metə'mɔ:fəsi:z].

metaphor ['metəfɔ:*] *i+sy/-sy* mecaz, benzetme; bir ilgi ya da benzetme sonucu gerçek anlamından başka anlamda kullanılan söz; bir sözü bu biçimde kullanma. *You are the rock on which we depend* (= Sen kaya gibi sağlam, güvenebileceğimiz birisin). *He is a lion in battle.* **metaphorical** [metə'fɔrikl] *s* mecazi, mecazla ilgili, mecaz niteliğinde olan; sözcüklerin sıradan anlamlarına değil de yan anlamlarına göre anlaşılacağını öngören. NOT: mecaz (= **metaphor**), teşbihe, (= **simile**) benzer. Teşbihte bir karşılaştırma, bir benzetme vardır; ancak teşbih yapılırken *like* veya *as* sözcükleri kullanılır, örn. *You are as firm as a rock* (= Sen kaya gibi sağlamsın), veya *You are like a rock* (= Sen kaya gibisin). **metaphorically** *z* mecazi olarak. *I was speaking metaphorically.*

metaphysics [metə'fiziks] *i-sy* metafizik, fizikötesi; varoluş ve bilginin kaynağı, yani 'biz gerçekten neyiz ve bildiklerimiz nasıl oluyor da biliyoruz', sorunu ile uğraşan felsefe şekli. *I am interested in metaphysics.* NOT: çoğul bir isimdir, ama tekil bir fiille kullanılır. *Metaphysics is the part of philosophy which is concerned with theories about what exists and how we know that it exist.*

meteor ['mi:tiə*] *i+sy* meteor, göktaşı; uzay boşluğunda dolaşan bir kütle; atmosfere girdiğinde sürtünmeden doğan bir ışık çizgisi oluşturur. (Meteor yerine genl. **shooting star** veya **falling star** isimleri kullanılır). **meteoric** [mi:ti'ɔrik] *s* çok hızlı, baş döndürücü, bir şekilde süratli: *a meteoric rise to fame.* **meteorite** ['mi:tiərait] *i+sy* yeryüzüne düşmüş meteor; meteorit.

meteorology [mi:tiə'rɔlədʒi] *i-sy* meteoroloji; hava durumu bilgisi (özl. hava tahmini hk.). **meteorological** [mi:tiərə'lɔdʒikl] *s* meteoroloji ile ilgili: *the meteorological office.* (*k. dil.* genl. **met** [met] şeklinde kısaltılarak kullanılır: *the met office*).

meter¹ ['mi:tə*] *i+sy* sayaç, saat: (özl. gaz, elektrik, su, vb.) miktarı ölçen makine ya da mekanizma. **parking meter** park metre.

meter² ['mi:tə*] *i+sy/-sy* **metre**'ye bkz.

method ['meθəd] **1** *i+sy* yöntem, metot, yol, tarz, usûl; bir şeyi yapma yolu: *new methods of teaching English.* **2** *i-sy* yapma yolu; sistem, planlama, düzen. *There is not much method in the way he does things. There is method in his madness.* **methodical** [mi'θɔdikl] *s* **1** metodlu, planlı, sistemli. **2** belli bir düzene göre iş görmeye meraklı. *He is very methodical.*

Methodist ['meθədist] *i+sy* Metodist; John Wesley adlı bir vaiz-papazın 1729 yılında kurduğu bir Hıristiyan mezhebinin üyesi.

methylated ['meθileitid] *s* genl. **methylated spirits** biçiminde kullanılır—ısı ve ışık elde etmek için kullanılan bir çeşit alkol.

meticulous [me'tikjuləs] *i+sy* titiz, kılı kırk yaran; en ince ayrıntılara kadar inen: *meticulous work; a meticulous worker.*

metre[1] ['mi:tə*] (*AmI'*de **meter**) *i+sy* metre; 39.35 inç boyunda bir uzunluk ölçüsü. **metric system** metrik sistem; uluslararası bir ölçü sistemi; standart ölçü olarak uzunluk için metre, ağırlık için de kilogram kabul edilmiştir. **metrication** [met'rikeifən] *i-sy* metrik sisteme dönüştürme (örn. İngiliz ölçüm birimlerini).

metre[2] ['mi:tə*] (*AmI'*de **meter**) *i+sy/ -sy* şiir vezni; şiirde sözcüklerin kuvvetli ve zayıf olarak vurgulanmalarına göre oluşturdukları ritim, ahenk. **metrical** ['metrikl] veya **metric** [metrik] *s* metrik; metre ile ilgili.

metro ['metrou] *i+sy* metro. *We travelled on the metro.* (*eş anl.* **subway**).

metronome ['metrənoum] *i+sy* metronom; müzikte bir parçanın hız derecesini gösteren alet.

metropolis [me'trɔpəlis] *i+sy* bir ülkenin ana kenti (ülkenin başkenti olması gerekli değildir). *London is the biggest metropolis in Great Britain.* NOT: *capital* (=başkent) bir ülke hükümetinin bulunduğu yerdir, ama diğer kentlere göre daha büyük, veya herhangi bir şekilde daha önemli olmayabilir. **metropolitan** *s* bir ülkenin anakentine ilişkin: *a metropolitan police force. The metropolitan area spread for miles.*

MI5 [em ai 'faiv] *özeli* (=**Military Intelligence Section** 5)—İngiliz Milli İstihbarat Teşkilatının bir dairesi olup, yurt güvenliği ile ilgilenir.

MI6 [em ai 'siks] *özeli* (=**Military Intelligence Section** 6)—İngiliz Milli İstihbarat teşkilatının bir dairesi olup yabancı ülkelerden siyasi ve askeri gizli bilgileri toplar.

miaow [mjau] *i+sy* kedi sesi; kedinin çıkardığı miyavlama sesi. Ayrıca *f-n* miyavlamak.

mice [mais] **mouse**'un çoğul biçimi.

mickey [miki] **take the mickey (out of someone)** sözünde kullanılır—bir kimseyle alay etmek, gırgır geçmek. *He's always taking the mickey.*

micro- ['maikrou] *ön-ek* küçük, çok ufak.

microbe ['maikroub] *i+sy* mikrop; çıplak gözle görülmeyecek kadar küçük ve hastalıklara neden olan canlı bir yaratık. *Viruses, bacteria, protozoa and fungi are all forms of microbe.*

microchip ['maikroutfip] *i+sy* mikroçip, elektronik yonga; içinde elektronik devreler bulunan silikon parçası.

microcircuit ['maikrousə:kit] *i+sy* karmaşık entegre devre.

microphone ['maikrəfoun] *i+sy* mikrofon; ses titreşimlerini elektrik akımına çeviren bir elektriksel düzen.

microprocessor [maikrou'prousesə*] *i+sy* hesap makinelerinde, bilgisayarlarda, vb. kullanılan içinde birçok elektronik devre bulunan bir silikon olup küçük bir bilgisayarın işlemlerinin çoğunu kontrol eder.

microscope ['maikrəskoup] *i+sy* mikroskop; içindeki merceklerle cisimleri büyüterek onların incelenmesini sağlayan aygıt. *Under the microscope it was possible to see the cancer cells.* **microscopic** [maikrəs'kɔpik] *s* mikroskobik; çok küçük.

mid- [mid] *ön-ek* orta, ortası; ortasında (birçok bileşik isimlerin yapılmasında kullanılır). **midday** günün ortası(nda); öğle, öğle vakti: *at midday.* **midnight** *i+sy* 1 geceyarısı 12.00. 2 gece yarısı; gecenin ortasında: *at midnight; a midnight swim.* **midsummer** yaz ortası: *midsummer days.* **Midsummer Day** *özel i* 24 Haziran. **midway** *z* yarı yolda; orta bir yerde. *Burmingham is midway between London and Glasgow.*

middle ['midl] *i+sy* 1 orta nokta ya da yer; iki, veya daha fazla nokta ya da yere eşit uzaklıkta bulunan bir nokta, veya yer: *the middle of the room; in the middle of the lake.* 2 (insan) bel. *The water came up to my middle.* (*k. dil.*). Ayrıca *s* merkezde, veya merkeze yakın; merkezi; bir şeyin başlangıcına ve sonucuna aynı yakınlıkta, orta, ortada: *the middle book; the middle finger.* **middle-age spread** orta yaşlarda görülen ve bel etrafında oluşan deri altı yağ katmanı. **middle-aged** s orta yaşlı; ne genç ne yaşlı; 40 ile 60 yaşları arası. **the Middle Ages** Orta Çağ; MS 1100 ile MS 1500 yılları arasındaki süre. (Ayrıca bazen MS 500 ile 1500 yılları arasındaki süre için de kullanılır). **middle classes** *içoğ* orta tabaka, ortadirek (örn. avukatlar, öğretmenler, doktorlar, vb.); asiller, zenginler bu sınıfa girmezler; işçiler de girmez. **middleman** komisyoncu, aracı; başkalarının ürettiği malları satan kimse (örn. manav). *We sell direct from the factory to the customer and cut out the middleman.* **middle name** ön ad ile soyadı arasında kullanılan isim; bir tür göbek adı, örn. Winston *Spencer* Churchill. **middle-of-the-road** s ılımlı; aşırı uçlara kaçmayan: *a middle-of-the-road politician.* (*eş anl.* moderate). **Middle East** Ortadoğu; Mısır ile İran arasındaki genel bölge. **middleweight** *i+sy* orta siklet. Ayrıca **box'** bkz.

midge [midʒ] *i+sy* tatarcık; uçucu bir tür küçük ısırıcı böcek.

midget ['midʒit] *i+sy* cüce; ufak tefek birisi; Ayrıca *s* çok küçük: *midget submarine.*

midriff ['midrif] *i+sy* göğüsle karın arasındaki kısım. *She was up to her midriff in hot water.*

midst [midst] *i* orta; orta kesim, veya yer. (*esk. kul.*). **in the midst of** 1 arasında, ortasında. *I saw him in the midst of the crowd.* (*eş anl.* among). 2 sırasında, esnasında. (*eş anl.* during).

midwife ['midwaif] *i+sy* ebe; doğuma yardımcı olan kadın. *A midwife is a nurse, usually a woman, who is trained to deliver babies and to advise pregnant women.*

might¹ [mait] may fiilinin geçmiş zaman biçimi. Ayrıca **may** ve **modal'a** bkz.

might² [mait] *i-sy* kudret, kuvvet, güç. *He fought with all his might.* **mighty** *s* kudretli, kuvvetli, güçlü; büyük, kocaman: *a mighty king; a mighty tree.* Ayrıca *z* çok, pek çok, iyice, adamakıllı. *I'm mighty glad.* (*k. dil.*). **with all one's might/with all one's might and main** var gücüyle.

migraine ['mi:grein] *i+sy/-sy* migren; çok ızdırap veren bir çeşit başağrısı (genl. ağrı başın bir tarafında görü-

lür). *My wife suffers from migraine. She has gone to bed; she's got a migraine.*

migrate [mai'greit] *f-n* (kuş ve balıklar hk.) göç etmek; yılın belli bir zamanında bir yerden başka bir yere göç etmek. *Swallows migrate in the winter.* **migration** *i-sy* göç, göç etme. *He studies the migration of birds.* **migrant** ['maigrənt] *i+sy* göçmen; göçen insan, hayvan, vb.

mike [maik] *i+sy* **microphone'**un konuşma dilinde kısaltılmış biçimi.

milage ['mailidʒ] *i+sy* **mile'a** bkz.

mild ['maild] *s* 1 kibar, nazik; yumuşak, ılımlı, yumuşak başlı, iyi huylu, mülayim: *a mild person; a mild way of speaking; mild weather* (=yumuşak bir hava). 2 biraz, hafifçe. *They seem mildly interested.* **mildness** *i-sy* tatlılık, yumuşaklık.

mildew [mildju:] *i-sy* 1 küf hastalığı; bir tür bitki hastalığı olup bitkilerin üzeri beyazımsı bir küf ile kaplanır. *Mildew killed the rosebuds in our garden.* 2 küf; elbiseler, deriler, vb. uzun süre nemli bir ortamda kalırsa üzerinde oluşur. *Damp clothes left in a pile will show mildew in a few days.*

mile [mail] *i+sy* mil; 1760 yardaya, veya 1.6 km.'ye eşit bir uzunluk ölçüsü. *My car does twenty-five miles to the gallon.* **mileage, milage** ['mailidʒ] *i+sy* belli bir süre içinde katedilmiş mil miktarı. **milestone** 1 (kilometre taşı (gibi) mil taşı. 2 dönüm noktası; insanın yaşamındaki önemli nokta; önemli bir olay: *a milestone in the history of medicine.* **be miles away** aklı başka yerde olmak; başka şeyler düşünmek.

milieu ['mi:ljə:] *i+sy* (genl. sadece *tek. biç.* kullanılır) çevre, muhit; bir kimsenin toplumsal çevresi: *living in an artistic milieu.* (*eş anl.* environment, surroundings).

militant ['militənt] *s* militan; savaşmaya, veya zor kullanmaya hazır olan; vuruşmaya ya da mücadeleye aktif olarak katılan. *My friends are militant supporters of nuclear disarmament.*

military ['militəri] *s* askeri; askerler, veya savaş ile ilgili: *military uniform; military life; military police; military service* (=askerlik görevi, vatan hizmeti). **the military** tüm olarak asker-

ler, ordu; askeriye. **militate against**
something bir şeye karşı durmak, kar-
şı çıkmak; aleyhine olmak. *He won't*
rest, and that militates against his
early recovery. **militia** [mi'lifə] *i+sy/*
-sy milis kuvveti: halk ordusu; düzen-
li orduya bağlı olmayan, gerektiğinde
vatan müdafası için çağrılabilen eği-
tim görmüş birlik.
NOT: tekil bir isim olarak kullanıl-
dığında alacağı fiil tekil, veya çoğul
bir fiil olabilir.

milk [milk] *i-sy* 1 süt; memelilerin yav-
rularını beslediği sıvı. *The milk will*
start to flow a few days after child-
birth. 2 (inekten elde edilen) süt; içi-
lir, peynir, tereyağı, vb. yapılır. *She can*
only drink warm milk. Ayrıca *f+n*
(süt) sağmak: *milk a cow.*
NOT: *milk* denince büyük bir çoğun-
lukla inek sütü anlaşılır.
(it's no use) cry(ing) over spilt milk
için **cry'a** bkz. **milky** *s* sütlü, sütten
yapılmış, süte benzer, süt gibi (özl.
renkler) **milkman** sütçü; evlere süt
servisi yapan kimse. **milk shake** soğuk
süt ve dondurmadan yapılan bir tür
içecek. **milk tooth** (bebeğin) süt dişi,
(ağzında çıkan) ilk diş. **Milky Way**
Samanyolu; yıldızlardan ve gaz gru-
bundan oluşmuş bir kuşak.

mill¹ [mil] *i+sy* 1 fabrika: *paper mill;*
steel mill. 2 değirmen. 3 kahve, vb.
maddeleri ezerek un haline getiren
makine: *coffee mill.* **miller** *i+sy* de-
ğirmenci; değirmenin sahibi, veya
bunu işleten kimse. **windmill** yelde-
ğirmeni.

windmill

mill² [mil] 1 *f+n* öğütmek, çekmek:
mill coffee, flour. 2 *f-n* (bir şeyin çev-
resinde) amaçsız, veya şaşkın şaşkın
dönmek, dönüp durmak. *The crowds*
milled around outside the hall.
millenium [mi'leniəm] *i+sy* 1.000 yıl-

lık bir dönem. *çoğ. biç.* **millenniums,**
veya **millennia** [mi'leniə].
millet ['milit] *i-sy* darı; çok ufak to-
humları olan bir bitki.
milligram, milligramme ['miligræm]
i+sy miligram; bir gramın binde biri.
millimetre ['milimi:tə*] (*AmI'de* **milli-**
meter) *i+sy* millimetre; metrenin bin-
de biri.
milliner ['milinə*] *i+sy* kadın şapka-
cısı; kadın şapka modeleri çizen, ya-
pan ve satan kimse. **millinery** *i-sy* 1
kadın şapkacısı tarafından yapılan
kadın şapkaları ve aksesuarları. 2 ka-
dın şapkacılığı.
million ['miljən] *i+sy* milyon;
1.000.000. **millionaire** [miljə'neə*]
i+sy 1 milyoner; bir milyon sterlini,
veya doları olan kimse. 2 çok zengin
birisi.
mime [maim] *i+sy/-sy* pandomim;
elini kolunu, bacağını oynatıp yapılan
taklit ya da taklitçilik; çoğk. eğlen-
dirmek için yapılır. Ayrıca *f+n/-n*
pandomim oyunu sergilemek; taklit-
çilik yapmak.
mimic ['mimik] *f+n* birisinin konuş-
ma şeklini, veya davranışlarını taklit
etmek. *Some birds can mimic human*
voices. geç. zam. ve *ort.* **mimicked.**
Ayrıca *i+sy* taklitçi; birinin konuşma
şeklini, veya davranışlarını taklit et-
mede usta olan kimse. **mimicry** *i-sy*
taklitçilik; taklit.
mince [mins] *f+n/-n* 1 eti veya diğer
yiyecekleri kıymak; çok küçük parça-
lara ayırmak. 2 kırıtarak yürümek;
küçük küçük kısa adımlar atarak yü-
rümek. Ayrıca *i-sy* kıyma; kıyılmış et.
Ayrıca **minced meat** de denir. **mince-**
meat küçük küçük kıyılmış elma, ve-
ya diğer meyvalar, kuşüzümü, şeker,
vb. karışımı (pastaların içine doldu-
rulur). **(not to) mince one's words**
lafını esirgememek, sözünü sakınma-
mak. *I didn't mince my words.*
mind¹ [maind] 1 *i+sy/-sy* akıl, zihin,
dimağ, kafa; zekâ, kavrama. *John has*
a quick mind. It's all in the mind. 2
i-sy belle!; hafıza; hafıza kuvveti:
bear/keep something in mind (=bir
şeyi unutmamak). 3 *i+sy* düşünce,
fikir. *He didn't change his mind.* 4
i+sy çok zeki kimse, çok akıllı insan.
He is the greatest mind of our time.
mindful *s* dikkat gösteren, düşünceli;
unutmayan, hatırlayan. *I am mindful*

of my duties. (*karş.* **unmindful**).
mindless *s* **1** (bir iş, bir hareket hk.)
(çok basit olması, veya çok sık yapılageldiği için) hiç düşünmeden yapılan, önemsenmeyen. *David spends the day performing mindless routine tasks.* **2** akılsızca yapılan: *the mindless pollution of our cities.* **go over something in one's mind/turn something over in one's mind** bir şeyi kafasında evirip çevirmek; düşünüp durmak. **out of sight, out of mind** gözden ırak olan gönülden de ırak olur. *When she went away he immediately forgot about her: it was a case of 'out of sigh, out of mind.'* **slip one's mind/go out of one's mind** aklından çıkmak, unutmak. *Maybe it had slipped my mind. I was, after all, incredibly busy that day.* **cross/enter one's mind** aklından geçmek, aklına gelmek. *I did not mention it until now because it has only just crossed my mind.* **bear/keep something in mind** unutmamak, aklından çıkarmamak. *Bear in mind that you must be back home by nine o'clock.* **set/put one's mind at rest** (iyi bir haber vererek) rahatlatmak. *The letter from her son showed that he was safe and set her heart at rest.* **have it in mind** bir şey yapmaya niyet etmek, veya istemek. *I have in mind going to the city.* **have a good mind to do something** canı ...-mek istemek. *I have a good mind to go and see her about it right away.* **have half a mind to do something** (yap)ası gelmek, yapmak için çok kuvvetli istek duymak. *The baby was so naughty that I had half a mind to give him a smack.* **be in two minds** kararsız olmak. *I was very much in two minds wheather or not to apply for the Cambridge job.* (*eş anl.* **undecided**). **be out of one's mind** aklını kaçırmak, çıldırmak, deli olmak. *Anyone who thought of such a crazy plan must be out of his mind.* **change one's mind** fikrini değiştirmek. *All of a sudden I changed my mind and decided not to go anywhere.* **be of one mind/be of like mind/be of the same mind** aynı düşüncede, görüşte olmak. *We are of one mind on what to do.* **make up one's mind/make one's mind up** karar(ını) vermek. *He's made up his mind to go home.* **speak one's mind**

düşüncelerini açıkça söylemek. *I hope that what I am going to say will not offend anyone, but I feel that I must speak my mind.*
mind² [maind] *f + n/-n* **1** dikkatini bir şeye vermek, meşgul olmak. *Mind what you're doing.* **2** dikkatli olmak; dikkat etmek. *Mind the step* (= Lütfen basamaklara dikkat edin!) *Mind you don't say anyhing to offend them.* **3** bakmak, göz kulak olmak. *I'm staying home to mind the children.* **4** ...-den alınmak, ...-in mahzuru olmak, ...-den rahatsız olmak. *Do you mind the noise? I don't mind what he said about me.* **Would you mind if I brought/my bringing some friends?** (= Arkadaşlarımı getirsem/getirmemin mahzuru var mı?) **never mind** zararı yok, önemi yok. *'Will you bring me a glass?' 'Never mind. I'll get it myself.* (= 'Bana bir bardak getirir misiniz?' 'Neyse bırak/vazgeç. Ben kendim alırım').
NOT: *mind* emir ve ikaz cümlelerinde çokça kullanılır.
mine¹ [main] *zamir* I zamirinin iyelik gösteren biçimi: -benim(ki(ler)); bana ait olan şey(ler). *We'll have to separate mine from yours.*
mine² [main] *i + sy* **1** maden, maden ocağı. **2** haber, veya bilgi kaynağı ya da hazinesi kimse, veya şey. *That man is a mine of information about history.* **3** mayın; kara, veya deniz mayını: *a landmine.* Ayrıca *f + n/-n* **1** yer altında maden ocağı kazmak; bir maden ocağını kazıp maden çıkarmak. *The company is mining coal in the north of the country.* **2** mayınlamak; mayın döşemek; mayın dökmek. *They mined the entrance to the harbour.* **3** mayın kullanarak tahrip etmek, yok etmek. *The ship was mined early this morning.* **miner** *i + sy* madenci, bir madende çalışan maden işçisi. **minefield** mayın tarlası; mayın yerleştirilmiş bir arazi, veya su. **minesweeper** mayın tarayıcı (gemi).
mineral ['minərl] *i + sy* mineral; toprağın altından çıkartılan herhangi bir madde (örn. altın, kömür, petrol). Ayrıca *s* mineraller ile ilgili, minerallere ait: *They have discovered rich mineral deposits.* **mineral water** *i + sy /-sy* **1** maden suyu; içinde madensel tuzlar, veya gazlar bulunan ve sağlık

nedeniyle içilen su. **2** soda, maden suyu sodası.

mingle ['miŋgl] *f+n/-n* karıştırmak, katmak; karışmak, katılmak. *They mingled with the other people at the party.*

mini- ['mini] *ön-ek* küçük-, ufak-, mini-; özel olarak, alışılmış olandan daha küçük yapılmış (örn. **minibus** (=minibüs); **miniskirt** (=minietek)).

miniature ['minitʃə*] *nits* minyatür; ufak ölçülerde kopyası yapılmış: *miniature railway.* Ayrıca *i+sy* **1** bir kimsenin çok küçük bir resmi. **2** herhangi ufak bir şey.

minimize ['minimaiz] *f+n* mümkün olan en küçük miktara, veya ölçüye düşürmek, asgariye indirmek: *minimize the risk of an accident. She tends to minimize the difficulty of the project.*

minimum ['miniməm] *i+sy* mümkün olan en ufak, en düşük miktar, sayı veya ölçü. *That is the very minimum that I shall accept. We ought to keep expenses to a minimum.* Ayrıca *s* en az, asgari, veya minimum: *minimum rainfall.* (*karş.* **maximum**). **minimal** *s* asgari, en az. *My knowledge of French is minimal.* **minimum wage** asgari ücret.

minister ['ministə*] *i+sy* **1** bakan, vekil: *Minister of Social Security* (=Sosyal Yardım Bakanı). **2** Presbiteryan kilisesinde papaz: *Presbyterian minister.* **ministerial** [minis'tiəriəl] *s* bakanlık, veya papazın görevine ait. **ministry** ['ministri] *i+sy* **1** bakanlık; bir bakanın sorumluluğundaki devlet dairesi: *Ministry of Defence* (=Savunma Bakanlığı) **2** bir bakanın bu mevkideki görev süresi. *His ministry lasted from 1925 to 1930.* **prime minister** başbakan. (*eş anl.* **PM**).

mink [miŋk] **1** *i+sy* mink, vizon; küçük bir hayvan. **2** *i-sy* bu hayvanın değerli kürkü; minik, vizon. **mink coat.**

mink

minor ['mainə*] *s* küçük; önemsiz: *a*

minor operation. They discussed the future of the club and other minor problems. (*karş.* **major**). (*eş anl.* **small**). Ayrıca *i+sy* (yasal anlamda) 18 yaşın altında; (henüz) reşit olmamış, rüştünü ispat etmemiş kimse. (*karş.* **adult**). **minority** [mi'nɔriti] *i+sy* azınlık, azınlıkta kalan kesim; yarıdan az olanlar: *supported by only a minority of the voters.* (*eş anl.* **majority**).

minstrel ['minstrl] *i+sy* (eski zamanlarda) halk ozanı, saz şairi; memleketi baştan başa dolaşıp, şarkılarıyla şiirleriyle halkı eğlendiren kimse. *The lord's minstrel entertained the feasters in the castle.*

mint[1] [mint] **1** *i-sy* nane. **2** *i+sy* naneli şeker.

mint[2] [mint] *i+sy* darphane; madeni paraların basıldığı yer. Ayrıca *s* yepyeni, gıcır-gıcır: *in mint condition.*

minuet [minju'et] *i+sy* menüet; eski bir dans türü; hareketler yavaş ve zariftir.

minus ['mainəs] *edat* **1** eksi (matematikte (-) işareti ile gösterilir). *Seven minus two equals four (7-2=4).* **2** noksan, eksik; elden gitmiş. *He returned from the war minus an arm.* (*k. dil.*). Ayrıca *i+sy* eksi işareti.

minute[1] ['minit] *i+sy* dakika; bir saatlik sürenin altmışta biri: *five minutes past six; in twenty minutes' time.* **minutes** içoğ toplantı tutanağı. **minute hand** saat yelkovanı. **at the last minute** son dakikada, son anda. **at this minute** şu anda. **at any minute** her an. **in a minute** az sonra. *I'll see you in a minute.* **this minute** hemen, şimdi, derhal. *Do it this minute.* **to the minute** tam; tam tamına, dakikası dakikasına: *five hours to the minute.*

minute[2] [mai'nju:t] *s* küçük, ufacık, minnacık; ayrıntılı, çok dakik: *a minute amount; a minute account of something one has seen.* **minutely** *z* dikketle, ihtimamla. *She began examining it minutely from all angles.*

miracle ['mirəkl] *i+sy* **1** mucize, keramet; bilinen düzenle açıklanamayan bir eylem; bu nedenle bunun bir tanrı veya bir ermiş kişi tarafından yapılabildiğine inanılır. *It was a miracle of God.* **2** mucize; hiç olmayacak şey; harikulâde bir olay: *miracles of modern science. It's a miracle you* *arrived so early.* **miraculous** [mi'ræk-juləs] *s* mucizevi, hayrete düşüren; doğa ötesi güçlerin neden olduğu düşünülen. **miraculously** *z* mucize eseri olarak.

mirage ['mira:ʒ] *i+sy* serap; sıcak bölgelerdeki, özl. çöllerdeki, hava koşulları altında oluşan olağan dışı bir durum; buna göre, uzaktaki nesneler sanki yakındaymış ve olmayan şeylerde varmış gibi görünürler. *We thought we saw a pool of water, but it was only a mirage.*

mirror ['mirə*] *i+sy* ayna. *She was looking at herself in the mirror.* Ayrıca *f+n* aksettirmek, yansıtmak. *The mountains were mirrored in the lake.*

mirth [mə:θ] *i-sy* (kahkahalarla belirtilen) neşe, sevinç. *The audience rocked with mirth at the clown's tricks.*

misanthrope ['mizənθroup] *i+sy* insandan nefret duyan, veya ona güvenmiyen kimse; insanlardan kaçan kimse.

misapprehension [misæpri'henʃən] *i+sy/-sy* yanlış anlama. *What an unlucky misapprehesion.* **be under a misapprehension** bir şey hakkında yanlış ya da doğru olmayan bir fikre sahip olmak. *I was still under a misapprehension as to the threat contained in the letter.*

misappropriate [misə'prouprieit] *f+n* emanete hıyanet etmek; bir şeyi namussuz bir biçimde elde edip bunu uygunsuz bir şekilde kullanmak. *The treasurer misappropriated the society's funds.* (*eş anl.* **embezzle**). **misappropriation** [misəproupri'eiʃən] *i-sy* emanete hıyanet.

misbehave [misbi'heiv] *f+n* (genl. çocuklar hk.) yaramazlık yapmak, terbiyesizlik etmek. *She was punished because she misbehaved.* **misbehaviour** [misbi'heivjə*] (*AmI*'de **misbehavior**) *i-sy* yaramazlık, terbiyesizlik.

miscarry [mis'kæri] *f-n* 1 çocuk düşürmek, düşük yapmak. *My wife miscarried after catching the infection.* 2 (plan, proje, vb.) suya düşmek, boşa çıkmak. *Our scheme had miscarried.* Ayrıca *i+sy/-sy* çocuk düşürme, düşük. *My wife had one miscarry before having her first child.* **misarriage of justice** *i+sy* adli hata; suçsuz bir kimse hakkında mahkemece verilen yanlış

bir karar.

miscellaneous [misi'leiniəs] *s* çeşitli, muhtelif: *a miscellaneous collection of books; a miscellaneous crowd of people; miscellaneous objects.* (*eş anl.* **assorted**).

mischance [mis'tʃa:ns] *i+sy* talihsizlik, kötü talih; aksilik, terslik: *by some mischance.*

mischief ['mistʃif] *i-sy* (özl. çocuklar hk.) afacanlık, yaramazlık, şeytanlık, muziplik. *He is always up to mischief. He gets into mischief and get beaten.*

mischievous ['mistʃivəs] *s* 1 afacan, yaramaz (ama ciddi anlamda değil): *a mischievous child.* 2 şakacı; muzip: *a mischievous glance.* **mischievously** *z* yaramaz yaramaz; muzip bir şekilde. *He winked mischievously.*

misconception [miskən'sepʃən] *i+sy* yanlış anlama; yanlış kanıda olma.

misconduct [mis'kɔndəkt] *i-sy* 1 kötü, veya uygunsuz bir davranış (özl. uygunsuz cinsel ilişkiler; zina). 2 sorumlu bir mevkide olan birinin yanlış, kötü hareketi (örn. rüşvet alma, vb.).

misconstrue [miskən'stru:] *f+n* yanlış, veya ters anlam vermek; yanlış yorumlamak: *misconstrue someone's actions/words.*

misdeed ['mis'di:d] *i+sy* suç, kötülük; kötü ve ahlâksızca hareket, cezayı hak ettiren davranış. *He will pay for his misdeeds.*

misdemeanour [misdi'mi:nə*] *i+sy* kabahat; pek de önemli olmayan yanlış, veya pek ciddi olmayan uygunsuz bir hareket. *I was charged with several misdemeanours, including driving without a valid licence and creating a disturbance.*

miser ['maizə*] *i+sy* cimri, pinti, hasis; para harcamaktan nefret eden kimse, parası gidecek diye ödü kopan kişi. (*eş anl.* **skinflint**). **miserly** *s* hasis, pinti; bir cimrinin huyuna sahip, veya bu özellikleri gösteren. *He is so miserly he won't buy things he really needs.*

miserable ['mizərəbl] *s* 1 mutsuz, bedbaht: *I wasfeeling very miserable.* 2 kötü, berbat: *living in miserable circumstances.* **miserably** *z* pek kötü.

misery ['mizəri] *i+sy/-sy* 1 büyük mutsuzluk. *He caused misery to his parents when he was arrested for carstealing.* 2 yoksulluk, sefalet, perişanlık.

misfire [mis'faiə*] *f-n* **1** (silahlar hk.) tutukluk yapmak, patlamamak, ateş almamak. **2** teklemek; sonuç alamamak, amaca ulaşamamak, başarılı olamamak. *The engine misfired. His plans misfired.*

misfit ['misfit] *i + sy* bir yere, bir göreve uygun olmayan kimse; çevresine uymayan kişi: *a misfit in the post he holds.*

misfortune [mis'fɔ:tʃən] *i-sy* kötü talih, talihsizlik; felâket. *Losing your house in the fire was a terrible misfortune.*

misgiving [mis'giviŋ] *i + sy/-sy* (genl. çoğ. biç.). endişe, kaygı, kuşku; gelecek korkusu, güvensizlik (duygusu). *I had some misgivings about lending him the money.* (*eş anl.* **uncertainty**).

misguided [mis'gaidid] *s* yanlış yola sapmış, hatalı yola girmiş (özl. başkalarının etkisi ile yanlış ve saçma düşüncelere takılmış, veya böyle hareketlere girişmiş): *a misguided attitued.*

mishap ['mishæp] *i + sy* aksilik, talihsizlik, tatsızlık; hafif bir kaza, can sıkıcı bir durum, veya olay (gerl. bu durumlar pek ciddi sayılmaz). *I had a mishap on my way to school—I fell over and hurt my knee.*

misinterpret [misin'tə:prit] *f + n* yanlış yorumlamak; yanlış anlam vermek; yanlış açıklamak. *I think you misinterpreted my meaning.* **misinterpretation** [misintə:pri'teiʃən] *i + sy/-sy* yanlış yorum.

mislay [mis'lei] *f + n* bir yere koyup unut~ ~k, sonra da bulamamak. *She seem~ɔ to have mislaid every box I sent her. geç. zam ve ort.* **mislaid**.

mislead [mis'li:d] *f + n* birini yanıltmak, yanlış yola sürüklemek; yanlış ve hatalı bir biçimde düşünmesine, veya hareket etmesine neden olmak. *I'm sorry I misled you into thinking I would be at home. geç. zam. ve ort.* **misled** [mis'led].

misnomer [mis'noumə*] *i + sy* birisine, veya bir şeye verilen yanlış ya da yanıltıcı bir ad. *The name 'Curly' for someone who is bald would seem to be a misnomer.*

misogynist [mi'sɔdʒinist] *i + sy* kadınlardan nefret eden kimse.

misplace [mis'pleis] *f + n* **1** yanlış yere koymak; sonradan unutulan bir yere koymak. **2** lâyık olmayan birisine (özl.

güven, sevgi, şefkat, vb.) göstermek.

misprint ['misprint] *i + sy* dizgi, baskı hatası; mürettip hatası.

misrepresent [misrepri'zent] *f + n* yanlış anlatmak, çarpıtarak aktarmak, yanıltıcı biçimde tanıtmak. *You are misrepresenting my views on this matter.*

miss¹ [mis] *f + n/-n* **1** vuramamak, vurmamak, isabet ettirememek, veya etmemek, atlamak, ıskalamak, kaçırmak: *fire at a target and miss; miss a train one wants to get; miss the point of something one wants to understand.* **2** özlemek, hasretle aramak, yokluğunu duymak. *I miss John now that he is abroad. She misses having her breakfast in bed.* **3** (motor) teklemek. **missing** *s* **1** kayıp, yok. *Some of her jewellery was miss-ing.* **2** bir kısmı, veya bölümü kayıp, yok olmuş; gitmiş. **3** (yazılı bir rapor, bildiri, vb.'ye) yazılması, eklenmesi unutulmuş, atlanmış; yok. *Two vital things a.e missing from the report.* **4** kayıp. *I want to report a missing person.* **missing in action** bir savaşta kaybolmuş. **a near miss** tam hedefin üzerine oturmama (örn. bir bombalama sırasında); biraz ötesine düşme. **miss the boat/bus** fırsatı kaçırmak. *You should have applied for the job when it was advertised; now its too late and you've missed the boat.*

miss² [mis] **1** bayan; evli olmayan kadın, veya kız; veya böyle birisinin adı önünde kullanılan ünvan: *Miss Brown.* **2** bir güzellik yarışmasında birinci gelen kadın. Katıldığı ülkenin, veya şehrin ismiyle birlikte kullanılır, örn. *Miss Turkey 1987* (=1987 Türkiye Güzeli).

misshapen [mis'ʃeipən] *s* biçimsiz, şekilsiz; çarpık çurpuk: *a misshapen body.*

missile ['misail], *Ami*'de ['misl] *i + sy* **1** birisini, veya bir şeyi yaralamak ya da bir hasar meydana getirmek için atılan, fırlatılan bir şey; mermi, kurşun, ok mızrak, vb. *The angry crowd threw stones, rocks and other missiles.* **2** güdümlü mermi, füze; roket.

mission ['miʃən] *i + sy* **1** özel amaçlı bir görev (genl. ülke dışında yapılır): *a mission to China.* **2** heyet, delegasyon; özel bir nedenle dış ülkelere gönderilen bir grup insan: *a trade mission;*

a diplomatic mission. **3** dini nedenlerle yurt dışında yaşayan bir topluluk; ayrıca bu kimselerin içinde yaşadıkları bina; misyon binası: *a Christian mission; the mission near the village.* **missionary** ['mifənri] *i+sy* misyoner; dini nedenlerle yabancı bir ülkeye giden kimse (genl. kendi dinini öğretmek ve yaymak için).

misspent ['mis'spent] *s* (para, zaman) kötü yerlere, veya akılsızca harcanmış; boşa harcanmış, israf edilmiş: *a misspent youth.*

missus [misiz(s)] *itek* **1** (genl. **the** ile) bir kimsenin karısı; köroğlu. *The missus is main proud of her pasties.* **2** (ismi bilinmeyen bir hanıma hitabedilirken kullanılır) hanım, bayan. (*k. dil.*).

mist [mist] *i+sy/-sy* pus; su zerreciklerinden oluşan hafif bir sis. *The hills were covered in mist.* **misty** *s* **1** puslu; pus, sis ile kaplanmış: *the misty plains below us; a misty evening.* **2** anlaşılmaz, belirsiz; açık seçik olmayan: *misty idea; misty notions.* **mist over** buğulanmak. *The windows have misted over.*

mistake [mis'teik] *i+sy* yanlış, hata; yanlışlık. *There are five mistakes in this composition. Lending him the money was a mistake.* (*eş anl.* **error**). Ayrıca *f+n* yanlış anlamak; yanlış bir fikre, bir düşünceye sahip olmak. *I mistook his purpose completely. geç. zam. biç.* **mistook** [mis'tuk]. *geç. zam. ort.* **mistaken. mistaken** *s* yanlış, hatalı; yanılmış, yanlış anlamış, yanlış anlaşılmış: *be quite mistaken; a mistaken act.* **mistake somebody/something for** bir kimseyi, veya bir şeyi, başka birisi ya da şey ile karıştırmak; başkasına benzetmek, başkası sanmak. *I mistook him for his brother. John frightened himself last night when he mistook a piece of rope for a snake.*

mister ['mistə*] **1 Mr**'a bkz. **2** özl. çocuklar tarafından ismi bilinmeyen bir adama seslenirken söylenir; bayım, amca.

mistime [mis'taim] *f+n* yanlış zamanlama yapmak; bir şeyi yanlış, veya uygun olmayan bir zamanda yapmak (ve böylece başarısız olmak). *The farmer mistimed the planting of his crops.*

mistletoe ['misltou] *i-sy* ökseotu; ağaçların üstünde asalak olarak yaşayan ve üzerinde küçük beyaz meyvaları olan bir bitki; Noel zamanlarında süs olarak kullanılır.

mistook [mis'tuk] **mistake** fiilinin geçmiş zaman biçimi.

mistress ['mistris] *i+sy* **1** metres; nikâhsız kadın, eş; kapatma. **2** (*BrI*) bayan öğretmen: *the French mistress.* **3** bir hizmetçinin hanımı. **4** bir köpeğin sahibi kadın. **5** (bir duruma) hakim olan kadın: *mistress of the situation.*

mistrust [mis'trʌst] *f+n* güvenmemek, kuşkulanmak, hakkında şüphe duymak, pirelenmek: *mistrust someone.* Ayrıca *i-sy* güvensizlik, kuşku.

misunderstand [misʌndə'stænd] *f+n* söylenen ya da yapılan bir şeyi yanlış anlamak; yanlış anlam vermek: *misunderstand what someone said. geç. zam. ve ort.* **misunderstood** [misʌndə'stud]. **misunderstanding** *i+sy/-sy* yanlış anlama; yanlış anlam verme durumu, veya işi. *There was a misunderstanding over my tickets.*

misuse [mis'ju:z] *f+n* **1** yanlış, hatalı bir biçimde kullanmak. *He damaged his tools by misusing them.* **2** hor kullanmak; kötü muamele etmek. Ayrıca **misuse** [mis'ju:s] *i+sy/-sy* kötü kullanış; suiistimal.

mite [mait] *i+sy* **1** peynir kurdu; böceğe benzer ufak bir hayvan; kokmuş çürümüş yiyeceklerin içinde bulunur. **2** (zavallı) yavrucak. *What a little mite she is.*

mitigate ['mitigeit] *f+n* azaltmak, hafifletmek; yumuşatmak; dindirmek, yatıştırmak: *mitigate pain; mitigate a punishment.*

mitre

mitre ['maitə*] (*AmI*'de **miter**) *i+sy* **1** piskopos başlığı, piskoposluk tacı. **2**

iki·tahtanın eklem yeri; 90 derecelik
köşe eklem yapmak için testereye açı
veren özel bir tahta parçası (örn. bir
resim çerçevesinin kenarlarını birleş-
tirmek için kullanılır).

mitten ['mitn] *i + sy* torba eldiven; tek
parmaklı eldiven; yalnız başparmağın
yeri olup, öbür dört parmağın yoktur.

mix [miks] **1** *f + n* birbirine karıştır-
mak; bir bütün oluşturacak biçimde
birleştirmek. *The chemist mixed the
chemicals in a bottle. One should
never mix business with pleasure. I
like to mix business with pleasure; I
why don't we discuss the deal over
lunch?* **2** *f + n* değişik maddelerden
oluşan böyle bir karışım hazırlamak.
*She went over to her cocktail cabinet
and mixed me a drink.* **3** *f-n* birleş-
mek, karışmak. *Oil and water won't
mix.* **4** *f-n* başkaları ile kaynaşmak,
anlaşmak; başkalarının arasına karış-
mak: *I cannot mix easly.* Ayrıca *i + sy*
1 karışım, harman: *I bought a packet
of patent cement mix.* **2** hazır yemek
karışımı; dükkânlarda satılır ve sadece
su, vb. maddelerin eklenmesi gerekir:
cake-mix. **mixed** *s* **1** karışık,
karıştırılmış: *a mixed salat.* **2** cinsiyet
yönünden karma; her iki cinsiyetten
de olanlar için. *Do you prefer single-
sex schools or mixed schools?* **3** iki,
veya daha fazla ırk, veya dine bağlı
kimselerin birleşmesinden meydana
gelen, bir araya gelmesinden oluşan.
*He is of mixed parentage: half
English, half Dutch.* **mixed doubles**
(örn. teniste) karışık çiftler (bir kadın,
bir erkek). **mixed economy** karma
ekonomi. **mixed grill** karışık ızgara.
mixture *i-sy* karışım, harman: *tea
mixture; tobacco mixture; mixture of
good and bad qualities. The doctor
gave me an unpleasant mixture to
drink.* **mix up** **1** (birisini, veya bir şeyi)
birbirine karıştırmak. *I'm afraid I
have mixed your names up. She had
mixed him up with someone else.* **2**
(bir şeyi) altüst etmek, karmakarışık
etmek. **mixed up** *s* **1** zihni karışmış,
aklı karışık. *I'm all mixed up about
this.* **2** (bir şeye, örn. bir suça, bir re-
zalete, vb.) karışmış, bulaşmış. *He
would rather not have to get mixed
up in that dishonest business.* **3** biri-
leriyle haşır neşir olmuş, düşüp kalk-
makta olan. *They were mixed up with*

a lot of criminals.

MO [em'ou] *i + sy* (= medical offi-
cer)—askerî doktor.

moan [moun] *i + sy* inilti, inleme; acı,
keder, ızdırap nedeni ile çıkarılan al-
çak perdeden ses: *a moan of pain.*
Ayrıca *f-n* inlemek: *moan with pain.*

moat [mout] *i + sy* (genl. bir hisarın
etrafındaki) savunma amacı ile yapıl-
mış içi su dolu hendek.

mob [mɔb] *i + sy* düzensiz, gürültülü
patırtılı insan topluluğu: *a mob of
people; an uncontrollable mob.* Ayrı-
ca *f + n* kitle halinde hücum etmek,
üşüşmek; birisinin çevresine toplan-
mak, merakla etrafını sarmak. *The
crowd mobbed the popular film star.*
geç. zam ve ort. **mobbed.**

mobile ['moubail] *s* **1** gezici, seyyar,
portatif. *It was protected by a highly
mobile anti-tank and air defence.* **2**
kolayca hareket edebilen, veya ettirile-
bilen. *He has not been so mobile since
his accident.*

mobilize ['moubilaiz] *f + n* (özl. bir
harp durumu için) silâh altına almak,
seferber etmek: *mobilize soldiers; mo-
bilize one's sources.* **mobilization**
[moubilai'zeifən] *i-sy* seferberlik.

moccasin

moccasin ['mɔkəsin] *i + sy* mokasen;
tamamen yumuşak deriden (örn. ge-
yik derisinden) yapılmış bir tür ayak-
kabı.

mock [mɔk] *f + n/-n* (özl. taklidini ya-
parak) alay etmek, eğlenmek, dalga
geçmek. *The children mocked his way
of speaking.* Ayrıca *s* sahte, kalp, tak-
lit: *a mock battle.* **mockery** ['mɔkəri]
1 *i-sy* alay, dalga: *the mockery of the
crowd.* **2** gülünecek kimse ya da şey;
alay konusu. *They made a mockery
of him.* **mock-up** *i + sy* yapılması, veya
inşa edilmesi tasarlanan bir şeyin,
örn. bir uçağın maketi, modeli. *They
made a mock-up of the campaign.*

MoD [em ou'di:] *özel i* (= Ministry of
Defence)—Savunma Bakanlığı.

modal, modal auxiliary [moudəl] *i+sy* çekimsiz (yardımcı) fiil. NOT[1]: çekimsiz (yardımcı) fiiller şunlardır: *can, could, may, might, must, ought to, shall, should, will, would. Where can I get my book published? I said I could go. You may be right. I might not see him again. We must get there before seven. She ought to see the doctor. Whatever shall I do? She should be alone. Where will you be? He would not give up.* NOT[2]: (*a*) çekimsiz fiillerden sonra gelen fiil daima yalın halde bulunur. (*b*) bu fiiller hiçbir zaman çekilmezler. Bütün kişilerle kullanılan tek bir biçimleri vardır. (*c*) mastar biçiminde bulunmazlar, yani önlerine *to* gelmez.

model ['mɔdl] *i+sy* **1** model, maket: *model of an aeroplane.* **2** örnek tutulacak, alınacak kimse, veya şey: *a perfect model for a student.* **3** sanatçı modeli; resmî yapılacak bir şey, veya bir kimse. *The girl worked as an artist's model.* **4** model, manken; satışı yapılacak bir şeyi (genl. giysileri) teşhir eden kimse: *a fashion model.* **5** model; tip. *I drive a 1986 model Fiat.* Ayrıca *s* kusursuz, mükemmel; örnek: *a model husband.* Ayrıca *f+n* **1** biçim vermek, oluşturmak; yumuşak bir malzemeyi (örn. kil) şekillendirmek. **2** mankenlik yapmak; bir giysiyi giyip manken olarak müşteriye göstermek. *Jane and Alice model gowns.* geç. zam. ve ort. **modelled**. (*Aml*'de **modeled**).

moderate[1] ['mɔdərit] *s* **1** ölçülü, mutedil; akla yatkın sınırlar içinde tutulan, veya yapılan: *moderate opinions.* (*eş anl.* **middle-of-the-road**). **2** orta, vasat; ne yüksek ne de alçak: *a moderate amount; a moderate sized kitchen. The goverment proposed a moderate increase in the tax rate.* (*karş.* **immoderate**). Ayrıca *i+sy* ılımlı, ölçülü kimse; aşırı olmayan birisi (özl. politikada). **moderately** *z* ılımlı olarak.

moderate[2] ['mɔdəreit] *f+n/-n* hafifletmek, hafiflemek; yatıştırmak, yatışmak; yumuşatmak, yumuşamak. *The wind is moderating. The union was forced to moderate its claim.* **moderation** [mɔdə'reiʃən] *i-sy* hafifletme,

hafifleme; ılımlılık, itidâl.

modern ['mɔdn] *s* **1** yeni, çağdaş, modern; ilerici. *modern ideas; modern history.* **2** modern, şimdiki zaman ile ilgili; çok eski değil: *modern furniture.* **modernize** *f+n* yenileştirmek, çağdaşlaştırmak, modernleştirmek: *modernize business methods.* **modernization** [mɔdənai'zeiʃən] *i+sy/-sy* çağdaşlaştırma, modernize etme. **modern-day** *s* günümüzün. *He was convinced that he was a modern-day Messiah.*

modest ['mɔdist] *s* **1** alçak gönüllü; mütevazi: *a modest person.* **2** küçük; ölçü, değer, vb. bakımından fazla olmayan: *a modest crowd.* **modestly** *z* alçak gönüllü olarak. *He talks quietly and modestly about his work.* **modesty** *i-sy* alçak gönüllülük.

modify ['mɔdifai] *f+n* **1** bir şeyde hafif bir değişiklik, tadilat yapmak: *modify the original plan.* **2** bir şeyi hafifletmek, azaltmak, yumuşatmak: *modify one's demands.* **modification** [mɔdifi'keiʃən] *i+sy/-sy* bir şeyde yapılan değişiklik. *I asked for modifications to the contract.*

mohair ['mouhɛə*] *i-sy* tiftik, moher; çok yumuşak bir çeşit yün. Ayrıca *s* tiftik: *a mohair scarf.*

Mohammedan [mə'hæmidn] *i+sy* Müslüman. Ayrıca *s* Müslüman veya Müslümanlık ile ilgili; Müslümanlığa ait. *A large number of them subscribe to the Mohammedan fait.* **Mohammedanism** *i-sy* Müslümanlık. (*esk. kul.*). NOT: *Mohammedan* yerine *Islam* ve *Mohammedanism* yerine de *Muslim* sözcüklerinin kullanılması tercih edilmelidir.

moist [mɔist] *s* nemli, hafif ıslak. *My face was moist with perspiration.* **moisten** ['mɔisn] *f+n/-n* nemlenmek, hafifçe ıslanmak; nemlendirmek, ıslatmak. *She moistened her lips with her tongue in a nervous way.* **moisture** ['mɔistʃə*] *i-sy* **1** nem, rutubet. **2** çok az miktardaki buhar, veya pus halinde bir sıvının (genl. su) damlacıkları: *moisture on the window.*

molar ['moulə*] *i+sy* azıdişi. *In milk teeth there are eight molars, and in permanent teeth there are twelve.* **third molar** akıl dişi. (*eş anl.* **wisdom teeth**).

mold [mould] *i-sy* **mould**'a bkz.

mole¹ [moul] *i+sy* köstebek. *A mole is a small animal with tiny eyes and dark fur, which is very good at digging.* **molehill** köstebek (toprak) yığını. *I stumbled over a molehill.* **make a mountain out of a molehill** pireyi deve yapmak. *Mary is still complaining about the trick that Jack played on her last week; she's making a mountain out of a molehill.*

mole² [moul] *i+sy* ben; genellikle doğuştan, tende bulunan ufak kabartı, veya leke. *Jane has a tiny mole on her cheek.*

molecule ['mɔlikju:l] *i+sy* molekül; kimyasal nitelikleri bozulmadan herhangi bir maddeden ayrılabilen .o maddenin en ufak parçası. **molecular** [mɔ'lekjulə*] *s* molekül ya da moleküller ile ilgili.

molest [mə'lest] *f+n* bir kimseyi bilerekten, mahsustan rahatsız etmek, taciz etmek. *The crowd molested the policeman who was trying to do his duty.*

mollycoddle ['molikɔdl] *f+n* üstüne titremek; nazlı büyütmek. (*eş anl.* **pamper**).

molt [moult] *f+n/-n* **moult**'a bkz.

molten ['moultn] *s* **melt**'e bkz.

mom [mɔm] *özeli* (*özl. AmI'*de) anne. *When I was born, Mom was eighteen and Dad twenty-two.* (*k. dil.*).

moment ['moumənt] **1** *i+sy* an, lahza. *For a moment I thought you were going to refuse. The felling only lasted a mo··· ·nt.* **2** *i-sy* önem, ehemmiyet: *of grea·· moment.* **momentary** ['moumɔntri] *s* bir anlık, çok az bir zaman süren: *a momentary sensation. There was a momentary flash of light before we heard the explosion.* **momentarily** *z* an be an, her an. **momentous** [mou'mentɔs] *s* çok önemli, veya ciddi: *a momentous decision.* **at the moment** şimdi, şu anda. *I'm afraid he is busy at the moment.* **at the last moment** son anda. *He caught his train at the last moment.* **in a moment** az sonra. *He'll be with you in a moment.* **not for a moment** asla, hiçbir zaman; bir an bile. *I wouldn't for a moment consider lending him money.*

momentum [mou'mentəm] *i-sy* moment, hız; hareket halindeki bir cismin sürati. *The truck gained momentum as it rolled down the steep road.*

monarch ['mɔnək] *i+sy* kral, veya imparator; hükümdar. **monarchist** ['mɔnəkist] *i+sy* hükümdarlık yanlısı olan kimse; monarşist.

monastery ['mɔnəstəri] *i+sy* manastır. *Monasteries are usually situated away from towns and cities.* **monastic** ['mə-'næstik] *s* manastır, veya keşişler ile ilgili: *monastic vows; monastic existence.*

Monday ['mʌndi] *i+sy/-s* pazartesi; haftanın 2. günü. *He came here on Monday.*

monetary ['mʌnitəri] *s* **money**'e bkz.

money ['mʌni] *i-sy* para; madeni veya kağıt para. NOT: Türk parası *lira*'nın çoğul biçimi genellikle *lira*'dır. *Kuruş*'un çoğul biçimi yine *kuruş*'tur.

TL100 = *one hundred lira*
£100 = *one hundred pounds*
$100 = *one hundred dollars*
DM100 = *one hundred German marks*
TL2.50 = *two lira and fifty kuruş*
$2.50 = *two dollars and fifty cents*
50p = *fifty pence*

monetary ['mʌnitəri] *s* parasal; para ile ilgili, veya paraya ait: *the monetary system.* **the European Monetary System** AET topluluğu üyeleri arasındaki kur sistemi. **money-box** kumbara. **moneylender** faizci; başkasına borç para verip buna belli bir miktarda faiz (=**interest**) de bindiren kimse. **dear money** yüksek faiz kredili para. **money order** havale (kağıdı); posta çeki. **be worth a lot of money** çok kıymetli. **ready money** nakit para.

...must have money to burn...

(have/with) money to burn sokağa atacak kadar çok para(sı olmak); nasıl harcandığı umurunda olmayacak kadar fazla para((ya) sahip olmak). *Anyone who paid £100,000 for such* *a small house must have money to burn.*

mongrel ['mʌŋgrəl] *i+sy* 1 melez, kırma köpek. 2 melez, kırma olan herhangi bir hayvan, veya bitki. Ayrıca *s* karışık yapılı; birden fazla köke bağlı.

monitor ['mɔnitə*] *i+sy* sınıf temsilcisi; okul yönetimine yardımcı olmak için (örn. disiplini sağlamak, veya başka bir işle) görevlendirilen öğrenci: *a class monitor.* Ayrıca *f+n* radyo yayını izlemek (özl. yabancı ülke yayınlarını bilgi edinmek amacı ile dinlemek). *We are getting news by monitoring BBC broadcast.*

monk [mʌnk] *i+sy* keşiş; Tanrı'ya ettiği yemine göre hayatını ibadet ve dua ile geçiren ve kendisi gibi başkaları ile bir manastırda yaşayan Hıristiyan erkeği. (*kadınına* **nun** [nʌn] *denir*).

monkey ['mʌŋki] *i+sy* 1 maymun; insana en çok benzeyen hayvan olup hemen hepsinin uzun kuyrukları vardır. 2 yaramaz, afacan, yumur-cak. (*k. dil.*). **monkey about with something** bir şeyi elleyip, oynayıp, karıştırıp durmak; kurcalamak (belki de kırıp hasara uğratmak, veya bozmak). *Don't monkey about with the radio.* **monkey nut** yer fıstığı. **monkey business** hile, dolap, düzenbazlık. *It is so quit I know they are up to some monkey business.* **monkey wrench** İngiliz anahtarı.

monkey wrench

mono- ['mɔnou] *ön-ek* bir, tek (örn. **monosyllable** (=tek heceli sözcük, örn. *yes, no*)).

monocle ['mɔnəkl] *i+sy* tek gözlük; bir göze takılan gözlük; monokl.

monogamy [mɔ'nɔgəmi] *i-sy* tekeşlik; tek eşle evlilik. (*karş.* **polygamy**).

monogram ['mɔnəgræm] *i+sy* ad markası, monogram; iki veya daha

fazla harften oluşur.

monolith ['mɔnəliθ] *i+sy* tek parça büyük blok taştan anıt; anıtsal sütun, vb. **monolithic** [mɔnə'liθik] *s* yekpare taştan yapılmış.

monologue ['mɔnəlɔg] *i+sy* tek kişilik uzun konuşma; monolog. (*karş.* **dialogue**).

monopoly [mə'nɔpəli] *i+sy* 1 tekel, inhisar; bir malın üretiminin, tek bir kişi veya bir kuruluşun elinde bulunduğu durum; herhangi bir üretim alanını bir kişinin veya bir kuruluşun elinde tutma, satışı tek elden yönetme ve fiyata egemen olma durumu: *a monopoly in sugar.* 2 tekel maddesi; üretimi, sağlanması, vb. yalnızca bir kişi, veya bir kuruluş tarafından yürütülen bir madde; bir şeye yalnızca bir kişinin, veya bir şirketin sahip olması; tekel düzeni, tekelci kullanım. *Tea was a monopoly.* **monopolize** *f+n* tekele almak, inhisar altına almak. *He monopolized the conversation* (=Kimseye konuşma fırsatı vermiyor).

monosyllable ['mɔnəsiləbl] *i+sy* tek heceli sözcük (örn. *yes, no*). **monosyllabic** [mɔnəsi'læbik] *s* tek heceli.

monotone ['mɔnətoun] *i+sy* tekdüze konuşma, veya şarkı söyleme biçimi; bu durumda ses ne yükselir ne de alçalır: *speak in a monotone.* **monotonous** [mə'nɔtənəs] *s* tekdüze, biteviye; yavan ve bıktırıcı bir biçimde sürüp giden: *a monotonous journey.* (*eş anl.* **boring**). **monotony** [mə'nɔtəni] *i+sy/-sy* tekdüzelik, yeknesak-lık: *the monotony of a long train journey.*

monsoon [mɔn'su:n] *i+sy* 1 (*tekil* olarak kullanıldığında **the** ile) muson; Güney Asya kıyılarıyla Hint Denizi'nde yaz ve kış mevsimlerinde birbirine ters yönlerden esen geniş alanlı rüzgâr. 2 (*tekil* olarak kullanıldığında **the** ile) güney-batıdan esen muson rüzgârlarının getirdiği yağmur mevsimi. (*eş anl.* **the rains**).

monster ['mɔnstə*] *i+sy* 1 canavar; olmayacak irilikte, veya korkunç görünümlü bir hayvan, vb. bir şey. (*eş anl.* **gigantic**). 2 kötü ruhlu birisi, gaddar, habis kimse. **monstrous** ['mɔnstrəs] *s* 1 canavarca, gaddarca. *It's monstrous to treat a child like that.* 2 canavar gibi, müthiş, kor-

kunç; doğal olmayan bir irilikte ve korkutucu: *a monstrous animal.*
manstrosity [mɔns'trɔsiti] *i + sy/-sy* korkutucu, veya çok çirkin bir şey.
month [mʌnθ] *i + sy* 1 ay; bir yılın on ikide biri. *I'll see you at the end of the month.* Ayrıca **calender month** da denir. 2 yaklaşık 4 haftalık bir süre; belirli bir tarihten bir sonraki aynı tarihe kadar süren 4 haftayı biraz aşkın bir zaman dönemi. (örn. şubatın 10'undan martın 10'a kadar): *in a couple of months; in a month's time.*
monthly *s/z* aylık; ayda bir kez olan: *a monthly meeting. I am paying for my car by monthly instalments.* Ayrıca *i + sy* aylık dergi. **a month of Sundays** çok uzun bir zaman. **month after month** aylarca. **month in, month out** devamlı olarak, hep.
monument ['mɔnjumənt] *i + sy* 1 anıt, abide; bir kimsenin, veya bir olayın anısını sürdürmek için bir sütun, heykel. (*eş anl.* **memorial**). 2 anıtsal örnek; göze çarpan bir niteliğin kanıtı olan bir şey: *a monument to someone's ability.* **monumental** ['mɔnju-'mentl] *s* 1 (binalar, vb. hk.) çok büyük, anıtsal. 2 yapılması için çok çalışmayı gerektiren; çok büyük, muazzam; *a monumental achievement.*
moo [mu:] *f-n* (inek, öküz) böğürmek.
mooch ['mu:tʃ] *f-n* aylak aylak dolaşmak; ağır ağır dolaşıp durmak. *Jack and David, hands in pockets, mooched silently up to lane.*
mood [mu:d] *i + sy/-sy* 1 ruh hali, ruhsal durum, haleti ruhiye; belirli bir anda, insandaki duyguların genel durumu. *I am in the mood to play now. He was always in a good/bad/mood.* 2 (dilb.) kip, sıyga. Ayrıca **mode** denir. NOT: kip bir sözün ne şekilde söylendiğini gösteren bir fiil biçimidir. İngilizcede üç kip vardır.
indicative mood haber kipi: *The house is red. It is hot today. Do you like apples?*
imperative mood emir kipi: *Go and get me a sandwich. Please come here. Let us/Let's put on our best clothes.*
subjunctive mood dilek-şart kipi: *God bless you! She demanded that he be given another chance. I wish that I had said that. I suggested he should take it with him.*
moody *s* saati saatine uymaz, kaprisli:

a moody person. **moodily** *z* huysuz bir biçimde; karamsar bir şekilde.

PHASES OF THE MOON

moon [mu:n] *i + sy* ay. *We have landed men on the moon. The moon is very bright tonight.* **moon-faced** *s* ay yüzlü, ablak yüzlü, yuvarlak yüz-lü. **be over the moon** çok sevinmek, memnun olmak. *She was over the moon to his letter.* **want the moon/ cry for the moon** olmayacak, veya imkânsız bir şeyi istemek. **moonlight flit** özl. mülk ya da evsahibine kirasını ödemediği için, geceleyin apar topar kaçma. **moonlight** *i-sy* mehtap, ay ışığı. *The lake looked silver in the moonlight.* Ayrıca *f-n* ikinci bir iş olarak geceleri çalışmak. *He moonlighted as a waiter.* **moonlighter** geceleri ikinci bir iş yapan kimse. **moonlighting** *i-sy* ikinci bir iş yapma. *I make thousands a year from moonlighting.* **moonlit** *s* mehtaplı: *moonlit gardens; a moonlit night.*
moor[1] [muə*] *i + sy/-sy* genellikle fundalık arazi; toprağın cinsi kötü olduğu için böyle bir yer ekilip biçilmez. **moorlands** fundalık, kırsal arazi. *New Forest ponies run wild on the moorlands.*
moor[2] [muə*] *f + n/-n* bir gemiyi kıyıdan uzaklaşmasın diye halat, zincir, vb. ile kıyıya bağlamak; veya demir atarak bir tekneyi olduğu yerde tutmak. *The ship was moored just inside the harbour.* **moorings** *içoğ* bağlama, veya demir atma için kulanılan halatlar, zincirler, vb.
moot [mu:t] *s* genl. **a moot point** sözünde—münakaşalı, tartışılacak bir konu; aydınlığa kavuşmamış bir nokta; şüphe bulunan bir husus. *Whether or not the entrance fee should be raised is a moot point.* Ayrıca *f + n* görüşmek, müzakere etmek; bir konuyu gündeme getirmek: *moot a question.*
mop [mɔp] *i + sy* 1 saplı tahta bezi; bir sopanın ucuna bağlanmış ip parçaları, veya bir sünger (genl. yer silmek için kullanılır). 2 sık ve taranmamış saç; ayağa kalkmış bir görünüm veren saç; *a mop of red hair.* Ayrıca *f + n* saplı bez ile temizlemek, tahta bezi ile

yerleri silmek. *She mopped the floor with a floor cloth. geç. zam.* ve *ort.*

mopped. mop up (yere dökülen, veya damlayan bir şeyi, bir bez parçası ile) temizlemek; silmek. *Don't worry about the mess; I'll mop it up. He mopped up the water.*

mope [moup] *f-n* üzüntülü olmak, üzgün ve durgun olmak; herhangi bir şeye ilgi duyamamak. *He's been moping all day.* **moping** *i-sy* üzüntülü, üzgün. **mope about** üzgün üzgün dolaşıp durmak.

moral ['mɔrl] *s* 1 ahlaki, ahlaka ait; doğru ile yanlış arasındaki seçime bağlı: *a moral problem* 2 temiz, saf, dürüst: *a moral look; moral behaviour.* (*karş.* **immoral**). Ayrıca *i+sy* alınacak ders, kıssadan hisse; bir öyküden, veya bir olaydan öğrenilebilecek, çıkarılabilecek olan bir sonuç: *the moral of the story.* (*eş anl.* **message**). **morality** [mə'ræliti] *i-sy* doğruluk, dürüstlük, namusluluk. **morally** *z* 1 iyi, dürüst, saf ve temiz bir biçimde. 2 ahlâkça, doğruluk bakımından, dürüstlük yönünden: *feel morally obliged to help someone.* **morals** *içoğ* ahlâk: *a student of morals.* 2 davranış kuralları; bir davranışı değerlendirecek ölçüler: *person with no morals* (=yalan söyleyen, namussuzluk eden bir kimse).

morale [mɔ'ra:l] *i-sy* moral, maneviyat; boyun eğmeme azmi; ruh gücü. *The morale of the troops is high.*

morass [mə'ræs] *i+sy* alçak bir arazi parçası; üzeri yumuşak ve cıvık yer, batak; bataklık (arazi).

morbid ['mɔːbid] *s* (akıl durumu hk.) hastalıklı, marazi; normal olmayan: *a morbid attitude to death. The X-ray showed a morbid condition of the kidneys.*

more [mɔː*] 1 belirten daha çok; sayıca ve miktarca daha fazla: *more people than yesterday; more money than ever before; more heat than usual.* 2 belirten daha; ayrıca; ek olarak, *Do you want more money? Is there any more food?* 3 *miktar belirtir* daha fazla sayıda, veya miktarda. *Here are some cakes. Will you need any more? He asked for some more. More than one can count.* 4 *z* daha; daha çok, daha fazla (ikiden fazla, bazen de iki heceli bütün sıfat ve zarfların

karşılaştırma durumlarını yapmakta kullanılır: *more dangerous (than); more delicious (than); more careless (than); more cleverly (than).* NOT: *more* sözcüğü *much* veya *many*'nin karşılaştırma biçimidir; *most* ise enüstünlük biçimidir. **moreover** *z* üstelik, ayrıca, bundan başka; şu da var ki. *He is stupid and inattentive and, moreover, he is lazy.* **any more** artık. *I don't go there any more.* **more or less** hemen hemen, neredeyse; aşağı yukarı, yaklaşık olarak. *The work is more or less finished.*

morgue [mɔːg] *i+sy* morg; (özl. bir kaza, veya şüpheli bir nedenle) ölmüş kimselerin kimlikleri, veya ölüm nedenleri saptanıncaya kadar saklandıkları yer ya da bina. (*eş anl.* **mortuary**).

moribund ['mɔribʌnd] *s* ölmek üzere, can çekişmekte; sonu gelmek üzere: *a moribund person; moribund industries.*

morning ['mɔːniŋ] *i+sy* sabah, sabah vakti; güneşin doğuşundan öğle yemeğinin yenildiği vakte kadar olan zaman: *I get up early in the morning. I'll see you tomorrow morning. She died on Sunday morning. Sera came to see me one morning last November. He and his wife left on the morning of 20 December.* Ayrıca *nits* sabah; sabaha ait: *the morning papers* (=sabah gazeteleri); *a morning walk* (=bir sabah yürüyüşü). **morning dress** (erkekler için) resmî tören ya da davetlerde (örn. bir düğünde) giyilen elbise. **Good morning!** Günaydın! Hayırlı günler! *He wished me good morning.* **morning-after feeling** fazla içki içildikten sonra ertesi sabahki durum. (*eş anl.* **hangover**).

morn ['mɔːn] *i+sy/-sy* (=**morning**).

moron ['mɔːrɔn] *i+sy* aptal; ebleh, ahmak; kuş beyinli kimse. **moronic** [mɔ'rɔnik] *s* kuş beyinli, aptal.

morose [mə'rous] *s* huysuz, ters ve suratsız; sesiz ve öfkeli: *in a morose mood. It was hard for him not to be morose when everything was going wrong.*

morphine ['mɔːfi:n] *i-sy* morfin; Afyonda %10 oranında bulunan, uyuşturucu, önemli bir alkaloit. *The doctor gave me a morphine injection.*

Morse [mɔːs] genl. **Morse code** biçiminde kullanılır—Mors alfabesi; haber iletiminde kullanılan bir yöntem; haber uzun ve kısa imler halinde ses, veya ışık olarak yollanır.

morsel ['mɔːsl] *i+sy* küçük bir parça yiyecek; lokma. *She was too tired to eat more than a morsel of food before she fell asleep.*

mortal ['mɔːtl] *s* 1 ölümlü, fani: *We are moral.* (*karş.* **immortal**) 2 ölüme neden olacak kadar; ölümcül, öldürücü, amansız: *a mortal wound.* 3 çok büyük: *in mortal fear.* 4 insanın can düşmanı olan; hiçbir zaman affedilemiyecek olan: *a mortal enemy; mortal sin.* Ayrıca **mortally** *z* ölecek bir şekilde. **mortality** [mɔː'tæliti] *i-sy* 1 ölümlülük, fanilik; ölümlü olma hali. 2 ölüm oranı (örn. belli bir bölgedeki): *a high rate of mortality.*

mortar[1] ['mɔːtə*] *i-sy* harç; kireç ya da çimento, veya her ikisi ile kum ve suyu karıştırarak elde edilen karışım.

mortar[2] ['mɔːtə*] *i+sy* havan topu; kısa bir namlusu olan ve mermiyi havaya dikine fırlatan bir silah.

mortgage ['mɔːgidʒ] *f+n* ipotek etmek; alınan borç para karşılığında belirli bir süre için evinin, arazisinin, vb. mülkiyetini borç alınan kişiye devretmek; amaç borcun ödeneceğini garanti etmektir; eğer, borç bu süre içinde ödenmezse mülkiyet hakkı alacaklıya geçer. *She mortgaged her house for £30,000.* Ayrıca *i+sy* 1 ipotek etme. 2 ipotak karşılığı alınan para. *I bought a house with a £30,000 mortgage.*

mortify ['mɔːtifai] *f+n/-n* bir insanın hislerini incitmek; onu utandırmak ve küçük düşürmek, mahçup etmek: yerin dibine geçirmek. *We were mortified by his silly behaviour.*

mortuary ['mɔːtjuari] *i+sy* cenazelerin gömülünceye kadar saklandıkları bir bina, veya oda; morg, buzhane. (*eş anl.* **morgue**).

mosaic [mou'zeiik] *i+sy* mozayik; küçük renkli maddelerle (genl. ٠aş, veya cam) bir resim, desen, vb. yapma.

Moslem ['mɔzləm] **Muslim**'a bkz.

mosque [mɔsk] *i+sy* cami. *A mosque is a building where Muslims go to worship.*

mosquito [mɔs'kiːtou] *i+sy* sivrisinek. *çoğ. biç.* **mosquitoes. mosquito net** cibinlik.

moss [mɔs] *i+sy/-sy* yosun; kaya, ağaç, vb. üzerinde ve rutubetli bir yüzeyde büyüyen, küçük ve sık bir bitki. *The bark was covered with moss.* **mossy** *s* yosunlu, yosunla kaplı.

most [moust] 1 *s* en çok, en fazla. *I like tennis and cricket but I get most pleasure from football. Most people go there.* 2 içoğ çoğu, büyük kısmı; bir çok; hemen hemen tüm, aşağı yukarı hepsi. *Most of the audience had left. He lost most of his money. Most sports are exciting to watch.* 3 belirtisiz isim mümkün olan en çok, veya en fazla. *The most you can hope for is £5.* 4 z en; en çok (ikiden fazla, bazen de iki heceli bütün *sıfat* ve *zarf*ların enüstünlük* derecelerini yapmakta kullanılır): *most dangerous; most delicious; most careless; most cleverly.* **mostly** *z* çoğunlukla. *David works mostly in the London office.* NOT: *most* sözcüğü *much* veya *many*'nin enüstünlük biçimidir; *more* ise karşılaştırma biçimidir.

make the most of en iyi biçimde, en geniş ölçüde yararlanmak: *make the most of an opportunity.* **at most, at the most** azami; en çok.

MOT [em ou 'tiː] *i+sy* (*BrI*'de) üç yaşından fazla arabalar için yapılan trafik muayenesi. *My car failed/passed its MOT.*

motel [mou'tel] *i+sy* motel; arabaları ile seyahat edenler için özel olarak yapılmış bir tür otel.

moth [mɔθ] *i+sy* pervane, güve: geceleri uçan ve bir ışık görünce ona yönelen, bazı türleri de elbise, halı, vb. eşyaları kemiren bir tür kanatlı böcek. **mothball** *i+sy* (genl. *çoğ. biç.* kullanılır) naftalin; çok keskin kokulu beyaz topçuklar; güveleri elbiselerden uzaklaştırmak için kullanılır. **motheaten** *s* güve yeniği; güve yemiş. *The old, rather moth-eaten carpets will have to be replaced.*

mother ['mʌðə*] *i+sy* anne, ana, valide. *My mother was reading the newspaper and my father was watching TV.* Ayrıca *f+n* birisine, veya bir şeye annelik etmek; anne gibi bakmak. *Jane mothered that little girl like one of her own.* **motherly** *s* ana gibi, anaya özgü. *Motherly hands touched me lightly, lovingly.* **mother country** *i+sy* anavatan. **motherhood** *i-sy* annelik.

Mothering Sunday *i-sy* (=**Mother's Day**)—Anneler Günü. **mother-in-law** bir kimsenin karısının ya da kocasının annesi; kayınvalide, kaynana. *çoğ. biç.* **mothers-in-law. motherland** *i+sy* vatan. **Mother nature** *i-sy* tabiat ana. **Mother of God** Hz. Meryem. **mother-of-pearl** sedef. **Mother's Day** *i-sy* Anneler Günü. **mother-to-be** hamile kadın; anne adayı.

motif [mou'ti:f] *i+sy* anakonu, ana tema; bir müzik parçasının temel melodisi; bir sanat eserinin ana temelini oluşturan bir konu.

motion ['mouʃən] **1** *i-sy* hareket, devinim: *perpetual motion.* **2** *i+sy* el işareti, vücut hareketi: *strange motions of his hand.* **3** *i+sy* önerge, teklif, takrir. *The meeting voted on the motion. The motion was carried/ was defeated by 120 votes to 110.* Ayrıca *f+n* bir hareket ile (örn. el ile) işaret vermek. *I motioned him to come forward.* **motionless** durgun, hareketsiz. *The antelope was unaware of the motionless lioness as she crouched waiting to pounce.* **motion picture** sinema filmi. (*eş anl.* **move**).

motive ['moutiv] *i+sy* hareket nedeni ya da sebebi. *He gave you help from the purest motives.* **motivate** ['moutiveit] *f+n* harekete getirmek, sevketmek; (bir kimseyi bir şeye, veya bir amaca) yöneltmek; yönlendirmek. *He was motivated by greed.* **motivation** [mouti'veiʃən] *i+sy/-sy* yönlendirme.

motley ['mɔtli] *s* çeşitli elemanlardan meydana gelmiş; ayrı ayrı türden, çeşitli, karışık: *a motley collection of hats and coats. It was a motley group of people who answered the Red Cross appeal for help.*

motor ['moutə*] *i+sy* **1** motor; (özl. hareket eden cisimlere, örn. otomobil, uçak, vb.) güç sağlayan cihaz. *I got into the car and started the motor.* **2** araba, otomobil; taşıt aracı. Ayrıca *s* motorlu: *motorboat; motorcar.* Ayrıca *f-n* otomobil ile seyahat etmek: *motor to Italy.* **motorist** *i+sy* sürücü; otomobil kullanan kimse. **motorbike, motorcycle** motosiklet. **motorway** (*BrI*'de) otoyol; hızlı taşıtlar için yapılmış yol. (*AmI*'de **expressway**).

motorcade [mou'təkeid] *i+sy* araba korteji; önemli kimseleri taşıyan otomobil konvoyu. *His car was at the head of a long motorcade.*

mottled [mɔtld] *s* benekli, alacalı; çeşitli boyutlarda ve renklerde parçaları olan: *mottled leaves.*

motto ['mɔtou] *i+sy* özdeyiş, düstur, slogan; (genl. bir davranış biçimini ifade eden) kısa bir cümle, veya söz. *Our school motto is 'Work hard'. çoğ. biç.* **mottos** veya **mottoes.**

mould¹ [mould] (*AmI*'de **mold**) *i+sy* kalıp; dökme kalıbı; çukur bir kap olup içine dökülen şeylere şekil verir. *The molten (liquid) metal was poured into a mould.* Ayrıca *f+n* şekil, veya biçim vermek; biçimlendirmek: *clay moulded into a statue. You cannot mould the character of a cat.*

mould² [mould] (*AmI*'de **mold**) *i-sy* küf; ekmek, peynir gibi organik maddelerin üzerinde, nem ve ısının etkisiyle oluşan, çoğu yeşil renkli mantar. **mouldy** *s* küflenmiş, küflü: *It has a nasty mouldy smell.*

moult [moult] (*AmI*'de **molt**) *f+n/-n* (kuşlar, hayvanlar hk.) tüy dökmek, tüyü dökülmek; yeni tüylerin çıkma mevsiminde tüylerini yenilemek: *a moulting stork; moulting season.*

mound [maund] *i+sy* **1** höyük; tepecik; insan yapısı taş toprak yığını. *The site consisted of a few grass mounds and some yards of flint wall.* **2** büyük bir yığın, veya miktar. *They have a mound of letters.*

mount¹ [maunt] *i-sy* (bir dağ ismi ile birlikte kullanılır) ... dağı: *Mount Everest.*

mount² [maunt] *f+n* **1** bir şeyi bir yüzeye, veya bir şeyin üzerine sağlamca yerleştirmek; üzerine monte etmek. *Machine guns had been mounted on top of the police station.* **2** (belli bir amaç için bir kampanya) başlatmak. *Newspapers mounted a campaign of support for the rebels.* (*eş anl.* **launch**).**3** (miktarca artmak. *Our costs are mounting every day.* (*eş anl.* **increase**). **4** tırmanmak, çıkmak. *She heard her mother begin to mount the stairs.* **5** (ata, bisiklete, vb.) binmek. *They mounted their horses and rode off.* (*karş.* **dismount**). **mount a guard** nöbetçi koymak. *Strong police guards were mounted at all hospitals.* **mount guard** nöbet tutmak, nöbetçi olmak.

mountain ['mauntin] *i+sy* **1** dağ: *a chain of mountains.* **2** dağ gibi bir şey;

yığın, çok büyük bir miktar. *I've got mountains of work to do. She has mountains of typing to do.* Ayrıca *s* dağ; dağ ile ilgili: *mountain scenery.* **mountaineer** [maunti'niə*] *i+sy* dağcı. **mountaineering** *i-sy* dağcılık; dağcılık sporu. **mountainous** *s* dağlık: *a mountainous region.* **mountain range** dağ silsilesi; sıra dağlar. **mountain sickness** *i-sy* dağ hastalığı; yüksek dağ tepelerinde havadaki oksijen düşüklüğünün doğurduğu rahatsızlık. **mountainside** dağ yamacı. **make a mountain out of a molehill** için **molehill**'e bkz.

mountebank ['maunti'bæŋk] *i+sy* şartlatan; mallarını överek karşısındakini kandırarak değersiz mallarını almalarını sağlayan kimse, dolandıran kimse. (*eş anl.* **charlatan**).

mourn [mɔːn] *f+n/-n* (özl. birisinin ölümünden dolayı) yas tutmak, matem tutmak. *She mourned the death of her two sons.* **mourner** *i+sy* matemli. **mournful** *s* kederli, yaslı: *a mournful face.* **go into mourning** yas tutmaya başlamak, mateme girmek (örn. siyah giysiler giyerek).

mouse [maus] *i+sy* fare; fındık faresi. *çoğ. biç.* **mice** [mais]. **mousetrap** fare kapanı.

moustache [məs'taːʃ] (*AmI*'de **mustache**) *i+sy* bıyık. *He was talking to a man with a black moustache.*

mouth¹ [mauθ] *i+sy* 1 ağız; insan ve hayvanların yiyeceklerini aldığı, yüzde bulunan aralık. *The child put the sweet into its mouth. He was sleeping with his mouth open.* 2 bir açıklık, ağız; bir giriş ya da çıkış yeri: *mouth of a cave; mouth of a bottle; mouth of a river.* **mouthful** *i+sy* bir ağız dolusu yiyecek; ağzın alabildiği miktar. *I took only a mouthful of food and then left.* **mouth organ** ağız mızıkası. **mouthpiece** 1 ağızlık; bir şeyin (örn. pipo, bir müzik aletinin) ağza giren kısmı. 2 başkasının sözcüsü, sahibinin sesi; başkalarının fikir ve düşüncelerini açıklayan bir kimse, bir gazete, vb. *The newspaper was only a mouthpiece of certain rich people.* **mouth-watering** *s* insanın ağzının suyunu akıtan, ağzını sulandıran. *She stared at the mouth-watering cream cakes and fruit buns in the shop window.* **mouthwash** *i-sy* garga-

ra; ağızdaki enfeksiyonu tedavi etmek için kullanılan antiseptik solisyon.

mouth² [mauð] *f+n* laflarını abartılmış ağız hareketleriyle söylemek. *He tried to impress by mouthing all his words.* 2 lafını ses çıkarmadan ağız hareketleriyle söylemek. *I mouthed the word no.*

move¹ [muːv] 1 *f-n* kımıldamak, hareket etmek. *Will you move so that I can pass? Cars were slowly moving down the road. The birds were silent and nothing moved.* 2 *f+n/-n* taşımak; taşınmak. *The people who live across the road are moving.* 3 *f+n* taşımak, kaldırmak, çekmek, nakletmek. *Move those boxes over here.* 4 *f+n* birisini duygulandırmak, bir kimsede acıma, üzüntü, vb. duygular uyandırmak: *deeply moved by someone's suffering.* 5 *f+n* bir şey yapmasına neden olmak, yol açmak. *What moved him to say that?* 6 *f+n* önermek, teklif etmek. *I move that the meeting should adjourn for ten minutes.*

move² [muːv] *i+sy* 1 girişim; belli bir sonuç için atılan adım, yapılan hareket: *a move in the right direction; a good move* (=iyi bir hareket, veya karar). 2 hareket. *I asked him to leave but he didn't make the slightest move.* 3 (satranç, vb. oyunlarda) taş sürme, taş oynama, oynama sırası. *It's your move now.* **movable, moveable** ['mouvibl] *s* oynak, oynar, hareket edebilir, taşınabilir, nakledilebilir. (*karş.* **immovable**). **movement** *i+sy/-sy* 1 hareket, faaliyet; kımıldama: *a movement of the hand. I suspected that the lion was hiding in the grass, but there was no sign of movement. She heard movement in the room.* 2 (tutum ve davranışlarda, düşünce ve hareket biçimlerinde yavaş yavaş meydana gelen) gelişme, veya değişiklik: *the party's general leftward movement.* 3 *i-sy* muvman; bir müzik yapıtının, örn. bir senfoni, bir konçerto, vb. ana bölümlerinden herhangi birisi. **movie** *i+sy* ['muːvi] (*AmI*'de) (sinemada gösterilen) film. (*BrI*'de **film**). **the movies** (*AmI*'de) sinema: *going to the movies.* (*BrI*'de **the pictures**). **move along/down/up** öne, veya arkaya/aşağı doğru/yukarı doğru ilerlemek; ilerletmek. *The policeman told us to*

move along. He moved us along.
move in yeni bir eve taşınmak. **move (someone) on** bir yerden bir yere ilerlemek, veya ilerletmek. *They just keep moving on from one place to another.* **move out** evden taşınıp ayrılmak. *We're moving out of our old house next week.* **move house** ev taşımak. *I see that our neighbours are moving house.* **get a move on** acele etmek, çabuk olmak. *Tell Jack to get a move on: we're going to be late. (k. dil.).*

mow [mou] *f+n/-n* ot, ekin, vb. tırpan, veya biçme makinesi ile kesmek, biçmek. *This is the time to mow grass. geç. zam. biç.* **mowed.** *geç. zam. ort.* **mowed** veya **mown** [moun].

MP [em'pi:] *i+sy* (= **Member of Parliament**)—Parlamento Üyesi: *Mr Ken Neary MP.*

mpg (= **miles per gallon**)—bir galon yakıtla yapılan mil. *My car does 20 mpg.*

mph (= **miles per hour**)—bir saatte yapılan mil. *This car is economical at a steady 60mph.*

Mr ['mistə*] (= **Mister**)—Bay; Bey: *Mr Smith.*

Mrs ['misiz] (= **Misses**)—Bayan; hanım; hanımefendi; evli bir hanımın isminden önce kullanılır, *Mrs Brown* olur
NOT: *Mr, Mrs,* ve *Ms* sözcükleri kişinin soyadı ile birlikte kullanılmalıdır; tek başına kullanılmaz.

Ms [miz] Bayan; hanım; hanımefendi; evli veya bekâr olan hanımlar için kullanılır. *Ms Capel is the marketing manager.*

much [mʌtʃ] **1** *s/miktar belirten isim* çok, fazla; epeyce; çoğu; büyük bir miktarda. *He has given much thought to the problem. Much of what you say is true. He hasn't got much land.*
NOT: *I much* sayılamayan tekil isimlerle kullanılır; sayılabilen çoğul isimlerle kullanılmaz. Bu nedenle *much salt; much time,* vb. demek gerekir. Sayılabilen çoğul isimler ile de *many* kullanılmalıdır: *many books; many things,* vb. *2* olumlu cümlelerde genellikle *a lot (of); plenty (of),* vb. yapılarını kullanmak daha doğru olur. Bu nedenle *He has much money* yerine *He has a lot of money,* veya *He has plenty of money* kullanılır. *Much* çoğunlukla soru, veya olumsuz cümle yapıları ile kullanılır: *How much land has he? He hasn't much time.* **2** *z* çok, iyice, bayağı, kat kat. *This is much better than the others. It's much longer than I thought.*
NOT: bu sözcüğün karşılaştırma biçimi *more;* enüstünlük biçimi ise *most* olarak yapılır.
not much of a one for pek sevmemek, hoşlanmamak. *I am not much of a one for dancing.*

muck [mʌk] *i-sy* **1** süprüntü, pislik. *You'll have to clear all the muck out of that cupboard. (k. dil.).* **2** hayvan dışkısı, hayvan boku. **muck up** berbat etmek, bozmak, darmadağın etmek. *He was cross when his little brother mucked up his stamp collection.*

mucous ['mju:kəs] *s* balgamlı, sümüklü; balgam salgılayan. **mucous membrane** mukoza zarı; vücudun nazik ve hassas kısımlarını (örn. burun, veya ağız içi) örten bir tür deri. **mucus** ['mju:kəs] *i-sy* mukoza zarının salgıladığı sıvı.

mud [mʌd] *i-sy* çamur. *After the rain, the roads were covered in mud. You find mud at the bottom of a pond.* **muddy** s çamurlu; kirli, bulanık. *The water was too muddy for us to see the bottom of the creek.* **mudguard** (*BrI*'de) (otomobil, bisiklet, motosikletlerde) çamurluk. (*AmI*'de **fender**).

muddle ['mʌdl] *f+n* **1** karıştırmak, becerememek, yüzüne gözüne bulaştırmak. *He's muddled all the arrangements.* **2** (özl. yaşlı bir insanın) aklını karıştırmak, şaşırtmak. *So many people told us how to get there they only muddled us.* Ayrıca *i+sy* şaşkınlık: *They were in a muddle.* **muddle through** her şeye rağmen başarmak; eldeki olanaklardan en iyi biçimde yararlanmaksızın sonuca doğru ilerlemek. *Somehow he managed to muddle through university.* **muddle-headed** *s* kafası karışık; şaşkın.

muff [mʌf] *i+sy* el kürkü, manşon; iki ucu açık boru şeklinde kalın kumaş, veya kürk; kadın ve çocuklar ellerini içine sokarak sıcak tutarlar.

muffle ['mʌfl] *f+n* **1** iyice sarıp sarmalamak; üstünü sıcak tutacak kalınca bir şey ile örtmek. *The children were well muffled up.* **2** bir bez, kumaş, vb. ile kapatarak sesi hafifletmek, boğmak. *We muffled the oars* *so that people on the riverbank could not hear us.* **muffler** *(AmI'de)* (otomobilde) susturucu.

mug [mʌg] *i+sy* **1** kulplu bardak; maşrapa. **2** safdil, bön; kolayca kandırılabilen aptal birisi. *(k. dil.).* Ayrıca *f+n* üstüne saldırıp soymak. *Someone mugged her in the lonely park at night. (k. dil.).*

muggy ['mʌgi] *s* (hava hk.) bunaltıcı, sıkıntılı, sıcak ve rutubetli. *The air was muggy as we walked through the rainforest. (eş anl.* **heavy***).*

mug shot *i+sy* polis kayıtlarına geçmek üzere çekilen fotoğraf; sabıkalı, veya şüpheli fotoğrafı. *The mug shots and fingerprints were taken.*

mulatto [mju'lætou] *i+sy* anası ile babasından birisi zenci, öbürü beyaz ırktan olan kimse; zenci beyaz kırması. *çoğ. biç.* **mulattoes.**

mule [mju:l] *i+sy* katır; erkek bir eşekle dişi bir atın çiftleşmesinden doğan hayvan.

mull [mʌl] *f-n* **(over** ile) bir şeyi iyice düşünüp taşınmak. *I'll give you time to mull it over.*

multi- ['mʌlti] *ön-ek* (isim ve sıfatların önüne eklenir) çok: *multi-storey.*

multilateral [mʌlti'lætərəl] *s* **1** çok kenarlı: *a multilateral figure.* **2** çok taraflı; çok yanlı; çok uluslu; ikiden fazla topluluk, ülke, vb. ile ilgili olarak: *multilateral aid.*

multiple ['mʌltipl] *s* **1** katmerli; üst üste; birçok değişik bölümleri, türleri, vb. olan. **2** çok, bir çok. *The man who fell over the cliff had multiple injuries.* Ayrıca *i+sy* bir sayının katı olan sayı; içinde küçük bir sayıdan, tam olarak, defalarca bulunan daha büyük bir sayı. *30 is a multiple of 10.* **multiple-choice (examination/ test/ question)** çok seçenekli (sınav/ test/ soru).

multiply ['mʌltiplai] *f+n/-n* çarpmak. *Five multiplied by six equals thirty (5x6= 30).* **2** çoğaltmak, çoğalmak; attırmak, artmak. *Mistakes have been multiplying rapidly.* **multiplication** [mʌltipli'keiʃən] *i-sy* çarpma.

multitude ['mʌltitju:d] *i+sy* çok sayı; kalabalık; halk yığını. *'We are keeping our options open,' he told the assembled multitude.*

mum [mʌm] anne; anneciğim. *(k. dil.).*
keep (something) mum bir şeyi söy-

lememek; sır olarak saklamak. *Keep mum about this: don't say anything to anyone.* **'Mum's the word'** 'Aramızda kalsın', 'Aman kimseye söyleme'. *Remember that Betty's party is meant to be a surprise one, so mum's the word.*

mumble ['mʌmbl] *f+n/-n* mırıldanmak, lakırdıyı ağzında gevelemek, sözleri anlaşılmaz bir biçimde söylemek. *Please, stop mumbling and speak clearly!* Ayrıca *i+sy* mırıldanma, anlaşılmaz bir şekilde konuşma.

mummy[1] ['mʌmi] *i+sy* mumya; çürümemesi için özel bir işleme tabi tutulmuş ceset (özl. Eski Mısırlılar tarafından yapılırdı).

mummy[2] ['mʌmi] *i+sy* anne; anneciğim. *(k. dil.).*

mumps [mʌmps] *i+sy* kabakulak; tükürük bezlerinin, özellikle kulakaltı bezlerinin iltahaplanmasıyla beliren bulaşıcı, salgın ve ateşli bir hastalık. *She has had mumps.* NOT: biçimi çoğul gibidir, ama sayılamayan bir isim olup *tekil* bir fiille kullanılır.

munch [mʌntʃ] *f+n/-n* hatur hutur yemek; gürültülü bir biçimde çiğnemek. *The children were all munching apples.*

mundane [mʌn'dein] *s* **1** dünya ile ilgili, dünyevi; dinsel ve ruhsal yaşamın karşıtı olarak kullanılır. **2** sıradan, alışılmış. *We rejected his mundane suggestion when Sarah made a better one.*

municipal [mju:nisipl] *s* belediye ile ilgili, belediyeye ait; belediye: *municipal transport.*

munitions [mju:'niʃənz] *içoğ* savaş ve araç gereçleri; cephane, mühimmat; özl. top ve diğer ağır silâhlar: *munitions factory.*

mural ['mjuərl] *i+sy* duvara çizilmiş resim.

murder ['mə:də*] *f+n* cinayet işlemek, adam öldürmek. *They murdered the poor woman for her money.* Ayrıca *i+sy/-sy* cinayet: *commit murder; accused of murder. He was charged with murder. He was found guilty of murder. The police are looking for the knife used in the murder.* **murderer** *i+sy* katil. *(kadınına* **murderess** ['mə:dəris] *denir).* **murderous** *s* öldürücü; sert, haşin. *His eyes have a murderous* glint. **scream/yell blue murder/shout bloody murder** avazı çıktığı kadar bağırmak. *It's amazing that no-one heard me: I was screaming blue murder.*

murky ['mə:ki] *s* karanlık, kasvetli: *a murky street.*

murmur ['mə:mə*] *f+n/-n* **1** uğuldamak, çağıldamak: *murmuring of bees /a stream/a crowd.* **2** mırıldanmak, söylenmek, homurdanmak; fıs fıs konuşmak: *murmur a few words.* Ayrıca *i+sy* mırıldanma, mırıltı. *There was a murmur of voices in the room. He left without a murmur.*

muscle ['mʌsl] *i+sy/-sy* kas, adale; kasıldığı, veya gevşediği zaman hareket meydana getirirler. *He developed the muscles in his legs by running. I had muscle cramp after going into the cold water.* **muscular** ['mʌskjulə*] *s* **1** kas, adale ile ilgili. **2** güçlü kasları olan, iri adaleli: *a muscular man.*

museum [mju:'ziəm] *i+sy* müze. **museum piece 1** müzelik parça; müzeye konulacak değerde ya da eskilikte olan şey. **2** (alay konusu olarak) eski, köhne bir şey.

mush [mʌʃ] *i-sy* lâpa, pelte; suyla pişirilmiş hububat, veya böyle bir şey: *mush for the cattle.* **mushy** *s* **1** lapa gibi. **2** aşırı duygusal, hissi: *a mushy film/fiction.*

mushroom ['mʌʃrum] *i+sy* mantar; çok çabuk büyüyen ve yenilebilir olan bir bitki. Ayrıca *f-n* mantar gibi bitmek, süratle çoğalmak, yayılıp büyümek. *The town mushroomed into a city.*

mushroom

music ['mju:zik] *i+sy* **1** müzik, musiki: *study music.* **2** müzik; beste: *listen to beautiful music.* **3** nota, müzik notası; müzik seslerini gösteren basılı, veya yazılı işaretler: *read music.* **musical** *s*

1 müzik ile ilgili; müziğe kabiliyetli; müziği sever: *musical instruments; a musical family.* **2** kulağa hoş gelen; tatlı: *a musical voice.* Ayrıca *i+sy* müzikal; müzikal film, veya oyun. **musically** *z* müzikle, ahenkle. **musical chairs** (müzik eşliğinde oynanan) sandalye kapma oyunu. **music centre** müzik seti; pikap, yükselteç, radyo ve kaset çalardan oluşan hi-fi ünitesi. **musician** [mju:'ziʃən] *i+sy* müzisyen; bir müzik aleti çalan ya da bir eser besteleyen kimse. *He wants to be a musician in an orchestra when he leaves school.*

Muslim ['mʌzlim], **Moslem** ['mɔzləm] *i+sy* Müslüman (kimse); Hz. Muhammed'in yaydığı dini, yani Müslümanlığı, İslâmiyeti (=**Islam**) kabul eden kimse. (*eş anl.* **Mohammedan**). Ayrıca *s* Müsliman.

mussel ['mʌsl] *i+sy* midye; ufak, mavi veya siyah renkte bir tür deniz kabuklusu; yiyecek olarak kullanılır.

must [mʌst] *yarf* **1** (yap)malı, (yap)ması lazım. *You must leave immediately. I must leave now, otherwise I shall be late. All students must keep quiet in the library. Visitors must not walk on the grass.* NOT: mecburiyetin olmayışı *needn't* veya *don't have to* ile ifade edilir: *You needn't leave* (=Gitmen gerekmez; Gitmen icabetmez); ama *You musn't leave* (Gitmemelisin; Gitmemen lazım)) demektir. **2** (yap)malı, her halde, mutlaka. *It must have stopped raining by now. This must be the place we are looking for. You must have heard of Beatles.* NOT: *must* yardımcı fiili geçmiş, şimdiki, gelecek, vb. zamanlar için hep aynı biçimdedir. Yasaklama gösteren *must not*'ın kaynaşmış biçimi. *mustn't* (=(yap)mamalı, (yap)maması lâzım) şeklindedir.

a must şart, veya zorunlu olan bir şey; görülmesi, duyulması, vb. gerekli olan bir şey. *Don't miss his latest play; it's a must.* (*k. dil.*). (Ayrıca **model**'a bkz.).

mustache [məs'ta:ʃ] *i+sy* **moustache**'a bkz.

mustard ['mʌstəd] **1** *i+sy* hardal bitkisi. **2** *i-sy* hardal; hardal ezmesi; hardal bitkisinin tohumları ezilerek un haline getirilir ve suyla karıştırılır;

elde edilen lapa bazı yiyeceklere lezzet vermek için kullanılır.

musty ['mʌsti] *s* (koku, veya tat hk.) küflü, küf kokulu; sanki eskiymiş gibi kötü kokan (genl. eski ya da rutubetli, veya uzun zamandır kullanılmayan yerler ya da eşyalar).

mute [mju:t] *s* 1 sessiz, suskun. 2 dili tutulmuş: *mute with astonishment.* Ayrıca *i*+*sy* dilsiz.

mutilate ['mju:tileit] *f*+*n* 1 bir yerini, bir organını keserek, kopararak sakat bırakmak. 2 sakatlamak; kullanılmaz hale getirmek, veya görünüşünü bozmak: *The book had been mutilated through someone tearing out the pages.* **mutilation** [mjuti'leifən] *i*+*sy/-sy* sakatlama; bozma.

mutiny ['mju:tini] *i*+*sy/-sy* (özl. askerlerin komutanlarına, denizcilerin de kaptanlara karşı) isyan etme, baş kaldırma, ayaklanma, isyan. *Capt. Bull was killed in the mutiny.* Ayrıca *f-n* isyan etmek, baş kaldırmak, ayaklanmak. *The crew mutinied because of their captain's unfair treatment.* **mutinous** *s* bir isyan, bir ayaklanma ile suçlanan; asi, isyankâr.

mutter ['mʌtə*] *f*+*n/-n* bir şeyi (genl. tehdit edici, veya şikâyetçi bir biçimde) alçak sesle söylemek, söylenmek; mırıldanmak. *He was quite annoyed, and went off muttering threats under his breath.* (*eş anl.* **mutter**). Ayrıca *i*+*sy* mırıltı, homurtu; mırıldanma, homurdanma. *He heard a mutter from the audience.*

mutton ['mʌtn] *i-sy* koyun eti.

mutual ['mju:tjuəl] *s* karşılıklı; iki ya da daha fazla kişi arasında aynı ölçüde paylaşılan: *mutual respect. They were mutual enemies* (= Birbirlerinden nefret ediyorlardı). **mutually** *z* karşılıklı olarak.

muzzle ['mʌzl] *i*+*sy* 1 bir hayvanın (örn. köpek, at) çıkıntı oluşturan ağzı ve burnu. *The dog put his muzzle through a hole in the fence.* 2 ısırmasın diye bir hayvanın ağzına takılan ağızlık. *In this town, dogs are required to wear muzzles.* 3 namlu ağzı. Ayrıca *f*+*n* 1 ağızlık takmak. 2 susturmak; bir kimsenin, bir gazetenin, vb. ne düşündüğünü söylemesine engel olmak. *There was a lot of discontent, but the press was muzzled.*

my [mai] *belirten* 1 benim; bana ait: *my*

books; my pen. My father's name is Michael. 2 bir şaşkınlık, bir sevinç, hayranlık, vb. gösterir—Aman!; Olur şey değil!; Hayret! *My, you're very generous!* 3 (bir ismin veya bir kişi adının önünde kullanılarak) sevgi ve şefkat gösterir—*My dear fellow!* Sevgili arkadaşım! **myself** 1 **I** ve **me** zamirinin vurgulu biçimi—kendim, ben, bizzat. *I did it myself.* 2 **I** veya **me** zamirinin dönüşlü biçimi—kendimi, kendime. *I was only fooling myself.* **by myself** kendi kendime; yardımsız; bizzat kendim.

myopic [mai'ɔpik] *s* miyop; uzağı göremiyen. *I am myopic.* (*eş anl.* **shortsighted, near-sighted**).

myrrh [mə:*] *i-sy* sarı sakız; hoş kokulu bir madde.

myself ['mai'self] **my**'a bkz.

mystery ['mistəri] *i*+*sy/-sy* 1 açıklanması güç, veya imkânsız ya da şaşırtıcı, güç bir şey; esrarlı bir şey, muamma. *This whole affair is a mystery to me.* 2 giz, sır, esrar; şaşırtıcı ve tuhaf olma durumu: *an air of mystery; wrapped in mystery.* **mysterious** [mis'tiəriəs] *s* anlaşılması zor, akıl sır ermez; esrarengiz; dinsel güç ile ilgili: *a mysterious event.* **mysteriously** *z* esrarengiz bir şekilde.

mystic ['mistik] *s* doğaüstü; anlaşılmaz; esrarengiz; *mystic ceremonies; mystic experience.* Ayrıca *i*+*sy* mutasavvıf, sufi; hislerle değil de dua etmekle Tanrı'ya varmaya çalışan kimse. **mystical** *s* tasavvufa ait. **mysticism** ['mistisizəm] *i-sy* tasavvuf; Tanrı'ya varma, onunla yek vücut olma. **mystify** ['mistifai] *f*+*n* hayretler içinde bırakmak, hayrete düşürmek, şaşırtmak. *His speech mystified them.* **mystique** [mis'ti:k] *i-sy* esrarlı hava, esrarlılık; apayrılık, bambaşkalık. *The medical profession has a mystique which impresses most people.*

myth [miθ] 1 *i*+*sy/-sy* efsane, esatir: *an early myth explaining the seasons.* (*eş anl.* **legend**). 2 *i*+*sy* aslı esası olmayan, bir kanı; rivayet. *They say his great cleverness is just a myth.* **mythical** *s* efsanevi, esatiri; uydurma. **mythology** [mi'θɔlədʒi] 1 *i*+ *sy* mitoloji, efsaneler topluluğu: *mythology of Greece and Rome.* 2 *i-sy* mitoloji; efsaneleri inceleyen bilim dalı. **mythological** [miθə'lɔdʒikəl] *s* mitolojik.

N

NAAFI ['næfi] *özeli* (Navy, Army, and
Air Force Institutes)—İngiliz Ordu
Pazarı; yurtiçinde ve yurtdışında İn-
giliz silâhlı kuvvetleri mensupları için
yiyecek, içecek mağazaları işleten ve
kantin hizmetleri veren bir kuruluş.

nab [næb] *f+n* yakalamak, enselemek.
*His father nabbed him as he was try-
ing to sneak off to play. geç. zam.* ve
ort. **nabbed**. *(k. dil.).*

nadir ['neidiə*] *itek* **1** insanın tam aya-
ğının altından yerin merkezine doğru
giden hayali düşey doğrultunun öbür
tarafta yer alan gökkubbeyi deldiği
düşünülen nokta; ayakucu. **2** bir kim-
senin mesleğinin, bir ülkenin sosyal ve
kültürel durumunun, vb. bulunduğu
en düşük, sönük durum. *After she
lost the election, her spirits sank to
their nadir. The standard of honesty
in this country has reached its nadir.*
(karş. **zenith**).

nag [næg] *f+n/-n* boyuna kusur bul-
mak; başının etini yemek, dırdır et-
mek. *She is always nagging (at) her
husband. My grandmother has start-
ed to nag more as she has grown
older.* Ayrıca *i+sy* dırdır eden kimse;
dırdırcı. *She's an old nag. geç. zam.*
ve *ort.* **nagged**. **nagging** *s* aralıksız
rahatsız eden; hiç rahat vermeyen:
nagging pain.

NAILS
(A, common wire; B, flooring;
C, finishing; D, oval; E, screw)

nail [neil] *i+sy* **1** (ei, veya ayaktaki) tır-
nak. **2** çivi, mıh. Ayrıca *f+n* **1** çivi-
lemek, mıhlamak; çivi ile tutturmak.
He nailed the two boards together. **2**
yakalamak, ele geçirmek. *'We've
nailed you!' said the police as they*

burst into the criminals' hide-out. **nail
biting** tırnak yeme. **nail polish, nail
varnish** tırnak cilası, oje; tırnakları
cilalamak, veya boyamak için kulla-
nılan bir sıvı. **nail somebody down**
sözünü tutmaya veya düşüncelerini
açıkça söylemeye zorlamak; bir kim-
seyi bir şey için sıkıştırmak. *We've
been trying to nail him down to a
precise agrement. (k. dil.).* **hit the nail
on the head** tam üstüne basmak, tam
yerinde söz söylemek. **on the nail** der-
hal, hemen: *pay on the nail.*

naive, naïve [nai'i:v] *s* toplumsal ku-
rallar bakımından deneyimsiz; dav-
ranışları bakımından toy ve saf: *naive
behaviour. His naive comment show-
ed us that he had no idea how serious
the situation was.* **naively** *z* safça.

naked ['neikid] *s* çıplak, üryan; üze-
rinde giysi, elbise bulunmayan. *The
naked baby chuckled as she splashed
in the bath.* **nakedness** *i-sy* çıplaklık.

namby-pamby ['næmbi'pæmbi] *s*
(genl. erkekler ve erkek çocukları hk.)
kız gibi; zayıf ve güçlü karekterli ol-
mayan. *(k. dil).*

name[1] [neim] *i+sy* **1** isim, ad. *Do you
know his name? I don't know the
name of that tree? The headmaster
knows all his pupils by name.* **2** şöh-
ret, ün, nam. *He has a good name for
honesty.* **nameless** *s* isimsiz, adsız; adı
bilinmeyen. *(eş anl.* **anonymous, un-
known**). **namely** *z* yani, şöyle ki. *I am
pleased with only one boy, namely
George. (eş anl.* **that is**). **namesake**
aynı adı taşıyan bir başkası; adaş. **in
name only** sadece adı var, sözde, is-
men. *He is the manager of that shop
in name only; his assistant does the
work.* **in the name of** adına, namına.
I arrest you in the name of law. **by
name** ismen (şahsen değil). *I know her
by name, but I have never met her.* **by
the name of** adında. *A gentleman by
the name of Neary wants to see you.*
under the name of adını kullanarak,
adı altında. *Marian Evans wrote*

under the name of George Eliot. **the name of the game** asıl amaç; asıl sorun. *ıt is useless to try to make motor-racing a safe sport: in motor-racing danger is the name of the game.* **make a name for oneself** ün kazanmak, ün yapmak. **have not a penny to one's name** hiç parası olmamak. *He's absolutely broke; he hasn't got a penny to his name.* (k. dil.).

name² [neim] *f+n* 1 (bir kimseye, veya bir şeye, bir hayvana) ad koymak, isim vermek. *They named him Paul.* 2 ismiyle çağırmak, adını söylemek: *the witnesses have been named.* 3 adını söylemek, zikretmek. *Name the place, we'll be there.* **be named/called after someone** bir kimseye, birisinin adı verilmek, ismi konmak. *George was named after his father.* (*AmI'de* **be named for someone**).

nanny ['næni] *i+sy* dadı; çocuklara bakan kadın.

nap¹ [næp] *i+sy* şekerleme, kestirme; yatağa yatmaksızın uyunan hafif uyku. *I had a nap in the afternoon.* (*eş anl.* snooze). Ayrıca *f-n* şekerleme yapmak. *I think I will nap for half an hour or so. geç. zam. ve ort.* **napped. catch someone napping** birisini gafil avlamak. *In the football match, the striker caught the whole defence napping and scored a goal.*

nap² [næp] *i-sy* bazı kumaşların tüylü yüzü: *the nap on velvet.*

nape [neip] *i-sy* ense; boynun arka tarafı. *The cat was carrying its kitten by the nape of its neck.*

napkin ['næpkin] *i+sy* 1 peçete, peşkir. *Please place a napkin to the left of each fork on the dining table.* 2 (*BrI'de*) bebek bezi; yumuşak bez ya da kağıt; bebek donu olarak kullanılır. **sanitary napkin/towel** hanımların ay halleri için kullanılan tampon.

nappy ['næpi] *i+sy* bebek bezi. (*AmI'de* **diaper**). **disposable nappy** kullanılıp atılan bebek bezi.

narcotic [na:'kɔtik] *i+sy* 1 (uyku veren ve ağrı gideren) narkotik madde. *The doctor put her to sleep with a powerful narcotic.* 2 uyuşturucu; yasal olmayan yollarla alınıp satılan tehlikeli narkotik madde.

narrate [nə'reit] *f+n* (bir öyküyü, bir

olayı, vb.) anlatmak, söylemek, hikâye etmek. *On my record of 'Peter and the Wolf' a famous actor narrates the story. He narrated the events of yesterday.* **narrator** *i+sy* nakleden; öykücü. **narrative** ['nærətiv] *i+sy* 1 öykü, hikâye. (*eş anl.* tale). 2 öykü anlatım işi, veya sanatı. Ayrıca **narration** *i+sy/-sy* anlatım, anlatış; öykü.

narrow ['nærou] *s* 1 dar, ensiz; geniş değil: *a narrow piece of wood.* 2 sınırlı, mahdut; küçük, az: *a narrow range of interests.* Ayrıca *f-n* küçülmek; daralmak (örn. bir yol). **narrowly** *z* kıl payı; güç bela, ucu ucuna, ancak, zoru zoruna. *He narrowly escaped death.* (*eş anl.* barely, just). **narrow-minded** *s* dar kafalı, dar görüşlü, bağnaz. (*eş anl.* small-minded).

NASA ['næsə] özeli (=National Aeronautics and Space Administration)— Ulusal Havacılık ve Uzay Araştırmaları Merkezi.

nasal ['neizl] *s* burunla ilgili; burundan, veya genizden çıkarılan: *a nasal voice.*

nasty ['na:sti] *s* 1 kötü, çirkin, iğrenç: *a nasty little boy.* 2 tehlikeli, kötü. *There is a nasty bend in the road.* **nastily** *z* iğrenç bir şekilde. **nastiness** *i-sy* iğrençlik.

nation ['neiʃən] *i+sy* millet, ulus; aynı soydan gelmiş, veya aynı dili konuşan, ya da aynı kültüre sahip insanların bağımsız bir devlet yönetimi altında oluşturdukları büyük topluluk. *There are over one hundred nations in the British Commonwealth.* **national** ['næʃənl] *s* milli, ulusal; bir ulus ile ilgili. Ayrıca *i+sy* vatandaş, tebaa, uyruk; belli bir ülkenin vatandaşı: *a French national. The government ordered the deportation of all foreign nationals.* **nationally** *z* ulusça, millet-çe. **nationalism** ['næʃənəlizəm] *i-sy* 1 milliyetçilik, ulusçuluk; bir kimsenin kendi vatanına duyduğu sevgi ve bağlılık. 2 milliyetçilik; bağımsız bir ülke olmak için gösterilen, veya girişilen hareket, eylem. **nationalist** ['næʃənəlist] *i+sy* milliyetçi. **nationality** [næʃə'næliti] *i+sy/-sy* milliyet, uyrukluk, tabiiyet. *She is of British nationality.* **nationalize** ['næʃənəlaiz] *f+n* millileştirmek, devletleştirmek; özel bir mülkiyeti devren satın almak va da

yönetimini üstlenmek. *The govern-
ment are planing to nationalize the
banking system.* **nationalization** [næ-
ʃənəlaïˈzeiʃən] *i-sy* millileştirme, dev-
letleştirme. **national anthem** milli
marş. *We sang the national anthem.*
national service zorunlu askerlik hiz-
meti.
native [ˈneitiv] *s* 1 bir kimsenin doğum
yerine ait ve doğum yeri olan: *my
native land.* 2 bir kimseye doğuştan
ait olan; fıtri, yaratılıştan: *his native
intelligence.* 3 yerli; bir yerde yetişen,
yaşayan, üretilen. *Tobacco is a plant
native to America.* 4 bir yerin yerli
. halkı ile ilgili olan: *the native quarter.*
Ayrıca *i+sy* 1 bir yerin yerlisi, belli bir
yerde doğan kimse: *a native of
France.* 2 bir ülkeye ilk kez gelip yer-
leşen. **nativity** [nəˈtiviti] *i+sy* doğum,
doğuş (özl. Hz. İsâ'nın).
NATO [ˈneitou] *özel i* (= North
Atlantic Treaty Organization)—Kuzey
Atlantik Paktı Örgütü.
natty [ˈnæti] *s* çok zarif ve şık. *He was
wearing a natty suit.*
natural [ˈnætʃərl] *s* 1 doğa ile ilgili:
natural sciences. 2 doğal, tabii; do-
ğuştan gelen, Tanrıvergisi: *a natural
writer; his natural abilities.* 3 normal,
tabii: *He died a natural death. It's
natural for old people to go deaf. It
is not natural to hate one's children.*
4 tabii, yapmacıksız, sade: *a natural
way of behaving.* (karş. **unnatural**).
naturally *z* 1 tabii, yapmacıksız, sade,
samimi bir biçimde; her zamankinden
başka görünmeye çalışmaksızın. 2
Tabii; elbette; başka türlüsü olabilir
mi ki? *Naturally, he denied that he
had committed the crime.* (eş anl.
obviously). **naturalist** *i+sy* doğa bi-
limleri uzmanı. **naturalize** *f+n* 1
başka bir ülkede doğmuş bir kimseyi
vatandaşlığa kabul etmek. 2 başka bir
dile ait sözcüğü bir dile kabul etmek.
natural gas doğal gaz. **natural history**
doğabilim; tabiat bilgisi (özl. bitki,
hayvan ve yerbilim).
nature [ˈneitʃə*] *i+sy/-sy* 1 evrenin
tümü; dünyayı kontrol eden güç: *:he
forces of nature.* 2 doğa, tabiat; yani,
bitkiler, hayvanlar, vb.: *the beauties of
nature.* 3 cins, tür, çeşit: *things of this
nature. The nature of his business is
not known.* 4 yaradılış, tabiat, huy
mizaç, karakter. *It is not in his nature*

*to be cruel. He has a kind/cruel
nature.* **call of nature** tuvaletini yapma
ihtiyacı. **or something of that nature**
veya ona benzer bir şey; ya da o ka-
bilden bir şey; veya onun gibi bir şey.
naught [nɔːt] *i* hiç, hiçbir şey. (esk.
kul.).
naughty [ˈnɔːti] *s* (çocuklar hk.) yara-
maz; kötü, fena. *The girl was sent to
bed for being naughty. It is naughty
to kick other children.* (eş anl. **bad**).
naughtily *z* haylazca. **naughtiness**
i-sy yaramazlık.
nausea [ˈnɔːsiə] *i-sy* bulantı, kusma
ihtiyacı. *She suffered from nausea in
the morning.* **nauseate** [ˈnɔːsieit] *f+n*
midesini, gönlünü bulandırmak; tik-
sindirmek. *The idea of eating snails
nauseates her.* **nauseating** *s* iğrenç,
mide bulandırıcı.
nautical [ˈnɔːtikl] *s* denizcilikle ilgili;
gemi, veya gemicilere ait. *If you want
to learn to sail you will have to learn
the proper nautical terms.* (eş anl.
seafaring). **nautical mile** deniz mili;
bir deniz mili 1852 metredir.
naval [ˈneivl] *s* deniz kuvvetleri, do-
nanmayla ilgili, veya onlara ait: *naval
officers.*
nave [neiv] *i+sy* bir kilisenin ortasın-
daki uzunlamasına kesim.
navel [ˈneivl] *i+sy* göbek: karnın or-
tasındaki çukur. (eş anl. **belly button**).
navigate [ˈnævigeit] *f+n* (bir gemiyi,
uçağı, vb.) rotasında yürütmek; bir
ucundan (örn. bir nehrin) başlayıp
öbür ucuna gitmek; (örn. bir nehir
boyunca) gidiş yolunu bulmak.
navigator [ˈnævigeitə] *i+sy* rota subayı; gemici.
navigable [ˈnævigəbl] *s* gemilerin iş-
lemesine elverişli: *a navigable river.*
navigation [nævi'geiʃən] *i-sy* deniz-
cilik, veya havacılık bilgisi; seyrüsefer.
navvy [ˈnævi] *i+sy* vasıfsız işçi; ustalık
istemeyen, örn. kazım ve inşaat iş-
lerinde çalışan amele.
navy [ˈneivi] *i+sy* donanma, deniz
kuvvetleri, bahriye. **navy blue** *s* koyu
mavi; lacivert.
N.B. (= nota bene)'ye bkz.
near¹ [niə*] 1 *z* yakın, yakınına, ya-
kında; uzakta değil: *come near; stand
near to the door.* 2 edat (bir yere)
yakın: *near the house; near fainting*
(= bayılmak üzere). krş. biç. **nearer.**
enüst. biç. **nearest. near at hand**
yakın, yakınında, el altında. *The pills*

are near at hand. The end of term is near at hand.

near² [niə*] *s* **1** zaman, mesafe bakımından uzak olmayan, yakın. *The holidays are near.* **2** yakın; sıkıfıkı, samimi: *a near relative* **3** (araba, vb. hk.) (*BrI'*de) sol taraf, sol yan. **nearside** (arabalar, vb. hk.) *BrI'*de soldaki, sol yandaki, sol taraftaki (yani kaldırıma yakın taraftaki); başka bir ülkede sağdaki, sağ taraftaki olabilir: *on the near side; the front nearside wheel.* (karş. **off**). **nearness** *i-sy* yakınlık. **nearly** *z* **1** hemen hemen, aşağı yukarı, neredeyse, âdeta: *nearly dead. It was nearly 2 o'clock. I have nearly finished. She nearly missed the plane.* **2** yakından: *the person most nearly concerned.* **nearby** *z* yakın, yakında; civarda, civarında. *There is a house nearby.* **nearby** *s* yakındaki: *a nearby house.* **a near miss** için **miss¹**'a bakınız. **near enough, as near as makes no difference, as near as no matter** hemen hemen, neredeyse. (*eş anl.* **just about**). **near thing** ucu ucuna; az farkla. *We just managed to catch the train but it was a near thing.* **nearsighted** [niə'saitid] *s* miyop. *I am nearsighted.* (*eş anl.* **myopic**).

near³ [niə*] *f + n/-n* yaklaşmak, yanaşmak, yakına gelmek. *They were nearing the harbour.*

neat [ni:t] *s* **1** derli toplu; düzenli; muntazam: *a neat desk.* **2** tertipli, intizamlı; düzensever: *a neat person.* **3** (içkiler hk.) sek; su, veya buz katılmamış *He drinks his whisky neat.* **neatly** *z* temizce, tertiplice. *He hung nis jacket neatly on the back of a chair.* **neatness** *i-sy* temizlik, tertiplilik.

nebulous ['nebjuləs] *s* bulanık; karışık, açık seçik olmayan: *a nebulous shape /idea. His ideas of how he should be doing the job were very nebulous.*

necessary ['nesəsəri] *s* lüzumlu, gerekli; yapılması zorunlu. *Food is necessary for health. It is necessary to fill in the form correctly if you are not to have difficulty at the custom.* (karş. **unnecessary**). **necessaries** *içoğ* gerekli, veya lüzumlu şeyler; zaruri ihtiyaçlar. **necessarily** *z* zorunlu olarak, çaresiz, ister istemez, ille de, mutlaka. *You don't necessarily have to leave now. He won't necessarily come.* **necessi-**

tate [ni'sesiteit] *f + n* gerektirmek, zorunlu kılmak, icap ettirmek, mecbur etmek. (*eş anl.* **require**). **necessity** [ni'sesiti] **1** *i-sy* gerekli, lüzumlu, veya kaçınılmaz bir ihtiyaç durumu; gereksinme, lüzum, ihtiyaç. *The tablets are to be taken only in case of necessity.* **2** *i + sy* zorunlu bir ihtiyaç; gerekli bir şey. *Sleep is a necessity.*

neck [nek] *i + sy* **1** boyun; kafayı omuzlara bağlayan kısım. *I'm suffering from pains in the neck.* **2** herhangi bir şeyde boğaz, boyun kısmı; boğaza, boyuna benzeyen parça: *the neck of a bottle.* **necklace** ['nekləs] *i + sy* gerdanlık, kolye. **necktie** *i + sy* (genl. *AmI'*de) kravat. (*BrI'*de **tie**). **neck and neck** baş başa, at başı beraber: *finish neck and neck in a race.* **save one's neck** postu kurtarmak, kelleyi kurtarmak. *They behaved in a very cowardly way: they were only interested in saving their own necks.*

née [nei] *s* (evli kadınlar hk.) kızlık soyadı ile (örn. *Mrs Smith née Brown*).

need¹ [ni:d] *i-sy* gereksinme, ihtiyaç: *be in need of money; no need to hurry; great need for more doctors.* **needs** *içoğ* sahip olunması gerekli olan şeyler; gereksinme: *earn enough for one's needs.* **needless** *s* gereksiz, lüzumsuz, boşuna, beyhude: *needless suffering.* **needless to say** söylemeye gerek (bile) yok, elbette. (*eş anl.* **of course**). **needy** *s* yoksul, fakir, parası olmayan. *There are many organizations which help needy people by giving them food, clothes and furniture.* **if need(s) be** gerekirse, icabında. *I'll telephone you, if need be.* (*eş anl.* **if necessary**).

need² [ni:d] *f + n* **1** gereksinmek, ihtiyacı olmak. *To buy a car you need a lot of money. That child needs to be disciplined.* **2** gerektirmek, icab etmek. *You don't need to go immediately.*
NOT: *need* fiili kurala uyan, yani çekimli bir fiildir; *need³* ile karıştırmayın.

need³ [ni:d] *yarf* (genl. olumsuz veya soru cümlelerinde kullanılır) gerekmek, icabetmek. *He needn't come if he doesn't want to. 'Need we come?'—'No, you needn't.'* ya da *'Yes, you must.'*

needle ['ni:dl] *i + sy* **1** dikiş iğnesi. **2**

enjeksiyon, şırınga iğnesi. *AIDS can be transmitted by using non-sterile needles.* 3 ibre; öiçü aletlerinde sayı, veya işaret göstermeye yarayan hareketli iğne: *needlc of a compass. The speedometer needle swings back and forth.* 4 bir kayıt aygıtı, veya bir pikabın iğnesi. *The needle jumped and scratched the record.* 5 çam, köknar, vb. bir ağacın iğne gibi uzun yaprağı. *There was nothing on the ground except a thick layer of pine needles.* **needlework** dikiş ve nakış.

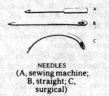

NEEDLES
(A, sewing machine;
B, straight; C,
surgical)

negation [niˈgeiʃən] *i-sy* inkâr, red; veya kabul etmeme.

negative¹ [ˈnegətiv] *s* 1 içinde *'no'* (=hayır), veya *'not'* (=değil) bulunan; olumsuz, menfi: *We expected to receive a negative answer.* (*eş anl.* **affirmative**). 2 olumsuz, menfi, ters: *a negative attitude. The test was negative.* (*eş anl.* **positive**). **in the negative** olumsuz; hayır. *When asked if he wanted to make any statement, the prisoner answered in the negative.*

negative² [ˈnegətiv] *i+sy* (fotoğrafçılıkta) fotoğraf veya filmin arabı; negatifi; açık tondakiler koyu, koyu olanlar da açık tonda görünür.

neglect [niˈglekt] *f+n* 1 ihmal etmek, boş vermek: *neglect one's children. Don't neglect your health.* 2 yapmamak, yapmakta kusur etmek. *He neglected to return the book. Don't neglect to water the plants.* Ayrıca *i-sy* 1 ihmal, boş verme; ihmal etme: *neglect of one's family. The children suffered from neglect.* 2 ihmal olunma. *The room was in a state of neglect.* **negligent** [ˈneglidʒənt] *s* ihmalci, savsak, kayıtsız, dikkatsiz; yeterince dikkat sarfetmeyen, veya özen göstermeyen: *a negligent worker. He was negligent in carrying out his duties.* **negligently** *z* baştan savma olarak, dikkatsizce. **negligence** *i-sy* dikkatsizlik, ihmal. *Negligence was the cause of the acci-*

dent. **negligible** [ˈneglidʒəbl]*s* ihmal edebilir, önemsiz; az miktarda: *a negligible amount.*

negligée [ˈnegliʒei] *i+sy* uzun, rahat bir tür gecelik; kadınlar bunu gece yatarken ya da sabah uyanınca giyerler.

negotiate [niˈgouʃieit] *f+n/-n* 1 bir anaşmaya varmak içni görüşmek, tartışmak, müzakere etmek, pazarlık etek. *The two countries are negotiating for a peaceful settlement. The mangement refused to negotiate with the union.* 2 çek bozmak, veya bozdurmak: *negotiate a cheque.* 3 (bir engeli, veya engelleri) aşabilmek; bir yere çıkabilmek; bir yerin üzerinden, bounca, vb. gidebilmek: *negotiate a difficult part of the river.* **negotiation** [nigouʃiˈeiʃən] *i+sy/-sy* müzakere, görüşme. *After three days of tough negotiations, the company reached agreement with its 500 unionized workers.* **negotiator** *i+sy* delege. **negotiable** [niˈgouʃəbl] *s* (bir çek, vb. hk.) karşılığı paraca ödenebilir; paraya çevrilebilir.

Negro [ˈniːgrou] *i+sy* 1 Büyük Sahra çölünün güneyinde kalan Afrika zencisi. 2 Afrika'nın dışında yaşayan bura halkından gelen kimse, zenci: *an American Negro.* çoğ. biç. **Negroes.** (*kadınına* **Negress** [ˈniːgres] *denir).* Ayrıca *s* zenci, siyah derili; zencilere ait.

neighbour [ˈneibə*] (*AmI'de* **neighbor**) *i+sy* 1 komşu; birbirine yakın, veya yan yana oturan kişi ya da kişilerden biri. *I sued my next door neighbour for damages.* 2 komşu; yan yana olan kimse, ülke. vb. *The big tree brought down several of its smaller neighbours as it fell. I turned my head slightly towards my neighbour.* **neighbourhood** *i+sy* 1 semt, mahalle; *a friendly neighbourhood.* 2 çevre, civar, dolay, yöre: *in the neighbourhood of the town hall.* (*eş anl.* **vicinity**). **neighbouring** *s* yakın, yakındaki, civardaki* *neighbouring towns. We went to play in the neighbouring park.* **neighbourly** *s* arkadaşça, dostça; komşuya yakışır bir biçimde. *He gave some neighbourly help when my mother was sick.* **in the neighbourhood of** aşağı yukarı, yaklaşık olarak. (*eş anl.* **roughly**). *I paid in the neighbourhood* *of £8000 for the car.*

neither ['naiðə*, 'ni:ðə*] **1** *s/zamir* (ikisinden) hiçbiri, ne bu ne öteki. *Neither man as guilty. Neither of them told the truth.* **2** *z/bağ.* ne... ne (de). *I can neither admit it nor deny it. He can't do it, and neither can I.*

neo- ['ni:ou] *ön-ek* yeni, örn. **neologism** (=yeni, uydurma sözcük).

neon ['ni:ɔn] *i-sy* neon; sıvı durumuna getirilmiş havadan elde edilerek ışık araçlarında kullanılan, atom sayısı 10, atom ağırlığı 20,2, yoğunluğu 0,7 olan ve havada pek az olarak bulunan asal gazlar sınıfından bir element. Simgesi Ne. **neon light** *i+sy/-sy* neon ışığı. *The front of the buildings glittered with bright neon lights.*

nephew ['nefju:] *i+sy* yeğen; erkek, veya kız kardeşin oğlu. *(kadınına* **niece** [ni:s] *denir).*

nepotism ['nepətizəm] *i-sy* mevki sahibi bir kimsece (özl. işe almada) hısım, akraba kayırma. *James only got his job because he's the boss's son. It's downright nepotism!*

nerve [nə:v] **1** *i+sy* sinir; beyin ile vücudun diğer organları arasında duyu ve komutları taşıyan lifimsi organlardan birisi. *Nerves are the fibres along which impulses are carried.* **2** *i-sy* cesaret, soğukkanlılık. *It takes nerve to pilot an aeroplane. (k. dil.).* **nervous** *s* **1** vücuttaki sinirlerle ilgili: *the nervous system.* **2** sinirli, asabi; ürkek, çekingen; heyecanlı ve endişeli: *a nervous young man. She's nervous about her exam.* **nervously** *s* sinirli olarak **nervousness** *i-sy* sinirlilik, asabiyet. *She had to overcome her nervousness before she could recite well.* **nerve-racking** *s* sinir yıpratıcı, çok heyecanlı; tehlikeli: *a nerve-racking experience.* **nervous breakdown** sinir bozukluğu, sinir krizi; asabi buhran, nevrasteni. *You'll give yourself a nervous breakdown going on working like this.* **get on one's nerves** bir kimsenin asabını bozmak, sinirine dokunmak. *I wish that woman wouldn't talk so loualy: her voice is getting on my nerves.* **live on one's nerves** devamlı bir korku ve endişe içinde yaşamak. **lose one's nerve** korkmak, cesaretini yitirmek, korkup paniğe kapılmak. *He had climbed almost to the top of the rock,*

but lost his nerve and turned back. **had a/the nerve to do something** bir şeyi yapacak kadar yüzsüz, veya cesaretli olmak, cüret etmek. *He had the nerve to insult me in front of everyone.* **nerve gas** sinir gazı.

nest [nest] *i+sy* kuş yuvası, yuva; böcek yuvası: *a wasp's nest.* **nest egg** *i+sy* tasarruf; bir amaç için biriktirilmiş bir miktar para. *He squandered her little nest egg. (eş anl.* **savings).**

nestle ['nesl] *f+n/-n* bir yere kıvrılıp rahat bir biçimde yerleşmek; sıcacık yaslanmak, sokulmak; rahatça koymak, yaslanmak: *nestle into one's bed; nestle against one's mother. Jane nestled her beautiful head on her fiance's shoulder.*

net¹ [net] *i+sy* ağ, file: *a fishing net; a mosquito net.* **netting** *i-sy* ağ; ipten, sicimden, telden, vb. ağ biçiminde örülmüş bir şey (örn. tel kafes, cibinlik, vb.): *wire netting.* **netball** netbol; bir direğe asılı ağın arasından topu geçirme oyunu. **network 1** ağ, şebeke; yollardan oluşan büyük bir düzen; bu yollar belli noktalarda kesişirler, veya birbirlerine bağlanırlar. **2** yayın şebekesi; bir grup oluşturan radyo ve televizyon istasyonları: *a network of radio stations.*

net², **nett** [net] *s* net, kesintilerden sonra kalan, safi: *net price of an article; net profit; net weight of an article.* Ayrıca *f+n* kazanmak, kâr etmek. *net £5,000. geç. zam. ve ort.* **netted.**

nettle ['netl] *i+sy* ısırgan otu; dokunulduğunda kaşıntı ve acı verir.

neurosis [njuə'rousis] *i+sy* sinir bozukluğu, veya zihni bir rahatsızlık; nevroz. *Jane is suffering from several neuroses. çoğ. biç.* **neuroses** [njuə'rousi:z]. **neurotic** [njuə'rɔtik] *s* asabi dengesi bozuk, veya sinir bozukluğu bulunan kimse. *She is a very neurotic girl.*

neuter ['nju:tə*] *s* **1** nötr; ne erkek ne dişi. *Worker bees are neuter.* **2** (sözcükler hk.) ne eril ne dişil, örn. *boy* sözcüğü erildir, ama *stone* ne eril ne dişildir, yani cinsiyeti olmayan bir sözcüktür.

neutral ['nju:trl] *s* **1** tarafsız, yansız, bitaraf; bir savaşta ya da bir anlaşmazlıkta taraf tutmayan: *neutral territory. Sweden was a neutral country* *in the war.* **2** (renk, ses, vb. hk.) belli bir niteliği olmayan. **neutrality** [nju-'træliti] *i-sy* yansızlık, tarafsızlık (örn. bir savaş sırasında). *Sweden has kept its neutrality for many years.* **in neutral** (motorlu araçlar hk.) vites kolu boşta.

never ['nevə*] *z* **1** hiçbir zaman, asla, hiç. *I have never seen him before. They shall never leave this house* **2** *not'*ın vurgulu biçimi—katiyyen, dünyada. *This will never do!* **nevertheless** *z* yine de, bununla beraber; mamafih, ancak. *She was very tired; nevertheless she kept on working.* **Well, I never** (henüz görülen, duyulan bir şey karşısında hayret, şaşkınlık belirtmek için kullanılır) Allah Allah, vay anasını; Olamaz! Mümkün değil! *Well, I never! If it isn't John! I haven't seen you for years.*

new [nju:] *s* **1** yeni. *Where are the new books? This is a new design. I'll show you my new suit. After he cleaned the car, it was just like new. They are building new houses everywhere.* **2** yeni; daha önce bilinenden farklı olan; yeni keşfedilmiş olan; taze, turfanda; başka: *learn a new language; discover a new planet.* Ayrıca *z* yakınlarda, yeni: *newborn baby; new-laid eggs* (= taze yumurta). **newness** *i-sy* yenilik. **newly** *z* **1** yeni, yakınlarda, son zamanlarda; *a newly married couple.* **2** yeni bir biçimde: *a newly-designed system.* **newcomer** bir yere, bir şehre, vb. yeni gelen kimse. *I'm a newcomer to these ideas* (= Bu fikirler benim için yeni). **new moon** hilâl, yeni ay. **New Year's day** yılbaşı; 1 Ocak. **new to** yeni; çiçeği burnunda; henüz alışmamış. *I'm new to this job.* **new broom** (sweeps clean) bir işe yeni başlayan ve çok şeyler yapmak isteyen bir kimse. *Now that our old boss has retired, I wonder what changes the new broom will make?* **newly-weds** içoğ yeni evliler.

news [nju:z] *i-sy* havadis; yeni yeni bilgiler; haber(ler). *I have some news for you. Have you heard the news? I heard all about it on the news* (= radyo veya televizyondan). *I heard several items/pieces of news.* **newsagent** gazete bayi. **newscaster** radyo, veya televizyonda haberleri okuyan kimse; **news conference** (*AmI'*de) basın

konferansı. (*BrI'*de **press conference**). **newsflash** radyo, veya televizyonda haberler okunurken kesilip verilen önemli bir haber. *The film was interrupted for an urgent newsflash.* **newsletter** bülten. **newspaper** gazete. **new penny** yeni peni; İngiltere'nin 15 Şubat 1971 tarihinde desimal para sistemine geçişinden beri kullanılmaya başlanan ve 2.4 eski peni değerinde olan madeni para. 100 yeni peni = 1 pound eder. **That's news to me** Aa bunu bilmiyordum; Yaa bunu hiç duymamıştım. **No news is good news** Haberin iyisi olmayanıdır; Bir haber yoksa, kötü bir şey de yok demektir.

next [nekst] **1** *s/belirten* en yakın, yanı başındaki, gelecek, hemen bir sonraki, yandaki, bir öteki. *Go up to the next street after this one. You will have to be the next (person) to go. Not that book, but the next one. We are leaving for Europe next Sunday/ summer/year.* NOT: *the* ile kullanıldığında *next* daha önce sözü edilen bir zamanın ertesi, bir sonraki anlamlarını verir. *They stayed here for one week and left the next week. He was here last Friday and promised to come back the next day.* **2** *z* (ondan) sonra. *What happened next? When I next saw him, he was a wealthy man. What will you be up to next?* (= Vay anasını, senden her şey beklenir; bakalım bundan sonra ne halt işleyeceksin). **3** *edat* ...-in bitişiğinde, ...-in yanında. *The desk is next to the wall.* **next door** bitişik-(teki). *They live next door to me.* **next of kin** *itek/i+sy* yakın akraba. *The only nexk of kin seems to be a cousin in Droitwich.*

nib [nib] *i+sy* mürekkepli kalem ucu; (tükenmez kalem ucuna *nib* denmez).

nibble ['nibl] *f+n* **1** azar azar ısırmak, ufak ufak kemirmek, dişlemek, ısırık atmak. *The fish were nibbling at the bait. He nibbled his biscuits.* **2** (örn. pek aç olunmadığı zaman) nazlana nazlana yemek. *She nibbled at her food.*

nice [nais] *s* **1** iyi, hoş, tatlı, güzel (dış görünüş değil): *a nice person.* **2** ince, hassas: *a nice point of law.* **nicely** *z* iyi bir şekilde; pek iyi.

nick [nik] *i+sy* küçük V-şeklinde

çentik (işaret için kullanılır). 2 hapishane, kodes. (k. dil.). Ayrıca f+n 1 çentik atmak; (jiletle, vb. örn. traş olurken) kesmek. *I nicked my hand with the knife.* 2 çalmak, aşırmak, yürütmek. *Someone nicked my pen.* 3 (polisçe) tutuklanmak. **in the nick of time** tam zamanında. *Jack grabbed the little girl in the nick of time, otherwise she would have fallen into the pool.* **be in good/bad nick** iyi/kötü durumda. (k. dil.).

nickel ['nikl] 1 *i-sy* nikel; sert, beyaz bir metal. Simgesi Ni. 2 *i+sy* 5 sent değerindeki Amerikan madeni parası.

nickname ['nikneim] *i+sy* takma ad, lakap; kendi adı yerine samimi bir biçimde kullanılan bir başka ad. *Because his hair is red, John's nickname is 'Red.' We gave her the nickname 'Bubbles' because she was always so happy.* Ayrıca f+n lakap takmak, takma ad takmak. *They nicknamed him Jock.*

nicotine ['nikəti:n] *i-sy* nikotin; tütünde bulunan zehirli madde. *Many smokers who are chemically addicted to nicotine cannot cut down easily.*

niece [ni:s] *i+sy* yeğen; erkek, veya kız kardeşin kızı. (erkeğine **nephew** ['nefju:] *denir*).

night [nait] *i+sy/-sy* gece; gece vakti; güneşin batışı ile doğuşu arasında geçen zaman süresi: *last night; three nights ago; on Sunday night; nine o'clock at night.* **nightly** z gece veya her gece olan, yapılan. *Performances are given nightly except on Sunday. Many animals come out at only night.* **nightcap** yatmadan önce içilen alkollü bir içki. **night club** gece kulübü; gece geç vakitlere kadar açık olan eğlence yeri. **nightdress** gecelik; hanım ve çocukların yatarken giydikleri entariye benzer bir giysi. **nightfall** gecenin başlangıcı; akşam karanlığı. **nightmare** *i+sy* 1 kâbus, korkulu rüya. *The child had a nightmare and woke up crying.* 2 korkunç ve müthiş bir durum. *The automobile accident was a nightmare for me.* **night owl** geceleri geç yatmayı alışkanlık haline getirmiş kimse, veya geceleri çalışmayı seven kimse; gece kuşu. (k. dil.). **night school** gece okulu; gündüz çalışanların akşamları devam ettikleri bir okul, veya eğitim merkezi. **night shift**

gece vardiyası. *He works the night shif.* **nightside** *i+sy* bir gökcisminin güneş ışınlarını almadığı karanlık yüzü. 2 herhangi bir şeyin karanlık tarafı. **night-time** gece, gece vakti. **night watchman** gece bekçisi.

nightingale ['naitingeil] *i+sy* bülbül.

nil [nil] *i-sy* sıfır (genl. puan, sayı verilirken kullanılır): *win by two goals to nil.*

nimble ['nimbl] *s* 1 atik, çevik; hareketleri kıvrak olan. *Goats were nimble in climbing along the rocks.* 2 zeki, uyanık, açıkgöz; hızlı düşünüp çabuk kavrayan. *The boy had a nimble mind, and could think up excuses as quickly as his mother or teacher could ask for them.*

nincompoop ['ninkəmpu:p] *i+sy* alık, budala. *She felt such a nincompoop!* (eş anl. **fool**).

nine [nain] *i/zamir* dokuz. **dress oneself up to the nines** iki dirhem bir çekirdek giyinmek. *He must be going somewhere important: he's all dressed up to the nines.* **nineteen** on dokuz. **talk nineteen to the dozen** çok süratli, hızlı konuşmak, motor gibi konuşmak. (k. dil.). **nineteenth** doksanıncı. **ninety** doksan **ninth** dokuzuncu. **ninety-nine** doksan dokuz; hastanın boğazının arka kısmını iyice muayene edebilmesi için doktorun hastasına söylettiği sayı. *The doctor told him to open his mouth wide and say ninety-nine.*

nip¹ [nip] 1 f+n çimdiklemek; kıstırmak, kapmak; ısırmak. *George was nipped in the leg. He was nipped by a dog.* 2 f+n (soğuk) dondurmak, sızlatmak. *A cold wind nipped our ears.* 3 f-n kırağı vurmak. *Some of our tomato plants were nipped by frost.* 4 (Brl'de) (genl. yakındaki bir yere) çabucak gitmek, bir koşu gitmek. *I'll just nip out and post these letters.* geç. zam. biç. ve ort. **nipped**. Ayrıca *i+sy* çimdik; ısırık. **nippy** *s* 1 hızlı, çabuk. (k. dil.). 2 (hava hk.) oldukça soğuk. *In the late afternoon the breeze at the beach can be nippy.* (eş anl. **chilly**). (k. dil.). **a nip in the air** oldukça soğuk. *There is a nip in the air thi frosty morning.* **nip in the bud** bir şeyi daha büyük boyutlara varmadan önüne geçmek. *It looked as if there was going to be some* *trouble at the meeting, but the police nipped it in the bud by quickly arresting a few of the trouble makers.*

nip² [nip] *i+sy* bir yudum içki, bir fırt içki: *a nip of whisky.*

nipple ['nipl] *i+sy* meme ucu.

nitrogen ['naitrədʒən] *i-sy* nitrojen, azot; rengi, tadı veya kokusu olmayan bir tür gaz; atmosferin beşte dördü bu gaz ile doludur. Simgesi N.

no [nou] 1 *z* hayır, olmaz. *'Did you say anything?'—'No, I didn't.' 'You didn't see him?'—'No, I didn't.'* 2 (sıfatların karşılaştırma durumları ile kullanılır) hiç de daha ...değil; yok. *I shall go no further. We have no more time to waste here.* 3 *z* (sayılardan ve *other* sözcüğünden önce kullanılır). *No two fingerprints are the same* (=İki parmak izi birbirine benzemez; bir parmak izi başka hiçbir parmak izine benzemez). *No other person would have done it* (=Bunu başka biri yapmazdı; yapsa yapsa onu bir tek o yapardı). 4 *belirten* hiç yok; hiç...değil. *I have no money. She has no sense. They have no books. We have no house.* 5 *belirten* önüne gel-diği sözcüğün anlamını tam tersine çevirir. *He is no friend of mine* (=O benim düşmanımdır). *He is no lover of animals* (=Hayvanlardan nefret eder). **no-man's land** iki düşman kuvvetin savaş hatları arasındaki kimseye ait olmayan bölge. **by no means** katiyen, hiç, hiçbir suretle. *He is by no means poor.* **no-frills** *s* ucuz. *We travelled second class and stayed at cheap hotels on our no-frills holiday.* (*karş.* **dear**). (*eş anl.* **cheap**). **no one** (hiç) kimse. **in no time** derhal, göz açıp kapayıncaya kadar, kaşla göz arasında. **no wonder** şaşılacak bir şey yok, hiç garip değil; doğal. *It's no wonder he never came back.* **there's no saying** söylemek imkânsız, bilinmez, kimse bilmez. *There's no saying what he would have accomplished if he had lived.*

noble ['noubl] *s* 1 övgüye değer; soylu: *a noble person; a noble gesture.* (*karş.* **ignoble**). 2 soylu, asil, aristokrat: *a noble family.* Ayrıca *i+sy* asilzade, soylu kimse. **nobly** *z* soylulara yakışır bir şekilde. **nobility** [nou'biliti] *i-sy* soylular sınıfı; soyluluk, asalet. **nobleman** soylu, asil kimse; asilzade.

nobody ['noubədi] *zamir* (hiç) kimse. *We saw nobody in the kitchen. There was nobody in the whole house. I hope nobody has missed the bus.* NOT: *I hope nobody has missed their bus* (=İnşallah kimse otobüsünü kaçırmamıştır) şeklinde içinde *their* zamiri de olabilen böyle bir cümle kurulabilir (özl. kalabalığın içinde hem kadın hem de erkek kişiler varsa). Fakat bazı kimseler böyle bir kullanımın yanlış olduğu düşüncesindedirler. Ayrıca *i+sy* önemsiz kimse; bir hiç: *a nobody.*

nod [nɔd] *f-n* 1 başını (öne, arkaya) sallamak, başını önüne eğip kaldırmak (genl. selamlama, bir şeyi kabul ettiğini gösterme, veya bir emir vermek için). *When I asked if anyone wanted an ice cream, all the children nodded.* 2 yorgunluktan başı öne düşmek. *He nodded off in his chair.* geç. zam. ve ort. **nodded.** Ayrıca *i+sy* başını öne eğme; başla işaret. *He gave us a nod as he passed. When she asked him if he wanted a drink, he gave a nod.*

noise [nɔiz] *i+sy/-sy* gürültü, patırtı (özl. yüksek ve hoş olmayan cinsinden). **noisy** *s* gürültülü patırtılı; gürültü yapan. **noisily** *z* gürültülü bir biçimde, gürültüyle.

nomad ['noumæd] *i+sy* göçebe, göçer; oradan oraya hayvanlarına otlak, kendisine yiyecek arayarak göçen bir aşiretin insanı. *Many Arabs are nomads.* **nomadic** [nou'mædik] *s* göçebe; göçebe gibi: *a nomadic way of life.*

nom de plume [nɔm də 'plu:m] *i+sy* yazarın takma adı. *Why would a lady choose a nom de plume such as George Eliot?*

nominal ['nɔminl] *s* 1 sözde; adı var kendisi yok: *the nominal ruler of a country.* 2 çok az, cüzi: *a nominal amount. They are paying a nominal rent.* **nominally** *z* sözde olarak, ismen.

nominate ['nɔmineit] *f+n* birisini bir göreve aday olarak göstermek; adaylığını önermek; atamak, görevlendirmek: *nominate someone as secretary. His party nominated him to run for mayor.* **nomination** [nɔmi'neifən] *i+sy/-sy* aday gösterilme; veya aday gösterme. **nominee** [nɔmi'ni:] *i+sy* aday, namzet. (*eş anl.* **candidate**).

nominative [ˈnɔminətiv] *s* (dilb.) yalın hal. **nominative case** ismin yalın hali.

non- [nɔn] *ön-ek* değil, olmayan (örn. **nonfiction**).

nonchalant [ˈnɔnʃəlnt] *s* umursamaz, kaygısız; soğukkanlı, heyecansız. *Richard is always nonchalant, it's difficult to know what he likes or doesn't.*

non-committal [ˈnɔnkəˈmitl] *s* suya sabuna dokunmaz; niyetini, fikrini, açıkça belirtmeyen. *Her non-committal answer could have meant anything.* (*eş anl.* **neutral**).

nonconformist [ˈnɔnkənˈfɔːmist] *i+sy* 1 alışılagelmiş olan bazı yaşam, hareket, düşünce, vb. biçimlerine uymayan kimse, topluma ayak uydurmayan kimse. *My parents think I'm nonconformist because I want to leave school earlier than my brothers did.* 2 (**Nonconformist**) (İngiltere'de) Angelikan Kilise'sinden ayrılmış olan Hıristiyan mezheplerinin birinden olan.

nondescript [ˈnɔndiskript] *s* kişiliksiz, sıradan, alelade; tanımlanması kolay olmayan. *I can hardly remember her —she was quite nondescript.*

none [nʌn] *z/zamir* 1 hiçbiri; hiç. *I looked for some pencils but there were none there.* 'Have you any money left?'—'No, none at all.' *None of them came. None of that!* (= Kes şunu!/Yapma, bırak!) *None of your cheek!* (=Arsızlık etme! Yüzsüzlük etme!) 2 hiç de...değil. *I'm afraid he is none too clever. He is none the worse for his terrible hardships.* (=Karşılaştığı güçlüklerden hiç zarar görmedi; ona hiç de zarar vermediler). **nonetheless** *z/bağlaç* yine de, bununla beraber; mamafih, ancak. *James hadn't bought the ticket— nonethless he wanted to come with us.* (*eş anl.* **however, therefore**).

nonevent [nʌnˈivent] *i+sy/-sy* umulandan çok daha önemsiz, yavan, tatsız, vb. bir olay. *The birthday party was quite a non-event—only five people came.*

nonentity [nɔˈnentiti] *i+sy* solda sıfır birisi; önemsiz bir kimse. *He came from a family of nonentities. I do not know why Jane married him—he is an absolute nonentity.* (*karş.* **bigwig, VIP**).

non-fiction [ˈnɔnˈfikʃən] *i-sy* hayal ürünü olmayan yazı; öykü, roman, vb. dışı eser. *Poetry, biography and travel will all be found among the non-fiction in the library.*

no-no *itek* arzu edilmez, veya kabul edilmez bir şey. *That idea is a no-no.* (*eş anl.* **forbidden**).

nonplus [ˈnɔnˈplʌs] *f+n* şaşırtmak, hayrete düşürmek; ne yapacağını, ne düşüneceğini bilmez hale getirmek. *I can't think sensibly at the moment because I am nonplussed by her strange behaviour.* (*eş anl.* **confused**). *geç. zam. ve ort.* **nonplussed**.

nonsense [ˈnɔnsns] *i-sy* saçmalık; saçma sapan söz, veya sözler; saçma, veya aptalca olan herhangi bir şey. *The fool is talking nonsense. His explanation sounded like nonsense to me.* (*eş anl.* **rubbish**).

non-shrink *s* yıkanınca çekmeyen.

non-smoker *i+sy* sigara içmeyen kimse. (*karş.* **smoker**). **non-smoking** *s* (yerler hk.) sigara içilmeyen. (*karş.* **smoking**).

non-stick [ˈnɔnˈstik] *s* dibi tutmaz; içinde pişirilen yiyeceklerin yapışmaması için bir maddeyle kaplanmış: *a non-stick saucepan.*

noodles [ˈnuːdlz] *içoğ* erişte ya da şehriye; yumurta ve undan yapılarak çorba, vb. yiyeceklerde kullanılır.

noon [nuːn] *i* öğle, öğle vakti; gündüz saat 12. *They came at noon.*

no one [ˈnouwʌn] *zamir* = **nobody**.

noose [nuːs] *i+sy* ilmek; bir ipin ucunda oluşturulmuş halka; ip çekilince bu halka daralıp, küçülür: *hangman's noose.*

noose

nor [nɔː*] *bağ* (**neither** veya **not**'tan sonra kullanılır) ne de; ne...ne (de). *Neither he nor his friends came back. He has neither the time nor the ability to do it properly.* 'I don't think it will rain.'—'Nor do I.'

norm [nɔːm] *i+sy* 1 ölçüt, kural, kaide; uygun davranış ölçüsü, standard, norm. 2 bir fabrikada üretilmesi ge-

reken mal miktarı, veya sayısı; üretim
ölçüsü. *Our norm is forty machines
per day.*

normal ['nɔ:ml] s normal, herzamanki,
alışılmış: *a normal day; a normal
person. Now that the strike is over we
hope to resume normal service as
soon as possible. His temperature is
two degrees above normal. (karş.
abnormal).* **normally** z normal ola-
rak. *She was breathing normally.*

north [nɔ:θ] z kuzeye; kuzeye doğru:
travelling north. **the north** bir ülke-
nin, vb. kuzey kesimi; kuzey *(karş.* **the
south).** **northern** s kuzey ile ilgili;
kuzey: *northern Turkey.* **northwards** z
kuzeye doğru; kuzeye.

nose [nouz] *i+sy* 1 burun; soluk alıp
vermeye, koku almaya yarayan ağzın
üst tarafındaki organ. *He must have
a cold—his nose is running. When I
had a cold I had to keep bldwing my
nose.* 2 koku alma gücü; gerekli
şeyleri arayıp bulma yeteneği: *a nose
for scandal.* **nosey** s meraklı; başka-
sının işine burnunu sokan. *Our next-
door neighbour was nosey and always
wanted to know what we were doing.*
(k. dil.). **nosebag** (atların boynuna
asılan) yem torbası. **nosebleed** burun
kanaması. *Jimmy had a headache,
followed by a violent nosebleed.*
nosedive *i+sy* pike; uçağın burnunu
yere vererek dimdik dalışı. Ayrıca
f+n/-n pike yapmak. **nose something
out** bir şeyi bulup ortaya çıkarmak.
bite/snap someone's nose off birisine
ters cevap vermek; bir kimseyi ters-
lemek. *(k. dil.).* **cut off one's nose to
spite one's face** papaza kızıp oruç
bozmak. *He showed his displeasure
with his boss by resigning: but he was
really only cutting off his nose to spite
his face, because he had no other job
to go to. (k. dil.).* **follow one's nose** 1
burnunun dikine gitmek. *When you
get to the main street, just follow your
nose: your hotel is at the end of the
street.* **keep one's nose to the grind-
stone** için keep¹'a bkz. **pay through
the nose for** bir şeye çok fazla para
vererek kazık yemek. *The shopkeeper
knew we needed the supplies badly,
so he made us pay through the nose
for them.* **as plain as the nose on one's
face** besbelli, apaçık. **poke/stick one's
nose into something** bir şeye burnunu

sokmak, üstüne vazife olmadığı halde
karışmak. *He's always poking his
nose into other people's busines.* **turn
one's nose up at** bir şeye burun kı-
vırmak. *No matter how carefully I
prepare the food, he just turns up his
nose at it.* **(right) under one's very
nose** burnunun dibinde. *I've been
looking everywhere for this pen and
here it is, right under my nose.* **nosey-
parker** kendisini ilgilendirmeyen işlere
burnunu sokan kimse; meraklı. *He
thinks I'm a nosey-parker. (eş anl.
busybody).*

nostalgia [nɔs'tældʒiə] *i-sy* 1 özlem,
hasret; evinden, yurdundan uzun bir
süre ayrı kalmış bir insanın evine,
yurduna dönmek için duyduğu büyük
istek. 2 geçmiş özlemi; geçmişe du-
yulan özlem, hasret. *I felt great a nos-
talgia for my childhood.* **nostalgic**
[nɔs'tældʒik] s sıla hasreti çekmeye
ait; geçmişi özleme ile ilgili.

nostril ['nɔstril] *i+sy* burnun ucundaki
iki delikten biri; burun deliği. *She put
some medicine in each nostril.*

not [nɔt] s 1 (fiil ve öznesini olumsuz
yapmak için kullanılır) ...-me/...-ma,
değil. *This desk is tidy but that one
is not. Some people work but there
are others who do not work.*
NOT: cümleleri olumsuz yaparken
'*does, can*', vb. ile birlikte ve genl. de
n't olarak kısaltılmış biçiminde kulla-
nılır: *he can't go; they aren't ready;
isn't he clever?*
2 ortaç ve mastarların olumsuz biçim-
lerini yapmak için kullanılır. *Not
being an expert, I cannot tell you*
(=Uzman olmadığım için sana söyle-
yemem). *They were ordered not to
leave* (=Ayrılmamaları için emir al-
dılar). 3 bazı durumlarda bir önceki
ifadeyi olumsuz yapmak için kulla-
nılır. '*Do you think it will rain?*'—'*I
hope not* (=I hope it does not rain).'
'*I suppose he won't come.*'—'*No, I
suppose not* (=I too think he will not
come).' 4 sıfat veya zarfların karşıt
anlamlarını vermek için kullanılır: *not
seldom* (=often). **not a** tek bir (...yok).
(is) not...but değil, ama ...
-dır. *This isn't the cheapest restaurant
in town but it is clean.* **not ever** hiç.
not only...,...but/but also yalnız...
değil, aynı zamanda...de; (yap)makla
kalmaz/kalmadı, üstelik...de. *Not*

only during the days, but also at night he was working. She ate not only the bread but the cheese.

nota bene ['noutə 'bi:ni] *f+n* (özl. yazı dilinde) iyice dikkat edin; not ediniz. *N.B. The root of the plants is poisonous.*

notable ['noutəbl] *s* 1 dikkate değer; anılmaya değer: *a notable event.* 2 ünlü, meşhur, tanınmış. *He is a notable young writer who has had a lot of success.* (*eş anl.* **famous**). **notably** *z* özellikle, bilhassa.

notch [nɔtʃ] *i+sy* V-şeklinde çentik, kertik. *There was a notch on the edge of the table.*

NOTES
(A, semibreve; B, minim; C, crotchet; D, quaver; E, semiquaver; F, demisemiquaver; G, hemidemisemiquaver)

note [nout] 1 *i+sy* müziksel bir ses; nota: *strike a note on the piano.* 2 *i-sy* dikkat: *worthy of note* (=dikkate değer). 3 *i+sy* not; bir şeyi anımsamak için yazılan kısa yazı: *take notes* (=not almak); *make notes for one's speech.* 4 *i+sy* not, pusula. *I left a note on his desk.* 5 kağıt para; senet: *a £20 note.* 6 *i+sy* not; kayıt; kısa bir görüş, veya yorum; böyle bir şey yazının bulunduğu sayfanın başına, veya sonuna eklenir. 7 *i-sy* ünlü, tanınmış, meşhur: *a man of note* (=meşhur bir adam). Ayrıca *f+n* dikkat etmek; farkına varmak: *note the beautiful colours in this picture.* 2 not etmek, kaydetmek. *His complaint has been noted. The policeman noted the number of the car in his notebook.* **noted** *s* tanınmış, ünlü, meşhur: *a man who is noted for his generosity.* **notebook** not defteri; defter. **notepaper** mektup kağıdı.

nothing ['nʌθiŋ] *z/-i* 1 hiçbir şey. *He had nothing to say. Nothing he says will change my mind. I looked in the room, but there was nothing there.* 2 hiç, hiçbir şekilde, asla. *It was nothing like what I had imagined.* **be nothing to** 1 üzerinde etki yapmamak, tesiri olmamak; ilgilendirmemek. *His death*

is nothing to me. 2 (önem, büyüklük, vb. bakımından) hiç kalmak, kıyas bile edilmemek. *His wealth is nothing to his father's.* **come to nothing** boşa gitmek, hiç bir şeye yaramamak, olumlu bir sonuca ulaşmamak. *All his schemes come to nothing. All his years of hard work on the house came to nothing when it was destroyed by fire.* **for nothing** 1 beleş, bedava. *I got this book for nothing.* 2 boşuna. *All his good work was for nothing.* **go for nothing** boşa gitmek, hiçbir değeri kalmamak. *Because he failed in English, his other marks went for nothing.* **have nothing to do with** 1 ...ile hiçbir ilgisi olmamak. *My affairs have nothing to do with him.* 2 ...-den uzak durmak, kaçınmak. *I would advise you to have nothing to do with that man.* **next to nothing** adeta bedavaya; hemen hemen hiç. *I bought it for next to nothing.* **Nothing doing!** Olmaz! Yağma yok! *'Can I have £5?'—'Nothing doing!'* **make nothing of** anlayamamak. *I made nothing of the speech* to **say nothing of** üstüne üstlük bir de; üstelik, bir de. *He has three cars, a yacht and two town houses, to say nothing of his villa in France.* **think nothing of** normal saymak, önemsememek, işten saymamak. *He thinks nothing of studying through the night.* **it's nothing** önemli değil, yok bir şey.

notice ['noutis] 1 *i-sy* dikkat, ilgi: *bring something to someone's notice; take no notice of* (=önem vermemek, aldırmamak). 2 *i+sy* ilân, duyuru; ne olduğu, veya ne olacağı hakkında bilgi veren yazılı, veya basılı bir ifade: *put up a notice. Notices warning the public about the dangers of rabies are posted at every port and airport.* 3 *i-sy* ihbarname, tebligat (özl. bir konttratın, vb. sona erdiğini bildiren resmi yazı). *He gave his secretary a month's notice* (=Sekreterine işten çıkarılacağını bir ay öncesinden bildirdi). Ayrıca *f+n/-n* dikkat etmek, farkına varmak. *Nobody noticed that I was sweating.* **noticeable** ['noutisəbl] *s* farkına varılabilir, görülebilir, göze çarpar; kolaylıkla görülen. (*karş.* **unnoticeable**). **notice board** (*Brİ*'de) ilân tahtası. (*AmI*'de **bulletin board**). *The list of electors is put up on the notice-*

board in the local offices. **until further notice** ikinci bir emre/duyuruya kadar.

notify ['noutifai] *f+n* bildirmek, haber vermek; tebliğ etmek: *notify someone's death to the police/notify the police of someone's death. We were notified of the arrival of the shipment.* **notification** [noutifi'keiʃən] *i+sy/-sy* bildirge, tebliğ; ihbarname.

notion ['nouʃən] *i+sy* zan, sanı, kanı; düşünce, görüş, fikir (özl. pek kanıtı olmayan türden): *have some strange notions. I have a notion of what travelling through space may be like.*

notorious [nə'tɔ:riəs] *s* kötü tanınmış, kötü şöhretli; kötü bir yanı herkesçe bilinen. *A notorious criminal was caught yesterday.* (karş. **famous**). (eş anl. **infamous**). **notoriously** *z* dile düşmüş olarak. **notoriety** [noutə'raiəti] *i-sy* dile düşmüşlük, (kötü anlamda) şöhret.

notwithstanding [nɔtwið'stændiŋ] *z/edat* 1 (=**although**) bununla birlikte, buna rağmen, yine de. *Notwithstanding the bad weather, the ship arrived on schedule.* 2 (=**in spite of**) ...-masına rağmen, bununla birlikte, her ne kadar...ise de. *Notwithstanding, they finished the work.*

nougat ['nu:ga:] *i-sy* koz helvası, nuga; içinde fındık, fıstık, ceviz bulunan bir tür macunumsu şekerleme.

nought [nɔ:t] *i* hiç; sıfır rakamı; 0. *A million pounds can be written as £1 m* or *as 1,000,000.* (eş anl. **zero**).

noun [naun] *i+sy* isim, ad; canlı ve cansız varlıkları, duygu ve düşünceleri, durumları bildiren sözcük, varlıklara ad olan sözcük (örn. *The frightened* **people** *ran to their* **houses** cümlesinde *people* ve *houses* isimdir).

nourish ['nʌriʃ] *f+n* yiyecek vermek, beslemek: *nourish one's children.* **nourishing** *s* besleyici. **nourishment** *i-sy* besin, gıda, yiyecek.

novel[1] ['nɔvl] *s* yeni; alışılmamış; değişik: *a novel idea.* **novelty** 1 *i-sy* yenilik; yeni olma durumu, veya özelliği. 2 *i+sy* daha önce hiç duyulmamış ve görülmemiş bir şey.

novel[2] ['nɔvl] *i+sy* roman. **novelist** *i+sy* roman yazarı, romancı.

November [nə'vembə*] *i-sy* Kasım (ayı); yılın 11. ayı. *They will be on show at the Museum until November next year.*

novice ['nɔvis] *i+sy* acemi kimse, yeni başlayan, veya tecrübeli olmayan birisi. *Novices are likely to make some mistakes.*

now [nou] *z/bağ* 1 şimdi, şu anda. *He is working in London now. He will be home by now. He has been found guilty of theft; who will trust him now?* 2 (şimdiki durumla, veya şu andaki bir şeyle ilgisi yoktur; sadece dikkati çekmek için, bir emri belirtmek için, veya bir hikâyeyi anlatırken kullanılır) İşte! Hah!; Haa! Eveet! Hadi bakim! *Now there were three bears in the forest. Now, stop talking!* **nowadays** ['nauədeiz] *z* şimdi, günümüzde, bugünlerde (özl. geçmiş ile yapılan karşılaştırmalarda). *Children are not so well-behaved nowadays as they used to be.* **now and again, now and then** bazen, ara sıra, arada bir, zaman zaman, vakit vakit. *He still visits me now and then.* **now...now, now...then** bazen...bazen de..., kimi zaman...; kimi zaman; bazı defa... bazı defa.... *Her moods were very changeable: now laughing loudly, now sunk in despair.* **for now** şimdilik. **now that** şimdi...olduğu için. **now for...** şimdi ...ya gelelim. *Now for the question of your expenses.* **just now** az önce, demincek.

nowhere ['nouwεə*] *z* hiçbir yerde, hiçbir yere. *The child is nowhere to be found. My watch was nowhere to be seen.* **appear from nowhere/out of nowhere** birden bire ortaya çıkmak. *Two men appeared from nowhere.* (eş anl. **out of the blue**). **nowhere near** ... -den çok uzak, hiç şansı yok. *He is nowhere near winning.* **get somebody nowhere** hiç birisine bir şey kazandırmamak, faydası olmamak, bir şey elde ettirmemek. *Threats will get you nowhere.*

nozzle ['nɔzl] *i+sy* ağızlık; bir borunun metal ucu, veya suyun, vb. hortumdan çıktığı kısım; hortum başı.

NTSC (=National Television Standards Committee)—genl. ABD'de ve Japonya'da kullanılan TV ve video sistemi. Bu sistem saniyede, 525 yatay çizgi ve 60 kare üzerine kurulmuştur. Ayrıca **PAL** ve **SECAM**'á bkz.

nuance ['nju:ɔns] *i+sy* ayırtı; benzer nesneler arasındaki ince ayırım, nüans. *Even a colour like white can have a number of nuances.*

nucleus ['nju:kliəs] *i+sy* öz, iç, çekirdek, cevher, esas, nüve; daha büyük bir şeyin, bir topluluğun, vb. içindeki asıl, veya merkezi olan kısım ya da parça. *The drummer was the nucleus of the new rock band.* çoğ. biç. **nuclei** ['nju:kliai]. **nuclear** ['nju:kliə*] *s* çekirdeksel, çekirdek ile ilgili, veya çekirdeğe ait, nükleer (özl bir atom çekirdeğine): *nuclear energy* (= atom çekirdeklerinin parçalanmasından oluşan enerji); *nuclear physics* (= atom fiziği, nükleer fizik; atom çekirdeklerinin incelenmesi bilimi).

nude [nju:d] *s* çıplak, üryan. *Nude bathers are allowed on some beaches.* (eş anl. **naked**). Ayrıca *i+sy* çıplak insan resmi, veya heykeii. **nudity** *i-sy* çıplaklık. **nudist** *i+sy* çıplak olmanın iyi ve sağlığa daha yararlı olduğuna inanan kimse.

nudge [nʌdʒ] *f+n* (bir kimsenin dikkatini çekmek amacı ile) dirseğiyle hafifçe dokunmak, veya dürtmek. *The girls grinned and nudged each other.*

nuisance ['nju:sns] *i+sy* insana sıkıntı veren, veya dert yaratan bir şey ya da bir kimse; baş belası, musibet. *Flies are a nuisance.*

null [nʌl] *s* sıfır; karşılığı sıfır olan. **nullify** *f+n* iptal etmek; geçersiz saymak. (eş anl. **cancel out**). **null and void** (yasal açıdan) geçersiz, hükümsüz. *Their marriage was declared null and void. The contract was declared null and void.*

numb [nʌm] *s* hissiz, duygusuz; hiçbir şey hissedemez durumda; uyuşmuş, hissizleşmiş: *fingers numb with cold; numb with fear. His death had a numb effect on the rescue operation.* Ayrıca *f+n* uyuşturmak, hissizleştirmek; uyuşukluk vermek. **numbness** *i-sy* hissizlik; duygusuzluk.

number¹ ['nʌmbə*] *i+sy* 1 sayı, rakam, numara. *5 and 7 are numbers; six and ten are numbers.* NOT¹: 100'den fazla olan bir sayı değişik biçimlerde söylenebilir, örn.

250 = *two hundred fifty*
      two fifty
      two five oh
2,500 = *two thousand five hundred*
      twenty-five hundred

NOT²: daha uzun rakamlı sayılar, örn. telefon, veya banka hesap numaraları tek tek söylenir, örn.

131274 = *one three one two seven four* Sıfır sayısı, herne kadar *zero, nought* olarak söylenirse de genl. *oh* tercih edilir.

2 sayı ya da miktar: *a large number of people.* 3 nüsha, sayı; bir dergi, veya gazetenin belirli bir tarihte basılmış kopyası. *Have you seen the current number of 'Time'?* 4 numara, atraksiyon; bir şarkı, veya müzik parçası. Ayrıca *s* numara, numaralı: *number 33; room No. 5.* **Number Ten** Downing Caddesi 10 numara; Londra'daki İngiliz başbakanlık konutu. NOT³: **a number of** (bir çok, çok) anlamca çoğul olduğu için çoğul bir fiille kullanılır. *A number of people were left behind.* **the number of** (... - ın sayısı, miktarı) tekil olup, tekil bir fiille kullanılır. *The number of people who owns cars is increasing every year.*

number² ['nʌmbə*] *f+n/-n* 1 numara vermek, numaralamak. *We numbered them 1 to 10.* 2 toplam olarak...ye varmak; ...yı bulmak. *They numbered 15 in all.* **his days are numbered** günleri sayılı; çok yaşamaz. *He's suffering from cancer; his days are numbered.* **someone's number is up** çok yaşamaz; sonu geldi. **(look after /take care of) out number one** kendinden başka kimseyi düşünmemek. *The main lesson I have learnt in life is always to look after number one.*

looking after number one

numeral ['nju:mərl] *i+sy* sayı, rakam: *roman numerals* (= I, II, V, vb); *arabic numerals* (= 1, 2, 5, vb.). **numerical** [nju'merikl] *s* sayılara ait, sayısal: *in numerical order* (=1, 2, 3 vb. sırasıyla). *File these invoices in*

numerical order. **numerous** ['nju:-marəs] *s* çok, pek çok, çok sayıda, sayısız. *The doctor and nurses looked after numerous casualites after the motorway pile-up.*
numerate ['nju:mərit] *s* matematikten anlar; sayılar ile yapılan işlere aklı erer. *All children should be numerate by the time they leave school.* (*karş.* **innumerate**).
numskull ['nʌmskʌl] *i+sy* mankafa, aptal kimse. (*eş anl.* **fool**).
nun [nʌn] *i+sy* rahibe; Tanrı'ya ettiği yemine göre hayatını ibadet ve dua ile geçiren ve kendisi gibi başkaları ile bir manastırda yaşayan Hristiyan kadın. (*erkeğine* **monk** [nʌŋk] *denir*). **nunnery** ['nʌnəri] *i+sy* rahibe manastırı.
nurse[1] [nəːs] *i+sy* **1** hemşire, hastabakıcı (özl. bu iş için eğitilmiş): *a registered nurse* (=diplomalı hemşire). *Jane works as a nurse in the local hospital.* **2** dadı; bebeklere, veya küçük çocuklara bakan kız ya da kadın.
nurse[2] [nəːs] *f+n* **1** hemşirelik etmek; hasta birine bakmak. *When I was ill my mother nursed me until I was better.* **2** dizinde, veya kolları arasında tutmak, okşamak. **3** özel bir dikkat göstermek; bakımı ile yakından ilgilenmek. *He nursed the garden carefully at the beginning.* **4** meme vermek, emzirmek. (*eş anl.* **suckle**).
nursery ['nəːsəri] *i+sy* **1** kreş, çocuk yuvası. **2** fidanlık; (genl. satılmak üzere) bitki ve fidanların yetiştirildiği yer. **nursery rhyme** *i+sy* çocuk şarkısı, veya şiiri. **nursing home** bakım evi; şifa yurdu; küçük bir özel hastane; klinik. **nursery school** anaokulu; üç ile beş yaşlarındaki çocukların eğitildikleri okul. (*eş anl.* **kindergarten**).
nut [nʌt] *i+sy* **1** sert kabuklu bir to-

humun yenilir kısmı; (fındık, fıstık, ceviz vb.) bir kuru yemiş. **2** somun, civata somunu. **nutcrackers** fındık, ceviz kıracağı. **in a nutshell** özet olarak; kısaca. *We have very little time left: could you please explain your point of view in a nutshell?* (*k. dil.*). **be nuts** deli olmak, aklı kaçık olmak. *You must be nuts.* (*k. dil.*). **a hard nut to crack** çözümü, halledilmesi güç bir problem, sorun; demir leblebi. *The police have been trying to solve the case for weeks now, but it seems to be a hard nut to crack.* **nutty** *s* kaçık, deli. *I went to visit my nutty old aunt.* (*eş anl.* **mad**).

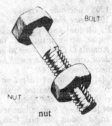
nut

nutmeg ['nʌtmeg] *i+sy* küçük hindistan cevizi; Güney Hindistan'da yetişen bir meyvanın tohumu; öğütülüp un haline getirilir ve yiyeceklere tad vermek için kullanılır.
nutrient ['nju:triənt] *i+sy* besin, gıda. **nutrition** [nju:'triʃən] *i-sy* **1** besleme, veya beslenme. **2** beslenme bilgisi. **nutritious** [nju:'triʃəs] *s* besleyici, gıdalı, yiyecek olarak vücuda yararlı. *These vegetables are very nutritious.*
nylon ['nailɔn] *i-sy* naylon; çok sağlam bir madde; çorap, gömlek, vb. yapımında kullanılır. *Her umbrella is made of nylon.* Ayrıca *s* naylondan: *a nylon shirt.*

O

O¹ [ou] **nought**, veya **zero** sözcüklerinin konuşma dilinde söyleniş biçimleri. Ayrıca **number'** bkz.
NOT: telefon numaraları ya da hangi yılda olunduğu söylenirken kullanılır, örn.
493 7070 = *four nine three seven o seven o*
1908 = *one nine o eight*
1900 = *one nine double o*

O², **oh** [ou] *ünlem* korku, şaşkınlık, şüphe, vb.~belirtir; Oo! Yaa! Eee! Aman!: *O God, I want to go home. Jane covered her face with her hands and cried, 'Oh! Oh!'*

o' [ə] yazı dilinde (= **of**): *I want a cup o' tea, please. He used to spent most o' his time in the library.*

oaf [ouf] *i + sy* andavallının teki; hıyar, angut; odun gibi biri. *Careful, you great oaf!* (= Dikkat etsene, hıyar herif!).

oak [ouk] **1** *i + sy* meşe (ağacı); soğuk olan kuzey bölgelerinde bulunur. *A great oak tree stood in front of the house.* **2** *i-sy* meşe odunu, veya kerestesi. *The desk was made of oak.*

oak

oar [ɔ:*] *i + sy* kürek; kayık küreği. **get/ put/stick one's oar in** başkasının işine karışmak, veya istenmediği halde fikrini söylemek. *I wish John would shut up—he's always putting his oar in.* (*eş anl.* **meddle**).

oasis [ou'eisis] *i + sy* vaha; su olması nedeniyle çöldeki yeşil ve ağaçlıklı yer.

We stopped at an oasis. çoğ. biç. **oases** [ou'eisi:z].

oar

oath [ouθ] *i + sy* **1** yemin, ant; bir kimsenin bir şey yapacağına, veya doğruyu söylediğine Allah'ın adına söz vermesi: *I made an oath that I would tell the whole truth and nothing but the truth. I took the oath in court.* **2** küfür, lânet; Tanrı'nın, veya mukaddes bilinen bir kimsenin ya da şeyin adını uygunsuz bir biçimde kullanma. *He cursed me with fearful oaths.* çoğ. biç. **oaths** [ouðz]. **take an oath** yemin etmek, ant içmek. *The witness took an oath to tell the truth in court.* **be on/under oath** doğrusunu söyleyeceğine yemin etmiş bulunmak. *The judge reminded the witness that he was under oath.*

oats [outs] *içoğ* yulaf; yiyecek olarak kullanılan bir tahıl çeşidi. *The horses are eating their oats.* **oatmeal** *i-sy* yulaf ezmesi.

obedient [ə'bi:diənt] *s* itaatli, söz dinler; yapılması istenilenleri yerine getiren: *an obedient child; a very well-trained and obedient dog.* (*karş.* **disobedient**). **obedience** *i-sy* itaat, itaat etme, söz dinleme; boyun eğme. *Parents desire obedience from their children. Soldiers act in obedience to the orders of their officers.*

obelisk ['ɔbilisk] *i + sy* dikili taş.

obese [ou'bi:s] *s* çok şişman: *an obese old man.* **the obese** *içoğ* şişmanlar **obesity** *i-sy* şişmanlık. *Obesity is*

obelisks

caused by excess fat accumulating under the skin and around organs in the body.

obey [ə'bei] *f+n/-n* denileni yapmak, söz dinlemek, itaat etmek: *obey a command. Her children don't obey their teachers.* (*eş anl.* **follow**).

obituary [ə'bitjuəri] *i+sy* ölüm ilanı; çoğk. bir gazete aracılığı ile yapılan bu duyuruda genl. ölen kişinin yaşam öyküsü de yer alır. *I read her obituary in the Times.*

object¹ ['ɔbdʒekt] *i+sy* **1** nesne, cisim, eşya; elle dokunulabilen bir şey: *an unusual object.* **2** amaç, gaye, hedef, erek. *What is his object in doing that?* **be no object** sorun olmamak, önemi olmamak. *Money is no object.*

object² [əb'dʒekt] *f-n* itiraz etmek, karşı çıkmak; taraftar olmamak. *I object to people working for such low wages. They wanted to close down the railway line, but hundreds of people objected.* (*eş anl.* **protest**). **objection** *i+sy* itiraz, protesto, onaylamama. *Do you have any objections to this? He stated his objection to the new idea at the meeting.* **objectionable** *s* tatsız, nahoş; itiraz edilebilir, yolsuz. **objector** *i+sy* muhalif; itiraz eden kimse. **conscientious objector** (= savaşmanın yanlış bir şey olduğunu düşündüğünden askere gitmeyi reddeden kimse).

object³ ['ɔbdʒekt] *i+sy* (dilb.) nesne; geçişli bir fiilin belirttiği işten etkilenen kişiyi, veya şeyi gösteren sözcük, ya da sözcükler.
NOT: *The boy threw* **the ball** cümlesinde *the ball* nesnedir. *The boy gave him* **the ball**, veya *The boy gave* **the ball** *to him* cümlelerinde ise *the ball*'a **direct object** (=nesne), ve *him* (to him)'e de **indirect object** (=dolaylı tümleç) denir.

objective [əb'dʒektiv] *z* yansız, tarafsız, objektif; kişisel duygularından etkilenmemiş: *an objective account of the quarrel. The judge asked the jury to be objective in considering the evidence put before them.* (*karş.* **subjective**). Ayrıca *i+sy* amaç, gaye; (özl. bir savaş sırasında) askeri hedefler: *important military objectives.* **objectivity** [ɔbdʒek'tiviti] *i-sy* tarafsızlık, yansızlık. *The judge was famous for his objectivity.*

obligation [ɔbli'geiʃən] *i+sy* görev; yükümlülük; mecburiyet; boyun borcu, farz. *A wife's first obligation is to her husband and children. Taxes are an obligation which may fall on everybody. I felt obliged to invite him into the parlour.* **obligatory** [ə'bligətəri] *s* zorunlu, mecburi. *Attendance at lectures is obligatory for all students.* (*eş anl.* **compulsory**).

oblige [ə'blaidʒ] *f+n* **1** yapmak zorunda bırakmak; yükümlü kılmak; mecbur etmek, zorlamak. *He felt obliged to answer his father's letter.* **2** birisine bir iyilik yapmak, bir lütufta bulunmak. *Could you oblige me by posting this letter?* **obliging** *s* nazik ve yardıma hazır. *The shop assistant was most obliging and showed us lots of shoes to choose from.* **Much obliged/ I am obliged to you** Çok minnettarım/Size minnettarım. *I am much obliged to you for helping me with my lessons.*

oblique [ə'bli:k] *s* eğik, meyilli: *an oblique line; an oblique stroke* (=kesir, taksim çizgisi (/)).

obliterate [ə'blitəreit] *f+n* silmek, yok etmek, gidermek. *The heavy rain obliterated all footprints.*

oblivion [ə'bliviən] *i-sy* unutma; unutulma. *This village, once famous, has sunk into oblivion* (= Bir zamanlar meşhur olan bu köy unutulup gitti). *Mary ancient cities have long since passed into oblivion.* **oblivious** [ə'bliviəs] *s* ilgisiz, bigâne, habersiz; unutkan, unutur. *The girl was quite oblivious of the sensation she was creating.* (*eş anl.* **ignorant**).

oblong ['ɔblɔŋ] *i+sy* (geometride) dikdörtgen; herbir açısı 90° olan kareye benzer bir şekil; ancak eni boyundan uzundur. (*eş anl.* **rectangle**). Ayrıca *s* dikdörtgen şeklinde.

obnoxious [ɔb'nɔkfəs] s pis, iğrenç; çirkin, nahoş; *an obnoxious smell; an obnoxious play. I can't stand him— he's a thoroughly obnoxious young man who thinks he knows it all.*

oboe ['oubou] *i + sy* obua; ağaçtan yapılmış üfleyerek çalınan bir müzik aleti.

obscene [ɔb'si:n] s açık saçık, müstehcen, edebe aýkırı, ayıp, iğrenç: *an obscene book. The police seized a number of obscene films.* **obscenity** [ɔb'seniti] *i + sy/-sy* açık saçıklık, müstehcenlik; açık saçık herhangi bir şey (özl. ayıp söz, veya sözcük). *The magistrate commented on the obscenity of some parts of the film.*

obscure [ɔb'skjuə*] s 1 anlaşılması güç, muğlak: *an obscure remark.* 2 silik, tanınmamış: *an obscure little village.* 3 karanlık; loş: *an obscure corner.* Ayrıca *f + n* gizlemek; görülmesini güçleştirmek. *The fog obscured the road.* **obscurity** *i-sy* 1 belirsizlik; muğlaklık. *The obscurity of the paragraph makes severel interpretations possible.* 2 tanınmamışlık. *Lincoln rose from obscurity to fame.* 3 karanlık, loşluk. *The dog hid in the obscurity of the thick bushes.*

obsequious [ɔb'si:kwiəs] s yaltak; itaat etmeye, veya hizmet etmeye can atan: *an obsequious servant.*

observation [ɔbzə'veifən] *i + sy/-sy* 1 gözlem, müşahade: gözetleme: *keep someone under observation* (= birini belirli bir süre ile dikkatle yakından gözetlemek, veya gözetim ya da müşahede altında tutmak); *come under observation* (= dikkatle ve yakından gözetim altında tutulmak). *He was admitted to hospital for observation.* 2 bir gözlem, bir düşünce, bir söz. *I said that she looked a little pale, but it was only an observation.* 3 gözlem, düşünce; gözlenen bir şey hakkında verilen bir tür rapor: *his observations on his travels.* 4 gözlemleme, görebilme, farkedebilme yeteneği: *powers of observation.* **escape observation** gözden, veya dikkatten kaçmak.

observe [ɔb'zə:v] *f + n/-n* 1 dikkatle gözlemek; incelemek. *An astronomer observes the stars.* 2 dikkat etmek; farkına varmak. *Did you observe anything strange in his behaviour?* 3 (yasalara, örf ve adetlere, vb.) uymak,

riayet etmek. *We must observe silence in the classroom. You should observe the traffic rules when riding a bicycle on the road.* 4 (bir bayramı vb.) kutlamak. *We observed Christmas in the usual way.* 5 bir konu üzerinde kişisel fikir belirtmek. *He observed that it was unusually hot for the time of year. 'Bad weather,' the captain observed.* **observable** s farkedilebilen, görülebilen, izlenebilir, ayırt edilebilir.

observance *i-sy* 1 kurallara uyma, yerine getirme, riayet. *The observance of holidays is general proctice.* 2 kutlama: *the observance of religious holidays.* **observant** s 1 dikkatli, dikkat eden, herşeyi çabucak farkedebilen. *If you are observant in the fields and woods, you will find many flowers that others fail to notice.* 2 itaatli, yasalara uyan. *A careful driver is observant of the traffic rules.* (karş. **unobservant**). **observatory** [ɔb'zə:vətri] *i + sy* gözlem evi; rasathane; güneşin, yıldızların, vb. gözlendiği bina. **observer** *i + sy* gözlemci, müşahit (özl. toplantılara, vb. sadece izlemek için katılan kimse): *act as an observer.*

obsess [ɔb'ses] *f + n* zihnini meşgul etmek, kafasına takılmak, zihnine saplanmak; hiç aklından çıkmamak. *He was obsessed by the fear of cancer. The thought of losing the large order obsessed the new salesman.* **obsession** *i + sy/-sy* sabit fikir, saplantı; zihinden sökülüp atılmayan düşünce. *With him, gambling is an obsession.* (eş anl. **fixation**). **obsessive** s saplantı haline gelen; zihni meşgul eden. *She has an obsessive desire to steal little objects.*

obsolete ['ɔbsəli:t] s artık kullanılmayan; modası geçmiş. *My computer is so obsolete that it only belongs in a museum. Bowing to greet a lady is now an absolete custom.* (eş anl. **outmoded**).

obstacle ['ɔbstəkl] *i + sy* engel, mâni, mânia. *Ignorance is an obstacle to progress. The huge tree that had been blown down by the storm was an obstacle to traffic.* **obstacle race** engelli koşu; yol üzerindeki engelleri aşarak yapılan yarışma (örn. çuvala girip yarışma gibi).

obstetrics [ɔb'stetriks] *itek* doğum doktorluğu; tıbbın çocuk doğumu ile ilgili dalı.

obstinate ['ɔbstinət] s 1 inatçı, dediği dedik; dik kafalı, söz dinlemez: *an obstinate child. She annoys everyone because she is obstinate and insists on doing everything her way.* (*eş anl.* headstrong, stubborn). 2 inatçı; değiştirilmesi, ortadan kaldırılması zor: *obstinate resistance.* obstinately z inatla. obstinacy *i-sy* dikbaşlılık, inatçılık. *Obstinacy drove the boy to repeat his statement even after he knew it was wrong.*

obstreperous [ɔb'strepərəs] s gürültücü ve gereksiz güçlükler çıkaran; azgın, haşarı. *When James is drunk, he becomes very obstreperous.*

obstruct [əb'strʌkt] *f+n* 1 tıkamak, kapamak. *Fallen trees obstruct the road. The excavation has obstructed all traffic in this street for the past week.* 2 güçlük çıkarmak, engellemeye çalışmak. *The bully obstructed the path of the small boy who was hurrying home.* obstruction *i+sy/-sy* engel, mâni; engelleme, tıkama; engelleme hareketi. *Obstruction of the police is an offence.* obstructive s bile bile engel olan, isteyerek engelleme yapan; engelleyici.

obtain [əb'tein] *f+n* elde etmek, ele geçirmek, almak, sağlamak, kazanmak: *obtain high marks. I am not interested in obtaining the certificate.* obtainable s elde edilebilir, bulunabilir. *Prices fall when raw materials are easily obtainable.* (*karş.* unobtainable).

obtrusive [əb'tru:siv] s 1 dışarı çok çıkık, ucu çok fazla çıkık. 2 hep öne atılan, boy gösteren; sırnaşık, yılışık. (*karş.* unobtrusive).

obtuse [əb'tju:s] s ahmak, aptal, kalın kafalı. (*eş anl.* thick).

obvious ['ɔbviəs] s apaçık, belli, aşikâr; görülmesi, veya anlaşılması kolay. *It was obvious that he did not hear the warning until it was too late. It was obvious from his red eyes that he had been crying. The answer to his question is obvious.* obviously z açıkça, açık bir şekilde. *Obviously I don't need to say how important this project is.*

occasion [ə'keiʒən] *i+sy/-sy* 1 (bir şeyin meydana geldiği) zaman, sıra; uygun zaman: *on the occasion of the Queen's visit; some other occasion; a wedding is not an occasion for sorrow.* 2 gerek, lüzum; neden, sebep. *He had no occasion to buy a car.* Ayrıca *f+n* neden olmak, sebep olmak. *The boy's return occasioned great rejoicing.* occasional s zaman zaman, arasıra olan: *an occasional meeting. I've only received an occasional letter from Sally since she went to Australia.* occasionally z arasıra, bazen.

Occident ['ɔksidənt] *özel i* (genl. the ile) Batı; Avrupa ve Amerika ülkeleri. occidental [ɔksi'dentəl] s batıya özgü; Avrupa ve Amerika ülkeleri ile ilgili, veya buralar hakkında.

occult ['ɔkʌlt] s esrarlı, doğaüstü, gizli, saklı; bilinmez, anlaşılmaz; sıradan insanlarca bilinmeyen; gaibe ait: *occult ceremonies.* the occult büyü uygulamaları ve töreleri.

occupy ['ɔkjupai] *f+n* 1 ele geçirmek, işgal etmek, zaptetmek. *The enemy occupied our country.* (*eş anl.* take over, seize). 2 kullanmak, oturmak. *This room/house is occupied.* 3 meşgul etmek, doldurmak: *occupy one's time. Sports often occupy a boy's attention.* occupant, occupier *i+sy* bir şeyi elinde, iyeliğinde bulunduran kimse; kiracı. occupation [ɔkju'peiʃən] *i+sy/-sy* 1 işgal, kullanım; iyeliğinde bulundurma; eline geçirme: *the occupation of a house/a country.* 2 iş, meslek, iş güç. *What is his occupation?* occupational [ɔkju'peiʃənl] s iş ile ilgili, meslek, veya uğraşa ait, meslek dolayısıyle meydana gelen, mesleki: *an occupational disease.*

occur [ə'kə:*] *f-n* 1 olmak, meydana gelmek, vuku bulmak: *an accident occurred.* (*eş anl.* take place). 2 var olmak, bulunmak, görülmek. *That sound does not occur in my language.* 3 insanın aklına gelmek; hatırına gelmek. *It occurred to me that her birthday was the next day.* occurrence [ə'kʌrns] *i+sy/-sy* olay, hadise; meydana gelme: *a strange occurrence. Sunrise is a daily occurrence.* (*eş anl.* incidence).

ocean ['ouʃən] *i+sy* 1 okyanus; büyük tuzlu su kütlesi; yeryüzünün büyük bir bölümünü kaplar. 2 ... Okyanusu: *the Atlantic Ocean; the Indian Ocean.* ocean-going s okyanus şartlarına göre yapılmış; okyanusa dayanıklı.

ochre ['ouka*] *i-sy* sarıya çalan kahve-rengi.

o'clock [ə'klɔk] *z* (= **according to the clock**)—saat...; saat...'de. *It's six o'clock. I'll meet you at 11 o'clock.*

oct-, octa-, octo- ['ɔkt(ə)] *ön-ek* sekiz (örn. **octagon** (=sekizgen)).

octagon ['ɔktəgən] *i+sy* (geometride) sekizgen; sekiz kenarlı ve sekiz açılı düz bir geometrik şekil. **octagonal** [ɔk'tægnl] *s* sekizkenarlı.

octane ['ɔktein] *i-sy* oktan; benzinin içinde bulunan kimyasal bir madde; bu madde benzinin niteliğini ölçmede ve tanımlamada kullanılır: *a car which uses high-octane fuel.*

octave ['ɔktiv] *i+sy* (müzikte) oktav; bir notanın altı nota yukarısındaki ya da aşağısındaki nota; böyle iki nota arasındaki ses aralığı; birlikte çalınan birinci ve sekizinci notalar.

October [ɔk'toubə*] *i-sy* ekim (ayı); yılın 10. ayı. *He must be back by October the 11th.*

octopus ['ɔktəpəs] *i+sy* ahtapot; sekiz kollu bir deniz hayvanı.

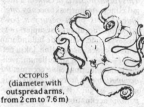

OCTOPUS
(diameter with
outspread arms,
from 2 cm to 7.6 m)

oculist ['ɔkjəlist] *i+sy* (*AmI*'de) göz doktoru.

o.d. (=**omni die**)—(bir reçetede) her gün.

odd [ɔd] *s* 1 tuhaf, garip, acayip; alışılmadık: *an odd thing to do; a very odd person. Everyone wondered if he was feeling alright because his behaviour was so odd.* 2 (sayılar hk.) tek. *1,3,5 and 7 are odd numbers.* 3 tek; eşi eksik (örn. bir çiftteki, veya bir takımdaki, vb.): *an odd sock; an odd piece of carpet.* 4 küsur. *I found £5 odd.* **oddity** *i+sy* 1 gariplik, acayiplik, tuhaflık. 2 acayip bir kimse, şey, vb. *What a collection of oddities he invited to his party.* **oddments** *içoğ* arta kalan şeyler, öteberi, döküntüler: *oddments of clothing.* **be at odds (with someone)** birisi ile arası açık

olmak; anlaşmazlığa düşmek, uyuşamamak. *I am at odds with my boss.* **odds and ends** ufak tefek şeyler, öteberi. *We made toys out of odds and ends from our parents' workshop.* **odd man/woman/one out** belli bir durumda başkalarından farklı olan kimse; herkes birbiriyle çift olunca tek kalan adam/kadın/kimse. **It makes no odds** fark etmez, hepsi bir. *It makes no odds whether she goes or she stays.* (*k. dil.*). **(the) odds are** herhalde, ihtimal ki. *Don't wait for John; the odds are that he has slept in again. The odds are he won't come back.*

ode [oud] *i+sy* gazel; methiye, kaside.

odious ['oudiəs] *s* iğrenç, çirkin: *odious lies; an odious smell.*

odour ['oudə*] (*AmI*'de **odor**) *i+sy/-sy* koku: *a pungent/foul odour. There was an odour of roses and of other flowers in the air.*

O.E.C.D. [ou i: si: 'di:] (=**O**rganization for **E**conomic **C**ooperation and **D**evelopment)—Ekonomik İşbirliği ve Kalkınma Örgütü.

of [ɔv, əv] *edat* 1 (bir yerden olan uzaklığı, veya bir yerin hangi kısmında olduğunu göstermek için kullanılır) ... -nin/...-nın: *within two miles of the church; east of Suez; robbed of every penny he possessed.* 2 (belli bir sanatçı, yazar tarafından) yapılan, yazılan veya şök, köken göstermede ...in/...-ın; ...den, ...-dan: *the works of Shakespeare; a girl of good family; a man of the people* (=halktan bir kimse). 3 (bir sebep, veya neden göstermede) ...-den/...-dan: *die of hunger.* 4 (bir ismi sanki bir sıfatmışçasına kullanmada): *that idiot of a boy* (=that idiotic boy (=şu ahmak çocuk)); *that fool of a manager* (=that foolish manager (=şu akılsız yönetici)). 5 (bir şeyin neden yapılmış olduğunu, veya içinde neyin olduğunu göstermede) ...li/...-lı içinde...olan: *a dress of silk; a sack of potatoes; an area of hills and rivers.* 6 (iyelik, sahiplik durumu, veya bunlarla olan ilişki hk.) ...-nin, ...-in, ...-ın: *the president of the society; the owner of this watch.* 7 (bir bütünün parçası olarak) ...-in/...-ın: *two members of the team; much of the time.* 8 (miktar belirtmede): *a pint of milk; two pounds of* *butter.* 9 (iyelik isimleri, veya zamirlerinden önce): (ben)im, (sen)in, vb.: *a friend of mine* (=(bir) arkadaşım); *a saying of John's* (=John'ın bir sözü). 10 (**this/that**+*iyelik ismi/zamiri* yapılarında): *That son of mine is in trouble* (=Şu benim oğlumun başı dertte); *this new book of Jane's* (=Jane'in bu kitabı var ya). 11 (ardından gelen sözcüğe nesne görevi yaptırmada): *tired of waiting* (=beklemekten yorulmuş); *love of animals* (=the love that people have for animals (=hayvan sevgisi)). Ayrıca 12. maddeye bkz. 12 (ardından gelen sözcüğe özne görevi yaptırmada): *the love of animals* (=the love that animals can show (=hayvanların sevgisi)). Ayrıca 11. maddeye bkz.; *the despair of Man* (=Man's despair (=İnsanın çaresizliği)). 13 değer yargısı belirten bir sıfat + **of** + bir kimse— (yapması, etmesi)ne kadar...: *It was good of you to remember me* (=Beni hatırlaman ne kadar güzeldi). *It was silly of her to say that* (=Onu söylemekle çok aptallık etti). 14 (*AmI*'de **o'clock** sözcüğünü kullanmadan, zaman belirtirken 1'den 12'ye kadar olan sayılardan önce) (saat) ...ye ...(kadar dakika) var; ...den ...(dakika) eksik: *ten minutes of seven* (=7'ye 10 var). (*BrI*'de **ten minutes to seven**). 15 (belli bir niteliği, özelliği) olan; (belli nitelik)li: *a man of great learning: a child of five (years); a town of great beauty.*

off¹ [ɔf] *z* 1 uzak, uzağa, uzakta; beriye, beride (uzaklık bakımından genel bir fikir verir, veya bir yerden ayrılmışlığı gösterir): *He lives two miles off* (=İki mil uzakta oturuyor). *He went off rather quickly.* (=Çabucak ayrıldı). *They're off!* (=Gidiyorlar!; Çıktılar!) *The handle is about to come off* (=Sapı çıkmak üzere). *The ship cast off* (=Gemi demir aldı). *He took off his jacket* (=Ceketini çıkardı). *Keep off!* (Yaklaşmayınız!). 2 tamamen, baştanaşağı: *kill off all the wild animals* (=tüm vahşi hayvanları öldürmek); *finish. off one's work* (=işini bitirmek) 3 izinli, boş, serbest: *have Sunday off* (=pazar günü serbest olmak). **be well off** hali vakti yerinde olmak, zengin olmak. *They are quite well off.* **be well-/badly-off**

for friends/money, etc. (elinde) çok /az arkadaşı/ parası, vb. olmak. **be better/worse off** daha iyi/daha kötü durumda olmak. **on and off/off and on** ara sıra. *I still see him off and on.* **straight off** hemen, derhal. (*k. dil.*). **off²** [ɔf] *edat* (bir şeyin üzerin)den öteye, veya beriye ya da uzağa. *Keep off the grass* (=Çimenlere basmayınız). *The rider fell off his horse* (=Süvari /binici atından düştü). *He took ten pence off the price* (=Fiyatından on pens indirdi). *We are off duty* (=Bugün izinliyiz). *There's a petrol station just off the main road* (=Ana yoldan biraz ilerde bir benzin istasyonu var). **off beam** yanlış. *That answer is way off beam.* **off-colour** *s* keyifsiz, rahatsız. *I'm a bit off-colour this morning. I don't think I'll eat any more today; I'm feeling a bit off-colour.* (*k. dil.*). **offhand** *s* nezaketsiz, veya saygısız, dikkatsiz, düşünmeden yapılmış; kaba, teklifsiz, lâubali: *a rather off-hand manner.* Ayrıca *z* derhal, hemen; ha deyince, anında; hazırlıksız, fazla düşünmeden. *It is difficult to give an opinion off-hand.* **offshore** *s* 1 kıyının açığında; sahilden, kıyıdan az uzakta: *offshore islands.* 2 karadan gelen; denize doğru: *an offshore breeze.* **offside** *s/z* (hokey, veya futbolda) ofsayt durumunda; oyuncu, rakip alana gönderilen topun ilerisinde bulunduğunda ortaya çıkan durum ile ilgili. **off³** [ɔf] *s* 1 (motorlu araçlar, vb. hk.) (*BrI*'de) sağ yanda olan, sağ yandaki, sağdaki: *the front offside wheel.* (*karş.* near). 2 bayat, bozuk, bozulmuş, ağırlaşmış. *This cheese is a bit off.* (*k. dil.*). 3 izinli, boş, serbest: *my day off.* 4 hareketsiz, durgun. *the off season* (=otel, vb. yerlerin dolu olmadığı, veya fazla iş yapmadığı zamanlar; ölü mevsim.) 5 iptal edilmiş, vazgeçilmiş, yapılmayacak. *The game is off.* **off-licence** içkici dükkânı; içkilerin sadece satıldığı, ama içilmediği dükkân.

offal ['ɔfl] *i+sy* sakatat; hayvanın eti kadar iyi olmadığı düşünülen, ama yenilebilen diğer kısımları (örn. yürek, bağırsaklar, vb.).

offence [ə'fens] (*Ami*'de **offense**) *i+sy/-sy* 1 suç, cürüm; günah; hata, kusur, kabahat: *an offence against God; a major offence. He was charg-*

ed with three serious offences. **2**
rahatsız edici, hoş olmayan bir şey,
hakaret, gücendirme; tecavüz: _an of-_
fence against good taste. **give offence**
to someone bir kimseyi gücendirmek,
darıltmak. **take offence at something**
someone says bir kimsenin söylediği
bir şeye gücenmek, alınmak. _Report-_
ers and photographers alike took
great offence at the rude way the star
behaved during his interview. **no of-**
fence alınmayın/gücenmeyin ama...;
kusura bakmayın ama....
offend [ə'fend] _f + n/-n_ **1** suç işlemek,
kabahat yapmak. **2** gücendirmek, da-
rıltmak; canını sıkmak. _He offended_
me by the way he spoke. **offender**
_i + sy_ suç işleyen kimse; suçlu: _a young_
offender. Don't vandalize the railway
cars—offenders will be prosecuted.
offensive [ə'fensiv] _s_ **1** pis, iğrenç, tik-
sindirici, çirkin, tatsız, nahoş; gücen-
dirici, kırıcı: _an offensive smell._ (_karş._
inoffensive). **2** saldırı ile ilgili, taarru-
zi: _offensive weapons._ (_karş._ **defens-**
ive). Ayrıca _i + sy_ saldırı, hücum: _take_
the offensive (= saldırıya başlamak,
taarruza geçmek).
offer ['ɔfə*] _f + n/-n_ teklif etmek; ka-
bul, veya reddedilecek bir öneride
bulunmak: _offer a suggestion; offer_
someone £5 for his watch. Ayrıca
_i + sy_ teklif, öneri. _We made him an_
offer of help but he refused. **offering**
_i + sy_ bağış, adak, kurban (özl. Tan-
rı'ya adanan bir şey). **offer up** Allah'a
sunmak, takdim etmek; Allah'ın ina-
yeti için yapmak: _the five daily_
prayers that are offered up to Allah.
The priest offered up prayers of
thanksgiving to God.
office ['ɔfis] _i + sy_ **1** işyeri, büro, ofis;
işlerin yürütüldüğü yer, kalem; belli
bir iş ile ilgili yazışmaların yürütül-
düğü yer. _She works in an office._ **2**
bakanlık, devlet dairesi: _the Foreign_
Office. **3** makam mevki: _resign one's_
office; out of office. (= görevde değil,
iktidardan düşmüş): _a politician who_
is out of office. **office boy** ayak işlerini
yapan çocuk. _The office boy brought_
us coffee.
officer ['ɔfisə*] _i + sy_ **1** subay; silahlı
kuvvetlerde komuta mevkinde bulu-
nan rütbe sahibi bir asker; polis me-
muru: _a naval officer._ **2** yüksek dü-
zeyde bir devlet memuru; önemli bir

mevki, veya makam sahibi kimse: _the_
officers of the club.
official [ə'fiʃl] _s_ **1** resmi (çoğk. devlet
sorumluluğu altında). _The official_
exchange rate is ten to the dollar, but
you can get twice that on the black
market. She left official document in
her car. (_karş._ **unofficial**). **2** bir iş,
veya bir büro ile ilgili olarak; kişisel
olmayan: _offical correspondence._ Ay-
rıca _i + sy_ memur; devlet hizmetinde
çalışan bir kimse. **officially** _z_ resmi
olarak, resmen. _Officially he knows_
nothing about the problem, but
unofficially he has given us a lot of
advice about it.
officious [ə'fiʃəs] _s_ işgüzar; burnunu
her işe sokmaya çok hevesli; emirler
yağdırmaya pek meraklı.
offing ['ɔfiŋ] **in the offing** sözünde—
(bir olay hk.) görünürde, eli kulağın-
da, olması yakın. _Is there anything_
exciting in the offing? (= Görünürde
heyecanlı bir şey var mı?).
off-key _s_ (müzik aletleri hk.) akordu
bozuk, akortsuz. (_eş anl._ **out of tune**).
offset ['ɔfset] _f + n_ telafi etmek; den-
gelemek. _The high price of food there_
was offset by the money we saved on
bus fares. geç. zam. ve ort. **offset**.
offshoot ['ɔfʃu:t] _i + sy_ filiz, sürgün,
dal. _Offshoots of the tree grew all_
around us.
offspring ['ɔfspriŋ] _i + sy/-sy_ çocuk,
çoluk çocuk, döl, zürriyet; bir hayva-
nın yavruları. _He is the oldest of his_
father's offspring. çoğ. biç. **offspring**.
oft [ɔft] _z_ (= **often**)—genl. bileşik isim
yapmada kullanılır; örn. **oft-repeated**
(= sık sık tekrarlanmış).
often ['ɔfn] _z_ sık sık, sık sık, çoğu kez, ek-
seriya. _We go there often. He often_
sees us. Very often he comes in late.
How often? (= Ne kadar zamanda
bir? ('Ne kadar sık?')). (_eş anl._ **fre-**
quently). **every so often** arada sırada.
(_eş anl._ **now and then**).
ogle ['ougl] _f + n/-n_ (özl. cinsel) istekle
bakmak; gözlerini ayırmadan ne
kadar çok sevdiğini, veya arzu ettiğini
gösteren bir biçimde bakmak. _James_
ogles all the pretty women.
ogre ['ougə*] _i + sy_ (çocuk masalla-
rında, vb. anlatılan) insan yiyen dev;
öcü, umacı (_kadınına_ **ogress** ['ougris]
denir).
oh [ou] _ünlem_ **O²**'ya bkz.

O.H.M.S. (=On Her Majesty's Service/On His Majesty's Service); resmi mektupların üzerine yazılır ve 'Devlet Hizmeti ile ilgili' demektir.

oil [ɔil] *i+sy/-sy* (sıvı) yağ; hayvanlardan, bitkilerden elde edilir, veya yer altından çıkarılır; aydınlatmada, yemek pişirmede, makine aksamında, vb. kullanılır. *We use vegetable oil for frying food.* Ayrıca *f+n* yağlamak, veya yağ sürmek. *I oiled the machine.* **oily** *s* yağlı; yağ ile kaplanmış. **oilcan** yağdanlık; makineleri yağlamak için kullanılır. **oilfield** petrol alanı; petrolün bulunduğu toprak, veya deniz altında bir bölge. **oil painting 1** *i+sy* yağlıboya ile yapılmış tablo, resim. **2** *i-sy* yağlıboya ile resim yapma sanatı. **oilrig** deniz ortasında, veya karada kurulmuş petrol platformu. **oilskin** su geçirmez muşamba, kumaş, veya yağmurluk. **oil tanker** petrol tankeri; petrol taşımaya yarayan bir gemi, veya araç. **oil well** petrol kuyusu. **burn the midnight oil** gece geç vakitlere kadar çalışmak; ders çalışmak. *I've got three exams next month; I'm afraid I shall have to start burning the midnight oil.*

ointment ['ɔintmənt] *i+sy/-sy* merhem; deriye sürülen ve içinde sıvı, veya donyağı bulunan ilaç: *antiseptic ointment.*

O.K., okay ['ou'kei] (=all right). NOT: *O.K.*'in kullanım şöyledir:
Bir *sıfat* olarak kullanılır—
Is it O.K.?
Bir *zarf* olarak kullanılır—
They're doing O.K., I hear.
Bir fiil olarak kullanılır—
The boss O.K.'d it.
Bir *isim* olarak kullanılır—
I got his O.K. or I wouldn't do it.

old [ould] *s* **1** yaşlı, ihtiyar: *an old man; in old age; suitable for an old person.* **2** eski, eskimiş, köhne: *put on an old shirt; a very old custom.* **3** yaşta, yaşında: *a baby two years old. How old is your son?* **4** eski(den beri); (uzun zamandan beri tanıdığım) eski: *an old friend of mine.* **5** eski, bildik, bizim; (bir sevgi, veya nefret gösteren durumlarda kullanılır). *Good old John!* (=Şu bizim vefakâr dostumuz John!). *I don't want that old thing.* (=O zımbırtıyı istemiyorum). (*k. dil.*). NOT: *old* sıfatının normal *karşılaştırma* ve *enüstünlük* biçimleri **older** ve

oldest (=daha (en) yaşlı, daha (en) eski) hem kişiler hem de eşyalar için kullanılır; diğer bir *karşılaştırma* ve *enüstünlük* biçimleri olan **elder** ve **eldest** (=daha yaşlı, en yaşlı) yalnızca aile içindeki kişiler için kullanılır: *my elder brother; your eldest son.* **old age** yaşlılık, ihtiyarlık. **old boy 1** bir okulun eski bir öğrencisi. **2** arkadaş, ahbap; (erkekler arasında kullanılır). (*k. dil.*). **old-fashioned** *s* eski, modası geçmiş, eski moda: *old-fashioned ideas; an old-fashioned inn.* **old flame** eski göz ağrısı. *John had not met Mary for some years; she was an old flame of his.* **old maid** için **maid**'e bkz. **old man** baba; koca. (*k. dil.*). **old woman** anne; karı, eş. (*k. dil.*). **in the old days, in the olden days** eskiden, bir zamanlar. **know someone /something of old** bir kimse, veya bir şeyi çok eskiden beri tanımak. *You will find Jim difficult to work with—I know him of old.*

O level *i+sy* (=ordinary level)—alt düzey eğitim sertifikası; İngiltere, Galler ve Kuzey İrlanda'da 15 veya 16 yaş grubu öğrencilerinin girdiği sınav. 1988 yılından itibaren **O level** sınavı yerine GCSE sınavı konulmuştur.

olive ['ɔliv] *i+sy* **1** zeytin ağacı. *Mary strutted between the olives.* **2** zeytin. Ayrıca *s* zeytin yeşili, zeytuni. *She bought an olive coat.* **olive oil** zeytin yağı.

o.m. (=omni mane)—(bir reçetede) her sabah.

ombudsman ['ɔmbudzmən] *i+sy* şikâyet memuru; işi, vatandaşların hükümet hakkında yaptıkları şikâyetleri incelemek olan kimse. *Although the ombudsman may make his recommendations public, he has no power to enforce them.*

omelette ['ɔmlət] *i+sy* omlet; çırpılıp yağda kızartılmış yumurta (bazen içine peynir, vb. katılabilir): *a cheese omelette.*

omen ['oumən] *i+sy* gelecekte iyi ya da kötü bir şeyin olacağını gösteren bir işaret, belirti, alâmet. *A rainbow in the sky is sometimes regarded as a good omen. A black cat crossing one's path is thought to be an evil omen.*

ominous ['ɔminəs] *s* fenalığa işaret olan; uğursuz, meşum. *Those clouds*

look ominous for our picnic.
omit [ə'mit] *f+n* atlamak, es geçmek, dahil etmemek; yapmadan bırakmak, unutmak. *Omit pages 20 to 24 You have omitted a word in this sentence. geç. zam. ve ort.* **omitted. omission 1** *i+sy* unutulmuş, atlanmış bir şey. *She has made several omissions in the list of names.* **2** *i+sy/-sy* atlama, unutma: *the omission of a paragraph in copying a story.*

omni- ['ɔmni] *ön-ek* tüm, bütün, hep (örn. **omnipotent** [ɔm'nipətnt] (=tüm güç sahibi)).

o.n (= **omni nocte**)—(bir reçetede) her gece.

on¹ [ɔn] *edat* **1** ...-de/...-da (...-in üzerinde/yüzünde): *on the floor, on the table; on the wall; on the window; on the grass; a ring on one's finger: a flag on a pole.* **2** ...-de/...-da; ile; ...ile desteklenen; ...-ye tutturulmuş, takılı olan: *a painting on canvas; wheels on a car.* **3** boyunca: ...-de/...-da; süresince, süresinde, sırasında; ...-leyin, ... -dığında: *the sign on the main road; on the 8th of October; on Sunday of last week; on the day we were married.* **4** ...-de/...-da kenarında: *a villa on the lake; a house on the river.* **5** ...-ye/...-ya; ...-ye doğru, yönünde; ...-de/...-da: *on my right; advance on one's enemies.* **6** vasıtası ile; ...-le/...-la; ...-de/...-da: *a car runs on petrol; on the authority of the king; hear something on the radio.* **7** konusunda, hakkında; ...-e dair: *a book on politics; keen on football.* **8** durumunda, halinde: *on strike* (=grevde). **9** ... -ye dayanarak; sonucu olarak; ...-den dolayı: *on his solemn promise; live on a pension; retire on medical advice.*

on² [ɔn] *s* **1** açık, yanık, çalışan. *The handbrake is on* (=El freni çekili). *Is the light on or off?* (=Işık açık mı, kapalı mı?). *The tap is on* (=Musluk açık). **2** olmakta, olan, veya olacak olan. *There is a show on just now. The dance is on, after all* (=Nihayet, dans partisi yapılıyor). *What is on tonight?* (=Bu akşam ne oynuyor?). *Have you anything on tonight?* (=Bu akşam yapacak bir şeyin var mı?). **3** sahneye çıkmak üzere, sırası gelmiş. *You're on!* (=Sahneye çıkma sırası sende! / Sıran geldi!) **4** var, mevcut; kullanılabilir. *Because of a fire, the*

water won't be on until midnight (=Bir yangın nedeniyle sular geceyarısına kadar akmayacak).

on³ [ɔn] *z* **1** durmaksızın, ara vermeksizin, sürekli olarak. *They went on walking* (=Yürümeye devam ettiler). *Carry on with your work* (=Çalışmana devam et). *The soldiers marched on.* **2** üstünde, üzerinde, giyinmiş. *He had his hat on* (=Başında şapkası vardı). *The child had nothing on* (=Çocuk çıplaktı. / Çocuğun üzerinde hiçbir şey yoktu). *Hold on tigh* (=Sıkı tutun). **3** (belirtilen kısım) önde, ileride. *I tackled him head on* (=Ona cepheden yaklaşıp yere yıkmaya çalıştım. / Onun üstüne üstüne gittim). **and so on** ve benzeri; ve saire; ve daha bilmem ne: *paper and pencils and so on.* **later on** daha sonra; bir süre sonra. *I'll attend to you later on.* **on and on** biteviye, boyuna. *She talked on an on, and I fell asleep.* **from now on, from this time on, from this moment on** artık, şu andan itibaren. **have a lot on** yapacak çok şeyi/işi olmak. *I'm afraid I can't do it this week; I have a lot on.* **do not have much on** yapacak çok şeyi/işi olmamak. (*k. dil.*).

once [wʌns] *z* **1** bir defa, bir kere. *We go to the theatre once a month. He only did it once. He never once lost his temper.* **2** bir zamanlar, daha önceleri, eskiden. *He was once a policeman, but he resigned from the force. That kind of music was once very popular.* Ayrıca *bağ* bir kere... (yap)ınca, (ol)unca; eğer. *Once he said that, I knew he was lying. Once you have learned Spanish you will find Italian easy.* **at once 1** şimdi, hemen, derhal. *Leave at once!* **2** hep birden, birlikte; aynı zamanda. *Don't all shout at once!* **once more** yeniden, bir kez daha. *Do it once more.* **once upon a time** bir zamanlar, eskiden; evvel zaman içinde, bir varmış bir yokmuş (çocuk masallarına başlarken söylenir). *Once upon a time, there was a little girl called Julia.* **once in a while** arasıra, bazen. *They don't go to the cinema as regularly as they used to; maybe just once in a while.* (*eş anl.* **now and then**).

oncoming [ɔn'kʌmiŋ] *s* yaklaşan, gelmekte olan. *Nothing could stop the* óncoming waves.

one¹ [wʌn] *i+sy* **1** bir. *One plus four equals three.* **2** bu sayının işareti; 1 sayısı, rakamı. *Write down the number one.* **3** (bileşik isim yapmada kullanılır): *twenty-one; thirty-one.* **one by one** birer birer, teker teker. **one or two** birkaç. *There are one or two books left.* **get it in one** bir deyişte anlamak, denilen şıp diye anlamak. *(k. dil.).* **one in a million/thousand** milyonda/binde bir bulunur. **by/in ones and twos** birer ikişer. *They left the hall by ones and twos, so as not to attract attention.* **one and all** herkes. *(eş anl. everyone).*

one² [wʌn] *belirten* **1** bir, bir tane: *one man; one chair. You can have one apple* (= Bir tane elma alabirsin). (Bu cümlede alınacak elmanın kaç tane olacağı söylenmiştir); ((herhangi) bir) denilmek istenseydi **a** veya **an** kullanılması gerekirdi, örn. *Please take an apple or two).* *He had one good coat and two others that were dirty.* NOT: (ölçü miktarını söylerken) **one and a half years; one pound of sugar; one and a half million people,** vb. şeklindeki bir kullanım oldukça resmi biçimde söylenmiş sözlerdir; bunların yerine *a year and a half; a pound of sugar; a million and a half people* yapılarının kullanımı daha yaygındır. **2** (belirli) bir. *I first saw him one day last summer. One evening we all arrived late.* NOT: **on** edatından sonra *a* veya *an* kullanınız, örn. *I first saw him on an evening in July/on a July evening.* **3** (şöyle) bir; (herhangi) bir; bi. *One day I shall be rich.* **4** aynı. *They are all of one opinion* (= Hepsi aynı düşüncedeydiler). **5** birleşmiş kaynaşmış; yek vücut olmuş. *Some day all our people will be one.* **6** bileşik sıfat yapımında kullanılır: *twenty-one years of age.* **one-way street** tek yönlü yol.

one³ [wʌn] *zamir* **1** bi; bir (kimse ya da şey). *çoğ. biç.* **some:** *one of his friends* (= onun bir arkadaşı); *one of those flowers.* (*çoğ. biç.* **some of those flowers**). *He is one of my best friends. I haven't a notebook; can you lend me one?* (Defterim yok; bana bi tane ödünç verebilir misin?). *One* bu bağlamda kullanıldığında daha önce sözü

geçen bir ismin yerini tutar. NOT: Yukarıdaki son cümleyi şu cümle ile karşılaştırın. *I see you have a notebook there; can I borrow it* (= Şurada bir not defterin duruyor; onu ödünç alabilir miyim?) **2** bir sıfattan sonra kullanılır. (*çoğ. biç.* **ones**) *That garden is beautiful; I don't think I've seen a nicer one* (= O bahçe çok güzel; daha güzelini gördüğümü sanmıyorum). *You should see Philip's photographs; he's taken some very good ones.* **3** o, şu. *This house is much bigger than the one you used to have* (= Bu ev eskiden oturduğumuzdan çok daha büyük). *The children are playing with some toys—the ones your aunt gave them.* (= Çocuklar bazı oyuncaklarla oynuyorlar; şu halanın onlara verdikleriyle). **4** (yapacak türden adam, (ed)ecek cinsten kimse. *Charles is not one to be frightened easily* (= Charles kolayca korkacak cinsten kimse değildir). **5** insan; insan dediğin; birisi; her hangi bir kimse. *One must keep quiet in the library* (= Kütüphanede gürültü yapılmaz). *One must try to keep one's temper even when one is being annoyed* (= Canını sıkan olsa bile insan sinirine hakim olmalı). **6** 'I' yerine kullanılır; bu tür bir kullanımda kişi söylemek istediğini sanki başka birisi söylüyormuş gibi göstermeye çalışır. *One would think he ought to retire next year* (= İnsan gelecek yıl emekli olacakmış gibi düşünmeli). NOT: Amerikan İngilizcesinde *'One must try to keep his temper even when he is being annoyed'* şeklindeki bir cümle doğru kabul edilmektedir. İngiliz İngilizcesinde bu tür bir kullanım bazı kişilerce yanlış sayılmaktadır; üstelik bu tür bir cümle söylenmesi hem uzun hem de resmi bir hava taşımaktadır ve yapı bakımından da oldukça biçimsizdir. *One* yerine *you, everyone, we,* vb. zamirlerini kullanmak daha yerinde olur, örn. *You must try to keep your temper. Everyone must keep quiet in the library.*

oneself *zamir* kendini, kendi kendini; bizzat kendisi: *cut oneself; wash oneself.* **one another** bir diğeri, birbirine; birbirleri. *They hit one another. They went to one another's house.*

onerous ['ounərəs] *s* ağır; büyük bir

çaba gerektiren; zahmetli: *an onerous task.*

one-sided [wʌnˈsaidid] *s* 1 taraf tutan. *He told a one-sided story that was not fair to us.* 2 tek taraflı: *a one-side conversation.*

onion [ˈʌnjən] *i+sy* soğan. *She doesn't want onions with her humburger.*

onlooker [ˈɔnlukə*] *i+sy* (olaya katılmadan) izleyen kimse, seyirci. *I chose to remain an onlooker during most of my family's protracted quarrels.* (eş anl. **looker-on**).

only [ˈounli] *belirten/z/bağ* 1 tek, yegâne. *You are the only survivor. He is an only son. Those are the only houses left on the street.* 2 en iyisi. *He is the only man for the post.* 3 sadece, yalnız. *Only three of them were there. There are only two copies left. I was only trying to help. He will only repeat what he hears the others say. This compartment is for ladies only. If you would only tell me where it is, I would get it myself.*
NOT: *1* yazı dilinde *only* sözcüğü hangi kelimeyi niteleyecekse hemen o sözcüğün başına getirilir·
We live only once.
Only the doctor knew the remedy.
This train carries only passengers.
I know only what I was told.
2 eğer *only* sözcüğü bir cümlenin sonunda bulunan bir kelimeyi, veya bir grup sözcüğü niteleyecekse, ya bunların başına gelir ya da sonuna:
John told only Jane.
John told Jane only.
We want only trained men.
We want trained men only.
3 *not only . . . but also* gibi bir sıralama bağlacı da niteleyeceği sözcüğün hemen başına gelir:
Man needs not only food but also shelter.
Not only the teacher but also the students objected to the change.
4 fakat, ama, yalnız; ne var ki, şu var ki; ancak...koşulu ile. *The room is cheap enough, only it's rather small. He would have enough money for his family, only he gambles most of his wages away.* **the one and only** eşsiz, büyük (ünlü bir aktörün, veya şarkıcının halka sunulması sırasında isminin önünde kullanılır). *Ladies and gentlemen, please welcome the one*

and only Diana Ross! **only just** daha yeni. *He could only just hear them.* **not only...but** yalnız...değil, aynı zamanda...de; (yap)makla kalmaz/kalmadı, üstelik-... de. *Not only are you funny, but you're actually witty as well.* **if only** için **if'e** bkz.

onomatopoeia [ɔnəmætəˈpiːə] *i-sy* doğa seslerini, veya herhangi bir sesi yansılayan sözcükleri kullanma; yankı sözcük.
NOT: arılar *buzz* ederler; dalgalar *crash;* davullar *bang* ederler; atlar *neigh;* inekler *moo* ederler; uyuyanlar *snore.*
The murmurous haunt of flies on summer eves.—KEATS

o.n.o (=**or near offer**), gazete ilânlarında satılık bir şeyin fiyatının yanına yazılır ve satan kişi bir miktar bu fiyatın altına düşebileceğini söylemek ister, örn. £100 *o.n.o* (=100 sterlin ya da biraz daha aşağısına).

onrush [ˈɔnrʌʃ] *itek* (**the** ile) hücum, saldırış. *He was caught in the onrush of traffic.*

onset [ˈɔnset] *i+sy* başlangıç, ilk ortaya çıkış. *The onset of the disease was sudden and violent.*

onslaught [ˈɔnslɔːt] *i+sy* şiddetli saldırı; hücum. *The sudden onslaught left many people wounded.*

onto [ˈɔntuː] *edat* üstüne, üzerine. *He jumped up onto the table. Please step onto the scales.*

onus [ˈounəs] *itek* (genl. **the** ile) külfet, yük; sorumluluk, yükümlülük. *The onus of the proof is on us.* (=Kanıtlama yükümlülüğü bize kalıyor).

onward [ˈɔnwəd] *z/s* ileri, ileriye: *move onward; from now onward* (=bundan böyle; şimdiden sonra). *The crowd around the shop window began to move onward.*

ooze [uːz] *f-n* 1 sızmak, yavaş yavaş akmak. *Blood oozed from his wounds.* 2 yavaş yavaş kaybolmak. *Their courage oozed away as they waited.*

opaque [ouˈpeik] *s* 1 içinden ışık geçirmez; bal·ıldığında arka tarafını göstermeyen. *A brick wall is opaque.* 2 donuk, buzlu. *I couldn't see who was there because the glass in the door was opaque.*

OPEC [ˈoupek] (=**Organization of Petroleum Exporting Countries**)— Petrol İhraç Eden Ülkeler Örgütü.

open¹ ['oupən] s 1 açık; kapalı, veya kilitli olmayan; *an open gate. The window was open. The shop is not yet open.* 2 kapısı, kapağı, vb. kapalı olmayan; kapısı, kapağı, vb. açık: *an open room; an open box.* 3 üstü açık; üstü örtülü olmayan: *an open carriage; an open drain.* 4 açık; yaprakları, vb. açılmış: *an open book.* 5 yeni fikirlere, görüşlere açık: *an open mind.* 6 açık, boş, münhal; henüz doldurulmamış: *a post that is still open.* 7 herkese açık, girişi serbest, katılması mümkün: *an open competition; the open day of a school* (= velilerin okula çağrıldığı gün). 8 açık, çevresi kapatılmamış, etrafı çevrilmemiş; sınırlanmamış: *the open country; the open air. We had a lovely open view from the veranda.* 9 yasak edilmemiş, serbest; izin verilmiş: *the open season for game* (= avlanma (izninin olduğu) mevsim). 10 açık, meydanda; gizli kapaklı olmayan, herkesce bilinen; aşikâr: *have open contempt for someone; an open quarrel.* 11 eli açık, cömert. 12 açık, samimi, dürüst, namuslu; gizlisi saklısı olmayan. *I want to be open with you. He was quite open about trying to take my place in the team.* **openly** z gizli olmaksızın, alenen; açıkca. *He openly admitted that he had sold drugs.* **open-eyed** korkudan, şaşkınlıktan gözleri faltaşı gibi açılmış. **open-handed** cömert, eli açık: *an open-handed friend.* **open heart surgery** açık kalp ameliyatı. **open-minded** açık fikirli; yeni görüşleri, düşünceleri, vb. göz önüne almaya, incelemeye hazır ve istekli. **open-mouthed** şaşkınlıktan, hayretten ağzı bir karış açılmış: *look at something open-mouthed.* **open prison** açık hapishane. **open secret** sözde gizli; sır olarak kalması gerekirken herkesin bildiği. **Open University** Açık Üniversite. **the open air** kır, kırlık; sayfiye: *I am fond of the open air.* **open-air** nits açık havada yapılan, açık havada: *an open-air meeting.* **with open arms** sevgiyle, şefkatle; büyük bir içtenlikle: *welcome someone with open arms.*

open² ['oupən] f + n/-n 1 açmak. *He opened the door.* 2 açılmak. *The door opened. The shop opens at five o'clock.* 3 açmak, serilmek, yayılmak. *He opened the book at page five.*

Their ranks opened when we fired. 4 (bir geçit) açmak, veya (bir geçidi) kullanabilir hale getirmek: *open a path through the forest; open a way through the crowd.* 5 başlamak; başlatmak: *open with a prayer; open a debate.* 6 (bir şeyin kullanıma sunulduğunu, veya göreve başladığını bildirerek) başlatmak, açmak: *open a new road; open Parliament. The chairman opened the meeting at 9.30.* **opener** i + sy açacak: *a bottle-opener; a tin opener.* **open something up** 1 bir şeyi açmak, yarmak, deşmek: *open up a wound.* 2 (bir şeyin) gelişmesini sağlamak, mümkün kılmak: *open up a new territory.* 3 başlatmak: *open up a new business.* **open one's eyes** şaşırmak, hayret etmek. *John certainly opened his eyes when he heard the news.* **open somebody's eyes to something** bir kimseyi bir şey hakkında uyarmak, gözünü açmak. *I opened my employer's eyes to the way he was being cheated by the others.* **open fire at/on something/someone** birisine, veya bir şeye ateş açmak. *The soldiers opened fire on the rioters.* **open out** açmak; açılmak. *The flower opened out when the sun came out.*

opening ['oupniŋ] i + sy 1 açıklık bir yer, veya boşluk. *They got it through an opening in the wall.* 2 boş kadro, açık yer; bir iş yerinde münhal iş, görev: *new openings in industry.* 3 başlama; açma, açış: *the opening of your speech.* Ayrıca s açış, ilk, başlangıç: *his opening words.*

opera ['ɔpərə] i + sy opera; müzikli piyes. *I never go to the opera. She will sing in the opera.* **operatic** [ɔpə'rætik] s opera ile ilgili. **opera glasses** opera dürbünü.

operate ['ɔpəreit] f + n/-n 1 çalıştırmak, işletmek; çalışmak, işlemek. *The machinery operates continuously. Who operates that machine?* 2 ameliyat etmek; vücuttaki hastalıklı bir kısmı özel aletlerle kesip almak. *It may be necessary to operate. The doctor operated on several patients that night.* **operation** [ɔpə'reifən] i + sy/-sy 1 çalışma, işleme; bir şeyin çalışma biçimi: *not in operation; the operation of this machine.* 2 ameliyat; vücuttaki hastalıklı bir kısmı çıkarma işlemi: *perform an operation on someone; undergo an* _operation_ (=ameliyat olmak). _Heart operations are always difficult. A team of surgeons performed the operation. I have had an operation on my foot._ **operative** ['ɔpərətiv] _s_ yürürlükte, işleyen, etkili: _rules that are operative now._ (karş. **inoperative**). Ayrıca _i+sy_ fabrika işçisi. **operator** _i+sy_ makinist, operatör; bir aygıtı, vb. çalıştıran, işleten kimse: _wireless operator; telephone operator_ (=santral memuru).

opinion [ə'piniən] _i+sy_ 1 düşünce, kanı, fikir: _respect other people's opinions; in my opinion_ (=bence, kanımca, bana göre). 2 (konusunda uzman olan bir kimseden örn. bir avukat, bir doktor, vb.'den alınan) düşünce, fikir, mütalâa: _get an opinion; get a second opinion_ (=kuşku duyulan bir durumda başka bir doktorun görüşünü almak). **be of the opinion** kanısında, veya düşüncesinde olmak. _The judge was of the opinion that if the evidence was doubtful the claim should be dismissed._ **opinionated** [ə'piniəneitid] _s_ dik kafalı, inatçı; düşündüğünün her zaman doğru olduğuna çok emin olan. **opinion poll/ opinion research** fikir anketi.

opium ['oupiəm] _i-sy_ afyon; haşhaş tohumlarından elde edilen, ağrı dindirici ve uyku getirici özelliği olan, alkol gibi uyuşturucu olarak da kullanılabilen bir madde.

opponent [ə'pounənt] _i+sy_ rakip, hasım; bir oyunda, bir tartışmada, bir kavgada karşı tarafta olan kimse. _The two men had become fast friends when they were opponents in a chess tournament._

opportune ['ɔpətju:n] _s_ (zaman hk.) tam, uygun, münasip; tam zamanında, yerinde, sırasında, ortaya çıkan. _The call came at an opportune moment for me._ (karş. **inopportune**).

opportunist _i+sy_ fırsatçı, oportünist; kendi çıkarı için önüne çıkan her fırsattan yararlanan kimse; buıun için yaptığı hareket doğru mu yanlış mı onun için farketmez. **opportunity** [ɔpə'tju:niti] _i+sy/-sy_ fırsat; uygun, elverişli durum ya da an: _an opportunity for promotion; an opportunity for getting a bargain; an opportunity to buy something cheaply. I have had no opportunity to give him your_

message, because I have not seen him. **at every opportunity** her fırsatta.

oppose [ə'pouz] _f+n_ 1 karşı çıkmak, itiraz etmek, muhalefet etmek. _We oppose the practice of slavery. They did everything they could to oppose her marriage._ 2 karşısına bir şey çıkarmak, karşı olarak bir şey koymak: _oppose love to hatred._ **opposite** ['ɔpəzit] _s_ 1 karşı, karşıda; yüz yüze bakan: _the man opposite me._ 2 mümkün olduğunca farklı, başka, ayrı; karşı, zıt, aksi. _The opposite direction to north is south. His behaviour was opposite to what I had expected._ **opposition** [ɔpə'zifən] _i-sy_ karşı çıkma, karşı olma, muhalefet; bir kimseye, bir şeye karşı mücadele etme. _The prison was built there in spite of great opposition from the local people. The voters showed their opposition to the government by voting against the proposal in the referendum._ **the opposition** muhalefet; iktidarda olan partinin karşısında bulunan ana muhalefet partisi, veya diğer partiler (üyeleri ile birlikte). _The opposition tried to propose a vote of censure on the Prime Minister._

oppress [ə'pres] _f+n_ 1 acımasız bir şekilde yönetmek; hükmetmek; zulmetmek, eziyet etmek: _oppress the poor. The soldiers oppressed their prisoners._ 2 kendisini hasta, veya mutsuz hissetmesine neden olmak; bunaltmak, sıkıntı vermek, içini daraltmak: _oppressed by the unpleasant climate._ **oppression** _i-sy_ zulüm, baskı. **oppressive** _s_ 1 adaletsiz; zalim, acımasız: _an oppressive government. The oppressive laws of the time allowed people to be sent to Australia as convicts for committing only petty crimes._ 2 dayanması güç; sıkıntılı, bunaltıcı: _this oppressive climate. The heat was so oppressive we couldn't do any work outside._ **oppressively** _z_ zulmederek; bunaltıcı bir şekilde.

opt [ɔpt] _f-n_ (genl. **for** ile) seçim yapmak, seçmede bulunmak; bir şeyi seçmek, tercih etmek. _Choosing between a high salary and a secure but lowly-paid job, he opted for the high salary._ **opt out** yapmamaya karar vermek, çekilmek, vazgeçmek. _I don't like the scheme and have decided to opt out._

optical ['ɔptikl] *s* görme ile ilgili, veya görmeye ait. *Being short-sighted is an optical defect.* **optical instruments** optik aygıtlar. *Telescopes and microscopes are optical instruments.* **optical illusion** göz aldanması; gözü aldatan bir şey. **optician** [ɔp'tiʃən] *i+sy* gözlük ve diğer optik aygıtlar yapan ve satan kimse; gözlükçü.

optimism ['ɔptimizəm] *i-sy* iyimserlik; her şeye iyi gözle bakma adeti; her şeyin iyi sonuçlanacağına olan inanç. *His optimism about his chances of winning encouraged his supporters.* (*karş.* **pessimism**). (*eş anl.* **confidence**). **optimist** *i+sy* iyimser kimse. *We are called optimists.* **optimistic** [ɔpti'mistik] *s* iyimser. *We are called optimistic.*

optimum ['ɔptiməm] *s* en iyi, en elverişli, en uygun. *What would you say was the optimum age for retirement? The market offers optimum conditions for sales.* (*eş anl.* **ideal**).

option ['ɔpʃən] *i+sy/-sy* seçme hakkı; seçme serbestisi; seçilecek şey. *You have no option.* (*eş anl.* **choice**). **optional** *s* isteğe bağlı, ihtiyari, mecburi olmayan: *an optional question in an examination.* (*karş.* **compulsory**).

opulent ['ɔpjulnt] *s* **1** zengin, varlıklı: *an opulent society.* **2** (özl. süsleme ve desenlerdeki zenginlikten dolayı) pahalı görünümlü, pek gösterişli, şaşaalı. *The opulent castle of King Ludwig is a great tourist attraction.* **opulence** *i-sy* zenginlik, servet.

opus ['oupəs] *i+sy* besteleniş sırasına göre numaralanmış bir müzik eseri. *çoğ. biç.* **opera** ['ɔpərə]. **magnum opus** bir yazarın, bir müzisyenin, vb. en büyük eseri.

or [ɔ:*] *bağ* **1** veya, ya da. *You can go or stay. You can take a pen or a pencil. They can come on Friday, (or) Saturday or Sunday.* **2** yoksa, aksi halde. *You must study now or you'll fail.* **3** yani, veya, daha doğrusu; ...demek daha iyi olur. *He believed in astrology, or telling the future from the stars.* **either...or** için **either'**ın NOT'una bkz. **or else 1** yoksa; aksi halde. *You must study now, or else you'll fail.* **2** (korkutmak için kullanılır). Yoksa karışmam haa! Aksi halde..., biliyorsun ya! Bak, sonu fena olur! *Do it again or else!* (*k. dil.*). **or**

so aşağı yukarı, yaklaşık olarak en az, hiç değilse. *Give me twenty or so.* **whether...or, if... or** (yap)ıp (yap)madığını/-mıyacağını, (ol)up (ol)madığını/-mıyacağını, (acaba) ...mi, yoksa ...mi. *I don't care whether you agree or disagree.*

oracle ['ɔrəkl] *i+sy* (eski Yunanistan ve Roma'da) gaipten haber veren kimse, kâhin.

oral ['ɔ:rl] *s* **1** sözlü, yazılı değil: *an oral examination. An oral agreement is not enough; we must have a written promise.* **2** ağızla ilgili, ağza ait. *The oral opening in an earth worm is small.* **orally** *z* **1** sözlü olarak. **2** ağızdan. *The lotion cannot be taken orally.*

orange ['ɔrindʒ] **1** *i+sy* portakal. **2** *i+sy/-sy/-sy* portakal rengi, turuncu renk. Ayrıca *s* turuncu, portakal ren-ginde: *an orange dress.*

orang-outang, orang-utan [ɔ'ræŋu'tæn] *i+sy* orangutan; Borneo ve Sumatra'nın nemli ormanlarında ağaçlar üzerinde yaşayan bir maymun türü.

oration [ə'reiʃən] *i+sy* söylev, nutuk; halka yönelik resmî konuşma: *a funeral oration.* (*eş anl.* **address**). **orator** ['ɔrətə*] *i+sy* hatip, iyi nutuk veren kimse, bir topluluk karşısında iyi konuşma yapabilen kimse.

orbit ['ɔ:bit] *i+sy* yörünge; bir gök cisminin başka bir gök cismi çevresinde, veya yapay bir uydunun dünya çevresinde ya da bir gök cisminin etrafında dönerken izlediği yol. *The satellite's orbit is 100 km from the earth's surface.* Ayrıca *f+n/-n* yörüngede dönmek. *The Apollo 11 spaceship orbited the moon before landing.*

orchard ['ɔ:tʃəd] *i+sy* meyva bahçesi: *an apple orchard.*

orchestra ['ɔ:kistrə] *i+sy* **1** orkestra; birlikte müzik çalanlardan oluşan bir grup insan (özl. bir konserde, operada, veya bir temsilde): *a chamber orchestra of twelve musicians.* **2** tiyatroda orkestranın çaldığı yer. NOT: bir *orchestra* ile *band* arasında fark vardır; *orchestra* daha ciddi müzik çalar ve daha çeşitli ve genl. daha çok sayıda müzik aletlerinin bulunduğu bir topluluktur.

orchestral [ɔ:'kestrl] *s* orkestra için yazılmış, bestelenmiş olan; orkestra ile

ilgili: *an orchestral concert.*
orchid [ˈɔːkid] *i + sy* orkide; çiçeği olan
bir tür bitki; parlak renkli, görünüşü
garip ama güzel bir çiçek.
ordain [ɔːˈdein] *f + n* 1 (Tanrı, yasa, ya
da yüksek bir yetkili hk.) emretmek,
buyurmak; (öyle) takdir eylemiş bu-
lunmak. *The law ordains that anyone
who commits a crime must be pun-
ished.* 2 bir kimseyi papaz ya da bir
din görevlisi olarak atamak, papaz
yapmak, papazlık rütbesini vermek.
ordeal [ɔːˈdiːl] *i + sy* büyük bir sınama;
başa gelen zor, veya üzücü bir durum;
ateşten gömlek: *the ordeal of being
shipwrecked. I dreaded the ordeal of
a visit to the dentist.*
order[1] [ˈɔːdə*] *+ sy/-sy* 1 sıra; dizi: *in
order of size; names in alphabetical
order* (= alfabe sırasına göre düzen-
lenmiş isimler). 2 düzen, tertip, inti-
zam: *put the room in order.* 3 çalışır
durumda oluş. *My car is in good
order.* 4 düzen; asayiş, nizam, inti-
zam; yasalara ve kurallara uyulması
durumu: *keep order in a classroom.*
5 emir, talimat, direktif: *give an order;
under doctor's orders. The general
gave the order to march.* 6 havale,
poliçe; para, vb. verileceğini söyleyen
yazılı, veya basılı bir belge: *a postal
order for 50p.* 7 usul; bir toplantıyı
idare etmek için hazırlanmış kurallar:
a point of order. 8 sipariş, ısmarlanan
şey: *deliver an order.* **orderly** *s* 1
düzenli, muntazam,derli toplu. *His
books were arranged in an orderly
way.* 2 terbiyeli, edepli; barış sever: *an
orderly crowd.* Ayrıca *i + sy* 1 (aske-
riyede) emir eri, emirber. 2 hastane
hademesi. **in order that** (ol)ması için,
(yap)sın diye; öyle ki,... (sonunda)
...olsun, olabilsin. *He died in order
that the others could be saved.* **in
order to** (...-mek) için; (...-mek) amacı
ile, niyeti ile. *You must buy a ticket
in order to be allowed in.* **out of order**
1 bozuk, çalışmıyor olan. *No-one
answered because the front door bell
is out of order.* 2 düzensiz, karmaka-
rışık. **in the order of, of the order of**
civarında, yaklaşık, aşağı yukarı.
*Wind speeds at the airport were of the
order of 160 kilometres per hour.*
order[2] [ˈɔːdə*] *f + n* 1 düzenlemek, tan-
zim etmek; sıraya koymak: *order
things well.* 2 emretmek, emir vermek.

*I ordered him to leave immediately.
The doctor ordered that we should all
stay in bed* (= Doktor hepimizin
yataktan çıkmaması tavsiyesinde bu-
lundu). 3 ısmarlamak, sipariş etmek.
*I should like to order two copies of
that book. I'm going to order a milk
shake.* **order someone about/around**
bir kimseye patronluk taslayıp emirler
vererek oraya buraya koşturmak. *He
doesn't like being ordered about by
anyone.*
ordinal [ˈɔːdinl] *s* sırasal; bir sayı dizisi
içindeki yeri, veya sırayı gösteren.
*First, second and third are ordinal
numbers* (= Birinci, ikinci ve üçüncü
sıra sayılardır).
ordinary [ˈɔːdnri] *s* 1 sıradan, alışılmış,
olağan: *just an ordinary person.* 2
(*Aml*'de) ortanın aşağısında, vasatın
altında; oldukça zayıf. *His speech was
just ordinary.* **ordinarily** *z* çoğunlukla,
genellikle. *We ordinarily go to the
cinema on Saturday.*
ordination [ɔːdiˈneiʃən] *i + sy* pa-
pazlığa, veya başka bir dinsel yöne-
ticiliğe atama töreni.
ordnance [ˈɔːdnəns] *i-sy* ağır toplar;
askeri gereçler, yani silahlar, cephane,
vb. **ordnance survey maps** İngiliz Ha-
ritacılık Dairesi tarafından hazırlan-
mış olan İngiliz adaları topluluğunun
haritaları.
ore [ɔː*] *i + sy/-sy* maden cevheri, veya
filizi: *a piece of iron ore; an area
containing different ores. This ore will
provide a good grade of iron.*
organ [ˈɔːgən] *i + sy* 1 organ, uzuv; bir
bitkide, bir hayvanda özel bir görevi
olan bir kısım (örn. göz, burun, ak
ciğerler, kalp vücudun organlarıdır):
*the organs of speech. The heart is the
organ that pumps blood around the
body.* 2 org; bir tür müzik aleti; klav-
yeli, büyük ve küçük borulardan ya-
pılmış olup körüklerden elde edilen
hava bu borulardan geçer ve değişik
ses tonları elde edilir: *a church organ.*
3 org gibi hava kullanılarak çalınan
herhangi bir müzik aleti: *a mouth
organ* (= ağız mızıkası). **organist** *i + sy*
org çalan kimse; orgçu. **organic**
[ɔːˈgænik] *s* organik; organlarla ilgili:
*an organic compound; organic chem-
istry* (= Karbon bileşiklerinin incelen-
mesini konu alan kimya dalı). (*karş.*
inorganic). **organism** *i + sy* 1 çok ufak

herhangi bir canlı varlık. **2** canlı bir varlığı oluşturan organların tümü; organizma.

organize [ˈɔːgənaiz] f+n kurmak, düzenlemek; organize etmek; bir şey için hazırlık yapmak. *The explorer organized an expedition to the North Pole.* **organizer** i+sy düzenleyici, tertipleyici, organizatör. **organization** [ɔːgənaiˈzeiʃən] **1** i+sy örgüt, kurum, dernek, teşkilat; özel bir amaç için toplanan ya da birlikte çalışan bir grup insan: *a Church organization.* **2** i-sy düzenlemek eylemi, düzenleme, tertip: *requiring a lot of organization.* **3** i-sy örgüt, teşkilat: *efficient organization. He runs an organization for the rehabilitation of criminals.*

orgy [ˈɔːdʒi] i+sy (özl. seksin de içine karıştığı) çılgınca bir parti; cümbüş; alem: *a drunken orgy.*

Orient [ˈɔːriənt] *özel i* (genl. **the** ile) Doğu, Asya. (*eş anl.* **East, Far East**). **oriental** [ɔːriˈentl] s doğuya özgü; Asya ile ilgili, veya buralar hakkında. *The Oriental way of life is quite different from ours.* (*eş anl.* **eastern**).

orienteering [ɔːrienˈtiəriŋ] i-sy engebeli arazide harita ve pusula kullanarak yapılan yer ve yön bulma yarışması.

origin [ˈɔridʒin] i+sy bir şeyin çıktığı, dayandığı yer; menşe, kök; soy, sop: *the origin of life on earth; a man of humble origins. This name is English in origin. The origin of this river is a stream in the mountains.* **originate** [əˈridʒineit] f+n/-n **1** başlamak, ortaya çıkmak, meydana gelmek. **2** başlatmak, çıkartmak; icat etmek. *Bill originated the idea of walking home by the back lane.*

original [əˈridʒinl] s **1** ilk, en önceki; asıl: *the original inhabitants of the country.* **2** özgün, yeni, orijinal; başka birisinden koypa edilmemiş: *an original idea.* **3** yaratıcı, yaratma gücü olan: *an original mind.* (**2.** ve **3.** maddeler için *karş.* **unoriginal**). Ayrıca i+sy/-sy **1** asıl, orijinal. *This painting is a copy; the original is in Paris.* **2** bir eserin ilk kez yazıldığı dil; orijinal dil. *He reads Tolstoy in the original.* **originally** z esasında, aslen. **originality** [əridʒiˈnæliti] i-sy özgünlük, yepyenilik, başkalarına benzemezlik; orijinalite: *an inventor of great originality.*

ornament [ˈɔːnəmənt] i+sy süs, bir

şeye daha bir güzellik katmak için kullanılan bir şey; süs eşyası, ziynet. *There were carved ornaments on the cabinet doors. He had a lot of ornaments decorating his bookshelves.* **ornamental** [ɔːnəˈmentl] s süsleyici, süs olarak kullanılan.

ornate [ɔːˈneit] s çok süslü, şatafatlı, gösterişli, süslü püslü; sade olmayan. *My wife likes ornate furniture.*

ornithology [ɔːniˈθɔlədʒi] i-sy kuşbilimi; kuşları bilimsel olarak inceleyen bilim dalı.

orphan [ˈɔːfən] i+sy babası ve annesi ya da hem babası hem annesi ölmüş çocuk; öksüz, veya yetim. *The orphan went to live with his aunt.* Ayrıca f+n öksüz ya da yetim kalmak. *He was orphaned when his home was burnt down.* **orphanage** i+sy öksüzler yurdu; yetimhane; öksüz, veya yetim çocukların yaşadığı yer.

orthodox [ˈɔːθədɔks] s çoğunlukla kabul edilen, veya onaylanan; onaylanmış, kabul edilmiş fikirlere, düşüncelere inanan (özl. dini konularda): *orthodox behaviour; an orthodox believer.* (*karş.* **unorthodox**).

orthopaedic, orthopedic [ɔːθəˈpiːdik] s ortopedi ile ilgili olan. **orthopaedics** i-sy ortopedi; vücuttaki kemik ve eklem bozuklukları ile uğraşan tıp dalı.

ostensible [ɔsˈtensibl] s görünürde, sözde; gerçek olmayıp da öyle görünen, veya gösterilen. *His ostensible reason for borrowing the money was that he had some debts to pay, but I knew he intended to spend it on gambling.* **ostensibly** z görünürde, görünüşte.

ostentation [ɔstenˈteiʃən] i-sy gösteriş, çalım, fiyaka, caka; başkalarını kıskandırmak, veya hayran bırakmak için yapılan zenginlik, ürün; gösterisinde bulunma. **ostentatious** s gösteriş seven; gösterişli: *an ostentatious dinner party.*

ostracize [ˈɔstrəsaiz] f+n bir kimseyi bir çeşit ceza vermek amacıyla toplum dışı bırakmak; toplumsal ilişkileri kesip konuşmamak, görüşmemek; aforoz etmek. *After behaving so disgracefully he was completely ostracized by his neighbours.*

ostrich [ˈɔstritʃ] i+sy deve kuşu.

OTC (= **over the counter**)—eczanelerden reçetesiz olarak satın alı-

ostrich

otter

nanbilen ilaç.

other ['ʌðə*] *belirten* 1 öbür, öteki, diğer, başka. *I don't want this one; I want the other one. Jones is here, but where are the other boys? All the other papers carry the same news.* 2 ek, ilave (kimse, veya şey); başka, öbür, öteki. *Every member must bring one other person. Have you any other books besides these?* 3 başka, öbür, diğer; aynısı değil; kendisi değil, kendisininki değil. *Please come back some other time, as I'm busy now. I would not want him other than the way he is* (= O olduğu gibi kalsın; değişmesin bence). Ayrıca *zamir* 1 diğeri, öbürü. *Each of them praises the other. When will the others be coming?* 2 başkası, başka biri, veya şey. *We should not think only of our own children; there are others to be cared for.* Ayrıca z başka türlü. *He cannot be other than clever when his parents are so intelligent* (= Ailesi bu kadar akıllı iken onun zeki olmaması düşünelemez). Ayrıca *other* için **each**'e bkz. **every other** 1 öbürlerinin hepsi, bütün diğerleri, tüm geriye kalanlar. *Our car arrived safely, but every other car broke down.* 2 (her) iki...-de bir. *He comes every other week.* **one another** için **one**³'e bkz. **the other day/week** geçen gün/hafta. *He must still be in town, because I saw him just the other day.*

otherwise ['ʌðəwaiz] z 1 bunun dışında, diğer bakımlardan, yine de. *He is rather quiet but very pleasant otherwise.* 2 başka bir şekilde, türlü *I was otherwise engaged* (= Başka işim vardı). Ayrıca *bağ* yoksa...; aksi taktirde. *Get dressed otherwise you will be late.*

otter ['ɔtə*] *i+sy* susamuru. *Otters swim well and catch and eat fish.*

ought [ɔːt] *yarf* 1 ...-meli/-malı, ...-memesi/...-ması gerek. *You ought to help your father. Everyone ought to work harder.* (*eş anl.* **should**). 2 her halde; muhtemelen...-ecek/...-acak; ...olsa gerek. *They ought to be there when we arrive. We ought to have the money we need saved by Christmas.* 3 (yap)sa iyi olur. *That old house ought to.be pulled down.* 4 (öğüt vermede, tavsiyede bulunmada kullanılır) (yap)malı, (yap)sa iyi olur, akıllıca olur. *It is really a very useful thing; you ought to buy it.* 5 (heyecanlı, gülünç, veya güzel bir şeyi anlatırken kullanılır). Bir...-meliydin! Ah bir...-seydin! (olmanı, yapmanı, görmeni, vb.) öyle bir isterdim ki! *You ought to have seen his face when I told him I was leaving!*
NOT: *1* bu fillin herhangi bir başka şekli yoktur. Soru biçimi *ought I? ought he?*...vb. şekilde yapılır. Olumsuz biçimi *ought not* şeklindedir. Konuşurken *oughtn't* diye söylenir: *You ought not to go.* (= Gitmemelisin. / Gitmesen iyi olur). Karşıt anlamı *need not* olup konuşurken *needn't* diye söylenir. *Ought I to go?* ile sorulmuş bir cümleye *You ought to* (= Gitmelisin), veya *No, you needn't* (= Hayır, gerek yok) şeklinde cevap verilir. *2 ought* sözcüğünden sonra *to* gelir: *ought to go; ought to do,* ...vb. *3 ought* to hem şimdiki hem de gelecek zaman için kullanılır. *You ought to see him now/tomorrow* (= Onu şimdi/yarın görmelisin). *geç. zam. biç. ought to + have: You ought to have seen him yesterday* (= Sen onu dün görmeliydin).

ounce [auns] *i+sy* bir ağırlık ölçüsü: İngiliz ağırlık düzeninde 1/16 libre, yani 28.35 gr. veya kuyumcu tartısı düzeninde 1/12 libre, yani 31.2 gr.

our ['auə*] *belirten* bizim: *our house;*

our country; Our Lady (=Meryem (Ana)); *Our Lord* (=Hz. İsa). **ours** *zamir* bizimki, bizimkiler; bizim, bize ait olan bir şey, veya şeyler. *That land over there is ours. This house became ours when our father died.* **ourselves** [auə'selvz] *zamir* (**we ve us** zamirlerinin vurgulu biçimi) biz kendimiz; bizler. *We shall have to do it ourselves.* **2** (**us** zamirinin dönüşlü biçimi) kendimiz, kendimizi, kendimize. *First we have to wash ourselves.*

oust [aust] *f+n* bir kimseyi (örn. bir işten, bir görevden) kovmak, atmak, defetmek: *ousted from his post. He was ousted from the party leadership by a vote of no-confidence.*

out¹ [aut] *s* **1** evde değil; dışarda, içerde yok; ev, veya bina dışında; dışarı çıkmış, ayrılmış. *He has been out all evening. The book you are looking for is out* (=Aradığınız kitap ödünç alınmış). **2** iktidardan düşmüş. *Labour are in, and the Conservatives are out.* **3** (bir yerden, bir şehirden ya da kendi ülkesinden) uzakta, dışarıda; gurbette. *My friend has been out in Australia for years.* **4** (ışık, ateş, vb. hk.) söndürülmüş, sönmüş, kapatılmış; artık yanmayan. *The light is out. The fire is out.* **5** açığa çıkmış, yayılmış; herkesin dilinde; açık seçik anlaşılan, görülen, görülmekte olan. *The truth is out at last. The sun is out today. His new book is just out* (=Onun yeni kitabı henüz yayınlandı). **6** (bir tahmin, veya bir toplam hk.) yanlış, hatalı; yanılmış; zarar etmiş, kayıpta, içeride. *I am 50p out in my calculations. I am five pounds out because of that party. You are not far out in your guess.*

out² [aut] *s* **1** (başka birisine doğru uzaklaşma, dışarıya doğru gidiş, veya açıkhavaya çıkış fikrini vermek için kullanılır): *give out (leaflets)* (=(broşür) dağıtmak); *hand out (tickets)* (=(bilet)) dağıtmak; *go out (into the street)* (=(sokağa) çıkmak); *rush out* (=dışarı fırlamak); *put somebody out (of his house)* (=bir kimseyi (evinden) dışarı atmak, kovmak); *lock somebody out* (=bir kimseyi kapıyı kilitleyip dışarıda bırakmak). **2** tamamen, iyice, adamakıllı; sonuna kadar: *completely tired out; fight it out; a fire burning itself out.* **3** yüksek sesle,

anlaşılır biçimde, bağıra çağıra, avazı çıktığı kadar: *speak out; call out; say something out loud.* **4** ortada, aşikâr, görülebilecek biçimde. *His intelligence stands out. It brings out the best in him. His pockets were turned out.* **5** (bir bütünden, veya toplu halde olan bir şeyden, bir şeyi almayı, elde etmeyi gösterir): *find out facts* (=gerçekleri (araştırıp) öğrenmek); *pick someone out from a crowd* (=kalabalık arasından birini seçip ayırmak). Ayrıca *f-n* ortaya çıkmak, belli olmak; herkesçe biliniyor olmak. *Truth will out* (=Gerçekler ortaya çıkar). **out-of-date** modası geçmiş; artık kulanılmayan: *out-of-date clothes/ideas. You need a modern computer to replace that out-of-date one.* **out-of-doors** açık havada. **out for** elde etmeye çalışıyor olan; bir şeyin peşinde olan; sadece (bir şey) ile ilgilenen. *He is out for as much money as he can get.* **out of 1** ...-den/...-dan, ...-den dolayı, yüzünden: *do something out of hate/spite/ kindness,...*vb. **2** (bir şey)siz, (bir şeyin) bulunmadığı durumda: *out of money; out of work.* **3** (bir yer)dan dışarı; (bir şey)den dışarıya, uzağa. *He is out of town. The ship was seven miles out of Portsmouth harbour. They ran out of the house.* **4** (belli bir sayı) arasından (şu kadarı): *In nine cases out of ten, I chose the best pictures out of his whole collection.* **5** ...-den, ...-dan: *made out of wool; drink out of a cup; like a scene out of a play.* **out of order** çalışmıyor, bozuk. *This machine is out of order.* **out of sight** gözden ırak, görülmemekte. *Keep out of sight.* **out to** hevesli, istekli, çok arzulu: *out to better oneself; out to improve things.* **out-of-the-way** uzak, ıssız, sapa, ücra, kuş uçmaz, kervan geçmez; insanlardan ve yerleşim bölgelerinden çok uzak: *a rather out-of-the-way little village.*

outboard ['autbɔːd] *s* genl. **outboard motor** sözünde—dıştan takma motor. Ayrıca *i+sy* takma motor.

outbreak ['autbreik] *i+sy* patlama, patlak verme; baş gösterme, kötü bir şeyin başlaması, veya aniden ortaya çıkması: *outbreak of war. There is an outbreak of typhoid fever.*

outbuilding ['autbildiŋ] *i+sy* ek bina,

müştemilat. *Barns are outbuildings on a farm.*

outburst ['autbə:st] *i+sy* patlama, patlak verme; (bir duygunun) birdenbire ve şiddetle dışarı vurması, feveran: *outburst of violence; outburst of laughter.*

outcast ['autka:st] *i+sy* evinden atılmış, kovulmuş kimse, veya arkadaşsız birisi; toplumca dışlanmış kimse. *Criminals are outcasts of society.* Ayrıca *s* mahrum bırakılmış.

outclass [aut'kla:s] *f+n* başkalarından çok daha üstün olmak, üstün gelmek, geçmek. *He outclasses everyone else at running.*

outcome ['autkʌm] *i+sy* sonuç, netice; bir şeyin sonucu: *the outcome of what happened yesterday; a tragic outcome for such a happy marriage.*

outcry ['autkrai] *i+sy/-sy* 1 haykırma, haykırış, çığlık, bağırış, veya feryat, figan. 2 protesto; kamuoyunun kızgınlık tepkisi, hiddet gösterisi: *a great outcry all over the country against the government's actions.* (*eş anl.* **protest**).

outdated ['aut'deitid] *s* modası geçmiş; artık kullanılmayan. (*eş anl.* **outmoded**).

outdo [aut'du:] *f+n* (birisin)den daha iyi, daha üstün olmak. *Men will outdo boys in most things. The girls outdid the boys in neatness.* geç. zam. biç. **outdid** [aut'did]. geç. zam. ort. **outdone** [aut'dʌn].

outdoor [aut'dɔ:*] *s* dışarıda; açıkta; açık havada yapılan, veya kullanılan: *the outdoor life; outdoor games.* (karş. **indoor**). **outdoors** *z* dışarda, açık havada; ev, bina dışında. *Don't go outdoors if it is snowing.* (*eş anl.* **out of doors**).

outer ['autə*] *s* dış, dışta; merkezden uzakta: *outer garments; flights to outer space* (=uzaya uçuşlar).

outfit ['autfit] *i+sy* takım, donatım, teçhizat; belli bir iş, veya amaç için gerekli olan elbise, gereç, vb. şeylerin hepsi: *an outfit for school; a camping outfit. My father bought me a basketball outfit for my birthday.* **outfitter** *i+sy* elbise, spor malzemeleri, vb. satan kimse.

outgrow [aut'grou] *f+n* 1 büyüyüp elbise, ayakkabı, vb. dar gelmek: *outgrow one's clothes.* 2 büyüyüp yaşı

icabı bırakmak, vazgeçmek; büyüyüp ötesine geçmek; ardında bırakmak. *He has outgrown his interest in toys.*

outing ['autiŋ] *+sy* zevk için yapılan kısa gezinti: *go on/have an outing. On Sunday the family went on an outing to the beach.*

outlandish [aut'lændiʃ] *s* acayip, garip; sanki, başka bir ülkeden gelmiş gibi görünen; uzak, hücra: *an outlandish costume; an outlandish place.*

outlaw ['autlɔ:] *i+sy* haydut, cani; kanun kaçağı. *The police are seeking that outlaw.* Ayrıca *f+n* bir kimseyi suçlu, haydut ilan etmek, veya bir şeyi yasa dışı ilan etmek: *outlaw a person. The government has proposed a bill to outlaw drinking in public.*

outlay ['autlei] *i+sy/-sy* masraf, gider; bir şey için harcanan para. *Our total outlay on repairing the house was eighty pounds.*

outlet ['autlet] *i+sy* 1 çıkış yeri, çıkış noktası, ağız: *the outlet of a river.* 2 hisleri, duyguları, fikirleri ifade etme vasıtası; enerjiyi, öfkeyi, vb. boşaltma yolu: *an outlet for one's energy/anger. Music is an outlet for the emotions.*

outline ['autlain] *i+sy* 1 bir şeyin biçimini gösteren ana hatlar, taslak, kroki: *an outline map of Europe.* 2 ana hatlar; özet, plan: *I have prepared my speech in outline.* Ayrıca *f+n* 1 bir şeyin genel şeklini çizmek. *The chairman outlined the company's plans for the coming year.* 2 bir şeyin krokisini, veya taslağını çıkarmak.

outlive [aut'liv] *f+n* 1 (bir kimse)den daha uzun yaşamak. *Jane outlived her older sister.* 2 bir şeyin unutulduğunu, ortadan kalktığını, vb. görünceye kadar yaşamak: *outlive one's disgrace.*

outlook ['autluk] *i-sy* 1 görünüş, manzara. *The outlook for world peace is not bright.* 2 hayata bakış, genel bakış açısı. *He seems to have a very gloomy outlook.*

outlying ['aut'laiiŋ] *s* uzak; (bir şehrin, vb.) merkezinden uzakta bulunan: *several outlying farms.* (*eş an.* **remote**).

outmoded [aut'moudid] *s* eski; modası geçmiş: *outmoded techniques.* (*eş anl.* **outdated, out of date**).

outnumber [aut'nʌmbə*] *f+n* sayıca üstün olmak, geçmek, fazla gelmek.

They outnumbered us three to one.

outpatient ['autpeiʃənt] *i + sy* ayakta tedavi gören hasta; hastanede yatarak tedavi edilmeyen hasta: *the outpatients' department. James goes for treatment as an outpatient.* (*karş.* **inpatient**).

outpost ['autpoust] *i + sy* ileri karakol; herhangi bir yerleşim bölgesinden uzak, veya tehlikeli olan bir yer: *outpost of civilization.*

output ['autput] *i-sy* üretilen, veya yapılan iş miktarı; üretim, imalat. *The factory must increase its output.*

outrage ['autreidʒ] *i + sy* zorbalık, zulüm; rezalet: *a terrible outrage. Setting his house on fire was an outrage.* Ayrıca *f + n* incitmek, rencide etmek; birine karşı zorbalık etmek. *The cattlemen outraged the farmers by setting fire to their crops.* **outrageous** [aut'reidʒəs] *s* çirkin, rezilce; gaddarca; edebe aykırı: *an outrageous crime.*

outright ['autrait] *z* **1** tamamen, büsbütün, tümü ile, bir defada: *buy something outright. We paid for our car outright.* **2** dobra, dobra; açıkça; hiç çekinmeden. *I told him outright what I thought of him.* (*eş anl.* **openly**). **3** derhal, hemen: *be killed outright.* Ayrıca *s* tam, bütün: *an outright refusal; an outright denial/loss.*

outset ['autset] *i + sy* başlangıç: *at the outset of the journey. From the outset of the match we knew our team would win.*

outside [aut'said] *i + sy* dış, dış taraf: katı bir cismin dış kesimi; merkezden uzak olan kısım, veya açık havaya bakan yüz: *the outside of a house. We covered the outside of the box with coloured paper.* Ayrıca *s* **1** dış, dıştan; başka bir yerden gelen, veya başka bir yerde olan: *an outside broadcast* (= stüdyodan yapılmayan yayın). **2** mümkün olan en büyük; en çok, azami, en fazla: *an outside estimate of how much something will cost.* **3** dıştan gelen, dış: *outside help.* **4** zayıf; uzak; olasılığı bulunmayan: *only an outside chance of winning.* Ayrıca *z* dışarda, dışarıya, dışardan; dış tarafta bulunan bir yerde. *I think there is someone waiting outside. Go outside and see what you can find.* Ayrıca *edat* **1** dışına dışında: *outside the*

house. **2** ...ın sınırları dışında: *outside the city.* **outsider** *i + sy* **1** yabancı; belirli bir toplulukta kendilerinden sayılmayan, veya sayılmak istemeyen kimse. *Some families do not welcome outsiders.* **2** bir yarışı kazanma şansı pek bulunmayan bir kimse, veya hayvan.

outsize ['autsaiz] *s* normal bedenlerden daha geniş; büyük boy: *outsize skirt.*

outskirts ['autskə:ts] *içoğ* varoş; bir kentin dış mahalleleri. *There are small farms on the outskirts of the city.*

outspoken [aut'spoukən] *s* açık sözlü, dobra; sözünü esirgemez, düşündüğünü, veya hissettiğini açıkça söyleyen: *outspoken criticism. He urged the timid boy to be a little more outspoken about his needs and desires.*

outstanding [aut'stændiŋ] *s* **1** seçkin, önde gelen; göze çarpan, çok iyi; öbürlerinden daha iyi olan: *outstanding work. She is an outstanding tennis player.* **2** henüz ödenmemiş, veya yapılmamış: *have some work outstanding; an outstanding debt.* **3** göze çarpan, kolayca görülebilen; kolayca hatırlanabilen; önemli: *outstanding event in history.*

outstay [aut'stei] *f + n* daha uzun süre kalmak: *outstay one's welcome* (= konuğu olarak sıkıntı verecek kadar uzun kalmak).

outstretched ['autstretʃt] *s* uzatılmış, iyice açılmış; boylu boyunca uzatılmış; sereserpe uzanmış, serilmiş, yayılmış. *I welcomed my old friend with outstreached arms.*

outward ['autwəd] *s* **1** uzağa, harice; dışarıya, dışarıya doğru: *the outward voyage* (= dış ülkelere seyahat). **2** dış, harici. *To all outward appearances, he is a rich man* (= Tüm dış görünüşe göre zengin bir adam). **outwardly** *s* görünüşte, zahiren, dıştan. *Outwardly he seemed calm, but he was really nervous.* (*eş anl.* **on the surface**).

outweigh [aut'wei] *f + n* (birin)den, veya (bir şey)den daha kıymetli, önemli, vb. olmak, daha ağır basmak; (birin)den kiloca daha ağır gelmek. *Honour should outweigh one's own safety.*

outwit [aut'wit] *f + n* (başkasın)dan daha kurnaz, veya daha yetenekli olduğu için üstün gelmek, kazanmak. *He tried to catch her, but she outwitted*

kim and escaped. geç. zam. ve ort.
outwitted.

oval ['ouvl] *s* beyzi, oval, yumurta biçiminde olan.

ovation [ou'veiʃən] *i+sy* candan karşılama (örn. sevilen, hayranlık duyulan bir kimseye yapılır); çılgınca alkışlama, coşkun tezahürat: *an ovation for the hero; a thunderous ovation at the end of a speech.*

oven ['ʌvən] *i+sy* fırın; aygaz fırını.

over[1] ['ouvə*] *z* 1 aşağıya, yere doğru; yana doğru. *He was knocked over by a car. He was working at the edge of the roof when he fell over* (=Yere düştüğü zaman çatının kenarında çalışıyordu). 2 yukarıya ve sonra da yanlara, veya bir kenardan aşağıya: *spill over* (=etrafa dökülmek); *boil over* (=taşmak). 3 başka bir yana; diğer tarafı, vb. görülecek bir şekilde: *turn a page over/turn over a page.* (=bir sayfayı çevirmek). 4 adamakıllı, iyice; başından sonuna kadar: *read something over; look over some papers* (=bazı sayfaları incelemek ya da gözden geçirmek). 5 tekrar tekrar, üst üste: *ten times over* (=üst üste on defa). 6 bir yerden bir yere; karşı tarafa. *Ask your friends over to see us* (=Arkadaşlarını buraya davet et). *He is over in Germany for a week* (=Bir haftalığına Almanya'ya gitti). 7 artık, artmış, kalmış, fazla: *have money over* (=arta kalan parası olmak). 8 ... ve daha yukarısı; ...ve (daha) fazlası. *The school is open to children of five and over. I have all I need and a bit over.* 9 bir kişiden, bir yerden, bir topluluktan bir başkasına. *He betrayed us by going over to our enemies.* (=Düşmanlarımızın tarafına geçerek bize ihanet etti). *Hand over that gun* (=Teslim et/Ver şu tabancayı). 10 her yere, her tarafa; her yerde, her tarafta: *travel all over.* Ayrıca *s* bitmiş, sona ermiş. *The war is over* (=Savaş sona erdi).

over[2] [ouvə*] *edat* 1 (tam) üzerinde, üstünde; üzerine, üstüne (değmeyen, dokunmayan). *There was a table with an electric light over it. The ceiling over us was about three metres high.* 2 (tamamen, veya kısmen) kapatacak, kaplayacak ya da örtmüş (biçimde); üstüne, üzerine. *They had put a cloth over his wound. He put some paper*

over the desk to keep it clean. 3 üzerinden (aşarak), üzerinden (öbür tarafa geçerek); özl. önce çıkıp sonra inerek: *jump over a wall; leap over a gate.* 4 (bir yer)den aşağı; kenarından yere: *throw oneself over a balcony; fall over a cliff.* 5 her tarafını, baştan başa; bir çok yerlerini. *I travelled all over Europe. The stain spread over the carpet.* 6 rütbece daha yüksek; daha üstte; emir verecek durumda. *Who is over you in your new job? A captain is over a sergeant.* 7 (bir olay, veya bir dönem) sırasında, esnasında; süresince, boyunca. *I got to know him well over the years.* 8 (bir şey, bir alet, vb.) kullanarak, veya vasıtası ile; (telefon)da, (radyo)dan, vb.: *hear something over the radio.* 9 hakkında, konusunda, (bir şey) ile ilgili olarak: *quarrel over a dispute; talk over a matter; fall asleep over one's work* (=çalışırken uyuyakalmak).

over-[3] ['ouvə*] *ön-ek* (çok) fazla, (gereğinden) fazla; aşırı (ölçüde).
NOT: *over* ön-eki şu sözcüklerden önce kullanılarak yeni yapılar oluştururlar—
sıfatlardan önce: *over-excited* (=aşırı derecede heyecanlanmış); *over-greedy* (=fazla açgözlü).
isimlerden önce: *overconfidence* (=aşırı güven); *overpayment* (=çok fazla ödeme).
fiillerden önce: *overeat* (=çok yemek); *overpraise* (=aşırı methetmek).

overact ['ouvər'ækt] *f+n/-n* bir rolü abartılı oynamak; mübalağalı bir biçimde oyun çıkarmak.

overall ['ouvərɔ:l] *i+sy* (genl. çoğ. biç). iş tulumu; çalışırken temiz tutsun diye elbisenin üstüne giyilen omuzdan askılı bolca bir iş pantolonu. Ayrıca *s* 1 herşey dahil, toplam, tüm. *What was the overall cost of the house?* 2 bir uçtan bir uca. *The overall size of the table is five feet.*

overawe [ouvə'rɔ:] *f+n* karşısındakine saygı ve korku uyandırmak. *The peasants were overawed by the vastness of the cathedral.*

overbalance [ouvə'bælns] *f+n/-n* dengesini kaybedip düşmek, veya düşecek gibi olmak; dengesini bozmak, dengesini bozup düşürmek. *People learning to skate usually overbalance* *a lot.*

overbearing [ouvə'bɛəriŋ] *s* buyurucu; başkalarının fikirlerine duygularına aldırış etmeksizin onları itaat ettirmeye çalışan. *No one liked her overbearing attitude.*

overboard ['ouvəbɔ:d] *z* (bir teknede) küpeşteden aşağıya, gemiden suya: *fall overboard; man overboard!* (= denize biri düştü!).

overcast ['ouvə'ka:st] *s* bulutlu, kapalı: *an overcast sky. It is a rainy, overcast day.*

overcharge [ouvə'tʃa:dʒ] *f+n/-n* fazla fiyat istemek; (birisini belirtilen miktarda) kazıklamak. *I was overcharged for my ticket. We asked for a refund because we had been overcharged.*

overcoat ['ouvəkout] *i-sy* palto, manto.

overcome [ouvə'kʌm] *f+n* yenmek, galip gelmek, alt etmek; üstesinden gelmek: *overcome poverty and disease. He overcame her disabilities and now leads a normal life.* geç. zam. biç. **overcame** [ouvə'keim]. geç. zam. ort. **overcome.**

overdo [ouvə'du:] *f+n* aşırıya kaçmak, abartmak; (eti, vb. çok pişirmek). *The meat was overdone.* geç. zam. biç. **overdid** [ouvə'did]. geç. zam. ort. **overdone** [ouvə'dʌn].

overdose ['ouvədous] *i+sy* aşırı doz; bir ilacın gereğinden fazlası: *an overdose of sleeping pills. He went into a coma after an overdose of heroin/ after a heroin overdose.*

overdraw [ouvə'drɔ:] *f+n/-n* (bankadaki hesabındakinden) daha fazla para çekmek. geç. zam. biç. **overdrew** [ouvə'dru:]. geç. zam. ort. **overdrawn.**

overdraft ['ouvədra:ft] *i+sy* bankadaki hesap mevcudundan daha fazla para çekme: *have a large overdraft.*

overdrive ['ouvədraiv] *i-sy* arabalardaki bir mekanizma; bunun yardımı ile motor az çalıştığı halde araç belli bir yüksek hızda gidebilir.

overdue [ouvə'dju:] *s* vadesi geçmiş; ödenmesi çok uzamış; gecikmeli, rötarlı. *This bill is overdue. The train is overdue.*

overflow [ouvə'flou] *f+n/-n* **1** (kenarlarından dışarı) taşmak. *The milk is overflowing.* **2** dolup taşmak; içindekiler bir kabın kenarından taşıp akacak kadar dolmak. *His cup is overflowing.* Ayrıca ['ouvəflou] *i-sy* **1** ta-

şan şey. **2** akaç, suyun fazlasını dışarı akıtan bir boru, vb.

overgrown [ouvə'groun] *s* birbirini örtecek şekilde büyümüş; çok fazla, veya çok hızlı büyümüş: *a garden overgrown with weeds.*

overhaul [ouvə'hɔ:l] *f+n* baştan aşağı, tepeden tırnağa gözden geçirmek, veya tamir etmek (örn. bir otomobilin motorunu). *Once a year I overhaul my boat.* Ayrıca ['ouvəhɔ:l] *i+sy* tamir, vb. için tam bir kontrol, bakım ve onarım.

overhead [ouvə'hed] *z* yukarıda, tepede, üstte; başın yukarısındaki: *the sky overhead.* Ayrıca *s* havaî, havada bulunan, yukarıdan geçen: *overhead wires.* **overheads** ['ouvəhedz] *içoğ* genel harcamalar; bir şirketin işlerini yürütmek için düzenli aralıklarla sarf edilen para (örn. ısıtma, aydınlatma, kira, vb. giderler).

overhear [ouvə'hiə*] *f+n* kulak misafiri olmak; tesadüfen duymak. *I overheard him saying that he was closing down his shop.* geç. zam. ve ort. **overheard** [ouvə'hɔ:d].

overjoyed [ouvə'dʒɔid] *s* etekleri zil çalan; fazlasıyla memnun. *She was overjoyed at the news.*

overland ['ouvəlænd] *s* kara yolu ile yapılan: *an overland route/journey.* Ayrıca [ouvə'lænd] *z* karada, karadan: *travel overland.*

overlap [ouvə'læp] *f+n/-n* üst üste binmek, bindirmek; (bir şeyin) üstünü kısmen örtüp ötesine geçmek: *a roof made of overlapping tiles. Our holidays overlap.* geç. zam. ve ort. **overlapped.** Ayrıca ['ouvəlæp] *i+sy/-sy* üst üste gelme, çakışma..

overload [ouvə'loud] *f+n* aşırı yüklemek: *overload a truck.*

overlook [ouvə'luk] *f+n* **1** (bir şeye, veya birisine) yukarıdan bakmak; (bir şeye, veya bir yere) nazır olmak. *This window overlooks the garden.* (eş anl. **look over**). **2** farkına varmamak, gözden kaçırmak. *I overlooked this problem and shall have to tackle it now.* **3** dikkate almamak, görmemezlikten gelmek, göz yummak. *I shall overlook your disobedience this time.* (eş anl. **look over**).

overnight [ouvə'nait] *z* geceleyin, gece süresince: *stay overnight.* Ayrıca ['ouvənait] *s* bir gece gecelik, bir gece süren:

an overnight journey.

overpower [ouvə'pauə*] *f+n* yenmek, boyun eğdirmek; daha fazla kuvvet kullanıp üstün gelmek: *overpower an opponent. The ex-boxer overpowered the thug who attacked him on the street.* **overpowering** *s* çok güçlü, aşırı derecede kuvvetli: *an overpowering feeling of hatred.*

overrate [ouvə'reit] *f+n* bir şeye, veya bir kimseye olduğundan fazla değer vermek. *His work is greatly overrated.*

overrule [ouvə'ru:l] *f+n* aleyhinde karar vermek; reddetmek; geçersiz kılmak. *The judge overruled the lawyer's objections. Our suggestions were overruled by the committee.*

overseas ['ouvə'si:z] *s* denizaşırı; yabancı, dış: *overseas countries; overseas trade.* Ayrıca *z* deniz aşırı memleketlerden/memleketlere: *come from overseas. I am going overseas next month.*

oversee ['ouvə'si:] *f+n* yönetmek, idare etmek, denetlemek; bir işin uygun biçimde yapılmasını sağlamak için gözetimde bulunmak. (*eş anl.* **supervise**). **overseer** ['ouvəsiə*] *i+sy* nezaretçi; formen. *The factory overseer was in charge of training the apprentices.*

overshadow [ouvə'ʃædou] *f+n* gölgelemek, gölgede bırakmak; kendi üstünlüğü ile başkasının önemini azaltmak. *My success overshadowed his.*

oversight ['ouvəsait] *i+sy* dikkatsizlik, yanlışlık, hata; bir şeye kasıtsız olarak dikkat etmeyiş, veya yapmayış. *Your essay was not marked through an oversight on my part.*

oversleep [ouvə'sli:p] *f-n* uyuyakalmak; belli bir saatten fazla uyumak. *geç. zam.* ve *ort.* **overslept** [ouvə'slept].

overspill ['ouvəspil] *i+sy/-sy* kentin kalabalığından kaçıp daha dış yerlere yerleşen kimseler; kentten kaçanlar.

overstate [ouvə'steit] *f+n* abartmak, büyütmek, şişirmek: *overstate one's case.* **overstatement** *i+sy* abartma, şişirme.

overt [ou'və:t] *s* açık, meydanda, aleni, aşikâr; açıktan açığa olan. *Not standing up when he was told to was an overt act of disobedience.*

overtake [ouvə'teik] *f+n* arkasından yetişip geçmek (örn. bir aracın). *Only*

one car overtook us. geç. zam. biç. **overtook** [ouvə'tuk]. *geç. zam. ort.* **overtaken** [ouvə'teikən].

overthrow [ouvə'θrou] *f+n* yenmek, alt etmek; devirmek; iktidardan aşağı etmek; yönetimi elinden almak: *overthrow the king; a champion boxer overthrown by a challenger.* Ayrıca ['ouvəθrou] *i+sy* yıkma, devirme.

overtime ['ouvətaim] *i+sy* fazla mesai: *work overtime. The overtime rate is one and a half times normal pay.*

overtone ['ouvətoun] *i+sy* belirti, izlenim; gösterilmediği, veya söylenmediği halde yine de sezilen şey. *The ceremony had overtones of sadness.*

overture ['ouvətjuə*] *i+sy* açılış müziği, uvertür; bir operanın, konserin, vb. giriş bölümü.

overturn [ouvə'tə:n] *f+n/-n* devirmek, devrilmek; altını üstüne getirmek, veya alt üst olmak. *The car overturned and the driver was killed.*

overweight [ouvə'weit] *s* aşırı ağır; fazla kilolu; çok şişman. *You are overweight and so you must eat less.*

overwhelm [ouvə'welm] *f+n* **1** (duygular hk.) ezmek, bastırmak; tümü ile insanı etkisine almak. *She was overwhelmed with grief. Our feeling of helplessness almost overwhelmed us.* **2** baştan başa kaplamak, sulara gömmek. *A great wave overwhelmed the boat.* **overwhelming** *s* karşı konulamaz, çok kuvvetli.

overwrought [ouvə'rɔ:t] *s* fazla gergin, çok sinirli, aşırı heyecanlı. *She is not to be disturbed in her present overwrought condition. I am rather overwrought because of troubles at work.* (*eş anl.* **on edge**).

ovum ['ouvəm] *i+sy* (biyolojide) döllenmemiş yumurta.

owe [ou] *f+n/-n* borcu olmak, borçlu olmak. *I owe John five pounds for those chairs he sold me. How much do I owe you? He owes his success to hard work.* **owing** *s* ödenecek olan, henüz ödenmemiş. *There was ten pounds owing.* **owing to** yüzünden, ...den dolayı. *Owing to the storm, the ship stayed in the harbour. The plane was late owing to fog.* (*eş anl.* **due to**, **because of**).

owl [aul] *i+sy* baykuş. *The hoot of an owl came from the direction of the house.*

owl

own¹ [oun] *s* **1** kendi, kendinin, kendisine ait. *That is his own house. / That house is his own. I mind my own business* (= Ben kendi işime bakarım). *For reasons of my own, I am having to do with it.* **2** bir başına, yalnız; başkalarının yardımı olmadan. *Do you cook your own meals? She makes all her own clothes.* (*eş anl.* **by oneself**). **hold one's own** birisine ya da bir şeye karşı dayanmak, direnmek; yenilmemek; rakibi kadar iyi olmak, iyi yapmak; yerini korumak. *As an athlete he is still holding his own against younger men.* **of one's own** kendine ait olan: *a house of one's own.* **on one's own** yalnız, kendi başına; yardımsız, yardım olmaksızın. *He likes to be on his own. He did it on his own.*

own² [oun] *f + n/-n* sahip olmak, malik olmak, ...-in olmak. *Do you own that house?* **owner** *i + sy* sahip, mal sahibi. **ownership** *i-sy* sahiplik, mülkiyet. *The ownership of the company has passed to the banks.* **own up to something** bir kusuru, veya bir suçu kabul etmek, itiraf etmek. *He owned up to the theft. A book has been stolen, but no-one will own up.* (*eş anl.* **confess**).

ox [ɔks] *i + sy* öküz; iğdiş edilmiş erkek sığır. *An ox is a castrated bull that is usually for pulling vehicles or carrying things.* çoğ. biç. **oxen** [ˈɔksn].

oxide [ˈɔksaid] *i + sy/-sy* (kimyada) oksit; oksijenin bir element, veya kökle birleşmesiyle oluşan madde.

oxygen [ˈɔksɪdɹən] *i-sy* oksijen; rengi, kokusu ve tadı olmayan ve tüm canlılar için gerekli olan bir gaz. Simgesi O. *Oxygen is a colourless gas that forms a major part of the air.* **oxygen tent** oksijen çadırı.

oyster [ˈɔistə*] *i + sy* istiridye. *There is one type of oyster that can be eaten and another that produces pearls.*

ozone [ˈouzoun] *i-sy* ozon; üç oksijen atomundan meydana gelmiş, mavi renkli, keskin kokulu bir gaz. Simgesi O_3. *There is a layer of ozone high above the earth's surface.*

P

p [pi:] **1** *i-sy* **pence** ya da **penny**'nin kısaltılmış biçimi. *It was only 6p.* **2** *i+sy* yazı dilinde **page**'in kısaltılmış biçimi. *See p. 213.* **mind one's p's and q's** terbiyeli olmaya dikkât etmek. *My boss is going to be at the dinner tonight, so I'll have to mind my p's and q's.*

pa [pa:] *özeli/i+sy* (*özl. AmI*'de) baba, babacığım. *Don't tell Ma or Pa.* (*esk. kul. ve k. dil.*).

p.a. yazı dilinde **per annum**'un kısaltılmış biçimi. *What is their turnover p.a.*

pace [peis] *i+sy* **1** adım; koşmada ve yürüyüşte atılan tek adım: *take a pace forward.* **2** bir adımda katedilen mesafe; bir adımda alınan yol (bu adım 2,5 fit, veya 75 cm. sayılır). *There were perhaps ten paces between me and the bear.* **3** gidiş hızı; sürat, hız: *at a fast pace. He made the pace.* (=Hızı ayarladı/saptadı). Ayrıca *f+n/-n* **1** bir aşağı bir yukarı gidip gelmek; adımlayıp durmak; (bir oda-nın bir yerin, vb.) bir ucundan öbür ucuna gidip geri gelmek (genl. sinirli, sabırsız, vb. şekilde). *Dad paced the room angrily. He paced nerveously up and down the platform.* **2** adımlayarak ölçmek. *They paced off the distance and found it to be 79 paces.* **go through one's paces/show one's paces** bir kimseye bir şeyi ne kadar iyi yaptığını göstermek; kendini ispat etmek. *You will have a chance to go through your paces during tonight's competition.* **put somebody/something through his paces** bir kimsenin bir konudaki yeteneğini denemek. *The inventor put his invention through its paces before a large audience.* **keep pace with** ayak uydurmak, aynı hızda ilerlemek. *I could scarcely keep pace with the new discoveries in biology.*

pacemaker ['peismeikə*] *i+sy* genl. deri altına kalbin yanına konulan ve kalbin atış hızını ayarlayan aygıt. *There are about a half-dozen pace-*maker manufacturers in the world. My mother had to have a pacemaker inserted. The patient was fitted with a pacemaker.*

pacifier ['pæsifaiə*] *i+sy* (*AmI*'de) emzik; çocuk memesi. *Little Jimmy was toddling around with a pacifier in his mouth.*

pacification [pæsifi'keiʃən] *i-sy* barışa, huzura kavuşturma. **pacifisim** *i-sy* barışseverlik, barışçılık; tüm savaşların saçma olduğu inancı. *I was severely criticized because of my belief in pacifisim.* **pacifist** *i+sy* barışçı, barışsever; savaşa katılmayı reddeden kimse. *As a pecifist, Richard refused to fight in the war.* **pacify** *f+n* yatıştırmak, sakinleştirmek; huzura kavuşturmak. *Can't you pacify that screaming baby? We tried to pacify the man we bumped into. Soldiers were sent to pacify the country.* (*eş anl.* **placate, appease**).

pack¹ [pæk] *i+sy* **1** bohça, denk, çıkın; paket, yük; sarılıp sarmalanmış, bir kutuya, denke, balyaya konmuş şeyler. *The soldier carried a pack on his back. The camper had cooking equipment in his pack.* **2** (çoğk. bir aşağılama, küçümseme gösterir) bir sürü kimse/şey; güruh, yığın: *a pack of lies; a pack of theives.* **3** sürü, köpek, veya vahşi hayvan sürüsü: *pack of hounds* (=av köpeği sürüsü). *Wolves hunt in packs; lions hunt alone.* **4** (iskambil oyunlarında kullanılan) tam deste (kağıt) (çoğk. 52): *a pack of cards.* **pack animal** yük hayvanı. *A mule is a pack animal.*

pack² [pæk] *f+n/-n* **1** paketlemek, denk yapmak; (bavul) hazırlamak, toplamak. *Pack your clothes. Pack that case. Have you packed?* **2** tıka basa dolmak, veya doldurmak; doluşmak. *Thousands of people packed into the stadium. The roads are packed with people.* (*eş anl.* **cram**). **3** bazı eşyaları bir yerden bir yere taşırken kırılmasınlar diye koruyucu yumuşak

bir madde ile (örn. saman, kıtık) sarıp
sarmalamak, sıkıca kaplayıp örtmek:
packed in straw. **packing** *i+sy* **1** am-
balaj malzemesi; taşınırken eşyaların
kırılmasını önlemek için kullanılan
yumuşak herhangi bir madde. **2** bir
bavulu, vb. toplama, hazırlama: *do
one's packing* (=bavulunu topla-
mak). **packing case** eşya sandığı;
tahtadan yapılmış büyük, sağlam bir
sandık. **packed out** (*Brİ*'de) tıka basa,
ağzına kadar dolu. *The cinema was
packed out.* (*k. dil.*). (*eş anl.* **jam-
packed**).

packet ['pækit] *i+sy* paket; içinde bir
ya da bir çok şey bulunan, kağıda sa-
rılı, elde taşınacak büyüklükte nesne;
yiyecek, ilaç, vb. şeylerin (örn. sigara,
zarf, vb.) kağıda sarılarak, veya bir
kutuya konularak satışa hazır duruma
getirilmiş belli bir miktarı. (*eş anl.*
package).

pact [pækt] *i+sy* pakt, anlaşma, söz-
leşme: *trade pact; suicide pact* (=iki,
veya daha fazla kişi arasında toplu
olarak intihar etmek için yapılan an-
laşma). *The two countries signed a
peace pact.*

pad [pæd] *i+sy* **1** bir şeyi yumuşak bir
madde ile doldurmak; yastık, tam-
pon, vatka. *An attractive pad was on
the seat of the chair.* **2** bloknot, zım-
balı not defteri. *I took a pad and pen-
cil from my pocket.* Ayrıca *f+n/-n* **1**
yastık ile korumak, vatka ile kabart-
mak. *I padded my costume in order
to make myself look fat.* **2** yumuşak
yumuşak basarak usul usul yürümek.
*I padded around in my bare feet so
I wouldn't wake anyone. geç. zam. ve
ort.* **padded**. **padding** *i-sy* **1** yastıkla-
ma maddesi (örn. tüy, pamuk, vb.). **2**
fasarya; bir cümleyi, bir konuşmayı,
vb. şişirmek için kullanılan gereksiz
sözcükler, veya cümleler.

paddle ['pædl] *i+sy* kısa kürek. *A
paddle is held in both hands and used
to move a canoe or other small boat
through the water.* Ayrıca *f+n/-n* **1**
kısa kürek kullanarak, bir kanoyu, bir
kayığı, vb. götürmek. *They paddled
the canoe in towards the shore. They
paddled the boat away.* **2** suda
yürümek. *The little boys paddled
along through the stream.* (*eş anl.*
wade). **paddle boat** yandan çarklı
gemi. Ayrıca **paddle steamer** da de-

nir. **paddling pool** sığ çocuk havuzu.
*His son was paddling in the paddling
pool.*

paddock ['pædək] *i+sy* **1** padok; etrafı
kapalı küçük çayır; sığır otlatmak,
veya at yetiştirmek için kullanılır. **2**
padok; at yarış pistinde, atların yarış-
tan önce halka gösterildiği yer.

paddy, paddy field ['pædifi:ld] *i+sy*
pirinç tarlası, çeltik tarlası.

padlock ['pædlɔk] *i+sy* asma kilit. *I
put a padlock on the front gate.*

padlock

paediatrician [pi:diə'triʃən] *i+sy* **pedi-
atrician**'a bkz.

pagan ['peigən] *i+sy* **1** dinsiz kimse,
kâfir; dünyadaki başlıca dinlerden hiç
birine inanmayan kimse. *The witch-
doctor of the African pagans fright-
ened them with stories of evil spirits.*
2 hiç bir dine inanmayan kimse. *The
ancient Greeks and Romans were
pagans.* Ayrıca *s* putperest kimse; bir
ya da daha fazla puta tapan kimse:
pagan beliefs, pagan practice. (*eş anl.*
heathen).

page¹ [peidʒ] *i+sy* sayfa; üzerinde yazı
yazılan, veya basılan bir kâğıt yapra-
ğın iki yüzünden biri.

page² [peidʒ] *i+sy* komi; otel, vb. yer-
lerde ayak işlerine bakan kimse; lo-
kantalarda garson yamağı. *The pages
were dressed in neat uniforms.* Ayrıca
f+n bir kimseyi, bir otelde, havaala-
nında, adını bir levhaya, kâğıda yazıp
etrafta dolaştırarak, hoparlörle anons
yaparak aramak. *'Paging Bob Dixon.
Would you go to reception please.' A
messenger paged the doctor in the
hotel dining room.*

pageant ['pædʒənt] *i+sy* alay, tören;
gösteri; halkın özel elbiseler giydiği,
tarihten, vb. bir yaprak sergileyen ve
açık havada yapılan tören. *The coron-
ation of the new king was a splendid*

pageant. Our town had a pageant to celebrate its centenary. **pagentry** *i-sy* çok gösterişli ve renk cümbüşü içinde yapılan gösteri, debdebeli tören.

pageboy ['peidʒbɔi] *i+sy* evlenme töreni sırasında geline eşlik eden küçük çocuk.

pagination [pædʒi'neiʃən] *i-sy* (genl. **the** ile) kitap, veya dergi sayfalarını numaralama. *The pagination is wrong—there is no page III.*

pagoda [pə'goudə] *i+sy* pagoda; Çin, Japonya gibi Uzak Doğu ülkelerindeki tapınaklara verilen ad.

pagoda

paid [peid] **pay** fiilinin geçmiş zaman biçimi ve ortacı. **paid holiday/leave** ücretli tatil/izin. **put paid to something** (örn. ümidini, kazanma şansını, vb.) yok etmek, mahvetmek, söndürmek, ortadan kaldırmak. *If I fail these exams, it will put paid to my hopes of becoming a doctor. In the end, bad weather put paid to their chances of winning the match.*

pail [peil] *i+sy* kova. *A pail is a bucket, especially one made of metal or wood.*

pain [pein] *i+sy/-sy* 1 acı; dert, keder: *I remember, with pain, his tears. The death of one we love causes us pain.* 2 vücudun belli bir kesimindeki acı, veya sızı duygusu. *My brother had a lot of pain in his leg after he broke it. The doctor gave me an injection to relieve the pain. My wife is suffering from back pain.* **pained** *s* kederli, acılı. *Jane had a pained expression on her face all the time she was singing. Mark departed in pained silence.* **painful** *s* ağrılı, sızılı, acılı. *The painful injury caused her to cry. Your eye look very red—is it very painful?* **painless** *s* ağrısız, acısız. *Death from drowning was a relatively easy and painless way to go.* **pains** *içoğ* zahmet.

be at pains to do something bir şeyi yapmak için epeyce zahmete girmek, uğraşmak. *He was at great pains to comfort me.* **take great pains (with)** çok emek harcamak, büyük bir gayret göstermek. *The artist took great pains with the painting.* **painkiller** ağrı dindirici, kesici ilaç. *(eş anl. analgesic).* **painstaking** *s* özenli, itinalı, özen gerektiren, dikkat isteyen; özen gösteren, işini tam yapan. *Richard is a very painstaking worker/student. Repairing watches is painstaking work.* **a pain/a pain in the neck** can sıkıcı, baş belâsı bir kimse, veya şey. *I hate meeting that man; he's a pain in the neck.*

paint [peint] *i+sy/-sy* boya. *James has bought a pot of red paint.* Ayrıca *f+n/-n* 1 boyamak, boya vurmak. *He painted the doors white.* 2 boya ile resim yapmak. *The artist was painting a field and some trees.* 3 yüzü, elleri, vb. güzel göstermek için boyamak; makyaj yapmak: *paint the lips; paint the nails.* **painter** *i+sy* 1 boyacı (örn. kapıları, pencereleri, vb. boyayan kimse). 2 ressam; tablo sa-natçısı.

pair [peə*] *i+sy* 1 bir çift; birbirini tamamlayan iki tekten oluşan: *a pair of stockings* (=bir çift çorap); *a pair of gloves* (=bir çift eldiven). 2 ikili; iki parçadan oluşup da ayrı ayrı kullanılmayan tek bir şey: *a pair of scissors* (=bir makas); *a pair of trousers* (=bir pantolon). 3 karı koca; bir çift; birlikte iş gören iki kişi: *a pair of scoundrels.* **pair off** çiftler halinde gruplara ayırmak; ayrılmak. *The young people soon paired off. They paired us off for the purpose of the exercise.* **in pairs** ikişer ikişer, çift halinde, çift olarak.

pajamas [pi'dʒa:məz] *içoğ* **pyjamas**'a bkz.

PAL [pæl] (=phase alternating line)— Batı Avrupa, Avustralya ve Orta Doğu ile bazı Afrika ülkelerinde kullanılan TV ve video sistemi. Bu sistem, 625 yatay çizgi ve saniyede 50 kare üzerine kurulmuştur. Ayrıca **NTSC** ve **SECAM**'a bkz.

pal [pæl] *i+sy* 1 arkadaş. *My pal and I spend our spare time together. Good pals do things for each other. My son brought one of his pals home for lunch.* (k.dil.) 2 (bir kişiye dostça duygular beslenilmediği durumlarda kullanılır) arkadaş. *Listen pal, you'd better be careful what you say.* (k. dil.). (eş anl. **mate**). **pal up** arkadaş olmak. *They have palled up again after the quarrel.*

palace ['pæləs] *i+sy* saray; bir kralın, vb. veya bir başpiskoposun oturduğu büyük ve muhteşem konut, yapı. *The queen appeared with her family on the balcony of Buckingham Palace.* **palatial** [pə'leiʃl] *s* saray gibi. *A house that is palatial is large and splendid like a palace.*

palate ['pælit] *i+sy* 1 damak; ağzın tavanı. *Your palate is the top part of the inside of your mouth.* 2 tad alma hissi, duyusu. *The palate is the sense of taste and the ability to judge good food and drink.* **palatable** *s* lezzetli; hoşa giden, latif: *a palatable dish. To some the truth is not palatable.* (karş. **unpalatable**). (eş anl. **tasty**).

palatial [pə'leiʃl] *s* palace'a bkz.

palaver [pə'la:və*] *i+sy/-sy* boş laf, palavra (özl. uzun uzadıya konuşmalar, veya müzakereler) *What's all this palaver about?* (k. dil.). (eş anl. **to-do**).

pale [peil] *s* 1 benzi uçuk, solgun, rengi sarı. *There was no colour in her pale face after her long illness. Her face went pale and she fainted.* (eş anl. **wan**). 2 açık, soluk, uçuk. *Her face was pale with fright.* (eş anl. **faint**).

palette ['pælit] *i+sy* palet; ressamların boyaları üzerine dizerek fırça ile karıştırdıkları tahta levha; bir ucunda başparmağın girdiği delik bulunur.

palette

palisade [pæli'seid] *i+sy* (savunma amacı ile yapılan) sağlam ağaç sırıklardan yapılmış çit, duvar.

pall[1] [pɔ:l] *i+sy* 1 tabut örtüsü. 2 örtü, perde; ağır ve koyu renkli bir şey. *A thick pall of smoke shut out the sun from the city. A pall of mys-tery seems to hang over it all.* **pall-bearer** ['pɔ:lbeərə*] *i+sy* (bir cenaze töreninde) tabut taşıyıcısı, veya tabutun yanında yürüyen kimse.

pall[2] [pɔ:l] *f-n* (çok uzun süre ya da sık

sık yapıldığından, kullanıldığın-dan, vb.) yavanlaşmak, tatsızlaşmak. *His stories palled on me after a while.*

pallid ['pælid] *s* (yüz, surat, deri hk.) kansız; çok soluk, hasta görünümlü. (eş anl. **colourless**).

palm[1] [pa:m] *i+sy* avuç içi, el ayası. *I put a coin in the palm of the beggar's hand.* **palmistry** ['pa:mistri] *i-sy* el falcılığı; avuç içindeki çizgilere (=the lines on the palm) bakılarak (=by examining) yapılan falcılık. **palmist** *i+sy* el falına bakan falcı. **palm tree** hurma ağacı, palmiye. **grease one's palm** bir kimseye rüşvet vermek. *The head waiter can get a table for you, but you will have to grease his palm first.* **palm off** 1 yutturmak, kazıklamak. *There should be a law against people palming off rubbish like this.* 2 (yalan söyleyerek, veya bir mazeret uydurarak bir kimseyi) başından savmak. *I palmed him off with the excuse that I had no money.* 3 (on ile) başından savmak, veya kurtulmak için başkasına kakalamak ya da devretmek. *I palmed the unwelcome visitor off on John.*

palpable ['pælpəbl] *s* 1 açık, belli, açık seçik, ortada. *His mistake was palpable.* (eş anl. **evident**). 2 dokunulabilir, hissedilebilir. *The air was warm, close, palpable as cotton wool.* (karş. **impalpable**). (eş anl. **tangible**).

palpitate ['pælpiteit] *f-n* 1 hızlı hızlı çarpmak, atmak. *His heart was palpitating.* (eş anl. **throb**). 2 titremek. *His body palpitated.* (eş anl. **flutter**). **palpitation** [pælpi'teiʃən] *i+sy/-sy* yürek çarpıntısı; düzensiz, veya süratli kalp atışı.

paltry ['pɔ:ltri] *s* değersiz, kıymetsiz; önemsiz; hiç denecek kadar az. *The thief stole a paltry sum of money from the child. Pay no attention to paltry gossip.* (eş anl. **meagre**).

pamper ['pæmpə*] *f+n* şımartmak, aşırı yumuşak davranmak; el bebek gül bebek büyütmek. *The child was pampered by her granddad.*

pamphlet ['pæmflət] *i+sy* kitapçık, broşür; sayfa sayısı az karton kapaklı kitap (özl. günün konusu olan bir konuda yazılmış). *We found a pam-phlet on the department store sale in our letterbox.* (eş anl. **booklet**).

pan [pæn] *i+sy* tava; uzun saplı yayvan

bir kap: *frying pan* (=tava); *saucepan* (=saplı tencere).

panacea [pænə'siə] *i+sy* her derde deva ilâç; bütün sorunları düzeltecek, çözecek bir şey. *There is no panacea for all our problems.*

pancake ['pæŋkeik] *i+sy* gözleme; yağda kızartılan sulu hamurdan yapılmış ince, yassı bir hamur işi. *Pancakes are usually rolled up or folded and eaten hot with a sweet or savory filling inside.* **pancake landing** (bir uçağın) gövde üzeri emercensi inişi. *The aircraft made a pancake landing.*

panda ['pændə] *i+sy* panda; siyah ve beyaz renkte, ayıya benzeyen bir hayvan. *A panda lives in the bamboo forests of China.* **panda car** (*Brİ*'de) ufak polis devriye arabası.

pandemonium [pændi'mouniæm] *i-sy* gürültü patırtı, karışıklık. *There was pandemonium when the people in the shopping centre heard about the bomb scare.* (*eş anl.* caos).

pander ['pændə*] *f-n* (to ile) (bir kimsenin) bayağı duygularını tatmin etmek; aşağılık arzularına cevap vermek. *Films sometimes pander to the public by showing violence and immorality.*

pane [pein] *i+sy* tek bir pencere camı; bir pencere, kapı, vb. çerçevesindeki camlardan yalnız biri. *The broken pane in the window was replaced.*

panel ['pænl] *i+sy* 1 kapı aynalık tahtası, kapı aynası; pano; kaplama tahtası. 2 (*Amİ*'de) panel; dinleyiciler önünde, seçilmiş bir konuşmacı grubunun bir konuyu tartışmak amacı ile düzenlediği toplantı. *A panel of experts gave its opinion on ways to solve the traffic problem. We heard a panel of experts discuss this problem.* **panelling** (*Amİ*'de **paneling**) *i-sy* kapı aynalık tahtaları, panolar, kaplama tahtaları.

pang [pæŋ] *i+sy* ani ve şiddetli bir sancı, ağrı, azap, ıstırap, spazm. *I felt a pang of anxiety. Pangs of hunger reminded me that it was time to eat.* (*eş anl.* twinge).

panic ['pænik] *i+sy/-sy* panik; topluluğu kaplayan ani dehşet duygusu, büyük korku, ürkü. *The fire caused a panic in the cinema. When four banks failed in one day, there was a*

panic among businessmen. Ayrıca *f-n/+n* paniğe kapılmak; çok korkmak; paniğe uğratmak. *The falling bombs panicked the people in the city. geç. zam. ve ort.* **panicked**. **panicky** *s* paniğe kapılmış; kolayca paniğe kapılan. *He gets panicky in an exam.* **panic-stricken** paniğe kapılmış. (*eş anl.* terrified).

pannier ['pæniə*] *i+sy* küfe; bir atın, bir eşeğin, vb. sırtına vurulmuş iki sepetten biri.

panorama [pænə'ra:mə] 1 *i+sy* panorama; yüksek bir yerden bakılınca göz önüne serilen geniş alan: *the panorama of a city as seen from a tall building.* (*eş anl.* vista). 2 genel görünüm, veya durmadan değişen sahne ya da olaylar: *a panorama of the development of transportation. She watched the panorama of passing people with wide eyes.* **panoramic** [pænə'ræmik] *s* panoramik.

pansy ['pænzi] *i+sy* 1 hercai menekşe; mor, sarı, beyaz renkte menekşeye benzer çiçekleri olan yıllık bir bitki; alaca menekşe. 2 homoseksüel erkek; ibne.

pant [pænt] *f+n/-n* 1 solumak, nefesi kesilmek, sık sık nefes almak: *pant after running. John was panting from playing basketball. I was panting for breath at the top of the stairs.* (*eş anl.* gasp). 2 nefes nefese söylemek: *pant out a few words. 'Come quick. Come quick,' she panted.* Ayrıca *i+sy* kısa ve hızlı bir nefes.

panther ['pænθə*] *i+sy* pars, panter, leopar (özl. siyah olanı); (*Amİ*'de) puma; kedigillerden etçil, memeli bir hayvan.

panties ['pæntiz] *içoğ* kadın külotu; kadın ve kızların giydiği külot, don.

pantomime ['pæntəmaim] *i+sy* 1 (*Brİ*'de) bir tür çocuk temsili; peri masallarına dayanan müzikli ve danslı bir oyun. *I took my son to the pantomime.* 2 pantomim; sözsüz oyun. (*eş anl.* mime, dumb show).

pantry ['pæntri] *i+sy* kiler; yiyecek, içecek ve erzağın saklandığı oda. *She brought the cake in from the pantry.*

pants [pænts] *içoğ* 1 pantolon (genl. erkekler için). (*k. dil.*). 2 don, külot. **catch someone with one's pants down** bir kimseyi hazırlıksız, veya güç bir durumdayken yakalamak; donsuz yakalamak. *The reporting of the scandal caught the committee with their pants down: they had not expected that it would become public so soon.* **scare the pants off** ödünü koparmak, çok korkutmak.

papa [pə'pa:] *özeli/i+sy* çocuk dilinde **father** (=baba). (*k. dil.* ve *esk. kul.*).

papal ['peipl] *s* papaya, veya papalığa ait; Roma Katolik Kilisesi ile ilgili.

paper ['peipə*] *i+sy/-sy* 1 kâğıt; hamur durumuna getirilmiş türlü bitkisel maddelerden yapılan, yazı yazmaya, basım yapmaya, bir şey sarmaya yarayan, ince yaprak: *a bale of paper* (=bir top ambalaj kağıdı). 2 (bir tabaka, veya parça) kâğıt. *The floor was covered with paper.* 3 gazete: *buy a morning paper.* 4 üzerine bir yazı yazılmış, veya bir şey basılmış olan kağıt; evrak. *I left all my papers in my case.* 5 sınav soruları kağıdı; belirli bir konuda sınav olarak kullanılan bir dizi yazılı soru: *a difficult paper.* 6 bildiri, tebliğ; kongrelerde yüksek sesle okunur. *He is preparing a paper on World Population for our next meeting.* (*eş anl.* treatise). Ayrıca *f+n* duvarkağıdı ile kaplamak. **papers** içoğ belgeler; resmi amaçlar için kullanılan, üstü yazılı kağıt. *You will have to show your papers at the gate.* **paperback** kapağı ince kartondan olan kitap. **paperweight** kağıtlar uçmasın, dağılıp saçılmasın diye üzerlerine konulan ağırca bir cisim. **paperboy** evlere gazete dağıtan (gazeteci) çocuk. **paper tiger** güçlüymüş gibi görünen ama aslında zayıf bir ülke, bir kuruluş, veya bir kimse. **put pen to paper** yazmak.

papier-mâché ['pæpiei'mæʃei] *i+sy* kartonpiyer; yapılarda, çoğunlukla tavanları süsleme, bezeme için kullanılan sertleştirilmiş mukavva. *The model was (made of) papier-mâché.* Ayrıca *s* kartonpiyerden yapılan. *The children are making a papier-mâché doll.*

papyrus [pə'pairəs] *i+sy/-sy* 1 papirüs; Nil kıyılarında yetişen bir bitki; Eski Mısırlılar bu bitkinin saplarından kağıt yaparlardı. 2 papirüs; bu bitkiden yapılan kağıt. *çoğ. biç.* **papyri** [pə'pairai], veya **papyruses**.

par [pa:*] *i-sy* 1 orta, vasat miktar ya da durum: *feel below par* (=düşük

formda; her zamanki, normal (sağlık, etkinlik, vb.) durumunda değil). (*eş anl.* off colour). 2 nominal değer, itibari değer; bir hisse senedinin üzerinde yazılı olan orijinal değer. **above/at par** nominal değerinin üzerinde/ nominal değerinde. **below par** nominal değerinin altında. *Your shares are above/at/below par.* 3 (golf oyununda) bir oyuncunun topu bir deliğe, veya bütün deliklere sokması için kullanacağı vuruşların sayısı. **be on a par with someone/something** bir kimse/bir şey ile aynı düzeyde, derecede, veya değerde olmak. *I don't think his ability is on a par with yours.* **par for the course** tipik. (*eş anl.* typical).

parable ['pærəbl] *i+sy* mesel; eğitici öykü, veya masal: *talk in parables.*

parabola [pər'æbələ] *i+sy* bir düzlemin odak (**a fixed point**, veya **focus**) denen sabit bir noktadan ve doğrultman (**a fixed line**, veya **directrix**) denen sabit bir doğrudan eşit uzaklıktaki noktaların geometrik yeri; parabol. (*eş anl.* arc).

parabola

parachute ['pærəʃu:t] *i+sy* paraşüt; bir uçaktan düşen ya da inen bir cismin, bir insanın düşüşünü ağırlaştırarak yere inmesini sağlayan genl. ipekten araç. Ayrıca ⌐ + *n/-n* paraşütle a'lamak; paraşütle atmak: *parachute to the ground.*

parade [pə'reid] *i+sy* geçit, yürüyüş, geçit resmi: *parade of troops; circus parade.* Ayrıca *f+n* tören düzeninde toplanmak, geçit yapmak amacı ile bir araya gelmek; saflar halinde geçmek. *The troops paraded by.*

paradise ['pærədais] *i+sy* 1 cennet (gibi bir yer); çok güzel bir yer; (mükemmel) mutluluk durumu. *The summer camp was a paradise for me. The island was a paradise of birds and* *flowers. (eş anl.* **heaven**). 2 cennet. *My beloved mother went to Paradise after a twenty-day illness.* 3 cennet bahçesi (= **Garden of Eden**).

paradox ['pærədɔks] *i+sy* paradoks; ilk bakışta saçma gibi görünen, ama içinde gerçek payı da olan söz (örn. *More haste, less speed* (= 'Acele işe şeytan karışır' veya 'Acele bir ağaçtır, meyvası pişmanlık') bir paradokstur, çünkü bir insan bir işini acele etmeden ama gerekli çabuklukla da yapabilir. İyice ölçüp biçmeden, acele ile yapılan işlerin çoğu bozuk, eksik olur; son pişmanlık fayda vermez.)

paraffin ['pærəfin] *i-sy* gazyağı. *She lit the paraffin lamp.* (*eş anl.* **kerosene**).

paragon ['pærəgɔn] *i+sy* kusursuz örnek; taklit edilecek mükemmel bir kimse, veya şey: *a paragon of virtue* (= bir fazilet örneği). *We expect top athletes to be moral paragons.*

paragraph ['pærəgra:f] *i+sy* paragraf; herhangi bir yazının bir satırbaşından öteki satırbaşına kadar olan bölümü.

parallel ['pærəlel] *s* 1 paralel; (iki ya da daha çok doğru için) ikişer ikişer aynı düzlem içinde bulunan ve kesişmeyen: *two parallel lines; one line parallel to another.* 2 benzer, yakın; aynı doğrultuda: *parallel developments in both countries.* (*eş anl.* **equivalent**). Ayrıca *i+sy* 1 benzerlik gösteren bir karşılaştırma. 2 paralel; yeryuvarlağı üzerinde çizildiği varsayılan, ekvatorla aynı düzlem üzerinde olan ama kesişmeyen çemberlerden her biri.

paralyse ['pærəlaiz] *f+n* 1 felç etmek. *His legs were paralysed as the result of the accident.* 2 işlemez duruma sokmak; felce uğratmak: *paralyse industry by a general strike.*

paralysis [pə'rælisis] *i-sy* felç, inme; vücudun bir bölümünde, veya tümünde hareket ve duyumun kalkması. *She is suffering from paralysis of the lower limbs. The paralysis affects both her legs and she cannot walk.*

paramount ['pærəmaunt] *s* en önemli; en güçlü, en yüksek, en yüce: *of paramount importance; the paramount chief. Truth is of paramount importance.* (*eş anl.* **foremost**).

paranoia [pærə'nɔiə] *i+sy* paranoya; abartılı gurur, kuşku, güvensizlik, bencillikle belli olan bir ruh hastalığı; bir tür delilik.

paranormal [pærə'nɔ:məl] *s* doğaüstü; bilimsel açıklaması yapılamayan. (*eş anl.* **supernatural**).

parapet ['pærəpit] *i+sy* parapet; yapılarda pencere önlerinde, köprü kenarlarındaki, vb. alçak duvar, korkuluk duvarı. *The children leaned over the lıw stone parapet and stared into the pool.*

paraphernalia [pærəfi'neiliə] *içoğ* (aslında gerekmeyen ya da hobi olarak alınmış) çeşitli türden ufak tefek kişisel eşyalar. *We didn't realize how much paraphernalia we had collected until we had to pack and move it all.*

paraphrase ['pærəfreiz] *f+n* bir şeyi (örn. bir yazılı parçayı, vb.) anlaşılması daha kolay sözcükler ile yeniden ifade etmek, söylemek, anlatmak.

parasite ['pærəsait] *i+sy* 1 parazit, asalak; bir canlının içinde, veya üzerinde sürekli ya da geçici olarak, onun zararına yaşayan başka canlı. *Lice are parasites on animals. Mistletoe is a parasite on oak.* 2 tufeyli, asalak; başkalarının sırtından geçinen (kimse). *He was such a parasite that he always lived on his parents' money.* (*eş anl.* **leech**).

parasol ['pærəsɔl] *i+sy* güneş şemsiyesi. (*eş anl.* **sunshade**).

paratrooper ['pærətru:pə*] *i+sy* paraşütçü asker; paraşütle atlama eğitimi görmüş asker. *çoğ. biç.* **paratroopers**.

parcel ['pa:sl] *i+sy* paket, koli (örn. posta ile gönderilmek üzere hazırlanmış). *She addressed the parcel for mailing.* (*eş anl.* **package**). Ayrıca *f+n* parçalara ayırmak; parsellemek. *geç. zam. ve ort.* **parcelled**. (*Amİ'de* **parceled**).

parch [pa:tʃ] *f+n* (kavurmak, kavurup kurutmak, yakmak.) (güneş altında aşırı sıcaktan) takır takır kurumak; kavrulmak. *The hot sun parched the earth.* **parched** *s* 1 (özl. toprak, bitki ve bir kimsenin ağzı hk.) susuzluktan kurumuş. *The ground is parched.* 2 çok susamış. *I'm parched with thirst.* (2. anlamı *k. dil.*).

parchment ['pa:tʃmənt] *i+sy/-sy* parşömen; yazı yazmak resim yapmak için özel olarak hazırlanan koyun, keçi, vb. derisi; tirşe; parşömen kâğıdı.

pardon ['pa:dn] *f+n* 1 hoşgörü ile karşılamak, mazur görmek, bağışlamak, affetmek. *Pardon my interruption.* 2 resmi af çıkarmak, serbest bırakmak. *The King pardoned all the prisoners.* Ayrıca *i+sy* affetme, bağışlama. **Pardon? Efendim? Pardon? Anlayamadım?** Dediğinizi anlamadım, tekrar eder misiniz? **I beg your pardon** Özür dilerim! Afedersiniz! Bağışlayın! Pardon! (yolumun üzerinden) Çekilir misiniz? **if you'll pardon the expression** tabirimi mazur görün. *I think they are full of—pardon the expression—bull.*

parent ['peərnt] *i+sy* baba, veya anne. *Children are dependent upon their parents for food.* **parental** [pə'rentl] *s* ana, veya baba ile ilgili; ana babaya ait. **parent-teacher association** okul aile birliği.

parenthesis [pə'renθisis] *i+sy* parantez, ayraç; ( ) [ ]; cümle içinde geçen bir sözü metin dışı tutmak için, o sözün başına ve sonuna getirilen işaret. *çoğ. biç.* **parentheses** [pə'renθisi:z].

parish ['pærɪʃ] *i+sy* 1 kendi kilisesi ve papazı olan bölge. 2 (böyle bir bölgenin) mahalle halkı.

parity ['pæriti] *i-sy* eşitlik; aynı ya da eşit düzeyde, durumda olma: *struggle for parity of treatment.*

park [pa:k] *i+sy* 1 park; halkın gezip hava alması için düzenlenmiş ağaçlıklı ve çiçekli büyük bahçe: *public park.* 2 bir konağın çevresinde bulunan geniş bir çimenlik ve ağaçlık arazi. Ayrıca *f+n/-n* park etmek; bir taşıtı bir yerde belli süre bırakmak: *look for somewhere to park.* **car park** otomobil park yeri. **parking meter** için **meter¹**'a bkz.

parka ['pa:kə] *i+sy* parka.

parliament ['pa:ləmənt] *i+sy* millet meclisi, parlamento; yasaları çıkarmak için ülke halkı tarafından seçilen milletvekillerinin oluşturduğu meclis. *Parliament is the lawmaking group in Great Britain.* **parliamentary** [pa:lə-mentəri] *s* parlamento ile ilgili, parlamentoya ait. *This country has a parliamentary form of government.* **Parliament/House of Parliament** (İngiltere'de) Parlamento; Avam ve Lordlar kamarasının oluşturduğu yasama organı.

parlour ['pa:lə*] (*AmI*'de parlor) *i+sy* 1 oturma odası. *The parlour of*

David's house is nicely furnished. *(esk. kul.).* 2 müşterilerin rahat edebileceği bir biçimde düzenlenmiş bir iş yeri, dükkân: *beauty parlour* (=güzellik enstitüsü, kuaför salonu).

parochial [pə'roukiəl] *s* 1 kendi kilisesi ve papazı olan bölge ile ilgili; böyle bir bölgeye ait: *a parochial hall.* 2 sınırlı, dar: *a parochial outlook. (eş anl.* **narrow-minded).**

parody ['pærədi] *i+sy* 1 parodi, gırgır; ciddi bir eserin bir bölümünü ya da tümünü alaya alarak, biçimini alaya alarak, biçimini bozmadan ona bambaşka bir öz vererek, biçimle öz arasındaki bu ayrılıktan gülünç bir etki çıkaran bir yazı, eser. 2 kötü bir taklit.

parole [pə'roul] *i-sy* 1 bir mahkûmun kendine tanınan ayrıcalıkları kötüye kullanmıyacağına dair verdiği söz. *He was released on parole.* 2 şartlı salıverme, tahliye; mahkûmun şarta bağlı olarak salıverilmesi. *He was on six months' parole.*

parquet ['pa:kei] *i-sy* parke, parke döşeme; küçük, biçimli tahta parçalarının belirli bir düzene göre yerleştirilmesi ile yapılan döşeme. Ayrıca *s* parke, parke döşemeli: *a parquet floor.*

parrot ['pærət] *i+sy* papağan. *There are many kinds of parrot. Parrots are sometimes kept as pets and sometimes copy what people say. I tried to teach the parrot to talk.* Ayrıca *f+n* (genl. anlamını iyice anlamadan) papağan gibi tekrar etmek. (*eş anl.* **echo).**

parry ['pæri] *f+n* savuşturmak, geçiştirmek, defetmek (örn. bir silâhı, bir yumruğu, bir soruyu, vb.). *The man parried the sword with his danger. I parried his question by asking him one.*

parsley ['pa:sli] *i-sy* maydanoz. *Parsley leaves are used for flavouring or decorating savoury food.*

parsnip ['pa:snip] *i+sy/-sy* yabani havuç; havuça benzer, yenilir beyaz kökü olan bir tür sebze. *A parsnip grows under the ground.*

parson ['pa:sn] *i+sy* mahalle papazı; (herhangi) bir papaz. (*esk. kul.*) **parsonage** *i+sy* mahalle papazının oturduğu ev. **parson's nose** (pişmiş) tavuk gerisi.

part¹ [pa:t] *i+sy* 1 parça, bölüm, kısım, kesim. *This part of the road is rough, but the rest is good. The small part of the garden is covered with grass.* 2 (kitaplarda) bölüm; bir şeyin bölündüğü parçalardan herhangi biri. *A story is told in three parts. A centimetre is a hundredth part of a metre.* 3 (piyeslerde, vb.) rol: *learn one's part; get a part in a play.* 4 kişiye düşen iş, veya görev: *do one's part.* **partly** z kısmen; bir dereceye kadar: *be partly responsible for something.* **part-time** s/z normal çalışma zamanının sadece bir kısmında çalışan, veya yapılan, görülen; parttaym: *take a part-time job; work part-time.* **for the most part** çoğunluğu, büyük kısmı; çoğu zaman, ekseriya. *For the most part, what he says is true.* **in part** bir dereceye kadar, bir ölçüde; kısmen. *She is right in part.* **part of speech** (dilb.) sözcük çeşidi. NOT: İngilizcede sekiz sözcük çeşidi vardır:

noun (isim), adjective (sıfat), pronoun (zamir), verb (fiil), adverb (zarf), preposition (edat), conjunction (bağlaç), interjection (ünlem)

noun—She told me the story.
adjective—My wife likes pretty dresses.
pronoun—She loves me.
verb—She sent me a present.
adverb—He is very tall.
preposition—You can go with them.
conjunction—Mary and John are studying.
interjection—Oh, that would be nice.

Bir sözcük, bazen cümledeki görevine göre birden fazla sözcük türünde olabilir, örn. **well** ve **man** sözcüklerini ele alalım:

The well is dry. [noun]
John works well. [adverb]
I do not feel well. [adjective]
Tears often well up in her eyes. [verb]
Well, I think so. [interjection]

─────────────────────

Man needs food and shelter. [noun]
Someone must man the boats. [verb]
The restaurant has a man cook. [adjective]
Man! That was good. [interjection]
part² [pa:t] *f+n/-n* ayırmak, ayrılmak. *We had to part the two men who were fighting. The crowd parted to make way for the doctor.* **parting** *i+sy/-sy*

1 saçların ayrıldığı çizgi. 2 insanların birbirlerinden ayrılma zamanı, veya hareketi; veda etme. *The friends were sad at parting.* **part with something** ayrılmak, vazgeçmek; gözden çıkarmak. *I don't want to part with my collection of books.*
partial ['pɑ:ʃl] *s* 1 kısmi; tam olmayan: *a partial loss. I have made a partial payment on our new car.* (karş. **total**). 2 taraf tutan; tarafgir; yanlı; bir kimseyi ötekinden daha fazla tutan: *a partial judgement. The judge was accused of being partial.* (karş. **impartial**). **partially** z kısmen, tam olmayan bir şekilde. *He partially answered the question.* **be partial to** ...-e düşkün olmak, ...-yi sevmek, ...-den hoşlanmak. *He is partial to sweet food.*
participate [pɑ:'tisipeit] *f-n* bir faaliyette, veya olayda rol almak ya da payı bulunmak; katılmak, iştirak etmek. *Most of us participated in the discussion.* (eş anl. **join in, be involved**). **participation** [pɑ:tisi'peiʃən] *i-sy* katılma, iştirak. (eş anl. **involvement**).
participle ['pɑ:tisipl] *i+sy* ortaç; sıfatfiil; bir zamanı meydana getirmek için kullanılan fiil şeklidir.
NOT: ortaçların iki zamanı vardır: a) şimdiki zaman ortacı (= present participle)—sonunda *-ing* bulunur, örn. *going* (=giden, giderken), *walking* (=yürüyen, yürürken). b) geçmiş zaman ortacı (= participle)—kurallı fiillerin sonuna *-ed* getirerek yapılır; kuralsızlarda çeşitli biçimleri vardır, örn. *gone* (=giden, gitmiş); *walked* (=yürüyen, yürümüş). Bunlar birer sıfat olarak, yani bir ismi, veya isim olarak kullanılan bir sözcüğü nitelemek için de kullanılır, örn. *a singing bird* (=öten bir kuş); *the written answer* (=yazılı cevap).
particle ['pɑ:tikl] *i+sy* tanecik, zerre, parçacık: *particle of dust.*
particular [pə'tikjulə] *s* 1 (belli olan, bilinen) o, bu. *That particular house is very nice, although the rest of them are not.* 2 şahsi; belirli, özel, hususi; büyük. *He is a particular friend of mine. Pay particular attention now.* 3 titiz, güç beğenir, müşkülpesent: *be very particular about what one's eat.* (eş anl. **fussy**). Ayrıca *i+sy* ayrıntı, teferruat, tafsilât. *This report agrees with yours in every particular.* **in**

particular özellikle. **particularly** z özellikle, bilhassa. *We played around, not going anywhere in particular.*

partisan [pa:ti'zæn] *i+sy* yandaş, taraftar, partizan; birinden yana olan, veya bir düşünceye, bir isteğe katılan, onu destekleyen (kimse). *I was not aware that you were such a partisan of General Tito.*

partition [pa:'tifən] *i+sy/-sy* **1** (iki, veya daha fazla bölgeye) bölünme, parçalanma, ayrılma: *the partition of a country after war.* **2** bir evin içindeki ince duvar, bölme. *A partition divided the one room into two.*

partner ['pa:tnə*] *i+sy* **1** ortak, şerik; aynı faaliyete katılan bir başkası. *You should always go skindiving with a partner.* **2** ortak; bir şirketin sahiplerinden herhangi birisi. *I became a partner in a firm of solicitors.* **3** birlikte kâğıt oynayan iki kişiden biri; eş; dans arkadaşı, dam ya da kavalye; koca, veya karı, eş. *When the music stopped everyone changed partners. We were partners in a card game.* Ayrıca *f+n* ortak olmak; (birisi ile) ortak olarak hareket etmek; (birisine) eş olmak. *He promised to partner his sister for the next dance.* **partnership** *i+sy/-sy* **1** ortaklık; ortak, veya eş olma durumu. **2** şirket, ortaklık; iki ya da daha fazla ortağın sahip olduğu kâr ve risklerin paylaşıldığı bir iş, ticaret. *We formed a business partnership.*

party ['pa:ti] *i+sy* **1** parti; ortak düşünce ve görüşteki kişilerin oluşturdukları siyasal topluluk. *He's a member of the SDP.* **2** grup; birlikte aynı bir etkenliğe katılan kimseler topluluğu: *party of tourists.* **3** toplanı, eğlenti, parti, bir grup insanın çoğu belli bir şeyi kutlama amacıyla düzenledikleri eğlence *She had a party on her birthday.* **4** kişi, şahıs; bir hareket ya da faaliyet ile ilgili kimse; bir işte parmağı olan kişi. *He was (a) party to our scheme.* **5** kişi, şahıs, veya taraf; yasal bir konuda (örn. bir kontratta, vb.) taraflardan birisi. **party political broadcast** *i+sy* (radyo, veya televizyonda yapılan) siyasî parti seçim konuşması.

pass¹ [pa:s] *f+n/-n* **1** geçmek, ilerlemek; geçip gitmek; yetişip ilerisine geçmek; (içinden, arasından, bir ya-nından öbür yanına) geçmek: *pass an interesting building; pass another car; pass from one place to another.* **2** (el ile) vermek, (bir kişiden başka bir kişiye) geçirmek, aktarmak. *David's documents were passed from one official to another.* **3** (bir şeyin arasından) geçmek. *The rope was passed through an iron ring.* **4** (bir başka duruma) geçmek, dönmek, dönüşmek, değişmek. *Water passes from a liquid to a solid when it freezes.* **5** (aralarında) geçmek, cereyan etmek; olmak, meydana gelmek. *What passed between you?* **6** (zaman) geçmek, bitmek. *The time for talking has passed.* **7** (birisinin sahipliğinden bir başkasınınkine) geçmek, intikal etmek. *His property passed to his eldest son.* **8** (sporda) pas vermek; (bir topu) ayakla vurarak, elle fırlatarak, vb. şekilde göndermek. *The ball was passed to the centre-forward. Prekazi passes to Tanju on the right wing.* **9** bir şeyi (örn. hesapları) incelendikten sonra kabul etmek; olur vermek. **10** geçirmek, başarılı olduğunu onaylamak *The examiners passed all the candidates.* **11** geçmek, kazanmak, başarmak (örn. bir sınavı, bir testi, vb.). *She passed her history test.* **12** vakit geçirmek. *We passed the evening playing cards.* **13** (düşünceler, eylemler, vb.) ötesine geçmek; sınırlarının ötesine uzanmak. *That passes my comprehension* (=Onu anlayamıyorum). **14** kabul etmek, onaylamak. *Parliament has passed the bill.* **passable** *s* **1** şöyle böyle, fena değil. *He has a passable knowledge of French.* **2** (yollar, nehirler, hk.) kulla-nılabilir; karşıdan karşıya, veya üze-rinden geçilebilir: *passable road/ river.* (*karş.* **impassable**). **password** parola; askerlerin, gizli bir eyleme ka-tılan kimselerin birbirini tanıyabilmek için aralarında kararlaştırdıkları gizli kelime. **pass away** ölmek, göçüp gitmek; sona ermek. *He passed away at midnight last night.* **passer-by** *i+sy* yoldan gelip geçen bir kimse. *The injured man was helped by a passer-by.* *çoğ. biç.* **passers-by.** **pass for someone/something** (gerçekte öyle olmadığı halde, sanki belli niteliklere sahip birisi/bir şey imiş) gibi bilin-mek, sayılmak, sanılmak; diye geçinmek. *She would pass for an American very easily. She's 40, but I think she could pass for 25 without much trouble.* **pass something/someone/oneself off as** bir şeyi/bir kimseyi/kendisini (bir şey) imiş diye yutturmak, tanıtmak, (bir şey) imiş süsü vermek. *He passed himself off as a doctor, but he was found out in the end.* **pass out** bayılmak. *She passed out when she heard the bad news. (eş anl.* **black out***). (k. dil.).*

pass² [pa:s] *i+sy* 1 sınavı geçme; sınavlarda başarılı bir sonuç; orta derece ile geçme, sıradan bir başarı derecesi ile geçme. *There were twelve passes and three fails.* 2 bir dağ zinciri üzerindeki geçit. *We rode down out of the pass very close to each other.* 3 paso, permi, izin kağıdı. 4 (sporda) pas; topu bir başkasına gönderme hareketi. **passing** *s* geçici, kısa süren. *They hope my passion for very loud music is only a passing phase.* **with each passing day/week/year** her geçen gün/hafta/yıl. *The situation gets more difficult with each passing day.*

passage ['pæsidʒ] *i+sy/-sy* 1 geçit, pasaj; bir bina, vb. içinden geçen yol, koridor. 2 seyahat; deniz yolu ile yapılan uzun bir yolculuk. *I had a stormy passage across the Atlantic. The passage across to Belfast was one of the roughest I've known.* 3 (yazıda) kısa bir bölüm, parça, pasaj: *an interesting passage.*

passenger ['pæsindʒə*] *i+sy* yolcu; bir uçak, tren, otobüs, vb. veya bir otomobil ile seyahat eden kimse (taşıtı kullanana yolcu denmez). *The ferry service handles 200 passengers a day.*

passion ['pæʃən] *i+sy/-sy* önüne geçilemeyen bir duygu; hırs, ihtiras, tutku, aşk; hiddet, öfke; ıstırap, elem. *Hate and anger are passions. English is her passion at the moment. Flirtation often develop into passion.* **passionate** ['pæʃənit] *s* ihtiras, sevda, aşk, hırs ile dolu; ateşli, şehvetli, hırslı: *a passionate character; a passionate speech. She had a passionate belief in her plan to encourage the council to stop the new development.* **passionately** *z* tutkuyla; hararetle, ateşli olarak. *She argued with me passionately.* **have a passion for** (bir şeye) karşı büyük merakı, hevesi olmak. *She has a*

passion for paintings.

passive ['pæsiv] *s* 1 pasif; bir şeye karşı tepki göstermeyen, etkinliği olmayan, başkasının etkisine katlanan, eylemsiz. *He would be no good as a leader because he is too passive.* 2 (dilb.) edilgen; yardımcı fiil *be* ve ana fiilin geçmiş zaman ortacından oluşan yapıya sahip: *A stone was thrown through the window* (=Pencereden bir taş atıldı). Bu yapıda *was thrown* fiili edilgen yapıdadır. *(karş.* **active***).* **in the passive** edilgen çatıda. **passive voice** edilgen çatı.

Passover ['pa:souvə*] *özeli* (Yahudi dininde) Hamursuz bayramı.

passport ['pa:spɔ:t] *i+sy* pasaport. *A passport is an official document containing your name, photograph, and personal details, which you need to show at the border when you go into a foreign country.*

past [pa:st] *s* 1 geçmiş, zaman bakımından geride kalmış. *We've had terrible weather in the past week* (=Geçen hafta berbat bir hava vardı). *Our difficulties are past* (=Güçlüklerimiz bitti). 2 önceki, eski: *a past president.* Ayrıca *i-sy* geçmiş, mazi; geride kalan yaşam. *One cannot change his past. It always seem as though everything was better in the past* Ayrıca *edat* 1 (bir yere, birisine, vb.) kadar ve ötesine: *walk past someone. The bus goes past once an hour.* 2 geçe, geçmekte (saatlerle kullanılır): *past midnight.* 3 (bir şeyin, bir olasılığın) ötesinde. *His stupidity is past belief* (=Onun aptallığını insanın aklı almıyor). Ayrıca *z* geçmekte, geçip gitmekte. *We watched the people hurry past.* **past perfect** *itek* (the ile) *had+* fiilin 3 üncü zamanından oluşan bir fiil zamanı—'geçmiş zamandaki *have*'li takım'/'geçmiş öncesi zaman'. *John had gone to school before her mother came.*

paste [peist] *i-sy* 1 hamur tutkalı, kola, tutkal, çiriş. *Make up some paste so you can put these pictures in your scrap book.* 2 elmas taklidi cam: *a paste diamond.* Ayrıca *f+n* (tutkal, kola, vb. ile) yapıştırmak. *He pasted some posters on the boards.*

pastel ['pæstl] *s* pastel; (renk bakımından) yumuşak ve solgun: *pastel blue. Pastel colours are pale, light, and soft.*

EDİLGEN ÇATI
(Passive Voice)

İş cümlenin öznesi üzerine yapıldığı durumlarda, fiil edilgen çatıdadır.
★ Tek nesneli etken bir cümlenin, edilgen cümleye çevrilmesi şöyledir.

ETKEN (Active)

Özne (Subject)	Fiil (Verb)	Nesne (Object)
A girl	conducts	this orchestra.

EDİLGEN (Passive)

Özne (Subject)	Fiil (Verb)	Edatlı Grup (Prep. Phrase)
This orchestra	is conducted	by a girl.

★ İki nesneli etken bir cümlenin, edilgen cümleye çevrilmesi şöyledir.
• Birinci Durum: Eğer dikkat, dolaylı nesnenin üzerine çekilmek
isteniyorsa.

ETKEN (Active)

Özne (Subject)		Dolaylı Nesne (Indirect Object)	Dolaysız Nesne (Direct Object)
They	gave	the traveller	a good lunch.

EDİLGEN (Passive)

Özne (Subject)		Dolaysız Nesne (Direct Object)	Edatlı Grup (Prep. Phrase)
The traveller	were given	a good lunch	by them.

• İkinci Durum: Eğer dikkat, dolaysız nesnenin üzerine çekilmek
isteniyorsa.

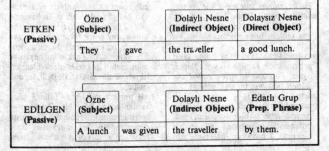

ETKEN (Passive)

Özne (Subject)		Dolaylı Nesne (Indirect Object)	Dolaysız Nesne (Direct Object)
They	gave	the traveller	a good lunch.

EDİLGEN (Passive)

Özne (Subject)		Dolaylı Nesne (Indirect Object)	Edatlı Grup (Prep. Phrase)
A lunch	was given	the traveller	by them.

★ Çeşitli zamanlardaki etken cümlelerin, edilgen cümlelere çevrilmesi şöyledir.

ZAMANLAR (Tenses)	ETKEN ÇATI (Active Voice)	EDİLGEN ÇATI (Passive Voice)
Simple Present	She cleans the car.	The car is cleand (by her).
		The car gets cleaned (by her).
Present Progressive	She is cleaning the car.	The car is being cleaned.
		The car is getting cleaned.
Simple Past	She cleaned the car.	The car was cleaned.
		The car got cleaned.
Past Progressive	She was cleaning the car.	The car was being cleaned.
		The car was getting cleaned.
Present Perfect	She has cleaned the car.	The car has been cleaned.
		The car has got cleaned.
Past Perfect	She had cleaned the car.	The car had been cleaned.
		The car had got cleaned.
Future	She will clean the car.	The car will be cleaned.
		The car will get cleaned.
Future Perfect	She will have cleaned the car.	The car will have been cleaned.
		The car will have got cleaned.

NOT: *be* yardımcı fiili kullanıldığında *bir durum,* *get* yardımcı fiili kullanıldığında ise *bir hareket* belirtilir.

Pastel colours suit most fair people.
pastille, pastil ['pæstl] *i+sy* pastil; ağızda eritilmek için yapılmış şekerli ilaç tableti; boğaz rahatsızlığına iyi gelir.
pastime ['pa:staim] *i+sy* hoşça vakit geçirmek için yapılan bir şey; eğlence, oyun. *Football is often called the Italian pastime.* (*eş anl.* **hobby**).
pastor ['pa:stə*] *i+sy* papaz.
pastoral ['pa:stərl] *s* **1** papazlar ile ilgili: *pastoral letter* (= bir piskoposun kendi bölgesindeki cemaata gönderdiği mektup). **2** pastoral; (edebiyat, mü-

zik, resim hk.) çobanlarla ve kır hayatı ile ilgili; çobanlara ve kır hayatına ait. *The pastoral tribes of the mountains graze their sheep on the hillside.* (*eş anl.* **rural**). **3** (yer, atmosfer, fikir, vb. hk.) sakin kır hayatı ve manzaraları ile karakterize edilen; kır hayatı ve manzaraları ile ilgili. (*eş anl.* **rustic**).
past perfect *itek.* **had**+fiilin **3** üncü zamanından oluşan bir fiil zamanı— 'geçmişte bitmiş zaman'. Geçmişte tamamlanmış bir hareketten önce meydana gelmiş olan bir başka hare-

keti ifade etmek için kullanılır. *He had already called the doctor when I got there.*

pastry ['peistri] **1** *i-sy* hamur işi; un, yağ, vb. karışımı ile yapılır ve fırında pişirilir (çoğk. içinde meyva, et, vb. bulunur). **2** *i+sy/-sy* bu şekilde yapılan pasta, kurabiye, vb. *They ate some delicious pastries with their coffee.*

pasture ['pa:stjuə*] *i+sy/-sy* otlak, mera; hayvan otlatılan yer. *The man took the cows to the pasture every morning.* (*eş anl.* **pastureland**).

pasty¹ ['peisti] *s* uçuk, soluk ve sağlıksız görünümlü. *John looks very pasty.*

pasty² ['pæsti] *i+sy* etli börek; bir tür bohça böreği. *The missus has a Cornish pasty she'd be glad for you to try.*

pat [pæt] *f+n* (anlayış, şefkât, cesaret işareti olarak) el ile (sırta, vb.) hafifçe vurmak. *She gave me a friendly light pat on the head. geç. zam. ve ort.* **patted**. Ayrıca *i+sy* elle veya düz bir şeyle hafifçe vurma, hafif vuruş.

patch [pætʃ] *i+sy* **1** yama; delik, yırtık, veya eski bir yeri onarmak, kapamak için kullanılan parça: *patch on a torn shirt;* *eyepatch* (=göz bağı; yaralı bir gözün üzerine konan bir bez, veya meşin parçası). **2** leke; kendisini çevreleyen yüzeyden ya da yerden farklı renkte olan kısım. *I have a black dog with a white patch on its back.* Ayrıca *f+n* yamamak, yamalamak; yama vurmak. *The mother patched the boy's trousers.* **patchy** *s* parçalı; leke leke. **patchwork** çeşitli desenlerde biçimlerde ve renklerde, çok sayıda bez ya da kumaş parçalarını birleştirerek dikilmiş bir örtü, yorgan, vb. *She made a cover of patchwork for the cushion.*

patent ['peitnt] *i+sy* ihtira beratı, patent, bulgu belgesi; bir buluşun, veya o buluşu uygulama alanında kullanma hakkının bir kimseye ait olduğunu gösteren, hükûmetçe verilmiş belge. *They took out a patent for a new kind of car. David applied for a patent for a new invention. He received a grant of patent for his invention.* Ayrıca *f+n* bir şeyin patentini almak. *He patented his invention.* Ayrıca *s* açık seçik, besbelli, meydanda, aşikâr. *It is patent that a country must educate its*

people to make progress. Her statement was a patent lie. **patently** *z* açıkça, aşikâr bir şekilde. *She made a patently false statement to the court. He is patently a fool.* **patent leather** rugan; çok parlak ve yumuşak bir deri.

paternal [pə'tə:nl] *s* baba ile ilgili, veya babaya benzer; baba tarafından olan: *paternal care* (=bir babanın gösterdiği gibi bir özen, dikkat); *paternal aunt* (=hala). *Everyone has two paternal grandparents and two maternal grandparents.* **paternity suit** *i+sy* (genl. mali bir destek elde etmek için açılan) babalık davası: *start/take out a paternity suit* (=babalık davası açmak). **paterfamilias** *i+sy* evin erkeği, aile reisi. *He was a natural paterfamilias.*

path [pa:θ] *i+sy* **1** patika; insanların, veya hayvanların gidegele açtıkları ince yol; keçiyolu. *There was a path through the fields.* **2** bir şey, veya bir kimse tarafından izlenen yol. *The moon has a regular path through the sky. The small boat hurried out of the path of the ship. çoğ. biç.* **paths** [pa:ðz]. **pathway** patika. *We walked along the pathway toward the house.*

pathetic [pə'θetik] *s* dokunaklı, acıklı; üzüntüye neden olan. *I could not bear to listen to the sick child's pathetic cries.* **pathetically** *z* dokunaklı ve acınacak bir şekilde. Ayrıca **pathos**'a bkz.

pathology [pə'θɔlədʒi] *i-sy* patoloji; hastalıklar bilimi. **pathologist** *i+sy* patolog; özl. patoloji ile uğraşan doktor.

pathos ['peiθɔs] *i-sy* dokunaklılık; acıma ve üzüntü duygusu uyandırma gücü, veya niteliği. *The play is notable for the pathos of its final scene.* Ayrıca **pathetic**'e bkz.

patience ['peiʃəns] *i-sy* **1** sabır; acı, yoksulluk, haksızlık gibi üzücü durumlar karşısında ses çıkarmadan onların geçmesini bekleme erdemi; olacak ya da gelecek bir şeyi telaş göstermeden bekleme. *I endured the long delay with patience.* **2** pasiyans; (genl. bir kimsenin tek başına oynadığı) bir tür kağıt oyunu. **patient** *s* sabırlı, tahammüllü. *I was patient despite the long wait.* (*karş.* **impatient**). Ayrıca *i+sy* hasta; bir doktorun hastası. *The*

doctor asked the patient to lie down.
patio ['pætiou] *i+sy* üstü açık, iç avlu;
bir evin bahçesi (genl. taş döşemeli
olup, akşam yemeklerini yemek için
kullanılır). *Sarah was sitting in a chair
on the patio. We often have dinner
out on the patio. Houses in Spanish
countries are often built around
patios.* çoğ. biç. **patios.**
patriot ['pætriət] *i+sy* yurtsever, vatan-
sever; vatanını seven ve onu koruyan
kimse. *The patriot died while fighting
in the war for independence.* (eş anl.
nationalist). **patriotic** [pætri'ɔtik] *s*
yurtsever, vatanperver. *My brother is
so patriotic that he refuses to buy any-
thing made abroad.* **patriotism** *i-sy*
yurtseverlik, vatanperverlik. *David's
patriotism is not questioned.*
patrol [pə'troul] *f+n/-n* devriye gez-
mek, devriyeye çıkmak. *The police-
men patrol the city day and night.
Groups of riot police were patrolling
the centre of the town.* geç. zam. biç.
ve ort. **patrolled.** Ayrıca *i+sy* 1 dev-
riye gezme. *We have five squad cars
on patrol in the centre of the town.* 2
keşif kolu, devriye; düşmanın duru-
munu anlamak için gönderilen küçük
askeri bir birlik, az sayıda gemi, veya
uçak. *A battalion of Marines was sent
to reinforce the patrols.* **patrol car**
polis devriye arabası. *The police came
in a black unmarked patrol car.* (eş
anl. **squad car**). **patrolman** (*AmI*'de)
polis memuru. *Petrolman Jones was
at the scene of the accident.*
patron ['peitrn] *i+sy* 1 destekleyici, ko-
ruyucu; bir kimseyi, bir topluluğu, bir
kurumu, bir amacı, vb. destekleyen ve
para veren bir kimse. *The patrons of
the museum contributed the money
for the new museum building.* 2 ko-
ruyucu aziz; bir kimseyi, veya bir top-
luluğu, bir kiliseyi, bir kasabayı, vb.
özel olarak koruduğu varsayılan bir
aziz: *the patron saint of the town; St
Hubert, the patron saint of hunters.*
3 devamlı müşteri. *I have been a pa-
tron of this store for many years.* (eş
anl. **client**). **patronage** *i-sy* 1 müşte-
riler; müşterilik. *The businessman ap-
preciated their patronage.* 2 piston,
arkalama, yardım. *Mike received his
government job through patronage.*
patronize ['pætrənaiz] *f+n* 1 devamlı
olarak bir yerden alışveriş yapmak;

bir yerin devamlı müşterisi olmak. *I
always patronized this shop.* 2 büyük-
lük taslamak, hor görmek; birisine
karşı üstten alarak davranmak; sanki
kendisi daha yüksek, veya daha da
önemli biriyimiş gibi muamele etmek.
*The rich man patronized his poor
friends.*
patter[1] ['pætə*] *i-sy* pıtırtı, tıpırtı.
*They fell with a soft little patter, like
raindrops on dry leaves.* Ayrıca *f-n*
pıtırdamak, tıpırdamak, pıtır pıtır ses
çıkarmak. *Bare feet pattered along the
hard floor. The rain pattered on the
windowpane.* (eş anl. **beat**).
patter[2] ['pætə*] *i-sy* (genl. bir şey sa-
tan, veya bir öykü anlatan ya da biri-
lerini eğlendirmek için sihirbazlık nu-
maraları yapan birisi hk.) motor gibi,
ama tutarlı ve inandırıcı konuşma
biçimi. *The salesman's glib patter
about the encyclopedias helped him
sell several sets.*
pattern ['pætn] *i+sy* 1 desen, motif: *a
beautiful pattern.* 2 bir şeyi yapmak
için örnek, model; giysi patronu.
*When I asked my mother for a new
dress, she gave me some material and
a paper pattern!* 3 örnek, misal; taklit
etmek ya da izlemek için mükemmel
bir örnek oluşturan bir şey, veya kim-
se: *a pattern of good conduct. Ata-
türk was a pattern of manliness.*
pattern oneself on, upon, after some-
one bir kimseyi kendine örnek almak.
*I pattern myself on/after/upon my
father.*
paunch [pɔ:ntʃ] *i+sy* iri göbek, şiş gö-
bek. *As I got older I developed quite
a paunch.* (eş anl. **pot belly**). **paunchy**
s şişgöbekli.
pauper ['pɔ:pə*] *i+sy* çok fakir kimse
(özl. sadaka ile geçinen kimse). *He
died a pauper.* (esk. kul.).
pause [pɔ:z] *f-n* (şöyle bir) durakla-
mak, durmak. *The dog paused when
he heard me. Jane paused before
speaking again.* Ayrıca *i+sy* (şöyle
bir) duraklama, durma. *She made a
short pause and then went on reading.*
pave [peiv] *f+n* (bir sokağı, bir yolu,
vb.) kaldırım taşı, tuğla, beton, vb. ile
kaplamak, döşemek: *to pave a road
with cement.* **pavement** *i+sy* (*BrI*'de)
yaya kaldırımı. *To avoid the mud, he
walked on the pavement.* (*AmI*'de
sidewalk). **paved with gold** (kolayca

zengin olunabileceği bir şehir için kullanılır) taşı toprağı altın. **pavement artist** kaldırım üzerine renkli tebeşirlerle resim çizip gelip geçenlerden üçbeş kuruş toplayan kimse; kaldırım ressamı. **pave the way for** bir kimsenin işini kolaylaştırmak; ...-e yol açmak; hazırlık yapmak, mümkün kılmak. *The continual rioting in the streets paved the way for the army taking over the goverment. His research paved the way for the invention of the automobile.*

pavilion [pəˈviliən] *i + sy* **1** spor alanı binası; bir spor sahasının yanındaki seyirci ve oyuncuların yararlandığı bina: *a cricket pavilion.* **2** pavyon; dans, konser, vb. için kullanılan süslü bir bina.

paw [pɔː] *i + sy* hayvan pençesi. *Cats and dogs have paws.* Ayrıca *f + n* pençe atmak; pençesi ile tutmak, dokunmak; (atlar, boğalar, vb. hk.) ayağı ile yere vurmak, yeri eşelemek. *The bull pawed the ground. The cat pawed the mouse she had caught.*

pawn[1] [pɔːn] *i + sy* (satrançta) piyade, piyon; en düşük değerdeki sekiz taştan biri. *Each player has eight pawns at the start of the game.*

pawn[2] [pɔːn] *f + n* rehine vermek, rehine koymak; ödünç para almak için değerli bir şeyi, (örn. ziynet eşyası, elbise, vb.) borcu ödeyince geri almak koşulu ile alacaklıya vermek. *I pawned my watch to buy food until I cold get work.* **pawnbroker** rehineci; tefeci. **pawnshop** tefeci, rehinci dükkânı.

pay [pei] *f + n/-n* **1** ödemek; bir alışveriş ilişkisinde, veya yapılan bir iş için, borçlu olunan şeyin karşılığını alacaklıya vermek; tediye etmek: *pay good wages.* **2** yararı olmak, sıkıntıya ya da masrafa değmek. *It pays to be pleasant to other people. He paid him to be polite.* (*eş anl.* **be worthwhile**). **3** çekmek, katlanmak; kötü bir hareketten dolayı zarar görmek; burnundan fitil fitil gelmek. *I paid dearly for my mistake. You failed, and you must pay the penalty. geç. zam. ve ort.* **paid.** Ayrıca *i-sy* ücret, maaş, aylık: *bring home good pay. He gets his pay every Saturday.* **payable** *s* ödenmesi gereken, veya ödenebilir. *The goods are payable on delivery.* **paying guest** evinde kaldığı aile ya da kimseye belli

bir ücret ödeyen 'misafir'. **payment** *i + sy/-sy* **1** ödeme, veya para yatırma işi. **2** ödenen ya da ödenecek olan para miktarı. **pay-bed** (ücretsiz olarak bakılan hastanelerde) paralı yatak. **pay-day** ücret, veya maaş günü; aybaşı. *Can you lend John £10 till pay-day.* **pay phone** jetonlu telefon. *I found a pay phone around the corner in the corridor.* **pay (someone) back 1** (borcunu) ödemek, geri vermek. *He paid the money back promptly.* **2** (kendisine kötülük yapan bir kişiye) cezasını çektirmek; karşılığını ödetmek; acısını çıkartmak. *I'll pay them back for this treatment.* **pay for something 1** (bir şeyin) parasını ödemek. *I payed £2 for the book.* Ayrıca **value**'ya bkz. **2** (bir şeyin) ceremesini ödemek, cezasını çekmek. *She'll pay for that remark.*

PAYE [piːei waiˈiː] *i-sy* (=Pay as you earn)—maaştan kesilen gelir vergisi.

PE [piːˈiː] *i-sy* (=physical education)—(okullarda) beden eğitimi. *We have two lessons of PE a week.*

pea [piː] *i + sy* **1** bezelye (bitkisi). **2** bezelye; yiyecek olarak kullanılan bezelyenin yeşil danesi. **peanut** fıstığı; Amerikan fıstığı. Ayrıca **groundnut** da denir.

PC [piːˈsiː] *i-sy* (=police constable)—polis memuru; en ast rütbedeki polis (erkek, veya kadın): *PC Jones.*

peace [piːs] *i-sy* **1** barış, sulh; hazar. *peace between nations; be at peace* (=barış halinde olmak). **2** sessizlik, sükunet; huzur, sükun; endişe veya sıkıntı veren düşüncelerden uzak olma. *We enjoyed the peace of the country.* **hold one's peace** susmak, dilini tutmak. *The boy's mother told him to hold his peace when adults were speaking.* (*eş anl.* **hold one's tongue**). **may he/she rest in peace** Allah rahmet eylesin, huzur içinde yatsın. *My mother, may she rest in peace, brought up four children.* **peaceful** *s* **1** barışsever, barışçı, uysal, yumuşak başlı: *a peaceful person; peaceful neighbours.* **2** sessiz, sâkin. *It was peaceful in the mountains. peaceful scene.* **peace offering** barış armağanı; dost olma isteğini gösteren bir şey.

peach [piːtʃ] *i + sy* şeftali. *Peaches grow in warm countries. She had skin like a peach.*

peacock ['pi:kɔk] *i+sy/-sy* erkek tavus; kuyruğu parlak, güzel renkli olup acı ve tiz bir sesi vardır. (*dişisine* **peahen** *denir*).

peak [pi:k] *i+sy* 1 zirve, doruk; bir dağın sivri uçlu tepesi. *The mountain peak was covered with snow.* 2 sivri tepeli dağ. *It is one of the highest peaks in the Alps.* 3 kasket siperi; kasket vizyeri: *peak of a cap.* 3 en yüksek nokta, düzey, veya miktar. *Traffic accidents reach their peak at weekends.* (*eş anl.* **maximum**).

peal [pi:l] *i+sy* 1 gürleme; uzun süren, yüksek bir ses, veya ardarda gelen sesler dizisi: *peals of laughter* (=kahkaha sesleri); *peals of thunder* (=gök gürlemeleri). 2 çan sesleri; yüksek sesle çalan çanların çıkardığı ses. Ayrıca *f+n/-n* yüksek sesle ve sürekli olarak çalınmak, çalmak, veya ses vermek, ses çıkarmak. *The bells pealed forth their message of Christmas joy.*

pear [pɛə*] *i+sy* armut.

pear

pearl [pə:l] *i+sy* inci. *Pearls grow inside the shell of an oyster and are used for making valuable jewellery.* **cast (one's) pearls before swine** boşuna nefes tüketmek; değerini taktirden aciz bir kimseye bir şeyi sunmak, veya ona bir şey yapmak. *I gave a series of lessons on Shakespeare to the sixth form, but it was really a case of casting pearls before swine: they were too lazy or too stupid to appreciate them.*

peasant ['peznt] *i+sy* köylü, rençber; tarlalarda çalışan, veya küçük bir arazisi olan bir kimse. *The peasants were planting rice.*
NOT: *peasant* sözcüğü genl. günümüz İngiltere'sindeki köylüler için kullanılmamaktadır. Bu sözcük daha çok gelişmekte olan ülkeler ile ilgili olarak kullanılır.

pebble ['pebl] *i+sy* çakıl (taşı). *The storm washed many pebbles onto the beach.* **pebbly** *s* çakıllı. *The pebbly road made the cart bounce.*

peck [pek] *f+n/-n* 1 gagalamak, gaga ile vurmak, veya vurmaya çalışmak. *The bird pecked the cat.* 2 gaga ile vurup toplayarak yemek. *The hens were pecking the grain.* 3 gagalayarak delik açmak. *The bird had pecked a hole in the tree.* Ayrıca *i+sy* 1 gagalama; gaga ile yapılan bir vuruş. 2 acele bir öpücük; dudakları şöyle bir değdirme: *a peck on the cheek.* (*k. dil.*).

peculiar [pi'kju:liə*] *s* 1 acayip, garip, tuhaf. *Richard heard a peculiar voice. We noticed a peculiar smell as we walked past the factory.* 2 (genl. **to ile**) özgü, has, mahsus. *That problem is peculiar to this area.* **peculiarly** *z* 1 acayip bir biçimde. *She looked at me peculiarly.* 2 özellikle, bilhassa. **peculiarity** [pikju:li'æriti] *i+sy/-sy* 1 acayiplik, tuhaflık, gariplik. *We noticed the peculiarity of his manner at once.* 2 acayip, tuhaf, garip bir şey. *In New York peculiarity attracts less notice and comment than in most places.* 3 (birisi hk.) özellik, hususiyet. *It was one of John's peculiarities the he wanted to humiliate her.*

pecuniary [pi'kju:niəri] *s* para ile ilgili, veya paradan oluşan, maddi: *a pecuniary reward.*

pedal ['pedl] *i+sy* pedal; bir makinede, bir araçta ayak yardımı ile dönmeyi, veya hareketi sağlayan düzen: *the pedal of a bicycle/piano/sewing machine,* vb. Ayrıca *f+n/-n* pedal kullanarak çalıştırmak; pedal çevirmek, basmak. (*özl.* bir bisikleti). *He pedalled uphill.* geç. zam. ve ort. **pedalled** (*AmI*'de **pedaled**).

peddle ['pedl] *f+n/-n* ev ev dolaşıp ufak tefek şeyler satmak; işportacılık yapmak, seyyar satıcılık yapmak. *A man was peddling brooms from house to house.* **peddler** ['pedlə*] *i+sy* 1 seyyar satıcı, işportacı. *The dogs barked at the peddler selling fruit.* 2 esrar satıcısı. (*eş anl.* **pusher**).

pedestal ['pedəstl] *i+sy* ayak, taban, kaide; bir sütunun, veya bir heykelin üzerinde durduğu dayanak, altlık; bir lambanın büyük bir vazonun, vb. tabanı. *There was a bust of Mozart* *on a pedestal.*

pedestrian [pə'destriən] *i + sy* yaya; yürüyerek giden kimse. *Pedestrians have to watch for automobiles turning corner.* Ayrıca *s* yavan, sıkıcı, ilginç olmayan: *It was a pedestrian novel. The comedian told some very pedestrian jokes that weren't funny at all.* **pedestrian crossing** yaya geçidi. **pedestrian precinct** vasıtalara yasak olan ve sadece yayalara mahsus bir sokak, veya bir bölge.

pediatrician, paediatrician [pi:diə'triʃən] *i + sy* pediatr; çocuk doktoru, çocuk hastalıkları uzmanı. **pediatrics** [pi:di'ætriks] *i-sy* çocuk hastalıkları ile ilgili hekimlik dalı; pediatri.

pedigree ['pedigri:] *i + sy* soy kütüğü, soyağacı, şecere; bir kişinin, veya bir ailenin en uzak atasından başlayarak bütün kollarını belirten çizelge. *This pedigree shows that my dog is a purebred animal.*

pedlar ['pedlə*] *i + sy* seyyar satıcı, işportacı. *(eş anl.* **peddler***).*

pee [pi:] *f-n* çiş yapmak. *He must go for a pee. (eş anl.* **wee***).*

peek [pi:k] *f-n* bakıvermek, göz atmak; gözetlemek, gizlice bakmak. *I must not peek while you are counting in such games as hide-and-seek. The hunter peeked through the bushes and saw a deer approaching. (k. dil.).*

peekaboo [pi:kə'bu:] *i-sy/ünlem* **peepbo'**ya bkz.

peel [pi:l] *f + n/-n* **1** (bir meyvanın, veya sebzenin) kabuğunu soymak: *peel an orange.* **2** (özl. insanın derisi, duvar kağıdı, bir ağacın kabuğu, vb.) (kabuk kabuk) kalkmak, (yaprak yaprak) soyulmak. *Because it is sunburnt my skin is peeling. The wallpaper on the damp wall is peeling.* Ayrıca *i-sy* (sadece kalın kabuklu meyvalar, örn. portakal, elma, vb.) kabuk. **peelings** *içoğ* soyulmuş kabuklar (özl. patates kabukları).

peep [pi:p] *f-n* **1** bir delikten, bir yarıktan, veya benzeri ufak bir yerden bakmak, gözetlemek, dikizlemek. *The child peeped at the guests through the partly opened door.* **2** hırsızlama şöyle bir bakmak. *He raised the edge of the curtain and we peeped through.* Ayrıca *i + sy* **1** bir delikten, bir yarıktan, veya benzeri ufak bir delikten bakma, gözetleme, dikizleme. **2** kaçamak ba-

kış, şöyle bir bakış. **Peeping Tom** röntgenci. *(eş anl.* **voyeur***).*

peepbo ['pi:pbou] *i-sy/ünlem* 'cee' oyunu; küçük çocukları güldürmek için yüzün ellerle kapatılıp birden çekilerek 'cee' denilen oyun. *(eş anl.* **peekbaboo***).*

peer[1] [piə*] *f-n* (iyi görmeyen birisinin baktığı gibi) uzun uzun, tüm dikkati ile bakmak, merakla bakmak: *peer at a badly written letter; peer into a dark room. The old man peered at the boy.*

peer[2] [piə*] *i + sy* **1** rütbece, nitelikçe, veya değerce eşit kimse; eş, akran, emsal. *He is so fine a man that it would be hard to find his peer. As a lawyer, this man has no peer.* **2** bir soyluluk rütbesine sahip olan kimse (örn. bir dük (= **duke**), bir kont (= **count**), bir baron (= **baron**), vb.); asil kimse. **peerless** *s* eşsiz, emsalsiz, rakipsiz: *a peerless quality. Her peerless performance won her a prize.*

peeve [pi:v] *f + n* canını sıkmak, sinirlendirmek. *It really peeves me that he chose to behave in that way. (k. dil.). (eş anl.* **bug***).*

peevish [pi:viʃ] *s* titiz, huysuz, aksi, ters, hırçın; kolayca canı sıkılan, sinirlenen; herşeye dırdır eden. *A peevish child is unhappy and makes others unhappy.* **peevishness** *i-sy* aksilik, huysuzluk, terslik.

peg [peg] *i + sy* askı, kanca; tahta çivi; kazık; oldukça kısa bir tahta, metal, plastik, vb. parçası olup bir şeyi bir yere tutturmak, üzerine bir şeyi asmak gibi işlerde kullanılır: *hat peg* (= şapka askısı); *tent peg* (= çadır kazığı); *clothes peg* (= çamaşır mandalı). Ayrıca *f + n* pim veya kazık ile tutturmak. *They pegged the tent down securely.* **2** (çamaşırları) ipe çamaşır mandalı ile tutturmak. *She pegged the clothes on the line.* geç. zam. ve ort. **pegged. peg leg 1** takma bacak (özl. tahtadan yapılmış). **2** tahta takma bacaklı kimse.

pekinese [pi:ki'ni:z] *i + sy* pekin köpeği. *A pekinese is a small dog with long hair, short legs, and a short, flat nose.*

pelican ['pelikən] *i + sy* pelikan kuşu. *A pelican is a large water bird which catches fish and keeps them in the bottom part of its beak which is shaped like a big bag.* **pelican crossing** yayaların, trafik ışıklarının düğmele-

pelican

rine basarak geçtikleri yaya geçidi.
pellet ['pelit] *i+sy* **1** yumuşak bir şeyden (örn. çamur, veya ekmek içinden)
yapılan ufak topçuk, küçük topak.
*The children threw paper pellets at
each other.* **2** saçma tanesi; tüfek ile
atılmak için yapılmış bilye biçiminde
ufak bir metal parçası. *He fired some
shotgun pellets into the air.*
pelmet ['pelmit] *i+sy* korniş; tahtası ve
perdesi; kornişi gizlemek için önüne
yerleştirilen süslü tahta veya perde. *I
fixed a pelmet at the top of a window
for decoration.*
pelt¹ [pelt] *f+n/-n* **1** (taş, vb.) atarak
saldırmak, taşa tutmak, (bir şey) yağmuruna tutmak. *The crowd pelted
him with stones.* **2** (yağmur, dolu, vb.
hk.) şiddetle ve sürekli olarak yağmak; bardaktan boşanırcasına yağmak. *The rain is pelting down. It is
pelting with rain.*
pelt² [pelt] *i+sy* post; tüylü hayvan
derisi; öldürülmüş olan bir hayvanın
kürkü. *The brown bear's thick pelt is
used to make rugs.*
pelvis ['pelvis] *i+sy* leğen kemiği; havsala. *Your pelvis is the large, wide,
curved group of bones at the base of
your spine at the level of your hips.*
pen¹ [pen] *i+sy* mürekkepli kalem,
dolma kalem. **pen-friend** mektup arkadaşı. *If you have a pen-friend,
especially one in a foreign country,
you write to this person regularly, and
build up your friendship through
your letters.* (eş anl. **pen pal**). **pen-
knife** çakı, cep bıçağı. Bazen **pocket
knife** da denir. **pen name** takma ad;
bir yazarın kendi gerçek adı yerine
kullandığı uydurma adı. *Some authors use pen names so they can remain anonymous.* **a slip of the pen**
kalem hatası; bir kimsenin yazmış
olduğu bir yazıdaki ufak bir yanlışlık.

*It wasn't a serious mistake; it was a
mere slip of the pen.*
pen² [pen] *i+sy* ağıl; koyun, keçi ve sı
ğır sürülerinin geceledigi çit, veya duvarla çevrili yer. *The boy drove the
sheep into the pen.*
penal ['pi:nl] *s* ceza ile ilgili: *a penal
offence* (=cezayı gerektiren bir suç);
penal servitude (=ağır hapis). *The
penal laws for stealing are severe.*
penal code ceza kanunları. **penalize**
f+n **1** (yasalara, veya kurallara göre)
cezalandırmak; ceza vermek. *All fouls
in football should be penalized. He
was penalized for cheating.* **2** para
cezası, vb. bir ceza vermek. *Our team
was penalized for turning up late.*
penalty ['penlti] *i+sy* **1** ceza; bir yasayı, bir kuralı çiğnemeye karşı verilen
ceza. *The penalty for spitting is £5.*
2 (sporda) ceza; bir kuralın çiğnenmesi sonucunda, bir oyuncuya, veya takıma çektirilen zarar; penaltı. **penalty
area** penaltı sahası, kale sahası, on
sekizin içi.
penance ['penəns] *i-sy* kefaret; bir insanın işlediği bir günahtan dolayı, pişman olduğunu göstermek için (çoğk.
bir papaz tarafından gösterilen bir
biçimde) kendi kendisine verdiği ceza:
do penance for one's sins.
pence [pens] içoğ **penny**'e bkz.
pencil ['pensl] *i+sy* kurşunkalem. *She
wrote a note with a pencil.* Ayrıca
f+n kurşunkalem ile yazmak, veya
çizmek. *I pencilled a circle round the
name.* **in pencil** kalemle. *The last two
names were added in pencil.*
pendant ['pendnt] *i+sy* pandantif; ince
bir zincirle boyuna takılan değerli takı. *The lady wore an emerald pendant
on her necklace.*
pending ['pendiŋ] *s* kararlaştırmak ya
da çözümlenmek üzere bekleyen, askıda olan. *Your case is still pending.*
(karş. **definite**). (eş anl. **undecided**).
Ayrıca *edat* (bir şeyi) beklerken; (bir
şey)e kadar. *We sat in the hotel lobby
pending Father's return.*
pendulum ['pendjuləm] *i+sy* sarkaç,
rakkas, pandül. *A pendulum of a
clock swings from side to side in order
to regulate the mechanism of the
clock.*
penetrate ['penitreit] *f+n/-n* **1** (bir şeyin içine) girmek, delip geçmek; yarıp
girmek. *The knife had penetrated his*

pendulum

body. 2 içinden, arasından görmek. *Our eyes could not penetrate the mist.* 3 içine girip yayılmak, dolmak, nüfuz etmek, içine işlemek. *A smell penetrated the whole house.* **penetration** [peni'treiʃən] *i-sy* içine işleme, nüfuz etme, girme. **penetrating** *s* 1 tiz, keskin ve şiddetli: *a penetrating cry.* 2 içe işleyen, delip geçen, nüfuz eden: *a penetrating glance.*

penguin ['peŋgwin] penguen. *Penguins cannot fly but use their wings for swimming in water.*

penicillin [peni'silin] *i-sy* penisilin; metabolizma ürünlerinden elde edilen antibiyotik. *Penicillin is used to treat pneumonia and other diseases caused by bacteria.*

peninsula [pe'ninsjulə] *i+sy* yarım ada; yalnız bir yandan anakaraya bağlı, öbür yanları denizle çevrili kara parçası: *the Iberian peninsula. Italy is a peninsula.*

penis ['pi:nis] *i+sy* erkeklik organı, penis. *A man's penis is the part of his body that he uses when urinating and when having sex.*

penitence ['penitns] *i-sy* pişmanlık, tövbe. **penitent** *s* pişman, tövbekâr, tövbeli. *I will clean up the mess to show you that I really am penitent.* (*karşı.* **impenitent**). **penitentiary** [peni'tenʃəri] *i+sy* (*özl.AmI'de*) cezaevi, hapishane. *The death sentence is still carried out in some American penitentiaries.*

pennant, pennon ['penən(t)] *i+sy* flama, flandra; dar ve uzun (genl. üçgen biçiminde) bir tür bayrak. *A pennant is used by ships as a signal.*

penny ['peni] *i+sy* 1 peni; değeri düşük bakır para (İngiltere'de 1971 yılına kadar *12 penny=1 shilling* ederdi; şimdi *100 penny=1 sterling*'dir. 2 ABD ve Kanada'da *cent*'in diğer bir

ismi; *100 cent=1* dollar eder. NOT: *penny* sözcüğünün iki çeşit çoğul biçimi vardır: *pennies* ve *pence.* *pennies* madeni paraların kendileri söz konusu olduğu zaman kullanılır: *I need five pennies to get a cup o' coffe from the coffee-machine. pence* [pens] bir para miktarı söz konusu olduğunda kulianılır: *Ten pence isn't a lot of money. This pencil costs 15 pence.* **penniless** *s* meteliksiz, peş parasız, züğürt. **not to have a penny to one's name** beş parası olmamak; meteliksiz olmak; meteliksiz. *I didn't have a penny to my name when I married her.* **cost a pretty penny** çok paraya malolmak; tuzluya patlamak. *That house must have cost a pretty penny.* **a penny for your thoughts** ne düşünüyorsun? binin yarısı beş yüz! *You are looking very worried: a penny for your thoughts.* **the penny (has) dropped** (söylenen bir şey hk.) birden anlaşıldı, jeton düştü. *Hasn't the penny dropped? I stared at him for a long time and then the penny dropped. 'So this is it,' I said.* **in for a penny, in for a pound** öyle de battık, böyle de; ne pahasına olursa olsun. *Since we have painted this part of the fence, we might as well paint all of it: in for a penny, in for a pound.*

pension ['penʃən] *i+sy* emekli aylığı, tekaüt maaşı. *I will start receiving a pension when I retire at sixty-five.* **pensioner** *i+sy* emekli, mütekait.

pensive ['pensiv] *s* dalgın, endişeli, düşünceli, kara kara düşünen; derin derin düşüncelere dalmış. *She was in a pensive mood and sat staring out the window.*

pent-up ['pent'ʌp] *s* bir yere kapatılmış, hapsedilmiş; kapanık; dışarı vurmayan; sıkışıp kalmış; zaptedilmiş fakat taşmak üzere olan. *Her pent-up feelings could no longer be restrained, and she burst into tears.*

pentagon ['pentəgən] *i+sy* beşgen; beş kenarlı, beş açılı bir şekil. **the Pentagon** ABD Genel Kurmay Başkanlığı. *The Pentagon is the building in Washington that is the headquarters of the US department of Defence.*

pentathlon [pen'tæθlən] *i+sy* pentatlon; modern pentatlonda beş spor dalını (uzun atlama (=**long jump**),

cirit atma (=**javelin throw**), 200 m
koşusu (=**200-metre dash**), disk atma
(=**discus throw**) ve 1500 m koşusu
(=**1500-metre run**)) kapsayan atlet-
izm yarışması.
penthouse ['penthaus] *i+sy* 1 (özl.
AmI'de) çatı katı: *luxury penthouse.*
2 bir binanın duvarına bitişik yapıl-
mış eğik çatılı bir tür kulübe.
people ['pi:pl] *içoğ* 1 insanlar; kadın-
lar, erkekler ve çocuklar; kişi, kimse.
*The room was full of people. He
knows a lot of people.* 2 ulus, millet;
bir devleti oluşturan tüm insanlar.
*Government should be for the benefit
of the people.* 3 sıradan insanlar, halk
topluluğu; ahali; özel bir rütbesi, veya
mevkisi bulunmayan kişiler. *He rose
from the people to be a cabinet
minister.* 4 ırk; ulus, millet: *a very
brave people; the different peoples of
the world.* Ayrıca *f+n* bir yere insan
yerleştirmek, iskân etmek. *The town
was peopled with miners.*
NOT: 1. 2. ve 3. maddelerdeki *people*
sözcüğü biçim bakımından *tekil* ol-
masına rağmen *çoğul* bir isim olarak
kullanılır ve bu nedenle de *çoğul* bir
fiille birlikte olur, örn. *Many people
were there.* Dikkat ettiyseniz *many
people* dedik *much people* olmaz. 4.
maddedeki anlamda *people* sayılabi-
len bir isimdir ve çoğul biçimi de
peoples olur.
pep [pep] *i-sy* enerji, güç; canlılık, güç-
lülük; heyecan, gayret: *pep pills* (=e-
nerji veren haplar). **pep talk** moral
verici konuşma, cesaret vermek, teş-
vik etmek için yapılan konuşma. *The
team were losing so, at half-time, the
manager gave them a pep talk.* (*k.
dil.*).

cek olarak kullanılan sebze. **pepper-
mint** 1 *i-sy* nane; özünden ilaç yap-
mak ve tatlılara lezzet vermek için
yetiştirilen bir bitki. 2 *i+sy* nane şe-
keri.
per [pə:*] *edat* (birim) başına, herbiri
için: *a salary of £2,000 per annum*
(=yılda 2000 şilinlik bir maaş); *fifty
per cent* (=yüzde elli); *costing 5 pence
per ounce* (=28,3 gramı 5 sent tutan).
per cent yüzde. *3/100 can be called 3
per cent. It can be written as 3%.
97/100 can be called 97 per cent. It
can be written as 97%.* **per head** kişi
başına, adam başına.
perceive [pə'si:v] *f+n* farketmek,
farkına varmak; anlamak. *I perceive
that you are tired.* **perceptible** [pə-
'septibl] *s* farkedilebilir; anlaşılabilir:
*a perceptible change in temperature.
The other ship was barely perceptible
in the fog.* (*karş.* **imperceptible**). **per-
ception** [pə'sepʃən] *i+sy/-sy* anlayış,
seziş, algı, idrak; anlama ya da algı-
lama yeteneği, veya gücü. *Her per-
ception of the problem was good.*
perceptive *s* anlayışlı, kavrayışlı; ça-
buk farkeden ve anlayan; idraki kes-
kin: *He is a very perceptive person.*
percentage [pə'sentidʒ] *i+sy* yüzde
oranı, nisbeti. *What percentage of
your salary do you spend for rent?*
perch¹ [pə:tʃ] *i+sy* tünek; kuşların,
evcil kanatlıların üzerinde tünedikleri
dal, veya sırık. *The bird flew down
from its perch.* Ayrıca *f+n/-n* 1 tü-
nemek; (genl. kısa bir süre için) bir
yere, örn. bir dala konmak. *The bird
perched on my shoulder.* 2 yüksek bir
yere yerleştirmek, koymak, kondur-
mak, veya yüksek bir yerde bulun-
mak, yüksek bir yere yerleşmek. *He*

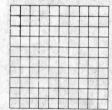

Here are 100 squares.
3 squares out of the hundred are shaded. $\frac{3}{100}$ are shaded.
$\frac{3}{100}$ can be called 3 per cent. It can be written as 3%.
3% of the squares are shaded. 97 of the squares are not shaded.
$\frac{97}{100}$ are not shaded.
$\frac{97}{100}$ can be called 97 per cent.
It can be written as 97%.
3% of the squares are shaded.
97% of the squares are unshaded.
$\frac{1}{100}$ = 1% $\frac{2}{100}$ = 2% $\frac{3}{100}$ = 3% $\frac{24}{100}$ = 24% $\frac{36}{100}$ = 36%
$\frac{74}{100}$ = 74%

pepper ['pepə*] 1 *i-sy* (acı) toz biber.
2 *i+sy* yeşil veya kırmızı biber; yiye-

*perched on a high stool. The building
perched on top of a hill.*

perch² [pə:tʃ] *i+sy* tatlı su levreği. *A perch is an edible fish that lives in lakes, ponds, and rivers.*

percolator ['pə:kəleitə*] *i+sy* süzdürmeli kahve cezvesi; kaynayan suyun çekilmiş kahvenin arasından geçtiği bir cezve. *A percolator is a pot in which coffee is made and surved.*

percussion [pə'kʌʃən] *i-sy* (genl. sert) iki cismin birbirine şiddetle çarpması. **percussion instrument** vurma çalgılar; vurularak çalınan müzik aletleri (örn. davul).

peremptory [pə'remptəri] *s* 1 buyurucu, emredici, otoriter, mütehakkim; söylediklerine derhal uyulmasını bekleyen: *person with a peremptory manner.* 2 kesin, kati; uyulması, itaat edilmesi gereken: *a peremptory command.*

perennial [pə'reniəl] *s* 1 sürekli, daimi; veya çok uzun bir zaman sürüp giden: *a perennial source of pleasure. Jill is a perennial troble-maker and is always being punished.* (eş anl. **everlasting**). 2 (çiçekler, vb. hk.) iki yıldan daha fazla yaşayan: *perennial garden plants.* Ayrıca *i+sy* iki yıldan daha fazla yaşayan bitki. *A rose is a perennial.*

perfect ['pə:fekt] *s* 1 kusursuz, eksiksiz; mükemmel: *in perfect condition. It was a perfect day to go on a picnic.* (karş. **imperfect**). (eş anl. **faultless**). 2 tam, eksiksiz; bozuğu eksiği, vb. olmayan. *The set was perfect; nothing was missing or broken.* 3 tam, neresinden bakılsa, tümü ile: *a perfect stranger.* Ayrıca [pə'fekt] *f+n* tamamlamak, bitirmek; tekâmül ettirmek, mükemmelleştirmek, kusursuz hale getirmek. *He is working to perfect his invention before selling it.* **perfectly** *z* kusursuz bir biçimde, çok iyi; tamamen; mükemmel olarak. *'You're not ill, are you, Jane?'—'I'm perfectly all right, thank you very much.' Nobody speaks English perfectly.* **perfection** [pə'ən] *i+sy/-sy* 1 mükemmellik, kusursuz olma durumu ve niteliği. *Absolute perfection in a dictionary is rare.* 2 bitirme, tamamlama, ikmâl. *Perfection of our plans will take another week.* **perfectionist** [pə'fekʃənist] *i+sy* en ufak ayrıntılara bile önem verip her şeyin mükemmel ve kusursuz olmasını isteyen kimse.

perforate ['pə:fəreit] *f+n/-n* (bir şeyin içinden) (özl.kolaylıkla kopması için bir kağıdın üzerine bir çizgi boyunca yan yana küçük) delikler açmak. *Sheets of postage stamps are perforated.* **perforation** [pə:fə'reiʃən] 1 *i+sy* bir şeyi delerek açılmış olan ufak bir delik. *I made some perforations in the top of the box so the silkworms could breathe.* 2 *i-sy* bir şeyi delerek açılmış olan delikler dizisi (örn.bir pulun kolayca yırtılması için etrafındaki delikler).

perform [pə'fo:m] *f+n/-n* 1 yapmak, icra etmek; (bir işi) yerine getirmek. *The doctor performed a difficult operation. They performed their tasks.* 2 gösteri, temsil, konser, vb. seyirci önünde bir şey yapmak (örn. şarkı söylemek, bir rolü oynamak, çalgı çalmak, vb.): *perform in a play/concert.* **performance** *i+sy/-sy* 1 bir şeyi yapma, icra etme hareketi, veya işi: *the performance of one's duties.* 2 seyirci önünde yapılan bir gösteri, temsil,vb. *Did you enjoy the performance last night?* **performer** *i+sy* artist, oyuncu, icracı; (özl. seyirci önünde) oynanan, rol yapan, çalgı çalan kimse. *She will have to be a good performer to be picked for the musical.* **performing animals** seyirci önünde hünerler göstermesi için eğitilmiş hayvanlar.

perfume ['pə:fju:m] *i+sy/-sy* 1 rayiha, güzel koku: *the perfume of a flower.* 2 parfüm, esans, losyon; güzel kokulu bir sıvı. *She bought a small bottle of perfume.*

perfunctory [pə'fʌŋktəri] *s* gelişi güzel, baştan savma, üstünkörü, adet yerini bulsun diye yapılmış, yapılan. *There was a perfunctory search of my bags at London Airport. She gave me a perfunctory glance.* (eş anl. **cursory**).

perhaps [pə'hæps] *z* belki, muhtemelen. *Perhaps he will be there tonight.* (eş anl. **maybe**).

peril ['peril] *i+sy/-sy* büyük tehlike. *Tell him that he stands in peril. This bridge is not safe; cross it at your peril.* **perilous** *s* tehlikeli. *We breathed a sigh of relief when we finished our perilous climb up the steep slope.*

perimeter [pə'rimitə*] *i+sy* 1 çevre; düzlem üzerindeki bir yüzeyin, veya şeklin dış çevresi. *The spectators sat* around the perimeter of the oval. **2** böyle bir çevrenin uzunluğu.

çevreyi araştırmasını sağlayan, merceklerden ve görüntüyü yansıtıcı

A is a rectangular field.
Its perimeter = (100 - 150 - 100 - 150) metres
The perimeter = 500 metres

B is a garden
Its perimeter = (8 - 15 - 12 - 8) metres
The perimeter = 43 metres

The perimeter of a circle is called the *circumference*.

period ['piəriəd] *i+sy* **1** süre, devre; devir, dönem; belli bir zaman dönemi: *the period of the French Revolution; a period of war and confusion; a period of five minutes.* **2** ders, ders süresi, ders saati. (*eş anl.* **lesson**). **3** (özl. *Aml'*de) nokta; cümlenin bittiğini anlatmak için sonuna konulan işaret. (*eş anl.* **full stop**). **4** aybaşı, âdet; kadınların döl yatağından, ayda bir kan gelmesi hali. *She has bleeding between periods.* (*eş anl.* **menstruation**). Ayrıca *s* geçmişteki bir döneme ait: *period furniture.* **periodic** [piəri'ɔdik] *s* periyodik; belirli aralıklarla tekrarlanan. *It is a good idea to pay periodic visits to your dentist.* **periodical** *i+sy* dergi, mecmua, veya gazete. **periodically** *z* belirli aralıklarla, belli zamanlarda. (*eş anl.* **regularly**).

periphery [pə'rifəri] *i+sy* çevre, dış kenar; bir şeyi çevreleyen sınır, çizgi, veya bölge. *The chairs were arranged around the periphery of the room.* **peripheral** *s* çevresel; dış yüzeye, veya kenara ait.

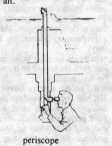

periscope

periscope ['periskoup] *i+sy* periskop; gözlemcinin gözünü çevirmeksizin prizmalardan yapılmış optik aygıt. *Periscopes are used especially in submarines in order to see above the surface of the water. 'Up periscope,' he ordered.*

perish ['periʃ] *f+n/-n* **1** bir yangında, bir kazada, vb. korkunç bir biçimde ölmek, can vermek. *Five people perished in the fire. The explorers perished in the desert.* **2** (bazı maddeler hk.) çürümek, veya kullanılmaz hale gelmek; kullanışsız hale getirmek; bozulmak. *The elastic band perished and snapped when I stretched it rubber has perished.* **perishable** *s* (özl. yiyecekler hk.) bozulabilir, çabuk çürüyen. *Perishable foods spoil quickly in hot weather.* (*karş.* **imperishable**). **perished with cold** çok üşümüş, soğuktan donmuş. **perish the thought** Allah korusun; Allah yazdıysa bozsun. *'I was afraid you might leave me.'—'Perish the thought: I would never do anything like that.'* (*eş anl.* **God forbid**).

perjury ['pə:dʒəri] *i+sy/-sy* yalan yere yemin; özl. mahkemede yalan beyanda bulunma, gerçeği söyleyeceğine yemin ettikten sonra, bile bile yalan söyleme. *The judge warned the prisoner that perjury was a serious offense.*

perk¹ [pə:k] *f-n* (daima **up** ile) **1** (bir can sıkıntısından, veya hastalıktan, vb. sonra) neşelenmek, sağlığına ve neşesine kavuşmak. *The child soon perked up when he saw his mother.* **2** birden başını kaldırmak; (kulaklarını) dikmek. *The dog perked up its ears.* (*k. dil.*). **perky** *s* neşeli, şen; şımarık, arsız. (*k. dil.*).

perk² [pə:k] *i+sy* **perquisite** sözcüğünün kısa biçimi. *In addition to his salary they offered him a car as a perk.*

perm [pə:m] *i+sy* **permanent wave** ve **permutation** sözcüklerinin kısa ve konuşma dilinde söyleniş biçimleri.

permanent ['pə:mənənt] *s* sürekli, daimi; uzun bir süre süren; kalıcı olmaya yönelik: *a permanent arrangement; a permanent building. After doing odd jobs for a week, I got a permanent position as a helper in a store. There is permanent snow on top of the highest mountains.* (karş. **temporary**). (*eş anl.* **constant**). **permanently** *z* daima, sürekli olarak. *The doors were kept permanently locked.* **permanence** *i-sy* devam, süreklilik. **permanent wave** perma, permanant; saçların uzun süre dalgalı kalmasını sağlamak için uygulanan işlem. (*k. dil.* **perm** olarak söylenir).

permeate ['pə:mieit] *f+n/-n* içine geçmek, sızmak; nüfuz etmek; içine geçip yayılmak. *The smoke permeated the house. The new ideas had permeated (through) the whole country. Water had permeated (through) the sand.* **permeable** ['pə:miəbl] *s* geçirgen; içine sıvı geçirebilen: *a permeable layer of soil.* (karş. **impermeable**).

permit [pə:'mit] *f+n/-n* izin vermek, müsaade etmek. *Permit me to explain. Smoking is not permitted. Would you permit them in for a few minutes to talk to you? The doctor permits her up now for several hours a day, because of her steady movement. The situation does not permit of any easy solution.* (*eş anl.* **allow**). *geç. zam.* ve *ort.* **permitted.** Ayrıca ['pə:mit] *i+sy* izin belgesi, permi, paso, ruhsatname; bir şeyi yapmaya yetki veren resmi ve yazılı bir belge: *a special permit to visit a military area.* **permissible** [pə'misibl] *s* müsaade edilebilir, izin verilebilir. (*eş anl.* **admissible**). **permission** [pə'miʃən] *i-sy* izin, müsaade; izin verme işi. *His parents gave him permission to go to the scout camp. Ask your teacher's permission.* **permissive** [pə'misiv] *s* epeyce veya aşırı bir özgürlük tanıyan; mezhebi geniş: *permissive parents. Some people are very upset by our modern permissive society.*

permutation [pə:mju'teiʃən] *i+sy* (matematikte) permutasyon; bir küme halinde düzenlenmiş bir dizi şeyin sırasını değiştirme (işlemi); ayrı sıralanım. (*k. dil.* **perm** olarak söylenir): *the permutations of a, b, and c, taken two at a time, are ab, ba, ac, ca, bc, cb.*

perpendicular [pə:pən'dikjulə*] *s* 1 dikey, dik. *The flag pole was raised to a perpendicular.* 2 bir çizgi, veya bir düzlem ile 90 derecelik bir açısı olan. *A square has four 90-degree angles made by its four perpendicular sides.* (*eş anl.* **vertical**).

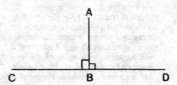

Angle ABC is a right angle.
Angle ABD is a right angle.
AB is perpendicular to CD.

perpendicular

perpetrate ['pə:pitreit] *f+n* kötü bir şey yapmak, veya işlemek (örn. bir suç işlemek, veya bir hata yapmak). *The king's brother perpetrated the cruel murder of the prince.*

perpetual [pə'petjuəl] *s* 1 sonsuza dek, veya çok uzun bir süre devam eden; ebedi, kalıcı. *He is on a perpetual search for truth.* 2 sürekli, daimi; bitmez tükenmez. *The dog is a perpetual nuisance.* **perpetually** *z* sürekli olarak, daimi. (*eş anl.* **continually**). **perpetuate** [pə'petjueit] *f+n* sürdürmek, devam ettirmek; ebedileştirmek; anılardan sildirmemek. *The monument was build to perpetuate the memory of a great man.* **perpetuity** [pə'pi'tju:iti] *i-sy* süreklilik, daimilik, ebedilik: *in perpetuity* (=ebediyen).

perplex [pə'pleks] *f+n* şaşırtmak; şaşkınlığa ve sıkıntıya düşürmek. *The exam question perplexed me because we haven't had any lessons about how bees find their way home.* (*eş anl.* **bewilder, puzzle**). **perplexed** *s* şaşırmış, zihni karışmış. *He looked perplexed.* **perplexing** *s* şaşırtıcı, zihin karıştırıcı. *This is a perplexing problem.* **perplexity** *i+sy/-sy* şaşkınlık, zihin karışıklığı, tereddüt. *Claire looked at me in some perplexity.*

perquisite ['pə:kwizit] *i+sy* ek yardım,

ikramiye; bir kimsenin, maaşı dışında, fakat kendi işinden, yasal ve düzenli olarak aldığı para, veya mal. *One of the perquisites of the post is a free car.* (*k. dil.* **perk** olarak söy- lenir).

persecute ['pə:sikju:t] *f+n* (özl. dinsel veya siyası inançlardan dolayı) eziyet etmek, zulmetmek. *Some early religious leaders were persecuted by their enemies.* **persecution** [pə:si'kju:- ʃən] *i+sy/-sy* zulüm, eziyet, veya eziyet etme ya da edilme durumu.

persevere [pə:si'viə*] *f-n* güç veya hoş olmayan bir şeyi yapmaya azimle ve metanetle devam etmek; direnmek, sebat etmek: *Although I am tired I will persevere with my work.* **perseverance** *i-sy* azim, sebat. *We admired her perseverance in doing the painful exercises after her accident.* **persevering** *s* sebat eden, azimkâr. *His persevering work brought him success in the exam.*

persist [pə'sist] *f-n* **1** devam etmek, varlığı sürdürmek. *My toothache persisted even though I had taken an aspirin. The smell persisted even after we had cleaned the room.* (*eş anl.* **last**). **2** ısrar etmek, üzerinde durmak, inat etmek. *He persisted that he was innocent of the crime.* (*eş anl.* **keep on**). **persistent** *s* **1** sürekli, devamlı. *Jane suffered from a persistent cough.* **2** inatçı, ısrar eden. *I watched with interest the spider's persistent attempts to put its web across the path I use every day.* **persistence** *i-sy* ısrar, inat. *Because of his persistence in asking for a bike his parents finally gave in.* **persistently** *z* ısrarla, inatla.

person ['pə:sn] *i+sy* **1** kişi, şahıs, kimse, birey, fert. *There is the person I was talking about.* **2** vücut, beden, fiziksel varlık: *attacks against the person; carrying a knife on his person* (= üstünde (yani cebinde, vb.) bir bıçak taşıyor). **3** (dilb.) kişi, şahıs; zamirlerde, veya fiillerde konuşan (*first person*), dinleyen (*second person*), veya sözü edilen (*third person*) varlık. NOT: *person* sözcüğünün çoğ. biç. genl. *people*'dır.

personable *s* (özl. erkekler için) hoş görünümlü ve karakter sahibi: *a personable young man.* (*eş anl.* **presentable**). **personify** [pə'sɔnifai] *f+n* (bir özelliğin, veya bir niteliğin) canlı

simgesi olmak; (bir şeyin) mükemmel örneği olmak. *When I was a child, my father personified for me everything that was good.* **personification** [pəsə- nifi'keiʃən] *i+sy/-sy* şahıslandırma; cisimlendirme.

NOT: *personification* cansız bir nesnenin, niteliğin insanmış gibi kişileştirilmesi ya da bunların insana özgü niteliklere sahipmiş gibi olduklarını belirtir. İnsanlar bir gemiye, veya otomobile *she* dedikleri zaman onu kişileştiriyorlar demektir:
The moon chased away the darkness.
The bright sunshine called me.
Her bed received her with a sight.

personnel [pə:sə'nel] *i-sy* personel; bir hizmet, veya kuruluşun görevlileri, bir işyerinde çalışanların tümü: *army personnel.* **in person** kendisi, bizzat, şahsen. *The president came to the school in person.*

personal ['pə:snl] *s* **1** kişisel, şahsî; husisi, özel: *personal property; a personal letter; a personal opinion.* **2** kişisel, şahsî; bizzat, doğrudan doğruya: *a personal interview/appearance.* **3** bedensel, fiziksel: *personal cleanliness.* **4** kişiye veya kişiliğe yönelik; belirli bir kimseye karşı yönelmiş: *personal abuse. Don't be personal.*

personally *z* **1** kendisi, bizzat, şahsen. *The owner of the hotel welcomed us personally.* **2** şahsen, kendi payıma, kanımca; beni ilgilendirdiği kadarı ile. *Personally, I think he is a very good man, but you may not agree.* **3** kişi olarak, şahıs olarak. *I like him personally, but I hate what he believes in.* **personal pronoun** kişi zamirleri. PERSONAL PRONOUN—kişi zamirleri tablosuna bkz.

personality [pə:sə'næliti] *i+sy/-sy* **1** kişilik, şahsiyet; bir kimseye özgü belirgin özellik; bedensel ve ruhsal niteliklerin tümü: *a man with/of great personality.* **2** tanınmış kişi; ünlü birisi: *a stage personality* (= ünlü bir aktör/aktris). (*eş anl.* **celebrity**). **persona grata** [pə:'sounə'gratə] *i+sy* istenen kişi. **persona non grata** [pə:'sou- nənoun'gra:tə] *i+sy* istenmeyen kişi. *They declared him persona non grata and sent him back to his country.*

perspective [pə'spektiv] *i+sy/-sy* **1** perspektif; nesneleri bir yüzey üzerine

KİŞİ ZAMİRLERİ (Personal Pronouns) Tekil (Singular)					
	Belgisiz cins (Indefinite gender)	Belgisiz cins (Indefinite gender)	Eril (Masculine)	Dişil (Feminine)	Ne eril, ne dişil (Neuter)
Öznel (Subjective)	I	you	he	she	it
Nesnel (Objective)	me	you	him	her	it
İyelik (Possessive)	·mine	yours	his	hers	—
Dönüşlü/ Pekiştirme (Reflexive)	myself	yourself	himself	herself	itself
	1. kişi (1st Person)	2. kişi (2nd Person)	3. kişi (3rd Person)		

Çoğul (Plural)			
	Belgisiz cins (Indefinite gender)	Belgisiz cins (Indefinite gender)	Belgisiz cins (Indefinite gender)
Öznel (Subjective)	we	you	they
Nesnel (Objective)	us	you	them
İyelik (Possessive)	ours	yours	theirs
Dönüşlü/ Pekiştirme (Reflexive)	ourselves ·	yourselves	themselves
	1. kişi (1st Person)	2. kişi (2nd Person)	3.kişi (3rd Person)

görüldükleri gibi (yani uzaklı yakınlı veya gittikçe uzaklaşır biçimde) çizme ve boyama sanatı. 2 görüş açısı; görünüm, manzara. *Looked at in perspective, yesterday's problems seem small.*

perspective

Perspex ['pɔː speks]° *i-sy* pleksiglas; bazen cam yerine kullanılan kuvvetli ve saydam plastik.

perspire [pɔ'spaiə*] *f-n* (hayvanlardan çok insanlar için kullanılır) terlemek. *I perspire heavily whenever I play football.* **perspiration** [pɔ:spi'reiʃən] *i-sy* terleme. *The runner's forehead was damp with perspiration.*

persuade [pɔ'sweid] *f+n* 1 (yalvararak, rica ederek, veya kanıtlar, nedenler göstererek) inandırmak, ikna etmek. *I persuaded my friends to stay. Do you think you could persuade them to come over to see me? She persuaded him up for a cup of coffee. They persuaded me in to shelter from the* *rain*. **2** birisini bir şeye inandırmak. *We persuaded him of our good intentions. I persuaded the teacher that what I said was true.* (**1**. ve **2**. anlamlar için *eş anl.* **convince**). **persuasion** [pə'sweiʒən] **1** *i-sy* inandırma, ikna etme, razı etme. *He decided to leave only after much persuasion.* **2** *i+sy* (dini, veya siyasi) inanç, kanı, kanaat. *Even though we are not of the same persuasion, we believe many of the same things. The two brothers had different political persuasions.* **persuasive** [pə'sweisiv] *s* inandırıcı, ikna edici. *The salesman had a very persuasive way of talking.* (*karş.* **unconvincing**). (*eş anl.* **convincing**).

pert [pə:t] *s* arsız, şımarık; küstah, saygısız: *a pert child. I don't like your pert way of speaking.* (*eş anl.* **saucy**).

pertain [pə:'tein] *f-n* (daima **to** ile) (bir şey) ile ilgili olmak, (bir şey)e ait olmak. *The inspector was interested in everything pertaining to the school.*

pertinent ['pə:tinənt] *s* görüşülen, konuşulan, vb. bir şey ile doğrudan doğruya ilgili olan; çok uygun, yerinde, münasip. *If your question is pertinent, I will answer it.*

perturb [pə'tə:b] *f+n* tedirgin etmek; kaygılandırmak, endişeye düşürmek; rahatsız etmek: *some very perturbing news. Father was much perturbed by my illness.* (*eş anl.* **distrub**).

pervade [pə'veid] *f+n* her tarafa yayılmak; herbir noktasına sızmak, kaplamak. *An unpleasant smell pervades the house.*

perverse [pə'və:s] *s* **1** (insanlar hk.) ters, aksi, huysuz; söz dinlemez, inatçı. *He is in a perverse mood and won't go to bed.* **2** (davranışlar, hisler, düşünceler, vb. hk.) doğru ya da mantıksal olmaktan uzak; bilebile, mahsus yanlış. *Jane's conduct was unnecessarily perverse.* **perversely** *z* kasten, mahsus. *They persisted, perversely, in trying to grow grain.*

pervert [pə'və:t] *f+n* **1** ayartmak, baştan çıkarmak; doğru ve doğal kabul edilen bir şeyden uzaklaştırmak; ahlakını bozmak, sapıklaştırmak. *He was perverted by his evil companions.* **2** kötü bir amaç için kullanmak. *He was accused of perverting justice.* Ayrıca ['pə:və:t] *i+sy* sapık kimse (özl. cinsel davranışları normal sayı-lan

ölçülerden apayrı olan kimse); cinsel sapık. *He is a pervert and has been convicted of assaulting a child.* **perversion** *i+sy/-sy* **1** bozma; bozulma: *perversion of the truth.* **2** (cinsel istek ve davranışlarda) sapıklık: *sexual perversion.* **perverted** *s* sapık, sapkın; doğru yoldan sapmış. *His perverted sense of humour gets him into a lot of trouble.*

pessimism ['pesimizəm] *i-sy* kötümserlik, karamsarlık; her şeyi en kötü yanından ele alma, her durumu karanlık görme ve hep en kötüyü bekleme eğilimi. (*karş.* **optimism**). **pessimist** *i+sy* kötümser kimse, karamsar kişi; bedbin kimse. (*karş.* **optimist**). **pessimistic** [pesi'mistik] *s* kötümser, karamsar. *He was pessimistic about our chances of being rescued.* (*karş.* **optimistic**).

pest [pest] *i+sy* **1** baş belâsı, musibet; insanın canını sıkan, üzen, rahatsız eden bir kimse, veya bir şey. *That disobedient boy is a pest.* **2** haşere; ufak bir hayvan, veya böcek. *The flowers were attacked by garden pests.* **pesticide** ['pestisaid] *i+sy/-sy* böcek ilacı.

pester ['pestə*] *f+n* musallat olmak, balta olmak, tebelleş olmak; boyuna isteklerde bulunup insanı canından bezdirmek. *Flies pester us. Don't pester me with foolish questions. He's always pestering me about that book of his that I misplaced.*

pet [pet] *i+sy* **1** ev hayvanı; insanın can yoldaşı olsun diye evde beslenen hayvan. *Dogs make good pets.* **2** özel olarak sevilen bir kimse; gözde. *The baby was the pet of the family.* **3** (özl. çocuklara söylenir) canım; tatlım; cicim. *Do you want some ice-cream, pet?* Ayrıca *s* en çok sevilen, gözde. *What's your pet food?* **pet name** *i+sy* sevilen bir kimseye takılan isim. *Teddy was her pet name for him.* (*eş anl.* **nickname**). Ayrıca *f+n* **1** şefkât ve özen göstermek. *Everybody liked me, everybody petted me.* **2** okşamak, sevmek; sevgi ile dokunmak. *He is petting the kitten. geç. zam.* ve *ort.* **petted**.

petal ['petl] *i+sy* taçyaprağı; çiçeğin renkli yaprakçıklarından her biri: *the red petals of a rose.*

peter ['pi:tə*] *f-n* (daima **out** ile) miktar veya boyutça yavaş yavaş azalıp bitmek, küçülüp tükenmek, sona ermek. *Our supply of food petered out. The goldmine petered out years ago.* (k. dil.). **rob Peter to pay Paul** Ali'nin külâhını Veli'ye, Veli'nin külâhını Ali'ye giydirmek; (bir kimsenin) birinden aldığını ötekine, ötekinden aldığını bir başkasına vererek işini yürütmek. *He got the money to pay his income tax debts by borrowing from a moneylender: it was just a case of robbing Peter to pay Paul.*

petition [pə'tiʃən] *i+sy* dilekçe, istida; bir dileği bildirmek için bir makama, bir yetkiliye sunulan (bir çok kimsenin imzaladığı) resmî bir mektup. *Everyone signed the petition to the County Council for a new school in our village.*

petrify ['petrifai] *f+n/-n* **1** taş haline koymak; taş kesilmek, taşlaşmak, taş haline gelmek. *There is a petrified frost in Arizona. It took millions of years for the dinosaur's skeletons to petrify.* **2** çok korkmak; korkudan dona kalmak. *The snarling dog petrified me. The poor child was petrified with fear.* (eş anl. **terrify**). **petrified** *s* ödü kopmuş, korkudan dona kalmış, *The petrified children wished they hadn't gone into the haunted house.* (eş anl. **terrified**). **petrifying** *s* çok korkutucu, dehşete düşürücü.

petrol ['petrəl] *i-sy* (*Brî'*de) benzin. *Petrol is a liquid which is obtained from petroleum and which is used as a fuel to drive motor vehicles. (Amî'*de **gasoline**). **petroleum** [pi'trouliəm] *i-sy* petrol. *Petroleum is oil which is found under surface of the earth or sea bed and from which petrol, parafin, and other substances can be obtained.* (eş anl. **crude oil**). **petrodollar** ['petroudɔlə*] *i+sy* petrodolar; petrol ihraç edilerek elde edilen para.

petticoat ['petikout] *i+sy* kombinezon; iç eteklik. (eş anl. **slip**).

petty ['peti] *s* **1** önemsiz; küçük, ufak tefek. *The children's quarrel concerned a petty problem.* **2** (bir hareket, veya bir kimsenin davranışları hk.) kötü, bayağı; dar görüşlü, dar kafalı. *None of us could endure her petty behaviour.* **pettiness** *i-sy* önemsiz ve ufak tefek şeylerle uğraşma. **petty cash** küçük giderleri karşılamak için

hazır bulundurulan para. **petty officer** (donanmada) astsubay.

petulant ['petjulnt] *s* ufak tefek şeylere kızan, öfkelenen; aksi, ters, huysuz. *She was petulant because she couldn't have a new dress.*

pew [pju:] *i+sy* kilisede insanların oturması için arkalıklı, uzun sıra. *A pew is a long wooden seat with a back, which people sit on in church.*

pewter ['pju:tə*] *i-sy* kurşun ve kalay karıştırılarak elde edilen bir metal alışım. *Pewter was often used in former times to make containers and ornaments.*

phantom ['fæntəm] *i+sy* hortlak, hâyalet. *I was very scared by tales of a phantom seen in the house.* (eş anl. **ghost**).

pharmacy ['fa:məsi] **1** *i-sy* eczacılık; ilaçların hazırlanması ile uğraşan uygulamalı bilim dalı. *He is at university doing pharmacy.* **2** *i+sy* eczane; ilaçların yapıldığı ve satıldığı yer. **pharmacist** *i+sy* eczacı; ilaç yapan, veya hazır ilaçları satan diplomalı kimse. (eş anl. **chemist**).

phase [feiz] *i+sy* **1** safha, evre, aşama; bir gelişme dönemi, veya süresi. *There was not much fighting in the first phase of the war. My son is going through a difficult phase at the moment.* **2** evre, safha; ayın veya bir gezegenin uzaydaki hareketlerinden doğan değişik görünümlerden her biri. *The phases of the moon are the different shapes which the moon appears to have at different times during a month.*

pheasant ['feznt] *i+sy* sülün. *A pheasant is a long tailed bird often shot as a sport or for eating.*

pheasant

phenomenon [fə'nɔminən] *i+sy* **1** olay, olgu, fenomen: *A rainbow is an interesting phenomenon. Lightning is* *a phenomenon of nature.* 2 olağan dışı bir kimse, bir şey, veya bir olay. *A child who can read at the age of three is a phenomenon.* çoğ. biç. **phenomena** [fə'nɔminə]. **phenomenal** s olağandışı; inanılmayacak, şaşılacak; fevkalâde iyi, *He is a phenomenal runner.*

philanthropy [fi'lænθrəpi] *i-sy* 1 insanseverlik; tüm insanlara karşı gösterilen şefkat ve sevgi duygusu. 2 hayırseverlik (özl. yoksullara, başı dertte olanlara yardımseverlik). *The basis of much public charity is philanthropy.* **philanthropist** *i+sy* insansever kimse, yardımsever birisi.

philately [fi'lætəli] *i-sy* pul koleksiyonculuğu; pul toplama merakı, hobisi. **philatelist** *i+sy* pul koleksiyoncusu; pul biriktiren kimse.

philosophy [fi'lɔsəfi] 1 *i-sy* felsefe; varlığın ve bilginin bilimsel olarak araştırılması. 2 *i+sy* bir bilimin ya da bilgi alanının temelini oluşturan ilkeler bütünü; düşünce düzeni. *He is looking for a philosophy he can believe in.* **philosopher** *i+sy* filozof; felsefe ile uğraşan kimse. **philosophical** [filə'sɔfikl] s 1 felsefe ile ilgili. 2 (herşeyi olduğu gibi) kabul eden; dertleri veya mutsuzluğu boyun eğerek, tevekkülle ve kalenderce kabul eden. *He spoke in a tone of philosophical resignation.*

phlegm [flem] *i-sy* balgam; solunum organlarının salgıladığı, ağızdan dışarı atılan sümüksü madde; sümük. (özl. nezle olunduğu zaman salgılanır). *Cerol was coughing up phlegm into her handkerchief. He wiped a smear of phlegm from below his nose.* **phlegmatic** [fleg'mætik] s ağırkanlı; kolay kolay ilgi duymaz ve heyecanlanmaz.

phobia ['foubiə] *i+sy* fobi; belirli nesneler, veya durumlar karşısında duyulan olağandışı güçlü korku, yılgı. *She has a phobia about animals. All sorts of different people have all sorts of different phobias. She has a phobia about spiders.*

phone [foun] *i+sy* **telephone** sözcüğünün kısaltılmış biçimi. *We talk on the phone every day.* Ayrıca *f+n/-n* telefon etmek: *Phone me up.* (her ikisi de k. dil.). **phone book** telefon katoloğu. (*eş anl.* **telephone directory**). **phone box** (sokaktaki) üstü hafif korumalı

telefon. **phone-in** *i+sy* canlı yayın sırasında seyircilerin, dinleyicilerin televizyon stüdyosuna ya da radyo yayın merkezine telefonla soru sordukları, veya görüşlerini bildirdikleri bir yayın programı.

phonetics [fə'netiks] *i-sy* sesbilgisi; konuşma seslerini inceleyen bilim dalı. NOT: biçimi çoğul olmasına rağmen sayılamayan bir isim olup tekil bir fiille kullanılır. *Phonetics is the study of speech sounds.*

phoney ['founi] *s* sahte, düzmece; gerçek olmayan, yapmacık. *She gave me a phoney name and a phoney address.* Ayrıca *i+sy* yapmacıklı birisi, şarlatan. *This man is a phoney.* (*k. dil.*).

phonograph ['founəgra:f] *i+sy* (*Aml.* de) fonograf, gramofon; önceden balmumundan bir disk (plak = **record**) üzerine saptanmış sesleri istendiğinde yineleyen aygıt. *We listened to the phonograph.* (*Brl'* de **gramophone**).

phosphate ['fɔsfeit] *i+sy/-sy* fosfat; içinde fosfor bulunan tuz. *Phosphates are often used in fertilizers.*

phosphorus ['fɔsfərəs] *i-sy* fosfor; yarısaydam, balmumu kıvamında zehirli bir madde. Simgesi P. *Phosphorus burns when it is in contact with air.*

photo ['foutou] *i+sy* **photograph** sözcüğünün kısaltılmış ve konuşma dilinde söyleniş şekli. *Who's the boy in the photo?* çoğ. biç. **photos.**

photocopy ['foutoukɔpi] *i+sy* fotokopi; bir yazı, kitap veya biçimin fotoğraf yoluyla kopyasını çıkarma yöntemi; tıpkıçekim. *I need to make a photocopy to send to them.* Ayrıca *f+n* fotokopisini çekmek. *He photocopied his birth certificate.*

photogenic ['foutou'dʒenik] *s* fotoğrafta ya da sinema filminde güzel bir etki bırakan (yüz, duruş); iyi resim veren, fotojenik: *a very photogenic face.*

photograph ['foutəgra:f] *i+sy* fotoğraf; görüntüyü ışığı duyarlı bir yüzey üzerine fotoğraf makinesi kullanarak saptama yöntemi ile elde edilen resim. Ayrıca *f+n* (bir şeyin, bir kimsenin) resmini, fotoğrafını çekmek. *Martin photographed the castle.* **photographer** [fə'tɔgrəfə*] *i+sy* 1 fotoğrafçı. 2 fotoğraf çeken bir kimse. *I had never been a good photographer.* **photography** *i-sy* fotoğrafçılık; fotoğraf çekme sanatı, veya mesleği. *He is an ex-*

pert in photography. **photographic** [foutə'græfik] *s* fotoğrafla ilgili.

phrase [freiz] *i+sy* bir sözcük takımı; böyle bir takım, bir cümlenin bir bölümü olup içinde çekimli bir fiil bulunmayan bir söz dizisidir. (örn. *in the house; too slowly; by working hard)* Ayrıca *f+n* uygun sözcükler ile ifade etmek, veya yazmak. *I phrased my request very carefully.* **phrasal verb** deyimsel fiil *'fiil + zarf'* veya *'fiil + edat'* birleşiminden oluşan yapı. NOT: *phrasal verb'ler* ile ilgili bazı örnekler şunlardır:

bring back—*That song brings back pleasant memories.*

call for—*We'll call for you promptly at 10 o'clock.*

get in—*The train doesn't get in until after midnight.*

approve of—*He doesn't approve of alcohol in any form.*

physical ['fizikl] *s* **1** bedensel; vücut ile ilgili ya da vücuda ait: *physical exercise; physical beauty.* **2** maddesel, fiziksel, somut (zihinsel, ruhsal, vb. karşıtı): *physical things.* **3** doğa kanunlarına göre; fiziksel, doğasal. *It is a physical impossibility for a person to be in two places at the same time.* **physical education** (okullarda) beden eğitimi. (eş anl. **PE, PT** (=**physical training). physically** *z* vücutça, bedence. *After his vacation he was in fine condition both physically and mentally.*

physician [fi'zifən] *i+sy* (*AmI'de*) doktor, hekim. (oldukça *esk. kul.*).

physics ['fiziks] *içoğ* fizik; genel ya da geçici yasalara bağlı, deneysel olarak araştırılabilen, ölçülebilen, matematiksel olarak tanımlanabilen madde ve enerji (örn. ısı, ışık, ses, elektrik, vb.) olgularıyla uğraşan bilim dalı. *Pupils learn about gravity in their study of physics.* NOT: biçimi çoğul olmasına rağmen sayılamayan bir isim olup tekil bir fiille kullanır. *Physics is the scientific study of forces and qualities and the way that they affect objects.*

physicist ['fizisist] *i+sy* fizik bilgini, veya fizikle uğraşan kimse; fizikçi.

physiology [fizi'ɔlədʒi] *i-sy* canlıların hücre, doku vb. organlarının normal koşullar altında görevlerini ve bu görevlerin nasıl yerine geldiklerini ince-

leyen bilim dalı; fizyoloji: *vegetable physiology; animal physiology; human physiology; the physiology of the blood.*

physiotherapy [fiziou'θerəpi] *i-sy* fizyolojik görevleri bozulmuş bulunan organları su, ışık, ısı gibi fiziksel ve mekanik yöntemler ile tedavi etme; fizyoterapi; fiziktedavi.

physique [fi'zi:k] *i-sy* (özl. erkekler hk.) kişinin doğal yapısı; vücut yapısı: *person of strong physique.*

piano [pi'ænou] *i+sy* piyano. *I hear you play the piano.* çoğ. biç. **pianos.**

pianist ['pi:ənist] *i+sy* piyanist; piyano çalan kimse.

piccolo ['pikəlou] *i+sy* küçük flüt. *Piccolo is shaped like a flute but that produces higher notes.* çoğ. biç. **piccolos.**

pick¹ [pik] *i+sy* kazma. *Picks are used for breaking up the ground or rocks.* Ayrıca **pickaxe** de denir.

pick² [pik] *f+n/-n* **1** seçmek. *Just pick the book you would like. He picked the best room.* **2** parmakları ile almak; koparıp toplamak: *pick fruit from the trees.* **3** (genl. sivri bir şey ile) (bir şeyin içindeki istenilmeyen bir şeyi) çıkarmak, çıkarıp almak, ayıklamak: *pick one's teeth* (=dişini karıştırıp temizlemek). **4** sivri bir şey ile kazmak, açmak: *pick a hole in something.* **pick on someone** cezalandırmak ya da suçlamak için, veya kimsenin yapmak istemediği bir işle görevlendirmek için) birisini seçmek; durmadan kusur bulup azarlamak. *Why does he always pick on me? Pick on someone your own size! (k. dil.).* **pick at something** bir şeyi isteksiz, veya nazlanarak yemek. *The sick child was only picking at her food.* **pick a lock** kilidi kurcalayıp açmak. **pick off** **1** parmakları ile tutup almak: *pick some dirt off one's coat. They picked off all the apples.* **2** (uzaktan nişan alıp) ateş ederek teker teker vurup öldürmek, veya düşürmek. *The enemy snipers picked off the defenceless men.* **pick out** **1** seçmek, seçip ayırmak. *Pick out which toy you would like to have.* **2** birisini, veya bir şeyi başkaları arasından seçmek, ayırt etmek, tanımak. *Can you pick out your friend in that group?* **pick up** **1** eğilip almak; tutup kaldırmak. *He picked* *up his hat and went out.* 2 (cesaretini) toplamak. *He picked up courage and approached the headmaster.* 3 (süratini, hızını) arttırmak. *The car picked up speed.* 4 düştükten sonra yerden ayağa kalkmak. *He slipped, but soon picked himself up.* 5 (özl. sağlığını) yeniden kazanmak, iyileşmek, toparlanmak. *He's not feeling very well at the moment, but he'll soon pick up.* 6 pratik olarak öğrenmek. *He picked up French while he was staying in Paris.* 7 işitebilmek, duyabilmek, veya alabilmek, yakalayabilmek. *We picked up the radio signals on our receiver.* 8 (birisini) arabaya alıp (bir yere) götürmek; (birisini) gidip (bir yerden) almak. *They stopped to pick up some young people who were hitch-hiking to London.* 9 bir hastalık kapmak. *Babies can easily pick up thrush, a mild fungus infection. (eş anl. catch).* **pickup** *i+sy* 1 bir pikabın (plakçaların) iğneyi tutan kol kısmı. 2 pikap; arkası açık ve yanları alçak, bir tür hafif kamyonet. **pick a pocket** birisini çarpmak, birisinin cebinden bir şey aşırmak; yankesicilik yapmak. **pickpocket** *i+sy* yankesici; onun bunun cebinden bir şeyler aşıran kimse. *My wallet was stolen by a pickpocket on the bus.* **pick a quarrel with someone** birisi ile kasten münakaşa, kavga çıkarmak. *When he is drunk he goes about picking quarrels with people.* **pick up the bill/tab** hesabı, faturayı ödemek. **picky** titiz; memnun edilmesi zor. *(eş anl. choosy).*

pickaback ['pikəbæk] z (küçük bir çocuğun taşınma biçimi hk.) omuzda, sırtta; omuzlar üzerinde kaldırılmış; sallasırt edilmiş halde. *I carried my little girl pickaback.* Ayrıca **piggyback** de denir.

picket ['pikit] *i+sy* grev gözcüsü. Ayrıca *f+n* grev gözcülüğü yapmak. *Ten man and five women picketed the local factory.*

pickle ['pikl] *f+n* salamura yapmak; turşu kurmak, veya yapmak. *I will pickle these cucumbers.* Ayrıca *i-sy* salamura; turşu. *Pickle are most agreeable when eaten with cold meats and salad.* Ayrıca **pickles** da denir.

picnic ['piknik] *i+sy* piknik; kırda yenen yemek. *They ate their picnic beside the river.* Ayrıca *f-n* pikniğe gitmek,

veya piknik yapmak. *We often picnic at the beach. We picnicked in the woods.* geç. zam. ve ort. **picnicked.** **picnicker** *i+sy* piknik yapan kimse.

pictorial [pik'tɔːriəl] *s* resimler ile anlatılmış; resimli: *a pictorial record of the sports meeting.*

picture ['piktʃə*] *i+sy* 1 resim; yağlıboya, karakalem resim, veya fotoğraf. *He showed us some pictures he took while on holiday. The artist had painted a very fine picture.* 2 (bir şeyin) kusursuz, mükemmel örneği. *She was the picture of happiness.* 3 film; sinema filmi: *motion picture.* Ayrıca *f+n* düşünmek, hayal etmek, tasavvur etmek. *You can picture the scene.* **picturesque** [piktʃə'resk] *s* 1 durumu ve görünüşü resim konusu olmaya değer, çok güzel; pitoresk: *a picturesque old village.* 2 canlı, kuvvetli; açık seçik, güçlü ve tasvir edici: *a picturesque way of speaking.* **the pictures** sinema. *I'm going to the pictures tonight.*

pidgin ['pidʒin] *i+sy* karma dil; iki veya daha fazla dildeki sözcükleri kullanan ve bunlardan sadece birinin basit dilbilgisi kurallarıyla ifade edilen bir lisan. *A pidgin is a language which is a mixture of two other languages.* **pidgin English** bazı Afrika ve Asya ülkelerinde yaşayan eğitim görmüş kimselerin kullandığı İngilizce.

pie [pai] *i+sy* meyvalı, veya etli börek: *a fruit pie; a meat pie.* **pie-eyed** sarhoş. *(k. dil.).*

piebald ['paibɔːld] *s* (atlar hk.) alacalı; iri iri, siyah beyaz lekeli renkte.

piece [piːs] *i+sy* 1 parça; bir bütünden ayrılan ya da kopan parça, bölüm: *a piece of land; a piece of soap. He dropped the cup and now it is in pieces.* 2 bir parça; azıcak, bir parçacık: *a piece of advice/news.* 3 birbirine uyacak biçimde yapılmış birçok parçalardan herhangi bir tanesi, bir takımın parçalarından birisi. *We bought this tea set last year and two of the pieces are broken already.* 4 madeni para: *a ten pence piece.* 5 satrançta veya oyun tahtası üzerinde oynanan başka oyunlarda kullanılan ufak ve yuvarlak taşlardan, veya ufak heykelcik gibi nesnelerden bir tanesi: *lose an important piece.* Ayrıca *f+n* parçaları birleştirmek, bir bütün haline sokmak. *We pieced the broken cup together again. The police pieced together all they had found out about the wanted man.* **piecemeal** s parça parça, azar azar. *He put the machine together piecemeal in his spare time.* **piecework** *i+sy* parça başı yapılan iş; götürü çalışma. *She does piecework at home.*

pier [piə*] *i+sy* iskele; deniz taşıtlarının yanaştığı, veya insanların üzerinde gezindiği, çoğu tahta, veya betondan yapılmış denize doğru uzanan yer. *The ship is at pier six.*

pierce [piəs] *f+n* 1 delmek; sivri uçlu bir şey ile delik açmak. *The needle pierced his skin. A nail pierced the ball.* 2 (soğuk, acı, vb. hk.) iliklerine işlemek; içini dağlamak, içini parçalamak. *The freezing wind pierced us to the bone. His sad story about the death of his son pierced our hearts.* 3 birden işitilmek, duyulmak. *A cry of pain pierced the night air.* **piercing** s 1 insanın içine, iliklerine işleyen; acı ve soğuk. *I was trembling in a piercing draught.* 2 (ses hk.) keskin ve acı, içe işleyen: *a piercing cry.*

piety ['paiiti] *i-sy* dindarlık ve sofuluk, Tanrı'ya ve dine karşı derin bir saygı duyma. *He is a man of true piety.* (karş. **impiety**). Ayrıca **pious**'a bkz.

pig [pig] *i+sy* 1 domuz; eti (=**pork**) için beslenen, evcil bir hayvan. 2 kötü huylu ve hain, pisboğaz, üstü başı pis birisi; domuz gibi birisi. (*k. dil.* ve *kib. olm.*). **piggy-back** için **pickaback**'e bkz. **piggybank** şekli bir domuza benzeyen çocuk kumbarası. **pigheaded** s inatçı; keçi kafalı. *I've given him advice but he's too pigheaded to accept it.* **pigskin** *i+sy* domuz derisi, veya kösele. Ayrıca s domuz derisinden yapılmış. **pigsty** 1 domuz ahırı, 2 çok pis bir yer; ahır gibi yer. *This kitchen is an absolute pigsty.* (*k. dil.*). **pigtail** uzun örgülü saç. **piggy/pig in the middle** 'ortada sıçan' oyunu; iki çocuk topu birbirine atarken ortadaki bir çocuk da bu topu kapmaya çalışır. **pigeon** ['pidʒən] *i+sy* güvercin. *Pigeons often live in towns.* **pigeonhole** *i+sy* kutucuklar halinde yapılmış açık bir dolaptaki gözlerden bir tanesi; mektup gözü. Ayrıca *f+n* 1 bir dolap gözüne koymak. 2 sınıflandırmak, tasnif etmek.

pigment ['pigmənt] *i+sy* /-sy 1 boya maddesi. 2 pigment; canlı bir organizmanın oluşturduğu, ona özel bir renk veren kimyasal madde; yaprak ve çiçeklerin hayvanlardaki deri ve tüylerin, saçların doğal rengini bu madde meydana getirir: *the pigment in the skin; the pigment in plants.* **pigmentation** [pigmən'teiʃən] *i-sy* pigmentasyon. *The pigmentation of a person, animal, or plant is the natural colouring it has.*

pigmy ['pigmi] *i+sy* **pygmy**'e bkz.

pike[1] [paik] *i+sy* kargı; eskiden askerlerin bir silâh olarak kullandığı ucu sivri ve demirli uzun mızrak.

pike[2] [paik] *i+sy* turnabalığı, tatlı sularda yaşayan ince, ama iri bir yırtıcı balık olup diğer balıkları, kurbağaları, vb. hayvanları avlayarak geçinir. çoğ. biç. **pike**.

pile[1] [pail] *i+sy* 1 yığın, küme: *a pile of books.* 2 çok, bir yığın, bir sürü: *a pile of earth.* Ayrıca *f+n* yığmak, küme etmek. *He piled the books on the table.* **pile up** yığılmak, birikmek. *His debts began to pile up.* **pile-up** *i+sy* bir sürü taşıtın birbirine geçip üstüste yığıldığı yol kazası. *There had been a ten-car pile-up on the E5.*

pile[2] [pail] *i+sy* ahşap, çelik veya betondan imal edilerek, toprağa, genellikle de suyun içine çakılarak bir köprünün, vb. ayağını oluşturan büyük kazık.

pile[3] [pail] *i+sy/ -sy* hav; kadife, çuha, yün, vb.'nin yüzeyindeki ince tüy. *The pile of that Chinese rug is almost half an inch long.*

piles [pailz] *i-sy* basur memesi; anüste genişleyip meme gibi uzamış damar yığını. *Piles are swellings that appear in the blood vessels inside a person's anus and then develop into painful growths.* (eş anl. **haemorrhoids**).

pilfer ['pilfə*] *f+n/-n* ufak, tefek şeyleri çalmak, aşırmak, araklamak. *He was fined for pilfering some fruit.*

pilgrim ['pilgrim] *i+sy* 1 hacı; din buyruklarını yerine getirmek için hacca gitmiş Müslüman: *a pilgrim to Mecca.* 2 hacı; Kudüs'ü, Efes'i ya da başka kutsal bir yeri ziyaret etmiş olan Hıristiyan. **pilgrimage** *i+sy* hac; hac yolculuğu. *The holy men travelled many miles on their pilgrimage to the sacred city.*

pill [pil] *i+sy* hap; kolayca yutulabilmesi için küçücük bir top biçiminde getirilmiş ilaç. *Water helps in swallowing a pill.* (*eş anl.* **tablet**). **the pill** doğum kontrol hapı; gebeliği önlemek üzere kadınlar tarafından düzenli olarak yutulan bir hap. *She was on the pill.*

pillage ['pilidʒ] *f+n/-n* yağma etmek, talan etmek; savaşta ele geçirilen bir yerden zor kullanarak mal, eşya alıp gitmek. *Last month, bandits pillaged two villages in the west.* (*eş anl.* **looting, plunder**).

pillar ['pilə*] *i+sy* sütun; üstüne oturtulan bir çatı için, veya süslü bir destek olarak kullanılan silindir biçiminde düşey direk. **pillar box** posta kutusu, mektup kutusu; yollara dikilen alçak bir direk üstündeki mektup atmaya yarayan kutu.

pillion ['piliən] *i+sy* motosiklette sürücünün arkasında ikinci bir kişinin oturacağı yer; arka sele: *ride pillion* (=arka seleye binmek; arka selede gitmek).

pillory ['piləri] *i+sy* ceza boyunduruğu; suçlunun başını ve ellerini geçirmeye mahsus delikleri olan cezalandırıldığı haç biçiminde teşhir aleti. *In Europe in the Middle Ages criminals were locked in a pillory for a period of time as a punishment.* Ayrıca *f+n* 1 ceza boyunduruğuna bağlayarak, cezalandırmak. 2 elaleme karşı rezil maskara etmek. *The newspapers pillory dishonest politicians.*

pillory

pillow ['piləu] *i+sy* baş yastığı. **pillowcase, pillowslip** yastık yüzü, yastık kılıfı (pamuklu ya da ketenden yapılır). **pillow talk** yatak sohbeti.

pilot ['pailət] *i+sy* 1 pilot, gemi kılavuzu; bir limanın giriş, çıkışında, veya bilgi ve tecrübe isteyen bir yerde geminin idaresini ele alıp kılavuzluk eden kimse. *We got a pilot who guided us through the dangerous reefs.* 2 pilot; bir hava taşıtını kullanmak ve yönetmekle görevli kimse. *The pilot landed the airplane safely.* Ayrıca *f+n* kılavuzluk, veya pilotluk yapmak. *Can you find someone to pilot us out of here?* **pilot survey/project/experiment** deneme niteliğinde olan bir araştırma/proje/deney, vb. *This year we are trying a pilot scheme.* **pilot light** *i+sy* 1 (bir şofben, bir mutfak fırınında devamlı yanan) pilot, veya tutuşturma alevi. 2 (ufak bir elektrik aygıtındaki cereyanın olduğunu gösteren) kırmızı lamba.

pimp [pimp] *i+sy* pezevenk; hayat kadınlarına müşteri bulan kimse; kodoş. (*eş anl.* **procurer**).

pimple ['pimpl] *i+sy* sivilce; içinde irin bulunan küçük deri kabarcığı. *I had pimples on my neck.* **pimply** *s* sivilceli.

pin¹ [pin] *i+sy* topluiğne. **pincushion** iğnedenlik; iğne yastığı. **pinpoint** *i+sy* çok küçük bir nokta ya da kesim: *a pinpoint of light.* Ayrıca *f+n* (bir şeyin) özünü, gerçek niteliğini ya da nedenini bulmak. *The teacher pinpointed the reasons why I had done badly in the last examination.* **pinup** güzel bir kızın, kadının gazete, veya dergiden kesilerek bir duvara, vb. asılan çıplak resmi. (*k. dil.*). **drawing pin** (*Brİ*'de) raptiye; düz, geniş başlı, kısa bir çivi görünümünde, kağıt veya karton gibi şeyleri bir yere tutturmak için kullanılan araç. (*Amİ*'de **thumbtack**). **pins and needles** karıncalanma; vücudun bir yerindeki uyuşukluktan sonra, kan dolaşımının başlaması ile o yerde karıncalar dolaşır gibi bir his duyulması. *He had been lying with the weight of his body on one leg and when he got up it was all pins and needles.*

pin² [pin] *f+n* 1 toplu iğne ile birbirine iliştirmek ya da tutturmak: *pin some papers together; pin a flower onto one's coat; pin a notice on the wall.* 2 kıpırdayamaz hale sokmak, çivilemek, sıkıştırıp bırakmak. *The fallen tree had pinned his leg to the ground. geç. zam. ve ort.* **pinned. pin up** bir iğne ile (bir yere, örn. bir duvara) tutturmak. *She pinned the*

photo up on the wall.
pinafore ['pinəfɔ:*] *i+sy* önlük; entariyi veya bir çocuğun üstünü temiz tutmaya yarayan bol bir giysi.
pincers ['pinsəz] *içoğ* 1 kerpeten. 2 (yengeç, ıstakoz, vb. hayvanlarda) kıskaç.
pinch [pintʃ] *f+n/-n* çimdiklemek, çimdik atmak; kıstırmak, sıkıştırmak. *He pinched the child's cheek. My finger was pinched in the doorway.* 2 sıkmak, vurmak; çok dar olduğu için sıkıp acıtmak. *These shoes must be too small because they pinch.* 3 çalmak, aşırmak, araklamak, yürütmek. *I bet you pinched that money.* (*k. dil.*). Ayrıca *i+sy* 1 çimdik, sıkıştırma: *a pinch on the cheek.* 2 tutam; parmak uçlarıyla tutulabilecek miktar: *a pinch of salt.*
pine[1] [pain] 1 *i+sy* çam (ağacı). *Pine trees grow in cool parts of the world.* 2 *i-sy* bu ağacın keresteси. **pinecone** çam kozalağı.

pine[1]

pine[2] [pain] *f-n* 1 özlemek, hasretini çekmek: *pine for one's home.* 2 yavaş yavaş zayıflamak; sararıp solmak.*The poor child was just pining away.*

pineapple

pineapple ['painæpl] *i+sy/-sy* ananas; kabuğu sert ve tepesinde ince yapraklardan bulunan iri, sulu, sarı renkte bir tropikal meyva.
ping [piŋ] *i+sy* tınnñğ diye bir ses; bir bardağa sert bir şeyle vurulduğunda çıkan ses.
ping-pong ['piŋpɔŋ] *i-sy* masa tenisi; pingpong.
pink [piŋk] *i+sy/-sy* 1 pembe renk. 2 (bir tür) çiçek. Ayrıca *s* pembe. **pinkie** serçe parmak. (*k. dil. eş anl.* **little finger**). **be in the pink** sağlığı yerinde olmak, sıhhatli ve sağlam olmak. *She certainly looks in the pink.*
pinnacle ['pinəkl] *i+sy* 1 sivri uçlu kaya, veya zirve, doruk. *No-one has ever climbed that treacherous rocky pinnacle.* 2 (bir kimsenin mesleğindeki, başarısındaki, vb.) en yüksek nokta, veya düzey. *He was at the pinnacle of his fame.*
pint [paint] *i+sy* paynt; 0.57 litreye eşit bir sıvı ölçü birimi: *a pint of milk; a pint of beer.*
pioneer [paiə'niə*] *i+sy* 1 öncü; yeni, veya bilinmeyen bir yere ilk yerleşenlerden birisi: *the pioneers of the American West.* (*eş anl.* **settler**). 2 öncü; bir şeyi ilk kez yapan ve böylece başkalarına bu konuda öncülük eden birisi. *Benjamin Franklin was a pioneer in the study of electricity.* Ayrıca *f+n* öncülük etmek, yol açmak. *Astronauts are pioneering in exploring outer space. British scientists pioneered research into microcomputers.*
pious ['paiəs] *s* dindar, sofu; dini inancı güçlü, din kurallarına bağlı. *Ahmet is so pious he prays to Allah every day.* (*karş.* **impious**). (*eş anl.* **religious**).
pip [pip] *i+sy* 1 elma, portakal, vb. çekirdeği. *Take the pips out of the orange.* 2 bip sesi; radyoda saat ayarı verilirken çalınır; ya da telefondaki ikaz sesi. *I put my watch right by the pips.* **pip someone at the post** (bir yarışmada) rakibini son anda mağlup etmek, yenmek. **give someone the pip** bir kimseyi kızdırmak, veya canını sıkmak.
pipe[1] [paip] *i+sy* 1 boru; bir yerden bir yere sıvı ya da gaz aktarmaya yarayan uzun ve dar silindir: *gaspipe; water pipe; drainpipe* (=oluk; suyu dışarı akıtan boru). 2 pipo. *I smoke*

a pipe. **3** kaval. *She played a tune on a bamboo pipe.* **4** org borusu: *the widest pipe of the largest cathedral organ.* **pipes** içoğ gayda. *I play the pipes.* **pipeline** boru hattı (petrol, vb. naklinde kullanılır). **in the pipeline** yolda, gelmekte olan, eli kulağında.

pipe² [paip] *f+n/-n* gaz, veya sıvıları borular aracılığıyla nakletmek, getirmek, aktarmak: *pipe water into a village. Our street is being piped for gas.* **pipe down** susmak, sesini kesmek. *I wish he would pipe down.* **piper** *i+sy* kaval çalan kimse, kavalcı; gayda çalan kimse, gaydacı. **piping** *i-sy* **1** boru şebekesi: *one hundred feet of piping.* **2** kaval, veya gayda çalma işi ya da sanatı. Ayrıca *s* ince ve tiz: *a piping voice.* **piping hot** çok sıcak, dumanı üstünde. *The food here is always served piping hot.*

piquant [ˈpiːkənt] *s* **1** zeki; ilginç; merak uyandırıcı: *a piquant idea. The boy's curiosity was piquant by the locked trunk.* **2** hoş ve keskin lezzetli. *This sauce should be more piquant.*

pique [piːk] *i+sy* (insanın gururu incinince ortaya çıkan) güceniklik, kırgınlık, küskünlük; incinme, kırılma, darılma. *She was in a fit of pique because everyone was late for her party.* Ayrıca *f+n* gücendirmek, incitmek. *It piqued her that we had a secret she did not share.*

pirate [ˈpaiərət] *i+sy* korsan; gemilere saldırıp onları soyan deniz haydudu. *The pirates attacked the merchant ship.* Ayrıca *f+n* bir kitabın telif hakkını almadan yayınlamak, veya bir hakkı izinsiz kullanmak. *His book was pirated in several countries. The designs for the new dress collection were pirated.* **piracy** *i-sy* korsanlık; bir hakkı izinsiz kullanma. **pirate radio station** korsan radyo istasyonu; izinsiz yayın yapan radyo istasyonu.

pirouette [piru'et] *i+sy* (dansta) tek ayak, veya ayak parmakları üzerinde çok hızlı dönüş; ayak ucu dönüşü. Ayrıca *f+n* ayak ucunda dönmek; bu biçimde tam dönüşler yapa yapa ilerlemek.

piss [pis] *f-n* işemek; çişini yapmak. *He pissed twice this morning.* (*k. dil.*). **is pissing with rain** Şakır şakır yağmur yağıyor. Bardaktan boşanırcasına yağmur yağıyor. **pissed** sarhoş; kafayı

bulmuş. *They all got pissed at the party.* **piss off** Siktir! Siktir ol git! **be pissed off (with) someone/ something** bir kimse, veya bir şeyden bıkmak, gına gelmek. *I am pissed off with her.*

pistol [ˈpistl] *i+sy* tabanca. *A pistol is a small gun that is held in the hand. The man shot himself with a pistol.*

piston [ˈpistn] *i+sy* piston; bazı araçlarda, motorlarda bir silindir (=**cylinder**) içinde düzenli hareket eden daha küçük çaplı silindir.

piston

pit [pit] *i+sy* **1** çukur (özl. bir şeyler çıkarmak için kazılan derin çukur): *a coalpit* (=kömür ocağı). **2** bir tiyatroda arka koltuklar. Ayrıca *f+n* **1** çopur bırakmak. *His face had been pitted with smallpox.* **2** bir kavgada, bir yarışmada, vb. birisine/bir şeye karşı, başka birisini/bir şeyi karşı çıkarmak; boy ölçüştürmek. *He had pitted himself against a much stronger man.* *geç. zam. ve ort.* **pitted**. **pitfall** umulmadık bir tehlike, veya güçlük; gizli tehlike; tuzak. *There are many pitfalls in his plan.* **pit-a-pat** [ˈpit ə pæt] (örn. yağmurun yere düşerken çıkardığı ses gibi) pıt pıt; pıtır pıtır. (*eş anl.* **pitter-patter**).

pitch¹ [pitʃ] *f+n/-n* **1** atmak, fırlatmak. *He pitched the ball to the other end of the field.* **2** pat diye öne (ya da yana) düşmek, veya düşürmek. *He pitched forward onto the road. They were pitched from the car.* **3** (çadır, kamp) kurmak: *pitch a tent.* **4** (gemiler hk.) başı ve kıçı ine kalka yol almak; baş kıç vurmak. *The ship was pitching badly in the storm.* **pitchfork** diren; harmanda sapları yaymaya yarar uzun çatallı araç, dirgen.

pitch² [pitʃ] **1** *i-sy* atış. **2** *i+sy* kriket

oyununda kaleler (=**wickets**) arasındaki alanın uzunluğu 3 i+sy/-sy perde; ses perdesi; bir sesin alçaklık, veya yükseklik derecesi. 4 *i-sy* düzey, derece, ölçü: *at a tremendous pitch of excitement.* 5 i+sy oyun alanı; üzerinde futbol, hokey, vb. oyunların oynandığı saha.

pitch³ [pitʃ] *i-sy* zift. *Pitch is used on the bottoms of ships and boats and on the roofs of houses to prevent water from getting in.* **pitch-black, pitch-dark** *s* zifiri karanlık; göz gözü görmez karanlık. *The pitch-black clouds loomed on the horizon. The night was pitch-dark and we couldn't see where we were going.*

pitcher ['pitʃə*] i+sy 1 (*AmI*'de) sürahi. *A pitcher is a jug; used in American English.* 2 testi. *Pitchers are usually used for holding and pouring water.*

piteous ['pitiəs] *s* insanda acıma duygusu uyandıran, veya acındırmaya yönelik; acıklı, hazin, yürekler acısı. *The starving children are a piteous sight.*

pith [piθ] *i-sy* 1 öz; bitkilerin kök, gövde ve dallarının boydan boya ortasında bulunan, hafif, gevrek ve çoğu yumuşak bölüm: *the pith of an orange.* 2 bir şeyin özü, ruhu; asıl, esaslı ya da ana kesimi. *His notes summed up the pith of the lecture.* **pithy** *s* kısa ve özlü, veciz; güçlü bir biçimde belir-tilmiş: *a pithy speech.*

pittance ['pitns] i+sy sadaka gibi ücret; az miktarda bir para; çekirdek nohut parası: *work for a (mere) pittance.*

pity ['piti] *i-sy* 1 acıklı, acıma, merhamet; başkalarının mutsuzluğuna ya da acısına karşı gösterilen üzüntü. *We helped him out of pity* (=ona acıdığımız için yardım ettik). 2 acıklı, talihsiz ya da elverişsiz bir durum. *It's a pity that you missed the train* (=(Yazık) Treni kaçırdığınıza üzüldüm). Ayrıca *f+n* bir şeye ya da birisine acımak. *They pitied the crippled man.* **pitiable** *s* acımaya değer, merhamete layık; *in a pitiable condition.* **pitiful** *s* 1 acıklı, acınacak halde, hazin, yürekler acısı. *The thin child was pitiful to see.* 2 alçak, adi, değersiz. *The thief made a pitiful attempt to get out of his punishment by lying.* **pitifully** *z* merhamet uyandırarak. *She looked at*

me pitifully and scrambled to his feet. **pitiless** *s* acımasız, merhametsiz, katı yürekli: *a pitiless enemy. The,creatute looked at me with pitiless eyes.* **For pity's sake!** (bıkkınlık, can sıkıntısı, vb. bir şeyi ifade ederken) Allahaşkına! *For pity's sake, Jane! Where do you pick up such ways.*

pivot ['pivət] i+sy pim, mil; bir şeyin, üzerinde döndüğü sabit nokta ya da sivri uç. *The wheel turned on a pivot in the centre.* Ayrıca *f+n/-n* bir pim, bir mil üzerinde dönmek.

pixie, pixy ['piksi] i+sy sivri kulaklı ve sivri külahlı, ufak, muzip cin. *Pixies are found in many children's stories.*

placard [plækɑːd] i+sy yafta, afiş; herkesin görebileceği yere konmuş ya da asılmış basılı, veya yazılı büyük bir duyuru. *They were paraded round the campus carrying placards.* (eş anl. **notice, poster**).

placate [plə'keit] *f+n* kızgınlığını gidermek yatıştırmak, teskin etmek. *We tried to placate them with gifts.* (eş anl. **appease**).

place¹ [pleis] i+sy 1 yer, mevki, mahal; bir şeyin, veya bir kimsenin bulunduğu yer. *His house is in a quiet place near the river.* 2 yer, kullanım alanı; belirtilen özel amaç için kullanılan bir yer: *a market place; a place of worship.* 3 yer, bölge, kent, semt. *The people had come from different places.* 4 yer; bir şeyin üzerinde bulunan belli kısım. *There is one place on the ceiling where the water has come through.* 5 bir konuşmada, bir tartışmada, vb. sıralanan nokta. *I would not advise you to read that book, because, in the first place* (=ilk önce) *it is very difficult and, in the second place,* (=ikinci olarak; ondan sonra) *it is rather dull.* 6 yer; bulunan nokta. *Nobody in the class may leave his place without permission.* 7 bir kitapta, bir yazıda, vb. (en son okunmuş olan) sayfa, paragraf, bölüm, vb. *I've lost my place.* 8 basamak, hane; ondalık bir sayıda noktanın sağındaki rakamlardan her birisinin yeri: *give a number to two places of decimals* (örn. 4.55). 9 bir yarışta elde edilen derece: *come in second place.* 10 toplumdaki yer, mevki: *one's place in society; keep/put someone in·his place* (=birisine haddini bildirmek;

birisini hizaya getirmek). 11 iş, görev, üstüne vazife; insanın yapması gereken bir şey. *It is your place to greet the guests as they arrive.* 12 ev, konut, mesken. *John invited us over to his place.* 13 bir yerdeki cadde, veya meydan ismi: *St. James's Place* (=St. James Meydanı). **place mat** (sofrada) tabak altlığı; Amerikan servisi. **in place** uygun yerine, yerli yerine. *I hope you left all the books in the library in place.* **in place of** (bir şeyin, bir kimsenin) yerine. *Jones will play for the team in place of Brown.* **be out of place** 1 uygun, bulunması gereken yerde değil, yerinden çıkmış; yerli yerinde bulunmamak. *She was slightly out of breath but one hair was out of place.* 2 yersiz, yakışıksız. *It was out of place for you to cheer when the headmaster said he was leaving.*

place² [pleis] *f+n* 1 belli bir yere koymak, yerleştirmek. *He placed the book on the desk. He placed sentries round the camp.* 2 (bir şeyin) bütün ayrıntılarını, nerede, ne zaman en son gördüğünü, işittiğini, vb. tam olarak hatırlamak; (birisinin) kim olduğunu çıkarmak, hatırlamak. *I've heard his name but I can't place him.* 3 ısmarlamak; (sipariş) vermek, etmek. *We placed an order for 342 cartons of paper.* 4 değer vermek, önem vermek: *place confidence in a friend* (=bir dosta, arkadaşa güvenmek). 5 (bir işe, vb.) yerleştirmek; (birisine) iş bulmak. *Two of the children still haven't been placed.* **be placed** (bir yarışta) birinci, ikinci veya üçüncü olmak; ilk üçe girmek. *My horse wasn't even placed.*

placid ['plæsid] *s* 1 (insanlar, veya hayvanlar hk.) sessiz, sakin, halim selim; kolayca kızmayan, öfkelenmeyen: *someone having a placid nature. Joan is a placid person and isn't upset by little things.* 2 (cansız şeyler hk.) durgun, hareketsiz; sakin, huzur veren: *a placid scene. The lake is very placid on still evenings.* **placidity** [plə'siditi] *i-sy* sessizlik, sakinlik; durgunluk.

plague [pleig] 1 *i-sy/itek* veba; hasta sıçanlardan insana geçen bir mikrobun oluşturduğu bulaşıcı, öldürücü bir hastalık. *Hundreds of people died during the plague.* 2 (kolera (=**cholera**), tifo (=**typhoid**), vb. gibi) salgın ve öldürücü hastalık: *disesters*

such as wars, plagues, earthquakes, and famine.* 3 felâket, ansızın gelen belâ: *a plague of wasps/locusts.* 4 baş belâsı, dert. Ayrıca *f+n* ardarda yineleyip durarak adamın canını sıkmak, içine sıkıntı vermek, başının etini yemek. *The little girl plagued her father by begging over and over to go to the zoo.*

plaice [pleis] *i+sy* pisibalığı. *Plaice/A plaice is an edible sea fish with flat body.* çoğ. biç. **plaice.**

plaid [plæd] *i+sy* çok renkli, uzunca bir yünlü kareli atkı. *A plaid is worn over the shoulder as part of Scottish Highland national dress.*

plain¹ [plein] *s* 1 açık seçik, kolay anlaşılır; görmesi, işitmesi ve anlaması kolay. *You have made your meaning plain. His voice was quite plain over the telephone.* (eş anl. **clear**). 2 sade, basit, düz: *plain food; a plain man. I bought some plain, blue material to make a dress. made a plain dress.* 3 güzel değil: *a rather plain girl.* (eş anl. **homely**). 4 açık, dürüst, samimi, dobra dobra. *I must be plain with you.* Ayrıca *z* açıkça: *speak plain.* **plainly** *z* açıkça. *He said that quite plainly.* **in plain clothes** (genl. polisler hk.) sivil elbiseli.

plain² [plein] *i+sy* ova, yazı; geniş veya dar düzlük. *Cattle wandered over the western plains.*

plaintiff ['pleintif] *i+sy* davacı; dava eden kimse. *A plaintiff is a person who brings a legal case against someone in a court of law.*

plaintive ['pleintiv] *s* yakınan, sızlanan, kederli, hüzünlü, iniltili, sızlanmalı. *It was a plaintive song.*

plait [plæt] *f+n* (saç, saz, vb.) örmek, örgü yapmak. *My sister was plaiting a bracelet out of water grasses.* Ayrıca *i+sy* örgü, saç örgüsü: *a girl wearing her hair in plaits.*

plan [plæn] *i+sy* 1 plan, düşünce, tasarı, niyet; bir işin, bir yapıtın gerçekleşmesi için uyulması tasarlanan düzen. *What plans do you have for the holidays?* 2 bir yapının, bir bahçenin, vb. çeşitli bölümlerini (genl. üstten) gösteren çizim. *Here is a plan of the ground floor. If you look at his plan of the school grounds you will see where the football field is.* 3 bir makinenin çeşitli parçalarını gösteren çizim. **4** bir ülkenin daha zengin, vb. olması için hükümetin yapmayı düşündüğü plan: *a five-year plan.* Ayrıca *f + n* **1** planlamak, tasarlamak, niyet etmek: *plan a surprise for someone. I am planning to go to London next week.* **2** bir şeyin planını çizmek, taslaklarını, modellerini, veya maketlerini yapmak, hazırlamak. *geç. zam.* ve *ort.* **planned. plan out** bir şeyin hazırlığını yapmak; planlamak. *I'm planning out the school debate.* **according to plan** planlandığı gibi, düşünülüp, tasarlandığı gibi. *Everything went according to plan.*

plan

plane¹ [plein] *i + sy* **1** düz, dümdüz bir yüzey. **2** düzey, seviye, ölçü. *The discussion was on too high a plane for me* (= Tartışma benim anlamayacağım kadar üst düzeydeydi). **3** uçak. *(eş anl.* **aeroplane). 4** rende, planya; tahta yüzeyleri pürüzsüz duruma getirmek, biçim vermek için marangozların kullandığı araç. Ayrıca *f + n* rendelemek. *The carpenter planed the pieces of wood before fitting them together.* Ayrıca *s* dümdüz ve pürüzsüz; yalnızca eni ve boyu olan, düzlemsel: *a plane figure.*

plane² [plein] *i + sy* çınar ağacı. Ayrıca **plane tree** de denir.

planet ['plænit] *i + sy* gezegen, seyyare; güneş cevresinde dolanan, ondan al-

dıkları ışığı yansıtan gökcisimlerinin ortak adı, planet. *Mercury, Venus, the Earth, Mars, Jupiter, Saturn, Uranus, Neptune, and Pluto are planets.*

plane tree

plank [plæŋk] *i + sy* kalas; uzun tahta. *The bridge was made of rough planks.* **make someone walk the plank** (ceza olarak) geminin yan tarafından denize doğru uzatılmış bir kalasın üzerinden yürütüp denize atmak. *The evil captain made all his prisoners walk the plank.*

plankton ['plæŋktən] *i-sy* plankton. *Plankton is a layer of tiny animals and plants that live in the surface layer of the sea.*

plant [pla:nt] **1** *i + sy* bitki. *A plant is a lving thing that grows in the earth and that has a stem, leaves, and roots* **2** fabrika, imalathane: *a plant for making aircraft.* Ayrıca *f + n* **1** (bitki) dikmek, (tohum) ekmek. *Farmers plant seeds.* **2** dikmek; yerleştirmek, koymak. *Jane planted the child in front of her husband. The boy planted his feet far apart. Columbus planted the flag of Spain in the ground.* **3** kondurmak, aşketmek, indirmek, yapıştırmak. *He planted a kiss on her cheek.* **place oneself** dikilmek, çakılıp kalmak. *She planted herself in my path.* **plantation** [plæn'teiʃən] *i + sy* **1** (özl. tropikal ülkelerde) çay, pamuk, şeker vb. yetiştiren büyük çiftlik. *He manages a cotton plantation.* **2** kerestelik koru. **planter** büyük çiftlik sahibi.

plaque [plæk] *i + sy* plaka, levha; metal, vb. yapılmış olup süs olarak kullanıldığı gibi, bir şeyin anısı için de hazırlanır.

plasma ['plæzmə] *i + sy* plazma; kanda

alyuvarlarla akyuvarların içinde bulunduğu sıvı. *Plasma contains proteins, salts, water, etc., and is much used in transfusions. The accident victim was given plasma.*

plaster ['pla:stə*] *i-sy* 1 sıva; herhangi bir yapıdaki yüzeyleri, sözgelimi duvarları, tavanı, vb. düzgünleştirmek, kaplamak için kullanılan, kireç, kum, vb. karışımı. *We put some plaster on the walls and then wallpapered them.* 2 alçıdan (=**plaster of Paris**) yapılan macun; kırıkları, çıkıkları alçıya almak için kullanılır. *I think we'd better put a plaster on that cut.* Ayrıca *f+n* 1 sıvamak; sıva yapmak, sıva vurmak. 2 kalın bir tabaka ile kaplamak. *His hair was plastered with oil.* **plaster of Paris** alçı; alçıtaşının pişirilip toz durumuna getirilmesinden elde edilen maddeye su katarak yapılan macunsu bir karışım; heykel, kalıp, vb. yapımında kullanılır. **plaster/sticking plaster** plaster; yara üzerine yapıştırılan bant. *I put a plaster on my cut.*

plastic ['plæstik] *s* 1 biçim verilmeye elverişli olan. *Clay is a plastic material.* 2 kolayca değişen, veya etkilenen. (*esk. kul.*). 3 bir şeyin biçimlendirilmesi ile ilgili olarak: *the plastic art of sculpture; plastic surgery* (=estetik cerrahisi). 4 plastik: *plastic cups; plastic raincoats.* Ayrıca *i-sy* plastik, plastik madde; organik ve sentetik olarak yapılan madde.

Plasticine ['plæstisi:n]° *i-sy* oyun hamuru; plastisin. *Plasticine is a trademark for a soft coloured substance like clay which is used by children for making little models.*

plate [pleit] 1 *i+sy* tabak, sahan: *dinner plate* (=yemek tabağı); *tea plate* (=çay tabağı). 2 *i+sy* bir tabağın aldığı miktarda yiyecek, yemek: *a plate of soup.* 3 sofra takımı; altın ve gümüşten yapılmış metal eşya: *cupboard full of gold plate.* 4 *i+sy* ince, düz metal, cam, vb. bir tabaka, levha: *steel plates.* **plateful** *i+sy* bir tabak dolusu: *a plateful of rice.* **plate glass** vitrin, ayna, vb. camı; kalın, kusursuz, pırıl pırıl ve çok pahalı cam.

plateau ['plætou] *i+sy* yayla, yüksek ova; plato; deniz seviyesinden yüksek, düz yeryüzü parçası. *The airport was build on a plateau.* *çoğ. biç.* **plateaus**, veya **plateaux** ['plætouz].

platform ['plætfɔ:m] *i+sy* yüksekçe yer; platform, kürsü; peron. *He spoke to us from a platform in the school hall. He was coming by train, so I waited on the platform.*

platinum ['plætinəm] *i-sy* platin; kolay işlenen çok dayanıklı değerli bir element. Simgesi Pt. *Platinum is often used for making jewellery.*

platitude ['plætitju:d] *i+sy* basmakalıp, beylik söz. *His speech was full of platitudes.* (*eş anl.* **cliché**).

platoon [plə'tu:n] *i+sy* (askerlikte) takım; bir bölüğü oluşturan birliklerden her biri. *Platoon is one section of a company and which is commanded by a lieutenant.*

platter ['plætə*] *i+sy* (*AmI*'de) yemek (özl. balık ve et) servis tabağı.

plausible ['plɔ:zibl] *s* 1 akla yakın, mantığa uygun. *She had a plausible excuse.* (*eş anl.* **reasonable**). 2 görünüşte akla uygun, ama doğruluğu su götürür sözler söylemekte usta; yanıltıcı aldatıcı: *a plausible liar.* (*karş.* **implausible**). **plausibly** *z* makul olarak, akla sığacak şekilde. **plausibility** [plɔ:zi'biliti] *i-sy* makul olma, akla yakınlık.

play¹ [plei] *f+n/-n* 1 oynamak, eğlenmek. *The children are playing outside.* 2 oynamak; bir oyuna katılmak. *We play football/at football every Saturday. Do you play chess?* 3 bir maçta (birbirine karşı, veya başkalarına karşı) oynamak. *Our school is playing another team at hockey on Friday.* 4 (takımda) oynatmak, takıma koymak. *They are playing some of their best men in this game.* 5 (elindeki oyun kağıtlarını) (sıra kendine geldiğinde) oynamak. *He played the king of hearts.* 6 (birisine) oyun oynamak: *play a joke/trick on someone.* 7 (radyo, vb) çalmak. *Passengers must not play radios or cassettes. She's playing the tape.* 8 bir müzik aletini çalmak. *He played the piano beautifully.* 9 (tiyatroda, sinemada bir rolü) oynamak: *play (the part of) Hamlet.* 10 üzerinden şöyle bir gelip geçmek. *The sunlight played upon the water* (=Güneş sulara vurup pırıl pırıl parlıyordu. / Güneş suların üzerinde oynaşıyordu). *A smile played on his lips* (=Dudaklarında hafifçe bir tebessüm belirdi). **play down** önemsememek; fazla önemli değilmiş gibi göstermek. *He is playing down the skills involved in completing his job.* **play-off** *i+sy* (berabere biten bir maçtan sonra kazananı belirlemek için oynanan) ikinci maç. **play-act** (acımış gibi, üzülmüş gibi, vb.) numara yapmak.

play² [plei] 1 *i-sy* oyun; sadece eğlenme amacı ile yapılan bir hareket. *The children are at play. Life should not be all work and no play.* (= Hep çalışmak olmaz, biraz da eğlence lazım. /Hayat sadece çalışmaktan oluşmamaştır, eğlence de gerek). 2 *i-sy* oyun, bir spor dalında sergilenen hareketler, veya bunların yapılış şekli. *There was some exciting play near the end of the game.* 3 *i+sy* oyun, piyes: *the plays of Shakespeare; see an amusing play.* 4 *i-sy* boşluk, pay: (hafif bir gevşeme ile sağlanan) hareket serbestliği. *Give the rope more play* (= İpi biraz gevşet). 5 *i-sy* üzerinden şöyle bir gelip geçme; oynaşma, kıpır kıpır oynama: *the play of sunlight on water* (= güneşin sudaki pırıltısı, oynaşması). 6 *i-sy* kullanmak, kullanmaya başlamak: *bring all one's skill into play* (= bütün hünerini kullanmak). **playfellow, playmate** oyun arkadaşı. *My playmate could not come out today.* **playhouse** tiyatro. **playground** oyun sahası, alanı. **playpen** (küçük çocuklar için) oyun kafesi. **plaything** oyuncak. *They put their playthings away.* **playtime** oyun zamanı. **playwright** oyun yazarı; piyes (yazan) kimse. **fair play** dürüst hareket. *See that there is fair play.*

plea [pli:] *i+sy* 1 rica, yalvarma. *The giant laughed at Jack's plea for pity.* 2 savunma; bir kimsenin bir suçlamaya karşı, mahkemede yaptığı, kendisini haklı göstermeyi amaçlayan konuşma. *The plea of the man who drove past the red light was that he did not see it.*

plead [pli:d] *f+n/-n* 1 yalvarmak, dilemek, rica etmek. *She pleaded with him to show some pity.* 2 (mahkemede) suçlamayı karşılamak; (kendisini) savunmak. *The prisoner have pleaded guilty. He got a good lawyer to plead his case.* 3 bir hareketi açıklamak; haklı göstermek için özür olarak ileri sürmek. *The man we found stealing*

money from the house pleaded poverty.

pleasant ['pleznt] *s* 1 zevkli, memnuniyet verici; iyi, uygun, münasip. *He had a pleasant occupation.* 2 sevimli, şirin, cana yakın, hoş. *A pleasant young man came to see you.* (karş. **unpleasant**). **pleasantly** *z* hoşa gider bir şekilde, hoşça. *'Please come in,* she said pleasantly. **pleasantness** *i-sy* hoşluk, zevk; memnuniyet verici oluş.

please¹ [pli:z] *ünlem* 1 (bir şeyi kibarca isterken kullanılır) Lütfen. *Please sit down* (= Lütfen oturunuz). *A cup of tea, please* (= Bir fincan çay rica edeceğim). *'Would you like a biscuit?'—'Yes, please.'* 2 (bir ricayı ya da isteği güçlendirmek için kullanılır) Lütfen. *Could I please have your attention? Please, mother, I don't want!* NOT: bir sözü, bir dileği kibar ve nazik bir şekilde ifade etmenin türlü yolları vardır. İçinde *please* de olmak üzere bu ifadeler şöyle özetlenebilir:
1) *please*—genellikle temel fiilden önce ya da istenirse cümlenin sonuna getirilir.
Please bring me the book.
Bring me the book, please.
2) *will you.../won't you...*—istenirse *please* de eklenebilir. Cümlenin sonuna nokta ya da soru işareti konulabilir.
Will you bring me the book.
Won't you please bring me the book?
Bring me the book, won't you, please?
3) *Would you.../Could you...*—temel fiilden önce gelir ve istenirse *please* de eklenebilir.
Would you bring me the book?
Could you please bring me the book?
Could you bring me the book, please.
4) *I wish you would...*—temel fiilden önce gelir ve istenirse *please* de eklenebilir.
I wish you would bring me the book.
I wish you would please bring me the book.
I wish you would bring me the book, please.
5) *Do you mind.../Would you mind...*—bu yapılardan sonra temel fiilin *-ing* hali gelir.
Do you mind bringing me the book?
Would you mind bringing me the book?

6) *Why don't you...*—bu yapıdan sonra temel fiilin yalın hali gelir. *be* 'nin bir temel fiil olarak da kullanıldığı sıkça görülür.
Why don't you bring me the book?
Why don't you come with me?
Why don't you be quiet?
Why don't you be reasonable?

please² [pli:z] *f+n/-n* **1** memnun etmek, hoşnut etmek. *I think the arrangements pleased her very much. I was very pleased to see her school report. It pleases me to listen to music.* (*karş.* **displease**). **2** istemek, arzu etmek. *Come whenever you please. She does as she pleases.* **pleased** *s* memnun; memnuniyet, veya mutluluk duyan. *She looked pleased with herself. She gave a pleased smile. I am pleased with my new house.* (*karş.* **displeased**). **pleasing** *s* memnuniyet verici; talı, hoş, sevimli: *a pleasing young man; a pleasing smile.* (*karş.* **displeasing**, veya **unpleasing**).

pleasure ['pleʒə*] **1** *i-sy* zevk, haz; mutluluk durumu, veya duygusu. *It gives me much pleasure to be here He takes pleasure in listening to music. I shall do it with pleasure* (=Seve seve/zevkle/memnuniyetle yaparım). **2** *i+sy* zevk, keyif; bir mutluluk nedeni, neşe kaynağı. *Reading is my chief pleasure in life.*

pleat [pli:t] *i+sy* pili, kıvrım. *Margaret was wearing a skirt with pleats.* Ayrıca *f+n* pili yapmak. *Jane pleated the material.*

plebeiar [pli'biən] *i+sy* aşağı tabakadan kimse, avamdan biri. Ayrıca *s* aşağı toplumsal sınıflarla ilgili; adi, bayağı. *Her taste in music is so plebeian.* **pleb** [pleb] *i+sy* (=**plebeian**). (*k. dil.*).

plebiscite ['plebisit] *i+sy* halk oylaması, plebist; önemli bir konuda halkın olumlu, veya olumsuz kanısının belirmesi amacıyla yapılan oylama. *The question of whether drinking alcohol should be legal was decided by a plebiscite.*

pledge [pledʒ] *i+sy* yemin, ant; söz, teminat. *Mr Neary signed a pledge to give money to charity. She made a pledge that she would not steal again.* Ayrıca *f+n* yemin etmek, ahdetmek; şeref sözü vermek; (birisine) söz verdirmek. *He pledged never to return/*

that he would never return.

plenty ['plenti] *i-sy* bolluk, çokluk. *The new Dam will transform the whole area into a land of plenty.* Ayrıca *zamir* bir çok, bir sürü; yeteri kadar, istenen kadar. *Please don't hurry, there's plenty of time. If you need more chairs, there are plenty upstairs. I think two more bottles of milk will be plenty* (=iki şişe süt daha, yeter de artar bile). **in plenty 1** bol bol, ibadullah. *There was food in plenty.* **2** bolluk içinde, refah içinde: *to live in plenty.* (*eş anl.* **in abundance**). **plenty... enough** yeterince, gereğinden fazla: *That was plenty big enough.* **plentiful** *s* bol, çok; (yeterinden) fazla miktarda, sayıda. *Apples are cheap now because they are plentiful.*

pleurisy ['pluərisi] *i-sy* zatülcenp; akciğer zarı iltihabı; satlıcan. *Pleurisy is a serious illness in which the lungs are inflamed, breathing is difficult, and coughing causes great pain.*

pliable ['plaiəbl] *s* **1** kolayca eğilebilir, bükülebilir, esnek: *pliable piece of metal. Willow twigs are pliable.* **2** yumuşak başlı, kolay etkilenir. *He is too pliable to be a good leader.* **pliability** [plaiə'biliti] *i-sy* esneklik; yumuşak başlılık.

pliers ['plaiəz] *içoğ* genl. **pair of pliers** biçiminde kullanılır—pense.

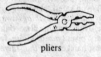

pliers

plight [plait] *i+sy* fena, veya üzüntülü bir durum. *James was in a sad plight when he became ill and had no money. The homeless family was in a terrible plight. The freezing weather made their plight more serious.*

plimsoll ['plimsəl] *i+sy* lastik pabuç, spor ayakkabısı; üstü keten, tabanı düz lastik ayakkabı. (*eş anl.* **gym shoe**).

Plimsoll line *i+sy* azami yükte suya batış miktarını gösteren gemilerin kenarındaki çizgi. (*eş anl.* **load line**).

P.L.O. [pi:el'ou] (=**P**alestine **L**iberation **O**rganization)—Filistin Kurtuluş Örgütü.

plod [plɔd] *f-n* **1** ağır ağır ve gayret

sarfederek yürümek. *You could see he was tired by the way he plodded along the road.* 2 ağır ağır, ama hiç durmadan, dinlenmeden çalışmak: *He plods away at his lessons until he learns them.* geç. zam. ve ort, **plodded.**

plop [plɔp] *i+sy* 'pıt, tıp, lap' sesi; örn. bir şapkanın suya düşüşü gibi bir ses. Ayrıca *f-n* pıt, tıp, lap diye düşmek. *Great big tears plopped into her soup.* geç. zam. ve ort. **plopped.**

plot [plɔt] *i+sy* 1 (genl. hükümete, veya bir kimseye karşı girişilen) komplo, dolap, entrika. *On 7th June another plot to assassinate the Prime Minister was uncovered.* (*eş anl.* **conspiracy**). 2 bir piyesin, bir romanın, veya bir filmin üzerine dayandırıldığı, birbirine bağlı olaylar dizisi. *I like plots dealing with adventure and mystery. It was an unusual and interesting plot. The plot of 'Swiss Family Robinson' is about a shipwrecked family.* (*eş anl.* **story line**). 3 ufak arazi parçası, arsa. *I have a plot for growing vegetables.* Ayrıca *f+n/-n* (**against** ile) 1 birlikte komplo hazırlamak, gizli plan yapmak; suikast düzenlemek. *The rebels formed a plot against the government. They plotted to over throw the government.* (*eş anl.* **conspire**). 2 planını, veya haritasını yapmak. *Some of the islands had not been plotted before.* geç. zam. ve ort. **plotted. plotter** *i+sy* 1 suikastçı, entrikacı. *The arrest of the plotters soon followed.* 2 (bir şeyin, örn. bir uçağın ya da bir geminin) bulunduğu yeri, harita, vb. üzerinde işaretleyen bir kimse, veya aygıt.

plough [plau] (*AmI'* de **plow**) *i+sy* saban, pulluk; toprağı sürmek için kullanılan tarım aracı. *A plough is pulled across the soil to turn it over, usually before seeds are planted.* Ayrıca *f+n/-n* 1 toprağı sürmek; saban veya pulluk kullanmak. *A small tractor can plough an acre in six to nine hours.* 2 (özl. yol alan bir gemi hk.) yarıp geçmek; zorla yol açmak ya da yol açıp geçmek. *The ship ploughed through the stormy sea.* 3 (sınavda) kalmak, çakmak. (3. anlamı *k. dil.*). **ploughman's lunch** (*BrI'*de) ekmek, peynir ve turşudan oluşan öğle yemeği.

plow [plau] *i+sy* **plough** sözcüğünün *AmI'*deki biçimi. **plough**'a bkz.

ploy [plɔi] *i+sy* numara, hile; bir çıkar sağlamak için başvurulan bir fikir, veya davranış biçimi; kurnazlık. *His favourite ploy is to pretend to be stupid and then people try to help him.*

pluck [plʌk] *f+n/-n* 1 (özl. meyva, çiçek, yaprak) koparmak. *The children plucked flowers from a field. I plucked off for myself some of the ripened fruits.* (*eş anl.* **pick**). 2 (bir müzik aletini tellerini) çekerek çalmak. *He idly plucked the strings of the mandolin.* 3 tutup ani bir hareketle çekmek. *He plucked John by the sleeve. He plucked at my arm.* 4 pişirmek için (tavuğun, vb. bir kuşun) tüylerini yolmak. *She was plucking a chicken.* 5 (tehlikeli, veya istenmiyen bir durumdan) kurtarmak. Ayrıca *i-sy* cesaret, yüreklilik: *someone with a lot of pluck. It took pluck for him to express his opinion.* **plucky** *s* cesur, yiğit, yürekli. *That plucky dog will face a wolf.* **pluck up one's courage** cesaretini toplamak; korkusunu yenip yiğitlik göstermek. *At the tiger's growl, he plucked up courage and fired his gun.*

plug [plʌg] *i+sy* 1 tapa, tıpa; şişe gibi bazı dar delikleri tıkamaya yarayan mantar, cam, tahta, plastik tıkaç. *A plug was put in the hole to prevent the water from escaping.* 2 elektrik fişi; prizden akım almaya yarayan araç: *a plug for a lamp.* 3 buji. (*eş anl.* **spark plug**). Ayrıca *f+n/-n* tıkamak, tıpalamak. *He plugged the leak in the boat with a piece of wood.* geç. zam. ve ort. **plugged. plug something in** bir şeyi prize takmak. *Please plug in the lamp.*

plum [plʌm] *i+sy* erik. **plum pudding** erik pudingi; içinde kuşüzümü, kuruüzüm, vb. olan ve çoğunlukla Noel'de yenen bir tür tatlı.

plumage ['plu:midʒ] *i+sy* kuşun tüyleri: *a bird with bright plumage.*

plumb [plʌm] *i+sy* iskandil, veya çekül; ucuna küçük bir ağırlık bağlanmış iple oluşturulan ve suyun derinliğini ölçmeyi ya da bir duvarın, vb. tam dik olup olmadığını kontrol etmeyi sağlayan bir araç, şakül. *The wall was out of plumb.* Ayrıca *z* tastamam, tam (olarak). *His shot was plumb on the target.* **plumb line** iskandil; çekül ipi, ucuna çekül bağlanmış ip.

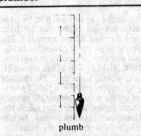

plumb

plumber ['plʌmə*] *i+sy* su tesisatçısı;
işi bir binanın su, havagazı, vb. boru-
larını kurmak ve tamir etmek olan
kimse. **plumbing** *i-sy* 1 su tesisatçılığı.
2 (bir binanın) su, havagazı tesisatı:
*a house with very poor plumbing.
The plumbing is not working, and we
have no water in the house.*

plume [plu:m] *i+n* (özl. süs için kulla-
nılan) iri bir tek tüy, veya bir tüy de-
meti, tüy sorguç. *She wore an ostrich
plume in her hat.* **plume oneself on
something** bir şeyle övünmek, böbür-
lenmek. *He plumed himself on his ex-
cellent record.*

plump¹ [plʌmp] *s* tombul, etine dol-
gun, hoş bir biçimde şişman: *a plump
little baby; plump cheeks.*

plump² [plʌmp] *f+n/-n* 1 aniden, veya
şiddetle düşmek ya da düşürmek;
'pat' diye yere bırakmak. *Tired out,
he plumped himself down on the
chair. I just plumped the heavy load
on the ground.* 2 şişmanlamak, şiş-
manlatmak; semirmek, semirtmek.
*We have really plumped up those
chickens.* **plump for someone/some-
thing** bir kimseyi/bir şeyi hiç tereddüt
etmeden seçmek; pat diye seçmek.
*They all plumped for the same candi-
date.* (k. dil.).

plunder ['plʌndə*] *f+n/-n* (genl. bir
savaş, ayaklanma, vb. sırasında) yağ-
malamak, yağma etmek, talan etmek.
The bandits plundered every village.
(eş anl. **loot**). Ayrıca *i-sy* 1 yağma edi-
lerek elde edilen mal; çapul. *The rob-
bers escaped with their plunder.* 2 yağ-
macılık, çapulculuk. *Guards were on
duty to prevent plunder.*

plunge [plʌndʒ] *f+n/-n* ileriye, veya
aşağıya doğru fırlamak, fırlatmak; bir
şeyin derinliklerine ya da içine dal-
mak, atlamak; batırmak, sokmak.

*The boys ran to the edge of the swim-
ming pool and plunged in. The fright-
ened horse plunged aside. Dolphins
were plunging about in the bay. He
plunged the dagger in to the hilt.* 2 bir
şeyi, başka bir şeyin durumuna getir-
mek, sokmak, atmak: *plunge a room
into darkness; plunge a country into
war.*

plural ['pluərl] *s* çoğul. Ayrıca *i+sy* ço-
ğul; sözcüklerin birden çok şeyi, veya
kişiyi bildirme biçimi, örn. *the plural
of 'chair' is 'chairs'; the plural of 'I'
is 'we'.*
NOT: kurala uyan tekil isimlerin çoğul
biçimleri, özetle, şöyle yapılır:
1) birçok sözcüğün sonuna *s* eklenir—
thing-things; house-houses; boy-boys;
cup-*cups;* table-*tables.*
2) *ch* ile bitip [k] olarak sesletilen
sözcüklerin sonuna *s* eklenir—
monarch-monarchs; epoch-epochs.
3) *ch* ile bitip [tʃ] olarak sesletilen
sözcüklerin sonuna *es* eklenir—
inch-inches; match-matches.
4) sözcüğün son harfi olan *y, i*'ya dö-
nüştürülür ve sonuna *es* eklenir—
baby-babies; story-stories.
5) sözcüğün yalın hali eğer *s, z, sh,*
veya *x* ile bitiyorsa, *es* eklenir—
*glass-glasses; buzz-buzzes; dish-
dishes; box-boxes.*
Ayrıca, sözlüğün sonundaki ayrıntılı
İSİMLERİ ÇOĞUL YAPMA tablo-
suna bkz.

plus [plʌs] *edat* (genl. matematikte kul-
lanılır) artı; ilavesi ile. *Three plus two
equals five (3 + 2 = 5). It cost £30 a
bottle plus VAT. Richard's salary plus
commision comes to more than
£20,000.*

plush [plʌʃ] *i-sy* pelüş; bir yüzü uzun
tüylü, yumuşak ve parlak bir kumaş
türü. *Plush is used especially to cover
furniture.* Ayrıca *s* çok pahalı, lüks:
a very plush house in London. (k.
dil.).

ply¹ [plai] *i+sy* 1 (kontrplakta) kalın-
lık ölçüsü; kat: *three-ply wood* (= üç
ince tabakanın üst üste tutkallanma-
sından oluşan bir kontrplak). 2 bir
ipin, bir yünün, vb. kalınlık ölçüsü;
kat, büküm: *three-ply rope* (= üç katlı
ip; üç telin birlikte eğrilmesinden
oluşan ip).

ply² [plai] *f+n/-n* 1 (bir işte) çalışmak:
someone who plies a trade. 2 düzenli

sefer yapmak, çalışmak, işlemek: *a ship that plies between London and New York. The bus plies from the station to the hotel.* 3 soru yağmuruna tutmak; sorularla sıkıştırmak, bunaltmak: *ply someone with questions/ requests. şim. zam. ort.* **plying.** *geç. zam.* ve *ort.* **plied** [plaid].

p.m. [pi:'em] (= post meridiem)—(saatlerde kullanılır) öğleden sonra. *She came on Monday at 4 p.m. It was 4 p.m. She will take the 4.30 p.m. train.* (Ayrıca **time**'a bkz.). (*karş.* **a.m.**).

PM [pi:'em] *özeli* (= Prime Minister) —başbakan. *It was announced that the PM would speak to the nation on television.*

pneumatic [nju:'mætik] *s* 1 içinde hava bulunan: *pneumatic tyre.* 2 hava basıncı ile çalışan: *pneumatic drill.*

pneumonia [nju:'mouniə] *i-sy* zatüree; tehlikeli bir akciğer iltihabı. *Pneumonia is a serious disease which affects your lungs and makes it difficult for you breathe. Her bad cold developed into pneumonia. You'll catch pneumonia if you stand out in the pouring rain without a hot on.*

poach¹ [pout∫] *f+n/-n* izinsiz olarak başkasına ait bir arazide kuş, veya hayvan avlamak ya da çalmak. *No one can pouch herring from our waters.* **poacher** *i+sy i+sy* yasak bölgede avlanan kimse.

poach² [pout∫] *f+n* kaynar suya yumurta kırmak; yumurtayı kırıp hafif kaynar suda pişirmek; balığı kaynar suda haşlayıp pişirmek. *Poach the eggs while I make the toast.*

pock [pɔk] *i+sy* çiçek hastalığının neden olduğu yüzdeki bir kabarcık. **pockmarked** *s* çiçek bozuğu ile kaplı; çopur.

pocket ['pɔkit] *i+sy* 1 cep. *He put the money in his coat pocket.* 2 toprak içinde bir miktar maden (örn. altın) bulunan bir kovuk. *The miner struck a pocket of silver.* 3 küme; küçük bölge, bir kitle ya da bir grup: *a pocket of resistance.* Ayrıca *f+n* 1 cebine koymak. *The customer pocketed his change.* 2 cebe atmak, cebine indirmek; iç etmek, deve yapmak. *Mr Cage pocketed some of his employer's money.* 3 sineye çekmek, (bir hakarete) katlanmak. *He pocketed his pride and said nothing. She pocketed the*

insult. **pocketful** *i+sy* cep dolusu. **pocketbook** 1 (*AmI*'de) kadın çantası. 2 cep defteri. 3 cüzdan; içine kağıt para konan deri çanta. (genl. yerine **wallet** kullanılır). **pocket calculator** cep hesap makinesi. **pocket knife** çakı; açılıp kapanan, veya birkaç ağızlı küçük cep bıçağı. **pocket money** cep harçlığı, çocuklara, genl. her hafta, ufak tefek gereksinmelerine harcaması için verilen para. **in/out of pocket** para kazanmak, kâr etmek/zarar etmek, paradan çıkmak, cepten ödemek. *As a result of having entertained his friends, he was three pounds out of pocket.* **put one's hand in/into one's pocket** elini cebine atmak; para vermek, veya ödemek zorunda olmak.

pod [pɔd] *i+sy* tohum zarfı; içinde, örn. bezelye, veya fasulye tanelerini taşıyan ince uzun kabuk.

podgy ['pɔdʒi] *s* bodur ve tıknaz.

poem ['pouim] *i+sy* şiir; zengin hayallerle, ritimli sözler ile, seslerin uyumlu kullanımıyla ortaya çıkan edebi anlatım biçimi; manzume. **poetry** ['pouitri] *i-sy* 1 (genel olarak) şiir, şiirler: *book of poetry. Have you read much poetry?* 2 şiir sanatı. **poet** ['pouit] *i+sy* şair, ozan. **poetic, poetical** [pou-'etik(l)] *s* 1 şiirsel; şiir veya şairler ile ilgili. 2 şiir tarzında yazılmış: *poetic drama.*

poignant ['pɔinjənt] *s* çok acı veren; şiddetli bir üzüntü, veya acıma duygusu yaratan, dokunaklı: *a poignant scene.* (*eş anl.* **distressful**).

point¹ [pɔint] *i+sy* 1 bir şeyin sivri ucu; uç: *the point of a pin.* 2 tam sayı ile kesiri ayırmak için araya konan nokta. Türkçede nokta yerine virgül kullanılır: *decimal point* (= ondalık noktası), örn. 3.7 (*three point seven*). 3 (geometride) nokta; eni ve boyu olmayan hayali bir iz, bir işaret: *a point on the line AB.* 4 belirli bir zaman, veya durum; nokta. *From that point onwards they were always good friends.* 5 ısı derecesi, veya işareti; nokta. *The water had reached boil-ing point* (= Su kaynama noktasına varmıştı). 6 kerte; pusulada kadranın ayrılmış olduğu on bir derece ve on beş dakika ölçüsünde bir açıya eşit olan 32 bölümden her biri, örn. *NW, NE.* 7 (sporda) sayı, pıuan: *win by five*

points; win on points (=(boksta)
nakavt etmeden maçı sayı ile, puan
farkı ile kazanmak). **8** yarar, fayda,
amaç. *What is the point of wasting
time? There is no point in staying.* **9**
(tek tek) madde, ayrıntı. *I answered
him point by point.* **10** can alıcı nokta;
ana fikir, öz. *He missed the whole
point of my speech* (=Konuşmamın
özünü anlamadı). **11** nokta, taraf,
özellik; bir kimsenin belirgin bir ye-
teneği, becerisi; veya bir şeyin göze
çarpan özelliği: *his main point as a
writer; her strong point* (=onun
gerçekten başarılı olduğu nokta).
points *içoğ* demiryolu makası. **point-
less** *s* anlamsız, maksatsız; yararsız,
faydasız. *We were given many point-
less things to do.* **pointlessly** *z* anlam-
sız olarak. **point-blank** *s* **1** hedefe çok
yakın: *point-blank aim. The shot was
fired at point blank range.* **2** açıkça,
dobra dobra; evelcyip gevelemeden:
point-blank refusal. Ayrıca *z* çok
yakından, burnunun dibinden. *He
fired at his victim point-blank.* **point
duty** (özl. bir yol kavşağında) nokta görevi; tra-
fik görevi, trafiği yönetme işi. **in point
of fact** aslına bakılırsa; gerçekte.
'*Mary is certainly over fifty. In point
of fact her fifty-third birthday falls on
March 6th of this year.*' **at the point
of** yakın, üzere, halinde; (olmaz)dan,
(etmez)den az önce: *at the point of
death.* **make a point of doing some-
thing** özen göstermek, önem vermek,
özel bir dikkat göstermek. *He always
made a point of knowing the students
by name.* **on the point of** tam (yap)-
mak, (et)mek üzere; tam o sıra. *When
he was on the point of winning he
stumbled and fell.* **to the point** yerin-
de, konu ile ilgili. *He made an excel-
lent speech, and everything he said
was to the point.* **up to a point** bir
noktaya, dereceye kadar. *John is in-
deed right, but only up to a point.*
point of view görüş noktası, bakış
açısı. *From your point of view this
may be important; but from mine it
is not.*

point² [pɔint] *f+n/-n* **1** (...-i) işaret
etmek, göstermek. *He pointed to the
house I was looking for.* **2** (parmakla)
göstermek; ...-e çevirmek. *He pointed
the gun at me.* **pointed** *s* **1** sivri uçlu,

sivriltilmiş: *pointed roof.* **2** anlamlı,
maksatlı; iğneli, kinayeli, imalı. *He
made a pointed remark about my bad
grades.* **pointedly** *z* belirli bir kimseyi,
veya bir şeyi hedef alarak; anlamlı bir
şekilde. **pointer** *i+sy* işaret sopası,
değneği; bir harita, yazı tahtası, vb.
üzerindeki şeyleri göstermek için
kullanılan uzun bir çubuk. **point
something out to somebody** bir şeye
birisinin dikkatini çekmek, belirtmek;
ihtar etmek, hatırlatmak. *He pointed
out that the road was not safe in
winter. He pointed out my mistakes.*

poise [pɔiz] *f+n* dengelemek, dengede
tutmak; dengede duracak biçimde bir
yere koymak. *He poised the pencil
upright on the table.* Ayrıca *i+sy* **1**
başı ve vücudu tutma biçimi; bedensel
hareketlerdeki denge ve kontrol; zara-
fet, incelik: *Good poise is important
for a dancer.* **2** sükûnet, temkin, ağır
başlılık ve kendine güven, davranış-
larda ölçülülük. *Jane showed great
poise at the interview. The director
lost his poise for a moment.* **poised** *s*
1 dengede ve hareketsiz; havada asılıy-
mış gibi hareket etmeden duran. *The
car looked as if it was poised on the
edge of the cliff. The bird was poised
in the sky.* **2** harekete geçmeye hazır
durumda. *The lion was poised to
spring.*

poison ['pɔizn] *i+sy/-sy* zehir, ağı. *I
killed all the rats in the house with
poison.* Ayrıca *f+n* **1** zehirlemek. *The
woman was poisoned.* **2** (bir şeyin
içine, veya üstüne) zehir koymak.
poisonous *s* zehirli. **poison-pen letter**
(bir kimsenin kişiliğini karalamaya
yönelik, çirkin suçlama ve asılsız yap-
tı-ettilerle dolu) imzasız mektup. *The
police have been trying to find out
who wrote the poison-pen letters. He
received several pison-pen letters and
obscene telephone calls.*

poke [pouk] *f+n/-n* **1** bir şeyi, veya
birisini parmak ya da sivri uçlu bir
şeyle dürtmek; batırmak, sokmak:
poke someone in the ribs. **2** (bir ateş-
teki odunu, kömürü) (bir şeyle) karış-
tırmak: *poke a fire.* **3** bir sopa ile, vb.
delik açmak. *He poked a hole in the
wall with the stick.* **poker¹** *i+sy* ateş
karıştıracağı. **poker-faced** *s* düşünce
ve duygularını belli etmeyen yüzlü,
ifadesiz suratlı. **poke fun at somebody**

bir kimse ile alay etmek, eğlenmek; gırgır geçmek. *The other boys in the neighbourhood poked fun at him because of his accent.*
poker² ['poukə*] *i-sy* poker. *Poker is a card game that people usually play in order to win money.*
poky, pokey ['pouki] *s* (bir oda, ev, vb. hk.) hap kadar küçücük, daracık ve çirkin. *Cindy's flat has two poky little rooms and a kitchen.*
Polaris [pɔ'la:ris] *i+sy* (genl. su altındaki denizaltından fırlatılan) orta menzilli balistik Amerikan füzesi.
Polaroid ['poulərɔid]° *i+sy* 1 geçirdiği ışığın parlaklığını azaltan ve güneş gözlüğü, vb. yapımında kullanılan bir tür plastik. 2 çektiği resmi, hemen hazır biçimde çıkaran bir tür fotoğraf makinası; polaroid fotoğraf makinası. *A polaroid camera can take, develop, and print a photograph in a few seconds.*
pole¹ [poul] *i+sy* direk, sırık: *telegraph pole; tent pole; flagpole* (=bayrak direği). **pole vault** sırıkla yüksek atlama.
pole² [poul] *i+sy* 1 kutup; dünya ekseninin yerkabuğunu deldiği varsayılan iki noktadan her biri: *the North Pole and the South Pole.* 2 bir mıknatıs demirinin, veya pilin iki ucundan her biri: *the positive pole and the negative pole.* **Pole Star** Kutup yıldızı. **be poles apart** (düşünce ve inançlarında) tam zıt olmak; birbirine hiç benzememek, birbirinden kutuplar kadar ayrı olmak. *Although they are brothers, they are poles apart politically: one is very left-wing and the other is very right-wing.* (*eş anl.* **worlds apart**). **polar** *s* kutba ait; Kuzey veya Güney Kutupları ile ilgili. *It is very cold in the polar region.* **polar bear** kutup ayısı; beyaz ayı.
polecat ['poulkæt] *i+sy* kokarca. *Polecats have a very unpleasant smell.*
police [pɔ'li:s] *içoğ* (*çoğul* bir fiille kullanılır) polis (teşkilâtı); polisler, zabıta, emniyet; kamu düzenini, huzur ve güvenliği sağlayan örgüt. *The police are going to question everyone in the house. The bank robbers were picked up by the police at the railway station.* NOT: İngiliz polis teşkilatında rütbe sırası şöyledir:
Police Constable, Police Sergeant,

Inspector, Chief Inspector, Superintendent, Chief Seperintendent, Assistant Chief Constable, Deputy Chief Constable, Chief Constable. Ayrıca *f+n* denetlemek, kontrol etmek. *The city was well policed. The meeting was policed by plainclothes men.* **policeman** polis memuru. (*kadınına* **policewoman** *denir*). **police constable** polis memuru; en ast rütbedeki polis (erkek, veya kadın). *Police Constables Jones and Smith ane on patrol. Woman Police Constable MacIntosh was at the scene of the accident.* (*eş anl.* **PC**). **police station** polis karakolu, başkomserlik, emniyet müdürlüğü.
policy¹ ['pɔlisi] *i+sy/-sy* tutulan yol, siyaset,politika; işleri yürütme konusunda (özl. bir hükümet, bir şirket, vb. tarafından) üzerinde karara varılmış olan bir plan. *It is a good policy to save some money when you can. Have you read about the new government policy to deal with unemployment?*
policy² ['pɔlisi] *i+sy* sigorta poliçesi, senedi; belirtilen bir durumun olması halinde belli bir paranın birisine ödenceceğini gösteren yazılı anlaşma. *He took out a fire insurance policy for his house* (=Evini yangına karşı sigorta ettirdi).
polio ['pouliou] *i-sy* (**poliomyelitis** ['poulioumaiə'laitis] sözcüğünün kısa biçimi)—çocuk felci. *She had polio as a child and she has had a limp ever since.*
polish ['pɔliʃ] *f+n* parlatmak, cilâlamak. *He polished his shoes until they glistened.* Ayrıca *i-sy* 1 cilâ: *shoe polish.* 2 cilâ, cilâlı yüzey: *the polish on a table.* **polished** *s* cilâlı, cilâlanmış. *She slipped on the polished floor.* **polish off food** yemeğini tamamiyle yiyip bitirmek; tabağını silip süpürmek. *He polished off the food.* **polish off a job** bir işi hemencecik ve tamamiyle yapıp bitirmek. **polish something up 1** ufak tefek değişiklikler yaparak daha iyi duruma getirmek; gözden geçirmek: *polish up an essay.* **2** bilgisini tazelemek; (bilinen, ama kısmen unutulmuş bir şeyi) yeniden çalışıp öğrenmek. *I'm going to Paris, so I must polish up my French.* (*k. dil.*).

polite [pə'lait] s kibar, nazik, terbiyeli. *What a polite girl you are to offer me your seat in the bus.* (karş. **impolite**). **politely** z nezaketle. *John politely held the door open for the ladies.* **politeness** i-sy naziklik, nezaket.

politic ['pɔlitik] s akıllı, kurnaz; siyasi, politik; kendi çıkarını iyi bilen: *a politic action/scheme. The politic man tried not to offend people.* (karş. **impolitic**).

political [pə'litikl] s siyasal, politik; bir ülkenin hükümeti ile ilgili, veya hakkında: *a political party. Treason is a political offense.* **political asylum** i-sy siyasî iltica hakkı. *He asked for political asylum in this country and was refused. He has been given political asylum.* **political prisoner** siyasi hükümlü. **politically** z siyasi bakımından. *It's a country which is peaceful, politically stable and prosperous.* **politician** [pɔli'tiʃən] i+sy siyaset adamı, siyasetçi, politikacı. **political science** siyasal bilgiler. *I studied political science at the university.*

politics ['pɔlitiks] i-sy siyaset bilimi; devlet yönetim bilimi, veya sanatı; siyaset, politika. *I am not intereseted in politics.*

poll [poul] i+sy 1 oylama; oy verme. *A poll was organized in every village.* 2 (verilen) oy sayısı: *a heavy poll* (=çok sayıda kimsenin katıldığı bir oylama). *If it rains on election day, there is usually a light poll.* 3 seçmen kütüğü, oy verecekler listesi: *have one's ı ıme on the poll* (=adını seçmen kütüğüne kaydettirmek). 4 nabız yoklaması, kamuoyu araştırması. *The TV station did a telephone poll on the government's plans to change the tax system. A poll was taken to learn which radio programme was the most popular.* Ayrıca f+n/-n 1 bir seçimde belirtilen bir sayıda oy almak. *The mayor polled a record vote.* 2 bir seçimde oy vermek, kullanmak. *A large vote was polled for president.* **the polls** içoğ seçim; seçim sandığı. **polling day** seçim günü. **polling booth** oy (verme) hücresi; oy kabini.

pollen ['pɔln] i-sy çiçek tozu, polen; bir çiçeğin üzerindeki çok ince (genl. sarı renkte) toz; başka çiçeklere (örn. rüzgâr, arılar, vb. ile) ulaştığında bunları dölleyip tohum üretmelerini sağlar.

pollen count belli bir yer ve zamanda havadaki polen miktarının ölçümü.

pollute [pə'lu:t] f+n kirletmek, pisletmek. *The river has been polluted with oil. Smoke from the factories polluted the air over most of the city.* **pollution** i-sy kirlenme, kirletme. *She was horrified by all the pollution on the beach.*

polo ['poulou] i-sy polo; atlara binilerek uzun değneklerle (=**mallets**) oynanan bir çeşit top oyunu.

poly- ['pɔli] ön-ek çok (örn. **polygamy** (=çok karılılık).

polyandry [pɔ'liændri] i-sy çok kocalılık; birden fazla kocaya sahip olma uygulaması, veya geleneği. *Polyandry is the custom in some societies in which a woman can be married to more than one man at the same time.*

polygamy [pə'ligəmi] i-sy çok eşlilik; birden fazla eşe sahip olma uygulaması, veya geleneği. *Polygamy is the custom in some societies in which someone can be married to more than one person at the same time.* (karş. **monogamy**).

polytechnic [pɔli'teknik] i+sy teknik okul; (genl. erişginlere) birçok konularda (özl. mesleki uygulamalı) eğitim veren öğretim kurumu.

polythene ['pɔliθi:n] i-sy polietilen; güçlü bir plastik maddesi; koruyucu örtüler ve diğer birçok eşya yapımında kullanılır.

pomegranate ['pɔmigrænit] i+sy/-sy nar. *Pomegranate contains lots of small seeds with juicy flesh around them.*

pommel ['pʌml] f+n (AmI'de) ardarda yumruklamak. *She pommeled my chest as I picked her up.* (BrI'de **pummel**). geç. zam. biç. ve ort. **pommelled.**

pomp [pɔmp] i-sy görkemli ve ciddi gösteri; debdebe, tantana. *The queen was greeted at the town hall with much pomp and ceremony.* **pompous** s gösterişli, gururlu, kendini önemli sayan: *a pompous official. Nobody really liked John because he was rather pompous.* **pompously** z tantana ile; gururlu.

pond [pɔnd] i+sy gölcük, havuz; gölet; gölden küçük bir durgun su kütlesi. *Some cattle were drinking at the pond.*

ponder ['pɔndə*] *f+n/-n* üzerinde kafa yormak; uzun uzun düşünmek. *Give me a few days to ponder over it. What are you pondering over?*

ponderous ['pɔndərəs] *s* 1 çok ağır: *a ponderous weight.* 2 yavaş, hantal: *ponderous movements.* 3 (insanlar hk.) ağır, can sıkıcı; neşeden yoksun.

pontificate [pɔn'tifikeit] *f-n* kendi düşünceleri, kararları vb. sanki tek doğru olanmış gibi konuşmak; tartışmasız bildirmek. *He pontificated that all good ideas are simple.* (eş anl. **hold forth**).

pontoon [pɔn'tu:n] 1 *i+sy* duba; sığ tabanlı bir tekne; yan yana bağlanıp sıralanır ve yüzer bir köprünün ayakları bunların üzerine oturtulur: *pontoon bridge* (=yüzer köprü). 2 yirmibir; bir tür kağıt oyunu.

pony ['pouni] *i+sy* midilli; normalden daha küçük boyda bir tür at. **pony tail** (saçlar hk.) atkuyruğu. *Her hair tied back in a pony tail.*

poodle ['pu:dl] *i+sy* kaniş (köpeği); uzun kıvırcık tüylü bir çeşit köpek.

poof [puf, pu:f] 1 *i+sy* ibne; eş cinsel ilişkide pasif erkek. 2 *ünlem* uf! üf! üff! öf be! *Poof! There's nothing to talk about. If you can't, you can't.*

pooh [pu:] *ünlem* (pis bir koku için) öf! ööff! püh! öeaa! *Pooh! It stings here.*

pool¹ ['pu:l] *i+sy* 1 gölcük. 2 (yolda, yerde, vb. biriken) su birikintisi. *There were pools of water all over the house after the pipe burst.* 3 bir akarsuyun derin ve hareketsiz kalan kısmı: *fish in a pool.* 4 havuz; yüzme havuzu. *The girls went swimming in the pool.* Ayrıca **swimming pool** da denir.

pool² [pu:l] *i+sy* 1 (kumarda) ortaya konan para; kanyot. 2 şirketler birliği, tröst, kartel. 3 birçok kimsenin ortak olarak yararlandıkları herhangi bir şey : *a pool of experience.* (=tecrübe kaynağı; tecrübeli eleman kaynağı). 4 (*Aml'* de) Amerikan bilardosu; 6 gözlü bir bilardo masasında oynanır. Adına ıstaka (=**cues**) denilen sopalarla toplara vurularak bu gözlere sokulmaya çalışılır. Ayrıca *f+n* para, vb. birleştirmek; birbirine katmak. *We pooled all our money so as to buy a car.* **football pools** spor toto; oynanan futbol maçlarının sonuçlarını doğru tahminde bulunarak parasına bahse tutuşulan bir tür kumar.

poor [puə*] *s* 1 fakir; geçimini güçlükle sağlayan; yoksul, fukara. *The failure of his business left him a poor man.* 2 kötü, fena, düşük nitelikte. *These clothes are of poor quality. He is a poor speaker. There was a poor attendance at the meeting.* 3 (hava hk.) kötü (soğuk, yağmurlu, bulutlu, veya sisli). 4 (bir kimseye karşı beslenen acıma, vb. duyguları belirtmek için) zavallı: *Poor John!* **the poor** fakirler: *care for the poor.* **poorly** 1 *z* kötü (bir biçimde), fena (tarzda), yetersiz. *He did poorly in the examination.* 2 *yüks* hasta, rahatsız, keyifsiz. *She has been keeping poorly* (=Rahatsız). (*k. dil.*).

pop¹ [pɔp] *f+n/-n* 1 'pat' diye ses çıkarmak, veya çıkartmak; pat etmek (mantarın şişeden çıkarken çıkardığı ses gibi). *The baloon popped loudly as it burst.* 2 (saklandığı, veya bulunduğu bir yerden) pat diye ortaya çıkmak. *Suddenly he popped out from behind a bush.* 3 şöyle bir uğramak. *I've just poped in to say hello.* geç. *zam.* ve *ort.* **popped.** Ayrıca *i+sy* 'pat' sesi; hafif bir patlamaya benzer ses. *We heard a pop as the cork came out of the bottle.*

pop² [pɔp] *i-sy* 1 pop müziği; çağdaş popüler müzik. *Pop is modern music that is popular among young people and usually has a strong rhythm and uses electric or electronic equipment.* Ayrıca *s* pop müziği ile ilgilil. *a pop record.* NOT: *pop* sözcüğü *popular (music)*'in kısa biçimidir, ama artık kendi başına tam bir sözcük gibi kullanılmaktadır. 2 (*Aml'*de) baba. (eş anl. **dad, pa**). 3 meyvalı gazoz. (*k. dil.*). **popcorn** *i-sy* patlamış mısır. **pop-eyed** (heyecan ve şaşkınlıktan) gözleri fal taşı gibi açılmış. **pop off** ölmek. *The old man will soon pop off.* **pop the question** evlenme teklif etmek. (*k. dil.*). *Tom and Jane have been going together for years now, but he hasn't popped the question.*

poplar ['pɔplə*] *i+sy* kavak (ağacı). *We were walking on a country road lined with poplars.*

poppy ['pɔpi] *i+sy* 1 gelincik; yazın kırlarda yetişen kırmızı ve büyük çiçekli bir bitki. 2 bu bitkinin çiçeği.

popular ['pɔpjulə*] *s* 1 sevilen, tutulan; birçok kişinin sevdiği, beğendiği. *He*

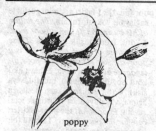

poppy

was very popular with his fellow
students. (karş. **unpopular**). **2** halk ile
ilgili, veya halk için: *a popular
government.* **popular vote** halk oyu.
*The president is elected by popular
vote.* **popularly** z herkesçe kabul edi-
lerek, halka hitap eder şekilde. *The
tickets are popularly priced.* **popu-
larity** [pɔpju'læriti] *i-sy* sevilme, be-
ğenilme özelliği, veya durumu. *Her
popularity was due to her dancing.*
popularize *f + n* sevdirmek, benimset-
mek, beğendirmek.
populate ['pɔpjuleit] *f + n* (bir bölgeye)
yerleşmek; (orayı) kaplamak, doldur-
mak; (bir bölgeye) insan yerleştirmek;
iskân etmek. *America was populated
mostly by Europeans. Japan is a
densely populated country.* **popu-
lation** [pɔpju'leiʃən] *i + sy-sy* **1** nüfus;
belirli bir anda belirli bir bölgede, bir
ülkede yaşayanların oluşturduğu
toplam sayı. *What is the population
of Turkey?* **2** ortak bir özellik gösteren
kimselerin tümü; nüfus: *the Negro
population of the United States.*
porcelain ['pɔːslin] *i-sy* **1** porselen;
kaolinden (bir çeşit beyaz kil) yapıl-
ma, beyaz, sert çömlek hamuru. *Tea-
cups are often made of porcelain.* **2**
bu hamurdan yapılmış tabak, fincan,
vb. porselen eşya.
porch [pɔːtʃ] *i + sy* revak; kapı önü sun-
durması; bir evin, kilisenin, vb. giri-
şindeki üstü kapalı yer. *They stood on
the porch watching the rain.*
porcupine ['pɔːkjupain] *i + sy* oklukir-
pi; fareye benzeyen, uzun dikenleri
(= **quils**) olan bir hayvan.
pore¹ [pɔː*] *f-n* (genl. **over** ile) (basılı,
veya yazılı bir şeyi) incelemek, dikkat-
le gözden geçirmek; üzerinde uzun
uzun düşünmek, kendini vererek oku-
mak, veya çalışmak. *He is always
poring over his books.*
pore² [pɔː*] *i + sy* (derideki) gözenek,
delikçik; mesame. *Human beings
sweat through their pores.*
pork [pɔːk] *i-sy* domuz eti. *Pork is
meat from a pig.* Ayrıca **bacon** ve
ham'e bkz.
porn [pɔːn] *i-sy* (= **pornography**)'ye
bkz. (*k. dil.*). **hard porn** her şeyin açık
açık gösterildiği seks filmi. **soft porn**
daha terbiyelice olan seks filmi.
pornography [pɔː'nɔgrəfi] *i-sy* cinsel
heyecan ve şehvet uyandırmaya yöne-
lik müstehcen neşriyat, veya filmler.
pornographic [pɔːnə'græfik] *s* açık
saçık, müstehcen. *Adverts become
more and more pornographic.*
porous ['pɔːrəs] *s* gözenekli; içinden
(yavaş yavaş) su, vb. sıvı sızdıran, su
geçebilen: *porous soil. A sponge is
porous.*
porpoise ['pɔːpəs] *i + sy* domuzbalığı;
yunusbalığına benzer bir memeli türü;
120 cm. ile 780 cm. arasında değişen
bir irilikte olup küt bir burnu vardır.
*Porpoises gather in groups called
school.*
porridge ['pɔridʒ] *i-sy* yulaf lapası; yu-
laf ununu su, veya süt ile karıştırıp
kaynatılarak yapılan bir yiyecek. *Por-
ridge is eaten hot, especially for
breakfast.*
port¹ [pɔːt] *i-sy* **1** liman; gemilerin sı-
ğındığı yer. *The ship came into port.*
2 liman kenti. **any port in a storm**
denize düşen yılana sarılır. **port of call**
uğrak yeri. *There is a bar at the
corner, which is Jim's usual port of
. call on his way home from work.*
port² [pɔːt] *i-sy* (geminin) iskele tarafı;
geminin sol yanı. *He turned the ship
to port.* (*karş.* **starboard**). **porthole**
gemi penceresi, lumboz. *I could see
the stars through my porthole.*
port³ [pɔːt] *i-sy* porto şarabı; tatlı,
(genl. kırmızı) bir tür şarap.
portable ['pɔːtəbl] *s* taşınabilir, porta-
tif: *a portable typewriter.*
portcullis [pɔːt'kʌlis] *i + sy* iner kalkar
demir kapı; eskiden şatolarda saldır-
ganlara karşı bir korunma aracı ola-
rak aşağıya indirilirdi.
portend [pɔː'tend] *f + n* bir şeyin olaca-
ğının işareti, veya belirtisi olmak; fe-
lâket habercisi olmak. *Black clouds
portend a storm.* **portent** ['pɔːtent]
i-sy işaret, belirti, veya uyarı.

porter ['pɔːtə*] *i+sy* **1** hamal: *a railway porter.* **2** kapı görevlisi; kapı bekçisi. (*eş anl.* **doorman, janitor**). **3** (*AmI'de*) yataklı vagon hizmetlisi. *The porter made the passenger's bed.*

portion ['pɔːʃən] *i+sy* **1** hisse, pay. *The money was divided into seven portions.* **2** porsiyon, miktar. *I left my lunch at home so Jasper gave me a portion of his.*

portly ['pɔːtli] *s* iriyarı ve şişman: *a portly old gentleman.*

portrait ['pɔːtreit] *i+sy* portre; bir kimsenin resmi. **portray** [pɔː'trei] *f+n* **1** bir piyeste belli bir karakteri canlandırmak. *He portrays the hero.* **2** tanımlamak, tarif etmek. *Her story portrayed the excitement she felt when she won the prize.* **portrayal** [pɔː'treiəl] *i+sy* **1** resmetme, tanımlama. **2** tasvir, veya tanım.

pose [pouz] *f+n/-n* **1** poz vermek: *pose for a picture.* **2** ortaya koymak, sürmek: *pose a question/problem. Their unexpected arrival for dinner posed the problem of what to feed them.* **pose as** kendine (bir şey) süsü

---

a bank. **4** (bir toplumda) belli bir yer, düzey, veya mevki; (hükümette, ticarette, vb.) üst düzey; yüksek mevki, rütbe: *someone in a high position.* **5** (bir konu üzerindeki) düşünce, tavır, fikir ya da görüş. *What is your position on this matter?* **6** durum, vaziyet; bir kişinin içinde bulunduğu yer, veya koşullar. *I'm not in a position to help you* (=Sana yardım edecek durumda /mevkide değilim). Ayrıca *f+n* yerleştirmek, uygun yere koymak. *He positioned his chair right in front of the television.*

positive ['pozitiv] *s* **1** emin; (bir şey hakkında) kuşkusu, şüphesi olmayan. *I am positive that I had seen it in the paper. 'Are you sure you don't want it?'—'Positive.'* **2** gerçekten işe yarar, olumlu, yapıcı. *Positive suggestions will be welcomed.* **3** (matematikte) pozitif; 0'dan büyük; +: *a positive number.* **4** (dilb.) a olumlu (*karş.* **negative**). b sıfat ve zarfların yalın hali. *The positive of better is good.* **positively** *z* kesin biçimde, muhakkak surette. **positive discrimination** *i-sy*

-5 -4 -3 -2 -1 0 +1 +2 +3 +4 +5
◄───── negative numbers ──────►│◄──── positive numbers ─────►

---

vermek, (bir tür kimse) diye geçinmek. *He posed as a rich man.* Ayrıca *i+sy* **1** (resim, veya fotoğrafta) poz, duruş. **2** kurum, çalım, poz; belli bir etki yaratmak için başvurulan bir davranış biçimi. **poser** *i+sy* **1** yapmacık tavırlar takınan kimse; numaracı. *How I hate posers.* **2** zor bir sorun; insanı sıkıştıran bir soru. *I remember putting the familiar poser to my father.* (*eş anl.* **riddle**).

posh [pɔʃ] *s* **1** lüks ve modaya uygun, pahalı. *We stayed in posh hotels. What a posh car!* (*k. dil.*). **2** yüksek tabakaya ait. *I don't like his posh friends. Sarah speaks with a posh accent.*

position [pə'ziʃən] *i+sy* **1** durum; bir kimse/bir şeyin bulunduğu, veya durduğu yer. *The table used to be in this position.* **2** bir kimsenin/bir şeyin yerleştirilme, durma, oturma, vb. biçimi ve tarzı: *find a more comfortable position.* **3** iş, memuriyet: *apply for a certain position. He has a position in*

---

olumlu, ayrıcalıklı davranış; daha önce haksız biçimde davranılmış olan bir grup insana diğerlerinden daha iyi muamele etme. **positive vetting** *i-sy* (bir devlet dairesinde gizlilik isteyen bir işte çalıştırmak için resmi görevlilerce bir kişi hakkında yapılan) güvenlik tahkikatı. *I'm not so happy about Davis, in spite of the positive vetting.* **positive discrimination** *i-sy* ayrıcalıklı davranış; daha önce haksız biçimde davranılmış olan bir grup insana diğerlerinden daha iyi muamele etme.

positron ['pozətrɔn] *i+sy* (=**positive**+**electron**)—pozitif elektron.

posse ['pɔsi] *i+sy* bir suçluyu bulmaya yardım etmek için oluşturulan bir grup insan. *The posse chased the bandits across the prairie.*

possess [pə'zes] *f+n* (bir şeye) sahip olmak. *He possesses a lot of property.* **possessor** *i-sy* sahip olma. **possession** **1** *i-sy* sahiplik, sahip olma: *be in possession of something; take possession of something.* **2** *i+sy* (çoğk. çoğ. biç.).

kişisel eşya, zatî eşya; mal, mülk. *I
lost most of my possessions during
the war.* **possessive** *s* **1** kendisinin olan
bir şeyi başka kimseler ile paylaşmak
istemeyen. *That child is very pos-
sessive about/with his toys—he won't
let other children play with them.* **2**
(dilb.) iyelik gösteren, örn. *my, your,
man's* iyelik gösteren sözcüklerdir.
Ayrıca **pronoun**'a bkz.

possible ['posibl] *s* **1** yapılabilir; olabi-
lir, mümkün. *Anything is possible. Is
it possible to do this another way?* **2**
kabul edilebilir; akla, mantığa uygun,
makul: *a possible solution; a possible
candidate.* (karş. **impossible**). **possibly**
z **1** mümkün olduğu kadarı ile; müm-
kün olduğunca, imkân dahilinde. *Can
you possibly come?* (=Gelebilir mi-
sin?). **2** belki, ihtimal, olası. *He may
possibly be there.* **possibility** [posi-
'biliti] *i+sy/-sy* **1** olabilirlik, olasılık,
ihtimal. *There is some possibility
(that) he may be late.* **2** imkân, ola-
nak; olasılık: *a job with great possi-
bilities. It's only a possibility* (=Sa-
dece bir ihtimal, kesin değil). **as soon
as possible** (yap)ılabilen en kısa za-
manda, mümkün olan en kısa za-
manda. **the best possible** mümkün
olanın en iyisi.

post¹ [poust] *i+sy/-sy* **1** (*Brİ*'de) posta
(düzeni); posta servisi; mektup, paket,
vb. gönderme ve dağıtım sistemi: *send
something by post.* (*Amİ*'de **mail**). **2**
posta; bir yere gelen, veya bir yerden
gönderilen mektup, vb. tümü. *This
letter arrived with the morning post.
The last post is at 7.15 p.m.* Ayrıca
f+n **1** postalamak, posta ile gönder-
mek, yollamak. **2** postaya atmak,
postaya vermek; yollamak için posta-
neye götürmek ya da posta kutusuna
atmak. *Please post these letters for
me.* **postage** *i-sy* posta ücreti. *How
much did the postage cost?* **postal** *s*
posta ile ilgili: *postal services; postal
order* (=posta havalesi). *The two
countries signed a postal agreement.*
postcard posta kartı, kartpostal. **post-
man** (*Brİ*'de) postacı. (*Amİ*'de **mail-
man**). çoğ. biç. **postmen**. **postmark**
posta damgası. Ayrıca *f+n* posta
damgası vurmak. **postmaster** postane
müdürü. **postmistress** postane müdi-
resi. **post office 1** postane müdürlüğü.
2 postane. **postage stamp** posta pulu.

post² [poust] *i+sy* **1** bir askerin, bir
polisin, vb. görevde bulunduğu yer;
görev yeri. *No-one may leave his post
without permission.* **2** iş, memuriyet.
He applied for a post as a teacher.

post³ [poust] *i+sy* direk; kalın ve di-
kine duran bir sırık: *a bedpost* (=kar-
yola direği); *the winning post* (=ya-
rışta bitiş noktası); *a doorpost* (=bir
kapı direği). Ayrıca *f+n* (genl. **up** ile)
(bir duvara, bir levhaya, bir direğe,
vb.) asmak, tutturmak, yapıştırmak
ve böylece ilan etmek, duyurmak. *The
list of those who were chosen was
posted up.* **poster** *i+sy* poster, afiş,
ilan (özl. reklam yapmak için).

post-⁴ [poust] *ön-ek* (bir şey)den daha
sonra, sonrası; sonraki (örn. **post-
graduate** (=lisans üstü (çalışmalar ya-
pan kimse)).

posterity [pos'teriti] *i-sy* **1** bir insanın
soyundan gelenler, yani çocukları, to-
runları. **2** gelecek kuşaklar, ileriki
nesiller: *discoveries which will be of
great benefit to posterity.*

postgraduate ['poust'grædjuat] *s* me-
zun olduktan sonra üniversitede sür-
dürülen; lisans üstü: *postgraduate
studies.* Ayrıca *i+sy* mezun olduktan
sonra üniversitede (mastır, doktora,
vb. türü) çalışmalarda bulunan kimse.

posthumous ['postjumas] *s* ölüm son-
rası; bir insanın ölümünden sonra ge-
len: *a posthumous child* (=babasının
ölümünden sonra doğan çocuk); *a
posthumous book* (=yazarın ölü-
münden sonra basılan kitap). *He re-
ceived a posthumous award for brav-
ery.*

postmortem ['poust'mo:tam] *i+sy*
otopsi; ölüm nedenini belirlemek
amacıyla bir cesedi açıp inceleme işi.
*The postmortem was carried out.
Postmortem indicated cirrhosis.*

postpone [pas'poun] *f+n* daha sonraki
bir zamana bırakmak, ertelemek, te-
hir etmek. *His visit was postponed
because of illness.* (eş anl. **put off**).
postponement *i+sy/-sy* erteleme, geri
bırakma.

postscript ['poustskript] *i+sy* imza
atıldıktan sonra bir mektubun altına
yazılan ek düşünce; not, dipnot, ha-
miş (genl. **PS** harfleriyle başlatılır).
Postscript: James died in 1988.

postulate ['postjuleit] *f+n* varsaymak,
önermek; kanıtlanmamış bir olguyu

mantıksal sonuçlar elde etmek için doğruymuş gibi kabul etmek.

posture ['postʃə*] i+sy vücudun genel duruş şekli; poz; vücudun belli bir duruşu: *lie in a lazy posture; have good posture. He photographed them in a kneeling posture.*

posy ['pouzi] i+sy çiçek demeti. *The little girl was holding a posy.*

pot [pɔt] 1 i+sy kap, tencere, çömlek, kavanoz: *a cooking pot; a flowerpot* (=bir saksı); *a teapot* (=bir çaydanlık). 2 i+sy kap dolusu, çaydanlık dolusu, vb.: *a pot of tea. I had a pot of beans.* 3 haşiş; hintkenevirinden çıkarılan esrar. *He was said to have smoked pot. (k. dil.).* Ayrıca f+n saksıya dikmek. *He potted the plants.*

pottery 1 i-sy çanak, çömlek; pişmiş kilden yapılan çanak, çömlek; vb. eşyalar. 2 çömlekçi atölyesi, çömlek yapımevi. **potter** i+sy çömlekçi. **potbellied** s şişko, şiş göbekli. **pothole** i+sy 1 yol çukuru, kasis; yol üzerinde oluşmuş çukur. 2 dev kazanı, obruk; yerin altındaki çok derin çukur. **potholing** i-sy kaya deliklerinden aşağılara inerek yeraltı mağaralarını keşfetme sporu. **go to pot** daha da kötüleşmek, bozulmak. *His standard of work has been going to pot recently. (k. dil.).* **the pot calling the kettle black** tencere dibin kara, seninki benden kara. *If John is saying that Harry is a thief, then it's a case of the pot calling the kettle black.* **take potluck** 1 'ne çıkarsa bahtına' diye almak, kabul etmek. *There is a box for every child: since there is no way of knowing what each box contains, they will just have to take pot luck.* 2 Allah ne verdiyse onu yemek. *Come and eat with us, if you don't mind taking potluck. (k. dil.).*

potato [pə'teitou] i+sy patates. *She's digging up potatoes in the vegetable garden. Potatoes grow underground.* çoğ. biç. **potatoes.**

potent ['poutnt] s güçlü; etkili: *a potent argument; a potent remedy for disease.* **potency** i-sy kuvvet, kudret, güç, tesir. *What is the potency of this drug?* **potentate** ['poutnteit] i+sy güçlü hükümdar.

potential [pə'tenʃl] s gizli kalmış, henüz varlığı ortaya çıkmamış olan; potansiyel. *Although this area is very poor just now, its potential wealth is great.* Ayrıca i-sy gizli olasılık, saklı olanak; gelişme, veya geliştirilme olanağı: *an area of great potential.* **potentially** z imkân dahilinde, mümkün. *Electricity is potentially dangerous, so treat it with respect.*

potion ['pouʃən] i+sy iksir; sıvı ilâç, zehir, veya olağanüstü etkileri bulunduğuna inanılan büyülü bir içecek. *When the prince swallowed the witch's potion he turned into a giant frog.*

potter¹ **pottery** ['pɔtə(ri)] i+sy, i-sy pot'a bkz.

potter² ['pɔtə*] f-n (about ile) ufak tefek işler yaparak (etrafta ağır ağır dolaşıp durmak. *He likes pottering about in the garden. (k. dil.).*

potty ['pɔti] s kafadan çatlak, fıttırık, deli; aklı başından gitmiş. Ayrıca i+sy çocuk oturağı, lâzımlık (her ikisi de k. dil.). **potty-trained** s çişini, kaka-sını lazımlığa yapmaya alıştırılmış. **potty-training** i-sy çişini, kakasını la-zımlığa yapmaya alıştırma.

pouch [pautʃ] i+sy 1 tütün kesesi: *tobacco pouch.* 2 kese, cep; hayvanların içinde yavrularını taşıdıkları deriden oluşma torba: *kangaroo's pouch.*

poultry ['poultri] 1 içoğ (çoğ. *fiil* ile kullanılır) kümes hayvanların (örn. piliç, tavuk, ördek, kaz, vb. hayvanlar). 2 i-sy bu hayvanları eti. (örn. tavuk eti, ördek eti, vb.)

pounce [pauns] f-n ansızın üzerine atılmak, çullanmak, saldırmak. *The lion pounced on its prey.* Ayrıca i+sy aniden üzerine atılarak yapılan saldırı, hücum.

pound¹ [paund] i+sy 1 bir ağırlık ölçüsü; pound, libre: *1 pound=0,454 kg. The sugar weighed five pounds.* 2 İngiliz para birimi: eskiden *1 pound=20 shilling* idi, ama günümüzde *1 pound=100 new penny* eşittir. *This coat cost ten pounds.* NOT: *five pounds* (=beş pound); *a five-pound note* (=beş poundluk para, yani üzerinde 5 pound yazan bir kağıt para demektir).

pound² [paund] f+n/-n 1 gün güm vurmak, yumruklamak; ardarda kuvvetli ve gürültülü bir biçimde vurmak, çarpmak: *pound at/on the door with one's fists.* 2 ufalayıp un haline getir-

mek: *pound ears of corn into grain.*
3 küt küt atmak, çarpmak. *When she
stopped running, her heart was
pounding.*
pound³ [paund] *i+sy* (genl. kayıp
hayvanların) alıkonuldukları etrafı
kapalı bir yer.
pour [pɔ:*] *f+n/-n* 1 herhangi bir sıvı-
yı bir kaptan diğerine boşaltmak. *I
poured some milk from the bottle
into the jug.* 2 bir içeceği bir fincana,
veya bardağa doldurmak. *I poured
another cup of coffee.* 3 (eze kaka dı-
şarı çıkmaya çalışaraktan) boşanmak;
kütle halinde hareket etmek. *People
were pouring out of the burning
building.* 4 bardaktan boşanırcasına
yağmur yağmak; sürekli ve şiddetli bir
biçimde yağmak. *It's pouring outside.
He stood in the pouring rain. The rain
poured down.* 5 dökmek, akıtmak,
boşaltmak. *He poured the water out.*
pour out (özl. birbiri arkasına konu-
şarak) içini boşaltmak, duygularını
açıklamak. *He poured his heart out
to us. She just poured out her feelings.*
pout [paut] *f+n/-n* (küçük bir çocu-
ğun kızdığı gibi) dudaklarını şişirmek,
veya alt dudağını sarkıtmak. *He pout-
ed until we gave in and let his play
with us.* Ayrıca *i+sy* surat asma, küs
olma.
poverty ['pɔvəti] *i-sy* yoksulluk, fakir-
lik, sefalet. *They lived in poverty be-
cause they could not get jobs.* **pov-
erty-stricken** *s* çok yoksul, sefalet için-
de: *poverty-stricken area.*
POW [pi:ou'dʌbəlju:] (=prisoner of
war)—savaş esiri.
powder ['paudə*] *i+sy/-sy* 1 pudra;
toz; çok küçük parçacıklara bölün-
müş olan herhangi bir madde. 2 pud-
ra; toz haline getirilmiş özel bir mad-
de, örn. *face powder* (=yüz pudrası);
gunpowder (=barut). Ayrıca *f+n/-n*
pudralamak; bir şeyin üzerine pudra
sürmek. *She powdered her face.* **pow-
dered** *s* toz ya da pudra halinde üre-
tilmiş, veya kurutulmuş olan: *pow-
dered milk* (=süt tozu). **powdery** *s* toz
gibi; toz halinde, tozlu: *powdery
snow.* **powder puff** pudra ponponu;
yumuşak bir maddeden yapılmış kü-
çük top gibi bir şey. **powder room**
(otel, vb. yerlerde) hanım tuvaleti.
power ['pauə*] 1 *i-sy* güç, kuvvet, kud-
ret: *a display of military power.* 2 *i+sy*

yetki, salâhiyet; yasaların tanıdığı, ve-
ya resmi bir mevkiin verdiği eylemde
bulunma hakkı. *Does he have the
power to arrest anyone?* 3 *i+sy* vücu-
dun, veya zihnin belli bir yeteneği;
güç, kudret. *He is losing his powers
of reasoning.* 4 *i+sy* güç sahibi birisi;
etki ve yönetme gücü olan bir toplu-
luk, bir devlet, bir millet: *the great
world powers.* 5 *i-sy* enerji, güç, takat:
a mill driven by water power. Ayrıca
f+n güç ya da enerji sağlamak. *Its
radar equipment was powered by a
nuclear reactor.* **do someone a power
of good** bir kimseye büyük faydası
olmak, yararı dokunmak, iyi gelmek.
*Her holiday will do her a power of
good.* **be in one's power** bir kimsenin
tamamiyle kontrolu altında olmak,
avucunda olmak. *I have him in my
power.* **do everything in one's power**
elinden geleni yapmak. *We shall do
everything in our power for him.*
powerful *s* güçlü, çok kuvvetli, veya
kudretli: *a powerful country.* **power-
less** *s* güçsüz, kuvvetsiz; zayıf. *I am
powerless to help you.* **power cut** elek-
trik kesintisi (örn. bir grev nedeniyle).
power station elektrik santralı. **powers
that be** yetkililer. *The powers that be
have decided to knock down those
fine old houses and put up a block of
flats.*
pp *edat* (=for and on behalf of)—
adına; resmi, veya iş mektuplarında,
mektubu yazan kişinin adının önüne
yazılarak imzanın onun yerine atıldı-
ğını belirtir. *D. Neary, pp R. Thomas.*
pp (=pages)—sayfalar; sadece yazı
dilinde kullanılır. *See pp 123 and 453.*
PR [pi:'a:*] (=public relations)—halk-
la ilişkiler.
practice ['præktis] 1 *i-sy* alıştırma, pra-
tik, egzersiz; idman, antrenman. *In
order to play the piano well, one must
have plenty of practice.* 2 *i-sy* uygu-
lama, pratik; gerçek kullanım ve ya-
pım. *How do you think this scheme
will work out in practice?* 3 *i-sy* bir
âdet, sürüp giden bir alışkanlık. *It is
my practice always to rise early.* 4
i+sy doktor muayenehanesi, veya
avukatlık bürosu. *Dr Jones has a very
good practice.* **practicable** ['præktik-
əbl] *s* yapılabilir, uygulanabilir: *a
practicable scheme.* (karş **impracti-
cable**). **practical** ['præktikl] *s* 1 uygu-

lama ile ilgili, pratik, tatbiki, ameli. *It sounds like a good idea, but there are some practical difficulties.* 2 işe yarar, kullanışlı, elverişli; gerçek kullanımda etkili, gerçek durumlara uygun: *practical suggestion.* 3 sağduyulu, aklı başında; elinden iş gelir, işini bilir: *a practical person.* (karş. **unpractical**). **practically** z hemen hemen, neredeyse. *He was practically penniless.* **in practice** 1 uygulamada; gerçekte. *In theory the plan snould be successful, but in practice there are a lot of difficulties.* 2 antremanlı, formda. *If you can't get anyone else I don't mind playing for the team, but I warn you that I'm not in practice.* **be out of practice** pratiğini yitirmek; antremansız olmak, hamlamak. **practical joke** eşek şakası. *I don't like practical jokes.*

practise ['præktis] (*Aml*'de **practice**) *f+n/-n* 1 alıştırma yapmak; pratik, egzersiz yapmak; idman, antreman yapmak. *If you keep practising, your playing will improve.* 2 kendini alıştırmak, alışkanlık haline getirmek, adet edinmek. 3 doktorluk/avukatlık yapmak. *That young man is just beginning to practise as a lawyer.* **practitioner** [præk'tiʃənə*] *i+sy* pratisyen doktor, veya stajyer avukat.

prairie ['preəri] *i+sy* (özl. Kuzey Amerika'da) büyük çayırlık, ağaçsız düz ve geniş kır.

praise [preiz] *f+n* 1 övmek, methetmek. *I praised her cooking.* (eş anl. **compliment**). 2 Tanrı'ya şükretmek, hamdetmek. Ayrıca *i-sy* övgü, metih, sena. **sing the praises of someone/sing someone's praises** bir kimseyi övmek, methetmek. *Jack's team won and, when he came home, he sang the praises of the player who scored the winning goal.* (eş anl. **brag**). **praiseworthy** s övgüye değer taktire layık: *a praise-worthy cause.*

pram [præm] *i+sy* (*Brl*'de) bebek arabası. *The young mother was pushing a pram.* (*Aml*'de **baby carriage**).

prance [pra:ns] *f-n* 1 art ayakları üzerinde hoplayıp zıplamak. *Horses prance when they feel lively.* 2 oynak, cilveli bir biçimde yürümek; hoplayarak, zıplayarak yürümek. *The children pranced about. The crowd cheered as the horse pranced into the ring.*

prank [præŋk] *i+sy* kimseyi incitmeye yönelik olmayan oyun, şaka, şeytanlık, muziplik: *a child's prank; play a prank on someone.*

prattle ['prætl] *f+n/-n* çocukça ve safça konuşmak, boş boş konuşup durmak; sırf laf olsun diye konuşmak.

prawn [prɔ:n] *i+sy* iri karides; ince bacaklı, yenilebilen bir tür deniz hayvanı.

prawn

pray [prei] *f-n* 1 Allah'a dua etmek. *My wife and I pray everyday for our son's safety.* 2 yalvarmak; rica etmek. *We prayed the queen to free her prisoners.* Ayrıca z lütfen; rica ediyorum. *If I am wrong, pray tell me.* **prayer** [preə*] 1 *i+sy* dua, ibadet, niyaz: *a life devoted to prayer.* 2 *i+sy* dua ederken hep kullanılan kalıplaşmış sözler; dua: *a child who knows his prayers.* **prayers** içoğ namaz; dua. *He was returning from prayers at the mosque.* **prayer mat/rug** (üzerinde namaz kılınan) seccade.

pre- [pri:] *ön-ek* ön, önce, önceki; önceden; (bir şeyin) önünde (örn. **precede** (=bir şeyin) önünde olmak). **prefix** (=ön-ek); **prejudge** (=önceden hüküm vermek)).

preach [pri:tʃ] *f+n/-n* 1 vaaz vermek; camide, veya kilisede dinsel bir konuda konuşma yapmak. *Many people went to church to hear him preach.* 2 din propagandası yapmak; topluluklar önünde konuşarak belli bir dini, veya bu dinin öğretilerini anlatmak, açıklamak, bildirmek. **preacher** *i+sy* vaiz. *My father is a lay preacher.*

precarious [pri'keəriəs] *s* 1 tehlikeli. *Robert pulled his brother away from his precarious position at the edge of the cliff. A soldier leads a precarious life.* 2 sallantılı, belirsiz: *a precarious existence* (=güvensiz bir ortam içinde yaşama). **precariously** z tehlikeli bir şekilde.

precaution [pri'kɔːʃən] *i* + +*sy*/-*sy* önlem, tedbir. *Locking doors is a precaution against thieves.* **precautionary** [pri'kɔːʃənri] *s* önlem niteliğinde.

precede [pri'siːd] *f* + *n*/-*n* önde olmak, önce gelmek, önce meydana gelmek; önden gelmek, veya gitmek, önünden yürümek. *The king was preceded by his nobles. The Greek civilization preceded the Roman one.* **precedence** ['presidns] *i-sy* daha büyük önem; öncelik, üstünlük. *This problem should be discussed first, as it takes precedence over all the others.* **precedent** ['presidnt] *i*+*sy* örnek, emsal; daha önce meydana gelmiş, veya yapılmış bir şey; şimdi bir örnek olarak gösterilebilir ya da bir kural olarak uygulanabilir. *If he is allowed to do this, it will be a precedent for others.* **preceding** *s* bundan önceki, önceki. *Look at the preceding page and see what you wrote there.*

precinct ['priːsiŋkt] *i*+*sy* **1** resmi, veya kutsal bir binayı çevreleyen bir alan, veya arazi ya da üstü kapalı alışveriş merkezi: *the precincts of the school; shopping precinct.* **2** (*AmÍ*'de) bölge, semt, mahalle: *a police precinct* (= karakol mıntıkası). *Police from the 87th precinct chased the thieves.*

precious ['preʃəs] *s* **1** çok değerli, kıymetli, az bulunur. *Gold is a precious metal.* **2** aziz, değerli; insan sevdiği için çok büyük bir değeri olan. *Human freedom is our most precious possession.* (*eş anl.* **beloved**).

precipice ['presipis] *i*+*sy* sarp yamaç, yar; deniz, göl, ırmak gibi su kıyılarında, veya karada dik yer, uçurum. *The climber fell over a precipice.*

precipitate [pri'sipiteit] *f*+*n* bir olayın gelişini çabuklaştırmak, hızlandırmak, zamanından önce meydana getirmek. *The killing of the prime minister precipitated a war.* Ayrıca [pri'sipitət] *s* apar topar davranan, dikkatsizce ya da düşüncesizce hareket eden, veya böyle yapılan: *a precipitate departure/decision.*

precipitous [pri'sipitəs] *s* tehlikeli biçimde sarp, dimdik; uçurum gibi. *The precipitous walls of the prison made escape impossible.*

précis ['preisiː] *f*+*n* bir şeyin özetini çıkarmak. Ayrıca *i*+*sy* özet, hülâsa.

She wrote a précis of the article on camels. NOT: bu sözcüğün çoğul biçimi yine *précis* biçiminde yazılır, fakat ['preisiːz] olarak telaffuz edilir.

precise [pri'sais] *s* **1** tam, doğru, kesin. *He gave a precise description of the thief.* **2** titiz; en küçük ayrıntılara bile aşırı dikkat eden: *a very precise worker.* (*karş* **imprecise**). **precisely** *z* (çoğk. birisi ile aynı görüşte olduğunu göstermek için kullanılır). Evet, öyle! Tamam, öyle! Haklısınız! Kesinlikle! (*eş anl.* **exactly**). **precision** [pri'siʒən] *i-sy* kesinlik, doğruluk: *the precision of a clock.*

preclude [pri'kluːd] *f*+*n* imkânsız kılmak, meydan vermemek; engel olmak. *The condition of the roads precludes us from driving anywhere tonight.*

precocious [pri'kouʃəs] *s* vaktinden önce gelişmiş; bedence ya da zihince, olağan üstü bir erken gelişme gösteren: *a precocious child. My precocious little son speaks English and French as well as Turkish.*

preconceive ['priːkən'siːv] *f*+*n* bir şey, veya bir kimse hakkında yeterli bilgiye ya da deneyime dayanmaksızın, daha baştan bir fikir, bir düşünce, bir kanı oluşturmak; peşin hüküm vermek, önyargıda bulunmak. *Before he went to America he had all sorts of preconceived ideas* (= önyargılı fikirler) *about it.*

precursor [pri'kəːsə*] *i*+*sy* haberci, müjdeci; daha sonra gelecek olan bir kimse, veya bir şeyin ilk işareti; baştan, önceden gelen. *A sudden cold wind was the precursor of the approaching storm.*

predatory ['predətəri] *s* başka hayvanları öldürüp yiyerek yaşayan; yırtıcı: *a predatory bird.*

predecessor ['priːdisesə*] *i*+*sy* selef; bir görevde, bir makamda kendinden önce bulunmuş olan kimse, öncel. *His predecessor quit because he was not happy in the job.*

predestine [pri'destin] *f*+*n* (genl. kader veya, Tanrı hk.) kaderini önceden belirlemek, alnına yazmak, nasip etmek. *He believed that the time of his death was predestined.* **predestination** [pri:desti'neiʃən] *i-sy* alın yazısı, kader; takdiri ilâhi.

predetermine [pri:di'tə:min] *f+n* önceden saptamak; daha başlangıçta kararlaştırmak. *My bodily health is partly predetermined by that of my parents.*

predicament [pri'dikəmənt] *i+sy* içinden çıkılması güç, berbat bir durum; açmaz; insanın ne yapacağını bilmediği tatsız bir vaziyet. *She was in a predicament when she lost her key because nobody was at home.*

predicate ['predikət] *i+sy* yüklem; özne hakkında bir şey söyleyen sözcük, veya sözcükler, örn. *'The man is busy today'* cümlesinde *is busy today* yüklemdir.

predict [pri'dikt] *f+n* tahmin etmek, kehanette bulunmak, önceden kestirmek. *He predicted a war in the next few years. / He predicted that war would break out in the next few years.* **prediction** *i+sy/-sy* **1** tahminde bulunma, tahmin etme, önceden kestirme. *She made a prediction that the school team would win this year. The official predictions about the weather often come true.* **2** tahmin; önceden haber verilen, kestirilen şey.

predispose [pri'dispouz] *f+n* (bir kimsenin düşünce ve duygularını) (bir şeye karşı) önceden yatkın hale getirmek, hazırlamak, eğilim yarattırmak, meylettirmek. *His childhood predisposed him to like the farm.*

predominant [pri'dominənt] *s* üstün, baskın; ağır basan; en güçlü, en göze çarpan, en önemli: *the predominant number; the predominant feature. Rice is the predominant food of millions of people throughout the world.* **predominantly** *z* üstün gelerek. **predominance** *i-sy* üstünlük, faikiyet. *They now have total predominance in the European market.* **predominate** [pri'domineit] *f-n* üstün olmak, ağır basmak; üstün gelmek. *John predominated in the discussion. He predominated over the others because of his size.*

pre-eminent [pri:'eminənt] *s* üstün, yüksek; en iyi. *Of all Richard's good qualities, his kindness is pre-eminent.*

preen [pri:n] *f+n* **1** gagası ile tüylerini temizlemek ve düzeltmek. *The bird was preening itself/its feathers.* **2** giyim, kuşamını beğenip bununla gururlanmak. *She was preening herself*

in front of the mirror.

prefabricate ['pri:'fæbrikeit] *f+n* (binalar hk.) inşaat alanında birleştirilmeye hazır olacak biçimde parçaları önceden hazırlamak, yapmak. **prefab** ['pri:fæb] *i+sy* prefabrike ev.

preface ['prefəs] *i+sy* önsöz; bir eserin amacını, konusunu, işleniş biçimini, açıklayan, bazen de hazırlanmada emeği geçen kimseleri belirten yazı. *In the preface, he explained why he wrote the book.* (*eş anl.* **foreward**). Ayrıca *f+n* önsöz ile başlamak; kitabın önsözünü yazmak. *He prefaced his lecture with a humorous story.*

prefect ['pri:fekt] *i+sy* sınıf başkanı, mümessil.

prefer [pri'fə:*] *f+n* tercih etmek, yeğlemek. *I prefer the country to the town. I prefer to resign rather than obey his orders.* geç. zam. ve ort. **preferred. preferable** ['prefərəbl] *s* tercih olunur, yeğlenir. *I find this method preferable.* **preferably** *z* tercihan. *You can phone me any time, but preferably in the morning.* **preference** ['prefərns] **1** *i+sy/-sy* tercih, yeğleme; bir şeyi başka bir şeyden daha çok isteme, arzu etme. *I have a preference for meat rather than fish.* **2** *i+sy* seçme, seçim, tercih: *state one's preferance.* **preferential** [prefə'renʃl] *s* tercihli, ayrıcalıklı, öncelikli, tercih eden, veya edilen. *What entitles you to this preferential treatment.*

prefix ['pri:fiks] *i+sy* ön-ek; sözcük kökünün önüne gelerek sözcüğe belirli bir anlam katan ek, örn. *mis-* öneki *behave, inform,* vb. sözcüklerin başına getirilir ve *misbehave, misinform,* vb. yeni sözcükler oluşturulur.

pregnant ['pregnənt] *s* **1** (kadınlar hk.) gebe, hamile. *The pregnant woman gains weight. Nancy is five months pregnant.* **2** anlamlı; önemli, ama dışa vurulmamış ya da gizli anlam dolu: *a pregnant remark.* **pregnancy** *i+sy/-sy* hamilelik. *The breasts enlarge during pregnancy.* **pregnancy test** hamilelik testi. *Wait until six weeks after your last period and get a pragnancy test.*

prehistoric ['pri:his'tɔrik] *s* tarihöncesi ile ilgili; yazının bulunmasından önceki çağlara ait: *prehistoric man. Many kinds of prehistoric animals no*

longer exist.
prejudice ['predʒudis] *i+sy/-sy* peşin hüküm, önyargı; bir kimse, veya bir şeyle ilgili olarak belirli koşul, olay ya da görüntülere dayanarak önceden edinilmiş olumlu, veya olumsuz yargı. *Some people have a prejudice against all foreigners.* **prejudiced** *s* önyargılı, tarafgir. *Some people are prejudiced against me.* (*karş.* **unprejudiced**).
preliminary [pri'liminəri] *s* ilk, ön; daha önemli bir şeyi tanıtmak ya da bunu hazırlamak için önceden yapılan: *preliminary examination. I must make preliminary plans for the party.* Ayrıca *i+sy* başlangıç niteliğinde olan bir hareket, bir uygulama; ön hazırlık.
prelude ['prelju:d] *i+sy* başlangıç; girizgâh; (müzikte) peşrev, prelüd; herhangi bir şeyden önce gelip onu tanıtan, ona yer sağlayan: *an organ prelude. The morning for was a gloomy prelude to the rest of the day.*
premature ['premətjuə*] *s* vaktinden önce, vakitsiz, erken: *a premature decision. It is premature to say now who will win the election next week.* **prematurely** *z* vaktinden evvel, mevsimsiz olarak.
premeditate ['pri:'mediteit] *f+n* önceden tasarlamak, planlamak; taammüden yapmak: *a premeditated act of a murder.* **premeditation** [pri:medi'teiʃən] *i-sy* önceden düşünme. *The door of his study was open, and without premeditation he turned into it.*
premier ['premiə*] *s* ilk, baş; birinci dereceʰe, sırada: *of premier importance ᵗ* birinci derecede önemi olan). Ayrıca *i+sy* başbakan. *We cheered the new premier.*
premiére [premi'eə*] *i+sy* bir piyesin, veya bir sinema filminin ilk temsili, ilk gösterim; gala. *I have two tickets to the premiére of 'From Here to Eternity'.*
premise ['premis] *i+sy* farz, varsayım. *The conclusion we came to was unfortunately based on a false premise—that the company would not go bankrupt.* **premises** iₓoğ konut alanı; içinde bulunduğu alanı da içine alan bina, veya ev. *Employees are forbidden to smoke on these premises.*
premium ['pri:miəm] *i+sy* bir sigorta şirketine düzenli olarak ödenen para

miktarı; prim, kesenek. *I have insured my house for £5,000, at a premium of only £10 per year.* **at a premium** çok rağbette, çok aranılan. *Experts in aero-dynamics, hypersonics, electronics are at a premium these days.* (*eş anl.* **in demand**).
premonition [premə'niʃən] *i+sy* önezi, içe doğma; (özl. tatsız bir şeyin) olacağı duygusu; hissikablel-vuku: *a premonition of danger. She had a premonition about the accident.* (*eş anl.* **foreboding**).
preoccupy [pri:'ɔkjupai] *f+n* kafasını kurcalayıp durmak, zihnini işgal etek: *look preoccupied* (= dalgın dalgın bakmak). *My wife becomes more and more preoccupied with the children. She was so preoccupied with her troubles that she did not hear me.* **preoccupation** [pri:ɔkju'peiʃən] *i+sy* dalıp gitme, dalgınlık; çevrede olup bitenlere dikkat etmeyiş durumu, zihin meşguliyeti. **preoccupied** *s* dalgın, zihni meşgul. *I was so preoccupied I didn't hear a word you said.*
prep [prep] *i-sy* ev ödevi; okul derslerine hazırlanma. (*k. dil.*). **preparatory school** *i+sy/-sy* (= **prep school**) (*r. kul.*).
prepare [pri'peə*] *f+n/-n* hazırlamak; hazırlanmak; hazırlık yapmak: *prepare a meal; prepare to leave; prepare for someone's visit. Barbara dressed quickly and went downstairs to prepare breakfast for the family.* **preparation** [prepə'reiʃən] *i-sy* hazırlık; hazırlama işi. *The meeting will require a lot of preparation.* **preparations** içoğ (gelecekteki bir olay için) hazırlık; bir şeye hazırlanmak için yapılan şeyler. *They are making tremendous preparations for the president's visit.* **be prepared to do something** bir şeyi yapmayı göze almak; bir şey yapmaya hazır ve muktedir olmak. *I am prepared to say I was wrong.* **be prepared for something** bir şey için hazırlıklı olmak. *When you go camping you should be prepared for any emergency.*
preposition [prepə'ziʃən] *i+sy* edat, ilgeç; bir isim ya da zamiri başka bir sözcüğe bağlayan ve bu isim, veya zamir ile diğer sözcük arasında bir ilgi gösteren sözcükler, örn. **to, by, with, from**.

NOT: bir edat ilgi gösterdiği bir ismin, isim grubunun, veya isim gibi kullanılan bir sözcüğün hemen başına gelir:

at night; on the table; because of her husband; in a beautiful dress; for the sake of world peace; on account of leaving; as compared with this book.

Bazı durumda edat birlikte olduğu isimden ayrı düşebilir. Böyle bir durumda edat genellikle içinde bulunduğu cümlenin sonuna gelir:

Which boy are you going with?
What student did you give the book to?

Üç çeşit edat vardır.
1 BASİT: *in, to, from,* vb.
We study in our room.
I go to class early.
She pushed the chair under the table.
2 BİLEŞİK: *because of, according to, into, as for* vb.
He stayed home because of the cold weather.
This is correct according to this book.
We went into the house.
3 DEYİMSEL FİİLLER: *in spite of, by means of, for the sake of,* vb.
The game was held in spite of the rain.
I prefer to travel by means of the railroad.
I worked hard for the sake of my family.

İngilizcede en çok kullanılan edatlar şunlardır:

about, above across, after, against, ahead, along, around, as, at, away, back, before, behind, below, by, down, for, forward, from, in, inside, into, like, of, off, on, out, outside, over, past, through, to, under, up, upon, with, within, without.

preposterous [pri'pɔstərəs] *s* saçma, mantıksız, tümü ile mantığa aykırı, akıl almaz, inanılmaz. abes: *a preposterous idea. People used to think it was a preposterous notion that man could reach the moon.* (*eş anl.* **absurd**).

prep school *i + sy/-sy* hazırlık okulu; 11 ile 13 yaşa kadar çocukların öğrenim gördüğü okul.

prerequisite [pri'rekwizit] *i + sy* önkoşul; başka bir şey meydana gelmezden, veya yapılmazdan önce gerekli olan (bir şey). *A good pass in the*

school certificate is a prerequisite for (the) university. Sanity was not a prerequsite for the successful preparation of a criminal act.
prerogative [pri'rɔgətiv] *i + sy* ayrıcalık, imtiyaz; başkasında olmayan özel bir güç, veya hak. *It was the prerogative of the king to pardon criminals.* (*eş anl.* **right**).
prescribe [pri'skraib] *f + n/-n* **1** reçete yazmak; (bir şeyi) hasta birisine ilaç olarak, veya tedavi amacı ile vermek; tavsiye etmek, salık vermek: *prescribe medicine for an illness. The doctor prescribed a complete rest for me.* **2** emretmek, buyurmak; bildirmek. *The government prescribes laws to be obeyed by its citizens.* **prescribed** *s* salık verilmiş, tavsiye edilmiş: *prescribed books.* **prescription** [pri'skripʃən] *i + sy* **1** reçete. *These pills can be obtained by prescription only.* **2** emir, talimat. *There is growing political support for his economic prescription.* **on prescription** reçete ile.
present¹ ['preznt] **1** hazır, mevcut; sözü edilen yerde olan. *Was James present? He is not in the present company.* (= Orada bulunanların arasında yok). **2** şimdiki, mevcut, bugünkü. *She cannot save on her present wages.* **presently** *z* **1** az sonra, birazdan, neredeyse. *He will be here presently.* **2** (özl. *Aml*'de) şimdi; halihazırda. *He is presently living in New York.* **presence** *i-sy* hazır bulunma, mevcu-diyet. *Don't mention this in John's presence* (= John'ın önünde bundan söz etme). **at present** şimdi, şu anda. *He is with Jones at present.* **for the present** şimdilik, şu sıralarda. *We shall not need any more for the pres-ent.* **presence of mind** soğukkanlılık; ani bir tehlike ya da beklenmedik bir durum karşısında heyecana kapılmadan akıllıca ve çabuk davranma yeteneği. *Thanks to his presence of mind, the children were saved* (= Soğukkanlılığı sayesinde çocuklar kurtarıldı). **present-day** günümüz. *I don't like present-day fashions.*
present² [pri'zent] *f + n* **1** sunmak, takdim etmek, vermek; armağan etmek. *We presented him with a cheque. / We presented a cheque to him.* **2** sunmak, bildirmek, arzetmek. *They presented their petition to the government.* **3**

gösteri sunmak, temsil etmek, icra etmek. *The school is presenting a play.*
4 tanıştırmak; birisini (özl. daha yüksek derecedeki bir kimseye) takdim etmek. *Laura was presented to the Queen.* Ayrıca ['preznt] *i+sy* hediye, armağan. *He gave me a very expensive birthday present.* **presentable** *s* eli yüzü düzgün; topluluk içine çıkarılabilir. *She looked quite presentable.* (*karş.* **unpresantable**). **presentation** [prezn'teiʃən] *i+sy/-sy* 1 (özl. bir topluluk önünde merasimle) birisine bir şeyi verme, takdim, sunma. *The presentation of the prizes will be at two o'clock.* 2 sunuluş, takdim; sunma, takdim etme işi ya da eylemi: *the presentation of a lady to the queen.* 3 temsil, gösteri. *They held many rehearsals before the presentation of their school play.*

present participle *i+sy* şimdiki zaman ortacı; sonu *-ing* ile biten bir fiil biçimi. Bu fiil biçimi bazı fiil zamanlarını (=**tenses**), sıfat-fiilleri, veya ortaçları (=**participles**) ve isim-fiilleri veya ulaçları (=**gerunds**) oluştururlar. Ayrıca **participle** ve **gerund**'a bkz.

present perfect *itek* 'have' +fiilin 3üncü zamanı'ndan oluşan bir fiil zamanı—'şimdiki zamandaki *have*'li takım'/'şimdiki bitmiş zaman': *I have studied English since 1987. He has been here for one hour.*

preserve [pri'zɔːv] *f+n* 1 korumak, muhafaza etmek: *preserve one's life.* 2 bir maddeyi iyi durumda saklamak, tutmak, çürümesini, bozulmasını önlemek, eçelini yapmak; konservesini yapmak: *preserve food. The city decided to preserve the beautiful old building as a museum.* 3 az bulunur bir hayvanın, bir balığın, vb. yasal olmayan yollarla avlanmasına ve öldürülmesine engel olmak, korumak. Ayrıca *i+sy* reçel; meyvaları şeker ile kaynatarak yapılmış ve kutulanmış bir yiyecek maddesi. **preservation** [prezə'veiʃən] *i-sy* 1 koruma; muhafaza etme: *the preservation of peace/one's health.* 2 korunma; korunmakta, saklanmakta olan bir şeyin durumu. *The old house was in a good state of preservation.* **preservative** [pri'zɔːvətiv] *i+sy* koruyucu (madde); yiyecekleri korumak için kullanılabilen bir madde; bozulmayı önleyen madde.

Most tins of meat contain preservatives.

preside [pri'zaid] *f-n* yönetmek, başkanlık etmek: *preside at a meeting; preside over a large business.* **president** ['prezidnt] *i+sy* 1 cumhurbaşkanı; devlet başkanı, devlet reisi. *Atatürk was the first president of Turkey.* 2 genel müdür; yönetim kurulu başkanı, başkan, reis; rektör. *He was elected president of this company.* NOT: devlet başkanı olan bir kimseye *Mr* yerine *President* denir, örn. *President Evren; President Kennedy.* **presidency** *i+sy* 1 başkanın makamı, görevi, mevkii; başkanlık: *a candidate for the presidency. Atatürk was the first man elected to the Presidency of Turkey.* 2 başkanlık süresi. **presidential** [prezi'denʃl] *s* başkan ile ilgili, başkana ait; başkanlık için: *a presidential election.*

press¹ [pres] *f+n/-n* 1 (eliyle ya da ayağı ile) basmak, bastırmak. *John pressed his hand against the door. These two pieces of paper will stick if you press them together.* 2 sıkmak; ezip suyunu çıkarmak. *He gets the juice from the grapes by pressing them.* 3 ütülemek, ütü yapmak. *He was pressing his jacket.* 4 üşüşüp, yığılmak, yığılıp iteklemek. *The people were pressing so hard against the President's car that they almost over turned it.* 5 (dostluk, sevgi, acıma belirtmek ya da cesaretlendirmek için) elini şöyle bir içtenlikle tutup sıkmak, sıkıca tutmak. *He pressed my hand warmly as he said good bye.* 6 (kabul etmesi, veya söylemesi için) ısrar etmek, zorlamak, sıkıştırmak. *He is pressing me for an answer. He pressed the money on me.* **pressing** *s* acil, ivedi; sıkıştıran, sıkboğaz eden. *He left town quickly on some pressing business.* (*eş anl.* **urgent**). **be pressed for** (vakti, parası, vb.) az olmak (zamanca, paraca, vb.) sıkışık durumda olmak. *I'm rather pressed for the time.* **press/push one's luck** şansını zorlamak. *The policeman said to the motorist who had been driving too fast: 'I'll let you off this time, but don't press your luck!'*

press² [pres] *i+sy* 1 ütü yapma işi, veya eylemi: *give one's clothes a quick press.* 2 sıkma makinesi, cendere, mengene. *He put the grapes into the wine press.* 3 matbaa makinesi. 4 yayın evi, basım evi. 5 (özl. *AmI*'de) dolap. **the press** 1 basın; gazeteler. *There was no mention of the new product in the press.* 2 basın mensupları; gazeteciler. *She got to know a lot of the Turkish press.* (eş anl. **newspapermen, reporters**). **press conference** basın toplantısı, basın konferansı, toplantısı. **press cutting** gazete ya da dergi kesiği; gazete, veya dergiden kesilmiş bir yazı, veya bir resim. *I have kept a file of press cuttings about the new car.* **get a good/bad press** gazetelerde, televizyonda, veya radyoda övülmek, iyi söz edilmek/eleştirilmek, kötü eleştiri almak.

pressure ['prefə*] *i+sy* 1 baskı, basma, üzerine yüklenme, sıkıştırma hareketi; basınç, tazyik. *The presure of my finger against the lid was enough to open it. What is the pressure of air in your tyres?* 2 baskı; bir şeyden doğan kaygı veya sorun. *He could not come to the party because of pressure of work* (=Çok meşgul olduğu için partiye gelemedi). **pressure cooker** *i+sy* düdüklü tencere. **pressurized** *s* basınçlı, tazyikli; hava basıncı ayarlanmış: *an aeroplane with a pressurized cabin.* **pressure group** baskı grubu; kendi çıkarlarını daha da ileri götürmek için politik baskı kullanan bir topluluk.

prestige [pres'ti:ʒ] *i-sy* saygı görme, değerli, güvenilir olma durumu, saygınlık, itibar, prestij. *Winning the first prize in the sports meeting brought him a lot of prestige.*

presume [pri'zju:m] *f+n/-n* 1 varsaymak; öyle sanmak, zannetmek, tahmin etmek, kabul etmek. *A man should be presumed innocent until it is proved that he is guilty.* (eş anl. **assume**). 2 hakkı olmayan bir şeyi yapmaya cesaret etmek, cüret göstermek, haddini aşmak. *I would not presume to question him. The stanger presumed to call me by my first name.* **presumption** [pri'zʌmpʃən] 1 *i+sy* tahmin, zan, varsayım. *The police are searching the area, on the presumption that the thief is still there.* 2 *i-sy* haddini bilmemezlik, haddini aşma, cüret, küstahlık. *His plans are based on the presumption that it will not*

rain. *It was sheer presumption for him to come when he was not invited.*

presumptuous [pri'zʌmfəs] *s* haddini bilmez, küstah, küstahça atılgan. *It is dangerous and presumptuous to interfere between parents and children.*

pretend [pri'tend] *f+n/-n* 1 yalandan yapmak, yapar gibi görünmek; numara yapmak; (bir şey) süsü vermek. *She pretended to be surprised. The children pretended that they were on a ship.* 2 (genl. bir güçlükten kaçınmak, veya bir tehlikeyi atlatmak için) belli bir şeye sahip olduğunu yalan yere iddia etmek; öyle imiş gibi davranmak; varmış gibi göstermek. *She pretended she had flu and asked to have the day off. She pretended to be asleep.* 3 yalandan söylemek, iddia etmek. *He pretends to like you, but he doesn't really* (=Seni sevdiğini söylüyor, ama aslında sevmiyor). **pretence** (*AmI*'de **pretense**) 1 *i-sy* yapmacık, numara; sahte tavır, sahte bir görünüm, yalancı bir neden ya da aldatıcı bir gösteri: *under the pretence of friendship* (=arkadaşlık numarası altında). 2 kandırmaya yönelik hareketler, yapmacık davranış. *Her manner is modest and free from pretence.*

pretension [pri'tenʃən] 1 *i+sy* iddia; bazı özelliklere sahipmiş gibi görünme. *I have no pretensions to being an athlete.* 2 *i-sy* kendine bir hava verme; tafra satma, gösteriş. *The other girls were annoyed by her pretensions.* **pretentious** [pri'tenʃəs] *s* kendini beğenmiş, gösterişçi; tafra satan; iddialı: *a pretentious speech. The pretentious woman always talked about the important people she knew and the expensive clothes she bought.* (karş. **humble, unpretentious**).

pretext ['pri:tekst] *i+sy* özür, bahane, kulp; bir şeyin gerçek nedeni gizlenerek ileri sürülen sözde neden. *A pretext for coming late to school is that the alarm did not go off on the pretext. He was absent from school on the pretext that he was ill.*

pretty ['priti] *s* sevimli, cici, tatlı, hoş, çekici (ama çok çok güzel, veya görkemli değil): *pretty dress; pretty girl.* Ayrıca *z* oldukça, epeyce, bir hayli. *He's pretty good at sports* (bu anlamda *k. dil.*). **prettily** *z* güzel, hoş bir şekilde. **cost a pretty penny** çok pahalıya mal olmak. **pretty nearly** hemen hemen, neredeyse. **pretty-pretty** (alaylı bir şekilde) cici cici; cicili bicili. *My wife wanted to retire to a country cottage but the one she chose was too pretty pretty for my taste.*

prevail [pri'veil] *f + n* 1 yenmek, üstün gelmek, zafer elde etmek. *He prevailed over/aganist the enemies. I believed my cause would prevail against all opposition.* 2 yaygın olmak, olağan olmak. *This custom prevails over the whole area. They refuse to work under the conditions that now prevail.* **prevail on/upon** birisini razı etmek, ikna etmek, gönlünü yapmak. *I prevailed upon him to join us. (eş anl.* **talk into).** **prevailing** *s* (rüzgârlar hk.) her zamanki; bir bölgenin üzerinde çoğu zaman esen: *prevailing winds. (eş anl.* **current). prevalent** ['prevəlnt] *s* hüküm süren, geçerli olan, cari olan; yaygın: *a prevalent idea/fashion. Rainy weather has been prevalent throughout the month. (eş anl.* **prevailing). prevaricate** [pri'værikeit] *f + n* sorulara açık seçik ya da doğru cevaplar vermeyerek gerçeği gizlemeye çalışmak; boğuntuya getirmek, kaçamaklı cevap vermek. *John asked David what had happened, but the prevaricated.* **prevarication** [priværi'keifən] *i + sy/-sy* boğuntuya getirme, kaçamaklı cevap verme.

prevent [pri'vent] *f + n* 1 (bir şeyi) önlemek; (bir şeyin) meydana gelmesini engellemek: *prevent an accident. A heavy .ain prevented the fire from spreading.* 2 (birisini bir şey yapmaktan) alıkoymak; durdurmak, engel olmak. *I prevented him from hitting the child.* **prevention** *i-sy* önleme, engelleme: *the prevention of terrorism/ corruption,* **preventable** *s* önlenebilir, engel olunabilir: *preventable accidents.* **preventive** *s* önleyici, koruyucu: *preventive medicine* (=bir hastalığı önlemeye yarayan ilaç). *They took preventive measures against theft.*

preview [pri:vju] *i-sy* halka gösterilmeden önce bir film, veya bir piyesin özel gösterimi. *Before the movie was shown to the students, there was a preview for the teachers.*

previous ['pri:viəs] *s* önce, önceki; evvel, evvelki: *a previous meeting. We*

had met on a previous occassion. **previously** z önce; daha önce, önceden. *He had officially retired ten years previously. I had previously lived the life of a miserly savage.* **previous to** edat (bir şey)den önce. *Previous to coming here, I worked in London. (eş anl.* **before).**

prey [prei] *i-sy* 1 av; başka bir hayvan tarafından avlanan, veya yenilen bir hayvan, veya kuş. *The lion was hunting for its prey. Small animals are sometimes the prey of eagles.* 2 kurban, yem. *The rich widow was an easy prey for fortune hunters.* **bird of prey** yırtıcı kuş. *An eagle is a bird of prey.* **prey on something** diğer hayvanları avlayıp yiyerek yaşamak. **prey on one's mind** zihnini rahatsız etmek, sıkıntı vermek ve de bunu bir türlü aklından çıkaramamak. *Fear of being killed preyed upon his mind. (eş anl.* **trouble).**

price [prais] *i + sy* 1 fiyat. *I'll buy it if the price is right. Petrol will continue to drop in price.* Ayrıca kelime'ya bkz. 2 birisinin yakalanması için vaadedilen şey, ödül: *a price on his head* (=birisinin başına konan ödül). 3 bedel, karşılık; insanın istediği bir şeyi yapabilme ya da elde edebilme uğruna kaybetmesi, veya katlanması gereken şey: *the price of freedom. Loneliness was the price of my success.* Ayrıca *f + n* fiyat koymak; fiyatını saptamak; fiyatını sormak. *The merchant priced the oranges at 95 pence a dozen.* **priceless** *s* paha biçilmez, çok değerli. *That is a priceless work of art.* **at any price** ne pahasına olursa olsun. *His slogan is peace at any price.* **pricey, pricy** ['praisi] *s* pahalı, tuzlu. *It was a pricy hotel. (k. dil.).*

prick [prik] *f + n/-n* 1 küçük bir delik açmak; (kendi derisine) batırmak; delmek: *prick something with a needle; prick one's finger.* 2 şiddetli bir acı vermek; azap vermek. *The memory of cheating on her examination pricked her conscience.* Ayrıca *i + sy* 1 sivri uçlu bir şey ile yapılan ufak bir delik. *The pricks in the leather formed a pattern.* 2 sancı; keskin sızı; şiddetli bir acı; azap. *The prick of the needle made her cry out in pain.* **prick up its ears/its ears prick up** kulaklarını dikmek, kabartmak/

kulakları dikilmek, kabarmak. *The dog pricked up its ears when its master called it.*

prickle ['prikl] *i+sy* bir bitkinin üzerindeki sivri uç; diken: *the prickles on a thorn.* **prickly** *s* 1 dikenli. 2 dalayan; dalayıcı; iğne gibi batan. 3 kolayca kızabilir; cinleri tepesinde. *He's always prickly when he's tired.* **prickly heat** isilik; sıcaktan ve çok terlemekten, vücutta meydana gelen ufak ve pembe kabartılar.

pride [praid] *i+sy* 1 kıvanç, iftihar, büyük bir memnuniyet duygusu. *He looked at his garden with pride.* 2 onur, gurur, haysiyet, izzetinefis. *His pride would not allow him to beg for money.* 3 gurur, kibir; çalım, kurum, azamet. *He was hated because of his pride.* 4 övünç kaynağı, medarı iftihar. *That child is his mother's pride and joy.* (Ayrıca **proud**'a bkz). **pride oneself upon/on** gurur duymak, iftihar etmek. *She prided herself on the cleanliness of her house.* **have/take pride in something** bir şeyden gurur duymak. *He takes great pride in his children's success at school.* **swallow one's pride** gururunu yenmek. *Just because he is my boss, I shall have to swallow my pride and apologize to him.* **pride of lions** aslan sürüsü.

priest [pri:st] *i+sy* papaz, rahip. (*kadınına* **priestess** ['pri:stis] *denir*).

prig [prig] *i+sy* başkalarından daha üstün olduğuna inanan birisi; fazilet züppesi. *James is such a prig that he thinks he is better than anyone else.*

prim ['prim] *s* çok ciddi, fazla resmî; kendini aşırı sıkan ve soğuk bir biçimde davranan: *She is a very prim old lady.*

primary ['praiməri] *s* 1 ilk: *primary school.* (Ayrıca **school**'a bkz.). 2 başlıca; önem bakımından birinci: *a primary consideration; of primary importance.* **primarily** *z* başlıca, esas olarak; aslında. *The book was written primarily for children.* **the primary colours** temel, ana renkler; kırmızı, sarı ve mavi (bu renkler birbirleri ile karıştırıldığında geri kalan bütün diğer renkler elde edilebilir).

primate[1] ['praimit] *i+sy* başpiskopos.

primate[2] ['praimeit] *i+sy* memeliler sınıfı içersinde en gelişmiş olan bir hayvan; bu sınıfın içersine insanlar maymunlar ve benzeri hayvanlar da girer. *All primates are facial expressive.*

prime [praim] *s* 1 baş, ana, asıl; zaman, rütbe, veya önem bakımından ilk: *the Prime Minister; of prime importance.* 2 en iyi kalitede; en nitelikli, ekstra ekstra: *in prime condition. Good restaurants serve only prime beef.* Ayrıca *i-sy* kıvam; olgunluk; kemal devresi; bir şeyin, veya bir insanın en iyi dönemi. *A man of forty is in the prime of life.*

primer ['praimə*] *i+sy* herhangi bir konuda başlangıç kitabı; çocukların okulda okudukları ilk ders kitabı. *This book is a primer on how to fix automobiles.*

primeval [prai'mi:vl] *s* en eski çağlara ait, çok eski: *primeval forests. Indians were the primeval inhabitants of America.*

primitive ['primitiv] *s* 1 ilkel, iptidai; gelişme sürecinin ilk dönemine ait. *In primitive times, people lived in caves.* 2 kaba biçimde yapılmış; basit: *a primitive kind of tool.*

primrose ['primrouz] *i+sy* çuha çiçeği; kuzeyin serin bölgelerinde ilkbaharın başlarında açan, uçuk sarı renkli ufak bir çiçek.

primrose

prince [prins] *i+sy* 1 prens, şehzade; kral ya da imparatorun oğlu. *The young prince will someday become king.* 2 prens; küçük bir ülke hükümdarı. *The prince ruled his people fairly.* **princess** [prin'ses] *i+sy* 1 prenses; kral ya da imparatorun kızı. 2 prensin karısı; prenses.

principal ['prinsipl] *s* en önemli; başlıca, baş; ana, asıl. *Manchester is one of the principal towns in England.* Ayrıca *i+sy* 1 (bir okulda) müdür; okul müdürü. *The duties of the* *principal are to supervise the course of study, to arrange the hours of the classes, etc.* 2 ana para, sermaye; bir işe, bir bankaya, vb. yatırılıp da kazanç sağlanan, faiz (=**interest**) geliri elde edilen para miktarı. **principally** z başlıca olarak, esasında; çoğunlukla. *Paper is made principally of vegetable fibers.*

principality [prinsi'pæliti] *i+sy* prenslik, beylik. *Wales is principality; the Principality of Monaco.*

principle [prinsipl] *i+sy* 1 ilke, temel kural, prensip: *the principles of science; principle of free speech.* 2 ilke, prensip, yaşam ilkesi; kendi davranışlarını düzenlemede, yönlendirmede insanın uyduğu temel bir kural. *Stealing is against my principles.* **in principle** ilke olarak, prensip olarak. *I agree with the scheme in principle, but I think it needs modification in certain details.*

print¹ [print] *f+n* 1 basmak, tabetmek. *This page in the newspaper has been badly printed.* 2 basmak, yayınlamak. *They printed a hundred copies of the book.* 3 kitap harfleri ile yazmak. *Please print your names so that they can be read clearly.* 4 resim basmak, tabetmek; negatif bir filmden kağıt üzerine resim tabetmek. **in print** (bir kitabın) baskısı mevcut ve satılmakta. *Is that book still in print?* **out of print** (bir kitabın) mevcudu kalmamış, baskısı tükenmiş. *The book you want is now out of print.*

print² [print] 1 *i-sy* basılı yazı. *Can you read the small print at the bottom of the page?* 2 *i+sy* basılı resim, veya desen. *This is a beautiful print which I bought yesterday.* 3 *i+sy* develope edilmiş fotoğraf filminden basılmış fotoğraf. 4 *i+sy* (çoğk. bileşik isim yapmada kullanılır). iz; bir şeyin izi. *You can see the children's footprints in the sand.* 5 *i+sy/-sy* basma (kumaş), emprime. **printer** *i+sy* matbaacı. **printing machine** matbaa makinesi.

prior¹ ['praiǝ*] *s* daha önce, daha önceki. *I cannot come as I have a prior engagement.* **prior to** (bir şey)den önce, evvel. *What did you do prior to coming here.* (*eş anl.* **before**).

prior² ['praiǝ*] *i+sy* (küçük bir manastırda) baş rahip. *A prior is a monk*

who is in charge of a priory. **priory** *i+sy* küçük manastır.

priority [prai'oriti] 1 *i+sy/-sy* öncelik, üstünlük; mevki, veya zaman bakımından öncelik verilmesi gereken, veya buna hakkı olan kimes, veya şey. *You must give this matter priority.* 2 öncelikli kimse, veya şey.

prise [praiz] *f+n* (bir şeyi kaldıraç, veya buna benzer bir şey ile) zorlayarak açmak. *I prised open/up/off the lid of the box.*

prism ['prizǝm] *i+sy* prizma, biçme; taban denilen eşit ve paralel iki yüzey ile bu tabanların karşılıklı kenarları arasında kalan kenarları paralel yüzlerle sınırlanmış katı cisim. *A prism separates the light which passes through it into the colours of the rainbow.*

prisms

prison ['prizn] *i+sy* 1 hapishane, cezaevi, mahpushane. *The thief was sent to prison for six years.* 2 insanın içine kapatıldığı, veya içinde özgürlüğünü kaybetmiş olduğunu hissettiği bir yer. *My office is a prison to me on fine spring days.* **prison camp** harp esirleri, veya siyasi suçlular kampı. **prisoner** *i+sy* 1 hapis, mahpus. *The prisoners were permitted to see visitors once a month.* 2 savaş tutsağı, harp esiri: *be taken prisoner* (=esir alınmak). **prisoner of war** harp esiri. *The captured soldiers are prisoners of war.* (*eş anl.* **POW**).

private ['praivit] *s* 1 özel, hususi, kişisel: *a private room; a private letter.* 2 gizli, saklı, mahrem: *private information.* Ayrıca *i+sy* er, nefer. **privately** z özel olarak; gizli olarak, gizlice. *The notion was discussed privately between the two men at lunch.* **privacy** ['praivisi] *ı-sy* gizlilik, mahremiyet. *Government should respect the privacy of citizens. John and I studied* *the treasure map in privacy.* **in private** gizli olarak, özel olarak: *talk to someone in private.* **private detective** özel dedektif. *He left the police force to work as a private eye.* **private enterprise** özel girişim. **private eye** (*AmI'*de) özel dedektif. **private parts** edep yerleri. *Even the women's private parts were inspected.* **private school** paralı özel okul. Ayrıca **school'a** bkz.).

privilege ['privilidʒ] *i+sy/-sy* ayrıcalık, imtiyaz. *The oldest son was given the privilege of borrowing the car.* **privileged** *s* ayrıcalıklı, imtiyazlı. *A few privileged visitors met the President.*

privy ['privi] *s* gizli, mahrem; özel, hususi. **privy council** kral veya kraliçenin özel danışma meclisi.

prize [praiz] *i+sy* **1** ödül, mükâfat, ikramiye: *win first prize in a race/examination.* **2** çok istenen bir şey, elde edilmesi için uğraşmaya değer bir şey. *That house with its view of the sea is considered a prize.* Ayrıca *s* ödül kazanan; ödül olarak verilen: *prize cattle; prize money.* Ayrıca *f+n* çok değer vermek, aziz tutmak. *There is one stamp in his collection that he prizes more than the others.* **prize fight** *i+sy* para ödüllü boks maçı. **prize fighter** *i+sy* para için döğüşen boksör, profesyonel boksör.

pro¹ [prou] *i+sy* (genl. sporda) **professional** sözcüğünün kısa söyleniş biçimi. *He played amateur tennis, and then turned pro.* (*karş.* **amateur**).

pro-² [prou] ön-ek destekleyen, taraftarı, lehinde, örn. **pro-British**. **pros and cons** lehte ve aleyhte olan nedenler, tanıtlar. *Before we decide, we must weigh up the pros and cons.*

probable ['prɔbəbl] *s* olası, muhtemel; olması beklenebilir. *Colder weather is probable.* (*karş.* **improbable**). **probably** *z* büyük bir olasılıkla, muhtemelen, belki de. *Next year I shall probably be looking for a job.* **probability** [prɔbə'biliti] **1** *i+sy* olasılık, ihtimal; meydana gelebilirlik, veya doğru olabilirlik durumu. *There is not much probability that he will come.* **2** *i+sy* olasılık, ihtimal meydana gelmesi, veya doğru olması olası bir şey. *The probability is that he is ill.*

probation [prou'beiʃən] *i-sy* (yasal anlamda) şartlı salıverme; yasayı çiğ-

neyen birisini, bundan sonra yasalara saygılı olacağına söz verirse, cezalandırmaksızın salıverme ve böylece kendisine namuslu bir yaşama geçme fırsatı sağlama; ilk kez suç işleyen bir kimseye ikinci bir kez suç işlemediği sürece hapse göndermeme, erteleme, tecil. *As it was his first offence, he was not sent to prison but he was put on probation. He was sentenced to probation for one year.* **probationary** *s* deneme ile ilgili. *After the probationary period the company decided to offer me a full time contract.* **probationer** *i+sy* şartlı salınmış bir suçlu. **probation officer** şartlı olarak serbest bırakılan suçluları (genl. genç suçluları) gözetim altında tutmak, onlara yardım ve tavsiyelerde bulunmak ile görevli bir memur.

probe [proub] *i+sy* **1** sonda, cerrah mili; bir yarananın, bir dişteki oyuğun derinliğini ve yönünü bulmak için doktorların kullandığı yuvarlak uçlu uzun ve ince bir metal. **2** uzayın derinliklerindeki koşulları incelemek üzere uzaya gönderilen insansız uzay aracı. Ayrıca *f+n* **1** bir şeyi iyice araştırmak. *The police have to probe the whole area in order to solve the murder.* **2** sonda ile araştırmak; sondaj yapmak.

probity ['proubiti] *i-sy* doğruluk, dürüstlük: *an official of the highest probity.*

problem ['prɔbləm] *i+sy* problem; sorun, mesele. *This situation presents us with many problems. That's no problem.* **problematic** [prɔblə'mætik] *s* şüpheli, daha belli olmamış; güç. *How this matter will end is prob-lematic.*

procedure [prə'si:dʒə*] *i+sy/-sy* yöntem, usul; işlem, muamele *The new secretary learned the procedures in the office. She followed the usual procedure for a job and was offered an interview.* **procedural** *s* (bir dava ile ilgili olarak) usule ait *The hearing was held up while counsel argued over procedural problems.*

proceed [prə'si:d] *f-n* **1** ilerlemek, ileri doğru gitmek; bir yol boyunca gitmek. *The crowd proceeded to the church.* **2** (durduktan sonra) devam etmek; (bıraktığı yerden) sürdürmek. *Please proceed with your story. Please proceed with what you were* *doing.* **3** (bir harekete) girişmek. *The crowd proceeded to attack the building.* **proceeds** ['prousi:dz] içoğ bir şeyin satışından elde edilen para; kazanç, hasılat. *We bought new curtains for our club with the proceeds of our candy sale.* **proceedings** içoğ **1** mahkemedeki yasal işlemler. *He started/took legal proceedings against Mr Harrison.* **2** toplantı tutanakları, zabıtlar, raporlar.

process ['prouses] *i+sy* **1** ilerleme, seyir, gidiş; insanların pek denetleyemedikleri doğal bir işlem: *the process of getting old. Sickness sometimes delays the process of growth.* **2** yöntem, yol, usul, metot, işleme, işlem, muamele; mal üretmek, veya maddeleri işlemekte uygulanan bir düzen: *a new process for making steel.* Ayrıca *f+n* bir yiyeceği belli bir işleme tabi tutup bozulmasını önlemek. *Both cheese and butter are processed at that plant.* **in (the) process of** sürecinde; bir şeyin hâla yapılmakta olduğu zaman süreci içinde. *A new building is in process of being constructed.* (=Yeni bir bina inşaa halindedir/yapılmaktadır).

procession [prə'seʃən] *i+sy* tören alayı; bir sıra halinde törensel bir biçimde, düzenli olarak ilerleyen insanlar, taşıtlar, vb.; alay, kafile: *a funeral procession. We were among those in the wedding procession.*

proclaim [prou'kleim] *f+n* ilân etmek; resmen açıklamak; halka bildirmek: *proclaim a public holiday. The young prince was later proclaimed king. War was proclaimed. (eş anl.* **declare**). **proclamation** [prɔklə'meiʃən] *i+sy/ -sy* bildiri, kamu duyurusu; resmen açıklama, halka bildirme. *(eş anl.* **declaration**).

procure [prə'kjuə] *f+n* **1** (özl. güçlükle) edinmek, elde etmek, sağlamak, tedarik etmek. *A friend procured a position in the bank for my sister. It is hard to procure water in a desert. This kind of book is difficult to procure.* **2** pezevenklik etmek. *He made money by procuring for rich men.* **procurer** *i+sy* **1** tedarik eden kimse. **2** pezevenk, muhabbet tellalı. (*kadınına* **procuress** *denir*). *(eş anl.* **pimp**).

prod [prɔd] *f+n/-n* dürtmek; sivri uçlu bir şeyle itmek. *The old man proded his donkey with special urgency. geç. zam. ve ort.* **prodded**. Ayrıca *i+sy* dürtme, dürtüş. *That prod in the ribs hurt.*

prodigal ['prɔdigl] *s* savurgan, müsrif: *be prodigal of one's money/time. Turkey has been prodigal of its forests. (eş anl.* **extravagant**).

prodigious [prə'didʒəs] *s* **1** çok büyük, muazzam. *The ocean contains a prodigous amount of water.* **2** görülmemiş, olağanüstü: *a prodigious event.*

prodigy ['prɔdidʒi] *i+sy* dahi (insan); olağan üstü zeki ve akıllı: *a child prodigy. Mozart was a musical prodigy.*

produce [prə'dju:s] *f+n* **1** (bir şey)e neden olmak, (ortaya) çıkarmak. *Hard work produces success.* **2** ortaya koymak, göstermek. *He was not able to produce sufficient evidence.* **3** (hayvanlar, bitkiler, veya insanlar hk.) yavrulamak; ürün vermek; çocuk üretmek, vermek. *A hen produces eggs. Flowers produce pollen.* **4** yapmak, üretmek; mahsul vermek. *Some fields produce maize.* **5** (piyes) sahneye koymak; (film, televizyon programı) yapmak. *He produced two films last year.* Ayrıca ['prɔdju:s] *i-sy* ürün, mahsul (özl. tarım ve hayvancılık ile üretilen mahsul, yumurta, vb.). **producer** *i+sy* **1** üretici, yetiştirici, müstahsil. **2** yapımcı, prodüktör. **product** ['prɔdəkt] *i+sy* ürün, mahsul; imal edilerek elde edilen bir şey: *farm products; factory products.* **productive** [prə'dʌktiv] *s* üretken, verimli, bereketli. *The conference was productive of new ideas.* **production** [prə'dʌkʃən] **1** *i-sy* bir şeyi gösterme. *Goods can be exchanged only on production of the sales slip. The production of fresh information changed people's view.* **2** üretim, yapım. *They are hoping to speed up production by putting in new machinery.* **3** *i+sy* sahnelenmiş bir oyun, çekilmiş bir film, veya yayınlanan bir radyo ya da TV programı. *What did the critics have to say about the production?* **productivity** [prɔdʌk'tiviti] *i-sy* üretkenlik, verimlilik; produktivite: *increase the productivity of a factory. The large amount of food grown this year results from the productivity of the soil.*

prof [prɔf] *i+sy* (=**professor**)—profesör. (*k. dil.*).

profane [prə'fein] s Allah'a, veya kutsal bir şeye saygısızlık eden; küfürlü. *The man was using profane language.*

profess [prə'fes] *f+n* 1 (bir şeylik) taslamak, (öyle biriymiş gibi olduğunu ya da bir şeyi yapabildiğini) ileri sürmek, iddia etmek. *I don't profess to be an expert.* 2 söylemek, bildirmek. *I asked him, but he professed ignorance* (=Sordum ama bilmediğini söyledi). 3 belli bir kişisel duygu, inanış, durum içinde olduğunu açık açık, olduğu gibi söylemek, itiraf etmek: *profess one's loyalty to the state.*

profession *i+sy* 1 iş, uğraşı, meslek; belli bir öğrenimden (örn. hukuk, tıp, öğretmenlik, vb. öğrenimini tamamladıktan) sonra elde edilen uğraşı dalı. *He is preparing for the teaching profession. He was known by the profession as a brilliant lawyer.* 2 inancını, düşüncesini, duygularını, bir şeyi açıkça söyleme, bildirme, itiraf: *a profession of friendship. He made a public profession of his faith.*

professional [prə'feʃənl] s 1 (özel eğitim isteyen) bir meslek sahibi. *Doctors and teachers are professional men.* 2 profesyonel; başkalarının zevk için yaptığı şeyi para ile yapan. (özl. sporda): *a professional footballer.* (*karş.* **amateur**). 3 ustalıklı, profesyonel: *a professional piece of work.* Ayrıca *i+sy* profesyonel kimse; belli bir beceri sayesinde, veya spor yaparak hayatını kazanan bir kimse. (*eş anl.* **pro**). (*karş.* **amateur**).

professor [prə'fesə*] *i+sy* profesör; bir üniversitede en yüksek düzeyde öğretmen. NOT: *Professor* sözcüğü ünvan adı olarak da kullanılır, örn. *Professor Jones.*

proficient [prə'fiʃənt] s ehliyetli, becerikli; usta, mahir. *She is proficient in/at speaking English.* **proficiency** *i-sy* ehliyet, maharet, beceriklilik.

profile ['proufail] *i+sy* 1 profil, yan görünüm. *Nancy has a beautiful profile.* 2 bir şeyin, bir art alana karşı görülebilen kenarları, veya genel biçimi; bir şeyin silueti. 3 bir kimsenin karakteri ve mesleği hakkında bir gazetede yazılan, veya televizyonda yapılan özet tanıtım; kısa bir biyog-

rafi. *The newspaper published profiles of the founders of the party.*

profit ['prɔfit] 1 *i+sy* yarar, fayda. *What profit is there in worrying?* 2 *i+sy* kazanç, kâr. *The company made a big profit this year.* Ayrıca *f+n/-n* 1 kazanç sağlamak, kâr etmek. *He profitted from the sale of his house.* 2 yarar sağlamak, istifade etmek, (bir şey)den ders almak. *A wise person profits from his mistakes. I would profit from talking with him.* **profitable** s kazançlı, kârlı; faydalı. *It was more profitable to export the crops. We spent a profitable afternoon in the library.* (*karş.* **unprofitable**). **profitably** z kârlı olarak. **profiteer** [prɔfi'tiə*] *i+sy* vurguncu, fırsatçı; yolsuzca (örn. harp sırasında) kazanç elde eden kimse; spekülatör. Ayrıca *f-n* vurgunculuk yaparak büyük kazanç sağlamak.

profound [prə'faund] s 1 derin. *She was in a state of profound shock.* 2 engin bilgili; derin düşünce sahibi: *a profound thinker.* 3 çok inceleme gerektiren; anlaşılması zor, açıklaması güç: *a profound book/mystery.* **profoundly** z çok, son derece; derin derin, derinden. *We were profoundly grateful to him.*

profuse [prə'fju:s] s bol, pek çok, çok çok. *Please accept my profuse apologies.* **profusely** z bol bol. **profusion** [prə'fju:ʒən] *i-sy* çok büyük miktar; çokluk, bolluk. *Wild flowers were in profusion everywhere.* (*eş anl.* **abundance**).

programme ['prougræm] (*AmI*'de ve bilgisayar dilinde **program**) *i+sy* 1 program; belirli koşullara ve bir düzene göre yapılması planlanan işlemlerin, hareketlerin tümü; bilgisayara bir işlemi yaptırmak için yazılan komutlar dizini: *a programme of instruction.* 2 bir konserde çalınacak, veya söylenecek olanların listesi. *I read the programme while waiting for the show to start.* Ayrıca *f+n* programlamak; planlamak.

progress ['prougres] *i-sy* 1 ilerleme, ileri gidiş; ileri yürüyüş: *the progress of civilization; work in progress.* 2 sürekli gelişim: ilerleme; iyileşme: *show some progress.* Ayrıca [prə'gres] *f-n* ilerlemek; gelişme göstermek. *How are you progressing with your driving*

lessons? **progression** [prə'greʃən] *i-sy*
adım adım ilerleme; ilerleyiş, gelişim:
different methods of progression.
progressive [prə'gresiv] *s* 1 kalkınan,
gelişen, iyiye giden: *a progressive
country; progressive ideas.* 2 ileri gi-
den, ilerleyen; ilerici: *a progressive
movement.* 3 (vergiler hk.) katlamalı;
daha büyük gelirlerde daha yüksek:
a progressive scale of taxation.
prohibit [prə'hibit] *f+n* 1 yasaklamak;
kural koyup yasak etmek. *Picking
flowers in the park is prohibited.
Smoking is prohibited.* 2 engel olmak,
mani olmak. *I'm afraid your bad leg
prohibits your jumping all the
hurdles.* **prohibitive** *s* 1 pahalı, yanına
yaklaşılmaz, fahiş: *prohibitive prices.*
2 yasaklayıcı, engelleyici. **prohibition**
[prouhi'biʃən] *i+sy/-sy* 1 yasak; ya-
saklama. *In this city there is a prohib-
ition against constructing buildings
more than six stories high.* 2 içki ya-
sağı. *Liquor cannot be sold in states
which are prohibition.*
project ['prɔdʒekt] *i+sy* tasarı, proje:
a project for making the desert fertile.
Ayrıca [prə'dʒekt] *f+n/-n* 1 planla-
mak, tasarlamak: *project a new hous-
ing scheme.* 2 çıkıntı yapmak: *a nail
projecting from the wall.* 3 sesi, ışığı,
vb. bir yüzeye doğru yönlendirmek;
perdeye yansıtmak: *project films onto
a screen.* **projection** [prə'dʒekʃən] 1
i-sy yansıtma. 2 *i+sy* çıkıntı yapan bir
şey. *He disappeared behind a projec-
tion of rock.* **projectile** [prə'dʒektail]
i+sy ileri doğru fırlatılıp atılan bir
cisim (örn. bir taş veya mermi). **pro-
jector** [prou'dʒektə*] *i+sy* projeksi-
yon makinesi, sinema makinesi.
proletariat [prouli'teəriət] *i-sy* prole-
terya, emekçi sınıfı; (özl. vasıfsız)
işçilerden oluşan bir sınıf. **proletarian**
i+sy emekçi, işçi. Ayrıca *s* ücretle
çalışan sınıftan.
prolific [prə'lifik] *s* çok eser veren;
verimli. *He was a prolific author. We
have a prolific orange tree in the
backyard and always have enough
oranges for our family and friends.*
prologue ['proulɔg] *i+sy* (bir piyeste,
bir kitapta) giriş, başlangıç, önsöz.
prolong [prə'lɔŋ] *f+n* uzatmak. *The
old woman's life was prolonged by
good care.* (karş. **shorten**). (eş anl.
extend). **prolonged** *s* uzatılmış: *a pro-*

longed speech.
prom [prɔm] (*Brİ*'de) (= **promenade
concert**)'a bkz. (*k. dil.*).
promenade [prɔmə'na:d] *i+sy* (özl.
deniz kıyısında uzanan) bir yolun
kenarındaki geniş bir dolaşma şeridi,
gezinti yeri.
promenade concert *i+sy* (*Brİ*'de) bazı
seyircilerin oturarak değil de ayakta
izledikleri konser. *We pushed all the
seats aside for the promenade con-
cert.* (eş anl. **prom**).
prominent ['prɔminənt] *s* 1 ünlü, seç-
kin, önemli. *Because she was a promi-
nent member of the council everyone
listened to her.* 2 kolayca görülür, göze
çarpar. *Their house was so prominent
because it was the only one in the
street with two storeys. The flower on
her hat was quite prominent.* **promi-
nence** 1 *i-sy* ün, şöhret, önem: *give
prominence to something.* 2 *i+sy*
göze çarpan bir yer, veya şey; burun,
dil, çıkıntı, tümsek. *The hill is promi-
nence*
promiscuous [prə'miskjuəs] *s* önüne
çıkanla sevişen; uçkuru gevşek; bir
sevgili ile yetinmeyen. *She is not sex-
ually promiscuous.* (eş anl. **loose**).
promiscuity [prɔmis'kju:iti] *i-sy* onun-
la bununla cinsi ilişkide bulunma.
promise ['prɔmis] *f+n/-n* 1 bir şey yap-
maya, veya vermeye söz vermek. *We
promised them that we would come.
You must promise not to mention it.
I promised him a book.* 2 umut ver-
mek, umudunu uyandırmak. *It prom-
ises to be fine tomorrow.* Ayrıca 1
i+sy yazılı, veya sözlü olarak verilen
söz, vaat: *make/keep/break a prom-
ise.* 2 *i-sy* (özellikle) başarı umudu;
beklenti ya da umut. *His work shows
much promise.* **promising** *s* umut ve-
rici, vaadedici; kendisinden çok şey
beklenen: *a promising pupil. The
weather looks promising, so perhaps
we could have a picnic.*
promontory ['prɔməntri] *i+sy* (denize
doğru) kara çıkıntısı; yüksek burun.
*The searchlight probed again, search-
ing the far side of the rock promon-
tory as though trying to count the sur-
vivors.*
promote [prə'mout] *f+n* 1 terfi ettir-
mek, yükseltmek. *He was promoted
from clerk to sales manager.* 2 destek-
lemek, gelişmesine yardım etmek. *A*

kindly feeling toward other countries will promote peace. **3** (bir malın) reklamını yapmak; satışını arttırmak için halkın dikkatine sunmak. *They promoted the new drink by putting ads on television. The salesman tried to promote the sale of his company's products.* **promoter** *i+sy* bir malın satışını artırmak için gerekli faaliyetleri yapan kimse. **promotion 1** *i-sy* terfi, yükseltme; yükseltme. *The clerk was given a promotion and an increase in salary. He is hoping another promotion next year.* **2** satış artışını sağlama; reklam. *There are government controls on the promotion of cigarettes.* **3** teşvik etme, gelişmesine, veya başarılı olmasına yardım etme, katkıda bulunma. *The doctors were busy in the promotion of a health campaign.* **promotional** *s* bir malın satışını arttırma ile ilgili, reklam için kullanılan. *The admen are using balloons as promotional material.*

prompt¹ [prɔmpt] *s* çabuk, acele, tez, hızlı, seri; çabucak yapılan: *prompt service. Be prompt to obey commands.* **promptly** *z* **1** hemen, derhal. *James promptly accepted her offer. Annette replied to my letter very promptly.* **2** tam vaktinde, dakikası dakikasına. *She arrived at the gates promptly at ten o'clock.* **promptness** *i-sy* çabukluk; dakikası dakikasına yapma; vaktinde gelme, veya yapma. *He replied with promptness and courtesy.*

prompt² [prɔmpt] *f+n* **1** teşvik etmek, harekete geçirmek; neden olmak. *What prompted you to ask that question? His actions were prompted by fear.* **2** oyunculara, rollerinde unuttukları sözleri seyircilere duyurmadan söyleyip hatırlatmak; suflörlük yapmak. *Please prompt me if I forget my part in the play.* **prompter** *i+sy* suflör.

prone [proun] *s* **1** yüzü koyun uzanmış. *He was lying prone on the ground.* **2** eğilimli, yatkın, mütemayil. *My uncle is prone to anger. We are prone to think evil of people we don't like.*

prong [prɔŋ] *i+sy* sivri uçlu ince herhangi bir şey, örn. bir çatal dişi. *A fork has three or four prongs.*

pronoun ['prounaun] *i+sy* zamir; bir ismin yerine kullanılan sözcük, örn. *I, he, which, this, one,* vb. Ayrıca **in-**

definite pronoun'a ve **personal pronoun**'a bkz.

pronounce [prə'nauns] *f+n/-n* **1** telâffuz etmek, sesletmek, söylemek. *Try to pronounce your words clearly.* **2** resmen bildirmek ya da açıklamak. *The judge pronounced sentence on the prisoner.* **3** fikir belirtmek, söylemek; düşünce bildirmek. *The don't know enough to pronounce on this matter.* **pronounced** *s* belirgin, bariz, aşikâr, kesin, kati, vurgulanmış. *She has very pronounced dislike of dogs. Age had made a pronounced change in his appearance.* **pronouncement** *i+sy* resmi bildiri, açıklama. *(eş anl.* **declaration**). **pronunciation** [prənʌnsi'eiʃən] *i+sy/-sy* **1** telâffuz, sesletim; sözcükleri söyleyiş biçimi. *He finds English pronunciation difficult.* **2** telâffuz, sesletim; bir sözcüğün genel olarak söylendiği biçim: *a word with two pronunciations.*

proof [pru:f] *i+sy/-sy* **1** kanıt, delil; bir şeyin doğru olduğunu gösteren şey. *Have you any proof that he is a thief?* **2** deneme, sınama, tecrübe. *The scientist put his theories to the proof.* **3** prova, deneme kopyası; esas baskıya geçmeden önce, varsa, yanlışları düzeltebilmek için yapılan deneme kopyası. Ayrıca *s* zararlı bir şeye karşı koruma sağlayan nitelikte, veya türde; dirençli, dayanıklı, geçirmez: *proof against temptation; rainproof coat* (= yağmur geçirmez palto); *foolproof scheme* (= çok basit tasarı). *The wall is proof against the wind.* Ayrıca **prove**'a bkz.

proof-read ['pru:fri:d] *f+n/-n* bir metni okuyup yanlışlarını düzeltmek, tashih etmek. *When you proof-read a text, you read it to find and mark mistakes that need to be corrected.* geç. zam. biç. ve ort. **proof-read** ['pru:fred]. **proof-reader** *i+sy* düzeltmen.

prop¹ [prɔp] *i+sy* destek, dayanak, payanda: *pit prop* (= maden tavanı payandası). Ayrıca *f+n* desteklemek, payanda vurmak; (bir şeye, bir yere) dayamak, yaslamak. *The house was propped up with planks of wood.* geç. zam. ve ort. **propped.**

prop² *i+sy* (= **property**)— (çoğk. çoğ. biç.) bir temsil sırasında sahnede kullanılan bir eşya (sahne dekoru buna girmez).

propaganda [prɔpə'gændə] *i-sy* 1 propaganda; bir öğreti, düşünce, veya inancı başkalarına tanıtma, benimsetme ve yayma amacı ile (örn. hükümetçe) girişilen organize bir eylem. *The magazine was full of political propaganda. The soldiers did not listen to the enemy propaganda.* 2 bu girişimle yayılan öğreti, düşünce, veya inanç.

propagate ['prɔpəgeit] *f+n* 1 (bitki, veya hayvanlar hk.) üremek, çoğalmak. *Rabbits propagate quickly. The new seeds will propagate themselves.* 2 yaymak; çok sayıda insana eriştirtip onları etkilemek: *propagate scientific ideas.* **propagation** [prɔpə'geiʃən] *i-sy* 1 üreme, çoğalma. *These conditions have been tried, tested and found valuable for the better propagation of the species.* 2 yayma: *the propagation of new ideas.*

propel [prə'pel] *f+n* ileri doğru sürmek, veya itmek. *The paddle wheel propels a river boat. eş. zam. ve ort.* **propelled**. Ayrıca **propulsion**'a bkz. **propeller** *i+sy* pervane, uskur, çark.

proper ['prɔpə*] *s* 1 uygun, doğru, münasip. *You must learn the proper way to behave. A classroom is not the proper place for a football match.* (*karş.* **improper**). 2 gerçek anlamda. *Spiders are not insects proper* (=Örümcekler gerçek anlamda böcek değildir). **properly** *z* 1 uygun biçimde, doğru olarak, gerektiği gibi. *I had not eaten properly for the past few days.* 2 doğrusu, gerçekte, aslında: *properly speaking* (=aslında; doğrusunu söylemek gerekirse; daha doğrusu). **proper noun** özel isim; daima büyük harfle başlayarak yazılır, örn. *Mary; London.*

property ['prɔpəti] *i+sy/-sy* 1 mal, mülk; sahip olunan değerli bir şey (özl. arazi ve emlâk). *That pen is my property. The price of property has risen greatly* (=Arazi ve emlâk fiyatları yükseldi). 2 (doğal olarak bir şeye ait olan) bir nitelik, özellik: *Steel is a metal with the property of great strenght.* Ayrıca **prop**'a bkz.

prophecy ['prɔfisi] *i+sy/-sy* kehanet, keramet, tahmin; bir olayın gerçekleşeceğini önceden bilme. *His prophecy was that they would become rich. (eş anl.* **prediction**). **prophesy** ['prɔfisai]

f+n kehanette bulunmak, keramet göstermek, önceden haber vermek, tahminde bulunmak, gaipten haber vermek. *He prophesied that there would be a great famine within seven years.* **prophet** ['prɔfit] *i+sy* 1 peygamber, nebi, resul. *Every religion has its prophet.* 2 kâhin; doğaüstü yollardan bilinmeyen şeyleri, geleceği bilme iddiasında bulunan kimse. *He had been the town weather prophet for many years. (kadınına* **prophetess** [profitis] *denir).* **prophetic** [prə'fetik] *s* kâhince. *These were prophetic words.*

proportion [prə'pɔ:ʃən] 1 *i-sy* oran, nisbet. *The amount of money you get will be in proportion to the work you do* (=Alacağınız para yaptığınız işe göre olacaktır). 2 *i+sy* miktar, bölüm, parça. *A large proportion of my time is spent in studying.* Ayrıca *f+n* orantılamak, doğru, veya uygun oranda yapmak ya da düzenlemek, birbirine uydurmak. *The different parts of the house are well proportioned.* **proportions** *içoğ* boyutlar, veya ölçüler: *a room of large proportions. The building had pleasing proportions.* **proportional** *s* orantılı; doğru orantıda. *The cost of the party will be proportional to the number of people invited.* **proportionate** [prə'pɔ:ʃənət] *s* uygun, orantılı; ölçülü, mütenasip. (*karş.* **disproportionate**).

propose [prə'pouz] *f+n/-n* 1 teklif etmek, önermek; ileri sürmek. *I propose that we leave now. He proposed another meeting.* 2 niyet etmek. *I propose to go home next week.* 3 evlenme teklif etmek. *John has proposed to Jane.* 4 bir üyelik, bir görev, vb. için bir kimsenin ismini ileri sürmek, önermek, teklif etmek. *He proposed Mr Jones for secretary.* **proposal** *i+sy* 1 öneri, teklif. *We presented our proposal for the new swimming pool to the committee.* 2 evlenme teklifi. *Mary received two proposals.* **proposition** [prɔpə'ziʃən] *i+sy* 1 teklif; teklif etme, önerme. *Our neighbours suggested that we should have a picnic, but I had a better proposition.* 2 bir iş teklifi, girişimi. *It will never be a commortial proposition.* 3 (özl. matematik problemleri hk.) cevabı bulunması gereken bir soru. *Prop-*

osition is a mathematicial theorem or statement, which usually contains its proof.

propound [prəˈpaund] *f+n* ileri sürmek; gereken bir soru, veya bir mesele olarak arzetmek, söylemek, öne koymak: *propound a question.* (*eş anl.* **put forward**).

proprietary [prəˈpraiətri] *s* mal sahibine ait olan; (bir kimsenin, veya şirketin) özel mülkiyetinde olan: *proprietary medicine* (=yalnızca bir tek kişinin, veya şirketin üretip satmaya yetkili olduğu bir ilaç).

proprietor [prəˈpraiətə*] *i+sy* mal sahibi; (özl. bir arazi, veya dükkân) sahibi. *I would like to speak to the proprietor of this store.* (*kadınına* **proprietress** [prəˈpraiətris] *denir*).

propulsion [prəˈpʌlʃən] *i-sy* ileri doğru yürütme gücü, itici güç: *jet/rocket propulsion* (=jet/roket motorları gücü ile yapılan hareket). Ayrıca **propel**'a bkz.

prosaic [prouˈzeiik] *s* yavan, ilginç olmayan, sıradan. *The host bored his guests with prosaic jokes.* (*karş.* **interesting**).

prose [prouz] *i-sy* nesir, düzyazı. *This writer is good at writing both prose and poetry.*

prosecute [ˈprɔsikjuːt] *f+n* birisi aleyhine, bir suç nedeni ile dava açmak. *Anyone who drives carelessly will be prosecuted.* **prosecution** [prɔsiˈkjuːʃən] 1 *i+sy/-sy* dava; dava etme. *I threatened him with prosecution.* 2 *i-sy* davacı; birisine karşı bir davayı yürüten kimseler, avukatlar (çoğk. devlet): *the case for the prosecution.*

prospect [ˈprɔspekt] 1 *i+sy* beklenen şey, umut. *The prospects for a young man in this job are excellent.* 2 *i+sy* olasılık, ihtimal. *Is there any prospect of your returning soon?* Ayrıca [prəˈspekt] *f+n/-n* (altın, gümüş, petrol, vb. bulmak için) (araziyi) incelemek, aramak, araştırmak: *prospecting for gold.* **prospective** [prəˈspektiv] *s* umut edilen, beklenen; mümkün, muhtemel; müstakbel. *Linda is married to a prospective MP. There was no prospective buyers for the computer.* (*eş anl.* **would-be**). **prospector** [prəˈspektə*] *i+sy* altın, petrol, vb. arayan kimse. **in prospect** beklenen, umulan. *It is foolish to give up a good post*

when you have nothing else in prospect.

prospectus [prəˈspektəs] *i+sy* prospektüs; bir işin, bir okulun, vb. üstünlüklerini, yararlarını anlatan basılı broşür. *The company has girls handing out prospectus in the street.*

prosper [ˈprɔspə*] *f-n* başarılı olmak, ilerlemek, gelişmek, zengin olmak. *His business prospered at its new location.* **prosperity** [prɔsˈperiti] *i-sy* başarı, mutluluk, refah, zenginlik. *In a time of prosperity, most people have good jobs.* **prosperous** *s* başarılı; zengin, işleri yolunda; refah içinde: *have a prosperous business; a prosperous country.*

prostitute [ˈprɔstitjuːt] *i+sy* kendini para karşılığında satan bir kimse, özl. bir kadın; orospu, fahişe, hayat kadını. *Martin is a male prostitute. They thought she was a prostitute.* (*eş anl.* **hooker, streetwalker**).

prostrate [ˈprɔstreit] *s* yüzükoyun yatmış, yüzükoyun uzanmış, birinin ayağına kapanmış: *lie prostrate from exhaustion/out of respect to someone.* Ayrıca [prɔˈstreit] *f+n* yere yıkmak, yere devirmek; yüzükoyun yatmış duruma getirmek, yere kapatmak. *They prostrated themselves before the emperor.*

protagonist [prəˈtægənist] *i+sy* bir piyeste veya romanda kahraman, baş kişi; (bir yarışmada, vb.) lider olan kimse. *The struggle between the two protagonists lasted one hour.*

protect [prəˈtekt] *f+n* korumak, muhafaza etmek, emniyet altına almak: *protect someone from his enemies/ from danger/against the cold. The building workers wore helmets to protect their heads.* **protection** 1 *i-sy* koruma; korunma, himaye: *ask the police for protection. The minister was given police protection.* 2 koruyucu bir şey. *This coat will be a protection against the cold.* **protective** *s* koruma sağlayan, koruyucu: *protective clothing.* **protector** *i+sy* 1 koruyucu; bir şeyi fiziki hasardan koruyan bir aygıt. *A welder must wear a glass shield as a protector for his eye.* 2 hâmi, koruyan kimse. *It looks as it he has been chosen as his protector against the bigger boys.*

protégé [ˈprɔteʒei] *i+sy* birisinin koruması altında olan, veya birisi tarafından yardım edilen kimse. *The musician's protégé was a young pianist who had a lot of potential.*

protein ['prouti:n] *i+sy/-sy* protein; canlı hücrelerin ana maddesini oluşturan, yumurta ve et gibi gıdalarda bulunan amino asit bileşiminden oluşmuş, sağlıklı bir yaşam için gerekli olan madde. *You need protein in order to grow and to have a healthy body.*

protest [prə'test] *f+n/-n* **1** itiraz etmek, karşı çıkmak; protesto etmek: *protest against an injustice.* **2** çok ciddi biçimde bildirmek, belirtmek, açıklamak, beyan etmek. *He protested that the charges against him were untrue.* Ayrıca ['proutest] *i-sy/-sy* itiraz, karşı çıkma, protesto. *We must make some kind of protest against this. They left without protest.* **under protest** karşı çıkarak, istemeye istemeye, itiraz ederek. *He accepted our decision under protest.*

Protestant ['prɔtistənt] *i+sy* Protestan; on altıncı asırda reform hareketi sonucu Katolik Kilisesi'nden ayrılanların oluşturduğu mezhepten olan bir kimse.

protocol ['proutəkɔl] *i+sy* protokol; devletler arasındaki ilişkilerde, diplomatlıkta geçen yazışmalarda, resmi törenlerde uyulan kurallar. *Everything was arranged according to protocol.*

prototype ['proutətaip] *i+sy* ilk örnek, ilk tip, orijinal model; herhangi bir şeyin (örn. bir makinenin) ilk biçimi. *The company showed the prototype of the new model at the exhibition.*

Protozoa [proutə'zouə] içoğ protozoer; tek gözeli organizmalar; tek hücreli hayvanların tümüne verilen isim. *Parasitic Protozoa can cause several diseases, such as amoebiasis, malaria and other tropical diseases.*

protozoon [proutə'zouən] *i+sy* tek gözeli organizma; tek hücreli hayvan.

protract [prə'trækt] *f+n* (işi) uzatmak; (bir şeyin) meydana geldiği ya da sürüp gittiği zamanı çoğaltmak: *a protracted argument* (=uzayıp giden tartışma). *He chose to remain an onlooker during most of his family's protracted quarrels.* **protractor** *i+sy* açı ölçer, iletki.

protrude [prə'tru:d] *f-n* çıkıntı yap-

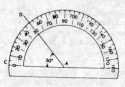

protractor

mak, dışarı fırlamak. *James's teeth protruded too far.*

protuberance [prə'tju:bərəns] *i+sy* şiş, yumru, tümsek, çıkıntı.

proud [praud] *s* **1** izzetinefis sahibi, onurlu. *John is a poor but very proud man.* **2** gururlu, mağrur, kendini beğenmiş. *He was too proud to apologize.* **do someone proud** bir kimseyi bir güzel ağırlamak. *Mum did us all proud last Cristmas. (k. dil.).* **proudly** *z* iftiharla, gururla. Ayrıca **pride**'a bkz.

prove [pru:v] *f+n/-n* **1** ispat etmek, kanıtlamak. *You must prove his guilt. Vasco da Gama proved that the world was round.* **2** denemek, sınamak: *prove someone's ability.* **3** belli bir süre, bir deneyim sonunda, vb. (kendisinin) belirtilen nitelikte olduğunu göstermek, olmak. *The extra room proved very useful when we had visitors.* Ayrıca **proof**'a bkz.

proverb ['prɔvə:b] *i+sy* atasözü, darbımesel. *'Don't put all your eggs in one basket,' is a proverb. The old Turkish proverb runs 'Don't count your chickens before they are hatched'.*

provide [prə'vaid] *f+n/-n* **1** sağlamak, vermek, temin etmek. *We provided him with food. / We provided food for him.* **2** geçindirmek, geçimini temin etmek; (evine, vb.) bakmak. *A father must provide for his children.* **3** ihtiyatlı bulunmak, tedbirli davranmak, ilerisini hesaba katmak. *We must provide for the future/against danger. The rules do not provide for any exceptions* (=Kurallar bir ayrıcalık yapmamızı önlüyor). Ayrıca **provision**'a bkz. **provided (that)** bağ şu şartla ki; ancak ve ancak (bir şey) şartı ile; yeter ki. *She may come with us provided (that) she arrives in time.* (eş *anl.* on condition, as long as, providing). providing *bağ...-mesi* şartiyle/koşuluyla. *You may go out providing you do your homework first.* (*eş anl.* on condition, as long as, provided).

Providence [ˈprɔvidns] *i-sy* Tanrı; Tanrı'nın iyiliği, takdiri ilâhi: *leave something to Providence.*

province [ˈprɔvins] *i + sy* 1 eyalet; il, vilayet: *the provinces of Canada. Many countries are divided into provinces.* 2 belli bir bilgi alanı; uzmanlık, ihtisas dalı: *the province of science; outside one's province* (=bilgisi, branşı dışında). *What you want to know does not come within my province.* the provinces bir ülkenin başkenti, veya en büyük kenti dışında kalan bölgeler, taşra.

provincial [prəˈvinʃl] *s* 1 eyalet ile ilgili, taşra ile ilgili. 2 kaba, görgüsüz, darkafalı: *a rather provincial attitude.*

provision [prəˈviʒən] *i + sy/-sy* 1 geleceğe (karşı) hazırlık; (gelecekteki gereksinmeler için) hazırlıklı bulunma. *There is no provision for any change in the plans.* 2 (yasal anlamda) koşul, şart; bir vasiyet, vb. bir şeyde bir kayıt, bir şart. Ayrıca provide'a bkz. provisions *içoğ* yiyecekler, erzak. *We took plenty of provisions on our trip.* make provision for (=provide for) ihtiyatlı bulunmak, tedbirli davranmak, ilerisini hesaba katmak: *make provision for the possibility that someone may arrive late.*

provisional [prəˈviʒənl] *s* geçici, muvakkat, iğreti; (değişme olasılığı kuvvetli olmak üzere) yalnızca şimdilik: *a provisional arrangement. A provisional government was appointed only until a new election could be held.* provisionally *z* geçici olarak. *The contract has been accepted provisionally.*

proviso [prəˈvaizou] *i + sy* bir anlaşmadaki (özl. yasal bir anlaşmadaki) ek koşul, şart, kayıt. *They are signing the contract with the proviso that the terms can be discussed again after ten months.* *çoğ. biç.* provisos veya provisoes. with the proviso that ...-mesi şartıyla/koşulu ile. (*eş anl.* on condition that).

provoke [prəˈvouk] *f + n* 1 kızdırmak, sinirlendirmek, öfkelendirmek. *If you*

provoke him, he will beat you. 2 neden olmak, yol açmak. *His foolish behaviour provoked laughter.* 3 dürtmek, tahrik etmek, birisini bir harekete, veya bir şey yapmaya zorlamak. *She provoked him into beating her.* provoking *s* kızdırıcı, sinirlendirici, öfkelendirici. provocation [prɔvəˈkeiʃən] 1 *i-sy* tahrik, kışkırtma: *do something under provocation* (=tahrike kapılarak bir şey yapmak); *on/at the slightest provocation* (=en ufak bir nedenle). 2 *i + sy* sabır taşırıcı bir şey. provocative [prəˈvɔkətiv] *s* tahrik edici, kışkırtıcı, öfkelendirici, kızdırıcı: *a provocative statement.*

prow [prau] *i + sy* pruva; bir geminin ya da bir teknenin sivri biçimdeki ön tarafı. (*eş anl.* bow).

prowess [ˈpraues] *i-sy* 1 yiğitlik, kahramanlık. 2 olağan dışı yetenek veya ustalık: *his prowess on the football field.*

prowl [praul] *f-n* yiyecek, veya çalacak bir şey aramak için sinsi sinsi dolaşmak, etrafı kolaçan etmek; görülmemeye ya da işitilmemeye çalışarak sessiz bir biçimde çevrede dolaşmak. *She heard someone prowling about in the garden. The cat prowled around the cellar looking for mice.* prowler *i + sy* kadın, veya çocukları takip eden ya da, özl. geceleri, evlerinin etrafında onları korkutmak, veya bir zarar vermek için gizlenip gözetleyen kimliği meçhul bir kimse. prowl car (*AmI*'de) polis devriye arabası. (*eş anl.* patrol car, panda car). be on the prowl sinsi sinsi dolaşmak, fırsat kollayarak gizli gizli gezinmek. *The police are on the prowl for criminals.*

proximity [prɔkˈsimiti] *i-sy* yakınlık; yöre, çevre, civar. *I had grown accustomed to the continual proximity of an animal.*

proxy [ˈprɔksi] *i + sy/-sy* 1 vekâlet; (özl. bir seçimde) bir insanın kendisini temsil etmesi için birisine verdiği yetki: *vote by proxy* (=vekâleten oy verme). 2 vekil; bir kimsenin kendi yerine oy vermesi için seçtiği kimse. *She had a proxy to vote on her behalf.*

prude [pruːd] *i + sy* aşırı dürüst, aşırı erdemlik taslayan kimse. prudish *s* aşırı iffet taslayan.

prudent [ˈpruːdnt] *s* sağduyulu, akıllı; basiretli, tedbirli, ihtiyatlı, uyanık, geleceği düşünen, tutumlu, hesabını bilir. *You should be prudent with your money.* (*karş.* **imprudent**). **prudently** *z* ihtiyatla, basiretle. **prudence** *i-sy* sağgörü, ihtiyat, tedbir. *Ambassadors must act with prudence.*

prune¹ [pru:n] *f+n* bir ağacın, bir çalılığın, vb. istenmeyen kısımlarını, dallarını budamak, kesmek. *The gardner is pruning the hedges.*

prune² [pru:n] *i+sy* kuru erik.

pry [prai] *f-n* (**into** ile) merakla bakmak, gözetlemek; (özl. başkalarının işine) burnunu sokmak, aşırı bir ilgi göstermek. *Look, I'm not trying to pry. You don't have to tell me anything.*

PS [pi:'es] *i+sy* (= **postscript**)'e bkz.

psalm [sa:m] *i+sy* **1** ilâhi, mezmur; Tanrı'yı öven bir şarkı, veya şiir. **2** Kutsal Kitap'taki ilâhiler, mezmurlardan biri. *The psalms/Psalms are the 150 songs, poems, and prayers which together form the Book of Psalms in the Bible.*

pseudo- ['sju:dou] *ön-ek* uydurma, sözde, gerçek olmayan, sahte, yalancı. NOT: *pseudo-* ön-eki bazı sıfat ve isimlere eklenerek yeni sıfatlar ya da isimler elde edililir:

...*scientific→pseudo-scientific*
...*religion→pseudo-religion*

pseudonym ['sju:dənim] *i+sy* takma ad; gerçek ad yerine (özl. bir kitap yazarı tarafından) kullanılan uydurma ad. *O. Henry was the pseudonym of William Sydney Porter. Evan Hunter wrote under pseudonym.*

psych [ˈsaik] **psych out** sözünde—güvenli ˎ ˎ, saldırgan hareketlerle rakibinin kendine olan güvenini sarsmak, gözünü yıldırmak. **psych up** bir yarışma, veya güç bir iş öncesi kendini ona hazırlamak; moralman hazırlanmak. *She was trying to psych herself up for the race.*

psychiatry [sai'kaiətri] *i-sy* akıl hastalıkları bilimi; psikiyatri, ruh hekimliği. **psychiatric** [saiki'ætrik] *s* ruh hekimliğine ait, psikiyatri. *My sister was undergoing psychiatric treatment.* **psychiatrist** *i+sy* ruh doktoru, psikiyatr. *She sees a psychiatrist once a month.*

psychic ['saikik] *s* **1** ruhi, zihni; ruhu ilgilendiren. **2** saykik; bilimsel yöntemlerle açıklanamayan zihinsel güce sahip olan; örn. insanların aklından

geçenleri okuyabilme, veya gelecekte olacakları görebilme gibi olağan güce sahip olan. *'How did you know I was coming?'—'I must be psychic.'*

psychoanalysis [saikouə'nælisis] *i-sy* psikanaliz; insanın uyumlu, veya uyumsuz davranışlarının kaynağı sayılan, bilinçaltı çatışma ve güdüleri araştırıp bilince çıkararak davranış sorunlarını çözme yöntemi. **psychoanalyst** [saikou'ænəlist] *i+sy* psikanalist. **psychoanalyse** [saikou'ænəlaiz] *f+n* psikanaliz yolu ile tedavi etme.

psychology [sai'kɔlədʒi] *i-sy* psikoloji, ruhbilim; bir grubu, bir kimseyi belirleyen hareket etme, duygulanma biçimlerinin tümü. **psychologist** *i+sy* psikolog, ruhbilimci. **psychological** [saikə'lɔdʒikl] *s* psikolojik, ruhsal.

psychosomatic ['saikousə'mætik] *s* ruh ve beden arasındaki ilişkiye ait; ruhsal kökenli: *psychosomatic illness* (= ruhsal bir durumdan kaynaklanan bedensel hastalık).

PT [pi:'ti:] *i-sy* (= physical training)—beden eğitimi. (*eş anl.* **PE**).

PTA [pi:ti:'ei] *i+sy* **parent-teacher association**'a bkz.

PTO [pi:ti:'ou] (= please turn over)—lütfen sayfayı çeviriniz.

pub [pʌb] *i+sy* (= **public house**)—İngiltere, İrlanda ve Avustralya'da içki içilip arkadaşlarla sohbet edilen yer; birahane, meyhane. *Richard used to go drinking in a pub called the Swan.*

puberty ['pju:bəti] *i-sy* ergenlik çağı, büluğ. *She has just reached the age of puberty.*

public ['pablik] *s* **1** genel, umumi; herkesi ilgilendiren: *public affairs; a matter of public concern.* **2** herkese açık, herkese ait: *public relief; public parks /libraries.* **3** devlet ile ilgili, veya devlete ait: *public works; public official.* **4** açık, aleni; gizli değil. *The matter became public.* (*karş.* **private**). **publicly** *z* alenen, halk tarafından. **the public** toplum; halk; kamu: *a matter of little interest to the public.* **public house** birahane, meyhane; içki alınıp içilebilen yer. Ayrıca **pub** da denir. **public relations** *i-sy* halkla ilişkiler; bir kuruluş veya hükümet dairesi ile halk arasındaki ilişkiler. (*eş anl.* **PR**). **public school 1** (İngiltere'de) yatılı özel okul. **2** (ABD'de) resmi okul, devlet okulu. **public service** amme hizmeti, kamu görevi. *The weather report was broadcast as a public service. More public-spirited citizens are needed to make the cities more liveable in.* **public utility** genel hizmet kuruluş. *The telephone campany is a public utility.* **public-spirited** *s* halka yararlı olmaya istekli, hazır; halka hizmet aşkı ile dolu olan. **in public** açıkça, alenen, herkesin önünde. *He spoke in public.*

publication [pʌbli'keiʃən] 1 *i+sy* yayın, neşriyat (örn. kitap, dergi, gazete). *The publication he wanted was a book on agriculture.* 2 *i-sy* yayınlama.

publicize ['pʌblisaiz] *f+n* tanıtımını yapmak, reklamını yapmak; herkese ilan etmek. *They are publicizing a new product.* **publicity** [pʌb'lisiti] *i-sy* 1 tanıtma, reklam. *Publicity about the play appears in today's paper.* 2 şöhret, herkesçe tanınma. *Her rescue of the child from the burning house brought her much publicity.* **publicity agent** *i+sy* bir aktörün tanıtım ve reklamını yapan ve şovlarını düzenleyen menajeri.

publish ['pʌbliʃ] *f+n* 1 yayınlamak, basmak, neşretmek. *The newspaper published the story about the hijack.* 2 açıklamak, herkese bildirmek, ilan etmek. *Mary and John published their engagement.* **publisher** *i+sy* yayıncı, basımcı. **publishing** *i-sy* yayıncılık; basıp yayma işi, veya mesleği.

pucker ['pʌkə*] *f+n* (özl. surat hk.) büzmek, buruşturmak. *The child puckered up his face and began to cry. He was sweating and his face was puckered up with the urgency of what he was trying to convey.*

pudding ['pudiŋ] *i+sy/-sy* 1 tatlı; yemeklerden sonra verilen tatlı bir yiyecek. 2 bir tür sütlaç; puding. 3 tatlı türünden olmayan bir yiyecek (genl. (bir şeyli) börek).

puddle ['pʌdl] *i+sy* yerdeki bir çukurda biriken az bir (özl. yağmur) suyu, su birikintisi. *The road was filled with puddles from the rain.*

puerile ['pjuərail] *s* çocukça, çocuksu; saçma, gülünç. *John's conduct was rather puerile.*

puff [pʌf] *i+sy* üfleme, üfürük; esinti; nefes, soluk; üflenen veya sürüklenen hafif bir şey: *a puff of wind; a puff of smoke.* Ayrıca *f+n/-n* (sigara, pi-

po, vb. içerken) içine çekip dışarı üflemek: *puff a pipe.* **puff away** 1 (sigarasını, pürosunu, piposunu) tüttürüp durmak, içip tüttürmek. *The old man puffed away at his pipe. He was puffing away on a big cigar.* 2 tüttüre tüttüre yol almak. *The train puffed away.* **be out of puff** soluk soluğa kalmak. **puffy** *s* (vücudun yaralı, veya hastalıklı bir kısmı hk.) oldukça şişmiş. **powder puff** için **powder**'a bkz. **puff-puff** *i+sy* (Brİ'de) çuf-çuf (çocuk dilinde tren).

puffin ['pʌfin] *i+sy* siyah beyaz renkte, uzun gagalı bir çeşit martı. *A puffin lives by the sea in northern areas of the world.*

puke [pju:k] *f-n* kusmak. *She puked all over me.* (*eş anl.* **vomit**). Ayrıca *i-sy* kusmuk.

pull [pul] *f+n/-n* çekmek; hareket ederken, yürürken arkasındaki bir şeyi sürüklemek. *The engine pulled the train up the hill. He pulled as hard as he could.* Ayrıca *i+sy* (*çoğk. tek. biç.*) çekme, çekiş. Ayrıca *i-sy* iltimas, arka, torpil; haksız bir kişisel yarar. (*k. dil.*). **pull something down** (bir bina hk.) yıkmak, parçalayıp dağıtmak. *They pulled the old building down.* **pull in** (bir araba hk.) bir yana sürüp yanaşmak; yanaşarak durmak. *Pull in at the next garage.* **pull through** tehlikeli bir hastalıktan paçayı kurtarmak, iyileşmek; sağlığına kavuşmak, ayağa kalkmak. *Oh, don't worry, you'll pull through.* **pull up** (çoğk. bir araba, vb. hk.) durmak, durdurmak; aniden durmak. *The car pulled up.* **make/pull a face at someone** için **make**[11]'a bkz. **pull oneself together** (kendine) hakim olmak, kendini toplamak; duygularını denetim altına almak. *Just before the party, he was shocked to hear the news about his brother's illness; but he managed to pull himself together, and go out and meet his guests.* **pull-in** *i+sy* (Brİ'de) şehirler arası karayolu üzerindeki ucuz kafeterya. (*k. dil.*).

pulley ['puli] *i+sy* palanga makarası; bu aletteki tekerleğin üzerinden bir ip, veya bir zincir çekilerek ağır cisimler havaya kaldırılır.

pullover ['pulouvə*] *i+sy* baştan giyilen kazak, süveter. (*eş anl.* **sweater**).

pulp [pʌlp] *i-sy* 1 bir sebzenin, veya

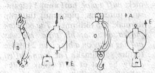

PULLEYS (A, anchor; E, energy; W, weight)

meyvenin yumuşak, etli kısmı. *I ate the pulp of the orange and threw away the skin.* 2 kağıt hamuru. *The trees were cut down for pulp.* **beat someone to a pulp** bir kimseyi pestili çıkana kadar, eşek sudan gelinceye kadar dövmek.

pulpit ['pulpit] *i+sy* vaiz kürsüsü, veya mimberi; kiliselerde merdivenle çıkılan, yüksekçe bir yer. *The minister was standing in the pulpit.*

pulse [pʌls] *i+sy* 1 nabız; nabız atışı; kalpten dışarıya kan taşıyan atar damarlardaki kanın, düzenli olarak damar çeperlerine vuruşu. *The doctor felt the patient's pulse.* 2 bu şekilde düzenli vuran herhangi bir şey. **pulsate** [pʌl'seit] *f-n* nabız gibi atmak, çarpmak; çok düzenli olarak sallanmak, titreşmek, zonklamak. *The creature has no heart, only pulsating arteries. We could hear the native drums pulsating in the distance.*

pummel ['pʌml] *f+n* (*BrI*'de) ardarda yumruklamak. *Sarah pummelled my chest as I picked her up. geç. zam. ve ort.* **pummelled**. (*AmI*'de **pommel**).

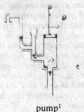

pump[1]

pump[1] [pʌmp] *i+sy* pompa, tulumba. Ayrıca *f+n/-n* 1 bir pompa ile bir şeyi boşaltmak ya da bir sıvı, veya gaz ile doldurmak: *pump air into a tyre.* 2 pompalamak. *He pumped for half an hour. The heart pumps blood through*

the body. **pump something up** bir şeyi pompalayarak doldurmak. *He pumped up the bicycle tyre.*

pump[2] [pʌmp] *i+sy* hafif bir dans ayakkabısı.

pumpkin ['pʌmpkin] *i+sy* helvacıkabağı; (özl. ABD'de) yenen ve yerde yetişen, iri, yuvarlak, portakal renginde bir meyva.

pun [pʌn] *i+sy* cinas; iki anlamı olan bir sözcüğün ya da bir sözün, veya aynı telâffuzlu fakat farklı anlamlı sözcüklerin eğlendirici bir biçimde kullanılması, örn.
My dog's a champion boxer:
Benim köpeğim boxer cinsi şampiyon bir köpektir.
Benim köpeğim şampiyon bir boksördür.
Seven days without water make one weak:
Susuz yedi gün insanı bitkin hale getirir.
Susuz yedi gün bir hafta eder.
Ayrıca *f+n* cinas yapmak. *geç. zam. ve ort.* **punned**.

punch[1] [pʌntʃ] *f+n* yumruklamak, yumruk atmak. *During the fight, he was punched in the eye.* Ayrıca *i+sy* yumruk; eli yumruk yaparak vurulan hızlı ve kuvvetli bir darbe. *In his anger, he gave me a punch in the nose.* **pull punches** yumuşak, veya hafif vurmak; bütün gücüyle vurmamak. **(not) pull one's punches** (genl. olumsuz olarak kullanılır) ağır eleştirilerde bulunmak; gözünün yaşına bakmamak. *The manager condemned the strikers strongly: he certainly didn't pull the punches.* **punch line** bir fıkranın, bir öykünün, vb. can alıcı noktası.

punch[2] [pʌntʃ] *i+sy* zımba; delik açmak için kullanılan bir aygıt. Ayrıca *f+n* zımbalamak, zimba ile delik açmak: *punch a hole; punch a ticket.*

punch[3] [pʌntʃ] *i-sy* punç; şarap, rom, vb. içkileri karıştırılarak yapılan ve sıcak olarak içilen bir tür içki.

Punch and Judy show (*BrI*'de) bir çeşit kukla oyunu; Hacivat ve Karagöz'e benzetilebilir. 'Punch' koca ve 'Judy' de karısı olup devamlı kavga ederler.

punctual ['pʌŋktjuəl] *s* dakik; bir şeyi zamanında yapan, veya bir yere tam vaktinde gelen. *I was always punctual*

in keeping appointments. **punctually**
z tam vaktinde, dakikası dakikasına.
*She arrived at the New Inn punctually
at ten o'clock.* **punctuality** [pʌŋktju-
'æliti] *i-sy* dakiklik, bir işi tam vak-
tinde yapma özelliği. *I have a repu-
tation for punctuality.*

punctuate ['pʌŋktjueit] *f+n/-n* **1** nok-
talama işaretlerini (örn. nokta, virgül,
vb.) yazılı bir metinde kullanmak;
noktalamak: *punctuate a sentence.* **2**
ikide bir sözünü kesmek. *They punc-
tuated his speech with cheers.* **punc-
tuation** [pʌŋktju'eiʃən] *i-sy* noktala-
ma. **punctuation marks** (=noktala-
ma imleri, veya işaretleri, örn. nokta,
virgül, noktalı virgül, vb..

puncture ['pʌŋktʃə*] *i+sy* küçük de-
lik; sivri bir uç ile açılan ufak bir delik
(özl. bir otomobil lastiğinde). *One of
the wheels has a puncture.* Ayrıca *f+n*
patlamak; patlatmak.

pundit ['pʌndit] *i+sy* bilgin, alim; üs-
tat.

pungent ['pʌndʒənt] *s* keskin kokulu,
tadı acı; kokusu, veya tadı keskin
olan: *a pungent smell. This is a pun-
gent wine.*

punish ['pʌniʃ] *f+n* cezalandırmak, ce-
za vermek. *The teacher punished the
boy who had broken the window. He
will be punished for hitting the police-
man.* **punishment** *i+sy/-sy* ceza. *The
punishment for treason is death.* **pun-
ishable** *s* cezalandırılabilir; cezaya la-
yık. *Crimes punishable by imprison-
ment.*

punitive ['pju:nitiv] *s* cezalandırıcı; ce-
za olarak düşünülmüş. *That level of
taxation is really punitive.*

punk, punk rock [pʌŋk] *i-sy* 1970'ler-
de moda olan bir çeşit rock müziği.
Ayrıca *s* bu müziğe uygun giysi, veya
sanata ait.

punt [pʌnt] *i+sy* altı düz ve uzun bir
küreğin suyun dibine bastırılıp itek-
lenmesiyle yüzdürülen bir tür kayık.

punter ['pʌntə*] *i+sy* at yarışları, fut-
bol maçları, vb. oyunlarda bahse tu-
tuşan kimse.

puny [pju:ni] *s* sıska, cılız, çelimsiz.
*Tom did weight lifting to improve his
puny build.*

pup [pʌp] *s* köpek yavrusu, encik. *The
pup was two months old.*

pupil¹ [pju:pil] *i+sy* öğrenci; kendisine
(okulda, veya bir öğretmen tarafın-

dan) bir şey öğretilen çocuk. *The
music teacher takes privite pupils.
The school has more than 1300
pupils.*

pupil² ['pju:pil] *i+sy* gözbebeği. *The
pupil of the eye controls the amount
of light which enters the eye.*

puppet ['pʌpit] *i+sy* **1** kukla; parmak
uçlarına takılan ipliklerle oynatılan
türlü kılıklardaki yapma bebeklere
verilen isim. **2** birisinin kuklası; kukla
hükümet; kendi istem ve kararıyla iş
görmeyip başkasının, veya yabancı bir
devletin etkisinde olan kimse ya da
hükümet. *The president was the pup-
pet of his party and couldn't make
any decisions.* **puppeteer** ['pʌpitiə*]
i+sy kukla oynatan kimse, kuklacı. *A
puppeteer is a person who gives shows
using puppets.*

puppy ['pʌpi] *i+sy* köpek yavrusu,
encik. *Our dog has had three litters
of puppies.* **puppy love** çocukluk aşkı;
genç bir oğlan ya da kız çocuğunun
karşı cinsten (genl. daha yaşlı) birisine
karşı duydukları ve uzun sürmeyen
aşk. *It was only puppy love.*

puppy love

purchase ['pɔ:tʃis] *f+n* satın almak.
*My parents have purchased some
shares in British Telecom.* (eş anl.
buy). Ayrıca *i+sy* **1** satın alınan bir
şey. **2** (çoğk. tek. biç.) (düşmemek,
veya düşmesin diye bir şeyi) sıkı tutuş,
sıkı rıkı tutma: *get a purchase on a
rope.* **purchaser** *i+sy* alıcı, satın alan
kimse. *The purchaser of our old
house loves it.*

pure [pjuə*] *s* **1** saf; başka bir madde
ile karıştırılmamış; temiz, içinde her-
hangi bir zararlı madde bulunmayan.
*The dress was made of pure silk. High
on the mountain we found pure water
to drink.* **2** temiz, saf, masum; kötü-
lükten uzak, namuslu: *pure thoughts.*

(hem **1**. hem de **2**. anlamlar için *karş.* **impure**). **3** sırf, yalnızca: *pure chance; pure luck* (= sırf şans; şanstan başka bir şey değil). **4** (bir bilim dalı veya matematikte) soyut, nazari; uygulamaya yönelik olmayan; teorik: *pure science.* **purely** *z* sadece, tamamen, tümü ile, bütünü ile. **purity** *i-sy* saflık, temizlik. **purify** *f+n* arındırmak, temizlemek. **purification** [pjurifiˈkeiʃən] *i-sy* temizleme, arıtma: *the purification of the water supply.* **purist** *i+sy* safiyet meraklısı; bir şeyi, özl. dilbilgisi kurallarını, sözcüklerin kullanımını, doğru, alışıldığı yolda, veya en iyi biçimde kullanmayı ve yapmayı titizlikle uygulayan ve sürdüren kimse. **puree, purée** [ˈpjuərei] *i+sy/-sy* **1** püre, ezme. **2** sebze püresinden yapılmış koyu bir çorba.

purge [pəːdʒ] *f+n* kötü, veya pis bir şeyden temizleyip arındırmak. *She must purge her mind of all wicked thoughts.* Ayrıca *i+sy* temizleme.

puritan [ˈpjuəritn] *i+sy* ahlak ve din konularında katı kuralcı. **puritanical** [pjuəriˈtænikl] *s* katı kuralcı, ham sofu. *John was anything but puritanical.*

purple [ˈpəːpl] *i+sy/-sy* mor renk, erguvan rengi; kırmızı ile mavinin karıştırılması ile elde edilen renk. *The plums are purple.*

purpose [ˈpəːpəs] *i+sy* **1** amaç, gaye, niyet, maksat, plan. *What was your purpose in doing that?* **2** kullanım veya yapılma amacı, gayesi. *This machine has been made for a certain purpose.* **purposeful** *s* maksatlı, bir amaca yönelik: *walk in a purposeful manner. She set about her work in a purposeful way and soon finished it.* **purposely** *s* bile bile, mahsus, kasten. *He arrived late purposely so as to annoy me.* **on purpose** bile bile, mahsus, kasten: *do something on purpose. The boy stepped on the other boy's toes on purpose.*

purr [pəː*] *i+sy/-sy* mırıltı; keyifli bir kedinin gırtlağından çıkan sürekli ve hırıltılı sese benzer bir ses. Ayrıca *f-n* mırıltı sesi çıkarmak, mırlamak.

purse [pəːs] *i+sy* **1** para çantası, para kesesi, cüzdan. **2** (*AmI*'de) kadın el çantası. *Jane's brown purse matches her shoes.* Ayrıca *f+n* (çoğk. hoşnutsuzluğunu göstermek için)

dudaklarını büzmek.

purser [ˈpəːsə*] *i+sy* gemi muhasebecisi.

pursue [pəˈsju:] *f+n* **1** yakalamak, veya öldürmek için peşine düşüp takip etmek, kovalamak: *pursue a wild animal. The policeman pursued the thief.* **2** düzenli bir biçimde sürdürmek, devam etmek; bir şey ile uğraşmak: *pursue one's study of English.* **pursuit** [pəˈsju:t] **1** *i-sy* kovalama, takip, peşinden koşma; takip etme.*He was captured without much pursuit; in pursuit of pleasure* (= zevk ve eğlence peşinde). **2** *i+sy* bir kişinin ilgilendiği ve üzerinde zaman harcadığı ilgi alanı; iş, meşguliyet: *literary pursuits. Fishing is my favorite pursuit.*

pus [pʌs] *i-sy* irin, cerahat. *Pus is a yellowish liquid that forms in wounds when they are infected.*

push¹ [puʃ] *f+n/-n* **1** itmek, iteklemek, kakmak, kakalamak. *The little boy pushed his sister away from him. If the door does not open at first, push it harder. If you don't stop pushing, someone may get hurt. Push the table against the wall. If you push this button, a bell rings.* **2** birisini, veya bir şeyi ileri sürmek, tanıtmak; bir kazanç, bir çıkar amacı ile başkalarının dikkatine zorlamak, sürümünü yapmak; kabule zorlamak: *push oneself forward; push one's ideas; push something through.* **3** yasal olmayan yollardan uyuşturucu maddeler satmak. (*k. dil.*). **pusher** *i+sy* **1** çıkarcı; fırsat düşkünü. **2** uyuşturucu madde satıcısı (*k. dil.*). **pushing, pushy** *s* kendine dikkat çekme meraklısı. **push on** (genl. güçlükle) ilerlemek, yoluna devam etmek. *The weary travellers pushed on from one town to the next.*

push² [puʃ] *i+sy* itme, itiş; itekleme; itme hareketi. *The door was stuck, but it opened with a push/when I gave it a push.* **push bike** *i+sy* (*BrI*'de) bisiklet. (*k. dil.*).

puss, pussy [pus(i)] *i+sy* çocukların konuşma dilinde kediye verdikleri ad. *Puss! Come here! She sat down on a chair and said, 'Here, pussy, pussy,' to the cat.*

put [put] *f+n/-n* **1** koymak, yerleştirmek, sokmak; belirtilen bir yere kaldırmak, çekmek, yerleştirmek, bırakmak ya da tutturmak. *He put his book on the table. I put my hand in my pocket. You have put me in a difficult situation* (=Beni güç duruma soktun). *It is time to put the children to bed* (=Çocukları yatırma zamanı geldi). **2** söylemek, ifade etmek, belirtmek. *Can I put a suggestion to you?* **3** yazmak; yazıya dökmek; yazılı bir işaret koymak. *Put the prices on these cards. Put your name here* (=Burayı imzalayın). *şim. zam. ort.* **putting.** *geç. zam. ve. ort.* **put. put about** (gemiler hk.) yön değiştirmek. *The ship put about.* **put something across** bir şeyi anlatmak, izah etmek, açıklamak. *It's a pity he cannot put his ideas across.* *(k. dil.).* **put something by** biriktirmek, bir kenara koymak. *He used to put some money by/put by some money every week.* **put something down 1** yere koymak, bırakmak. *Put the books down on the floor.* **2** bastırmak, kontrol altına almak, yenmek, mağlup etmek; men etmek: *put down a rebellion; put down gambling.* **put something forward** ileri sürmek; (bir fikri, düşünceyi, vb.) üzerinde düşünülmesi için, arz etmek; (birisini, veya kendini) (bir yer, bir makam için) teklif etmek: *put forward a new idea; put oneself forward for election.* **put someone/something off 1** ertelemek, tehir etmek, daha sonraki bir tarihe bırakmak. *We shall have to put off the party until next week.* **2** (birisinin) hevesini kırmak, soğutmak; tiksindirmek. *The bad service we got last time put us off going back to that hotel.* *(k. dil.).* **put something on 1** giymek, giyinmek: *put on one's coat* **2** şişmanlamak, kilo almak; bir şeyi arttırmak, çoğaltmak: *put on weight; put on speed.* **3** eklemek, ilâve etmek; (sefere) koymak; çalıştırmak, açmak; sahneye koymak, sahnelemek: *put on extra buses; put on the radio; put on a play.* **put someone/something out 1** dışarı atmak, kapı dışarı etmek. *If you talk in the library, you will be put out.* **2** (yanan bir şeyi) söndürmek; *put out a fire/the light.* **3** (dışarı) çıkarmak, uzatmak: *put out one's hand/one's tongue.* **4** (kendini) zahmete sokmak. *Please don't put yourself*

out for us. *(k. dil.).* **put someone through** (telefon eden bir kimseyi) (istenilen yere) (telefon ile) bağlamak. *I asked the operator to put me through to the hospital.* **put someone/some-**

putting him through

thing up 1 yükseltmek, yukarı kaldırmak; (fiyatı) arttırmak, yükseltmek: *put up one's hand; put up prices.* **2** yüksekçe bir yere koymak, (görülebilecek bir yere) asmak, yapıştırmak: *put up a notice.* **3** (birisini) ağırlamak, misafir etmek; (bazen yiyecek, içecek de dahil olmak üzere) kalacak yer sağlamak. *Can you put us up for the night?* *(k. dil.).* **put up to** (özl. kötü bir şey yapmayı) (birisinin) kafasına sokmak, aklına koymak; (birisini) doldurmak, körüklemek. *I don't know who has put him up to this mischief.* *(k. dil.).* **put up with something** (bir şeye) şikâyet etmeksizin, yakınmaksızın katlanmak, tahammül etmek, dayanmak. *The food is not very good, but we shall just have to put up with it.* *(k. dil.).*

putrid ['pju:trid] *s* boyuk, bozulmuş, kokmuş, kokuşmuş; çürük: *putrid fish. A bad egg has a putrid smell.* (*eş anl.* **decaying**).

putt [pʌt] *f+n/-n* (golf oyununda) topu golf çukuruna gönderecek biçimde yapılan hafifçe vuruş. Ayrıca *i+sy* hafif vuruş.

putty ['pʌti] *i-sy* camcı macunu; cam ile çerçeve arasındaki aralıkları kapatmakta kullanılan ve kaba üstübeçle bezinyağından yapılan hamur.

puzzle ['pʌzl] *i+sy* **1** bilmece, muamma; anlaşılması zor bir şey ya da kimse. *She has always been a puzzle to me.* **2** bulmaca; türlü biçimlerde düzenlenen ve düşündürerek, aratarak bulundurmayı amaç edinen oyun. *They tried to put the parts of the* *puzzle together.* Ayrıca *f + n/-n* 1 kafa yormak, uzun uzadıya düşünmek. *I have been puzzling about this question for weeks now.* 2 şaşırtmak, hayrete düşürmek. *His strange behaviour puzzles me* (= Onun garip davranışını anlamıyorum). **puzzling** *s* anlaşılması güç, şaşırtıcı. *It took me a long time to finish the puzzling crossword.* **puzzle something out** üzerinde çok düşünerek bir şeye cevap bulmak; çözmek, çözümlemek. *They could not puzzle out his intention.* **puzzle over something** bir şey hakkında çok düşünmek, kafa patlatmak. *She puzzled over the letter all morning.*

PVC [pi:vi:'si:] *i-sy* (= polyvinyl cloride)—polivinil klorid; bir tür plastik madde. *PVC is a plastic material which is used for making clothing, pipes, tiles, etc.*

pygmy, pigmy ['pigmi] *i + sy* pigme; Afrika'da yaşayan kısa boylu bir ırk.

pyjamas [pi'dʒa:məz] (*AmI'*de **pajamas**) *içoğ* pijama.

pylon ['pailn] *i + sy* pilon; elektrik taşıyan telleri tutmaya yarayan çelik çubuklardan yapılmış direk.

pyramid ['pirəmid] *i + sy* piramit; tepeleri ortak bir noktada birleşen, tabanları da herhangi bir çokgenin birer kenarı olan bir takım üçgenlerden

pylon

oluşmuş cisim; Mısır firavunlarının mezarlarına verilen ad, ehram.

pyramid

python ['paiθən] *i + sy* piton (yılanı); Afrika ve Asya'da yaşayan, zehirsiz, çok güçlü büyük yılan. Yemek istediği hayvanları sıkarak öldürür. *A python kills animals by squeezing them with its body.*

Q

q.t. [kj: ti:] (= **quiet**)—susunuz. **on the q.t.** gizlice. **mind one's p's and q's** için **m** harfine bkz.

quack¹ [kwæk] *i + sy* ördek sesi; vak, vak, vak. *I could hear the quacks of the wild ducks on the river.* Ayrıca *f-n* vakvaklamak. *Ducks were quacking in the pond.*

quack² [kwæk] *i + sy* yalancı doktor, sahte hekim; şarlatan. *He didn't want to be treated by a quack; he wanted a proper doctor.*

quadrangle ['kwɔdræŋgl] *i + sy* (özl. bir kolejde) etrafı binalarla çevrili dörtgen biçiminde bir açıklık yer, avlu. Ayrıca **quad** da denir.

quadrilateral [kwɔdri'lætrl] *i + sy* dört kenarlı bir şekil, dörtgen. **quadruped** ['kwɔdruped] *i + sy* dört ayaklı hayvan.

quadrilaterals

quadruple [kwɔ'drupl] *s* dört parçadan oluşan; dört kişilik, dörtlü: *a quadruple agreement.* Ayrıca *i + sy* bir sayının, miktarın, vb. dört katı, dört misli. Ayrıca *f + n/-n* dört katına çıkarmak; dört kat arttırmak; dörtle çarpmak. *In the last twenty years wheat production has almost quadrupled.* **quad(s)** [kwɔd(z)], **quadruplet(s)** [kwɔdru:plit(s)] *i + sy* (genl. çoğ. biç.) aynı anneden, bir kerede, doğan dört çocuktan birisi; dördüzlerden birisi. *She's my quadruplet brother. One of the quadruplets came to see me. Jane had quadruplets last week; two boys, two girls.* NOT: bir batında birden fazla doğan çocuklara, sayısına göre şöyle denir:

twin—ikiz; *triplet*—üçüz; *quadruplet* —dördüz; *quintuplet*—beşiz; *sextuplet*—altız.

quagmire ['kwɔgmaiə*] *i + sy* bataklık. *The rain has turned the backyard into a quagmire.*

quail¹ [kweil] **1** *i + sy* bıldırcın. *A quail is a game bird about ten inches long.* **2** *i-sy* bıldırcın eti.

quail² [kweil] *f-n* çok korkmak; korkup geri çekilmek. *The slave quailed at master's look.*

quaint [kweint] *s* tuhaf veya eski moda olması nedeni ile ilgi uyandıran ya da hoş; olağan dışı ve çekici: *quaint old village church. She put on one of her grandmother's quaint dresses. Old photographs seem quaint to us all.* **quaintly** *z* tuhafça. *The building was quaintly oldfashioned.*

quake [kweik] *f-n* sarsılmak; titremek: *quake with fear. The earth quaked under our feet. Sue quaked with fear when she saw the robbers come into the bank.* Ayrıca *i + sy* **earthquake** sözcüğünün kısa biçimi.

qualify ['kwɔlifai] **1** *f + n* (belli bir düzeyde) nitelik, veya yeterlik kazandırmak; eğitmek, iş yapar hale getirmek. *His ability qualified him for the job.* **2** *f-n* belli bir şey olmak için eğitilmek, belli bir iş için gerekli bilgiye, veya uygun niteliklere sahip olmak. *qualified to teach; qualified as a doctor/lawyer; a qualified teacher; be qualified for a certain post. He will be qualified to vote when he is eighteen.* **3** *f + n* (dilb.) nitelemek, tanımlamak. *Adjectives qualify nouns.* **4** bir sözün, vb. anlamını sınırlamak. *He qualified his earlier remark. Qualify your statement that dogs are loyal by adding 'usually'.* **qualified** *s* nitelikli, vasıflı, ehliyetli. *She is a qualified nurse.* (karş. **unqualified**). **qualification** [kwɔlifi'keiʃən] *i + sy* **1** nitelik, vasıf, yeterlik, ehliyet. *To know the way is one qualification for*

---

a guide. **2** şart, kayıt; sınırlayan, değiştiren, daha az etkili kılan bir şey. *I can say, without any qualification, that he is an excellent worker.* (= Hiç tereddütsüz onun çok iyi bir işçi olduğunu söyleyebilirim).

quality ['kwɔliti]*-l* *i + sy* özellik, hususiyet; bir kimsenin, veya bir şeyin benzerlerinden ya da başka şeylerden ayrılmasını sağlayan nitelik. *One quality of wood is that it can burn.* **2** (yüksek) nitelik, kalite, vasıf; bir şeyin, veya bir kimsenin iyi ya da kötü olma özelliği: *cloth of good/poor quality; a shop famous for its quality.*

qualm [kwɑ:m] *i + sy* (genl. *çoğ. biç.*) bir şeyi doğru mu yapıyorum, yanlış mı yapıyorum diye duyulan huzursuzluk, endişe, veya suçluluk duygusu; iç rahatsızlığı: *have no qualms about doing something* (= bir şeyi yaparken içi rahat olmak).

quantity ['kwɔntiti] **1** *i + sy/-sy* nicelik, miktar: *add a small quantity of water. He used equal quantities of milk and water.* **2** *i-sy* çok miktarda, çok sayıda: *buy things in quantity.*

quarantine ['kwɔrnti:n] *i-sy* karantina; bulaşıcı bir hastalığın yayılmaması için kişileri geçici olarak ayırma biçiminde alınan önlem. *People coming from an infected area must be kept in quarantine.* Ayrıca *f + n* karantina altına almak. *The officials quarantined the animals that had been in contact with the sick cow.*

quarrel ['kwɔrl] *i + sy* **1** tartışma, münakaşa; ağız kavgası, ağız dalaşı: *have a quarrel with someone about/over something. The children had a quarrel over the division of the candy.* **2** anlaşmazlık nedeni. Ayrıca *f-n* tartışmak, münakaşa etmek; ağız kavgası etmek. *Mike quarrelled with him last night. These two people are always quarrelling. geç. zam.* ve *ort.* **quarrelle.** (*AmI'*de **quarreled**). **quarrelsome** *s* kavgacı, sık sık kavga çıkaran. *The children were quarrelsome because they were bored.*

quarry¹ ['kwɔri] *i + sy* taşocağı; yapı işlerinde kullanılacak taşların (genl. patlatılarak) çıkarıldığı yer. *He worked in the quarry.*

quarry² ['kwɔri] *i-sy* av; peşinden takip edilen, veya avlanan hayvan, vb. *The hunter's quarry was a rabbit.*

quart [kwɔ:t] *i + sy* kuart; yaklaşık 1,14 litreye eşit olan paynt'ın (= *pint*) iki katı. *We drink a quart of milk a day.*

quarter¹ ['kwɔ:tə*] *i + sy/-sy* **1** çeyrek; bir bütünün dörtte biri. *Give a quarter of the cake to each of the four children.* **2** çeyrek; tam saatten 15 dakika önce, veya sonra. *It's (a) quarter past three* (= 3.15). *It's (a) quarter to three* (= 2.45). **3** yılın dörtte biri; 3 aylık dönem. *We pay our full bills every quarter.* **4** çeyrek; 25 sent değerinde ABD parası. **5** yer, yön, yan, taraf, köşe. *People came running from every quarter.* **6** semt, mahalle bölge: *the Chinese quarter.* **7** yarımay; ayın herbiri 7 gün süren dört safhasından biri. *The moon was in its first quarter.* Ayrıca **phase**'e bkz. **quarterly** *z* üç aylık; üç ayda bir. *He pays his income tax quarterly. I agreed to pay the rent quarterly. The bank sends us a quarterly statement.* **quarters** *içoğ* konut, ikametgâh; oturacak, kalacak yer. **quarterfinal** çeyrek final; yarı finalden (= **semifinal**) önceki karşılaşma. **quartermaster** levazım subayı; deniz ve kara kuvvetlerinde yiyecek ve giyecek sağlamakla görevli subay.

quarter² ['kwɔ:tə*] *f + n* **1** dörde bölmek. *Father quartered the apple.* **2** askerler için kalacak yer sağlamak. *The soldiers were quartered in the village.*

quartet, quartette [kwɔ:'tet] *i + sy* **1** dörtlü, dörtlü topluluk, kuartet; birlikte çalgı çalan, veya şarkı söyleyen dört kişiden meydana gelen topluluk. *A concert will be given by Amadeus Quartet.* **2** bu topluluk için yazılmış olan müzik parçası. *The concert began with a Mozart quartet.*

quartz [kwɔ:ts] *i-sy* kuvars; billurlaşmış silisin doğada çok yaygın bir türü (çoğunlukla renksiz ve yarı saydam haldedir). *Quartz is used in making electronic equipment and very accurate watches and clocks.*

quash [kwɔʃ] *f + n* resmî, veya yasal bir kararla bozmak, iptal etmek, geçersiz kılmak: *quash a conviction.* (= mahkemece verilen bir suçluluk kararını bozmak)

quasi- ['kweizai] *ön-ek* sözde, görünüşe göre, görünüşte, güya. NOT: *quasi-* ön-eki sıfatların önüne getirilerek, o sıfatın belirttiği niteliğin

birisinde, veya bir şeyde tüm olarak
değilde birazının bulunduğunu gös-
terir:
quasi-official—yarı resmi
quasi-historical—yarı tarihi
quasi-religious—yarı dini.
quaver ['kweivə*] *f+n/-n* titremek; tit-
rek sesle bir şey ya da şarkı söylemek.
'Am I safe?' He quavered. Ayrıca
i+sy 1 ses titremesi. 2 sekizlik nota.
quay [ki:] *i+sy* rıhtım, iskele.
queasy ['kwi:zi] *s* 1 kendini hasta
hisseden, midesi bulanmış: *feel rather
queasy.* 2 midesi hemen bulanıveren:
a queasy stomach.
queen [kwi:n] *i+sy* 1 kraliçe: kral karı-
sı. 2 kraliçe; kadın hükümdar. 3 kra-
liçe; arı, karınca, vb. böceklerin yu-
murta yumurtlayanı. 4 (iskambilde)
kız, dam. 5 (satrançta) vezir.
queer [kwiə*] *s* 1 acayip, garip, (bir)
tuhaf: *have queer ideas; act in a queer
way.* 2 iyi değil, keyifsiz, rahatsız: *feel
queer.* 3 eşcinsel, homoseksüel; ibne.
Ayrıca *i+sy* eşcinsel kimse, ibne kim-
se. *(k. dil.).*
quell [kwel] *f+n* 1 bastırmak: *quell a
rebellion/riot.* 2 teskin etmek, yatış-
tırmak, son vermek: *to quell some-
one's fears.*
quench [kwentʃ] *f+n* gidermek, din-
dirmek; söndürmek: *quench one's
thirst. The campers quenched the fire
by throwing water on it.*
query ['kwiəri] *i+sy* 1 soru: *raise a
query.* 2 soru işareti '?'; bir sorudan
sonra, veya kuşku duyulan bir şeyden
sonra konulan işaret. Ayrıca *f+n/-n* 1
bir şey hakkında soru sormak: *You
should query her story about her rich
parents.* 2 kuşkusunu belirtmek, şüp-
hesini göstermek, şüphe etmek: *query
something; query if/whether some-
thing is true.*
quest [kwest] *i+sy* arama, araştırma.
*He returned from his quest a rich-
man.*
question ['kwestʃən] *i+sy* 1 soru; bir
şeyi öğrenmek için birine yöneltilen ve
karşılık gerektiren söz, veya yazı; sual.
*Children are always asking questions.
Answer my question.* 2 sorun, mesele,
problem; araştırılıp öğrenilmesi, dü-
şünülüp çözümlenmesi, bir sonuca
bağlanması gereken durum: *the ques-
tion of world poverty. It's a question
of money.* Ayrıca *f+n/-n* 1 soru sor-

mak; sorguya çekmek. *The police
questioned for two hours.* 2 şüphe
etmek, kuşku duymak. *I question his
honesty.* (=Onun namusundan şüphe
ediyorum). **questionable** *s* şüpheli,
kuşkulu; kesin olmayan: *questionable
statements. It is questionable whether
this is true.* (*karş.* **unquestionable**).
questionnarie [kwestʃə'neə*] *i+sy*
anket formu, soruşturmaca listesi; bir
konuda insanların neler düşündüğü
öğrenmek için hazırlanmış basılı soru
listesi. *I answered/filled in a ques-
tionnarie about holidays abroad.*
question mark soru işareti '?'. **out of
the question** olanaksız, imkânsız.
without/beyond question kuşkusuz,
muhakkak. *Beyond question, he is
the best one for the job.*
queue [kju:] *i+sy* kuyruk, sıra; in-
sanların sıra beklemek için art arda
durarak oluşturdukları dizi: *a queue
outside a cinema; form a queue; stand
in a queue.* Ayrıca *f-n* kuyruk olmak,
kuyruğa girmek; kuyrukta beklemek.
We had to queue for hours.
quibble ['kwibl] *f+n* önemsiz, küçük
noktalar hk. tartışmak, münakaşa et-
mek. *He quibbled about the cost of
the meal.*
quick [kwik] *s* 1 hızlı, çabuk, süratli:
*go for a quick walk; have a quick
meal; be a quick runner.* 2 zeki, çabuk
kavrayan: *a quick child; quick to
understand.* Ayrıca *i-sy* 1 tırnağın al-
tındaki et. *The child bit her nails
down to the quick.* 2 bir kimsenin
duygu ve hisleri. *The boy's pride was
cut to the quick by the words of
blame.* **quickly** *z* çabuk çabuk, çabu-
cak; hızlı bir şekilde. **quickness** *i-sy*
çabukluk, hız, sürat. *He moved with
the quickness and lightness of the
man of action.* **quicken** *f+n/-n* 1 hız-
lanmak, çabuklaşmak; hızlandırmak,
çabuklaştırmak. *Quicken your pace.*
2 canlanmak, dirilmek; canlandır-
mak, diriltmek. *The old sailor's story
quickened the boy's imagination.*
quicksand bataklık kumu; üzerinden
geçmeye çalışan insanları, gemileri,
vb. içine çeken nemli ve gevşek kum.
quid [kwid] *i+sy* bir şilin, veya 100
pens. *It cost 59 quid.* çoğ. biç. **quid**.
(k. dil.).
quiet ['kwaiət] *s* 1 sessiz, sakin, gürül-
tüsüz. *Tell the children to be quiet.* 2

durgun, sakin; gürültüsüz patırtısız: *quiet neighbours.* **quietly** z yavaşça, sessizce. **quietness** *i-sy* sessizlik, sükûnet. **quieten** *f+n* teskin etmek, yatıştırmak. *The speaker came back on stage to quieten the jeering crowd.*

quill [kwil] *i+sy* (eski zamanlarda kullanılan) tüy kalem, kuşun kanat, veya kuyruk tüyünden yapılmış kalem.

quilt [kwilt] *i+sy* yorgan. *A quilt is a cover which you put over yourself when you are in bed.* **quilted** s kapitone.

quinine [kwi'ni:n] *i-sy* kinin. *Quinine is a drug that is used to treat fevers such as malaria.*

quintet, quintette [kwin'tet] *i+sy* **1** beşli, beşli topluluk; birlikte çalgı çalan, veya şarkı söyleyen beş kişiden meydana gelen topluluk. **2** bu topluluk için yazılmış olan müzik parçası.

quin(s) [kwin(z)], **quintuplet(s)** [kwin'tju:plit(s)] *i+sy* (genl. *çoğ. biç.*) aynı anneden, bir kerede, doğan beş çocuktan birisi; beşizlerden birisi. Ayrıca **quadruplet(s)**'a bkz.

quip [kwip] *i+sy* zekice söylenmiş bir söz; nükteli söz. *I laughed at his quip that my room looked as though a hurricane had hit it.* Ayrıca *f-n* nükteli sözler söylemek, nükte yapmak. *geç. zam.* ve *ort.* **quipped.**

quirk [kwə:k] *i+sy* acayip, veya tuhaf bir olay, söz, veya davranış, hareket. *By one of those strange quirks of fate, the twins had died within hours of each other.*

quit [kwit] *f+n/-n* **1** bırakmak, terketmek: *quit gambling.* **2** bir şeye son verip gitmek; ayrılmak. *He quit the room angrily.* *şim. zam. ort.* **quitting.** *geç. zam.* ve *ort.* **quit** veya **quitted. be quits** ödeşmek, fit olmak, hesaplaşmış olmak. *Give me back the money and then we'll be quits.* (*k. dil.*).

quite [kwait] z **1** tamamen, tamamiyle, iyice; bütünü ile: *quite useless; quite different.* *'Is that right?'—'No, not quite.'* **2** oldukça, az çok, aşağı yukarı, bir dereceye kadar. *He's quite clever.* NOT: *quite* sözcüğü *rather* (= oldukça, az çok, vb.) anlamında kullanıldığında, herzaman *a* belirteninden önce gelir: *quite a nice party; quite a pretty dress.*

quite, quite so Doğru; Elbette; Şüphesiz; Kesinlikle; Gerçekten öyle. **quite** a harika, şahane, muhteşem: *quite a party, quite a girl.*

quiver[1] ['kwivə*] *f+n/-n* hafifçe titremek, ürpermek: *quivering with cold /fear.* *The little dog quivered with fright.*

quiver[2] ['kwivə*] *i+sy* sırtta taşınan ok kılıfı; okluk, sadak. *I pulled an arrow from my quiver.*

quiz [kwiz] *f+n* sorular sorarak bir kimsenin neyi bildiğini, neyi bilmediğini öğrenmek, imtihan etmek, sorguya çekmek. *My mother quizzed me on all the work I had studied for my exam. geç. zam.* ve *ort.* **quizzed.** Ayrıca *i+sy* sorular sorulan bir yarışma, veya oyun; yoklama, test, kısa sınav. *çoğ. biç.* **quizzes. quizzical** ['kwizikl] s **1** tuhaf, garip, gülünç. **2** alaycı; dalga geçiyormuş, veya alay ediyormuş fikrini veren: *a quizzical smile.*

quoit [kɔit] *i+sy* (bazı oyunlarda, genl. de gemilerin güvertesinde oynanan oyunlarda kullanılan) halka, kasnak; fırlatılarak ufak ve dik bir çubuğa geçirilmeye çalışılan metal, veya lastik çember. **quoits** *içoğ* halka oyunu.

quorum ['kwɔ:rəm] *i+sy* yetersayı; bir oturumun açılabilmesi için bulunması gereken üye sayısı; yeter çoğunluk. *If we don't have (enough for) a quorum, we shall have to meet again. The meeting was adjourned since there was no quorum.*

quota ['kwoutə] *i+sy* kontenjan, kota; alınacak, veya verilecek bir şeyin sayısı ya da miktarı: *exceed one's quota* (= sayıca sınırını aşmak). *The quota on imported cars has been lifted.*

quote [kwout] *f+n* **1** alıntılamak, iktibas etmek; birinin sözünü tekrarlamak; bir yazıya başka bir yazarın yazısından cümle, veya cümleler almak: *quote Shakespeare. I quoted from a speech by the Prime Minister.* **2** anlatmak istediği şeye bir örnek olarak vermek, kendi fikrini, görüşünü güçlendirmek için bir şeyi örnek olarak göstermek. **3** bir şeyin fiyatını söylemek; piyasa fiyatını vermek: *quote a price for something.* Ayrıca *i+sy* tırnak işareti, **quotation marks**'a bkz. **quotation** [kwou'teiʃən] **1** *i+sy/-sy* alıntılama, iktibas; bir eserden, bir sözden alınan parça. *quotations from Shakespeare.* 2 geçerli fiyat, cari fiyat: *a quotation of a price. The electrician gave a quotation for the rewiring of the house.* **quotation marks** tırnak işareti "..'' veya '..'; bir metnin içinde başkasından aktarılan yazı, veya sözlerin başına ve sonuna konan işaret, örn. *'Come here,' he said.*

quotient ['kwouʃənt] *i + sy* bölüm; bir bölme işlemi sonunda elde edilen sayı,

örn. *if you divide 21 by 3, the quotient is 7.* **intelligence quotient** zekâ yaşı; bazı testlere dayalı olarak bir kimsenin zekâ derecesini gösteren sayı; bir zekâ testinden elde edilen puanın, o zekâ teştinin ortalamasına göre gösterdiği yer. Ayrıca **IQ**'ya bkz.

Quran, Koran [kɔ'ran] *özeli* (**the ile**) Kuran. *The Quran is the sacred book on which the religion of Islam is based.* **Quranic, Koranic** *s* Kuran'a ait.

R

rabbi ['ræbai] *i + sy* haham; Yahudi din adamı. *A Rabbi is a Jewish religious leader, especially one who is in charge of a synagogue, is qualified to teach Judaism, or is an expert on Jewish law.* NOT: *rabbi* sözcüğü bir ünvan olarak da kullanılır: *Rabbi Ben-Salomon.*

rabbit ['ræbit] 1 *i + sy* tavşan. *Rabbits live in holes in the ground.* 2 *i-sy* tavşan eti. **go rabbiting** tavşan avına çıkmak. **rabbit on** sıkıcı bir şekilde konuşup durmak.

rabble ['ræbl] *itek* 1 kuru kalabalık, gürültücü kalabalık. 2 (**the** ile) ayak takımı. *The proud nobles scorned the rubble.*

rabid ['ræbid] *s* 1 (özl. politikada) fanatik, mutaassıp. 2 (köpekler, vb. hk.) kuduz, kudurmuş. *She was bitten by a rabid dog.*

rabies ['reibi:z] *i-sy* kuduz. *Rabies is a serious disease which causes people and animals, especially dogs, to go mad and die.* NOT: biçimi çoğul olmasına rağmen sayılamayan bir isim olup *tekil* fiille kullanılır. *Rabies often kills people inside 48 hours.*

race[1] [reis] *i + sy* yarış, koşu: *a horse-race; a five-mile race. We had a race to the end of the street.* Ayrıca *f-n* koşmak, seğirtmek; çok hızlı gitmek. *He raced to the station only to see the train pull out.* 2 yarış etmek, yarışmak; yarıştırmak. *The divers raced around the track.* **a race against time** zamana karşı yarışma. *Saving the patient's life was a race against time: he had only three hours to live.* **race against time** zamana karşı yarışmak. *The doctors are fighting against time to save the patient's life.* **racing** *i-sy* at, tazı, deve, vb. yarışı. **the races** *içoğ* (yapılan) at yarışları. **racecourse** hipodrom; at yarışı pisti. **racehorse** yarış atı.

race[2] [reis] *i + sy* 1 döl, nesil; ırk, soy; ortak fiziksel ve fizyolojik özelliklere sahip insanlar topluluğu: *people of different races.* 2 cins; tür; familya; canlılar topluluğunda aynı karakteri taşıyan canlıların oluşturduğu bir bölüm: *the human race.* **racial** ['reiʃl] *s* ırki, ırkla ilgili: *racial discrimination* (= ırk ayırımı). **racialism** ['reiʃəlizəm] *i-sy* ırkçılık; insanların toplumsal özelliklerini biyolojik, ırksal özelliklerine indirgeyerek bir ırkın başka ırklara üstün olduğunu öne süren öğreti, doktrin. **racialist** ['reiʃəlist] *i + sy/s* ırkçı. *He went round sticking racialist posters on walls.* **racism** *i-sy* için **racialism**'e bkz. **racist** *i + sy/s* için **racialist**'e bkz.

rack [ræk] *i + sy* raf; askı: *plate rack* (= tabak rafı); *tool rack* (= alet rafı); *luggage rack* (= (trenlerde) parmaklı raf). **rack one's brains** kafa patlatmak; uzun uzun kafa yormak. *I have been racking my brains trying to remember his name.* **go to rack and ruin** (ihmal veya bakımsızlık nedeniyle) harabeye dönmek. *Nobody has lived in the house for many years, and it has been allowed to go to rack and ruin.*

racket[1] ['rækit] *i + sy* 1 gürültü, patırtı, şamata, velvele. *The carpenter building our deck made a racket as he moved the wood and hammered in the nails. The students made a big racket as they left the school.* 2 dalavere, dolandırıcılık, haraç; dürüst olmayan yollardan para elde etme, kaçakçılık. *The police arrested the leaders of the drug racket.*

racket[2], **racquet** ['rækit] *i + sy* raket; topa vurmak için kullanılan oval tahta bir kasnağa gerilmiş bir ağı olan, uzunca saplı araç.

radar ['reida:*] *i-sy* (= **ra**(dio) **d**(etecting) **a**(nd) **r**(anging)—radar; radyo dalgalarının yankısını alarak cisimlerin yerini ve uzaklığını bulabilen araç. **radar trap** sürat sınırlarını aşan sürücüleri tespit etmek için trafik polislerinin kullandığı aygıt.

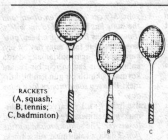

RACKETS
(A, squash;
B, tennis;
C, badminton)

A B C

radiant ['reidient] s 1 mutluluk saçan: *a radiant smile.* 2 ışık saçan, veya ısı yayan. **radiance** *i-sy* 1 parlaklık, aydınlık. *The candle's light threw a faint radiance on the sleeping girl.* 2 bir kimsenin yüzünde biliren büyük mutluluk: *the radiance of a person's smile.*

radiate ['reidieit] *f+n/-n* 1 ısı veya ışık saçmak, yaymak. *The sun radiates both light and heat.* 2 her yöne yayılmak. *From the town square, roads radiate in every direction.* **radiation** [reidi'eiʃən] *i-sy* 1 ışık, ısı, ses, vb. yayma. 2 radyoaktivite; alfa, beta, gama ışınlarını yayma özelliği. **radiator** *i+sy* 1 radyatör; bir ısı kaynağından aldığı ısıyı dışarı ileten dilimli borulardan oluşan ısıtma aygıtı. 2 radyatör; bağlı bulunduğu motordaki ısı derecesinin yükselmesini önleyen soğutucu.

radical ['rædikl] s 1 köklü, kesin, kökten: *a radical reform of the law.* 2 (özl. politikada) köklü değişiklik taraftarı olan. *The radical group demonstrated outside Parliament.* Ayrıca *i+sy* bir ülkenin yönetiminde büyük ve hızlı değişiklikler yapmayı isteyen birisi.

radio ['reidiou] 1 *i-sy* radyo; elektrik dalgalarının özelliğinden yararlanarak konuşma, müzik, vb. seslerin iletilme sistemi. *We can listen to music broadcast by radio.* 2 *i+sy* radyo, radyo cihazı. *My radio cost £50.* çoğ. biç. **radios**. **radioactive** *s* radyo-aktif; alfa, beta, gama ışınlarını yayma özelliği olan **radioactivity** *i+sy* için **radiation**'a bkz. **radiographer** [reidi'ɔgrəfə*] *i+sy* röntgen teknisyeni; röntgen filmleri çeken kimse.

radish ['rædiʃ] *i+sy* turp.

radium ['reidiəm] *i-sy* radyum; radyoaktif özelliği büyük olan ve bazı has-

talıkların tedavisinde kullanılan bir element. Simgesi Ra.

radius ['reidiəs] *i+sy* 1 yarıçap; çemberin herhangi bir noktası ile merkezini birleştiren doğru parçası. 2 dairesel bölge. *There is no other house within a radius of a mile.*

RAF [a:r ei'ef, ræf] *özeli* (= Royal Air Force)—(the ile) İngiliz Hava Kuvvetleri.

raffia ['ræfiə] *i-sy* rafya; palmiye ağacının sepetçilik, hasırcılık, vb. işlerinde kullanılan lifleri.

raffle ['ræfl] *i+sy* bir tür eşya piyangosu; böyle bir çekilişte numarası talih sonucu çıkan kimse kazanır.

raft [ra:ft] *i+sy* sal; birçok kalın direk yan yana bağlanarak yapılan, düz ve korkuluksuz nehir veya deniz taşıtı. *They floated down the stream on a log raft.*

rafter ['ra:ftə*] *i+sy* çatı kirişi; bir çatıyı tutan yatay kirişlerden bir tanesi.

RAFTERS

rag[1] [ræg] *i+sy* paçavra, çaput: *clean the floor with an old rag.* **rags** içoğ eski ve yırtık pırtık elbise. *He was dressed in rags.* **ragged** ['rægid] s 1 yırtık pırtık, eski püskü: *ragged clothes.* 2 pejmürde kılıklı, üstü başı yırtık pırtık. 3 pürtüklü; kenarları ve yüzeyi düzgün olmayan: *a ragged edge.* **rag-and-bone man** (*Brl*'de) eskici; eski giyecekler, vb. alıp satan adam. (*Aml*'de **junkman**).

rag[2] [ræg] *f+n/-n* alay etmek takılmak; gırgıra almak, dalga geçmek. *geç. zam. ve ort.* **ragged**.

rage [reidʒ] *i+sy* 1 öfke, hiddet: *be in a rage* (= tepesi atmak, küplere binmek, köpürmek). *When he was in a rage everyone was frightened of him.* 2 hırs, tutku; bir şey için duyulan büyük arzu. 3 moda, pek rağbette olan bir şey. *Space adventure films are all the rage at present.* Ayrıca *f-n* 1 öfkelenmek, hiddetlenmek. *I raged at* *my own weakness.* 2 şiddetle hüküm sürmek, ortalığı kasıp kavurmak: *A storm was raging.*

raid [reid] *i+sy* ani saldırı, baskın: *an air raid.* Ayrıca *f+n/-n* taaruz etmek, baskın yapmak. *The Indians raided the settlement.* **raider** *i+sy* baskıncı, akıncı.

rail [reil] *i+sy* 1 parmaklık; merdiven parmaklığı; tırabzan. 2 demiryolu rayı. 3 demiryolu: *go by rail.* **railing** *i+sy* (bazen *çoğ. biç.*) parmaklıklı çit. **railroad** *(AmI)* (=*railway*). **railway** *i+sy* 1 tren yolu, demir yolu: *a railway from London to Glasgow.* 2 demiryolları şebekesi (trenler, istasyonlar, vb. de dahil olmak üzere). **go off the rail** çığrından çıkmak. *He used to be a very steady and reliable person, but he has gone off the rails recently.*

rain [rein] *i-sy* yağmur. *The rain spattered the windows.* Ayrıca *f+n/-n* (yağmur) yağmak, yağmur gibi yağdırmak. *We won't have to water the garden because it rained all night.* **rainy** *s* yağmurlu: *a rainy day; a rainy climate.* **the rains** *içoğ* yağmur mevsimi; tropikal ülkelerde görülen ve çok yağmur yağan dönem. **rainbow** ['reinbou] gökkuşağı, ebem kuşağı, eleğimsağma, alâimisemâ. *A rainbow can sometimes be seen in the sky opposite the sun when it is raining or after it has been raining. The seven colours of the rainbow are violet, indigo, blue, green, yellow, orange, and red.* **raincoat** yağmurluk. **raindrop** yağmur damlası. *There were raindrops on the window.* **rainfall** yağış miktarı; belli bir zamanda, belli bir yere düşen yağmur, dolu ve kar miktarı. *The yearly rainfall in Istanbul is much greater than that in Antalya.* **rainforest** tropikal orman. **rainstorm** *i+sy* sağanak. *A rain storm is a fall of very heavy rain.* (*eş anl.* **downpour**). **rainwater** *i-sy* yağmur suyu. *Rainwater was collected in a lead tank on the roof.* **it is raining cats and dogs** bardaktan boşanırcasına yağmur yağıyor. *I won't go out tonight: it's raining cats and dogs outside.* **(come) rain or (come) shine** ne olursa olsun; gökten taş yağsa bile. *He always goes for a walk on Sunday, rain or shine.* **It never rains but it pours** felâket tek başına gelmez; aksilikler hep üstüste

gelir. *My car has broken down, and the same has happened to my wife's: it never rains but it pours.* **keep/put/save something for a rainy day** bir şeyi kara günler için saklamak; darda kalınacak bir zaman için bir kenara koymak; sıkıntılı bir gün için biriktirmek. *We keep some money for a rainy day.*

raise [reiz] *f+n* 1 yukarı doğru kaldırmak, yükseltmek. *He raised his hand to answer. The soldiers raised a white flag.* 2 havaya kaldırmak, yükseltmek. *The automobiles raised a cloud of dust.* 3 yetiştirmek, beslemek. *The farmer raises chickens and corns. Parents raise their children.* 4 arttırmak, çoğaltmak; miktar, derece, ölçü, vb. bakımından fazlalaştırmak. *The government has raised the penalties for drug smuggling.* 5 bir konu ortaya atmak, ileri sürmek ve üzerinde konuşup tartışmak. *He raised a question at the meeting.* 6 toplamak; bir araya koymak, biriktirmek: *raise an army; raise money.* 7 *(AmI'*de) ücreti, maaşı, fiyatı, vb. arttırmak, yükseltmek; zam yapmak. *(BrI'*de **rise**).
NOT: *raise* geçişli bir fiildir, yani bir nesne ile birlikte kullanılır. *The injured boy was raised onto the bed* (=Yaralı çocuk yatağa kaldırıldı). *geç. zam.* ve *ort.* **raised**'dir. Oysa *rise* geçişsiz bir fiildir, yani bir nesne ile birlikte kullanılmaz. *The boy rose from his chair* (=Çocuk sandalyesinden kalktı). *geç. zam. biç.* **rose**; *geç. zam. ort.* **risen**. Ayrıca *rise*'a bkz.

raisin ['reizn] *i+sy* kuru üzüm. *Raisins are dried grapes that you can eat raw or use in cooking cakes and puddings.*

rake

rake [reik] *i+sy* tırmık. *A rake is a garden tool.* Ayrıca *f+n/-n* tırmıklamak; tırmık ile bir yeri düzlemek, düzeltmek; tırmıkla toplamak. *I rake the leaves together and burn them.* **rake something out** araştırarak, kurcalayarak bir şeyi bulup öğrenmek: *rake out some interesting facts.*

rakish ['reikiʃ] *s* şık; hovardaca, çapkınca: *have one's hat at a rakish angle* (= şapkasını yana yatırmak).

rally ['ræli] *f+n/-n* **1** (özl. bir yenilgiden sonra) bir araya getirmek, gelmek; toplanmak: *rally troops. The people rallied behind their leader.* **2** kendine gelmek, iyileşmek, toparlanmak: *rally during an illness. We were relieved when she rallied after fainting.* Ayrıca *i+sy* **1** büyük bir toplantı: *a political rally.* **2** iyileşme.

R.A.M. [a:ei'em] (= Royal Academy of Music)—Kraliyet Müzik Akademisi.

ram [ræm] *i+sy* **1** koç; erkek koyun. **2** tokmak, şahmerdan. Ayrıca *f+n* tokmak ile vurmak ya da itmek; bir şeye şiddetle çarpmak, toslamak: *ram a ship. geç. zam. ve ort.* **rammed.**

Ramadan ['ræmədæn] *i-sy* Ramazan; üçaylerın sonuncusu, oruç tutulan ay. *Ramadan is the ninth month of the Muslim year, during which Muslims eat and drink nothing from sunrise to sunset.*

ramble ['ræmbl] *f-n* **1** kırlarda dolaşmak. *We rambled here and there through the woods.* **2** avare avare gezinmek. *She rambled out of the room without saying a word.* **3** ipsiz sapsız konuşmak, veya yazmak. *I rambled on and on about things that I didn't understand.* Ayrıca *i+sy* (özl. kırda yapılan) uzunca bir yürüyüş, gezinti. **rambling** *s* **1** (evler, sokaklar, vb. hk.) eğri büğrü; biçimsiz; kıvrılıp bükülen: *a rambling town/house.* **2** (konuşma ve yazma hakkında) dağınık ve düzensiz; daldan dala atlayan. *John's rambling account of what happened puzzled us.*

ramification [ræmifi'keiʃən] *i+sy* bir şeyin (örn. bir düşüncenin, bir tartışmanın, bir kurallar topluluğunun, vb.) çok zor ve anlaşılması güç bir parçası, kesimi. *I have never got to know all the ramifications of his business.*

ramp [ræmp] *i+sy* rampa; meyilli yol, veya eğik düzlem: *drag stones up a ramp to build something.*

rampage [ræm'peidʒ] *f-n* deliler gibi sağa sola koşuşmak, veya öfkeli bir biçimde oraya buraya saldırmak. **be on the rampage** cinleri tutmak; burnundan solumak. *The manager is on the rampage because people keep coming late.*

rampant ['ræmpənt] *s* **1** dal budak salmış; iyice yaygın. *Crime was rampant.* **2** (arma üzerinede bulunan hayvanlar hk.) şaha kalkmış, şahlanmış.

rampant ['ræmpənt] *s* **1** dal budak salmış; iyice yaygın, *Crime was rampant.* **2** (arma üzerinde bulunan hayvanlar hk.) şaha kalkmış, şahlanmış.

ramshackle ['ræmʃækl] *s* köhne, harap; yıkıldı yıkılacak: *a ramshackle house.*

ran [ræn] **run¹** fiilinin geçmiş zaman biçimi.

ranch [ra:ntʃ] *i+sy* **1** (AmI'de) çok büyük sığır çiftliği. **2** (AmI'de) (bir şey) çiftliği: *a chicken ranch.* **rancher** *i+sy* çiftlik sahibi.

rancid ['rænsid] *s* bayat; acımış, kokmuş, ekşimiş. *Don't use that butter —it is rancid and will make the sandwiches taste awful.*

rancour ['ræŋkə*] (AmI'de **rancor**) *i-sy* kin, garez; uzun süre devam eden nefret duygusu. *She was shaken by rage and rancour.*

random ['rændəm] *s* rastgele, tesadüfi, gelişigüzel: *ask random questions. The police stopped us for a random breath test.* **at random** rastgele, belli bir plana uyulmaksızın, gelişigüzel: *speak to people at random. The specimens to be analysed were taken at random.*

rang [ræŋ] **ring²** fiilinin geçmiş zaman biçimi.

range¹ [reindʒ] **1** silsile, sıra, dizi: *a range of mountains.* **2** bir şeyin değişiklik gösterdiği alt ve üst sınırlar; derece, sürat, vb. farkı: *a wide range of prices* (= yüksekten alçağa birçok fiyat): *a wide range of materials to choose from.* **3** bir silahın atış mesafesi; menzil: *a range of five miles.* **4** poligon, atış alanı; atış talimi yapılan alan, yer: *a firing range.* **5** bir tür kuzine; mutfak ocağı: *a kitchen range.*

range² [reindʒ] *f+n/-n* **1** (sınırlar arasında) değişiklik göstermek: *prices ranging from 50 pence to 75 pence.* **2** dizmek sıralamak, sıraya koymak. *He ranged the boys in order of size.* **3** serbest serbest gezinmek; yayılıp dolaşmak: *animals that ranged the plains.* **4** uzanmak; bir hat üzerinde işlemek: *ranging east and west.* **ranger** *i+sy* orman bekçisi; korucu.

rank¹ [ræŋk] **1** *i + sy* (özl. asker) sırası, safı: *a taxi rank* (= taksi durağı). *The soldiers stood in their ranks waiting to be inspected.* **2** *i + sy/-sy* (özl. orduda) rütbe, paye, mertebe. *He reached the rank of colonel before the war ended.* Ayrıca *f + n/-n* sayılmak, yer almak, gelmek; saymak, yer vermek. *London ranks as one of the world's largest cities.* **pull rank** rütbesini, mevkini kullanmak. *She usually gets her way without needing to pull rank.* **ranking officer** (*AmI*'de) orada bulunan en yüksek rütbeli subay.

rank² [ræŋk] *s* **1** keskin ve pis kokulu; iyice lezzetsiz. *He was smoking a rank cigar.* **2** son derece kötü: *rank dishonesty.*

rankle ['ræŋkl] *f-n* acısı unutulmamak; acı ve öfke ile hatırlanmayı sürdürmek: *an insult that rankles.*

ransack ['rænsæk] *f + n* **1** (çoğk. alt üst edip, karma karışık edip) didik didik aramak: *ransack a room for something.* (*eş anl.* **rummage**). **2** ne varsa soymak; tamtakır edip bırakmak. *Thieves ransacked the house.*

ransom ['rænsəm] *i + sy/-sy* fidye; bir tutsağın serbest bırakılması için ödenen para. *A large ransom was asked for the safe return of the child.* **hold someone to ransom** fidye almak için bir kimseyi rehin tutmak. *The minister's daughter was held to ransom.*

rant [rænt] *f + n/-n* yüksek sesle, heyecanlı heyecanlı konuşmak, atıp tutmak. *He was ranting for hours and saying all sorts of nasty things.*

rap [ræp] *i + sy* hızlı ama hafif bir darbe; hafif bir vuruş: *a rap at/on the door.* Ayrıca *f + n/-n* hafifçe vurmak; çalmak: *rap loudly. geç. zam. ve ort.* **rapped.**

rape [reip] *f + n* ırzına geçmek, tecavüz etmek. *When a man rapes a woman, he violently forces her to have sex with when she does not want to.* Ayrıca *i-sy* ırzına geçme, ırza tecavüz. *He was brought to court and charged with rape.*

rapid ['ræpid] *s* süratli, çabuk, hızlı: *a rapid worker; a rapid increase in the number of cars.* **rapidly** *z* hızla, süratle. **rapidity** [rə'piditi] *i-sy* sürat, hız. **rapids** *içoğ* bir nehrin üzerinde, suların kayalar üzerinden çok hızlı aktığı bir kesim. *Further down the*

river there is another stretch of rapids.

rapt [ræpt] *s* kendinden geçmiş, vecit halinde; çok dalmış, kendini bir şeye vermiş: *rapt in thought.*

rapture ['ræptʃə*] *i-sy* coşku, delice sevinç; büyük mutluluk, vecit hali: *listen with rapture.* **rapturous** *s* coşkun, heyecanlı, kendinden geçiren. *It was a rapturous moment for them when they saw their grandson for the first time.*

rare [reə*] *s* seyrek, ender, az, az bulunur, nadir. *Gold is a rare metal.* **rarely** *z* seyrek olarak, nadiren. *Only rarely does he let his own views become public.* (*eş anl.* **seldom**). **rarefied** ['reərifaid] *s* yoğunluğu az; basıncı az; seyrek, ince: *the rarified air on high mountains.* **rarity 1** *i + sy* pek bulunmayan bir şey, nadide bir şey. *A man over a hundred years old is a rarity.* **2** *i-sy* az bulunurluk, nadirlik. *The rarity of diamonds makes them valuable.* **3** yoğunluk azlığı. *The rarity of the air on high mountains is bed for some people.*

rascal ['ra:skl] *i + sy* **1** ahlâksızın biri, namussuzun teki. **2** (azıcık alay ve beğeni ile söylenir) yaramaz çocuk, kerata. *You little rascal!* **rascally** *s* çapkın, kurnaz.

rash¹ [ræʃ] *s* atılgan, sabırsız, fazla aceleci, cüretkâr, gözüpek, dikkatsiz; iyice düşünmeden yapılan, veya söylenen: *a rash decision/statement. Diving into the shallow creek was a rash act.* (*eş anl.* **hasty**). **rashly** *z* düşünmeden, düşüncesizce. **rashness** *i-sy* düşüncesizlik; acelecilik.

rash² [ræʃ] *i + sy* isilik, kurdeşen; ciltte çeşitli nedenlerle oluşan kaşıntılı döküntüler. *Peter had a high temperature and then broke out in a rash.*

rasher ['ræʃə*] *i + sy* ince domuz salamı, veya pastırması dilimi.

rasp [ra:sp] *f-n* **1** rendelemek, törpülemek, raspa yapmak. *The carpenter rasped the piece of wood with a file.* **2** rahatsız etmek, sinirlendirmek: *His voice rasped on my nerves.* Ayrıca **1** *i + sy* kaba törpü. **2** *itek* tırmalayıcı ses. *There was an ugly rasp in his voice.*

raspberry ['ra:zbəri] *i + sy* ahududu; duta benzeyen, kırmızı renkli, sulu ve kokulu bir yemiş; ağaççileği.

rat [ræt] *i + sy* **1** sıçan; iri fare. **2** sada-

katsiz herif, hain, kalleş, dönek (kimse). *Oh, you rat.* **rat race** iş alanında başarı için, meslektaşlar arasındaki sonu gelmez yarışma. *He used to work as a salesman, but he decided to leave the rat race and now he has a farm in the country.* (k. dil.).
ratchet ['rætʃit] *i+sy* eğri dişli mandallı çark.

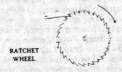

RATCHET
WHEEL

rate [reit] *i+sy* **1** hız, sürat: *at the rate of ten miles in two hours.* **2** belirli bir ölçüye göre saptanmış ücret; birisinin ödediği ya da birisine ödenen miktar: *pay workers at a rate of a pound an hour.* **3** oran, nispet: *the birthrate* (=doğum oranı). **4** belediye vergisi: *the water rate.* Ayrıca *f+n/-n* düşünmek saymak; değerlendirmek. *How do you rate our team's chances of winning?* **at any rate 1** ne olursa olsun. *At any rate we can go out when it stops snowing.* **2** hiç olmazsa, gene de. *I know he failed: but, at any rate, he did his best.* **at this/that rate** bu gidişle, böyle giderse, bu şartlar altında. *Nothing but delays all the way! At this rate we shall not get to our destination before midnight.* **first-rate** birinci sınıf.
rather ['ra:ðə⁺] *z* **1** (would ile birlikte kullanılarak bileşik çekimsiz bir fiili oluşturur) tercih etmek. *We would rather swim than play tennis* (=Tenis oynayacağımıza yüzsek daha iyi. / Yüzmeyi tenis oynamaya tercih ederiz). *Would you rather not go?* (=Gitsen daha mı iyi (senin için)? / Gitmemeyi mi tercih edersin?) (*eş anl.* **prefer**). **2** biraz, az çok, az buçuk; oldukça, epeyce: *rather good; rather too difficult for me.* (*eş anl.* **somewhat**). **3** daha doğrusu; (şöyle) demek daha iyi olacak. *I met him very late on Friday night, or rather, early on Saturday morning.*
ratify ['rætifai] *f+n* onaylamak, tastik etmek. *The agreement between the two countries has been ratified.* **ratification** [rætifi'kiʃən] *i+sy* onayla-

ma, onama.
rating ['reitiŋ] *i+sy* (örn. gemilerde) sınıflama; sınıf, kategori.
ratio ['reiʃiou] *i+sy* oran, nispet; iki büyüklük, iki nicelik arasındaki bağıntı. *The ratio of pupils to teachers was 30 to 1* (=Öğretmenlerle öğrenciler arasındaki oran 30'a 1 / Her 30 öğrenciye 1 öğretmen düşüyor). *çoğ. biç.* **ratios.**
ration ['ræʃən] *i+sy* istihkak; bir kimseye tanınan (örn. yiyecek) hakkı. Ayrıca *f+n* karneye bağlamak; karne ile vermek, vesika ile dağıtmak. *Food was rationed during the war.*
rational ['ræʃənl] *s* akla yatkın, mantıklı: *a rational explanation.* (*karş.* **irrational**). **rationally** *z* akla yatkın olarak.
rationale [ræʃə'na:l] *i+sy* gerekçe; bir sistemin veya uygulamanın dayandığı nedenler ve ilkeler. *What is the rationale for corporal punishment?*
rattle ['rætl] *f+n/-n* tıkırdamak, tıngırdamak; tıkırdatmak, tıngırdatmak: *rattle a box with some coins in it.* Ayrıca *i+sy/-sy* **1** tıkırtı, tıngırtı. **2** çocuk çıngırağı. **rattlesnake** çıngıraklı yılan. *A rattlesnake is a poisonous American snake with bony rings at the end of its tail which make a rattling sound when the tail is shaken.*
raucous ['rɔːkəs] *s* (sesler hk.) kaba, bet; kulakları tırmalayıcı: *a raucous voice; raucous shouts. We heard raucous laughter coming from the party.*
ravage ['rævidʒ] *f+n/-n* harap etmek, harabeye çevirmek; mahvedip yok etmek: *a city ravaged by high winds.* **ravages** içoğ tahribat, viranlık; bir şeyin harap edici etkileri: *the ravages of time.*
rave [reiv] *f+n* deliler gibi konuşmak, çılgın gibi söylenmek; abuk sabuk lâf etmek. *While she had the fever, she raved for hours.*
raven ['reivən] *i+sy* kuzgun; siyah gagalı, kalın ve ahenksiz sesli, iri, siyah karga.
ravenous ['rævənəs] *s* kurt gibi acıkmış. (*eş anl.* **famished, starving**).
ravine [rə'vi:n] *i+sy* derin vadi; dik yamaçlı dar bir vadi. (*eş anl.* **gorge**).
raw [rɔː] *s* **1** çiğ, pişmemiş: *raw meat.* **2** ham, işlenmemiş, doğal durumunda bulunan: *raw materials; raw hides* (=işlenmemiş deri.) **3** acemi, dene-

yimsiz; daha eğitimden geçmemiş: *a raw recruit.* 4 (hava hk.) soğuk ve ıslak. *The air was raw as we climbed higher.* **in the raw** çırılçıplak. *It was so warm that he slept in the raw.* **touch a raw nerve, touch someone on the raw** (bir kimsenin) bamteline basmak, veya dokunmak; en çok kızacağı sözü söylemek. *My wife's words touched a raw nerve.* **rawboned** zayıf, kuru, kemikleri çıkmış.

ray [rei] *i+sy* ışın, şua; ince bir ışık çizgisi. *The rays of the sun can be very harmful.*

rayon ['reiɔn] *i-sy* rayon; pamuk, yün, veya sentetik iplikten yapılmış, ipeğe benzer bir tür kumaş. *Rayon looks and feels similar to silk.*

raze [reiz] *f+n* binaları, kentleri, vb. yıkıp yerle bir etmek, taş üstünde taş bırakmamak. *The village was completely razed during the battle.*

razor ['reizə*] *i+sy* ustura, traş makinesi: *an electric razor* (= elektrikli traş makinesi). **razor blade** *i+sy* jilet. **razor-sharp** *s* jilet gibi keskin, ustura gibi.

R.C. [a:'si:] (= Red Cross)—Kızıl Haç.

Rd (= road)—haritalarda ve yol işaretlerinde gösterilir ve 'yol' anlamına gelir.

re- [ri:] *ön-ek* yeniden, tekrar. NOT: *re-*'nin ön-ekinin kullanılma durumları şöyle özetlenebilir:

1- Bir hareket, veya oluşumun tekrar edilmesini gösteren fiil ya da isimleri meydana getirmek için, başka fiil, veya isimlerin başına getirilir.

read→*re-read*   marry→*re-marry*
elction→*re-election*

2- Daha önce meydana gelmiş bir oluşumun aksinin yapıldığını gösteren fiil, veya isimleri meydana getirmek için, başka isim ya da fiillerin başına getirilir.

appear→*re-appear*   gain→*re-gain*

3- Bir şeyin yerinin, veya durumunun değişimini tanımlayan yeni fiiler elde etmek için, başka fiillerin başına getirilir.

arrange→*re-arrange*
deploy→*re-deploy*

re [ri:] *edat* (ticarî ve resmî İngilizcedeki mektuplarda kullanılır) hakkında, ...ile ilgili olarak.

R.E. [ar:'i:] *i-sy* (= religious education) —(okullarda) din dersi.

reach [ri:tʃ] *f+n/-n* 1 varmak, gelmek, ulaşmak: *reach the top of a mountain.* 2 uzanmak; bir şeye erişmek için elini, veya kolunu -uzatmak: *reach for a book.* 3 (bir yer)e kadar uzanmak: *a wall that reaches to the end of the road.* 4 uzatmak; elini veya kolunu uzatarak bir şeyi almak ya da vermek. *Reach me that book, please.* 5 (bir anlaşmaya, karara, sonuca) varmak. Ayrıca *i+sy/-sy* 1 uzatma; uzanma, yetişme; erişme; erim, menzil; insanın uzanabileceği mesafe; elin erişebileceği uzaklık: *beyond my reach.* 2 bir nehrin iki kıvrımı arasındaki dümdüz su uzantısı: *the upper reaches of the Amazon.* **reach-me-down** *i+sy* (genl. çoğ.) 1 (= **hand-me-down**) genl. daha yaşlı birisinden başka birisine kalan giysi; birisi için küçülüpte başka birisinin kullandığı giyecek. 2 hazır elbise.

react [ri'ækt] *f-n* 1 tepki göstermek; bir şeyin sonucu olarak değişik bir biçimde davranmak. *When I punished him, he reacted by bursting into tears.* 2 (kimyada) tepkimek; etkisine āldığı şeye karşılık vermek. **reactor** *i+sy* reaktör; bir katalizör yardımıyla kimyasal tepkime yaparak üretim elde *edilen endüstri kuruluşu. (eş anl.* **nuclear reactor**).

reaction [ri'ækʃən] *i+sy/-sy* 1 eski duruma yeniden dönüş. *This made him popular for a time, but then a reaction set in.* (= Bu ona bir süre ün kazandırdı, ama sonra unutuldu). 2 tepki, karşılık, reaksiyon. *What was your reaction to him?* 3 tepkime; birbirine etki eden maddeler arasında ortaya çıkan olay, reaksiyon: *chemical reaction; nuclear reaction.* **reactionary** *s* gerici, mürteci; (özl. siyasal) değişimlere karşı çıkan.

read [ri:d] *f+n/-n* 1 okumak. *I have never been able to read music. Have you read that article I gave you?* 2 yüksek sesle okumak. *The teacher read a story to the class.* 3 bir dalda okumak; bir konuyu üniversite düzeyinde tahsil etmek, eğitimini görmek: *read history.* geç. zam. ve ort. **read** [red]. **reader** *i+sy* 1 okuyucu, okur; düzeltici, düzeltmen; yanlışlıkları bulup düzeltmek için, kitapları basımından önce okuyan kimse. 2 okuma kitabı. *We've just published two new*

readers in English. **reading 1** *i-sy* oku-
ma, okuma işi: *interrupt someone's
reading.* **2** *i+sy* yüksek sesle okuyuş,
okuma: *a reading from Shakespeare.*
read between the lines satırların arası-
nı okumak, kapalı anlamı kavramak,
açıkça belirtilmediği halde ardında
yatanı bilmek. *In this letter that Jack
has written he does not actually say
that he needs money but, if you read
between the lines, you will see that he
does need more cash.* **a good/excellent
read** (bir dergi, kitap hk.) okunması
güzel/fevkalâde bir şey. **read a piece
of writing out** bir parçayı yüksek sesle
okumak. **readable** *s* **1** ilginç ve oku-
maya değer. **2** (yazı) okunaklı. (*eş anl.*
legible).
ready ['redi] *s* **1** hazır. *The dinner is
ready. Tom is ready for school now.*
2 bir şeyi yapmaya istekli, hazır. *Are
you ready to serve your country? She
is ready to forgive.* **3** çabuk, seri;
hazır. *The speaker has a ready wit. A
kind man gave ready help to the
children.* **4** hazır, yanıbaşında, elinin
altında. *He always kept a gun ready.*
readily *z* **1** isteyerek, seve seve. *I would
readily help you.* **2** hiç güçlük olmak-
sızın, kolayca. *Personal computers are
readily avilable these days.* **readiness**
i-sy hazır olma; gönüllülük. **ready-
made** *s* hazır, ısmarlama yapılmamış.
Thi store sells ready-made clothes.
ready reckoner hesap cetveli; içinde
hesaplamayı kolaylaştıran çizelgeler
bulunan bir kitap.
real [riəl] *s* gerçek, hakiki, sahici; taklit
olmayan: *the real reason for doing
something; a real hero. Is it a real
diamond or is it fake?* **realism** *i-sy* **1**
gerçekçilik; gerçekleri olduğu gibi
yansıtmaya çalışan sanat çığırı; real-
izm. **2** gerçekçi tutum ve davranış;
realizm. **realist** *i+sy* gerçekçi, haki-
katçi. **realistic** [tiə'listik] *s* **1** gerçeğe
uygun, tıpkı, canlısının aynı. **2** ger-
çekçi; pratik. *I won't keep on discuss-
ing this unless you are realistic.* (*karş.*
unrealistic). **realistically** *z* gerçeğe uy-
gun olarak. **reality** [ri'æliti] **1** *i-sy* ger-
çek, hakikat; gerçekten var olma. *We
believe ın the reality of God.* **2** *i+sy*
bir gerçek; gerçek, veya doğru bir şey.
really *z* gerçekten, sahiden, cidden,
aslında. *Do you really mean that?* (*eş
anl.* **actually, honestly**). **2** çok. *The*

show was really good. **3** *ünlem* Yaa!
Sahi mi? Öyle mi? Deme yahu! (*eş
anl.* **ah, oh, honestly**).
NOT: *really* ünlemi şu durumlarda
kullanılır:
Bir kimseyle konuşup onu ilgiyle din-
lerken—
*'It was quite close to the airport.'—
'Really?'*
*'We got out of the train and we went
to the lounge and have breakfast...'—
'Oh really?'—'...which was very nice.'*
Bir kimsenin söylediklerine hayret
göstermek, veya bunlara karşı kuşku
duyduğunu belirtmek için—
*'Nobody was allowed inside the Plaza
unless he'd been injected by Doc
Murray.'—'Really?'*
*'Inflation's dropped faster under a
Troy Government then it did under a
Labor Government.'—'Has it really?'*
Really! Well really! diyerek, birisinden
sıkıldığınızı, veya rahatsızlık duydu-
ğunuzu belirtmek için—
*'Really,' said Mrs Oliver to herself
with some annoyance.*
Oh really! It's too bad of him.
real estate için **estate**'e bkz. **in reality**
gerçekte, aslında, işin esasında. *We
thought he was joking, but in reality
he was serious.* (*eş anl.* **actually, in
fact**).
realize [riəlaiz] *f+n* **1** anlamak, farkı-
na varmak, kavramak; kafaya dank
etmek. *Does he realize what he has
done? At last I realized the truth.* **2**
bir amacı, veya bir beklentiyi gerçek-
leştirmek: *realize one's hopes.*
realization [riəlai'zeiʃən] *i-sy* **1** fark
etme, anlam. **2** gerçekleştirme.
realm [relm] *i+sy* **1** krallık. *He ruled
his realm wisely and fairly.* (*esk. kul.*).
2 alan, saha: *the realm of science; the
realms of the imagination.*
reap [ri:p] *f+n/-n* **1** (örn. bir tahıl ürü-
nünü) hasat etmek; (ekin) kaldırmak;
biçin dermek. *The farmer reaps his
fields.* **2** toplamak, sağlamak, elde
etmek: *reap large profits. Kind acts
reap happy smiles.* **reaper** *i+sy* biçer-
toplar; biçip toplama makinesi.
reappear [ri:ə'piə*] *f+n* yeniden gö-
rünmek, tekrar gözükmek, yeniden
ortaya çıkmak. *From time to time
'Gypsy' clothes reappear as a fashion.*
reappearance *i-sy* yeniden görünme,
yeniden ortaya çıkma.

reappraisal [ri:ə'preizl] *i + sy/-sy* yeniden değerlendirme; bir şey hakkındaki görüşünü değiştirip değiştirmemesi gerektiğini anlamak için o şeyi yeniden inceleme işi. (*eş anl.* **re-examination, review**).

rear[1] [riə*] *i tek* geri, arka, art: *at the rear of the house*. Ayrıca *nits* arka: *the rear wheels of a car*. **rear-view mirror** *i + sy* (araçlarda) dikiz aynası. *A rearview mirror enables you to see the traffic behind you while you are driving*.

rear[2] [riə*] *f + n/-n* **1** yetiştirmek, büyütmek, beslemek: *rear poultry* (=kümes hayvanları beslemek). **2** şahlanmak, şaha kalkmak. *The horse reared*.

rearm [ri:'a:m] *f + n/-n* yeniden silâhlanmak, silâhlandırmak. **rearmament** *i-sy* yeniden silahlandırma. *Rearmament is the process of building up a new stock of military weapons*.

reason[1] ['ri:zn] **1** *i + sy/-sy* neden, sebep. *Is there any reason why Ken should be rude to you?* **2** *i-sy* akıl, fikir; sağlam zihin: *lose one's reason* (=deli olmak, aklını kaçırmak). *Her reason was begining to fail.* **3** *i-sy* sağduyu, mantık, aklıselim: *try to make someone listen to reason* (=birisinin bir şeyi mantıklı olarak düşünmesini sağlamaya çalışmak). *The stubborn child was at last brought to reason.* **for some reason** her nedense. *For some reason we talked about death.* **by reason of** ...-den dolayı, nedeniyle. *The business is for sale by reason of the deat' of the former proprietor.* (*eş anl.* **because of**). **in reason** makul, akla uygun. *I would do anything in reason to help a good cause.* (*eş anl.* **reasonable**). **within reason** mâkul, akla uygun, makul sınırlar içinde bulunan. *I'll do anything you want, within reason.* **stand to reason** mantıklı, herkes için apaçık olmak, besbelli olmak. *It stands to reason that a person's health will suffer if he/she does not eat sufficient food.*

reason[2] ['ri:zn] *f + n/-n* **1** düşünmek, muhakeme etmek; aklını kullanmak. *Do you think some animals can reason?* **2** kanıtlamaya çalışmak; bir nedene bağlamak; akla, mantığa dayalı bir kanı ileri sürmek. *Copernicus reasoned that the earth revolved*

around the sun. **reasonable** *s* **1** aklı başında, makul, sağduyulu. *Reasonable people don't leave their keys in their cars. 'I can't do that, Morris. Be reasonable.'* **2** akla yatkın, yerinde, makul. *There was no reasonable explanation for her decision.* **3** uygun, elverişli; fahiş değil, mâkul. *The restaurant offers good food at a reasonable prices.* (*karş.* **unreasonable**). **reasonably** *z* **1** akla yatkın bir şekilde, makul olarak. *'Well, you can't do that now,' I said reasonably.* **2** oldukça. *John's reasonably broad across the shoulders.* **reason out** düşünüp taşınarak bir problemi çözmek, bir sorunu halletmek. *He isn't good at reasoning out even simple problems.* **reason with someone** bir kimseyi bir şeyi yapması ya da bir şeyi kabul etmesi için, akla uygun deliller göstererek ikna etmek, inandırmak. *He is so stubborn that it is no good trying to reason with him on the matter.*

reassure [ri:ə'fuə*] *f + n* (endişe içinde bulunan birisinin) (içini rahatlatıp) korkudan kurtarmak; tekrar güven vermek, güvenini tazelemek. *He was trying to reassure her that things weren't as bad as she thought.* **reassuring** *s* güven verici. **reassurance** *i + sy/-sy* içini rahatlatma. *I found comfort in his words, and reassurance that I made the right decision.*

rebate ['ri:beit] *i + sy* fazla ödenen bir paranın iade edilen kısmı; vergi iadesi; yapılan bir ödemenin bir miktarının geri verilmesi. *I got a tax rebate at the end of the year.*

rebel [ri'bel] *f-n* **1** (genl. **against** ile) devlete, hükümete karşı ayaklanmak, isyan etmek; şiddet kullanarak savaşmak. *The people rebelled against the president and exiled him.* (*eş anl.* **revolt**). **2** isyan etmek, baş kaldırmak. *The boy rebelled against having to come home so early. geç. zam. ve ort.* **rebelled**. Ayrıca ['rebl] *i + sy* isyan eden kimse, asi, isyancı. *The rebels armed themselves against the government.* (*eş anl.* **insurgent**). **rebellion** [ri'beliən] *i + sy/-sy* isyan, ayaklanma; baş kaldırma hareketi ya da durumu. *The government put down the rebellion.* (*eş anl.* **revolt**). **rebellious** [ri'beliəs] *s* isyankâr, âsi; denetimi ve yönetimi güç. *The rebellious pupils were*

rebound [ri'baund] *f-n* bir şeye çarpıp geri gelmek; geri sekmek. *The ball rebounded from the wall.* Ayrıca ['ri:-baund] *i+sy* geri sekme: *catch a ball on the rebound* (=topu geri sekerken yakalamak).

rebuff [ri'bʌf] *f+n* (genl. *ed. çat.*) bir yardım, veya dostluk önerisini, isteğini, teklifini kabaca geri çevirmek, reddetmek. *The friendly dog was rebuffed by a kick. She rebuffed all his attempts to be friendly.* Ayrıca *i+sy* reddetme, ters cevap verme. *We tried to be friendly, but his rebuff made us think he wanted to be alone.*

rebuild [ri:'bild] *f+n* **1** yeniden, tekrar yapmak, inşa etmek; tamir ve tadilat yapıp yenileştirmek. *The way they rebuild the pier spoiled people's view.* **2** (bir kurumu, kuruluşu, veya bir işi) ıslah etmek, iyileştirmek, düzeltmek, yeniden etkili işlerliğini kazandırmak. *The Party had been destroyed and would need rebuilding.*

rebuke [ri'bju:k] *f+n* azarlamak, paylamak, haşlamak. *The teacher rebuked the boy for his laziness.* Ayrıca *i+sy/-sy* azar, azarlama. *He received a stern rebuke from his superiors. The child feared the teacher's rebuke.*

recalcitrant [ri'kælsitrnt] *s* inatçı, serkeş, kafa tutan, itaatsiz. *The police had to use force because of the recalcitrant behaviour of the demonstrators.* (*eş anl.* **disobedient**).

recall [ri'kɔ:l] *f+n* **1** hatırlamak. *I can't recall his name.* (*eş anl.* **recollect, remember**). **2** geri çağırmak; (görevinden) merkeze almak. *The government has recalled its ambassador from Paris.* (*eş anl.* **call back**). **3** (bir şeyi) geri almak ya da getirtmek. *The car factory recalled all the cars which were supposed to be faulty.*

recant [ri'kænt] *f+n/-n* mezhebinden dönmek; eski dinini, veya siyasî düşüncesini artık bıraktığını söylemek. *Under threat of death, men recanted their religion before the alter.*

recapitulate [ri:'kə'pitjuleit] *f+n/-n* söylenmiş olan bir şeyin belli başlı noktalarını tekrar etmek; özetle yinelemek, özetlemek. **recapitulation** [ri:-kəpitju'leiʃən] *i+sy/-sy* özetle yineleme, özetleme.

recede [ri'si:d] *f-n* geri çekilmek, geri gidiyormuş gibi görünmek, uzaklaşmak. *As the train went faster, the railway station receded from view.*

receipt [ri'si:t] *i+sy* makbuz, satış fişi. *I've got receipts for each thing I bought. Ask for a receipt and make sure that you get it.* **receipts** içoğ bir işten ele geçen para; hasılat. *Receipts are down against the same period of last year.* **on receipt of** alınca, alır almaz. *On receipt of the news of his father's death he immediately telephoned the other members of his family.*

receive [ri'si:v] *f+n/-n* **1** (verilen ya da gönderilen şeyi) almak, kabul etmek. *He received some good books for his birthday. He didn't receive money for his work.* **2** uğramak, maruz kalmak. *Three policemen received minor injuries.* **3** (bir ziyaretçi, veya bir misafir) kabul etmek. *Tell her I shall be delighted to receive her.* **4** (birisini, veya bir şeyi) (belli bir biçimde) karşılamak, kabul etmek. *He had been warmly received wherever he went. Your latest novel has been very well received.* **5** (bir yere, bir topuluğa) üye olarak almak, kabul etmek. *The people of the neighbourhood were glad to receive the new couple.* **6** (radyo, TV, vb. hk.) yayınları almak. **7** (telsizle gönderilen) haberi almak; (telsizden) sesini almak. *'Are you receiving me, Morris?'* **8** içine almak. *A bowl receives the water from the faucet.* **receiver** *i+sy* ahize; telefonun kulağa tutulan kısmı, almaç.

receiver

Received Pronunciation *i-sy* İngiltere'nin güney bölgesindeki kişilerin konuştukları standart şive. Ayrıca sözlüğün başındaki 'sesletim' kısmına bkz.

recent ['ri:snt] *s* son günlerdeki; yeni, son: *a recent event; recent history. Recent fashions have featured knee-length skirts.* **recently** *z* son günlerde, son zamanlarda; geçenlerde, yakınlarda. *I haven't seen him recently.*

receptacle [ri'septikl] *i+sy* (içinde bir şeyler saklanan) kap, muhafaza, vb. *Bags, baskets, and vaults are all receptacles.* (eş anl. **container**).

reception [ri'sepʃən] **1** *i+sy* ağırlama, karşılama; kabul. *The winning team got a wonderful reception in their home town. Her calm reception of the bad news surprised us.* **2** *i+sy* eğlence, parti: kabul resmi: *a wedding reception.* **3** *i-sy* bir otelde müşterileri karşılama bürosu; resepsiyon kısmı. *Would you make an appointment at reception?* **receptionist** *i+sy* bir otele inen, bir doktora vb. gelen kimseleri karşılayıp kabul eden kimse; resepsiyonist. **receptive** [ri'septiv] *s* yeni fikirleri kabule hazır; çabuk kavrar. *We need people who are receptive to new ideas.* (karş. **unreceptive**).

recess [ri'ses] *i+sy* **1** tatil, paydos, mola, teneffüs: *a recess of thirty minutes. We have an hour's recess at noon.* **2** bir odanın duvarında raf ya da dolap yerleştirmek için girintili bir kısım. *This long bench will fit nicely in that recess.* (eş anl. **alcove**). **3** iç taraf; bir yerin erişilmesi güç olan gizli bir iç kesimi: *the dark recesses of a cave.* **recession** *i+sy/-sy* (ekonomik) gerileme; (iktisadî) durgunluk. *I lost all my money in the recession. The recession has put many people out of work.* (eş anl. **depression**).

recipe ['resipi] *i+sy* yemek tarifesi. *Please give me your recipe for the cake.*

recipient [ri'sipiənt] *i+sy* bir şeyi alan kimse, alıcı. *The recipents of the prizes had their names printed in the paper.* (r. kul.).

reciprocal [ri'siprəkl] *s* karşılıklı olarak verilip alınan; karşılıklı: *reciprocal liking.*

reciprocate [ri'siprəkeit] *f+n/-n* mukabele etmek; (bir şeyin) karşılığı olarak vermek, yapmak, duymak. *He did not reciprocate my friendship* (= Benim dostluğuma aynı şekilde karşılık vermedi. / Dostluğuma dostlukla mukabelede bulunmadı). *If you are spiteful to me, I will reciprocate.*

recite [ri'sait] *f+n/-n* **1** ezberden söylemek, ezbere okumak. *She can recite that poem from memory.* **2** ardarda

sıralamak; sayıp dökmek. *Will you recite the names of the pupils who won prizes?* **recital** *i+sy* genl. tek bir kişi tarafından verilen konser ya da şiir okuma; resital: *a poetry recital. She had been asked to give a piano recital.* **recitation** [resi'teiʃən] *i+y/-sy* ezberden okuma; ezberden okunan bir edebiyat parçası: *a recitation from Shakespeare.*

reckless ['rekləs] *s* tehlikeye aldırmaz, dikkatsiz, kayıtsız, pervasız; atak, işin sonunu düşünmez. *Reckless driving causes many automobile accidents. Reckless of danger, the boy played with a loaded gun. Riding a bike without lights at night is a reckless thing to do.* **recklessly** *z* pervasızca, işin sonunu düşünmeden. *She had recklessly agreed to lend them what they needed.* **recklessness** *i-sy* pervasızlık, düşüncesizlik.

reckon ['rekən] *f+n/-n* **1** tahmin etmek; tam olarak saymadan bir sayıyı hesaplamak. *Have you reckoned the number of cattle you have?* **2** (bir şey ya da birisi) gözü ile bakmak; (öyle) saymak, düşünmek. *He is reckoned to be a very good teacher.* **reckoning** *i+sy/-sy* hesap; hesaplama (işi). *By his own reckoning he had taken five hours to get there.* **reckon something in** bir şeyi hesaba katmak, dahil etmek. *Even if we reckon in profits from the new factory, we shan't be able to make an overall profit this year.* **reckon on/upon someone/something** bir kimse, veya bir şeye ümit bağlamak, güvenmek, itimat etmek; tahmin etmek, zannetmek. *Can we reckon on your help? I was reckoning on John arriving tonight.* **reckon something up** bir şeyi hesap etmek, toplamak. *He has begun reckoning up the odds against success.* **reckon with someone/something** bir kimse, veya bir şeyi hesaba katmak; göze almak. *If you try to do that you will have to reckon with me.* **The day of reckoning** Kıyamet günü, hesaplaşma günü. *The day of reckoning is the time when you pay or are punished for things that you have done wrong.*

reclaim [ri'kleim] *f+n* **1** araziyi kullanıma uygun hale getirmek; tarıma elverişli duruma sokmak, ıslah etmek. *The farmer reclaimed the swamp by* *draining it.* **2** geri istemek, geri almak, iadesini istemek. *The library reclaimed the book he borrowed a year ago. You must present this ticket when you reclaim your luggage.* **reclamation** [reklə'meiʃən] *i-sy* **1** tarıma elverişli hale koyma: *the reclamation of deserts by irrigation.* **2** kullanılmaz diye çöpe atılmış, fakat kullanılabilir olan şeylerin kurtarılması.

recline [ri'klain] *f+n/-n* **1** boyluca uzanmak, yatmak. *The tired man reclined on the couch.* **2** (bir yerini) yaslamak, dayamak. *He reclined his seat and soon began to doze.*

recluse [ri'klu:s] *i+sy* herkesden uzak, yalnız yaşayan bir kimse; münzevi. *After her husband died she became a recluse and never left her house.*

recognize ['rekəgnaiz] *f+n* **1** (daha önce rastladığı birisini ya da bir şeyi) bilmek, tanımak. *I could hardly recognize my friend.* **2** itiraf etmek; açıkça görmek, farkında olmak. *He has to recognize the danger of what he is doing.* **3** (bir şey) olduğunu kabul etmek; tanımak; (birisini veya bir şeyi) gerçekten var olarak saymak. *The new regime was at once recognized by Turkey.* **4** hakkını teslim etmek, takdir etmek. *His sacrifices for his country have at last been recognized.* **recognition** [rekəg'niʃən] *i-sy* tanıma, kabul. **in recognition of/as a recognition of ...**-in mükâfatı olarak. *He was presented with a cheque in recognition of his forty years' service to the company. Will you please accept this cheque as a recognition of our appreciation of your services?*

recoil [ri'kɔil] *f-n* **1** korku, veya tiksinti ile aniden geri çekilmek, irkilmek. *Most people would recoil at seeing a snake in the path.* (eş anl. **draw back**). **2** (ateş edildiğinde) geri tepmek. *The rifle recoiled when it was fired.* Ayrıca *i+sy/-sy* geri tepme; aniden geri çekiliş.

recollect [rekə'lekt] *f+n/-n* hatırlamak. *I can't recollect his name.* (eş anl. **recall, remember**). **recollection 1** *i+sy* hatırlama; geçmişi hatırlayabilme: *recollections of his childhood* **2** *i-sy* hatırlayabilme gücü: *to the best of my recollection* (=eğer doğru anımsıyorsam; eğer yanlış hatırlamıyorsam; hatırlayabildiğim kadarı ile).

recommend [rekə'mend] *f+n* **1** (birisi, veya bir şeyin) lehinde konuşmak; tavsiye etmek, övmek. *I recommend these pills for your cough. He recommended me for the post of headmaster.* **2** tavsiye etmek, önermek. *I recommend you to follow your doctor's advice.* **recommendation** [rekəmen'deiʃən] *i+sy/-sy* tavsiye etme, önerme; tavsiye. *The council made several recommendations on how the shopping centre should be designed.*

recompense ['rekəmpens] *f+n* tazmin etmek, telâfi etmek. *I recompensed the dress maker for the extra time she spent looking for matching buttons.* Ayrıca *i+sy/-sy* (yapılan bir şeye karşılık olarak verilen) tazminat, ödül ya da ceza. *Would you accept this as a little recompense for all the trouble you have taken. I received £3000 in recompense for the loss of my car.*

reconcile ['rekənsail] *f+n* **1** aralarını bulmak, barıştırmak. *She had to reconcile disputes among her children.* **2** (iki görüşü, veya eylemi) uzlaştırmak, bağdaştırmak. *It is sometimes difficult to reconcile people's statements with their actions.* (=İnsanların bazen sözleri ile hareketleri aynı olmuyor; bunu bağdaştırmak zor). **be reconciled with someone** bir kimseyle barışmak, uzlaşmak. *They had been reconciled with their families.* **reconcile oneself to something** tatsız bir durumu kabul etmek ve bunu değiştirmeye, veya bundan kaçmaya çalışmamak; yazgıya boyun eğmek. *He told them to reconcile themselves to their misery on earth.* **reconciliation** [rekənsili'eiʃən] *i+sy/-sy* barış; barışma, uzlaşma, barıştırma: *bring about a reconciliation between people who have quarrelled.*

reconnoitre [rekə'nɔitə*] *(AmI'de* **reconnoiter)** *f+n/-n* (düşmanın askeri durumu hk.) keşif yapmak. *Our scouts reconnoitred the village before the soldiers marched in.* **reconnaissance** [ri'kɔnisns] *i+sy/-sy* keşif; keşifte bulunma; düşmana yaklaşıp bilgi edinme.

reconstruct [ri:'kən'strʌkt] *f+n* (bir yıkım, veya tahripten sonra) yeniden inşa etmek. *When they started to reconstruct the building, they found a false wall.* **reconstruction** *i+sy/-sy* imar, yeniden inşa. (*eş anl.* **rebuild**).

record¹ [ri'kɔːd] *f+n* **1** kaydetmek, yazmak. *Listen to the speaker and record what he says.* **2** hatırlanması, veya başkalarınca da bilinmesi için (bir yere) kayıt düşmek, yazmak: *a book that records the events of the Second World War.* **3** (sesleri) kaydetmek; banda veya plağa almak. *That singer has recorded some popular songs.* **4** (bir sayaçta, cihazda) göstermek. *The thermometer recorded 60 degrees.*

record² [ˈrekɔːd] *i+sy* **1** kayıt; olayların yazılı bir ifadesi: *keep a record of what was said.* **2** plak. *She's got every record by Elvis Presley.* **3** sicil; görevlilerin her türlü durumlarının işlendiği dosya: *have a good record at school.* **4** belge, kayıt; geçmiş zamanlar hakkında bilgi sağlayan herhangi bir şey. **5** rekor; bir sporda erişilmiş derecelerin en üstünü. *He held the record for running the mile. Lewis could break world records in the 100 and 200 metres.* Ayrıca *nits* rekor kıran, rekor yapan: *a record attendence* (=rekor sayıda bir katılma). **record player** pikap, gramofon; plakçalar. **off the record** gizli olarak, mahrem olarak; yayınlanmamak şartı ile. *Please understand that what I am telling you now is strictly off the record.* **on record** kaydedilen, kaydedilmiş (olan). *Last summer was the wettest one on record.*

recount [ri'kaunt] *f+n* söylemek, anlatmak. *Recount everything that happened after I left you.* (*eş anl.* **relate**).

re-count [ˈriːˈkaunt] *i+sy* yeniden sayma, tekrar sayma. Ayrıca [ˈriːˈkaunt] *f+n* yeniden saymak, tekrar saymak. *The miser counted and recounted his money.*

recoup [ri'kuːp] *f+n* (kaybettiği bir şeyi) yeniden kazanmak, tekrar elde etmek: *I recouped my losses within two years.* (*eş anl.* **recover, gain**).

recourse [ri'kɔːs] *i+sy/-sy* bir yardım aracı; yardım için başvurulan bir kimse, veya şey. *Industrial action is the only recourse we have.* **have recourse to someone/something** yardım için bir kimse, veya bir şeye başvurmak. *He has no option other than to have recourse to violence.*

recover [ri'kʌvə*] *f+n/-n* **1** (kaybolan bir şeyi) yeniden bulmak, geri almak. *I never recovered my money. Jane recovered her eyesight after all the doctors thought she would be permanently blind.* **2** iyileşmek; sağlığına, gücüne kavuşmak. *She is recovering from cold. She has now recovered from her accident.* **3** ayılmak, kendine gelmek, açılmak. *She had quickly recovered her composure. She died in a hospital without recovering consciousness.* **recover oneself** kendini toparlamak. *He almost fell, but recovered himself in time.* **recovery** *i-sy* **1** eski haline kavuşma; sağlığına kavuşma. *Susan was well on the way to recovery, but her husband made only a partial recovery.* **2** tekrar ele geçirme, geri alma. *They are aiming for the complete recovery of the money invested.*

recreation [rekri'eiʃən] *i+sy/-sy* (bir) eğlence, dinlenme (biçimi); boş zamanı hoşça geçirme yolu. *Reading books is one kind of recreation.* **recreational** *s* eğlence türünden. *The prisons were without showers or recreational facilities.* **recreational ground** oyun alanı. *Recreational ground is a piece of public land, usually in a town, where people can go to play sport and games.*

recrimination [rikrimi'neiʃən] *i+sy* karşılıklı suçlamada bulunma.

recruit [ri'kruːt] *i+sy* **1** acemi er; silâhlı kuvvetlerin bir sınıfına, veya emniyet kuvvetlerine yeni katılmış ve henüz acemi er, eğitim safhasında olan birisi. *New recruits have to take a special training course.* **2** bir şeye yeni katılan birisi. Ayrıca *f+n/-n* askere almak; emniyet teşkilatına almak. *Fifty-five women were recruited into the local police force.*

rectangle [ˈrektæŋgl] *i+sy* dikdörtgen; açıları dik olan paralel kenar. **rectangular** [rek'tæŋgjulə*] *s* dikdörtgen şeklinde.

rectify [ˈrektifai] *f+n* düzeltmek, tashih etmek. *I soon rectified the mistake.*

recuperate [ri'kuːpəreit] *f-n* iyileşmek; bir hastalıktan sonra sağlığına yeniden kavuşmak. *He is recuperating from measles.* **recuperation** *i-sy* iyileşme. *Her recuperation will take several months.*

recur [ri'kə:*] *f-n* yeni baştan, tekrar meydana gelmek; tekerrür etmek. *The headaches recurred frequently, but usually after he had eaten chocolate.* geç. zam. ve ort. **recurred. recurrence** *i + sy/-sy* tekrarlama, yinelenme. *He had a recurrence of a fever which he had caught in the tropics.* **recurrent** [ri'kʌrnt] *s* yinelenen. *She has recurrent attacks of asthma throughout spring.*

recycle [ri:'saikl] *f + n* (daha önce kullanılmış bir maddeyi) tekrar kullanıma elverişli olacak biçimde bir işlem düzeninden geçirmek; yeniden işleyip kullanılır hale getirmek.

red [red] 1 *i + sy/-sy* kırmızı renk. *The red peppers looked lovely in the green lettuce salad.* 2 *i + sy* kızıl, komünist. (2. anlamı *k. dil.*). **redden** *f + n/-n* 1 kırmızılaştırmak; kızıla, kırmızıya döndürmek. 2 (utanç, vb.) kızarmak, kıpkırmızı olmak. *I saw him redden with pleasure.* **Red Crescent (the** ile) Kızılay. *The red Crescent is an organization in Muslim countries that helps people who are suffering because of war, famine, or natural disaster.* **Red Cross (the** ile) Kızılhaç. *The Red Cross is an international organization that helps people who are suffering because of war, famine, or natural disaster.* **reddish** *s* kırmızımsı, kırmızımtırak. **red herring** asıl konuyu saptırmak amacı ile ortaya atılan yeni bir konu, söz; tartışılan konuyla hiç ilişkisi olmayan başka bir konu. (*k. dil.*). **red-hot** için **hot**'a bkz. **red-letter day** unutulmaz bir gün, hep hatırlanacak mutlu bir gün. *Next Thursday is a red-letter day for me: it is the day that I am expecting the results of my exams.* **red tape** için **tape**'e bkz. **in the red** borçlu. *I'm five pounds in the red.* (*k. dil.*). **catch/nab someone red-handed** bir kimseyi suçüstü yakalamak. *The thieves had no defence in the trial: they had been caught red-handed inside the bank they were robing.*

redeem [ri'di:m] *f + n* 1 (rehine bırakılmış, ipotek edilmiş bir şeyi) parasını vererek geri almak, rehinden kurtarmak. *Thank goodness I managed to redeem the watch that I pawned. The property on which money was lent was redeemed when the loan was paid*

back. 2 günahtan, kötülükten kurtarmak: *redeem from sin.* **redemption** [ri'dempʃən] *i-sy* 1 rehinden kurtarma. 2 günahlarından kurtulma. **redeeming feature** bir kimse, veya bir şeyin kusurlarını unutturan iyi bir özelliği, iyi bir tarafı. **past/beyond redemption** ıslah olmaz, kurtarılamaz; kurtarılamayacak kadar kötü.

redouble [ri:'dʌbl] *f + n/-n* iki katına çıkmak ya da çıkarmak. *When he saw land ahead, the swimmer redoubled his speed.*

reduce [ri'dju:s] *f + n/-n* 1 indirmek, azaltmak, kısmak; küçültmek, ucuzlatmak; zayıflamak, kilo vermek: *reduce speed; reduce one's weight.* 2 (belli bir duruma) sokmak: *reduce a person to tears* (= birisini ağlatmak; gözyaşı dökmesine neden olmak); *reduce a person to silence* (= birisini susturmak). **reduced** *s* ucuz. *The furniture was reduced because there had been a fire.* **reduction** [ri'dʌkʃən] *i + sy/-sy* 1 indirim, tenzilat; indirme, azaltma: *a reduction in prices.* 2 bir şeyi azaltmada, küçültmede çıkarılan miktar, tenzilat miktarı: *a small reduction.*

redundant [ri'dʌndnt] *s* 1 gereksiz, lüzumsuz. *This law is now redundant.* 2 gereğinden fazla olan, ihtiyaç fazlası. *Several hundred workers have been declared redundant.* **redundancy** *i + sy /-sy* fazlalık. **redundancy payment** işten çıkarma tazminatı.

reed [ri:d] *i + sy* kamış, saz; sulak yerlerde yetişen, uzun ota-benzer bitki. *A reed grows in large groups in shallow water or on marshy ground.*

reef [ri:f] *i + sy* su yüzüne kadar gelen sıra kayalar; resif. *The ship was wrecked on the hidden reef.*

reek [ri:k] *f-n* (of ile) 1 pis pis kokmak, leş gibi (bir şey) kokmak. *He was reeking of drink.* 2 pis bir koku yaymak, çıkarmak: *the urine, vomit that reeked everywhere around him.* Ayrıca *itek* çok güçlü pis koku: *the reek of drink/tobacco/smoke.*

reel¹ [ri:l] *i + sy* makara, bobin. Ayrıca *f + n* makaraya sarmak. *As soon as I felt a bite I reeled in my fishing line.*

reel² [ri:l] *f-n* 1 sendelemek; (aniden ve dengesiz bir biçimde) geri geri gitmek. *He reeled when he heard the terrible news.* 2 yalpalamak; (sarhoşmuş gibi) sendeleyerek yürümek. *The drunk man reeled home.* 3 fırıl fırıl dönmek, döner gibi olmak. *The room reeled around me, and then I fainted.*

ref [ref] *i+sy* (futbol, boks, vb. karşılaşmalarda) hakem. (*k. dil.*).

ref. (=reference)—(iş mektuplarında, mektubun sağ üst köşesinde verilen) ilgi. *Our ref. 87/ÖR/1989.*

refectory [ri'fektəri] *i+sy* (okullarda, manastırlarda, vb.) yemekhane. (*eş anl.* **canteen**).

refer [ri'fə:] *f+n/-n* (bir kimseyi ya da bir şeyi) bir karar, veya bir eylem için (başka birine) göndermek, havale etmek. *The dispute between the two countries was referred to the United Nations.* (*eş anl.* **pass on**). 2 bilgi elde etmek için bakmak; başvurmak: *refer to a dictionary for the spelling of a word. Give the names of two persons to whom we may refer for information about you.* (*eş anl.* **consult**). 3 (bir kimse, veya bir şeyin) hakkında konuşmak; ondan bahsetmek, söz etmek. *I am not allowed to refer to them by name. He rarely referred to political events.* *geç. zam.* ve *ort.* **referred**.

referee [refə'ri:] *i+sy* 1 (boks, futbol, vb. karşılaşmalarda) hakem. 2 bilir-kişi; bir anlaşmazlığı çözmesi için kendisine başvurulan kimse. Ayrıca *f+n/-n* hakem olmak, hakemlik yapmak.

reference ['refərns] *i+sy/-sy* başvurma, müracaat. *This book is for reference only.* 2 bonservis veren kimse; bilgi için başvurulan kimse. 3 bonservis, referans mektubu; tanıklık belgesi. *You should bring your references to the interview.* 4 *i+sy* bir kitapta okuyucunun bakması istenen bir kısım. *This reference can be found at the end of the book.* 5 (iş mektuplarında, mektubun sağ üs köşesinde verilen) ilgi. *Thank you for your letter (reference 234).* **with reference to** ...-e dair, ...-e ilişkin; ...-e gelince. *I am writing with reference to your letter of the 25th May 1988.* **reference book** (ansiklopedi, sözlük, vb.) baş vurma kitabı.

referendum [refə'rendəm] *i+sy* halk oylaması, referandum; kamuoyunu ilgilendiren önemli sorunların ve yasama organınca hazırlanan bir konunun

yürürlülüğe girebilmesi için halkın oyuna sunuluşu. *The government is going to hold a referendum on whether gambling should be forbidden. The Turkish government did not hold a referendum on whether or not to join the Common Market.*

refine [ri'fain] *f+n/-n* 1 arıtmak, tasfiye etmek, saf hale getirmek, katıksız hale girmek (örn. şeker, yağ, petrol, vb.). *Petkim refines and markets oil products.* 2 (insanlar ve davranışları hk.) duygu, düşünce ve davranışlarını mükemmelleştirmek; eğitmek, bir incelik kazandırmak; (bir şeyi) kibar ve zarif hale koymak. *I used these meetings to refine my ideas.* **refinement** *i-sy* 1 saflık, halislik. 2 incelik, kibarlık, zariflik, nezaket: *a person of refinement.* 3 yararlı bir ek; geliştirme, ıslah: *a refinement of earlier methods.* **refinery** *i+sy* rafineri, arıtımevi; petrol, şeker, vb. maddelerin süzülüp saflaştırıldığı yer: *sugar refinery.* **refined** [ri'faind] *s* 1 ince, zarif; kibar: *a refined man. Our dinner guest had very refined manners.* 2 arıtılmış, rafine edilmiş: *refined sugar.*

reflect [ri'flekt] *f+n/-n* 1 ışığı, ısıyı, sesi, vb. yansıtmak, aksettirmek. *The smooth surface of the lake reflected the lights of the houses.* 2 bir görüntüyü aksettirmek, göstermek. *The mirror reflected her face.* 3 göstermek, belirtmek, yansıtmak. *Does this statement reflect your opinions on this matter?* 4 dikkatle düşünmek. *Reflect before you act.* **reflect on/upon 1** bir şeyi iyice düşünmek; düşünüp taşınmak. *John told me I should reflect on my kindness to Sue and then apologise to her.* 2 ayıplamak, ...-e kusur bulmak. *A gentleman should never reflect upon another person's motives unless he has very good reason for doing so.* **reflection, reflexion** *i+sy* 1 yansıma; ışığın bir yere çarpıp yön değiştirmesi: *the reflection of light on the water.* 2 *i+sy/-sy* dikkatle düşünme. **on reflection** iyice düşünüp taşınınca. *On reflection, I have decided not to go.*

reflex [ri:fleks] *i+sy* (=reflexaction) tepki, yansı, refleks; organizmanın herhangi bir uyarıma karşı birdenbire aldığı durum (örn. insanın üşüyünce titremesi). Ayrıca *s* elde olmadan

meydana gelen. **reflexion** *i + sy/-sy*
reflection'a bkz.

reflexive [ri'fleksiv] *s* dönüşlü. **reflexive
pronoun** dönüşlü zamir; dönüşlü za-
mirler öznenin işi kendi üzerine yap-
tığını göstermek için kullanılır, diğer
bir deyişle iş özneye döner, örn. *John
looked at himself in the mirror* cümle-
sinde *himself* dönüşlü zamirdir.
Ayrıca **self¹**'daki NOT'a, **them**'e ve
Personal Pronouns tablosuna bkz.
reflexive verb öznesi ve nesnesi aynı
kişi, veya şey olan fiil. Böyle bir fiilin
nesnesi daima dönüşlü bir zamirdir,
örn. *I introduced myself* (= Kendimi
taktim ettim) cümlesinde *introduce*
fiilinin nesnesi *myself*, özne olan *I* ile
aynı kişidir.

reform [ri'fɔːm] *f + n/-n* düzeltmek, da-
ha iyi hale koymak, ıslah etmek.
*Prisons should try to reform wrong-
doers instead of just punishing them.
It was decided to pass a law to reform
the education system.* (eş anl. **amend**).
Ayrıca *i + sy/-sy* yenilik, ıslahat, re-
form. *Our society needs reform. The
new government made many reforms.*
reformation [refə'meiʃən] *i + sy/-sy*
düzelme ya da düzeltme; ilerleme. **re-
former** *i + sy* reformcu, reform yanlısı,
ıslahatçı. *He was a passionate social
reformer.*

refrain [ri'frein] *f-n* kendini tutmak;
kaçınmak sakınmak. *I refrained from
looking at him. Refrain from wrong-
doing. Refrain from smoking.* (eş anl.
abstain). Ayrıca *i + sy* **1** nakarat; bir
şarkıda her kıtadan sonra tekrarlanan
ve bestesi değişmeyen parça. **2** usanç
verecek kadar sık sık tekrarlanan söz;
nakarat. *'Make yourself useful, Ann,'
had been a refrain from her child-
hood.*

refresh [ri'freʃ] *f + n* serinletmek, can-
landırmak. *This glass of cool coke
will refresh you.* **refresh oneself** yor-
gunluğunu gidermek, dinlendirmek.
*I refreshed myself with a drink of
water.* **refresh one's memory about
something** belleğini canlandırmak,
zihnini tazelemek; hatırlaması için
notlarına, vb. bakmak. *Let me refresh
my memory about the details of our
plan.* **refreshing** *s* canlandırıcı, ferah-
latıcı, serinletici, dinlendirici: *a re-
freshing sleep.* **refreshment** *i-sy* (çoğk.
çoğ. biç.) yiyecek içecek; meşrubat,

kek, kurabiye, vb. **refresher course**
i + sy tazeleme kursu.

refrigerate [ri'fridʒəreit] *f + n* soğut-
mak, veya dondurmak; donmuş ola-
rak saklamak. *She refrigerated the
leftover meat and we had it for lunch
the next day.*
refrigerator [ri'fridʒəreitə*] *i + sy* buz-
dolabı, soğutucu. (eş anl. **fridge**).
refrigeration [rifridʒə'reiʃən] *i-sy* so-
ğutma.

refuel ['riː'fjuəl] *f + n/-n* (özl. uçaklar
hk.) yakıt ikmali yapmak. *Concords
needs to refuel on flights of above
3,500 miles.* geç. zam. ve ort. **refuel-
led.**

refuge ['refjuːdʒ] *i + sy/-sy* **1** sığınak,
barınak; tehlikeden koruyucu yer. *The
cave was a perfect refuge during the
storm.* **refugee** [refju'dʒiː] *i + sy* mül-
teci, sığınan; bir tehlikeden (örn. bir
savaştan, kıtlıktan, zulümden) kaçan
kimse. *The refugees had to live in
camps because they had left their
homes in a hurry.* **to take refuge** iltica
etmek, sığınmak.

refund [ri'fʌnd] *f + n/-n* (alınmış bir
parayı) geri vermek, geri ödemek. *The
theatre refunded the cost of our
tickets when the show was cancelled.*
Ayrıca *i + sy/-sy* ['riː:fʌnd] parayı geri
ödeme; geri ödenen para. *When the
concert was cancelled, many people
demanded a refund.*

refuse¹ [ri'fjuːz] *f + n/n* **1** (kendisinden
isteneni, veya yapılması istenilen bir
şeyi) yapmamak, reddetmek. *She re-
fused to go home.* **2** kabul etmemek,
reddetmek, geri çevirmek. *I refused
his offer of money.* **refusal** *i + sy/-sy*
ret, kabul etmeme.

refuse² ['refjuːs] *i-sy* çöp, süprüntü.
*Rain washed refuse off the footpaths
into the gutters.* (eş anl. **garbage,
rubbish**).

refute [ri'fjuːt] *f + n* (birisinin) yanılmış
olduğunu kanıtlamak; refute some-
one's arguments. *Mark quite easily
refuted their accusation that he had
been shoplifting because he was sick
in bed on that day.*

regain [ri'gein] *f + n* **1** tekrar kazan-
mak; yeniden ele geçirmek. *The army
has regained the town.* **2** (bir yere)
yeniden varmak, erişmek, ulaşmak.
*You can regain the main road by
turning left two miles ahead.*

regal ['ri:gl] *s* bir krala, veya kraliçeye ait ya da onlara yaraşır. **regalia** [ri'geilia] *i-sy* bir kral, veya kraliçenin ya da yüksek rütbeli bir yetkilinin, örn. belediye reisinin resmi törenlerde taktığı ya da taşıdığı süsler (örn. taç, vb.): *in full regalia.*

regard[1] [ri'ga:d] *f+n* 1 saymak, gözü ile bakmak, ...gibi görmek. *Most people regard stealing as wrong.* 2 bakmak, dikkatle bakmak. *He regarded me thoughtfully.* **regarding** *edat* (bir şey) konusunda, hakkında; (bir şey) ile ilgili olarak. *I must speak to you regarding this matter.* **as regards** ...-e göre; ile ilgili, hakkında; ...-e gelince. *His position as regards the report had been misunderstood.* (*eş anl.* **regarding**).

regard[2] [ri'ga:d] *i-sy* 1 aldırış, aldırma; gereken dikkat: *have no regard for the feelings of others.* 2 saygı, hürmet, itibar: *hold someone in high/low regard.* **regards** *içoğ* selamlar, iyi dilekler. *Give him my kind/best regards.* **have regard for (someone)** (bir kimseye) büyük saygısı olmak; hürmet etmek. *I have a very high regard for my parents.* **having regard to** ...-e göre, göz önüne alınarak. *Having regard to all circumstances, I think we may be satisfied with the results.* **regardless of** (hiç) aldırmayarak, umursamayarak, önem vermeyerek. *He bought her what she wanted, regardless of the expense.* **with regard to**, **in regard to** (daha önce sözü edilen bir şey) konusunda, hakkında ...-e gelince. *With regard to the problem which I mentioned last week, I suggest...* **in this/that regard** bu/o bakımdan.

regatta [ri'gætə] *i+sy* kürekli kayıklar ya da yelkenli tekneler arasındaki yarışlar için insanların bir araya gelmesi; sandal, veya yat yarışı.

regent ['ri:dʒənt] *i+sy* naip; kral, veya kraliçenin ülkeyi idare edemeyecek kadar küçük ya da hasta olması nedeniyle onun yerine ülkeyi idare eden kimse. **regency** *i+sy* bir ülkenin bir naip tarafından yönetilme devri.

reggae ['regei, 'reigei] *i-sy* Jamaika kökenli ritmik popüler müzik. *Reggae is a kind of West Indian popular music which has a very strong beat.*

régime [rei'ʒi:m] *i+sy* rejim; bir devletin belli başlı temel fikirleri bakı-

mından yönetim yolu, hükümetin yönetim şekli: *the old régime.*

regiment ['redʒimənt] *i+sy* alay; komutanı albay rütbesinde olan, tugaydan küçük taburdan büyük askeri bir birlik. **regimental** [redʒi'mentl] *s* alay ile ilgili; alaya ait. **regimentation** [redʒimən'teifən] *i+sy* sıkı disiplin, veya denetim altına alma.

region ['ri:dʒən] *i+sy* bölge, mıntıka, yöre, havali: *different regions of England. He experienced itching in the anal region.* **in the region of** 1 civarında, aşağı yukarı. *It cost me in the region of £50.* (*eş anl.* **about**). 2 civarında, ...bölgesi etrafında: *an injury in the region of the heart.*

register[1] ['redʒistə*] *i+sy* 1 sicil, kayıt; (düşülen bir) kayıt; (derlenen bir) liste: *a register of births, marriages, and deaths.* 2 kayıt defteri; sicil, kütük: *school attendance register.* **registrar** ['redʒistra:*] *i+sy* (sicil) kayıt memuru; bir nüfus dairesinde, veya bir resmi kuruluşta kayıtları tutan kimse. **registry office** evlenme memurluğu.

register[2] ['redʒistə*] *f+n/-n* 1 (resmi bir listeye) kaydetmek; kütüğe yazmak, sicile geçirmek. 2 kaydolmak; adını yazdırmak: *register as a voter.* 3 taahhütlü (posta ile) yollamak: *register a parcel; a registered letter* (= taahhütlü mektup). 4 dışa vurmak, belli etmek, ifade etmek. *His face registered his disappointment.* 5 (bir sayaçta, cihazda) göstermek. *The thermometer registered 60 degrees.* **registration** [redʒis'treifən] *i+sy/-sy* kayıt, tescil. **registration number** (özl. Brİ'de) (arabalarda) plaka numarası.

regret [ri'gret] *i-sy* (bir şeyi yapmamaktan ya da kötü, yanlış bir şey yapmaktan duyulan) üzüntü mutsuzluk, keder, pişmanlık. *I left my home with some regret.* Ayrıca *f+n* (bir şeye) hayıflanmak, üzülmek, kederlenmek, pişmanlık duymak. *I regret that I shall not be able to come. geç. zam.* ve *ort.*, **regretted**. **regretful** *s* pişman, pişmanlık dolu, kederli. *Mary gave a regretful smile.* **regretfully** *z* üzülerek. **regrettable** *s* üzücü, müessif; ayıplanacak: *regrettable behaviour.* **with regret** üzülerek. *We announce with regret the death of Mr John Scott, a former Mayor of this town.*

regular ['regjulə*] *s* 1 olağan, alışılmış,

sıradan. *This is his regular day for visiting us.* 2 düzenli, devamlı. *About ten per cent of the population are regular mosquegoers.* 3 düzgün, biçimli; çekici. *The face was suntanned, with regular features.* 4 değişmeyen, değişmez; aynı karar: *a person of regular habits.* 5 muvazzaf; meslekten askerlik hizmetini yapan. *I was a regular officer.* 6 (doktorlar, hemşireler ve çocukları henüz ufak olan analar babalar tarafından kullanılır) peklik çekmeyen, mülayim; normal olarak dışarı çıkan; düzenli âdet gören, normal aralıklarla aybaşı olan. (*k. dil.*). Ayrıca *i + sy* gedikli, müdavim; bir dükkân, veya meyhanenin devamlı müşterisi. (*k. dil.*). **regularly** z düzenli olarak, muntazaman. **regularity** [regju'læriti] *i + sy/-sy* intizam, düzenlilik. **regulate** ['regjuleit] *f + n* 1 düzenlemek, bir düzene sokmak. *This instrument regulates the temperature of the room.* 2 (bir makineyi) düzene sokmak; ayar etmek, ayarını yapmak, doğru işlemini sağlamak: *regulate one's watch. My watch is loosing time; I will have to have it regulated.* **regulation** [regju'leiʃən] 1 *i + sy* kural, kaide; tüzük, yönetmelik. *There are too many regulations nowadays.* 2 düzenleme, düzene sokma; tanzim, ayarlama.

rehabilitate [ri:hə'biliteit] *f + n* 1 onarmak, tamir etmek; tekrar iyi duruma getirmek. 2 eski yaşamına kavuşturmak; yeniden normal yaşam sürebilecek hale getirmek: *rehabilitate an injured soldier.* 3 eski durumuna döndürmek; eski haklarını geri vermek; eski rütbesini, görevini ve ününü iade etmek. *He was rehabilitated as secretary.* **rehabilitation** ['ri:həbili'teiʃən] *i-sy* eski hale gelme, eski itibara iade.

rehearse [ri'hə:s] *f + n/-n* bir piyesi, bir müzik programını prova etmek, ettirmek: *rehearse a part. Don't interrupt while we are rehearsing. He rehearsed the actors.* **rehearsal** *i + sy* prova. *We had several rehearsals before the opening night of our school play.*

reign [rein] *i + sy* hükümdarlık (dönemi); saltanat (süresi): *during the reign of George III. The queen's reign lasted fifty years.* Ayrıca *f-n* 1 hükümdarlık etmek, saltanat sürmek. *The queen reigned over her country for*

many years. 2 egemen olmak, hüküm sürmek. *Peace reigned throughout the region.*

reimburse [ri:im'bə:s] *f + n* (harcamada bulunan birisinin parasını) geri ödemek; giderini karşılamak: *reimburse someone; reimburse somebody for the money he has spent.* (*eş anl.* **refund**).

rein [rein] *i + sy* (genl. *çoğ. biç.*) dizgin; gemin iki ucuna bağlanarak koşum hayvanını yönetmeye yarayan kayış. **give a free rein to someone** gerekli kararları kendisine bırakarak büyük bir serbesti sağlamak. **keep a tight rein to someone/something** bir kimseyi, veya bir şeyi zapturapt altına almak; kontrol altında bulundurmak, dizginlerini elinde tutmak.

rein

reindeer ['reindiə*] *i + sy* Ren geyiği; Kuzey Kutup bölgelerinde (örn. Lapland) bulunan uzun boynuzlu iri bir geyik. *çoğ. biç.* **reindeer.**

reinforce [ri:in'fɔ:s] *f + n* takviye etmek; malzeme, insan, vb. katarak güçlendirmek. *Extra soldiers were sent to reinforce the army.* **reinforcement** *i-sy* takviye. **reinforcements** içoğ takviye kuvvetleri. *Reinforcements were sent to the battle front.*

reinstate [ri:in'steit] *f + n* (eski görevine) yeniden getirmek; (eski mevkiine) iade etmek. *The manager was dismissed, but he was reinstated later.*

reiterate [ri:'itəreit] *f + n* tekrar bir kez daha, veya defalarca söylemek ya da yapmak *The prime minister was reiterating that if it became necessary he would hold a general election.*

reject [ri'dʒekt] *f + n* kabul etmemek, reddetmek. *They rejected my story because they said they couldn't read my writing. The new heart was rejected by the body.* (*eş anl.* **turn down**). Ayrıca ['ri:dʒekt] *i + sy* reddedilen hatalı ürün. *The rejects were stacked* *in a corner until they could be removed.*

rejoice [ri'dʒɔis] *f-n* sevinmek, memnun olmak; büyük bir sevinç duymak: *rejoice at some good news. The whole family rejoiced when the baby was born.* **rejoice in** ...-den memnuniyet duymak, hoşlanmak. *It's a poor spirit that cannot rejoice in another's good fortune.* (*eş anl.* **be delighted**).

rejoin [ri'dʒɔin] *f+n* **1** cevabı yapıştırmak, pat diye cevabını vermek. *'Come with me!'—'Not on your life,' he rejoined.* **2** yeniden birleşmek, tekrar kavuşmak. *The members of our family will rejoin next month.*

relapse [ri'læps] *i+sy* (özl. sağlık açısından) bir iyileşmeden sonra, daha önceki kötü duruma dönme, tekrar fenalaşma. *He seemed to recover for a short time, but then he had a relapse.*

relate [ri'leit] *f+n/-n* **1** anlatmak, hikâye etmek, nakletmek. *He related his adventures.* **2** (aralarında) ilişki kurmak, bağlantı kurmak. *How is this fact related to that one?* **related** *s* **1** ilgili. *Two important and closely related questions arise.* (*karş.* **unrelated**). **2** akraba; aynı aileden, veya aynı türden olan. *Are you related to him?* **relation 1** *i-sy* bağ, ilişki, ilgi, alaka, münasebet. *They discussed the relation between poverty and crime.* **2** *i+sy* bir akraba; bir ailenin üyesi. *She brought all her relations with her.* **relationship** *i+sy* ilişki, bağ, münasebet. *What is the relationship of clouds to rain?* **relative** ['relətiv] *s* karşılaştırmalı; (birbirleri ile) karşılaştırılan; mukayese edilmiş olan. *Let us examine the relative amounts of work done by the students. He is living in relative poverty* (= Başkası ile karşılaştırıldığında yokluk içinde yaşıyor). Ayrıca *i+sy* akraba; ailenin bir üyesi: *live with an elderly relative.* **relatively** *z* (başka kimselere, veya şeylere) oranla, nispetle, nazaran; oldukça, epeyce. *She is relatively rich.* (*eş anl.* **comparatively**). **relative pronoun** ilgi zamiri.

NOT: ilgi zamiri bir sıfat ya da sıfat cümleciğini ana cümleye bağlar. İlgi zamirleri şunlardır: **who, whom, whose, which** ve **that.**

who— *I know the girl who lives*

here.

whom—*The girl whom I know is English.*

whose—*There are three witnesses whose testimony I know about.*

which—*This is the car which is very expensive.*

that— *He looked at the house that was for sale.*

Ayrıca **who**'ya ve RELATIVE PRONOUNS TABLOSUNA bkz.

relax [ri'læks] *f+n/-n* **1** gevşetmek, yumuşamak; gevşemek, yumuşamak; katılığını veya gerginliğini gidermek. *His body relaxed. They relaxed the regulations.* **2** dinlenmek, istirahat etmek, başını dinlemek; istirahat ettirmek: *take a week's holiday and relax.* **relaxation** [ri:læk'seiʃən] *i+sy/-sy* dinlenme, istirahat; eğlence; dinlenip eğlenme; gevşetme, yumuşatma.

relay ['ri:lei] *i+sy* vardiya, posta; yorulmuş olan bir grubun yerini alan yeni bir grup. *The people of the village worked in relays to put out the fire.* Ayrıca [ri'lei] *f+n* naklen yayın yapmak; bir aktarıcı aracılığı ile yayın yapmak. *The Sunday Concert will be relayed on Radio Three.* **relay/relay race** *i+sy* bayrak yarışı. *A relay or a relay race is a race between two or more teams of runners, swimmers, etc. Each member of the team runs or swims one section of the race.*

release [ri'li:s] *f+n* serbest bırakmak, salmak; tahliye etmek. *The government decided to release the convicted man when new evidence was brought forward.* Ayrıca *i+sy/-sy* serbest bırakma, salıverme; serbest bırakılma, tahliye. *The prisoner was questioned before his release.* **be on release/be on general release** sinemalarda oynamakta olmak.

relegate ['reləgeit] *f+n* (birisini, veya bir şeyi) (daha aşağı, daha kötü bir mevkiye) indirmek, göndermek, atmak: *relegate a car to the scrap heap. The football team was relegated to the lowest division.*

relent [ri'lent] *f-n* acımak, yumuşamak; acıyıp merhamet göstermek. *After hours of cruel treatment of the prisoners, the soldiers relented.* **relentless** *s* acımasız, merhametsiz; katı yürekli. *The storm raged with relent-*

İLGİ ZAMİRLERİ (Relative Pronouns)

	Özne (Subject)	Nesne (Object)	İyelik (Possessive)
★ ★ Sınırlayan ilgi zamirleri (Essential Clauses)	that	that	
	who	whom	whose
	which	which	
★ Sınırlamayan ilgi zamirleri (Nonessential Clauses)	who	whom	whose
	which	which	

★ ★   John threw the ball that broke the window.
       I know the girl who lives here.
       This is the car which is very expensive.

★   John, who lives across the street, is a friend of mine.
       I eat in a restaurant, which is near my office.

★ ★   I remember the story that he told us.
       I know the girl whom you met here.
       I like the car which he bought.

★   Jane, whom you met tonight, is a doctor.
       The book, which I have just finished, was interesting.

★ ★   The girl whose mother we met tonight is a doctor.
       They live in England, whose people speak English.

less fury.

relevant ['reləvənt] *s* konu ile ilgili. *Her remark about men landing on the moon was very relevant to the topic of space travel.* (karş. **irrelevant**). **relevance** *i-sy* ilgi, alaka, uygunluk.

reliable [ri'laiəbl] *s* güvenilir, itimat edilir. *He is such a reliable friend I know he will keep his promise.* (karş. **unreliable**). (*eş anl.* **dependable**). **reliably** *z* güvenilir biçimde. **reliance** [ri'laiəns] *i-sy* güven, itimat, inan. (*eş anl.* **dependence**).

relic ['relik] *i + sy* **1** mübarek bir insanın ölümünden sonra kalan ve saklanan, vücudundan, veya elbisesinden bir parça, bir emanet. **2** hatıra, yadigar: *relics of an ancient civilization.*

relief [ri'li:f] *i-sy* **1** bir acı, veya bir ağrı sona erdiği zaman duyulan rahatlık duygusu, rahatlama: *a medicine which gives relief from pain.* **2** ferahlık, içi ferahlama. *Tears of relief were welling out of his eyes.* **3** başı dertte olanlara, sıkıntıda olanlara yapılan, yiyecek, giyecek, vb. bir yardım: *send relief.* **4** ferahlık, rahatlık; tatlı ve eğlendirici bir değişiklik: *enjoy some light relief while on duty.* **5** nöbet değişimi; nöbet veya görev postası; birisinden bir nöbeti ya da görevi devralan bir tek kişi, veya takım. *be waiting for one's relief.* **6** (süsleme sanatlarında) kabartma, rölyef: *in relief.* **relief map** kabartma harita.

relieve [ri'li:v] *f + n* **1** (bir ağrıyı) azaltmak, (bir sorunu) hafifletmek: *a medicine that will relieve a headache. The patient was given an injection of morphine to relieve the pain.* **2** renk katmak, çeşni katmak; daha ilginç hale getirmek: *relieve the monotony of something.* **3** (bir görevi, bir nöbeti) görev postası olarak devralmak. **4** (birisinden) (taşıması ağır, veya yapması güç bir şeyi) devralmak. *I relieved John of some of the work* (= İşin bir kısmını, John'a yardım olsun diye, ben yaptım.). **relieve oneself** çişini, veya büyük aptesini yapmak, dışarı çıkmak. (*r. kul.*) **relieve one's feelings** rahatlamak için ağlamak, bağırmak, vb.

religion [ri'lidʒən] **1** *i-sy* din; Tanrı'ya inanış ve bağlanış yolları; kutsallık ve kutsaldışılık düşüncesine dayanan inançlar ve davranışlar sistemi. *They place strong emphasis on religion.* **2** *i + sy* bu konuda tutulan yollardan her biri. *All the main religions in the world teach that you should treat other people the way you would like them to treat you. What is your religion?* **religious** *s* **1** dinî; din ile ilgili ya da dine ait: *a religious service.* **2** dindar; dinine sıkıca bağlı olan; sofu. *My father-in-law is very religious and goes to mosque every day.* (karş. **irreligious**).

relinquish [ri'liŋkwiʃ] *f + n* vazgeçmek; bırakmak, terketmek. *The prince relinquished his claim to the throne. My wife has relinquished all hope of going to Italy this year. The small dog relinquished his bone to the big dog.* (*eş anl.* **abandon**).

relish ['reliʃ] *i + sy* **1** yemeğe lezzet veren yan bir yiyecek. *Relish is something such as a sauce or a pickle that you add to food in order to give it more flavour.* **2** zevk, haz; merak. *I have no relish for old jokes.* Ayrıca *f + n* hoşlanmak, zevk almak. *I do not relish my food as I used to.* (*eş anl.* **enjoy**).

reluctant [ri'lʌktnt] *s* isteksiz, gönülsüz; ve bu yüzden belkide biraz ağırdan alan. *The mother was reluctant to leave her children alone.* **reluctantly** *z* istemeyerek, gönlü el vermeyerek. **reluctance** *i-sy* isteksiz, gönülsüz. *He took part in the game with reluctance.*

rely [ri'lai] *f-n* (**on** veya **upon** ile) güvenmek, itimat etmek, bel bağlamak. *I can rely on you. Rely on your own efforts.* **reliable**'a bkz.

remain [ri'mein] *f-n* **1** arda kalmak, baki kalmak, geri kalmak. *He kept all that remained of his father's money.* **2** (değişmeyen bir durumda) kalmayı sürdürmek; aynı yerde kalmak. *He remained there for five years.* **remainder** [ri'meində*] *i-sy* artan kısım, geri kalan parça: artık, bakiye. *You can keep the remainder of the money.* **remains** *içoğ* **1** geriye kalan kısımlar; artıklar. *The remains of a meal were fed to the dog. The police inspected the remains of the building after fire.* **2** kalıntılar, harabeler. *They have a tremendous number of Roman remains there.* **3** (bir hayvan, veya insanın, özl. feci bir ölümünden sonraki) cesedi, ceset kalıntısı. *His brothers burried the/his remains yesterday.*

it/that remains to be seen (bakalım)
göreceğiz. *'Can he do it?' she asked.*
—*'That remains to be seen,' I said.*
remand [ri'ma:nd] *,*+ *n* (bir tutukluyu)
başka soruşturmalar yapıldıktan son-
ra ileri bir tarihte yargılanmak üzere,
mahkemden tekrar cezaevine gönder-
mek. *He was remanded on bail for
two weeks.* Ayrıca *i-sy* deliller hazır
oluncaya kadar yargılamayı erteleme.
be remanded in custody mahkemesi
başlayana kadar hapiste tutulmak. *He
was remanded in custody.*
remark [ri'ma:k] *i* + *sy/-sy* (bir şey) söy-
lemek, demek, veya yazmak. *He re-
marked on the neatness of the pupils'
work. He remarked that he would be
leaving soon.* Ayrıca *i* + *sy/-sy* söz ya
da yazıya dökülen bir düşünce. *Have
you got any remarks to make about
my suggestion?* **remarkable** *s* dikkate
değer, sözetmeye değer; fevkalâde.
*Climbing Mount Everest was a re-
markable achievement. This part of
the contry is remarkable for its many
historic houses.* **remarkably** *z* dikkat
çekecek derecede dikkate değer ölçü-
de.
remedy ['remədi] *i* + *sy/-sy* **1** ilaç, der-
man; (bir ağrıyı, veya bir hastalığı) bir
tedavi yolu. *Honey and glycerine is an
old remedy for sore throats.* **2** çare;
(kötü bir şeyi) düzeltme yolu. *They
built a new school as a remedy for
crowded classrooms.* Ayrıca *f* + *n* ça-
resini bulmak, gereğine bakmak; dü-
zeltmek, onarmak; telâfi etmek.
*Being sorry will not remedy the dam-
age you have done. You have been
treated unjustly but we will soon
remedy it.* **remedial** [ri'mi:diəl] *s* te-
davi ya da yardım eden; deva olan.
*Remedial lessons were given to the
slower students.*
remember [ri'membə*] *f* + *n/-n* **1** hatır-
lamak, unutmamak. *I remember the
way to do that puzzle.* **2** selâmlarını
söylemek, selâm göndermek. *Please,
remember me to your mother. My
uncle wishes to be remembered to
you.* **remembrance** [ri'membrns] **1**
i-sy anı, hatıra. *A monument was
built in remembrance of those who
had died.* **2** hatıra, yadigâr. *This watch
is a remembrance of my father.*
NOT: *'remember* + *to'*lu fiil' ile *'re-
member* + *-ing'*li fiil' ile kurulmuş iki

cümle arasındaki farkı unutmayınız.
remember + *to'*lu fiil—
I remember to open the door
(= Kapıyı açmayı unutmam).
remember + *-ing'*li fiil—
I remember opening the door
(= Kapıyı açtığımı hatırlıyorum).
remind [ri'maind] *f* + *n* **1 remind some-
one of something** yapısında—(biri-
sine) (bir şeyi) hatırlatmak, anımsat-
mak. *That house reminds me of the
one I was born in.* **2 remind someone
of somebody/something** yapısında—
(birisine) (bir benzerlikten dolayı) (bir
kimseyi, veya bir şeyi) anımsatmak,
hatırlatmak. *Your son reminds me of
you at his age. Mark reminds me of
his brother. Liz's eyes remind me of
stars.* **3 remind someone to do some-
thing** yapısında—(birisine) (bir şey)
yapmayı söylemek, hatırlatmak. *Re-
mind him to close the door when he
leaves.* **reminder** *i* + *sy* hatırlatıcı şey.
*If he doesn't pay his bill, send him a
reminder. She sent hem to bed with
a reminder to hang up his clothes.*
reminisce [remi'nis] *f* + *n* geçmişi zevk-
le anmak; geçmiş hakkında tatlı tatlı
konuşmak. **reminiscences** içoğ (özl.
kitap halinde basılmış) anılar, hatırat.
*'Reminiscences of Atatürk' was pub-
lished by Metro.* **reminiscent** *s* remi-
niscent of someone/something (bir
kimseye) (bir başka kimseyi, veya şeyi)
anımsatan, hatırlatan. *The atmos-
phere was reminiscent of spy movies.
There was a sweetish smell, vaguely
reminiscent of coffee.*
remission [ri'mifən] **1** *i* + *sy/-sy* bir
borcu, bir cezayı, vb. affetme, bağış-
lama, veya hafifletme. *She was sen-
tenced to six years, but should serve
only two with remission. The man got
three month's remission for good be-
haviour.* **2** *i-sy* günahlarını bağışlama.
remit [ri'mit] *f* + *n/-n* posta ile (para)
göndermek, havale etmek: *remit some
money to one's parents.* geç. zam. ve
ort. **remitted. remittance** *i* + *sy/-sy* pa-
ra havalesi; posta ile gönderilen bir
miktar para. *The family lives on a
monthly remittance from their father
in Germany.*
remnant ['remnənt] *i* + *sy* **1** (genl. of
ile) artık, kalıntı, bakiye. *The town
has only a remnant of its former
population.* **2** parça kumaş; büyük bir

top kumaştan arta kalıp da ucuza satılan bir kumaş parçası: *a remnant sale. I made a patchwork cushion from remnants of material.*

remonstrate ['remənstreit] *f+n* itiraz etmek, protesto etmek; yakınmak, şikâyet etmek; birisiyle tartışmak. *I remonstrated against the chairman's decision. I remonstrated with the chairman about his decision.* **remonstrance** [ri'mɔnstrns] *i+sy/-sy* şikâyet, protesto, sitem, serzeniş.

remote [ri'mout] *s* 1 (zaman ve mesafe bakımından) uzak, ırak. *The North Pole is a remote part of the world. Dinosaurs lived in remote ages.* 2 sapa, ıssız, ücra, kuş uçmaz kervan geçmez. *Mail comes to this remote village only once a week.* **not to have the remotest idea/notion** hiç bir fikri olmamak; en ufak, zerre kadar bir fikri olmamak. *I haven't the remotest idea what you mean.* **remote control** *i-sy* uzaktan kontrol.

remove [ri'mu:v] *f+n* 1 (bir yerden) kaldırmak; alıp götürmek. *She came in to remove the cups.* 2 üzerindeki giysiyi çıkarmak. *He removed his hat before he went in.* 3 bir lekeyi çıkarmak: *remove stains.* 4 (bir üyelikten, bir gruptan) atmak, çıkarmak, uzaklaştırmak, defetmek. **removal** *i+sy/-sy* taşınma, nakil. *A van came for the removal of our furniture.* **be far/distantly removed from something** bir şeyden çok farklı, değişik olmak. *John's ideas on foreign policy are far removed from those of mine.*

remuner:tion [rimju:nə'reifən] *i-sy* (birisine) işinin ve zahmetinin karşılığını ödeme; ödül, mükâfat. **remunerative** [ri'mju:nərətiv] *s* ücreti iyi, bol ücretli; kârlı, kazançlı: *a very remunerative job.*

render ['rendə*] *f+n* 1 (yardım, hizmet) etmek, sağlamak, yapmak; sunmak. *John gave them a reward for the aid they rendered.* 2 bir şiiri, oyunu, vb. başka bir dile tercüme etmek: *David rendered the passage from Shakespeare into Turkish.* **rendering** *i+sy* tercüme; temsil; icra.

rendezvous ['rɔndeivu:] *i+sy* 1 (genl. gizli bir) buluşma, randevu: *I made a rendezvous to meet at dawn.* 2 (genl.) gizli buluşma yeri. *I met him at a secret rendezvous outside the city.*

renew [ri'nju:] *f+n* 1 (bir hareketi) yinelemek, tekrarlamak; (bir şeyi) yenilemek: *renew an attack; renew a promise: renew a contract.* 2 (bir şeye) yeniden başlamak; yenileştirmek; tazelemek, canlandırmak: *start working with renewed vigour.* 3 (bir şeyin) süresini uzatmak, temdit etmek, yenilemek. *I must renew my radio licence.* **renewal** *i+sy/-sy* yenileme, yineleme.

renounce [ri'nauns] *f+n* 1 (bir iddiadan, bir haktan) vazgeçmek, feragat etmek: *renounce one's privileges/ claims. The man renounced his legal right to the money.* 2 bırakmak, terketmek; artık hiçbir ilgisi kalmadığını, resmen açıklamak, söylemek. *He renounced his wicked son.* **renunciation** [rinʌnsi'eifən] *i-sy* vazgeçme, feragat; terk etme.

renovate ['renəveit] *f+n* yenilemek; yeniden iyi bir duruma sokmak; onarmak, tamir etmek. *We are going to renovate our house. (eş anl.* **restore, do up**). **renovation** [renə'veifən] *i+sy/-sy* yenileme. *(eş anl.* **restoration**).

renown [ri'naun] *i-sy* ün, şöhret, şan, nam. *He won renown for his courage. (eş anl.* **fame**). **renowned** *s* ünlü, meşhur, şöhretli. *Not a sound was heard as we listened to the adventures of the renowned explorer.*

rent [rent] *i+sy/-sy* kira, kira bedeli. *30% of my income goes on rent.* Ayrıca *f+n* 1 kiralamak, kira ile tutmak. *We are renting a house near the school.* 2 kiraya vermek; kira karşılığında kullandırmak. *He rents several other houses.*

renunciation [rinʌnsi'eifən] *i-sy* **renounce**'a bkz.

repair [ri'pɛə*] *f+n* 1 onarmak, tamir etmek: *repair a damaged bridge; repair worn shoes.* 2 (bir kusuru, bir hatayı, vb.) düzeltmek, telâfi etmek. *How can I repair the damage I have caused?* Ayrıca *i+sy/-sy* onarım, tamirat; onarma, tamir etme: *a road that is under repair. Repairs are being carried out on the damaged building.*

repartee [repa:'ti:] *i-sy* (konuşma sırasında) (şıp diye anında verilen) nükteli cevaplar; hazırcevaplık. *Richard is good at repartee.*

repay [ri:'pei] *f+n* 1 parayı geri vermek. *I want to repay the money you lent me. (eş anl.* **pay back**). 2 karşılığını yapmak, karşılığını vermek; altından kalkmak. *I only hope I can repay you for the pleasure you have given me. (eş anl.* **pay back**). **repayment** *i+sy/-sy* ödeme.

repeal [ri'pi:l] *f+n* (bir yasayı) yürürlükten kaldırmak, geçersiz kılmak, iptal etmek. *The unjust law was finally repealed.* Ayrıca *i+sy* (genl. sadece *tek. biç.*) yürürlükten kaldırma, iptal. *The law was repealed by Congress.*

repeat [ri'pi:t] *f+n* **1** tekrar söylemek, veya yeniden yapmak; tekrarlamak: *repeat a statement; repeat a mistake; repeat oneself* (=daha önce dediği bir şeyi (genl. gereksiz bir şekilde) tekrarlamak). **2** ezberden okumak: *repeat a poem.* **3** (işitilen, veya öğrenilen bir şeyi) (bir başkasına) söylemek, aktarmak. *Don't repeat what you have seen today.* **repeatedly** *z* ardı ardına, sık sık, tekrar tekrar. **repetition** [repi'tiʃən] **1** *i-sy* yineleme, tekrarlama (hareketi). *Repetition of the word helped him to remember.* **2** tekrar edilen, yinelenen (bir şey). *I hope there is not a repetition of this.* **repetitive** [ri'petitiv] *s* tekrarlamalı; bir çok kez söylenmiş, veya yapılmış kısımlar içeren.

repel [ri'pel] *f+n* **1** püskürtmek; savmak, defetmek. *They repelled the enemy. Her dog repelled the man who tried to attack her.* **2** iğrendirmek, tiksindirmek, nefret uyandırmak. *His dirty appearance repelled the girl. geç. zam.* ve *ort.* **repelled. repellent** *s* iğrenç, tiksindirici. Ayrıca *i+sy* (bir şeyi, özl. böcekleri) uzaklaştıran (bir tür) madde; haşere ilacı. *Mary has bought a bottla of insect repellent.*

repent [ri'pent] *f+n/-n* pişman olmak, pişmanlık duymak, nadim olmak: *repent (of) one's sins; repent having done wrong.* **repentance** *i-sy* pişmanlık, nedamet. *She shows no repentance for what he has done. (eş anl.* **remorse**).

repercussion [ri:pə'kʌʃən] *i+sy/-sy* (genl. *çoğ. biç.*) (bir hareketin, veya bir olayın) geniş ölçüdeki umulmadık etkisi; etki, yankı. *!f this law is passed, it will have repercussions throughout the world.*

repertoire ['repətwa:*] *i+sy* repertuvar; bir tiyatro topluluğunun oynamak için seçip hazırlamış olduğu oyunlar;

bir müzik topluluğunun ya da sanatçının hazırlamış olduğu parçalar.

repertory ['repətəri] **1** *i+sy* repertuvar. **2** *i-sy* aynı tiyatrocular topluluğu ile, aynı tiyatroda, her gün bir başka oyunu hazırdan oynama.

repetition [repi'tiʃən] *i+sy/-sy* **repeat**'e bkz.

replace [ri'pleis] *f+n* **1** yerini almak, yerine geçmek. *In many areas, cars have replaced horses as a means of transport.* **2** yerine yenisini koymak. *I must replace the cup that was broken.* **3** eski yerine yerleştirmek; tekrar eski yerine koymak: *replace a book on a shelf.* **replacement** *i+sy/-sy* yerine koyma; birisinin, veya bir şeyin yerine konulan ya da onun yerine geçen kimse, veya şey.

replay ['ri:plei] *i+sy* tekrarlama maçı; tekrardan oynanan maç. *Manchester United beat Liverpool after a replay.* Ayrıca ['ri:'plei] *f+n* **1** ikinci kez oynamak. *The final will be replayed on Thursday.* **2** (bir kaseti, vb. sardıktan sonra) yeniden çalmak.

replenish [ri'pleniʃ] *f+n* yeniden doldurmak, ikmal etmek, dopdolu yapmak: *replenish the cupboard with food. The food supply was running out and I had to replenish.*

replete [ri'pli:t] *s* **1** ağzına kadar dolu; (içerisi yiyecek) dolu. *The ship was replete with fuel and. ammuniton.* **2** tıka basa doymuş; gırtlağına kadar doymuş. *No more food for me, thank you. I am quite replete.*

replica ['replikə] *i+sy* (özl. bir tablo, veya bir sanat eseri hk.) tıpkı-örnek; kopya. *We made a small replica of the rocket.*

reply [ri'plai] *f-n* cevap vermek, karşılık vermek: *reply to a question; reply to enemy gunfire. Did you reply the letter? (eş anl.* **respond**). Ayrıca *i+sy* cevap, karşılık. *She made a face at me in reply to the one I made her.*

report¹ [ri'pɔːt] *i+sy* **1** rapor; bir olayı, bir deneyimi, vb. anlatma, veya tanımlama; herhangi bir işte, bir konuda yapılan inceleme, araştırma sonucunu, düşünceleri ya da saptamaları bildiren yazı: *write a report on what has been decided.* **2** patlama sesi, silâh sesi: *a loud report.* **school report** okul karnesi.

report² [ri'pɔːt] *f+n/-n* **1** söylemek,

anlatmak; rapor vermek, veya yazmak, rapor etmek, haber vermek, ilgili olarak haber vermek. *She reported what she had seen to the police.* 2 bir yere gidip (birisine) (işe ya da göreve hazır olduğunu) söylemek. *Report for duty here at six o'clock.* 3 şikâyet etmek, rapor etmek, bildirmek. *I shall report that insolent child to the headmaster.* **reporter** *i+sy* gazete muhabiri; radyo, veya televizyon habercisi. **reported speech** için **indirect**'e bkz. **reporting** *i-sy* bildirme, haber verme. **it is reported that** ...-diği söyleniyor, söylentisi dolaşıyor. *It is reported that the president is ill.* (*eş anl.* **they say**). **report has it that** söylentiye göre; söylentisi dolaşıyor. *Report has it that the president is going to resign.* **report sick** hasta olduğunu, işe gelemiyeceğini bildirmek. **report fit for work** iyileştiğini, işe başlayabileceğini bildirmek. *I reported fit for work after ten day's illness.*

repose [ri'pouz] *f+n/-n* 1 yatmak, yatıp istirahat etmek. *Repose yourself in the hammock.* 2 dayanmak, güvenmek. Ayrıca *i-sy* 1 uyku; istirahat, dinlenme. *Do not disturb her repose.* 2 sessizlik, sakinlik: *the repose of the countryside; repose of manner.*

reprehensible [repri'hensibl] *s* azarlanmayı hak eden, suçlanabilir. (*eş anl.* **blame-worthy**).

represent [repri'zent] *f+n* 1 (bir şeyin) simgesi olmak, işareti olmak; (bir şeyi) temsil etmek, göstermek. *On this map, the black dots represent cities and the blue part represents the sea.* 2 göstermek, tasvir etmek; resmetmek. *This painting represents a country scene.* 3 (bir kimseyi, veya birilerini) temsil etmek, (onun, veya onların) adına hareket etmek: *represent a certain district in Parliament.* **representation** [reprizen'teifǝn] *i+sy/-sy* 1 temsil etme, veya edilme. 2 (bir şirketi) temsilcilik. **make representations** resmen protestoda bulunmak. *The people made strong representations to the Local Authority to have the airport built further away.* **representative** [repri'zentǝtiv] *i+sy* temsilci, mümessil, vekil: *the representative of a company.*

repress [ri'pres] *f+n* 1 bir duyguyu, veya bir isteği bastırmak, gemlemek,

zaptetmek. *I repressed a desire to hit him.* 2 (güç kullanarak) bastırmak; başını ezmek: *repress a rebellion.* **repressive** *s* önleyici; bastırıcı. *Some repressive governments use armies to stop the people standing up for their rights.* **repression** *i-sy* bastırma, baskı altında tutma; zorla önleme; zapt.

reprieve [ri'pri:v] *f+n* bir idam cezasını ertelemek, sonraya bırakmak, veya idam affı emrini vermek. *The President reprieved the condemned man.* Ayrıca *i+sy* idamı durdurma emri; ölüm cezasını durduran resmî emir. *The condemned murderer was granted a reprieve.* (*eş anl.* **pardon**).

reprimand ['reprima:nd] *f+n* şiddetli bir biçimde paylamak, azarlamak, haşlamak: *reprimand a naughty child.* Ayrıca *i+sy* paylama, azar; resmen yapılan bir kınama: *give someone a reprimand.*

reprisal [ri'praizl] *i+sy/-sy* (çoğk. çoğ. biç.) misilleme, denk karşılık. *When our village was attacked by the enemy, we attacked one of theirs in reprisal.*

reproach [ri'proutf] *f+n* (birisine) sitem etmek, serzenişte bulunmak; öfkeli değil de üzgün bir biçimde kınamak. *Father reproached me for being rude.* **reproach oneself** kendini suçlu görmek, kabahati kendine bulmak. *There is no need to reproach himself —he did the best he could.* Ayrıca *i+sy/-sy* 1 utanç kaynağı, yüzkarası, rezalet: *without reproach.* 2 serzeniş, suçlama. **reproachful** *s* sitemli, sitem dolu, ayıplayan: *a reproachful look.*

reproduce [ri:prǝ'dju:s] *f+n* 1 yeniden görülmesini, veya işitilmesini sağlamak: *reproduce sound by using a record player.* 2 yeniden basmak. 3 üremek, çoğalmak. *Most plants reproduce by seeds.* **reproduction** [ri:prǝ'dʌkfǝn] *i+sy/-sy* 1 kopya, eşörnek, röprodüksiyon. 2 kopya etme. 3 çoğaltma, teksir. 4 yeniden basma. 5 üreme, çoğalma.

reproof [ri'pru:f] *i+sy/-sy* paylama, azarlama; suçlama sözü, veya sözcüğü. **reprove** [ri'pru:v] *f+n* (kötü bir davranış nedeniyle) paylamak, azarlamak: *reprove a child for coming to school late.*

reptile ['reptail] *i+sy* sürüngen; sürünerek, veya sürünmeye yakın bir biçimde ilerleyen soğuk kanlı hayvan (örn. **a lizard** (=kertenkele), **snake** (=yılan), veya **crocodile** (=timsah)).

republic [ri'pʌblik] *i+sy* cumhuriyet; halk tarafından sıçilen bir başkan ve milletvekilleri tarafından yönetilen bir ülke, ulus. *They elected a new president to be the leader of the republic.*
republican [ri'pʌblikən] *s* cumhuriyetçi; cumhuriyete ait. *Many countries have a republican form of government.* Ayrıca *i+sy* cumhuriyetçi; cumhuriyet taraftarı olan kimse. *The republicans fought with the king's supporters.*
repudiate [ri'pju:dieit] *f+n/-n* **1** reddetmek, kabul etmemek; kabul etmeyi reddetmek: *repudiate a belief; repudiate a gift.* **2** ödememek, ödemeyi reddetmek: *repudiate a debt.* **3** tanımamak, evlatlıktan reddetmek. *He repudiated his wicked son.*
repugnant [ri'pʌgnənt] *s* tiksindirici; iğrenç, çirkin. **repugnance** *i-sy* tiksinti, iğrenme.
repulse [ri'pʌls] *f+n* **1** (bir düşman saldırısını) püskürtmek, defetmek: *repulse an enemy attack.* **2** (arkadaşça bir yaklaşımı) geri çevirmek; soğukça reddetmek: *repulse some one's friendship.* **3** iğrendirmek, nefret ettirmek. **repulsion** *i-sy* tiksinti, nefret. **repulsive** *s* iğrenç, tiksindirici; tiksintiyi doğuran, itici, uzaklaştırıcı, soğuk.
reputation [repju'teifən] *i+sy/-sy* ün, şöhret, nam. *This store has an excellent reputation for fair dealing.* (eş anl. **name**). **reputable** ['repjutəbl] *s* tanınmış, hatırı sayılır; iyi bir adı olan: *a reputable firm.* (eş anl. **respectable**).
repute [ri'pju:t] *i-sy* (genl. olumlu anlamda) ad, şan, şöhret, itibar: *a man of repute* (esk. kul.). **reputed** [ri'pju:tid] *s* sözde; öyle sayılan, farz olunan; güya: *someone who is reputed to be very generous.*
request [ri'kwest] **1** *i-sy* rica, nazik bir talep. *She made a request for help.* **2** dilek, istek: *a special request.* **at someone's request** birisinin isteği üzerine. **by request (of)** birisinin (reddedilmez) isteği üzerine. **in (great) request/much in request** çok tutulan, çok rağbette, popüler. *You should buy this book while there are some copies left: it is in great request.* **on request** istenildiği zaman. *Further information will be supplied on request.*

Ayrıca *f+n* rica etmek, ricada bulunmak: *request something; request someone to do something; request that something should be done.* **request stop** (otobüsler için) ihtiyarî durak; bekleyenin işareti üzerine otobüsün durduğu durak.
requiem ['rekwiəm] *i+sy* **1** (Hıristiyanlıkta) ölü ayini. **2** ölü ilahisi; böyle bir ayin için yazılan dinsel müzik.
require [ri'kwaiə*] *f+n* **1** gerektirmek, istemek. *Do you require help?* **2** itaat edilmesini bekleyerek (karşısındakinden) istemek; talep etmek. *You are required to stay here until tomorrow.* **requirement** *i+sy/-sy* gereksinim, talep; icap, gerek, şart. **requisite** ['rekwizit] *i+sy* (bir amaç için) gerekli, lüzumlu bir şey, bir araç, bir gereç: *food and other requisites.* Ayrıca *s* gerekli, zaruri, elzem.
re-run ['ri:rʌn] *i+sy* bir filmi, veya banda kaydedilmiş bir programı yeniden yayınlama. Ayrıca [ri:'rʌn] *f+n* yeniden yayınlamak, tekrar göstermek.
rescind [ri'sind] *f+n* iptal etmek, feshetmek; yürürlükten kaldırmak. *They rescinded the contract.* (eş anl. **revoke**).
rescue ['reskju:] *f+n* (bir tehlikeden) kurtarmak. *The dog rescued the child from drowning.* Ayrıca *i+sy/-sy* kurtarma; kurtarma işi. *The fireman was praised for his brave rescue of the children in the burning house.* **go/come to the rescue of someone/something** bir kimse, veya bir şeyin yardımına koşmak. *David came to my rescue.* **rescuer** *i+sy* kurtaran kimse, kurtarıcı.
research [ri'sə:tʃ] *i-sy* araştırma, inceleme; yeni olguları ortaya çıkarmak için bir konu üzerinde yapılan ileri düzeydeki çalışma: *do research on a new scientific theory; do research in chemistry.* Ayrıca *f+n/-n* dikkatle araştırmak, iyice incelemek, inceden inceye tetkik etmek.
resemble [ri'zembl] *f+n* (bir şeye, bir kimseye) benzemek. *He resembles his brother.* (eş anl. **be like**). **resemblance** *i+sy/-sy* benzerlik, benzeyiş.
resent [ri'zent] *f+n* (bir şeye) kızmak, öfkelenmek, içerlemek; (bir şeyden) alınmak. *She resented being treated rudely.* **resentful** *s* alınmış, kızmış; öf-

keli. *We were resentful of his rapid success.* **resentment** *i-sy* kızma, gücenme, darılma, içerleme.

reserve [ri'zə:v] *f+n* **1** (bir kimse için) yer ayırtmak. *I have reserved a seat in the theatre/a table in the restaurant. Can your secretary reserve a seat for me on the train to Burmingham? (eş anl.* **book**). **2** (bir miktar parasını verip, yani kaporasını verip) ayırtmak. *I am going to ask the shop if I can reserve that lovely blue dress that I saw today.* **be reserved** (bir kimse,veya bir amaç için) ayrılmak, tahsis edilmek, olunmak. *The garden is private, its lawn reserved for those who work in the museum.* **reserve the right to do something** bir şeyi yapmak için hakkını saklı tutmak. *The French reserved absolutely the right to decide their own agricultural policy. Ayrıca i+sy* **1** stok; ilerde kullanmak için saklanan bir miktar (şey): *a reserve of food.* **2** bir amaç için ayrılmış bulunan bir arazi parçası: *a game reserve* (= yabani hayvanların özgürce yaşadığı arazi/bölge). **3** (futbol, vb. cyunlar hk.) yedek oyuncu. *He is second reserve for Galatasaray.* **reservation** [rezə'veifən] **1** *i+sy/-sy* (bir kimse için) yer ayırtma. *I want to make a reservation on the train to Glasgow tomorrow evening.* **2** *i+sy* (Kuzey Amerika Kızılderililerin yaşaması için ayrılmış olan) ayrık bölge. **with reservation/reservations** doğruluğu kuşkulu görülerek, ihtiyat kaydıyla. *We accepted the plan with reservations.* **without reservation** kayıtsız şartsız. *We accepted the plan without reservation.* **reserved** *s* **1** önceden tutulmuş, ayrılmış. *These seats are reserved for special guests.* **2** çekingen, sokulmaz, kendinden söz etmekten hoşlanmayan; duygularını açığa vurmayan. *He seems unfriendly but he is really only reserved.*

reservoir ['rezəvwa:ʰ] *i+sy* suyun depo edildiği bir yer; genl. bir yapma göl; bent, sarnıç, su deposu, su haznesi (bir kente su temini için yapılır). *Pipes carry water from the dam to the town reservoir.*

reside [ri'zaid] *f+n* bir yerde oturmak, yaşamak. *We reside in Glasgow now. (eş anl.* **dwell**). **residence** ['rezidns] **1** *i+sy* ev, mesken. *(eş anl.* **dwelling**). **2**

i-sy oturma, ikâmet. *Long residence in Turkey made him very fond of the Turkish people.* **resident** ['rezidnt] *i+sy* (bir yerde) oturan kimse, sakin; ziyaretçi veya misafir olmayan birisi. **residential** [rezi'denfl] *s* oturmaya ayrılmış; bürolar, iş yerleri, vb. bulunmayıp da yalnızca özel evlerden oluşan: *a residential area.*

residue ['rezidju:] *i+sy* artık, geriye kalan; kalıntı; tortu. *Most of the grass cutting went into the catcher of the lawnmover and I raked up the residue. The syrup had dried up, leaving a sticky residue.*

resign [ri'zain] *f+n/-n* istifa etmek. *The manager of the football team resigned.* **resign oneself to something** bir şeye boyun eğmek, kendini ona bırakmak, tevekkül etmek. *You're a widow now, Mrs Pearl. I think you must resign yourself to that fact.* **resigned** *s* (kaderine) boyun eğmiş, razı; şikâyet etmeksizin sessizce katlanan. *He is resigned to losing the competition.* **resignation** [rezig'neifən] **1** *i+sy* istifa, ayrılma. **2** *i+sy* istifa mektubu; *hand in one's resignation* **3** *i-sy* boyun eğme, sabırla katlanma.

resilience [ri'ziliəns] *i-sy* esneklik; esnek olma özelliği. **resilient** *s* esnek, elastik. *Rubber is such a resilient material that many children's toys are made of it.*

resin ['rezin] *i+sy/-sy* reçine, ağaç sakızı, çamsakızı. *Resin is used in medicine and in making varnishes.*

resist [ri'zist] *f+n* **1** karşı koymak; dayanıklı olmak; direnci olmak. *The army resisted the invaders until they retreated. A healthy body can resist some infection.* **2** (genl. olumsuz cümleler ile) dayanmak, direnmek; kabul etmemek için kendini zorlamak. *She can't resist sweet things.* **resistance** *i-sy* **1** direnme hareketi; karşı koyma, mukavemet. *The defenders of the city put up a tremendous resistance.* **2** dayanma gücü, tahammül. **3** direnç. *Copper has less resistance to electricity than many other metals.*

resit [ri'sit] *i+sy* bir sınava ya da teste ikinci kez girmek, tekrar girmek.

resolute ['rezəlu:t]*s* kararlı, azimli. *He was resolute in his attempt to climb to the top of the mountain. (karş.* **irresolute**). **resolution** [rezə'lu:fən] **1** *i-*

sy kararlılık, azim. *His resolution overcame his poverty and lack of schooling.* **2** *i+sy* kişisel karar; bir insanın yapmaya, veya artık yapmamaya karar verdiği bir şey. *I'm always making resolutions, like giving up smoting.* **3** *i+sy* önerge, teklif; bir topluluğun oyu ile verilen resmi bir karar. *The German government supported the resolution and Britain abstained. The meeting passed/ carried/adopted a resolution to go on strike.*

resolve [ri'zɔlv] *f+n/-n* **1** karar vermek, aklına koymak. *He resolved to work harder/that he would work harder.* **2** (bir güçlüğü, bir sorunu) halletmek, çözmek. *This book will resolve all your difficulties.*

resonant ['rezənənt] *s* **1** (sesler hk.) derin, yüksek, berrak ve sürekli; tannan. *He has a resonant baritone voice that can be heard all through the auditorium.* **2** tınlayan, sesi yankılayan: *resonant walls.*

resort [ri'zɔ:t] *f-n* **1** (her şeyi deneyip de artık başka çare kalmayınca) kullanmak, yararlanmak; başvurmak. *He was so poor that he resorted to stealing. You should never resort to violence.* **2** gitmek, sık sık gitmek. *Many people resort to the beaches in hot weather.* Ayrıca *i+sy* **1** tatil sitesi, sayfiye yeri. *There are many summer resorts in the mountain.* **2** uğrak yeri, sık sık gidilen bir yer. *This café happened to be a favourite resort of artists and writers.* **3** yardımına başvurulan birisi. *Friends are the best resort in trouble.* **as a/in the last resort** son çare olarak. *We shall use force only as a last resort. In the last resort we shall have to borrow the money, though I hope that will not be necessary.*

resound [ri'zaund] *f+n/-n* çın çın ötmek; (ses) ile dopdolu olmak. *The hall resounded with the shouts of the people.* **resounding** *s* çın çın öten.

resource [ri'sɔ:s] *i-sy* **1** çare, dayanak. *Climbing a tree is a cat's resource when chased by a dog.* **2** beceriklilik, marifetlilik; güçlüklere çare bulma yeteneği: *a man of resource.* **resources** *içoğ* bir ülkenin para ve mal türünden sahip olduğu şeyler. *The country is rich in natural resources. We are*

looking for a site with good water resources.

respect [ris'pekt] **1** *i-sy* saygı, hürmet; hayranlık: *show respect to one's parents. I have the greatest respect for our early explorers.* **2** *i+sy* (çoğk. çoğ. biç.) ayrıntı; husus, bakım, nokta, cihet. *Talking to strangers is unwise in many/some respects.* **with respect to** ile ilgili olarak, hususunda. *I should like to make a point with respect to what you have just said.* Ayrıca *f+n* **1** hürmet etmek, saymak. *Children should show respect to those who are older and wiser.* **2** saygı göstermek, dikkate almak, göz önünde bulundurmak· *respect the feelings of others. We respect an honest person.* **respects** *içoğ* saygılar, hürmetler. *Please accept this gift with our respects.* **respectable** *s* **1** saygıdeğer, muhterem; toplumca kabul edilen bir kişiliğe sahip olan. *Respectable citizens obey the laws. They are a poor but respectable family and their children are honest and reliable.* **2** temiz pak, derli toplu: *respectable clothes.* **respectful** *s* saygı duyan ve gösteren, hürmetkâr. *He is always respectful to older people.* (karş. **disrespectful**). **respective** kendi; her biri kendisinin olan. *The boys were told to return to their respective homes* (= Çocuklara kendi evlerine dönmeleri söylendi). **respectively** *z* her biri söylendiği sıraya göre, her biri ayrı ayrı. *The first, second and third prizes went to John, James and Tom respectively* (= Birinci, ikinci ve üçüncü ödülleri sırasıyla John, James ve Tom aldı. / Birinci ödülü John, ikinci ödülü James ve üçüncü ödülü de Tom aldı).

respiration [respi'reiʃən] *i-sy* solunum, teneffüs. *Respiration includes two stages: breathing in (inhalation) and breathing out (exhalation).* **respiratory** *s* solunum ile ilgili. **respiratory system** solunum sistemi. *Death was caused by cardiac and respiratory failure. Air is taken into the respiratory system through the nose or mouth, and goes down into the lungs.*

respite ['respait] *i+sy/-sy* dinlenme, soluk alma, bir ağrı, veya bir sıkıntı sırasındaki kısa bir rahatlama: *work without (a) respite* (= oturup dinlenmeden/bir dakika durmadan). *A* *thick cloud brought a respite from the glare of the sun.*

resplendent [ri'splendnt] *s* göz kamaştırıcı, ışıl ışıl, pırıl pırıl; şahane. *The queen was resplended with jewels.*

respond [ris'pɔnd] *f-n* 1 cevap vermek. *He responded briefly to tha question.* (*eş anl.* **answer, reply**). 2 cevap olarak bir harekette bulunmak, karşılık vermek: *respond to kindnes. People responded generously to the clothing appeal.* 3 (bir hastalık hk.) iyileşmek, tepki göstermek: *respond to treatment* (=tedaviye cevap vermek). *She responded quickly to the medicine and was well in a few days.* **response** [ris'pɔns] *i+sy/-sy* 1 cevap. *Her response toz my letter was prompt.* 2 karşılık verme; cevap olarak yapılan bir hareket. *Our appeal for help met with no response.* **in response to** bir kimseye, veya bir harekete cevap olarak, karşılığında. *We did it in response to external pressure.*

responsible [ris'sɔnsibl] *s* 1 sorumlu, mesul. *You will be responsible for keeping your room tidy.* 2 bir şeyin nedeni olan; suçlusu olan. *The storm was responsible for most of the damage.* 3 (insanlar hk.) güvenilir, emin; sorumluluk yüklenebilir: *a job for some responsible person.* (*karş.* **irresponsible**). 4 (görevler, mevkiler hk.) sorumluluk taşıyan, mesuliyetli; yapılması için güvenilir birisini gerektiren: *a responsible position,* **responsibly** *z* itimada layık olarak. **responsibility** [rispɔnsi'biliti] 1 *i-sy* sorumluluk, mesuliyet. *Some young people have no sense of responsibility.* 2 *i+sy* (bir) sorumluluk; bir kimsenin sorumlu olduğu bir şey. *Keeping the room tidy is your responsibility, not mine.*

rest¹ [rest] 1 *i+sy/-sy* dinlenme, istirahat, huzur, sükun; uyku: *an hour's rest; work without rest; lie down for a rest.* 2 *i+sy* dayanak, dayanacak şey. *Use this pillow as a rest for your arm.* Ayrıca *f+n/-n* 1 dinlenmek, istirahat etmek; uyumak: *rest after working; rest for an hour.* 2 dinlendirmek istirahat ettirmek: *rest one's eyes after reading* 3 (hareketi) durmak; olduğu gibi kalmak; hareketsiz kalmak. *The ball rested at the foot of the hill.* 4

koymak, dayamak, yaslamak: *rest one's head on a pillow.* **restful** *s* dinlendirici, sakin; insana huzur duygusu veren. **restive** *s* huzursuz; huysuz, inatçı. *The horses are getting restive because of the storm.* **restless** *s* huzursuz, hiç sakin kalamayan, yerinde durmaz. *I feel too restless to sit down and read. She spent a restless night.* **restlessly** *z* rahatsızca, yerinde duramaksızın. **restlessness** *i-sy* huzursuzluk, rahatsızlık; uykusuzluk; tezcanlılık. **rest with** ...-e kalmak, ...-in elinde olmak. *The final decision rest with him.* **at rest** 1 hareketsiz. *The sails of the windmill are now at rest.* 2 vefat etmiş. **lay someone to rest** gömmek, defnetmek. **let a subject rest** bir konu üzerinde uzun bir süre konuştuktan sonra, bir daha konuşmamak üzere bir yana bırakmak. *Let the matter rest there.* **rest-home** huzur evi.

rest² [rest] *itek* (**the** ile) arta kalan, geri kalan kısım, geriye kalanlar. *Take the good apples and throw away the rest.*

restaurant ['restərɔnt] *i+sy* lokanta, restoran. *That restaurant serves both English and Chinese food.* **restaurateur** [restərə'tə*] *i+sy* lokantacı; restoran sahibi. **restaurant car** vagon restoran. Ayrıca **dining car** da denir.

restitution [resti'tju:ʃən] *i-sy* tazmin, zararı ödeme; kaybolan, çalınan, vb. bir şeyi sahibine geri verme, veya tutarını para olarak ödeme. **export restitution** (Avrupa Ekonomik Topluluğunda) ₃ıda ihracat sübvansiyonu.

restore [ri'stɔ:*] *f+n* 1 yeniden sağlığa kavuşturmak, iyileştirmek; iyileşmek. *He needs vıtamins to restore her strength.* 2 eski haline, durumuna getirmek; geri getirmek. *The police restored order.* 3 (eski işine, görevine, vb.) getirmek: *restore someone to his old position.* 4 geri vermek, iade etmek: *restore stolen property. The lost child was restored at last to his parents.* 5 (onarıp) yenileştirmek; restore etmek. *The Historical Society wants to restore the first house built in our town.* **restoration** [restə'reiʃən] *i+sy/-sy* 1 geri verme. 2 yeniden başlatma. 3 eski duruma, eski işine iade. 4 onarıp yenileştirme; restorasyon.

restrain [ris'trein] *f+n* birisini bir şey yapmaktan alıkoymak, engellemek, mani olmak; frenlemek, gem vurmak. *He could not restrain his curiosity to see what was in the box. He restrained the excited dog when guests came.* (*eş anl.* **hold back**). **restraint** 1 *i-sy* kısıtlanma (durumu). 2 kısıtlama, sınırlama, tahdit. **restrained** *s* ılımlı, ölçülü. *There was polite, but restrained applause for the amateur singer.* (*karş.* **unrestrained**).

restrict [ris'trikt] *f+n* sınırlamak, kısıtlamak, tahdit etmek: *restrict wages and prices. We had to restrict the time we spent watching TV so that we could finish our homework.* **restricted** *s* 1 sınırlı, dar. *Many of these are of restricted importance.* 2 (bir evrak, emir, vb. hk.) gizli. *Only people with special permission are allowed to read a restricted document.*(*eş anl.* **classified**). 3 (bir yer hk.) girilmesi yasak. *Only people with special permission are allowed to visit a restricted place.* **restriction** 1 *i-sy* sınırlama, kısıtlama, tahdit: *move about without restriction.* 2 *i+sy* sınırlayıcı bir yasa, bir kural; sınır koyucu bir şey. *The restrictions on the use of the playground are: No fighting. No damaging property.*

result [ri'zʌlt] *i+sy* 1 sonuç, netice. *This cold I have is the result of going out without a coat yesterday.* 2 maç sonucu, sınav neticesi; bir kimsenin ya da bir takımın bir sınavdaki, bir maçtaki, vb. başarısı, veya başarısızlığı: *listen to the footbal results.* **as a/the result** sonuç olarak. *I refused to have medical attention in the early stages of my complaint, and as a result I became seriously ill.* Ayrıca *f+n* (bir şeyden) kaynaklanmak, ileri gelmek. *His failure resulted from not working hard enough.* **resultant** *s* sonuç olarak meydana gelen.

resume [ri'zju:m] *f+n* (bir aradan sonra) (bir şeye, bir şey yapmaya) yeniden başlamak: *resume one's studies.* **resumption** [ri'zʌmpʃən] *i-sy* yeniden başlama.

résumé [re'zju:mei] *i+sy* özet. *The headmaster gave us a résumé of progress on the new tennis courts.* (*eş anl.* **summary**).

resurgence [ri'sə:dʒəns] *i-sy* (özl, düşünceler, inançlar hk.) canlanma, dirilme; yeniden güç kazanma: *a re-*surgence of interest in the Middle Ages.

resurrection [rezər'ekʃən] *i-sy* yeniden hayat bulma, canlanma. **the Resurrection** 1 Diriliş; İsa'nın mezardan kalkışı. 2 kıyamet günü geldiğinde, bütün ölülerin dirilip mezardan kalkması.

resuscitate [ri'sʌsiteit] *f+n/-n* (neredeyse ölü haldeki bir canlıyı) hayata döndürmek, canlandırmak: *resuscitate someone who has almost drowned.* **resuscitation** [risʌs'teiʃən] *i-sy* canlandırma, diriltme.

retail [ri:teil] *i-sy* perakende satış; malları müşterilere dükkânda satış. *Our grocer buys at wholesale and sells at retail.* (*karş.* **wholesale**). Ayrıca *s* perakende. Ayrıca *z* perakende olarak. *I only wanted one, but nobody seemed to sell them retail.* Ayrıca *f+n* perakende (olarak) satmak, veya satılmak. *He intended to retail groceries. These shoes normally retail at £25.50.* **retailer** *i+sy* perakendeci. *My father is a furniture retailer.*

retain [ri'tein] *f+n* elinde bulundurmak, muhafaza etmek, korumak, alıkoymak; parayla tutmak, ücretle bir kimsenin hizmetinden yararlanmak. *You must retain your tickets. The dull speaker could not retain the interest of his audience.*

retaliate [ri'tælieit] *f-n* misilleme yapmak, aynı şekilde karşılık vermek; kötülüğe kötülükle cevap vermek. *If you strike me, I shall retaliate.* **retaliation** [ritæli'eiʃən] *i+sy/-sy* misilleme, kısas. *It was agreed that immediate retaliation was necessary. The robbers fired at the bank staff, and the police fired back in retaliation.*

retarded [ri'ta:did] *s* (genl. çocuklar hk.) geri zekâlı; gelişimi diğerlerine göre daha yavaş olan. *By the age of three, he was showing signs of being mentally retarded.*

retch [retʃ, ri:tʃ] *f-n* öğürmek; kusmaya çalışmak.

retd (=retired)—emekli. *Maj Gen George Grantham, retd.*

reticent ['retisnt] *s* suskun, az konuşur: *be reticent about one's past. She is a reticent person and doesn't talk about her problems.* (*eş anl.* **taciturn**). **reticence** *i-sy* susma, sükût etme, az konuşma.

retinue ['retinju:] $i+sy$ (özl. önemli bir kimse ile) birlikte yolculuk yapan hizmetkârlar ve taraftarlar grubu, maiyet. *The king's retinue accompanied him on the journey.*

retire [ri'taiə*] $f+n/-n$ 1 (genl. yaşlılık nedeniyle) emekli olmak; emekli etmek, emekliye ayırmak. *He retired at the age of 65 with a £7,000 pension.* 2 (sessiz bir yere) çekilmek, gitmek: *retire from scoiety.* 3 yatmak, yatmaya gitmek. *They retire early.* (*esk. kul.*). **retired** s (genl. yaşlılık nedeniyle) emekli, tekaüt: *a retired civil servant.* **retirement** i-sy emeklilik, tekaütlük. **retirement pension** (*Brİ*'de) emekli maaşı (erkeklerde 65, kadınlarda 60 yaşın üstünde emekli olmuşlara hükümetçe yapılan düzenli ödeme). **retiring** s çekingen, utangaç, sıkılgan, mahçup. *The shy girl had a retiring nature.*

retort [ri'tɔːt] $f+n/-n$ cevabı yapıştırmak, sert bir şekilde cevap vermek, karşılık vermek; (söylenen sözleri) aynen sahibine iade etmek. *When I said that she was late, she retorted by saying that I was lucky she had come at all.* Ayrıca $i+sy$ anında cevap, karşılık.

retrace [ri'treis] $f+n$ üzerinden bir daha geçmek; dönüp bir daha yinelemek. **retrace one's steps** geldiği yoldan geri dönmek. *They retraced their steps from where they started.*

retract [ri'trækt] $f+n/-n$ 1 söylediği bir sözü, veya teklifi geri almak, caymak, sözünden dönmek; tükürdüğünü yalamak: *retract a statement/an offer.* (*eş anl.* **take back**). 2 geri çekmek, içeri çekmek, içeri çekilmek. *A cat can retract its claws.* (*eş anl.* **take back**). **retractable** s geri alınabilir; geri (ya da içeri) çekilebilir.

retreat [ri'triːt] f-n geri çekilmek, ricat etmek. *The army was defeated and had to retreat.* Ayrıca $i+sy/-sy$ 1 geri çekilme, ricat. *The army's retreat was orderly.* 2 inziva köşesi; kafa dinlendirilecek bir yer. *They met at a woodland retreat near the Canadian capital.*

retribution [retri'bjuːʃən] i-sy hak edilen ceza. *Retribution is punishment which cannot be avoided and which some people beleive comes from non-*human *sources, such as God or Fate.*

retrieve [ri'triːv] $f+n$ 1 kaybolan bir şeyi yeniden elde etmek tekrar ele geçirmek. 2 (av köpekleri hk.) (vurulan kuşları) (bulup) geri getirmek. *Some dogs can be trained to retrieve game.* **retrieve one's fortune** bir talihsizlik yüzünden tüm parasını yitirdikten sonra yeniden para sahibi olmak. **retriever** $i+sy$ vurulan kuşları bulup getirmesi için özel olarak eğitilen av köpeği.

retrograde ['retrougreid] s geriye doğru giden, gerileyen; giderek kötüleşen, gittikçe bozulan: *a retrograde action.*

retrospect ['retrəspekt] i-sy geçmişe bakış, geçmişi düşünme. **retrospective** [retrou'spektiv] s geleceği olduğu kadar geçmişi de etkileyen; geriye dönük: *retrospective legislation.* **in retrospect** maziye doğru geri bakıldığında. *It was, in retrospect, one of the worst mistakes I ever made.*

return [ri'tɜːn] $f+n/-n$ 1 geri dönmek, geri gelmek. *I returned to my village. I left the house at 10 and returned a few hours later.* 2 geri vermek, iade etmek. *Return good for evil. Return that book to the library.* 3 bir yargıya varmak, bir karar vermek; (birisinin suçlu, veya suçsuz) olduğuna karar vermek. *The jury returned a verdict of guilty.* 4 milletvekili seçmek, meclise yollamak. *He was returned by a majority of 20,345.* Ayrıca $i+sy/-sy$ 1 dönüş, geri geliş, dönüp geri gelme. *On my return, I found the house empty.* 2 resmi açıklama: *the election returns* (=kimin seçildiğini belirten resmi bildiri). 3 (çoğk. çoğ. biç.) kazanç, kâr, gelir: *a business which gives good returns. The owners were pleased with the return on the money and work they had put in to the factory.* Ayrıca s geri dönüş ile ilgili; gidiş dönüş için: *the return journey* (=geri dönüş yolculuğu). **return match** rövanş maçı **return ticket** (*Brİ*'de) gidiş dönüş bileti. (*Amİ*'de **round-trip ticket**). **returnable** s geri verilebilir ya da iade edilebilir. **in return** karşılığında, karşılık olarak. *I wish I could do something in return for the kindness I have received from him.* **many happy returns/many happy returns of the day** (doğum gününü kutlarken) nice yıllara.

reunion [ri:'ju:niǝn] *i+sy* 1 yeniden birleşme; tekrar birlikte olma durumu. 2 dostların, veya iş arkadaşlarının, bir ayrılıktan sonra biraraya gelerek yaptıkları bir toplantı. **reunite** [ri:ju:'nait] *f+n/-n* yeniden birleşmek, tekrar biraraya gelmek; yeniden birleştirmek, biraraya getirmek. *Mother and child were reunited after years of separation.*

rev [rev] *i+sy* bir araçtaki motorun devri. *Keep it going at a steady 3,000.* Ayrıca *f-n* (**up** ile) motoru hızlandırmak, hızını arttırmak. *He revved up the motorbike. geç. zam. ve ort.* **revved.** (her iki anlamda da *k. dil.*).

reveal [ri'vi:l] *f+n* 1 açığa vurmak, ifşa etmek. *He revealed the secret of the door to the hidden room.* 2 gözler önüne sermek; belli etmek, meydana çıkarmak. *Her smile revealed her even teeth.* **revelation** [revǝ'leiʃǝn] *i-sy* açığa vurma, ifşa. *The revelation of the thieves' hiding place by one of them caused thier capture.*

reveille [ri'væli] *i+sy/-sy* (askerlikte) kalk borusu: *sound (the) reveille.*

revel ['revl] *f-n* eğlenmek, cümbüş yapmak; zamanını içki içerek, dans ederek, vb. geçirmek. *geç. zam. ve ort.* **revelled.** (*AmI'*de **reveled**). **reveller** *i+sy* (*AmI'*de **reveler**) cümbüş yapan kimse, eğlenen birisi. **revelry** *i-sy* çılgınca ve gürültülü biçimde yiyip içip eğlenme; alem, cümbüş, curcuna. **revel in something** bir şeyden büyük zevk almak. *He revels in hard work.* **revelation** [revǝ'leiʃǝn] *i+sy/-sy* **reveal'** a bkz.

revenge [ri'vendʒ] *f+n* (birisinin) öcünü almak; (bir şeyin) intikâmını almak. *He had taken his revenge by blowing up her house.* Ayrıca *i-sy* öc, intikam: *kill someone in revenge; take revenge on someone; get one's revenge.* Ayrıca **avenge** sözcüğündeki NOT'a bkz. **revengeful** *s* kinci.

revenue ['revǝnju:] *i+sy/-y* (özl. devletin vergilerden elde ettiği) gelir, ırat. *Oil revenues have risen with the rise in the dollar.* (*eş anl.* **income**).

reverberate [ri'vǝ:bǝreit] *f-n* yansımak, aksetmek. *The sound of his voice reverberated from wall to wall.* **reverberation** [rivǝ:bǝ'reiʃǝn] *i-s/-sy* yankı, akis, yankılanma, yansıma.

revere [ri'viǝ*] *f+n* hürmet göstermek,

büyük bir saygı duymak *The temple was revered as a sacred place.* **reverence** ['revǝrns] *i-sy* büyük bir saygı ve hayranlık: *hold someone/ something in reverence. He has no reverence for things sacred.* **the Reverend** papazlar için kullanılan bir ünvan—Muhterem (Peder); Saygı değer Efendim: *the Reverend James Brown/the Reverend Mr. Brown.* NOT: *the Reverend Brown,* veya *Reverend Brown* şeklinde bir hitap şekli genellikle yanlış olarak kabul edilir. **reverent** ['revǝrnt] *s* saygılı, hürmetkâr; saygı duygusu olan, veya bunu belirten. (*karş.* **irreverent**).

reverie ['revǝri] *i+sy/-sy* düş, hayal; hayale dalma: *lost in reverie.*

reverse [ri'vǝ:s] *s* 1 aksi, arka, ters, tersine dönmüş: *on the reverse side.* 2 geri; zıt yöne gitmeye neden olan: *the reverse gear in a car.* Ayrıca *i+sy/-sy* 1 (bir şeyin) karşıtı, aksi, zıttı. *The result was the reverse of what I expected.* 2 ters taraf, ters yüz. *Turn the coin over and see what is on the reverse.* 3 yenilgi, başarısızlık: *suffer an unexpected reverse.* 4 geri vites: *put a car into reverse.* Ayrıca *f+n* 1 karşıt yönde değiştirmek; iptal etmek: *reverse a decision.* 2 geri geri gitmek; geri yapmak; geri dönmek. *The road was so narrow we had to reverse onto the footpath to let the truck pass.* 3 geri vitese almak. *She reversed the car into the garage.* 4 silahın namlusunu yere doğru, veya başka bir yöne çevirmek. *Reverse that gun; don't point it to me.* **reverse gear** geri vites. **reverse charge** ödemeli (telefon görüşmesi). *Ring me up when you get there— reverse the charges, if you like.* **reversing light** aracı geri vitese alınca arkada yanan ışık; geri vites farı. **reversal** *i+sy* tersine döndürme, veya döndürülme. **reversible** *s* 1 tersyüz edilebilir, tersine çevrilebilir. 2 tersi de kullanılabilir: *reversible cloth.*

revert [ri'vǝ:t] *f-n* geri gitme, dönmek. *When the ground was not cultivated, it reverted to jungle. We must revert to that problem later.* (*eş anl.* **return**).

review [ri'vju] *f+n/-n* 1 (bir olayı, veya olup bitenleri) (bir daha) gözden geçirmek, yeniden incelemek: *review the situation; review the events of the day.* 2 (bir kitap, vb. hk.) eleştiri yazmak:

review books for a Sunday newspaper. 3 (silahlı kuvvetleri) tören geçidinde teftiş etmek. Ayrıca *i + sy/-sy* 1 (bir daha) gözden geçirme; yeniden inceleme. *The government policy is under review.* 2 eleştiri, tenkit. *His book got good reviews.* 3 tören geçidinde teftiş etme: *a naval review.* 4 dergi, mecmua. **reviewer** *i + sy* eleştirmen, münekkid.

revise [ri'vaiz] *f + n* 1 (özl. yanlışlıkları düzeltmek, gerekli geliştirmeleri yapmak için) (bir yazıyı) gözden geçirmek, baştan başa dikkatle okumak. *She decided to revise her story after reading it through.* 2 (yeni bilgiler ışığında, veya daha iyi düşünerek) (düşünceleri, niyetleri, vb.) değiştirmek: *revise one's opinion.* **revision** [ri'viʒən] *i + sy/-sy* gözden geçirip düzeltme; gözden geçirilip düzeltilmiş bir yazı.

revive [ri'vaiv] *f + n/-n* 1 sağlığına kavuşturmak, veya kavuşmak; ayıltmak ya da ayılmak; canlandırmak, canlanmak. *After a few minutes the rescued man began to revive.* 2 taze güç bulmak, canlanmak ya da canlandırmak: *revive someone's spirits.* 3 yeniden rağbet kazanmak, kazandırmak: *revive an old play/custom.* **revival** 1 *i + sy/-sy* yeniden canlanma ya da yenilenme, taze hayat bulma; ayılma, kendine gelme; yeniden rağbet kazanma. 2 dinsel uyanış toplantısı; Hıristiyanlığa olan ilgiyi uyandırmak için yapılan din festivali.

revoke [ri'vouk] *f + n* yürürlükten kaldırmak, iptal etmek, fesh etmek: *revoke an order. The dictator revoked his decree.* (eş anl. **rescind**).

revolt [ri'voult] *f + n* 1 ayaklanmak, isyan etmek, başkaldırmak. *The troops revolted. The people revolted against the dictator.* (eş anl. **rebel**). 2 tiksindirmek, iğrendirmek. *A dirty house revolts me. Their cruel behaviour revolted him.* Ayrıca *i + sy/-sy* ayaklanma, isyan. *Several prison officers were injured in the revolt at the prison.* **revolting** *s* iğrenç, tiksindirici. *The milk tasted revolting because it had turned sour.*

revolution [revə'lu:ʃən] 1 *i + sy* devrim, ihtilâl; hükümete karşı yapılan silâhlı ayaklanma. *After the revolution in 1917, Russian no longer had a Czar.* 2 *i + sy/-sy* devrim, ihtilâl; (düşünce ya

da davranış biçimlerinde) tam ve köklü bir değişiklik. *The invention of the motorcar has brought about a revolution in transport.* 3 *i + sy* dönüş, dönme, devir; sabit bir nokta çevresindeki (bir tam) dönüş. *One revolution of the earth round the sun takes a year.* 4 *i + sy* (bir makinede) tam bir dönüş, devir; bir merkez çevresindeki bir tam dönüş. *The wheel of the motor turns at a rate of more than one thousand revolutions a minute.* **revolve**'a bkz. **revolutionary** *s* 1 devrimci, ihtilâlci. 2 devrimci, ihtilalci; tümü ile yeni ve farklı; büyük değişikler öneren, veya büyük değişikliklere neden olan: *revolutionary ideas. Radio and televizion were two revolutionary inventions of this century.* Ayrıca *i + sy* (genl. şiddet kullanma yanlısı) bir devrim taraftarı, devrimci, ihtilâlci. **revolutionize** *f + n* devrim yapmak; kökünden değiştirmek; bir şeyde devrime neden olmak. *The automobile revolutionized our life.*

revolve [ri'vɔlv] *f + n/-n* bir merkezin çevresinde dönmek, döndürmek; tam bir devir, dönüş yapmak. *The earth revolves round the sun. A wheel revolves on its axle.* **revolution**'a bkz. **revolving door** döner kapı. *A revolving door consists of four glass doors which turn together in a circle around a vertical post.*

revolver [ri'vɔlvə*] *i + sy* tabanca, altıpatlar.

revolver

revulsion [ri'vʌlʃən] *i-sy* (çoğk. **a** ile) duyguların ani olarak sevgiden nefrete, veya tiksintiye dönüşmesi; duygulardakı ani ve kuvvetli değişim.

reward [ri'wɔːd] *i + sy* 1 ödül, mükafat; bir hizmet karşılığı olarak kazanılan bir şey. *As a reward for his bravery, the soldier was given a medal.* 2 para ödülü; polise yardım eden, veya kayıp bir eşyayı bulup getiren birisine verilen bir miktar para. *A reward was offered for the return of the dog.* **as a reward of** ...-e karşılık ödül olarak. *He was presented a gold watch as a reward of his services.* Ayrıca *f + n* ödüllendirmek, mükafat vermek: *reward someone for his services; reward someone's bravery. The neighbours rewarded me for feeding their dog while they were on holiday.* **rewarding** *s* yapmaya değer ya da sahip olmaya layık: *a rewarding experience. Teaching is a rewarding career.*

rhapsody ['ræpsədi] *i+sy* 1 aşırı övgü; delicesine coşku: *go into rhapsodies* (=ne kadar memnun olduğunu heyecanlı bir dille anlatmak). 2 rapsodi; ulusal ya da yöresel konulardan esinlenerek oluşturulmuş müzik yapıtı: *Liszt's Hungarian rhapsody.*

rhetoric ['retərik] *i-sy* belagat; konuşma sanatı; konuyu bütün yönleriyle kavrayarak, hiçbir yanlış ve eksik anlayışa yer bırakmayan, yapmacıktan uzak, düzgün anlatma sanatı. **rhetorical** [ri'torikl] *s* 1 belagatlı, söz sanatına ait. 2 duyguları costurmaya yönelik. **rhetorical question** cevabı istenmeyen ve duygulandırıcı bir etki yapmak için sorulan soru,örn. '*Who knows?* (=Kim bilir?)' sorusu zaten kendiliğinden '*Nobody knows* (=Kimse bilmez)' ile cevaplandırılmıştır.

rheumatism ['ru:mətizəm] *i-sy* romatizma; kaslarda ve özl. eklemlerde kendini gösteren ağrılı hastalıkların genel adı. *She has rheumatism in her hips. She complained of rheumatism in her knees.* **rheumatic** [ru:'mætik] *s* 1 romatizma ile ilgili. 2 romatizması olan, veya romatizmaya yakalanması muhtemel. **rheumatic fever** ateşli romatizma.

rhino ['rainow] *i+sy* **rhinoceros**'a bkz.

rhinoceros [rai'nosərəs] *i+sy* gergedan. *Rhinoceros is a big animal with a very thick skin and one or two horns on its nose. Rhinoceroses live in Africa and Asia and eat plants.*

rhinoceros

rhyme, rime [raim] 1 *i-sy* kafiye, uyak; şiirde mısralar sonundaki eşsesli sözcük, veya sözcüklerin sonundaki ses benzeşimi.

NOT: *rhyme* için, çeşitlerine göre, şu örnekler verilebilir:
*part—start   pleasure—measure
could—would   moon—tune
fundamentalis—sent a list*
2 *i+sy* kafiyeli bir şiir. *Tiger! Tiger! burning bright In the forests of the night.*—BLAKE Ayrıca *f-n* kafiyeli olmak; kafiyeli şiir yazmak. *What words rhyme with 'school'?* **without rhyme or reason** mantığa dayanmaksızın; mantıksız, anlamsız. *Love happens irrationally, without the slightest rhyme or reason.* **rhyming slang** tekerleme argo; kafiyeli argo; bir sözcüğü kendisiyle kafiye oluşturan başka bir sözcük ya da söz kümesiyle ifade etme, örn. '*stairs*' demek istenirken '*apples and pears*' denir.

rhythm ['riðəm] *i+sy/-sy* ritim, uyum, ahenk, vezin, düzen. *In the human body there is rhythm in breathing, in the pulse, and in other subtler vital processes. A highly developed sense of rhythm is essential to a tennis player. It was wirtten in an ordinary 4/4 rhythm.* **rhythmic, rhythmical** ['riðmik (l)] *s* ritmik, ahenkli, uyumlu. *The rhythmical beat of the music set our feet tapping.*

rib [rib] *i+sy* kaburga kemiği. *People and animals have twelve ribs on either side of their bodies* **ribbed** *s* kaburga kemiğine benzer çıkıntıları olan; damarlı: *ribbed silk.*

ribald ['ribəld] *s* açık saçık, kaba, müstehcen bir biçimde konuşarak başkalarını rahatsız eden; bayağı, adi: *a ribald person; a ribald song.*

ribbon ['ribən] *i+sy/-sy* 1 kurdele, şerit: *tied with a silk ribbon.* 2 kurdele şeklinde olan herhangi bir şey: *typewriter ribbon* (=daktilo şeriti).

rice [rais] *i-sy* pirinç. *Rice is eaten as the staple food in many countries.*

rich [ritʃ] *s* 1 zengin, varlıklı: *a rich man.* 2 (arazi hk.) verimli, bereketli, zengin: *rich soil.* 3 (mal, mülk, eşya hakkında) pahalı, değerli ve güzel: *rich clothes and jewels.* 4 (yiyecekler hk.) ağır, besleyici; aşırı karbonhidratlı; bol nişastalı; içinde çok miktarda şeker, kaymak, yumurta, vb. bulunan: *rich food.* 5 (sesler hk.) gür, dolgun, güçlü; (renkler hk.) çarpıcı, göz alıcı, parlak, zengin: *rich sounds/*

colours. **riches** içoğ mal, mülk, zenginlik, servet. *We stared at all the king's riches displayed before us.* **the rich** içoğ zenginler.

rick¹ [rik] *i+sy* kuru ot, veya saman yığını.

rick¹

rick², **wrick** [rik] *f+n* vücuttaki bir kası hafifçe ama acıyacak bir şekilde) burkmak.

rickety ['rikiti] *s* dökülen, sağlam olmayan, sallanan: *a rickety old chair.*

rickshaw ['rikʃɔ:] *i+sy* çekçek, puspus; iki tekerlekli küçük bir araba. Doğu Asya'da kullanılır.

ricochet ['rikəʃəi] *i+sy/-sy* bir merminin, vb. bir yüzeye çarparak aniden yön değiştirme hareketi; bir taş parçasının su yüzünde sekerek gitmesi. Ayrıca *f+n/-n* bir yere çarpıp sekme sonucu aniden yön değiştirmek; sekmek. *A bullet can ricochet off a wall.* şim. *zam. ort.* **ricocheting** ['rikəʃeiiŋ]. *geç. zam. ve ort.* **ricocheted** ['rikəʃeid].

rid [rid] *f+n* kurtarmak, temizlemek: *rid a house of rats. geç. zam. ve ort.* **rid. get rid of 1** (bir şey)den kurtulmak, kendisini kurtarmak; sıyrılmak: *try to get rid of unwelcome visitors.* **2** öldürmek; yok etmek. **good riddance/ good riddance to bad rubbish** Allah'a şükür/Hele şükür şu musibetten/ondan kurtulduk. *You'll be glad to see me go. 'Good riddance to bad rubbish,' you'll say. The snow has gone at last, and good riddance to it.* (k. dil.).

ridden ['ridn] *ride* fiilinin geçmiş zaman ortacı.

riddle¹ ['ridl] *i+sy* bilmece; esrar, muamma; insanın bir türlü anlayamadığı bir durum, bir kimse. *Can you answer this riddle? That man is a riddle to me.*

riddle² ['ridl] *i+sy* kalbur. *f+n* **1** kalbura çevirmek; delik deşik etmek. *The door was riddled with bullets.* **2** kalburla elemek.

ride [raid] *f+n/-n* **1** (bir ata, veya başka bir hayvana; bir bisiklete, bir motosiklete) binmek: *ride (on) a horse.* **2** (kendisi sürmediği bir otomobilde, arabada, gemide, vb.) oturarak gitmek, götürülmek, taşınmak; binmek: *ride in a bus.* Ayrıca *i+sy* kısa araba, vb. gezintisi: *go for a ride in the park. geç. zam. biç.* **rode** [roud]. *geç. zam. ort.* **ridden** ['ridn]. **rider** *i+sy* **1** binici, sürücü. **2** ek madde; resmi bir karara, veya yargıya eklenen bir söz, bir düşünce. **take someone for a ride** birisini kandırmak, aldatmak, kazıklamak, üçkâğıda getirmek. *I'm afraid that the men who sold you that house were taking you for a ride.*

ridge [ridʒ] *i+sy* **1** sırt; iki eğik yüzeyin tepede birleştiği yer: *the ridge of a roof* (=çatı sırtı). **2** dağların, veya tepelerin üst bölümü.

ridicule ['ridikju:l] *f+n* kırıcı biçimde alay etmek; gırgır geçmek; tiye almak. *John ridiculed my attempt to row the boat.* Ayrıca *i-sy* eğlenme, alay. *Her ridicule of his shyness made him blush with embarrassment.* **ridiculous** [ri'dikjuləs] *s* gülünç, komik; saçma. *Why are you wearing that ridiculous hat?*

rife [raif] *yük s* yaygın, genel; çok bulunan. *Crime is rife in this city.*

riffraff ['rif ræf] *i-sy* ayak takımı; uygunsuz davranışlı kimseler.

rifle¹ ['raifl] *i+sy* tüfek; uzun namlulu (ve genl. omuzdan ateş edilen) bir silâh.

rifle² ['raifl] *f+n* (bir yerde) etrafı iyice araştırıp, değerli her şeyi çalmak. *All the drawers had been rifled.*

rift [rift] *i+sy* **1** yarık, çatlak, gedik. *There is a rift in the clouds; perhaps the sun will come out soon. Tiny blue flowers were growing in the rifts in the rock.* **2** arabozukluğu, ara açılması. *A deep rift had started in their family life.*

rig [rig] *f+n* (seçim, vb. hk.) dürüst olmayan bir biçimde kendi yararına ayarlamak; hile karıştırmak. *The race was rigged. geç. zam. ve ort.* **rigged**. **rigging** *i-sy* donanım; bir geminin direklerini, yelkenlerini tutmaya yarayan ipler, halatlar, vb. **oil rig** petrol platformu; deniz altından petrol çıkarmak için kullanılan bir yapı. **rig something up** derme çatma kurmak; sağda solda bulunan malzemelerle yapmak, uyduruvermek. *With the help of a few poles and a large canvas sheet we managed to rig up a shelter.*

right¹ [rait] *s* 1 doğru, dürüst, namuslu: *do what is right.* 2 doğru, yanlış olmayan: *give the right answer.* 3 en uygun, en elverişli; en münasip; belli bir amaç için en iyi olan. *Clare is obviously the right person to talk to about it.* 4 sağlıklı: *in his right mind* (= aklı başında; mantığı tamamen yerinde; deli filan değil). Ayrıca *z* 1 doğru, doğru olarak; uygun biçimde. *You did it right the first time. I hope it turns out right.* 2 tam (orada/burada). *Stop right there.* 3 doğruca, doğrudan doğruya; sağa sola sapmaksızın. *Go right on to the end of the road.* 4 tümü ile tamamen. *He fell right off the chair* (= Sandalyeden yere düştü). Ayrıca 1 *i-sy* doğru olan şey; doğruluk, dürüstlük: *know the difference between right and wrong.* 2 *i+sy/-sy* (yasal ve ahlâk açısından) hak. *She has no right to be so rude. I have a right/the right to say what I think.* Ayrıca *f+n* (bir şeyi) doğrultmak, düzeltmek, derleyip toplamak; (haksızlığı) tamir etmek, telafi etmek: *right an injustice.* **righteous** ['raitʃəs] *s* doğru, dürüst, adil. *He was a righteous man.* (*karş.* **unrighteous**). **rightful** *s* yasal, yasaya uygun, kanuni: *the rightful owner.* **rightfully** *z* 1 yasal olarak. 2 haklı ve yerinde olarak. **all right** için **all**'a bkz. **right angle** dik açı; 90° açı. **right now** (özl. *AmI*'de) hemen, derhal. **righto, right-ho** tamam, peki, oldu. *'Drive on,' Mary cried. 'Righto,' he said.* (*eş anl.* **okay**). **bɛ in the right** doğru olmak; (davasında) haklı olmak. *You are in the right: your neighbours are not entitled to walk accross your land without your permission.* **feel as right as rain** kendini çok iyi hissetmek, turp gibi olmak. *I'm feeling right as rain now, thank you.* **give one's right arm to do something** bir şeyi yapmak için sağ kolunu vermek, bir şeyi yapmayı çok istemek.

right² [rait] *s/z/i-sy* sağ; sağ taraf, sağ yan: *my right hand. In Europe road traffic mostly keeps to the right. Turn right when you reach the square.* (*karş.* **left**). **right-hand** *s* sağda, sağ

tarafta. **right-handed** *s* sağ el ile iş gören, sağ elini kullanan: *a right-handed person.* **rightist** ['raitist] *s* sağcı. **the right/the right wing** *i-sy* sağ siyasal partiler, veya sağcı gruplar. Bunlar sosyalizme ve kominizme karşıdırlar: *a right-wing politician.* **right of way** 1 geçiş hakkı. *There has been a right of way across these fields for many years.* 2 geçiş üstünlüğü.

rigid ['ridʒid] *s* 1 sert, kaskatı, eğilmez, bükülmez. *The tent pole was rigid and withstood the strong winds of the storm.* 2 sert, katı; değişmesi ya da değiştirilmesi kolay olmayan. *In our home, it is a rigid rule to wash one's hands before eating. They are rigid disciplinarians.* **rigidly** *z* dimdik; kaskatı bir biçimde **rigidity** [ri'dʒiditi] *i-sy* sertlik, kımıldayamamazlık.

rigmarole ['rigmərout] *i-sy* fazla bir anlamı olmayan, uzayıp giden karmakarışık bir öykü; deli saçması, saçma sapan konuşma.

rigour ['rigə*] (*AmI*'de **rigor**) 1 *i-sy* sertlik, katılık, merhametsizlik, acımasızlık. 2 *i+sy* (çoğk. *çoğ. biç.*) sıkıntı, cefa, meşakkat; güç koşullar: *the rigours of winter.* **rigorous** *s* 1 şiddeti, sert: *rigorous discipline.* 2 dikkatli, titiz, inceden inceye: *a rigorous search.* **rigorously** *z* dikkatle, inceden inceye. *These methods have been rigorously.*

rile [rail] *f+n* rahatsız etmek, kızdırmak, sinirlendirmek. (*eş anl.* **irritate**).

rim [rim] *i+sy* (genl. yuvarlak bir şeyin) dış kenarı: *the rim of a cup. The rim of the wheel is bent.*

rind [raind] *i+sy/-sy* bazı yiyeceklerin (örn. kaşar peyniri, tuzlanmış domuz etinin, vb.) yenilmeyen dış kabuğu. *We do not eat the rind of oranges, melons, and cheese.*

ring¹ [riŋ] *i+sy* 1 çember, daire, halka: *stand in a ring round something. The fairies danced in a ring. She could tell the age of a tree by counting the number of rings in its wood; one ring grows every year.* 2 yüzük. *She wore a wedding ring on her left hand.* 3 ring; etrafı çevrili alan: *a cattle ring; a box-ing ring.* 4 şebeke, çete; (genl. dürüst olmayan bir biçimde) işlerini kendi çıkarları doğrultusunda yürütmek için ortak olarak çalışan bir topluluk. *The police exposed a fairly*

large drug ring operating in the area.
5 (yorgunluk, veya çekilen üzüntüden meydana gelen) gözler altındaki mor halkalar. *There were dark rings of fatigue beneath his eyes.* **ringlet** *i+sy* saç lülesi; bukle; kâkül. **ringleader** elebaşı, çete reisi. **ring road** çevre yolu; merkezdeki trafiği rahatlatmak amacı ile yapılan ve şehri çevreleyen yol.

rings¹

ring² [riŋ] *f+n/-n* 1 çalmak, ötmek. *The telephone is ringing.* 2 (bir zili) çalmak: *ring a bell.* 3 telefon etmek. *I'll ring you later. (eş anl.* **phone**). 4 çın çın ötmek, çınlamak. *The room rang with his laughter. The sound of his voice rang in my ears. geç. zam. biç.* **rang** [ræŋ]. *geç. zam. ort.* **rung** [rʌŋ]. Ayrıca *i+sy* zil sesi: *a ring at the door.* **ring off** telefonu kapamak; telefon konuşmasını bitirmek. *I'd better ring off now.* **ring someone up** telefon etmek. *I'll ring you up later.*

rink [riŋk] *i+sy* buz pateni alanı, veya tekerlekli paten alanı: *an ice rink.*

rinse [rins] *f+n* durulamak, çalkalamak; temiz bir su ile (özl. sabunu) arıtmak: *rinse (out) a shirt; rinse soap out of one's hair.* Ayrıca *i+sy* durulama, alkalama: *give clothes a rinse before drying them.*

riot ['raiət] *i+sy* 1 kargaşa, ayaklanma. *The police came to put down the riots.* 2 gürültü, velvele, hengâme. 3 renk cümbüşü: *a riot of colour.* Ayrıca *f-n* kargaşa çıkarmak; ayaklanmak; gösteri yapmak, gösteride bulunmak: *riot in the streets.* **rioter** *i+sy* kargaşa çıkaran, gösteri yapan. *Rioters attacked the banks and post offices.* **riotous** *s* kargaşalık çıkaran, huzuru bozan. *He was expelled from college for riotous conduct.* **read someone the riot act** çıkışmak; istenildiği gibi hareket etmesini, yoksa cezalandırılacağını söylemek. *If my daughter comes home late tonight again, I'm going to read her the riot act.* **run riot** gemi

azıya almak, taşkınlık yapmak. *After the match their supporters ran riot in the streets near the ground.*

rip [rip] *f+n/-n* 1 yarmak, yırtmak, yırtıp parçalamak: *rip a piece of cloth into small pieces. He ripped his shirt on the barbed-wire fence.* 2 yırtılmak, yarılmak. *His coat ripped when it was caught in the door. geç. zam. ve ort.* **ripped**. Ayrıca *i+sy* yarık, yırtık, sökük: *a rip in his coat. Please sew up this reap in my sleeve.*

ripe [raip] *s* olgun, olmuş, olgunlaşmış: *ripe fruit; ripe crops.* **ripen** *f+n/-n* olgunlaşmak ya da olgunlaştırmak.

ripple ['ripl] *i+sy* 1 dalgacık; hafif dalgalanma. *Throw a stone into still water and watch the ripples spread in rings.* 2 çağıltı, şıpırtı; suyun akarken taşlara, kayalara çarparak çıkardığı ses: *the ripple of a stream; a riple of laughter* (=dalga dalga yükselen hafif bir kahkaha). Ayrıca *f+n/-n* 1 çağıldamak, çağıldayarak akmak. 2 hafifçe dalgalandırmak; dalgacıklar halinde kımıldatmak. *A wind rippled the surface of the lake.*

rise [raiz] *f-n* 1 yataktan kalkmak, kalkmak. *We rise at six every morning. She rises early in the morning.* 2 yükselmek, kabarmak. *The level of the river is rising.* 3 çıkmak, başlamak. *A quarrel rose between them.* 4 (bir yönetime, veya yöneticilere, hükümdara) karşı ayaklanmak, isyan etmek. *The slaves rose against their enemy. (eş anl.* **rebel**). *geç. zam. biç.* **rose** [rouz]. *geç. zam. ort.* **risen** ['rizn]. Ayrıca *i+sy* 1 (*Brİ*'de) artış, yükseliş: *a rise in wages. (AmI*'de **raise**). 2 bayır, yokuş; tepecik: *a rise in the ground.* Ayrıca **raise'e** bkz. **give rise to an event or situation** bir olaya, veya duruma neden olmak, yol açmak. *The fact that the president was not present at the parade gave rise to rumours that he was ill.* **an early/a late riser** yataktan erken/geç kalkan kimse. **risible** *s* gülünç, komik; gülmeye yol açan, gülünmeyi hak eden. (*eş anl.* **laughable**). **rising** doğan; artan: *rising generation* (=genç kuşak, yetişen gençlik).

risk [risk] *i+sy/-sy* tehlike olasılığı; (belirtilen) kötü sonucu doğurabilecek bir şey. *If you go out in this weather, there is a risk of catching cold.* Ayrıca *f + n* **1** tehlikeye atmak; rizikoya sokmak: *risk one's life.* **2** (bir şeyi) göze almak: *risk being injured.* **risky** *s* tehlikeli, riskli, rizikolu. *It would be risky to play on the road even though it's not very busy.* **at the risk of** ...-mek pahasına, tehlikesini göze alarak. *John saved the little boy at the risk of his own life.* **at one's own risk** olabilecek, meydana gelebilecek, zarar, vb. sorumluluğunu üstüne alarak. *If you park your car here, you do so at your own risk.*

rite [rait] *i + sy/-sy* tören; (genl. dinsel) ayin: *the marriage rites.* **ritual** ['ritjuəl] *i + sy/-sy* dinsel ayin ve tören; kalıplaşmış bir biçimde sürdürülen bir tek ya da bir dizi ayin ya da dinsel tören: *the ritual of a church.* Ayrıca *s* törenimsi; törenler ile ilgili.

rival ['raivl] *i + sy* rakip; bir işte, aynı şeyi elde etmeye uğraşan kimse. *He is my main rival for the championship.* Ayrıca *f + n* rekabet etmek; birisi kadar iyi olmak. *The sunset rivalled the sunrise in beauty. His stupidity is rivalled only by his meanness. The stores rival each other in beautiul window dispyays. geç. zam. ve ort.* **rivalled.** (*AmI*'de **rivaled**). Ayrıca *s* rekabet eden, rakip. *They are analyzing the rival brands on the market.* **rivalry** *i + sy/-sy* rekabet; yarışma; rakib olma durumu. *There is rivalry among business firms for trade.*

river ['rivə*] *i + sy* nehir, ırmak. *I fished in the river after lunch. Rivers flow into the sea, into a lake, or another river.* **river bank** nehir kıyısı, kenarı; nehir yatağı boyunca uzanan kenarlar. **river bed** nehir yatağı. **riverside** nehir kıyı bölgesi.

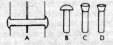

(A, rivet holding steel beams together; B, C, D rivets)

rivet ['rivit] *i + sy* perçin; iki veya daha çok levhayı birbirine bağlamak için geçirilen çivinin, ezilerek baş durumuna getirilen ucu. Ayrıca *f + n* **1** perçinlemek. **2** (gözlerini, veya dikkatini) bir noktaya dikmek. *He riveted his eyes on me* (= Gözlerini bana dikti). **3** hayran bırakmak; kuvvetle kendine çekmek, dikkati üstüne toplamak. *The scene riveted our attention.*

RN (= **Royal Navy**)—İngiliz Kraliyet Donanması.

road [roud] *i + sy* **1** yol, karayolu, şose: *the roads out of London; travel by road.* NOT: **in the road** dersek, 'yolun kapladığı sahayı, kısmı' söylemek istiyoruzdur: *Get on the pavement; don't stand in the road.* **on the road** denirse, 'yolun sathı, yüzeyi' ifade edilmektedir: *We had to drive very carefully, as there was ice on the road.* **2** yol; bir amaca ulaşmak için başvurulması gereken çare, yöntem: *the road to success.* **roadblock** yol engeli, mania, bariyer. **roadhog** yolu kaplayarak ortasından giden ve arkasından gelen araçlara geçiş izni vermeyen araç sürücüsü. **roadhouse** bir karayolu boyunda bulunan bir lokanta, veya pub. **roadway** yol şeridi; bir yolda, araçların gidip geldiği orta kesim. **roadworthy** (taşıt araçları hk.) yola elverişli; yolda sürülmeye uygun, emniyette kullanabilecek durumda. **hit the road** yola koyulmak. **one for the road** ayrılmadan önce bir içki daha içmek.

roam [roum] *f-n* aylak aylak dolaşmak, başıboş dolaşmak, gezinmek: *roam about the country.*

roar [rɔː*] *i + sy* kükreme, gürleme: *the roar of a lion.* Ayrıca *f + n/-n* **1** kükremek, gürlemek. *The crowd roared* (= Kalabalıktan bir uğultu yükseldi). **2** bas bas bağırmak; bağıra bağıra söylemek: *roar a command.* **3** büyük bir uğultu, gürültü, vb. çıkararak hareket etmek. *The plane roared past us.*

roast [roust] *f + n/-n* ateşin üstünde, veya fırında kızartmak, kebap etmek: *roast meat.* Ayrıca *i + sy/-sy* et kızartması, kızartma et; kızartma.

rob [rob] *f + n* soymak, çalmak, hırsızlık etmek. *Thieves robbed him of all his money. They robbed a bank in London and stole a car to make their getaway. geç. zam. ve ort.* **robbed.** **robber** *i + sy* hırsız, soyguncu. *A robber attacked the old lady and stole her money.* **robbery** *i + sy/-sy* hırsızlık, soygun. *He committed three petrol station robberies in two days.* **rob Peter to pay Paul** için **pay**'e bkz.

robe [roub] *i + sy* yargıç, avukat, vb. cüppesi; sabahlık.

robin ['rɔbin] *i+sy* kızıl göğüslü ardıçkuşu; kızılgerdan, narbülbülü.
robot ['roubɔt] *i+sy* **1** robot makine; bir fabrikadaki özl. tehlikesi, veya sürekli tekrarlanması mekanik bir işi otomatik olarak yapmak üzere programlanmış olan bir makine. *The car is made by robots.* **2** robot; görünüm bakımından insana benzeyen, yürüyüp konuşabilen bir makina. *Robots often appear in science fiction stories or films.* **3** robot gibi insan; düşünmeden çalışan, duygudan yoksun biçimde davranan kimse. **robotic** [roub'ɔtik] *s* robot gibi, robota benzer; mihaniki. **robotics** *i-sy* robot yapımcılığı bilimi.
robust [rou'bʌst] *s* sağlam, dinç; güçlü kuvvetli. *They chose only the most robust mountaineers to climb Mount Everest. He is a robust little boy.*
rock[1] [rɔk] *i+sy/-sy* **1** kaya, külte; büyük ve sert taş kütlesi: *cut a road through solid rock.* **2** taş. *Rocks fell down the hillside.* **3** bir tür horoz şekeri. **rocky** kayalık, kaya dolu; kaya gibi sert, taş gibi: *rocky soil.* **rockbottom** *s* asgari, en aşağı, en düşük. *You can get black-and-white television sets at rock-buttom price. (k. dil.).* **rockery/rock garden** içinde kayalardan kümeler bulunan bir bahçe. Böyle bir bahçede kayalar arasından bitkiler yetiştirilir. **on the rocks 1** (gemiler hk.) denizde kayalara bindirmiş, çarpmış. **2** (whisky, vb. hk.) yalnızca buzlu, içine su katılmayıp sadece buz parçaları konmuş. (**2.** anlamda *k. dil.*).
rock[2] [rɔk] *f+n/-n* **1** sallamak, sallanmak; ileri geri ya da sağa sola hareket etmek: *rock oneself to sleep.* **2** şiddetle sallanmak, sarsılmak. *The building rocked during the earthquake.* **rocking chair** sallanan koltuk; kavisli ayaklar üzerine oturtulmuş olan sandalye. **rocking horse** salıncaklı at; çocukların üzerine binip oynadıkları oyuncak at.
rocket ['rɔkit] *i+sy* **1** roket; atış sırasında mekanik olarak yön verilen, yörüngesinin başlangıcında otomatik olarak çalışan düzeneğinin iticiliği ile hareket eden ve daha sonra yalnız balistik yasalarına bağlı kalan mermi; bir çeşit füze. **2** havai fişek. *The people fired rockets to celebrate their*

victory.
rod [rɔd] *i+sy* çubuk, değnek, sopa, asa: *a fishing rod.*
rode [roud] **ride** filinin geçmiş zaman biçimi.
rodent ['roudnt] *i+sy* kemirgen (hayvan); kesici dişleri çok iyi gelişmiş olan (hayvan). *Rats, mice, rabbits, and squirrels are all rodents.*
rodeo ['roudiou] *i+sy* (Amerika'da) rodeo (gösterisi); bir binicinin yabani at, veya öküz üzerine binerek bu hayvanın üzerinde durabilmesine dayanan oyun. *He is a rodeo rider.*
roe[1] [rou] *i+sy* balık yumurtası. *Roe is the eggs or sperm of a fish, which is eaten as food.*
roe[2] [rou] *i+sy* karaca, ahu; boynuzları küçük ve çatallı bir hayvan. Avrupa ve Batı Asya ormanlık bölgelerinde bulunur. *çoğ. biç.* **roes** veya **roe.**
rogue [roug] *i+sy* **1** dalavereci, dolandırıcı, düzenbaz, hırsız, namussuz bir kimse. *There are often rogues around at carnival time to take advantage of careless people.* **2** afacan, maskara; muziplik yapmayı seven oğlan. *The little rogue has his grandpa's glasses on.* **roguish** *s* yaramaz, çapkın, oyunbaz, muzip.
role [roul] *i+sy* **1** rol; bir kişiliği canlandıran oyuncunun söylemesi ve yapması gereken hareketlerin genel adı: *an interesting role.* **2** bir kimsenin hayatta, veya bir faaliyet sırasında üstlendiği rol, görev. *The headmaster plays an important role in the good running of a school.*
roll [roul] *f+n/-n* **1** yuvarlanmak, yuvarlanarak gitmek; yuvarlamak. *The ball rolled into the net.* **2** top yapmak, dürmek, sarmak: *roll paper into a ball.* **3** sarmak, tomar yapmak, yuvarlayarak boru biçimine sokmak: *role a cigarette.* **4** sallanmak, yalpa vurmak: *a ship rolling in the storm.* **5** (arazi hk.) tatlı inişler çıkışlar yapmak. *We admired the rolling countryside.* **6** gürlemek, gümbürdemek. *Thunder rolled in the distance. Drums rolled.* Ayrıca *i+sy* tomar, rulo; top: *a roll of carpet.* **2** bir kişilik küçük bir ekmek somunu: *breakfast rolls.* **3** gürültü, gürleme, gümbürtü: *the roll of drums/thunder.* **4** yalpalama, yalpa vurma: *the roll of a ship.* **5** yoklama:

call the roll (=isim yoklaması yapmak). **roller** *i+sy* merdane, silindir. **roll call** yoklama; isim yoklaması. **rolled gold** altın kaplama. **roll-on/roll-off** *s* ro-ro; TIR, veya kamyon taşıyan yük gemisi. Ayrıca **ro-ro** ['rourou] da denir. **roller skate** tekerlekli paten. **rolling pin** oklava. **roll out the red carpet (for someone)** bir kimsenin ziyareti sırasında onu rahat ettirmek için kul köle olmak. *Everywhere that the distinguished visitors went, people rolled out the red carpet for them.* **rolling stone (gathers no moss)** yuvarlanan taş yosun tutmaz. (Maymun iştahlılık, verimli olmayı engeller. Sık sık iş ve meslek değiştirenler, tıpkı oradan oraya yuvarlanan taşların yosun tutmaması gibi, sürekli ve düzenli bir kazanç sağlayamazlar.) *Jack will never be able to save any money unless he gets a job and sticks to it: a rolling stone gathers no moss.*

rollicking ['rɔlikiŋ] *s* neşeli, eğlenceli, cümbüşlü.

Roman ['roumən] *s* Roma; Roma'ya ait, Roma ile ilgili: *Roman Empire.* Ayrıca *i+sy* Romalı. **Roman Catholic** *i+sy* Katolik; Katolik Kilisesi'nin bir üyesi. **roman numerals** romen rakamı.

romances about King Arthur and his knights? **3** *i-sy* aşk ve macera: *in search ·of romance.* **romantic** [rə'mæntik] *s* **1** roman gibi; öyküye benzer, masal gibi: *a romantic story; a romantic person.* **2** mantıktan çok duygulara seslenen; hayali; gerçek dışı, gerçeğe dayanmayan: *romantic poetry.*

romp [rɔmp] *f-n* koşup zıplayarak, gürültülü bir biçimde oynamak; haşarılık etmek. *The children like to romp in the garden.* Ayrıca *i+sy* gürültülü oyun; hoplayıp zıplamalı oyun. **rompers** *içoğ* bebek tulumu; küçük çocukların oynarken giydikleri tek parçalı bir giysi.

roof [ru:f] *i+sy* **1** dam, çatı; bir binanın tepesini kapatan dış örtü. *Smoke rose above the station roof.* **2** herhangi bir şeyin dış tavanı, üstü, tepesi: *the roof of a car; the roof of the mouth.* Ayrıca *f+n* üstüne çatı kaplamak; çatı ile örtmek; çatı olmak.

rook¹ [ruk] *i+sy* ekin kargası; toplu halde uçan karga görünümlü siyah bir kuş.

rook² [ruk] *i+sy* (satranç oyununda) kale.

rookie [ruki:] *i+sy* acemi er; yeni polis.

I	II	III	IV	V	VI	VII	VIII	IX	X
1	2	3	4	5	6	7	8	9	10

XI	XII	XIII	XIV	XV	XVI	XVII	XVIII	XIX	XX
11	12	13	14	15	16	17	18	19	20

XL	L	C	D	M
40	50	100	500	1000

Remember   V = 5
               IV is 1 before 5. IV = 4
               VI is 1 after 5. VI = 6.

MD   = 1500 (1000 and 500)
MDCL   = 1650 (1000+500+100+50)
MDCLXVI = 1666 (1000+500+100+50+10+5+1)

romance [rə'mæns] **1** *i+sy* aşk hikâyesi, aşk macerası. *'Cinderella' is the story of the romance between a beautiful girl and a prince.* **2** kralların, şövalyelerin, vb. maceralarını anlatan hikâye, veya şiir. *Have you read the*

room [ru:m] **1** *i+sy* oda; evin bir bölümü. **2** *i-sy* (boş) yer. *Is there room in your car for one more person?* **roommate** oda arkadaşı; kiralık bir odayı paylaşan arkadaş. **rooms** *içoğ* pansiyon odaları; bir binadaki bir dizi

kiralık oda: *living in rooms.* **roomy** *s*
geniş, ferah. *They live in a big roomy
house.* (*eş anl.* **spacious**).

roost [ru:st] *i+sy* tünek; kuşların, evcil
kanatlıların üzerinde tünedikleri dal,
veya sırık: *a hen on a roost.* Ayrıca
f-n tünemek. **rooster** *i+sy* (*AmI'de*
cock) horoz.

root [ru:t] *i+sy* 1 kök; bitkileri toprağa
bağlayan ve onların topraktaki besin
maddelerini emmesine yarayan kloro-
filsiz bölüm: *roots of a flower/tree.* 2
neden, sebep: *the root of a problem.
Money is the root of all evil.*

ROOTS
(A, B, taproot;
C, fibrous)

rope [roup] *i+sy* ip; halat; urgan.
know/learn the ropes bir işin yolunu
yordamını bilmek/öğrenmek. *Every-
thing will be confusing for you at the
beginning, but you'll soon get to
know the ropes.*

rosary ['rouzəri] *i+sy* tesbih. Katolik-
ler tarafından ettikleri duaların sayı-
sını tutmak için kullanılır.

rose[1] [rouz] **rise** fiilinin geçmiş zaman
biçimi.

rose[2] [rouz] *i+sy* gül; gül çiçeği. *Roses
grow on bushes that have thorny
stems.* **rosy** *s* 1 (insan derisi hk.) pem-
be. *She had lovely rosy cheeks and a
clear skin.* 2 (gelecek hk.) parlak,
umut verici: *a rosy future.* **rose bud**
gül goncası. **rosette** [rou'zet] *i+sy* ro-
zet; gül biçimi verilmiş kurdele. **not a
bed of roses/not all roses** güllük
gülüstanlık değil; bol ve rahatlık için-
de olan (yer) değil. *Life is not always
bed of roses.* **Put the roses back in
someone's cheek** yanaklarına renk
getirmek. **see things through rose-
coloured/rose-tinted spectacles** hayatı
toz pembe görmek. *Ever since he fell
in love, he has been seeing the world
through rose-coloured glasses.*

rosin ['rozin] *i+sy* reçine; bazı bitkiler-
de, özl. çamlarda oluşan katı ya da
yarı akışkan organik salgı maddesi.

roster ['rɔstə*] *i+sy* görev çizelgesi;
kimlerin, hangi sıra ile ne iş yapacak-
larını ve ne zaman yapacaklarını gös-
teren isim listesi. (*eş anl.* **rota**).

rostrum ['rɔstrəm] *i+sy* kürsü;
konuşmacılar için ayrılmış yükçe bir
yer, platform. (*eş anl.* **dais**).

rot [rɔt] *f+n/-n* 1 çürümek. *The fruit
was left to rot.* 2 çürütmek: *wood rot-
ted by the damp. geç. zam. ve ort.*
rotted. Ayrıca *i-sy* 1 çürüme, çürük:
wood affected by rot. 2 saçma sapan
sözler; ipe sapa gelmez fikirler. *Don't
talk rot!* (2. anlamı *k. dil.*). **rotten** *s*
1 çürük, çürümüş; bozuk, bozulmuş;
kokmuş, kokuşmuş; cılk: *rotten eggs.*
2 berbat, çok kötü: *a rotten film.* (2.
anlamı *k. dil.*).

rota ['routə] *i+sy* yapılacak işler listesi;
kimlerin, hangi sıra ile ne iş yapacak-
larını ve ne zaman yapacaklarını gös-
teren isim listesi. (*eş anl.* **roster**).

rotary ['routəri] *s* dönel; sabit bir nok-
ta, veya eksen etrafında dönen: *a
rotary movement.* **rotate** [rou'teit]
f+n/-n 1 (sabit bir nokta etrafında)
dönmek ya da döndürmek. *The earth
rotates on its axis.* 2 (bir işi düzenli bir
biçimde) sıra ile yapmak ya da yap-
tırmak; bir onu, bir bunu sıraya sok-
mak: *rotate crops.* **rotation** [rou'tei-
ʃən] *i+sy/-sy* 1 dönüş; dönme hareke-
ti. 2 dönüşümlü olarak; nöbetleşe: *in
rotation.*

rotund [rou'tʌnd] *s* (şişman tombul
olması nedeniyle) yusyuvarlak, tosto-
parlak: *a rotund face.*

rough [rʌf] *s* 1 engebelli, inişli çıkışlı;
pürüzlü, pürtüklü: *a rough road.* 2
(bir deniz yolculuğu, veya hava ya da
deniz hk.) fırtınalı, sert, dalgalı; ra-
hatsız, zahmetli: *rough seas; a rough
journey.* 3 (sesler hk.) kulak tırmalı-
yıcı, ahenksiz: *a rough voice.* 4 (insan-
lar ve davranışları hk.) kaba, hoyrat;
yumuşak olmayan, kaba saba: *rough
companions.* 5 taslak halinde, ta-
mamlanmamış: *a rough sketch; a
rough idea.* 6 yaklaşık, aşağı yukarı.
(*eş anl.* **approximate**). Ayrıca *i+sy* ka-
ba ve terbiyesiz kimse. **roughness** *i-sy*
kabalık; sertlik. **roughen** *f+n/-n* pü-
rüzlendirmek, kabalaştırmak, dalga-
landırmak; pürüzlenmek, kabalaş-
mak, dalgalı olmak. **roughly** *z* 1 kaba,
kaba bir şekilde. *She went to the
window and roughly pulled back the*

curtain. 2 yaklaşık olarak, aşağı yukarı, tahminen. *It is roughly twelve hours.* (*eş anl.* **approximately**). **rough-and-ready** 1 yasak savar; aceleyle yapılmış, veya hazırlanmış ama yine de işe yarar. *I have done the job in a rough and ready way: I shall do it properly when I have time.* 2 içten, candan ama kaba saba. **take the rough with the smooth** hayatı olduğu gibi kabul etmek; yaşamı iyi ve kötü yanları ile kabullenmek. *Don't be so upset when things go badly for you: you must learn to take the rough with the smooth.*

roulette [ruːˈlet] *i-sy* rulet (oyunu); ekseni çevresinde dönen bir tekerleğin içine dönüş doğrultusuna ters atılan bir topla oynanan bir şans oyunu.

round [raund] s 1 yuvarlak, daire biçiminde: *a round ball.* 2 tam, bütün, kesirsiz: *a round dozen.* Ayrıca *i+sy/-sy* 1 tur, raund: *a boxing match lasting ten rounds; be defeated in the third round of a competition.* 2 devriye; bir insanın her gün yapması gereken görevleri; günlük iş: *a policeman's round; the daily round.* 3 (mermilerde) (tek bir) atım, el: *a round of ammunition.* Ayrıca *z* 1 dairesel bir biçimde; halka oluşturacak biçimde hareketler ile: *turn round; wheels that go round; gather round* (= etrafında toplanmak). 2 çevresinde dolaşarak; dümdüz gitmeyerek. *We went round by the post office, instead of coming straight here.* 3 belli bir yere: *I invited them round for coffee.* 4 herkes için. *There are not enough cups to go round.* 5 çevreye, etrafa; her tarafa, her yere; her yerde. *I'm looking round to see if I can find my book.* Ayrıca *edat* 1 çevresine, etrafına: *build a fence round a field.* 2 çevresinde, etrafında (dairesel bir hareket ile): *walk round a tree.* 3 çevresini dolaşarak; etrafında dolanarak; dümdüz gitme yerine, yön değiştirerek) öbür yana; öbür tarafına geçecek biçimde: *walk round a corner.* Ayrıca *f+n* çevresini dolanmak, etrafını dolaşmak: *round a bend in the road.* **rounders** *i+sy* İngiliz beyzbolu; çocuklar tarafından oynanan bir top oyunu. **roundabout** *s* kestirme olmayan, dolaşık, dolambaçlı; dolaylı. *I heard it in a roundabout way* (= Onu

dolaylı bir yoldan duydum), Ayrıca *i+sy* 1 yolun ortasındaki göbek. 2 atlı karınca. **roundsman** ev ev dolaşıp sipariş alan ve sonrada bunların dağıtımını yapan bakkal, sütçü, vb. kimse. **round trip** 1 bir yoldan gidip, başka bir yoldan dönme. 2 bir gidiş-dönüş yolculuğu. **round-trip ticket** (*AmI*'de) gidiş-dönüş bileti. **go round and round in one's head** (bir şarkı, bir konuşma, vb.) bir türlü aklından çıkmamak; hep düşünüp durmak. **round off (something)** bir şeyi uygun bir şekilde ve memnuniyet verecek bir biçimde bitirmek, son vermek. *They have rounded off their work and will write a detailed report.* **round someone/something up** (dağılmış şeyleri, hayvanları, veya insanları) toplamak, toparlamak, bir araya getirmek: *round up cattle; round up a gang of criminals.* **roundup** *i+sy* toparlama, toplama, bir araya getirme. **round-the-clock** 24 saat; gece ve gündüz.

rouse [rauz] *f+n/-n* 1 uyandırmak, uykudan kaldırmak: *rouse someone from sleep.* 2 tahrik etmek, harekete getirmek; canlandırmak, heyecanlandırmak; kızdırmak, öfkelendirmek: *roused to anger.* **rousing** *s* tahrik edici, heyecan verici; gayrete getirici. *The troops sang a rousing song before marching into battle.*

rout [raut] *f+n* bozguna, hezimete uğratmak. *Our soldiers routed the enemy.* Ayrıca *i+sy* bozgun, hezimet, tam bir yenilgi.

route [ruːt] *i+sy* yol, güzergah, hat, rota. *What route are you taking?*

routine [ruːˈtiːn] *i+sy* her zamanki, değişmez ve alışılmış çalışma, iş görme biçimi: *his usual routine. Getting up and going to bed are parts of your daily routine.* Ayrıca *s* her zamanki, alışılagelen, alışılmış: *a routine job.*

row¹ [rou] *i+sy* 1 sıra, dizi, saf. *The children stood in a row in front of the row of chairs.* 2 (bir tiyatroda) koltuk sırası. **in a row** üst üste, ardı ardına. *She has now won the championship three times in a row.*

row² [rou] *f+n/-n* 1 kürek çekmek: *row across a river.* 2 kürek çekerek taşımak, veya götürmek. *row someone across the river.* **rowing boat/rowboat** sandal, kayık. **rowlock** [ˈrɔlək] ıskarmoz; kürek takmak için

kayık ve sandalın yan kenarına dikine
yerleştirilmiş ağaç, veya metal çubuk.

rowlock

row³ [rau] *i+sy* **1** ağız kavgası, ağız
dalaşı; hırgür. *I can't concentrate
while you are rowing.* **2** gürültü, patır-
tı, şamata. *What a row they're mak-
ing next door!* **3** bela, dert: *get a row
for not doing something properly.*(*k.
dil.*). Ayrıca *f-n* kavga çıkarmak; gü-
rültü patırtı çıkarmak. *I never rowed
with my mother, at least not in front
of her.* **rowdy** ['raudi] *s* gürültülü, pa-
tırtılı; kaba, sert. Ayrıca *i+sy* kaba-
dayı, külhanbeyi. **rowdiness** *i-sy* kül-
hanbeylik.

royal ['rɔiəl] *s* kral, veya kraliçe ile ilgili;
kraliyete ait: *royal palace; the royal
household.* **royalist** *i+sy* kraici, kral
taraftarı. **royalty** *i+sy/-sy* **1** kraliyet
ailesi: *be in the presence of royalty.* **2**
telif (hakkı) ücreti; imtiyaz hissesi: *He
became rich on the royalties the oil
company paid him.* **Royal Highness**
kral ve kraliçe dışında kalan kraliyet
ailesine mensup kişilere hitap ederken
kullanılır: *Her Royal Highness Prin-
cess Alexandra. His Royal Highness
Prince of Wales.*

R.P. [a:pi] (=received pronunciation)
için **received pronunciation**'a bkz.

RSVP [a:r es vi: 'pi:] (=**répondez s'il
vous plaît**)—lütfen cevap veriniz.

rub [rʌb] *f+n/-n* ovmak, ovalamak;
ovuşturmak. *Rub your hands to
warm them. She rubs her hands with
soap. geç. zam. ve ort.* **rubbed**. Ayrıca
i+sy ovma, ovalama: *give something
a quick rub.*

rubber ['rʌbə*] **1** *i-sy* kauçuk; tropikal
bir ağaçtan elde edilen dayanıklı ve
esnek madde. Bu maddeden, otomo-
bil lastikleri, kauçuk ayakkabılar, vb.
yapılır. **2** *i+sy* (*Brİ*'de) lastik silgi.
(*Amİ*'de **eraser**). **rubbery** *s* kauçuk
gibi, lastik gibi esnek ve sıkı. *The

rubbery clay was easy to push and
pull into different shapes.*

rubbish ['rʌbiʃ] *i-sy* **1** çöp, süprüntü;
atılacak olan gereksiz, artık madde.
We put our rubbish in the litter box.
2 boş laf, saçma, zırva: *talk rubbish.*

rubble ['rʌbl] *i-sy* kırılmış taş ve tuğla
(yığını); moloz, yapı döküntüsü. *After
the earthquake, the village was just a
pile of rubble.*

ruby ['ru:bi] *i+sy* yakut; koyu kırmızı
renkte, parlak ve değerli bir taş. Ay-
rıca *s* koyu kırmızı renk, yakut rengi.

rucksack ['ruksæk] *i+sy* sırt çantası;
dağcılık ve yürüyüş yapanların mal-
zemelerini içine koydukları çanta.

rudder ['rʌdə*] *i+sy* dümen; bir deniz
taşıtının arka tarafında bulunan ve bu
taşıtı istenilen yöne çevirmeye yarayan
ağaç veya saçtan yapılmış hareketli
kısım.

rudder

ruddy ['rʌdi] *s* yanağından kan damla-
yan; görünüşü sağlıklı: *ruddy cheeks.*

rude [ru:d] *s* **1** kaba, saygısız, nezaket-
siz: *a rude remark; a very rude per-
son. It was rude of you to interrupt
that lady when she was speaking.* **2**
kaba saba yapılmış, basit: *rude tools.*
3 ani ve şiddetli: *a rude shock.* **rudely**
z kabaca, sertçe. **rudeness** *i-sy* kaba-
lık.

rudiment ['ru:dimənt] *i+sy* (genl. çoğ.
biç.) bir konunun ilk önce öğrenilen
kısımları; temel bilgiler: *the rudi-
ments of chemistry.* (*eş anl.* **elemen-
tary**). **rudimentary** [ru:di'mentəri] *s*
temel; ilkin öğrenilen: *a few rudimen-
tary facts.*

ruff [rʌf] *i+sy* (özl. 16. asırda giyilen)
kırmalı yuvarlak yaka.

ruffian ['rʌfiən] *i+sy* haydut, zorba,
külhanbeyi.

ruffle ['rʌfl] *i+sy* **1** kırıştırmak, buruş-
turmak; pürüzlü hale getirmek. *The
wind ruffled the smooth surface of*

ruff

the lake. (*eş anl.* **ripple**). 2 tüylerini kabarmak. *The bird ruffled its feathers.* 3 (kitabın sayfalarını) hızlı hızlı, aceleyle çevirmek.

rug [rʌg] *i + sy* 1 küçük halı, kilim seccade. 2 battaniye, örtü; yolculuk sırasında, kamp yaparken, vb. sarınılan, bacaklara örtülen yünlü bir örtü.

rugby ['rʌgbi] *i-sy* ragbi; yumurta biçimindeki bir top ile hem elle, hem de ayakla oynanan bir tür futbol. (*eş anl.* **rugby football**).

rugged ['rʌgid] *s* 1 engebeli; inişli yokuşlu: *rugged countryside.* 2 karışık, kırışık, buruşuk; kaba, düzensiz: *a rugged brow; rugged features.*

rugger ['rʌgə*] *i-sy* ragbi futbolu. (*k. dil.*).

ruin ['ru:in] 1 *i-sy* yıkım, felâket; iflas; yok olma; mahv: *all his plans came to ruin.* 2 *i + sy* yıkıntı, harabe, kalıntı: *an interesting old ruin.* Ayrıca *f + n* harab etmek, mahvetmek, canına okumak; iflas ettirmek, batırmak. *His life was ruined by drink. Bad weather ruined our holiday.* **ruins** içoğ harabeler, kalıntılar. **ruinous** *s* yıkıcı, tahripkâr, harap edici; iflas ettirici: *ruinous debts.*

rule [ru:l] 1 *i + sy* kanun, nizam, kural, kaide: *if you want to play this game, you must obey the rules.* 2 *i-sy* egemenlik, hüküm; yönetim, idare: *achieve freedom from foreign rule.* 3 *i + sy* alışkanlık, âdet. *It is my rule to get up early.* **as a rule/as a general rule** genellikle, genel olarak, umumiyetle. *It never rains here, as a rule.* (*eş anl.* **generally**). 4 *i + sy* cetvel: *a foot rule* (= 12 inçlik bir cetvel). Ayrıca *f + n/ -n* 1 yönetmek, idare etmek, hükmetmek: *rule a country.* 2 hüküm vermek, resmen yargıda bulunmak. *The judge ruled that the new evidence*

should be considered. 3 bir cetvel ile çizgi çizmek. **ruler** *i + sy* 1 hükümdar, hükmeden kimse (örn. bir kral). 2 cetvel. **ruling** *i + sy* (örn. bir yargıcın verdiği) karar, resmi bir yargı. Ayrıca *s* egemen, hâkim. **work to rule** (örn. ücretlerin arttırılması için) kurallara sıkı sıkı itaat ederek bir fabrikadaki işi yavaşlatmak. **G.S. rules OK.** (= En büyük Galatasaray, başka büyük yok). **John rules OK.** (= En büyük John, başka büyük yok) (bu tür bir yazı duvarlara, vb. yazılır).

rum [rʌm] *i-sy* rom; şeker kamışından yapılan sert bir içki.

rumble ['rʌmbl] *f + n* 1 gürlemek, gümbürdemek. *Thunder rumbled in the distance.* 2 langır lungur gitmek; gümbürtü ile geçmek. *A heavy cart rumbled along the street.* Ayrıca *i + sy* gürleme, gümbürtü.

rummage ['rʌmidʒ] *f + n* altını üstüne getirerek aramak, öteyi beriyi karıştırarak aramak: *rummage through some old clothes; rummage about in a drawer.* (*eş anl.* **ransack**).

rumour ['ru:mə*] (*AmI'*de **rumor**) *i + sy/-sy* söylenti; ağızlarda dolaşan ve doğru olup olmadığı bilinmeyen haber; rivayet. *Rumour has it that the president is coming to visit our school.* (**rumour has it that** = dolaşan söylentiye göre... söylentisi dolaşıyor). *I have heard some rumours about your leaving/that you are going to leave.* (*eş anl.* **gossip, hearsay**). Ayrıca *f + n genl. ed. çat.*) yaymak, dedikodu çıkarmak: *It is rumoured that you are going to leave.* (*eş anl.* **be said**).

rump [rʌmp] *i + sy* sağrı, but; hayvanın beli ile kuyruğu arasındaki yuvarlakça yanı

rumple ['rʌmpl] *f + n* buruşturmak, kırıştırmak; karmakarışık etmek: *rumple a dress.* (*eş anl.* **ruffle**).

rumpus ['rʌmpəs] *i + sy* gürültü, patırtı; gürültülü tartışma. (*k.dil.*).

run¹ [rʌn] *f + n/-n* 1 koşmak: *run somewhere instead of walking; run as fast as one can.* 2 çabuk adımlarla yürümek; seğirtmek; hızla geçmek. *We ran to his help. Run for your lives!* (Kaçın! Canınızı kurtarın!). *A thought ran through my mind* (= Birden aklıma bir şey geldi). 3 çabucak gezdirmek, dolaştırmak: *run one's eyes over a page.* 4 çalışmak, işlemek, gidip gelmek. *There is a bus that runs every hour.* 5 akmak, boşalmak, dökülmek. *This river runs into the sea.* 6 saplamak, batırmak: *run a knife into someone.* 7 çarpmak, çarptırmak: *run a car into a tree.* 8 (belirtilen türden bir güç ile) çalışmak, işlemek: *an engine that runs on petrol.* 9 (makineler hk.) çalışmak, işlemek; çalıştırmak: *leave a car engine running.* 10 uzamak, uzayıp gitmek; devam etmek: *a pipe running all the way to the top of the wall; several days running.* 11 (bir piyes, bir film hk.) sürekli olarak gösterilmek, oynamak, temsil edilmek; afişte, vizyonda kalmak: *a play that runs for several months.* 12 (boya) akmak, yayılmak. *If you wash this dress in hot water, the colours will run.* 13 (bir seçimde) aday olmak, adaylığını koymak: *run for President.* 14 yarışa katılmak, yarışmak; koşmak, yarıştırmak, yarışa sokmak: *run a horse in a race.* 15 olmak: *run short of food* (= yiyeceği azalmak, bitmek). *During the election feelings run high.* (= Seçimler sırasında tansiyon hayli artar). 16 yönetmek, idare etmek; (bir kurumu, veya kurulu bir düzeni) işletmek, çalıştırmak: *run a restaurant.* 17 (arabasını) sürmek, kullanmak: *run a car.* geç. zam. biç. **ran** [ræn]. geç. zam. ort. **run** [rʌn]. **run away** kaçmak. *He ran away from home at the age of fifteen.* **run someone down 1** birisine araba ile çarpmak. *He ran down an old man who was crossing the street.* 2 aleyhinde konuşmak, yermek, kötülemek. *She is always running down her neighbours.* **run-down** s halsiz, bitkin, yorgun, tükenik, sağlıksız. *I think I should take a holiday, because I am feeling rather run-down.* **run into someone** birisine rastlamak; şans eseri karşılaşmak. *I ran into an old friend of mine yesterday.* **run off with something** bir şeyi çalmak, aşırmak. *The accountant ran off with most of the firm's liquid assets.* **run out of something** bir şeyin tümünü kullanmak, kullanıp bitirmek. *We ran out of petrol yesterday. We have run out of time, and so we must end the meeting.* **run over someone/something 1** çiğnemek, ezmek. *A crowd gathered round the child that had been run over.* 2 tekrarlamak, bir da-

ha gözden geçirmek. *At the end of each lesson he ran over the main points.* **run through something** göz atmak, gözden geçirmek; çabucak okumak. *Could you just run through this article and tell me what you think of it?* (*k. dil.*). **run up 1** borç yapmak, borca girmek, borçlanmak; fa·uralar (ödemeden) biriktirmek: *run up bills; run up debts.* 2 çabucacık dikmek. *She ran up a dress.* (2. anlamda *k. dil.*). **run a temperature/fever** (bir kimsenin) ateşi çıkmak.

run² [rʌn] *i+sy* 1 koşma (hareketi); koşu: *set off at a run.* 2 (belirtilen türde) kısa gezinti, zevk için dolaşma: *go for a run in the car.* 3 (belirtilen bir yere yapılan) yolculuk, sefer. *The bus had finished its last run.* 4 (bir piyes, bir film, vb. hk.) afişte kalma; sürekli oynama: *the play had a run of two years.* 5 benzer olaylar dizisi; benzer olayların üst üste gelişi: *a run of bad luck.* 6 **a run on the bank** bankalara hücum; ani bir toptan para çekme isteği; bankalara yığılma. 7 (bir yeri) kullanma, bir yere ziyaret etme özgürlüğü; (bir yere) girip çıkma izni: *have the run of someone's house.* 8 (çorap) kaçma; kaçan yer, kaçık: *a run in a stocking.* 9 (kriket, veya beyzbolda) sayı: *make a lot of runs.* 10 hayvanların beslendiği (genl. etrafı çevrili) bir yer: *a chicken/sheep run.* **in the long run** zamanla, nihayet, en sonunda. *Studying may be difficult just now, but you will benefit in the long run.* **on the run 1** bozgun halinde, kaçmakta, geri çekilmekte. *The enemy army was on the run.* 2 firarda. *The escaped convict was on the run for two weeks.*

runaway [ˈrʌnəwei] *i+sy* kaçmış olan bir kimse, bir at, vb; kaçak, firari. *The runaway wouldn't tell the police where she lived.*

rung¹ [rʌŋ] **ring²** fiilinin geçmiş zaman ortacı.

rung²

rung² [rʌŋ] *i+sy* bir metal, veya tahta çubuk (özl. bir (seyyar) merdivenin basamağı ya da bir sandalyenin bacakları arasındaki yatay bir çubuk).

runner ['rʌnə*] *i+sy* **1** koşucu, atlet. **2** kaçakçı: *a gun runner*. **runner bean** çalı fasulyesi. **runner-up** bir yarışmada ikinci olan bir kimse, veya takım.

run-of-the-mill sıradan; bir özelliği olmayan. *It's a run-of-the-mill sort of play: not marvellous, but not terrible either.*

running ['rʌniŋ] *i+sy* koşu; koşma hareketi ya da koşma sporu. Ayrıca *s* **1** koşarken yapılan: *a runing jump*. **2** sürekli, devamlı: *give a running commentary* (=naklen maç yayını yapmak); *for three nights running*. **3** akan, akar: *hot and cold running water* (=musluk suyu; musluktan akan sıcak ve soğuk su).

runway ['rʌnwei] *i+sy* uçak pisti. *The plane sped down the runway.*

rupture ['rʌptʃə*] *i+sy/-sy* **1** ani kopma, kesilme, çatlama ya da patlama: *the rupture of a blood vessel/a friendship*. **2** fıtık; iç organlardan bir parçanın, daha çok bir bağırsak bölümünün (genl. karın çeperini) yırtarak, veya delerek deride meydana getirdiği şişlik. Bazen ağır bir şeyi kaldırmadan ötürü meydana gelebilir. *My uncle is suffering a rupture*. (eş anl. **hernia**).

rural ['ruərl] *s* kırsal; taşra, veya köy hayatı ile ilgili: *a rural area. Rural life is healthful and quiet*. (karş. **urban**).

ruse [ru:z] *i+sy* hile, düzen, oyun. *His mother saw through his ruse to avoid mowing the lawn. Very carefully they planned a ruse to make everyone to think they were still in bed.*

rush¹ [rʌʃ] *f+n/-n* **1** hızla hareket etmek; (belirtilen yöne) koşmak, koşturmak. *We rushed to where the noise came from*. **2** çabucak yollamak, acele ile göndermek. *He rushed more police to the riot*. **3** saldırmak, hücum

etmek; üstüne atılmak, çullanmak. *The crowd rushed the palace gates.* **4** düşünmeden acele karar vermek. *Don't rush into anything.* Ayrıca *i+sy/-sy* acele, telâş; ani ve hızlı bir hareket: *a sudden rush of water*. **the rush hour** kalabalık saati, izdiham vakti, yoğun trafik; bir kentte insanların sabah işe giderken, akşam da işten çıkışlarındaki yoğun koşuşma vakti.

rush² [rʌʃ] *i+sy* saz, hasırotu.

rusk [rʌsk] *i+sy* peksimet, gevrek; sert ve kuru bir bisküvi (genl. küçük çocuklar yer).

rust [rʌst] *i-sy* pas; açık havada, veya nemli bir yerde kalan demirin üzerinde oluşan, kırmızıya çalar kahverengi, sulu oksit katmanı. Ayrıca *f+n/-n* paslandırmak; paslanmak, pas tutmak. *I let my tools rust by leaving them out in the rain*. **rusty** *s* paslı, paslanmış; pas kaplamış: *a rusty old gun*.

rustic ['rʌstik] *s* kırsal, köysü, kıra ya da köye ait; kıra uygun, sade, basit. *The house has a rustic charm.*

rustle ['rʌsl] *i+sy* hışırtı; yaprakların rüzgârda çıkardığı hışırdama sesi: *the rustle of leaves; the rustle of a skirt.* Ayrıca *f+n/-n* **1** hışırdamak. **2** hışırdatmak: *rustle papers.* **3** (*AmI*'de) sığır çalmak.

rut [rʌt] *i+sy* bir tekerleğin yumuşak toprakta bıraktığı iz. *The whirling wheels of the bogged down car made deep ruts.* **get into a rut** (yaşamda) tek düzeliğe saplanmak; kalıplaşmış ve yavan bir yaşam içine girmek. *If you stay in the same place too long, you can get into a rut.* (k. dil.).

ruthless ['ru:θləs] *s* acımasız, insafsız: *a ruthless enemy.* (eş anl. **cruel**).

rye [rai] *i-sy* **1** çavdar; soğuk bölgelerde yetişen bir tarım bitkisi. **2** çavdar; bu bitkinin un yapmakta kullanılan danesi. **rye bread** çavdar akmeği. **rye whisky** çavdar whiskisi.

S

Sabbath ['sæbəθ] *özeli* **1** (**the** ile) Sebt, veya Şebat günü; cumartesi günü; Yahudilerce dinlenme ve ibadet günü. **2** Hıristiyan kiliselerinin bazılarınca yine böyle bir gün olarak alınan pazar günü.

sabotage ['sæbəta:ʒ] *i-sy* sabotaj, baltalama. *Several acst of sabotage were committed against radio stations.* Ayrıca *f+n* sabotaj yapmak. *The workmen sabotaged their machines because they were not given higher wages. The spy sabotaged the enemy planes.* **saboteur** ['sæbə'tə:*] *i+sy* sabotajcı, sabotör.

saccharin ['sækərin] *i-sy* sakarin; şeker perhizi yapan hastalarca şeker yerine kullanılan tatlı bir madde.

sachet ['sæʃei] *i+sy* içinde bir kerecik kullanmaya yetecek kadar hoş kokulu pudra, şampuan, vb. madde olan ufak bir torbacık.

sack¹ [sæk] *i+sy* çuval. *Sacks are used for holding grain, flour, potatoes, and charcoal.* **sackcloth** *i-sy* çuval bezi. (*eş anl.* **sacking**). **sacking** *i-sy* **1** çuval bezi. (*eş anl.* **sackcloth**). **2** işten çıkarma. **sackload** *i+sy* çuval dolusu bir şey.

sack² [sæk] *f+n* (bir şehir, veya kasabayı) yağmalamak, yağma etmek. *Costantinople was not sacked by the Turks in 1453.* (*esk. kul.*).

sack³ [sæk] *f+n* işten atmak, işten çıkarmak, sepetlemek. *His employer sacked him for incompetence. He was sacked after being late for work.* (*k. dil.*). (*eş anl.* **fire**). **get the sack** işten çıkarılmak, kovulmak, sepetlenmek. *Years ago he would have got the sack for something like that.* (*k. dil.*). **give someone the sack** işten çıkarmak, sepetlemek. *The boss gave Richard the sack for being late to work.* (*k. dil.*).

sacrament ['sækrəmənt] *i+sy* Katolik kilisesinde önemli bir dinsel tören.

sacred ['seikrid] *s* kutsal, dinsel; mukaddes: *a sacred building; sacred music. The Koran is the sacred book of the Muslims.*

sacrifice ['sækrifais] *i+sy/-sy* **1** kurban etme; Tanrıya, veya bir ilâha sunma. *The ancient Hebrews killed animals on the alters as sacrifices to God.* **2** (belli bir amaç için) harcama, feda etme. *We sold our car and made other sacrifices to pay for Selim's education.* Ayrıca *f+n/-n* (yüce bir amaç için) kurban etmek, feda etmek: *sacrifice one's life; sacrifice everything for one's children.*

sacrilege ['sækrilidʒ] *i-sy* dinsel saygısızlık; hürmetsizlik, kutsal bir kimseye ya da şeye saygısızlık gösterme: *guilty of sacrilege.*

sacrosanct ['sækrousæŋkt] *s* kutsallar kutsalı; saygısızlık edilmesine izin verilemeyecek kadar mukaddes.

sad [sæd] *s* üzgün, üzüntülü; acınacak, üzücü, acıklı. *I was sad when my best friend left our school. Kim was sad because she lost her money.* **sadden** *f+n/-n* kederlenmek, neşesi kaçmak; kederlendirmek, neşesini kaçırmak. *The news of his illness saddened me. His face saddened at the news.* **sadly** *z* **1** kederle, hüzünle. *He shook his head sadly.* **2** ne yazık ki, maalesef. *Sadly, we don't appear to have much chance of getting the contract.* **sadness** *i-sy* üzüntü, keder.

saddle ['sædl] *i+sy* **1** eyer, semer. *Mark swung himself into the saddle.* **2** (bisiklet, veya motosikletlerde) sele. *She put a leg across the bicycle, and set up on the high saddle.* Ayrıca *f+n* **1** eyerlemek; semer vurmak. *He saddled his his horse rode off.* **2** (bir kimseye tatsız bir görev, sorumluluk, vb.) vermek, yüklemek: *saddle a heavy responsibility on someone; be saddled with debts.* **saddle horse** binek atı.

sadism ['seidizəm] *i-sy* sadizm; gaddarlıktan zevk alma, zevk için yapılan gaddarlık; can yakma yolları ile cinsel zevk sağlama biçiminde bir sapıklık. **sadist** *i+sy* sadist; eziyet etmekten zevk alan sapık kimse. (*karş.* **maso-**

chism). **sadistic** [sə'distik] *s* sadist, sadistçe.

safari [sə'fa:ri] *i+sy* safari; Afrika'nın doğusunda toplu olarak yapılan hayvan avı. *We're going on safari.*

safe [seif] *s* **1** tehlikeden uzak, emin, güvenli. *I keep my money in a safe place. We feel safe with the dog in the house.* **2** sağlam, sâlim. *He arrived home safe and sound* (=Sağ sâlim eve vardı). **3** güvenlikli, tehlikesiz, emniyetli: *be safe from one's enemies.* **4** güvenli, güvenilir; zarara ziyana uğratmayan: *a safe driver.* **5** güvenilir, emin, güvenli: *a safe guide.* Ayrıca *i+sy* demir kasa. **safely** *z* emniyetle, güvenli olarak. **safety** *i-sy* güvenlik, emniyet. *I was assured of my son's safety.* **in safe hands** emin ellerde. *She's in safe hands at the hospital.* **play safe/play it safe** tedbirli davranmak, emniyeti elden bırakmamak, riske girmemek. **safeguard** *f+n* korumak, himaye etmek; garanti sağlamak. *We all took turns watching the bird's nest to safeguard it from wild animals.* Ayrıca *i+sy* himaye, koruma; koruyucu şey. *Shark patrols are a safeguard for surfers.* **safety belt** emniyet kemeri. *He would have been killed if he hadn't been wearing a safety belt.* (*eş anl.* **seat-belt**). **safety catch** (ateşle silahlarda) emniyet. *He slipped on the safety catch and pocketed the gun.* **safety pin** çengelli iğne.

safety pin

sag [sæg] *f+n* **1** sarkmak, bel vermek: *a sagging ceiling.* **2** eğilmek, bükülmek, çökmek, sarkmak. *His trousers sagged over his hips.* **3** yavaş yavaş kaybolmak, gittikçe zayıflamak. *Our spirits saged.*

saga ['sa:gə] *i+sy* **1** İzlanda, Norveç, İsveç ve Danimarka Viking'lerinin en eski kahramanlık öykülerinden herhangi birisi. **2** destan. (*eş anl.* **legend, myth**).

sage[1] [seidʒ] *i-sy* adaçayı. *Sage is a small plant. Its leaves are used in cooking as a flavouring.*

sage[2] [seidʒ] *i+sy* hikmet sahibi kimse; pir, filozof. *People come from far and near to consult the sage about their problems.* Ayrıca *s* ağır başlı, akıllı. *The sage old lady advised the young couple to forgive each other after their quarrel.*

sago ['seigou] *i-sy* Hint irmiği; sagu; sütlü tatlılar yapmak ve çamaşırları kolalamak için kullanılır.

said [sed] **say** fiilinin geçmiş zamanı ve ortacı.

sail [seil] *i+sy* **1** yelken. *The wind blows against the sail and pushes the boat or ship.* **2** yelkenli gemi ile yapılan kısa bir yolculuk. *Let's go for a sail.* Ayrıca *f+n/-n* **1** gemi ile yolculuk yapmak, gitmek. *During our holidays we sailed down the Thames in a converted barge.* **2** (yelkenliyi) yönetmek. *We are learning to sail.* **3** (yelken kullanarak) su yüzünde seyretmek, gitmek. **4** yolculuğa çıkmak, sefere çıkmak. *We sailed at dawn.* **5** süzülüp gitmek, kayar gibi gitmek, uçarcasına hareket etmek. *The ball sailed into the net.* **sailor** *i+sy* gemici. **sailing boat** (*Brİ*'de) yelkenli tekne. (*Amİ*'de **sailboat**).

saint [seint] *i+sy* **1** aziz; Aya, Sen; ermiş, eren. **2** melek gibi iyi bir insan. *He is widely regarded as a saint.* **saintly** *s* evliya gibi, kutsal. *The parson praised the woman for her saintly acts of compassion.*

sake [seik] *i-sy* genl. **for the sake of** sözünde—uğruna, aşkına, amacı için; iyiliği için, çıkarı için. *He was willing to die for the sake of his country.* **for my sake/your sake** hatırım/hatırın için. *Please do this for my sake.* **for God's sake, for heaven's sake** Allah aşkına (ne olursun). *For God's sake go and talk to her.*

salad ['sæləd] *i+sy/-sy* **1** salata: *tomato salad.* **2** yeşil salata; salata yapmak için yetiştirilen yeşil bir sebze (örn. marul). **fruit salad** meyve salatası. **salad days** içoğ gençlik ve tecrübesizlik dönemi.

salami [sə'la:mi] *i-sy* salam.

salary ['sæləri] *i+sy* maaş. *He earns a salary of £4,000 per annum* (=Yılda 4,000 İngiliz sterlini maaş alır). *I got a salary increase in May.* NOT: işçilere ödenen maaşa *wages* (veya *wage*) denir ve bu ödeme haftalık olarak yapılır: *get a wage of £10 a week. Salary* genellikle aylık olarak verilir.

sale [seil] *i+sy/-sy* **1** satış, satım: *look at goods on sale* (=satılıyor olan/satışa çıkan mallara bakmak); *make a sale* (=satış yapmak). **2** ucuzluk; indirimli satış; tenzilatlı satış: *go to the winter sales; buy something cheap at a sale.* **saleable** ['seiləbl] *s* satılabilir. (*AmI*'de **salable**). **salesman** erkek tezgahtar. **saleswoman** kadın tezgahtar.

salient ['seiliənt] *s* çarpıcı, belirgin; kolayca görülebilen, hemen göze çarpan; çok önemli: *the salient points of a speech.* (*eş anl.* **striking, noticeable**).

saliva [sə'laivə] *i-sy* salya; ağızdan akan tükrük.

sallow ['sælou] *s* (cilt hk.) soluk, renksiz; sarımsı ve sağlıksız görünümlü.

salmon ['sæmən] *i+sy/-sy* som balığı; kemikli balıklardan, hem denizde hem de tatlı sularda yaşayan, eti yenilen irice bir balık. *Salmon live in the sea but swim up rivers to lay their eggs. çoğ. biç.* **salmon**.

salon ['sælən] *i+sy* **1** sergi salonu, galeri. **2** oturma odası.

saloon [sə'lu:n] *i+sy* **1** gemi salonu: *the dining saloon of a ship.* **2** 4 ila 7 kişilik üstü kapalı araba. (*eş anl.* **sedan**). **3** (*AmI*'de) meyhane, bar. (*BrI*'de **public house**).

salt [sɔlt] *i-sy* **1** tuz; yemek tuzu. Simgesi NaCl. **2** (kimyada) bir asitteki hidrojenin yerini bir bazın almasıyla oluşan bileşim. Ayrıca *f+n* tuzlamak, tuz koymak, tuz ekmek. **salt, salty** *s* tuzlu. **salt shaker** tuzluk. *He used the salt shaker to season his meat.* **rub salt into someone's wounds** bir kimsenin yarasına tuz biber ekmek.

SALT [sɔlt] *özel i* (=Strategic Arms Limitation Talks)—Stratejik Silâhları Sınırlandırma Görüşmeleri, veya Anlaşması: *the end of SALT talks.*

salutary ['sæljutəri] *s* yararlı, faydalı, hayırlı; sağlığa yararlı. *The teacher gave the boy salutary advice.*

salute [sə'lu:t] *f+n/-n* selâmlamak, selâm vermek. *The soldier saluted the officer.* Ayrıca *i+sy* selâm, selâmlama: *a twenty-one gun salute.*

salvage ['sælvidʒ] *i-sy* **1** kazaya uğrayan bir gemiyi kurtarma (işi). **2** bir yangın, vb. felaketten bir binayı, malları kurtarma (işi). **3** kurtarılmış olan ge-

mi, eşya, vb. Ayrıca *f+n* deniz kazası, yangın, vb. sonucu zarar, veya ziyandan kurtarmak. *We salvaged most of the cargo before the ship sank.*

salvation [sæl'veifən] *i-sy* günahtan kurtarma, felaketten kurtarış; kurtuluş, necat; veya günahtan kurtarılma durumu. *The gambler was beyond salvation.*

salvo ['sælvou] *i+sy* yaylım ateşi, salvo; birçok topun aynı anda ateş etmesi.

SAM [sæm] *i+sy* (=surface-to-air missile)—karadan havaya atılan füze.

same [seim] *s* aynı; benzer. *My brother and I went to the same school. They all said the very same thing. That same man married her twenty years later.* **the same** aynı şey, aynı biçim(de), aynı şekil(de). *Your sister behaves well, and you must do the same. I feel the same as you (do).* **all/just the same** için **all**'a bkz. **Same here** Ben de. '*We thought that the service in our hotel was dreadful.'—'Same here: we are going to complain to the manager.'* (*eş anl.* **me too**).

sample ['sa:mpl] *i+sy* örnek, numune: *give away free samples of something one wants to sell.* Ayrıca *f+n* örneğini alıp incelemek; muayene etmek. *The cook sampled the food to make sure it tasted right.*

sanatorium [sæni'tɔ:riəm] (*AmI*'de) **sanitarium** [sæni'teəriəm] *i+sy* sanatoryum; uzun süren hastalıkların, özellikle veremlilerin bakıldıkları sağlık yurdu.

sanctify ['sæŋktifai] *f+n* kutsamak; kutsallaştırmak.

sanctimonious [sæŋkti'mouniəs] *s* yalancı sofu; kutsallık taslayan.

sanction ['sæŋkfən] *i+sy/-sy* **1** izin, müsade, onay: *do something with official sanction/with the sanction of society.* (*eş anl.* **approve**). **2** müeyyide, yaptırım (özl. uluslararası bir yasayı çiğneyen bir ülkeye karşı bir ya da birden çok ülke tarafından girişilen bir hareket). Ayrıca *f+n* onaylamak, tasdik etmek. *The headmaster sanctioned our plan to hold a fete to raise money.*

sanctity ['sæŋktiti] *i-sy* kutsallık, mukaddeslik. *Do you not believe in the sanctity of human life? We should respect the sanctity of marriage.*

sanctuary ['sæŋktjuəri] 1 *i+sy* bir mabedin en kutsal kabul edilen yeri. 2 *i+sy* sığınak, barınak: *a sanctuary for those who have broken the law.* 3 *i+sy* kuşlar ve başka tür hayvanlar için ayrılmış bir bölge olup bu hayvanlar burada avlanmazlar: *a bird sanctuary. The wildlife sanctuary was a perfect place to seem animals living in their natural state.*

sand [sænd] *i-sy* kum. *They were playing in the sand at the water's edge.* **sandy** *s* 1 kumlu; içinde kum bulunan, veya kum ile dolu: *to lie in the sun on a sandy beach.* 2 kum gibi sarımsı kahverengi: *sandy hair.* **the sands** kumsal, kumluk; kum alanı: *the sands of the seashore; the sands of the desert.* **sandpaper** zımpara kâğıdı.

sandal ['sændl] *i+sy* çarık, sandal, sandalet; sayası şeritten, veya delikli sahtiyandan yapılan bir çeşit hafif ayakkabı.

sandals

sandwich ['sændwitʃ] *i+sy* sandviç. Ayrıca *f+n* iki kişi, veya şey arasına sıkıştırmak, yerleştirmek. *The child was sandwiched in between his parents.*

sane [sein] *s* 1 akıllılık, aklı başında; deli değil. *The court judged the man sane and therefore responsible for his actions.* 2 akla uygun, mâkul: *follow a sane policy.* (*karş.* **insane**). **sanity** ['sæniti] *i-sy* aklı başında olma. (*karş.* **insanity**).

sang [sæŋ] **sing** fiilinin geçmiş zaman biçimi.

sanguine ['sæŋgwin] *s* iyimser; neşeli, şen: *have a sanguine nature.* (*eş anl.* **optimistic**).

sanitarium [sæni'teəriəm] *i+sy* **sanatorium**'a bkz.

sanitary ['sænitəri] *s* 1 sağlık ile ilgili, sağlıksal, sıhhi, hijyenik: *sanitary regulations.* 2 temiz, sıhhi: *sanitary conditions.* (*karş.* **insanitary**). **sanitation** [sæni'teiʃən] *i-sy* sağlık koruma, sağlık bilgisi. **sanitary towel** (*Brl*'de) âdet bezi; bir kadının aybaşı kanaması sırasında akıntıyı alsın diye bacakların arasına yerleştirilen küçük bir yumuşak kağıt yığını. (*Aml*'de **sanitary napkin**).

sank [sæŋk] **sink** fiilinin geçmiş zaman biçimi.

sap¹ [sæp] *i-sy* bir bitki, veya bir ağaçtaki besisuyu, özsu. *Rubber is made from the sap of a tree.*

sap² [sæp] *f+n/-n* zayıflatmak, çökertmek, takatini kesmek, tüketmek, bitirmek. *The long illness sapped his strength.*

sapling ['sæpliŋ] *i+sy* fidan, körpe ağaç. *A sapling is a young tree.*

sapphire ['sæfaiə*] *i+sy* safir; mavi ile lâcivert arası renkleri bulunan, yakut türünden kıymetli bir süs taşı. *As evening approached the lake took on a sapphire hue.*

sarcasm ['sɑːkæzəm] *i+sy/-sy* 1 birisinin duygularını incitmeye yönelik gizli ve ince alay, iğneleyici söz, acı söz, acı alay. *'How unselfish you are!' said the girl in sarcasm as her brother took the biggest piece of cake.* 2 bu amaçla söylenen bir söz, veya yapılan hareket. **sarcastic** [sɑːˈkæstik] *s* iğneleyici, alaylı, küçümseyici, mustehzi. *'Don't hurry!' was his father's sarcastic comment as he began to dress at his usual slow rate.*

sardine [sɑːˈdiːn] *i+sy* sardalye balığı. **packed like sardines** balık istifi gibi üst üste. *We were packed like sardines all the way home on the bus.*

sardonic [sɑːˈdɔnik] *s* alaycı, küçümseyen: *a sardonic smile.* (*eş anl.* **derisive**).

sari ['sɑːri] *i+sy* sari; Hintli kadınların giydiği bir tür giysi.

SAS [es ei'es] *özeli* (**the** ile) (= Special Air Service)—Özel Hava Görev Timi; gizli ya da çok zor askeri harekâtları başarıyla sonuçlandıracak şekilde iyi eğitilmiş İngiliz askeri birliği.

sash [sæʃ] *i+sy* kuşak; bele sarılan, veya bir omuzun üzerinden aşırılan, kemere benzer bir boy kumaş.

sat [sæt] **sit** fiilinin geçmiş zamanı ve ortacı.

Satan ['seitn] *özeli* Şeytan. *Satan is*

usually spelled Shaitan by Muslims.
satanic [sə'tænik] *s* şeytanca, şeytani; çok zalim, acımasız.
satchel ['sætʃl] *i+sy* ufak çanta: *carry one's school books in a satchel. He went off to school with a satchel over his shoulder.*

satchel

satellite ['sætəlait] *i+sy* uydu; bir gezegenin, veya genel olarak bir gökcisminin çevresinde dolanan başka bir gökcismi, veya insan yapısı bir cisim. *The moon is a satellite of the earth. An earth satellite has been launched.* **satellite town/city** uydu kent; büyük bir kentin yakınında kurulmuş yeni bir yerleşim birimi.
satin ['sætin] *i-sy* atlas, saten; bir yüzü parlak ve düzgün bir çeşit ipekli kumaş. Ayrıca *s* satenden yapılmış; saten gibi.
satire ['sætaiə*] 1 *i-sy* taşlama, hiciv. 2 bir kimseyi, veya bir düşünceyi gülünç hale koymak için yazılmış bir şiir, kitap, vb. bir şey. **satirical** [sə'tirikl] *s* hiciv niteliğinde. **satirist** ['sætirist] *i+sy* hiciv yazarı. **satirize** ['sætiraiz] *f+n* hicvetmek, taşlamak.
satisfy ['sætisfai] *f+n* 1 doyurmak, tatmin etmek: *satisfy one's appetite with a large meal. Will this information satisfy your curiosity?* 2 mutlu etmek, hoşnut etmek, memnun etmek. *I feel quite satisfied now.* 3 inandırmak, tam olarak ikna etmek. *I must satisfy myself that he is innocent.* **satisfied** *s* tatmin olmuş. *She looked at her exam results with a satisfied smile.* (*karş.* **dissatisfied**). **satisfaction** [sætis'fækʃən] *i+sy/-sy* memnuniyet; tam olarak ikna edilmiş olma durumu. *She felt satisfaction at winning a prize. It is a great satisfaction to have things turn out just the way you want.* (*karş.* **dissatisfaction**). **satisfactory** [sætis'fæktəri] *s* 1 memnun edici,

hoşnut edici. 2 yeterli; bir amaç, bir kural için yeterli derecede iyi (ama, genl. pek iyi değil). *He gave a satisfactory answer.* (*karş.* **unsatisfactory**). **satisfactorily** *z* memnun edici şekilde.
saturate ['sætʃəreit] *f+n* sırılsıklam etmek, adamakıllı ıslatmak; emdirmek, doyurmak. *The ground was saturated with water.* **saturation** [sætʃə'reiʃən] *i-sy* doyma, doymuşluk.
Saturday ['sætədi] *i+sy/-sy* cumartesi (günü); haftanın 7. günü. *Do you go to schools on Saturdays? 'What day is it today?'—'It's Saturday.'*
sauce [sɔːs] *i+sy/-sy* 1 salça, sos. *We eat cranberry sauce with turkey, mint sauce with lamb, egg sauce with fish, and many other different sauces with puddings.* 2 bir büyüğe (örn. anaya, babaya, öğretmene, vb.) karşı kaba, saygısızca konuşma; terbiyesizce karşılık. *You've got a sauce, telling me I'm too old.* (2. anlamda *k. dil.*). **saucy** *s* arsız, sırnaşık. *That's a saucy answer to give your mother.* (*eş anl.* **impertinent**). **saucily** *z* arsızca, saygısızca. (hem *s,* hem de *z* biçimleri *k. dil.*).
saucepan ['sɔːspən] *i+sy* saplı tencere. *Put all the ingredients for the soup in a big saucepan and simmer them gently for two hours.*
saucer ['sɔːsə*] *i+sy* fincan tabağı.
sauna ['sɔːnə] *i+sy* sauna; Fin hamamı.
saunter ['sɔːntə*] *f-n* ağır ağır yürümek, tembel tembel dolaşmak, avare avare gezinmek: *saunter through the park.* (*eş anl.* **stroll**). Ayrıca *i+sy* ağır ağır yürüyüş; tembel tembel gezinme.
sausage ['sɔsidʒ] *i+sy* sucuk, sosis; kıyılmış (domuz, dana) etiyle doldurulmuş bağırsak. *She cooked sausages for dinner.*
savage ['sævidʒ] *s* 1 vahşi, yabani, medeniyetsiz. *They needed guns to protect themselves from savage animals.* 2 zalim, gaddar. *He has a savage temper.* Ayrıca *i+sy* 1 uygar olmayan, veya gelişmemiş bir kabilenin ya da topluluğun üyesi, vahşi adam. 2 acımasız, zalim kimse. Ayrıca *f+n* (atlar ya da köpekler hk.) saldırıp hırsla ısırmak. *The dog savaged his master.* **savagery** *i-sy* yabanilik, vahşet.
save [seiv] *f+n/-n* 1 tehlikeden kurtarmak. *Their life jackets saved them*

from drowning. 2 biriktirmek, tasarruf etmek: *save most of one's wages. He's trying to save money by walking home.* 3 idare ile kullanmak: *save one's strength. The government is encouraging companies to save energy.* 4 önüne geçmek; (bir şeyden) kurtarmak: *save trouble by doing something in a different way.* 5 (Hıristiyanlıkta) (bir kimseyi) günahtan kurtarmak. Ayrıca *edat* (bir şey)den başka; hariç, dışında. *They work every day save Sundays. (esk. kul.).* Ayrıca bağ ama, fakat, ancak. *(esk. kul.).* **saving** *i+sy* tutum, tasarruf. *We're aiming for a 5% saving in fuel.* **savings** içoğ tasarruf edilmiş para. *My savings are in the bank.* **savings account** tasarruf hesabı. **savings bank** tasarruf bankası, mevduat bankası. **save for** ...-den başka, ...-in dışında. *The room was empty save for a few pieces of furniture. (eş anl.* **except for**). **save time** vakitten tasarruf etmek. *To save time, let us continue the discussion in the taxi to the airport.*

saviour ['seiviə*] (*AmI*'de **savior**) *i+sy* 1 kurtarıcı; (birisini) tehlike ya da zarardan kurtaran kimse. *Many people regarded Churchill as the saviour of the country.* 2 (**Saviour**) Hz. İsa. *In the Christian religion, Christ is the Saviour of mankind.*

savour ['seivə*] (*AmI*'de **savor**) *i+sy* lezzet ya da koku, rayiha. Ayrıca *f+n* yavaş yavaş ve isteyerek tadını çıkarmak; kokusunu içine sindirmek. *John savoured every mouthful of his lunch, reluctant to let it end.* **savoury** *s* lezzetli; hoş kokulu; lezzeti tatlıdan çok tuzlu, veya baharatlı olan. Ayrıca *i+sy* resmi bir yemeğin sonunda verilen az ve tuzlu bir yemek.

saw¹ [sɔː] *see* fiilinin geçmiş zaman biçimi.

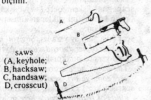

SAWS
(A, keyhole;
B, hacksaw;
C, handsaw;
D, crosscut)

saw² [sɔː] *i+sy* bıçkı, testere. Ayrıca

f+n/-n testere ile kesmek; biçmek: *saw wood. geç. zam. biç.* **sawed.** *geç. zam. ort.* **sawn. sawdust** bıçkı tozu, testere talaşı. *Sawdust was scattered on the floor.* **sawmill** bıçkı fabrikası.
saxophone ['sæksəfoun] *i+sy* saksafon. *Saxophone is made of metal in a curved shape, and is often played in jazz bands.*

saxophone

say [sei] *f+n/-n* 1 söylemek, demek. *I want to say something to you in private.* 2 sözcükler ile anlatmak, ifade etmek: *say what one thinks.* 3 düşüncesini söylemek, fikrini bildirmek. *Don't ask me what I think of him because I can't really say* (=Bana onun hakkında ne düşündüğümü sorma, çünkü ben de bilmiyorum). 4 farzedelim, diyelim, meselâ. *There are say, fifty million people in Britain. geç. zam.* ve *ort.* **said** [sed].
NOT: bu fiilin *he/she/it,* vb. 3. tekil kişilerde kullanılan biçimi *says*'in telaffuz şekli [sez] dir.

saying *i+sy* atasözü, özdeyiş. *'Haste makes waste' is a saying.* **as the saying goes** meşhur tabiriyle, dedikleri gibi. *I was going to argue, but as the saying goes, 'Least said, soonest mended.'* **That is to say** yani; demek ki. **You can say that again/you said it** Doğru; haklısın; evet, öyle. *'That girl talks too much.'—'You can say that again.'* **You don't say!** amma yaptın ha! Deme! *'I've just won £500!'—'You don't say!'* **it goes without saying that** elbette; söylemeye gerek yok. *It goes without saying that I'm grateful for all your help.*

scab [skæb] *i+sy* 1 yara kabuğu. *A scab formed on the spot where he was vaccinated.* 2 bir işçi sendikasına ka-

tılmayı reddeden, veya grevdeki biri-
sinin işini yüklenen işçi. (**2.** anlamı *k.
dil.*). **scabby** *s* kabuk bağlamış, ka-
bukla kaplı.

scabbard ['skæbəd] *i + sy* (özl. bele ası-
lan) kılıç kını.

scabbard

scaffold ['skæfould] *i + sy* **1** darağacı;
asılacak suçlular için kurulan sehpa.
He died on the scaffold. Ayrıca **gal-
lows**'a bkz. **2** inşaat iskelesi. **scaf-
folding** *i-sy* inşaat iskelesini meydana
getiren direkler ve tahtalar; inşaat is-
kelesi.

scald [skɔːld] *f + n* **1** haşlamak; sıcak
bir sıvı ile haşlayıp yakmak. *She
scalded her hand with boiling water.*
2 kaynar su, veya buhar ile temizle-
mek, yıkamak. *Scald dishes before
drying them.* Ayrıca *i + sy* (deride)
kaynar sıvı, veya buhar yanığı.

scale¹ [skeil] *i + sy* **1** derece, taksimat.
A thermometer has a scale. **2** cetvel;
doğru çizgileri çizmeye yarayan, de-
receli, veya derecesiz, tahtadan, vb.
yapılmış araç. **3** derece, kademe: *a new
wages scale. I was appointed at the
top end of the salary scale.* **4** ölçek,
mikyas; bir harita, veya resimde görü-
len uzunluklarla, bunlara karşılık
olan gerçek uzunluklar arasındaki
oran: *a map drawn to a scale of one
inch for each ten miles; refer to the
scale on a map.* **5** ölçü, miktar: *enter-
tain on a large scale.* **6** gam; sekiz no-
tanın sıralanmasıyla meydana gelen
dizi, örn. major ve minor gamlar.
Ayrıca *f + n* tırmanmak. *He scaled the
wall by a ladder.* **scales/pair of scales**
terazi.

scale² [skeil] *i + sy* pul; birçok balıkla-
rın ve sürüngenlerin üstünü kaplayan
sert ve parlak levhacıkların her biri.
*Wash the fish and take off the scales
with a knife.*

scalp [skælp] *i + sy* kafa derisi. Ayrıca
f + n (eskiden Amerikan Kızılderili
kabileleri arasındaki bir âdet) zafer
işareti olarak öldürülen bir düşmanın
kafa derisini yüzmek. *Three soldiers
had been scalped.*

scalpel ['skɔlpl] *i + sy* cerrah bıçağı;
bistüri, neşter. *Scalpel is used by sur-
geons during operations.*

scamper ['skæmpə*] *f-n* (ufak hayvan-
ların ve küçük çocukların yaptığı gibi)
acele ile koşmak, seğirtmek. *The chil-
dren scampered home. The mouse
scampered away when it saw the cat.*
(*eş anl.* **scuttle**).

scan [skæn] *f + n/-n* **1** inceden inceye
araştırmak, taramak; yakından ince-
lemek. *After the storm the people on
the shore anxiously scanned the lake
for any sign of the boat.* **2** göz atmak,
göz gezdirmek: *scan a newspaper
quickly.* geç. zam. ve ort. **scanned.**

scandal ['skændl] *i + sy/-sy* **1** dediko-
du, iftira. *You shouldn't spread scan-
dal. I heard a bit of scandal about
your friend.* **2** ayıp, yüzkarası, utanı-
lacak şey, rezalet. *I think that the way
that child is treated is a scandal. There
was a tremendous scandal when it
was revealed that some policemen
had been accepting bribes.* (*eş anl.*
disgrace). **scandalous** *s* kepazece,
rezalet gibisinden. **scandalize** *f + n*
(uygunsuz bir söz ya da harekette)
utandırıp nefret ve kızgınlık yarat-
mak, duygularını incitmek; utandır-
mak, şaşırtmak.

scant [skænt] *s* az, kıt, dar; yetersiz,
sınırlı. *John has scant experience for
this job. He gave scant attention to
the children.* (*karş.* **sufficient**). (*eş anl.*
insufficient). **scanty** *s* hemen hemen
yetmez; az, eksik: *a scanty amount.*
(*eş anl.* **sparse**). **scantily** *z* kıt olarak,
eksik olarak.

scapegoat ['skeipgout] *i + sy* başkala-
rının kabahatini yüklenen kimse; şa-
mar oğlanı.

scar [ska:*] *i + sy* yara izi. *She still has
the scar of her appendectomy.* Ayrıca
f + n yara izi bırakmak: *a scarred leg.
The burns have scarred him for life*
geç. zam. ve ort. **scarred.**

scarce [skeəs] *s* **1** az, kıt, seyrek. *Some
kinds of fruit are scarce here in win-
ter.* **2** az bulunur, güç bulunur; nadir:
a very scarce coin. **scarcity** *i + sy/-sy*

azlık, kıtlık. *There is a scarcity of trained staff.* **scarcely** z 1 hemen hemen hiç; ancak, güçbela, zorla, güçlükle. *We could scarcely see the ship through the thick fog. We had scarcely set out when it began to pour rain.* 2 (hemen hemen) kesinlikle olmaz gibi. *He would scarcely have made such a rude remark* (= Böyle kaba bir sözü söylemiş olmasına ihtimal veremem). (*eş anl.* **barely, hardly**).

scare [skeə*] *f+n* korkutup kaçırmak; korkutmak, ürkütmek. *The noise scared the children.* Ayrıca *i+sy* 1 ani korku: *give someone a scare.* 2 (genel) bir korku durumu. *There was a scare that war had broken out.* **scarecrow** bostan korkuluğu; korkuluk. *Scarecrow is usually made by hanging old clothes on sticks.* **scaremonger** yalan yanlış haberler vererek ortalığı telâşa veren kimse. **scare off** korkutup kaçırmak. *We made loud noises to scare off the lion.* **scare (someone) stiff** için **stiff**'e bkz. **scaredy-cat** tabansız birisi, korkak, ödlek bir kimse. *When the dog barked she ran away showing what a scaredy-cat she really is.*

scarf [ska:f] *i+sy* boyun atkısı; kaşkol; eşarp. *çoğ. biç.* **scarves** [ska:vz].

scarlet ['ska:lit] *i-sy* parlak kırmızı renk. **scarlet fever** kızıl (hastalığı); daha çok küçük yaşlarda görülen, bulaşıcı, yüksek ateşli, kırmızı renkte geniş lekeler döktüren, ve boğazda ağrıya neden olan tehlikeli bir hastalık. *John has got scarlet fever.*

scathing ['skeiðiŋ] *s* acı, yakıcı, incitici: *a scathing speech; a scathing article in a newspaper.*

scatter ['skætə*] *f+n/-n* 1 saçmak, serpmek: *scatter sand on an icy road. She scattered crumbs for the birds to eat.* 2 (bir topluluğu) dağıtmak: *scatter a crowd of children.* 3 dağılmak. *The mob scattered.* **scattering** *i+sy* geniş bir alana yayılmış az miktarda bir şey: *a scattering of farms on the hillside.*

scene [si:n] *i+sy* 1 manzara, görünüş. *The sun setting behind the trees made a beautiful scene.* 2 olay yeri; bir olayın, veya bir hareketin meydana geldiği yer. *We need to look at the scene of the crime.* 3 (bir temsilde) sahne: *Act 1, scene 2 of 'Macbeth'.* 4 olay, patırtı, rezalet. *He made a scene when*

I told him to get out of my house. **scenery** *i-sy* 1 sahne dekoru. *The scenery for the play must have been very expensive.* 2 doğal manzara, doğal çevre: *mountain scenery.* **scenic** ['si:nik] *s* manzaralı; doğal manzara ile ilgili.

scent [sent] 1 *i+sy/-sy* (hoş) koku: *the scent of roses; scents from different flowers.* 2 *i-sy* (hayvanlarda) koku alma gücü; koku alma duygusu. *Hunting dogs have a very keen scent.* 3 *i+sy* bir hayvanın, ve bir insanın bıraktığı koku. *The dogs were able to follow the scent of the fox.* 4 *i-sy* koku; parfüm. *Most ladies use a little scent.* (*eş anl.* **fragrance, perfume**). Ayrıca *f+n* 1 kokusunu almak; koklayarak varlığını söylemek, bulmak. *The dogs have scented a fox.* 2 tatlı bir koku ile doldurmak. *The newly-cut flowers scented the room.*

sceptic ['skeptik] (*AmI*'de **skeptic**) *i+sy* şüpheci, kuşkucu kimse; (özl. bir dinin öğretileri hk.) şüphe duyan kimse. **sceptical** *s* şüpheci. **scepticism** ['skeptisizəm] *i-sy* şüphecilik, kuşkuuluk. *He listened with growin scepticism.*

sceptre ['septə*] (*AmI*'de **scepter**) *i+sy* asa, hükümdarlık asası: *a king's sceptre.*

schedule ['ʃedju:l, *AmI*'de 'skedju:l] *i+sy* program; yapılacak, ele alınacak, vb. şeylerin sırasını zamanını gösterir bir cetvel. *Everything is going according to schedule* (= Her şey planlandığı gibi gidiyor). *The bridge was completed ahead of schedule. They are five months behind schedule. Despite setbacks, I think we shall manage to complete the work on schedule.* (*eş anl.* **programme**). Ayrıca *f+n* (genl. *ed. çat.*) (genl. **for ile**) planlamak, ileri bir tarih için günün nü, saatini saptamak, programa koymak. *The new motorway is scheduled for completion by the end of the year. The party is scheduled to arrive at 2.30.*

scheme [ski:m] *i+sy* 1 tasarı, proje; bir iş planı: *a scheme for developing a poor area.* 2 düzen, dolap, entrika: *scheme to cheat people out of their money. They worked out a scheme to kidnap the millionaire's son.* 3 tertip, düzen; nesnelerin bir düzen içinde bulunduğu biçim, içinde bulundukları hal: *colour scheme for a room* (=bir odadaki renk ahengi). Ayrıca *f+n* dolap çevirmek, kumpas kurmak. *He is scheming to become President.* **scheming** *s* entrikacı.

schism ['skizəm] *i+sy* hizip, ayrılma; hizipleşme; bölünme; (özl. bir kilisede) mensuplar arasındaki düşünce ayrılığının neden olduğu bir ya da daha fazla bölüntü. *The problems are not those of class war, but of schism and separatism.* (eş anl. **split**).

schizophrenia [skitsə'fri:niə] *i+sy* şizofreni; gerçeklerle olan ilişkilerin büyük ölçüde azalması, düşünce, duygu ve davranış alanlarında önemli bozulmaların ortaya çıkması gibi belirtiler. *There are several kinds of schizophrenia.* **schizophrenic** [skitsə'frenik] *s* şizofren; şizofreni hastalığına yakalanmış.

schnorkel ['ʃnɔːkl], **snorkel** ['snɔːkl] *i+sy* şnorkel; suya dalmış olan bir denizaltıya su üzerinden temiz hava sağlayan uzun bir boru; su altındaki bir yüzücünün soluk alıp verebilmesi için su yüzeyinin üzerine çıkan bir hava borusu. Ayrıca *f-n* şnorkel kullanarak yüzmek, şnorkelle yüzmek. *We went snorkelling today.*

scholar ['skɔlə*] *i+sy* **1** (özl. belli bir konuda) derin bilgili bir kimse, bilgiç. *She was respected as a great scholar of geography.* **2** burslu öğrenci. **scholarly** *s* ciddi ve ayrıntılı inceleme ile ilgili; derin bilgi, çalışma ile kazanılan bilgi; tam ve ciddi çalışma: *a scholarly book/teacher.* **scholarship 1** *i-sy* derin bilgili. **2** *i+sy* burs. *I was given a scholarship to attend the university.* **scholastic** [skə'læstik] *s* okullar ve öğretim ile ilgili.

school [sku:l] **1** *i+sy* okul. *They are building a new school here.* **2** *i-sy* (a veya the kullanmadan) ders; günlük eğitim. *There will be no school tomorrow.* **3** *i-sy* (a veya the kullanmadan) okulda eğitim ve öğretim görmekte olma: *be at school* (=okulda olmak/bulunmak; (okulda) okumak); *leave school* (=okuldan ayrılmak; okulu bitirmek/okuldan mezun olmak; okulu terketmek); *go to school* (=okula gitmek; (okulda) okumak). **boarding school** (=yatılı okul), **day school** (=yatısız okul),

finishing school (=zengin kızlarını sosyeteye hazırlayan okul), **first school** (=5 ile 8 ya da 9 yaş okulu), **grammar school** için **grammar**'a bkz., **high school** (=Brİ'de 11 ile 18 yaş okulu); **junior school** için **junior**'a bkz., **middle school** (=8 veya 9 ile 12 veya 13 yaş okulu), **night school** (=yetişkinlerin gittiği gece okulu), **nursery school** (=anaokulu, 3 ile 5 yaş arası), **prep school** (=11 veya 13 yaşa kadar eğitim görülen özel okul), **preparatory school** (=prep school ile aynı, *k. dil.*). **primary school** (=5 ile 11 yaş okulu), **public school** (=paralı özel okul), **summer school** (=bir hafta, veya daha uzun süren yaz okulu), **Sunday school** (=din dersleri verilen pazar okulu). **4** *i+sy* (a veya the kullanarak) bir okulda okuyan öğrenciler: *give a talk to a school; talk to the whole school.* **5** *i-sy* ekol; bir bilim, veya sanat dalında özel ve belirgin yöntem. **6** *i+sy* (bazı üniversitelerde) fakülte: *School of Medicine.* Ayrıca *f+n* öğretmek, eğitmek: *schooled by experience.* **schooling** *i-sy* okuldaki öğretim ve eğitim ya da okula gitme. **schoolhouse** okul binası **schoolmaster** okulda erkek öğretmen. **schoolmistress** okulda kadın öğretmen. **schoolmarm** bayan öğretmen. **schoolteacher** okul öğretmeni. **school year** okul öğretim dönemi.

school[2] [sku:l] *i+sy* balık sürüsü: *a school of dolphins.*

schooner ['sku:nə*] *i+sy* uskuna; iki veya daha fazla direkli, yelkenli gemi.

science ['saiəns] **1** *i-sy* fen, bilim; gerçeklere dayanarak yasalar bulmaya çalışan bilgi çeşidi: *be interested in science.* **2** herhangi bir dalı: *the science of chemistry.* **scientific** [saiən'tifik] *s* fenni, bilimsel; bilim ile ilgili: *a scientific instrument; scientific discovery.* **scientist** ['saiəntist] *i+sy* fen adamı, bilgin. **science fiction** bilim-kurgu; bilimsel konulara dayalı (özl. uzay ve gelecek hk.) hayali öykü ve roman. (eş anl. **sci-fi**).

Scientology [saiən'tɔlədʒi] *i-sy* 'benliğin farkında oluş her şeyin üstündedir' inancı üstüne kurulmuş bir dinsel mezhep.

sci-fi [sai fai] *i-sy* (=science fiction)— bilim-kurgu. (*k. dil.*): *sci-fi novels.*

scintillate ['sintileit] *f-n* parıldamak.

ışıldamak, kıvılcımlar saçmak: *frost scintillated in the sun; a scintillating conversation* (=çok zekice bir konuşma).

scissors ['sizəz] *içoğ* (çoğk. **a pair of scissors** biçiminde kullanılır)—makas. *She took a pair of scissors and cut his hair. I wish I'd brought some scissors.*

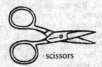
scissors

scoff¹ [skɔf] *f-n* alay etmek, eğlenmek; saygısızca konuşmak, veya davranmak. *We scoffed at an idea of drowning in three inches of water.*

scoff² [skɔf] *f+n* tıkınmak, yalayıp yutmak. *By the time I got there, they'd scoffed the lot.* (k. dil.). (eş anl. **devour**).

scold [skould] *f+n/-n* azarlamak, paylamak; suçlamak. *She scolded the child for being rude to the guests.* (eş anl. **chide**).

scone [skɔn] *i+sy* yumuşak, yassı ve ekmeğe benzer bir çörek.

scoop [sku:p] *i+sy* 1 bakkal küreği, kepçe, toprak oyma makinesinin kepçesi gibi sıvıları ve gevşek maddeleri tutmak ve taşımak için kullanılan bir çeşit kap veya alet: *a large scoop for moving earth; a kitchen scoop for lifting sugar.* 2 gazetecilikte atlatma; bir gazete tarafından, diğer gazetelerden önce, verilen heyecan verici bir haber. *He got all the big scoops for the paper.* (2. anlamı k. dil.). Ayrıca *f+n* 1 (up ile kullanılabilir) kepçe ile, kürek ile almak, çıkarmak, boşaltmak ya da yapmak. *She scooped some sugar into a cup.* 2 iki eliyle tutup, veya iki eliyle kolları altından tutup ani bir hareketle kaldırmak. *I scooped the child in my arms and carried her up the stairs. The boys fell to their knees and began to scoop up handfulls of water.* 3 kepçe, veya benzeri bir aletle delik açmak. *She scooped out the flesh of the melon with a spoon.*

scoot [sku:t] *f-n* aceleyle ileri fırlamak, koşmak. *I scooted down the stairs and along the path to see what the postman had brought.*

scooter ['sku:tə*] *i+sy* 1 bas-kay; bir ayağı ile yeri iterken diğer ayağı ile üzerine basılıp kayılan tekerlekli bir çocuk oyuncağı. *James made his scooter move by having one foot on the board and the other pushing against the ground.* 2 skuter; bir tür küçük motosiklet.

scope [skoup] *i-sy* 1 fırsat, olanak; hareket serbestliği. *A committee was set up and given scope to take instant decision.* 2 bir sorunun, bir konunun, bir hareketin, vb. sınırları içindeki alan; faaliyet alanı; konu, mevzu. *That question is beyond the scope of this book. The scope of this new theory is quite enormous.*

scorch [skɔ:tʃ] *f+n* alazlamak; bir yüzeyi, veya bir kesimini tamamen tahrip etmeyecek biçimde ateşe tutmak, yakmak; hafifçe kavurmak: *scorch a shirt while ironing it.* Ayrıca *i+sy* bir yüzeyde yanığın bıraktığı iz.

score [skɔ:*] *i+sy* 1 bir oyunda kazanılan sayılar, atılan goller. *The score was 2-0 for the home team. What's the score?* 2 tüm çalgıların ve seslerin notalarını ayrı ayrı gösteren basılı müzik parçası. *I've got the scores of all his sonatas.* 3 yirmi; 20. *There must have been a score or more there.* Ayrıca *f+n/-n* 1 sayı kazanmak; gol atmak. *Turkey scored a lovely goal. Our team has just scored.* 2 bir sınavda ya da testte belli bir not, veya puan almak, tutturmak. *In the last three tests he had scored 100.* 3 bir oyunda kazanılan sayıların, atılan gollerin, vb. hesabını tutmak; sayıları kayda geçirmek. 4 bir çalgı, veya ses için düzenleme ya da uyarlama yapmak. *The piece was scored for two pianos and a baritone.* **scorer** *i+sy* 1 sayı, gol, vb. yapan oyuncu. 2 oyun sırasında bir maçın sayılarının resmî kaydını tutan kimse. **scoreboard** skorbord, sayı levhası. **know the score** bir şeyin gerçek yüzünü, ve genellikle de içindeki bit yeniklerini anlamak; bir şeyin iç yüzünü bilmek. *If you want information, ask Jim: he knows the score.* **on this/that score** bu/o nedenle; o/bu yönden; bakımından. *I'm perfectly capable of looking after myself, so please don't worry about me on that score.* **settle a score/an old**

score/old scores (with someone) eski bir kuyruk acısını çıkarmak; intikamını almak. *I think you should avoid him if you can: he said he had some old scores to settle with you.* **by the score** çok sayıda. *Cars were breaking down by the score.* **scores of** sürüyle, yığınla. *She has received scores of letters.* **score off someone** karşısındakini mat etmek, verdiği akıllıca, veya nükteli bir cavapla susturmak. *In debate he was quick to score off an opponent. I'm not going to allow myself to be scored off by a person like that.* **What's the score?** Ne oldu? Neye karar verildi? Durum nedir? *When I came out of the meeting, Jim came up and said: 'What's the score?'*

scorn [skɔːn] *i-sy* küçümseme, hor görme. *She showed her scorn for his remark by turning her back on him.* Ayrıca *f+n* küçümsemek, hor görmek: *scorn a cowardly act.* **scornful** *s* küçümseyen, hor gören.

scorpion ['skɔːpiən] *i+sy* akrep. *Scorpion has a long, pointed, curving tail with a poisonous sting on the end.*

scorpion

Scot [skɔt] *i+sy* İskoçyalı. **Scots/Scottish** *s* İskoçya'ya, veya İskoç diline ait: *the Scottish Highlands; the Scottish herring industry; a Scottish accent.* **Scotch** [skɔtʃ] *i+sy/-sy* İskoç viskisi. Ayrıca *s* İskoçya'da yapılan (genl. yiyecek ve içecekler): *Scotch whisky; Scotch tweed; Scotch eggs.* NOT: İskoçya'lılar ve onların örf ve adetleri için kullanılan *Scotch* sözcüğünün artık kullanımı terkedilmiş yerine *Scots,* veya *Scottish* kullanılmaktadır.

scoundrel ['skaundrl] *i+sy* herif, hergele, it. *The scoundrels who set fire to the barn have been caught.*

scour[1] ['skauə*] *f+n* ovarak temizlemek. *She scours the frying pans with*

cleanser and the floor with a mop and soap.

scour[2] ['skauə*] *f+n* her tarafı aramak. *Men scoured the countryside for the lost child.*

scourge [skɔːdʒ] *i+sy* belâ, afet, felâket. *Disease is one of the scourges of mankind.*

scout [skaut] *i+sy* 1 düşman hk. bilgi toplamak için gönderilen keşif eri, uçağı, gemisi, vb. *The scouts went out during the night.* 2 erkek izci. Ayrıca *f-n* keşfe çıkmak, keşif yapmak, dolaşıp keşfetmek. *We scouted the hills beyond the river.* **The Boy Scouts** erkek izci teşkilatı.

scowl [skaul] *i+sy* öfkeli kaş çatışı; yüzdeki, öfkeli ve tehdit edici ifade. Ayrıca *f-n* öfkeli biçimde kaşlarını çatmak; surat asmak. *She scowled at me when I asked for more money. What are you scowling at?*

scraggy ['skrægi] *s* (ense, bilek, vb. hk.) kupkuru, incecik, kuru ve kemikli. *John has a scraggy neck.*

scram [skræm] *f-n* acele ile çekip gitmek; tüymek, sıvışmak. *Maybe we both should scram.* geç. zam. ve ort. **scrammed.** (k. dil.).

scramble ['skræmbl] *f-n* 1 (engebeli ve dik bir yüzeye) (ellerini ve dizlerini kullanarak) çıkmak ya da tırmanmak: *scramble over rocks; scramble up a steep hill. Our feet slipped as we scrambled over the rocks to escape the huge wave.* 2 kapışmak, çekişmek; başkaları ile mücadele etmek, veya yarışmak: *scramble for a ball during a game.* Ayrıca *i+sy* 1 engebeli bir yüzey üzerinde ilerleme ya da tırmanma; tırmanış. 2 mücadele; (bir şeyi ele geçirmek için) çabalama. *As soon as the performance ended, there was a scramble for the door.* **scrambled eggs** *i-sy* akı ve sarısı birlikte çırpılarak pişirilen yumurta.

scrap[1] [skræp] 1 *i+sy* ufak bir parça kağıt, veya bir bez parçası. *I found a scrap of paper and a pencil.* 2 (yenmeyip artan, atılacak, veya hayvanlara verilecek) ekmek parçası, artık ekmek. *Dogs would be gathering in the hope of scraps.* **scrap/scrap metal** hurda demir, veya hurda makina parçası. *He made a fortune in scrap metal. He sold his car for scrap* (=Arabasını hurda fiyatına sattı).

Ayrıca *f+n* **1** atmak, ıskartaya çıkarmak; çürüğe çıkarmak. *We scrapped any broken toys that couldn't be mended.* **2** vazgeçmek. *Our carefully prepared plan had to be scrapped.* geç. zam. ve ort. **scrapped**. **scrappy** *s* bölük pörçük, tutarsız; iyi düzenlenmemiş, veya tutarsız: *a scrappy essay. We could only have a scrappy conversation because of so many interruptions.* **scrapbook** içine fotoğraf koleksiyonu, gazete yazıları, makaleleri, vb. yapıştırılan bir albüm. **scrap heap** döküntü, çörçöp yığını: *throw something on the scrap heap.*

scrap² [skræp] *f-n* döğüşmek ya da kavga etmek. *Those two dogs are always scrapping.* geç. zam. ve ort. **scrapped**. Ayrıca *i+sy* kavga, münakaşa.

scrape [skreip] *f+n/-n* **1** kazımak, sıyırtmak, kazıyarak temizlemek; kesik ya da sert bir şeyle düzeltmek, pürüzsüz hale getirmek ya da temizlemek için kazımak. *He cleaned the wire by scraping it with a knife.* **2** kazıyarak boyasını sıyırmak, (bir yüzeyi) temizlemek; raspa etmek: *scrape a door before painting it again.* **3** kaza ile sürtünmek, veya sürtmek: *scrape one's knee; scrape one's car.* **4** sınıfta paçayı kıl payı kurtarmak, kıl payı geçmek; sürtünerek geçmek: *scrape through an examination.* **5** cızırdatmak, gıcırdatmak; üzerine sürterek sinir bozucu bir ses çıkarmak: *a pen that scrapes on the paper.* Ayrıca *i+sy* **1** sürtme, sıyırma. **2** kazıma sesi. **3** bela, varta, dert. *He is always getting into scrapes.*

scratch [skrætʃ] *f+n/-n* **1** çizmek, kazımak. *My knife slipped and scratched the table.* **2** (tırnakları ile) kaşımak ya da kaşınmak. *She scratched her head thoughtfully.* **3** pençe ve tırnaklar ile) tırmalamak; tırmalayarak yaralamak. *The cat scratched the boy's arm.* **4** bir sözcüğü çakı ile kazıyarak silmek, kalemle karalamak, (bir kalem, vb.) üstünü çizmek. *I scratched the mistake from the word because I didn't have a rubber.* Ayrıca *i+sy* **1** sıyrık, çizik; kazılarak yapılan bir iz. *There is a deep scratch on the tabletop.* **2** tırmık; bere, sıyrık. *He had scratches on his legs and arms.* Ayrıca *s* derme çatma; acele ile üstünkörü yapılmış, acele ile toplanmış, bir ara-

ya getirilmiş, hazırlanmış: *a scratch team.* **from scratch** en başından. *Now we have to start again from scratch.* **on scratch** tam vaktinde. *By hurrying I just managed to arrive at the office on scratch.*

scrawl [skrɔːl] *f+n/-n* kargacık burgacık yazmak; çiziktirmek, karalamak. *He scrawled his name in my autograph book.* Ayrıca *i+sy* kargacık burgacık yazı; çiziktirilmiş yazı; çarpuk çurpuk, veya hızlı ve dikkatsizce yazılmış bir şey. (*eş anl.* **scribble**).

scream [skriːm] *f+n/-n* **1** çığlık atmak, acı acı bağırmak, feryat etmek: *scream with pain/fear/anger. The sirens screamed as the fire-engines raced to the fire.* **2** avaz avaz bağırarak bir şey söylemek ya da ifade etmek: *scream a command.* Ayrıca *i+sy* çığlık, feryat.

scree [skriː] *i-sy* bir dağın eteğindeki taş ya da parçalanıp dağılmış kaya yığını. *They made their way over screes of sharp stone.*

screech [skriːtʃ] *f+n/-n* **1** (insanlar ve hayvanlar hk.) dehşet ve acı dolu çığlık koparmak; acı acı haykırmak. *The dying bird screeched loudly.* **2** gıcırdamak; keskin ve kulak tırmalayıcı ses çıkarmak. *The car screeched to a sudden stop.* Ayrıca *i+sy* acı ses; keskin gıcırtı: *the screech of brakes when a car stops suddenly.*

screen [skriːn] *i+sy* **1** bölme, paravana. *In hospitals they sometimes put a screen round your bed if the doctor is examining you.* **2** tel kafes; sineklik. *There were screens on the windows to prevent insects from getting in.* **3** sinema perdesi. *Films are shown on a screen in a cinema.* **4** ekran; televizyon ekranı. *The plane appeared as a dot on the radar screen.* **the screen** genel anlamda sinema, perde. Ayrıca *f+n* **1** (birisini) bir kötülükten, veya cezadan korumak ya da korumaya çalışmak; yataklık etmek, saklamak. *He screened his old friend from the police.* **2** perde, veya paravana görevi yaparak korumak. *The gigantic beach umbrella screened him from the sun.* **3** büyük bir dikkatle incelemek, kontroldan geçirmek. *I was well screened before I took the job.* **4** bir hastalık olup olmadığını kontrol

etmek. *Women should be regularly
screened for breast cancer.* **5** (bir öy-
kü, vb.) filme almak, filmini çekmek.
*Some of Hemingway's novels were
screened.* **6** sinema, veya TV'de (fil-
mini) göstermek. *This film hasn't
been screened for years.*

screw [skru:] *i+sy* **1** vida; burmalı çi-
vi. *The handle of this door is kept in
place by two screws.* **2** pervane; gemi
uskuru. Ayrıca *f+n/-n* **1** vidalamak,
vidayla birleştirmek, veya sıkıştır-
mak: *screw together two pieces of
wood.* **2** döndürmek, çevirmek: *screw
the lid off a jar.* **3** büyük çaba ve
tehditle elde etmek; zorlayarak al-
mak: *screw the truth/more money out
of someone.* **screwdriver** tornavida.

screw

scribble ['skribl] *f+n/-n* çiziktirmek,
karalamak; yazmak: *scribble a note to
someone.* (*eş anl.* **scrawl**). Ayrıca
i+sy/-sy karalama; okunması zor ya-
zı. *There are scribbles on the lift wall.*
scribe [skraib] *i+sy* yazıcı, kâtip.
script [skript] **1** *i-sy* el yazısı (biçimi).
*I recognized my mother's careful
script.* **2** *i+sy* bir konuşmanın, piye-
sin, veya radyo, TV yayınının metni;
senaryo. *The actor was studying his
script.*
Scripture ['skriptʃə*] *i+sy* ya da **the
Scriptures** Kutsal Kitap (İncil).
scroll [skroul] *i+sy* hayvan derisi; pa-
pirüs, veya kâğıt tomarı (eski zaman-
larda kitap, kayıt ve başka resmi ya-
zıları yazmak için kullanılırdı).
scrounge [skraundʒ] *f+n/-n* beleşçilik
etmek, otlakçılık yapmak. (*k. dil.*).
*She came over to scrounge a cup of
sugar.*
scrub[1] [skrʌb] *f+n/-n* (genl. sert bir
fırça ile) ovarak temizlemek. *She
scrubs the floor every day.*
scrub[2] [skrʌb] *i-sy* çalılık; fundalık
arazi. *They traveled through miles of*

scrub. *The country is flat, grassy, and
covered in scrub.*
scruff [skrʌf] *i+sy* ense; boynun ar-
kası; genl. **by the scruff of the neck**
sözünde—ensesinden. *The farmer
picked the little boy up by the scruff
of the neck and shouted: 'What are
you doing stealing my eggs?'*
scruffy ['skrʌfi] *s* pis ve kılıksız; pej-
murde. *The scruffy little boy looked
as though his clothes had never been
washed or iron.*
scruple ['skru:pl] *i+sy* vicdan; üzün-
tü, endişe, tereddüt; insanın doğru
davranıp davranmadığı hakkındaki
şüphe duygusu. *I shall have no
scruples about forcing him to give me
the money.* **scrupulous** ['skru:pjuləs]
s vicdanlı, vicdanın sesini dinleyen,
yalnızca doğru olan şeyleri dikkatle
yapan. *He was scrupulous in his deal-
ings with his customers.* (*karş.* **un-
scrupulous**). (*eş anl.* **conscientious**).
scrupulously *z* **1** vicdanla, dürüst ola-
rak. *The judge's summary was scru-
pulously fair to both parties.* **2** titiz-
likle. *Everything was scrupulously
clean.*
scrutiny ['skru:tini] *i+sy/-sy* dikkatli
inceleme, veya araştırma. *Everything
you do will be subject to close scru-
tiny.* **be under scrunity** göz altında
bulunmak, sürekli kontrol edilmek;
denetilmek, veya kontrol edilmek. *It
was most embarrassing to him to feel
that he was under constant scrunity
from/by his superiors.* **scrutinize** *f+n*
dikkatle gözden geçirmek, iyice ince-
lemek. *The art dealer scrutinized the
painting to see whether it was genu-
ine.* (*eş anl.* **examine**).
scuff [skʌf] *f+n* ayağını sürüyerek yü-
rümek. *My sister was scuffling her
feet as we walked down the road.*
scuffle ['skʌfl] *i+sy* kavga etmek; itişip
kakışmak. *A few people in the crowd
began to scuffle when the referee sent
a player off.*
sculpture ['skʌlptʃə*] **1** *i-sy* heykelcilik,
heykeltraşlık; heykel yapma sanatı. **2**
i+sy heykel: *a beautiful sculpture.*
sculptor ['skʌlptə*] *i+sy* heykeltraş.
scum [skʌm] *i-sy* **1** bir sıvının üzerin-
deki (yüzer) pislik. *The pond was
covered with scum.* **2** ayak takımı; it
kopuk takımı. *Those so-called foot-
ball supporters are scum.* (*eş anl.*

trash).

scurrilous [ˈskʌriləs] *s* ağzı bozuk, küfürbaz; kaba, uygunsuz ya da kötü sözler söyleyen, veya içeren: *a scurrilous attack.*

scurry [ˈskʌri] *f-n* (kısa ve çabuk adımlarla) hızla koşmak; acele etmek: *scurry for cover* (= saklanacak, veya barınacak bir yere doğru hızla koşmak). *She was too fast for us as she scurried around the corner.* Ayrıca *itek* acele etme. *I heard a scurry of footsteps.*

scuttle [ˈskʌtl] *f-n* (kaçmak için) hızla koşmak; tabanları yağlamak. *The two thieves scuttled away when they saw the policeman.*

scythe [saið] *i+sy* tırpan; ekin, ot, vb. biçmeye yarayan uzun saplı bir âlet. *A scythe is used with a swinging movement to cut long grass or grain.* Ayrıca *f+n/-n* tırpanla kesmek, tırpanla biçmek. *He'd scythed half the orchard*

scythe

sea [si:] **1** *i-sy* deniz. *The sea is the salty water that covers about three quarters of the earth's surface. We ran into the sea. The ship put out to sea* (= Gemi denize açıldı). **2** *i+sy* ... denizi; büyük ama okyanustan küçük su kütlesi: *the Mediterranean Sea; the Caspian Sea.* **3** *i+sy* büyük bir yığın, veya miktar; çok sayıda: *a sea of faces looking at us.* **sea air** *i-sy* deniz havası. *I took a deep breath of sea air.* **seaboard** *i+sy/-sy* sahil, kıyı şeridi; kıyı boyun-ca uzanan bölge. *There are many fishing villages along the seaboard.* **seafarer** *i+sy* denizci. *The Vikings of long ago were brave and war-like seafarers.* **seafaring** deniz yolculuğu; denizcilik. (*eş anl.* **maritime**). **seafood** *i-sy* deniz ürünleri (özl. istakoz, vb. kabuklu hayvanların

oluşturduğu yiyecek). **seagull** martı. **sea level** deniz seviyesi. *The hill is 708 feet above sea level. Death Valley, California is 280 feet below sea level.* **seaman** gemici. **seaport** liman kenti. **seashore** *i+sy/-sy* deniz kıyısı, sahil: *go down to the seashore to play.* **seasick** *s* deniz tutmuş. *As soon as the ferry started to move he felt seasick.* **sea dog** deneyimli, veya yaşlı denizci. **seasickness** *i-sy* deniz tutması. *Take some seasickness tablets if you are going on a long journey.* **the seaside** deniz kenarı, kıyı, sahil. **seaweed** deniz yosunu. *My foot was caught in the seaweed.* **seaworthy** (gemiler hk.) denize dayanıklı; iyi durumda ve deniz yolculuğuna elverişli: *seaworthy boat.* (*karş.* **unseaworthy**).

seal¹ [si:l] *i+sy* **1** mühür; bir kimsenin, bir kuruluşun adının ya da sanının tersine yazılı bulunduğu, metal, lastik, vb. şeylerden yapılmış bir araç, damga, kaşe. *He pressed his seal into the hot wax.* **2** mühür; bu araçla basılan ve imza yerine geçen ad: *the seal at the bottom of a certificate; the seal on the back of an envelope.* **3** conta; geçirmezliği sağlamak için, sıkıştırılmış iki yüzey arasına yerleştirilmiş, genl. kauçuktan ve kurşundan yapılan ince parça. *Worn oil seals can cause leakage of oil.* Ayrıca *f+n* **1** mühürlemek; üzerine mühür basmak: *seal a document.* **2** mühür, conta, vb. ile tutturmak; kapamak: *seal a letter.* **sealing wax** *i-sy* mühür mumu. **my lips are sealed** bu sırrı kimseye söylemem. *I'm sorry I'm not permitted to tell you what was decided: my lips are sealed.*

seal² [si:l] *i+sy* fok; ayıbalığı. *A seal eats fish and lives partly on land and partly in the sea, usually in cold parts of the world.*

seam [si:m] *i+sy* **1** dikiş yeri, dikiş. *The seam has split.* **2** kaya tabakaları arasındaki ince maden damarı. *The new seam of coal discovered yesterday will keep the miners working for another year.* **seamstress** [ˈsi:mstris] *i+sy* kadın terzi, dikişçi kadın. **seamy** *s* (içine cinayet, sex, sefalet, vb. şeyler girmesi nedeniyle) kötü; sevimsiz, hoş olmayan. *He was involved in a particularly seamy divorce case.*

search [sə:tʃ] *f+n/-n* (bir şeyi bulmak

için) aramak, araştırmak; bulmaya çalışmak. *The police searched the prisoner to see if he had a gun. I searched through a drawer and eventually found the photo.* Ayrıca *i+sy* arama, araştırma. *I found my book after a long search.* **searching** *s* gerçeği bulmaya çalışan; keskin ve içe işleyen. *Mary gave Richard a searching look.* **searchlight** ışıldak, projektör; karanlıkta bir hedefi, örn. bir düşman uçağını aydınlatmak için kullanılan dar, uzun bir ışın demeti çıkaran ışık kaynağı. **search for something** (bir şeyi) aramak. *The tracker searched the ground for footprints. I searched for a four-leafed clover all summer but I didn't find one.* **Search me** (cevabın ne olduğunu) Hiç bilmiyorum; Hiç fikrim yok. *'Where has my book gone?'—'Search me: I gave it back to you about a week ago.'* **search party** arama ekibi. *A search party is an organized group of people searching for someone who is lost or missing.* **search warrant** arama emri. *A search warrant is an official document that gives the police permission to search a house or other building, for example when they are looking for drugs or stolen goods.*

season ['si:zn] *i+sy* 1 mevsim; yılın dört bölümünden her biri. *Some parts of the world have four seasons, others have only two.* 2 bir tatil, bayram dönemi, devresi, sezonu; *the Christmas season; the holiday season, tourist season.* 3 dönem, devre, sezon: *a play that is running for a season.* Ayrıca *f+n* (bir yiyeceğe) tuz, biber, baharat, vb. katarak özel tat, lezzet vermek; lezzet vermek için baharat katmak. *Season your meat with salt.* **seasonal** *s* mevsimlik; mevsimlere bağlı olan. *The demand for this item is seasonal.* **seasoning** *i+sy/-sy* yemeklere lezzet veren bir şey, örn. tuz, sarımsak, biber, vb. *Salt is the most common seasoning.* **season ticket** 1 (*BrI*'de) abonman karnesi; mevsimlik bilet; belli bir süre için, iki yer arasında seyahat etme hakkı tanıyan bir bilet. (*AmI*'de **commutation ticket**). 2 abonman karnesi; mevsimlik bilet; maçlara, tiyatroya, sinemaya, vb. girişte bir süre için defalarca kullanılabilen bir bilet. **dead season** ölü mev-

sim. **end of season sale** sezon sonu satışı. **be in season** (meyva, sebze hk.) ...-in mevsimi olmak. *Peaches are in season now.* **be out of season** (meyva, sebze hk.) ...-ın mevsimi olmamak, geçmek.

seat [si:t] *i+sy* 1 oturacak bir yer, örn. bir sandalye, veya ona benzer bir şey. *There was some beer in the back seat of the car.* 2 bir sandalyenin, vb. üzerine oturulan kısmı. *There was not a cushion on the seat of the chair.* 3 bir giysinin, örn. pantolonun kıç tarafı. *His jeans have a hole in the seat. The seat of his trousers was patched.* Ayrıca *f+n* 1 (belli sayıda insan için) oturacak yere sahip olmak, oturacak yeri olmak. *Our school auditorium seats one hundred people.* 2 bir yere, veya bir sandalyeye oturtmak. *He seated himself in the most comfortable chair.* **seat belt** emniyet kemeri. (*eş anl.* **safety belt**).

SEATO ['si:tou] (=South East Asia Treaty Organization)—Güney-Doğu Asya Antlaşması Örgütü.

SECAM ['si:kæm] (=**sequentiel a memorie**)—Fransa, Rusya ve Saudi Arabistan'da kullanılan TV ve video sistemi. Genl. PAL sistemine benzer. Bu sistem, 625 yatay çizgi ve saniyede 50 kare üzerine kurulmuştur. Ayrıca **NTSC** ve **PAL**'a bkz.

secede [si'si:d] *f-n* bir kuruluşu, veya topluluğu (örn. bir anlaşmazlık nedeniyle) terketmek; (bu nedenle) resmen ayrılmak: *secede and form one's own organizatirn.*

secluded [si'klu:did] *s* kuytu; sessiz ve tenha; gözlerden saklı: *a secluded area.* **seclusion** [si'klu:ʒən] *i-sy* inziva, bir kenara çekilip yaşama. *She lives in seclusion apart from her friends.*

second¹ ['sekənd] *s* 1 ikinci. *Go down the second street on the right.* 2 bir daha; başka bir, diğer, öbür, öteki: *give someone a second chance.* Ayrıca *s* ikinci: *come second in a race.* Ayrıca *f+n* (bir önergeyi, bir düşünceyi, vb.) desteklemek. *Mr Dyson seconded the motion.* **seconds** *içoğ* ikinci kalite mal; daha düşük fiyatla satılan kusurlu nitelikte bir mal; defolu mal. **second-best** *s* ikinci en iyi; en iyisi, veya en güzeli değil: *my second-best suit.* **second-class** *s* ikinci sınıf; ikinci mevki: *a second-class carriage. I stay-*

ed at a second-class hotel. **second childhood** ikinci çocukluk dönemi. *He is a very old man now and in his second childhood: you won't get much sense out of him.* **second floor** ikinci kat. *(Brİ'de* zemin katından sonraki ikinci kat; *AmI'de* zemin katından sonraki ilk kat). **second hand** için **hand¹'a** bkz. **second nature** ikinci huy; iyice yerleşmiş bir alışkanlık. *Driving a car is second nature to him.* **second-rate** *s* ikinci sınıf: *a second-rate book. He is a second-rate actor and is often out of work.* **second thoughts** bir şeyi düşündükten sonra alınan farklı bir karar. *On second thoughts, I will come with you.*

second² ['sekənd] *i + sy* **1** saniye; bir dakikanın 1/60'ne eşit zaman uzunluğu: *run a mile in four minutes and ten seconds.* **2** çok kısa bir zaman; saniye, an. *I'll be with you in a second.* (2. anlamı *k. dil.*). **3** (araçlarda) ikinci vites.

secondary ['sekəndəri] *s* **1** ikinci derecede olan, tali. *Moving the damaged cars was secondary to attending to the injured people.* **2** orta; ilkokuldan sonra üniversiteden önce olan: *secondary school/education.*

secret ['si:krit] *s* gizli, saklı, mahrem. *This is a secret plan to spy on the children in the flat below.* Ayrıca *i-sy* **1** sır, gizli şey. *The results of these experiments remain a secret.* **2** sır, anahtar; püf noktası. *What is the secret of your success?* **keep a secret** bir sırrı saklamak, başkasına söylememek. *He can't keep a secret.* **secretly** *z* gizlice, el altından. (*eş anl.* **in secret**). *They met secretly to discuss the invasion plans.* **secrecy** *i-sy* gizlilik. *The operation was being conducted in great secrecy.* **secretive** *s* ağzı sıkı, sır saklayan; niyetlerini ya da tasarılarını gizlemeyi yeğleyen. *He is very secretive about his past.*

secretary ['sekrətəri] *i + sy* **1** sekreter, özel yardımcı. **2** (İngiltere'de ve Amerika'da) bakan.

NOT: **Secretary of State 1** İngiltere'de herhangi bir bakan. **2** Amerika'da Dışişleri Bakanı.

secretarial [sekri'teəriəl] *s* sekreterlik ile ilgili. *Mary is taking a secretarial course.*

sect [sekt] *i + sy* (özl. büyük bir dinsel

topluluğun içinden ayrılan bir grup) mezhep, tarikat. *That religion has many sects.* **sectarian** [sek'teəriən] *s* bir ya da daha çok mezhep ile ilgili.

section ['sekʃən] *i + sy* **1** parça, bölüm, kısım. *The boys played in one section of the playground and the girls played in another.* **2** (bir ülkede, bir kentte, vb.) bölge, kısım. *They live in the old section of the city. The town has a business section and sections for homes.* **3** (bir yasada, resmi bir raporda) kısım, bölüm. *He does not qualify for a grant under section 2 of the Act.* **sectional** *s* **1** bölgesel; ulusal olmaktan çok yerel: *sectional interest.* **2** bölüm bölüm, parça parça yanyana getirilebilen ya da ayrılabilen: *a sectional bookcase.*

sector ['sektə*] *i + sy* sektör, kesim; iş, ticaret, vb. alanının bir kesimi. *Technology is a booming sector of the economy.* **private sector** özel sektör. *Salaries in the private sector have increased faster than in the public.* **public sector** kamu sektörü. *The public sector is controlled or supported financially by the government.*

secular ['sekjulə*] *s* lâik; din işlerini dünya işlerine karıştırmayan dünya işlerini dinden ayrı tutan: *secular matters.* (*karş.* **religious**). **secularism** ['sekjulərizəm] *i-sy* lâiklik; lâik olma durumu, lâisizm. *Secularism believes that religion has no part to play in the problems and events of everyday life.*

secure [si'kjuə*] *s* **1** güvenli, emin, emniyetli, tehlikeye karşı korunmuş, tehlikeden uzak. *Are your valuables secure? The police and army have made the border secure.* **2** yeteri kadar kapalı; sağlam, veya sıkı. *I found myself on the secure ground.* (*karş.* **insecure**). Ayrıca *f + n* **1** korumak, emniyet altına almak; sımsıkı kapamak, veya tutmak. *We secured our bikes to the fence so they would be there when we got back.* **2** elde etmek, ele geçirmek. *She secured only 431 votes.* **securely** *z* emniyetle, sımsıkı.

security [si'kjuəriti] *i-sy* güvenlik, emniyet; yasaların çiğnenmesine, şiddete, düşmanca hareketlere, vb. karşı koruma: *in the security of one's own home. Staying together when we got lost in the forest was our greatest security.* (*karş.* **insecurity**). **2** *i + sy/*

-*sy* güvence, teminat; rehin, emanet; bir borcun ödeneceğine güvence olarak, ödenince, geri alınmak koşuluyla borçlunun alacaklıya verdiği değerli bir eşya: *give someone a gold watch as security for a loan. The bank lent me £23,500 without security.*

sedate [si'deit] *s* ağırbaşlı, sakin, sessiz: *a sedate little girl: behave in a sedate manner.* (*karş.* **frivolous**). (*eş anl.* **staid**).

sedation [si'dei∫ən] *i-sy* (bir ağrı kesici ilaçla) yatıştırma, teskin etme. *The patient was kept under sedation.*

sedative ['seditiv] *i+sy/-sy* müsekkin; yatıştırıcı (ilaç). *I take a sedative before going to bed.*

sedentary ['sedntri] *s* oturarak yapılan, hareket gerektirmeyen. *This sea anemone is sedantary and traps food with its sticky tentacles. I'm bored with sedentary work.*

sediment ['sedimənt] *i-sy* tortu, çökelti; bir sıvının dibine çöken katı madde (örn. bir nehrin dibindeki çamur).

seduce [si'dju:s] *f+n* **1** ayartmak; kendisi ile cinsel ilişkide bulunmak için, genç birisini kandırmak, baştan çıkarmak. **2** birisini kötü bir şey yapması için baştan çıkarmak, ayartmak. (*eş anl.* **beguile**). **seduction** [si'dʌk∫ən] *i+sy* **1** baştan çıkarma, ayartma hareketi. **2** sihri ile insanı çeken bir şey (ama, bu şey her zaman kötü değildir); çekicilik: *the seductions of modern life.* **seductive** [si'dʌktiv] *s* çok çekici, cazibeli. *The film star looked seductive in her low cut dress.* (*eş anl.* **enticing, captivating**).

see [si:] *f+n/-n* **1** görmek, bakmak. *The blind cannot see. Do you see that house?* **2** anlamak, kavramak. *I see what you mean.* **3** ziyaret etmek, uğramak ya da görüşmek: *see a doctor because one is ill. geç. zam. biç.* **saw** [sɔ:]. *geç. zam. ort.* **seen** [si:n]. **see about something** ilgilenmek; icabına bakmak, meşgul olmak. *I must see about booking a seat.* **see eye to eye** bir kimse ile aynı fikirde, görüşte olmak, her hususta anlaşmak. *My wife and I see eye to eye on which TV programmes we like to watch.* (*eş anl.* **agree**). **see someone off** birisini uğurlamak, geçirmek, yolcu etmek. *They saw her off at the station.* **see someone out** birisini kapıya kadar geçir-

mek. *Don't bother, I'll see myself out* (= Zahmet etmeyin, ben giderim; kapıya kadar gelmenize gerek yok). **see something through** bir işi sonuna kadar götürmek; bir şeyden vazgeçmemek, uygun biçimde ya da tam olarak yapılıncaya kadar güç bir işe devam etmek. *He said he would see the project through.* **see through someone** birinin içini okumak, kafasından geçenleri okumak; oyuna gelmemek. *I could see through him while he was pretending not to care.* **see to something** bir şeye bakmak, meşgul olmak; gözkulak olmak. *I'll see to it that you are well looked after.* **I'll/we'll see** ben bakarım/daha sonra karar veririz. **see you/see you later/be seeing you** Allahaısmarladık; hoşça kal. **seeing as/that** ...-e göre, ...-dığı için, mademki. *Seeing that she's ill, she's unlikely to come. Seeing as you're coming down to my place later, we'll talk about it then.*

seeing him off

seed [si:d] *i+sy* tohum, çekirdek. *We planted seeds in the garden. çoğ. biç.* **seeds** veya **seed.** **seedy** kılıksız, pejmurde; yoksul, bakımsız: *a rather seedy and unpleasant part of town.* (*k. dil.*). **seedling** *i+sy* fide; çiçek körpesi.

seek [si:k] *f+n* **1** bulmaya, veya elde etmeye çalışmak: *seek advice/help.* **2** aramak, araştırmak. *We were seeking a pass through the mountains. geç. zam.* ve *ort.* **sought** [sɔ:t].

seem [si:m] *f-n* **1** (gibi) görünmek; olduğu fikrini, veya etkisini vermek. *The judge's sentence seemed (to be) rather harsh. He may seem poor, but he is really wealthy.* **2** gözükmek, anlaşılmak, olduğu söylenmek. *It seems (that) he is very clever. So it seems* (= Öyle galiba). **seemingly** *z* **1** sözde, görünüşte: *a seemingly nice person.*

2 dendiğine göre; ...-imiş. *Seemingly he is very clever.* (*eş anl.* **apparently**).

seemly [si:mli] *s* uygun, münasip; yakışır: *seemly behaviour.* (*karş.* **unseemly**). (*eş anl.* **suitable**).

seen [si:n] *see* fiilinin geçmiş zaman ortacı.

seep [si:p] *f-n* (sıvılar hk.) sızmak. *Water is seeping through the ceiling. Water seeped through the hole in the ceiling.*

seesaw ['si:sɔ:] 1 *i-sy* tahterevalli oyunu. 2 tahterevalli.

seesaw

seethe [si:ð] *f-n* kaynaşmak, çok heyecanlı, veya öfkeli olmak: *seething with anger* (= öfkeden kudurmak, köpürmek); *seething with excitement* (= heyecandan yerinde duramamak). *The streets of London were seething with a cheering crowd.* (= kaynaşan insanlar ile dolu bir yer).

segment ['segmənt] *i + sy* parça, kısım, dilim. *I divided my orange into segments and gave each of my friends one.*

segregate ['segrigeit] *f + n* toplumsal bir grubu geri kalanlarından ayırmak: *segregate people of different races.* **segregation** [segri'geiʃən] *i-sy* toplumsal ayırım.

seismic ['saizmik] *s* sismik; depremler ile ilgili, veya depremlere ait: *a seismic disturbance.*

seize [si:z] *f + n/-n* 1 şiddetle ve aniden kapmak, yakalamak, tutmak, gaspetmek: *seize a weapon; seize someone by the throat. She seized my pencils and wouldn't give them back.* (*eş anl.* **grab**). 2 resmi bir emirle elkoymak, müsadere etmek: *seize goods that have been stolen.* 3 birden zınk diye durmak. *The engine seized (up).* **seizure** ['si:ʒə*] *i + sy* ani hastalık, nöbet; ani rahatsızlık (özl. kalp hastalığı): *During the meeting he became so angry that he suffered a seizure.*

seldom ['seldəm] *z* seyrek; sık sık değil,

nadiren. *He seldom comes late. It is seldom that we get such an opportunity as this.*

select [si'lekt] *f + n* seçmek. *He showed me five pens and I selected the red one. Have you selected a record yet? He has been selected as a candidate for a Northern constituency.* Ayrıca *s* seçkin, güzide. *A select group of people were used for this experiment.* **selection** 1 *i-sy* seçim; seçme işi. *Her selection of a hat took a long time. The shop offered a large selection of books. According to all rules, she stood little chance of selection.* 2 seçilmiş bir kimse, veya şey. *Bring your selection to the cashier.* **selective** *s* 1 seçimde dikkatli ve titiz. *He's selective in his eating habits.* 2 eleyici, seçici: *selective examination.* **selector** *i + sy* 1 (özl. uluslararası bir yarışmada, ülkesinin takımını) seçen ya da seçmeye yardımcı olan bir kimse; seçici. 2 selektör; kanal seçici.

self¹ [self] 1 *i-sy* kişisel çıkar; kişinin kendi çıkarı ya da kazancı: *act with no thought of self* (= kişisel çıkarını düşünmeden hareket etmek). 2 *i + sy* kendi huyu, kişiliği: *be changed from one's former self* (= bir kimsenin daha önceki kişiliğinden farklı olması); *one's better self* (= kişiliğinin daha iyi bir yönü). çoğ. *biç.* **selves** [selvz]. NOT: *self* veya *selves* sözcükleri *my, him,* vb. iyelik sıfatlarına eklenerek 'pekiştirme zamirleri'ni oluştururlar: *myself, yourself, himself, herself, itself, ourselves, yourselves, themselves, oneself.*

I myself will do it.
I will do it myself.
He himself is in doubt.
He is in doubt himself.
I will tell it to Richard himself.
I will tell Richard himself what you told me.
One cannot trust oneself too far.

Bu yapılar bir fiilden sonra kullanılarak 'dönüşlü zamirler'i oluştururlar.

I have cut myself.
I gave myself a lecture.

Ayrıca **intensive** ve **reflexive pronoun** ile **theme** bkz.

self-² [self] *ön-ek* 1 sıfat ve isimlere eklenerek 'kendisi ile ilgili; kendisi için, veya kendine' anlamlarını verir, örn. *self-admiring* (= kendine hayran). **2** sıfatlarla birleşerek 'otomatik olarak, kendi kendine çalışan' bir şeyi, bir otomatik aygıtı tanımlar, örn. *a self-locking door* (= kendi kendine kilitlenen/otomatik olarak kilitlenen bir kapı). **self-assured** *s* kendi yeteneklerinden emin; kendine fazla güvenen. **self-centred** (*AmI'*de **self-centered**) *s* bencil; yalnızca kendini düşünen. *He was much too self-centred to notice her.* (*eş anl.* **egotistic**). **self-confidence** *i-sy* kendine güvenme, kendinden emin olma. **self-confident** *s* kendine güvenen, kendinden emin. **self-conscious** *s* için **conscious**'a bkz. **self-contained** *s* kendi kendine yeter; kendi başına, bağımsız: *a self-contained flat.* **self-control** soğukkanlılık, kendine hakim olma. **self-defence** (*AmI'*de **self-defense**) kendini savunma; meşru müdafaa. *He pleaded that he had acted in self-defence when he had hit the mugger.* **self-discipline** alışkanlıklarını ve hareketlerini denetim altında tutmak için kendini eğitme. **self-employed** kendi işinde çalışan; kendi işinde para kazanan. **self-evident** *s* apaçık, besbelli, aşikâr, meydanda. *It was a self-evident truth.* **self-explanatory** *s* daha fazla açıklamaya gerek göstermeyen, açıklama gerektiren tüm bilgileri içeren. *This letter is self-explanatory.* **self-government** *i-sy* özerklik; kendi kendini yönetme. *We have self-government through our elected representatives.* **self-indulgent** *s* zevke, rahata düşkün. **self-interest** bencillik, çıkarcılık. (*eş anl.* **egotism**). **self-made** *s* kendi kendini yetiştirip adam olmuş; kendi çabaları ile başarıya ve zenginliğe kavuşmuş. *I am a self-made man.* **self-pity** kendine fazla acıma. **self-reliant** *s* kendine güvenen. **self-respect** *i-sy* onur; kendine saygı; izzeti nefis. **self-respecting** *s* onur sahibi, onurlu. **self-righteous** kendi erdemine inanan; kendisini dürüst başkalarının dürüst olmadığına inanan. **self-satisfied** *s* kendini beğenmiş; kendisinden aşırı memnun. **self-service** selfservis; kendi kendine hizmet; kendi yemeğini, kendi benzinini, vb. kendi alıp kendi servis yapma: *a self-service store.* **self-sufficient** *s* kendi kendine yeterli; başkasına muhtaç ol-

mayan. *Turkey is not self-sufficient in oil.* (*karş.* **dependent**). **selfish** ['selfiʃ] *s* bencil; kendi çıkarları ile ilgilenen. *The selfish boy never shared his toys with the other children.* (*karş.* **unselfish, considerate**). (*eş anl.* **egotistic**). **selfishness** *i-sy* bencillik, egoistlik. **selfless** ['selflis] *s* bencil olmayan. *Kim is a sincere, selfless girl.* (*eş anl.* **unselfish**).

sell [sel] *f* + *n*/-*n* **1** satmak. *I sold my bicycle cheaply. That shop sells fruit.* **2** satılmak; alıcısı ya da alıcıları bulunmak. *These goods are selling well.* geç. zam. ve ort. **sold** [sould]. **seller** *i* + *sy* satıcı. *James is a book seller.* **a best seller** en çok satan (özl. bir kitap). **be sold out of something** tümünü satmak, satıp bitirmek. *We are sold out of bread.* **sell out someone** bir kimseye ihanet etmek, satmak. *He would sell out his friends if he thought he could get himself out of trouble.*

Sellotape ['seləteip] ® *i-sy* seloteyp; yapışkan şeffaf band. Ayrıca *f* + *n* şeffaf band ile yapıştırmak. *James Sellotaped the note to her door.*

semantics [si'mæntiks] *i-sy* anlambilim; dili anlam açısından inceleyen bilim dalı; semantik.

semaphore ['seməfɔ:*] *i-sy* **1** semafor; iki elde birer bayrak tutularak kolların çeşitli yönlere sallanması ile yapılan bir haberleşme yöntemi. *The message was sent by semaphore.*

semaphore

semi- ['semi] *ön-ek* **1** yarım (örn. **semicircle** (= yarım daire)). **2** yarı; tam olarak değil ama kısmen (örn. **semiconscious** (yarı baygın)). **3** her bir dönemde iki kez ola gelen, çıkan, vb. (örn. **semi-annual** (= altı ayda bir)). **semi-colon** noktalı virgül; (;).

semi-detached s ortak duvarlı; başka bir ev ile ortak duvarı olan: *a semi-detached house.* **semifinal** yarı final. **semiskilled** s az maharetli (genl. **semiskilled work(er)** sözünde).

seminar ['semina:*] *i+sy* 1 seminer; bir konu ile ilgili bilgi vermek ve bu bilgiler üzerinde tartışmak amacıyla birkaç yetkilinin yönetimi altında düzenlenen toplantı. 2 seminer; üniversitelerde öğretim üyesinin yönetimi altında, öğrencilerin yaptıkları araştırmalarla ilgili rapor hazırlama, tartışıma biçiminde yürütülen grup çalışması. *I enjoyed the discussion in our English seminar and I asked lots of questions.*

semolina [semə'li:nə] *i-sy* irmik.

senate ['senit] *i+sy* senato; bazı ülkelerde (örn. ABD'de) yasa yapıcı iki meclisten daha üstte bulunanı. *The bill was passed by the lower house, but rejected by the senate.* **senator** *i+sy* senatör.

send [send] 1 (birisini, veya bir şeyi bir yere) göndermek: *send a letter; send someone away from school.* 2 etrafa saçmak; bir yöne fırlamak. *The fire sent everyone running out of the building. geç. zam. ve ort.* **sent** [sent] **send for someone/something** birisini veya bir şeyi çağırtmak, getirtmek, istetmek. *The police were sent for immediately the disturbance began. If the illness looks as though it may be serious, you should send for the doctor at once.* **send-off** *i+sy* uğurlama, yolcu etme; bir yolculuğun başlangıcında bir iyi dilek gösterisi: *They gave them a good send-off after their wedding. (eş anl.* **farewell**). **send something off** (bir mektup, bir koli, vb.) postalamak; posta ile göndermek. **send word** haber göndermek, mesaj göndermek. *You should have sent us word you were coming.* **send up** alay etmek için bir kimseyi taklit etmek. *The students sent up her accent.*

senile ['si:nail] s yaşlılık ile ilgili ya da yaşlılıktan gelen, yaşlılıktan ötürü güçsüz ve bunamış. *The very old man was senile and neeeded to be looked after carefully.* **senility** [si'niliti] *i-sy* (ihtiyarlıktan gelen) güçsüzlük, dermansızlık; bunaklık.

senior ['si:niə*] s 1 üst, kıdemli; daha yüksek rütbede olan. *Jones is senior to Smith.* 2 daha yaşlı; yaşça daha büyük. *James Jones senior* (= oğul *James Jones* değilde baba *James Jones). (karş.* **junior**). Ayrıca *i+sy* birisinden yaşça daha büyük olan kimse. **seniority** [si:ni'ɔriti] *i-sy* yaşça, veya rütbece büyüklük. *Their names were listed in order of seniority.*

sensation [sen'seifən] *i+sy* 1 his, duygu; duyum, duyma; hissediş. *Seeing him again after so many years was a strange sensation. He had the sensation that someone was watching him.* 2 heyecan, merak. *His unexpected success caused a sensation.* **sensational** s 1 heyecan yaratan; bir meraka ve ilgiye neden olan. *He always gets into the team because he's a sensational swimmer.* 2 çabuk heyecan, veya sarsıntı yaratmaya yönelik: *a sensational article in a newspaper.*

sense [sens] 1 *i+sy* beş duyudan herhangi birisi. *You have five senses. They are your senses of sight, smell, hearing, touch, and taste. When I had a cold, I lost my sense of smell.* 2 *i+sy* duygu, his; tam olarak tanımlanması güç bir duygu. *She looked at the garden with a sense of pleasure.* 3 *i+sy* anlayış, kavrayış, anlama yetisi. *She has a wonderful sense of humour.* 4 *i-sy* idrak; iyi ve uygulanabilir anlayış ve düşünce: *a man of sense; use one's common sense* (= sağduyusunu kullanmak). 5 *i+sy/-sy* anlam, mâna: *use a word in a different sense.* Ayrıca *f+n* hissetmek, sezmek. *I sensed that I was not welcome.* **senseless** s 1 baygın, kendinde değil: *fall senseless.* 2 budalaca; saçma: *a senseless action.* **make sense** akla uygun olmak; akıllıca bir hareket şekli olmak; anlaşılır olmak, bir anlamı olmak. *This message doesn't make sense.*

sensibility [sensi'biliti] *i+sy/-sy* duyarlılık; duyarlık, hassasiyet: *a man of sensibility.*

sensible ['sensibl] s akla uygun, yerinde: *a sensible person/action. The sensible boy made sure the cars had stopped before he stepped onto the crossing.* **sensibly** z akla uygun olarak.

sensitive ['sensitiv] s 1 duyarlı, hassas. *The eye is sensitive to light.* 2 duygu-

lu, hassas, içli: *a sensitive child; be
sensitive to blame.* (*karş.* **insensitive**).
sensitivity [sensi'tiviti] *i-sy* duyarlık,
hassasiyet. (*karş.* **insensitivity**)
sensual ['sensjuəl] *s* bedensel, cismani,
nefse ait, şehvani, şehvete ait: *sensual
pleasures.* **sensuous** *s* hissi, hislere ait;
duyular ile algılanan zevk duygularından olan.
NOT: *sensual* ve *sensuous* sözcüklerinin anlamları birbirine çok yakındır,
ancak *sensual* sözcüğünde, özellikle
cinsel ilişkiden doğan bir bedensel
zevk verme anlamı vardır: *sensual
pleasures. Sensuous*'da ise böyle bir
anlam yoktur ve renklerin, seslerin,
vb. güzelliği için kullanılabilir.
sent [sent] **send** fiilinin geçmiş zamanı
ve ortacı.
sentence ['sentns] *i+sy* 1 cümle; bir
düşünceyi, bir yargıyı, vb. tam olarak
anlatan söz dizisi. Ayrıca **compound**
ve **complex**'e bkz. 2 yargı, hüküm,
karar. *The two men accused of rape
face sentences of up to six years in
prison. She received a six-year jail
sentence.* Ayrıca *f+n* ceza vermek,
mahkûm etmek. *The judge sentenced
the murderer to death.* (*eş anl.*
condemn).
sentiment ['sentimənt] 1 *i+sy* his,
duygu, seziş: *full of lofty sentiments*
(=yüksek duygular ve fikirler). 2
i-sy ince duygular, örn. merhamet,
aşk, vb. *I have no time for sentiment.
You must punish him even though he
is your friend; you must have no
sentiment about it.* 3 *i+sy* düşünce,
fikir, yargı, mütalaa: *express one's
sentiments on a certain topics.* **sentimental** [senti'mentl] *s* 1 aşırı duygusal, fazla hassas. *He got a bit sentimental remembering the old days.*
2 duygusal, hissi: *a sentimental novel
/girl; of sentimental value* (=gerçek
değerinden çok hissi değeri olan).
sentimentality [sentimen'tæliti] *i-sy*
aşırı duygusallık.
sentry ['sentri] *i+sy* nöbetçi (er). *Who
is on sentry duty tonight?* **sentry box**
önü açık nöbetçi kulübesi. *In the
sentry box, the trooper stands guard.*
separate ['seprit] *s* ayrı, farklı, değişik:
*two separate houses/ideas/people.
They were kept separate from their
friends.* Ayrıca ['sepəreit] *f+n/-n* 1
(birbirinden) ayırmak: *separate two*

*children who are fighting. Rebecca
separated her pencils from her
crayons. The surgeons believe it may
be possible to separate the Siamese
twins.* 2 (birbirinden) ayrılmak. *We
once worked together, but now we
have separated. The crowd separated.*
3 (evli, veya birlikte yaşayan bir çift
hk.) boşanmak; ayrılmak. *Anna's
separating from him.* 4 **separation**
[sepə'reifən] *i+sy/-sy* 1 ayrılma, ayrılış. 2 (evli bir çift, veya birlikte yaşayan bir erkekle bir kadın için) ayrı
yaşama.
September [sep'tembə*] *i-sy* Eylül; yılın 9. ayı. *The treaty was signed on
4 September 1950. My mother died
on June 10th 1988.*
septic ['septik] *s* mikroplu; bakteri zehirlenmesi ile belirtili: *a septic wound.*
sequel ['si:kwl] *i+sy* 1 (bir öykünün,
bir filmin, vb.) devamı, arkası. *The
author wrote a sequel to her popular
novel.* 2 başka bir şeyi izleyen bir şey;
sonuç, netice. *The sequel of this ill-
advised action is not difficult to
foresee.* (*eş anl.* **follow-up**).
sequence ['si:kwəns] *i+sy/-sy* zamanca birbirini izleyen bir dizi şey; sıra,
dizi: *a sequence of disasters. The
books are arranged in sequence on
the shelves.*
sequin ['si:kwin] *i+sy* süs pulu, payet;
bir giysinin üzerine süs olarak dikilen
süs.
serene [si'ri:n] *s* 1 sakin, durgun; rahat, huzur içinde: *a serene smile. The
nun's faith in God showed in her
serene face.* 2 berrak, açık, parlak;
bulutsuz: *serene skies.* **serenely** *z* sakince, sükûnetle. **serenity** [si'reniti]
i-sy sükûnet, huzur; durgunluk, berraklık. (*eş anl.* **tranquility**).
serf [sə:f] *i+sy*; (derebeylik toplumu
düzeninde) toprakla alınıp satılan
köle. *When the lord sold his land, the
serfs wondered if the new owner
would let them keep more of their
produce.*
sergeant ['sa:dʒənt] *i+sy* 1 (orduda)
astsubay, üstçavuş. *A sergeant in the
British army or air force, is a non-
commissioned officer of middle rank.*
2 en ast rütbenin bir üstünde olan
polis memuru. *A sergeant is an of-
ficer with the rank above constable
and below inspector.*

serial ['siəriəl] *i + sy* dizi; belirli zamanlarda, örn. haftada bir, veya hergün bölümler halinde yayınlanan radyo, TV ya da gazete, dergi öyküsü. *A new serial is starting on television tonight.* serialize *f + n* bir dizi olarak basmak, veya radyo ve TV'de yayınlamak. *His book is being serialized on 'Woman's Hour'.*

series ['siəri:z] *i + sy* dizi, seri, sıra; ard arda gelen: *a series of disappointments/stormy days. A series of unusual events led to the conviction of the suspect.* çoğ. biç. **series.**

serious ['siəriəs] *s* 1 ciddi; şaka ya da gülünç olmayan. *Try to be serious for a moment.* 2 ciddi, ağırbaşlı, düşünceli: *a serious kind of person.* 3 önemli; şakaya gelmeyen, belki de tehlikeli, ciddi: *a serious problem. I have brought you here to discuss a very serious matter.* **seriously** z ciddiden, ciddi olarak. **seriousness** *i-sy* ciddiyet. **take someone/something seriously** bir kimseyi/bir şeyi ciddiye almak.

sermon ['sə:mən] *i + sy* 1 vaaz, dinsel konuşma. *The minister's sermon was about loving your neighbour.* 2 öğüt, nasihat; ('şöyle yap, böyle yapma' anlamında) uzun uzun nutuk atma. *After the guests left, the boy got a sermon on stable manners from his father.*

serpent ['sə:pənt] *i + sy* (iri) yılan. *(esk. kul.).*

serpentine ['sə:pəntain] *s* yılan gibi kıvrıntılı, yılankavi.

serrated [si'reitid] *s* testere dişli: *a serrated edge.*

serum ['siərəm] *i + sy/-sy* serum; mikroplu bir hastalığa, veya zehirli bir maddeye karşı aşılanmış, bir hayvanın kanından elde edilen sıvı madde; antitoksin. *(eş anl.* **antitoxin**).

servant ['sə:vənt] *i + sy* hizmetçi. NOT: İngiltere ve Amerika'da *servant* sözcüğü yerine *help,* veya *domestic help* sözcüklerinin kullanımı tercih edilir.

serve [sə:v] *f + n* 1 hizmet etmek; (birisi ya da bir şey için) bağlılıkla çalışmak: *serve an employer; serve one's country well.* 2 servis yapmak; sofraya yemek koymak: *serve dinner.* 3 (dükkânda, mağazada) (bir şey satın alan birisine) hizmet etmek, bakmak.

The assistant will serve you. 4 (tenis, vb. oyunlarda) servis atmak; topu oyuna sokmak. *It's my turn to serve.* 5 (hapis cezasını) çekmek. *Mandy served two months in a local jail.* **serve a purpose** işe yaramak, bir işi görmek. *It wasn't very good, but it would serve its purpose.* **it serves him/her/you, etc.** oh olsun! önceden düşünseydi! yapmasaydı! *His wife has left him, it serves him right: he treated her very badly. (k. dil.).*

service ['sə:vis] 1 *i + sy* (bir şirket, firma, vb. yerdeki) hizmet, çalışma. *I can assure you that your service to the firm are much appreciated.* 2 (vatana, cemiyete, dostlara yapılan) hizmet; yardım, fayda. *His whole life was devoted to the service of others.* 3 (bir lokantada, vb. verilen) hizmet, servis. *The service in this restaurant is very poor.* 4 ibadet, ayin. *The family went to ten o'clock service at their church.* 5 (bir cihaz, bir motor, vb. hk.) bakım, servis. *The machine has been sent in for service.* 6 yemek, çay takımı: *a tea service.* 7 (tenis, voleybol, vb. oyunlarda) servis. **be at one's service** emre amade olmak; yardımına hazır olmak. *I'm at your service whenever you should need my help.* **be in service** hizmetçilik yapmak. *Her eldest daughter was in service.* **be of service** (birine) yardım etmek; faydalı olmak. *His professional knowledge has been of great service to us.* Ayrıca *f + n* bakımını yapmak; onarmak, tamir etmek. *The car needs to be serviced every six months.* **serviceable** ['sə:visəbl] *s* 1 yararlı, faydalı, işe yarar. 2 dayanıklı; uzun bir süre kullanışa elverişli. *(karş.* **unserviceable**). **service charge** servis ücreti. **service station** benzin istasyonu. **civil service** devlet memurluğu. **military service** askerlik hizmeti. **public service** kamu hizmeti.

serviette [sə:vi'et] *i + sy* sofra peçetesi. *(eş anl.* **napkin**).

servile ['sə:vail] *s* köle gibi davranan; gururusuz, hakir, aşağılık: *servile flattery; a servile attitude.*

session ['seʃən] *i + sy* 1 (özl. bir mahkemede, Parlamento'da, vb.) oturum, celse; resmi toplantı. *The morning session will be held in the conference room.* 2 oturum zamanı, toplantı dönemi: *the summer session.* (*eş anl.* **sitting**).

set¹ [set] *f + n/-n* **1** (durması için) bir yere koymak, yerleştirmek: *set a cup on the table; set a meal before someone; set pen to paper* (= yazmaya başlamak); *set a match to something* (= bir şeyi kibritle tutuşturmak); *set a hen on her eggs/set eggs under a hen* (= bir tavuğu kuluçkaya yatırmak). **2** saptamak, belirlemek, tespit etmek: *set a price; set a time; set one's watch to the correct time* (= saatini ayarlamak); *set an alarm clock* (= çalar saati ayarlayıp kurmak). **3** (birisine) yapması için bir iş vermek; işe koşmak; sokmak: *set an examination; set someone a difficult task.* **4** (bir sıvıyı, yumuşak bir maddeyi) dondurmak, katılaştırmak, sertleştirmek. *The cement/jelly has set.* **5** belirtilen duruma getirmek; açıklanan halde bulunmasını sağlamak: *set someone free; set a house alight.* **6** (güneş hk.) batmak. *The sun was setting. şim. zam. ort.* **setting**. *geç. zam. ve ort.* **set**. Ayrıca *s* **1** saptanmış, tespit edilmiş, belirli: *at a set time.* **2** değişmez, sabit: *a set smile on one's face* (= yüzündeki yapmacık tebessüm); *a set phrase* (= kalıp halinde bir ifade). **setting** *i + sy* **1** sahne, dekor: *beautiful settings.* **2** beste, aranjman: *compose a setting for a poem.* **set about something** bir şeye başlamak; girişmek, koyulmak. *Immediately she arrived home she set about preparing a meal. They set about the task rather unwillingly. I will set about cooking dinner.* **set about someone** birisine saldırmak, hücum etmek. *The little fellow rolled up his sleeves and set about the bully. He listened attentively to what his critics had to say, and then he set about them.* **set someone/something back. 1** geriye bırakmak, geriye atmak. *The accident has set them back several weeks.* **2** (birisine büyük miktarda paraya) mal olmak, patlamak. *His daughter's wedding set him back hundreds of pounds.* (*k. dili.*). **setback** *i + sy* engel, terslik, aksilik. *Sickness and disease are serious setbacks to progress.* **set off** bir yolculuğa başlamak; yola çıkmak. *I have to set off at 6.45 each morning*

in order to get to the office at 7.30. Having said farewell to their friends, they set off for home. (*eş anl.* **set out**). **set something off 1** patlatmak, ateşlemek. *The mischievous boys set off a firework just behind the old gentleman.* **2** daha dikkati çeker duruma, veya göze daha hoş görünür hale getirmek; meydana çıkarmak. *The green carpet is set off by the yellow curtains.* **set out** bir yolculuğa başlamak; yola çıkmak. *It was raining when we set out for Paris, but after about half an hour the weather cleared up.* **set something out 1** sıra ile açıklamak, anlatmak. *He has set out his ideas very clearly.* **2** düzenlemek ya da düzenli biçimde sermek. *Your composition is not very well set out.* **set someone/something up 1** (kendine, veya bir başkasına) iş kurmak, bir şey olarak ticarete başlatmak. *His father set him up as a dentist when he left college. He set up shop as a piano teacher.* **2** kurmak, inşaa etmek, yapmak. *He set up a little stall to sell hamburgers. We shall set up camp here.* **setup** *i + sy* plan, tertip; danışıklı dövüş: *a strange setup.* (*k. dil.*).

set² [set] *i + sy* **1** takım; bir bütün oluşturan grup: *a set of golf clubs; a set of false teeth; a tea set; the smart set* (= yeni fikirlerde ve modada önderlik yapan seçkin insanlar grubu). **2** elektrikle çalışan bir cihaz; (özl. bir radyo, TV alıcısı): *a transistor set.* **3** sahne, dekor; film seti. *They had built a very impressive set.* **4** (teniste) set. **set square** gönye; bir doğruya dik gelen başka doğrular çizmeye yarayan dik üçgen biçiminde cetvel.

settee [se'ti:] *i + sy* kanepe. *A settee is a long seat with a back and usually with arms.* (*eş anl.* **couch, sofa**).

settle ['setl] *f + n/-n* **1** (bir sorunu) çözmek, halletmek; (bir tartışmayı) halletmek. *To settle all these differences will take time.* **2** kararlaştırmak, saptamak. *Have you settled on a day for the picnic?* **3** düzene koymak. *These little details I leave behind for you to settle.* **4** (yaşamak, oturmak için) (bir yere) yerleşmek; yerleştirmek. *Jane had settled in Nice.* **5** yerleşmek, kalmak ya da rahat olmak. *I caught a taxi at the airport, gave the address,*

and settled back. **6** yatışmak, sakin-
leşmek; yatıştırmak, sakinleştirmek.
*I need to take this medicine to settle
my nerves.* **7** (makbuzu, faturayı, pa-
rayı) ödemek. *I settled all my bills
before leaving town. If you leave the
bill with me, I'll settle up.* **settlement**
1 *i + sy/-sy* anlaşma, halletme, çözü-
me bağlama, kararlaştırma. *No
settlement of the dispute is possible
unless each side yields some point.* **2**
i-sy yerleşme, bir yerde oturma; is-
kân; yeni bir nüfusun yaşamak için
bir yere taşınıp yerleşmesi. *The
settlement of the English along the
Atlantic coast gave England claim to
that section.* **3** *i + sy* yerleşilen yer,
bölge. *He lives in the jungle, in a
settlement by a river.* **4** *i + sy/-sy*
ödeme. *Our basic discount is 20%
but we offer an extra 5% for rapid
settlement. Settlement of all claims
against the company will be made
shortly.* **settler** *i + sy* göçmen; yeni bir
yere yerleşen. **settle down 1** bir yere
yerleşmek; bir ev kurup sakin bir ha-
yat yaşamak. *After years of travelling
he decided to settle down.* **2** bir ya-
şam, iş, vb. biçimine alışmak. *How
are you settling down in your new
job/house?* **3** yatışmak, sakinleşmek.
The children have settled down now.
(*eş anl.* **relax, calm down**). **settle on**
1 karar vermek. *I don't know what
dress she finally settled on.* **2** (miras
olarak) bırakmak. *Mr Thomas settled
his property on his children.*

seven ['sevn] *i/zamir* yedi; 7. **at sixes
and sevens** için six'e bkz.

sever ['sevə*] *f + n/-n* ayırmak, böl-
mek, koparmak; ayrılmak, bölün-
mek, kopmak. *Her hand was severed
at the wrist. The sailor severed the
rope with a knife. I had to sever all
ties with my parents.* (*eş anl.* **break
off**). **severance** *i-sy* (diğer insanlarla,
veya bir yer ile ilişki ya da bağlar hk.)
kesilme, kopma. (*eş anl.* **break**). **sev-
erance pay** işten çıkarma tazminatı.
*When the company closed down
everyone was given severance pay.*

several ['sevərl] *s* üç veya daha çok,
ama fazla değil; beşon, birkaç, epey-
ce. *I spent several days in İstanbul.
There were several people at the party
whom I didn't recognize.* Ayrıca *za-
mir* birkaç tane; birkaç ama çok

değil. *I've got some cups, but I think
I'll need several more. Several of the
oranges are bad.*

severe [si'viə*] *s* **1** sert, katı, haşin; ku-
rallarda, ölçülerde, vb. ihmale, veya
değişime izin vermeyen. *A hundred
years ago punishments were severe;
a man could be imprisoned for steal-
ing bread. The judge passed severe
sentences on the rapists.* **2** güç, zor.
*The new gun had to pass a series of
severe tests.* **3** sade, süssüz. *She has
a severe haircut like a boy's.* **4** tehli-
keli; keskin, şiddetli; ağır, sert. *I had
a severe headache. That was a severe
storm.* **severely** *z* şiddetle, ciddi bir
şekilde. *Train services have been
severely affected by snow.* **severity**
[si'veriti] *i-sy* sertlik, ağırlık; şiddet.
*The law treats convicted rapists with
great severity.*

sew [sou] *f + n/-n* **1** dikmek; dikiş dik-
mek. *I sewed a button on my jacket.*
2 elbise dikmek. *The early humans
used bone needles and sinew to sew
clothes of skin and fur. geç. zam. biç.*
sewed. *geç. zam. ort.* **sewn** [soun].
sewing *i-sy* dikiş. *Her
sewing is good.* **sewing machine** dikiş
makinesi.

sewer ['su:ə*] *i + sy* lağım. *A sewer is
an underground drain to carry off
waste water and refuse.* **sewage** *i-sy*
lağım pisliği. *Sewage is waste matter
such as human faeces or water that
has been used in homes and factories,
which is carried away in sewers.*

sewn [soun] **sew** fiilinin geçmiş zaman
ortacı.

sex [seks] **1** *i-sy* cinsiyet; erkek ya da
dişi olma durumu. *People should
have equal opportunities, regardless
of race or sex. The sex of a baby can
be identified before birth.* **2** *i + sy* tüm
erkekler, veya kadınlar takımı: *the
fair/gentle/weaker sex* (= kadınlar).
have sex cinsi temasta bulunmak,
seks yapmak. *The doctor asked them
how often they had sex each other.*
sexism *i-sy* cins ayırımcılığı. **sexual**
['seksjuəl] *s* cinsel, cinsi; cinsiyet ile
ilgili, seksüel. *Most people expect to
get some kind of sexual satisfaction
in life.* **sexy** *s* seksi; cinsel istek uyan-
dıran. *What a sexy dress she wore last
night; one of the sexiest I've seen. She
says he's a very sexsy man.* (*k. dil.*).

(sexual) intercourse cinsi temas. *Sexual intercourse is a normal part of human and animal life. It is an offence to have sexual intercourse with a girl under sixteen years of age.* **sexually transmitted disease (STD)** cinsi temas yoluyla geçen hastalık. *AIDS is a sexually transmitted disease.*

sh [ʃ] *ünlem* (bir kimseye susması için çıkarılan ses) şiiş, suuss. *(eş. anl.* **hush**).

shabby ['ʃæbi] *s* **1** eski, yıpranmış; eski püskü, pejmurde: *a shabby old coat.* **2** kılıksız; üstü başı eski: *a shabby beggar. She is always shabby.* **3** adi, aşağılık; dürüst olmayan *That's a shabby way to treat a good friend.* **shabbily** *z* kılıksızca, pejmürde bir halde. **shabbiness** *i-sy* kılıksızlık.

shack [ʃæk] *i+sy* kulübe, baraka. **shack up** (sevgili olarak) birlikte yaşamak. *He wants to shack up with me.*

shackle ['ʃækl] *i çoğ* **1** pranga; ağır cezalıların ayaklarına takılan zincir. **2** engel, mâni. *Superstition and fear of change are two great shackles on men's minds.* Ayrıca *f+n* **1** prangaya vurmak, zincire vurmak. *The guards shackled them together.* **2** engel olmak, mâni olmak.

shade [ʃeid] **1** *i-sy* gölge; gölgelik yer. *There is not much shade here. Let us sit in the shade of that tree.* **2** ışığı ya da ışığın tüm parlaklığını içeri sokmayan bir şey: *an eyeshade; a shade for a lamp.* **3** *i+sy* renk tonu. *I would like something in a darker shade of blue.* **4** *i+sy* ince fark ya da değişiklik; az bir miktar: *a word with different shades of meaning; a jacket that is a shade too long* (= uzunluğu azıcık fazla olan bir ceket). Ayrıca *f+n/-n* gölgelemek, üzerine gölge düşürmek; direkt ışıktan, veya sıcaktan korumak. *This seat is shaded by a tree.* **shady** *s* **1** gölgeli, gölge veren: *a shady tree.* **2** şüpheli bir dürüstlüğü, veya kişiliği olan: *The shady character wore dark glasses to disguise his face.* (2. anlamı *k. dil.*).

shadow ['ʃædou] *i+sy* gölge. *They were standing in the square and, as the sun was setting, their shadows were getting longer.* Ayrıca *f+n* (gizlice) yakından izleyip gözetlemek.

The police have been shadowing him for months. **shadowy** *s* loş, gölgeli. **shadow-box** *f-n* gölge boksu yapmak. **shadow-boxing** *i-sy* gölge boksu. **shadow cabinet** (*Brİ'*de) Parlamentodaki muhalefet partisi lideri tarafından seçilerek bakanların işlerini inceleyen bir grup insan; gölge kabine. **shadow of doubt** (genl. olumsuz olarak kullanılır) en ufak şüphe; şüphe kırıntısı. *He is guilty, without a shadow of doubt* (= En ufak bir kuşkuya yer bırakmayacak şekilde suçlu). **be afraid/frightened of one's shadow** kendi gölgesinden bile korkmak.

shaft [ʃaːft] *i+sy* **1** bir mızrağın, okun, vb. bir silahın gövdesini oluşturan uzun, ince sap: *hold a spear by the shaft.* **2** mil, şaft; bir makinenin dönme hareketini iletmeye yarayan ve ucuna dişli çarklar, tekerlekler, veya pervane bağlanan demir mil. **3** bir yerden sızan ışık huzmesi, ışın demeti.

shaggy ['ʃægi] *s* **1** uzun, aynı boyda olmayan, birbirine karışmış tüylerle, kıllarla kaplı: *a shaggy dog.* **2** pösteki gibi tüylü: *shaggy eyebrows.*

shake [ʃeik] *f+n/-n* **1** sallamak, sarsmak, silkmek; sallanmak, sarsılmak, silkelenmek: *shake a box to see if it contains anything. He shook his fist in my face. He shook the snow off his clothes.* **2** titremek: *shake with fear; in a shaking voice. He is shaking with cold.* **3** sarsmak, allak bullak etmek. *I was shaken by the news of the disaster. Even the boldest person would have been shaken by such a narrow escape.* **4** sarsmak, zayıflatmak; bulandırmak. *Your actions have shaken my faith in your ability. Her lie shook my faith in her honesty.* **şim. zam. ort. shaking.** *geç. zam. biç.* **shook** [ʃuk]. *geç. zam. ort.* **shaken.** Ayrıca *i+sy* **1** sallanma, veya sallama hareketi. *He refused my request with a shake of his head.* **2** bir çok şeyi bir arada çalkalayarak yapılan bir içecek: *milk shake* (= soğuk sütle dondurmanın çalkalanmasından yapılan bir içecek). **3** deprem, yersarsıntısı. (*k. dil.*). **shaky** *s* **1** sağlam ve sıkı olmayan; güvenilmez: *a shaky platform; in a shaky position. The year got off to a shaky start.* **2** titrek, sarsak: *a* *shaky voice.* **shakily** *z* titrek titrek, titrek bir şekilde. **shakiness** *i-sy* sarsaklık, titreklik, sarsıntılı olma. **shake off** kaçmak. *They shook off the police.* **shake someone up** uyandırmak, gözünü açmak; harekete geçirmek. *The teacher gave the lazy pupil a severe report in the hope that it would shake him up. (k. dil.).* **shake-up** *i + sy* yeniden örgütleme, kurma, büyük değişiklik; silkeleme, canlandırma, harekete getirme. *Many people were eager for a shake-up in the two-party system. Nobody is working properly in this office; we need a good shake-up. (k. dil.).* **shake hands/by the hand** (örn. bir pazarlıkta anlaşmaya varıldığını ifade etmek için) el sıkışmak, tokalaşmak. *I wanted to buy his car so we shook hands on the deal.* **shake one's head** 'hayır' diye cevap vermek, veya beğenmediğini ya da onaylamadığını göstermek için başını iki yana sallamak.

shall *[ʃæl] yar f* 1 çoğk. ama her zaman değil, gelecek zaman ifade etmek için *I* ve *we* ile kullanılır ve '(yapa)cağım, (yapa)cağız; (yapa)rım, (yapa)rız': *We shall be leaving in five minutes. I shall see you next week.* 2 bir emir, veya yapılması gereken bir şey için kullanılır: *You shall not leave this room. All pupils shall be present.* 3 *I* ve *we* ile dinleyenin karar vermesini isteyen sorularda ya da tekliflerde kullanılır ve '(yapa)yım mı? (yapa)lım mı?': *Shall I do that for you? geç. zam. biç.* **should** *[ʃud].*

shallow *[ʃæləu] s* 1 sığ, derin olmayan: *shallow river.* 2 yüzeysel; ciddi düşünceden yoksun: *shallow person.*

sham *[ʃæm] i + sy/-sy* taklit, sahte bir şey; hile, dolap; yalan dolan. *His pious behaviour is just a sham.* Ayrıca *s* taklit, sahte: *sham diamond.*

shamble *[ʃæmbl] f-n* ayaklarını sürüyerek sarsak sarsak yürümek. *The tired old begger was just shambling along the street.*

shambles *[ʃæmblz] itek* veya *çoğ* 1 (a ile) karışık ve harap yer; (sanki) savaş alanı. *The careless children made a shambles of their room.* 2 mezbaha, salhane. *The room was in a shambles after the explosion.*

shame *[ʃeim] i-sv* 1 utanma, sıkılma,

mahcubiyet: *blush with shame; feel shame for having told a lie.* 2 ayıp, rezalet, utanç, yüzkarası, utanacak şey: *bring shame on one's family.* Ayrıca *f + n* utandırmak, mahcup etmek, rezil etmek. *He has shamed his family by doing wrong.* **shameful** *s* utanç verici, çirkin, yüzkarası. *To steal money from a blind person is a shameful act.* **shameless** *s* utanmaz, yüzsüz; yakışıksız. *(eş anl. brazen).* **shamefaced** *s* utangaç, mahçup. *He stared at me with a slightly shamefaced look. (eş anl. sheepish).* **it's a shame that** çok yazık, çok üzücü. *It's a shame that he is so poor.* **Shame on you!** Ayıp, ayıp sana! Tüh yazıklar olsun sana! Yazıklar olsun sana! **What a shame!** Ne ayıp! Ne yazık! Ne yazık!

shampoo *[ʃæmˈpuː] i + sy/-sy* şampuan; genl. saç yıkamakta kullanılan sıvı sabun. *I poured some shampoo onto her hand. There are shampoos for babies that do not sting the eye.* 2 *i + sy* şampuanlama; şampuan ile yıkama. *Would you like a shampoo before Paul cuts your hair?* Ayrıca *f + n* şampuanlamak; şampuan ile yıkamak. *I had a bath and shampood my hair.* **shampoo and set** şampuanla yıkayıp düzeltme (genl. kuaför yapar).

shamrock *[ʃæmrɔk] i + sy* yonca; İrlanda'nın ulusal simgesi.

shanty *[ʃænti] i + sy* derme çatma ev; kulübe. **shanty town** *i + sy* derme çatma evlerde fakir halkın oturduğu kasaba.

shan't *[ʃaːnt] yarf* **shall not**'ın kaynaşmış biçimi.

SHAPE *[ʃeip]* (Supreme Headquarters Allied Powers Europe)—Avrupa Müttefik Kuvvetleri Başkomutanlık Karargâhı.

shape *[ʃeip] i + sy/-sy* şekil; bir şeyin görünümü, veya görülen biçimi. *A white shape stood beside my bed. The children made animal shapes out of the pastry.* Ayrıca *f + n* biçimlendirmek, şekil vermek. *Mother began to shape the dough into rolls. The potter carefully shaped his pots.* **shapeless** *s* şekilsiz, biçimsiz. **shapely** *s* (özl. kadınların vücutların hk.) biçimli, endamlı. **comes in all shapes and sizes** her çeşit ve türden; çeşit çeşit. **take shape** biçimlenmek, şekillenmek. *My*

ideas are taking shape. A witch could take the shape of a cat or a bat. **lick** /ʃeɪ/ **knock someone into shape** bir kimseyi hale yola sokmak, yol yordam öğretmek, adam etmek. *He's rather inexperienced at the moment, but we'll soon lick him into shape.*
share [ʃɛə*] **1** *i + sy* pay, hisse. *We shall all have a share of the profits. We'll do our share of the work if they do their share.* **2** *i + sy* pay, hisse; hisse senedi; bir şirketin varlığının bölünebildiği eşit miktarlardan herhangi birisi. *I bought a block of shares in Marks and Spancer. The company offered 1.8m shares on the market.* Ayrıca *f + n/-n* **1** paylaşmak, ortaklaşa kullanmak. *He went upstairs to the room he shared with his brother.* **2** paylaşmak, bölüşmek. *David and I shared the petrol cost. They shared the washing up.* **3** bölüştürmek, hisselere ayırmak, paylaşmak, bölüşmek; bir veya daha fazla kişiye (bir şey)den pay vermek: *share one's wealth.* **shareholder** hissedar, hisse sahibi.
shark [ʃɑːk] *i + sy* **1** köpekbalığı. **2** hilekâr, dolandırıcı.
sharp [ʃɑːp] *s* **1** keskin. *I cut it away with a sharp knife.* **2** sivri, sivri uçlu. *I always use a sharp pencil.* **3** keskin; ani olarak dönen, sert. *Careful, this is a sharp bend. Don't make a sharp turn here.* **4** (yüz hatları hk.) keskin, sert, belirgin. *I have grey hair, blue eyes, and a sharp nose.* **5** (ağrılar, sızılar hk.) keskin ve şiddetli. *I felt a sharp pain in my shoulder.* **6** keskin, acı, sert, içe işleyen. *He spoke sharp words to her. The sharp wind blew right through our jackets.* **7** keskin; düşünmede, görmede, duymada, vb. çabuk ve duyarlı. *His sharp eyes would never miss it. The sharp young lad saw the hold-up and took the number of the get-away car.* **8** elindeki fırsatı iyi kullanan; zeki ve açıkgöz. *Richard is a sharp businessman.* **9** (müzikte) diyez, çok tiz (ses). *Don't blow your recorder too hard because the notes will be sharp.* **10** acı, kekremsi, ekşi. *This lemon drink is too sharp for me.* Ayrıca *z* **1** tam. *Be there at 9 (o'clock) sharp.* **2** keskin bir biçimde; âni ve sert bir biçimde. *Turn sharp right at the next corner.* **sharply**

z aniden, birdenbire. *Her condition deteriorated sharply during the night.* **sharpness** *i-sy* keskinlik, sertlik, acılık. **sharpen** *f + n/-n* bilemek, keskinleştirmek; sivriltmek, yontmak; bilenmek, keskinleşmek, sivrilmek. **sharpener** *i + sy* bileyici, keskinleyici, yontucu: *pencil sharpner* (= kalemtraş). **look sharp** acele etmek, çabuk olmak. *You had better look sharp; the bus will be here at any moment.* (*eş anl.* **hurry up, look alive, look lively**).
shatter [ˈʃætə*] *f + n/-n* **1** kırmak, tuzla buz etmek; kırılmak, tuzla buz olmak. *The cup was shattered on the floor.* (*eş anl.* **smash**). **2** sarsmak, kırmak, yıkmak: *shatter one's hopes/ nerves.*
shave [ʃeɪv] *f + n/-n* **1** (sakallı) traş etmek; (sakal) traşı olmak. *I shave everyday.* **2** (bir yerini) traş etmek. *She shaved her legs and under her arms.* **3** bir şeyden çok ince parçalar halinde yontmak, koparmak. *Martha shaved the chocolate.* **4** sıyırtmak, sıyırıp geçmek, hafifçe sürtünmek. *The car just shaved past the pedestrian.* Ayrıca *i + sy* traş; traş olma, veya etme. *I need a shave.* **shavings** içoğ yonga, talaş. **shaving brush** traş fırçası. **clean-shaven** sakalsız, traşlı: *a clean-shaven youth.* **a close shave** kıl payı kurtulma; paçayı zor kurtarma: *He narrowly missed hitting the other car; it was a close shave.* (*k. dil.*).
shawl [ʃɔːl] *i + sy* şal, atkı.
she [ʃiː, ʃi] *zamir* **1** (insanların, veya hayvanların dişisi olan) o. *She is my girl. If you're looking your mother she is in the kitchen.* **2** ülkeler için kullanılır. *Turkey is a very large country. She is famous for her hospitality.* **3** araçlar, uçaklar gemiler, makineler ve yapılar için kullanılabilir. *She does 0 to 10 seconds.* Ayrıca **her**'e bkz.

sheaf of corn

sheaf [ʃi:f] *i+sy* deste, tomar; toplandıktan sonra kurumak üzere tarlada bırakılan birbirine bağlanmış tahıl demeti: *sheaf of corn; sheaf of papers; sheaf of arrows. çoğ. biç.* **sheaves** [ʃi:vz].

shear [ʃiə*] *f+n* (koyunun) yün(ünü) kırpmak, kesmek. *The farmer sheared his sheep. geç. zam. biç.* **sheared**. *geç. zam. ort.* **sheared** *veya* **shorn** [ʃɔ:n]. **shears** *içoğ* büyük makas; yün kırpma makası.

sheath [ʃi:θ] *i+sy* kın, kılıf; bıçak, kılıç gibi kesici araçların kabı. **sheathe** [ʃi:ð] *f+n* kınına koymak, kılıfına yerleştirmek. *He put his knife in its sheath.*

shed[1] [ʃed] *i+sy* kulübe, baraka, sundurma: *toolshed; cattle shed* (=sığır ahırı).

shed[2] [ʃed] *f+n* 1 akıtmak, dökmek. *She shed tears over a broken toy.* (*eş anl.* **weep**). 2 (bitki ve hayvanlarda) (dış derisini, kabuğunu, yapraklarını tüylerini) dökmek. *Many trees shed their leaves in winter. The grass-snake shed its skin in our garden.* 3 yaymak, saçmak. *The sun sheds light. Flowers shed perfume. şim. zam. ort.* **shedding**. *geç. zam. ve ort.* **shed**.

sheep [ʃi:p] *i+sy* koyun. *The sheep are grazing. çoğ. biç.* **sheep**. **sheepish** *s* mahçup, sıkılgan, şaşkın. *Sue gave me a sheepish grin.* **sheepdog** çoban köpeği.

sheer [ʃiə*] *s* 1 çok ince, incecik ve şeffaf. *We could see our visitors through the sheer curtains.* 2 bütün bütün, düpedüz, sırf. *The woman fainted from sheer weariness.* 3 sarp, dimdik. *From the top of the wall a sheer drop of a hundred feet to the water below.* Ayrıca z dik olarak aşağı ve yukarı. *The cliffs rose sheer from the sea.*

sheet [ʃi:t] *i+sy* 1 (pamuklu, keten, naylon, vb. yapılmış) yatak çarşafı. *A sheet is put either under you or over you in bed. They change the sheets on the bed every week, and the blankets every month.* 2 tabaka, levha (kâğıt, cam, demir, vb.). *Start each answer on a new sheet of paper.*

sheik, sheikh [ʃeik] *i+sy* şeyh; Arap kabile reisi, veya Arap prensi.

shelf [ʃelf] *i+sy* raf: *a bookshelf. çoğ. biç.* **shelves** [ʃelvz]. **shelve** [ʃelv] *f+n* sonra düşünülmek üzere bir tarafa

koymak; ertelemek; rafa kaldırmak. *That's such a tricky problem I'll have to shelve it until I find out more about it.*

shell [ʃel] *i+sy* 1 kabuk; bazı deniz hayvanlarının (ki bunlara **shellfish** denir) ve bazı kara hayvanlarının (örn. **tortoise** (=kaplumbağa)), bir yumurtanın, meyvanın, fındığın, veya tohumun sert örtüsü. *Two of these eggs have got cracked shells.* 2 bir binanın iskeleti. *Only the shell of the building has been put up so far.* 3 büyük top mermisi; mermi kovanı. Ayrıca *f+n* 1 kabuğunu soymak. *Can you help me to shell these peas.* 2 mermi yağdırmak; bombardıman etmek. *They shelled the town.* **shellfish** *i+sy/-sy* suda yaşayan kabuklu herhangi bir hayvan. *çoğ. biç.* **shellfish**.

sea shell

shelter [ʃeltə*] 1 *i+sy* barınak, sığınak; koruma sağlayan bir bina, veya örtü. *Many people built lead-line shelters in case there was a nuclear war. The cave was a perfect refuge during the storm.* 2 *i-sy* koruma; korunma, sığınma: *look for shelter; run for shelter from the rain.* (*eş anl.* **refuge**). Ayrıca *f+n/-n* 1 barındırmak, saklamak, korumak. *Some villagers are prepared to help shelter wanted men.* 2 sığınmak, barınmak. *It is natural to shelter from a storm.* (*eş anl.* **take refuge**).

shelve, shelves [ʃelv(z)] *f+n, içoğ* **shelf**'e bkz.

shepherd [ʃepəd] *i+sy* çoban; koyun çobanı. (*kadınına* **shepherdess** [ʃepədis] *denir*). Ayrıca *f+n* 1 yol göstermek. *They were shepherded into a room.* 2 çobanlık etmek, sürüyü gütmek. *His son shepherded his flock.*

sheriff [ʃerif] *i+sy* (günümüzde özl. ABD'de ve İskoçya'da) polis müdürü.

sherry [ʃeri] *i-sy* sarı veya kahverengi

bir tür şarap.

shield [ʃi:ld] *i+sy* **1** (eski zamanlarda) kalkan. **2** koruyucu bir örtü, siper. *She held her hands to her eyes as a shield against the sun.* Ayrıca *f+n* himaye etmek, korumak (özl. cezalandırılmaktan). *I shielded my small brother with my body.*

shift [ʃift] *f+n/-n* durum, yer veya yön değiştirmek; posta, vardiya değişmek, veya değişmek: *shift one's position slightly; shift a person from one job to another; try to shift the blame for something onto someone else* (=bir suçu, bir kabahati bir başkasının üstüne atmaya çalışmak). Ayrıca *i+sy* **1** vardiya, posta; vardiya süresi. *We can keep the factory going all the time because we have two shifts—a day shift and a night shift.* **2** yerdeki, veya yöndeki değişim.

shifty *s* hilekâr, kurnaz: *shifty behaviour. We though the man who was lurking near the school had a shifty look about him.*

shilling [ˈʃiliŋ] *i+sy* şilin. *A shilling is a unit of money which was used in Britain until 1971 and which was the equivalent of 5p. There were twenty shillings in an English pound.*

shimmer [ˈʃimə*] *f-n* yumuşak ve titrek bir ışıkla parlamak. *The surface of the lake shimmered in the moonlight.* Ayrıca *i-sy* titrek ışık.

shin [ʃin] *i+sy* incik; bacağın diz kapağından topuğa kadar olan kısmı. **shin up** bir ağaca, veya bir direğe (elleri ve ayaklarıyla) tırmanmak. *The boy shinned up the palm tree to get a coconut.*

shine [ʃain] *f+n/-n* **1** parlamak, parıldamak; ışıldamak: *the moon shining on the sea; a face shining with excitement. The sun shone all day.* **2** ışık tutmak; bir lambayı, feneri, vb. bir yere yöneltmek. *We shone our torches on the snowman.* **3** cilalamak, parlatmak. *Mum decided to shine all the silver cutlery in the drawer.* geç. zam. ve ort. **shone** [ʃɔn]. Ayrıca *i-sy* parlaklık; cila: *put a shine on one's shoes.* **shiny** *s* pırıl pırıl parlak: *shiny new coin.*

shingle [ˈʃiŋgl] *i-sy* (deniz kıyısında bulunan) yuvarlak çakıltaşı. *Do you prefer sand or shingle on a beach?*

shingles [ˈʃiŋglz] *i-sy* zona; deride, si-

nirler boyunca, birtakım ağrılı fiskelerin dökülmesiyle beliren bir hastalık.

ship [ʃip] *i+sy* gemi. *The ship sailed into the harbour.* Ayrıca *f+n* **1** gemi ile taşımak, yollamak. *We shiped a cargo of wheat to New York.* **2** (özl. bir yükü) posta, veya başka bir yolla uzak bir mesafeye göndermek. **3** (tekneler hk.) (özl. bir fırtına sırasında) su almak: *ship water. şim. zam. ort.* **shipping. geç. zam.** ve *ort.* **shipped.**

shipping *i-sy* gemi trafiği; bir ülkeye, limana ya da şirkete ait tüm gemiler, gemi filosu; taşıma, nakliye. **shipment 1** *i-sy* mal gönderme, taşıma ve dağıtım işi. *They make one shipment a week to England.* **2** *i+sy* yük gönderilen mal miktarı: *a large shipment of grain.* **shipbuilding** *i-sy* gemi yapımı. **shipshape** *s* temiz ve düzenli. *Everything in his room is shipshape.* **shipwreck 1** *i-sy* deniz kazası. *I know a man who has suffered shipwreck three times.* **2** *i-sy* gemi enkazı; deniz kazasına uğrayarak tahrip olmuş bir gemi. **shipyard** tersane. (*eş anl.* **dockyard**).

shire [ˈʃaiə*] *i+sy* İngiltere'de eyalet. NOT: bu sözcük günümüzde artık tek başına kullanılmayıp bir isim ile birlikte kullanılır, örn. **Oxfordshire.** Bu durumda [ʃə*] olarak telaffuz edilir. Tek başına kullanılması gerekiyorsa *county* kullanılır, örn. *the counties of England.*

shirk [ʃə:k] *f+n/-n* bir işten, bir görevden kaçmak, kaytarmak, yan çizmek: *shirk one's duty/responsibilites. He was very clever at shirking the hard work.* (*eş anl.* **avoid**).

shirt [ʃə:t] *i+sy* gömlek. *David was wearing a suit and a shirt and tie.* **shirtfront** gömlek önü. **in shirtsleeves /in one's shirtsleeves** (genl. havanın sıcak olması, veya haril haril çalışmasını sürdürdüğü için ceketini bir tarafa bırakmış, veya asmış bir vaziyette) gömlekle. *He started to come to work in shirtsleeves.* **shirttail** gömlek eteği.

shit [ʃit] *i-sy* (insan, veya hayvanların çıkardığı) bok. Ayrıca *f-n* sıçmak. **be in the shit** başı dertte olmak. **shit oneself** korkudan altına sıçmak. **beat /kick/knock the shit out of someone** bir kimseyi eşek sudan gelinceye kadar dövmek.

shiver ['ʃivə•] *f-n* (soğuk, veya korkudan) titremek. *I shivered with cold. She crept shivering into bed.* Ayrıca *i+sy* titreme. (*eş anl.* **shudder**). **gives someone the shivers** bir kimsenin tüylerini ürpertmek. *That place gives me the shiver.*

shoal [ʃoul] *i+sy* balık sürüsü. *I saw a shoal of fish in the water.*

shock [ʃɔk] 1 *i+sy* sadme, sarsma, sarsıntı, şiddetli darbe, çarpma, vuruş: *shock caused by an earthquake.* 2 *i+sy* zihinsel sarsıntı, darbe, şok; umulmadık ve genl. çok tatsız bir şeyin neden olduğu durum, veya kuvvetli duygu. *The news of his father's death was a terrible shock to him.* 3 *i-sy* sarsıntı, şok; büyük bir acının, üzüntünün, kötü bir haberin yarattığı bedensel ya da zihinsel durum. *She was suffering from shock. He is in a state of shock. He is in shock. He went into shock. He was treated for shock.* 4 *i+sy* elektrik çarpması. *I got a nasty shock from the electric iron.* Ayrıca *f+n* sarsmak, müteessir etmek, çarpmak, şoke etmek; çok şaşırtmak; nefret ya da dehşet uyandırmak. *Mary was shocked by Mark's behaviour.* **shocking** *s* 1 şaşırtıcı, şok etkisi yapan, hayrete, şaşkınlığa neden olan: *shocking news.* 2 tiksindirici; nefret veya öfkeye neden olan: *shocking behaviour.* 3 çok kötü. *She's shocking at cooking.* **shocking pink** çingene pembesi. **shock therapy/ treatment** şok tedavisi.

shod [ʃɔd] **shoe** fiilinin geçmiş zamanı ve ortacı.

shoddy ['ʃɔdi] *s* adi ve kötü biçimde yapılmış; kalitesiz: *a shoddy piece of work. He said the mechanic did a shoddy job.*

shoe [ʃu:] *i+sy* 1 ayakkabı, pabuç. *Patrick was wearing a new pair of shoes.* Ayrıca **boot**'a bkz. 2 at nalı, nal. Ayrıca *f+n* nallamak; bir ata nal vurmak: *shoe a horse; well-/badly-shod.* geç. zam. ve ort. **shod** [ʃɔd]. **shoelace** ayakkabı bağı. **on a shoestring** kıt kanaat; çok az bir para ile. *When she was away from home, she managed to live on a shoestring.* (*k. dil.*).

shone [ʃɔn] **shine** fiilinin geçmiş zamanı ve ortacı.

shook [ʃuk] **shake** fiilinin geçmiş zaman biçimi.

shoot [ʃu:t] *f+n/-n* 1 (mermi, ok) atmak, fırlatmak; ateş etmek; vurmak, yaralamak, veya öldürmek: *shoot someone in the shoulder. He was shot in the street. Tell them to stop shooting.* 2 (ağrılar, sızılar hk.) hızla yayılmak; saplanmak. *A pain shot up my leg.* 3 fırlamak aniden çıkmak, veya fırlatmak, çıkarmak. *He shot out of the room. He shot out his hand.* 4 resim çekmek, filme almak: *shoot a scene for a film.* geç. zam. ve ort. **shot** [ʃɔt]. Ayrıca *i+sy* sürgün; bir bitkinin yeni süren filizi. **shooting** *i+sy/-sy* atış. *Did you hear about the shooting?* **shooting star** akan yıldız; dünyanın atmosferinden geçerken parlak bir biçimde yanan bir göktaşı. (*eş anl.* **meteor**).

shop [ʃɔp] *i+sy* 1 dükkân, mağaza: *chemist's shop; barber's shop. I must go to the shops. The shops shut at seven o'clock.* 2 atölye: *engineering shop.* Ayrıca *f+n/-n* alışverişe çıkmak; çarşıya gitmek. *She usually shops on Saturdays. She was shopping for shoes.* geç. zam. ve ort. **shopped**. **shopper** *i+sy* alışveriş yapan. *The shopper didn't see anything she liked so she went to another store.* **shopping** *i-sy* alışveriş, alışverişe çıkma. *I don't like shopping. Sue's going to do the shopping.* **shop assistant** tezgâhtar; dükkânda müşteriye hizmet eden kimse. **shopkeeper** dükkâncı; dükkân sahibi. **shoplifter** *i+sy* dükkânlardan mal çalan, aşıran kimse. *Shoplifters will be reported to the police.* **shoplifting** *i-sy* dükkândan mal aşırma. **shop-soiled** *s* vitrin solgunu, tezgâh kirlisi; uzun süre ellenip, veya sergilenip hafifçe hasara uğrayan, ya da kirlenen. Ayrıca *AmI*'de buna **shopworn** denir. **shop steward** işçeri sendika temsilcisi. **shopping centre** alışveriş merkezi. **shop window** vitrin. **the corner shop** içinde herşey satılan ufak dükkân. **shop around** (bir şeyi almadan önce fiyat tespiti yapmak için) dükkân dükkân dolaşmak. *He is shopping around for a new computer.* **talk shop** için **talk**'a bkz.

shore [ʃɔ:•] *i+sy* kıyı, sahil: *the shores of Britain; jump onto the shore from* *a boat. We could see the trees on the other shore.* **shore something up** yıkılmak üzere olan bir şeyi payanda ile desteklemek, payanda vurmak. *The villagers shored up the sagging huts.* **shoreline** deniz, göl, veya büyük bir nehir kıyısı.

shorn [ʃɔːn] **shear** fiilinin geçmiş zamanı ve ortacı.

short [ʃɔːt] *s* 1 kısa; mesafe ya da uzunluk bakımından az: *short stick; short rest; short memory* (=hafızası zayıf). *I had a short letter from my penfriend.* (karş. **long**). 2 kısa; kısa boylu, bodur: *short grass; short man. Without his shoes on, he seemed much shorter.* (karş. **tall**). 3 eksik, noksan; yetersiz. *Our group is two people short. He gave me short change.* **be short with someone** bir kimseyi başından savmak. *He was short with her when she asked him the time.* Ayrıca z ansızın, birdenbire. *He stopped short when he saw the strange sight.* **shortage** *i+sy/-sy* yokluk, darlık, sıkıntı; eksiklik: *large shortage/not much shortage of food. We employ part-timers to make up for staff shortages.* (karş. **surplus**). (eş anl. **dearth**). **shorten** *f+n/-n* kısaltmak; kısalmak: *shorten one's stay in a place. Can you shorten the discussion because I'm getting bored.* (eş anl. **lengthen**). **shortly** z hemen, az sonra; yakında. *He will be arriving shortly.* **shortness** *i-sy* kısalık; eksiklik. **shorts** *içoğ* 1 şort, kısa pantolon. *I tucked my shirt into my shorts.* 2 (*AmI*'de) (kısa paçalı) don. **shortbread** şekerli kurabiye. *Shortbread is a hard, sweet cake, rather like a biscuit.* **short-circuit** *i+sy* kısa devre. Ayrıca *f-n* kısa devre yapmak. *The kettle has short-circuited.* **shortcoming** *i+sy* (genl. çoğ. biç.) kusur, noksan, eksiklik. *Like everyone else, he has his shortcomings.* **short change** *f+n* (özl. bilerek) para üstünü eksik vermek. *I've been short changed twice in that shop.* **short cut** için **cut**[2]'ya bkz. **shorthand** *i-sy* steno yazısı. *I took the notes in shorthand.* (eş anl. **stenography**). **short-lived** *s* kısa ömürlü, ömürsüz. *His interest in camping as a hobby was short-lived.* **short of 1** ...-den aşağı. *The collection amounted to a few shillings short of*

ten pounds. 2 hariç, ..-den başka. *She will do anything short of murder to achieve his ends.* **short-sighted** *s* 1 miyop; uzağı göremeyen. *I was short-sighted and went to the optician.* 2 kısa görüşlü; şimdiki bir hareketin gelecekteki olası etkilerini düşünmeyen: *a short-sighted plan.* **short-tempered** *s* çabuk kızan, hemen parlayan. *He was short-tempered all day.* (eş anl. **fiery**). **short wave** (radyoda) kısa dalga; İngilte're'de boyu 11-75 metre arası. **cut something short** için **cut**[1]'a bkz. **fall short of** için **fall**[2]'ya bkz. **for short** kısa biçimde, kısa olarak. *Her real name is Susan, but she's called Sue for short.*

THIS IS A SAMPLE OF SHORTHAND WRITING

shorthand

shot[1] [ʃɔt] **shoot** fiilinin geçmiş zamanı ve ortacı.

shot[2] [ʃɔt] *i+sy* 1 atış; atım, el. *I fired several shots. That was a good shot, and it hit the mark.* 2 silah sesi. *They heard two shots.* 3 girişim, deneme: *make/have a shot at (doing) something. I had a shot at answering the question.* 4 aşı; iğne, şırınga. *The doctor gave him a shot of morphine to ease the pain.* (4. anlamı *k. dil.*). **be a good/bad shot** iyi/kötü bir atıcı olmak; attığını vurmak/vuramamak. *Sid is a very good shot.* **shotgun** çifte, av tüfeği. **shot put** *itek* (**the** ile) gülle atma. **shot putter** *i+sy* gülleci. **like a shot** çabucak, hemen; ok gibi: *accept something like a shot.* (*k. dil.*).

should [ʃud] **shall**'in geçmiş zaman biçimi.

NOT: *should* çekimsiz fiili *must*'a anlamca çok yakındır ve çok kere gerçek durumlarda *must* yerine de kullanılır. Fakat, *should* esas olarak varsayımlı olduğu için verdiği anlamlar *must*'ınkilerden daha az kesindir. *Should* mecburiyet yerine tavsiyeye değerlik ifade eder. Buna rağmen hem *must* hem de *should* Türkçeye '...-meli' veya '...lâzım' olarak tercüme edilebilir. Eğer ben *'I must study'* dersem ciddi bir şekilde tasarlıyorum ve hemen hemen kesin olarak yapacağım demektir. Eğer *'I should study'* dersem, çalışmamın benim için iyi olacağını kavradığımı belirtiyorum, ama belki de çalışmıyacağım demektir. *Should*'un diğer kullanımları şöyledir: *1* genellikle kuvvetli vurgulu /ʃud/ (ve bazen de/ʃəd/) bilinmeyen ve gelecekte olan bir şey hakkındaki bir bekleyişi ifade eder. *You should have the right change* (=Sende gerekli bozuk para vardır herhalde). *2 should* bazen gerçek olmadığı sonradan ortaya çıkan bir beklentiyi anlatır. *He should be at home by now* (=Şimdiye kadar eve varmış olması lâzımdı/lâzım gelirdi. (Ama varmamış).) *3 Who, what, vb.* ile kullanılarak bir hayreti, sürprizi gösterir *'Who should be there but Charles, whom I hadn't seen for ten years* (=Orada kime rastlasam beğenirsin, on yıldır görmediğim Charles'a).

shoulder ['ʃouldə*] *i+sy* omuz. *He was complaining of pains in his right shoulder.* Ayrıca *f+n* 1 omuzlamak, omuzuna almak, sırtına almak: *shoulder a sack.* 2 (bir sorumluluğu) üzerine almak, yüklenmek: *shoulder a responsibility.* **shoulders** içoğ sırt. **shoulder to shoulder** omuz omuza, birlikte. *They fought shoulder to shoulder in the last war.* **a shoulder to cry on** derdini döküp teselli edecek birisi. **be/stand head and shoulders (above) 1** -den çok daha yüksek olmak **2** -den çok daha iyi olmak, kat kat üstün olmak. *His work is head and shoulders above that of his classmates.*

shout [ʃaut] *f+n/-n* bağırmak, haykırmak, seslenmek: *shout with joy/ excitement/pain; shout a warning to someone. 'Stand still!' he shouted.* (eş anl. **yell**). Ayrıca *i+sy* bağırma; çığlık; seslenme: *give a shout.* (eş anl. **scream**). **shouting** *i-sy* bağırma, çığlık atma.

shove [ʃʌv] *f+n/-n* 1 itmek, dürtmek; itip kakmak. *Someone shoved me from behind and I fell over.* 2 (bir şeyi, bir yere) tıkıştırmak; alelacele ve gelişigüzel sokmak. Ayrıca *i+sy* itiş, dürtüş. **Shove off** Çekil git başımdan! Hadi yaylan bakalım!

shovel ['ʃʌvl] *i+sy* (uzun saplı) kürek. Ayrıca *f+n* küreklemek, kürekle alıp atmak: *shovel coal. geç. zam. ve ort.* **shovelled.** (*AmI*'de **shoveled**).

show[1] [ʃou] *f+n/-n* 1 göstermek; görünmek; belli etmek. *He showed me his new car. He showed that he was very proud of his son.* 2 göstermek, açıklamak. *He showed me where I had gone wrong.* 3 yol göstermek, klavuzluk etmek: *show someone the way; show someone to the door* (=bir kimseyi kapıya kadar geçirmek/yol göstermek). 4 göstermek; hareketleri ile belli etmek: *show mercy on someone; show kindness to someone.* 5 görünmek, gözükmek, kendini göstermek, belirmek, görünür hale gelmek. *Anger showed on her face. geç. zam. biç.* **showed.** *geç. zam. ort.* **shown** [ʃoun]. **showmanship** genel ilgiyi toplama becerisi. **showdown** *i+sy* kozlarını paylaşma. *If it comes to a showdown, I'll certainly tell him what I think of him.* (*k. dil.*). **show up** 1 ortaya çıkarmak, bir gerçeği açıklamak. *My questions showed him up as a cheat* (=Sorduğum sorular onun üçkâğıtçılığını ortaya çıkardı). 2 kolayca göstermek, gözönüne sermek, veya görülmesine neden olmak. *The bright light showed up the dirtiness of the room.*

show[2] [ʃou] 1 *i+sy* gösterme; belli etme: *vote by a show of hands* (=el kaldırarak yapılan oylama). 2 *i+sy* sergi, teşhir; *horse show; flower show.* 3 *i+sy* temsil, oyun gösteri. *Did you enjoy the show?* 4 *i-sy* numara, dış görünüş: *show of honesty.* **showbiz** (*k. dil.*). **show business** eğlence endüstrisi (örn. sinema, tiyatro, vb.). **showy** *s* gösterişli, dikkati çeken. *The peacock's brightly-coloured tail is very showy.*

shower ['ʃavə*] *i+sy* 1 sağanak; geçici hafif yağmur. *Don't bother about your coat—it's only a shower.* 2 yağmur gibi ardardına gelen bir şey: *shower of arrows.* 3 duş; duş yapma: *go for a shower.* Ayrıca *f+n /-n* (bir şey) yağmuruna tutmak; ardardına gelmek. **showery** *s* sağanak yağışlı.

shrank [ʃræŋk] **shrink** fiilinin geçmiş zaman biçimi.

shred [ʃred] *i+sy* parça, parça, lime lime: *shirt torn to shreds.* Ayrıca *f+n/-n* parça parça etmek, lime lime etmek. *geç. zam. ve ort.* **shredded.**

---

atmak: *shovel coal. geç. zam. ve ort.* **shovelled.** (*AmI*'de **shoveled**).

shrew [ʃru:] *i+sy* 1 kır faresi. 2 çirkef kadın, şirret kadın, cadoloz. *He is married to a shrew.*

shrewd [ʃru:d] *s* 1 cin gibi, cin fikirli, açıkgöz. *The shrewd antique dealer realized the chair was a fake.* 2 akıllıca, zekice; keskin. *I think you have made a shrewd investment there.* shrewdness *i-sy* kurnazlık, açıkgözlük.

shriek [ʃri:k] *i+sy* acı feryat, çığlık; çılgınca kahkaha. *In the darkness he heard the shrieks of some forest creature. She let out a shriek of laughter.* (eş anl. howl, screech). Ayrıca *f+n/-n* 1 (acı, korku, dehşet ile) acı acı bağırmak, çığlık atmak, haykırmak; çılgınca kahkaha atmak, kahkaha koparmak. *One of the prisoners started shrieking with terror. Jane shrieked with laughter.* (eş anl. screech). 2 (bağırarak, çığlık atarak, haykırarak bir şeyi) söylemek. *Outside the courtroom girls shrieked abuse at the lawyears. The fans shrieked with delight when the pop-star appeared on the stage.*

shrill [ʃril] *s* (sesler hk.) acı, tiz, keskin. *We could hear her shrill voice as she played in the backyard with the puppy. The canary's shrill whistle woke us up every morning.*

shrimp [ʃrimp] *i+sy* karides. *A shrimp is a small shellfish with a long tail and a pair of pinchers.*

shrimp

shrine [ʃrain] *i+sy* 1 kutsal emanetlerin saklandığı, bezemeli ufak bir kutu, sandık. 2 bir azizin kabri, türbe; ibadet yeri.

shrink [ʃriŋk] *f+n/-n* 1 daralmak, çekmek, büzülmek; daraltmak, büzmek. *Oh dear! Your woolen clothes have shrunk in the hot water. Hot water shrinks wool.* 2 ürkmek, ürküp geri çekilmek. *The dog shrank from the*

whip. She suddenly shrank from him crying, 'Oh! You terrified me.' geç. zam. biç. shrank [ʃræŋk]. geç. zam. ort. shrunk [ʃrʌŋk]. shrinkage *i-sy* 1 çekme, daralma, fire. 2 çekme payı. *When buying materials allow 10 per cent extra lenght for shrinkage.* shrink-wrapped *s* sıkı plastik koruyucu ile kaplanmış.

shrivel ['ʃrivl] *f+n/-n* kuruyup büzülmek, pörsümek. *The plant shrivelled and died when it wasn't watered. His skin shrivelled with age.* (AmI'de shriveled). shrivelled *s* pörsümüş, buruş buruş olmuş: *shrivelled tomatoes. Although he's only in his late thirties, he looks shrivelled and ill.*

shroud [ʃraud] *i+sy* kefen; örtü. *The doctor wanted to use the sheet for a shroud. The fog was a shroud over the city.* Ayrıca *f+n* örtmek, gizlemek: *a crime shrouded in mystery. Darkness shrouded the old gold mine.*

shrub [ʃrʌb] *i+sy* çalı, funda. *There are many different kinds of shrub.* shrubbery *i+sy* çalılık, fundalık. *Branches of shrubbery concealed the car from view.*

shrug [ʃrʌg] *f+n/-n* omuz silkmek. *I asked him for his advice, but he just shrugged.* geç. zam. ve ort. shrugged. Ayrıca *i+sy* omuz silkme. *His only answer was a shrug.*

shrunk [ʃrʌŋk] shrink fiilinin geçmiş zaman ortacı.

shudder ['ʃʌdə*] *f-n* (korkudan, dehşetten, soğuktan) titremek, ürpermek. *I shuddered at the thought of the exam.* (eş anl. quake, shiver). Ayrıca *i+sy* titreme, ürperti (hareketi): *give a shudder.*

shuffle ['ʃʌfl] *f+n/-n* 1 ayaklarını sürüyerek yavaş yavaş yürümek. *The feeble old man was shuffling along the street.* 2 (genl. oyuna başlamadan önce) iskambil kağıtlarını karmak. *It's my turn to shuffle.* Ayrıca *i+sy* iskambil kağıtlarını karma. *He gave the cards another shuffle.*

shun [ʃʌn] *f+n* uzak durmak, sokulmamak; kaçınmak. *She was lazy and shunned the work.* şim. zam. ort. shunning. geç. zam. ve ort. shunned.

shut [ʃʌt] *f+n/-n* 1 kapamak, kapatmak. *He shut the door/window.* (eş anl. close). 2 kapanmak. *This window won't shut.* 3 kapatmak, kapanmak,

faaliyetini durdurmak; kapalı tutmak,
veya kapatarak bırakmamak. *The
curtains shut out the light.* şim. zam.
ort. **shutting.** geç. zam. ve ort. **shut.**
shut something down bir fabrikayı,
bir iş yerini kapatarak uzun bir süre,
veya temelli olarak faaliyetini durdur-
mak: *shut down a factory. The fac-
tory has shut down.* **shut something
off** kapatmak, kesmek: *shut off the
water supply.* **shut up** susmak, çene-
sini kapatmak. *Tell him to shut up.* (k.
dil.). **shut your mouth/face** kapa
çenini; çeneni kapa; kes çeneni. **keep
your mouth/trap shut** kapa çeneni.
shutter ['ʃʌtə*] *i+sy* kepenk; panjur.
shuttle ['ʃʌtl] *f+n/-n* düzenli olarak
gidip gelmek; mekik dokumak. *A
little tram shuttles between the piers.*
shuttlecock badminton topu. **shuttle
service** mekik servisi.
shy [ʃai] *s* 1 utangaç, sıkılgan. *Peter is
shy and dislikes parties.* 2 ürkek, kor-
kak. *The wild animals here are rather
shy because they are not used to
people.* Ayrıca *f-n* (atlar hk.) ürkmek.
*The horse shied when it saw the
snake.* şim. zam. ort. **shying.** geç. zam.
ve ort. **shied** [ʃaid]. **shyly** *z* utana
utana, utangaç bir tavırla. *I smiled
her shyly.* **shyness** *i-sy* mahcubiyet,
utangaçlık.
sick [sik] *s* 1 hasta, rahatsız. *I was sick
for two weeks.*
NOT: (*BrI*'de) bu anlamda kullanılan
sözcük *ill*'dir. *He has been ill for six
months.* (*AmI*'de) *ill* yerine genellikle
sick kullanılır.
2 (*BrI*'de midesi bulanan, kusacak
gibi. *The baby was sick twice in the
car. I think I'm going to be sick.* 3
bozuk, sağlıksız, hastalıklı; doğal ol-
mayan biçimde acımasız: *a sick mind;
a sick joke* (=üzücü bir durumu alaya
alan şaka). **sicken** *f+n/-n* 1 hasta ol-
mak, hastalanmak. (*esk. kul.*). 2 hasta
etmek, tiksindirmek. *The sight of so
much cruelty sickened him.* **sickening**
s insanı hasta eden; iğrenç, tiksindiri-
ci: *sickening cruelty.* **sickly** *s* 1 zayıf
ve sağlıksız, hep hasta olan. *I was a
sickly child, but now is a strong and
healthy man.* 2 mide bulandırıcı, iç
kaldıran: *sickly smell.* **sickness** 1 *i-sy*
hastalık. *There were several absences
due to sickness.* 2 *i+sy/-sy* hastalık,
rahatsızlık; bulantı: *seasickness.* **sick-**

bed hasta yatağı. *His mother sat for
hours beside her son's sickbed.* **fall
sick** hastalanmak. *She fell sick and
died.* **off sick** bir hastalık, veya bir ka-
za geçirme nedeniyle işte ya da okulda
bulunmama, işe ya da okula gelme-
me. *He broke his legs and was off sick
for some times.* **be sick of** gına gel-
mek, usanmak. *I'm sick of my job.
I'm sick of his everlasting laughter.*
sick and tired (of) (...-den) bıkıp usan-
mak, artık gına gelmek. *I'm sick and
tired of students coming late to class.*
sickle ['sikl] *i+sy* orak. *A sickle has a
short handle and a blade shaped like
a hook.*

sickle

side [said] *i+sy* 1 taraf, kenar, yan. *He
painted all four sides of the box.* 2 yan
taraf, yan: *go in by the side of the
building.* 3 bir şeyin, örn. kağıdın bir
yüzü: *write on one side of the paper.*
4 bir şeyin iç, veya dış tarafı: *the side
of the room.* 5 taraf, yaka, cihet: *left-
hand side of the room; east side of the
city* 6 (bir spor karşılaşmasında) iki
rakip takımdan biri. *We beat the
Scottish First Division side.* 7 bir tar-
tışmada, uyuşmazlıkta bir taraf, veya
bir tarafı tutan topluluk: *get both
sides in an argument to agree; be on
someone's side.* 8 vücudun sol, veya
sağ tarafı. *I was wounded in the side.*
9 yön, bakım, görünüş. *a problem
with many sides to it; look on the
bright side of life.* Ayrıca *s* yan, yan-
da, veya yandan olan: *enter by a side
door.* **siding** *i+sy* yan hat; yükleme
boşaltma, bekleyen vagonlar, vb. için
ana hatta bağlı kısa bir demiryolu
hattı. **sideboard** (İngiltere'de) 1 büfe;
tabakların, bardakların, vb. konul-
duğu dolap. 2 (genl. çoğ. biç.) favori;
bir erkeğin kulaklarının önünde
uzunca bıraktığı sakal. (*AmI*'de
sideburn). **side-effect** *i+sy* yan etki,
yan tesir. *You can safely take six
tablets a day without any risk of side-*

effect. **side-line 1** bir futbol, vb. sahasının yan tarafındaki çizgi; taç çizgisi. *During the game the players and ball should remain inside the sidelines.* **2** ikinci iş; para kazanılan ikinci iş. *Fishing is both a relaxing hobby and a money-producing sideline.* **sidelong** *s/z* yana doğru, yandan: *a sidelong glance. Ken looked at me sidelong and said nothing.* **sidetrack** *f+n* ilgisini başka yöne çekmek, dikkatini dağıtıp yaptığı şeyi unutturmak. *She told me how she'd been sidetracted by Jim.* (*eş anl.* **distract, divert**). **sidewalk** (*AmI*'de) kaldırım. *He was standing on the sidewalk outside the bank.* (*BrI*'de **pavement**). **sideways** z **1** bir yana doğru. *Arthur rubbed his chin thoughtfully, and shot me a sideways glance.* **2** yan yan, yandan, yanlamasına. *Bring the sofa through the door sideways.* **side with** someone/something bir kimsenin, veya bir şeyin tarafını tutmak, desteklemek. *I always sided with my friends in an argument.*

sidle ['saidl] *f-n* (fazla dikkat çekmeden, veya korkarak bir kimsenin) yanına sokulmak ya da yanından ayrılmak. *A man sidled up to me and asked if I wanted a ticket for the match. She stammered some apology as she sidled towards the door.*

siege [si:dʒ] *i+sy* (genl. ikmâl yollarını keserek) kuşatma, muhasara. *Troy was under a siege for ten years.* **lay siege to** kuşatmak, muhasara altına almak. *The Greeks laid siege to Troy for ten years.* (*eş anl.* **besiege**).

siesta [si'estə] *i+sy/-sy* (genl. havanın çalışılmayacak kadar sıcak olması nedeniyle) hemen öğle yemeğinden sonra uyunan kısa uyku, veya yapılan dinlenme. *We take a siesta after lunch.* (*eş anl.* **nap**).

sieve

sieve [siv] *i+sy* elek, kalbur. *Shaking flour through a sieve removes lumps.*

Ayrıca *f+n* elemek, kalburdan geçirmek. *Sieve the flour into a basin to remove all the lumps.* Ayrıca **sift**'e bkz.

sift [sift] *f+n/-n* **1** elemek, kalburdan geçirmek. *Sift the gravel and put the larger stones in another pile. Always sift icing sugar through a fine sieve.* **2** dikkatle incelemek, gözden geçirmek. *The teacher will sift the evidence and decide which boy copied from the other.*

sigh [sai] *f+n/-n* (yorgunluktan, üzüntüden, ferahlamaktan ötürü) göğüs geçirmek, iç çekmek. *Sighing with relief, she put the money back in her pocket. She put down the phone, sighed, and shook her head sadly.* Ayrıca *i+sy* göğüs geçirme, iç çekme. *I heard her sigh.*

sight [sait] **1** *i-sy* görme gücü. *My grandpa lost her sight. My sight is improving.* **2** *i+sy* görülen şey, manzara; (özl. bir bölgedeki) görmeye değer bir şey görülecek bir şey: *see the sights of the city; beautiful/terrible sight. Niagara Falls is one of the sights of the world.* **3** *i-sy* bir şeyi görme: *be overjoyed by the sight of a loved one; at first sight* (=ilk görüşte, ilk bakışta). **4** *i+sy* (daima a ile) çirkin, tuhaf görünen bir şey; çok kötü, veya gülünç hal. *What a sight she looks in those clothes!* (=O giysiler içinde onun halini bir göreceksin!). (**4.** anlamı *k. dil.*). Ayrıca *f+n* görmek. *At last the explorers sighted land.* **sightseer** *i+sy* ilginç binaları, vb. gezip gören kimse; turist. **sight-seeing** *i-sy* görülmeye değer yerleri dolaşma. **in/within sight** görünürde, görülebilen. *There was not a soul in sight.*

sign [sain] *i+sy* **1** işaret, im: *mathematical signs* (=, +, —, vb. matematik işaretleri). **2** isaret, sinyal; bir söz yerine geçen bir hareket: *use signs to communicate with a person who speaks only a foreign language. The deaf and dumb talk by signs.* **3** işaret, belirti; bir nitelik, varlık gösteren bir şey. *White hair is often a sign of old age. We searched for the ring, but there was no sign of it anywhere.* **4** işaret, belirti; ne olacağını gösteren bir şey. *A cloudy sky is often a sign of rain.* Ayrıca *f+n/-n* imzalamak, imza etmek: *sign a letter/cheque. Please*

sign here. **signpost** yön ve km. levhası.
*Out in the country again we drove
past a signpost I couldn't read.*

signal ['signl] *i + sy* işaret, sinyal: *traffic
signals; give a signal that one wishes
to stop. A red light is a signal of
danger.* Ayrıca *f + n/-n* işaret etmek,
sinyal vermek. *I signalled the car to
stop by raising my hand. A bell
signals the end of a school period.*
geç. zam ve ort. **signalled.** (*AmI*'de
signaled).

signature ['signətʃə*] *i + sy* imza. *I re-
cognized my son's signature. His sig-
nature was forged. Petitions bearing
nearly a half-million signatures were
sent to the White House.* **signature
tune** sinyal müziği; radyo, TV'de ya-
yınlanan bir programın başlangıcın-
da ya da sonunda çalınan müzik, veya
bir orkestranın programına baş-
lamadan önce ve programını bitirdik-
ten sonra her zaman çaldığı melodi.

signify ['signifai] *f + n* belirtmek, ifa-
de etmek; anlamına gelmek. *What
does that remak signify?* **2** bir hare-
ketle açıklamak, belirtmek: *signify
approval by nodding one's head.* **sig-
nificance** [sig'nifikəns] *i-sy* önem,
ehemmiyet; anlam, mâna: *something
of great significance. The guide ex-
plained the significance of the war
memorial.* **significant** [sig'nifikənt] *s*
1 önemli, mühim: *significant victory.*
(*karş.* **insignificant**). **2** anlamlı, mâ-
nalı: *give a significant look. A sig-
nificant nod from his friend warned
him to stop talking.* (*eş anl.* **meaning-
ful**).

silence ['sailns] **1** *i + sy/-sy* sessizlik,
sükûnet: *the silence of a deserted
street.* **2** susma, suskunluk, sükût:
listen in silence. Ayrıca *f + n* sustur-
mak; gürültüyü kesmek. **silencer** sus-
turucu: *silencer of a car/gun.* **silent**
['sailnt] *s* **1** sessiz, sakin. *The forest
was silent.* **2** sessiz; suskun, konuş-
mayan: *tell someone to be silent;
silent person.* **silently** *z* sessizce.

silhouette [silu:'et] *i + sy/-sy* siluet; bir
şeyin yalnız kenar çizgileriyle tek renk
olarak beliren görüntüsü; gölge, re-
sim, gölge görünüm. Ayrıca *f + n*
siluet olarak göstermek, siluet olarak
çizmek; gölge olarak görünümü bir
yere vurmak: *trees silhouetted against
the setting sun.*

silhouette

silicon ['silikən] *i-sy* silisyum; en-
düstride geniş ölçüde kullanılan ve
doğada oksijenden sonra en çok bu-
lunan bir element. Simgesi Si. *Silicon
is used to make parts of computers
and other electronic equipment.* **sili-
con chip** silikon çip; silikon devre.

silk [silk] *i + sy* ipek, ipekli kumaş;
ipekböceğinden (= **silkworm**) elde
edilen ince iplik, ipek teli: *clothes
made of silk.* Ayrıca *s* ipek, ipekten:
a silk dress. **silken** *s* ipek gibi, parlak
ve yumuşacık. *She has silken hair.*
silky *s* ipek gibi yumuşak, düzgün ve
parlak. *The manufacturer says you
will have silky hair if you use this
shampoo. She brushed her daughter's
very long and silky hair.*

sill [sil] *i + sy* eşik; pencere eşiği. *The
girl sat with one elbow resting on the
sill of the open window.*

silly ['silij] *s* ahmak, aptal; saçma, gü-
lünç. *You're a silly little girl. I'm
sorry. It was a silly thing to say.*
silliness *i-sy* ahmaklık, saçmalık.
drink/laugh oneself silly kendini
kaybedercesine içmek, veya gülmek.

silt [silt] *i-sy* alüvyen; akarsuların taşı-
yıp yığdıkları balçık, kil gibi çok ince
taneli öğelerin, kum ve çakılla karış-
masıyla oluşan yığın.

silver ['silvə*] *i-sy* **1** gümüş. Simgesi
Ag. **2** (ya da **the silver**) gümüş sofra
takımı: *her wedding silver.* Ayrıca *s*
gümüşten yapılmış; gümüşe benzer,
gümüş gibi. *The snail left a silver trail
on the grass.* **silvery** *s* gümüş gibi
parlak. **silver wedding** evliliğin 25.
yıldönümü. **be born with a silver
spoon in one's mouth** zengin ve soylu
bir aileden olmak, aristokrat bir
aileden olmak. *He has never had to
work in his life: he was born with a
silver spoon in his mouth.*

similar ['similə*] s benzer; aynı türden: *two similar houses; a car that is similar to another one.* (karş. **dissimilar**). **similarly** z benzer bir biçimde: *The two sisters were similarly dressed.* **similarity** [simi'læriti] 1 *i-sy* benzerlik. *There is not much similarity between the two brothers.* 2 *i + sy* benzer nokta, bir benzerlik noktası. *Have you noticed any similarities between them?*

simile ['simili] *i + sy/-sy* teşbih, benzetme; bir şeyin niteliğini anlatmak için, o niteliği eksiksiz taşıyan başka bir şeyi örnek olarak gösterme işi. NOT: *simile*'de benzetilen şeyin önünde *as* veya *like* sözcükleri kullanılır: *He fought like a wild animal. My love is like a red rose. A pretty girl is like a melody. He is as rich as a king. The angry man looked as black as a thunder cloud.* Ayrıca **metaphor**'a bkz.

simmer ['simə*] *f + n/-n* yavaş yavaş kaynamak, veya kaynatmak. *Put all the ingredients for the soup in a big saucepan and simmer them gently for two hours.*

simple ['simpl] s 1 basit; kolay anlaşılır: *a simple problem. This book is in simple language.* 2 basit türden, karışık olmayan: *a simple machine.* 3 basit, sade, süssüz: *the simple truth; lead a simple life; simple clothes.* 4 aklı zayıf, zayıfakıllı; saf. *She was a simple soul and only really enjoyed knitting.* **simplicity** [sim'plisiti] *i-sy* basitlik, yalınlık; basit olma durumu. *The advantage of the idea was its simplicity. The simplicity of that book makes it suitable for children.* **simplify** ['simplifai] *f + n* basitleştirmek, veya kolaylaştırmak. *I will simplify the instructions for his test.* **simplification** [simplifi'keifən] 1 *i-sy* basitleştirme 2 basitleştirilmiş bir şey. **simply** z 1 basit bir biçimde; sade bir şekilde. *She lived simply.* 2 sadece, yalnız. *We want a boy who is not simply intelligent but also hard-working.*

simulate ['simjuleit] *f + n* taklit etmek, taklitini yapmak; etkisini ya da görünümünü vermek. *We used to this trick in the Army to simulate illness. Nutshells were used to simulate the sound of galloping hooves.* **simulation** [sim-

ju'leifən] *i-sy* 1 taklit. *Spectators are entertained by the simulation of fighting.* 2 temsili görünüm; temsili görünümünü verme, veya yaratma. *The task was to program the computer to play a moonlanding simulation.*

simultaneous [siməl'teiniəs] s aynı anda olan, veya yapılan. *The two simultaneous shots sounded like one.* **simultaneously** z aynı zamanda, birlikte, bir arada. *She laughed and cried simultaneously.*

sin [sin] *i + sy/-sy* günah; Tanrının buyruklarına aykırı olarak görülen iş, dini suç: *commit sin* (= günaha girmek; günah işlemek). *Lying and cheating are both sins.* Ayrıca *f-n* (**against** ile) günaha girmek, günah işlemek. *I have sinned against the Lord.* geç. zam. ve ort. **sinned. sinful** s günahkâr, günah işlemiş; utanç verici, yüz kızartıcı: *sinful deed; sinful man.* **sinner** *i + sy* günahkâr; günah işleyen kimse. **live in sin** bir kimseyle nikâhsız yaşamak. **hate someone like sin** bir kimseyi günahı kadar sevmemek, nefret etmek.

since [sins] *edat* 1 geçmişte belli bir zamanda başlayıp şu ana kadar süre gelen; ...-den beri. *I have been waiting here since nine o'clock* (= Burada saat dokuzdan beri bekliyorum). 2 geçmişte bir zaman dönemi ile şimdi arasında olan. *I haven't heard from him since he left England* (= İngiltere'den ayrıldığından beri ondan haber almıyorum/almadım). Ayrıca z o zamandan beri, ondan sonra; çoktan beri. *He left this morning and hasn't been home since* (= Bu sabah ayrıldı ve o zamandan beri eve gelmedi). *He left his native village twenty years ago and has since returned only twice* (= Doğduğu kasabadan yirmi yıl önce ayrılmıştı ve o zamandan şimdiye kadar da sadece iki defa geri döndü). Ayrıca *bağ* 1 ...-den beri, olalı; ...-den sonra. *Tell me what sort of work you have done since you left school* (= Okuldan mezun olduktan sonra ne tür işler yaptın anlat). 2 çünkü, mademki, (olduğu) için. *Since you are so very tired, I'll drive you home.* NOT: son cümle dışında *since* sözcüğünün daima şimdiki zamandaki *have*'li takımlar (**present perfect tense**) ile kullanıldığına ve bir zaman süresi boyunca süren bir eylem, veya durumlar için olduğuna dikkat ediniz.

sincere [sin'siə*] *s* aldatmadan, yalancılıktan uzak; gerçek, içten, candan, samımi. *Martha's sincere compliment pleased me. David is decent, sincere, a good man.* (*karş.* **insincere**). **sincerely** *z* içtenlikle. (*eş anl.* **honestly**). **Sincerely** Saygılar(ımla), Selâmlar. **Yours sincerely** En derin saygılarımla. **Sincerely yours** (*Amİ*'de) Saygılarımla. **sincerity** [sin'seriti] *i-sy* içtenlik, samimiyet; doğruluk, dürüstlük. *No one doubts the sincerity of him.*

sing [siŋ] *f+n/-n* **1** şarkı söylemek, şarkı okumak: *sing a song.* **2** şakımak, ötmek. *The birds were singing. geç. zam. biç.* **sang** [sæŋ]. *geç. zam. ort.* **sung** [sʌŋ]. **singer** *i+sy* şarkıcı, şarkı söyleyen kimse. *His sister is an opera singer.* **singing** *i-sy* şarkı söyleme; (şarkı) söyleme: *hear singing; teach singing.*

singe [sindʒ] *f-n* (bir kumaşın, bezin, veya saçların) yüzeyini hafifçe yakmak; alazlamak: *the smell of singeing hair. My wife singed my shirt while ironing it.*

single ['siŋgl] *s* **1** tek, bir: *not a single person there* (=orada tek kişi bile yok(tu)). **2** tek kişilik: *single room/bed.* **3** bekâr; evli olmayan. *Uncle Alan remained single. Mum's youngest sister is single and goes to university.* Ayrıca *i+sy* gidiş bileti. *How much is the single fare to Glasgow?* Ayrıca **single ticket**'a bkz. **4** (genl. *çoğ. biç.*) (tenis, vb. oyunlarda) tekler; bir oyuncunun bir oyuncuya karşı oynadığı oyun. *Sabbatini will be the men's singles champion.* (*karş.* **doubles**). **singly** *z* teker teker, birer birer; ayrı ayrı. *They returned back home singly.* **single file** *i+sy/-sy* tek sıra (halinde hareket eden, veya duran). *They moved silently along the trail in single file.* **single-handed** *s/z* bir kişi tarafından yapılan. **single cream** *i-sy* az yağlı kaymak. **single-decker** *i+sy* tek katlı otobüs. (*karş.* **double-decker**). **single-minded** *s* bütün dikkatini tek bir amaca harcayan. *Jane is single-minded about saving her pocket money to buy a bicycle.* **single ticket** (*Brİ*'de) gidiş bileti. (*Amİ*'de **one-way ticket**). (*karş.* **return**). **single someone/something out** bir kimseyi /bir şeyi diğerleri arasından seçmek, ayırmak. *Two people in our class were singled out to receive prizes.* (*eş anl.* **pick out**).

singular ['siŋgjulə*] *s* **1** görülmemiş, eşsiz, olağan, üstün nitelikte: *man of singular courage; singular event. Her career as an actress has been a singular success.* **2** (dilb.) tekil; sözcüklerde bir varlığı, veya çekimli fiillerde bir kişiyi bildiren (şekil), örn. *boy* tekil, *boys* çoğuldur. **singularly** *z* müstesna olarak, görülmemiş bir şekilde.

sinister ['sinistə*] *s* uğursuz, meşum, kötülük saçan: *sinister look. There was a sinister air about the old house.*

sink [siŋk] *f+n/-n* **1** batmak; (suyun) dibine gitmek, (suya) gömülmek. *The ship struck a rock, and sank. The boat sank to the bottom of the river. The sun was sinking in the west.* **2** yığılmak, düşmek. *The injured man sank to his knees.* **3** batırmak; (suyun) dibine göndermek, (suya) gömmek. *The enemy air force has sunk all our ships. The destroyer sank the battle ship. geç. zam. biç.* **sank** [sæŋk]. *geç. zam. ort.* **sunk** [sʌŋk]. Ayrıca **sunken**'a da bkz. Ayrıca *i+sy* eviye; musluk taşı.

Sino- ['sainou] *ön-ek* Çin'e ait (örn. **Sino-Soviet** (=Çin ve Sovyet)).

sinuous ['sinjuəs] *s* yılan gibi kıvrılan; yılankavi, dolambaçlı, virajlı, viraj dolu. *The sinuous road gradually winds it's way to the pine trees.*

sinusitis [sainə'saitis], **sinus trouble** *i+sy* sinüzit; alın, üstçene ve yüzkemikleri kovuklarından birinin iltihaplanması. Ateş, baş ağrısı, burun tıkanıklığı ve akıntısı ile kendini belli eder. *I have had sinus trouble during the winter.*

sip [sip] *f+n/-n* yudumlamak, azar azar içmek. *The child sipped the cup of tea. Alison sipped her lemonade to make it last longer. geç. zam.* ve *ort.* **sipped**. Ayrıca *i+sy* yudum: *sip of medicine. Martha took another sip from her glass.*

siphon, syphon ['saifən] *i+sy* sifon; sifonlu soda şişesi.

sir [sə:*] *i* **1** (yaşlı bir beye, rütbece yüksek birine, vb. nezaket ve saygı için söylenen söze katılır) efendim. **2 (Sir)**

bir şövalyenin adından önce kullanılır: *Sir Walter Scott.* **Dear Sir** Sayın Bay; (Muhterem) Efendim. **Dear sirs** (bir firmaya yazılan mektupta kullanılır).

siren ['saiərn] *i+sy* siren, canavar düdüğü. *Ships use their sirens in thick fog.*

sissy ['sisi] *i+sy* kız gibi oğlan; muhallebi çocuğu. *The way he wears his hair makes him look a sissy.* (k. dil.).

sister ['sistə*] *i+sy* 1 kız kardeş. *Mary and Jane Brown are sisters.* 2 (**Sister**) rahibe: *Sisters of Charity.* 3 hastabakıcı, hemşire. **sister-in-law** *i+sy* görümce, baldız; yenge; elti. *çoğ. biç.* **sisters-in-law.**

sit [sit] *f+n/-n* 1 oturmak: *sit on a chair/the floor. My father was sitting at my desk reading.* 2 (meclis, mahkeme, vb. hk.) toplanmak, oturum yapmak. *Is the court sitting today? (eş anl.* **be in session).** *şim. zam. ort.* **sitting.** *geç. zam. ve ort.* **sat** [sæt]. **sitting** *i+sy* 1 oturum, celse. *It was the first sitting of the Senate since the election.* 2 (okul, vb. yerlerde yeterince yer olmaması nedeniyle uygulanan) yemek postası, vardiya. *The adults ate at the second sitting.* **sitting room** oturma odası. **sit (for) an examination** bir sınava girmek. **sit-in** *i+sy* işçilerin iş yerinden ayrılmayı reddettiği bir tür grev. **sit up** 1 dik oturmak, doğrularak oturmak, kalkıp oturmak. *The injured man is now able to sit up in bed.* 2 yatmayıp geç vakitlere kadar oturmak. *His wife sits up for him when he is late.*

sitcom ['sitkəm] *i+sy* komedi dizisi (örn. TV'de oynanan Cosby Ailesi, Altın Kızlar). *(eş anl.* **situation comedy).**

site [sait] *i+sy* 1 yer, mevki, mahal. *Many people gathered at the site of the rocket launch.* 2 inşaat alanı. *All visitors to the site must wear safety helmets.*

situated ['sitjueitəd] *s* bulunan; belli bir yere oturtulmuş, kondurulmuş. *The town is situated near the coast. The hotel is so situated that it can be reached easily from all parts of town. (eş anl.* **located, positioned). situation** [sitju'eifən] *i+sy* 1 yer, mevki. *It was a good situation for building a house. (eş anl.* **location, position).** 2 durum,

hal, vaziyet. *The situation after the storm was very bad.* 3 iş, görev, memuriyet. *I've been looking for a new situation ever since I lost my last job.*

six [siks] *i/zamir* 6; altı rakamı. **at sixes and sevens** karma karışık; şaşırmış, kararsız. *After the accident happened he was all at sixes and sevens.* **sixteen** 16; on altı sayısı: **sixty** 60; altmış sayısı.

size [saiz] 1 *i-sy* büyüklük, veya küçüklük (derecesi); boyutlar, hacim: *size of a room/a town.* 2 *i+sy* beden, boy, numara, ölçü. *What size does he take in shoes? / What size shoes does he take? He takes size 7.* **sizable** *s* büyücek, oldukça büyük. **size someone/something up** bir kimse, veya bir şey hakkında bir düşünce ya da kanıya varmak; ölçüp biçmek, karşısındakini tartmak. *He sized his new boss up in a few seconds. (eş anl.* **weigh up).**

sizzle ['sizl] *f-n* cızırdamak (örn. eti kızartırken). *Sausages were sizzling in the frying pan.*

skate [skeit] *i+sy* paten; ayakkabıların altına, buz üzerinde hızla kaymasını sağlamak için takılan bir çift metal çubuktan birisi. **roller skate**'e bkz. Ayrıca *f-n* paten kaymak. **skater** *i+sy* patenci, paten yapan kimse. **skating rink** paten sahası. **get one's skates on** acele etmek, elini çabuk tutmak.

skate

skeletal ['skelitəl] *s* 1 iskelete ait. *Girls are born with slightly more mature skeletal and nervous systems.* 2 iskelet gibi, bir deri bir kemik.

skeleton ['skelitn] *i+sy* 1 iskelet; insan ve hayvan vücudunun kemik çatısı. 2 ana hatlar; çat: oluşturan bir şey. *(eş anl.* **outline). have a skeleton in the cupboard/closet** utanılacak gizli bir sırrı olmak. *The police inspector says that some of the witnesses may have been lying because they have some* *skeletons in the cupboard which they don't want to be made public.* **skeleton key** maymuncuk; her kilidi açmaya yarayan araç. *(eş anl.* **master key, pass key**).

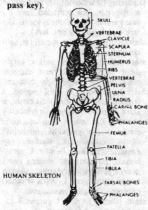

SKULL
VERTEBRAE
CLAVICLE
SCAPULA
STERNUM
HUMERUS
RIBS
VERTEBRAE
PELVIS
ULNA
RADIUS
CARPAL BONES
PHALANGES
FEMUR
PATELLA
TIBIA
FIBULA
TARSAL BONES
PHALANGES

HUMAN SKELETON

skeptic ['skeptik] *s* **sceptic**'e bkz.
sketch [sketʃ] *i+sy* **1** taslak, kroki, eskiz. **2** skeç; genl. radyoda yayımlanmak için hazırlanmış (genl. güldürü tarzında) kısa oyun. Ayrıca *f+n/-n* **1** taslağını çizmek, krokisini yapmak. *They sketched the old buildings in the town.* **2** kısaca tarif etmek.
skewer ['skju:ə*] *i+sy* şiş; kebap şişi.
ski [ski:] *i+sy* kayak; kar üzerinde kaymak için ayaklara takılan, tahtadan, metalden ya da yapay bir maddeden yapılmış uzun ve dar bir araç. *I want to buy a pair of skis.* Ayrıca *f+n* kayak yapmak. *We went skiing in Italy last year. I skied down to the nex valley. geç. zam.* ve *ort.* **skied** [ski:d]. **skiing** *i-sy* kayak (sporu). **water-ski** *i+sy* su kayağı.
skid [skid] *f-n* patinaj yapmak; yan yan kaymak. *The car skidded on the icy road. geç. zam.* ve *ort.* **skidded**. Ayrıca *i+sy* patinaj yapma, kayma. *The car went into a skid.*
skill [skil] *i+sy/-sy* ustalık, beceri, hüner. *What skills has she got? He does not have very much skill in writing.* **skilled** *s* usta, becerikli, hünerli: *skilled workers/labour. (karş.* **unskilled**). **skilful** *(AmI'*de **skillful**) *s*

usta, mahir, becerikli. *Dr Neary is a skillful surgeon. (karş.* **unskilful**).
skim [skim] *f+n/-n* **1** bir sıvının yüzeyinden (kaymağını, veya köpüğünü, yağını) almak. *She skims the cream from the milk and the fat from the soup.* **2** (bir yüzeyin) hemen üzerinden, veya dokunarak hızla geçmek, sıyırıp geçmek; sekmek; sektirmek. *The low-flying plane seemed to skim the rooftops. The canoe skimmed across the finishing line to the cheers of the watching crowd.* **3** göz gezdirmek. *I skimmed the headlines of the newspaper while I was having my breakfast this morning. geç. zam.* ve *ort.* **skimmed**.
skimp [skimp] *f+n/-n* gerekli olandan daha az harcamak, aşırı ölçüde tutumlu olmak, daha az vermek ya da kullanmak; cimrilik etmek: *skimp one's food in order to save money.* **skimpy** *s* yarım yamalak, yetersiz, elverişli olmayan; az, kıt. *My skimpy jumper didn't stop me getting cold. I got hungry in the afternoon after a skimpy lunch.*
skin [skin] **1** *i-sy* deri, cilt, ten. *My skin turned brown in the sun. After the operation she had to have a skin graft.* **2** *i+sy* deri, post. **3** *i+sy* kabuk; meyvaların dış örtüsü. *Audrey peeled the skin off the banana.* Ayrıca *f+n/-n* derisini yüzmek; kabuğunu soymak. *Al skinned his knees when he fell. The hunter skinned the animal. geç. zam.* ve *ort.* **skinned**. **skinny** *s* kuru, sıska, zayıf. *The poor, skinny old horse was pulling a heavy cart. (k. dil.).* **skin-deep** *s* yüzeysel, geçici. *Beauty is only skin-deep.* **skin diving** *i-sy* (koruyucu elbise giymeden, sadece hafif hava tüpü ile) dalma (sporu). **skinflint** *i+sy* cimri, nekes kimse. **skin-tight** *s* (giysiler hk.) bütün vücut hatlarını ortaya çıkaran, vücu-da iyice oturan. **by the skin of one's teeth** kıl payı farkla, güçbelâ. *It was only by the skin of his teeth that he escaped punishment. I didn't do well in the exam: in fact, I just through by the skin of my teeth.* **It's no skin off my nose** Tasam bile değil. Hiç umurumda değil. *It's no skin off my nose if she decides not to come.*
skip [skip] *f+n/-n* **1** seke seke gitmek, sekmek. *He skipped up the path and*

through the open door. 2 ip atlamak. *Wendy and Sue skipped rope.* 3 atlamak; (sıradaki bir şeyi) atlayıp geçmek. *She often skips bits when she's reading. geç. zam.* ve *ort.* **skipped.** Ayrıca *i+sy* sekme, atlama. **skipping rope** atlama ipi.

skipper ['skipə*] *i+sy* 1 gemi kaptanı, süvari. 2 (örn. bir futbol takımında) kaptan.

skirmish ['skə:miʃ] *i+sy* küçük çarpışma; çatışma, müsadere. *The boys had a skirmish over who would wear the cowboy hat. The armies met but it was only a skirmish.*

skirt [skə:t] *i+sy* etek, eteklik. Ayrıca *f+n* kenar olmak, kenarından geçip gitmek; kenarında olmak. *We skirted the town instead of going through it.*

skit [skit] *i+sy* olayları, insanları alaya alarak, onları taklit ederek oynanan kısa oyun.

skittle ['skitl] *i+sy* dokuz kuka oyununda kullanılan şişe biçimindeki kuka. **skittles** *i-sy* dokuz kuka oyunu. *The children were playing skittles.*

skulk [skʌlk] *f-n* (korkudan ya da kötü bir amaçla) gizli gizli dolaşmak, veya gizlenmek, ortalıkta görünmemek. *There were half a dozen foxes skulking in the undergrowth.*

skull [skʌl] *i+sy* kafatası. **skull and crossbones** korsan bayrağındaki, veya tehlike işareti kafatası ve üzerindeki çapraz kemikler. *Skull and crossbones is now sometimes found as a warning on bottles of poison.*

skunk [skʌŋk] *i+sy* kokarca; düşmanlarına ; arşı pis kokulu bir sıvı püskürttüğünden kokarca adını almış bir memeli hayvan. *Skunks are smelly animals.*

sky [skai] *i+sy/-sy* gök, gökyüzü. *It was a sunny day with a clear blue sky. The sky is cloudy today. There are millions of stars in the sky. There should be a clear sky tonight. There is a difference between cold northern climates and the blue skies of the tropics.* NOT: *sky* sözcüğü genl. tekildir ve *a/an* ile kullanıldığında önüne bir sıfat gelmesi durumunun dışında *the* ile kullanılır: *the sky.* Ayrıca *çoğ.* biçimde de kullanılabilir: *the skies; the blue skies.*

skylight çatı penceresi, dam pence-

resi, tepe penceresi. **skyscraper** gökdelen. *New York is famous for its skyscrapers.*

skydiving [skai'daiviŋ] *i-sy* bir uçaktan atlayıp paraşütü açmadan önce bir süre yapılan serbest düşüş sporu. **sky lark** tarlakuşu. (*eş anl.* **lark**).

slab [slæb] *i+sy* kalın metal, taş, tahta, vb. parçası.

slack [slæk] *s* 1 gevşek, sarkık, gergin değil: *slack rope.* 2 kesat, durgun: *slack time of the year for business. April is always a slack period.* 3 tembel, ağır, mıymıntı; dikkatsiz: *a slack employee.* Ayrıca *f-n* tembellik etmek. *You must stop slacking.* **slackness** *i-sy* gevşeklik, tembellik, ağırlık, dikkatsizlik. **slacker** *i+sy* kaytarıcı. **slacken** *f+n/-n* 1 yavaşlamak; yavaşlatmak: *slacken one's pace.* 2 gevşemek; gevşetmek: *slacken a rope.* **slacks** *içoğ* 1 (bolca ve rahat) pantolon. 2 kadın pantolonu.

slam [slæm] *f+n/-n* 1 çarparak kapatmak, veya kapanmak. *He angrily slammed the door behind him. The window slammed shut.* (*eş anl.* **bang**). 2 büyük bir şiddetle fırlatmak, atmak, çarpmak, vurmak. *He slammed the book down on the table. geç. zam.* ve *ort.* **slammed.** Ayrıca *i+sy* şiddetle kapanan bir kapının çıkardığı gürültü.

slander ['sla:ndə*] *i+sy* iftira; kara çalma. Ayrıca *f+n* iftira etmek; kara çalmak: *slander someone.* **slanderous** *s* iftira niteliğinde.

slang [slæŋ] *i-sy* argo; gündelik konuşma ve yazılarda sık sık kullanılan, ama ciddi dilde ve durumlarda kabul edilmeyen söz ve deyimler (özl. bazı gruplar arasında kullanılan söz ve deyimler): *schoolboy slang; army slang. Try not to use slang in your essay.*

slant [sla:nt] *f+n/-n* 1 eğik olmak, meyilli olmak. *Draw a line that slants to the left. Our garden slopes down to a creek.* (*eş anl.* **slope**). 2 gerçeği çarpıtmak. *They slanted the report to make their own ideas seem more sensible.* (*eş anl.* **misrepresent**).

slap [slæp] *i+sy* tokat, şamar. Ayrıca *f+n* tokatlamak, şamar atmak; şaplak vurmak. *She slapped him across the face. He slaped me on the back. geç. zam.* ve *ort.* **slapped. slapdash** *s* üstünkörü, baştan savma. *Diana's*

cooking was rather slapdash. (k. dil).
slapstick *i-sy* (abartılı haraketlerle, düşüp kalkmalarla oynanan) güldürü filmi, piyesi, komedi.
slash [slæʃ] *f+n/-n* 1 kesmek, biçmek; uzunca yara açmak. *Vandals have slashed the train seats.* 2 (bir miktarı, fiyatı, vb.) çok indirmek, azaltmak: *slash expenditure. The bank has been forced to slash interest rates.* Ayrıca *i+sy* uzun kesik, yara. *The slash on my arm needed four stitches.*
slate [sleit] 1 *i-sy* arduvaz; yaprak yaprak ayrılabilen yumuşak ve mavimtırak bir taş, kayağantaş. 2 *i+ :y* ev damlarını örtmek ve yazı tahtası (taş tahta) olarak kullanılan bir kayağan taşı parçası. Ayrıca *f+n* suçlamak, şiddetle eleştirmek. *The critics slated his latest play.*
slaughter [ˈslɔːtə*] *i-sy* 1 (eti için) hayvan kesme. 2 toptan öldürme, kıyım, katliam. *The battle resulted in a frightful slaughter.(eş anl. **massacre**).* Ayrıca *f+n* 1 (eti için) kesmek, boğazlamak. *(eş anl. **butcher**).* 2 katliam yapmak. **slaughterhouse** mezbaha.
slave [sleiv] *i+sy* köle, esir. *The slave escaped from his cruel owner and managed to stay free until the civil war began.* Ayrıca *f-n* köle gibi çalışmak. *The farmer slaved to get his crops planted before sunset. She slaves for her children.* **slavery** *i-sy* 1 kölelik, esaret. *Many African Negroes were captured and sold into slavery.* 2 kölelik düzeni: *abolition of slavery.* 3 köle gibi çalışma.
slay [slei] *f+n* öldürmek, katletmek. *geç. zam. biç.* **slew** [sluː]. *geç. zam. ort.* **slain** [slein].
sled, sledge [sled*3)] *i+sy* kızak. *(eş anl. **sleigh**).* Ayrıca *f-n* kızakla kaymak, kızak yapmak. *They all went sledging.*
sleek [sliːk] *s* 1 düzgün ve parlak, ipek gibi: *sleek hair/fur.* 2 düz ve parlak saçı, veya tüyleri olan: *a sleek cat.*
sleep [sliːp] *f+n/-n* uyumak. *Did you sleep well? I sleep in this room. Don't disturb him—he's trying to sleep. She always sleeps for eight hours each night. geç. zam. ve ort.* **slept** [slept]. Ayrıca 1 *i-sy* uyku. *Suddenly my son gave a cry in his sleep.* 2 *i+sy/-sy* (genl. **a** veya **an** ile) uyku süresi: *have a good sleep; a good night's sleep.*

sleeper *i+sy* yataklı vagon. Ayrıca **sleeping car** da denir. **sleepless** *s* uykusuz; uyuyamayan. *I had a sleepless night.* **sleeplessness** *i-sy* uykusuzluk. *My wife began to suffer from sleeplessness.* **sleepy** *s* 1 uykusu gelmiş, uykulu. *The boys are very sleepy by 10 o'clock.* 2 sakin, hareketsiz. *It was a sleepy little village.* (karş. **bustling**). **sleepily** *z* gözlerinden uyku akarak. *'I don't want it.' she said sleepily.* **sleepiness** *i-sy* uykulu olma hali. **sleepwalker** *i+sy* uyurgezer, uykusunda gezen. Ayrıca *f-n* (genl. sürekli zamanlarla kullanılır) uykusunda gezmek. *Dick must have been sleepwalking.* **sleep with** (özl. evlilik dışı) bir kimse ile cinsi ilişkide bulunmak, yatmak. **sleeping bag** uyku tulumu. **sleeping car** yataklı vagon. **sleepyhead** *i+sy* ayakta uyuyan kimse (özl. bir çocuk); uykucunun teki. **sleeping pill** uyku hapı. **sleeping policeman** araçların hızını yavaşlatmak için yolda karşıdan karşıya yapılmış tümsek. **sleep in** sabahları geç vakitlere kadar uyumak. **sleep on it** bir konudaki karar verebilmek için o gece bunun üzerinde düşünmek. *I can't make a decision yet; I'll sleep on it.*
sleet [sliːt] *i-sy* sulusepken kar, yağmurla karışık kar. Ayrıca *f-n* sulusepken yağmak. *Look, it's sleeting outside.*
sleeve [sliːv] *i+sy* 1 elbise kolu, yen: *sleeve of a coat/shirt. I had my sleeves rolled up and was working with great care.* 2 gramofon plağının kabı. **have something up one's sleeve** aklında gizli bir şeyi olmak, bir şeytanlık düşünmek. *He is looking so sly he must have something up his sleeve.* **laugh up one's sleeve** bıyık altından gülmek, birinin durumuna belli edilmeye çalışarak gülümsemek. *Although they did not dare show it, most of the audience were laughing up their sleeves at the politician's silly remarks.* **wear one's heart on one's sleeve** (özl. aşık olunduğu zaman) hislerini açıkça belli etmek. *Jack doesn't say much but he feels his father's death very deeply: he never was one to wear his heart on his sleeve.*
sleigh [slei] *i+sy* kızak. *(eş anl. **sled**).*
sleight [slait] *i+sy* **sleight of hand** sözünde—el çabukluğu; hile ve oyun

yapmada ellerin ustalığı ve çabukluğu. *He mustn't think he can fool the unions with his sleigh of hand. He switched the watches by sleight of hand.*

slender ['slendə*] s 1 dal gibi, narin, incecik: *slender girl; slender waist. She has a very slender figure.* 2 az, kıt, dar; hemen hemen yetersiz: *slender hope of success. I can't afford a car on my slender income.*

slept [slept] **sleep** fiilinin geçmiş zamanı ve ortacı.

slice [slais] *i + sy* dilim: *slice of bread/ meat.* Ayrıca *f + n* dilim dilim kesmek, dilimlemek. *Please slice the cake.*

slick [slik] s 1 düz ve kaygan. 2 kurnaz; hilekâr, pek dürüst olmayan zeki: *slick move* (= kurnazca bir hareket). *He's a slick salesman.* (k. dil.). Ayrıca *i + sy* denizin üzerine yayılmış tabaka halindeki, mazot, yağ, vb. (Ayrıca **oilslick**). *Many birds are being killed by the oilslicks near our beaches.*

slide [slaid] *f + n/-n* 1 kaymak; kaydırmak. *The children are sliding on the ice. The gate slid open at the push of a button.* 2 usulca ve farkettirmeden hareket etmek; ...-e süzülmek. *An elderly lady slid into the seat. She slid hurriedly past the window.* 3 (fiyat, veya para değeri hk.) yavaş yavaş düşmek; değerini kaybetmek. *The dollar is sliding.* şim. zam. ort. **sliding.** geç. zam. ve ort. **slid** [slid]. Ayrıca *i + sy* 1 kayma yeri; kışın çocukların üzerinde kaydıkları, bir yolun buz tutmuş kısmı. 2 projeksiyon filmi, slayd. (*eş anl.* **transparency**). 3 lâm; mikroskopla incelenecek maddelerin üstüne konulduğu dar ve uzun cam parçası. **slide rule** sürgülü hesap cetveli.

slide rule

slight [slait] s 1 önemsiz, ufak veya hafif. *There is a slight change in our plans to go away next week. I had a slight fever.* 2 ince, narin. *If you want to be a jockey, you must have a slight build.* Ayrıca *f + n* önemsememek, küçümsemek; kabaca saygısızca davranmak. *She slighted me by not replying to my invitation.* Ayrıca *i + sy* hor görme, önemsememe; hakaret. **slightly.** z biraz, hafif tertip, azıcık. *She is slighty better. I know him slightly.*

slim [slim] s incecik, dal gibi, narin, ince. *She eats very little in order to keep slim.* Ayrıca *f-n* incelmek, kilo vermek. *Mary stopped eating bread when she was slimming.* geç. zam. ve ort. **slimmed.**

slime [slaim] *i-sy* yumuşak ve yapışkan çamur, veya buna benzer bir madde. *My shoes were covered with slime from the swamp.* **slimy** s çamurumsu, balçık gibi; sümük gibi. *There was slimy, green scum on top of the boggy ground.*

sling [sliŋ] *i + sy* kol askısı. *Her arm was in a sling.* Ayrıca *f + n/-n* atmak, fırlatmak. *Mary slung the books across the room.* (k. dil.). geç. zam. ve ort. **slung** [slʌŋ].

slink [sliŋk] *f + n* sıvışmak, gizlice savuşmak; görünmeden çekip gitmek. *He was slinking away from the scene of his crime.* geç. zam. ve ort. **slunk** [slʌŋk].

slip [slip] *f + n/-n* 1 ayağı kayıp düşmek; kayıp düşmek. *She slipped on a patch of ice. Carol slipped on the polished floor and sprained her ankle.* 2 gizlice veya dikkat çekmeden gitmek; (içeriye/dışarıya) süzülüvermek. *He slipped out of the room, while the others were talking.* 3 gizlice (eline, vb.) tutuşturmak, sıkıştırmak. *I slipped him a note.* 4 (bir giysiyi) üstüne geçirivermek, veya çıkarıvermek. *Al slipped off his jacket.* 5 küçük bir hata yapmak. *We must have made a slip somewhere.* geç. zam. ve ort. **slipped.** Ayrıca *i + sy* 1 kayma, kayış; ayak kayması. 2 küçük bir hata, yanlışlık: *slip of the tongue* (= dil sürçmesi; dalgınlıkla hata yapma). 3 kombinezon; kadınların iç çamaşırı olarak giydikleri elbiseden kısa, kolsuz ve yakasız giysi. 4 ufak bir kağıt parçası. **slipper** *i + sy* terlik. (genl. evde giyilir). **slippery** s 1 kaygan. *The* *roads are slippery with ice.* **2** kaypak, güvenilmez: *a slippery character.* **slips** içoğ gemi kızağı. (Ayrıca **slipway**). **slipshod** s dikkatsiz, pasaklı, derbeder; yarım yamalak, baştan savma. **slipway** için **slips**'e bkz. **slip-up** *i+sy* yanılgı, hata. (*k. dil.*). **slip up** hata yapmak. *Could you check these figures, and see where I have slipped up.*

slit [slit] *i+sy* yırtık; ince bir kesik. *The nail has torn a slit in my skirt.* Ayrıca *f+n/-n* uzunluğuna kesmek, yarmak: *slit someone's throat. He slit the envelope open and took out the letter.* şim. zam. ort. **slitting.** geç. zam. ve ort. **slit.**

slither ['sliðə*] *f-n* **1** dengesiz bir biçimde kaymak. *Agatha was slithering about on the icy surface.* **2** yılan gibi kayarak gitmek.

slog [slɔg] *f-n* dur durak bilmeden çalışmak. *We slogged all day but there was so much rubbish we couldn't clear it all away.* geç. zam. ve ort. **slogged. slogger** *i+sy* **slog it out** (iki boksör gibi) yumruk yumruğa döğüşmek. *They left us out.*

slogan ['slougən] *i+sy* slogan, şiar; kısa, göze çarpıcı reklam ve propaganda sözü. *The party's new slogan was 'Higher wages for everyone'.*

slop [slɔp] *f+n/-n* (sıvılar hk.) taşmak, dökülmek; taşırmak, dökmek, saçmak. *The tea slopped out of the cup. Doris slopped the coffee onto the saucer.* geç. zam. ve ort. **slopped. sloppy** s yarım yamalak; dikkatsiz ve özentisiz. *The schoolboy was warned about presenting sloppy work.* (*eş anl.* **slipshod**).

slope [sloup] *i+sy* **1** yamaç, bayır. *There was a cottage high up on the slopes of the hill.* **2** eğim, meyil. *Roofs are usually built with a slope to let the rainwater off.* Ayrıca *f+n/-n* eğimli olmak, meyilli olmak; meyilli kılmak. *The land sloped down to the sea.* **slope arms** silah omuza yapmak. *The sergeant ordered the soldiers to slope arms.*

slot [slɔt] *i+sy* yarık, delik; yiv, oluk. **slot machine** içine para atılınca sigara, gazoz, vb. alınabilen makine; gazoz makinesi; sigara makinesi.

slouch [slautʃ] *f-n* kamburunu çıkararak durmak, veya yürümek; omuzları düşmüş bir biçimde durmak ya da yürümek. *Hugo slouched along the street.*

slovenly ['slʌvənli] s pasaklı, derbeder; temiz ve düzenli olmayan: *slovenly dress/appearance/work.* (*karş.* **neat, smart**). (*eş anl.* **sloppy**).

slow¹ [slou] s **1** yavaş, ağır. *It was such a slow trip we didn't arrive till after dark.* **2** kalın kafalı; anlayışı kıt. *Some slow learners are very good at making things.* **3** (saatler hk.) geri; geri kalmış. *My watch is slow. It is five minutes slow.* Ayrıca *f+n/-n* (çoğk. **down** veya **up** ile) yavaşlamak; yavaşlatmak. *Slow down when you come to the main road. Inflation is slowing down.* **slowly** z yavaş yavaş, ağır ağır. **slowness** *i-sy* yavaşlık, ağırlık. **slowcoach** ['sloukoutʃ] *i+sy* (*Brİ*'de) ağırkanlı bir kimse. **in slow motion** yavaş hareket eden; ağır çekim: *a film in slow motion.*

slow² [slou] z yavaş yavaş, ağır ağır. *Try to go slow here.* NOT: *slow* her zaman *slowly* yerine kullanılmaz. Ancak bazı durumlarda ve sözlerde kullanılabilir. **go slow** için **go**'ya bkz.

sludge [slʌdʒ] *i-sy* koyu çamur.

slug [slʌg] *i+sy* sümüklüböcek; salyangoza benzer, ama kabuksuzdur. *Slugs are usually found in damp places and are regarded as pests in the garden.* **sluggish** ['slʌgiʃ] s ağır hareket eden; yavaş giden; tembel, tembel tabiatlı. *The car was very sluggish going up the hill. I felt very sluggish.*

sluice [slu:s] *i+sy* savak; bir suyu bir yere akıtmak için yapılmış olan düzen.

slum [slʌm] *i+sy* gecekondu bölgesi. *Betty grew up in a slum.* **the slums** içoğ şehrin yaşam koşulları kötü olan, pis bir bölgesi.

slump [slʌmp] *f-n* **1** 'pat' diye düşmek; 'küt' diye yere yığılmak. *The injured man slumped to the floor.* **2** birden bire ve aniden kötüleşmek, düşmek. *Business slumped after the war and so did prices. The pound slumped on foreign exchange markets.* Ayrıca *i+sy* ekonomik bunalım; iş koşullarının, işsizliğin ciddi bir biçimde kötüleştiği bir zaman.

slung [slʌŋ] **sling** fiilinin geçmiş zamanı ve ortacı.

slur [slə:*] *f+n/-n* açık ve anlaşılmaz bir biçimde söylemek; sözü ağzında gevelemek. *The drunk man slurred his words. geç. zam.* ve *ort.* **slurred**. Ayrıca *i+sy* 1 hakaret; karalayıcı söz: *a slur on his character.* 2 hakaret etme.

slush [slʌʃ] *i+sy* yarı erimiş kar.

sly [slai] *s* kurnaz, tilki gibi, şeytan. *His sly answer made Eric think he was innocent.* **slyly** *z* kurnazca. **slyness** *i-sy* kurnazlık.

smack [smæk] *i+sy* şaplak, şamar, tokat. Ayrıca *f+n* şaplak atmak, şamar vurmak, tokat atmak. *He smacked his son for disobeying him.* **smack/one's lips** dudaklarını şapırdatmak. *The hungry man smacked his lips when he saw the food.*

small [smɔ:l] *s* küçük, ufak, mini: *small town; small amount of money; small boy. The car was too small for everyone to fit into. The dog squeezed through a small hole in the fence.* **smallness** *i-sy* ufaklık. *The smallness of the room exaggerated its height.* **small ad** *i+sy* (genl. *çoğ. biç.*) küçük ilân. *Look in the small ad section of the local newspaper.* **small beer** (*BrI'de*) önemsiz bir kimse, veya şey. (*k. dil.*). **small hours** gecenin yarısından sonraki, sabahın ilk saatleri, örn. 00:1 ile 00:4 arası: *talk into the small hours.* **small-minded** dar kafalı, düşüncesi kıt. (*eş anl.* **narrow-minded**). **smallpox** çiçek (hastalığı); irinli kabarcıklar dökerek yüzde izler bırakan ateşli, ağır ve bulaşıcı bir hastalık. *Jane had smallpox as a child and nearly tied.* **small talk** için **talk**'a bkz. **small-time** *s* önemsiz. *The police kept a watch on the small-time criminal and hoped he would lead them to the mastermind of the bank robberies.* (*k. dil.*).

smart¹ [sma:t] *s* 1 şık, zarif. *She looks smart in her new dress.* 2 zeki, açıkgöz: *smart child. Our dog is smart and has learned to open doors.* 3 modaya uygun; şık: *smart hotels. Your hair is very chic.* 4 canlı, çevik. *Alice was walking along at a smart pace.* **smartly** *z* şık olarak, ustalıkla. **smartness** *i-sy* şıklık, ustalık, açıkgözlük. **smarten something up** güzelleştirmek, şıklaştırmak. *He has smartened up a lot in his general appearance.*

smart² [sma:t] *f-n* ağrımak, acımak,

sızlamak. *My eyes were smarting from the smoke.*

smash [smæʃ] *f+n/-n* 1 paramparça olmak, şangur şungur kırılmak; param parça etmek: *smash a pane of glass. The cup smashed on the floor.* 2 mahvetmek, ezmek; adamakıllı yenmek: *smash an attack.* Ayrıca *i+sy* parçalanma; çarpma, çarpışma: *car smash.* **smashing** *s* fevkalâde, şahane. *We had a smashing time.* **smash-and-grab raid** vitrin kırıp içindekileri kapıp kaçma soygunu.

smattering ['smætəriŋ] *i+sy* (genl. **a** ile) yüzeysel bilgi; çat pat bilgi, az buçuk bilgi. *I speak a smattering of Turkish.*

smear [smiə*] *f+n* yapışkan, veya yağlı bir madde ile lekelemek; sürmek, bulaştırmak. *He smeared the window with his dirty hands. You must smear this ointment over the wound.* Ayrıca *i+sy* yağ lekesi; yağlı ya da yapışkan maddenin bıraktığı iz.

smell [smel] *f+n/-n* 1 kokusunu almak; koku alma duyusu ile farkına varmak. *I smell something cooking* (= Pişen bir şeyin kokusunu duyuyorum). 2 koklamak. *I can't smell these flowers* (= Bu çiçekler kokmuyor. / Bu çiçeklerin kokusunu alamıyorum). 3 kokmak. *This food smells nice.* 4 kötü kokmak. *The food that has been lying there is smelling. geç. zam.* ve *ort.* **smelt.** Ayrıca 1 *i-sy* koklama, koku alma duyusu. *Sight, smell and touch are three of the five senses.* 2 *i+sy/-sy* koku: *nice smell; smell of cheese.* 3 *i+sy* pis koku. *There is a smell in the kitchen.* **smelly** *s* keskin, veya pis kokulu. *Skunks are smelly animals.*

smile [smail] *f-n* gülümsemek, tebessüm etmek. *She smiled happily.* Ayrıca *i+sy* gülümseme. *He gave an unpleasant smile. A smile usually shows that you are happy, pleased or amused.* **smile on** (talih, kader, şans, hava) (insanın) yüzüne gülmek. *Luck has smiled on him today.*

smirk [smə:k] *f-n* alaylı alaylı, veya pis pis sırıtmak. *She smirked when the teacher praised her.* Ayrıca *i+sy* alaylı alaylı sırıtma.

smith [smiθ] *i+sy* metal işleri yapan: *goldsmith* (= kuyumcu); *silversmith* (= gümüşçü).

smock [smɔk] *i+sy* cüppe, iş önlüğü; iş yaparken, çalışırken giysiyi korumak için ressamlar, doktorlar, teknisyenler, vb. tarafından giysi üzerine giyilen üstlük.

smog [smɔg] *i-sy* dumanla karışık sis. *Smog is a mixture of fog and smoke, only found in busy industrial centres.*

smoke [smouk] 1 *i-sy* duman. *The room was full of smoke. Cigarette smoke filled the room.* 2 *i+sy* sigara, püro, vb. *James offered me a smoke.* ke. Ayrıca *f+n/-n* 1 tütmek, duman salmak. *The fireplace smokes. The wet wood made the fire smoke heavily.* 2 sigara, puro, pipo, vb. içmek. *He was sitting in his armchair, smoking a pipe.* 3 (bir alışkanlık olarak) sigara içmek. *Do you smoke? She does not smoke, but her husband deos.* 4 işlemek; tütsülemek; dumana asarak eti koruyup özel bir tat vermek. *We smoke fish to preserve them.* **smoker** *i+sy* sigara tiryakisi. *I'm a chain smoker.* **smoky** *s* 1 dumanlı, tüten; dumanı çok, duman dolu. *One day I met him in a smoky pub.* 2 duman gibi, dumanlı. *Dick was wearing a smoky-blue scarf.* **smoker's cough** çok sigara içenlerde görülen kuru nefes darlığı biçimindeki öksürük. **smokeless** *s* dumansız; duman çıkarmadan yanan. **smokeless zone** duman salan her türlü yakıtın kullanılmaması gereken, özl. büyük bir kentteki bölge. **smoke like a chimney** çok sigara içmek, fosur fosur sigara içmek. *There is no wonder that Mike has had a bad cough. He smokes like a chimney—at least forty a day.* **go up in smoke** 1 (bir yangında) yanıp kül olmak. *Hundreds of valuable books had gone up in smoke.* 2 mahvolmak, (bütün hayalleri, vb.) uçup gitmek, artık bir hayal olmak. *His hands were seriously injured when he fell, so all his plans for becoming a musician went up in smoke.* **there's no smoke without fire** ateş olmayan yerden duman çıkmaz. *Everybody is saying that he was involved in the robbery, so he probably had something to do with it: there's no smoke without fire.* **Smoke** [smouk] *özeli* (**the** ile) Londra. (*k. dil.*).

smooth [smu:ð] *s* 1 düz, düzgün, pürtüksüz; cam gibi: *as smooth as silk. This pear has such a smooth skin. The road had only recently been built and was smooth compared with the rough track we had just left.* (*karş.* **rough**). 2 (bir uçak, vapur, vb. yolculuğu hk.) çok rahat ve sarsıntısız, olaysız. *It was a smooth sail.* 3 kibar ve nazik, ama belki de samimi değil: *smooth talker. He tricked her with his smooth talk.* Ayrıca *f+n* düzeltmek; pürüzlerini almak: *smooth matters down; smooth a dress that has been crushed. She smoothed her hair with her hand.* **smoothly** *z* pürüzsüzce; bir mesele çıkmadan. *The meeting went very smoothly.* **smoothness** *i-sy* düzlük, pürüssüzlük. **smooth-talking** *s* kendinden emin ve inandırıcı, ama belki de samimi değil ve kandırmacalı.

smother [ˈsmʌðə*] *f+n/-n* 1 boğmak; boğup öldürmek; (havasızlıktan) boğulmak. *He tried to smother her with a pillow but she struggled.* (*eş anl.* **suffocate**). 2 ateşi söndürmek için üstünü bir şeyle örtmek; üstüne bir şey örtmek, kapatmak. *They tried to smother the flames with a damp blanket.* 3 her yeri kaplamak. *The fields were smothered in daisies. I don't like my food smothered with sauce.*

smoulder [ˈsmouldə*] (*AmI*'de **smolder**) *f-n* için için yanmak; alevsiz yavaş yavaş yanmak. *A small fire was still smouldering.*

smudge [smʌdʒ] *i+sy* 1 pis leke. 2 ıslakken temizlenen mürekkebin bıraktığı leke. Ayrıca *f+n/-n* (mürekkep, vb. bulaştırarak) kirletmek, (böyle bir şey ile) kirlenmek. *He smudged his tear-stained face with his grubby hands.*

smug [smʌg] *s* kendini dev aynasında gören; kendini beğenmiş. *I gave a smug smile when I won first prize.* (*eş anl.* **self-satisfied**). **smugly** *z* kendini beğenerek, üstten bakarak. *'Just look at me,' she said smugly.* **smugness** *i-sy* kendini beğenmişlik. *There was smugness in her eyes.*

smuggle [ˈsmʌgl] *f+n/-n* 1 kaçakçılık yapmak, gümrükten kaçırmak. *They smuggled the spare parts into the country. Martha Brown smuggled these diamond bracelets out. It is a crime to smuggle opium into Turkey.*

2 bir kimseyi ya da bir şeyi bir yere gizlice sokmak, bir yerden gizlice çıkarmak. *Jimmy tried to smuggle his puppy into the house.* **smuggling** *i-sy* kaçakçılık. *He made his money in arms smuggling.* **smuggler** *i + sy* kaçakçı.

snack [snæk] *i + sy* öğün aralarında yenen bir şey, örn. çikolata, tost, vb.; hafif yemek. *I have a snack every afternoon after school.* **snack bar** sandöviç, vb. ile gazoz, kahve, vb. şeylerin alınıp yendiği lokantamsı bir .yer. *We had coffee in a snack bar.*

snag [snæg] *i + sy* 1 umulmadık, beklenmedik bir güçlük, gizli engel. *My plans hit a snag.* 2 (bir nehirde, veya gölde) su yüzüne sarkmış bir ağaç ya da ağaç dalı. *Snags are dangerous to boats.* Ayrıca *f + n* (sivri bir yere) takmak, takıp yırtmak. *I snagged my sweater on a nail.*

snail [sneil] *i + sy* salyangoz; bahçelerde yaşayan sarmal kabuklu küçük bir hayvan. *A snail is a small, slow-moving creature with a long, slimy body and a spiral-shaped shell on its back.* **at a snail's pace** kaplumbağa hızıyla; çok yavaş. *Strategic Arms Limitation Talks have been proceeding at a snail's pace.*

snail

snake [sneik] *i + sy* yılan. *A snake has scales on its skin and no legs.* **snake charmer** yılan oynatan (müzik çalarak sepetin içinden yılanı çıkarıp tekrar sokarak halkı eğlendiren).

snap [snæp] *f + n/-n* 1 (bir sopanın, tahtanın kırılması gibi) 'çıt' diye ses çıkarmak. 2 aniden kopmak, veya koparmak. *The rope snapped.* 3 çabucak söylemek; terslemek. *'Silence!' snapped the captain.* 4 (bir kimse, veya bir şeyin) resmini çekmek. *I snapped a nice photograph of Susan.* geç. zam. ve ort. **snapped.** Ayrıca *i + sy* 1 'çıt', 'çıtır' sesi. *The snap of a twig broke the silence.* 2 'çıt' diye

kırılma, veya 'pat' diye kopma. *The trap closes with a sudden snap.* 3 şipşak resim. (3. anlamı *k. dil.*). Ayrıca *s* acele yapılan. *A snap judgment is likely to be wrong.* **snappy** *s* 1 şık, zarif. *Mark is a snappy dresser.* 2 canlı, çevik; çabuk. *We'll have to be snappy if we're catching that plane!* 3 huysuz, aksi. *Jack is rather snappy on a Monday morning.* (*k. dil.*). **snapshot** şipşak çekilen resim. **snap one's fingers/give a snap of one's fingers** parmaklarını şıkırdatmak. *He snapped his fingers in time to attract my attention.* **make it snappy** çabuk olmak, acele etmek, elini çabuk tutmak. *Two cups of coffee, and make it snappy: we're in a hurry.* **snap out of/snap out of** it kendini zorlayarak içinde bulunduğu ruh halihi değiştirerek daha neşeli davranmaya çalışmak. *I was getting very depressed so I decided to snap out of it and go on holiday.* **snap up** kapışmak; hemen üstüne atlamak. *I saw this bargain in the shop and snapped it up straight away. I would have snapped up a chance like that.*

snare [sneə*] *i + sy* (ufak hayvanları ve kuşları yakalamaya yarayan) tuzak, kapan. *I took the dead rabbit from the snare.* Ayrıca *f + n* kapanla yakalamak, tuzağa düşürmek. *The gamekeeper caught the poacher who had snared the pheasants.*

snarl [sna:l] *f + n/-n* 1 dişlerini göstererek hırlamak. *The dog snarled at the stranger.* (eş anl. **growl**). 2 öfkeli ve ters biçimde konuşmak ya da söylemek. *The bully snarled out an angry threat.* Ayrıca *i + sy* hırlama; öfkeli homurdanma. *A snarl was his only reply.*

snatch [snætʃ] *f + n* kapmak. *The thief snatched the handbag and ran away. The hawk snatched the chicken and flew away.* (eş anl. **grab**). Ayrıca *i + sy* 1 kapma, kapış (hareketi). 2 parça, kırıntı; çok kısa süre. *I heard a snatch of her song.*

sneak [sni:k] *f + n* 1 sessizce ve gizlice sokulmak. *Russel didn't notice Al sneaking up behind her.* 2 (özl. çocuklar hk.) gammazlamak, müzevirlemek. *You can't trust that girl because she sneaks on her friends.* Ayrıca *i + sy* sinsi kimse. **sneaker**

i + sy (genl. *çoğ. biç.*) hafif lastik ayakkabı.

sneer [sniə*] *f-n* dudak bükmek; küçümseyerek ağzının kenarı ile gülmek; alay etmek. *'Bah!' he sneered with a curl of his lip. The mean girls sneered at poor Cecil's clothe's.* Ayrıca *i + sy* küçümseyen ya da alaycı bakış, söz; alay. **sneering** *s* alaycı.

sneeze [sni:z] *i + sy* hapşırma, aksırma; hapşırık, aksırık. *He gave a loud sneeze.* Ayrıca *f-n* hapşırmak, aksırmak. *The smell of flowers make me sneeze.* **not to be sneezed at** hiç de göz ardı edilecek, veya yabana atılacak bir şey değil. *I may not leave my present job after all: they have offered to double my salary, which is an offer certainly not to be sneezed at. A chance like that, which may only come once in a lifetime, is not to be sneezed at.*

sniff [snif] *f + n/-n* **1** burnuyla (ses çıkararak) havayı koklamak (genl. bir beğenmeyiş ifadesi olarak). *'What a revolting smell,' he said, sniffing the air.* **2** (bir şeydeki) kokuyu bulmak için bunu yapmak. *The dog sniffed (at) the lamppost. I sniffed the medicine before taking a spoonful of it.* **3** burnunu çekmek. *Margaret was sniffing because she had a cold. Sue is coughing and sniffing and should be in bed.* Ayrıca *i + sy* **1** koklama, kokusunu alma. *A fox came along and gave the stone a good sniff.* **2** burnunu çekme. **sniffles** *içoğ* (çocuklar için kullanılır) soğuk algınlığı, hapşırıp tıksırma. *Don't go out into the cold when you have the sniffles.* **sniffer dog** patlayıcı madde, veya esrar kaçakçılığında kullanılan polis köpeği.

snigger ['snigə*] *i + sy* (örn. bir kimsenin uğradığı bir talihsizliğe) kıs kıs gülme. Ayrıca *f-n* kıs kıs gülmek. *They sniggered at their teacher's mistake.*

snip [snip] *f + n/-n* makasla 'şık' diye kesmek: *snip off a piece of cloth. She snipped the roses off the bush.* Ayrıca *i + sy* makasla 'şık' diye kesme.

snipe [snaip] *f + n/-n* pusuya yatarak (düşmanı) vurmak, pusuda beklerken (bir düşmana) ateş etmek. **sniper** *i + sy* pusuda ateş eden kimse.

snippet ['snipit] *i + sy* **1** bir şeyin ke-

silmiş ufak bir parçası: *snippet of cloth.* **2** (çoğk. *çoğ. biç.*) ufak bir haber, yazı, vb.

snivel ['snivl] *f + n* ağlayarak şikâyet etmek. *I know you're tired, but do stop snivelling!* geç. zam. ve ort. **snivelled**. (*AmI*'de **sniveled**).

snob [snɔb] *i + sy* züppe; seçkin görünmek için bazı çevrelerdeki düşünceleri benimseyen, hayranlık duyan ve onlar gibi davranmaya özenen (kimse). **snobbery, snobbishness** *i-sy* züppelik. **snobbish** *s* züppe tavırlı, kibarlık taslayan; kendini beğenmiş; küçük gören. *We think that she is snobbish because she only plays with rich kids.*

snooker ['snu:kə*] *i-sy* (İngiltere'de) onbeşi kırmızı, altısı diğer renkte olan toplarla oynanan bir tür bilardo. *Does she play snookers?* (ABD'de **pool**).

snoop [snu:p] *f-n* gizli gizli merakla bakınmak, gizlice gözetlemek, birinin sırlarını, eylemlerini, vb. gözleyip incelemek. *Someone came snooping round the house today.* (k. dil.). **snoopy** *s* meraklı. *My snoopy sister was always trying to discover here I hid my diary.*

snooty ['snu:ti] *i + sy* tepeden bakan, kibirli. *We thought the boys from the other school were snooty.*

snooze [snu:z] *i + sy* kısa uyku, kestirme, şekerleme. Ayrıca *f-n* kestirmek, şekerleme yapmak. *The dog snoozed on the porch in the sun. My grandmother likes to snooze on the lounge after lunch.* (k. dil.). (eş anl. **nap, doze**).

snore [snɔ:*] *f-n* horlamak, horuldamak. *My wife with a cold in her nose snored all night.* Ayrıca *i + sy* horlama, horultu.

snorkel ['snɔ:kl] *i + sy* **schnorkel**'a bkz.

snort [snɔ:t] *f + n/-n* burnundan gürültü ile ses çıkarmak; horuldamak. *The horse snorted.* Ayrıca homurtu, horultu.

snout [snaut] *i + sy* uzun, çıkıntılı hayvan burnu: *pig's snout.*

snow [snou] *i-sy* **1** kar. *The streets were covered in snow.* Ayrıca *f-n* kar yağmak. *It has been snowing all day.* **snowball** *i + sy* kar topu. *This snow's perfect for snowballs.* Ayrıca *f-n* kartopu oynamak. *We snowballed each*

other. **snow blindness** kar körlüğü.
snowdrift rüzgârla oluşan kar yığını.
snowdrop kardelen; baharda çok erken çiçek açan soğanlı bir bitki.
snowflake kar tanesi. **snowman** kardan adam. *The children were building a snowman.* **snowplough** (*AmI'de* **snow plow**) kar temizleme makinası.
snowshoe *i + sy* (genl. çoğ. biç.) kar ayakkabısı. **snow-white** bembeyaz, kar gibi beyaz. **snowy** *s* **1** karlı. *It was a snowy day.* **2** bembeyaz, kar gibi. *The old man stroked his snowy beard.*

snowshoes

Snr (= **Senior**)—sözcüğünün yazı dilindeki kısa biçimi. Oğluyla aynı ismi taşıyan babanın adının sonuna eklenir: *Bob Dickson, Snr.* (karş. **Jnr.** veya **Jr.** (= **Junior**)).
snub¹ [snʌb] *f + n* küçümsemek, hakir görmek, terslemek, hiçe saymak; burun kıvırmak. *He snubbed me when I met him in the street.* geç. zam. ve ort. **snubbed**. Ayrıca *i + sy* küçümseme, hiçe sayma.
snub² [snʌb] *s* sadece **snub nose** biçiminde kullanılır—kısa ve ucu yukarı kalkık burun. **snub-nosed** *s* küçük ve kalkık burunlu.
snuff [snʌf] *i-sy* enfiye; çürütülmüş tütünden yapılan ve burna çekilen keyif verici toz: *take snuff.*
snug [snʌg] *s* rahat ve sıcak. *The cat has found a snug corner behind the stove.*
snuggle [ˈsnʌgl] *f-n* (genl. **up** ile) sıcaklık ve rahatlık için bir kimseye, veya bir şeye yanaşmak, sokulmak, sarınmak. *The child snuggled up to its mother.*
so¹ [sou] *z* **1** böyle, şöyle, öyle. *You must stand so.* **2** de, da, dahi. *I like football and so does he. Jane was there and so was John.* (karş. **neither**

—*Jane wasn't there and neither was John*). **3** bu kadar, o kadar, o derece. *Don't talk so much. He shouldn't drive so fast. Jane is not so clever as John is. He is not so ill as I thought. He was so angry that he hit her. He ran so fast that we couldn't catch up with him.* **4** çok; pek çok. *'You are so kind.'*—*'That is so true.'* (*k. dil.*). **5** doğru, öyle, evçt. *'He is very kind.'*—*'So he is.'* *'John was there too.'*—*'So he was.'* *I suppose so. So I hear.* **6** hemen hemen, aşağı yukarı, yaklaşık. *He walked for a mile or so.* **and so on, and so forth** vesaire veaire. **so-and-so** *i + sy* **1** (adı unutulan, veya önemli olmayan bir kimse için) filanca; filanca falanca. **2** Allahın cezası (kimse, veya şey). *Which so-and-so broke my razor?*

NOT: **4.** maddede *k. dil.* dışında, normal olarak, *very* anlamında *so* kullanılmaz. Bu nedenle *He is very intelligent* veya *They say he is not very well* şeklinde kullanılmalıdır.

so² [sou] *bağ.* **1** bu nedenle, bu yüzden, onun için. *I had lost my pencil so I had to buy a new one. We walked quickly so the journey did not take us long.* **2** (bir ünlem olarak) ha! demek! *So you've come back! So you think you're clever!*
soak [souk] *f + n/-n* **1** sırılsıklam olmak; iyice ıslatmak. *I was caught in the rain and my clothes were soaked. If you want to take out the stain, soak the cloth in cold water.* **2** suda kalıp ıslanmak. *Let the clothes soak in water overnight.* **3** içine geçmek. *The rainwater has soaked through the roof.* **soaking/soaking wet** *s* sırılsıklam. *Her clothes were soaking, and my boots were soaking wet inside.* **be soaked to the skin** iliklerine kadar ıslanmak, sırılsıklam olmak. *Carol was soaked to the skin.*
soap [soup] *i-sy* sabun. *I've bought two bars of soap.* **soapy** *s* sabunlu.
soar [sɔ:*] *f-n* süzülerek yükselmek, süzülerek ʻıçmak; süzülmek: *a bird soaring into the sky. The aeroplane soared through the clouds into the blue sky above.*
sob [sɔb] *f-n* içini çekerek ağlamak, hıçkırmak, hıçkıra hıçkıra ağlamak: *sob with grief. The little girl was sobbing when her father found her.*

geç. zam. ve *ort.* **sobbed**. Ayrıca *i + sy* hıçkırma.

sober ['soubǝ*] *s* 1 ayık, içkili değil: *avoid drink and stay sober.* 2 temkinli, makul; ciddi, ağır başlı: *sober life; sober expression; sober opinion.*

soccer ['sɔkǝ*] *i-sy* futbol. *Soccer is the same as footbal.* Ayrıca **Association Football** da denir.

sociable ['souʃǝbl] *s* arkadaş canlısı, hoş sohbet; nazik. *Sociable people are easy to talk to.* (*karş.* **unsociable**).

social ['souʃl] *s* 1 toplu halde yaşayan. *Bees are social insects. Man could be called a social animal.* 2 toplum ile ilgili, toplumsal, sosyal: *social problems such as crime and poverty.* 3 sosyal, cemiyete ait: *social evening; social club.* **socially** *z* sosyal olarak, toplumsal bakımdan. **social democracy** *i* sosyal demokrasi; nisbeten büyük çapta hürriyetin olduğu sosyalizm. **social democrat** *i + sy* sosyal demokrat; sosyal demokrasi taraftarı. **social worker** toplumun refahı, sağlığı, vb. için çalışan kimse. **social work** *i-sy* sosyal görev.

socialism ['souʃǝlizǝm] *i-sy* sosyalizm; özel mülkiyetin bulunmadığı toplum halindeki yaşayış düzeni. **socialist** *i + sy* sosyalist, toplumcu.

society [sǝ'saiǝti] 1 *i + sy* dernek, kulüp: *debating society.* 2 *i + sy* topluluk; ortak inançlara, âdetlere, vb. sahip olan ve birlikte yaşayan insan grubu: *Western society; African Society.* 3 *i-sy* toplum, cemiyet: *work for the good of society.* 4 sosyete; zengin veya asil kimseler.

sociology [sousi'ɔlǝdʒi] *i-sy* sosyoloji; sosyal olaylar bilimi. **sociological** [sousiǝ'lɔdʒikl] *s* toplumbilimsel, sosyolojiye ait, sosyolojik. **sociologist** *i + sy* toplumbilimci, sosyolog.

sock [sɔk:] *i + sy* kısa çorap: *a pair of socks.*
NOT: genl. erkekler *socks*, kadınlar ise *stockings* giyerler.

socket ['sɔkit] *i + sy* oyuk, yuva, çukur; duy, priz: *lamp socket; socket of the eye.*

sod [sɔd] *i + sy* çim, kesek.

soda ['soudǝ] 1 *i-sy* soda; karbonat, sodyum karbonat; çamaşır, bulaşık, vb. temizlik, işlerinde kullanılan kimyasal bir madde: *washing soda* (= çamaşır sodası); *baking soda* (= kabartma tozu). 2 *i + sy/-sy* maden sodası. **soda water** *i-sy* soda; maden sodası; basınç altında karbon dioksit gazı doldurulmuş su.

sodden ['sɔdn] *s* iyice ıslanmış, sırılsıklam: *sodden clothes. Our shoes were sodden after walking in the rain.*

sofa ['soufǝ] *i + sy* sedir, kanepe.

soft [sɔft] *s* 1 yumuşak: *soft bed; soft ground.* 2 düzgün, pürüzsüz: *soft skin; as soft as silk.* (*karş.* **rough**). 3 sakin; tatlı; yüksek olmayan: *soft voice; soft music.* 4 tatlı, hafif, yumuşak: *soft outlines.* 5 dinlendirici, huzur verici: *soft, restful light.* 6 uysal, iyi kalpli, yufka yürekli: *having a soft heart.* 7 zayıf; gevşek. *Muscles become soft without exercise.* 8 akılsız, kafasız; kolayca kandırılabilir: *soft in the head.* (*k. dil.*). **softly** *z* yavaş yavaş, tatlılıkla. **softness** *i-sy* yumuşaklık. **soften** ['sɔfǝn] *f + n/-n* yumuşatmak, veya yumuşamak. **soft drink** meşrubat; içinde alkol olmayan ve soğuk olarak içilen içecekler. **soft drug** haşiş gibi alışkanlık yapmayan, veya sağlığa zararı olmayan uyuşturucu. **soft focus** (daha romantik bir hava vermek için yapılmış) fotoğraf, veya filmdeki hafif bulanıklık, net olmayış. **softhearted** *s* yufka yürekli, merhametli. **soft-soap** *f + n* yağlamak, yağ çekmek, pohpohlamak. *We soft-soaped her until she said yes.*

softie, softy ['sɔfti] *i + sy* hemen ağlayıveren kimse, ağlak.

software ['softwɛǝ*] *i-sy* bilgisayar program(lar)ı. *His job is writting the software.*

soggy ['sɔgi] *s* 1 çok ıslak, iyice ıslanmış. *The ground was soggy after a week of heavy rain.* 2 ıslaklıktan ağırlaşmış: *soggy bread.*

soil[1] [sɔil] *i-sy* toprak; yerkabuğunun canlılara yaşam ortamı sağlayan yüzey bölümü: *rich soil; sandy soil.*

soil[2] [sɔil] *f + n/-n* kirlenmek veya kirletmek: *soil a clean shirt. We soiled the new chairs with our muddy feet.*

solace ['sɔ:lǝs] 1 *i-sy* teselli, avuntu. *The two sisters found solace by being together when their parents were so ill.* 2 *i-sy* (to ile) teselli nedeni olan bir şey. *Her son was a great solace to her.* Ayrıca *f + n* teselli etmek, kederini hafifletmek, avutmak.

solar ['soulǝ*] *s* güneş ile ilgili, güneşe

ait: *solar energy; solar heating; solar system.*

sold [sould] **sell** fiilinin geçmiş zamanı ve ortacı.

solder ['souldə*] *i-sy* lehim; kurşun ve kalay karışımı yumuşak bir metal. Ayrıca *f* + *n* lehimlemek.

soldier ['souldʒə*] *i* + *sy* asker, er.

sole¹ [soul] *s* tek, biricik, yegâne. *He was the sole survivor.* **solely** *z* sırf, sadece, yalnızca. *If anything goes wrong, you will be held solely responsible.*

sole² [soul] *i* + *sy* ayak tabanı, taban.

sole³ [soul] *i* + *sy* dil balığı. *A sole is a flat fish which you can eat.*

solemn ['soləm] *-s* **1** ciddi, ağırbaşlı, vakur: *look solemn.* **2** resmi ve ciddi. *The service of burial is done with solemn and mournful music.*

solicitor [sə'lisitə*] *i* + *sy* İngiltere'de danışman avukat.
NOT: **barrister** (= (yüksek mahkeme) avukatı) için dava hazırlayan, vasiyetname için danışmanlık yapan kimse. *The solicitor recommended a barrister to Mrs Brown and then researched similar cases for him.* Bazı ülkelerde *solicitor* ile *barrister* arasında herhangi bir farklılık yoktur.

solid ['solid] *s* **1** katı; sıvı ya da gaz olmayan: *use solid fuel for heating.* **2** katkısız, som, sırf: *ring made of solid gold.* **3** içi boş, veya oyuk olmayan; yekpare. *The walls are solid.* **4** güvenilebilir, sağlam karakterli. *She regarded me as solid, good, dull person.* Ayrıca *i* + *sy* **1** katı madde. *She cannot eat solids.* **2** (matematikte) uzunluğu, genişliği ve ağırlığı olan bir cisim. **solidly** *z* bir birliği ile; sağlam olarak. **solidarity** [soli'dæriti] *i-sy* dayanışma, tesanüt, birlik, omuzdaşlık: *working-class solidarity.* **solidify** [sə'lidifai] *f* + *n/-n* katılaşmak, sağlamlaşmak; katılaştırmak, sağlamlaştırmak. *The molten metal solidified as it cooled.* **solidity** [sə'liditi] *i-sy* katılık; sağlamlık; güvenilirlik. **solid-state** *s* lamba, veya mekaniki parçalar yerine transistor, slikon çips, veya diğer yarı iletken parçalardan yapılmış olan.

solitary ['solitəri] *s* **1** tek, arkadaşsız, yalnız; münzevi: *solitary walk; solitary life. She is a solitary sort of person.* **2** ıssız, tenha: *solitary place.*

solitude ['solitju:d] *i-sy* tek başınalık, yalnızlık: *solitude of a hermit's life.*

solo ['soulou] *i* + *sy* **1** solo; bir tek kişi tarafından çalınan, veya söylenen bir müzik parçası. **2** tek başına yapılan bir şey. *çoğ. biç.* **solos. soloist** *i* + *sy* solist. *The soloist at the concert was a violinist.*

soluble ['soljubl] *s* bir sıvı içinde eritilebilir. *Salt is soluble in water. (karş.* **unsoluble).**

solution [sə'lu:ʃən] *i* + *sy* **1** çözüm; çare: *solution of/to a mystery.* **2** eriyik; solüsyon.

solve [solv] *f* + *n* çözmek, halletmek. *He solved the mystery.*

solvent ['solvənt] *s* borçlarını ödemeye gücü yeten. (*karş.* **insolvent).**

sombre ['sombə*] (*Aml*'de **somber**) *s* **1** (renk) koyu: *sombre colours. She always wears sombre clothes, even to parties.* **2** sıkıntılı, kasvetli: *sombre expression.*

some [sʌm] *belirten* **1** biraz, birkaç tane; bazı. *Give me some water. Some friends of yours are here. You may have to wait for some time.* NOT: soru cümlelerinde ve olumsuz cümlelerde *any* kullanılmalıdır. *Have you any water? There aren't any apples left.* Ama, soruyu soran kimse, sorduğu soruya 'Yes' diye bir cevap verileceğinden emin gibiyse bu soru-sunu *some* ile kurabilir. *Haven't you some water?* Aynı durum, sorulan sorunun bir rica, veya davet anlamı taşıması halinde de geçerlidir. *Would you like some bread?* **2** aşağı yukarı, ...civarında, yaklaşık olarak. *There were some thirty people there.* **3** hayli, çpey; epeyce büyük sayıda, veya miktarda. *He has been waiting for some time.* **4** çok iyi, çok büyük; iyi bir, önemli bir. *That was some party! (= Müthiş bir partiydi! / Ne partiydi, ne parti!). (k. dil.).* **5** bir, herhangi bir. *I read it in some book or other.* Ayrıca *zamir* bazısı, kimi, kimisi. *Some of the boys were late.*

somebody ['sʌmbədi] *zamir* birisi, bir kimse; (= **someone).** *Somebody is knocking at the door.* NOT: soru cümlelerinde ve olumsuz cümlelerde *any* kullanılın. *I don't know anybody of that name.* Ayrıca *i* + *sy* önemli bir kişi, hatırı sayılır kimse. *He is somebody in his own town but just a nobody here.* (k. dil.).

somehow ['sʌmhau] z nasıl olsa, nasılsa; şöyle ya da böyle. *They will try to keep us out, but we shall get in somehow. I've never liked him, somehow* (= Nedense ondan hiçbir zaman hoşlanmadım).

someone ['sʌmwʌn] *zamir* (= somebody).

somersault ['sʌməsɔ:lt] *i + sy* perende; perende atma: *make/turn/do a somersault.* Ayrıca *f-n* takla atmak, perende atmak. *The car somersaulted a couple of times after hitting the rail.*

something ['sʌmθiŋ] *zamir* bir şey. *There is something inside this box. There is something in what you say* (= Söylediğinde gerçek payı var). NOT: soru cümlelerinde ve olumsuz cümlelerde *anything*'i kullanın. *There isn't anything in the cupboard.*

sometime ['sʌmtaim] z gelecekte belli olmayan bir zamanda; birara; geçmişte belli olmayan bir zamanda. *We'll meet again sometime next week. I met him sometime last year.* NOT: *sometime*'ı iki sözcükten oluşan *some time* (= bir süre) ile karıştırmayınız. *I spent some time in India when I was young.* Ayrıca *sometimes*'a da bkz.

sometimes ['sʌmtaimz] z arasıra, bazen. *I usually go on foot, but sometimes I take the bus.*

somewhere ['sʌmweə*] z bir yere, bir yerde. *He is living somewhere in England.* NOT: soru cümlelerinde ve olumsuz cümlelerde *anywhere*'i kullanın. *They can't find it anywhere.*

son [sʌn] *i + sy* oğul, erkek evlât. **son-in-law** damat. *çoğ. biç.* **sons-in-law**. **sonny** oğlum, yavrum. **son of a bitch** orospu çocuğu.

sonata [sə'na:tə] *i + sy* sonat; bir ya da iki çalgı, örn. piyano için yazılmış, üç veya dört bölümden oluşan müzik yapıtı.

song [sɔŋ] *i + sy* 1 şarkı. *Craig wrote the music and I made up the words for our new song.* 2 güfte; müzik eserlerinin söz kısmı. **buy something for a song** yok pahasına satın almak.

sonic ['sɔnik] s ses dalgaları ile ilgili. **sonic boom** sesten hızlı uçan bir uçağın çıkardığı ses.

sonnet ['sɔnit] *i + sy* sone; iki dörtlü ve iki üçlüden oluşan, on dört dizeli bir batı şiir biçimi.

soon [su:n] z 1 biraz sonra, yakında, çok geçmeden. *I shall be back soon. He died soon after the accident.* 2 hemen, çabuk; erken. *We did not expect you so soon. How soon can you come?* **as/so soon as** (yap)ılabilen en kısa zamanda, (yap)ar (yap)maz. *As soon as he heard the news, he phoned the police. They did not come as/so soon as they had promised.* NOT: olumsuz cümlelerde *as* yerine çoğunlukla *so* kullanılır.

soot [sut] *i + sy* is, kurum. *The walls of houses in industrial cities are often dirtied with soot.*

soothe [su:ð] *f + n* 1 yatıştırmak, yumuşatmak, sakinleştirmek, teskin etmek; öfkesini, heyecanını gidermek: *soothe someone who is nervous and excited. The soft music soothed me.* 2 ağrıyı hafifletmek, dindirmek. *The ointment will soothe the rush.* **soothing** s dinlendirici; teskin edici. *They played soothing music in the dentist's waiting room.*

sophisticated [sə'fistikeitid] s 1 görgülü; toplumsal yaşam ve bilgisi olan; kültürlü: *sophisticated person.* 2 karmaşık, ileri: *sophisticated techniques.* (karş. **unsophisticated**). **sophistication** [səfisti'keiʃən] *i-sy* kültürlülük; ilerilik, karmaşıklık.

sophomore ['sɔfəmɔ:*] *i + sy* (ABD'de) kolej veya yüksek okullarda, üniversitelerde ikinci sınıf öğrencisi.

soporific [sɔpə'rifik] s uyku getiren: *soporific drug.*

sopping ['sɔpiŋ] s sırılsıklam, çok ıslak. (eş anl. **soaked**).

soprano [sə'pra:nou] 1 *i-sy* soprano; kadın, veya genç erkek çocuklarda en ince ses. *She sang in the soprano section of the choir.* 2 *i + sy* sesi böyle olan sanatçı. *çoğ. biç.* **sopranos**.

sorcerer ['sɔ:sərə*] *i + sy* büyücü. (kadınına **sorceress** ['sɔ:səris] denir). **sorcery** *i-sy* büyücülük. *People used to believe in sorcery and witchecraft.*

sordid ['sɔ:did] s 1 çok pis, kötü: *live in sordid circumstances.* 2 rezil, aşağılık, iğrenç: *sordid act.*

sore [sɔ:*] s 1 ağrılı, acıyan, ağrıyan: *sore knee/throat/ankle.* 2 üzücü, hassas; insanı üzebilecek, veya kırabilecek. *That matter is a sore point with him.* 3 kızgın, öfkeli. *He got rather sore with him.* (k. dil.). Ayrıca *i + sy* yara; ağrıyan bir yer. *You should cover that sore on your hand.* **soreness** *i-sy* acılık. **sorely** *z* çok, pek çok.

sorrow ['sɔrou] *i-sy* keder, acı, üzüntü, dert, sıkıntı. *His heart was full of sorrow. My friend told me of her sorrow when her grandmother died.* **sorrowful** *s* kederli, üzüntülü; acıklı, hazin, keder verici. **sorrowfully** *z* hazin bir şekilde, kederli olarak.

sorry ['sɔri] *s* 1 üzgün, müteessir; pişman. *I'm sorry (that) I'm late. I feel rather sorry for him* (= Ona bayağı acı-yorum). *We are sorry to be such a nuisance.* 2 acınacak, sefil, perişan: *sorry sight; in a sorry state.* Ayrıca *z* (genl. fazla önemi olmayan durumlarda) maalesef, üzgünüm. *Can you direct me to the station? Sorry, I can't.*

sort [sɔ:t] *i + sy* tür, çeşit, cins, nevi: *books, papers and that sort of thing; things of a different sort; new sort of car.*
NOT: *l sort* ve *kind* sayılabilen isimlerdir ve çoğunlukla bunlardan sonra *of* ve harfitarif almayan bir isim gelir: *That's the best sort/kind of car* (= O en iyi/çeşit bir arabadır). *2* konuşma dilinde *kind of a(n)* ve *sort of a(n)* yapıları genellikle tekil sayılabilen bir isimle birlikte kullanılır: *what kind/ sort of a machine is that?* (= Şu ne tip/nasıl bir makinedir?). *3* fakat cümlede çoğul bir özne varsa *kind* ve *sort*'tan sonra gelen isim çoğul olur: *What kind of trees are those?* (= Onlar ne ağacı?) *We never wear that kind of clothes* (= Biz öyle/o tip elbiseyi hiç giymeyiz). *4* hem *kind* hem de *sort* çoğul olarak kullanılabilir, ama *all* ile kullanılması dışında *sort* pek yaygın değildir: *We saw all kinds/sorts of animals* (= Her türlü hayvan gördük). *5* bir isimle birlikte olmadan *kind* kullanılmasına karşın, *sort* pek kullanılmaz: *We have the cheaper kind* (= Bizde daha ucuz cinsi var). *6* konuşma dilinde hem *kind of* hem de *sort of* derece zarfı olarak kullanılır. Anlamları 'oldukça, biraz (...gibi), -ce' demektir: *Yours is sort of like mine* (= Seninki

benimkine benziyor gibi). *He's really kind of nice* (= Aslında oldukça iyi). Ayrıca *f + n* türlerine göre ayırmak, düzenlemek: *sorts letters.*

SOS [es ou es] *itek* (= Save Our Souls)—SOS; telsizle verilen imdat sinyali.
NOT: yardım çağrısı, Mors alfabesinde en kolay gönderilen ve alınan harfler *s* ve *o* olduğundan *sos* olarak seçilmiştir; fakat halk etimolojisi bakımından *Save Our Souls* sözcüklerinin bir kısaltması olarak kabul edilmektedir.

sought [sɔ:t] *seek* fiilinin geçmiş zamanı ve ortacı.

soul [soul] *i + sy* 1 ruh, can. *A man's body dies but his soul lives on.* 2 kişi, şahıs, bir kimse. *I didn't see a soul. Poor soul, she has suffered a lot.* (k. dil.). **soul brother** (Amerikan zencileri arasında) zenci soydaş. (k. dil.). **soul food** zenci yemeği; özl. Güneyli Amerikan zencilerine özgü bir yemek, örn. bumbar, domuz paçası, vb. (k. dil.). **soulful** *s* derin duygular ifade eden; içli, duygu dolu: *large soulful eyes.* **soulless** *s* ruhsuz, cansız; insani nitelikleri olmayan: *soulless task.* **soul mate** insanın çok yakın ve derin ilişkisi olan birisi, örn. insanın sevgilisi, karısı, kocası, vb. (k. dil.). **soul music** Amerikan zencileri tarafından çalınıp söylenen bir tür pop müziği. (k. dil.).

sound[1] [saund] *i + sy/-sy* ses: *sound of trains passing; sound of a rifle going off; loud sound; speed of sound. Sound travels in waves.* **soundproof** *s* ses geçirmez: *soundproof walls.* Ayrıca *f + n* ses geçirmez duruma getirmek. **sound track** bir sinema filminin kenarına kaydedilmiş olan ses, veya müzik.

sound[2] [saund] *f + n/-n* 1 ses çıkarmak; çalmak, çalınmak. *The trumpet sounded.* 2 ses çıkartmak, çalmak, işaret vermek: *sound the retreat alarm.* 3 (kulağa) görünmek, kulağa ...gelmek. *That sounds very reasonable.*

sound[3] [saund] *s* 1 sağlıklı, sağlam. *These people are mentally sound. Even though Grandpa is 96 his heart is sound.* 2 doğru, yanlış olmayan; sağlam: *sound decision; sound firm/ company; sound investment.* (karş. **unsound**). 3 tam, iyi, adamakıllı: *a* *sound beating.* **4** derin ve rahat; deliksiz. *She seemed to be a sound sleeper.* (*karş.* **light**). **soundness** *i-sy* sağlamlık, sağlık, sıhhat; doğruluk, geçerlik.

sound⁴ [saund] *i+sy* (iki su kütlesini birbirine bağlayan) dar bir boğaz.

soup [su:p] *i-sy* çorba. **soup kitchen** bir savaş, veya tabii bir afet nedeniyle evsiz barksız, fakir kimselere bedava yemek veren yer.

sour ['sauə*] *s* **1** ekşi, mayhoş. **2** ekşimiş, kesilmiş: *sour milk.* **3** ters, aksi, huysuz; düş kırıklığına uğratan: *sour remark.* **sourness** *i-sy* ekşilik; terslik. Ayrıca *f+n/-n* ekşimek; ekşitmek. *He looked up at the sky, pulled a sour face, and went inside.* **sour grapes** kedi ulaşamadığı ciğere pis der. *She said that the hat made me look silly, but perhaps that was sour grapes.*

source [sɔ:s] *i+sy* **1** kaynak; bir nehrin, derenin, vb. çıktığı yer: *source of the River Amazon.* **2** kaynak; bir şeyin başlangıcı, veya ilk oluş nedeni. *We must look for the source of the trouble.* **3** bir haberin, bilginin sağlandığı · bir kitap, vb. haber kaynağı.

south [sauθ] *z* güneyde, güneye doğru: *travelling south.* Ayrıca *s* güneyden gelen. (Hem *z* hem de *s* olarak *karş.* **north**). **southerly** ['sʌðəli] *s* güney kesimi ile ilgili, veya bu kesime ait. **southwards** *z* güneye doğru. **the south** güney; bir ülkenin güneyi.

souvenir [su:və'niə*] *i+sy* hatıra, hatıra eşya; insana birini, veya bir yeri hatırlatan bir anmalık. *Tourists often buy souvenirs to remind them of the places they have visited.*

giydikleri enselerine kadar uzanan geniş kenarlı muşamba şapka. **2** şiddetli lodos rüzgârı, güney-batıdan esen şiddetli rüzgâr.

sovereign ['sɔvrin] *i+sy* hükümdar, bir ülkenin yönetimini elinde bulunduran, kral ya da kraliçe. Ayrıca *s* bağımsız ve kendini yöneten: *sovereign state.* **sovereignty** *i-sy* egemenlik, hâkimiyet.

Soviet ['souviət] *s* Rusya, veya halkı ile ilgili.

sow¹ [sou] *f+n* (tohum) ekmek: *sow wheat; sow a field with barley.*

sow² [sau] *i+sy* dişi domuz.

soya bean ['sɔiəbi:n] (*AmI*'de **soybean**) *i+sy* soya fasulyesi; yiyecek olarak yetiştirilir ve tohumlarından yağ çıkarılır.

spa [spa:] *i+sy* **1** kaplıca; ılıca; suyu çeşitli hastalıkların tedavisinde iyi gelen sıcak su kaynağı. **2** kaplıca; kaynağın bulunduğu yer.

space [speis] **1** *i-sy* uzay, yeryüzü atmosferinin dışı. *It will soon be common for men to travel through space.* **2** *i+sy/-sy* yer, alan, saha: *space measuring five feet by four. Is there any space between the table and the wall? There is space for one more person.* **3** süre, müddet, zaman. *It happened three times in the space of five months.* Ayrıca *f+n* aralıklı koymak, dizmek. *Space the chairs out a little more.* **spacious** ['speiʃəs] *s* geniş, ferah. *We will use this room for assembly because it is spacious.* **spacecraft, spaceship** *i+sy* uzay gemisi. *çoğ. biç.* **spacecraft.** **outer space** dünya atmosferinin, veya güneş sisteminin dışındaki uzay boşluğu.

sou'wester

sou'wester [sau'westə*] *i+sy* **1** denizcilerin yağmurdan korunmak için

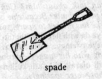

spade

spade [speid] *i+sy* **1** bahçıvan küreği. **2** (iskambilde) maça; maça işareti. **call a spade a spade** (utanç verici, veya hoş olmayan bir şey hk.) açık açık ve yüzüne karşı söylemek; dobra dobra söylemek. *If you think the* *design is ridiculous, say so: don't be afraid to call a spade a spade.*

spaghetti [spə'geti] *i + sy* spagetti; çubuk makarna. **spaghetti western** *i + sy* bir Italyan yöneticinin Avrupa'da çektiği kovboy filmi.

span¹ [spæn] **spin¹** fiilinin geçmiş zaman biçimi.

span² [spæn] *i + sy* **1** bir köprünün, bir kemerin, vb. destekleri arasındaki uzunluk; açıklık: *span of a bridge.* **2** (zaman bakımından) iki şeyin arasındaki ara, mesafe: *span of someone's memory; short span of time.* Ayrıca *f + n* bir yakadan öbürüne uzanmak. *A bridge spans the river.* geç. zam. ve ort. **spanned.**

spaniel ['spænjəl] *i + sy* spanyel; uzun tüylü ve uzun kulaklı bir köpek türü.

spank [spæŋk] *f + n* (bir çocuğun) kıçına şaplak atarak (onu) cezalandırmak. *The father spanked his naughty child.*

spanner ['spænə*] *i + sy* somun anahtarı.

spanners

spare¹ [speə*] *f + n* **1** (sevecenlik, veya acıma nedeniyle) canını bağışlamak, öldürmemek; korumak. *The king spared the lives of the women and children. They never spare themselves* (= Her gayreti gösterirler). **2** vermek, verebilmek, (vermek için) ayırmak. *Have you a minute to spare so that we can talk about him? Can you spare me a minute? Because he is very rich, he has money to spare.* **sparing** $ (of ya da with ile) dikkatli; tutumlu; istemeye istemeye veren. *He is very sparing with his money.* **sparingly** *z* tedbirli olarak, dikkatli kullanarak. *Use hot water sparingly.*

spare² [speə*] *s* yedek; fazla, boş. *Every lorry should carry a spare wheel. He is so busy that he has no spare time. They have no spare beds in the hospital at the moment.* Ayrıca *i + sy* yedek parça. *If you are going*

to *travel a great distance in your car, you should take plenty of spares with you.* **spare part** yedek parça. *The photocopier will not work; it needs a spare part.*

spark [spa:k] *i + sy* kıvılcım; yanan bir şeyden, veya demir, taş gibi maddelerin kuvvetle çarpışmasından sıçrayan küçük ateş parçası. *The sparks from the forest fire rose high in the air. There was a spark when the two electric wires touched each other.* **sparking plug/spark plug** buji; patlamalı motorlarda karbüratörden gelen gaz karışımını tutuşturmaya yarayan aygıt.

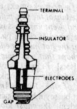

sparking plug

sparkle ['spa:kl] *f-n* parlamak, parıldamak, pırıldamak. *Most jewels sparkle. His eyes were sparkling with happiness.*

sparrow ['spærou] *i + sy* serçe (kuşu).

sparse [spa:s] *s* seyrek, sık olmayan. *The trees on the hill were sparse.* **sparsely** *z* seyrek olarak, seyrek seyrek.

spasm ['spæzəm] *i + sy* spazm; kasların ani ve istem dışı gerilmesi; ani ve şiddetli bir hareket, veya duygu. *A spasm of coughing stopped him speaking.* **spasmodic** [spæz'mɔdik] *s* düzensiz, devamlı olmayan. *He is a spasmodic worker. Her illness causes her hands to make spasmodic jerking movements.*

spastic ['spæstik] *i + sy* beyni vücudunu kontrol edemediği için ellerinin kollarının hareketlerini kontrol edemeyen kimse; spastik.

spat [spæt] **spit¹** fiilinin geçmiş zamanı ve ortacı.

spate [speit] *i-sy* **1** birden bastıran büyük sayı veya miktar; yığın, sürü. *They could not deal with the spate of work.* **2 in spate** taşkın halde; sel halinde. *After the storm the river was in spate.*

spatter ['spætə*] *f + n/-n* **1** (üstüne) su, çamur, vb. sıçratmak; sıçramak, veya saçılmak. *The lorry spattered me with mud. The ink bottle broke and spattered ink on us.* **2** damlalar halinde düşmek. *The rain was spattering on the window.* Ayrıca *i + sy* sıçrayan su, veya çamur; serpinti: *spatter of mud/ rain.*

spatula ['spætjulə] *i + sy* boya ve diğer bazı maddeleri karıştırmaya yarayan, uzun saplı.ve yayvan uçlu bıçak; spatül.

spawn [spɔːn] *i-sy* balık, kurbağa, vb. yumurtası. Ayrıca *f + n/-n* (balık, kurbağa, vb.) yumurtlamak, yumurta dökmek.

speak [spiːk] *f + n/-n* **1** konuşmak; söz söylemek. *I am speaking the truth. He always speaks in a quiet voice. A dumb person cannot speak. Will you speak to him about his work?* **2** bir dilde konuşabilmek. *David and I speak English as well as French.* **3** nutuk söylemek, konuşma yapmak. *The chairman spoke for ten minutes at the beginning of the meeting.* geç. zam. biç. **spoke** [spouk]. geç. zam. ort. **spoken** ['spoukən]. **speaker** *i + sy* **1** sözcü, hatip, spiker; konuşma yapan bir kimse. **2 loudspeaker** (= hoparlör) sözcüğünün kısa söyleniş biçimi. **speaking clock** (*BrI*'de) telefon edip soranlara saati bildiren telefon servisi; telefonla saati sorma servisi. **speak up** daha yüksek sesle konuşmak. *Please speak up; we can't hear you.* **not be on speaking terms with somebody** birbirlerini tanımadıkları için selâmlaşacak kadar arkadaş olmamak, veya kavgalı oldukları için dargın olmak.

spear [spiə*] *i + sy* mızrak. Ayrıca *f + n* mızrakla vurmak.

special ['speʃl] *s* özel; belirli bir türden; belirli bir amaç için. *You should give special attention to this matter. A special tool is needed to cut iron. They are getting a special bus to take us to the football match.* Ayrıca *i + sy* özel bir şey. *Thay will travel by the special to the football match.* (= Futbol maçına düzenlenen özel bir seferle gidecekler). **specially** *z* özellikle, bilhassa. (*eş anl.* **particularly**). **specialist**

i + sy uzman, mütehassıs, eksper. *He is a heart specialist.* **speciality** [speʃi-ˈæliti], **specialty** ['speʃlti] *i + sy* uzmanlık, ihtisas; özel bir iş, veya çalışma alanı. *His speciality/specialty iş heart surgery. My mother's speciality /specialty is making jam.* NOT: *speciality BrI*'de de yaygın olarak kullanılır, *specialty* ise *AmI*'de kullanılır. **specialize** *f + n/-n* (**in** ile) uzmanlaşmak, ihtisas yapmak. *During his last two years at school he specialized in biology. This doctor has a specialized knowledge of the heart.*

species ['spiːʃiːz] *i + sy* (biyolojide) tür, cins; hayvan ya da bitkilerin normal olarak bölündükleri en küçük grup.

specify ['spesifai] *f + n* açıkça belirtmek, bildirmek. *The book of instructions specifies one-inch nails for making a desk. Please do not include VAT on the invoice unless specified.* **specific** [spəˈsifik] *s* ayrıntılı ve tam; açık, kesin; belirli. *That book gives specific instructions on how to make a desk. I know he came here for a specific reason.* **specifically** *z* özellikle, bilhassa. **specification** *i + sy/-sy* (genl. çoğ. biç.) özellikler; şartname; yapılacak bir şeyin ölçüleri, veya ayrıntıları. *The specifications for the new classroom to be built next year are now ready.*

specimen ['spesimən] *i + sy* örnek, numune. *The teacher showed us some specimens of wild · flowers. The doctor took a specimen of my blood to see if I had malaria.*

specious ['spiːʃəs] *s* görünürde iyi, veya doğru olmasına rağmen öyle olmayan; yanıltıcı, aldatıcı. *Mary gave a specious reason for being late.* **speciously** *z* dış görünüşüyle aldatarak. **speciousness** *i-sy* dış görünüşün aldatıcı olması.

speck [spek] *i + sy* benek, nokta; zerre; ufacık leke. *There is a speck of dust on your nose. From a great distance the boys looked like specks on the field.*

speckle ['spekl] *i + sy* nokta, benek; çil. **speckled** *s* nokta nokta, benekli; çilli. *The snake has a speckled skin.*

specs [speks] *içoğ* **spectacle** sözcüğündeki **3.** maddeye bkz.

spectacle ['spektəkl] *i + sy* **1** etkileyici

ve ender görülen bir manzara, veya görünüm. *The marching soldiers made a fine spectacle. The burning house was a terrible spectacle.* **2** aptalca bir görünüm; gülünç ya da alay konusu bir durum. *By arguing loudly with the policeman, he made a spectacle of himself.* **3** (çoğ. biç.) gözlük. Ayrıca **glasses; specs** de denir. **spectacular** [spek'tækjulə*] *s* şaşırtıcı, hayret verici; fevkalâde; heyecan verici. *She made a spectacular jump from the burning building.*

spectator [spek'teitə*] *i + sy* seyirci; (bir spor müsabakasını, temsili ya da oyunu) seyreden kimse. *There were many spectators at the game.*

spectre ['spektə*] (*AmI*'de **specter**) *i + sy* hayalet; hortlak. *My spectre shall come at him, líke black smoke.*

spectrum ['spektrəm] *i + sy* tayf; bileşik bir ışık demetinin bir prizmadan geçtikten sonra ayrıldığı basit renklerden oluşan görüntü. *çoğ. biç.* **spectra** ['spektrə].

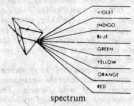

VIOLET
INDIGO
BLUE
GREEN
YELLOW
ORANGE
RED

spectrum

speculate ['spekjuleit] *f-n* **1** düşünmek, mütalaa etmek, zihninde tartmak; tahminler yürütmek; teorik olarak düşünmek. *We can only speculate about life on other planets.* **2** spekülasyon yapmak; kısa sürede kâr sağlamak amacıyla ortalıktaki darlıktan yararlanarak hisse senedi ve mal alıp satmak. *It is dangerous to speculate unless you study the market.* **speculative** ['spekjulətiv] *s* tahmine dayanan; mali spekülasyonla ilgili. **speculation** [spekju'leifən] *i + sy/-sy* tahmin, teori, nazariye; fiyat artışlarından kâr etmeye dayalı ticaret: *our speculations about life on other planets; goods bought on speculation* (*k. dil.* **on spec**).

sped [sped] **speed²** fiilinin geçmiş zamanı ve ortacı.

speech [spi:tʃ] **1** *i-sy* konuşma, söz söyleme; konuşma yeteneği, konuşma biçimi ve şekli. *Babies have to learn speech. His speech showed that he was drunk.* **2** *i + sy* söylev, nutuk, konuşma. *The headmaster gave/ made a speech about/on good manners to the whole school.* **speechless** *s* (öfkeden, hayretten, vb.) dili tutulmuş; konuşamaz, ağzını açamaz durumda. *He was speechless with rage. Their bad manners left us speechless.*

speed¹ [spi:d] *i + sy/-sy* **1** hız, sürat. *The speed of the attack surprised them. A man's normal walking speed is 4 miles per hour.* **The motorcar** *turned the corner at full/top speed.* **speedy** *s* hızlı, süratli. *Even though her work was speedy she didn't make one mistake.* **speedily** *z* hızla, süratle. **speedboat** sürat teknesi. **speed limit** azami sürat. *The speed limit in the town is 30 miles per hour for all traffic. The police stopped him for exceeding the speed limit.* **speedometer** [spi'dɔmitə*] hız, sürat göstergesi. **speedway** yarış pisti.

speed² [spi:d] *f + n/-n* hızlı gitmek; sürat yapmak. *It is dangerous to speed in a car when it is dark. The lorry sped through the village.* geç. zam. ve ort. **sped** [sped]. **speeding** *i-sy* (özl. motorlu bir araçla, kamyonla, vb.) sürat yapma, hızla gitme. *Speeding in a busy street is against the law.* **speed up** hızlandırmak, süratini arttırmak; daha hızlı hareket ettirmek. *The lorry speeded up when it left the town. Please try to speed up your work.* geç. zam. ve ort. **speeded up. speedy** *s* hızlı, süratli. *Even though her work was speedy she didn't make one mistake.*

spell¹ [spel] *f + n/-n* **1** (bir sözcüğün) harflerini (yazarak, veya söyleyerek) hecelemek. *I spelt the word wrongly.* **2** (harfler hk.) bir sözcük oluşturmak. *B-O-O-K spells book.* **3** anlamına gelmek, demek olmak. *This news spells disaster.* geç. zam. ve ort. **spelt** [spelt] veya **spelled** [speld]. **spelling** *i + sy/-sy* heceleme; yazım, imlâ. *'Labor' is the American spelling, 'labour' the British spelling.* **spell out**

çok basit bir şekilde ve her şeyin anlaşıldığından emin olarak açıklamak, anlatmak. *Tom is only five so you had beter spell out the rules of the game.*

spell² [spel] *i + sy* kısa bir süre, dönem: *spell of duty; spell of good weather. There was a long spell of rainy weather in August.*

spell³ [spel] *i + sy* 1 sihir, büyü, afsun; sihirli söz; sihir ya da büyü yarattığına inanılan sözler. 2 büyü, sihir, tılsım; cazibe; olağanüstü ya da çok güzel bir şeyin çekiciliği. *We were under the spell of the beautiful music.* **spellbound** *s* büyülenmiş, hayran kalmış. *The boy stood spellbound, listening to the old man's story.*

spelt [spelt] **spell¹** fiilinin geçmiş zamanı ve ortacı.

spend [spend] *f + n/-n* 1 (para) harcamak, sarfetmek. *His wife never stops spending. He spent all his money on new books.* 2 (vakit) geçirmek, harcamak. *They spent their holidays at home. I spent an hour looking for you. He has spent all his strength trying to help them.* geç. zam. ve ort. **spent** [spent]. **spent** *s* tükenmiş, bitap, bitkin. *The soldiers looked spent after their long march.* **spending money** cep harçlığı. (*eş anl.* **pocket money**). **spendthrift** *i + sy* savurgan, müsrif; parasını çar çur eden.

sperm [spə:m] *i-sy* bel, meni, ersuyu, sperma; erkek eşeylik gözesi, sperm; erkeklik tohumu.

sphere [sfiə*] *i + sy* 1 küre; yüzünün her noktası, merkezinden aynı uzaklıkta bulunan cisim. *All the planets are spheres.* 2 bilgi, veya ilgi alanı, sahası. *Biology is not (in) my sphere. He has done good work in many spheres of science.* **spherical** ['sferikl] *s* küresel.

spice [spais] *i + sy/-sy* baharat, bahar; tarçın, karanfil, karabiber, vb. maddeler. **spicy** *s* baharlı, içinde baharat bulunan. *Do you like spicy food?* **spiciness** *i-sy* baharatlı oluş.

spick [spik] *s* sadece **spick and span** sözünde—pırıl pırıl, gıcır gıcır, tertemiz. *She looks after the house very well; it is always spick and span.*

spider ['spaidə*] *i + sy* örümcek. *Most types of spider make webs in which they catch insects for food.* **spidery** *s*

(özl. el yazısı hk.) incecik, örümcek ağı gibi ince.

spied [spaid] **spy** fiilinin geçmiş zamanı ve ortacı.

spike [spaik] *i + sy* uzun ve sivri uçlu metal parçası; bazı spor ayakkabılarının altındaki sivri metal parçalarından biri. *There is a row of spikes on top of the prison wall to prevent the prisoners escaping.* **spiky** *s* sivri uçlu, çivili; sivri uçları olan.

spill [spil] *f + n/-n* (kaza ile) dökmek, dökülüp saçılmak. *The milk has spilt over the table. Who spilt ink on my books? The lorry hit a tree and spilt the driver and his friend into the bushes.* geç. zam. ve ort. **spilt** [spilt] veya **spilled** [spild]. **spill the beans** boşboğazlık etmek, açığa vurmak. *Don't trust him next time because he has just spilt the beans about our last conversation.*

spin¹ [spin] *f + n/-n* 1 eğirmek; büküp iplik yapmak. (Sonra da bu iplikler kumaş yapılmak üzere dokunur—**weave**'a bkz.). *I taught her to spin.* 2 ağ veya koza örmek. *I saw the spider spinning its web.* 3 fırıl fırıl dönmek ya da döndürmek. *The dancer spun on her toes. The box fell spinning from the high window.* şim. zam. ort. **spinning.** geç. zam. biç. **span** [spæn] veya **spun** [spʌn]. geç. zam. ort. **spun. spinning wheel** çıkrık; iplik bükme, iplik sarma gibi işlerde kullanılan dolap. **spin out** (bir işi, konuşmayı, vb.) uzatmak; dikkatli harcayıp uzun süre idare etmek, yetirmek. *She'll spin out her speech until lunchtime. We were able to spin our money out until the end of our holidays* (= Tatilimizin sonuna kadar paramızı yetiştirebildik). (*k. dil.*).

spin² [spin] *i + sy/-sy* dönüş, dönme hareketi (uçaklarda) viril, dikine ve dönerek düşme. *He gave the wheel a spin. In cricket, bowlers try to give spin to the ball. The aeroplane went into a spin.* **spin-drier** santrfüjlü kurutma makinası.

spinach ['spinitʃ] *i-sy* ıspanak.

spinal ['spainə] *s* belkemiği ile ilgili, belkemiğine ait. **spinal cord** *i + sy* belkemiği.

spindle ['spindl] *i + sy* mil, dingil; etrafında, örn. bir tekerlek dönen maden çubuk. **spindly** *s* uzun ve ince; çöp gibi.

spine [spain] *i + sy* **1** belkemiği, omurga. (*eş anl.* **backbone**). **2** hayvan derilerindeki, veya bitkilerin üzerindeki sert, sivri kısımlar, diken. **3** kitap sırtı.

spinster ['spinstə*] *i + sy* evde kalmış kız.

spiral ['spairl] *s* döne döne çıkan, veya inen; sarmal, helezoni. *The staircase went up in a spiral, twisting around and around to the very top of the tower.* Ayrıca *i + sy* sarmal biçimde yükselmek, çıkmak, veya inmek. *The smoke was rising in spirals.* Ayrıca *f-n* sarmal biçimde yükselmek. *The smoke was spiralling into the air.* geç. zam. ve ort. **spiralled.** (*AmI*'de **spiraled**).

spire ['spaiə*] *i + sy* bir binanın, (özl. bir kilisenin) sivri tepesi.

spirit ['spirit] *i + sy/-sy* **1** can, ruh. *The spirit is willing but the flesh is weak.* (*eş anl.* **soul**). **2** hortlak; hayalet. *The spirit of his dead father stood by his bed. They are afraid of evil spirits.* **3** enerji; cesaret; şevk; şevk ve cesaret örneği olan bir kimse. *He fought with spirit. They have no spirit for the dangerous journey. He was one of the greatest spirits of his age.* **4** (çoğ. biç.) moral, maneviyat. *We were in high spirits; in low/poor spirits.* **5** (genl. çoğ. biç.) alkol; sert alkollü içki (örn. cin, viskiy, vb.). **spirited** *s* canlı, şevkli, ateşli; enerji dolu; yürekli, cesur: *spirited fight; spirited reply. The spirited horse wouldn't let anyone ride it.* **spirit level** kabarcıklı düzeç, tesviyeruhu; düzlem ya da doğruların yataylığını saptayan aygıt. **high-spirited** *s* neşeli, keyfi yerinde. **Holy Spirit** Ruhulkudüs; Allah. **That's the spirit!** (bir kimsenin yaptığı bir şey için onu teşvik etmek amacıyla söylenir) Aferin sana!

spiritual ['spiritjuəl] *s* ruhsal; maddesel olmayan; ruh ile ilgili. *Priests are concerned with man's spiritual problems. The people waited for a spiritual sign.* Ayrıca *i + sy* (özl. Amerikan zencilerinin söyledikleri) ilahi. **spiritualism** *i-sy* ispritizma; ruhun ölmediğine inanan, gereğinde ölülerin ruhlarıyla ilişki kurulabileceğini ileri süren inanış.

spit¹ [spit] *f-n* **1** (çoğk. kızgınlık veya

nefret işareti olarak) tükürmek. *People who spit can spread disease. When he met his enemy, he spat at him.* **2** tükürük saçar gibi ses çıkarmak. **3** (yağmur veya kar hk.) çiselemek, serpiştirmek, atıştırmak. *It was spitting when I went outside.* şim. zam. ort. **spitting.** geç. zam. ve ort. **spat** [spæt]. Ayrıca *i-sy* tükürük. *Wipe the spit off your chin.* Ayrıca **spittle** de denir. **the spitting image of/the spit and image of/dead spit of someone** tıpkısı, hık demiş burnundan düşmüş; bir kimsenin tıpa tıp benzeri. *Selim is the spit and image of his father.*

spit² [spit] *i + sy* şiş, kebap şişi.

spite¹ [spait] *i-sy* kin, garez. *Spite made him tell the teacher I had lost my book. He told the teacher out of spite. He had a spite against me.* Ayrıca *f + n* kızarak, üzerek hıncını almak; zarar vermek; kindarlık etmek, kahretmek. *He told the teacher just to spite me.* **spiteful** *s* kinci, garezkâr, hain.

spite² [spait] sadece **in spite of** sözünde kullanılır—(bir şey)e rağmen/...-e karşın. *In spite of the danger they climbed the mountain.* (*eş anl.* **despite, notwithstanding**).

spittle ['spitl] *i-sy* tükürük; salya. (*eş anl.* **saliva**). Ayrıca **spit¹** *i-sy* bkz.

splash [splæʃ] *f + n/-n* **1** (sıvılar hk.) düşmek, (çoğk. gürültü ile) çarpmak, sıçramak; sıçratmak. *The water splashed into the deep hole. He splashed ink over his desk. / He splashed his desk with ink. The big waves splashed against the side of the boat.* **2** şapırtılar çıkarmak; şapur şupur yürümek. *I can hear him splashing in the bath. We splashed through the mud.* Ayrıca *i + sy* şapırtı, su sıçratma sesi; sıçramanın bıraktığı iz, leke. *The stone rolled into the river with a splash. He had splashes of ink on his hands.*

splendid ['splendid] *s* görkemli, muhteşem, şahane. *He lives in a splendid house. The orchestra gave a splendid performance.* **splendidly** *z* fevkalâde bir biçimde.

splendour ['splendə*] *i + sy* parlaklık; şaşaa; debdebe, ihtişam, tantana: *splendour of a sunset in the tropics. He told us about the splendours of* ancient India.

splice [splais] *f + n* uçlarını birbirine eklemek; uç uca bağlamak.

splint [splint] *i + sy* cebire; kırık kemikleri yerinde tutmak için kullanılan tahta, vb. maddeden yapılmış, üzeri bezle kaplanan levha. *The doctor put my broken arm/leg in splints.*

splinter ['splintə*] *i + sy* kıymık; çok küçük ve sivri tahta, metal veya kemik parçası. *When I picked up the broken box I got a splinter in my finger.* Ayrıca *f + n/-n* kıymık kıymık yapmak; kıymıklanmak.

split¹ [split] *f + n/-n* 1 (özl. boyuna) yarmak, ayırmak; yarılmak, ayrılmak. *He split the wood with an axe.* 2 yırtılmak; birden ikiye bölünmek. *His coat, which was very light, split from top to bottom.* şim. zam. ort. **splitting.** geç. zam. ve ort. **split.** **splitting** s çok ağrı veren, çok şiddetli, keskin. *I have a splitting headache.* **split something up** bir şeyi ayrı parçalara bölmek, gruplara ayırmak, veya ayrılmak. *He split up the class into three groups. After the meeting we split up and went home.*

split² [split] *i + sy* yarık, çatlak, yırtık. *There is a long split in his coat.*

splutter ['splʌtə*] *f + n/-n* 1 (öfkeden, heyecandan, utançtan) konuşmakta güçlük çekip karma karışık şeyler söylemek, tükrükler saçarak hızlı hızlı konuşmak. *She was coughing and spluttering as if she had swallowed some water.* 2 cızırdamak, cız diye ses çıkarmak. *The rain caused the lamp to splutter.*

spoil¹ [spɔil] *f + n/-n* 1 bozmak, berbat etmek; bozulmak, kokmak, ekşimek. *He has spoilt his work by being careless. The rain will spoil her new hat. The meat will spoil if you leave it in the sun.* 2 (kişiler, özl. çocuklar hk.) yüz vermek, şımartmak. *She has only one son and spoils him.* geç. zam. ve ort. **spoilt** veya **spoiled.** **spoilt, spoiled** s şımarık. *Nobody likes spoilt children.* (karş. **unspoilt, unspoiled**). **spoilsport** *i + sy* oyunbozan; başkasının zevkini kaçıran kimse. *'Oh, Don, don't be a jealous spoilsport,' said Dolly.* (k. dil.).

spoil² [spɔil] *i + sy* (genl. çoğ. biç.) yağma, çapul; çalınmış mal: *spoil/spoils taken away by the thieves.*

spoiler ['spɔilər] *i + sy/-sy* uçaklarda, arabalarda, vb. kaldırıcı kuvveti, veya çekiş gücünü, havanın düzgün akışını engelleyerek azaltan bir yüzey.

spoke¹ [spouk] **speak** fiilinin geçmiş zaman biçimi.

spoke² [spouk] *i + sy* tekerlek parmağı, örn. bisiklet tekerleğinin telleri.

spoken ['spouken] **speak** fiilinin geçmiş zaman ortacı.

spokesman ['spouksmən] *i + sy* sözcü; başkaları adına söz söyleme yetkisi olan kimse: *a Labour Party spokesman; a spokesman for the government.*

sponge [spʌndʒ] *i + sy* 1 sünger; küçük ve ilkel bir deniz hayvanı. 2 sünger; suyu fazlaca çeken esnek madde. 3 pandispanya. Ayrıca **sponge cake** de denir. Ayrıca *f + n* sünger ile temizlemek, veya silmek. *She sponged the cut on my head.* **spongy** s sünger gibi. **sponge bath** yatağından kalkmayan bir hastanın vücudunu bir sünger, veya sabunlu bezle temizlemek. *The nurse gave the old man a sponge bath.*

sponsor ['spɔnsə*] *i + sy* 1 desteklemek; bir televizyon, radyo, vb. programının masraflarını karşılayıp reklâm yapan kimse, veya şirket; hami, koruyucu, arka olan kimse; bir kimsenin sorumluluğunu yüklenen kimse. 2 reklam karşılığında bir gösterinin, bir yayının, bir spor olayının masraflarını üstlenen bir şirket, veya kimse. Ayrıca *f + n* kefil olmak; himaye etmek. *I sponsored the first proposal. The tobacco company sponsors several television programmes.*

spontaneous [spɔn'teiniəs] *s* içten gelen, kendiliğinden olan, ihtiyari. *They made a spontaneous decision to work for an extra half hour. Her spontaneous smile pleased me because I didn't think she liked me.* **spontaneously** z kendiliğinden. **spontaneity** [spɔntə'neiiti] *i-sy* kendiliğinden olma.

spook [spu:k] *i + sy* hayalet. *The attic is supposed to be full of spooks.* (eş anl. **ghost**). **spooky** [spu:ki] s tekin olmayan; korku veren. *The whole place has a slightly spooky atmosphere.*

spool [spu:l] *i + sy* makara, bobin.

spoon [spu:n] *i + sy* kaşık; (ne için

kullanılacağını gösteren sözcük ile birlikte isim grubunu oluşturur, örn. **eggspoon** (= yumurta kaşığı), **soup-spoon** (= çorba kaşığı), **teaspoon** (= çay kaşığı)). **spoonful** *i + sy* kaşık dolusu. *He put two spoonfuls of sugar in his tea.* **spoon-feed** *f + n* 1 kaşıkla beslemek, kaşıkla yedirmek, örn. bir bebeğe, veya hasta birisine. 2 birisine, çaba göstermesine yer bırakmadan, hazır bir şekilde (bilgi, fikir) vermek.

sporadic [spɔ'rædik] *s* düzensiz olarak meydana gelen; arasıra görülen. *There has been sporadic fighting in the capital during the last few days. She makes sporadic attempts to learn to play the piano but doesn't like practising.*

sport [spɔːt] *i + sy* 1 spor. 2 (çoğ. biç.) atletik yarışma, örn. koşma, yüksek atlama, disk atma, vb. *Are you going to run in the school sports?* 3 bir tür hoş görülü kimse, centilmen. *John is a (good) sport. He is ready to try anything.* (3. anlamı *k. dil.*). **sports car** spor otomobil. **sports coat/jacket** spor ceket. **sportsman** 1 sporcu; spor seven kimse. 2 riske atılmayı seven kimse. **sportsmanship** *i-sy* sportmenlik. **sportswoman** spora düşkün ve sporda başarılı kadın.

spot¹ [spɔt] *i + sy* 1 nokta, leke, benek. *He was wearing a blue tie with white spots. There were spots of ink on his white collar.* 2 derideki kırmızı lekeler; sivilce. *His face was covered with spots.* (*eş anl.* **pimple**). 3 biraz, azıcık, az bir miktar: *a few spots of rain. I'll have a spot of whisky.* (3. anlamı *k. dil.*). 4 belli bir yer, mahal. *This is the spot where he stood. He lives in a quiet spot far away from the town.* **spotted** *s* noktalı, benekli: *spotted tie; leopard's spotted coat.* **spotless** *s* tertemiz, çiçek gibi. *His clothes were spotless.* **spotty** *s* (özl. sivilce ile) kaplı, sivilceli; benek benek. *The boy has a spotty face.* **spottiness** *i-sy* tertemiz oluş; kusursuzluk. **spotlight** *i + şy* projektör; spot ışığı. **on the spot** hemencecik, derhal; oracıkta. *He paid me on the spot. He was killed on the spot.* **put someone on the spot** (bir kimseye güç bir soru sorarak, hemen bir karar vermesini istiyerek onu) güç bir

duruma sokmak. *Henry's conduct has put me on the spot: I really don't know what to do.* **TV spot** reklam kuşağı; TV'de reklamlar için ayrılan süre. *We are running a series of TV spots over next two weeks.*

spot² [spɔt] *f + n/-n* 1 lekelemek, beneklemek; lekelenmek. *His collar was spotted with ink.* 2 görmek, tanımak; ayırt etmek, seçmek. *I spotted my father in the crowd. Do you think you can spot the winner of the next race?* geç. zam. ve ort. **spotted**.

spouse [spaus] *i + sy* karı, veya koca; eş. (*esk. kul.*).

spout [spaut] *f + n/-n* (sıvılar hk.) püskürmek, fışkırmak; püskürtmek, fışkırtmak. *Blood was spouting from the deep cut in his arm. The broken pipe spouted water all over the room.* Ayrıca *i + sy* bir sıvının aktığı bir açıklık; ağız, meme: *spout of a teapot/kettle. Rain from the roof goes down a long spout.*

sprain [sprein] *f + n* burkmak (örn. ayak ya da kol bileğini). *I sprained my ankle playing football.* Ayrıca *i + sy* burkulma. *I have a sprain in my ankle.*

sprang [spræŋ] **spring¹** fiilinin geçmiş zaman biçimi.

sprawl [sprɔːl] *f-n* yayılıp oturmak, veya yatmak, sere serpe uzanmak. *They were sprawling on the grass. The blow from the heavy stick sent him sprawling.*

spray¹ [sprei] *f + n* zerreler halinde sıvı püskürtmek. *They spray their cattle with a chemical which kills insects.* Ayrıca *i + sy/-sy* 1 (örn. rüzgârın etkisiyle denizden serpilen) zerrecikler halindeki su, serpinti. *During the storm the boat was covered with spray.* 2 sprey; püskürtülen bir tür sıvı. *I bought some spray for my cattle. My wife uses a hair spray.* (*eş anl.* **aerosal**, **atomizer**). 3 püskürteç, sprey. Ayrıca **sprayer** da denir.

spray² [sprei] *i + sy* çiçekli ve yapraklı küçük dal.

spread [spred] *f + n/-n* 1 yaymak, açmak, uzatmak; yayılmak, uzamak, uzanmak, geniş bir alanı, veya süreyi kaplamak. *The forest spreads from here to the river. The trees spread their branches over the house. He stood up and spread his arms. Our* visits to England were spread over a period of six months. 2 (bir yüzeyin üzerine bir örtü) yaymak, sermek, sürmek. *He spread the bed with a blanket.* / *He spread a blanket on the bed. Did you spread the bread with butter?* / *Did you spread butter on the bread?* 3 geniş bir alana yayılmak, veya yaymak; sıçramak, bulaşmak, geçmek. *The patch of oil spread slowly over the floor. The disease spread over the whole country. Who spread the news that he was ill? geç. zam.* ve *ort.* **spread.** Ayrıca 1 *i-sy* uzama mesafesi; yayılma uzaklığı, veya zamanı: *the spread of his arm.* 2 *i + sy* ziyafet; yiyecek ve içeceklerle donatılmış bir sofra. *At Christmas we had a good spread.* (2. anlamı *k. dil.*). **spread-eagled** ['spred'i:gəld] *s* kolları ve ayakları iyice yanlara açılmış yerde yatar durumda. *He was found spread-eagled outside the bedroom door.*

spree [spri:] *i + sy* eğlence; kutlama. *After winning the game they had a spree. He went out on a spree* (= içip eğlenmeye gitti). (*k. dil.*).

sprig [sprig] *i + sy* üzerinde çiçekleri ve yaprakları olan ince dal, filiz.

sprightly ['spraitli] *s* şen, neşeli. *I played a sprightly tune on the recorder.*

spring¹ [sprig] *f + n/-n* sıçramak, yay gibi fırlamak. *The lion sprang from the long grass. He sprang out of bed when he heard the bell.* 2 (genl. **up** ile) (birden) çıkmak, doğmak, görünmek. *A storm sprang up. After the rain, grass sprang up everywhere. geç. zam. biç.* **sprang** [spræn]. *geç. zam. ort.* **sprung** [sprʌŋ].

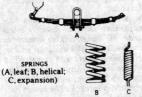

SPRINGS
(A, leaf; B, helical; C, expansion)

spring² [sprig] 1 *i + sy* sıçrama, yay gibi fırlama. *The lion made a spring at the hunter. With a spring he reached the top of the wall.* 2 *i + sy* pınar, kay-

nak. *We stopped near a spring.* 3 *i + sy* yay, zemberek. *Motorcars have springs above the wheels. The spring of my watch is broken.* 4 *i-sy* esneme, yaylanma. **springy** *s* esnek, elastiki. *The branches of the tree are springy. He walks with a springy step.* **springiness** *i-sy* elastikiyet, yaylanma. **springboard** tramplen.

spring³ [sprig] *i + sy* ilkbahar; İngiltere'de mart, nisan ve mayıs aylarını kapsayan dönem. *In spring ·the weather gets warmer.* Ayrıca *s* ilkbahar, ilkbahara ait: *spring weather; spring term at school* (= Noel ile Paskalya arasındaki tatil). **spring-cleaning** ilkbahar ev temizliği. **springtime** bahar mevsimi. **spring onion** *i + sy* yeşil/taze soğan.

sprinkle ['sprigkl] *f + n* (üzerine) serpmek, saçmak. *They sprinkled sand on the floor. They sprinkled the floor with sand. I sprinkled my face with some water.*

sprint [sprint] *f-n* kısa bir mesafeyi son sürat koşmak. Ayrıca *i + sy* sürat koşusu; en büyük hızla yapılan kısa mesafeli koşu. *He won the hundred yard sprint.* **sprinter** *i + sy* sürat koşucusu, kısa mesafe koşucusu.

sprout¹ [spraut] *f + n/-n* (bitkiler hk.) filizlenmek, filiz vermek; çimlenmek. *The beans we planted are sprouting. The damp corn is sprouting shoots.*

sprout² [spraut] *i + sy* (genl. *çoğ. biç.*) Brüksel lâhanası. Bazen **Brussels sprout** da denir.

spruce¹ [spru:s] *s* şık ve temiz; derli toplu.

spruce² [spru:s] *i + sy* lâdin ağacı; çamgiller familyasından, kerestesi ve reçinesi için yetiştirilen, düz gövdeli, kozalağı aşağıya doğru sarkık bir çam cinsi.

sprung [sprʌŋ] **spring¹** fiilinin geçmiş zaman ortacı.

spry [sprai] *s* canlı, faal, hareketli. *Although he is old, he is still spry. He is a spry old man and climbs all the stairs to his flat.*

spume [spju:m] *i-sy* dalgaların üzerindeki beyaz köpük. *I saw the spume of waves breaking over the lower bastions of the island.*

spun [spʌn] **spin¹** fiilinin geçmiş zaman ortacı.

spur [spə:*] *i + sy* 1 mahmuz; çizme

topuğunun arkasına takılan ve hayvanı dürtüp hızlandırmaya yarayan demir parçası. *He clapped his spurs to the horse's flanks.* 2 teşvik eden şey, dürtü, güdü. *The hope of freedom was their spur.* Ayrıca *f + n/-n* (çoğk. **on** ile) 1 mahmuzlamak. *He spurred (on) his horse so that he would pass the others.* 2 teşvik etmek, dürtmek. *They were spurred (on) by the hope of freedom.* geç. zam. ve ort. **spurred. on the spur of the moment** birden; düşünmeye gerek duymadan. *On the spur of the moment I gave him mý coat.* (eş anl. **on impulse**).

spurious ['spjuəriəs] *s* yanlış, ama gerçek gibi gösterilen; düzme, sahte, taklit, yapma. *His claim is spurious* (= İddiası asılsızdı).

spurn [spə:n] *f + n* hakaretle reddetmek; öfke ile geri çevirmek. *They spurn all our offers of help.*

spurt [spə:t] *f + n/-n* (sıvı, alev, vb. hk.) fışkırmak; fışkırtmak. *Water spurted from the broken pipe. Their guns spurted fire.* Ayrıca *i + sy* 1 fışkırma: *spurts of water from the broken pipe.* 2 (ani bir) hamle. *He made a sudden spurt.*

spy [spai] *i + sy* casus. Ayrıca *f + n/-n* (**on, upon,** veya **into** ile) 1 casusluk etmek; gizlice gözetlemek. *You've probably been sent here to spy out my latest designs. Our government knows that the enemy is spying on/upon our army. The woman in the next house likes spying on her neighbours. Why do they spy into our affairs?* 2 görmek, gözüne ilişmek, farketmek. *I spied him trying to hide behind the tree.* geç. zam. ve ort. **spied** [spaid].

squabble ['skwɔbl] *f-n* önemi olmayan bir şey için atışmak, hırgür etmek, bağıra çağıra münakaşa etmek. *The boys were squabbling about who was the best runner.* (eş anl. **argue**). Ayrıca *i + sy* kavga, dırıltı, hırgür: *family squabbles* (= evdeki hırgür).

squad [skwɔd] *i + sy* manga, müfreze. **firing squad** atış mangası; (kurşuna dizen bir grup asker). **squad car** polis devriye arabası. (eş anl. **patrol car, police car**).

squadron ['skwɔdrn] *i + sy* 1 120 ile 200 kişiden oluşan süvari birliği; süvari taburu. 2 filo; gemi veya hava filosu.

squalid ['skwɔlid] *s* (özl. ihmal nedeniyle) pis ve bakımsız. *They live in a squalid hut in the poorest part of the village.* **squalor** ['skwɔlə*] *i-sy* pislik, bakımsızlık, sefalet. *They used to live in squalor.*

squall [skwɔ:l] *i + sy* bora, kasırga; sert ve geçici rüzgâr, veya fırtına. **squally** *s* fırtınalı, boralı: *squally weather.*

squander ['skwɔndə*] *f + n* (para, mal mülk, vb. hk.) çarçur etmek, saçıp savurmak, israf etmek. *He squanders all the money which his father gives him. A country which squanders the skill of its people cannot grow rich.*

square[1] [skwɛə*] *i + sy* 1 kare; dört kenarı birbirine eşit ve dik olan dörtgen. *Graph paper is divided into squares.* 2 meydan, alan. *We sat in the square watching the people passing. I live in George Square.* 3 L cetveli; dik açıları çizmeye ve ölçmeye yarayan bir çeşit cetvel; T şeklinde olana da *T-square* (= T cetveli) denir. 4 (matematikte) bir sayının karesi. *The square of 3 is 9.* 5 eski kafalı; en son moda giysileri, fikirleri, müziği, vb. anlamayan ve bundan da zevk almayan kimse. (5. anlamı *k. dil.*).

square[2] [skwɛə*] *s* 1 kare biçiminde; dört köşe: *square room.* 2 karesi alınmış sayı ile ilgili: *square inch* (= inç kare); *3 square miles* (= 3 mil kare).

NOT: bu anlamda *square* kelimesinin, sözcük dizisinde aldığı yer önemlidir ve anlamı değiştirir, örn. *3 square miles* (= 3 mil kare; yani alanı 3 mil olan bir arazi parçası) ile *3 miles square* (= her kenarı 3 mil olan bir kare; bunun alanı ise 9 mil karedir). Görüldüğü gibi iki deyim birbirinden farklıdır.

squarely *z* 1 dimdik; doğrudan doğruya, tam. *Dick sat squarely in his chair. He looked (at) me squarely in the eye.* 2 dürüstlükle, dürüst şekilde. *He deals squarely with everybody.* **a square meal** doyurucu bir (öğle/akşam, vb.) yemek. **square root** (matematikte) karekök. *The square root of 9 is 3.*

square[3] [skwɛə*] *f + n/-n* 1 dört köşe haline getirmek. *He is squaring the pieces of wood so that they fit together.* 2 (özl. omuzları) dik tutmak. *The soldier squared his shoulders.* 3 (matematikte) karesini almak. *3 squared is 9.* 4 hesabını temizlemek, ödeşmek. *He is busy squaring his account.* 5 uymak, bağdaşmak; bağdaştırmak. *Your argument does not square with the facts. I cannot square his behaviour now with his behaviour in the past.* 6 rüşvet vermek. *You'll have to square the clerk if you want a licence quickly.* (5. anlamı. *k. dil.*).

squash [skwɔʃ] *f+n/-n* 1 ezmek; ezilmek, yassılmak. *This hat squashed easily. He squashed the insect with his finger.* 2 (çoğk. **in** veya **into** ile) daracık bir yere sıkıştırmak; tıkış tıkış sokmak. *He squashed his clothes into a box. The people in the bus were so squashed that they could not move.* Ayrıca 1 *itek* kalabalık, izdiham. *There was an awful squash in the train.* 2 *i+sy/-sy* meyva suyu: *lemon /orange squash.* 3 *i-sy* (=**squash rackets**)—dört duvarlı bir kortta iki ya da dört kişi arasında tenis rake-tinden küçük raketlerle ve ufak, yu-muşakça lastik bir topla oynanan oyun.

squat [skwɔt] *f-n* 1 çömelmek, çökmek. *We squatted round the campfire.* 2 boş olan bir araziye, veya eve izinsiz olarak girip yerleşmek. *The poor students squatted in the derelict houses until they were evicted.* geç. zam. ve ort. **squatted.** Ayrıca *s* bodur, tıknaz; sevimsiz bir biçimde kısa ve kalın. *The squat old buildings were left standing next to the new sky-crapper.* **squatter** *i+sy* izinsiz girip yerleşen kimse. *The farmers here are angry about the squatters who live on their land.*

squawk [skwɔːk] *i+sy* (özl. korkup ürken kuşlar hk.) acı acı ötme; gıdaklama, viyaklama. *The hen gave a squawk when it saw the cat.* Ayrıca *f-n* acı acı ötmek; gıdaklamak. *The hen squawked.*

squeak [skwiːk] *i+sy* cik cik sesi; ciyak ciyak bağırma, gıcırdama: *squeak of a mouse; squeaks made by his old shoes.* Ayrıca *f+n/-n* ciyak ciyak bağırmak, gıcırdamak. *This door squeaks. The little boy squeaked (out) his answer.* **squeaky** *s* gıcırtılı; *squeaky shoes. His voice was squeaky with fear.*

squeal [skwiːl] *i+sy* uzun ve çok tiz bağırış ya da gürültü; ciyaklama, bağırış, haykırış, gıcırtı, cızırtı. *The children gave a squeal of fright. He stopped his car suddenly with a squeal of his brakes.* Ayrıca *f+n/-n* çığlık çığlığa bağırmak; acı acı haykırmak, bağırışmak. *The children squealed with fright. The brakes of the car squealed. She squealed (out) to us that we were in great danger.*

squeamish ['skwiːmiʃ] *s* iğrenen, çabuk tiksinen, hemen midesi bulanıveren. *I was too squeamish to look. The rough sea made me squeamish. He was squeamish about changing the baby's nappies.* **squeamishness** *i-sy* tiksinti.

squeeze [skwiːz] *f+n/-n* sıkmak, sıkıştırmak. *I squeezed the tube of toothpaste. He squeezed her hand. She is squeezing an orange.* Ayrıca *i+sy* 1 sıkma, sıkıştırma. *He gave her hand a squeeze.* 2 sıkılma sonunda elde edilen az bir miktar. *She put a squeeze of orange in my drink.* 3 kalabalık, izdiham, sıkışıklık. *It was a tight squeeze in the crowded bus.* 4 (özl. para hk.) darlık; sıkı denetim sonucu ortaya çıkan güç durum. *We cannot borrow money during the present credit squeeze.*

squib [skwib] *i+sy* çatapat, maytap. *Little boys were throwing home-made squibs.*

squid [skwid] *i+sy* mürekkep balığı. *Some squid are very small and some are very large.*

squid

squint [skwint] *f-n* 1 şaşı bakmak, şaşı olmak, şaşılığı olmak. *Babies often appear to squint, but it is corrected as they grow older. The doctor says* *that the child squints.* **2** gözlerini kısarak bakmak. *He stood before the desk, his eyes squinted against sunshine.* Ayrıca *i+sy* şaşılık. *Her child has a squint.*

squire ['skwaiə*] *i+sy* (İngiltere'de) arazi sahibi kimse; köy ağası.

squirm [skwə:m] *f-n* (çoğk. utanç, vb. nedeniyle) kıvrılıp bükülmek, kıvranmak. *The little boy squirmed with shame.*

squirrel ['skwirl] *i+sy* sincap. *Squirrel eats nuts and usually lives in trees.*

squirt [skwə:t] *f+n/-n* (sıvı veya tozlar hk.) fışkırtmak; fışkırmak. *Father squirted water from the hose onto the flowers. The oil from the engine squirted into my face.*

Sr (= **Senior**)—sözcüğünün yazı dilindeki kısa biçimi. Oğluyla aynı ismi taşıyan babanın adının sonuna eklenir: *Bob Dickson, Sr.* (*karş.* **Jnr.** veya **Jr.** (= **Junior**)).

stab [stæb] *f+n* bıçaklamak; (bıçak, hançer, vb.) saplamak. *He stabbed him in the back.* Ayrıca *i+sy* **1** bıçak saplanır gibi keskin bir ağrı. *I had a stab of pain in my right eye.* **2** bıçak yarası: *a stab in the chest.* **stab wound** *i+sy* bıçak yarası. **make a stab at** (başarı şansı pek olmayan) bir girişimde bulunmak, denemek. *Can you make a stab at the answer?*

stable¹ ['steibl] *s* dengeli; değişmez, sabit; devamlı, kalıcı. *We need a stable government. He is a very stable person.* (*karş.* **unstable**). **stability** [stə'biliti] *i-sy* değişmezlik, kararlılık. (*karş.* **instability**). **stabilize** ['steibilaiz] *f+n* kararlı kılmak, istikrar kazandırmak, kalıcı hale getirmek, dengelemek. *We stabilized the boat by changing the position of the sails.* **stabilization** [steibilai'zeifən] *i-sy* kararlılık, istikrar, sabitleşme, sabit hale getirme. **stabilizer** ['steibilaizə*] *i+sy* stabilizör; dengeleyici (özl. bir gemiyi denizde, veya bir uçağı havada dengede tutan cihaz).

stable² ['steibl] *i+sy* tavla; at ahırı.

staccato [stə'ka:tou] *s* (müzik hk.) kısa ve kesik olarak çalınan, kesik ve kuvvetli.

stack [stæk] *i+sy* **1** özenle meydana getirilmiş bir yığın, küme, istif: *stack of wood; stacks of hay in the field; stack of books on the teacher's desk.*

2 yan yana duran çok sayıda bacalar. Genl. **chimney stack** denir. Ayrıca *f+n* yığmak, istif etmek.

stadium ['steidiəm] *i+sy* stadyum; içinde türlü spor yarışmaları, gösterileri yapılan, trübinlerle çevrili spor alanı. *çoğ. biç.* **stadia** ['steidiə] veya **stadiums**.

staff [sta:f] *i+sy* **1** asa, baston. (*esk. kul.*). **2** memur kadrosu, personel. *The manager here has a staff of fifty. The headmaster and his staff met to discuss the new timetable.* Ayrıca *f+n* eleman sağlamak, personel temin etmek. *We have not enough money to staff all our schools.*

stag [stæg] *i+sy* erkek geyik. **stag party** (ertesi gün evlenecek damat adayı için (erkek) adaşlarının verdiği) bekârlığa veda partisi; sadece erkeklerin katıldığı parti.

stage [steidʒ] *i+sy* **1** sahne. *The actors left the stage at the end of the play.* **2** seyahatin bir bölümü; menzil, merhale. *We travelled to London by stages. What is the bus fare to the next stage along?* **3** aşama, devre, safha. *Our baby is at the walking stage. Secondary education is the next stage after primary education.* Ayrıca *f+n* sahnelemek, sahneye koymak. *Our school stages a play every year* **the stage** tiyatro; tiyatroculuk, sahne yaşamı. *He writes books about the stage. He went on the stage when he was a boy.* **stagecoach** ['steidʒkoutʃ] (eskiden) posta arabası. **stage whisper** sahne fısıltısı; sahnedeki bir oyuncunun yüksek sesle fısıldaması (sahnedeki diğer oyuncular sanki bunu duymazlar). *'That was terrific,' she told him in a stage whisper.*

stagy [steidʒi] *s* aktörce; sanki rol yapar gibi. **stage by stage** adım adım, yavaş yavaş. (*eş anl.* **step by step**).

stagger ['stægə*] *f+n/-n* **1** sendelemek; sendeleyip düşecek gibi olmak; düşecek gibi olup adımlarını şaşırmak. *The durnk man staggered across the road. The blow on the head staggered me. He staggered during the last few metres of the marathon to cross the finishing line in third place.* **2** tereddüde veya hayrete düşürmek; afallatmak, sersemletmek. *The bad news staggered me.* **3** aynı zamanda çakışmayacak şekilde düzenlemek. *The*

*manager staggers the holidays of
those working in the factory so that
everybody is not away at one time.*
Ayrıca *i+sy* sendeleme; sersemleme.
stagnant ['stægnənt] *s* 1 (su hk.) durgun, akmaz, (bu yüzden pis ve kötü
kokan). *The old pot was full of
stagnant rainwater.* 2 (iş, ticaret, vb.
hk.) durgun, hareketsiz; gelişmeyen.
*Trade with other countries was
stagnant.* **stagnate** [stæg'neit] *f-n*
durgunlaşmak. **stagnation** [stæg'neiʃən] *i-sy* durgunluk: *industrial stagnation.*
staid [steid] *s* (kişiler hakkında) ciddi
ve ağırbaşlı; kararlı ve heyecansız.
stain [stein] *f+n* 1 rengini değiştirmek.
*She has stained the floorboards dark
brown.* 2 lekeleyip kirletmek. *Steve's
hands were stained with ink.* 3 pislenmek, kirlenmek. *White clothes
stain quickly.* Ayrıca *i+sy* 1 renk değiştirme maddesi. 2 leke: *ink stains on
his hands.* **stainless** *s* paslanmaz. *The
knife is made of stainless steel.*
stair [stɛə*] *i+sy* 1 (genl. çoğ. biç.)
merdiven. *I went up the stairs to my
room.* 2 merdiven basamağı. *He was
standing on the top stair.* **staircase,
stairway** merdiven; basamakları,
trabzanı ile birlikte bir merdiven; (bir
binanın içinde olduğu gibi dışında da
olabilir). *She came down the staircase.*
stake [steik] *i+sy* 1 (tahta) kazık. 2
şans oyunlarında, örn. bir at yarışında bahis için verilen, veya yatırılan
para; (özl. içine paranın da girdiği)
kazanılabilecek ya da kaybedilebilecek bir şey. *I want you to hold the
stakes until the race is finished. He
has a big stake in the cotton industry.*
Ayrıca *f-n* (genl. **on** ile) bir şey üzerine parasını koymak; riske girmek. *I
staked ten pence on a horse, and it
won.* **stake something off/out** sınırını
kazıklarla işaret etmek. *He staked his
part of the field.* **at stake** tehlikede. *If
we fail, our lives will be at stake.*
stalactite ['stæləktait] *i+sy* stalaktit,
sarkıt; kalkerli topraklardaki mağaralarda* kireçtaşlarının yavaş yavaş
birikerek meydana getirdikleri, tavandan aşağı sarkan ince uçlu sütunlar. (karş. **stalagmite**).
stalagmite ['stæləgmait] *i+sy* dikit,
stalagmit; doğal mağaraların taba-

nında, yukarıdan damlayan kireçli
suların meydana getirdikleri koni biçimindeki dikmeler. (karş. **stalactite**).

stalactite

stale [steil] *s* 1 taze değil, bayat. *The
bread is stale.* (karş. **fresh**). 2 bayatlamış, ilginçliğini yitirmiş. *The author
has used a stale plot in his novel.* (eş
anl. **boring**).
stalemate ['steilmeit] 1 *i+sy/-sy* (satrançta) pat; şah çekmeden rakibin
taşlarını oynayamaz hale düşürme. 2
açmaz, çıkmaz. *The government and
the unions have reached a stalemate
in the dispute.*
stalk¹ [stɔ:k] *i+sy* sap; yaprak, meyva
ya da çiçek sapı.
stalk² [stɔ:k] *f+n/-n* 1 (vahşi bir hayvanı, bir kimseyi, öldürmek, yakalamak, veya gözlemek için olduğunca
yakından) izlemek, takip etmek, peşinden gitmek: *a rapist stalking every
female in the town. We stalked the
elephant all day but never got near
enough to shoot it.* 2 (sinirlenildiği,
veya gururlanıldığı zaman) azametle,
dimdik yürümek. *The teacher stalked
out of the room.*
stall¹ [stɔ:l] *i+sy* 1 (at, inek, vb. için)
ahır bölmesi. *Each horse has its own
stall.* 2 satış barakası; tezgah. *Carla
bought fruit from a stall in the market. There is a bookstall at the railway station.* 3 (İngiltere'de) tiyatro,
veya sinemada alt salondaki (genl. ön
sırada) koltuk: *front stalls; back stalls.
I could only get four seats together in
the stalls.* (*AmI*'de **parquet**).
stall² [stɔ:l] *f-n* 1 (motorla hk.) istop
etmek, durmak. *Because our car was
carrying five people it stalled on the
steep hill. The aeroplane was going so
slowly that it stalled.* 2 atlatmak,

baştan savmak; kaçamaklı lâflar et-
mek. *When I asked him what he was
going to do, he stalled.* (2. anlamı *k.
dil.*).

stallion ['stæliən] *i+sy* (özl. damızlık
için yetiştirilen at) aygır.

stalwart ['stɔːlwət] *s* güçlü kuvvetli;
gözüpek, yiğit. Ayrıca *i+sy* güçlü ve
yiğit kimse.

stamina ['stæminə] *i-sy* dayanma gü-
cü, dayanıklılık. *A man who can run
twenty miles has great stamina.*

stammer ['stæmə*] *f+n* 1 (korkudan,
çekindiğinden, vb. veya konuşma
özürlüsü olduğundan) kekelemek. *P-
p-please, m-m-may 1 g-g-go?* 2
kekeleyerek söylemek. *He stammered
(out) his answer.* Ayrıca *i+sy* keke-
leme, kekemelik. *He speaks with a
stammer. She has a bad stammer.*

stamp¹ [stæmp] *f+n/-n* 1 ayaklarını
hızla yere vurmak, tepinmek. *He was
stamping with rage. They stamped
into the room. We stamped the
ground to keep our feet warm.* 2
damga vurmak, damgalamak; üzeri-
ne bir şekil, işaret, vb. basmak. *He
stamped 'urgent' on the letter. I stamp
my name on all my books.* 3 üzerine
pul yapıştırmak. *You must stamp
these letters before you post them.*
stamp out son vermek, veya ezip yok
etmek. *The doctors are trying to
stamp out disaster.*

stamp² [stæmp] *i+sy* 1 ayağı hızla
yere vurma, tepinme. 2 damga; bir
şeye özgü işaret, iz. *He put 'urgent'
on the letter with a rubber stamp.* 3
pul, posta pulu: *postage stamp; in-
surance stamp.* **stamp album** pul def-
teri, pul albümü. **stamp collector** pul
koleksiyoncusu. **stamped addressed
envelope** *i+sy* pullu adresli zarf; üze-
rine gönderenin kendi adı, adresi
yazılmış ve pulu yapıştırılmış bir zarf
(kendisine bir bilgi verilmesi amacıyla
kullanılması için bir kuruluşa gön-
derilir).

stampede [stæm'piːd] *i+sy* (hayvanlar
hk.) ürküp topluca kaçma, koşma;
(insanlar hk.) paniğe kapılıp kütle
halinde koşma, hücum etme. Ayrıca
f+n ürküp kaçmak; paniğe kapılıp
koşmak, hücum etmek. *The horses
were frightened by the gunfire and
stampeded.*

stance [stæns] *i+sy* (bazı sporlarda)

duruş (biçimi) (örn. golf oyununda
topa vurmadan önce oyuncunun du-
ruşu). *He took up a boxer's stance,
ready to fight off the blow.*

stand¹ [stænd] *f+n/-n* 1 ayakta dur-
mak, dikilmek, boyu...olmak; ayağa
kaldırmak, dikmek, durdurmak. *Who
is the man standing near the door?
Never stand if you can sit. Every man
in the team stands over six feet*
(=Takımdaki herkesin boyu altı fitin
üstünde). *He stood his stick in the
corner. The mother stood her child on
a chair.* 2 durmak, bulun-mak. *The
school stands between two roads.
These books stand on that desk.* 3
belli bir vaziyette bulunmak;
değişmeyip aynı kalmak. *My decision
to go abroad stands. Their profits
stand at £50. As things now stand, we
shall win.* 4 dayanmak, tahammül
etmek. *I can't stand his silly talk. Our
teacher stands no nonsense* (=Bizim
öğretmenin saçmalığa tahammülü
yoktur). 5 yemek, içki ısmarlamak.
I'll stand you a drink. (*k. dil.*). geç.
zam. ve ort. **stood** [stud]. **stand aside**
1 bir kenara çekilmek. *He stood aside
to let me pass.* 2 bir kenara çekilip
öyle durmak, hiçbir şey yapmamak.
*We cannot stand aside and let them
do it by themselves.* **stand by** hazır
durumda beklemek, alesta beklemek.
*The police are standing by to control
the crowd, if it is necessary.* **stand-by**
i+sy 1 yedekte hazır bekletilen bir şey.
2 daha önce bilet rezervasyonu
yapmayıp gelmeyen olursa yerine
binmek için düzenlenmiş bir uçak
seyahat sistemi: *be on stand-by.* Ay-
rıca *s* rezervasyonsuz: *stand-by
passenger; stand-by flight.* **stand by
someone** birisine yardım edip destek-
lemek. *He stood by me through all my
troubles. Friends should stand by
each other in times of need.* **stand
down** başkasının lehine namzetliğini
geri almak. *The chairman is standing
down so that a younger man can take
his place.* **stand for something** 1 de-
mek, anlamına gelmek, temsil etmek.
*USA stands for the United States of
America. We like our school and all
it stands for.* 2 hoş görmek, katlan-
mak. *I am not standing for any bad
behaviour.* (2. anlamı *k. dil.*). **stand in
for** (bir kimsenin) yerine (takımda)

oynamak; yerini almak. *He is stand-
ing in for the player who is ill. I will
stand in for you while you have
lunch.* **stand-in** *i + sy* bir kimsenin ye-
rini alan kimse (çoğk. bir aktörün
yerine rol yapan başka bir aktör);
dublör. **stand-offish** *s* soğuk biçimde
resmi, sokulmaz. (*eş anl.* **aloof**).
stand out göze çarpmak, kolayca gö-
rülebilir bir biçimde olmak. *A very,
tall man stands out in a crowd.* **stand
up** ayağa kalkmak. *The boys stood
up when the teacher came into the
classroom.* **stand up for someone/
something** savunmak, müdafaa et-
mek, desteklemek, yardıma hazır ol-
mak. *All my friends will stand up for
me.* **standstill** durma, sekte; işlemez
hal. *Everything is at a standstill*
(= Her şey öylece duruyor). (*eş anl.*
halt).

stand² [stænd] *i + sy/-sy* 1 üzerine bir
şey koymak için bir ayak, sehpa, des-
tek ya da başka bir mobilya. *At the
door there is a hatstand* (= Kapıda bir
şapkalık var). 2 tribün; stadyum,
hipodrom gibi yarışma ve gösteri yer-
lerinde (genl. üstü kapalı) izleyenlerin
oturduğu basamaklı yer. *I managed
to get a seat in the members' stand.*
3 (*AmI'de*) mahkemede şahit yeri.
The witness took the stand. **stand-
point** görüş noktası, görüş. *From the
stand-point of the parents, the school
is doing well.* (*eş anl.* **viewpoint**).
make a stand against (bir şeye) karşı
dayanmak, kafa tutmak, geri çekil-
meyi durdurup savaşmak. *The army
made a stand against the advancing
enemy.*

standard ['stændəd] *i + sy* 1 (belli bir
kimse ya da bir grubu simgeleyen)
bayrak, fors. *If the standard is flying,
the queen is in residence.* 2 ölçü bi-
rimi, miyar, ayar, standart; belli bir
ölçü, veya tipe göre yapılmış, ayrıl-
mış. *The standard of length in that
country is the metre, not the yard.
This food is below standard. The
houses are up to standard. Our
teacher sets very high standards of
work in his class.* Ayrıca *s* (2. anlamı
olarak). *The standard length is the
metre.* **standardize** *f + n* standartlaş-
tırmak; standardize etmek, ayarla-
mak, tek tipe indirmek. *Most tobacco
companies have standardized the*

length of cigarettes. **standardization**
[stændədai'zeifən] *i-sy* standardas-
yon, ayarlama, tek tipe indirme.
standard lamp abajur, köşe lambası.
standard of living yaşam düzeyi. *The
people of the USA have a high
standart of living. Many countries
have a low standard of living.*

standing ['stændiŋ] *s* daimi, değiş-
meyen. *His long beard is a standing
joke* (= Onun uzun sakalı ile hep alay
edilir). *She has a standing order for
ten pounds of sugar at the shop*
(= Ona düzenli olarak on librelik şe-
ker ayrılır). **standing army** daimi or-
du. Ayrıca *i + sy/-sy* 1 zaman süresi;
devamlılık, süreklilik. *He is an en-
gineer of long standing* (= Uzun bir
süreden beri mühendistir). 2 saygın-
lık, itibar, mevki. *Doctors have a
high standing in our country.*

stank [stæŋk] **stink** fiilinin geçmiş
zaman biçimi.

staple¹ ['steipl] *i + sy* bir ülkenin, veya
o ülkenin belli bir bölgesinin ürettiği
ya da sattığı başlıca ürün. *Coffee is
the staple of this district.* Ayrıca *s*
başlıca, asıl, temel, esas. *Coffee is the
staple product of this district. Corn
is our staple food.*

staple² ['steipl] *i + sy* 1 U biçiminde iki
uçlu çivi. *The long wire is fastened to
the post by staples.* 2 zımba teli, tel
raptiye. Ayrıca *f + n* zımbalamak; iki
uçlu çivi ile tutturmak. **stapler** *i + sy*
zımba.

star [sta:*] *i + sy* 1 yıldız; gökyüzünde
görülen ışıklı cisimlerin herbiri. *We
sleeped under the stars. The sun is a
star.* 2 yıldıza benzeyen herhangi bir
şey (*örn.**). *There are five stars on
their national flag.* 3 ünlü bir sanatçı
(bir filim yıldızı, şarkıcı); yıldız. *The
film is a good one with many stars in
it.* Ayrıca *f + n/-n* baş rolü oynamak,
baş rol oyuncusu olarak sahip olmak,
bulundurmak. *She starred in two
films. The new play stars three of
Britain's best actors.* geç. zam. ve ort.
starred. starry *s* yıldızlı, yıldız dolu;
yıldızlarla kaplı; bir yıldız gibi par-
layan, pırıl pırıl: *starry light in the
distance; girl with starry eyes; starry
sky.* **starfish** denizyıldızı. **starlight**
i-sy yıldız ışığı. **starlit** *s* yıldızların
aydınlattığı: *starlit sky.* **starry-eyed** *s*
1 pırıl pırıl gözlü, gözleri yıldızlar gibi

parlayan. **2** saçma sapan ümit dolu: *starry-eyed young people who think they can do everything.* **be born under a lucky/unlucky star** çok şanslı olmak; talihi hep yaver gitmek/çok şanssız olmak; talihi hep ters gitmek.

starboard ['sta:bəd] *i-sy* sancak, sancak tarafı; gemilerin burun doğrultusunda, sağ tarafı. *The ship turned to starboard.* (*karş.* **port**).

starch [sta:tʃ] *i-sy* **1** nişasta; arpa, buğday, pirinç, patateste bol bulunur. *Poor people usually eat too much starch and too little meat.* **2** kola; çamaşırları sert ve parlak yapmak için kullanılan nişastaya benzer madde. **starchy** *s* nişastalı. *He eats too much starchy food.*

stare [steə*] *f+n/-n* (şaşkınlıktan, korkudan, veya derin düşünceye dalındığı zaman) gözlerini açıp uzun uzun bakmak, gözünü dikip bakmak. *He stared at the strange animal. Cows like to stand and stare. Who is the man with the staring eyes?* (*eş anl.* **gaze**). Ayrıca *i + sy* uzun bakış. *They looked at him with a stare of surprise.*

stark [sta:k] *s* sert, katı; çıplak. **starkers** *s* çırılçıplak, anadan doğma. *One of the girls was starkers.* **stark naked** çırılçıplak. *She came out of the bathroom stark naked.* **stark staring mad/stark raving mad** çılgın, zırdeli. *Anyone who suggested such a crazy idea must be stark raving mad.*

starling ['sta:liŋ] *i + sy* sığırcık (kuşu). *Starlings are found in large numbers, often in cities.*

start¹ [sta:t] *f+n/-n* **1** başlamak. *We start lessons at 9 a.m. It has started raining. He started to say something and then changed his mind.* **2** bir yolculuğa başlamak; yola çıkmak. *They started early for the village.* **3** başlatmak, çalıştırmak, harekete geçirmek. *My father started me playing football. He started (the engine of) the car so as to be ready to drive away.* **4** (genl. bir korku, şaşkınlık, vb. yüzünden) irkilmek, ürküp sıçramak. *He started from his bed when he heard the gun. I started at the sound of the bell.* **starter** *i + sy* **1** yarış için başlama işareti veren kimse; startör. **2** marş motoru. **starting point** bir şeyin başladığı yer. **start up** (genl. korkudan, hayretten, acı veya ızdı-

raptan) sıçrayıp kalkmak. *I started up from my chair when I heard the noise.* **start up** başlamak; hareket ettirmek, çalıştırmak. *A fight started up. He started up his car.* **start with** **1** evvelâ, her şeyden önce. *To start with, Harry is not his brother.* **2** başlangıçta, önceleri. *There was only one hotel in the town to start with.*

start² [sta:t] *i + sy* **1** (genl. bir korku, şaşkınlık, vb. yüzünden) irkilme, ürküp sıçrama. *I woke with a start.* **2** bir yolculuğa başlama, yola çıkma, herhangi bir şeye başlama. *We make a start for school at 8:30 a.m. Rain delayed the start of the game.* **3** başlangıç, çıkış; başlama durumu; (yarışta) çıkış; avans, avantaj. *I gave him a start of half a mile before I began following him. He had a good start.*

startle ['sta:tl] *f + n* korkutmak; şaşırtıp ürkütmek, korkutup sıçratmak, korkutup şaşırtmak. *The loud noise startled me.* **startling** *s* şaşırtıcı, ürkütücü: *startling news.*

starve [sta:v] *f + n/-n* **1** açlıktan ölmek; açlıktan kıvranmak; aç bırakmak, açlıktan öldürmek. *Because there is no food, the people are starving. The enemy is trying to starve us to death.* **2** çok acıkmak; karnı zil çalmak. **starvation** [sta:'veiʃən] *i-sy* açlık, ölüm derecesinde açlık, açlıktan ölme. *They are dying of starvation.* **starve for, be starved of something** (bir şey)e can atmak, özlemini çekmek. *These children are starving for love. They are starved of affection.*

state¹ [steit] *i + sy/-sy* **1** (bir kimse, veya bir şeyin içinde bulunduğu) durum, vaziyet. *He is in a poor state of health. His business is in a good state. Their clothes were in a terrible state.* **2** (çoğk. **State**) devlet (bir ülkenin hükümeti); devlet (siyasi ve bağımsız topluluk), eyalet. *We must pay taxes to the State. Education is provided by the State. The United States of America has fifty states.* **3** debdebe, görkem; tören, merasim. *The king travelled in great state.* Ayrıca *s* (**2.** ve **3.** anlamlarda) resmi, devlete ait: *state secrets; state control. The president will make a state visit to our country.* **stately** *s* debdebeli, görkemli; büyüklük bakımından yüce. **stateliness** *i-sy* görkemli olma. **statesman** devlet adamı. **state-controlled television** devlet televizyonu.

state² [steit] *f + n* yazı, veya sözle ifade etmek, bildirmek, belirtmek. *Please state exactly what you did. It states in the newspaper that there will be a meeting tomorrow.* **stated** *s* belirli, muayyen; önceden bildirilen, veya kararlaştırılan. *He arrived at the stated time/the time stated.* **statement** *i + sy/-sy* 1 yazılı, veya sözlü bir bildiri; söz, beyan. *The government has made a statement explaining what happened.* 2 hesap özeti, hesap raporu. *I have just seen my bank statement.*

static ['stætik] *s* statik; hareket etmeyen, veya değişmeyen. Ayrıca *i-sy* parazit; radyo yayınlarına karışan yabancı ses. *I switched on and got nothing but static.* **static electricity** statik elektrik, durgun elektrik.

station ['steifən] *i + sy* 1 istasyon; gar; otobüs terminali. *This train stops at every station.* 2 görev yeri; bir hizmet için merkez olan bina: *broadcasting station* (= radyo yayın merkezi); *fire station.* *The soldiers took up their stations along the road. We went to the police station* (= Karakola gittik). Ayrıca *f + n* belli bir amaçla bir yere yerleştirmek, koymak. *The soldiers stationed themselves along the road. Dan was stationed at district headquarters.* **stationary** ['steifənri] *s* sabit, hareketsiz. *The men remained stationary so as not to be seen.* **station master** gar şefi. **station wagon** kaptıkaçtı, pikap. (Ayrıca *Brİ*'de **estate car**).

stationer ['steifənə*] *i + sy* kırtasiyeci. *I've bought it at a stationer in Kent.* **stationery** ['steifənri] *i-sy* kırtasiye. *We buy things like stationery and toilet rolls in bulk.*

statistics [stə'tistiks] 1 *içoğ* istatistik; gerçekleri toplayıp sayı halinde gösterme işi. *Statistics show that there are more boys than girls at school.* 2 *itek* istatistik bilimi. **statistical** *s* istatistiki.

statue ['stætju:] *i + sy* heykel. **statuette** [stætju:'ət] *i + sy* heykelcik.

stature ['stætfə*] *i-sy* 1 (insanlar hk.) boy bos, endam. *My wife is rather*

small in stature. 2 kişilik, nitelik, önem. *He is a man of colossal stature.*

status ['steitəs] *i-sy* bir kimsenin başkalarına göre toplum içindeki yeri, mevki. *Doctors have great/high status in most countries.* **status symbol** sosyal mevki sembolü. *Having a sports car is the status symbol among the students of this college.*

status quo ['steitəs'kwou] *i-sy* statüko; yürürlükte bulunan ya da süregelen durum. *They will quickly retreat and the status quo will be restored. The contract does not alter the status quo.*

statute ['stætju:t] *i + sy* yasa, kanun. **statutory** ['stætjutəri] *s* yasal, kanunî.

staunch [stɔ:ntʃ] *s* sadık, sağlam, güvenilir. *We are staunch supporters of Everton.*

stay¹ [stei] 1 *f + n/-n* (aynı durumda, yerde) kalmak. *I stayed at home last night. They are staying to see the football match. She stays in every evening* (= Her gece evde oturur (dışarı çıkmaz)). 2 dayanmak, bitirebilmek. *I don't think the runner will stay the distance.* **stay away** bir yere yaklaşmamak, gelmemek; uzak durmak. *He stayed away from school when he was ill. You must stay away from these rough boys.* **stay out** (özl. geç saatlere kadar) eve gelmemek, dışarda kalmak. *Her mother does not allow her to stay out in the evening.* **stay up** yatmayıp geç saatlere kadar oturmak. *We stayed up until midnight talking about our work.*

stay² [stei] *i + sy* durma, kalma, ziyaret. *He has come to us for a short stay.*

steadfast ['stedfa:st] *s* sadık, bağlı; değişmez, sabit. *The two sisters have a steadfast love for each other.*

steady ['stedi] *s* 1 sabit; oynamaz, titremez. *You must hold the gun steady when shooting. He filled my glass with a steady hand.* 2 muntazam, düzenli. *He is making steady progress. The wind was steady.* 3 güvenilir; durmuş oturmuş; iyi alışkanlıkları olan. *He is a steady man who is never late.* (*karş.* **unsteady**). Ayrıca *f + n/-n* kımıldamasını, veya titremesini önlemek; yatışmak, sakinleşmek. *The wind is steadying. He steadied himself with his hand on the table.* **to go steady** hep aynı erkek, veya kızla gezmek, randevulaşmak; romantik, veya cinsel bir ilişki içinde olmak. *Martha and Jim are going steady.* **Steady!/Steady on!** Dikkat et! Kendine gel! *geç. zam.* ve *ort.* **steadied.** **steadily** z durmadan, muntazam olarak. **steadiness** *i-sy* metanet, sarsılmak.

steak [steik] *i + sy* biftek; külbastı; balık filetosu. **steak tartare/tartar** çiğ biftek kıymasının soğan, baharat ve çiğ yumurta karışımı ile hazırlanmış bir yemek. Ayrıca **tartare/tartar steak** de denir.

steal [sti:l] *f + n/-n* 1 çalmak, aşırmak. *It is a crime to steal. He stole my book.* 2 gizlice, veya sessizce gelmek, girmek, gitmek. *They have stolen into the house. A smile stole across her face* (= Yüzünde bir tebessüm belirip kayboldu). *geç. zam. biç.* **stole** [stoul]. *geç. zam. ort.* **stolen** ['stouln]. **steal a glance at someone/something** bir kimseye, veya bir şeye gizlice, çaktırmadan bakmak. *He stole a glance over his shoulder.*

stealth [stelθ] *i-sy* by **stealth** sözünde —gizlice, sessizce, veya görünmeden. *They achieved their original dominance by stealth.* **stealthy** s gizlice yapılan; sinsi. **stealthily** z gizlice. *The thieves stealthily entered the building.* (*eş anl.* **furtively**).

steam [sti:m] *i-sy* buhar, istim. *Many engines are driven by steam. The steam from the kettle showed that the water was boiling.* Ayrıca *f + n/-n* 1 duman çıkmak; buhar çıkarmak. *The kettle was steaming.* 2 buharla çalışmak, gitmek. *The ship steamed up the river.* 3 buharla pişirmek. *She is steaming fish for supper.* **steamer** *i + sy* buharlı gemi. **steamy** s buharlı; buharla dolu: *steamy kitchen; steamy windows.* **steam engine** buhar makinası; lokomotif. **steam iron** buharlı ütü. **steamroller** buharlı yol silindiri (mazotla çalışan modern silindirlere **road roller** denir). **steam up** 1 (pencere, gözlük camı, vb.) buğulanmak. 2 sinirlenmek, kızmak, burnundan solumak; çok heyecanlanmak.

steel [sti:l] *i-sy* çelik. Ayrıca *s* çelikten yapılmış: *steel knife.* Ayrıca *f + n* (özl. his ve duygular hk.) katılaştırmak; duygusuz ve kararlı hale getirmek, çelik gibi sertleştirmek. *They*

steeled themselves against the attack. I steeled myself to try again. **steelworks** *itek* veya *çoğ* çelik fabrikası. NOT: çoğk. *tekil fiille* kullanılır. *A steelworks is a factory where steel is made.*

steep[1] [sti:p] *s* 1 dik, sarp: *steep path up the mountain.* 2 aşırı, fahiş. *That's a bit steep. The prices in this shop are steep.* (2. anlamı *k. dil.*). **steeply** z dikine, dik bir şekilde. **steepness** *i-sy* diklik, sarplık.

steep[2] [sti:p] *f + n/-n* (yumuşatmak, temizlemek, vb. için) bir sıvıda bırakmak; iyice ıslatmak, batırmak; iyice ıslanmak. *I left my dirty clothes to steep. She steeped the vegetables before cooking them.* **a bit steep** (bir istek, beklenti, rica için) bu kadarı da fazla artık. *It's a bit steep to expect us to do that.*

steeple ['sti:pl] *i + sy* kilise kulesi; bir kilisenin üstündeki külaha benzer sivri kubbe. **steeplechase** *i + sy* 3000 m. engelli koşu; veya at yarışı. **steeplejack** kule, veya yüksek baca tamircisi; binaların tepesine, örn. bir kilise, cami kubbe, veya kulesine tırmanıp tamirat ya da boya, vb. işleri yapan kimse.

steer [stiə*] *f + n/-n* (dümenle) idare etmek, yönetmek, doğrultmak, yön vermek. *He steered the boat between the islands. Steer your car slowly into the garage. This car steers easily* (= Bu arabanın direksiyonu çok güzel /yönetilmesi çok kolay). **steering wheel** direksiyon. **steer clear of someone/something** bir kimse, veya bir şeyden büyük bir dikkat, özen göstererek uzak durmak, yaklaşmamak. *They steered clear of the deepest part of the river.*

stem [stem] *i + sy* ağaç gövdesi; sap. *Tall flowers have long stems.* (*eş anl.* **stalk**). Ayrıca *f + n* (**from** ile) (bir şey)den ileri gelmek, doğmak, çıkmak. *This result stems from what was done before.* (*eş anl.* **arise**). *geç. zam.* ve *ort.* **stemmed**.

stench [stentʃ] *i + sy* çok pis koku. *stench of rotting eggs.* (*eş anl.* **stink**).

stencil ['stensil] *i + sy* içine şekiller ya da harfler oyulmuş kağıt, veya metal parçası; stensil, mumlu kağıt, şablon, vb. Ayrıca *f + n* böyle bir şeyden şekiller, veya harfler çıkarmak, mumlu

kâğıtla teksir etmek, şablonla yaz-
mak, vb. *His name is stencilled on all
his boxes. geç. zam.* ve *ort.* **stencilled**.
(*AmI*'de **stenciled**).

step¹ [step] *f + n/-n*   adım atmak. *Be
careful when you step off the bus. He
stepped over the dog at the door. geç.
zam.* ve *ort.* **stepped. stepping stone**
1 atlama taşı; çamurlu bir yerden,
veya bir akarsudan geçerken üzerinde
yürünen bir sıra taştan birisi. **2** genl.
bir işte, veya meslekte ilerleme, geliş-
me sağlayacak bir olay, veya iş; ba-
samak. *That film was a big stepping
stone in my career.* **step something up**
bir şeyi arttırmak, çoğaltmak. *This
factory has stepped up its output of
cars. The doctor has stepped up the
dosage.*

step² [step] *i + sy* **1** adım; adım atma.
*The soldier took one step forward.
She walks with quick, short steps.* **2**
ayak sesi. *I heard the steps of my
mother at the door.* Ayrıca **footstep**
de denir. **3** basamak. *He was standing
on the top step of the stairs. She fell
down the steps in front of the house.*
4 adım, girişim. *They took steps to
close the school. My next step is to
tell my father.* **stepladder** açılır kapa-
nır seyyar merdiven. Ayrıca **steps** de
denir. **step by step** adım adım, yavaş
yavaş. (*eş anl.* **stage by stage**). **watch
one's step** ayağını denk almak, dikkat
etmek. *I'm cleverer than you are, so
watch your step.*

step-³ [step] *ön-ek* üvey. **stepchild**
üvey evlat. **stepson** üvey oğul; **step-
daughter** üvey kız; **stepfather** üvey
baba; **stepmother** üvey ana; **step-
brother** üvey erkek kardeş; **stepsister**
üvey kızkardeş.

stereo(phonic) ['steriou('fɔnik)] *s* ste-
reo pikap çalar. **stereo** ['steriou] *i-sy*
stereo. *This record is on stereo.*
Ayrıca *s* stereo; stereo ile ilgili: *a
stereo hi-fi.*

stereotype ['sterioutaip] *i + sy* tipik
örnek; tam kopya, eksiksiz kopya.

*He is the stereotype of an army
officer.* **stereotyped** *s* beylik, basma-
kalıp, hiçbir özelliği olmayan. *He
gave the usual stereotyped answers to
the questions of the newspaper
reporters.*

sterile ['sterail] *s* **1** kısır, döl vermeyen;
verimsiz, kıraç: *sterile woman. This
land is sterile.* **2** mikroplardan arındı-
rılmış. *He put a sterile dressing on the
wound.* **sterility** [ste'riliti] *i-sy* kısırlık,
verimsizlik. **sterilize** ['sterilaiz] *f + n* **1**
kısırlaştırmak. *In some cohtries
women are sterilized to reduce the
birth rate.* **2** sterlize etmek, mikrop-
lardan arındırmak. *The doctor ster-
ilized his instruments.* **sterilization**
[sterilai'ziʃən] *i-sy* kısırlaştırma, steri-
lizasyon. **sterilized** *s* kısırlaştırılmış,
mikroplardan arındırılmış. (*karş.* **un-
sterilized**).

sterling ['stɜːliŋ] *s* **1** (altın ve gümüş
hk.) standart değerde ve saflıkta.
*These spoons are made of sterling
silver.* **2** gerçek, hakiki; güvenilir: *a
man of sterling character.* Ayrıca *i-
sy* sterlin, İngiliz parası. *They wish to
be paid in sterling, not dollars.* **the
sterling area** İngiliz lirasını kullanan
ülkeler topluluğu. **pound sterling** (İn-
giliz parasının resmi adı) İngiliz ster-
lini.

stern¹ [stɜːn] *s* sert, haşin, acımasız.
*He has a stern face. We have a very
stern headmaster.* **sternly** *z* sert bir
şekilde. **sternness** *i-sy* sertlik, hoşgö-
rüsüzlük.

stern² [stɜːn] *i-sy* pupa; bir geminin
kıçı. *She seated herself in the stern.*
(*karş.* **bow**).

stethoscope ['steθəskoup] *i + sy* stetos-
kop; kalbin, iç organların hareketle-
rini dinlemeye yarayan araç.

stethoscope

stevedore ['stiːvədɔː*] *i + sy* gemilerde

yükleme boşaltma işçisi.

stew [stju:] *f + n/-n* az suyla, üstü kapalı bir tencerede yavaş yavaş pişirmek, pişmek. Ayrıca *i + sy/-sy* kapama, yahni: *beef stew; lamb stew.*

steward ['stju:əd] *i + sy* 1 uçak, veya gemilerde yolcuların hizmetine bakan erkek; kamarot. 2 (spor, yarış, dans, vb.) düzenleyen (erkek) kimse. **stewardess** [stjuə'des] *i + sy* hostes; kadın kamarot. **shop steward** bir fabrikada sendika memuru, sendika temsilcisi.

stick¹ [stik] *f + n/-n* 1 (yapışkan, veya benzeri bir şeyle) yapıştırmak. *He stuck the stamp on the letter. Glue sticks to one's fingers. The pages of the book are stuck together.* 2 batırmak, sokmak, saplamak, çakmak. *He stuck his knife into the table. The post has been stuck into the ground.* 3 sıkışmak, sıkışıp kalmak. *The car horn has stuck. This drawer is always sticking.* geç. zam. ve ort. **stuck** [stʌk]. **sticker** *i + sy* çıkartma, yapışkan etiket. *Her suitcase was covered with stickers from the different cities she had visited overseas.* **sticky** *s* yapışkan. *The glue has made my fingers sticky.* **stick (something) out** (dışarı) çıkmak, çıkarmak. *The papers were sticking out of his pocket. Don't stick your head out. He stuck out his tongue at me.* **stick (something) up** (yukarı doğru) çıkmak, çıkarmak. *He saw the flag sticking up above the trees.* **stick up for someone** birisini savunmak, tarafını tutmak. *Whatever happens, I'll stick up for you. (k. dil.).* **stick to the gun** direnmek, dediğinden dönmemek. *My friends tried to talk me out of going to the concert but I stuck to my gun.* **stuck-up** *s* burnu havada, kibirli. *(k. dil.).*

stick² [stik] *i + sy* 1 sopa, dal. *They made a fire from the sticks which were lying about.* 2 baston, değnek: *walking stick; hockey stick.* 3 ince bir çubuk şeklinde herhangi bir şey: *stick of chalk.* **stick-in-the-mud** uyuşuk, pısırık; tutucu. *My sister and I both got a chance to go on a camping holiday but she's such a stick-in-the-mud that she refused to come with me.*

stickler ['stiklə*] *i + sy* **(for** ile) (bir ko-

nuda) titiz, bağnaz, mutaassıp. *My father is a stickler for neatness and honesty.*

stiff [stif] *s* 1 kolayca eğilip bükülmez; sert, katı. *This book has a stiff cover. They made a stiff mixture of flour and water.* 2 (kaslar ya da eklemler hk.) (mafsal iltihabı sonucu, veya birden yapılan aşırı bir antrenmandan sonra) tutulmuş, oynamaz. *I have a stiff leg.* 3 güç, yapması zor. *We sat a very stiff examination. It was a stiff climb to the top of the hill.* 4 sert. *The boat was sailing in a stiff breeze. What he needs is a stiff drink.* 5 resmi, soğuk. *He is very stiff with strangers.* **bore someone stiff** birisini sıkıntıdan patlatmak. **scare (someone) stiff** (bir kimsenin) ödünü kopartmak. *The children refused to walk along the narrow bridge: they were scared. (k. dil.).* **keep a stiff upper lip** korktuğunu, sinirlendiğini, bozulduğunu belli etmemek. *They say that army officers used to be trained to keep a stiff upper lip, no matter how depressed they were feeling.* **stiffly** *z* kaskatı bir şekilde. **stiffness** *i-sy* katılık, sertlik. **stiffen** *f + n/-n* sertleşmek, katılaşmak; sertleştirmek, katılaştırmak. *The napkins have stiffened with all that starch you used.*

stifle ['staifl] *f + n* 1 soluğunu kesmek, nefesini kesmek, boğmak; nefesi tıkanmak, boğulmak. *The heat of the sun at midday was stifling. The children were stifled by the smoke.* 2 bastırmak; duyulmasını, meydana gelmesini önlemek. *The government soon stifled these complaints. We had to stifle our laughter.*

stigma ['stigmə] *i + sy* 1 utanç, leke: *stigma of failure.* 2 kızgın demirle suçlulara vurulan damga, dağ. *çoğ. biç.* **stigmata** [stig'ma:tə] veya **stigmas.**

stile [stail] *i + sy* çit merdiveni.

stile

still¹ [stil] s/z 1 hareketsiz, durgun. *The water in the pool was very still. The child kept still while his mother dressed him.* 2 (şarap veya diğer içkiler hk.) içinde gaz bulunmayan, gazsız. **stillness** *i-sy* sessizlik, sükûnet. **stillborn** *s* ölü doğmuş. **still life** natürmort; konusu, cansız varlıklar, veya nesneler olan (resim).

still² [stil] z 1 hâlâ, daha. *He still comes to see us. They were still asleep when I left.* NOT: *still* halen devam etmekte olan bir eylem ya da sürekli olan bir şey için kullanılır; *yet* ise eylemin başlamak üzere ya da meydana gelmek üzere olduğunu gösterir. *Is your baby still talking?* (= Aa bebeğin konuşmaya başladı mı?). *Is your baby talking yet?* (= Bebeğin konuşmaya başladı mı?).
2 hatta (daha çok/daha az), daha da. *He is fat, but his brother is still fatter/ fatter still.* 3 öyle de olsa, yine de, herşeye rağmen. *You did wrong. Still, I am ready to forgive you.*

still³ [stil] *i + sy* imbik. *Still is used for distilling alcholic drinks.*

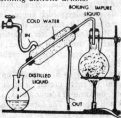

still³

stilt [stilt] *i + sy* cambaz ayaklığı.

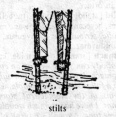

stilts

stilted ['stiltid] *s* (yazı, konuşma biçimi, davranış, vb. hk.) yapmacıklı,

gösterişli.

stimulate ['stimjuleit] *f + n* gayrete getirmek, kamçılamak; tahrik etmek. *Better wages have stimulated them to work harder.* **stimulating** *s* teşvik edici, özendirici, tahrik edici: *stimulating book; stimulating weather. That stimulating film on surfing made me feel like racing straight down to the beach.* **stimulation** [stimju'leifən] *i + sy/-sy* uyarma, uyarım, teşvik, tahrik. **stumulant** [stimjulnt] *i + sy* uyarıcı ilâç. *Athletes are forbidden to take stimulants before a race.* **stimulus** ['stimuləs] *i + sy* hareket nedeni olan bir şey; uyarıcı, dürtü. *The good news was a stimulus to all who heard it.* çoğ. biç. **stimuli** ['stimjuli:].

sting¹ [stiŋ] *i + sy* 1 iğne; bazı böceklerin silah olarak kullandığı sivri uçlu bir organ. *Bees have stings.* 2 sokma, diken yarası; bu sokmanın verdiği sızı, veya yara izi. *There was a big sting on his neck.*

sting² [stiŋ] *f + n/-n* (böceğin iğnesi ile) sokmak. *The bee stung him on the neck. Most flies do not sting.* geç. zam. ve ort. **stung** [stʌŋ].

stingy ['stindʒi] *s* cimri, hasis. **stingily** *z* cimrice, hasisçe. **stinginess** *i-sy* cimrilik, hasislik. *(k. dil.).*

stink [stiŋk] *f + n/-n* pis kokmak. *The meat is not fresh. It stinks. Their clothes stank of sweat.* geç. zam. biç. **stank** [stæŋk] veya **stunk** [stʌŋk]. geç. zam. ort. **stunk**. Ayrıca *i + sy* pis koku: *the stink of rotting fruit. (k. dil.).*

stint [stint] *f + n* kısmak, esirgemek. *He stints himself in food and clothes so as to be able to pay for his education.* Ayrıca *i + sy* sınırlı, veya belli miktar iş. *I have done my stint for the day.*

stipulate ['stipjuleit] *f + n* şart koşmak, şart olarak ileri sürmek. *They say they will repair the door but they stipulate that they must be paid as soon as they have finished. He stipulated an appology from me before he would agree to take me to the zoo.* **stipultion** [stipju'leifən] *i + sy /-sy* şart, şart koşma; şart olarak koşulan bir şey. *I agreed to help on the stipulation that others would also help.*

stir [stə:*] *f+n/-n* **1** harekete geçir-
mek, canlandırmak, tahrik etmek;
kımıldamak, kıpırdamak; hareket
etmek. *The animals were stirring in
the forest.* **2** uyandırmak; uyanmak.
Has the child stirred yet? **3** (kaşık gibi
bir şeyle) karıştırmak. *I put milk in
my tea and stirred it. şim. zam. ort.*
stirring. *geç. zam. ve ort.* **stirred.**
stirring *s* heyecan verici: *a stirring
book.* **stir something up** (ortalığı)
karıştırmak, (sorun) çıkarmak. *They
are always stirring up trouble.*

stirrup ['stirəp] *i+sy* üzengi; eyerde
ayakların basmasına yarayan demir
halka.

stitch [stitʃ] *f+n/-n* **1** dikiş dikmek,
dikmek; süslemek amacı ile dikişler
koymak. *She stitched the buttons on
the coat. I am stitching flowers on the
table cloth.* **2** bir yarayı dikmek, dikiş
atmak. *The doctor stitched the big
cut above my eye.* Ayrıca *i+sy* **1**
dikiş; ilmik. *She mended the coat
with a few stitches.* **2** dikiş; bir
yaranın kenarlarını tutturan bir iplik
parçası. *I had three stitches put 'n my
head.* **3** insanın böğrüne saplanan
şiddetli sancı (örn. koşarken): *get
a/the stitch. I can't run any more,
I've got a stitch.* **do not have a stitch
on/have not got a stitch on** çıplak,
çırılçıplak olmak, üzerinde hiçbir şey
bulunmamak. *Little Garry came
downstairs and shocked all our guests
because he didn't have a stitch on.* **A
stitch in time** veya **A stitch in time
saves nine** bir mıh bir nal kurtarır, bir
nal da bir at kurtarır (yani tam
zamanında alınan bir önlem, yapılan
bir iş insanı birçok zarardan,
zahmetten kurtarır, doğacak bir çok
zararları önler).

stock [stɔk] **1** *i+sy/-sy* stok; depo-
lanmış satılık mal. *The shop has a
good stock of boys' shoes. We have
blue ink in stock. Red ink is out of
stock.* **2** *i-sy* et suyu, kemik suyu. **3**
i-sy çiftlik hayvanları. *Farmers need
plenty of grass to feed their stock.*
Ayrıca **livestock** de denir. **4** *i+sy/-sy*
hisse senedi; devlet tahvili. *I have put
all my money in government stock.*
Ayrıca *f+n* stok yapmak, depo et-
mek. *Does this shop stock English
books?* **laughing stock** için **laugh**[1]
bkz. **stockbroker** borsa simsarı, ko-

misyoncusu. **stock exchange** menkul
değerler borsası; (hisse senedi alınıp
satılan yer). **stockpile** *f+n* (malzeme)
stoku yapmak. Ayrıca *i+sy* stok edil-
miş mal. **stocktaking** *i+sy/-sy* malın
mevcudunu sayma, envanter. *The
shop is closed for its annual stock-
taking.* **take stock of** bir karara var-
mak amacıyla durumu gözden geçir-
mek. *The general took stock of the
enemy and decided to attack at once.*
stockade [stɔ'keid] *i+sy* (genl. savun-
ma amacıyla inşa edilmiş) kazıklar-
dan oluşan bir çit.

stocking ['stɔkin] *i+sy* uzun kadın
çorabı. *Stockings are usually held in
place by suspenders.*

stocky ['stɔki] *s* (bir kimse, hayvan,
veya bitkiler hk.) tıknaz; bodur;
kalın, kısa ve kuvvetli. *The stocky
footballer was placed in the front
row.*

stodgy ['stɔdʒi] *s* (yiyecekler hk.) koyu
ve yavan, lezzetsiz, tatsız; ağır ve do-
yurucu. *I'm afraid this cake is too
stodgy to eat.*

stoic ['stouik] *i+sy* acılara gık deme-
den katlanan kimse; sevincini kederin
kolayca etkileyemediği kimse. **stoical**
s metin, katlanır, sabırlı, tahammül-
lü. *We admired his stoical patience.*
stoicism ['stousizəm] *i+sy* acı, ızdı-
rap, vb. çekerken gösterilen sabır ve
cesaret.

stoke [stouk] *f+n/-n* (çoğk. **up** ile)
(genl. bir enerji üreten bir makineye
örn. bir kazana) kömür atmak, yakıt
ikmali yapmak. *The furnace must be
stoked up every two hours.*

stole [stoul] **steal** fiilinin geçmiş zaman
biçimi.

stolen ['stouln] **steal** fiilinin geçmiş za-
man ortacı.

stolid ['stɔlid] *s* **1** duygularını belli et-
mez, heyecanlanmaz. *He was a rather
stolid, serious type.* **2** duygusuz, vur-
dumduymaz.

stomach ['stʌmək] *i+sy* mide, karın.
*Nobody can work well on an empty
stomach. It is difficult to run quickly
on a full stomach. He complained of
pains in the stomach/of stomach
pains. I have had stomach trouble for
some time.* Ayrıca *f+n* (genl. olum-
suz cümlelerde) dayanmak, katlan-
mak, tahammül etmek, sineye çek-
mek. *I can't stomach such behaviour.*

turn one's stomach/make one's stomach turn midesini bulandırmak, midesini döndürmek. *The conditions inside the prison were so horrible that they turned my stomach.*

stone [stoun] *i + sy/-sy* taş. *The building is made of stone. The soil is full of stones.* Diğer sözcüklerle birleşerek taşın ne türden olduğunu gösterir (örn. **limestone** (= kireç taşı), **stepping stone** (= atlama taşı). Ayrıca *s* 1 taştan (yapılmış): *stone house; stone walls; stone floor.* 2 mücevher, değerli taş: *precious stones.* 3 çekirdek (örn. kiraz, şeftali, vb.). *There are large stones inside dates and plums.* 4 14 libreye eşit bir ağırlık ölçüsü. *My weight is 12 stone.* çoğ. biç. **stone** (*AmI*'de kullanılmaz). **stony** *s* taşlı, taşlarla kaplı: *stony soil.* **Stone Age** Taş Devri. **stone-cold** (= buz gibi); **stone-dead** (= tamamiyle ölmüş); **stone-deaf** (= duvar gibi sağır). **stony-broke** beş kuruşu yok; zil, tırıl. (*eş anl.* **penniless**).

stood [stud] **stand** fiilinin geçmiş zaman biçimi ve ortacı.

stool [stu:l] *i + sy* tabure. *Mother was sitting on a stool in the kitchen.*

stoop [stu:p] *f + n/-n* öne doğru eğilmek; kamburunu çıkarmak. *Carol stooped to talk to the little child.*

stop¹ [stɔp] *f + n/-n* 1 durmak; durdurmak; kesmek, kesilmek. *The rain does not stop here. The noise stopped. He stopped his car at the corner. Rain stopped the game.* 2 önlemek, engellemek. *What stopped him (from) coming? He can read what he likes. I won't stop him.* 3 vazgeçmek; bırakmak. *He has stopped smoking. geç. zam.* ve *ort.* **stopped. stopper** *i + sy* tapa, tıkaç. *Have you the stopper of this bottle?* **stoppage** *i + sy* tıkanma, tıkanıklık; engelleme (eylemi); tıkayan, veya engelleyen bir şey. *There have been several stoppages (of work) at the factory. I must remove the stoppage from the water pipes.* **stop over** mola vermek, konaklamak; yolculuğa ara vererek bir yerde durmak. *We shall stop over at a hotel for one night before going on to London.* **stopover** *i + sy* (çoğk. hava yolu ile seyahat ederken) bir yerde kısa bir süre kalma; mola, konaklama. **stop**

something up bir deliği tıkamak. *I am stopping up the hole in the wall.* **stop²** [stɔp] *i + sy* 1 durma ya da durdurma, veya durdurulma (hareketi, veya durumu). *The train came to a stop a mile from the station.* 2 durak, durak yeri. *We get off at the next stop. He was standing at the bus stop.* 3 (noktalama işareti olarak) nokta. **stop-press** (özl. *Brİ*'de) basıma başlandıktan sonra gazeteye eklenen son haber (genl. sol tarafta bunun için boş yer ayrılır). **stopwatch** kronometre; süre ölçer. **put a stop to something** bir şeye son vermek. *He put a stop to the noise.*

storage battery *i + sy* akü, akümülatör, batarya; elektrik enerjisini kimyasal enerji olarak depo eden, istenildiğinde bunu elektrik enerjisi olarak veren aygıt. (*eş anl.* **accummulator, battery**).

storage battery cell

store [stɔ:*] *i + sy* 1 stok; gerektiğinde kullanılmak üzere biriktirilen şeyler. *We have a good store of grain until the next harvest.* çoğ. biç. levazım; mallar ve yiyecekler. *He is in charge of the stores at the hospital.* 2 depo, ambar, ardiye. *The boys are getting pens and pencils from the school store.* 3 dükkân: *drugstore* (= eczane); *liquor store* (= içki dükkânı); *department store* (= büyük mağaza); *discount store* (= büyük indirimlerle ucuz mal satan dükkân); *general store* (= ufak bir kasabada herşeyin satıldığı dükkân).
NOT: *store* (= dükkân) *AmI*'de daha yaygın olarak kullanılır; *Brİ*'de *shop* kullanılır.
Ayrıca *f + n* 1 (bir şeyi) toplayıp saklamak, depolamak. *After harvest we store the grain.* 2 ambara koymak, ambarda saklamak. *They have stored*

their furniture until they return from abroad. **storage** *i-sy* 1 depolama. 2 depo, ambar, ardiye. *They have put their furniture in storage.* **storeroom** kiler. **store something up** bir şeyi toplayıp saklamak, biriktirmek, depolamak. *They are storing up all the food they can buy.*

storey, story ['stɔ:ri] *i + sy* kat, bina katı. *My bedroom is on the second storey.* çoğ. biç. **storeys** veya **stories**. NOT: *storey* ve *floor* sözcükleri bazen akıl karıştırabilir. (*AmI*'de) zemin katından sonraki kata *second floor* veya *storey* denir; (*BrI*'de) buna *first floor*, veya *storey* denir. **-storeyed, -storied** *s* katlı. *It was a six-storeyed/storied building.*

stork [stɔ:k] *i + sy* leylek. *There is traditional story that storks bring new babies to the parents' home.*

storm [stɔ:m] *i + sy* 1 fırtına. *The storm last night blew down the tree.* NOT: *storm* sözcüğü başka bir sözcükle kullanılarak bunun ne fırtınası olduğunu gösterir:

dust storm (= toz fırtınası)
sandstorm (= kum fırtınası)
snowstorm (= kar fırtınası)
thunderstorm (= şimşekli ve yıldırımlı fırtına)
storm cloud (= fırtına bulutu)

2 ani ve şiddetli bir duygu ifadesi; şiddetli öfke, veya heyecan. *A storm of laughter arose. The speech caused a storm among those who heard it.* Ayrıca *f + n/-n* 1 köpürmek, kıyamet koparmak. *He stormed out of the room.* 2 aniden ve şiddetle saldırmak. *Our soldiers stormed the town.* **stormy** *s* fırtınalı: *stormy sea; stormy weather.* **take by storm** ani ve şiddetli bir saldırı ile ele geçirmek, zaptetmek.

story¹ ['stɔ:ri] *i + sy* hikâye, öykü. *He told us the story of his life. Children like stories about fairies. He is reading a storybook. Don't believe all the stories he tells you.* **storyteller** 1 öykü anlatan, veya yazan kimse. 2 (genl. çocuklar hk.) yalancı. **but that's another story** o başka bir hikâye, onu şimdi anlatmayacağım; onu bir başka zaman anlatırım. **the same old story/the old old story** hep aynı hikâye; eski tas eski hamam. **to cut a long story short** uzun lafın kısası, sözü uzatmayayım.

story² ['stɔ:ri] *i + sy* **storey**'ye bkz.

stout [staut] *s* 1 sağlam; kalın. *He had a stout stick in his hand.* 2 yürekli, cesur. *He has a stout heart.* 3 (sadece insanlar hk.) oldukça şişman. *He is too stout to run quickly.* Ayrıca *i-sy* bir tür sert, siyah bira. **stoutness** *i-sy* şişmanlık; cesaret, yüreklilik.

stove [stouv] *i + sy* soba; (gaz, veya elektrikle çalışan ve üzerinde yemek pişirilen) fırın, ocak.

stow [stou] *f + n* dikkatle sararak, istif ederek bir yere yerleştirmek, veya taşımak. *He stowed his books in the box. They are stowing the heavy goods in the hold of the ship.* **stowaway** *i + sy* kaçak yolcu; bedava yolculuk etmek için gemiye veya uçağa gizlice binen kimse. **stow away** bu şekilde kaçak yolculuk yapmak.

straddle ['strædl] *f + n/-n* bacaklarını açarak yürümek; veya ata biner gibi oturmak. *He straddled the log of wood.*

straggle ['strægl] *f-n* (yürürken) ana gruptan ayrılmak, geri kalmak. *The young children straggled behind the older ones.* **straggler** *i + sy* ana gruptan ayrı kalan kimse, arkada kalan kimse.

straight¹ [streit] *s* 1 eğik veya kavisli olmayan; doğru, düz, dümdüz. *Draw a straight line between A and B. The road from here to the village is straight.* (karş. **bent, crooked**.) 2 dürüst, namuslu, doğru. *You will find him very straight. I want a straight answer to my question.* Ayrıca *i-sy* yüks derli toplu, temiz. *I am putting my room straight before he comes.* Ayrıca *i + sy* (genl. tek. biç. ve **the** ile) koşuda son dönemeçten sonraki düz kısım. *He came round the bend into the straight ten yards in front of the other runners.* **straighten** *f + n/-n* düzelmek, doğrulmak; düzeltmek, doğrultmak. *The road has been straightened.* **straighten (out)** yoluna koymak; çözmek, halletmek. *He is trying to straighten (out) the matter.*

straight² [streit] *z* 1 doğruca, dosdoğru, sapmaksız'n. *Go straight on until you reach the church. Christ drove straight into the tree.* 2 vakit kaybetmeden, doğruca. *As soon as he arrived he went straight into the meeting. My mother wants me to go* *straight home.* **3** açıkça, dobra dobra; yalana dolana sapmadan. *Tell me straight! Is he dead?* **straightaway** hemen, derhal. *They went to work straightaway.*

straightforward [streit'fɔːwəd] *s* **1** doğru, dürüst, doğru sözlü. *He seems a straightforward person.* **2** açık, basit. *The first question he asked me was quite straightforward. I would rather you gave me a straightforward explanation.*

strain¹ [strein] *f + n/-n* **1** iyice germek, çekmek. *They strained the wire between two posts.* **2** olanca çabasını harcamak, zorlamak. *We strained our ears to hear what he was saying.* **3** (vücudun bir bölümüne) zorlayarak zarar vermek ya da zayıflatmak. *He strained his heart by running too far. If you read in a bad light you will strain your eyes.* **4** süzmek, süzgeçten geçirmek. *She boiled the potatoes and then strained them.* **strained** *s* zoraki; soğuk, samimi olmayan; gergin. *He had a strained smile on his face. The mistake has caused strained relations between the manager and his staff.* **strainer** *i + sy* süzgeç: *tea strainer; vegetable strainer.*

strain² [strein] *i + sy/-sy* **1** aşırı zihni, veya duygusal gerginlik. *We suffered the strain of having to wait a week for the news. Examinations cause mental strain. My wife is suffering from nervous strain and needs to relax.* **2** gelişmeye eğilim gösteren bir nitelik (özl. soydan gelir), kalıtım yoluyla geçen huy, veya eğilim. *There is a criminal strain in the whole family. He owns a good strain of cattle.* **3** (çoğ. biç.) nağme, hava, melodi. *We marched to the strains of the school band.* (**3**. anlamı *esk. kul.*).

strait [streit] *i + sy* boğaz; iki kara parçası arasındaki dar deniz. *The ship passed through the strait between the two islands.* (Genl. çoğul biçiminde ve özel bir isimle birlikte kullanılır: *the Straits of Dover*). **strait jacket** deli gömleği. **strait-laced** *s* tutucu, bağnaz, mutaassıp. *They are too strait-laced to approve of dancing.*

strand¹ [strænd] *i + sy* (bir ipi, veya tel halatı oluşturan) bir tek iplik ya da tel. *There were strands of hair on his coat.*

strand² [strænd] *f + n/-n* **1** (gemi) karaya oturmak, veya oturtmak. *Their boat was stranded on the rock.* **2** güç durumda kalmak. *We were stranded in the big town because we missed the train.*

strange [streindʒ] *s* **1** garip, tuhaf, acayip. *He says some very strange things.* **2** yabancı. *Who is that strange man over there?* **3** alışmamış, yeni, acemi. *The new boys are strange to the school.* **strangely** *z* garip bir biçimde, tuhaf tuhaf, şaşılacak derecede. **strangeness** *i-sy* tuhaflık, acayiplik. **stranger** *i + sy* **1** yabancı, yabancı bir kimse; tanımadık birisi. *Don't talk to strangers.* **2** bir işin cahili, veya yabancısı; dışardan gelen kimse. *I am a stranger to politics. He is a stranger in/to the big city.*

strangle ['stræŋgl] *f + n* boğmak; boğazını sıkarak öldürmek. **strangulation** [stræŋgju'leifən] *i + sy* boğma ya da boğulma. *Mr Bloomfield died by strangulation.* **stranglehold 1** boğmak amacıyla boynundan yakalama (eylemi). **2** güçlü, boğucu bir hâkimiyet. *They have a stranglehold on our trade.*

strap [stræp] *i + sy* kayış, şerit, bant; dar ve uzun bir kumaş, deri, metal parçası. *He has broken the strap of his wrist watch. Some teachers still use a strap.* (= (Cezalandırmak için) bazı öğretmenler hâlâ kayış kullanıyorlar). Ayrıca *f + n* **1** kayışla bağlamak. *He strapped his books to his bicycle.* **2** kayışla dövmek. *geç. zam.* ve *ort.* **strapped. strapping** *s* iri yarı ve güçlü. *He is a strapping young man.* (*k. dil.*).

strata ['straːtə] **stratum**'un çoğul biçimi.

stratagem ['strætədʒəm] *i + sy/-sy* savaş hilesi; hile, tuzak, kurnazlık, dolap. *They used every stratagem to acquire the company.*

strategy ['strætədʒi] *i + sy/-sy* **1** düşmana karşı üstünlük sağlamak amacıyla ordu birliklerinin ve silâhlarının en iyi bir biçimde nasıl ve nerelere yerleştirileceğini planlama sanatı. **2** önceden belirlenen bir amaca ulaşmak için tutulan yol. NOT: *tactics* daha küçük askeri birliklerin savaş alanında gereğince

yönetip kullanma sanatı demektir.
strategic [strə'ti:dʒik] s stratejik. *The strategic defence of the country depends on a powerful air force.*
strategist *i + sy* strateji uzmanı.
stratum ['stra:təm] *i + sy* katman, tabaka. *We could see a stratum of lignite in the cliff face.* çoğ. biç. **strata** ['stra:tə].
stratus ['streitəs] *i-sy* katman bulut, stratus; gri renkli, alçak bir tabaka halinde uzayıp giden bir tür bulut. çoğ. biç. **strati** [st'retəi].
straw [strɔ:] **1** *i + sy/-sy* buğday, mısır, vb. gibi tahılların kuru sapı. *The hut has a roof of straw. The cattle were lying on the straw.* **2** *i + sy* pipet, kamış. *The children were sucking their milk through straws.* **the last straw/the straw that broke the camel's back** bardağı taşıran son damla. *I lost all my money. Losing my coat as well was the last straw.* (*k. dil.*).
strawberry ['strɔ:bəri] *i + sy* **1** çilek (bitkisi). **2** çilek (meyvası). **strawberry mark** doğuştan vücutta bulunan kırmızımsı bir leke.
stray [strei] *f-n* **1** konudan uzaklaşmak. *The teacher strayed from the subject of his lesson.* **2** yolunu kaybetmek; uzaklaşıp başı boş dolaşmak. *The cattle strayed from the field.* Ayrıca *i + sy/-sy* evden kaçmış çocuk; sürüden ayrılmış hayvan. *The farmer is looking for strays* (= Çiftçi kaybolmuş sığırları arıyor). *Where are the parents of these stray children?*
streak [stri:k] *i + sy* **1** farklı renklerdeki çizgi ya da şerit. *He has streaks of grey in his dark hair.* **2** eser, iz, farklı bir nitelik, özellik; umulanın aksine olan bir şey; şans. *He is a very kind man but he has a streak of cruelty. I usually do well but last night I had a streak of bad luck.* Ayrıca *f + n* yol yol boyamak; çizgiler ile kaplamak. *His face was streaked with paint.*
streaky *s* yol yol çizgili: *streaky bacon* (= üzerinde yol yol yağ damarları olan domuz pastırması).
stream [stri:m] *i + sy* **1** çay, dere; akarsu. *We crossed the stream by the bridge. The boat sailed upstream/downstream.* **2** sürekli akan herhangi bir şey. *Streams of sweat were running down his face. A stream of*

people (= insan seli) *came out of the building. Dick annoyed us with a stream of insults.* **3** (okullarda aynı yetenekteki öğrencilerin bir arada oldukları) seviye grubu (örn. A, B, C, vb. gruplar). *This is a very large secondary school with four streams in each form.* Ayrıca *f-n* **1** akmak, sel gibi akmak. *Tears streamed from her eyes.* **2** (saç, bayrak, vb.) dalgalanmak. *The flags streamed in the wind.*
streamer *i + sy* flama; ince uzun bayrak. **streamline** aerodinamik biçim; hava veya su arasından en kolay geçen bir şekil. **streamlined** *s* aerodinamik biçim verilmiş, aerodinamik: *streamlined racing car.*
street [stri:t] *i + sy* sokak, cadde. **streetcar** (*AmI*'de) tramvay. **the man in the street/the man or woman in the street** sokaktaki adam, sıradan birisi; halk, vatandaş. *If you ask the man in the street, he'll tell you that murderers ought to be hanged.* **be streets ahead of someone** birinden fersah fersah üstün, önde, ileride olmak. (*eş anl.* **way ahead**). **high street** bir İngiliz yerleşim biriminde alışverişin yaygın yapıldığı cadde, ana cadde.
strength [streŋθ] *i-sy* güç, kuvvet. *He hasn't the strength to lift it. They built a wall of great strength. The strength of whisky is greater than that of beer.* **go from strength to strength** yavaş yavaş büyüyüp gelişmek, başarılı olmak. **strengthen** *f + n/-n* güçlendirmek, kuvvetlendirmek; güçlenmek, kuvvetlenmek, güç kuvvet kazanmak. *Matthew used examples to strengthen his argument.* Ayrıca **strong**'a bkz.
strenuous ['strenjuəs] *s* büyük çaba ve gayret isteyen, güç, ağır. *He played a strenuous game of football. Digging is strenuous work.* **strenuously** *z* çok emek harcayarak.
stress [stres] *i + sy/-sy* **1** stres, sıkıntı, gerginlik; zorlama ve baskı. *He does not like the stress of life in a big city. He agreed to do it under great stress.* **2** üzerinde durma, önem. (**lay stress on** sözünde) *My parents lay great stress on honesty.* **3** vurgu; konuşma ya da okuma sırasında bir hece, veya sözcüğün diğerlerinden daha baskılı söylenmesi. *Stress is shown in this*

dictionary by the sign ('). Ayrıca *f + n* üzerinde durmak, belirtmek; vurgulamak. *I stressed the importance of coming early. The word 'happy' is stressed on the first syllable.*

stretch [stretʃ] *f + n/-n* **1** germek, uzatmak; gerilmek, uzamak. *I stretched the rope between the two posts. He stood up and stretched himself.* **2** uzayıp gitmek, yayılmak. *The plain stretches for many miles.* Ayrıca *i + sy* düz bir arazi parçası, veya su kütlesi. *The stretch of sea between England and France is called the English Channel.* **stretcher** *i + sy* sedye, teskere. *He was carried out of the house on a stretcher.* **stretcher-bearer** sedyeci. **stretch (something) out 1** (bir şeyi, örn. eli) uzatmak. *I stretched out my hand for the money. Kitty was stretched out on the beach* (= Kitty plajda uzanmış yatıyordu). **2** (bir arazi, vb. hk.) uzayıp gitmek. *From the top of the hill they could see the forest stretched out before them.*

stretcher

stricken ['strikən] **1 strike¹** fiilinin geçmiş zaman ortacı. **2** *yüks* uğramış, yakalanmış. *They were stricken with terror* (*esk. kul.*)./ *They were terror-stricken.*

strict [strikt] *s* **1** sert, katı, hoşgörüsüz. *He has strict parents. Discipline at school is very strict.* **2** tam, mutlak; harfi harfine, kesin. *This work requires strict measurement. Tell me the strict truth. He told me in strict confidence that he was going abroad.* **strictly** *z* kesinlikle, tam manasıyle. **strictness** *i-sy* sertlik, sıkılık, sıkı disiplin. **strictly speaking** doğrusunu söylemek gerekirse. *Paul's a friend of mine. Well strictly speaking my sister's friend.*

stride [straid] *i + sy* (yürürken atılan) uzun adım. *He crossed the road in a few strides. Mary was standing three strides from the gate.* Ayrıca *f + n/ -n* uzun adımlarla yürümek. *Linsay watched him striding across the road.*

They strode away/off without saying anything. geç. zam. ve *ort.* **strode** [stroud].

strident ['straidnt] *s* tiz ve hoşa gitmeyen. *He has a strident voice.*

strife [straif] *i-sy* mücadele, çekişme.

strike¹ [straik] *f + n/-n* **1** vurmak, çarpmak, çakmak, yumruk atmak. *A stone struck me on the head. He struck the nail with a hammer. He struck me (a blow) on the face.* **2** (saatler hk.) vurmak, çalmak. *The town clock has just struck six. We waited for the clock to strike.* **3** birden aklına gelivermek. *A new idea struck me.* **4** gelmek, gibi gelmek. *John strikes me as (being) honest. It strikes us that you are wrong* (= Bize öyle geliyor ki sen haksızsın). **5 (for** ile) grev yapmak. *I am sure the bus drivers will strike. They are striking for higher pay.* **6** bulmak, rastlamak. *At last we struck the main road. They hope to strike oil here. geç. zam. biç.* **struck** [strʌk]. *geç. zam. ort.* **stricken** ['strikən] (*esk. kul.*). **striker** *i + sy* **1** grevci. **2** (futbolda) ileri uç oyuncusu. **striking** *s* çarpıcı, göz alıcı. *She was wearing a striking hat.* **strikingly** *z* dikkat çekecek biçimde, derecede: *strikingly dressed.* **strike someone down** vurarak yere yıkmak, yaralamak, öldürmek, ciddi bir şekilde sakatlamak, veya yatağa düşürmek: *Kennedy was struck down by an assassin's bullet. Malaria has struck him down* (= Sıtma onu yatağa düşürdü). **strike up (something)** çalmaya başlamak. *The band struck up when the president arrived. The band struck up a tune.*

strike² [straik] **1** *i + sy/-sy* grev, iş bırakımı. *The bus drivers are on strike.* **2** *i + sy* maden, mineral, petrol bulma. *There was a gold strike here many years ago.* **3** *i + sy* (genl. bir uçak tarafından yapılan) saldırı, hücum. *They made an air strike on the enemy's position.* **strikebreaker** grev kırıcı. **strike pay** grev süresince sendikanın greve gidenlere ödediği para. **come/go out on strike** greve gitmek.

string [striŋ] *i + sy/-sy* **1** ip, sicim. *The parcel is tied with string. Have you a piece of string?* **2** bir ipe bağlanmış bir dizi (şey). *She was wearing a string* *of beads.* **3** dizi, sıra. *A string of people stood outside. There is a string of islands off the coast of Japon.* **4** saz teli, kriş. *I need a new string for my guitar.* **5** (*çoğ. biç.*) bir orkestradaki telli çalgılar takımı. **string bean** çalıfasulyesi. (Genellikle **French bean**).

stringent ['strindʒənt] *s* uyulması gereken; sıkı, sert. *There is a stringent rule against talking during an examination.* **stringency** *i + sy/-sy* sıkılık; para darlığı.

strip [strip] *f + n/-n* **1** soyunmak, üstünü çıkarmak. *The doctor told me to strip.* **2** soymak, elbiselerini çıkarmak. *I stripped off my shirt.* **3** kazıyarak üstünden çıkarmak. *They are stripping the paint from/off the wall.* **4** soymak, soyup soğana çevirmek. *The thieves stripped me of all my money. geç. zam.* ve *ort.* **stripped.** Ayrıca *i + sy* uzun ve ensiz bir parça: *strip of land; strip of cloth.* **strip cartoon** resimli öykü. **strip tease** striptiz; genç bir kadın oyuncunun (genl. müzik eşliğinde) dans edip soyunarak yaptığı gösteri. **strip club** *i + sy* striptiz yapılan gece kulübü. **strip something down** (bir motor hk.) parçalarını sökmek (örn. tamir etmek, veya temizlemek için).

stripe [straip] *i + sy* (genl. değişik renklerde) uzun ve dar bir şerit, veya işaret, çubuk, yol, çizgi. *He was wearing a white tie with black stripes.* **striped** *s* çizgili, yollu: *striped tie.*

strive [straiv] *f + n/-n* **1** uğraşmak, çalışmak, çabalamak. *They are striving to win.* **2** (**for** ile) ele geçirmek için çabalamak. *Most people strive for wealth.* **3** (**against** ile) (bir şey) ile mücadele etmek, savaşmak. *A doctor is always striving against disease.* şim. *zam. ort.* **striving.** *geç. zam. biç.* **strove** [strouv]. *geç. zam. ort.* **striven** ['strivən].   •

strode [stroud] **stride** fiilinin geçmiş zaman biçimi.

stroke¹ [strouk] *i + sy* **1** vuruş, darbe. *He cut the log in half with one stroke of his axe. The golfer reached the hole in four strokes.* **2** inme, felç. *He has not been able to walk or speak since he had a stroke.* **3** çaba, hareket. *He did not do a stroke (of work) last week.* **4** beklenmedik bir şey, gayret,

veya rastlantı sonucu ortaya çıkan bir şey. *It was a stroke of luck that we met here.*

stroke² [strouk] *f + n* okşamak, sıvazlamak. *Cats like being stroked. His mother stroked his hair.* Ayrıca *i + sy* kalem, veya fırça darbesi. *With one stroke of his pen he changed the number. He painted the picture in a few strokes.*

stroll [stroul] *f-n* (genl. zevk için) dolaşmak, gezinmek. Ayrıca *i + sy* gezme, gezinme, dolaşma. *We went for a stroll. We took a stroll.*

strong [strɔŋ] *s* **1** (insanlar hk.) (bedence ve akılca) güçlü, kuvvetli. *He has very strong arms. She hasn't a very strong will.* (*karş.* **weak**). (*eş anl.* **powerful**). **2** (eşyalar ve cisimler hk.) sağlam, dayanıklı, kolayca kırılmaz. *I need a strong box for my books. The walls of the castle are strong.* (*eş anl.* **sturdy, tough**). **3** güçlü, etkili, kuvvetli. *There was a strong smell of gas in the room. The strong light of the sun made him shut his eyes. He has a strong desire to meet you.* **4** (sıvılar hk.) sert, keskin; koyu: *strong coffee; strong tea. This drink is rather strong. My I have some more water in it?.* **5** (insanlar hk.) sağlıklı, sağlam. *He is not a strong boy. I hope to be strong again after I have had a holiday.* (*karş.* **weak**). **strongly** *z* kuvvetle, kuvvetli bir şekilde. *I would strongly advise you against such an action.* Ayrıca **strength**'e bkz. **strongarm** *s* zor kullanan, kaba kuvvet kullanan, kabını zorunu kuvvetli. *They began by offering protection against the gang's strong-arm tactics.* **stronghold** *i + sy* kale, müstahkem mevki. *They were resuming their air raids on guerrilla strongholds in the south of the country.* **strongroom** para ve diğer kıymetli eşyaların saklandığı oda. *Most banks have a strongroom.*

strove [strouv] **strive** fiilinin geçmiş zaman biçimi.

struck [strʌk] **strike** fiilinin geçmiş zaman biçimi.

structure ['strʌktʃə•] **1** *i + sy* (özl. büyük bir) bina. *The city hall is a large stone structure.* **2** *i + sy/-sy* yapı; kuruluş biçimi. *They are studying the structure of the atom. The human body is a wonderful structure.* **struc-**

tural s yapısal; bina, veya yapıya ait. *These compounds have a structural similarities to penicilin.*

struggle ['strʌgl] *f + n* mücadele etmek; boğuşmak; çabalamak, uğraşmak. *The two boys struggled on the ground. We had to struggle against/ with poverty and diease.* Ayrıca *i + sy* mücadele, uğraş, uğraşma, çaba. *She feels that she will have to give up the struggle.*

strum [strʌm] *f + n/-n* telli bir çalgıyı, (çoğk. beceriksizce acemice) çalmak; tıngırdatmak. *He was strumming (on) his guitar. He was strumming a popular tune on his guitar. geç. zam.* ve *ort.* **strummed.**

strut [strʌt] *f-n* caka satarak, veya kurumla yürümek. *He struts about as if he owned the place. She strutted across the stage to collect her prize. geç. zam.* ve *ort.* **strutted.**

stub [stʌb] *i + sy* kullanıldıktan sonra bir şeyin arta kalan kısa ucu, örn. sigara izmariti, kalem dibi, dip koçanı, makbuz koçanı: *stub of a cheque book. He threw away the stub of his cigaratte. He was writing with the stub of a pencil.* **stub out** (sigara, veya puroyu) bastırarak söndürmek. (*eş anl.* **extinguish**). **stubby** s kısa ve bodur. *The bird was frantically beating its stubby wings.*

stubble ['stʌbl] *i-sy* 1 ekin biçildikten sonra toprakta kalan köklü sap. *The stubble was burning on the harvested fields.* 2 yüzdeki uzamış kısa sakal. *He should shave the stubble off his face.*

stubborn ['stʌbən] *s* 1 inatçı. *He is a very stubborn man.* 2 sert, çetin; hareket ettirilmesi ya da değiştirilmesi, vb. zor: *stubborn fight. The nuts and bolts on the wheel were stubborn.* **stubbornly** z inatla, ayak direyerek. **stubbornness** *i-sy* inatçılık. *She had a streak of stubbornness.* (*eş anl.* **obstinate**).

stuck [stʌk] **stick¹** fiilinin geçmiş zamanı ve ortacı. **stuck-up** burnu havada, kendini beğenmiş, herkese yukarıdan bakan. *She's too stuck-up to even talk to us!*

stud¹ [stʌd] *i + sy* 1 düğme, kullanılan bir çeşit tutturucu; takılıp çıkarılabilen kol ya da yaka düğmesi. 2 iri başlı çivi; krampon, kabara, vb. *Football boots have studs in the soles. The gate is covered with iron studs.* Ayrıca *f + n* iri başlı çiviler çakmak; krampon, kabara, vb. çakmak. *Get your football boots studded.*

stud² [stʌd] *i + sy* hara; at üretilen çiftlik. **stud farm** at üretme çiftliği, hara.

student ['stju:dnt] *i + sy* (özl. üniversite, veya kolejde okuyan) öğrenci. NOT: (*Brl*'de) bir okulda okuyan bir okul çocuğuna, yani öğrenciye *pupil* denir. (*Aml*'de ise) okul, üniversite, veya kolej farketmez, herkese *student* denir ve *pupil* da çoğunlukla kullanılmaz.

studio ['stju:diou] *i + sy* 1 stüdyo; sanat çalışmaları için düzenlenmiş oda. 2 stüdyo; sinema, ve televizyon için film çekilen, veya radyo için program yapılan yer. 3 stüdyo; radyo ya da televizyon yayınları yapılan bir oda. *çoğ. biç.* **studios**. **studio/studio flat/ studio apartment** *i + sy* tek odalı, ufak bir mutfağı ve banyosu olan küçük apartman dairesi. **studio audience** bir televizyon, veya radyo programı yapılırken stüdyoda bulunan ve alkışları, gülmeleri banda alınan seyirci.

studious ['stju:diəs] *s* çoğu zamanını okuyarak, inceleme yaparak, çalışarak geçiren; çalışkan ve sessiz. *My daughter was very quiet, a studious girl.* **studiously** z çalışarak, gayret göstererek.

study¹ ['stʌdi] *i + sy/-sy* 1 çalışma, okuma, öğrenme, araştırma, inceleme. *He is making a study of ancient history. I shall not end my studies when I leave school.* 2 inceleme, dalı, araştırma konusu. *Biology is the study of living things.* 3 çalışma odası. *In this college each student has a study.*

study² ['stʌdi] *f + n/-n* 1 çalışmak, okumak, öğrenmek. *Jane is studying German.* 2 dikkatle incelemek, araştırmak, tetkik etmek. *He studied my face before he answered. Several groups of gorillas have been studied for many years. geç. zam.* ve *ort.* **studied**. **studied** *s* mahsus yapılmış, düşünerek yapılmış, kasıtlı, maksatlı. *What she said to me was a studied insult.*

stuff¹ [stʌf] *i + sy/-sy* 1 kumaş, bez;

madde. *Her coat is made of silk and other expensive stuffs. Whisky is strong stuff.* 2 şey; (adı veya ne olduğu pek bilinmeyen bir şey için kullanılır). *What stuff have you (got) in your bag? He brought me some stuff to read.* (2. anlamı *k. dil.*). **stuffed shirt** kendini beğenmiş; resmiyete aşırı önem veren ve eski âdetlere bağlı kimse. (*karş.* **live wire**).

stuff² [stʌf] *f + n* 1 sokup doldurmak, tıka basa doldurmak, tıkmak, tıkıştırmak. *He stuffed his clothes into the bag. I stuffed the box with books. I have a stuffed-up nose* (= Nezle olduğum için burnum tıkanmış). 2 (canlı gibi görünmesi için, kuş, vb. bir hayvanın) içini doldurmak. 3 (bir kümes hayvanının, veya bir etin) içini (genl. baharatlı bir karışımla doldurmak, dolma yapmak) doldurmak. **stuffing** *i-sy* dolgu maddesi; dolma içi. *The stuffing came out of the torn pillow. We had stuffing with our Turkey at Christmas.*

stuffy ['stʌfi] *s* 1 (bir oda, vb. hk.) sıcak ve havasız. *It's a bit stuffy in here, I'm afraid.* 2 (insanlar hk. sıkıcı, nükteden anlamaz. (2. anlamı *k. dil.*). **stuffiness** *i-sy* havasızlık, havası bozukluk; resmiyet, kibirlilik.

stumble ['stʌmbl] *f-n* tökezlemek. *I stumbled over the stone on the road. The man stumbled and fell.* **stumbling block** hareketi engelleyen veya güçlük çıkaran bir şey.

stump [stʌmp] *i + sy* 1 bir ağacın kesildikten sonra toprakta kalan kısmı. 2 bir kolun, bacağın kesildikten sonra geriye kalan kısmı; kurşun kalemin kullanıldıktan sonra geriye kalan dip kısmı; herhangi bir şeyin geriye kalan güdük kısmı. *The stump of a pencil. He has no arms, only stumps.* Ayrıca *f + n* şaşırtmak, zor duruma düşürmek. *This problem stumped us.* (*k. dil.*).

stun [stʌn] *f + n* 1 kafasına vurarak sersemletmek. 2 şaşırtmak, afallatmak. *The bad news stunned me. geç. zam. ve ort.* **stunned. stunning** *s* çok şaşırtıcı, veya çok güzel: *stunning news; stunning blonde. It was such a stunning dress that everyone in the room turned to look at her.*

stung [stʌŋ] **sting²** fiilinin geçmiş zamanı ve ortacı.

stunk [stʌŋk] **stink** fiilinin geçmiş zamanı ve ortacı.

stunt¹ [stʌnt] *f + n* tam olarak büyümesini engellemek; bodur bırakmak. *The children have been stunted by disease.*

stunt² [stʌnt] *i + sy* hüner gösterisi, dikkati çekmeye yönelik bir hareket; tehlikeli bir bedensel hareket. **stunt man** dublör (erkek), **stunt woman** dublör (kadın).

stupefy ['stju:pifai] *f + n* sersemletmek; çok şaşırtmak. *The sudden loss of all our money stupefied us.*

stupendous [stju:'pendəs] *s* etkileyici, harikulade, büyük bir hayranlık, veya şaşkınlığa neden olan; heybetli, şaşılacak kadar büyük. *The amount of work he did was stupendous.*

stupid ['stju:pid] *s* ahmak, aptal, budala; saçma. *Don't make stupid mistakes. He is a stupid man who finds it difficult to understand the problem.* (*karş.* **wise, sensible**). (*eş anl.* **foolish**). **stupidly** *z* budalaca, ahmakça. **stupidity** [stju:'piditi] *i + sy/ -sy* budalalık, ahmaklık.

stupor ['stju:pə*] *i + sy/-sy* (hastalık, ilaç, veya şok nedeniyle) kendinde olmama, baygınlık. *The drunk man was lying on the ground in a stupor.*

sturdy ['stə:di] *s* 1 güçlü kuvvetli, sağlam. *He is a sturdy boy. They put up a sturdy defence against a better team.* 2 dostlarına karşı sadık, inanç ve düşüncelerinde kararlı ve dönmez. **sturdily** *z* kuvvetle; kararlı bir biçimde. **sturdiness** *i-sy* kuvvetlilik, sebat.

stutter ['stʌtə*] *f + n/-n* kekelemek, güçlükle konuşmak. *P-p-please m-m-may I g-g-go.* Ayrıca *i + sy* kekeleme, kekemelik. *He speaks with a stutter.*

sty¹ [stai] *i + sy* domuz ahırı. *çoğ. biç.* **sties.** (*eş anl.* **pigsty**).

sty², stye [stai] *i + sy* arpacık; göz kapağının kenarında çıkan küçük kan çıbanı. *çoğ. biç.* **sties** veya **styes.**

style [stail] *i + sy/-sy* 1 üslup, usul, tarz. *He has a style (of writing) like that of Dickens. The house is built in the Victorian style.* 2 tarz, biçim; moda; eda, hava. *I like the style of your new coat. They lived in Japan in Japanese style. He does things in style.* **stylish** *s* şık, zarif, modaya uygun: *stylish clothes.* **stylishly** *z* modaya uygun olarak.

stylus ['stailəs] *i + sy* plâk iğnesi, pikap iğnesi. (*eş anl.* **needle**).

suave [swa:v] *s* hoş, nazik; tatlı ve yumuşak davranışlı: *a suave young man.*

sub¹ [sʌb] *i + sy* 1 (bir oyunda, örn. futbolda) yedek oyuncu. *Liverpool brought on their sub at half-time.* (*eş anl.* **substitute**). 2 denizaltı. (*eş anl.* **submarine**).

sub-² [sʌb] *ön-ek* altında; (bir şey) altı; hemen hemen, örn. **subnormal** normal altı; **subtropical** astropikal.

subconscious ['sʌb'kɔnʃəs] *s, i-sy* **conscious**'a bkz.

subdivide ['sʌbdi'vaid] *f + n/-n* tekrar daha küçük parçalara bölmek. *The country is divided into provinces and the provinces are subdivided into districts.* **subdivision** ['sʌbdiviʒən] *i + sy/-sy* alt bölüm. *A district is the subdivision of a province.*

subdue [səb'dju:] *f + n* 1 boyun eğdirmek, itaat altına almak, bastırmak. *The country was subdued by the enemy.* 2 (korkusunu, neşesini, vb.) bastırmak, yatıştırmak. 3 (ışığın şiddetini, bir şeyin parlaklığını) hafifletmek, azaltmak. **subdued** *s* yumuşak, tatlı; daha az güçlü, veya parlak. *They spoke in subdued voices. The colours of the dress are subdued.*

subject¹ ['sʌbdʒikt] *s* başka birisi tarafından yönetilen, buyruk altında bulunan: *the subject people of colonies.* **subject to** *s/z* bağlı, tabi; ara sıra çeken, uğrayabilir. *He is subject to headaches. We are all subject to the rules of the school. He will do it subject to his father's consent.*

subject² ['sʌbdʒikt] *i + sy* 1 uyruk, tebaa. *They are British subjects.* 2 konu, mevzu; ders. *The subject of their conversation was the war. He has written about/on many subjects in his books. In a primary school the main subjects are reading, writing and arithmetic.* 3 kobay; bir bilimsel araştırma için seçilmiş bir kimse ya da hayvan. *The new drug was given to hundreds of subjects before it was finally approved.* 4 söz konusu; bir alay konusu. *I won't be the subject of their jokes. Human suffering is always a subject for pity.* 5 (dilb). özne; bir cümlede bildirilen eylemi

yapan, veya yüklemin bildirdiği durumu üzerine alan kimse, veya şey: *Mark gave me a book* cümlesinde *Mark* özne olup *me* ve *a book* da nesneleridir.

subject³ [səb'dʒekt] *f + n* 1 hükmü, veya denetimi altına almak, boyun eğdirmek. *This country was once subjected to foreign rule.* 2 uğratmak, mecbur tutmak, tabi tutmak. *She subjected us to a very difficult test. They will subject themselves to criticism if they make any more mistakes.* **subjection** *i-sy* boyun eğme. *The aim was the subjection of all their enemies. The country was held/kept in subjection until it gained independence.*

subjective [səb'dʒektiv] *z* kişisel, şahsi; subjektif, öznel. *The writer of the book has a very subjective view of modern life.* (*karş.* **objective**). **subjectively** *z* öznel olarak. *I'm too subjectively bound up with the work.*

subjunctive [sʌb'dʒʌŋktiv] *s* dilek-şart kipi ile ilgili. Ayrıca *i + sy* dilek-şart kipi.

NOT: *If you were a king, you would live in a palace* (= Eğer bir kral olsan sarayda otururdun) cümlesinde *were* ve *would* dilek-şart kipidirler.

Dilek-şart kipiyle kurulmuş bazı diğer örnek cümleler şunlardır:
It is urgent that he be warned at once.
They insisted that he be dismissed at once.
She demanded that he be given another chance.
They requested that he leave the country at once.
The doctor suggested that the patient should stop smoking.
God bless you! So be it!
I wish it was spring already!
I wish I were ten years younger.
I wish I could help you.
I wish that I had said that.
I have often wished that I had studied more mathematics in college.

sublet ['sʌb'let] *f + n/-n* kiraladığı bir mülkü bir başkasına kiraya vermek. *geç. zam.* ve *ort.* **subletted** veya **sublet**.

sublime [sə'blaim] *s* 1 yüce, ulu; harikulade; hayranlık uyandıran. *The view from the mountain was sublime.* 2 hayret verici, insana hayret veren;

---

1 Biri diğerini tamlayan cümleciklerden (**clauses**) meydana gelmiş söz dizisine bileşik cümle (**complex sentence**) denir. **2** Bileşik cümlede, temel düşünceyi bildiren cümleciğe, temel cümlecik (**main clause**), bunu tamlayan düşünceyi belirtene de yan cümlecik (**subordinate clause**) denir. **3** Yan cümlecik iki, veya daha çok olabilir. Örnekler:

MAIN CLAUSE	SUBORDINATE CLAUSE
The results are	**what** interest me.
He was absent from class	**because** he was sick.
Please return this book	**after** you have read it.
Be sure to check out	**before** you leave the hotel.
Telephone me	**as soon as** you get home.
I want to live	**where** he goes.
I know the girl	**who** lives here.

4 Üç cins yan cümlecik vardır: (**a**) sıfat cümleciği (**adjective/relative clause**), (**b**) zarf cümleciği (**adverb clause**), (**c**) isim cümleciği (**noun clause**).

---

büyük şaşkınlık yaratan. *He has a sublime confidence in himself.* **sublimely** *z* son derece. *He is sublimely confident.*

submarine [sʌbməˈriːn] *i+sy* denizaltı. *A submarine can travel below the surface of the sea as well as on top of it.* (eş anl. **sub**).

submerge [səbˈmɜːdʒ] *f+n/-n* suya, veya benzeri bir sıvıya batırmak; batmak, dalmak; daldırmak. *The crocodile submerged when it saw the boat. He submerged his hands in warm water.*

submit [səbˈmit] *f+n/-n* **1** boyun eğmek, teslim olmak; pes etmek. *After being defeated they submitted to the enemy. The enemy made them submit.* (eş anl. **give in, yield**). **2** sunmak, görüşe arz etmek. *You must submit your request to the committee.* **3** ileri sürmek, söylemek, beyan etmek. *He submits that he is not to blame.* şim. zam. ort. **submitting.** geç. zam. ve ort. **submitted. submission** *i+sy/-sy* **1** boyun eğme, teslim oluş. *The enemy forced them into submission.* **2** ileri sürme, önerme; söyleme, beyan. *It is his submission that he is not to blame.* **submissive** *s* boyun eğmeye hazır; itaatli.

subnormal [ˈsʌbˈnɔːml] *s* normal altı: *subnormal intelligence.*

subordinate [səˈbɔːdinət] *s* rütbe, veya önem bakımından daha aşağıda; ast, aşağı, alt, ikincil. *In the army a captain is subordinate to a major. This is our main aim; all the other aims are subordinate to it.* Ayrıca *i+sy* ast rütbedeki kimse. Ayrıca [səˈbɔːdineit] *f+n* ikinci dereceye koymak, tabi kılmak, birisinin emri altına vermek. **subordinate clause** yan cümlecik.

NOT: *Hollywood is a place which fascinates many people* ve *Mary wants to know if James like to go swimming with her* bileşik cümlelerinde *which fascinates many people* ve *if James like to go swimming with her* yan cümleciklerdir.

subordinating conjunction için **conjunction**'a bkz. Ayrıca **complex**'e de bkz.

subpoena [səˈpiːnə] *i+sy* celp; mahkemece dava edene, edilene ve tanıklara gönderilen çağrı kağıdı. Ayrıca *f+n* cclp etmek. *The editorial director was subpoenaed by the prosecution.*

subscribe [səbˈskraib] *f+n/-n* **1** (özel bir amacı desteklemek için) para ödemek, bağışta bulunmak. *We have subscribed £10 to the fund for poor* *children.* **2** bir gazeteye, dergiye, vb. abone olmak. *I subscribe to one daily newspaper and one weekly magazine.* **3** onaylamak, tasvip etmek. *I cannot subscribe to the belief that the government is always wrong.* **subscriber** *i+sy* 1 abone. **2** telefon abonesi. **subscription** [səb'skripʃən] *i+sy/-sy* 1 aidat, abone ücreti. **2** abone olma. **3** yardım, bağış. *They hope to get the rest of the money for the new library by subscription.*

subsequent ['sʌbsikwənt] *s* sonraki, takip eden. *Subsequent events proved that he was right. The story will be continued in subsequent chapters.* **subsequently** *z* sonradan, bunu takiben. *He was arrested and subsequently sentenced to ten years' imprisonment.*

subside [səb'said] *f-n* 1 yeniden normal düyezine gelmek, alçalmak. *The river subsided when the rain stopped.* **2** hafiflemek, yatışmak. *The wind has subsided. His anger soon subsided.* **subsidence** ['sʌbsidns] *i+sy/-sy* alçalma, çökme.

subsidiary [sʌb'sidiəri] *s* yardımcı, ek. *My work as an assistant is subsidiary to the work of the senior staff. I study French with German as a subsidiary subject.* Ayrıca *i+sy* yardımcı olan herhangi bir kimse, veya şey.

subsidy ['sʌbsidi] *i+sy* sübvansiyon; (özl. hükümet tarafından) fiyatları, alçak, veya yüksek tutmaya, vb. yardım etmesi için bir endüstri dalına ya da başka bir ülkeye verilen para. *In Britain and the USA, farmers receive subsidies from the government to grow certain crops.* **subsidize** ['sʌbsidaiz] *f+n* sübvansiyon yapmak.

subsistence [səb'sistns] *i-sy* yaşama, geçinme, varlığını sürdürme. *Selling papers was the cripple's only means of subsistence.*

subsonic ['sʌb'sɔnik] *s* ses süratinin altında, yani saatte 1206 km. altında. (karş. **supersonic**).

substance ['sʌbstns] *i+sy/-sy* 1 madde. *Carbon is a substance found in many forms.* **2** öz, esas; bir tartışmanın, bir konuşmanın, bir kitabın en önemli noktası. *The substance of his speech was that the country was in danger.* **3** varlık, servet. *He is a man of substance.* **4** sağlamlık; önem. *There*

is not much substance in what he says (=Söyledikleri pek doğru/ önemli değil). **substantial** [səb'stænʃl] *s* 1 büyük, muazzam. *The treasure hunters found a substantial fortune hidden away.* **2** sağlam, dayanıklı. *The walls were substantial and did not fall.* **3** varlıklı, zengin. *Several substantial landowners live here.* **4** gerçek. *He has substantial evidence for his claim.* (karş. **insubstantial**). **substantially** *z* 1 esas itibariyle. *Society has remained substantially unchanged for many years.* **2** hayli. *The price may go up quite substantially.*

substandard ['sʌb'stændəd] *s* belirli düzeyin altında.

substantiate [səb'stænʃieit] *f+n* ispat etmek, doğruluğunu kanıtlamak. *He had with him a letter from his doctor to substantiate his statement that he had been ill.* (eş anl. **confirm**).

substitute ['sʌbstitju:t] *i+sy* başka birisi, veya bir şeyin yerini tutan bir kimse ya da şey. *Because he is ill, I am playing as his substitute in the football match. The thief substituted a fake for the diamond.* (eş anl. **sub**). Ayrıca *f+n/-n* yerini almak, yerine geçmek; birisini, veya bir şeyi başka birisinin ya da bir şeyin yerine koymak. *I am substituting for him in the football match. Let us substitute x for y in the equation.* **be no substitute (for)** ...-in yerini tutmamak, yerine geçmemek. *This was no substitute for a proper communications system. The pub was no substitute for a luxury hotel.* **be a poor substitutu (for)** ...-in yerini şöyle böyle tutmak, pek tutmamak. *Text and pictures are poor substitutes for personal tuition.* **substitution** [sʌbti'tju:ʃən] *i+sy/-sy* bir başkasının yerine koyma, bir başkasının yerini alma; başka bir şeyin yerine kullanma.

subterfuge ['sʌbtəfju:dʒ] *i+sy/-sy* hile, kurnazlık; bahane, kaçamak. *He says he is ill, but it is really a subterfuge to stay in bed instead of going to school.* (eş anl. **deception**).

subterranean [sʌbtə'reiniən] *s* yeraltı: *a subterranean river/building.*

subtitle ['sʌbtaitl] *i+sy* 1 bir kitabın asıl isminin altına basılan (genl. daha açıklayıcı) diğer adı. **2** filimlerdeki alt yazı. *They saw a French film with English subtitles.*

subtle ['sʌtl] *s* 1 anlaşılması, veya tanımlanması zor, ince, gizli. *There is a subtle difference between the two words.* 2 zeki ve kurnaz. *They are using subtle methods to get what they want.* **subtly** *z* incelikle; ustaca, mahirane; kurnazca. **subtlety** *i+sy/-sy* incelik, kurnazlık, cin fikirlilik.

subtract [səb'trækt] *f+n* çıkarmak. *If you subtract 4 from 6 you get 2.* (*eş anl.* **deduct**). **subtraction** *i+sy/-sy* çıkarma (işlemi). *The difference is found by subtraction.*

subtropical ['sʌb'trɔpikl] *s* astropikal; tropikanın yanında yer alan.

suburb ['sʌbə:b] *i+sy* (çoğk. *çoğ. biç.*) bir şehrin, veya kasabanın dış mahallesi; banliyö. *I would rather live in a waterside suburb.* **suburban** [sə'bə:bən] *s* banliyö ile ilgili veya banliyöde yaşayan. *It is quicker to go to our suburban cinema.* **suburbia** [sə'bə:biə] *i-sy* 1 banliyo yaşamı (genl. kültür ve ince zevklerden yoksun olarak düşünülür). *He hates suburbia and all it stands for.*

subvert [səb'və:t] *f+n* halkın inancını, veya güvenini sarsarak, yok ederek (bir iktidarı) devirmek, yıkmak, (bir takım inançları) yok etmek, altüst etmek. **subversive** [səb'və:siv] *s* bozguncu, yıkıcı. *He was arrested for making a subversive speech to the soldiers.* **subversion** [səb'və:ʃən] *i-sy* yıkma, devirme, altüst etme, tahrip; yıkılma, devrilme.

subway ['sʌbwei] *i+sy* 1 altgeçit, yeraltı geçiti. 2 (çoğk. *AmI*) metro, tünel (*BrI*'de **underground**). (*eş anl.* **tube**).

succeed [sək'si:d] *f+n/-n* 1 başarmak, muvaffak olmak. *The plan has succeeded. He succeeded in (passing) the examination.* 2 (birisinin) yerine geçmek; halef olmak, halef selef olmak; vâris olmak, tahta vâris olmak; izlemek, hemen arkasından gelmek, veliaht olmak. *Mr Jones will succeed Mr Brown as headmaster. The Queen succeeded her father to the throne.*

success [sək'ses] *i+sy/-sy* başarı, muvaffakiyet. *We are very pleased with your success in the examination. I tried to meet him but without success. The school had several successes in the games.* (*eş anl.* **achievement**). suc-

cessful *s* başarılı. *The operation was completely successful.* (*karş.* **unsuccessful**). **successfully** *z* başarıyla.

succession [sək'seʃən] *i+sy/-sy* 1 ard arda geliş; birbirini izleyen bir sürü insan, veya şey. *Last week we had a succession of visitors.* 2 yerine geçme, birisinden sonra bir makama, veya göreve gelme. *The eldest son has succession to his father's property.* **successive** *s* ard arda gelen, üst üste. *It has rained for three successive days.* on *successive days.*

successor [sək'sesə*] *i+sy* halef, vâris. *Mr Jones is the headmaster's successor.*

succinct [sək'siŋkt] *s* kısa, öz.

succulent ['sʌkjulnt] *s* sulu ve lezzetli. *I just had a ripe and succulent peach.* (*eş anl.* **mouth-watering**).

succumb [sə'kʌm] *f+n/-n* 1 yenilmek, dayanamamak, pes etmek. *At last he succumbed to our desire to go.* 2 (yüzünden) ölmek. *The man succumbed, to the injuries he received in the accident.*

such [sʌtʃ] *s/belirten/zamir* 1(**as** ile) böyle, öyle, bu gibi; aynı türden. NOT: aşağıdaki örneklerde de görüleceği gibi *a* belgisiz harfi tarifi *such* sözcüğünden sonra gelmektedir, ama *all, many, no* ve *some* sözcükleri ise *such*'tan önce gelmektedir. *Such books (as these) are useful* (=(Bunlar gibi) böyle kitaplar faydalıdır). *Such a book is useful. All such books are useful. He bought a dictionary or some such book. Boys such as John and James are very friendly. Such boys as John and James are very friendly.*

2 o kadar çok, bu kadar, bu derecede. *He is such a kind man. We have never seen such a big town.* 3 sözü edilmiş türden; bu, veya şu; bunlar, veya şunlar; böyle, veya şöyle. *Such is my wish* (=Benim (de) dileğim böyle). *Such was the way he spoke to us* (=Bizimle konuşma şekli (de) böyleydi). 4 sözü edilmiş bir şey, veya kimse; böyle, veya şöyle. *I haven't much money but you can use such as I have* (=Fazla param yok, ama dediğin kadarını kullanabilirsin). *He is my father and as such can tell me what to do* (=O benim babam ve babam olduğu için de ne yapmam gerektiğini söyleyebilir).

suchlike *s* böylesi, bu gibi, bu türden. *He admires football players and suchlike people.* (*k. dil.*). **such-and-such** *s* filan, falan. *If he arranges to come on such-and-such a day we shall see him.* (*k. dil.*).

suck [sʌk] *f+n/-n* **1** (bir sıvıyı) emmek. *He sucked the juice from the orange. I sucked the blood from my finger. The baby was sucking its bottle.* **2** emerek yemek. *You must not suck sweets in class.* **suck up to** çanak yalayıcılığı yapmak; istediğini elde edinceye kadar ayıya dayı demek. *We thought if we sucked up to the teacher he would let us go early.*

sucker ['sʌkə*] *i+sy* **1** emici uzuv; bazı hayvanların bir yüzeye tutunmak için kullandıkları bir organ. **2** emme yöntemi ile bir yüze yapışan parça: *toy arrows with suckers on the end.* **3** enayi, avanak. *Sue'd believe anything —she's such a sucker.* (3. anlamı *k. dil.*)

'SUCKERS

suckle ['sʌkl] *f+n/-n* (insanın bebeğine, hayvanın yavrusuna) meme vermek, emzirtmek; meme emmek, emzirmek. *Cows are allowed to suckle their calves. It still comes back to the mother to suckle.*

suction ['sʌkʃən] *i-sy* emme. *Many pumps work by suction.*

sudden ['sʌdn] *s* ani, beklenmedik. *His sudden death shocked everybody. She gave a sudden smile.* **suddenly** *z* birdenbire, ansızın. **suddenness** *i-sy* anilik, birdenbire ortaya çıkış. **all of a sudden** için **all'** bkz.

suds [sʌdz] *i* çoğ sabun köpüğü.

sue [su:] *f+n/-n* dava açmak, dava etmek. *If you don't pay me the money, I'll sue you.*

suede [sweid] *i-sy* süet; yumuşak, yüzü ince havlı bir deri. Ayrıca *s* süet, süetten yapılma. *Dick was wearing suede shoes.*

suffer ['sʌfə*] *f+n/-n* **1** (acı, ağrı, vb.) çekmek. *We could see that the injured man was suffering. If you are lazy, only you yourself will suffer.* **2** (cansıkıcı bir şeye) katlanmak, çekmek. *The army suffered great losses in the battle* (=Ordu savaşta ağır zayiat verdi). *They have suffered hunger and thirst.* **3** tahammül etmek, katlanmak. *Their parents refused to suffer their bad manners.* **suffering** *i+sy/-sy* acı, ızdırap, çile: *the sufferings of the wounded men. The doctor gave the young girl a morphine injection to relieve her suffering.* **sufferer** *i+sy* acı çekmekte olan; acı çeken; hasta, rahatsız: *sufferers of chronic disease.*

suffice [sə'fais] *f+n/-n* yeterli olmak, yetmek, yetişmek, kâfi gelmek. *If the weather is cold, your thin coat will not suffice.* (*r. kul.*). **sufficient** [sə'fiʃənt] *s* yeterli, kâfi. *Jonathan has sufficient knowledge for the work.* (*karş.* **insufficient**). **sufficiently** *z* kâfi derecede, yeterince.

suffix ['sʌfiks] *i+sy* son-ek; bir sözcüğün sonuna eklenerek yeni bir sözcük, veya anlam elde etmeye yarayan harf ya da harf grubudur, örn. *play—playful.* NOT: İngilizcede en yaygın olarak kullanılan son-ekler şunlardır:
-able : *comfort—comfortable*
-age : *break—breakage*
-ance : *appear—appearance*
-ation : *relax—relaxation*
-ed : *happen—happened*
-ee : *absent—absentee*
-ence : *exist—existence*
-er : *murder—murderer*
-est : *high—highest*
-ful : *wonder—wonderful*
-ing : *go—going*
-ion : *impress—impression*
-ish : *fool—foolish*
-ist : *special—specialist*
-ize : *civil—civilize*
-less : *heart—heartless*
-ly : *sudden—suddenly*
-ment : *govern—government*
-ness : *good—goodness*
-or : *profess—professor*
-ous : *zeal—zealous*
-s : *begin—begins*
-y : *luck—lucky*
çoğ. biç. **suffixes**. (*karş.* **prefix**).

suffocate ['sʌfəkeit] *f + n/-n* boğmak, nefesini kesmek. *He suffocated the sleeping man with a pillow. Three children suffocated when the house caught fire.* **suffocation** [sʌfə'keiʃən] *i-sy* boğulma.

sugar ['fugə*] *i-sy* şeker. *Do you take sugar in your tea?* Ayrıca *f + n* içine şeker koymak; tatlandırmak. **sugary** *s* içinde şeker bulunan; şekerli. **sugar beet** şeker pancarı. **sugar cane** şeker kamışı. **sugared almond** badem şekeri. **sugar lump** kesme şekeri.

sugar cane

suggest [sə'dʒest] *f + n* 1 öne sürmek, teklif etmek. *I suggest that we tell him. He suggested London for their meeting.* 2 telkin etmek; akla getirmek. *His large house suggests wealth. Another way to find out has suggested itself to me (= Bunu bulup öğrenmenin başka bir yolu aklıma geldi)* **suggest** on *i + sy/-sy* 1 öneride bulunma (işi); öneri, teklif. *Any suggestions for the concert? We did it on his suggestion. İ işaret iz. There was a suggestion of anger in his voice.* **suggestive** *s* 1 insanın aklına yer düşünceler getiren; telkin edici; fikri verici. *Their clothes were suggestive of poverty.* 2 açık saçık, müstehcen. *He made suggestive remarks to the ladies.*

suicide ['su:isaid] 1 *i + sy* intihar ederek kendini öldüren kimse. *A typical suicide is a late middle-aged man.* 2 *i + sy/-sy* intihar. *In some countries suicide is a crime. The number of suicides has increased.* **commit suicide** intihar etmek. *He commited suicide when he was quite young.* **attempt**

suicide intihara teşebbüs etmek. 3 *i-sy* mahvedici bir hareket, felâkete neden olan bir hareket. *If he does this it will be professional suicide.* **suicidal** [su:i'saidl] *s* intihara yönelik, veya ait. *She has suicidal tendencies.* **suicide pact** için **pact'a** bkz.

suit[1] [su:t] *i + sy* 1 takım elbise; tay-yör: *man's suit; woman's suit.* 2 dava. *They brought a suit against him for not paying the money.* 3 (iskambilde) takım. *In a pack of cards there are four suits: clubs, diamonds, hearts and spades.* **suitor** *i + sy* bir kadınla evlenmeye istekli olan erkek; talip. (*esk. kul.*). **suitcase** bavul. *The customs officer made me open my two suitcases.* **follow suit** aynı hareketi yapmak. *We thanked the chairman. The others followed suit.* **file/bring a suit against someone** bir kimse aleyhine dava açmak.

suit[2] [su:t] *f + n/-n* 1 yeterli olmak; uygun olmak; memnun etmek. *Will it suit you if we go early? The changes did not suit his plans.* 2 yakışmak, gitmek. *Long hair does not suit him. You shouldn't wear red because it doesn't suit you.* **suitable** *s* uygun, münasip; doğru, elverişli. *Have you a suitable book for a young child? Eleven o'clock will be suitable (for us).* (*karş.* **unsuitable**). **suitably** *z* uygun bir şekilde, yerinde. **suitability** [su:tə'biliti] *i-sy* uygunluk.

suite [swi:t] *i + sy* 1 takım; oda takımı: *suite of furniture; bedroom suite; suite of rooms* (= (otelde) daire). 2 süit; birbirine bağlantılı birçok parçadan oluşan muzik parçası.

suites ['su:tə*] *i + sy* **suit'**'a bkz.

sulk [sʌlk] *f-n* (genl. çocuklar hk.) somurtmak, surat asmak. *They used to sulk if they could not get own way.* **sulky** *s* küsmüş, asık yüzlü, asık suratlı.

sullen ['sʌlən] *s* 1 somurtkan, küskün, ters, huysuz, yüzü gülmez. *He is sullen because he was accused of cheating.* 2 kasvetli, karanlık: *sullen weather. The sullen skies threatened rain.*

sulphur ['sʌlfə*] *i-sy* kükürt; bir element olup yandığında kokusu keskin ve alevi mavidir. Simgesi S. **sulphric acid** [sʌl'fjuərik'æsid] sülfirik asit.

sultan ['sʌltn] *i + sy* sultan; padişah.

Turkey was ruled by a sultan until Nov 1, 1922.

sultana [sʌl'ta:nə] *i+sy* 1 bir sultanın hanımı. 2 pastacılıkta kullanılan çekirdeksiz kuru üzüm.

sultry ['sʌltri] *s* (hava hk.) sıcak, nemli ve bunaltıcı. *It was hot and sultry.*

sum [sʌm] *i+sy* 1 toplam, tutar. 2 miktar, meblağ. *He paid a large sum for his house.* 3 toplama, çarpma, bölme, vb.; hesaplama, aritmetik problemi. *My sums were not correct. We do sums first period every morning.* Ayrıca *f+n/-n* (**up** ile) özetlemek. *At the end of the meeting the chairman summed up (the opinions of the members). geç. zam. ve ort.* **summed. sum total** tam, bütün toplam, veya miktar; yekûn. **summing-up** (bir davanın sonunda) yargıcın yaptığı özetleme; özet. *In his summing-up, the judge explained what the evidence had shown. çoğ. biç.* **summings-up.**

summary ['sʌməri] *s* 1 (yazılı, veya sözlü olarak yapılan) özet. *Here is a summary of the plot. He gave a summary description of the country.* 2 (ayrıntı, veya formaliteye bakmaksızın) hemencecik yapılan. *Our headmaster believes in summary punishment.* **in summary** özetle, özet olarak. Ayrıca *i+sy* özet, hulâsa. *We had to write a summary of the chapter.* **summarize** *f+n* özetlemek.

summer ['sʌmə*] *i+sy* yaz (mevsimi). *We go on holiday in (the) summer.* Ayrıca *s* yaz: summer holidays. **summery** *s* yaz gibi; yaz için uygun. yaza mahsus. **summerhouse** çardak, kameriye. **summertime** ['sʌmətaim] *i-sy* yaz (mevsimi): *in the summertime* (= yazın). **summer time** *i-sy* yaz saati; yaz aylarında saatlerin ileri alınması; İngiltere'de yaz saati mart ayının sonundan ekimin sonuna kadar sürer ve gün ışığından daha çok yararlanabilmesi için saatler bir saat öne alınır. *During the summer time the clocks are put forward one hour.* Ayrıca **daylight-saving time**'a bkz.

summit ['sʌmit] *i+sy* 1 zirve, doruk. 2 (genl. bir sıfat olarak kullanılır) devlet başkanları düzeyinde yapılan. *There will be a summit conference in London next week.*

summon ['sʌmən] *f+n* çağırmak; ça-

ğırtmak; (gelmesi için) resmi emir vermek. *I have been summoned to give evidence in court. The headmaster summoned them to his office.* **summon something up** (cesaretini, gücünü, vb.) toplamak. *I hope he will summon up enough courage to ask her.*

summons ['sʌmənz] *i+sy* mahkeme celpnamesi. *He has received a summons for careless driving. çoğ. biç.* **summonses.** Ayrıca *f+n* mahkeme celpnamesi göndermek. *He was summonsed for careless driving.*

sump [sʌmp] *i+sy* (motorda) yağ karteri.

sumptuous ['sʌmptjuəs] *s* çok pahalı; muhteşem. *He lives in a sumptuous house.*

sun [sʌn] *i+sy* 1 (**the** ile) güneş. *The sun gives us heat and light.* 2 (**the** ile) güneş ışığı ve ısısı. *They were lying in the sun. You should take your child out of the sun.* **sunny** *s* 1 güneşli; açık. *This is a sunny place to have a rest.* 2 şen, neşeli. *He has a sunny nature.* **sunbathe** *f-n* güneş banyosu yapmak. *She spent her afternoon sunbathing.* **sunbather** güneş banyosu yapan, güneşlenen kimse. *The park was full of sunbathers.* **sunbathing** *i-sy* güneş banyosu (yapma). **sunbeam** güneş ışını. **sunburn** *i-sy* güneş yanığı. **sunburned, sunburnt** *s* güneşte yanmış, bronzlaşmış. **sundial** güneş saati. **sundown** (özl. *AmI*'de) gün batımı, gurup. **sunflower** ayçiçeği. **sunglasses** güneş gözlüğü. **sunlight** güneş ışığı. **sun parlour** bol güneş alsın diye duvarlarının büyük bir kısmı camdan olan oturma odası. **sunrise** güneş doğması. *It was a beautiful sunrise. We left home at sunrise.* **sunset** gün batımı, gurup. **sunshine** güneş ışığı. **sunstroke** güneş çarpması. *He got sunstroke while we were fishing.* **suntan** güneş ışığı ile bronzlaşmış ten: *get a good suntan.* (*eş anl.* **tan**).

sundae ['sʌndei] *i+sy* üstü meyva, veya fındıkla kaplanmış dondurma. *çoğ. biç.* **sundaes.**

Sunday ['sʌndi] *i+sy/-sy* pazar (günü); haftanın 1. günü.

sundry ['sʌndri] *s* türlü, çeşitli: *sundry things. çoğ. biç.* **sundries. all and sundry** herkes, her tür insan. *All and* *sundry agree.*

sung [sʌŋ] **sing** fiilinin geçmiş zaman ortacı.

sunk [sʌŋk] **sink** fiilinin geçmiş zaman ortacı.

sunken ['sʌŋkən] *s* 1 batık; batmış ya da batırılmış: *sunken treasure.* 2 çukur: *sunken garden.* Ayrıca **sink**'e bkz.

sunny ['sʌni] *s* **sun**'a bkz.

super¹ ['su:pə*] *s* harika, mükemmel. *We had a super holiday at the beach. (k. dil.).*

super-² ['su:pə*] ön-ek üzerinde; aşırı; üstün; alışılmıştan daha fazla, örn. **superhuman** (=insanüstü); **supersonic** (=sesten hızlı).

superannuate [supə'rænjueit] *f+n* yaşlılık, veya hastalık nedeniyle artık çalışamayacağı için emekliliğe ayırmak. **superannuation** [su:pərænju-'eiʃən] *i+sy/-sy* 1 emeklilik; emekli maaşı. 2 emekli keseneği. *I am paying superannuation at the moment.*

superb [su'pə:b] *s* mükemmel, harika, enfes. *The meal was superb. She is a superb cook.*

supercilious [su:pə'siliəs] *s* kibirli, mağrur. *I was upset when she sneered at my new jeans in that supercilious way.*

superficial [su:pə'fiʃl] *s* 1 yüzeysel, derin olmayan. *He had a superficial cut on his face.* 2 yüzeysel, tam olmayan, üstünkörü, yarımyamalak. *They have a superficial knowledge of the matter.* **superficially** *z* görünüşte, üstünkörü bir şekilde.

superfluous [su'pə:fluəs] *s* fazla, gereksiz, lüzumsuz; gereğinden, veya istenenden daha fazla. *There were so many helpers that I was superfluous.*

superhuman ['supə'hju:mən] *s* insanüstü.

superimpose [su:pərim'pouz] *f+n* (her ikisinin biçimini göstermek için) üst üste koymak, üstüne bindirmek, üst üste bindirmek. *He superimposed the photograph on the page of the magazine.*

superintendent [supərin'tendnt] *i+sy* (İngiliz polis teşkilatında) müfettişin üstünde bir polis görevlisi. Ayrıca **police**'e bkz.

superior [su:'piəriə*] *s* 1 üst, daha yüksek rütbede; nitelik, veya değer bakımından daha iyi; üstün. *He is my*

superior officer. This car is superior to that one. They are superior in numbers to us. (karş. **inferior**). 2 üstünlük taslayan, kibirli, mağrur. *We were angry at his superior behaviour to the visitors.* Ayrıca *i+sy* üst, amir. *He is my superior in rank.* **superiority** [su:piəri'oriti] *i-sy* üstünlük.

superlative [su:'pə:lətiv] *s* en iyi, en üstün. *She has superlative technical skills.* Ayrıca *i+sy* (sıfat, veya zarflarda) en üstünlük derecesi. *'Best' is the superlative of 'Good'. 'Most interesting' is the superlative of 'interesting'.*

supermarket ['su:pəma:kit] *i+sy* süpermarket.

supernatural [su:pə'nætʃərl] *s* doğaüstü; tabiatüstü. *They believe that holy men have supernatural powers.* **the supernatural** *i-sy* doğaüstü güçler, bilinmeyen güçler ve ruhlarla ilgili olaylar ve konular.

superpower ['su:pəpauə*] *i+sy* en büyük ekonomik ve askerî güce sahip olan devlet, yani ABD ve SSCB.

supersede [su:pə'sid] *f+n* (bir şey)in yerini almak, yerine geçmek (ve böylece onu modası geçmiş yapmak). *Motorcars have superseded horses on the road.*

supersonic [su:pə'sonik] *s* sesten hızlı, örn. saatte 1206 km.'den daha fazla. (karş. **subsonic**).

superstition [su:pə'stiʃən] *i+sy/-sy* batıl itikat, boş inanç. *Many people have the superstition that 13 is an unlucky number.* **superstitious** *s* boş inançlı, batıl inançları olan. *I am a superstitious man.*

supertanker ['su:pətæŋkə*] *i+sy* çok büyük tanker.

supervise ['su:pəvaiz] *f+n/-n* bakmak, nezaret etmek; denetlemek. *The teacher is supervising games in the playground. Tomorrow she will supervise all the pupils taking the English examination.* **supervisor** *i+sy* müfettiş; denetleyici. *The supervisor at the exam told the students to stop writing.* **supervision** [su:pə'viʒn] *i-sy* denetleme, nezaret, yönetim. *They will study for the English examination under his supervision.* **supervisory** [su:pəvaizəri] *s* denetleyici, denetimsel, denetçiye özgü. *He works in a supervisory capacity.*

supper ['sʌpə*] s akşam yemeği. *I'm tired and hungry and I want some supper.*

supple ['sʌpl] s kıvrak, esnek. *A dancer has a supple body.* **suppleness** *i-sy* esneklik, kıvraklık. *She tried to recover her lost fitness and suppleness.*

supplement ['sʌplimənt] *i+sy* ek, ilave; bir kitabın sonuna eklenen yazılı kısım, veya gazete, dergi eki. *At the end of the dictionary there is a supplement of verb tables. This magazine has a supplement about new motors.* Ayrıca [sʌpli'ment] *f+n* ilâveler yapmak; eklemek, arttırmak. *Jane supplements her pocket money by babysitting.* **supplementary** [sʌpli-'mentəri] *s* ek, ilave; katma, bütünleyici. *The statement I am about to make is supplementary to my previous one.*

supply [sə'plai] *f+n* sağlamak, vermek, temin etmek, tedarik etmek. *This shop supplies us with all we need. / This shop supplies all our needs.* Ayrıca *i+sy/-sy* tedarik, sağlama; miktar, stok; erzak, gereçler. *This shop has a good supply of all kinds of food. He looks after the school's supplies of books and writing materials.* **supplier** *i+sy* tedarik eden kimse, veya şirket. **in short supply** az, kıt; kolaylıkla bulunmayan. *Spare parts are in short supply because of the strike.* **supply teacher** depo öğretmen; aynı, veya başka okullarda bir nedenle gelmeyen öğretmenlerin dersine giren öğretmen.

support [sə'pɔːt] *f+n* 1 tutmak, desteklik etmek, kaldırmak, çekmek. *The floors of the building are supported by wooden beams.* 2 destek-lemek; para, yiyecek, vb. sağlayarak yardım etmek. *Will you support my request for more money? Will you support me in my request for more money. Our school is supported by the government.* 3 bakmak, geçindir-mek. *I can't support my wife and children on such a small salary.* Ayrıca *i+sy/-sy* 1 destek; desteklik etme; dayanak. *The supports of the floors are very strong. Will you give me your support if I ask for more money.* 2 (ailesi için) para sağlayan kimse. *I am the only support of my family.* **in support of**

...-ı destekle-mek için. *He spoke in support of the plan.* **supporter** *i+sy* arka, destek olan bir şey, veya kimse; taraftar. *Are you a supporter of the local football team?* **supportive** *s* destekleyici, yardımcı. *My friends were very supportive when I was unhappy.*

suppose [sə'pouz] *f+n* 1 inanmak, doğru olduğunu düşünmek. *They suppose (that) all rich men are wicked.* 2 sanmak, zannetmek. *What do you suppose they are doing? 'Is he right?'—'Yes, I suppose so'* (=Evet, her halde). *'Was he ever wrong?'—'No, I suppose not'* (=Hayır, sanmıyorum). *I don't suppose you can give me five pounds* (=Herhalde bana beş sterlin veremezsin, değil mi?). **supposed** *s* sözde. *His supposed illness was found to be just laziness* (=Onun sözde hastalığının sadece tembellik olduğu anlaşıldı). **supposedly** [sə'pouzidli] *z* güya. **supposing** *bağ* farz edin(iz) (ki); eğer. *Supposing he does not come, shall we go without him?* **supposition** [sʌpə'ziʃən] *i+sy/-sy* zan, tahmin, varsayım, farzetme; faraziye. *We shall make our plans on the supposition that they will help us. I want facts not suppositions.* **be supposed to** (ol)malı, (et)meli, (yap)malı; umulmak, beklenmek. *It is supposed to freeze tonight. Every pupil is supposed to be in his classroom at 9 a.m. You are not supposed to talk to strangers.*

suppress [sə'pres] *f+n* 1 (bir hareketi, durumu) bastırmak, sindirmek, önlemek, menetmek. *The police are trying to suppress the sale of dangerous drugs.* 2 saklamak, örtbas etmek. *You cannot suppress the truth for long.* **suppression** *i+sy/-sy* bas-tırma, sindirme.

supra- ['suːprə] ön-ek üstünde, ötesinde, örn. **supranational** (=birden fazla ülkeyi ilgilendiren; birçok ülkeyi içine alan; ulusal güçlerin, çıkarların, sınırların, vb. ötesine geçen).

supreme [suˈpriːm] *s* 1 yüksek, yüce: *supreme commander of the allied forces* (=müttefik kuvvetler yüksek komutanlığı); *Supreme Court of the USA* (=ABD Yüksek Mahkemesi). 2 mümkün olan en büyük; azami. *By a supreme effort, he won the race.*

supremely z fevkalade, en mükemmel şekilde. **supremacy** [su'preməsi] *i-sy* üstünlük, yücelik, ululuk, büyüklük.

surcharge ['sə:tʃa:dʒ] *i+sy* (bir vergi koymak, veya cezalandırmak amacı ile hükümet ya da bir yetkece alınan) ek ücret, ekstra fiyat. *The Government is imposing a 15% import surcharge*

sure [ʃuə*] **1** *yüks* emin; kuşkusu olmayan. *Are you sure (that) Dick is honest? I am sure of his honesty. Some people are not sure about him or about his honesty.* (karş. **unsure**). **2** *yüks* kesin, muhakkak. *We are sure to win.* **3** sağlam, güvenilir. *Dark clouds are a sure sign of rain.* **sure/sure thing** (= **yes**); evet; tabii. (eş anl. **of course**). **sure-footed** *s* bastığı yeri bilen; ayağını sağlam yere basan. *People who climb mountains must be sure-footed.* **sure enough** z kesinlikle, kuşkusuz, nitekim de. *He promised to come and sure enough he did.* **make sure that/of** kesin olarak bir şeyin öyle olduğundan emin olmak; kesin olarak sağlama bağlamak, garantiye almak, garantiye bağlamak; soruşturmak, tahkik etmek. *He made sure that he had enough food for the journey. Let's make sure of this house before we buy it.* **sure thing** (çantada) torbada keklik; kazanacağı, başaracağı, vb. kesin olan bir şey. *I've been told about a horse that's running in the next race: they say it's a sure thing.* (Aml'de 'evet').

surely ['ʃuəli] z **1** muhakkak, şüphesiz, kuşkusuz. *They will surely win.* **2** elbette, muhakkak, tabii. *Surely you don't expect me to go. Surely we cannot buy it so cheaply.* **3** (Aml'de bir soruya cevap olarak) elbette, tabii. *'Will you come?'—'Surely.'* (Brl'de **certainly**).

NOT: **1.** anlamda hemen fiilin yanında yer alan *surely* yerine çoğk. *certainly* kullanılır; **2.** anlamda *surely* ya önceden önce ya da sonra kullanılır, veya cümlenin sonuna getirilir.

surf [sə:f] *i-sy* kıyıya çarpıp kırılan dalgalar. **surfing** *i-sy* sörf yapmak. *Where's the best place to go surfing.* **surfboat** *i+sy* sörf tahtası.

surface ['sə:fis] *i+sy* **1** yüz, yüzey, satıh. *Paper has a flat surface. Only the surface of the wood was burnt.* **2**

(özl. büyük) bir su kütlesinin yüzeyi. *He dived below the surface.* **3** dış görünüş. *On the surface he was calm, but he was really very angry.* Ayrıca *f+n/-n* **1** su yüzüne çıkmak, suyun dibinden yüzeye çıkmak. *He swam underwater and then surfaced.* **2** gelmek, gözükmek. *We all thought he wasn't coming but he finally surfaced.* (k. dil.). **surface mail** kara, veya deniz yolu ile gönderilen posta *She sent a letter by surface mail.*

surfeit ['sə:fit] *i-sy* (**a** ile) (özl. yiyecek ve içecek hk.) aşırı derecede çok. *We have a surfeit of coffee.*

surge [sə:dʒ] *i+sy* **1** bir dalganın ileri doğru yuvarlanışı: *the surge of the tide.* **2** duyguların güçlenip artarak aniden kabarıp taşması. *I felt a surge of pity for them.* Ayrıca *f-n* kabarıp yuvarlanmak; kabarmak, taşmak.

surgeon ['sə:dʒən] *i+sy* operatör, cerrah.

surgery ['sə:dʒəri] *i+sy/-sy* **1** cerrahlık; ameliyat. *She will need plastic surgery to remove the scars he received in the accident.* **2** (Brl'de) muayenehane. (Aml'de **office**). **3** (Brl'de) vizite saati, veya muayene zamanı. *Dr Brown holds a surgery every morning.* **surgical** ['sə:dʒikl] *s* cerrahlıkla ilgili.

surly ['sə:li] *s* ters, aksi ve kaba. *Nobody was friendly to him because of his surly manner.*

surmise [sə:'maiz] *f+n/-n* tahmin etmek; zannetmek. *We surmised that the delay was caused by some accident. His guilt was a matter of surmise; there was no proof.*

surmount [sə'maunt] *f+n/-n* güçlükleri yenmek; altından kalkmak; hakkından gelmek. *I think that I can surmount these difficulties.*

surname ['sə:neim] *i+sy* soyadı. *My surname is Smith; my first/Christian name is John.*

surpass [sə'pa:s] *f+n* aşmak, ötesine geçmek, ...-den daha iyi olmak, daha iyi yapmak. *The result surpassed their hopes. In the examination he surpassed all the others.*

surplus ['sə:pləs] *i+sy* artan miktar; herhangi bir şeyin fazlası. *This country keeps the corn it needs and sells the surplus abroad.* Ayrıca *s* artık, fazla. *This country sells its surplus corn abroad.*

surprise [sə'praiz] *f+n* 1 hayrete düşürmek, şaşırtmak. *His success surprised us all. We were surprised by his success.* 2 baskın yapmak, gafil avlamak. *The enemy surprised us at dawn. They surprised him having a quiet drink.* Ayrıca *i+sy/-sy* sürpriz, şaşkınlık, hayret. *His success was a great surprise. To our surprise he succeeded.* Ayrıca *s* şaşırtıcı; sürpriz, beklenmedik. *The enemy made a surprise attack at dawn.* **surprised** *s* şaşırmış. **surprising** *s* şaşırtıcı. **surprisingly** *z* hayret uyandıracak derecede.

surrender [sə'rendə*]* *f+n/-n* teslim olmak; teslim etmek. *The defeated soldiers soon surrendered. You must surrender your guns to the police.* Ayrıca *i+sy* teslim.

surreal [sə'rial] *s* gerçek dışı; hayali.

surreptitious [sʌrəp'tiʃəs] *s* gizli, gizlice yapılan. **surreptitiously** *z* gizlice, el altından. *I looked surreptitiously at my watch.*

surrogate ['sʌrəgət] *i+sy* vekil. **surrogate mother** *i+sy* bebeği olmayan bir kadın için bebek doğurmayı kabul eden kadın; vekil anne.

surround [sə'raund] *f+n* etrafını sarmak, etrafını çevirmek. *A high wall surrounds the field. I was surrounded by a crowd of happy children.* **surrounding** *s* çevredeki, etraftaki, yakındaki. *The town's water comes from the surrounding hills.* (eş anl. neighbouring). **surroundings** *içoğ* çevre, muhit. *We used to live in much nicer surroundings.* (eş anl. environment).

surveillance [sə'veilns] *i-sy* gözetim, nezaret; gözalında bulundurma. *The police kept the criminal under surveillance.*

survey [sə'vei] *f+n* 1 bakmak; dikkatle incelemek. *We were able to survey the city from the top of that high building.* 2 bir bütün olarak bakmak, göz atmak. *The chairman, in his talk, surveyed the work done at the previous meetings.* 3 bir araziyi dikkatle ölçüp haritasını çırakmak. 4 incelemek; inceleyip değer biçmek. *He is surveying the empty factory to see if it is suitable.* Ayrıca ['sʌ:vei] *i+sy* 1 bir konu hakkında hazırlanan genel rapor. *The government has published*

a survey of population trends. 2 bir araziyi ölçüp biçme. *They are doing a survey of the land through which the new road will pass.* 3 (bir binayı, evi, vb.) ayrıntılı inceleme. *I have asked for a survey of the house before buying it.* **surveying** *i-sy* bir araziyi ölçüp haritasını yapma. **surveyor** *i+sy* ölçmeci, mesahacı.

survive [sə'vaiv] *f+n/-n* 1 hayatta kalmak; sağ kurtulmak. *Only a few soldiers survived the battle.* 2 (bir kimse)den daha uzun yaşamak. *My father has survived all his brothers and sisters.* (eş anl. outlive). **survival** *i+sy/-sy* 1 ölüm, mahvolma, veya çok büyük zorluklarla mücadele etmek zorunda kaldığı halde yaşamını sürdürme, hayatta kalma. *The day-to-day struggle for survival drained her energy.* 2 eskiden beri varlığını sürdüren, ama şimdi yararlı ya da kullanılır olmayan bir inanç, gelenek ya da bir şeyi. *Belief in the evil eye is a survival of ancient magic. The tool was a survival from the pre-machine age.* **surviving** *s* hayatta kalan yaşayan. *She is Britain's longest surviving transplant patient.* **survivor** *i+sy* sağ kalan, sağ kurtulan. **survive on** ancak geçinecek kadar (para) kazanmak. *Terry's salary is only just enough to survive on.*

susceptible [sə'septibl] *s* duyarlı, hassas; kolayca etkilenen. *Children are more susceptible than adults. I am susceptible to colds.* **susceptibility** [səsepti'biliti] *i+sy/-sy* (çoğk. çoğ. biç.) duyarlılık, hassasiyet; alıngan lık. *I decided to spare no susceptibilities.*

suspect [sə'pekt] *f+n* 1 zannetmek, olabilir diye düşünmek. *We suspected that it was a trick to get our money.* 2 (of ile) suçlu olduğuna inanmak, şüphelenmek. *Lloyd suspects them of stealing his books.* 3 (bir şeyin doğruluğundan) şüpheye düşmek, kuşkulanmak. *Everybody suspects his story about what he did during the war.* Ayrıca ['sʌspekt] *i+sy* zanlı birisi; şüpheli kimse. *The police are looking for all suspects.* Ayrıca *yüks* şüpheli, kuşkulu. *His reason for being absent is suspect.*

suspend [sə'pend] *f+n* 1 asmak, sallandırmak. *They suspended the box* *from a branch of the tree.* **2** bir süre için ertelemek, veya durdurmak. *We have suspended work until next week.* **3** geçici olarak bir takıma girmesini, bir topluluğa katılmasını engellemek; bir süre için açığa almak. *The committee suspended two members of the football team.* **suspender** *i+sy* **1** çorap askısı; jartiyer. *(çoğ. biç.)* *(AmI'de)* pantolon askısı. *(BrI'de* **braces).** **suspense** [səs'pens] *i-sy* kararsızlık ve korku, veya merak içinde bekleyiş; merak içinde bırakma. *We were kept in suspense for an hour before we were told the result.* **suspension** [səs'penʃən] **1** *i+sy* geçici olarak takıma girmenin engellenmesi, geçici olarak çıkarma. *We were told about the suspension of the two players.* **2** *i-sy* askıya alma, veya alınma hali. **3** *i+sy/-sy* süspansiyon; bir aracın makas ve amortisörlerini içeren yaylanma düzeneği. **suspension bridge** asma köprü. **suspended animation** yaşam fonksiyonlarının geçici olarak durması, geçici olarak canlılığını yitirme.

suspension bridge

suspicion [səs'piʃən] *i+sy/-sy* şüphe, kuşku; güvensizlik. *Dorothy has suspicions about his story. The police arrested him on suspicion* (=Polis onu şüphe üzerine tutukladı). **suspicious** *s* şüpheli; güven duymayan. *I feel suspicious about/of him. There is a suspicious man standing outside the bank.* **suspiciously** *z* şüphe uyandıracak şekilde.

suss [sʌs] *f+n* **suss out** sözünde —**1** **suss something out** bir şeyin nasıl çalıştığını, veya nasıl yapıldığını keşfetmek. **2** **suss someone out** bir kimsenin gerçek karakterinin, yüzünün ne olduğunu keşfetmek. *she had me sussed out in ten minutes. (k. dil.).*

sustain [sə'stein] *f+n* **1** (ağırlığını) ta-

şımak, tutmak. *These two posts sustain the whole roof.* **2** (yasal anlamda) doğrulamak, teyit etmek. *The judge sustained my request for more time to pay the money.* **3** sürdürmek, devam etmek. *How much longer can you sustain the argument that you never make a mistake?* **4** kuvvetlendirmek, güç kazandırmak. *This food will sustain you.* **5** çekmek, tahammül etmek. *I sustained a broken arm in the accident* (=Kazada kolum kırıldı).

sustenance ['sʌstənəns] *i-sy* (insanı güçlü kuvvetli tutacak) yiyecek, içecek. **sustained** [səs'teind] *s* devamlı, sürekli.

swab [swɔb] *i+sy* dezenfektan pamuk, veya gazlıbez. Ayrıca *f+n* ıslak bir bezle temizlemek.

swagger ['swægə*] *f-n* kurularak yürümek. *He was so proud of his new clothes that he swaggered along when he wore them.* Ayrıca *i-sy* kurum, caka, afi. *He left the room with a swagger.*

swallow¹ ['swolou] *f+n/-n* **1** yutmak. *He swallowed the pill. John swallowed his nasty medicine quickly and then had a piece of chocolate.* **2** yutkunmak. *She swallowed and said, 'Hi. It's me.'* **3** kanmak; doğru olup olmadığına bakmaksızın kabul etmek. *Do not swallow his story about what he did.* **4** (bir hakaret, bir terbiyesizliği) sineye çekmek. *They had to swallow the insult.* **5** (öfkesini, vb.) belli etmemek, zaptetmek. *He swallowed his rage and said, 'Forget it.'* Ayrıca *i+sy* yutma, yutuş; yudum. *She took the bitter medicine at one swallow.*

swallow² ['swolou] *i+sy* kırlangıç. *A swallow catches insects while it is flying.*

swallow

swam [swæm] swim fiilinin geçmiş za-
man biçimi.
swamp [swɔmp] i+sy/-sy bataklık. A
swamp is an area of very wet land
with wild plants growing in it. Ayrıca
f+n (with ile) (bir şey) yağmuruna
tutmak, yağdırmak. The woman has
been swamped with offers of help.
swampy s bataklık. More could be
done to clear these swampy areas.
swan [swɔn] i+sy kuğu (kuşu). There
are different kinds of swan. Most
swans are white.
swap [swɔp] f+n/-n swop'a bkz.
swarm [swɔ:m] i+sy 1 sürü halinde
(özl. hareket halindeki) böcek, veya
küçük hayvan: swarm of bees. 2 insan
kalabalığı, insan yığını: swarms of
visitors at the seaside. Ayrıca f-n kay-
namak, kaynaşmak; dolup taşmak.
The boys swarmed into the class-
room. The classroom was swarming
with boys.
swarthy ['swɔ:ði] s esmer, (kara) yağız.
He was swarty from the sun of the
tropics.
swat [swɔt] f+n (özl. böcekler hk.)
(eliyle, veya elinde tuttuğu bir şey ile,
örn. bir gazete ile) vurup ezmek, vur-
mak, öldürmek. I lay awake all night,
swatting mosquitoes. geç. zam. ve ort.
swatted.
sway [swei] f+n/-n 1 iki yana salla-
mak, veya sallanmak. The dancers
swayed to the music. 2 etkilemek, ve-
ya kontrolu altına almak. He is a
good speaker and can sway all those
who listen to him. Ayrıca i-sy hakimi-
yet, kontrol. The Prime Minister has
held sway for many years.
swear [sweə*] f+n/-n 1 yemin etmek,
veya ettirmek. I swear that my story
is true. He swore to tell the truth. (eş
anl. vow). 2 küfretmek, sövüp say-
mak. The angry driver swore at us.
They were all swearing about their
bad luck. You should not swear in
front of the children. (eş anl. curse).
geç. zam. biç. swore [swɔ:*]. geç. zam.
ort. sworn [swɔ:n]. swearing i-sy kü-
für etme. swear-word küfür.
sweat [swet] i-sy 1 ter. Sweat was run-
ning off the end of his nose. My
hands were covered with sweat. 2 zor
iş; insana ter döktüren iş. Learning a
new language is an awful sweat. (2.
anlamı k. dil.). Ayrıca f+n/-n terle-

mek, ter dökmek; terletmek. They
sweated in the hot sun. 3 çok çalış-
mak, ter dökmek. (3. anlamı k. dil.).
sweaty s terletici; terli, terlemiş. be in
a sweat/in cold sweat (korku ya da bir
hastalıktan) ter içinde kalmak; buz
gibi terlemek.
sweatband [swet'bænd] i+sy ter bantı;
sporcuların başlarına, veya bileklerine
taktıkları ve terin gözlerine ya da
ellerine akmasını önleyen bant.
sweater ['swetə*] i+sy süveter.
Swede [swi:d] i+sy İsveçli.
Swedish [swi:diʃ] i-sy İsveççe. Ayrıca s
İsveç'e ait.
sweep¹ [swi:p] f+n/-n 1 süpürmek.
They are sweeping the rubbish out of
the classroom. My mother sweeps the
kitchen every day. 2 süratle ilerlemek,
yayılmak; (sular) süpürüp götürmek,
sürükleyip götürmek. The crowd
swept into the field. The river swept
the boat away. 3 bir arazi boyunca
kavis çizmek; uzamak, uzayıp gitmek.
The hills sweep into the distance. The
new road sweeps round the city. geç.
zam. ve ort. swept [swept]. sweeping
s 1 geniş kapsamlı. There have been
many sweeping changes in the
country. 2 tam, ezici. They won a
sweeping victory. 3 genel, umumî; ay-
rıntılara dikkat edilmeden. You
should not make sweeping statements
about such important matters.
sweep² [swi:p] i+sy 1 süpürme. My
mother gave the kitchen a sweep. 2
süpürür gibi çabuk bir hareket. With
one sweep of his hand he cleared the
books from his desk. 3 baca temizle-
yicisi. Ayrıca chimney sweep de denir.
sweepstake (özl. at yarışlarında) ka-
zanınca verilen büyük para miktarı.
Ayrıca sweep de denir.
sweet [swi:t] s 1 tatlı, şekerli. I like
sweet cakes. This coffee tastes sweet.
2 taze; hoş bir kokusu olan; tatlı, hoş,
sevimli. These flowers have a sweet
smell. She has a sweet face. Ayrıca
i+sy 1 (BrI'de) şekerleme, bonbon.
(AmI'de candy). 2 tatlı; bir yemeğin
sonunda yenilen yiyecek, örn. sütlaç.
sweetly z tatlı tatlı. sweetness i-sy hoş-
luk, tatlılık. sweeten f+n/-n tatlan-
dırmak; tatlanmak. sweetened s tat-
landırılmış. (karş. unsweetened).
sweetheart sevgili. sweet pea ıtırşahi
çiçeği; çok güzel bir kokusu olan be-

zelye çiçeği. **sweet pepper** yeşil, veya kırmızı tatlı biber. **have a sweet tooth** tatlı yemeyi çok sevmek, tatlıya düşkün olmak. *She is always buying herself boxes of chocolates. She has such a sweet tooth.* **sweet nothings** *içoğ* kulağa fısıldanan tatlı, aşıkane sözler.

swell [swel] *f+n/-n* şişmek ya da şişirmek; kabarmak, kabartmak. *The heat made my feet swell. The heavy rain swelled the river. His face was swollen with insect bites. geç. zam. biç.* **swelled.** *geç. zam. ort.* **swollen** ['swouln]. Ayrıca *i+sy (tek. biç.)* yavaş hareketlerle alçalıp yükselen iri dalga. *The ship rolled in the heavy swell.* Ayrıca *s* şık; zengin; çok iyi. (*k. dil.* ve *özl.* *AmI'*de). **swelling** *i+sy* şiş, şişkinlik; şişmiş olan yer. *There is a swelling on top of his head where he was hit by a stone.*

swelter ['sweltə*] *f-n* sıcaktan bunalmak, sıcaktan bayılacak hale gelmek. *We were sweltering in the still air.* **sweltering** *s* (hava hk.) bunaltıcı sıcak, yakıcı, kavurucu. *We were glad of the air-conditioning on that sweltering day.*

swept [swept] **sweep**[1] fiilinin geçmiş zamanı ve ortacı.

swerve [swə:v] *f+n/-n* ani bir hareketle sağa, veya sola kaçmak, sapmak; aniden bir yana saptırmak; döndürmek. *The motorcar swerved to avoid a hole in the road.* Ayrıca *i+sy* anıden bir yana sapma, dönme. *The swerve of the ball made it hard to hit.*

swift[1] [swift] *s* hızlı, süratli. *With one swift dive the bird grabbed my sandwich in its beak and flew off again.* **swiftly** *z* hızla, süratle. **swiftness** *i-sy* sürat, çeviklik.

swift[2] [swift] *i+sy* kara sağan (kuşu); çok süratli uçan ve uçarken böcekleri avlayıp yiyen bir kuş.

swig [swig] *f+n/-n* bir nefeste kafaya dikmek. (*eş anl.* **knock back**). *geç. zam.* ve *ort.* **swigged.** Ayrıca *i+sy* yudum, fırt. *He took a swig at his glass of beer.* (*k. dil.*).

swill [swil] *f+n/-n* **1** çok içmek, büyük miktarlarda içmek. *They swilled beer all evening.* **2** (*genl.* **out** ile) üzerine su dökerek yıkamak. *They are swilling out the empty buckets.* Ayrıca *i-sy* artık yemek ve içecek (*genl.* domuz yemi olarak kullanılır).

swim [swim] *f+n/-n* **1** yüzmek; bir mesafeyi ya da bir suyu yüzerek geçmek. *All fish swim. I learnt to swim when I was a boy. He swam a mile yesterday.* **2** (*özl.* bir sıvı ile) dolu olmak; kaplanmak. *Her eyes swam with tears. The room was swimming in/with water from the burst pipe.* **3** başı dönmek, sersemlemek. *My head was swimming from the blow. şim. zam. ort.* **swimming.** *geç. zam. biç.* **swam** [swæm]. *geç. zam. ort.* **swum** [swʌm]. Ayrıca *i+sy* yüzme. *I am going for a swim.* **swimsuit** mayo. **swimming bath** *i+sy* (*çoğk. çoğ. biç.*) (*genl.* kapalı) yüzme havuzu, halka açık yüzme yeri (*genl.* kapalı).

swindle ['swindl] *f+n/-n* dolandırmak, dolandırarak elinden almak. *The company made a lot of money by swindling the public. He swindled me out of £1.* Ayrıca *i+sy* dolandırıcılık. *The swindle was discovered when they found pieces of paper instead of money in the envelope.* **swindler** *i+sy* dolandırıcı.

swine [swain] *i+sy* **1** domuz. (*esk. kul.*). **2** domuz herif, hınzır. *He realized what a swine he had been. çoğ. biç.* **swine.**

swing [swiŋ] *f+n/-n* **1** (öne arkaya, veya sağa sola) sallanmak, veya sallamak. *The door was swinging on its hinges. The soldiers swung their arms as they marched.* **2** birden dönmek, veya döndürmek. *The car swung towards the side of the road. I swung round to see who was following me. geç. zam.* ve *ort.* **swung** [swʌŋ]. Ayrıca *i+sy* **1** sallama; sallanış. **2** salıncak. **swing bridge** (bir nehir, veya kanal üzerinde gemilerin geçmesi için) açılır kapanır köprü. **in full swing** en civcivli halde; en hareketli durumunda. *When we arrived the meeting was already in full swing.* (*k. dil.*).

swipe [swaip] *f+n* **1** savurarak şiddetle vurmak, kolun olanca hızıyla vurmak. *He swiped me on the shoulders with his stick.* **2** çalmak, yürütmek, aşırmak. Ayrıca *i+sy* şiddetli vuruş, kuvvetli darbe. *He took a swipe at the fly on the wall.* (*k. dil.*).

swirl [swə:l] *f+n/-n* (hava, veya sıvılar hk.) girdap gibi dönmek, veya döndürmek. *The flooded river swirled*

*round the rocks. The branches of the
tree were swirled away by the flood.
(eş anl.* **whirl**). Ayrıca *i+sy* girdap,
anafor. *The wind blew swirls of dust
across the field.*
swish [swiʃ] *i+sy* hışırtı; ıslık gibi
keskin bir ses: *swish of a whip; swish
of their long robes over the floor.*
Ayrıca *f+n/-n* hışırdamak; hışırdat-
mak; ıslık gibi ses çıkarmak. *The
animal swished its tail.*
Swiss [swis] *i* İsviçreli. *çoğ. biç.* **Swiss**.
Ayrıca *s* İsviçre ile ilgili.
switch [switʃ] *i+sy* **1** elektrik düğmesi.
2 ani değişiklik. Ayrıca *f+n/-n* **1** ya-
pılan, veya söylenen bir şeyi (birden)
bırakıp başka bir şeyi yapmak, veya
başka bir şeyden söz etmek. *I would
like now to switch to quite a different
subject.* **2** dikkati bir şeyden başka bir
şeye vermek. *She switched her atten-
tion back to the book.* **3** işini, yerini
değiştirmek. *He is always switching
jobs.* **switch off** düğmesine basarak
kapatmak. *Please switch off the
lights.* **switch on** düğmesine basarak
açmak. *He switched on the radio.*
switchback sert iniş ve çıkışlı, keskin
virajları olan bir şey, örn. bir dağ
yolu. **switchboard** telefon santralı.
swivel ['swivl] *f+n/-n* bir eksen et-
rafında dönmek, veya döndürmek.
*His blond head swivelled towards her.
He swivelled round in his chair. geç.
zam. ve ort.* **swivelled**. (*AmI'*de
swiveled). **swivel chair** vidalı döner
sandalye.
swollen ['swouln] **swell** fiilinin geçmiş
zamanı ve ortacı.
swoop [swu:p] *f+n/-n* (**down on** ile)
yukardan birden üstüne saldırmak;
hücum etmek, yukardan üstüne çul-
lanmak. *The hawk swooped down on
the chicken.* Ayrıca *i+sy* üstüne çul-
lanma. *The police made a swoop on
the headquarters of the gang.*
swop, swap [swɔp] *f+ń/-n* trampa
etmek; değiştirmek. *They swopped
jerseys. I'll swop places with you. I
swapped my apple for my friend's
sandwich. geç. zam. ve ort.* **swopped**.
Ayrıca *i+sy* değiş tokuş, trampa. (*k.
dil.*).
sword [sɔ:d] *i+sy* kılıç. **swordfish** kı-
lıçbalığı. *A swordfish is a large sea
fish with a very long upper jaw.*
swore [swɔ:*] **swear** fiilinin geçmiş za-

man biçimi.

swordfish

sworn [swɔ:n] **swear** fiilinin geçmiş za-
man ortacı.
swot [swɔt] *f+n/-n* çok çalışmak;
ineklemek, hafızlamak. *He's swoting
for exams. geç. zam. ve ort.* **swotted**.
Ayrıca *i+sy* **1** aşırı çalışan kimse; ha-
fız, inek. **2** inekleme. (*k. dil.*).
swum [swʌm] **swim** fiilinin geçmiş za-
manı ve ortacı.
syllable ['silǝbl] *i+sy* hece; içinde genl.
ünlü bir ses olan ve bir solukta çıka-
rılan ses ya da ses birliği. *The word
monumental has four syllables.* **in
words of one syllable** açık ve basit bir
şekilde. *The new assistant does not
seem to be very intelligent: you have
to explain things to him in words of
one syllable.*
syllabus ['silǝbǝs] *i+sy* ders programı.
*All our schools follow the same
English syllabus. çoğ. biç.* **syllabuses,**
veya **syllabi** ['silǝbai].
symbol ['simbl] *i+sy* simge, sembol. +
*is the mathematical symbol for
addition.* H_2O *is the chemical symbol
for water. The crescent moon is the
symbol of Islam. They use a fountain
as their advertising symbol.* **symbolic**
[sim'bɔlik] *s* simgesel, sembolik. **sym-
bolical** [sim'bɔlikl] *s* simgesel, sembo-
lik. **symbolically** *z* simgesel olarak,
sembolik olarak. **symbolism** *i-sy* sem-
bolizm; bir edebiyat akımı. **symbolize**
f+n simgesi olmak, simgelemek. (*eş
anl.* **represent**).
symmetry ['simǝtri] *i-sy* simetri, oran-
tı, ahenk, tenasüp; tatlı ve hoş bir
denge. *A well-designed building has
symmetry.* **symmetrical** [si'metrikl] *s*
simetrik, bakışık. *A triangle with all
sides equal is symmetrical.* (*karş.*
asymmetrical).
sympathy ['simpǝθi] *i+sy/-sy* sempati;
bir insanın bir başkasına karşı doğal

ve içgüdüsel olarak bir eğilim, sevgi ve yakınlık duyması, cana yakınlık; acıma, merhamet; duygudaşlık, halden anlama, karşısındaki ile aynı şeyi hissetme. *When his father died, he had our sympathy* (= Babası ölünce onun durumuna çok üzüldük). *We felt sympathy for him* (= Ona acıdık). *Please give him my sympathies* (= Ona, lütfen, tarafımdan baş sağlığı dileyiniz). **sympathetic** [simpə'θetik] *s* sevimli, cana yakın; çok hoşa giden; anlayışlı, karşısındakinin duygularına katılan. *He wrote me a very sympathetic letter. I don't like Peter, but I must say he was very sympathetic when my father died.* **sympathetically** z sempati ile, karşısındakinin duygularına katılarak. **sympathize** ['simpəθaiz] *f* + *n*/-*n* halden anlamak, yakınlık duymak, duygularını paylaşmak; (birin)e acımak; baş sağlığı dilemek. *I sympathize with all those who are poor.* **sympathizer** ['simpəθaizə*] *i* + *sy* sempatizan, yandaş, taraftar.

symphony ['simfəni] *i* + *sy* senfoni; orkestra için yazılmış, genl. dört bölümden oluşan bir müzik yapıtı. **symphonic** [sim'fɔnik] *s* senfonik, senfoniye ait, senfoni tarzında.

symposium [sim'pouziəm] *i* + *sy* sempozyum; belli bir konuda düzenlenen oturum, veya seminer; bir konu hakkında birçok yazarın yazmış olduğu bir dizi yazılar. *Albert took part in a symposium on Arab-Jewis relations.* çoğ. biç. **symposiums** veya **symposia** [sim'pouziə].

symptom ['simptəm] *i* + *sy* **1** semptom; vücuttaki işlevsel bir bozukluğun, hastalığın belirlenmesine yarayan araz ya da belirti. *A high temperature is a symptom of malaria.* **2** belirti, işaret. *Bad behaviour is often a symptom of unhappiness.* **symptomatic** [simptə-'mætik] *s* (**of** ile) işaret olan, belirtisi olan. *A high temperature is symptomatic of malaria.*

syn- [sin] *ön-ek* ile birlikte, beraber, ile aynı zamanda, örn. **synthesis** (= bireşim, sentez). **synchronize** (= eşzamanlamak, senkronize etmek)

synagogue ['sinəgɔg] *i* + *sy* sinagog, havra; Yahudi tapınağı.

synchronize ['siŋkrənaiz] *f* + *n*/-*n* eşzamanlamak. *Before the attack, the army officers synchronized their*

watches (= Hücuma başlamadan önce subaylar saatlerini ayarladılar).

syndicate ['sindikət] *i* + *sy* sendika; belli bir amaçla bir araya gelmiş şirketler grubu; aynı sosyal sınıftan olanların çıkarlarını korumak için aralarında kurdukları birlik.

syndrome ['sindroum] *i* + *sy* sendrom; özel bir bozukluğu belirleyen, bir arada görülen, tanıyı kolaylaştıran bulgu ve belirtilerin tümü.

synonym ['sinənim] *i* + *sy* eşanlam, anlamdaş sözcük. *'big' and 'large' are synonyms.* (karş. **antonym**). **synonymous** [si'nɔniməs] *s* eşanlamlı. *We grouped together synonymous words.*

synopsis [si'nɔpsis] *i* + *sy* özet, özl. yazılı ve sözlü bir şeyin. *She wrote a synopsis of the novel to persuade them to read it.* (eş anl. **outline**). çoğ. biç. **synopses** [si'nɔpsi:z].

syntax ['sintæks] *i*-*sy* sözdizimi; bir cümleyi oluşturan sözcük türlerinin arasındaki ilişkileri inceleyen dilbilgisi kolu, sentaks.

synthesis ['sinθəsis] *i*-*sy* bireşim, sentez; parçaların, ögelerin bir araya getirilip bütün yapılması. *This method of teaching is a synthesis of many methods which have been used elsewhere.* çoğ. biç. **syntheses** [si'sinθəsi:z]. **synthetic** [sin'θetik] *s* yapay, suni. *Synthetic fibres are often used instead of wool or cotton to make clothes.*

syphilis ['sifilis] *i*-*sy* frengi. *Syphilis is a serious sexually transmitted disease, but it is curable with penicillin injections if the treatment is started early.*

syphon ['saifən] *i* + *sy* **siphon**'a bkz.

syringe [si'rindʒ] *i* + *sy* şırınga; ete, damara ilaç vermek için kullanılan, ucu iğneli, küçük tulumba.

syrup ['sirəp] *i*-*sy* **1** şekerkamışı şurubu. **2** su ve şeker karışımı koyu sıvı; şurup. **syrupy** *s* tatlı, veya ağdalı.

system ['sistəm] *i* + *sy*/-*sy* **1** sistem, birbirlerine yardımcı organlardan meydana gelen birlik: *the nervous system.* **2** takım, sistem: *the solar system.* **3** yol, yöntem, sistem: *public transport system; different systems of government. There is no system in his work.* **systematic** [sistə'mætik] *s* kurallara uygun, düzenli; sistemli: *a systematic approach to the problem.* (karş. **un-systematic**). **systematically** z sistemli olarak.

T

ta [ta:] *ünlem* teşekkür ederim; teşekkürler. (*k. dil.*). (*eş anl.* **thanks, thank you**).

TA [tiː'ei] (= Territorial Army)—tam şekli **TAVR** için **territorial Army**'e bkz.

tab [tæb] **1** bir kumaşın üstüne dikilerek yapanın kim olduğunu, veya kime ait olduğunu gösteren etiket. (*eş anl.* **label**). **2** ceket, vb. yakasının içine dikilmiş ve onu asmaya yarayan uç, askı. **keep tabs on 1 (someone** ile) bir kimseyi göz altında bulundurmak; ne yaptığını, nerede olduğunu bilmek, izlemek, kontrol etmek. *He is a very important visitor so the police have been asked to keep tabs on him.* **2 (something** ile) ne durumda olduğunu bilmek, nasıl gittiğini bilmek. *Keep tabs on your spending.* **pick up the tab** (yenilenin içilenin) hesabını ödemek, parasını çekmek. (*eş anl.* **foot the bill**).

tabby ['tæbi] *i + sy* (genl. dişi) tekir kedi. (*eş anl.* **tabby cat**).

table ['teibl] *i + sy* **1** masa: *card table; coffee table; sitting at the table.* **2** çizelge, cetvel, tablo: *multiplication tables; timetable; table showing the important events in English history.* Ayrıca *f + n* önermek, teklif etmek. **tablecloth** masa örtüsü. **table lamp** masa lambası. **tablespoon** servis kaşığı. *She mixed two tablespoons of flour with two tablespoons of butter.* **table tennis** pingpong, masa tenisi. **at table** sofrada olmak, yemek yiyor olmak. *When I arrived my friends were already at table.* **table of contents** bir kitabın içindekiler dizini. **turn the tables on somebody** yenmek; durumu birisinin aleyhine çevirmek. *We turned the tables on them by picking up and throwing back the stones that they had thrown at us.* (*k. dil.*).

tablet ['tæblit] *i + sy* **1** yassı hap, tablet; düz ve yassı biçime konmuş yenecek, veya yutulacak madde: *aspirin tablet; tablet of soap* (= sabun kalıbı). *Take two tablets three times a day.* **2** üzerinde çiviyazısı ile metin yazılı belge, yazıt, kitabe, tablet. *The ancient Romans used tablets as we use pads of paper.*

taboo [tə'buː] *i + sy* tabu olan şey; kutsal sayılan bazı insan, hayvan, veya nesnelere dokunulmasını, kullanılmasını yasaklayan dinsel inanç; yasak olan şey. *This tribe has many taboos about the kinds of food women may eat. The top of that sacred hill is under a taboo.* Ayrıca *yüks* yasak, tabu, dokunulmaz. *Eating eggs is taboo in this tribe. Arguments about politics are taboo in many countries.*

tabulate ['tæbjuleit] *f + n* sayıları, bilgileri açık ve özlü bir biçimde liste, veya çizelge haline getirmek.

tachograph ['tækəgraːf] *i + sy* takograf; bir araca monte edilerek onun süratini, aldığı mesafeyi kaydeden bir cihaz.

tacit ['tæsit] *s* sözle anlatılmadan anlaşılan, veya kabul edilen, hal ile anlatılan, sözsüz ifade edilen. *By sitting quietly at the meeting he gave his tacit approval to the plan.* **tacitly** *z* açıkça söylenmeden, üstü kapalı olarak.

taciturn ['tæsitəːn] *s* az konuşur, suskun. *He is rather taciturn when he is in a bad mood.* (*eş anl.* **reticent**).

tack¹ [tæk] *i + sy* **1** raptiye. **2** teyel; seyrek ve eğreti dikiş. Ayrıca *f + n* **1** raptiyelemek, raptiye ile tutturmak. *We tacked the map on the board.* **2** teyellemek. *She tacked up the hem of her dress.*

tack² [tæk] *i + sy* **1** kuntra; yelkenli bir geminin rüzgârın esiş yönüne göre seyir durumu. *The yacht left the harbour on the starboard tack.* **2** gidiş, yol. *These scientists are on the right /wrong tack.*

tackle ['tækl] **1** *i-sy* palanga; halat takımı. *The tackle broke as they lifted the piano.* **2** (balıkçılık, spor, vb. için gerekli olan) takım: *fishing tackle*

(= balık takımı, örn. kamış, misina, iğneler, vb.). **3** *i + sy* (futbol, vb. oyunlarda) topu rakipten alma hareketi, veya topa sahip olan rakibi yakalayıp yere indirme. Ayrıca *f + n/ -n*] topu rakipten almak, kapmak; yakalamak, ele geçirmek. *The policeman tackled the thief as he tried to escape.* **2** (bir sorunun) hakkından gelmek, halletmek, çözmek; (birisi) ile konuşarak görüşmek. *We must tackle the problem of poverty as soon as possible.*

tacky ['tæki] *s* (tutkal, boya, vb. hk.) yapışkan; ıslak. *Wet paint is usually tacky.*

tact [tækt] *i-sy* incelik, nezaket; kırgınlığa neden olmaksızın insanları idare etme becerisi. *Our teacher showed great tact in dealing with the angry parents.* **tactful** *s* ince, nazik, zarif, incelikli, ince düşünceli; diplomatça. *The way he corrected her was very tactful. (karş. **tactless**). (eş anl. **diplomatic**).*

tactics ['tæktiks] *içoğ* taktik, tâbiye; istenen sonuca ulaşmak amacıyla izlenen yol ve kullanılan yöntemlerin tümü. *The captain's tactics won the battle. His tactics brought results.* **tactical** *s* başarılı olmak için yapılan, izlenen.

tadpole ['tædpoul] *i + sy* iribaş; kuyruksuz kurbağanın yumurtasından yeni çıkmış kurtçuğu.

tadpole

tag [tæg] *i + sy* **1** etiket. *Have you put tags on your luggage? I took the price tag off the shirt before I gave it to him.* **2** 'elim sende' oyunu. Ayrıca *f + n/-n* **1 (after** veya **behind** ile) arkasından gitmek, peşi sıra gitmek, peşini bırakmamak. *The little boy tagged after his older sister wherever she went.* **2** koymak, iliştirmek. *He tagged the flower to his jacket.* **3** eti-

ketlemek. *geç. zam. ve ort. **tagged**.*

tail [teil] *i + sy* **1** kuyruk. *Cows use their tails to keep away flies.* **2** (genl. herhangi bir şeyin gerisinde kalan bir uzantı; kıç, kuyruk: *tail of a long line of people; tail of an aircraft; tail of a letter* (= bir harfin alt/üst uzantısı). **3** paranın yazı tarafı. *(karş. **head**). Heads or tails?* (= Yazı mı, tura mı?). Ayrıca *f + n* (birisinin) arkasından gitmek, peşine düşmek; gizlice takip etmek. **tail coat** frak; resmî törenlerde giyilen uzun etekli, eteğinin arkası beline kadar yırtmaçlı, siyah, resmi erkek ceketi ve takımı. **tail end (the** ile**) (en) son kısım. *We were so late that we only saw the tail end of the play. (k. dil.).* **tail light** (bir aracın) kırmızı arka lambası. *In the dark, he could see two red tail lights on the car ahead of him.* **tail off** (değer ve miktarca) gittikçe azalmak. *Mary's enthusiasm has rather tailed off.*

tailor ['teilə*] *i + sy* terzi. **tailor-made** *s* **1** (*Brİ*'de) ısmarlama (elbise), terzi elinden çıkmış. *Who is buying tailor-made suits these days? Wealthy people usually prefer to wear tailor-made clothes. (AmI*'de **custom-made**). **2** biçilmiş kaftan; ihtiyaca tam cevap veren. *Both the play and the role were tailor-made for her.*

taint [teint] *f + n/-n* kokmak; kokutmak, bozmak; bozulmak. *This food is tainted because it is not fresh.*

take [teik] *f + n/-n* **1** elleri ile tutmak; yakalamak, kavramak. *She took her father's hand. She took the baby in her arms. The dog took the stick between its teeth.* **2** almak, sahip olmak. *I shall take a small house in the village.* **3** otobüse, vb. binmek. *We are taking the bus to London.* **4** banyo, duş yapmak. *He is taking a bath.* **5** yürüyüşe çıkmak. *They took a walk round the garden.* **6** (bir yere) oturmak. *Please take a seat and wait.* **7** ele geçirmek, zaptetmek. *The enemy has taken the castle.* **8** yenmek, kazanmak, almak. *Our team took the first game and lost the second.* **9** dikkati üzerine çekmek, toplamak. *Her strange dress took everybody's attention.* **10** bir yumruk, darbe yemek. *He took the blow on the chin.* **11** almak, kabul etmek. *This hotel does not take children. Will you take* me as your partner? 12 inanmak. I take your word for it. 13 kazanmak, hasılat yapmak. The shop took about £20 during the morning. 14 izinsiz almak; çalmak. Somebody has taken my coat. The thieves took all they could carry. 15 götürmek. He has taken his shoes (to the shop) to be repaired. I took my books to school. They will take us with them to the cinema. The road took them over the hill. 16 çekmek, sürmek; gerekmek, gerektirmek. This work will take a long time. How long did you take to come here? It took three men to lift the box. 17 alıp (deftere) kaydetmek. The policeman took the number of my car. Do you take notes of the lectures? 18 fotoğraf çekmek. He wants to take our photograph. 19 sanmak, zannetmek, düşünmek. They took us for strangers. May I take it that you agree? 20 dikkat etmek. Take care that you do not fall. 21 acımak; haline üzülmek. We took pity on him. 22 ürkmek, korkmak. The horse took fright. 23 (ciddiye, hafife, vb.) almak. He takes life quietly. He takes his work seriously. 24 başarılı olmak, başarı kazanmak. His long speeches do not take with young people. 25 (aşı) tutmak. My vaccination hasn't taken yet. geç. zam. biç. took [tuk]. geç. zam. ort. taken ['teikən]. taker i + sy alıcı, almak isteyen. He wanted £100 for his car but there were no takers. taking s hoş, alımlı, cazibeli. takings içoğ gelir, kazanç. The takings for the concert were over £50. take-home-pay (vergiler, vb. çıktıktan sonra) ele geçen net para. take after someone (ailede) birine benzemek, çekmek. The boy takes after his father. take away i + sy satın alınıp evde, vb. bir yerde yenmek üzere yemek satan yer. take one back geçmişi hatırlatmak, eski anılarını canlandırmak. This picture takes me back to the war. (k. dil.). take something back 1 iade etmek, geri götürmek. Take this book back to the library. When the watch went wrong, I took it back to the shop. 2 geri almak. The trousers which you sold me are too big. Will you take them back? 3 (söylediği şey(ler)in yanlış olduğunu, veya doğru olmadığını anlayıp) geri

almak, özür dilemek. He took back the story he told about me. take something down 1 yazmak, kaydetmek. The pupils took down what the teacher had told them. 2 kibrini, burnunu kırmak. He is so proud that people want to take him down. take someone/something in 1 (birisini) evine pansiyoner olarak almak, kabul etmek. His mother takes in lodgers. 2 (elbiseyi) daraltmak. She has become so thin that she has had to take in all her clothes. 3 (yelkenleri) sarmak. Because the wind was strong they took in the sails of the boat. 4 anlamak, kavramak. The lesson was too difficult for the class to take in. He does not seem to be listening but he is in fact taking everything in. 5 aldatmak, yutturmak. Don't be taken in by his promises. take (someone/something) off 1 (giysiyi) çıkarmak. He took off his coat and hung it up. 2 indirmek, çekmek. Please take your elbows off the tables. 3 başka bir yere koymak, yerleştirmek. The police took him off to prison. 4 (uçak) kalkmak, havalanmak. Our plane takes off at 4 p.m. take off¹ i + sy (uçak) kalkış, havalanış. What time is the take off? take someone off (genl. başkalarını güldürmek için birisinin taklidini yapmak. He is good at taking off the headmaster. take off² i + sy taklit, taklit etme. His take off of the headmaster was very amusing. (k. dil.). take on 1 işe almak, çalıştırmak. The college is taking on more staff. 2 kabul etmek, yüklenmek. I cannot take on this work. 3 taşımak, içine almak. The bus took on more passengers. 4 meydan okumasını kabul etmek, birisine karşı mücadele etmek, yarışmak. He took me on at tennis. 5 hali tavrı bir hoş olup değişmek, başka bir hal almak. His face took on an angry look. take out 1 (dışarıya) çıkarmak, götürmek; (bir yere) davet etmek. He took us out to lunch. 2 (genl. bir resmî belge) çıkarmak. I must take out an insurance policy for my car. 3 yorgun düşürmek, veya halsiz bırakmak. The work has taken a lot out of him. Fever takes it out of you. take something over (bir şeyin) yönetimini ele almak, devralmak. He is taking over my job *while I am on holiday. This large company has taken over many small ones.* **takeover** *i + sy* devralma, yönetimini ele alma. *This company is planning another takeover.* **take to someone/something 1** kaçmak; tabanları yağlamak. *They took to flight.* **2** (bir şey) yapmaya başlamak. *He has taken to wearing bright ties.* **3** kaçmak, kaçıp sığınmak. *During the flood the people took to the hills.* **4** sevmek, hoşlanmak, kanı kaynamak. *I took to him as soon as I saw him.* **take someone/something up 1** (yerden) almak, kaldırmak. *We took up our luggage and followed him.* **2** (bir şey ile) meşgul olmak; (bir şeye karşı) ilgi duymak. *My son has taken up stamp-collecting. She took up sculpture. They have taken up anti-war campaigning.* **3** (**with** ile) (bir kimsenin) dikkatine, ilgisine sunmak; (bir konuyu) (bir kimseye) bildirmek. *He said he would take up my difficulties with the headmaster.* **4** (yer ve zaman bakımından) almak, doldurmak; kaplamak. *The meeting took up the whole morning. The large desk takes up most of the office.* **5** (bir şeyi yapmaya) devam etmek. *As soon as he finished singing, the crowd took up the song.* **6** soru sormak, sorguya çekmek, tartışmak; münakaşa etmek. *I took him up on his remarks about young people.* **take up with** arkadaşlık kurmak. *He has taken up with the older boys round the corner.* **be taken aback** için aback'e bkz. **take into account** hesaba katmak, olacağını önceden düşünmek. *When deciding what to do we must take into account all the difficulties.* **take the bulls by the horns** için horn'a bkz. **be taken by** ...-den memnun olmak. *We were greatly taken by the children's good behaviour.* **take into one's head 1** birden karar vermek; (bir şey yapmayı) aklına koymak, aklına esmek. *He had taken it into his head to go away.* **2** (aslı astarı olmadığı halde öyle olduğuna) inanmak. *She has taken it into her head that we hate her.* (*k. dil.*). **be taken ill** hastalanmak. *She was taken ill on holiday and had to find a doctor.* (*eş anl.* **fall ill**). **be able to take it** tahammül edebilmek, veya katlanabilmek, çekebilmek. *I hope*

you saw how quickly he gave in; he can dish it out, but he can't take it. **take one's mind off** kafasından atmak, unutmak. *He took his mind off the problem by playing a game of tennis.* **take part in** (...-de) yer almak, (...-e) katılmak. *We all took part in the discussion.* **take place** meydana gelmek, olmak; vuku bulmak. *The concert takes place next Friday.* **take the place of** bir kimsenin yerini almak. *He will take my place in the football team because I shall be absent.* **take as read** (daha fazla tartışmaya gerek duymadan) olduğu gibi kabul etmek. *We shall take the rest of the proposals as read.*

talc [tælk] *i-sy* **1** talk; hidratlı doğal magnezyum. **2** pişik, vb. gibi deri hastalıklarında kullanılan pudra. (*eş anl.* **talcum powder**).

tale [teil] *i + sy* **1** (özl. içinde sihir, büyü ve macera olan türden) öykü, hikâye. *They acted out tales of prince and magic birds and wars.* **2** gerçekten olmuş, kişinin başından geçmiş, özl. ilginç ve heyecanlı türden sözlü, veya yazılı olarak anlatılan bir olay, öykü. *Everyone had some tale to tell about the very cold winter.* **talebearer, taleteller** *i + sy* dedikoducu kimse, söz getirip götüren, arkadan çekiştiren, fitneci. **tell tales** (genl. çocuklar) fitnecilik yapmak, müzevirlik etmek. *She is always telling tales about her classmates.* **telltale** *s* belli eden, açığa vuran. *There were telltale marks on the floor which showed that an intruder had been in the house.* Ayrıca *i + sy* müzevir, ispiyon; dedikoducu.

talent ['tælnt] *i + sy* yetenek, kabiliyet. *You have a talent for making friends. He is a man with many talents.* **talented** *s* yetenekli, kabiliyetli: *a talented speaker/musician.* (*eş anl.* **gifted**).

talk [to:k] *f + n/-n* **1** konuşmak, sohbet etmek. *He talks to everybody he meets.* **2** (**about** ile) (bir şey(i)) konuşmak, hakkında söz etmek. *Today our teacher talked about Africa.* **3** konuşabilmek. *Animals cannot talk.* Ayrıca **1** *i + sy* konuşma; görüşme. *Did you hear the president's talk last night? The two countries are having talks about trade.* **2** *i + sy* dedikodu, lâf. *There is some talk of the presi-*

dent resigning (eş anl. gossip). **talker** *i + sy* konuşan; konuşmacı. *He is a good/poor/slow/quick talker.* **talkative** ['tɔːkətiv] *s* geveze, konuşkan, çok konuşan. *She finds it hard to keep quiet in class because she is very talkative.* **talking book** *i-sy* (görmezler için hazırlanmış) kaset kitap; kasete okunmuş kitap. **talking point** söz konusu, mevzu edilen şey; üstünde durulacak konu. *Keeping fit by running has become quite a talking point.* **small talk** havadan sudan konuşma. *I met him at coffee-time and we had a chat, but it was just small talk, nothing worth repeating.* **talk away** konuşup durmak. *She talks away for hours without stopping.* **talk back (to)** (...-e) karşılık vermek. *Don't talk back to your father like that.* **talk someone down 1** karşısındakinden, daha fazla ve daha yüksek sesle konuşup baskın çıkarak onu susturmak. *He is an expert at talking the opposition down.* **2** kontrol kulesinden talimatlar vererek uçağı indirmek. *They talked the pilot down to a perfect landing, despite the fog.* **talk down to somebody** bir kimseye yüksekten bakarak konuşmak. *The manager talks down to the clerks.* **talk someone into something** konuşarak, dil dökerek bir kimseyi inandırmak. *She talked me into taking a week's holiday.* **talk round something** bir sonuca varmadan konuyu tartışıp durmak. *He is expert at talking round things without coming to any decision. They talked round the problem for hours.* **talk someone round** dil dökerek gönülsüz bir kimseyi ikna etmek. *I may be able to talk Eddy 'round, but I doubt it. They finally managed to talk her round.* **talk to someone** bir kimseyle ciddi bir biçimde konuşmak; bir şeyi anlatıp şikâyet etmek. *I shall talk to your father about your behaviour.* **talking-to** *i + sy* paylama, azar. *My father gave me a good talking-to. (k. dil.).* **talk through one's hat** kafadan atmak. *If he says he saw me in town last night, he's talking through his hat: I was at home all evening.* **talk shop** (sohbet sırasında) işten konuşmak. *They never discuss plays or books or films, or anything outside their jobs: they*

just talk shop all the time. (k. dil.). **tall** [tɔːl] *s* uzun, uzun boylu. *I am the tallest boy in the class. He is tall for his age.*
NOT: *tall* ve *high* sözcükleri bazı bağlamlarda (örn. *a tall/high building*) birbirlerinin yerine kullanılır, ama anlam bakımından aralarında farklar vardır. *Tall* insanlar, hayvanlar ya da cisimler (örn. *men, giraffes, poles, trees, buildings*) hakkında kullanıldığında yatay uzunluğu, veya boyu değil de dikine olan yüksekliği ya da boyu belirtir—
He is a tall man. A giraffe is a very tall animal. That flag pole is tall. A skyscraper is a tall building.
High sözcüğü ise yerden havaya doğru yükselen şeyler, veya yerden yükseğe konmuş olan ya da yerden yüksekte bulunan insanlar, nesneler, vb. için kullanılır—
He was sitting on a high branch of a tall tree. There is a high shelf on the wall.
tall order yapılması, başarılması güç hatta imkansız bir şey. *The group-leader expects each member of the group to sell £20 worth of tickets: I think that's a tall order.* **tall story** inanılması güç bir hikâye; palavra. *He tells some tall stories about his war experiences: personally, I don't believe them.* **tallness** *i-sy* uzun boyluluk, yükseklilik.
tally ['tæli] *f-n* uymak, uyuşmak. *Your story does not tally with mine. The expenditure and the receipts should tally.*
talon ['tæln] *i + sy* bazı yırtıcı kuşların, örn. atmaca, şahin, vb. pençelerindeki sivri, kıvrık tırnak. *Eagles have talons.*
tambourine [tæmbə'riːn] *i + sy* tef, zilli tef.

tambourine

tame [teim] *s* **1** (hayvanlar hk.) evcil; ehlileştirilmiş. *He keeps a tame lion.*

2 uysal, yumuşak huylu. *George is so tame that he agrees with everybody.* **3** ilginç olmayan, sıkıcı. *She thinks cricket is a tame sport.* Ayrıca *f + n* evcilleştirmek, ehlileştirmek. *I tamed the lion.* **tameness** *i-sy* evcillik, uysallık. **tamer** *i + sy* (genl. yanına bir sözcük daha eklenerek kullanılır) vahşi hayvan eğiticisi: *liontamer.*

tamper ['tæmpə*] *f-n* (**with** ile) (bir şeyi) kurcalamak, karıştırmak; tahrifat yapmak, değişiklikler yapmak. *Somebody has tampered with the lock on the door. Erica was accused of tampering with the examination papers.*

tan [tæn] *i + sy/-sy* sarımsı kahve rengi, güneşte yanmış ten rengi; güneş yanığı rengi. *The sun has given your skin a tan. He is enjoying the swimming at the lake and is getting a good tan.* (*eş anl.* **suntan**). Ayrıca *s* açık kahverengi. *She was wearing tan shoes and carrying a tan bag.* Ayrıca *f + n/-n* güneşte yanıp esmerleşmek; esmerleştirmek. *His face was tanned by the sun and wind. I tan easily.* (*eş anl.* **go brown**).

tandem ['tændəm] *i + sy* iki kişilik bisiklet. *She and her husband travelled round Cornwall on a tandem.*

tang [tæŋ] *i + sy* keskin koku, veya tat: *tang of wood smoke; fruit with a pleasant tang. The cologne gave a tang to the air around him.* **tangy** *s* keskin.

tangent ['tændʒənt] *i + sy* teğet; tanjant. *A tangent is a straight line that touches a curve at one point but does not cross it.* **fly/go off at a tangent** birden yön değiştirmek; konuyu değiştirip başka bir şeyden söz etmek ya da yaptığı bir şeyi bırakıp başka bir şeyle uğraşmak. *We were discussing the latest news when he went off at a tangent about flowers.*

tangent

tangerine ['tændʒə'ri:n] *i + sy* manda-

lina.

tangible ['tændʒibl] *s* elle tutulabilir; somut, gerçek. *The plan has produced tangible results.* (*karş.* **intangible**).

tangle ['tæŋgl] *i + sy* **1** arapsaçına dönmüş iplik, karma karışık saç. *Her hair was full of tangles. All the ropes were in a tangle.* **2** karışıklık; uyuşmazlık, anlaşmazlık. *His affairs are in a tangle.* Ayrıca *f + n/-n* dolaşmak, arapsaçına dönmek; karmakarışık olmak, etmek. *Horace's fishing line tangled in the weeds.* (*karş.* **untangle**).

tank [tæŋk] *i + sy* **1** sarnıç, depo, tank: *water tank; petrol tank. I always kept plenty of gasoline in the tank of my car.* **2** tank; zırhlı savaş aracı. **tanker** *i + sy* tanker; petrol, benzin gibi akaryakıt taşıyan gemi, kamyon. *The tanker carried a load of oil.*

tankard ['tæŋkəd] *i + sy* maşrapa.

tantalize ['tæntəlaiz] *f + n* verecekmiş gibi yapıp geri çekerek eziyet etmek; söz vererek, vaatlerde bulunarak umutlandırıp kıvrandırmak, boşuna ümit vermek. *They tantalized the poor prisoner with promises of freedom.* **tantalizing** *s* insanı ümitlendirip boş çıkan: *tantalizing promises of freedom.*

tantamount ['tæntəmaunt] *s* (**to** ile) eşit, aynı. *His silence was tantamount to saying he disagreed.* (*eş anl.* **as good as**).

tantrum ['tæntrəm] *i + sy* (genl. önemli olmayan bir şey için) öfke nöbeti, aksilik, terslik. *The child is always having tantrums. The old man went away in a tantrum.*

tap¹ [tæp] *i + sy* **1** (*Brİ*'de) musluk. *She turned on the tap and filled the pot with water. She left the tap running.* (*Amİ*'de **faucet**). **2** tapa, tıkaç, mantar. Ayrıca *f + n* **1** musluğunu açarak, veya tıpasını çekerek (örn. bir fıçının) içindeki sıvıyı almak, akıtmak. *He is tapping the barrel of beer.* **2** (örn. bir kauçuk ağacının) gövdesini yararak sıvısını almak. *The workers tap the rubber trees every morning.* **3** telefon teline bağlantı yaparak başkalarının konuşmalarını dinlemek. *Our telephone has been tapped.* (*eş anl.* **bug**). geç. zam. ve ort. **tapped**.

tap² [tæp] *i + sy* hafif vuruş. *I felt a tap on my shoulder.* Ayrıca *f + n* hafifçe vurmak. *He tapped me on the shoulder. Somebody is tapping at/on the door. The doctor tapped his chest with his finger.* geç. zam ve ort. **tapped. tap dance** *i + sy* müziğin ritmine uygun biçimde ayakları yere vurarak yapılan bir dans.

tape [teip] *i + sy* **1** şerit, bant. *She sealed the package with tape and mailed it.* **2** teyp bantı. Ayrıca *f + n* banda kaydetmek, banda almak. *He taped my speech on his tape recorder.* **tape recorder** *i + sy* teyp, teyp kayıt cihazı. **magnetic tape** ses ve müzik kaydı yapmak için kullanılan bir tür manyetik bant. **red tape** kırtasiyecilik. *The plan to build a new school has been delayed by red tape.* (k. dil.). **tape measure** mezura; metre şeridi. **tapeworm** tenya, şerit; metrelerce uzunlukta olabilen bir bağırsak asalağı. *Tapeworms enter the intestine when a person eat raw meat or fish.*

taper¹ ['teipə*] *f + n/-n* gittikçe incelmek, veya inceltmek; sivrileşmek, sivrileştirmek. *The pencil tapers to a sharp point. He tapered the stick with a knife. The shoe tapered to a pointed toe.* **tapering** *s* gittikçe incelen, sivrilen.

taper² ['teipə*] *i + sy* bir cins ince mum. *Lighted tapers were on the dining room table.*

tapestry ['tæpistri] *i + sy/-sy* resimli, veya desenli örme duvar ya da mobilya örtüsü.

tapioca [tæpi'oukə] *i-sy* tapyoka; öğütülmüş kuru manyoktan elde edilen ve tatlı yapımında kullanılan nişastalı bir yiyecek maddesi.

tar [ta:*] *i-sy* katran. *Tar is used especially for making roads, and is also produced when tobacco burns.* **tarmacadam, tarmac** *i-sy* yol, uçuş pisti, vb. kaplamada kullanılan katran ve mıcır karışımı madde, asfalt. Ayrıca *s* asfalt. *We travelled all the way on a good tarmac road.*

tardy ['ta:di] *s* **1** geç kalmış, gecikmiş. *He was often tardy for work.* **2** yavaş, ağır: *a tardy progress. The old bus was tardier than ever.*

taramasalata [tærəməsə'la:tə] *i-sy* tarama; balık yumurtası ile yapılan bir tür meze. *Taramasalata is usually*

eaten at the beginning of a meal.

target ['ta:git] *i + sy* **1** hedef; ateş edilen herhangi bir şey. *He hit the target with every shot he fired.* **2** eleştiriye, alaya, vb. hedef olan bir kimse, veya şey. *The minister is the target of many complaints.* **3** hedef, maksat, gaye. *The target of the new plan is primary education for all children.*

tariff ['tærif] *i + sy* **1** gümrük vergisi. *Will the USA lower/raise the tariff on foreign motorcars?* **2** tarife, örn. bir otelin, bir lokantanın. *May I see your tariff please?*

tarmac ['ta:mæk] *i-sy* tar'a bkz.

tarnish ['ta:niʃ] *f + n/-n* **1** (genl. metaller hk.) karartmak, donuklaştırmak; kararmak, parlaklığını kaybetmek. *Brass tarnishes quickly in wet weather.* **2** lekelemek, kirletmek. *His bad behaviour has tarnished the good name of the school.*

tarpaulin [ta:'pɔ:lin] *i + sy* su geçirmez katranlı muşamba.

tart¹ [ta:t] *s* **1** ekşi, mayhoş. *This apple sauce is too tart.* **2** ters, sert. *He gave a tart reply.*

tart² [ta:t] *i + sy* meyvalı, veya reçelli pasta.

tart³ [ta:t] *i + sy* orospu, fahişe. *·We were thinking of picking up a couple of tarts.* (k. dil.).

tartan ['ta:tn] *i-sy* ekose kumaş, kareli yünlü kumaş. *She was wearing a skirt made of tartan.* Ayrıca *s* ekose kumaştan yapılan: *tartan jacket.*

tartar ['ta:tə*] *i-sy* diş kiri, kefeki. *Tartar is a hard yellowish deposit of calcium which forms on teeth.*

task [ta:sk] *i + sy* görev, vazife. *I was given the task of cleaning the room.* **task force** özel görev kuvveti. **taskmaster** angaryacı başı; başkalarına, özl. zor ve angarya türünden işler veren ve yaptıran kimse. *Our teacher is a hard taskmaster.* **take somebody to task** birisini azarlamak, paylamak. *My father took me to task about my dirty hands.*

Tass [tæs] (= Telegrafnoye agenstvo Sovetskovo Soyuza)—Rus Haberler Ajansı.

tassel ['tæsl] *i + sy* püskül. *He was wearing a fez with a black tassel on it.* **tasseled** ['tæsəld] *s* püsküllü. *All the lamps in the room were tasselled.*

taste¹ [teist] *f + n/-n* **1** tadı olmak. *The*

tea tasted sweet. Some oranges taste bitter. This soup tastes of too much salt. 2 tadına bakmak, tatmak. *Can you taste the sugar in your coffee? She tasted the pudding to see if it was sweet enough.* 3 tatmak, görüp geçirmek. *They tasted defeat for the first time.* **taste like** (bir şey)in tadı (bir şey)e benzemek. *It doesn't taste like coffee* (= Tadı kahve gibi değil). *This milk tastes like chalk* (= Bu sütün tadı tebeşir gibi).

tassel

taste² [teist] *i + sy/-sy* 1 (a veya the ile tek. biç.) tat, lezzet. *Children like the taste of sugar. Some oranges have a bitter taste. Food which is cooked too much has no taste. I have a cold, so food seems to have lost all taste.* 2 (a ile *tek. biç.*) tadımlık, azıcık miktar; numune. *May I have a taste of your pudding. He gave us a taste of his bad temper.* 3 kişisel beğeni, zevk. *She has a taste for expensive hats. His tastes in music are not the same as mine.* 4 beğeni, zevk; hoşlanıp yargılama yeteneği. *Their house is furnished in very good taste. His reply to their question was in bad taste* (= Onların sorusuna verdiği cevap pek çirkindi). *We all admire your taste in art.* **tasteful** *s* lezzetli; zevkli. *The furniture in their house is very tasteful.* **tastefully** *z* zevkle. **tasteless** *s* 1 tatsız, lezzetsiz, tatsız tuzsuz, yavan. *The food was tasteless.* 2 zevksiz. *The room was full of tasteless ornaments.* **tasty** *s* lezzetli, tatlı, tadı güzel: *a tasty cake. This meat needs a tasty sauce.* **tastily** *z* zevkli bir biçimde.

tatters ['tætəz] içoğ yırtık pırtık elbise, kağıt, vb. *His coat was in tatters* (= Elbiseleri lime lime olmuştu). **tattered** *s* yıpranmış, yırtık pırtık, lime lime. *He was wearing a tattered coat.*
tattoo¹ [tə'tu:] *i + sy* dövme; vücut

derisi üzerine iğne gibi sivri bir araçla çizilmek ve içine renk veren maddeler konulmak yoluyla yapılan çıkmaz yazı, veya resim. *çoğ. biç.* **tattoos.** Ayrıca *f + n* dövme yapmak. *Lee had tattoed her name on the back of his hand.*
tattoo² [tə'tu:] *i + sy* 1 bando eşliğinde yapılan askeri tören, veya gösteri. 2 (parmaklarıyla masaya) vurma, tempo. *His fingers beat a tattoo on the desk as he listened.*
tatty ['tæti] *s* yırtık pırtık, eski püskü. (*k. dil.*).
taught [tɔ:t] **teach** fiilinin geçmiş zamanı ve ortacı.
taunt [tɔ:nt] *f + n* yüzüne vurmak, kakmak; alay etmek. *He taunted me for/with being weak. She had taunted him with not having the caurage of his instincts. Some mean girls taunted her because she was poor.* Ayrıca *i + sy* alay, iğneli söz. *The children had been insulted by other pupils with taunts like 'You haven't got a Dad.' The taunts angered me.*
taut [tɔ:t] *s* gergin; iyice gerilmiş. *The skin of the drum is taut.*
tautology [tɔ:'tɔlədʒi] *i + sy/-sy* gereksiz söz tekrarı, örn. *Will these supplies be adequate?* yerine *Will these supplies be adequate enough?* denerek *enough*'ın gereksiz bir şekilde söylenmesi.
tavern ['tævən] *i + sy* meyhane; han, otel. *We met at the tavern for a drink. I found a room for the night at a tavern.* (*esk. kul.*).
tawdry ['tɔ:dri] *s* parlak ve gösterişli ama kalitesiz, bayağı, zevksiz. *She was wearing a tawdry hat.*
tawny ['tɔ:ni]s kahvemsi sarı renkte. *I would love to stroke the lion's rich, tawny coat.*
tax [tæks] *i + sy/-sy* vergi. *The government has increased the tax on motorcars. People who refuse to pay tax can be put in prison.* Ayrıca *f + n* 1 vergi koymak, vergilendirmek. *He wants all liquor to be heavily taxed. Governments do not usually tax children.* 2 şiddetli bir şekilde denemek, sınamak; yormak, tüketmek. *The war taxed the soldiers' courage.*
taxation [tæk'seiʃən] *i-sy* vergilendirme; vergilerden toplanan para.

Taxation is necessary to provide roads, schools, and police. The new government has increased taxation. **tax-free** *s* vergiden muaf, vergi dışı. **taxpayer** vergi mükellefi. **tax disc** araçların ön camına yapıştırılan motorlu taşıtlar vergisi bandrolu. **tax evasion** vergi kaçırma.

taxi ['tæksi] *i + sy* taksi; belli bir ücret karşılığı yolcu taşıyan, taksimetresi olan otomobil. *Taxi fares are very high in London. I took a taxi to the train station.* çoğ. biç. **taxis**. NOT: bu sözcüğün tam biçimi *taxicab* olup, (*Brİ'* de) *taxi*, (*Amİ'* de) ise *cab* denir.

Ayrıca *f-n* (uçaklar hk.) taksi yapmak; havalanmadan önce pist başına kadar, yere indikten sonra da terminale kadar yavaş yavaş gitmek. *The aeroplane taxied off the field after landing.* **taxi driver** taksi şoförü. **taxi rank** taksi durağı. (*Amİ'* de **taxi stand**).

taxidermy ['tæksidə:mi] *i-sy* hayvan postunu, veya derisini doldurma sanatı. **taxidermist** *i + sy* hayvan postu, veya kuş derisini dolduran kimse.

TB [ti:'bi:] *i-sy* (= **tuberculosis**)—tüberküloz, verem. *The man was suffering from TB.*

t.d.s (= **ter in diem sumendus**)—(bir reçetede) günde üç defa.

tea [ti:] **1** *i-sy* çay (ağacı). **2** *i-sy* (içilen) çay. *He is having a cup of tea. Mother is making (the) tea.* **3** *i-sy* çay saati (genl. saat 16.00'da). *I won't be home until after tea.* **4** *i + sy/-sy* ikindi kahvaltısı. *This hotel serves teas.* **tea bag** çay poşeti, poşet çay. **tea caddy** çay kutusu. **teacake** tereyağı ile sıcak sıcak yenilen çay keki. **tea-cloth** çay takımı kurulama bezi. **tea cosy** çaydanlık külahı. **teacup** çay fincanı. **tea leaf** *i + sy* (genl. *çoğ. biç.*). çay içildikten sonra çay fincanında, veya demlikte kalan çay taneleri. **teapot** çay demliği, demlik. **tearoom** çay ve hafif yiyecek servisi yapılan lokanta. **tea service, tea set** çay takımı. **teaspoon** çay kaşığı. **teaspoonful** bir çay kaşığı dolusu. **tea strainer** çay süzgeci. **high tea** akşamları çayla yenilen yemek, mükellef çay ziyafeti, (genl. bu ziyafetten sonra bir daha akşam yemeğine ihtiyaç duyulmaz). **a storm in a tea cup** bir bardak suda

fırtına. *Don't worry about this silly row. It's just a storm in a teacup.* **be not one's cup of tea** sevmemek, hoşlanmamak. *Opera isn't really my cup of tea, I'm afraid.*

teapot

teach [ti:tʃ] *f + n/-n* öğretmek, okutmak, ders vermek; öğretmenlik yapmak. *My sister teaches. She likes teaching children. He is teaching me (how) to ride a bicycle. I taught English to all my friends. I taught all my friends English. Her illness may teach her the danger of smoking.* geç. zam. ve ort. **taught** [tɔ:t]. **teacher** *i + sy* öğretmen. **teaching** *i-sy* öğretmenlik, öğretmen; öğreti; öğretilen şey.

teak [ti:k] **1** *i + sy* tik ağacı; uzun ve kerestesi sert bir ağaç türü. **2** *i-sy* gemi yapımında kullanılan bu ağacın kerestesi.

team [ti:m] *i + sy* **1** ekip, grup, tim, takım. *The discovery was made by a team of scientists. He plays for the second football team.* **2** bir kızağı, bir arabayı, vb. çeken iki ya daha çok köpek, at, öküz, vb. hayvan çiftleri. *A team of horses pulled the plow.* **team spirit** takım ruhu. *Team spirit is the feeling of pride and loyalty that exists among the members of a team.* **teamwork** takım çalışması; işbirliği. *Excellent teamwork finished the job quickly.* **team up with someone** bir kimse ile birlikte çalışmak, veya işbirliği yapmak. *Everybody teamed up to clean the room after the party.* (*k. dil.*).

tear¹ [tiə*] *i + sy* gözyaşı. *The tears ran down her cheeks as she cried. The little boy burst into tears* (=Küçük çocuk iki gözü iki çeşme ağladı). **tearful** *s* gözleri yaşlı, ağlayan. **teardrop** *i + sy* gözyaşı damlası. **teargas** gözyaşı gazı. **tear-jerker** *i + sy* çok acıklı, insanı ağlatan bir piyes, film, veya bir kitap. (*k. dil.*).

tear² [teə*] *f + n/-n* **1** yırtmak, parçalamak, yarmak, koparmak. *She tore her stockings while putting them on* (= Giyerken çoraplarını kaçırdı). *I tore the newspaper in half/to bits/to pieces.* **2** yırtılmak, yarılmak, kopmak, parçalanmak. *Paper tears easily. This type of cloth does not tear.* **3** büyük bir telaş ve acele ile gitmek, çıkmak; çılgın gibi gitmek. *He tore through the town in his car. Because he was late he tore out of the house.* geç. zam. biç. **tore** [tɔ:*]. geç. zam. ort. **torn** [tɔ:n]. Ayrıca *i + sy* yırtık. *There is a tear in your jacket.* **tear oneself away** bir türlü ayrılmak istememek; istemeye istemeye gitmek. *I like your party but now I have to tear myself away.* (k. dil.). **be torn between** iki şey arasında bir tercih yapamamak; onu mu, bunu mu yapacağını bilmemek. *He was torn between staying at home and going abroad.*

tease [ti:z] *f + n* takılmak, sataşmak. *The other boys tease him because he is fat. We teased her about her new hat.* (eş anl. **kid**). Ayrıca *i + sy* sataşmayı seven kimse, takılmayı seven birisi. *John is a big tease.* **teasing** *i-sy* takılma, muziplik. (eş anl. **kidding**).

teat [ti:t] *i + sy* **1** (hayvanlarda) meme başı, veya ucu. **2** emzik, biberon memesi. *The baby grabbed the teat and began to suck.*

technical ['teknikl] *s* **1** teknik. *Engineers must have great technical knowledge.* **2** teknik, bilimsel: *technical education.* **technically** *z* teknik bakımdan. **technicality** [tekni'kæliti] *i + sy* **1** teknik ayrıntı. *I do not understand the technicalities of space travel.* **2** yasal açıdan önemsiz bir ayrıntı, nckta. *He was not allowed to buy the land on a/because of a technicality.*

technician [tek'niʃən] *i + sy* teknisyen, uygulayıcı.

technique [tek'ni:k] *i + sy/-n* usul, yöntem, teknik; sanatsal anlatım yöntemi; beceri, ustalık. *He is learning the technique of painting. Writing poetry requires great technique.*

technology [tek'nolədʒi] *i-sy* teknoloji; bir sanayi dalı ile ilgili yapım yöntemlerini kullanan araç, gereç ve aygıtları kapsayan bilgi. *Modern civili-*

zation depends greatly on technology. **technological** [teknə'lɔdʒikl] *s* teknolojiye ait. **technologist** *i + sy* teknoloji uzmanı.

NOT: *technologist*, herhangi bir *technician*'dan uzmanlık konusunda daha öndedir, örn. yeni bir cihazın planını, projesini yapana *technologist* denir; bu cihazın bakımı, tamiri, vb. ile uğraşana ise *technician* denir.

tedious ['ti:diəs] *s* sıkıcı, bıktırıcı; uzun ve yorucu. *Travelling by a slow train is very tedious. We didn't listen to the politician's tedious speech.* **tediously** *z* sıkıcı bir şekilde. **tedium** ['ti:diəm] *i-sy* bıkkınlık, can sıkıntısı.

tee [ti:] *i + sy* (golf oyununda) deliğe vurulmak üzere topun üstüne konulduğu oturtmalık.

tee

teem [ti:m] *f-n* **1** (**with** ile) dolu olmak, pek bol olmak; (bir şey) ile kaynamak. *The forest teemed with wild animals. His mind is teeming with ideas.* (eş anl. **abound**). **2** (yağmur) sel gibi yağmak; şakır şakır yağmak. *It has been teeming all day and the roads very slippery.*

teens [ti:nz] *içoğ* sonu **teen** ile biten sayılar, yani 13 ile 19 arasındaki rakamlar. *His son is in his teens.* (= Oğlu 13 ile 19 yaşları arasında). **teenage** ['ti:neidʒ] *s* 13 ile 19 yaşları arasındaki bir erkek, veya kız ile ilgili. *He is too old now for teenage parties.* **teenager** *i + sy* 13 ile 19 yaşları arasındaki kız ya da oğlan çocuğu; yani 12 yaşından büyük 20 yaşından küçük.

tee shirt ['ti:ʃə:t] *i + sy* tişört; bisiklet fanila gömlek. *Tee shirt has short sleeves, no collar, and no buttons down the front.* (eş anl. **T-shirt**).

teeth [ti:θ] **tooth**'un çoğul biçimi.

teethe [ti:ð] *f-n* (bebekler hk.) diş çıkarmak. *Our baby is teething.* **teething troubles** bir işin ilk aşamaları sırasında ortaya çıkan sorunlar ve güçlükler. *The new plan is having its*

teething troubles. (k. dil.).
teetotal ['ti:'toutl] *s* yeşilaycı; ağzına alkollü içki koymayan. *His father is teetotal. It will be a teetotal party.*
teetotaller (*AmI*'de **teetotaler**) *i + sy* yeşilaycı kimse.
TEFL [tɛfəl] *i-sy* (= teaching English as a foreign language)—yabancı bir dil olarak İngilizce öğretimi.
tele- ['teli] *ön-ek* uzak, uzaktan, örn. **telephone, telescope.**
telecommunications ['telikəmju:ni-'keifənz] *i-sy* uziletişim, telekomünikasyon; haber, yazı, resim, veya her çeşit bilginin tel, radyo, optik ya da başka elektromanyetik sistemlerle iletilmesi, yayımı, veya alınması. *They can be persuaded to buy British telecommunications equipment.*
telegram ['teligræm] *i + sy/-sy* telgraf. *The telegram told me of my mother's death.*
telegraph ['teligra:f] *i + sy/-sy* telgraf; telgraf makinası. Ayrıca *f + n/-n* telgraf çekmek. *I telegraphed him to come home immediately.* **telegraphic** [teli'græfik] *s* telgraf ile ilgili, telgraf ile gönderilen. **telegraph pole/post** telgraf direği. **telegraph wire** telgraf teli.
telepathy [tə'lepəθi] *i-sy* uzaduyumu, telepati; birinin düşündüklerini, veya uzakta geçen bir olayı, görme, duyma, vb. gibi duygusal hiçbir bağlantı olmadan algılama. **telepathic** [teli-pæθik] *s* uzaduyum ile ilgili, telepatiye ait.
telephone ['telifoun] *i + sy* telefon; telefon aygıtı. *He has three telephones on his desk. I told him the news by telephone. She put down the telephone.* Ayrıca *f + n/-n* telefon etmek, telefon ile bildirmek. *She has telephoned for the doctor. Don't telephone me when I am busy.* NOT: genl. *phone* sözcüğü hem isim hem de fiil olarak kullanılır.
telephone book telefon rehberi. *Look them up in the telephone book. You can find me in the telephone book.* (*eş anl.* **telephone directory**). **telephone booth** telefon kabini. (*eş anl.* **phone booth**). **telephone number** telefon numarası. *I gave her my telephone number.* **make a telephone call** telefon konuşması yapmak. *Martha wants to make a telephone*

call. **answer the telephone/take a telephone call** telefona cevap vermek. *Can someone answer the telephone, please?* **telephone for something** telefon ederek bir şey istemek, çağırmak. *Daphne telephoned for a taxi.* **telephonist** santral memuru. **be on the telephone 1** telefonda konuşmak. *I can't come now. I'm on the telephone.* **2** evinde, ve bürosunda telefonu olmak. *Are you on the telephone.*
telephoto ['teli'foutou] *s* **telephotographic** sözcüğünün kısa yazılışı.
telephotography ['telifətəgrəfi] *i-sy* telefotografi; özel objektifler kullanarak uzakta bulunan nesnelerin fotoğrafını çekme. **telephotographic** ['telifoutə'græfik] *s* telefotografi ile ilgili; (genl. **telephoto** olarak kullanılır, örn. *a telephoto lens*).
teleprinter ['teliprintə*] *i + sy* telem; bir metnin doğrudan doğruya gönderilmesini ve alıcı olarak kitap harfleriyle yazılmasını sağlayan aygıt. *Reports came in by teleprinter during the meeting.*
telerecording [teliri'kɔ:diŋ] *i + sy* televizyon için, örn. video'ya kaydedilmiş bir program.
telescope ['teliskoup] *i + sy* teleskop. *He studied the stars through a telescope.* Ayrıca *f + n/-n* iç içe girmek, birbirinin içine geçmek. *When the car hit the wall, the front was telescoped.* **telescopic** [teli'skɔpik] *s* **1** teleskop ile ilgili, veya teleskop gibi. **2** iç içe giren parçalardan yapılmış: *telescopic umbrella.*

telescope

teletext [teli'ekst] *i-sy* abonelerin televizyon cihazlarına özel olarak takılan bir aygıtla onlara haberleri gösteren ve bilgi sağlayan bilgisayar çalışmalı sistem.
telethone ['telıθɔn] *i + sy* yardım top-

lamak, vb. amacı ile yapılan uzun televizyon programı.

television ['teliviʒən] *i-sy* televizyon; duran ya da hareketli nesnelerin kalıcı olmayan görüntülerinin renkli, veya siyah beyaz ve sesli olarak elektrik yolu ile uzağa iletimi; (genl. *k. dil.* **TV** veya **telly** denir). *We watched the game on television/TV/telly.* **televise** ['teləvaiz] *f + n* televizyonda yayınlamak, veya göstermek. *Some important football games are televised.* **television set** *i + sy* televizyon; televizyon aygıtı. *He rented a colour TV.*

telex ['teleks] *i + sy/-sy* teleks; telsizle telleme, uzaktan haber yazdırma düzeni. *He will send us the information by telex.* Ayrıca *f + n/-n* teleks çekmek, teleks ile göndermek. *I telexed the detailes of the contract to London.*

tell [tel] *f + n/-n* **1** söylemek, demek, anlatmak. *Please tell us who you are. They told me (that) they were tired. The teacher told his pupils how to do it. I told him all about it. He is telling the truth.* **2** (genl. **can** veya **be able** ile) bilmek, anlamak, tanımak, ayırt etmek. *The little boy can't tell the time yet* (= Küçük çocuk henüz saati bilmiyor). *They were able to tell the difference between the two books* (= İki kitap arasındaki farkı anlayabildiler/söyleyebildiler). *I couldn't tell him from his brother* (= O mu, kardeşi mi ayırt edemedim). *It is difficult to tell his weight just by looking at him. (eş anl. **distinguish**).* **3** buyurmak, emretmek. *He told me to come. You must do as you are told.* **4** birisinin bir sırrını bir başkasına söylemek; açığa vurmak, yaymak. *I'll show you where it is, if you promise not to tell.* **5** belli olmak, etkisini göstermek. *When you are old, every year tells. geç. zam. ve ort.* **told** [tould]. **teller** *i + sy* banka veznedarı. **telling** *s* çok etkili. *He made a very telling speech about their mistake.* **telltale** için **tale**'e bkz. **tell someone off** azarlamak, paylamak. *We were told off for being late. (k. dil.).* **tell on 1** ele vermek, gammazlamak. *Wilfred told on his friends. (k. dil.).* **2** üzerinde etkisini göstermek. *This work is telling on his health. His age is beginning to tell on*

him. all told hepsi beraber, bütünü ile; her şey hesaba katıldığında. *Fifty people came all told.* **tell me another** külahıma anlat, ne demezsin. *'They came 300 miles just to see me!'—'Oh yeah, tell me another.'* **give someone a telling-off** bir kimseyi azarlamak. *She gave me a good telling-off.* **there is no telling** ne olacağını kimse bilemez; (bir) Allah bilir. *There is no telling what he may do.*

telly ['teli] *i + sy/-sy* televizyon sözcüğünün kısa ve *k. dil.* biçimi.

temerity [tə'meriti] *i-sy* budalaca cesaret, küstahlık, cüret. *Douglas had the temerity to argue with the manager.*

temp [temp] *i + sy* bir büroda geçici olarak görev yapan bir kimse (örn. tatile çıkmış olan bir sekreterin yerine) bakan birisi. *I had two temps working in the office last week. (k. dil.).*

temper ['tempə*] *i + sy/-sy* huy, tabiat; yaratılıştan gelen karakter; keyif, hal. *He was in a good temper. He was in a (bad) temper.* Ayrıca *f + n/-n* **1** tavlamak; yüksek sıcaklıkta ısıtılmış madeni bir kütleyi birdenbire soğutarak onu sert ve dayanıklı hale getirmek. *The metal was plunged into cold water to temper it.* **2** yumuşatmak, hafifletmek. *He tempered his refusal with a smile.* **-tempered** *s* (şu ya da bu) huyda, huylu. *He is a good-/bad-/short-tempered man* (= O iyi/kötü huylu/hemen parlayan bir insandır). **lose one's temper** (genl. elinde olmadan ve aniden) öfkelenmek, kızmak. *When he realized how badly he had been treated, he lost his temper.*

temperament ['tempərəmənt] *i + sy/-sy* yaratılış, huy, mizaç. *He has a happy temperament. James hasn't the temperament for work in an office. She and I have similar temperaments.* **temperamental** [temprə'mentl] *s* çabuk kızıveren, öfkesi burnunda; saati saatine uymayan. *Many great artists are temperamental.*

temperance ['tempərns] *i-sy* konuşmada, davranışta, vb. (özl. içki içmede) kendine hâkim olma: *temperance society* (= içki kullanmaya karşı olan cemiyet); *temperance hotel* (= alkollü içki içilmesine izin verilmeyen otel).

temperate ['tempərət] *s* **1** aşırı yemeyen, veya içmeyen; davranışlarını kontrol eden. *He is temperate in his habits. (karş.* **intemperate**). **2** ılıman, mutedil. *Great Britain has a temperate climate.*

temperature ['temprətʃə*] *i + sy/-sy* **1** sıcaklık derecesi, sıcaklık. *In summer the temperature is high and in winter it is low.* **2** ateş; türlü nedenlerle vücut sıcaklığının yükselmesi. *My temperature was slightly above normal. The normal average body temperature is about 37° Celsius or 98° Fahrenheit.* **run/have (got) a temperature** ateşi olmak. *When he was ill, he ran/had a temperature.* **take somebody's temperature** (derece ile) ateşine bakmak, ateşini ölçmek. *They took my temperature every four hours.*

tempest ['tempist] *i + sy* şiddetli fırtına, bora. *The tempest forced the ship onto the rocks.* **tempestuous** [tem-'pestjuəs] *s* fırtınalı; şiddetli: *tempestuous sea; tempestuous argument. It was a tempestuous night. (eş anl. stormy).*

template ['templit] *i + sy* kalıp, şablon. *A template is used to help you cut wood, metal, etc. accurately, or reproduce the same shape many times.*

temple¹ ['templ] *i + sy* tapınak, mabet. *A temple is a building used for the worship of a god or gods, especially in the Buddhist and Hindu religions.* NOT: Hıristiyan dininde ibadetin yapıldığı yere *church,* veya *chapel* denir.

temple² ['templ] *i + sy* şakak; kafanın göz ile kulak arasındaki çukurumsu yer. *I had a cut on my right temple.*

tempo ['tempou] *i + sy/-sy* **1** tempo; çalınan müziğin hızı. *The tune has a fast/slow tempo.* **2** bir faaliyetin, hareketin hızı; bir işin hızı, veya gelişimi. *The tempo of life in a village is different from that in a city. çoğ. biç.* **tempos**.

temporal ['tempərl] *s* **1** zaman ile ilgili; geçici. **2** dünyevi, maddi. *A king has temporal powers, a bishop spiritual ones.*

temporary ['tempərəri] *s* geçici: *temporary absence; temporary building. John has a temporary job which ends in two weeks. (karş.* **permanent**). **temporarily** *z* geçici olarak. *They are living in a hotel temporarily.*

tempt [tempt] *f + n* **1** aklını çelmek, ayartmak, baştan çıkarmak. *Edgar's*

friend tempted him to steal/into stealing the money. **2** iştahını kabartmak, imrendirmek. *That candy tempts me.* **temptation** [temp'teiʃən] *i + sy/-sy* dayanılmaz istek; günaha teşvik, veya davet, şeytana uyma. *There are many temptations to steal in a large shop. Carol resisted the temptation to tell him.* **tempting** *s* çekici, cazip; iştah kabartıcı. *The clear, blue water of the lake looked very tempting on such a hot day.*

ten [ten] *i/zamir* on, 10 (sayısı). **ten to one** çok muhtemel, pek mümkün. *It's ten to one he will be late again.* **tenth** (10th) onuncu.

tenable ['tenəbl] *s* **1** (bir görev, veya makam hk.) elde tutulabilir. *The position as chairman is tenable for three years.* **2** savunulabilir. *Do you think his argument is tenable? (karş.* **untenable**).

tenacious [tə'neiʃəs] *s* bırakmaz, vazgeçmez; güçlü; inatçı: *tenacious defence against the enemy; a tenacious memory. The detective's tenacious questioning of the witness finally got him the evidence he needed.* [tə'næsiti] *i-sy* direnme, vazgeçmeme. *The ant's tenacity in dragging the huge crumb to its nest amazed us.*

tenant ['tenənt] *i + sy* kiracı. *The former tenants of that house have just moved away.* **tenancy** *i-sy* kiracılık. *My tenancy of the house is one year.*

tend¹ [tend] *f-n* eğiliminde olmak; yönelmek. *He tends to speak too quickly.* **tendency** *i + sy* eğilim, meyil. *All children have a tendency towards illness. He has a tendency to speak too quickly.*

tend² [tend] *f + n* **1** dikkatle, veya sevecenlikle bakmak, göz kulak olmak. *She'd tended for very sick men. A shepherd tends his flock. (eş anl.* **care for**). **2** araziyi işlemek, ekip biçmek. *A good farmer tends his land. (eş anl.* **cultivate**). (oldukça *esk. kul.*). **I tend** öğünmek gibi olmasın (ama), kusura bakmayın (ama). *I tend to know Eastern European countries pretty well. I tend to think that's not a good solution.*

tender¹ [tendə*] *s* **1** körpe, taze; genç, deneyimsiz. *He joined the army at the tender age of 15. She mad a salad from tender young leaves.* **2** şefkâtli, sevecen; yumuşak. *She has a tender heart. He gave her a tender look.* **3** (et hk.) yumuşak, gevrek; kolayca kesilip yenir. *We enjoyed the tender steak.* (*karş.* tough). **4** ağrılı; dokununca hemen acıyan. *My shoulders are still tender where I got sunburnt.* (*eş anl.* sore). **tenderly** z şefkâtle. *She cradled the baby tenderly.* **tenderness** *i-sy* şevkât. *The mother cared for the sick baby with tenderness.* **tender-hearted** s yufka yürekli, şefkâtli. *The tender-hearted child wept over the dead bird.*

tender² ['tendə*] *f+n/-n* **1** kabulü için takdim etmek, vermek, sunmak. *The manager tendered his resignation to the committee.* **2** (bir şeyi) yapmak için belli bir fiyat teklifinde bulunmak. *Several firms have tendered for building the new school.* Ayrıca *i+sy* **1** fiyat teklifi. *They have received tenders from several firms. They will accept the lowest tender to build the house.* **2** lokomotifin arkasına takılan kömür, veya su vagonu. *The tender is filled with coal and water for the engine.* **legal tender** yasanın öngördüğü geçerli para. *In Britain, Bank of England pound notes are legal tender.*

tendon ['tendn] *i+sy* tendon, veter; bir kası kemiğe bağlayan kiriş. *A tendon is a strong cord in a person's or animal's body which joins a muscle to a bone.*

tendril ['tendril] *i+sy* sülükdal, asmabıyığı; tırmanıcı bir bitkinin, duvara, ağaca, vb. sarılıp tırmanmasını sağlayan ince ve yapraksız kıvrık sapı.

tendril

tenement ['tenəmənt] *i+sy* (genl. bir kentin yoksul bölgesinde) ucuz olarak bölüm bölüm kiraya verilen büyük bir bina.

tenet ['tenət] *i+sy* (genl. çoğ. biç.)

inanış; prensip, ilke.

tennis ['tenis] *i-sy* tenis.

tenor¹ [tenə*] **1** *i-sy* tenor; en tiz erkek sesi. **2** tenor; sesi böyle olan sanatçı. Ayrıca *s* tenor, tenor sesine ait.

tenor² [tenə*] *itek* (the ile) genel anlam; genel yön, veya gidiş, gidişat. *The tenor of his speech was that war would come. Nothing spoils the quiet tenor of our life here.*

tense¹ [tens] *i+sy* fiil zamanı, zaman (şekli), kip; bir hareketin zamanını ve bu zamanda tamamlanmış olup olmadığını göstermek için fiilin aldığı şekildir.

tense² [tens] *s* gergin; sinirli. *They had tense faces as they waited for the news. There was a tense silence in the room.* **tensely** z gerginlikle. **tenseness** *i-sy* gerginlik. *Worries and tenseness can lead to insomnia.* **tension 1** *i-sy* germe, gerilme, gerilim, gerginlik. *The tension was so great that the wire broke.* **2** *i+sy* gerilim; heyecan. *We do not like the tensions of life in a big city.*

tent [tent] *i+sy* çadır. *We lived in a tent.*

tentacle ['tentəkl] *i+sy* dokunaç; yumuşakçalar gibi birçok omurgasız hayvanın başında bulunan, tutmaya ve duyu almaya yarayan ince ve hareketli uzantı. *An octopus has eight tentacles.*

tentative ['tentətiv] *s* deneme niteliğinde, kesin olmayan. *I can only give a tentative opinion. She suggested Friday April 25th as a tentative date for the next meeting.* **tentatively** z geçici olarak, deneme niteliğinde. *She raised her hand and waved, tentatively.*

tenterhooks ['tentəhuks] *içoğ* sadece **be on tenterhooks** sözünde—endişe içinde olmak, endişe içinde heyecanla beklemek. *I was on tenterhooks to see who his passenger was.*

tenuous ['tenjuəs] *s* incecik; çok ince; zayıf, yüzeysel.

tenure ['tenjuə*] *i+sy/-sy* görevi elde bulundurma süresi, memuriyet müddeti. *Tenure of the position of professor is for ten years.*

tepee ['ti:pi:] *i+sy* kızılderili çadırı.

tepid ['tepid] *s* **1** hafifçe ılık. *I can't drink that tea because it's tepid now.* **2** gönülsüz: *a tepid welcome.*

ZAMANLAR
(tenses)

Simple Present

I go	We go
You go	You go
He goes	They go

Present Progressive

I am going	We are going
You are going	You are going
He is going	They are going

Present Perfect

I have gone	We have gone
You have gone	You have gone
He has gone	They have gone

Present Perfect Progressive

I have been going	We have been going
You have been going	You have been going
He has been going	They have been going

Simple Past

I went	We went
You went	You went
He went	They went

Past Progressive

I was going	We were going
You were going	You were going
He was going	They were going

Past Perfect

I had gone	We had gone
You had gone	You had gone
He had gone	They had gone

Past Perfect Progressive

I had been going	We had been going
You had been going	You had been going
He had been going	They had been going

Future

I will (shall) go	We will (shall) go
You will go	You will go
He will go	They will go

Future Progressive

I will (shall) be going	We will (shall) be going
You will be going	You will be going
He will be going	They will be going

Future Perfect

I will (shall) have gone	We will (shall) have gone
You will have gone	You will have gone
He will have gone	They will have gone

tepee

term [tə:m] *i + sy* 1 dönem, devre. *He was made secretary for a term of two years.* 2 sömestr; öğretim yılının ayrıldığı iki dönemden her biri. *Our school has two terms a year instead of three. I did not like my first term at university.* 3 ifade, anlatım, terim. *The term 'death duty' means the tax paid on the property of a person when he dies.* 4 (çoğ. biç.) anlaşma koşulları, sözleşme şartları. *The terms of service in the company are good. They have come to terms* (= Anlaşmaya vardılar). 5 (çoğ. biç.) kişisel ilişkiler. *He is on friendly terms with everybody* (= Herkesle dostça ilişkiler içindedir). Ayrıca *f + n* adlandırmak, isim vermek, demek. *This tool is termed a chisel* (= Bu alete keski denir). **in terms of** ...-e dayanarak, ilgili olarak; bakımından. *It has been a terrible year in terms of business.*

terminal ['tə:minl] *i + sy* 1 terminal; bir ulaştırma yolunun sonundaki durak (otobüs veya tren istasyonları için **terminus** daha çok kullanılır); bir uçak şirketinin yolcularını hava alanına götürmek üzere aldığı ya da hava alanına inen yolcularını şehre dağılmak üzere getirip bıraktığı yer. 2 terminal; bir elektrik devresinde bağlantıların yapıldığı uç. *The terminals of his car battery are dirty.* Ayrıca *s* ölümle sonuçlanan, öldürücü; ölüme doğru giden. *He has a terminal disease. He is a terminal patient.*

terminate ['tə:mineit] *f + n/-n* bitirmek, son vermek; bitmek, son bulmak. *The conference terminated yesterday. Most plural nouns terminate in 's'. The letter 's' terminates most plural nouns.* **termination** [tə:mi'nei-

[ʃən] *i-sy* son, bitim. *She was sad because of the termination of their relationship.*

terminology [tə:mi'nɔlədʒi] *i + sy/-sy* terminoloji; bir sanat kolu, veya bilim dalının bütün terimleri: *engineering/medical terminology.*

terminus ['tə:minəs] *i + sy* bir demiryolu, veya otobüs hattının sonundaki istasyon. *How much to the terminus, please?* çoğ. biç. **terminuses** veya **termini** ['tə:mini:].

termite ['tə:mait] *i + sy* beyazkarınca; özl. toripikal bölgelerde toplu olarak yaşayan, tepecikler yapan ve ağaçlara zarar veren bir tür böcek. *Termites do a lot of damage by eating wood.*

terrace ['terəs] *i + sy* 1 set, teras; bir bayırda açılmış düz alan. *The people here grow rice on terraces. They were walking on the terrace behind the house.* 2 birbirine bitişik bir dizi ev. **terraced** *s* teraslanmış; birbirine bitişik şekilde sıralanmış: *a terraced hill; terraced houses.*

terracotta ['terə'kɔtə] *i-sy* kırmızı kahverengi çamurdan yapılmış çanak, çömlek. *We chose terracotta tiles, instead of a bright red, for the roof of our new house.*

terrain [te'rein] *i-sy* (özl. bir savaşta kullanılması hk.) arazi, bir arazi parçası. *Before the battle the general studied the terrain.*

terrible ['teribl] *s* 1 berbat, pek kötü, müthiş. *She wears terrible clothes. They made a terrible noise.* 2 korkunç, dehşetli. *He spoke in a terrible voice.* **terribly** *z* 1 çok kötü şekilde, şiddetli biçimde. *He has been terribly ill.* 2 çok. *They are terribly kind.* (k. dil.).

terrier ['teriə*] *i + sy* teriyer; esasında tilki, porsuk, vb. avı için kullanılan ufak bir köpek.

terrify ['terifai] *f + n* dehşete düşürmek, çok korkutmak. *The armed man terrified the crow.* **terrific** ['tə'rifik] *s* 1 çok korkunç, müthiş. 2 çok büyük. *He ate a terrific breakfast.* (2. anlamı k. dil.).

territory ['teritəri] *i + sy/-sy* bir hükümet (özl. yabancı bir hükümet) tarafından yönetilen toprak, bölge. *The mainland part of Tanzania was once called Tanganyika Territory.* **territorial** [teri tɔ:riəl] *s* kara ile ilgili. **territoral waters kara suları. **Territorial Army** (İngiltere'de 1907 ile 1908 yılları arasında kurulan) Bölgesel Savunma İhtiyat Ordusu. Tam ismi **Territorial and Volunteer Reserve**. (kısaltılmış şekli **TA**).

terror ['terə*] *i-sy* büyük korku, dehşet, terör. *They screamed with terror. She ran away in terror.* **terrorism** *i + sy* terörizm, tedhişçilik; siyasal bir amaca ulaşmak için yıldırma eylemlerini yöntemli bir biçimde kullanma. **terrorist** *i + sy* terörist; siyasal davasını kabul ettirmek için karşı tarafa korku salacak davranışlarda bulunan kimse. *The bomb was planted by a terrorist group.* **terrorize** *f + n* yıldırmak, korkuya düşürmek. *The burglars terrorized the old lady so much that she gave them all her money.* **terror-struck, terror-stricken** *s* dehşete düşmüş. **in terror of one's life** ölüm korkusu içinde. *She ran from the murderer in terror of her life.*

terse [tə:s] *s* (konuşma ve yazma hk.) kısa ve özlü. *Her terse comment showed plainly what she meant.* (*eş anl.* **abrupt, curt**).

TESL [tɛsəl] *i-sy* (= teaching English as a second language)—ikinci bir dil olarak İngilizce öğretimi.

test [test] *i + sy* **1** sınav, test; bir kimsenin bilgi ve becerilerini ölçmeye ve anlamaya yarayan sınama: *intelligent test. I passed my foreign language test.* **2** deney, bir hastalığın varlığını ve niteliğini anlamak için yapılan laboratuvar araştırması. *I will have to have a blood test. The urine test was positive.* Ayrıca *f + n* **1** imtihan etmek, muayene, etmek; kontrol etmek. *He is testing the brakes of his car. I tested my tea for sugar.* **2** mihenge vurmak, denemek. *The long journey tested their patience.* **test ban** ülkeler arasında anlaşmaya varılan nükleer deneme yasağı. **test pilot** deneme pilotu. **test tube** deney tüpü. **test-tube baby** tüp bebek; suni döllenme (= **artificial insemination**) yolu ile doğan bebek. **put something to test** bir şeyi deneye tabi tutmak. **stand the test of time** güçlü ve etkili olması nedeniyle uzun bir süre dayanmak, veya devam etmek, zamana karşı dayanmak, zamanın gücüne karşı koymak.

testament ['testəmənt] *i + sy* **1** vasiyet, vasiyetname (genl. **last will and testament** sözünde). **2 (Testament)** Yeni ve Eski Ahit'ten herhangi birisi: *Old Testament* (= Eski Ahit/Ahdiatik) (Hıristiyanlara göre İbranilerde) İsa'dan önceki Kutsal Kitap'lar. *New Testament* (= Yeni Ahit/Ahdicedit) (Hıristiyanlara göre İbranilerde) İsa'dan sonraki Kutsal Kitap'lar.

testicle ['testikl] *i + sy* erbezi, haya, taşak, testis; erkeklik hormonunu oluşturan erkek cinsiyet bezi, husye.

testify ['testifai] *f + n/-n* **1** doğrulamak, teyit etmek, teyit etmek, kanıtlamak. *Her tears testified her grief. Her tears testified her grief.* **2** tanıklık etmek, şahitlik yapmak. *I can testify to his honesty. He will not testify against his own brother.*

testimonial [testi'mouniəl] *i + sy* **1** tavsiye mektubu, bonservis. *When I left school, the headmaster gave me a good testimonial.* (*eş anl.* **reference**). **2** (bir grup tarafından bir kimseye (örn. emekli olurken)) taktirname ile birlikte verilen bir hediye.

testimony ['testiməni] *i + sy/-sy* tanıklık; kanıt, ispat. *His testimony helped to prove the guilt of the accused.*

testy ['testi] *s* çabuk öfkelenen; sabırsız; ters, hırçın. *He was a very unpleasant and testy old man.*

tetanus ['tetənəs] *i-sy* tetanos; insan ve hayvan vücuduna açık yaralardan giren, genellikle toprakta, gübrede yaşayan bir basilin yol açtığı ateşli ve tehlikeli bir hastalık. *People who are liable to infection with tetanus, such as farm workers, should be immunized against it.* (*eş anl.* **lockjaw**).

tether ['teðə*] *f + n* bir hayvanı uzun ip ya da zincir ile bağlamak. *He tethered the horse to a post.* Ayrıca *i + sy* bir hayvanın bağlandığı ip ya da zincir. **be at the end of one's tether** (duyduğu üzüntü, başındaki sorunlar, vb. nedeniyle) (artık) sabrının sonunda olmak, tahammülü kalmamak. *Having looked after her sick child for so many years, the woman was at the end of her tether.*

tetra- ['tetrə] *ön-ek* dört, örn. **tetragon** (= dört kenarlı bir şekil).

text [tekst] **1** *i + sy* metin; bir yazarın, bir konuşmacının asıl sözleri. *She quoted the text and then explained it* *in his own words.* 2 *i-sy* metin; bir kitaptaki yazıların asıl kısmı. *The text is printed in large type.* **textbook** ders kitabı.

textile ['tekstail] *i + sy* tekstil, dokuma, mensucat. *Cotton, wool, and silk are textiles.*

texture ['tekstʃə] *i-sy/-sy* 1 bir kumaşın dokusu, örgüsü: *coat with a rough texture.* 2 doku, yapı. *The weather spoilt the fine texture of her skin.*

than [ðæn, ðən] *bağ* sıfat ve zarfların bir üstünlük derecesinden sonra, genellikle Türkçe '...-den'in karşılığı olarak **than** kullanılır. *He is quicker than you. He runs more quickly than you (do).*
NOT: bir zamanlar *He is stronger than I (am)* yapısı kullanılıyordu, ama şimdi *He is stronger than me*'nin kullanılması tercih edilmektedir ve her iki cümle de doğrudur. Fakat içinde geçişli bir fiil bulunan böyle iki cümlede anlam farkı ortaya çıkar, örn. *He teaches them better than I* (= O benim onlara ders verdiğimden daha iyi ders veriyor). *He teaches them better than me* (= O onlara bana ders verdiğinden daha iyi ders veriyor). *All* kullanıldığı durumlarda bir tek yapı biçimi vardır, örn. *He is stronger than them all.*

other than ...-den başka, hariç, ...-in dışında. *Have you any books other than these?*

thank [θæŋk] *f + n* teşekkür etmek. *He thanked us for our help. He thanked us for helping (him). 'Can I help you?'—'Thank you'* (= 'Size yardım edebilir miyim?'—'Evet, teşekkür ederim'). *'Can I help you?'—'No, thank you'. Thank God you arrived in time* (= Çok şükür vaktinde geldin). **thanks** *içoğ* teşekkürler *'No, thanks'. Thanks for the ride.* **thanks to** ...-ın sayesinde, yüzünden. *Thanks to the doctor I am well again* (= Doktorumun sayesinde yeniden sağlığıma kavuştum). *Thanks to him we lost the match.* **thankless** nankör. *The thankless boy did almost nothing for his mother.* **thankful** *s* müteşekkir; minnettar. *You should be thankful to be alive/that you are alive.* **thankfully** *z* minnetle, şükranla. **thankyou** *i + sy* teşekkür (genl. bir isimle birlikte kullanılır): *a thankyou letter.* **thanks-**

giving şükür, şükran, Allaha şükretme. **thank God/goodness/heavens** çok şükür, Allaha şükür, elhamdülillah, hamdolsun. **have someone to thank for something** bir şeyi bir kimseye borçlu olmak; sayesinde olmak, yüzünden olmak.

that¹ [ðæt] *s/z/zamir/belirten* 1 o, şu. *Who is that man?* (= O adam kim?) *I want that book, not this one* (= O kitabı istiyorum, bunu değil). 2 *Who is that?* (= O kim?) *I want that, not this* (= Onu istiyorum, bunu değil). *Don't drink that. çoğ. biç.* **those** [ðouz] onlar, şunlar. *Who are those men? I want those, not these.* 3 O kadar, bu kadar. *I can't eat that much. He is not that fat.* (3. anlamı *k. dil.*).
NOT: *that* veya *those* sözcükleri *my, your, his,* vb. ile birlikte kullanılamaz. Bunun yerine *of mine, of yours, of his,* vb. kullanılır, örn. *I have lost that book of mine* (= Ben o kitabımı kaybettim). *Where are those friends of yours?* (= Şu senin arkadaşların neredeler?).

that² [ðət] *ilgi zamiri* herhangi bir isim kendisinden sonra gelen bir sıfat cümleciği tarafından nitelenebilir. Böyle bir cümlecikte *that*, Türkçede 'ki'nin bazen kullanıldığı şekilde kullanılır. örn. *I have lost the book that was here* (= Burada olan kitabı kaybettim) yapısında *that was here* cümleceğinde *that, was*'ın öznesi olan bir zamir olup aynı zamanda temel cümlecikteki özne ismin yerini tutarak sıfat cümleciğini temel cümleciğe bağlar. Bu nedenle buradaki *that*'a ilgi zamiri denir. *That* ilgi zamiri genl. *who, whom, which, when* yerine kullanılır. *Where is the boy that did it? I stay at home on the days that I am not busy.*
NOT: 1 *that* ilgi zamiri cümlecikte nesne durumunda ise atılabilir, örn. *Where is the boy they saw in my room? I have lost the book I bought yesterday. Do you remember the days we spent together?* 2 genl. *who* yerine *that* kullanılabilir, ama içinde *any, only* ve enüstünlük derecesi olan bir sıfat bulunan cümleciklerde sadece *that*'in kulianılması daha yaygındır. *Any boy that wants to play can do so. She was the only woman*

that smoked a pipe. He is the bravest man that ever lived.

that³ [ðət] *bağ* ki. *He says (that) he will come. We saw (that) he was tired. I wish (that) I were rich. I hit it so hard (that) it broke. That I was late is a lie* (= Geç kaldığım yalan). Ayrıca *ünlem: Oh that the rain would stop!* (= Ah şu yağmur bir dursa!) (bu anlamı *esk. kul.*). **and all that, and that** vesaire..., ...ve benzeri; ...filan. *Have you got the tickets and that.* (*eş anl.* **and so on,** etc.). **that is/that is to say** yani. (*eş anl.* **i.e.**).

thatch [θætʃ] *i-sy* saptan, sazdan dam örtüsü. Ayrıca *f + n* bir damı sap, veya saz ile örtmek. **thatcher** [θætʃə*] *i + sy* işi damları sazla kaplamak olan kimse.

thaw [θɔ:] *f + n/-n* **1** (kar, veya donmuş herhangi bir şey hk.) erimek, çözülmek; eritmek, çözmek. *The ice on/in the river will thaw when the weather becomes warmer. He thawed his frozen hands at the fire.* **2** daha yakın olmak, daha samimi davranmak. *At first he was angry, but he thawed when we explained what had happened.* Ayrıca *i-sy* kar, buz, vb. eritecek sıcaklıkta hava. *After the storm there was a thaw. Winter is followed by the thaw.*

the [ði:,ði, ðə] *belirten* the belirteni, veya harfitarifi sessiz bir harften önce /ðə/ olarak okunur, örn. *the door; the book.* Seslilerden önce /ði:/ olarak okunur, örn. *the answer; the apple.* **1** daha önce bilinen, veya sözü edilmiş olan bir şeyin önünde the bulunur. *There is a man at the door. Is he the man who came yesterday? The roads are very busy. He has gone to the bank.* **2** bir cinsten bir tek varlığı gösteren sözcüklerin önünde the bulunur. *The sun is shining. The weather is cold. What is the name of this flower?* **3** özel isimler the almasa da, sıradağlar, nehirler, denizler, bazı binalar (tiyatrolar, sinemalar, oteller vb.) yabancı ünvanlar, çoğul haldeki bütün ülke ve takım ada isimleri, bazı tekil ülke isimlerin önünde the bulunur: *the Indian Ocean; the Atlantic; the North Pole; the (river) Nile; the Sudan; the British Isles.* **4** enüstünlük dereceleri ile kullanılır: *the biggest house in our village; the last bus.* **5**

bütün bir sınıfı belirten tekil ve çoğul sözcükler çoğu kez **the** alır. *They look after the poor and the sick. The African buffalo is very dangerous* (= *African buffaloes are very dangerous*). **6** (**a** veya **one** yerine) (her) tane, veya ölçü ile verilen miktar için. *It costs fifty pence the pound* (= Onun bir libresi elli pens tutuyor). *Our car does thirty miles to the gallon.* Ayrıca *z* ne kadar...ise, o kadar... *The more intelligent a person is, the more likely he is to realize that he might be wrong* (= Bir kimse ne kadar zeki olursa kendisinin yanılabileceğini anlaması ihtimali de o derece artar). *The more we are together, the happier we shall be.*

NOT: İngilizcede ne zaman *the*, ne zaman *a* kullanılacağı, veya ne zaman kullanılmayacağını iyice bilmek uzun bir çalışmayı gerektirir, örn. (*a*) *He has (the) measles. He has a cold. He has fever.* (*b*) *The buffalo is the most dangerous animal of all. The buffalo is most dangerous. The buffalo is a most dangerous animal.* (*c*) *The sky above us was beautiful. There was a beautiful blue sky above us.* (*d*) *He plays the piano/the trumpet/the violin. He plays chess/football/tennis. He has played pianos in every town in England. He plays the game of chess/football/tennis well.*

theatre ['θiətə*] (*AmI*'de **theater**) *i + sy* **1** tiyatro (binası). **2** (genl. **the** ile) tiyatro; temsil yazan, veya oynayan kimselerin işi. *Because he is an actor he knows the theatre very well.* **theatrical** *s* **1** tiyatro ile ilgili, veya ona ait. **2** (hareketler ve davranışlar hk.) abartmalı, yapmacık. **operating theatre** ameliyathane. (*AmI*'de **operating room**)

theft [θeft] *i + sy/-sy* hırsızlık. *They reported the theft to the police.*

their [ðeə*] *belirten* onların, onlara ait. *This is their house.* **theirs** *zamir* onların (ki(ler)). *This house is theirs.*

them [ðem, ðəm] *zamir* onları; onlara. *You saw them there. Give it to them.* **themselves** kendileri, kendilerini, kendilerine. **1** bir pekiştirme zamiri (= **intensive pronoun**) olarak kullanılır. *He told them to do it themselves* (= Onlara kendilerinin yapmalarını söyledi). *Did they remodel the house* *themselves?* (=Evin tadilatını kendi-leri mi yaptılar?) 2 dönüşlü zamir (=reflexive pronoun) olarak kullanı-lır. *They kept themselves busy all week* (=Bütün hafta uğraştılar ('ken-di kendilerini meşgul ettiler')). Ayrıca **intensive** ve **reflexive pronouns** ve **self**'¹daki NOT'a bkz.

theme [θi:m] *i+sy* 1 tema; bir konuş-mada, öğretici ya da edebi bir eserde işlenen konu, düşünce. *The teacher had the children write themes about their vacation. The theme of her talk was the need for education.* 2 her-hangi bir sanat eserinde işlenen konu. 3 bir besteyi oluşturan temel motif, tema. **theme song** müzikal bir oyun-da, veya sinema filminde tekrar tek-rar yinelenen bir melodi ya da şarkı. *The theme song from the film, 'Love Story,' is still very popular.*

themselves [ðem'selvz] **them**'e bkz.

then [ðen] *z* 1 o zaman, o vakit. *We were at school then.* 2 o zaman. *As I'll be here on Monday, I'll see you then.* 3 ondan sonra. *I had supper and then went to bed.* 4 (cümlenin hem önünde, hem de sonunda kullanılabi-lir) öyleyse, o halde, demek ki. *He says that he is hungry. Then he must have some food./He must have some food then. It was decided then, that we would go.* (*eş anl.* **in that case**). 5 ilâveten, ek olarak, bundan başka. *My mother was there. Then there were my brother and two sisters.* Ayrıca *s* o zamanki: *the then manager.* **if...then** tabii 'öyleyse'. *If you can read, then I can read it too* (=Sen okuyabiliyorsan tabii ('öyleyse') ben de okuyabilirim). **from then (on/onwards)** o zamandan beri, on-dan sonra. *From then (on/onwards) he never spoke to me.* **now then!** *ünlem* buraya bak! bana bak (sen)! *Now then, what do you mean?* **since then** o zamandan beri (hep). **then and there/there and then** için **there**'e bkz. **until after** sonuna, veya sonrasına kadar, ...-e kadar. *Let's wait until after the party.* **until then** o zamana, o ana kadar. *Until then we had not met him.*

thence [ðens] *s* oradan; o zamandan; o nedenle. (*esk. kul.*).

theology [θi'ɔlədʒi] *i-sy* ilâhiyat, teo-loji, Tanrıbilim. **theological** [θiə'lə-dʒikl] *s* ilâhiyata ait.

theorem ['θiərəm] *i+sy* teorem; kanıt-lanabilen bilimsel önerme.

theory ['θiəri] 1 *i+sy* kuram, teori. *Many scientists accept the theory that the universe is growing larger.* (*eş anl.* **hypothesis**). 2 *i+sy/-sy* (uygulamaya karşıt olarak) teori, nazariye. *In theory this is possible, in practice it is not.* **theoretical** [θiə'retikl] *s* ku-ramsal, nazari: *theoretical biology.* (*karş.* **practical**). **theoretically** *z* ku-ramsal olarak. **theorist** *i+sy* teorisyen, kuramcı. **theorize** ['θiəraiz] *f-n* bir kuram oluşturmak. *Man has always theorized about how life be-gan.*

therapeutic [θerə'pju:tik] *s* tedavi edi-ci, şifa verici, hasta tedavisi ile ilgili. *Many plants have therapeutic qual-ities.*

therapy ['θerəpi] *i-sy* tedavi, iyileştir-me. *Therapy does not cure at once.*

there [ðɛə*] *z* 1 orada, oraya; şurada, şuraya. *I was standing there. He works there, in that shop. Are you going there?*
NOT: *there, be* fiili ile bir cümlenin başında Türkçedeki 'işte' gibi kulla-nılır. O zaman, bir isim ise özne fiil-den sonra gelir. *There they are!* (=İşte oradalar!) *There are my books!* (=İşte kitaplarım (şurada/ orada)!) *Can* ve *go* fiilleri ile de aynı yapı kullanılabilir. O zaman fiil geniş zamanda kullanılır (*is coming* değil, *comes* olur). *There he goes!* (=İşte o gidiyor!) *There goes my friend!* (işte arkadaşım gidiyor!) Aynı şekilde, bir zamirden sonra gelerek resmî olma-yan dilde de kullanılabilir. *You there! Stop talking!* (=Hey sen! Konuşmayı kes!) *There! There! Don't worry!* (=Hadi! Hadi! Üzülme!).
2 o yerde, o yere, oraya. *I lived near there. The distance from there is a mile.* 3 *there* sözcüğü çoğu kez Türk-çe 'var'a karşılık olmak üzere ve *be* fiili ile birlikte öznemsi (**the pseudo-subject**) olarak kullanılır. Gerçek öz-ne fiilden sonra gelir. *There is a dog in the garden* (=Bahçede bir köpek var). Konuşulan İngilizcede özne bir-den fazla nesneden oluşuyorsa fiil genellikle kendisine en yakın nesne ile uyuşur. *There is a book and a pencil on the table. There is a book, two pencils and five pens on the table.*

There are two pencils, five pens and a book on the table. Öznemsi, soru kelimeli cümleciklerde soru kelimesini, veya soru takımını takip eder. *I want to find out where there is a bus stop* (= Nerede bir otobüs durağı var öğrenmek istiyorum). İçinde fiil takımı bulunan sorularda öznemsi, tersine kelime sırasında, yardımcı fiilden sonra gelir ve gerçek özne de bir nesne, veya yüklem ismi gibi temel fiili takip eder. *'Has there been some trouble?'—'Yes, there has (been)'* (= 'Güçlük çıktı mı?'—'(Evet,) çıktı.' NOT: *there's* yapısı genl. bir ünlem, veya bir vurgulama amacıyla kullanılır. *There's a lovely girl for you!* (= Bak bak, ne güzel bir kız! / İşte bak, şuradaki kız ne güzel!) *There's a good boy!* (Aferin, çocuğuma! / Aman ne iyi çocuk!).

thereabouts (genl. or ile) oralarda, o civarda; o sıralarda, o sularda. *He lives in the village or thereabouts. I'll come at 6 o'clock or thereabouts.* (eş anl. **approximately). thereafter** z ondan sonra. *He went abroad, and thereafter we did not hear from him.* (res. kul.). **therefore** bu nedenle, bu yüzden, onun için. *She left home late and therefore missed the bus.* (eş anl. **consequently, hence). therein** 1 o yerde, orada, onun içinde. *He was willed the house and all the furniture therein.* 2 o hususta, o konuda. *Benjamin answered her letter, and therein he made his mistake.* **here and there** için **here**'e bkz. **thereupon** hemen, derhal. *She told us goodbye and thereupon walked away.*

thermal ['θəːml] s ısı ile ilgili; termik: *thermal springs.* (= sıcak su kaplıcaları).

thermo- [θəːmou] ön-ek ısı ile ilgili (**thermostat** (= termostat)).

thermometer [θəˈmɔmitə*] i + sy termometre, ısı ölçer. *The thermometer shows that it is very cold. The thermometer reads 92 degrees.*

thermonuclear [θəːmouˈnjuːkliə*] s termonükleer; ancak çok yüksek sıcaklıklarda, hafif elementler arasında doğan (çekirdeksel tepkime).

thermos ['θəːməs]® i + sy **vacuum flask**'in ticari adı—yalıtım maddesiyle kaplı metal bir kılıf içine yerleştirilen, aralarında hava boşluğu bulu-

nan, çift çeperli cam şişeden oluşan ve konan sıvının ısısını uzun süre koruyan kap. *I usually take a thermos of coffee with me to the office.* (eş anl. **thermos flask**). *çoğ. biç.* **thermoses**.

thermostat ['θəːmoustæt] i + sy termostat; ısıyı denetleyen alet.

these [ðiːz] **this**'in çoğul biçimi.

thesis ['θiːsis] i + sy tez, inceleme, araştırma, özl. bir üniversite ünvanı kazanmak için belli bir konuda yapılan bilimsel çalışma. *çoğ. biç.* **theses** ['θiːsiːz].

they [ðei, ði] zamir 1 onlar; *he, she* ve *it*'in çoğulu. 2 (genl. olarak) insanlar; herkes. *They say that birds know when it is going to rain* (= Diyorlar ki/Denildiğine göre kuşlar ne zaman yağmur yağacağını bilirlermiş). *They have decided to build a new road* (= Yeni bir yol yapımına karar verdiler). (2. anlamı *k. dil.*). **them**'e bkz.

thick [θik] s 1 kalın. *He is a strong man with thick arms. He drew a thick line on the paper. The book is two inches thick.* 2 yoğun, kesif; sık. *She has thick hair. The crowd was very thick. It was hidden by a thick mist.* 3 (sıvılar hk.) koyu; kolayca akmayan: *thick oil.* (karş. 1. 2. ve 3. anlamlar için **thin**). 4 ahmak, mankafa. *I think he is rather thick.* **thickheaded** s aptal, mankafa. (*k. dil.*). Ayrıca *i-sy* herhangi bir şeyin kalın kısmı; en civcivli yer ve zaman. *He was hit on the thick of his arm. There was a large crowd and he was in the thick of it.* **thickness** i + sy/-sy kalınlık; sıklık. *It is two feet in thickness.* **thicken** f + n/-n kalınlaşmak, koyulaşmak; kalınlaştırmak, koyulaştırmak. *The recipe says to stir the egg and milk mixture until it thickens.* **thickening** i-sy kalınlaştırma; koyulaştırma; kalınlaşmış yer, veya kısım. **thickset** s kısa ve geniş yapılı; tıknaz. *He was too thickset to be a very fast runner.* **have a thick skin** vurdumduymaz olmak, duygusuz olmak. (*k. dil.*). **thickskinned** s duygusuz, vurdumduymaz. *Being thickskinned he does not care what people say.* (*k. dil.*). **it's/that's a bit thick** saçmalık bu; bu kadarı da fazla. *Bill has done hardly any work on this assignment, and now he has asked me to finish it for him: it's a bit thick.* **thick with something** bir şey ile dolu.

The river was thick with industrial waste. **do something through thick and thin** bir şeyi yılmadan, her güçlüğe katlanarak, yılmadan yapmak, veya yapmayı sürdürmek. *She has been very loyal to her husband: she stood by him through thick and thin.* **be thick with someone** bir kimseyle pek senli benli olmak, samimi olmak.

thief [θi:f] *i+sy* hırsız. *Thieves broke into the office and stole the petty cash.* çoğ. biç. **thieves** [θi:vz].

thieving [θi:viŋ] *i-sy* hırsızlık.

thigh [θai] *i+sy* but, uyluk; insan bacağının dizi ile kalçası arasındaki kısım. *His rubber boots came up to his thighs.*

thimble [θimbl] *i+sy* yüksük; dikiş dikerken iğneyi iten ve iğnenin parmağa batmasını önleyen konik alet.

thimble

thin [θin] *s* **1** ince: *thin book; thin sticks.* **2** seyrek; kalabalık olmayan, az. *His hair has become very thin. The game was watched by a thin crowd.* **3** hafif, yoğun olmayan. *The sun was shining through a thin mist.* **4** (sıvılar hk.) koyu olmayan, sulu: *thin oil; thin soup.* (karş. 1. 2. ve 3. anlamlar için **thick**). **5** zayıf, cılız. *The children are thin because they do not get enough to eat.* (karş. 5. anlamı için **fat**). krş. biç. **thinner**. enüst. biç. **thinnest. thinly** z seyrekçe; zayıf olarak. **thinness** *i-sy* incelik, zayıflık. **thin-skinned** *s* alıngan, hemen incinen. *She's too thin-skinned to listen to any criticism of her work.*

thing [θiŋ] *i+sy* **1** şey, nesne. *This is the thing I use to cut wood. What is that thing in your hand?* **2** maddesel olmayan bir şey; görülemeyen, dokunulamayan, ama düşünülebilen, hissedilebilen bir şey. *Jealousy is a terrible thing. Religion is a thing of the mind and spirit.* **3** (çoğ. biç.)

kişisel eşyalar; pılı pırtı. *They lost all their things in the war. Put your things down here and come inside.* **4** (çoğ. biç.) işler, gidişat. *He worries about things. Things have been much better for me since I got a job.* **5** (**the** ile) iş, hareket. *The best thing I did was (to) buy this house. The thing to do is to go away.* **6** (**the** ile ve genl. **just** veya **very** kullanılarak) gerekli olan şey. *This house is just the thing* (= İşte tam istediğim gibi bir ev). *I have the very thing for mending your car* (= Arabanı tamir etmek için gerekli olan en uygun şey bende var). **7** insanın çok sevdiği bir kimse; yaratık, mahlûk. *My aunt is a nice old thing* (= Halam sevimli ihtiyar bir kadıncağızdır). *She has no money, poor thing.* (7. anlamı *k. dil.*). **the done thing** doğru hareket, uygun bir davranış; görgülü davranış. *It's not the done thing to eat with your finger here* (= Burada parmakla yemek yenmez). (*k. dil.*). **first thing** ilk önce, ilk olarak, her şeyden önce. *I'll see you tomorrow first thing.* **last thing** akşam her şeyi yaptıktan sonra. *He locks all the doors last thing before he goes to bed.* **a near thing** az kalsın, neredeyse. *We finished in time but it was a near thing* (= Vaktinde bitirdik, ama az kalsın bitiremiyorduk. / Ucun ucuna bitirebildik). (*k. dil.*). **the thing is** karar verilmesi, yapılması, vb. gereken şey, husus. *The thing is, do you want to come or don't you?* **for one thing** bir kere, her şeyden önce. *For one thing what time will I have to go there?* **for one thing, ..., for another,** ...bir kere, ...; ikincisi/üstelik/diğer taraftan,... *I can't go. For one thing I am tired, for another my mother doesn't want me to.*

thingummy [θiŋəmi] *i+sy* (adı unutulan, veya bilinmeyen bir şey ya da kimse için) dalga, zımbırtı; şey, neydi adı. (*k. dil.*). (eş anl. **doodah**).

think [θiŋk] *f+n/-n* **1** düşünmek. *We had to think very quickly. It is so noisy here that I can't think.* **2** inanmak, sanmak, zannetmek. *They think (that) I am wrong. He thinks (that) it will rain. I thought (that) you would come. We don't think them good enough. Do you think it necessary? He was thought stupid to try.* geç.

zam. ve *ort.* **thought** [θɔːt]. **thinking** *i-sy* düşünme; düşünce, fikir. *I did some quick thinking.* Ayrıca *s* düşünen, muhakeme eden. *Any thinking parent wants education for his children.* **to my way of thinking** bana göre, bana kalırsa, fikrimce. **think about someone/something 1** bir kimseyi, veya şeyi düşünmek. *Susan thought about him all day.* **2** bir şeyi yapıp yapmamayı düşünmek. *Are you thinking about buying a new car?* **think of someone/something 1** bir kimseyi, veya şeyi düşünmek. *I thought of you all day. Think of all the money that he has!* **2** teklif etmek, önermek; bulmak. *I could not think of a suitable reply. He had to think of some plan to escape.* **3** bir kimse, veya bir şey hakkında iyi/kötü/vb. düşünmek. *The people think very highly of him. Our work was well thought of* (= İşimiz çok beğenilmişti). **think something over** bir şeyi düşünüp taşınmak, karar vermeden önce iyice düşünmek. *I need a couple of days to think this matter over.* **think something up** düşünüp daha iyisini ya da daha iyi bir yolunu bulmak. *It is very difficult to do this but I'll think up a plan.* **think better of** vazgeçmek, fikrini değiştirmek. *I have thought better of buying a new car. I am keeping my old one.* **think nothing of 1** olağan, veya sıradan saymak. *He thinks nothing of your work.* **2** normal olarak düşünmek; kolay görmek. *They think nothing of spending £100 a week.* **think to oneself** kendi kendine düşünmek. *'He is a dangerous man', I thought to myself.* **think twice/again about doing something** bir şeyi yapıp yapmamak hk. iyice düşünmek, tekrar düşünmek (ve sonucu olarak da bazen fikrini değiştirip yapmamak). *You should think twice before buying such an expensive house: it will take you a long time to pay for it.* **If you think that, you've got another think coming** Eğer ...ceğimi düşünüyorsan aldanıyorsun. *If you think I'm just going to wait here, you've got another think coming.*

third [θɔːd] *s* üçüncü; 3. **third-party** (özl. bir hayat sigortası poliçesi hk.) üçüncü kişi, şahıs: *third-party risks.* **third-rate** *s* üçüncü sınıf, adi. **Third**

World üçüncü dünya ülkeleri; Afrika, Asya ve bazen de Güney Amerika ülkeleri.

thirst [θɔːst] *i-sy* **1** susuzluk, susamışlık; (bir şey) içme isteği. *We satisfied our thirst with a glass of water. I was suffering from thirst.* **2.** (herhangi bir) şiddetli istek, tutku: *their thirst for news.* **thirsty** *s* susamış, susuz; susatan. *If she is thirsty, give her a glass of water.*

this [ðis] **1** *s/z/zamir/belirten* bu. *Who is this man? I want this book, not that one.* **2** *zamir* bu. *Who is this? I want this, not that.* çoğ. biç. **these** [ðiz] bunlar. **3** *s* bu. *I am going away this month. This time last year they were in Africa.*

NOT: *this* ve *these* sözcükleri *my your, his,* vb. ile birlikte kullanılmaz. Onun yerine *of mine, of yours, of his* vb. kullanılmalıdır. *This room of mine is too small. These friends of theirs are very quiet.* ·

4 *z* bu kadar, şu kadar. *We have walked this far without stopping. The table is about this big.* **this and that/this, that, and the other** şunu, bunu; şundan bundan. *John and I sat talking about this, that, and the other.*

thistle ['θisl] *i+sy* devedikeni; İskoçya'nın ulusal simgesi. **thistledown** *i-sy* şeytanarabası; devedikeninin havada uçuşan uzun ve ince tüylü tohumu.

thistle

thong [θɔŋ] *i+sy* sırım; ince ve uzun, esnek deri parçası.

thorn [θɔːn] **1** *i+sy* diken. *This tree has thorns.* (*eş anl.* **prickle**). **2** *i+sy/-sy/s* (yanına gelen diğer bir sözcük ile) dikenleri olan bir bitki, veya ağaç, örn. **hawthorn** (=akdiken); **thorn bush** (=dikenli çalı). **thorny** *s* **1** dikenli. **2** belâlı, güçlüklerle dolu, sıkıntılı. **a thorn in one's flesh/side**

insanın başına hep belâ olan bir sorun, veya rahatsız edici bir şey. *His laziness was a thorn in her side. The biggest thorn in the Prime Minister's side is inflation.*

thorough ['θʌrə] *s* **1** tam, eksiksiz. *The doctor gave me a thorough examination. She is a thorough teacher.* **2** titiz, çok dikkatli. *She did a thorough job of cleaning.* **thoroughly** *z* adamakıllı, tamamen. **thoroughness** *i-sy* kusursuzluk, dikkatlilik. *I was impressed by her speed and thoroughness.*

thoroughbred ['θʌrəbred] *i+sy* safkan hayvan. Ayrıca *s* safkan: *thoroughbred horse.*

thoroughfare ['θʌrəfɛə*] *i+sy* iki yönü trafiğe açık cadde, veya yol. *My shop is on a main thoroughfare.* **no thoroughfare** (bir trafik işareti) bu yol kapalıdır.

those [ðouz] **that**[1]'ın çoğul biçimi.

though [ðou] *bağ* ...-diği halde, ...-se de, her ne kadar. *Though the book is difficult to understand, it is interesting.*

NOT[1]: *although* ve *though* aynı anlamda olup birbirinin yerine kullanılabilir. Fakat bazı durumlarda bu mümkün değildir: (*a*) *as if* ((...-miş) gibi, sanki (...-miş gibi) anlamına gelen *as though* yapısında *though* yerine *although* kullanılmaz. *He behaves as though he were my father.* (*b*) *though* aynı zamanda *but* (=ama, fakat) anlamına da gelir ve cümlenin sonunda kullanılır. İşte böyle bir durumda *although* kullanılmaz. *I went to town. I didn't see him though.* (*k. dil.*).

NOT[2]: konuşma dilinde, özl. bir cümlenin başında *though* önüne *even* (=bile) sözcüğünü alır. *Even though English is difficult for me, I manage to express myself* (=*Though/ Although English is difficult for me, I manage to express myself*). Temel bir cümleden sonra içinde *even though, though, although* olan bir yan cümlecik kullanılabilir. *He is not very well known, even though/though/ although he has written several books.* Resmi İngilizcede *although* ve *though*'dan sonra özne ve *be* fiili atılabilir. *Although/though only a child of nine Jimmy managed to take care of himself* (= *Even though, Jimmy was only a child of nine, he managed to take care of himself*). **though I say it myself/though I say so myself** öğünmek gibi olmasın ama. *Though I say so myself my wife is a good coock.*

thought[1] [θɔ:t] **think** fiilinin geçmiş zamanı ve ortacı.

thought[2] [θɔ:t] **1** *i-sy* düşünme, düşünce, düşünce biçimi. *This problem needs great thought. Modern thought is against slavery.* **2** düşünce, fikir; niyet. *I told him my thoughts. They have no thought of going away.* **thoughtful** *s* **1** düşüncelerle dolu; düşünceli. *This is a thoughtful book* (=Bu üzerinde çok düşünülmüş bir kitap). **2** kibar, düşünceli, saygılı. *It was thoughtful of them to come and meet us.* **thoughtless** *s* düşüncesiz, bencil. *Her thoughtless remark hurt his feelings.* **on second thoughts** daha iyi düşününce, bir kez daha düşündükten sonra. **have second thoughts about something** (verilen bir karar hk.) doğru bir karar olduğundan kuşkusu olmak. *They were having second thoughts about the tax problem. She had second thoughts about changing her job.*

thousand ['θauzənd] *i/zamir* bin; 1000. **thousandth** bininci; 1000.

thrash [θræʃ] **1** *f+n* kırbaç, veya sopa ile dövmek. *He thrashed the boy with a stick.* **2** çarpmak, dövmek. *As he swam, he thrashed the water with his hands.* **3** yenmek, kesin bir mağlubiyete uğratmak. *We thrashed them at football.* **4** *f+n/-n* **thresh**'e bkz. **thrashing** *i+sy* şiddetli dayak; ağır yenilgi. *He gave the boy a thrashing.* **thrash about** gürültüyle, patırtıyla çırpınmak. *They were thrashing about in the water.* **thrash out** güç bir sorunu çözmek için, ya da bir anlaşmaya varmak için, inceden inceye gözden geçirmek, enine boyuna tartışmak. *The two side came together to thrash the matter out once and for all.*

thread [θred] *i+sy/-sy* **1** iplik, tire, tel. *I sewed on the buttons with thread. There are threads of wool on your dress.* **2** bir tartışmanın, bir konuşmanın, vb. bölümlerini birbirine bağlayan mantık çizgisi, seyir. *I have lost* *the thread of my argument.* **3** vida ya da somun dişi. Ayrıca *f+n* **1** (iğneye) iplik geçirmek. *She threaded her needle.* **2** genl. **thread one's way through** sözünde—kalabalığın, ormanın, vb. arasından kendine yol açıp ilerlemek. *I threaded my way through the large crowd.* **hang by a thread** pamuk ipliğine bağlı olmak; varlığını sürdüreceği, veya başarıya erişeceği pek zayıf bir ihtimal olmak. *His condition after the operation hung by a thread.* **threadbare** *s* **1** (elbise, halı, vb. hk.) o kadar yıpranmış artık iplikleri görünen, havı dökülmüş, eski. *What threadbare clothes he is wearing!* **2** (fıkra, hikâye, özür, bahane, vb. hk.) bayatlamış, basmakalıp, kabak tadı veren: *a threadbare excuse/joke.*

threat [θret] *i+sy* **1** tehdit, gözdağı, korkutma. *He was arrested for making threats against the president.* **2** yaklaşan bir tehlike işareti; kötü bir şeyin habercisi. *The flood was a threat to our homes.* **threaten** *f+n/-n* **1** tehdit etmek, gözdağı vermek, korkutmak. *He threatened them with death. He threatened to kill them.* **2** tehlike olmak, tehlike oluşturmak. *The flood threatened our homes.* **3** (kötü bir şeyin) belirtisi olmak, habercisi olmak. *The dark clouds threaten a storm.* **threatening** *s* tehdit edici: *a threatening voice; threatening clouds. He became angry and threatening.*

three [θri:] *i/zamir* üç; **3. three-dimensional** *s* üç boyutlu. **three Rs** içoğ (the ile) ilk öğretimde üç temel unsur. **reading** okuma, **writing** (= *'riting*) yazma, **arithmetic** (*'rithmetic*) aritmetik. **threesome** *i+sy* üç kişilik bir grup.

thresh [θreʃ], **thrash** [θræʃ] *f+n/-n* harman dövmek; döverek ekin tanelerini saptan ayırmak.

threshold ['θreʃhould] *i+sy* **1** eşik; kapı boşluğunun alt bölümünde bulunan basamak. *He stood on the threshold for a minute before going into the house.* **2** bir şeyin başlangıç yeri ya da noktası. *We are on the threshold of a great discovery.*

threw [θru:] **throw** fiilinin geçmiş zaman biçimi.

thrift [θrift] *i-sy* tutum, idare, ekonomi; para ve malı akıllıca kullanma.

Our thrift saved us enough money to buy a house. **thrifty** *s* tutumlu, idareli. *The thrifty woman always kept a record of how she spent her money.* **thriftily** *z* idareyle.

thrill [θril] *i+sy* ani ve çok kuvvetli neşe, korku, heyecan, zevk, vb. bir duygu; heyecan. *Meeting her gave me a thrill.* Ayrıca *f+n/-n* heyecanlanmak; heyecanlandırmak, heyecan vermek. *We were thrilled when we saw the high mountains. The lovely house thrills her.* **thriller** *i+sy* dedektiflik, casusluk, vb. konularda yazılmış heyecan ve macera dolu bir kitap, oyun veya film. **thrilling** *s* çok heyecanlı ve genl. de pek zevk verici. *I couldn't get to sleep after that thrilling movie.*

thrive [θraiv] *f-n* **1** serpilmek, gelişmek; iyi yetişmek. *Corn thrives in that climate.* **2** gelişmek, iyiye gitmek, başarılı olmak. *His business is thriving.*

throat [θrout] *i+sy/-sy* boğaz, gırtlak. *He seized me by the throat. He poured the drink down his throat.* **be at each other's throat** gırtlak gırtlağa gelmek, birbirinin gırtlağına sarılmak, kıyasıya dövüşmek. *The two brothers have been at each other's throats since the argument.* **cut one's own throat** kendi bindiği dalı kesmek. **throaty** [θrouti] *s* (ses hk.) gırtlaktan çıkan, boğuk. *(eş anl. hoarse).*

throb [θrɔb] *f-n* **1** (kalp hk.) hızlı hızlı atmak, vurmak, çarpmak. *Her heart throbbed with excitement.* **2** zonklamak; (kalbin yaptığı gibi) çarpmak. *My head was throbbing with pain. The engine throbbed all night.* geç. zam. ve ort. **throbbed**. Ayrıca *i+sy/-sy* nabız atması, kalp çarpması; çarpıntı; zonklama; titreşme: *throb of her heart; throb of the engine.*

throes [θrouz] içoğ şiddetli ağrı, sancı, ızdırap. **in the throes of** (bir güçlük) ile uğraşmakta, mücadele etmekte, çabalamakta. *We are in the throes of moving to another house.*

thrombosis [θrɔm'bousis] *i-sy* tromboz; kalbe giden bir damarı, veya atardamarı tıkayarak kanın akışını önleyen bir kan pıhtısı bulunması durumu.

throne [θroun] *i+sy* taht; bir kral, kraliçe veya bir piskoposun resmi koltuğu. *This throne had been used by kings for hundred of years.*

throng [θrɔŋ]*i*+*sy* büyük kalabalık. *A throng of people waited for him. (esk. kul.).*

throttle ['θrɔtl] *f*+*n/-n* boğazını sıkarak boğmak. Ayrıca *i*+*sy* motora benzin, buhar, vb. akışını kontrol eden valf. *He opened the throttle of his motorbike on the straight road.* **throttle back/down** (motorlu bir aracın, veya uçağın süratini düşürmek için) gazı kesmek.

through [θru:] 1 *s/z/edat* içinden, bir yandan öbür yana, ...-den, ...-den geçerek. *The main road goes through the town. They made a hole through the wall.* 2 (görme hareketi için) ...-in içinden, içinden öbür yanı. *He was looking through the window* `(= Pencereden bakıyordu).

NOT[1]: *He was watching from the window* (= Pencereden seyrediyordu). *Can you see through that paper?* (= Şu kağıdın içinden öbür yanı görebilir misin?)

3 süresice, boyunca, başından sonuna kadar. *We sat through the meeting. They worked through the night.*

NOT[2]: (*Amİ'de*) 'süresince, boyunca' anlamı. örn. 'bir hafta boyunca' dendiğinde bu süre haftanın son gününün akşamına kadar olan zamandır. *Shops are open (from) Monday through Friday* (= Dükkânlar pazartesi sabahından cuma akşamına kadar açık).

4 *edat* sayesinde, vasıtasıyla. *I heard about it through a friend.* 5 *edat* yüzünden, sonucu olarak. *He became ill through eating too much. (eş anl. because of).* 6 *s* aktarmasız, direkt. *We took a through train to London.* **all through** 1 başından sonuna kadar; bütün; her yere, her yerde. *They slept all through the day.* 2 hep, her zaman. *We hoped all through that you would come.* **be through with** 1 bitirmek, sona erdirmek. *I am just through with (reading) this book.* 2 bıkmak, usanmak, artık gına gelmek. *He is through with trying to please them. (k. dil.).* **get through something** 1 bitirmek. *They got through the meal without speaking.* 2 başarmak, kazanmak. *Did you get through the examination?* **get through** (bir öneri, bir fikir) resmen kabul edilip yasallaşmak; onaylanmak. **get through** 1 (telefonda)

irtibat kurmak; konuşabilmek. *He could not get through to his mother last night.* 2 birisine bir şeyi anlatabilmek. *I couldn't get the facts through to him.* **go through something** 1 gözden geçirmek, incelemek. *We shall go through the book together.* 2 harcamak. *He went through all the money his father gave him* 3 geçirmek, çekmek, uğramak. *He went through a long illness.* **go through with something** bitene kadar devam etmek, sonuna kadar götürmek. *Can we still go through with this plan?* **look through something** (genl. bir şeyi bulmak, veya bulunup bulunmadığını anlamak için) bakmak, kontrol etmek, gözden geçirmek. *I'll look through my papers and see if his name is mentioned.* **see through something** çevrilen dolaba kanmamak; bir şeyin gerçek maksadını sezmek. *He soon saw through their promises* (= Çok geçmeden verdikleri sözlerin boş olduğunu anladı). **through and through** tamamen, baştan sona; su katılmadık, bütün bütün. *He is cowardly through and through.* **throughout** *edat* (bir şey)in her yerinde; baştan başa, (bir şey) süresince: *throughout the world; throughout his life.* Ayrıca z baştan başa. *The house was painted white throughout* (= Evin içi baştan başa beyaza boyandı).

throw [θrou] *f*+*n/-n* atmak, fırlatmak. *He was throwing stones into the river. I threw the ball to him. / I threw him the ball. geç. zam. biç.* **threw** [θru:]. *geç. zam. ort.* **thrown** [θroun]. Ayrıca *i*+*sy* atma ya da fırlatma (eylemi); bir şeyin atıldığı uzaklık; atım; atma, atış. *That was a good throw. It was a throw of about 50 metres.* **throw something away** 1 (bir şeyi istenmediği için) (çöpe) atmak. *You should throw away these chairs and buy new ones.* 2 heba etmek; boşuna harcamak, ziyan etmek. *Don't throw away your chances of getting this job.* 1 **throw oneself into something** büyük bir enerji ve gayretle bir şeye girişmek ya da bir şeyi yapmaya başlamak. *Hazel has thrown herself into gardening with great enthusiasm.* **throw something off** 1 (bir giysiyi) üstünden çıkarıvermek, üzerinden çıkarıp fırlatıvermek. *He threw off his coat.* 2 (kötü bir şeyden) kurtulmak, yakasını sıyırmak.

I can't throw off this fever I have.
throw someone/something over birisini, veya bir şeyi başından atmak, terketmek, (birisi) ile ilişkisini kesmek, bağını koparmak. *Why have you thrown him over? He was your best friend.* **throw together** (hızla, veya şans eseri) bir araya getirmek. *The war threw them together in a strange country.* **throw something up** kusmak, istifra etmek; yediğini çıkarmak. *She threw up her lunch.* **throw a fit 1** ani bir öfke nöbetine yakalanmak. **2** çok kızmak. (*k. dil.*). **throw a party** bir parti vermek, yapmak. *When they moved into the new house, they threw a party.* (*k. dil.*). **throw-in** *i-sy* (futbolda) taç atışı.

thrush¹ [θrʌʃ] *i+sy* ardıçkuşu; Asya ve Avrupa ormanlarında yaşayan, sırtı kahverengi, karnı beyaz, kuyruğu kara bir kuş.

thrush² [θrʌʃ] *i-sy* pamukçuk; genl. bebeklerde görülen ve bir mantardan ileri gelen, ağızda ortaya çıkan bir hastalık.

thrust [θrʌst] *f+n/-n* aniden ve kuvvetle sokmak, itmek, dürtmek, saplamak. *He thrust his knife into the man attacking him. I thrust all my books into the box. We thrust (ourselves) through the crowd* (= Kalabalığın arasından kendimize ite kaka yol açtık). *geç. zam. ve ort.* **thrust.** Ayrıca *i+sy* (ileri doğru kuvvetle) itiş, dürtüş, sokuş (eylemi); hamle. *The enemy made a thrust against our troops.*

thud [θʌd] *i+sy* pat sesi. *We could hear the thud of their feet as they ran on the grass.* Ayrıca *f+n* pat diye ses çıkarmak. *geç. zam. ve ort.* **thudded.**

thug [θʌg] *i+sy* haydut, eşkiya, katil.

thumb [θʌm] *i+sy* başparmak. *The baby was sucking its thumb.* Ayrıca *f+n* **1** sayfaları parmağı ile çevirmek. *He thumbed through the book.* **2** başparmağı ile otostop işareti yapmak. *They are trying to thumb a lift.* **3** nanik yapmak; başparmağı buruna değdirip öteki parmakları açarak ve sallayarak yapılan işaretle alay etmek. *The little boy thumbed his nose at me.* **thumbnail 1** başparmak tırnağı. **2** küçük, kısa: *thumbnail sketch* (= küçük bir resim; kısa bir piyes, skeç; kısa bir açıklama). **thumbtack** (*Aml'de*) raptiye. **under somebody's thumb** ta-

mamiyle birisinin kontrolu ya da etkisi altında olmak, bulunmak. *Some teachers are very good at keeping their pupils under their thumbs.* **all thumbs/all fingers and thumbs** pek beceriksiz. *'Can you do these buttons up for me?'—'I'm all fingers and thumbs.'*

thump [θʌmp] *i+sy* **1** (yumrukla yapılan bir vuruş; yumruk. *He gave me a friendly thump on the back.* **2** birden düşen ağır bır şeyin çıkardığı ses; güm sesi. *The bag hit the ground with a thump.* Ayrıca *f+n/-n* güm güm vurmak; yumruklamak, yumruk vurmak. *Who is thumping on the door? He thumped me on the nose.*

thunder [ˈθʌndə*] *i-sy* gök gürültüsü, gök gürlemesi. *The thunder woke us.* Ayrıca *f+n/-n* gürlemek, gümbürdemek; şiddetle söylemek, ateş püskürmek. *Outside it was raining and thundering* (= Dışarda yağmur yağıyor ve gök gürlüyordu). *The sea thundered against the rocks* (= Deniz kayalara çarpıp gümbürdüyordu). *The speaker thundered against his opponents* (= Konuşmacı rakiplerine gök gibi gürledi/bağıra bağıra şiddetle çattı). **thunderous** *s* gürleyen; gök gürültüsü gibi bir ses çıkaran. *There was thunderous applause.* **thundery** *s* (hava hk.) gök gürültülü. **thunderbolt 1** yıldırım. **2** büyük bir şaşkınlığa, üzüntüye neden olan ani ve beklenmedik bir olay. **thunderclap** gök gürlemesi, çatırdıyarak ani gürleme. **thunderstorm** şiddetli yağışlı, gök gürültülü ve şimşekli fırtına.

Thursday [ˈθəːzdi] *i+sy/-sy* perşembe (günü); haftanın 5. günü. *He'll be there on Thursday.*

thus [ðʌs] *z* böylece, böyle; bu suretle. *The bus brokedown; thus, I was late for work.* (*eş anl.* **in this way, because of this, so**).

thwart [θwɔːt] *f+n* istediğini yaptırmamak, engel olmak, karşı gelmek, muhalefet etmek. *They have thwarted (him in) all his plans.*

thyme [taim] *i-sy* kekik.

thyroid [ˈθairɔid] *i+sy* tiroid (bezi); gırtlağın ön tarafında bulunan ve salgısını kana veren bir bez, kalkan bezi. Ayrıca *s* tiroid.

tiara [tiˈaːrə] *i+sy* kadınların başına taktıkları, taça benzeyen bir takı.

tiara

tic [tik] *i+sy* tik; kişinin istem dışı yaptığı, ikide birde göz kırpma gibi kas hareketi. *He has a tic under his left eye.*

tick¹ [tik] *i+sy* 1 tik-tak sesi, tıkırtı. *It was so quiet that I could hear the tick of the clock on the wall.* 2 an, saniye. *I'll be ready in a tick.* (k. dil.). 3 bir şeyin doğru olduğunu, veya kontrol edildiğini gösteren işaret ✓. Ayrıca *f+n/-n* 1 tik-tak etmek, tıkırdamak, tıklamak. *I could hear the clock on the wall ticking. The engine was ticking over quietly* (=Motor saat gibi çalışıyordu). 2 kontrol işaretini ✓ koymak. *The teacher ticked (off) the boys' names in his book as they came into the classroom.* **tick somebody off** azarlamak, paylamak. *The teacher ticked him off for being rude.* (k. dil.).
tick² *i+sy* kene, sakırga.

tick

ticket ['tikit] *i+sy* 1 bilet. 2 etiket. **complimentary ticket** bir kimseye verilen ücretsiz bilet. 3 trafik ceza makbuzu, bildirisi. *There was a parking ticket under the windshield wiper.* **return ticket** (*Brİ*'de) gidiş geliş bileti. *I'd like a return ticket to Glasgow, please.* (*Amİ*'de **round-trip ticket**). **season ticket** 1 sezonluk abonman; bir sezon (=mevsim) boyunca her temsile, konsere, vb. girişi sağlayan bilet. 2 (*Brİ*'de) metroya, otobüse, vb. isten-

diği kadar binmeyi sağlayan bilet. **single ticket** için **single**'a bkz.
tickle ['tikl] *f+n/-n* 1 gıdıklamak, gıdıklanmak. *My feet tickled. She tickled the child under the arms.* 2 eğlendirmek, hoşa gitmek. *His stories always tickle us.* Ayrıca *i+sy* gıdıklanma. *I felt a tickle in my throat.* **ticklish** *s* 1 kolayca gıdıklanan. 2 (bir sorun, durum, vb. hk.) nazik, gizli bir tehlikesi bulunan. *His tact and good manners enabled him to deal with many ticklish situations.* **be tickled pink** çok memnun olmak, hoşuna gitmek. *She was tickled pink by his compliments.*
tidbit ['tidbit] *i+sy* **titbit**'e bkz.
tide [taid] *i+sy/-sy* 1 gelgit; met ve cezir; ayın ve güneşin çekim etkisi sonucu deniz sularının günde iki kez yükselip alçalması. *Today high tide* (=met ('yükselme')) *was at 6 a.m. and low tide* (=cezir ('alçalma')) *at midday. The tides have worn away the rocks.* 2 (diğer bir sözcük ile birlikte kullanılır) zaman, mevsim: *Eastertide* (=Paskalya zamanı); *eventide* (=akşam vakti). (2. anlamı *esk. kul.*). Ayrıca *f+n* (**over** ile) bir sıkıntıyı (şimdilik) atlatmaya yardım etmek. *This money should tide us over until Friday.* **tidal** *s* gelgitli; met ve cezirle ilgili: *tidal river* (=denizin çok içerlerine kadar girerek gelgit olayına neden olduğu nehir); gelgit etkisi ile çok içerilere ulaşan nehir) *tidal wave* (=hasara neden olabilecek çok büyük bir okyanus dalgası).
tidy ['taidi] *s* tertipli, derli toplu, muntazam, düzenli; üstü başı temiz, temiz giyimli. *You must keep your desk tidy. David is a very tidy man.* (*karş.* **untidy**). Ayrıca *f+n/-n* çeki düzen vermek, derleyip toplamak. *She tidied (up) the room before going out.* **tidely** *z* düzenle. **tidiness** *i-sy* düzen, tertip.
tie [tai] *f+n/-n* 1 bağlamak. *I tied the sticks together. Please tie (up) this parcel.* 2 bağlarını bağlamak; bağlayıp düğüm yapmak. *He is tying his shoelaces. He tied the two ropes in/with a knot.* (*karş.* 1. ve 2. anlamları için **untie**). 3 meşgul etmek, serbestçe hareketine engel olmak. *His work ties him down. He is tied to his work.* 4 bitirmek; sonuçlandırmak; *They want to tie up the agreement as*

soon as possible. **5** (oyunlar, yarışmalar hk.) berabere kalmak. *John and James tied in the race. Our team tied with theirs in athletics.* şim. zam. ort. tying. *geç. zam.* ve *ort.* tied. Ayrıca *i+sy* 1 kravat, boyun bağı. *He was wearing a white shirt and/with a red tie.* 2 kuşak, lata; bir çatının parçalarını birleştirip destek sağlayan bir boy tahta, metal, vb.; (*AmI*'de) demiryolu traversi. (*BrI*'de **sleepers on a railway line**). 3 bağ, bağlantı, ilişki. *We have many ties of friendship with your country* 4 beraberlik, berabere kalma. *The result of the competition was a tie. The game ended in a tie.*

tier [tiə*] *i+sy* sıra, dizi; kat: *a wedding cake with seven tiers. The tiers in the theatre were full.*

tiger ['taigə*] *i+sy* kaplan. *Tigers live in Asia.* (dişisine **tigress** ['taigris] *denir*).

tight [tait] *s* 1 sıkı; iyice düğümlenmiş. *The knot is so tight that I cannot unfasten it.* 2 dar, sıkı, yapışık. *She was wearing a tight dress.* 3 iyice gerilmiş, gergin. *The wires between the poles are very tight. His pockets were tight with papers* (=İçi kâğıt dolu olduğundan cepleri gerilmişti). 4 sarhoş, iyice kafayı bulmuş. (4. anlamı *k.dil.*). **tightly** *z* sıkıca. *He held my hand tight/tightly.* **tightness** *i-sy* sıkılık, gerginlik. **tighten** *f+n/-n* sıkmak, germek; gerilmek. **tights** içoğ kadınların, kızların giydikleri çok dar pantolon; cambazların, bale dansçılarının giydikleri pantolon. **tight-fisted** *s* eli sıkı, cimri, hasis. *He is very tight-fisted with his money.* (*k. dil.*). (*eş anl.* **stingy, mean**). **tightrope** *i+sy/-sy* cambaz ipi. **air-tight/watertight** hava /su geçirmez.

tigress ['taigris] *i+sy* dişi kaplan. (*erkeğine* **tiger** *denir*).

tile [tail] *i+sy* çatıları, duvarları, yerleri, vb. örtmekte, kaplamakta kullanılan, kiremit, fayans; veya plastikten, metalden yapılmış buna benzer bir nesne. Ayrıca *f+n/-n* kiremit, fayans, vb. ile kaplamak.

till¹ [til] *bağ/edat* 1 ...-e kadar (olan zaman boyunca). *He will stay here till Saturday. The office is open from morning till night.* 2 (yap)ana kadar. *They waited till I arrived. I won't go till you tell me.*

NOT: *1* zaman zarfı gruplarında *by*, *till*, veya *until* '...-e kadar' demektir, ama aynı anlamda değillerdir. *by*, '...-e kadar herhangi bir zamanda' anlamını verir. *He will get here by five o'clock* (= Buraya saat beşe kadar gelir (herhangi bir zamanda)). *till*, veya *until* ise, '...-e kadar devamlı' demektir. Böylece olumlu cümlelerde —*by* ile değil—*till* ile fiil, her zaman *keep... -ing* ile değiştirilebilir. *I will wait here till/until five o'clock* (= Saat beşe kadar burada beklerim (devamlı)). *He worked/(He kept working) from five till six* (=Beşten altıya kadar çalıştı (devamlı)). *2* hem *by* hem de *till*, olumsuz fiil takımları ile kullanılan zaman zarfı gruplarında bulunurlar, ama anlamları yine farklıdır: *He hadn't come by five o'clock* (= Beşe kadar gelmemişti. / Saat beşte henüz gelmemişti). ('=Fakat belki daha sonra gelmiştir'). *He didn't come till five o'clock* (=Beşe kadar gelmemişti. / Saat beşte henüz gelmemişti). ('=Fakat belki daha sonra gelmiştir'). *He didn't come till five o'clok* (=Beşe kadar gelmedi). ('Beşte geldi, ama onu daha önce (devamlı) bekliyorduk'). Bu cümlelerde görüldüğü gibi, olumsuz cümlelerde *by*, çok kere geçmiş zamandaki *have*'li takımla (past perfect tense) kullanılır. *3 until* ve *till* aynı anlamdadırlar, fakat eğer bir cümlecik, veya grup ile söze başlanmışsa, bu cümleciğin ya da grubun başında *till* değil *until* kullanılır: *Until now we have had good news. Until I arrived I said nothing.*

till² [til] *f+n* toprağı işlemek, sürmek. *The farmer tilled the land and produced vegetables.*

till³ [til] *i+sy* yeke; kayıkta dümeni kullanmak için dümenin baş tarafına takılan kol.

till⁴ [til] *i+sy* bir dükkân, veya bir mağazada içinde para saklanan kasa, çekmece. *There was much money in the till at the end of the day.* **be caught with one's fingers in the till** çalıştığı dükkânda kasadan para çalarken yakalanmak. *The store detective caught the new assistant with her fingers in the till.*

tilt [tilt] *f+n/-n* eğmek; eğ'lmek; bir yana yatmak. *When he tilted the desk the books fell off. Her hat is tilted to* *one side of her head. The boat tilted in the storm.* **(at) full tilt** son süratle; bütün gücüyle. *He ran into the wall (at) full tilt.*

timber ['timbə*] *i-sy* kereste. *All the roofs and floors of the house are made of timber. Half of the land is under timber* (=Arazinin yarısı kerestelik ağaçla kaplı).

time [taim] **1** *i-sy* (genl. **a** veya **the** ile) zaman, vakit. *Have you time to look at it? Building a house takes a long time. We cannot spare the time for extra work.* **2** *i-sy* (**a** veya **the** kullanmadan) zaman. *Only time will show if he is right. Time never stands still.* **3** *i+sy/-sy* günün saatlerle, dakikalarla, saniyelerle ifade edilen bir anı. *'What is the time?'/'What time is it?'—'It is 8 o'clock'.* **4** *i+sy* defa, kere, kez. *Two times four are eight. He has been here many times.* **5** *i+sy* bir hareketin, bir eylemin tamamlandığı dakika, saat, gün, vb. süre. *His time for (running) the mile was just over 4 minutes.* **6** *i+sy* devir, çağ; yaşam. *This happened before my time* (=Bu benden önce olmuş. / Bu ben doğmadan önce olmuş). *In ancient times there were no motorcars.* **7** iyi, kötü, vb. vakit. *I had a bad time at school.* **8** *i-sy* tempo; bir müzik parçasının hızı. *The band is playing the tune in waltz time. The soldiers marched in slow time.* Ayrıca *f+n* **1** saat tutmak. *We timed him for the mile.* **2** uygun zamanı seçmek, (bir şey)in zamanını iyi ayarlamak. *They have timed their holidays to miss the busy season. A good boxer times his punches.* **timing** *i+sy/-sy* zamanlama. *There's something wrong with the timing of this engine.* **timeless** *s* sonsuz, ebedi. **timely** *s* tam zamanında, tam vaktinde. *He gave us timely advice.* (karş. **untimely**). **time keeper** *i+sy* başkalarının çalışma saatlerini kaydetmekle görevlendirilmiş olan kimse; saat hakemi. **time-keeping** *i-sy* zaman tutma. **time-lag** ara; birbiri ile ilgili iki olay arasındaki ara. *There is usually a time-lag between making a plan and carrying it out.* **time limit** bir şeyin yapılması gereken süre. *The ticket has a time limit of 7 days.* **timetable** *i+sy* tarife; ders programı; program. *Look at the timetable and see when the*

train arrives. According to the timetable, there should be a train to Birmingham at 9.50. **ahead of time** vaktinden önce, erken. **all the time 1** hep, her zaman. *He is busy all the time.* **2** bütün bu zaman boyunca. *All the time we were working he did nothing.* **at a time** (her defasında)... -(ş)er...- (ş)er. *The children came into the room three at a time.* **at all times** her zaman, daima. **at no time** hiçbir zaman. **at one time** vaktiyle, bir zamanlar. *At one time he was a soldier.* **at the same time 1** birlikte; aynı anda, birden. **2** yine de, bununla beraber. *I think it is his own fault, at the same time, I can't help feeling sorry for him.* **behind time** geç, gecikmiş. **behind the times** geri kafalı. *Her ideas of dress are behind the times.* **do time** hapis yatmak. *The old men was doing time for murdering his partner.* (k. dil.). **from time to time** zaman zaman. *I see her from time to time.* **in time 1** (...-e) vaktinde. *He always arrives in time.* **2** zamanla. *The mark on your face will disappear in time.* **in good time** tam zamanında. *We arrived in good time.* **keep time 1** (dans ederken, şarkı söylerken, bir müzik aleti çalarken) doğru tempoyu tutturmak. **2** (saatler hk.) doğru gitmek. *My watch keeps (good) time.* **in no time, in next to no time** hemen. **on time** vaktinde (programdaki vakitte). *He arrived at work on time.* **time and time again** tekrar tekrar.

timid ['timid]s ürkek, çekingen, sıkılgan. *The timid child would not greet the guest.* **timidly** z utanarak, çekinerek, ürkerek. **timidity** [ti'miditi] *i-sy* utangaçlık, çekingenlik.

tin [tin] **1** *i-sy* kalay. Simgesi Sn. **2** *i+sy* teneke kutu; konserve kutuşu. *We bought five tins of fruit and two tins of soup.* (*AmI'*de **can**). Ayrıca *f+n* (*BrI'*de) konserve yapmak: *tinned fruit.* (*AmI'*de **canned fruit**). geç. zam. ve ort. **tinned. tinny** s teneke gibi ses çıkaran; teneke gibi. **tinfoil** kalay yaprak, stanyol, (yiyecekleri sarmak için kullanılan) çok ince katlanabilir parlak metal. (Genl. gümüş renginde olması nedeniyle **silver paper** denir). **tin lizzie** [tin'lizi] eski, veya hemen hemen kullanılmaz hale gelmiş otomobil. **tin opener** konserve açacağı.

This shows
15 minutes past 10.
It is a quarter of an
hour past 10
o'clock. We can call
it quarter past 10 or
10.15. We usually
write 10.15.

This shows
20 minutes past 10.
We can write 10.20.

This shows
25 minutes past 10.
We can write 10.25.

This shows
30 minutes past 10.
It is half an hour
past 10 o'clock. We
can call it half past
10 or 10.30.
We usually write
10.30.

This shows
35 minutes past 10.
We write 10.35.
We can also call it
25 to 11. It is 25
minutes before 11
o'clock.

This shows
40 minutes past 10.
We write 10.40.
We can also call it
20 to 11. It is 20
minutes before 11
o'clock.

This shows
45 minutes past 10.
We write 10.45.
We can also call it
quarter to 11. It is a
quarter of an hour
(15 minutes) before
11 o'clock.

This shows
50 minutes past 10.
We write 10.50.
We can also call it
10 to 11. It is ten
minutes before 11
o'clock.

This shows
55 minutes past 10.
We write 10.55.
We can also call it 5
to 11. It is five
minutes before 11
o'clock.

This shows
1 o'clock.
We can write 1.00.

This shows
2 o'clock.
We can write 2.00.

This shows
3 o'clock.
We can write 3.00.

This shows
quarter past 1
We can write 1.15.

This shows
quarter past 2
We can write 2.15.

This shows
quarter past 3.
We can write 3.15.

This shows
half past 1.
We can write 1.30.

This shows
half past 2.
We can write 2.30.

This shows
half past 3.
We can write 3.30.

This shows
10 o'clock.
We can write 10.00.

This shows
5 minutes past 10.
We can write 10.05.

This shows
10 minutes past 10.
We can write 10.10.

(*Aml*'de **can opener**). **tinsmith** tenekeci.

tinge [tindʒ] *f+n* **1** (**with** ile) hafifçe boyamak, renk vermek. *The sun tinged the sea with yellow.* **2** (bir şey)in izlerini taşımak, belirtilerini göstermek. *His words were tinged with anger.* Ayrıca *i+sy* hafif renk; iz: *a tinge of yellow/anger.*

tingle ['tiŋgl] *f-n* sızlamak, karıncalanmak. *My face tingled after the walk over the hills.* Ayrıca *i+sy* sızlama, karıncalanma. *He felt a tingle of excitement.*

tinker ['tiŋkə*] *i+sy* seyyar tenekeci. Ayrıca *f+n* (genl. kötü bir biçimde) onarmak, tamir etmek. *Martin likes tinkering with broken clocks.*

tinkle ['tiŋkl] *f+n/-n* çınlamak, çıngırdamak; çıngırdatmak. *The glasses on the tray tinkled.* Ayrıca *i+sy* çıngırtı, şıngırtı: *tinkle of glasses; tinkle of a bell.*

tinny ['tini] *s* **tin**'e bkz.

tinsel ['tinsl] *i-sy* **1** gelin teli, duvak teli. **2** cicili bicili ucuz bir şey.

tint [tint] *i+sy* hafif renk; zayıf saç boyası. *There is a tint of red in her hair.* Ayrıca *f+n* hafif boyamak.

tiny ['taini] *s* minnacık, miniminicik. *The baby put her tiny hand in mine.*

tip[1] [tip] *i+sy* bir şeyin sivri ucu; uç, burun: *tip of his finger/tongue; wing tips of an aeroplane.* **2** bir uç, ufak bir parça, veya kısım. *The stick has a metal tip. He smokes cigarettes with filter tips.* Ayrıca *f+n* uç, başlık takmak: *filter-tipped cigarettes. geç. zam. ve ort.* **tipped. tiptoe** *z* (**on** ile) parmaklarının ucuna basarak. *We went very quietly from the room on tiptoe.* Ayrıca *f-n* parmaklarının ucuna basarak yürümek. *We tiptoed from the room.* **tiptop** *s/z* mükemmel. (*k. dil.*).

tip[2] [tip] *f+n/-n* **1** eğilmek, yana yatmak; eğmek, yana yatırmak. *The small boat tipped over. The top of the desk tips up* (=Masanın üstü kolayca yükseltilip alçaltılabilir). **2** devirmek, düşürmek; devrilmek, düşmek. *He tipped over the basket. He tipped the ball into the hole.* **3** boşaltmak, dökmek. *Shall I tip the water out of the jug.* **4** hafifçe dokunmak. *The boy tipped his cap to the headmaster* (=Çocuk başöğretmeni selamlamak için şapkasına hafifçe eliyle dokun-

du). **5** bahşiş vermek. *After paying for our lunch in the hotel, I tipped the waiter. geç. zam. ve ort.* **tipped.** Ayrıca *i+sy* **1** (*Brl*'de) çöplük. **2** bahşiş. *I gave the waiter a tip.* **3** tavsiye, öğüt. *This book has some useful tips about gardening.* **tip-off** *i+sy* uyarı, ikaz, veya tavsiye. *The dishonest policeman tipped off the illegal gamblers about the police raid.* (*k. dil.*).

tipple ['tipl] *i-sy* (bir kimsenin genl. içtiği) (alkollü) içki. *What's your tipple?* **tippler** akşamcı, sık sık ama az içen kimse. *I'm a bit of a tippler.*

tipsy ['tipsi] *s* çakır keyif; hafif sarhoş.

tirade [tai'reid] *i+sy* uzun uzun azarlayıcı nitelikte bir konuşma, nutuk çekme.

TIR (=Transports Internationaux Routiers)—Uluslararası Karayolu Taşımacılığı.

tire[1] ['taiə*] *f+n/-n* yormak; yorulmak. *Young children tire quickly. They soon tired of doing the same thing. The heavy work tired me.* **tired** *s* yorgun, yorulmuş. **tiredness** *i-sy* yorgunluk. **tireless** *s* yorulmaz; hiç yorulmayan. **tirelessly** *z* yorulmadan, yorulmak bilmeksizin. **tiresome** *s* sıkıcı, rahatsız edici. **be tired of** ...-den bıkmak, usanmak. *I am tired of going to school everyday.*

tire[2] [taiə*] *i+sy* **tyre**'a bkz.

tissue, tissue paper ['tifu:] *i+sy/-sy* **1** hafif ve ince kağıt, veya bez. **2** bu cinsten bir parça kağıt. *She wrapped the gift in pink tissue with a green bow.* **3** hayvan ya da bitki hücresi; doku, örn. **muscular tissue** (=kas dokusu). **paper tissue** (= kağıt mendil; tuvalet kağıdı). *It's more hygienic to use disposable paper tissue.*

tit[1] [tit] *i+sy* **titmouse**'a bkz.

tit[2] [tit] *i+sy* **1** meme başı, göğüs ucu. **2** meme, göğüs. (*k. dil.* ve *kib. olm.*).

tit[3] [tit] *i+sy* sadece **tit** for **tat** sözünde—kısasa kısas, örn. 'yumruğa yumruk' gibi. *He dumped some rubbish in my garden, so I dumped some of my rubbish in his; I gave him tit for tat.*

titbit ['titbit], **tidbit** ['tidbit] *i+sy* lezzetli lokma; ilginç veya güzel bir haber: *titbit of cake; titbits of news.*

title ['taitl] *i+sy* **1** ad, başlık; bir filme, kitaba, piyese, bir müziğe verilen isim. *I haven't chosen a title for my story?*

2 ünvan; kişinin toplum içinde cinsiyeti, işi, mesleği, durumu, ailesinin durumu ile ilgili olarak kullanılan sıfat; san, örn. *Dr, Lord, Professor.* 3 (to ile) yasal sahiplik hakkı. *He has the title to all the land here.* **title deed** tapu senedi. **title role** bir piyese adını veren onun baş karakteri. *He had the title role in Shakespeare's 'Macbeth'.*

titmouse ['titmaus] *i+sy* baştankara; Kuzey Afrika, Avrupa ve Asya'da yaşayan, çeşitli renklerde olabilen ötücü bir kuş türü; yiyecek bulduğunda dala baş aşağı asılır. *çoğ. biç.* **titmice** ['titmais]. Ayrıca **tit** de denir.

titter ['titə*] *f-n* kıkır kıkır gülmek, kıkırdamak. *They tittered nervously when their teacher caught them talking about their boyfriends.* Ayrıca *i+sy* kıkır kıkır gülüş.

tittle-tattle ['titltætl] *i-sy* dedikodu.

titular ['titjulə*] *s* adı var kendisi yok; sadece adı var. *He is the titular ruler of Ruritania.* (*eş anl.* **so-called**).

to [tu:,tə] *edat/z* 1 ...-e/...-a; ...-e doğru, yönüne doğru. *Is this the road to the hospital? We turned to the right. The farm is to the east of the town. You should be kind to animals.* 2 (kapsayacak biçimde) ...-e kadar: *from top to bottom; from east to west; from first to last. I read the book to the end.* 3 (saatleri söylemede) var, kala. *The time is five (minutes) to four* (*karş.* **past**). 4 (belli bir zaman)a kadar. *He will be in London from Monday to Friday.* 5 ...-e göre, ...-e oranla, ...-e nazaran. *He is fat to what he was as a little boy. Our team scored three goals to two. We won by three goals to their two. They prefer tea to coffee.* 6 (dolaysız nesneyi göstermek için kullanılır) ...-e, ...-a. *Please give it to me. It seemed silly to us.* 7 (mastar oluşturur) ...-mek, ...-mak: *to be or not to be. He wants to help. I have come to see you. This is difficult to do. They were the last to leave.* 8 (amaç, veya sonuç göstermek için kullanılır) ...-mek/...-mak için. *The pupils rose to greet us* (= Öğrenciler bizi selâmlamak için ayağa kalktılar). 9 iyelik için kullanılır. Eşya ve yer isimlerine ait 'iyeliği' göstermek için *of* kullanılır, fakat *door, entrance, key* ve *answer* sözcükleri için *to* yerine *to* kullanılır. *That is the door/entrance*

/*key to their house. What's the answer to the problem.* **to and fro** bir ileri bir geri. **to-ing and fro-ing** [tu:iŋ ən frouiŋ] iki şirket, veya kuruluş arasında bir konuda yapılan bir sürü yazışma, telefon görüşmesi, veya gidip-gelme.

toad [toud] *i+sy* karakurbağası; karada yaşayıp yumurtalarını suya bırakan bir kurbağa türü. **toadstool** bir tür mantar. **toady** *i+sy* yağcı, çanak yalayıcı, şakşakçı.

toad

toadstool

toast¹ [toust] *f+n* 1 (ekmeği) kızartmak. *She toasted two slices of bread.* 2 ateşin yanına koyarak ısıtmak. *We toasted ourselves in front of the big fire.* Ayrıca *i-sy* kızarmış ekmek: *two slices of toast.* **toaster** *i+sy* (elektrikli) ekmek kızartma makinası.

toast² [toust] *f+n* (birisinin, veya bir şeyin) şerefine, sağlığına, mutluluğuna içmek. *At the dinner they toasted the Queen.* Ayrıca *i+sy* şerefine, sağlığına içilen kimse. *'Col. Collin' was the first toast drunk by the officers.* 2 şerefe, sağlığa, vb. içme. *They drank a toast to the Queen.* **toast-master** resmi bir davette şerefe içilmesini öneren kimse.

tobacco [tə'bækou] *i+sy/-sy* tütün (bitkisi). **tobacconist** *i+sy* tütüncü; tütün, sigara, vb. satan kimse.

toboggan [tə'bɔgən] *i+sy* bir tür kızak.

today [tə dei] *i+sy* 1 bugün. *Today is*

Friday. **2** günümüz, şimdiki zaman: *aeroplanes of today.* Ayrıca *z* bugün. *We are meeting today. Later today there is a football match.*

toddle ['tɔdl] *f-n* (yürümeyi öğrenen bir bebeğinki gibi) sendeleyerek yürümek. *The baby toddled along on his chubby little legs.* **toddler** *i+sy* yeni yürümeye başlayan çocuk (genl. 1 ile 2.5 yaşları arasında).

toddy ['tɔdi] *i+sy/-sy* tatlandırılmış viski ve sıcak su karışımı bir içki.

to-do [tə'duː] *i+sy/-sy* heyecanlı karışıklık; gürültü, patırtı. *There was a great to-do about the money which was stolen. He made quite a to-do about it. (k.dil.).*

toe [tou] *i+sy* **1** ayak parmağı. *I have hurt my big toe* (= Ayak başparmağımı incittim). **2** çorabın, ayakkabının, vb. ucu, burnu. *There is a hole in the toe of your sock.* **toehold** ancak basacak yer. *(eş anl. foothold).* **toenail** ayak parmağı tırnağı. **toe the line** için **line¹**'a bkz.

toffee ['tɔfi] *i+sy/-sy* (*Brİ*'de) karamela. *(Amİ*'de **taffy**). **toffee apple** elma şekeri. **toffee-nosed** *s* snop; seçkin görünmek için bazı çevrelerdeki düşünceleri benimseyen, hayranlık duyan ve onlar gibi davranmaya özenen (kimse); züppe. *(eş anl. snooty).*

tog [tɔg] *f+n* (**out** veya **up** ile) giymek, giyinmek; giyinip kuşanmak. *She was togged out/up in a new coat and hat. geç. zam. ve ort. **togged**. (k. dil.).* **togs** içoğ giysiler.

toga ['tougə] *i+sy* eski Roma halkının giydiği elbise, toga.

toga

together [tə'geðə*] *z* **1** beraber, birlikte. *Let's go to the shop together. I want to speak to them all together.* NOT: *all together* 'hep birlikte, bir arada' demektir; *altogether* ise 'tama-

men, tümü ile; büsbütün, hepsi' anlamındadır. *It was an altogether stupid idea. He drank more and more, and abandoned his work altogether.* **2** bir araya, bir arada. *Please put the books together on the desk.* **3** aynı zamanda. *His arrival and my departure happened together.* **together with** ek olarak, ilaveten, ile birlikte. *My money together with his will be enough. (eş anl. along with).*

toggle ['tɔgl] *i+sy* ağaçtan yapılmış kaban, veya çadır, vb. düğmesi.

toil [tɔil] *f+n* **1** yorulmak bilmez bir biçimde çalışmak, didinmek. *They toiled all day digging the hole.* **2** güçlükle ilerlemek. *We toiled across the desert under the hot son.* Ayrıca *i-sy* zahmetli iş; zahmet, meşakkat.

toilet ['tɔilət] *i+sy* helâ, tuvalet, apteshane. *Where is the toilet in this house? (eş anl. lavatory, loo).* **toilet paper** tuvalet kağıdı. **toilet roll** rulo tuvalet kağıdı. **toilet soap** tuvalet sabunu, banyo sabunu. **toilet-train** *f+n* (bebeği) tuvaletini yaptırmaya alıştırmak; çişini ya da kakasının geldiğini söylemeye alıştırmak. **toilet water** tuvalet suyu.

token ['toukən] *i+sy* **1** işaret, alâmet; hatıra, yadigâr. *We sent her flowers as a token of our gratitude. A wedding ring is a token.* **2** jeton, fiş, marka; para yerine kullanılan madeni, veya kağıttan bir şey: *milk token; book token.* **token money** itibari para; para yerine geçen madeni sikke. **token payment** borcun kabul edildiğini gösteren ve ona mahsuben yapılan ödeme. **token strike** uyarı grevi.

told [tould] **tell** fiilinin geçmiş zamanı ve ortacı.

tolerate ['tɔləreit] *f+n* **1** hoş görmek, müsamaha etmek. *The government tolerates smoking and drinking but not taking drugs.* **2** tahammül etmek, dayanmak. *I can't tolerate the noise any longer.* **tolerable** ['tɔlərəbl] *s* çekilir, dayanılır; oldukça iyi. *(karş. intolerable).* **tolerant** ['tɔlərnt] *s* hoşgörülü, toleranslı. *The people in this country are very tolerant about/of the strange behaviour of visitors. (karş. intolerant).* **tolerance** ['tɔlərns], **toleration** [tɔlə reifən] *i-sy* hoşgörü, müsamaha, hoş görme.

toll¹ [toul] *i+sy* **1** geçiş ücreti: yol veya

köprü, vb. parası. *Cars have to pay a toll to cross that Bridge. They have to cross a toll bridge to get to the island.* 2 hastalık, kaza, vb. yüzünden meydana gelen ölüm sayısı. *The death toll rose from 270 in 1952 to 5000 in 1954.* **tollgate** paralı geçiş gişesi.

toll² [toul] *f+n/-n* (bir çan hk.) ağır ağır ve tekrar tekrar çalmak. *He tolled the churchbell.*

tomato [təˈmaːtou, *AmI*ˈde təˈmeitou] *i+sy* 1 domates bitkisi. 2 domates. *çoğ. biç.* **tomatoes**.

tomb [tuːm] *i+sy* türbe; mezar,kabir. *When he died, they placed his body in a large tomb.* **tombstone** mezar taşı.

tomboy [ˈtɔmbɔi] *i+sy* erkek Fatma; oğlan tavırlı kız. *Everyone called her a tomboy because she loved playing football.*

tomcat [ˈtɔmkæt] *i+sy* erkek kedi.

tomorrow [təˈmɔrou] *i-sy* 1 yarın. *Tomorrow is a holiday.* 2 gelecek. *The boy of today is the man of tomorrow.* Ayrıca *z* yarın. *I'll see you tomorrow.* **tomorrow week**, **a week tomorrow** haftaya yarın.

ton [tʌn] *i+sy* ton (İngiltere'de 1016 kg., Amerika'da 907 kg.).

tone [toun] *i+sy/-sy* 1 (müzikte) insan ya da çalgı sesinin yükseklik, veya alçaklık derecesi; ton: *deep tones of the church bells.* 2 ton; konuşmada sesin duyguları belirtecek biçimde çıkması. *I don't like the tone of his voice. She spoke in a high tone.* 3 *i-sy* ton; bir rengin koyuluk, veya açıklık derecesi. *The bright tones of the picture are seen better against the quiet tone of the wall.* 4 *i-sy* genel hava, atmosfer. *The tone of a school depends on both the teachers and the pupils.* Ayrıca *f+n/-n* 1 belli bir ses tonu, veya renk tonunda olmak ya da belli bir ses tonu, veya renk tonu vermek. 2 (renkler hk.) uymak, uyuşmak. *Her hat toned (in) well with her dress.* **tone-deaf** *s* müzik notaları arasındaki farkı ayırt edemeyen. **tone something down** yumuşatmak, hafifletmek. *Please tone down your voice.*

tongs [tɔŋz] *içoğ* maşa: *sugar tongs; coal tongs. She was putting lumps of sugar into her tea with a pair of silver tongs.*

tongue [tʌŋ] 1 *i+sy* dil; ağızdaki organ. *The hot soup burned my tongue.*

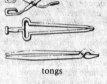

tongs

The doctor told him to stick out his tongue and say 'Ah'. 2 *i+sy/-sy* bir hayvanın yiyecek olarak kullanılan dili. *He was eating boiled tongue.* **tongue-tied** (heyecan, korkudan, vb.) dili tutulmuş. *I was tongue-tied with surprise.* **tongue twister** tekerleme, çabucak söylenmesi zor sözcük, veya sözcükler.

NOT: *tongue twister* için şu örnekler verilebilir—

Peter Piper picked a peck of pickled pepper.

Shall she sell sea shells?

How much wood would a woodchuck chuck if a wood chuck would chuck wood?

Have you l st your tongue? **Has the cat got your tongue?** Dilini mi yuttun? Dilini kedi mi kaptı? *What's been wrong with you this morning—has the cat got your tongue?* **trip off the tongue** söylemesi kolay bir isim, veya sözcük. **have one's tongue in one's cheek, say someting tongue in cheek** şaka yollu konuşmak; alaylı ve asıl niyetinden başka bir biçimde konuşmak. *Bill suggested that we should all go for a midnight swim: but I think it was said tongue in cheek.* (k. dil.). **hold one's tongue** susmak, dilini tutmak. *The boy's mother told him to hold his tongue when adults were speaking.* (k. dil.). **put/stick out one's tongue** dilini çıkarmak (alay olsun diye, veya doktorun muayene etmesi için). *He put out his tongue at me.* **be on the tip of one's tongue** dilinin ucuna gelmek, dilinin ucunda olmak, neredeyse söylemek. *It was on the tip of my tongue to tell Mike he was wrong. I'm just trying to remember his name. It's on the tip of my tongue.* (k. dil.).

tonic [ˈtɔnik] *i+sy* güç ve kuvvet verici bir ilaç. *The doctor told me to get a tonic* (= Doktor bana bir kuvvet ilacı almamı söyledi). *Fresh air is a good tonic.* **tonic water** tonik (suyu); kinin katılarak acılaştırılmış bir karışım: *gin and tonic* (*water*).

tonight [tə'nait] *i-sy* bu gece. *Tonight's concert will be a good one.* Ayrıca z bu gece. *I'll see you tonight.*

tonnage ['tʌnidʒ] *i+sy/-sy* **1** tonaj; bir ticaret gemisinin iç hacminin hesaplanmasıyla bulunan bir taşıma kapasitesi. **2** bir geminin alabildiği ton miktarı.

tonne ['tʌni] *i+sy* 1000 kg.'a eşit bir ağırlık birimi; ton. *The United States now imported 500 million tonnes of crude oil annually.*

tonsil ['tɔnsl] *i+sy* bademcik; boğazın iki yanında bulunan kolayca iltihaplanarak kişiyi hasta eden organ. *The doctor recommended that he should have his tonsils out.* **tonsillitis** [tɔnsi-'laitis] *i-sy* bademcik iltihabı.

too [tu:] z **1** de/da, dahi. *She went and I went too.* *'She used to live in London.'—'Me too.'* NOT: bir olumsuz yapıdan sonra *too* değil *either* kullanılır. *I, too, don't like coffee* cümlesi yerine *I don't like coffee either* denmelidir. Yine, *He, too, does not speak English and French* cümlesi yerine *He does not speak English or French either* denmelidir.
2 aşırı derecede, haddinden fazla, ... -emeyecek kadar, istendiğinden fazla, çok (...!). *He talks too much. The coat is too big for me. I was too angry to answer.* NOT: *too little* '...-emeyecek kadar küçük', veya 'haddinden fazla ufak' anlamına gelir, oysa *a little too* ise 'biraz fazla' demektir. *The coat is too little for me* (= Ceket bana olmayacak kadar küçük/dar). *The coat is a little too big for me* (= Ceket bana biraz büyük).

took [tuk] **take** fiilinin geçmiş zaman biçimi.

tool [tu:l] *i+sy* alet, örn. **axe** (= balta); **hammer** (= çekiç); **hoe** (= çapa); **spanner** (= somun anahtarı)). **toolbox** alet edavat çantası.

toot [tu:t] *i+sy* korna, gemi, vapur, tren düdüğü sesi. *She gave a toot on the horn.* Ayrıca *f+n/-n* korna, gemi, vapur, tren, düdüğü çalmak. *I heard the train whistle toot three times.*

tooth [tu:θ] *i+sy* **1** diş. *I had to have a tooth out. She will have to see the dentist if one of her teeth hurts.* **2** (tarak, testere, fermuar, vb. bir şey) dişi: *tooth of a comb/saw. çoğ. biç.* **teeth** [ti:θ]. **toothache** diş ağrısı. *Sarah went to the dentist because she had toothache. I've got an awful toothache.* **toothbrush** diş fırçası. **toothpaste** diş macunu. **toothpowder** diş temizleme tozu. **toothpick** kürdan. *We use toothpick to remove food that is stuck between our teeth.* **armed to the teeth** tepeden tırnağa silâhlı. **fight something tooth and nail** canını dişine takarak mücadele etmek, karşı koymak. *The government will find it difficult to get the new airport built in that area: the local people will fight it tooth and nail.* **get one's teeth into something** büyük bir enerji ve dikkatle kendini bir şeye vermek. *Most actors like the part of Hamlet, because it is a part you can get your teeth into.* **fed up to the (back) teeth with something** bir şeyden gına gelmek, artık bıkıp usanmak. *I have been waiting here for thirty minutes and I'm fed up to the back teeth.* **lie through one's teeth/lie in one's teeth** kasten, mahsus yalan söylemek. *If he says he never struck his wife, he is lying in his teeth: he was seen striking her many times.* **go through something with a fine-tooth comb** bir şeyi dikkatle araştırmak; didik didik etmek. *The police went over the murdered man's flat with a fine-tooth comb, but they didn't find any clues.* **in the teeth of a difficulty or danger** bir güçlük, veya tehlikeye rağmen. *The motion was carried in the teeth of fierce opposition.* **long in the tooth** yaşlı, kocamış, veya yaşlanmakta. *In my opinion, they are a bit long in the tooth for climbing a mountain. (k. dil.). (eş anl. aged).*

tooth

top¹ [tɔp] *i+sy* **1** tepe, zirve, doruk: *the top of the mountain; tops of the flowers.* **2** en yüksek mertebe; en önemli bir görev. *He was sitting at the top of the table* (=Masada en önemli koltukta (yani masanın başında) oturuyordu). *He is (at the) top of his class* (=Sınıfın birincisidir). **3** üst, üst kısım. *Put the box here with its top up. The top of his desk was covered with books.* Ayrıca *s* en üst, en yukarı; en fazla, azami; en üst düzeydeki. *He lives on the top floor* (=En üst katta oturur). *The train went at top speed. Who is the top man here?* **topmost** *s* en yüksek; tam tepede. *The best cherries always seem to grow on the topmost branches.* **topcoat** palto. (*esk. kul.*). (*eş anl.* **overcoat**). **top hat** silindir şapka. *Top hats are now worn only on special occasions.* **top-heavy** *s* havaleli; üst kısmı çok dolu olduğundan devrilme olasılığı olan. **top-secret** *s* çok gizli. **in top (gear)** en yüksek viteste, 4. veya 5. vitesle. **on top** diğerlerinin üstüne. *I put your bag on top.* **on (the) top of 1** (...-in) üstüne, üstünde, (...-in) tepesinde/... -ne. *I put your bag on (the) top of mine.* **2** üstelik, ...-e ilaveten. *He gave me a meal and on top of that, money for my journey.* **at the top of one's voice** avazı çıktığı kadar. **get on top of 1** hakkından gelmek. *We are getting on top of the problem at last.* **2** çok fazla gelmek, üstüne yığılmak. *Things are getting on top of me.* **from top to bottom** baştan aşağı, tamamen. (*eş anl.* **throughout**). **from top to toe** tepeden tırnağa kadar.

top² [tɔp] *f+n* **1** üstüne kaplamak; üstünü kapamak. *She topped the cake with nuts. The mountain was topped with snow.* **2** geçmek, aşmak, bastırmak. *This building tops all the others in the city.* geç. zam. ve ort. **topped**. **top something up** gereken seviyeye kadar doldurmak. *He topped up the battery/petrol tank.*

top³ [tɔp] *i+sy* topaç. **sleep like a top** mışıl mışıl uyumak; deliksiz bir uyku çekmek. *I was so exhausted that I slept like a top.*

topaz ['toupæz] *i+sy/-sy* topaz; kahverengi, veya soluk sarı renkte değerli taş.

topic ['tɔpik] *i+sy* konu, mevzu. *We*

discussed several topics at the meeting. **topical** *s* güncel, aktüel. *The question you ask is very topical.*

topple ['tɔpl] *f+n/-n* tepetaklak olmak, devrilmek; itip düşürmek, devirmek. *The tree toppled down/over.*

topsy-turvy ['tɔpsi'tə:vi] *s/z* altüst, baş aşağı, tepe taklak; karman çorman. *The room was all topsy-turvy.* (*k. dil.*). (*eş anl.* **upside-down**).

torch [tɔ:tʃ] *i+sy* **1** meşale. **2** (*Brl*'de) el feneri. (*Aml*'de **flashlight**). **carry a torch for someone** gizliden gizliye hayranlık duymak, veya için için sevmek.

torch

tore [tɔ:*] **tear²** fiilinin geçmiş zaman biçimi.

torment ['tɔ:ment] *i+sy/-sy* şiddetli acı, azap, işkence, eziyet, eza. *We suffered torment/torments from thirst. The flies were a torment.* Ayrıca [tɔ:'ment] *f+n* azap çektirmek, kıvrandırmak, veya rahatsız etmek, canını sıkmak; işkence etmek, eziyet etmek, eza vermek. *The child tormented his father with questions.*

torn [tɔ:n] **tear³** filinin geçmiş zaman ortacı.

tornado [tɔ:'neidou] *i+sy* tornado; Batı Afrika kıyılarında esen şiddetli fırtına, hortum, kasırga. *Tornados are accompanied by very strong circular winds. A tornado whirled into town.* çoğ. biç. **tornadoes**.

torpedo [tɔ:'pi:dou] *i+sy* torpil; savaş gemilerinde sualtı silâhı olarak kullanılan büyük bomba. *A torpedo travels underwater and explodes when it hits its target.* çoğ. biç. **torpedoes**.

torpid ['tɔ:pid] *s* uyuşuk; ağır, yavaş.

torpor ['tɔ:pə*] *i-sy* uyuşukluk, tembellik.

torrent ['tɔrnt] *i+sy* **1** şiddetli akıntı; sel. *The rain fell in torrents. We* *crossed the torrent by a small bridge.* **2** yağmur gibi: *torrent of abuse* (=yağmur gibi küfür). **torrential** [tə-renʃl] *s* sel gibi. *Before the game could end, torrential rain began to pour.*

torso ['tɔːsou] *i+sy* başsız, kolsuz ve ayaksız insan gövdesi. *çoğ. biç.* **torsos.**

tortoise ['tɔːtjus] *i+sy* (karada yaşayan cinsinden) kaplumbağa. *A tortoise can pull its legs and head inside the shell in order to protect itself.*

tortuous ['tɔːtjuəs] *s* **1** dolambaçlı, eğri büğrü, yılankavi: *tortuous road over the hills.* (*eş anl.* **winding**). **2** hileli, dolambaçlı; dürüst olmayan. *He has a tortuous mind.*

torture ['tɔːtʃə*] *i+sy/-sy* **1** işkence, eziyet. *They say that in that country the police use torture.* **2** acı, azap. *I suffered tortures from headaches.* Ayrıca *f+n* işkence yapmak, eziyet etmek. *In former times they tortured prisoners.*

Tory ['tɔri] *özeli* İngiliz Muhafazakâr Parti üyesi. Ayrıca *s* Muhafazakâr Partiye ait.

toss [tɔs] *f+n/-n* **1** (vermek için hafifçe) atmak, fırlatmak. *He tossed me the newspaper.* **2** dönüp durmak; döndürüp durmak, sağa sola, veya aşağı yukarı sallamak, başı yukarı doğru silkmek. *I tossed about in my bed because I could not sleep. The horse tossed its head.* Ayrıca *i+sy* atma, fırlatma; atılma, (baş) arkaya silkme; dönüp, veya döndürüp durma. *He had a nasty toss from his horse. He gave an angry toss of his head.* **toss/toss up/toss a coin** yazı tura atmak. *We tossed for the last piece of chocolate. We tossed up to decide who should pay the bill. We'll toss a coin to see who does the washing up. I'll toss you for it.* Ayrıca *i+sy* yazı tura atma. *A toss of a coin decided who should play first.* **toss-up** *itek* şans işi, belirsiz durum. *It is a toss-up whether I'll go.* **toss something off 1** bir dikişte içmek. *He tossed off his drink.* **2** yapıvermek, yazıvermek. *I tossed off a few lines to my friend.* **win the toss** yazı tura atışını kazanmak. *Our football team did not win the toss and had to play against the wind. We won the toss to play first.* (*karş.* **lose the toss**).

tot¹ [tɔt] *i+sy* **1** ufak çocuk; bızdık. **2** bir yudum içki; bir fırt.

tot² [tɔt] *f+n/-n* (**up** ile) toplamak, toplamını yapmak. *I'll just tot up what you owe me. geç. zam ve ort.* **totted.**

total ['toutl] *s* toplam, bütün; tam. *What is the total cost of these books? He was a total stranger to me.* Ayrıca *i+sy* toplam, tutar, yekûn. *If you add 6 and 4, the total is 10.* Ayrıca *f+n* **1** (bir miktar) tutmak, etmek. *My money totals only ten pence.* (*eş anl.* **come to**). **2** toplamak, tutarını bulmak. *Please total this bill for me. geç. zam. ve ort.* **totalled.** (*AmI'de* **totaled**). **totally** *z* tamamen. *We were totally unprepared for a surprise attack.* **totality** [tou'tæliti] *i-sy* bütünlük.

totalitarian [toutæli'teəriən] *s* totaliter; tek elde toplanmış yetkileri kullanan, kendinden başka görüş ve fikre hürmeti olmayan idare şekli. *The country was ruled by a totalitarian government.*

totem ['toutəm] *i+sy* totem; ilkel toplumlarda topluluğun kendisinden türediği sanılarak kutsal sayılan ve özel bir güce sahip olduğuna inanılan hayvan, veya ağaç gibi herhangi bir nesne. *Each North American Indian tribe had a different totem.* **totem pole** üzerine bir totemin kazıldığı kalın bir direk.

totem pole

totter ['tɔtə*] *f-n* sendeleyerek yürümek. *The old man tottered to his chair.*

touch¹ [tʌtʃ] *f+n/-n* **1** dokunmak, değmek. *Her dress is touching the floor. His car touched mine as it passed but did no damage.* **2** el ile hafifçe dokunmak; elini sürmek. *I touched him on the shoulder. Please don't touch my books.* 3 yetişmek, değmek, ulaşmak. *Can you touch your toes?* 4 (genl. **not** veya **never** ile) ağzına koymak; el sürmek. *He never touches beer. He hasn't touched his work for weeks.* 5 duygulandırmak; içine işlemek, dokunmak; etkilemek, tesir etmek. *I was very touched by his kindness. The words touched my pride.* **touching** s dokunaklı, duygulandırıcı: *touching request for help.* (*eş anl. moving*). **touch somebody for something** bir kimseden bir şeyi istemek, veya ödünç almak. *He touched me for fifty pence.* (*k. dil.*) **touch something off** başlatmak, neden olmak. *His remark touched off an argument.* **touch on/upon something** bir şey hakkında birkaç kelimeyle söz etmek; değinmek. **touch something up** rötuş etmek; kusurları gidermek amacıyla düzeltmek, değiştirmek. *The artist was touching up the landscape he had painted.* **touch down** (uçak) piste inmek, yere inmek. *The plane will touch down at Manchester and then Heathrow.* **touchdown** *i + sy/-sy* piste iniş. **touch wood** nazar değmesin diye tahtaya vurmak; 'Şeytan kulağına kurşun!' demek. *My car has been running well this year—touch wood!* (*k. dil.*). (*AmI'*de **knock on wood**).

touch² [tʌtʃ] 1 *i + sy* dokunma, değme, temas (hareketi). *He felt a touch on his shoulder.* 2 *i-sy* dokunma, dokunuş. *A blind man has to use his sense of touch a lot. The child's face was hot to the touch.* 3 *i + sy* biraz, azıcık, az miktar. *She added a touch of sugar. I have a touch of the cold.* 4 *i-sy* özel tarz, üslup (özl. elleriyle). *She played the piano with a light touch.* **touchy** s alıngan, çabuk kızan. *She's so touchy you have to be careful what you say to her.* **touchiness** *i-sy* alınganlık, titizlik. **touchline** taç çizgisi. **touchstone** *i + sy* ayar, ölçü; mihenk taşı. *The teacher uses this pupil's work as a touchstone for the rest of the class.* **at a touch** hafif bir temasla bile, bir dokunuşta. *The pile of books will fall at a touch.* **be/keep in touch with** (birisiyle) temasta olm k; ilişkiyi sürdürmek, temas etmek, temasa geç-

mek. *He is in touch with the head office. Do you keep in touch with events in Africa?* **lose touch with someone** bir kimsenin izini kaybetmek. **lose one's touch** eski yeteneğini kaybetmek. **touch-and-go** belirsiz, sonucu belli değil. *It is touch-and-go whether he will pass the exam.* (*k. dil*).

tough [tʌf] s 1 sağlam, dayanıklı; sert. *This cloth is tough. The steak was so tough he couldn't eat it.* 2 (insanlar hk.) sert, azimli, inatçı. *In an argument he can be very tough. To be a good runner, you must be tough.* 3 güç, zor, zahmetli. *This is a tough job.* Ayrıca *i + sy* kabadayı, külhanbeyi; serseri. *I was attacked on the way home by two toughs.* **toughness** *i-sy* sertlik; dayanıklılık. **toughen** *f + n/-n* sertleşmek, katılaşmak; sertleştirmek, katılaştırmak. **get tough with someone** bir kimseye karşı daha sert davranmak. *If you don t answer our questions we'll get tough with you.* (*k. dil.*).

toupee ['tu:pei] *i + sy* ufak peruk.

tour [tuə*] *i + sy* 1 tur, gezi. *They are making a tour of Scotland. He is on tour in Africa.* 2 turne; tiyatro, müzik ve spor topluluklarının yaptığı gösteri amaçlı gezi. *The orchestra will be on tour next summer.* Ayrıca *f + n/-n* gezmek, dolaşmak; turist olarak ziyaret etmek, turneye çıkmak. *They are touring Scotland.* **touring** *i-sy* gezme, dolaşma, seyahat. **tourist** *i + sy* turist. Ayrıca *s* 1 turistler için: *tourist hotel.* 2 ucuz, sıradan yolcular için. *We travelled home by tourist class on the ship.* Ayrıca *z* turist sınıfında. *We always travel tourist.* **tourism** *i-sy* turizm. *All countries now encourage tourism.* **touristy** ['tuəristi] *s* turist, veya turistik eşya ile dolu (bir yer).

tournament ['tuənəmənt] *i + sy* turnuva; spor takımları, veya oyuncuları arasında bir sıraya göre yapılan yarışma: *golf tournament. Are you entering the tennis tournament?*

tourniquet ['tuənikei] *i + sy* kanamayı durdurmak için, kola, ayağa, vb. sıkıca sarılan bez.

tousle ['tauzl] *f + n* parmakları gezdirerek saçı karıştırmak, karmakarışık etmek. **tousled** s (saçları) karmakarışık; karışmış, dağılmış. *She was silent for half a minute, then abruptly* *pushed up the tousled blond hair at the side of her neck. His hair was tousled and his eyes were weary.*

tow [tou] *f+n* yedekte çekmek. *The ship was towed into harbour.* Ayrıca *i+sy/-sy* yedekte çekme, veya çekilme. *The tug took the ship in tow. He asked us for a tow.* **towline** çekme halatı. **towpath** tekneleri çeken atlar tarafından kullanılan ve bir kanal, veya nehir boyunca uzanan yol.

toward, towards [tə'wɔ:d(z)] *edat* **1** ...-e doğru. *He came toward(s) me.* **2** (bir şey)e dönük, bakar durumda. *The window faces toward(s) the hills.* **3** (zaman hk.) yakın, üzeri, sularında. *We should arrive toward(s) nine o'clock. There was a storm toward(s) evening. Toward(s) the end of the day I became tired.* **4** (bir şeye, veya birisi)ne karşı; hakkında. *I could not feel angry toward(s) them.* **5** amacı ile. *These talks are a step toward(s) agreement. They are working toward(s) peace.*

towel ['tauəl] *i+sy* havlu. *May I have a clean towel to dry the dishes.* Ayrıca *f+n* havlu ile kurulamak. *geç. zam.* ve *ort.* **towelled**. (*AmI*'de **toweled**). **towelling** *i-sy* havluluk bez. **tea towel** bulaşık kurulama bezi. **throw/chuck in the towel** havlu atmak; yenilgiyi kabul etmek, pes etmek. *After being knocked down four time in one round, he decided to throw in the towel.*

tower ['tauə*] *i+sy* kule, burç. Ayrıca *f+n* **1** (kule gibi) yükselmek. *The hotel towers above/over the houses round it.* **2** (insanlar hk.) çok uzun boylu, veya üstün bir yeteneğe sahip olmak. *He is so intelligent that he towers above all the others in his class.* **towering** *s* **1** (**anger, rage, bad temper,** vb. ile kullanılır) şiddetli, çok büyük. **2** çok yüksek. *The city was full of towering buildings.*

town [taun] *i+sy/-sy* **1** kasaba, **2** kasaba halkı. *The whole town is talking about the news.* **3** (**a** veya **the** kullanmadan) bir kasabanın merkezi. *He works in town and lives in the suburbs. We took a bus across/down /up town.* **4** (**a** veya **the** kullanmadan ve özl. İngiltere'nin Londra şehri hk.) başkent; en önemli şehir. *I travel up to town from Oxford once a week.* **5**

(**the** ile) genel olarak kasabalar ve kentler. *Prices are higher in the town than in the country.*

NOT: (İngiltere'de) bir şehir, Kraliyet'ten *'city'* ünvanını almamışsa ve de genellikle bir piskoposu yoksa ve ne kadar büyük olursa olsun buna *'town'* denir. *Manchester is a big town* denmesiyle *Manchester is a big city* denmesi arasında çok az bir fark vardır. *Manchester*'e *'town'* yerine *'city'* denmesi onu daha büyük ve görkemli hale koymaktadır. Ama *Manchester City Police; City of Manchester's secondary schools* kalıplarında *'city'* kullanılması şarttır. (*AmI*'de) kente *city,* kasabaya da *town* denir.

town council *i+sy* belediye meclisi. **town councillor** *i+sy* belediye meclis üyesi. **town hall** belediye binası. **town planning** şehircilik.

toxic ['toksik] *s* toksik; zehirli, zehirleyici. *The toxic waste from the mill was killing the fish in the river.*

toy [tɔi] *i+sy* oyuncak. Ayrıca *s* oyuncak, oyuncak gibi, ufak, küçük: *toy train.* Ayrıca *f+n* **1** (**with** ile) (bir şey) ile amaçsızca oynamak; dalgın dalgın oynamak. *He sat toying with his gloves. (eş anl. play with).* **2** (bir düşünceyi) hayalinde evirip çevirmek, oyalanmak. *I toyed with the idea of going. The sick boy toyed with his food.* **toyshop** oyuncakçı dükkânı.

trace [treis] *i+sy* **1** iz, eser. *We could not find any trace(s) of the cattle. (eş anl. evidence).* **2** zerre, azıcık miktar. *There are traces of gold in this rock. There are traces of the drug in the blood sample.* Ayrıca *f+n* **1** izini bulmak, izlemek. *We are trying to trace our cattle. (eş anl. track down).* **2** (üzerine ince bir kağıt koyarak) kopyasını çıkarmak. *They traced the map in the atlas onto a sheet of paper.* **tracing paper** ince kopya kağıdı; ayaydınger kağıdı.

track [træk] *i+sy* **1** iz, eser; bir şeyin bıraktığı işaret. *The tracks of the car could be seen in the mud. We followed the lion's tracks.* **2** patika; keçiyolu. *We walked along the track to the village.* **3** bir şeyin izlediği yol ya da hat: *railway track; racetrack* (=yarış pisti, koşu yolu). **4** bir ses bandında üzerine kayıt yapılabilecek kanallardan birisi. Ayrıca *f+n* izini takip etmek. *We tracked him to his house.* **trackless** *s* izi, yolu, vb. bulunmayan. **sound track** için **sound**[1] a bkz. **track someone/something down** (bir kimsenin, veya bir şeyin) izini araştırarak bulmak. **hide/cover one's tracks** herhangi bir ipucu, veya iz bırakmamak. *The police are still searching for the murderer he has been very clever at covering his tracks.* **be off the beaten track** ana yollardan, meskûn mahallerden uzakta bulunmak. *He likes to go for his holidays to places that are off the beaten tracks.* **on the right/wrong track** doğru/yanlış yolda olmak. **on the track of somebody/something** bir kimse, veya bir şeyin izi üzerinde olmak, peşinde olmak. **keep track of someone or something** bir kimse, veya bir şeyin izini kaybetmemek. *She kept track of her schoolmates after she left school.* **lose track of someone or something** bir kimse, veya bir şeyin izini kaybetmek, bağlantıyı yitirmek. *She lost track of her after she moved away.* **make tracks for** (bir yere gitmek üzere) ayrılmak, ...-ın yolunu tutmak. *He made tracks for the bar.* (*k. dil.*).

tract[1] [trækt] *i+sy* geniş bir arazi, alan ya da orman sahası. *During the floods a large tract of farmland was under water.*

tract[2] [trækt] *i+sy* (özl. dinsel bir konuyu ele alan) bir makale, veya kitapçık.

tractor ['træktə*] *i+sy* traktör.

trade[1] [treid] **1** *i-sy* ticaret, alışveriş. *Trade between Europe and Asia has increased. They are in the book trade.* **2** *i+sy* iş, sanat. *I am a mechanic by trade* (= İşim oto tamirciliğidir). *Boys leaving school can be trained for many trades.* **3** *i-sy* (**the** ile) esnaf. *The new tax on clothes is not liked by the trade.* **trade fair** ticaret fuarı. **trade-in** eski bir şeyi üstüne bir miktar para ödeyerek yenisi ile değiştirme. *James gave the old car as a trade-in.* **tradesman** dükkâncı, esnaf. **trademark** ticarî marka, alâmeti farika. **trade name** ticarî ünvan. **trade union** *i+sy* işçi sendikası. **trade unionist** *i+sy* işçi sendikâsı kimse.

trade[2] [treid] *f+n/-n* **1** ticaret yapmak, iş yapmak; almak satmak. *In former*

times the people of this country traded in gold, ivory and slaves. **2** (*AmI'*de) takas yapmak, değiş tokuş etmek. *I'll trade my book for your watch.* **trader** *i+sy* tüccar, tacir. **trading estate** sanayi bölgesi; hükümetçe yapılmış fabrikaların özel şirketlere kiralandığı bölge. **trade in** ... ticareti ile uğraşmak; ...ticareti yapmak. *We trade in Danish cheese.* **trade (something) in for** eskisini yenisine fiyat farkı ile değiştirmek. *I traded my old car in for a new one.* **trade on/upon something** istismar etmek, zaafından faydalanıp kendi çıkarı için kullanmak. *He traded on/upon his brother's kindness to get more money from him.* (*eş anl.* **exploit**).

tradition [trə'diʃən] *i+sy/-sy* gelenek, görenek, anane. *According to tradition the first king came from another country. As a child he learnt the tradition of his tribe.* **in the tradition of something/someone** bir şeyin, veya bir kimsenin tarzında, üslûbunda, stilinde. **traditional** *s* geleneksel, ananevi. *Eating turkey and plum pudding at Christmas time is traditional.* **traditionalist** *i+sy* gelenekçi. (*karş.* **radical**).

traffic ['træfik] *i-sy* **1** trafik: *heavy/light traffic. There is always a lot of traffic in the centre of a town.* **2** (genl. kötü anlamda) ticaret, alışveriş. *There was a big traffic in drugs.* **traffic jam** *i+sy* trafik sıkışıklığı. *There was a traffic jam, and police clearing people away.* **traffic light** *i+sy* (genl. çoğ. biç.) trafik ışığı. *The traffic lights weren't working.* **trafficker** *i+sy* kaçakçı. **traffic warden** *i+sy* araçların trafik kurallarına göre park edip etmediklerini denetleyen kontrol görevlisi.

tragedy ['trædʒədi] *i+sy* **1** trajedi; acıklı sonuçlarla biten bir tür tiyatro eseri. *The audience wept at the tragedy.* **2** facia, felâket. *The loss of all our money was a tragedy.* **tragic** ['trædʒik] *s* trajediye ait; feci, felâket, acıklı: *a tragic death; a tragic accident.* **tragically** *z* trajik bir biçimde, faciayla, feci şekilde.

tragicomedy [trædʒi'kɔmədi] *i+sy* hem komedi hem de trajedi tarzında yazılmış bir oyun, veya benzeri öykü, vb. **tragicomic** [trædʒi'kɔmik] s hem trajik hem de komik olan.

trail [treil] 1 iz; bir kimsenin, bir hayvanın geride bıraktığı iz, veya koku. *There was a trail of water across the floor from the bucket.* 2 patika, keçiyolu. *We set out on the trail again.* Ayrıca *f + n/-n* 1 izlemek, peşine düşmek; izini takip etmek. *The hunter trailed the wounded buffalo through the bush.* 2 peşi sıra sürüklemek, veya sürüklenmek. *Her long dress trailed along the floor.* 3 yorgun argın yürümek. *The children trailed behind their teacher.* **trailer** 1 römork, treyler; traktör ya da kamyonlara, daha çok yük taşımalarını sağlamak için takılan araba. 2 fragman; yeni bir filmin reklamı, gelecek programa ait film parçası. *Cinemas often show trailers of the films that will be showing in the next few weeks.* **trail away/off** (bir şeyi söyleyen, konuşan bir kimsenin sesi hk.) (genl. cümle ortasında) giderek azalmak. (*eş anl.* **die away**).

train[1] [trein] *f + n/-n* 1 eğitmek, yetiştirmek, büyütmek. *My parents trained me to behave properly.* 2 antrenman yapmak, veya yaptırmak. *Our football team is training for the next game.* 3 yöneltmek, çevirmek. *He trained his binoculars on the ship.* 4 (bitkiler hk.) istenilen bir biçimde yetiştirmek. *They trained the vines up the wall.* **trained** s eğitimli, yetişmiş. *He is a trained teacher.* (*karş.* **untrained**). **trainer** *i + sy* antrenör; sporcuları, atları, vb. yarışmaya hazırlayan kimse. *His trainer made out a programme he had to follow to get ready for the big race.* **training** *i-sy* eğitim, öğretim; antreman. *The training of teachers is done at the universities and colleges. He is in training for the school sports.* **trainee** [tri'ni:] *i + sy* eğitim gören kimse.

train[2] [trein] *i + sy* 1 tren. *We went by train to London. Does this train go to Edinburgh?* 2 elbise kuyruğu. 3 ilgili olaylar, düşünceler, hareketler, vb. zinciri. *The train of events led to war. I cannot follow the train of his thoughts.*

trait ['treit] *i + sy* ayırdedici nitelik, kişisel özellik. *One of his traits is complete honesty. The girl has many of her mother's traits.*

traitor ['treitə*] *i + sy* hain, vatan haini, hıyanet eden kimse. *During the war he was a traitor to his country.*

tram [træm] *i + sy* (*Brİ'*de) tramvay. (*Amİ'*de **streetcar**). (*eş anl.* **streetcar**, **tram car**). **tramway** tramvay hattı, yolu. (*eş anl.* **tramlines**).

tramp [træmp] *f + n/-n* 1 ağır adımlarla yürümek. *They tramped over the carpet in their big boots.* 2 (özl. kırda tarlalar arasından, tepeleri aşarak) uzun bir yürüyüşe çıkmak. Ayrıca 1 *i-sy* (**the** ile) ağır adım sesi: *the tramp of soldiers marching through the streets.* 2 *i + sy* uzun yürüyüş, gezinti. *We took a tramp together over the hills.* 3 *i + sy* evsiz barksız ve işsiz birisi; oradan oraya dolaşıp duran kimse, serseri. *A tramp came to the door and asked for money. The tramp had slept in the barn.* (*eş anl.* **vagrant**, **vagabond**). 1 sürtük, hafif meşrep kadın. *She was a tramp.*

trample ['træmpl] *f + n* ayağı ile çiğneyip ezmek. *The cows got into the field and trampled (down) the corn.* (*eş anl.* **stamp on**).

trampoline ['træmpəli:n] *i + sy* trampolin; cambaz ve jimnastikçilerin havaya sıçramak için kullandıkları metal bir çerçeveye bağlı çadır bezinden meydana gelen spor aleti.

trance [tra:ns] *i + sy* kendinden geçme, vecit. *The holy man fell into a trance.* **go into a trance** vecit haline geçmek. **come out of the trance** vecit halinden çıkmak.

tranquil ['træŋkwil] s sessiz, sakin, rahat, asude, huzur içinde. *I enjoyed the tranquil country life.* **tranquility** [træŋ'kwiliti] *i-sy* sakinlik, sükûn. **tranquilizer** *i + sy* müsekkin, sakinleştirici ilaç. *I've been on tranquilizers ever since I started my new job.*

trans- [træs] *ön-ek* ötesi, ötesinde; ... -ın karşı tarafında, örn. **transatlantic** (= Atlantik ötesi).

transact [træn'zækt] *f + n* (genl. iş, ticaret hk.) yapmak, yapıp bitirmek. **transaction** 1 *i + sy/-sy* yapılan bir ticari iş; muamele. *Buying a car was an important transaction for them.* 2 *i + sy* (*çoğ. biç.*) bir kulüp, veya derneğin toplantı kayıtları.

transatlantic ['trænzət'læntik] s Atlantik ötesi; Atlas Okyanusu'nu geçen.

transcend [træn'send] *f+n* (özl. bir bilgi sınırı, deneyim, vb. hk.) ötesine geçmek, aşmak. *The origin of the universe transcends human understanding.* **transcendental** [trænsən'dentl] *s* deneyüstü; fizikötesi, doğaüstü.

transcribe [træns'kraib] *f+n* (özl. stenografi ile yazılmış notları) yazılı bir biçime çevirmek. **transcript** ['trænskript] *i+sy* notlardan, kasetten, vb. kopya yapılarak yazılmış bir şey, kopya, suret. **transcription** [træns'kripʃən] **1** *i+sy* kopyasını çıkarma. **2** *i+sy* bir TV, veya radyo programını sonradan yayınlamak üzere kayda alma; aranjman, düzenleme.

transfer [træns'fə:*] *f+n/-n* **1** (bir yerden başka bir yere) taşımak, geçirmek, nakletmek; transfer etmek. *He transferred the money from the box to his pocket. I was transferred from the district office to headquarters.* **2** (bir şekli, fotoğrafı) bir yüzeyden başka bir yüzeye aktarmak, kopya etmek. **3** bir işten başka bir işe geçmek. *Next term he wants to transfer from history to economics. geç. zam.* ve *ort.* **transferred.** Ayrıca ['trænsfə:*] *i+sy* **1** bir yer, veya işten diğerine nakil etme, veya edilme. *I was given a transfer to headquarters.* **2** (bir şekil, bir fotoğraf, vb.) çıkartma. **3** transfer edilen, kulüp değiştiren sporcu. **transferable** *s* transferi mümkün. **transfer and appointment** nakil ve tayin.

transfigure [træns'figə*] *f+n* görünümünü, biçimini değiştirmek. *Her face was transfigured with joy.*

transfix [træns'fiks *f+n* **1** kılıcı, veya bıçağı saplamak, sivri uçlu bir şeyle delmek, mıhlamak. **2** korku, veya hayranlıktan kıpırdayamaz, veya hiçbir şey düşünemez hale sokmak, dondurmak. *Carol stood transfixed with terror.*

transform [træns'fɔ:m] *f+n* dönüştürmek, çevirmek. *Water can transform a desert into a garden. The dress transformed the girl into a young lady.* **transformation** [trænsfə'meiʃən] *i+sy/-sy* dönüşüm, değişim, dönüştürüm. **transformer** *i+sy* transformatör, elektrik gerilimini, akımını değiştiren alet.

transfuse [træns'fju:z] *f+n* bir insandan diğerine kan nakletmek; kan

nakli yapmak. **transfusion** [træns-'fju:ʒən] *i+sy/-sy* aktarma, kan nakli. *The doctor gave him a blood transfusion after the accident.*

transgress [trænz'gres] *f+n/-n* (bir kuralı, yasayı) çiğnemek, ihlâl etmek, bozmak. *We were taught not to transgress the rules.*

transient ['trænziənt] *s* geçici; gelip geçici: *transient pleasures. (eş anl.* **fleeting).**

transistor [træn'zistə*] *i+sy* **1** transistör; elektrik titreşimlerini genişletmede ve üretmede kullanılan kristalli, yarım iletken aygıt. *Transistors have replaced tubes in many small radios.* **2** transistörlü radyo. *I would spend Saturdays with a transistor at my ear, listening to the sports broadcasts. (eş anl.* **transistor radio).**

transit ['trænzit] *i+sy* geçiş, geçme hareketi. *Transit by ship through the canal is expensive. His luggage was lost in transit.*

transition [træn'ziʃən] *i+sy/-sy* geçiş; değişiklik. *The transition from home to boarding school is not easy for many boys.* **transitional** *s* geçişe, veya değişmeye ait.

transitive ['trænzitiv] *s* (fiiller hk.) geçişli, dolaysız bir nesne (**direct object**) alan (bu sözlükte *'f+n'* olarak gösterilen). *The boy ate the apple* cümlesinde *the apple* isim grubu, *ate* fiilinin dolaysız nesnesi olduğu için bu fiil geçişli bir fiildir. *(karş.* **intransitive).** Ayrıca **intransitive'e** bkz.

transitory ['trænzitəri] *s* geçici; gelip geçici. *Man's life is transitory; a butterfly's life is ephemeral.*

translate [trænz'leit] *f+n* bir dilden başka dile çevirmek, tercüme etmek. *He translated what I said in English into French. This French book is translated from Latin.* **translator** *i+sy* çevirmen, tercüme eden kimse. **translation** *i+sy/-sy* tercüme, çeviri. *Have you a good translation of Plato? I am not very good at English translation.* **translation bureau** tercüme bürosu.

transmit [trænz'mit] *f+n* geçirmek, iletmek, yaymak. *Rubber does not transmit electricity. The mosquito transmits malaria. geç. zam.* ve *ort.* **transmitted. transmission 1** *i+sy/-sy* geçirme, iletme, gönderme, yayma. **2** *i+sy* transmisyon; bir motorun gücünü tekerleklere ileten parçalar. **transmitter** *i+sy* radyo ve televizyon vericisi; telgraf göndericisi. *The radio station's transmitter is located on top of that mountain.*

transparent [træns'pærnt] *s* 1 saydam, şeffaf. *Glass is transparent.* 2 açık seçik, aşikâr. *The meaning is transparent. He laughed at our transparent attempts to deny it.* **transparency** *i+sy* slayt, dia.

transpire [træns'paiə*] *f+n/-n* yavaş yavaş meydana çıkmak, belli olmak. *From our questions it transpired that he had told a lie.*

transplant [træns'spla:nt] *f+n* 1 (bir bitkiyi) yerinden çıkarıp başka bir yere dikmek. *I transplanted flowers from one side of the garden to the other.* 2 organ nakli yapmak. Ayrıca ['trænspla:nt] *i+sy* nakletme, organ nakli. *The heart transplant was done by a team of doctors.*

transport² ['trænspo:t] *i-sy* taşımacılık, nakliyat; taşıma, nakil. *The transport of coal is usually done by rail. Because of the flood the village is without transport.*
NOT: bu anlamda *Brİ*'de *transport,* *Amİ*'de *transportation* daha yaygın olarak kullanılır.

transvestite [trænz'vestait] *i+sy* karşıt cinsin giysilerini giyen ve bundan cinsel bir zevk alan kimse.

trap [træp] *i+sy* 1 kapan, tuzak. *Dick put meat in the trap to attract the lion. The police set a trap to catch the escaped prisoner.* 2 iki tekerlekli tek atlı küçük bir araba. 3 tavanda, veya yerde bulunan kapak şeklinde kapı. *(eş anl.* **trap door**). Ayrıca *f+n* tuzağa düşürmek; hile ile, oyunla yakalamak. *He was trapped by the lawyer's clever question. geç. zam. ve ort.* **trapped**. **trapper** *i+sy* (özl. kürkü için) hayvanları tuzak kurup yakalayan kimse.

trapeze [trə'pi:z] *i+sy* trapez; sarkan uçlarına bir çubuk bağlanmış bulunan iki düşey ipten oluşan jimnastik aleti.

trappings ['træpinz] *içoğ* rütbe işaretleri; nişan, süs. *He was wearing the trappings of an army general.*

trash [træʃ] *i-sy* 1 süprüntü, çerçöp. 2 beş para etmez; saçmasapan, örn. bir şarkı, beste; makale, vb. şey. **trashy** *s* adi, değersiz, süprüntü gibi. **trashcan**

i+sy (Amİ'de) çöp kutusu, çöp sepeti. *(Brİ*'de **dustbin**).

trauma ['trɔ:mə] *i+sy/-sy* travma; ağır bir yaralanma, veya şokun neden olduğu vücut ya da zihindeki tahribat. **traumatic** [trɔ:'mætik] *s* yaraya ait, yaradan ileri gelen; sarsıntı yaratan, sarsıcı.

travel ['trævl] *f+n/-n* 1 yolculuk etmek, seyahat etmek, gezmek (özl. yurt dışına). *He has travelled all over Africa.* 2 yayılmak; hızla hareket etmek. *Bad news travels quickly. I want a car which can travel fast* (= Süratli bir araba istiyorum). *Let your mind travel back to what happened yesterday* (= Bir an düşün de dün ne olduğunu hatırlamaya çalış). 3 (genl. bir malı satmak için) oradan oraya dolaşmak, seyahat etmek. *My brother travels in furniture. He travels for a firm which makes furniture. geç. zam. ve ort.* **travelled.** *(Amİ*'de **traveled**). Ayrıca 1 *i-sy* yolculuk. *We arrived after 3 days of hard travel. Travel through this country is very slow.* 2 *içoğ* seyahat, gezi, yolculuk. *The explorer told us about his travels.* **traveller**, *Amİ*'de **traveler** *i+sy* 1 yolcu, gezgin. 2 gezen satış elemanı, pazarlamacı. **travelling**, *Amİ*'de **traveling**) *s* yolculuk sırasında kullanılan: *travelling bag.* **travel agency** seyahat bürosu, acentası. **commercial traveller** *(Brİ*'de) pazarlamacı, gezici satış elemanı. *(Amİ*'de **travelling salesman**).

traverse [træ'və:s] *f+n* bir yandan öbür yana geçmek, üzerinden katetmek. *The main road traverses the plain from north to south.*

travesty ['trævəsti] *i+sy* çok kötü ve gülünç bir kopya, veya, genl. maksatlı olarak bir şeyin yanlış tanımı. *Your study is a travesty of the facts. The trial was a travesty of justice* (= Duruşma adaleti küçültücü bir olaydı / adli bir haksızlıktı).

trawl [trɔ:l] *i+sy* trol; açık ağızı deniz dibi boyunca çekilen büyük balık ağı. *(eş anl.* **trawl net**). Ayrıca *f+n/-n* trol avcılığı yapmak. **trawler** *i+sy* trol kullanan balıkçı teknesi.

tray [trei] *i+sy* tepsi, tabla.

treacherous ['tretʃərəs] *s* 1 hain, kalleş, güvenilmez, gammaz, arkadan vuran. *The treacherous soldier told the enemy where his friends were.* 2 tehlikeli. *The sea is very treacherous in bad weather.* **treachery** *i+sy/-sy* hainiik, ihanet, kalleşlik. *Selling military secrets to the enemy is an act of treachery.*

treacle ['tri:kl] *i-sy* (*Brl'*de) şeker pekmezi; melas. *Treacle is used in making cakes and puddings.* (*Aml'*de **molasses**.

tread [tred] *f+n/-n* yürümek; üzerine basmak, ezmek. *Please don't tread on the flowers. geç. zam. biç.* **trod** [trɔd]. *geç. zam. ort.* **trodden** ['trɔdn]. Ayrıca *i+sy* 1 yürüme, basma (eylemi); yürüyüş ya da ayak sesi. *I could hear his heavy tread on the floor outside my room.* 2 otomobil lastiğinin yere değen kısmı. **tread on somebody's toes** birisini gücendirmek, darıltmak. *They are trying to force her to resign because she's treading on a few toes.* (*k. dil.*). **tread water** ayakları makas yaparak ve elleri sağa sola oynatarak suda dik durmak. **treadmill** *i+sy* yorucu, sıkıcı bir iş; hergün yapılması gereken monoton iş. **treadle** *i+sy* (bir makinenin, özl. dikiş makinesinin) pedal, ayaklık.

treadle

treason ['tri:zn] *i-sy* devlete ihanet suçu. *The traitor was found guilty of treason. He was executed for treason.* **treasonable** *s* devlete ihanet niteliğinde.

treasure ['treʒə*] *i+sy/-sy* hazine, gömü, define; çok değerli kimse, veya şey: *the treasures of English literature* (= İngiliz edebiyatının zenginlikleri). *The divers found treasure at the bottom of the sea. Our servant is a treasure* (= Uşağımız çok değerli bir kimsedir). Ayrıca *f+n* çok değer vermek, üzerine titremek. *He treasures all his books.* **treasurer** *i+sy* veznedar, kasadar. **treasury** *i+sy* maliye bakanlığı. (İngiltere'de **the Treasury**).

treasure-trove gömü, define; toprağa gömülü olarak bulunan ve sahibi belli olmayan para, altın, vb. şey.

treat [tri:t] *f+n* 1 ele almak, işlemek. *They are treating the matter seriously.* 2 muamele etmek, davranmak. *How did he treat you?* 3 gibi görmek, gözü ile bakmak, düşünmek, saymak. *We are not treating it as a joke.* 4 tedavi etmek, iyileştirmek. *The doctor treated me for malaria. It is difficult to treat a person with cancer. Nowadays they treat malaria with drugs.* 5 ısmarlamak, ikram etmek, ikramda bulunmak. *Our uncle treated us to an ice cream. I treated myself to a big dinner* (= Parama kıyıp kendime güzel bir akşam yemeği ziyafeti verdim). Ayrıca *i+sy* 1 insana zevk ve neşe veren olağandışı bir şey. *The visit to the seaside was a great treat for us.* 2 ikram, ısmarlama. *Our uncle's treat was to give us tickets for the cinema.*

treatise ['tri:tiz] *i+sy* belli bir konuda, bilimsel olarak yazılmış bir kitap, veya yazı.

treatment ['tri:tmənt] *i+sy/-sy* 1 davranış, muamele. *His treatment of the problem was most interesting. They were given good treatment by the soldiers.* 2 tedavi, bakım. *He has gone to the hospital for treatment. There are several treatments for a cold. I was under treatment for two weeks. He's in hospital for treatment to his back.*

treaty ['tri:ti] *i+sy* (özl. ülkeler arasında yapılan yazılı cinsten) anlaşma, pakt. *That trade treaty was signed by five countries.*

treble[1] ['trebl] *s* üç misli, üç kat; üç kez daha. *Clothes are treble the price (that) they used to be.* Ayrıca *f+n/-n* üç kat artmak, veya arttırmak. *Why have the prices trebled?* (eş anl. **triple**).

treble[2] ['trebl] *i+sy* soprano ses, en tiz ses; en tiz sese sahip olan erkek çocuk. Ayrıca *s* tiz, en tiz sese ait.

tree [tri:] *i+sy* ağaç.
NOT: bir *shrub* (= çalı, funda), veya bir *bush* (= çalı) bir ağaca benzerler, ama ondan daha ufak boydadırlar ve üstelik gövdeleri de yoktur.
family tree için **family'e** bkz. **be at the top of the tree** mesleğinin zirvesinde olmak. *He is very ambitious and very hard-working: I expect he'll reach the*

top of the tree some day. **tree-lined** *s* her iki yanı ağaçlarla kaplı. **treetop** ağaç tepesi.

trek [trek] *f-n* uzun bir yolculuk yapmak; eskiden bu tür bir yolculuk Güney Afrika'da öküzlerin çektiği üstü kapalı arabalar ile yapılırdı. *They trekked for three days along the banks of the Zambezi.*

trellis ['trelis] *i+sy* çardak parmaklığı; tırmanıcı bitkilerin üzerine sarılması için kullanılan kafes.

tremble ['trembl] *f-n* titremek. *The children were trembling with cold/ excitement/fear. His voice trembled as he spoke.* (*eş anl.* **quiver, shiver**). Ayrıca *i+sy* titreme. *I could feel the tremble in his hands.* **in fear and trembling** için **fear**'e bkz.

tremendous [tri'mendəs] *s* kocaman, muazzam, çok büyük. *The President has tremendous responsibilities.* **tremendously** *z* çok, muazzam şekilde. *He helped me tremendously.*

tremor ['tremə*] *i+sy* titreme, ürperme. *I detected a nervous tremor in her voice.* **earth tremor** (depremden daha az şiddetteki) yer sarsıntısı. *There had been a tremor so slight that I did not even feel it.*

trench [trentʃ] *i+sy* 1 drenaj ya da boru döşemek için uzunlamasına kazılmış derin çukur; hendek. *The farmer dug trenches to drain the field.* 2 (askerlerin, düşman ateşinden korunması için kazılan) derin bir hendek, siper. *The soldiers returned to the trenches.*

trend [trend] *f-n* eğilim göstermek; belli bir yönde uzanmak, ...-e yönelmek. Ayrıca *i+sy* eğilim, temayül; yön, gidiş. *Young women are always interested in the trends of fashion.* **trendy** ['trendi] *s* 1 çok moda olan: *trendy clothes.* 2 en son modayı izleyen: *a trendy woman.*

trepidation [trepi'deiʃən] *i-sy* korku ve heyecan (durumu). *'What do you mean?' I asked, with some trepidation.*

trespass ['trespəs] *f-n* 1 birisinin arazisine izinsiz girmek. *You must not trespass on/upon government land.* 2 kötüye kullanmak, suistimal etmek. *They are always trespassing upon his kindness.* **trespasser** *i+sy* başkasının arazisine izinsiz giren kimse.

trestle ['tresl] *i+sy* sehpa, masa, vb.

ayaklığı. **trestle table** ayaklar üzerine tahtalar konularak yapılmış bir masa.

trestle

tri- [trai] *ön-ek* üç, örn. **triangle** (= üçgen).

triad ['traiæd] *i+sy* üçlü topluluk, veya birbirine benzer üç şeyden oluşan takım, üçlü takım.

trial ['traiəl] *i+sy/sy* 1 deneme, sınama, bir kimse, veya bir şeyin uygun olup olmadığını, vb. anlamak için yapılan inceleme. *He says he will give the new medicine a trial. The manager has promised to give me a trial as a clerk. New cars have several severe trials before they are put on the market. We went for a trial run in the new car* (= Yeni arabayı yolda denemeye gittik). 2 duruşma, yargılama, davanın görülmesi, mahkeme. *His trial for murder begins tomorrow.* 3 baş belası; sıkıntı veren bir kimse, veya şey. *He is a great trial to his parents.* **on trial** 1 deneme için, denenmek üzere. *The shopkeeper has allowed me to have the radio set on trial.* 2 yargılanmakta, mahkeme edilmekte. *He is on trial for murder.* **trial and error** deneme-yanılma yöntemi. *He learnt to cook by trial and error.*

triangle ['traiæŋgl] *i+sy* 1 üçgen; üç kenarı olan bir şekil. *The three angles of a triangle add up to 180°.* 2 başka bir çelik çubuğun vurulması ile çalınan üç kenarlı bir müzik aleti; triangel. **triangular** [trai'æŋgjulə*] *s* üçgen şeklinde.

tribe [traib] *i+sy* kabile, aşiret, boy. *Members of that tribe settled along the river.* **tribal** *s* kabile ile ilgili, veya ona ait. **tribesman** erkek kabile üyesi.

tribulation [tribju'leiʃən] *i+sy* sıkıntı, dert, çile. *Life is full of tribulation.*

tribunal [trai'bju:nl] *i+sy* belli konulardaki sorunları ele almak için teşkil edilmiş özel bir mahkeme, veya kurul.

tribute ['tribju:t] *i+sy* 1 övgü, taktir. *There were many tributes to him in the newspapers.* **2 pay (a) tribute** (birisin)e saygı ve hayranlık göstermek;

takdir etmek, minnettarlığını belirtmek. *I wish to pay tribute to all those who have helped me.* **tributary** *i+sy* daha büyük bir akarsuya dökülen bir nehir, nehir kolu. *The River Amazon has many tributaries.*

trice [trais] *i-sy* sadece **in a trice** sözünde—hemencecik, çarçabuk, bir çırpıda. *I'll be with you in a trice.* (*eş anl.* **immediately**).

trick [trik] *i+sy* **1** numara, oyun, hile. *We used several tricks to make the enemy believe that we were about to attack. They got into the castle by a trick.* **2** muziplik, şeytanlık, oyun, azizlik. *These boys like playing tricks on their teacher.* **3** el çabukluğu, gösteri, numara. *I'll show you a trick which you can do with two pennies.* **4** kişiye özgü garip bir alışkanlık. *He has a trick of looking at his feet when he talks.* **5** (iskambilde) el; bir turda oynanıp kazanılan kağıtlar. *We won the game by three tricks. My ace took the trick.* Ayrıca *f+n* aldatmak, kandırmak; oyuna getirmek, faka bastırmak. *They tricked the old man into giving them his money.* **trickery** *i-sy* hile, dolap. *We were so used to his trickery that we never knew when to believe him.* **tricky** *s* (olaylar ve nesneler hk.) ele alınması ve uğraşılması zor; güç. (*eş anl.* **complicated**).

trickle ['trikl] *f+n/-n* **1** damla damla akmak ya da akıtmak. *The rain trickled down my neck.* **2** birer ikişer, veya küçük gruplar halinde (bir yöne) yavaş yavaş gitmek. *The boys trickled into the classroom.* Ayrıca *i+sy* incecik akıntı. *The stream was reduced to a mere trickle.*

tricycle ['traisikl] *i+sy* üç tekerlekli bisiklet.

tried [traid] **1 try** fiilinin geçmiş zamanı ve ortacı. **2** *s* güvenilir.

trier ['traiə*] *i+sy* **try**'a bkz.

trifle ['traifl] **1** *i+sy* fazla önemi ve değeri olmayan bir şey; kıvır zıvır. *Great men do not worry about trifles. He has no time for trifles.* **2** *i+sy* üstü kaymak, krema, veya dövülmüş fındık ile kaplanmış kek. Ayrıca *f+n/-n* **1** (**with** ile) (birisini) hafife almak, ciddiye almamak; oynamak. *It is dangerous to trifle with such a fierce animal.* **2** oyalanmak, oynamak. *He trifled with his food instead*

of eating it. **trifling** *s* önemsiz, değersiz. *I interrupted her work but she said it was a trifling matter that could wait.* **a trifle** *z* biraz; oldukça. *He was a trifle too slow to catch me. Doesn't that strike you as a trifle unusual?*

trigger ['trigə*] *i+sy* tetik; ateşli silahlarda ateşlenmeyi yapmak için elin işaret parmağı ile çekilen küçük içe kıvrık parça. *I pressed the trigger to shoot the gun.* Ayrıca *f+n* (genl. **off** ile) kışkırtmak; başlatmak, harekete geçirmek. *The news has triggered (off) a serious crisis.*

trigonometry [trigə'nɔmətri] *i-sy* trigonometri; üçgenlerin elemanları arasında bulunan bağlantıların hesapları ile uğraşan matematik kolu.

trike [traik] *i+sy* üç tekerlekli çocuk bisikleti. (*k. dil.*).

trilby ['trilbi] *i+sy* fötr şapka. Ayrıca **trilby hat** de denir.

trilogy ['trilədʒi] *i+sy* üçlü; aynı konuda üç ayrı kitap, veya piyesten oluşan bir grup.

trim [trim] *s* derli toplu, temiz, muntazam. Ayrıca *i-sy* form, durum, hal. *He was in good trim when I saw him. An athlete must never get out of trim.* (*eş anl.* **in good shape**). Ayrıca *f+n/-n* **1** donatmak, süslemek; çekidüzen vermek, kırkmak, kenarlardan kesip düzeltmek. *She trimmed her hat with flowers. He trimmed his beard with a pair of scissors* (=Sakalını makasla keserek düzeltti). **2** bir geminin, veya uçağın yelkenlerini ya da kanatlarını rüzgâra göre ayarlayıp dengelemek. *geç. zam.* ve *ort.* **trimmed**. **trimming** *i+sy* **1** süs, aksesuar. **2** (*çoğ. biç.*) garnitür; asıl yemeğin yanına eklenen sebze, patates, vb. yiyecekler: *roast beef with all the trimmings.*

trinity ['triniti] *i+sy* üçlü; üçlü birlik. **the Trinity/the Holy Trinity** teslis; Hıristiyan dininde Tanrı'nın üç ayrı kişiden: *Father* (=baba), *Son* (=Oğul) ve *Holy Ghost* (=Kutsal Ruh (Ruhülkudüs)) oluştuğuna inanma.

trinket ['trinkit] *i+sy* incik boncuk.

trio ['tri:ou] *i+sy* üçlü, triyo; üç şarkıcıdan oluşan bir topluluk; üçlü için yazılmış bir müzik parçası. *çoğ. biç.* **trios**.

trip [trip] *f+n/-n* **1** ayağı bir yere takılıp sendelemek, tökezlemek; ayağına takılıp düşürmek, çelme takıp düşürmek. *I tripped over the basket as I ran away. He put out his foot to trip me (up).* 2 seke seke, ya da hafif ve çabuk adımlarla dans etmek, koşmak, yürümek. 3 yanılmak, yanlış yapmak; yanıltmak, yanlış yaptırmak. *He tripped when trying to spell the word 'through'. geç. zam. ve ort.* **tripped.** Ayrıca *i + sy* 1 gezi, yolculuk. *We took a trip to the seaside.* 2 tökezleme, bir yere takılıp düşecek gibi olma. **tripper** *i + sy* (genl. bir günlüğüne) gezi yapan kimse, turist. *The trippers on the ferry enjoyed the views of the harbour.*

tripartite [trai'pa:tait] *s* üçlü; üç taraf arasında yapılan: *tripartite alliance; the holding of tripartite talks.*

tripe [traip] *i-sy* 1 işkembe. 2 değersiz ve aptalca konuşma, veya yazı. (2. anlamı *k. dil.*).

triple ['tripl] *s* 1 üçlü; üç parçalı, üç parçadan yapılmış. *'I could see the sides of my face in the triple mirror.* 2 üç misli, üç kat, üç kez daha. *Clothes are triple the price they used to be.* Ayrıca *f + n/-n* üç katına çıkmak, veya çıkarmak. *The population has tripled in three years.* Ayrıca **treble**[1]'a bkz. **triple jump** *itek* üç adım atlama (yarışması).

triplet ['triplit] *i + sy* üçüz; aynı anadan aynı batında doğan üç bebekten biri. Ayrıca **quadruplet**'a bkz.

triplicate ['triplikət] *i-sy* (özl. daktilo edilen bir yazı hk.) üç nüsha ya da kopya. *Please type this letter in triplicate* (= Lütfen bu mektubu üç nüsha halinde yazınız).

tripod ['traipɔd] *i + sy* üç ayaklı sehpa, üç ayaklı bir destek, örn. sınıf tahtası, veya fotoğraf makinası sehpası.

trite [trait] *s* (söylenmiş sözler, veya yazılmış düşünceler hk.) eskimiş, bayat; basmakalıp.

triumph ['traiʌmf] *i + sy/-sy* zafer, başarı, galibiyet; zafer, veya başarı sevinci. *Winning the football cup was one of their greatest triumphs. They returned from the match in triumph.* Ayrıca *f-n* (**over** ile) zafer kazanmak, galip gelmek; bayram etmek, çok sevinmek. *We have triumphed over our enemies.* **triumphal** [trai'ʌmfl] *s* zaferle ilgili. **triumphant** [trai'ʌmfənt] *s* muzaffer, zafer kazanmış, galip; çok

sevinçli. *The triumphant team returned home with the football cup.* **triumphantly** *z* muzafferane, zafer kazanana yaraşır biçimde.

trivial ['triviəl] *s* önemsiz, ufak tefek; değersiz. *Trivial everyday chores seem to take up more time than they are worth.* (*eş anl.* **insignificant, worthless**). **triviality** [trivi'æliti] *i + sy/-sy* önemsiz şey, ufak tefek şey; önemsizlik, saçmalık. *They complain about trivialities.* **trivia** *içoğ* kıvır zıvır, değersiz şeyler.

trod [trɔd] **tread** fiilinin geçmiş zaman biçimi.

trodden ['trɔdn] **tread** fiilinin geçmiş zaman ortacı.

trolley ['trɔli] *i + sy* 1 iki veya dört tekerlekli elle itilen araba: *railway porter's trolley; tea trolley* (= çay servis arabası). 2 drezin; yol kontrol ve bakımı için demiryollarında kullanılan küçük araba. 3 üstündeki telden akım taşıyan troleybüs, veya tramvay boynuzu. **trolley bus** troleybüs.

trombone [trɔm'boun] *i + sy* trombon; sürgüsünü hareket ettirerek değişik yüksekliklerde sesler elde edilen bir tür nefesli çalgı.

troop [tru:p] *i + sy* 1 topluluk: *a troop of boys.* 2 bölük, özl. süvari bölüğü. *A troop of soldiers ran along the path.* 3 (*çoğ. biç.*) askerî kuvvetler, askerler. Ayrıca *f + n/-n* küme halinde gitmek. *All the boys trooped off to see the football match.* **trooper** *i + sy* süvari alayı eri.

trophy ['troufi] *i + sy* 1 hatıra, yadigâr, örn. avda vurulan bir hayvanın boynuzları. *My grandfather has a stuffed swordfish as a trophy from his fishing trip.* 2 ödül, kupa. *The trophy for winning the race was a gold medal.*

tropic ['trɔpik] *i + sy* tropika; yer yuvarlağının ekvatora paralel ve biri 'Oğlak Dönencesi' (= *Tropic of Capricorn*)' güneyde, ötekisi 'Yengeç Dönencesi (= *Tropic of Cancer*)' kuzeyde bulunan iki dairesinden her biri; dönence. **the tropics** *içoğ* dönenceler arasındaki bölge, sıcak ya da tropikal bölge, tropikal kuşak. *The tropics have a very warm climate.* **tropical** *s* tropikal, tropikal bölgeye ait, tropika ile ilgili, tropika bölgesinden olan; çok sıcak: *tropical climate.*

trot [trɔt] *f + n/-n* (genl. atlar hk.) tırıs

gitmek, veya tırısa kaldırmak. *The horse trotted down the road. He trotted his horse to the end of the field.* Ayrıca **canter'e** bkz. **2** kısa adımlarla hızla yürümek; acele etmek. *We saw the schoolboys trotting home.* geç. zam ve ort. **trotted.** Ayrıca *i-sy* yürüme ile koşma arası bir sürat, hızlı gidiş, koşuş. *They passed us at a trot.* **be on the trot** hep meşgul olmak. *I've been on the trot all day. I couldn't even find time for lunch.* **on the trot** sırayla, arka arkaya. *He's had three accidents on the trot. (eş anl.* **in a row).** **trot something out** (özl. insanı sıkacak bir şekilde) çıkarıp göstermek. *When we went to see him he trotted out all his photographs. (k. dil.).*

trouble ['trʌbl] *f+n/-n* **1** rahatsız etmek, eziyet vermek, rahatsızlık vermek. *One of my teeth is troubling me.* **2** (genl. soru cümlelerinde ya da **not** ile) zahmet etmek, zahmete girmek. *Why did you trouble to come? Please don't trouble (yourself); I can do it by myself.* **3** (özl. kibar sözlerde) zahmet vermek, zahmete sokmak. *May I trouble you for the salt?* (=Tuzu bir zahmet verir misiniz?) Ayrıca *i+sy/-sy* **1** üzüntü, ızdırap; sıkıntı, aksilik, dert. *One of my teeth is giving me trouble. He has had many troubles since his father died.* **2** zahmet. *I thank you for all your trouble in looking after me. He went to the trouble of finding out (for) himself.* **troublesome** *s* musibet, baş belası, rahat vermez: *troublesome child; troublesome tooth.* **troubleshooter** sorunları, aksaklıkları bulup gideren kimse. **ask for trouble** için **ask'a** bkz. **be in trouble 1** başı belâda olmak, başına iş açılmak. *John is in trouble again for losing his books.* **2** sıkıntı içinde olmak, başı dertte olmak. *He is in great trouble because he has no money.* **get into trouble** başını derde sokmak, başına iş açmak, başını belaya sokmak. *He got into trouble with his wife for coming home late.* **get somebody into trouble 1** birinin başına iş açmak. *I don't want to get you into trouble.* **2** (kız kızı) hamile bırakmak. *He's got several girls into trouble. (2.* anlamı *k. dil.).* **put somebody to trouble** birini zahmete sok-

mak. *I am sorry for putting you to so much trouble.* **be more trouble than it is worth** çekilen zahmete değmemek. **take trouble over** özel bir dikkat ve itina göstermek. *He should take more trouble over his work.*

trough [trɔf] *i+sy* **1** yalak, yemlik. *I led the horses to the watering trough.* **2** iki dalga arasındaki çukur. **3** (hava hk.) iki yüksek basınç alanı arasında (oldukça alçak basınçlı) uzun bir alan: *a trough of low pressure over the British Isles.*

trounce [trauns] *f+n* tam, veya ağır bir yenilgiye uğratmak. *Glasgow Rangers trounced Arsenal by the score of 5-1.*

troupe [tru:p] *i+sy* kumpanya, trup; aynı tiyatroda çalışan oyuncular topluluğu.

trousers ['trauzəz] *içoğ* pantolon. *He had a new suit with long trousers. He wore a new pair of trousers to the party. These trousers needed to be pressed. I was dressed in a pair of brown trousers.* **trouser** *s* pantolon: *trouser pockets* (=pantolon cepleri). **trouser suit** pantolonlu tayyör; etek yerine pantolon giyilen elbise.

trousseau ['tru:sou] *i+sy* çeyiz; evlendiğinde bir kadının getirdiği kişisel eşyalar. çoğ. biç. **trousseaux** ['tru:souz] veya **trousseaus.**

trout [traut] *i+sy/-sy* alabalık. *Alf caught seven trout in fifteen minutes.* çoğ. biç. **trout.**

trove [trouv] *i+sy* **treasure'a** bkz.

trowel ['trauəl] *i+sy* **1** mala; harç sürmeye yarayan, üçgen biçiminde demirden yapılmış tahta saplı alet. **2** kısa saplı ve bahçecilikte kullanılan el küreği.

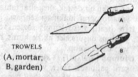

TROWELS
(A, mortar;
B, garden)

truant ['truənt] *i+sy* okuldan kaçan, okul kaçağı, dersleri asan. *He suspected that the boy on the train was a truant.* **play truant** okulu asmak, okuldan kaçmak. *I don't play truant very often.*

truce [tru:s] *i+sy* (kısa bir süre için yapılan) mütareke, ateşkes (anlaşması). *A six-day truce was declared at the New Year.*

truck [trʌk] *i+sy* 1 açık yük vagonu. 2 hamal el arabası. *The porter took my suitcases to the train on a truck.* 3 (açık kasalı) kamyon. NOT: (*AmI'de*) *lorry* yerine genl. *truck* kullanılır; (*BrI'de*) her ikisi de kullanılır. **truck farmer** sebze yetiştirip satan bostancı. *BrI'de* **market gardener.** **have no truck with someone** bir kimseyle ilişki içinde olmayı, veya onunla iş yapmayı istememek. **trucker** *i+sy* (*AmI'de*) kamyon şoförü.

truckle ['trʌkəl] *f-n* (**to** ile) yaltaklanmak, köle gibi davranmak; ne söylenirse yapmak. *I am sick of having to truckle to the professors.*

truculent ['trʌkjulənt] *s* gaddar, acımasız, her zaman hırlaşmaya hazır.

trudge [trʌdʒ] *f+n* yorgun argın yürümek; zar zor yürümek. *We trudged through the snow to school.*

true [tru:] *s* 1 doğru, gerçek, sahi. *What I say is true. This is a true report of what happened.* 2 içten, samimi; sadık, vefalı. *He is true to his friends.* 3 gerçek, hakiki. *This is not a true Rembrandt. He is not the true son of the chief.* 4 tam, aslına uygun, aslına sadık. *Is this a true copy of the letter? Only a skilled worker can build a wall that is true.* **truth'a** bkz. **truly** *z* gerçekten, hakikaten. *I am truly grateful; Yours truly* (= hürmetlerimle—mektupların sonuna yazılır). *The letter was signed: 'Yours truly, John.'* **come true** gerçekleşmek, doğru çıkmak. *When he passed his exams he felt as if all his dreams had come true.* **be true to one's word/promise** sözünün eri olmak; verdiği söze, veya vaatlerine sadık olmak. **true-blue** *s* pek sadık.

truffle ['trʌfl] *i+sy* bir tür çikolata, veya tatlı.

truly ['tru:li] *z* **true'ya** bkz.

trump [trʌmp] *i+sy* koz; iskambil oyunlarında diğer kağıtları alabilen, onlara üstün tutulan belirli renk ve işaretteki kağıt. *In the first game of bridge spades were trumps.* **trump something up** yalan yere ve dürüst olmayan bir biçimde uydurmak. *He trumped up a story about being ill.* (*k. dil.*). **play one's trump/best card** son kozunu oynamak. *Almost at the end*

of the trial, the defending lawyer produced his trump card: someone who had actually seen the murder.

trumpet ['trʌmpit] *i+sy* boru; nefesle çalınan perdesiz madeni çalgı. Ayrıca *f+n* boru gibi ses çıkarmak; yüksek sesle, veya güçlü bir şekilde açıklamak, boru çalarak ilan etmek, bildirmek. *We heard the elephants trumpeting in the forest. The heralds trumpeted the arrival of the king.* **blow one's own trumpet** kendini övmek. *That chap is very boring: he's always blowing his own horn.*(*k. dil.*).

trumpet

truncate [trʌŋ'keit] *f+n* ucunu kesmek, budamak. **truncated** *s* kesik, tepesi kesilmiş.

truncheon ['trʌntʃən] *i+sy* (*BrI'de*) polis sopası, cop. (*AmI'de* **club; night stick**).

trundle ['trʌndl] *f+n* yuvarlamak; yuvarlaya yuvarlaya götürmek. *They trundled the barrels into the store.*

trunk [trʌŋk] *i+sy* 1 ağaç gövdesi. 2 insan gövdesi, beden. 3 bir seyahat sırasında, içine eşya koyulup taşınan, kapağı menteşeli büyük sandık. 4 fil hortumu. *The elephant raised its trunk.* 5 (çoğ. biç.) erkek şortu, veya mayosu. **trunk call** (*BrI'de*) (yurtiçi) şehirlerarası telefon konuşması. **trunk road** şehirlerarası ana yol.

truss [trʌs] *i+sy* saman ya da sap demeti. Ayrıca *f+n* (genl. **up** ile) (bir kümes hayvanını) pişirmeden önce kanatlarını ve ayaklarını bağlamak. *She trussed (up) the chicken.*

trust¹ [trʌst] *f+n* 1 itimat etmek, güvenmek, inanmak. *We trusted everything he said. You should never trust a stranger.* 2 (bir kimsenin bir şeyi yapacağına) güvenmek. *Can I trust you to post these letters?* 3 (bir şeyi birine) emanet etmek; güvenerek vermek. *He trusted me with his* *watch.* ayrıca **entrust**'a bkz. **4** umut etmek *We trust (that) you are well.* **trusting** *s* emniyet ve itimat eden; çabuk güvenen. **trust in someone/ something** bir kimseye, veya bir şeye inanmak, güvenmek, itimat etmek. *We trust in God.* '**trust someone to do something**' (alay ederek) hiç korkma, yapar! Tam adamına söyledin! *Trust Julia to get the name wrong.*

trust² [trʌst] **1** *i-sy* itimat, güven. *It is safe to put your trust in him* (=Ona güvenebilirsin). *We have no trust in the new medicine.* **2** *i+sy* bir kimse, veya bir şeyin yararına bir kimse ya da bir kurulun elinde bulundurup yönettiği bir mülk, para, veya fon. *The man set up a trust to educate poor children.* **trustee** [trʌsˈtiː] *i+sy* vasi, yediemin; mütevelli heyeti üyesi. **trustful** *s* çabuk inanan, başkalarına güvenmeye hazır. **trustworthy** *s* güvenilir, emin, sağlam. *They were our trustworthy allies during the war.* (*karş.* **untrustworthy**). **trusty** *s* güvenilir, emin (*esk. kul.*—yerine **trustworthy** kullanılır). *My dog has been my trusty friend for 15 years.* **in trust** emaneten. *He holds the money in trust for the dead man's children.* **on trust** güvenle, emniyetle; incelemeye, veya bir delile gerek görmeden. *We took his story on trust.*

trustee [trʌsˈtiː] *i+sy* **trust²**'ya bkz.

truth [truːθ] *i+sy/-sy* gerçek, hakikat; gerçeklik, doğruluk; samimiyet, açıklık. *I told him a few truths about his bad behaviour. There is some truth in the story that he ran away. Always tell the truth!* **in truth/in all truth** gerçekten, sahiden. **to tell you the truth/ truth to tell** doğrusunu söylemek gerekirse; doğrusunu isterseniz. **truthful** *s* doğru sözlü, gerçeği söyleyen. *I don't doubt his story as he is always truthful.* **true**'ya bkz.

try [trai] *f+n/-n* **1** denemek, sınamak, tecrübe etmek. *I tried him as goalkeeper but he was too small. Try this hat for size. We tried tying it with string.* **2** (yapmaya) çalışmak, kalkışmak, teşebbüs etmek. *It looks difficult but we'll try. He always tries his hardest.* (=O her zaman büyük gayret gösterir/elinden gelen gayreti göstermeye çalışır). *He tried to kill him.* NOT: *I try* fiili hem *-ing* hem de *to-*

fiili olarak kullanılabilir fakat anlamları farklıdır: *Let's try closing the windows.* (=Pencereleri kapamayı deneyelim). *Let's try to close the windows* (=Pencereleri kapamaya çalışalım). *2* emir cümlelerinde *try to* yerine *try and* kullanılabilir. *Try to get some sleep. Try and get some sleep* (=Biraz uyumaya çalış). **3** muhakeme etmek, yargılamak. *He was tried for murder and found guilty.* **4** taşırmak, tüketmek. *That child's behaviour tries my patience. geç. zam.* ve *ort.* **tried.** Ayrıca *i+sy* **1** deneme, tecrübe. *Why don't you give it a try?* **2** (ragbi oyununda) topu, rakip takım kale çizgisinin arkasındaki alana değdirerek kazanılan sayılar. **tried** *s* denenmiş; güvenilir. (*karş.* **untried**). **trier** *i+sy* gayret gösteren kimse. **trying** *s* yorucu; bıktırıcı; insanın sabrını taşıran. *I have had a trying day. Children can be very trying.* **try something on** (bir elbiseyi, paltoyu, vb.) giyip denemek. *I tried on the shoes but they were too big.* **try somebody/something out** bir kimseyi, veya bir şeyi (becerisini, yeteneğini, niteliğini) tecrübe etmek, denemek. *It's best to try this out on a piece of spare material first.* **try-out** *i+sy* deneme, tecrübe.

tsar [zaː*], **tsarina** [zaːˈriːnə] *i+sy* **czar**'a bkz.

tsetse, tzetze [ˈtsetsi] *i+sy* çeçe sineği; insana uyku aşılayan, sinekten büyük, bir cins Güney Afrika böceği. (*eş anl.* **tsetse fly, tzetze fly**). *çoğ. biç.* **tsetse.**

T-shirt *i+sy* tişört, bisiklet fanila.

tsp (=**teaspoon**)—çay kaşığı.

tub [tʌb] *i+sy* **1** küçük fıçı; badya. **2** (*AmI*'de) küvet. *She washed the clothes in a tub.* (*eş anl.* **bath tub**).

tuba [ˈtjuːbə] *i+sy* tuba; üzerinde pistonlar bulunan bakırdan nefesli çalgı.

tubby [ˈtʌbi] *i+sy* (insanlar hk.) duba gibi, fıçı gibi; kısa ve şişman. *The tubby little boy ate too many chips.*

tube [tjuːb] *i+sy* **1** (cam, metal, lastik, vb.) boru, boru şeklinde bir şey: *test tube* (=cam deney tüpü); *inner tube of a tyre* (=araba tekerleğinin iç lastiği). **2** tüp: *tube of toothpaste.* **3** (*BrI*'de) tünel, metro. *AmI*'de **subway**). **4** (*BrI*'de) radyo lambası. (*AmI*'de **radio valve**). **tubing** *i+sy* bir

parça boru (özl. lastik boru). **tubular**
['tju:bjulə*] s boru şeklinde.
tuber ['tju:bə*] i+sy yumru kök, örn.
patates bitkisi.
tuberculosis [tju:bə:kju'lousis] i-sy tü-
berküloz, verem. *She suffers from/
has tuberculosis.* (eş anl. **TB**).
tubing ['tju:biŋ] i+sy tube'a bkz.
tubular ['tju:bjulə*] s tube'a bkz.
tuck [tʌk] f+n **1** (bir kumaş parçasını
dikmeden önce) kat yapmak. **2** sok-
mak, içine tıkmak, altına kıvırmak.
*He tucked the handkerchief into his
pocket. The mother tucked her baby
into bed.* **3** kıvırmak, sıvamak. *They
tucked up their sleeves and began
working.* Ayrıca i+sy pili, kırma. *She
made a tuck round the bottom of her
coat.* **tuck in** çok yemek yemek, tıkın-
mak. *She tucked in to that cake.* (k.
dil.). **tuck shop** bir okuldaki, veya
okulun yanındaki bisküvi, kek, vb.
satan ufak dükkân.
Tuesday ['tju:zdi] i salı (günü); hafta-
nın 3. günü. *It was rainy here last
Tuesday.*
tuft [tʌft] i+sy püskül, perçem; (bir)
tutam, örn. ot ya da saç. *The bird had
a tuft of feathers on its head.*
tug [tʌg] f+n/-n kuvvetle asılmak,
çekmek. *He gave the knots a tug to
make them tighter.* **2** römorkör; gemi-
lerin limana giriş ve çıkışlarında on-
ları itme ya da çekme için kullanılan
motor. **tug-of-war** halat çekme oyu-
nu.
tuition [tju:'iʃən] i-sy (genl. tek bir
kimseye, veya ufak bir gruba yapılan)
öğretim.
tulip ['tju:lip] i+sy lale. *Tulip is shaped
like an upside-down bell and it grows
from a bulb in the spring.*
tumble ['tʌmbl] f+n/-n **1** tekerlenmek,
birden düşmek; düşürmek. *Babies
tumble when they are learning to
walk. He tumbled off his bicycle. He
tumbled his clothes out of his bag on
to the ground.* **2** karıştırmak, karma-
karışık etmek. *The wind tumbled her
hair.* **3** (to ile) çakmak, farkına var-
mak. *He hasn't yet tumbled to our
plan.* (3. anlamı k. dil.). Ayrıca i+sy
düşme, yuvarlanma. **tumbler** i+sy
düz dipli su, veya içki bardağı. **tumble
dryer** döner çamaşır kurutucusu.
tumbledown s yıkılmak üzere, yıkıldı
yıkılacak, köhne: *a tumbledown old*

cottage.
tummy ['tʌmi] i+sy (=stomach)—ka-
rın, mide. (k. dil.).
tumour ['tju:mə*] (Amİ'de **tumor**)
i+sy tümör, ur. *She died of brain
tumour.*
tumult ['tju:mʌlt] i+sy/-sy hengâme,
gürültü, patırtı; karışıklık, kargaşa ve
heyecan durumu. *His mind was in a
tumult.* (eş anl. **turmoil**). **tumultuous**
[tju:'mʌltjuəs] s gürültülü, patırtılı ve
heyecanlı. *The football team celebrat-
ed its victory in a tumultuous fashion.*
tuna ['tju:nə] i+sy ton balığı. Ayrıca
tuna fish'de denir. çoğ. biç. **tunas** veya
tuna.
tune [tju:n] i **1** i+sy nağme, beste, me-
lodi. *He played some modern tunes
on the piano.* (eş anl. **melody**). **2** i-sy
uyum, ahenk. *The song has no tune.*
in tune akortlu; uyum halinde. *His
voice and the piano were in tune.
Their opinions are not in tune with
ours.* (karş. **out of tune**). Ayrıca f+n
1 (bir müzik aleti hk.) akort etmek.
2 (in ile) (radyoda) belli bir istasyonu
ayarlamak. *Don't forget—tune in
again this time tomorrow! We always
tune in to that programme. We tune
in to London every evening.* **tuneful**
s ahenkli, hoş. **tuner** i+sy akortçu:
piano tuner. **tune up** akort etmek; bir
motoru ayar etmek, ayarlamak. *The
engine needs tuning up. The orchestra
tuned up before the concert.* **to the
tune of** (para) miktarında, ...-e kadar.
*For a few repairs to our car we had
to pay to the tune of £20.* (k. dil.).
tungsten ['tʌŋstn] i-sy tungsten, vol-
fram. Simgesi W.
tunic ['tju:nik] i+sy **1** polis veya asker
ceketi. **2** kadınların pantolon üzerine
giydikleri bolca bir giysi; tunik. **3** bazı
kız okullarında, üniforma olarak bluz
üstüne giyilen kolsuz elbise.
tunnel ['tʌnl] i+sy tünel. *I drove
through a long tunnel under the river.*
Ayrıca f-n (into veya through ile) tünel
açmak. geç. zam. ve ort. **tunnelled.**
(Amİ'de) **tunneled**.
turban ['tə:bən] i+sy turban, sarığa
benzer kadın başlığı; sarık. *She wore
a bright-coloured turban.*
turbid ['tə:bid] s (sıvılar hk.) çamurlu;
bulanık. *She could only see white
through the window as the plane flew
through the turbid clouds.* (eş anl.

murky)

turban

turbine ['tɔːbain] *i+sy* türbin; bir akış-
kanın yardımıyla dönen, ve ürettiği
enerji ile makineler işleten bir tür
motor.
turbot ['tɔːbət] *i+sy/-sy* kalkan (balı-
ğı). *A turbot is a flat fish.*
turbulent ['tɔːbjulənt] *s* fırtınalı, çal-
kantılı; şiddetli, azgın. *A turbulent
mob rushed into the store.* **turbulence**
i-sy şiddetli çalkantı, çalkantılı hava.
tureen [tjuˈriːn] *i+sy* büyük çorba,
veya sebze servis kâsesi.
turf [tɔːf] *i+sy/-sy* kesek; çimen yap-
mak için üzerindeki otuyla birlikte
çıkarılmış çayır parçası. *çoğ. biç.*
turfs. the turf *i-sy* at yarışı; at yarı-
şında oynanılan müşterek bahis. **turf
someone out** dışarı atmak, kovmak.
*He has been turf out by his father.
They turf him out (of the club). (k.
dil.). (eş anl.* **kick out).**
turgid ['tɔːdʒid] *s* pek cafcaflı, abart-
malı, şişirilmiş. *He writes in turgid
prose.*
Turk [tɔːk] *i+sy* Türk.
turkey ['tɔːki] **1** *i+sy* hindi. *Turkeys are
eaten especially on special occasions,
for example on Christmas Day.* **2**
i-sy hindi eti. *She drinks white wine
with turkey.*
Turkish ['tɔːkiʃ] *i-sy* Türkçe. Ayrıca *s*
Türkiye ile ilgili; Türkçe ile ilgili.
Turkish bath Türk hamamı. **Turkish
delight** lokum.
turmoil ['tɔːmɔil] *i+sy/-sy* karışıklık,
hayhuy; heyecan ve sıkıntı durumu.
Her mind was in (a) turmoil. (eş anl.
tumult).
turn[1] [tɔːn] *f+n/-n* **1** dönmek; dön-
dürmek. *The wheels of the car were
turning quickly. He turned the
steering wheel. The car turned the
corner.* **2** torna ile biçim vermek. *This*

machine turns metal. **3** geçmek;
varmak, ulaşmak. *It has turned 10
o'clock.* (=Saat 10'u geçiyor). *His son
has turned sixteen* (=Oğlu on altısına
bastı). **4** çevirmek; yöneltmek, yönü-
nü değiştirmek; dönmek, döndür-
mek. *We turned to the right. He
turned his face towards me. Turn the
car and go back.* **5** olmak, haline gel-
mek; dönmek, dönüştürmek. *His face
turned white. He has turned his room
into a study. The rain turned the dust
into mud. The leaves are beginning to
turn* (=Yapraklar rengini değiştirmeye
başlıyor). *The milk has turned* (=Süt
ekşidi). **turning** *i+sy* dönemeç, köşe.
Take the first turning on the left.
turncoat dönek kimse; partisine veya
dostlarına ihanet eden kimse. **turn-
pike 1** (*BrI*'de) paralı yol gişesi. **2**
(*AmI*'de) paralı yol. *I sped along the
turnpike. (eş anl.* **toll road). turnstile**
turnike. **turntable** bir plağın üzerinde

trunstile

döndüğü tabla. **turning point** dönüm
noktası. *The battle was a turning
point in our history.* **turn about** geriye
dönmek, veya döndürmek. **turn
against someone/something** birisinin,
veya bir şeyin aleyhine dönmek, düş-
manı olmak; aleyhine döndürmek,
düşman etmek. *The people turned
against their president.* **turn someone
away** yüzünü çevirmek, başka yöne
dönmek, döndürmek; geri dönmek,
veya döndürmek; yüz geri etmek. *He
turned away rather than have to meet
me. Because the hall was full, many
people were turned away.* **turn some-
one/something down 1** sesini azalt-
mak; kısmak. *As the radio set was
making too much noise, he turned it
down. He turned down the oil/gas
lamp.* **2** (bir ricayı, isteği, bir kimseyi)
reddetmek, geri çevirmek. *He applied
for the job but the firm turned him
down.* **turn in** (uyumak için) yatmak.
I think I'll turn in now. (k. dil.). **turn**

loose serbest bırakmak, salıvermek. *Shall we turn him loose?* **turn something in** bir şeyi içeriye doğru çevirmek. **turn off** (bir musluğu) kapamak; (radyo, televizyon, ışık) kapamak, söndürmek. *He turned off the radio. I forgot to turn off the water.* **turn on someone/something 1** aniden saldırmak. *The wounded lion turned on the hunter.* 2 (bir musluğu) açmak; (bir düğmeyi) açmak; (ışığı) yakmak. *He turned on the radio. When it became dark, I turned on the lights.* 3 hoşuna gitmek. *This music turns me on* (3. anlamı *k. dil.*). **turn (something) out 1** (bir dolabın, çekmecenin, vb. içindekileri) temizlemek ya da (bir şeyi) aramak için boşaltmak. *I turned out my pockets. My mother is turning out the bedroom.* 2 çıkagelmek; toplanmak, toplamak. *All our friends turned out to meet us. The soldiers were turned out to defend the city.* 3 üretmek, yapmak, imal etmek. *This factory turns out bicycles.* 4 yetiştirmek. *This college turns out a hundred teachers a year.* 5 kovmak, dışarı atmak. *He was turned out of the hotel because he was drunk.* 6 kapamak, söndürmek, *He turned out the gas fire/lights.* Ayrıca **turn off'a** bkz. 7 sonunda (bir şey) olmak, çıkmak. *The examination turned out (to be) easy.* **turnout** *i+sy* **1** bir odadan, bir çekmeceden, vb. bütün istenmeyen şeyleri boşaltma. *My mother gave the bedroom a good turnout.* 2 gelen, veya katılan kimselerin sayısı. *There was a big turnout of friends to meet us.* 3 mezun etme. *The college has a turnout of a hundred teachers a year.* 4 görünüm, kıyafet (biçimi). *They admired the smart turnout of the soldiers.* **turn something over** ciro yapmak; (belirtilen miktar) değerinde mal alıp satmak ya da iş yapmak. *This shop turns over no less than £100 a day.* **turnover** *i+sy* ciro. *This shop has a turnover of no less than £100 a day.* **turn to someone** (yardım, destek, vb.) için başvurmak, gitmek. *They always turn to me when they are in trouble.* **turn (something) up 1** yukarı çevirmek. *He turned up the bottom of his trousers.* 2 yerini bulmak; ortaya çıkmak, veya çıkarmak. *We turned up some old books when we were*

emptying the bookcase. 3 çıkagelmek, gelmek. *He turned up late for the game.* **turnup** (*Brİ'*de) pantolon paçasının ucundaki yukarı doğru katlanan kısım, paça dublesi. *These trousers have no turnups.* (*Amİ'*de **cuff**).

turn² [tə:n] *i+sy* **1** dönme, dönüş, devir. *The loose screw needs a turn or two.* 2 dönemeç, kıvrım. *Never stop your car at a sharp turn in the road.* 3 değişim; yön değiştirme, sapış. *We are waiting for the turn of the tide.* 4 (take ile) durumu düzelmeye/kötüleşmeye yüz tutma ya da başlama. *The weather has taken a turn for the worse.* 5 sıra, nöbet. *It is your turn to wash the dishes.* 6 oyun, gösteri, numara. *The next turn on the stage was most amusing.* 7 turlama, tur atma, şöyle bir dolaşma. *He has gone for a turn in the garden.* 8 korkma, şaşırma. *Seeing him gave me a turn* (=Onu görünce fenalık geçirdim). (8. anlamı *k. dil.*). **good turn** iyilik. *He did me a good turn by lending me his bicycle.* (*karş.* **bad turn**). **in turn** sıra ile. *We went in turn to be examined by the doctor.* **take turns (at) something** bir şeyi nöbetleşe, sıra ile yapmak. *They took turns at the same typewriter. Bill and Frank took turns to stay awake.* **turn of phrase** bir şeyi ifade etme biçimi, bir şeyi belli bir biçimde ifade etme. **turn about** z (iki kişi arasında) nöbetleşe nöbetleşe. *We took turn about to stay with the injured man.* Ayrıca **turn and turn about'a** bkz. **turnabout** *i+sy* bir düşünce, veya davranıştan yüz seksen derece geri dönüş; tam aksi bir fikre dönüş ya da tutum içine girme. *I was eager to know what had caused the turnabout.*

turnip ['tə:nip] *i+sy/-sy* şalgam; turpgillerden yumru köklü bir bitki.

turpentine ['tə:pəntain] *i-sy* neftyağı, terebentin; yağlıboya, yağlı vernik üretiminde ve inceltilmesinde kullanılan ince, renksiz, kokulu reçine.

turquoise ['tə:kwɔiz] *i+sy* türkuvaz, firuze; yeşilimsi mavi renk. Ayrıca *s* yeşilimsi mavi. *The peacock displayed the beautiful turquoise feathers in his tail.* Ayrıca **turquoise blue** da denir.

turret ['tʌrit] *i+sy* bir binanın üzerindeki ufak kule.

turtle ['tɔ:tl] *i+sy* (*Brİ*'de) deniz kaplumbağası; (*Amİ*'de) kara, veya deniz kaplumbağası (= **tortoise**). **turtleneck** balıkçı yaka.

tusk [tʌsk] *i+sy* (örn. fil, mors, yaban domuzunun ağzındaki) çıkıntılı uzun diş.

tussle ['tʌsl] *f-n* (**with** ile) (her iki tarafın sahip olmak istediği bir şey için) kavga etmek, döğüşmek, mücadele etmek. *She tusseled with her brother for a few minutes and managed to wrench the book from his grasp. The children tussled on the grass.* Ayrıca *i+sy* itişip kakışma, dövüşme.

tutor ['tju:tə*] *i+sy* **1** özel öğretmen. *I employed a tutor for my daughter.* **2** (*Brİ*'de) bir bölüm öğrencinin çalışmasını yöneten ve onları yönlendiren üniversite okutmanı. Ayrıca *f+n/-n* özel ders vermek. *I've got to tutor for two hours this morning.*

tutti frutti [tu:ti 'fru:ti] *i-sy* içinde konserve meyva parçaları bulunan dondurma.

tut, tut-tut [tʌt,'tʌ'tʌt] *ünlem* (bir şeyin onaylanmadığını gösteren ve ağızdan çıkarılan ses) cıkcık. Ayrıca *f+n/-n* 'cıkcık'layarak bir şeyi onaylamadığını, beğenmediğini göstermek. *They spent the whole evening tut-tutting about the lack of discipline in young people.* geç. zam. ve ort. **tutted, tut-tutted**.

tu-whit tu-whoo [tə wit tə 'wu:] baykuş sesi, baykuşun ötüşü.

tuxedo [tʌk'si:dou] *i+sy* (*Amİ*'de) smokin. çoğ. biç. **tuxedos**.

TV *i+sy/-sy* televizyon; televizyon cihazı. *I've been watching a film on TV about an earthquake. They've got a black-and-white TV set.*

twang [twæŋ] *i+sy* tın sesi, tın. *We heard the twang of his bow as he shot an arrow.* Ayrıca *f+n/-n* tın sesi çıkarmak, veya çıkarttırmak.

tweed [twi:d] *i-sy* tüvit; genellikle iki renkte olan yumuşak yünlü bir kumaş türü. Ayrıca *s* tüvit, tüvitten yapılmış: *tweed jacket.*

tweezers ['twi:zəz] *içoğ* cımbız, örn. **eyebrow tweezers**.

twelve ['twelv] *belirten/i/zamir* on iki (sayısı); 12. **twelfth** onikinci; 12.

twenty ['twenti] *belirten/i/zamir* yirmi; 20. **twentieth** yirminci; 20.

twice ['twais] *z* iki defa, iki kez; iki kat: *twice as much/many. He is twice the man you are* (= O senin iki mislin eder. / O senin iki katın kuvvetinde).

twig [twig] *i+sy* sürgün, ince dal. *She used some dry twigs to start the fire.* Ayrıca *f+n* anlamak, çakmak. *Dick twigged it.* (k. dil.).

twilight ['twailait] *i-sy* alaca karanlık. *It was difficult to see her in the twilight.* (eş anl. **dusk**).

twin [twin] *i+sy* ikiz; aynı anadan, aynı batında doğan iki çocuktan her biri. *She couldn't tell one twin from the other.* Ayrıca *s* ikiz: *twin sisters.* Ayrıca **quadruplet**'a bkz. **twin bed** *i+sy* (genl. çoğ. biç.) tek kişilik iki ayrı yatak. *We bought twin beds.* **twin-bedded** *s* iki yataklı bir oda.

twine [twain] *i+sy* kınnap, sicim. *Bill used twine to tie the package.* Ayrıca *f+n/-n* sarılmak, dolanmak; sarmak, dolamak. *The plants twine round the tree as they grow. He twined the wire round the post.*

twinge [twindʒ] *i+sy* ani ve keskin bir sancı. *Linda complained of having twinges in the knee.*

twinkle ['twiŋkl] *f-n* pırıldamak, ışıldamak; pırıl pırıl pırıldamak, göz kırpıştırmak. *Stars twinkle. His eyes twinkled with delight.* Ayrıca *i-sy* pırıldama, pırıltı; *the twinkle of stars; the twinkle in his eyes.* (**in the**) **twinkling of an eye** göz açıp kapayıncaya kadar; çabucacık, hemencecik. *He had the meal prepared in the twinkling of an eye.*

twirl [twə:l] *f+n/-n* fırıl fırıl dönmek; fırıl fırıl döndürmek. *The dancers twisted and twirled.* Ayrıca *i+sy* fırıl fırıl dönme, dönüş.

twist [twist] *f+n/-n* **1** (örn. ip, sicim, tel, vb.) (birbiri üstüne) bükmek, sarmak. *He twisted the three ropes to make one very strong rope.* **2** (kolu) bükmek. *The big boy twisted my arm.* **3** büküp döndürmek. *If you twist the cork, it will come out of the bottle.* **4** (yol) kıvrılmak; kıvrıla kıvrıla gitmek. *The road twists over the hills. We had to twist (our way) through the thick forest.* **5** (sözü, lafı) çarpıtmak; gerçek ya da söylenmek istenen anlamını değiştirmek. *Your enemies will twist everything you say.* Ayrıca *i+sy* bükme, bükülme; dönme, dönüş; çarpıtma; burkma. *The big boy gave my* *arm a twist. The road has many twists. By giving a twist to your words they can make them mean something else.* **twist someone round one's finger** bir kimseyi küçük parmağında oynatmak. **twisted** *s* sapık, sapkın.

twit [twit] *i+sy* aptal, avanak kimse. *Don't be a twit! (k. dil.).*

twitch [twitʃ] *i+sy* 1 seğirme. *There was a twitch at the corner of his mouth and his face was deadly pale.* 2 ani ve hızlı çekiş. Ayrıca *f+n/-n* seğirmek; ani ve hızlı bir biçimde, elinde olmadan, oynatmak ya da oynamak. *Jennifer can't stop her hands twitching.*

twitter ['twitə*] *i+sy/-sy* 1 (kuşlar hk.) cıvıltı, cıvıldama. 2 (insanlar hk.) heyecanlı heyecanlı konuşma. Ayrıca *f+n/-n* cıvıldamak; heyecanlı heyecanlı konuşmak.

two [tu:] *belirten/s/zamir* iki; 2. **two faced** iki yüzlü; riyakâr. *(k. dil.).* **twofold** *s/z* iki kat, iki misli. **two-piece** *s* iki parçadan oluşan; iki parçalı. *He was wearing a two-piece suit.* **two-way** *s* 1 (bir yol hk.) iki yönlü; hem gidişi hem de dönüşü olan. *This is a two-way street.* 2 (bir radyo cihazı hk.) alıcı verici, sinyal gönderen ve alan. *Many taxis have two-way radios.* **twosome** [tu:səm] *i+sy* iki kişilik bir grup.

tycoon [tai'ku:n] *i+sy* çok zengin ve güçlü iş adamı. *(eş anl.* **magnate***).*

tying ['taiiŋ] **tie** fiilinin şimdiki zaman ortacı.

type [taip] *i+sy/-sy* 1 tip, tür, çeşit. *There are several types of trees in the garden. He is not the type of man to tell a lie. A woman who seldom talks is not true to type* (= Nadiren konu-

şan bir kadın türüne uygun bir tip değildir). *(eş anl.* **kind, sort***).* 2 matbaa harfi. *The type in this book is so small that it is difficult to read. (eş anl.* **print***).* Ayrıca *f+n/-n* daktilo etmek, daktiloda yazmak, daktiloya çekmek. **typist** *i+sy* daktilo (yazar); daktiloda yazı yazan kimse. **typical** ['tipikl] *s* tipik. *Richard is a typical Englishman. (karş.* **untypical***).* **typically** *z* tipik olarak. **typify** ['tipifai] *f+n* belirgin örneği olmak belli bir türden olmak. *This excellent essay typifies all his work.* **typewriter** yazı makinası, daktilo. **typewritten** *s* daktilo ile yazılmış.

typhoid ['taifɔid] *i-sy* tifo; kirli sularda, bu sularla sulanmış sebzelerde bulunan bir basilin neden olduğu ateşli ve tehlikeli bir hastalık; karahumma. *She died of typhoid (fever).*

typhoon [tai'fu:n] *i+sy* tayfun, şiddetli kasırga.

typhus ['taifəs] *i+sy* tifüs; bitle geçen, ateşli ve tehlikeli bir hastalık; lekelihumma. *Typhus victoms have a fever, feel extremely weak and develop a dark rash on the skin.*

tyrant ['tairnt] *i+sy* zalim, gaddar; despot, zalim hükümdar. *Everyone hated the tyrant. (eş anl.* **despot***).* **tyranny** ['tirəni] *i+sy/-sy* zulüm, gaddarlık; zorbalık yönetimi, istibdat. **tyrannical** [ti'rænikl] *s* zalim, acımasız. *He has a tyrannical father.* **tyrannize** ['tirənaiz] *f+n* zulmetmek, eziyet etmek.

tyre ['taiə*] *(AmI'*de **tire***) i+sy* dış lastik; tekerlek çemberi.

tzar [za:*], **tzarina** [za:'ri:nə] *i+sy* **czar**'a bkz.

tzetze ['tsetsi] *i+sy* **tsetse**'ye bkz.

U

U- [ju:] *ön-ek* U biçiminde olan, örn. **U-bend** (=U şeklindeki boru); **U-bolt** (=U civatası); **U-turn** (=U dönüşü).

UAE [ju: ei 'i:] (=United Arab Emirates)—Birleşik Arap Emirlikleri.

ubiquitous [ju:'bikwitəs] *s* her yerde hazır ve nazır.

udder ['ʌdə*] *i+sy* hayvan memesi.

UFO [ju: ef 'ou, 'ju:fou] *i+sy* (=unidentified flying object)—kimliği tespit edilmemiş uçan cisim; uçan daire. (*çoğ. biç.* **UFOs**). (*eş anl.* **flying saucer**).

ugh [ə:h] *ünlem* (tiksinti ve nefret gösterir) Üf! Of! *Ugh—I wouldn't like to eat a snail or a frog.*

ugly ['ʌgli] *s* 1 çirkin; görülmesi ve duyulması tiksinti veren. *The boy's language was as ugly as their behaviour.* 2 tehlikeli; korkutucu: *an ugly situation.* **ugliness** *i-sy* çirkinlik. **ugly duckling** küçükken çirkin ve aptal gibi görünen ama büyüyünce pek güzelleşip, pek zeki ve başarılı olan bir kimse. *Some famous film stars were ugly ducklings when they were young.*

ulcer ['ʌlsə*] *i+sy* ülser, çıban, yara; deri üzerinde, veya vücudun içinde bulunan çok ağrı veren, kanama yapabilen ya da iltihaplanabilen bir yara. *Don't worry so much or you'll get an ulcer. She had an ulcer in her mouth.*

ulterior [ʌl'tiəriə*] *s* 1 öte yanda, uzakta; açığa vurulmamış gizli. 2 **ulterior motive** gizli bir neden. *He says that he is doing this to help me, but I suspect an ulterior motive.* (*eş anl.* **hidden**).

ultimate ['ʌltimət] *s* 1 son, nihai. *We knew that action was necessary for the ultimate success of the revolution.* 2 temel, esas. *The ultimate purpose of life is to keep alive.* **ultimately** *z* sonunda. *She hopes ultimately to be able to buy a car.* **ultimatum** ['ʌlti'meitəm] *i+sy* 1 ultimatom; bir devletin başka bir devlete verdiği ve hiçbir tartışma ya da karşı koymaya yer bırakmaksızın tanıdığı sürede istemlerinin yerine getirilmesini istediği nota (kabul edilmemesi savaşa yol açar.) *An ultimatum was issued to him to withdraw his troops from their territory.* 2 bir istek için yapılan son uyarı. *His teacher gave him an ultimatum that if he forgot his homework again he would have to do it at lunch time.*

ultra- ['ʌltrə] *ön-ek* ötesinde, çok, örn. **ultramodern** (=çok modern).

ultraviolet ['ʌltrə'vaiələt] *s* ultraviyole; morötesi: *ultraviolet rays.*

umbrella [ʌm'brelə] *i+sy* şemsiye. *Put your umbrella up. It's going to rain.*

umpire ['ʌmpaiə*] *i+sy* hakem. *Tennis/cricket/baseball players have to accept the umpire's decision.*
NOT: futbol hakemine *referee* denir. Ayrıca *f+n/-n* hakemlik yapmak. *Will you umpire (in) our cricket match?*

umpteen ['ʌmpti:n] *s* çok sayıda, sayısız. *I have told you umpteen times not to put your feet on the table.* (*k. dil.*). (*eş anl.* **countless**).

un- [ʌn] *ön-ek* 1 (bir sıfat, zarf veya bir isimden önce gelir) ...-sız/...-siz; değil, örn. **unable** (=yapamaz, edemez); **unaffected** (=yapmacıksız). 2 (bir fiilden önce) (bir şey)in tam tersini yapmak, örn. **undress** (=soyunmak); **unchain** (=zincirini çözmek)).

unabashed [ʌnə'bæʃt] *s* utanmaz, sıkılmaz, yüzsüz. *She seemed unabashed.*

unabated [ʌnə'beitid] *s* (gürültü, rüzgâr, ağrı, vb. hk.) azalmamış, dinmemiş. *The storm continued unabated for several hours.*

unable [ʌn'eibl] *s* (her zaman **to** ile) yapamaz, edemez, elinden gelmez. *A little baby is unable to walk or talk.* (*karş.* **able**).

unaccompanied [ʌnə'kʌmpənid] *s* 1 müzik eşliğinde olmayan. (*eş anl.* **solo**). 2 yalnız, yanında arkadaş bulunmayan. (*eş anl.* **lone**).

unaccountable [ʌnə'kauntəbl] s açık-lanamaz; anlaşılmaz. *He was not there for unaccountable reason.* **unaccountably** z açıklanamaz biçimde, anlaşılmaz şekilde.

unaccustomed [ʌnə'kʌstəmd] s 1 (to ile) alışık değil, alışmamış. *He was unaccustomed to wearing bowtie.* 2 alışılmamış, doğal olmayan. *They do not know what to do with their unaccustomed wealth.*

unanimous [ju:'næniməs] s oy birliği ile verilmiş, varılmış. *The decision to stop working was unanimous.* **unanimously** z oy birliği ile. *A motion is passed unanimously only when everyone present votes in its favour.* **unanimity** [ju:nə'nimity] i-sy oy birliği. *The jury has to reach unanimity in deciding its verdict.*

unassuming [ʌnə'sju:miŋ] s alçak gönüllü, kibirsiz. *John is a quiet, unassuming man.*

unattached [ʌnə'tætʃt] s 1 herhangi bir gruba, veya bir kimseye bağlı olmayan: *an unattached voter.* 2 evli ya da nişanlı olmayan: *an unattached young man/lady. I asked you to dance because you are the only unattached girl at the party.*

unattended [ʌnə'tendid] s bakacak, veya dikkat edecek kimse olmadan, yalnız. *You should not leave your bicycle unattended in a busy street.*

unavoidable [ʌnə'vɔidəbl] s kaçınılmaz, kaçınılması mümkün olmayan: *unavoidable delay.* (eş anl. **inevitable**). **unavoidably** z kaçınılmaz bir şekilde.

unaware [ʌnə'weə*] s (of ile) habersiz, bir şey hakkında bilgisi bulunmayan, farkında olmayan. *I was unaware that the woman was in the hall.* **unawares** z farkında olmadan, bilmeyerek. *I hurt the boy unawers.* **take someone unawares** birisini gafil avlamak. *We took the enemy unawers by attacking at night.*

unbalanced [ʌn'bælənst] s akli dengesi bozuk, deli. *The murderer was unbalanced.*

unbearable [ʌn'bɛərəbl] s çekilmez, dayanılmaz, tahammül edilmez. *She was suffering from unbearable headache. John's son is unbearable.*

unbeaten [ʌn'bi:tn] s mağlup edilememiş, namağlup, yenilmemiş. *Our football team was unbeaten last year.*

unbecoming [ʌnbi'kʌmiŋ] s 1 yakışıksız, uygunsuz: *unbecoming behaviour.* 2 yakışmayan, giyene gitmeyen: *an unbecoming dress.*

unbeknown [ʌnbi'noun] s (to ile) (birin)in haberi olmadan, habersizce. *They arrived unbeknown to us.* (esk. kul.).

unbelievable [ʌnbi'li:vəbəl] s inanılmaz. *She told an unbelievable lie.*

unbend [ʌn'bend] f+n/-n yumuşamak, ciddiliğini bırakmak, samimi bir tarzda davranmak. *In public he was very solemn, but in private he unbent.* **unbending** s kararından dönmez, kararlı, azimli: *her unbending ideas about discipline.*

unbiased, unbiassed [ʌn'baiəst] s tarafsız; peşin fikirli olmayan, adil. *Each member of a jury should have an unbiased mind when listening to the testimony of a trial.* (eş anl. **impartial**).

unbolt [ʌn'boult] f+n (örn. bir kapının) sürgüsünü açmak. *She unbolted the door and let him in.*

unbosom [ʌn'buzəm] f+n içini dökmek, derdini söylemek. *Martin unbosomed himself to me about all his family troubles.*

unbounded [ʌn'baundid] s sınırsız, hudutsuz. *He has courage unbounded. He dreams of unbounded wealth.*

unbridled [ʌn'braidld] s denetimsiz, başıboş; aşırı, kudurgan. *He has an unbridled temper.*

unbroken [ʌn'broukən] s 1 devamlı, sürekli. *They had a life of unbroken happiness.* 2 (rekorlar hk.) kırılmamış. *His time for the mile is still unbroken.* 3 (bir at, vb. hk.) terbiye edilmemiş, veya evcilleştirilmemiş.

unburden [ʌn'bə:dn] f+n içini dökerek ferahlamak; bir derdini anlatarak rahatlamak. *He unburdened himself to me. He unburdened his mind by telling me everything that was worrying him.*

unbutton [ʌn'bʌtn] f+n (bir giysinin) düğmelerini çözmek. *Please unbutton your shirt.*

uncalled [ʌn'kɔ:ld] s (for ile) gereksiz, yersiz; haksız. *His anger was uncalled for when everybody was being very friendly to him.*

uncanny [ʌn'kæni] s doğal olmayan, acayip; esrarengiz. *The way he was*

*able to predict future events was
positively uncanny.*

uncertain [ʌn sə:tn] s 1 belli değil, şüpheli. *The date of his arrival is still
uncertain. We are/feel uncertain of/
about the future.* 2 değişken, kararsız.
The weather is uncertain. **uncertainty**
i + sy/-sy belirsizlik, belirsiz olma durumu, karar verilmemiş bir durum;
bilinmeyen. *Life is full of uncertainties.*

unchain [ʌn'tʃein] *f + n* zincirini çözmek; serbest bırakmak: *unchain a
prisoner.*

uncharitable [ʌn'tʃæritəbl] s acımasız,
bağışlamaz, katı yürekli.

uncharted [ʌn'tʃɑ;tid] s haritada gösterilmemiş; keşfedilip haritası yapılmamış: *an uncharted route/area.*

unchecked [ʌn'tʃekt] s kontrol edilmemiş, veya durdurulmamış: *the
enemy's unchecked advance.*

uncivilized [ʌn'sivilaizd] s uygarlaşmamış; kaba ve vahşi. *The cave men
of Europe were uncivilized hunters
and fishermen of the Stone Age.*

uncle [ʌŋkl] *i + sy* amca; dayı; (hala
veya teyze kocası) eniște.

uncomfortable [ʌn'kʌmfətəbl] s 1 rahatsız, rahat olmayan. *Martha feels
uncomfortable in this chair. This
chair feels uncomfortable.* 2 (hisler ve
duygular hk.) tatsız, nahoş. *I have an
uncomfortable feeling that we shall be
too late.*

uncommon [ʌn'kɔmən] s alışılmamış,
acayip; nadir, olağanüstü. *This type
of animal is very uncommon. Her
eyes are an uncommon shade of blue.*
(*eş anl.* **rare**, **unusual**). **uncommonly**
z olağan üstü, çok: *an uncommonly
pretty/clever girl.*

uncompromising [ʌn'kɔmprəmaizin] s
uyuşmaz, uzlaşmaz; düşünce ya da
kararlarını değiştirmez. *He is an uncompromising defender of freedom.*

unconditional [ʌnkən'diʃənl] s kayıtsız
şartsız, mutlak, tam. *We have reached
an unconditional agreement.*

unconscious [ʌn'kɔnʃəs] s 1 kendinde
değil, baygın. *When he was hit on the
head he became unconscious.* 2 kasıtsız, bilmeyerek. *Children make unconscious remarks.* **unconsciously** z
bilinçsiz olarak, şuursuzca. **unconsciousness** *i-sy* bilinçsizlik, şuursuzluk; farkında olmayış. **the uncon-**

scious bilinçaltı.

unconventional [ʌnkən'venʃənl] s alışılmış olmayan, toplumsal adetlere ve
davranışlara uymayan: *an unconventional idea; unconventional clothing.*

uncouth [ʌn'ku:θ] s görgüsüz, kaba,
inceliksiz: *uncouth manners.* (*eş anl.*
rude).

uncover [ʌn'kʌvə*] *f + n* 1 örtüsünü
kaldırmak, açmak. *I uncovered the
dead body.* 2 meydana çıkarmak. *His
criminal activities were uncovered.* 3
savunmasız, veya korumasız bırakmak.

undecided [ʌndi'saidid] s kararsız, tereddüt içinde. *He is undecided about
what he should do. He is undecided
about what to do.*

undeniable [ʌndi'naiəbl] s inkâr edilemez; su götürmez; açık ve kesin:
undeniable facts. **undeniably** z inkâr
edilemez şekilde.

under[1] ['ʌndə*] *edat* 1 altında, altına.
*The box is under the desk. Draw a
line under your name. We looked
under the bushes.* 2 yanında, emri altında. *I worked under him for seven
years. The assistant manager is under
the manager.* 3 ...-den az daha aşağı,
altında. *Are you under 21 years of
age? Under 100 people were present.
He sold it for under £10.* (*karş.* **over**)
4 sırasında, esnasında; yapılmakta,
edilmekte: *under discussion; under
repair; under sail* (= yelken açmış giderken). *This land is under corn*
(= Bu tarlada mısır ekilidir). 5 devrinde, zamanında: *France under
Napoleon.* **go under** batmak. *Their
boat went under.* **keep under** kontrol
altında tutmak; zulmetmek. *You cannot keep people under forever.*

under-[2] ['ʌndə*] *ön-ek* 1 (isimler ile
kullanıldığında) yer, mevki,rütbe, sayı bakımından altında, daha az
önemli: *underclothes; undermanager;
all the under-twelves* (= bütün on iki
yaşından daha küçük çocuklar). 2
(fiiller ile kullanıldığında) yeterince
değil: *undercook; underpopulated.*

undercarriage ['ʌndəkærid3] *i + sy* (uçağın) iniş takımı. *All the aeroplanes
had retractable undercarriages.*

undercharge [ʌndə'tʃɑ:d3] *f + n* asıl fiyatının altında bir fiyat istemek, hakkından az ücret istemek.

underclothes ['ʌndəklouðz] *içoğ* iç çamaşırı. (*eş anl.* **underwear, undergarment**).

undercover [ˈʌndəkʌvə*] *s* (özl. gizli servis hk.) gizli. *The undercover agent made a surprise arrest.*

undercurrent [ˈʌndəkʌrnt] *i+sy* saklanmış ya da gizlenmiş bir duygu, veya hareket. *There is an undercurrent of anger in their behaviour.*

underdeveloped [ʌndədiˈveləpt] *s* (özl. ülkeler hk.) gelişmekte olan; yeterince gelişmemiş, az gelişmiş. (*eş anl.* **developing**)

underdog [ˈʌndədɔg] *i+sy* (**the** ile) iki kişiden daha zayıf olanı, veya mücadele eden iki takımdan daha az güçlü olanı; bir cemiyette ezilen, haksızlığa uğrayan kimse. *The lawyer was known as a champion of the underdog.*

underdone [ˈʌndəˈdʌn] *s* az pişmiş. *I wanted my steak underdone.* (*karş.* **overdone**).

underestimate [ʌndərˈestimeit] *f+n* 1 küçümsemek, hafife almak. *Never underestimate your opponent!* 2 gerçek değerinin altında bir değer biçmek.

underfed [ʌndəˈfed] *s* yeterince beslenmemiş. *These children look underfed.*

underfoot [ʌndəˈfut] *z* ayak altında, ayağın altında. *The wet ground was soft underfoot.*

undergarment [ˈʌndəgaːmənt] *i+sy* iç çamaşırı. (*eş anl.* **underwear, underclothes**).

undergo [ʌndəˈgou] *f+n* (acı, sıkıntı, vb.) çekmek, geçirmek, katlanmak. *He has just undergone an operation. I am undergoing an examination on Monday.* geç. zam. biç. **underwent** [ʌndəˈwent] geç. zam. ort. **undergone** [ʌndəˈgɔn].

undergraduate [ʌndəˈɡrædjuit] *i+sy* henüz ilk derecesini almamış üniversite öğrencisi. *He was a Cambridge undergraduate. This is a course for undergraduates.* Ayrıca *s* böyle bir üniversite öğrencisine ait.

underground [ˈʌndəgraund] *s* 1 yeraltı, yerin altında olan: *an underground railway.* 2 (bir hükümete karşı yapılan direniş hk.) gizli: *the underground movement to free the country.* Ayrıca *z* 1 yerin altında. *Rabbits live underground.* 2 gizlice, gizli olarak. Ayrıca *i+sy/-sy* 1 metro, tünel. *Do you travel*

by the underground or by bus. (*eş anl.* **subway, tube**). 2 gizli örgüt, yeraltı teşkilatı. *After his country was defeated he joined the underground.*

undergrowth [ˈʌndəgrouθ] *i-sy* ağaçların arasında büyüyen ufak ağaçlar, veya çalılar.

underhand [ˈʌndəhænd] *s/z* el altından, gizlice, hileli. *He gets what he wants in an underhand way.*

underline [ʌndəˈlain] *f+n* 1 altını çizmek. *He underlined his words.* 2 vurgulamak, önemle belirtmek. *In his speech Mr. Wood underlined some points.* (*eş anl.* **emphasize**).

underling [ˈʌndəliŋ] *i+sy* ast, mevkice daha aşağıda olan kimse, başkalarının yanında, hizmetinde çalışan birisi. *He expected his underlings to stand respectfully when he entered the room.* (*kib. olm.*).

underlying [ʌndəˈlaiiŋ] *s* 1 kolayca görülmeyen, ama önemli olan. *There are underlying similarities between all human beings.* 2 alttaki: *the firm base of the underlying gravel.*

undermine [ʌndəˈmain] *f+n* 1 altını kazmak, oymak. *The foundations of the house have been undermined by groundwater. Tidal streams and massive erosion undermine those coastal hills.* 2 yavaş yavaş zayıflatmak. *Lack of food has undermined his strength.*

underneath [ʌndəˈniːθ] *z/edat* (...-in) altında/altına. *It's underneath these books. There was a portrait with an inscription underneath.* (*eş anl.* **beneath**).

underpass [ˈʌndəpaːs] *i+sy* alt geçit. (*karş.* **over pass** veya **flyover**).

underpay [ʌndəˈpei] *f+n* az ücret vermek. *I don't want to underpay my staff.* geç. zam. ve ort. **underpaid**. **underpaid** *s* hakkından az para alan, düşük ücret alan. *Our staff say that they are underpaid and overworked.* **underpayment** *i+sy/-sy* hak edilenden az ödenen ücret.

underprivileged [ʌndəˈpriviliʤd] *s* imkânları kıt olan, eğitim, toplumsal yaşam, vb. için iyi olanaklardan yoksun olan; fakir: *an underprivileged family.*

underrate [ʌndəˈreit] *f+n* küçümsemek; gerçek değerinden daha az değer vermek. *I realized that I had under-*

rated John. (*eş anl.* **underestimate**).
under-secretary *i+sy* bakan muavini; müsteşar; bakandan sonra gelen en büyük yönetici.
understand [ʌndə'stænd] *f+n/-n* **1** anlamak. *We don't understand what they are saying. They don't understand us. She understands French. He understood why I had to go. Dick's parents don't understand me.* **2** haberi olmak, duymak; (bir şeyi) öğrenmiş bulunmak. *I understand that you wish to see me. We understood them to be your friends. geç. zam. ve ort.* **understood** [ʌndə'stud]. **understandable** *s* anlaşılabilir, anlaşılması mümkün. *His reaction wasn't understandable.* **understandably** *z* anlaşılır şekilde. **understanding** *i-sy* **1** anlama, kavrayış. *Have you any understanding of this problem?* **2** bilgi; kafa, zekâ. *He is a teacher of great understanding.* **3** (genl. **an** ile) anlaşma. *We have an understanding not to meet each other when we are busy.* **come to/reach an understanding (with)** anlaşmaya varmak. *They have come to/reached an understanding.* Ayrıca *s* anlayışlı, halden anlar. *My doctor is a very understanding man.* **on the understanding that** şartı ile. *I signed the contract on the understanding that delivery would be this week.*
understate ['ʌndə'steit] *f+n* bir şeyi olduğundan daha hafif, veya önemsiz göstermek. *They understated the importance of the problem.* **understatement** *i+sy/-sy* bir şeyi olduğundan az, hafif gösteren ifade. *It is an understatement to say they are not very pleased. They are furious.*
understudy ['ʌndəstʌdi] *f+n* (bir rol)de (bir oyuncunun) yedeği olmak, yedek oyuncu olarak esas aktörün yerine oynamak. Ayrıca *i+sy* yedek aktör. *He was John's understudy.*
undertake [ʌndə'teik] *f+n/-n* **1** üzerine almak, sorumluluğunu yüklenmek. *I have undertaken the work of cleaning all the rooms.* **2** söz vermek, taahhüt etmek, garanti etmek. *We cannot undertake that we shall finish it in time. We cannot undertake to do that. geç. zam. biç.* **undertook** [ʌndə'tuk]. *geç. zam. ort.* **undertaken**. **undertaker** *i+sy* (*Brİ*'de) cenaze kaldırıcısı. *The undertaker came to collect the body.*

(*Amİ*'de **mortician**). **undertaking** *i+sy* girişim, teşebbüs; söz, vaat. *Moving all the books from the old library to the new one will be a huge undertaking.*
undertone ['ʌndətoun] *i+sy* **1** fısıltı, yavaş ses, alçak ses tonu. *They were speaking in undertones.* **2** ikinci derecedeki renk, bir başka rengin içinden görünen renk. **3** ima, dolaylı anlatma. *There was an undertone of anger in his letter.*
undertook [ʌndə'tuk] **undertake** fiilinin geçmiş zaman biçimi.
underwear ['ʌndəweə*] *i-sy* iç çamaşırı, özl. tenin üzerine giyilen cinsten. *Mary washed her skirt, blouse and underwear. (eş anl.* **underclothes**, **undergarment**).
underwent [ʌndə'went] **undergo** fiilinin geçmiş zaman biçimi.
underworld ['ʌndəwə:ld] *i-sy* **1** öbür dünya, ölüler diyarı: *the God of underworld.* **2** kanunsuzlar âlemi, yeraltı dünyası: *the İstanbul underworld. The two murdered men were members of the underworld.*
undesirable [ʌndi'zairəbl] *s* arzu edilmeyen, istenmeyen. *Criminals are undesirable people.*
undid [ʌn'did] **undo** fiilinin geçmiş zaman biçimi.
undies ['ʌndiz] içoğ kadın iç çamaşırları. (*k. dil.*).
undo [ʌn'du:] *f+n* **1** bozmak, mahvetmek. *This mistake has undone all our good work.* **2** çözmek, açmak. *Would you please undo my dress? She undid all her sewing. geç. zam. biç.* **undid** [ʌn'did]. *geç. zam. ort.* **undone** [ʌn'dʌn]. **undoing** *i-sy* (özl. bir kimsenin karakteri, veya namı, şöhreti hk.) utanç, başarısızlık, mahvolma nedeni. *A passion for gambling proved to be his undoing.* **leave undone** bırakıp yapmamak, yapmadan bırakmak. *I went to bed leaving work undone.*
undoubted [ʌn'dautid] *s* su götürmez, şüphesiz, kesin: *her undoubted success/skill/talent.* **undoubtedly** *z* şüphesiz olarak.
undress [ʌn'dres] **1** *f+n/-n* elbiselerini çıkarmak, soymak: *undress a baby.* **2** soyunmak. *She undressed and went to bathroom.*
undue ['ʌn'dju:] *s* aşırı, uygunsuz, gereğinden fazla. *He gives undue atten-*

tion to small problems. **unduly** z boş yere, haksız olarak. *John was unduly severe with the boy.*

undulate ['ʌndjuleit] *f-n* alçalıp yükselmek, dalgalanmak. *The countryside undulates undramatically.*

unearth [ʌn'ə:θ] *f+n* 1 toprağı kazıp çıkartmak. *These ruins had been unearthed six feet below the surface.* 2 keşfetmek, ortaya çıkarmak. *In the last few days the police have unearthed some new evidence about the murder.*

unearthly [ʌn'ə:θli] *s* tüyler ürpertici, korkunç; sanki ruhlar dünyasına ait. *She heard unearthly groans.* **at an unearthly hour** sabahın çok erken bir saatinde ya da çok uygunsuz bir zamanda. *He came knocking at my door at an unearthly hour to borrow some money. (k. dil.)*

uneasy [ʌn'i:zi] *s* huzursuz, tedirgin; endişeli, kaygılı. *I shall feel uneasy about those children until I know they have arrived safely at their destination.* **uneasiness** *i-sy* huzursuzluk, rahatsızlık, kuşku. **unease** *i-sy* huzursuzluk; endişe.

unemployed [ʌnim'plɔid] *s* işsiz, boşta. *Some of the unemployed sought aid from the government.* **the unemployed** işsizler. **unemployment** *i-sy* işsizlik; çok sayıda kişi için iş yokluğu. *Unemployment has increased because trade is bad.*

unending [ʌn'endiŋ] *s* bitmez tükenmez: *unending economic hardship.*

unequal [ʌn'i:kwəl] *s* 1 eşit olmayan: *a triangle with unequal sides.* 2 aynı değerde bulunmayan: *an unequal piece of writing.*

unerring [ʌn'ə:riŋ] *s* şaşmaz, yanılmaz; tam isabetli. *His unerring sense of direction helped us.*

uneventful [ʌni'ventful] *s* olaysız, hadisesiz: *an uneventful journey.*

unfailing [ʌn'feiliŋ] *s* şaşmaz, yanılmaz; hiç eksilmez, bitmez tükenmez: *his unfailing cheerfulness.* **unfailingly** z şaşmaz biçimde; bitmez tükenmez şekilde.

unfair [ʌn'feə*] *s* adaletsiz, hakkaniyetsiz. *They are gaining an unfair advantage.* **unfairly** z haksızca, adil olmayan bir şekilde.

unfaithful [ʌn'feiθful] *s* 1 sadakatsiz; eşine bağlı olmayan, özl. evlilikte kar-

şı cinsle cinsel ilişki kurarak. *She has never been unfaithful to her husband.* 2 güvenilmez; sözlerine sadık olmayan: *an unfaithful friend.*

unfamiliar [ʌnfə'miliə*] *s* 1 (**to** ile) yabancı, iyi bilinmeyen, alışılmadık; alışık olmayan. *The new work was unfamiliar to me.* 2 (**with** ile) (bir şey)i iyi bilemeyen, aşina olmayan. *I was unfamiliar with the work.*

unfasten [ʌn'fa:sn] *f+n* çözmek, açmak: *unfasten a belt.*

unfeeling [ʌn'fi:liŋ] *s* katı yürekli; duygusuz. *He's an unfeeling little creep.*

unfit [ʌn'fit] *s* (genl. **for** veya **to do** ile) uygun nitelik, veya beceriye sahip olmayan; sağlıksız. *He is unfit for/to do heavy work. Smoking has made him very unfit.*

unflagging [ʌn'flægiŋ] *s* durmak, dinlenmek bilmez, yorulma nedir bilmez. *He was unflagging in his efforts to help us. (eş anl. tireless).*

unfold [ʌn'fould] *f+n/-n* 1 (katlanmış bir şeyi) açmak. *Mark unfolded the map.* 2 açıklamak, gözönüne sermek. *A strange story unfolded from what he told us. They have unfolded all their secrets to us.*

unforeseen [ʌnfɔ:'si:n] *s* umulmadık, beklenmedik. *This was an unforeseen complication. Unforeseen circumstances have forced us to cancel the meeting.*

unforgettable [ʌnfə'getəbl] *s* unutulmaz; kolayca zihinlerden silinmeyen: *an unforgettable holiday.*

unfortunate [ʌn'fɔ:tʃənit] *s* 1 talihsiz, şanssız. *He was unfortunate not to win the race. (karş. lucky).* 2 yersiz, uygunsuz. *That was an unfortunate remark to make. David came at an unfortunate time.* **unfortunately** z maalesef, ne yazık ki. *Unfortunately, Jennifer arrived too late to catch the Birmingham train.*

unfounded [ʌn'faundid] *s* aslı astarı olmayan; boş, yalan: *an unfounded remark.*

unfurnished [ʌn'fə:niʃt] *s* mobilyasız, döşenmemiş; mobilyasız olarak kiraya verilecek ya da satılacak olan.

ungainly [ʌn'geinli] *s* kaba, hantal, çirkin. *His long arms and large hands gave his tall body an ungainly look.*

ungodly [ʌn'gɔdli] *s* 1 Tanrı'ya saygı göstermeyen; günahkâr. 2 çok fena,

müthiş. (*k. dil.*). **at an ungodly hour**
makul olmayan bir zamanda, uygun-
suz bir vakitte; inlerin cinlerin top
oynadığı bir saatte. *If I can rely on
Taxi service from airport please do
not bother to meet me such an un-
godly hour.*

unguarded [ʌn'ga:did] *s* 1 bir bakanı,
koruyanı olmadan, muhafazasız. *He
left his suitcase unguarded.* 2 düşün-
cesiz, ihtiyatsız: *an unguarded re-
mark. In an unguarded moment, she
gave away the secret.*

unhealthy [ʌn'helθi] *s* 1 sağlığa zararlı:
unhealthy climate. 2 hastalıklı, sağ-
lıksız: *unhealthy person.* 3 anormal,
sapık: *unhealthy interest in money.*
unhealthiness *i-sy* sağlıksızlık, sıhhat-
sizlik.

unheard-of [ʌn'hɔ:dɔv] *s* duyulmadık,
görülmedik; ne duyulmuş ne görül-
müş. *It was unheard-of for anyone to
speak to the headmaster like that.*

unicorn ['ju:nikɔ:n] *i + sy* alnının orta-
sında tek boynuzu olan efsanevi at.

unicorn

uniform ['ju:nifɔ:m] *s* aynı, değişmez;
birörnek. *Bricks must be of uniform
size.* Ayrıca *i + sy/-sy* üniforma.
Soldiers wear uniform(s). **uniformity**
[ju:ni'fɔ:miti] *i-sy* değişmezlik; aynı-
lık.

unify ['ju:nifai] *f + n* birleştirmek; tü-
münü aynı yapmak. *Several small
states were unified into one nation.*
unification [ju:nifi'keiʃən] *i-sy* bir-
leşme, birleştirme.

unilateral [ju:ni'lætərl] *s* tek yanlı, tek
taraflı. *The presidents of the two
countries promised that they would
not take unilateral action on the
matter.*

union ['ju:niən] 1 *i + sy/-sy* birleşme
eylemi, veya durumu: *the union of the
three companies into one.* 2 birlik;
birleşmiş olan bir grup ülke ya da

devlet: *the Union of Soviet Socialist
Republics.* 2 dernek, cemiyet, sendi-
ka: *trade union; customs union;
students' union.* **unionist** *i + sy* sendi-
kacı.
Union Jack *itek* (**the** ile) Büyük
Britanya ve Kuzey İrlanda ulusal bay-
rağı.

unique [ju:'ni:k] *s* tek, biricik; kendi
türünde tek olan. *This ancient jewel
is unique. Each person's fingerprints
are unique.*

unison ['ju:nisn] *i-sy* birlik, uyum. **in
unison** 1 birlikte, bir ağızdan. *'No!'
we shouted in unision.* 2 aynı notayı
herkesle birlikte aynı anda söyleme.

unit ['ju:nit] *i + sy* 1 birim, tim, ünite
birlik. *The soldiers returned to their
unit.* 2 ölçü birimi. *In France and
many other countries the unit of
lengths is the metre.* 3 (bazen birçok
bölümden yapılmış olan) bir aygıt, bir
donatım, bir şey ünitesi: *kitchen unit.*
unite [ju:'nait] *f + n/-n* birleşmek; bir-
leştirmek. *Several firms were united
to form one company. England and
Scotland united to become the United
Kingdom. The people united to over-
throw/in overthrowing the govern-
ment.* **united** *s* birleşik, birleşmiş. *The
United Nations charter was put into
effect October 24, 1945. Some people
want a united Ireland.* **unity** ['ju:niti]
i + sy/-sy 1 birlik. *A circle has more
unity than a row of dots.* 2 anlaşma,
dayanışma. *A nation has more unity
than a group of tribes. Brothers and
sisters should live together in unity.*
(*karş.* **disunity**).

universe ['ju:nivə:s] *i-sy* evren, kâinat.
universal [ju:ni'və:sl] *s* evrensel; bütün
dünyayı kapsayan. *Football is a uni-
versal game.* **universally** *z* her zaman
ve her yerde.

university [juni'və:siti] *i + sy* üniversite.
unkempt [ʌn'kempt] *s* 1 (saçı, sakalı)
dağınık, taranmamış. *He had an un-
kempt beard.* 2 bakımsız, çapaçul,
hırpanî. *He did not get the job be-
cause of his unkept appearance.*

unkind [ʌn'kaind] *s* zalim, insafsız; kı-
rıcı. *Don't be unkind and leave me
alone when I'm afraid.*

unknown [ʌn'noun] *s* meçhul, bilin-
meyen, tanınmayan. *They explored
the unknown country.*

unleash [ʌn'li:ʃ] *f + n* (bir köpeğin) kayışını salıvermek, bırakmak, çözmek; kontroldan çıkarmak, serbest bırakmak: *unleash a dog; unleash nuclear energy.*

unless [ʌn'les] *bağ* ...-mezse, ...-miyorsa, ...-medikçe. *I refuse to do it unless you help.*

unlike [ʌn'laik] *s* 1 ...-e yakışmayan, ... -e yakışmaz. 2 ...-e benzemeyen, farklı. Ayrıca *edat* ...-in aksine, ...-den farklı olarak. *Unlike me, he doesn't smoke.* **unlikely** *s* 1 muhtemel değil, olası olmayan, ihtimal dışı. *It is unlikely that he knows the answer.* 2 inanılması zor, umulmayan, beklenmeyen: *an unlikely explanation.*

unlucky [ʌn'lʌki] *s* talihsiz, şanssız. *We were rather unlucky these holidays because we all caught chickenpox.*

unload [ʌn'loud] *f+n/-n* 1 yükünü boşaltmak. *They unloaded the ships in the harbour. The ships in the harbour were unloading.* 2 (ateşli silâhlar hk.) (ateş etmeden) mermileri boşaltmak.

unlooked-for [ʌn'lukt'fɔ:*] *s* beklenmeyen, beklenmedik, umulmayan; istenmeyen: *an unlooked-for change in the weather.*

unlovely [ʌn'lʌvli] *s* sevimsiz, çirkin: *an unlovely iron building.* (*eş anl.* **ugly**).

unmanned [ʌn'mænd] *s* insansız, içinde mürettebatı olmayan: *an unmanned space rocket.*

unmistakable [ʌnmi'steikəbl] *s* açık, belli. *Her urgency was unmistakable.* **unmistakably** *z* şüphe götürmez bir biçimde.

unmitigated [ʌn'mitigeitid] *s* (genl. kötü bir şey hk.) tam, su katılmadık, kelimenin tam anlamıyla: *an unmitigated liar.*

unnatural [ʌn'nætʃərl] *s* doğal olmayan, anormal.

unnerve [ʌn'nɔ:v] *f+n* sıkıntı vermek, korkutmak, ürkütmek; cesaretini kırmak. *His touch unnerved her. Jane was unnerved by the accident, and for a long time she refused to drive the car.*

unpack [ʌn'pæk] *f+n/-n* (paket, çanta, bavul, vb.) açmak, açıp içinden eşyaları çıkarmak, boşaltmak. *Tim began to unpack his briefcase.*

unpick [ʌn'pik] *f+n* dikişlerini sökmek. *Her mother unpicked the dress and sewed it again.*

unpleasant [ʌn'pleznt] *s* tatsız, hoş ol-

mayan; çirkin. **unpleasantness** *i-sy* hoş olmayan durum; tatsızlık.

unprecedented [ʌn'presidentid] *s* daha önce hiç olmamış, veya görülmemiş, eşi emsali görülmemiş:...*and your republic have won a victory unprecedented in the history of the world....*

unpretentious [ʌnpri'tenʃəs] *s* alçak gönüllü, mütevazi; gösterişsiz: *an unpretentious building.*

unqualified [ʌn'kwɔlifaid] *s* 1 niteliksiz, vasıfsız: *an unqualified teacher.* 2 sınırlanmamış, tam, kesin. *They have given their unqualified approval.*

unquote [ʌn'kwout] *f+n/-n* tırnak işaretini kapamak, aktarılan parçanın sonuna tırnak işareti koymak. *I now quote what he said—'success depends on hard work', unquote.*

unravel [ʌn'rævl] *f+n/-n* 1 (düğüm, dikiş, bağ, vb. hk.) açmak, sökmek, çözmek, çözülmek, açılmak, sökülmek. *Can you unravel the knots in this string? Her knitting started to unravel.* 2 güç bir şeyi çözmek, açıklığa kavuşturmak. *geç. zam. ve ort.* **unravelled**. (*AmI*'de **unraveled**).

unrelieved [ʌnri'li:vd] *s* sürekli; herhangi bir biçimde değişmeyen; hafiflemeyen. *They had a life of unrelieved poverty.*

unrest [ʌn'rest] *i-sy* kargaşa, karışıklık; huzursuzluk: *social/political unrest. Food shortage caused unrest among the people.*

unruly [ʌn'ru:li] *s* asi, itaatsiz, azılı, yasalara boyun eğmeyen; ele avuca sığmaz; idaresi zor: *unruly children. More police had to be called to control the unruly crowd.* (*karş.* **ruly**).

unsaid [ʌn'sed] *s* söylenmemiş; söylenmeden anlaşılan. *Somethings are better left unsaid.* (= Bazı şeylerin vardır ki söylenmemesi daha iyi olur).

unsavoury [ʌn'seivəri] (*AmI*'de **unsavory**) *s* kötü, rezil, iğrenç. *There were some unsavoury stories about that woman.*

unscathed [ʌn'skeiðd] *s* sağ salim, yarasız beresiz. *They all escaped unscathed.* (*eş anl.* **unharmed**).

unscrupulous [ʌn'skru:pjuləs] *s* vicdansız, insafsız; zalim. *He was cruel, treacherous and unscrupulous. The unscrupulous boys cheated.*

unseemly [ʌn'si:mli] *s* (davranışlar hk.) uygunsuz, yakışıksız, çirkin. *After his*

*unseemly behaviour at the party he
was never invited again.*

unsightly [ʌnˈsaitli] *s* göze hoş görün-
meyen, çirkin. *His skin was covered
with unsightly blotches.* **unsightliness**
i-sy çirkinlik.

unsound [ʌnˈsaund] *s* 1 çürük, sağlam
olmayan: *a building with unsound
foundations. The engine was unsound
too, and had to be repaired.* 2 hasta,
deli. *Margaret was psychologically
unsound.*

unsparing [ʌnˈspɛəriŋ] *s* 1 esirgemeyen,
bol veren. *He is unsparing in his ef-
forts.* 2 acımasız, affetmeyen.

unspeakable [ʌnˈspiːkəbl] *s* tarifsiz,
sözle anlatılamaz: *unspeakable pain.*
(*eş anl.* **awful, terrible**).

unstable [ʌnˈsteibl] *s* değişen, kararsız;
dönek, güvenilmez: *an unstable per-
son; unstable weather conditions.*

unswerving [ʌnˈswɜːviŋ] *s* doğru, şaş-
maz; sadık, bağlı: *her unswerving
devotion to him.*

untidy [ʌnˈtaidi] *s* tertipsiz, dağınık. *I
left her room untidy this morning.*
(*karş.* **tidy, neat**).

until [ʌnˈtil] *edat/bağ* **till**''a bkz.

untimely [ʌnˈtaimli] *s* zamansız, vakit-
siz; çok erken ve uygun zamanda
olmayan. *Bruce's illness led to his
untimely death.*

untiring [ʌnˈtaiəriŋ] *s* yorulmak bil-
mez. *She was untiring in her efforts.*

untold [ʌnˈtould] *s* anlatılamaz, tah-
min edilemez, tarifsiz; hesaplanama-
yacak kadar çok, veya büyük; sayısız.
He was a man of untold wealth.

untoward [ʌntəˈwɔːd] *s* 1 elverişsiz. *If
you meet with any untoward circum-
stances, please let us know and we will
try to help.* 2 istenmedik, umulmadık.
Nothing untoward had happened.
(oldukça *esk. kul.*).

unveil [ʌnˈveil] *f+n* peçesini açmak;
(bir heykelin) örtüsünü törenle aç-
mak: *unveil a statue of a statesman.*

unwieldy [ʌnˈwiːldi] *s* hantal; taşıması
ya da yerinden oynatılması güç. *The
armour worn by knights seems un-
wieldy to us today.* (*eş anl.* **bulky,
awkward**).

unwitting [ʌnˈwitiŋ] *s* habersiz, far-
kında değil. **unwittingly** *z* bilmeden,
farkında olmadan. *He saved my life
unwittingly.*

up [ʌp] *s/z/edat* 1 yukarıya. *Jenny*

*climbed up the hill. They ran up the
stairs.* (*karş.* **down**). 2 (fiyat) yüksek,
yükselmiş. *The price of meat is up*
(*karş.* **down**). 3 yukarıya, aşağıdan
daha yüksek bir yere. *He climbed up
by himself. Can you carry it up?* (*karş.*
down). 4 yataktan kalkmış. *Are the
children up yet?* **5 stand up** sözünde—
ayağa (kalkmak); ayakta (durmak).
*The boys stood up when the teacher
came into the classroom.* 6 (**stay up**
sözünde) gece geç vakitlere kadar
(oturmak). *They stayed up till 11
o'clock last night.* 7 kuzeyde, kuzeye.
They sailed up to Iceland. (*karş.*
down). 8 yerce daha büyük, veya daha
önemli olan bir semte, bölgeye doğru
olan bir hareketi göstermek için
kullanılır. *He has gone up to London.*
9 rütbece, veya mevkice daha üstün
olan bir kimseye yönelen bir eylemi
ifade etmek için kullanılır. *All the
school reports go up to the headmas-
ter.* 10 (**walk up to** sözünde ...-e kadar
(gitmek). *They went up to the police-
man to ask the way. Go up to that
door and knock.* 11 bir eylemin tama-
men yapılıp bitirildiğini göstermek
için kullanılır. *They drank up all the
beer* (= Biralarını içip bitirdiler). *Have
you tied up the parcel?* (= Paketi
sıkıca bağladın mı?) *Time's up*
(= Vakit bitti). *Hurry up!* (= Çabuk
ol! Acele et!). *Why doesn't he speak
up? I can't hear him.* (= Niye sesini
yükseltmiyor? Onu duyamıyorum).
up-and-coming *s* (bir kimse hk.) gele-
ceği parlak. **up and down** 1 aşağı
aşağı. *The boat went up and down on
the rough sea.* 2 bir aşağı bir yukarı,
bir ileri bir geri. *People were walking
up and down in front of the school.*
ups and downs içoğ iyi ve kötü günler,
hayattaki iniş çıkışlar, insanın şansın-
daki değişmeler. *Life has its ups and
downs.* (*k. dil.*). **be up against** karşı-
laşmak, karşı karşıya gelmek. *We
shall be up aganist a strong team in
the next match.* **be up against it** çat-
mak, müşkül durumda bulunmak.
*Having lost all his money, he is up
against it.* (*k. dil.*). **up to** 1 şimdiye
kadar; ...-e kadar. *Up to now I've been
lucky. He has read up to chapter ten.*
2 ...-e bağlı olmak. *It is now up to
them to do it.* 3 kadar iyi, (bir şeye)
hazır; (bir şeye) eşit; (bir şey) için iyi,

sağlıklı, vb. *His work is not up to the required standard* (=Çalışması istenilen standartta değil). *They are not up to doing it by themselves* (=Onu kendi başlarına yapacak durumda değiller). **4** bir haltlar karıştırmakta, dalavere çevirmekte. *What are these boys up to? What's up?* (=Ne var? Ne oluyor?) (*k. dil.*).

upbringing [ˈʌpbriŋiŋ] *i+sy/-sy* çocuk terbiyesi. *Fathers and mothers should share the upbringing of small babies.*

upgrade [ʌpˈgreid] *f+n* kalitesini yükseltmek, ıslah etmek; terfi ettirmek. *The farmer upgraded his farm by buying a new milking machine.*

upheaval [ʌpˈhiːvl] *i+sy* ani bir karışıklık, veya değişiklik, ayaklanma: *social upheaval. It was a terrible upheaval when my father died.*

upheld [ʌpˈheld] **uphold** fiilinin geçmiş zamanı ve ortacı.

uphill [ʌpˈhil] *s/z* **1** yokuş yukarı. *We walked uphill.* **2** güç, zahmetli: *uphill work.*

uphold [ʌpˈhould] *f+n* onaylamak; bir kararı desteklemek. *His conviction was upheld on appeal* (=Mahkûmiyeti, bir üst mahkemece onaylandı). *geç. zam. ve ort.* **upheld** [ʌpˈheld].

upholster [ʌpˈhoulstə*] *f+n* (oda, vb.) döşemek; sandalyelerin, koltukların, vb. içerisine yay, sünger koyup üzerini kumaşla kaplamak. **upholsterer** *i+sy* döşemeci, koltukçu. **upholstery** *i-sy* döşemecilik, koltukçuluk.

upkeep [ˈʌpkiːp] *s* **1** (örn. bir evi, arabayı, veya bahçeyi) düzenli ve bakımlı tutma. *The upkeep of a big car is expensive.* **2** bakım masrafı.

upon [əˈpɔn] *edat* (=**on**). NOT: hem *on* ve hem de *upon* aynı anlama gelen sözcüklerdir, fakat *on* daha çok kullanılır. Bazı deyiş şekillerinde ise *on* yerine *upon* kullanılmalıdır, örn. *once upon a time* (=bir zamanlar; bir varmış bir yokmuş); *put upon somebody* (=birisine yüklenmek, birisinden yapması gerekenden daha fazlasını istemek).

upper [ˈʌpə*] *s* yukardaki, üstteki, üst: *upper lip.* (*karş.* **lower**). enüst. *biç.* **uppermost. uppermost** *s/z* **1** en üstteki. *He examined the uppermost leaves.* **2** ilk gelen, en başta gelen, egemen olan. *The uppermost thought in my mind was to escape.* **upper**

classes içoğ yüksek tabakadan olan zenginler ve güçlüler; yukarı sınıf. **upperclass** *s* yüksek tabaka ile ilgili, yüksek tabakadan.

upright [ˈʌprait] **1** *s/z* dik; dik duran. *Are these plants upright? The soldier stood upright.* **2** *s* namuslu, dürüst; adil. *He is an upright citizen.* Ayrıca *i+sy* dik duran destekleyici direk. *The roof was held up by four uprights.*

uprising [ˈʌpraiziŋ] *i+sy* isyan, ayaklanma. *There were many Indian uprisings in the area.* (*eş anl.* **rebellion, revolt**).

uproar [ˈʌprɔː*] *i-sy* (genl. **an** ile) gürültü, patırtı, şamata. *There was an uproar when he told them they had all failed in the examination.* **uproarious** [ʌpˈrɔːriəs] *s* gürültülü patırtılı, kahkahadan kırıp geçiren, kahkahalara neden olan.

uproot [ʌpˈruːt] *f+n* kökünden sökmek, söküp çıkarmak. *Some of the trees were uprooted during the storm.*

upset [ʌpˈset] *f+n/-n* **1** alabora etmek, devirmek; alabora olmak, devrilmek. *The boat will upset if you move about in it. He upset the teapot.* **2** perişan etmek, üzmek; huzurunu kaçırmak. *They were very upset when they heard the news. The news upset them.* **3** bozmak, altüst etmek. *The sudden rain upset our game of tennis. şim. zam. ort.* **upsetting.** *geç. zam. ve ort.* **upset.** Ayrıca [ˈʌpset] *i+sy* altüst olma; beklenmedik yenilgi. *The football team suffered an upset.* Ayrıca *s* bozulmuş; üzgün; keyfi kaçmış. *She was upset when she wasn't chosen for the team.*

upshot [ˈʌpʃɔt] *i-sy* (**the** ile) netice, sonuç. *What was the upshot of the official investigation?* (*eş anl.* **outcome**).

upside down [ˈʌpsaiˈdaun] *z* **1** tepetaklak, başaşağı. *The picture is hanging upside down.* **2 turn somewhere upside down** sözünde—bir yerin altını üstüne getirmek. *He turned the whole room upside down looking for his book.*

upstairs [ˈʌpˈsteəz] *z* üst kata, veya üstkatta. Ayrıca *s* yukardaki, üst kattaki, üst kata ait: *an upstairs room.*

upstart [ˈʌpstɑːt] *i+sy* sonradan görme, türedi kimse; kendisinden umulmayan bir biçimde sivrilmiş ve hakkı olmayan bir duruma gelmiş birisi. *He* *regarded me as a young upstart.*

upstream [ʌpˈstriːm] z akıntıya karşı. *It is much more difficult to row a boat upstream than downstream.*

uptake [ˈʌpteik] *i-sy* sadece **quick/slow on the uptake** sözünde—çabuk kavrar /kalınkafalı. *He was quick on the uptake.*

up-to-date [ˈʌptəˈdeit] *s* modern, güncel: *up-to-date clothes; up-to-date information.* (*karş.* **out-of-date**). NOT: *yüklem sıfatı* olarak kullanıldığı durumlarda sözcükler arasında tire yoktur, yani *up to date* olarak yazılır. *You must keep up to date* (= Yenilikleri takip etmelisin).

upward [ˈʌpwəd] *s* yukarı doğru giden: *an upward movement of the arm.* **upwards** z yukarıya doğru. *The path went upwards through the forest.*

uranium [juːˈreiniəm] *i-sy* uranyum; radyoaktif bir metal. Simgesi U.

urban [ˈəːbən] *s* kent, veya kasaba ile ilgili. *More and more people are moving to urban areas.*

urbane [əːˈbein] *s* kibar, nazik. *John is an urbane person.*

urchin [ˈəːtʃin] *i + sy* 1 afacan çocuk, haşarı çocuk, yaramaz küçük erkek çocuk. *Urchins played in the street.* 2 deniz kirpisi; genl. **sea urchin** denir.

urchin

urge [ˈəːdʒ] *f + n* 1 ısrar etmek, sıkıştırmak. *They urged me to go home at once.* 2 sevketmek, göndermek. *The officer urged his men on.* 3 (**upon** ile) bir kimsenin dikkatini ısrarla bir şeye çekmek. *They urged upon me the need to escape.* Ayrıca *i-sy* (bir şey) için kuvvetli istek; ısrar etme. *I resisted an urge to interrupt the speaker* (= Konuşmacının sözünü kesmemek için kendimi zor tuttum). **urgent** [ˈəːdʒənt] *s* acil, acele. *I received an urgent message from my father telling me to return home at once.* **urgently** z acele olarak, önemle. **urgency** [ˈəːdʒənsi] *i-sy* önem; ivedilik. *This is*

a problem of great urgency.

urine [ˈjuərin] *i-sy* idrar, çiş, sidik. **urinal** [juəˈrainl] *i + sy* 1 idrar kabı, ördek. 2 pisuar; erkekler için genel tuvalet. **urinate** [ˈjuərineit] *f-n* çişini, idrarını yapmak.

urn [əːn] *i + sy* 1 (özl. bir ölünün yakıldıktan sonra içinde küllerinin saklandığı)ʼ dar boğazlı vazo. 2 semaver; kahvedenlik.

urns

us [ʌs] *zamir* bizi, bize; **we**'nin nesne hali.

use¹ [juːz] *f + n* 1 kullanmak. *They used a rope to tie the boat. Can I use your telephone? You must use your own judgment.* 2 kullanıp bitirmek. *Have we used all the writing paper?* 3 (**up** ile) kullanıp tamamen bitirmek. *I have used up my money. Someone has used up all the ink.* **used¹** [juːzd] *s* kullanılmış, eski; kirli. *Please put the used towels in the basket.* **used²** [juːst] (**to** ile) -e alışık/alışkın (olmak) *I am not used to getting up early. They are not used to cold weather.* **used to** [juːstə] eskiden (yap)ardı. *They used to go to market every Saturday. This is the village where we used to live. Did you use to play football? 'He used to play cricket, didn't he?'—'Yes, he did.' (Usen't he to play cricket?)* yapısı da doğrudur, ama kullanımı pek yaygın değildir). NOT: *I used to* ekseriya geçmişteki durumun şimdikinden farklı olduğunu bildirir. 2 ...-e alışık/alışkın olmak anlamına gelen yapıda *used* bir sıfattır ve *to* ise onun edatıdır. *to*'nun nesnesi bir isim, bir zamir olduğu gibi bir *-ing*'li grup da olabilir. Şu cümleleri karşılaştırın:
I used to do that.
(= Eskiden onu yapardım).
I am used to doing that.
(= Onu yapmaya alışkınım).

I used to be used to it.
(=Eskiden alışkındım).
3 get used to '...-e alışmak' demektir.
You'll get used to it soon (=Yakında
alışırsın). *I never got used to getting
up at six o'clock* (=Hiçbir zaman saat
altıda kalkmağa alışamadım/alışma-
dım). *We are getting used to the food
here* (=Buranın yemeklerine alışıyor-
uz).
usage ['ju:sidʒ] 1 *i-sy* kullanım; bir
şeyi kullanma biçimi. 2 *i+sy/-sy* ge-
lenek, örf ve âdet, usûl; bir şeyi kul-
lanmada, veya yapmada benimsenmiş
yol. *The usages of some English
words are difficult to learn.* **user** *i+sy*
kullanan.
use² [ju:s] 1 *i+sy* bir şeyi kullanma
amacı: *Can you find a use for these
empty boxes?* (=Bu boş kutuları
nerede kullanabileceksin?) *A sharp
knife has many uses.* 2 *i-sy* kullanım,
kullanma, veya kullanılma (eylemi).
*This classroom is for the use of young
children only. The use of the present
tense in this sentence is wrong.* 3 *i-sy*
yarar, fayda. *What's the use of work-
ing so hard? It is no use your running
away. It is no use for you to run away.*
useful s 1 faydalı, yararlı. *I find this
pen very useful.* 2 işbilir, becerikli,
ehliyetli, iyi. *He is a useful friend to
have.* **usefulness** *i-sy* fayda, kullanışlı-
lık. **useless** s faydasız, işe yaramaz. *A
blunt knife is useless. These workmen
are useless. It's useless to run away.*
uselessly z faydasızca. **uselessness** *i-sy*
faydasızlık. **come into use** kullanıl-
maya başlanmak. *The word 'blizzard'
first came into use about a hundred
years ago.* **give the use of** kullanılma-
sına izin vermek. *I often give him the
use of my car.* **in use** kullanılmakta,
kullanılan. **make use of** için **make¹**'a
bkz. **out of use** geçersiz, kullanılma-
yan, kullanılmamakta.
usher ['ʌʃə*] *i+sy* (sinema, tiyatro,
kilise, vb.) teşrifatçı, yer göstericı. Ay-
rıca *f+n* yer göstermek; içeri getir-
mek, veya götürmek. *I was ushered
into the headmaster's office by my
teacher.* **usherette** [ʌʃə'ret] *i+sy* (genl.
sinema ya da tiyatroda) yer gösteren
hanım.
usual ['ju:ʒl] s alışılmış, her zamanki,
normal. *We went to school in the
usual way, forgetting that today was*
a public holiday. (karş. **unusual**).
usually z ekseriya. *Usually I go home
at 6 o'clock.* (eş anl. **generally, nor-
mally**). **as usual** her zamankı gibi. *I
went home early, as usual.*
usurp [ju:'zə:p] *f+n* gaspetmek; bir
kimsenin bulunduğu mevkisini yasal
olmayan bir biçimde ve zorla ele ge-
çirmek. *He killed the king and usurp-
ed the throne.* **usurper** *i+sy* gasbeden
kimse.
usury ['ju:ʒuri] *i-sy* tefecilik, faizcilik;
aşırı faiz.
utensil [ju:'tensl] *i+sy* (özl. mutfakta)
kapkacak; alet. *Pots and pans are
kitchen utensils; cooking utensils.*
utilitarian [ju:tili'teəriən] s yararcı,
yarar güden, pratik kullanım ile ilgili:
utilitarian purpose; utilitarian articles.
utility [ju:tiliti] 1 *i-sy* yarar, fayda.
*Some gadgets have only a limited
utility.* 2 halk için herhangi faydalı bir
hizmet, kamu hizmeti. *Railways and
roads are public utilities.*
utilize ['u:tilaiz] *f+n* kullanmak, ya-
rarlanmak. *We must utilize all avail-
able resources.* **utilization** [ju:tilai'zei-
ʃən] *i-sy* kullanım.
utmost ['ʌtmoust] s 1 en uzak: *the
utmost ends of the earth.* 2 olanca;
azami. *You must do your work with
the utmost care.* Ayrıca *i-sy* azami
gayret. *He tried his utmost to win.*
utter¹ ['ʌtə*] s tam; su katılmadık; ke-
sin. *He is an utter fool.* **utterly** z
tamamen.
utter² ['ʌtə*] *f+n* 1 çıkarmak kopar-
mak. *She uttered a sigh. She uttered
a cry of pain.* 2 söylemek, ağza al-
mak. *Don't utter another word.* 3
(sahte çek, para) düzenlemek; çıkarıp
sürmek: *to utter counterfeit money/
forged cheques.* **utterance** *i+sy/-sy*
söz, söylenen bir şey; söyleme; konuş-
ma biçimi.
uvula ['ju:vjulə] *i+sy* küçük dil.

uvula

U-turn *i+sy* 1 U-dönüşü. *You can't do
a U-turn here.* 2 (inanç, hareket, vb.
hk.) tam geri dönüş.

V

vac [væk] *i+sy* 1 vacation'ın konuşma dilindeki söyleniş biçimi. *I can work all my vac.* Ayrıca **vacation**'a bkz. 2 (genl. *tek. biç.*) elektrik süpürgesi. *I'll just get the vac out.*

vacant ['veikənt] *s* 1 boş. *There was not a vacant seat in the hall. Are there any rooms vacant? (eş anl.* **empty**). 2 boş, bön, dalgın. *He gave us a vacant look.* **vacancy** *i+sy* (bir kuruluşta, iş yerinde) açık kadro, münhal yer. *The school has vacancies for three teachers.*

vacate [və'keit] *f+n* terketmek, boşaltmak. *They must vacate their rooms in the hotel before Saturday.* **vacation** 1 *i+sy* okulların, üniversitelerin ve mahkemelerin kapalı olduğu tatil zamanı: *the summer vacation.* 2 *i+sy/-sy* tatil. *Where are you spending your vacation.* Ayrıca *f-n* (*AmI*'de) tatil yapmak, tatilini geçirmek. *Where did you vacation last year.* NOT: İngilizler *vacation* yerine *holiday*'i kullanırlar; tatil yapan kimselere de *holiday-makers* derler; fiil olarak kullanılan *vacation* yerine de *take a holiday* derler. *She was taking her holiday at Mackinac Island when her husband died.* Amerikan İngilizcesinde yasa ile, veya âdet haline gelmiş olan, okulların ve resmi iş yerlerinin tatil edildiği günler için *holiday* kullanılır. *Washington's birthday has been declared a holiday.*

vaccine ['væksi:n] *i+sy/-sy* aşı; insan ve hayvanlarda oluşacak **measles** (=kızamık), vb. gibi bazı hastalıklara karşı vücuda verilen sıvı madde. **vaccinate** ['væksineit] *f+n* aşılamak, aşı yapmak, özl. *smallpox*'a karşı. *He was vaccinated against hepatitis.* (*eş anl.* **inoculate**). **vaccination** [væksi'neiʃən] *i+sy/-sy* aşı, aşılama.

vacuum ['vækjum] *i+sy* vakum; havasız boşluk; içinde hiçbir şey bulunmayan boşluk. *For the experiment we needed a complete vacuum.* **vacuum cleaner** elektrik süpürgesi. **vacuum**

flask termos; genl. **thermos flask** denir. (*AmI*'de **vacuum bottle**).

vagabond ['vægəbɔnd] *s* serseri, avare; oradan oraya dolaşıp duran, evsiz barksız. *He gave up his vagabond ways.* Ayrıca *i+sy* aylak aylak dolaşan kimse; avare, serseri birisi.

vagary ['veigəri] *i+sy* (genl. çoğ. *biç.*) kapris; geçici, düşüncesizce, değişken istek: *the vagaries of the weather. It is difficult to explain the vagaries of a child's mind.*

vagrant ['veigrnt] *s* serseri; oradan oraya gezen; başıboş; *a vagrant hippy.* Ayrıca *i+sy* serseri kimse; aylak aylak dolaşan birisi. **vagrancy** *i-sy* serserilik, boşgezerlik; serseri olma durumu ya da suçu. *Vagrancy is a crime in this country.*

vague [veig] *s* belirsiz, müphem; anlaşılmaz: *a vague idea. Jane made a few vague replies.* **vaguely** *z* belli belirsiz, hayal meyal. *I remember her vaguely.* **vagueness** *i-sy* belirsizlik müphemlik.

vain [vein] *s* 1 boş, beyhude, yararsız, faydasız, nafile; sonuçsuz. *The man made a vain attempt to reach the drowning child.* 2 kibirli, kendini beğenmiş: *a vain young woman.* **vainly** *z* boş yere, boşuna. *Vainly did he try/he tried to find someone to lend him some money.* **vanity** ['væniti] *i-sy* 1 yararsızlık; boş şey: *the vanity of planning one's future.* 2 kendini beğenmişlik, kibir. *Many beautiful women are spoilt by vanity.* **in vain** 1 boşuna, boş yere. *We tried in vain to see him.* 2 saygısızca. *Never take God's name in vain.*

vale [veil] *i+sy* vadi (bazı yer isimleri, örn. *the Vale of York* dışında *esk. kul.*—yerine **valley**'i kullanın).

valentine ['væləntain] *i+sy* 1 14 Şubat Aziz Valentine gününde (**Saint Valentine's Day**) karşı cinse genl. imzasız olarak gönderilen ve aşkını ifade eden kart ya da mektup. *He sent her a valentine.* Ayrıca **valentine card** da denir. 2 böyle bir kartın, veya mektubun gönderildiği kimse, sevgili. *Will you be my valentine?* **Saint Valentine's Day** Aziz Valentine Günü (14 Şubat), sevgililer günü.

valiant ['væliənt] *s* yiğit, cesur. *He made a valiant attempt to rescue the drowning child.* (*eş anl.* **courageous**). **valiantly** *z* yiğitçe, kahramanca. Ayrıca **valour**'a bkz.

valid ['vælid] *s* **1** doğru, geçerli, sağlam. *They have valid reasons for refusing to do it.* **2** yasal, kanuni, geçerli. *He has a valid claim to the property.* **3** belirtilen bir süre için geçerli olan ya da belirtilen durumlarda yasal olarak kullanılabilen. *Is your passport valid for travel in the USA?* (*karş.* **invalid**). **validity** [və'liditi] *i-sy* geçerlik: *the validity of the passport.*

valley ['væli] *i+sy* vadi; iki dağın arasında kalan bir akarsu boyu. *Most large valleys have rivers running through them.*

valour ['vælə*] (*AmÍ*'de **valor**) *i+sy* yiğitlik, cesaret. *The man showed great valour in action.*

value ['vælju:] *i-sy* önem, değer, fayda. *Most parents know the value of a good education. These books are of great/little/some/no value to somebody learning English.* **2** *i-sy* bir şeyin para karşılığındaki değeri. *What is the value of your house? Gold has recently increased in value. In this shop you get good value for your money.* NOT: *value* sözcüğü, bir şeyin değer olarak kıymetini gösterir, oysa *cost* ya da *price* satılan veya ahnan bir şeye ne kadar para verileceğini, veya kaça alındığını gösterir: *Although I paid only fifty pence for this book, its value is much higher. The new bridge cost £100,000 but its value to the people who live near it is doubtful. The price of firewood has risen steeply.* **3** *i+sy* (*çoğ. biç.*) kurallar, ölçüler; inançlar. *People behave in certain ways because of their social values.* Ayrıca *f+n* **1** büyük değer vermek; büyük saygısı olmak, saygı göstermek, takdir etmek. *They value his opinions.* **2** paha, veya değer biçmek, bir şeyin fiyatını hesaplamak. *He valued the diamond ring at £100.* **valuable** *s* değerli, kıymetli. Ayrıca

i+sy (*çoğ. biç.*) değerli şey (*örn.* mücevherat). **valueless** *s* değersiz. *This bracelet is completely valueless.* **valuation** [vælju'eiʃən] **1** *i-sy* değer biçme; kıymet, biçilmiş değer: *experienced in the valuation of paintings.* **2** (*özl.* bir değer biçici (=**valuer**) tarafından) biçilen değer: *get a valuation for one's house.* **valuer** *i+sy* bilirkişi, değer biçici, kıymet takdir eden kimse. **value added tax** için VAT'e bkz.

valve [vælv] *i+sy* **1** vana, valf; borulardan geçen, genellikle suyu ve gazı açıp kapamaya yarayan alet, ana musluk. *I shut the valve before repairing the pipe.* **2** kalp kapakçığı. *The valves of the heart allow the blood to pass in one direction only.* **3** (*Brİ*'de) radyo lambası. (*AmÍ*'de **tube**). **4** supap. *The exhaust valve on my car has burnt out three times.*

vampire ['væmpaiə*] *i+sy* vampir; geceleri mezardan çıkarak insanların kanını emdiğine inanılan hortlak.

van[1] [væn] *i+sy* (*Brİ*'de) eşya taşımaya yarayan üstü kapalı araba, kamyon veya vagon.

van[2] [væn] *i-sy* **1** keşif kolu. **2** öncüler; bir hareketin ve olayın öncülüğünü yapanlar. *They are in the van of the movement for reform.* **vanguard 1** ileri kol, öncü kolu. **2** öncü: *in the vanguard of public opinion.*

vandal ['vændl] *i+sy* vandal; güzel şeyleri, sanat eserlerini, yararlı yapıları tahrip eden, yok eden kimse. *Vandals have damaged this phone box.* **vandalism** *i-sy* vandalizm; yararlı, güzel şeylerin, özl. de kamuya ait binaların ve malların bilerek geniş ölçüde tahribi. **vandalize** *f+n* sırf eğlence, veya nispet olsun diye zarar vermek, tahrip etmek. *The empty house had been vandalized by a gang of boys.*

vanilla [və'nilə] **1** *i+sy* vanilya; çiçekleri beyaz ve kokulu olan tırmanıcı küçük bir bitki. **2** bu bitkinin bazı tatlılara güzel koku vermek için kullanılan, toz haline getirilmiş yemişi. Ayrıca *s* vanilyalı: *vanilla ice cream.*

vanish ['væniʃ] *f-n* ortadan kaybolmak, kayıplara karışmak, gözden kaybolmak, yok olmak. *The car vanished round the corner. She vanished in a cloud of smoke.* (*eş anl.* **disappear**).

vanity ['væniti] *i-sy* **vain**'e bkz.
vantage point ['va:ntidʒ pɔint] *i+sy* **1**
her şeyin görülebileceği iyi bir yer;
stratejik nokta. *The hill was a good
vantage point to watch the soldiers
passing.* **2** görüş açısı, düşünce. *From
the vantage point of John, who has
twenty years' of experience, it was a
mistake.*
vapour ['veipə*] (*AmI*'de **vapor**) bu-
har, buğu, duman; bir sıvının gaz hali,
örn. *fog* (=sis); *mist* (=sis, pus);
steam (=buhar). **vaporize** *f+n/-n*
buharlaşmak; buharlaştırmak; buhar
haline gelmek, veya getirmek. **vapor-
ization** [veipərai'zeifən] *i-sy* buharlaş-
ma, buharlaştırma. **vapour trail** *i+sy*
jetlerin havada yüksekte uçarken ar-
kasında bıraktıkları iz. (*eş anl.* **jet
stream**).
variable ['veəriəbl] *s* değişebilir, veya
değiştirilebilir; kararsız, değişken; is-
tikrarsız: *variable winds; a variable
quantity.* (*karş.* **invariable**).
variant ['veəriənt] *s* değişik, farklı.
*'Judgment' is a variant spelling of
'judgement'.* Ayrıca *i+sy* farklı biçim,
özl. bir sözcüğün yazılışı hk. örn. *gray*
ve *grey*). **variance** *i-sy* uyuşmazlık,
ihtilaf. **be at variance (with)** uyuş-
mazlık halinde olmak, uyuşamamak.
*He has been at variance with his
parents for years. His actions are at
variance with his promises.*
variation [veəri'eifən] *i+sy/-sy* **vary**'e
bkz.
varicose ['værikous] *s* varisli; (vücut-
taki, özl. bacaktaki toplar damarlar
hk.) şişmiş, genişlemiş.
varied ['veərid] *s* **vary**'e bkz.
variety [və'raiəti] **1** *i-sy* değişiklik, aynı
olmama durumu. *Life at school has
plenty of variety. Variety is the spice
of life.* **2** *i+sy* aynı türden çeşitli
şeyler. *His shop sells a variety of
goods. She went through an amazing
variety of different moods.* **3** tür, nevi;
aynı türden farklı cinste bir şey; aynı
topluluğa ait, ama öbürlerinden farklı
bir tür. *There are several varieties of
red roses.* **4** *i-sy* (genl. bir isimden
önce kullanılır) (*BrI*'de) varyete;
şarkı, dans, hokkabazlık, temsil gibi
değişik oyunların gösterilmesi: *a
variety show; a famous variety actor.*
(*AmI*'de **vaudeville**).
various ['veəriəs] *s* **vary**'a bkz.

varnish ['va:nif] *i+sy/-sy* vernik; hava
ve nem etkisinden korumak, veya
parlaklık vermek için bazı şeylerin
üzerine fırça ile sürülen cilâ. *He put
varnish on the table top to protect it.*
Ayrıca *f+n* cilâ sürmek, cilâlamak,
verniklemek.
vary ['veəri] *f+n/-n* değişmek, başka-
laşmak; değiştirmek, başkalaştırmak;
değişik olmak, başka türlü olmak.
*Temperatures vary from day to day.
You should vary your lessons to make
them more interesting. 'What's the
weather like?'—'It varies.'* **variation**
[weəri'eifən] *i+sy/-sy* değişme, deği-
şim; fark, değişiklik: *variations be-
tween day and night temperatures.
There are many variations of this
story.* **varied** *s* **1** değişen, aynı kalma-
yan: *a varied life.* **2** türlü türlü; çeşitli
türlerde; değişik. *The news we get is
very varied.* (*karş.* **unvaried**). **various**
s ayrı, birbirinden farklı, değişik; çeşit
çeşit. *I went there at various times. He
has various excuses for being late.*
vase [va:z] *i+sy* vazo.
Vaseline ['væsəli:n]® *i-sy* vazelin; ham
petrolden çıkarılan bir çeşit mineral
yağ.
vast [va:st] *s* çok geniş ve büyük, engin.
*They spend vast sums of money on
food. A vast desert lay before them.*
vat [væt] *i+sy* fıçı.
VAT [vi:ei'ti:, væt] *i-sy* (=value added
tax)—bir malın maliyet fiyatı ile satış
fiyatı arasındaki farktan alınan vergi;
katma değer vergisi (=KDV). *The
government is proposing to increase
VAT to 5%. Some items (such as
books) are zero-rated for VAT.* **VAT
invoice** (esas faturadan ayrı olarak
kesilen) KDV faturası
vaudeville ['vɔ:dəvil] *i-sy* **variety**'ye
bkz.
vault¹ [vɔ:lt] *i+sy* **1** çatı kemeri. *The
vault of the church is decorated with
paintings.* **2** mahzen, (özl. içinde
şarap saklanan yer). *The wine was
stored in a vault.* **3** kasa dairesi: *the
bank vault.* **4** yeraltı mezar odası.
They buried him in the family vault.
vault² [vɔ:lt] *f+n/-n* (bir ya da iki elini
bir şeye dayayarak) (bir şeyin) üzerine,
veya üzerinden sıçrayarak atlamak.
He vaulted over the gate. Ayrıca *i+sy*
sıçrayarak yapılan atlama. **vaulting
horse** atlama beygiri.

vaulting horse

VC [vi:'si:] *i+sy* (=Victoria Cross)—savaş sırasında üstün kahramanlık gösteren askerlere verilen bir madalya.

VCR [vi:si:'a:*] *i+sy* (=video cassette recorder)—video kayıt cihazı.

VD [vi:'di:] *i-sy* (=venereal disease) zührevi hastalık; cinsel birleşme yolu ile geçen bir hastalık, örn. *syphilis* (=frengi); *gonorrhoea* (=belsoğukluğu).

VDU [vi:di:'ju:] *i+sy* (=visual display unit)—görüntülü bilgi ünitesi.

veal [vi:l] *i-sy* dana eti.

veer [viə*] *f-n* (özl. rüzgâr hk.) yön değiştirmek; dönmek. *The wind has veered round the North. The wind was veering in a northerly direction.*

vegetable ['vedʒitəbl] *s* bitkiler ile ilgili; bitkisel, nebati: *vegetable oil.* Ayrıca *i+sy* sebze. **vegetarian** [vedʒi'teəriən] *i+sy* vejeteryan, etyemez. *John has always been a vegetarian.*

vegetate ['vedʒiteit] *f-n* **1** bitki gibi büyümek. **2** yavan bir ömür sürmek; ilginç olmayan bir hayat yaşamak; ot gibi yaşamak. *Many elderly folk vegetate and die in loneliness.* **vegetation** [vedʒi'teifən] *i-sy* bitki örtüsü. *Deserts have very little vegetation.*

vehement ['viəmənt] *s* (bir kimsenin karakteri ve davranışları hk.) ateşli, hararetli, coşkulu; öfkeli, sert. *Bill made a vehement speech about drugs.* (eş anl. **passionate**). **vehemence** *i-sy* şiddet, hiddet. *He slammed the door with such vehemence that all the glasses rattled.*

vehicle ['viəkl] *i+sy* taşıt aracı, nakil vasıtası: *the motor vehicle industry. Language is the vehicle of thought.* **vehicular** [vi'hikjulə*] *s* taşıtlara ait: *vehicular traffic.*

veil [veil] *i+sy* **1** peçe, yaşmak. *The bride wore a lace veil over her face.* **2** bahane, maske. *There is a veil of secrecy over their plans.* Ayrıca *f+n* peçe ile örtmek; gizlemek, saklamak.

She veiled her face when the stranger entered the room. The hills are veiled in mist.

vein [vein] *i+sy* **1** kandamarı; toplardamar. *Blood poured from the cut vein.* **2** (bitkilerde) damar: *the veins in a leaf.* **3** maden damarı. *The miners were excited when they found the rich vein of gold.* **4** (bazı taşlarda, örn. mermerde) damar.

velocity [vi'lɔsiti] *i-sy* hız, sürat; belli bir yöndeki hız. *The velocity of light is about 186,000 miles per second.*

velvet ['velvit] *i-sy* kadife. Ayrıca *s* **1** kadifeden yapılmış. **2** kadife gibi. *Her skin is as soft as velvet.* **velvety** *s* kadife gibi, yumuşacık: *velvety skin.*

vendetta [ven'detə] *i+sy* **1** kan davası; geçmişte aralarında kan akmış olmaktan ya da başka bir nedenle kökleşmiş bir düşmanlık bulunan iki ailenin karşılıklı kan gütmesi. *There has been a vendetta between the families since 1930.* (eş anl. **blood feud**). **2** süregelen acımasız kapışma, zıtlaşma; kavga, mücadele. (eş anl. **feud**).

vending machine ['vendiŋ mə'fi:n] *i+sy* (sigara, çikolata, pul, vb. şeyleri almak için içine para atılan) satış makinası. (eş anl. **automat**).

vendor, vender ['vendə*] *i+sy* işportacı, seyyar satıcı: *newsvendor* (=gazeteci, gazete satıcısı). *Everyone crowded around the ice-cream vendor on the beach.*

veneer [vi'niə*] *i+sy/-sy* **1** ince kaplamalık tahta, plastik, vb. madde. *The maple veneer on the pine table made it more attractive.* **2** tatsız gerçeği gizleyen dış görünüm; gösteriş, cilâ. *Although he has a veneer of honesty, he is not to be trusted.*

venerate ['venəreit] *f+n* büyük saygı, veya hayranlık göstermek. *In Turkey, old people are venerated more than others.* (eş anl. **revere**). **veneration** *i-sy* hürmet, saygı. *We were filled with veneration of our grandfather who had saved the little boy from drowning.* **venerable** ['venərəbl] *s* (özl. büyük yaşı, veya tecrübesi nedeniyle) saygıdeğer, muhterem; mübarek.

venereal [vi'niəriəl] *s* zührevi; cinsel ilişki ile bulaşan: *venereal disease.* (eş anl. **VD**)

Venetian [vi'ni:ʃən]*s* Venedik (=Venice)

ile ilgili, Venedik'e ait. **venetian blind**
jaluzi; şerit biçiminde metal, veya
plastik levhalardan yapılmış bir tür
pencere perdesi. *We decided to put up
venetian blinds.*

venetian blind

vengeance ['vendʒəns] *i-sy* öç, intikam.
*He wants vengeance for the death of
his wife.* (*eş anl.* **revenge**). **take ven-
geance on someone** (birisin)den öç
almak, intikam almak. **with a ven-
geance** büyük bir şiddetle, alabildi-
ğine. *By the time we had finished
fastening all the windows, the wind
was blowing with a vengeance.* **ven-
geful** ['vendʒful] *s* intikam güden;
kinci, kindar. *The vengeful boy push-
ed me over when I accidentally
bumped into him.* **vengefulness** *i-sy*
kinlilik.

venison ['venisn] *i-sy* geyik eti.

venom ['venəm] *i-sy* 1 zehir; özl. yılan
zehiri. *The venom of rattlesnake will
make a man very sick but will not
necessarily kill him.* 2 kin, hınç, düş-
manlık. *There was venom in her
reply.*

venomous ['venəməs] *s* 1 zehirli, zehir-
leyici. *The adder is the only ven-
omous snake found in the British
Isles.* 2 kin dolu, diş bileyen. *She was
venomous in her reply.*

vent [vent] 1 *i+sy* delik, ağız. (örn. bir
fıçının, veya bir şöminenin). 2 *i-sy* **give
vent to one's feelings** sözünde—
hislerini ve duygularını açığa vurmak,
boşanmak. *He gave vent to his anger
by striking the boy.* 3 *i+sy* (bir ceket,
veya paltonun arkasındaki) yırtmaç.
Ayrıca *f+n* (duygularını) belirtmek,
açığa vurmak. *He vented his anger on
the boy* (= Öfkesini çocuktan çıkardı).

ventilate ['ventileit] *f+n* havalandır-
mak. *He opened the window to venti-
late the room.* **ventilation** [venti'lei-
ʃən] *i-sy* havalandırma. **ventilator**
i+sy vantilatör.

ventriloquism [ven'trilǝkwizǝm] *i-sy*

vantrilogluk; karnından konuşma sa-
natı. **ventriloquist** *i+sy* vantrilog;
başkası söylüyormuş gibi konuşma
becerisi olan, karnından konuşan
kimse: *a ventriloquist's dummy.*

venture ['ventʃə*] *i+sy/-sy* risk, riziko;
yapması tehlikeli ya da şansa kalmış
bir şey: *his interesting business ven-
ture.* Ayrıca *f+n/-n* 1 göze almak,
cüret etmek. *They should not venture
on the river in such a small boat.* 2
cesaret edip söylemek, ileri sürmek. *I
venture to suggest that you are wrong.*

venue ['venju:] *i+sy* bir faaliyetin (özl.
bir spor yarışmasının) düzenleneceği
yer. *The venue of the big match is the
football ground at Wembley.*

veranda, verandah [və'rændə] *i+sy*
veranda; (genl. bir yanı açık) üstü
kapalı taraça.

verb [və:b] *i+sy* fiil; bir ismin, veya bir
zamirin bir halini ya da haraketini
bildiren sözcük, örn. *The man bought
the house* cümlesinde *bought* fiildir.
verbal *s* 1 fiil ile ilgili, veya fiilden
türemiş: *verbal noun* (=isim-fiil);
fiilin sonuna *-ing* getirilerek yapılır.
Buna *gerund* da denir, örn. *smoking
is dangerous* yapısında *smoking* bir
isim-fiildir. 2 sözlü, sözle ifade edilen:
verbal promise. **verbally** *z* sözlü ola-
rak, şifahen. *He reported to me
verbally.* **verb conjugation** fiil çekimi.
BE FİİLİNİN ÇEKİM TABLOSU-
NA BKZ.

verbatim [və:'beitim] *s/z* kelimesi keli-
mesine, harfi harfine, aynen: *a verba-
tim report of his speech. He repeated
it verbatim.*

verbose [və:'bous] *s* gereğinden çok
sözcük kullanan; ağzı kalabalık. *John
is so verbose. Your report is twice as
long as it needs to be: it's too verbose.*
verboseness, verbosity [və:'bɔsiti] *i-sy*
söz çokluğu, laf kalabalığı.

verdict ['və:dikt] *i+sy* (özl. mahkeme-
de bir jüri tarafından verilen) resmi
karar; hüküm. *The verdict of the jury
is that you are guilty.*

verge [və:dʒ] *i+sy* kenar, sınır, hudut
(özl. bir yolun ya da çiçek tarhının
yanındaki çimen kenar). *They walked
along the flower verge.* Ayrıca *f+n*
(**on** veya **upon** ile) yaklaşmak, çok
yakın olmak, kılpayı kalmak. *His
behaviour verges on madness.* **be on
the verge of** (neredeyse)....-mek/

...-mak üzere olmak. *He was on the verge of telling him the truth.*

verger ['vɔ:dʒə*] *i + sy* (Anglikan (yani İngiliz) kilisesinde) zangoç, kilise hademesi.

verify ['verifai] *f + n* 1 inceleyip doğruluğunu saptamak. *I looked up the word in a dictionary to verify its spelling.* 2 doğrulamak, kanıtlamak. *The driver's report of the accident was verified by two women who had seen it happened.* **verification** [verifi'keiʃən] *i + sy/-sy* doğruluğunu kanıtlama; doğrulama, teyit. *I looked at him for verification.* **verifiable** *s* doğruluğu kanıtlanabilir.

vermin ['vɔ:min] *içoğ* 1 ekinlere, yiyeceklere zarar veren kuş, fare, vb. küçük bir hayvan. *To a farmer a rabbit is vermin.* (*eş anl.* **pests**). 2 haşarat, örn. bit, pire vb. 3 muzır kişiler, mikroplar; insanlara zarar veren, cemiyet için tehlikeli kimseler. *The law should come down much harder on these vermin who kill and injure innocent people for the sake of a few pence.*

vernacular [vɔ'nækjulə*] *s* bir ülkenin, veya bölgenin ana dilini veya şivesini kullanan: *the vernacular press.* Ayrıca *i + sy* (genl. **the** ile) yerli lehçe: *textbooks written in the vernacular.*

versatile ['vɔ:sɔtail]*s* elinden her iş gelen; çok yönlü. *Bob Dean is a versatile entertainer.* **versatility** [vɔ:sɔ'tiliti] *i-sy* eli herşeye yatma yeteneği, beceriklilik.

verse [vɔ:s] 1 *i-sy* nazım, koşuk; hece ve durak bakımından denk ve kendi başına bir bütün olan kafiyeli söz dizisi. (*karş.* **prose**). 2 mısra, dize; kıta. *This poem has four verses.* 3 *i + sy* Kutsal Kitab'ın numaralanmış bölümlerinden kısa bir parça; ayet.

versed *s* (**in** ile) tecrübeli, bilgili, hünerli, marifetli, usta; tam bir bilgi ve beceri kazanmış. *John is well versed in German.*

version ['vɔ:ʃən] *i + sy* 1 anlatış, tasvir, yorum. *John's version of the accident is different from mine.* 2 çeviri, tercüme. *Do you have the English version of this book.*

versus ['vɔ:sɔs] *edat* (özl. spor müsabakalarında ve yasal konularda) ...-e karşı; genl. **v** veya **vs** şeklinde kısaltılır. *The big match tonight is Turkey v*

GDR. *The court had just telephoned him to say that the case of Rex v Lady Palmer would be heard the next day, instead of on Thursday.*

vertebra ['vɔ:tibrə] *i + sy* omur; omurgayı oluşturan kemiklerden her biri. *çoğ. biç.* **vertebrae** ['vɔ:tibrei]. **vertebrate** ['vɔ:tibrit] *s* omurgalı. Ayrıca *i + sy* omurgalı hayvan. (*karş.* **invertebrate**).

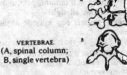

VERTEBRAE
(A, spinal column;
B, single vertebra)

vertical ['vɔ:tikl] *s* dikey. *The walls of a room are vertical, the floor horizontal.* (*karş.* **horizontal**). **vertically** *z* dikey olarak.

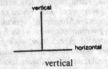

vertical

vertigo ['vɔ:tigou] *i-sy* (yüksek bir yerden aşağıya bakıldığında meydana gelen) başdönmesi. *She suffers from vertigo.*

verve [vɔ:v] *i-sy* gayret, enerji, şevk. *He is full of verve and vitality.*

very ['veri] *s/z* 1 sıfat ve zarfların verdiği anlamları güçlendirir—çok, pek, gayet. *It is very cold today. He drives very slowly. She looked very annoyed. I'm feeling very much better today. The lecture was not very interesting.* 2 bir sıfatın en üstünlük derecesine güç kazandırmak için kullanılır—kesinlikle, tam, en. *This is the very best way to do it.* Ayrıca own sözcüğünden önce kullanılır—yalnızca kendisinin olan; kendi öznalı; başka birisiyle paylaşılmayan. *It is good to have a house of our very own.* 3 bir ifadeye güç kazandırmak için kullanılır—ta kendisi; tam. *You are the very man I want to speak to. He answered my ring himself and let out a whoop at* *the sight of me 'The very man,' he said. 'Come right in, Andrew. If there's any man I could have wished to see it would have been a lawyer.* **4** hatta, bile. *The very thought of going frightens me.* **5** kendinden sonra gelen bir ismi kuvvetlendirmek veya vurgulamak için kullanılır.—ta, ilk, hemen: *the very beginning/middle/end.* **the very idea** (yok) daha neler! **Very good** Başüstüne! Emredersiniz! Peki! *'Waiter, bring me another bottle of wine!—'Very good, sir.'* (*eş anl.* **certainly**). **very well** tamam, peki, oldu. (*eş anl.* **okay, all right**).

vespers ['vespəz] *i-sy* kilisede akşam duası.

vessel ['vesl] *i+sy* **1** (özl. içinde sıvı konulan) kap: *a plastic acid vessel; a wodden vessel.* **2** gemi: *a 5000-ton fishing vessel.*

vest¹ [vest] *i+sy* **1** (*AmI*'de) yelek. (*BrI*'de **waistcoat**). **2** (*BrI*'de) fanila, iç gömleği. (*AmI*'de **undershirt**).

vest² [vest] *f+n* (**in** veya **with** ile) yetki vermek, resmi ve yasal hak vermek. *The government has vested great powers in the Minister of Agriculture. The government has vested the Minister of Agriculture with great powers.* **vested interests** **1** kazanılmış hak, müktesep hak. **2** (bazen *tek. biç.*) çıkar, menfaat. *Those employers have a vested interest in keeping workers' wages low.*

vestibule ['vestibju:l] *i+sy* giriş, antre, hol. *I'll meet John in the vestibule of the cinema.* (*eş anl.* **entrance, hall**).

vestige ['vestidʒ] *i+sy* işaret, eser, iz. *They are trying to break down the last vestige of resistence. After the explosion, not a vestige of the school remained.*

vestry ['vestri] *i+sy* giyinme odası; kilisede, papaz ve diğer din görevlilerinin tören giysilerini giyip soyundukları oda.

vet¹ [vet] *i+sy* **veterinary surgeon**'ın kısa söyleniş biçimi. (*k. dil.*).

vet² [vet] *f+n* **1** resmen onaylamadan önce bir planı, öneriyi, vb. dikkatle incelemek. *The committee vetted the weaponry purchase.* **2** özl. askeri veya milli istihbarat işlerinde çalışacak bir kimseyi görevlendirmeden önce hakkında tahkikat yapmak. *Our security department vets every member of*

staff *before he starts working here.* geç. zam. ve ort. **vetted**.

veteran ['vetərn] *i+sy* **1** (özl. bir harbe katılmış) eski asker: *the veterans of two wars.* **2** bir meslekte, işte uzun yıllar çalışmış emektar kimse. *He is a veteran politician.* Ayrıca *s* tecrübeli; emekli: *a veteran soldier; a veteran car* (=1919 yılından önce yapılmış bir otomobil).

veterinary ['vetərinəri] *s* veterinerliğe ait; hayvan hastalıkları ile ilgili. **veterinary surgeon** (*BrI*'de) veteriner, baytar. (*k. dil.* **vet** olarak kısaltılır). (*AmI*'de **veterinarian** [vetiri'neəriən].

veto ['vi:tou] *i+sy* veto; bir yetkinin, bir yasanın, bir kararın yürürlüğe girmesine karşı çıkma hakkı. *Which countries have the veto?* çoğ. biç. **vetoes**. Ayrıca *f+n* veto etmek; engel olmak ya da izin vermeyi reddetmek. *The plan was vetoed by two members. Canada vetoed the UN resolution.*

vex [veks] *f+n* kızdırmak; canını sıkmak. *My remarks vexed him.*

v.g. (=very good)—özl. bir öğretmenin hoşuna giden bir ev ödevinin altına yazdığı kısaltma.

VHF [vi: eitʃ 'ef] (=very high frequancy)—çok yüksek frekans. 30 ile 300 megahertz'lik bir radyo freksans bandı.

via ['vaiə] *edat* yolu ile. *He went to New York via Rome.*

viable ['vaiəbl] *s* **1** uygulanabilir; mümkün. *I don't think it is viable for us all to go in your car. The economy of the country is not viable.* **2** (bir cenin, bir tohum, bir yumurta hk.) yaşayabilecek, yaşayabilir; canlı haline dönüşebilir. **viability** [vaiə'biliti] *i-sy* yaşama kabiliyeti.

viaduct ['vaiədʌkt] *i+sy* viyadük; bir vadi, bir nehir üstünden bir demiryolunun, veya karayolunun geçişini sağlayan, ayaklar üzerine oturtulmuş yüksek ve uzun köprü.

vibrate [vai'breit] *f+n/-n* **1** titremek, titreşmek; titretmek, titreştirmek. *The skin of a drum vibrates when it is struck.* **2** (heyecandan, vb.) titremek. *The speaker's voice vibrated with emotion.* **vibration** *i+sy/-sy* titreme, titreşim. *The buses shake the house so much that we feel the vibration.* **vibrant** ['vaibrnt], **vibrating** *s* **1** titreşimli; *a vibrant cord.* **2** güçlü ve heye-

can verici; coşkulu. *His vibrant talk
fascinated and excited me.*
vicar ['vikə*] *i+sy* kendisine bağlı
bölgeden sorumlu Anglikan Kilisesi
(=**Church of England**) papazı. *Our
vicar visits people who are sick at
home and can't come to church.*
vicarage *i+sy* bu papazın oturduğu
ev.
vice¹ [vais] *i+sy/-y* kötü yaşam; ahlâk
bozukluğu; kötü alışkanlık. *Gambling
and drunkenness are vices. He de-
scended to a life of vice.* **vicious** ['vi-
ʃəs] *s* **1** kötü alışkanlığı olan, bozuk
ahlâklı. *He has vicious habits.* **2** teh-
likeli; kötü maksatlı; nefret dolu. *He
gave me a vicious look. This dog has
a really vicious bite.* **viciously** *z* kötü
maksatla, hırçınlıkla. **viciousness** *i-sy*
kötü maksat. **vicious circle** kısır dön-
gü, fasit daire. *Poverty causes poor
health and poor health then causes
more poverty.*
vice² [vais] *i+sy* mengene.

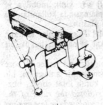

vice

vice-³ [vais] *ön-ek* yardımcı, muavin,
örn. **vice-president** (=başkan yardım-
cısı); **vice-principal** (=müdür muavi-
ni).
vice squad [vais skwɔd] *i/i+sy* (**the** ile)
ahlâk zabıtası; fahişelik, kumar, mu-
zır neşriyat gibi suçlarla ilgili polis
bölümü.
vice versa ['vaisə'və:sə] *s* karşılıklı
olarak. *You sent my letter to John and
vice versa* (=Sen benim mektubumu
John'a John'ınkini de bana gönder-
din).
vicinity [vi'siniti] *i-sy* civar, çevre, etraf.
Is there a hospital in the vicinity?
vicious ['viʃəs] *s* **vice¹**'a bkz.
victim ['viktim] *i+sy* başkalarının
yaptığı şeyler, hastalık, talihsizlik, vb.
sonucu acı çeken, ölen kimse; mağ-
dur, kurban. *They were the victims of*
a railway accident. **fall victim to** (bir
şeyin) kurbanı olmak. *She fell victim
to a wasting disease* (=Hastalık onu
yiyip bitirdi). **victimize** *f+n* zarar ver-
mek; haksız yere acı çektirmek, mağ-
dur etmek. *The school bullies always
victimize the new children.* **victim-
ization** [viktimai'zeiʃən] *i-sy* aldatma,
mağduriyet; zulüm. *There must be no
victimization of workers.*
victor ['viktə*] *i+sy* fatih; savaşta galip
gelen; bir yarışmayı, bir oyunu kaza-
nan kimse, galip. *My team was the
victor.* (*karş.* **loser**). **victory** *i+sy/-sy*
zafer, galibiyet. *The general gained/
won a victory over the army of the
enemy.* **victorious** [vik'tɔ:riəs] *s* zafer
kazanmış, muzaffer. *The general was
victorious.*
Victorian [vik'tɔ:riən] *i+sy* Kraliçe
Victoria (1837-1901) zamanında yaşa-
mış bir kimse. Ayrıca *s* Kraliçe Vic-
toria devri hk., bu devre ait: *Victorian
architecture.*
video ['vidiou] **1** *i-sy* video; video ciha-
zı ile televizyondan kaydetme veya
video kasetindeki hazır programı yine
televizyon ekranında görüntüleme. *I
know that you use video for teaching
these students.* **2** *i+sy* video cihazı.
Turn on the video. **3** *i+sy* video filmi.
I've seen this video before. **video
cassette** video kaseti. **video nasty** özl.
video için hazırlanmış korku, veya
seks filmi. **video recorder** video kayıt
cihazı. **video tape** videoteyp, video
bandı. Ayrıca *f+n* video kaydı yap-
mak. *şim. zam. ort.* **videoing**. *geç.
zam. ve ort.* **videoed**.
vie [vai] *f+n* (**with** ile) yarışmak, reka-
bet etmek. *They vied with each other
in wealth. şim. zam. ort.* **vying**. *geç.
zam. ve ort.* **vied**.
view [vju:] **1** *i-sy* bakış, nazar, görüş,
görme; belli bir yerden görme, veya
görülme durumu. *The house was hid-
den from our view by trees. I climbed
the hill to get a good view of the
country.* **2** *i+sy* manzara, görünüm
(özl. uzaktan). *The view from the
front of his house is lovely.* **3** *i+sy*
görüş; bir şey hakkındaki kişisel dü-
şünce, fikir, kanı. *In my view he is
wrong. What are your views about the
present situation?* **with a view to** bir
şeyi yapmak için; maksadiyle, niyetiy-
le. *He is studying with a view to going*

to university. We bought this big house with a view to turning it into a hotel. Ayrıca *f+n* incelemek, tetkik etmek; (üzerinde) düşünmek. *We can view the problem in many ways.* **viewer** *i+sy* **1** seyirci, özl. televizyon izleyicisi. *This programme has more than eight million viewers.* **2** slayt gösterme aygıtı. **viewfinder** vizör; fotoğraf makinası üzerinde bulunan bu aygıt, resmi çekilecek cismin ufak bir görüntüsünü verir. **viewpoint 1** görüş noktası; görüş. *She is looking at the problem with a different viewpoint.* **2** bir manzaranın bir olayın görüleceği, veya seyredileceği en iyi yer. Ayrıca **point of view** da denir. **in view of** yüzünden, ...-den dolayı. *In view of what they have said, he felt he had to resign.* **in full view of** (herkes)in gözü önünde. *The teacher fell down in full view of the boys in his class.* **on view** sergilenmekte, görülmeye, incelenmeye sunulmuş. *The handwork of the pupils is on view to the parents.* (eş anl. **on show**). **take a dim view of** something için dim'e bkz.

vigil ['vidʒil] *i+sy/-sy* (bir hastayı beklemek için, dua ve ibadet etmek için, politik amaçla bir şeyi protesto etmek için) geceleyin uyumayıp nöbet bekleme. *We kept vigil at my mother's bedside during her serious illness.* **vigilant** *s* tetikte olan, ihtiyatlı; herhangi bir tehlikeye karşı uyanık. *I have to be especially vigilant today.* **vigilance** *i-sy* uyanıklık, uyumayış; tetikte olma, dikkat. *The cat watched the mouse hole with vigilance.*

vigour ['vigə*] (*AmI*'de **vigor**) *i-sy* dinçlik, enerji. *He is full of vigour.* **vigorous** *s* dinç, etkin, enerjik. *We were hot after our vigorous game of football.* **vigorously** *z* gayretle.

vile [vail] *s* **1** aşağılık, iğrenç. *She is a vile woman.* **2** kötü *He was in a vile temper.* (**2.** anlamı *k. dil.*)

villa ['vilə] *i+sy* villa, köşk.

village ['vilidʒ] *i+sy* köy. *The people from the villages go into the nearby town to do their weekly shopping.* **villager** *i+sy* köylü.

villain ['vilən] *i+sy* kötü adam; cani, suçlu. *The villain slowly revealed his evil nature.*

vindicate ['vindikeit] *f+n* doğru ve haklı olduğunu kanıtlamak, haklı çı-

karmak. *I always said that he would be a brilliant writer and his latest book has vindicated my judgment.* (eş anl. **justify**). **vindication** [vindi'keifən] *i+sy/-sy* doğrulama, suçsuzluğunu kanıtlama, haklı çıkarma ya da çıkarılma; suçsuzluğu kanıtlayan bir gerçek. *There was no vindication for their outrageous behaviour.*

vindictive [vin'diktiv] *s* intikam güden, kinci. *She is cruel and vindictive.*

vine [vain] *i+sy* üzüm asması; bağ kütüğü. *We picked the grapes from the vine.* **vineyard** ['vinja:d] üzüm bağı, bağ. ـ

vinegar ['vinigə*] *i-sy* sirke. *I mixed oil and vinegar for the salad.*

vintage ['vintidʒ] **1** *i-sy* bağbozumu. **2** *i+sy* filanca senenin şarabı. *Last year's vintage is not yet ready for drinking.* Ayrıca *s* yeterince nitelikli türden. *This is a vintage wine.* **vintage car** 1919 ile 1930 yılları arasında üretilen bir otomobil.

vinyl ['vainl] *i-sy* vinil; mobilya ve döşeme kaplamasında kullanılan bir tür sağlam plastik.

viola [vi'oulə] *i+sy* viyola; kemana benzer, fakat kemandan büyük bir çalgı.

violate ['vaiəleit] *f+n* **1** verilen bir söze aldırış etmemek; bir anlaşmayı, bir yasayı, bir kuralı ihlâl etmek, bozmak. *She violated the rules of the club. He has violated the law against murder.* (eş anl. **infringe**). **2** kutsal sayılan bir şeye saygısızlık etmek, kutsallığını bozmak; bir yere, özl. bir mezara girip içindekileri soymak. *The villain violated the king's tomb.* **3** ırzına geçmek, kirletmek. (eş anl. **rape**).

violent ['vaiəlnt] *s* **1** şiddetli, sert: *a violent storm; a violent blow on the head; a violent speech.* **2** zor ile yapılan saldırı sonucu (olan). *Many political leaders have met violent deaths* (= Bir çok siyasi lider saldırı sonucu ölmüşlerdir). **3** sert, şiddetli: *a violent pain.* **violence** *i-sy* zor, şiddet; zorbalık, tecavüz, kaba muamele: *the violence of the wind; death by violence* (= cebirle ölüm).

violet ['vaiəlit] **1** *i+sy* menekşe. **2** *i-sy* menekşe rengi.

violin [vaiə'lin] *i+sy* keman. **violinist** *i+sy* kemancı.

VIOLIN
(A, scroll; B, pegs;
C, neck; D, fingerboard;
E, waist; F, tailpiece;
G, chinboard)

VIP [vi:ai'pi:] *i + sy* (= very important person)—çok önemli kişi. *We had to wear full school uniform when the VIP visited our school.* (*eş anl.* **big shot, bigwig**).

viper ['vaipə*] *i + sy* engerek yılanı. Ayrıca **adder**'a bkz.

virgin ['və:dʒin] *i + sy* bakire; hiç cinsel temasta bulunmamış bir kimse, özl. bir kız. *Men in this part of the world still demand that the girls they marry should be virgins.* Ayrıca *s* **1** cinsel deneyimi olmayan. **2** el değmemiş, dokunulmamış: *virgin land.* **virginity** [və:'dʒiniti] *i-sy* bakirelik. *She had lost her virginity.*

virile ['virail] *s* erkeğe ait; güçlü, enerjik: *a virile young sportsman.* **virility** [vi'riliti] *i-sy* erkeklik, mertlik.

virtual ['və:tjuəl] *s* resmen değil ama gerçekte. *Because the government was weak, the army became the virtual ruler of the country.* **virtually** *z* hemen hemen, neredeyse. *I am virtually penniless.*

virtue ['və:tju:] *i + sy/-sy* fazilet, erdem; alçak gönüllülük, yiğitlik, doğruluk, iyilikseverlik gibi nitelikler. *Honesty is a great virtue. One of his virtues is that he never gets angry.* **virtuous** *s* faziletli, erdemli. *Martin has led a virtuous life.* **by/in virtue of** ...-den dolayı, yüzünden. *By virtue of the position she held, she is allowed to do as she wishes.* (*eş anl.* **because of**). **make a virtue of something** yapmak zorunda olduğu bir şeyi sanki iyilikseverliğindenmiş gibi göstermek.

virtuoso [və:tju'ouzou] *i + sy* virtüöz; herhangi bir müzik aracını büyük ustalıkla çalabilen sanatçı; güzel sanatlar dalında büyük ustalığı olan kimse. *He is virtuoso on the violin.*

çoğ. biç. **virtuosos. virtuosity** [və:tju-'ɔsiti] *i-sy* virtüözlük.

virulent ['virjulnt] *s* **1** çok zehirli; öldürücü: *a virulent disease. Its poison is as virulent as that of the cobra.* **2** (hisler, duygular, konuşmalar, hareketler hk.) çok acı, sert, kin veya nefret dolu. *Mr Hunt made a virulent speech against the government.*

virus ['vairəs] *i + sy* virüs; insanlarda, hayvanlarda ve bitkilerde hastalıklara yol açan, bakteriden daha küçük bir tür mikrop: *virus infection.* çoğ. biç. **viruses.**

visa ['vi:zə] *i + sy* vize; bir yabancının, bir ülkeye girmesine, o ülkede çıkmasına ya da o ülkede dolaşmasına izin verildiğini gösteren ve o ülkenin bir temsilcisi tarafından pasaporta basılan resmi mühür, işaret: *entrance visa; exit visa. I obtained a visa to visit West Germany.* çoğ. biç. **visas.**

vis-à-vis [vi:z æ vi:] *edat* karşılaştırıldığında, ...-e göre. *What is your country's position vis-a-vis the Common Market?*

viscount ['vaikaunt] *i + sy* vikont; kontun bir altındaki rütbede bulunan soyluluk ünvanı. **viscountess** ['vaikauntis] *i + sy* vikontes; vikontun karısı.

visible ['vizibl] *s* görünür, görülebilir. *There is nothing visible. The lighthouse was visible a long way out to sea.* (*karş.* **invisible**). **visibly** *z* görünebilir halde. **visibility** [vizi'biliti] *i-sy* görüş uzaklığı, görüş; görülebilir olma durumu. *The poor visibility caused by the fog made driving very difficult.*

vision ['vizən] **1** *i-sy* görme yeteneği, görme gücü. *He wears spectacles because his vision is weak.* **2** *i-sy* hayal gücü; ileriyi görebilme. *The educational plan will fail because it has no vision.* **3** rüyada görülen bir şey, hayal. *When I was a boy I had visions of being a famous actor.* **visionary** ['viʒənəri] *s* hayali: *visionary plan* Ayrıca *i + sy* hayalperest.

visit ['vizit] *f + n* **1** ziyaret etmek, görmeye gitmek. *They are visiting their friends in London.* **2** (doktor) vizite yapmak. *The doctor visits his patients every day.* **3** misafirliğe gitmek. *She has gone visiting.* **4** bir yere gitmek, bir yeri gezip görmek. *Have you ever* visited London? Ayrıca *i+sy* ziyaret, görmeye gitme. *They are paying a visit to their friends. He went to London on a visit.* (*Brİ*'de) **visiting card,** (*Amİ*'de **calling card**) kartvizit. **visiting hours** (bir hastane, vb. bir yerdeki) ziyaret saati. **visitor** [vizitə*] *i+sy* misafir, ziyaretçi.

visor ['vaizə*] *i+sy* yüzü korumak için kaskın, örn. motosiklet kaskının, ön tarafındaki açılır kapanır kısım; otomobillerde güneşlik.

visors

vista ['vistə] *i+sy* (özl. belli ve yüksek bir yerden bakıldığında ve güzel olan) manzara. *We enjoyed the vista of the mountain as seen from the north.*

visual ['vizjuəl] *s* görme ile ilgili, görsel: *visual aids* (=görsel yardımcı, örn. resimler, filmler vb. öğretime yardımcı olan araçlar) **visually** *z* görerek, görülür şekilde. **visualize** *f+n* tasavvur etmek, hayalinde canlandırmak. *I cannot visualize him as an old man.*

vital ['vaitl] *s* **1** yaşam için gerekli, hayati. *The heart is a vital organ.* **2** çok elzem ve önemli. *This letter contains vital information.* **vitally** *z* çok elzem olarak; hayati. **vitality** [vai'tæliti] *i-sy* canlılık, dirilik; yaşam gücü, hayatiyet. **vital statistics 1** doğum, evlilik ve ölüm, vb. olguları toplayıp sayı halinde gösterme işi; doğum, ölüm, evlilik, vb. istatistikleri. **2** bir kadının göğüs, bel ve kalça ölçüleri (böyle söylemekle bir kadın vücudunun ne kadar güzel olduğu ifade edilmiş olur). *Her vital statistics are 32-30-32.* (**2.** anlamı *k. dil.*).

vitamin ['vitəmin] *i+sy* vitamin: *vitamin deficiencies* (=vitamin eksiklikleri). *An orange contains vitamin C.*

vivacious [vi'veifəs] *s* canlı, neşeli, şen şakrak. *She is young and vivacious.* **vivacity** [vi'væsiti] *i-sy* neşelilik, canlılık.

vixen ['viksn] *i+sy* dişi tilki.

viz. [viz] *bağ* (=**videlicet**)—demek oluyor ki, yani. *These insects appear in warm wet weather, viz. early summer and early autumn.*

V-neck ['vi:nek] *i+sy* V-yaka. Ayrıca *s* V yakalı: *V-necked pullover.*

vocabulary [vou'kæbjuləri] *i+sy* **1** sözcükler dizisi (genl. alfabetik sıraya göre dizilmiş olup anlamları da açıklanmıştır). **2** bir kimsenin bildiği tüm sözcük sayısı; sözcük dağarcığı. *He has increased his English vocabulary by reading many English books.*

vocal ['voukl] *s* ses ile ilgili; ses ile çıkarılan, sesli: *vocal music. They are very vocal in their demands for more money* (=Daha fazla para isteklerini açık ve seçik bir şekilde sık sık ifade ediyorlar). **vocalist** *i+sy* bir pop grubu eşliğinde şarkı söyleyen kimse. *The vocalist who sings with that group is in our church choir.* **vocal cords, vocal chords** *içoğ* ses telleri.

vocation [vou'keifən] *i+sy/-sy* meslek, iş, güç. *Medicine is his vocation.* **vocational** *s* bir mesleğe hazırlayan: *vocational guidance* (=meslek seçme hk. tavsiye, yol gösterme).

vociferate [və'sifəreit] *f+n/-n* bağırıp çağırmak. **vociferous** [və'sifərəs] *s* gürültülü, patırtılı.

vodka ['vɔdkə] *i-sy* votka; çavdar, veya patatesten yapılan alkollü bir içki.

vogue [voug] *i+sy* (genl. sadece *tek. biç.*) moda. *Short skirts are the vogue this year.* **in vogue** moda halinde, itibarda.

voice [vɔis] **1** *i+sy* ses, insan sesi. *We could hear the voices of the people in the next room. They were speaking in loud voices. Because he has a cold he has lost his voice.* **2** *i+sy* (dilb.) çatı; fiilin edilgen veya etken olma hali. NOT: İngilizcede *transitive* (=geçişli) fiillerde iki *voice* (=çatı) vardır: *active voice*—etken çatı
The lion killed the man.
passive voice—edilgen çatı
The man was killed by the lion.
Ayrıca *passive voice*'a bkz. Ayrıca *f+n* söylem, ifade etmek. *He voiced his opinions to everybody.* **with one voice** hep birlikte, hep bir ağızdan; tek ses olarak. *With one voice, they demanded his resignation.* **voiced** [vɔist] *s* sesli; ses telleri titreştirilerek çıkarı-

lan: /v/ and /z/ are voiced sounds.
voiceless ['vɔisləs] s sessiz; ses telleri
titreştirilmeden çıkarılan: /f/ and /s/
are voiceless consonants. **voice-over**
i+sy bir film veya televizyon progra-
mında programı sunan, veya anlatan
ama görülmeyen bir kişinin sesi.
void [vɔid] s 1 boş. 2 geçersiz, hüküm-
süz. Your cheque will be void if you
do not sign it. Ayrıca i-sy dünyayı
çevreleyen boşluk. **void of** ...-den
yoksun, (bir şey)siz: a life void of
excitement. This statement is void of
meaning. null and void için **null**'a
bkz.
volatile ['vɔlətail] s 1 (sıvılar hk.) uçu-
cu; kolayca gaz haline dönüşebilen.
Petrol is volatile. 2 (insanlar hk.) ha-
vai, hoppa, uçarı; gelgeç gönüllü.
volcano [vɔl'keinou] i+sy volkan,
yanardağ. çoğ. biç. **volcanoes**: **vol-
canic** [vɔl'kænik] s volkanik, volkan
gibi.

volcano

volition [və'liʃən] i-sy irade; bir şeyi
yapıp yapmamaya karar verme gücü,
istem. He gave the money of his own
volition.
volley ['vɔli] i+sy 1 yaylım ateşi. 2 söz,
küfür, vb. yağmuru. I was subjected
to a volley of four-letter words.
(=Ağza alınmayacak sözlere maruz
kaldım). 3 (teniste) vole; top yere değ-
meden rakip sahaya yapılan vuruş.
volleyball voleybol.
volt [voult] i-sy volt; elektromotor gü-
cün, veya gerilimin birimi. Simgesi V.
voltage i+sy/-sy voltaj, gerilim.
voluble ['vɔljubl] s konuşkan, çenebaz;
büyük bir enerji ve istekle hiç durma-
macasına konuşan. He became very
voluble and told her everything.
volubly z enerjik bir şekilde. He talk-
ed volubly about the problems of the
ghetto. **volubility** [vɔlju'biliti] i-sy çok
ve çabuk konuşma. Words poured out

of her with a volubility I had never
suspected.
volume ['vɔlju:m] 1 i+sy bir cilt kitap,
özl. bir dizi kitabın bir cildi. 2 büyük
miktar. A volume/volumes of smoke
rose from the burning house. 3 i-sy ses
gücü, veya yüksekliği. Your radio is
too loud. Turn down the volume. 4
i-sy hacim; (genl. fit, metrekare olarak
gösterilen ölçüde) bir cismin doldur-
duğu boşluk: find the volume of a
box 4 feet long, 3 feet broad and 2 feet
high. **voluminous** [və'lju:minəs] s pek
büyük; giyene çok büyük ve geniş
gelen: a voluminous apron/skirt. 2
ayrıntılarla dolu ve sayfalar dolusu;
ciltler dolusu: voluminous notes/
documentation. He wrote a volumin-
ous report on education.
voluntary ['vɔləntəri] s 1 gönül rızası
ile, veya bir ücret almadan yapılan,
ihtiyari, gönüllü, isteyerek, istemli. I
am a voluntary helper. He has just
finished his voluntary service overseas
(=V.S.O.). 2 hükümetçe sağlanan para
ile değil de yardım ve bağışlarla des-
teklenen. This school belongs to a
voluntary organization. **voluntarily** z
gönüllü olarak; isteğe bağlı, seçmeli
olan.
volunteer [vɔlən'tiə*] i+sy 1 gönüllü.
Are there any volunteers for cleaning
the kitchen? 2 gönüllü asker: units
from the regular and the volunteer
armies. Ayrıca f+n/-n 1 gönüllü ol-
mak, bir şey yapmayı isteyerek teklif
etmek. They volunteered some inter-
esting suggestions. She volunteered to
help with the washing up. 2 gönüllü
asker olmak, gönüllü olarak askere
yazılmak. When war broke out, I
volunteered.
voluptuous [və'lʌptjuəs] s şehvetli: a
voluptuous blonde.
vomit ['vɔmit] f+n/-n kusmak. The
poisoned food made him vomit. He
vomited all the food he had eaten. (eş
anl. be sick). Ayrıca i-sy kusmuk. The
stink of vomit reached me almost
instantly.
voodoo ['vu:du:] i-sy Batı Hint Adala-
rı, özl. Haiti zencilerinin kötü ruhlara
ve büyücülüğe olan inançlarına dayalı
bir tür din.
voracious [və'reiʃəs] s doymak bilmez;
obur: voracious appetite.
vote [vout] i+sy/-sy 1 oy, rey. I gave my

vote to the first speaker. He is too young to have a vote. He was elected captain by 20 votes. (=20 oy farkı ile kaptan seçildi). **2** oylama. *Let's have a vote. We took a vote.* **3** bir seçimde kullanılan oy miktarı ya da oy kullanan kimselerin sayısı. *The new party captured 36 percent of the vote. An MP ought to be elected by a majority vote* (= Bir Parlamento Üyesi oy çokluğu ile seçilmelidir). **4** oy kullanma hakkı. *Women have had the vote for over fifty years.* Ayrıca *f+n/-n* **1** oy vermek, oylama yapmak; oylama sonucu tahsis etmek, ayırmak. *We voted against/for him. The National Assembly voted more money to education.* **2** (bir şey) teklif etmek, önermek. *I vote (that) we stay at home today.* **voter** *i+sy* oy veren kimse; seçmen. **vote of confidence** güvenoyu. *The government lost a vote of confidence and a general election was called.* **vote of no confidence** güvensizlik oyu. *The government survived two votes of no confidence.* **vote down** (özl. resmen yapılan oylama sonucunda) reddetmek, geri çevirmek. *My proposal was voted down.* **vote of thanks** (genl. resmi bir toplantı, veya ziyafet sırasında, bir kişinin bağlı olduğu grubu adına yaptığı ve sonunda alkışlanan) açık/aleni teşekkür.

vouch [vautʃ] *f-n* (**for** ile) **1** (bir kimse, veya onun davranışları için) kefil olmak. *I can vouch for their honesty.* **2** (bir şeyi) doğrulamak, teyit etmek. *I can vouch for the truth of the statement.* **voucher** *i+sy* **1** senet, vesika, makbuz. **2** kupon: *meal vouchers worth up to 15p a day.*

vow [vau] *i+sy* söz, ant; yemin: *marriage vows. The secret agent took a vow not to reveal any secret information.* Ayrıca *f+n* söz vermek; ant içmek, yemin etmek. *He vowed that he would never do it again. / He vowed never to do it again.*

vowel ['vauəl] *i+sy* ünlü; a, e, i, o veya u harfleri ile gösterilen ses.

voyage ['vɔiidʒ] *i+sy* uzun deniz yolculuğu. *They have gone on a voyage round Africa.* **voyager** *i+sy* yolcu; özl. güç ve tehlikeli bir yolculuğa çıkan kimse.

vs. ['vɔːsəs] *edat* **versus**'a bkz.

V-sign ['viːsain] *i+sy* **1** elin dışı öne bakacak şekilde eli havaya kaldırıp işaret parmağı ile yanındakini V biçiminde açarak yapılan ve 'ha siktir' anlamına gelebilen bir işaret. *I just gave him a V-sign and ran.* **2** elin ayası öne bakacak biçimde yapılan buna benzer bir işaret; bir zafer kazanıldığında, veya bundan emin olunduğu zaman yapılır.

VSO (=very superior old)—sözünün kısaltılmış biçimi. Bir konyağın, Porto şarabının, 12 ile 17 yıllık olduğunu göstermek için kullanılır.

VSOP (=very special/superior old pale)—sözünün kısaltılmış biçimi. Bir konyağın, Porto şarabının 20 ile 25 yıllık olduğunu göstermek için kullanılır.

VTR [viːtiːˈaː] *i+sy* (=video tape recorder)—video teyp kayıt cihazı.

vulgar ['vʌlgə*] *s* **1** kaba, bayağı, adi: *vulgar jokes; vulgar behaviour.* **2** sıradan halka ait. (**2.** anlamı *esk. kul.*). **vulgarity** [vʌlˈgæriti] *i+sy/-sy* kabalık, bayağılık, adilik. **vulgar fraction** bayağı kesir, örn 3/4 (ondalık kesir (=**decimal fraction**) olursa bu .75 olarak gösterilir).

vulnerable ['vʌlnərəbl] *s* **1** (zayıf ve korumasız olması nedeniyle hem fiziki hem de ruhsal bakımdan) kolayca incinir, yaralanabilir, rahatsızlanabilir. *I am vulnerable to headaches when I am tired.* (*karş.* **invulnerable**). **2** savunmasız, iyi korunmamış, saldırıya açık. *Khrushchev was shocked to see how vulnerable the tank had become to guided missiles.* **vulnerability** [vʌlnərəˈbiliti] *i-sy* yaralanma, incinme olasılığı.

vulture ['vʌlʃə*] *i+sy* akbaba. *Vultures usually have no feathers on their head or neck.*

vulture

vying ['vaiiŋ] **vie** fiilinin şimdiki zaman ortacı.

W

wad [wɔd] *i*+*sy* katlanmış para, veya kağıt; deste, tomar. *John took a wad of ten-pound notes from his pocket.*

waddle ['wɔdl] *f-n* ördek gibi yürümek, badi badi yürümek. *The fat old woman waddled past. A family of ducks waddled across the road.* Ayrıca *i*+*sy*/-*sy* badi badi yürüyüş.

wade [weid] *f*+*n*/-*n* yürüyüşü zorlaştıran bir şey içinden, örn. su, çamur, yürümek. *We waded across the river because there was no bridge.* **wade in/into** 1 zor bir şeyi başarmak için büyük bir azim ve enerji ile başlamak. *I waded into a pile of work without hesitation.* 2 bir kimseye şiddetle saldırmak, hücum etmek. *The two men waded in (into each other), exchanging blows.* **wade through** (uzun, tatsız, ilginç olmayan bir kitabı, raporu, vb.) büyük bir gayret sarfederek bitirmek, zorla tamamlamak. *John has finally managed to wade through that boring book he had to read.*

wafer ['weifə*] 1 *i*+*sy* gofret, kağıt helvası, çoğk. dondurma ile yenir. 2 Aşai Rabbanî sırasında yenen özel olarak yapılmış yuvarlak bir çeşit ekmek. *She opened her mouth to receive the papery-thin wafer.* **wafer-thin** *s* kağıt gibi ince ve yassı.

waffle[1] ['wɔfl] *i*+*sy* üzerine şurup dökülerek yenilen bir çeşit gözleme.

waffle[2] ['wɔfl] *f-n* saçma sapan konuşmak; zırvalamak. *What is he waffling on about?* Ayrıca *i-sy* boş lâf, saçma söz, veya yazı. *There is too much waffle in this essay.* (k. dil.).

waft [wɔft] *f*+*n* havada, veya suda hafifçe, sürüklemek, veya yaymak. *The gentle wind wafted the sound of music towards us.*

wag [wæg] *f*+*n*/-*n* sağa sola, yukarı aşağı, sık sık ve çabuk çabuk oynatmak, sallamak ya da sallanmak. *The dog's tail is wagging. / The dog is wagging its tail.* **tongues wag** dedikodu olmak, çıkmak. *He dared not give her a scarf as a gift, because tongues might wag. geç. zam. ve ort.* **wagged**.

wage[1] [weidʒ] *i*+*sy* (genl. çoğ. biç.) ücret. *My wages are £650 a week.* NOT: çalışana haftalık olarak ödenen paraya *wage* denir. Eğer bu ödeme ayda bir yapılırsa buna *salary* (= maaş) denir.

wage earner *i*+*sy* ücretli. **wage freeze** *i-sy* ücretlerin dondurulması. **wage-packet** *i*+*sy* ücret, veya maaş zarfı; içinde ücret ya da maaş konularak verilen zarf.

wage[2] [weidʒ] *f*+*n* (özl. bir harbe, kampanyaya) başlayıp sürdürmek; harp etmek. *He believes that they are plotting to wage a limited nuclear war in Europe. Iran waged war on/against Iraq.*

wager ['weidʒə*] *i*+*sy* bahis. *Our wager was £10.* Ayrıca *f*+*n* bahse girmek, bahse tutuşmak. *I'll wager my reputation on the outcome of the case. I'll wager £10 that I can run faster than you.*

waggle ['wægl] *f*+*n*/-*n* çabuk çabuk, aşağı yukarı, veya sağa sola sallamak, veya sallanmak. *The bird waggled its tail to shake the water off.* (eş anl. **wiggle**). Ayrıca *i*+*sy* sallayış, sallanış

waggon, wagon ['wægən] *i*+*sy* 1 büyük, dört tekerlekli at ya da öküzlerin çektiği yük arabası. 2 (*Brl*'de) bagaj vagonu. (*AmI*'de **freight car**). **station wagon** için **station**'a bkz.

wagons

waif [weif] *i*+*sy* yatacak yeri, yiyecek aşı yokmuş hissini veren zayıf, genç birisi, özl. bir çocuk. *There she sat,*

huddled up, like a waif.
wail [weil] *f+n* ağlamak, inlemek; feryat etmek. *One of the small children began to wail with terror.* Ayrıca *i+sy* ağlama, inleme, feryat.

waist [weist] *i+sy* (insan vücudunda) bel. **waistcoat** ['weiskout] (*BrI*'de) yelek. (*AmI*'de **vest**). **waist-deep** *s/z* bele kadar. *We were waist-deep in the river.* **waist-high** *s/z* yarı beline kadar; bele kadar çıkan. **waistline** bel ölçüsü; bel kısmı, bel yeri.

wait [weit] *f+n* (birisini, bir şeyi) beklemek. *I waited for him at the gate. We waited (for) an hour but they did not come. Have you been waiting long? You must wait your turn to see the doctor.* Ayrıca **await**'e bkz. Ayrıca *i+sy* bekleme, bekleyiş. *We had a long wait before we could see him.* **waiter** *i+sy* garson. (*kadınına* **waitress** ['weitris] *denir*). **waiting list** yedek liste, bekleyenler listesi. *New houses are very scarce. There is a waiting list for all of them.* **waiting room** bekleme odası, örn. bir tren istasyonunda trenin, bir doktorun muayenehanesinde doktorun beklendiği oda). **wait on/ upon someone** hizmet etmek, servis yapmak. *He waited on us at dinner.* **wait on someone hand and foot** birisine canla başla hizmet etmek, birisinin etrafında dört dönmek. *Ever since her husband became ill, she has waited on him hand and foot.* **wait up for someone/ something** birisini, veya bir şeyi yatmayıp beklemek. *My wife always waits up for my son when he is late home.* **What are you waiting for?** Daha ne bekliyorsun? Hadi durma! **wait and see** bekle de gör siyaseti gütmek. *I prefer to wait and see how things go.* **no waiting** motorlu araçların durması yasaktır. **lie in wait** için **lie**'a bkz.

waive [weiv] *f+n* **1** (hakkından, bir isteğinden) vazgeçmek, feragat etmek. *I waived my claim to all the land.* **2** (bir cezayı uygulamayıp) affetmek. *The judge waived the sentence and let her go free.*

wake[1] [weik] *f+n/-n* uyanmak; uyandırmak. *They always wake (up) at 7 o'clock. Please wake me (up) earlier tomorrow.* geç. zam. biç. **woke** [wouk] veya **waked**. geç. zam. ort. **woken** ['woukən], **woke** veya **waked**.

NOT: *I* tablodaki fiil biçimlerine dikkat ediniz.

yalın biç. (verb)	geç. zam. biç. (past tense)	geç. zam. ort. (past part.)
awake	awoke	awoken
awaken	awakened	awakened
wake (up)	woke veya waked (up)	woken veya waked (up)
waken	wakened	wakened

2 bu fiillerden kullanımı en yaygın olanı *wake up*'tır ve geçmiş zaman biçimi *woke up*'ın ve geçmiş zaman ortacı olarak da *woken up*'ın kullanılması tavsiye edilir.

waking *s* uyku dışında kalan. *He spends all his waking hours reading.*

wake[2] [weik] *i+sy* (özl. İrlanda'da) gömülmeden bir önceki gece, sabaha kadar uyumayıp ölüyü bekleme.

wake[3] [weik] *i+sy* (geminin) dümen suyu. *John found her staring at the wake of the ship.* **in the wake of** hemen arkasından. *Famine came in the wake of disastrous floods.*

waken ['weikən] *f+n/-n* geçmiş zamanı ve ortacı **wakened**. Ayrıca **wake**'e bkz.

walk [wɔ:k] *f+n/-n* **1** yürümek; yürütmek. *Our baby cannot walk yet. I usually walk to school and come home by bus. They walked four miles in one hour.* Ayrıca *i+sy* yürüyüş, yürüme. *We went for a walk after lunch. Our house is half an hour's walk from the library.* **2** yürüyüş biçimi. *I know him by his walk.* **walking stick** baston. **walk away with something** bir şeyi, örn. bir ödülü kolayca kazanmak. *He walked away with all the prizes.* **walk off with something** bir şeyi izinsiz alıp götürmek; aşırmak. *He walked off with several watches.* **2** bir şeyi, örn. bir ödülü kolayca kazanmak. *He walked off with all the prizes.* **walk out on someone** (dostunu, sevgilisini, vb.) birden terketmek, yüzüstü bırakmak. *His wife has walked out on him.* (*k. dil.*). **walkover** *i+sy* (bir spor yarışmasında) kolay galibiyet. *It was a walkover for England. They won 8-nil.* **walk of life** meslek; sosyal durum. *In the army there were men from every walk of life.*

walkie-talkie ['wɔ:ki'tɔ:ki] *i+sy* alıcı-verici el telsizi.

Walkman [wɔːkˈmən]® *i+sy* çok hafif, başa takılan ve kulaklıkları olan küçük kaset çalar.

wall [wɔːl] *i+sy* duvar. *The walls of our house are built of brick. There is a blackboard on one wall of the classroom. He climbed over the wall into the garden.* **walls have ears** yerin kulağı var. **wall-to-wall** duvardan duvara. *I prefer wall-to-wall carpeting.* **wallpaper** *i+sy* duvar kağıdı. Ayrıca *f+n* duvar kağıdı ile kaplamak. *I am going to wallpaper our livingroom today.* **go to the wall** mahvolmak, iflas etmek. *Business has been so bad recently that many companies have gone to the wall.* **have one's back to the wall** kaçıp kurtulma olasılığı kalmayan çok kötü, veya tehlikeli bir durumda olmak. *The soldiers decided that they would have to stand and figh: their backs were to the wall.*

wallet [ˈwɔlit] *i+sy* para cüzdanı.

wallop [ˈwɔləp] *f+n* pataklamak, bir temiz sopa çekmek; kuvvetle vurmak. *Her mother walloped her when she came home one hour late.* Ayrıca *i+sy* çok sert vuruş, dayak. (*k.dil.*).

wallow [ˈwɔlou] *f-n* 1 çamur, veya pis suda zevkle yatmak, yuvarlanmak. *The water buffalo wallowed in the mud.* 2 (**in** ile) aşırı zevk duymak. *It isn't just a nostalgic wallowing in things of the past.* **wallow in money** para içinde yüzmek.

walnut [ˈwɔːlnʌt] 1 *i+sy* ceviz. 2 *i+sy* ceviz ağacı. 3 *i-sy* ceviz ağacı (kerestesi).

walrus [ˈwɔːlrəs] *i+sy* deniz aygırı, mors. *Walruses are found mainly in the Arctic region.* *çoğ. biç.* **walrus** veya **walruses.**

walrus

waltz [wɔːls] *i+sy* vals. Ayrıca *f+n/-n* vals yapmak; vals yaptırmak. *Allan dreamt of going to Hollywood to waltz with Ginger Rogers.*

wan [wɔn] *s* (insanlar hk.) yorgun, bitkin, veya hasta görünen; üzgün, veya beti benzi atmış. *She looked wan and defeated.*

wand [wɔnd] *i+sy* (özl. sihirbazların, veya perilerin elinde bulunan) âsa, değnek. *She seemed to expect him to wave a magic wand and make the problem disappear.*

wander [ˈwɔndə*] *f-n* 1 başıboş dolaşıp durmak; gezinmek. *We wandered through the town with nothing to do.* 2 sapmak, doğru yoldan ayrılmak; yolunu şaşırmak. *Don't wander off the road into the forest.* 3 (ana düşünceden) uzaklaşmak, ayrılmak. *The teacher wandered from the subject of his lesson. As he spoke, my thoughts wandered.* **wanderer** *i+sy* gezginci.

wane [wein] *f-n* 1 (ay) gittikçe küçülmek. *Last night there was a full moon. Tonight it begins to wane.* (*karş.* **wax**). 2 (hisler, duygular, ilgiler, vb.) etkisini, gücünü yavaş yavaş kaybedip bitmek, kaybolmak. *Daniel's enthusiasm/influence/power was waning.* **be on the wane** giderek azalmak, zayıflamak, küçülmek. *The king's power was on the wane.* (*eş anl.* **diminishing**).

wangle [ˈwæŋgl] *f+n* hile ya da kurnazlıkla birisinden bir şeyi, allem edip kallem edip koparmak; istediğini elde etmek. *He wangled free tickets to the concert.* Ayrıca *i+sy* hile ya da kurnazlıkla elde etme. *Be careful! This is one of his wangles.* (*k. dil.*).

wank [wæŋk] *f+n* (*Brİ'de*) otuzbir çekmek, kendini elle tatmin etmek. *şim. zam. ort.* **wanking.** *geç. zam.* ve *ort.* **wanked.** Ayrıca *itek* otuzbir çekme. **wanker** *i+sy* otuzbir çeken kimse, otuzbirci. (argo).

wanna [wɔnə] (= **want to/want a**)—*I wanna go home. I wanna bottle of beer.* (*k.dil*).

want¹ [wɔnt] *f+n/-n* 1 ihtiyacı olmak; istemek; gerekmek. *Will you want the car today? I want more money to buy it. This room wants cleaning.* 2 istemek, arzu etmek. *I want to go home. They want us to help them.* NOT. *1* yukarda 2 anlamda *want* yerine *wish* (= istemek (şimdi) isterdi)'yi kullanmak da mümkündür: *I wish to go home. Fakat want'ın kullanılması çok daha yaygındır. 2 wish for* genl. olması, yapılması çok güç, veya imkânsız bir şeyi istemek anlamına gelir: *He is wishing for the moon* (=Olmayacak hayallerin peşinde koşuyor); *want* ise olması mümkün ve yapılabilir bir şeyi arzu etmek, istemek demektir. *He wants £10 before Friday.* **wanting** *s* **1** (bir nitelikten) yoksun. *They are wanting in courage.* **2** eksik, noksan. *Nobody would buy this machine because the most important parts are wanting.* **wanted** polis tarafından aranıyor. *He is wanted for the murder of his brother.*

want² [wɔnt] **1** *i-sy* yokluk, ...-sızlık, ihtiyaç, lüzum. *The children are unhappy from want of love. He is ill through want of food. Many people live in want* (= Pek çok insan açlık ve yoksulluk içinde yaşamaktadır). **2** *i+sy* (çoğ. biç.) ihtiyaçlar, gereksinmeler. *This shop can supply all your wants. Simple people have few wants.* **for want of**...olmadığı için. *For want of anything better to do, he continued to read.*

wanton ['wɔntn] *s* **1** herhangi bir geçerli nedeni, veya sebebi olmadan bilerek zarara ve ziyana neden olan: *senseless and wanton cruelty.* **2** iffetsiz, hafifmeşrep: *a wanton woman.*

war [wɔː*] *i+sy/-sy* **1** savaş, harp. *The Second World War began in 1939 and ended in 1945. Great Britain was at war for six years. Soldiers are trained for war.* **2** herhangi bir mücadele, savaş: *our war against ignorance, poverty and disease.* **warfare** savaş, harp; mücadele: *jungle warfare* (= orman savaşı); *chemical warfare.* **be at war** with harp halinde olmak, savaşmak. *Iran was at war with Iraq.* **warhead** (bomba ya da füzelerde) harp başlığı: *nuclear warhead.* **warlike** *s* **1** savaşta kullanılmak amacıyla yapılan, hazırlanan: *warlike equipment.* **2** savaşçı, döğüşken, harpsever. *Turks in the past were a warlike nation.* **on the warpath** parlamaya hazır, kızmış ve döğüşmeye hazır; savaşan veya kavga eden. *He scares me to death when he's on the warpath.* (Amerikan Kızılderilileri için kullanılması dışında *k. dil.*). **warship** harp gemisi. **wartime** harp zamanı, savaş zamanı. **civil war** iç harp. **cold war** için *cold'a* bkz. **declare war (upon)** harp ilân etmek. *Iran declared war upon Iraq in 1980.*

go to war **1** savaşa girişmek. *England went to war with Germany in 1940.* **2** (asker) harbe gitmek. *My father went off to war in 1952.* **be in the wars** harpten çıkmış gibi her tarafı yara bere içinde olmak. *John came back from the football match looking as though he'd been in the wars.* **make/wage war on** savaşmak, harbetmek. *Iran was waging war on Iraq.* **war widow** kocası savaşta ölen kadın, savaş dulu. **war of nerves** sinir harbi. *They are conducting a war of nerves against us.*

warble ['wɔːbl] *f+n/-n* (özl. kuşlar hk.) sürekli ve değişen bir tonda ötmek, şakımak.

ward¹ [wɔːd] *i+sy* **1** vesayet altında bulunan kimse. *When his parents died the boy became the ward of his uncle.* **2** (yerel seçimler hk.) semt, bölge. *We shall analyse the votes ward by ward.* **3** hastahane, veya hapishane koğuşu: *surgical ward.*

ward² [wɔːd] *f+n* (off ile) (bir tehlike, hastalık, vb.) tehlikeli bir şeyi önlemek, savuşturmak; önüne geçmek. *He warded off the blow with his arm.*

warden ['wɔːdn] *i+sy* **1** bir binanın sorumlusu: *the warden of a students' hostel.* **2** hapishane müdürü. **traffic warden** trafik kurallarına göre araçların doğru park edip etmediklerini kontrol eden ve bazen de trafiği yöneten görevli.

warder ['wɔːdə*] *i+sy* (hapishanede) gardiyan. (*kadınına* **wardress** ['wɔːdris] denir).

wardrobe ['wɔːdroub] *i+sy* **1** gardrop, elbise dolabı. **2** (bir kimsenin) tüm elbiseleri, giysileri; gardrop. *Her wardrobe must have cost hundreds of pounds.*

ware [wɛə*] *i+sy.* (çoğ. biç.) sokakta, veya pazarda satılacak mal. *The stallholders* (= pazarcılar) *began to sell their wares at half-price.* **2** ...-den yapılan, örn. *earthen ware* topraktan yapılan, yani 'çanak çömlek'; *hardware* (= madeni eşya); *silverware* (= gümüş takımlar). **warehouse** depo, anbar, ardiye.

warfare ['wɔːfeə*] *i-sy* **war'a** bkz.

warily ['wɛərili] *z* **wary'ye** bkz.

warm¹ [wɔːm] *s* **1** ılık, hafif sıcak; ısıtan, sıcak tutan. *In England the summers are usually warm but seldom* *hot. You should wear warm clothes in cold weather.* 2 candan, sıcak, samimi. *They gave us a warm welcome.* 3 (avlanmakta olan hayvanların izleri, veya kokuları hk.) yeni, taze, yakında yapılmış. *We followed the buffalo through the bush while the scent was still warm.* **warmly** z içtenlikle, samimiyetle, hararetle. **warmth** [wɔːmθ] *i+sy* ılıklık, sıcaklık. **warm-hearted** sıcak kalpli, yüreği sevgi dolu, iyi kalpli.

warm² [wɔːm] *f+n/-n* ısıtmak; ısınmak. *The food was warming near the fire. They warmed themselves in the sun.* **warm to someone** kanı ısınmak; sevmek, hoşlanmak. *I warmed to him at once.* **warm (something) up 1** (bir şeyi) ısıtmak. *Mother warmed up some milk.* 2 (özl. bir yarışmaya, veya oyuna başlamadan önce) ısınmak. *The two teams are warming up for the relay race.* **warm-up** *i+sy* (genl. çoğ. biç.) ısınma hareketleri, ısınma. *During the warm-up exercises, I was still shaking. The orchestra had a warm-up before the performance.*

warn [wɔːn] *f+n* ikaz etmek, uyarmak, dikkatini çekmek. *We warned him of the dangers of driving too quickly. My father warned me against strangers. The headmaster warned them that next time they were late they would be punished. He warned them not to be late again.* **warn off/ (away)** uyararak, veya tehdit ederek çekip gitmesini ya da yapmayıp bırakmasını söylemek; uzak durmasını bildirmek. *He realized that his doctor was warning him off drink. He crossed the line but he knew that he was being warned away.* **warning** *i+sy* uyarı, ikaz; uyarma. *Let this be a warning to you. She left her husband without any warning.*

warp [wɔːp] *f+n/-n* 1 (özl. ahşap kısımlar hk.) su ve ısı nedeniyle eğrilmek, bükülmek; eğriltmek, yamultmak. *The heavy rain warped the roof.* 2 (özl. bir kimsenin karakteri, kişiliği hk.) doğru yoldan saptırmak; anormalleştirmek. *This evil deed was planned by a warped mind.*

warrant ['wɔrnt] *f+n* yetki vermek, hak kazandırmak; haklı ya da mantıklı göstermek; mazur göstermek. *His wealth does not warrant his rude*

behaviour. (eş anl. justify). Ayrıca *i+sy* arama emri, tutuklama müzekkeresi. *The police have a warrant for his arrest.* **I'll warrant** inan, doğru söylüyorum! *Not many people know that, I'll warrant.* **warranty** *i+sy* garanti belgesi; garanti. *My car is still under warranty.* **warrant officer** (silâhlı kuvvetlerde) başçavuş ile teğmen arasında bir rütbe.

warren ['wɔrn] *i+sy* 1 tavşanların toplu olarak yaşadıkları, yuvalarının ve bu yuvaların birbirlerine tünellerle bağlandıkları yer: *the rabbit warren.* 2 üst üste insanların sıkışık biçimde oturdukları, yaşadıkları ve dar sokakları veya koridorları bulunan bir bina ya da şehrin bir bölgesi; gecekondu bölgesi.

warrior ['wɔriə*] *i+sy* asker; cesur savaşçı. *He was a brave warrior. (eş anl. combatant).*

wart [wɔːt] *s* siğil; deride, daha çok da ellerde meydana gelen, sert ve pürtüklü urcuk: *a woman with a wart on her nose.* **warts and all** olduğu gibi, iyiyi kötüyü saklamadan bütün ayrıntıları ile. *When I married Jane I accepted her, warts and all.*

wary ['weəri] *s* dikkatli, uyanık, ihtiyatlı. *Be wary of lending money to him* (=Ona ödünç para vermekten sakın). **warily** z dikkatli olarak, ihtiyatlı bir biçimde. *He eyed me warily.*

was [wɔz, wəz] idi; **be** fiilinin geçmiş zaman biçimi.

wash¹ [wɔʃ] *f+n/-n* 1 yıkamak; yıkanmak. *Have you washed (yourself) yet? She is washing our clothes.* 2 (deniz, göl, nehir, yağmur sularının hareketi hk.) yalamak, çarpmak; sürüklemek, alıp götürmek; aşındırmak. *The west coast of Europe is washed by the Atlantic. The river rose until it was washing the walls of the houses. The rain washed the dry leaves into the ditch.* 3 yıkanmak, yıkanmaya dayanmak. *Does this dress wash?* **washable** *s* yıkanabilir. *This dress is washable.* **washer** rondela; civataların altına yerleştirilen ortası delik parça. **washing** *i-sy* 1 yıkama; yıkanma. 2 (temiz, veya kirli) çamaşır, yıkanmış, veya yıkanacak çamaşır. *My mother has a lot of washing today.* Ayrıca 2. anlamdaki kullanımı için **wash²**'ya bkz. **wash basin, wash-**

hand basin leğen, lavabo; kurna. (*eş anl.* **sink**). **wash leather** *i+sy/-sy* güderi; metalleri ve düzgün yüzeyleri yıkamak için kullanılan yumuşak deri. **washing machine** çamaşır makinası. **wash something away** (su, dalga) alıp götürmek. *The flood has washed away their fishing nets.* **wash something down 1** (genl. hortum ile) yıkayıp temizlemek. *He is washing down his car.* **2** bir yiyeceği yerken onu bir şey içerek, örn. su, bira vb. yutmak ya da yemeğin ardından bir şey içmek. *We washed down our food with a glass of water.* **washout** *i+sy* tam bir başarısızlık, fiyasko. *The concert was a washout.* (*k. dil.*). **wash up** bulaşık yıkamak. *After supper we helped her to wash up.* **washing-up** *i-sy* bulaşık yıkama. *Jennifer helped her with the washing-up.* **feel/look washed out** kendini çok yorgun/hasta hissetmek, veya öyle görünmek. *She really looks washed out.* **wash one's hands of something** bir şey ile ilgisini kesmek, ilgilenmemek, bir işten elini çekmek. *I will wash my hands of their scheme.* **won't wash** (bir mazeret, hareket, veya öne sürülen iddialar hk.) kabul edilemez, inanılmaz. *Your story about not being near the scene of the crime won't wash: we have several people who can identify you.*

wash² [wɔʃ] *i-sy* **1** (a ile) yıkama; yıkanma. *Have you had a wash yet? He gave his hands a good wash.* **2** çamaşır. *Is the wash dry yet?* Ayrıca **washing**'e bkz.

wasp [wɔsp] *i+sy* eşekarısı, yabanarısı.

waste [weist] *f+n/-n* **1** boş yere harcamak, çarçur etmek, israf etmek. *We are wasting our time by listening to such nonsense. You should not waste food when many people are hungry.* **2** zayıflamak, eriyip bitmek; kilo kaybetmek; zayıflatmak, eritmek. *The children are wasting away because they do not get enough food. His face was wasted by fever.* **3** (arazi, binalar, vb. hk.) harap etmek, tahrip etmek. *The soldiers wasted the fields and towns of the enemy.* Ayrıca *i-sy* **1** israf, çarçur. *This waste of good food should not be allowed. It's a waste of time* (=Bu zaman kaybıdır). **2** *i-sy* çöp, artık, döküntü. *Put all the waste in this bag.* **3** *i+sy* (çoğ. biç.) ıssız yer,

boş arazi; özl. bir şehrin kenarındaki kullanılmayan, çöp ve yabani otların kapladığı boş arsalar. *The car was found abandoned on waste ground near Stalybridge.* **wastage** *i-sy* gereksiz sarfiyat, israf, fire; başarısızlık. *The wastage in the universities is high* (=Üniversiteyi yarıda bırakanların sayısı yüksek). **wasteful** *s* savurgan, müsrif. **wastepaper basket** (*BrI*'de) kağıt sepeti. (*AmI*'de **wastebasket**). **go/run to waste** boşa gitmek, heder olmak. *She dropped her expensive bottle of perfume and it broke: it's a shame to think of all that money going to waste.* **lay waste** (özl. bir ekili arazi hk.) (özl. bir savaş sırasında) mahvetmek, harap etmek, viraneye çevirmek. **Waste not, want not** Ayağını yorganına göre uzat. **waste one's breath** çenesini boşuna yormak, boşuna nefes tüketmek. *Don't give him any more advice: you're wasting your breath, he won't listen.*

watch¹ [wɔtʃ] *f+n/-n* **1** seyretmek, ...e bakmak, dikkat etmek. *If you watch how I do it you will be able to do it yourself. We sat watching the people pass/passing by.* **2** gözetlemek, gözlemek; göz kulak olmak. *They watched for any signs of trouble. Would you please watch these boys while I am away.*

NOT: *1* seziş (**perception**) fiilleri olan *watch, see, hear, notice, feel, listen to, smell,* vb.'den sonra, çoğk. 'bir isim', veya 'nesne halinde bir zamir+-ing'li grup' gelir: *I saw workmen covering the hole* (=İşçilerin çukuru kapadığını gördüm). *I watched him painting a picture* (=Onu, (yağlı/sulu boya) bir resim yaparken seyrettim). *2* bu fiillerden sonra (*smell* hariç) *to*'su olmayan bir *to*'lu cümlecik de gelebilir, yani 'bir isim, veya nesne halinde bir zamir+fiilin yalın hali' kullanılabilir: *We saw the rain begin to fall* (=Yağmurun yağmağa başladığını (başlamasını) gördük). *We'll watch them graduate* (=Mezun oluşlarını seyrederiz). *3* bu fiilleri edilgen çatı (**passive voice**) haline getirmek için çoğk. '*watch something get done*' veya '*watch something getting/being done*' yapısı kullanılır: *We watched our team get beaten* (=Takımımızın yenilmesini seyrettik). *I watched a picture*

being painted (=Yağlı/sulu boya) bir reşim yapılırken seyrettim).
watch out for 1 yolunu gözlemek, sürekli beklemek. *He's been watching out for the postman.* **2** ...-e dikkat etmek. *Watch out for snakes.* **watch it** dikkatli ol; dikkat et. *You've got to watch it with these people—they're crooks.* **watch your step** ayağını denk al. *I'm cleverer than you are, so watch your step.* **watch out** dikkat etmek, dikkatli olmak. *If you don't watch out, he might stick a knife into you.* **watch over someone/something** gözkulak olmak, bakmak, korumak. *God watches over us.*

watch² [wɔtʃ] *i-sy* vardiya; nöbet: *the first watch* (=20.00—24.00 vardiyası); *the middle watch* (=24.00—04.00 vardiyası); *the dog watch* (=16.00—18.00 veya 18.00—20.00 vardiyası). **be on the watch for** beklemekte olmak, nöbette olmak. *The police were on the watch for any trouble.* **watchful** *s* uyanık, tetikte, dikkatli. *Hazel was always watchful when her children were swimming.* **watchdog** bekçi köpeği. **watchman** özl. gece bekçisi.

watch³ [wɔtʃ] *i+sy* cep ya da kol saati. **watch-chain** köstek; saatin ucuna takılan zincir. **watch strap** kol saati kayışı. (*AmI*'de **watchband**). **watchword** slogan, parola. *Today the watchword is 'Learn through playing'.* (eş anl. **slogan, catch-phrase**).

water¹ [ˈwɔːtə*] **1** *i-sy* su. *There is no water in the well. Is there enough hot water for a bath? He jumped into the water and swam away.* **2** *i+sy* (çoğ. biç.) dalgalar; su; deniz, göl, nehir (suyu). *The waters of the lake beat against the wall of the castle. Our ship was in enemy waters.* **watery** *s* **1** su gibi; sulu. **watery milk. 2** soluk: *a watery April Sun.* **(all) water under the bridge** geçmişe mazi derler; eski çamlar bardak oldu. *There is no use saying that you have studied harder at school: you left school years ago, and that's all water under the bridge now.* **pour/throw cold water on** pişmiş aşa su katmak. *Bill threw cold water on the new plan: he said that it would never work.* **be in/into deep water(s)** güç durumda, veya tehlike içinde olmak. *If you try to get your money back by force, you may find yourself*

in deep water; you should call in the police. **of the first water** birinci sınıf, üstüne yok. *She's a fool of the first water.* **holds water** (genl. olumsuz cümlelerde kullanılır) akla uygun olmak, makul olmak. *His theory about the reason for the country's economic difficulties does not hold water.* **(spend) like water** su gibi (para) harcamak. *He spent the money he had won like water, and soon he was poor again.* **still waters run deep** durgun sular derin olur. **water buffalo** manda. **water closet** tuvalet, yüznumara. NOT: *water closet* genl. W.C. harfleri ile gösterilir.

watercolour 1 sulu boya **2** sulu boya resim. **watercress** su teresi. **waterfall** çağlayan, şelale. **waterfront** bir şehrin deniz, göl, veya, nehir kenarında bulunan bölümü, örn. rıhtım, liman, vb. **water hole** (bir çölde ya da kurak bir arazide) su çukuru. **water level** su seviyesi. **waterlogged** *s* **1** (bir yer hk.) su dolu; vıcık vıcık. **2** (kereste, veya gemi hk.) içini su kaplamış, içi su ile dolu. **water main** yeraltı su borusu. **watermelon** karpuz. **water mill** su değirmeni. **water pistol** oyuncak su tabancası. **water-polo** su topu (oyunu). **waterproof** su geçirmez: *a waterproof hat.* Ayrıca *i+sy* yağmurluk. *You must wear your waterproof when it is raining.* **watershed** iki nehir havzasını birbirinden ayıran yüksek arazi. **water-ski 1** *i-sy* su kayağı. **2** *f-n* su kayağı yapmak. *I'd prefer to go water-skiing.* şim. zam. ort. **water-skiing.** geç. zam. ve ort. **water-skied. water softener** su arıtma aygıtı. **watertight** *s* **1** su geçirmez. **2** su götürmez, sağlam: *a watertight agreement.* **water tower** su kulesi. **waterway** su yolu, gemilerin işleyebileceği derinlikte su kanalı. **water wings** yeni yüzme öğrenenlerin kollarına taktıkları içi hava ile şişirilmiş bir çift plastik torba. **water-works** *içoğ* (tek. ya da çoğ. fiil ile) su şebekesi; su dağıtım tesisi. **hard water** kireçli su. (karş. **soft water**). **head waters** *içoğ* bir nehri, özl. bir gölü besleyen su kaynakları: *the head waters of the Nile.*

water² [ˈwɔːtə*] *f+n/-n* **1** sulamak, su vermek; su içirmek. *I've been watering the garden. I watered my horse at the river.* **2** (ağız veya göz hk.) sulanmak. *The smoke made his eyes water.*

The smell of the food made my mouth water. **water down** (yiyecek ya da içeceklere) su katmak, sulandırmak. *He watered the wine down before drinking it.*

watt [wɔt] *i+sy* vat; elektrik güç birimi. *Most of our lights have 100 watt bulbs.*

wave [weiv] *i+sy* 1 dalga (deniz, göl, vb.). *The boat rose and fell on the high waves.* 2 el sallama. *He gave us a friendly wave as he passed.* 3 birden yükselen ve artan bir duygu, hareket, ısı, vb. *A wave of anger swept through the crowd.* 4 saç dalgası. *She has lovely waves in her hair.* 5 insan dalgası. *A wave of soldiers attacked the town.* 6 ışık veya ses dalgası. *This radio set can receive on short, medium and long wave.* Ayrıca *f+n/-n* 1 dalgalanmak; dalgalandırmak. *The flags waved in the wind.* 2 el sallamak; elle bir şeyi sallamak. *They waved me goodbye. He waved his handkerchief to me.* 3 el sallayarak ifade etmek, işaret etmek. *Ralph waved again for silence.* 4 (saçı) dalga yapmak, ondüle yapmak. *I am told that he waves his hair.* **wavy** *s* dalgalı: *wavy hair; a wavy line.* **waveband** dalga bandı. **wavelength** (radyo hk.) dalga boyu, dalga uzunluğu. **be on the same wavelength (as someone)** biriyle kafaları uyuşmak, aynı kafada olmak. *My wife and my daughter are not on the same wavelength.* **cold wave** soğuk dalgası. **heat wave** sıcak dalgası.

waver ['weivə*] *f-n* 1 sabit kalmayıp oynamak, sağa sola hareket etmek. *His eyes wavered when he looked at me.* 2 tereddüt etmek, karar vermede bocalamak. *They are wavering between agreeing and refusing.*

wax¹ [wæks] *i-sy* 1 (arıların yaptığı) balmumu. *Bees use the wax they make to build cells in which to store their honey.* (eş anl. **beeswax**). 2 mum: *paraffin wax.* 3 kulak kiri: *earwax.* Ayrıca *f+n* mumlamak; cilalamak. *I asked the garage to wax my car.* **waxwork** 1 özl. ünlü bir kimsenin) balmumundan yapılmış heykeli. 2 (çoğ. biç.) balmumu heykelleri müzesi: *a waxworks museum.*

wax² [wæks] *f-n* (genl. ay hk.) giderek büyümek. (karş. **wane**). **wax and wane** artıp azalmak; yükselip düşmek. *My*

feelings for/towards John wax and wane.

way [wei] 1 *i+sy* yol. *We followed the narrow way between the trees. The family across/over the way is on holiday* (=Yolun karşı tarafında oturan aile tatile gitti). 2 bir yerden bir yere gidiş için takibedilen yol. *Is this the way to London? They lost their way in the forest.* 3 *i+sy* yön, taraf. *Look both ways before you cross the road. She looked the other way. Please come this way.* 4 *i-sy* bir yere varmak için gidilecek uzaklık, mesafe. *New York is a long way from London* (= New York, Londra'dan epey uzaktadır). *Our house is only a little way from the school. We saw him a long way away/off* (=Onu çok uzaktan gördük). 5 *i-sy* geçilen, veya geçilecek yol. *Please get out of my way. You are standing on my way. They made way for the bus.* 6 tarz, usul, şekil. *Do it this way. I know a better way of finding out. Carol doesn't like their way of blaming other people. My father spoke about the old ways of travelling when he was a boy.* 7 *i+sy* durum, hal; (özl. sağlık durumu). *He was in a bad way after the accident.* (k. dil.). **anyway** her ne olursa olsun; nasıl olsa. **the way** gibi, şekilde. *Hold it the way I told you to* (=Sana söylediğim gibi /şekilde tut). *It was just the way you said* (=Aynen söylediğin(iz) gibiydi). **by the way** bu münasebetle, sırası gelmişken, aklıma gelmişken, iyi hatırlattın. *We like your new car—by the way, how much did it cost?* **in a way** bir bakıma. *In a way her health is much improved, but she is still not really well.* **in some ways** bazı bakımlardan. *'I suppose this country seems very different from Turkey.'—'well, yes. In some ways.'* **on the way (to)** yolda/(...-e giderken). *The little boy was knocked down by a bicycle on the way to school.* **out-of-the-way** *s* sapa, ücra. *They lived in an out-of-the-way house in the country.* **under way** devam etmekte, ilerlemekte. *Our plans are under way.* **get/have one's (own) way** istediğini elde etmek, istediğini yapmak. *I wanted to go to the cinema but nobody wanted to come with me; they all wanted to stay in. However, I got my own way in the end.* **give way**

1 yol vermek. *You should give way to traffic coming from the right.* 2 (artık) dayanamayıp (ağırlığı altında) kırılmak, kopmak; çökmek. *The branch gave way under his weight.* **go out of one's way to do something** bir şeyi isteyerek yapma zahmetine girmek, çok uğraşmak. *They went out of their way to help us.* **One way or another/one way or the other** şöyle ya da böyle, şu veya bu şekilde. *One way or another, she was going to leave London. A week one way or the other will make no real difference.*

waylay [wei'lei] *f+n* (konuşmak, veya soymak amacı ile) durdurmak, yolunu kesmek; pusuya yatmak, pusuda beklemek. *They waylaid him outside his house and kidnapped him.* geç. zam. ve ort. **waylaid** [wei'leid].

wayward ['weiwəd] *s* sağı solu belli olmaz, dik başlı, inatçı. *In a wayward mood, he ran away from home.* (*eş anl.* **unruly**).

wc, wc's, WC [dabəlju:'si:] *i+sy* (=water closet)—yüz numara, tuvalet. (*eş anl.* **lavatory**).

we [wi:] *zamir* biz. *You leave just now and we'll join you later.*

weak [wi:k] *s* 1 güçlü değil, zayıf; halsiz, mecalsiz; sağlam olmayan. *He is very weak after his illness. She has weak eyes.* 2 zayıf, çürük, dayanıksız. *The box is too weak to stand on.* 3 (at veya in ile) zayıf; istenilen düzeye erişememiş olan. *They are weak in English grammar.* 4 içinde çokça su bulunan, sulu, açık: *weak coffee/tea.* (*karş.* **strong**). **weakness** *i+sy/-sy* zayıflık; zaaf, düşkünlük; kusur, noksan: *the childish weakness of his character.* **weakly** *z* kuvvetsizce, zayıfça. *I drove through the weakly lighted streets.* **weaken** *f+n/-n* zayıflamak; zayıflatmak. **weakling** *i+sy* güçsüz, veya cılız hayvan ya da insan. **have a weakness for** (bir şey)e karşı zaafı olmak. *He has a weakness for chocolate ice cream.*

wealth [welθ] *i-sy* 1 zenginlik, varlık, servet. *A millionaire is a man of wealth.* 2 (a veya the ile) çokluk, bolluk. *The wealth of detail in this report is amazing.* **wealthy** *s* zengin, servet sahibi. *Her father is wealthy.* **the wealthy** içoğ zenginler. *The wealthy send their children to*

Switzerland to be educated. (*eş anl.* **the rich**).

weapon ['wepən] *i+sy* 1 silah, örn. tabanca, bıçak, füze, vb. *The atomic missile is the most modern weapon of war.* 2 silah, örn. belli bir konuda bilgi, hüner. *His weapons are a good brain and a quick tongue.*

wear¹ [weə*] *f+n/-n* 1 giymek; takmak. *What was she wearing?* (=What did she have on?) *I'm wearing a new suit today* (=Bugün yeni bir takım giyiyorum. *Haven't you worn it before?* (=Daha önce giymemiş miydin?) *She was wearing a brown cpat and a black hat. She is wearing a gold ring on her finger. She should not wear red.* NOT: *put on* (=giymek (vücuda geçirmek)) demektir ve karşıt eylemi ise *take off* (=çıkarmak) olur: *Why don't you take off those wet clothes and put on some dry ones* (=Şu ıslak elbiseleri çıkarıp kuru bir şeyler giysene). Şimdi *put on* ile *wear*'i karşılaştırınız: *I put on my clothes when I get up, and I wear the same clothes all day* (=Elbiselerimi (sabah) kalktığım zaman giyerim ve bütün gün aynı elbiselerle dolaşırım).
2 yıpranmak, yıpratmak; eskimek, eskitmek; aşınmak, aşındırmak. *Your shirt is very worn at the collar. He has worn holes in all his shoes.* 3 dayanmak. *Leather gloves wear better than cloth ones. This jacket has worn well* (=Bu ceketi uzun zamandır giyiyorum ama pek az eskidi). geç. zam. biç. **wore** [wɔ:*]. geç. zam. ort. **worn** [wɔ:n]. **wearing** *s* yorucu. *We've had a wearing day.* **wear (something) away** aşınmak, silinmek; aşındırmak; yemek, yenmek. *The name on the door has worn away. The river has worn away the rocks.* **wear someone/something down** 1 devamlı olarak bir şeye sürtme sonucu olarak kısalmak, küçülmek; kısaltmak, küçültmek. *I have worn down the point of the pencil.* 2 sık sık saldırarak zayıflatmak, çökertmek, yıkmak. *He wore down the other boxer with strong punches.* **wear off** 1 yavaş yavaş kaybolmak, dinmek. *My headache is wearing off.* 2. kullanma veya silme sonucu olarak (cilası, vb.) uçmak; parlaklığını kaybetmek ya da kaybolmak. *The polish on*

your car will soon wear off. **wear (something) out 1** eskimek, eskitmek. *I have worn out this old coat. This old coat is worn out.* **2** hali kalmamak; bitirip tüketmek, canını çıkarmak. *Teaching wears her out. I am worn out by/with all this fighting and disagreement.*

wear² [weə*] *i-sy* giysi, elbise; giyim eşyası; nitelediği isimle birlikte kullanılarak ne tür bir giyim eşyası olduğu belirtilir, örn. *evening wear, summer wear. Do you sell menswear here?* **wear and tear** normal kullanma sonucu eskime, yıpranma. (Ayrıca **fair wear and tear** de denir). *Any damage will be repaired at our expense, if caused by fair wear and tear.*

weary ['wiəri] *s* yorgun, bitkin; usanmış, bıkmış; yorucu, bıktırıcı. *We are weary of learning English.* Ayrıca *f+n/-n* yormak, usandırmak, bıktırmak; yorulmak, usanmak. *We soon wearied of listening to him.* geç. zam. ve ort. **wearied. wearily** z yorgun bir halde, canından bezmiş bir şekilde. *The farmers trudged wearly to the nearest stream.* **weariness** *i-sy* usanç, bezginlik, yorgunluk. **wearied** *s* usanmış; yorgun, bezgin.

weasel ['wi:zl] *i+sy* gelincik; ince uzun yapılı, sivri çeneli, küçük bir hayvan. *Weasels can run very fast and kill rats, mice, and birds for food.*

weasel

weather ['weðə*] *i-sy* hava (durumu). *What was the weather like in Paris last week? You should wear thick clothes in cold weather.* NOT: *climate* (=iklim) demektir. Bilindiği gibi iklim, yeryüzünün herhangi bir yerinde atmosfer olaylarının ortaklaşa gerçekleştirdikleri etkilerin uzun yılların ortalamasına dayanan durumudur. *The climate of tropical Africa is much warmer than that of Western Europe.* Ayrıca *f+n/-n* **1** aşındırmak; aşın-

mak. *The wind and the waves have weathered the rocks on the shore. The rocks weathered and turned to clay and mud* (=Kayalar aşınıp balçık ve çamur haline geldi). **2** (örn. bir fırtınayı, güç bir durumu) atlatmak; sağ salim kurtulmak. *Our country has not yet weathered its financial crisis.* **weatherbeaten/weather-beaten** rüzgâr ve güneşin etkisiyle esmerleşip sertleşmiş: *a sailor with a weatherbeaten face. The wooden balconies were warped and weatherbeaten.* **weathercock** binaların çatılarına konulan horoz biçiminde rüzgâr gülü. **weather forecast** hava tahmini. **weatherman** hava tahmincisi; radyo, veya televizyonda hava raporunu okuyan kimse. *The day proved to be as bright as the weatherman had predicted.* **weather station** meteoroloji istasyonu. **weather-vane** rüzgâr gülü. **be/feel under the weather** biraz rahatsız olmak, kendini keyifsiz hissetmek. *I'm feeling a bit under the weather these days, but it's nothing serious.* (k. dil.).

weather-vane

weave [wi:v] *f+n/-n* **1** dokumak; örmek. *She's weaving a rug. A spider weaves a web.* **2** bükerek, kıvırarak yapmak. *She is weaving the flowers into a wreath.* **3** (bir öykü) kurmak, meydana getirmek. *The old man weaves many interesting stories from his adventures as a young man.* **4** zikzak yaparak gitmek; genl. çarpmamak için bir oyana bir buyana yön değiştirerek ilerlemek. *He wove in and out of the traffic in his car.* geç. zam. biç. **wove** [wouv]. geç. zam. ort. **woven** ['wouvən]. **get weaving** (sadece emir cümlelerinde) acele etmek. *Come on, get weaving, we've got to be there by ten!* **weaver** *i+sy* dokumacı. **weaving** *i-sy* dokuma, dokumacılık.

web [web] *i+sy* **1** dokunmuş kumaş, dokuma: *a web of cloth.* **2** örümcek ağı, ağ: *a spider's web.* (eş anl. **cob-**

web).3 (ördek, vb. hayvanlarda) ayak perdesi. **webbed** s ayak parmakları arasında perde olan, perdeli. *Ducks have webbed feet.*

wed [wed] *f + n/-n* evlenmek; evlendirmek. *We wedded in the spring.* geç. *zam.* ve *ort.* **wedded** veya **wed** (*esk. kul.*). **wedding** *i + sy* düğün, nikâh töreni. *We didn't invite them to the wedding. The wedding day arrived.* **wedding-ring/wedding ring** alyans, nikâh yüzüğü. *In Britain, people wear wedding rings on the third finger of the left hand.*

we'd [wid, wi:d] 1 (özl. 'had' yardımcı fiil durumunda olduğu zaman) **we had**'in kaynaşmış biçimi. *We'd done a good job.* 2 **we would**'un kaynaşmış biçimi. *We'd have managed somehow.*

wedge [wedʒ] *i + sy* 1 (odun yarmak için kullanılan) V şeklinde takoz, kama. 2 V şeklinde herhangi bir şey: *a wedge of cake.* Ayrıca *f + n* 1 kama ile ayırmak, veya sıkıştırmak. 2 araya sıkışmak; sıkıştırmak. *The little boy wedged himself between the two big ones.*

Wednesday ['wednzdi] *i + sy/-sy* çarşamba (günü); haftanın 4. günü. *She got my letter on Wednesday.*

wee [wi:] s küçücük, ufacık, minimicik. *It's a nice wee thing. I am a wee bit sick* (= Biraz/ Bir parça hastayım). (*k. dil.*). Ayrıca *f-n* işemek, çişini yapmak. *I caught the dog weeing against my favourite seat.* Ayrıca *i-sy* çiş, sidik. *Just a minute I need to have a wee.*

weed [wi:d] *i + sy* yabani ot, zararlı ot, istenmeyen ot. Ayrıca *f + n/-n* zararlı otları temizlemek. *In this country the men plant the corn and the women later weed it.* **weedy** s 1 yabani otlarla kaplı. 2 çiroz gibi, cılız. *He is a weedy boy.* **weed someone/something out** istenmeyen, veya işe yaramayan şeyleri ya da kimseleri ayıklamak, defetmek. *The teacher has weeded out the slow boys and put them in a lower class.*

week [wi:k] *i + sy* hafta; cumartesi gece yarısından gelecek cumartesi gece yarısına kadar olan 7 günlük süre. **a week ago last Monday/Tuesday...** evvelki pazartesi/salı... *I got there a week ago last Friday.* **a week ago today** geçen hafta bugün. *You got there a week ago today.* **a week from**

(next) Friday/Saturday... öbür cuma /cumartesi... *I'll be home a week from (next) Friday.* **weekly** *s/z* hafta-lık; her hafta, haftada bir. *His weekly wage is £200.* Ayrıca *i + sy* haftalık gazete, veya dergi. **weekday** iş günü, (hafta içi). *The museum is open 9.30 to 6.00 on weekdays.* **weekend** hafta sonu. *The museum is not open to the public at weekends.* **tomorrow week** gelecek hafta.

weep [wi:p] *f + n/-n* ağlamak, göz yaşı dökmek. *My daughter wept over to failure.* geç. *zam.* ve *ort.* **wept. weepy** s 1 gözü yaşlı, ağlamaklı. *She came in very weepy. 'Dad's leaving home.'* 2 acıklı ve insanı ağlatan bir film, veya hikâye. (*k. dil.*).

weigh [wei] *f + n* 1 (genl. bir terazi ile) tartmak. *The butcher weighed the meat for me.* 2 (ağırlıkta) olmak, gelmek, çekmek. *The meat weighed five and a half pounds. How much do you weigh?* **weighbridge** araç kantarı. **weigh down** 1 ağır basıp aşağı doğru eğmek, omuzlarını çökertmek. *The small boy was weighed down with the parcels he was carrying.* 2 bunaltmak, belini bükmek. *All his troubles are weighing him down.* **weigh in** (bir boks maçından, veya at yarışından önce) tartılmak. *The boxers weighed in.* **weigh-in** *i + sy* yarıştan, veya boks maçından önceki tartı. *At the weigh-in he was 110 pounds.* **weigh someone/something up** bir kimseyi, veya bir şeyi (zihninde) tartmak. *I weighed up my chances of winning. A good teacher soon weighs up his pupils.* **weigh anchor** (denizcilikte) demir almak.

weight [weit] 1 *i-sy* ağırlık; kilo(su). *What is your weight? The parcel is 2 pounds in weight.* 2 belli ağırlıktaki bir metal parçası. *He put three one-ounce weights on the scales.* 3 ağırlık, sıklet. *He wrote down the weights of the boxes.* 4 *i-sy* önem, etki, itibar. *He has great weight with people.* **weighty** s ağır; önemli. **over/under-weight** (genl. bir kimse hk.) normal kilosunun üstünde/altında. **put on weight** şişmanlamak, kilo almak. (*eş anl.* **gain weight**). (*karş.* **lose weight**).

weir [wiə*] *i + sy* su bendi, set.

weird [wiəd] s acayip, garip, tuhaf; esrarengiz. *She wore weird clothes to* *the party.*

welcome ['welkəm] *s* hoşa giden, sevindirici, memnuniyet verici. *This is welcome news. The money was very welcome to them. You are welcome to try* (= Deneyin isterseniz. / Haydi siz buyurun, bakalım). *He is welcome to my room while I'm away* (= Ben yokken odamı memnuniyetle kullanabilir). (*karş.* **unwelcome**). Ayrıca *i+sy* **1** hoşkarşılama, iyi kabul. *They gave us a great welcome. He received a cold/warm welcome.* **2** 'hoş geldiniz' deme. *Welcome to İstanbul. 'Welcome back,' said Howard, kissing Barbara on the cheek.* Ayrıca *f+n* 'Hoşgeldiniz' demek; (bir ziyaretçiyi) içtenlikle karşılamak; (birini bir yere) buyur etmek. *He welcomed them when they arrived.*

weld [weld] *f+n* kaynak yapmak. *The mechanic welded the broken rod.* Ayrıca *i+sy* kaynak. **welder** *i+sy* kaynakçı. **welding** *i-sy* kaynak, kaynak yapma.

welfare ['welfcə*] *i-sy* refah; bolluk, varlık ve rahatlık içinde yaşama. *In every country, child welfare is important. He works hard for the welfare of the poor.* **welfare state** sağlık hizmetleri, eğitim, işsizlik, yaşlılık maaşı, vb. sosyal hizmetler sağlayan bir düzene sahip bir devlet.

well¹ [wel] *i+sy* su, veya petrol kuyusu. Ayrıca *f+n* (sıvılar hk.) akmak; fışkırmak. *Tears welled up in her eyes.* **drive/sink a well** kuyu kazmak, kuyu açmak.

well² [wel] *s/z* **1** iyi (şekilde). *You speak English well. I slept well. He treated us well.* **2** iyice, tamamiyle. *Think well before you answer. He mixed the drink well before giving it to me.* **3** belki, herhalde. *You may well be right. I couldn't very well stay* (= Bu durumda herhalde (orada) kalamazdım).
NOT: **3.** anlamda *well,* bir fiil grubunda yardımcı fiil ile asıl fiil arasında kullanılması gerekir.
4 hayli, oldukça, epeyce; çok, pek. *He sat well back in his chair. It is now well past two o'clock.* **5** (sıhhatte) iyi. *Are you well? I feel very well.* (*karş.* **unwell**). Ayrıca *ünlem* şey..., e..., söyle bakayım; evet ama; hım; peki, söyle bakalım. vay. *Well, here we are! Well,*

John. How do you like the food here? Well, please sit down. Well, I'd better do my homework now. Well, my English isn't very good. **as weel** de/da, dahi. *He went away. She went as well.* **as well as** hem ... hem de, ilâve olarak, de/da, dahi. *He is learning French as well as English.* **be well out of something** bir şeyden kurtulmakla şanslı olmak, karışmadığı, veya katılmadığı için şanslı olmak. *You are well out of this quarrel.* **do oneself well** kendine iyi bakmak. **do well to do something** bir şeyi yapmakla iyi etmek, kazançlı çıkmak; kâr etmek. *They did well to sell their house so quickly.* **go well (with)** iyi gitmek; başarılı olmak. *I hope your plans go well. I hope all goes well with your plans.* **go well (together)** uymak, gitmek; yakışmak. *Red and purple do not go well together.* **it's all very well... but** her şey iyi güzel de, ama... *It's all very well for them to tell me to do this, but I am too busy.* **might/could (just) as well...** *There is nothing interesting here. We might (just) as well be (at) home for all the good this is doing us* (= Burada ilginç bir şey yok. Evde de olsak bir şey fark etmezdi, boşuna olduğuna göre). *We might (just) as well have stayed (at) home* (= Evde de kalmış olsaydık bir şey fark etmeyecekti). *We could just as well have stayed home* (= Evde de kalabilirdik (yani)). *You might just as well give me the books now as wait till tomorrow. It is just as well (that) he is a kind man.* **speak well of** övmek, methetmek. *Your teacher speaks well of your work.* **wish somebody well** birisine başarılar, veya iyi şanslar dilemek. **It would be as well** sözünde—*It would have been as well to tell him your plans* (= Ona planlarını söyleseydim (herhalde) daha iyi olurdu).

well-³ [wel] *ön-ek* **well-advised** *s* ihtiyatlı, tedbirli; akıllı. **well-balanced** *s* mantıklı, dengeli. *This is a well-balanced approach to the problem.* **well-being** sağlık ve mutluluk; refah. **well-born** *s* güçlü ve önemli tanıdıkları olan, kibar ve soylu. **well-bread** *s* terbiyeli, kibar, iyi yetiştirilmiş. **well-connected** *s* iyi aileden. **well-disposed** *s* cana yakın, samimi. **well-nigh** hemen hemen neredeyse. *It was ex-*

*tremely difficult, well-nigh imposs-
ible to reach it.* **well-meant** s iyi niyetle
söylenen, veya yapılan. *I don't want
anyone else's opinion, however well-
meant.* **well-off** s zengin, varlıklı, hali
vakti yerinde. *Most of the well-off
people in our town have large homes
near the water. (k. dil.).* **well-read** [red]
s genel kültürü çok, bilgili, çok oku-
muş. **well-spoken** iyi bir eğitim gör-
müş bir kimseye özgü biçimde konu-
şan, iyi konuşan. *She was well-spoken
and had a pleasant manner.* **well-to-
do** s zengin, varlıklı, hali vakti yerin-
de. *He came from a well-to-do family.*
wellwisher i + sy iyi dilekte bulunan
kimse. *Hundreds of telegrams arrived
from wellwishers.*

wellingtons ['welɪŋtnz] içoğ lastik çiz-
me. Ayrıca **wellington boots** veya
wellies de denir.

welterweight ['weltəweit] i + sy 1
63.5-66.5 kg. (140-147 lbs) profesyonel
boksör. 2 63.5-67 kg. (140-148 lbs)
amatör boksör. 3 70-78 kg. (154-172
lbs) güreşçi. Ayrıca **box**'a bkz.

wend [wend] f + n sadece **wend one's
way** sözünde—yavaş yavaş gitmek,
yola koyulmak. *Let's wend our way
to the cafeteria; we've got time to get
there before it closes.*

went [went] **go** fiilinin geçmiş zaman
biçimi.

wept [wept] **weep** fiilinin geçmiş zama-
nı ve ortacı.

were [wə:*] idi; **be** fiilinin geçmiş za-
man biçimi.

west [west] i-sy (**the** ile) batı. Ayrıca s
batıdan, veya batıda: *a west wind; the
west side of the forest.* Ayrıca z batıya
doğru. *I drove west along the road.*
(*karş.* **east**). **westerly** ['westəli] s/z 1
batıda, veya batıdan: *a westerly wind.*
2 batıya doğru. **western** ['westən] s
batı, batısal; batıya ait, veya batıda:
*Western Europe; western civilization.
The sun began to turn crimson on the
western horizon.* Ayrıca i + sy kovboy
filmi, veya kovboy romanı. **westward**
['westwəd] s/z batıya doğru (giden).

wet [wet] s 1 ıslak, yaş, nemli. *The grass
was wet after the rain. The paint is
still wet.* 2 yağmurlu: *wet weather; the
wet season.* (*karş.* **dry**). *krş. biç.*
wetter. *enüst. biç.* **wettest.** Ayrıca i-sy
(**the** ile) yağmur; su. *He is standing in
the wet without a coat.* Ayrıca f + n

ıslatmak. *geç. zam. ve ort.* **wetted.**
wetly z zayıf ve heyecansız şekilde;
canlılıktan, veya güvenden yoksun bi-
çimde. **wetness** i-sy ıslaklık, nem, ru-
tubet. **wetting** i + sy ıslanma. *We got
a wetting in the heavy rain.* **wet-nurse**
sütanne. **wet dream** uykuda şeytan
aldatması. **wet through** sırılsıklam
olmak. *Your jacket is wet through.*
wet behind the ears saf; olup bitenden
bihaber; acemi, neyin nasıl yapıldığını
bilmeyen. *I have been doing this job
for ten years: I object to being given
instructions by people who are still
wet behind the ears.* **wet blanket** oyun
bozan, neşe kaçıran kimse. *Don't
invite Jack to the party: he's a bit of
a wet blanket.* **wet suit** i + sy balık-
adam elbisesi.

whack [wæk], **thwack** [θwæk] f + n
pat, veya küt diye vurmak. Ayrıca
i + sy 1 (pat, veya küt diye ses çıkaran)
vuruş. 2 deneme. *Have a wack at it.*
(2. anlamı *k. dil.*). **whacking** i + sy
dayak, sopa. Ayrıca s kocaman, mu-
azzam; çok: *a whacking book; a
whacking great book. (k. dil.).*

whale [weil] i + sy balina. Ayrıca f-n
balina avlamak. *Ships from many
countries go whaling in the far south.*
whaler i + sy balina gemisi, veya bali-
na avcısı. **have a whale of time** çok
eğlenmek, çok neşeli vakit geçirmek.
She had a whale of time at the party.
(*k. dil.*).

wharf [wɔ:f] i + sy rıhtım, iskele. *çoğ.
biç.* **wharfs** veya **wharves** [wɔ:vz].

what [wɔt] s/zamir 1 (soru sözcüğü
olafak kullanılır)—ne, neyi, neler, ne-
leri. *What country do you come
from? What kinds of food do they
eat? What time is it?* 2 '**the...that**'
yapısı yerine kullanılır. *I gave him
what money I had (= I gave him the
money that I had).* 3 **What (a(n)) +**
isim' şeklinde ünlem cümlelerinde
kullanılır. *What a lovely house you
have!* (= Ne güzel bir evin var!) *What
a strange thing to say! What beatiful
eyes (she has)!* (= Ne kadar güzel
gözler(i var)!)
NOT[1]: sıfat olarak kullanıldığında,
yine sıfat olarak kullanılan *which* ile
arasında fark vardır. *What* sözcüğü
which sözcüğünden daha geniş bir
seçme olanağı belirtir; *which* ise iki
şeyden birinin ya da sınırlı sayıdaki

bir gruptan bir şeyin seçilebileceği anlamını taşır. *What coat will you wear?* (=Hangi ceketi giyeceksin?) *Which coat will you wear, the black one or the brown one?* (= Hangi ceketi giyeceksin, siyah olanını mı, yoksa kahverengini mi?) *Which are yours, these or those?* (=Hangileri seninki, bunlar mı, yoksa onlar mı?) **4 what** bir isim cümleciğinde kullanılabilir. *What he said was very helpful. He gave me what I wanted.* NOT[2]: *what* soru sözcüğü, veya takımı ile başlayan cümlecik, bir isim gibi: **(a)** özne, **(b)** nesne, **(c)** tamlayıcı, **(d)** edat nesnesi olarak kullanılabilir. Bu nedenle böyle kurulmuş bir yapıya bir isim cümleciği denir:

(a) özne—
What you have for lunch depends on you (=Öğle yemeğinde ne yiyeceğin sana bağlı).
What you need is more time.
What she meant was obvious.

(b) nesne—
I don't know what time they will get here (=Buraya saat kaça gelecekleri-ni bilmiyorum).
Stop what you're doing.
She never does what she's told.

(c) tamlayıcı—
This is what he's eating (=İşte bunu yiyor. / Yediği budur).
The results are what interest me.

(d) edatın nesnesi—
That depends on what time you wake up (=Uyandığın vakte bağlı).
He talked about what he had seen.
Ayrıca ünlem şaşma, hayret, vb. belirtir. *What! He's already here!* *what about* bilgi edinmek, veya bir görüş almak için kullanılır. *Dictionaries? What about them?* (=Sözlükler mi? Siz ne dersiniz?) *What about going for a walk?* (=Yürüyüşe çıkmaya ne dersin? Yürüyüşe çıkalım mı? Ne dersin?) *What about a drink?* **What... for?** Ne için? Niçin? Niye? *What is this tool (used) for? You have come to see me. What for?* Ayrıca **for'a** bkz. **what if** eğer...se ne olacak. *What if I am late?* **what...like** (birisi, veya bir şey için) nasıl?; neye benziyor?; nasıl birisi? *What's England like?* **what of** **1** bu anlamı için **what about'a** bkz. **2** ne çıkar yani; ne olmuş yani; ne farkeder (ki). *Well, what of it?* (Ayrıca **so**

*what'a** da bkz). **so what** ne çıkar yani; ne olmuş yani; ne farkeder (ki). (*k. dil.*) bazen de kibar değildir). **what's what** neyin ne olduğu; işin niteliği. *Martin knows what's what.* (*k.dil.*). **what with...and** kısmen...(yüzün)den. *What with plenty of money and good friends he had a happy life. What with the lack of sleep and the bewildering turn of events my mind wasn't working well.* **'I'll tell you what'**, **'I know what'** bak bir teklifim var; bak ne diyeceğim; ... diyorum, ne dersin? *We have only a little money for our holidays. I'll tell you what. Let's stay at home.* **what's his name, what's her name, etc.** (konuşurken adı geçen kişinin ismi hatırlanamadığı zaman kullanılır) neydi adı. *Where's what's her name? you what?* Ha? Anlamadım? Ne dedin? *'I'm going to be an actor.'—'You what? You must be joking!'*

whatever [wɔt'evə*] *s/zamir* **1** (**what'**ın kuvvet verilerek söyleniş biçimi) (her) ne...-se. *I'll give you whatever help you need. You can eat whatever you want.* **2** (**none** ve **no'**dan sonra olumsuz vurgulama yapmak için kullanılır) hiçbir, hiç mi hiç. *He had no reason whatever for saying this.* **3** ...-e rağmen; ne olursa olsun. *Whatever he says, don't go. I am ready to leave whatever the time (is).* **whatsoever 2.** anlamı dışında **whatever'**ın vurgulu söyleniş biçimidir. *'You don't think he has any chance of winning?'—'None whatsover.'*

wheat [wi:t] *i-sy* buğday; buğday bitkisi. **wheaten** *s* buğdaydan yapılmış: *wheaten bread.*

wheat

wheedle ['wi:dl] *f-n* dil dökerek, yaltaklanarak birisine bir şey yaptırmak, tatlı sözlerle kandırıp elinden almak, tatlılıkla kandırmak. *They have wheedled a holiday from/out of the headmaster. They have wheedled the headmaster into giving them a holiday.*

wheel [wi:l] *i+sy* **1** tekerlek. **2** direksion. (Otomobil için genl. **steering wheel** kullanılır). **3** çark, çark etme (hareketi). *The soldiers made a left wheel/a wheel to the left.* Ayrıca *f+n /-n* **1** (tekerlekli bir aracı) iterek, veya çekerek götürmek. *He wheeled his bicycle up the hill.* **2** bir kimseyi, veya bir şeyi tekerlekli bir şey üzerinde götürmek. *They wheeled him away in an invalid chair.* **3** çark etmek, veya ettirmek. *The soldiers wheeled to the left.* **wheelbarrow** el arabası. **wheelchair** tekerlekli sandalye. **wheelerdealer** *i-sy* (üçkağıtçılıkla, karanlık yollarla iş gören) (özl.) cinfikirli tüccar, iş adamı.

wheeze [wi:z] *f+n/-n* hırıltı ile solumak; hırıldamak. *She has to she home from school when she wheezes with asthma.* Ayrıca *i+sy* **1** hırıltı. **2** muziplik, şaka. (**2.** anlamı *k. dil.*). **wheezy** *s* hırıltılı.

whelk [welk] *i+sy* şeytan külahı, deniz salyangozu. Ayrıca *f-n* eniklemek, enciklemek, enik doğurmak.

whelk

whelp [welp] *i+sy* (aslan, ayı, köpek, tilki, vb.) yavru; enik, encik.

when [wen] **1** *z* ne zaman. *When did you arrive? I wonder when he'll come.* **2** *z/bağ* (**after, from, since, till** vb. ile) ne zamandan beri. *Since when have they known him?* **3** ((zaman gösteren) ilgi zarf cümleciklerinde kullanılır). *He came last night when I was out. July and August are the months when the weather is hot.* **4** (soru sözcüklü cümleciklerde kullanılır) ...diğinde, ...diği zaman, ...ince. *I was out when he came. When I have finished my work, I will go home.* **5** *bağ* (eğer)...-se/...-sa; ...-diği halde, ...

-se de. *When you cross a main road, you must be careful. I'll come when I am needed. He refuses help when he has many friends. I'll be here to give you help when necessary.*

whence [wens] *z* nereden. *Whence have they come? (esk. kul.—yerine Where have they come from?* kullanın).

whenever [wen'evə*] *z* her ne zaman, ne zaman. *I'll come whenever you wish. Whenever he speaks, I'll listen carefully.*

where [weə*] *z/bağ* **1** nerede, nereye. *Where is my book? Where are you going? I don't know where he is.* **2** (yer gösteren) ilgi zarf cümleciklerinde kullanılır. *This is the town where I grew up. The place where we have lunch is a cafe.* **3** (soru sözcüklü cümleciklerde kullanılır) ...diği yerde/yere. *I will eat where he eats. Go where you like. Where I go for my holidays, there are no shops.* **whereabouts** *z* nerede, nereye; nerelerde, nerelere. *Where abouts does he live?* Ayrıca *i+sy* (tek. veya çoğ. fiille) bir kimse, veya bir şeyin bulunduğu yer. *Nobody now knows his whereabouts.* **whereas** *bağ* (iki şey arasındaki zıtlığı göstermek için kullanılır) oysa (ki), halbuki. *He is fat, whereas his brother is thin.* (eş anl. **while**). **whereby** *z* ki ondan, ki bununla, vasıtasıyla. *This is a way whereby you can learn quickly.* **wherefore** *z/bağ* ne için, neden; ki bundan dolayı. **wherever** *z* (her). nerede/-ye/-si...-se. *He goes wherever he wants.* **whereupon** *z* bunun üzerine, (hemen) ondan sonra. *He stopped speaking. Whereupon I left the room.* **the wherewithal** *i-sy* para; bir şeyi yapmak için gereken şey, araçlar, gereçler. *Have you the wherewithal to buy me a drink.* (*k. dil.*).

whet [wet] *f+n* **1** genl. **whet someone's appetite** sözünde—iştahını kabartmak; daha fazlasını istettirmek. *The sight of the roast chicken whetted my appetite.* **2** (bir bıçak, vb.) bilemek. *John whetted his pocket knife on the grindstone.*

whether ['weðə*] *bağ* (yap)ıp (yap)madığını/-mıyacağını, (ol)up (ol)madığını/-mıyacağını, (acaba)... mi yoksa ...mi. *I asked him whether he could come. He doesn't know whether he* *can come. He is not sure whether to come or not* (= *He is not sure if he should come or not*). *I'll see whether he is at home.*

NOT[1]: *I* eğer aynı cümlede, bir değilde iki dolaylı soru varsa, *whether* herbiri için ayrı ayrı kullanılmalıdır, örn. *We don't know whether our work is finished or whether there is more to be done.* 2 temel cümle geçmiş zamanda olursa *whether*'li yan cümlecikler de geçmiş zamanda olur ve *will* ve *can* yerine *would, could* kullanılır. Ama hem geçmiş hem de şimdiki zamanlar için hep *should* kullanılır: *She asked whether he was here yet.* (= Henüz gelip gelmediğini sordu). *I wondered whether I could use yours* (= Sizinkini kullanıp kullanamayacağımı düşündüm). *I wonder/I was wondering whether we should take some* (= Acaba biraz alalım mı, yoksa almayalım mı?) 3 yukardaki bütün cümlelerde whether yerine *if* kullanılabilir ve anlamda bir değişiklik olmaz: *I wonder whether they have moved or not* = *I wonder if they have moved or not* (=Taşınıp taşınmadıklarını merak ediyorum). *Did you find out whether he was here?* (= Burada olup olmadığını öğrendin mi?) 4 özellikle cümle uzunsa, *or not* (*if*'in değil) *whether*'ın hemen peşinden gelebilir: *He asked whether or not I thought it would snow tomorrow* (= *He asked if/whether I thought it would snow tomorrow or not*).

NOT[2]: *whether, if* gibi, zarf cümleciklerinde bir bağlaç olarak da kullanılır, ama bu durumda *or not* muhakkak kullanılmalıdır. *I am going whether it is raining or not* (=Yağmur yağsa da, yağmasa da gideceğim.) *We'll beat them whether they kick us or not* (=(Bize) tekme atsalar da (onları) yeneceğiz, atmasalarda). Bu durumda *whether...or not, even if* ile aynı anlamdadır: *We'll beat them even if they kick us.*

which [witʃ] *s/z/zamir* **1** (*a*) (*which* bir cümlede, nesne olarak kullanılan soru sözcüğü olarak kullanılır) hangisi, hangisini, hangileri, hangilerini. *Which is that?* (= Şu hangisi(dir)?) (*b*) *which* özne olarak kullanılan soru sözcüğü olarak kullanılır. *Which can*

go fast? (= Hangisi hızla gidebilir?) **2** *which* soru sözcüğü bir sıfat olarak kullanılır. *Which coat will you wear, the black one or the brown one? Which boy did it? Which books are yours?* Ayrıca **what**'a bkz. **3** *which* bir ilgi/sıfat cümleciğinde ilgi zamiri olarak kullanılır. *The money which is on the table is mine* (=Masadaki para benim).

NOT[1]: içinde *which* ilgi zamiri olan bir *which*'li ilgi cümleciği şu değişik cümle yapılarında görünür:
I like the car (which) he bought.
This is the car which is very expensive.
The radio (which) John bought is good.
The train which arrived came from Glasgow.
Here is the address *for which you were asking.*
Here is the address *(which) you were asking for.*
The book to which I refer is on the desk.
The book (which) I refer to is on the desk.

NOT[2]: *which* ilgi cümleciği bazen sadece bir isim, veya isim grubunu nitelemeyip, daha önce ifade edilmiş bütün bir fikri niteleyebilir: *John says he never watches television, which is quite true* (=John hiç televizyon seyretmediğini söyledi ki tamamen doğrudur).

NOT[3]: *I* içinde *which* olan bir ilgi cümleciği temel cümleciğe kattığı anlam nedeniyle, yani açıklayıcılığı yönünden, ikiye ayrılır:
restrictive relative clause (= sınırlayan ilgi cümlecikleri)—*Take the key which is on the desk and open the door.*
non-restrictive relative clauses (= sınırlamayan ilgi cümleciği)—*Take the key, which is on the desk, and open the door.*
Sınırlayan ilgi cümlecikleri, temel cümleden birer virgüle ayrılmazlar, ama sınırlamayan ilgi cümlecikleri ayrılır: *Take the key which is on the desk and open the door* (=Masadaki anahtarı al ve kapıyı aç) [odada başka anahtarlar da olabilir. Bu nedenle, sen sadece masadakini al, diğerlerini bırak]. *Take the key, which is on the desk, and open the door* (=Anahtarı,

ki o masanın üzerinde duruyor, al kapıyı aç). Buradaki *which is on the desk* ilgi cümleciği sadece ek bir bilgi vermekte olup istendiğinde cümleden atılabilir ve anlamda bir değişiklik olmaz. *2* sınırlamayan ilgi cümleciklerinde *which*:
özne olarak kullanılır—*I eat in the restaurant, which is near to my office.*
nesne olarak kullanılır—*That other book, which I have just finished, was quite interesting.*
edatın nesnesi olarak kullanılır—*The book, on which he had spent a lot of time all year, wasn't very popular.*
NOT⁴: *1* bir sıfat, veya zarf olarak kullanılan *which* hem insanlar hem de insan dışında kalan varlıklar için kullanılır, örn. *Which books are yours? Which boy did it? Which are your books? Which is your brother?* Fakat ilgi zamiri olarak *who*'nun sadece insanlar için kullanıldığı gibi *which* de insan dışında kalan nesneler için kullanılır, örn. *The money which is on the table is mine.* Oysa yine bir ilgi zamiri olan *that* hem insan hem de insan dışında kalan nesneler için kullanılır. *Where is the boy that did it? I have lost the book that was here.*
whichever [witʃˈevə*] *zamir* (her) hangi...-se, biri ya da diğeri. *Bring whichever looks interesting. You can have the green box or the blue one—whichever you want.*
whiff [wif] *i+sy* **1** hafif koku, veya esinti: *a whiff of cigarette smoke.* **2** ufak püro. Ayrıca *f+n/-n* dumanı içine çekip dışarı üflemek; hafif hafif kokmak.
while [wail] *bağ* **1** (yap)arken, iken (yapılan zaman boyunca). *You must keep quiet while he is speaking. I met him often while (I was) abroad.* **2** ama, fakat, oysa. *I like tea while she likes coffee.* **3** ...-e rağmen, her ne kadar, ise de, ...-dediği halde, *While I am ready to help, I hope that others will do so too.* Ayrıca *i-sy* süre, zaman, vakit, müddet. *I can stay for a while* (=Bir süre kalabilirim). *He came here a long while ago* (=Uzun bir süre önce buraya gelmişti). ayrıca *f+n* (*away* ile) konuşarak, birşeyler okuyarak, vb. vakti geçirmek. *We whiled away the afternoon sitting on*

the beach. **whilst** [wailst] *bağ* **while**'ın **1.** maddesine bkz. **once in a while** arasıra. *I don't go to the cinema as regularly as I used to: maybe just once in a while.*
whim [wim] *i+sy* geçici heves, kapris. *She has a whim for gardening, but it won't last.* (*eş anl.* **caprice**).
whimper [ˈwimpə*] *f+n/-n* korkmuş bir biçimde hafif hafif ağlamak; inlemek, sızlanmak. *The puppies whimpered when they were taken from their mother.* Ayrıca *i+sy* hafif ağlama; inilti, sızlanma.
whimsy [ˈwimzi] *i+sy* saçma arzu, kapris, iyi bir nedeni olmayan tuhaf ve de şakayla karışık bir davranış. **whimsical** *s* kaprisli; acayip, tuhaf.
whine [wain] *f+n/-n* **1** (kurşun) vızlamak, vınlamak. *The bullets whined through the air.* **2** sızlanmak; halinden şikâyet etmek. *That child is always whinning at his mother.* Ayrıca *i+sy* sızlanma; inilti; vınlama.
whinny [ˈwini] *i+sy* (at) kişneme. Ayrıca *f+n* kişnemek. *When a horse whinnies, it neighs softly. The horse whinnied when I appeared.*
whip¹ [wip] *f+n/-n* **1** kamçı, kırbaç. **2** parti disiplinini koruyan kimse. **have the whip/upper hand** birine karşı üstün bir durumda olmak; kontrolu elinde bulundurmak. *At one time he did not have much influence in the company, but now he has the whip hand.*
whip² [wip] *f+n/-n* **1** kamçılamak, kırbaçlamak. *The jockey whipped the racehorse to make it gallop. The cruel man whipped his dog just to be mean.* **2** koyulaşıncaya kadar çırpmak. *She whipped the cream to make it thicker.* (*eş anl.* **whisk**). **3** yenmek, mağlup etmek. *Our team whipped theirs.* **4** bir hamlede çıkarmak; aniden ve birden hareket etmek, veya ettirmek. *He whipped a gun out of his pocket.* geç. zam. ve ort. **whipped. whipping** *i+sy* **1** (ceza olarak) kamçılama; kırbaç cezası. *He could not possibly have endured a whipping without a moan or a whimper.* **2** yenilgi, mağlubiyet. **whipping boy** şamar oğlanı, **whip something off** çabucacık çıkarmak. *He whipped off his gloves and threw them on the table.* (*k. dil.*). **whip something on 1** (daha hızlı gitmesi

için atı, vb.) kırbaçlamak, kamçıla-
mak. *He whipped on his horse to win
the race.* **2** çabucacık giyinmek. *I
whipped on my coat and ran outside.*
(*k. dil.*). **whip round 1** (bir yanına) he-
men dönmek. *He whipped round
when I touched him.* **2** (belli bir amaç
için, örn. birisine yardım etmek için)
para toplamak. (**2**. anlamı *k. dil.*).
whip-round *i+sy* para yardımı top-
lama. *We had a whip-round at school
to buy something for our friend who
was in hospital.* (*k. dil.*). **whip up 1**
(duygular hk.) daha da şiddetlendir-
mek, tahrik etmek. *The news whip-
ped up their anger.* **2** çırpmak. *My
'mother whipped up two eggs to put
in the cake she was making.*
whippersnapper ['wipəsnæpə*] *i+sy*
kendini olduğundan da üstün sanan
genç birisi. (oldukça *esk. kul.*).
whirl [wə:l] *f+n/-n* **1** fırıl fırıl dönmek
ya da döndürmek; hızla dönmek, veya
döndürmek. *He whirled round to se₂
what was happening. He whirled his
stick above his head. They whirled me
away before I could say anything.* **2**
(başını) döndürmek. *The noise made
my head whirl.* Ayrıca *i+sy* fırıl fırıl
dönme, veya döndürme; telaş, hay-
huy: *the whirl of fast traffic. My
thoughts were in a whirl.* **whirlybird**
helikopter. **whirlpool** girdap, anafor.
*The swimmer caught in the whirlpool
had hard work to keep from drown-
ing.* **whirlwind** döne döne esen rüzgâr,
hortum.
whir, whirr [wə:*] *i+sy* (havada hızla
uçan bir şeyin çıkardığı cinsten) vırıltı,
pırpır: *the whir of wings. The wheels
whirred along the road as we pedalled
harder. The helicopter whirred over
our heads as it followed our progress.*
Ayrıca *f-n* vırıldamak, pırpır etmek.
geç. zam. ve *ort.* **whirred**.
whisk [wisk] *f+n/-n* **1** (at, eşek, inek,
vb.) kuyruğunu sallamak. *The horse
stood whisking its tail.* **2** (tozu) hafif
hafif süpürmek, hafifçe fırçalayarak
temizlemek. *He whisked the dust off
his desk with a cloth.* **3** (bir kimse,
veya bir şeyi, bir yerden başka bir ye-
re) alıp hemen götürmek; ortadan
kaldırmak. *She was whisked away by
her friends before I could speak to
her.* **4** hafif hafif ama hızla çırpmak,
çalkalamak. *She whisked the eggs and*

milk together. (*eş anl.* **whip**). Ayrıca
i+sy **1** ucunda tüyler bulunan saplı
toz fırçası. **2** yumurta, vb. çırpma ale-
ti. **3** hafif ve hızlı bir hareket. *With
a whisk of his hand he brushed away
the fly.*
whisker ['wiskə*] *i+sy* (genl. *çoğ. biç.*)
1 favori; yüzün iki yanında bırakılan
sakal demeti. *He has white whiskers.*
2 (kedi, fare, vb.) bıyık: *a cat's whis-
ker.*
whisky, whiskey ['wiski] *i+sy/-sy*
viski. *Mr Thomas likes a drink of rye
whiskey before dinner.*
whisper ['wispə*] *f+n/-n* **1** fısıldamak,
fısıltı ile konuşmak. *He whispered to
me to follow. I whispered my name to
him so that the others would not hear.*
2 hışırdamak. *The wind whispered
through the trees.* Ayrıca *i+sy/-sy* **1**
hışırtı. *The wind was so gentle that we
could hear the whisper of the leaves.*
2 fısıltı. *He spoke to me in a whisper.*
3 söylenti. *I hear whispers that you
are getting a new job* (= Duyduğuma
göre yeni bir işe giriyormuşsun).
whist [wist] *i-sy* vist; bir tür kâğıt oyu-
nu.
whistle ['wisl] *f+n/-n* **1** ıslık çalmak.
*The boy whistled and his dog ran to
him quickly.* **2** ıslık gibi ses çıkarmak;
vızlamak. *The high wind whistled
through the streets. The birds were
whistling in the forest.* **3** düdük çal-
mak. *The policeman whistled for the
automobile to stop. The engineer
whistled to warn the people at the
crossing.* Ayrıca *i+sy/-sy* ıslık, dü-
dük; ıslık gibi ses: *a policeman's
whistle; a referee's whistle; a steam
whistle.* **blow the whistle on some-
one/something** bir kimse, veya bir şeyi
resmî makamlara ya da yetkililere
ihbar etmek. **can whistle for** avucunu
yalamak, havasını almak. *'He wants
that report today.'—'Well he can
whistle for it.'*
whit [wit] *i-sy* (sadece **not** ile) zerre,
nebze. *He doesn't care a whit* (= Hiç
aldırmıyor/umurunda değil). *There
was not a whit of humour in his
speech* (= Konuşmasında zerre kadar
nükte yoktu).
white [wait] **1** *i+sy/-sy* beyaz (renk).
The boys wore white. **2** beyaz ırktan
olan kimse. *Few whites live in West
Africa.* **3** yumurta akı. *She used the*

whites of six eggs to make the cake
4 göz akı. The whites of his eyes are
bloodshot. Ayrıca s beyaz. Snow is
white. He was wearing a white shirt.
Many old people have white hair.
West Africa was once ruled by white
men. **whiteness** i-sy aklık, beyazlık.
whiten f+n/-n beyazlatmak, ağart-
mak, veya beyazlanmak, ağarmak;
aklaşmak. We whiten laundry with a
bleach. The clouds whitened in the
sunshine. **whitening** i-sy ağartma
maddesi. **whiting 1** i-sy ağartma mad-
desi. **2** mezgit balığı, tavuk balığı. çoğ.
biç. whiting. **white ant** beyaz karınca.
white-collar/white-collared s elleriyle,
beden gücü ile iş görmeyenler, büroda
çalışanlar; büroda çalışanlar ile ilgili.
white coffee i+sy/-sy sütlü kahve.
white elephant pahalı, ama hiç yararı
olmayan bir şey. The new naval base
has proved to be a white elephant.
white flag teslim bayrağı. **white lie**
kimseye zararı dokunmayan yalan.
My husband was so exhausted when
he came home that I told our guests
a white lie: I said he was ill and would
have to go straight to bed. **white heat**
i-sy akkor ısısı. **white slavery** beyaz
kadın ticareti. **whitewash** i-sy **1**
badana. **2** örtbas etme. Ayrıca f+n **1**
badana yapmak. **2** örtbas etmek;
birisini olduğundan iyi göstermeye
çalışmak. His gifts to charity could
never whitewash the dishonest way he
made his fortune.

whitlow ['witlou] i+sy dolama; tırnak
bölgesindeki yumuşak kısımların, ba-
zen de kemiğin mikrop kapmasından
meydana gelen ağrılı şiş.

whittle ['witl] f+n **1 (away, down** ile)
(özl. bir tahtayı) yontmak. He is
whittling down the branch with a
knife to make a handle for his hoe.
2 azar azar azaltmak, veya kısıtlamak.
The power of the chiefs has been
whittled away by the government.

whiz, whizz [wiz] i-sy vızıltı, vınlama
sesi: the whiz of the aeroplane over-
head. Ayrıca f+n/-n vızıldamak, vın-
lamak; vız diye geçip gitmek. He
whizzed past us on his bicycle. geç.
zam. ve ort. **whizzed**. **whiz kid** harika
çocuk. (k. dil.).

who [hu:] zamir **1** kim, kimler. Who
loves you?
NOT[1]: 1 who hem bir soru sözcüğü

hem de bir kişi zamiridir. Bir soru
sözcüğü olduğu için normal olarak
cümlenin başına gelir. Bu nedenle,
özne olarak kullanılmışsa cümledeki
sözcük sırası düzdür, yani cümle soru
biçiminde kurulmamıştır, örn. John
helps me cümlesinin soru biçimi,
Who helps you? olur. Who is your
teacher? Who will get the baggage? 2
who konuşulan İngilizcede dolaysız
nesne olarak çok kullanılır ve 'kimi'
anlamına gelir. Daha resmi İngilizce-
de özel bir nesne hali şekli olan whom
kullanılır. Who did you see yesterday?
Whom did you see yesterday? 3 who
bir edatın nesnesi olarak kullanılabi-
lir. Bir soru sözcüğü olduğundan
cümlenin başına gelir, edat ise herza-
manki yerinde kalır. Sözcük dizisi so-
ru kalıbında olduğu gibi sıralanır.
Who are you staying with? Who did
you write it for? Who did the teacher
look at? 4 fiil iki nesne aldığında, who
dolaylı nesne olarak to veya for
edatları ile kullanılır. Who did he give
the tickets to them? (=O zaman
biletleri kime verdi?) Who are they
getting tickets for now? (=Şimdi kime
bilet alıyorlar?) 5 who aynı zamanda
dolaysız nesne olarak da kullanılır ve
bu yüzden de bir edatla birlikte bu-
lunmaz. Who are they serving?
(=Kim(ler)e servis yapıyorlar?).
NOT[2]: who soru sözcüğü, veya takı-
mı ile başlayan cümlecik bir isim gibi,
bir fiilin nesnesi olarak kullanılabilir.
Bu nedenle ona bir isim cümleciği
(**noun clause**) diyebiliriz—
I know who John told (=John'ın
kime söylediğini biliyorum).
Don't forget who you gave it to
(=Kime verdiğini unutma).
Yüklem isim grubu olarak kullanıla-
bilir—
That is who he is writing to (=İşte
ona yazıyor. / Yazdığı kimse odur).
Özne olarak kullanılır—
Who gave us the news is none of your
business (=Haberi bize kimin verdiği
sizi ilgilendirmez).
Edatın nesnesi olarak kullanılır—
That depends on who you are talking
to (=Kiminle konuştuğuna bağlı).
NOT[3]: 1 who bağ-zamir cümlecikle-
rinin (**relative/adjective clauses**)
öznesi olarak, özellikle yazıda, that
yerine kullanılır: The tall man who is

coming looks like John = *The tall man that is coming looks like John* (= Gelen adam John'a benziyor). *2 who* sadece kişileri temsil ettiğinden, bir eşyayı gösteren bağ-zamir olarak yalnız *that* kullanılır, örn. *The car that is coming looks like John's* (= Gelen araba John'ınkine benziyor).
NOT[4]: *who* sınırlamayan ilgi cümleciklerinde (**non-restrictive relative clauses**) özne olarak kullanılır. Sınırlamayan ilgi cümlecikleri, temel cümleden birer virgülle ayrılırlar. Şimdi aynı cümlede, önce sınırlayan (**restrictive**) ve sınırlamayan (**nonrestrictive**) ilgi cümlelerinde *who*'nun özne olarak kullanılmasını görelim.
Women who are stronger than men live longer (= Erkeklerden daha dayanıklı kadınlar daha uzun yaşarlar).
Women, who are stronger than men, live longer (= Kadınlar, ki erkeklerden daha dayanıklıdır, daha uzun yaşarlar).
Bir örnek daha:
My brother, who is standing over there, is a doctor.
Bu cümlede *who is standing over there* (= orada duran) yapısı, cümleye daha fazla bilgi katmaktadır. Cümleden atılırsa, anlamda herhangi bir değişiklik olmaz.
WHO [dʌbəlju:eitʃou] (**the** ile) (= World Health Organization)— Dünya Sağlık Örgütü. *WHO is an international agency which is part of the United Nations and which is concerned with improving health standarts and services throughout the world.*
whodunit, whodunnit [hu:'dʌnit] *i+sy* katil kim; katilin kim olduğu sonuna kadar gizli tutulan film, roman, veya öykü.
whoever [hu:'evə*] *zamir* (her) kim(i)... -se. *Whoever thinks that is silly* (= Onu kim düşünüyorsa aptaldır). *Whoever tries to beat him, he always wins.*
whole [houl] *s* 1 bütün, tüm, tam. *The whole school had a holiday. You must give your whole attention to the problem. He spoke for two whole hours. Whole cities were destroyed in the earthquake.* 2 sağlam, kırılmamış. *He escaped with a whole skin* (= Postu deldirmeden kaçtı). *I haven't a*

whole pair of stockings left.
NOT: *whole* eğer nitelediği isimden önce gelirse anlamı başka olur, sonra gelirse başka olur:
He ate the whole egg (= Yumurtayı yedi bitirdi).
He ate the egg whole (= Yumurtayı bir lokmada yuttu).
Ayrıca *i+sy/-sy* (genl. *tek. biç.*) bütün, tüm. *I lived here for the whole of a year. You must give the whole of your attention to the problem. The whole of his family was killed.* **wholly** ['houli] *s* tamamen, bütünüyle. *He is wholly reliable. I don't wholly trust them.* (*eş anl.* **absolutely**). **wholehearted** *s* candan, samimi. *The returning soldiers were given a wholehearted welcome.* **wholeheartedly** *z* içtenlikle, samimi bir şekilde. **whole number** tam sayı, kesirsiz sayı, örn. 1, 7, 24, vb. **as a whole** genel olarak, bir bütün olarak. *We must examine these problems as a whole.* **on the whole** genellikle. *You have made a few mistakes but on the whole you have done well.*
wholesale ['houlseil] *i-sy* toptan, toptan satış. *I buy at wholesale and sell at retail.* (*karş.* **retail**). Ayrıca *s/z* 1 toptan. *They own a wholesale business in clothes. Shopkeepers buy wholesale and sell retail.* 2 geniş kapsamlı, büyük çapta. *During the war houses were destroyed wholesale.* **wholesaler** *i+sy* toptancı.
wholesome ['houlsəm] *s* sıhhi; sıhhatli; yararlı. *Milk is a wholesome food.* (*karş.* **unwholesome**). (*eş anl.* **healthy**).
whom [hu:m] *zamir* kimi, kime. *Whom did you see yesterday With whom are you staying?*
NOT: *I* daha resmi Ingilizcede, özl. resmî yazılarda, bir soru sözcüğü bir fiilin, veya edatın nesnesi olduğu zaman *who, whom* şeklini alır; edat da *whom*'dan önce gelir:
Who did you see yesterday?
Whom did you see yesterday?
Who are you staying with?
With whom are you staying?
Who is he getting the tea for?
For whom is he getting the tea?
2 *whom* resmi İngilizce'de sınırlamayan ilgi cümleciklerinin (**non-restrictive relative clauses**):

nesnesi olarak kullanılır—
*Mary, whom you met tonight, is a
junior.*
*My brother, whom you met just now,
is a doctor.*
edatın nesnesi olarak kullanılır—
*That is Mrs. Dyson, to whom I
referred earlier.*
*My parents, both of whom speak
English, can help me.*
whoop, hoop [hu:p] *i + sy* sevinç çığ-
lığı. *When land was sighted, the sailor
let out a whoop of cry.* Ayrıca *f + n/
-n* sevinç çığlığı atmak. *He whooped
for joy when he got his bicycle.*
whooping cough boğmaca (hastalığı).
*Whooping cough usually occurs in
childhood.*
whop [wɔp] *f + n* yenmek, mağlup et-
mek. *geç. zam.* ve *ort.* **whopped.** (*k.
dil.*). **whopper** *i + sy* normalden bü-
yük bir şey. *The fish is a whopper.* (*k.
dil.*). **whopping** *s/z* kocaman, okkalı:
a whopping big fish. (*k. dil.*).
whore [hɔ:*] *i + sy* orospu, fahişe.
whorehouse *i + sy* genelev. (*eş anl.*
brothel).
whorl [wɔ:l] *i + sy* helozon; halka dizi-
lişi.

whorl

whose [hu:z] *zamir* kimin. *Whose
books are these? I wonder whose coat
this is? The boys whose names were
called stood up.*
NOT: *1 whose, who'*nun iyelik hali
biçimidir. Bir soru sözcüğü olduğu
zaman cümlenin başına gelir. İyelik
hali biçimi olduğu için de bir isimden
önce bulunur. *(a)* özneyi nitelediğinde
sözcük sırası düzdür: *Whose car just
came ?* (=Şimdi kimin arabası geldi?)
(b) özne durumunda bulunmayan bir
ismi nitelediğinde ise sözcük sırası
tersinedir: *Whose books are those?*
(=Şunlar kimin kitabı?) *2 whose* iye-
lik soru sözcüğü, *who* ve *that* gibi bir
bağ-zamir sözcüğü olarak da kullanı-
lır ve de her zaman kendinden sonra

bir isim gelir. *The girl whose mother
we met is a good cook* (=Annesiyle
tanıştığımız kız iyi bir aşçıdır). *3* bir
bağ-zamir olarak *whose* bir grup in-
san ve bazen de insanlar dışında kalan
nesneler için kullanılabilir: *Len joined
a club whose purpose is to develop
international understanding* (=Len,
amacı uluslararası anlayışı arttırmak
olan bir kulübe girdi). *He talked
about a mountain whose name I can't
pronounce* (=İsmini telaffuz edeme-
diğim bir dağdan söz etti). *4 whose*
bağ zamiri sınırlayan (**restrictive**) ve
sınırlamayan ilgi cümleciklerinde
(**non-restrictive relative clauses**) kul-
lanılır. *That's the man whose car is
stolen. That's the old machine whose
parts are not available. My father,
whose car is parked here, is coming
back.* (=*My father is coming. His car
is parked here*). *They live in Canada,
whose people speak English* (=*They
live in Canada. The people there
speak English*). Karışık bir kaç örnek
daha: *Mr Dyson, whose class I am in,
gives hard tests* (=*Mr Dyson gives
hard tests, I am in his class*). *Mr
Dyson, in whose class I first studied
relative clauses, was a good teacher*
(=*I first studied relative clauses in Mr
Dyson's class. He was a good teach-
er*). *My brother, whose hair is grey, is
younger than I am.*
whosoever [hu:sou'evə*] *zamir* (her)
kim(i)...-se. (*esk. kul.*—yerine **who-
ever'**ı kullanın).
why [wai] *z* neden, niçin, niye. *Why
did you do it? I don't know why I did
it. Why not try yourself? That's why
I am late.*
NOT: *why* soru sözcüğü bir amaç ya
da neden gösteren ilgi zarfı olarak
bağ-zamir cümleciklerinde kullanılır
ve *that*'li bağ-zamir cümleciklerine
çok benzer: *That's the only reason
why I went there* =*That's the only
reason (that) I went there.* (=Oraya
gidişimin tek sebebi budur). Fakat *a
reason/some reason* yapılarında
genellikle *that* yerine *why* kullanılır.
Ayrıca **ünlem** Vay! Baksan(ız)a! Ya!
*Why, it's our friend John! It isn't
difficult! Why, I have done it many
times!* **why else** başka ne için. *Why
else would I ask?*
wick [wik] *i + sy* fitil; lamba fitili.

wicks

wicked ['wikid] *s* aşağılık, bayağı; hain, hınzır, fena. *The wicked witch cast a spell on the prince and turned him into a frog.* **wickedly** *z* haince, hınzırca. **wickedness** *i-sy* hainlik, hınzırlık.

wicker ['wikə*] *i-sy* (genl. bir ismin başına gelir) sepet örmede kullanılan saz: *a wicker chair.* **wickerwork** sazdan yapılan bir şey; sepeț işi: *wickerwork armchairs.*

wicket ['wikit] *i+sy* büyük bir kapının içindeki küçük kapı. *The big door has a wicket in it.*

wide [waid] *s* 1 (özl. uzunluk, veya boyca) geniş, büyük: *a wide road/bed.* (*karş.* **narrow**). 2 (korkudan, veya hayretten) tamamen açılmış. *They watched with wide eyes.* 3 bir uçtan, veya kenardan diğerine olan mesafe bakımından) geniş: *a carpet six feet long and four feet wide.* 4 (çeşit ve nitelik bakımından) geniş, kapsamlı. *He has a wide knowledge of English. Wide reading gives wide understanding.* 5 yaygın, genel, hâkim, geniş. *The movement developed a wide following among the middle class.* (*eş anl.* **popular**). 6 (iki şey, fikir, veya nitelik arasındaki fark ya da açıklık) geniş: *wide class differences.* 7 (hedeften) uzak. *His spear was wide of the man he threw it at.* Ayrıca *z* 1 adamakıllı, ardına kadar, sonuna kadar, iyice. *He left the door wide open. Open your mouth wide.* 2 (hedefin) uzağına. *His spear fell wide.* **widely** *z* 1 geniş biçimde, geniş şekilde; geniş çapta. *The two books are widely different. It is not widely known that he is a writer.* 2 geniş bir alana yayılmış. *The houses are widely separated.* **width** [widθ] *i+sy/-sy* genişlik; en: *a carpet six feet in length and four feet in width.* **widen** *f+n/-n* genişlemek; genişletmek. *He widened the path through*

the forest. The river widens as it flows. **wide-awake** *s* 1 tamamen uyanık. 2 kurnaz, açıkgöz, uyanık. **widespread** *s* geniş bir alana yayılmış, yaygın. *Measles has been widespread this spring. The flood damage was widespread.* **far and wide** her yerde, her yere, dört bir yana, dört bir tarafta. *They looked far and wide for the escaped prisoner.*

widow ['widou] *i+sy* dul; kocası ölmüş kadın. *The widow has no children.* **widowed** *s* dul. *I have been widowed for ten years.* **widower** *i+sy* dul; karısı ölmüş erkek. *Mr Starke, a widower, owned the practice.* **widowhood** *i-sy* dulluk. *The shock of widowhood weakens resistance to illness.* Ayrıca *f+n* dul bırakmak. *She was widowed at the age of thirty.*

width [widθ] *i+sy/-sy* wide'a bkz.

wield [wi:ld] *f+n* 1 elinde taşıyıp kullanmak. *He was wielding a knife.* 2 bir güce, yetkiye sahip olup onu kullanmak; elinde bulundurmak. *The president wields great power.*

wife [waif] *i+sy* karı, eş, zevce. *çoğ. biç.* **wives** [waivz]. **wifely** *s* eşe, zevceye yakışır: *wifely loyalty/duty.*

wig [wig] *i+sy* peruka, takma saç (bir hakimin, aktörün, kel kafalı bir kimsenin, veya moda olsun diye giyilen, takılan). *I have worn a wig for several years.* **wigged** *s* perukalı.

wiggle ['wigl] *f+n/-n* kıpırdamak, kıpırdaşmak, kıpır kıpır oynamak; kıpırdatmak, aşağı yukarı, sağa sola çabuk çabuk ama kısa kısa oynatmak. *He sat wiggling his toes.* (*eş anl.* **waggle**). Ayrıca *i+sy/-sy* hafif hafif sallama, kıpırtı.

wigwam ['wigwæm] *i+sy* kızılderili çadırı.

wigwam

wild ['vaild] *s* 1 (hayvanlar hk.) vahşi. *Lions are wild animals.* 2 (bitkiler hk.) yabanî, vahşi. *The field is full of wild flowers.* 3 (bir insan, veya yer hk.) ilkel, vahşi, uygar olmayan. *The forest is the home of wild tribes. The country outside the town was wild and hilly.* 4 (hava, veya doğal güçler hk.) sert, şiddetli, azgın. *The weather in winter is wild. It was impossible to swim in the wild sea.* 5 (hisler, duygular hk.) çılgınca, delice, hiddetli. *He gave a wild laugh. His stupid behaviour made me wild. He has a wild plan to run away from school.* Ayrıca z vahşice, çılgınca, delice. *They were shooting wild.* **wildness** *i-sy* vahşilik; şiddet; çılgınlık. **wildly** z deli gibi, çılgınca. *He laughed wildly.* **the wilds** içoğ vahşi ormanlar, kırlar; insan eli değmemiş ıssız yerler: *the wilds of Canada.* **wild boar** yaban domuzu. **wildcat** *i+sy* yaban kedisi. Ayrıca *s* olmayacak; çılgınca, delice. *This is a wildcat scheme.* **wildcat strike** sendikanın onayı alınmadan yapılan grev. *The workmen have started a wildcat strike.* **wildfire** sadece **spread like wildfire** sözünde—(haber, hastalık, dedikodu, vb.) yıldırım hızıyla yayılmak. *The infection spread like wildfire. The news spread like wildfire round the world.* **wild-goose chase** boşa kürek çekme, boş veya olmayacak bir şeyin peşinden koşma. *The false information set us off on a wild-goose chase.* **wildlife** vahşi yaşam. *He has gone to Africa to photograph wildlife.* **be wild about** 1 (bir kimse, veya bir şey) için deli divane olmak. 2 için çok kızmak, deliye dönmek. *I do feel wild about misplacing that ring. (k. dil.).* **run wild** 1 (bitkiler hk.) başıboş büyümek, azmak. *The weeds are running wild in his garden.* 2 (çocuklar hk.) başıboş dolaşmak, veya kontrolden çıkmak. *During the school holidays the children ran wild.* **Wild West** *itek* vahşi batı; Avrupalıların ilk kez gelip yerleştikleri zamanki ABD'nin batı bölgeleri.

wilderness ['wildǝnis] *i-sy* çıplak ve üzerinde yerleşim bölgeleri olmayan yer, ıssız yer; çöl. *The Antarctic is a wilderness of snow and ice.*

wile [wail] *i+sy* hile, dolap, oyun. *The witch by her wiles persuaded the prince to go with her.* **wily** s kurnaz, şeytan. *The wily fox got away.* **wili-**

ness *i-sy* kurnazlık, şeytanlık.

wilful ['wilful] (*AmI*'de **willful**) *s* 1 inatçı, söz dinlemez, bildiğini okuyan. *The wilful child would not eat his supper.* 2 kasıtlı, bilerek yapılan. *The wilful killing of a person is murder.* **wilfully** *z* kasten, bilerek. **wilfulness** *i-sy* inatçılık; kasten yapma.

will¹ [wil] *yarf* ...-ir/...-er, ...-ecek. *He will be here tomorrow. You will meet him later. Next Monday will be a holiday.*

NOT: *1* içinde *will* çekimsiz fiili olan bir fiil takımı, gelecek zamanı göstermek için kullanılan birkaç yoldan biridir. *will*, özellikle *I* ve we¸ile Türkçe'de genellikle ...-ir/...-er ekinin karşılığı olup, özellikle ikinci, veya üçüncü kişi ile, ...-ecek/...-acak anlamına da gelebilir. Kişi zamirlerinden sonra *will*, genellikle ['ll] kaynaşmış şeklini alır. *I'll help you* (=Sana yardım ederim/edeceğim). *2* olumsuz cümlelerde *won't* (= *will not*) kaynaşması kullanılır. *Next Monday won't be a holiday. Won't you come along with us?* 3 *will* ve *won't* kısaltılmış cevaplarda kullanılır: *Yes, I will. No, I won't.* 4 *will* tam şekli, kuvvet vermek için, olumlu düz cümlelerde kullanılır: *John can't buy the book now but he will buy it tomorrow* (=John, kitabı şimdi alamaz, ama yarın mutlaka alacak). 5 genellikle, ama özellikle birinci tekil kişi ile kullanıldığında, *be going to* Türkçe gelecek zaman eki (...-ecek/...-acak)'a karşılıktır; *will* yardımcı fiili ise Türkçe geniş zaman, gelecek zaman bildirdiğinde ...-ir/...-er ekine ya da bazen ...-eyim/...-ayım'a karşılıktır: *I am going to write a letter* (=Bir mektup yazacağım). *I'll write a letter* (=Bir mektup yazarım /yazayım). Birinci cümle konuşma anından bir süre önce yapılmış olan belli bir planı bildirir. Fakat ikinci cümle konuşma anında yapılan yeni bir planı gösterir. Şimdi bir durum yaratıp ne demek istendiğini daha iyi görelim: *'I have an hour before my next class. Well, I know what I can do. I'll write a letter'* (=Gelecek dersten önce bir saat vaktim var. Hım. Ne yapacağımı buldum. Bir mektup yazayım). 6 *you*'lu sorularda *be going to* bir süre önce yapılmış bir plan hk. bilgi istemek için ve *will* de rica ederken kullanılır: *Are you going to show them your pictures?* (=Onlara resimlerini gösterecek misin?) *Will you show me your pictures?* (=Bana resimlerini gösterir misin?). 7 eğer bir cümlede bir şart varsa, o cümle genellikle belli bir plan, veya bekleyiş bildirmez; bu yüzden özne hangi kişi olursa olsun, çoğunlukla *will* kullanılır: *If you ask John, will he help you?* (=John'a rica etsen, sana yardım eder mi?) *If there are any problems, she'll need some help* (=Problemler çıkarsa, yardıma ihtiyacı olur). 8 gelecek zamanı göstermesi dışında *will*, bir şeyi yapmaktaki gönüllülüğü, istekliliği gösterir. Bu durum, genellikle soru cümlelerinde ifade edilirse de, düz cümle yapılarında da kullanılabilir: *He'll help you if you ask him* (=Rica edersen sana (severek) yardım eder). 9 **will you?** olur mu? *If you see him anytime, let me know, will you?* (=Onu bir ne zaman görürsen bana söyle, olur mu?) 10 bir şeyin muhakkak öyle olacağından ya da olduğundan insan eminse yine *will* kullanılır: *Boys will be boys* (=Erkek çocuklar işte böyledir). *Bad workmen will always blame their tools.* (=Kötü işçiler suçu hep aletlerinde bulurlar). Ayrıca **would**'a bkz.

will² [wil] 1 *i+sy/-sy* azim, irade; istek, arzu. *The patient seems to have lost his will to live. He has a strong will. You can win if you have the will to try hard. It was God's will.* 2 *i+sy* vasiyetname, vasiyet. *In his will he left all his money to his wife and children.* **-willed** *s* iradeli. *He is strong-/weak-willed* (=güçlü/zayıf iradeli). **willpower** irade gücü, irade. **against one's will** isteğine karşı; eğer istemiyorsa. *Don't agree against your will.* **against the will of somebody** birisinin isteğine karşı koymasına rağmen. *He left school against his parents' will.* **at will** dilediği zaman, canı istediği gibi. *Because our army was weak, the enemy attacked at will.* **good/ill will** iyi/kötü niyet, garez. *Most men feel good will toward their friends and ill will toward their enemies.* **of one's own free will** kendi isteğiyle; kimsenin zoru olmadan. **with a will** azim ve istekle. **will³** [wil] *f+n/-n* 1 istemek, arzu etmek; amaçlamak, karar vermek, ira-

desini kullanmak. *He died because God willed it. Although I was very tired, I willed myself to keep running.* 2 vasiyet etmek. *He has willed all his money to his wife and children.* **willing** *s* istekli, hevesli, arzulu. *They are willing to help. He is a very willing student.* (karş. **unwilling**). **willingly** *z* seve seve, isteyerek. **willingness** *i-sy* isteklilik, iyi niyet. **willy-nilly** *z* ister istemez. *She must accept the decision, willy-nilly.*

will-o'-the-wisp [wiləðə'wisp] *i+sy* 1 bataklık yerlerde görülen mavimsi renkte ışık. 2 boş umut, ulaşılmayacak amaç.

willow ['wilou] *i+sy* söğüt (ağacı). *Willows grew beside the stream.* **willowy** *s* (bir kimse hk.) fidan gibi; uzun ve ince. (eş anl. **slender**).

wilt [wilt] *f+n/-n* tazeliğini kaybedip sarkmak, canlılığını yitirmek, solmak; soldurmak. *The flowers wilted in the hot sun.*

wily ['waili] *s* **wile**'a bkz.

win [win] *f+n/-n* 1 (çok çalışarak, başkalarından daha üstün duruma gelerek) kazanmak. *John has won a scholarship. We hope to win (the game). Which side won the war?* 2 (şans eseri, veya talihi olduğu için) kazanmak. *He won a lot of money by gambling on horses.* 3 çaba göstererek ulaşmak, erişmek. *They at last won the beach.* (3. anlamı oldukça *esk. kul.*). şim. zam. ort. **winning**. geç. zam. ve ort. **won** [wʌn]. Ayrıca *i+sy* başarı veya zafer (özl. bir oyunda). *They had a run of wins in December.* **winner** *i+sy* kazanan; galip gelen kimse, hayvan, veya şey. **winning** *s* 1 kazanan, galip gelen: *the winning horse in the first race.* 2 çekici, cazip, alımlı. *She has a winning smile.* **winningly** *z* cezbederek, cazip bir şekilde. **winnings** içoğ kazanılan para (bir bahiste, veya kumarda). *He pocketed his winnings.* **winning post** yarışın bittiği yeri gösteren direk. **win free** bir güçlükten, zor bir durumdan kurtulmak. *He was trapped by a fallen branch, but eventually won free.* **win/beat hands down** (bir yarışmayı, bir savaşı) kolayca kazanmak. *It wasn't an exciting match; the home side won hands down.* (*k. dil.*). **win somebody's heart** birisinin gönlünü fethetmek,

gönlünü çalmak. **win somebody over**
ikna etmek, kendi tarafına çekmek.
She has won him over completely.
wince [wins] *f-n* korkup çekilmek, ür-
küp geri kaçmak. *He winced when
the stone hit him.* Ayrıca *i+sy* korkup
çekilme, ürküp geri kaçma (hareketi).
*When he saw him wince, the dentist
stopped drilling for a moment.*
winch [wintʃ] *i+sy* vinç. Ayrıca *f+n*
vinçle çekmek, veya kaldırmak. (*eş
anl.* **hoist**).
wind¹ [wind] 1 *i+sy/-sy* rüzgâr, yel.
*The wind was blowing from the
north. The wind bends the branches.*
NOT: *l* wind sözcüğü, genellikle, *a,
much, little, no,* vb. niteleyici sözcük-
lerden biri ile kullanılır. *A gentle wind
was blowing over the lake. There is
too much wind today.* Eğer rüzgârın
miktarı, veya ne çeşit bir rüzgâr oldu-
ğu belirtiliyorsa *çoğ. biç.* kullanılır. *As
soon as we left the shore we met
strong winds.* 2 belli bir vakitte esen,
veya bir hasar, vb. bir şeye neden olan
rüzgâr, *the* ile kullanılır. *In the eve-
ning the wind rose/fell* (=Akşam
rüzgâr arttı/azaldı). *The wind blew
down the trees. His house was dam-
aged by the high winds.*
2 nefes, soluk. *Football players who
do not practise soon lose their wind.*
3 *i+sy* gaz, yel. *People who eat too
quickly often suffer from wind.* 4
i-sy (özl. bir orkestrada) üflemeli çal-
gılar. **winded** *s* soluğu kesilmiş. **wind-
ward** ['windwəd] *s/z* rüzgârın geldiği
yöne doğru. **windy** *s* 1 rüzgârlı: *windy
weather.* 2 palavracı; ağzı kalabalık:
windy talk; a windy speaker. 3 endi-
şeli, korkmuş. *I was a bit windy about
my ability to navigate.* (3. anlamı *k.
dil.*). **windbag** geveze, çalçene. (*k. dil.*).
windbreak rüzgâr engeli; gelen yelin
hızını kesen bir çit, duvar, vb. *I pitch-
ed my tent next to the stone wall, so
that it would serve as a windbreak.*
windcheater parka; rüzgâr ceketi.
windfall 1 rüzgârın ağaçtan düşürdü-
ğü meyva. 2 beklenmedik şans, talih.
*The money from his uncle was a
windfall.* **wind instrument** üflemeli
çalgı, örn. bir trompet, veya klarnet.
windmill için **mill**'e bkz. **windpipe** ne-
fes borusu. **windscreen** (*Brl*'de) oto-
mobilin ön camı. (*Aml*'de **wind-
shield**). **windswept** *s* rüzgâra karşı

açık/korumasız. **second wind** nefes
nefese kaldıktan sonra yeniden nefe-
sini toplamak. *Near the end of the
race the athlete got his second wind.*
get wind of tesadüfen haberdar ol-
mak, (haberin) kokusunu almak.
*Don't let Father get wind of our plans
to give him a pipe for Christmas.*
break wind yellenmek, osurmak.
have/get the wind up korkmak, kor-
kuya kapılmak. *When he saw the
height of the mountain, one of the
party got the wind up and went home.*
put the wind up somebody (birisini)
korkutmak. *I was all alone in the
house, and the sound of the dogs
howling really put the wind up me.*
take the wind out of somebody's sails
birisinin yelkenlerini suya indirmek.
the four winds (güney, kuzey, doğu,
batı) bütün yönler, her yönden. **throw
something to the winds** tedbiri elden
bırakıp boş vermek, aldırmamak. *He
threw caution to the winds and began
arguing with the manager.*
wind² [waind] *f+n/-n* 1 kıvrıla kıvrıla
gitmek. *We wound our way through
the thick forest. The river winds
across the plain.* 2 sarmak, dolamak.
*The nurse wound a bandage round
my finger. They are winding the rope
onto a pole.* 3 (saati) kurmak. *You
must wind this clock once a week. She
forgot to wind the clock and the
alarm didn't go off. geç. zam. ve ort.*
wound [waund]. Ayrıca *i+sy* kıvrım,
viraj, dönemeç. *There are many winds
in this road. Give the clock one more
wind.* **winding sheet** kefen (*esk. kul.*).
winding staircase döne döne çıkan
merdiven. **wind something in** (içine)
sarmak. *When we had finished fish-
ing, we wound in our lines.* (*karş.*
wind off, wind out). **wind something
up** 1 bir şeyi sararak top ya da yumak
haline getirmek. *She is winding up the
string into a ball.* 2 (saati) kurmak.
Have you wound up your watch? 3
bitirmek, sona erdirmek. *The teacher
wound up his lesson by showing some
pictures.* 4 (işi) tasfiye etmek. *The
baker is winding up his business here.*
**wind somebody round one's little
finger** bir kimseyi (küçük) parmağın-
da oynatmak. *If she has once made
up her mind to something, it doesn't
matter what her husband thinks; she*

can wind him round her little finger.
(k. dil.). **wound up** gergin, heyecanlı, endişeli.

window ['windou] *i+sy* pencere. *I stood at the window and watched her He stuck his hand out of the car window and wawed.* **window box** pencere önüne (dışına) konulan çiçek kabı. **window dressing 1** vitrin tanzimi. **2** göz boyama, gösteriş. **window dresser** *i+sy* vitrin dekoratörü. **window pane** pencere camı. *A window pane is a piece of glass in the window of a building.* **window shopping** vitrinlere bakma. **window shop** *f-n* vitrin bakmak. *They window shopped all afternoon.* **windowsill** pencere eşiği. *Pots of flowers stood on the windowsill.*

wine [wain] *i+sy/-sy* şarap. *To make wine, grapes are fermented with water and sugar.* **wineglass** şarap bardağı. **wine press** üzüm cenderesi, presi. **wine and dine** özl. lüks bir lokantada yedirip içirmek, ağırlamak.

wing [wiŋ] *i+sy* **1** kanat; kuşlarda ve böceklerde uçmayı sağlayan organ. *The fly spread its wings and flew away. The bird's wing was broken.* **2** kanat; bir uçağın havada durmasını sağlayan taşıyıcı yatay yüzey. **3** kanat; savaş düzenindeki ordunun iki yanından her biri: *the right wing of an army.* **4** yan, taraf: *the wing of a house.* **5** (İngiliz Kraliyet Hava Kuvvetlerinde) grup. **6** (futbol, eltopu, vb.) hücum hattının sağ ve sol uçlarında yer alan oyuncular. *The first goal was scored by the left wing.* Ayrıca *f+n/-n* **1** uçmak. *The birds winged (their way) over the trees.* **2** kuşu kanadından, insanı kolundan yaralamak. **winged** *s* kanatlı. **wingless** *s* kanatsız. **wing commander** (hava) grup komutanı. **wingspan, wingspread** kanat açıklığı; bir kanat ucundan öbür kanat ucuna kadar olan uzaklık. **take wing** kanatlanmak, uçup gitmek. **take under one's wing** himayesine almak, kanatları altına almak.

wink [wiŋk] *f+n/-n* **1** göz kırpmak. *When the teacher dropped his books, John winked at me.* **2** yanıp sönmek, aralıklı parıldamak. *The stars were winking in the clear sky.* Ayrıca *i-sy* göz kırpma. *He gave me a friendly wink.* **don't sleep a wink/don't get a**

wink gözüne bir damla bile uyku girmemek, hiç uyuyamamak, gözünü kırpmamak. *We could not sleep a wink last night because of the noise.* **forty winks** şekerleme yapmak, kestirmek. **wink at something** görmemezlikten gelmek, göz yummak. *He was ready to wink at small mistakes but not big ones.*

winter ['wintə*] *i+sy* kış. *In the winter when lakes are frozen over he goes skating. Many people like to go somewhere warm in the winter.* Ayrıca *f+n* kışı geçirmek, kışlamak. *They usually winter in the south of France.* **wintery, wintry** ['wintri] *s* kış gibi; çok soğuk. *It was a wintry day with lots of snow left on the mountains.*

wipe [waip] *f+n* silmek. *She wiped the table with a cloth. He wiped his dirty hands on a rag.* Ayrıca *i-sy* sil-me, siliş temizleme. *He gave his hands a wipe.* **wiper** *i+sy* (genl. çoğ. biç.) silici, silecek. (*eş anl. Brİ'de* **windscreen wiper.** *AmI'de* **windshield wiper**). **wipe something away** silerek temizlemek, kurulamak. *She wiped away her tears. Tom wiped away the grease from the windscreen of the car.* **wipe something off 1** silerek ya da ovarak çıkarmak. *She wiped the dirty marks off.* **2** temizlemek; (borcu) ödemek. *He has wiped off all his debts.* **wipe someone/something out 1** (bir şeyin) içini temizlemek. *Have you wiped out the bath after using it?* **2** tamamen yok etmek, öldürmek, ortadan kaldırmak. *One atom bomb can wipe out thousands of people. We wiped out the defeat by winning the next game.* **wipe something up** (özl. yere dökülen bir sıvıyı) silerek temizlemek. *Who is going to wipe up this mess?*

wire ['waiə*] *i+sy* tel: *a telephone wire.* **2** *i+sy* telgraf. *She sent a message by wire.* Ayrıca *f+n* **1** telle bağlamak. **2** elektrik tesisatı çekmek. *The workmen are busy wiring the new school.* **3** tel çekmek, telgraf çekmek. *I wired him because there was no time to send a letter.* **wiring** *i-sy* elektrik tesisatı. *The wiring of my house is old and dangerous.* **wiry** *s* **1** tel gibi: *my wiry hair.* **2** (insanlar hk.) sırım gibi; ince ama kasları çok güçlü. *John is thin and wiry.* **wire cutters** tel makası.

wire rope *i+sy/-sy* tel halat. **wireworm** bitki kök kurdu. **live wire 1** ceryanlı tel. **2** enerji dolu bir kimse. **wireless** ['waiəlis] *i+sy/-sy* **1** radyo. **2** telsiz. *We bought a new wireless two days ago.*

wise[1] [waiz] *s* akıllı (düşünceli), tedbirli. *No wise man wants war. They were wise to take their friend's advice. He gave me a wise look* (= Anladığını gösterir bir şekilde bana baktı). (*karş.* **unwise**). **wisely** *z* akıllıca. **wisdom** ['wizdəm] *i-sy* akıl, akıllılık. *He spoke with authority as well as wisdom.* **wiseacre** ukâla. (oldukça *esk. kul.*). **wisecrack** nükte, şaka. *His wisecracks are sometimes hurtful.* (*k. dil.*). **wise guy** ukâla. *While the singer was trying to get on with his act, some wise guy in the front row kept making funny remarks.* **wisdom tooth** akıldişi, yirmi yaş dişi. (*eş anl.* **third molar**). **be/get wise to** (bir kimse)nin oyunlarından, çevirdiklerinden haberi olmak. (*k. dil.*). **none the wiser, no wiser** eski bildiklerinden daha fazla bir şey öğrenmemiş olmak. *John read the article about 'the educational system in Turkey', but he's none the wiser.* **wise up** aklını başına toplamak; akıllanmak. **put somebody wise** birisini haberdar etmek. *Before Mary makes a mistake, I'd better put her wise to the current situation.*

-wise[2] [waiz] *son-ek* gibi, tarzında; yönünde (**likewise** gibi; **clockwise** saat istikameti yönünde).

wish [wiʃ] *f+ñ/-n* **1** istemek, arzu etmek. *I wish to see the headmaster. He wishes us to listen carefully.* NOT[1]: *wish* bu anlamda bir *to*-fiilidir ve resmî dilde kullanılır. Bu nedenle *want, would like*, veya *desire* anlamlarına gelir: *I wish to complain about the noise upstairs* (= *I'd like to...*). **2** dilemek, temenni etmek. *I wished him a pleasant holiday. They wished me good luck.* **3** (mümkün olmayan ya da pek olası olmayan bir şeyi) istemek; (şimdi ya da geçmişte) keşke ...olsaydı, yapsaydım, etseydin, vb. *I wish I were rich. We only wish we could help. He wished he had agreed to go. I wish you would stop talking so much. We wish they would leave us alone.* NOT[2]: *I wish*'den sonra kural olarak,

şart/koşul cümlelerinde (**subjunctive sentences**) kullanılan fiil yapıları kullanılır: *I wish (that) I had a new suit* (= Yeni bir takım elbisem olmasını (şimdi) isterdim; keşke yeni bir elbisem olsaydı). *I wish it weren't true* (= Doğru olmamasını isterdim). *Don't you wish they were better organized?* (= Daha iyi organize olmalarını (şimdi) istemez miydin?) *I wish it would snow tomorrow* (= Yarın kar yağsın isterdim). *I wish you could come to visit us sometimes* (= Bizi bir ara ziyaret edebilmenizi isterdim). **2** *hope* fiili de *wish* yapısında kullanılabilir. Ama *hope* fiilinden sonra gelen cümlecikte şart/koşul cümlelerinde (**subjunctive sentences**) kullanılan fiil yapıları değil de gelecek zaman ifade eden geniş zaman kullanılır. *I hope it isn't true* (= İnşallah doğru değildir). *I hope it snows/will snow tomorrow* (= İnşallah yarın kar yağar). **3** *'I wish'* anlamına gelen diğer bir yapı da *'if only'* (= keşke)'dir. Bu ifadeden sonra da gelen cümlecikteki fiil yapısı da yine şart/koşul cümlelerinde (**subjunctive sentences**) kullanılan fiil yapılarının aynısıdır. *If only I had a new suit!* (= Keşke yeni bir takım elbisem (şimdi) olsaydı!). *If only it weren't true!* (= Keşke doğru olmasaydı!) *If only it would snow tomorrow!* (= Ah, yarın bir kar yağsa!).

Ayrıca *i+sy/-sy* **1** arzu, istek. *We have no wish to work. Has he told you what his wishes are?* **2** dilek, temenni; istenilen bir şey. *All her wishes have come true.* **wish for something** (genl. güç ve bazen de elde edilmesi zor) bir şeyi istemek, dilemek. *Everybody wishes for happiness but few get it. The school has all the equipment one could wish for* (= Okulun, insanın isteyip de sahip olamayacağı her türlü şeyi var). **wishful thinking** hüsnükuruntu; herhangi bir durumu kendi lehine yorumlama. *People who say that we shall soon be able to get our energy from the sun are just indulging in wishful thinking.*

wishy-washy ['wiʃiwɔʃi] *s* **1** düşünce ve görüşlerinde ne yapacağını pek bilmeyen; zayıf. *He's just a wishy-washy liberal.* **2** (çorba, kahve, vb.) sulu, tatsız tuzsuz, yavan. (*k. dil.*).

wisp [wisp] *i+sy* **1** (ot, saç, vb.) tutam;

ufacık demet: *a wisp of hair.* **2** (duman, sis, vb.) az miktar, ufak, ince: *a wisp of smoke.* **wispy** *s* bir tutam, incecik: *wispy beards.*

wistful ['wistfʊl] *s* istekli, özlemli, dalgın ve üzüntülü. *There was a wistful look on the child's face when he saw all the toys in the shop window.* **wistfully** *z* arzuyla, istekle. *'Ah, dear Eva, said Dr Board, wistfully.* **wistfulness** *i-sy* arzu, özlem: *a nostalgic wistfulness.*

wit[1] [wit] **1** *i+sy* (genl. çoğ. biç.) akıl, fikir, zekâ. *To solve this problem you must use your wits.* **2** *i-sy* nükte, zarif söz. *His talk was full of wit.* **3** nükteci kimse. *Richard was a well-known wit.* **witty** *s* nüktedan, hazırcevap. **wittily** *z* zekice, hazır cevaplıkla. *He found her wittily describing a weekend spent with her in-laws.* **witless** *s* akılsız, beyinsiz. *Walking into the street without looking is a witless thing to do.* **witticism** ['witisizəm] *i+sy* nükte, şaka. *If you have to make a speech, try to include a few witticisms so people don't get bored.* **at one's wits' end** ne yapacağını, ne edeceğini bilmez; şaşkın halde. *I am at my wits' end to know what to do with my daughter.* **have/keep one's wits about one** telâşa kapılmamak, olabileceklere karşı sakin, ama uyanık bulunmak, paniğe kapılmamak, kendine hâkim olmak. *In this part of the city you have to keep your wits about you all the time. Anyone with his wits about him would have been more careful.* **live by one's wits** (çalışarak değil de aklını kullanarak, üçkağıtçılık yaparak) her türlü yola başvurarak geçimini sağlamak. **scare/terrify someone out of his wits/frighten the wits out of someone** birisinin ödünü koparmak. *She was frightened out of her wits by the sight of the dead body.*

witch [witʃ] *i+sy* büyücü, büyücü kadın. *Witches generally used their power to do evil.* **witchery** ['witʃəri] *i-sy* **1** büyücülük. **2** sihir, büyü. **witchcraft** büyücülük. **witch doctor** kabile büyücüsü, büyücü doktor.

with [wið] *edat* **1** ile, birlikte. *We live with our uncle and aunt. He arrived at school with his friends. We had the English lesson with another class. I always have a spare pencil with me.*

2 '*that/who* + *have*'li bağ-zamir cümleciği '*with*'li edat grubu haline dönüştürülür. *Who is the man who has a long beard? = Who is the man with a long beard?* (= Uzun sakallı /sakalı olan adam kim?) *I want a book that has all the information = I want a book with all the information.* **3** bazı durumlarda *with* edatı, *beside* (= yanında), *near* (= ...-in yanında), *in* (= ...-de/...-da, ...-in içinde), *on* (= ...-de/...-da...(...-in üzerinde/yüzünde)) anlamlarına gelir. *The little boy who is beside that woman is a friend of mine = The little boy with that woman is a friend of mine* (= O kadının yanındaki çocuk (bir) arkadaşım). *Do you want lettuce in your sandwich? = Do you want lettuce with your sandwich?* (= Sandviçin içine marul istiyor musun?) *Do you drink milk at your meals? = Do you drink milk with your meals?* (= Do you have money on you? = Do you have money with you?* **4** bir şey ile ilgili olan bir durumu, veya hareketi gösterir. *Are you finished/done with my pen?* (= Dolma kalemimle işin bitti mi?). *I am pleased with his work* (= İşinden memnun kaldım). *John was angry with me* (= John bana kızgındı). *Be careful with my car* (= Arabamı dikkatli kullan). *Mary is always ready with the answer* (= Mary cevabı her zaman bilir). *Could you help me with my baggage?* (= Eşyalarımı taşımama yardım edebilir misin?) **5** ... -den dolayı, yüzünden. *Albert was shaking with fright* (= Albert korkudan titriyordu). *With what one thing and onother, I haven't had time to write any letters* (= Şu veya bu sebepten hiç mektup yazmaya vakit bulamadım). **6** bir şeyi yaparken neyin kullanıldığını, veya ne ile yapıldığını söylemek için kullanılır. *I cut the rope with a knife* (= İpi bıçakla kestim). *I saw it with my own eyes* (= Kendi gözlerimle gördüm). *He writes with his left hand. The country is covered with thick frost. He opened the meeting with a short speech.* **7** karşı olma veya birlikte yapılan hareketler için kullanılır. *They used to fight with their neighbours.* (= Eskiden komşuları ile kavga ederlerdi). *They agreed with him completely* (= Kendisiyle tamamen aynı fikirdeydiler). **8** ...-e rağmen. *With all his terrible injuries he did not die. With the best teachers in the world they cannot pass the examination.* **meet with** uğramak, başına gelmek. *Wilfred met with an accident while driving home.*

withdraw [wiθ'drɔ:] *f + n/-n* **1** geri çekilmek, uzaklaşmak. *After being attacked, the army withdrew.* **(eş anl. retreat). 2** (bankada) çekmek. *I am going to withdraw all my money from the bank.* **3** geri almak, geri çekmek. *You must withdraw your stupid statement. Why did he withdraw his consent? geç. zam. biç.* **withdrew** [wiθdru:]. *geç. zam. ort.* **withdrawn.** **withdrawal** *i + sy/-sy* geri çekme, geri alma, veya alınma. **withdrawn** *s* (kişiler hk.) kabuğuna çekilmiş, içine kapanık. *People who are too sensitive to what others think of them are often withdrawn.*

wither [wiðə*] *f + n/-n* (genl. **away** veya **up** ile) kurumak; sararmak, sararıp solmak; kurutup soldurmak. *The crops withered (away/up) because there was no rain.* **withering** *s* utandıran, yerin dibine geçiren. *He gave me a withering look.*

withhold [wiθ'hould] *f + n* kendine saklamak, vermeyi reddetmek. *She is withholding information from the police. geç. zam.* ve *ort.* **withheld** [wiθ'held].

within [wið'in] *edat* **1** ...-in içinde, dahilinde. *The prisoners also demanded the freedom to congregate within the prison.* **2** ötesinde değil, içinde. *I live within a mile of the railway station.* Ayrıca *z* bir yerin içinde, içerde. *Is he within?* (*zarf* olarak *esk. kul.*—yerine **inside** veya **in** kullanınız). NOT: *within* ile diğer bazı cümleler şunlardır. *A person ought to live within his income* (= İnsan gelirine göre yaşamalıdır). *I'll do anything within reason* (= Mantık çerçevesinde ne olursa yaparım). *John will be back within an hour* (= John bir saate kadar dönecek).

without [wið'aut] **1** *edat* ...-siz; olmadan, olmaksızın. *I have come without (any) money. Don't leave without your coat. He is completely without fear. He went away without saying goodbye. He cannot argue without*

losing his temper. **2** *z* dışarda, dışarıya. (**2.** anlamı *esk. kul.*). NOT: *1 without*'dan sonra gelen nesne genellikle bir *-ing*'li gruptur: *without ...-ing* ...-meden, ...-meksizin. *He left without saying goodbye* (= Allahaısmarladık demeden ayrıldı). *Without thinking, she opened it herself.* **2** *any, anything, ever* gibi olumsuz ifadelerde kullanılan sözcükler *without...-ing* yapısında da kullanılır, örn. *They walked away without buying anything* (= Hiçbir şey almadan uzaklaştılar). **3** *without*'tan sonra edilgen takım (**passive phrase**) gelebilir: *John worked for his father* **without** *being paid* (= John babasının yanında bedava çalıştı). *have*'li takım gelebilir: *They left* **without** *having bought anything.* (= Hiçbir şey satınalmadan ayrıldılar). **4** Yukarıda verilen bütün örneklerde *-ing*'li gruptaki fiilin öznesi, temel cümlecikteki çekimli fiilin öznesi ile aynıdır ve ikinci kez tekrarlanmamaktadır. Bazı durumlarda, *-ing*'li grubun öznesi, temel cümledeki çekimli fiilin öznesi ile aynı olmayabilir. Bu durumda, eğer özne bir kişi zamiri ise, bu zamir genellikle bir iyelik sıfatı olur (fakat günlük konuşmalarda zamirin nesne durumu kullanılır), örn. *They don't want to go without my telling John* (= Ben John'a söylemeden (söylemedikçe) gitmek istemiyorlar). *He came home without out/us knowing it* (= Eve haberimiz olmadan geldi). Eğer özne bir belgisiz zamir ise, bu zamir hiçbir değişiklik uğramadan olduğu gibi kullanılır (fakat özellikle resmi İngilizce'de bu zamir *'s* iyelik ekiyle kullanılır), örn. *He found out without anyone/anyone's telling him* (= Hiç kimse söylemeden öğrendi). Eğer özne bir kişi ismi ise, *'s* iyelik eki ister kullanılır, ister se kullanılmaz, örn. *She bought that table without her husband's/husband knowing it* (= O masayı kocasından habersiz satın aldı).

without (a) doubt için **doubt**'a bkz. **without number** sayısız, sayılamayacak kadar çok. *Martha has helped him times without number.* **do without someone/something** (bir şeyi) bir kimse olmadan, veya bir şeysiz sür-

dürmek, ...-sız yapmak, idare etmek.
*People cannot do without food. If he
has no coat, he will have to do with-
out (it).* go without için **go'ya** bkz. go
without saying hiç kuşkusuz, söyle-
meye gerek yok. *It goes without say-
ing that you must work hard if you
are to succeed in business.*
withstand [wiθ'stænd] *f+n* (başarıyla)
dayanmak, karşı koymak, direnmek.
Soldiers have to withstand hardship.
geç. zam. ve ort. **withstood** [wiθ'stud].
witless ['witlǝs] *s* **wit¹'**e bkz.
witness ['witnis] 1 *i+sy* görgü tanığı;
bir şey olurken bizzat orada olan ve
bunu gören kimse. *Were you a witness
to this accident?* 2 *i+sy* tanık, şahit;
bir davada gördüğüne, bildiğine baş-
vurulan üçüncü kişi. *The accused had
many witnesses to say that he was not
guilty.* 3 *i+sy* şahit; resmi bir belgenin
hazırlanışında, taraftarların imzaları-
nın gerçek olduğunu kanıtlamak için
imzasını koyan kimse. 4 *i-sy* tanıklık,
şahitlik; tanıt, delil. Ayrıca *f+n* 1 (bir
şey)e tanık olmak, (bir şeyi) gözleriyle
görmek. *Did you witness this
accident?* 2 tanıklık etmek. *Only one
person witnessed against the accused.
He witnessed to seeing the accused
take the money.* 3 tanıklık edip imza-
lamak. *If I sign this document will
you witness my signature?* **witness
box** (mahkemede) şahit koltuğu/böl-
mesi. **eyewitness** için **eye'**a bkz.
witticism ['witisizǝm] *i+sy* **wit¹'**a bkz.
wittingly ['witiŋli] *z* kasten, bile bile.
*She would never wittingly hurt any-
one.* (eş anl. **intentionally**).
witty [witi] *s* **wit¹'**a bkz.
wives [waivz] **wife'**ın çoğul biçimi.
wizard ['wizǝd] *i+sy* 1 büyücü, sihir-
baz. (eş anl. **magician**). 2 usta, bece-
rikli, uzman. **wizardry** *i-sy* büyücü-
lük.
wizened ['wizǝnd] *s* pörsümüş, pörsük,
pörsüyüp kırış kırış olmuş: *a wizened
pumpkin. Many old people have
wizened faces.*
wk, wks ['dʌbǝlju kei/keiz] (=**week(s)**)
—hafta sözcüğünün kısaltılmış biçi-
mi: *5 wks.*
wobble ['wɔbl] *f+n/-n* sallamak; sal-
lanmak, yalpalamak. *Marion's desk
wobbles because one of its legs is too
short.* **wobbly** *s* sallanan; yerine iyice
oturmamış.

woe [wou] 1 *i-sy* elem, keder. 2 *i+sy*
(**woes**, veya **woe** olarak kullanılabilir)
dert, sorun, talihsizlik. *Sickness and
poverty are common woes.* Ayrıca
ünlem ah aah! vay başıma gelenler!
vah talihsiz başım vah! *'Woe! Woe is
me!' the miserable begger cried.* **woe-
ful** *s* keder verici, kederli, acıklı. *The
lost little boy had a woeful expression.*
woefully *z* kederle, hüzünlü bir şekil-
de. **woebegone** ['woubigon] *s* üzgün,
gamlı, kederli görünen. *Poor Claude,
he looked so woebegone. (eş anl.
sorrowful).*
woke [wouk] **wake¹** fiilinin geçmiş
zaman biçimi.
wolf [wulf] *i+sy* 1 kurt. 2 zampara,
çapkın, kadın avcısı. (2. anlamı *k.
dil.*). çoğ. biç. **wolves** [wulvz]. Ayrıca
f+n aç kurt gibi yemek. *I was so
hungry that I wolfed (down) my sup-
per.* **wolfish** *s* kurt gibi; aç gözlü.
wolfishly *z* vahşice, aç gözlüce. **wolf
cub** *i+sy* 1 kurt yavrusu. 2 yavru kurt
(izci). **cry wolf** için **cry¹'**a bkz.
woman ['wumǝn] *i+sy* kadın. çoğ. biç.
women ['wimin]. Ayrıca *s* kadın: *a
woman doctor; a woman lawyer.*
NOT: bazı durumlarda, örneğin orada
bulunan bir hanımı göstererek
başkasına bir şey söylemek istenildi-
ğinde *woman* yerine *lady* kullanmak
daha kibar ve yerinde olur: *This lady
has come to help us* (=Bu hanım bize
yardım etmeye gelmiş). **womanly** *s*
kadınca, kadına yakışır. *She has much
womanly sympathy for those who
need help.* Ayrıca **womanish'**e bkz.
womanish *s* kadınsı, kadın tavırlı; ki-
şiliği, davranışları, görünümü, vb.
kadına benzeyen: *womanish behav-
iour;* (genl. bir erkek hk.) *womanish
dress* (=kadınsı giysi). **womanhood**
i-sy kadınlık; kadınlar. **womenfolk**
içoğ kadınlar, kadın milleti; evin ha-
nımları. **womankind** *i-sy* kadın mille-
ti, kadın cinsi. **Women's Lib**
(=**Women's Liberation**)—Kadın Öz-
gürlüğü.
womb [wu:m] *i+sy* (genl. **the** ile) döl-
yatağı, rahim.
won [wʌn] **win** fiilinin geçmiş zamanı
ve ortacı.
wonder ['wʌndǝ*] *f+n/-n* 1 düşün-
mek, merak etmek. *I wonder why he
is late. We wondered who told you.* 2
(**about** ile) (...-i) düşünmek. *We were*

wondering about you before you arrived. **3 (at** veya **that** ile) şaşmak, hayret etmek. *I don't wonder at their anger. How can they wonder (that) they are hated?* **4 (whether** ile) kibarca yapılan ricalarda kullanılır. *I wonder whether you would lend me some money* (= Acaba bana biraz borç para verir misiniz?) *I was wondering whether you might be able to help me* (= Acaba bana yardım edebilecek misiniz, yoksa edemeyecek misiniz?). NOT[1]: *wonder* fiili hem *whether*'li hem de *if*'li bir cümlecikten önce kullanılır, örn. *I wonder whether/if they have moved or not* (=Taşınıp taşınmadıklarını merak ediyorum). Ayrıca **1** *i+sy* hayranlık, veya şaşkınlık yaratan bir kimse ya da şey; hârika. *He told us about the wonders of space travel.* **2** hayret, şaşkınlık; hayranlık. *The children looked at the strange pictures in/with wonder.* **wonderingly** *z* şaşkınlık ve hayretle. **wonderful** *s* çok güzel, hârika: *a wonderful idea; a wonderful holiday; a wonderful person.* **wonderfully** *z* şaşılacak bir şekilde, fevkalâde olarak. **wonderment** *i-sy* hayret, şaşkınlık. *'Two hundred', I said, shaking my head in wonderment.* (*eş anl.* **astonishment**). **wondrous** ['wʌndrəs] *s* çok güzel, hârika (*esk. kul.*—yerine **wonderful**'u kullanın). **I wonder...** Acaba... *I wonder what time it is. I wonder where she bought her new hat.* **It is a wonder (that)... ...-**ması mucize; inanılacak gibi değil. *It was a wonder (that) they were not killed* (= Ölmemiş olmaları bir mucizeydi). **(it is) little/ no/small wonder (that)** şaşılacak bir şey yok, tabii, elbette. *No wonder fewer people are drinking coffee: look at the price of it.* NOT[2]: *it is/was*, vb. olumsuz cümlelerde genellikle atılır, örn. *No wonder he refused.*

work wonders harikalar yaratmak; fevkalâde sonuçlar vermek. *The medicine worked wonders. .*

won't [wount] **will not**'ın kaynaşmış biçimi.

wood [wud] **1** *i-sy* odun, tahta. *He is cutting wood to make a door. The desks are made of wood.* **2** (*genl. çoğ. biç.*) koru, koruluk. *The path goes through the wood/woods.* **wooded** *s*

ağaçlarla kaplı. *Part of their land was heavily wooded.* **wooden** *s* **1** tahta, veya ağaçtan yapılmış: *wooden desk.* **2** kazık gibi, sert, katı, soğuk; anlamsız. *He gave me a wooden look.* **woodenly** *z* kazık gibi, sert sert, soğuk bir şekilde. *He looked at us woodenly.* **wooden-headed** mankafa, odun kafalı, salak. **woody** *s* **1** ağaçlarla kaplı, ormanlık. **2** oduna benzer, odun gibi sert. *This fruit is rather woody.* **woodchuck** dağ sıçanı. **woodcock**

woodchuck

i+sy çulluk; eti için avlanan, uzun gagalı, kısa bacaklı göçebe bir kuş. *çoğ. biç.* **woodcock**. **woodcraft** ormanda yaşama ve yolunu bulma becerisi. **woodcutter** oduncu; işi ormanda ağaç kesmek olan kimse. **woodland** ağaçlık, veya ormanlık arazi. **woodpecker** ağaçkakan. **wood-**

woodpecker

work doğramacılık, marangozluk. **can't see the wood for the trees** sadece ayrıntılarla ilgilendiği için asıl sorunu, vb. görememek. *Charles keeps getting excited about details and misses the main point: his trouble is that he can't see the wood for the trees.*

wool [wul] *i-sy* **1** yün, yapağı. *We wear wool in winter and cotton in summer.* **2** yün, yünlü, yünlü kumaş. *He was dressed in a good wool suit.* **woollen** ['wulən] (*AmI*'de **woolen**) *s* yünlü, yünden: *a woollen scarf.* **woollens**

içoğ yünlü elbiseler; yünlü giyecekler. *Because the weather is cold you should wear your woollens.* **woolly** *s* 1 yünlü, yün gibi; yünle kaplı. 2 belirsiz, müphem; açık seçik olmayan. *He has too many woolly ideas.* **woolgathering** *i-sy* dalgınlık, dalgacılık, hayal kurma, aklı başka yerde olma. *She is tired of John's wool-gathering; she wishes he would concentrate on his work.* **dyed in the wool** *s* bağnaz, koyu, mutaassıp. *They are all dyed-in-the-wool nationalists.* **pull the wool over somebody's eyes** gerçekleri gizlemek, gözünü boyamak. *Bill is a very difficult man to cheat: it won't be easy to pull the wool over his eyes.* (k. dil.).

word [wɔ:d] *i+sy* 1 sözcük, kelime. *This dictionary gives the meaning of many words. In English 'get' is a very common word.* 2 *i+sy* söz, laf, lakırdı, kelime. *We had a few words with him* (= Onunla birkaç kelime konuştuk). *I don't believe a word you say.* 3 *i-sy* emir, buyruk. *The teacher gave us the word to stop writing. In this school the headmaster's word is always obeyed.* 4 *i-sy* (a veya the olmadan) bir haber, veya mesaj. *They have sent me word of their arrival. I received word of his death this morning.* 5 *i-sy* (my, your, his, vb. ile) söz, vaat. *I give you my word that I'll help. He always keeps his word. He never breaks his word.* Ayrıca *f+n* sözle, veya sözcüklerle ifade etmek. *You can word this sentence much better if you try.* **wording** *i-sy* yazılış tarzı, üslûp. *Careful wording helps you make clear to others what you really mean.* **wordless** *s* kelimesiz, sözcüksüz. **wordy** *s* sözü fazla uzatan, çok uzun. **word-perfect** *s* ezberlediği bir şeyi su gibi söyleyebilen. **eat one's word** için **eat'e** bkz. **for words** (genl. too ile) kelimelerle ifade etmek, veya tanımlamak. *The sunset was too beautiful for words* (= Güneşin batışı kelimelerle ifade edilemeyecek kadar güzeldi). **have words (with)** biriyle atışmak, ağız kavgası yapmak. *They have been having words again. I can see I'll have to have words with him about this.*

NOT: *have a word with* ise 'birine bir çift söz söylemek, biriyle kısaca gö-

rüşmek' anlamına gelir. *I'll have a word with him tomorrow.* **a man of his word/a woman of her word** sözünün eri erkek/kadın. **word of honour** şeref sözü. *I give you my word of honour that I won't do it again.* **in a word** sözün kısası, kısacası. *In a word, he's mad.* **have/ get/say the last/final word** son sözü söylemek. *Women like to have the last word. I hate to argue with Mary: she must always have the last word.* **the last word in something** en yeni ve en modern. *The new hotel is the last word in comfort.* **the last word on something** bir şey hk. son karar. *We have not heard the last word on this difficult problem.* **leave word with somebody** (birisine iletilmek üzere) bir kimseye bir haber bırakmak. *If you have any news for me, leave word with the janitor: he will let me know.* **by word of mouth** sözlü olarak, şifaen. *The story was passed on by word of mouth.* **word for word** kelimesi kelimesine, motamot. *I copied the document word for word.*

wore [wɔ:*] **wear¹** fiilinin geçmiş zaman biçimi.

work¹ [wɔ:k] 1 *i-sy* iş, emek, çalışma. *Learning a foreign language is hard work. You will be paid well for your day's work. This machine does the work of a hundred men.* 2 *i-sy* iş, güç, meslek. *When you leave school you will have to find work. When does he get home from work? These men have been without work for months.* NOT: *job* (*i+sy*) sözcüğü de 2. anlamdaki *work* (*i-sy*) için kullanılabilir: *find a job; without a job.* 3 iş, güç; yapılması gereken bir şey. *My mother does all the housework. Have you finished your homework?* (= Ev ödevini bitirdin mi?) 4 *i+sy/ -sy* eser, yapıt, sanat eseri: *the complete works of Dickens. The robbery was the work of a clever criminal.* 5 *i-sy* iş; bir kimsenin yapmakta olduğu bir şey. *My mother was knitting when we arrived. She put her work on the table and welcomed us.* 6 *i+sy* (çoğ. biç.) (genl. tek. bir fiille) fabrika, atölye: *brickworks* (= tuğla fabrikası); *ironworks* (= demir eşya yapım atölyesi). 7 *i+sy* (çoğ. biç.). (bir makinenin) hareket eden parçaları; mekanizma. *The works of a watch are very small.* **workaday** s sıradan, sıkıcı, gündelik. *He has a workaday life.* **workbag** dikiş veya 'el işi torbası. **workforce** *i-sy* (bir işyeri, bir ofis, veya bir fabrikadaki) tüm çalışanlar. **workbox** dikiş kutusu, alet kutusu. **workday** iş günü, çalışma günü. *Mark has an 8-hour workday. Sunday is not a workday for me.* **workman** işçi, amele. **workmanlike** s usta elinden çıkmış, iyi yapılmış. *James did a workmanlike job.* **workmanship** *i-sy* işçilik, sanatkârlık. *Good workmanship deserves good pay.* **workshop** atölye, tamirhane. **public works** bayındırlık işleri, örn. yol ve köprü inşaatı. **out of work** işsiz: *be out of work; out-of-work miners.*

work² [wə:k] *f+n/-n* 1 çalışmak; çalıştırmak. *At school we have to work very hard. Our teacher works us very hard.* 2 işletmek, çalıştırmak; işlemek. *This machine is worked by electricity.* 3 çalışmak, iş olarak yapmak. *David works in an office.* 4 bir etkiye neden olmak; yararlı olmak; başarılı olmak. *This new method really works. This medicine has worked wonders* (=Bu ilaç harikalar yarattı). 5 yavaş yavaş ilerlemek, veya ilerletmek. *He worked the nail loose with a knife* (=Bir bıçakla çiviyi yavaş yavaş gevşetti). *The oil has worked into the carpet* (=Yağ yavaş yavaş halının içine işledi). 6 işletmek, çalıştırmak. *For many years he worked a large farm. The company works many gold mines.* **workable** s 1 pratik, uygulanabilir. *Your plan is workable.* 2 işlenebilir, işletilebilir. *The soil is so poor that it is not workable.* (karş. **unworkable**). **worker** *i+sy* işçi, amele, çalışan kimse. **the works** her şey, tam donatım, veya tam muamele. *That recording studio may not look much from the outside, but inside they've got the full works. I was expecting to go through Customs without any trouble: unfortunately the woman in front of me got caught with five cameras in her suitcase. They thought I was with her, so they gave me the works—they even looked in my soapdish.* **work at something** bir şey ile uğraşmak, meşgul olmak. *I worked at my English essay all evening.* **work away** çalışıp

durmak. **work for** ...-in yanında/... -de/...-e çalışmak. *My mother works for a farmer. Who are you going to work for?* (=Kimin yanında/Hangi şirkette/Nerede çalışacaksın?) **work in/into** yavaş yavaş ve dikkatle karıştırmak, veya içine ilave etmek. *She worked the butter into the flour. He worked in some very good points during his speech.* **work oneself into something** kendini yavaş yavaş bir işe, veya duygusal duruma sokmak. *How did you work yourself into such a good job? He worked himself into a rage* (=Gittikçe öfkelendi). **work something off** bir şeyden uğraşarak kurtulmak, çalışa çalışa üzerinden atmak, çalışarak atlatmak. *I went for a long walk to work off my headache.* **work something out** 1 kullanarak, veya devamlı çalışarak ya da işleterek tüketmek. *Many coalmines in Great Britain are worked out.* 2 çözmek, halletmek, (çözüm yolu) bulmak. *Have you worked out this problem yet? We are working out a way to have a cheap holiday.* 3 yavaş yavaş yerinden dışarı çıkmak, çıkıp sarkmak. *Your shirt has worked out.* **workout** *i+sy* antrenman, idman; deneme çalışması. *Before the race the runners had a workout.* **work something up** 1 çok çalışarak yavaş yavaş geliştirmek, (yoktan) var etmek. *I worked up this business from nothing.* 2 heyecanlandırmak, tahrik etmek. *Why is he so worked up?* 3 yavaş yavaş gelişerek bir noktaya gelmek, erişmek. *The situation has now worked up to the point that nobody will do anything.* **work it** bir yolunu bulup halletmek. *Tickets are very scarce but I think I can work it.* (k.dil.). **at work** çalışmakta, iş başında. **working** ['wə:kiŋ] s 1 işe ait, iş ile ilgili; işte, çalışmada kullanılan. *He is wearing his working clothes.* 2 işte harcanan (vakit olarak), iş yapılan, çalışılan. *There are five working days in each weak.* 3 çalışan, işleyen. *Before building the ship they made a working model of it.* Ayrıca *i+sy* 1 (genl. çoğ. biç.). bir şeyin çalışma biçimi, işleme yöntemi. *I don't understand the workings of this clock.* 2 bir maden ocağının kazı yapılmakta, veya yapılmış kısımları. *In the mountains*

there are many old mine workings.
the working class(es) işçi sınıfı, emek-
çi sınıfı. Ayrıca *s* işçi sınıfına ait: *a
little working-class house.* **working
man** işçi, amele. **working party** çalış-
ma komitesi; belli bir konuyu incele-
yip rapor eden bir kurul. *The village
council agreed to set up a working
party to study the plan for a new
road.* **in working order** çalışır durum-
da, faal. *Is the lamp in working
order?*

world [wɔ:ld] *i+sy* 1 dünya, yeryüzü,
yerküre. *He sailed alone round the
world. The new invention amazed the
world.* (*eş anl.* **Earth**). 2 (üzerinde ya-
şam bulunma olasılığı olan) bir geze-
gen, dünya. *It is possible that there
are other worlds.* 3 dünyanın belli bir
kesimi: *the New World* (= Amerika).
4 âlem, dünya; *the animal/vegetable
/mineral world; the world of books;
the political world.* 5 ömür, hayat,
dünya. *He came into the world after
the war. Do you believe in the next
world?* Ayrıca *s* bütün dünyaya, veya
çoğu kısmına yayılmış, kaplamış.
*There have been two world wars in
this country. English is now a world
language.* **worldly** *s* 1 dünyevi, maddi:
worldly pleasures. 2 çok bilmiş, dünya
işlerinde pişkin: *worldly wisdom.*
(*karş.* **unworldly**). **the New World** Ku-
zey ve Güney Amerika; Yeni Dünya.
the Third World üçüncü dünya ülke-
leri. **world-wide** *s* dünya çapında,
dünyanın her tarafına yayılmış: *a
world-wide airline.* **a world of** dünya
kadar, pek çok. *His remarks have
done a world of good to his country.*
all the world herkes. **be all the world
to, means the world to** her şeyden/
herkesten daha değerli, kıymetli,
önemli olmak, dünyayı değmek. *His
son is all the world to him.* **for all the
world like** tıpatıp aynı, sanki ...-miş
gibi. *He is for all the world like his
brother.* **in the world** 1 bir şeyin ne
kadar önemli olduğunu göstermek
amacıyla kullanılır ve 'dünyada' gibi
bir anlam verir. *Nobody in the world
is better known than him* (= Dünyada
ondan daha iyi tanınan başka hiç
kimse yoktur). 2 *'why', 'what',
'where', 'who'* vb. soru sözcükleri ile
kullanılarak bir şaşkınlığı, hayreti
vurgular ya da özellikle kızma, veya

bir ümitsizlik ifade eder. Türkçe'ye
'Allah aşkına, Yahu, Ne halt etmeye
..., Acaba hangi cehennemde...', vb.
şekilde çevrilebilir. *What in the world
has happened? Where in the world
did you put it? Who in the world can
that be?* **out of this world** olağanüstü,
şahane, fevkalâde. *The food we ate
was out of this world.* (*k. dil.*). **think
the world of someone/something** bir
kimseyi, veya bir şeyi pek beğenmek,
hayranlık duymak. (*k. dil.*).

worm [wə:m] *i+sy* 1 solucan, kurt.
*The bird is looking for a worm. Our
dog had worms, but she is fine now.*
2 aşağılık adam, pis herif. *That man
was a worm to leave his wife and two
children without any means of sup-
port.* Ayrıca *f+n* (genl. bir kedi, veya
köpeğe ilaç vererek) kurt düşürmek.
*Consult the vet about worming your
puppy.* **worm one's way** (bir tehlike,
veya engel yüzünden) yavaş yavaş,
güçlükle ve dikkatle ilerlemek. *We
wormed our way through the crowd.*
worm information out of someone
devamlı sorular sorarak, tuzaklar ku-
rarak ağzından gerekli bilgileri, sırrı
almak. *The truth had been wormed
out of him by his lawyer.* **earthworm**
için **earth**'e bkz.

worn [wɔ:n] **wear¹** fiilinin geçmiş za-
man ortacı.

worry ['wʌri] *f+n/-n* 1 endişelenmek,
endişe etmek, merak etmek, üzülmek;
üzmek, endişelendirmek, canını sık-
mak. *Her illness worried me. She
worries all the time. Don't worry. It's
going to be all right. What's worrying
you?* 2 (özl. köpekler hk.) kovalayıp
dişleriyle tutup sarsmak: *a dog that
worries sheep.* **worry about** ...-i merak
etmek, için endişelenmek. *Don't
worry about the examination. It's
easy. She worries about my health.
What are you worrying about?*
NOT: hem *wonder* hem de *worry*
'merak etmek' anlamına gelebilir. Fa-
kat *worry* de 'bir endişe' veya 'bir
huzursuzluk' vardır. Ayrıca *wonder*
bir durum fiili olup *worry* ise bir ha-
reket fiilidir. *I wonder what happened
to John. I am worrying about John.*
Ayrıca 1 *f+sy* (genl. çoğ. biç.) dert,
gaile. *She has all the worries of look-
ing after a large family.* 2 *i-sy* üzüntü,
endişe. *His face showed his worry.*

worried s endişeli. *He had a worried face.* **worrying** s endişelendiren, üzücü; can sıkıcı.

worse [wə:s] 1 s (**bad**'ın *krş. biç.*) daha kötü. *This road is bad but that one is worse. His writing is worse than yours. He made things worse by telling lies.* 2 *yüks* (**ill**'in *krş. biç.*) daha hasta. *During the night he became worse. The medicine made me feel worse.* Ayrıca z 1 (**badly**'nin *krş. biç.*) daha kötü biçimde; daha fena, daha kötü. *He writes much worse than you do.* 2 daha fena bir şekilde; daha çok. *The wind is blowing worse than it did yesterday. We hate him worse than ever.* Ayrıca *i-sy* daha kötü bir şey, veya durum. *Life has gone from bad to worse.* (= Hayat daha da kötüleşiyor.) *I am quite pleased with your work. I expected worse.* enüst. *biç.* **worst** [wə:st]. (*karş.* **better**).

worsen *f* + *n/-n* kötüleşmek, fenalaşmak; kötüleştirmek. *The situation in the Middle East was worsening.* **none the worse** 1 hiç fena değil, yaralanmamış, bir yerine bir şey olmamış. *He is none the worse for his terrible journey.* 2 daha az değil, daha çok. *I think none the worse of him for refusing to go.* **worse off** maddi bakımdan, veya mutluluk açısından daha kötü durumda olmak. *My father's death has left me worse off.*

worship ['wə:ʃip] *i-sy* 1 ibadet; tapma, tapınma. *A mosque or a church is a place of worship.* 2 (bir kimse, veya şeye karşı duyulan) aşırı sevgi ya da saygı. *Their worship of rich, powerful people is disgusting.* Ayrıca *f* + *n/-n* 1 ibadet etmek; tapmak, tapınmak. *People go to a mosque or a church to worship God.* 2 aşırı sevgi ya da saygı göstermek. *I worship my mother. He worships money. geç. zam. ve ort.* **worshipped.** (*AmI*'de **worshiped**). **worshipful** s (genl. bir saygı, hürmet hitabı olarak kullanılır) sayın, muhterem. **worshipper** *i* + *sy* ibadet eden kimse, tapan kimse. **your Worship, his Worship** (bir belediye başkanına, veya bir hakime hitap edilirken kullanılır) Zatıaliniz; Sayın. *Not guilty, your Worship.*

worst [wə:st] s (**bad**'in *enüst. biç.*) en kötü, en fena. *He is the worst boy in the class. It was the worst accident I* have ever seen. Ayrıca z (**badly**'nin *enüst. biç.*) en kötü biçimde, en fena bir şekilde. *During the famine all the people suffered badly, but the poor people living in towns suffered (the) worst.* Ayrıca *i-sy* beterin beteri bir durum ya da şey. *Hope for the best but expect the worst. The worst that can happen is that you will lose your job.* **at its/one's worst** bir kimse, veya bir şeyin en kötü olduğu zaman. *We met him before breakfast when he was at his worst.* **at (the) worst** en kötü ihtimalle. *At (the) worst you will be delayed for only one hour.* **do one's worst** elinden gelen kötülüğü ardına bırakmamak. **do your worst, let him/ them do his/their worst** elinden gelen kötülüğü ardına bırakma; elinden geleni ardına koymasın/ellerinden geleni ardlarına koymasınlar. **get/have the worst of it** yenilmek, mağlup olmak. *Our team got the worst of it in the last game.* **if the worst comes to the worst** işler çok kötü giderse; eğer yapacak başka bir şey kalmazsa. *I'm told the show may be very boring; if the worst comes to the worst, we can leave early and come home. Even though it is late we may get a taxi; or if the worst comes to the worst, we shall have to walk.* **the worst of it is that** işin kötüsü. *He is very ill, and the worst of it is that he refuses to see a doctor.*

worth [wə:θ] *yüks* 1 eder, değerinde. *This watch is worth £50. All your books are not worth more then fifty pence.* 2 değer, lâyık. *The new film is worth seeing. His opinion is not worth considering.* 3 sahibi, ...-lik; ...-lik serveti, varlığı olan. *That farmer is worth several thousand pounds.* Ayrıca *i-sy* 1 değer, kıymet. *I think his ideas are of very little worth.* 2 (para) ...-lık. *I'll take thirty pence's worth of those yellow apples* (= Şu sarı elmalardan otuz penslik alayım). *I'd like a pound's worth, please* (= Bir sterlinlik istiyorum, lütfen). *I bought ten pounds worth of food.* **worthless** s beş para etmez; değersiz, kıymetsiz. *Don't read that worthless book.* **worthwhile, worth ones while** değer, yapmaya değer, zahmetine değer. *The visit to Burmingham was worthwhile. It would be worth your while to climb up to the top of the hill; there is a*

beatiful view from there. **for all one
is worth** olanca gücü, veya gayreti ile.
*He is trying for all he's worth to get
a better job.* (*k. dil.*). **for what it is
worth** ama değer mi, değmez mi/fay-
dalı olur mu, olmaz mı bilmem/ga-
ranti edemem. *My advice to you, for
what it is worth, is to say nothing.*
worth it zahmete değer, faydalı.

worthy ['wɔ:ði] *s* **1** (genl. *yüks* olarak)
lâyık, değer. *He is a teacher worthy
of great respect. Surely the country is
worthy of a better president.* (*karş.*
unworthy). **2** (genl. şaka ile karışık,
veya kinayeli) saygıdeğer, değerli. *Our
worthy friends refuse to help us.* Ayrı-
ca *i+sy* saygı ve övgüye layık birisi,
değerli kişi; (bazen şaka ile karışık,
veya kinayeli) kodaman. *In the village
there are a few old worthies who think
they know everything. krş. biç.*
worthier *enüst. biç.* **worthiest**.

would [wud] *yarf* ...-eceğini; ...-erdi.
NOT: *I like* fiili *would* çekimsiz yar-
dımcı fiili ile birlikte *want* (=iste-
mek)'ın biraz daha kibar bir eşidi
olarak kullanılır. *I would/I'd like to
drink a cup of coffee now* (=Şimdi
(bir fincan) kahve içmek istiyorum
(mümkünse)). **2** geçmiş zamandaki
bir fiilin nesnesi olan bir cümlecikte
will yerine *would* kullanılır. *He says
it will be ready* (=Onun hazır olacağı-
nı söylüyor). *He said it would be
ready* (=Onun hazır olacağını söyle-
di). **3** *would* şart/koşul cümlelerinde
(**subjunctive sentences**) şimdiki, veya
gelecek zamanı göstermek için kulla-
nılır. *I would go with John if I could*
(=(Şimdi) John'la gidebilseydim
giderdim (fakat ne yazık ki gide-
mem)). **4** şimdiki zamandaki şart/ko-
şul cümleleri '...-seydi' olarak tercüme
edilen gerçek dışı koşulları bildirmez-
ler. Bazen sadece şüpheli olan koşul-
ları da bildirir. *I would go with him
if I could change my schedule*
(=Programımı değiştirebilirsem se-
ninle giderim (fakat değiştirebileceği-
mi sanmıyorum)). **5** bazen, *like* ya da
enjoy gibi bir fiille kullanıldığında,
nazik bir rica, veya bir arzu bildirir.
I would like a cup of coffee, please
(=Bir fincan kahve rica ediyorum,
lütfen). *I would enjoy a cup of coffee,
thank you* (=(Memnuniyetle) bir
kahve içerim, teşekkür ederim). **6** ba-

zen de *would* cümleyi sadece tered-
dütlü, veya daha az belirli yapar. *I
wouldn't know* (=Bilemiyeceğim). **7**
would, gelecek zaman anlamı dışında,
bazen 'razı/istekli olma' durumu gös-
terir. *He wouldn't help me, so I did
it alone* (=Bana yardım etmek iste-
medi, bende onu kendi başıma yap-
tım). **8** *would* ayrıca geçmiş zaman-
daki şart/koşul cümlelerinde kullanı-
lır. *If he would only have helped, the
business would have been a success*
(=Bir yardım etseydi iş başarıya ula-
şırdı). **would-be** sözde, sözüm ona,
güya; ... geçinen: *a would-be teacher.*
(*k. dil.*). **would rather** tercih etmek.
*Would you rather have tea or coffee?
I would rather have gone with my
brother but it is too late now.*

wound¹ [wu:nd] *f+n* **1** yaralamak. *He
fired his gun and wounded the thief
in the leg. In the battle ten soldiers
were wounded.* NOT: Vücudun bir yerinde, bilerek ya
da isteyerek yapılan hasara *wound*
denir. Eğer bir hasar istemeden, ka-
zara yapılırsa buna *injure,* veya *hurt*
denir. *In the railway accident ten
passengers were injured/hurt.*
2 (gönlünü, gururunu) kırmak; yara-
lamak, incitmek. *Your remarks have
wounded his pride. You must not
wound his feelings.* Ayrıca *i+sy* **1**
yara. *The wound is healing. He died
from his wounds.* **2** yürekte, zihinde
iz bırakan şey; kırılma, gönül yarası.
The defeat was a wound to his pride.

wound² [waund] *wind²* fiilinin geçmiş
zaman biçimi ve ortacı.

wove [wouv] *weave* fiilinin geçmiş za-
man biçimi.

WPC [dʌbəlju:pi:'si:] *i+sy* (=Woman
Police Constable)—kadın polis me-
muru. *WPC Bird accompanied me.*

wpm [dʌbəlju:pi:'em] (=words per
minute)—dakikadaki sözcük adedi. *A
typing speed of 40 wpm is required
for both posts.*

wrangle ['ræŋgl] *f-n* kavga etmek, çe-
kişmek, dalaşmak, münakaşa etmek.
*The children wrangled about who
should sit on the front seat.*

wrap [ræp] *f+n* sarmak; (özl. bir beze,
veya kağıda koyup) paket yapmak. *I
wrapped a blanket round him. I wrap-
ped him in a blanket. We wrapped the
bread in paper. In very cold weather*

*you must wrap yourself up. geç. zam.
ve ort.* **wrapped**. Ayrıca *i + sy* örtünmek için kullanılan bir şey, örn. manto, kürk, atkı, veya battaniye. *Please
remove your wrap.* **wrapper** *i + sy*
paket, veya kitap kaplama kağıdı.
wrapping *i + sy/-sy* paket, veya ambalaj kağıdı. **be wrapped up in 1** bir şeyle
sarılmak ya da üstü bir şeyle örtülmek, kaplanmak. *The dishes were
wrapped up in soft paper.* **2** tüm dikkatini (bir şey)e vermek; aklı fikri (bir
şey)de olmak. *He is wrapped up in his
work.*

wreath [ri:θ] *i + sy* (yaprak, veya çiçeklerden yapılmış) çelenk. *They hang
wreaths in the windows at Christmas.*

wreath

wreathe [ri:ð] *f + n/-n* **1** (özl. sis, veya
dumanla) etrafını sarmak, kaplamak.
*The burning house was wreathed in
smoke. The mist wreathed through
the trees.* **2** etrafını çiçek ya da yapraklarla kaplamak, örtmek. *They
wreathed the statue with flowers.*
wreck [rek] **1** *i + sy* kaza geçirip hasara
uğramış bir uçak, veya bir araç. **2**
batmış, veya kazaya uğramış bir gemi.
*The sailors jumped from the wreck
before it sank.* **3** sağlığı bozulmuş bir
kimse. *After the examination I was a
nervous wreck.* **2** *i-sy* hasar, tahrip;
harap, veya yok olma durumu. *The
captain tried to save his ship from
wreck.* Ayrıca *f + n* (özl. gemiler hk.)
kazaya uğratmak, harap etmek.
wreckage *i-sy* yıkıntı, enkaz; hasar,
tahrip. *The shore was covered with
the wreckage.* **wrecker** *i + sy* **1**
(*AmI'de*) işi eski binaları yıkmak olan
kimse; yıkıcı. **2** bozulmuş, veya kazaya uğramış araçları çekmeye yarayan
araç; kurtarıcı, araç çekici. *The
wrecker towed the car to a garage.*
wren [ren] *i + sy* çalıkuşu; çok küçük
ötücü bir kuş.

wren

wrench [rentʃ] *f + n* **1** birden ve şiddetle
çekmek, çekip almak. *He wrenched
the stick from me. He wrenched the
stick from/out of my hand.* **2** burkmak. *When I fell I wrenched my
ankle.* **3** (elini, kolunu) bükerek çekip
kurtulmak. *She wrenched herself
away from him.* Ayrıca *i + sy* **1** birden
ve şiddetle çekme; çekip kurtulma. **2**
İngiliz anahtarı; somun anahtarı. (*eş
anl.* **spanner**).

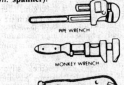

PIPE WRENCH

MONKEY WRENCH

TYPES OF
WRENCH

MOLE WRENCH

wrestle [ˈresl] *f + n/-n* **1** güreşmek, güreş etmek. *John and David wrestled
for several minutes.* **2** boğuşmak, mücadele etmek; uğraşmak. *We wrestle
with temptation. Kenneth have been
wrestling with this problem for an
hour.* **wrestler** *i + sy* pehlivan, güreşçi.
wrestling *i-sy* güreş, güreşme: *a wrestling match.* **all-in wrestling** serbest
güreş; güreşçilerin tutmak kadar, birbirlerine vurmaları da serbest olan bir
tür güreş.
wretch [retʃ] *i + sy* **1** aşağılık kimse, beş
para etmez birisi. **2** zavallı kimse.
wretched [ˈretʃid] *s* **1** sefil, perişan.
The wretched people are starving. **2**
berbat, feci, çok kötü. *The trouble
was caused by his wretched pride.*
wriggle [ˈrigl] *f + n/-n* **1** kıpır kıpır kıpırdamak, yerinde duramamak, kıvranmak. *My father started wriggling
about in his chair.* **2** kıvrıla kıvrıla
gitmek. *The snake wriggled through*

the grass. **wriggling** *i-sy* kıpır kıpır kıpırdanma, yerinde duramama, kıvranma. **wrigle out of something** zor bir durumdan, bir güçlükten kurtulmak. *That man can wriggle out of any difficulty. Don't try and wriggle out of the question.* (*eş anl.* **get out of**).

wring [riŋ] *f+n* **1** burmak, bükmek. *He is wringing the chicken's neck.* **2** (ıslak çamaşırları) sıkmak. *My socks were so wet that I had to wring the water out of my socks. geç. zam.* ve *ort.* **wrung** [rʌŋ]. **wringer** *i+sy* (*özl.* yıkanan çamaşırlar için) çamaşır sıkacağı, veya mengenesi. **wringing wet** sırılsıklam, çok ıslak. **wring something from someone** birisini zorla söyletmek, ağzından laf almak ya da inandırarak para koparmak. *The police wrung a confession out of him. The old beggar could wring money from a miser with his sad story.* **wring one's hand** üzüntü, keder veya umutsuzlukla ellerini ovuşturmak. **wring somebody's hand** duyduğu memnuniyeti göstermek için bir kimsenin elini kuvvetle sıkmak. *He wrung his old friend's hand in joy at seeing him.*

wrinkle ['riŋkl] *i+sy* kırışık, buruşuk (*özl.* yaşlılık nedeniyle yüzdeki; katlanmadan dolayı kumaştaki). *The old man's face is covered with wrinkles. I must press out the wrinkles in this dress.* Ayrıca *f+n/-n* kırışmak, buruşmak; buruşturmak. *Don't wrinkle your new dress.* **wrinkled** *s* kırışmış, buruşmuş.

wrist [rist] *i+sy* (kol) bilek. **wristlet** ['ristlit] bilezik. **wrist watch** kol saati.

writ [rit] *i+sy* (yazılı) mahkeme emri. *A writ from the judge ordered the man's release from jail.* **Holy writ** İncil, Kutsal Kitap.

write [rait] *f+n/-n* **1** yazmak. *He can neither read nor write. I wrote my name and address in the book. How many words have you written? I am writing an essay.* **2** yazıp göndermek. *Write your friend a note. I wrote (to) you from London.* **3** (kitap, vb.) yazarı olmak, yazmak, yazı yazmak, kaleme almak. *'What does he do?'—'He writes.' He has written for several magazines. geç. zam. biç.* **wrote** [rout]. *geç. zam. ort.* **written** ['ritn]. **writer** *i+sy* yazar; muharrir. **writing**

1 *i-sy* el yazısı. *They can't read your writing.* **2** *i+sy* (*çoğ. biç.*) kitap, edebî eser. *This term we are studying the writings of Dickens.* **writing paper** yazı kağıdı. **write something down** (bir yere) yazmak, kaydetmek. *The policeman wrote down my name and address. If you know the answer write it down.* **write in something 1** yazılı bir şeye ilâve etmek. *I'll write in your suggestions after I have finished the essay.* **2** yetkili bir kimseye, bir şirketin ilgili müdüriyetine, vb. yazmak. *Why don't you write in and complain?* **write something off** listeden düşmek; bir borcu silmek, kayıtlardan çıkarmak. *The manager told me to write off one of the old pumps in the factory. The company has written off the debt.* **write-off** *i+sy* **1** kayıtlardan çıkarılan bir şey. **2** artık kullanılmayacak hale gelmiş, hurdaya çıkmış bir şey. *After the accident his car was a write-off* (**2**. anlamı *k. dil.*). **write something out 1** baştan sona tamamını yazmak. *The teacher made me write out the whole essay again.* **2** bir çek, reçete yazmak, bir makbuzu, vb. doldurup genl. de imza etmek; vermek ya da göndermek için yazmak. *He wrote his landlord out a cheque for £20.* **write something up 1** temize çekip ayrıntılarına kadar yazmak. *I must write up my history notes.* **2** bir konuda, bir gazete, veya dergide (genl. övgüyle dolu) yazı yazmak. **write-up** *i+sy* bir gazete, veya dergide çıkan eleştiri (bu eleştiri lehte, veya aleyhte olabilir). *The school play was given a very bad write-up in the local paper.* (*k. dil.*).

writhe [raið] *f-n* acı, veya ızdıraptan kıvranmak. *His soul writhed in agony. The wounded man writhed with pain.*

wrong [rɔŋ] *s* **1** haksız, yanlış, hatalı; doğru olmayan, kötü. *Telling lies is wrong. It is wrong to drink and drive. The man gave the wrong answer. We are late because we took the wrong road. You are quite wrong. Mike is wrong in thinking this. It is wrong of him to think this.* (*karş.* **right**). **2** bozuk, çalışmaz, işlemez. *There's something wrong with my watch. What's wrong with your leg?* (= Ayağının nesi var? / Ayağına ne oldu?) Ayrıca *i+sy/-sy* hata, kusur, kötülük; haksızlık. Ayrıca *f+n* (bir kimse(y))e haksızlık etmek, hakkını yemek, günahına girmek. *You wronged him by calling him a coward. He is a brave man.* Ayrıca z yanlış; yanlış olarak. *You've done the work wrong. Dick never went wrong* (=Dick hiç hata yapmadı. / Dick hiç yolsuz bir iş yapmadı). **wrongly** z yanlış bir şekilde. *You've done the work wrongly.* NOT: *wrong* bir zarf olarak cümlenin sonuna gelir; *wrongly* ise ya sona ya da daha önce gelebilir. (özl. geçmiş zaman ortacından önce gelir). *The parcel is tied wrong(ly)* veya *The parcel is wrongly tied.* **wrongdoer** *i+sy* günahkâr; suç işleyen kimse. *They will punish wrongdoers.* **wrongdoing** *i+sy/-sy* günah; suç. *The thief was guilty of wrongdoing.* **wrong-headed** s hatalı, ama hatasını kabul etmeyen. **in the wrong** hatalı, kusurlu. **put somebody in the**

wrong kabahati bir kimsenin üstüne atmak. **two wrongs don't make a right** kötülüğe kötülükle karşılık vermemek lazım.
wrote [rout] **write** fiilinin geçmiş zaman biçimi.
wrought [rɔːt] *f+n* (sadece *geç. zam. biç.*) bir şeye neden olmak, sebep olmak. *The storm wrought great damage.* **wrought iron** dövme demir, işlenmiş demir. Ayrıca s dövme demirden (yapılmış): *a wrought-iron gate.* **hand-wrought** s (özl. metalden yapılmış bir şey hk.) el işi.
wrung [rʌŋ] **wring** fiilinin geçmiş zamanı ve ortacı.
wry [rai] s (ağız, veya yüz hk.) eğri, çarpık; hoşnutsuzluk göstermek için ekşitilmiş, çarpıtılmış. *When he tasted the tea he made a wry face. Mary made a wry face to show her disgust.* **wryly** z yüzünü ekşiterek. **wryness** *i-sy* yüz ekşiliği.

X

xenophobia [zenə'foubiə] *i-sy* yabancılara karşı duyulan mantıksız düşmanlık; yabancı düşmanlığı, veya korkusu, yabancı sevmezlik. **xenophobic** [zenə'foubik] *s* yabancı düşmanı olan, yabancı sevmez: *xenophobic attitude for an educated man.*

Xerox ['zıəraks]® *i+sy* 1 (genl. bir isimden önce kullanılır) fotokopi makinesi: *a Xerox copier.* 2 fotokopi: *a Xerox of the letter.* Ayrıca *f+n* fotokopi yapmak, fotokopi çekmek. *şim. zam. ort.* **Xeroxing.** *geç. zam.* ve *ort.* **Xeroxed.**

Xmas ['krisməs, 'eksməs] **Christmas'**ın (=Noel) kısa biçimi. *Merry Xmas! (k. dil.).*

X-ray ['eksrei] *i+sy* 1 Röntgen ışını; gözle görülmediği halde tahta, kağıt, insan vücudu gibi bazı şeylerden geçerek fotoğraf camını etkileme özelliği olan ışın. *X-rays are used to study the body structures and in the treatment of some diseases.* 2 röntgen filmi. *He has gone into hospital for an X-ray.* Ayrıca *f+n* röntgenini çekmek. *My teeth were x-rayed. şim. zam. ort.* **X-raying.** *geç. zam.* ve *ort.* **X-rayed.**

xylophone ['zailəfoun] *i+sy* ksilofon; değişik sayıda akortlu tahta plakaların gam sırasıyla dizilmesinde oluşan ve iki sopa ile vurularak çalınan bir çalgı.

Y

yacht [jɔt] yat; özel gezinti, veya yarış teknesi (yelkenli veya motorlu olabilir). Ayrıca *f*+*n* yatla dolaşmak, veya gezmek. **yachting** *i-sy* yatçılık.

yak¹ [jæk] *i*+*sy* yak; Tibet öküzü.

yak², **yack** [jæk] *f-n* incir çekirdeğini doldurmaz konularda konuşup durmak, gevezelik etmek. *My sister yaks on the phone for hours every evening.*

yam [jæm] *i*+*sy/-sy* Hint yer elması; kökü patatese benzeyen ve yiyecek olarak kullanılan tropikal bölge bitkisi; *AmI'*de tatlı patates. *She often has candied yams with ham.*

yammer [ˈjæmə*] *f-n* 1 insanın canını sıkan, sinirlendiren bir şekilde sızlanıp durmak, dırlanmak. 2 (köpek) ulumak. (*eş anl.* yowl).

yank¹ [jæŋk] *f-n* birden hızla çekmek. *He yanked away the chair before I could sit on it.* Ayrıca *i*+*sy* ani ve hızlı çekiş: *give something a yank.*

Yank² [jæŋk] *i*+*sy* (genl. *BrI'*de küçültücü anlamda) Amerikalı.

Yankee [ˈjæŋki] *i*+*sy* 1 Yank ile aynı anlamdadır. 2 ABD'nin kuzey eyaletlerinden olan kimse.

yap [jæp] *f-n* (köpekler hk.) kesik kesik havlamak. *The little dog yapped at every strange person who came to the door. geç. zam. ve ort.* **yapped**. Ayrıca *i*+*sy* kesik kesik havlama.

yard¹ [jɑːd] *i*+*sy* 1 yarda; 3 feet/36 inç, veya 0.91 m. olan uzunluk ölçüsü. 2 seren; direkler üzerinde yelken açmaya yarayan yatay olarak bağlanmış direk. **yardstick** 1 bir yardalık ölçü çubuğu. 2 kıstas, denektaşı; başka kimselerin ve başka şeylerin ne kadar iyi, değerli ya da önemli olduğunu belirtmek için, bunlarla mukayese edilen kişi ya da şey. *She was a yardstick against which I could measure what I had achieved.*

yard² [jɑːd] *i*+*sy* 1 avlu. *We have many flowers in our back yard.* NOT: *BrI'*de *yard* bir binanın yanında, zemini taş, veya beton olan ve etrafı duvarla çevrili bir sahadır.

*AmI'*de zemini çimenle kaplıdır ve içinde ağaçlar, çiçekler olsa da buna *yard*, ama *BrI'*de *garden* denir. 2 özel bir amaç, faaliyet, veya iş için kullanılan açık bir bölge, alan: *dock-yard* (=dok, tersane), *railway yards* (=vagonların bulunduğu demiryolu sahası), *builder's yard* (=inşaat makineleri ve malzemeleri deposu).

yarn [jɑːn] 1 *i-sy* (kumaş yapımında, veya örgü örmede kullanılan) pamuk, veya yün ipliği. *She bought some yarn for a sweater.* 2 *i*+*sy* (genl. doğru olmayan) hikâye, öykü, masal. (2. anlamı *k. dil.*). Ayrıca *f-n* hikâye, veya masal anlatmak. *He likes to yarn about his adventures.* (*k. dil.*).

yashmak [ˈjæʃmæk] *i*+*sy* yaşmak; (bazı Müslüman ülkelerinde) kadınların yalnız gözlerini açık bırakarak başlarına örttükleri ince beyaz örtü.

yawn [jɔːn] *f-n* 1 esnemek. *I yawned several times during the lecture.* 2 alabildiğine açık olmak, veya açılmak: *a yawning hole.* Ayrıca *i*+*sy* esneme. *He gave a yawn and then fell asleep.*

yea [jei] *z/ünlem* evet. (*esk. kul.*). (*eş anl.* yes).

yeah [jeə] *z/ünlem* (genl. *AmI'*de) evet. *'Good coffee!' Mike said.—'Yeah,' Bill agreed.* (*k. dil.*). (*eş anl.* yes).

year [jiə*] *i*+*sy* 1 yıl, sene; 365 gün veya 12 aylık bir zaman dönemi. *He is 17 years of age and is in the sixth year of secondary school.* 2 bir takvim yılı: 1 ocak ile 31 aralık arasındaki 365 gün, veya 12 aylık dönem. *Last year I went to London. In the year 1945, the Second World War ended.* 3 (*çoğ. biç.*) yaş. *He is a big boy for his years.* **...year(s) old** ...yaşında. *He is twenty years old.* **at..years of age** ...yaşında. *He is at twenty years of age.* (=*He is at the age of twenty*). **..year-old** yaşında. *He is a ten-year-old boy.* (=O on yaşında bir çocuktur). **yearly** *s/z* yıllık, yılda bir kez olan. *The interest is normally paid twice yearly.*

yearling *i*+*sy* bir yıllık hayvan yavrusu: *a yearling colt.* **calender year** takvim yılı; 1 Ocak ile 31 Aralık arası. **year'ın 2.** anlamına bkz. **financial year** mali yıl (İngiltere'de ıısanın 6'sından bir dahaki yılın 5 nisanına kadar olan zaman). **leap year** için **leap'e** bkz. **all the year round** bütün bir yıl boyunca. *In this resort we have year round tourist attractions.* **a man of his/a woman of her years** yaşına göre...bir adam/kadın. *He's very agile for a man of his years.* **put years on** yaşlandırmak, yaşlı göstermek. *My work has put years on me.* **take years off** gençleştirmek, genç göstermek. *That hair-do takes years off you.* **year in, year out** yıllarca, her yıl üst üste. **yearbook** yıllık; yılda bir çıkan ve o yılın gerçekleşmiş olan olaylarını anlatan kitap. **year-long** bir yıl süren. **yearly** yıllık, yılda bir kez olan.

yearn [jɔ:n] *f+n* **(for** veya **after** ile) (özl. bir kimseyi, veya bir şeyi) çok özlemek, pek göresi gelmek. *The sailor yearned for home. They yearned to see their parents again.* (eş anl. **long**). **yearning** *i+sy/-sy* hasret, özlem. (eş anl. **longing**).

yeast [ji:st] *i-sy* maya; alkollü içkiler, örn. bira yapımında, veya ekmeğin kabarmasında kullanılan bir tür mantar.

yell [jel] *f+n/-n* bağırmak, haykırmak, feryat etmek, çığlık atmak. *The man yelled at the boy crossing the road to watch out for the car.* Ayrıca *i+sy* çığlık, haykırma.

yellow ['jelou] *i+sy/-sy* sarı renk. Ayrıca *s* **1** sarı: *a yellow ball.* **2** korkak, ödlek. *I always knew he was yellow.* (2. anlamı *k. dil.*). Ayrıca *f+n/-n* sararmak; şarartmak. **yellowish** *s* sarımtırak, sarıya çalan. **yellow-bellied** *s* korkak, ödlek, tabansız. *He was so yellow-bellied that he ran away even before the fighting started.*

yelp [jelp] *f-n* cıyak cıyak bağırmak; acı acı havlamak. *The dog yelped when the boy hit him.*

yen [jen] *i+sy* (genl. sadece *tek.biç.*) arzu, özlem, tutku. *I have a yen to travel through Europe.* (*k.dil.*).

yes [jes] *ünlem* evet. (*karş.* **no**). **yes-man** *i+sy* evet efendimci kimse; yağcı kimse. *The Prime Minister is surrounded by yes-men: no-one dares to criticize him.* çoğ. biç. **yes-men**. (*k.*

dil.).

yesterday ['jestədi] *z/i-sy* dün. *Hugo arrived yesterday. Today is Friday; yesterday was Thursday.* Ayrıca *s* dün. *Yesterday morning/afternoon/ evening was fine and dry.* NOT: *night* ile kullanıldığında *yesterday night* olmaz, bunun yerine *last night* (=dün gece) denir.

yet [jet] *z* **1** (bir soru cümlesinin sonunda kullanılır) henüz, daha, şimdiye kadar, şu ana kadar. *Has he gone yet?* (=Daha gitmedi mi?). *Are you ready yet?* (=Daha hazırlanmadın mı?). **2** (**not, never, nothing**, vb. olumsuz sözcüklerden hemen sonra, veya cümlenin sonuna gelir) hâlâ, henüz. *He has not yet gone. / He has not gone yet. I am not yet ready. / I am not ready yet. Nothing yet is known. / Nothing is known yet. 'Are you ready to go now?'—'No, not just yet.'* **3** (olumlu cümlelerde) hâlâ, hatta. *We may yet hear from him. / We may hear from him yet. This is bad; that is yet worse.* Ayrıca **bağ** ama; yine de. *His uncle gave him ten pounds (and) yet he was not satisfied. He is a clever, yet lazy, man.* (eş anl. **but**). **as yet** şimdiye kadar, o zamana kadar. *As yet we have not met him.* (eş anl. **so far**).

yield [ji:ld] *f+n/-n* **1** (**to** ile) teslim olmak, boyun eğmek; teslim etmek. *Our army refused to yield. The enemy yielded the town to our forces.* (eş anl. **give in**). **2** (ürün) vermek. *Fertile land yields good crops.* Ayrıca *i+sy* ürün, mahsul, rekolte. *What is the yield of this ricefield?* **yielding** *s* yumuşak başlı; boyun eğebilir. (*karş.* **unyielding**). **yield to treatment** (hastalık, ağrı, vb. hk.) tedaviye cevap verebilir.

yodel, jodel ['joudl] *f+n/-n* şarkı söylerken ses perdesini çabucak ve sık sık değiştirmek. *geç. zam. ve ort.* **yodelled.** (*AmE'de* **yodeled**).

yoga ['jougə] *i-sy* yoga; ruhsal yaşama ve bedene egemen olmayı amaçlayan ve kurucusu Patongoli olan Hindistan'da yaygın bir felsefe sistemi. Bu felsefeye göre amaca bir takım beden hareketleriyle, daha doğrusu hareketsizliği ile ulaşılacağına inanılır.

yoghourt, yoghurt ['jɔgət] *i-sy* yoğurt.

yoke [jouk] *i+sy* **1** boyunduruk. *He put the yoke on the oxen.* **2** (yük

taşımak için kullanılan) omuz sırığı.
3 bir giysinin omuzlara oturan kısmı.
4 aynı boyunduruğa koşulmuş bir çift
hayvan. çoğ. biç. **yoke** (4. anlamı
için). Ayrıca f + n boyunduruğa koş-
mak, boyunduruk vurmak. **throw off
the yoke** boyunduruktan kurtulmak,
kötü muameleye karşı isyan etmek.
Throw off your yoke and be free.

yoke (on pair of oxen)

yokel ['joukl] i + sy köylü, hödük. (k.
dil.).
yolk [jouk] i + sy/-sy yumurtanın sarısı.
yonder ['jɔndə*] s/z (görülen bir kim-
se, veya şey hk.) şurada, orada; şura-
daki, oradaki. (oldukça esk. kul.—
yerine **over there**'i kullanın). *Go yon-
der, where the two roads cross. Yon-
der fields belong to this farm.*
you [ju:] zamir 1 siz, sen; sizi, seni; size,
sana. *Where dou you live? I saw you
yesterday.* 2 insan, birisi, herhangi bir
kimse. *At our school you soon learn
that the headmaster is very strict.
What can you do in a situation like
that?*
NOT: bazen *you*, 'siz' veya 'sen' anla-
mına gelmeyip, *a person* gibi, bilin-
meyen herhangi bir kimse için kulla-
nılır. Buna kişisi belirsiz *you* denir.
Kişisi belirsiz *you*'lu bir cümlenin
Türkçe tercümesinde genellikle edil-
gen bir fiil vardır. Böyle cümleler,
alışkanlıkları, veya genel olarak uygu-
lanan usulleri ifade eder. *How do you
go there?* (= Oraya nasıl gidilir?)
Where can you get them? (= Nereden
alınabilir?)
young [jʌŋ] s 1 genç, küçük, yeni: *a
young man; a young nation.* 2 taze,
körpe: *young corn.* (karş. **old**). krş.
biç. **younger**. *He is two years younger
than his brother.* enüst biç. **youngest.**
I am the youngest in the class. Ayrıca
içoğ hayvan yavruları. *We saw a deer
with its young.* **youngish** s gençce.
youngster ['jʌŋstə*] i + sy delikanlı;
genç kız, veya erkek. *He is a lively*

youngster. *The old farmer was as spry
as a youngster.* **with young** (hayvanlar
hk.) gebe.
your [jɔ:*] s senin, sizin. *Is this your
book?*
yours [jɔ:z] zamir/yüks 1 seninki(ler),
sizinki(ler). *Is this book yours?* 2
(mektup sonlarında kullanılır).
Sincerely yours (= Saygılarımla). *Very
truly yours* (= En derin hürmetlerim-
le). *Yours sincerely* (= En derin saygı-
larımla). *Yours truly* (= Hürmetle-
rimle). *Yours very truly* (= En derin
hürmetlerimle).
yourself [jɔ:'self] 1 dönüşlü zamir:
Look at yourself in the mirror (= Ay-
nada kendine bak). 2 pekiştirme za-
miri: *You yourself said so* (= Sen
kendin söylemiştin). **by yourself** kendi
kendine, yalnız olarak.
NOT[1] *I* pekiştirme zamirleri genel-
likle özneyi pekiştirmek amacıyla
cümlenin sonunda bulunur. *I usually
make the bed myself* (= Genellikle
yatağımı kendim düzeltirim). 2 eğer
özne bir isim ise, pekiştirme zamiri
hemen bu isimden sonra gelir. *John
himself didn't give a speech* (= John
'ın kendisi nutuk vermedi). 3 resmi
İngilizce'de, pekiştirme zamiri, özne
zamirinden hemen sonra gelebilir.
You yourself told me to do it (= Bana
yapmamı sen kendin söyledin). 4 pe-
kiştirme zamiri özne durumunda ol-
mayan bir zamir, veya isimden ya da
bir edattan sonra da gelebilir. *I don't
know much about the book itself*
(= Kitabın kendisi hakkında ben de
fazla bir şey bilmiyorum). *Why don't
you go and see for yourself?* (= Niçin
gidip kendin görmüyorsun?)
NOT[2]: *I* dönüşlü zamirler (**reflexive
pronouns**): dönüşlü zamirler ile, pe-
kiştirme zamirleri, aynıdır, fakat
kullanım bakımından farklıdır. Öz-
nenin yaptığı işin yine öznenin üzerine
yapıldığını gösterir. *He told me to
prepare myself* (= Bana kendimi ha-
zırlamamı söyledi). 2 dönüşlü zamir-
ler bir edattan sonra gelebilir. *We
showed him a picture of himself*
(= Kendisinin bir resmini gösterdik).
Ayrıca **Personal Pronuns**'a bkz.
youth [ju:θ] 1 i-sy gençlik. *In his youth
he was a good runner.* 2 i + sy (bir)
genç. *Who is that youth?* çoğ. biç.
youths [ju:ðz]. 3 i-sy (the ile) gençler,

gençlik. *The youth of today are very
lively.* **youthful** s genç, dinç, taze;
gençlerle ilgili, gençlere yakışır. *Their
youthful high spirits led them into a
lot of trouble.* **youth hostel** gençlik
yurdu; seyahat eden gençlerin kaldıkları ucuz yer.

yowl [jaul] *f-n* uzun ve yüksek sesle
uluma. (*eş anl.* **yammer**).

yr (= year)—*a 44 yr old man.*

yummy [jʌmi] s lezzetli. *Can I have
some more of that yummy yogurt?*

yuppie ['jʌpi] *i+sy* iş dünyasında hep
ileriye gitme arzusu içinde olan zengin
genç adam.

Z

zany ['zeini] *i+sy* aptalca şeyler yaparak insanları eğlendiren kimse (özl. soytarı, maskara, palyaço).

zeal [zi:l] *i+sy* şevk, gayret, azim. *I worked for the cause with great zeal.* **zealous** ['zeləs] *s* gayretli, istekli. **zealously** *z* gayretle, şevkle. **zealot** ['zelət] *i+sy* fanatik, aşırı tutucu.

zebra ['zebrə] *i+sy* zebra, yaban eşeği. **zebra crossing** *i+sy* zemini siyah ve beyaza boyanmış yaya geçidi.

zenith ['zeniθ] *i-sy* 1 insanın tam başının üstündeki gökyüzü. 2 bir kimsenin mesleğinin, bir ülkenin sosyal ve kültürel durumunun, vb. bulunduğu doruk noktası, zirvesi; en şaşaalı durum. (*karş.* nadir).

zero ['ziərou] *i+sy* 1 sıfır (sayısı); O. 2 suyun donma noktası, veya O°: *ten degrees above/below zero.* çoğ. biç. **zeros. zero hour** sıfır saati; bir savaşın, bir harekâtın başlama saati; bir roketin fırlatılma zamanı.

zest [zest] *i-sy* 1 şevk, heves, coşku. *He worked with zest.* 2 çeşni, tat, heyecan. *The chance of winning a prize added/gave zest to the competition.*

zigzag ['zigzæg] *i+sy* zikzaklı yol. Ayrıca *s/z* zikzak, dolambaçlı; zikzak olarak: *a zigzag path.* Ayrıca *f-n* zigzag çizerek gitmek. *Mike zigzagged across the field.* geç. zam. ve ort. **zigzagged.**

zinc [ziŋk] *i-sy* çinko. Simgesi Zn.

zip [zip] *i+sy* 1 vız sesi; vızzz. 2 fermuar. Ayrıca *f+n/-n* 1 vızzz diye ses çıkarmak, vızıldayark geçmek. *The bullet zipped through the air.* 2 fermuarlamak; fermuarını kapamak. *Will you zip up my dress?* geç. zam. ve ort. **zipped. zipper, zip fastener** *i+sy* fermuar (2. anlamla aynı). *He has a zipper on his coat.* **zip code** ABD'de posta bölgesi kodu. (*eş anl.* **post code**).

zodiac ['zoudiæk] *i-sy* 1 zodyak; bir yıl boyunca güneşin gökküresi üzerinde çizdiği çemberin sınırladığı dairenin geçtiği ve üzerinde on iki burcun eşit aralıklarla dağıldığı kuşak, burçlar kuşağı. 2 gökkürrenin bu kısmını gösteren resim, veya plan. **signs of the zodiac** on iki burç.

NOT: on iki burç şunlardır: **Aries** Koç, **Taurus** Boğa, **Gemini** İkizler, **Cancer** Yengeç, **Leo** Aslan, **Virgo** Başak, **Libra** Terazi, **Scorpio** Akrep, **Sagittarius** Yay, **Capricorn** Oğlak, **Aquarius** Kova, **Pisces** Balık.

zombie ['zɔmbi] *i+sy* 1 sihir ile hayata döndürülen ölü kimse. 2 uyur gezer kimse; olup bitenlerin farkında olmayan kimse.

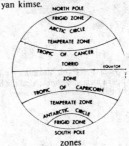

zones

zone [zoun] *i+sy* 1 (bir şey) bölgesi, sahası: *the war zone; traffic zone.* 2 (ABD'de) posta mıntıkası. 3 iklim kuşağı: *Frigid Zone* (= kutup bölgesi), *Temperature Zone* (= ılıman bölge), *Torrid Zone* (= sıcak kuşak). Ayrıca *f+n* 1 bölgelere, kuşaklara ayırmak. 2 (bir şey) bölgesi olarak ayırmak. *This part of the city has been zoned for redevelopment.* **zonal** *s* bölgesel, bölge, kuşak ile ilgili; bölgelere ayrılmış.

zoo [zu:] *i+sy* hayvanat bahçesi (Ayrıca **zoological gardens** da denir).

zoology [zu:'ɔlədʒi] *i-sy* zooloji; hayvanbilim. **zoological** [zu:'ɔlədʒikl] *s* hayvanbilime ait. **zoological gardens** için **zoo**'ya bkz.

zoom [zu:m] *i-sy* havaya dikine yükselen bir uçağın çıkardığı güçlü ses.

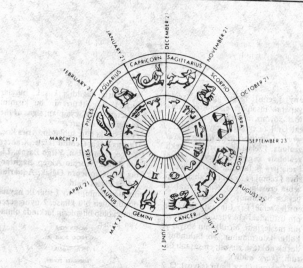

zodiac

Ayrıca *f-n* **1** (bir uçak hk.) dikine doğru hızla yükselmek; alçaktan hızla uçmak. *The aeroplane zoomed.* **2** op-tik kaydırma yapmak, zum yapmak. *The camera zoomed in on the man's face.* **zoom lens** zum merceği.

Irregular Verbs
(Kurala Uymayan Fiiller)

Fiilin şimdiki zaman ortacı yazılışında eğer bir değişiklik oluyorsa, bu değişiklik ile beraber (şimdiki) geniş zaman sütununda gösterilmiştir. *Present* (= (şimdiki) geniş zaman), *past* (= geçmiş zaman), *past participle* (= geçmiş zaman ortacı).

Geniş zaman	Geçmiş zaman	Geçmiş zaman ortacı
arise	arose	arisen
(arrising)		
awake	awoke	awaked
(awaking)		
be (am is,	was, were	been
(are; being)		
bear	bore	born(e)
beat	beat	beaten
become	became	become
(becoming)		
befall	befell	befallen
beget	begot	begotten
(begetting)		
begin	began	begun
(beginning)		
behold	beheld	beheld
bend	bent	bent
beseech	besought	besought
beset	beset	beset
(besetting)		
bet (betting)	bet (ayrıca	bet (ayrıca
	betted)	betted)
bid[1] (*make a*	bid	bid
bid) (bidding)		
bid[2]	bade	bidden
(*command*)		
(bidding)		
bind	bound	bound
bite (biting)	bit	bitten
bleed	bled	bled
blow	blew	blown
break	broke	broken
breed	bred	bred
bring	brought	brought
build	built	built
burn	burn *veya*	burnt (ayrıca
	burned	burned)
burst	burst	burst
buy	bought	bought
can	could	(been able)
cast	cast	cast
catch	caught	caught
choose	chose	chosen
(choosing)		

879

cleave (cleaving)	cleft	cleft (ayrıca cloven)
cling	clung	clung
come (coming)	came	come
cost	cost	cost
creep	crept	crept
crow	crew (ayrıca crowed)	crowed
cut (cutting)	cut	cut
deal	dealt	dealt
dig (digging)	dug	dug
do (3. tekil kişi: he/she/it does)	did	done
draw	drew	drawn
dream	dreamed (ayrıca dreamt)	dreamed (ayrıca dreamt)
drink	drank	drunk
drive (driving)	drove	driven
dwell	dwelt	dwelt
eat	ate	eaten
fall	fell	fallen
feed	fed	fed
feel	felt	felt
fight	fought	fought
find	found	found
flee	fled	fled
fling	flung	flung
fly (flies)	flew	flown
forbear	forbore	forborne
forbid (forbidding)	forbade	forbidden
forecast	forecast	forecast
forego	forewent	foregone
foresee	foresaw	foreseen
foretell	foretold	foretold
forget (forgetting)	forgot	forgotten
forgive (forgiving)	forgave	forgiven
forsake (forsaking)	forsook	forsaken
forswear	forswore	forsworn
freeze (freezing)	froze	frozen
get (getting)	got	got, (AmI'de) gotten
give (giving)	gave	given
go (goes)	went	gone
grind	ground	ground
grow	grew	grown
hand	hung (ayrıca hanged)	hung (ayrıca) hanged)
have (has; having)	had	had
hear	heard	heard
heave[1]	heaved	heaved

880

heave[2] (*denizcilikte*)	hove	hove
hide (hiding)	hid	hidden
hit (hitting)	hit	hit
hold	held	held
hurt	hurt	hurt
inlay	inlaid	inlaid
keep	kept	kept
kneel	knelt (ayrıca kneeled)	knelt (ayrıca kneeled)
know	knew	known
lay	laid	laid
lead	led	led
lean	leant (ayrıca leaned)	leant (ayrıca leaned)
leap	leapt (ayrıca leaped)	leapt (ayrıca leaped)
learn	learnt (ayrıca learned)	learnt (ayrıca learned)
leave (leaving)	left	left
lend	lent	lent
let (letting)	let	let
lie (lying)	lay	lain
light	lit (ayrıca lighted)	lit (ayrıca lighted)
lose (losing)	lost	lost
make (making)	made	made
may	might	
mean	meant	meant
meet	met	met
mistake (mistaking)	mistook	mistaken
mow	mowed	mown (ayrıca mowed)
must	(had to)	(had to)
ought	(ought to have)	
partake (partaking)	partook	partaken
pay	paid	paid
put (putting)	put	put
quit (quitting)	quit (ayrıca quitted)	quit (ayrıca quitted)
read	read	read
rend	rent	rent
rid (ridding)	rid	rid
ride (riding)	rode	ridden
ring	rang	rung
rise (rising)	rose	risen
run (running)	ran	run
saw	sawed	sawn
say	said	said
see	saw	seen
seek	sought	sought
sell	sold	sold
send	sent	sent
set (setting)	set	set

shake (shaking)	shook	shaken
shall	should	
shear	sheared	shorn (ayrıca sheared)
shed (shedding)	shed	shed
shine (shining)	shone	shone
shoot	shot	shot
show	showed	shown
shrink	shrank	shrunk
shut (shutting)	shut	shut
sing	sang	sung
sink	sank	sunk
sit (sitting)	sat	sat
slay	slew	slain
sleep	slept	slept
slide (sliding)	slid	slid
sling	slung	slung
slink	slunk	slunk
slit (slitting)	slit	slit
smell	smelt (ayrıca smelled)	smelt (ayrıca smelled)
smite (smiting)	smote	smitten
sow	sowed	sown (ayrıca sowed)
speak	spoke	spoken
speed	sped (ayrıca speeded)	sped (ayrıca speeded)
spell	spelt (ayrıca spelled)	spelt (ayrıca spelled)
spend	spent	spent
spill	spilt (ayrıca spilled)	spilt (ayrıca spilled)
spin (spinning)	spun	spun
spit (spitting)	spat	spat
split (splitting)	split	split
spoil	spoiled (ayrıca spoilt)	spoiled (ayrıca spoilt)
spread	spread	spread
spring	sprang	sprung
stand	stood	stood
steal	stole	stolen
stick	stuck	stuck
sting	stung	stung
stink	stank	stunk
strew	strewed	strewn (ayrıca strewed)
stride (striding)	strode	strode
strike (striking)	struck	struck (ayrıca stricken)
string	strung	strung
strive (striving)	strove	striven

swear	swore	sworn
sweep	swept	swept
swell	swelled	swollen (ayrıca swelled)
swim (swimming)	swam	swum
swing	swung	swung
take (taking)	took	taken
teach	taught	taught
tear	tore	torn
tell	told	told
think	thought	thought
throw	threw	thrown
thrust	thrust	thrust
tread	trod	trodden
wake (waking)	woke (ayrıca waked)	woken (ayrıca waked)
waylay	waylaid	waylaid
wear	wore	worn
weave (weaving)	wove (ayrıca weaved)	woven (ayrıca weaved)
wed (wedding)	wedded (ayrıca wed)	wedded (ayrıca wed)
weep	wept	wept
will	would	
win (winning)	won	won
wind	wound	wound
withdraw	withdrew	withdrawn
withhold	withheld	withheld
withstand	withstood	withstood
wring	wrung	wrung
write (writting)	wrote	written

, virgül
(comma)

; noktalı virgül
(semicolon)

: iki nokta
(colon)

. nokta
(period)

— uzun çizgi
(dash)

! ünlem imi
(exclamation mark)

? soru imi
(interrogation mark)

'- kısa çizgi
(hyphen 'örn. *knick-knack*'de olduğu gibi')

' kesme imi, üsten virgül, apostrof
(apostrophe)

() ayraç
(parentheses)

[] köşeli ayraç
(brackets)

} bağ imi
(brace 'iki, veya daha çok satırı bağlamak için kullanılır')
aksan tekü
(acute accent 'örn. *blasé*'de olduğu gibi')
aksan grav
(grave accent)
aksan sirkumfleks
(circumflex 'örn. *tête-à-tête*'de olduğu gibi)

~ İspanyolca'da *n* harfinin *ny* diye sesletileceği zaman üzerine konulan im
(tilde 'örn. *señor*'da olduğu gibi')

, çengel imi
(cedilla '*c* harfinin yumuşak sesletileceğini gösterir; örn. *façade*'da olduğu gibi')

'''' tırnak imi
(quotation marks)

'' tırnak imi
(quotation marks 'bir alıntının içindeki alıntıyı göstermek için kullanılır. Örn. *"He said, 'I will go at once' and jumped into the car."* daki gibi')

— ünlü harfin uzun okunması için üzerine konulan im
(macron 'örn. *cobra*'daki gibi')

˘ ünlü harfin kısa okunması için üzerine konulan im
(breve 'örn. *lınen*'daki gibi)

¨ iki nokta imi
(diaeresis 'ünlü iki harfin ayrı okunması için ikincisinin üzerine konur. Örn. *daïs*'deki gibi')

¨ iki nokta imi
Almanca'da ünlünün ses değişimine uğradığını göstermek için kullanılır. Örn. *Köln*'deki gibi)

∧ çıkma imi
(caret 'yazıda atlanan bir harfin, veya sözcüğün cümlenin neresine gireceğini göstermek için kullanılır')

••• üç yıldız yanyana
(ellipsis 'öykülerde bir kesintiyi, veya bir atlamayı göstermek için kullanılır')

•.• veya ,•. üç yıldız
(asterism 'belirli bir bölüme dikkat çekmek için kullanılır')

... .. bir sıra nokta
(leaders 'gözü belli bir noktaya çekmek için kullanılır')

¶ paragraf imi
(paragraph)

• yıldız imi
(star, asterisk '(1) başvuru imi olarak kullanılır; (2) dilbilimde kaydedilmemiş olsa bile varlığı kabul edilen biçimleri belirmek için kullanılır')

† hançer imi
(dagger, obelisk '(1) başvuru imi olarak kullanılır; (2) bir sözcüğün artık kullanılmamakta, veya ölü olduğunu göstermek için kullanılır)'

‡ çift hançer
(double dagger 'başvuru imi olarak kullanılır)

2 satırdan yukarı basılmış rakam
(superior figure '(1) başvuru imi olarak kullanılır; (2) dize veya satır numarasını göstermek için kullanılır; örn. *St. Mark* 4¹⁶'deki gibi')

°	satırdan yukarı basılmış harf (superior letter)	℅	(at 'örn. *100 ℅ SI each*') eliyle, vasıtasıyle, tarafından (per)
§	çengel imi; bölüm imı (section mark)		
‖	paralel imi (parallel mark)	%	yüzde imi (per cent, per hundred)
	işaret imi (index, hand fist)	©	telif hakkı imi (copyright)
	numara imi (No:); ara (boşluğu) imi (number; space)		tescil edilmiştir imi; müseccel marka (registered; registered trademark)
"	denden imi (dittio)	♂	erkek imi (male)
&	ve imi (ampersand, and)	♀	dişi, kadın imi (female)
&c	vs., vb. imi (et cetera)		
@	-e, -a, (şu kadar)dan, (şu fıyat)a		

Punctuation and the Use of Capital Letters
(Noktalama İmleri ve Büyük Harflerin Kullanımı)

apostrophe (kesme imi (')): İyelik gösterir. Tekil isimlerden sonra *-'s* kullanılır (örn. *day's end*); çoğul isimlerde sözcüğün sonuna eklenir (örn. *the neighbours' dog*). Sonu *-s* ile bitmeyen çoğul isimlerin de sonuna *-'s* konur (örn. *sheep's* eyes). Sonu *-s* ile biten özel isimlerin sonuna *-'s* eklenir (örn. *Thomas's*, *Jones's*). Bazı tarihı özel isimler bu kuralın dışında kalır (örn. *Jesus'*, *Keats'*).

le yazılır, örn. *Mr Robertson, Dr Smith, South America, British Rail*. Büyük harfle başlaması gereken bir sözcük, eğer bir konuşmanın genel bir konusu olarak ele alınmışsa, bunun büyük harfle başlamasına gerek yoktur, örn. *the pay of miners, the manufacture of cosmetics*. Eğer büyük harfle başlayan sözcüğün önüne *the* geliyorsa, bu *the* da büyük harfle başlar, örn. *We went to see The Tempest*.

brackets (ayraç imi ( ) ve köşeli ayraç imi [ ]): Ayraç ( ) bir cümle, veya sözcükle ilgili açıklamanın sonuna konur. Eğer buradaki ayraçlı kısım kaldırılırsa, cümle herhangi bir şekilde, ne biçim olarak yapısından, ve ne de anlam olarak içeriğinden bir şey kaybeder, örn. *That house over there (with the blue door) is ours*. Köşeli ayraç [ ]: Yazarın kendi eklediği bir açıklamanın yapılışı için kullanılır, örn. *I knew Pitt [the Younger] as a boy*.

colons and semicolons (iki nokta imi (:) ve noktalı virgül (;)): Bu imlerin işlevi, bir virgülden daha fazla, bir noktadan daha az bir duraklama vermektir. İki nokta, birbiriyle ilgili iki ifade arasındaki anı bir duraklamayı gösterir, örn. *Take it or leave it: the choice is yours*. İki nokta ayrıca, bir cümleden ya da sözcükten sonra örnekler, açıklamalar sıralanacaksa, veya başkasından bir yazı ya da sözcük aktarılacaksa kullanılır. Noktalı virgül (;) iki cümleyi birbirine bağlayan bağlaç yerine kullanılır, örn. *Two of the lights were working; two were out*.

capital letters (büyük harfler): Cümlelerin ve aktarma yoli ile söylenmiş bir cümlenin ilk harfi, bütün özel isimler, kurum ve kuruluş isimleri, kişilerin ünvan isimleri, ülke isimleri büyük harf-

commas (virgül imi (,)): 1. Sözcük öbeklerini ayırmada, veya bu sözcük öbekleri arasındaki hafif duraklamalar için kullanılır, örn. *She stormed out, slamming the door behind.*

2. Eş görevli isimleri, sıfatları, veya sözcük öbeklerini ayırmada kullanılır, örn. *The cupboard was full of pots, pans, and crockery.* Bu gibi cümlelerde konulan son virgül (yani, *'and'* veya *'or'* dan önceki virgül) isteğe bağlı- dır. Sırayı takip eden en sondaki sıfat ile isim arasına virgül konulmaz, örn. *It was a long, hot, humid day.*

3. Virgül, bir cümlede, dilbilgisi bakımından kendi başına tam bir anlam ifade eden ara sözcük, veya ara söz öbeklerini ayırmak için kullanılır. Uzun çizgi (—) ve ayraç ( ) da aynı amaçla kullanılabilirse de virgül hafif bir ayırma derecesini gösterirken, uzun çizgi aniden bir duruş olması gerektiğini ifade eder. Ayraç ise ana kısım ile kesin bir ayırım gösterir, örn. *He hurried home, taking a short cut, but still arrived too late. It's a long time—over two years—since we last met. They both went to İstanbul (unaware of each other's plans) and stayed in the same hotel.*

4. İki sözcük öbeği birbirine bir bağlaç ile bağlanmışsa ve bu sözcük öbekleri arasında anlamca bir tezat, zıtlık varsa, bağlaçtan önce virgül kullanılır, örn. *She was dark, but her brother was fair.*

5. Bir kimseye hitap ederken, o kimsenin ismi, veya ünvanından önce ve sonra virgül kullanılır, örn. *Well, Mrs Smith, how are you today?*

exclamation marks (ünlem imi (!)) Ünlem bildiren sözcüklerden, cümlelerden sonra ünlem imi kullanılır.

full stops (periods) (nokta imi (.)): İçinde temel bir fiil olan tamamlanmış bir cümlenin sonuna konur, örn. *You may tıunk you can get away with it.* Bir dolaylı anlatım cümlesinin sonuna nokta konmaz (virgül konur ki, bu hâlâ bir

tartışma konusu olmakta devam etmektedir). Nokta, ayrıca kısaltmaların ve kişilerin, kurum ve kuruluşların isimlerini oluşturan ilk harflerinden sonra konur, örn. *fig. a.m. R.C.*). Ama bir kısaltma, kısaltması yapılan sözcüğün ilk ve son harflerinden oluşuyorsa nokta çoğu kez atılabilir (*Dr Mr ft*). Ayrıca *BBC USA TUC* gibi çok bilinen ve kullanılan yapılarda da nokta kullanılmaz. Ancak, günümüzde bu durum sık sık değiştiğinden, yukarıda verilen kurallamanın bir yol gösterici olarak irdelenmesinde fayda vardır.

hyphens (kısa çizgi imi (-)): *lay-by* veya *manor house* gibi iki ayrı sözcüğün bir araya gelmesinden oluşmuş bileşik sözcüklerin arasında ya da *unpick* gibi ön-ek ile oluşmuş sözcüğün ön-eki ile asıl sözcüğün arasında kısa çizgi bazen konulur bazen konulmaz. Genellikle bir bileşik sözcük, yeni yeni kulla- nılmaya başlanmışsa araya kısa çizgi konulur ve zamanla bu atılır. Eğer bir bileşik sıfat bir ismin önüne geliyorsa, öbeği oluşturan sözcük birimlerinin tek başına bağımsız kullanılamayacaklarını göstermek için araya kısa çizgi konur, örn. *He has a half-Italian wife.*

inverted commas (quotation marks, quotes) (çift tırnak imi (" ") ve tek tırnak imi (' ')): 1. Bir metin içinde, başkasından aktarılan yazı ya da sözlerin başına ve sonuna konur, örn. *He said "Follow me", and set off down the street.* Eğer cümle devam ediyorsa, genellikle aktarılan bölümden önce ve sonra nokta konur.

2. Tek tırnak imi, önemi belirtilmek istenen, özgün biçimde aktarılan yazı ya da sözlerin başına ve sonuna konur, örn. *"I loved 'War and Peace'," she said, "but it took so long to read."*

question marks (soru imi (?)): Düz soru bildiren cümle ya da sözcükten sonra soru imi konur. Dolaylı soru cümlelerinde soru imi kullanılmaz.

Plurals of Nouns
(İsimlerin Çoğul Olma Durumları)

İsimleri çoğul yapmak için sonuna -s eklenir. Bu kuralın dışında kalan çoğul yapma biçimleri şunlardır:

1. Eğer bir sözcük -ch, -s, -sh, ss veya -x ile bitiyorsa sonuna -es eklenir (örn. benches, gases, dishes, crosses, taxes).

2. Eğer bir sözcük -y ile bitiyorsa ve -y'den önce sessiz bir harf varsa, bu -y düşer ve yerine -ies gelir (örn. parties, bodies, policies). Eğer -y ile biten sözcüğün -y'sinden önce sesli bir harf varsa sadece -s eklenir. (örn. trays, joys, keys).

3. Eğer bir sözcük -o ile bitiyorsa, yaygın çoğul yapma şekli, sonuna -es getirmekle olur (örn. cargoes, potatoes, heroes, goes). Kullanım pek yaygın olmayanlar ile -o'dan önce sesli bir harfin geldiği sözcüklerde -o'nun sonuna -s eklenir (örn. avocados, armadillos, studios, cameos).

4. Eğer bir sözcük -f ile bitiyorsa bu sözcüğün sonuna ya -s eklenerek çoğul yapılır (örn. beliefs, cuffs, whiffs) ya da -f harfi -v yapılır ve buna -es eklenir (örn. wives, thieves, loaves). Bazı sözcükler ise her iki şekilde de çoğul olabilirler (örn. scarf, hoof, wharf).

5. Eğer bir sözcük -ex ya da -ix ile bitiyorsa, daha resmi kullanım biçimi olan çoğul şeklini oluşturmak üzere sonuna -ices eki getirilir. Ama yaygın çoğul biçimini yapmak için bu sözcüğün

sonuna -es eklenir (örn. appendices, appendixes; indices, indexes).

6. Eğer bir sözcük latince kökenli ise ve sonu da -is ile bitiyorsa, çoğul yapmak için sonu -es biçimine dönüştürülür (örn. crises, analyses).

Örneğin (court-martial) gibi bileşik bir sözcüğü çoğul durumuna sokmak için, genellikle bu bileşiği oluşturan temel sözcük çoğul durumuna getirilir (örn. courts-martial, lord-justices, mothers -in-law).

Bazı durumlarda bir sözcüğün hem tekil hem de çoğul biçimi aynıdır (örn. deer, sheep, grouse) ve bazı durumlarda bir sözcüğün hem tekil hem de çoğul biçimi, çoğul -s takısıyla biter (örn. measles, corps, mews).

Hem tekil hem de çoğul bir fiille kullanılan iki tür sözcük vardır:

a. media ve data gibi sözcükler. Her ne kadar tamamiyle yanlış olmasına rağmen bu sözcüklerin tekil bir fiille kullanılması yaygın bir hal almıştır.

b. -ics eki ile biten sözcükler. Eğer sözcük belli bir kişi, veya şey ile ilgiliyse, genellikle çoğul bir fiille kullanılır (örn. his mathematics are poor; the hall's acoustics are good). Eğer sözcük bir bilim dalını gösteriyorsa tekil bir fiille kullanılır (örn. mathematics is an important subject).

Letter-Writing and Forms of Address
(Mektup Yazma ve Mektup Başlıkları)

adres başlıkları Erkeklere yazılan mektupların zarflarının başlıkları şöyle başlayabilir: *Mr Bates, Mr T. Bates,* veya *Mr Thomas Bates.* Eğer resmi olmayan *Esq.* unvanı kullanılacak olursa önce isim ya da ismin baş harfi sonra da soyadı yazılır, başka harfler ise *Esq.'*dan sonraya konur, örn. *Thomas Bates Esq. M.A.* Genç oğlan çocuklara *Master diye hitap edilebilir. Çoğul olan Messrs.* başlığı ise sadece içinde kişi ismi bulunan şirketlerin adları ile kullanılır, örn. *Messrs. Jackson and sons.*

Evli olmayan kadınlara ve genç kızlara *Miss* diye hitap edilebilir. Evli kadınlara ise çoğunlukla kocalarının ilk adı ya da bu adın baş harfi ile hitap edilir, örn. *Mrs R(obert) Henderson,* fakat artık *Mrs M(ary) Henderson* diye yazmak da gittikçe yaygınlaşmaktadır. Bu aynı zamanda dul kadınlar içinde alışılmış olan hitap şeklidir. *Miss* veya *Mrs* yerine *Ms* in kullanılması da mümkündür.

Mr, vb. yerine, *Dr. H. Stevens, The Rev. Simon Clifford* başlıklarında olduğu gibi mesleki unvanlar kullanılabilir. *Sir* ve *Dame* unvanları ile daima ilk isimler kullanılır, örn. *Sir Laurance Olivier, Dame Margot Fonteyn.*

Onursal unvanlar, nişanlar, payeler, nitelikler ve meslekleri gösteren harfler dizilmiş oldukları sırayı izlerler. Payeler en düşükten başlar, fakat onursal unvanlar en yüksekten başlar, örn. *Joseph Halliday Esq., O.B.E., D.S.O., M.A., F.S.A., M.D.* Bir kimseye resmi olarak yazıldığında, onursal unvanlar ve nişanlar genellikle adreslerde yazılır, fakat nitelikler, vb. ise ancak uygun düştüğü yerlerde kullanılır.

Resmi hitap şekillerini içeren bir liste bu yazının sonunda verilmiştir.

posta adresleri İngiltere'de posta adresi için önerilen biçim gönderilen kentin adının büyük harflerle, onu izleyen il, eyalet adının ise küçük harflerle yazılması ve sonra da (eğer varsa) posta kodunun eklenmesidir, örn.

Miss Joan Bannerman
6 Overton Drive
HORSAM
Sussex
(postcode)

mektup adresi Mektuba yazanın adresi sağ üst köşeye ve hemen onun altına da tarih yazılmalıdır. Alıcının adı ve adresi ise tarih hizasının altında olacak biçimde sayfanın sol tarafına yazılmalıdır.

başlıklar ve bitirme biçimleri Bu gereken resmiyetin derecesine bağlıdır. En yaygın olarak kullanılan şekiller aşağıda verilmiştir:

çok resmi

Sir,	I am, Sir, veya
Gentlemen,	I remain, Sir,
Madam,	Your obdient
Mesdames,	servant,

resmi

Dear Sir(s),	Yours faithfully,
Dear Madam,	
Mesdames,	Yours truly,

mektup yazılan kişi tanınıyorsa

Dear Mr	Yours sincerely,
(Mrs vb.)	Yours truly,

arkadaşlar, dostlar arasında

Dear	ever,
My dear	Yours affectionately,

PS (= postscript)—dipnot, hamiş. PS olarak yazılır. İkinci bir ek dipnot ise PSS olarak gösterilir.

RESMİ veya TÖRENSEL BAŞLIK ŞEKİLLERİ

Kraliçe Adres olarak *The Queen's Most Excellent Majesty* diye yazılır; (Mektuba) *Madam* veya *May it please Your Majesty* diye başlanır; *Your Majesty* diye söz edilir; (Mektup) *I have the honour to remain, Your Majesty's faithful servant* diye bitirilir.

Prens Adres olarak *His Royal Highness Prince* ....(ilk adı), veya Prens aynı zamanda bir yerin dükü ise *His Royal Highness the Duke of* .... diye yazılır; (Mektuba) *Sir* diye başlanır; *Your Royal Highness* diye söz edilir; (Mektup) *I have the honour to remain, Yours Royal Highness's most dutiful subject* diye bitirilir.

Prenses Adres olarak *Her Royal Highness the Princes* ....(ilk ad), veya Prenses aynı zamanda bir düşes ise *Her Royal Highness the Duchess of* .... diye yazılır; (Mektuba) *Madam* diye başlanır; *Your Royal Highness* diye söz edilir; (Mektup) *I have the honour to remain, Your Royal Highness's dutiful and obedient subject* diye bitirilir.

Dük Adres olarak *His Grace the Duke of* .... diye yazılır; (Mektuba) *My Lord Duke* diye başlanır; *Your Grace* diye söz edilir; (Mektup) *I have the honour to be, Your Grace's most obedient servant* diye bitirilir.

Düşes Adres olarak *Her Grace the Duchess of* ....diye yazılır; (Mektuba) *Madam* diye başlanır; *Your Grace* diye söz edilir; (Mektup) *I have the honour to be, Your Grace's most obedient servant* diye bitirilir.

Baronet Adres olarak *Sir* ....(Ad ve Soyad) diye yazılır; (Mektuba) *Sir* diye başlanır; (Mektup) *I am, Sir, Your obedient servant* diye bitirilir.

Baronet'in Eşi Adres olarak *Lady* ...(soyad) diye yazılır; (Mektuba) *Madam* diye başlanır; *Your Ladyship* diye söz edilir; (Mektup) *I am, Madam, Your obedient servant* diye bitirilir.

Şövalye Adres olarak *Sir* ....(Ad ve Soyad) K.C.B. diye yazılır; (Mektup) *Baronet* diye başlanır ve *Baronet* diye bitirilir.

Şövalye'nin Eşi Baronet'in eşinde olduğu gibidir.

Kral veya Kraliçe Danışmanı Adres olarak *The Rt. Hon.* ....(Ad veya unvan) diye yazılır; (Mektuba) rütbesine göre başlanır.

Parlamento Üyesi Adres Rütbesine göre ve *M.P.* eklenerek yazılır; (Mektuba) rütbesine göre başlanır.

Bakan Adres olarak *H.M. Principal Secretary of State for* ....(Bakanlığın adı) diye yazılır; (Mektup) *I am, Sir, Your obedient servant* diye bitirilir.

Büyük Elçi (İngiliz) Adres olarak *His Excellency* ....(rütbe) *H.B.M.'s Ambassador and Plenipotentiary* diye yazılır: (Mektuba) rütbeye göre, *Sir, My Lord,* vb. diye başlanır; *Your Excellency* diye söz edilir; (Mektup) rütbeye göre *I am,* vb., *Your obedient ser- vant* diye bitirilir.

Baş Konsolos Adres olarak (ad)... *Esq. H.M.B.'s Consul-General, Consul, Vice-Consul,* vb. diye yazılır; (Mektuba) *Sir* diye başlanır; (Mektup) *I am, Sir* veya *Your obedient ser-*

vant diye bitirilir.

(Londra, York, Belfast, Dublin) Belediye Başkanı Adres olarak *The Rt. Hon. the Lord Mayor of* .... veya *The RT. Hon.* ....(Ad ve soyad), *Lord Mayor of* .... diye yazılır; (Mektuba) *My Lord* diye başlanır; *Your Lordship* diye söz edilir; (Mektup) *I am, my Lord Mayor* veya *Your obedient servant* diye bitirilir.

(Diğer) Belediye Başkanları Adres olarak *The Right Worshipful the Lord Mayor of* .... diye yazılır; diğer durumlar yukarıdaki gibidir.

Belediye Başkanı'nın Eşi Adres olarak *The Rt. Hon.* (veya kocasının unvanına göre *Hon.*) *The Lady Mayoress of* .... diye yazılır; (Mektuba) *My Lady Mayoress* veya *Madam* diye başlanır; (Mektup) *Your obedient servant* diye bitirilir.

Belediye Başkanı (bazı kentler için) Adres olarak *The Right Workshipful the Mayor of* .... diye yazılır; (Mektuba) (*Your Lordship*) *Sir* (veya *Madam*) diye başlanır; (Mektup) *I am; Sir* (veya *Madam*) veya *Your obedient servant* diye bitirilir.

TABLE OF ALPHABETS
(Alfabeler Tablosu)
Harflerin sesleri parantez içinde gösterilmiştir

HEBREW (İbranice)		GREEK (Yunanca) (Mat. ve K.el yazı)			RUSSIAN (Rusça) (B. ve K. harf)		GERMAN (Almanca) (B. ve K. harf)	
א Aleph	1	A α Alpha	(a)		А а (a)		Ꙗ а	(a)
ב	(b)	B β Beta	(b)		Б б (b)		Ä ä	(e)
ב Vet	(v)	Γ γ Gamma	(g)		В в (v)		B b	(b)
ג Gimel	(g)	Δ δ Delta	(d)		Г г (g)		C c	(k, ts, s)
ד Daled	(d)	E ε Epsilon	(e)		Д д (d)		Ch ch	(H, kh)
ה He	(h)	Z ζ Zeta	(z)		E e (ye)		D d	(d)
ו Vav	(v)	H η Eta	(ā)		Ж ж (zh)		E e	(e, ā)
ז Zayin	(z)	Θ θ Theta	(th)		З з (z)		F f	(f)
ח Het	(kh)	I ι Iota	(ē)		И и (i, ē)		G g	(g, kh)
ט Tet	(t)	K κ Kappa	(k)		Й й (ē)		H h	(h)
Yod	(y)	Λ λ Lambda	(l)		К к (k)		I i	(i, ē)
כ ך Kaf	(k)	M μ Mu	(m)		Л л (l)		J j	(y)
כ ך Khaf	(kh)	N ν Nu	(n)		М м (m)		K k	(k)
ל Lamed	(l)	Ξ ξ Xi	(ks)		Н н (n)		L l	(l)
מם Mem	(m)	O o Omicron	(o)		О о (ð, o)		M m	(m)
נ ן Nun	(n)	Π π Pi	(p)		П п (p)		N n	(n)
ס Samekh	(s)	P ρ Rho	(r)		Р р (r)		O o	(ð, ð)
ע Ayin	1	Σ σ ς Sigma	(s)		С с (s)		Ö ö	(ö)
פ Pe	(p)	T τ Tau	(t)		Т т (t)		P p	(p)
פ ף Fe	(f)	Υ υ Upsilon	(ü, ōō)		У у (ōō)		Q (u) q (u)	(kv)
צ ץ Tsadi	(ts)	Φ φ Phi	(f)		Ф ф (f)		R r	(r)
ק Kof	(k)	X χ Chi	(H)		Х х (kh)		S ſ ð	(s, z)
ר Resh	(r)	Ψ ψ Psi	(ps)		Ц ц (ts)		Sch ſch	(sh)
ש Shin	(sh)	Ω ω Omega	(ð)		Ч ч (ch)		T t	(t)
ש Sin	(s)				Ш ш (sh)		U u	(ōō)
ת Tav	(t)				Щ щ (shch)		Ü ü	(ü)
ת Thav	(th, s)				Ъ ъ 2		V v	(f)
					Ы ы (ë)		W w	(v)
					Ь ь 3		X ξ	(ks)
					Э э (e)		Y ŋ	(ē, ü)
					Ю ю (yōō)		Z ð	(ts)
					Я я (yä)			

NOTLAR
1. *1.* Belirli bir niteliği olmayan harf; harfin fonetik değerini belirten işarete göre ya ünlü ya
2. da ünsüz olarak sesletilir
   2. bir önceki ünsüz harfin damaktan sesletilmeyeceğini gösterir
3. *3.* bir önceki ünsüz harfin damaktan sesletileceğini gösterir.

Names and Symbols of Metric Units
(Metrik Birimlerin İsimleri ve Simgeleri)

Quantity (Nicelik)	Name of Unit (Birimi)	Value (Değeri)	Symbol (Simgesi)
LENGTH (Uzunluk)	metre	base unit	m
	centimetre	0.01 m	cm
	milimetre	0.001 m	mm
	micrometre	0.000.001 m	m (or um)
	kilometre	1 000 m	km
	international nautical mile (for navigation)	1 852 m	n mile
MASS (Ağırlık)	kilogram	base unit	kg
	miligram	0.000 001 kg	mg
	gram	0.001 kg	g
	tonne	1 000 kg	t
TIME (Zaman)	second	base unit	s
	minute	60 s	min
	hour	60 min	h
	day	24 h	d
AREA (Yüz ölçüm)	square metre	SI unit	m^2
	square milimetre	0.000 001 m^2	mm^2
	square centimetre	0.000 1 m^2	cm^2
	hectare	10 000 m^2	ha
	square kilometre	1 000 000 m^2	km^2
VOLUME (Sıvı ölçüleri)	cubic metre	SI unit	m^3
	cubic centimetre	0.000 001 m^3	cm^3
VOLUME (for fluids) (Sıvı ölçüleri)	litre	0.001 m^3	l
	mililitre	0.001 l	ml
	kilolitre	1 000 l (1 m^3)	kl
VELOCITY (Hız)	metre per second	SI unit	m/s
	kilometre per hour	0.27 m/s	km/h
	knot	1 n mile/h or 0.514 m/s	kn
FORCE (Kuvvet)	newton	SI unit	N
	kilonewton	1 000 N	kN
	meganewton	1 000 000 N	MN
ENERGY (Enerji)	joule	SI unit	J
	kilojoule	1 000 J	kJ
	megajoule	1 000 000 J	MJ

Quantity (Nicelik)	Name of Unit (Birimi)	Value (Değeri)	Symbol (Simgesi)
POWER (Güç)	watt	SI unit	W
	kilowatt	1 000 W	kW
	megawatt	1 000 000 W	MW
DENSITY (Yoğunluk-Basınç)	kilogram per cubic metre	SI unit	kg/m^3
	tonne per cubic metre	1 000 kg/m^3	t/m^3
	gram per cubic metre	0.001 kg/m^3	g/m^3
DENSITY (for fluids) (Sıvı yoğunluğu-basıncı)	kilogram per litre	1 000 kg/m^3	kg/l
PRESSURE (Basınç)	pascal	SI unit (N/m^2)	Pa
	kilopascal	1 000 Pa	kPa
	megapascal	1 000 000 Pa	MPa
PRESSURE (for meteorology) (Barometrik basınç)	milibar	100 Pa	mb
ELECTRIC CURRENT (Elektrik akımı)	ampere	base unit	A
	miliampere	0.001 A	mA
POTENTIAL DIFFERENCE (Potansiyel farkı)	volt	SI unit	V
	microvolt	0.000 001 V	V
	millivolt	0.001 V	mV
	kilovolt	1 000 V	kV
	megavolt	1 000 000 V	MV
ELECTRICAL RESISTANCE (Elektriksel direnç)	ohm	SI unit	υ
	microhm	0.000 001υ	υ
	megohm	1 000 000υ	Mυ
FREQUENCY (Frekans)	hertz	SI unit	Hz
	kilohertz	1 000 HZ	kHz
	megahertz	1 000 000 Hz	MHz
	gigahertz	1 000 000 000 Hz	GHz
TEMPERATURE (Isı)	kelvin	SI unit	K
	degree Celsius	K-273.15	°C

Metric/Imperial Conversion Table
(Metrik/İngiliz Sistemi Eşdeğerleri Tablosu)

Imperial to Metric Units
(İng. Sis.'den Metrik birimlere)

Metric to Imperial Units
(Metrik Sis.'den İng. Sis. birimlere)

LENGTH (Uzunluk)

1 in	= 25.4 mm			
1 ft	= 30.5 cm	1 cm	= 0.394 in	
1 yd	= 0.914 m	1 m	= 3.28 ft	
1 mile	= 1.61 km	1 m	= 1.09 yd	
		1 km	= 0.621 mile	

MASS (Ağırlık)

1 oz	= 28.3 g	1 g	= 0.0353 oz
1 lb	= 454 g	1 kg	= 2.20 lb
1 ton	= 1.02 tonne	1 tonne	= 0.984 ton

AREA (Yüz ölçümü)

1 in^2	= 6.45 cm^2	1 cm^2	= 0.155 in^2
1 ft^2	= 929 cm^2	1 m^2	= 10.8 ft^2
1 yd^2	= 0.836 m^2	1 m^2	= 1.20 yd^2
1 ac	= 0.405 ha	1 ha	= 2.47 ac
1 sq mile	= 259 ha	1 km^2	= 247 ac

VOLUME (Hacim)

1 in^3	= 16.4 cm^3	1 cm^3	= 0.0610 in^3
1 ft^3	= 0.0283 m^3	1 m^3	= 35.3 ft^3
1 yd^3	= 0.765 m^3	1 m^3	= 1.31 yd^3
1 bushel	= 0.0364 m^3	1 m^3	= 27.5 bushels

VOLUME (fluids) (Sıvı ölçüleri)

1 fl oz	= 28.4 ml	1 ml	= 0.0352 fl oz
1 pint	= 568 ml	1 litre	= 1.76 pint
1 gallon	= 4.55 litre	1 m^3	= 220 gallons

FORCE (Kuvvet)
1 lbf (pound-force) = 4.45 N

1N (newton) = 0.225 lbf

PRESSURE (Basınç)
1 psi (lb/sq in) = 6.89 kPa

1 kPa (kilo- = 0.145 psi
(pascal)

VELOCITY (Hız)
1 mph = 1,61 km/h

1 km/h = 0.621 mph

TEMPERATURE (Isı)

$$°C = \frac{5}{9}(°F - 32)$$

$$°F = \frac{9 \times °C}{5} + 32$$

ENERGY (Enerji)
1 Btu (British = 1.06 kJ
thermal unit)

1 kJ (kilo- = 0.948 Btu
joule)

POWER (Güç)
1 hp = 0.746 kW

1 kW = 1.34 hp

FUEL CONSUMPTION (Yakıt tüketimi)

$$mpg = \frac{282}{litres/100 \text{ km}}$$

$$litres/100 \text{ km} = \frac{282}{mpg}$$

Temperature Conversion Table
(Isı Eş Değerleri Gösterge Tablosu)

Celsius to Fahrenheit
(Santigrad'tan Fahrenhayt'a)

°C	°F	°C	°F	°C	°F
50	122	20	68	-10	14
49	120.2	19	66.2	-11	12.2
48	118.4	18	64.4	-12	10.4
47	116.6	17	62.6	-13	8.6
46	114.8	16	60.8	-14	6.8
45	113	15	59	-15	5
44	111.2	14	57.2	-16	3.2
43	109.4	13	55.4	-17	1.4
42	107.6	12	53.6	-18	-0.4
41	105.8	11	51.8	-19	-2.2
40	104	10	50	-20	-4
39	102.2	9	48.2	-21	-5.8
38	100.4	8	46.4	-22	-7.6
37	98.6	7	44.6	-23	-9.4
36	96.8	6	42.8	-24	-11.2
35	95	5	41	-25	-13
34	93.2	4	39.2	-26	-14.8
33	91.4	3	37.4	-27	-16.6
32	89.6	2	35.6	-28	-18.4
31	87.8	1	33.8	-29	-20.2
30	86	0	32	-30	-22
29	84.2	-1	30.2	-31	-23.8
28	82.4	-2	28.4	-32	-25.6
27	80.6	-3	26.6	-33	-27.4
26	78.8	-4	24.8	-34	-29.2
25	77	-5	23	-35	-31
24	75.2	-6	21.2	-36	-32.8
23	73.4	-7	19.4	-37	-34.6
22	71.6	-8	17.6	-38	-36.4
21	69.8	-9	15.8	-39	-38.2

MATHEMATICAL SYMBOLS
(Matematik Simgeleri)

+ 1. artı, artı işareti (**plus, addition sign**) 2. pozitif (**positive**)

− 1. eksi, eksi işareti (**minus, subtraction sign**) 2. negatif (**negative**)

× çarpı (**multiplied by**)

÷ bölü; ayrıca (/) veya (−) olarak ta gösterilir (**divided by**)

= eşit; eşittir (**equals; (is equal to)**)

≠ eşit değildir (**is not equal to**)

≡ denktir; denklik işareti (**is identical with; is congruent to**)

∼ arasındaki fark; eştir, eşlik işareti (**difference between; is equivalent to**)

≅,≈ yaklaşık olarak eşittir (**is approximately equal to**)

> büyüktür (**is greater than**)

< küçüktür (**is less than**)

≮ büyük değildir (**is not greater than**)

≯ küçük değildir (**is not less than**)

≤ küçük ya da eşit (**less than or equal to**)

≥ büyük ya da eşit (**greater than or equal to**)

≅ eşbiçimli (**is isomorphic to**)

: ... dır oran işareti (**is to; ratio sign**)

:: kadar: oranlar arasında kullanılır (**as: used between ratios**)

∞ sonsuz (**infinity**)

∝ olarak değişir, ile orantılıdır (**varies as, proportional to**)

∴ bundan dolayı (**therefore**)

∵ (olduğu) için (**since, because**)

∠ açı (**angle**)

∟ dik açı (**right angle**)

⊥ diktir (**is perpendicular to**)

∥ paralel (**is parallel to**)

○ daire, çember; daire çevresi (**circle; circumference**)

⌒ yay (**arc of circle**)

△ üçgen (**triangle**)

□ kare (**square**)

▭ dikdörtgen (**rectangle**)

▱ paralelkenar (**parallelogram**)

√ karekök işareti (**radical sign; square root sign**)

∑ toplam; cebrik toplam (**sum**)

∫ integral (**integral**)

∪ birleşim (**union**)

∩ kesişim (**intersection**)

∈ elemanıdır (**is a member of; is an element of; belongs to**)

⊆ alk kümesidir; kapsanır (**is contained as subclass within**)

⊇ kapsar (**contains as subclass**)

{ } küme işareti, küme parantezi (**set braces**)

φ boş küme (**the empty set**)

| | mutlak değer (işareti) (**absolute value of; modulus of**)

μ ortalama (**mean**)

σ standart sapma (**standard deviation**)

π pi; bir dairenin çevresinin çapına oranı (**ratio of circumference of any circle of its diameter**)

e doğal logaritma tabanı (**base of natural logarithms**)

° derece; yay veya sıcaklık dereces

CHEMICAL SYMBOLS
(Kimya Simgeleri)

Her element simgelere göre alfabetik sıraya göre dizilmiş ve atom numaraları ile yazılmıştır.

Ac aktinyum, 89 (actinium)	**Cl** klor, 17 (chlorine)	**He** helyum, 2 (helium)
Ag gümüş, 47 (silver)	**Cm** küriyum, 96 (curium)	**Hf** hafniyum, 72 (hafnium)
Al aliminyum, 13 (aluminium)	**Co** kobalt, 27 (cobalt)	**Hg** civa, 80 (mercury)
Am amerikyum, 95 (americium)	**Cr** krom, 24 (kromium)	**Ho** holmiyum, 67 (holmium)
Ar argon, 18 (argon)	**Cs** sezyum, 55 (caesium)	**I** iyot, 53 (iodine)
As arsenik, 33 (arsenic)	**Cu** bakır, 29 (copper)	**In** indiyum, 49 (indium)
At astatin, 85 (astatine)	**Dy** disprosyum, 66 (dysprosium)	**Ir** iridyum, 77 (iridium)
Au altın, 79 (gold)	**Er** erbiyum, 68 (erbium)	**K** potasyum, 19 (potassium)
B bor, 5 (boron)	**Es** aynştaynyum, 99 (einsteinium)	**Kr** kripton, 36 (krypton)
Ba baryum, 56 (barium)	**Eu** evropiyum, 63 (europium)	**La** lantan, 57 (lanthanum)
Be berilyum, 4 (beryllium)	**F** flüor, 9 (fluorine)	**Li** lityum, 3 (lithium)
Bi bizmut, 83 (bismuth)	**Fe** demir, 26 (iron)	**Lr** lavrensiyum, 103 (lawrencium)
Bk berkelyum, 97 (berkelium)	**Fm** fermiyum, 100 (fermium)	**Lu** lütesyum, 71 (lutetium)
Br brom, 35 (bromine)	**Fr** fransiyum, 87 (francium)	**Md** mendelevyum, 101 (mendelevium)
C karbon, 6 (carbon)	**Ga** galyum, 31 (gallium)	**Mg** magnezyum, 12 (magnesium)
Ca kalsiyum, 20 (calcium)	**Gd** gadolinyum, 64 (gadolinium)	**Mn** mangan, manganez, 25 (manganese)
Cd kadmiyum, 48 (cadmium)	**Ge** germanyum, 32 (germanium)	**Mo** molibden, 42 (molybdenum)
Ce seryum, 58 (cerium)	**H** hidrojen, 1 (hydrogen)	**N** nitrojen, 7 (nitrogen)
Cf kaliforniyum, 98 (californium)	**Ha** hahnyum, 105 (hahnium)	

Na	sodyum, 11 (sodium)	**Ra**	radyum, 88 (radium)		(terbium)
Nb	niyobyum, 41 (niobium)	**Rb**	rubidyum, 37 (rubidium)	**Tc**	teknetyum, 43 (technetium)
Nd	neodim, 60 (neodymium)	**Re**	renyum, 75 (rhenium)	**Te**	tellür, 52 (tellurium)
Ne	neon, 10 (neon)	**Rf**	rutherfordiyum, 104	**Th**	toryum, 90 (thorium)
Ni	nikel, 28 (nickel)		(rutherfordium)	**Ti**	titan, 22 (titanium)
No	nobelyum, 102 (nobelium)	**Rh**	rodyum, 45 (rhodium)	**Tl**	talyum, 81 (thalium)
Np	neptünyum, 93 (neptunium)	**Rn**	radon, 86 (radon)	**Tm**	tulyum, 69 (thulium)
O	oksijen, 8 (oxygen)	**Ru**	rutenyum, 44 (ruthenium)	**U**	uranyum, 92 (uranium)
Os	osmiyum, 76 (osmium)	**S**	kükürt, 16 (sulphur)	**V**	vanadyum, 23 (vanadium)
P	fosfor, 15 (phosphorus)	**Sb**	antimon, 51 (antimony)	**W**	volfram, tungsten, 74
Pa	protaktinyum, 91 (protactinium)	**Sc**	skandiyum, 21 (scandium)	**Xe**	(tungsten) ksenon, 54 (xenon)
Pd	palladyum, 46 (palladium)	**Se**	selenyum, 34 (selenium)	**Y**	itriyum, 39 (yttrium)
Pm	prometyum, 61 (promethium)	**Si**	silikon, 14 (silicon)	**Yb**	iterbiyum, 70 (ytterbium)
Po	polonyum, 84 (polonium)	**Sm**	samaryum, 62 (samarium)	**Zn**	çinko, 30 (zinc)
Pr	praseodim, 59 (praseodymium)	**Sn**	kalay, 50 (tin)	**Zr**	zirkonyum, 40 (zirconium)
Pt	platin, 78 (platinum)	**Sr**	stronsiyum, 38 (strontium)		
Pu	plutonyum, 94 (plutonium)	**Ta**	tantal, 73 (tantalum)		
		Tb	terbiyum, 65		

COUNTRIES, PEOPLES, CURRENCY UNITS, CAPITALS
(Ülkeler, Ülke Halkları, Para Birimleri, Başkentler)

Ülke (country)	Ülke halkı (peoples)	Para birimi (currency unit)	Başkenti (capital)
Afghanistan	Afghan	afghani	Kabul
Albania	Albanian	lek	Tirana
Algeria	Algerian	dinar	Algiers
Andorra	Andorran	franc/ peseta	Andorra la Vella
Angola	Angolan	kwanza	Luanda
Argentina	Argentine or Argentinian	peso	Buenos Aires
Australia	Australian	dollar	Canberra
Austria	Austrian	schilling	Vienna
Bahamas	Bahamian	dollar	Nassau
Bahrain	Bahraini	dinar	Manama
Bangladesh	Bangladeshi	taka	Dacca
Barbados	Barbadian	dollar	Bridgetown
Belgium	Belgian	franc	Brussels
Benin	Beninese	franc	Porto Novo
Bermuda	Bermudan	dollar	Hamilton
Bolivia	Bolivian	peso boliviano	La Paz
Botswana		pula	Gaborone
Brazil	Brazilian	cruzeiro	Brasilia
Bulgaria	Bulgarian	lev	Sofia
Burma	Burmese	kyat	Rangoon
Burundi	Burundian	franc	Bujumbura
Cameroon	Cameroonian	franc	Yaoundé
Canada	Canadian	dollar	Ottawa
Central African Rep.		franc	Bangui
Chad	Chadian	franc	Ndjamena
Chile	Chilean	peso	Santiago
China	Chinese	yuan	Peking
China (Taiwan)	Chinese	dollar	Taipei
Colombia	Colombian	peso	Bogotá
Congo	Congolese	franc	Brazzaville
Costa Rica	Costa Rican	colon	San José
Cuba	Cuban	peso	Havana
Cyprus	Cypriot	pound	Nicosia
Czechoslovakia	Czech, Czechoslovak, or Czechoslovakian	koruna	Prague
Denmark	Dane; Danish	krone	Copenhagen
Dominica	Dominican	dollar	Roseau
Dominican Rep.	Dominican	peso	Santo Domingo
Ecuador	Ecuadorean	sucre	Quito
Egypt	Egyptian	pound	Cairo
El Salvador	Salvadorean	colon	San Salvador
Equatorial Guinea		ekpwele	Malabo
Ethiopia	Ethiopian	birr	Addis Ababa
Fiji	Fijian	dollar	Suva
Finland	Finn; Finnish	markka	Helsinki
France	Frenchman, -woman; French	franc	Paris
Gabon	Gabonese	franc	Libreville
Gambia	Gambian	dalasi	Banjul
Germany, East	East German	mark	East Berlin
Germany, West	West German	deutschmark	Bonn
Ghana	Ghanaian	cedi	Accra
Greece	Greek	drachma	Athens
Grenada	Grenadian	dollar	St. George's

Ülke (country)	Ülke halkı (peoples)	Para birimi (currency unit)	Başkenti (capital)
Guatemala	Guatemalan	quetzal	Guatemala City
Guinea	Guinean	franc	Conakry
Guinea-Bissau		peso	Bissau
Guyana	Guyanese	dollar	Georgetown
Haiti	Haitian	gourde	Port-au-Prince
Honduras	Honduran	lempira	Tegucigalpa
Hungary	Hungarian	forint	Budapest
Iceland	Icelander; Icelandic	krona	Reykjavik
India	Indian	rupee	New Delhi
Indonesia	Indonesian	rupiah	Djakarta
Iran	Iranian	rial	Teheran
Iraq	Iraqi	dinar	Baghdad
Ireland, Republic of	Irishman, -woman; Irish	pound	Dublin
Israel	Israeli	pound	Jerusalem
Italy	Italian	lira	Rome
Jamaica	Jamaican	dollar	Kingston
Japan	Japanese	yen	Tokyo
Jordan	Jordanian	dinar	Amman
Kampuchea	Kampuchean	riel	Phnom Penh
Kenya	Kenyan	shilling	Nairobi
Korea, North	North Korean	won	Pyongyang
Korea, South	South Korean	won	Seoul
Kuwait	Kuwaiti	dinar	Kuwait
Laos	Laotian	kip	Vientiane
Lebanon	Lebanese	pound	Beirut
Lesotho		rand	Maseru
Liberia	Liberian	dollar	Monrovia
Libya	Libyan	dinar	Tripoli
Liechtenstein		franc	Vaduz
Luxembourg		franc	Luxembourg
Madagascar	Madagascan	franc	Tananarive
Malawi	Malawian	kwacha	Lilongwe
Malaysia	Malaysian	ringgit	Kuala Lumpur
Mali	Malian	franc	Bamako
Malta	Maltese	pound	Valletta
Mauritania	Mauritanian	ouguiya	Nouakchott
Mauritius	Mauritian	rupee	Port Louis
Mexico	Mexican	peso	Mexico City
Monaco	Monegasque	franc	Monaco
Mongolian People's Rep.	Mongolian	tugrik	Ulan Bator
Morocco	Moroccan	dirham	Rabat
Mozambique	Mozambican	escudo	Maputo
Nepal	Nepalese	rupee	Katmandu
Netherlands	Dutchman, -woman; Netherlander; Dutch	guilder	Amsterdam
New Zealand	New Zealander	dollar	Wellington
Nicaragua	Nicaraguan	cordoba	Managua
Niger		franc	Niamey
Nigeria	Nigerian	naira	Lagos
Norway	Norwegian	krone	Oslo
Oman	Omani	rial	Muscat
Pakistan	Pakistani	rupee	Islamabad
Panama	Panamanian	balboa	Panama City

Ülke (country)	Ülke halkı (peoples)	Para birimi (currency unit)	Başkenti (capital)
Papua New Guinea	Papuan	kina	Port Moresby
Paraguay	Paraguayan	guarani	Asunción
Peru	Peruvian	sol	Lima
Philippines	Filipino or Philippine	peso	Quezon City
Poland	Pole; Polish	zloty	Warsaw
Portugal	Portuguese	escudo	Lisbon
Qatar	Qatari	riyal	Doha
Rumania	Rumanian	leu	Bucharest
Rwanda	Rwandan	franc	Kigali
San Marino	San Marinese or Sammarinese	lira	San Marino
Saudi Arabia	Saudi Arabian	riyal	Riyadh
Senegal	Senegalese	franc	Dakar
Sierra Leone	Sierra Leonean	leone	Freetown
Singapore	Singaporean	dollar	Singapore
Somalia	Somalian	shilling	Mogadiscio
South Africa	South African	rand	Cape Town (legislative) Pretoria (administrative)
Spain	Spaniard; Spanish	peseta	Madrid
Sri Lanka	Sri Lankan	rupee	Colombo
Sudan	Sudanese	pound	Khartoum
Surinam	Surinamese	guilder	Paramaribo
Swaziland	Swazi	lilangani	Mbabane
Sweden	Swede; Swedish	krona	Stockholm
Switzerland	Swiss	franc	Bern
Syria	Syrian	pound	Damascus
Tanzania	Tanzanian	shilling	Dar es Salaam
Thailand	Thai	baht	Bangkok
Togo	Togolese	franc	Lomé
Tonga	Tongan	pa'anga	Nuku'alofa
Trinidad and Tobago	Trinidadian, Tobagan	dollar	Port-of-Spain
Tunisia	Tunisian	dinar	Tunis
Turkey	Turk; Turkish	lira	Ankara
Uganda	Ugandan	shilling	Kampala
USSR	Russian or Soviet	ruble	Moscow
United Arab Emirates		dirham	Abu Dhabi
United Kingdom	Briton; British	pound	London
USA	American	dollar	Washington, D.C.
Uruguay	Uruguayan	peso	Montevideo
Venezuela	Venezuelan	bolivar	Caracas
Vietnam	Vietnamese	dong	Hanoi
Western Samoa	Samoan	dollar	Apia
Yemen, People's Democratic Rep.	Yemeni	dinar	Aden
Yemen Arab Rep.	Yemeni	riyal	Sanaa
Yugoslavia	Yugoslav or Yugoslavian	dinar	Belgrade
Zaire	Zairean	zaire	Kinshasa
Zambia	Zambian	kwacha	Lusaka
Zimbabwe	Zimbabwean	dollar	Salisbury

Abbreviations
(Kısaltmalar)

1. Kısaltmalar genellikle, kısaltmayı oluşturan harflerin tek tek okunması ile söylenir. Eğer kısaltma, kısaltması yapılmış sözcüğün ilk harflerinden oluşmuşsa bu sözcük tam yazılıymış gibi okunur (örn. Brigadier'ın kısaltılmış biçimi olan Brig, [brigə'diə*] olarak okunur. Bazı kısaltmalar sanki tek bir sözcükmüş gibi okunur ve bu da sözcüklerde böyle gösterilir (örn. EFTA ['eftə]).

2. Kısaltılmış bir sözcüğün nangisinin sonuna nokta konur, hangisinin konmaz henüz bir açıklığa kavuşmamış olup bunun için bir kural yoktur.

A	(*sinema filmlerini sınıflandırmada*) for everybody, but possibly less suitable for children than U films
Al	very good
AA	(*sinema filmlerini sınıflandırmada*) children under 14 must be with an adult (i.e. person over 18); Automobile Association; Alcoholics Anonymous.
AAA	(3 A's) Amateur Athletic Association; American Automobile Association; American Automobile Association
AB	able-bodied seaman
ABA	Amateur Boxing Association
ABC	American Broadcasting Company
abbr	abbreviation
ABM	anti-ballistic missile
Abp	archbishop
AC	alternating current
A/C, Acc	account
AD	after the birth of Christ (= *anno Domini*)
ad	[æd] advertisement
ADC	aide-de-camp
ad lib	[æd'lib] at will (*özl. irticalen rol yapan bir aktör ile ilgili olarak; = ad libitum*)
Adm	admiral
AFB	air force base
AFL-CIO	American Federation of Labour & Congress of Industrial Organizations
AGM	annual general meeting
AID	artifical insemination by donor; [eid] Agency for International Development
AIDS	acquired immune deficiency syndrome
AIH	artificial insemination by husband
am	before midday (= *ante meridiem*)
AMA	American Medical Association
anon	[ə'nɔn] anonymous
AP	Associated Press
APO	Army Post Office
approx	[ə'prɔks] approximately
Apr	April
apt	apartment
ARIBA	Associate of the Royal Institute of British Architects
arr	arrived, arrives
assoc	association
asst	assistant
atty	attorney

902

Aug	August
AV	Authorized Version of the Bible (*1611 yılında basılan tercümesi*)
Ave	avenue
avdp	avoirdupois
AWOL	absent without leave (*bir asker ile ilgili olarak*)
b	born
BA	Bachelor of Arts (= *Artium Baccalaureus*)
B and B	bed and breakfast
BAOR	British Army of the Rhine
Bart	Baronet
BB	Boys' Brigade; very black (*kurşunkalemler için kullanılır*)
BBC	British Broadcasting Corporation
BC	Before (*the birth of*) Christ
b.e.	bill of exchange
BED	['bi:'ed] Bachelor of Education
BEM	British Empire Medal
BFPO	British Forces Post Office
b/fwd	brought forward
bldg	building
Blvd	boulevard
BMA	British Medical Association
BO	body odour
Bp	Bishop
BP	British Petroleum
BPhil	['bi:'fil] Bachelor of Philosophy (= *Baccalaureus Philosophiae*)
BR	British Rail
BRCS	British Red Cross Society
BRS	British Road Services
Brig	Brigadier
Brit	Britain; British
Bros	[brɔs] brothers
B/S	Bill of Sale
BSc	Bachelor of Science (= *Baccalaureus Scientiae*)
BST	British summer time
Bt	baronet
C	100; centigrade
c	cent(s); centimetre(s); circa (about); cubic
CA	chartered accountant
Cantab	['kæntæb] Cambridge University (= *Cantabrigiensis*)
Capt	captain
CARE	[keə*] Co-operative for American Remittances to Everywhere
CBE	Commander of the Order of the British Empire
CBI	Confederaton of British Industry
CBS	Columbia Broadcasting System
cc	cubic centimetres
CD	Diplomatic Corps (*Fransızca: Corps Diplomatique*)
c/f	carry forward
cf	compare
cg	centigramme
ch, chap	chapter
c.h.	central heating
Chas	Charles
CIA	Central Intelligence Agency
CID	Criminal Investigation Department
c.i.f.	cost insurance and freight
C-in-C	Commander-in-Chief

CIO	Congress of Industrial Organizations
cm	centimetre(s)
CND	Campaign for Nuclear Disarmament
CO	Commanding Officer
co	company; county
c/o	care of (*daha açıklayıcı bilgi için sözlüğe bakınız*)
COD	cash on delivery
C of E	Church of England
Col	Colonel
col	column
Comecon	Council for Mutual Economic Aid (*Doğu Blok'u için*)
co-op	['kouɔp] co-operative society
cont'd	continued
CORE	[kɔ:*] Congress of Racial Equality
Corp	Corporal
CPA	Certified Public Accountant
ÇST	Central Standart Time
cu	cubic
cwt	hundredweight
d	died; *eskiden* penny/pence
D	Democrat(ic)
3D	three dimensional (*filmler ile ilgili olarak*)
DA	District Attorney
DAR	Daughters of the American Revolution
DC	direct current
DCM	Distinguished Conduct Medal
DD	Doctor of Divinity (= *Divinitatis Doctor*)
DDT	dichlorodiphenyltrichloroethane (*daha açıklayıcı bilgi için sözlüğe bakınız*)
Dec	December
deg	degree(s)
dep	depart(s)
DEP	Department of Employment & Productivity
dept	department
DG	by the grace of God (= *dei gratia*)
DJ	dinner jacket; disc jockey
DNA	deoxyribonucleic acids (*genetikte*)
do	ditto, the same
DOA	dead on arrival
doz	dozen
DPhil	[di:'fil] Doctor of Philosophy (= *Philosophiae Doctor*)
Dr	debtor; Doctor
D/S	days after sight
DSM	Distinguished Service Medal
DST	daylight saving time
DT's	delirium tremens (*daha açıklayıcı bilgi için sözlüğe bakınız*)
DV	if God is willing (= *Deo volente*)
E	east
ECT	electroconvulsive therapy (*akıl hastalıkları için*)
ECSC	European Coal & Steel Community
ed	edited by; editor
EEC	European Economic Community
EFTA	['eftə] European Free Trade Association
e.g.	for example (= *exempli gratia*)
enc(l)	enclosed
ER	Queen Elizabeth (= *Elizabeth Regina*)
ESN	educationally subnormal

ESP	extrasensory perception
Esq	Esquire
EST	Eastern Standard Time
est	established; estimated
ETA	estimated time of arrival
et al	and other (= *et alii*)
etc	etcetera, and so on
ETU	Electrical Trades Union
F	Fahrenheit
f	feet (foot); feminine
FA	Football Association
FAO	Food an Agriculture Organization
FBI	Federal Bureau of Investigation
FC	Football Club
FCC	Federal Communication Commission
FCO	Foreign & Commonwealth Office
FDA	Food and Drug Administration
Feb	February
FHA	Federal Housing Administration
fid def, fd	Defender of the Faith (= *fidei defensor*)
fig	figure; illustration
FM	frequency modulation
FO	Foreign Office
f.o.b.	free on board
f.o.r.	free on rail
Fr	Father (*bir Katolik papazı ünvanı*); French
Fri	Friday
FRS	Fellow of the Royal Society; Federal Reserve System
FTC	Federal Trade Commission
fthm	fathom
g	gram(s)
gal	gallon(s)
GATT	[gæt] General Agreement on Tariffs & Trade
GB	Great Britain
gbh	grievous bodily harm
GCE	General Certificate of Education
Gdns	gardnes
GHQ	General Headquarters
GI	(= *government issue*) ordinary soldier in the American Army
GLC	Greater London Council
GM	General Motors
gm	gram(s)
GMT	Greenwich Mean Time
GNP	gross national product
GOC	General Officer Commanding
GOP	Grand Old Party (*Cumhuriyetçi*)
govt	government
GP	General Practitioner (*doktor*)
GPO	General Post Office
GT	gran turismo (*bir otomobil hakkında*)
H-bomb	['eitʃbɔm] hydrogen bomb
hc	hot and cold (*su*)
HE	His Excellency; His Eminence
Heb	Hebrew
HH	His/Her Highness; very hard (*kurşunkalem için kullanılır*)
HM	His/Her Majesty
HMI	His/Her Majesty's Inspector

905

HMS	His/Her Majesty's Ship
HNC	Higher National Certificate
H₂O	2 atoms of hydrogen, and 1 of oxygen (*suyun kimyasal formülü*)
Hon	Honorary; Honourable
Hon Sec	[ɔnˈsek] Honorary Secretary
hp	hire purchase; horsepower
HQ	headquarters
hr(s)	hour(s)
HRH	His/Her Royal Highness
HS	high school
ht	height
hwy	highway
IATA	[aiˈætə] International Air Transport Association
ib, ibid	in the same place (=*ibidem*)
IBM	International Business Machines
I/C	in charge
ICBM	Intercontinental Ballistic Missile
ICI	Imperial Chemical Industries
ID	identifications
i.e.	that is (=*id est*)
ILO	International Labour Organization
in	inch
inc	incorporated
incl	inclusive
inf	below (*bir kitap, veya yazılı bir metinde*)
inst	[inst] of this month (*ticarette kullanılır;* =*instant*)
IOU	I owe you
IQ	intelligence quotient
IRA	Irish Republican Army
IRBM	Intermediate Range Ballistic Missile
IRS	Internal Revenue Service
ISBN	International Standard Book Number
ITA	Independent Television Authority
ita —	initial teaching alphabet
IT(&)T	International Telephone and Telegraph
ITV	Independent Television
Jan	January
JP	Justice of the Peace
Jul	July
jr, jun	junior
Jun	June
k	knit
KC	King's Counsel
kc	kilocycle(s)
KG	Knight of the Garter
kg	kilogramme(s)
KKK	Ku Klux Klan
km	kilometre(s)
KO	knockout (*boksta*)
kph	kilometres per hour
Kt	knight
kw	kilowatt(s)
L	learner (*motorlu bir araç üzerinde bulunur*)
l	left; litre(s)
£	pound(s) (*para olarak;* =*libra*)
LA	Los Angeles

Lab	Labour (Party)
Lat	Latin
lat	latitude
lb	pound (*ağırlık ölçüsü olarak*)
lbw	leg before wicket (*kriket oyununda*)
LEA	Local Education Authority
Lib	Liberal (Party)
Lieut	Lieutenant
LLB	Bachelor of Laws (= *Legum Baccalaureus*)
loc cit	in the place mentioned (= *loco citato*)
log	[lɒg] logarithm
long	longitude
LP	long-playing (*plak olarak*)
LSD	lysergic acid diethylamide (*daha açıklayıcı bilgi için sözlüğe bakınız*)
LSE	London School of Economics
Lt	Lieutenant
LTA	Lawn Tennis Association
Ltd	limited (*şirket isimleriyle birlikte kullanılır*)
LW	long wave
m	married; masculine; metre(s); mile(s); million(s); minute(s)
MA	Master of Arts (= *Artium Magister*)
Maj	Major
Mar	March
max	[mæks] maximum
MBE	Member of the Order of the British Empire
MC	Master of Ceremonies; Military Cross
MCC	Marylebone Cricket Club
MD	Doctor of Medicine (= *Medicinae Doctor*); mentally deficient
med	medical; medieval; medium
memo	['memou] memorandum
Messrs	['mesəz] plural of Mr (*sözlukte Mr'a bakınız*)
met	[met] meteorological
mfd	manufactured
Mgr	Monsignor
mi	mile
MIA	missing in action
MI5	department of British Intelligence Service (*kökeni Military Intelligence'dır*)
mil	military
min	[min] minimum; minute
MIT	Massachusetts Institute of Technology
misc	miscellaneous
mm	millimetre(s)
Mme	Madame (*Fransızcada Mrs demektir*)
MO	Medical Officer; money order
mod cons	[mɔd'kɒnz] modern conveniences (*elektrikli fırın, bulaşık makinesi, vb.*)
MOH	Medical Officer of Health
MOT	Ministry of Transport (*daha açıklayıcı bilgi için sözlüğe bakınız*)
Mon	Monday
MP	Member of Parliament; military policeman
mpg	miles per gallon
mph	miles per hour
Mr	['mistə*] Mister
Mrs	['misiz] Mistress
ms(s)	manuscript(s)
MST	Mountain Standard Time
mt	mountain; mount
MV	motor vessel
MW	medium wave

N	north
n	neuter; nominative; noun
NAACP	National Association for the Advancement of Coloured People
NAAFI	['næfi] Navy, Army and Airforce Institutes (*kafeterya, alışveriş hizmetleri vb. ile ilgili olarak*)
NASA	['næsə] National Astronautics and Space Administration
NATO	['neitou] North Atlantic Treaty Organization
NB	note well (= *nota bene*)
NBC	National Broadcasting Company
NCO	non-commissioned officer
NE	north-east
NEDC	['nedi] National Economic Development Council
neg	negative
NHS	National Health Service
no(s)	number(s)
Nov	November
nr	near
NSPCC	National Society for the Prevention of Cruelty to Children
NT	New Testament (*Kutsal Kitap hakkında*)
NUJ	National Union of Journalists
NUS	National Union of Students
NUT	National Union of Teachers
NW	north-west
NY	New York
OAP	old age pensioner
ob	died (= *obiit*)
OBE	Officer of the Order of the British Empire
OC	officer commanding
Oct	October
OHMS	On His/Her Majesty's Service
OK	correct; all right
OM	Order of Merit
o.n.o.	or nearest offer
op	opus
op cit	in the work referred to (= *opere citato*)
opp	opposite
OS	outsize
OT	Old Testament (*Kutsal Kitap hakkında*)
OUP	Oxford University Press
Oxon	['ɔksɔn] Oxford University (= *Oxonia*)
oz	ounce (= *onza*)
p	page; (new) pence
PA	public address
p.a.	per year (= *per annum*)
par; para	paragraph
PAYE	pay as you earn (*gelir vergisi hakkında*)
PC	police constable; Privy Councillor
pc	post card; per cent
pd	paid
PE	physical education
PhD	Doctor of Philosophy (= *Philosophiae Doctor*)
pkt	packet
pl	plural
PM	Prime Minister
pm	afternoon (= *post meridiem*)
PN	promissory note
PO	post office; postal order
pop	population
POW	prisoner of war
pp	pages
PR	public relations
PRO	public relations officer
Prof	Professor
Prot	Protestant
pro tem	[prou'tem] for the time being (= *pro tempore*)
prox	[prɔks] of next month (*ticarette kullanılır; = proximo*)

PS	postscript (= *post scriptum*)
PST	Pacific Standard Time
PT	physical training
pt	pint
PTA	Parent Teacher Association
Pte	private (soldier)
PTO	please turn over
PVC	polyvinyl chloride (*bir cins plastik*)
PX	Post Exchange
Q	Queen
QC	Queen's Counsel
QED	which was the thing to be proved (= *quod eart demonstrandum*)
qt	quart; quiet
R	King (= *rex*); Queen (= *regina*); Republican; river
r	right
RA	Royal Academy
RAC	Royal Automobile Club
RADA	['ra:də] Royal Academy of Dramatic Art
RAF	Royal Air Force
RC	Roman Catholic; Red Cross
Rd	road
recd	received
regd	registered
Rep	Republican
retd	retired
Rev	Reverend
rev	[rev] revolution
RI	religious instruction
RIP	rest in peace (= *requiescat in pace*)
RM	Royal Marines
RN	Royal Navy
RNA	ribonucleic acids (*genetikte*)
rpm	revolutions per minute
RR	railroad
RSPCA	Royal Society for the Prevention of Cruelty to Animals
RSVP	please reply (*davetiyelerde yazılır, Fransızca: répondez s'il vous plaît*)
Rt Hon	Right Honourable
Rt Rev	Right Reverend
RV	Revised Version (*Kutsal Kitap hakkında*)
S	south; saint
SA	Salvation Army; South Africa
s.a.e.	stamped addressed envelope
Sat	Saturday
sch	school
SE	south-east
SEATO	['si:tou] South East Asia Treaty Organization
sec	second; secretary
SEN	state enrolled nurse
sen	senior; senator
Sept	September
Sergt, Sgt	Sergeant
SF	science fiction
SHAPE	[ʃeip] Supreme Headquarters Allied Powers in Europe
Soc	socialist; society
SOS	help (= *save our souls*)
SPCK	Society for Promoting Christian Knowledge
Sq	square (*şehir ve kasabalarda*)
sq	square (*matematikte*)
Sr	senior
SRN	state registered nurse
ss	steamship
SST	supersonic transport
St	saint; street; strait
st	stone (*bir ağırlık ölçüsü*)

909

STD	subscriber trunk dialling
Sun	Sunday
Supt	Superintendent
SW	short wave; south-west
TA	Territorial Army
TB	tuberculosis
tbs(p)	tablespoon(s)
TD	touchdown; Treasury Department
tel	telephone
temp	temperature; temporary
Thos	Thomas
Thurs	Thursday
TNT	trinitrotoluene (*bir çeşit çok güçlü bir tahrip maddesi*)
treas	treasurer
tsp(s)	teaspoon(s)
TT	teetotal; tourist trophy; tuberculin tested
TUC	Trades Union Congress
Tues	Tuesday
TV	television
TVA	tennessee Valley Authority
U	universal (*'bir sinema filmini sınıflandırırken' genel, herkes için*)
UAR	United Arab Republic
UCCA	[ˈʌkə] Universities Central Council on Administration
UDC	urban distric council
UDI	unilateral declaration of independence
UFO	[ˈjuːfou] unidentified flying object
UHF	ultra high frequency
UK	United Kingdom
ult	[ʌlt] of last month (*ticarette kullanılır; = ultimo*)
UN	United Nations
UNESCO	[juˈneskou] United Nations Educational, Scientific and Cultural Organization
UNICEF	[ˈjuːnisef] United Nations International Children's Emergency Fund
Univ	university
UPI	United Press International
US	United States
USA	United States of America; United States Army
USAF	United States Air Force
USCG	United Statas Coast Guard
USM	United States Mail; United States Marines
USMC	United States Marine Corps
USN	United States Navy
USNG	United States National Guard
USNR	United States Naval Reserve
USO	United Service Organization
USS	United States Ship
USSR	Union of Soviet Socialist Republics
v	see; verse; volt
VA	Veterans (*Vietnam'da savaşanlar için*) Administration
VAT	[væt] value added tax
VC	Victoria Cross; Vice-Chancellor
VD	venereal disease
VHF	very high frequency
Viet Vet	[ˈviːətˈvet] Vietnam Veteran
VIP	very important person
viz	[viz] namely (*= videlicet*)
vol	volume
VP	vice-president
VSO	voluntary service overseas
vv	verse (*Kutsal Kitapta*)
W	west
WASP	[wɔsp] White Anglo-Saxon Protestant
WC	water closet
Wed	Wednesday
WHO	World Health Organization
WI	West Indies; Women's Institute

Wm	William
W/O	without
wpm	words per minute
WRAC	[ræk] Women's Royal Army Corps
WRAF	Women's Royal Air Force
WRNS	[renz] Women's Royal Naval Service
WRVS	Women's Royal Voluntary Service
wt	weight
WW	World War
X	for people over 18 only (*sinama filmlerini sınıflandırmada kullanılır*)
yd	yard
YHA	Youth Hostels Association
YMCA	Young Men's Christian Association
yr(s)	your(s): year(s)
YWCA	Young Women's Christian Association
ZIP	[zip] Zone Improvement Plan (postal code)

Harry Bowling was born in ⟨...⟩
left school at fourteen to sup⟨...⟩ ⟨...⟩ family income
as an office boy in a riverside provisions merchant.
Called up for National Service in the 1950s, he has
since been variously employed as lorry driver,
milkman, meat cutter, carpenter and decorator, and
community worker. He now writes full time. He is the
author of four previous novels, *Paragon Place*,
Ironmonger's Daughter, *Tuppence to Tooley Street*
and *Conner Street's War*. He lives with his family in
Deptford.

Also by Harry Bowling

Paragon Place
Ironmonger's Daughter
Tuppence to Tooley Street
Conner Street's War

Gaslight in Page Street

Harry Bowling

HEADLINE

Copyright © 1991 Harry Bowling

The right of Harry Bowling to be identified as the Author of
the Work has been asserted by him in accordance with the
Copyright, Designs and Patents Act 1988.

First published in 1991
by HEADLINE BOOK PUBLISHING PLC

First published in paperback in 1991
by HEADLINE BOOK PUBLISHING PLC

10 9 8 7 6 5 4 3 2 1

ISBN 0 7472 3690 9

Typeset by Medcalf Type Ltd, Bicester, Oxon

Printed and bound by
HarperCollins Manufacturing, Glasgow

HEADLINE BOOK PUBLISHING PLC
Headline House
79 Great Titchfield Street
London W1P 7FN

To Shirley,
in loving memory.

1871

Prologue

All day long the November fog had swirled through the Bermondsey backstreets, but now that the factories and wharves had closed the fog thickened, spreading its dampness over the quiet cobbled lanes and alleyways. Only the occasional clatter of iron wheels and the sharp clip of horses' hooves interrupted the quietness as hansom cabs moved slowly along the main thoroughfares. The drivers huddled down in the high seats, heavily wrapped in stiff blankets against the biting cold, gripping the clammy leather reins with gloved hands as they plied for hire. The tired horses held their heads low, their nostrils flaring and puffing out clouds of white breath into the poisonous fumes.

Behind the main thoroughfares a warren of backstreets, lanes and alleyways spread out around gloomy factories and railway arches and stretched down to the riverside, where wharves and warehouses towered above the ramshackle houses and dilapidated hovels. Smoke from coke fires belched out from cracked and leaning chimneys and the fog became laden with soot dust and heavy with sulphur gases. Hardly ever was the sound of hansom cabs heard in the maze of Bermondsey backstreets during the cold winter months, and whenever a cabbie brought a fare to one of the riverside pubs he always sought the quickest way back to the lighted main roads. There was no trade to be had in these menacing streets on such nights, and rarely did folk venture from their homes except to visit the nearest pub or inn, especially when the fog was lying heavy.

Straddling the backstreets were the railway arches of the London to Brighton Railway and beneath the lofty archways a gathering of vagrants, waifs and strays spent their nights, huddled around low burning fires for warmth. Sometimes there was food to eat, when someone produced a loaf of bread which had been begged for or stolen, and it was sliced and toasted over the crackling flames, sometimes there were a few root vegetables and bacon bones which were boiled in a tin can and made into a thin broth; but often there was nothing to be had and the ragged groups slept fitfully, their bellies rumbling with hunger and their malnourished bodies shivering and twitching beneath filthy-smelling sacks which had been begged from the tanneries or the Borough Market.

One bitterly cold November night, William Tanner sat over a low fire, wiping a rusty-bladed knife on his ragged coat sleeve. Facing him George Galloway watched with amusement as his young friend struggled to halve the turnip. The railway arch that they occupied faced a fellmonger's yard and the putrid smell of animal skins filled the cavern and made it undesirable as a place to shelter, even to the many desperate characters who roamed the area. For that very reason the two lads picked the spot to bed down for the night when their finances did not stretch to paying for a bed at one of the doss-houses. Usually there was enough wood to keep a fire in all night and no one would intrude on their privacy and attempt to steal the boots from their feet while they slept. At first the stench from the fellmonger's yard made the two lads feel sick but after a time they hardly noticed it, and they became used to the sound of rats scratching and the constant drip as rain-water leaked down from the roof and dropped from the fungus-covered walls.

William passed one half of the turnip to George and grinned widely as his friend bit on the hard vegetable and spat a mouthful into the fire.

4

'It's bloody 'ard as iron, Will, an' it tastes 'orrible,' the elder lad said, throwing his half against the wall.

William shrugged his shoulders and bit on his half. 'I couldn't get anyfing else,' he said. 'That copper in the market was on ter me soon as I showed me face.'

George threw a piece of wood on to the fire and held his hands out to the flames. He was a tall lad, with a round face and large dark eyes, and a mop of matted, dark curly hair which hung over his ears and down to his shabby coat collar. At fourteen, George was becoming restless. He had attended a ragged school and learned to read and write before his street trader father dragged him away from his lessons and put him to work in a tannery. At first George had been happy but his father's increasingly heavy drinking and brutality made the lad determined to leave home and fend for himself. Now, after two years of living on the streets, he felt it was time he started to make something of himself. George had experienced factory life and had seen how bowed and subservient the older workers had become. He had walked out of his job at the tannery and did not return home, vowing there and then that he would not end up like the others.

William Tanner sat staring into the fire, his tired eyes watering from the wood-smoke. He was twelve years old, a slightly built lad of fair complexion. His eyes were pale blue, almost grey, and his blond hair hung about his thin face. Like George he had never known his mother. She had died when he was a baby. Of his infancy he could only vaguely remember stern faces and the smell of starched linen when he was tended to. His more vivid memories were of being put to bed while it was still daylight and of having to clean and scrub out his attic room with carbolic soap and cold water. He had other memories which were frightening. There was a thin reed cane which his father had kept behind a picture in the parlour. Although it had never been used on him, the sight of that device for inflicting pain had been enough to frighten him into obedience.

5

When his father lay dying of typhoid in a riverside hovel, William had been taken to live with an aunt and there taught to read and write. The woman made sure he was properly dressed and fed but the home lacked love, and when his aunt took up with a local publican William became an unwanted liability. Like his friend George he began to feel the weight of a leather belt, and after one particularly severe beating William ran away from home. He had stumbled into a railway arch, half-frozen and with hunger pains gnawing at his stomach, and had been allowed to share a warm fire and a hunk of dry and mouldy bread with a group of young lads. Their leader was George Galloway and from that night William and George became firm friends. Now, as the fire burned bright, George was setting out his plans. The younger lad sat tight-lipped, fearful of what might happen should things go wrong.

'Listen to me, Will,' George was saying, 'yer gotta be 'ard. Nobody's gonna come up an' give yer money fer nuffink. It's dog eat dog when yer up against it. All yer 'ave ter do is foller me. We'll roll the ole geezer an' be orf before 'e knows what's 'appened. I've cased the place an' 'e comes out the same time every night. If all goes well, we'll 'ave a nice few bob. Yer gotta 'ave the shekels ter get started, Will. One day I'm gonna 'ave me own business. I'm gonna wear smart clothes an' 'ave people lookin' up ter me. "There goes George Galloway. 'E's one o' the nobs," they'll say.'

William nodded, disturbed by the wild look in the large dark eyes that stared out at him from across the fire.

The fog had lifted a little during the morning, but now it threatened to return as night closed in. From their vantage post in a shuttered shop's doorway the two lads watched the comings and goings at the little pub in the Old Kent Road. William made sure there was no more pork crackling left in his piece of greasy newspaper then he screwed it up

6

and threw it into the gutter, wiping his hands down his filthy, holed jumper. He shivered from the cold and glanced at George, who was breathing on his cupped hands. 'P'raps 'e ain't there,' he said, trying to inject a note of disappointment into his voice.

''E's in there,' George scowled. ''E's always there.'

A hansom cab rattled by and then George's hand closed around his friend's arm. 'There 'e is!' he whispered.

Joshua Wainwright burped loudly as he fished into his waistcoat pocket and took out his timepiece. The hands seemed to be spinning and he put it away with a frown, hunching his shoulders as he walked off rather unsteadily in the direction of Surrey Square where he had his London residence. It had been a good week, he thought. The case was progressing nicely and the judge had been more than usually receptive when points of order had been raised. There would be a substantial settlement, of that he was sure, and the fee would be a good one too. 'Damn this gout,' he grumbled to himself. It had been playing him up all day.

A sudden tug on the tails of Joshua's frock-coat made him lose his balance and as he tried to fend off his attackers he tumbled heavily into the entrance of a dark alley. His stovepipe hat was knocked from his head and a sand-filled sock crashed down on his exposed pate, sending him into oblivion.

The attack had been well timed and George and William made good their escape along the dark, reeking alleyway. The older lad had pocketed the barrister's gold watch-and-chain together with his wallet. When they had put some distance between themselves and their victim, George stopped to catch his breath and motioned William into a doorway.

'I'm goin' straight ter see Stymie wiv this,' he gasped, opening the palm of his hand and letting William catch a glimpse of the watch. ''Ere, there's some tanners in the wallet. You go an' get us both some faggots an' pease puddin', Will,' he went on, passing over a silver sixpence. 'Make yer way back ter the arch an' keep the fire in. I shouldn't be too long, then we can 'ave a share out.'

A wind had got up and it swirled into the evil-smelling railway arch as William tended the fire. The lad was still shaking from his first experience of foot-padding and occasionally he glanced over his shoulder as though expecting to be apprehended at any minute. As he sat before the flaring wood-fire, William saw again the face of the groaning man who had struggled to get to his feet. He shivered violently. He knew he should not have gone back but he was fearful that they had killed the old man. When George left him in the alley, William had taken a circular route into the Old Kent Road and ambled along as casually as he could towards the alley entrance. He had nothing on his person to link him with the robbery except for the silver sixpence, and he was sure that the victim had not caught sight of him as he tugged on his coat from behind. As William reached the entrance to the alley he had heard a groaning sound, and out of the corner of his eye had caught sight of a congested face as their victim staggered to his feet, cursing loudly. William had breathed easier as he hurried away to the butcher's shop to buy supper.

When George finally reached the railway arch, he sat down with a scowl and ate the faggot and pease pudding ravenously. 'The ole bastard tried ter do us up, Will,' he spluttered between mouthfuls of food. 'Two quid, that's all we got. That watch must 'ave bin werf a small fortune. I tel yer straight, I'm gonna do fer Stymie one day, see if I don't.'

William watched while George wiped his greasy lips on the back of his coat sleeve and then counted out the money from their victim's wallet before handing over three one-pound notes and four sixpences. William realised that he had never in all his life had more than sixpence in his pocket. He carefully folded the notes and tucked them down the side of his boot before stretching out in front of the dying fire.

George had covered himself with a large sack and was staring up at the sodden brickwork of the arch. It was only right after all, he thought. It was he who had masterminded the job and done all the work. It was he who had had to bargain and argue with Stymie over the money for the gold watch. Then there was the time he had spent eyeing the pub and half freezing in the process. He was the leader and if it wasn't for him they wouldn't have had any supper that night. Yes, it was only right he should have the larger share of the proceeds.

William was still too excited to sleep. He turned on his side to face his friend. 'We can kip in Arfur's doss-'ouse termorrer night, George, now we've got money,' he said cheerfully.

George grunted. 'Yeah, an' we can pay tuppence an' get proper blankets. Those bleedin' penny beds ain't too clean. Last time we was there I got bitten all over.' He yawned and turned on to his side. 'One day I'm gonna get meself an 'orse an' cart an' do deliveries. There's a good livin' ter be made cartin' skins about. I'm gonna make me pile an' 'ave me own cartage business, Will, you see if I don't.'

William sighed contentedly. His belly was full and the warmth from the fire had penetrated his cold, aching limbs. The thought of owning his own business did not excite him, but driving a horse and cart was another thing. William often hung around the stables in Long Lane and earned pennies for running errands. The carmen were a good lot, and sometimes they paid him to muck out the stalls and fill the nosebags with fresh chaff. He loved being around horses and often picked up a few carrots from the Borough Market or from under the market stalls in Tower Bridge Road for the nags.

'I just wanna drive a pair o' dapple-greys, George,' he said, staring into the grey embers of the fire. 'I'd plait their tails an' polish the 'arnesses — I'd 'ave the smartest pair of 'orses in the ole o' Bermon'sey.'

But George was already fast asleep, and dreaming of bigger things.

1900

Chapter One

On Sunday, 20th May 1900 church bells rang out in Bermondsey. People were out on the streets to celebrate, and along the Old Kent Road horse buses and the new electric trams rattled by, garlanded with Union Jacks and bunting. The cheering crowds exchanged newspapers and waved excitedly as an open-topped tram came into view with local councillors aboard. The mayor, wearing his chain of office, stood at the front of the upper deck holding a portrait of Queen Victoria aloft. Loud cheers rang out as spectators caught sight of the large framed picture, and then the waiting crowds hoisted the children on to their shoulders as the procession came into sight.

At the head of the parade a team of horses was drawing a brewery dray which contained an effigy of a Boer soldier with his hands held over his head being prodded by a British Tommy. Along the side of the cart a white sheet was tied, with the words 'Mafeking Relieved' painted in red along its length. Behind the leading dray there were smaller carts, pulled by well-groomed horses. 'Broomhead' Smith the totter came by sitting proudly on his creaking cart, tufts of ginger hair sticking out from under his battered trilby. His horse looked unusually spruce despite the dirty, moth-eaten Union Jack that had been laid over its withers. On the back of the cart there was a rusty wringer which Broomhead had meant to remove before the parade started. He had covered it over instead and now the blanket had slipped off. The crowds laughed as he waved his whip in their direction and doffed his cap.

Carrie Tanner stood beside her father on the kerbside, holding his hand and shifting from one foot to the other. Her new button-up boots were pinching slightly but Carrie was too excited to care as the parade moved by. She was waiting for the Galloway cart with its team of two greys. She had helped her father to brush the horses and tie on their coloured ribbons; she had used the curry-comb and the large, heavy brush until their coats glistened and her arms ached. Her father had laughed as she reached up to the nags' manes and carefully plaited the coarse strands of hair as she had been shown. At last the horses had been fed and given their tit-bits of carrot and Carrie hurried from the stables to get cleaned up. She felt proud of helping her father, and as she spotted the Galloway team jumped up and down excitedly. 'Look, Dad, look!' she cried out. 'Don't they look luvverly?'

William Tanner smiled at his eldest child and moved to one side so that she could get a better view. 'You did a good job, Carrie,' he said, his hands resting on her shoulders. 'I should reckon we stand a good chance o' gettin' the prize.'

As the cart drew level William cast a critical eye over the cart. He had spent much time scrubbing the paintwork and the name 'George Galloway, Carter' now stood out clearly on the side. Galloway's longest serving carman Sharkey Morris was up in the dicky seat and waved to Carrie and William as he rode by. Sharkey had a bowler hat on, and for the first time in his life was wearing a white starched collar and black tie. The brown tweed suit which he wore was not his. It had been loaned to him by the owner of the cartage firm, who was anxious to snatch the first prize for the best turned-out entrant in the parade. William smiled to himself as he recalled what Galloway had said when he saw Sharkey march into the yard early that morning: 'Gawd 'elp us, Will. 'E looks a bleedin' scruff. I can't 'ave 'im

14

sittin' up on that cart lookin' like that. Bring 'im in the office an' I'll send young Geoff 'ome fer one o' me old suits.'

The parade had passed by. William took his daughter's hand as they followed on to New Kent Road where the judging was to take place. Carrie felt the excitement growing inside her as she hurried along beside her father. Her tight boots were making her hobble but she ignored the pain. She wanted desperately for Galloway's horse and cart to win the prize, for her father's sake. He had worked hard on the wagon and team and she knew how much winning would mean to him.

At nine years old Carrie was more like her father than her three younger brothers. She was slim, with long fair hair and blue eyes a shade or two darker than his. She was a pretty girl with a saucy smile which seemed to start at the corners of her mouth and light up her whole face. Carrie loved her father dearly and spent as much time as she could in the stables, helping him with the horses and polishing the brasses and harnesses. She loved the warm sweet smell of the stalls and the sound of steel horseshoes over the cobbles as the animals set out each morning pulling the empty carts. On occasions she would feign sickness or a sore throat to escape having to go to school, but then she would make a miraculous recovery during the day and slip out from the house to the adjoining yard.

Her father laughed at his wife Nellie's concern over their daughter. 'She's a bright child an' she's gonna do all right,' he had told her.

Nellie had shaken her head in dismay. 'It's not right, 'er bein' away from school so much, Will,' she replied. 'The child needs ter learn 'er lessons. Besides, it's not proper fer a young gel ter 'ang around in that yard. She could get injured wiv those carts in an' out.'

William had pulled a face. 'Look, Nell, the child's 'appy

15

wiv what she's doin',' he retorted. 'She's gonna grow up soon enough, an' what's in store fer 'er? I'll tell yer – she's gonna slog away in a tannery or in one o' the factories. Then she's gonna get married an' be saddled wiv kids. Let 'er be 'appy while she can.'

The day was bright with a warm sun shining down on the entrants as they lined up in New Kent Road. All the carmen stood beside their horses, waiting for the mayor to arrive. Broomhead Smith scowled as he looked at the rusty wringer on the back of his cart. He was upset by some of the comments made to him by the waiting crowd.

'Oi, Broom'ead! Are yer gonna mangle the mayor if yer don't win?' one wag called out.

''Ere, is it all right fer me ter bring a pissy mattress round an' sling it on the cart, Broom'ead?' shouted someone else.

The totter tried to ignore their remarks but he could barely contain his anger after one of the councillors strolled by and then had a whispered conversation with a policeman standing nearby. The PC strolled up to Broomhead with a wide grin on his ruddy face. ''E asked me ter get yer ter move the cart, Broomy,' he said, trying to look serious. ''E didn't know yer was in the parade.'

'Silly ole sod,' Broomhead spluttered. 'Where'd they dig 'im up from?'

The policeman's face broke into a grin again. 'I reckon the wringer ain't too bad. Could do wiv a rub down an' a coat o' paint though,' he said as he walked off.

The mayor was walking slowly along the line, stopping at each cart and consulting with his colleagues. Notes were scribbled down into a notebook by one of the judges and heads nodded vigorously. When they reached the totter's cart the judges shook their heads and walked on quickly, much to Broomhead Smith's chagrin, but when they arrived at Galloway's horse and team the mayor looked pleased with what he saw. Carrie looked up into William's face, her hand tightening on his. Crowds were milling around the dais

16

which had been set up by the park gates, and when the mayor climbed up on to the stand and held his hands up for silence everyone started jostling.

'Quiet! Quiet!' one of the councillors called out. 'Be quiet for the mayor.'

Broomhead recognised the man as the one who had earlier had words about him with the policeman. 'Shut yer gob, Ugly,' he called out. ''Ow d'yer like ter get mangled?'

The laughter died away as the mayor began his speech, in which he praised the hard work undertaken by everyone involved. He then went on at length about the gallant soldiers who had held out at Mafeking for so long and the equally valiant action which had finally relieved them. Loud cheers went up at his words, but when the mayor started to itemise the good work being done by the local council the crowds became restless.

'Knock it on the 'ead, mate,' someone called out.

'Tell us who's won, fer Gawd's sake,' the cry went up.

The dignitary held up his hands and as the crowd quietened he put on his pince-nez and stared at the slip of paper in his hands for a few moments.

'The first prize goes to George Galloway,' he said in a loud voice. 'Second prize goes to . . .'

Carrie's squeal of delight almost drowned out the name of the runner-up as she hugged her father. 'We won! We won!' she cried out, looking up into his smiling face.

William looked over to the park railings and saw the bulky figure of George Galloway being patted on the back and having his hand pumped by his supporters.

Carrie turned to her father as she saw the firm's owner starting to walk towards the mayor. 'It should be you goin' up ter get the prize, Dad,' she said with a small frown. 'It was you what won it.'

William smiled briefly. 'It's all right, Carrie. Mr Galloway knows that.'

After a few words had been exchanged between Galloway

17

and the mayor, the trophy, a large silver tankard, was held up in the air and clapping broke out. The winner was surrounded by his friends and well-wishers as most of the spectators moved off home. William took his daughter's hand and they left too, walking back to Page Street in the spring sunlight.

The Tanners' home was a two-up, two-down house which adjoined the Galloway cartage firm in Page Street. It was the end house in a row of terraced houses that led from Jamaica Road towards the River Thames. From the main thoroughfare the narrow turning looked like most of the working-class streets in Bermondsey. It was cobbled and gaslit, with a small pub situated on the left-hand corner and a tiny tobacconist and sweet shop on the right. Two rows of identical houses stretched down towards the Galloway yard which stood on the bend, where the street turned to the right. The cartage contractor's headquarters was a brick-built construction with a weather-board frontage and wooden gates which swung back into the cobbled stable yard. The gates faced the Jamaica Road end of the turning and the right-hand part of the premises, which were used to store the wagons, stretched along past the bend to where another two rows of houses faced each other across the narrow turning as it led along to Bacon Street.

The street looked very much the same as many other Bermondsey backstreets. Lace curtains hung in the windows of the ramshackle houses and the doorsteps were whitened. Most of the chimney-pots leaned askew and the grey slated roofs dipped and curved in an uneven, untidy fashion. Bacon Street had its own particular blight, however, in the shape of a tall four-storey tenement block. Even the tenants of the damp, draughty and overcrowded houses surrounding the building dreaded the thought of having to live in such a terrible place.

Inside the Tanners' house, the family was gathered around

a low fire. The evening had turned chilly and the parlour door was closed against the draught which blew along the passage from the ill-fitting street door. Nellie Tanner was sitting in her usual armchair beside the fire, a partially finished piece of embroidery lying in her lap. Nellie was a slim, attractive woman with a fair complexion and deep blue eyes. At thirty, her face was unlined and smooth. Her rather shapely figure was accentuated by a close-fitting long dark skirt which reached down over her ankles and a high-buttoned linen blouse with ruffled sleeves which hugged her full breasts and narrow waist. Her fair hair, which was a shade lighter than her husband's, was swept up from her neck and piled on top of her head, secured with a wide mother-of-pearl fan comb.

Nellie liked to dress up on Sundays. When the main meal of the day was over she would go to her room and wash down in the tin bath before putting on her clean, freshly ironed Sunday best. She knew it pleased William to see her looking nice when they sat together in the long evening after the children had gone to bed, and she was aware that it roused him when she wore her tight-fitting clothes. Her long neck and high round forehead were exposed by her swept-up hair, which Nellie occasionally touched as she talked with her husband.

William Tanner was of medium height and powerfully built. His wide shoulders and muscular arms bore witness to eighteen years of hard manual work for George Galloway. Now, having seen his efforts with the parade wagon rewarded after a long hard week in the stables, William was feeling relaxed and contented. He eased back in the armchair facing Nellie's and stretched out his legs. His pale blue eyes stared into hers as she spoke and he could sense irritation in her voice.

'I know yer was pleased, Will, an' yer've a right ter be, but yer'd fink Galloway would 'ave at least come over an' fanked yer,' she was saying.

William raised his eyes in resignation. 'It was awkward, really, Nell,' he replied. 'There was people millin' around 'im an' I don't s'pose 'e got the chance. 'E'll see me termorrer. There'll be time then.'

Nellie felt angry that her husband had been ignored by George Galloway at the parade. Every weekday morning William opened the yard and issued Galloway's work orders to the carmen. Then there was the managing of the stables and the locking up after the last van was in, sometimes late in the evening. It was the same when one of the horses was lame or a horse sale was going on. Her husband was on call from dawn till dusk. True, William was paid two pounds a week, but he earned every penny of it, she told herself. It would cost George Galloway much more to call the vet in every time. Ever since they had married ten years ago, and Galloway rented them the house the carter had taken advantage of William – and her – one way or another, Nellie thought with bitterness. She knew she could never talk to her complaisant, easy-going husband of her own hatred for Galloway, and it tormented her cruelly.

William leaned forward in his armchair and Nellie was brought back to the present.

'I'll need ter slip into the yard before it gets too late,' he said, yawning. 'There's the cob ter check. It might be the strangles.'

Nellie sighed and shook her head. 'Yer'd better get in there then, Will. Yer promised me we was goin' ter the pub ternight.'

William grunted as he eased himself out of the chair. 'I'd better call up ter Carrie. She wanted ter come wiv me.'

Nellie was about to object but then thought better of it. Carrie was so like her father. She loved the horses and was worried about her favourite, the small Welsh cob that had been running a fever and had been taken out of the main stable.

Nellie heard her husband call Carrie and then the sound

of the front door opening and closing. With a sigh, she leaned back in her chair and closed her eyes.

William undid the padlock and pushed open the wicket-gate. The yard was shadowy and quiet as he led the way to the left-hand side of the cobbled area where the horses were stabled. The building had two levels, and the upper floor was reached by a long straw-covered ramp. A loophole looked out from the higher level, near the noisy chaff-cutting machine and the harness room. The lighter, younger horses were stalled on this floor, and below in the larger stable were kept the heavier shire horses.

Carrie stayed close to her father as he passed the main stable and stopped outside a weather-board shed at the end of the yard. It was in this shed that the sick horses were kept in isolation from the rest. William had transferred the cob here as soon as it started coughing, aware that the sickness could easily spread and put the firm out of business.

William picked up the kerosene lamp which was hanging outside the stable door. When he had lit it, he went in with his daughter at his side. The horse was standing in its stall, munching on the last of the chaff. As the yard foreman eased in beside it, the animal turned its head then went back to its munching.

'That's a good sign,' William said, easing down the side of the cob and taking hold of its halter. 'Well, I fink he's over it, but 'e'd better 'ave one more day in 'ere.' He rubbed his hand over the horse's nose and felt its neck just below the ear. 'The swelling's gone down too.'

Carrie had eased herself into the stall and stood beside her father, stroking the cob's neck. 'Can I exercise Titch in the yard termorrer, Dad?' she asked excitedly. ''E's gotta get strong before 'e can pull that cart.'

William laughed aloud. 'It's school fer you termorrer, me lass,' he said quickly. 'Yer muvver's bin on ter me about the time yer missin'.'

Carrie sighed. 'Can I do it after school? Please, Dad?'

Her father put his arm around her shoulders as they stepped out into the dark yard. 'We'll see. Maybe after tea.'

William and Nellie had left for the corner pub and the fire in the grate had burned down to white-hot ash. The eldest of the boys, eight-year-old James, had gone to bed with no fuss, having complained of a sore throat, but Charlie and Danny were reluctant to follow him. They wanted to stay up longer while their parents were out, but Carrie would have none of it.

'Muvver said yer gotta be in bed by nine, Charlie,' she scolded him. 'Besides, Danny won't go up on 'is own. Yer know 'e's scared o' the dark.'

Charlie stared down at his stockinged feet for a moment or two then his wide grey eyes came up to meet Carrie's. 'Can't we stay down 'ere wiv you, Carrie? There might be ghosts upstairs,' he said in a whisper, his eyes rolling around in exaggerated terror.

Five-year-old Danny was already half-asleep. He huddled closer to his elder brother for comfort. 'I see a big ghost on the landin' once, Carrie. I wanna stay down 'ere,' he said in a hushed voice.

She chuckled as she lit a candle and set it into a metal holder. 'Come on, I'll see yer up the stairs. There's no ghosts in this 'ouse. Only 'orrible children get 'aunted. Come on now, follow me.'

The candlelight flickered up the dark stairs and across the narrow landing, casting eerie shadows on the grimy wallpaper and brownish-stained ceiling and glimmering back dully from the brown paint of the back bedroom door. The boys huddled together, having frightened themselves with their stories of lurking ghosts, and when Carrie led the way into their room they jumped into bed and pulled the clothes up around their ears.

'Stay up 'ere, Carrie,' Danny pleaded. 'I'm scared.'

22

She glanced over at James, sleeping soundly in the single bed by the window, and then set the candleholder down on the rickety washstand. 'All right,' she sighed. 'But just till yer both asleep.'

Charlie turned on to his back. 'I'm not tired,' he moaned.

Within ten minutes both the boys were sleeping soundly and Carrie tip-toed down to the parlour. She rekindled the fire so that the room would be warm when her parents returned from the pub, then sat back in her father's chair. It was past her own bedtime but Carrie was still wide awake. It had been an exciting day but she felt sad that her father had not been allowed to collect the prize. As she stared into the flickering flames she felt suddenly deflated. She had been happy for her father that day and wanted him to be happy too, but she had seen something in his eyes. They had a sad look in them at times. Was her father happy? she wondered. Would he always be there to care for the horses and let her help him in the yard?

The wind rattled the front door and Carrie shivered as she made her way upstairs to her front bedroom.

The usual early morning bustle had died down at Galloway's yard, and as soon as the last horse and cart had left the cobbles were swept clean of droppings. The sound of the chaff-cutting machine carried down into the stable yard and in through the open window of the small office as the two men sat facing each other. George Galloway was sitting on a thin-framed oak chair beside his open roll-top desk, his elbow resting on a jumble of invoices and work orders which were strewn over its surface. He wore his usual single-breasted, black serge suit and a bowler hat pushed back from his forehead, and there was a satisfied look on his broad face as he fingered a small medallion that hung from his silver watchchain.

'The milit'ry are comin' down in a couple o' weeks, Will,' he was saying, 'an' the 'orses are comin' in this Friday, so there's a lot ter do. I want them nags lookin' well groomed an' sprightly. If Sharkey an' Soapy ain't out on the road, they can give yer a bit of 'elp. I expect we'll 'ave those silly cows Aggie Temple and Maisie Dougall groanin' again but they'll just 'ave ter put up wiv it.'

William Tanner leaned forward in his chair and nodded. It seemed a whole lifetime since they had both run the Bermondsey streets as waifs. It was almost thirty years since the two of them had robbed the toff in the Old Kent Road and shared the proceeds, he recalled, yet only recently had George told him how he removed the medallion he was now fingering from their victim's watch-and-chain to keep as a memento before he went to Stymie the fence. George was beginning to look old now, William thought. His heavy, powerful shoulders had started to droop and his face appeared to have a bluish colour about it. His hair was greying too, but it was the eyes that seemed to age the man most. They were puffy and heavy-lidded, and their whites had acquired a yellowy tinge. Nellie was convinced the man was killing himself with whisky, and William decided his wife was most probably right. George had been knocking it back ever since his own wife died three years ago after giving birth to Josephine.

'If those two awkward mares come in 'ere moanin', tell 'em ter piss orf,' George was going on. 'Better still, tell Oxford ter see 'em orf. 'E frightens the life out of 'em.'

William smiled wryly as he thought of Jack Oxford, but he had no intention of inflicting the firm's simpleton on the two women. They had a genuine grievance anyway, he thought. Running the horses along the street was not only exhausting for him, it could be very dangerous too. It meant that the turning had to be kept clear of people, especially children.

'Where are the 'orses comin' from?' he asked.

'They're three-year-old Irish Draughts,' George replied,

leaning back in his chair and tucking his thumbs through the armholes of his tight waistcoat.

The yard foreman could not help wincing at the news although he had guessed the answer. He knew that Irish Draughts were popular with the army, who used them for pulling gun carriages and for riding. He also knew that horses of this particular breed often had Arabian or Spanish blood in them, and that they were inclined to be temperamental until they were used to the harness and saddle. Running three-year-old stallions on a short halter along the cobbled street was often a tricky business, but the army buyers required it to be done so that they could be satisfied there was no lameness in the animals. William realised that this time he alone would be expected to exercise the animals. George Galloway would not let any of his carmen run the horses, not after the last débâcle.

It had been Sharkey Morris who slipped on the cobblestones and let the rope go at the end of the turning, and by the time he had regained his feet his horse was galloping away along the Jamaica Road. The terrified animal had kept running. After scattering pedestrians in its path and kicking in the side of a tram, the sweating stallion had been captured by a young lad who calmly walked up to it and fed it a carrot before claiming the trailing rope and holding on to it until a fuming George Galloway drove up in his pony and trap.

The yard owner interrupted William's thoughts as he stood up and slipped his fingers into his waistcoat pocket.

'By the way, Will, 'ere's a little somefink fer the good job yer done on the wagon,' he said, pressing a gold sovereign into William's hand. 'There's 'alf a sovereign fer young Carrie too. She worked 'ard.'

The foreman's thanks were brushed aside with a sweep of the hand but as William made to leave George waved him back into the chair.

'Sit down a minute, Will,' he said, going to a wall

cupboard and removing a bottle of Scotch whisky and two small glasses.

William did as he was bid, noticing the unsteady way in which his employer filled the glasses. Some of the spirit spilled over the top of the glass as he took it from George's shaking hand.

'Me an' you go back a long way, Will. 'Ow long 'ave yer bin workin' fer me now?'

'It's comin' up eighteen years,' William replied, taking a swig from the glass.

Galloway stared down into his whisky for a time, a thoughtful look in his heavy-lidded eyes, and the younger man cast his eyes around the small dusty office, feeling suddenly uncomfortable. He remembered well the day when, as a young man in his early twenties, he had been persuaded by Galloway to give up his carman's job with McSweeny's the grain merchant's and come to work for him as a yard foreman. The two had kept in contact over the years and William was flattered by the offer, but he had been worried about his old friend's growing reputation for being a bad employer. There was much talk in the coffee shops and cafés then about the Galloway firm. Other employers paid more and were less likely to sack their carmen for minor things, so the talk went. William had been well aware of George Galloway's hard nature and determination to get on as a businessman. Although they had grown up together, he knew he would not have an easy time as George's employee. In fact, George might well take advantage of their friendship and leech off his good will.

William had considered the job offer carefully. He was earning eighteen shillings a week and George was offering him twenty-five. He remembered what George had said when the subject of Will's having to issue orders to older, experienced Galloway employees was raised. 'Look, Will, I didn't build this business up by bein' soft, an' I know a good man when I see one. Yer know more about 'orses than

26

all my drunken sods put tergevver. They'll take orders, or they'll soon find themselves out o' work. Besides, yer a good carman. Yer 'andle a team of 'orses as good as anybody I've got workin' fer me. Better, in fact.'

George was staring at him now, his tired eyes unblinking as though he were reading Will's thoughts. 'Yer know, I've never got over my missus dyin' the way she did,' he said suddenly. 'It was only this business o' mine that stopped me from doin' away wiv meself.'

William remained silent, waiting for the older man to go on.

'It's bin 'ard at times, tryin' ter keep this business on its feet,' George said finally. 'A couple o' years before Martha died, I thought I was goin' under. Yer remember when I was scratchin' fer work an' the 'orses got that fever? Well, that was the worst time. Luck was wiv me though, Will. After I got that contract ter deliver the 'ops an' then that contract wiv the skin-dressers, I didn't look back. Mind you, I've 'ad ter put the fear up some o' those carmen o' mine. Sackin' one or two of 'em brought the rest in ter line. I know yer didn't approve o' those sackin's, but I fink yer knew I was right.

'Yer see, that's the difference between me an' you, Will. Yer a gentle man. Outside yer 'ard, but inside yer just soft. Yer always was, even as a kid. Remember the time we knocked that ole toff over? Yer could 'ave got yerself nicked goin' back ter see 'ow 'e was. Softness is weakness in business, Will. It's why I've succeeded. I'm 'ard where me business is concerned. I swore I'd do well one day, never 'ad any doubts abaht it. When yer sleepin' wiv yer arse restin' on the cobbles an' yer belly cryin' out fer food, yer know yer can't get no lower, 'cept under the ground, so there's only one way ter go, an' that's upwards. Yer done well too, Will, in yer own way. Yer got a nice wife, an' four respectful kids. Yer gotta job fer life wiv me, an' yer've earned the men's respect. Yes, yer done well.'

27

William had let George go on without interrupting him, surprised to find him in one of his rare talkative moods. There was a lot of truth in what he had said. There was a difference between the two of them. It was something they had both always been aware of and something that had tended to put a distance between them as kids, even though they were good friends then.

'Yeah, I'm satisfied wiv the way fings turned out, George,' he replied. 'They're all good kids, an' Nellie's a diamond.'

Galloway finished his whisky and then reached for the bottle. ''Ave anuvver drop, Will,' he said, filling his own glass.

William shook his head. 'Better not. I gotta check on the feed, an' there's the end stable ter clean out.'

''Ow's the cob?' George asked, the whisky bottle still held in his hand.

'Carrie's asked me if she can walk 'im in the yard this evenin',' William replied. ''E should be ready ter go back in the cart termorrer.'

George swallowed the contents of his glass and pulled a face. 'She's a good gel is your Carrie,' he went on. 'I only wish my two lads would take as much interest in the business. I've spent a small fortune payin' fer 'em both ter get an education at that private school. Admittedly it's knocked the rough edges orf 'em an' they both speak like a couple o' toffs, but I want the lads ter give the firm a bit o' consideration, Will. After all, I'm not gonna be around ferever. If those two lads o' mine put their minds to it, this business could grow. There's quite a few new firms springin' up in Bermon'sey, an' there's a lot o' trade ter be done cartin' stuff back an' forth from the wharves an' docks.'

The conversation was interrupted as the firm's elderly accountant walked into the office mumbling a 'good morning' as he hung up his rolled umbrella and Homburg before sitting himself at the far desk.

Horace Gallagher had been with the firm since the very beginning and he had managed to stay aloof from the day-to-day problems of the business, applying himself singlemindedly to his job of keeping the books up to date and dealing with the men's wages. As he prepared himself for the day's work he removed his thick-rimmed spectacles and polished them with his pocket handkerchief, a habit he constantly resorted to. Galloway watched the man's pallid, expressionless face for a few moments with amusement, comforted by the knowledge that whatever secrets or peculiarities he might have, Horace Gallagher was a conscientious accountant.

William tried to find a reason to leave. He was aware that Jack Oxford had been working the chaff-cutter and knew that once the man had run out of hay he would most probably find himself a warm corner in the loft and drop off to sleep, instead of getting another bale from the shed.

The sound of iron wheels and the clip of hooves over the cobbles gave the yard foreman an excuse to get up and go to the door of the office. Soapy Symonds had driven his horse and cart into the yard. As he jumped down from his seat, he pointed to the horse's front leg. ''E's gorn lame.'

William thanked his boss for the drink and walked over to Soapy's cart. He reached down and ran his hand along the horse's leg, feeling the soft swelling. ''E's got a bucked shin,' he said, straightening up. 'We'd better get a poultice on it. Take 'im out o' the sharves, Soapy.'

The carman mumbled to himself as he undid the harness straps and led the limping animal across the yard. The prospect of spending the rest of the day in the yard did not please Soapy. He had been on contract to the rum merchants in Tooley Street, and most afternoons after he picked up a load of barrels from the Rum Quay at the London Dock he would get a tot of the strong dark spirit. Today he would have to forgo his drink, and instead would most likely end up helping out on the chaff-cutting with that idiot Jack Oxford.

He had guessed right, for as soon as the horse was settled in the stall William pointed to the loft. 'Take anuvver bale of 'ay up ter Jack, will yer, Soapy. An' tell 'im no dozin' on the job. Galloway's in the office.'

Chapter Two

On Tuesday morning at number 10 Page Street, Florrie 'Hairpin' Axford was entertaining her longtime friends Maisie Dougall and Aggie Temple. The trio sat in Florrie's tidy front parlour sipping tea, and Maisie was holding forth.

'Well, accordin' ter Mrs Tanner there's anuvver load of 'orses comin' in soon,' she was saying. 'She don't know exactly when but yer can bet yer life it won't be long. I reckon we ought ter put a stop ter that Galloway runnin' 'em up the street.'

Maisie's friends nodded in agreement and Aggie put down her teacup. 'Somebody's gonna get killed before long, mark my words,' she declared with a severe expression on her face. 'If it ain't Will Tanner it's gonna be one o' the kids. It's bloody disgustin'.'

Maisie put her hands into her apron pockets. She was a short, plump woman in her mid-thirties. When she was ten years old she had been orphaned and sent to a home for waifs and strays, and at fourteen she went into service. Her outspokenness and forthright manner had not endeared her to her employer, however, and after a few weeks she found herself back on the streets with just a few coppers in her pocket. Maisie was determined not to be beaten by circumstances and she walked the whole distance from the grand house in Chislehurst to the little backstreet in Bermondsey where she had grown up. Hungry and blue with cold she arrived at the house that had once been her family home and stood staring at the door, feeling suddenly lost and alone.

When Bridie Phelan had seen the pitiful figure standing outside the house next door she immediately recognised her and felt that she had been given a sign from heaven. Bridie had never forgiven herself for allowing Maisie to be taken away when her mother died, and now there was a chance to make amends. She quickly ushered the young girl into her parlour to warm her and feed her, and on that cold night Maisie was given a new home. Maisie had grown to love and cherish Bridie and she repaid her kindness in full, caring for her until the day the old lady died. Maisie and her docker husband Fred still lived in Bridie Phelan's house.

Maisie leaned forward in her chair, her large eyes dark with anger. 'I was sayin' only the ovver night ter my Fred — why don't they run them 'orses while the kids are at school? It's always in the late afternoon. Yer can't expect the kids ter stay indoors. My Ronnie an' Albert won't stop in.'

Aggie recrossed her tightly laced leather boots, and nodded. 'Well, if I 'ad any kids I'd be terrified. The sound o' those 'orses clatterin' up the turnin' scares the bleedin' life out o' me. Some o' them beasts are wild, an' I can just picture that Tanner feller goin' under the 'ooves.'

Florrie brushed some imaginary crumbs from her spotless apron and fished into her pocket for her snuff box. A good-hearted woman in her early forties, Florrie had been widowed when she was twenty-five. She had married again five years later but her husband ran off after less than a year of married life. Most of Florrie's neighbours did not blame her for the break-up, only for her choice in men. She was a tall, lean woman with grey hair and sharp features. Like Aggie, Florrie had never had children, although she was the street's midwife, confidante, and a good friend to any of her neighbours who were in difficulties.

Florrie loved snuff and was never without her 'pinch', which she kept in a tiny silver box. Rumour had it that she had trained as a nurse but left to marry her first husband who had knocked her about before taking ill and dying of peritonitis. After he died, Florrie had taken to drink for a time and was always to be seen in the Kings Arms. One evening a fight broke out in the public bar between some dockers and carmen. The carmen were getting the worst of the exchanges and one of them smashed a bottle on the counter and advanced on a docker, holding the jagged bottle's neck in a threatening manner. Florrie stood up from her chair and calmly told the man to put down the weapon, but he brushed her to one side. When she had regained her composure she slowly walked up to him, removed a long steel hatpin from her hair, and without hesitating stuck the sharp end into the enraged man's rump. The bottle fell to the floor as the carman screamed out and reached for his rear end, and both the drunken workers were ejected from the pub in short order. Florrie still wore the hatpin through her bun, but now she only took it out in public when she used it on Sunday afternoons to ease winkles out of their shells.

Aggie watched as her hostess delicately took out a pinch of snuff between her thumb and forefinger and laid it gently on the back of her long, thin hand. Aggie was the eldest of the trio. Her husband was a lamplighter and she took in washing and ironing. She also knew everyone's business and always had a sorrowful look about her face, even when she was feeling quite happy. Her other idiosyncrasy was cleanliness. Aggie cleaned her windows at least twice every week, and her doorstep was always spotlessly white. Her aprons were invariably starched and her brown hair always neatly in place on the top of her head. When her husband Harold set off to light the streetlamps he made sure not to mark the doorstep with his boots, and when he came home late at night he left them on a piece of newspaper which had been put down in the passage for that specific purpose.

Florrie sniffed up the snuff and her friends waited until she had finished twitching her nostrils.

'I was talkin' ter some o' the women last week an' they said they'd be wiv us,' Maisie went on.

'Why don't we do a bit o' doorknockerin'? The more the merrier,' Aggie suggested.

'Good idea,' said Florrie. 'I should fink a crowd of us outside the gates might make Galloway fink twice.'

'Last time we went ter see 'im, 'e sent that Jack Oxford out. Ooh, 'e gives me the creeps, really 'e does,' Maisie said, shuddering.

Florrie laughed. ''E's 'armless enough. My ole man told me it was an 'orse what done it.'

'Done what?' Maisie asked.

'Sent 'im dopey,' Florrie replied, wiping her nose on a clean handkerchief. ''E got kicked in the 'ead when 'e was a carman. Apparently 'e was a smart man once. 'E 'ad a lady friend as well. You remember that ginger woman wiv all those kids? The one who used ter live in Bacon Street Buildin's? You know 'er — Dingle I fink 'er name was. She used ter fight 'er ole man in the street when they came out o' the Kings Arms on Saturday nights. Pissed as 'andcarts the pair of 'em was every Saturday night. They didn't 'alf used ter 'ave a punch-up, though.'

'Jack Oxford didn't take 'er out, did 'e?' asked Aggie.

'No, not 'er — 'er sister Clara. She was ginger too. Nice-lookin' woman. She ended up marryin' a copper an' they moved away. Somewhere in the country, I fink it was. Bromley, if I remember rightly.'

'Pity it wasn't ole Galloway who got kicked in the 'ead instead o' Jack Oxford,' Maisie remarked. 'We wouldn't 'ave ter go roun' doorknockerin' then.'

Aggie folded her hands on her lap. ''Ere, I know what I meant ter tell yer, ' she began. 'The police went in the Eagle last night. It's bin closed down accordin' ter my bloke. 'E said they was usin' the place fer fightin' . . .'

'That don't surprise me,' Florrie cut in. 'That Eagle was always a rough 'ole.'

'My 'Arold gets ter know all the news,' Aggie went on eagerly. ''E said there was a bloke fightin' at the Eagle last week called Gypsy Williams an' 'e nearly killed the ovver poor bleeder. 'Arold said there was blood everywhere an' 'e said George Galloway was watchin' the fight.'

''E would be,' Florrie said contemptuously. 'Well I tell yer somefink. There'll be blood on Page Street if we don't stop ole Galloway runnin' them 'orses.'

'Yer right there, Florrie,' Maisie said, nodding her head vigorously.

Florrie gathered up the empty teacups. 'Let's 'ave anuvver cup, gels, an' then we'll work out what we're gonna do.'

Carrie lay back, feeling the sun warm on her face. The creaking of the laden cart and the scrunch of the iron-rimmed wheels over the cobbles were music in her ears as she stretched out in the hay. From above, the shadow of the high walkway across Tower Bridge blotted out the sun for a moment or two and she opened her eyes. She could see the high sweep of the massive girders and the clear blue sky above. She eased her position in the well amongst the stacked hay that her father had made for her and looked down from the top of the bales. Below, the River Thames was at high tide and she could see the line of steamships moored in the Pool. In midstream a brace of flat, tarpaulin-covered barges lay at anchor, moored to a huge iron buoy. In the distance she saw the grimy, square stone London Bridge, and beyond the grey dome of St Paul's, its giltwork glistening in the sun. The hay smelled sweet and the gentle rocking and swaying of the cart made her feel drowsy. Carrie lay back and closed her eyes once more.

It was Carrie's favourite treat to be allowed to accompany her father on his journey to Wanstead to bring back a supply of hay. He usually made the trip on Saturday mornings, but on this occasion he had had to go Tuesday, since the stock of bales at Galloway's was running low. The previous evening, as they were exercising the cob in the quiet yard, Carrie had pleaded with her father to let her go along the following morning. He had pulled a face but she knew he would take her. He always did.

On the outward trip she had stood in the well of the cart, holding on to the base of the dicky seat. They were using Titch the Welsh cob, who seemed to have fully recovered. They had stopped on the way at a small country pub where her father had bought her a lemonade and they had eaten their brawn sandwiches, sitting at a wooden table in the back yard. Now, as she leaned back on top of the hay bales, Carrie sighed contentedly. Most of the children in her class would have given anything to go on the trip, of that she was sure. There were Billy and Tommy Gordon who were very poor and had to share a pair of boots. Then there was Sara Knight – her clothes were almost hanging in shreds and she was often ill. Wouldn't it be nice if they all could have gone on the trip? thought Carrie. Sara had probably never tasted lemonade. Tommy and Billy would have been really excited and it wouldn't have mattered if they hadn't had a pair of boots each. The hay was soft and they would have loved to feed Titch with pieces of carrot and turnip.

Carrie sighed as she snuggled down in the hay and felt the cart sway as it turned into Tooley Street. She would be home soon and tomorrow she could tell her school friends all about the day out. Sara would listen wide-eyed and the Gordon brothers would say how they wished they could have fed the horse and sat on top of the hay. Suddenly Carrie could picture their envious expressions. She bit on her bottom lip. Why were her best friends so poor? she wondered sadly. It was then that she made up her mind to tell them she had been in bed with a sore throat.

On Friday morning a dozen Irish Draughts arrived from the horse repository in Walworth. They were led in teams of four by walkers, young lads who knew the backstreets very well and who had managed to keep the animals quiet by avoiding most of the noisy traffic in the main roads. William and some of the carmen had already moved the carts out of the large shed and hung up the stall-boards. The food trays were filled and there was clean straw bedding in place. George Galloway was on hand to take delivery. He gave every horse a quick inspection, running his hand over the withers and down the flanks. He was watched by his elder son, Geoffrey, who stood to one side looking slightly bored with the whole process. Geoffrey was a tall, dark lad in his sixteenth year, his last at school. Lately he had been having differences with his father over his future plans. Geoffrey wanted to be an engineer but his father was adamant that he should come into the business. The boy decided he would have to bide his time for the present and try to show some interest in the cartage business, while he waited for the right moment to confront his father.

The women of the street had been keeping themselves alert to developments at Galloway's yard, and when the heavily shod animals clattered into the cobbled turning the leaders of the protest group started to gather at number 10. One or two women who lived in the stretch of the turning leading out into Bacon Street turned up, as well as the women from the Jamaica Road side of Page Street. They had realised that if Florrie and her friends managed to stop the horses being run along their end of the turning then Galloway might simply decide to run them along to Bacon Street and back. The women understood that they would have to stick together, and if the horse trader wanted to show off his nags to the military then he would have to do it inside his own yard.

Eight women in all sat in Florrie Axford's parlour, chatting together.

'We'll 'ave ter be ready, an' that means we gotta know exactly when the army's comin',' Maisie Dougall said in a loud voice, her large eyes glaring.

'Why don't we jus' go an' tell that whoreson we ain't gonna put up wiv it?' Dot Argent said with venom.

Sadie Sullivan leaned forward in her chair. 'What's the use o' that?' she growled. 'The ole bastard'll say, "All right, ladies," then when the army arrives 'e'll jus' go on an' do it. I reckon we ought ter tell 'im if 'e don't listen ter what we're sayin', we'll chuck a lighted lamp in the stable. That should make 'im sit up an' take notice.'

Florrie shook her head. 'We can't do that, Sadie, much as we'd like to. We don't wanna end up in 'Olloway, do we? If we get done fer arson they'll lock us up an' chuck the key away.'

Maudie Mycroft nodded her head vigorously. 'Yer right, Florrie,' she said, her eyes widening with concern. 'Ole Bridie Kelly burnt 'er 'ouse down over in Abbey Street a few years ago. They stuck 'er in Colney 'Atch.'

'I should fink so too,' Aggie Temple cut in, frowning crossly. 'Bridie Kelly was as mad as a March 'are. She'd already tried ter burn the Post Office down in the Old Kent Road, then she set the Relief Office alight when they refused ter give 'er a few bob. A few weeks later she laid 'erself down across the tramlines in Tower Bridge Road sayin' she was fed up wiv it all. The trams was lined up as far back as the Elephant an' Castle. It took two burly great coppers ter shift 'er. Nearly bit one o' the coppers' ears orf, she did. The woman was a bloody lunatic!'

When the laughing had died down, Florrie held up her hands. 'Look, gels,' she said quietly, 'we gotta do this right. We don't want no violence or 'ollerin' an' 'ootin'. First of all, we gotta get the day right. If we know exactly when the army's comin', we can be ready. What we gotta do is all march out at both sides o' the turnin' near the gates. We'll take the kids wiv us and we'll all sit ourselves comfortable. If any of yer 'ave got knittin' or socks ter mend, bring 'em wiv yer. Let 'em see yer ain't in no 'urry ter leave. I tell yer, gels, there's no way they're gonna run them 'orses while we're sittin' there.'

38

Maudie pulled at her chin with her thumb and forefinger. 'S'posin' they bring the coppers down? We could all get locked up,' she said fearfully.

Florrie smiled at the worried-looking woman. 'Look, luv, what we're gonna do ain't breakin' the law. Well, not very much anyway. We can block our street up if we like. We're the ones who live 'ere. Jus' come out an' act like yer mean it. Jus' say ter yerself, sod 'em all. Are we all agreed?'

Determined, excited voices rang out and then Aggie stood up, waving her hands for the women to quieten down. 'The question is, 'ow we gonna find out fer sure when the army's comin'?' she asked Florrie.

Florrie grinned slyly. 'Now listen ter me. Yer all know Nellie Tanner's ole man is the yard foreman? Well, she's gonna find out from 'im when they're comin'. She's got kids like a lot o' you women an' she ain't none too 'appy about 'avin' ter keep 'em off the street. Besides, it's 'er ole man who's gonna 'ave ter run the bleedin' nags. She told me only the ovver day she worries over 'er Will gettin' trampled on if one o' them 'orses falls over. She told me 'e's fair copped out by the time 'e's finished.'

Sadie put up her hand for attention. She was a large, middle-aged woman with dark hair and deep blue eyes. Her flat, friendly face belied a volcanic temper and she was renowned for her ability to stand up in the street and fight like a man. One or two bullying women had come to grief in the past when they had had the temerity to challenge Sadie to a fight, and on one occasion she had been taken to court and fined ten shillings for a street affray in which her opponent, a drunken docker who had questioned her birthright, was laid out cold by a swinging right-hand punch from Sadie's massive fist. She had seven children by her devoted docker husband, Daniel, who idolised her. Sadie's brood were often involved in scraps, and more often than not the fights were between themselves. The family had become known as 'the fighting Sullivans', although when

39

Sadie and her Irish husband Daniel marched their tribe to Mass on Sunday mornings, they all looked positively angelic.

At the moment Sadie looked far from angelic. She glanced around at the other women. 'I reckon if we stick tergevver we're gonna beat ole Galloway, but we've all gotta see it out,' she said resolutely. 'That connivin' ole bastard might see us all sittin' in the turnin' an' e' might well phone up fer the coppers. What we gotta do is refuse ter move. All right we might get nicked an' put in the Black Maria, but at least we can tell our side of it ter the beak. If we get a decent magistrate we might get a restraint put on Galloway. Some o' them magistrates ain't so bad.'

The mention of the Black Maria and possibly going before a magistrate sent shivers through Maudie Mycroft. She went to the women's meeting every Monday afternoon at St James's Church, and already had visions of the other ladies there whispering together and giving her dark looks. She could hear them now: 'Ten shillings fine and bound over to keep the peace. Isn't it disgusting? Wouldn't you think the woman would have better sense than to throw herself in front of the horses? Disgusting behaviour! I should think the Reverend Preedy will ask her to stay away. It's such a bad example to the other women . . .'

Maudie fidgeted uncomfortably in her seat. She wanted desperately to speak about her misgivings but she bit on her tongue. If she opted out of joining the rest of the women, they would all think her a coward and pass her by in the street. Maybe she could feign illness, or perhaps go to see her sister in Deptford when the women took to the street? She could say that her sister was suddenly taken ill.

The women were getting ready to leave and as Sadie stood up she grinned widely at Florrie and said, 'I'm bringin' me rollin'-pin wiv me, Flo. If one o' them coppers touches me, I'll crown 'im wiv it.'

Maudie dabbed at her hot forehead and decided there and then that she just had to find a very good excuse.

*   *   *

It was early evening and Carrie and her younger brothers were playing outside the house. Inside in the small parlour William sat beside the empty grate, watching Nellie's deft fingers working away as she darned one of his socks. She had been quiet for some time but suddenly she looked up and said casually, 'I s'pose they'll 'ave you runnin' those stallions again, Will?'

He nodded and leant his head back against the chair, letting his eyes close. He knew Nellie was always worried when he worked the sale horses, and had to admit it got no easier as time went by.

'I saw the 'orses comin' down the turnin',' she went on. 'I s'pose the army'll be 'ere next week, won't they, Will?'

'Next Friday,' he replied. 'About four, so George Galloway said.'

Nellie felt a little guilty about the way she had gleaned the information, but she knew that William would have kept it from her if she had told him of the women's plans. She had voiced her fears of someone getting hurt before, but he had only shrugged and changed the subject. She knew that her husband did not like having to run the horses along the turning, yet he kept his dissatisfaction to himself to save vexing her. William was a loyal and conscientious man, and it angered her to see that lately he was being taken advantage of more and more. She understood too well how difficult it was for him not to accept the added responsibilities. They were living in one of Galloway's houses, and if her husband lost his job they would soon be forced to leave. How hard that would be on Carrie! The girl was devoted to the horses and would be heartbroken if they had to move away. Maybe William should not have encouraged her so much when she was younger. He had introduced her to the stables when she was quite small. She had ridden on the backs of those nags almost before she could walk. Her schooling was probably suffering too, Nellie worried. Carrie would make any excuse

41

to miss a day if something was on at the yard. The child was happy and not often given to moodiness though, she had to concede. Maybe William was right. She would be working in a factory or behind a shop counter in a few years' time, unless her schooling improved dramatically. Perhaps it was best to let the girl carry on as she was doing. It would not be long before she found out how hard life really was.

William's regular snoring sounded loudly and Nellie reached out with her foot and touched the toe of his boot. He grunted and then moved his head to one side and the snoring ceased. Nellie felt a sudden tenderness as she looked at him sleeping. His fair hair was dishevelled and a tuft lay over his forehead. Maybe he won't have to run those horses after all, she thought with a wry smile, although he wouldn't thank her for giving their neighbours the information she had just coaxed out of him. She would have to be careful. If George Galloway found out it was she who had given the news to the women he would make things very difficult for her husband. William was a quiet, easy-going man but he could be pushed only so far, and as for Galloway — he would not allow his childhood friendship with William to influence a business decision, of that she was sure. It had nearly come to that eight years ago, she recalled with a shudder. Thankfully, William had never found out what had taken place. It had been a bad time for everyone then, a time which Nellie tried not to think about, but although she had managed to be a good wife and mother to the children over the years, she knew she would never be allowed to forget what had happened.

Chapter Three

George Galloway lived in Tyburn Square, a tidy place where the large Victorian houses looked out on to tall plane trees enclosed in a small garden area in the centre of the square. The garden was surrounded with iron railings and had an arched entrance. Inside there were wooden benches set out under the trees and around the circumference of the garden, and flowers grew from square beds set amongst the paving-stones. The houses were fronted by ornamental iron railings and the place was quiet, although it stood just behind the noisy Jamaica Road.

Tyburn Square had originally been built to accommodate the shippers and businessmen who owned the Bermondsey wharves and warehouses, men who had earned their fortunes trading along from Greenwich Reach to the Pool of London. As industry moved into the area, many of the original occupants of the houses moved away to escape the ever-increasing danger of contracting illnesses spread by the yellow, sulphurous fogs or the fevers which were constantly breaking out in the riverside hovels. Now Tyburn Square had a second wave of prosperous tenants, like George Galloway who had built his business up from trading with one horse and cart. The square now boasted solicitors and ship-chandlers, cordwainers and wheelwrights among its community, as well as a few retired businessmen who were loath to leave Bermondsey despite the growing dangers and the constant noise and bustle.

George Galloway lived at number 22. His two-storeyed

house was tastefully furnished. Thick draperies covered the windows, and the furniture was of rosewood and oak. Heavy carpets covered the floors, and the downstairs and first-floor rooms were kept warm with open fires.

Galloway employed a housekeeper who lived in a room on the top floor of the house. Mrs Flynn had come to work for the cartage contractor soon after his wife Martha died. She was herself a widow who had lost her two children while they were still babies. Mrs Flynn's husband had been the first carman to work for Galloway. He had died under the hooves of a team of horses which had bolted when they were frightened by the exploding boiler of a steam tram in the Old Kent Road. Nora Flynn was still only thirty-five, although her thin frame and gaunt face made her seem much older. She looked stern with her tightly swept-up black hair and her piercing dark eyes, but beneath the surface she was a kindhearted woman who had borne the tragedy in her life with fortitude. She had taken care of George Galloway's young daughter Josephine from birth, and had been a restraining and calming influence on her employer's two lively sons who had taken their mother's death very badly. The Galloway children all loved her, although the boys were very careful not to anger her. As far as Josephine was concerned, Nora was her mother, although she had always been taught to call her by name. It was something George Galloway had insisted upon.

Most of the top floor of the house was used for storage. Nora occupied only the front room which looked down on to the square. It was simply furnished, containing a wardrobe and dressing table, a bed in one corner and a table beneath the wide window. The floor was carpeted, and the small open fire provided enough warmth for Nora's needs. The housekeeper lived a spartan life, rising early and washing in cold water from the washstand bowl. She prepared the food in the large ground-floor kitchen at the back of the house and spent a considerable time each day

44

keeping the whole house in spotless condition. Her only relaxation was to take long, leisurely walks in the early evening after her day's work was done. Sometimes she called on old friends and often visited nearby St James's Church to hear the evening services, but when it was very cold or when she was feeling too tired to take her walk, she would sit in her room and take up her embroidery, although the poor light afforded by the flickering gas-mantle made it rather difficult for her. Nora lived her life the way she wanted to and had grown used to her employer's ways and increasingly black moods. She could understand and sympathise with him over the sad loss of his wife but would confront and remonstrate with him when he came down too heavily on his children, for which they were grateful.

George Galloway owned a pony-and-trap which he entrusted to a livery stable just behind the square, where the ostler kept both animal and contraption in good condition and ready for use. Often Galloway would knock the stable-owner up late in the evening or early in the morning as the mood took him and ride out in his gig. It was a source of great pleasure to him to sit in the upholstered seat and flick on the reins to send the animal at a fast trot through the streets of Bermondsey. He sometimes took the conveyance down to his yard in Page Street although more often than not he walked the short distance. On occasions when the loss of Martha weighed heavily upon him and a black mood descended, Galloway would sit in his large front room with the curtains drawn and consume a bottle of Scotch whisky. Mrs Flynn recognised the signs of an approaching drinking bout and left him alone in his grief, making sure that the boys and Josephine were kept out of the way.

One night in late autumn as Nora stood in the kitchen cleaning a pan with a scouring pad, she knew that the confrontation she had been expecting for some time now was about to happen. Geoffrey was sixteen and beginning to find his feet. He no longer seemed to have any fear of his father. He was due to leave school soon, and had recently spoken to her of his desire to go into engineering. When the boy had come in earlier that evening and said he wanted to speak with his father, Nora had tried to put him off. She had warned him that his father had shut himself in his room with a bottle of whisky but Geoffrey would not heed her.

'I've decided on engineering, Nora. It's what I want to do,' he had said forcefully. 'I don't want to follow Father into the business. He runs it the way *he* wants to, and there'd be no changing things. Maybe if he was older it'd be different. Maybe then I'd be allowed a free rein. As it is now, I'd be little more than his clerk.'

Nora shrugged her shoulders and gave a resigned sigh. There would have been no use in saying any more. The boy was like his father in his determination, and a trial of wills was inevitable.

In the darkened room George and his son faced each other. The gaslamp had been turned down and its pale yellow light played on the iron figures along the high mantelshelf. The fire had been left to burn low although there was a filled coal-scuttle beside the grate, and the room smelled of stale tobacco smoke. The older man sat a little slumped in his wide leather chair with an open bottle standing on the companion table at his elbow. Geoffrey could see two patches of hectic colour on his father's broad face, standing out against the dark stubble around his chin. He felt very conscious of the heavy-lidded eyes as they stared out at him.

George held a tumbler of undiluted spirit in his thick, calloused hand and his legs were splayed out against the brass fender. 'I can't understand yer sudden change o' plans,' he said in a husky voice. 'Only last week yer told me yer was gonna give it a chance. Yer promised me yer was gonna try. It's a good respectable business, not one ter be ashamed of.'

46

Geoffrey sighed in frustration. 'Look, Dad, I'm not ashamed of working in the business, it's just that I'm set on taking up engineering. It's what I want to do.'

'I was countin' on yer comin' in wiv me,' George said, a note of bitterness in his voice. 'I 'ad ter struggle an' go wivout ter get where I am now. It took a lot of 'ard work an' deviousness ter build up the firm. I ran the streets, slept under arches, an' went 'ungry most o' the time. I've felt the pain in me guts when there was no food ter be 'ad. Yer've never known the pain of an empty belly, of livin' on turnips, bacon-bone soup an' crusts o' mouldy bread. I don't want yer ter know. That's what I sent yer ter that school for. I want yer ter come in wiv me an' use yer education. There's a lot of opportunity in the cartage business. Firms are springin' up all over Bermondsey an' there's a lot o' tonnage that's gotta be moved.'

Geoffrey met his father's hard stare. 'I know I told you I'd give it a try, and I've been all through the books like you suggested. I've studied the contracts, invoices and order forms. I spent all last Monday afternoon with Mr Gallagher going over the accounts. I spent the whole of the weekend thinking about the business, Dad, and I know I wouldn't be happy managing that side of it. I know I wouldn't.'

George swallowed the contents of the tumbler he held in his hand and winced as the spirit burned his throat. He filled the glass with an unsteady hand and placed it on the table beside him.

'So yer don't wanna manage that side of it?' he said, a note of sarcasm in his hoarse voice. 'Tell me, what *do* yer wanna do? D'yer wanna go out an' get the contracts? D'yer wanna tout fer business? Well, I'll tell yer what yer gotta do — yer gotta learn the business from the bottom. Yer gotta learn ter balance the books an' order the supplies. Yer gotta know 'ow ter give the work out an' sort out the problems wiv the carmen. And that's jus' ter begin wiv. Then yer gotta know 'ow ter size up a good 'orse an' buy well. If I'd 'ave

47

made too many bad buys, there'd be no business now. When yer know all there is ter know o' that side of it, yer'll need a spell wiv Will Tanner. 'E knows almost as much as I do about 'orses. 'E's got respect, an' the carmen know they can't take 'im on. After a go in the office an' then six months wiv Tanner, maybe yer'll be ready ter go out an' tout fer work. As it stands, I get the contracts 'cos I can trade on me name. Yer've gotta earn a name, earn a reputation. It don't come easy, boy.'

Geoffrey ran his fingers through his thick dark hair and leaned back in his chair. 'I know what you're saying, Father,' he said slowly. 'I'd be quite willing to start the way you said. I wouldn't want it any other way if I wanted to come into the business, but I don't. I want to learn engineering, and that's the way it is.'

George shook his head sadly. The boy was so like his mother. She had had the same look when she was angry. She had always been dogged and determined when she made her mind up about anything. Geoff had inherited his tenacity from both of them. He was going to be hard to sway. George decided that he should play along for a while. Let the boy see that his father was recognising and understanding his position. After all, he was not seventeen yet. He might change his mind in six months, thought George, without believing it.

'All right, Geoff,' he said quietly. 'I can see yer not 'appy about comin' in wiv me. There's no rush ter go inter this engineerin', is there? The problem is, I'm desperate fer a bit of 'elp wiv the business at the moment so I'd appreciate it if yer could give me a bit o' yer time ter straighten fings up down at the office. Give it six months, eh? Then, if yer still feel yer should make engineerin' yer career, I won't stand in yer way. 'Ow's that sound?'

Geoff swallowed a sharp reply. As much as he wanted to tell his father there and then that he would not change his mind, he held back. He had gained some measure of acceptance for his plans, and his father had ended up being less hard and aggressive than he might have expected. He seemed a little sad, thought the boy. He was going through one of his bad periods, as Nora had noticed. There would be other times for Geoffrey to assert his will. In the meantime he would try to settle into the business for six months but at the end of that time would make a final decision, he resolved, even if it meant breaking with his father.

Geoffrey looked up from the flickering coals and met his father's questioning gaze. 'All right, Dad, I'll try for six months,' he said with a deep sigh.

Jack Oxford was employed to do the dirty jobs around Galloway's stables. He'd been a simpleton since a run-in with a horse in his previous job and was considered harmless by the other workers. He was tall and thin, with stooping shoulders and jet-black hair which hung down to his collar, and his large dark eyes stared out from an angular white face. He seemed to bend from the knees as he walked, and had large hands and feet that looked enormous in the pair of heavy, studded boots he always wore.

Today Jack had swept the yard clean and refilled the sacks of chaff; he had been in amongst the newly arrived horses and mucked out the stalls; he had topped up the drinking trough at the end of the yard with fresh water, and now he felt he had done just about enough for one day. It was time to relax.

Jack idled up to the office and looked in at the window. He had noticed that Galloway's trap was not in the yard but he knew that the boss often walked to the stables. He could not see Galloway, only Mr Gallagher the accountant, bending over the desk in the far corner. Jack growled to himself. He had taken a dislike to Gallagher ever since he had accidentally sprayed the elderly man with water while hosing down the yard. Gallagher had walked in unexpectedly and been soaked. It was an accident and no lasting harm had been done, but the accountant had tattled to George Galloway who came out of the office and yelled at Jack in front of the carmen. The yard man's sluggish brain had caught most of the tirade of abuse and he took umbrage at being called a lazy, incompetent bastard. He wasn't sure what incompetent meant, it was the other word that Jack objected to. There was no need for the boss to fly off the handle. Jack had always done what he was told. It was only when he was chaff-cutting that he took a nap, and then only when the bale was finished.

It made no difference how hard he worked, the boss always shouted at him and made him look silly in front of the men. He was doing it more lately, and usually for no reason. Well, not for much of a reason anyway. Jack decided it was about time he started looking after himself for a change. A little nap was nothing to be ashamed of. Not when all the work was finished. He could do with one right now, in fact.

Jack sauntered away from the office window. The mid-afternoon sun was shining down from a clear sky and felt hot on his head. Too much sun gave Jack a nasty headache, and that was another good reason for him to take a nap. Will Tanner was at the farrier's, and the carmen would not be back for a good two hours he reasoned as he rubbed his hands together and grinned to himself. He crossed the yard and walked up the long steep ramp to the upper stable. The door to his left led into the chaff-cutting room and Jack strolled through, relishing the thought of settling down in the hay.

Carrie left school in Dockhead late in the afternoon. She was walking home with her friend Sara when she spotted the two Galloway wagons. Soapy Symonds was in the leading cart, his head slumped down on to his chest as he nodded off. Soapy knew that he could rely on the horse to

50

take him home without prompting and had let the reins hang loose. Sharkey's cart was following behind, his horse nuzzling the tailboard in front as they plodded home to Page Street. Carrie shouted out to Soapy but he did not hear her. Sharkey spotted her as she ran to the kerbside.

'I s'pose yer wanna lift, do yer?' he grinned as he jumped down from his seat and lowered the tailboard on its chains.

'I didn't 'spect ter see yer,' Carrie said as Sharkey hoisted the two girls up on to the tailboard.

'Me an' Soapy got finished early. There's a stoppage at the docks,' he said with a chuckle as he climbed back into the driving seat.

Carrie and Sara sat giggling on the back of the cart as Sharkey slapped the reins and sent the horse into a slow trot in an effort to catch up with Soapy.

'I wish my dad worked in the stables or was on the 'orse-an'-carts,' Sara said, grinning happily at Carrie.

The Tanner girl looked at the pale drawn face of her friend and smiled kindly. 'Next time my dad takes me ter get the bales of 'ay, I'm gonna ask 'im if yer can come wiv us,' she said.

'Would 'e really take me as well?' Sara asked, her dark-circled eyes lighting up.

'I 'spect 'e will,' Carrie said confidently. 'We can 'ave a lemonade an' ride up on top o' the load. It's really luvverly.'

Sara squeezed her friend's arm. 'You're my bestest friend, Carrie,' she said, her face beaming.

Carrie suddenly felt a sadness which seemed to clutch at her insides and tighten her throat as she looked into her friend's pallid face. Sara lived in Bacon Street Buildings and her father, who had been crippled in an accident at the docks, was reduced to selling bits and pieces from a suitcase at the markets. Her mother took in washing and scrubbed floors in an effort to provide for her five children, and as Sara was the eldest she had unavoidably become the

51

household drudge. Life was not very nice for her, Carrie thought, squeezing her friend's arm in a spontaneous show of sympathy. Well, she was going to make sure Sara accompanied her on the next trip to Wanstead. She would speak to her father about it as soon as she got home.

The carts swung into Page Street and as they slowed at the firm's gates Carrie and Sara jumped down. The Tanner girl stood beside her front door until her friend reached the end of the turning, then after exchanging waves she went into the house.

Once inside the yard the two carmen unhitched their horses and led them to the watering trough to let them drink their fill before settling them into the stalls. When the empty carts had been manhandled out of the way back up against the end wall, and the harness hung in the shed, Soapy and Sharkey walked up to the office and peered in.

'Seen Will Tanner?' Soapy asked, scratching the back of his head.

Horace Gallagher looked up from the ledger and peered over his thick-lensed spectacles at Soapy. 'He's at the farrier's. I don't know when he'll be back,' he said irritably.

Soapy looked at Sharkey and pulled a face. 'Let's sort dopey Jack out, Sharkey. 'E might 'ave some tea brewin',' he said, grinning.

The two sauntered from the office over to the rickety shed at the end of the yard and looked in. The place was a mess, with brooms and buckets scattered around everywhere. On the bench beneath the dust-covered window was an assortment of well-worn harness straps that the yard man was in the process of repairing. Of Jack Oxford there was no sign.

'P'raps the lazy ole sod's takin' a nap, Soapy,' Sharkey said, aiming a kick at the nearest bucket.

'Let's go up the loft. That's where 'e'll be, it's a dead cert,' Soapy replied.

The two carmen walked up the ramp and entered the

52

chaff store. The belt-driven chaff-cutting contraption had been installed by George Galloway after he had seen a month's bills for feedstuffs. It was driven by a leather belt which ran from the flywheel of a steam engine housed in the shed below. The cutter was a large, square contraption with revolving blades. From its funnel chopped hay was spewed out into sacks. Around the machine there were a few bales of uncut hay and in one corner loose stalks had been piled into a heap. Bedded down in them was Jack Oxford. He was lying on his back, snoring loudly, his cap pulled over his face and his hands clasped together on his chest.

'Look at the lazy, dopey ole git,' Soapy said, picking up a piece of wood that was resting against the cutter.

Sharkey grabbed Soapy's arm and put a finger to his lips. ''Ere, let's 'ave a lark. C'mon.'

Soapy followed his friend back down the ramp, puzzlement showing on his hawklike features. 'Where we goin'?' he asked.

Sharkey hunched up his broad shoulders and grinned evilly as he pushed his cap on to the back of his head. 'We're gonna give Oxford a spruce-up.'

The scheming carman led the way back to the shed and rummaged around Jack Oxford's bits and pieces until he found what he was looking for. Then, with the giggling Soapy hard on his heels, he marched back to the stable and walked quietly up the ramp.

Jack Oxford was still snoring loudly in the hay. When a coating of leather preservative was brushed across his forehead, he merely grunted. The second stroke was applied along his stubbled cheek. He waved an imagined insect away with a sweep of his hand. A few more strokes were deemed enough to finish the job on the by now uncomfortable yard man, who turned over on to his side and began scratching his painted ear.

The sound of horses being led into the yard sent the two

carmen hurrying from the loft. As they came down the ramp, they saw William Tanner.

'What are you two doin' 'ere?' he asked, frowning.

'We couldn't get in the docks fer the second load. There's a stoppage or somefink,' Soapy replied, standing in front of Sharkey who had the tin of preservative hidden behind his back.

'Well, take these two an' bed 'em down, then yer can go,' William said, walking away to the office. As he reached the door, he turned towards the two grinning carmen. ''Ave yer seen Jack Oxford?' he called out.

The two shook their heads and walked off with the newly shod horses, grinning at each other like a couple of children.

Nellie Tanner was in the scullery doing the washing up while Carrie stood beside her drying the plates, a miserable expression on her pretty face.

'But Sara's my best friend, an' she's never even bin on an 'orse-an'-cart,' she said plaintively.

Nellie sighed irritably. 'Look, Carrie, yer farvver shouldn't really take you wiv 'im, let alone 'alf the street. S'posin' somefing 'appened? I mean, there could be an accident or somefink.'

'But it's not 'alf the street, Mum,' Carrie persisted. 'It's only Sara, an' nuffink bad would 'appen. She'd be no trouble. She's so poor, an' she stays away from school lots o' times ter look after 'er bruvvers an' sisters. I'm only askin' fer Sara, nobody else.'

Nellie put down the last of the plates and undid her apronstrings, leaning back against the copper. 'Yer say Sara's poor? We're *all* poor. All right, yer farvver's got a regular job, but there's no spare money comin' in this 'ouse, let me tell yer. It's a job ter manage, what wiv food an' clothes, an' we still 'ave ter pay rent, even though Mr Galloway owns this 'ouse. *Everybody* round 'ere's poor. It's 'and ter mouth fer all of us, luv, so don't go gettin' the idea that we're better

54

off than everybody else. Some's jus' poorer than ovvers.'

'Well, I fink Sara's family are poorest of all,' Carrie said, gathering up the dried plates and placing them in the cupboard. 'She 'ad no coat on yesterday when it was chilly an' she 'ardly brings anyfink ter school. I don't fink she's ever tasted lemonade, an' when she come 'ome wiv me on the back o' Mr Morris's van she was so excited. She's nice.'

Nellie bit back an angry reply and said quietly, 'Yer know yer shouldn't go ridin' on the back o' those carts, Carrie. I've told yer before, yer could fall off. An' what would Sara's muvver say if she knew she was ridin' on them wiv yer?'

Carrie shrugged her shoulders. 'I don't fink she would say anyfing. She don't treat Sara very nice, what wiv makin' 'er do all that work indoors.'

Nellie sighed deeply, not really knowing how to reply to her young daughter. Carrie was a caring, thoughtful girl who was saddened and upset by the poverty around her, and Nellie knew there was nothing she could do to protect her from it. She was going to learn a lot more about heartache and sadness as she grew up.

'Yer gotta understand, Carrie, Mrs Knight 'as ter work 'ard, what wiv Mr Knight being the way 'e is,' she said slowly. 'Sara's gotta 'elp out in the 'ome. After all, she is the eldest, an' don't ferget the youngest is only a few months old.'

Carrie sighed. 'Well, I'm still gonna ask Dad if she can come wiv us next time,' she said firmly.

Nellie shook her head in resignation as Carrie walked out of the scullery. Just like her father, she told herself with a smile. Once she made up her mind, there was no shifting her.

As Nellie started to fill the copper with fresh water, she suddenly began to wonder what sort of a reception the army would get the following day.

Chapter Four

The Kings Arms stood on the corner of Page Street and was managed by Alec Crossley and his wife Grace. Alec was a tubby character with a bald head, a ruddy face, and a liking for brandy which made his face flush up like a beacon. Grace, on the other hand, remained sober and took charge of the pub on the frequent occasions when Alec had had too much of his favourite beverage. She was a large, jolly woman with an infectious laugh. Her blonde hair was worn piled up on top of her head. The Crossleys kept a happy pub and had installed a snug bar where the local women congregated for a drink and a chat in comfort, safe in the knowledge that they were not seen as tarts because they dared enter a man's domain. The snug bar was the women's own little haven where men did not intrude. It was Grace's idea and she served the women herself. There was a saloon bar too at the Kings Arms which was carpeted and tastefully furnished, but almost all of the local folk used the public where a piano and round iron tables stood on well-scrubbed floorboards.

Soapy and Sharkey sat together in the public bar chuckling at the little joke they had played on the unfortunate yard man.

'Wait till 'e looks in a mirrer,' Sharkey laughed. ''E'll fink 'e's got yeller fever.'

Soapy almost choked on his beer at the thought. 'Jack Oxford wouldn't look in a mirrer,' he spluttered. ''E couldn't stand the sight of 'imself. Anyway, I don't fink they 'ave mirrers in the doss'ouse where Jack stays. If they did 'e wouldn't cut 'imself so much when 'e shaves. Ain't yer ever noticed 'ow many bits o' fag paper the silly bleeder 'as stuck round 'is clock in the mornin's?'

Sharkey grinned as he picked up his pint of ale. 'Jack Oxford gets those cuts from the blunt carvin' knife 'e uses,' he replied. 'One o' these days 'e's gonna cut 'is froat, that's fer certain.'

Soapy wiped the froth away from his mouth with the back of his hand. ''Ere, Sharkey, d'yer reckon we should've used that dye stuff?' he wondered aloud. 'The poor sod might be stained fer life.'

Sharkey shook his head emphatically. 'Nah. It'll wear orf in a few weeks. Anyway, it won't 'urt 'im. That stuff don't do the 'arness any 'arm, an' it'll certainly be an improvement on ole Jack. Bloody 'ell, Soapy, 'e's enough ter frighten the daylights out o' the kids when 'e's normal. Yer should 'ave 'eard ole Fanny Johnson go orf at 'im. 'E made 'er baby cry when she come by the yard the ovver day, an' she told 'im ter piss orf out of it. Mind yer, 'e was only tryin' ter make the little mite laugh. Trouble was Jack was dribblin' all over the pram.'

Soapy finished his beer and pushed the empty glass away from him. 'Well I'm orf 'ome,' he announced.

As the two made to leave Alec Crossley leaned across the counter. 'You lads look pleased wiv yerselves,' he remarked.

'Yeah, we bin doin' a bit o' sprucin' up in the yard,' Sharkey told him straight-faced. 'Turned out a treat it did.'

Alec pointed to the leather dye on Soapy's hands. 'Yer wanna be careful o' that stuff,' he said. 'I knew a bloke who got dye splashed all over 'is face once. Terrible face 'e 'ad.'

'Did 'e?' Sharkey replied, giving Soapy a worried glance as they left the pub.

* * *

When Jack Oxford roused himself he felt a tightness in his face and he scratched at his chin. 'Bloody gnats,' he grumbled aloud as he stood up and brushed himself down. He could hear his name being called and peered out of the window down into the yard.

'Jus' tidyin' up,' he called down, looking to make sure there were no telltale pieces of straw stuck to his clothes.

'Get orf 'ome, Jack, I wanna lock up,' the voice called out.

Jack Oxford hurried down the ramp, still scratching at his irritated face. As he walked past the office, the accountant came out.

'Good Lord!' Gallagher gasped, adjusting his spectacles in disbelief.

Jack shrugged his shoulders and walked out into Page Street, intending to go straight to the fish shop in Jamaica Road. Florrie Axford was standing at her front door pondering over just where she would place the women for the demonstration when the yard man walked by.

'Oh my Gawd!' she gasped, following the retreating man with her bulging eyes.

Jack frowned in puzzlement. 'What's the matter wiv everybody?' he said aloud as he hurried across the busy main thoroughfare.

The smell of frying fish and chips made him lick his lips. As he walked through the door of the shop an old lady gave him a stare and hurried out. The shopkeeper was shovelling hot chips from the fryer into a container and did not look up as Jack approached the counter.

'Give us a pen'orth o' cod an' a 'a'porth o' chips,' he said, slapping down the coins on the high counter.

The proprietor served up Jack's order into a sheet of newspaper. As he wrapped it and put the bundle down on the counter, he looked up. His mouth dropped open and his eyes stared out at his customer in shocked surprise.

'Christ Almighty!' he gasped, snatching up the coins and backing away a pace.

Jack picked up his parcel of fish and chips and was about to give his food a liberal sprinkling of vinegar when the shopowner snatched the bottle away.

'Yer better get out o' me shop,' he said quickly, his voice rising. 'Go on, 'oppit!'

The yard man walked to the door and turned back, wondering what he could have done to upset the shopkeeper.

'Go on, I told yer ter 'oppit!' the man said, holding the wire scoop up in a threatening manner.

'Sod yer then,' Jack called out as he turned on his heel and walked off towards the lodging-house in Tower Bridge Road, picking at the fish and chips as he went. Faces turned as he walked by and one old lady crossed herself as she passed him.

Jack sat down on a low wall to finish his meal. Passers-by stared at him and gave him a wide berth. Only a mangy dog warily came near him and sat down, hoping for a scrap of food to come its way. Jack threw the animal a piece of crackling but the dog merely sniffed at it and trotted off.

By the time he had reached his lodging-house, Jack was totally perplexed. As he walked through the open door his way was barred by a frightened-looking man holding up his hands.

'Yer can't come in 'ere!' he cried, backing away.

'Why not?' Jack said, scratching his itching face.

'Cos I'm full up,' the lodging-house keeper said quickly, shutting the door in his face.

At seven-thirty sharp on Friday morning George Galloway drove up in his pony-and-trap. William had already opened up the yard and some of the carts were leaving. George was wearing his brown tweed suit and brown derby hat, as was his custom on selling days. When he had parked the trap he walked into the office and seated himself at his desk.

His yard foreman was giving instructions to one of the carmen. 'Mornin' Guv'nor,' he said, looking over.

'Mornin', Will. Can yer get Oxford ter swill the yard down an' put the broom over it? I want the place clean an' tidy when the army arrive.'

William walked to the office door and looked away up the street before replying. ''E's not in yet, George,' he said. 'It's unusual fer 'im. Usually he's waitin' at the gate fer me ter open up.'

Sharkey and Soapy were making heavy work of harnessing their horses in the hope that the victim of their jape would soon appear. Their dalliance had not gone unnoticed by the firm's owner.

'What's them two 'angin' about for, Will? They should 'ave bin out o' the yard ten minutes ago,' he growled.

As he went to the door, William caught sight of Jack Oxford just coming into the yard. 'Gawd 'elp us!' he gasped, staring at the yard man's bright yellow face. 'What yer done ter yerself?'

Sharkey and Soapy sat up in their seats, laughing loudly. 'It's the dreaded fever!' Soapy shouted.

'Bring out yer dead! Keep 'im away from the 'orses!' Sharkey called out.

William gave the two carmen a blinding look and waved them out of the yard. He recalled the twosome's strange behaviour the previous evening and suspected that they were behind Jack's strange appearance. 'Come in the office,' he said, taking the yard man's arm and leading him to a cracked mirror propped up on the desk top.

When Jack saw his reflection he backed away from the mirror in disbelief. 'What is it?' he cried, staring at William in shock.

'I'd say yer got a dose o' black swine fever,' George said, winking at William. 'D'yer feel sick or sweaty?'

The yard man shook his head vigorously. 'I wondered why everybody was lookin' at me last night,' he sounded off.

'I got chucked out o' the fish shop, an' they wouldn't let me sleep at the lodgin'-'ouse. When I went ter the 'orseshoe fer a drink they wouldn't let me in so I 'ad ter get ole Blind Bill ter go in an' get me a quart bottle o' stout. I 'ad ter kip down in the park, that's why I'm late.'

George glanced at William, a smirk on his face. 'I bet it was them two whoresons,' he whispered, nodding his head in the direction of the yard.

William shrugged his shoulders. 'Your guess is as good as mine,' he answered, trying not to laugh at Jack's predicament.

'Is it painful?' George asked, beginning to enjoy himself.

'It's bloody itchy,' Jack replied, scratching at his face again.

'Um. That's always the trouble wiv black swine fever. I tell yer, it can be pretty nasty,' George pronounced, looking suitably serious.

William was beginning to feel sorry for the unfortunate man who had slumped down in a chair, dismayed. 'It's all right, it ain't deadly. It'll soon go,' he said kindly.

George was not feeling so sympathetic towards his retarded employee. 'I don't know so much,' he said, stroking his chin. 'Normally it only attacks 'orses. It's carried by the black mosquito. They bite pigs an' suck their blood, then they pass it on ter the 'orses. I remember when ole Charlie Brown lost 'alf 'is stable over black swine fever. 'Ad ter shoot the lot of 'em in the end. Suffered terrible, they did.'

Jack was now in a panic. He looked up at them with a pitiful expression. 'What am I gonna do?' he groaned.

'D'yer feel ill?' George asked, turning away from the man to hide his amusement.

'I feel all right, apart from this bloody itchin',' Jack said hopefully.

'Um. May not be swine fever, then. P'raps it's straw blight,' George said, thoughtfully stroking his chin.

'What's that?' Jack asked quickly, fearing some more frightening information.

'It's caught from straw flies. Sometimes when yer sleep in 'aystacks, yer get bitten. Yer ain't bin sleepin' up in the loft lately, 'ave yer, Jack?' George asked, hardly able to contain himself.

The yard man did not know what he should say and merely shook his head.

'Well, it must be the black swine fever then,' George declared, shaking his head sadly at William.

'I, er, I did sort o' take a nap yesterday afternoon, Guv'nor,' Jack said in a crushed voice. 'All the work was done though. I jus' come over tired.'

George sat down in his desk chair and looked hard at the pathetic character facing him. 'It serves yer right fer sleepin' on the job,' he said sternly. 'I'm gonna overlook it this time but I don't want no more slackin', understand?'

Jack nodded his head vigorously. 'All right, Guv'nor, I won't let it 'appen again. Will this get better?' he asked, touching his face.

'It should wear off in a year or two, I reckon,' George replied, glancing at his foreman.

'A year or two?' Jack groaned.

William felt that the joke had gone on long enough. 'P'raps we could try the turpentine treatment, Guv'nor,' he suggested.

George nodded and held his hand up to his face. 'Let 'im clean that yard up first, Will,' he spluttered.

'Right. Out yer go, then,' William said. 'An' make a good job of it. We've got the army comin' down terday. After yer finished, I'll get my Nellie ter try the treatment on yer face.'

As soon as the yard man had left the office, George and William burst out laughing. George wiped his streaming eyes with a handkerchief and William sat holding his middle.

'What did they use on 'im, fer Chrissake?' George asked, still grinning widely.

'It must 'ave bin that preservative we keep fer the 'arness,' William answered through chuckles. 'My Nellie's gonna need ter take the scrubbin' brush ter the poor sod.'

There was an atmosphere of excitement in Page Street as the women hurried back and forth with their shopping. As she did the dishes and tidied up her scullery, Maudie Mycroft could not stop thinking about the conversation she had had with her husband Ernest the previous evening. It had left her feeling piqued by his lack of understanding.

'I'm worried about what the women are gonna say, Ern,' she had told him. 'If it gets in the papers, I won't be able ter 'old me 'ead up at the church women's meetin'.'

'Sod 'em,' was his short answer.

'It's all right fer you,' Maudie complained. 'I'm the one who's gotta take the dirty looks an' the nasty remarks. Put yerself in my place. 'Ow would you like it?'

Ernest put down the boot he was polishing. 'Look, Maudie,' he said quietly, 'I fink what yer doin' is very brave. Yer all goin' out there an' facin' up ter that ole bastard Galloway. Yer doin' it fer the kids. It's a wonder one of 'em ain't bin killed already. Yer like our army goin' ter face the Boers. Come ter fink of it, it wouldn't be a bad fing if yer all started singin' when yer facin' 'im.'

'Singin'?'

'Yeah, singin'. Yer could start up wiv "Onward Christian Soldiers". If that got in the papers, yer'd be looked up to at the muvvers' meetin'.'

Maudie's face brightened up considerably. 'What a good idea,' she cried. Then her enthusiasm suddenly faded. 'S'posin' they bring the Black Maria down, Ern?'

'Don't worry,' he laughed. 'I'll come an' bail yer out.'

Now as Maudie unpacked her shopping and adjusted her clean curtains, she was feeling very nervous. She had already

64

seen Sadie Sullivan who said she had sorted out a rolling-pin for the occasion. What must those suffragettes feel like? she agonised. Chaining themselves to railings and being sent off to prison then being force-fed when they went on their hunger strikes. They must be very brave, what with having to endure the jeers and bad stories about them in the newspapers. Would she be as brave if things got out of hand? As she dusted her mantelshelf and adjusted the ornaments, Maudie had visions of being led away by two burly policemen and after a trial at the Old Bailey having a cell door slammed on her. 'Oh dear, oh dear. What have you got me into, Florrie?' she moaned aloud.

The redoubtable leader of the forthcoming protest was becoming impatient. Florence Axford looked around, her bottom lip pouting. The house was tidy and the washing was hanging out in the backyard. The front doorstep was clean and the scrag of mutton was cooking slowly in the kitchen range oven. She looked at herself in the overmantel mirror and pushed the hairpin further into her tightly gathered bun. Florrie liked to keep herself busy during the day. She always finished her cleaning job at the Tooley Street offices by nine o' clock in the morning, and her evening job serving behind the counter at the faggot and pease pudding shop did not start until seven. She needed little sleep, and today of all days she felt too excited to take a nap. The kettle was singing in the grate. As she set about making yet another cup of tea, Florrie heard the loud clip-clop on the cobbles.

George Galloway was standing in the yard, his thumbs hooked into his waistcoat as the two riders trotted into the yard and dismounted. Jack Oxford had hosed down the yard and busied himself about the stables. He was anxious to get something done about his itching, bright yellow face but was ushered quickly out of the way into his store shed as soon as the soldiers appeared, earlier than expected.

'Get in there quick or you'll scare the 'orses,' William said, grinning. 'I'll get yer sorted out later.'

The tall figure of a Royal Artillery major was wearing breeches and highly polished boots. His black peaked cap reflected the sun as he stepped up to the firm's owner and shook his hand warmly.

'Nice to see you again, Mr Galloway,' he said in his clipped voice. 'I'd like you to meet Lieutenant Robinson. He's our new adjutant. Knows a thing or two about horses too, I might add.'

The second officer stepped forward to shake hands with Galloway, and after the pleasantries were over the three men walked into the office. George took a bottle from the drawer of his desk and poured three measures of Scotch.

'We've got a good selection,' he said, passing over the drinks. 'Good Irish Draughts. First-rate condition an' they're all seventeen 'ands. Ideal fer pullin' gun carriages, I would say.'

'Well, that sounds fine, Mr Galloway,' the major said, glancing at the adjutant. 'We've the authority to purchase and you've got the bid price from the War Office, I understand.'

George nodded and reached for the bottle once more. 'I fink you'll like what yer see, Major,' he said, refilling the glasses.

Along the street outside, the women were ready. Front doors were open and folk stood around waiting for Florrie Axford to give the word. They did not have long to wait. When the first horse was led up to the gates, Florrie marched down the middle of the turning. 'Righto, out yer come!' she cried.

'Good Lord! What the devil's going on?' the adjutant asked, glancing at his fellow officer.

George joined the soldiers at the gate. His face flushed with anger. The women had formed themselves into two lines, blocking both ends of the street, and were now making

66

themselves comfortable. Sadie Sullivan had a rolling-pin resting in her lap and Maisie Dougall had brought out a colander and was proceeding to shell peas. Aggie Temple was starting on her knitting. Only Maudie Mycroft pinched her jaw nervously as she stared at the group by the gate.

'C'mon now, ladies, don't be silly,' Galloway called out. 'We've gotta run these 'orses up the street.'

'Not in our bleedin' turnin' yer don't,' Florrie called back defiantly.

Galloway walked quickly up to the women's leader and stood facing her, his features dark with anger. 'What's all this about?' he demanded.

'I'll tell yer what it's about,' Florrie replied, glaring back at him. 'We're just about fed up wiv 'avin' ter keep our kids off the street while you run those 'orses. One o' these days a kid's gonna get killed, so we're stoppin' yer little game.'

'Game! Game!' George spluttered. 'I'm sellin' those 'orses ter the army an' they've a right ter see what they're buyin'. I've gotta run 'em.'

'Not in our street yer don't. Not any more,' Florrie said firmly.

'Walk 'em up an' down in yer poxy yard,' Sadie called out.

'Piss orf out of it,' shouted Maisie.

'Tell the army ter piss orf back where they come from,' someone else called out.

Galloway held up his hands. 'Now look, ladies. The kids are at school. We can be finished before they come 'ome.'

'It ain't jus' the kids,' Florrie said, looking around at the nodding faces. 'We're all likely ter get trampled on. It ain't right ter gallop them bloody 'orses up an' down outside our 'ouses. Now I'm tellin' yer straight – yer ain't gonna do it so yer might as well get used ter the idea.'

Galloway glared at the determined woman and tried to decide what to do. 'I'll get the police,' he threatened.

'You do that,' Florrie goaded him. 'We'll tell 'em the

same as we're tellin' you. Besides, if yer bring in the rozzers it'll get in the papers, an' ovver streets might back us up. Nah, I don't fink that's a very good idea, do you, gels?'

Loud voices shouted their support along the turning and the cartage contractor winced. 'Right,' he said, his eyes narrowing with menace. 'I'm givin' yer five minutes ter clear the street, an' if yer ain't gorn by then I'll turn the 'ose on yer.'

Florrie watched as Galloway strode quickly back to the gates. 'Stay put, ladies,' she called out. ''E wouldn't dare.'

The two officers had retreated back into the office and were looking perplexed. Galloway stormed back into the yard, cursing loudly. 'Oxford! Get yerself out 'ere,' he bawled out.

The soldiers peered out of the office window and saw the tall, shuffling figure of the yard man emerge from the shed. They looked at each other in disbelief. 'Good God! Who's that?' the adjutant gasped, wide-eyed. 'It looks like a blasted banshee.'

Galloway took Jack Oxford roughly by the arm. 'I've got a job fer yer,' he bellowed. 'Get that 'osepipe out an' connect it up.'

Jack scratched his head in puzzlement. He had only just rolled it up and now they wanted him to do the yard again. 'It's clean, Guv'nor. I done it first fing,' he said in a pained voice.

'Jus' do as yer told an' connect it up,' Galloway growled.

The yard man shuffled back to his store shed and came back carrying the heavy rubber hosepipe. When he had secured the connection to the stand pipe, Galloway handed him the nozzle. 'Right. Get outside an' 'ose those silly mares down,' he said gruffly. 'If yer make a good job of it, I'll buy yer a pint.'

Jack did not understand what the boss was talking about but his face broke into a crooked grin. He had worked at the yard for a number of years and had never known the boss offer to buy him a pint before. He shuffled out through the gate, pulling the heavy hose behind him. When he saw the two lines of women sitting across the street, he chuckled loudly.

When they caught sight of Jack Oxford brandishing the hosepipe, they gasped and stared open-mouthed.

'What the bloody 'ell's 'e done ter 'is face?' Maisie asked Aggie.

'Get back in that yard, yer syphilitic ole sod,' Sadie shouted at him.

'Where yer takin' that 'osepipe – down the chinkie laundry?' someone called out.

Jack Oxford leered at the women. There were one or two of them he was going to take pleasure in dousing. That Sullivan woman had clipped him around the ear when he chased her son away from the yard, and that Axford woman was always giving him funny looks when he passed her in the street. He stood with his feet apart and the hose pointing at the women and waited while Galloway addressed them.

'Right then. Yer've 'ad yer five minutes,' the firm owner said in a loud voice. 'Now yer gonna get wet.'

Jack's leering grin widened and he jerked the nozzle in the direction of the women in a threatening manner. Galloway stormed back into the yard. As he was about to turn the water on William confronted him.

'Look, George, there's no need ter go this far. We can exercise the 'orses in the yard. There's room ter trot 'em,' he said quietly.

Galloway glared at his yard foreman. 'I want those 'orses run up the street,' he declared. 'I ain't bowin' ter a load o' scatty women. I've give 'em fair warnin' an' they won't move, so I'm gonna make 'em.'

William stood in front of the stand pipe, his face set hard. 'I still reckon yer makin' a mistake, George,' he said.

The two stared at each other. There were times in their boyhood when there had been a clash of wills and in the past Galloway had always got his way. On this occasion, however, he was not so sure.

'Get out o' the way, Will,' he said in a low voice.

Outside in the street the women had become quiet and Jack Oxford stood with a maniacal expression on his bright yellow face.

The curtains in the house adjoining the yard moved back into position as Nellie Tanner hurried out to the backyard. She had been watching the developing situation with mounting concern. Florrie had not invited her to take part in the women's demonstration. 'I won't ask yer, Nell,' she had said. 'We all know your Will works fer the ole bastard an' it's likely ter cost 'im 'is job if Galloway sees yer in the street alongside us. Yer done yer bit tellin' us when the army's comin' so don't worry about it. We all know yer position.'

Nellie had agonised over what Florrie said. They were demonstrating for the kids, after all, and she felt deep down that it was her duty to join them, regardless of what Galloway might do in reprisal. Will would not have forbidden her to join the women if he had known, she felt sure. He would take his chances and face Galloway. Now, as she saw Jack Oxford pulling out the hosepipe, Nellie knew what she had to do.

Maudie was shaking from head to foot as she waited. Suddenly she remembered her Ernest's advice. Slowly, she stood up.

'"Onward Christian soldiers, marching as to war,"' she began to sing in a shrill voice.

'Sit down, yer silly mare,' Maisie said, pulling at her coat sleeve.

Maudie slumped down in her seat, suddenly feeling very silly, but she was heartened to see Sadie Sullivan jump up.

'Good fer you, Maudie,' she cried out, waving her rolling-pin over her head. 'That's what I say too. Onward Christian soldiers! I'm gonna crown that yellow-faced, stupid-lookin' bastard right now.'

Florrie caught her arm and Sadie rounded on her. A violent confrontation between the two seemed inevitable, but at that moment a murmur passed through the assembled crowd. The figure of Nellie Tanner suddenly appeared in the street. Without saying a word she marched up to the gate, took out a chopper from beneath her shawl, raised it high above her head and brought it down heavily on the hosepipe.

A loud cheer rang out as Nellie straightened up and stood looking at the women for a moment or two, then without further ado she turned on her heel and walked back into her house, closing the door.

Jack Oxford realised he was not now going to use the hosepipe. He shuffled back into the yard, trailing a length of rubber tubing behind him, with the obscene remarks of the victorious women ringing in his ears.

'Shut them gates,' Galloway shouted, his face a dark mask. 'We'll parade the 'orses in the yard.'

William could hardly believe his eyes when Nellie came on to the scene. Now, as he went to fetch the first horse from the stable, the gravity of her act of defiance began to sink in. Galloway was not the sort of person to forget what had happened and he would certainly remember that it was Nellie who had humiliated him in front of all the women. As he led the first horse out into the yard, William was feeling more than a little worried.

Chapter Five

Carrie felt miserable as she walked home from school with Sara. It was two weeks since the trouble at the yard and there had been a big row between her parents. It had created a strained atmosphere in the house which even the boys had noticed. Carrie was especially unhappy because she knew that her father was going to Wanstead for fresh bales of hay on Saturday and she had not been able to bring herself to ask if Sara could go with her on the trip. In fact, the way things were her father might decide not to take her either, she thought. He had become grumpy and short-tempered, and when she had asked him to let her help him in the yard the previous evening he had said no.

That Friday evening everyone had been talking excitedly about the protest. Carrie had sat in her back bedroom and heard harsh words between her parents. From what she had gathered, it seemed her father blamed her mother for making things difficult for him. But Mr Galloway was wrong to attempt to use the hosepipe on the women, and it was brave of her mother to stop it happening, she reasoned. It was also Mr Galloway's fault that her mother and father were rowing and that her father might not take her and Sara on the next trip. It wasn't fair, she told herself. She had been on the trip many times, but poor Sara had never been once and had been hoping to go next time. Why did she have to tell her friend all about how nice it was and how she would speak to her father about taking her next time? She should have asked him first before saying anything to Sara. Well, she wasn't going to give up, Carrie decided. She would ask him anyway.

Sara had been quiet on the walk home and when they neared Page Street she suddenly broke her silence. 'I don't fink I'll be in school termorrer, Carrie,' she said. 'Me mum's not well an' I might 'ave ter mind the little ones.'

Carrie smiled sympathetically. 'I 'ope she gets better soon.'

Sara fell silent again until they reached Carrie's front door, then she fixed her friend with her pale blue eyes. 'If the trip is this week, don't ask fer me ter go, Carrie. I won't be able ter come.'

The Tanner girl nodded sadly and watched her friend walk away along the turning.

That night after tea her father said that he had to go and clean out the boiler, ready for the chaff-cutting. Carrie asked if she could help him. William was surprised. Whenever he went into the yard to tend the horses Carrie was at his heels, but she had never offered to help him with the messy job of boiler-cleaning. 'All right, but change that school dress,' he told her.

While William cleaned out the fire pan and then set about unbolting the inspection plate on the side of the boiler, Carrie made herself busy sweeping out the shed. Then she sat on an upturned crate by her father's side while he reached inside the boiler to remove the loose scale. Suddenly he cursed and withdrew his hand quickly. Blood dripped from his finger. He sucked on the deep cut, spitting a mouthful of blood on the clean floor. Carrie quickly reached down to the hem of her petticoat and tore off a strip of linen. William watched the serious expression on his daughter's face as she deftly bound up his finger, and a smile formed on his lips. 'Proper little nurse, ain't yer?' he said quietly.

Carrie grinned back at him and suddenly he melted. She was certainly a grown-up nine year old, he thought. Maybe he had been a little hard on the children lately, but it had

74

been difficult at the yard since the trouble with the women. George had been like a bear with a sore head, even though he had managed to sell all twelve of the horses to the army. He had not mentioned Nellie's part in the protest but there had been a strained atmosphere whenever the boss walked into the office. No doubt he blamed Will for Nellie's actions, but George had known her long enough himself to realise she was a very determined woman. Once she made her mind up there was no putting her off.

William set about refitting the inspection plate with Carrie handing him the bolts. When the last one had been screwed down tight, she fixed him with her eyes.

'Dad, I was gonna ask yer if me an' my best friend Sara could come wiv yer on Saturday but it doesn't matter now,' she said quietly.

William could see the sadness in his daughter's eyes. 'Don't yer wanna come then?' he asked.

'Of course I do, Dad, but I've bin lots o' times an' I thought it'd be nice if Sara could come this time. She's never bin anywhere, an' I've bin tellin' 'er all about the trip. I said I was gonna ask yer if she could come wiv us, but she can't now.'

'Oh, an' why's that then?' William asked.

''Er muvver's took ill an' Sara's gotta look after 'er,' Carrie replied.

William sat down on the brick base of the boiler and studied his bandaged finger for a few moments. 'Is Sara that gel yer walk 'ome from school wiv? 'Er wiv the raggety clothes?'

Carrie nodded. 'It's ever so sad, Dad. Sara 'as ter look after all 'er bruvvers an' sisters while 'er muvver goes out ter work, an' 'er farvver's a cripple. Sara gets ill a lot. I don't fink they 'ave much food.'

'Fings are bad fer most people,' he said quietly. 'It's lucky fer us I'm in regular work. Mind yer, after what yer mum done ter Galloway's 'osepipe, it's a wonder I ain't got sacked.'

Carrie caught the humorous look in his eyes and suddenly they both burst out laughing.

'Serves the ole goat right,' he spluttered, wiping his eyes on the back of his hand.

'Can Sara come wiv us one time, Dad?' she asked suddenly.

William nodded. 'I should fink so. If she wants to.'

'She'll be so pleased when I tell 'er,' Carrie said, suddenly hugging her father.

William was embarrassed by her spontaneous show of affection and he looked down at his feet. 'Well, we'd better get these tools tergevver an' lock up,' he said, 'or yer mum'll nag me fer keepin' yer up.'

The hour was late and Nellie was making cocoa. She felt happy that the tension between her and William had vanished, and hummed softly as she stirred the hot liquid. William had slipped up on her and put his arms around her waist as she was drawing the blinds. His lingering kiss on the back of her neck had made her shiver with pleasure. She had turned to face him and returned his kiss. Now, as she handed him a large mug of steaming cocoa and sat down facing him, Nellie could see William had become thoughtful. For a while they were both silent as they sipped their hot drinks, then suddenly he put his mug down on the edge of the fender and looked at her.

'Carrie was tellin' me about that friend of 'ers.'

Nellie shook her head sadly. 'It's a shame about that family,' she answered. 'They live in Bacon Street Buildin's. Florrie Axford knows them well. She said the gel's farvver is on relief an' 'e sells bits an' pieces from a suitcase in the markets. 'E 'as ter go over the water ter do 'is sellin'. Poplar an' Whitechapel, I fink Florrie said. 'E can't do any sellin' around 'ere, somebody's bound ter give 'im away. Bloody shame really.'

'Can't 'e do anyfink else?' William asked.

76

Nellie shook her head. ''E 'ad a bad accident in the docks a few years ago. Got smashed up bad, by all accounts. Florrie said 'e broke 'is back an' both legs. One's inches shorter than the ovver. 'E can't do any 'eavy work at all now.'

'Carrie told me she was goin' ter ask if I'd let Sara come wiv us on Saturday but the kid can't come now. 'Er muvver's ill apparently an' she's gotta look after 'er.'

Nellie finished her cocoa and put the mug down on the table. 'It mus' be bloody 'ard fer the kid. She looks a poor little mite. 'Er clothes look like they're fallin' off 'er. I fink I'll 'ave a word wiv Florrie termorrer. P'raps we can sort a few bits an' pieces out fer the kid ter wear.'

William nodded. 'I don't s'pose Florrie's got anyfink though,' he said. 'She never 'ad any kids.'

'Florrie knows a lot o' people round 'ere,' Nellie replied. 'I bet she'll scrounge somefink.'

William stood up and yawned, then he reached out for Nellie's hand. 'C'mon, luv,' he said. 'Let's go ter bed.'

She stood up and felt the strong grip as his hand closed around hers. 'I mus' remember ter talk ter Florrie termorrer,' she said, yawning.

It was late when Nora Flynn heard the front door shut. She had looked in at the room directly below hers once or twice and satisfied herself that Josephine was sleeping soundly, then she had settled down to read. The book fell from her lap as she stretched her arms above her head and yawned widely. The sound of a deep chuckle followed by a high-pitched giggle carried up to her room and she sighed irritably as she glanced up at the clock on the mantelshelf. It was past twelve. They'll wake Josie up if they're not careful, she thought, walking over to her door and pressing her ear against its panel.

There was a clattering noise and then the sound of a door closing. Nora waited a few minutes and then quietly went down the carpeted stairs and peered into the child's room once more. Josephine was sleeping soundly and Nora breathed a sigh of relief. As she turned and made her way back up to her own room she heard mumbled voices and then giggling. It was always the same with George, she thought. He would spend a week or more sitting in his darkened room in the evenings, drinking heavily, then as though feeling he had done his penance he would suddenly change and become almost friendly. It was then that he brought back those women. Nora knew where George spent his evenings when he went out. He had told her about the music hall in Abbey Street where saucily dressed girls danced around the tables. It was at the music hall that pleasure could be bought for a drink or two, but of course George had not told her that. Nora had known for some time of the dubious reputation of that particular hall and guessed that George's latest woman friend had been solicited there.

She sighed as she got undressed. There was a time when she would have welcomed George Galloway into her own bed, she admitted to herself. He was still an attractive man, although coarse and very often ill-mannered, and fate had made them akin. Both had lost their partners in tragic circumstances, and through the children Nora had steadily grown to know George. When the pain of her loss had eased and nights became more bearable, Nora had begun to think about her employer in a physical way. She had taken pains to make herself as presentable as possible and tried to please him with the meals she knew he was fond of. There had been little if any response from him, although occasionally he sat with her and talked at length about his problems. Nora had tried to open up to him about her own feelings but natural reserve inhibited her. In his own way George was still grieving, and her discreet attempts to let him know the way she felt were lost on him.

Nora had finally realised that she was not going to lure him into her bed and resigned herself to doing the job she was paid to do. Lately, George had become more morose, and a hard, unfeeling father to his two sons. As far as Josephine was concerned, his attitude seemed to be one of thinly veiled dislike. He spoke to the child only when he had to. It was left to Nora Flynn to provide the love and care lacking in the child's natural parent.

It was patently obvious to his housekeeper that George blamed the child for Martha's death. What he would not admit to himself, Nora reflected, was the fact that Martha was thirty-six and not very strong when he had made her pregnant. There had been a gap of eleven years since young Frank's birth and Martha had paid a tragic price for her third pregnancy. Maybe George did blame himself, she thought. Maybe in his inner thoughts he knew that he had been unfeeling and clumsy. Perhaps that was why he punished himself with the bottle, and with the hard-faced, painted tarts he brought home. He would do better to stay sober long enough to take stock. Maybe then he would see what was there for him under his own roof.

The following evening the two women walked purposefully along Page Street and turned left into Bacon Street. Each of them carried a brown paper carrier bag. As they reached the tenement block, Nellie Tanner pulled a face. 'Gawd 'elp us!' she breathed.

Florrie Axford nodded at Nellie's reaction on seeing the buildings close to. 'What a bloody dump,' she remarked, her eyes flitting over the front exterior of the dwellings and catching sight of a mangy cat sniffing at a kipper bone in a block doorway. 'Fancy 'avin' ter live in a place like this.'

Nellie nodded, screwing her face up as she stepped over an old newspaper that contained the remains of some fish and chips. 'I thought our ole 'ouses were bad enough, Flo,' she muttered incredulously.

Bacon Street Buildings was a four-storey tenement block which had been built in 1840 and had long since fallen into disrepair. There were four entrances which led up flights of stone stairs to small, unconnected landings on each level. On every landing there were four flats, and each storey contained sixteen flats. At the back of the building was a foul-smelling tannery. It was one of the larger rear flats on the top floor overlooking the factory that Florrie and Nellie were making for.

As they climbed the well-worn stairs, puffing at their exertions, the two women saw naked gas-jets spluttering out dim light on landings where the front doors had long since shed their coats of varnish. Sounds came drifting out from the flats. They heard babies crying and voices raised in anger as young, miserable children were scolded by despairing, miserable mothers.

When they reached the top landing Florrie stopped outside number 32 and gave Nellie an anxious glance before knocking. After a few moments the door opened and they were confronted by the young Sara Knight, clad in a long dress with an apron tied around her middle. The child stood wide-eyed, her pallid face full of surprise as she looked up at the two visitors.

'We've got a few fings fer yer mum, Sara,' Florrie said, holding up her carrier bag.

The child stood back for the women to enter. As they walked into the disordered flat, they saw two young children sitting at the kitchen table. Both children's faces were smeared red as they ate slices of bread and jam. There was a low fire burning in the grate which was enclosed by a metal fire-guard. Freshly washed napkins had been placed across the guard and were steaming dry. The windows were covered with holed and grubby curtains, and equally grubby wallpaper hung down from the walls.

Sara led the way to the bedroom and Florrie and Nellie followed her in. The child's mother was propped up in bed with a blanket wrapped around her shoulders and a towel around her neck. On top of the bedclothes there was an old overcoat, and beside the bed medicine bottles and an empty soup bowl were sitting on a chair. A baby slept fitfully in a cot beneath the window and in the far corner a battered metal trunk stood against the water-stained wall.

Annie Knight pulled the blanket closer about her and forced a smile. 'Sara luv, bring the ladies a chair, there's a dear,' she croaked.

Sara left the room and returned with only one chair, looking at her mother for guidance. Florrie smiled at the child. 'It's all right, Sara, I'll sit on the bed,' she said.

When the child left the room, Florrie turned to Annie. 'I'm Florrie Axford and this is Nellie Tanner, Carrie's mum,' she told her. 'We've got a few fings 'ere fer yer. 'Ope yer not offended?'

Annie smiled at Nellie. 'She's a nice gel, your Carrie. 'Er an' Sara seem ter git on very well.'

Nellie smiled back at the sick woman. 'Yeah, they do. My Carrie's always talkin' about your Sara.'

Annie's eyes suddenly clouded and she reached up the sleeve of her nightdress and pulled down a handkerchief with which she dabbed at her eyes for a moment. 'I'm sorry,' she said quietly. 'The place is a mess an' the doctor told me I can't get up yet. It's a lot fer Sara, but she's a good gel. She does the best she can.'

'What's wrong wiv yer, Annie?' Florrie asked.

'Doctor Preston said it's quinsy. It's burst, but it's left me so weak. I've gotta keep this towel roun' me neck. Sara does me bread poultices an' it's eased the pain. She's a good gel.'

Florrie fished down into her carrier bag and took out a bundle of clothes. 'Yer might be able ter make use o' these. There's a coat might do Sara a turn, Annie,' she said. 'They're all clean an' I know where they come from, gel.'

Annie smiled her thanks and watched as Nellie unpacked the contents of her bag and laid the articles on the end of the bed. The sick woman's eyes opened in surprise and

81

gratitude as she saw tins of soup, a pat of butter wrapped in waxed paper, a large bag of biscuits and a block of strong red cheese. There was also a packet of tea and a tin of condensed goat's milk. When Nellie brought out the last item from the bag, a packet of dolly mixtures, Annie broke down and cried. She knew only too well how hard it must have been for people to provide her with such gifts from their own impoverished larders. The gift of sweets for the children had touched her heart and she shook her head as she struggled to find words to express her thanks.

'There's no need ter fank us, Annie,' Florrie said quietly. 'Yer'd be the first ter give if yer was able. We all look after our own round 'ere. It's the only way we can survive, an' bloody survive we will.'

Nellie had been choking back her own emotions as she saw the look of gratitude and wonderment on the white face of Annie Knight. Now she swallowed hard. 'Look, Mrs Knight, I was finkin',' she said. 'I don't know if Sara mentioned it ter yer, but my Will 'as ter collect bales of 'ay from the country now an' again an' 'e usually takes my Carrie wiv 'im. 'E was gonna take your Sara too but she told my gel she wouldn't be able ter go, what wiv yer bein' poorly. I was wonderin' if yer'd let 'er go? I could come in an' keep an eye on the little ones till she gets back in the evenin'.'

Annie was still trying to comprehend her good fortune and her eyes were bright with surprise as she nodded. 'It'd make a luvverly change fer her. She 'as worked 'ard an' she never complains. That's if yer really don't mind?'

Florrie reached out and touched Annie's arm. 'I'll come wiv Nellie too,' she said, smiling. 'It'll be no trouble, will it, Nell?'

Annie leaned back on her pillow and sighed deeply. 'I was feelin' very low when I woke up this mornin',' she said in a husky voice. 'The kids was bawlin' an' young Sara was strugglin' ter keep 'em quiet an' get me breakfast. I didn't

82

care if I lived or died right then, but now I'm feelin' much better. Yer mus' fank all those people fer me, gels. An' fank yer both fer all yer kindness. I'll never ferget it.'

The women sat chatting for some time, then, as they said their goodbyes and made their way out into the kitchen, Nellie and Florrie exchanged glances. The two young children were sitting cross-legged in front of the fire-guard as Sara shared out the dolly mixtures between them.

The two women walked out of the flat and made their way back down into the dark street. It was not until they had turned into Page Street that they broke silence.

'Did yer see the look on those kids' faces when we came out?' Nellie said to her friend.

Florrie nodded. 'It was somefink ter see, wasn't it?' she said quietly.

Chapter Six

Sharkey Morris and his friend Soapy Symonds were sitting together in Charlie's coffee shop in Tooley Street. When the café owner's wife Beattie slapped down two thick toasted teacakes on the grey marble table, Sharkey opened his and looked at the cheese filling before taking a bite.

'I tell yer, Soapy, I reckon we should 'ave a word wiv Will Tanner first,' he said through a mouthful of food. 'Yer know what the ole man's bin like lately. P'raps if Tanner talks to 'im, 'e might cough up.'

Soapy pulled a face and wiped the hot butter from his full moustache with the back of one dirty hand. 'I dunno,' he said thoughtfully. 'Since that turn-out wiv Will's missus, 'e ain't bin the best o' pals wiv Galloway. Still, it might be the right way ter go about it at that. One fing's fer sure, the ole man's gotta know 'ow we feel. Tommy 'Atcher pays 'is men better wages than Galloway, an' even Charlie Morgan's carmen get bonuses.'

Sharkey snorted. 'I should reckon so too! The stench o' those skins is enough ter make a bloke ill. They 'ave ter swill their carts out every night before they go 'ome.'

'Well, that's as may be,' Soapy argued. 'What I'm sayin' is, we should put in fer a rise now. We should go in fer 'alf a crown a week.'

Sharkey took a large bite of his teacake and washed it down with a gulp of tea. 'Ten years I've worked fer Galloway,' he said, burping loudly, 'I'm the oldest servin' carman 'e's got since ole Bill Wimbush retired, and I ain't never known ole Galloway ter cough up wiv a rise unless we asked fer it. Tommy 'Atcher's carmen get a rise wivout askin'. If I could get a job there, I'd go termorrer. They wouldn't 'ave me there, though. Not since I clouted ole Spanner at the docks.'

Soapy had often heard the story about Sammy Spanner, Hatcher's shop steward, and queue-jumping at the docks, and each time it was different. 'Well, we gotta do somefink. It's a bloody pittance Galloway pays us,' he moaned. 'We should get one of us ter be a shop steward an' then we'd get fings sorted out.'

Sharkey grunted. 'An' who we gonna get? There's only eight regular carmen an' I ain't gonna do it fer one.'

'Me neivver,' Soapy replied. 'Yer can't expect those two new blokes ter do it. What about Sid Bristow? 'E seems ter get on wiv Galloway all right.'

Sharkey Morris shook his head. 'Sid's got a nice little job wiv the sack people, an' I fink 'e earns a bit on the side. I don't reckon fer one minute 'e's gonna be interested.'

'What about Lofty Russell?' Soapy persisted. ''E seems a sensible sort o' bloke. I 'eard 'im goin' on about the Boer War the ovver day. 'E seemed ter know what 'e was talkin' about.'

Once again Sharkey shook his head. ''E's got eight kids. Yer can't expect somebody wiv eight Gawd-ferbids ter stick 'is neck out.'

'Well, that only leaves the Blackwell bruvvers. I wonder if they'd be interested,' Soapy Symonds said hopefully.

This time Sharkey was silent for a few moments. 'Fred won't, 'e's too quiet. Scratcher might though,' he said, thoughtfully stroking his chin. ''E don't seem ter let fings get on top of 'im. Remember when that 'orse bit 'is bruvver Fred an' 'e punched it in the chops? I was sure that nag was gonna drop when I saw its front legs splay out an' its eyes go all funny.'

Soapy looked pleased. 'Right then,' he said cheerfully,

'when I get back ternight I'm gonna see if I can catch Scratcher. I'll put it to 'im an' see what 'appens.'

Jack Oxford was busy cutting chaff. Occasionally he stroked his still tender stubbled face. It was now two weeks since he had been led into Will Tanner's house and subjected to the turpentine cure. It had been a painful experience but it had worked. The first application had stung his face but hard rubbing with a house flannel produced results. When he looked into the mirror which Nellie held up to his face, he saw that the bright yellow colour had become dull and there were patches of his own natural colour showing through. Jack had subjected himself to another course of treatment before he was satisfied that the yellow colouring was gone. The problem was that the skin of his face had become very tender and he had had to stop shaving for the past week. Now, as he pressed down the hay into the cutting machine, the yard man was feeling the need to take a nap, but the thought of being attacked by insects and catching straw blight again deterred him from settling down in the hay.

As he finished the remaining bale and turned off the machine, Jack heard his name being called. He peered out of the round loft window.

'Get yerself down 'ere, Jack,' William called up to him. 'I've gotta go out an' there's nobody in the office.'

When William left the firm the yard man made himself comfortable in the office chair and stared at the phone. He had been instructed in what to do should the contraption ring but he felt a little nervous. He had never used a telephone and never learned to read and write. He would have to memorise any messages that came through and that was the main reason he was nervous. He knew that his memory wasn't too good, and if the message was a long one he would be in trouble.

The place was quiet, bright sunlight was shining down into

the yard, and Jack started to relax a little. Maybe the phone wouldn't ring, he hoped. Maybe he could settle down for a little nap before Tanner got back. He eased himself back in the comfortable chair and placed his feet up on the open roll-top desk.

The loud ringing in the yard man's ears made him jump and his feet slipped from the desk top. For a few moments he sat rigid in his chair, staring at the telephone, then he stood up and backed away. The thing he had dreaded was happening. Jack bit on his bottom lip. Should he let it ring? No, he would have to answer it, he decided. It might be the boss ringing in with a message, and if he did not answer the phone he would be in trouble. He approached the instrument as though the thing might bite him, and with a shaking hand reached out and picked up the earpiece.

The voice at the other end spoke in a cultured tone. 'Johnson's Tanneries here. I'd like to speak to George Galloway, please.'

Jack looked around him in panic. ''E, er, I'm er, Oxford,' he stuttered.

'He's in Oxford, you say?'

'No. I'm Oxford. I'm, er, I'm mindin' the phone 'case it rings, yer see. Who are yer?'

'Well, now the phone has rung, will you kindly go and get Mr Galloway, if you please?' the voice requested in a sarcastic tone.

Jack scratched his head and put his mouth closer to the mouthpiece. 'Mr Tanner's 'ere but 'e's 'ad ter go out an' 'e asked me ter mind the telephone,' he shouted.

There was a crackling sound as the caller puffed in exasperation then the measured tone sounded loudly in Jack's ear. 'Look, whoever you are, I don't want to speak to Mr Tanner, and I can't very well if he's had to go out, now can I? I would like to speak to Mr George Galloway. Will you go away and get him please, if that is all right with you?'

Jack was gaining in confidence now that he realised the telephone was not going to bite him. 'I jus' told yer, mate, 'e's gorn out,' he said boldly.

'No you did not,' the voice said, sounding angry. 'You said Mr Tanner went out. Now is Galloway there or isn't he?'

'Mr Galloway's not 'ere, but I can take a message,' Jack said helpfully.

'Ah. Now we're getting somewhere,' the voice continued more calmly. 'This is Mr Forbes of Johnson's Tanneries. Now have you a pencil handy?'

'What d'yer wanna pencil for?' Jack asked, frowning.

'Oh my God!' the voice exclaimed. '*I* don't need a pencil, *you* do! Now listen, the message is this: Mr Galloway is to ring me. I need to get his signature on the contract before next Thursday. Is that understood?'

Jack Oxford nodded.

'Well, is it?' the caller demanded in a loud voice.

'I'll tell 'im soon as 'e comes in,' Jack said, thankful that the message was not too difficult.

There was a loud click as the phone was slammed down, and for a while Jack stood listening to the burring noise.

'You gorn?' he shouted into the mouthpiece, and hearing no reply carefully replaced the earpiece on its hook.

The carts were beginning to return to the yard and William still had not returned. In the meantime, Jack had been reciting the message to himself over and over again. By the time the yard foreman walked into the office, he was sure that he had got it right.

'Any phone calls?' William asked.

'Yeah,' Jack replied, going over the message once more in his head.

'Well?'

'Mr Forbes rung the phone from Johnson's Tanneries,' Jack began. ''E said fer Mr Galloway ter give 'im a ring on Thursday. It's about the contract what's gotta be signed.'

William scribbled the message down on a slip of paper and placed it on Galloway's desk, then he marched out to confront the carmen who were standing in a group looking very serious about something.

On Saturday morning Sara Knight arrived at the Tanners' front door at eight o' clock sharp. She was wearing a long grey dress that had a patch in the bodice and hung loosely over her narrow shoulders. Her lace-up boots were polished and she carried a small parcel under her arm. Her long brown hair had been painstakingly brushed. It shone in the early morning light as she waited for her knock to be answered. Sara had been up since dawn. Already that morning she had cleaned the house and heated the porridge for her two younger brothers. The baby's rusk had been powdered into a small dish and when she heard the sound of the milkman's cart on the cobbles, Sara had hurried down to him carrying a jug. She had also cut some cheese sandwiches and wrapped them up in brown paper. The last thing she did before leaving was gently to take the baby from her cot and place her beside her sleeping mother. The tot had stirred then settled down. Sara had picked up the parcel and hurried down into the empty street, her stomach churning with excitement. When she reached the Tanners' house, she had to take a deep breath before she reached for the knocker.

When Carrie answered the door, she smiled happily at her friend. 'Cor, don't you look nice?' she said kindly. 'Me mum said she'll be leavin' in a few minutes. Mrs Axford is gonna sit wiv yer mum too, so it'll be all right.'

When the two children hurried into the yard, they saw William backing Titch between the shafts. They stood to one side, watching as he hooked up the cob's harness chains, and when he was satisfied all was ready William strode up and took Sara's hand.

'Wanna give Titch 'is titbit?' he smiled, handing her a knob of sugar.

As she timidly complied the horse bent its head and sucked up the sugar lump into its mouth, leaving Sara's hand wet. She wiped it down her dress and giggled happily.

'C'mon then up we go,' William said, hoisting the two girls into the back of the open cart and then leading the horse out into the street. The two friends stood at the front of the cart and waited while he relocked the front gates, then he took the reins in his hand and flicked them over the horse's back. As the cart picked up speed, William sprang up on to the shafts and into the high dicky seat. The girls held on tightly, smiling excitedly at each other as the cart rattled over the cobblestones and turned into the quiet Jamaica Road. Soon they were passing over Tower Bridge and could see the ships and barges moored beneath them. Above, the blue sky was streaked with cloud and a light breeze carried the smell of the river mud up on to the bridge. Sara's eyes were wide with excitement and Carrie felt so happy that her friend had been able to come after all. At the far side of the bridge William pulled the cart up beside a water trough and let the horse drink its fill.

As they continued their journey along through the wide Mile End Road towards Bow, he chatted to the girls and pointed out the places of interest they passed. When they drew level with Bow Church, the two friends settled down in the well of the cart on the two sacks of chaff William had put there for them, and chatted together happily.

The day had remained fine and warm. Now, with the sun dipping below the high wharves, the tired horse pulled a full load of hay bales past the white stone Tower of London and on to the bridge. William sat slumped in the seat, his hands loose on the slack reins, allowing Titch to travel at his own pace. Above him the two girls lay in the well between the bales, staring up at the evening sky.

Sara sighed happily and thought of all the things she would be able to talk about when she got back home. It had been a very long journey. It must have been miles and miles, she recalled. They had left the houses and factories behind them and then taken a road that had trees and open fields on either side. They had stopped at a little pub with flowers growing around the door and sat at a table in a lovely garden, and then Carrie's dad had brought them out glasses of fizzy lemonade. Carrie had opened the brown paper parcel and shared her cheese sandwiches, and then they had left for the farm. It had cows and pigs and geese, whose feathers were all muddy.

They had held hands as the nice lady at the farm took them to the barn to see the calves. The lady had given them each a glass of milk and biscuits, and before they left Carrie's dad had climbed on top of the load and made a space for them to lie in. They had climbed up the rickety ladder, each clasping a little bunch of wild flowers they had picked, and then nestled down in the hay to share the last cheese sandwich as the cart pulled out of the farm and drove down the bumpy lane to the main road. There was so much to tell, so much to remember, she thought. As the hay wagon passed the brewery and turned into Tooley Street, Sara felt it had been the happiest day of her life.

On Monday morning, after the last of the vans had left the yard, George Galloway put his head out of the office door and called out to his yard foreman. William walked into the office knowing a row was brewing. George had driven his trap in early that morning and had stood in the office doorway to watch the carts leaving with a stern look on his face.

'Close the door an' sit down, Will,' he said, sitting himself at his desk and swivelling round in the chair to face the younger man. 'Now what's all this about the carmen 'avin' a grouse?'

William had noticed George talking to Sid Bristow earlier and was sure the carman had informed him of the grievance.

He took a deep breath. 'The men wanna see yer about a rise,' he began. 'They've got themselves a spokesman an' they wanna join the union.'

'Oh, they do, do they?' George replied. 'An' whose union do they wanna join then? Not that Ben Tillett's mob, I 'ope. 'E's bin causin' ructions in the docks.'

'I dunno,' William answered, looking hard at the firm owner. 'They reckon they've got a genuine reason ter complain. Tommy 'Atcher's put 'is carmen's wages up an' word's got around. The men thought they should've got a rise last year an' now they reckon they're fallin' be'ind ovver firms' carmen.'

George slipped his thumbs into the pockets of his waistcoat and leaned back in his chair. 'Who's their spokesman?' he asked.

'Scratcher Blackwell,' William replied. ''E asked me ter let yer know the way the men feel, an' 'e wants ter see yer ternight when 'e gets finished.'

'Oh, 'e does, does 'e? Well, you can tell Scratcher I'm not 'avin' a union in 'ere. What's more, I'm not gonna be bullied inter givin' rises, jus' because Tommy 'Atcher's decided ter give in ter 'is men.'

William stood up quickly. 'Maybe it'd be better if yer told 'im yerself, George,' he said, a note of anger in his voice. 'I'm paid ter look after the 'orses an' keep the carts on the road. I give out the work an' do a lot of ovver jobs around 'ere. I'm not paid ter be runnin' from pillar ter post wiv messages an' threats.'

George stared at his foreman for a moment or two, then his face broke into a smile. 'Sit down, Will,' he said with a wave of his hand. 'All right, I'll see Scratcher ternight, but I'm not gonna be intimidated. I ain't 'avin' the union people comin' in 'ere tryin' ter tell me 'ow ter run my business. Yer know me of old, I don't bow ter threats. Tell me somefink, Will, d'yer fink I should give 'em a rise?'

William shrugged his shoulders. 'That's fer you ter decide,

George,' he replied, looking up quickly. 'One fing yer gotta remember though — those carmen of ours could get better wages workin' fer 'Atcher or Morgan. If yer wanna keep yer men, yer'll 'ave ter fink about that.'

Galloway nodded. 'All right, I'll give it some thought. By the way, 'ow's your Nellie? Does she still bear me a grudge?'

William was taken aback by the sudden enquiry. It was the first time George had said anything concerning Nellie's involvement with the women's protest. 'Nellie thought she was right ter do what she did,' he said quickly. 'She reckoned it was wrong ter send that idiot Oxford out there wiv an 'osepipe. An' I tell yer somefink else, George — *I* fink yer was in the wrong too. If she 'adn't cut that pipe, those women would 'ave got soaked. But as for bearin' yer a grudge, my Nellie ain't one for that. I should reckon she's fergot all about it.'

George nodded his head slowly. 'Well, that's nice ter know,' he said, a smile playing around his lips. 'Me an' you are old friends, Will. Yer do a good job 'ere an' I wouldn't wanna lose yer. Now, what about those two lame 'orses? 'Ow are they?'

William had sensed a veiled threat in his employer's remark. He knew that their old friendship would not count for much if George wanted to get rid of him.

'I've got 'em in the small stable,' he answered. 'They've both bin sweatin'. It may jus' be a cold fever. I won't know fer a day or two.'

'Yer don't fink it's the colic, do yer?'

William shook his head. 'I don't fink so. They're not rollin' in the stalls an' there's no sign o' blood in the dung. I'm keepin' me eye on 'em an' I'm gonna look in ternight. If there's any turn fer the worse, I'll get the vet in.'

Galloway nodded, content to leave the animals' welfare to his capable foreman. The trouble brewing with the carmen worried him though, and as soon as William had left the office he made a phone call.

When Sharkey drove back into the yard that evening, he saw that the trap was still there and took his time unhitching his horse. Soon Soapy drove in, closely followed by Scratcher Blackwell, who looked a little anxious as he led his pair of horses to the stable.

'Yer gonna see the ole man ain't yer, Scratch?' Soapy asked.

'I'm waitin' 'til everybody's in,' Scratcher replied quickly.

'Don't take any ole lip, mate. We're all be'ind yer,' Sharkey called out loudly as he led his horse to the water trough.

Scratcher winced, hoping that Sharkey's comment had not reached the office. He had had second thoughts about volunteering to be the spokesman and Sharkey's words worried him. It was a small firm by comparison with Tommy Hatcher's business and Scratcher knew only too well Galloway's reputation for dealing briskly with trouble-makers. The information he had gathered from the union office in Tooley Street did not encourage him very much either. Picketing the yard and stopping Galloway trading would not do him any good if he was out of work, he thought. There was Betty and the two kids to think of. How was she going to manage if he put himself out of work?

The anxious carman suddenly found that he had no more time for worrying when William walked up to him. 'The ole man wants ter see yer in the office,' the yard foreman said, taking him by the arm. 'Mind 'ow yer go, Scratcher. Take a tip an' don't get too stroppy. Yer know 'ow cantankerous 'e can be.'

Scratcher nodded and hurried across the yard, William's warning adding to his feeling of dread.

'C'mon in, Blackwell. Sit down,' Galloway said without looking up.

Scratcher sat down and clasped his hands together, eyeing the firm owner warily. He had gone over in his mind the argument he was going to use, but now as he sat uncomfortably he felt more than a little worried.

Suddenly George Galloway swivelled his chair round and leaned back, his fingers playing with the silver watch chain hanging across his chest. 'Yer wanna see me?' he said.

'Well, Guv'nor, the men asked me ter come an' see yer,' he began quickly. 'It's about a rise. They reckon . . .'

'What about you? What der you reckon?' Galloway cut in.

'Well, I, er, I reckon we're entitled ter get a few bob extra a week. Most o' the ovver cartage firms 'ave give their carmen a rise,' Scratcher said spiritedly.

'An' yer've put yerself up as the spokesman?' Galloway said, still fingering his watch chain.

The worried carman looked down at his hands, then his eyes went up to meet Galloway's. 'The men asked me ter do the talkin'. They wanna get unionised. They reckon we should go the way most o' the ovver cartage firms 'ave gone.'

Galloway took his cue from the man's obvious discomfiture and leaned forward, his eyes boring into Scratcher's. 'Yer keep on about what *they* want an' what *they* said — I fink yer've bin primin' 'em up. I reckon yer've bin listenin' ter those troublemakers at the union an' yer fink yer can put a bit o' pressure on.'

Scratcher shook his head. 'I'm jus' a spokesman,' he answered.

Galloway took out his watch and glanced at it. The phonecall he had made to the union office had reassured him. 'Let me tell yer what I'm prepared ter do, Blackwell,' he said quietly. 'I'm puttin' the men's wages up by 'alf a crown a week. As fer joinin' the union . . . there's gonna be no union in this yard, yer can tell the men that from me.

Oh, an' anuvver fing. I don't care fer troublemakers. Yer can finish the week out. Yer leave Friday.'

Scratcher stood up, his face flushed with shock. 'Yer mean I'm sacked?' he gasped.

'That's right. That's exactly what I mean,' Galloway said derisively, swivelling round to face his desk.

The shocked carman walked out of the office and crossed the yard to his waiting workmates. 'Yer've got 'alf a crown a week,' he said in a flat voice. 'An' I'm out the door.'

"E can't do that!' Sharkey shouted.

'Well, 'e 'as,' Scratcher replied.

'What we gonna do about it?' Soapy asked, looking around for support.

The rest of the men were silent. Lofty Russell looked down at his feet. 'What can we do? If we try anyfing the ole bastard'll sack the lot of us,' he moaned.

The men shuffled about uncomfortably, shaking their heads. Scratcher's brother Fred suddenly rounded on Soapy. 'You was the one who wanted 'im ter go an' see Galloway,' he said, glaring. 'You was the one who said the men was gonna back 'im. Well, c'mon then. Let's see yer back 'im now.'

Soapy averted his eyes. 'I'll back 'im if the rest will,' he said unconvincingly.

'Well, what about the rest of yer?' Fred cried, his face dark with anger.

'I didn't want any part o' this,' Sid Bristow said, waving his hand as he walked away from the group.

'I can't afford ter be out o' collar,' Lofty Russell said. 'I've got eight kids ter fink about.'

'What about you, Sharkey?' Fred called out, glaring at the tall carman.

Sharkey shrugged his shoulders. 'It's no good unless we all stick tergevver. They won't back yer, Scratch,' he said, nodding in the direction of Lofty and Sid who were walking away from the group.

Fred Blackwell suddenly turned on his heel and stormed over to the office. 'Oi! What's your game?' he barked as he stepped through the open door.

Galloway stood up, his bulk dwarfing the slightly built carman who faced him angrily. 'I've jus' sacked a troublemaker, that's my game,' he growled.

Fred Blackwell glared up at the firm's owner, trembling with temper. 'I've worked fer some nasty bastards in my time,' he sneered, 'but you take the prize. Yer fink yer can ride roughshod over yer workers, an' if they as much as walk in yer light yer sack 'em. Well, let me tell yer, Galloway, yer gonna come ter grief before long. Somebody's gonna stand up ter yer one day, an' I 'ope I'm around ter see it. Yer can stick yer job up yer arse! There's ovver jobs around. I won't starve.'

He turned on his heel and stormed out of the office.

1905

Chapter Seven

Carrie Tanner pulled the collar of her coat up around her ears as she walked quickly along Spa Road on her way to work. A cold early morning wind whipped up the brittle brown leaves from the gutter and sent them swirling along the street as she passed the council depot. Roadsweepers were pushing their barrows out of the yard and she saw the water cart drive out, with the carman clicking his tongue at the horse to hurry it on. The sight of the horse-and-cart awoke memories, and Carrie's face became serious as she turned into Neckinger and walked along past the leather factories to her job at Wilson's.

It seemed only yesterday that Sara Knight had given her a present of a small, fan-shaped marcasite brooch and she had handed her friend a box containing three lace handkerchiefs as they left school for the last time. It was nearly nine months ago now, she recalled, and in that time she had seen Sara only on odd occasions. They had vowed to stay friends and go out together in the evenings and at weekends but it had been difficult. Sara seemed to be a prisoner in her own home since her father had gone into the sanatorium and she had had to take on the mantle of breadwinner. Her mother still did early morning cleaning when she was able, although from what Sara said she seemed to be getting weaker and was often confined to bed with a bad chest.

It was not very easy in her own home either, Carrie allowed. Her father seemed to be working harder than ever at the yard since the young Geoffrey Galloway had come into the business. He returned home exhausted and fell asleep every evening after he had finished his tea. George Galloway was spending less time at the yard now and more time on his other ventures, and the young man was learning the business. Carrie's father was having to make decisions for him and take the blame if things went wrong, which had happened on more than one occasion recently. There had been the fever which struck down the horses and all but paralysed the business. Then there was the trouble over Jack Oxford — Carrie had heard her parents talking about how he'd once bungled a telephone message and almost lost Galloway a lucrative contract. It appeared that Mr Galloway had wanted to sack the yard man a long while ago but her father had managed to talk him out of it. There was also the terrible time when her favourite horse Titch had become ill and died. Carrie remembered how she had cried when the box van drew up and she watched from the upstairs window while poor Titch was winched up and into the van by ropes that were tied to his legs. And just after that young Danny took ill with pneumonia and pleurisy and almost died. James had been ill too with scarlet fever, and had been taken to the fever hospital. Of the three boys only the quiet and studious Charlie seemed to stay well, she thought, hoping uneasily that the future would not bring more worries and troubles.

As she reached the factory where she worked, Carrie remembered fondly the times when she had gone on those trips with her father. Now the hay was delivered to the yard and things would never be the same. She sighed to herself as she entered the factory and slipped her time-card into the clock.

Wilson's was a busy firm of leather-dressers. Hides and skins were cured and dyed at the factory and Carrie worked on the top floor. Her job was to hang the heavy hides over stout wooden poles and to stretch the skins on frames. It was heavy, tiring work for which she was paid fifteen shillings a week, much better than the money Sara earned as a sackmaker, Carrie had to admit. At least the factory was airy and conditions there not as bad as in some of the other firms in the area. Her parents had been apprehensive when she told them about the job, but they realised that the alternative was for her to work in one of the food factories or go into service, where the money was very poor and she would have to live in as well.

At the factory Carrie worked alongside Mary Caldwell, a short, plump girl of seventeen who had dark frizzy hair and peered shortsightedly through thick spectacles. Mary was strong and agile for her size, and she had an infectious laugh that helped to brighten the day for Carrie. Mary spent most of her free time reading and it was she who explained to Carrie about the growing suffragette movement. She often went to their meetings and had been reprimanded on more than one occasion for sticking up posters and leaflets in the factory. Although she had a pleasant nature, Mary got angry at the disparaging remarks made about the movement by some of the other factory girls.

'They don't understand, Carrie,' she said as the two threw a large wet hide over a high pole. 'Those women are fightin' fer all of us. We should 'ave the vote. I wanna be able ter vote when my time comes. We gotta make those stupid people in Parliament listen. Until we do we're gonna be exploited, that's fer certain.'

Carrie wiped her hands down her rubber apron and took hold of another hide. 'My mum said she don't worry about votin',' she remarked. 'She said she leaves it ter me dad. 'E knows best, she reckons.'

Mary peered at her workmate through her steamy spectacles. 'That's where yer mum's wrong, Carrie,' she replied. 'Men vote fer what suits them, an' a lot of 'em don't bovver ter find out what they're votin' for anyway. When women get the vote they'll change fings, you wait an' see. 'Ere, I'll give yer some leaflets if yer like. Yer can read all

103

about what the movement stands for, an' maybe yer can come wiv me ter one o' the meetin's.'

Carrie nodded as she helped Mary pull another wet hide from the trolley; her workmate made it all sound sensible to Carrie. Until now all the stories she had heard about those smart women who chained themselves to railings or threw themselves down on the steps of government buildings made her feel that it was a futile and silly campaign, but Mary's argument began to make her think. After all, it was the women in Page Street who had stopped Galloway running his horses along the street and putting the children in danger of being trampled. Her own mother had taken part, although she did not seem to have time for the suffragettes. Maybe she should find out more about the movement and go along with Mary to one of the meetings? It would be exciting to see those well-dressed women chaining themselves up and addressing large gatherings.

'I'll bring the leaflets in termorrer,' Mary said as they leaned against the trolley to catch their breath. 'I've got loads of 'em. 'Ere, by the way, Carrie, fancy comin' wiv me this dinner time? I've promised ter put a poster up outside the council depot.'

Carrie grinned. 'All right. We won't get arrested though, will we?'

Mary laughed. 'Not if we're quick!'

The morning seemed to pass slowly. When the factory whistle sounded at noon, the girls all trooped down to the ground floor where they sat in the yard to eat their lunch. Mary ate her thick brawn sandwich quickly and drank cold tea from a bottle. Carrie finished her cheese sandwich and gulped down the fresh, creamy milk she had bought on her way to work.

'C'mon, Carrie, we'll 'ave ter be quick,' said her friend, getting up and pushing her glasses up on to the bridge of her nose.

The two slipped out of the factory and walked quickly

towards the council depot. Outside the gates a few men were standing around, leaning against the railings and talking together. A few yards further on there was a large notice board fixed to the railings. When they reached it, Mary took a large poster from beneath her long coat. Without hesitating she tore down a notice of coming elections and spread out her notice in its place.

'Hold yer 'and on the bottom of it, Carrie,' she said, licking a strip of brown sticking-paper.

Carrie reached up to the high notice board and pressed her hand against the poster which read 'Votes for Women' in large black letters.

Mary was just fixing the last of the corners when they heard the loud voice behind them: ''Ello. Bit young fer this sort o' fing, ain't yer?'

The two girls turned to see a large policeman standing there with his hands tucked into his belt.

'D'yer know this is council property?' he said, looking at them quizzically.

Mary peered at him through her thick glasses. 'We ain't doin' any 'arm,' she said spiritedly.

'Oh, is that so?' the constable replied mockingly, rocking back on his heels. 'D'yer know yer defacin' a private notice board, apart from destroyin' council property?'

'We ain't destroyed nuffink,' Mary said, glancing quickly at Carrie.

'What's that then?' the policeman said, pointing down at the torn poster at the girls' feet.

'That's only an old poster. It ain't nuffing important,' Mary replied.

The constable raised his eyebrows. 'That 'appens ter be an election notice. What 'ave yer got ter say about that, young lady?'

Mary's face was flushed. She adjusted her spectacles and bravely replied, 'Women should 'ave the vote. Shouldn't they, Carrie?'

The Tanner girl nodded, wishing she had never agreed to go with Mary.

'We was only puttin' one little poster up,' she said in a quiet voice, glancing coyly at the large guardian of the law.

The policeman took out his notebook and licked on the stub of a pencil. 'Right then, let's 'ave yer names an' addresses.'

'Freda 'opkins, an' I live at number seventeen Salisbury Buildin's, Salisbury Street,' Mary answered without batting an eyelid.

The policeman looked at Carrie who was desperately trying to think of a name and address. ''Ave you got a name?' he asked.

'I'm, er, Agatha Brown,' she said quickly, suddenly remembering the girl she most disliked at school.

'D'yer live anywhere?'

''Undred an' two Bacon Street Buildings,' Carrie blurted out.

'Right. Now I don't wanna see you two under-aged suffragettes tearin' down any more council posters, is that quite clear?' the policeman said, giving the two a stern look. 'An' don't go chainin' yerselves ter the council railin's in future, 'cos I might jus' leave yer there all night.'

Mary nodded. Carrie merely stared up fixedly at the towering policeman.

'All right then, on yer way,' he said, holding back a grin.

The two young protesters left the scene of their misdemeanour and hurried back to the factory. Mary had a satisfied smile on her face. 'That's what yer gotta do when yer get caught puttin' posters up, Carrie,' she said firmly. 'They don't check up — 'ardly, anyway.'

Carrie's heart was still beating fast. She glanced at Mary. 'I 'ope they don't! We could go ter prison fer givin' the wrong names.'

'That's what we gotta be prepared ter do in the movement,' Mary said proudly. 'Lots o' suffragettes go ter

106

prison, an' they carry on when they come out. I might 'ave ter go ter prison meself.'

Carrie felt worried as she listened to her workmate. The incident at the council depot had been a frightening experience and she felt she was still a bit young to get herself arrested for the cause. Mary did not seem a bit concerned, and was smiling with satisfaction as they walked back into the factory.

The men at the depot gates had dispersed but the policeman remained standing in a doorway opposite. He had watched the two young girls depart with a smile on his face. They would no doubt end up chaining themselves to railings, he thought. The one with the glasses seemed very determined. Maybe they had a genuine argument. His wife was always on about women having the right to vote. The policeman sighed and took out his notebook. Smiling wryly to himself, he tore out a page, screwed it up in his fist and dropped it into the gutter. He had had reason to visit Bacon Street Buildings many times and knew that the numbers only went up to sixty-four.

Geoffrey Galloway was busy sorting through the pile of papers on his desk. He felt depressed. He had bowed to his father's wishes and gone into the business but it seemed a far cry from what he really wanted to do in life. The five years he had spent at the yard had taught him a lot, although he still had to rely on Will Tanner where practical matters were concerned. True, he had had a good education and the clerical side of the job posed no problems. The accounts too were easy to understand and Horace Gallagher handled that side of it competently enough, although the man seemed to be cracking up physically.

What troubled Geoffrey was handling problems with the carmen. He knew only too well that he lacked his father's ruthlessness, and were it not for his yard foreman would have found himself hopelessly lost. William seemed able to keep the men's grouses to a minimum and sort out the work without much trouble. The horses were always well groomed and fit for work, and the carts were maintained to a good standard. He had spoken to his father about getting in a couple of motor vans but the old man had been against it. He seemed to think horses would always have pride of place in the cartage business, and maybe he was right. Most of the firm's business was done with local concerns and the journeys were of a short distance. A horse cart was more manoeuvrable in the tight lanes and on the wharf jetties, and with a pair of horses and one of the larger carts a considerable amount of tonnage could be transported.

Geoffrey tidied up the papers and leaned back in his chair. It was early afternoon and the yard was quiet before the hustle and bustle around five o'clock when the carts rolled back. He could see Jack Oxford crossing the cobbles with a bucket in his hand, and Will Tanner winching up a bale of hay into the loft. The sun was shining brightly and its long rays penetrated the gloom of the office and lit up the dust motes floating in the air. Geoffrey felt trapped in the job, and not a little irritated by his younger brother's attitude. Frank was nineteen and after he left school had been allowed to go on to college with the old man's blessing. He had sat for a diploma in accountancy and was now working in the City for a firm of business accountants. Frank was leading an active social life, often visiting the West End with young women on his arm to see the best shows and revues. He had said he was not interested in going into the family business and his father had not shown any anger or disappointment. How different it had been in his case, Geoffrey thought resentfully. He had been pressured into taking over at the yard, with no consideration for what he wanted. Even now, when he had agreed to submit to what was required of him and had proved himself capable, his life was still strictly monitored by the old man. Even Geoffrey's choice of women had been deemed a subject for discussion with his father, and the two girls he had taken home so far had been met at best with criticism, at worst with outright hostility. Maybe he should have stood out and refused to submit to his father's wishes, and taken home the sort of girls Frank seemed to socialise with.

Geoffrey leaned back and sighed. Well, as far as business went, if he was going to stay he would expect to have a bigger say in its running and development, he told himself. He had served his apprenticeship and now he had some ideas of his own to put forward.

Jack Oxford had finished his chores and was taking a rest in his store shed. He was never disturbed there, summoned usually by a shout from the yard. Inside the shed he had an old armchair with broken springs and horsehair protruding from both arms, and had made himself a cushion from a sack stuffed with straw. The only problem with resting in the shed, Jack rued, was that there was no room to stretch out. As he reclined in the chair with his feet propped up on a littered bench, he was thinking about the yard's cat. It had crawled away the previous day without eating the supply of fresh catmeat laid out for it and Jack was sure it had gone somewhere to have its kittens. He would take a few more minutes' rest and then make a search. It would most probably have crawled into the small stable where the sick horses were kept in isolation. There had been no horses in there for the past week and cats were clever, he reasoned.

When the yard man finally made a search he found the cat nestling in the far corner of the small stable beneath a pile of loose straw. It had had a large litter of kittens which all looked healthy. Jack scratched his head and pondered on what he should do. The boss would not permit a family of cats in the yard, and if he found out about the litter would order Jack to drown the kittens. Maybe he could give them away when they were ready to leave their mother. There would be no shortage of takers in the street for a cat that was a good mouser. Their mother was the best mouser he had seen and the kittens would most probably take after her, he reasoned.

As the tall, gangling man left the stable, he thought about knocking on Florrie Axford's door to make enquiries. He had never liked the woman very much but had to admit that she knew everyone in the turning and could put the word around. Having to knock on 'Hairpin' Axford's door was preferable to putting the kittens in a bucket of water, he assured himself.

On his way home that evening the yard man timidly knocked at the door of number 10. When Florrie Axford opened it she looked surprised. 'What d'yer want?' she asked, eyeing her visitor warily.

'Sorry ter trouble yer, missus,' he said, scratching the back of his head. 'I've got kittens, yer see.'

'That's nice fer yer,' Florrie said sarcastically. 'What d'yer want me ter do, feed 'em?'

'I was finkin' yer might want a cat, or else one o' the ovver women might. They'll be good mousers. Their muvver's the best I've seen.'

Florrie shook her head, wanting to get rid of the man as quickly as possible. 'They've all got cats,' she said curtly.

Jack pulled a face. 'If ole Galloway finds out she's 'ad kittens, 'e'll get me ter drown 'em. Bloody shame really.'

Florrie stroked her chin thoughtfully. 'I s'pose I could ask around,' she said. 'When can they be took away from the muvver?'

'A couple o' weeks should be all right,' Jack said, his face brightening up considerably.

'When yer ready, give us a knock an' I'll see what I can do,' said Florrie, stepping back inside the house.

Jack was feeling better as he walked off along the street, blissfully unaware of what was in store for him.

* * *

110

On a Thursday evening four of George Galloway's carmen sat around an iron table in the Kings Arms, engaged in a serious discussion.

'I don't fink the bloke's a nark,' Sharkey said, putting down his drink and wiping the back of his hand across his moustache. 'I've known the silly bleeder fer a few years now, an' as far as I know 'e's always minded 'is own business.'

Soapy Symonds nodded his agreement. 'Yeah, that's right. Jack Oxford might look stupid but 'e knows what day o' the week it is. 'E knows when it's pay day,' he chuckled.

The two carmen sitting facing Sharkey glanced at each other. 'Well, I dunno about that, but somebody seems to keep the ole man informed,' one of them said. 'That soppy git always seems ter be 'angin' around. 'E talks ter Will Tanner a lot as well.'

Soapy took another swig from his glass and wiped his lips with the back of his hand. 'If yer ask me, I'd say it was more likely ter be that Sid Bristow,' he cut in. ''E's always talkin' ter Galloway. I reckon it was 'im what put the word in about ole Scratcher Blackwell when we tried to get the union in years back. Bristow wouldn't back us fer a strike neivver. Yer gotta watch that cowson.'

Sammy Jackson hunched his broad shoulders and leaned forward over the table, his large, calloused hands clasped around his glass. 'That was before my time but the old man knew what we was plannin' an' 'e warned me about gettin' involved wiv the union. Somebody must 'ave told 'im,' he growled.

'Well, my money's on Sid Bristow,' Soapy said firmly.

'P'raps it was Will Tanner,' Sammy's friend suggested.

Sharkey shook his head. 'It wasn't 'im, Darbo. Will's as straight as a die. 'E's always standin' up fer the blokes, an' what 'e knows 'e keeps ter 'imself. All right, 'e's the yard foreman an' sometimes 'e gets a bit shirty wiv us, but that's 'is job. We all know that.'

Ted Derbyshire shrugged his shoulders. 'Sammy might

be right about Jack Oxford. That bloke gives me the creeps. 'E's always slouchin' around the yard wiv that funny look in 'is eyes. I 'eard 'e sleeps in the doss-'ouse in Tower Bridge Road. Somebody told me they seen 'im standin' outside that school in Fair Street watchin' the gels doin' their exercises. Yer gotta watch people like that. Them dirty ole gits are dangerous where kids are concerned.'

Sharkey finished his drink and made to leave. He did not like the way the conversation was going and it seemed to him that the two new carmen had it in for the yard man. He had known Jack Oxford for many years and felt sure the man was just a harmless simpleton.

Chapter Eight

Florrie Axford had been making herself busy during the past two weeks and felt happy with the response she had got from her neighbours and friends. It looked as though she had now found enough homes for the whole litter and she felt she had better go and see Jack Oxford instead of waiting for him to call. 'That silly bastard's prob'ly fergot 'e's s'posed ter come round. 'E'll drown the poor little mites if I don't go an' tell 'im I've found 'em 'omes,' she groaned to her friend Maisie Dougall.

Maisie had said she would take one of the litter and her next-door neighbour had found a home for another with a friend. Aggie Temple had been approached but had declined. It was bad enough as it was keeping the place clean without cats messing everywhere, she told Florrie. Sadie Sullivan had said she was willing to take one, and there were a few more offers of a home for the remainder of the litter.

When Florrie called at the yard, Jack was busy with the broom. She beckoned him to the gate. 'I've got people ter take them all,' she said.

He grinned lopsidedly. 'Righto. I'll bring 'em round ternight,' he replied.

'I ain't 'avin' 'em all in my place, an' I certainly ain't runnin' aroun' deliverin' 'em,' Florrie said pointedly. 'I'll tell 'em ter come an' pick 'em up themselves.'

Jack nodded and got on with his sweeping, happy in the knowledge that now he would not have to drown the kittens. His only fear was that George Galloway would find out about them, despite the precautions he had taken, and stop him giving the litter away.

The next morning, as soon as the last cart had left the yard, Maisie Dougall called in and Jack Oxford took her into the small stable. She soon selected her kitten and went away, happily cuddling it to her ample bosom. During the day two more callers went away with their chosen kittens. Maggie Jones had intended to go to the yard that morning but her youngest daughter Iris wanted to select the kitten herself and so she decided that the child should call in at the yard on her way home from school.

It was a quiet afternoon when ten-year-old Iris Jones called in and was shown to the stable by the grinning Jack Oxford. He stood back while the child bent over the litter and made a fuss of each small bundle of fur. At last she made her choice and slipped the kitten under her coat. She walked out into the bright sunshine, smiling happily at Jack Oxford.

At the same time as the young girl arrived at the gate that afternoon, Darbo was driving his cart down the turning. He saw Iris cross the yard with Jack. As he drove into the yard and jumped down from his seat, Darbo looked around him, frowning. They were nowhere to be seen now. The curious carman walked quickly into the office and saw Horace Gallagher bent over his desk.

'I've jus' seen Oxford bring a young gel in the yard,' he exclaimed loudly.

The elderly accountant peered over his glasses. The figures did not seem to be making sense that afternoon and he was feeling irritable. 'It's nothing to do with me,' he replied. 'Go and tell Mr Tanner.'

Darbo hurried from the yard and looked around. The foreman was most probably up in the large stable, he thought. There was no time to waste. Anything could be happening to that child.

He hurried to the store shed and peered in. It was all quiet.

As he turned to leave he saw the girl and the yard man walking to the gate. The gangling figure stared after her and gave her a wave as she disappeared along the turning. Darbo's immediate reaction was to confront Jack Oxford, but as he watched the yard man loping up the long ramp he thought better of it. Best wait until Sammy gets in, he decided. People like Oxford could be violent at times. Sammy would be able to handle the situation if it got dangerous.

When Sammy Jackson drove into the yard fifteen minutes later he was confronted by the excited Darbo, and while their animated conversation was taking place George Galloway drove his trap into the yard with Geoffrey sitting at his side. Immediately the two carmen hurried up to the trap and Sammy leaned on its brass side-rail.

'Yer've got a dirty ole git workin' fer yer, Guv',' he said quickly. 'Go on, Darbo, tell the guv'nor what yer jus' told me.'

When Darbo finished his account, George Galloway turned to Sammy Jackson. 'What d'yer wanna do about it?' he asked.

Sammy clenched his fists and nodded in the direction of the upper stable. 'I've got young kids meself, Guv'. I reckon we ought ter teach 'im a lesson 'e won't ferget.'

George nodded. 'It's up ter you what yer do. I 'ad no part in this, understand? If yer do dust 'im up, don't go too mad. I don't want a bloody murder on me 'ands.'

As Sammy and Darbo hurried towards the ramp, Geoffrey turned to his father in disbelief. 'Are you going to let those two loose on Oxford without finding out exactly what *did* happen?' he asked incredulously.

George smiled crookedly at his son. 'What would you do in the circumstances?' he asked.

'Well, I'd at least call the man into the office and confront him,' Geoffrey replied, staring hard at his father.

'An' what's 'e gonna say? "Yes, Guv', I've jus' molested

a child." Grow up, Geoff. Those two 'ave got more chance o' gettin' the truth out o' the man than me an' you.'

Geoffrey bit on his bottom lip and glanced anxiously towards the stable. 'They could kill him. I'm going to stop them.'

George put out a restraining hand. 'I said leave 'em,' he growled. 'That bloody idiot's bin a burden ter me fer years now. I dunno why I listened ter Tanner in the first place. I should 'ave done what I intended ter do an' sacked the dopey whoreson long ago.'

Geoffrey got down from the trap and made his way to the office. 'Where's Tanner?' he asked the accountant, who by this time had finally sorted out the figures and was leaning back in his chair looking exhausted.

Horace Gallagher shook his head. 'He had to go out. One of the carts broke an axle. What's going on?' he asked, noticing the young man's worried expression.

Geoffrey ignored the question and stood by the door, gazing across the yard. Horace Gallagher had worked for the Galloway company for a number of years and he had witnessed some strange goings-on but on this occasion he had a strong feeling that he should make himself scarce. He quickly gathered up his ledgers and stuffed them into his tatty briefcase, then putting on his trilby he squeezed past Geoffrey and hurried out of the yard as fast as he could.

When Sammy and his friend Darbo reached the upper level they saw the yard man raking over the bedding at the end stall.

'Oxford, we wanna word wiv yer,' Sammy growled, his face contorted with anger.

'Yer'll 'ave ter wait. Can't yer see I'm busy?' Jack called out.

The two carmen walked along the stable and Darbo put his foot on the end of the rake as Sammy walked up to Jack and took him roughly by the collar of his shirt.

'What's goin' on? Leave me alone,' Jack croaked.

116

Sammy forced the yard man against the wall, his large fists pressed up under Jack's chin. 'Leave yer alone? Why, yer dirty ole bastard! Why d'yer bring 'er in the yard? What yer bin doin' ter that little gel? Darbo saw yer bring 'er in.'

Jack felt he was going to choke and he gulped for breath. 'I didn't do nuffink. She wanted ter come in. I didn't make 'er,' he gasped.

'Well, I'm gonna show yer what we do ter the likes o' you,' Sammy spat out, releasing his hands from the unfortunate's throat and giving him a heavy back-handed slap across the face.

Jack slid down the wall, blood starting from his nose and lips. 'I ain't done nuffink. Leave me alone,' he whined.

Sammy stood over the bloody figure with his legs astride and he turned to Darbo. 'Go down ter the shed an' get the 'orse-shears. 'Urry up.'

Darbo was beginning to feel anxious. 'What yer gonna do, Sammy?' he asked.

'When I've finished wiv 'im, 'e won't be able ter molest anyone any more. Now go an' get them shears.'

Darbo hurried down the ramp to the yard, wondering whether Sammy would really go as far as mutilating the man. As he returned from the shed holding a sharp pair of shears he saw the bulky figure of George Galloway in the office doorway. The man made no attempt to stop him and Darbo noticed the broad grin on his face as he turned to hurry back up the ramp.

'What's he got those clippers for?' Geoffrey asked his father anxiously.

'It looks like Jack Oxford's gonna get a short 'aircut, if I'm not mistaken,' the elder Galloway remarked.

'Go and stop 'em,' Geoffrey pleaded. 'They'll kill the man.'

George chuckled and leaned back against the doorjamb. 'They won't kill 'im. They've got more sense. They jus' wanna put the fear o' Christ inter the bloke.'

117

When Darbo walked back into the stable, he saw Sammy bending over the huddled figure of Oxford. The yard man's face was streaked with blood and his eyes were wide with fear. 'No, don't! Please don't 'urt me! I didn't do nuffink. Honest ter Gawd I never,' he wailed.

Sammy's face was contorted with rage and there was a white smear of foam on his lips. 'Grab 'im,' he snarled, taking Jack's arm and pulling him to his feet. 'Lean 'im up against the stall.'

Darbo did as he was told and Sammy nodded over to a length of rope that was hanging from a wall ring. 'Bring me that,' he growled.

Jack closed his eyes and prayed hard as he felt the rope slip over his head and tighten around his neck. He winced with pain as his arms were yanked backwards and pulled down behind the board and he felt the rope tighten over his wrists. He tried to kick out at his tormentors with his feet but Sammy had slipped the end of the rope around his ankles and pulled the knot tight. Jack groaned in anguish. He was trussed up like a chicken and they were going to mutilate him for nothing. Why didn't they believe him? He had done no harm to the child. 'She only wanted a kitten,' he cried out, tears beginning to run down his ashen face.

Sammy did not hear, consumed with blind hatred and disgust. He could still hear them all calling him a monster for chastising his own daughter. They had all shunned him and called him evil when he took the whip to her, but she had deserved it and needed to be punished. The weals on her body had healed in time and she had learned her lesson. He was right to do what he had to do; he was no monster. Not like this perverted wreck, who had molested an innocent child.

'The shears. Give us the shears,' he snarled at Darbo as he quickly unbuckled his victim's belt and yanked down his trousers.

Darbo was holding the sharp animal-shears limply in his

hands. He took a step backwards. He had never seen Sammy like this. The man's mad, he thought. He's really going to do it. 'No, Sammy!' he shouted. 'Yer've scared the life out of 'im. That's enough.'

The maniacal carman stepped forward and grabbed the shears from Darbo's grasp. ''E won't trouble no ovver little gel in future,' he said in a voice that made Darbo shudder.

'Don't, Sammy. Leave 'im alone.'

Sammy's wild eyes fixed on Darbo who was backing away towards the ramp. 'I told yer I'm gonna fix 'im, Darbo. I don't need yer anymore. I can manage wivout yer. 'Oppit!'

Down in the yard the rest of the carmen were standing together in a bewildered group. They had been ordered to stay out of the upper stable by George Galloway. As they stood beside the tired horses, talking in low voices, they saw young Geoffrey come out of the office. He looked agitated, saying something to his father then pulling away from his restraining arm and hurrying across the yard towards Will Tanner's approaching figure. The men saw the two speak together for a few moments and then the yard foreman broke away and ran towards the stable. At that moment Darbo came running down the ramp, his eyes wide and his mouth hanging open. 'Quick, Will!' he screamed. 'Sammy's gorn roun' the twist. 'E's gonna cut 'im up!'

Before William could move, a loud piercing scream carried down into the yard.

'Oh my Gawd! 'E's done it!' Darbo cried.

William pushed the horrified carman to one side and ran up the ramp. As he dashed into the stable he blinked to accustom his eyes to the dim light, then saw the tethered Jack Oxford with his head sunk forward on his chest. Sammy was standing in front of him, his face twisted in an evil grin. 'Stay away, Tanner,' he called out.

William took a deep breath and slowly advanced on him. 'Leave 'im,' he said quietly. 'Step away from 'im.'

Sammy leered and hunched his shoulders as he turned and

119

looked down on his victim. William strode across to Sammy's side and what he saw made his blood go cold. Jack Oxford was bloodied and sprawled out in the straw and Sammy was about to close the blades together. With a gasp William grabbed at Sammy's wrists and held them apart with all his strength. He knew that if he let go now, Jack would be instantly mutilated. Sammy was growling, white flecks of saliva showing on his lips as he struggled to close the blades. William gritted his teeth as he fought to hold the man's wrists apart. The yard foreman could feel his strength fading.

With a last mighty effort, he pulled his shoulders back and sucked in air as he took up the pressure. Sammy was gasping too. He leaned forward over the shears to exert more pressure. Suddenly William threw his head upwards and sideways and caught Sammy on the bridge of his nose. The man staggered back, losing his hold on the clippers. William stepped forward a pace and swayed from the hips as he threw a looping punch that hit Sammy on the side of his head. With a grunt he dropped down on his knees and glanced up at his opponent, his eyes glassy. The yard foreman was about to aim a kick when Sammy fell forward, his face buried in the straw bedding of the stall.

Carrie had left the factory with her mind full of Mary's tales about the campaigning women and their long marches through the streets of London. She had heard about the smartly dressed females who had been taken away by the police and sentenced to imprisonment for inciting riots and causing a public disorder, and she felt a little apprehensive. The recent incident at the council depot was still fresh in her mind and she bit on her lip as she turned into Page Street. If that policeman spotted her again he might arrest her for giving a false name. Mary had said there was nothing to worry about but Carrie did not feel so confident.

As she walked down the street Carrie saw Iris Jones sitting on her front doorstep, peering into a cardboard box.

'Wanna see my little kitten, Carrie?' the girl said with a grin.

Carrie looked into the box and saw two bright eyes peering out from what looked like a bundle of fluff. 'Oh, isn't she luvverly?' she said, taking the kitten from the box and gently stroking it. 'Where did yer get it?'

'That nice man in yer dad's yard give it me,' Iris said, taking the kitten from Carrie and putting it back into the box. ''E let me pick it fer meself. There was lots there. Must 'ave bin twenty or firty but I liked this one best of all. I'm callin' it Sparky. Do kittens 'ave ter get christened, Carrie?'

The Tanner girl laughed aloud. 'No, I don't fink so,' she said as she walked on.

As she neared her house, Carrie saw her mother standing by the yard gates. Men were milling around and she saw her father and Sharkey holding on to Jack Oxford as they walked him towards the office.

'What's 'appened ter Mr Oxford?' she asked as she reached her mother.

Nellie had heard the full story from Darbo who had been at pains to tell anyone, including her, that he had done his best to prevent the yard man from getting harmed and it was only his timely warning that had saved the poor man from a terrible fate. Nellie shook her head. 'They said Jack Oxford's bin messin' aroun' wiv a young gel, Carrie, an' one o' the men set about 'im,' she said, slipping her hands beneath her apron. 'I don't believe it. Jack Oxford wouldn't 'arm a fly.'

Carrie folded her arms across her chest. 'Who did they say the little gel was, Mum?' she asked.

'I dunno. Nobody seems ter know. Apparently Jack Oxford's s'posed ter 'ave took a little gel in the stable. One of the men see 'er come out later wiv Mr Oxford, an' 'e waved to 'er at the gate.'

121

'Well, she wasn't 'armed then, Mum,' Carrie remarked.

'We don't know fer sure yet,' Nellie said quietly. 'The men fink 'e interfered wiv 'er. You know what I mean.'

'Iris Jones went in the yard terday, Mum,' Carrie said suddenly.

'What! 'Ow d'yer know?' Nellie exclaimed.

'She told me just a minute ago. Showed me the little kitten that Jack Oxford gave 'er.'

Nellie beckoned to Soapy who hurried over. 'Tell my bloke I wanna see 'im, soon as yer can. Tell 'im it's important,' she said in a firm voice.

The early evening street was quiet, but behind the closed gates of Galloway's yard a heated discussion was taking place. George Galloway leaned back in his chair as he listened to his yard foreman. Things had not turned out the way he expected and he felt very relieved that he had not been a party to murder. Duffing up the idiot yard man and then terrifying him with the threat of mutilation was one thing, George thought, but actually attempting to carry out the act was another thing entirely. He felt grateful to William for his timely intervention but he was now becoming irritable at the turn the discussion was taking. Geoffrey seemed to be in agreement with Tanner's argument, and remained quiet when the foreman demanded that Sammy Jackson and Darbo be sacked.

When William finished talking George stayed silent for a few moments, fingers toying with the gold medallion on his silver watch chain, then he looked at his foreman. 'I can't sack 'em, Will,' he said quietly. 'I was party ter what 'appened, although I didn't fink for a minute Jackson was gonna go that far. What I'm sayin' is, it's Oxford who'll 'ave ter go. There's no ovver way.'

Geoffrey looked quickly at William before catching his father's eye. 'But the man's done nothing wrong,' he said incredulously. 'You heard what Will just said. Those two carmen didn't give Oxford a chance to explain. They beat him up, then subjected him to a terrifying ordeal, and now you want to sack the poor so and so!'

George gave his son a hard look and sighed testily. Taking on Jack Oxford had been a mistake in the first place. It had been Martha's idea. She had felt sorry for the man and suggested he could be found a sweeping-up job in the yard. George never could say no to Martha, although he had told her at the time the man was going to cause him trouble. Jack Oxford had almost lost him a contract a few years ago, and now he had caused a big upset in the yard. Sweepers and odd-job men were two a penny, George reasoned, but good reliable carmen were harder to find.

George clasped his hands over his large middle and switched his gaze to William. 'Put yerself in my place, Will,' he began. 'On one side I've got two carmen who can 'andle a pair of 'orses an' who both know the 'op trade, an' on the ovver side I've got a stupid odd-job man who 'as ter be supervised even when 'e's sweepin' the yard up. So what do I do? Sack the carmen an' maybe lose the contract wiv the brewery, or give Oxford the elbow? You tell me.'

Geoffrey was about to cut in but Will caught his eye. 'Yer missin' the point, George,' he said forcibly. 'In the first place it's a question of what's right an' what's wrong. As I said before, the Jones kid told my Nellie that Oxford didn't even go near 'er. The girl's muvver confirmed that she knew about 'er kid comin' in ter get the kitten, so that rules out the idea that Jack Oxford enticed 'er inter the yard. Yer've already said that Jackson an' Darbo took too much on 'emselves, an' now yer sayin' yer gonna sack Oxford an' keep the ovver two on, jus' because of yer brewery contract. I don't fink yer too worried about the contract. Yer know yerself there's plenty o' carmen on the dole who can 'andle 'ops an' drive a team. No, George, yer see Jack Oxford as a pain in the arse an' yer want 'im out yer way. It don't

123

seem ter concern yer that the man's worked 'ere fer the past fifteen years.'

George's face darkened with anger. 'All right, I've listened ter yer argument, but I run this business,' he said quickly. 'I make the decisions, even though they don't always tally wiv your views. I'm gettin' Gallagher ter make Oxford's money up. I'll give 'im an extra week's pay an' that'll be the end of it.'

William took a deep breath and got up from his chair. 'Well, yer better get Gallagher ter make my money up too, George. I can't be a party ter what yer doin',' he said, his face white with anger as he got up and made for the door.

Geoffrey quickly called William back and then rounded on his father. 'I don't want to have a family quarrel here, Father, but Will's right. I feel the way he does,' he said with determination. 'If he goes, then so do I.'

George looked at the angry faces of the two men for a few seconds, then he slumped back in his chair with a mirthless smile on his face. 'All right, Oxford stays,' he sighed. Then he looked hard at Geoffrey. 'As you feel so strongly about the rights an' wrongs of it, I'll let you sack Jackson – but Darbo stays, an' that's me final word. If yer don't like it, then yer can both please yerselves what yer do about it.'

The yard was in darkness with only the light from the street-corner gaslamp casting eerie shadows along the stable walls. In the solitude of the small stable Jack Oxford sat in the hay, sharing the last of his fish-and-chip supper with the mangy yard cat and her remaining kittens. His face hurt and the salty food stung his sore lips but the hot tea had made him feel a little better.

Jack eased his position on the bed of hay and propped his back against the whitewashed wall of the stable. It all seemed unreal. One minute he was cleaning out the stall and the next he had been attacked and nearly killed by the two carmen. He shivered as he recalled the terrible ordeal. What was going to happen to him now? he fretted. Will Tanner had said he would be all right and Nellie had told him not to worry too much as she bathed his face with hot water. They had been good to him and it was nice of Nellie to send him that large can of tea. Will had told him he could stay in the yard that night but not to let on to anyone. It wouldn't be hard, he thought. He could just slip out of the stable with his broom next morning and no one would know he had been there all night. It was better than going to the doss-house. He would only be the laughing stock of all the other men when they saw his face. Well, he would have to face them soon, he told himself. George Galloway would sack him in the morning, despite what Will Tanner had said. The boss had it in for him and was always moaning at him. Where could he go and what could he do? He couldn't drive horses after his accident. He got giddy and sick when he climbed up into a cart. He had tried it often enough but it was always the same, and his head hurt a lot as well and he couldn't concentrate. He wouldn't be able to make deliveries and collections. It was unlikely he could get another job sweeping and doing odd-jobs.

The two kittens were clambering over his legs and Jack clutched them to him, stroking their soft bodies. Maybe he should have told Galloway about the cat having kittens, he reflected. The boss would most probably have told him to drown them but it would have saved him getting into all that trouble. They wouldn't have known anything. It would have been over in seconds. Maybe that was the answer to his problems, Jack thought suddenly. He could go along to the river on a dark night and let the water close over him. There would be no more worrying about where to sleep and earning enough money for food. There would be no more shouting and swearing at him for not cleaning the yard properly and no more headaches. Well, he would think about it, he told himself with a dignified nod of his head, and if he did get

125

the sack next morning he just might well go down to the river.

The pain of his bruised face had eased a little, and he sighed as he lay back down in the soft hay. The quietness of the stable was pleasant, he thought to himself, not like the loud snoring at the doss-house. He closed his eyes and with only the animals for company drifted off to sleep, aware of a gentle purring in his ear.

Chapter Nine

Carrie had settled down into factory life at Wilson's and the work did not seem so hard now, especially since she was partnered with such a lively girl as Mary. Her friend had been on a suffragette march at the weekend and on Monday morning was eager to tell Carrie all about it. There was little time to talk as they hurried to hang up the ever-mounting pile of skins and hides, but when the factory whistle sounded for lunch and the two joined the rest of the girls in the large room on the ground floor, Mary could no longer contain her excitement. As the rain fell heavily and thunder rolled outside Carrie became aware of the occasional glances their way and the stifled giggles as Mary waved her arms enthusiastically.

'Cor, yer should 'ave seen it, Carrie,' she was saying. 'There was fousands of us. The policemen was marchin' along beside us an' when we got ter Parliament Square there was a bit of a scuffle. These 'orrible men was laughin' an' jeerin' and one o' the ladies crowned one o' the blokes wiv 'er banner, then this policeman grabbed the lady an' marched 'er off. The men were still jeerin' an' singin' dirty songs so we all rushed over an' started ter clout 'em. I was carryin' this banner on a long pole an' I got trampled on. It was really frightenin'. Quite a lot o' the ladies on the march got took away but I was lucky. It was really excitin'. There's anuvver march planned next Saturday. Why don't yer come? There's lot's o' young gels go, it's not only old women.'

Carrie shook her head. 'Me mum won't 'ear of it. She said I'm too young ter worry about them sort o' fings.'

'That's the trouble,' Mary scoffed. 'If more an' more women took ter the streets an' went on the marches, those stupid men would 'ave ter listen. They're all the same. I can't stand 'em!'

'They're not all the same,' Carrie asserted, surprised by Mary's outburst.

Mary put her hand on Carrie's arm. 'I don't go out wiv boys,' she said in a low voice. 'I know the ovver gels take it out o' me an' call me funny names, but I don't care. I only go out wiv gel friends.'

Carrie had been puzzling over the other girls' attitude to Mary and thought it was due to her political views, but this awakened a new train of thought. She had heard of those women who dressed and acted like men and went out with pretty girls but had not likened Mary to that sort. Now, she felt confused and a little frightened. They had worked together for some time. Once or twice Mary had put her arm around Carrie's shoulders, and had even kissed her on the cheek on one occasion, but she had not thought anything of it.

She suddenly felt awkward and pulled her arm quickly away. 'Well, I like boys,' she said, easing her position on the wooden bench very slightly.

Mary laughed and seemed not to have noticed her reaction. 'Well, don't let 'em take liberties, that's all,' she said firmly.

In the Tanner household, Nellie was sitting at the fireside with a worried look on her face. 'I know I should be pleased now there's gonna be a few more coppers a week comin' in, Will, but it still worries me,' she said with a frown. 'There's Carrie working at that factory, an' now Jimmy's startin' work termorrer in the sawmills, and they're still only

128

kids. Next year Charlie leaves school. What sort of a job is 'e likely ter get?'

William sighed and leaned back in his chair. 'There's not much choice fer the likes o' the kids around 'ere, Nell,' he said sadly. 'There's plenty o' factory jobs but yer need a good education ter get a decent job wiv some future in it. All right, I s'pose we could 'ave insisted Jimmy got an apprenticeship but it costs money. He wouldn't 'ear of it when I spoke ter 'im about it. It's the same wiv Carrie. What's the alternative fer 'er? A job in service at twelve quid a year. She'd 'ave ter live in too. Yer wouldn't like that, would yer?'

Nellie shook her head. 'I s'pose I worry too much. If our kids are gonna get on in life they will, despite startin' off in factories.'

William nodded. 'You take George Galloway. 'E didn't get an education, well not the sort we're talking about. 'E learned 'is trade runnin' the streets an' sleepin' rough, the same as I did. Now look at 'im. 'E's got a business, an' 'e owns this row of 'ouses. I've 'eard talk about 'im buyin' a few more in the turnin'. Gawd knows what else 'e's involved in. If 'e fell in shit 'e'd get up smellin' o' lavender. Look at that time 'e lost the army contract fer the 'orses. A few weeks later 'e landed the brewery contract. I wouldn't worry too much, Nell. If our kids are destined ter get on in life, they will.'

She reached down and picked up the poker. The mention of George Galloway had made her feel bitter and she tried not to show it in front of her husband. 'I wouldn't like my kids ter turn out like Galloway,' she said quickly. 'Look what 'e would've done ter poor ole Jack Oxford if it wasn't fer you standin' up to 'im.'

'It was young Geoff what made 'im change 'is mind,' William replied. 'If it'd jus' bin me, I'd 'ave bin out the gate. 'E's a nice lad that Geoffrey. 'E's a bit soft an' 'e don't like makin' decisions but 'e's a good lad fer all that. It's a pity the ovver boy wasn't made ter do 'is share. Come ter fink of it, p'raps it's just as well. Two Galloways ter deal wiv is enough wivout anuvver one in the office!'

Nellie laughed briefly and then prodded at the fire, a feeling of apprehension mounting inside her. She had been aware for some time now of the strain beginning to show in Will's face. As she stole a glance across at him, she could see how the years and the toil were beginning to mark him. William was still robust and healthy, but there was a certain sad look in his pale blue eyes. His face had started to show lines too. His fair hair was thinner and he looked tired. She was beginning to feel the burden of the years herself. When she looked in the mirror that morning, Nellie had seen the signs around her eyes. Her figure was still slim and rounded, but she had gazed wistfully at her sagging breasts and the looseness of the skin on the backs of her hands.

The passing of the years was apparent too in the way her children seemed to be hurrying towards adulthood. Carrie's body was developing quickly, and she was growing up into a pretty young woman. James, too, had seemed to grow up suddenly. He was tall and gangling, and his abrupt manner and tendency to anger quickly reflected his passage into manhood, she thought. Then there was Charlie. He was fair-haired like the others, but his eyes were grey and he had a quiet manner.

Nellie sighed deeply as she recalled the feelings she had kept from William and the secret agony she suffered during the time when she carried Charlie inside her. There had been no one she could turn to and the memory of those anxious days and nights of pregnancy had stayed fresh in her mind. She could see the narrow alley as though it were only yesterday, with the smell of rotting vegetables, and the black-painted door with the large iron knocker. She remembered looking at the address on the small piece of paper and then raising her hand to the knocker. It was the faint cry of a baby that had checked her. She had turned abruptly and hurried from the alley, suddenly determined to give her unborn child its chance in life, come what may.

William's repeated question interrupted Nellie's troubled thoughts. 'I said, young Danny looks like 'e's picking up.'

'Sorry, I was miles away right then.' She smiled dismissively, loath to meet his eyes at that moment. 'Yeah, 'e looks like 'e's puttin' on a bit o' weight. I worry about Danny. There's always one weak 'un in the family.'

William smiled. 'Danny's gonna grow up the toughest o' the bunch, mark my words.'

Nellie leaned back in her chair and let her stockinged feet rest on the edge of the brass fender. 'Our Carrie seems ter be gettin' 'erself involved wiv those suffragettes,' she said. ''Er mate at work 'as bin tellin' 'er all about 'em. The gel goes on the marches, by all accounts.'

William looked at Nellie with concern. 'She's a bit too young fer that sort o' fing. The kid's only jus' turned fifteen. I wouldn't wanna see our Carrie get involved wiv that lot. I was readin' in the paper the ovver day 'ow they go on 'unger strikes in prison an' 'ave ter be force-fed.'

Nellie shrugged her shoulders. 'Yer know 'ow 'eadstrong Carrie is, Will,' she said. 'Nuffink we can say will make any difference. Look 'ow she used ter get on ter yer about 'elpin' out in the yard an' goin' on those journeys wiv yer.'

'Well, I 'ope she don't go gettin' any fancy ideas,' he said quickly. 'I'm not against votes fer women but I fink they're goin' the wrong way about it. Chainin' 'emselves ter railin's ain't gonna do any good.'

Nellie got up and moved the iron kettle over the fire. 'Well, sometimes yer gotta take drastic measures,' she replied. 'Look at that time the women blocked the turnin'. It worked, didn't it?'

William's face relaxed into a smile. 'I don't fink it did. What stopped ole Galloway was a certain little troublemaker who marched out o' the 'ouse wavin' a chopper.'

Nellie glared at him. 'Well, it stopped the women gettin' a soakin', didn't it? Now what about gettin' up out o' that chair an' callin' the kids in before it gets dark?'

Nora Flynn had finished washing the dishes and scouring the pots and pans after the late tea, and was preparing to take an evening stroll. The two lads had been subdued at tea time, she thought; and Josephine seemed to lack her usual sparkle. There had been an atmosphere. At such times Nora wished she could eat alone, but it was her employer's wish that she should join the family for meals. She had seen the fleeting glances which flashed between the boys and noticed George's reluctance to make conversation. He had answered Josephine's questions in monosyllables and had left the table as soon as he could. As Nora reached for her coat Josephine walked into the room, a sad look on her pretty young face.

'Why does Father shut himself up in that miserable room, Nora?' she asked, sitting down in a chair beside the large table.

Nora gave the child a brief smile. 'Yer farvver needs ter be alone, child,' she replied. ''E's got a lot on 'is mind.'

Josephine ran her finger along the raised grain of the wood. 'Geoffrey took me to the stable today to see the horses. They're lovely, but Father said I shouldn't go near there any more. He told Geoff so. Why, Nora?'

'Yer farvver's worried in case yer get knocked down by one o' them carts, luv, or in case one o' them 'orses kicks out at yer,' Nora told her kindly. 'A transport yard can be a dangerous place for a little gel.'

Josephine clasped her hands on the table and looked wide-eyed at the housekeeper. 'When I was at the stable I saw the children playing out in the street. Isn't it dangerous for them?' she asked.

'They've got no choice, they live beside the stable,' Nora

said, smiling. 'Yer lucky. Yer live in a nice 'ouse in a nice square, an' there's no 'orse-an'-carts ter worry about, 'cept the traders who call.'

Josephine pouted. 'I think it's much nicer in Page Street, and the children there seem very nice too,' she remarked. 'Geoffrey told me that the boy who waved to me was Mr Tanner's son, Charlie. I think he was very nice.'

Nora glanced up at the large clock on the mantelshelf. 'I've got ter go out, Josephine, an' you'd better get off ter bed, it's gettin' late,' she told the child.

Josephine stood up obediently and presented her cheek to receive Nora's goodnight kiss, then as she was going out she stopped suddenly and turned in the doorway. 'You'd never leave us, would you, Nora?' she asked, her violet eyes gazing appealingly at the housekeeper.

Nora shook her head firmly. 'I'll always be 'ere, child, an' yer can always come an' talk ter me if yer need to. Now off ter bed wiv yer this minute.'

Josephine was about to say something, but instead she just smiled quickly as she turned and hurried up to her room.

Nora put on her coat and walked down the stairs, hoping to catch Geoffrey before he left. He had said he was going out to meet someone and Nora wanted to find out just what was wrong. Geoffrey was always ready to confide in her, although lately he appeared to have something on his mind and she felt he had become evasive.

The house was quiet, however, and as Nora let herself out of the front door she heard George Galloway's throaty cough coming from his room. It was cold and damp and not an evening for taking a stroll, but she wanted time to think. Things had changed in the house of late and she did not understand why George was so morose this evening. Recently he had become very talkative and often, after Josephine had gone to bed and the two young men had gone out, had called her into his room. They had chatted about

133

the early days and of trivial things which Nora found amusing. George had laughed with her, and on one or two occasions had tempted her with a glass of port. Nora had found herself becoming excited in his presence and her long suppressed physical feeling for him had been rekindled. George had not made any advances, other than to remark on what the lads might think should they return unexpectedly, and she had not felt able to give him any hint of her secret desire.

At first she had felt pity for George, pity for a distraught man left alone to care for three young children, but her pity had soon changed to something deeper. She soon realised that he hardly ever noticed her. He was a hard man, with a streak of arrogance and meanness in his nature, but there was something difficult to define about him which she found very attractive. Maybe it was the single-mindedness that had brought him comparative wealth. Such strength of purpose might change to devotion and release the goodness in his character, Nora thought to herself, if he would only start to be aware of her as a woman. He had never seen her as anything other than hired help and she had suppressed her feelings for him and gone about her tasks, wishing secretly that one night he might visit her, if only out of loneliness. He never had, and the solitariness of her own existence weighed heavily on her.

I've been alone too long, she thought as she crossed the square and walked out into the empty Jamaica Road. Why can't I show him how I feel about him? Maybe he is only waiting for a sign or a hint.

George had not been drinking so heavily of late and seemed to have come to terms with his bereavement, but tonight there was something on his mind. Maybe she should confront him in his room and let him see she was concerned for his happiness.

The muffled sound of a tug whistle carried from the river lanes as the fog drifted down. Nora pulled the collar of her coat around her neck and buried her hands deeper into her fur muff. Her high-heeled shoes echoed on the deserted pavements and when she reached the park gates she stopped and turned round. Normally she would have carried on a little further but the fog seemed to be getting thicker. She hurried back towards the quiet square, her thoughts centred on a warm fire and a hot drink before retiring for the night.

It was then that she saw the couple standing in a dark doorway. The man had his back to her and was pressing against the woman whose face was resting on his shoulder. Her eyes were closed and she was groaning as the man's rhythmic movements became faster. Nora turned her head as she walked quickly past, but the couple seemed oblivious to her presence. She hurried on and turned into the quiet square feeling strangely roused. The woman was probably one of those tarts who frequented the music hall, she thought, and he might be a merchant seaman. Maybe she was wrong. Perhaps they were two young lovers who for their own reasons had to resort to a dark doorway on a cold miserable night to express their love for each other.

Nora let herself in the house and closed the door behind her. She stood in the hall for a few moments, then taking a deep breath tapped gently on the front room door. She heard George's gruff voice and as she stepped into the room Nora saw her employer sitting slumped in his armchair before the fire. He had a glass of whisky in his hand and his face was flushed.

Nora's heart sank as she sat down facing him. He looked at her enquiringly. She hesitated before speaking.

'I wanted to 'ave a chat, George,' she said at last. 'I noticed you were quiet ternight. Is anyfing wrong?'

He shook his head and stared down into the fire. 'I've 'ad a few words wiv young Geoffrey. It's nuffink really,' he said quietly.

Nora paused for a moment then sat forward in her chair. 'I've bin enjoyin' our little chats, George,' she began. 'I 'ope yer feel the same way. I jus' want yer ter know I'm always 'ere, in case yer need me.'

George looked up and noticed that his housekeeper was eyeing him intently. 'Yer look a bit edgy, Nora. Anyfing wrong?' he asked.

She smiled. 'I came in 'ere wiv the same question. I don't like ter see yer miserable, George. It grieves me ter see yer drinkin' alone.'

'I don't 'ave to,' he replied. 'Yer could always join me.'

'I didn't mean it like that,' she said quickly, her face flushing slightly. 'It used ter upset me when yer spent all that time shut away in 'ere wiv the bottle. I wanted ter 'elp yer, but I didn't know 'ow. I know yer was grievin' over Martha but it's bin a while now an' I was pleased when yer let me share the evenin's wiv yer. I thought it was 'elpin' yer, an' me too. I don't like ter see yer go back ter drinkin' 'eavily again, George. Don't shut the children out o' yer life, an' me too fer that matter.'

He was watching her closely while she spoke, aware of her embarrassment. Nora was strange, he thought. She had always seemed so prim and proper, never giving way to her feelings. Now she was making him feel uncomfortable. She was a fine woman, he had to admit. Her face was well shaped and her eyes warm and friendly. The high-necked blouse seemed to accentuate her sloping shoulders and small breasts, and her hands were those of a younger woman, long and slender. George noticed how she sat upright in the chair, with her long black cotton dress almost touching the floor. Her still raven hair was pulled high on top of her head and secured with a fan-comb, giving her a matronly appearance that was more suited to an older woman. He realised he had never seen it any other way and wondered if she wore it like that when she went to bed.

Suddenly he got up, averting his eyes from hers. 'Let me

get yer a drink,' he said, walking over to the sideboard.

Nora felt she should decline his offer but the strange excitement she had felt on seeing the lovers still persisted. She made no effort to stop George pouring out a large port, telling herself she was going to need it if she were finally to unburden herself to him. The time was ripe, she tried to convince herself.

George was standing beside her with the glass of port held out to her. He smiled, and she noticed how his eyes appraised her.

'Yer know, I've never seen yer wiv yer 'air let down,' he said suddenly.

Nora took the glass from his hand and sipped the port, hoping it would ease her fluttering stomach. 'That's a strange fing fer yer ter say,' she replied, attempting to stay calm.

'Let it down,' he told her.

'I beg yer pardon.'

'Let it down. Let me see yer wiv it down on yer shoulders,' he said.

Nora's face felt hot and her cheeks flushed a bright red. 'Mr Galloway,' she said indignantly, 'I'm forty years old. You're making me feel like a flighty young woman.'

George put his hand on her shoulder and squeezed gently. 'Martha used ter wear 'er 'air like that an' she would never let it 'ang loose. Take it down, Nora, please.'

Slowly she placed her glass on the small table at her elbow and reached up to her hair with both hands. George sat down on the edge of his armchair, transfixed, as she removed the fan-comb and the two long hairpins. Her hair dropped down and she slipped her fingers through the raven locks until they were spread evenly and resting on her shoulders. Her face had paled and her eyes dropped as Galloway reached out his hand to hers.

'Yer've got beautiful 'air,' he said in a low voice that made her tremble inside. 'Will yer stay wiv me ternight?'

Nora picked up her glass and sipped the drink, purposely evading his gaze. 'Are yer sure, George?' she whispered, hardly recognising her own voice. 'Is it me yer desire? Me, Nora Flynn?'

He held her trembling hands in his and fixed her with his dark eyes. 'I've wanted ter make love ter yer fer a long time, Nora,' he said softly. 'Yer've always fended me off wiv yer reserve, but I knew that there'd come a time. I could sense it when we talked. Until now I couldn't make a move wivout yer givin' me a sign. Yer never did, though.'

'Is ternight so different?' she asked.

He looked down at her hands for a moment. 'Young Geoff an' me got at it again,' he said with a sigh. 'It was nuffink really, only about Jack Oxford. I was gonna put the idiot off an' Geoff was against it. 'E sided in wiv that yard foreman o' mine. I gave way in the end but Geoff wasn't satisfied. 'E felt I should give 'im more sway in the runnin' o' the business. That's what the argument was over ternight. When Geoff finally stormed out I got ter drinkin' an' I realised 'ow empty me life's become. Ternight I need yer, Nora. Yes. Ternight I need yer, an' ternight I could see the change in yer eyes the minute yer walked in that door.'

Nora felt her breath coming fast as he stood up and reached down to her. She got up from her chair to face him and he pulled her to him, kissing her hard. 'No, George!' she gasped as his hands moved down her body. 'Give me a few minutes, then come to my bed. Please?'

Before he could say anything she turned and hurried from the room, her whole body shaking as she made her way quickly up the stairs.

When she reached her room Nora stripped and climbed into her old bed, eagerly listening for his footsteps on the stairs. She stroked her hands along her hot body as she waited for what seemed an eternity, then at last the creaking of the stairs sounded loudly and she heard the door opening.

He stood silhouetted there by her bed, his bulk rising above her, then he was beside her, his hands roughly caressing her nude body, his wet lips moving along her neck. Her whole body shook and she let out a faint sob as he joined with her in a fierce embrace.

Chapter Ten

Carrie made her way to the factory, her coat collar turned up against the bitter cold. She was now just seventeen and it seemed to her as though she had worked at Wilson's for ever. It was really only three short years since she started, but in that time she had been moved from the top floor to the floor below, where she learned to trim the hides and chamois leather pieces, and then to the ground floor to learn grading and sorting. Each move had been a step up the ladder for her but she felt a little sorry for her friend Mary, who seemed to have been overlooked for promotion and was still sweating away on the top floor. Carrie knew that her friend had not helped herself by her frequent absences from work and her reputation for being actively involved with the suffragette movement. Mary seemed happy enough though, especially since she had got herself a new workmate.

Carrie normally took little notice of the stories abounding throughout the factory, but this time she knew it was true that Mary had found herself a lover. Her new companion was a girl of her own age who would sit enthralled as Mary went on about her campaigning. The two were inseparable and sat holding hands during their lunch breaks, leaving the factory in the evenings arm in arm. Nevertheless, although Mary's private life was the talk of the factory, she had earned the girls' respect for her dedication to campaigning on behalf of women. Some of the other girls were becoming interested in the suffragette movement, and one or two had gone along to watch the marches. There had also been a lot of publicity in the newspapers recently and only a week ago it was reported that two of the leading figures in the movement had been arrested and sent to prison for interrupting a court hearing in Manchester.

As she walked into the factory on Thursday morning Carrie was thinking about the coming weekend. She and two of her workmates had agreed to join Mary on a big march to Trafalgar Square where they would be addressed by prominent figures involved in the movement. Carrie's decision to join the marchers had caused some tension at home and her brother James had been forthright in his condemnation. 'Bloody stupid if yer ask me,' he had growled. 'They should lock the lot o' yer up.'

Charlie had merely grinned and got on with his tea, but the youngest member of the Tanner family was curious. 'Why are you goin'?' Danny had enquired. 'If yer get locked up, they'll stick a tube down yer froat an' force-feed yer. Our teacher told us that's what they do.'

Silence was restored around the meal table by her father, who glared at Danny and threatened to force-feed *him* if he didn't finish his meal.

The day seemed to drag on and Carrie's two workmates, Jessica Conway and Freda Lawton, chatted away incessantly about the big day. Carrie was thinking of other things as she sat at the wide bench, sorting and grading the leathers. She had met Sara Knight in the street a few days ago and persuaded her to go along with her to the church club in Dockhead that evening. Carrie had a special reason for going, for that evening the club was putting on a boxing tournament and Billy Sullivan was fighting in one of the bouts. Billy was eighteen and the eldest of the Sullivan boys. He had asked her to come along to see him box. Carrie had grown up with the Sullivan boys and was looking forward to the evening. Of all the brothers Billy was her favourite. When they were children he had always been quick to single her out from her friends and often gave her little gifts as a token of his friendship. Once he had offered her a whole set of cigarette cards, though she had not taken them, knowing how he treasured them. On another occasion he had removed a bandage from his finger, purposely to show her his painful whitlow, and when she screwed her face up he stole a kiss, only to receive a sharp kick on the shin as Carrie wiped her cheek with the back of her hand. They had remained friends, however, and one time Billy had taken her brothers' part against the boys from Bacon Street Buildings.

'Mary reckons we'll be asked ter carry a banner,' Jessica was saying. 'I'm gonna feel silly. Will yer carry one if they ask yer, Carrie?'

'Sorry. What d'yer say?'

The two girls exchanged glances and Freda nudged her friend. 'Carrie's got ovver fings on 'er mind,' she giggled.

''Ave yer got a young man then, Carrie?' Jessica asked.

She blushed and tried to ignore the giggling. 'It's just a boxin' match,' she answered quickly. 'Billy Sullivan's fightin' an' 'e asked me ter go an' see 'im, that's all.'

Jessica turned to Freda. 'I know Billy Sullivan. 'E's nice. Fancy our Carrie goin' out wiv a boxer.'

She smiled and got on with her work. Billy *was* nice, she thought. He was the oldest of the seven Sullivan boys and had often been involved in scraps to defend his brothers or to defend himself when his younger brothers turned on him. The Sullivans were always fighting, but most people in the street realised that the family were more often than not the victims of their own reputation. Carrie was aware that her youngest brother Danny idolised Billy Sullivan and had been taking boxing lessons from him. Billy had told her that young Danny was a natural and should join the boxing club. Her mother had forbidden it but her father felt it would do the lad good. Danny was forever pestering his mother to let him join and in the meantime continued to take lessons.

143

At the end of the working day Carrie left the factory and hurried home with excitement building up inside her. Her workmates' taunts had set her thinking. Billy Sullivan was just one of the lads in the street but he had taken an unusual interest in her lately and she was flattered. All the local girls liked him and she felt it would be nice if she could boast that Billy was her real beau.

As she hurried into the house and helped her mother set the table for tea, Carrie hummed happily, and when the family gathered for the meal she became the object of a certain amount of banter from her brothers.

'So yer gonna see Billy Sullivan fight, are yer, Carrie?' James said, looking at Charlie for support.

'Billy's gonna win easy,' Danny butted in.

'I dunno so much,' James said through a mouthful of sausage. 'I 'eard that bloke 'e's fightin' is pretty good. 'E's the East End champion.'

'That's nuffink,' Danny countered. 'Billy's the best boxer in Bermondsey.'

'Shut yer traps an' get on wiv yer food,' Nellie grumbled.

James folded a thick slice of bread and dipped it into his gravy. He had grown into a hefty young man since starting work at the sawmills. The heavy work had developed his arms, and his thick neck was set on wide shoulders. His fair hair was full and tended to curl, and his dark blue eyes were deep-set and wide-spaced. James had begun to feel grown-up and tended to ape his father's mannerisms. Charlie, on the other hand, was a quiet, studious lad who had just started work in an office. He had had to take a certain amount of good-natured teasing about the sort of job he did — his older brother was always reminding him that office work was for cissies. Charlie took it all in good part and rarely lost his temper, to the chagrin of his two brothers and particularly James.

'One day yer might be comin' ter see me fight at the club,' Danny remarked after a while.

'Oh no she won't,' Nellie said firmly. 'I'm not 'avin' any o' my kids growin' up ter be boxers, so shut up an' get on wiv yer tea.'

Danny pulled a face and bent his head over his plate. William looked up at Nellie. 'I dunno, Nell. It's a good club an' it teaches the kids ter look after 'emselves,' he said, pushing his empty plate away from him. 'Billy Sullivan ain't turned out such a bad lad. Look 'ow 'e used ter fight in the street. Those Sullivans were always gettin' inter scrapes. Ole Sadie used ter pack a punch too, although she seems ter be quieter lately. I remember the time when . . .'

'All right, Will, let 'em finish their tea,' Nellie chided him. 'I wanna get cleared away early. I've got Flo an' Maisie comin' roun' later. We got some fings ter talk about.'

William did not want to ask just what schemes the women were planning and decided it would be better if he departed to the Kings Arms as soon as they turned up.

At seven o'clock Sara Knight arrived and the two girls left for the club at Dockhead. Carrie was pleased to see Sara looking well. She seemed to have put on weight and her long brown hair was well brushed and tied neatly at the nape of her neck with a ribbon. Her eyes were bright, and as they made their way through the drifting fog she giggled happily and took Carrie's arm, falling into step beside her.

'I'm startin' work at the tea factory in Tooley Street next week, Carrie,' she said. 'It's much better than sackmakin'. The girls earn good money there an' yer get packets o' tea cheap. Me mum's ever so pleased. She didn't like me doin' that sackmakin'. Yer 'ad ter supply yer own string an' the money was terrible. Some weeks I only took 'ome ten shillin's. I'm gettin' fifteen at this job.'

'Is yer dad all right?' Carrie asked.

Sara nodded. ''E's found a real job. It don't pay very much but it's better than sellin' shoelaces an' collar studs. We don't 'ave the relief man callin' on us any more an' me muvver can put 'er china plates on the dresser now. The lady next door used ter mind 'em fer 'er. If the relief man 'ad seen 'em, 'e'd 'ave made 'er sell 'em.'

'What's yer dad doin', Sara?'

''E's workin' fer the council on the gate. 'E 'as ter book the carts an' fings in an' out. 'E 'as ter do nightwork as well, but Mum don't mind.'

When the two girls reached the club they saw Sadie Sullivan standing at the entrance with her boys. Eight-year-old Shaun stood between the ten-year-old twins, Patrick and Terry, and Joe, a thick-set eleven year old, was talking to some of his friends. The two older teenage boys, Michael and John, were standing with Billy and all looked serious-faced. Their father Daniel, a docker at the Surrey Docks, stood beside them proudly, looking dignified in his brown suit and knotted red scarf.

When Billy caught sight of Carrie and Sara, he came over. He had grown tall and his powerful shoulders were hunched as he faced the girls. Carrie could see the excitement written on his wide, handsome features, and she gazed at his dark, curly hair and his wide-spaced blue eyes which seemed to sparkle in the evening light.

''Ello, glad yer could come,' he said breezily. 'I've gotta go in an' get ready. Can I walk yer 'ome afterwards, Carrie?'

'If yer like,' she replied, flushing slightly.

Sadie Sullivan walked up to Billy with her youngsters in tow and kissed him on the cheek. 'Good luck, boy,' she said heartily. 'Yer better not lose, d'yer 'ear me?'

Billy winced at the kiss and hurried off into the club, with his family following along into the hall. Carrie and Sara found seats near the front a row behind Billy's family. It was noisy in the hall, with people milling around and talking in loud voices, and Carrie was enthralled by the air of excitement and anticipation.

Suddenly the lights went out, leaving the boxing-ring illuminated by a large gaslamp set high in the ceiling. The announcer climbed into the ring and welcomed everyone, including the supporters of the visiting team from Stepney. Soon the first two contestants climbed into the ring and the bout commenced. Sara held Carrie's arm as the two thin, pale lads belted each other around the ring, and when one lad's nose started to bleed she put her head down on Carrie's shoulder. The lad went after his opponent with both fists flying.

When the three rounds were over and the referee raised the Bermondsey lad's hand, a loud cheer went up. Sadie Sullivan had been getting more excited as the bout went on. She stood up at the decision and clapped loudly, only to be pulled down by her embarrassed husband.

'Wait till my Billy gets in there. 'E'll show yer,' she shouted loudly to the Stepney contingent.

'Shut up, luv, fer Gawd's sake. Everybody's lookin' at yer,' Daniel growled.

'Sod 'em,' Sadie said in a loud voice.

As the bouts progressed, the Stepney club were proving themselves to be worthy opponents. They won two contests in succession and after nine bouts had won a total of four. Sadie had been vociferous throughout and when the last two contestants left the ring, turned to Daniel.

'When's my Billy gonna come on?' she shouted above the din.

''E's on next. It's the last bout,' Daniel replied. 'If 'e loses, the match is a draw. It'll be five all.'

'What d'yer mean, if 'e loses?' Sadie screamed. 'Billy's gonna slaughter 'im.'

'All right, Muvver, keep yer voice down,' Daniel muttered, his eyes rolling with embarrassment.

During the fights Carrie had been on the edge of her seat with excitement and the sight of blood did nothing to lessen her enthusiasm. Sara, on the other hand, was constantly turning away when the exchange of blows became furious.

'It's a wonder they don't kill each over,' she remarked, averting her eyes again as one lad's lip started to spurt blood.

'They don't really 'urt each ovver, well not much anyway,' Carrie laughed. 'Look at the size o' those gloves.'

Sara was not convinced and gritted her teeth as the blows sounded.

When the last two contestants climbed into the ring, Carrie leapt to her feet trying to catch a glimpse of Billy over the shoulder of Sadie Sullivan who was shouting instructions to her eldest son. 'Don't let 'im get inside, Billy,' she screamed out. 'Use yer jab.'

'Shut up, Sadie, they ain't started yet,' Daniel groaned, hearing the laughter from the other side of the hall.

'You can laugh,' the excited Sadie shouted out. 'Wait till my Billy clonks 'im. 'E'll go down like a sack o' spuds.'

The boxers were being introduced and when Billy's name was announced the local fans' cheers rang out. All the Sullivan boys were on their feet as the fight got under way and Carrie stood on tiptoe to get a glimpse of the ring. Sara pulled at her coatsleeve. 'Is Billy winnin'?' she asked above the roar.

'I dunno,' Carrie replied. 'I can't see a fing.'

Suddenly a shout went up and Sadie jumped up and down in anguish. 'Get up, Billy!' she screamed.

'It's all right, luv, 'e's only slipped,' Daniel reassured her.

Carrie was feeling a little apprehensive as she peered through the crush in front of her. Billy's opponent looked much bigger than him and he was moving around the ring confidently. As the bell went for the end of the first round, Sadie looked as though she had just stepped out of the ring herself. Her face was a bright red and her piled-up hair had slipped down on to her shoulders. ''Ow's 'e doin', Dan?' she asked anxiously.

'I make it about even,' her husband replied, aware that Billy's opponent packed a good punch.

Carrie could see blood on Billy's lip and he looked tired as he slumped down on to the stool.

As the bell went Sadie was on her feet once more and

screaming louder than ever. 'Do 'im, Billy! Knock 'im out, fer Gawd's sake!' she cried.

'Why don't yer sit down, lady? I can't see a bloody fing,' someone shouted.

Sadie did not hear the remark. She was punching the air and leaping up and down, with Daniel holding on to her coatsleeve in an attempt to restrain her.

'That's better! Go on, yer got 'im now! Use yer jab. Jab 'im!'

Billy's father seemed more confident at the end of the second round. 'If 'e keeps out o' trouble, 'e's won it,' he told Sadie.

The bell sounded for the last round and the hall erupted as the local hero went all out to finish his opponent. The East Ender was plucky and fought back gamely, but as the bell sounded for the end of the contest everyone realised that Billy Sullivan had won. The two lads stood side by side with the referee holding on to their wrists, and when he raised Billy's hand the hall erupted in loud cheering. ''E's won! 'E's done it!' Sadie cried out, her face scarlet and tears running down her cheeks. 'What did I tell yer?' she said proudly to Daniel. 'Didn't I tell yer 'e'd win?'

Carrie stood beside Sara, who was glad the tournament was at last over, and when the boxers left the ring and walked past her along the aisle, she called out to him. 'Well done, Billy.'

He gave her a smile through battered lips and left the arena to back-slaps and compliments as the lights came up. Sadie had just about managed to compose herself and sat down in her seat exhausted after her feats of vocal support for her son.

The crowd was leaving and as one party walked along the aisle, a man among them turned to his friend. 'Bloody disgrace if yer ask me,' he said. 'Our boy won two o' the rounds. I reckon the ref must 'ave bin blind, or else 'e couldn't count the score.'

Sadie was on her feet in a flash. 'Oi! I 'eard what yer said. That's my Billy yer talkin' about. 'E won easy. If it 'ad gone on anuvver round, 'e'd 'ave knocked your bloke spark out.'

The man laughed at her. 'What der you know about boxin', yer silly ole mare?'

'She can shout a good fight,' his companion said loudly.

Sadie turned and glared at the smartly dressed woman by the man's side. 'Who you talkin' to, yer ponced-up prat?' she sneered.

'Who you callin' a ponced-up prat?' the woman screamed back.

'You, that's who,' Sadie said menacingly.

The woman tried to get to Sadie but was held back by her companion who glared at Daniel. 'Take 'er 'ome, mate. She should be kept locked up,' he remarked. 'She's a bloody nuisance.'

'Who d'yer fink you're talkin' to?' Daniel retorted, trying to put himself between the two irate women.

Carrie took Sara's arm and steered her out of the hall as quickly as she could. 'I 'ope that woman don't start a fight,' she said quickly. 'It was Mrs Sullivan who taught Billy 'ow ter box!'

The hall was emptying and when the East End party spilled into the foggy night the angry woman pulled away from her companion. 'I don't care. She ain't gonna talk ter me like that an' get away wiv it,' she shouted.

Sadie was trying to calm down as she left the hall. Daniel was holding on to her and talking in a soothing manner. 'It don't matter, luv. Our Billy won fair an' square an' that's all that there is to it. Don't let 'em get yer dander up. They're only sorry their bloke didn't win. Now, if they're outside, just ignore 'em an' walk away. Are yer 'earin' what I'm sayin'?'

'All right, Dan, I'm listenin' ter yer. I'll just ignore 'em,' she said, trying to convince herself.

As they reached the street Sadie was immediately

confronted by the woman who stood with her feet apart and her hands on her hips. 'Oi, Bigmouth, I wanna word wiv yer,' she shouted.

Daniel held Sadie's arm in a tight grip. 'Remember what I said, luv,' he muttered out of the corner of his mouth. 'Let it be an' jus' walk on by.'

Sadie gave her husband a quick smile and suddenly tore her arm free. Before Daniel could do anything, his fighting wife was squaring up to the angry woman.

'C'mon then, yer scruffy-lookin' cow,' she jeered. 'We won five-four. 'Ow about makin' it six-four?'

The East Ender suddenly made a grab for her hair but Sadie dodged sideways and then threw a punch in the woman's face which sent her staggering backwards into the gutter.

Sadie was shaping up with her fists and snarling as she watched the woman closely. 'C'mon then,' she sneered. 'Want some more? There's plenty where that come from.'

Daniel was a slightly built man and no match for his large wife. As he tried to restrain her, she swept him to one side.

The woman who had confronted Sadie was now holding a handkerchief to her bloody nose and crying hysterically. 'She attacked me!' she cried. 'The woman's a ravin' lunatic. She should be locked up.'

The large crowd who had enjoyed the tournament stood around hoping for an extra bout, but they were disappointed. The bloody and bowed woman was led away by her companion muttering into her handkerchief. Sadie turned away, feeling quite pleased with the way the evening had turned out, when she was suddenly halted in her tracks.

'Now what's bin goin' on 'ere then?'

Sadie looked at the uniformed figure in front of her and gave him a weak smile. 'It's nuffink, mate. We was jus' 'avin' a little disagreement, that's all,' she said meekly.

The bloodied woman's companion had seen the policeman approach and hurried over, still holding on to the casualty.

'That woman attacked my lady friend,' he said, jerking his thumb at Sadie. 'She's mad, I'm sure of it. Look what she's done.'

PC Harkness had been patrolling the local streets for many years and he knew all about the fighting Sullivans. ''Ave yer bin up ter yer tricks again, Sadie?' he said in a tired voice.

Daniel tried to speak but the constable held up his hand. 'I'm askin' Sadie,' he said.

'She started on me,' Sadie replied, trying to look suitably aggrieved. 'She pulled me 'air out. I 'ad ter defend meself, officer, didn't I?'

The policeman took out his notebook and sucked on a pencil stub. 'D'yer wanna make a complaint?' he asked the woman's companion.

'Yer bet yer life I do,' the man replied. 'People like 'er should be locked up. My Clara wouldn't 'arm a fly, would yer, luv?'

'Right, I'll 'ave yer names an' addresses. An' don't walk away, Sadie. I want your particulars as well,' the constable sighed.

Carrie had been watching the affray along with Sara, and when Billy emerged from the hall they ran up to him. 'Yer mum's whacked this 'orrible woman, Billy,' Carrie said quickly. 'She's got nicked. There was a copper an' 'e took 'er name.' Billy winced. Carrie could see his swollen lips and the graze under his right eye. 'It's all right though. Yer mum an' dad's gone 'ome wiv yer bruvvers. Are yer feelin' all right?'

Billy laughed painfully. 'Yeah, it ain't so bad. I bet the ovver bloke's a bit sore too.'

The Sullivan boy carried his boxing-trunks and vest rolled up under his arm as the three of them made their way home through the swirling fog. A tug whistle sounded as they turned into Page Street and when they neared Carrie's front door, Sara turned to her friend.

'I've enjoyed ternight, Carrie — except fer the blood,' she said with a big grin. 'It was nice comin' out wiv yer. It's bin a long time since we did it. I'm so pleased yer won, Billy. Me an' Carrie was cheerin' fer yer.'

Carrie looked at the young man. 'We'll see Sara 'ome, won't we, Billy?'

He nodded. 'It's a bad night ter be out alone. Take me arm.'

The two friends walked the length of the dimly lit turning, each holding on to one of Billy's arms. They were laughing happily as they turned into Bacon Street and strolled along to the ugly tenement block. The two girls hugged each other good night, and when Sara's footsteps had faded on the stone stairs Carrie and Billy retraced their steps back into Page Street. Billy was chatting away about his bout and Carrie held on to his arm feeling very grown-up. She liked the young lad and hoped he would ask her out in the near future, but Billy was feeling hazy after his exertions and was still carried away by the excitement of beating the East End champion. When they reached Carrie's front door he kissed her on the cheek shyly and quickly made off to his house at the end of the turning, leaving her feeling a little disappointed.

Chapter Eleven

On a cold damp Saturday Carrie left the Wilson factory at
noon with Jessica and Freda and hurried along to the pie
shop in Dockhead. The three girls joined the line of cus-
tomers. When they were eventually served with plates of hot
pie, mashed potatoes and steaming hot parsley liquor, they
slipped into a bench seat and quickly devoured their meal.

Jessica swamped her plate with sour vinegar and garnished
the pie with a liberal amount of salt and pepper. She was
a big girl with chubby features and untidy, mousy hair cut
in a straight line above her neck. As she ate the food quickly,
her deep-set eyes blinked constantly and the liquor dripped
down her chin. Freda, by contrast, was a tallish, slightly built
girl with a flat chest and long arms that seemed to sprout
from the sleeves of her tight-fitting coat. She was just
twenty-one but her thin face and long neck made her look
older. Her dark hair was brushed into a tight bun on top
of her head and secured with a large comb, and she was
wearing a fur muff which was secured to one of the large
buttons of her shabby grey coat. Freda had been made
pregnant when she was sixteen by a local lad who had then
run off to sea. She had had the baby adopted. She had since
become bitter and resentful of men and saw the women's
suffrage movement as a cause she could identify with. Unlike
Jessica, who had a more casual approach to it, Freda was
becoming a dedicated follower and had already been on
quite a few marches during the past year.

Carrie finished her meal and glanced at her two friends

as a poorly dressed young woman came along the aisle with her two children following her. The youngsters' clothes were in rags and they looked tired and cold. Each of the children carried a plate of mashed potato and liquor. When they had slipped into the bench seat behind the three girls, Carrie glanced around and saw the woman cut her pie in half and put the portions on her children's plates. They all ate ravenously, unaware of her eyes on them.

Freda and Jessica had seen the destitute family too and exchanged sad glances.

'They've got one pie between 'em,' Carrie whispered to her two friends.

Freda looked at Jessica who glanced quickly at Carrie. Without a word she dipped down into her large handbag and put three pennies down on the table. Her spontaneous gesture was immediately matched by her friends, and between them they collected nine pennies. Jessica quickly scooped up the coins and walked up to the counter. 'Three pie an' mash, an' plenty o' liquor,' she said saucily.

The young man behind the counter served up the portions and slapped the plates down on the marble counter.

'More liquor,' Jessica said, giving him a hard stare.

The man ladled more of the parsley gravy on to the plates without comment and when Jessica was satisfied she walked back and put the brimming portions down in front of the mother and her two children. ''Ere, get that down yer,' she said, smiling widely.

The woman looked up at her benefactor. 'Gawd bless yer, luv,' she said quietly.

The three girls hurried from the pie shop, smiling with satisfaction, and hurried to the tram stop.

'When women get the vote there's gonna be a few changes made, mark my words,' Freda said in a firm voice. 'People round 'ere are starvin' while up West those bloody dandies in top 'ats an' fur coats are stuffin' themselves full o' the best food an' drink. It ain't fair.'

156

Jessica nodded. 'Yer right, it ain't fair, but there's a lot o' well-ter-do ladies in the suffragettes, Freda,' she remarked. 'They ain't all turnin' a blind eye.'

Carrie remained quiet, thinking of what her mother had said about getting herself into trouble. She wondered just what the march was going to be like. Lately everyone seemed to be talking about the suffragettes and some of the stories she had heard made her feel a little apprehensive. Apart from the leaders who regularly got themselves arrested and imprisoned, there were those who came before the courts and were fined for disorderly conduct. Mary had been arrested and fined on two or three occasions and Freda had told her how groups of young men gathered at the meetings to heckle and jeer the speakers, and that fights often broke out during which the police ignored the young men but arrested the women at every opportunity.

When the tram shuddered to a halt and the three climbed aboard, they saw Mary sitting on the lower deck and joined her. Mary was bubbling with excitement and carried a roll of posters which she opened to show her friends. Carrie was aware of whispered remarks from some of the passengers, and the conductor gave them a suspicious look as he walked up and down the aisle to collect the fares.

'I 'ope yer not finkin' o' stickin' them there posters on my tram, are yer?' he said in a gruff voice as they swung round into Tower Bridge Road.

Mary gave him a blinding look and nudged Carrie. 'Silly ole goat! Who wants ter stick posters on 'is rotten old tram?'

When they pulled up at the Tower Bridge Road market, the conductor jumped down and hurried into a café. As soon as his back was turned, Mary got up from her seat and threw the posters into Carrie's lap. 'Won't be a minute,' she said, giving the girls a saucy wink as she dashed back along the aisle.

The conductor soon emerged from the café carrying a can of tea and the tram moved off. At the Elephant and Castle the girls alighted and Mary gave the conductor a wide grin. 'Fanks fer yer 'elp,' she called out to him as the tram pulled away from the stop with a 'Votes for Women' poster clearly visible on the rear end.

The marchers were congregating in Lambeth Road. When the girls reached the old Bedlam Asylum, Mary was greeted warmly by a smartly dressed woman who handed her a white, green and purple-coloured banner with the letters 'WSPU' boldly emblazoned on it. 'We're waiting for the East End contingent and then we're starting,' she said, taking the posters from Mary.

Carrie looked around her and saw young women standing in groups, each with their own distinctive banner. They had come from all over London. Some of them wore factory aprons and white linen caps.

'They're from the chocolate factory in Walworth Road,' Mary said, and pointed to another group. 'That lot comes from Waterloo.'

Soon the East End women arrived, riding in two open horse carts driven by bored-looking carmen. A cheer went up as the women jumped down and hurried to take their places. One of them carried a banner which proclaimed, 'Poplar Women Want The Vote', and to the rear of the group another two women shared a large wide banner which said in bold letters, 'Stepney Women Unite'.

Organisers hurried up and down along the lines as the long column started off along Lambeth Road and into Westminster Bridge Road. Up ahead, Carrie could see the tall tower of Big Ben. Folk stared at them as they passed, some of them bemused but others openly mocking. Some children ran alongside the column for a time, and then with their curiosity satisfied darted off down side streets.

As the column reached the wide bridge and started to cross, a group of young men gathered at the kerbside and began to shout out obscene comments. Carrie's heart beat wildly as she glanced across at the men, fearing that violence would erupt at any second. Some of them were joking and jeering, but it frightened her to see how some faces were twisted with malice and hatred. She turned her head away and looked straight ahead, breathing a deep sigh of relief when the column had passed by without incident.

She was beginning to feel more relaxed by the time the women reached Victoria Street and neared the railway station. Policemen were flanking the procession and some way in front two mounted officers were clearing the way. Mary was shouting slogans and walking proudly, her banner flapping in the slight breeze, Freda and Jessica were walking beside Carrie with serious expressions on their faces, and for the first time she felt a little thrill of exhilaration at taking part in the march.

Soon the head of the column veered to the right and as the line straightened the women were leered and jeered at by a large group of young men who had gathered at a corner of the street clutching dirty sacks of overripe fruit.

'They're a local gang of nasty young troublemakers. They did that last time,' a well-dressed woman shouted to Carrie and her friends above the din. 'Keep your heads down, ladies.'

A heavy shower of rotten fruit and cabbages fell among the women, and scuffles broke out as some men managed to get at the marchers, kicking out and yanking at their hair. The escorting policemen rushed up and chased them off, but by now some of the women who had been hit were in extreme distress. One young girl was led away with a handkerchief held up to her face and others were crying and screaming out in anger. Carrie and her two friends felt shocked and stunned, hardly able to believe they had escaped unharmed, but Mary had been hit on the back of the head by a soft orange and her hair was a soggy mess.

The column finally halted outside Hyde Park in some disarray. The organisers moved quickly among the ranks of women, taking stock of the situation and trying to restore order. When the injured and distressed had been consoled and spirits were restored the marchers set off again, walking stalwartly through the gates singing and laughing defiantly.

Carrie felt a surge of elation and pride as she strode into the park alongside the other women. After the attack on the march everything happening around her seemed suddenly different, and she began to feel a sense of belonging that was new to her. At first she had gone along with reservations, feeling unsure of herself, but when she watched the distressed women being led away and saw how the rest of them closed ranks and took over the banners, she felt an anger and determination she had never known before. Her curiosity had been fired by listening to Mary's outbursts and hearing a lot spoken about the protests, but she had attended the march with a childish sense of adventure, not really thinking that the campaign had any bearing on her own life. Only now was the real meaning of the movement and what the march represented slowly dawning on her. Women from all over London and from different backgrounds were marching together and facing ridicule and violence to win a say in the way the country should be governed.

Mary had told her about it often enough and she had thought about it vaguely, but until now she had not envisaged the depth of feeling shared by the campaigners. Their zeal was inspiring, and Carrie understood why they believed so passionately that with the vote women could change things and stand up against the poverty and slavery that ruled their lives. She realised that in a few years' time she could be old enough to vote, and thought of the hungry woman and her two children in the pie shop who had looked as though they were starving. She thought of her friend Sara and her ailing mother, and of Sara's father who had once sold matches in the gutter to feed his children. Maybe women could dispel the squalor and deprivation if they got the vote. Their anger at being denied a say in their own lives was now her anger, and Carrie felt a sudden determination to find out what needed to be done so that she too could help to make things better.

When the marchers reached their destination inside Hyde Park, Carrie could see a high platform around which people were gathering. The long column had now changed into a milling crowd, and people were closing in on the dais and pushed forward to get near to the speakers. Dampness rose from the sodden grass and the sky above their heads remained leaden as the meeting got under way. Speaker after speaker rose to demand the vote for women and to expound on what could be achieved if they were allowed into Parliament.

Mary seemed to know all about the speakers. 'That's Christobel Pankhurst,' she pointed out. 'See that man sitting next to 'er? That's H.G. Wells, an' that's George Bernard Shaw sittin' next to 'im. That lady wiv the black bonnet is Mrs Shaw.'

Carrie had been listening intently to the speakers and suddenly Mary nudged her. 'Keir 'Ardie's gonna speak now,' she said in a reverent tone. ''E's the Labour leader, an' 'e's really good.'

When the bearded man in the ragged suit got up and raised his hands there was complete silence. Then his reedy voice rang out over the gathering and Carrie was spellbound, forgetting the coldness that assailed her body and her tired, aching limbs. Keir Hardie was eloquent and impassioned as he talked of the poverty and squalor prevailing everywhere. He angrily decried the evils of starvation wages and the exploitation of workers, and reminded the gathering of the power of ordinary people to force changes and demand a better standard of living and quality of life. When he ended by lifting his hands high above his head and demanding the vote for women, the meeting erupted into deafening applause and wild cheering. Carrie felt drained as she joined in the clapping.

The meeting finally ended and the women started to disperse. Mary had disappeared into the crowd and Carrie left the park holding on to her friends' arms.

For a while the three were quiet, each wrapped up in their own thoughts, then Freda broke the silence.

'Wasn't that 'Ardie fella good?' she said with awe. 'When 'e was goin' on about the squalor an' starvation wages, I got so worked up I wanted ter scream.'

Carrie nodded slowly. 'I know what yer mean, Freda. I reckon 'e was the best speaker o' the lot. I'm glad I came terday. When yer listen ter those speakers, it makes yer fink.'

Jessica smiled. 'I reckon 'e was right about starvation wages. That's what we get at Wilson's. I reckon we should 'ave a strike, don't you?'

Freda snorted. 'A fat lot o' good that'd do. I 'eard they're finkin' o' puttin' us on short-time. I couldn't manage on short-time money. I'm the bread-winner in our 'ouse.'

The thought of being laid off and losing their wages weighed heavily on the three girls as they walked along Victoria Street and down to the Embankment. An elderly lamplighter was busy turning on the tall gaslamps by the river and at the Embankment steps a chestnut-seller was stoking up a glowing brazier. The three girls stood shivering at the tram stop, and by the time they clambered aboard the tram home they were feeling exhausted. Along the river a mist was rising, blotting out the far bridge, and through the gathering darkness rain started to fall.

Fog had been threatening for most of the day and now, as night fell and mists rose from the river, it thickened and swirled into the narrow Bermondsey backstreets. Page Street was fog-bound. The yellow light from the corner gaslamp barely pierced the gloom as William Tanner set his lighted paraffin lamp down outside Galloway's stables. He unlocked the small wicket gate and let himself into the yard, his footsteps echoing eerily as he walked across the cobbled area and entered the small stable at the far end of the premises.

The black Clydesdale was standing quietly in its stall, coat glistening with sweat. It looked balefully at the intruder. William could see that the horse's food had not been touched. He patted the horse to reassure it before running his hand down its withers and under its belly. 'C'mon, boy, we'll give yer a rub down,' he said, taking hold of the horse's bridle and backing it out of the stall. William hummed tunelessly to himself as he rubbed the large horse down with handfuls of straw. When he was satisfied that the coat was dry and shining, he led the Clydesdale around in a circle once or twice before putting it back into its stall.

The previous evening when Sharkey Morris had driven his pair of horses into the yard and jumped down from his cart he had been confronted by an irate George Galloway.

''Ave yer bin makin' 'em trot?' the owner enquired angrily, glaring at the distressed horse. ''E's sweatin'.'

Sharkey looked aggrieved as he ducked under the horse's head to face the owner. 'I never run my 'orses, Guv', yer know I don't,' he said quickly. 'The black's bin a bit ropy all day. 'E ain't touched 'is nosebag an' 'e wouldn't drink when I stopped at the trough at Dockhead.'

Galloway slid his hand under the horse's belly. ''Is stomach don't feel swollen, but yer never can tell.'

William had walked across the yard and taken hold of the horse's bridle, looking the animal over with a critical eye.

'It could be colic,' he remarked to Galloway.

'It might be, Will,' Sharkey cut in. ''E's bin lookin' at 'is flanks.'

George Galloway pulled a face. He had acquired the big Clydesdales and a large cart for the renewed contract with the rum firm in Tooley Street. This required transporting casks from the docks to the firm's arches in Tooley Street where the rum was bottled, and the Clydesdales were the only horses in the stable capable of pulling the heavy loads.

'We'll 'ave ter let the vet take a look at 'im, Will,' he said. 'It could be colic.'

'It might be the bloat or the twist,' Sharkey volunteered, only to be rewarded by a murderous look from his boss who knew only too well that the twist was a knotting of the intestine and nearly always fatal in horses.

'Get that 'arness off 'im and put 'im in the small stable,' George told his carman. 'Watch 'im ternight,' he said, turning to William, 'an' if 'e starts rollin' get the vet in straight away. I'll 'ave ter get anuvver firm ter do the run termorrer.'

William stood in the dark stable for a while, watching the horse nuzzling at the hay and blowing hard through its nostrils. He felt sure that there was nothing seriously wrong with the animal and before he left he patted its neck fondly.

As he walked back through the cobbled yard the sound of a horse moving in its stall made him look up instinctively to the stable on the upper level. His eyes widened in surprise. He was sure he had seen a flicker of light. He stood still. For a fleeting moment he saw it again and clenched his teeth, realising there was someone in the stable.

With an uneasy feeling William crept quietly over to the ramp and turned up the burner of his lamp before going on tip-toe up the steep incline. At the top of the ramp he turned right and walked quietly into the long stable, holding his lamp above his head. Most of the horses were lying in their stalls but one or two were standing, nuzzling at their hay nets and stamping. It all looked normal enough and William walked back out to the ramp with a puzzled frown. He crossed the level and looked into the chaff-cutting loft, immediately catching a whiff of paraffin. The hairs on his neck rose as he realised that someone was in the loft. He held the lamp high and saw the straw in one corner move.

'Who's there?' he called out, moving forward cautiously.

'It's only me, Will,' a low voice answered.

William moved his lamp a little and saw the face of Jack

Oxford. The man's eyes were wide open and he wore a silly grin as he emerged from his hiding-place.

'What the bloody 'ell yer doin' 'ere?' William asked him.

The yard man shuffled uncomfortably from foot to foot. 'I'm sorry, but I lost me digs, yer see,' he said awkwardly.

'What d'yer mean, yer lost yer digs?' William asked.

Jack Oxford lowered his eyes and studied his boots. 'I got chucked out fer causin' trouble, but I didn't really. Well, I did, but I didn't start it, it was Fatty Arbuckle's fault, an' . . .'

''Old up, 'old up,' William interrupted. 'Yer sayin' yer got chucked out o' the doss-'ouse fer fightin'? You, fightin'?'

Jack nodded slowly. 'It was over me boots, yer see,' he began. 'Every night when I get inter bed I put the posts o' the bed in me boots. That way nobody can nick 'em wivout movin' the bed. Well, last night I 'ad me fish an' chips an' me pint o' porter an' I was just about ter leave the pub when ole Tommy Carberry walked in. You remember Tommy Carberry, 'im who used ter be a carman 'ere a few years back? Well, me an' Tommy gets talkin' an' 'e asked 'ow yer was gettin' on, so I told 'im 'ow yer was an' 'ow yer kids was all growin' up, an' . . .'

'What's all this got ter do wiv yer gettin' chucked out o' the doss-'ouse?' William asked, sighing with impatience.

'Well, yer see, Tommy bought me anuvver pint o' porter an' then I gets 'im one back an' . . .'

'So yer ended up gettin' pissed?'

'That's right, Will.'

'Let me guess the rest,' William said, grinning. 'Yer fergot ter put yer boots under the bedposts an' this Fatty what's-'is-name nicked 'em?'

Jack Oxford grinned back at the yard foreman. 'Next mornin' I got up early an' caught Fatty Arbuckle walkin' out wiv me boots on. Fatty Arbuckle ain't 'is real name but everybody calls 'im that. Anyway, I ses, "Oi, them's my boots," an' 'e calls me a stupid so-an'-so, so I ses, "I know them's my boots 'cos they've got 'orse shit on 'em." Well, 'e tries ter leave an' I grabs 'old of 'im, an' next fing yer know I'm on the floor. The noise woke everybody up an' the bloke in the next bed ter me grabs Arbuckle an' makes 'im give me me boots back. Funny fing was, who d'yer fink the bloke in the next bed was, Will?'

William shook his head slowly. 'Gawd knows.'

'It was me ole mate Tommy Carberry,' Jack said, chuckling. "E was so pissed 'e kipped in the doss-'ouse. Mind yer, though, Fatty Arbuckle didn't argue wiv ole Tommy. "Give the man 'is boots back, yer fievin' git," 'e ses. By that time everybody's shoutin' out fer Arbuckle ter give me me boots back so they can go back ter sleep. That's when ole Chopper Chislett who owns the doss-'ouse told me ter piss orf an' don't come back. That's why I'm kippin' 'ere ternight. Yer don't mind, do yer, Will?'

William puffed hard. 'It's not a case of do I mind,' he said wearily. 'If Galloway knows yer kippin' in the stable, 'e'll sack yer fer sure. Anuvver fing, it's Saturday night. 'Ow was yer gonna get out termorrer mornin' wiv the place all locked up?'

'That's easy,' Jack replied, 'I was gonna get over the back wall an' drop down in the alley.'

'Well, yer'll 'ave ter go, Jack. Yer can't stop 'ere all night,' William said firmly.

'But I ain't doin' any 'arm,' he pleaded.

William raised his eyes to the ceiling. 'Look, Jack, the ole man only wants the slightest excuse ter put yer off, so don't go givin' 'im one.'

The yard man nodded slowly and bent down to gather up his few possessions. 'All right, Will. Yer right, I shouldn't be 'ere,' he said. 'I'll try the kip 'ouse in Bermondsey Street. They might 'ave a bed fer the night.'

William looked at Jack Oxford for a few moments then sighed in resignation and took the yard man by the arm.

166

'Look, yer won't get a bed this time o' night an' the fog's gettin' worse. Yer'd better stay 'ere, but fer Gawd's sake don't let anybody know I said that, an' don't let anybody catch yer dossin' down up 'ere, all right?'

Jack's face lit up. 'Will, yer a brick. Don't worry, I'll be careful.'

William walked off down the ramp and as he reached the gate he heard Jack whistling after him. He turned and saw the yard man's head poking out from the loft. 'I won't get me boots nicked 'ere, Will!' he shouted.

Chapter Twelve

1909 started cold and damp, and the new year brought fresh worries for the folk who lived in the Bermondsey backstreets. Wilson's leather factory went on to short-time working, and the river men found themselves struggling for work as trade slumped and the dockside berths stayed empty. The Surrey Docks were almost idle and local dockers stood around at the gates every morning hoping for a call-on. At the Galloway yard there was talk of at least two carmen being put off in the next few weeks, and added misery was heaped upon the hard-pressed tenants of Page Street when they heard that George Galloway had bought more houses in the turning and was going to raise the rents.

The latest rumour was the main topic of discussion for Nellie Tanner and her friends when they had one of their get-togethers in Nellie's neat and tidy parlour.

'I'm lucky I don't 'ave ter pay any rent,' she said, sipping her tea. 'I've got 'em all workin', now young Danny's got a job as an errand boy, but I'm worried in case Will loses 'is job. If that 'appens we'll be out on the street. I can't see Galloway lettin' us stop 'ere.'

'Yeah, it mus' be a worry fer yer,' Florrie Axford remarked. 'Yer kids don't bring in much, an' yer still gotta feed 'em all.'

Maisie Dougall nodded in agreement. 'Yer right there, Flo. My two boys are workin' now, but they don't bring 'ome much. They're only factory 'ands. Mind yer, the

169

money comes in 'andy now me ole man ain't doin' much at the Surrey.'

''Ow much d'yer fink 'e's gonna put the rent up by, Nellie?' Aggie Temple asked, straightening the front of her flowered pinafore.

Nellie shrugged her shoulders. 'I 'eard 'e's puttin' it up ter ten shillin's a week. Mind yer, it's only a rumour. My Will don't get ter 'ear much. Galloway don't let 'im know anyfink.'

'I reckon it's bloody scand'lous,' Maisie said. ''Ow we gonna be able ter pay it? An' what's 'e gonna do if not? Chuck the lot of us out in the street?'

Florrie put down her teacup and leaned back in the chair. 'I fink it's best ter wait an' see,' she said. 'It's no good upsettin' ourselves before it 'appens.'

Aggie nodded. 'I s'pose yer right, Flo. At least I ain't got no kids ter worry about an' me ole man's job is pretty secure. Lamplighters don't bring in much money but they're always in work. Mind you, it's the bloody hours what get ter me. It's not so bad in the winter but in the summer 'e don't go out lightin' up till nine or ten.'

Florrie folded her arms inside her loose apron. 'Well, I ain't got no ole man ter worry about,' she said cheerily. 'I can come an' go when I like an' me time's me own.'

'Don't yer sometimes wish yer was married again, Flo?' Aggie asked. 'I mean, it mus' get lonely in that place all by yerself.'

Florrie shook her head vigorously. 'I've 'ad two ole men an' that's two too many.'

Maisie turned to Nellie. ''Ow's your Carrie gettin' on wiv them suffragette people?' she asked. 'She goes on the marches, don't she?'

Nellie pulled a face. 'Don't ask me,' she said, gesturing with her hand. 'She nearly got 'erself locked up on the last march. Apparently all the women sat down in the middle o' Parliament Square, an' it was only when the mounted

170

police galloped up that they moved. I told 'er she could 'ave got 'erself trampled on but she just laughed. Trouble is, if they do get arrested their names go in the papers an' everybody knows yer business.'

'Well, I wouldn't worry too much about that,' Florrie said. 'I fink it's a good cause. All right yer worried over Carrie goin' on them marches but at least it shows the kid's got pluck, and sense. I mean ter say, it's diabolical we can't vote. I fink we've got more idea than 'alf the men. They all seem ter get pissed on pollin' day, an' if yer ask 'em who they voted for they can't remember.'

'It must be a worry though, Nell,' Aggie said. 'It might be better when yer gel gets 'erself a chap. Ain't she got one yet?'

Nellie picked up the big iron teapot and started to refill the cups. 'Carrie's sweet on that Billy Sullivan,' she said, putting the teapot back down on the hob. 'She's always talkin' to 'im but they ain't walkin' out tergevver. The boy's boxin' mad, an' accordin' to Sadie 'e's gonna start fightin' fer money. She said 'e wants ter get a fight at the Blackfriars Ring.'

Aggie pulled a face. 'I 'eard that's a right rough place. I wouldn't like a son o' mine ter be a boxer. Look at ole Solly Green who's got the paper stall in Jamaica Road. 'E was a boxer when 'e was a young man, now look at 'im. 'E's got a nose spread all over 'is face an' yer can't get more than a mumble out of 'im. My 'Arold said Solly used ter fight at the Blackfriars Ring. Bloody shame really.'

The women lapsed into silence while they sipped their tea. After a while Nellie put down her cup and turned to Florrie. 'I bin finkin',' she said, 'why don't we get a beano up like the men do?'

'That's a good idea,' Florrie enthused. 'We could go ter Eppin' Forest an' stop at a pub.'

Maisie stroked her chin. 'They don't like women goin' in pubs, Flo. Will they let us in?'

Florrie waved Maisie's reservations aside with a sweep of her arm. 'It's different when yer go on beanos. There's a pub on the way ter Eppin' where the trippers pull up, an' they let yer buy drinks an' sit out on the grass. There's a special bar fer women. I've bin there so I know.'

Aggie looked thoughtful. 'I've never bin in a pub before, 'cept the snug bar at the Kings Arms,' she said. 'P'raps we could 'ire one o' them new-fangled motor charabangs if we save up enough money.'

Florrie looked doubtful. 'I don't fink we could get enough money fer that, Aggie. We might be able ter get an' 'orse-an'-cart. Galloway'll let us 'ave one, won't 'e, Nell?'

'I should fink so,' Nellie replied. ''E won't let us 'ave it fer nuffink though, knowin' 'im. Still, I could see Will. Long as they don't let ole Sharkey drive it. That bloke's always pissed. My Will reckons 'e'll be one o' the first ter go if any o' the men do get put orf.'

Florrie put down her empty cup. 'Right then, I'll put the word round the street an' see 'ow many names we get.'

'I'll talk ter Will soon as 'e's finished work,' Nellie promised.

The tea party finally broke up, and while Nellie turned her attention to the empty teacups, Maisie left to do the huge pile of washing and ironing she had taken in and Aggie hurried home to put the duster over her spotless front parlour. Florrie meanwhile went away eagerly looking forward to starting on her list for the beano.

Carrie Tanner was looking forward to her eighteenth birthday, aware of the feelings stirring inside her. Often when she met Billy Sullivan on the street her stomach churned and she felt her breath coming fast as he stopped to talk, but there were times when she felt uncomfortable and miserable and was uneasy about seeing him. From listening to the other girls at the factory talking about the monthly curse she knew that they had similar feelings. She

172

had also heard from listening to the older women that babies were made at certain times of the month and there were times when it was more likely to happen than not. The information she gleaned had left Carrie feeling confused. She had been experiencing her menses for some years now and knew what to do about them, but she had not been able to bring herself to ask her mother about how to avoid becoming pregnant.

It was lunch time and Wilson's workers were sitting in the ground-floor room eating their sandwiches when the subject of babies came up again. Freda Lawton was talking about the time she got pregnant.

'I went ter see this ole woman,' she was saying. 'The bloke what got me pregnant told me about 'er an' 'e reckoned she could get rid of it. I was only about two months gorn when I went ter see 'er an' I tell yer, the 'ouse stunk ter 'igh 'eaven. She was a scruffy ole cow wiv long straggly 'air. She looked like an ole witch. Anyway she give me this stuff ter drink. It tasted so 'orrible I was nearly sick right there an' then. She told me ter go 'ome an' 'ave a good soak in the tub. Trouble was, when I got 'ome me muvver was boilin' the clothes in the copper so I 'ad ter put the stew-pot on the fire. It took bloody ages an' before I 'ad enough water fer the tin barf I was sick. Me stomach was burnin' an' me muvver called the doctor in. 'E reckoned I'd bin poisoned. Anyway it never stopped me 'avin' me baby.'

Jessica shook her head. 'Some o' those people who get rid o' babies ought ter be locked up,' she scowled. 'There was this gel in Bacon Street Buildin's who got 'erself pregnant an' she went ter this place in Bermondsey Lane. This woman give 'er somefink ter drink, then she put this long knittin'-needle inside 'er. Nearly killed the poor cow she did. They couldn't stop the bleedin' an' she was carted orf ter Guy's. If I ever got pregnant wivout bein' married, Gawd ferbid, I'd sooner bear the shame than get rid of it.'

Freda nodded in agreement. 'Us workin' gels ain't got much of a life when yer come ter fink of it. We go ter work till we find a bloke an' get married, an' then we're pregnant in no time. Some are lucky an' don't 'ave many kids but ovvers 'ave one every year. The woman what delivered my baby was tellin' me about this young gel what kept gettin' pregnant. Ten kids she 'ad by the time she was twenty-seven. The woman told me she delivered every one, an' she told me that when she went ter the first confinement the gel didn't know a fing about 'ow babies get born. She even asked 'er 'ow the baby was gonna get out.'

Carrie had been listening intently to the conversation and she remembered some of the things she had heard said about birth control and limiting the amount of children in families. One of the women speakers at the suffragette meetings had mentioned setting up clinics for pregnant women and giving women more information about how to prevent unwanted babies. Carrie found herself becoming more and more confused as she listened to her friends. For some time now she had been thinking about what would happen if she walked out with Billy Sullivan and he tried to make love to her. What would he do if she said no?

'Would you let a boy 'ave 'is way wiv yer before yer got married, Carrie?' Jessica asked suddenly, interrupting her troubled thoughts.

Carrie shook her head. 'I couldn't. I'd be too frightened in case I fell fer a baby. What about you, Jess, would yer let a boy make love wiv you?'

'No fear,' Jessica replied quickly. 'If I got meself pregnant me farvver would chuck me out, I know 'e would.'

Freda smiled cynically. 'I remember sayin' that once, but I still got put in the pudden club. We're all the same. We say one fing an' mean anuvver. Take me. I was sure I wouldn't let a bloke take advantage o' me but I was wrong. I went out wiv this good-lookin' bloke an' I was feelin' good at the time an' 'e was very gentle. I remember it well. We was in the park an' 'e was gettin' 'andy. I told 'im ter stop it but 'e knew I didn't really want 'im to. Funny fing was,

174

when we got around ter doin' it, I remember feelin'
disappointed. It wasn't as good as I expected. I never went
out wiv 'im after that one night, and as soon as 'e 'eard I
was fallen 'e was off ter sea!'

'S'posin' yer liked a feller,' Carrie said to Freda, 'really
liked 'im a lot an' 'e asked yer ter walk out wiv im? Would
yer let 'im 'ave 'is way in case 'e never asked yer out again?'

Freda shook her head. 'I don't know, Carrie,' she
answered. 'It all depends on 'ow yer feel at the time.
Sometimes yer can say no an' mean it, an' ovver times yer
tingle all over an' yer feel like yer on fire. All I know is,
if yer do manage ter say no an' the bloke don't ask yer out
anymore, yer ain't missin' much. Any bloke who finks that
way ain't werf 'avin' in the first place.'

The whistle sounded and as they all trooped back to their
work benches, Carrie found herself feeling more confused
than ever.

Jack Oxford was feeling very pleased with himself as he
trudged through the foggy February evening to Abbey
Street. Ever since his accident he had moved from place to
place, sleeping in doss-houses and on park benches during
the summer, but now he had found himself a regular place
to stay. He had always thought himself fortunate in having
a steady job which at least allowed him to have a full belly,
but how much nicer it was now to go into a warm house
and sit down to a hot meal beside a roaring fire. Now there
was no more worrying about getting his boots stolen or his
pockets picked while he slept. Now he could go to bed
between clean sheets and get a wash and shave without
having to wait his turn to use the grimy stone sinks in the
doss-house.

Jack had been very lucky to find Mrs Cuthbertson. She
was a big, motherly woman with red hair and a wide smile
whose wayward husband had suddenly left her for a younger
and prettier woman. After a few weeks of dejection and

loneliness Amy Cuthbertson had quickly pulled herself together. She had a large house in Abbey Street which she had inherited, and a little money put aside. She also had a shrewd mind and realised that there was money to be made by taking in working men as lodgers. Amy's one failing was her weakness for stout, and when she was suitably fortified with a few bottles of the dark brew she became very passionate. More than one lodger had left her house due to her excessive demands upon him, and after each rejection she grew more determined than ever to find someone who would give her a little loving as well as the weekly rent. Amy had a strong streak of compassion in her make-up, and when Jack Oxford appeared on the scene it served him just a little too well.

There were three other lodgers in the house before Jack arrived but they were younger men who had come over from Ireland to work on building the railways and they usually kept themselves aloof from Amy. She liked older men, and when she spotted the yard man sitting mournfully on a park bench in Bermondsey Church Gardens one evening with a bottle of ale for comfort she was intrigued. The man looked as though he was earning a living by the state of his boots, and his sorrowful look prompted her to approach him. When she enquired casually about his general health and well-being Jack told her his past life history, his current position, and his intention of doing away with himself if things did not look up.

Amy had heard enough. She suggested to him that he might lodge in her house. That evening the yard man went to inspect his prospective room in Abbey Street and gave her one week's rent there and then. As the days passed Amy Cuthbertson became more and more kindly disposed towards her lodger, and one evening she plied him with stout and took the startled inebriate to her bed.

The new arrangement suited Jack Oxford admirably, and Amy too.

176

As he walked home through the fog along Abbey Street, Jack whistled to himself. The house was warm as he let himself in and he could smell mutton stew cooking.

'I'm in the scullery, deary. Tea's nearly ready,' Amy called out.

Jack ambled into the front room and flopped down in an armchair with a blissful sigh. He just could not believe how lucky he was.

Across the street Arthur Cuthbertson shifted his position in the shop doorway and scowled as he stared over at the house. Some of the people in the neighbourhood were still friendly with Arthur, and from what one of them had told him he had good reason to worry. Amy had found herself a bloke and they appeared to be very happy, he had been informed. Since his new lady friend had walked out on him, Arthur had realised he made a mistake in leaving Amy. He had been intending to go back to her cap in hand, hoping for a reconciliation, but this seemed unlikely now that she had found herself a new man. Well, there was only one thing to do, he decided. Amy's lodger would have to be frightened off if there was to be any chance of getting back with her. He would give them time to have their tea and then he would make an appearance, he told himself, fingering the piece of lead piping which was tucked into his wide leather belt.

After he had finished his meal Jack settled himself beside the fire and rested his feet on the brass fender. He sighed contentedly as he leaned back and closed his eyes, not taking any notice as Amy got up to answer the loud knock.

Her scream brought him upright in his chair, and as the bulky figure of Arthur pushed his way into the room brandishing a length of lead piping in his large fist Jack knew instantly that he was in serious trouble.

'So you're the whoreson who's took 'er from me, are yer?' Arthur growled at him, moving around the table to get at him.

'I ain't done nuffink,' Jack cried, trying to keep the table between him and his assailant.

'If I get 'old o' yer I'll maim yer, yer dirty ole goat!' Arthur yelled.

Amy was trying to hold her estranged husband back, with little success. 'Leave 'im alone, yer cowson!' she screamed. 'Yer pissed orf an' left me fer yer fancy bit an' now yer want me back. Well, I ain't takin' yer back, yer scruffy git. Go on, get out!'

Amy's outburst only made Arthur more incensed and he brought the lead pipe down on the table with a loud crash. 'Keep still, yer dopey bastard!' he roared at Jack. 'Let me get at yer! I'll do fer yer, I swear I will!'

With Amy holding on to Arthur's arm, the terrified yard man saw his chance to escape. He made a sudden dash for the front door and stumbled out into the foggy street. By the time Arthur had freed his arm Jack was halfway along Abbey Street, looking over his shoulder fearfully as he hurried along, his stockinged feet pattering over the wet cobbles.

Jack Oxford's cosy evenings had been terminated by the sudden appearance of Amy's wayward husband, and as he leaned against a gaslamp to catch his breath he pondered over what he should do next. It was no night to be sleeping rough, he thought with a shudder, and it was unlikely he would be able to get a bed at a doss-house now. There was only one thing to do, he decided. It would have to be the Druid Street arches.

Jack hobbled on along Abbey Street and turned into Druid Street. The fog was getting thicker now and he cursed his luck as he slipped into a narrow alley and then shuffled over rotting garbage and rubbish. He could see the glow of a fire ahead and then the huddled figures sitting around it. 'Any chance of a warm?' he asked timorously as he reached the group.

'Why if it ain't ole Jack Oxford,' one of the men said,

grinning widely as he saw Jack's stockinged feet. 'Sit yerself down, mate. Wanna drop o' soup? It's bacon bones an' 'tater peelin's an there's a couple o' crusts left.'

Jack sat down on the plank of wood which served as a bench and rubbed his sore and frozen feet as he looked around at the four men. They were all familiar to him beneath their beards and unwashed faces. The man who had welcomed him handed over a tin of watery liquid and a stale crust of bread which Jack accepted gratefully. He had eaten his fill earlier but the cold had penetrated up from his feet. As he sipped the hot, greasy soup and chewed on the bread, he felt a little less sorry for himself.

'What 'appened ter yer boots, mate?' the man asked.

Jack felt a little embarrassed about telling them the full story and shrugged his shoulders. 'They wore out,' he said simply.

The man facing him chuckled through his huge black beard. 'We're all wearing out, friend,' he said, poking a stick into the fire and putting it to his stained clay pipe. 'Trouble is, it's always the wrong way round. We wear out from the ground upwards. I've always said we should start the other way round.'

Jack's host nudged him with his elbow. 'Bernie's a clever old cock. 'E used ter teach the kids at Webb Street ragged school, didn't yer, Bern?'

The bearded man stared into the fire not hearing, his pipe locked between thumb and forefinger. ''Twould be a mite more merciful that way,' he said quietly. 'When the mind goes, the rest doesn't matter. Just think, we could sit here in front of the fire in sublime ignorance. We would neither understand nor care about the circumstances of our plight. We'd all be happy souls, indeed we would.'

'Bernie lost 'is position at the school, didn't yer, Bern?' Jack's friend remarked.

'The great poets understood,' Bernie went on, ignoring

the interruptions. 'Milton, Shakespeare and the like. They were all aware.'

Jack yawned. He did not understand what Bernie was saying but he was aware of one thing: he was not going to chance going back to Amy's house to collect his boots, not now that her maniac of a husband had returned. The bacon-bone and potato soup had warmed his insides and the heat of the fire felt pleasant on his aching feet. Maybe he should never have forsaken the doss-houses for Amy's place, he reflected. At least he could have protected his boots with the bedposts. Jack closed his eyes and soon sleep blotted out the circumstances of his plight.

At the Tanners' house William was lounging in his chair and Nellie was sitting facing him, busily darning a sock. 'Yer not goin' in the yard ternight, are yer, luv?' she asked.

William shook his head. 'There's no need,' he said. 'Everyfing's all right.'

Nellie got on with her darning and William closed his eyes. It was a habit he had adopted when he wanted to think. Nellie was always quick to notice when he was worried and by feigning sleep he could mull over his problems without being disturbed.

It was something Geoffrey had said that morning which was worrying him. 'I think the old man should seriously consider buying a couple of motor vans, Will,' he had remarked. 'Most of the carters are getting them. If we fall behind we're going to be left to pick up the work no one else wants, and at a lower price.'

William pondered his own position. He had worked with horses since he was a boy and had spent more than twenty-seven years with Galloway's. He knew nothing of motor transport, and if the horses went so would his job. George might let him stay on, but for what? Would he end up taking over Jack Oxford's job? Then there was the home the family lived in. What would happen if he was put out of work?

Galloway would no doubt employ someone to look after the motor vans and might well offer that person their house as an inducement.

William's forehead wrinkled as he thought about his future and he shifted uneasily in the chair. Nellie had been looking at him for a while. She lowered her eyes again to her darning. She knew that when her husband slept, he snored. He was awake and there was something troubling him, she knew. Will was always loath to talk about his worries and had been that way ever since she had known him. How long was it now? she thought suddenly. Almost nineteen years since they had walked down the aisle at Bermondsey Church. Then Will had been a handsome young man with a proud swagger. He was a good man who had provided for her and the children and she had tried to make him happy during their years together.

She winced as she pricked herself with the darning needle, and as she sucked on her finger wished there was a way to soothe her troubled thoughts. Unlike her husband, she was always ready to discuss and share her troubles. There was only one occasion when she had been unable to confide in him, and it had caused her so much pain and anguish ever since. But William would neither have understood nor forgiven her. She would never be able to unburden herself to him and the secret would have to remain locked inside her until the day she died.

The fog cleared by dawn and the morning sky was clear. By seven thirty all the horse carts had left but there was still no sign of Jack Oxford. At eight o'clock Florrie Axford was just about to whiten her front doorstep when she saw the yard man hobbling down Page Street with sacking wrapped around his feet. 'Gawd 'elp us, Jack!' she exclaimed. 'What yer done ter yer boots?'

He scowled at her. 'I lost 'em,' he replied quickly.

'Lost 'em? Did somebody nick 'em in the kip 'ouse?' she enquired.

The sorry-looking man nodded and hobbled on, leaving Florrie wondering who would be hard-up enough to bother taking Oxford's size thirteens.

Jack managed to slip into the yard without being spotted by anyone apart from Horace Gallagher, who was looking out of the office window as he hobbled in. The ageing accountant turned to William Tanner who was sitting at a desk going through the worksheets. 'Jack Oxford's just come in,' he said, a puzzled look on this thin face. 'He's got his feet wrapped up in sacking. I'm sure the man's going barmy.'

William sighed as he got up to investigate. As he left the office, he was hailed by a large woman who was standing at the gate.

'Excuse me, mister, but could you give this to Mr Oxford please?' she asked, handing him a crumpled bag. 'I tried ter catch 'im up but 'e was too far in front.'

William eventually located Jack in the store shed and watched, bemused, while the yard man took out a pair of boots from the paper bag and found a piece of paper rolled up in one of them. Jack's face screwed up as he glanced at the note. ''Ere, Will, can yer tell me what this ses?' he asked. 'I've never bin one fer readin' an' writin'.'

William read the message, struggling to keep a straight face:

Dear Jack,
Sorry things had to work out this way. Also I'm sorry if my Arthur scared you. He's not a violent man really, and I don't think he would have hit you with that piping. I'm taking him back and we are going to try to make a go of it. He said he still loves me. Look after yourself. You're a very nice man.
Love, Amy

William handed the note back. 'So yer lost yer digs then, Jack?'

'Yeah, but it don't matter, Will,' the yard man replied. 'I've got me ole bed back at the doss-'ouse. I went ter see the bloke this mornin', that's why I was late. He said I could 'ave me bed back on one condition.'

'Oh, an' what's that?'

'On condition I always scrape the 'orse shit orf me boots afore I go in,' Jack said, grinning widely.

Chapter Thirteen

Carrie Tanner was feeling nervous as she waited on the street corner for Billy Sullivan. It was a warm Saturday afternoon in July and the first time she had walked out with a boy. It was true she had got to know Billy and had chatted to him on many occasions but this was her first time out alone in his company, she realised. It had come as a pleasant surprise when she stopped to talk to him on her way home from the factory two nights ago and he had asked if she would like to walk out with him. Carrie felt a very grown-up eighteen as she pushed her wide summer bonnet down on to her head and fidgeted with the satin bow on the front of her tight-fitting dress. Her long fair hair was hanging loose down her back and her high-buttoned boots of patent leather shone in the bright sunlight. She felt a little breathless as she saw Billy leave his house and walk quickly towards her. The bodice of her dress felt tight and she remembered how she had needed her mother to help her button it up.

Carrie smiled as she recalled the remarks her mother had made about her choice of dress. 'It's too tight and it shows yer bust off too much,' she said. 'It's cut a bit too low as well. Respectable girls don't show their wares. I think I ought ter put a few tacks in the front.'

Carrie had managed to persuade her that the dress was not too revealing and that she could not bear to be wrapped for winter on a fine summer's day. Her mother had relented but had been careful to point out the dangers facing a young girl when she was in the company of a young man such as Billy Sullivan.

''E's a good-lookin' boy, an' 'e's full of 'imself. Yer gotta be careful, Carrie,' she fussed. 'Boys don't 'ave ter face nuffing when they get a gel pregnant. It's us what 'ave ter bear the shame an' disgrace. They jus' brag about it. Jus' be careful, an' don't let 'im take no liberties, understand, gel?'

Carrie laughed at her mother's fears. 'We're only goin' ter the park, Mum. Billy said there's an 'orse show there this afternoon an' 'e knows I like ter see the 'orses.'

Nellie had sighed as she watched her daughter leave the house and trip gaily along the cobbled turning. She had grown up so quickly, she thought. Maybe it was for the best that she was now beginning to take an interest in boys. The suffragette movement had been taking up most of her time and she was much too young to get involved in that sort of thing. Carrie had often spoken of those well-dressed women who devoted all their energies to the cause and they sounded a strange lot. There had been much made about it in the papers and at the music halls. Nellie remembered when Will had taken her to the South London Music Hall at the Elephant and Castle a couple of weeks ago and they watched a sketch about the suffragettes. They had been depicted as cigar-smoking women who dressed in monocles and wore their hair short and parted like men. They had eyed younger, pretty girls and made naughty suggestions to them as they put their arms about them. Nellie recalled how disgusted she was and how concerned she had been for her daughter. William had laughed it off when she confided her fears to him about her daughter's involvement with women like that, but she knew he shared her concern.

As Billy walked up to her with a wide smile on his face, Carrie forgot her mother's anxieties. She was feeling good, and the young man looked very smart in his dark grey single-breasted suit, starched collar and wide-knotted tie, she

186

thought. Billy was not wearing a hat and his dark, curly hair was pushed back from his forehead. His deep blue eyes seemed to sparkle as he appraised her.

'Yer look very pretty,' he said as he fell into step beside her.

'Yer look smart yerself,' she replied, feeling her cheeks flush at her audacity.

They crossed Jamaica Road and walked the short distance to Southwark Park with Billy moving dutifully to the outside of the pavement. When they reached the park they saw the gaily decorated horses and carts going through the gates and Carrie gripped Billy's arm excitedly as she saw the two heavy dray-horses from the Courage brewery enter, pulling a shining, red-painted cart. Inside the park the contestants were manoeuvring into position on the wide gravel path and folk were milling around, the women wearing wide, flowered bonnets and many carrying parasols. The men were all dressed in suits and some wore bowler hats. Children laughed loudly as they rolled around in the grass, and a military brass band played lively music.

'They're shire-'orses,' Carrie said, pointing to the brewery drays. 'Those are cobs pullin' that 'ay cart an' that's a Clydesdale. We've got two o' them at the yard.'

Billy laughed at her excitement and took her by the arm as they walked along the edge of the path. Carrie felt his touch and shivered slightly. It was the first time they had made any real contact with each other and she could feel the heat of his hand. Billy led her past the parade and over towards the bandstand where the musicians sweated under their stiff uniforms as they blasted out a military march. Carrie stood amongst the gathering crowd and was aware of Billy standing very close behind her. She could feel his breath on the back of her neck and the pressure of his hand on her arm. She found herself becoming strangely elated and turned her head to face him. His blue eyes were looking deeply into hers and she averted her gaze, trying to look as though she was fascinated by the music. Billy merely smiled and led her away from the bandstand, his eyes fixed on her hot face as they walked slowly towards the flower gardens.

The sky was azure and the sun beat down on the gravel path as they entered the high, trellised area, and soon found a shaded bench seat beneath a deep pink flowering clematis. They sat close together and Billy took her hands in his.

'Yer know yer've got pretty lips,' he remarked, his smile making her feel as though he were mocking her.

She lowered her eyes, and her heart jumped as he slowly leaned forward and kissed her softly. Carrie kept her lips shut tight and her eyes closed until their lips parted, then she looked him firmly in the eye.

'You're very forward, Billy,' she said, two patches of red flooding her cheeks.

He laughed aloud. 'Yer didn't mind, did yer?'

Carrie averted her eyes. 'I dunno,' she said quickly, becoming more embarrassed beneath his searching gaze. 'It's our first time out tergevver.'

Billy leaned back on the bench and slipped his arm along the back rail so that it rested against her slim shoulders. She moved forward and he sat up straight again, taking her hand in his. 'Do I frighten yer, Carrie?' he said.

''Course not,' she replied, looking suitably indignant. 'It's jus' . . . well, a gel's gotta be careful. I wouldn't want yer ter fink I'm too forward.'

His lips moved towards hers again but she moved back and he sighed deeply. 'Look, Carrie,' he said quietly, 'I've known yer fer a long time an' I've always liked yer a lot. There's no 'arm in me kissin' yer. We're not doin' anyfing wrong.'

She looked at him, her eyes searching his open face. 'I know. It's jus' that I like yer too, an' I'm nervous,' she told him. 'Yer make me feel shaky an' sort of funny inside. I can't 'elp it.'

He leaned forward and this time she did not resist. Their

188

lips met in a warm kiss and his arms went around her tensed body. They heard a scraping sound on the flagstones and parted suddenly. A woman had walked into the garden area carrying a young baby in her arms. She sat down on the far seat, cooing to the baby melodiously.

Billy grinned at Carrie. 'Let's go an' watch the parade, shall we?'

The afternoon had become slightly cooler as the hot sun started to dip in the clear sky, and tired children were being led home by their fussing parents. The show horses and carts had already departed and it was becoming quiet. Carrie walked beside Billy and they talked together amiably.

'I wanna get ter be a good boxer, Carrie,' he said with a serious expression. 'I'll even be the British champion one day. I don't wanna spend the rest o' me life stuck in that factory. I want people ter see me in the street an' say, "There goes Billy Sullivan. 'E's the British champion." I want the kids ter run up ter me an' I'll give 'em pennies jus' like Pedlar Palmer does.'

'Who's Pedlar Palmer?' Carrie asked.

'Pedlar Palmer is the champion,' Billy answered quickly. 'When 'e's seen about there's always people followin' 'im. 'E gives the kids sweets and chucks pennies down on the pavement. Everybody knows Pedlar Palmer. They even say 'e's goin' ter America soon ter fight fer the world title. That's what I wanna do, Carrie,' he said with passion, making two fists and holding them out in front of him. 'It's all I ever wanted ter do.'

She was a little embarrassed by his fervour and smiled shyly at him. 'Don't yer wanna get married one day?' she asked. 'Don't yer want a wife an' kids?'

Billy nodded. ''Course I do, Carrie, but I don't wanna be nobody. I don't wanna struggle like me dad 'as ter fend fer us all. Look around yer. Look at Bacon Street Buildin's an' that fever-ridden slum in Salisbury Street.

189

Look at the faces o' those people. They've all got that same look o' despair. The women are old before their time an' the men are all coughin' up their lungs an' spittin' in the gutter. Look at the people beggin' fer coppers, an' the kids 'angin' around in rags wiv that starved look on their faces. It's not fer me, Carrie,' he said with a will.

She was moved and roused by his outspokenness. She herself had felt those same feelings of disgust and anger growing inside her at the way people around her were forced to exist. She had been angered too by the way in which the suffragette movement was being ridiculed and discounted by her own kind. It seemed to her that unless women got the vote nothing would change. People would still remain in fever-ridden hovels and women would continue to grow old before their time, having to bear the brunt of bringing up large families and struggling to make the money stretch from week to week by taking in washing, scrubbing floors and going without food and clothes themselves. Billy's words had moved her and, companionably, she slipped her arm in his as they walked out of the park gates.

It was evening time and the sun had sunk down behind the rooftops as Carrie walked beside Billy along the river wall. The quiet warehouses were darkened by lengthening shadows and she could smell the river mud and the tang of hops from the brewery. The low river flowed away eastwards. On the foreshore barges were lying beached on the mud. Seagulls wheeled and dived, screeching noisily as they searched for scraps, and the muddy waters eddied and formed small whirlpools on the turning tide. Carrie sighed contentedly as she looked downriver and saw the colours of evening disappear from the sky. It had been very nice walking out with Billy and listening to his dreams. She had been startled by his sudden show of affection but she had enjoyed his kiss. Now, as they trod the cobbled lane that ran between the tall wharves and warehouses, they both lapsed into silence. They were completely alone and their footsteps sounded loudly as they reached the white stone arch which led under Tower Bridge.

It was then that Billy led her into the shadows of a doorway and turned to face her, his body close to hers. Carrie's heart was pounding madly and her breath was coming fast. She let him press his lips on hers in a passionate kiss that seemed to linger forever. She knew she should push him away and hurry from this unfamiliar, dark place but instead she let the kiss go on. She felt his hands moving down her body, slowly at first and then more urgently. Warning bells sounded loudly in her mind and as his groping hands slipped around inside her thighs she tensed and pushed him from her.

'No, Billy! No!' she cried, feeling as though the day had suddenly been spoiled.

He ignored her protestations as his lips sought her neck. His broad chest pressed against her and she felt helpless in his firm hold on her. He was breathing heavily now. 'Let me love yer, Carrie,' he gasped. 'Let me make love ter yer.'

She had become confused and frightened by his excitement and her whole body was shaking. It was wrong, she told herself. She had let him go on for too long and now he was holding her so tightly that it hurt. With a gasp, she finally managed to push him away. He sagged against the wall watching her warily.

Carrie pulled at her dress and reached behind her for her bonnet which was hanging from her neck on its pink ribbon. 'Yer took advantage of me, Billy!' she said angrily. 'Yer tried ter make love ter me.'

He gave a grin as he moved away from the wall and straightened himself. 'I'm sorry, but I couldn't 'elp it. Yer really are very pretty, Carrie,' he said smoothly.

'We'd better get on 'ome,' she replied, feeling that the magic of the day had now gone.

They walked out from the narrow cobbled lane into Dockhead and along to Jamaica Road. They were both quiet, and when Billy glanced at her occasionally she returned his looks with a hardness in her eyes. It had been so nice in the park, she thought regretfully. They had talked freely of their hopes and aspirations, and it had felt so romantic when they sat together in the flower garden. It was her fault, she told herself. She should never have let him kiss her like that. Now he must be feeling cheated and angry inside at not being able to go further. Well, she was angry too. He had led her on and taken advantage of her naivety, and if she had not stopped him . . . He had tried to seduce her on their first time out together without considering her feelings and she was angry at his heedlessness. Mary at the factory had warned her of the way in which young men treated their lady friends. She knew that deep down she had wanted him to go on, to hold her and caress her body, but he had seemed to care only about his own passion and almost forgotten about her. She realised he would be angry now and would not feel like asking her to walk out with him any more. Well, she didn't care, she told herself. One day she would give herself fully to a man, when she was ready to receive love and when it was the right time for her.

As the two walked back into Page Street, Carrie could see her mother standing at the front door. Florrie Axford was sitting in a rickety chair by her door talking to Maisie and Aggie. Billy's mother Sadie was standing on the doorstep of her house, idly watching children playing hopscotch, and another group of women were chatting together on the bend of the turning. Billy had said nothing on the way back to the street and when they reached his house his younger brothers ran up to him. He gave Carrie a shrug of his shoulders and walked off down the turning.

As the summer light faded and darkness settled over the quiet square, Nora Flynn hummed contentedly. The evening meal had been a happy affair with the boys laughing and joking together and Josephine managing to capture her father's interest for a while. Nora was happy that George seemed to be taking more notice of his only daughter now. It was hard for the child to grow up without a real mother, she thought, though she herself had tried to give Josephine love and protect her from certain things. The girl was thirteen now and growing up very pretty. Unlike her older brothers who were dark and favoured their father, Josephine had her mother's fair hair and deep blue eyes. She had her mother's good nature too, and seemed popular with the other young girls who lived in the immediate neighbourhood.

Nora had been careful in her new relationship with the girl's father. She had not wanted it to be known that George was sleeping in her bed but the two young men of the house had realised some time ago and were happy for her, since they had grown to love her almost as much as their own mother. Josephine, on the other hand, was still very much a child and Nora had insisted to George that she must not be made aware of their liaison. Now, as she tidied up the dining room and folded the embroidered table-cloth, Nora could hear George talking to his sons in the front room. She took one more look about her before going upstairs to her embroidery.

In the large front room the heavy curtains had been drawn and the gaslamp turned high. George Galloway sat back in his armchair with a glass of Scotch at his elbow and a lighted cigar in his hand. He was much heavier in build than his two sons, having put on quite a lot of weight over the years, and he had re-grown his moustache which tended to make him look older than his fifty-three years. His face was heavy-jowled and flushed with the whisky and his dark eyes seemed to be half-closed as he eyed his sons. Facing him, Geoffrey sat back in his comfortable chair and idly twirled the contents of his glass as he listened to his father. Next to him sat his younger brother Frank, dressed for his evening out. There was a remarkable likeness between the boys who could have been mistaken for twins. Both had dark, wavy hair, although Frank was the heavier by almost a stone. Their eyes were dark and deep-set, their features clean and fine-cut.

'I'm aware we've gotta be lookin' ter the future,' George said, puffing on his cigar. 'What I don't accept though is that 'orses are finished. Take the army, fer instance. They're gettin' motor lorries but their 'orses are still crucial, although they don't get 'em from me now,' he added ruefully. 'I know that 'Atcher's an' some o' the ovver carters 'ave got motor vans but they're bigger concerns than us. Besides, where're we gonna keep the vans if we get a couple? There's no room in the yard an' the turnin's too narrer. Christ, I'd be 'avin' anuvver demonstration on me 'ands if I brought motor vans in the turnin'.'

Geoffrey prodded the sheaf of papers on his lap. 'That's what I mean about getting another yard,' he said. 'There's a list here of possible sites and they're all going reasonably cheap. In a year or two prices are going to climb, what with all the space needed. Now's the time to buy or lease some land, while there's a slump. We could still run the yard at Page Street for a couple of years, then we could sell out at a nice profit. I agree with you that the yard's too small for our future needs, that's why I'm suggesting we get another site now.'

'Geoffrey's right, Father,' Frank cut in. 'The slump won't last more than a year or two and then there's going to be a rush for business. It seems to me that you can't afford to wait much longer.'

George puffed nervously on his cigar. 'What yer sayin' is that we go over ter motors an' get rid of all the 'orses?'

Geoffrey shook his head. 'Not for a couple of years. We could pick up the longer-distance cartage with two motors and still see out the existing contracts. But if we don't move, we're going to get left behind. That's a stone certainty, the way I see it,' he concluded, leaning back in his chair.

George took the bottle of Scotch from the table at his

elbow and replenished his glass. Geoffrey refused the offer of a refill but Frank took the proffered bottle and poured himself a large measure. For a while George was silent as he sipped his drink.

''Ave you two considered the ovver side o' the coin?' he asked suddenly. Their blank stares prompted him to go on. 'Take the firms what's goin' over ter motor transport. They'll be chasin' after the distance work 'cos that's where they're gonna make their money. But motors are no good round the dock lanes an' they're bloody unreliable as well, by all accounts. Yer need ter remember also that yer gotta pay the van drivers more money ter drive the noisy fings. 'Orses are reliable. If yer feed and care for 'em, they'll work till they drop, an' never complain. Take my word fer it, there's gonna be some good contracts comin' up fer 'orse transport durin' the next few years, I wanna be in from the off wiv my bids, an' when some o' the motor firms go out o' business *that'll* be the time ter step in wiv an offer, fer the business and the land. In the meantime we'll carry on the way we've bin goin'. All right?'

His two sons nodded, each knowing that their father had made up his mind and there would be no shifting him. Frank got up and stretched in a leisurely fashion.

'Well, I'd better be off,' he said with a grin. 'I'm joining a party and we're going to a first night. As I said before, Geoff, you're welcome to tag along. Who knows? You might meet some sweet young thing.'

Geoffrey declined the offer with a smile and a shake of his head. 'I've got other plans tonight,' he said casually.

On Sunday morning Page Street was up and about, and at nine o'clock William Tanner went into the stable yard and harnessed one of the Welsh cobs. At nine-thirty a sleepy-eyed Soapy Symonds trudged into the turning to the ribald comments of the women and drove an open cart out of the yard.

Florrie Axford was organising the women and she had something to say to Soapy as he sat up in the seat with the reins slack in his hands. 'Oi! 'Ow we gonna get up there?'

Soapy was recovering slowly from his Saturday night at the Kings Arms. 'Jump up. That's what I 'ad ter do,' he grumbled, miserable at having allowed himself to be talked into driving the women on their outing.

Florrie gave him a vile look and hurried into her house to get a chair. Soapy sat motionless while Florrie and Nellie Tanner did the roll-call.

'There's only fifteen. Who's missin'?' Florrie asked.

Aggie Temple came hurrying along the turning. 'Sorry I'm late. I couldn't find me bonnet,' she puffed.

Finally the women were all in position, sitting along both sides of the cart on two benches they had borrowed from the church hall. They were all wearing flowered bonnets, with the exception of Sadie Sullivan who had on an emerald green Bo Beep hat. Getting into the cart had been difficult for the revellers as they were all wearing long cotton dresses, but they were in good spirits as the cart moved off along the cobbled turning, watched by the male population who waved and joked with them. Soapy Symonds was feeling slightly better after Florrie had given him a swig from a bottle of ale, and he perked up no end when Aggie told him the women were going to pass the hat round on his behalf if he gave them a comfortable ride.

The journey was interrupted first by a water stop for the horse, and then at the roadside for the women to stretch their legs and pop behind the bushes. Soapy had been given his orders by Florrie: 'Oi, you! No peepin' or I'll complain ter Galloway when we get 'ome.'

At last the happy merry-makers arrived at Epping Forest and Soapy turned the cart on to a side road which led directly into the greenery. He jumped down from his high seat, and after he had assisted the women from the back of the cart,

Florrie presented him with a pint of ale which he downed almost in one gulp.

White tablecloths were laid out on the grass and the women sat down to their picnic. There was cheese, brawn and boiled bacon, freshly baked bread and margarine, cockles and shrimps, and jellied pork pies. There was ample liquid refreshment too, and as the food was devoured and bottles of ale and stout were attacked the party got under way. One of the women strummed on a banjo and Aggie did her impression of a clog dance. At the side of the path the horse munched on his oats and occasionally turned his head at the noise. Soapy had retired some way from the main group and opened his third bottle of ale, burping loudly as he swallowed large draughts.

It was later in the day when the first mishap occurred. Maggie Jones and Ida Bromsgrove went off to pick blackberries, and when Maggie fell into the brambles and got herself hopelessly entangled her friend ran back to get help. It took some time to release the unfortunate woman but she was unhurt, although her new dress had been ripped in places. It was not long after that when Aggie Temple slipped during one of her more vigorous dancing routines and sprained her ankle. Help was at hand however, and Nellie tore off strips from her petticoat and bound up Aggie's ankle after first soaking the makeshift bandages in ale.

The day remained fine and warm and the revellers from Page Street wished that it could last forever, but when the sun began to go down the women decided they would have to leave their idyllic surroundings and return to grimy Bermondsey. As they gathered the remains of the food and drink and loaded them on to the cart they realised they were being observed by two elderly women who stood on the path nearby. They were wearing tweeds and smart hats, and each carried a cane hiking stick.

Maisie Dougall was by now feeling merry from the

197

amount of ale she had consumed. She waved over to the women. 'Fancy a swig, luvs?' she said in a slurred voice.

'Good God, I do believe they're gypsies,' the younger of the two whispered to her friend.

'I don't think so, Pearl,' the older woman replied. 'I think they're factory girls from London. Isn't it disgusting the way they're carrying on?'

Pearl sniffed contemptuously as she dabbed at her neatly coiffured hair. 'They've been drinking, Maud. I think it's absolutely nauseating.'

Maisie had walked over to the outraged women. She held out a quart bottle of stout. ''Ere, gels, why don't yer try a drop? Yer can't beat a good drop o' stout,' she said, blinking in the effort to focus her eyes on them.

'Take that nasty bottle away this minute, do you hear me?' the older woman cried.

Maisie looked crestfallen. She turned to Sadie Sullivan who had walked over to see what was going on. 'They don't wanna drink, Sadie.'

Sadie's large face was flushed under her bright green hat and she scowled as she observed the disapproving look on the two hikers' faces. 'Well, if yer don't wanna be sociable, yer better piss orf out of it,' she said quickly, thrusting out her chin.

The two frightened women hurried off without a word and Sadie put her arm around Maisie's shoulders as they walked back to their group. 'Don't worry, gel,' she grinned. 'Them sort ain't used ter seein' a load of ole sloshers like us.'

Meanwhile there had been a serious discussion taking place over the supine figure of Soapy, who was snoring loudly.

'What're we gonna do?' Aggie groaned, stroking her bandaged ankle.

'It's no good, I've tried ter wake 'im but 'e's too pissed,' Florrie said, shaking her head. 'There's only one fing ter do. Give us an 'and, gels.'

After Soapy had been unceremoniously thrown into the back of the cart, Nellie took charge. Having to drive the cart did not worry her. She had often gone out on trips with William in the past and he had let her take the reins. The horse was fetched from its resting-place under a clump of trees and tethered to the cart, and when all the women had clambered aboard and Aggie had been made comfortable with her damaged leg resting across Soapy, they started for home. A few hours later a tired, happy bunch of wassailers finally drove into Page Street by the bright silver light of a full moon.

1910

Chapter Fourteen

Early in 1910 an outbreak of diphtheria in the nearby Salisbury Street slums spread to Page Street. Two of the smaller Sullivan boys caught the disease, as did Maisie Dougall's younger son. For days the children's parents could do nothing but wait and pray. When the crisis had passed and the three children began to recover everyone hoped that the scourge had left, but it was not to be. Mrs Jones lost her daughter, Mrs Carmody lost a son, and in Bacon Street Buildings four children died. The tragedies left a terrible scar on the hard-up families, and with the menfolk falling out of work and food prices rising there seemed little to instil hope into the drab lives of the Bermondsey folk. Anger and bad feelings were running high, and activists were beginning to make themselves heard in their efforts to get something done about the slum dwellings in the area. Salisbury Street was a major target for the campaigners, as was Bacon Street Buildings. Meetings took place in church halls, school buildings and on street corners, and the local councillors were roundly berated. The suffragettes were actively stepping up their campaign to win the vote for women and were trying ever more fervently to persuade people that their votes would force change and improve the lives of everyone.

Carrie Tanner had called on her friend Sara Knight at her home in Bacon Street Buildings often during the diphtheria outbreak and she had been moved to tears as she saw the funeral processions leaving Bacon Street. Her sadness and anger found release in the women's movement and she was now becoming more and more dedicated to the cause. She attended every march and meeting she could and volunteered to carry one of the heavy banners, along with Mary and her two friends Jessica and Freda. Local newspapers had been quick to realise that the suffragette movement was gaining many dedicated followers amongst working-class girls and they ran stories and interviews. The *South London Press* and the *Kentish Mercury* were regularly reporting events and publicising the marches to their readers, and support for the women's movement grew.

Nevertheless, there were still many people who viewed the movement in a very unfavourable light, and at Wilson's leather factory the management issued a threat. A notice was pinned up beside the time-clock which read: 'As full-time working has been resumed, any future absenteeism due to taking part in suffragette marches will result in instant dismissal'.

'Well, I don't care,' Mary said firmly as she punched in her time-card. 'I fer one ain't gonna bow ter that sort of intimidation. As far as I'm concerned, the movement comes first, so sod 'em all.'

'What we gonna do about Friday's march, Carrie?' a worried Jessica asked her friend.

'I feel the same way as Mary. I'm not gonna be stopped by that notice,' Carrie replied angrily.

'Nor am I,' Freda said firmly. 'If they sack us, we'll jus' 'ave ter go ter Peek Freans or the tin-bashers. They always seem ter be takin' workers on. Ter tell yer the trufe, I don't fancy workin' in a metal factory, what wiv the noise an' that, but I can't afford ter be out o' collar.'

Mary had a sly grin on her wide face as she turned to Carrie. 'I wonder if the local papers'll be interested in that notice?' she remarked.

On Friday morning the management met to discuss the absence of four of their workers and the disappearance of the warning notice.

'It's going to be embarrassing if the newspapers get hold of that notice,' the personnel manager, Mr Wilkins, remarked. 'It's likely to reflect badly on our good name.'

'I wouldn't worry too much about our good name,' the elderly managing director, Mr Gore, cut in. 'We're an old established business with a good employment record. We don't have strikes at our factory because the workers enjoy good working conditions, and better wages than any of our competitors in Bermondsey, I might add. I think many people are getting a little tired of the suffragettes and the disruption their marches cause. As far as this firm is concerned, our position has been made clear. We can't afford to let our girls go off on those ridiculous marches just when it suits them. In any case, we're within our rights.'

'I take it the four young women will be dismissed then?' the works manager queried, glancing at Mr Wilkins.

Mr Gore nodded emphatically. 'Are there any voices against enforcing our ruling?' he asked, looking round the table quickly. The silence gave him the answer he required and he looked at the personnel manager. 'I take it you'll be able to deal with it, Mr Wilkins,' he said brusquely as he got up and walked out of the room.

The rest of the gathering exchanged glances. 'This could cause trouble,' the works manager, Mr Faraday, remarked. 'The old man was talking about our strike-free record. I think we're likely to lose that. There's been some unrest on the shopfloor since that notice went up.'

Mr Wilkins nodded his agreement. 'I warned him about taking too hard a line. We could have just stopped the day's pay. Sacking the girls is going to give us more trouble than we bargained for, mark my words.'

'We could have spoken up and opposed him,' Mr Hopgood, the chief accountant said timidly.

'Well, we didn't, so there's no point harping on it now,' Wilkins said. 'We'll just have to wait and see what happens next.'

*   *   *

Across the river on Tower Hill that bright spring morning the four workers from Wilson's leather factory were collecting their banners for the big march on Parliament, in blissful disregard of their possible fate. Mary was becoming excited. She pointed to a group of women in aprons and white hats. 'Look over there, ' she enthused. 'They're the matchbox gels from Bryant and May's.'

Smartly dressed organisers were hurrying to and fro, distinctive in their armbands showing the letters 'WSPU'. They wore long dark satin dresses with ruffled sleeves tapering at the wrist and all had on wide hats and patent leather boots. In contrast, the factory girls and women from the working areas of London wore long shabby dresses or factory aprons and bonnets.

There was a mood of solidarity and quiet determination as the column finally set off along Eastcheap and into Cannon Street. Carrie carried a poster that showed apron-clad women with raised hands. The wording above the picture announced, 'The Women's Social and Political Union', and beneath the picture was the statement, 'Women demand the right to vote. The pledge of citizenship and basis of all liberty'. Carrie walked proudly beside Mary who was sharing a large banner with Freda, and Jessica strode alongside with a smaller banner to herself. As they progressed along the busy thoroughfare the chant went up, 'Votes for Women!' City workers and fish porters stood watching at the roadside and occasionally an obscene comment was directed towards the column. Women looked down from open windows, cheering the marchers and shouting encouragement. Policemen flanked the column, looking totally disinterested, and up ahead traffic came to a standstill as the campaigners crossed into Fleet Street.

Carrie's arms were beginning to ache. She glanced across to Mary. The young woman's plump face was flushed and she was chanting loudly as she strode along. Carrie grinned to herself. What was going to happen if they lost their jobs at the factory? she wondered suddenly. Her mother had warned her of the possible consequences and would no doubt have much to say, although her father would probably shrug his shoulders and leave the chastisement to Nellie.

The procession moved along the Strand, crossed the south side of Trafalgar Square and turned left into Whitehall, where more police were waiting. Freda leaned towards Carrie with a worried look on her pale face. 'I wonder if they'll try an' stop us before we get ter Parliament?' she said.

Mary heard the comment. 'They can't do that. We're allowed ter lobby, long as we don't cause trouble,' she announced, giving the policeman walking beside her a mean glance.

The suffragettes finally arrived at the looming tower of Big Ben and the column halted while two of the organisers spoke with police at the gates of the House of Commons. Carrie could see the two women walking into the courtyard, flanked between two policemen. She rested her banner against her leg. Mary was sweating profusely and both Jessica and Freda looked tired from the long march.

The police seemed to be getting agitated as the traffic was being forced to divert around the marchers and there was some pushing and shoving going on. A group of women were protesting at being herded away from their vantage point outside Parliament, and as a policeman took one of them roughly by the arm and tried to remove her from the gates a scuffle suddenly broke out. Other women started to cry out against what seemed to be an unnecessary use of force and soon policemen surrounded the growing disturbance. Traffic was coming to a standstill in Parliament Square as the orderly lines disintegrated into a swarming, chaotic throng. Policemen's helmets became dislodged as the violence grew worse. The matchbox women were in the thick of the fray with fists flying.

Carrie picked up her banner and tried to follow her friends

to the safety of the central grassed square but a policeman grabbed her arm and yanked her towards the pavement where a Black Maria was parked. Suddenly Mary's heavy banner crashed down on his head, and as he stumbled Carrie pulled herself free.

'Quick, run!' screamed Mary, setting off in the direction of Westminster Bridge.

Carrie held her skirts up from her feet as she followed her friend, tearing across the road. When the two reached the foot of the bridge they leaned on the parapet, gasping for breath.

'They was after arrestin' those what was carryin' banners,' Mary said when she had recovered slightly. 'We better not stop 'ere.'

The skirmishes were spilling on to the entrance to the bridge by now and the two women could see some of the organisers being led away by policemen.

'Quick, let's cross over,' Carrie said, pulling on Mary's arm.

They dashed through the congested traffic, and at the entrance to Whitehall spotted Freda and Jessica who both looked distressed. Freda's dress was torn at the front and Jessica was crying. There seemed to be police everywhere. There was an officer standing near the four young women, carrying a battered helmet in his hand. When he spotted Mary, his face screwed up in anger.

'Come 'ere, you!' he shouted gruffly, beckoning her with his finger.

Mary backed away and turned to run but the angry policeman reached out and grabbed her. 'I'm arrestin' you fer assaultin' a police officer,' he growled.

Carrie stood directly in front of him and looked angrily into his flushed face. 'She ain't done nuffink,' she cried.

'Oh, I see. Yer both wanna be arrested, do yer?' he said, taking her arm.

Jessica and Freda had had enough trouble for one day.

They backed away and hurried off in the direction of the bridge. People were standing around watching the incident. One young man wearing a cap and red scarf walked up boldly and confronted the officer. 'Why don't yer leave 'em alone?' he said. 'They ain't doin' no 'arm.'

The policeman turned to the man. ''Oppit, or I'll run yer in as well,' he snarled.

Carrie could feel her heart pounding as she struggled in the policeman's strong grip and tried to prise his fingers from her arm with her free hand. She could see more policemen crossing the road in their direction and bit on her bottom lip. With a deft movement she reached up into her hair and pulled out a hat-pin. With a quick thrust she pushed it into the policeman's leg. He bellowed in pain and at the same time Mary kicked him on the shin. The sudden assault had disabled the policeman and the two young women broke free, holding hands as they dashed off across Westminster Bridge as fast as their legs could carry them.

Once over the river, and realising they had not been chased, the two stopped and leaned against a wall to recover.

'That was a smart fing ter do,' Mary laughed. 'Where did yer learn that trick?'

Carrie grinned. 'That's what Florrie Axford would 'ave done,' she replied.

'Florrie Axford?'

'Yeah. They call 'er "'airpin" Axford be'ind 'er back 'cos she stopped a fight once by stickin' 'er 'airpin in this bloke's leg,' Carrie explained.

'I wonder if Jessica an' Freda got away all right?' Mary asked presently.

Carrie nodded. 'I see 'em both runnin' over the bridge. I reckon they'll be 'ome by now.'

Suddenly they heard a shrill whistle. 'Wanna ride?' a voice cried out.

Carrie looked over and saw that a horse cart had pulled up by the kerb. The carman wore a cap and a red scarf.

'That was the fella who sauced that copper,' Carrie whispered to Mary.

The young man was grinning widely as he jumped from the cart and sauntered over to the girls. 'I see yer managed ter dodge 'em,' he remarked. 'Everybody was laughin' over the way yer bolted orf over the bridge. I was stuck in the traffic. I'd jus' jumped down ter stretch me legs when I saw yer get pulled up. Was yer really in the parade?' Carrie nodded and the young man's grin grew even broader. 'Well, I've never met any suffragettes before. I'm goin' ter Dock'ead if it's any good ter yer?'

'That'll suit us fine.' Carrie smiled and pushed Mary up on to the wheel hub and over the rave of the cart, before hoisting her skirt and clambering up after her.

They set off, with the young carman holding the reins slack and occasionally encouraging the horse by clicking his tongue. Mary and Carrie stood at the front of the cart, holding on to the back of the seat.

'Me dad always does that,' Carrie told him.

'Does what?'

'Makes clickin' noises ter make the 'orse gee up.'

'Is 'e a carman?' the young man asked.

''E used ter be,' she replied. ''E's a yard foreman now.'

'My name's Tommy Allen. What's yours?'

'I'm Carrie Tanner an' this is my friend Mary Caldwell. We work tergevver — well, we did,' Carrie added.

'What d'yer mean?'

'Our firm said they was gonna sack us if we went on the march,' Mary butted in.

'I reckon that's scand'lous,' Tommy remarked. 'I don't know a lot about those suffragette people meself but the way I see it they got a right ter march if they want to, that's what I say.'

Mary was not used to smiling at men but she made an exception in Tommy's case. 'I'm glad yer fink so,' she said.

The young carman jerked on the reins and the horse

quickened its pace as the Elephant and Castle junction came into sight. He turned and winked at Carrie. 'I 'ope yer don't mind me sayin', but ain't yer a bit young ter be suffragettes? I thought it was only them posh ole ladies who chained 'emselves ter railin's.'

Carrie smiled 'There's a lot o' young ladies in the movement,' she informed him. 'It's not only posh ladies what get involved. Me an' Mary go on all the marches. We carry banners too, don't we, Mary?'

She nodded her head vigorously and Tommy laughed. 'I saw the state o' that copper's 'elmet,' he said. 'Did yer really clout 'im?'

'Mary did. The copper was tryin' ter nick me an' she bashed 'im wiv 'er banner,' Carrie replied.

The cart rattled over the tram-lines at the Elephant junction and soon they reached the Bricklayers Arms. Tommy had become silent and Carrie studied him. He was about her own age, she guessed, and had a friendly smile and an open face. His dark hair was thick and curled over his ears, and his brown eyes seemed to light up when he smiled. He reminded her of those young gypsy men who worked at the fairgrounds and she smiled to herself. Many stories had been told about gypsies who travelled with the fairs and stole young maidens, hiding them in their gaily painted caravans. It was said that young girls had disappeared from Bermondsey in the past, never to be found.

One such story she had heard concerned a pretty young girl from Bermondsey who visited the fair at Blackheath one day and never returned. Her family were frantic and organised a search. Everyone was told to keep their eyes open for a pretty girl with long fair hair and a small red birthmark in the centre of her forehead. The police were called in and they looked for her amongst the caravan people at the fair, but without success. Every Easter the fair returned and every Easter the girl's parents visited the fair in the hope of finding their child.

211

After many years had passed the parents, who were now very old, went to the fair as usual and on this occasion decided to consult the fortune-teller. They duly crossed her palm with silver and asked her if it was likely they would ever see their daughter again. The gypsy fortune-teller stared down into her crystal and said they would see her before the day was out.

The couple waited around at the fair until it got dark and then, full of grief, went back to the gypsy woman. 'I can only tell you what I see in the crystal ball,' she said, lifting her head and pulling her headsquare back from her face. The elderly couple broke down in tears, for there, in the middle of her forehead, was a small, red birthmark.

Or so the story went, Carrie remembered, smiling to herself. She had never believed it, but she still felt it would be a good idea not to say anything about the lift she and Mary had got from the young carman with the Romany appearance.

Carrie Tanner and her three co-marchers had gone to work as usual on the Saturday following the march, only to be sent home again with instructions to report to the personnel office first thing on Monday morning. That weekend in the Tanner household there was much discussion of what was likely to happen.

Carrie's brother James had something to say. 'It's the sack. They'll sack yer fer sure,' he remarked. 'Stan's ter reason they're not gonna let yer go off on marches every time yer feel like it, are they?'

'I reckon they'll jus' tell yer off an' leave it at that,' Charlie said quietly. 'After all, they won't 'ave ter pay yer fer the day out. What they worryin' about?'

Carrie shook her head. 'They put up a notice warnin' us not ter go so I don't see they've got any choice now,' she replied.

'Pity yer didn't take any notice o' the warnin',' James

said, leaning back in his chair with his thumbs hooked through his braces.

'All right, don't get nasty,' William cut in. 'Carrie's made 'er choice an' she's gotta accept the consequences. It's no good us lot 'arpin' on about 'er gettin' the sack. There's ovver jobs goin', anyway.'

'Like where? The bagwash?' Nellie remarked. 'As far as I'm concerned she shouldn't 'ave gone on the march in the first place. It turned inter a bloody rabble accordin' ter the newspapers. It's a wonder she never got locked up.'

William glanced quickly at Nellie, entreating her with his eyes not to upset their daughter. 'I don't fink they'll sack 'em,' he said encouragingly. 'Lot's o' women are marchin' these days. Most firms understand what's 'appenin' an' don't go in fer sackin' their workers jus' 'cos they take time off. If yer ask me, I fink they'll eventually get the vote. All right it won't be this year, or even next, but it's gotta come one day.'

Danny had been quietly thumbing his way through a comic. He looked up suddenly. 'Billy Sullivan said a lot o' them suffragettes are toffee-nosed ole bats who ain't got nuffink better ter do,' he declared.

'You shut yer noise an' get on wiv yer comic,' Carrie retorted angrily. 'I don't care what Billy Sullivan 'as ter say.'

Nellie and William exchanged glances. They were both aware that Carrie had not walked out with the young Sullivan since that one time when they visited the horse show together, and Nellie had intimated to her husband, 'I fink 'e tried somefing on, Will. Carrie looked a little bit agitated when she got back that evenin'.'

William had been less suspicious. 'I fink she's too wrapped up in that suffragette movement ter be interested in boys,' he remarked. 'It's a shame if that is the case, though. She's a pretty young fing an' I'd 'ave thought the lads would be callin' round by now.'

Nellie had tried to broach the subject with Carrie but had

met with little response. Nevertheless, her daughter's reticence only furthered her suspicions that something had happened that afternoon. Carrie was certainly pretty and well developed, Nellie brooded, trying to convince herself that her daughter was sensible enough to know what was right and wrong. Lads like Billy Sullivan could be expected to try it on with a pretty girl, and if they didn't get their own way might well choose not to come calling. Saying no to a young man was difficult sometimes, she thought. Getting pregnant was easy.

Danny's innocent comment had made Carrie feel miserable. It was a long time now since she and Billy had gone to the park together. She had wanted to keep their friendship alive but the young man seemed to have other ideas. True he still talked to her in the street and appeared not to have been unduly upset by her rejecting his advances, but he had not bothered to ask her out again. He seemed to be more and more wrapped up in boxing, and the last time they had spoken he had said he was getting ready to have his first fight for money at the Blackfriars Ring. It had been difficult at first, Carrie recalled. She would have been happy for him to ask her out again, but it was not to be. Maybe girls like her missed their chances by being careful. Would other young men she might meet in the future feel like Billy and lose interest if she did not let them go all the way? Freda had not said no and she soon fell for a baby. Jessica had said she would get thrown out of her home if she became pregnant. What would happen if she got pregnant herself? Would the family be able to live down the disgrace, or would they disown her?

The thoughts tumbling around in Carrie's mind made her feel more troubled and she fidgeted in her chair. Perhaps it wasn't her shyness and refusal to let him take advantage of her that had persuaded Billy not to ask her out again. Maybe it was her involvement in the movement which had put him off. Danny had said that Billy thought of all suffragettes as toffee-nosed. Well, if that was the case then Billy Sullivan was not worth worrying over. One day she would meet a young man who did not mind her going on marches and being dedicated to improving the lot of women. In the meantime she would forget boys and concentrate her efforts on doing what she thought was right, even if it meant losing her job.

On Monday morning Carrie was prepared for the worst as she walked to work. When she reached the factory entrance, she saw Mary talking to Jessica and Freda. They gave her a wry smile and Mary pushed her glasses further up on her nose. 'C'mon then, let's get the bad news.'

An embarrassed-looking Mr Wilkins was fussing with a sheaf of papers as the four young women were ushered into his office. He avoided meeting their eyes as he delivered the news by reading from a prepared document. 'The company has decided that as you chose to ignore the company notice and absented yourselves from work on Friday of last week to take part in a suffragette march, there is no alternative but to terminate your employment forthwith.'

The young women looked at each other and then Mary leaned forward over the desk. 'Sod the lot o' yer then, an' tell that ole goat Gore we 'ope 'e chokes on 'is supper.'

Chapter Fifteen

Fifteen minutes after work was due to begin on Monday morning, the management of Wilson's factory was summoned urgently to the boardroom.

'What do you mean, they won't start work, Wilkins?' the managing director growled. 'Get them back this minute. Time's money, in case it slipped your mind.'

'But they won't budge, sir,' Mr Wilkins said meekly. 'As soon as they heard of the dismissals, they marched out into the street. I tried to talk them into going back but all I got was abuse.'

'Faraday, go and tell them to get back or I'll sack the lot of them,' the managing director said in a loud voice.

The works manager left the office, feeling apprehensive and wishing that the boss would do his own dirty work.

Down in the street the workforce were milling around the entrance, laughing and joking. When they saw Mr Faraday, they became quiet.

'Who's the leader of this protest?' he asked, looking from one to the other.

A tall, thin young woman pushed her way to the front. 'There's no leader, Mr Faraday,' she said. 'We're all agreed on this. If the management don't take our work-mates back, we ain't gonna start work neivver. It's as simple as that.'

'Oh no it's not!' Mr Faraday replied. 'If you lot don't go in immediately, I'm empowered to sack everyone.'

'Well, if that's what yer gotta do yer better do it, 'cos

we ain't budgin', so yer can piss orf,' the young woman said firmly.

Mr Faraday turned back into the factory to the jeers of the girls. He was met at the boardroom door by a very angry managing director.

'Why aren't they back, Faraday?' he demanded.

'They won't move unless we reinstate the four who were sacked,' he sighed. 'They actually told me to piss off.'

Mr Gore's face became dark, and with an angry scowl he hurried to the window and peered down into the street. 'It's blackmail. I'm being put over a barrel,' he growled. 'Well, I won't submit. Sack them all, Wilkins.'

'But how are we . . .?'

'Don't argue, man. Sack them, I said.'

His secretary popped her head around the door. 'The *South London Press* and the *Kentish Mercury* have both phoned in, sir. They want to check that we actually put up the notice. Would you like to talk to them?'

'Oh my God!' he wailed. 'Yes, all right, Mrs Jones, I'll speak to them.' He turned back to his management with a heavy sigh. 'Now then, let's look at the situation calmly. We're all unanimous that our decision stands, I take it?'

The rest of the management was shocked to learn that it was now a group decision but refrained from making any comment, except to nod meekly. Only Mr Wilkins hesitated and he was quickly brought into line.

'Come on, Wilkins, what's it to be? Instant dismissal for the whole workforce?'

Once again the browbeaten personnel manager opened his mouth to speak but was shut up immediately.

'Right then, you get down and deliver the ultimatum. Back to work forthwith or the sack, got it?'

Mr Wilkins was afraid that he was going to get it but he nodded and prepared to face the workers once more. He had barely risen from the table when he was stopped in his tracks by the sound of loud voices in the corridor. A protesting Mrs Jones appeared in the doorway to be brushed aside immediately by a large woman wearing a twill dress and a high bonnet with black buttons sewn along one side. Her hair was cut short to her neck and her dark eyes glared like two burning coals. 'My name is Barbara Lennox-Leeds. I'm the secretary of the South London branch of the WSPU and I wish to speak to the managing director,' she said in a loud but cultured voice.

'I'm Harold Gore. What can I do for you?' the managing director said quickly, looking warily at the large woman.

The intruder stood with hands on hips, fixing him with her intimidating stare. 'Am I right in thinking that you have taken it on yourself to dismiss four young women in your employ for taking part in a march on Friday?' she boomed.

'That's right, I did, not that it's any concern of yours,' Gore replied sharply.

'What happens to my members *is* my concern,' the woman rebuked him. 'Mr Gore, I think I should make one thing perfectly clear. The suffragette movement, in which I am proud to serve, is campaigning for women to take their rightful place in society. When that happens, and when women get the vote, they will use their powers to right the wrongs in our society and ensure that never again will they be treated merely as the chattels of men. Never again . . .'

'What is it you want, Mrs Lennox, er, Lees?' Mr Gore cut in.

'The name is Lennox-Leeds. Miss Lennox-Leeds,' she bellowed. 'As I was saying before you rudely interrupted me, never again will women be reduced to suffering in silence as the unpaid servants of men. They will . . .'

'Look, Miss Lennox-Lees, I understand what you're saying, but what exactly is the purpose of your visit?' Mr Gore asked irritably.

'Lennox-Leeds,' she corrected him again. 'The purpose of my visit is to ask you to reconsider your decision to punish my members for taking part in the cause.'

219

Harold Gore glanced quickly at the wide-eyed and open-mouthed management team and dismissed them with a nod of his head. After they had hurriedly departed, he waved his visitor to a chair.

'Let me make one thing quite clear,' he began. 'I'm running a business — which, I might add, has been going through a bad time during the past twelve months. We have just reverted to full-time operation and I can't afford to let my workers take time off to attend marches, however strongly they feel about things. Discipline has to be maintained and if I don't reinforce my position the company will founder. In short, my dear, the answer is no, I will not reconsider.'

Miss Lennox-Leeds stood up quickly, glaring across the desk at him. 'I'm not your dear,' she bellowed, 'and you will kindly listen to what I have to say. Unless those four young women are reinstated immediately, the WSPU will see to it that steps are taken which will put your company right back into dire circumstances. In short, Mr Gore, your company may very well founder. I hope I've made myself quite clear?'

Harold Gore stood up quickly and matched his unwelcome visitor in a hard stare. 'Are you threatening me?' he demanded.

'No, I am not,' she replied. 'I am stating the obvious. If you cannot or will not act in a sensible and realistic manner then I will inform the press, the local member of Parliament, ward councillors, your competitors, and anyone else who will listen, that your company is openly demonstrating its opposition to the suffragette movement by victimising members of your workforce who support it. Furthermore, we the WSPU will mount daily pickets outside your premises, suitably armed with banners and posters. Now do your worst, and may you live to regret it.'

Harold Gore stood open-mouthed as the large woman turned on her heel and stormed out of his office, then he collapsed into his chair and rested his head in his hands. For a time he sat motionless. Finally he got up with a heavy sigh and called in his secretary. 'Get them back in here will you, Mrs Jones,' he groaned.

One morning in the first week of May, Florrie Axford hurried along Page Street and knocked on Maisie Dougall's front door.

''Ere Maisie, I was jus' goin' up the shop fer me snuff an' ole Bill Bailey stopped me,' she said, puffing from her exertion. '. id yer know the King's dead?'

aisie stood staring at Florrie for a few seconds and then her hand came up to her mouth. 'The King's dead?' she repeated.

Florrie nodded. 'I didn't believe Bill Bailey when 'e told me, ter tell yer the trufe. Yer know what a silly ole bleeder 'e is. Anyway, when I got ter the paper shop I see it fer meself. It's on the placards. 'E died o' pneumonia yesterday. The shop's sold out o' papers already.'

Maisie shook her head sadly. 'It jus' shows yer, Florrie. All the best doctors in the world ain't no use when yer number's up. 'E must 'ave 'ad the best ter look after 'im, it stan's ter reason.'

Florrie pinched her chin between her thumb and forefinger. 'I bin finkin'. It might be a good idea ter get the neighbours ter chip in wiv a few coppers.'

'Yer finkin' we should send 'im a wreaf then?' Maisie asked.

'No, yer silly mare. I mean fer the kids,' Florrie replied forcefully, and seeing Maisie's puzzled look she sighed with exasperation. 'A party. That's what I'm talkin' about. We should 'ave a street party fer the kids.'

Maisie shook her head. She had been present at Bridie Phelan's wake and she remembered how shocking it was to see the fiddler playing beside the coffin and the singing mourners gathered there in the room with glasses of whisky in their hands. 'It wouldn't be right, Florrie,' she said reverently. 'I said so at Bridie Phelan's send orf an' I ain't changed me mind. I fink it's wicked ter get pissed at such a time.'

Florrie reached into her coat pocket for her snuff-box. 'What are yer talkin' about, Mais?' she grated, tapping her finger on the silver lid. 'I reckon it's a good idea ter celebrate the coronation wiv a party fer the kids. We've got plenty o' time ter save up fer it.'

Maisie's face relaxed into a wide grin. 'I see,' she laughed. 'A coronation party. I thought yer was on about a funeral party, like the one they done fer Bridie.'

Florrie had taken a pinch of snuff and was searching for her handkerchief. 'Gawd, Maisie, yer do get yer stays in a tangle sometimes,' she said with a resigned sigh. 'There's bound ter be a coronation, an' we ought ter celebrate. After all, it'll be somefink ter look forward to.'

Maudie Mycroft was hurrying along the turning towards them and Florrie reached out quickly and touched her friend's arm. 'I can't stand 'ere goin' on about the King, Maisie. I'll see yer later.'

As Florrie hurried off, Maisie turned to greet Maudie. 'I jus' 'eard the news. I fink we ought ter 'ave a party fer the kids, don't you, gel?'

Maudie was about to tell Maisie that Grandfather O'Shea had finally expired and that her husband was off work with shingles, and she wondered how on earth that gave them cause to have a party.

During the summer months of 1910 there was trouble at the Galloway yard. A lucrative contract with a leather firm had been terminated and complaints had been coming in from the rum merchant's about the general conduct of the hired carmen. Trouble came to a head when the managing director of the rum merchant's phoned personally to complain that two of Galloway's carmen had refused to cross a picket line at the docks and that as a consequence bottling was at a standstill.

George Galloway had had enough. When he drove his trap into the yard on Monday morning, his face was dark with anger. 'What's bin goin' on?' he stormed.

William shrugged his shoulders. 'There's a stoppage at the Rum Quay,' he replied. 'It started on Friday mornin' and it's not bin resolved. I've sent Symonds and Morris out but it's likely they'll be turned back.'

George brought his fist down on the desk. 'I've 'ad the top man on ter me about those two bloody troublemakers. 'E told me they've got casual labour workin' on the quay an' there's two loads o' rum casks waitin' fer collection. Why didn't Morris an' Symonds go through the pickets? The police would 'ave seen to it there'd be no trouble loading.'

William shook his head. 'It's not as easy as that, George,' he answered. 'If our carmen 'ad passed those pickets, we'd be in trouble later on. Most o' the ovver cartage firms around 'ere 'ave gone union. None o' them 'ave crossed the picket lines.'

'I'm not interested in what the ovver firms do,' growled George.

William pulled up a chair and sat down facing his employer. 'I know yer've always bin against the unions, George, but yer gotta face the facts. We'd be blacklisted if we pulled a load off the quay while there was a stoppage. It'd mean the loss o' the contract. Surely yer can understand that?'

Galloway's face was set in a hard scowl. 'Those dockers 'ave tried that little trick before an' it didn't work. Don't ferget they get a call-on every mornin' an' the troublemakers are left on the cobbles. I don't fink we've got much ter worry about on that score. What I am worried about is the complaints I've been gettin' about those two dopey gits o' mine. Apparently Soapy's bin gettin' at the rum an' givin' the manager a load o' cheek, an' there've bin complaints about Sharkey. From what I've bin told 'e's bin makin' a nuisance of 'imself wiv one o' the women an' 'er ole man's bin up the firm sayin' 'e's gonna smash Sharkey's face in. On top o' that, both of them are none too careful wiv the loads. There was two casks damaged last week when they was unloaded, an' they've bin late gettin' back. If I'm not careful I'm gonna lose that contract an' I can't afford it, not on top o' that leavver contract I've jus' lost. If fings go on the way they are, I'm gonna be out o' business, Will.'

'All right,' Will said quietly, 'I'll 'ave a word wiv 'em when they get back.'

Galloway shook his head. 'No, I've 'ad enough from those two,' he said firmly. 'As a matter o' fact, I've sent young Geoffrey along ter the rum firm ter see if 'e can square fings up at that end. If Morris an' Symonds turn round outside the dock gates this mornin', I'm gonna sack the pair of 'em, an' that's final.'

'Yer bein' a bit drastic, ain't yer?' Will ventured. 'They've both bin wiv yer fer years. Why don't yer let me talk to 'em first?'

Galloway rounded on his foreman. 'What good would that do?' he asked loudly. 'The trouble wiv you, Will, is yer too easy wiv 'em. It was the same when I wanted ter sack Oxford. I've got a business ter run. I can't afford ter let sentiment cloud me finkin'.'

William shrank back slightly in his chair, and sighed. 'That's always bin the difference between us, George,' he said quietly. 'I could never run a business, but I know 'ow ter 'andle the men. I've kept the peace 'ere fer more years than I care ter remember, an' it's not always bin easy. There's a lot o' discontent over yer refusin' ter let the union in an' if yer sack those two carmen it's all gonna blow up in yer face, mark my words.'

Galloway glared at his foreman. 'I don't see I've got any

224

choice. It's them or the contract. Tell me, what would you do in my position?'

'I'd swop the jobs around,' William replied quickly. 'I'd put Lofty Russell an' Ted Derbyshire on the rum contract. Sid Bristow could switch ter the 'ops in place o' Russell, an' let Morris an' Symonds do the fellmongers' contracts in place o' Derbyshire an' Bristow. That leaves the two new carmen fer the bits an' pieces as usual.'

George shook his head vigorously. 'It's too much disruption. I want it left as I've said. If those two drunken gits get sent back, I want 'em sacked. That's it, finished with.'

William stood up and walked to the door, then he turned to face Galloway, his hands thrust into his trouser pockets. 'You're the guv'nor, George. If that's what yer want, so be it. I'd jus' like yer ter remember that Sharkey an' Soapy are ole servants. If yer not careful, yer gonna 'ave a yard full o' casuals. What price yer contracts then?'

The firm's owner smiled briefly. 'When I started up in business I 'ad nuffink but casuals workin' fer me, except Albert Flynn, an' 'e got 'imself killed,' he said quietly. 'I worked long hours ter build up the business an' I 'ad ter make sacrifices. I didn't see much o' me kids when they were little an' that's somefink I've lived ter regret. I couldn't spend much time wiv Martha, Gawd rest 'er soul, an' I regret that too, but that's the price yer pay fer bein' in business. What I'm not prepared ter do is see the firm go down the drain over carmen who can't or won't do their jobs prop'ly, even if I end up wiv a yard full o' casuals again.'

William left the office without replying, and as he crossed the yard saw Geoffrey coming through the gates. The young man's expression was serious. He beckoned to the foreman. 'I've just come from the rum merchant's, Will,' he said. 'There's a full dock strike brewing and they're anxious to get their consignment today. Symonds and Morris are on their way to the docks. I just hope they get loaded. If they don't, we're in trouble.'

William smiled mirthlessly. 'That's jus' what yer farvver told me,' he replied. 'I 'ope they get loaded, fer their sakes. I've bin told ter sack the pair of 'em if they come back empty-'anded.'

Geoffrey winced. 'Did you argue with the old man?'

William raised his eyebrows. 'I tried ter talk 'im out of it but 'e's the guv'nor. 'E wouldn't be shifted. All I know is we'll be in trouble wiv the union if those two are put off, Geoff. It'll mean us bein' blacklisted at the docks. If our carmen get sent away, there's always ovver firms ter pick up the contracts.'

Geoffrey fidgeted with his tie. 'Would you let the men join the union if it was left to you?'

William nodded. 'Most o' the cartage firms around Bermondsey are unionised now. In time any non-union firm is gonna find it difficult ter get contracts. I've tried ter tell yer farvver that we'll be left wiv next ter nuffink unless 'e changes 'is mind, but 'e's determined ter go on as usual. 'E'll never change, unless it's forced on 'im.'

Geoffrey sighed heavily. 'I don't know what to suggest. The old man won't listen to me. I've wanted to bring a couple of lorries in as you know but he won't even consider the idea. I've been after him to get another yard too but he won't budge. I thought Frank would be able to persuade him otherwise but he couldn't make him see the sense in it.'

William had his own reservations about the firm becoming mechanised but he refrained from making any comment, merely shrugging his shoulders instead. It seemed to him that it would only be a matter of time before all horses were replaced by lorries, and he thought with foreboding about his own future. Working with horses had been his life ever since he had started work at fourteen. He had been with Galloway for over twenty-eight years now and it would count for nothing if all the horses went.

'It shouldn't make any difference to you if we do get motor vans in, Will,' Geoffrey said, as if reading his thoughts. 'There'll always be a place here for you. It'll just mean adapting to a new way of working.'

William realised that his anxiety must be obvious and hid his fears behind a smile. 'I'd better get back ter work.'

It was almost noon when Sharkey and Soapy drove their carts into the yard. 'We've bin sent back,' Soapy told the yard foreman. 'We got turned away at the dock gates an' the firm told us ter report back 'ere.'

William scratched his head in agitation. 'Couldn't yer go in the gates?' he asked.

Sharkey looked pained. 'I ain't crossin' no picket lines,' he asserted. 'It's all right fer that guv'nor at the rum firm ter talk. It's us what's gonna get set about.'

Soapy nodded his agreement. 'There was only a couple o' coppers outside the gates an' there was fousands o' dockers. We'd 'ave got slaughtered if we'd tried ter go in.'

William pulled the two carmen to one side. 'I was told ter sack the pair of yer if yer got sent back,' he said solemnly.

'Sack us!' Sharkey gasped, his ruddy face growing even more flushed. 'After all these years? I can't believe it.'

'I can,' Soapy jumped in, fixing William with his bleary eyes. 'Look at 'ow the ole bastard sacked the Blackwell bruvvers over that union business. Well, I ain't takin' it lyin' down. I'm gonna go along ter Tooley Street an' see the union blokes. I'll get it stopped, you see if I don't.'

'What can they do?' Sharkey grumbled. 'It ain't as though we was in the union ourselves.'

'They can make it awkward, that's what they can do,' Soapy answered. 'That's why the likes of 'Atcher an' Morgan let the union in. They 'ad the sense ter see what could 'appen. Trouble wiv Galloway is, 'e can't see no furvver than 'is poxy nose. Well, I 'ope the union does somefink about it. I'm gonna see 'em anyway.'

William held his hands up. 'Look, I'll 'ave anuvver word wiv the ole man,' he said quickly. 'Not that it'll do much good, but at least I'll try. You two wait 'ere.'

227

George had been talking on the phone. When William walked into the office, he slammed the receiver down on to its hook. 'That was the rum firm on the line,' he growled. 'They wasn't too 'appy, as yer might expect. Did yer tell those two lazy gits they're sacked?'

'That's what I wanted ter see yer about, George,' the foreman said, closing the door behind him. 'The union are not gonna let this trouble go away wivout tryin' ter do somefing about it.'

'Oh, an' what can they do?' George asked.

'If yer'd jus' listen fer a second yer'd realise there's a lot they can do,' William replied, feeling his anger rising. 'Fer a start yer won't get any more dock work. They'll see ter that. Yer won't get contracts from unionised firms neivver, an' yer gonna be left wiv all the work no ovver firm would entertain. All right, yer'd keep the fellmongers' contracts but who'd be 'appy doin' that sort o' work, apart from yer two new carmen? Let's face it, George, who'd cart those stinkin' skins fer you when they could get more money doin' the same job fer Morgan? If yer ask me I reckon yer bein' unreasonable askin' Sharkey and Soapy ter cross picket lines.'

'Oh, yer do, do yer?' George exclaimed sarcastically, his heavy-lidded eyes brightening with anger as he glared at William. 'What should I do? Pat 'em on the back an' tell 'em it was all right? It's a pity yer can't see my side o' fings fer a change. I'd expect yer ter show me a bit o' loyalty after all the years we've known each ovver. Yer paid ter run the yard, not ter be a nursemaid ter those lazy bastards o' mine.'

William felt his fists clenching and he drew in a deep breath in an effort to control his anger. 'I fink that's jus' what Sharkey an' Soapy might 'ave expected from you,' he replied quickly. 'They'd 'ave liked you ter show 'em a bit o' loyalty. As fer me, I run this yard the way I see fit. Yer 'orses are in good condition an' the carts are kept on the road. What's more, I keep the peace as best I can. If yer don't like the way I work, I suggest yer get yerself anuvver yard foreman.'

For a few moments the two glared at each other, then George slumped back in his chair and stroked his chin thoughtfully. 'Sometimes yer puzzle me, Will,' he said with a slight dismissive shake of his head. 'Yer willin' ter put yer job at risk fer a couple o' pissy carmen. It was the same when I was gonna sack Jack Oxford. Sometimes I wonder jus' where yer loyalties lie. All right, s'posin' I reconsider an' let yer change the work round — what would yer fink?'

'What d'yer mean?' William queried.

George leaned forward in his chair. 'Well, would yer fink yer could barter yer job against any future decisions I might make which you don't like? I tell yer now, if that's the case yer'd better fink again. I won't be 'eld ter ransom by you or anybody else. I make the decisions 'ere, jus' remember that. This time, though, I'll let yer 'ave yer way — but jus' fink on what I've said. Now yer'd better go out an' give them dopey pair the good news before I change me mind.'

Chapter Sixteen

Nellie Tanner was sitting having a chat with her friends from the street. 'It's bin a funny ole twelvemonth when yer come ter fink of it,' she remarked. It seemed to her that the year had been fraught with trouble of one sort or another, and she was eager to see the back of it. 'There was that trouble at Carrie's firm an' I felt sure she'd lost 'er job. It was touch an' go fer a while but fank Gawd it all worked out right in the end.'

Florrie Axford eased her lean frame back in the armchair and reached into her apron for her snuff. 'Yeah, it's not bin a very nice year one way an' anuvver. There was King Edward dyin' in May, an' all that short-time in the factories, then there was that comet flyin' over. That was May, wasn't it?'

Maisie Dougall put her hand to her cheek. 'Don't talk ter me about that comet,' she said. 'Maudie Mycroft drove me mad over that. She come inter my place worried out of 'er life, yer know 'ow she gets. Apparently 'er ole man frightened 'er by what 'e said. 'E told 'er that if it went off course and come down on us, that'd be the end o' the world. Mind, though, Maudie's as nervous as a kitten, she takes everyfing fer gospel. She was really upset when she come inter me. She said they was 'avin' prayers about it at the muvvers' meetin'.'

Florrie took a pinch of snuff from her tiny silver box and laid it on the back of her hand. 'That's the way the world's gonna end, accordin' ter the Bible,' she said, putting her

231

hand up to her nostrils and sniffing. 'I remember readin' somewhere in the Old Testament that the end of the world'll come like a thief in the night.'

Nellie took the large iron kettle from the hob and filled the teapot. 'I used ter read the Bible ter me muvver when I was a kid,' she said, slowly stirring the tea-leaves. 'I 'ad ter read a passage from it every night. She was very religious was my muvver. We used ter say grace before every meal an' she wouldn't allow no swearin' in the 'ouse, not from us anyway. She used ter let fly though, when me farvver come in drunk. She was a country lady, yer see, an' they say country people are very religious.'

Aggie Temple had been listening quietly to the conversation. She looked at Nellie. 'Royalty's s'posed ter be very religious,' she remarked. 'King Edward was by all accounts, an' so's the new King George. It ses in the paper they all go ter church every Sunday.'

'That don't make 'em religious,' Florrie cut in. 'They 'ave ter keep up appearances. Look at Sadie Sullivan. Every Sunday yer see 'er walkin' down the turnin' wiv 'er ole man an' the seven boys on their way ter Mass. She does 'er 'Ail Marys — an' then if anybody upsets 'er durin' the week, she'll clout 'em soon as wink.'

'She's quietened down a lot lately though,' Nellie replied. 'I fink that magistrate frightened 'er. 'E said the next time she goes in front of 'im, 'e's gonna send 'er down.'

Maisie nodded. 'Yer don't see 'er boys fightin' in the street the way they used to, do yer? They're all growin' up fast. Look at that Billy Sullivan. What a smart young fella 'e's turned out ter be. 'E's a boxer now, an' doin' very well, by all accounts. Is your Carrie still sweet on 'im, Nellie?' she asked.

Nellie shook her head. 'She only went out wiv 'im once. Nuffink come of it though. Mind you, I can't say as I was sorry. I wouldn't like my Carrie ter marry a boxer.'

When Nellie had filled the cups and passed them round,

Aggie stirred her tea thoughtfully. 'It's gonna be anuvver bad year,' she announced suddenly.

The women looked at her and Florrie laughed. 'Don't yer believe it! It's gonna be a lot better than this year, Aggie, jus' wait an' see,' she said with conviction.

Aggie shook her head. 'I always get *Old Moore's Almanac* every year, an' it said in there that next year's gonna be a bad one. It's nearly always right.'

Nellie sat down and brushed the front of her long skirt. ''Ave yer seen that paper they shove frew the door every month? *Lamplight* it's called. It's always sayin' the end o' the world is nigh.'

Maisie shifted position in her chair and folded her arms over her plump figure. 'Bleedin' Job's witness that is,' she said quickly.

'Don't yer mean Job's comforter?' Florrie laughed.

Maisie waved her hand in a dismissive gesture. 'Yer know what I mean. If yer take notice o' fings like that yer'd drive yerself inter an early grave. You take ole Mrs Brody who used ter live in Bacon Street. She was terrified o' them sort o' fings. I remember once when there was an eclipse an' the sun was blacked out. Middle o' the day it was. Anyway, she was convinced that it was the end o' the world. She got right down on 'er 'ands an' knees outside 'er front door an' prayed. Bloody sight it was. There was 'er on 'er knees an' 'er ole man staggerin' up the street, pissed as a pudden'. Singin' at the top of 'is voice 'e was. Mind yer, ole Mrs Brody frightened the life out of 'alf the turnin'. Mrs Kelly was cryin' an' ole Granny Perry was standin' by 'er front door wiv 'er shawl over 'er 'ead. All the kids run indoors, scared, an' there was Mrs Brody's ole man tryin' ter lift 'er up. "Get up, yer scatty ole cow," 'e said to 'er. "Who yer callin' a scatty ole cow?" she shouted. Wiv that she jumps up an' clouts 'im. 'E clouted 'er back, an' before yer knew it they was 'avin' a right ole bull an' cow. By that time the sun was out again an' everybody was at their doors watchin'. Gawd, I never laughed so much in all me life.'

When the laughter died down, Florrie raised her hand. ''Ere, talkin' about that, what about my ole man?' she began. 'The first one, I mean. 'E was a violent git. Well, one night 'e come 'ome from work pissed out of 'is mind. 'E used ter work at the brewery an' 'e was never sober, but this particular night 'e could 'ardly stand. 'E comes in an' flops down at the table. ''Where's me so-an'-so tea?'' 'e shouts out. I was in the scullery tryin' ter keep 'is meal 'ot an' I ses ter meself, ''Florrie, yer in fer a pastin' ternight.'' Tell yer the trufe, I was terrified of 'im. 'E'd bin givin' me a bad time an' I knew I couldn't stand anymore. Anyway, I looks around an' I spots this rat poison I'd put down by the back door. ''Right, yer bastard,'' I ses ter meself. ''I'm gonna do fer yer ternight.'' I sticks a bit o' this rat poison in the meat pudden' I'd made an' I gives 'im a sweet smile as I puts it down in front of 'im. 'E was lookin' a bit grey then an' I thought ter meself, Wait till yer eat the pie. All of a sudden 'e grabs at 'is stomach an' doubles up over the table. 'E was groanin' an' floppin' about in agony. Anyway, I got scared an' I run fer ole Doctor Kelly. Ter cut a long story short they rushed 'im away ter Guy's. Peritonitis it was. 'E was dead the next day. Gawd! Wasn't I glad 'e didn't touch that meal. It jus' shows yer 'ow desperate yer can get at times. Yer does fings wivout finkin'.'

The teacups had been refilled and the four friends sat together talking late into the afternoon. They discussed the weather, the coming festive season, children, and leaving the worst topic till last, the recent rent rise.

'Wouldn't yer fink that ole goat Galloway would 'ave waited till after Christmas ter put the rents up?' Florrie commented.

'What does 'e care?' Aggie said. 'The bleedin' roofs are leakin', the front doors don't shut prop'ly, then there's the

234

draughts comin' in them winders. I fink it's scand'lous ter charge ten shillin's a week fer our places.'

Maisie nodded. 'We'll 'ave ter nag 'im inter doin' somefing. Now 'e's put the rents up we've got a right ter complain, not that 'e'll give a sod about it,' she groaned.

Nellie felt a little guilty as she listened to her friends' grievances, and despite herself was slightly relieved when they finally left. The rent increase had not affected her but there was always a nagging doubt at the back of her mind that one day her husband would fall out with George Galloway and they would find themselves out on the street. In that event she would not be able to bring herself to plead on Will's behalf. She had done it once before and the memory still gave her many sleepless nights.

The new year started cold and damp, and throughout most of January mists drifted in from the river and swirled through the riverside backstreets. Cold and heavy, they blended with the thick yellow smoke from the chimneys and the air became choked with sulphur fumes. There seemed little to be optimistic about in the backstreets as news spread that there would be more short-time working and lay-offs. The docks and wharves were unusually quiet, even allowing for the time of year, and river workers hung about on street corners and outside dock gates, hoping for a day's work or even the odd half-day.

At Wilson's leather factory word had spread that short-time working was inevitable, and the factory girls shrugged their shoulders and prepared themselves for the worst. On the last Friday of January a notice was pinned up beside the time clock. It announced that a third of the workforce was to be made redundant. The girls clustered around the clock anxiously scanning the list, and when Carrie saw her name near the bottom she turned away feeling angry and depressed. Jessica's name was there as well as Freda's, but

Carrie had not caught sight of Mary's name amongst the thirty or so.

Freda cursed loudly when she spotted her name on the list. 'I knew we'd be on it,' she scowled. 'They've 'ad it in fer us ever since they 'ad ter take us back.'

Carrie scanned the list once more. 'That's funny,' she remarked. 'Mary's not down 'ere. I wonder why?'

Freda snorted. ''Cos they're crafty, that's why. We can't say we've all bin victimised now, can we?' she pointed out.

Jessica had a miserable look on her round face as the three went to their work bench. 'They didn't give us much time, did they?' she moaned. 'Next Monday we'll all be linin' up down the labour exchange. Well, I tell yer now, I'm not gonna work at that tin bashers. I'd sooner go on the game first.'

'Yer wouldn't earn much round 'ere, Jess,' Freda said, laughing. 'It's only tuppence a time down the alley beside the Star Music 'All.'

''Ow d'yer know what they charge?' Carrie asked with a grin on her face.

Freda kept a straight face as they seated themselves around the long wooden bench. 'Yer might laugh,' she began, 'but I knew a young girl who used ter be on the game. She was only about seventeen an' one night I met 'er on the stairs in our buildin's. She was goin' on about all the money she was earnin'. "Four an' tuppence I earned ternight," she said. "Who give yer the odd tuppence, Ellie?" I asked 'er. "All of 'em," she said. I tell yer straight, Jess, bein' on the game ain't an easy life.'

Their early morning high spirits soon disappeared as the shock of impending redundancy struck home, and the young women became despondent as they discussed the likelihood of finding other work.

'There'll be 'undreds down that labour exchange on Monday,' one of the girls moaned. 'This ain't the only firm puttin' people off, I 'eard that Bevin'tons an' Johnson

236

Bruvvers are puttin' their workers off. Gawd knows what we're gonna do.'

'Well, like I said, I ain't gonna work on no poxy tin machine,' Jessica stated. 'One o' the girls I know lost 'er fingers on a tin machine. There's the bloody noise ter contend wiv an' all. They reckon the noise o' those machines makes yer go stone deaf in time. I don't fink the tin bashers pay as much as this firm neivver.'

'Well, if it comes ter the worst I'm gonna let me fella get me pregnant,' another of the girls said. ''E'll 'ave ter marry me then an' I can let 'im keep me.'

'Don't be so sure,' Freda said quickly. 'I got pregnant when I was sixteen an' the farvver didn't keep me. In fact, I nearly ended up in the work'ouse.'

When the lunch-time whistle sounded the young women hurried from their work benches and gathered in the large room which they used for eating their sandwiches in when the weather was cold. Mary Caldwell approached the three friends with an angry look on her round flat face. 'I'm sorry yer gettin' put off,' she said. 'I was surprised they didn't put me on the list but they've done me no favours. Betty's got the sack.'

Carrie felt sorry for the young woman. Mary and Betty had become inseparable during the last few months and their relationship had become the talk of the factory.

'If that's not bad enough, they've put Mrs Loder on my floor,' Mary went on, looking miserable. 'I don't know if I can stand workin' wiv 'er. I'll end up walkin' out, I know I will.'

Carrie understood how Mary felt. Her friend's new workmate was known for her vitriolic tongue and she had openly condemned Mary's relationship with Betty. It seemed to Carrie that the new arrangement had been carefully thought out by the management in the hope that it would force Mary to do what she was threatening. Carrie looked around her as she ate her sandwiches. She had got to know all the girls during the five years or so that she had worked at the factory and it was going to be a wrench leaving on Friday. What was in store for her? she wondered. Would she be forced to work at one of the tin factories or in one of the local food canneries? She knew that whatever factory job she found it would be the same tedious slog, and began to feel more and more depressed.

At Galloway's yard the general slump had been taking effect, and on that cold Monday morning the firm's owner called his foreman into the office to tell him that the two casual carmen would be put off. There was more bad news too. Yet another leather firm which used Galloway's carts had announced that they would not be renewing their cartage contract.

'It's bad but there's nuffink I can do about it, Will. I'll 'ave ter put Lofty Russell an' Darbo off on Friday,' Galloway said, slumping down at his desk. 'I'm after a contract wiv the bacon curers. If I'm lucky, I'll take the two of 'em back, but there's nuffink definite yet.'

William shrugged his shoulders. He had fought the old man over jobs before but he knew that it was useless to try the way things were now. The mention of the new contract made him think, however, and he looked sharply at his boss. 'That's foreign bacon yer talkin' about, ain't it, George?' he said quickly.

Galloway nodded. 'If I get the work, it'll be local wharf collections,' he replied.

William sat down facing him. 'Are yer aware that if yer lucky wiv the contract the carmen'll need union tickets, especially if the bacon's comin' out of Mark Brown's Wharf? Those dockers there are pretty strict about who they load.'

Galloway nodded. 'I'll see to it they'll 'ave tickets,' he said in a low voice.

William was very surprised at his change of heart. George

had never entertained the idea of his carmen joining the union before and now he had agreed without a word. Things must be bad, he thought.

'I've already bin on ter Tooley Street an' the union official there said 'e'll look after it,' George added.

William hid his disgust. His employer and the union official had probably been out for a few drinks together and it was more than likely that George had lined the official's pocket, he reasoned.

Galloway was staring at him with a faint smile on his face and William had the feeling he was being mocked. He could not have divined the reason for Galloway's amusement accurately, however, for his boss said, 'By the way, Will, I've got a special job fer yer. I've bought an 'orse at the weekend. It's a Cleveland Bay an' I got it fer me trap. That pony I've got is goin' lame a lot an' I'm gettin' rid of it.'

'Yer not sendin' it ter the knacker's yard, are yer, George?' William asked.

His boss laughed. 'No, I've 'ad good use out o' Rusty an' I'm gonna put 'im out ter pasture. This Cleveland stands fifteen 'ands an' it's a lovely-lookin' 'orse. I got it fer a snip an' I want yer ter get it ready fer the trap.'

William glanced quickly at his employer. 'Yer mean it's not been in one before?'

George grinned. 'It 'as, but it kicked the traces. It's a devil, Will, but it's got a look about it. Yer know what I'm talkin' about. We've both been around 'orses all our lives an' we fink we know 'em, but suddenly one comes on the scene an' it quickens yer breath just ter look at it. This Cleveland's just like that. I was standin' at the sales at the weekend an' this bloke drives up in 'is trap. 'E jumped down an' started layin' inter the 'orse wiv 'is whip. Yer know me, I'm the same as you where 'orses are concerned. I 'ate ter see 'em ill-treated. Anyway, I 'ad a few words wiv the driver an' 'e told me that the nag 'ad almost killed 'im on a couple

239

of occasions. He reckoned there was Arab blood in the 'orse an' it wouldn't take ter the trap. It's bin gelded too.'

William felt his interest growing. 'Clevelands are good carriage 'orses as a rule,' he remarked. 'P'raps the bloke didn't know 'ow ter 'andle the 'orse?'

George shook his head. 'The man I'm talking about 'as got a cartage business in Peckham. 'E's bin round 'orses fer years an' 'e said 'e's never known a Cleveland ter act the way this one does. Well, I looked the 'orse over an' I was taken by it. Like I say, it was one o' those 'orses that come along once in a while. It was beautiful-lookin', lean an' frisky. It 'ad a look in its eye too. I couldn't resist it. I made 'im an offer an' the bloke sold it ter me there an' then. 'E's bringin' it round terday. See what yer can do wiv it, Will. I want it in the trap as soon as possible.'

William nodded. 'I'll get Jack Oxford ter clean that small stable. It's better if it's kept away from the ovver 'orses, at least fer the time bein'.'

It was late afternoon when the Cleveland was driven into the yard and was pulled up beside the office. The driver, an elderly man with a ginger beard, stepped down from the trap and immediately untethered the spare horse from the rear, leading it towards William. 'Can I leave you to change them over?' he asked.

William nodded and stood holding the bridle of the spare horse as he watched the man disappear into the office, then he led the nag to the water trough and let it drink its fill before tethering it to a post. The Cleveland stood still in the shafts of the trap, light glinting red in its eyes as it warily watched William approach. He talked quietly to the horse as he sidled up and took hold of its bridle. 'Steady, boy,' he whispered as he patted the horse's high neck and ran his hand down the withers. The horse remained perfectly still while William slowly unbuckled the harness, and then when it was being led out of the shafts it suddenly kicked out sharply with its back legs. Jack Oxford was watching from across the yard. He jumped back nervously. 'That's a wild 'orse, Will,' he remarked.

The yard foreman grinned as he held on to the bridle tightly and led the horse to water. He kept his grip on the loose bridle rope while the horse drank its fill, then as its head came up William instinctively tightened his hand on the rope. His intuition was correct for as the Cleveland turned from the stone trough it reared up and kicked out at the tethered horse. The yard foreman slid his hand along the taut rope until he had hold of its bridle. With soft words and a gentle tap on the horse's neck, he quietened it down before leading it to the small stable. The spare horse had been agitated by the antics of the Cleveland. It bucked as William untied the rope but it offered no resistance when it was led to the trap.

After William had finished buckling up the harness and secured the horse to a hitching-rail, he sauntered over to the small stable and went inside. The Cleveland stood munching at the stall and William was able to look the horse over. It was a bay brown with a small white star on its forehead, all of fifteen hands high and a little on the lean side, he thought. It had a large head and a long, firm neck. The animal's hindquarters were powerful and well rounded, and its legs clean-cut and muscular. It was certainly a fine-looking horse, William conceded as he ran his hand over the withers, but it would need careful handling and training before it could be trusted in a trap.

As he stroked his hand down the animal's flank his fingers came upon several very slight indentations, and a close inspection confirmed his suspicions. The horse had been badly ill-treated at some time with a whip or thong. William gently patted the horse's withers and whispered to it as he sidled along the stall and loosened the bridle rope slightly. When he had made certain that there was enough chaff in the stall trough he eased back and took a look at the horse's hindquarters. From the marks below

241

the hocks and around the pasterns he could see that the horse did not take kindly to the shafts and had damaged itself by kicking out. William shook his head sadly as he stood back and studied the animal. He had seen such signs before and he realised he would have to work hard to gain the animal's confidence if any progress was to be made.

As he walked over to the office, William saw the yard man leaning on his broom. 'I don't want anybody ter go in that end stable, Jack,' he said firmly. 'I'll feed an' water that one.'

Jack nodded enthusiastically, feeling quite relieved. He knew about such devil horses and had very good reason to be wary of such creatures. They had said it was the devil who had got into the horse that kicked the side of his head in.

When the visitor had driven out of the yard, Galloway called his foreman into the office. 'Well, what d'yer fink?' he asked, grinning broadly.

'It's a beauty, but it'll take some time before it's ready fer yer trap,' William replied.

''As it bin raced?' George asked.

William nodded. 'It looks that way. There's lash marks down its flanks an' it's bin flogged. I could tell as I led it ter the trough. Yer'll 'ave ter give me at least a couple o' weeks.'

George nodded. 'Take all the time yer want, Will, an' keep it away from the ovver 'orses. If it kicks out at the Clydesdales, it'll get mangled.'

The Tanner family sat around the table that evening listening to Carrie's bad news as they tucked into their mutton stew which Nellie had fortified heavily with pearl barley and carrots. James was leaning his elbows on the table as he scooped up the broth. He shook his head knowingly when he heard the news. 'What did I tell yer? I knew it,' he remarked, reaching for another hunk of bread and dipping it into the gravy.

''Ave yer got any idea where yer gonna try?' Nellie asked her daughter.

Carrie shook her head. 'I s'pose I'll 'ave ter join the rank at the labour exchange,' she said, moving the spoon around her broth and looking dejected.

'Well, don't let it stop yer eatin',' her father urged, trying to get her to smile.

James looked up from his plate. 'Don't let yer new guv'nor know yer in the suffragettes, fer Gawd's sake,' he said quickly.

Carrie gave him a blinding look as she spooned up her food. 'It's nuffink ter be ashamed of,' she replied indignantly. 'If women 'ad the vote, maybe fings would be different.'

Nellie and William exchanged glances and Danny grinned at Charlie. 'Our guv'nor wants anuvver errand boy. P'raps 'e might take on a gel,' he mumbled, only to receive a sharp kick on the shin from his angry sister.

Charlie gave Carrie a sympathetic smile. 'Maybe yer could get a job in a shop or somefink,' he suggested. 'It'd be a change from workin' in a factory. Or maybe yer could work in one o' those suffragette offices. They take people on full time, don't they?'

Carrie shook her head. 'Yer gotta 'ave an education ter work in one o' those offices. They don't take on workin'-class gels. I might be able ter get a job in a shop though,' she added, perking up slightly.

'What about 'Arris's the pawnbroker's?' Danny quipped. 'Yer don't need much education ter 'and out pawn tickets.'

'If yer don't shut up an' eat yer tea, I'll box yer ears,' Nellie shouted across the table.

William tried to keep a straight face as he glanced sternly at his youngest son. Danny had grown into a robust young man and his cheeky expression was never more roguish than

243

when he was ribbing his sister or James. Strangely enough, though, Danny rarely got at Charlie. Maybe it was because Charlie totally ignored his spirited teasing, merely smiling and shrugging his shoulders. James on the other hand was easily provoked. He was now in his nineteenth year and considered himself to be a full-grown adult who was not to be trifled with.

'Do as yer told an' eat yer tea,' James chimed in now, wiping the last of his bread around the edge of the plate.

Carrie had left part of her meal. She sat back in her chair, looking a trifle sorry for herself. Danny had been ready to make another quip but was stopped by his father's attempt at a stern look and finished his food quietly.

'By the way, we've got a new 'orse in the yard,' William said quickly in an effort to cheer up his daughter. ''E's a real beauty. Yer can come an' take a look soon, Carrie, if yer want to.'

Her face brightened. It was something she had always loved to do when she was younger and it made her feel sad to think how she had slowly grown out of it, although she still loved to hear her father talk about his charges. 'What is it?' she asked him.

'It's a Cleveland gelding,' he replied. 'Galloway bought 'im fer the trap but 'e's bin ill-treated an' 'e needs ter settle down first.'

''Ow can yer tell it's bin ill-treated?' Danny asked.

'Well, usually yer can see whip-marks on the 'orse's flanks an' yer can tell by 'ow it be'aves,' William explained, warming to the subject. 'Sometimes an 'orse will shy an' buck when yer approach it, especially if yer carryin' a lump o' rope or somefink. Jus' fink what you would do if I whipped yer fer talkin' round the table. Every time I picked up the whip yer'd back away, wouldn't yer?'

Danny grinned widely and Nellie got up from her chair to clear away the plates, realising that her husband was likely to go on for some time now he was on the subject of horses.

As she carried the plates into the scullery and filled the enamel bowl with hot water from the copper, she could hear William's deep voice and her children's laughter as they sat around the kitchen table. She ought to feel contented at the happy gathering, she knew, but there was something lurking deep down inside her which made her feel strangely apprehensive and worried for the future.

Chapter Seventeen

Carrie was feeling a little nervous as she left her house in Page Street on Friday evening and walked through the thickening fog to Fred Bradley's Dining Rooms in Cotton Lane. As she turned into Bacon Street and passed the old tenement buildings she heard a baby crying and a woman's angry voice. Carrie wondered how her old school friend Sara was getting on and promised herself that she would call on her very soon. It was quiet and eerie in the riverside streets after the hustle and bustle of the day, and as she crossed into Cotton Lane which ran from the end of Bacon Street down to the river Carrie could see the vague forms of giant cranes looming out of the fog.

It was her father who had told her about the vacancy. He had got the information from Sharkey Morris who often used the dining rooms. Nellie had not been too happy at the thought of her daughter serving meals to carmen but had been persuaded not to worry, and Carrie laughed to herself as she recalled what her father had said. 'It's a sight better than slavin' in a factory, especially the tin bashers,' he had enthused. 'Besides, our carmen use Fred's place all the time an' they'll keep an eye on 'er.'

Carrie reached the shuttered shop which was situated on the corner of the turning overlooking the river. She glanced up at the faded name over the boarded-up window before knocking on the side door. The lane was deserted, and she could hear the swish of water lapping against the shore and the soft murmur of the turning tide. There was the sound of a bolt being drawn and then Fred Bradley was standing in the doorway smiling at her. 'Yer Carrie Tanner, I take it?' he said, standing aside to let her enter.

She followed him into the passage and felt the heat of the coke fire as she entered the small back room. Fred bade her sit beside the fire and planted himself on an upright chair facing her. 'I'm sorry yer 'ad ter drag yerself out on a cold night, missy,' he said. 'I'm kept busy fer most o' the day, especially now Ida's left me in the lurch.'

Carrie smiled. 'It's all right. Me dad wanted ter bring me but it's only five minutes from our 'ouse. 'E told me yer wanted somebody ter wait on the customers?'

Fred Bradley took out his pipe and proceeded to fill it from a leather pouch. 'Ida's bin wiv me fer years but 'er 'usband's took chronic sick an' she's gotta see to 'im night an' day,' he explained. 'They wanted ter put 'im in the infirmary but Ida wouldn't 'ear of it. They never 'ad any children an' they're devoted ter each ovver. Terrible shame really. It's consumption, I fink.'

Carrie took the opportunity to study the man while he was preoccupied with his pipe. He was of about average height, bulky and with wide shoulders. Although his dark wavy hair was streaked with grey his complexion was fresh and his jaw square-boned. His eyes were brown and heavy-browed, and tended to widen as he talked. In between he smiled disarmingly to reveal strong even teeth. Carrie judged him to be in his mid-thirties although his mannerisms made him appear older.

'I never married, yer see,' he went on. 'I took the dinin' rooms over from me parents when they got too old ter manage them. They're both dead now an' I've run the place fer over ten years. Ida used ter take the orders and serve up the food as well as pour the tea. I do all the cookin', which takes most o' me time, but I've got a woman who comes in early in the mornin' ter do the veg an' 'elp me make the meat pies. Yer seem a likely lass so can I ask yer 'ow much yer was expectin' in wages?'

Carrie stared down at her button-up boots. 'I was earnin' fifteen shillin's a week at the factory,' she said quietly.

'Well, I'll match that fer the first two weeks, an' if we both suit each ovver I'll make it up ter seventeen an' six,' he told her. 'Of course, yer'll get yer dinner free an' as much tea as yer want. Ida used ter 'ave a bite ter eat durin' the mornin' as well. I fink we can fatten yer up if nuffink else. Well, what d'yer say?'

Carrie smiled. 'When can I start?' she asked, unable to conceal her enthusiasm.

'Monday mornin', eight o'clock,' he replied with a grin. 'Yer should get away around five o'clock or just after. I like ter be all shut up by 'alf-past. I run the dinin' rooms fer carmen an' dockers, an' there's no trade after five.'

Carrie stood up and straightened her coat. 'Fank yer very much, Mr Bradley. I'll be in at eight o'clock,' she said cheerily.

'Call me Fred, everybody does,' he grinned, showing her to the door.

At 22 Tyburn Square Nora Flynn was sitting with George Galloway in his large front room. The fire was banked up with a pine log and the heat made her feel drowsy. Galloway got up from his comfortable chair and filled his whisky glass from the lead-crystal decanter, his heavy features flushed with the spirits he had already drunk that evening. 'Ter tell yer the trufe it's come as a bit of a surprise, Nora,' he remarked. 'I would 'ave preferred the lad ter wait fer a few more years but 'e's made 'is mind up an' she seems ter be a nice young lady.'

Nora nodded. ''E'll be twenty-five this year. 'E's a man now, George. My 'usband was only twenty-one when we got married.'

Galloway sat down heavily and stirred the pine log with

a poker. 'It's the crowd 'e mixes wiv that troubles me,' he went on. 'Those music 'all people are all "dearie" an' "darlin'", an' I get a bit awkward in their company. Mind yer, Bella's all right an' she seems ter fink a lot of our Frank.'

Nora stared into the fire. She had met Frank's future wife on a few occasions and had taken an instant dislike to the woman. She was too brassy, Nora felt, and a lazy bitch into the bargain. If young Frank was not careful she would have him running behind her like one of those Pekinese dogs which that sort were fond of dragging around. She was a very attractive woman, it was true, but then all those music hall artists were. Plenty of paint and powder, and a shortage of manners to boot. It was a wonder George had not seen through her. He was usually a good judge of character, she felt. Perhaps he was blinded by the attention Bella paid him. She was inclined to lay it on thick where George was concerned.

'Don't yer fink she's very sweet on the boy, Nora?' he asked.

'I'm sure she is,' Nora replied without much enthusiasm. 'They seem well suited.'

Galloway sipped his whisky as he stared into the flames and Nora picked up her glass of port. They were well suited in a way, she thought. Young Frank was a manipulative sort, able to twist his father around his little finger. Everything he wanted, he got. He had been determined not to enter the family business and instead learn accountancy, and his father had bowed to his wishes. Now he was planning to marry that flash tart, and again he had George's blessing.

It had not been so with young Geoffrey. The lad had wanted to go his own way but had been as good as forced to enter the business. It was the same with his choice of women. George had been critical of the young ladies he had brought home and now Geoffrey was having a relationship with a married woman, unbeknown to his father. It was Frank, not Geoffrey, who had told her. It had slipped out one night when he was the worse for drink. He had become loose-tongued in a euphoric moment during one of Bella's visits, and while Nora was preparing the evening meal had sat with her in the back kitchen and flippantly talked about the liaison that his elder brother was supposedly keeping secret.

'I've found a replacement fer Rusty,' George said suddenly, looking up from the fire. 'The ole boy's gettin' past it an' I'm puttin' 'im out ter grass. P'raps it was an extravagance, what wiv the way the business is goin', but it looked like a bargain at the time an' I couldn't turn down the chance. A man's gotta keep up appearances when 'e's in business. I learned that a long while ago.'

Nora nodded absently, her mind straying to thoughts of Josephine. She had been waiting her chance to tackle George about his daughter and she decided now was as good a time as any.

'It's strange 'ow the family 'ave all grown up suddenly,' she said casually. 'Take Frank, 'e's gettin' married in a few months' time, an' Geoffrey is doin' well in the business. Josephine'll be fourteen next month. There's 'er future ter fink about.'

Galloway slowly revolved the glass of whisky in his hand and looked closely at his housekeeper. The boys had been no trouble, he had always known how to deal with them, but he was aware how different it was with his daughter. She had been brought up by Nora and had never really taken up much of his time. He had always felt a little uncomfortable when talking to the child, and as she grew older it became more so. She reminded him so much of Martha in her ways and mannerisms. She had her mother's eyes, the same complexion and quiet, light voice.

'Yer should give some thought to 'er schoolin', George,' Nora went on. 'The child's bright an' it might be a good idea ter get 'er fixed up at one o' those boardin' schools, or maybe St Olave's Grammar School.'

George stared back into the fire. He had not really considered the matter before and felt at a loss to know which way to proceed. 'Could yer make some enquiries, Nora?' he asked. 'Yer close ter the child. Find out what she wants ter do an' we can talk later.'

Nora sipped her port and felt a warm glow inside. She was satisfied with the way she had seized the most opportune moment. George was like all men, she told herself. Catch them when they were well fed and supped, and leave the rest to intuition.

On Saturday evening the fog had lifted and the night was clear and starry. William Tanner let himself into the yard through the wicket-gate and held the sprung door open while Carrie stepped through behind him. It was not very often that she went with him to the yard now, he thought as she walked along beside him, but when he had told her about the Cleveland gelding she wanted to see the animal for herself. They crossed the dark yard and William took down the paraffin lamp from above the door of the small stable and primed it.

Carrie smelt the familiar stable aroma as she stepped into the whitewashed interior, and as her father hung the lighted lamp from a centre post she saw the gelding. She had learned how to pick out the finer points of horses and their strengths and weaknesses but when she cast her eyes on the bay she felt almost at a loss for words. ''E's beautiful!' she gasped, going up to the horse and running her hand down his neck.

'Careful,' her father warned her. ''E's nervous.'

Carrie held out the sugar lump she had brought with her and let the animal take it from her palm. Her eyes were wide with wonderment and William smiled. He had never known her to show any fear of horses and the animal seemed to respond. He bent his head and nuzzled her, then blew loudly

252

as though approving. William took his daughter's arm and urged her away from the animal. 'We mustn't worry 'im too much, Carrie. I'm tryin' ter get 'im settled,' William told her.

Carrie stood watching while her father spread straw down in the stall and replenished the food trough. She smiled as the animal turned his head towards her and fixed her with huge baleful eyes. ''Ow could anybody ill-treat such a beautiful 'orse?' she murmured.

William put down the rake and leaned back against the stall-board. 'This animal 'as bin used fer trap-racin',' he replied. 'It's bin lashed wiv a whip. Look, yer can see the scars. It's also bin tied to a post an' beaten, if I'm not mistaken.'

''Ow d'yer know?' she asked him.

William slipped his thumbs into his belt. 'When I first took 'im out o' the trap and led 'im ter the trough 'e thought I was gonna tether 'im ter the post an' 'e bucked. That's prob'ly what used ter 'appen ter the animal.'

'But why?'

'Clevelands were bred fer carriages, Carrie,' he explained. 'They're proud trotters and they keep their 'eads 'igh. They're not meant ter gallop wiv their 'eads 'eld low. Trouble is, some people like ter race 'em in the traps. They bet on the outcome an' they ferget the whip is fer encouragin' the 'orse, not ter punish it. Sometimes they lose money an' then they take their anger out on the animal. They short tether it to a post or ring, an' larrup it wiv a wet rope. They see it as a way o' breakin' the animal's spirit, but no one can do that. 'Orses'll work till they drop an' they'll pull a load ferever, as long as yer water 'em an' feed 'em. They've got me 'ome in the fog at night an' next mornin' they've gone willin'ly inter the sharves. This animal 'as felt the rope an' it's wary o' the trap. I've managed ter 'arness it up an' get it in the sharves, but it needs more time before it's ready ter go out o' the yard.'

253

'Mr Galloway won't ill-treat it, will 'e, Dad?' Carrie asked, going forward and patting the animal's neck.

'No, I wouldn't fink so,' William replied. 'The ole man's got some funny ways but 'e feels the same way as I do about 'orses. In fact, young Geoffrey wants 'im ter get rid o' the 'orses an' bring in motor vans but the Guv'nor won't 'ear of it.'

Carrie leaned forward over the stall-board and pulled playfully at the gelding's ear. 'What would 'appen ter you if 'e did get rid o' the 'orses, Dad?' she asked.

William shrugged his shoulders. 'I'd be doin' Jack Oxford's job, I should fink.'

Carrie caught the veiled look of concern in his eye. 'Mr Galloway wouldn't sack yer, would 'e, Dad? Yer've worked fer 'im fer years.'

''Course 'e wouldn't,' her father said, taking down the lamp and putting his arm around her shoulders. ''E'll keep the 'orses as long as 'e can. 'E loves 'em as much as I do.'

A keen wind was gusting as they shut the stable doors and crossed the yard. The sound of horses stomping and blowing in their stalls carried down from the main stable and from somewhere on the river came the hoarse, mournful hoot of a tug whistle.

Sharkey Morris was feeling miserable as he sat slumped on his cart and let the horse set its own pace along Tower Bridge Road. His load of animal hides was reeking and the constant squeak of a dry axle made him grimace. People on the pavement turned their noses away as he drove slowly past them, and Sharkey cursed. Hauling skins about was not a patch on the rum contract, he thought ruefully. Rum casks were clean by comparison, and the smell of raw rum always made him feel pleasantly light-headed. These skins stank to high heaven and the stench got in his clothes and on his body and ended up making him feel sick. There were no perks to this job either, he groaned to himself. At the rum arches there was always a drink going — a drink and Phyllis Watts.

Sharkey pulled up to the kerb and jumped down. The axle felt red-hot so he reached under the dicky-seat for the tin of axle grease and set to work.

'What yer doin', mister?'

Sharkey looked up from the wheel and saw two young lads watching him. 'I'm greasin' the wheel, what's it look like I'm doin'?' he growled.

'Why're yer greasin' the wheel?' one young lad asked.

''Cos it's squeakin', I s'pose,' his companion said. 'Is it squeakin', mister?'

'Yeah, it's squeakin',' Sharkey replied grumpily.

'Why's it squeakin'?'

'I dunno why it's squeakin'. Why don't yer piss orf ter school?' the carman said, fixing the two lads with a hard stare.

'We've 'opped the wag. We're gonna go an' play down the wharf,' the first lad told him.

'Well, why don't yer go an' do that then?' Sharkey said quickly, wiping his hands on a piece of filthy-looking rag.

''Cos we're watchin' yer grease that axle.'

'Well, I'm done now so yer can piss orf.'

'That load o' yours don't 'alf stink, mister.'

'Well if yer don't like the smell, what yer 'angin' around 'ere for?'

'Got a tanner?'

'I'll give yer a clip roun' the ear if yer don't piss orf,' Sharkey told them, waving the grease stick in their direction.

The lads looked at each other and realised there was nothing to gain by staying. 'We're goin' down the wharf now,' the first lad said. 'Can yer give us a ride?'

Sharkey made a threatening gesture and the two boys ran off laughing.

The squeaking had stopped now and the sun had come out. The horse plodded on towards the tannery in Long Lane, its head held low. The miserable carman spat a stream of tobacco juice from the side of his mouth. Things couldn't be much worse, he groaned to himself. His wife Margie was constantly moaning about the smell when he walked into the house, Phyllis had said she wouldn't see him anymore until he changed his job, and her husband was threatening to do for him. Over twenty years he'd worked for Galloway and now he was reduced to carting stinking hides. Maybe it would have been better if Galloway had put him off, he thought. At least he wouldn't have ended up smelling like a polecat.

The axle started squeaking again and Sharkey cursed. He could see smoke coming from the wheel-hub now and the wheel itself was beginning to seize up. He could see the factory gates up ahead and gritted his teeth. He knew that he should pull up and douse the wheel with water but that would take time and he was already running late as it was. If he could make the factory yard he would be able to see to the wheel while they were unloading the cart, he reasoned. There were only a few yards more to go when the axle snapped and the cart tipped violently to one side. Sharkey grabbed the rail of the seat and held on tightly as the full weight of the wet hides tore the side out of the cart, spilling the whole load on to the pavement directly outside a public house.

Things had been quiet in the Galloway yard until the phone rang. Barely a few moments later the firm's owner came to the door of the office and bellowed out for his foreman. 'Sharkey's tipped a load o' skins outside the Anchor in Long Lane,' he shouted when William walked into the office. 'The lan'lord's goin' mad. 'E's got skins a foot 'igh outside 'is doors an' nobody can get in or out. I tell yer, Will, if that's down ter negligence, I'm sackin' Sharkey on the spot, an' I won't be swayed this time.'

'What 'appened ter make 'im lose the load?' William asked.

'Sharkey reckons the axle snapped an' the side's tore out

o' the cart,' George growled. 'I've got the fellmonger's men movin' the load, an' the wheelwright in Long Lane is seein' ter the cart. I wanna talk ter Sharkey later. If that wheel over'eated, I'll murder 'im.'

At five o'clock a bleary-eyed carman drove his patched-up cart into the yard and walked unsteadily into the office. Galloway was waiting for him with a glowering expression on his face. ''Ow come yer let that wheel smoke?' the owner snarled.

Sharkey shrugged his shoulders. 'I'd almost reached the factory.'

'I've just about 'ad enough of yer, Morris. Yer finished, d'yer 'ear me? Yer can take yer cards,' Galloway shouted at him.

Sharkey smiled calmly. 'Funny yer should say that, Guv'nor. While the men were clearin' the load I went in the Anchor fer a drink ter steady me nerves. Who should be standin' at the counter but Sammy Spanner. Yer don't know Sammy Spanner, do yer?' Galloway's eyebrows knitted. ''E's the union man fer Tommy 'Atcher's. We 'ad a good chat, me an' Sammy. I told 'im about 'ow I got ter cart stinkin' skins around 'cos o' the trouble wiv the rum firm, an' about 'ow yer used ter go on about not 'avin' the union in 'ere at any price. An' yer know what Sammy said?'

'I ain't interested in what Sammy Spanner said,' growled George.

'Oh, ain't yer?' Sharkey grinned. 'Well, yer ought ter be. Anyway, yer ain't sackin' me, 'cos I've jus' put me notice in. I'm gonna work fer Tommy 'Atcher on Monday, so yer can poke yer skins.'

Chapter Eighteen

Carrie had settled into her new job at the dining rooms and soon became very popular with the carmen and river men who frequented the place. They were all pleased to see a pretty face behind the counter and enjoyed bandying friendly remarks and exchanging cheery smiles with her. Fred Bradley was very pleased with the young lady, too, and did not fail to notice that trade was beginning to improve. The customers were hanging around more lately, which usually meant an extra mug of tea and sometimes another round of toast.

She was happy in her new job and the days seemed to fly past. Every morning she served tea and took the food orders, and when trade quietened down in the lull before lunch-time she cleaned the tables, filled the salt and pepper pots and brewed fresh tea. She presented a pleasant picture with her long hair pinned securely to the top of her head and her flowered apron tied snugly at the waist. The younger carmen and river men often made advances and offered to take her on a night out at a music hall. Carrie was careful to put them off without causing offence. For her, life was simple and uncomplicated, and she was enjoying it that way. She had not even gone to any marches for the women's movement lately, although she still remained committed to the cause. Occasionally she was tempted to have a night out with one or other of the young men but always resisted the urge. Her experience with Billy Sullivan had aroused confused feelings within her and now she was determined to wait until the time was ripe and she was sure of a young man. She had seen Sara on a couple of occasions recently. She was now going with a young lad and talking of marrying him. Jessica from the leather factory was getting married soon too, and Mary Caldwell, who had left Wilson's to work for the WSPU in their South London Offices, had given her news of Freda. Despite her bad experience in the past she had become pregnant again but this time she was going to marry the young man. It did not worry Carrie that she was approaching twenty-one and was still single while lots of her friends and acquaintances were talking of marrying and having children. She felt she was in no hurry.

The cold winter days brought more trade and Carrie was kept very busy. One chilly morning Sharkey Morris pulled up outside in his brand new cart. As he put the nosebags on his pair of greys, Carrie saw him from the window. She had always liked the unkempt carman and had not forgotten that it was he who had first mentioned the job at Bradley's Dining Rooms. When he sauntered in, she had a mug of tea ready for him.

'Cor blimey! 'Ow yer doin', young Carrie?' he asked in his usual loud-voiced way.

She pushed back the two pennies he had slapped down on the counter. 'It's much better than the factory,' she smiled. 'What about you? What's Tommy 'Atcher like ter work for?'

Sharkey grinned widely. 'Much better than workin' fer that ole git Galloway,' he replied. 'I feel sorry fer yer farvver 'avin' ter put up wiv 'is bloody moanin'. When yer see 'im, tell 'im there's always the chance of a job on our firm. I've already spoke fer me ole mate Soapy.'

A line was forming and Carrie quickly had to get back on with serving tea and taking orders. When she finally sat down in the back room to eat her dinner at one-thirty, she realised that she had been on her feet attending to customers non-stop since eight o'clock that morning.

Two months later Fred Bradley called his young worker into the back room just as she was leaving at the end of the day and told her that he was making her money up to one guinea a week. Carrie felt gratified. She liked Fred and had settled into the job and was now a firm favourite with the customers. Sharkey Morris had passed the word to his fellow carmen about the coffee shop in Cotton Lane. He told them they served large toasted tea-cakes and bacon sandwiches made with new crusty bread and mugs of strong tea for tuppence. He also warned them that he was keeping an eye on the nice young girl who worked there.

Things at the Galloway yard were quiet during the cold winter months. Soapy Symonds kept himself out of trouble while he waited to get the word from Sharkey, and Sid Bristow, the other long-serving carman, got on with his work and wondered when his turn would come to be sacked. Four other carmen were employed by Galloway on a casual basis, and William Tanner was becoming more than a little depressed and unsure of his future at the yard as he got on with his job of keeping the horses fit and the carts in good repair. He had, however, been successful in gaining the confidence of the gelding. It was now established in the trap and Galloway was stabling the animal at the ostler's behind Tyburn Square.

Carrie missed going with her father to the yard at weekends to feed and tend the animal but Jack Oxford was secretly pleased. He had never taken to the 'bay devil', as he called it, and whenever George Galloway brought the horse into the yard, Jack kept out of its way. The yard man had another reason for feeling pleased that the horse was no longer stabled there. The doss-house he frequented now played host to a group of Irish labourers who were employed on building the new railway, and they often came in at night the worse for drink and sat playing cards until very late. The labourers were paid on Fridays and on these nights Jack

261

often felt driven to forsake his lodging-house for the peace and quiet of the Galloway stables. Getting into the yard was no problem. He had previously loosened one of the long planks in the fence that backed on to the rear alley, and with some manoeuvring found he could squeeze in and out. Jack's favourite place to sleep was the small stable at the far end of the yard. Straw bales were stored there and they provided a comfortable bed. It was also much cleaner than the chaff loft.

One cold Friday evening Jack Oxford sat in the public bar of a pub in Abbey Street, moodily contemplating his pint of porter. His thoughts drifted back to the little place along the street where he had spent a few happy months before the man of the house's unexpected return. The few pints he had already consumed made him feel depressed and he yearned for company and a quiet chat. The public bar was beginning to fill with Irishmen from the railway workings, obviously in a jolly mood. As they became more inebriated their voices rose and they began to sing patriotic songs. A group of elderly gents started up with their own version of a cockney song and Jack decided it was time to leave.

The night mist was thickening as he ambled along Abbey Street and suddenly remembered the time he had dashed along the same route without his boots. The memory of that night led Jack to think about those old friends whose fire he had shared, and he decided it might be nice to pay them a visit. They were always good for a chat, he thought as he turned into Druid Street and made his way under the arches. He soon saw the glow of the brazier and the huddled figures, and as he approached he recognised the bearded figure of Bernie the ex-schoolteacher. Harold was there, too, and Moishie. The other figure was a stranger. It was he who waved for Jack to join them. 'Sit yerself down, friend,' he said in a deep voice. 'We're short of wood ternight but the fire'll last a while yet.'

Jack sat down on an upturned beer crate and held his hands out to the fire. 'I come fer a chat,' he said, looking around at the group.

Bernie stroked his beard. 'Well, you've come to the right place, my friend,' he said. 'Convivial company and cultured conversation can be guaranteed. It's money we're short on.'

Moishie poked at the fire with a stick. 'I wish I 'ad the price of a good bed ternight,' he grumbled. 'When this fire goes out, it's gonna be bloody cold 'ere.'

Bernie chuckled. ' "It was cold, bloody cold, in Elsinore." '

'What's 'e talkin' about?' Moishie asked.

'Search me,' Harold said, taking a swig from a quart bottle of ale.

'*Hamlet*. I saw it once at the Old Vic. Marvellous performance,' Bernie declared. 'Sir Seymour Hicks played Hamlet, or was it John Whitehead?'

'I'd sooner a night at the Star Music 'All meself,' Harold said, taking another swig from the bottle. 'I've seen some luvverly shows up there. I remember one night they put on a show called "The Gels from Gottenburg". Smashin' songs. Brought tears ter yer eyes, some of 'em.'

Jack took the bottle from Harold and put it to his lips. The beer he had already drunk and the cold night air were making him feel a little light-headed. He burped loudly.

Harold was studying him closely. 'I thought yer'd be tucked up at the doss-'ouse on a cold night like this,' he remarked as he took the bottle back.

Jack shook his head. 'Fridays are bad nights at the kip-'ouse. I try ter stay away from there then. I've got meself a nice little nook ter kip down in,' he said, touching the side of his nose with his forefinger. 'It's quiet an' there's nobody ter disturb yer.'

'Do they take guests?' Bernie asked, pulling his tattered overcoat collar tighter around his neck.

Jack gazed at the flames. He had shared their fires before,

263

and their refreshments, he conceded. Maybe he could repay the compliment. It would be a friendly thing to do. 'I might be able ter get yer in,' he replied. 'Yer'll 'ave ter be quiet, though. It's private property.'

When the last plank had burned through and the flames died to glowing embers, Harold drained the bottle of ale. 'Shall we go, gents?' he said, burping. 'Anywhere'll be better than this arch wivout a fire ter keep us warm. The wind fair cuts frew 'ere.'

'Lead on, Macduff,' Bernie said, rising from his egg crate and buttoning up his overcoat.

Moishie and Harold got up and Bernie motioned to the stranger.

'C'mon, Charlie. One for all and all for one.'

Jack led the way out from the arch with the motley group following on his heels. Harold was bent over, his overcoat dangling along the ground. At his side was the tall figure of Moishie with a filthy bowler perched on the top of his head and a ragged overcoat reaching down to worn-out boots. Behind them came Bernie who was stroking his large black beard and holding on to a bundle of rags. Next to him was Charlie who looked the scruffiest of the lot. His overcoat was tied with string and his stubbly face was blackened by smoke from the fire. On his head was a grease-stained trilby that was pulled down around his ears, and in his lapel he wore a dead flower.

The group marched along into Abbey Street and out into Jamaica Road, ignoring the stares of passers-by. As he strode along at their head, Jack was feeling good. He had friends and they were going to be treated to a good night's sleep. Maybe he could stand them supper, he thought. After all, they were his friends. Jack delved into his pocket and took out a handful of coppers. There was enough for three large pieces of cod and chips, he estimated.

Alf Rossi was shovelling more fried chips into the container above the fryer when he saw the party stop outside

264

his shop. 'It's that idiot from Galloway's yard, Rosie,' he scowled. ''E's got 'is family wiv 'im.'

'I'm not 'avin' that lot in my shop,' Rosie shouted to her husband. 'Tell 'em ter piss orf.'

Alf was spared the unpleasant task for Jack held up his hands signalling his friends to wait, and then swaggered into the shop alone. 'I want three pieces o' cod an' chips,' he announced. 'Nice big pieces if yer don't mind, Alf.'

'Cod's orf,' Alf told him. ''Addock or skate?'

''Addock. Big pieces,' Jack said, counting out his coppers.

'Who's that lot out there?' Alf asked as he wrapped the portions in newspaper. 'Looks like the 'ole family.'

'They're me pals,' Jack replied proudly, taking the packets and laying them in a line on the counter.

Alf and Rosie exchanged glances and Alf raised his eyes to the ceiling as the yard man opened the wrappings slowly and sprinkled the food with salt, pepper, and a liberal amount of spiced vinegar. 'Anyfing else yer want?' he said sarcastically as Jack re-wrapped the fish and chips.

'Got any 'a'penny wallies?'

Rosie put her hand into a large jar and took out two small pickled cucumbers. ''Ere, yer can 'ave these. Now yer better get goin', before that food gets cold,' she said impatiently.

The tattered wayfarers crossed the quiet Jamaica Road in a line and hurried along to Page Street. Jack was holding the bundles of food to his chest and his friends followed on closely, their nostrils twitching at the appetising aroma. It was dark along the turning, with only the gas lamp on the bend spreading a dull light on the pavement below. As the group shambled round the corner by the yard gates and emerged into the faint circle of light, Jack put his finger up to his mouth. 'That's the place,' he whispered. 'We get in round the back.'

Moishie's feet were hurting and he tutted as they trudged along to the end of the road and turned left into Bacon

265

Street, while Bernie pulled on his beard as he relished the thought of the fish and chip supper they would soon be enjoying. Just past the buildings Jack ducked into the alley with the ragged gang shuffling in his wake, and after tripping and staggering over old bits of iron and bundles of rubbish they finally reached the fence at the back of Galloway's yard. ''Ere we are at last,' Jack grinned, handing Bernie the parcels while he grappled with the loose planking. Suddenly a dustbin lid clattered to the ground and they heard a loud caterwauling. A window in the buildings was thrown up and an object clattered down into the alley, then it became quiet once more.

Jack and his friends had soon settled themselves in the cosy stable. They sat in a circle with their backs propped against the straw bales. A paraffin lamp was hanging from the centre post and by its flickering light Jack halved two pieces of the fish and tore up the newspaper into sections. Soon they were all wolfing down their supper. Bernie took out a dirty penknife and wiped it on his sleeve before delicately cutting the cucumbers into small pieces. 'It's times like this when all's right with the world,' he sighed, spearing a piece of cucumber with his knife. 'All good friends together, or as the song goes, ''All good pals and jolly fine company''.'

Jack sighed contentedly. It was nice to have company, he reflected. They were good friends, and like him all lonely souls. They spent their days wandering the streets, scrounging bits and pieces, and their nights sleeping under the arches or on park benches when the weather was kind. As he stretched out against the straw, drowsy from the beer and hot food, it seemed to Jack that in the end the simple pleasures of life were all that really mattered.

A full moon shone down on the cobbled yard and in the long shadows the hunched figure made no sound as he tiptoed past the cart-shed and reached the office door. In the old days Charlie had earned his living by stealth. He had once bragged that he could walk over broken glass without making a sound, and had lost none of his guile. He had had to wait until his companions were fast asleep but he was not bothered. He had all the time in the world.

Charlie Hawkins had guessed right. The office door was not locked. There was no need for it to be, since the yard was secured by the main gate. Very carefully he let himself into the dark office and looked around. For a few moments he stood there silently until his eyes grew accustomed to the darkness. He could see two roll-top desks, one near the door and one in the far corner. The first produced nothing, but when he gently slid up the slatting of the far desk he saw the silver watch hanging by its chain from a nail. Charlie sat down at the desk and took out the crumpled newspaper bundle from his overcoat pocket.

While he finished off the few chips he had saved and picked at the haddock bone, he studied the watch. That would bring in a few bob, he thought. He screwed up the newspaper and put it down on the desktop while he examined the silver chain. The links felt heavy and in the darkness Charlie's fingers closed around the small medallion. He grinned to himself as he slipped the watch and chain into his overcoat and turned his attention to the small desk drawers. He could find nothing of value, and as he was about to gather up the screwed-up newspaper he heard someone at the front gate. He quickly slid the shutter down over the desk and crept silently to the window. For a few moments it was quiet, then the gate rattled again and the sound of drunken singing carried into the yard. Charlie breathed easier as the staggering footsteps faded away, and when he was satisfied that all was quiet once more he slipped out of the office and hurried back to the small stable.

Carrie had been busy taking orders and serving for most of Monday morning, and when the dining rooms had become quieter she set about cleaning the marble-topped bench tables. There were only two carmen sitting at the end table and one other old man who sat near the door, slowly sipping his tea. Outside the morning mist still hung over the river and laden horse-carts trundled past.

Carrie hummed to herself as she dried off a table-top. Suddenly a young man slid into the bench seat and grinned at her. 'A large tea please luv,' he said cheerily.

Carrie looked at him and raised her eyes in surprise. 'I know yer, don't I?' she said.

The young man ran his hand through his dark wavy hair and his grin widened. 'Do yer?'

Carrie straightened up, feeling suddenly embarrassed before his wide-eyed gaze. 'Wasn't you the one who gave me an' my mate a lift in yer cart?' she asked.

The young man slapped the table with his open hand. 'You're the suffragette gel. The one who 'atpinned the copper,' he laughed. 'Well, I wouldn't 'ave guessed it. Yer look different in yer pinafore, an' yer 'air's done different too. Well, I don't know. Fancy meetin' yer 'ere.'

Carrie smiled as she went to fetch his tea, and while she was filling the large mug he watched her. 'Last time I was in 'ere ole Ida was servin'. What's 'appened ter 'er?' he asked.

Carrie brought over the tea and placed it in front of him. 'Ida's 'usband is ill. She 'ad ter pack the job up,' she said, picking up the coppers.

'So yer've packed up bein' in the suffragettes, 'ave yer?' he remarked, a smile playing on his handsome features.

'No, I 'aven't,' Carrie said firmly, 'I still go on marches when I can. Only at weekends, though.'

'Well, I'll be blowed. Fancy meetin' up wiv yer again,' he said, shaking his head slowly. 'What about yer mate? Is she still a suffragette?'

Carrie nodded. 'Mary's doin' it full-time now. She works in Blackfriars somewhere.'

The young man put down his mug. 'My name's Tommy Allen, in case I didn't tell yer last time,' he said. 'What's yours?'

'Carrie. Carrie Tanner,' she replied.

'That's right, I remember yer tellin' me now,' he grinned.

Carrie noticed that the two carmen sitting at the end table were listening and hurried back behind the counter to busy herself with the tea urn. Occasionally she stole a glance in the young man's direction. He was handsome, she decided. She remembered thinking the first time she met him that his dark wavy hair and brown eyes gave him the look of a gypsy, and smiled to herself as she recalled the story that had passed through her mind then. He seemed friendly, with his easy smile and laughing eyes. He was wearing an open-necked shirt with a red scarf knotted around his thick neck, and she could see that he had strong hands. His wide shoulders were hunched over the table and he appeared to be deep in thought as he sipped his tea.

Customers were now beginning to come in for lunch and she was kept busy taking orders. Suddenly she saw Tommy Allen get up and go to the door. He turned and smiled. 'Keep out o' trouble, Carrie,' he said, laughing, then he was gone.

For the rest of the day she kept thinking of the handsome young man with the gypsy looks. She was interested to know where he came from, and she found herself wondering whether or not he was married. Carrie tried to put him out of her mind but she had been intrigued by his manner. He was different from the other young men she had met and spoken to, although she realised that her experience of men was very limited and she had not really encountered many handsome young lads apart from Billy Sullivan. She felt strangely elated as Tommy constantly returned to her thoughts. He would come into the café again if he was interested in her, she told herself. But was he? He was most probably married or walking out with a girl. She vowed that

269

she would get him talking next time he came in, and find out more about him.

On Monday morning George Galloway drove his trap into the yard. Normally, when he spent the whole of Monday morning going over the books with his accountant and making phone calls, he would get William to unhitch the gelding and put it into the stall or else tether it until he was ready to leave, but on this particular morning as he hurried into the office George told his yard foreman to leave the horse in the shafts. Jack Oxford busied himself with the broom and gave the Cleveland a wide berth. The old man won't be stopping long, he thought.

Suddenly there was a loud roar and Galloway burst out of the office door, his face scarlet. 'Tanner! Come 'ere!' he bawled at the top of his voice.

William was in the upper stable. He hurried down, surprise showing on his face at the sudden outburst. 'What's up?' he asked quietly.

'What's up? I'll show yer what's up. Come in 'ere,' Galloway shouted.

William followed his boss into the office, trying to puzzle out what could have made him so angry.

'Somebody's nicked me watch-an'-chain. An' that's not all. Take a look at this,' he growled.

William walked over to the open desk and saw the haddock bone lying on the greasy strip of newspaper. His first instinct was to burst out laughing but he managed to control himself. 'Who could 'ave nicked yer watch, George?' he asked incredulously, scratching his head.

'The same bastard who 'ad those fish an' chips,' Galloway said pointedly.

'I guessed that much, but who could 'ave took it?' William wondered, frowning.

George stood with hands on hips, shaking his head. 'I took it off when I 'ad a sluice on Friday afternoon, an' I

270

fergot ter put it back on when I left 'ere at five. It couldn't 'ave bin any o' the carmen, they was all finished before I left. There was only you an' that idiot Oxford left.'

'Well, I didn't take it,' William said quickly.

'I'm not sayin' yer did, but I wouldn't mind bettin' Oxford took it. Who else would be stupid enough ter leave fish-an'-chip scrapin's in the desk?'

'Come on, George,' William said, turning on his employer. 'Jack Oxford wouldn't 'ave took yer watch. I know 'e comes in 'ere at times but the man ain't a thief.'

'Well, if it wasn't 'im, who could 'ave took it?' George growled. 'Could somebody 'ave come in the yard after I'd gone? It's not the watch so much, it's losin' the fob piece. Yer know 'ow long I've 'ad that.'

William nodded. The fob had gone the way it came, he thought to himself. 'The only fing I can fink of is that somebody got in 'ere over the weekend,' he offered. 'It might 'ave bin an ole tramp. 'E might 'ave got in frew the back fencin'. I'll go an' 'ave a look see.'

Jack Oxford moved smartly away from where he had been standing near the office door and bent over his broom industriously as the foreman came out into the yard.

Within a few minutes William had returned to the office. 'There was a loose plank by the end stable,' he told Galloway. 'That's 'ow they got in. I'll get it nailed up straight away.'

George puffed angrily and slumped down in his chair, grimacing with exasperation at his sudden loss. The explanation seemed to satisfy him, but William made a mental note to have a word with Jack Oxford as soon as Galloway was out of the way. He had noticed that the plank had been loosened from the inside.

Chapter Nineteen

George Galloway was in a bad mood as he stood in front of the mirror in his bedroom and tried to fix his cravat. He had had to replace his watch-and-chain, and now his new grey suit felt tight around the chest. Nora looked in through the open door and when she saw George puffing, came in.

'Let me fix it,' she said, reaching up on tiptoe.

George sighed. 'We're gonna be late,' he grumbled. 'It'll take at least an hour ter get ter Brixton.'

Nora stepped back from her handiwork. 'There, that looks better,' she said, glancing in the mirror and adjusting her wide bonnet. It seemed right that she was going along with George to see Frank get married, as she had watched him and his brother and sister grow up and had taken care of the three of them. It was the first time she had gone to a wedding since she and her husband walked down the aisle together. 'I should 'ave bought the grey bonnet,' she said. 'This looks more suitable for a funeral.'

George pulled a face. 'Yer look very nice,' he remarked.

'Yer look very smart yerself,' Nora said, appraising him with a smile. 'Grey suits yer. Now c'mon, it's time we left.'

Nora sat straight-backed in the trap as they left the square. It was the first time she had ridden in it and she felt a little apprehensive as the gelding broke into a trot in response to George's flick of the reins. The high wheels rattled over the cobbles and she gave George a quick glance as they turned into Jamaica Road. He looked very distinguished, she thought. His grey Homburg matched his suit and his greying

273

hair was swept back at the sides and plastered down with brilliantine. He had trimmed his full moustache and was wearing cashmere gloves turned back at the wrists. Nora noticed the glances from people they passed and she smiled to herself. Her life was now happy once more, she reflected. She had the independence that she needed and the love of a good man as well. He was considerate, if a little moody at times, but she was not a young woman with her head full of childish romantic notions. George came into her bed on regular occasions and she was happy with their relationship. The one thing that made her feel sad, though, was the way he often ignored young Josephine and seemed to have very little room for her in his life. Josie was growing into a pretty young thing and she needed her father to show an interest in her. He seemed uncomfortable in her company and rather curt at times, but maybe that was understandable and even excusable in a way, Nora allowed. He was a gruff, coarse man who had never really tried to refine himself and it seemed that he harboured no desire to change now.

The journey took over an hour and the wedding guests had already assembled in the church when George and Nora arrived. Heads turned as they walked along the aisle. George's shoes were squeaking loudly. 'I should 'ave stuck some axle-grease on 'em,' he said in a voice loud enough for those nearest him to hear.

Nora winced as the couple in front turned around and looked blankly at them. 'Keep yer voice down,' she whispered, smiling at him through clenched teeth.

A hush had descended. Suddenly the church organ boomed out the Wedding March. Heads turned as Frank's bride Bella came down the aisle on the arm of her father with four bridesmaids holding her train. Josephine was one of the first pair and Nora nudged George as the procession passed them. 'Doesn't she look lovely?' she whispered.

He was looking at Bella and nodded.

'I was talkin' about Josie,' Nora muttered sharply.

Bella looked relaxed and self-possessed as she walked slowly towards the altar. She was wearing a full-length white dress cut very tight at the bodice to accentuate her large bosom. She wore a full veil crowned with a flowered tiara and her face was heavily made-up. Nora could not help feeling that she looked anything but a demure bride. She was glancing from side to side and smiling in that artificial way, fluttering her eyelids and running her tongue over her full, glossy lips as if she was putting on a show and loving every minute of it. Nora felt a little guilty for her thoughts. Maybe she was being unkind to Bella on her wedding day and maybe the marriage would be a blessed one, but Nora could not help having her doubts.

The wedding reception was held at the Ram, a large public house nearby. The guests sat down to a lavish meal in a large first-floor room and George mumbled under his breath every time the feasting was interrupted by someone getting up to make a speech. Nora nudged him after one effeminate young man rose to his feet and showered praises on Bella and her successful run at the Collins Music Hall. 'P'raps yer should get up an' say a few words?' she suggested.

George shook his head vigorously. 'I'd 'ave ter be pissed before I got up an' said anyfing,' he told her, tucking into his food.

Nora had been studying the various guests closely during the meal and had noticed the young woman sitting near Geoffrey who seemed to have eyes only for him. When the young man got up to read out the telegrams and give the customary toast to the bridesmaids, she sat with her chin resting in her hands, seemingly enraptured. He glanced constantly in her direction and Nora's sharp eyes read the silent messages that flashed between them. The woman looked older than Geoffrey and was dressed modestly. She was attractive with dark hair, and Nora became intrigued. Was that Geoffrey's lady friend, she wondered, the married woman he was seeing?

The wedding feast was over, and as the guests moved into an adjoining room for drinks a team of workers swiftly cleared away the tables. Musicians were gathering on a raised dais at one end of the large room and very soon they struck up with a waltz tune. Frank and Bella took the floor and led off the dancing. George stood watching the swirling figures with a large whisky in his hand and Nora stood at his side, her eyes still studying the group. They were mainly theatrical folk who laughed loudly and made exaggerated gestures. The women seemed to float sooner than walk, she thought, and the men stood in various stagey poses, their thumbs tucked in their waistcoat pockets as they guffawed together with little or no restraint. One or two of them were already becoming drunk and their laughter was getting louder. George looked as if he felt quite out of place and seemed determined to get drunk too, swallowing large draughts of Scotch whisky as if to drown his inhibitions.

More couples were dancing now as the pianist and the string quartet played a medley of popular dance tunes. Nora noticed that Geoffrey was dancing with his lady friend. Their bodies were close together and they were staring into each other's eyes. Bella looked as though she was having a serious conversation with one smart young man, while Frank was surrounded with a group of dandies at the far end of the room. While George wandered off somewhere Nora sat down on a soft window seat and sipped her port. She became aware of a young woman eyeing her up and down. Nora smiled briefly at her, but the woman looked away quickly. It was not long before George returned, strolling over to the window with an elderly man and woman. He was holding a full glass of Scotch and his face was flushed.

'Nora, this is Bella's muvver an' farvver,' he said in a slightly exaggerated voice.

Nora got up and shook hands with them and the woman took her arm and steered her to one side. The man took a sip from his drink and turned to George. 'Young Frank tells me you're in the cartage business,' he said with a pompous jerk of his head.

George took a swig from his glass and pulled a face as he swallowed a mouthful of whisky. 'That's right. What d'you do fer a livin'?' he asked, swaying slightly.

'I'm in banking,' Bella's father said. 'What exactly do you cart around?' he added quickly.

'Rum, skins, 'ops an' foodstuffs mainly,' he replied.

'Skins? Animal skins?'

''S'right. It's not the best sort o' contract,' George told him. 'The trouble wiv 'andlin' skins is the smell. Stink ter 'igh 'eaven they do, but the contract pays well.'

'Frank tells me that you've been thinking about buying some vehicles,' the banker said, raising an eyebrow.

'The boy's bin tryin' ter push me inter gettin' motors but I'm keepin' the nags,' George told him with resolve.

'Really? I would have thought there were good arguments for cartage firms to mechanise,' Bella's father commented. 'I understand there's a lot of freight up for the taking, the way the food firms are expanding. Then there's the dock freight as well.'

George swayed back on his heels and fixed the tall, thin banker with his bleary eyes. 'I've bin lookin' inter this business o' mechanisation,' he began. 'Yer pay out a tidy sum fer a lorry, then yer gotta pump it full o' petrol, an' that's not all. Yer put water in it, an' oil fer the engine. Then ter start it yer gotta crank the bloody fing, an' if yer ain't got yer magneto set prop'ly yer quite likely ter rupture yer bloody self. I've seen drivers tryin' ter start those motors on frosty mornin's. It's bloody nigh impossible.'

The banker raised his hand as he tried to get a word in. 'The latest vehicles are much improved, George,' he said quickly.

Galloway laughed derisively. 'Let me tell yer somefink. My carmen collect their 'orses from the stable first fing in the mornin', an' once they've got 'em in the sharves they're off. While the carman loads an' unloads the van the 'orse 'as the nose bag on, an' when the carman sees a water-trough on 'is route 'e lets the 'orse drink its fill. It's as simple as that. Yer can turn an 'orse-an'-cart round in any backstreet. Try doin' that wiv a lorry. I'll ter yer somefing else an' all. When it turns nasty an' the fog comes down like a blanket yer gotta leave the lorry where it stands. Yer don't 'ave ter wiv 'orses. Yer get yer wheels in the tramlines an' let the 'orse 'ave its 'ead. They can smell their own stable a mile off. Motors are unreliable. 'Orses'll work till they drop. So yer see, pal, I'm not in any 'urry ter mechanise.'

Bella's father had the sudden urge to mingle and George glanced over to Nora, but saw that she was in earnest conversation with Bella's mother. He walked unsteadily into the adjoining room and went up to the improvised bar counter. While his glass was being refilled, he looked around at the other wedding guests. A shapely woman in a fur stole was sitting near the window. When she caught his eye, she got up and came over to him.

'You're Mr Galloway, aren't you?' she said, smiling at him. 'I'm a friend of a friend of Bella's, and frankly I don't know what I'm doing here.'

'Well, I'm enjoyin' a good drink. I s'pose that's a good enough reason as any fer bein' 'ere,' he said, grinning lopsidedly.

The woman put down her empty glass and looked him over. 'I saw you talking to Bella's father a minute ago,' she remarked. 'I think he's a pompous old bastard, if you'll excuse the expression.'

George laughed loudly. 'Yer can say that again! The silly ole sod was on about me gettin' rid o' me 'orse-an'-carts an' goin' in fer motors. I told 'im, though.'

'Good for you,' the woman declared. 'By the way, my name's Rose. Rose Martin. What's your first name?'

'George,' he replied. 'Are yer on yer own, Rose?'

She shook her head. 'I was with a young man when I came in, but I think he's found himself a young lady.'

'Well, 'e ought ter be ashamed of 'imself,' George said with gusto.

'Oh, it's quite all right,' she laughed. 'To be honest Desmond's a bit of a silly billy. Actually, I prefer the company of older men.'

George was intrigued by her candour and studied her while she sipped a fresh drink. She looked to be in her mid-forties, he thought, very attractive and well preserved. Her smile showed off her perfect teeth and her grey eyes seemed to sparkle mockingly. Her hair was fair and cut close to her neck, and she was wearing expensive clothes. Her fur must be worth a pretty penny, he told himself, letting his eyes wander down her body. She was full-bosomed with wide hips, and he noted that she carried herself well.

'Are yer on the stage?' he asked her.

Rose raised her hands in front of her. 'Good God, no! I'm a lady of leisure. I let wealthy men keep me in luxury,' she explained, seemingly amused as he raised his eyebrows.

'Do any of your men friends take yer out fer a ride in a pony an' trap?' Galloway asked her, smiling slyly.

'No, I've never had that pleasure,' she lied.

'Would yer like ter try it?' he asked her.

'It sounds exciting. Are you offering?'

He nodded. 'Why not?'

Rose adjusted her fur stole as she glanced over his shoulder. 'It seems that dear Desmond is looking for me,' she said with a grimace. 'Come and visit me soon, during the afternoon. I've got rooms in Acre Lane. It's the big house next to the church. Two knocks. Can you remember that?'

George nodded and turned away as Desmond came up. He had left Nora to her own devices and thought it was time he rejoined her. The band was playing a slow foxtrot as George went back into the other room and he saw Geoffrey dancing with the same woman who had been monopolising him earlier. They seemed to be absorbed in each other, he thought, and looked as though they knew each other well. George had never seen her before today and frowned as he watched their progress around the dance floor. Geoffrey was a deep young man, and it seemed to George that he had strange tastes in women. He was a good-looking lad and well educated. He could take his pick of desirable young women, and there were certainly some of those in Bermondsey, but the few he had brought home in the past were either quiet and withdrawn or else 'those campaigning women', as George called them. Geoffrey's present partner did not look the quiet and reserved sort, though, he thought. She was attractive and carried herself well, and looked at least as old as the boy if not a few years older.

George's thoughts were interrupted by Nora who came up to him looking a little peevish. 'Who was that brassy woman you was talkin' to at the bar?' she asked. 'She looked as though she was all over yer.'

George grinned. 'She's wiv a young lad-about-town, an' jus' asked me if I was Frank's farvver.'

Nora gave him a cold stare. 'She looked no better than she should be, if you ask me. If she'd stood any closer ter yer she'd 'ave bin in yer pocket,' she complained.

George shrugged his shoulders. 'Who's that woman our Geoff's dancin' wiv, Nora?' he asked, nodding in the direction of the dance floor. 'They seem very good friends.'

She shook her head. 'Jus' somebody 'e's met, I s'pose,' she answered. She had been observing the couple for some time, however, and had come to the conclusion that they were more than just friends. Nora felt suddenly sorry for Geoffrey. He had become very secretive lately and there would be trouble ahead for him if, as she guessed, he and this woman were lovers.

The evening wore on and George seemed to be achieving his aim of getting drunk. He had started to reel about and become more noisy. Nora found him a seat and then she went to speak to Geoffrey. 'Yer farvver's not gonna be able ter drive that trap back,' she told him. ''E's 'ad too much whisky. I couldn't stop 'im. Yer know what 'e's like.'

Geoffrey squeezed her arm reassuringly. 'Don't worry, Nora. I'll drive it back. By the way, I'd like you to meet Mary O'Reilly. Mary and I are friends.'

The young woman reached out her hand. 'So you're Nora. Geoff's told me all about yer,' she said, smiling.

Nora smiled back and looked discerningly at her. Her hair was raven, enhancing the deep blue of her eyes. Her manner was easy and friendly, although there seemed to be a defensiveness about her. It was understandable, Nora conceded. If she was married and she and Geoffrey were having an affair, it would be natural for her to be on her guard. Geoffrey did not seem at all bothered however and slipped his arm around Mary's waist as they stood talking to Nora.

'Are yer enjoyin' yerself, Nora?' Mary asked.

'Ter tell yer the trufe, I feel a bit uneasy in this company,' Nora replied. 'I'm not used ter bein' around so many people.'

Geoffrey laughed. 'Don't tell me that, Nora. I saw you drinking port and chatting away merrily. I'll tell you what, could you keep Mary company for me while I go and see if Father's all right?'

Mary took hold of Geoffrey's arm. 'Before yer go, can yer get us anuvver drink? Nora needs one too by the look of it,' she said, smiling sweetly at him.

When the drinks arrived the two women sat on the soft, velvet-covered window seat and Nora sipped her port, studying the dancers. 'Are you an' Geoff walkin' out tergevver?' she asked suddenly.

Mary smiled and looked down at the drink she held in her hand. ''As Geoff spoken ter yer about me?' she asked.

Nora shook her head. 'No. As a matter o' fact 'e's bin

very secretive lately. One time 'e used ter confide in me, but I s'pose it's ter be understood. 'E's a man now an' 'e needs 'is privacy.'

'Geoff's very fond of yer,' Mary said, taking a sip from her glass. ''E's told me 'ow yer looked after them all when 'is muvver died. Don't be too upset about 'im not sayin' much lately. Things are a bit difficult fer both of us. I'm married, an' that makes seein' Geoff a bit awkward.'

Nora looked at Mary with feigned surprise. 'Oh dear,' she said.

Mary studied her drink. 'My 'usband's not one o' those men who knocks 'is wife about or who comes 'ome drunk,' she began. 'In fact, 'e's a very nice man. It's just that we've grown apart the last couple o' years. Maybe if we'd 'ave 'ad kids it would 'ave bin different, but it wasn't ter be. I'm in love wiv Geoff an' I fink 'e loves me. I couldn't 'elp fallin' fer 'im. It jus' 'appened.'

'Does yer 'usband know about Geoff?' Nora asked quickly.

Mary shook her head. ''E doesn't know about us an' I can't bring meself ter tell 'im. Not that I 'aven't tried. I've tried dozens o' times but I jus' can't. Maybe I'm wrong, but it's jus' that I can't 'urt 'im. As I said, 'e's a good man an' a good provider. Christ! It's so difficult.'

Nora lifted her eyes from her drink. 'It must be difficult fer Geoff as well,' she said with feeling. ''Is farvver expects a lot from 'im an' I don't know 'ow 'e'll take it when 'e finds out. 'E's gotta find out some time.'

Mary winced. 'I realise that. I only 'ope 'is farvver doesn't disown 'im when 'e does find out. Geoff works 'ard at the business, from what I can make out. It wouldn't be fair.'

'What is fair?' Nora asked. 'Geoff lost 'is muvver when 'e was at a young age. 'E grew up in a sad 'ouse. Most o' the time 'is farvver was eivver at the yard or sittin' in 'is room wiv a bottle fer company. The boy couldn't 'ave bin blamed if 'e'd 'ave kicked over the traces an' gone off ter sea or somefink. 'E never did though. Mind yer, 'e never ever wanted ter go in the business. 'E only agreed fer 'is farvver's sake. Geoff's a good boy. 'E's got more feelin' than Frank an' I wouldn't like ter see the boy unhappy.'

Mary was about to say something but Geoff was coming over to them. 'I'm afraid Father's beginning to make a nuisance of himself,' he said raising his eyes to the ceiling. 'He's been telling the women all about horse fever. If that wasn't bad enough, he then started on about animal skins and the danger of anthrax. Frank's new mother-in-law looked like she was going to faint. Anyway, I managed to steer the old man away from them. I left him sitting in a corner with a large whisky. I think I'd better get the trap before he really gets into his stride.'

The night was cold and a bright moon shone down from a starry sky as the party returned to Bermondsey. Iron wheels rattled over the gaslit cobbled streets and Geoffrey held the reins taut as the gelding trotted at a fast pace with its head held high. It had been stabled at an ostler's during the wedding reception and was feeling fresh and frisky. George was slumped in the side seat with his head lying on Nora's shoulder and Mary sat beside Geoffrey, holding tightly on to his arm. Josephine was not with them. She had been invited to stay overnight at Bella's parents', along with the other bridesmaids.

Nora was deep in thought as the trap rattled over the tramlines at the Elephant and Castle and turned into the New Kent Road. Geoff's married woman friend had been forthcoming with her about their relationship and Nora could not help but feel apprehensive for the young people's future. It was not difficult for her to understand why Geoffrey had been so secretive lately. Unlike his brother Frank, he was expected to conform to certain standards. His father had as good as forced him to go into the business and it had caused the young man more than a little unhappiness. He seemed to have come to terms with the idea of one day taking over the firm but now there was another problem looming. Knowing George the way she did, Nora was sure that he would expect his elder son to provide a male heir to carry on the family name. He would no doubt take a very destructive attitude towards Geoffrey's relationship, she fretted, as the trap turned into Jamaica Road.

Chapter Twenty

Fred Bradley was very pleased with the way his custom was growing. In the six months since Carrie had come to work for him he had almost doubled his trade, and knew that a lot of his success was due to her. She had a pleasant personality, a ready smile, and all the regular customers called her by name. Carrie had had some ideas of her own regarding the business, and Fred was now supplying a more varied fare. He had been forced to take on help in the kitchen, and a helper for Carrie too during the rush periods of the day. The café owner had experienced a sudden change of fortune and had begun to see his assistant in a new light. He had been used to working long hours in the kitchen with only an elderly assistant for company, but now there was a pretty young woman working with him, long dormant feelings began to stir. He found himself looking at Carrie and studying her face as she went about her chores. Fred would hardly admit to himself that he was attracted to his young assistant but he knew deep down that she was responsible for his change of outlook. Now he shaved every morning without fail and put on a clean pressed shirt and fresh apron. Customers began to notice the change in him and one or two of the more perceptive among them started to talk.

'I reckon our Fred's set 'is cap on Carrie,' one remarked.

'See the way 'e keeps on lookin' at 'er?' another said. 'I've never seen the bloke lookin' so smart.'

Sharkey Morris had noticed the change in Fred, and

feeling in a way responsible for Carrie's well-being he made a point of speaking to the young girl when he got the chance. 'Are yer all right, luv?' he asked her one day with a pointed look of concern. 'What I mean ter say is, nobody's tryin' ter take liberties, are they?'

Fred had been careful not to let Carrie see him watching her and she was oblivious to her employer's growing interest in her. She was a little puzzled at Sharkey's sudden curiosity. 'They're all friendly, an' they don't mind if they 'ave ter wait fer their grub,' she replied.

He grinned at her innocence. 'No, what I mean is, luv, nobody's givin' yer any ole lip or comin' the ole soldier,' he said by way of explanation.

Carrie was still unsure exactly what Sharkey was hinting at and shook her head. 'Everyfing's fine.'

'If yer do get pestered, jus' let yer ole mate Sharkey know an' I'll put 'em ter rights,' he said firmly.

Sharkey Morris would have been more concerned had he known that Carrie had been making some discreet enquiries about a certain young man with a Romany appearance. He had only come into the dining rooms on a few occasions since the first time but always at a busy period, and Carrie had not been able to talk at length to him. Nevertheless, she had learned that he worked for a grain merchant and his job meant he had to shovel hot grain mash from the brewery into his cart and transport it to farms in the outskirts of London. She had been able to tell from Tommy Allen's powerful build and muscular arms that the work was very hard, and the elderly carman who knew him explained to her that it was a job only for fit young men. Carrie found herself hoping Tommy would come into the dining rooms again.

It was one Friday morning that Tommy made one of his rare appearances, and on this particular day he picked a quiet period. Carrie tried to suppress a feeling of excitement as she brought over his tea and took his order for a cheese sandwich.

'I 'aven't seen yer fer some time. I thought yer'd changed yer café,' she said, surprised at her boldness.

He smiled. 'I wasn't in the area. I've bin wonderin' 'ow yer bin. 'Ave yer missed me?'

Carrie's cheeks glowed. 'I bin too busy ter notice,' she said quickly.

Tommy sipped his tea while she went for his order. When she returned and put the plate down in front of him, he looked into her eyes. 'I've missed comin' in 'ere, ter tell yer the trufe,' he remarked, biting on the sandwich.

Carrie turned away in embarrassment and he grinned as she got on with stacking the clean mugs. Customers were starting to come in and suddenly Tommy was at the counter.

'I've gotta get goin',' he said. 'Would yer fancy comin' ter see a show at the South London Music 'All on Saturday evenin'?'

Carrie felt her heart leap but stifled her excitement. 'I dunno,' she replied, wishing she had said yes.

Tommy was not to be put off. 'Look, it's a good show. I'll come knockin' if yer like. Tell me where yer live an' I'll call round about six o'clock.'

'Go on, Carrie, tell 'im where yer live,' one of the carmen joked.

'Can't yer see the young man's waitin'?' his friend said, laughing.

Carrie felt her cheeks growing hot. 'Twenty-four Page Street. Next door ter the stable,' she rattled off.

Tommy grinned widely. 'See yer at six,' he said as he walked out of the dining rooms.

The conversation had been overheard by Fred and he felt suddenly angry with himself. He had wanted to ask Carrie out for some time but had not been able to muster enough courage to approach her. Now it looked as though he had left it too late. He had begun to think that Carrie was showing a little interest in him. She had seemed to get over her initial shyness and chat to him a little more whenever

287

there was a quiet spell. She had told him she was very happy in the job and once or twice she had actually commented favourably about his appearance. Maybe he was too old for her anyway, he told himself. She was only twenty-one and he was in his mid-thirties. Why should she be interested in him? She hadn't noticed how he had smartened himself up, or if she had noticed she hadn't mentioned it to him. Fred carried on with the cooking, feeling depressed.

It had been a few weeks now since the theft of the watch and Jack Oxford was biding his time. He had denied ever bringing anyone back into the yard and when William had confronted him about the planking being loosened from the inside Jack merely shrugged his shoulders and hoped the yard foreman would let the matter rest, but it was not to be.

'As long as I don't know I couldn't care a sod if yer decide ter kip in the yard,' William told him, 'but when fings go missin' I do care. I'm responsible fer the place an' I'm not gonna stan' by an' let yer drop me in the shite. If yer know who nicked that watch, I suggest yer get it back off 'im.'

Jack had thought hard about which one of his friends could have taken the watch. He had known them for some time and had never had reason to suspect that any of them might take advantage of a good turn. Charlie was the only one he did not know prior to that night. He would be the most likely one to have filched the watch, Jack reasoned.

Working on that assumption he had visited the arches on a few occasions, pretending that he was just turning up for a chat, but Charlie was never there. Harold, Moishie and the eccentric Bernie did not seem to be hiding anything, and when Jack asked after Charlie on his last visit he was rewarded with a shrug of the shoulders.

'We ain't seen 'air nor 'ide of 'im since that night we all went ter the stables,' Harold told him. 'Funny bloke 'e was. 'E jus' showed up 'ere one cold night an' asked if 'e could 'ave a warm by the fire. 'E told us 'e'd bin chucked out by

288

'is missus a few years ago an' 'e was livin' rough. 'E ain't a Londoner by all accounts. I fink 'e told me 'e come from Manchester, or was it Newcastle? Somewhere like that anyway.'

'Cornwall,' Bernie piped in. 'Charlie come from Bodmin in Cornwall.'

'Oh, well, I knew it was somewhere like that,' Harold said.

Moishie poked at the flaring brazier. 'I never trusted the bloke meself,' he said. 'I woke up one night an' saw 'im rummagin' frew 'Arold's bundle. 'E said 'e was lookin' fer a match ter get the fire goin' agin.'

Jack came away from the arches that night convinced that Charlie was his man and determined that he would find him eventually.

On Friday evening Florrie Axford took her old friends to the Kings Arms for a drink. As they sat chatting amiably in the snug bar, Florrie was in a happy frame of mind. She had 'come into a few bob' as she put it, and her friends were more than a little surprised at her attitude.

'Yer could 'ave knocked me down wiv a feavver,' she was saying. 'I was up ter me eyes in washin' an' this bloke knocks at me door wiv the news. Five guineas 'e give me. Apparently it was a policy in my name an' 'e told me I'd bin payin' it in wiv the insurance. It was only fourpence a week but it'd bin paid in fer years. I couldn't work it out fer a moment, then I suddenly tumbled it. It was from that second 'usband o' mine. The ole goat took 'is policies when 'e walked out on me an' I didn't fink any more of it. From what I can gavver 'e was livin' wiv 'is married sister when 'e pegged it. Choked on a chicken bone by all accounts.'

Maisie shook her head. 'What a way ter go.'

Florrie shrugged her shoulders. 'Least 'e was eatin'. Could 'ave bin worse. 'E could 'ave starved ter death.'

'Don't be wicked, Flo,' Nellie said, stifling a chuckle.

Florrie sipped her milk stout. 'Why should I be upset over 'is passin'? 'E left me in the lurch years ago an' I ain't laid eyes on 'im since. I ain't losin' no sleep over 'im.'

'Still 'e was yer 'usband, fer better or fer worse,' Aggie piped in.

'It was all worse where 'e was concerned,' Florrie retorted. 'I've got more money orf the bleeder since 'e's bin gorn than I ever did when 'e was alive.'

Grace Crossley was leaning on the counter and her wide ruddy face split into a grin. 'Yer wanna be careful talking like that o' the dead, Florrie. Yer ole man might come back an' 'aunt yer,' she said.

'I don't fink so,' Florrie replied, downing the last of her drink. ''E never spent much time in our 'ouse when 'e was livin'. I don't s'pose 'e'd be too anxious ter pay me a visit now 'e's dead.'

Aggie was getting a little frightened by the way the conversation was going. She got up and leaned on the bar counter. 'Give us all the same again, Grace,' she said, fishing in her leather purse. 'Talkin' o' ghosts 'as made me come over all shivery.'

The buxom landlady laughed aloud as she poured the drinks. 'Yer don't believe in them sort o' fings, do yer, Aggie?' she asked in a mocking tone of voice.

The slim woman pulled the fur trim of her coat down over her wrists and leaned forward over the counter. 'My 'Arold reckons 'e see a ghost one night when 'e was lightin' the lamps. It floated across the street large as life,' she whispered. 'My ole man said it frightened the life out of 'im. Come out of one o' the 'ouses in Cotton Lane it did.'

Grace frowned in disbelief. 'It must 'ave bin a bit o' fog swirlin' around,' she replied as she put the drinks down on the counter.

Aggie shook her head vigorously. 'No, it was a clear night, so my 'Arold said. This fing floated over the cobbles and then it jus' evaporated. That wasn't the end of it neivver.

A couple o' weeks later 'Arold was lightin' the lamps in the street an' this ole man come up to 'im an' asked 'im if 'e 'ad change of a tanner. 'E said 'e wanted some coppers fer the gas meter an' when 'Arold give 'im the change, the ole man went in the 'ouse where the ghost come out of. Anyway, a couple o' nights later the gas board dug the turnin' up outside the same 'ouse an' my ole man got talkin' ter the night-watchman. 'E told 'im that they was mendin' a gas leak an' they was puttin' new pipes inter the 'ouse at the same time. When my 'Arold told 'im about the bloke askin' 'im fer change fer the gas the watchman laughed at 'im. 'E good as called 'im a liar. Apparently the place 'ad been empty fer years an' the gas 'ad been cut off fer ages.'

Grace pulled a face and hurried away to serve in the public bar, leaving Florrie grinning over the counter.

'I've 'eard 'Arold tell that story a dozen times,' she whispered to Maisie and Nellie. 'Each time it's a different street.'

As the women friends settled down to enjoy fresh drinks in the tiny snug bar, the conversation turned to more mundane topics.

''Ow's your Carrie gettin' on at that dinin' rooms, Nell?' Maisie asked.

'She's doin' fine,' Nellie replied. 'She likes it better than the factory. Mind yer, she's kept on the go most o' the day. Still, the gel's 'appy there, which is more than I can say fer the boys. James is fed up at the sawmills an' 'e's tryin' ter get anuvver job. Young Danny's workin' in the shop now. I'm glad 'e don't 'ave ter run around on the errand bike but 'e don't like it. 'E said 'e'd like ter go on the barges. Trouble is it's 'ard ter get a job on the river. It's all farvvers an' sons. The only one who's 'appy is young Charlie. 'E's doin' well in that office. They've give 'im a rise an' 'e's in charge o' the mail by all accounts.'

Maisie nodded. 'It's nice ter see yer kids get on. My two's doin' well,' she said. 'Ronnie's in a shippin' office an'

Albert's workin' in Tooley Street fer a provision merchant's. I'm glad they never went in the factories. That's no life fer kids slavin' away in those places.'

Florrie leaned back in her chair and folded her arms. 'I 'eard Galloway's younger son got married. Sid Bristow's wife told me. She said the girl sings in the music 'alls. 'E's done well fer 'imself.'

'That's all right if they like that life,' Aggie remarked. 'Those music-'all people travel all over the country. I don't s'pose the boy's gonna like 'er gallivantin' all over the place. I wouldn't like it if my ole man was never 'ome.'

'I can't see your ole man singin' on the stage,' Nellie laughed. 'Jus' imagine, 'Arold the singin' lamplighter.'

The friends' conversation was suddenly interrupted by the arrival of Betty Argent and Maudie Mycroft who nodded to the group as they walked up to the counter and ordered their drinks. Maisie noticed that the two looked rather quiet and leaned across the table. 'Yer look a bit upset,' she remarked. 'Everyfing all right?'

Maudie pinched her chin with her thumb and forefinger. 'It's Betty's 'usband,' she said gravely.

'Ain't 'is bronchitis no better?' Maisie asked.

Betty shook her head. 'It ain't that. 'E went back ter work last week an' now 'e's orf sick again.'

'What's the matter wiv 'im this time?' Maisie rejoined.

''E's come out all over in a rash. The doctor told 'im it's the shock comin' out,' Mrs Argent told her.

'What, the shock o' goin' back ter work?' Florrie joked.

Betty pulled a face. ''Im an' 'is gang was layin' track down by Bermondsey Junction on Wednesday night an' they come across this body. It'd bin 'it by a train by all accounts. Terrible mess it was in. My Dougie said it was prob'ly an ole tramp by the look of 'is clothes. 'E said the strangest fing was, although the clothes was in rags there was a watch-an'-chain on the body. Seems strange fer a tramp ter be wearin' a watch-an'-chain.'

Late on Friday evening Jack Oxford left the little pub in Abbey Street and walked slowly towards the lodging-house near the spice wharves in Dockhead. The beds were tuppence dearer than those in Tooley Street but at least he could be assured of a reasonable night's sleep, he told himself. The owner there did not allow gambling and noisy behaviour, and he had already barred Fatty Arbuckle from staying there after the incident of attempted boot-stealing. Jack had enjoyed a quiet few hours at the pub and had eaten a good supper.

Now he was feeling quite content as he made his way past the shadowy, deserted wharves. As he reached the lodging-house he saw a policeman standing outside the entrance and his heart missed a beat. There was no turning back now, he decided, trying to maintain a steady pace. Better to sweat it out.

Inside the lodging-house owner was talking earnestly with two men, and when he saw Jack called him into his office. 'These two gentlemen are from the police. They wanna talk ter all my regular customers,' he said.

The larger of the two detectives motioned towards a chair. 'Sit yerself down,' he said, taking a notepad from his inside pocket.

Jack struggled to keep calm as he settled his lanky frame on the seat. 'What's the trouble?' he asked, feeling his mouth going dry.

'Can we have your name first?' the detective asked, eyeing him closely.

When Jack had told him, the other detective took over. 'Do you lodge here regularly?' he began. 'Do you know any of the tramps who have been using this neighbourhood during the past few months?'

Jack nodded to the first question and shook his head to the second.

'We're trying to establish the identity of a tramp who was

killed by a train at Bermondsey Junction,' the officer told him. 'The body was too mangled for us to get a picture done of him but we've got a description to go on. The man was about five foot seven and in his mid-thirties. He was dark-skinned and brown-eyed. His clothes were ragged and he wore a long black overcoat with a rotted flower in the buttonhole. The most unusual thing was that he was wearing a silver watch-and-chain. Have you ever seen anyone who looked like that, Mr Oxford?'

Jack shook his head. 'I've never seen anybody like that,' he said quickly. 'I don't know anyfing about a watch-an'-chain. It's nuffink ter do wiv me.'

The detective brought his face closer to the worried man's. 'Tell me, Mr Oxford, why are you getting so excited over a watch-and-chain? All I said was, the tramp was wearing a watch-and-chain. You seem nervous. Should you be?'

Jack looked around him in an attempt to gather his thoughts. 'I'm tryin' ter fink if I did see a tramp walkin' about round 'ere,' he faltered.

The detective glanced at his colleague. 'Is there anything else you want to ask Mr Oxford?'

'There is one thing puzzling me,' the other officer remarked, and turned to Jack. 'Why did you say it was nothing to do with you when the watch-and-chain was mentioned?'

'I, er, I dunno. I thought yer might fink I give the watch ter the tramp,' Jack stammered.

'No, Mr Oxford. All we want to do is try to identify the victim. Put a name to him, that's all — for the moment.'

Jack lowered his eyes and jumped noticeably as he felt the hand on his shoulder.

'Thank you, Mr Oxford. We're finished with the questions,' the officer said.

After Jack had left the room the senior of the two officers turned to the lodging-house owner. 'What do you know of him?' he said, nodding towards the door.

''E's 'armless enough,' the owner told him. 'Bin comin' 'ere on an' off fer years. 'E was stayin' at a place in Tooley Street until it got a bit too noisy fer 'im an' 'e started comin' back 'ere. Noise upsets 'im, yer see. 'E got kicked in the 'ead by an 'orse an' 'e's bin a bit dopey ever since.'

Jack sat on his bed and tried to stop himself from shaking. Charlie was dead, he told himself, and it was his fault. If only he hadn't chased him when he spotted him in St James's Road. He should have left him when he ran up on to that railway embankment. The poor sod never stood a chance.

Jack shuddered as he recalled looking down on the mangled body. Miraculously the watch-and-chain was undamaged but he had not been able to bring himself to pick it up. It had caused Charlie to get killed and suddenly it no longer seemed important to return it to Mr Galloway. As he stood there in the cold staring at the watch-and-chain Jack had felt a sudden horrible fear, as if the thing might be alive.

He undressed and climbed into the cold bed, and for the first time in years did not bother to stand the legs of the bed over his boots.

Chapter Twenty-one

Carrie sat in the quietness of her tiny back bedroom and studied herself in the dressing-table mirror. She had scrubbed her face until it was glowing and then brushed out her long fair hair and set it up on top of her head, firmly securing it with pins and a wide tortoise-shell comb. She was wearing her best white linen blouse which buttoned high in the neck with a ruched turn-up collar, and had put on the long black satin skirt that her mother had made for her twenty-first birthday. It was cut tight at the waist and flared slightly from the knee down. Her shoes were of patent leather and canvas, buttoned up at the side and with small heels. Her mother had told her she should be wearing a stay bodice and Carrie had tried one on but could not endure the feeling of being squeezed breathless. She turned sideways and looked over her shoulder at her reflection. Her bosom did protrude. She smiled to herself as she pulled back her shoulders even more.

It had been an irritating time since she announced to her family that a young man was going to call on her. Her mother had questioned her about the lad and offered advice on the dos and don'ts and the pitfalls of letting a young man go too far. James had leaned back in the chair with his thumbs hooked into his braces and embarrassed her with his mocking smile and his comment about the likelihood of her beau having horse dung on his boots when he called. Charlie had had little to say apart from being curious about what the young man looked like, and Danny, who was preoccupied with the local boys' club, had said even less. Her father had looked worried when she told him she was going to the South London Music Hall and warned her that the Elephant and Castle could be a rough place on a Saturday night.

Carrie glanced at the loudly ticking alarm clock on the chair beside the bed and adjusted the collar of her blouse. Tommy would be calling soon. Her stomach turned over as she gathered up her cape and white gloves. At least the boys were out of the house, Carrie thought as she took a last look at herself in the mirror before going out into the parlour.

Her parents looked up as she entered the room and Nellie got up from her chair. 'Twirl round, let's see 'ow that skirt's 'angin',' she said.

William put down his paper and watched them fussing over the hem of the skirt and the tiny strand of cotton that was hanging down. How alike they were, he thought. They were both endowed with well-rounded figures and long fair hair that reminded him of new straw. They both had pale blue eyes and lips that traced a saucy curve, and when Carrie twirled around with her hands held out and her face flushed with excitement William felt a lump rising in his throat. She was a pretty thing, he owned with a bittersweet feeling. She was young and full of vitality, ready to be courted and eager to make her way in life, but how soon would it be before she was bowed beneath the burden of children and prematurely aged by the constant struggle to make ends meet? Nellie had been fortunate in that he had been in regular work over the years. She still had her looks and beauty. Would Carrie fare as well?

The loud knock on the front door roused William from his troubled thoughts and he smiled at his daughter's reaction as she gathered up her cape and gloves and hurried from the room.

The air was mild and the evening sky suffused with a

298

glorious shade of gold as the two young people walked quickly along Page Street. Tommy wore a brown single-breasted suit with the buttons undone to show off his waistcoat and silver chain, and his brown boots were brightly polished. He wore brass and enamel cufflinks in his turn-back shirt-cuffs, and the white, starched collar of his shirt had rounded peaks which smartly set off the wide-knotted grey tie that was secured in place with a small pin. His dark wavy hair was neatly combed into a quiff over one eye and he walked along proudly, rolling his shoulders in a confident manner, his lips curled in a smile as he offered Carrie his arm. She laid her hand lightly on his jacket and looked directly ahead as she spotted Florrie Axford at her front door. People were talking on their doorsteps, and as they cast glances in her direction Carrie felt her face redden. Tommy was looking about him as though enjoying the casual curiosity and smiled at the women as he passed them.

It was after they had left the street and turned into Jamaica Road that he turned to her. 'Yer look very nice,' he said.

Carrie let her eyes glance quickly up and down to appraise him and gave him a big smile in return. 'Yer look very smart too,' she replied demurely.

Tommy's face became serious as he leaned his head towards her slightly. 'If yer smell a funny pong don't worry, it's the moth-balls,' he said with a grave expression. 'My ole mum always puts 'em in me suit when she pawns it.' His face suddenly broke into a wide grin. 'It's all right, I'm only jossin' yer. It's bin weeks since she pawned it.'

Carrie squeezed his arm playfully as she caught the mischievous look in his large dark eyes. He was certainly a handsome young man, she thought, and very sure of himself too. 'Whereabouts d'yer live?' she asked him, trying to start a conversation.

'St James's Road, near John Bull Arch,' he told her. 'Me an' me ole mum live in one o' those 'ouses facin' the shops.'

'What about yer farvver?' Carrie asked.

Tommy shrugged his shoulders. 'I never knew 'im. 'E left years ago. When we was all little. All me bruvs an' sisters are married, there's jus' me at 'ome. I sort o' look after the ole gel. She's gettin' on a bit now.'

''Ave yer always bin a carman?' Carrie asked.

Tommy smiled. 'I started work in a sausage factory in Dock'ead an' I flitted in an' out o' factory work till I was seventeen. By that time I couldn't take anuvver job in a factory so I got a job on the brewery as a cart boy. That's where I learned ter drive a team of 'orses. I've bin a carman ever since. Well, that's my life story, what about you?'

'I worked in a leavver factory until I got put off, then I got the café job,' she replied.

''Ow comes yer got mixed up wiv the suffragettes?' he asked.

'There was a gel who worked at the factory an' she was always goin' on marches an' she was always askin' me ter go wiv 'er. In the end I went on one o' the marches an' it sort o' grew on me. I could see the sense in what the women were campaignin' for an' I wanted ter be a part of it.'

They had reached the tram stop and Tommy leaned against the post. 'I always thought it was those upper-class women who done all the protestin' an' gettin' 'emselves chained ter railin's.'

'Those women usually organise the meetin's, but there's loads o' workin'-class gels who march,' Carrie informed him.

'You've never chained yerself ter railin's, 'ave yer?' he asked her, smiling broadly.

Carrie shook her head. 'I've bin on meetin's an' marches that got really rough, though.'

Tommy laughed. 'I was at one of 'em, remember?' Then his face became serious. 'Is that right they force-feed suffragettes in prison?' he asked with a frown.

Carrie nodded. 'My mate Mary knew a woman who was

force-fed. She said this woman 'ad a steel clamp put in 'er mouth an' then a tube pushed right down inter 'er stomach. All 'er gums were cut, an' when they fed 'er some o' the food went inter 'er lungs. She got pneumonia an' nearly died.'

Tommy looked shocked. 'That's terrible. I reckon women should 'ave the vote anyway. I bet my old mum would vote if she got the chance. She's always goin' on about 'ow unfair fings are fer women. Mind yer, she ain't 'ad much of a life what wiv the ole man pissin' off — sorry, runnin' off — an' 'avin' ter look after all of us kids. That's why I didn't get married when I 'ad the chance.'

The tram was slowing to a halt and Carrie had to wait until they were aboard before she could satisfy her curiosity. 'Yer was sayin' yer 'ad the chance ter get married,' she reminded the young man. 'Was she nice?'

Tommy nodded. 'Yeah, she was nice. We was courtin' fer two years an' she wanted ter get married. It was 'ard at the time. Me muvver was ill an' there was no one but me ter look after 'er. Fings jus' got impossible.'

'Did she leave yer?' Carrie asked, forgetting herself as she became intrigued.

'No, not really. She was seein' anuvver bloke while she was goin' wiv me an' I found out. I caught 'em tergevver one night an' there was a big fight. After it was all over she came back ter me pleadin' ter start again, but I couldn't. Fings would 'ave stayed the same, an' it wasn't fair ter 'er. She went back ter the other bloke an' last I 'eard she'd married 'im an' 'ad a kiddie.'

Carrie felt a sudden wave of pity for the young man. 'Yer must 'ave bin very young,' she remarked.

'I was nineteen at the time we broke up. That was ten years ago this November,' he answered.

They lapsed into silence as the tram carried them towards the Elephant and Castle and Carrie could feel the pressure of Tommy's shoulder against hers and sense the faint smell of the toilet water which he had dabbed on his clean-shaven face. She was relaxed now that they had got over their initial awkwardness. Tommy had spoken of his earlier romance and how it had failed without sounding bitter or sorry for himself, she thought. When he answered her questions he didn't seem to be looking for any pity, although he could not quite conceal the sad look in his eyes. Carrie was feeling mixed emotions. Tommy was a good-looking young man and it was sad that he had loved and lost, but he would surely have no trouble where finding lady friends was concerned. Apart from his good looks, he had charm and a sense of humour. Why had he suggested she go out with him for the evening? Carrie began to wonder. Perhaps he wanted to start a new relationship, or then again maybe he was just feeling lonely. She must be careful, she told herself. It would be easy to fall for someone like Tommy. Her lack of experience would go against her if she found herself in a tricky situation with him, and she could quite easily be overwhelmed by his charm and persuasive behaviour. It had been difficult that time with Billy. Rejecting his advances on that one occasion had obviously cooled him as far as she was concerned.

Carrie realised she was clenching her hands into fists as she sat beside Tommy. She was silly to take the blame, she told herself. Billy Sullivan was now making his name as a professional boxer and his sole ambition was to fight for the championship one day. Their brief time together had meant nothing to him except a chance to prove his manhood. With Tommy it might be different. They had met by chance and become attracted to each other. She was determined to let things progress slowly between them, and quietly resolved that she would not be carried away by his attractiveness and his debonair ways.

The tram squealed to a halt at the Elephant junction and they climbed down and crossed into London Road. Crowds were milling around outside the music hall and Carrie felt excited as Tommy took her arm. She had only ever been to the South London Music Hall on one occasion when her parents took her to see a pantomime, and could remember very little about it. As Tommy led her into the main hall Carrie looked about her and saw the well-dressed couples who stood around waiting to go into the stalls and the more soberly dressed people, some with young children, who milled around by the entrance to the gallery. Tommy led her up to a kiosk and bought her a tube of Nestlé's chocolates and then they climbed the wide staircase to the circle.

When they were seated comfortably Carrie looked up at the high ceiling and gazed at the sputtering gas-jets around the gilded, blue-painted walls. She could smell peppermint and the strong scent of lavender, and sighed with anticipation as the orchestra took their places. Suddenly the conductor raised his baton and loud brassy music filled the auditorium. Carrie sat enthralled as the show began with a dancing troupe. In the darkness she felt Tommy's hand reach out to hers. She kept her eyes fixed on the stage as the artists followed each other in quick succession, aware of his fingers gently caressing the back of her hand. Red-nosed comics followed the tumblers and jugglers, and when the baritone finished singing and the lights came up for the interval Tommy leaned towards her. 'Would yer like an orange?' he said.

Carrie was fearful of marking her new skirt and shook her head.

He grinned and leaned back in his seat. 'It's bin quite a while since I was 'ere last,' he remarked, looking around at the flickering gas-jets and up at the lofty chandelier.

Carrie glanced quickly at him and saw a faraway look in his eyes. This was where he brought his lady friend, she thought. This was where he sat holding her hand in the darkness and whispering words of love in her ear.

Tommy turned towards her, smiling as he raised his eyes

303

to look at her hair and then glanced at the place where her stand-up collar touched the tip of her ear.

'I must 'ave bin still at school when I was 'ere last,' he said. 'I remember sittin' in the gallery wiv me bruvvers an' sisters. Eight of us there was, as well as me muvver an' this smart bloke who said 'e was our uncle. None of us believed 'im, or if any of us did, we know better now. We 'ad a lot of uncles after me farvver left. I don't blame me muvver. She 'ad a tribe of us ter clothe an' feed. Fings wasn't easy.'

Carrie felt she wanted to hug him. He looked so childlike and yet so handsome, and she sighed inwardly as she watched the glint of wry humour flicker in his dark expressive eyes. She wanted to go on talking with him, but the orchestra was coming back and the lights were dimming. She sat quiet in the dark, and as the show resumed felt Tommy's hand reach out for hers once more.

The orchestra struck up with 'Has Anybody Here Seen Kelly' and the star of the show walked out to the front of the stage. He was tall and lean, and when he started to sing his Irish tenor voice carried out to the far corners of the auditorium. He performed his repertoire of popular tunes and received loud applause and cheers from the enraptured audience. When the Irishman finally held up his hands and smiled graciously the audience knew that this was his own song and there was a hush. The orchestra led him into 'Meet Me Tonight In Dreamland', and the singer's silky voice seemed to float out from the stage and linger timelessly in the darkness of the smoke-filled theatre. When he finally reached the end of the song everyone jumped to their feet applauding wildly and Carrie found herself standing beside Tommy, moved with a strange elation by the poignancy of the singing. It was something to remember, she told herself with a thrill of pleasure. A wonderful ending to the show.

After the two young people had left the theatre they soon found a coffee stall at the Elephant and Castle where they stood eating hot meat pies and sipping sweet, scalding tea.

Tommy was amused as Carrie tried to keep the soft filling of the pie away from her clothes and held her mug of tea for her while she struggled to retain her dignity.

The night had stayed mild and the sky was filled with stars as they walked slowly along the New Kent Road. Carrie held on to her escort's arm and they chatted happily about the show. Late trams trundled past and hansom cabs sped by, their large wheels spinning over the cobbled roads as the lean ponies trotted along at a lively pace. Piano music and singing voices drifted out from public houses, and as they reached the Bricklayers Arms a drunk staggered out from a bar and reeled dangerously beside the kerb before recovering himself and stumbling back through the door.

Carrie took a tighter grip on Tommy's arm as he led her into the warren of backstreets. She could feel his body next to hers as they wound their way through the gaslit turnings. Sounds came from the houses — babies crying, voices raised in anger, and badly tuned pianos playing popular songs — and slowly faded away into the ominous nighttime silence that surrounded them. Drunks reeled past and clung to the lampposts, mumbling and cursing. Carrie felt relieved when at last they emerged from the maze of narrow streets into the brightly lit Grange Road. She was feeling tired now and her shoes were pinching. They had been walking for quite some time and when they finally reached Jamaica Road and turned into Page Street it cheered her to hear the familiar sound of a tug whistle on the river. She saw the light burning in her parlour window and turned to Tommy as they reached her front door.

'Thanks fer takin' me ter the show, Tommy. It's bin a lovely evenin',' she said, looking up into his eyes.

He smiled, and without replying bent down and kissed her gently on the cheek. 'I'd like ter take yer out again soon, if yer fancy it,' he said quietly.

Carrie nodded. 'I'd like it very much.'

He stood there while she slipped her hand into the letterbox and withdrew the door key. Then, as he was about to walk away, Carrie quickly stretched up and kissed him on the side of his mouth. Tommy grinned in surprise and stood watching as she hurried into her house, then he turned and walked off, whistling loudly.

On Monday morning George Galloway drove his trap into the yard and strode into the office with a look of irritation on his florid face. 'The bloody spring's gone on the trap,' he moaned to Geoffrey. 'Get on ter the coachmaker's right away, can yer? I'll be needing it this afternoon.'

Geoffrey looked up from his desk, reluctant to impart more bad news. 'Symonds is leaving, Father,' he said gently. 'He put in his notice a few minutes ago.'

Galloway sat down at his desk and swivelled the chair around to face his son. 'Did Symonds say why 'e was leavin'?' he asked.

Geoffrey nodded. 'He's got a job with Hatcher. He said it's more money. Oh, and Bristow's wife called in this morning. He's down with bronchitis again.'

Galloway puffed noisily. 'I'll 'ave ter replace Bristow. I can't afford ter keep payin' 'im while 'e's off sick. I'm not runnin' a benevolent society,' he growled.

Geoffrey turned away to use the phone and his father got up and paced the office in agitation. It was bad enough having a broken trap without more problems on top, he groaned to himself. Rose was expecting him to take her for a ride today and he wanted to make a good impression. Her benefactor was out of London on business and he was eager to make the most of his good fortune. Rose had proved to be a very lissom, energetic woman, and she had told him in no uncertain terms that her elderly provider was beginning to flag and she was now looking for a more virile partner. George found her remarks flattering but had no ambition to become sole patron of the woman. She had been set up in a comfortable flat, with a personal allowance to go with

306

it, and he did not intend to make himself responsible for that side of her affairs. Going to visit her during the day while her benefactor was away on business was an ideal arrangement. The old man would not be any the wiser, and nor would Nora.

Geoffrey put down the phone. 'They're sending someone along right away,' he said.

George felt slightly better. He sat down heavily in his chair. 'Did Tanner fix us up wiv casuals?' he asked his son.

Geoffrey nodded. 'We got a couple of decent carmen in but we'll have to get a permanent man to replace Symonds,' he pointed out.

Galloway leaned his elbow on the arm of his chair and stroked his chin thoughtfully. 'I've bin finkin' o' bringin' Jake Mitchell in,' he said almost to himself. 'I 'eard 'e's moved over this side o' the water an' 'e shouldn't be 'ard ter get 'old of.'

Geoffrey's face almost paled with sudden alarm. He had never seen Jake Mitchell, but he remembered when he was younger how the name had loomed in his mind, dark and threatening like a spectre. The sinister image of the man had been invoked many times around the meal table when he and Frank were children and their father was in one of his talkative moods. Even now the mere mention of his name conjured up endless tales of wild exploits over the years and Geoffrey wondered whether his father really was losing his powers of judgement and common sense. Jake Mitchell was a vicious brawler. He had a reputation for getting violently drunk and attacking anyone without reason, and he was known for assaulting policemen. As a young man he had fought in the fairground boxing booths, and he was as strong as an ox. Some years ago he had been sentenced to four years' hard labour after attacking a slightly built man in a public house and almost killing him with his fists. Stories of Jake Mitchell's evil doings still abounded, and Geoffrey ran his fingers through his dark hair in perplexity. 'Surely you're not thinking of letting Mitchell work here, are you, Father?' he said in disbelief. 'After what you've told Frank and me about him. You said yourself the man's an animal.'

George smiled slyly. ''Ave yer 'eard about the Bermon'sey Bashers?' he asked.

Geoffrey shook his head and his father leaned back in his chair and clasped his hands together in his lap.

'When you an' Frank were still at school, there was a group o' local publicans who banded tergevver an' sponsored fighters. They called 'emselves the Bermon'sey Bashers. They each 'ad their own fighter. I can tell yer there was a lot o' money changed 'ands when those fights took place. Twenty-rounders they was, an' I've seen some o' those fighters 'ammered ter pulp. They used ter 'old the fights in the pubs. It was eivver in the back yards or in one o' the large rooms upstairs.'

'What's that got to do with Mitchell?' Geoffrey asked, but the answer was already dawning on him.

'I'm comin' ter that,' George went on. 'The bettin' on those fights got out of 'and. People were layin' their bets on street corners wivout knowin' the form o' the fighters concerned. Word jus' got around that so-an'-so was fightin' a new boy, an' o' course the police got wind of it. They raided the Eagle in Tower Bridge Road one night an' nicked everybody who was there. At least 'alf a dozen publicans lost their licences an' it came to a stop. Well, I've jus' bin told on good authority that it's startin' up again. This time, though, it's gonna be run more tightly. They've even changed their name. Now they're gonna be known as the Bermon'sey Beer Boys. It's got a nice ring to it, don't yer fink?'

'And you're thinking of sponsoring Jake Mitchell?' Geoffrey remarked incredulously.

His father grinned. 'Jake's still more than an 'andful fer anybody the Bermon'sey Beer Boys can put up. 'E's still only in 'is mid-thirties. 'E was only twenty-five or -six when

I brought 'im over from Cannin' Town ter fight fer me at the Eagle. I won a packet that night. Funny enough, it was only the followin' week that the police raided the place. Fortunately I wasn't there that time.'

'But won't the local publicans cotton on to your scheme, especially if Mitchell's already fought in the pubs?' Geoffrey asked.

George shook his head. ''E only fought once an' that was at the Eagle. There's a new publican there now, an' besides, Mitchell fought under the name o' Gypsy Williams, an' that was ten years ago.'

Geoffrey flopped back in his chair. 'So you're going to give him a job as a carman and back him in the ring.' He shook his head slowly. 'Supposing he won't agree to fight — that's if and when you do find him?'

Galloway stretched out his legs and clasped his hands, pressing his thumbs together. 'Jake never could turn down a scrap an' I'll make it well werf 'is while,' he said with a satisfied grin. ''E can also 'andle a pair of 'orses as good as anybody. All I gotta do is find 'im.'

'Who told you Mitchell was living over this side of the water?' Geoffrey asked.

'It was Nora, funny enough,' George told him.

'Nora?'

'That's right,' he replied. 'Nora don't know Jake, o' course, but she does know most o' the people in the turnin', an' that's where she 'eard the story. It turns out that there's a new copper on the beat an' 'e's one o' those who likes ter take 'is coat orf an' sort the trouble out in 'is own way. Well, accordin' ter Nora, this copper come across two jack-the-lads 'angin' around outside a pub an' they was gettin' a bit boisterous. This copper tells 'em ter bugger orf an' one ses, "Yer wouldn't say that if it was Mad Mitch standin' 'ere." Anyway, the copper gets a bit shirty an' 'e ses, "Tell this Mad Mitch that I'm keepin' me eye out fer 'im, an' if I come across 'im 'e'll know all about it." A couple of hours later one o' the blokes comes back an' by that time 'e's well tanked-up. As it 'appens 'e bumps inter the same copper. '''Ere, yer was lookin' out fer Mad Mitch, wasn't yer?'' 'e ses. ''That's right,'' ses the copper. ''Well, I'm 'im,'' the bloke ses. It turns out they 'ave a right set-to, an' apparently the copper give as good as 'e got. Come ter fink of it, p'raps I ought ter offer the copper a job instead,' George added with a chuckle.

Geoffrey did not see the funny side of his father's attitude and grimaced openly. 'Well, I don't like the idea of it, to be perfectly honest,' he said firmly. 'I can see trouble coming from all of this. What happens if Mitchell gets shirty with Will Tanner? Will's the yard foreman and he gives the carmen their orders. He won't take kindly to being undermined by the likes of Jake Mitchell.'

'That'll be no problem,' George replied. 'While 'e's in the yard Mitchell does 'is share o' the work. I'll make sure 'e understands that right from the start. I want 'im ter save 'is energy fer the ring. Anyway, I've already put the word out fer 'im ter contact me. Now do us a favour an' get on that phone again an' chase that bloody coachbuilder up. I've got an important meetin' wiv a prospective customer an' I wanna be on time,' he said, hiding a smile.

Chapter Twenty-two

Carrie Tanner was finding her working week unbearably long. Each day she waited hopefully for Tommy Allen to make an appearance but he did not call into the dining rooms. Each day she tried to put him out of her mind as she waited on the tables and served endless cups of tea and coffee. One or two of the regular customers who had been there when Tommy asked her out made bawdy comments and laughed when she rounded on them. They joked with her about seeing the young man with a couple of young ladies on his arm. Carrie tried hard not to show that she was concerned but she could not help wondering what had happened to Tommy and why he had not bothered to contact her again.

Fred Bradley had been acting rather strange too, she thought. Normally he would chat to her at every opportunity but all week he had been withdrawn and moody. Carrie felt that he must be feeling unwell. It couldn't be the business, she reasoned. They were doing more trade than ever, and now that the new berth was operating at Bermondsey Wall even more dockers were coming in.

It was Sharkey Morris who helped to shed light on Fred's mysterious behaviour when he called into the dining rooms on Friday morning. There had been the usual amount of banter between the carmen, then one of them said loud enough for Carrie to hear, 'I ain't seen anyfink o' Tommy Allen lately.'

'Nor 'ave I. I reckon 'e's got 'imself locked up,' another said.

311

'Nah, 'e's frightened ter come in 'ere in case we jib 'im,' a third piped in.

Carrie tried to ignore the chit-chat but found herself getting more and more irritated by their childish comments. Sharkey could see her face becoming darker and he turned to the first carman. 'Who's this Tommy?' he asked.

'Don't yer know 'im?' the carman replied, grinning broadly. 'Tommy Allen's our Carrie's young man, ain't that right, luv?'

Sharkey jerked his eyes towards the back room. 'What's Fred gotta say about that then?' he joked.

'P'raps yer better ask 'im,' the carman said.

''Ere, Fred, yer don't allow Carrie ter walk out wiv scruffy ole carmen, do yer?' Sharkey said, grinning.

Suddenly Fred came out of the back room and leaned over the counter. 'Why don't yer stop yer silly talk?' he said angrily. 'What the gel does in 'er own time is no concern o' mine, an' it shouldn't be none o' yours neivver. Now if yer finished yer grub, why don't yer piss orf an' make room fer somebody else?'

The customers were surprised at Fred's sudden outburst and became subdued. Carrie too was surprised at Fred's behaviour and felt a little embarrassed as she got on with serving the tea. When Sharkey Morris finished his meal, he got up and walked over to her on his way out.

'Take no notice o' the lads, luv,' he said quietly. 'They was only 'avin' a bit o' sport. Fred should know 'em by now. If yer ask me I'd say the bloke's jealous, the way 'e carried on.'

Carrie dismissed the idea with a laugh but as she watched Sharkey leave the shop her brow creased in a puzzled frown. Fred *had* been unusually moody and quiet since that day Tommy asked her out, she thought. Maybe there was something in what Sharkey had said. Fred had been very talkative and he had certainly smartened himself recently. No, it didn't mean anything, she told herself. If he was interested he would have asked her to walk out with him. Fred was a good bit older than her anyway, and he was too set in his ways.

For the rest of the day Carrie busied herself with her chores, glancing up hopefully as customers came into the dining rooms. Later, as she was getting ready to leave, Fred called her into the back room.

'I'm sorry if I frightened yer, shoutin' at those carmen the way I did,' he said quietly. 'I thought they was upsettin' yer.'

'I didn't take any notice, and they didn't mean any 'arm,' she replied, smiling.

Fred nodded. 'Just as long as yer all right. I wouldn't want yer ter get upset an' leave. Business 'as picked up quite a bit since yer've bin workin' 'ere an' I appreciate it. I want yer ter feel free ter come an' talk ter me if anybody does upset yer. I know I'm almost old enough ter be yer farvver, but if ever yer feel the need, don't 'esitate, all right?'

Carrie nodded as she buttoned up her coat. There was something in the way he spoke that reawakened her earlier misgivings. Perhaps he did want to ask her out but felt he was too old for her, she thought, realising that she would have to be careful not to give him the wrong impression by becoming too familiar with him. It would be difficult though. She had grown fond of him in the short time she had been working at the café. Fred was kind and considerate, and she felt comfortable chatting to him. It would upset him if she suddenly shunned him. He was a sensitive man who had always behaved very properly towards her. A girl could do a lot worse than marry a man like Fred, she thought. She would have to think carefully about the way she dealt with the situation. Things were unsure enough between her and Tommy at the moment without any further complications.

Carrie had left the dining rooms and was walking along the narrow turning that led into Bacon Street when suddenly

313

she saw Tommy driving his pair of horses towards her. He waved and pulled up to the kerb, jumping down and hooking a brake chain around the front wheel as she walked up to him. 'I'm sorry I've not bin in ter see yer, Carrie,' he said quickly. 'I've bin off work fer a few days.'

''Ave yer bin ill?' she asked him anxiously.

'No, it's the ole lady,' he replied. 'She fell down the stairs last Sunday night.' Carrie winced and drew in her breath sharply. Tommy slowly shook his head. 'I'd jus' gone ter bed when I 'eard the crash. She'd bin at the gin again. I told 'er ter sleep down in the front room but she would insist on goin' up the stairs. I 'ad ter 'ide the bottle before I could get the silly ole mare ter bed, an' as soon as she 'eard my bedroom door go she got up ter look fer it.'

'Is she badly 'urt?' Carrie asked him.

'I dunno yet,' Tommy shrugged, leaning back against the shafts. 'I got the doctor in an' 'e said there was no bones broken, but she started actin' funny the next day. She was ramblin' away an' talkin' a load o' gibberish. I couldn't leave 'er, she'd 'ave set light ter the 'ouse or somefink. Anyway on Wednesday she was no better an' I got the doctor in again. 'E got 'er inter St James's Infirmary. They've got 'er under observation.'

Carrie smiled sympathetically and touched his arm. 'I thought yer didn't want ter see me any more.'

Tommy looked down at his boots for a moment, and when his eyes came up to meet hers Carrie saw how sad they looked. 'I really enjoyed last Saturday night,' he said quickly. 'I wanted ter ask yer out durin' the week but I couldn't leave me muvver. Besides, I'm in an' out o' the infirmary now. The ole gel's frettin' in there. She always dreaded goin' in that place an' now she reckons she ain't comin' out. Ter tell yer the trufe, Carrie, it drives me roun' the twist goin' in ter see 'er. They're all ole ladies in 'er ward an' I 'ave ter sit wiv 'er for a while. Trouble is, yer dunno what ter say 'alf the time, an' she keeps ramblin' on. She

314

asked me ter send the ole man in ter see 'er last night. Bloody 'ell, 'e's bin gorn fer years.'

'Would yer like me ter come in wiv yer ternight?' she asked him.

Tommy's face lit up. 'Would yer, Carrie? Would yer really?'

She smiled. ''Course I would. Knock fer me when yer ready an' I'll be waitin'.'

'It's seven till eight visitin' time,' he said, releasing the brake chain. 'I'll be round at ten ter seven.'

Carrie watched as he climbed up on to the cart and jerked on the reins. 'I'll be ready,' she said.

Trouble had been brewing in the Tanner household all week. On Friday evening, as soon as the meal was over, Nellie glanced across at Danny, hunched sulkily in his chair. 'It's no good yer sittin' there lookin' all mean an' 'orrible,' she said sharply. 'I told yer I don't want yer goin' ter that boxin' club. In fact, I've a good mind ter see Billy Sullivan's muvver abaht it. Billy should 'ave more sense.'

'But I like boxin', Mum,' Danny answered, twirling a knife. 'It's nuffink ter do wiv Billy. Yer'll make me look silly if yer see 'is muvver.'

'It is somefink ter do wiv Billy Sullivan,' Nellie said, gathering up the plates. 'It was 'im who kept on ter yer about boxin', an' it was 'im who took yer ter the club in the first place. I told yer before, I don't want no fighters in this family. All them knocks ter the 'ead can't do yer no good.'

William had his head buried in the evening paper and huffed defensively as Nellie rounded on him.

'Yer sittin' there takin' no notice. Why don't yer tell 'im?' she said sharply.

He folded the paper and laid it down on the table. 'I fink yer makin' too much of it, Nell,' he said quietly. 'It's a good club an' they don't let the kids get 'urt. It's not like professional fightin'.'

315

'That's 'ow they start though,' she complained. 'That's 'ow Billy Sullivan started, an' now look at 'im. I saw 'im the ovver day — 'is face was all bruised an' 'e 'ad a nasty black eye. Is that 'ow yer wanna see Danny turn out?'

'Billy's gonna fight fer the area title next week,' Danny said loudly. ''E's gonna be the champion soon.'

'See what I mean?' Nellie groaned. 'Mind yer, I blame meself. I should 'ave stopped 'im 'angin' around wiv that Billy. The way it is now 'e finks the sun shines out of 'is arse. Gawd, as if it wasn't bad enough nursin' 'im frew that bronchitis an' pneumonia! Now 'e's gonna be knocked stupid as well.'

James had been listening to the argument. He pushed back his chair and stood up. ''E'll be all right, Muvver. It'll knock some sense into 'im,' he said, winking at Danny.

'That's it, take 'is part,' Nellie stormed. 'Ain't you got anyfink ter say?' she rounded on Charlie.

The quiet lad looked up, surprised at his mother's anger. 'I reckon in the end it's up ter Danny what 'e wants ter do, Mum,' he said. 'If 'e takes up boxin', at least nobody's gonna pick on 'im.'

Nellie picked up the plates and hurried out of the room, sighing loudly. Once she had gone, William turned to his youngest son. 'Look, yer shouldn't keep on about that boxin' club in front of yer muvver,' he said in a low voice. 'Yer know 'ow she feels about it. If yer wanna go, then go, but keep quiet about it. She'll get used ter the idea, but give 'er time.'

Danny's face brightened a little. He turned to Carrie who was folding up the tablecloth. 'Will yer come an' watch me when I 'ave me first fight?' he asked, grinning.

'Only if yer promise ter win,' she said as she hurried out to the scullery.

Nellie was scraping the plates as Carrie entered. She cast an anxious glance at her daughter. 'P'raps I worry too much about that boy but I can't 'elp it,' she fretted, wrapping the

316

leavings up in a piece of newspaper. ''Especially after that illness 'e 'ad. It leaves yer chest weak.'

'I shouldn't worry too much, Mum,' Carrie replied. 'Danny's as strong as an ox.'

Nellie took the kettle from the gas-stove and poured hot water into the enamel bowl. 'I s'pose I shouldn't 'ave jumped at yer farvver the way I did,' she said. ''E's worried enough the way fings are goin' at the yard. What wiv Soapy puttin' 'is notice in, an' Galloway talkin' about gettin' rid of ole Sid Bristow. The way fings are goin' yer farvver could be next.'

Carrie took a wet plate from her mother. 'Galloway wouldn't put Dad off, surely,' she reassured her. 'Dad's savin' 'im a fortune the way 'e cares fer those 'orses. There's the men too. Dad knows 'ow ter 'andle 'em an' they respect 'im. No, I can't see 'im puttin' Dad off.'

Nellie rinsed the last plate and passed it to Carrie. 'Don't yer be so sure,' she said. 'Galloway wouldn't fink twice if it suited 'im. 'E's 'ard, take it from me.'

'But who's gonna look after the animals if Dad goes?' Carrie asked, putting the stack of plates in the cupboard.

'Fings are changin' fast,' her mother replied. 'Young Geoffrey's got ideas of 'is own. 'E wants ter bring in lorries ter do the cartage. A lot o' firms are changin' over now. In a few years' time yer won't see 'alf the 'orses yer see on the road now, mark my words.'

Carrie leaned back against the copper and folded her arms. 'What would 'appen if Dad did get the sack? Would we 'ave ter leave 'ere?'

Nellie shrugged her shoulders. 'I can't see Galloway lettin' us stay.'

'But we could pay rent like the rest o' the tenants,' Carrie said.

'It's not as simple as that, luv. If they did change over ter motors, they'd need somebody ter look after 'em an' 'e'd 'ave the 'ouse. It'd go wiv the job,' Nellie told her.

Carrie blew out her cheeks. 'No wonder Dad's worried. Why can't fings stay the same? Why does everyfing 'ave ter be so complicated?'

Nellie laughed resignedly. 'Life's complicated, Carrie. Nuffink's simple fer long. One fing's certain though — we'll manage some'ow. We always 'ave.'

The evening air was chill and the sky a mass of dark brooding clouds as the young couple walked through the infirmary gates and along the gravel path to the main building. Carrie was holding on to Tommy's arm and they were both silent. She had never been inside the building but the stories she had heard about the place filled her with dread.

'They go there from the work'ouse,' her mother had said. 'They send 'em there when the poor bleeders are too old ter work an' when they start goin' orf their 'eads.'

Carrie gripped Tommy's arm tightly and he smiled encouragingly as they climbed the stone stairs to the second floor. The walls were tiled in brown and cream, and the stone floor scrubbed clean. The nurses they passed were wearing long dark uniforms with white, starched hats that covered their foreheads and hung down their backs triangular fashion. Their clothes rustled and keys hanging from their black canvas belts jangled as they hurried by. Carrie shivered inwardly as they entered the dark ward and walked past the rows of beds along the walls. Hollow eyes followed them as they passed. When they reached the last bed on the left, Tommy leant over the frail figure lying there and kissed her forehead gently.

'I've brought somebody ter see yer, Mum,' he whispered.

Carrie leant forward and smiled at the vacant-eyed old lady. ''Ello, Mrs Allen. 'Ow are yer?' she asked in a low voice.

A long, bony hand slipped out from beneath the bedclothes and gestured feebly.

318

'Jack? Is that Jack? I got the ticket. I'll get yer suit out on Friday. I'll . . .'

The croaky voice trailed away and the bony hand dropped limply on to the bedclothes.

'She finks it's me farvver,' Tommy whispered as he pulled up a chair for Carrie. 'She's on about the pawn shop again. It was the same last time I come in.'

Carrie looked down at the white-haired old woman. She could see the faint pulse beating in her thin neck. The woman's eyes were closed but they seemed to be moving beneath her dark eyelids. Carrie could not think of anything to say and looked up at Tommy. He was standing over the bed holding his mother's hand. He bent down to stroke her forehead gently with his other hand. 'It's Tommy. It's yer son Tommy, Ma,' he whispered. 'Open yer eyes, Ma.'

The old lady's eyes flickered and closed again. 'Tommy?' she murmured hoarsely. 'Yer a good boy ter yer ole mum. Tell yer farvver I'll be 'ome soon. Bring me clothes in next time, Jack. I can't stay in 'ere.'

Tommy looked at Carrie and shook his head. 'It's no good, she keeps wanderin',' he said softly.

Carrie looked around the ward. Like the long corridor, the walls were tiled in cream and brown and the highly polished floor smelt of carbolic. Here and there a few wilting flowers stood in glass vases beside the beds, and in the centre of the ward there was a polished wooden table where the ward sister sat writing. Beside her was a large vase containing a spray of bright yellow chrysanthemums. They seemed out of place in the drab, sterile surroundings.

Tommy stood over his mother, whispering to her and squeezing her limp hand for a while, then straightened up and turned to Carrie. 'I fink we should leave now,' he said. 'She doesn't know us.'

Carrie got up and stood at the foot of the bed while Tommy bent over and gently kissed his mother's lined forehead, then took his arm as they walked quickly from the ward and along the gloomy corridor.

They walked in silence until they had crossed the quiet thoroughfare and then Tommy turned to her. 'Would yer like a drink?' he suggested. 'I need one.'

Carrie looked at him rather apprehensively. 'In a pub?' she queried.

He nodded. ''Ave yer never bin in one?'

She shook her head. 'Will they let women in?'

'It's all right. This one does,' he laughed. 'Long as yer wiv somebody.'

Carrie soon found herself sitting in a small public house in Jamaica Road, sipping a gingerbeer and gazing wide-eyed around the bar. Most of the customers were men but there were a few women sitting in secluded corners with their escorts. A fire was burning in a large open fireplace, and around the papered walls hung ornaments of pewter and brass alongside dark-coloured pictures of river scenes.

Tommy took a large draught from his pint of ale, afterwards wiping his mouth. 'I shouldn't 'ave let yer come wiv me,' he said quietly. 'It's a depressin' place. It gives me the creeps every time I go in there.'

Carrie tried to comfort him with the ghost of a smile. 'I'm glad I did come wiv yer,' she said. 'The place doesn't seem so frightenin' ter me now. It's jus' so sad ter see all them old people lyin' there.'

Tommy nodded, and then paused for a moment. 'Look, Carrie, I've bin doin' a lot o' finkin' since last Saturday night. I can't expect yer ter walk out wiv me, not the way fings are. I've got me ole lady ter look after an' it wouldn't be fair ter yer. We couldn't go out much an' I can't let meself get serious wiv anybody, not fer the time bein'.'

Carrie looked at him with concern in her large blue eyes. 'Why did yer ask me out in the first place?' she said quickly.

Tommy looked down at his drink. 'I was feelin' a bit lonely, I s'pose,' he replied. 'I wanted somebody ter talk to, an' yer was very nice ter me when I come in the café. Besides, I was curious about yer. Yer a very pretty gel, Carrie, an' anybody would be proud ter walk out wiv yer.'

'Curious? Was that why yer asked me out?' she checked him, a note of anger creeping into her voice. 'Was yer lookin' fer a free an' easy gel who might let yer take advantage of 'er?'

He shook his head vigorously. 'No, 'course not. I could see yer wasn't that sort o' gel the first time I spoke ter yer when yer was strugglin' wiv that copper, an' I've 'ad no reason ter change me mind since. What I'm tryin' ter say is, I couldn't give yer much o' me time. I'm under the cosh, Carrie, an' I ain't gonna expect any gel ter share that wiv me any more. I tried it once an' it didn't work out. I'm sorry, but that's the way it is.'

'I'm not any gel,' Carrie replied with vigour. 'I can understand fings. I know 'ow it is wiv yer mum bein' ill an' yer 'avin' ter care fer 'er. I'm not stupid.'

'That's why I'm sayin' it, Carrie,' he said in a tone of despair. 'I fink yer somefink special an' I ain't gonna expect yer ter wait. There shouldn't be any pretendin'. I wanna court yer but I can't, not the way fings are.'

'We could see each ovver now an' then,' she said. 'We could be good friends wivout puttin' an end to it.'

Tommy looked up at her and his large expressive eyes stared into hers. 'I want us ter be friends, Carrie, but I don't want yer ter expect too much. If yer do yer gonna get 'urt. We both will.'

When they left the pub they walked back through the gaslit streets without speaking, mindful that something had grown between them. It was not long before they reached Tommy's house, and as he opened the door and they stepped into the dark passage she was in his arms, her mouth pressed to his, her body moulded against him as she wrapped her arms around his neck. She could hear her own heartbeats and felt a delicious sensation flowing up from deep inside her as his arms enfolded her tightly and he held her close to him in the darkness. He was kissing her ears and her soft white neck. She shuddered as she let him move his hands down along her body, feeling no inclination to deny herself such a pleasurable experience. She was breathing more quickly when Tommy suddenly eased the pressure of his arms around her willing body, tenderly holding her close to him without moving for a while, to temper their rising desire. She clung to him, feeling his chest rise and fall, calmly and deeply. She was near to giving herself to him completely but she knew deep down it would not be now, not yet. Tommy seemed to understand too, she could tell.

'I'd better get yer 'ome,' he said suddenly, releasing his hold on her and breathing deeply in an effort to quell his lingering passion.

As they walked quickly to Page Street Carrie held his arm tightly, her stomach fluttering with the delicious feeling that had awoken deep inside her. Their friendship would grow from this night on, she felt sure. Whatever happened, whatever fate had in store for them, there would always be a closeness between them.

Chapter Twenty-three

Will Tanner slumped down at Galloway's desk in the yard office and clipped the worksheets on to the bundle. Monday mornings seemed to be more difficult lately, he sighed. In the old days the carmen would have their usual moans about the work rotas and then drive out of the yard without more ado, but Soapy Symonds had left now, Sid Bristow was still off ill, and they were the last of the old crowd. The new men were a different sort altogether; casual carmen hired on a week-to-week basis, most of them unfamiliar with the type of carting they were expected to do. Many of them were footloose drifters, scratching a living where and when it suited them. Few of them could competently handle and load the large hop bales or scotch up the rum barrels so that they stayed in place on the cart. Occasionally one of them mistreated a horse and then William would have to make sure he never came back for a day's work.

George Galloway seemed quite happy with the state of affairs even though it sometimes caused problems with the firms he dealt with. Will had quickly realised the motive behind his employer's thinking. Carmen were only hired when they were needed and now none of them was ever left hanging about the yard as in the old days. The hire rate was less too, and William could only suspect that contracts with their customers were obtained by undercutting all the other cartage firms. Galloway probably lined the pockets of the firms' transport managers and still made a good profit, he guessed.

At nine o' clock that morning Horace Gallagher walked into the office and peered at William through his thick-lensed spectacles.

'George and Geoffrey not in yet?' he queried, easing his long, lean frame into his desk chair.

William shook his head. 'I expect they're on business. They're always in by this time,' he answered.

Horace was already busying himself with a ledger and the yard foreman got up to leave. He had never liked the accountant very much and was wary of discussing his employer with him. Horace had been with Galloway from the very beginning and handled all the firm's financial arrangements.

As William made for the door, Horace looked up from his desk. 'Have you got a minute?' he asked.

William sat down in the chair again and folded his arms. 'Yeah. What's wrong?'

'Nothing,' Horace said quickly. 'I just wanted to ask you something. Have you ever heard of a man called Mitchell? Jake Mitchell?'

William shook his head and Horace leaned forward in his chair. 'Does the name Gypsy Williams mean anything to you?' he asked.

'Wasn't 'e the one George brought over from Cannin' Town ter fight at the Eagle a few years ago?' William remarked, his eyebrows fixing into a frown.

Horace nodded. 'That's right. His real name is Jake Mitchell and I understand he's coming to work here as a carman. I thought you should be warned, although I would ask you not to let on you already know when Galloway tells you,' he added quickly.

William tried to hide his feelings of disquiet. He had never met Mitchell but Galloway had spoken about him often enough and Sharkey Morris had told him of the night he saw Mitchell almost kill his opponent at the Eagle public house before the fight was stopped. What reason did

Galloway have for suddenly employing the man, he wondered, and why should Horace break the habit of a lifetime and confide in him? It seemed very strange to William and he stared at Horace, trying to gauge the man's reasons.

'Why should I be warned, Horace?' he asked with a guarded look.

The accountant glanced at the door anxiously before replying. 'As you know, Will, I've worked for this company for a very long time and I thought I'd seen everything there was to be seen. Lately, however, I've started to question some of the things that have happened here. I've been ordered to make Sid Bristow's money up. He's being put off, did you know?'

William nodded.

'The man's worked here for over twenty years, for Christ's sake!'

William was shocked by Horace's sudden show of feeling and wondered what else lay behind his outburst.

'I guessed Bristow was goin' from what Galloway said last week,' he remarked. 'I'm gonna try an' talk 'im out of it, but I don't see what I can do. All the old carmen 'ave eivver left or bin sacked. It seems ter suit the ole man but it's affectin' the business in one way or anuvver. I can't understand 'im lately.'

Horace let slip a short, bitter laugh. 'No, neither can I. Anyway, you asked me why I should warn you about Mitchell. That man is a nasty piece of work and I'm afraid you're going to have a hard time dealing with him. That's why I wanted to put you on your guard. I wouldn't like to see you be forced to leave. Just be careful.'

William nodded. 'Thanks for the warnin', 'Orace. An' don't worry, I won't let on I know.'

Horace turned his attention to the ledger and William walked out into the yard, unable to still his troubled thoughts. There was something strange about Horace's behaviour, he told himself. And what was Galloway's reason for bringing Mitchell in? There had been no boxing matches at the local pubs since the Eagle's landlord lost his licence. Some of the publicans must be planning to start up again, he decided. What other reason could there be for Galloway's move?

William continued to puzzle over the problem while he bandaged a lame horse's fetlock. Just as he was leading the animal into the small stable, Galloway drove into the yard. Geoffrey was with him and there was another man sitting beside them. Galloway hailed William and waved him over.

'I want yer ter meet Jake Mitchell, Will,' he said breezily. 'Jake's gonna start work termorrer. Jake, this is Will Tanner, me yard foreman.'

William studied the man as he shook his hand. He was about his own height, he guessed, but at least a couple of stone heavier. His bullet head sat squarely on broad shoulders and his face was flat and fleshy. William could see by the way Mitchell's nose was twisted that it had been broken several times, and there were white scars over both his eyes. His short coarse hair was greying and spiky, and as his mouth parted in a thin smile he displayed chipped, yellow teeth.

'I'm puttin' Jake on the 'ops contract, Will,' Galloway went on. ''E's done that work before so there'll be no problems. Oh, an' when yer got a minute, I wanna see yer in the office.'

William nodded and glanced quickly at Geoffrey. The young man sat motionless in the trap, looking uncomfortable. George seemed perfectly at ease. He joked with Mitchell as they got down from the trap and walked into the office.

As Geoffrey stepped down, William discreetly called him aside. 'I don't know 'ow much yer know about Mitchell, Geoff,' he said quietly, 'but if yer ask me I'd say yer farvver's playin' wiv fire employin' the likes of 'im.'

Geoffrey shrugged his shoulders. 'I don't make the decisions, Will,' he replied quickly.

'I fink it's about time yer started then,' William said sharply as he walked away.

He had tethered the lame horse outside the small stable. When he walked back over to it, he saw that it was sweating. He led the animal into the stall. It stood quietly as he rubbed it down vigorously with sacking and handfuls of straw until its coat was dry and shining. As William filled the box with chaff, George walked into the stable.

''Ow is it?' he asked, running his hand down the horse's withers.

'I've rubbed it down an' it's eatin'. It'll be all right in a day or two,' William told him.

Galloway leaned back against the centre post and eyed his foreman closely. 'I take it yer know all about Mitchell?'

'Should I?' William asked curtly.

'Jake Mitchell used ter fight fer me on the pub circuit,' Galloway went on. 'If yer remember, I brought 'im over this side o' the water ter fight at the Eagle a few years ago.'

William nodded. 'I remember, but I'd never met the man. Gypsy Williams 'e was known as then, wasn't 'e?'

Galloway smiled crookedly. 'That's right. 'E's still good, an' 'e can beat anybody round 'ere that I know of.'

William wiped his hands on a piece of sacking and looked quizzically at Galloway. 'What I can't understand is why yer brought Mitchell 'ere. If yer need an extra carman, why not get Lofty Russell back, or even Darbo? At least they were reliable.'

Galloway stood up straight and slipped his hands into his trouser pockets. 'Jake Mitchell's reliable enough, an' besides, 'e ain't in as an extra. 'E'll be takin' Sid Bristow's place,' he said firmly.

William threw down the piece of sacking in disgust. 'Yer tellin' me yer actually gone and sacked Bristow 'cos the man's bin off sick fer a few weeks? Christ Almighty! Bristow's bin wiv yer almost as long as I 'ave.'

Galloway shrugged his shoulders. 'Bristow's gettin' past it, Will. 'E's 'avin' trouble managin' the work an' 'e never puts in a full week nowadays. I got a business ter run, not a bloody friendly society.'

'But yer could give 'im the light van an' let 'im do the runabouts. That's the least yer could do,' William said with passion.

'Look, it's no good yer tryin' ter make me change me mind,' Galloway replied firmly. 'Bristow's goin' an' that's the end of it. Mitchell takes 'is cart over termorrer.'

'But why Mitchell? Wouldn't it 'ave bin better ter get one o' the ovvers back?' William asked.

Galloway shook his head. 'The Bermon'sey Bashers are startin' up again,' he said, smiling. 'I should fink that makes it obvious why I want Mitchell.'

The yard foreman nodded his head slowly. 'So that's it,' he said quietly. 'Well, I 'ope 'e does 'is fair share o' the work round 'ere, George, an' I'll tell yer straight, while I'm the yard foreman 'e'll take orders from me like the rest of 'em.'

Galloway bit on his lip in irritation. He needed Jake Mitchell to fight for him. He was more than a match for anyone the local publicans could put up, and there was quite a pretty penny to be earned betting on the outcome. God knew, he needed the extra money. Rose was becoming more demanding, and she had expensive tastes.

Galloway's silent stare angered the yard foreman and his eyes blazed. 'I mean what I say, George,' he said forcefully.

Galloway raised his hands in a conciliatory gesture. 'All right, Will, all right,' he sighed dismissively. 'That's understood. I've already told Mitchell. Yer'll get no trouble from 'im, an' if yer got any complaints come an' see me an' we'll get it sorted out. That all right?'

William nodded. 'I still fink yer've bin 'ard wiv ole Sid Bristow,' he remarked, looking Galloway in the eye. 'Sid was the last o' yer ole carmen. It don't seem right ter me.'

George walked to the stable door and then turned to face his foreman. 'Look, Will, I don't wanna argue wiv yer. As I said, me mind's made up. Don't you worry though, there'll always be a job 'ere fer you. Why, me an' you was kids tergevver. I ain't likely ter ferget that.'

William watched him cross the yard and sighed deeply as he cut the wires on a hay bale. Talk was cheap where Galloway was concerned, he reminded himself. What if he went down sick? Would Galloway still feel the same then? The horse had started sweating again and William felt troubled as he grabbed another handful of sacking.

Carrie was in a thoughtful mood as she left the dining rooms and walked the short distance home. She had gone with Tommy to the Infirmary on two occasions that week and his mother seemed to be rallying. She was now propped up in bed and had recovered enough to have snatches of conversation with her son. The doctor had said she would be able to go home soon, although there had been some permanent damage and she would never fully recover. Tommy had taken the news quietly. He had not said much, but Carrie was aware that he would be hard put to it to hold down his job as well as care for his mother. One or two of her neighbours had offered to go in and see her during the day but as Tommy had said, she was a difficult woman to deal with and her few friends would soon find it too much to stand.

Carrie thought about their long walks together after they left the Infirmary. They had strolled along the riverside in the cool of the evening and watched the seagulls wheeling over the moored barges. She had taken his hand and they had stolen kisses in the shadows of the lofty wharves, but she had felt that Tommy always seemed to be holding back. He had not invited her to his house again, and when he walked her to her front door he kissed her hurriedly as

329

though all the street were watching him. Carrie believed she understood his reasons and it made her angry with the lot fate had dealt him. She understood that he had loved once before and lost, and now he could not bring himself to open his heart to her and love her the way she wanted to be loved. It seemed to her that Tommy was afraid to take things further, although he must realise that theirs could not remain a simple boy and girl friendship. Carrie felt that she was now ready to experience love completely, and he was the one she wanted to give herself to.

Nellie was laying the table when Carrie walked in. She raised her eyes to the ceiling in a secret sign to her daughter and nodded in the direction of the menfolk who were all sitting around talking together.

'I'm startin' work there on Monday,' James was saying. 'There's no future in the sawmills an' it's about time I 'ad a change.'

'Well, if that's what yer wanna do, Jim,' his father replied. 'Cabinet-makin' is a good trade. Yer can learn French polishin' an' veneerin' as well. I wish now I'd gone in that trade. There's more of a future in furniture than workin' wiv 'orses. In time, it'll be all motors on the roads.'

Jim sat back in his chair and hooked his thumbs through his braces. 'I made me mind up ter get out o' the mills when ole Benny Taylor lost two fingers in that band-saw the ovver week,' he said with conviction. 'Took 'em right off it did. 'E fainted right over the saw, an' if it wasn't fer the foreman grabbin' 'im 'e'd 'ave bin split right down the middle.'

'Do yer 'ave to, Jim?' his mother admonished him. 'We'll be 'avin' tea soon. I don't wanna 'ear fings like that at teatime.'

Jim grinned at his father. 'Bloody shame about poor ole Benny,' he went on. ''E plays the pianer in the pub. Well, 'e did do. 'E won't be able ter do that anymore.'

'I s'pose 'e could always use 'is elbows,' Danny said to bursts of laughter.

Carrie stifled a laugh as she saw the look on her mother's face. 'Jus' fink, Mum, Jim'll be able ter make yer a nice bedroom suite soon,' she joked.

Danny moved round in his chair to face James. 'D'yer fink I could get a job at the cabinetmakers, Jim?' he asked. 'I'm gettin' fed up wiv servin' in that shop. Only women should 'ave ter serve in shops.'

Carrie cuffed him lightly around the head. 'Don't yer be so cheeky. One day women'll be doin' all the jobs men do, jus' you wait an' see,' she told him forcefully.

'What, drive 'orse-an'-carts an' be dustmen an' fings?' Danny said, laughing.

'I drove an 'orse-an'-cart once,' Nellie cut in. 'It's surprisin' what women can do.'

'I'd like ter see 'em go in the boxin' ring,' Danny said derisively.

'They'd take their gloves off an' pull each ovver's 'air out, I should fink,' James said, winking at his younger brother.

'Sadie Sullivan wouldn't,' Nellie remarked. 'She's still a match fer any man.'

'That family's bloody mad,' James declared. 'If they're not thumpin' ovver people, they're knockin' each ovver silly.'

'Not now they don't,' Danny said quickly. 'Billy's the only one who fights now, an' 'e's earnin' money fer doin' it.'

'Well, that's as it may be, but yer can get it out of yer 'ead if yer fink me an' yer farvver are gonna let you be a boxer,' Nellie told him firmly.

William hid a grin as Danny looked appealingly at him. 'There's a fighter started work at the yard. Jake Mitchell 'is name is,' he said, turning to Nellie. ''Ave yer clapped eyes on 'im yet?'

Nellie nodded. 'Ugly-lookin' git. I see 'im drivin' up the turnin' the ovver mornin'. Usin' the whip 'e was. I don't like ter see 'em whippin' those 'orses.'

'If I catch 'im usin' the whip there'll be trouble,' William

331

said quickly. 'Yer'll never get the best out of an 'orse by usin' the whip. 'Orses 'ave gotta be coaxed.'

'What's this bloke doin' workin' fer Galloway if 'e's a fighter?' Danny asked.

''E fights in the pubs, or 'e used to before the police stopped it,' William told him.

'Billy told me all about those pub matches,' Danny said. 'Billy reckons they don't fight under the Marquis o' Queensberry rules, an' some o' the fighters put liniment on the gloves.'

'What's that for, the bumps an' bruises?' Nellie asked innocently.

'Nah, it's ter blind the ovver bloke,' Danny answered amid laughter.

'When's tea gonna be ready?' Charlie said suddenly, looking up from his book.

'Five minutes. I'm waitin' on the greens,' Nellie told him.

William smiled to himself. Charlie was so different from his brothers, he thought with amusement. He seemed able to lose himself in a book despite all that was going on around him. James always had something to say and was ever ready to get into an argument, and Danny was the cheeky one, restless and inclined to sudden changes of mood. Charles could sit curled up in one corner with a book or the paper for hours. Nothing seemed to worry him and his two brothers had long ago given up trying to bait him.

Nellie was serving up steaming mutton stew and Carrie sliced the bread as the family gathered around the table. William looked at the eager faces of his sons and Nellie's set expression as she evened out the portions of stew. He glanced at Carrie and noticed how grown-up she had become. He sighed contentedly. Things had been uncomfortable in the yard lately, he felt, and his future there looked uncertain, but it was easy to push all that to the back of his mind as he sat down to eat with his family around him.

* * *

Nora Flynn was feeling unhappy as she cleared the table after the evening meal. George had been out two evenings that week — to meet with prospective customers he had said, but Nora felt he was lying to her. When George went out in the evenings to meet clients or future customers, he never took the trap. Usually he would go to a local public house and discuss business over drinks. Handling the trap when he was inebriated was something George did not relish and he had told her as much. Now that he had a lively and spirited animal between the shafts he was even more loath to take the vehicle on his business jaunts, but on the last two occasions he had used the trap and returned comparatively sober. Either George was losing his taste for a tipple or he was dealing with teetotal clients. Nora realised that nothing could be more unlikely. This was something or someone else.

Loud laughter came from the front room where Josephine was entertaining some of her school friends. Nora forced a smile as she put away the washed plates and cutlery. Laughter had been in short supply in the house for a long time, and it was very quiet now that Frank had left to get married and Geoffrey always seemed to be out with his married lady friend. Nora closed the dining-room door and climbed the stairs to her room. The summer evening was drawing in and she gazed down at the long shadows spreading across the quiet square. Her feeling of sadness deepened as she sat down in her favourite armchair and stared out at the evening sky. Her life had been dramatically changed since she and George had become lovers. He had reawakened feelings inside her that she had thought were gone forever. She had felt young and lighthearted again, happy and contented, until the last few weeks.

George seemed to have changed since Frank's wedding. His nocturnal visits to her bed had become less frequent and lately they had exchanged a few harsh words. When she had asked him for a little extra money to buy some lace curtains

333

for the front windows he had suddenly grown angry and stormed out of the room. He seemed to be getting very mean lately, and he had never behaved that way towards her before. Something must have changed him, but what?

Not for the first time she wondered whether there was another woman. Perhaps he had met someone at the wedding reception who had taken his fancy, she thought as she tried to picture the occasion in her mind. He had spoken to many people there but he had been drunk and making a nuisance of himself for a great deal of the time, she recalled. There was one woman though. She had been in his company at the bar and had seemed to be hanging on his every word. Then again, she was with a younger man and had left quite early. Perhaps she was being silly. George was no spring chicken and he was working hard at the business. Perhaps it was she who had become possessive and domineering, forcing him to seek pleasure outside the house.

Nora got up and walked over to the mirror. Evening shadows filled the room and darkened the glass as she studied her reflection. Slowly and deliberately she removed her hairpins and let her raven hair fall down around her shoulders. It was how George liked it, she brooded as she raised a stiff brush to the tangled tresses. It had taken her some time but she had won the man's affections and now she was resolved that she would fight to keep him. Tonight she would not lie awake and wait for his key in the door and pray for his footsteps on the stairs. Tonight she would beard the lion in his den.

Chapter Twenty-four

Life in Page Street beyond the yard gates carried on in the usual way as the summer days went past. Canvassers came round and knocked on doors with a petition to the local councillors for action over Bacon Street Buildings. Sadie Sullivan wanted her whole family to sign but was informed that only one signature was allowed from each household. She signed twice, once for herself and once on behalf of a make-believe cousin, who lived a few streets away but was visiting and had just popped out to the shops, the petitioners were solemnly informed. Maggie Jones and Ida Bromsgrove signed with vigour, and Maudie Mycroft peered through her lace curtains to make sure everyone else was signing before she committed herself. 'Yer can't be too careful, Ernest,' she warned her long-suffering husband. 'They could be anarchists.'

Ernest puffed loudly as he tried to read the account of a society scandal. 'That's right, luv,' he answered with a suitable amount of seriousness in his voice. 'Puttin' our names on paper could be tantamount ter treason. Mind yer, if we don't sign the petition it could be seen as somefing else an' we could be murdered in our beds.'

Maudie decided that Ernest might have something there and hurried to the door to sign. Dot Argent signed, as did Maisie, Aggie and the redoubtable Florrie Axford. Nellie Tanner put pen to paper and got Jack Oxford and three of the carmen to sign as well.

Billy Sullivan won his latest fight on a knockout and was

now a serious contender for the middleweight title. Danny Tanner knocked at Billy's house the next morning and got his idol out of bed for his signature so that he could show it off to all the customers. Everybody knows about Page Street now, and when I become British Heavyweight Champion the street will be famous, he told himself, puffing out his narrow chest.

Once again, sheer pluck and devilment served to enhance Florrie Axford's already formidable reputation in the street. It happened a few days after Jake Mitchell came to work for Galloway's. Florrie was whitening her front doorstep when Mitchell came by, driving his team at a lively pace. She got up off her knees and watched the cart rattle into the main road, a scowl on her thin face.

'They've all bin told ter take it steady till they get out o' the turnin',' she reminded her friend Aggie who was on her way to buy the morning paper.

'Yer right, Flo,' Aggie agreed. 'Nellie Tanner said 'er Will always tells 'em ter mind the kids when they come in an' out o' the street.'

'Well, I'm gonna keep me eye out fer that ugly-looking git,' Florrie vowed. 'I tell yer straight, Aggie, if 'e comes in this street at a gallop ternight I'm gonna go in that yard an' see Galloway 'imself.'

It was nearing five o'clock when Florrie heard the frantic clatter of iron wheels on the cobbles and quickly peered out through her clean lace curtains. Her face darkened as she saw Jake Mitchell sitting forward in his seat, his gnarled hands pulling on the reins to slow the fast-moving pair of greys as they went through the yard gates. 'Right, that's it!' she exclaimed aloud to herself as she buttoned up her coat and pressed her bonnet down on her head.

The noise of the horses cantering into the yard had already alerted William in the upper stable. He hurried down, ready for a confrontation.

'In future don't drive the cart in like that, mister,' he

336

growled. 'I've already told yer the rule 'ere that ses we walk the 'orses down the turnin' 'cos o' the women an' kids.'

Florrie was more vociferous when she reached the yard. 'Oi! You!' she shouted at Mitchell as he was climbing down from the cart. 'Next time yer drive that soddin' cart down the turnin', make sure yer not drivin' like the devil's on yer tail ovverwise yer gonna end up killin' somebody.'

Jake Mitchell scowled at Florrie and turned his back on her, which only served to infuriate her. 'Oi! Are yer dumb as well as bein' bloody stupid then?' she shouted at him.

Mitchell rounded on the woman. 'Piss orf, missus. Why don't yer go 'ome an' nag yer ole man?' he snarled.

Florrie could not contain herself any longer. 'I ain't got no ole man. 'E looked like you, that's why I got rid of 'im,' she screamed, rushing towards him with her fists clenched.

Mitchell backed away, surprised by her fury, but before Florrie could reach him William stepped in front of her and took her by the shoulders. 'All right, luv. Calm down,' he said placatingly. 'I'll sort this out. Yer right ter complain, but let me 'andle it.'

Florrie puffed loudly and pressed her hat down on her head. 'All right, Will, but yer better tell 'im straight, ovverwise I'll be straight in ter see Galloway.'

William watched the irate woman march out of the yard then he turned to Mitchell, his face dark with anger. 'Next time yer drive in like that yer finished 'ere, understand? An' while I'm about it, yer better get one fing straight. As long as yer a carman 'ere yer don't get no special treatment. Yer take orders jus' like the rest of 'em. If yer got any complaints on that score, yer better see Galloway. Right?'

Mitchell matched his foreman's stare. 'I'm not in the 'abit o' takin' that sort o' talk from any woman,' he growled.

'Well, in this case you ain't got no bloody choice,' William told him. 'An' I tell yer what − Florrie Axford's as good as gold till she's upset an' then she'll front yer, big as you are. Yer'll do well ter remember that.'

Mitchell sneered as he turned his back on William to unhitch his horses and the foreman walked away, feeling better for a confrontation that had been overdue.

Carrie took Tommy's arm as they left the Infirmary and walked slowly along the quiet thoroughfare. The doctor had said that his mother was well enough to go home the following day. Tommy was quiet as they walked under the railway arch and then turned into St James's Road, and Carrie understood what he must be thinking. The chance of their relationship flourishing seemed remote and she was feeling desperate. She needed him, wanted him to love her, and she was prepared to settle for the way things were. The alternative was a sterile friendship that would surely not survive as their normal emotional needs were smothered and withered by circumstance.

They were passing his house on the opposite side of the road. Suddenly she leant her body against his a little, indicating with a subtle pressure that they should cross the road. Tommy instinctively responded and they walked over to his front door. No words were spoken as they entered, and in the darkness of the passage she went to him, moulding her body against his and entwining her arms around his neck. Her lips searched for his and with a deep shuddering sigh she pressed her mouth to his. She had boldly seized the initiative, feeling that the time had come. She was ready, a willing partner, urging and guiding his searching hands until he was fully roused. There could be no going back now.

His lips were on her now. She could feel the deliciousness of his mouth wet against her neck, kissing her ears, her closed eyes, and brushing her soft throat. His arm slipped around her waist as he led her slowly into his bedroom and suddenly she was in his arms, poised above the bed. Tommy moved forward and his lips were hard on hers as they fell backwards, down on to the soft covers. Carrie was gasping, urging him on. She felt a short, sharp pain as he groaned above her. She was his now, and moaned as the ecstatic pleasure of his loving flowed through her willing, trembling body.

Horace Gallagher was alone in the office as he turned back the pages of the bound ledger and glanced at the entries. It seemed to him that the whole of his past life was represented there in the bold, sloping handwriting in purple ink. He saw the entry for two hard-bristle yard brooms dated 1905 and a faint smile came to his face. Galloway had made a fuss over that purchase, he recalled. Why two brushes when there was only one yard sweeper? he had argued. Lower down the page Horace noted the sale of one dozen Irish Draughts to the Royal Artillery and had a vision of women lining the street and Nellie Tanner marching up to the hosepipe with a chopper in her hand. It was all there, he thought. Stories hidden behind dates and figures. Another entry caught his eye and Horace rested his chin on his hand. 'Collection and transport of one carcass' the entry read. He had never thought of himself as a horse lover but that docile little Welsh cob had been everyone's favourite animal. He remembered young Carrie Tanner sitting on its back when she was small and how she had sobbed uncontrollably when it died of colitis. Horace turned the pages which marked the passage of the years. There were entries for sale and purchase of horses, carts and animal foodstuffs, and one entry near the front of the book back in 1895 which read simply, 'One small wreath, John Flynn'.

Horace closed the ledger and stood it on the shelf beside the rents and wages ledgers. It was all there, he reflected. More than twenty years of his life spent setting down in ink the progression of George Galloway and Sons, Cartage Contractor and Horse Trader. The ledger would one day be filled to the last line of the last page, he thought with a smile, and wondered who might be sitting there writing in it. Eventually all the books would be gathering dust on dark shelves until some time when they were taken down and pored over out of idle curiosity. The elderly accountant reached forward and pulled a sheet of plain paper towards him and then unscrewed the cap of his fountain pen. For a while he stared down at the blank sheet of paper, and then he leant forward low over the desk and started to write in his flowing style.

At thirty minutes past the hour of four Horace Gallagher closed and locked his desk and stood the sealed envelope against the sloping lid. Then he put on his coat, and following the habit of a lifetime, buttoned it from top to bottom before donning his trilby and taking up his beechwood cane. As he walked out of the yard, Jack Oxford called out goodnight but Horace did not hear him. He walked slowly along the turning and touched the brim of his hat to Florrie Axford as he passed her. At the end of the street Horace stopped and turned to face the darkness towards the yard gates, then set off on his usual walk to London Bridge Station.

Trams clattered past and people were spilling out of the offices in Tooley Street as he walked in the shadow of the high railway arches and reached the steep flight of steps that led to the station forecourt. Horace climbed them slowly with his head held low, ignoring the young men who dashed past him taking the stairs two at a time. There was no hurry, he thought. The trains were frequent at this time of day.

The platform was packed with tired, jaded workers. Horace stood with his back resting against the waiting-room wall, not seeing their blank faces. Another day, another shilling, he thought, smiling to himself.

The station announcer's voice crackled over the loudspeaker and passengers moved forward as the four-fifty-five drew into the station. Elbows were raised and shoulder pressed against shoulder as workers stood abreast, each attempting to be first into the carriages. Horace waited and as the train drew out of the station he started to tap his foot with the tip of his cane. Trains are frequent this time of day, he told himself once more. When the next train announcement came over the loudspeaker he moved forward, and as the four-fifty-nine to Sidcup drew into the station Horace Gallagher threw himself under the wheels.

The afternoon was mild, with feathery clouds wafting across a blue sky, as George Galloway sat back in his trap and let the gelding set a lively pace. He was looking forward to what promised to be a very pleasurable afternoon, and whistled tunelessly to himself as he drove along Brixton Road. Bringing Jake Mitchell back to Bermondsey was a very good idea he told himself, and the sooner the fights got under way the better. The gold pendant resting in his waistcoat pocket had cost a packet, and so had the bangle he had given Rose only last week. She did not like cheap, gawdy jewellery and she had been very pleased with her expensive gift, promising to keep it out of sight whenever her elderly patron was on the scene. She would be pleased with the pendant. Maybe he had been a bit extravagant, but it didn't matter.

Rose had turned out to be quite a catch. He had not been disappointed in her. She was all woman, with a highly developed carnal appetite and a taste for adventure. Their mutually enjoyable afternoons were becoming quite a feature of his life and so far Rose had been very discreet. Her provider was happy to keep her in the fashion she was accustomed to, and seemed none the wiser. He visited her during the evenings, business permitting, and she was left free to pursue her own interests during the day. George grinned to himself as he neared Rose's house in Acre Lane. A woman like her needed much more than her elderly provider could give her, he thought smugly, and it seemed only right that he should be given a little help with the lady.

George pulled the trap up outside the ostler's yard opposite Rose's house and gave the man his usual half a crown to take care of the horse and vehicle, then crossed

341

the road and let himself in through the front door. The arrangement was a good one, he gloated. Each Tuesday and Friday afternoon Rose's patron attended board meetings and there was no possibility of their being disturbed by his unexpected arrival. Rose had given George a key and a time which he strictly adhered to. He smiled to himself as he hurried up to her flat on the first floor and knocked gently on the door. Rose always wore a flimsy nightdress under a wrap when she greeted him, and he was usually rewarded with a big hug as he stepped through the doorway.

This time George was disappointed. The door was opened by a large young man who casually grabbed him by the coat lapels and pulled him roughly over the threshold. George found himself standing in the middle of the room looking down at his tearful mistress. Beside her stood a distinguished-looking gentleman, immaculately dressed in a grey suit and derby hat to match. He wore spats over his black patent shoes and was holding a silver-topped cane. The young man stood to one side, eyeing George malevolently, hands tucked into his coat pockets.

'I don't think I've had the pleasure,' the older man said, smiling sarcastically.

George straightened his coat and glared back. 'What's your game?' he growled, trying to compose himself.

'I might ask the same of you,' the man replied calmly, walking slowly towards George. 'It appears that you have been visiting Miss Martin on various occasions during the past few weeks. Tuesdays and Fridays, to be precise. You arrive at two-thirty in the afternoon and stay until around five o' clock. Later on one occasion.'

George swallowed drily and searched desperately for a way out of his predicament. 'That's right,' he said quickly, his eye catching the piano in the far corner of the room. 'I give 'er pianner lessons every Tuesdays and Fridays.'

The older man's face broke into a cruel smile and he looked down at the distressed figure of Rose. 'That's not what Miss Martin told me before you knocked on the door,' he said with measured relish. 'She told me you were her uncle who had lost his wife and was feeling lonely, and so you came round to have a nice little chat. Now which of these stories should I believe? Surely you're not both lying?'

Rose dabbed at her eyes with a small lace handkerchief and George stared helplessly at his tormentor.

'Norman, will you show our visitor to the piano? Perhaps we could be honoured with a brief demonstration of the gentleman's talents,' the older man said quietly.

The beefy young man took George by the arm and led him over to the piano.

'Are you familiar with Chopin's Nocturne in E-Flat?' the senior man said in a silky voice. 'Opus nine number two. Or maybe you'd like to entertain us with your interpretation of Liszt's Hungarian Fantasy.'

George looked down at the piano keys and then stared back dumbly.

'Perhaps you'd prefer to offer us a short medley of popular tunes,' the man said condescendingly.

George's mind was racing. He had lived by his wits all his life and suddenly he felt as if he was back in the days of his youth, cornered beneath the stinking arches with policemen closing in, their truncheons drawn ready to beat a lone young animal into submission. He could feel the blows again and the laughter as they walked off, leaving him bloody and barely alive.

George smiled thinly as he bent over the keyboard, and delicately tested the keys with his forefinger, his other hand resting on the top of the piano, inches away from a cut-glass vase. 'Pass us the music, will yer?' he said casually, pointing to the table.

For an instant the young man's attention was distracted and George knew that he could not hesitate. In one swipe he grabbed the heavy vase and smashed it with all the force he could muster full into the hoodlum's face. The young man dropped as though pole-axed and George wheeled, a snarl on his face as he closed on the older man.

'Don't you touch me!' he cried, backing away.

George made a grab for him and the man tumbled over Rose's legs and collapsed in a heap, his hands covering his head. George stood for a moment looking at Rose, wondering what he should do.

'Go!' she shouted. 'Just go.'

Beads of sweat were starting on his forehead as he hurried down the stairs and out into the street. He was still sweating profusely as he sat in the trap and let the horse have his head.

It was a quarter to five when Galloway drove his trap into the yard. He did not want to go home and face Nora's searching gaze, and as he sat watching the rising and falling of the gelding's flanks his thoughts were still racing. What would happen to Rose? he wondered. She would no doubt suffer a beating, but she would survive. She would gush tears and swear her loyalty, and maybe the excuse for a man who kept her would forgive her and shower more gifts upon her. He'd survive without Rose too — in fact he'd be better off. With Jake Mitchell coming to fight for him and being a good earner, he wouldn't have to waste his money on that woman. He grinned smugly.

George crossed the yard and walked into the empty office. He sat down at his desk and reached for the whisky bottle, aware of the loud ticking noise from the clock. For a while he sat at his desk and then he swivelled around and stretched out his feet. He glanced up at the clock and noted that it was one minute to five o' clock. It was then that his eyes caught sight of the sealed envelope that was propped against the far desk. George felt a sudden sense of bewilderment and he frowned as he tore open the letter. As he read the few words written in a flowing script he groaned loudly and lifted his misted eyes to the ceiling. He was still staring up as if transfixed when William walked into the office.

'What's wrong?' the yard foreman asked in alarm.

George passed the note over without a word and William slowly read the short message.

Dear George,
When you read this note my life will be over. Loneliness is a cross I could no longer bear. Only my work sustained me through the years. And now that's been taken away from me. Take heart, the books are in order and up to date. Just one last thought: value old friends. Without them life is empty, as I have sadly discovered.
Yours in eternity,
Horace Gallagher

'Oh my Gawd! The silly ole fool,' William breathed. 'Why? Why did 'e do it, George? Surely 'e could 'ave talked about what was troublin' 'im? We might 'ave bin able ter 'elp the poor bleeder.'

George shook his head. 'I doubt it. I doubt if anybody could. 'Orace was a private man. 'E kept 'imself to 'imself.'

William suddenly recalled the day Horace had warned him about Mitchell. He must have been planning to take his own life then, he thought. He slumped down in Horace's desk chair and looked across at his employer's strained face. 'I can't understand what 'e said about bein' lonely. 'E 'ad a wife, didn't 'e, George?' he said in a puzzled voice.

The firm's owner made a pained grimace and nodded slowly. 'Yeah, 'Orace 'ad a wife, that much I do know. She left 'im more than twenty years ago.'

William picked up the note again and after studying it for a few moments he looked up at his boss. 'This bit about "only my work sustained me". Yer wasn't finkin' o' puttin' 'im off, was yer, George?' he asked, frowning.

Galloway shook his head vigorously. ''E was too valuable. 'Orace knew 'e 'ad nuffink ter worry about on that score.'

The two sat staring down at the floor in silence, then suddenly George got up and walked over to the corner of the room. He took down a ledger from the shelf and opened it on his desk. 'Come 'ere, Will,' he said after a few moments. 'Take a look at this.'

William studied the unfamiliar entries and looked in puzzlement at George. 'What is it? he asked.

'There's yer answer,' the firm's owner said positively. 'Jus' look at those entries. These are the latest ones. See 'ow they run inter the lines on the page? The earlier entries are much neater. 'E could 'ardly see what 'e was doin'. The poor bleeder used ter polish those glasses of 'is all the time. I thought it was just 'is nerves. That's what 'e meant when 'e said that bit about 'is work sustainin' 'im.'

'Yer mean . . .'

'That's right, Will. 'Orace was goin' blind.'

Chapter Twenty-five

The evening was stormy and unseasonably cold, and outside heavy rain was falling from the dark, massed clouds that hung in the sky like a pall. Nora sat alone in the back kitchen, her slippered feet warming in front of the small open fire. The rocking-chair creaked rhythmically as she worked at tucking and tacking hems on a new pair of curtains, and she glanced up at the covered window every time she heard a loud roll of thunder. George had gone to his room soon after tea, saying he had some papers to look through, and Josephine was visiting her school friend in the house across the square. Nora welcomed the evening solitude as she threaded the needle in and out of the fabric. The last few weeks had been a very trying time for her. When she had gone to George's room that fateful night, full of fire and indignation and ready to face her lover down, she had ended up trying to console him over his accountant's sudden death, searching vainly for words of comfort until finally he fell into a drunken sleep.

Horace Gallagher's suicide seemed to have affected George more badly than Nora would have predicted. He was slipping back into his old ways, becoming morose for no reason and spending a lot of time alone, and he was drinking heavily again. It worried her that he had begun to use the trap for his evening pub meetings now. Often he would return from the yard or a pub with the gelding sweating and flecks of foam spattered along its flanks, having raced it along the cobbled streets and sometimes

347

through traffic, and then Nora found herself fearing for his life. It was a small glimmer of comfort to her that she had stayed with him on that terrible night and tried to share his grief, and he had not shut himself up in his room away from her. He appeared to have forsaken his afternoon trips out lately too, and she guessed that whatever attachment he had formed was now over. Nora knew that she had neither youth nor beauty to offer, but she felt that the love she had shared with George had been genuine, growing slowly from a feeling of needing and being needed. She considered herself to be a practical woman, and tried to make herself believe that the depression afflicting George would pass and she would be able to draw him back to her and stop his dangerous drinking.

She started from her reverie as the front door opened and closed and she heard the sound of footsteps coming along the passage. Geoffrey walked into the room, puffing loudly as he removed his sodden hat and coat and threw them over the back of a chair.

'It's raining cats and dogs out there, Nora,' he said, giving her a smile. 'Any tea in the pot?'

She made to get up but he waved her back. 'I'll get us some,' he said cheerfully, taking the teapot from off the hearth.

They sat facing each other beside the fire, Nora slowly rocking back and forth with the unfinished curtains across her lap and Geoffrey sitting forward in his chair, sipping his tea thoughtfully. Outside the storm was raging unabated. Thunderclaps broke the quietness of the room.

'The old man's asleep by the fire,' Geoffrey said. 'I looked in on him as I came in.'

''E's back on the drink, Geoff,' she said quietly. 'I'm worried about 'im.'

Geoffrey shrugged his shoulders. 'He's upset over Horace. It was a terrible shock to all of us but Father's taken it badly,' he remarked, staring into the fire. 'It's strange really. All the years Horace worked for us and we knew practically nothing about the man. He never socialised with Dad, at least not that I know of. All the time he was in the office, his head was bent over the ledgers. He kept them in tiptop order. He was always on hand with advice about money matters, and I suppose we came to see him as part of the furniture. He wasn't the sort of man you could have a casual conversation with.'

Nora nodded her head sadly. 'Yer farvver showed me the letter 'Orace left be'ind before 'e took it ter the police station. Loneliness is a terrible fing. I know what it's like.'

They were silent for a while, both staring into the fire, then Geoffrey frowned and stretched out his legs.

'The old man was asking me about Mary,' he said suddenly. 'He wanted to know if it was her I was walking out with.'

'I'm surprised George remembers anything o' that weddin', considerin' the state 'e was in,' Nora replied. 'What did yer tell 'im?'

'I told him the girl at the wedding was just someone I'd met and she wasn't the girl I'm seeing,' he said ruefully.

'Why, Geoff? Why not tell 'im the truth? Nothing good can come out of deceivin' yer farvver. 'E's got ter know one day,' Nora warned him.

Geoffrey sighed as he stared into the flickering flames, then he raised his eyes to hers. 'He's never understood me, Nora,' he said sadly. 'He wants me to marry and give him an heir. He's set standards for me and I'm expected to conform. How could I bring Mary home and tell him she's a married woman? He'd shun her and we'd get to arguing. No, I'll just carry on seeing her and leave things the way they are for the present.'

'I've only met 'er the once but she seems a nice young lady,' Nora said, taking up her sewing. 'D'yer fink she'll get a divorce eventually?'

Geoffrey shrugged his shoulders. 'I don't know, Nora. I guess not. We'll go on seeing each other, and when the old man asks me why I don't bring her home I'll do the same as I'm doing now, I'll make excuses.'

Nora shook her head sadly. 'It seems such a shame. Fings could be so different,' she said quietly.

Geoffrey looked up at Nora and suddenly felt sad for her. She was a good woman and he knew of the love she had for his father. It was all too plain in the way she spoke of him and in the way she looked at him. His father was treating her badly by ignoring her and drinking to excess, knowing how she hated it. Nora was right, he thought, things could be so different.

Later that summer a small group of Bermondsey publicans staged their first illegal boxing tournament in the Crown, a seedy public house near Dockhead. The pub was a regular haunt of the Russian and Scandinavian merchant seamen who manned the timber ships that sailed into nearby Surrey Docks, and it attracted a regular crowd of prostitutes who plied their trade inside and outside. The women had a lot of business and guarded their patch well. Strange faces who were seen to be soliciting soon found themselves roughly thrown out of the pub with a warning of what they could expect if they had the temerity to show up in the area again.

The group of publicans who called themselves the Bermondsey Beer Boys saw the Crown as an ideal site for their first meeting. The merchant seamen had money in their pockets and could be relied upon to lay fair-size bets on the fights, with due encouragement and prompting from the prostitutes who had a special arrangement with Fat Donald McBain the landlord. The Crown also had a large back yard with a bolt-hole, a back gate opening on to a riverside alley that led to a warren of backstreets.

The Bermondsey Beer Boys were careful to keep the

tournament a secret from the general public. Only their most well-known and trusted customers were invited, along with street bookmakers who paid for the privilege. Each of the publicans had his own fighter and put up the stake money on him as well as making side bets. Certain trusted outsiders were allowed to bring along their own fighters and supporters providing they staked the fighter and were responsible for the behaviour of the camp followers. The Bermondsey Beer Boys insisted that the rules must be enforced, for if the police or the breweries got to hear of what was taking place in the pubs, the landlords concerned would most definitely lose their licences.

The contests were scheduled to go for twenty rounds with a knock-down counting as the end of the round, as in the bare-knuckle fairground fights. The contestants would wear standard-size gloves that were little better than ordinary leather gloves. The padding was minimal, and the facial scars and cauliflower ears on some of the older fighters testified to the damage they caused.

The marquee that had been hastily erected in the back yard of the Crown and lit with Tilley lamps was filling with excited spectators. There was a ring in the middle of the covered area and the floor of the roped arena was strewn with sawdust. People were crowding on to the benches that were placed around the ring, and at the back of the marquee the street bookmakers stood chewing on cigars and passing out betting-slips.

There was a sudden hush as the fighters emerged from the changing-room behind the saloon bar and marched into the marquee. Each had a blanket draped round his shoulders. As Jake Mitchell ducked under the ropes for his contest there was complete silence, but when his opponent got into the ring loud clapping broke out.

George Galloway stood beside Jake, leaning on the ropes and eyeing the other fighter closely. 'Now remember what I said, Jake. 'E comes in like a bull so watch 'is barnet.

351

'E's young an' full of 'imself so be careful, an' don't let the crowd see yer use yer thumbs. It looks like some of 'em 'ave taken a shine ter the boy.'

'I gathered that much,' Jake growled, banging his clenched fists together and glaring over at his young opponent.

Don McBain ducked under the ropes to perform the ceremonies and Galloway looked around the ring, nodding to acquaintances and nervously chewing on his fat cigar. Mitchell was introduced as 'Battling Jake Mitchell from the East End' amidst a few boos and cat-calls. The young Scottish fighter whom McBain had brought down from the Glasgow Gorbals was presented simply as 'Jock McIver' and the announcement brought forth loud cheers and clapping. Galloway had learned about the Scot from McBain, who had bragged about his man and described his technique when the two of them were drinking together. Galloway felt that the young fighter was ideal fodder for the rougher and more experienced Jake, and had made a few sizeable bets on his man at fair odds.

The marquee was becoming filled with smoke and the noise died down as the crowd waited for battle to begin. An impatient timekeeper sitting at a small table beside the ring rang a handbell to start the fight and the two contestants moved confidently out of their corners.

As Galloway had predicted the young fighter rushed Mitchell, his fists flailing. The older fighter took most of the blows on his arms but one sharp jab caught him on the nose and as he jerked back blood started to trickle down on to his chin. Mitchell was undaunted. He moved into the centre of the ring and stood his ground as the younger man charged in again with his head held low. He could hear the crowd willing the Scot on, and as they clinched moved his left arm under his opponent's head. Mitchell had fought in boxing booths around the country and knew that the boy was little more than a novice, strong and brave perhaps but unprepared for his devious tactics. He brought his hand up sharply and with his thumb prodded the young Scot in the eye, his foul play shielded from the crowd by the man's lowered head.

They parted and moved around in the middle of the ring and Mitchell could see his opponent blinking his right eye as he tried to clear his sight. The tactic had worked and Mitchell felt confident, since his left hook was his best punch and it would be coming from the Scot's blind side. As the young man rushed him again, Jake looped his left fist round. His opponent did not see it until it landed hard on his temple. He staggered slightly and shook his head, holding his hand close to his face as he prepared to come forward again. His raw courage was his undoing. Instead of keeping out of reach until his head had cleared, the Scot charged in again and Mitchell caught him with another looping left hand that sank him to his knees. The crowd were disappointed as the young man was half dragged back to his corner, and Jake Mitchell grinned cheekily to the booing punters.

As the contest went on the young man's spirit and endurance began to wear down against Mitchell's experience and his face was becoming bloody. His eyes were swollen, blood was dripping from his nose and his lips were split. He managed to stay on his feet for the duration of each round until the fifth, when he was caught by a swingeing blow and dropped like a stone. Mitchell felt sure that the young man was finished, but to his astonishment he climbed painfully to his feet and staggered to his corner.

When the Scot came back out he seemed to have gained a second wind, bobbing and weaving his way out of trouble until the bell ended the round. Galloway was becoming worried. He had wagered heavily on his fighter and he could see that Mitchell was tiring. He had never had to go the whole twenty rounds, and it seemed that unless he could despatch his man in the next round or two, youth and stamina would beat him.

The betting was changing now. The odds were lengthening, and with the outcome of the fight still unsure Galloway laid down another bet. It was all or nothing now. He realised that he stood to lose a lot of money unless his fighter pulled something out of the hat. The appointed second was working hard on Mitchell, dousing him with water and whispering words of advice in his ear, and when the timekeeper reached for his bell to start the next round Galloway bit through his unlighted cigar.

The men traded punches in the middle of the ring and Mitchell was gasping for breath. The young Scot tried to keep his opponent on his left side, and the crowd were cheering every blow that he landed. Suddenly they were in a clinch. Mitchell used his thumb again, bringing it up sharply and stabbing his opponent in the left eye. As they broke apart Mitchell knew that he had his man now. The youngster was blinking and moving his head from left to right, trying to focus his eyes. Mitchell gathered his flagging strength and moved in, swinging a flurry of left and right hooks in a desperate frenzy. A hard left swipe caught the Scot on the point of his chin and he went down and rolled over on to his face. Jake had felt the jar right up to his shoulder, and knew instinctively that the young man's fight was over. He was dragged to his corner still unconscious, and when the bell rang to start the twelfth round a towel was thrown into the centre of the ring. There was barely any applause as Mitchell ducked under the ropes and with a blanket draped around his heaving shoulders walked wearily out of the marquee, without glancing back at his defeated opponent.

Throughout the summer of 1913 the suffragette movement continued to attract attention with large marches and gatherings, and more of the women's leaders were arrested and imprisoned. The newspapers carried stories of hunger strikes by the women prisoners, and the accounts of their force-feeding inflamed the passions of their supporters even more. One of their leaders who had suffered the torture, Emily Davison, threw herself in front of the King's horse during the Derby and died a few days later in hospital. When her funeral took place the West End streets were lined with women followers, many of them factory girls from the backstreets of London.

Carrie wanted to join the mourners along the route but decided against it. She was ashamed at letting her allegiance falter and felt it would be hypocritical to attend. Her two ex-workmates from the leather factory went along, Jessica defying her future husband's wishes and Freda holding her young baby in her arms. Mary Caldwell was given the honour of acting as representative for working-class women, and along with the other representatives, she walked beside the cortège, dressed in white and wearing a wide black sash.

Carrie had been growing steadily more depressed as the summer months wore on. Her dreams and hopes for the future seemed to be slowly dying as Tommy was compelled to spend more and more time caring for his ageing mother. There had been occasions when she and Tommy had gone back to his house and she had wanted him to make love to her but he had resisted her importunings. Carrie could see that he was not relaxed and was always waiting for his mother's inevitable call, and felt a mixture of pity and anger towards him. It was wrong for a young man to be burdened so, she thought, but wished he could be more firm and less willing to hurry at his mother's every whim. She was using him, denying him a life of his own, and Carrie found herself arguing constantly with Tommy about what it was doing to their relationship. He invariably became sullen with her and had told her on more than one occasion that his mother would always have to come first. It could go on like this for years, she thought, and things would not improve as long as he allowed himself to be manipulated by the old lady. She was taking advantage of her son's gentle, caring nature and it angered Carrie and made her sad to see the change in him. It had been his happy-go-lucky nature and his considerate attitude towards her which had first endeared him to her. He was so different from Billy Sullivan, who had proved to be self-centred and interested in only one thing, apart from boxing. Tommy had made her feel good and made her laugh a lot, but now he had grown morose and hard to talk to.

It was very hard for the young man, she had to admit. He was being pulled in two different directions. Carrie had agonised about breaking off their relationship, wondering whether it would perhaps be better for everyone concerned if they parted. Even on the rare occasions when they went to bed, Tommy had been nervous and unable to satisfy her. It was as though he was terrified of making her pregnant, and when she became excited and aroused he did not respond in the way she wanted him to and she ended up feeling terribly alone.

Carrie was in low spirits as she walked to work on Monday morning, unable to quell the troubled thoughts tumbling around in her mind. As she neared the dining rooms she could see the horse carts parked outside, the animals munching from their nosebags while the carmen chatted together. A group of dockers were standing outside the shop and one grinned at her as she approached.

'C'mon, Carrie, poor ole Fred's run orf 'is feet in there,' he joked.

Normally she would have been quick with an answer but on this particular morning Carrie ignored the comment and hurried inside. Fred Bradley bade her good morning as she slipped off her coat and put on her clean apron, and his eyes fixed on her enquiringly as she mumbled a reply. Instantly regretting her sullenness she gave him a wan smile and got on with her chores. There was little time to dwell on things as she served endless cups of tea and waited on tables, and for most of the morning Fred was hard put to it in the kitchen to keep up with the orders for bacon sandwiches and toasted teacakes. The regular carmen and dockers joked with Carrie as they came and went, and when Sharkey Morris came in he managed to bring a smile to her face with his account of Soapy Symonds' latest exploit.

'Yer'd never credit it, Carrie,' he began. 'Soapy took this load of 'ops ter the brewery last Friday an' yer know what 'e's like where there's a chance of a drink. Anyway, Soapy gets 'is ticket fer a free pint an' when 'e goes ter the tap room 'e finds out that the bloke what's servin' the beer is an ole mate of 'is. One pint leads ter anuvver an' by the time 'e's finished Soapy's three-parts pissed. From what we can make out 'e must 'ave fell asleep on the way back an' the 'orse decided it'd bring 'im 'ome. Trouble was, the nag took one o' the little turnin's too sharp an' the back wheel caught one o' them iron posts they 'ave on the street corners. Over the top Soapy goes an' lands on 'is 'ead in the kerb. Out like a light 'e was. When this copper comes up, 'e calls a doctor from nearby who must 'ave bin pissed 'imself 'cos 'e said Soapy was dead. Anyway, they cart 'im orf ter the mortuary an' leave 'im on the slab wiv a sheet over 'im while they send fer the pathological bloke. Meanwhile, Soapy comes to an' sits up. 'E told us the first fing 'e remembered was 'earin' an awful scream. It must 'ave bin the mortuary attendant. 'E's pissed orf an' nobody can find 'im. Poor sod must 'ave bin frightened out of 'is wits seein' Soapy sit up under that sheet.'

Carrie could not help bursting out laughing at Sharkey's tale, and for the rest of the day kept herself busy and tried to forget her depression.

It was as she was preparing to leave that Fred called her into the back room.

'I 'ope yer don't fink I'm pryin', Carrie, but yer seemed a bit upset terday,' he said, looking at her closely.

She shrugged her shoulders. She wanted to tell Fred about her emotional problems, he seemed genuinely concerned, but instead she smiled briefly and decided it was too personal. 'It's nuffink, Fred,' she said quickly. 'It's jus' bin one o' them days.'

He nodded and looked down at his feet as he struggled for words. 'If there's anyfink I can do, anyfink at all,' he continued with an earnest tone to his voice.

Carrie shook her head. 'Fanks fer yer concern, Fred, but it's nuffink really,' she replied.

'Like I said, I don't wanna pry,' he went on, looking up at her, 'but lately yer've not bin yerself an' I thought there might be somefing wrong. If yer don't wanna talk about it that's all right, but if yer ever feel the need I'm always willin' ter listen. Yer see, Carrie, I fink a lot of yer. I'm not very good wiv words, but what I'm trying' ter say is, if yer ever need a friend, somebody ter confide in, I'm 'ere.'

Carrie saw the strange, distant look in his eyes and felt a sudden shock as she realised. Fred was in love with her! There was no mistaking his expression, nor the feeling in his measured words. She searched his face as if looking for a way out and saw that he was flushing with embarrassment as he averted his gaze.

'I'll remember that, Fred,' she answered softly, giving him a warm smile.

'I've never 'ad much ter do wiv young ladies, it's always bin the business,' he went on haltingly. 'I s'pose I missed out when I was younger, but it don't stop me 'avin' feelin's. I feel a lot fer yer, Carrie, an' if yer ever get ter finkin' likewise I'd be proud ter walk out wiv yer.'

'Yer a nice man, Fred,' she told him. 'I won't ferget

what yer said. I like yer a lot, but love ain't the same as likin' somebody.'

'I realise that,' he said, looking down at his feet again. 'P'raps yer could learn ter love me, given time? I won't 'arp on it an' I promise I won't pester yer, but jus' remember, love can grow on somebody. I'd marry yer termorrer if yer'd 'ave me, an' yer'd never regret it. I'd look after yer an' care fer yer.'

She reached out and touched his arm in a spontaneous gesture. 'I know that, Fred. I'll keep it in mind what yer said, I promise.'

He smiled awkwardly as she walked to the door. 'Mind 'ow yer go 'ome,' he called out.

Carrie left the café with her head spinning. Fred was older than her and set in his ways, and it must have taken a great deal of resolve to declare his love for her. She admired him for that. She knew she should feel flattered at the compliment, but it left her with a strange feeling in the pit of her stomach.

The long summer days encouraged everyone out, and the women of Page Street stood on their clean doorsteps after their chores were done and enjoyed a good chat together. All the business of the little turning was aired, and heads nodded eagerly as another choice piece of gossip spread from door to door.

'Don't say I told yer but Florrie Axford's took a lodger in,' Maisie Dougall said in little more than a whisper.

Aggie Temple's eyes opened wide at the revelation. 'Good Gawd! After all she said about 'avin' anuvver man in the 'ouse,' she gasped.

'Well, I'm not sayin' there's anyfing in it, mind,' Maisie replied quickly. 'She's got them two spare rooms upstairs, an' what wiv the rent goin' up as well . . .'

'What's 'e like?' Aggie asked.

''E's a nice-lookin' bloke. About twenty-four or twenty-five, I s'pose,' Maisie went on. ''E's got luvverly curly 'air an' 'e's very smart. I see 'im goin' in yesterday. Smashin' blue pin-stripe suit 'e 'ad on. I could see 'is shoes were polished an' 'e 'ad a collar an' tie on. Bit different from the blokes round 'ere.'

'What about Florrie?'

'What about 'er?'

'Well, did she say anyfing ter yer?' Aggie asked impatiently.

Maisie shook her head. 'Yer know Flo, she don't let 'er right 'and know what 'er left 'and's doin' 'alf the time. Mind yer, she was sayin' somefing about lettin' those upstairs rooms a few weeks ago. I assumed she was talkin' about a married couple. I didn't fink she'd take a young bloke in. It's bound ter start 'em all gossipin', yer know what they're like round 'ere.'

'Don't I!' Aggie replied, pressing her hand against her pinned-up hair. 'Remember that time my 'Arold was seen 'oldin' that woman round the waist in River Street? They all reckoned 'e was 'avin' it orf wiv 'er. Poor cow fainted right under the streetlamp an' my 'Arold was 'elpin' 'er 'ome. 'E told me 'imself 'e took 'er in an' made 'er a nice cup o' tea. It jus' shows yer what lies people fink up. Jus' 'cos 'e was seen goin' in 'er 'ouse. My 'Arold wouldn't do anyfink like that, after all the years we've bin tergevver.'

Maisie nodded, although the story she had heard of Harold Temple's adventure was a little different from Aggie's version. ''Course 'e wouldn't,' she said. 'Mind yer, it's always a bit awkward when a woman on 'er own takes in a young man as a lodger, especially a nice-lookin' bloke. Tongues will wag.'

'Fing is, Florrie's got a bit of a name wiv the men,' Aggie remarked. 'She's bin married twice, an' there was that bloke at the shop where she works.'

'Oh, an' what was that all about then?' Maisie asked, her curiosity aroused.

'Didn't yer 'ear of it?' Aggie said with surprise. 'It was all round the street. Florrie was s'posed ter be 'avin' it orf wiv Willie Lubeck, the bloke who 'ad the butcher's before ole Greenbaum took it over. Yer remember ole Lubeck. 'E 'ad a cropped 'ead an' a big moustache. Proper German 'e was.'

'Greenbaum's a German too, ain't 'e?' Maisie asked, folding her tubby arms over her clean apron.

'Yeah, 'e's a German Jew by all accounts,' Aggie informed her. 'I like 'is faggots an' pease-pudden better than when the ovver bloke 'ad the shop. Mind yer, ole Lubeck used ter sell some nice 'alf sheep's 'eads. We often used ter 'ave sheep's 'eads on Saturday nights fer our tea.'

Maisie nodded. 'I like them skate's eyeballs. They go down well wiv a dob o' marge. Mind yer, yer gotta be careful yer don't over boil 'em or they go all gristly.'

Maudie Mycroft was walking along the street. When she reached her two neighbours she put down her shopping-bag and pressed a hand against her side. 'Me kidney's bin playin' me up again,' she announced, feeling in need of a little sympathy. 'Always seems ter be worse in the summer. My Ernest said I should go in an' 'ave it done but I'm terrified of 'ospitals.'

'What is it, Maud, stones?' Maisie enquired.

Maudie nodded. 'I've 'ad 'em fer years.'

Aggie pulled a face. 'Nellie Tanner was tellin' me once 'er Will 'elped the vet bloke operate on one o' the 'orses fer a stone. Large as a cannonball it was, and all colours o' the rainbow. She said 'er ole man pickled it. I don't know if she's still got it but it used ter be on 'er mantelshelf. I ain't seen it when I've bin in there though, not lately.'

Maudie turned pale. 'Well, I'd better get orf in,' she said quickly, wondering what colour her stones might be.

The two watched her walk off along the street and Maisie turned to her friend. 'Funny woman she is, Aggie.

Frightened of everyfing. D'yer remember when we all come out an' stopped ole Galloway exercisin' them 'orses? She was terrified we was all gonna get locked up.'

Aggie nodded. 'I don't fink she was scared fer 'erself, though. She was more concerned about what the muvvers' meetin' was gonna say, accordin' ter 'er Ernest.'

'She don't still go ter them meetin's, does she?' Maisie asked. 'I thought she packed it in when they caught the vicar wiv 'is 'and in the collection-box.'

'Nah. Maudie's got a crush on the new vicar,' Aggie informed her. 'She reckons the sun shines out of 'is arse.'

'Mind yer, I've seen 'im about,' Maisie said. ''E's not a bad-lookin' bloke, as vicars go. Not my sort though. I like 'em when they look like that new lodger o' Flo's.'

'I wonder if Florrie's lodger comes from round 'ere?' Aggie asked, wanting to get all the facts straight in her mind before she told Mrs Bromsgrove.

'I dunno,' Maisie replied. 'The face is familiar. I fink I've seen 'im wiv that crowd o' jack-the-lads who stand outside the Crown at Dock'ead on Saturday nights. Rough 'ole that is.'

Aggie nodded and looked along the street quickly before turning back to her friend. 'My 'Arold gets ter know fings, 'im lightin' all the lamps round 'ere,' she said in a low voice. ''E reckons they've started 'avin' them there fights at the Crown again.'

Maisie did not show any surprise as she scratched away at her elbow. 'I 'eard the same,' she said. 'Flo told me, though Gawd knows where she got it from. She reckons that Jake Mitchell 'ad a fight there an' 'e nearly killed the ovver bloke.'

'What, that ugly-lookin' carman who works fer Galloway? 'Im wiv the flat nose an' cauliflower ear?' her friend queried.

'That's 'im.'

'Well, if we stand 'ere much longer we're gonna get the

name o' gossip-mongers,' Aggie remarked as she straightened her apron.

Maisie chuckled as she stepped back into her passageway. 'Mind 'ow yer go, Aggie, an' if I 'ear any more about you know who, I'll let yer know . . .'

1914

Chapter Twenty-six

On 4th August 1914, the country was plunged into war.

'Once we get our soldiers out there it'll all be over in no time. I give it six months at the outside,' Alec Crossley the landlord of Page Street's little corner pub told his customers.

Harold Temple and Ernest Mycroft were sitting together with Fred Dougall and Daniel Sullivan around a table and they all nodded agreement. William Tanner was leaning against the counter next to Joe Maitland, Florrie Axford's lodger. He looked across at the group.

'I dunno so much,' he said pensively. 'If yer bin readin' the papers, yer'd see it's not that simple. Everybody's arguin' wiv everybody else. Accordin' ter what I've bin readin', all the countries 'ave signed pacts wiv each over an' it's a stone certainty they'll all be drawn inter the fight. I don't fink it's gonna be that easy. This war could go on fer years.'

Alec Crossley chuckled. 'Well, one fing yer can be sure of – there won't be a lack o' volunteers, what wiv all them poor bleeders who's scratchin' fer work. They'll be only too glad ter sign on. At least they'll get a bit o' food in their bellies.'

The landlord of the Kings Arms had prophesied correctly, for within days of the outbreak of war the recruiting offices around London were beleaguered by young men eager to get into the battle before it was all over. Recruiting sergeants were hard put to it to keep order. They smiled with benign tolerance at the volunteers and twiddled their waxed moustaches as they formed the jostling young men into single lines. 'Don't push an' shove, lads. Yer'll all get yer chance ter fight fer King an' Country. That's right, sign 'ere, lad. Well, all right then, jus' put yer mark alongside 'ere. No, I'm sorry, we can't give yer a rifle straight away. There's a medical ter go frew first.'

So it went on. The lines swelled with eager, bold and brash youngsters, and men who were not so young but still keen to get their names on the list. Many stood in line with disablements that would prevent their being allowed to don a uniform, but they stood with their fellows anyway. A man with one eye argued with the recruiting sergeant that he had all he needed to sight a rifle, and another man with a club foot told the sergeant that he could outwalk most of his pals any day. Men afflicted with coughs that wracked their thin bodies lined up with beefy men whose shirtsleeves were rolled up high on their arms. Men with trades, blacksmiths, wheelwrights and engineers, shuffled along behind men with no trade who had spent their adult lives in unskilled factory work or on the roads as labourers. Dockers stood beside clerks and shopworkers, stevedores rubbed shoulders with carmen, everyone laughing and elated now that their humdrum lives were suddenly being transformed.

'We'll be in France afore yer know it.'

'Wait till I tell my ole dutch. She'll be glad ter see the back o' me, that's fer sure.'

'I've got five Gawd-ferbids an' anuvver on the way, an' I ain't seen a day's work fer two months. She'll get a few bob from the army now.'

All day long the lines slowly moved forward and more men arrived to volunteer. Those who had signed left the noise and excitement to break the news to their loved ones, and many began to question what they had done as they found themselves suddenly alone walking home through the backstreets.

The early days of the war were filled with a strange carnival. Military bands marched through the streets and along the main thoroughfares, and behind them came the volunteers. They were a motley crowd of men. While some were comparatively well dressed, others were in ragged clothing. Men prematurely bowed from years of toil walked alongside proud upright youngsters who threw out their chests and swaggered to the cheers of the folk who lined the pavements. The bands marched along to the recruiting offices with blaring brass and beating drums, and along the way men joined the procession, some pulling against restraining hands and disregarding crying children. Old women dabbed at their eyes as they stood at the roadside, and old men who had seen action in the Boer War and in the North-West Frontier troubles sucked on their clay pipes and shook their heads sadly.

'They're like a load o' bleedin' pied pipers,' one old man remarked, nodding towards the bandsmen.

'It's no 'ardship now, but wait till the music stops an' the shootin' starts, then Gawd 'elp 'em,' another said bitterly.

The early days of the war were an anxious time for Nellie and William Tanner. Their three boys were old enough to enlist and James had announced that he was going to volunteer shortly. Charlie too had indicated that he wanted to join up along with all the other young men at his office, but Danny was not so impatient to put on a uniform. His life was centred around his boxing and he felt that joining up might lose him the chance of fighting in the club championships. Carrie was very worried with the likelihood of her three brothers going off to fight. She loved them all dearly and the thought of their coming to harm caused her many sleepless nights. It seemed to her that life was becoming more and more cruel. She was still walking out with Tommy, but things had not improved during the past year. The old lady was making her usual demands on her son and her drinking had got worse, while the war had made Tommy more sullen than ever, as he knew that he was not in a position to volunteer.

Carrie was feeling worried as she sat talking to her parents one evening when the boys were all out of the house.

'D'yer fink they'll all volunteer, Mum?' she asked. 'They're all so young ter be soldiers.'

Nellie was near to tears as she sat beside the unlit grate with her sewing lying untouched on her lap. 'I don't see as we can stop 'em,' she said sadly. 'Me an' yer farvver 'ave tried ter talk 'em out of it, but all their friends are joinin' up. It's only natural they wanna do the same.'

William sat staring into the grate. 'Danny might not go,' he said, 'at least not yet. As far as the ovver two are concerned, I reckon they'll go soon. Charlie said 'is pals are all signin' on this week an' Jim told me most o' the young blokes at 'is factory 'ave already left. There's nuffink we can do, Carrie, nuffink at all. All we can 'ope for is that it's soon over.'

'D'yer fink it'll last long, luv?' Nellie asked him.

'I don't fink so,' he lied. 'Once the army gets over there, it'll all be sorted out.'

'I've 'eard that women can volunteer as nurses,' Carrie said, looking down at her clasped hands thoughtfully.

'Yer can put that idea out of yer 'ead soon as yer like,' her mother said firmly. 'It's bad enough 'avin' the boys all goin' off, wivout you as well. I'll be in a loony-bin before long wiv all this worry.'

William put a comforting arm around Nellie and she leaned her head against his shoulder as her tears started to flow. Carrie slipped into the scullery and put the kettle on to boil. She was making the tea when Danny came in.

'Billy Sullivan's volunteered, Carrie!' he said excitedly.

She looked at her brother as he stood in the doorway and sighed sadly. He was still only a boy, she told herself. His short fair hair was dishevelled and fell forward over his forehead. His eyes were enquiring, like those of a young child, and apart from a few hairs around his chin his face was still smooth.

'I 'ope you're not finkin' o' followin' 'is example?' she questioned him anxiously. 'It's bad enough Jimmy an' Charlie wantin' ter go, without you startin' too. Somebody's gotta stop at 'ome, Danny.'

'It all depends,' he said in an offhand manner. 'I might. It all depends what 'appens at the club.'

Carrie sighed irritably. 'Oh, I see. If yer don't get the chance of knockin' somebody's 'ead off, yer'll join up. That's charmin', that is.'

Danny frowned. 'Don't keep on at me, Sis. It's bad enough Mum an' Dad goin' on about me stoppin' at 'ome. Everybody's joinin' up. Why should I miss out on it?'

'D'yer fink it's gonna be all nice an' friendly?' Carrie snapped at him. 'Yer could get killed or badly wounded. Would yer like ter spend the rest o' yer days in a wheelchair or lyin' on yer back paralysed or somefink?'

He mumbled an answer and his saucy face broke into a grin. 'All right, Carrie, I promise yer I'll fink about it,' he said quietly. 'I'll see what me bruvs do before I make me mind up. Jim's gonna go fer sure, but I dunno about Charlie. Yer never know what 'e's gonna do.'

Carrie smiled as she reached out and hugged him to her, and Danny patted her back gently. 'It'll all turn out right in the end, you'll see,' he reassured her.

Across the River Thames in Ilford another conversation about the war was taking place. Frank Galloway lounged across the bed and watched Bella as she applied a touch of dampened soot to her long eyelashes.

'It won't last long, will it, darling?' she asked him. 'I couldn't bear it if it dragged on into one of those awful wars.'

'All wars are awful, Bella,' he told her, thinking that she wouldn't have much choice but to bear it. 'There's no pretty war. But no, I don't think it'll go on too long.'

She looked at him in the mirror of her dressing-table and smiled sweetly. 'I do hope so. Look, darling, you really don't mind my going, do you? If you do, just say so and I'll stay in. I'm sure it'll be one of those terribly boring parties with everyone just gushing compliments and saying how much they adore each other. It's so false. I know you don't like these theatrical get-togethers, that's why I asked if Hubert would escort me. He's a silly billy really but at least I can rely on him not to go off and abandon me. I get so nervous when I'm left stranded at those functions.'

Frank bit back a caustic remark and smiled at her. 'You go and enjoy yourself. I've got some work to do anyway,' he told her, but inside he was seething. As far as he could remember he had never told her he didn't like theatrical parties. In fact, he enjoyed the back chat, and the wine and champagne that were always in plentiful supply. And as for Bella being nervous of managing alone — well, he doubted whether she had ever been nervous in her entire life. She loved the compliments that flowed in her direction, and especially the attention Hubert danced on her. Frank felt he could easily find a more suitable way of describing him than 'silly billy'. The young man was madly in love with Bella, and it was only the fact that she treated him as a boy which prevented her husband from punching the silly billy on the nose.

Bella finished applying rouge to her face and studied the impression. 'You've been looking tired lately, darling,' she said in a soothing voice. 'Don't wait up, there's a dear.'

Frank made to kiss her but she backed away. 'Mind my face, Frank. It's taken me ages to get ready.'

The clock beside the bed showed ten minutes past eight and Bella became anxious. Hubert had promised he wouldn't be late. He was so unreliable, she thought, pouting, so unlike dependable Frank. But how much better in bed! Frank was manly, rough with her, and totally selfish. He had no conception of her needs. Hubert was different. He was a sweet boy who acted like a feckless clown but dominated her between the sheets. He was slim, almost girlish, with long thin legs and narrow arms. His hairless body was lithe and reminded her of an uncoiled snake. He was the best lover she had known. If only he had Frank's dependability, she rued. But then, if he did, he wouldn't be Hubert, she thought with a smile, the silly billy she wanted to slip away early with to return to his flat in Bloomsbury.

Bella heard the motor car pull up outside and a light knock on the front door. 'The boy's late as usual,' she said with a sigh. 'He can be so annoying at times. You go to bed early, darling. Promise?'

Frank watched from the window as she stepped into the Daimler, then he walked over to the sideboard and picked up the bottle of brandy. He heard the roar of the car pulling away as he gulped down a large measure of the spirit and sat down dejectedly in a soft armchair. He seemed to be having very little social life lately, and now the war had started most of his colleagues at work had left. Bernard Roseman had become a lieutenant in the London Rifles and Paddy Burns was now up in Scotland doing his training. Then there was Violet Ashley. She had left her desk, and the last he heard was off to France with the field ambulance. Dear Vi – she was as discreet as she was free with her favours. Frank's face creased into a grin as he recalled the time she had told him about her and Bernard Roseman. He was the first Jewish lad she had had. Frank remembered how good it made him feel when Vi told him he was the best lover she had ever known. Paddy was always the worse for drink and he made a song and dance of it, she had said. As for young Arnold Robins, the lad got so flustered when he couldn't untie his shoelace that he jumped into bed with the shoe still on! Vi had quickly put his mind at rest by telling him that she wouldn't discuss him with any of her other lovers. He was the best, she told him, and thus he had the privilege of knowing all about his rivals' prowess in her bed.

Frank raised his glass to Violet Ashley and wished her well, wherever she was. As for him, he would try to stay out of the war as long as he could. Johnson wanted him to stay on, now that the company had been deprived of its most experienced staff. The old man could certainly get him excused if it came to compulsory enlistment. He would just have to wait and see, he thought as he poured himself another stiff drink.

Geoffrey Galloway pushed back the last of the ledgers and pressed his thumb and forefinger to his throbbing temples. He was alone in the office and could hear the muted sound of children playing in the street outside. The war had not touched the business as yet, he thought, but it was still early days. Unlike some of the local cartage concerns, the firm still employed carmen on a casual basis and there were always men looking for work. As for the contracts themselves, Geoffrey envisaged an upsurge in dock work now that there was a large army which had to be supplied and fed. The local food factories would be extending their contracts too and he saw business increasing.

The thumping in his head started to ease and Geoffrey stretched out in his chair and thought about his own position. Lately the old man had pushed more work on to him and he had had to make more day to day decisions, as well as taking care of the ledgers. Will Tanner was a good yard manager, and as far as the men went he took a lot of pressure off Geoffrey, but to sit out the war by working in the business was something he felt he could not face. Time was slipping by and things were developing fast. His long-standing affair with Mary O'Reilly was the one bright thing in his life, but he was determined that even that could not be allowed to influence him. He had to take the decision soon, however upset his father might be. Maybe Frank could take over? He was married now and might be less inclined to volunteer. Geoffrey thought about talking it over with his father but quickly put the idea out of his mind. He knew that he would end up arguing with the old man and be made to feel selfish and inconsiderate. No, he decided, he would volunteer first and face his father's wrath later.

Outside the yard, in the Tanners' house, Nellie was sitting with Florrie and Maisie discussing the war, and her face had a worried look as she sipped her tea.

'My Jim's volunteered and Charlie's gonna foller 'im soon,' she told her friends.

Maisie shook her head and stared down at her cup.

'My two boys are goin',' she said. 'My Fred tried ter talk 'em out of it but they just laughed at 'im. It's a bleedin' worry. There's Sadie Sullivan worried out of 'er life, too. Billy's done it, an' the rest of 'em are all talkin' about goin' as well. Michael an' John are old enough ter go an' she's worried about young Joe. 'E's seventeen now.'

Florrie put down her cup and pulled out her silver snuff-box. 'That lodger o'mine come in drunk last night,' she said, tapping her fingers on the lid. 'Apparently 'e got turned down at the medical. Somefing about 'is ears. Right upset 'e was. I told 'im straight 'e should fink 'imself lucky. I dunno what them men must be finkin' about. They seem bloody keen ter get inter the war.'

Maisie nodded. 'My Fred told me 'e'd go if 'e was younger. I said over my dead body 'e would, an' 'e jus' laughed. "I'd do that an' all," 'e said.'

'Mrs Bromsgrove's ole man volunteered by all accounts,' Florrie told them. ''E got turned down as well.'

'I should fink so too,' Maisie said indignantly. ''E must be all of fifty if 'e's a day. 'E's got that wonky leg as well.'

Nellie reached for the teapot. 'Accordin' ter the papers there's fousands o' youngsters givin' wrong ages. Some are only sixteen, still wet be'ind the ears. Gawd 'elp us, what's it all comin' to?'

Maisie took a refilled cup from Nellie. 'I was readin' in the papers there's fightin' goin' on in France already,' she said. 'Mons, I fink the place was. The news didn't seem too good. It said they was retreatin'. Trouble is, yer never get the trufe. Gawd knows what is really goin' on out there.'

Nellie felt the conversation was getting too depressing and she looked across at Florrie. 'What's that lodger o' yours do for a livin', Flo?' she asked quickly.

''E's still a bit of a mystery ter me. 'E goes out in the mornin' an' I don't see 'im till late in the evenin'. I get 'im 'is tea an' sometimes 'e's orf out again or 'e goes up in 'is room. Whenever I ask 'im what 'is job is, 'e jus' tells me 'e's in buyin' an' sellin'. That's all I ever get out of 'im. Mind yer, I'm not one ter pry, an' if 'e don't wanna tell me that's up to 'im.'

''E's a smart-lookin' bloke,' Maisie said, glancing quickly at Nellie. 'I'm surprised I 'aven't 'eard the neighbours talkin', Flo. Yer know what they're like.'

'I couldn't give a monkey's,' Florrie replied quickly. 'I'm almost old enough ter be 'is bleedin' granny. Mind yer though, there's many a good tune played on an old fiddle,' she added, laughing.

The women sipped their tea in silence for a while, wrapped up in their thoughts, and then Maisie turned to Nellie Tanner. ''Ere, 'ow's your Carrie gettin' on wiv 'er young man, Nell?' she asked.

'I dunno,' Nellie sighed. 'That gel's worryin' me. Tommy's a nice enough bloke but I can't see anyfing comin' of it. 'Is ole muvver's a piss artist by all accounts, an' the poor sod's run orf 'is feet what wiv lookin' after 'er an' goin' ter work. 'Im an' Carrie don't go out much, an' when they do Carrie seems ter come back 'ere wiv the 'ump.'

'Bleedin' shame,' Maisie remarked. 'Is she still in wiv them there suffragettes?'

Nellie shook her head. 'Not since she's bin workin' at the café. She 'as ter go in on Saturdays, an' then there's this bloke.'

Maisie pursed her lips. 'I was readin' about that forcefeedin' they're doin' in the prisons, an' there was somefink in the papers about this new law they've brought out. When the women are nearly starved ter death, they let 'em out ter get better then make 'em go back in again. Seems a bleedin' liberty, if yer ask me.'

'That's down ter that ole goat Asquith,' Florrie told them. ''E brought that law in. It's the Cat an' Mouse Act. They're tryin' ter get it stopped.'

'I should fink so too,' Nellie said forcefully. 'The way they treat those women is disgustin'. Carrie was tellin' me only the ovver night about some o' the fings that go on. She said 'er friend who she used ter work wiv was arrested an' put in prison. She told Carrie they made 'em strip an' wash in cold water, an' when they won't eat the warders ram rubber tubes right down their gullets. Mus' be awful. That's what worried me about my gel, when she used ter go on those marches. I was worried sick till she got 'ome.'

'D'yer fink women will ever get the vote?' Maisie asked her friends.

Florrie looked at the other two and her eyes narrowed with conviction. 'It'll come as sure as night follers day,' she declared. 'What we gotta fink about is what we do wiv the vote when we get it. We've gotta be a lot more fussy when it comes ter puttin' people in power. If we don't start askin' questions an' tellin' 'em what it is we want instead of 'avin' 'em dictate to us, then we might just as well leave it ter the men, an' they've bin ballsin' it up fer donkeys' years.'

Later, as Nellie stood at her front door watching her two friends walk off along the turning, she heard the distant sound of a brass band. It slowly grew louder as it approached and the sound of a bass drum carried down from the main road. She could see them now, passing the end of the turning, uniformed bandsmen being followed by yet another batch of volunteers. It all seemed so unreal, she thought, almost like a carnival. How long would it be before they returned, if they ever did? How many of them would be crippled and scarred for life?

She closed the door quickly.

Chapter Twenty-seven

The first Yuletide of the war was a quiet one for Bermondsey folk, with many empty places around the tables. Most of the early volunteers were now fighting in France, and news from the front had been bad. The first casualty lists of troops involved in the Mons retreat and the Battle of Ypres were being published in the newspapers, and hospital ships had begun arriving from France and Belgium before Christmas. Stories of carnage in the mud and slime, and the horrors of sickness and frostbite suffered in the winter trenches, had started to temper the recruiting fervour, but young men still enlisted, roused and fired by tales of heroism and the chance to escape the hardships of their everyday lives. Men who had stood outside the dock gates and fought each other over a day's work turned their backs on Bermondsey and set off for France. Young lads in their early teens, sick of life in the factories, lied about their age and joined their elder brothers at the front. Posters were appearing on the streets now, bearing a picture of Lord Kitchener pointing his finger, and above the legend, 'Join Your Country's Army! God save the King' and, 'Your Country needs YOU'. Another message struck home to many who were undecided about joining up, asking the question, 'Be honest with yourself. Be certain that your so-called reason is not a selfish excuse.'

Thousands of young men who had volunteered in the first days of the war had been rejected on medical grounds, many of them underweight and suffering from industrial-related diseases, tuberculosis or chronic bronchitis. They returned to their jobs, often to be branded as cowards by those who did not know why they had been rejected. The white feather was adopted as a mark of cowardice, and sent anonymously through the post to men not in the services. Stories abounded of young men who took their own lives when they received the white feather after being rejected for military service. Many of the men who had not yet volunteered received the symbol of the craven and immediately enlisted.

Frank Galloway received his white feather in the morning post. When he opened the envelope and saw it, he felt the hot blood rushing to his face. It was like a kick to the stomach. It took him a few moments to collect himself. He sat back from his desk and looked around him. Everyone appeared preoccupied with their own affairs and no one had seemed to take an undue interest in him while he was opening his mail. It could be anyone, he thought as he put the letter into his coat pocket. It wouldn't have been sent to him by any of Bella's crowd, he felt sure of that at least. They all seemed to be against the war, and many of them were openly talking about refusing to enlist if it became compulsory. It could be someone from Page Street who had a down on the firm, he thought, or even one of the carmen who might have sent it out of sheer malice. The list of suspects could go on and on and there was no use dwelling on it, Frank decided. He promised himself that he would burn it when he got home as an act of defiance.

Later that day he was summoned to the managing director's office.

'I expect you'll be leaving us soon,' Abe Johnson said, brushing his hand over his clipped moustache.

'The army you mean, sir?'

'What else, Frank, unless it's the navy you've got your sights on?' Abe queried.

'To be honest, I haven't given it much consideration,' Frank replied, eyeing the elderly man who faced him across the huge leather-topped desk. 'I thought we were hard pressed now that Roseman and Burns have gone, as well as Miss Ashley?'

'Nonsense, lad. We'll bring back some of our old servants to fill the breach while you young men are off doing your bit for King and Country. Patriotism, lad. We must all make sacrifices,' Abe asserted, banging his fist down on the desk. 'Young Roseman's regiment is a good one, or maybe you'd prefer the King's Royal Rifles or the Rifle Brigade? They're first-class outfits. You should be able to get a commission in any one of them with your education, laddie. They're both East End regiments too. You come from the East End, don't you?'

'South London, sir,' Frank corrected him.

'Well, that's of no consequence. You go off and volunteer with our blessing. I'm sure we can fill your place for the duration.'

Frank left the inner sanctum feeling even more depressed than when he had entered. Stupid old fool must be losing his reasoning, he thought. The firm had already played its part. The business would end up being run by a lot of doddering old fossils who'd forgotten how to prepare accounts years ago. They'd probably be dying on the job all over the place. Well, he wouldn't be browbeaten into enlisting, he told himself. Abe Johnson could think what he liked.

Frank returned to his desk and sat for a while looking at a pile of papers he had not yet started work on. While he was lost in thought, Ginger Parry sauntered over. Ginger had been with the firm since its beginning and was now nearing retirement age.

'Trouble, Frank?' he asked. 'You look down in the dumps. The old boy hasn't upset you, has he?'

Frank gave him a brief smile. 'Not really. He asked me in to find out what my plans were.'

'About enlisting?'

Frank nodded. 'I thought he'd be only too glad to keep me here, but I thought wrong.'

Ginger grinned. 'I'm afraid you don't know the old man. He's from the old school. Both his sons are serving with the colours. Sandhurst and all that. His elder boy's a major, and if he survives this war he'll most likely be made up to staff officer. I don't think he'd mind too much if you enlisted tomorrow, Frank.'

George Galloway sat with William in the yard office, cradling a glass of whisky in his hand.

'It's gonna put a lot more work on all of us, Will,' he said. 'I'll 'ave ter take over the accounts meself now, until I see what young Frank's intendin' ter do. I'm 'opin' 'e's gonna agree ter take over from Geoff.'

William nodded. 'I s'pose yer expected yer lad ter volunteer, didn't yer, George? All the youngsters seem pretty keen ter get in the fight. My Jim an' Charlie are both goin' soon. I'm tryin' ter talk young Danny out o' goin' but I s'pose 'e'll join 'is bruvvers.'

Galloway took a swig from his glass and pulled a face. 'I s'pose if we were younger we'd be in it. Look at the scrapes we got in as kids. It's all a big adventure ter them, till they get up the front.'

William shrugged his shoulders. 'Well, I 'ope it's all over soon.'

'It'll drag on fer a few years, mark my words,' Galloway replied, emptying his glass. He stared down at his boots for a few moments in silence. 'I should fink we'll be gettin' busy, the way fings are. What about the 'orses? Any lame?'

William shook his head. 'They're all in good condition, except the Clydesdale. He's bin off colour fer a few days an' I'm restin' 'im in the small stable, just in case it's anyfink infectious. I don't fink it's anyfink ter worry about though.'

Galloway poured himself another drink and offered the bottle to his foreman. Normally William would have refused but today he took the bottle and poured himself a stiff draught. 'What about Jake Mitchell?' he asked suddenly. 'Is 'e volunteerin'?'

George laughed. 'Jake enlist? Yer jokin', ain't yer? He gets all the fightin' 'e wants in the ring, or 'e did until the war started. 'E was doin' well too. Four fights 'e 'ad an' they all ended pretty quick. We've run out of opponents, an' now all the young men 'ave joined up it's gonna be even 'arder ter get 'im a match. I was talkin' ter Don McBain the ovver evenin' an' 'e reckons they'll be forced ter pack it in till the war's over. It's a bloody shame really.'

William made no reply. He disliked Mitchell intensely, although he had to admit that the man had given him no reason to apart from the one time when he first came to work at the yard. He did his work well enough, and after the roasting he had received from Florrie Axford his driving had been faultless. It was his surly manner that William did not like, and the mocking look in his eye which barely veiled the violence and ruthlessness lurking just below the surface.

Galloway had settled down with the bottle of Scotch. William made his excuses and walked out into the yard. Jack Oxford was leaning on his broom, a vacant look on his long gaunt face, and beyond the gates William could see Florrie talking with Maisie in the morning sunshine and Sadie whitening her front doorstep. The country was at war and most of the young men had gone to fight in France but around him nothing seemed to have changed. At the end of the turning the knife-grinder was busy, his foot working the treadle as he bent his head over the revolving stone. Trams passed by in Jamaica Road and women came into the turning carrying shopping-baskets. Everything appeared to be calm and normal, he thought, but who could begin to imagine what was happening behind a multitude of closed street doors and drawn curtains now that the casualty lists were being made known?

* * *

Carrie left her house that evening and met Tommy at the street corner. He had asked her to go with him to the Star Music Hall and she took his arm as they crossed the main road and walked along towards Abbey Street. It was getting dark as they passed the Catholic church and they could hear the choir practising and the solemn notes of the church organ.

Tommy had been unusually quiet and as they turned into Abbey Street, he broke his silence.

'I've volunteered, Carrie,' he said suddenly.

She stopped and turned to face him. 'Yer've volunteered?! I don't believe it,' she cried.

He nodded and smiled sheepishly. 'I went an' signed on terday.'

'But what about yer muvver?' she asked incredulously.

'Me eldest bruvver's gonna take 'er ter live wiv 'im an' 'is wife,' he replied.

'I don't understand,' Carrie said, her brows knitting together. 'All this time yer've bin lookin' after yer mum 'cos none of yer family would, an' now yer tell me yer bruvver's gonna take 'er?'

Tommy looked down at his shoes. 'I went ter see Bob an' I told 'im I'd enlisted. I told 'im I'd done my share of carin' fer the ole lady an' if 'e didn't take 'er she'd be left on 'er own an' end up in the work'ouse. We 'ad a few words but 'e finally agreed ter take 'er fer a month or two, an' then 'e's gonna get one o' the ovvers ter do their share.'

'But s'posin' Bob 'ad said no, would yer still have gone an' left 'er on 'er own?' Carrie asked him.

Tommy smiled. 'I volunteered after 'e said 'e'd take 'er. I wouldn't 'ave left the ole gel on 'er own if 'e'd said no.'

Carrie pulled away from him as he attempted to take her arm and walk on. 'But what about us?' she cried angrily. 'Yer could 'ave made some sort of arrangement like this ages ago. Yer know what it's bin doin' ter both of us. Yer couldn't do it fer us, but yer could do it so yer could

384

go away an' fight. I jus' can't understand yer, Tommy.'

He looked into her eyes and saw tears welling up. 'I know yer don't, Carrie,' he began softly, 'an' I can't explain it really. But yer gotta try an' see it from my point o' view. It's bin 'ard copin' wiv the ole lady. I've 'ad ter put 'er in bed when she's bin too drunk ter make it up the stairs. I've 'ad ter pay the neighbours ter do the washin' an' ironin'. I've cooked the meals an' kept the place clean, on top o' goin' ter work, I might say. I managed though an' I never begrudged doin' it, but now the war's started I can't miss out on it. I've got ter be part of it. A woman can never be expected ter understand 'ow a man feels about these fings. It's just somefink inside me that tells me I mus' go, even though I might get killed or badly wounded.'

Carrie shook her head slowly, trying to understand the idiocy of it all. 'D'yer fink it's some sort o' game?' she asked, her voice rising. ''Aven't yer read about what's 'appenin' out in France wiv all them soldiers bein' killed or maimed? Christ Almighty! Yer mad, Tommy. I'll never understand yer. I never will, as long as I live.'

He could find no words to say that would calm her, no words to explain how he felt inside, and stood facing her helplessly as she backed away from him.

'We're finished!' she sobbed. 'I don't wanna see yer again, ever!'

Tommy reached his hands out to her but she turned away and hurried off, her footsteps echoing loudly in the dark street.

At the Galloway house in Tyburn Square Nora Flynn was sitting beside the kitchen fire with the evening edition of the *Star* lying in her lap. She had finished reading the latest news from the front and glanced up quickly as Josephine bounded into the room.

'I was just about ter start on that silver,' she said, yawning and stretching out her feet towards the fire.

'Leave it, Nora, you look tired,' Josephine said, squatting down on her haunches on the hearthrug and holding her hands out to the warmth.

Nora shook her head and eased herself out of the rocking chair. 'Never leave fer termorrer what yer can do terday is what I say,' she intoned with feigned severity, wagging her finger at the young woman. 'I like ter keep meself busy. It stops me finkin'.'

'You're worried about Geoff, aren't you,' Josephine said, getting up and turning her back to the fire.

Nora went over to the dresser and picked up a large silver salver which she loaded with small silver dishes from the cupboard. 'These should 'ave bin done ages ago. They're really stained,' she said.

Josephine watched as Nora spread a cloth over the table and laid out the pieces of silverware. 'You are worried, I can tell,' she said. 'It's the news in the paper. I've already seen it.'

Nora rubbed away furiously at a dish with a piece of cloth she had wrapped around her forefinger. ''E'll be goin' soon. I wish 'e 'adn't volunteered,' she sighed.

Josephine sat down at the table facing Nora and rested her chin in her cupped hands. 'I've decided to leave school,' she announced, looking at Nora's bent head.

'But yer only seventeen. Yer've got anuvver year ter go yet,' Nora replied, looking up quickly.

Josephine hunched her shoulders. 'A lot of the girls are leaving now the war's on. I've decided to train to be a nurse. They need lots of nurses and it's what I want to do,' she said firmly.

'And what did your farvver say when yer told 'im?' Nora asked, breathing on the dish and rubbing it with the cloth.

'I haven't told him yet, but I don't care what Father thinks, I'm doing it anyway,' Josephine answered defiantly.

Nora studied the young woman for a few moments then dropped her gaze to the dish she was polishing. How quickly she had grown up, and how like her mother she was in looks. She had her father's determination and wilfulness as well, and would not be easily dissuaded. 'But I thought yer've gotta be eighteen before yer can be a nurse,' Nora queried.

'Yes, that's right, but they said I could be a volunteer with the Red Cross,' Josephine replied quickly. 'I can do duty at the railway stations when the wounded soldiers come home on those troop trains. There's lots of things to do, like giving the men drinks and helping them write letters to their family. There's other things I can manage, too. They need volunteers to help with the dressings and things.'

'It doesn't sound very nice fer a young gel your age ter do those sort o' fings,' Nora said, concerned. 'They won't be pretty sights. There's men what's bin blinded an' crippled, an' some o' those wounds'll be terrible ter see. Are yer sure that's what yer wanna do, luv?'

Josephine nodded with conviction. 'I've made up my mind, Nora. It's something worthwhile and I won't be put off.'

Nora smiled and put down the dish. 'No, I don't fink yer will an' I'm proud of yer, but yer must realise, Josie, it won't be an easy fing ter do. Yer'll be seein' terrible sights. I was readin' about these casualties in the paper an' it was makin' my stomach turn.'

'I've read it, Nora, and I know what it'll be like,' the girl replied. 'I've been worried about Geoffrey and I got to thinking, supposing he got wounded. I'd want someone to care for him and make him comfortable. I couldn't just get a job in an office and leave it up to other people to volunteer. I just couldn't.'

'I know, dear,' Nora said kindly. 'Now that's enough o' the war fer the time bein'. Pass me the rest o' that silver, could yer? Gawd, I'll be 'ere all night wiv this lot.'

The kitchen fire burned brightly. Its flames were reflected in the shining silver dishes lined up on the dresser. Heavy curtains were drawn tightly against the darkness outside, and while the rising wind howled and rattled against the windows the copper kettle was warming steadily on the hob. The two women sat comfortably by the hearth. Nora's rocker creaked as it moved back and forth. The older woman looked down at her sewing through glasses perched on the end of her nose, and the younger sat back in her chair, pale blue eyes staring unblinking into the glowing coals. Neither had spoken for some time, each wrapped up in her own private thoughts. The newspaper lay discarded at Nora's feet, the headline banner proclaiming, 'Heavy Casualties at the Marne'.

Nora put down her sewing and took up the tongs to place a large knob of coal on the fire. The shower of sparks roused Josephine from her reverie and she cast her eyes around the shadowy room.

'Did you know my mother very well, Nora?' she said suddenly.

'What made yer ask that, Josie?'

'Oh, I was just thinking.'

Nora pressed her feet down on the floor to stop her chair rocking and folded her arms. 'I knew yer muvver, but not all that well,' she replied slowly. 'I used ter meet 'er sometimes an' we'd stop an' talk like yer do. She was always very pleasant, an' she liked ter talk about the boys an' about yer farvver. She never was one ter talk about 'erself as I remember.'

'Do you think Father and her were happy together, Nora? Really happy, I mean?' Josephine asked.

'Yer a strange gel! The fings that go frew that 'ead o' yours. 'Course they were — at least, I should fink so. I never 'ad reason ter fink ovverwise,' Nora answered.

Josephine stared down at the fire again. 'Are you and Father . . . I mean, do you and Father like each other?' she asked falteringly.

Nora looked at the top of Josephine's lowered head. 'If yer mean, do we be'ave like man an' wife, no. At least not any more.'

388

'You and Father have been lovers then?'

'Yes.'

'I guessed as much,' Josephine said, looking directly at Nora.

'Does that shock yer?'

Josephine leaned forward and squeezed the housekeeper's arm gently. 'I'm not shocked. Why should I be? I've always looked on you as my mother. You're the only mother I've ever known. It seemed right that you and Father should, you know, sleep together. Why aren't you now?'

Nora sighed deeply and started the chair rocking again. 'Yer farvver's never really got over yer muvver dyin' the way she did. I'm sure 'e blames 'imself fer what 'appened. I just filled a gap in 'is life. I was there when 'e needed comfortin'.'

'But you're still here, Nora. Why must he turn to the bottle for comfort?' Josephine asked, frowning.

Nora looked down at her folded arms. 'I dunno the answer ter that one, Josie. I expect the ache inside of 'im is too much fer the likes o' me ter ease. Whisky does it fer yer farvver. It dulls the pain 'e's feelin' an' finally sends 'im off ter sleep. It'll kill 'im in the end though, I'm sure it will.'

Josephine sighed sadly. 'I don't think Father blames himself for Mother's death — he blames me. Having me killed her, I know that.'

Nora sat upright in her chair. 'Now listen ter me, young lady,' she said quickly, 'yer farvver doesn't blame you at all. Yer mustn't dare fink that. It was 'im what made yer. If there's anybody ter blame it's yer farvver, nobody else, but there just ain't nobody ter blame. Least of all you.'

'But why can't I talk to him, Nora? Why does it always feel like he's pushing me away from him?' Josephine asked, her eyes searching the older woman's for an answer.

''E doesn't mean to, child,' Nora told her kindly. 'Yer farvver lives in a man's world. 'E 'ad two sons before you come along. I don't want yer ter take this wrong, but yer

389

farvver's got no refinement, no finesse. 'E can't relax wiv women, I know. It's not just you. Yer mus' try ter understan' what I'm sayin'. Promise me yer won't dwell on it, Josie.'

The young woman nodded slowly, her eyes fixed on the housekeeper's. 'Do you know, Nora, sometimes I feel that this family is doomed,' she said slowly. 'Sometimes I lie awake nights with a dreadful feeling in my stomach. It's as though there's a curse hanging over us. I can see no future, nothing good, only bad. Why? Why should I feel like I do?'

Nora forced herself to smile reassuringly. 'Listen ter me, yer a young woman who's just findin' 'erself,' she said quietly. ''Avin those sort o' thoughts is not so terrible as yer might fink. It's all part o' growin' up. One day soon yer'll meet a nice young man an' grow ter love 'im. 'E'll love yer back an' make yer feel good inside. 'E'll comfort yer an' protect yer, an' yer'll be able ter laugh at yer fears. Yer'll see.'

Josephine smiled as she bent down to rouse the dying fire. 'I expect you're right, Nora,' she said, feeling suddenly cold in the firelit room.

Chapter Twenty-eight

Early in 1915 James and Charles Tanner prepared to leave for France as privates in the East Surreys. William felt proud as he walked along to the Kings Arms with his two sons, both looking trim and smart in their tight-fitting uniforms, peaked caps and puttees wound up around their calves from highly polished boots. James was now a brawny young man a stone and a half heavier than Charlie, who still had a baby face and red cheeks. Their fair hair had been cropped short and both had the look of young men eager and impatient to be off on a big adventure. The stories filling the newspapers of heavy fighting on the Western Front had not caused either of them to lose any sleep, but as pints of ale were downed in quick succession and the customers joked about the girls they would meet, their father became quieter, struggling with the secret fears that he had to hide from everybody.

Alec Crossley had seen many such family gatherings during the last few months, and wondered how many of those young men would be drinking in his pub once the war was over. Already the toll was growing, and almost every evening someone came with stories of lost relatives or friends. His pub seemed to be full of old men and uniformed boys like the Tanners or Billy Sullivan who had left for France only a few weeks ago. Alec pulled pints and watched how the smooth-faced soldiers drank them down with bravado, sometimes turning a shade of grey as the unfamiliar drink took effect.

'Yer know, luv, I fink 'alf of 'em would be better orf wiv toffee apples than pints of ale,' he remarked to his wife Grace.

She smiled sadly as she pulled down on the beer-pump. 'I can't 'elp finkin' of young Alfie Finnegan when I see these young soldiers. I remember when Alfie was sitting' outside the pub wiv a glass o' lemonade an' munchin' on an arrowroot biscuit. It seems like only yesterday, an' now the poor bleeder's gorn. I still can't get over it. Six weeks, that's all 'e was out there. Six weeks.'

Nellie Tanner had fought back tears as she watched her two boys march off to the pub with their father. She felt grateful that at least Danny wasn't in uniform. He had managed to get the job he was hoping for, and was now articled to a lighterage firm and excited at working on the barges. At least he wouldn't be going off to war, she thought. She was terribly worried about his brothers, but Charlie caused her particular anguish. He was different from Jim in many ways. He had been sired in fear and anger, had always seemed set apart from the others when he was growing up, and now he was a man. He would show courage and endure hardship just like his brother, Nellie felt sure, but he was different. She had always been able to see it in his grey eyes.

Many local young men were now in uniform. Geoffrey Galloway had been commissioned into the Rifle Brigade and was already in France. Maisie Dougall's two boys, Ronnie and Albert, were also in the Rifle Brigade and were doing their basic training on the Isle of Sheppey. Sadie Sullivan bade her eldest son goodbye as he left for the front and then dared the rest of her brood to follow him.

'It's bad enough Billy goin' orf wivout you lot wantin' ter go wiv 'im,' she told them. 'Jus' let me 'ear one peep out o' you lot about joinin' up an' I'll tan yer 'ides, big as yer are.'

'But, Muvver, we can't let Billy do all the fightin'. 'E's

392

gonna need a bit of 'elp,' John the next eldest told her.

"E's got all the 'elp 'e needs wivout the rest of yer puttin' on a uniform, so let's be done wiv it, or I'll tell yer farvver.'

'Yer not bein' fair, Mum,' Michael cut in. 'John an' me are over eighteen, so's Joe. We're old enough ter fight. If we enlist, yer'll still 'ave Shaun an' the twins ter look after yer.'

'Look after me!' Sadie raged. 'I'm tryin' me bloody best ter look after you lot. 'Ave yer got any idea what it's bloody well like out in France?'

Patrick and Terry were standing behind their mother and mimicked her as she waved her fist at Michael, while Shaun the youngest picked up the broom and started to prod the armchair with it in an aggressive manner.

Sadie sat down heavily in her chair and put a hand to her forehead. 'Yer'll be the undoin' o' me, yer will,' she groaned. 'Can't yer be like ovver muvvers' sons? Do yer 'ave ter drive me right roun' the twist?'

'All the ovver muvvers' sons 'ave volunteered,' Joe moaned.

'Well, you lot ain't gonna do no such fing, d'yer 'ear me?' Sadie screamed.

'My mate at work got a white feavver. Would yer like us ter get a white feavver?' Michael asked his mother.

'I don't care if they send yer the 'ole bloody bird, the answer's still no,' she growled, screwing up her fists.

The three eldest boys recognised the danger signs and they quickly made excuses and left the house together, sauntering dejectedly along the little turning with their hands stuffed deep into their trouser pockets.

'C'mon, I've got enough dosh fer a pint,' John said, his eyes brightening.

As the three young men walked into the Kings Arms, Alec Crossley nudged Grace. 'Old tight, gel, lock up the glasses, it's the fightin' Sullivans,' he said with mock seriousness. 'What yer 'avin', boys?'

John pulled out a handful of coppers and started counting them. 'Gis us a pint o' porter each, Alec,' he said sadly. 'This is gonna be our last pint as civilians. We're signin' on termorrer fer the East Surreys.'

Alec shook his head as he pulled on the pump. 'If this keeps up I won't 'ave enough bleedin' customers ter make up a domino team,' he groaned. ''Ere, lads, 'ave this one on the 'ouse. All the best.'

The Sullivan boys took their drinks to a far table. When they had settled themselves, Michael turned to his brother John. ''Ere, Johnbo, why d'yer tell Alec the three of us were signin' on termorrer?' he asked.

'Well, I 'ad ter do somefink,' John replied, sipping his beer. 'I only 'ad enough money fer two pints.'

Carrie Tanner finished wiping down the last of the tables then walked over to the window of the dining rooms that looked out on to the riverside lane and the river beyond. She could see the belching smoke-stack of a cargo ship as it chugged towards the Pool with its escorting tug whistling noisily, and in the lane itself could see one or two horse-carts parked ready for a call on to the jetty. It had been dreary lately with all the younger men going off to war. She missed their funny sayings and saucy remarks as they came and went, caps askew and red chokers knotted tightly round their necks. Now most of the customers were older men with less to say, except when they cursed the war and wished they were young enough to go instead of being left to do all the work. Fred had told her that he had thought a lot about whether he should volunteer and had decided against it. He had gone so far as to talk with a friend of his who was a recruiting sergeant and he had advised him that he would be exempt anyway because of the nature of his business and he should forget about taking the King's shilling and leave the fighting to the younger men. She sighed to herself as she watched the progress of the cargo ship. She missed her brothers badly, and wondered where Tommy might be right at that minute. He had come into the dining rooms only once since she had told him their romance was over. He had looked uneasy as he ordered his tea and sandwich, and then just as he was leaving had told her he was going into the Queen's Bermondsey Regiment the following week. The café was full of customers at the time and Carrie had found herself coldly wishing him luck and a safe return as he turned away with an embarrassed look on his face and walked out of the door, and now she wished she'd been kinder. But it was too late.

The days seemed long and tedious, with little to smile about. The only light relief was when Sharkey Morris and Soapy Symonds made their appearance. They usually came in together and were full of funny stories, often about their own misfortunes. Both were now in their late fifties and still fairly robust, although Soapy was becoming bad on his legs and always seemed to be limping these days. They had not changed in character since she was very small, Carrie reflected. They were a reminder of those carefree childhood days when she rode on the back of Titch the Welsh cob and her father took her on those lovely country trips to fetch the hay bales. She remembered her friend Sara and the look of wonderment on her face as they drove into the farm and saw the animals and the line of waddling ducks leading their unsteady offspring to the muddy pool. Sara was married now and doing well, the last Carrie heard.

Fred Bradley had been kind and considerate towards her, and since that one time he had opened his heart to her, had kept his distance, for which she was grateful. She had been afraid that he might try to force himself upon her in some way but he had been especially nice, leaving her alone to get on with her work and never harassing her at the end of the day when she cleared up and went home. Carrie knew, though, that he was still waiting patiently for her to have a change of heart, and she felt flattered that Fred wanted her to be his wife. The age difference was not so terrible. Many young girls were marrying older men who could offer them security, men who would be less likely to burden them with lots of children. Fred Bradley would be a good husband, she knew, but she was not in love with him. She sighed deeply.

It was a few minutes to five o' clock in the empty café and Fred's helper Bessie Chandler came out of the kitchen and raised her eyes to the ceiling as she sat down at one of the tables. Carrie smiled knowingly as she carried over two mugs of tea and sat down facing her. It was usual for them to have a quick chat together and catch their breath before they left for home in the evenings. Bessie was a large woman in her forties with a wide round face and fuzzy ginger hair which she always kept hidden under her headscarf. Her face was freckled and her small green eyes stared out from beneath drooping eyelids, making her look perpetually sorry for herself. Bessie had been employed to work mornings only at first but when trade increased Fred had asked her to work full-time. She prepared the raw vegetables and made pastry for the pies, afterwards helping Fred with the orders, but she talked incessantly and he felt that she was slowly driving him mad with her accounts of the doings of all her neighbours in the buildings. Fred seriously thought about getting rid of her, but she was such a good cook and very competent in the kitchen that when her endless talking grew unbearable he simply went out into the yard and puffed deeply on a cigarette as he steeled himself to face her chattering once more. Bessie was childless, and her husband worked nights at the biscuit factory. Fred joked with the carmen that she probably spent so much time gassing to the neighbours, she had no time left for anything else.

Bessie sipped her tea slowly, her doleful eyes staring at Carrie over the mug. ''E's bin in a funny mood lately,' she said in a quiet voice, putting her tea down and nodding in the direction of the kitchen. 'I reckon 'e's gettin' old an' miserable.'

Carrie smiled. 'What's the matter wiv 'im?' she asked, knowing that she was about to find out anyway.

Bessie shook her head slowly. ''E's bin very jumpy lately an' I'm sure 'e just ain't listenin' when yer talk to 'im. If I didn't know 'im better, I'd say 'e 'ad woman trouble. 'E seems miles away.'

Carrie stared down into the tea-leaves as she experienced a familiar sinking in her stomach. Bessie's comment about woman trouble was probably a little nearer the truth than she realised.

'I was only sayin' ter Elsie Dobson the ovver night, 'e's a funny bloke that Fred,' Bessie went on. ''E's never married or got 'imself involved wiv a woman. I mean ter say, 'e ain't a bad-lookin' sort o' fella, as fellas go. 'E'd be a good catch too. 'E mus' be werf a few bob. 'Is family 'ad the business fer years an' 'e prob'ly come inter money when they died.'

'P'raps 'e 'as got a woman tucked away somewhere,' Carrie cut in quickly. 'After all, we don't know what 'e does in 'is spare time.'

Bessie laughed. 'I've known Fred an' 'is family fer years. That's 'ow 'e come ter ask me if I wanted ter work fer 'im. Fred's ole muvver was a funny ole cow. She used ter dote on 'im. Very strict though. I never see Fred wiv a young lady on 'is arm. 'E was always workin' in 'ere from the time 'e left school. Never 'ad annuver job. Mind yer, 'e built this place up. It was a proper gaff when the ole couple run it. Let it go right down the pan they did, 'specially when the old fella was gettin' on in years. I don't s'pose the poor sod 'ad time fer women, what wiv the way 'e 'ad ter work.'

'Was Fred the only child?'

'Yeah. There was annuver child, a gel I fink, but she died as a baby,' Bessie replied. 'I fink 'e should find 'imself a nice young lady. I fink it'd be the makin' of 'im. It ain't right fer anybody ter go frew life on their own. As I was sayin' ter Elsie . . .'

Bessie's ramblings were interrupted as Fred came out of the kitchen. She winked to Carrie as she looked over at him. ''Ave yer covered that pastry 'cos o' the flies?' she asked him.

Fred nodded and gave Carrie a quick glance, raising his eyes to the ceiling in exasperation. 'Yer better be off, it's turned five,' he said.

Bessie got up and slipped on her coat. 'Yeah, I'd better be orf 'ome an' make sure my ole fella's up fer work,' she sighed.

Carrie smiled at Fred as his assistant left the dining rooms and he sat down at the table, sighing loudly. 'Bessie's a diamond but she does go on,' he groaned. 'D'yer know what she was on about terday? She wanted ter know why I never married. She reckoned I should find meself a nice young lady.'

'What did yer say?' Carrie asked as she got up to put on her coat, suddenly feeling nervous.

'I told 'er when I meet the right woman, I'll consider gettin' married,' he answered.

'Yer'll meet the right gel one day,' Carrie told him, making for the door.

'I already 'ave,' he said in a low voice.

Carrie walked home feeling wild with herself for making such a stupid remark as she left the café. She had said it on the spur of the moment without thinking, and realised she would have to be more careful in future. Any chance remark like that might make Fred feel that she was prompting or encouraging him, and it would be embarrassing for both of them if he asked her plainly to walk out with him and she declined. He was too nice a man to upset but she knew that if he did offer she would refuse him. She was still aching over her romance with Tommy and could not bring herself to think of starting another relationship.

As Carrie walked past Bacon Street Buildings she found herself thinking again of Sara. Had she found happiness with her young man, she wondered, and hoped she would never have to struggle the way her mother had.

Carrie turned the corner into Page Street and saw the women standing at their front doors, chatting together. She saw Maisie talking to Aggie, and Ida Bromsgrove sweeping outside her front door. Young children were swinging from a rope tied to a lamppost, an old man tottered along supporting his frail body with a stick and mumbling to himself. Another old man stood in a doorway smoking a clay pipe, his eyes fixed on the paving-stones. Despite all the people, she felt how strangely quiet the turning seemed to be. There were no young men standing about to ogle her or smile as she passed them. All the vitality and youthfulness seemed to have been taken out of the street. Carrie thought of those young men: Tommy, Billy Sullivan, the Dougall boys and her own two brothers. Where were they now? Would she ever see them again? She sighed deeply. The war would not last for long and the young men would soon be home. All of them, she told herself as she reached her front door.

In the dining room at 22 Tyburn Place the curtains had been drawn against the cold night and a fire burned brightly in the open hearth. Five chairs had been placed around the heavy oaken table although only four were occupied. The meal was over and George Galloway sat at the head of the table, thoughtfully rolling an unlighted cigar between his fingers as Nora replenished the coffee cups. Frank sat on his father's right. He was leaning back in his chair, staring down at his cup. Josephine was facing him, and exchanged glances with Nora as the two men pondered. George lit his cigar and blew a cloud of smoke towards the ceiling, a look of expectancy on his face as he waited for Frank's answer. Nora caught Josephine's eye.

'I fink I'd better get cleared away,' she said, getting up and pushing her chair against the table.

Together the two women carried the stack of used crockery out into the kitchen. Josephine gave the housekeeper a knowing smile. 'It looks as though Father's got his way, Nora,' she said quietly. 'Poor Frank looks very upset.'

Nora shook her head slowly. 'There ain't much choice fer 'im, is there? I fink that white feavver business upset 'im too, although 'e tried ter make light of it.'

Josephine's face became serious. 'Why are people so wicked, Nora? My brother's not a coward. Frank's married now and he's got responsibilities. If he was single, he'd be the first to volunteer.'

'I'm sure 'e would,' Nora replied, looking up at the clock on the mantelshelf. 'I'll see ter the dishes. Yer'd better be off or yer'll be late.'

Josephine left for a meeting of Red Cross volunteers at the church hall in Jamaica Road. In the dining room the two men continued their discussion. A blue smoke haze hung over the table as Frank lit another cigarette.

'The trouble is, you never get to find out who's responsible for sending them,' he said, exhaling smoke and nervously tapping his cigarette against the ashtray.

George nodded. 'I wouldn't worry about it. 'Undreds o' people are getting' 'em. Yer done the right fing, burning it. Don't give it anuvver thought.'

'I was wondering if it was someone at the office,' Frank remarked, looking at his father.

George puffed in exasperation. 'There yer go! Yer ain't gonna stop worryin' about it, are yer? It's why they send 'em, can't yer see? Whoever it was who sent it wanted jus' that. Why not do as I say an' ferget it? Now let's get down ter what we were talkin' about,' he said testily. 'Yer said yer guv'nor was expectin' yer ter volunteer. If yer carry on workin' there, 'e's gonna be a bit awkward wiv yer, ter say the least. Those top-brass military families are all the same. King an' Country, an' all that bloody twaddle! They stand back an' dish out the orders an' it's the poor bloody soldiers who face the bullets. I reckon they should get all that top brass from us an' Germany tergevver an' put the 'ole bloody lot o' the bastards in a field somewhere an' say to 'em, go on then, get on wiv it. The bloody war'd be over in five minutes. They'd all be on the piss tergevver.'

Frank chuckled, then his face changed as he glanced over to the vacant place at the table. 'I wonder how Geoff's getting on,' he said quietly.

George dropped his gaze for a moment and then stared at the lighted end of his cigar. 'The boy'll be all right,' he declared firmly. ''E's a sensible young man, 'e won't take no unnecessary risks. I only wish 'e 'adn't bin so 'asty. Geoff was doin' a good job at the yard an' I was really upset when 'e told me 'e'd volunteered. I miss 'im, an' it's upset Nora too. It was 'er idea ter leave a place at the table fer 'im. She reckons it's lucky. She's a strange woman at times, is Nora.'

Frank was quiet as he stubbed out his cigarette, then looked up at his father. 'All right, I'll put my resignation in first thing in the morning,' he said suddenly. 'They'll need a couple of weeks to get a replacement, unless the old man gets shirty and tells me to go there and then.'

George's wide florid face broke into a grin. 'Jus' tell the ole git yer've volunteered. Tell 'im yer wanna leave right away ter get yer fings in order. I don't s'pose 'e'll be too concerned, from what yer've told me.'

Frank nodded. 'All right, I will. I suppose the sooner I start the better. By the way, Father, have you thought any more about getting lorries to replace some of the horses? It'll be a sensible move, especially now.'

George relit the stub of his cigar and puffed on it thoughtfully. 'Look, you jus' get yerself familiar wiv the runnin' o' the business first,' he told him. 'Once yer've sorted the books out, we'll talk again. There's a lot ter consider. Fer a start, if I get lorries I'll need a mechanic ter keep 'em on the road. That's what the ovver cartage firms 'ave 'ad ter do. What's gonna 'appen ter Will Tanner? Once the 'orses go I'd 'ave ter get rid of 'im. I couldn't afford ter keep 'im an' a mechanic as well. Then there's the 'ouse. I'd 'ave ter give 'im notice ter quit.'

'Couldn't you let him stay and pay a rent?' Frank asked.

George shook his head. 'The mechanic would need a place ter live an' there's no 'ouses vacant, not yet anyway. I'd need the bloke ter be on 'and. It's no good if 'e lives miles away from the yard. We'd need more space too, don't ferget. Yer couldn't garage many lorries in the yard, there's no room ter manoeuvre 'em. It's not like 'avin' 'orse-an'-carts.'

Frank lit another cigarette. 'You should have bought a bigger place when Geoff and I suggested it,' he said reprovingly.

George smiled. 'Yer've only just agreed ter come in the business an' already yer tellin' me 'ow ter run it! Well, maybe that's not a bad fing. I'd like yer ter bring yer own ideas in. I ain't gettin' any younger. You an' Geoff should be able ter make a good go of it, please Gawd. In the meantime, let's 'ave a drink ter celebrate. Now where did Nora 'ide that brandy . . .'

Chapter Twenty-nine

In the early summer a troop train from Southampton arrived at Waterloo carrying a large contingent of troops from the East Surrey Regiment who had seen action in France. The train pulled into the station beside another bearing a bold red cross on all of its carriages. As the troops alighted their noisy gaiety and laughter were suddenly stilled by the sight that met them. A line of stretchers ran the length of the platform, bearing casualties ashen-faced beneath their blankets. Soldiers with bandages over their eyes were being led away in line, each resting his hand on the shoulder of the man in front, and other troops were hobbling along the platform on crutches. Doctors and medical orderlies walked along the long line of stretchers, giving aid and glancing at the medical notes pinned to the top of the blankets. Nurses in Red Cross uniforms bent over the casualties, writing notes and placing lighted cigarettes between the lips of grateful men. Around them the usual station activities went on as if it was a normal day. Porters pushed laden barrows, and steam from the tenders drifted up to the high iron rafters.

James Tanner stepped down from the train and walked along the platform beside his younger brother Charlie, both of them pale and subdued as they gazed down on the faces of their wounded comrades.

'Christ, I need a drink!' James said in a husky voice.

'That's the best fing yer've said all mornin', Tanner,' one of the other troops remarked, putting his arm around James's shoulder.

As they neared the ticket gate, Charlie spotted one of the wounded struggling with something in his hands and he broke away from the group.

'You go on, I'll catch yer up,' he said, walking towards the stretcher.

'We'll be in the 'Ole in the Wall, Charlie,' his brother called out as he passed through the gate with their mates.

Charlie bent over the wounded soldier. ''Ere, let me do that,' he said quietly, taking the cigarette packet from the man.

'Fanks, pal. Bloody fingers are all numb,' the soldier replied.

Charlie opened the packet and lit a cigarette, placing it between the man's lips. 'There yer are. 'Ow's that?' he said kindly.

The soldier exhaled a cloud of cigarette smoke and sighed contentedly. 'Gawd, that's good,' he smiled.

'Where d'yer cop it?' Charlie asked.

'It's me toes,' the soldier told him. 'I lost 'em all wiv frostbite. Still, I'm lucky, I s'pose. That poor sod lost 'is leg.'

Charlie looked at the next stretcher and saw the still form lying beneath the blanket. 'I jus' feel grateful ter be alive,' he said, holding the cigarette to the soldier's lips.

A young Red Cross nurse bent down over the stretcher and read the medical notes pinned to the blanket, then she smiled at the soldier. 'Are you in a lot of pain?' she asked softly.

'Nah, it's all right, luv. I jus' wanna know when they're gonna move us. It's bloody cold layin' 'ere,' he answered.

Charlie took the cigarette from the soldier's mouth and his eyes met those of the nurse.

Suddenly, she smiled. 'Aren't you William Tanner's son?'

Charlie looked puzzled. 'Should I know yer?' he asked.

She laughed. 'I'm Josephine Galloway.'

Charlie stood up. 'Well, I'll be blowed!' he exclaimed. 'I wouldn't 'ave reco'nised yer. Yer look all grown-up.'

Josephine smiled, showing even white teeth. 'If I remember right, you're Charles. Father told me you and your brother James had joined up. Is he with you?' she asked.

Charlie nodded. ''E's wiv the rest o' the lads. They've gone ter the pub. By the way, call me Charlie,' he said, holding out his hand.

''Ere, when you two 'ave finished yer little chat, could I 'ave anuvver puff o' that fag?' the wounded soldier cut in.

Charles bent down over the stretcher. 'Sorry, mate. That's the first chance I've 'ad ter talk ter a pretty face fer a long while.'

Josephine bent down and wrote something on the chart, then she stood up and went to the next stretcher. Intrigued, Charlie followed her.

'The last time I remember seein' yer was when yer bruvver Geoff brought yer in the yard ter see the new 'orses. Yer couldn't 'ave bin no more than nine or ten, an' now look at yer,' he said, shaking his head in disbelief.

'I'm eighteen, going on nineteen,' she replied.

'Well, I'll be . . .' laughed Charlie.

Josephine studied the chart and straightened up. 'How long are you home for?' she asked.

'Seven days. Seven long days,' he said, smiling. 'I promised meself I'd get drunk every one of 'em.'

'It must be dreadful out there,' she said.

Charlie nodded awkwardly, a serious cast suddenly clouding his features. 'It's not very nice. In fact, it's terrible,' he said quietly, and then his face brightened again. 'Look, I know I said I was gonna get drunk every night, but if yer like I could maybe take yer ter the music 'all? It'd be a lot nicer than gettin' boozed, an' we could 'ave a long talk about when we was kids. What d'yer say?'

Josephine smiled at him. He looked so handsome in his uniform and there was something in the way he was gazing at her which made her heart leap.

405

'I'd like that,' she replied, suddenly noticing the matron coming along the platform. 'When?' she asked quickly.

'Termorrer?'

'Yes, all right. Look, I've got to go now,' she said anxiously. 'I'll be on duty until six o'clock. Meet me at the church hall in Jamaica Road, opposite the Drill Hall. Is that all right, Charles?'

'That's fine, an' it's Charlie,' he reminded her.

The stern-faced matron gave him a brief glance and turned to Josephine. 'Lord and Lady Dunfermline have arrived,' she said in a loud voice. 'I want you to make sure all those blankets are straightened, and none of the soldiers is to smoke. Is that understood?'

Josephine nodded. 'Yes, Matron.'

'Well, see to it.'

Josephine busied herself, stealing a last glance in the direction of the young soldier as he walked across the station concourse.

The overhead clock showed ten minutes past the hour of one as the official party came into the station, attended unctuously by a few of the military top brass and a group of civilians wearing morning suits and top hats. Lord Dunfermline was tall and stooped slightly as he walked unsteadily beside Her Ladyship. She wore a silver fox stole over a long black coat, and a wide-brimmed hat with a large satin bow. They both looked miserable as their entourage fussed and worried, and when Lady Dunfermline asked if there was a powder room the escorts were thrown into a state of panic. A room was finally provided, compliments of the station master, and Lady Helen sat down heavily in a chair.

'I do wish you wouldn't let yourself get talked into this sort of thing, Albert,' she moaned. 'You know how sensitive my stomach is.'

'Sorry, m'dear. Couldn't be avoided. We've got to play our part,' he reminded her. 'It could be worse. The

Chalfonts are at a military hospital and Sir Norman Kirkby's doing the St Dunstan's thingy. Nasty one that.'

Lady Helen sighed and rubbed at her ankles. 'Don't take too long, Norman. Just walk quickly and don't stop at every stretcher or we'll be here all day long. I've an appointment at the dressmaker's, and then there's the party tonight. I do like to go looking my best and I can't if I've spent most of the day talking to wounded soldiers. It is annoying. I do wish they'd chosen any other day but Friday.'

'Sorry, old dear, can't be helped,' he said in the comically musical tone that he knew amused her.

Outside the station master's office a haughty-looking man in gold-rimmed spectacles and a bowler hat was trying to calm the agitated young army doctor. 'I'm sure they won't be long. They've had a tiring journey from Hampshire and Lady Dunfermline's got a bit of a headache,' he said in a silky voice.

The doctor gave him a wicked look. 'Those troops have not exactly been enjoying the trip,' he protested. 'They've had a rough crossing, and they've spent nearly three hours on a train in cramped conditions, and now they've been lying on the cold platform for the past hour. Now you go in and tell Lord and Lady What's-their-names that if they're not out in five minutes I'll tell my orderlies to put the stretchers on the motor vehicles and despatch them to the hospitals, is that quite understood?'

'But, but, I – I can't do that,' the official stuttered.

'Please yourself,' the doctor said casually, marching off quickly.

The official chewed on his fingernails in consternation and paced back and forth trying to think of some way to hurry the proceedings along without upsetting the venerable Lord and Lady. His torment was suddenly resolved as Lord Dunfermline emerged from the office looking a trifle distracted with Lady Helen at his side. 'Lead on, Brown,' he said with a sweep of his bony hand, and the official could smell brandy on his breath.

When he reached the first stretcher on the platform Lord Dunfermline stopped and smiled down at the pale-faced young soldier. 'Feeling well, are we then?' he said, walking on without waiting for an answer.

Further along the line he looked down at another casualty, the entourage at his heels bumping into each other as he stopped suddenly. 'Rifle Brigade I see. Good man. Arm is it? Never mind, we'll soon have you on your feet,' he said cheerfully.

The young army doctor gritted his teeth in disgust. 'The man's lost his leg for God's sake,' he almost shouted at the matron.

Lady Dunfermline stood beside her husband mumbling at him to hurry along and finally the dignitary reached the last stretcher in the line. 'How are we?' he asked.

Josephine was adjusting the soldier's bandages and she looked up with surprise. Her patient leaned up on his elbows and puffed loudly. 'Well, I don't know about you, pal, but I don't feel too good,' the soldier said sharply.

'Steady on, private,' an accompanying staff officer said quickly.

'It's corporal, mate,' the soldier replied.

Josephine had moved to the head of the stretcher and she clasped the soldier's arm firmly, trying to restrain him with a slight shake of her head. The officer flushed the colour of his headband and Lord Dunfermline looked taken aback.

'East Surreys I see. First-class regiment, corporal,' he remarked in a casual lilting tone. 'What's the injuries then?'

Lady Dunfermline bit on her bottom lip, dreading what she might hear, and Josephine held her breath as she waited for an outburst, but the corporal was not feeling very expansive.

'Legs,' he replied.

'Sorry to hear that, old chap. How did it occur?'

'Shrapnel.'

The dignitary straightened up and stared down on the

wounded corporal. 'Well I'm sure you feel proud and honoured to have done your duty for your King and Country, corporal. We all have our part to play in this war you know,' he said in a loud voice, glancing around at the smiling members of his entourage as they nodded their heads enthusiastically and cleared their throats.

The corporal gritted his teeth as he pulled himself up on to his elbows. 'Right now I'm only proud o' this lot,' he said in an icy tone, his eyes flashing along the line of stretchers. 'They've all bin well an' truly right frew the shit, an' it ain't doin' 'em any good layin' 'ere on this draughty poxy platform so the likes o' you can do yer bit fer the war wiv yer stupid remarks, so if yer finished can we all get goin' ter the 'orspital now?'

Josephine could hardly refrain from laughing aloud and her hand tightened on the corporal's arm. Lord Dunfermline had been rendered speechless and he seemed to have become rigid as he stooped forward looking down at the soldier, his eyes popping and his face crimson. His lady wife was holding her hand to her brow, looking as though she was going to pass out. Murmurings went on around them and the staff officer looked like he could have cheerfully despatched the insolent corporal with a bullet from the revolver clipped to his shiny Sam Browne belt.

'I'm awfully sorry, Lord Dunfermline,' he groaned. 'The man's obviously suffering from shell-shock. I can only apologise sincerely for what he said.'

'It's all right, Willington, no need,' the dignitary replied, backing away from the stretcher and the soldier's burning gaze. 'I think we've finished here. I'll look forward to seeing you at the club this evening.'

As the group walked off the staff officer bent down over the stretcher, his face flushed with anger. 'I'll be wanting your name, rank and number, soldier. You could well be court-martialled for this outrageous behaviour,' he barked.

Josephine's eyes blazed and she stood up to face the

officer. 'Do you realise this man is badly wounded? I won't have you talking to him like this,' she declared, her voice charged with emotion. 'I'm going to fetch the doctor.'

The corporal grinned. 'It's all right, luv,' he said cheerfully, and the grin did not leave his face as he looked up arrogantly at the staff officer, 'I won't be court-martialled,' he told him offhandedly. 'When I got this little lot I finished bein' a soldier. I s'pose yer could 'ave a go at gettin' me pension stopped though. Let the bastard starve, eh? Don't worry, pal, I ain't gonna lose no sleep over a few coppers any ole 'ow. Now why don't yer piss orf wiv the rest o' yer menagerie an' let us all get orf this poxy platform.'

The staff officer's expression became apoplectic and he stormed off slapping his thigh with his cane and mumbling to himself about shooting the man where he lay. The corporal sank down on the stretcher, grinning up at Josephine's bright red face as he forgot for a short moment the pain of his shattered legs. Behind him the army doctor sat on an empty wheelbarrow trying to compose himself.

'I've never witnessed anything like that before,' he croaked to the matron, who was trying to keep a straight face herself. 'And did you see the way our little nurse squared up to that pompous git?'

'They won't do anything to the soldier, will they, doctor?' she asked with concern.

The doctor wiped his eyes with the back of his hand. 'Out of the question,' he answered quickly, mimicking the irate officer's clipped tones. 'You heard what that idiot told Lord Dunfermline. The man's shell-shocked. Evidently,' he laughed.

Laughter rang out for the first time in months at the Tanner household as the whole family gathered together in the small parlour. James sat beside his brother Charlie, both still in uniform and looking slightly the worse for drink, and Danny listened eagerly to their account of a certain company sergeant who had apparently filched the men's rum ration and later brought in four German soldiers at bayonet point after taking them by surprise when he fell into their trench in a drunken rage.

Danny laughed with his brothers as they finished the story, not quite knowing whether to believe it, and felt a sudden pang of envy. He had settled himself into a hard life on the river and felt happy in the job, but the nagging thoughts that he was missing out on the war plagued him. Now that his brothers were home and looking fit and well, Danny knew that he could not delay enlisting for much longer. After all, the war might be over soon, he thought.

Nellie fussed over the boys and tried to remain cheerful. She had been aware for some time that Danny would inevitably join his two brothers in uniform and struggled to hide her fears from her husband. William knew too, although he did not show the concern he felt inside. He laughed and joked with his soldier sons, happy that they were back safe and feeling as though his heart would burst with pride. Carrie had hugged her two brothers with tears welling in her eyes as she saw how grown-up and smart they looked in their uniforms. Now she sat between the two of them with her arms around their shoulders as James told yet another tale of army life. They did not talk about the fighting and the dying, and the family did not encourage them to. They were simply glad to be all together, and for a few short days able to forget the war.

Charlie joined in the laughter but his thoughts were elsewhere as he sat in the cosy parlour. He pictured the pretty young nurse and recalled the smile she had given him on the platform that morning, her eyes flashing and pert lips parting invitingly. He remembered those lovely eyes and how they seemed to be perpetually laughing. He wanted to tell his family about Josephine and how grown-up she had looked, but resisted the urge. He knew his mother did not like the Galloways and his father had always kept his

411

distance from them considering himself to be just another employee of George Galloway's even though the two of them had grown up together in the local backstreets. He would wait and see how things turned out before saying anything, he decided. After all, he would soon be back in France.

Along the street Sadie Sullivan and her husband were talking together in their parlour. Sadie was distraught. She sat at the table with her chin cupped in her hands and her broad shoulders hunched. Her face was still wet with tears.

'I knew it all along, Dan,' she groaned. 'I told 'em. I even dared 'em, but they still went an' done it. As if it ain't bad enough our Billy bein' in the war. What we gonna do?'

Daniel scratched his wiry grey hair and looked down at the fire. 'Gawd knows,' he sighed. 'What can we do? They're old enough. It ain't as though they're under age. We can't stop 'em goin'.'

'But surely if yer went down the recruitin' office an' told 'em there's already one Sullivan in the army, they'd scratch their names off the list?'

'They won't take no notice, Sadie,' he replied. 'Yer've only gotta look round yer. There's two o' the Tanners in the army, Maisie Dougall's two boys are in France, an' there's fousands o' people round 'ere who've got more than two sons serving. Yer know we can't do that.'

She sighed and dabbed at her eyes. 'Why didn't they take any notice o' their muvver? They know 'ow I worry over 'em.'

'Don't yer fink I'm worried too?' Daniel said irritably. 'We'll jus' 'ave ter grin an' bear it like all the ovvers do. The boys'll be all right. Anyway, the war might be over soon. I reckon when the Germans find out the Sullivans are on their way, they'll sue fer peace instantly.'

Sadie did not realise that her husband was joking and continued to stare dejectedly down at the white linen tablecloth.

'D'yer fink they'll let the three of 'em stay tergevver?' she asked tearfully.

'I bet they will,' he answered. 'The Queens is a local regiment. There's lots o' bruvvers in the Queens.'

Sadie suddenly sat up straight in her chair and glared at her husband. 'I tell yer somefink, Dan. The twins are eighteen this year, an' if they try ter sign on I'll go down that bloody recruitin' office an' tear the list up meself, an' I don't care if I do get nicked! Four kids in the army out o' one family is more than enough fer anybody.'

'Don't worry, gel. If the twins try ter sign on, I'll come down there wiv yer an' burn the bloody place down.'

Less than a mile away in the gymnasium of the Dockhead Boys' Club a discussion was taking place between the Sullivan boys that would have horrified their already distressed parents.

'Muvver's bound ter be upset but she'll soon get over it,' John remarked.

'I can't wait ter go,' Michael said, rubbing his hands together. 'We're bound ter see Billy out there.'

'D'yer reckon it'll be over before we get there?' Joe asked anxiously.

'Nah, the war's gonna go on fer years yet. Well, a couple at any rate,' John told him. 'Fing is, we've gotta stick tergevver. If they try ter split us up, we'll jus' tell 'em no.'

'Yer can't do that in the army, stupid,' Michael said. 'Yer can get court-martialled and drummed out, or if it's really bad they can shoot yer.'

'Shoot yer?' gasped Shaun, the youngest. 'Well, I ain't goin' in if that's the case.'

'Shut yer trap. Anyway, the war'll be over by the time yer eighteen,' Joe cut in.

The twins, Patrick and Terry, were reclining on a tumbling mat and listening with interest. 'D'yer fink we'll be in time?' Terry asked his brother.

''Course we will,' Patrick replied. 'Matter o' fact, we

could volunteer termorrer. We could tell 'em we're eighteen, an' by the time they find out we'll be in France. Anyway, it's only four months ter go fer our birthdays.'

Shaun slipped down from his perch on the vaulting-horse and faced his brothers. 'If you lot fink I'm gonna let yer all go wivout me, yer got anuvver fink comin'. I'd 'ave ter stop 'ome an' watch Muvver cryin' over all of yerse, an' when yer win all yer medals an' yer show 'em ter people, they'll say: "'Ave you got any medals, Shaun?" an' I'll 'ave ter say, "No, me muvver wouldn't let me go." Well, I tell yer straight, I ain't stoppin' 'ere. No bloody fear. I'm gonna sign on wiv yer. I look eighteen anyway. I do look eighteen, don't I, John?'

'Nah. I'd say yer look about fifteen,' he said, winking at Michael.

Shaun rushed at his elder brother with his fists flailing and his mouth screwed up in temper. Michael grabbed him around the body and the twins jumped up. 'Leave 'im alone,' they shouted, trying to pull Shaun free.

John attempted to calm his younger brothers, and as he stepped in Joe turned on him. 'You started it,' he yelled.

Soon the Sullivan boys were a struggling, fighting ball of arms, legs and heads. Michael came out of the mass with his nose dripping blood. As soon as he put his hand up and realised his injury he dived back in, his arms swinging like a windmill. Their bodies locked in fierce combat, they fell against the vaulting-horse, sending it crashing to the floor. Harold Roberts the club leader rushed over and tried to break up the fight but was sent reeling by someone's fist. It was only when a boxing coach strode across and roughly yanked them apart that the fight was stopped. The boys looked a sorry sight as they were lined up to be read the riot act. Harold Roberts dabbed at his lip as he faced them.

'It was a black day fer this club when you lot joined,' he growled at them. 'Jus' look at yerselves. Yer bruvver Billy wouldn't be very proud of yer if 'e could see yer now. In fact, I fink 'e'd be downright disgusted. I'm sorry, there's nuffink I can do but expel the lot o' yerse. Yer know the rules. Any fightin' in this club is done in the ring, not outside of it. That's the way it is.'

John Sullivan lowered his head in shame then stepped forward to plead their case. 'I'm sorry, Mr Roberts,' he said in a low voice. 'It was my fault. I started it. If yer gonna expel anybody, it should be me, not this lot.'

'You Sullivans are all the same,' the club leader shouted. 'What was it over?'

'Well, yer see, we're goin' in the army, me, Michael an' Joe,' the eldest brother replied. 'We didn't want Shaun ter go an' we was jossin' 'im.'

'But Shaun's only sixteen.'

'Yeah, but 'e's gonna put 'is age up,' John told him.

'An' what about the twins?'

'They're signin' on as well.'

'Oh my good Gawd!' the club leader exclaimed. 'Seven Sullivan bruvvers in one army. Yer commandin' officer's gonna end up shootin' 'imself! What about yer parents? What did they say when yer told 'em?'

'They don't know about it yet,' Shaun butted in.

'They do about us,' John said, pointing to himself, Michael and Joe.

Harold Roberts looked at the boxing coach and raised his eyes heavenwards. 'Well, I'm prepared ter waive the rules this once,' he sighed, shaking his head, 'seein' as yer all gonna be soldiers. Any more fightin' though an' yer out, is that understood?'

The boys all nodded in silence and a smile began to play around the club leader's lips. 'All I can say is, Gawd 'elp the Germans when you lot get ter the front,' he added. 'Now off 'ome wiv yer, before I change me mind.'

Chapter Thirty

Charlie Tanner leant against the cold iron guard-rail and gazed at Josephine as she stared sadly across the river in full spate. How like Carrie she was in looks, he thought. She had a similar pert nose and shapely lips and her fair hair shone the way Carrie's did. Josephine was shorter and slighter, although her figure was still curvy and womanly. Her eyes were different though. Carrie's were pale blue and wide-set, but Josephine's eyes were an intense blue, almost violet, and oval in shape. Charles studied her round forehead and saw how long her eyelashes were. She was a striking young woman.

There was a deepness to her which he could not fathom, and it had been a new experience being with her during the past few days. They had been wonderful days he would never forget. They had taken long walks in the warm sunshine, down as far as Greenwich and the park. They had climbed the hill and then rested beneath the shade of an old chestnut tree, looking down over the twisting silver band of river and watching the sun dip towards the west, changing the azure sky to fiery hues of red and gold. He had felt relaxed in Josephine's company, listening rapt as she told him about her work and watching that delightful twitch of her nose when she smiled. She was doing it now, he noticed as she smiled briefly at him and then stared back over the river.

It had been a restful week but it was over so soon. The days had flown by so quickly and tomorrow he would be returning to his regiment. He remembered kissing her clumsily that first night when they returned from the music hall, almost missing her lips in his hurry, and she had shyly kissed him on the cheek before walking quickly into the square. He had been taken by her beauty from that first evening when he met her outside the church hall. She had been nervous as she stepped out beside him, he recalled, keeping her distance and laughing too quickly at his jokes. It had all been so innocent and easygoing, but now there was a deep longing for her inside him and he sensed she felt it too.

Josephine was training during the evenings for her nursing certificate. Every night he met her at the church hall when she finished and escorted her home, saying goodbye to her in the quiet church gardens near her square. He held her gently, kissing her warm lips and letting her rest her head against his chest. It was her first experience of being alone with a young man and she had not been ashamed to tell him. He was very inexperienced, too, although he tried to hide it from her. But Josephine would have seen through it by now, he thought. She had laughed at his nervousness and fixed him with those beautiful, mocking eyes, as though daring him, willing him, to grow bold and impetuous. Now, as he watched her staring out over the river, strands of her tied-back hair loosening and blowing in the slight breeze, he became frightened. The war was drawing him away again and he would have to leave her.

Josephine turned to face him, framed by the distant towers and walkway of Tower Bridge. 'It's getting late,' she said softly.

He nodded and sighed deeply as he turned to look downstream. 'It's bin a wonderful week,' he replied. 'I was jus' finkin' 'ow quick it's gone.'

'You will be careful, Charlie,' she urged him. 'I want you to come back soon.'

'Will yer write ter me?' he asked her.

'Every day, as soon as you let me know where you are,' she replied, smiling.

He moved away from the rail and realised that the riverside path was deserted. She had noticed it too and suddenly she was in his arms, her lips pressing against his, arms about his neck as her fingers moved through his short cropped hair. His arms were wrapped around her slim waist and shoulders and he squeezed her, feeling her warmth as she cuddled up against him. 'I fink I'm fallin' in love wiv yer, Josie,' he said in a voice he hardly recognised.

'I already have with you,' she replied in a breathless whisper.

They walked slowly back to Tyburn Square through the quiet summer evening, hardly speaking, dwelling on their imminent parting and trying hard not to think about the dangers ahead. They walked close together, and as Josephine held his arm tightly Charlie treasured the feeling of her beautiful slim body close to his.

They reached the square and stood for a few moments, holding each other close and dreading the moment when they would say goodbye. Suddenly Josephine stiffened and broke away from his embrace. They both heard it, the sound of trotting hooves on the hard cobbles, and quickly hid themselves beneath the overhanging branches of a large tree. The trap came into view and they saw George Galloway slumped down in the side seat, holding on to the reins as the gelding steered the conveyance into the square. He had not seen them but Josephine seemed uneasy.

'I'd better go now,' she said quickly.

They kissed briefly and she looked into his sad eyes. 'Come back soon, Charlie,' she told him. 'I'll pray for you every night.'

He smiled and watched her back away from him, waiting until she had reached her house and hurried up the steps. He saw her wave to him and then she was gone.

Charlie walked home slowly, his mind full of the young

woman with whom he had shared his wonderful week. They had been discreet and secretive about the time they were spending together which seemed to make it more romantic. He had not told his family about Josephine and she had kept their meetings secret too. He had agreed with her that it might be better that way, at least for the time being. Their families were linked through the business and it was possible that there could be problems. Josephine had told him that her father could be difficult at times and she did not feel close enough to him to speak openly about herself and her friends. Charlie shared her fears. He too found it difficult to feel that his family completely understood him, although their home was a happy one. They would all have to know in time, he realised, but until the war ended and he was home for good, the romance would remain a secret.

The early summer of 1916 saw the exodus of thousands of young men from Bermondsey, bound for the battlefields of France. Every day Red Cross trains brought more casualties from the seaports and fresh recruits took their place in France to join the forces massing for the Somme offensive. German zeppelins flew over London and the newspapers carried stories of civilians being killed and injured. In early June Lord Kitchener, the man who stared down from countless war posters, was drowned when his ship struck a mine off the Orkneys. The war was becoming real for those at home now, and as more young men left for the front, more families waited and worried.

The three elder Sullivan boys had enlisted and Sadie sought comfort from her good friends in Page Street. 'I still can't believe it,' she said tearfully. 'Four of 'em in uniform, an' now the twins are talkin' about goin'. Gawd 'elp us, what am I gonna do?'

'There's nuffink yer can do, Sadie,' Florrie told her. 'They're all grown-up now. Yer can't keep wipin' their noses an' molly-coddlin' 'em. All yer can do is pray.'

Maisie nodded. 'My two wouldn't listen ter me or their farvver. They couldn't wait ter go. It's upset my Fred. 'E don't say much but 'e idolises them boys. 'E was only sayin' last night, if 'e was younger *'e'd* go. I didn't 'alf coat 'im. "Ain't I got enough worry wivout you goin' on about joinin' up?" I said to 'im. It's enough ter put yer in an' early grave.'

Nellie passed round the tea. 'When I see my two walkin' off up the turnin', I could 'ave bawled me eyes out,' she told her friends. 'It's funny, but I don't worry so much about James. 'E's always seemed ter be the strong one. It's young Charlie I worry over. 'E's so quiet. D'yer know, that week they were 'ome on leave Jimmy got drunk every night. 'E come in lookin' like 'e was gonna fall inter the fireplace, but young Charlie 'ardly touched a drop. 'E was out wiv a young lady friend, by all accounts.'

"E never brought 'er 'ome ter meet yer, then?' Florrie remarked.

'Not 'im,' Nellie replied. ''E's a proper dark 'orse is Charlie. I couldn't get much out of 'im at all. Apparently 'e met 'er on the station when 'e got off the train. She's a Red Cross nurse. That's all 'e'd say. I fink 'e liked 'er. 'E was out wiv 'er every night.'

Florrie sipped her tea noisily. 'Joe Maitland's upset,' she said presently. 'There was a letter waitin' fer 'im an' when 'e opened it 'is face went the colour o' chalk. It was one o' those white feavvers. Poor sod was really upset. Trouble is, 'e looks fit as anyfing. Yer wouldn't fink there's anyfing wrong wiv 'im ter look at 'im, would yer?'

'Who'd be wicked enough ter send them fings frew the post?' Maisie asked.

Florrie put down her teacup and reached into her apron pocket. 'There's plenty o' wicked gits about, Mais,' she replied, tapping on her snuff-box with two fingers. 'I dunno about the sign o' cowardice − *they're* the bleedin' cowards, those who send 'em. They never put their names ter the letters.'

Nellie refilled the teacups and made herself comfortable in her chair again, stirring her tea thoughtfully. 'I know yer won't let this go any furvver,' she said, looking up at her friends, 'but Frank Galloway got one o' those white feavvers. The ole man 'imself told my Will.'

Florrie shook her head slowly. 'I dunno where it's all gonna end, what wiv one fing an' anuvver.'

'Is 'e workin' in the yard regular, Nell?' Maisie asked. 'I've seen 'im go in there a lot this last year.'

'Yeah, 'e's took young Geoffrey's place,' Nellie replied. 'I liked Geoff. 'E was a quiet fella, an' very polite. Frank's different. There's somefing about 'im I don't like. I can't exactly put me finger on it but there's somefing there. Mind yer, I ain't 'ad much ter do wiv 'im, 'cept pass the time o' day. Funny 'ow yer take a dislike ter some people.'

Florrie nodded. 'I know what yer mean, Nell. I took an instant dislike ter that Jake Mitchell first time I clapped eyes on 'im. Right box o' tricks 'e is. 'Ow does your Will get on wiv 'im?'

Nellie shrugged her shoulders. 'Will don't say much but 'e's bin quiet an' moody ever since that Mitchell started work fer the firm. I reckon 'e's worried in case Galloway forces 'im out an' puts Mitchell in 'is place, that's my opinion.'

'But your ole man's bin wiv the firm fer donkeys' years,' Maisie cut in. 'Surely they wouldn't do that?'

'Don't yer be so sure,' Nellie said quickly. 'Galloway's got Jake Mitchell in fer a reason an' they're thick as thieves. Will was tellin' me they're gonna start that fightin' up again at the pubs. They stopped it when the war started, yer know. I s'pose George Galloway's finkin' of 'ow much 'e's gonna earn on the bloke. There's a lot o' bettin' goes on at those fights.

'It's a wonder the police don't stop it,' Maisie remarked. 'They did before, so yer was tellin' me.'

Nellie smiled cynically. 'Those publicans are prob'ly linin' the 'ead coppers' pockets, if yer ask me.'

Florrie took another pinch of snuff and blew loudly into her handkerchief, eyes watering. 'Joe Maitland was tellin' me the ovver night that there's 'undreds o' pounds changes 'ands at those fights. 'E used ter go an' watch 'em at one time. Nasty turnouts they are, accordin' ter Joe.'

Maisie got up and stretched. 'Well, I better be off,' she announced with a yawn. 'I got some washin' in the copper.'

Florrie nodded. 'I've got a load ter wring out. I seem ter be washin' an' ironin' all bloody day since I took Joe in. Still, never mind, it's nice ter see a man around the place again,' she said, grinning slyly.

Carrie had resigned herself to the dull, monotonous routine at the café. The days seemed to drag by, the next one just like the last. The same old faces came in every day, and when it became quiet Bessie Chandler sat down at a table and went on endlessly about her friend Elsie Dobson and the man in the next flat who played his accordion at all hours of the day and night and would never be quiet, no matter what her husband threatened to do to him. Fred Bradley tried to stay cheerful but the constant and inane chatter from his indomitable helper usually put an end to that, and more than once Carrie found him out in the back yard, drawing deeply on a cigarette and muttering under his breath.

Soapy Symonds and Sharkey Morris sometimes put in an appearance, and they helped to put a smile back on Carrie's face with their comical tales. It was Soapy who revealed the secret life of Bessie Chandler one afternoon when he saw her coming out of the kitchen to run an errand for Fred. The café was quiet at the time and Soapy beckoned Carrie over.

'I didn't know Bessie Bubbles worked 'ere,' he said in surprise.

'Bessie who?' Carrie laughed.

'Bessie Bubbles,' Soapy said, grinning. 'Cor blimey, everybody round our way knows Bessie. It was the talk o' the street a few years ago. Yer remember me tellin' yer, don't yer, Sharkey?'

The long lean carman nodded dolefully, winking at Carrie as he raised his eyes to the ceiling. 'Yeah, I remember,' he said without enthusiasm.

Soapy leaned forward on the table and clasped his hands together. 'Yer see it was like this,' he began. 'Bessie's ole man works nights at Peek Frean's. Worked there fer years 'e 'as. Every night after 'e'd gone ter work, Bessie used ter go out o' the 'ouse carryin' a shoppin'-bag. Same time every night it was an' it was late when she got back. People started ter talk an' everybody reckoned she'd got 'erself a fancy man. Anyway, one night a few o' the lads went up town fer a night out an' one of 'em suggests they 'ave a walk roun' Soho jus' ter see the sights. Well, ter cut a long story short the lads are lookin' in a shop winder when this ole brass comes up an' asks 'em if they want a good time. They turns round an' who should it be standin' there but Bessie. She's all dressed ter the nines an' she's got this bubbly blonde wig on. The lads said she did look a sight. Now Bessie's reco'nised 'em, yer see, an' she don't know what ter do. She pleads wiv 'em not ter let on back in the buildin's an' one o' the lads, Mickey Tomlinson it was actually, comes up wiv a suggestion. Bessie wasn't too 'appy about it, but there was nuffink else she could do. They all ended up 'avin' a good time an' poor ole Bessie didn't get paid.'

Carrie tried to keep a straight face. 'Yer said it was the talk o' the street. Did they let on after all?'

Soapy chuckled. 'Nah, it wasn't them. What 'appened was, unbeknownst ter Bessie, 'er ole man was 'avin' it orf wiv this woman at work. Bin goin' on fer years by all accounts. Anyway, Bessie's ole man buys 'is fancy piece a new dress an' 'e brings it 'ome in a bag an' 'ides it under the bed. That night before Bessie gets 'ome from work, 'er ole man takes the bag from under the bed an' leaves 'er a note sayin' 'e's gotta go in early on overtime. Now when

Bessie comes ter go out she finds 'er make-up an' wig is missin' an' there's a nice new dress in its place. 'Er ole man 'id the dress in the same place, an' in the 'urry 'e picked up the wrong bag. A couple of hours later in 'e walks wiv a nice shiner an' lookin' all sorry for 'imself. Apparently 'is lady friend didn't go a lot on the present 'e bought 'er. 'Im an' Bessie 'ad a right bull-an'-cow but they soon made up. There was nuffink else they could do, after all. They was both in the wrong. Bessie showed 'im 'ow she looked in 'er wig an' 'er ole man seemed ter fink it suited 'er. 'Im an' 'er ended up goin' out fer a drink. She was wearin' the dress 'e bought fer 'is lady friend an' 'ad the wig an' make-up on as well. She did look eighteen-carat. Mind yer, she didn't wear it fer long, not after all the kids in the street kept on callin' 'er Bessie Bubbles.'

Carrie was laughing aloud and Sharkey had a smile on his face as Bessie came walking into the shop, and they tried not to look too guilty. When she had disappeared into the kitchen Carrie leaned forward across the table. ''Ow did yer come ter know all what went on?' she asked curiously.

Soapy grinned. 'Elsie Dobson told my ole dutch. Elsie gets ter know everyfink. She's Bessie's next-door neighbour.'

'Yeah, I've 'eard Bessie mention 'er once or twice,' Carrie said, grinning back at him.

Trade had picked up at the Galloway yard during the early summer and more casual carmen had been employed. William Tanner was hard put to it to keep the horses and carts on the road and there were always lame animals to take care of. Jack Oxford made himself as inconspicuous as possible but even he found it difficult to take his afternoon nap now without someone calling for him. There was more chaff-cutting to do and more harnesses to clean and polish. The yard had to be swept clean of dung at least twice every day and the stables needed frequent mucking out. Sometimes Galloway left the trap standing in the yard and Jack made sure that he gave the gelding a wide berth. The cart-horses did not trouble him but the trap horse was different. It reminded him too much of the wild stallion that had almost trampled him to death all those years ago. The gelding had a fiery nature, and sometimes as it was driven into the yard in the morning Jack was sure that it looked at him with an evil glint in its devil eyes, just to let him know that it was going to get him.

Life had changed very little for Jack over the years. He still slept in the lodging-house, although the owner was taking in more strangers than usual now and some of them were young men who looked to Jack as if they were on the run. The police often called and many times he had been woken from a deep sleep by a torch flashing in his face. He had wondered whether he could sleep in the stables during the summer months, like he had before on occasions, until the trouble over the watch-and-chain. With all the extra carts and bales of hay stacked in the yard it seemed to him that he could easily loosen a fence plank without its being discovered. It would mean being extra careful, though, that no one saw him and no one came back with him. It was his good deed that led to his being found out the last time, he remembered. William had been good about it that time but the old man's other son was different to young Geoffrey. He would not think twice about sacking him if he was found out. He would have to decide soon, though, if things got much worse at the lodging-house.

Jack walked over to the harness shed and sat down on an upturned beer crate. It was mid-afternoon and soon the carts would be coming in. He might be able to get the yard swept before he left if they were not too late, he thought to himself. Then he could get on with those pieces of harness first thing next morning. Jack leaned back against the wall of the shed and waited. He liked things to be clear in his mind and once he had made a decision he felt happier. It had been miserable lately, he reflected. Frank Galloway was always grumpy and Jake Mitchell was forever taking the rise out of him. He was a nasty bloke and it wouldn't do to upset him. Even William Tanner seemed to be gloomy lately. Everything was dreary now. The war seemed to have made everyone miserable, and since Soapy and Sharkey had left no one laughed any more.

Jack stretched out his legs and closed his eyes. It was all quiet and there was nothing he could do for the time being, he reasoned, unless he started on cleaning the harness. No, he couldn't do that now. He had already said he was going to start on that in the morning. Maybe he should take a short nap. He would hear the carts coming in and he would feel a bit more fresh and ready to get the yard swept.

It was late afternoon when Jake Mitchell drove into the yard behind another cart and jumped down from his seat holding his aching back. 'Where's that bloody idiot Oxford?' he moaned at the carman who was just about to unclip the harness-chains from the shafts. The carman looked at him blankly and Jake stormed off towards the small shed at the end of the yard. As he strode into the dark interior, he stumbled over the yard man's outstretched legs and fell against a wooden bench.

Jack woke up with a start. 'Wassa matter?' he mumbled, still not properly awake.

'Wassa matter? I told yer ter fix that seat fer me last night,' Jake growled. 'Yer never done it. I've got a poxy backache over that seat. It wouldn't 'ave took yer five minutes.

Jack stood up. 'I didn't 'ave time, Jake. Mr Galloway told me ter sweep the yard up before I went 'ome,' he said quickly.

Jake Mitchell leaned forward until his face was inches from the yard man's. 'Yer got time ter doss in 'ere though, yer lazy long bastard,' he snarled.

Jack's gaunt face took on a pained look. 'There's no need

ter start callin' people names. I told yer I didn't 'ave time,' he said placatingly.

Jake's large hand shot out and gathered up a handful of the yard man's coat lapels. 'Why yer saucy ole git,' he growled. 'I've a good mind ter put one right on your chops.'

'I ain't scared o' yer,' Jack croaked. 'I ain't gonna let yer bully me.'

Mitchell suddenly let go of Jack's coat lapels, raised his arm and swung it down in a long swipe, the back of his hand catching Jack a sharp blow across his cheek. The yard man stumbled sideways and fell on all fours by the door. He blinked a few times then painfully staggered to his feet.

'I ain't frightened o' yer,' he said with spirit, moving around just out of Jake Mitchell's reach.

'Yer will be when I'm finished wiv yer,' Mitchell snarled, grabbing Jack and drawing his hand back for another swipe.

The unfortunate yard man closed his eyes and clenched his teeth as he waited for the blow, but it never landed. There was a sudden scuffle and his coat lapels were released. Jack opened his eyes and saw William Tanner standing between him and his tormentor.

'What the bloody 'ell's goin' on?' the foreman asked in a loud voice, looking from one to the other.

'I ain't takin' no lip from 'im,' Mitchell sneered.

'I wasn't givin' 'im any lip,' Jack said ruefully, rubbing his cheek.

'Right, that's it,' the foreman shouted. 'Get in the office. Sharp!'

Jake stood his ground, glowering at William. 'What about 'im?' he asked.

William stepped a pace closer to the red-faced carman. 'I'm talkin' ter you, not 'im,' he said menacingly. 'Now get in the office or I'll sack yer meself an' we'll see what the guv'nor's gonna do about that.' He turned to the yard man. 'You an' all.'

Frank Galloway was checkin' over a ledger, with his father

peering over his shoulder. They looked up in surprise as the three men walked into the office.

'I've jus' stopped 'im settin' about Jack Oxford,' the foreman announced, jerking his thumb in Mitchell's direction. 'Yer better get this sorted out. I'm not puttin' up wiv fightin' in the yard.'

George puffed loudly. 'Look, Will, we're tryin' ter sort these books out, can't yer deal wiv it yerself?'

William's face was white with anger as he stood in the middle of the office. 'If it was left ter me I'd sack Mitchell 'ere an' now,' he said loudly.

George sat down at his desk and swivelled his chair around to face the men. 'Right, you first, Mitchell. What's bin goin' on?' he asked wearily.

When the two men had finished giving their differing versions and William had told how he came across Mitchell attacking the yard man, George leaned his heavy bulk forward in his chair and stared down at his feet for a few moments. 'Right, Will, leave this ter me,' he sighed. Then he turned to the yard man. 'Yer better get orf 'ome, Oxford,' he said. 'You too, Will. I'll talk ter yer in the mornin'.'

Once the two had left, George rounded on his carman. 'What did I tell yer about causin' trouble?' he shouted. 'Yer shouldn't 'ave slapped the stupid git. Yer puttin' me in a very awkward position. I told yer ter bide yer time, Jake. The fight circuit's startin' up any time now an' yer'll 'ave plenty o' chance ter paste someone's face in. It ain't the time ter cause any trouble 'ere.'

'Sorry, Guv', I wasn't finkin',' Jake mumbled, staring down at the floor.

'So yer should be,' George said, slightly mollified by Mitchell's show of remorse. 'Now piss orf 'ome, an' first fing termorrer yer'll apologise ter Will Tanner an' that idiot Oxford, understand?'

'But, Guv' . . .'

'No buts. Yer'll do as yer told,' Galloway shouted at him.

'Wait till yer got the foreman's job before yer start queryin' what I say.'

Frank had been silent during the whole of the episode, but as soon as Mitchell had left the office he turned to his father. 'I don't think you should have said that to Mitchell about the foreman's job,' he said with a frown. 'You could give him a few ideas and cause a lot of trouble between him and Tanner.'

George grinned as he reached for the bottle of Scotch. 'I know what I'm doin', Frank,' he said confidently. 'That foreman o' mine is gettin' ter be a pain in the arse lately. I know 'e don't like Mitchell an' it's obvious ter me the feelin's mutual. It's a case o' playin' one against the ovver.'

'Well, I'd tread carefully if I were you,' Frank remarked. 'Tanner's got quite a temper. You said yourself the man knows horses, and if you pushed him too far and he had to leave we'd be hard pressed to find someone as reliable as him.'

'Mitchell knows 'orses too,' George replied. ''E's capable o' lookin' after the minor ailments an' 'e can always call the vet in if 'e don't know what ter do − that's all Tanner does. An' as far as the men go, I don't fink Jake would 'ave much trouble on that score.'

Frank studied his fingernails thoughtfully. 'Will Tanner's been with you a long time, Father,' he said, frowning. 'Wouldn't you regret losing him?'

George gulped a mouthful of whisky. 'Look, Frank, I've got a business ter run,' he said, glaring at his son. 'Will Tanner knows that. I get a bit fed up wiv the man comin' in 'ere tryin' ter mess around wiv my affairs. 'E don't seem ter know 'is place sometimes, an' 'e takes a bit too much fer granted. All the time 'e's worked fer me 'e's 'ad no rent ter pay an' I don't give 'im bad wages. It's about time 'e knew what goes around 'ere an' what don't. Anyway, 'e wouldn't 'ave much trouble gettin' anuvver job wiv 'is knowledge of 'orses.'

Frank watched as his father poured another Scotch. It was just an angry outburst, he told himself, but hearing him speak so ruthlessly about an old friend made Frank feel a little afraid. The old man seemed to have become even more obsessed with money lately, to the exclusion of everything else. The value of friendship, and the mutual respect that grew between people after long acquaintance, apparently meant nothing to him. It had been Geoffrey's main worry that having sown the seeds, their father would one day reap a bitter harvest.

Chapter Thirty-one

Carrie held her summer dress above her ankles as she stepped down from the tram at Greenwich. The late August Saturday afternoon was warm and sunny, with just the hint of a breeze, and the sky was cloudless. She crossed the busy street and walked through the tall iron gates into Greenwich Park, eager to meet Freda and Jessica after such a long time. A group of children screamed and laughed loudly as they played together beneath a leafy tree and in front of her a woman was pushing a perambulator along the gravel path which led up to the observatory. Carrie could see the copper dome glistening up ahead of her through the branches of tall trees which lined the path. In the distance she could hear the muffled sounds of a brass band playing. It was the bandstand where the three of them had arranged to meet and Carrie hummed a tune as she climbed the rise briskly in the warm sunlight.

It had been such a surprise meeting Jessica a week ago in Jamaica Road. She had been on her way from the market to catch a tram home to Deptford. They had not really had a chance to talk properly but Jessica had suggested that the three old friends should get together, and Carrie immediately welcomed her idea. Both Freda and Jessica were married with children now and it would be interesting to see how much they had changed, she thought. It would be nice, too, just to talk about little, everyday things and try to forget the war and all its tragedies and heartbreak.

Carrie was hot and breathless when she reached the level. Ahead of her she could see the bandstand and people standing around or sitting on the grass, listening to the Royal Artillery band. The scarlet and blue uniforms of the bandsmen contrasted brightly with the pale cotton dresses of the older women, who stood around beneath parasols, and the sober suits of their menfolk. Most of the younger women were alone or walking in pairs, but there were a few who were being escorted, and one or two on the arm of soldiers. Carrie's eyes searched the green and suddenly caught sight of her two friends, sitting together on the grass. When they spotted her they got up on to their knees and waved excitedly. Carrie hurried over and kissed the two of them on the cheek before she sank down beside them on the grass, puffing after her tiring walk.

The band was playing 'Roses of Picardy' and the rich sounds carried out over the wide expanse of green as the three friends sat together. Carrie could not help noticing the difference between her two old workmates. Jessica was wearing a smart dress adorned with buttons and bows, and her mousy hair was well groomed and neatly pulled up into a bun on top of her head. Her face still had a chubby look and her ample neck was bulging under her high lace collar. Freda seemed poorly dressed by comparison. Her long grey skirt looked worn and her frilly white blouse hung loose on her thin frame. Freda had never been robust but Carrie was shocked to see how gaunt she had become. Her cheeks were hollow and her large eyes seemed unusually bright and staring. She looked ill, Carrie thought.

''Ere, I almost fergot,' Jessica was saying, 'guess who I saw the ovver day? Mary Caldwell. She's doin' war-work in some factory, makin' shells fer the guns, so she told me. I was surprised she left that job wiv the suffragettes. She said they've closed the office till the war's over.'

Freda held her handkerchief up as she coughed and wiped her watering eyes. 'I 'eard they've agreed ter call off the protests an' do war-work, providin' women get the vote,' she said, when she had recovered her breath.

'Are yer all right, Freda?' Carrie asked with concern. 'Yer don't look well.'

Her friend nodded. 'It's jus' me chest. The doctor said it's bronchitis. Trouble is, I'm pregnant again. He told me I shouldn't 'ave any more kids but what can I do? I can't lock 'im out o' the bedroom. Knowin' my bloke, 'e'd break the door down if I tried that.'

Jessica tutted. 'My Gerald's not like that,' she said quickly. ''E's very good really. In fact, 'e's mindin' the two little ones so I could come out this afternoon.'

'I could see my ole man doin' that,' Freda snorted. ''E's good at makin' babies but 'e don't like lookin' after 'em. Me mum's lookin' after mine. She reckoned it'd do me good ter get out fer a bit.'

Carrie suddenly felt as though a cloud had obscured the bright sun. Marriage had changed Freda for the worse, and she felt very sorry for her. All her old bounce and liveliness seemed to be missing, instead she looked crushed. Carrie sighed inwardly as she reclined on the cool grass. Was that what she herself could expect from marriage? she wondered with a sinking feeling.

Jessica was staring at her. 'Ain't yer got a young man, Carrie?' she asked suddenly.

She shook her head. 'I was walkin' out wiv a young man but we parted. 'E's in the army now.'

'My Gerald wanted ter join the army but 'e said 'e couldn't bear ter leave me an' the children,' Jessica remarked. 'We're worried now they've made it compulsory for married men too. 'E'll 'ave to go now anyway.'

'Our Jimmy an' Charlie are both in the army,' Carrie told them. 'And Danny said 'e's goin' soon, an' four o' the Sullivan boys 'ave joined up too. All the young men 'ave gone from our street. It seems so quiet now.'

Freda was racked with another spasm of coughing and leaned back, exhausted. 'I'm gonna get rid o' this one,' she said after a while.

435

Carrie and Jessica stared at her, visibly shocked. Freda had spoken so casually.

'Anuvver kid would finish me,' she went on. 'I know I'm takin' a chance but this woman's s'posed ter be pretty good. I jus' 'ope it don't turn out like the last time. That ole bag I went ter see nearly killed me.'

Carrie could see the despair and veiled fear in Freda's eyes and looked away, glancing around at the well-dressed women and gazing over towards the bandstand. The musicians were striking up with 'A Bird in a Gilded Cage' and as the brazen melody sounded out across the grass people around them began to sing the sad words. Carrie had been looking forward to a pleasant afternoon with her friends. Now she was beginning to feel desolate.

Suddenly she sat up straight. 'C'mon, let's go an' get a nice cup o' tea an' a fluffy cake,' she said, smiling. 'My treat.'

The café was busy but the young women soon found a shaded table out on the terrace and made themselves comfortable. As they sipped their tea they watched the horse-drawn carriages grind past along the gravel drive, and Freda seemed to cheer up. She giggled as she took a bite from her cream cake and the filling squirted out on to her chin. Jessica sat upright, trying to look demure as she bit into her own cake, but she ended up looking messier than Freda as the cream spread around her mouth. For a moment then Carrie felt that they could have been back at the leather factory. They were all laughing again, just like they used to at their factory bench or when they went on those tiring and often frightening marches. She thought of the times they had carried the heavy banners and tried to look very confident and bold, although inside they were all nervous and fearful of what might happen to them. She thought of Mary Caldwell and the determined look on her round face as she chanted the slogans and cheeked the police and hecklers. Carrie felt the smile on her face growing wider and wider, and as she bit her own cake the cream squirted up on to her nose.

Jessica laughed as she watched. 'Penny fer yer thoughts,' she said, chuckling.

Carrie smiled. 'I was jus' finkin' about when we used ter go on them marches. I was terrified.'

'So was we all,' Jessica admitted.

'I used ter admire those posh women who got 'emselves locked up. They didn't seem worried at all,' Freda remarked. 'I used ter like that one who was always on about women goin' on sex strikes. Yer remember 'er, the woman wiv that short 'air. Margaret, I fink 'er name was.'

'That's right,' Jessica cut in. 'That was the woman Mary fell in love wiv. She used ter swoon over 'er, didn't she?'

'She was the one who was tellin' us about those fings ter stop yer gettin' pregnant,' Carrie reminded them.

'Yeah, that's right. Contraceptives, she called 'em. She said men put 'em on their fings when they go wiv women,' Freda recalled. 'I remember 'er sayin' yer could buy 'em. I wish my ole man would. Mind yer, I don't s'pose 'e'd wear one anyway.'

'That's what that Margaret was sayin',' Carrie went on. 'She said a lot o' men fink it does 'em 'arm an' they won't wear 'em.'

'That Margaret 'ad a lot o' good ideas,' Jessica remarked. 'I remember 'er goin' on about what the government should be doin'. She said they should be settin' up special clinics jus' fer women an' then we'd be able ter find out 'ow ter stop gettin' pregnant.'

'I can't see that ever 'appenin',' Freda said. 'Not till we get the vote anyway. The only way we can stop gettin' pregnant now is not ter let the men 'ave their conjugals. That way we wouldn't get pregnant but there'd be fousands o' women walkin' about wiv black eyes.'

'I fink I'll stay single,' Carrie said, laughing.

'That won't stop yer gettin' pregnant,' Freda replied. 'I

can vouch fer that. The only way is ter give up men altergevver an' do what Mary does — 'ave a woman fer a lover.'

The friends finally left the café and strolled through the rose gardens, walking in a slow circle and arriving back to where the path led down towards the gates. They gazed down at the afternoon sunlight reflecting on the quiet river below them, beyond the classical white walls of the Royal Naval School. The air was fresh and Carrie breathed deeply as she stood with her two workmates on the brow of the hill. How different it was from the suffocating closeness of the little backstreets with their dilapidated houses and tenement blocks. They set off slowly, walking down the hill towards the faint sound of the early evening traffic, and Freda began coughing again.

In late summer Page Street's first war casualty was back home after being disabled in the Somme offensive. Billy Sullivan sat at his front door in the warm afternoon sunshine, his shoulders hunched from the shrapnel wound in his chest and his breathing laboured. Danny Tanner sat with him, saddened to see his idol looking so unwell, and doing his best to cheer him up.

'Yer'll soon be fit as a fiddle, Billy,' he said encouragingly. 'Pedlar Palmer'll 'ave ter watch out then. You'll beat 'im easy.'

'I've 'ad me last fight, Danny ole son,' Billy replied, grimacing. 'Yer need all yer wind in the ring. I can't even get up the stairs wivout puffin'.'

'Yer'll get better, don't worry,' Danny said quickly, trying to reassure him. 'The war won't last ferever an' then yer'll be back in that ring knockin' 'em all out. I can be yer second if yer like. We'll make a good team, you an' me.'

Billy smiled cynically. 'I wish now I 'adn't bin so bloody keen ter get in the war,' he muttered. 'It seemed like it was a big adventure we was goin' on. I remember when I signed on — the band was playin' an' all the blokes were laughin' an' jokin', sayin' what they was gonna do when they got out there. Everybody was clappin' an' cheerin' us, an' givin' us fags. It was the same all the way ter the recruitin' office. They're not laughin' now, none of them. There's no bands playin' an' nobody's rushin' ter join up. They've all got more bloody sense.'

Danny looked into his friend's faded blue eyes. 'Well, yer out of it now, Billy. Yer'll get fit again soon an' back in that ring, jus' wait an' see,' he coaxed.

Billy shook his head sadly. 'I'm never gonna put a pair o' gloves on again,' he said, his voice faltering. 'It's up ter you now, mate. Jus' remember what I told yer: keep those fists up an' stay light on yer feet. Do as the trainer tells yer an' train 'ard. Who knows? One day we might 'ave a national champion in Page Street after all.'

Danny's face became serious. 'Yer'll always be the champion as far as I'm concerned, Billy,' he said staunchly. 'As fer me, boxin's gonna 'ave ter wait till the war's over. I signed on terday.'

The autumn days were growing shorter, with chill winds heralding a cold winter as more troop trains rolled in to Waterloo Station, full of veterans from the long campaign. Many young men having experienced the horrors of trench warfare in winter-time were filled with dread at the possibility of another spell at the front in bitter weather. One young soldier who became too terrified to return was Percy Jones from Page Street. When his short leave was over he did not catch his allotted train. Instead he walked into the Kings Arms and got drunk. That night he slept like a baby. The next morning he got up and strolled down to the quayside and watched the ships being unloaded and the barges being brought upriver. Percy tried to forget the mud and blood of the battlefields and the comrades he had lost. As he gazed at the river, he remembered how carefree and happy his childhood had been. He sat for hours at the dockside, recalling the times he and his friends had climbed down into the barges in search of coconut husks. Then he took a long stroll to London Bridge and over the river to Billingsgate. Percy smiled as he walked the greasy wet cobbles and saw the last of the fish vans leaving. As a lad he had strolled through that market much earlier in the day, and often taken home haddock or mackerel or sometimes a large plaice, depending on what was available and how close to it the market policeman was. Next morning he would get up early and stroll through the market while it was busy, he promised himself.

That evening Percy Jones put on his threadbare suit, clumsily knotted his red silk scarf around his neck and pulled on his highly polished boots, giggling as he realised that he had them on the wrong feet. Maggie Jones was near to tears as she confronted her son, but he did not seem to understand why.

'If yer don't intend ter go back orf leave, why don't yer go an' stay wiv yer sister down in Surrey?' she suggested to him anxiously. 'They'll be comin' fer yer soon, Perce, an' they'll frogmarch yer out o' the street. They done it ter Mrs Wallis's boy. Gawd, I wish yer farvver was still alive. 'E'd know what ter do.'

Percy shrugged his shoulders as he walked out of the house. He wondered what his mother might mean and suddenly felt lonely and lost, a young lad whose friends had all gone away. Why would they come for him? he thought as he entered the Kings Arms and ordered a pint of ale.

The public bar was filled with smoke and an accordionist was standing beside the piano playing 'Bill Bailey, Won't You Please Come Home?' People were singing loudly and Alec Crossley was busy pulling pints.

Grace Crossley had spotted Percy Jones sitting alone and she nudged her husband. "'Ere, Alec, I've bin watchin' that Percy. I wonder if 'e's all right? 'E looks sort o' funny,' she remarked.

'What d'yer mean, funny?' he asked her. ''E looks all right ter me.'

Grace scratched her head thoughtfully. 'I'm sure 'e was due back on Thursday,' she recalled, 'at least that's what 'is muvver told me.'

'P'raps 'e's got an extension,' Alec suggested.

'I dunno,' Grace said. 'Maybe 'e's deserted. Mind yer, I wouldn't blame 'im if 'e 'as. Poor sod looks shell-shocked ter me.'

''Ow d'yer know what shell-shock looks like?' Alec laughed.

'I see Mrs Goodall's boy, an' that young Johnnie Ogden from Bacon Street. They was both shell-shocked,' Grace replied indignantly. 'Mrs Goodall told me 'erself. She told me about Johnnie Ogden too. Percy's got that same funny look on 'is face.'

'Percy's always 'ad a funny look on 'is face,' Alec chuckled. 'I fink it runs in the family. Maggie Jones always seems ter be vacant when yer see 'er in the street.'

The pub door suddenly opened and Fred Dougall came in. He stood looking around the bar for a few moments, and when he spotted the young man hurried over to him.

'The army's bangin' on yer door, Percy,' he whispered. 'There's a couple o' coppers wiv 'em an' there's a Black Maria outside yer 'ouse as well.'

'Fanks, Fred. I'll go out in a minute,' he said calmly.

Alec and Grace Crossley were gazing out through the windows and people were gathering in the street as Percy pulled his cap down over the top of his ears and strolled out of the Kings Arms. He shuffled calmly up to a military policeman sitting at the wheel of a car and gave him his special cross-eyed stare as he climbed in next to him. Percy had been doing that stare for years to make his friends laugh. He made one of his eyes turn so far inward that the pupil almost disappeared. The military policeman rounded on him angrily. 'Oi! Get out this motor, yer stupid git,' he growled.

441

Percy looked appealingly at the soldier. 'Gis a ride, mister,' he said.

'If yer don't get out o' this motor, I'll knock yer bloody 'ead orf yer shoulders,' the soldier snarled, leaning towards him threateningly.

'I only wanted a ride,' Percy moaned, climbing out of the vehicle.

Mrs Jones was standing at her front door, having suffered the indignity of seeing her whole house being searched. As she spotted her son standing beside the army car, she nearly fainted on her doorstep.

'We'll be back,' a policeman told her as he strode out of her house. 'If yer son does show up, tell 'im ter give 'imself up straight away. The longer 'e overstays 'is leave, the worse it's gonna be fer 'im when we do catch 'im.'

Percy stepped back to let the other military policeman get into the vehicle, giving him one of his best stares and saluting eagerly. When they had left he grinned widely at his mother and walked calmly back into the pub.

On a chill Sunday morning in September as the church bells were calling people to worship, Nora Flynn put on her hat and coat and smiled to herself. She always looked forward to the morning service at St James's Church and particularly enjoyed the sermons given by the new minister. He was a fiery orator and the sound of his deep, cultured voice resounding throughout the lofty stone building filled her with a sense of calm. It was there too that she met her old friends and chatted with them after the service as they walked together through the well-tended gardens.

Nora Flynn did not attend that morning service, however, for as she came down the stairs there was a loud knocking on the front door and she was confronted by an elderly army officer who brought the tragic news that Lieutenant Geoffrey Galloway had been killed on the Somme.

Chapter Thirty-two

Throughout the cold winter months the curtains at number 22 Tyburn Square remained drawn. The draughty house had become almost like a mausoleum, with guarded voices speaking in whispers and footsteps sounding strangely loud in the silent rooms. Nora tried her best to comfort George in his grief and was saddened to see how the tragedy aged him. He had lost his upright posture and stooped as he trudged around, a shadow of his former self. Since the fateful Sunday in September, his eyes had grown more heavy-lidded and bleary with the amount of whisky he was drinking, and his hair had become totally grey. The running of the business had been left to Frank. The only time George left the house was late at night when he drove his trap through the gaslit streets down to the river, where he would sit watching the tide turn and the mists roll in.

When she had recovered from the first shock of Geoffrey's death Nora realised she had a painful duty to perform. Mary O'Reilly would have to be told. Nora's eyes filled with tears as she went to the sideboard drawer and took out the slip of paper from inside her family bible. She remembered Geoffrey joking with her when he gave her his lady-friend's address for safekeeping in case anything should happen to him. 'Put it in your bible, Nora,' he had said laughing. 'Father won't find it there, that's for sure.'

Geoffrey had told her that his lady-friend's husband was always out of the house during the day, so on Tuesday morning Nora boarded a tram to Rotherhithe and then walked through the little backstreets to Mary O'Reilly's home near the river. It was a three-storey house at the end of a narrow lane and Nora bit on her lip with dread as she climbed the four steps and knocked timidly on the front door.

As soon as Mary opened the door she recognised Nora and her mouth sagged opened. 'Oh no! Not Geoff?' she gasped.

Nora nodded slowly, reaching out her hand to clasp the young woman's arm. 'I'm so sorry. I had to come,' she said softly. 'I felt I 'ad ter tell yer. They told us last Sunday mornin'.'

Mary closed her eyes tightly and swayed backwards, and as Nora took her by the arms she rested her head against the housekeeper's shoulder. 'I was dreadin' this,' she sobbed. 'I knew it was gonna 'appen some day.'

Nora helped the young woman into her cluttered parlour and made her sit down in an armchair. Mary was shaking with shock and she leant against the edge of the chair, clutching a handkerchief tightly in her shaking hands.

Nora had noticed Mary's condition. She put a hand on her shoulder. 'Is it Geoffrey's?' she asked, knowing the answer already.

Mary nodded. 'I wrote an' told 'im. I've got 'is last letter in the drawer. Geoff was gonna tell 'is father about us an' the baby as soon as 'e got 'ome. Now 'e'll never see 'is child,' she sobbed.

Nora made the distraught young woman a cup of strong tea, and when she saw that Mary had composed herself sufficiently she asked her, 'Does yer 'usband know it's not 'is?'

Mary laughed bitterly. 'We've not slept tergevver fer months. I couldn't put off tellin' 'im an' as soon as I did 'e walked out. I couldn't blame 'im, Nora,' she sobbed. ''E was a good man despite everyfing, but 'e's got 'is pride.

I expected 'im ter give me a good 'idin', or at least tell me what a slut I was, but 'e didn't. 'E didn't say anyfing. 'E jus' left wivout a word. Oh Gawd! I jus' want ter die.'

Nora bent down and gripped Mary's hands in hers. 'Now listen ter me,' she said firmly. 'Yer got a duty ter look after yerself fer the baby's sake. Young Geoffrey would 'ave bin so proud, 'specially if it's a boy. Yer gotta go an' see Geoff's farvver soon as the baby's born. 'E'll be able ter provide fer both o' yer.'

Mary looked up at her visitor, her eyes red with crying. 'I won't take charity. I'll manage some'ow,' she said forcefully.

Nora patted the young woman's hand. 'Yer must tell George Galloway,' she urged her. 'Wait till the time's ripe an' go an' see 'im, Mary. Yer'll need all the 'elp yer can get. Bring Geoff's letter wiv yer, the ole man'll 'ave ter believe yer then.'

As Nora left the drab house in the lane by the river she felt the cold biting into her bones. She hoped the young woman would see sense and go to Galloway, but there had been something in her eyes that told Nora otherwise.

Josephine had borne the tragic news with courage, and the following Monday evening attended her nursing training at the church hall as usual. She had tried to talk with her father and find some common comfort with him but found it impossible. Geoffrey's death seemed to have widened the barrier between them and Josephine was left to grieve alone. She was determined to be strong and threw herself into her work, but each day as she gazed down at the sick and maimed soldiers on the endless rows of stretchers she thought of Geoffrey, and found herself mumbling frantic prayers that Charlie Tanner would return safely.

The death in action of Geoffrey Galloway had saddened everyone who knew him. William Tanner was particularly upset. He had always found Geoff to be a friendly and easy-going young man with a serious side to his nature. He had managed the firm well and at times gone against his own father when he deemed it right. William felt that this was something Frank Galloway would not be inclined to do. The younger brother was less approachable than Geoffrey had been. He was more like his father and seemed to have the same ruthless streak.

The young man's death had come at a time when there was already a tense atmosphere in the yard. Jake Mitchell had grudgingly apologised for his assault on Jack Oxford but still displayed a sullen, mocking attitude. William could not help dwelling on the frosty meeting he had had with George the morning following the attack on the yard man. Galloway had spelt out in no uncertain terms the reasons why he was not prepared to get rid of Mitchell and there had been a thinly veiled threat in the owner's words. William knew for certain now that if it ever came to a choice between him and Mitchell, he would be the one to go. In that eventuality Jack Oxford would be sacked too, William was sure, and he felt sorry for the tall, clumsy yard man. Jack did his work well enough and asked only that he be left alone to get on with it. He too had worked in the yard for many years, although William was well aware that this did not seem to count for much where Galloway was concerned. There was also a distinct likelihood that things would begin to change for the worse now that he had lost his elder son. William felt that the loss of Geoffrey would make Galloway even more ruthless than ever.

During the quiet days of late December, after the Christmas festivities, Fred Bradley suddenly summoned up the courage to invite his young employee out for the evening. Carrie was wiping down the tables after the last customers had left, and Fred sauntered over looking a little awkward.

'Look, Carrie, would yer like to come to the music 'all

446

on Friday night?' he said suddenly. 'The Christmas revue's still on at the Camberwell Palace, and it's supposed ter be really good.'

Carrie looked at him in surprise. 'This Friday?' she asked, too taken aback to say anything else.

Fred nodded, his face flushing slightly. 'Well, after all, everyone else has been enjoyin' 'emselves over the 'oliday. The break'd do yer good,' he said, smiling nervously. 'As long as yer can put up wiv an old geezer like me escortin' yer while all the young lads are away . . .'

Carrie was touched by Fred's disarming remark, and the wide-eyed look of anticipation on his face made her chuckle. 'All right, Fred,' she replied. 'Thank you, that'd be very nice.'

'We can go in the first 'ouse,' he went on, 'an' I'll see yer back to yer front door, don't worry.'

As the time of the outing approached, Carrie began to feel apprehensive. She remembered the times she had gone to the music hall with Tommy and she was worried in case Fred tried to become too familiar with her. But it turned out to be a lovely evening.

Fred looked smart in his tight-fitting suit, starched collar and sleeked-back dark hair, and he held his head proudly erect as he escorted Carrie along the Jamaica Road to the tram stop.

The show was very entertaining, and Carrie was tickled by Fred's noisy laugh. During the interval he bought her a packet of Nestlé's chocolates wrapped in gold paper, which they shared, enjoying the sweet taste. When the lights dimmed for the second half of the show, Fred sat forward eagerly in his seat, looking directly in front of him as though afraid he might miss something, and Carrie was touched by his boyish enthusiasm.

When the performance was over and the audience crowded into the street, Carrie held on to Fred's arm tightly and screwed up her face against the cold as they waited at the tram stop.

As good as his word, Fred saw her back to her home in Page Street, and as they walked they chatted together like old friends. At the front door Carrie thanked him for the evening and he made a slight, comical bow, smiling awkwardly. Then he turned away and walked off through the gaslight, whistling loudly as though to hide his embarrassment.

A week later, at the beginning of January 1917, Carrie heard from one of the carmen who called in the café that Tommy Allen was home from the war. She was unable to glean much information from the customer except that Tommy was wounded and had got his discharge. The news threw Carrie into a state of confusion, wondering whether she should go to see him. She could still remember clearly all the anger and remorse she had experienced at the end of their affair, and yet despite all that had happened between them she was still very fond of Tommy.

When she finished work that Saturday morning Carrie walked through the railway arches into St James's Road and knocked on Tommy's front door. She stood there waiting in the cold air for what seemed an eternity. Finally she heard noises in the passage and the door opened. Tommy seemed taken aback to see her but quickly invited her in and led the way into the tiny parlour. He was leaning on a walking stick and his left foot was heavily bandaged and encased in a boot that had been cut away at the instep.

'One o' the customers told me yer was 'ome,' she said, sitting herself down beside the lighted kitchen range.

Tommy smiled awkwardly. 'News travels fast. I only got back a few days ago. I've been fer convalescence in Wales.'

Carrie watched as he eased himself back in his chair and stretched out his bandaged foot towards the fire. 'What 'appened?' she asked.

'Frostbite,' he answered simply. He saw her enquiring look. 'I lost me toes.'

She winced visibly. 'I'm so sorry. Are yer in a lot o' pain?'

He shook his head. 'There's not much pain now. The only problem is, I can't walk prop'ly. I'll be able ter do wivout this stick in time but I've gotta get used ter 'obblin' about.'

Carrie felt uncomfortable under his gaze and glanced towards the fire. Tommy pulled himself up straight in the chair. 'I'm sorry, I should 'ave asked yer if yer wanted a cup o' tea,' he said quickly.

'I'll get it,' she said, getting to her feet, but Tommy stood up and reached for the teapot.

'I'll do it. I'm not exactly useless,' he remarked with a note of irritation in his voice.

Carrie watched him as he poured the tea and could see that he had lost weight. He looked pale and drawn, and there were dark shadows around his eyes. His short-cropped dark hair showed signs of premature greying. ''Ow's yer mum?' she asked, trying to ease the tension.

'She's all right. She's still wiv me bruvver,' he answered, handing her the tea. 'I'll be 'avin' 'er back, soon as I can.'

She sipped in silence, her eyes straying down to his bandaged foot. She grew more uncomfortable, realising she could not think of anything to say.

Tommy suddenly brightened. 'I'm not complainin'. I was one o' the lucky ones,' he told her, smiling. 'I was on a night patrol, the last in the line, an' I slipped in a shell-'ole. It was freezin' cold an' I couldn't call out. I jus' sat there until the patrol come back. By that time I couldn't feel me feet an' that's 'ow I got frostbite. As I say, though, I was one o' the lucky ones. The next day I was carted off ter the forward 'ospital an' at the same time me mates went over the top. It was sheer murder, so I was told. I could 'ave bin wiv 'em if I 'adn't fell in that shell-'ole.'

Carrie looked down into her empty cup. 'My bruvvers are all in France. Danny, the youngest, 'as only jus' gone over there,' she said quietly.

'They'll be all right,' Tommy said cheerfully. 'It'll be over soon. There was talk about an armistice when I was in the 'ospital.'

'I 'ope yer right,' she said with feeling. 'We're all worried sick. Me mum didn't want Danny ter go, 'im bein' the youngest, but 'e wouldn't listen.'

'None of us would,' Tommy replied, easing his position in the chair. 'Anyway, let's change the subject. What about you?'

'I'm well, an' I'm still workin' in the café,' she told him. 'It seems strange now, though. Most o' the customers are older men. There's only a few young ones come in. It's the same in our street. All the young men 'ave gone in the army.'

Tommy looked into the fire. 'I bumped into Jean,' he said suddenly, his eyes coming up to meet hers. 'Yer remember me tellin' yer about Jean? She was the young lady I used ter go out wiv. Apparently she's split up wiv 'er bloke an' we've been out a few times. She wants us ter get tergevver again.'

'Will yer?' Carrie asked him.

'I dunno,' he answered, prodding at a torn piece of linoleum with his walking stick. 'It all went wrong before an' now I'm takin' me muvver back as well.'

'Does Jean know?' Carrie asked.

'I told 'er, but she still wants us ter try an' make a go of it,' Tommy replied.

Carrie's eyes searched his for an indication. 'Do yer really want to?'

He nodded slowly. 'I've bin finkin' over all that's 'appened an' I realised I didn't give 'er a fair chance. It was the same wiv me an' you, Carrie. We were doomed right from the start. I've decided ter try again wiv Jean, an' this time I won't let the ole lady come between us. One fing's fer sure, though, I'll never ferget our time tergevver. We did 'ave some good times, didn't we?'

Carrie nodded, a strange feeling of sadness and relief welling up inside her. Tommy had been her first love, but she knew that he was right. Their romance had been doomed to failure. She had come to accept their parting and realised that he had too. Although she was sad at the thought of what might have been, it was some relief to know that Tommy had a prospect of happiness.

'I wish yer all the best, Tommy,' she said, getting up from her chair.

'That goes fer me too, Carrie,' he said, taking her arm and planting a soft kiss on her cheek. 'I 'ope we can stay good friends.'

Carrie walked back through the railway arches deep in thought. The war had cruelly changed Tommy just as it had Billy Sullivan. How many more young men would be maimed or killed before it was over? she wondered, trying not to think about her three absent brothers. A train passed overhead and the rumble sent a flock of pigeons into the air. A chill wind stung her face and Carrie shivered as she crossed Jamaica Road.

Since his brother's death Frank had been hard put to it at the yard. His father had lost interest in the business and very rarely shown his face in Page Street. It was only after many arguments and much pleading that Frank managed to persuade the old man to become involved in the firm again. At first George called into the yard once or twice a week, but as time went by he began to turn up more regularly, and it was obvious to everyone how he had changed. He was an embittered man, and he made life uncomfortable for those around him. Jack Oxford was always an easy target for the firm owner's anger and he kept himself out of sight whenever possible.

On Saturday morning George Galloway drove his trap into the yard and jumped down, looking agitated. ''E's bin droppin' 'is 'ead. I fink it's the knee joint,' he said to William.

The foreman bent down and lifted the gelding's foreleg, gently running his thumb and forefinger down from the knee to the fetlock. 'It's a thoroughpin,' he pronounced, lowering the horse's leg.

'A what?'

'An inflamed tendon sheath. Look, yer can feel it.' William showed him.

'What yer gonna do, poultice it?' Galloway asked.

William nodded. 'I'll put the 'orse in the small stable an' put a linseed poultice on. It'll need a couple o' days' rest.'

Galloway nodded and walked away, mumbling under his breath.

Frank looked up as his father came into the office. 'There's a message from Don McBain,' he told him. 'He said it's on for next week.'

George allowed himself a brief smile. 'Well, that's a bit o' good news. Don's bringin' anuvver punch-bag down from Glasgow,' he said, lowering himself heavily into his chair. 'I'm sure Jake'll be pleased. 'E's bin waitin' fer this one.'

Frank shook his head slowly. 'You ought to be careful, Father. One of these days someone's going to put Mitchell down on the floor and you'll lose a packet.'

'I know what I'm doin',' George said quickly. 'I can judge a fighter, an' if the opposition looked too good I wouldn't lay a bet. Besides, McBain pays 'is boys ter climb inter the ring. I pay Jake Mitchell on results. That way there's an incentive. Not that Jake needs any goadin'. 'E's got a vicious nature, an' when 'e pulls those gloves on 'e wants a lot o' stoppin'. Jake jus' loves ter fight.'

Frank shrugged his shoulders and got on with the books.

He was feeling worried and not in the least inclined to hear about Jake Mitchell's prowess. Bella had told him she was pregnant, and she was none too happy about it either. Frank had already been rowing with her over her socialising, the endless round of parties she had been attending with that nancy boy Hubert. Not that there was reason to suspect him of any impropriety, Frank thought to himself with a smile. Even Bella admitted that Hubert preferred men to women. Frank knew that the young man had many contacts in the theatrical profession, and being seen in Hubert's company was helping to further Bella's career, but he felt angry that she never asked him to attend the parties as well. He seemed to be totally ignored. Well, her little forays would soon be over, he told himself. Even Bella would blanch at the thought of attending one of those parties in an interesting condition.

There was another problem causing Frank considerable anguish and dismay. He had been receiving a spate of anonymous letters and the most recent one was torturing him. Enclosed was the usual white feather, but the contents of the letter itself had grown darker and even more hateful. It was printed in crude capitals and badly composed but the message was clear enough. Frank was accused of getting rich from the war, exploiting the poor workers under him while being an abject coward, hiding away while his elder brother did his fighting for him and laid down his life on the battlefield. Frank knew that he should have burnt all the letters as he had the first one but found himself carefully keeping every one hidden in his desk drawer at home, aware that he might never find out who had written them.

That Saturday evening was quiet in the Tanner household. William dozed in front of an open fire and Nellie sat quietly working on her embroidery. Carrie was curled up in an easy chair, reading a short story in the *Star*, her eyes occasionally flitting to the drawn curtains as the wind rattled the window-panes. After a while she folded up the newspaper and dropped it on the floor beside her. How different from when the boys were at home, she thought. Usually there was a fight for the paper and the fireside chair, or an argument over cards or a game of dominoes. Usually James and Danny would be doing the arguing, with Charlie burying his head in a book and refusing to get involved. They were all involved now, Carrie sighed.

As though reading her mind, Nellie looked up from her sewing. 'Wasn't the newspaper bad terday?' she said in a worried voice. 'It was full o' the war. There don't seem no end to it.'

William stirred. He sat up, scratching his head. 'I ought ter see if the geldin's all right,' he said wearily.

'Yer changed the poultice this afternoon,' Nellie said without looking up from her sewing. 'Surely it'll keep till the mornin'?'

'I s'pose yer right,' he nodded. 'I'll change it first fing termorrer.'

'Was it Galloway's fault the 'orse fell lame?' Carrie asked.

William shrugged his shoulders. 'It's 'ard ter say,' he replied. 'What 'e is or what 'e ain't, George don't ill-treat 'is 'orses. But 'e might 'ave run it a bit 'ard, 'specially if 'e'd bin at the booze.'

'It's a beautiful 'orse,' Carrie remarked. 'It'll be all right, won't it, Dad?'

'It's an inflamed tendon. It'll be fine in a few days.'

Nellie got up and stretched. 'I'll put the kettle on an' see 'ow that currant pudden is,' she said. 'It's bin boilin' fer over two hours.'

Suddenly there was a loud rat-tat on the front door and Nellie exchanged anxious glances with Carrie as William went to see who it was. Immediately, he rushed back with a serious look on his face. He grabbed his coat from behind the door and snatched the yard keys from the mantelshelf.

'It's 'Arold Temple. 'E reckons there's smoke comin' from the stable,' he shouted as he dashed from the room.

Carrie and her mother jumped up and put on their coats, following him out into the street. William quickly unlocked the wicket-gate, and as he was about to step through into the yard the end stable burst into flames.

'Quick!' he shouted to Harold. 'Run up the pub an' tell 'em ter phone the fire brigade!'

William stumbled through the gate and dashed across the yard, aware that the gelding was tethered in the flaring stable. He could hear its terrified neighing as he drew close and he felt the heat of the flames on his face. There must be a way of getting in there somehow, he thought frantically. In desperation he grabbed a saddle blanket draped over the hitching-rail and threw it in the horse trough to soak it, intending to shroud himself and dash through the flames, but then the side of the stable was suddenly kicked out and the singed animal darted out into the yard, bucking and rearing. William just managed to throw the blanket over the animal's back as it reared up and sent him sprawling. The stable was now burning fiercely and the heat of the flames was making it difficult for him to breathe. He could hear the women screaming as the horse reared up above him, about to trample him. He tried to dodge the hooves and Carrie was suddenly beside him, grabbing at the gelding's trailing bridle-rope. William rolled out of the way and Carrie struggled to reach the bridle as she pulled back on the rope. The gelding was backing into the far corner of the yard, away from the flames, and Carrie was being pulled forward despite leaning her whole weight back. William staggered to his feet, fearing for his daughter's safety, but she was slowly managing to urge the terrified animal towards the gate. It was still rearing up, frightened by the crackling flames, as he ran to the gate and slipped the main bolts.

'Take 'im up the street, Carrie,' he shouted as he threw open the heavy gates.

Once he saw that she was in no danger from the horse, he dashed back into the yard and grabbed a bucket. As fast as he could he scooped water from the horse trough and tried to contain the fire, but soon realised it was no use. The stable contained bales of hay which were burning fiercely. Smoke was billowing up to the main stable and he could hear the animals there neighing and crashing their hooves as they tried to get out of their stalls.

'Quick!' he screamed at Nellie as she stood by the gate. 'Get me somefink ter cover the 'orses' 'eads wiv. Towels, coats, anyfing.'

Smoke was now seeping into the upper stable and William dashed up the slope carrying his coat. There were a dozen horses stamping and crashing their heavy hooves against the stall-boards. With great difficulty he managed to untie the far horse, throwing his coat over its head as he ran with it down the ramp. Nellie grabbed the bridle-rope from him and quickly led the frightened animal out into the street as William dashed back up the ramp. By the time he had rescued seven of the horses the stable was filling with smoke. Flames were licking at the dry weather-boards and he realised that he might not be able to save all the horses before the whole place went up in smoke. He had to save the Clydesdales, he thought, grabbing a blanket that Nellie held up for him and dashing back up the ramp. The two animals worked together in the shafts and one might follow the other down.

He managed to free the first of the massive beasts. Once it had the blanket over its head, it allowed itself to be led towards the ramp. It was a desperate gamble, William knew. He was taking a chance that the animal would not bolt while he was freeing the other Clydesdale. If it ran down the ramp it would either stumble and break its neck or else career into the onlookers in the turning and probably kill someone.

William finally managed to untether the second

456

Clydesdale. It reared up, massive hooves crashing down on the stone floor. There was nothing to cover its head with and the yard manager said a silent prayer as he grabbed the first horse and led it down the ramp, whistling loudly at the other animal. The second horse reared up again and stared wildly for a few moments, then it trotted forward and followed its partner down to the bottom of the ramp. When they were beyond the gates the horses became quiet and allowed themselves to be led away up the street.

William felt near to exhaustion after his efforts and Nellie was screaming for him to wait until the fire brigade arrived but he knew he must try to save the last three horses. They had broken loose in the upper stable and were likely to cause themselves injury or worse if he did not get to them quickly. As he staggered up the steep ramp, gasping for breath and with his heart pounding, Carrie ran into the yard. She had helped tether the horses together at the end of the street and they were being calmed by Florrie and some of the local menfolk. Nellie cried out to her as she dashed past but she ignored her mother's entreaty. Suddenly she was grabbed by Florrie's lodger Joe Maitland, who forcibly dragged her screaming back to Nellie.

''Old 'er!' he shouted. 'I'll give yer ole man an 'and.'

When Joe Maitland reached the upper stable he could barely see William who was dodging about, trying to stay clear of the horses' flying hooves. Joe made his way over to him, and together they managed to grab one of the terrified animals. There was no time to cover its head. Joe brought the horse rearing and kicking down the slope, holding on to the tether as tightly as he could. Once out in the street the animal quietened down, and Joe ran back up to the smoke-filled stable as he heard the fire bell coming. The yard foreman had his back against the far wall, holding on to a tether and trying desperately to shorten the rope. Joe slid along the side of the stalls

457

narrowly avoiding being struck by the kicking hooves and the two men pulled the last but one of the horses to the exit. The animal had kicked and reared until it was exhausted, and blew hard as they led it down the ramp.

Firemen were dashing from the tender and the first hose had already been connected to a stand-pipe as the two men ran back to save the last horse. They could hear the water being played on the fire and against the walls of the main stable as they reached the top of the ramp. The terrified horse was lying on its side with its foreleg trapped in a splintered stall-board, unable to get up. The two men found it difficult to breathe in the dense smoke as they worked to free the animal. Desperately they tried to prise the planking away but it resisted all their flagging efforts.

'It's no good!' William shouted. 'We need somefink ter lever it wiv!'

Joe dashed back down the ramp and soon returned with a fireman who set to work with his axe.

'Is its leg broken?' Joe shouted to William.

The foreman shook his head. 'I don't fink so. We'll soon find out.'

Finally the animal was freed and it struggled to its feet. The fireman led the limping horse down to the yard, followed by the two staggering rescuers who had their arms around each other's shoulders to hold themselves up. Folk were clapping and cheering as the men stumbled out through the gates and collapsed on the pavement.

The blaze had been contained and the main stable saved. Firemen were dousing the weather-boards and black smoke was rising into the air from the ruins of the end stable as Nellie brought out mugs of tea for the two exhausted men.

'It's Joe, ain't it?' William asked, holding out his hand.

'Yeah, that's right,' the young man answered, his white teeth gleaming in his blackened face.

'Well, I couldn't 'ave saved all them 'orses on me own,

458

Joe. I'm much obliged,' William said gratefully. 'It took guts ter do what yer did.'

The two rescuers were finishing their tea when the fire officer walked out of the yard with a serious look on his smoke-streaked face.

'Is the owner here?' he asked William.

'Somebody's gone fer 'im,' Nellie cut in.

'I'm the yard foreman,' William said, standing up.

The officer took him by the arm and led him to one side. 'Keep this to yourself,' he said in a low voice, 'we think there's a body in the stable. We can't be sure yet but I've sent for the police.'

Chapter Thirty-three

The smell of charred timbers hung over the little backstreet on Sunday morning. Inside the Galloway yard office, Inspector John Stanley leaned back in his chair as he addressed the group.

'We've established that it was a body and at the moment we're waiting on the pathologist's report. If it points to foul play, Scotland Yard will have to be called in. That's the usual procedure,' he said matter-of-factly.

George Galloway was busy pouring drinks from a bottle of Scotch. He looked up quickly. 'What about identification?'

The inspector gave his subordinate a quick glance before answering. 'I took a good look at the remains and I would say that the body was charred beyond recognition. The pathologists might be able to come up with something but I'm not too hopeful.'

Detective Sergeant Crawford nodded his agreement. 'It's always a problem with fire victims,' he added. 'Unless there's something noncombustible on the body that would give us a clue to the identity.'

'Have you established how the fire was started?' Frank asked the inspector.

The policeman nodded. 'According to the fire people, there was a paraffin lamp in the centre of the stable. They seem to think that's what started the fire. It's quite possible the victim lit it and then knocked it over accidentally.'

'How did he get in?' Frank asked.

461

'We found a loose board at the rear of the yard,' the detective cut in.

'I thought you fixed all them boards,' George said, glaring at William.

'I did,' the foreman replied sharply.

'Well, I must say, we wouldn't have discovered it if we hadn't tried from the outside,' the detective said in support of William.

Frank looked intently at the police officer. 'You don't really think that the victim was killed, do you?'

'As I say, we've got to wait for the report.'

George handed out the drinks. The inspector took his glass and stared thoughtfully at it before swallowing the whisky at a gulp. 'Have you chaps any reason to suspect who the victim might be?' he asked.

George looked at his son Frank and then over at William who was sitting in one corner. 'What about Jack Oxford?' he suggested. 'Could 'e 'ave been kippin' down in the yard, Will?'

William nodded. 'P'raps, George. 'E might 'ave discovered the loose board and got in that way,' he said, trying to hide his sudden sickening misgiving.

'This Jack Oxford, was he an employee of yours?' the inspector enquired.

''E still is,' George answered. 'Oxford's employed as a yard man. 'E does all the odd jobs an' keeps the yard clean.'

'Well, we can soon eliminate Mr Oxford from our enquiries,' the detective said brightly. 'Can we have his address?'

George stroked his chin. 'The man sleeps in a lodgin'-'ouse, as far as I know. D'yer know which one, Will?'

The foreman shook his head. ''E moves about a lot. Last time I 'eard 'e was kippin' in Tooley Street.'

The detective sergeant was pinching his lower lip. Suddenly he looked up at the inspector. 'Oxford . . . that name rings a bell,' he said. 'I remember interviewing a Mr

Oxford when we called at the lodging-houses over that railway death a few years back.'

'You'd better follow that up, Sergeant,' the inspector said quickly, then turned to George Galloway. 'Incidentally, is Mr Oxford a tall man, and is he in the habit of wearing a watch-and-chain at work?'

''E's over six foot I should say, although 'e's got a stoop,' George replied. 'But 'e don't wear a watch-an'-chain, at least I've never seen 'im wearin' one. I don't fink the silly ole sod can tell the time.'

William gave his employer a hard look and turned to the inspector. 'Was there a watch-an'-chain on the body?' he asked.

'If there was it would have melted with the heat,' the inspector answered, fishing into his pocket. 'We found this in the yard though,' he added, taking out an envelope and turning it out on the desk beside George.

The firm owner suddenly sat up straight in the chair, his eyes bulging. 'That's my watch-an'-chain! I'd know it anywhere. It was stolen from this office a few years ago. That ole bastard did take it after all,' he growled, turning to William.

'Yer don't know fer sure,' the foreman said quickly.

'It all points to it,' George said emphatically. 'That was Jack Oxford's body yer found an' 'e was wearin' my bloody watch.'

The inspector sighed. 'As I said, Mr Galloway, the victim couldn't have been wearing it. It would have melted. That watch was found beneath a charred timber. As you can see the glass is broken and the hands are damaged but it hasn't actually been in the flames. As a matter of fact it was still attached to a nail in the timber by the chain. In other words, we suspect that the victim took it off and hung it on the nail before getting his head down for the night, and from what you've told us, Mr Tanner, the horse must have kicked out that piece of timber in its fright. You said the side of the stable crashed out into the yard, didn't you?'

William nodded and turned to George. 'I still don't fink that body is Jack Oxford's, an' I don't fink 'e took yer watch in the first place,' he said firmly.

'Tell me, did you report the theft of that watch, Mr Galloway?'

George shook his head. 'I didn't bovver. I thought it might turn up again.'

'Well, it certainly did,' the inspector said with a smile.

George stared down at the damaged timepiece and the little fob medallion. He could see it clearly: the old toff lying on the ground in that alley off the Old Kent Road and the two of them rifling through his pockets. William was gazing down at the watch too. The medallion had brought its original owner bad luck, and it had certainly not been lucky for the man who was wearing it in the yard last night.

'Crawford, will you pop back to Dockhead and check up on Mr Oxford?' the inspector asked. 'I'll wait here for you. I need to go over a few things with these gentlemen.'

The detective scooped up the watch-and-chain and placed it back in the envelope. 'I'd like to check this out,' he said, slipping the envelope into his coat pocket.

William left the office to check on the horses. The upper stable still smelt of smoke although it had been cleaned and fresh straw had been laid in the stalls. The animals seemed a little jumpy to William and he talked quietly to them and patted their manes reassuringly as he walked in and out of the stalls. The horse which had been trapped by its foreleg looked none the worse. William had bandaged its cuts and bruises, and all the horses had been brushed and curry-combed. The gelding was stabled along with the rest. It munched away at its hay unconcernedly as the foreman gently stroked its singed mane. He had been so lucky, he told himself again. Carrie's quick thinking had most probably saved his life. Joe Maitland too had been a hero. He was obviously used to handling horses.

William frowned as he thought of Jack Oxford,

wondering whether it really was his body in the stable. He had to admit to himself that it was quite likely. Jack was still in the habit of sneaking into the yard, although he rarely slept there in winter. Of course he had not been about to tell the police that, not in front of Galloway. He had known about the loose plank for a while now. This time it had been less obvious. He had discovered it quite by chance one day when he was replacing another plank that had been damaged by the wheel of a cart and the one next to it sprang out. William had seen that all the nails had been removed and only one shorter nail secured it. It would be easy for someone to give it a sharp kick from the outside and spring the plank from its fastening. Jack had never caused any problems by sleeping in the yard since the trouble over the theft, and was always careful not to be found out. The watch-and-chain was the real mystery. How could it have shown up after all this time? William wondered. It was inconceivable that Jack would wear it in the yard, even if he did take it originally. There must be another answer. Perhaps the police might be able to sort it out, he thought.

One hour later William was summoned back into the office. He noticed that the detective sergeant looked pleased with himself.

'Well, I've some news,' the subordinate said, looking at the inspector for permission to proceed. 'Jack Oxford was staying at the lodging-house in Tooley Street. I spoke to the owner over the phone and he told me that Oxford has been lodging there regularly for the past year or so. Last night he didn't book in. It seems he had a row the previous night with a man known as Fatty Arbuckle. The lodging-house owner told me he threw this Arbuckle character out on his ear as a troublemaker. Mr Oxford might have lodged somewhere else last night or he might have decided to sleep in the stable. I've also got a preliminary report from the pathologist. There's no indication of foul play. They've ascertained however that the victim was around six feet tall, possibly six two. So at the moment it seems quite likely that the body is that of Jack Oxford, although we can't be certain. We can be certain of one thing, though. That watch-and-chain was found on a body we scraped off the railway lines at South Bermondsey. Records show that the man was a tramp and his body was never formally identified, thus the watch-and-chain were not claimed. I don't know if you're aware, but all items not claimed after a certain length of time are sold and the proceeds go to the police widows' and orphans' fund. This watch was sold to a pawnbroker in Tower Bridge Road. Our station sergeant remembered it by the unusual fob-piece. He went through the records and came up with the information. One of us will be seeing the pawnbroker first thing tomorrow and he may have some record of who bought it, although it's unlikely.'

George slumped back in his chair, contemplating his whisky-filled glass. 'Jack Oxford could 'ave nicked the watch an' sold it ter the tramp,' he remarked.

William was beginning to feel irritated by Galloway's insistence that Jack was the thief. 'That watch was nicked by the tramp 'imself,' he asserted. 'If Oxford 'ad taken it in the first place 'e wouldn't 'ave bought it back from the pawnbroker, surely? Anyway, 'e might be simple-minded but 'e's not a thief.'

George looked hard at the yard foreman. 'Yer've got to admit it's possible Oxford jus' decided ter do 'imself a favour. 'E must o' known it was werf a few bob.'

William stood up quickly, his face flushing with anger. 'Yer make me sick,' he said in a loud voice. 'The poor ole sod might be dead an' already yer blackin' 'is name. 'Ow long as 'e worked fer yer? An' 'ow many times 'ave yer 'ad anyfing nicked from the office? Yer always on about loyalty. I reckon yer should start finkin' about yer loyalty ter yer workers.'

George was about to respond as William stormed from the office but he checked himself. 'Never mind,' he said to

466

the assembled company. 'Will's still a bit shook up from last night. 'E'll calm down.'

The inspector nodded. 'From what the fire people told us your foreman did a marvellous job saving those horses. There was another man too, Mr Maitland who lodges in the street. Apparently he helped too.'

George nodded and got up to see the policeman out. 'Remind me ter see Will Tanner about that, Frank,' he said quietly. 'I fink the man deserves a reward.'

On Monday morning William Tanner opened up the yard at seven sharp and soon the carmen started to arrive. Horses were brought down from the upper stable and put in the carts, and sacks of chaff collected from the loft. Normally it was Jack Oxford who brought down the sacks but this morning the men did the chore without complaint. Word had got round the neighbourhood about the body found in the stable fire and the morning papers carried the full story. William had been constantly glancing along the street, hoping that he would see the familiar figure of Jack Oxford strolling along in his usual shuffling manner, but after ten minutes past seven he knew that the yard man would not show up. Jack was never late. By seven-thirty William sadly admitted to himself that it must have been the simpleton who had perished in the fire after all.

The morning paper said that the police were anxious to trace Jack Oxford and the carmen were all convinced that he had indeed been the victim.

'Poor bleeder. 'E never 'armed a fly. Fancy 'im goin' like that,' one said.

'Fancy sleepin' in the stable. Surely 'e could 'ave found a kip-'ouse or somefink,' another piped in.

''P'raps the police was after 'im. It said in the paper they wanted ter trace 'im,' the third remarked.

One elderly carman took his clay pipe from his mouth and spat a jet of tobacco juice in the direction of the yard

467

cat who had only just returned after the fire. 'I reckon Oxford done away wiv 'imself,' he began. ''E was always a bit funny, ever since 'e got that kick on the 'ead. Mind yer though, if I was gonna do away wiv meself I wouldn't choose fire, nor poison. Gassin' yerself's best. I remember an ole boy down our turnin'. 'E done away wiv 'imself. Took rat poison 'e did. Terrible ter see 'im it was. Rollin' aroun' the floor an' kickin' 'is legs up in the air. It took 'im ages ter die. Then there was that ole Mrs Copperstone. She tried ter do away wiv 'erself. Drunk a tin o' metal polish she did. They 'ad ter pump 'er out.'

'Are yer gonna stand 'ere chewin' the fat all day, or are yer gonna get out on the road? Jus' let me know,' William said sarcastically.

The elderly carman aimed another jet of tobacco juice at the cat as he climbed up into his seat, hitting it on the head. 'Did Jack 'ave anybody, Will?' he asked. 'I expect the boys would wanna put a few coppers in the 'at.'

The foreman shook his head. 'As far as I know, Jack was on 'is own. 'E never mentioned 'avin' anybody ter me.'

'Bloody shame,' the carman said as he jerked on the reins.

William watched him drive out of the gate followed by the others, and when the last cart had left he picked up the broom and swept the yard. Inside he was still seething over George's remarks about Jack Oxford, especially as they had been made in the presence of the police.

When he finished tidying the yard William went over to the store shed. This was Jack's domain, he thought sadly as he looked around at the little bits and pieces. How many times had he caught him snoozing in the corner? There was the stained tea-can and the faded picture of Queen Victoria as a young woman hanging behind the door. Polishing rags, dubbing and a tin of metal polish were all strewn on the workbench and beside them there was a bridle that Jack had been mending, with a large needle still embedded in the leather. William sat down on the upturned crate and took the *Daily Mirror* out of his pocket. He had read the story twice already but he opened the paper again and looked down at the paragraph.

BODY FOUND IN BERMONDSEY FIRE

Firemen tackling a blaze at the Galloway cartage firm in Page Street, Bermondsey late on Saturday evening discovered a charred body in the fire. Police say that no formal identification was possible as yet but they are anxious to trace the whereabouts of Jack Oxford, an employee of the firm. Oxford went missing from his lodgings in Tooley Street on Saturday evening and police would like anyone with information on the missing man to contact them at Dockhead Police Station, Bermondsey.

William folded the newspaper and put it into his coat pocket. For a while he sat back with his head resting against the wooden slatting. It still seemed unreal that Jack was gone. He tried to understand why he should have gone to the stable in mid-winter. He could have found a different lodging-house, after all. There did not seem to be any sense to the whole affair, and the more he thought about the tragedy the more puzzled he became. With a sad shake of his head he stood up and made his way out of the yard for his breakfast.

Nellie was looking thoughtful as she scooped two rashers of streaky bacon and a fried egg on to his plate. 'D'yer know, I still can't believe that was Jack Oxford in the fire,' she said with a frown. 'Jack never wore a watch. An' ain't it strange that it was the one Galloway 'ad pinched?'

William nodded slowly as he dipped his bread into the soft egg. 'I'd back me life on Jack not takin' that watch, Nell, but s'posin', jus' s'posin', 'e did take it. It could 'ave preyed on 'is mind an' suddenly 'e sees it in the pawnbroker's. 'E could 'ave bought it, an' when 'e went ter the yard ter put it back, 'e some'ow started the fire.'

Nell shook her head vigorously. 'Yer fergettin' one fing, Will. Yer told me yerself Jack's scared o' that geldin'. There's no way 'e would 'ave slept in that stable while that 'orse was in there.'

William did not look convinced by his wife's argument as he chewed on the bacon. 'Well, as a matter o' fact I thought about that meself, Nell,' he replied. 'But 'e might 'ave got drunk an' staggered back, fergettin' about the geldin' bein' in there. 'E could 'ave dropped the lamp in fright an' set the 'ole bloody place alight.'

Nellie pondered on it as she refilled his teacup. 'But in that case, surely Jack would 'ave run out o' the stable before the fire got goin'?' she said finally.

'P'raps 'e tried to. P'raps 'e fell over an' cracked 'is 'ead,' Will countered. 'Anyfing could 'ave 'appened. I don't s'pose we'll ever know.'

'It's a terrible fing ter 'appen but it's worse when it's somebody yer know,' Nellie said sadly.

William pushed his empty plate away and got out his cigarette tin. 'I know what yer mean,' he sighed. 'I was prayin' fer 'im ter come walkin' along the turnin', an' as the time went on I began ter realise it really was Jack's body they found after all. We've known 'im a few years, Nell. The poor ole sod wouldn't 'arm a fly, an' when yer come ter fink of it 'e didn't 'ave much of a life. That's why I got so mad at Galloway an' that miserable-lookin' boy of 'is. They don't seem ter 'ave an ounce o' pity between the two of 'em. All George seemed ter be worried about was that bloody watch of 'is.'

Nellie sat down at the table and rested her chin in her hands. 'Yer wanna be careful, Will,' she warned him. 'They might try an' put the blame on you fer Jack Oxford gettin' in an' startin' that fire. They won't fink about the way yer risked yer life ter save them 'orses. From what I can see of it they only need an excuse ter get yer out, so be careful what yer say.'

470

William looked serious as he carefully rolled the cigarette between his fingers and ran his tongue along the gummed edge of the paper. 'I keep finkin' about the way Carrie calmed that geldin' down,' he said quietly. 'If it wasn't fer 'er I'd 'ave got trampled fer sure. She's certainly got a way wiv 'orses. Ter be honest I don't fink anybody else could 'ave managed that 'orse.'

'She takes after 'er farvver,' Nellie remarked, giving him a smile. 'Mind yer, Will, that Joe Maitland was bloody good the way 'e 'elped yer. I've never spoken to 'im until yesterday. 'E seems a nice sort o' fella.'

William blew a cloud of cigarette smoke towards the grimy ceiling. He watched idly as Nellie cleared away the breakfast things, then his eyes slowly travelled about the room. He noticed how the varnish was wearing off the back of the door, and how faded and dirty the flowered wallpaper looked. He had promised Nellie he was going to replace it last summer. He glanced at the sideboard, with the framed photos of the children when they were small, and one of him and Nellie standing together outside the railway station the day they went on the trip to Southend. He gazed at the iron ornaments of torch-carrying maidens and the old clock that needed a shake every time it was wound. He smiled to himself as he noticed the illuminated address Carrie had brought back from one of her suffragette marches which Nellie had placed behind an ornament. He glanced down at the open fire and the brass fender, the copper-plated coal-scuttle that Nellie polished vigorously once every week and the coconut mat which covered the worn linoleum. He noticed the sooty black circles around the gaslights on the chimney-breast and how cluttered and untidy the recess shelves each side of the fireplace were. Most of the bits and pieces belonged to the boys and Nellie had insisted that the things stay where they were while the lads were away. The whole room looked shabby and overcrowded, William thought. The whole house was ramshackle and badly in need of renovation but it was the family home, the house he and Nellie had lived in since they were first married.

On Monday morning Maudie Mycroft swept the house, changed her lace curtains and then whitened her front doorstep. It was still early and she decided to get the copper going. Mondays was always a very busy day for Maudie. She liked to have the house cleaned by midday and there was time for her to do her hair and change into her best bits for the mothers' meeting at the church. Maudie got down on her hands and knees on the stone floor of the scullery and raked out the ashes from under the copper, then she put in sticks of wood and pieces of torn-up newspaper. Satisfied that all was ready she threw in a piece of rag soaked in paraffin and set it alight. Next she inspected the mousetraps by the door and saw that the bits of cheese were still there. Setting the traps was a job she did not relish, especially when the mothers' meeting usually began with the hymn, 'All things bright and beautiful, all creatures great and small', and she would find herself thinking about the mice as she was singing it with feeling. Those creatures had to be kept down, Maudie told herself as she walked back into her front parlour. Ernest was frightened of the mousetraps. He had laid them himself at one time all over the house, until he trod on one in the bedroom and ended up with a blackened big toenail. Now he left it to her and she confined the traps to the back door. Ernest had wanted her to get a good mouser but Maudie could not stand cats. They smelt the place out, she thought. Florrie's place always smelt of cats and snuff. She liked her house spic and span when Ernest got in at night, not smelling of cat's piss.

The copper was heating up nicely and Maudie took off the lid and threw in her weekly wash. When she got back from the meeting there would be time to run it through the wringer while the scrag of mutton was cooking, she told herself. Monday was always mutton day and Tuesday she

472

would get a nice piece of fresh plaice or a half sheep's head. Wednesday was going to be a problem though. If Ernest managed to get a full day's work at the docks she could get faggots and pease pudden, otherwise it would have to be a slice of brawn and a few potatoes. It was no use worrying about the rest of the week, she sighed. It all depended how Ernest's work went. At least the house would be nice and tidy for him to come in to.

At twelve noon Maudie made herself a cup of tea and decided to do without bread and cheese. There was barely enough for Ernest's sandwiches and in any case there were always biscuits with a cup of tea at the meeting, she reminded herself. The copper was nice and hot now and Maudie shovelled up some small pieces of coal and threw them in. There was just time to do that bit of sewing before getting herself ready, she thought as she checked that the curtains were hanging right. She should have cleaned those windows, she realised, but they had only been done on Saturday and the neighbours might think she was getting house-proud. Being aware of what the neighbours might be thinking was something Maudie attached great importance to. She had heard Florrie going on about Aggie's fetish for cleanliness and did not like to think that the same was being said about her.

Maudie was a worrier, and when there was nothing to worry about she invented something. Childless and in her early fifties, Maudie had got religion. Next to Ernest and her tidy home, the church had become the most important thing in her life. Maudie worried about what the other women would think of the black raffia hat that Ernest had bought her as she put it on and secured it with a large hat pin, and she was still worrying as she hurried along the little turning. The day was cold and the wind stung her face as she crossed Jamaica Road and took the short cut to Dockhead Church.

Reverend Mercer was standing by the door greeting all

473

the ladies. She gave him a warm smile as he nodded a greeting to her. When the venerable gentleman smiled back, Maudie felt all fluttery. She was sure Reverend Mercer reserved his best smile for her and worried in case any of the other ladies had noticed.

Maudie took her place and solemn organ notes filled the hall as the short service began. As usual the first hymn was 'All things bright and beautiful' and Maudie began to worry about the mousetraps. She heard Reverend Mercer's musical voice leading the congregation and soon it made her feel better, although his choice of 'The feeding of the five thousand' for the sermon made her empty stomach rumble and she worried in case anybody heard it. It seemed an extraordinarily long time before they settled down to their usual tea and biscuits and Maudie got into her customary state in case there were not enough biscuits to go round. All was well, however, and she munched thankfully on a custard cream while the lady sitting next to her went on about her wayward husband.

'I wouldn't mind if I was a bad wife,' she was saying. 'I worked my fingers to the bone, and what was my fanks? My 'usband ran off wiv this flighty piece an' I was left ter struggle on. Mind yer, 'e came back. Once 'e found out I'd bin left the 'ouse an' I was takin in lodgers, 'e came back like a shot. Must 'ave thought I was well off, I s'pose.'

Maudie nodded, worrying that the Reverend might overhear them. 'My Ernest is a very good man, fank the Lord,' she managed quickly before the woman started off again.

'Yer should be grateful,' the woman told her. 'I've not 'ad the best of 'usbands. I was glad ter see the back of mine, in actual fact.'

Maudie was beginning to get confused. 'I thought yer said 'e came back?'

'Oh, 'e did, fer a few weeks, then 'e ups an' goes again,' the woman said casually. ''E wouldn't allow me ter take in lodgers an' I 'ad ter get rid of 'em. Mind yer, I took 'em in again after 'e buggered orf, but I wonder if I've done the right fing sometimes. I've got this bloke stayin' wiv me an' 'e's bin actin' very strange.'

'In what way?' Maudie asked, her curiosity aroused.

'Well,' the woman began, looking around to make sure she wasn't being overheard, 'this lodger o' mine left fer work this mornin' as usual an' ten minutes later 'e was back. White as a sheet 'e was. I asked 'im if 'e was ill but 'e jus' shook 'is 'ead an' went straight up to 'is room. Somefink mus' be worryin' 'im, I ses ter meself, 'e's bin pacin' that room all mornin'. I went up ter see if 'e wanted anyfing before I came out but 'e jus' gave me a stare. The way 'e jus' stared really frightened me, I can tell yer.'

Maudie shivered in sympathy. 'Yer gotta be so careful, the fings yer read about these days.'

'I never read the papers,' the woman said. 'They're too depressin', what wiv all that war stuff.'

Maudie nodded. 'There was somebody burnt ter death in our turnin' on Saturday night. It was in this mornin's papers. As a matter o' fact they fink . . .'

Reverend Mercer's loud voice interrupted the conversation. 'Right then, ladies, let us form ourselves into groups for the discussion,' he called out. 'Oh, Mrs Mycroft, could I ask you to join our new ladies' group? You'll be able to get them started.'

Maudie felt very pleased that Reverend Mercer should single her out and gave him a big smile as she hurried over to join the group.

The other woman was cross at not hearing the rest of Maudie's story and promised herself she would break a habit and buy a paper as soon as she left the meeting.

Chapter Thirty-four

Detective Sergeant Crawford was not feeling too optimistic as he hurried along Tower Bridge Road on Monday morning. He had had reason to call on Beckford's the pawnbrokers a few times in the past and had never made much progress. In fact he was sure that Benjamin Beckford was a fence. The man had a shifty nature and always seemed to be in a hurry to get the interview over. From what he had been told by his contacts, Detective Sergeant Crawford gathered that Beckford was not the most popular businessman in Bermondsey. He haggled over the few coppers he paid out on the pledges and was quick to put the unredeemed items in the window, unlike most of the other pawnbrokers in the area, who gave their customers a few weeks' grace before marking their possessions up for sale.

Crawford strode purposefully past the market stalls that were being set up along the kerb. As he reached the pawnbroker's shop, he saw a small huddle of people standing outside with bundles, waiting to be admitted through the side door. They looked cold and forlorn, hopeful of a few coppers for a threadbare suit or a pair of bedsheets, and he sighed sadly to himself as he went into the shop and produced his warrant card. The bespectacled young assistant stared at it for a few moments as though unsure what to do, then he disappeared into the back of the shop and returned with the owner.

Benjamin Beckford looked irritated as he waved for the

police officer to follow him. When he had made himself comfortable at his desk he looked up disdainfully. 'Mondays are always busy. What can I do for you?' he asked quickly.

Detective Sergeant Crawford stared down at the plump, rosy-faced pawnbroker and noted the smart grey suit he was wearing and the expensive-looking rings on his podgy fingers. He smiled inwardly. He had been stationed in the East End and Hoxton before moving to Bermondsey and never had he seen a struggling pawnbroker. They seemed to thrive on poverty and deprivation, he thought to himself, and wondered how the fleshy-faced character before him felt as he undid the bundles and haggled over pennies with the hard-up folk waiting outside. Crawford produced a crumpled receipt from his coat pocket and put it down on the desk.

'I need some information about the person who purchased that item, a silver watch-and-chain, and gold medallion,' he said. 'As you can see from that receipt, it was one of a batch of items you bought from the station.'

The pawnbroker waved Crawford into a chair as he studied the crumpled slip of paper, his hand stroking his smooth chin. 'I can't keep a record of all I buy and sell, officer,' he said officiously. 'But I do seem to remember this item. It was an unusual medallion. Might I ask why you need the information?'

'That watch-and-chain was found on a fire victim and we need positive identification,' Crawford replied.

Beckford pushed back his chair. 'You'd better have a word with my assistant. He might be able to help you,' he said getting up. 'I'll mind the shop while you talk to him.'

The young man nodded as he looked down at the receipt. 'Yes, I do remember that item,' he said, looking over his spectacles. 'The medallion was a copy-piece. Not very well done. It was the strange carving which attracted my attention.'

'Can you remember who bought it?' Crawford asked.

'Yes. He was a poorly dressed man but well spoken,' the assistant replied. 'He seemed very interested in the medallion. As a matter of fact, we got into quite a discussion over it. Very interesting.'

'Did you get his name?' Crawford asked.

'No.'

'Can you tell me any more about this man?' the detective encouraged him.

The assistant scratched his head and looked thoughtful. 'I've seen him in the market quite a lot. As a matter of fact, he usually talks to the chap on the fruit stall outside. He'd most probably know his name.'

Sergeant Crawford made to leave. 'Well thanks for your help,' he said to the assistant. 'By the way, you said that the medallion was a copy-piece?'

'Yes, the design was taken from an ancient Nordic monument. It's Runic.'

'I beg your pardon?'

The young man smiled indulgently. 'Runes are line carvings and they're from the alphabet used particularly by the Scandinavians and Anglo-Saxons. They're modified by using the Greek and Roman letters to suit the carving.'

'Is that so?' Crawford said, none the wiser.

'Runes are often seen on ancient monuments, and the style of the inscription on that medallion was Runic,' the young man went on. 'Ancient architecture is a hobby of mine and the design seemed familiar so I looked it up. Apparently it refers to Loki, who was an evil god of fire in Scandinavian mythology. As a matter of fact, the chap who bought the watch-and-chain said he thought the medallion had something to do with the Freemasons, but I don't know if that's so.'

'Well, I'm grateful for the lesson,' Crawford smiled, holding out his hand.

The market was busy now. Benjamin Beckford watched

479

from the window as Sergeant Crawford chatted intently to the fruiterer. When the police officer finally walked off, Beckford turned to his young assistant. 'Tell Riley's courier he can come down now,' he said out of the corner of his mouth. 'And tell him to use the back door, just in case.'

Carrie was kept busy all morning at the dining rooms. The bitter cold weather meant that more mugs of tea than usual were sold and more bacon sandwiches served up, brown and crispy, to the huddled carmen and dockers as they crowded in. Bessie went on endlessly all morning as she helped Fred in the kitchen and the harassed café owner could almost hear himself screaming at the woman to shut up for just five minutes. He gritted his teeth and did his best to ignore the unending saga of the buildings where Bessie lived, trying to concentrate his mind on what he was intending to do that evening.

He had spent much time during the weekend deep in thought and had come to the conclusion that he was a fool. In fact, he had been a fool for the best part of his adult life. His parents had expected him to work in the café. His own aspirations, such as they were, had never been considered. He had never been in the way of meeting young ladies, and on the very rare occasions when there was a chance for him to do so, his mother had been quick to make things difficult for him. He had been a fool for not standing up for his rights and asserting himself, but that was all in the past. Now he had the chance to court and win a beautiful young woman, and what was he doing but being his usual self and allowing the chance slowly to pass him by? Well, it was about time he did something about it, he reproved himself, before he became a doddery old bachelor with only regrets to keep him company on long winter nights. Maybe Carrie would spurn his advances, he thought as doubt gnawed at his insides. Well, he would never know unless he had the courage to try.

480

The afternoon wore on, and when the café became quiet it was Carrie's turn to suffer the eternal wagging of Bessie's unflagging tongue. She had heard about the woman on the first landing who had threatened the man on the second landing with a chopper, and the man had responded by throwing a bucket of dirty water over her and was then attacked himself by the woman's husband, or was it the husband who attacked his wife? Carrie was totally confused about the goings-on in Bessie's building, and was glad when Fred let Bessie go home early. He remarked that she must be tired after such a busy day, catching Carrie's look of gratitude and raising his eyes to the ceiling. It seemed quiet in the café after her departure and as Carrie wiped down the tables the last of the carmen left.

Fred quickly turned the 'Open' sign round and slipped the bolts. 'I'll let yer out the side door, Carrie,' he said. 'If I don't close now, we'll be open till midnight.'

When she had finished wiping the tables, Fred had a cup of tea waiting for her in the kitchen.

'Sit down a minute an' drink that,' he told her, taking off his messy apron and sitting down himself at the freshly scrubbed table. 'I wanted ter talk ter yer fer a few minutes, if yer can spare the time.'

Carrie eyed him over the steaming tea and saw that he was looking slightly nervous. 'Fanks. I need ter recover from Bessie's goin' on,' she joked.

Fred had his hands clasped and Carrie noticed how he was twirling his thumbs.

'What is it, Fred?' she asked encouragingly.

'I've bin doin' a lot o' finkin' over the weekend, Carrie,' he began. 'I know yer bin ter see Tommy Allen since 'e's bin 'ome, 'cos Bessie told me, an' I know you an' 'im split up before 'e joined up. I don't know if yer both plannin' on gettin' tergevver again, so I'll come out wiv it plain an' simple. Will yer marry me?'

Carrie was startled by Fred's outspokenness and for a few

481

moments could only stare at him. 'I don't know what ter say,' she faltered.

Fred looked into her blue eyes and wanted to take her in his arms there and then. 'Are you an' Tommy gettin' tergevver?' he asked uneasily.

She shook her head. 'It was over before he went in the army, Fred,' she told him. 'I wanted ter see 'im but only ter find out 'ow 'e was. Tommy's goin' back wiv 'is first lady friend.'

Fred nodded. 'Well, I'm askin' yer ter be me wife,' he said candidly. 'I don't expect yer ter make up yer mind straight away. Take all the time yer want, but remember I love yer. I fink I've loved yer from the first time I set eyes on yer.'

Carrie felt a lump rising in her throat and she gulped hard. 'I like yer a lot, Fred, but as I said once before, likin's different ter love.'

'It's a good start,' he said, smiling. 'Likin' can turn ter love. Yer could grow ter love me in time, Carrie. Yer'd never regret it, I promise yer.'

She felt not at all threatened by Fred's proposal, and was touched by the look in his large dark eyes. She reached out and laid her hand on his. 'I'm really flattered,' she said quietly. 'But I can't give yer an answer jus' yet, Fred. There's the war, an' I'm worried sick over me bruvvers. Besides, I've jus' come ter accept that I won't be marryin' Tommy, an' now I've bin caught off balance.'

Fred's open face became very serious as he slipped his hand over hers. 'Take all the time yer need, Carrie. Jus' remember what I said. It's taken me a long time ter come out an' say I love yer, but it's true, I swear it.'

Carrie left the café feeling bewildered. She had been trying to restore some sense to her life and suddenly it had been turned upside down. It had surprised her when Fred first opened his heart to her, but this time he had made it very plain. He had actually said that he loved her and wanted her to love him in return. It was out of the question, she told herself, they were only friends. He was ten years older than her, and they had only walked out once together. They'd enjoyed themselves at the music hall, but it wasn't how she had imagined love and marriage to be in her daydreams. She had always felt that it would be so exciting when she was courted, with her beau taking her in his arms and proposing to her in the moonlight. Then there would be the engagement, with both families meeting each other and making plans. She had held on to her dreams, even though her romance with Tommy had left her feeling unhappy and dispirited. In reality it had been so very different, with no moonlight and no arms about her. Instead she had faced him across a table and he had proposed to her over a cup of tea!

Carrie was lost in thought as she walked along the dark street. It was quiet, with the yard gates locked and all the front doors shut against the cold. The corner gaslamp had been lit and its glow shone on the Tanners' front door as she let herself in. Her mother was laying the table and Carrie noticed that she had a curious, puzzled look about her face.

'Where's Dad?' she asked as she flopped down beside the burning fire and kicked off her shoes.

'Gawd knows what's goin' on,' Nellie replied, rubbing the side of her face. 'A woman knocked 'ere about an hour ago with a note fer yer farvver. I told 'er 'e was in the yard but she wouldn't go in there. She said it was urgent an' could I give 'im the note soon as 'e got in.'

'What did the note say?' Carrie asked.

Nellie shrugged her shoulders. 'I dunno, it was in a sealed envelope. Anyway, when yer farvver read it 'e went straight out. All 'e said was fer me ter put 'is tea in the oven.'

'Dad's not got a fancy piece, as 'e?' Carrie said, smiling. 'What did the woman look like?'

Nellie chuckled at the thought. 'She was a big woman.

In 'er fifties and well dressed. I'm sure I saw her go in the yard once. If it wasn't 'er, it certainly looked like 'er.'

'I wonder if it's got anyfing ter do wiv that fire?' Carrie asked.

'Gawd knows,' Nellie answered. 'We'll jus' 'ave ter wait till yer farvver gets back. 'E could 'ave told me before 'e went out, 'e knows 'ow I worry.'

'P'raps that's why 'e didn't tell yer, Mum. It might be somefink serious,' Carrie remarked.

'Maybe yer right. Anyway I'd better dish the tea up, I can't keep it all in the oven,' Nellie moaned.

When the clock struck the hour of seven, she put down her embroidery and sighed loudly. 'Where's that farvver o' yours got to?' she complained. 'Look at the bleedin' time. That chop'll be baked up. Jus' wait till 'e gets in 'ere, I won't 'alf give 'im a piece o' my mind.'

Suddenly Carrie cocked her head to one side. 'That sounds like 'is footsteps now,' she said.

They heard the front door open and close and both stared at William as he walked into the room and collapsed into his fireside chair.

'Where yer bin, fer Gawd's sake?' Nellie said irritably. 'I didn't know what ter fink.'

William gave his wife and daughter an exhausted grin. 'Yer never gonna believe this,' he said breathlessly. 'I couldn't believe it meself.'

'What is it?' Nellie almost shouted in her impatience.

'Jack Oxford's alive an' well,' he said, reaching down to take off his boots.

'Oh my Gawd!' Nellie gasped.

''Ave yer seen 'im?' Carrie asked excitedly.

William leaned back in his chair and sighed deeply. 'It's a long story.

'Well, go on then,' Nellie urged him.

'The note that woman gave yer said ter go ter this 'ouse in Abbey Street about Jack Oxford,' he begun with an

484

amused smile. 'Anyway, when I got there this woman said that Jack 'ad only jus' started lodgin' wiv 'er the previous night an' now 'e was upstairs in 'is room an' wouldn't come out. Accordin' ter 'er, Jack left fer work this mornin' an' ten minutes later 'e was back. She thought 'e was took bad at first but when she 'eard 'im pacin' the floor she got worried. She told me she'd 'eard about the fire from one o' the ladies at the muvvers' meetin' an' on the way 'ome she went an' bought a paper. Anyway, she went up an' 'ad a talk wiv 'im. Jack told 'er somebody stopped 'im on the way ter work an' told 'im the police were lookin' fer 'im about a fire. It must 'ave frightened the life out of 'im. Jack told 'er ter fetch me but not ter talk ter anybody else in the yard. I tell yer, Nell, when I saw Jack's face I could 'ave cried. As yer know 'e can't read an' 'e asked me ter read out what was in the paper. 'Is landlady 'ad already read it out twice but 'e wanted ter 'ear it again.'

Nellie and Carrie were sitting forward in their chairs, listening intently. 'Did Jack know who it was in the fire?' Nellie cut in. 'Did yer tell 'im about the watch they found? It wasn't in the paper, was it?'

'I'm comin' ter that,' William replied. 'Jack said that after 'e 'ad that row in the doss-'ouse wiv Arbuckle, 'e walked out. 'E said it was freezin' cold an' 'e decided ter kip under the arches in Druid Street. Apparently 'e knew some o' the tramps who stayed there. One of 'em, Bernie I fink Jack said 'is name was, used ter be a teacher at Webb Street ragged school an' Jack said 'e was wearin' that same watch-an'-chain that the police found in the fire. This Bernie said 'e'd bought it from the pawnbroker's in Tower Bridge Road 'cos 'e took a fancy ter the medallion on the chain. It was somefink ter do wiv the Freemasons accordin' ter what 'e told Jack. 'E said it was a special symbol.'

''Ow did Jack know it was the same one?' Nellie asked.

'Well, one night Jack brought some o' the tramps back ter kip down in the stables an' that was the night the watch-an'-chain got nicked out the office,' William went on. 'Jack knew which one o' the tramps took it. It wasn't one o' the usual crowd, an' 'e tried ter find 'im an' get the watch back. One evenin' Jack spotted this tramp an' 'e chased 'im. The tramp run up on the railway lines an' got killed by a train. Jack said 'e saw 'im layin' there all mangled up but the watch-an'-chain was still fixed on the tramp's waistcoat. It wasn't even marked. Jack said 'e couldn't bring 'imself ter take it off the body, but 'e'd know that watch-an'-chain anywhere after that night.'

'So it was the school teacher, this Bernie fella, who died in the fire?' Carrie guessed. 'What made 'im leave the arches that night an' come down 'ere ter the stable?'

'Well, that's anuvver story,' William said, taking out his cigarette tin. 'Yer remember that carman Sammy Jackson.'

'The one who beat Jack up over Mrs Jones's daughter?' Nellie asked.

'That's right,' William replied. 'Well, Jackson's down on 'is luck an' sleepin' rough. 'Im an' a few of 'is mates stumbled on the Druid Street tramps an' tried ter take over their fire. Course, when Jackson spotted poor ole Jack, 'e started gettin' nasty. They were all eyein' Bernie's watch-an'-chain too. After all, it must 'ave stood out. It ain't the usual fing yer see on tramps, is it? Anyway, Jack an' this Bernie left the arches in an 'urry. Jack said 'e was perished wiv the cold an' the only place 'e could fink ter kip down was the stable.'

'So Jack Oxford slept in the stable that night as well?' Nellie butted in with a puzzled frown.

'Yeah, 'e did,' William went on. 'But like yer said, Jack was scared o' that geldin' an' 'e took Bernie up in the chaff loft. Jack said that Bernie wasn't too 'appy about sleepin' there. 'E said it was cold an' draughty an' decided ter kip down in the small stable where 'e'd slept the last time.'

'Poor fella,' Carrie said sadly. 'If 'e'd 'ave done like Jack suggested, 'e wouldn't 'ave died.'

'Well, 'e started the fire some'ow,' Nellie said. 'If 'e'd 'ave slept in the chaff loft wiv Jack the two of 'em might 'ave gorn, an' all the 'orses as well.'

William glanced from one to the other with a serious look on his tired face. 'Bernie didn't start the fire,' he told them. ''E was murdered.'

'Not Jack!' Nellie gasped.

'It was Sammy Jackson who killed Bernie, an' Jack saw 'im do it,' William said darkly.

'Sammy Jackson!' the two women exclaimed in unison.

William nodded. 'Jackson must 'ave followed the pair of 'em back ter the stable. Jack told me that a little while after Bernie 'ad gone back down to the yard 'e 'eard a noise. 'E looked out o' the loft just in time ter see Sammy Jackson aim a lighted paraffin lamp into the small stable. Jack said 'e shouted out an' Jackson dashed back out o' the yard. 'E said Bernie never stood a chance. The stable was filled wiv smoke an' flames in seconds, an' Bernie was drunk anyway, accordin' ter Jack. 'E said 'e tried ter save 'im but the flames beat 'im back, an' when 'e 'eard the wicket-gate bein' unlocked 'e dashed out frew the back fence.'

'My good Gawd!' Nellie muttered. 'What'll 'appen now?'

'Well, Jack's job's gorn, that's fer certain,' William said with conviction. 'I'm not gonna be able ter do anyfing ter 'elp 'im this time. As fer Sammy Jackson, the police'll pick 'im up soon. I left Jack at the police station makin' a statement.'

'What a terrible fing fer that Sammy Jackson ter do,' Carrie said with a shiver.

''E must 'ave blamed Jack Oxford fer gettin' 'im the sack an' 'e saw 'is chance o' gettin' even,' William remarked. 'If it wasn't fer the geldin' bein' in that stable, 'e would 'ave.'

'It was strange that watch-an'-chain bein' found the way it was,' Nellie reflected. 'It was a wonder the poor bleeder wasn't wearin' it.'

William nodded his head slowly. 'I s'pose 'e would 'ave been if 'e'd 'ave bin under the arches, but as 'e was on 'is own 'e prob'ly thought it was all right ter 'ang it up on the post. Who knows?'

He lit his cigarette and blew a cloud of smoke towards the ceiling. 'I s'pose the coppers'll give it back ter Galloway when this is all over,' he sighed. 'If I was 'im I'd take the watch, chain an' that bloody medallion an' chuck the lot in the Thames. It's brought nuffink but bad luck to everybody who's worn the bloody fing.'

On Tuesday morning Jack Oxford walked out of the Galloway yard for the last time, clutching his week's pay. Will Tanner watched sadly as the tall, stooping figure ambled along the turning and disappeared from view. He had tried to plead on Jack's behalf but George Galloway had ranted and raved, saying that the yard man was lucky to be getting any wages at all considering the money it was costing the firm to replace the stable. He was furious about the gelding too. It was nervous and jumpy because of the fire and unsuitable to be used in the trap. William had asked for time to work with it but the yard owner was adamant. 'It's goin' ter the auctions. The bloody animal's too dangerous now ter take out on the roads. That idiot Oxford's got a lot ter answer for,' he growled.

Had George Galloway seen his ex-yard man's face as he walked along the street that Tuesday morning he would have been even more angry. Jack was actually smiling to himself. The policemen had been very nice to him, he thought. They had thanked him for his help and said that they would have another chat with him when they caught Sammy Jackson. Jack was happy to be back in such nice lodgings and Amy Cuthbertson was looking into the possibility of getting him a job at a tannery in Long Lane. Amy knew the foreman there and the man had promised to speak on his behalf. It was so fortunate that he had bumped into her in Abbey

Street on Sunday morning, he thought to himself. She told him her husband had left her for good and she was now taking in lodgers once more. Jack had jumped at the chance, and as he ambled out of Page Street for the last time with a huge grin on his face he felt that things were beginning to look up for him at last.

Chapter Thirty-five

As 1917 wore on the newspapers reported new, larger battles in France. Casualty lists grew, and like Ypres and the Somme before them, Messines, Cambrai and Passchendaele were becoming household names. During early summer the tragedy of war reached into yet another Bermondsey backstreet, when at the battle of Messines in June Private James Tanner of the East Surreys Regiment fell in action. Corporal Charles Tanner was wounded in the same offensive and one of the stretcher-bearers who helped carry him back from the line was his younger brother Danny.

The summer of that year was a wretched time for the mourning Tanner family. Nellie became almost a recluse, hardly ever venturing out of the house after hearing the terrible news, and her friends in the street could do little to ease her pain. William went to the yard every morning, his grief bottled up inside him, and in the evening sat with his distraught wife in the silent, cheerless house that had once echoed with laughter and noise. Carrie too had to suffer her grief privately. Every day she put on a brave face and forced a smile as the carmen and dock workers came into the dining rooms. It was only when she was alone in her bedroom at night, clutching a photo of her eldest brother to her breast, that she let go, trying to ease the grinding, remorseless pain of her loss as she sobbed into the pillow.

Carrie felt grateful for Fred Bradley's support during that terrible time. He was very kind and understanding, and seemed to know instinctively when she needed to chat and be consoled and when he should remain discreetly in the background. Bessie was large-hearted too, although the well-meaning woman often upset Carrie by her open displays of sympathy and tears. There were times too when Bessie tried to cheer the young woman up with her tales of the buildings and only succeeded in making her more depressed and tearful than ever, and Fred would think desperately of ways to shut his kitchen hand up.

The only grain of comfort for the Tanner family during that long hot summer was receiving letters from the two boys in France. Danny wrote home often and Charlie sent an occasional letter from a hospital some way behind the lines. He made light of the fact that he was suffering from a bullet-wound in the chest and told them that he hoped to be sent home before the year was out. Little mention was made of their brother's death since that first poignant, joint letter in which the surviving boys described visiting James's grave, saying that they felt he was happy to be resting beside his fallen comrades.

The huge toll of young life mounted, and during that hot summer John and Michael Sullivan were both killed in action, and Maisie Dougall's son Ronald also fell. A terrible quietness seemed to descend over the little turning and folk held their heads low and talked in hushed voices as they stood on their doorsteps, in respect for the street's fallen sons. Mrs Jones walked proud. Her son Percy had finally returned to the front and in July she read in the newspaper that he had won the Military Medal at Messines.

The grieving Sadie Sullivan and her husband Daniel took on the War Office when their remaining sons got their call-up papers. Sadie argued angrily that the loss of two sons was price enough for any mother to pay. She finally won the day, and the twins, Pat and Terry, and the youngest boy, Shaun, were not required to go into the army. Every family in Page Street had signed Sadie's petition and Florrie put into words on the bottom the thoughts of everyone: that in the three years of war so far Page Street had already given up the lives of four of its young men, two more had been wounded in battle, and another had won the Military Medal.

The war was changing everyone's life. Since his son's death George Galloway had become morose and almost unapproachable. He barked out his orders and changed his mind regularly without reason. Nothing seemed to satisfy him. The carmen stayed clear of him and even his own son began to dread going into the office each morning. Nora Flynn did her best to bring a little light into the Galloway house but only rarely was she able to get George out of his room and away from the ever-present bottle of whisky. Her hopes had been raised when Frank told her that his wife Bella was pregnant; she had thought that the news might help rally her employer. George did brighten up for a short time, and it was evident how much he still cherished the idea of a grandson to carry the family name, but his depression soon returned and the bottle once again became his constant companion.

Josephine Galloway spent as little time as possible at the gloomy house in Tyburn Square. During the day she was busy working for the Red Cross, and now that her training was over for the time being she visited her friends most evenings or sat with Nora in the back kitchen before going to her room and writing long letters to Charlie Tanner. Her days with the Red Cross had taught her many things. She had witnessed the suffering and tragedy of war at first hand and had been privy to much forbearance and courage, and, occasionally, instances of utter stupidity. Returning casualties had on occasion been aided, tended and nursed by dedicated medical workers, and then left on cold platforms to be visited by ageing dignitaries who found it difficult to string two sensible words together.

In November bitter fighting was taking place at the Ypres salient and Cambrai, and by the end of the month Red Cross trains were rolling into Waterloo with terrible regularity.

After four days of tending the returning wounded, Josephine felt exhausted as she sat chatting with the rest of the medical team one Friday morning while they waited for the first train of the day to pull into the station.

'Well, as far as I'm concerned they can do what they like,' the young doctor said defiantly. 'As soon as we get the word from transport, the stretchers will be moved off the platform.'

'But the colonel said the party will be arriving soon. Hadn't we better hold a few of the less serious back?' his colleague asked anxiously.

'Look, Gerry, I'm taking responsibility for this and I'm saying no,' the doctor declared in a challenging voice.

'All right, on your own head be it, Alan,' his colleague said, holding his hands up in resignation. 'I just hope the colonel won't be too put out. Those politicians can be an awkward bunch of sods.'

'My instructions are quite clear,' Alan replied. 'Render emergency medical attention then forward all wounded personnel to transport forthwith for conveyance to military hospitals as designated. There's nothing in the orders that states we delay transportation until all bloody visiting parasites and leeches are fully sated and glorified to the detriment of aforementioned personnel. I've had just about enough of it.'

Josephine chuckled. She had been listening intently and felt she could hug the young doctor. He had already incurred the wrath of the powers that be and she knew that he was bravely walking a very thin line.

'They're detestable,' she said with passion. 'The way they walk along looking down their noses, as if just coming here makes them feel dirty.'

The young doctor suddenly grabbed her by the shoulders and planted a kiss on her cheeks. 'Josie, you've just given me a great idea!' he exclaimed, his eyes sparkling.

Ten minutes before the train was due to arrive, the party

of dignitaries marched into the station with the usual fuss and bother. The station master was waiting together with the young doctor and an elderly staff officer, all looking very serious.

'I think we're all ready,' a flustered-looking young man at the head of the official party said as he approached them.

The station master held up his hand. 'I'm sorry, but there's a little bit of a hitch,' he said apologetically.

'A hitch?' the official queried haughtily.

'The doctor will explain,' the station master replied.

'I've just got word from Southampton,' he began, looking suitably stern. 'I'm afraid there's a suspected typhoid case amongst the casualties. Apparently the man was wrongly diagnosed as having trench fever. The error was discovered too late to stop the casualty travelling. We'll need to get the man away from the station as soon as possible, but of course I don't want to stop your party from talking to the men. I can only advise extreme caution.'

The group looked taken aback and one or two were already backing away. The young official turned to the chief dignitary. 'Sir?'

'Well, I, er, – I think we should let the doctor get the men away quickly, as he suggests. What do you say, Parish?'

'Jolly good idea,' his aide said in a relieved voice.

As the party hurriedly left the concourse, the station master turned to the young doctor, smiling broadly. 'I'll make sure your part of the station is cleared of civilians,' he told him. 'We don't want them exposed to any risk, do we, doctor? Besides, it'll help you get the men away quicker. Good luck.'

The young doctor turned to the staff officer for his nod of approval but the elderly colonel was already hurrying away.

At twelve noon the Red Cross train steamed into the terminus and the platform was suddenly crowded with casualties, hobbling on crutches or being carried on stretchers. Several with bandages over their eyes were forming a line and slowly being led away. Nurses in Red Cross uniform and white-coated doctors moved amongst the men, and slowly order began to be imposed upon the confusion. Tea was handed out by volunteers and some of the helpless casualties dictated letters that were hastily scribbled down by helpers. Some of the soldiers were laughing and joking, but others looked blank-faced and shocked. Some were mumbling to themselves, ignorant of the noise around them as they suffered in their own solitary nightmare. One stretchered casualty lifted his head and looked around anxiously as he was carried from the station. Suddenly he grinned and tried to raise himself on his elbows as a young nurse hurried towards him. Josephine smiled with relief as she bent over the soldier and kissed him, then she took his hand in hers and walked beside the stretcher to the waiting ambulance.

Early in December Inspector Stanley and his assistant called at Galloway's yard.

'We've picked up Sammy Jackson,' he said, easing his bulk into a chair. 'We found him sleeping rough under the arches.'

'Did 'e admit ter startin' the fire?' George Galloway asked.

The Inspector shook his head slowly. 'He admitted to starting the fire, but I don't think there's much chance of him going to the gallows. He was ranting and raving when I interviewed him. He was going on about doing the work of the Lord. Unless I'm very much mistaken Sammy Jackson will spend the rest of his life in a loony bin. By the way, the sergeant has managed to track down the victim's next of kin,' he added, nodding to his assistant to take up the story.

'Bernard Dewsbury's sister is the only surviving relative,' the sergeant began. 'They weren't very close. Apparently he was lodging with her until he was thrown out of the teaching profession for abusing one of the children. For a while he worked as a labourer on the roads and moved about the country quite a bit. He returned to London last year but his sister refused to take him back. Until his death, Dewsbury was sleeping under the arches in Druid Street.'

'Pity 'e didn't stay there instead o' takin' notice o' that idiot Oxford,' George remarked.

'I don't suppose he'll be missed much,' Frank Galloway commented.

The Inspector shrugged his shoulders. 'From what we could gather from the headmaster of the school, Dewsbury got on well with the rest of the staff and was a very good teacher until he suddenly started going downhill. It seems he got involved with some religious group, according to his sister, and from then on started acting strangely. Anyway, the matter will have to rest there for the time being. I expect Jackson's trial will take place early in the new year and the whole sorry mess will get a good airing. By the way, Mr Galloway, we'll need to hold on to the watch-and-chain until the trial's over. I don't see any reason why you shouldn't have it back afterwards,' he concluded.

The sergeant left immediately afterwards and the Inspector stood at the gate chatting with George Galloway. Presently he gave the yard's owner a quizzical look.

'I understand you've got a good man in Jake Mitchell?' he queried, smiling as he saw the surprised expression on George's face. 'It's all right, Don McBain's a friend of mine. I was just wondering what Mitchell's prospects were against Don's latest boy? From what he tells me this young fighter's been doing well up in the north-east.'

Galloway smiled slyly. 'If I was a bettin' man, I'd put me money on Jake Mitchell,' he told him. 'From what I've 'eard, McBain's lad is a rough 'andful but 'e's got a glass jaw. I don't fink 'e'll trouble my man.'

The Inspector took out a large, white five-pound note

from his wallet and handed it to Galloway. 'Put that on your man for me, will you?' he said with a wink. 'I'll call round after the fight.'

Nora Flynn leaned back in her comfortable armchair and closed her eyes. The newspaper she had been reading lay on the floor beside her and her glasses rested in her lap. The accounts of the battles raging in France had made depressing reading and she tried to think of happier things as she let the heat of the fire permeate her aching body. She had been very busy that day going through the house, turning out drawers and clearing out the odd corners. She had polished the silver, scrubbed the kitchen and stairs, changed the front room curtains and generally tried to brighten up the drab, miserable house. When she was finished Nora had felt no better for all the hard work. There was no one to praise her efforts or remark on how nice the place looked except Josephine, and she was hardly ever at home these days.

It saddened Nora that George spent so little time in her company, preferring to go to his room after the evening meal and sit alone with his thoughts, and the inevitable bottle of whisky. For months now he had almost ignored her, treating her merely as a paid housekeeper and forgoing the intimate chats they had once had together. It seemed ages since he had shared her bed, and Nora was beginning to face the hard truth that George Galloway had used her the way he used everyone. She had been available to him when he needed a woman, and that was the beginning and ending of it. She had been silly and foolish to expect more. She was a middle-aged widow, plain and staid, with little physical allure to ignite a man's passion. Why had she allowed herself to be used? she wondered almost desperately. Did she really want to build a new life for herself before it was too late, or was it just loneliness?

A light tap on the door made Nora start. She sat up in

her chair as Josephine looked in. 'Come in, luv, I was jus' takin' a well-earned rest,' she said stretching.

Josephine sat down in the chair facing her and spread her hands towards the fire. 'I saw Charlie Tanner at the station today, Nora,' she said, smiling. 'He was on the first train.'

'Is 'e badly 'urt?' the housekeeper asked anxiously.

'It's a chest wound but he's all right. He's been taken to Woolwich. I'll be able to visit him soon.'

'Have you told your father yet?' Nora asked, her eyes searching the young woman's face.

Josephine shook her head. 'I know I've got to tell him, Nora, but I keep putting it off. I made up my mind that I'd do it tonight but I'm frightened of what he might say.'

'Look, Josie, yer goin' on fer twenty-one,' Nora said firmly. 'Yer've a right ter pick a young man an' go courtin', the same as anybody else. Yer farvver's got the right ter know when yer find that young man, so tell 'im, but let 'im see that yer know what yer doin'. 'E'll be pleased for yer, I'm sure.'

'Do you really think so?' Josephine asked, concern showing in her deep blue eyes.

Nora smiled at her. 'Go an' see 'im now,' she urged. 'Get it over wiv, an' don't ferget what I said. Let 'im see that yer know what yer doin'.'

Josephine stood up and walked to the door. 'Wish me luck,' she smiled, holding up her crossed fingers as she left the room.

Chapter Thirty-six

As soon as the Tanners returned home from the Woolwich Military Hospital, William rounded angrily on his wife.

'I fink yer should 'ave at least waited till the boy was on 'is feet before sayin' what yer did,' he shouted.

'I'm sorry if it upset 'im but 'e's got ter know 'ow I feel about it,' Nellie shouted back. 'Nuffing good's gonna come out of 'im an' that gel o' Galloway's gettin' tergevver. Christ! There's plenty of ovver gels round 'ere wivout 'im gettin' mixed up wiv 'er.'

'Look, Nellie, we've got no right to interfere,' William countered. 'Charlie's entitled ter make 'is own choice. From what 'e was sayin', yer could see 'e finks a lot of 'er.'

'I don't care,' Nellie said, tears welling up in her eyes. 'I don't want a son o' mine marryin' inter the Galloway family. George Galloway's a bad man an' 'e's put 'is mark on 'is children. That bad streak runs in 'em an' I won't 'ave Charlie marryin' inter that lot.'

'But that's silly talk,' William retorted. 'Yer condemnin' the gel wivout knowin' 'er. S'posin' Galloway told 'is daughter ter keep away from our Charlie? Yer'd be up in arms then, wouldn't yer?'

'No, I wouldn't. 'E'd be doin' Charlie a favour,' Nellie said, her voice breaking with emotion.

Carrie had been listening quietly and felt moved to say something. 'She seems a nice enough gel, Mum.'

Nellie turned on her daughter. 'That's right, side wiv yer farvver,' she complained angrily. 'Yer 'ardly know the gel,

501

anyway. I'm tellin' yer, she's a Galloway, an' that's enough fer me. It's bad enough yer farvver 'as to work fer the man wivout Charlie marryin' inter the family.'

William shook his head slowly as he slumped down in his chair. 'I reckon yer upsettin' yerself fer nuffink,' he said in exasperation. 'The lad said 'e likes 'er an' they'll be walkin' out tergevver when 'e gets 'ome. 'E ain't said anyfing about gettin' married. Besides, why all the sudden fuss about me workin' fer Galloway? It's honest work an' I bring in regular wages. That's more than can be said fer a lot o' poor bastards round 'ere.'

'Yer know I've never bin 'appy wiv yer workin' fer 'im,' Nellie replied quickly. 'I've seen yer slave fer 'im fer years, workin' nights an' weekends wiv those sick 'orses. An' what's yer fanks bin? Sod all, that's what. Yer said yerself George Galloway's got no feelin' fer 'is workers. Jus' 'cos you an' 'im ran the streets tergevver once don't mean yer can expect any favours. When it suits him yer'll be put off, an' when that day comes we'll all be out on the street.'

William looked appealingly at his daughter as Nellie hurried from the room. 'What's got inter yer muvver ter make 'er carry on like that?' he wondered aloud.

Carrie sighed and stared down into the fire. 'I s'pose it was the shock o' seein' Charlie lyin' there. 'E did look queer, didn't 'e?' she said quietly.

'I dunno what ter fink,' William sighed. 'It's not like yer muvver ter get upset the way she did. She knows we can't do anyfink if Charlie an' that Galloway gel get tergevver. It's up ter them what they do. I'm jus' wonderin' 'ow George Galloway's gonna react when 'e finds out, if 'e don't know already.'

Charlie Tanner's hopes of being home for Christmas had been dashed when his wound became infected. While he was lying in a haze of pain, he received a visit from Josephine. Now, as he sat propped up in bed against a

502

mound of pillows, he could recall her sitting beside him, holding her cool hand to his forehead. A nurse was putting the finishing touches to a gaily decorated Christmas tree that stood in the centre of the ward and the young soldier watched idly, occasionally lifting his eyes to the high window and watching the dancing snowflakes as they fell against the frosty panes. It was Christmas Eve. Charlie felt warm and comfortable now that the pain had left him and looked forward to seeing Josephine once more. He let his tired eyelids shut out the activity around him, and as he hovered between sleeping and waking he was aware of light footsteps and the scent of lavender as soft lips brushed his forehead. Josephine sat down beside him, and he held her hand in his as she asked him how he was feeling and poured him a drink from the bedside container. She seemed cheerful, he thought, but her striking eyes looked sad, almost melancholic, and he was moved to ask her, 'Is there anyfing wrong, Josie?'

She shook her head but her eyes gave her away. He pressed her soft hand. 'Yer would tell me if there was somefink wrong, wouldn't yer?' he entreated her.

Josephine stared down at the clean white counterpane for a few moments. When she looked up and met his gaze, he knew he had been right.

'It's my father,' she said in a low voice. 'I told him about us and he's forbidden me to see you.'

Charlie looked deep into her troubled eyes. 'Why, Josie?' he asked.

'He said I'm too young to be thinking of courting and he wants me to go to college as soon as the war's over,' she replied.

'Was that all?' he asked. 'Did yer farvver not mention me?'

'That was all he said,' Josephine told him.

Charles shook his head. 'Josie, I'm not a child. I can imagine the rest of it. 'E said yer should marry somebody

503

wiv prospects, somebody who 'ad money an' was able ter provide fer yer. Am I right?'

She nodded, her eyes avoiding his.

'Would yer be surprised if I told yer me own family don't like the idea neivver?' he asked her. 'I told 'em about us last time they came in ter see me. Farvver was all right, but me muvver was shocked, ter say the least. I couldn't understand 'er attitude.'

'I didn't realise how much dislike there was between the two families,' she sighed. 'Why should there be, Charlie? What's happened between them?'

Charlie shrugged his shoulders. 'I wish I knew. My ole man's worked fer yer farvver fer donkeys' years. I jus' can't understand it as far as my folk are concerned. As fer yer farvver, at least there's a proper reason, much as I don't like it. The point is, what d'yer intend ter do about it, Josie?'

Josephine looked at him, her deep blue eyes burning with determination. 'I want us to stay together, Charlie,' she replied in a very quiet voice. 'I want us to be lovers. I want you to hold me and never let me go.'

He smiled and stroked her hand. 'That's the way I feel too,' he said, his eyes staring back into hers. 'There could never be anybody but you. I thought of nuffink else all that time I was in the trenches. I carried a picture of yer in me mind an' it 'elped ter keep me from goin' mad.'

Josephine's eyes brimmed with tears and she gazed at Charlie's hand on hers. 'Every day when I saw the troop trains pull into the station I said a prayer that you'd be kept safe,' she said. 'When I saw you lying on that stretcher I felt I was going to die. I knew then that I wanted to spend the rest of my life with you. I couldn't live without you, Charlie,' she whispered.

The ward sister was ringing a handbell and looking very stern. Josephine got up and leaned over him, her lips meeting his in a soft, tender kiss.

'As soon as you're back from convalescence I want us

to go away somewhere, Charlie,' she said. 'I want us to spend a couple of weeks together, just the two of us. Will you promise?'

He kissed her open lips for answer, and she walked away, turning at the door to wave to him.

Father and son sat facing each other across the highly polished table at number 22 Tyburn Square. Spread out in front of them were the company ledgers and sheaves of paper containing columns of figures. To one side was a whisky decanter which was slowly being depleted. George Galloway toyed with a full glass of Scotch as he pored over the last of the figures Frank had presented him with. The older man's florid face had a set expression and his heavy-lidded eyes did not blink as he scanned the columns. Frank leaned back in his chair and sipped his third drink, feeling irritated by his father's reluctance to make the final decision. How much longer was the silly old fool going to take? he wondered. It was all straightforward and simple to understand. There was the initial outlay, which would be offset by the substantial bank loan he had negotiated, the first year's trading projection and the evidence of the ledgers too. It was all in front of him.

George took a swig from his glass. 'Are yer sure these figures are right?' he asked, looking up at Frank.

The younger man nodded. 'It's time we got moving, Father. We're going to be left at the post if we don't start moving pretty quickly,' he said testily.

'So we sell off 'alf the 'orses, an' buy the four Leyland lorries to start with?' George queried.

'That's right. We can accommodate the lorries in the yard once the carts have gone and we'll start looking for larger premises in the area,' Frank reiterated. 'If I place the order now the lorries will be delivered in January. If all goes well we can increase the fleet at the end of next year.'

George nodded slowly and reached for the decanter. 'I'll

505

give Will Tanner 'is notice as soon as we get the confirmation of delivery,' he said, his face muscles tightening. 'I want 'im out o' the yard as soon as possible. That business wiv young Josie is the last straw as far as I'm concerned.'

Frank stared at his refilled glass thoughtfully. His father had been adamant that Josephine must stop seeing Charlie Tanner and there was no moving him. The girl had gone to her room in tears after the confrontation and his words of comfort had done little to help. Why should his father take such a hard line with Josephine? he wondered. She was old enough to make her own mind up and his attitude was only going to harden her resolve. Something must have happened in the past between the families to make his father so desperate to stop her seeing the Tanner boy. Maybe nothing had, though. It was quite likely the old boy was just being cantankerous, he allowed. He had certainly become terribly moody and short-tempered since Geoffrey's death. Even the birth of Caroline had not cheered him to any great extent. If Bella had presented him with a grandson instead of a granddaughter perhaps he might have shown a little more enthusiasm. He was keen to have a male heir to carry on his name, but it was just one of those things.

It was fortunate he hadn't been present when Bella came out of the hospital, Frank thought. She had made it clear then that she wasn't intending to have any more children and that she was anxious to get back into the theatre as soon as possible. It had been so pleasant during the later months of her pregnancy as well. Bella had become resigned to her condition and had finally stopped worrying about her figure. Nancy boy Hubert stayed away for some time and Frank had been hoping he had seen the last of him, but it was not to be. Hubert was back on the scene now, large as life and as obnoxious as ever.

'Are yer goin' in fer a large family?' George asked suddenly, as though reading his thoughts.

506

'I expect we will,' Frank said, grateful that Bella could not hear the conversation.

'An only child gets spoilt, 'specially if it's a gel,' the old man commented. 'Yer wanna 'ave a few boys. It shouldn't be no trouble fer Bella, she's wide in the girth.'

Frank nodded, thinking that the old man was getting her mixed up with one of his horses. 'She'll be wanting to get back to the stage as soon as she can,' he told his father.

'I wouldn't be in too much of an 'urry ter let 'er get back if I was you, Frank,' George said sternly. 'She'll 'ave ovver responsibilities now. Yer muvver never left you an' young Geoff. She was a good woman.'

Frank nodded sadly and clenched his hands under the table. It was always the same when his father had too much drink inside him. He pushed back his chair. 'I'd better be off if I'm going to get the last train,' he said quickly.

George did not look up as his son bade him goodnight. The whisky was beginning to depress him and his mind was already dwelling on an unpleasant matter.

Christmas came and went. There was little festivity in the Tanner household. Nellie had been very quiet and moody. As she sat in the parlour her eyes would constantly stray to the photograph of James, which she had shrouded with a piece of black velvet, and the Christmas card which Danny had sent from his rest camp. William had gone to the Kings Arms on Christmas morning to sit with Daniel Sullivan and Fred Dougall, their thoughts far removed from Yuletide revelry. The piano player sipped his beer and played in subdued fashion, while around the bar eyes glanced furtively in the direction of the three sad men. Alec and Grace Crossley served up pints and chatted quietly with their customers, aware of the silent grief prevailing in the little bar. There was no bawdy laughter, and unlike other Christmas mornings no one stood beside the piano and sang in a strident voice.

Carrie felt it had been the most miserable Christmas she had ever known and was glad to get to work once more. She had been hoping that Charlie would be home in time for Christmas but he had been too ill, and with her vivacious younger brother away as well the house had seemed deathly quiet. Her mother's strange behaviour had been puzzling her, and as she served teas and took the orders for food on her first morning back Carrie was lost in thought. She continually served up the wrong food and forgot to relay orders to Fred, receiving more than a few frosty looks from the impatient customers. Fred had not failed to notice how distracted she was, and when the café emptied took her quietly to one side.

'Yer seem miles away, Carrie. Is everyfing all right?' he asked her gently.

She nodded and forced a smile. 'It's jus' bin a miserable Christmas,' she said. 'I'll be all right termorrer.'

William was busy in the newly built small stable, replacing a bandage on one of the Clydesdales. The massive horse had kicked out while in the shafts the previous day and had damaged a back tendon, causing the yard foreman an awkward problem. The two Clydesdales pulled a heavy dray which hauled rum kegs from the London Dock to Tooley Street, and they always worked as a team. He had to choose whether to pair the other horse with one of the Welsh cobs or else send it out with a single-horse cart. William had decided that it might be wiser to give it a rest from heavy hauling until its partner had recovered and so the Clydesdale was harnessed into the small van.

All day long the massive horse trudged around unfamiliar streets, driven by a carman who was more used to the sprightly cob and who became increasingly impatient with the heavy horse's constant plod. Neither the whip nor the carman's blasphemous tongue intimidated the animal which trudged on in its usual way, missing its partner and the smell of rum as the dray was loaded on the quay. The small cart it was tethered to now was hired daily to transport treated leather from a Long Lane tannery to various leather workers, and the massive horse was hardly aware of the two-ton load it was pulling. The impatient carman did not appreciate that the Clydesdale was built for power and not speed. Normally he would hurry around his regular deliveries, picking up a few coppers in tips on the way, and then spend a spare hour in a local coffee shop before returning to the yard. With the Clydesdale there was no spare time left at the end of the day, and it was almost five o'clock by the time he drove the van into Jamaica Road.

There was one more stop the carman always made before driving into the yard and that was to buy a paper from Solly Green and exchange a few words with the grizzled ex-boxer who always stood at the top end of Page Street. The carman normally slung the reins across the back of the Welsh cob, and it would not set off until it felt him stepping on to the shafts as he climbed into the dicky-seat. He had never used the wheel-chain with the cob, and did not think to anchor the wheel on this occasion. The Clydesdale was not used to waiting with slack reins and it leaned forward to test the resistance from the chain. The carman realised his mistake too late. The horse had smelt the stable and it set off, eager to dip its nose into the water trough and settle down in fresh straw.

William had finished parking the carts and as he crossed the yard he suddenly saw the Clydesdale clopping down the turning with its reins trailing on the cobbles and the carman running behind, trying to catch it up. The yard foreman's first thought was to grab hold of the reins and slow the animal in case anyone got in its way. He raced from the yard and reached the beast just as the carman grabbed at the reins, making the horse veer towards the kerb. The nearside shaft caught William full in the chest and he was thrown

509

violently on to the pavement. The carman quickly managed to stop the cart and rushed over to the gasping foreman.

'I'm sorry, Will. It took off on its own,' he said fearfully as he bent over him.

Florrie Axford had heard the commotion and was outside in a flash. 'Don't touch 'im!' she shouted at the frightened carman. 'I fink 'e's broke 'is ribs.'

William was ashen-faced as he staggered to his feet, holding his chest. 'I'm all right,' he gasped, racked with a knife-like pain as he breathed. ''Elp me indoors, Flo.'

The carman was sent to fetch Doctor Kelly. Meanwhile Nellie and Florrie eased the injured foreman into a chair and removed his shirt with difficulty. The elderly doctor soon arrived and looked stern as he gently prodded and pushed.

'You're a lucky man, Tanner,' he announced as he finally stood up straight. 'You've got a couple of cracked ribs. It could have been much worse. I'll put a tight strapping on. It'll ease the pain, but you'll need to lie up for a couple of weeks.'

That evening Frank Galloway looked in on his way home and seemed sympathetic as he chatted with William. 'Don't worry, we'll get Mitchell to take over for a couple of weeks. You just take it easy,' he said as he left.

The fire had burned low and the ticking of the clock sounded loudly in the quiet room. William had been helped up to bed earlier and was sleeping fitfully, propped up with pillows. Carrie had finished the ironing, cleared out the copper grate and laid it ready for the morning before going off to bed herself, leaving her mother sitting beside the dying fire. Nellie frowned and chewed her lip as she stared at the glowing embers. It seemed strange seeing Galloway in the house, she thought. In all the years her husband had worked at the yard, this was only the second occasion a Galloway had graced the house with his presence. The first time had been many years ago now and it was the memory of that

510

visit which filled Nellie with loathing for George Galloway. Fate had decreed that the lives of the two families would be interwoven from the very beginning, and now the threatened union between Charlie and the Galloway girl felt like a cord tightening around her neck to choke the life out of her. She could never allow it to happen, whatever the cost.

At eleven o' clock the following morning George Galloway made his second visit to the Tanner household. He looked tense in his heavy worsted overcoat with the astrakhan collar pulled up close around his ears. His face was flushed, and he leaned on a cane walking-stick as he removed his trilby and ran a hand over his grey sleeked-back hair. He refused the offer of a seat and stood beside the table instead, looking down at William as he reclined in an armchair.

''Ow's the ribs?' he asked, frowning.

'Painful,' William replied, knowing instinctively that the time had come.

'I'm sorry ter 'ave ter tell yer, Will, but I've got ter put yer off,' Galloway said. 'We're finally gettin' the lorries, an' the 'orses'll 'ave ter go. I'm givin' yer two weeks' wages an' a little bonus.' He put a sealed envelope down on the table.

Nellie looked at her husband and saw the blank expression on his pale face, then she stared up at Galloway, her eyes hardening. 'Couldn't yer wait till Will was on 'is feet before tellin' 'im?' she said cuttingly.

Galloway returned her hard stare. 'I would 'ave done, Nell, but I need the 'ouse. I've got a motor mechanic startin' in two weeks' time an' 'e'll need a place ter live.'

William looked up dejectedly at the bulky figure which seemed to fill the tiny room. 'Yer not givin' us much time,' he said.

Nellie was shocked by her husband's quiet manner and felt cold anger rising in her own stomach. 'Is that all yer've got ter say, Will?' she complained. 'Yer've bin a good servant fer more than firty years an' now yer bein' chucked out o' yer job an' yer ouse, an' all yer can say is, "Yer not givin' us much time." Christ, I can't believe yer can be so calm!'

William looked appealingly at his wife. 'We knew it was gonna come,' he told her. 'What d'yer expect me ter do, beg fer me job?'

Nellie turned her back on her husband and glared at Galloway. 'Two weeks. Two weeks ter clear orf after 'e's done a lifetime's work fer yer,' she said bitterly. 'Years of lookin' after those 'orses an' keepin' yer business goin', an' that's all the time 'e gets. Yer a cruel, unfeelin' man, Galloway. Yer jus' use people. Yer taint everyfing yer come near. I'll be glad ter be done wiv yer, by Christ, an' I'm glad my Will won't 'ave ter be at yer beck an' call any longer. Yer not welcome 'ere, so I'd be obliged if yer left.'

Galloway walked to the door and turned suddenly. 'It'll be fer the best,' he said, a dark glitter in his eye. 'I wish yer good luck, Will.'

Nellie turned away as Galloway walked out, and closed the front door behind him. She flopped down in the chair facing her husband and lowered her head, covering her falling tears with her hands.

'It's not fair,' she groaned. 'Yer should 'ave told 'im, Will. It's jus' not fair.'

'Life's not fair, Nell,' he said quietly. 'I've always done me best an' I couldn't do more. I wasn't goin' ter plead fer me job, it'd make no difference anyway. 'E's always bin 'ard. I dunno, p'raps it's the life 'e's 'ad. There's jus' no compassion in the man.'

'But yer 'ad no start in life yerself,' she reminded him. 'Yer was a waif the same as 'e was. At least yer didn't turn out like 'im, fank Gawd.'

Her body shook as she sobbed bitterly. She knelt down by her husband's chair and dropped her head into his lap. 'What'll we do now, Will? Where can we go?' she sobbed.

He winced as the pain started up again in his chest. 'Don't worry, gel. We'll get a place,' he said softly. 'I'll go an' see 'em at the estate office in Jamaica Road in a day or two. They'll 'ave somefink fer us, I'm certain.'

'What's Carrie gonna say?' Nellie asked, looking up at him. 'An' what about the boys? Charlie's gonna be 'ome soon, an' young Danny, please Gawd. This is the only place they've ever known.'

William did not answer. He stroked his wife's head as he looked around the tiny room, feeling as though the floor had fallen away from him. It wouldn't be easy to get a job at his age, he realised, and there wouldn't be many empty houses like the one they were living in at the moment. The alternative was too bad to think about. He sighed deeply as he stroked Nellie's long fair hair, unaware of the secret anguish she was suffering.

Chapter Thirty-seven

Ten days later William Tanner walked slowly back along Page Street, his chest still heavily strapped and his head hanging down. He had tried all the local estate offices and the only choice he had been given was a two-bedroomed flat in Bacon Street Buildings. It would have to do for the time being, he told himself. Nellie and Carrie were not going to be very pleased but the only alternative was the workhouse and that was unthinkable. It might not be too bad once the women put some curtains up and cleaned the place. Nellie knew a few of the people who lived in the buildings and it was only around the corner from Page Street. It could be worse, he thought.

Nellie was standing at the door, and as he approached her knew by the look on his face that her worst fears had been realised. Her eyes met his and his answering nod needed no clarification. She could see how dejected and tired he was and her heart went out to him.

'Sit yerself down, Will. I'll get yer a nice cuppa,' she said consolingly. 'It won't be so bad. It'll do us fer a while, anyway. We'll get somewhere better before long, you'll see.'

She had just poured the tea when there was a loud knock. She heard a deep chuckle as William opened the door and then Sharkey Morris walked into the room.

''Ello, gel. 'Ow the bloody 'ell are yer?' he asked, his thin, mournful face breaking into a wide grin.

Nellie poured him a cup of tea as he made himself comfortable. The irrepressible carman looked enquiringly from one to the other. 'I 'eard the news from one o' Galloway's carmen,' he told them. 'What a bloody dirty trick! I 'ope the 'oreson chokes on 'is dinner ternight. After all those years yer bin wiv 'im. I'm glad I got out when I did.'

William smiled and stretched out his legs in front of the fire. 'It's nice o' yer ter call round,' he said.

'I was passin' by an' thought I'd drop in. I've gotta pick up a load o' corned beef from Chambers Wharf so I left the cart at the top o' the turnin',' Sharkey explained. He paused for a moment. 'I was very sorry ter 'ear about Jimmy. I understand young Charlie's on the mend though,' he added quickly, seeing the sad look on both their faces. 'I expect Danny'll be 'ome soon as well, please Gawd. Anyway, the reason I called round was, I thought yer might like a bit of 'elp wiv yer removals. I can use the cart, long as I let ole Sammy Sparrer know.'

'Well, that's very nice of yer, Sharkey,' Nellie said, patting his shoulder fondly. 'We're movin' inter Bacon Street Buildin's on Friday.'

William noticed the carman's faint grimace and smiled briefly. 'Yeah well, there was nuffink else goin'. It was eivver the buildin's or the work'ouse,' he said, sipping his tea.

'I'll be round about four o' clock then, all bein' well,' Sharkey informed them. 'I'll get ole Soapy ter give me an 'and. 'E won't mind.'

''Ow is 'e?' William asked. 'Still makin' a nuisance of 'imself, I s'pose.'

Sharkey put down his cup and took out his cigarette tin. ''Ere, I gotta tell yer. Soapy's got 'isself in trouble again,' he said, grinning. 'It all started the ovver week when Scatty Jim told the blokes 'e was gonna get married.'

'Who's Scatty Jim?' Nellie asked with a chuckle.

''E's one o' the carmen,' Sharkey replied. ''E's mad as a march 'are. Anyway, when Scatty told the blokes 'e was gonna get spliced, our Soapy decided ter get a collection up. So when all the carmen got their wages on the Friday,

516

Soapy's standin' outside the office shakin' this bag. All 'e's got in there is nuts an' bolts an' a few washers. "C'mon, lads, chip in fer Jimbo," 'e's callin' out. Anyway, all the carmen make a show o' puttin' a few bob in, an' Scatty's standin' back rubbin' 'is 'ands tergevver. Yer can imagine what it looked like. The bag's gettin' 'eavier an' Soapy keeps winkin' at Scatty. "There'll be a nice few bob 'ere when I'm finished, Jimbo," 'e tells 'im. One o' the carmen pretended ter put a ten-shillin' note in the bag an' Scatty's eyes nearly popped out of 'is 'ead. Now on top of all this palaver, Soapy managed ter get 'old of an accordion case. There was no accordion inside it but as far as Scatty was concerned it was kosher. Well, Soapy cleaned up the case an' tied a bit o' ribbon round it an' over the top o' the lid, an' all week it was on show in the office. Now Scatty's waitin' fer the collection, yer see, but Soapy tells 'im that before 'e can 'ave it an' the accordion 'e's gotta bring 'is marriage lines in ter show the blokes on Monday mornin'. None o' the carmen believe 'e's really gettin' married an' they wanna prolong the poor sod's agony.

'Now ter cut a long story short, come Monday mornin' Scatty walks in to the yard wiv a bloody great suitcase. 'E told the blokes that 'is young lady's muvver who 'e was lodgin' wiv chucked 'im out after 'er daughter give 'im the elbow. Poor sod looked really upset. The blokes was all laughin' an' one put an axe frew the "accordion" in front o' Scatty, an' ter crown it all Soapy was shakin' the bag an' tellin' everybody ter line up and get their money back.'

Nellie was holding her hand up to her mouth as she listened, her face changing expression as the story unfolded. 'Ah, fancy 'avin' the poor bloke on like that. Yer should be ashamed o' yerselves,' she said with mock seriousness.

Sharkey finally finished rolling his cigarette. 'That wasn't the end o' the story,' he went on with a big grin. 'When Scatty got back ter the yard that evenin' 'e picked up 'is suitcase from the office an' walked out o' the place wiv a face as long as a kite. All the blokes were clappin' 'im an' givin' 'im a right ribbin', an' ter crown it all Soapy follers 'im ter the tram-stop an' stands there tryin' ter cheer 'im up. Well, when the tram pulls up there's no more room, an' as it pulls away from the stop Soapy chucks the poor bleeder's suitcase on. Scatty goes chasin' after it, 'ollerin' an' 'ootin' − it was so bleedin' funny. Anyway, when it pulls up an' the conductor jumps down ter change the points, Scatty climbs aboard ter get 'is case and now the conductor finks 'e's tryin' ter pinch it an' grabs 'im. Somebody fetched a copper an' they run the poor sod in. Mind yer, 'e finally convinced 'em it was 'is case an' they let 'im go.

'By this time Scatty's just about 'ad enough. Anyway, next mornin' 'e come ter work wiv a chopper under 'is coat an' soon as 'e claps eyes on Soapy 'e goes fer 'im, swearin' 'e's gonna put the chopper in 'is bonce. The blokes managed ter calm 'im down but every time Scatty sets eyes on Soapy 'e leers at 'im an' points to 'is 'ead. Soapy's scared out of 'is life. 'E's convinced 'e's gonna get choppered when 'e's not lookin'.'

The house was filled with laughter and Nellie wiped her eyes on the edge of her pinafore. 'Well, all I can say is, if Soapy does get choppered, 'e thoroughly deserves it,' she gasped.

Sharkey got up and dusted tobacco from his coat. 'Well, I'd better be orf,' he announced. 'I'll see the pair o' yer Friday, an' if Soapy's still breavin' I'll bring 'im along as well. So if yer see a chopper stickin' out of 'is bonce, take no notice.'

When the word got around the little turning that the Tanners were leaving, Nellie's old friends gathered together in Florrie Axford's parlour.

'Now we all know Nellie's bein' kicked out,' Florrie said, tapping on her snuff-box. 'I fink us ladies should try an' do somefink ter show Nellie we're still 'er friends.'

'Nellie knows that already,' Maisie cut in. 'She's known us long enough.'

'Well, I fink this is a time when we need ter prove it,' Florrie told her. 'I reckon we should put our 'eads tergevver an' try ter fink o' somefink really nice.'

'We should go in the yard an' cut Galloway's froat,' Sadie suggested.

Aggie was stirring her tea thoughtfully. 'Why don't we club tergevver an' get 'er a little present?' she said suddenly.

'I'm not tryin' ter be funny, Aggie, but I don't fink we've got more than a few coppers between the lot of us,' Florrie said, placing a pinch of snuff on the back of her hand. 'All we're gonna get 'er wiv that is somefing orf Cheap Jack's stall. No, we've gotta fink o' somefing really nice.'

'I've got a nice pair o' green curtains I bin keepin'. She could 'ave them,' Maudie said.

'An' I've got a lace tablecloth in me chest o' drawers,' Maggie Jones added.

Florrie sneezed loudly and dabbed at her watering eyes. 'Nellie wouldn't be 'appy takin' our bits an' pieces,' she remarked. 'C'mon, gels, we can do better than that. Let's get our finkin' caps on.'

'I know somefing we could do, somefink very nice,' Ida Bromsgrove said suddenly.

All the women stared at her and Florrie got out her snuff-box once more as Ida paused for effect. 'Well, go on then, Ida, put us out of our misery,' she said impatiently.

Ida looked around at the assembled women. 'Why don't we go ter Bacon Street Buildin's an' give Nellie's flat a good doin' out before she gets there?'

'What a good idea!' Florrie exclaimed. 'We could give the floorboards a good scrubbin'.'

'An' we could clean 'er winders an' put a bit o' net up,' Aggie said quickly.

'We could wash the paintwork down wiv Manger's soap an' run a taper roun' the skirtin',' Maisie added.

'We could clean the closet wiv some o' that carbolic acid. It brings them stained piss'oles up a treat,' Maggie remarked.

'Right then,' Florrie said loudly. 'Are we all agreed?' Voices were raised in unison and she held up her hands. 'Now we gotta plan this prop'ly. We know the Tanners are movin' on Friday afternoon. What we gotta do is get in that flat first fing Friday mornin'. One of us will 'ave ter collect the key.'

'Will they give it ter one of us?' Maisie asked.

'S'posin' Nellie goes round 'erself in the mornin'?' Aggie suggested.

The women all ended up looking enquiringly at Florrie who pulled on her chin thoughtfully for a few moments.

'Look, I'll 'andle that side of it,' she told them finally. 'You lot be outside the buildin's at nine sharp, all right? An' don't ferget ter bring the cleanin' stuff. I'll make us anuvver cup o' tea while yer decide who's bringin' what.'

Carrie left the house on Friday morning feeling very sad. Her few personal belongings had been parcelled up and left alongside those of her brothers. The bundle did not amount to very much, though one letter had evoked such emotion that Carrie tucked it into her handbag and carried it to work with her. It was a childish note from Sara Knight which had been passed from desk to desk, via the Gordon brothers who had both managed to get to school that morning. The thank-you letter said how much Sara had enjoyed the day at the farm and the lovely trip on top of the hay cart. It also said that Carrie would be her best friend for ever and ever. How much had happened since those happy, carefree days, Carrie thought, remembering the trips with her father, the smell of fresh straw and the noises in the dark upper stable as she went with her father to see the animals. She clenched her fists tightly as she walked along to the dining rooms, and thought about the vow she had taken as she looked around the house for the last time. One day she would pay George Galloway back for the way he had treated her father. And one day she would have enough money to look after both her parents and take them away from the squalor of Bacon Street Buildings.

On Friday morning Florrie Axford got up very early, and as soon as she returned from her cleaning job knocked at Nellie Tanner's front door.

'Is there anyfink yer want me ter do, Nell? I could 'elp yer wiv the packin' if yer like?'

Nellie shook her head. 'Fanks fer the offer, Flo, but it's near enough all done. I'm jus' waitin' fer the van ter call.'

'When yer collectin' the key?' Florrie asked as casually as she could.

'There's no rush. Sharkey won't be 'ere till this afternoon. Will said 'e's gonna call in the office after dinner.'

'Well, I'll let yer get on then,' Florrie said.

The Page Street women's deputy made her second call of the morning and was angered by the young man who stood facing her over the counter.

'I'm terribly sorry, Mrs Axley, but . . .'

'Axford,' she corrected him.

'Well, I'm sorry Mrs Axford but I can't give the key to anyone but the person who signed the tenancy forms,' the young man informed her, looking awkward. 'It's the rules, you see.'

'Sod yer rules,' Florrie said in a strident tone. 'I live in Page Street an' I'm sodded if I'm gonna walk all the way back there ter tell Mrs Tanner that yer won't let me 'ave the key. Like I said, she's got 'er ole man down wiv the flu an' she can't get up 'ere 'erself. She said yer was a very nice young man an' yer'd be only too glad ter let me 'ave the key. I'm beginnin' ter fink she made a mistake. Yer not very nice at all. Yer don't care that 'er 'usband's very poorly an' she don't know which way ter turn. Movin's a very nasty

521

business, 'specially when yer movin' inter a poxy 'ole like Bacon Street Buildin's. Still, if yer won't budge, I'll jus' 'ave ter speak ter yer manager. I'm sure 'e'll be a little more understandin'. Will yer go an' get 'im, if yer please?'

The young man scratched his head, feeling very embarrassed. It was only his first week at the office. He recalled the advice the manager had given him: be helpful and don't be afraid to use your own initiative. Well, the manager was out of the office and he had been left in charge. Mrs Axford seemed a genuine enough lady, even if her tongue was rather sharp. He would have to make a decision.

'All right, Mrs Axley . . .'

'Axford.'

'All right, Mrs Axford, I'll give you the key, but you must promise me you'll give it to Mrs Tanner immediately,' the young man said firmly.

'Cross me 'eart an' 'ope ter die,' Florrie said with mock reverence.

The young man passed over the key with a flourish and Florrie smiled at him.

'I fink yer a very nice man after all,' she said graciously, 'an' I shall tell the manager so, soon's I see 'im.'

There was one more little lie to tell, Florrie thought as she walked quickly back to Page Street. The church clock showed five minutes to nine when she walked in the turning and knocked at Nellie's front door once more.

'Sorry ter trouble yer, luv, but the man from the estate office knocked at my door by mistake an' I told 'im I'd pass the message on,' she said. ''E said ter tell yer not to worry about callin' in the office fer the key, as 'e's gotta go ter the buildin's ter do some inspectin' an' 'e'll leave it wiv the porter. All right, luv?'

'Well, that's a journey saved, Flo,' Nellie replied. 'Got time fer a cuppa?'

Normally Florrie would have accepted but she had visions of women marching up and down Bacon Street with brooms and mops over their shoulders. 'No fanks, Nell,' she said quickly. 'I've gotta get over uncle's right away before 'e 'as a chance ter put that ring o' mine in the winder. The bleedin' pledge was up yesterday, an' yer know what ole Beckford's like. 'Is arse is always makin' buttons.'

Florrie hurried along the street and turned left at the end. The gloomy building loomed up large and forbidding against the tidy little houses. Her friends were gathered together with folded arms outside the first block.

'Right then, up we go,' Florrie said, leading the way up a long flight of rickety wooden stairs. The walls were shedding plaster and there was a large sooty mark around the bare gas jet. The first narrow landing led along from the head of the stairs to another similar flight. On the second landing Florrie stopped to catch her breath. 'C'mon, gels, one more flight,' she said encouragingly to her friends as they followed, puffing with exertion.

There were four flats on the landing and Florrie went to the door directly at the head of the stairs and inserted the key.

'Good Gawd! Look at the state of it,' Sadie exclaimed as she went inside. 'We're gonna 'ave our work cut out 'ere.'

'It looks like it's bin used as a bleedin' stable,' Aggie remarked.

'It smells like a bleedin' stable,' Maisie cut in.

'Open that bloody winder, fer Gawd's sake,' Florrie commanded.

The two bedrooms proved to be even more filthy, and when Florrie looked into the tiny scullery which led directly from the front room, she shook her head sadly.

'I thought our places were bad enough but compared ter this they're bleedin' palaces,' she murmured.

Beneath the scullery window there was a small sink and a copper. Facing the sink was an iron gas-stove which was caked in grease, and beyond the stove a door leading to the toilet.

'D'yer realise yer could sit on the pan an' cook a meal at the same time,' Maggie remarked. 'I reckin it's bloody disgustin'.'

'Well, c'mon then, let's get started,' Florrie said bravely, filling a galvanised pail and putting it on the gas-stove to heat up.

The women set to work. Maisie cleaned the windows, Maggie cleared out the hearth and blackleaded the grate, and Sadie started scrubbing the bare floorboards. Florrie rolled up her sleeves and tackled the filthy gas-stove, while Maudie pottered about with a wet cloth around the woodwork.

Ida Bromsgrove realised that her bright idea had given everyone a mammoth task as she got down on her knees and helped Sadie with the scrubbing. 'D'yer remember the time we all went on that outin' an' Nellie brought us all 'ome after ole Soapy Symonds got pissed?' she said with a chuckle.

Sadie leant back on her heels and ran her hands across her forehead. 'Do I! Remember those pair o' toffee-nosed ole cows I nearly set about, Ida?' she laughed.

Ida jerked her thumb in the direction of Aggie who was busy with a toilet-brush. 'Remember when we all lifted 'er in the cart an' she was frightened we was gonna drop 'er? What a day that was,' she said, grinning.

Suddenly there was a loud banging on the front door. Maudie looked worried as she hurried over to open it and was confronted by a large, middle-aged man with a walrus moustache.

'What you lot doin' in 'ere? he demanded.

'We're doin' a bit o' cleanin' fer Nellie,' Maudie said meekly.

'Oh, is that so?' the man said haughtily. 'Well, I'm Mr Pudsey the porter an' I'm in charge o' this 'ere buildin'.'

'Please ter meet yer, Mr Pudsey, I'm sure,' Maudie replied.

The porter hooked his hands through his braces and glared around at the women. 'Yer'll 'ave ter leave,' he said in a loud voice. 'Yer should 'ave come an' seen me before yer decided to stroll into the flat.'

Sadie got up and made for the door with a malevolent look in her eye but Florrie beat her to it.

'I'm Florrie Axford an' I'm in charge o' this lot, so anyfing yer got ter say yer can say ter me,' she told him firmly.

'Yer'll 'ave ter leave is what I'm sayin',' the porter said, eyeing her warily.

'Oh, that's what yer sayin', is it?' Sadie growled over Florrie's shoulder. 'Well, yer can piss off orf out of it. We're cleanin' up this pigsty an' that's that.'

The porter knew all about the Sullivans and he stepped back a pace. 'I've got me job ter do, missus,' he said in a less commanding voice.

'Yeah? An' we've got our job ter do, so why don't yer leave us ter get on wiv it?' Sadie berated him.

Florrie had often found herself acting as the leader not least because of her guile and cunning, and on this particular Friday morning she was not found lacking. 'All right, Sadie, jus' get on wiv yer scrubbin',' she said quietly. 'Me an' the buildin's manager are goin' ter 'ave a little chat.'

Albert Pudsey had been called a few names in his time by the tenants of Bacon Street Buildings but never a 'manager'. He brushed his hand across his bushy moustache as Florrie slipped out on to the landing and pulled the door half closed behind her.

'I've often seen yer pass me winder an' I never knew yer was the manager o' these building's, Mr Pudsey,' she remarked. 'I was only sayin' ter Mrs Dougall the ovver day, "Maisie," I ses, "who's that big fella walkin' up the street?" An' Maisie ses ter me, "Yer know, Flo, I fink 'e's a copper, one o' them plainclothes coppers." 'Ave yer ever bin in the police, Mr Pudsey?'

The porter shook his head. 'Nah. I used ter be on the roads, before I got this job,' he said, throwing out his chest.

'A commercial traveller?'

'Nah, I used ter dig 'em up,' he told her.

'What, the roads?' she asked innocently.

The porter was not sure whether the woman was making fun of him or whether she was just tuppence short of a shilling. He backed away. 'Look, I've got me rounds ter do,' he said. 'Don't ferget ter make sure that door's shut when yer leave.'

Florrie gave him a big smile. 'All right, Mr Pudsey. Jus' leave it ter Auntie Flo. Oh, by the way, the manager at the office said you'd 'ave ter see Mrs Tanner in, so I'd better drop the key through yer letterbox. She should be 'ere about five o'clock.'

Later that morning the porter watched the band of weary women marching away and shook his head slowly. 'It's gettin' bloody worse round 'ere,' he muttered.

The following Monday morning Carrie arrived at Fred Bradley's and took her place behind the counter. All day the usual comings and goings went on, and as she served the teas and coffees, took the food orders and tidied the tables, Carrie's mind was racing. She had decided what she was going to do now and there could be no turning back. It was a decision born of desperation but her inner feelings told her that it was the right one, the only one. She would have to be bold and straightforward. There must be no misunderstanding.

She felt a churning in her stomach as she walked resolutely into the back kitchen after Bessie Chandler had left, and sat down at the freshly scrubbed table.

Fred was hanging up the pots and pans and looked at her in surprise. 'I expected yer ter be makin' buttons ter get away, Carrie,' he said, smiling. 'Yer look as though yer don't fancy the prospect o' goin' 'ome ter Bacon Street Buildin's.'

526

Carrie stared down at her fingernails and took a very deep breath. 'There's somefing I wanna ask yer, Fred,' she said, her eyes coming up to meet his.

He sat down facing her, concern on his face. 'Yer not gonna ask me ter let yer leave, are yer?' he said quickly.

She looked down at her hands and then fixed him with her eyes again. 'Yer told me some time ago that yer wanted ter marry me. D'yer still feel the same way?' she asked quietly.

Fred dropped his gaze momentarily. 'There's no need ter ask, Carrie,' he replied. 'I could never change the way I feel about yer.'

'Well then, I will marry yer, Fred,' she said, her voice quavering.

He stood up, his eyes open wide and his mouth hanging open. 'Christ! I don't know what ter say,' he gasped, holding his hands out to her.

Carrie stood up and walked around the table and the next instant she was in his arms. She closed her eyes tightly as he kissed her cheek.

She had spent the whole day thinking about her decision and was convinced she was doing the right thing. For a long time now Fred had been more than just an employer. He had become a very good friend. She was almost twenty-seven and at that age most of the girls she knew were already married with children. She had had no one special in her life since Tommy, and her mother was always asking her when she was going to find a steady lad. Carrie was aware that it would be difficult to find another man as good as Fred. The dining rooms could soon be improved, and with a little thought and a lot of hard work there was no reason why she should not be able to earn enough money to take care of her parents. She had vowed not to let them spend the rest of their lives in that rotting tenement block. Fred was stroking her back tenderly as she nestled in his arms and she said a silent prayer.

'Yer've made me very 'appy,' he said, releasing her and looking into her blue eyes. 'I jus' can't believe it!'

Carrie took his hands in hers. 'I've bin doin' a lot o' finkin' an' I realised I couldn't keep yer waitin' too long,' she said. 'I like yer very much, Fred, an' I can learn ter love yer, I know I can.'

'I'll make a good 'usband an' I'll take care o' yer, Carrie,' he said with feeling. 'One day yer'll know that yer love me. We both will. Now what about a nice cup o' tea ter celebrate?'

She laughed warmly. 'Yer a lovely man, Fred Bradley,' she said.

Chapter Thirty-eight

One evening early in February Charlie Tanner walked into block A of Bacon Street Buildings and slowly climbed the stairs. The crumbling, insanitary tenement was not unfamiliar to the young veteran. He had played in and out of the blocks when he was a lad and many times had felt the boot of an angry porter on his backside. The place looked smaller now, and even more dilapidated. The walls had become more cracked, the gas-jet had lost its mantle and glass shade, and paint was peeling from the front doors.

Charlie was completely out of breath by the time he reached the third floor and knocked on the door of number 9. When Carrie threw her arms around him, he grinned sheepishly. 'So this is where we're livin' now, is it?'

She took him by the arm. 'Look who's 'ere, Ma,' she called out.

Nellie came hurrying out from the scullery, her face flushed with the heat. She embraced Charlie, smiling, and stood back, still holding on to his arms.

'Yer've lost weight, son,' she said, looking him up and down. 'Sit yerself down by the fire an' I'll get yer a nice cuppa. Dinner won't be long.'

'Where's Dad?' he asked.

''E's gone off ter work,' Nellie told him, and saw his puzzled look. 'Yer farvver's workin' as a night watchman fer the borough council. It's only fer the time bein'. There's nothing else about at this time o' year, he lined up fer hours at the labour exchange. 'E'll get somefink better soon, I 'ope. Trouble is, 'is age. 'E's sixty next birthday.'

Nellie went back into the scullery and Carrie sat down in the chair facing her brother. 'Are yer prop'ly better, Charlie?' she asked.

He nodded. 'Just a bit breathless at times, but the doctor tells me it'll pass.'

'Tell yer bruvver the good news, Carrie,' her mother called out.

'I'm gettin' married in April,' she said, smiling.

'Who's the lucky man?' Charlie asked with a look of surprise.

'It's Fred Bradley.'

''E's a bit older than you. Yer not worried?' he asked her.

'Fred's a good man. I'm gonna be 'appy wiv 'im, Charlie,' she said, pulling her legs up under her.

'Well, that's all that counts, Sis,' he said, smiling.

Carrie gazed at him as he looked slowly around the room. He had lost weight and his face had grown thinner. He looked much older, she thought.

'This isn't a bit like our old 'ouse, is it?' he remarked.

'Florrie Axford an' some o' the women cleaned it all out fer us,' Carrie told him. 'Mum was really surprised. It was very nice of 'em, wasn't it? The people round 'ere 'ave bin really good. Yer remember Sharkey an' Soapy who used ter work at the yard? Well, they borrowed a cart ter move us. They got the bedroom furniture out frew the upstairs winder an' Soapy smashed one o' the panes o' glass. Mum was a bit worried but 'e said if Galloway ses anyfink about it, tell 'im the removal men done it an' 'e'll 'ave ter claim orf o' them.'

Nellie came into the room carrying a large pot and started to serve up the mutton stew. 'I've bin keepin' this 'ot. I 'ad ter do it earlier 'cos o' yer farvver,' she said, holding her head back from the steam. When he had wiped his plate clean with a piece of bread, Charlie leant back in his chair and rubbed his stomach. 'I've bin missin' yer cookin', Ma,' he grinned.'It's a lot better than the muck we got in France.'

Nellie smiled at him and then her eyes strayed over to the shrouded photograph of James on the wall and the photos lining the mantelshelf. 'I wonder 'ow young Danny is?' she said anxiously. 'It's bin a long time since we've 'eard from 'im.'

''E'll be all right. The war won't last much longer,' Charlie replied encouragingly. 'I should fink Danny'll be in a rest camp by now. 'E's done 'is time in the line.'

The two women started to clear the table while Charlie made himself comfortable by the fire. He had been thinking about telling his family that he had spent a few days with Josephine in Ramsgate after leaving the hospital but had decided against it. Now that his father had lost his job and the family had had to leave the old house, they would naturally be bitter towards the Galloways. It made Charlie sad to think about his father and how he must feel ending up as a night watchman. He was skilful and experienced with horses, but men like him were a dying breed now. In a few years' time the roads would be full of lorries.

Charlie could hear the clatter of crockery coming from the scullery and the women's voices chattering, and he thought about Carrie's forthcoming marriage to Fred Bradley. She had often talked about him and said what a decent man he was, but she had also said he was a bit set in his ways and old-fashioned. What had made her suddenly agree to marry him? he wondered. Maybe she wanted to put herself in a position where she would be able to take care of their parents. It was just the sort of thing Carrie would do. Well, Fred Bradley had better take good care of her, he told himself, or he would have her two brothers to answer to.

Nellie and Carrie joined Charlie around the fire and

began chatting about everything that had been happening. They talked of the fire at the yard and the body that was found in the ashes, and Nellie spoke about the trial of Sammy Jackson which had taken place the previous week.

'Accordin' ter what yer farvver 'eard, the police didn't fink Sammy Jackson would go ter trial,' she explained. 'They reckoned 'e'd be unfit ter plead but the doctor who examined 'im said 'e was sane as the next man. It was in all the papers. It seemed strange reading about yer own street an' people yer know. Anyway 'e got sentenced ter death. Apparently there's an appeal but yer farvver reckons 'e'll 'ang. Mus' be terrible standin' there an' seein' the judge put on that black cap.'

'P'raps Sammy Jackson played it straight instead of actin' mad,' Charlie said. 'Maybe 'e knew the alternative was ter spend the rest of 'is life in a lunatic asylum.'

Nellie nodded. 'Well, the papers said it was a deliberate attempt ter kill Jack Oxford. We all thought it was 'im in that fire. I'll never ferget the look on yer dad's face when 'e come back an' told us Jack was alive an' well. 'E always 'ad a soft spot fer ole Jack. Mind yer, 'e's doin' well now, by all accounts. I was talkin' wiv 'is lan'lady an' she said Jack's got a cushy job at the tannery. 'E's smartened 'imself up too. 'E wears a nice suit an' 'e goes out wiv 'er ter the pub an' the music 'alls. I reckon the next fing we'll 'ear is that 'er an' Jack's got spliced.'

'Galloway done Jack a favour givin' 'im the sack, but 'e didn't do Dad any favours, did 'e?' Carrie said bitterly. 'After savin' all 'is 'orses too.'

'Yer can bet yer life 'e blamed yer farvver fer the fire. The way Galloway sees it yer farvver should 'ave made sure nobody could get in the yard,' Nellie remarked.

'I was terrified when I see Dad pullin' them 'orses out,' Carrie recalled with a shudder.

'So was I when I see yer strugglin' wiv that geldin'. I

thought the pair of yer was gonna get trampled under its 'ooves,' Nellie said, shaking her head.

'Yer was sayin' that lodger o' Florrie's 'elped Dad ter get the 'orses out,' Charlie said.

'Yeah, Joe Maitland,' Nellie replied. 'Florrie told me George Galloway gave 'er a letter fer 'im an' there was a five-pound note in it. Florrie said that when she gave 'im it 'e made 'er take the money an' 'e chucked the letter on the fire. She said she couldn't understand why 'e done it. Florrie told me 'e's a bit of a mystery. 'E's got no time fer Galloway an' 'e was really angry when 'e got that letter. P'raps 'e's got good reason ter be the way 'e is.'

'Is 'e from round 'ere?' asked Charlie.

'No, I don't fink so. Florrie reckons 'e comes from over the water,' Nellie told him. ''E's 'ad a few letters wiv a Stepney postmark an' a few from Poplar. She can't get much out of 'im, but yer know 'ow shrewd Florrie is. One day she'll get ter the bottom of it.'

'What does 'e do fer a livin'?'

'There again, it's a mystery,' Nellie said. 'Florrie said 'e goes out in the mornin' an' don't come in till six or seven. She reckons 'e's got a business o' some sort. Always got a few bob in 'is pocket 'e 'as, an' now an' again 'e treats 'er on top of 'is lodgin' money. Very nice bloke by all accounts.'

Charlie spread out his legs and yawned. 'I'm ready fer an early night,' he sighed.

'Yer'd better use the ovver bedroom,' Nellie told him. 'Yer'll 'ave ter share the bed wiv Danny when 'e comes 'ome. Carrie can use the chair-bed in this room. It ain't very nice but we can't do nuffing else wiv only two bedrooms.'

'Well, I'll be goin' back when this is 'ealed,' Charlie said, rubbing his chest.

'Yer mean they ain't gonna discharge yer?' his mother asked in a shocked voice.

'Yer need ter be a little bit worse off than me ter get a discharge,' he laughed. 'It's all right though, I won't be goin' back ter France. They told me I'm gonna be made up ter sergeant an' be posted ter one o' the trainin' camps. It'll suit me till the war's over.'

Nellie felt guilty for her feeling of relief at the news. She had been expecting Charlie to be discharged and then take up with Galloway's daughter. At least now he wouldn't be able to see the girl. Maybe it would all come to nothing and the girl would find another young man, she prayed.

Nora Flynn was deep in thought as she prepared the table for the evening meal. Since Josephine had the confrontation with her father she had become withdrawn and unhappy. She was rarely in the house now, and the evening meal had become a quiet and strained affair. George ate his food in silence, and Nora would sit opposite him, trying to make conversation and draw him out of his moodiness, but it always proved impossible. She had come to realise that she was just wasting her time. The large gloomy house was becoming like a mausoleum now that Josephine's infectious laughter could no longer be heard and Nora had the urge to throw open all the windows and all the doors and tear down the musty drapes. The place needed sunlight, young spirits, laughter and noise, but there was just her and George now, an ageing man, bitter and cynical, and his middle-aged housekeeper. Why should I stay with him? she asked herself. There was nothing to keep her here apart from Josephine, and it seemed very likely that she would soon leave.

The evening meal passed as usual with George hardly speaking. As Nora pushed back her plate she looked hard at him across the table. This had gone on long enough, she decided. She had to try to make him see the unhappiness he was causing his daughter, and her too. He would have to listen to her, and if he refused then she would leave the house and let him fend fer himself.

George had become aware of her looking at him and leaned back in his chair and stared back. 'What's wrong?' he asked testily.

'I was just finkin' 'ow quiet the 'ouse is wivout Josie,' Nora remarked, looking down at her teacup.

'Well, if she's decided she don't like our company, there's not a lot we can do about it, is there?' he said sarcastically.

'If yer 'adn't bin so 'ard on the gel she'd be sittin' 'ere wiv us now,' Nora rebuked him.

George sighed irritably as he rolled a cigar between his thick fingers. 'Look, Nora, this is a family matter,' he said sharply. 'If I choose to criticise the young men my daughter associates wiv, I'll do so. It's fer 'er benefit. If I didn't care about 'er welfare I'd let 'er walk out wiv any ole Tom, Dick or 'Arry. It's not fer you ter say what I should or shouldn't do.'

Nora pursed her lips in anger and took a deep breath. 'Now you jus' listen ter me fer a minute,' she began in a cool voice. 'Yer asked me ter be yer 'ousekeeper when Martha died, an' ever since I've looked after yer children, especially Josie. I fink I've a right ter let yer know 'ow I feel about the way yer treatin' the gel. If I was an outsider I'd say yer was right, but I'm not an outsider, George. Yer've taken me inter the family an' I've played me part. I've kept a good clean 'ouse. Yer food's always bin on the table ready an' I've bin there when the children needed me. I was there too when yer needed comfortin', but it seems ter me yer've used me the way yer use everybody. Well, I'm gonna tell yer this, George — yer've got no compassion or feelin' in yer soul. Yer an 'ard, inconsiderate man, especially where yer daughter's concerned. Yer jus' can't see the un'appiness yer've brought that child. She's a lovely gel, an' yer destroyin' 'er. Don't try ter run 'er

535

life fer 'er. Let 'er make 'er own choice in young men. After all, she's a grown woman now, not a kid.'

Galloway had sat in silence while Nora berated him, his face set firm and his dark, moody eyes never leaving her face. As soon as she stopped for breath, he leaned forward over the table. 'Now listen ter me, woman,' he said in a low husky voice. 'Yer say I'm inconsiderate where Josie's concerned. Well, I'll tell yer this − I love that child even though I 'aven't always shown it. It's there inside me,' he said, tapping his chest. 'There's plenty o' young men around 'ere wivout 'er takin' up wiv the Tanner lad. I'm not gonna let 'er ruin 'er life an' I've ferbidden 'er ter see 'im. On that score I won't be swayed, whatever yer say.'

'I can't understand what yer've got against the lad,' Nora persisted, shaking her head. ''Is farvver's worked fer yer fer years. Josie's in love wiv the lad, she's told me often enough.'

'Love?' George said, his face flushing as he clenched his fists on the table. He seemed to pause for a moment, then he stared hard at Nora and grimaced. 'All right, yer won't be satisfied until yer know the trufe, so I'm gonna tell yer. P'raps then yer'll understand.'

The light from the glowing coals flickered on the high ceiling and around the walls and lit up the old framed prints as George Galloway spoke slowly and deliberately. His housekeeper sat silently throughout, and when he finally slumped back in his chair Nora stood up and left the room without saying a word.

During the bitter cold winter of 1918 there was little news from the Western Front, and at the beginning of February the morning newspapers were able to report on the front page that Sammy Jackson's sentence had been commuted to life imprisonment. In the early spring, however, large headlines told of a new German offensive on the Western Front and once again the Red Cross trains were returning

536

thousands of casualties. In March, Corporal Charles Tanner was passed fully fit and posted to a training unit on the Isle of Sheppey with the rank of sergeant. Private Danny Tanner was one of the few survivors of his regiment, which had borne the brunt of the new offensive, and along with the others he was sent to a rest camp behind the lines.

Back in Bermondsey the delayed delivery of the first of Galloway's lorries took place in March and people watched from their front doors as the vehicles chugged noisily down Page Street and drove into the yard. Another lorry arrived at the Galloway yard the same day and left carrying the two massive Clydesdales. George Galloway watched the loading of the animals with an impassive face, and then he walked back into the office to look at the plans of the proposed new site which Frank had spread out on the desk. The street folk watched the comings and goings with sadness. The horses clopping out of the yard each morning and returning in the evening with their heads held low had been a way of life for the little community; now they would have to get used to the sound of noisy engines and the noxious smell of petrol fumes.

Florrie Axford had been among the most vociferous in the past, protesting about the dangerous way in which some of the carmen drove their carts along the turning. Now she shook her head as she stood at her front door, chatting to Maisie and Aggie. 'I dunno what next,' she groaned. 'They should never allow lorries down 'ere. The turnin's too narrer. Somebody's gonna get killed wiv one o' them lorries, mark my words.'

'Gawd knows what Will Tanner will make of it,' Maisie remarked. 'I reckon 'e'll be glad 'e's done wiv it all.'

Aggie was pinching her chin between thumb and forefinger. 'I dunno so much,' she said. 'I saw Nell down the market the ovver day. She looked really miserable. She's got one o' them back flats an' 'er bedroom is right over the dustbins. She said the stink's makin' 'er feel really ill.

She was worried about 'er 'usband as well. She said since Will's bin doin' that night watchman's job, 'e's a changed man. She said 'e's got so moody.'

'Well, I reckon it's a bloody shame the way that ole bastard Galloway treated 'im,' Florrie declared. ''E won't get anuvver bloke like Will Tanner.'

'It seems strange not seein' Nell standin' at her door,' Aggie said.

'What's the new people like?' Maisie asked.

Florrie pulled a face as she took out her snuff-box. 'I ain't seen 'im, but she looks a miserable cow. She was cleanin' 'er winders the ovver day an' when she sees me she turned 'er 'ead. Sod yer then, I thought ter meself.'

Aggie looked along the turning and shook her head sadly. 'We'll never be able ter keep our winders clean now, not with all that smoke 'angin' about,' she said.

Florrie smiled. 'Never mind, Aggie. 'Ere, cheer yerself up. 'Ave a pinch o' snuff.'

On a balmy Saturday morning early in April a pleasure boat left Greenwich Pier bound for Southend. Aboard were Red Cross nurses and doctors taking a well-earned break. As the craft steamed out on the tide, one of the doctors was playing a piano accordion. The pleasure boat chugged downriver while Josephine sat quietly re-reading the letter she had received from Charlie just two days before. She felt out of place among the noise and merriment, and when a young doctor pulled her up to dance she had to force a smile. The music sounded tuneless to her and her dancing partner's cheerful asides grated on her troubled mind and seemed meaningless. Above the clamour of merrymaking she could hear her father's voice, and all she could think of as she looked over the young man's shoulder were the boldly written words of Charlie's letter.

The music ceased while the revellers took refreshments and Josephine climbed the steep rungs to the upper deck.

It was quieter here, she thought as she looked out at the widening estuary and the distant banks. She had to think clearly. Charlie had asked her to marry him and now she had to make a clear, final decision before she let herself touch her first drink. There would be time enough later to blot out the anguish and heartache that seemed to be tearing her apart.

For a while she stared out across the river, feeling the strong breeze on her face and listening to the steady chugging of the engines below. She watched the screaming seagulls as they hovered and swooped above her and dived towards the swirling rushing waters of the river. It was all an obscene, swirling madness, she said to herself as she leaned against the guard-rail. Once more she took the letter out and read it, then she folded it carefully and returned it to her handbag before she went down to join the revellers.

George Galloway sat alone in his front room, a glass of Scotch whisky at his elbow and a large sheet of paper spread out on the floor beside him. The plan depicted a group of adjoining riverside properties headed 'Felstead Estates', and as George studied it he fingered the medallion hanging from his watch chain. Frank had been optimistic about the purchase, he recalled. There were two old houses which had become derelict and a small yard leased by an engineering firm which was heavily in debt to the bank. The corner property, a working men's café, would be the only one to worry about, Frank had said. The lease was running out very soon and it was vital that the freehold was obtained beforehand. Planning permission would be no problem, he had been assured. New local transport concerns were being encouraged by the borough council to cope with the rising demands of trade, and a few palms had been greased as well. Felstead Estates were keen to sell the land, Frank had told him. They were in the process of raising money from their less profitable sites to finance a deal to buy property in the West End. The whole riverside site could easily be razed to the ground and replaced with a garage for a dozen lorries and yard storage space. Frank had been quick to point out that two sides of the site abutted on warehouses which would mean only two sides to fence and secure. It looked very promising, George thought as he sipped his drink.

The rat-tat on the front door roused him from his thoughts and he heard Nora's footsteps on the stairs as she hurried down to answer the knock. Her face was pale and anxious as she led the two police officers into the room. They took off their helmets as George got up unsteadily from his chair.

'Mr George Galloway?' one of the policemen asked.

'What's wrong?' he asked, feeling dizzy as he straightened up.

'I'm afraid we've got some bad news, sir. It concerns your daughter.'

'What's 'appened?' he blurted out.

'I'm very sorry to have to tell you that your daughter Josephine was lost overboard from the "Greenwich Belle",' the officer said in a low voice.

George collapsed into his chair, his head in his hands and his whole body convulsed with sobs. Nora stood aghast with her hand up to her face and stared white-faced at the policeman. ''Ow? Where?' she croaked.

'The last time she was seen was about eight o'clock this evening,' the officer replied. 'We've taken statements from the passengers and those who knew her said she'd been drinking heavily. It would appear that she fell from the upper deck. That's where she was seen last. According to the skipper the boat would have been approaching Galleons Reach on the return journey at about that time. The river police are searching the whole stretch of water but they've informed us that it might be some time before they recover the body. There are quite a few locks and dock entrances leading off Galleons Reach you see. I'm very sorry.'

Nora showed the two police officers out, her body suddenly becoming ice cold. Poor Josephine, she thought over and over again. And the poor lad.

She walked back to the door of the front room and stood there for a few moments without saying anything, then she turned and climbed the stairs to her room.

Chapter Thirty-nine

On the last Saturday morning in April Carrie Tanner was married to Fred Bradley in St James's Church, Bermondsey. She wore a full-length white satin dress, and the three young bridesmaids who walked behind her were dressed in a beautiful coral pink. Jessica's two children were full of smiles in their dresses and beamed at the camera but Freda's three-year-old daughter needed a lot of coaxing to pose, finally giving the photographer a gap-toothed grin that made everyone smile. William Tanner gave his daughter away. He was looking smart in his grey pin-striped suit and starched collar with a wide-knotted silver tie. Nellie shed a few tears as she watched him proudly escort Carrie down the aisle and noticed how grey his hair had become. He seemed to have lost the sharp bearing she had so admired. Although he still walked upright, his shoulders drooped. Charlie had been given a weekend pass to attend the wedding and he sat at the back of the church looking wan and hollow-eyed.

All the neighbours were there. Florrie had put on her best hat and coat and before she left had slipped her ever-present silver snuff-box into her pocket. Perhaps she might be able to take a pinch to steady her nerves, she thought. Weddings always made her feel nervous, although it was many years since she had attended one. Maisie was there too, resplendent in a pink coat and wide white hat. She sat with Florrie and constantly dabbed at her eyes with a handkerchief. Aggie sat in the pew behind, along with

Maggie Jones, Ida Bromsgrove and Grace Crossley from the Kings Arms.

Sadie sat at the back of the church, feeling decidedly out of place in a Church of England establishment. With her was Maudie who was used to singing hymns. Her voice made Sadie wince as it lifted above everyone else's.

At the giving and taking of the vows, Sadie nudged Maudie. 'Don't 'e look old ter 'er?' she remarked.

Maudie never liked to chatter in church. 'Umm,' she said in a soft voice.

'She looks lovely though,' Sadie went on.

'Umm.'

'Yer Catholic services are much longer than this, yer know.'

'Umm.'

'The vicar's stutterin' a bit. I reckon 'e's bin at the communion wine,' Sadie continued.

'Umm.'

Sadie looked at Maudie's erect head. 'Is that all yer can say, "Umm"?' she complained in a loud voice, just as the vicar paused for the handing over of the ring. Everyone looked round.

Maudie turned a bright red, and as soon as the newly-weds went out to the vestry for the signing she turned to Sadie. 'Yer shouldn't talk durin' the service,' she hissed. 'I didn't know where ter put me face.'

Sadie mumbled under her breath and amused herself by studying the people on the opposite side of the aisle.

The reception was held in the adjoining church hall and although Carrie mingled with the guests and accepted their good wishes with a smile, her happy day was marred by seeing her brother Charlie looking so sad and forlorn. She was worried too about her youngest brother Danny who was still out in France, and felt very sad that James was not there to joke and gently tease her as he probably would have done. Fred's constant attention helped ease her heavy-

544

heartedness, and when it was time to leave the guests and catch the train for their week's honeymoon at Margate, Carrie hugged Charlie tightly.

William Tanner watched his daughter and her new husband leave the hall with mixed feelings. She was no longer the little girl he used to take with him to the stables and on those trips to the farm. She had grown into a beautiful woman and now she was married to an older man. Carrie had looked radiantly happy, but William sensed that his daughter had grabbed at marriage. Her decision had been sudden. There had been no courtship and no mention of Fred Bradley as a possible suitor. Her decision to marry him had come just after her father had lost his job at the yard and been forced to give up their family home. Would she have made the same decision if he were still working for Galloway? he wondered. Nellie had thought so. She had said that Carrie was being sensible in marrying a steady man who could provide for her and who would be less likely to weigh her down with a large family. Nellie had dismissed the age gap as being of little importance, and was quick to point out that there was a ten-year difference between their own ages. Perhaps she was right, thought William.

The women were gathering together in small groups and the men were beginning to congregate around the beer table. Not wanting to get involved in small talk, William strolled out of the hall and leaned against a stone column while he rolled a cigarette. As he searched his pockets for his matches he heard a rattle and turned to see Joe Maitland grinning at him and holding out his box of Swan Vestas. William smiled as he lit his cigarette and stepped down into the garden with Florrie's lodger falling into step beside him.

'I don't know many o' the blokes so I decided ter get a bit of air while they're all bunnyin',' Joe said, kicking at a stone. 'Florrie asked me ter come ter the weddin'. She said it was a chance ter get ter know some o' me neighbours.'

'Don't yer come from round 'ere?' William asked.

Joe shook his head. 'I was born in Stepney, as a matter o' fact. I've always lived there, up until I decided it was time ter push off. Fings change, an' so do people. Bermondsey seemed as good a place as any ter put down me suitcase. I'm quite 'appy bein' this side o' the water, although it's a mite different from Stepney.'

William caught a certain bitterness in the young man's voice and glanced at him. 'Did yer get in a bit o' trouble?' he said, and then quickly held up his hand. 'Sorry, I didn't mean ter pry.'

'It's a long story,' Joe told him.

'It usually is,' William laughed.

They strolled along the path in silence for a while, then suddenly Joe looked intently at the older man. 'What's yer feelin's towards Galloway?'

William shrugged his shoulders. 'If yer want me honest opinion, I've got no feelin's at all fer the man. Not after gettin' the push,' he replied.

Joe stuck his hands deep into his pockets. As they reached the wide iron gates, he turned to face William. ''Ave yer ever bin ter those fights they 'old at the local pubs?' he asked.

William shook his head. 'No. I don't care ter watch two blokes bashin' each ovver's brains out jus' so a few people can get rich bettin' on the outcome.'

Joe's face creased in a brief, appreciative smile. 'Florrie reckons yer a bloke ter be trusted, so I'm gonna put me cards on the table,' he said, looking William in the eye. 'But yer'll 'ave ter understan', Will, that what I'm gonna tell yer is between us alone. I've not even let on ter Florrie what I'm doin' this side o' the water, but I will in good time, 'cos I might need a few friends. As I said, it's a long story so I might as well start at the beginnin'.

'I come from a river family. Me ole man an' 'is farvver before 'im were lightermen. Patrick, me older bruvver,

546

follered the tradition, but as fer me they decided I should get an education an' break the mould. It's an 'ard an' dangerous life bein' a lighterman as yer'll appreciate. Anyway, schoolin' an' me didn't get on all that well an' I left early ter work in Poplar Market. I used ter 'elp out on the stalls an' when I was eighteen I 'ad one o' me own. I used ter sell fruit an' veg an' I made a go of it. Then I got in wiv a dodgy crowd an' from then on it was shady deals an' lookin' over me shoulder all the time.

'I didn't take after me bruvver Patrick, 'e was as straight as a die. 'E was a big strappin' man who could 'andle 'imself in a fight. 'E used ter go ter the fairs an' 'ang around the boxin' booths. Patrick couldn't resist a challenge an' I've seen 'im give a good account of 'imself more than once. 'E won quite a few bob too. One or two o' the pubs in Stepney started these boxin' tournaments, jus' like yer've got over this side o' the water. 'Course, bruvver Patrick 'ad ter get involved an' 'e 'ad a few fights, winnin' 'em all wiv no trouble, I 'ave ter say.'

'Did 'e 'ave a manager?' William cut in.

'Only the ole man,' Joe replied. 'I used ter go along an' 'elp out but they didn't like me bein' there. I s'pose they was worried in case I got the bug. Anyway, Patrick built up quite a reputation. "The Battlin' Lighterman" 'e was known as. Then George Galloway came on the scene.'

'Galloway?' William said in surprise.

'Yeah, Galloway,' Joe said bitterly. "E used ter travel all over the place ter see a fight, an' before long 'e was promotin' 'is own fighter.'

'Jake Mitchell,' William said quickly.

Joe nodded. 'Or Gypsy Williams, as 'e used ter be known. Mitchell was in 'is prime then an' 'e was matched wiv Patrick. There was a lot o' money staked on the outcome an' me bruvver was odds-on ter win. Anyway, while Patrick was gettin' ready ter go on an' me an' the ole man were fussin' around 'im, we was paid a visit by a couple o' villainous-lookin' blokes. They didn't waste no time tellin' us that eivver Patrick lost or else we'd be sorted out. The bribe money was put inter me farvver's 'and an' then they left. There was no way on earth that me bruvver was gonna chuck that fight an' that night 'e 'ad the best scrap of 'is life. It was the last one 'e ever 'ad.

''E dropped Jake Mitchell in the third round, an' then before I knew what was 'appenin' a crowd o' me farvver's pals grabbed me from the ringside an' bustled me out o' the pub. Me farvver knew there'd be trouble an' 'e wanted ter make sure I got 'ome in one piece. The villains was mob-'anded an' they caught up wiv Patrick an' me farvver as they was climbin' out o' the winder at the back o' the pub. Me farvver was done up bad an' 'e never worked again. As fer Patrick, 'e tried ter fight 'em off but they laid 'im out wiv an iron bar. It was the only way they was gonna stop 'im. 'E was taken ter 'ospital in a coma an' never recovered. A week later 'e was dead.'

William shook his head sadly. 'Was Galloway involved?' he asked.

Joe shrugged his shoulders. 'I dunno, but 'e 'ad a good few friends in Stepney,' he replied. 'One fing I do know — 'e tried ter blind Patrick. There was somefink on Mitchell's gloves an' me bruvver was fightin' out o' one eye after the first round. Exactly a year after that fight me farvver died, I swear it was from a broken 'eart. 'E idolised Patrick.'

'What about yer muvver?' asked William.

'I never knew 'er. She died when I was very young,' Joe told him. 'What I'll never get over is the fact that I wasn't there ter 'elp Pat an' the ole man. What I did do though was ter go round an' sort out the publican. 'E swore 'e didn't 'ave anyfing ter do wiv it but I wasn't listenin'. I was done fer grievous bodily 'arm an' I got four years 'ard labour. When I got out o' the nick, I got tergevver wiv a few o' me farvver's ole pals an' one or two o' Patrick's best mates an' eventually we got the names o' four out o' the five villains be'ind me bruvver's killin'. Two of 'em are doin' long stretches, one died o' syphilis before they get 'old of 'im an' anovver one ended up in the river, compliments o' Patrick's mates. The fifth one was never named. We're still tryin' ter identify 'im. Me an' the rest o' the lads managed ter get the tournaments stopped, though. Names, locations and times was forwarded ter the police. It was then that I decided ter take a look at Galloway.'

'So yer fink 'e might be the last one yer lookin' for?' William asked.

'I'm not sure, but that's what I 'ope ter find out,' Joe replied. 'Galloway didn't show 'is face in Stepney after me bruvver was killed. I tried ter find out where 'e'd disappeared to but all the leads came ter nuffink. At that time I 'ad a stall in Roman Road an' I was buildin' up a nice business. Anyway, one day out o' the blue I suddenly got word that Jake Mitchell was fightin' in Bermondsey an' I guessed that was where Galloway was. It didn't take me long ter find 'im. I knocked on a door in Page Street lookin' fer lodgin's an' the woman there sent me ter Florrie's 'ouse.'

'Didn't Galloway reco'nise yer when yer moved in the street?' William asked. ''E must 'ave seen yer about.'

'It's almost eight years ago since Patrick climbed in that ring wiv Jake Mitchell,' Joe answered. 'I was jus' somebody who stood in Patrick's corner as far as 'e was concerned. I'd never 'ad anyfink ter do wiv Galloway in any case.'

''E'd remember the name though, wouldn't 'e?' William said. ''E would 'ave read about yer gettin' put in prison, or at least somebody would 'ave told 'im.'

Joe smiled. 'I thought about that when I knocked on Florrie's door so I told 'er me name was Maitland. In fact it's Murphy. Our family come from Ireland originally.'

They had strolled slowly back to the hall and when they

reached the entrance steps William turned to face the young man. 'I've got no reason ter like Galloway,' he said, frowning, 'but I've known 'im since we were kids tergevver. 'E's a lot o' fings, but I don't fink 'e'd get involved in murder.'

'Well, we've got four names an' I'm not gonna rest till we get the fifth,' Joe replied. 'What's more, I'm gonna get those tournaments stopped. I owe it ter me bruvver Pat. If in the process I find out Galloway was be'ind me bruvver's killin', so much the better.'

They had climbed the few steps and William turned at the entrance to the hall. 'I was told yer go ter the fights,' he said with a wry smile. 'So that's the reason why.'

Joe nodded. 'I've got enough evidence tergevver, an' if it was a straightforward matter I'd 'ave turned it all over by now,' he said bitterly.

'What's the problem?' William asked.

The young man looked at him and smiled cynically. 'If I walked inter the Dock'ead nick an' gave them the evidence, the next mornin' yer'd be readin' about me. I'd be fished out o' the river or found in some alley wiv me throat cut. One o' the top coppers at Dock'ead nick is takin' a cut. 'E wouldn't be too 'appy ter fink I was spoilin' 'is little earner, would 'e? What I've gotta do is bide me time until I can get 'im dead ter rights, then I'll turn the lot over ter Scotland Yard an' let them deal wiv it. Now yer can understand why I don't want this ter go any furvver. If the wrong person got wind o' me little game, I'd be done for.'

William gave him a reassuring smile. 'Yer got no need ter worry on that score, Joe,' he replied. 'There's one fing puzzlin' me, though. Why did yer 'elp me save those 'orses from the fire? I would 'ave thought yer'd be 'appy ter see the 'ole business burn down.'

Joe laughed. 'In the first place I was scared yer daughter was gonna get 'urt. After she pulled that wild 'orse away

550

from yer she tried to go back. I 'ad ter stop 'er. She's a brave young woman is Carrie. The ovver fing is, nobody'd suspect I'm out ter get Galloway seein' me 'elp yer save the 'orses, would they? In fact Galloway sent me a letter o' fanks wiv a fiver in it. I burnt the letter an' gave Florrie the money. There was no way I'd take anyfink off 'im.'

William laughed and put his arm round Joe's shoulder. 'D'yer know somefink?' he said. 'I'm beginnin' ter feel a little sorry fer George Galloway. Now what about a drink? I could do wiv one.'

The Saturday evening train was chugging through the Kent countryside as Carrie sat close to Fred, idly watching the wisps of steam from the engine drift away and disappear over the green fields. The wedding had gone off very well, she thought. The bridesmaids had been really sweet and well behaved. It was nice to see Jessica and Freda once more but it was a pity her old school friend Sara had not been there. Carrie had written to her last-known address but there had been no reply. Carrie guessed she must have moved. She was sorry too that Mary Caldwell could not come. She was doing war-work in a munitions factory in the north of England but had sent her best wishes.

The newly-weds were alone in the carriage except for an old lady who was nodding off to sleep. Fred shyly slipped his arm around his bride. It had been a mad dash back to his house, where Carrie changed into a flower-patterned summer dress and a long cotton coat of powder blue. Her blonde hair was still nicely in place on top of her head and Fred looked admiringly at her as she snuggled back in her seat. He felt all dressed-up in his blue serge suit and collar-and-tie, with his highly polished shoes and sleeked-back greying hair. Carrie had been intrigued by the blue shadow which showed around his square chin even though he had taken care to strop the razor before shaving that morning. She felt it made him look strong and protective.

She had dusted the confetti from his hair and suit and removed the carnation from his buttonhole before they left his house. Now they were on their way to Margate and Carrie sighed contentedly as she gazed out of the window. Already she had made plans to brighten up the café and encourage Fred to expand the business, but now she was looking forward to a whole week in which to get to know her new husband. She had to put aside all her secret fears and make certain that the marriage would be a happy union. Carrie leant her head back against the seat and closed her eyes. She was starting out on a new adventure, she thought excitedly, but any casual observer would just think they were a married couple taking a trip to the seaside.

The old lady in the carriage was feigning sleep. She had watched as the young couple boarded the train at London Bridge Station and had noticed how the young man held the lady's arm as he assisted her into the carriage. The pretty young thing had blushed as he squeezed her hand in his and she noticed how the young woman kept glancing at the ring on her finger. They were newly-weds for sure, the old lady told herself. It was all so obvious. Maybe she should offer the couple her good wishes for the future, but that might embarrass them. Lots of couples were not too happy to let the whole world know that they were going away to make love together. That was the way she had felt all those many years ago. Perhaps it would be better if she pretended to sleep. It would allow the couple to whisper sweet nothings in each other's ear and the young man to slip his arm around the young lady. They certainly wouldn't do it while they were being watched, the old lady felt.

The train chugged on, passing open fields and tiny hamlets, and Fred glanced quickly at their fellow traveller before stealing a kiss. The old lady saw the kiss through slitted eyes. She was right, she told herself, they were newly-weds. Wasn't it clever of her to spot all the little signs?

Well, it would be an hour yet before the train arrived at Margate. Perhaps she should take a short nap. Yes it was clever of her, she told herself, having completely forgotten that it was the pieces of confetti in the man's hair which had first revealed to her their secret.

Chapter Forty

Frank Galloway poured himself a large whisky and soda and then walked back into his bedroom. He had heard Caroline crying but the nurse had reassured him that it was only a bad dream or a tummy pain and his daughter was now sleeping soundly. Why did Bella have to go out so much in the evening? he wondered resentfully. After all, she had landed the part in the new show and should be home with him and their daughter. Once the show opened, he would see very little of her. There were to be two performances nightly as well as the matinée, which would leave Bella exhausted. Sunday would be her day of recovery as it had been the last time she was in a show, and then she had only a small part. Now that she had landed the female supporting role, Bella would be expecting him to run around the flat at her every whim, like a trained poodle. Well, he was no one's lackey. That was nancy boy Hubert's job. The detestable young oaf had put in his dreaded appearance once more and now seemed to be almost living in the flat. He knew where the Scotch was kept and certainly drank his share. What was it Bella called him? A popinjay? Frank knew a few more colourful ways of describing the obnoxious idiot and felt like trying them out on him next time he called at the house.

Rain was lashing against the window-panes and thunder rolled in the distance as Frank got out of bed, glanced at the alarm clock and walked over to the drawn curtains. It was only nine o' clock. They would be hours yet. As he looked out at the rain beating down on the empty street, he bit anxiously on his lip. It was a sneaky thing to do, pretending he had the shivers and saying he was going to take a sleeping pill, but he had to find out just what kind of game Hubert was really playing. Normally Bella would expect him to look out of the window as the cab pulled up and she usually made a big thing of shouting a goodnight to Hubert as she left him. Would things be different tonight when she thought Frank was sedated? he wondered. Maybe he would catch her kissing the nancy boy goodnight or blowing him a passionate kiss as she ran up the steps to the front door. At least it would prove that Hubert was not the effeminate little toe-rag Bella made him out to be. Well, if Frank did spot any untoward goings-on, Hubert would be sorry the next time he showed his spotty little face in the flat, he vowed.

He swallowed his drink and walked back into the lounge to refill his glass.

The young nurse looked up in surprise. 'I thought you were asleep,' she said demurely as he made for the drinks cabinet. 'I don't wish to interfere, Mr Galloway, but it's rather dangerous to mix sleeping pills and spirits.'

Frank smiled at her. 'It's all right, I didn't take the pill. Those things are inclined to make me sluggish next day.'

The nurse went back to her magazine and Frank eyed her as he filled his glass. She wasn't a bad-looker, he thought. Rather plump on the hips, but her eyes were a nice shade of blue behind those ugly spectacles. Maybe she was a tigress beneath that professional demeanour, stringing along several young men and dominating them. Or maybe she preferred the older man. Someone like himself who was worldly and discreet. Well if he tried his luck Bella couldn't blame him. She gave him little enough of her time these days or nights.

'Could I offer you a drink?' he asked.

The young lady shook her head vigorously. 'I never touch

strong drink when I'm on duty,' she replied. 'The agency would be horrified.'

'But they'd never know,' Frank said slyly.

'No, thank you, Mr Galloway.'

Frank nodded and walked back into the bedroom. I'm sure Bella hand-picked that one, he thought.

Silly fool, the nurse was thinking in the other room. Anyone who allowed his wife to have an affair right under his nose deserved all he got, and he wasn't getting anything from her. It was so obvious that something was going on between the other two, she thought. Surely he could see it? Perhaps he was condoning it. She had heard about those strange people who got their enjoyment by listening to their promiscuous partner's graphic accounts of their experiences. The nurse shook her head and went back to her magazine.

At ten minutes after midnight Frank heard the motor cab draw up outside and quickly went to the window. Bella seems to be taking a long time getting out, he thought as he peered through the curtains. Ah, there she is now, and there's Hubert. My God, he's kissing her on the lips! Frank screwed up his fists with rage as he saw the effeminate young man waving to Bella from the cab as it drew away. Hubert was going to have trouble with his lips very soon, and the rest of his face, Frank promised himself as he lay down in bed and pretended to be fast asleep.

Carrie and Fred returned from Margate on Sunday evening, and early on Monday morning the café opened its doors once more to the usual clientèle of dockers and carmen. Bessie was as garrulous as ever as she helped in the kitchen but Fred did not seem to mind this morning. Carrie served the tea and coffee as usual and took food orders, telling herself that the first alteration would be to get a large printed menu put up behind the counter instead of that silly little sheet of paper that was pinned to the wall. The whole place could do with a coat of paint as well, and the end storeroom wall

557

could be knocked down to make room for a few more tables, she thought. She would have to talk to Fred about the lease too. He had told her some time ago that it was running out and it would be a good idea to try to purchase the freehold.

There was no time to dwell on the changes needed as the café began to fill up with hurrying workers who tempered their impatience with bawdy humour.

'Find out what Fred's doin' wiv my bacon sandwich, will yer, Carrie?' one of them asked her. 'I've bin waitin' ten minutes. I s'pose 'e's 'avin' a doze back there, tryin' ter catch up on all that sleep 'e's bin missin'.'

'Come out an' show yerself, Fred,' a carman called to him. 'Let's see if Carrie's put a twinkle in yer eye.'

The teasing went on throughout the morning, and Fred smiled in embarrassment as he worked in the kitchen while Carrie laughed and joked with the men. There was no sense in taking offence, she thought. They were honest, hard-working men just having a bit of fun. They meant no harm, and if she was going to help her husband build up the business she could not afford to be too prim and proper.

The first day back at work seemed to pass very quickly but Carrie was grateful when she finally slipped the bolts and pulled down the blinds. She felt then that she really was in her own little place with her husband at last. Fred had already decorated the dingy flat above the shop and had turned the cluttered-up store-room into a cosy sitting-room. The upper room at the front looked out on a good view of the river in both directions and Fred had converted it into a bedroom, installing a large double bed and a satin walnut bedroom-suite. The downstairs room at the back of the shop was kept as a parlour, and that evening after tidying up the shop and wiping off the tables Fred and Carrie sat down together there, sipping their tea and unwinding. Fred had an evening paper spread out over his lap, and as Carrie glanced at him over her cup she noticed how that lock of dark, greying hair was hanging over his forehead again. It made him look younger than his years, she thought. He was staring down at the newspaper and as he read she noticed how he occasionally moved his lips, as though concentrating over a particular word or sentence. He had told her he was not a good scholar and that reading did not come easy, but Carrie knew that he ran his business very well and was certainly no fool.

As she gazed at him she thought about the honeymoon and their first night together. He had been touchingly shy and seemed to caress her body as though handling a delicate piece of china. He had not fulfilled her on their first night but she had been happy to lie close to him and let him feel how responsive she was to his nervous caresses. It was on the second night that their marriage was consummated and she had felt a warm glow inside her as she finally fell asleep in his arms. It would be a good, loving marriage, she thought. Fred had a wonderful nature. He was kind, considerate and loving, and his easy laugh made her feel happy and contented.

A knock on the side door made him look up quickly. 'I wonder who that can be?' he said as he got up from his chair, frowning.

When Fred showed the young woman into the room, Carrie jumped out of her chair excitedly. 'Sara!' she gasped, holding out her arms.

The two women hugged each other warmly and then Sara looked at Fred with a smile on her face. 'We were ole school friends,' she said, and turned towards Carrie. 'I 'ope 'e's takin' good care of yer,' she joked.

The two young women chatted happily together while Fred was brewing fresh tea. 'I got yer letter when me an' Norman got back from Scotland,' Sara said. 'I was so sorry ter miss yer weddin', but never mind, I'm 'ere at last.'

Carrie looked closely at Sara, hardly believing it was the same girl. Her face was rosy and plump, and she was smartly dressed. Her dark hair had been cut short to her neck and

559

neatly waved, and her fawn dress and silver-buckled shoes looked expensive. Carrie recalled how her friend used to come to school in a ragged coat, a tattered dress and worn-out shoes.

''Ow's yer family?' she asked.

'All married,' Sara laughed. 'The two boys are in the army an' me youngest sister married a grocer. They've got a nice 'ouse in Bromley an' mum an' dad live wiv 'em.'

'Yer look like yer done well fer yerself,' Carrie said with a smile.

Sara grinned. 'My Norman's a partner in an estate agent's. We're very 'appy, I'm glad ter say.'

'Any children?' Carrie asked.

Sara's face became serious for a moment. 'I can't 'ave any,' she said quietly.

Fred brought in the tea and then discreetly left the two young women to chat alone with each other.

'Fred seems a nice man. I'm sure yer'll be very 'appy,' Sara said, smiling.

'Did yer know me dad lost 'is job?' Carrie asked her.

Sara nodded and her face became serious. 'Yeah, I bumped inter Jessica a few weeks ago an' she told me,' she said. 'It must 'ave bin terrible comin' on top of everyfing else. When I 'eard yer'd moved inter Bacon Street Buildin's I could 'ave cried. Of all the bloody places! It's about time they pulled those 'ovels down.' She made a face, and then looked intently at her friend. 'Carrie, about the future? Are you an' Fred plannin' on stayin' 'ere?' she asked.

Carrie gave her friend a quizzical look. 'Yeah, of course.'

Sara crossed her legs and straightened her skirt. 'The reason I asked is,' she went on, 'my Norman's firm does a lot o' business wiv the firm that actually manages this ground fer the owners. Norman's got a few acquaintances in the ovver firm, naturally, an' one of 'em told 'im they've bin ordered ter put the land up fer sale. Apparently the owners are raisin' money fer a big deal. It's all very complicated but I think yer ought ter know that George Galloway 'as put in an offer fer all the available land. 'E wants it fer a new yard.'

Carrie's face hardened at the mention of Galloway and she clenched her fists on her lap in anger. 'Yer mean we wouldn't be able ter renew the lease?' she muttered.

Sara shook her head. 'What would 'appen is, the Galloway firm would take vacant possession an' then 'e'd pull this place down an' the next two old 'ouses which are empty anyway. 'E'd get the engineerin' yard as well. The engineers are not renewin' their lease. Norman told me they've gone skint.'

Fred had come back into the room. He sat down with a worried look on his face. 'The lease is due this month,' he said. 'I didn't think there'd be any problem in renewin' it.'

'It's a pity yer didn't buy the free'old,' Sara remarked.

'I've tried before, but it was never on the market,' Fred told her. 'I never knew it was goin' up fer sale now.'

'Well, it's only bin made official this mornin' but Galloway must 'ave bin given the nod 'cos 'is bid came in terday,' Sara replied, glancing at Carrie. 'I wouldn't 'ave known anyfink about it, 'cos Norman don't usually talk ter me about 'is work, but I'd showed 'im yer letter, yer see, an' when 'e saw the address 'e mentioned about the land goin' up fer sale. Norman was surprised 'ow quickly Galloway's bid come in. I s'pose the ole goat's bin buyin' drinks 'ere an' there ter get the information.'

'Can 'e do that, pull the places down fer a transport yard?' Fred queried.

'As a matter o' fact I asked my Norman the same question an' 'e said the borough council is 'appy for firms ter build up their business,' Sara replied. 'It's all down ter more rates, I s'pose. In any case, money speaks all languages. Galloway's prob'ly put a few bob in somebody's pocket.'

Fred slumped back in his chair, feeling suddenly sick.

'This Galloway geezer's startin' ter mess fings up already,' he groaned.

'Well, 'e ain't gonna mess fings up any bloody more,' Carrie said quickly, her face flushed with anger. 'George Galloway kicked me farvver out an' 'e's not gonna do it ter us, if I can 'elp it. Can we afford ter buy the place, Fred?'

Sara held her hand up before he could answer. 'Look, I've already 'ad a long chat wiv Norman,' she said. 'I told 'im about us bein' ole friends, an' about the way yer farvver's bin treated by Galloway an' 'ow 'e chucked yer out o' the 'ouse. By the time I was finished Norman was on your side, an' 'e told me that if I wanted ter be of any 'elp I should call round ter see yer as soon as yer got back from yer 'oneymoon. I knew from your letter yer'd be back terday. I never ferget a kindness, Carrie, an' I'll always remember 'ow kind yer was ter me when we were at school tergevver. I also remember that time yer mum an' ole Florrie Axford looked after my mum when she was poorly, so don't you worry. If yer can see yer way clear ter buyin' the free'old, pop roun' ter our place termorrer. Norman said it shouldn't be too 'ard persuadin' the ovver people ter 'old on ter Galloway's bid, an' 'e'll leave a few details wiv me ternight about what yer should do. If yer get in quick, yer'll beat the 'oreson at 'is own game,' she said, grinning.

The teacups were replenished and the three sat chatting together for some considerable time. When Sara finally took her leave, Carrie hugged her at the front door. 'Fanks fer comin', Sara, an' fanks fer everyfing,' she said affectionately.

'There's nuffink ter fank me for, yet,' Sara replied. 'You an' Fred talk it over, an' if yer can manage ter find the money come roun' an' see me termorrer. Norman'll be able ter sort it all out fer yer, or else 'e'll 'ave me ter deal wiv.'

Nora Flynn sat by the window of her upstairs flat in Rotherhithe and stared out at the early May sky. The sun

562

had dipped down beyond the chimney-stacks and the evening shades of red were now fading and changing to a darker hue. She sighed sadly as she recalled that fateful Thursday morning just over a month ago. Josephine had slipped into the house after her father had left and when she opened the letter from Charlie her face had lit up. 'He has asked me to marry him, Nora!' she said excitedly. 'Fancy that, a proposal by letter. Don't you think that's romantic?'

Nora recalled how she had tried to forewarn Josephine by telling her that she needed to talk to her father before she made up her mind to say yes to her young man, but Josephine had placed her hands on her hips in indignation and jutted out her chin assertively. 'I can't talk to him. I never could,' she had said loudly. 'I'm going to marry Charlie and that's the end of it, Nora. I'll tell Father tonight, and if he tries to stop me marrying, I'll leave this house and never come back.'

Her words had been prophetic. In the growing darkness of her room, Nora brushed away a tear. She could still hear that terrible, heart-rending cry as Josephine dashed from the house on that Thursday evening; still see her running out of Tyburn Square, sobbing and distraught. It was the last week Nora spent in the house. Early on Monday she packed her battered old suitcase and left. She did not see George Galloway that morning, nor did she want to. The curt note she left on the kitchen table had to suffice. She had left that gloomy house forever, and at last she would be able to sleep easy and enjoy the few good memories of her years in Tyburn Square.

May flowers in the local church gardens and a warm sun shone down on the dingy Bermondsey backstreets as Florrie Axford stood with her arms folded at her front door. Lorries were now trundling along the turning where once there had been only horse-carts, and she could see Billy Sullivan sitting outside his house with his arms folded and his head resting against the brickwork. Those bloody fumes can't be too good for his chest, she thought. Aggie was cleaning her step as usual, the third time this week, Florrie noted, and Maisie was coming in her direction carrying a laden shopping-bag. Must ask how Fred is, she reminded herself, and as she watched Aggie gathering up her cleaning rags made a mental note to ask her about Harold. He had been off sick with a bad back. She had to keep abreast of what was going on in the street and lately the gossip seemed to have dried up.

Florrie took a pinch of snuff and wiped her watering eyes on the corner of her pinafore. ''Ello, luv. 'Ow's yer ole man's shingles?' she asked as Maisie put down her shopping and pressed her hand against her side.

''E's got right grumpy bein' stuck in the 'ouse all day long,' Maisie told her. 'Mind yer, Doctor Kelly said 'e can go back ter work next week, fank Gawd. We've 'ad no money comin' in fer two weeks. I've 'ad ter take Fred's suit over uncle's. Still, 'e's not likely ter need it yet awhile.'

Florrie continued her enquiries. ''Ave yer 'eard 'ow Aggie's ole man is?' she asked. ''E's bin orf work this week.'

''E's a bit better, so she told me,' Maisie replied. ''Ere, by the way, did yer 'ear about ole Jack Oxford? 'E's courtin'!'

'Not Jack Oxford?!'

'Well, I wouldn't 'ave believed it eivver,' Maisie said, pressing a hand to her side again. 'Maudie told me. It's 'is lan'lady 'e's courtin'. 'Er ole man's left 'er an' Jack's got 'is feet in front o' the fire.'

''Ow did Maudie find out?' Florrie asked.

'She 'eard about it at the muvvers' meetin',' Maisie replied. 'Jack's lady friend goes there. Apparently she's goin' in fer a divorce an' then 'er an' Jack's gonna tie the knot.'

'They won't be able ter get married in a church, that's fer sure,' Florrie remarked quickly. 'Still, it's prob'ly just as well. Imagine ole Jack sittin' in the pew waitin' fer 'is

564

bride ter come marchin' down the aisle. 'E'd be snorin' 'is 'ead orf, an' then when the vicar ses that bit about do yer take this woman ter be yer lawful wedded wife, 'e'll most prob'ly say, "If yer like"! I fink we'll 'ave ter go ter that weddin', Maisie, even if it is a register office. It's about time me an' you 'ad a good laugh.'

Maisie smiled. 'Young Carrie's weddin' was a nice turn out, wasn't it, Flo?' she remarked. 'Mind yer, 'e's a bit older than 'er. Still, it's 'er choice.'

Florrie nodded. 'Funny 'ow quick it all 'appened,' she said, a thoughtful look on her face. 'P'raps she married 'im fer security. 'E must 'ave a few bob.'

'Yer don't fink they 'ad ter do it, do yer?' Maisie asked in a whisper.

Florrie shook her head vigorously. 'Not Carrie. She's too sensible ter go an' get 'erself inter trouble, though I s'pose it could 'appen. They say it's always the nice gels what get pregnant.'

Maisie nodded in agreement. 'Didn't Nellie's Charlie look ill?' she said. 'Mind yer, the weddin' was so soon after 'is young lady got drowned. Charlie didn't stop long after Carrie left. 'E 'ad ter go straight back ter the army camp, so Nellie told me. I tell yer what I did notice, Flo. 'E sat all on 'is own in the church. Normally families sit tergevver.'

'P'raps they fell out over 'is young lady,' Florrie suggested. 'After all she was Galloway's daughter. Nellie can't stan' that ole goat at no price, 'specially after 'im sackin' Will the way 'e did.'

'It's such a terrible shame, none the less,' Maisie remarked. ''E's a nice boy is Charlie. 'E's very quiet, not like poor James an' the younger one, Danny. Nellie was tellin' me 'er Danny's the worst one o' the lot. She reckons it's since 'e got in wiv that there Billy Sullivan. Mad on boxin' 'e is. Nellie said 'e's done boxin' since 'e's bin in the army, an' yet when 'e was a kid 'e was such a puny little sod.'

Florrie removed the snuff-box from her apron and tapped

her fingers on the lid. 'I noticed 'ow big 'e'd got when 'e was 'ome on leave that time,' she said, taking a pinch. 'Sadie told me it was the only time 'er Billy bucked up, when Danny Tanner was on leave.'

'Yeah, they're right mates them two,' Maisie replied, looking over at the young man sitting outside his house. 'That's anuvver poor sod the war's ruined. Sadie said 'er Billy won't go out an' look fer a job. She said 'e jus' sits mopin' aroun' the 'ouse all day long. It's 'cos 'e can't do that boxin' anymore, that's the reason why.'

Florrie wiped her eyes on her apron and looked up and down the street before leaning towards Maisie. 'Did yer know Ida's ole man's back on the turps again?' she whispered.

Maisie looked suitably shocked. 'Gawd 'elp 'er. I remember last time. 'E didn't 'alf give 'er a pastin'. Terrible black eye she 'ad.'

'Ida was tellin' me it was since 'e got that job at the tannery. Pissed nearly every night 'e is. 'E brought a goat 'ome the ovver night.'

'A goat?'

''S'right. 'E won it in a pub raffle,' Florrie went on. 'I know it's wicked but I 'ad ter laugh when she told me. She said 'er ole man come staggerin' down the turnin' wiv this bloody goat on a lump o' rope. It was as pissed as 'e was. All the men 'ad bin givin' it beer ter drink while it was tied up outside the pub. Anyway, when 'er ole man brought it 'ome she 'ad a right bull-an'-cow wiv 'im over where 'e was gonna keep it. It fell against the dresser an' smashed all 'er best china, then it shit all over the yard. Ida was furious when she was tellin' me. She said 'er ole man wanted it fer the milk, but it turned out ter be a billy-goat. She made 'im get rid of it. She said it was eivver that goat or 'er. 'Course yer know 'ow aggravatin' 'e can be when 'e's 'ad a drink. Know what 'e done?'

'No.'

''E 'ad the cheek ter toss a coin up,' Florrie continued. ''E told 'er she'd won so 'e'd get rid o' the goat. 'E took it up the butcher's shop.'

'Well, if that 'ad bin me I'd 'ave opened the 'oreson,' Maisie said angrily.

'I s'pose Ida's frightened of 'im. After all, 'e can get very nasty in drink,' Florrie replied. 'She's 'ad 'er share o' black eyes ter contend wiv.'

'Well, I'd 'ave waited till the ole git went ter sleep, I'm afraid,' Maisie persisted.

Across the street Ida Bromsgrove peered through her lace curtains. I wonder who those two are gossiping about? she thought. I wish I had time to stand at the street door gassing all day. She clicked her tongue and went out into the scullery to see how the currant dumplings were doing.

Chapter Forty-one

Frank Galloway stood in the office doorway and watched as his father walked slowly along Page Street, leaning heavily on his silver-topped walking stick. The June morning was bright with early sunlight as the hulking figure trudged towards the yard. Frank had noticed how downcast the old man had become during the past few months. His hair was completely grey now and his heavy shoulders sagged. Gone were the jaunty step and upright stance he had once had. He looked older than his sixty-one years although he had lost none of his scowling arrogance. Frank felt he had become even less approachable. He had seen how the carmen kept out of the old man's way as much as possible, and Jim Baines the mechanic seemed to have adopted a surly attitude after a few clashes with the firm's owner over the state of the vehicles. Jake Mitchell appeared to be the only employee who was not affected by his employer's black moods and he went about his work with the usual indifference.

Despite feeling a little sorry for his father, Frank despised him for bringing so much upon himself. He had hounded Josephine out of the house with his obstinacy and hard-heartedness and now he was suffering under the terrible burden of guilt over her tragic accident. The inquest had given the verdict as accidental death due to drowning, but they both knew that Josephine was heart-broken when she left the house for the last time and must have been in a terrible state when she took that trip. It was so unlike his sister to drink more than one glass of port or sherry, but on that occasion she had been seen severely intoxicated. She would never have fallen overboard had she been sober. The shameful burden of guilt had aged his father and now he lived alone in that sombre house in Tyburn Square. An elderly woman had taken Nora's place as housekeeper. She came each morning to clean and prepare his evening meal, and would leave as soon as the table was cleared. Frank knew that his father was missing Nora's company, although he would not admit it. She had been much more than a good servant; she had brought a little sunshine into the house.

George Galloway walked into the yard and glared at the mechanic who was bent over the raised bonnet of the big Leyland lorry. 'Is that gonna be fixed terday?' he called out.

Jim Baines straightened up and turned to face him, a large spanner in his greasy hand. 'It's the cylinder gasket. It'll be ready by ternight,' he answered offhandedly.

George entered the office and slumped down at his desk. 'That's the second time this week we've 'ad a lorry off the road,' he growled. 'They're a sight less reliable than the 'orses. It's the bloody cylinder gasket now.'

Frank ignored his father's ill temper and nodded towards the roll of papers on his desk. 'I've got some new sites for you to look at,' he said resignedly. 'There's one here that looks pretty good.'

George got up and leaned over his son's shoulder. 'Is this the Abbey Street site?' he asked.

Frank nodded. 'It's a ninety-nine-year leasehold and it's bigger than that riverside site we went for,' he replied.

The mention of the riverside property brought Josephine sadly to mind and a change came over George's florid face. He had been poring over the plans that evening when the policemen called. Frank had put in the bid for him but he had neglected his affairs for weeks and done nothing further. By the time he returned to the matter of the crucial corner property, the working men's café had already been sold.

'Right then, you make enquiries. I'll leave it up ter you,'

George said with a resigned sigh as he slumped down into his leather chair.

Frank glanced quickly at his father before rolling up the plans. His attitude was very different from what it had been in the past, he thought. The old man seemed a pathetic shadow of his former self as he stared down at the papers on his desk. All his enthusiasm and drive had deserted him, and he seemed to have no sense of purpose any more. He had not even asked after Bella or Caroline lately, not that the apparent lack of concern for his family troubled Frank unduly. After his recent matrimonial differences with his wife he did not feel inclined even to mention her name. She had taken him for a complete fool. Nevertheless, the memory of the confrontation he had with her and Hubert brought a wicked smile to Frank's lips.

It had been hard to contain himself and pretend he was still ignorant of what was going on after what he had witnessed from his bedroom window that night, but Frank had restrained himself until the following evening when Hubert called to take Bella to a charity ball. The young man had looked crestfallen when he saw that the Scotch was missing from its usual place on the sideboard and shuffled his feet uneasily as he faced the man he had made a cuckold.

'I'm afraid there's none there,' he called out over his shoulder when Bella told him to help himself.

Frank smiled evilly. 'You've been helping yourself to my wife for the past year. You can hardly expect me to keep you in Scotch as well, Hubert, now can you?' he said without warning.

'I say, now look here old boy,' Hubert said quickly, his face reddening painfully.

'I'm not your old boy, you spotty-looking little rat,' Frank snarled, reaching forward and taking hold of the white scarf draped around Hubert's narrow shoulders.

'Bella!' the young man shouted in panic as Frank glared at him vengefully.

She hurried from the bedroom, a large powder-puff in her hand, and gasped: 'Frank, what are you doing? Put Hubert down this minute! Do you hear me?'

Hubert's face was turning blue as he tried to release Frank's grip on his silk scarf. Frank hit him hard with the back of his hand and sent him sprawling across the room. Bella screamed loudly and jumped on to her irate husband's back, pulling his hair.

'You brutal pig!' she raved. 'Look what you've done to Hubert's face!'

The young man staggered to his feet and dabbed at his bloody lips with the scarf. 'He's quite mad! He should be locked up,' he moaned as he backed towards the door.

Frank had managed to dislodge Bella from his back. He gripped her by the shoulders and shook her violently. 'You're not going anywhere tonight, do you hear?' he shouted at her. He turned to face Hubert. 'Get out of here,' he snarled, 'before I change that face permanently!'

Frank realised that he was clenching his fists and snarling to himself as he recalled the confrontation, and sagged back in his chair. His face relaxed and he smiled to himself. He had forced himself on Bella that night and had been surprised at her lack of resistance. In fact, she had seemed to become rather responsive after an initial show of temper. At least she would know better than to bring any other young gad-about-town back to the flat in future. As for waiting on her hand and foot, well, that was a thing of the past.

When Hubert beat a hasty retreat and Bella collapsed sobbing loudly on to the divan, only to be dragged unceremoniously to her feet and thrown into the bedroom, Frank did not know that the demure young nurse from the agency had been listening at the door of Caroline's room. As the house became quiet again the nurse smiled to herself and tiptoed over to the crib. Maybe she had been a little premature in her assessment of the man, she thought. He had certainly ended that little affair, and the mistress of the house appeared to be in for a hard time this evening. Masterful men were so exciting, she thought to herself, taking off her glasses and touching her hot cheek.

The summer of 1918 was one of heavy fighting in France and Belgium, and the newspapers were full of casualty lists and battle maps. A full German offensive was met with stubborn resistance, and foreign place names were on everyone's lips. Marne, Amiens, Picardy and Arras were theatres of bitter fighting, and in early August the German offensive was broken. At home people were hopeful of a speedy end to the war, and in Page Street life went on as usual. Lorries rumbled continually down the little turning. Florrie Axford shook her head sadly as she stood with folded arms at her street door. Aggie Temple cleaned her doorstep every other morning now but Maisie Dougall decided that it wasn't worth the effort. 'What's the good, Aggie?' she tried to convince her. 'Soon as it's clean the poxy lorries splash mud all over it. Give us those 'orse-an'-carts any day. The noise o' them there lorries is a bloody disgrace.'

Maggie Jones was above all the nagging and moaning. Her son had been decorated by the King on his visit to France and she walked proudly to the market with her head in the air. Sadie Sullivan went to the Catholic church in Dockhead every morning and said a prayer in remembrance of John and Michael, and a prayer for Joe's safety, and a special prayer for Billy that he might, 'get orf 'is backside an' find 'imself some bleedin' work'.

Maisie Dougall was not disposed to church-going but she also said a prayer every night by the side of her bed. Her surviving son Albert was recovering from frostbite in a field hospital.

In nearby Bacon Street Nellie Tanner worried over her youngest son Danny, although she felt relieved that Charlie was not at the front. She worried too over William, who

573

seemed to be more morose and withdrawn than ever. His job at the council depot meant that he was still working nights and weekends, and he had become a pale shadow of himself. Only Carrie was able to make him laugh with her accounts of the customers who frequently called in at the café and Nellie knew how much her husband looked forward to her regular visits. She had to admit that her daughter seemed happy and contented; she had never seen her looking so radiant. Married life seemed to suit her and Nellie was impatiently waiting for news of a baby, but had refrained from broaching the subject with Carrie. She tried to discuss it with William, however, but he sighed irritably as he sat listening to her.

'She should be finkin' o' startin' a family before it's too late. After all, 'er Fred ain't exactly a young man, is 'e?' Nellie remarked. 'If they leave it too long the fella's gonna be too old ter play wiv the child. Besides, it don't do ter 'ave yer first one when yer turned firty. Fings can go wrong. Look at that woman in Page Street who 'ad that imbecile child. She 'ad ter push it everywhere in the pram till it was seven. Then she 'ad ter get it put in one o' them children's 'omes, poor little bleeder.'

'Christ! What yer goin' on about, Nell?' William sighed. 'That woman was nearly forty, an' she wasn't all that bright 'erself. She used ter 'ave fits, an' look at 'er ole man. 'E wasn't all there neivver. Carrie's doin' all right fer 'erself, an' if she wants ter wait a year or two, good luck ter the gel.'

Nellie was not to be put off. 'P'raps they can't 'ave any kids,' she suggested anxiously. 'Sometimes men o' Fred's age can't manage it, 'specially if they marry late in life. Ida was tellin' me only the ovver mornin' about 'er cousin Gerry. Forty-five 'e was when 'e got married, an' . . .'

'Will yer give it a rest, woman?' William growled, rounding on her. 'I'm ten years older than you an' we 'ad no trouble makin' babies, an' they all turned out all right. Let the gel be, fer Gawd's sake.'

Nellie watched sullenly as her husband took down his coat from the back of the door and strode heavily out of the room. She sighed regretfully. Life had changed drastically for her since William had lost his job at the stables. Making herself look nice for him was not the joy it had once been. It was only very rarely that Will showed feelings of love for her now, and it wasn't anywhere near as pleasurable as it used to be. He seemed to have lost interest in everything these days, Nellie rued, and that old goat Galloway was to blame. Once he had almost destroyed her family life; now he was totally to blame for the miserable existence she and her husband had been reduced to. Well, at least Carrie had managed to get one up on him, she told herself, and with that small consolation Nellie set about washing up the breakfast things in the dingy tenement flat.

Throughout the long, hot summer the Bradleys' café in Cotton Lane was always full of carmen and river men. Carrie had insisted that the dining rooms should be smartened up, and after the premises closed each evening the renovation work began. For two whole weeks Carrie and Fred spent long evenings scraping at the grimy paintwork and rubbing down the wooden benches. Each night they went to bed exhausted but happy with the progress they were making, and slowly the results of their labours began to show. The ceiling was given two coats of whitewash, and varnish was applied to the benches. All the woodwork was painted pale blue and behind the counter a large menu was displayed, something of which Carrie was very proud. She had painstakingly painted the sign in black paint on a large whitewashed board and Fred had nailed it up above the tea urn. At the back of the café a new seating area was set out in what had once been the store-room and a few of the managers from local firms started to use this for their morning coffee. The outside of the café had been re-painted too and above the large windows Fred had painted the word

575

'Bradley's' in large gold letters. Carrie had decided early on that there should be a greater variety of food, and soon kippers and bloaters were added to the menu. All the hard work had eventually paid off, and Bessie soon found less and less time to chat about her friend Elsie Dobson as the café filled every morning.

The busy days hurried by, and as autumn approached the general feeling was that an end to the long war could not be far off. There had been a new offensive against the Kaiser's army and the newspapers were full of the battles at Meuse-Argonne, Flanders and Cambrai, where British, American, French and Belgian troops were advancing. Carrie was becoming more fearful for Danny who was back in action and experienced a sick feeling in the pit of her stomach every time she thumbed through the ever-increasing casualty lists.

During that summer and autumn Carrie gradually became accustomed to life as a married woman. Most nights Fred was exhausted and too tired to give her the attention she desired, and on the rare occasions when he did manage to love her it was soon over, leaving Carrie with little sense of fulfilment. Her disappointment was tempered by her husband's kindness and concern for her. She loved to feel his arm around her shoulders as they shut the shop each evening, and the brief kisses he stole in quiet moments during the day. Carrie knew that her sudden decision to become Fred's wife had been influenced in no small degree by what had happened to her family, but she had carefully considered everything and was determined to make the union a happy one, come what may.

Joe Maitland sat facing his landlady with a serious look on his handsome face.

'Look, Florrie, I know what yer sayin', but it's not as easy as all that,' he said. 'Fer a start, I can't just expect the Yard blokes ter believe me wivout givin' 'em the proof they need. Don't ferget I've done time as well. Ter them I'm a lag. They wouldn't believe me in front of one o' their own, 'im bein' an inspector an' all.'

Florrie leaned back in her chair and toyed with an empty teacup, pursing her thin lips. 'Well, what the bleedin' 'ell are yer gonna do?' she said finally. 'Yer could be goin' on like this ferever, an' yer need ter remember what'll 'appen if somebody finds out what yer really doin' at those fights. After all, anybody could walk in there from over the water who reco'nises yer, an' then it's goodbye Joe.'

The lodger allowed himself a brief smile. 'I've jus' got ter be patient fer a while longer,' he said quietly. 'I'm accepted as one o' the regulars now an' I put meself about while I'm there. All the bookies know me an' sooner or later somebody's gonna let somefing slip. I'll find out who that last toe-rag is. I'll get ter the bottom of it all, in the end.'

'Well, don't go takin' no chances, son,' Florrie warned him. 'If ever yer do find out who it was, let the coppers 'andle it. Yer only one on yer own. Yer wouldn't stand a chance wiv that lot o' no-good 'ore-sons.'

Joe's eyes narrowed. 'When I find out fer sure, I won't trouble the coppers, Flo. That's somefink I'm gonna take care of meself,' he said firmly. 'They can 'ave the proof about the goin's-on there an' the crooked copper, if I ever do get any, but that bastard who was involved in me bruvver's death is gonna answer ter me, I swear it.'

Florrie stood up with a sigh and gathered together the empty teacups. 'Well, I'm glad yer told me everyfing, son,' she said. 'I was beginnin' ter wonder about yer comin's an' goin's. I 'ad a feelin' there was somefing goin' on. Don't worry though, I won't breave a word about what yer up to. Yer can trust yer ole Florrie ter keep 'er trap shut. Now what about a fresh cuppa?'

At eleven o' clock on the eleventh day of the eleventh month of 1918 the war finally came to an end. Along the river tug-whistles sounded, their high-pitched notes almost drowned by the booming fog-horns of the large berthed ships. Maroons were fired from the Tower of London, and paper-boys ran excitedly through the streets with special editions. Fireworks were let off and terrified horses shied, setting the carmen struggling desperately with the reins. Factories and tanneries in Bermondsey shut down for the day, and when Florrie Axford looked through her fresh lace curtains and saw Maisie Dougall talking excitedly to the neighbours she was quick to put on her coat and hurry out to the group lest she miss any of the latest news.

'My ole man told me. Come back down the street 'specially, 'e did,' Maisie was going on. ''E said 'e bumped inter Alec Crossley on 'is way ter work an' Alec told 'im the pubs are gonna stay open all day. Well, as long as the beer lasts out anyway.'

Aggie Temple chuckled as she turned to Sadie Sullivan. 'I fink I'll tong me 'air an' get me best coat out the wardrobe,' she said. 'I might even get me ole man ter take us up the Kings Arms before 'e gets legless.'

Sadie puckered her lips. 'There's special Mass at Dock'ead terday. Me an' my Daniel are goin' there first. 'E can get pissed afterwards,' she declared.

Ida Bromsgrove had also seen her neighbours gathering and she knocked on Maggie Jones's door. 'Come on, Mag, there's a meetin' down the street,' she told her.

The two women joined the group, quickly followed by Maudie Mycroft who was getting ready for the women's meeting. 'Good Gawd!' was all she could say when she heard the news.

Florrie began to frown. 'Well, this is one time I'm not gettin' wedged in that snug bar,' she growled. 'I fink us women should all march inter the public bar. If they don't like it — well, sod the bleedin' lot of 'em. Our money's as good as theirs.'

Maudie pulled on her bottom lip. 'S'posin they turned

us out? I'd feel such a fool,' she said in a worried voice.

'Let 'em try,' Sadie said, showing Maudie her clenched fists. 'If any o' the men try ter chuck me out, I'll smash 'em one.'

'All the dockers'll be in there, an' the carmen from the yard,' Maudie said fearfully.

Maggie nodded. 'It won't 'alf be packed in there. I bet we won't get a seat.'

'Well, I'm not standin' in that poxy snug bar like a sardine in a tin,' Florrie asserted. 'We're all gonna walk in that public bar an' if the men don't offer us a seat we'll all stand at the counter, an' when they see they can't get served they'll soon change their tune.'

'Good fer you, Flo,' Sadie shouted. 'Now come on, gels, let's get ourselves ready. C'mon, Aggie, I'll tong your 'air an' then yer can do mine.'

Early that evening the women of Page Street marched into the public bar of the Kings Arms and were immediately offered seats. Drinks were sent to their tables and the publican did not offer any objections. The sight of Sadie Sullivan and Florrie Axford leading the women into the establishment, with the large figure of Ida Bromsgrove following close behind, was too daunting even for the likes of the landlord.

Chapter Forty-two

During the bitter cold November and through into December the soldiers' homecoming was celebrated, with Union Jacks hanging from upstairs windows and bunting tied across the narrow Bermondsey backstreets. In Page Street the flags were flying and folk stood at their front doors as the young men arrived back home from the mud and carnage of the Western Front. Maisie's son Albert was the first to arrive, looking pale and thin but in good spirits as he strolled proudly down the street in his khaki uniform with its shining buttons, wearing puttees over his highly polished boots. One week later Joe Sullivan came home to a tearful reunion with his mother. His father stood back, smiling broadly and brushing a tear from his eye as he waited for his wife to release their son from a huge bear-hug. Billy stood beside his father and waited to greet his younger brother, smiling broadly and holding himself erect even though his chest was hurting. One week later the Jones boy sauntered into the street wearing his MM ribbon and chewing arrogantly on a plug of tobacco.

In early December Danny Tanner arrived home to a flag-bedecked Bacon Street and an emotional reunion with his parents. Nellie stood back and eyed him up and down critically.

'Yer look pale. Yer need a good dinner inside yer, son,' she said, fighting back her tears of joy.

William pumped his son's hand and immediately noticed the power in his grasp. 'Yer look well, boy. Yer put on a bit o' weight too,' he remarked.

Danny shrugged his broad shoulders and grinned, his blue eyes twinkling in his wide face as he picked up his kitbag. 'I bin doin' some boxin', Pop. I was the regimental champion,' he said proudly.

Nellie shook her head and sighed deeply. 'I'll never understand you men. Didn't yer see enough blood wivout knockin' yer mates silly?' she moaned.

Danny glanced quickly at his father and then beckoned to a strong-looking lad who was watching the homecoming. ''Ere, son, carry me kitbag upstairs fer me, will yer?' he asked, handing the lad a silver threepenny piece.

'Ain't yer comin' in?' Nellie said with a disappointed look on her face.

'Later, Ma. I wanna see Billy Sullivan first,' he replied, backing away up the street.

Danny was stopped in his tracks by a loud shriek as Carrie came running into the turning. He staggered back a pace as she threw herself into his arms.

'I knew yer'd be all right. I jus' knew yer'd come 'ome in one piece,' she gasped, kissing him.

Danny was grinning as he finally broke away. He gave the lad by his kitbag an exaggerated glare. 'Well, go on then, carry it up,' he growled.

Carrie slipped her arm through his and smiled lovingly at him. 'C'mon in an' I'll tell yer all the news,' she said excitedly.

'Look, sis, I wanna slip round an' see Billy first,' he said.

Carrie took a tighter grip on his arm. 'Billy can wait a bit longer. First yer gonna eat,' she laughed, pulling him close to her. 'Fred give me some sardines fer yer. I told 'im 'ow much yer like sardines.'

Danny knew it was useless to protest any more and he allowed himself to be led up the dusty wooden stairs to the family home.

*   *   *

The Kings Arms was packed with customers on Friday evening and in the public bar the Tanner family was gathered to celebrate Danny's homecoming. Carrie sat with her mother in one corner and they chatted happily, their eyes occasionally straying towards their menfolk who were standing at the counter. Fred and William were listening to Danny's account of his experiences in France, but their attention was being distracted by a noisy conversation going on beside them. The large figure with a bloated and battered face was leaning on the counter, his massive fists clenched on either side of his half-empty glass of ale.

He suddenly turned his head sideways, his eyes boring into his companion's. 'That was the fifth inside the distance. None of 'em last very long,' he sneered. 'Not against me they don't.'

'Got anyfink lined up?' the carman asked respectfully.

His harsh laugh boomed out. 'Yer better ask Galloway. I don't make the matches or pick me opponents, I only knock 'em out.'

Danny was becoming irritated by the man's loud boasting. 'Who's that loud-mouthed git?' he asked, the muscles in his jaw tightening.

His father's face became stern. 'That's Jake Mitchell,' he told him. ''E's always in 'ere braggin' about the fights 'e's 'ad. Take no notice.'

Danny became quiet as he sipped his drink. While he was away Carrie had been writing to him about everything that was happening at home and she had explained how Jake Mitchell had taken over their father's job. Danny's blood had boiled when he learned of his father's treatment at the hands of George Galloway and now he could feel his anger slowly rising again as he listened to the ring-scarred brute at the counter. His handsome face became set hard. Slowly he moved so that he was standing against the counter with his back to Jake Mitchell.

'Does 'e 'ave ter shout? We don't all wanna 'ear 'is business,' Danny said loudly.

William shook his head and pulled a face but his son ignored the warning. 'Does 'e fink everybody's deaf in 'ere?' he went on goading.

Mitchell was bellowing with laughter, unaware of what Danny was saying, and the young man became impatient. He turned to Mitchell's companion and whispered something in his ear. The carman's face took on a frightened look and he stared at the young Tanner with wide eyes.

'What's 'e say?' Mitchell asked quickly, seeing the carman's reaction.

'Nuffink, Jake.'

'I asked yer what 'e said,' the large man growled menacingly.

Danny turned to face Mitchell. 'I told 'im ter tell yer ter keep yer voice down. We can't 'ear what we're talkin' about,' he said, putting his glass down on the counter.

The frightened carman backed away from the counter as he saw Mitchell's eyes start to bulge, and William quickly stepped in front of his son. ''E's just back from the front,' he said quietly, trying to defuse the situation.

'So this is yer boy, is it?' Mitchell sneered. 'Got a lot ter say fer 'imself, ain't 'e? Well, if I was you I'd tell 'im not ter get too lippy, 'e might come unstuck.'

Before William could reply, Danny took him by the shoulders and gently eased him to one side. 'So you're the famous Jake Mitchell, are yer?' he said quietly. 'I've 'eard a lot about you. Bin knockin' 'em all out, so yer told everybody. Well, maybe now the war's over you'll get a better class o' fighter up against yer.'

Mitchell moved forward menacingly. 'Yer not includin' yerself on that list, are yer, sonny?' he sneered.

Danny grinned calmly. 'Yer past it, Mitchell. Yer wouldn't go the distance wiv me.'

584

Carrie and her mother had jumped up from their seats and as they tried to pull Danny away Alec Crossley leapt smartly over the counter and placed himself in front of Jake Mitchell. 'The war's over, pal, an' I'm not gonna be a party ter any more 'ostilities. Now drink up an' let's 'ave no more of it. That goes fer you too, Danny. Understood?'

Mitchell's eyes were bulging. 'Me an' you, sonny, first opportunity. An' we'll 'ave our own little side bet on the outcome,' he sneered.

Danny nodded. 'Suits me fine. Sooner the better,' he said, turning his back.

'You'll be 'earin' when, Tanner,' Galloway's foreman shouted over as the publican hustled him to the door.

When Mitchell had left Nellie rounded on her son. 'I'm not 'avin' it!' she raved. 'I told yer, I won't allow a boy o' mine ter be a fighter. Christ Almighty! Ain't yer 'ad enough o' fightin'? Do somefink, Will. Tell 'im.'

William shrugged his shoulders. ''E's a bit too big fer me ter chastise. Did yer see the way 'e put me ter one side?' he grinned.

Nellie gave him a withering look and flounced back to her seat, while Carrie smiled slyly at her younger brother. 'Yer'd better get inter trainin',' she said quietly.

Florrie Axford was sitting in her parlour with her friends. Nellie had joined the company but looked pale and ill. She clasped her hands nervously as Florrie banged her fist down on the table.

'We done it before at the Kings Arms an' we'll do it again at the Crown,' she declared. 'If we all go there tergevver, they daren't stop us goin' in. We'll tell 'em we want ter place bets an' we're gonna cheer our boy on.'

'I couldn't go,' Maudie said, shuddering. 'First drop o' blood spilled an' I'd be ill, I know I would.'

'Well, nobody's makin' yer. Jus' give us yer bet money an' we'll put it on fer yer,' Sadie scowled at her.

'I couldn't bet on men killin' each ovver,' Maudie went on.

'Don't be so melodramatic,' Florrie said sharply. 'Danny ain't gonna kill 'im. 'E's only gonna knock that ugly great git right out, ain't 'e, Nell?'

Nell looked very worried. 'I wish 'e'd never got 'imself inter this,' she sighed weakly. ''E knows 'ow I feel about fightin'.'

Sadie waved her anxieties away with a sweep of her large arm. 'Don't worry, Nell,' she blustered. 'My Billy's 'elpin' 'im wiv 'is trainin' an' 'e knows all about such fings. Matter o' fact it's a pleasure ter see Billy takin' an interest in somefing at last. 'E's bin a different lad since your Danny come back 'ome. It was nice ter see the pair of 'em this mornin', goin' out runnin' in the park. Mind yer, my Billy come back lookin' like a train 'ad 'it 'im an' 'e was wheezin' like a concertina. Poor sod's chest ain't too good.'

Florrie held her hand up for silence then leaned forward over the table. 'Now listen, gels, me an' Sadie 'ave bin puttin' our 'eads tergevver an' this is what we're gonna do . . .'

Carrie Tanner shivered against the cold wind as she stood beside her brother on the platform at Waterloo Station. All around them soldiers in full kit were hugging their loved ones and sweeping young children up into their arms before climbing aboard the military train to Southampton. Charlie turned anxiously to his sister.

'Now listen, Carrie,' he said as he looked at her intently, 'I want yer ter be 'appy. Try an' keep an eye on Mum an' Dad, won't yer?'

She sighed heavily. 'Gawd, I wish yer 'adn't signed on, Charlie,' she said sadly. 'I won't be seein' yer fer ages an' ages, an' I'm gonna miss yer terribly.'

He smiled at her and softly kissed her cheek. 'It's fer the best, Carrie,' he said quietly. 'I wouldn't 'ave 'ad any

586

'appiness if I'd stayed in Bermon'sey. It 'olds too many memories, too many ghosts. Anyway, India sounds like an excitin' place,' he added quickly. 'Who knows? I might get the chance ter ride an elephant or be the guard of honour in some prince's 'arem!'

His lightheartedness was lost on Carrie who bit back tears as the guard appeared on the platform, holding his flag.

'Now you take care, bruv,' she cried as she hugged him tightly. 'Write ter me as soon as yer can.'

He climbed aboard the train quickly and stowed his kitbag in the luggage rack before leaning back out of the carriage window.

'Be 'appy, Carrie, an' don't worry about Danny. 'E's gonna win,' he shouted above the din as the train started to move. 'I love yer, sis.'

Carrie stood in the pale January sunlight and waved until the train was out of sight, then she turned slowly and walked out of the station, blinking back her tears. Charlie had looked cheerful, but the deep sadness in his eyes had cut into her like a sharp knife. She could still see the look on her mother's face as she said goodbye to him that morning. Nellie had embraced him gently and then stood there gazing at him with a faraway look in her eyes. It felt to Carrie almost as if something inside her mother died.

She pulled her coat around her against the cold as she stood at the tram stop, and a feeling of dread began to grow inside her. Her mother had been looking ill lately, and Charlie's departure seemed to have shaken her badly. She had already been worried out of her life over Danny's coming fight with Jake Mitchell. Carrie knew instinctively that her mother needed her, and decided to go straight home. Fred would be able to take care of the café for a while, she was sure.

By the time Carrie stepped down from the tram in Jamaica Road and reached the dilapidated buildings in Bacon Street it was nearing midday. She climbed the dusty wooden stairs and knocked on the front door of her parents' flat. As she stood waiting she could smell the stench rising up from the communal dustbins below. It seemed a long time before anyone answered, and when her mother finally opened the door Carrie could see dark circles around her puffed eyes.

'Are yer all right, Mum?' she asked with concern as she walked into the flat.

Nellie did not answer. She slumped down into a chair beside the table and buried her head in her arms, sobbing bitterly.

'I couldn't tell 'im, Carrie,' she moaned. 'I dunno what I should've done, but I couldn't tell 'im.'

Carrie bent down and slipped her arm around her mother's shoulders. 'What is it, Mum?' she said gently. 'What couldn't yer tell 'im?'

For a while Nellie said nothing, and then after what seemed like an eternity she took Carrie by both hands and pulled her down into a chair beside her. Nellie's eyes looked tortured.

'I was just a young woman, not much older than you are now, Carrie,' she began in a broken voice. 'James was a baby at the time an' there was fousands o' men round 'ere out o' work. Yer farvver was gettin' a load of 'ay from the farm when George Galloway called roun' ter see me one mornin'. 'E told me 'e might 'ave ter put yer farvver off 'cos o' the slump. Galloway said 'e wanted me ter know before'and so I could look fer anuvver place ter live. Oh, 'e was very sorry an' full of apologies an' 'e said 'e'd give us a reference ter 'elp us get a place. 'E told me not ter let on fer the time bein' in case fings changed, but it looked very likely if there was no more contracts comin' in the yard.'

'What are yer tellin' me, Mum?' Carrie asked, suddenly feeling sick as the awful truth began to dawn on her.

Nellie tugged at the handkerchief in her hands as she went on: 'I was so terrified we'd get put out on the street I pleaded wiv Galloway not ter let yer farvver go. I broke down an' cried, an' 'e put 'is arm aroun' me. Yer gotta understand 'ow desperate I was, child. It was as though I was turned ter stone. I couldn't feel anyfing, an' I didn't try ter stop 'im when 'e got familiar. That mornin' George Galloway got me pregnant. Charlie is George Galloway's son.'

Carrie looked at the floor, feeling sick. She could think of nothing to say. She felt her mother's pleading gaze on her.

'Don't 'ate me, Carrie,' Nellie said, bursting into tears. 'Don't 'ate me.'

Carrie's eyes misted and she hugged her mother tightly. 'I don't 'ate yer, Mum,' she said gently. 'It ain't your fault.'

Nellie sobbed loudly. 'Charlie told me 'e'd asked Josephine ter marry 'im,' she spluttered. 'The poor child must 'ave found out when she asked 'er farvver fer 'is permission. It come out at the inquest that she was very drunk. She must've done 'erself in.'

'Yer mustn't blame yerself, Mum,' Carrie implored her. 'We'll never know what really 'appened ter Josephine. An' if anyone's ter blame,' she added fiercely, 'it's that evil stinking bastard Galloway, not you.'

Nellie dabbed at her eyes. 'I've carried this cross all these years fer yer farvver's sake,' she sobbed. ''E's a lovely man an' I could never bring meself ter tell 'im.'

'Ain't Galloway ever shown any remorse fer what 'e done?' Carrie asked angrily.

Nellie nodded. ''E offered me money but I refused. We've always 'ad ter scrape an' scheme ter live, an' yer farvver would 'ave found out if I suddenly 'ad extra money ter play wiv. Besides, I'd 'ave felt like a common whore takin' Galloway's money. Yer farvver mus' never know,' she pleaded. 'Promise me, Carrie. It'd kill 'im, the way 'e is.'

Carrie felt herself breaking into sobs as she hugged her mother and kissed her forehead. 'Don't worry, Mum,' she said as tears ran down her cheeks. 'I won't tell Dad.'

Chapter Forty-three

On the last Saturday evening in January the Page Street women together with Nellie and Carrie all marched up to the Crown public house at Dockhead.

Sadie grabbed the arm of an elderly man who was going in the pub and said, 'Oi, you, tell the guv'nor 'e's wanted outside.'

The startled man nodded and hurried into the bar. Soon Don McBain came out and faced the determined women. 'Sorry, ladies, it's fer men only,' he smiled. 'Get yer men ter place yer bets fer yer.'

Florrie put her hands on her hips and glared at the publican. 'It's 'er boy who's fightin', ' she told him, nodding her head towards Nellie. 'We're gonna cheer 'im on so yer'd better let us in.'

McBain shook his head. 'Sorry, gels, I can't,' he replied, turning on his heel.

Sadie grabbed him by the arm. 'Now listen 'ere, you,' she growled. 'We know the brewery don't know about these fights yer put on, an' nor do the coppers, but they soon will if yer don't let us in. We might even tell the local papers as well. I should fink they'd be interested, wouldn't you, Flo?'

Florrie nodded her head vigorously. 'That's fer sure.'

McBain sighed in resignation. 'All right, go through the back door,' he said wearily, 'but no screamin' an' 'ollerin', an' keep yer traps shut, all right?'

Meanwhile in the bar Soapy Symonds and Sharkey Morris

were standing close to a few of the bookies' runners and chatting noisily.

''Ow the bloody 'ell is the boy expected ter do any good when 'e's only got one good eye?' Soapy puffed. 'It ain't as though 'e's up against any ole fighter. That Jake Mitchell's an experienced bloke, an' jus' look at 'is record. Nah, I can't see the boy lastin' two rounds wiv 'im.'

'Wassa matter wiv 'is eye then?' Sharkey asked in a loud voice.

'Well, accordin' ter Florrie the boy got gassed in France,' Soapy replied, sipping his beer and glancing quickly around the bar. ''E was blinded fer a time, by all accounts. 'Is left eye's ruined. Mustard gas ruins yer eyes, yer know. Florrie said Danny's muvver told 'er about 'im bein' 'alf blind. Yer know what a nosy ole cow Florrie is. She gets ter 'ear about everyfing.'

'Well, I'm glad yer told me,' Sharkey said, banging down his empty glass on the table. 'I fink I'll save me money.'

'Anuvver fing, that gas affects yer chest,' Soapy went on. 'Florrie reckons the boy should never be in the ring, what wiv 'is coughin' an' wheezin'.'

Florrie's plan to raise the stakes in their favour had been executed to perfection. Now all that remained was for the bets to be placed.

The women filed into the large marquee and took their places on the wooden benches. Nellie felt her heart beating faster and bit on her bottom lip as she gazed at the roped arena. She could picture Danny lying there, cut and battered, with anxious people bending over him. She squeezed her daughter's hand in hers. 'Can yer see yer farvver?'

Carrie looked around and pointed. 'There 'e is, Mum. 'E's sittin' next ter Joe Maitland.'

Nellie tried to stay calm as the master of ceremonies ducked under the ropes. She glanced across at the anxious face of her husband and he waved over to her reassuringly.

Florrie meanwhile had been placing the bets and she was

looking very smug as she rejoined her friends. 'Five ter one we got. That ugly git Mitchell is odds-on,' she grinned.

'What's odds-on mean?' Ida asked.

'It means it ain't werf wastin' yer stakes,' Florrie replied, still grinning widely.

Danny Tanner was announced to the spectators and as he strode behind Billy Sullivan towards the ring the Page Street women cheered loudly, ignoring the cat-calls and cries of derision from Mitchell's supporters. Danny ducked under the ropes and stood quietly banging his fists together beneath the overcoat which was draped over his shoulders. Jake Mitchell's entry was greeted with loud cheers from his cohort of fans. When he slipped off his wrap and walked into the centre of the ring to get his instructions from the referee, Nellie winced and turned to Carrie.

'Jus' look at the difference in size,' she groaned. 'That Mitchell looks twice as big as Danny.'

Carrie squeezed her mother's arm. 'Danny can look after 'imself, Ma,' she said, trying to sound confident. 'Besides Billy's bin 'elpin 'im. 'E'll be all right, yer'll see.'

There was a sudden hush as the two contestants walked back to their respective corners, but as soon as the bell sounded a roar went up. Jake Mitchell moved towards Danny menacingly and started circling him slowly. His right fist shot out and caught Danny's brow.

'Oi, mind 'is eye!' Mrs Bromsgrove shouted out, but her voice was drowned by the roar of the crowd.

Another right shot out and this time it caught Danny high on his head. Immediately Mitchell charged in, sensing he had his man reeling, but a straight left jab full in his face stopped him dead. Danny was moving around now, his body ducking and weaving and his feet shuffling lightly across the canvas-covered floor. Mitchell growled and charged in again, hoping to grab his opponent and use his head on Danny's left eye, but as he came on he was rocked by a fusillade of blows. Billy Sullivan was screaming out for

Danny to keep moving and the Page Street women were shouting at the tops of their voices. 'Do 'im, Danny! Knock the ugly git out!' Sadie screamed.

Carrie had felt no anxiety as she waited for the fight to begin, only a numbness. She had felt numb inside ever since that terrible day when she discovered her mother's awful secret. Now as Danny punched his fist into Mitchell's face, she jerked her shoulders forward as if she were there beside him, urging him on. She felt a cold hatred towards Galloway's champion, as though he were Galloway himself. She did not hear the other voices around her as she rose to her feet with hatred in her eyes, screaming hoarsely, 'Kill 'im, Danny! Kill 'im!'

Danny was pummelling Mitchell relentlessly with a series of heavy lefts and rights, and only the bell saved the heavier man. He staggered back to his corner and the crowd were quiet. Only the women were laughing and joking with each other.

For the next four rounds Mitchell took a terrible beating. Danny was lighter and fitter and he stayed out of reach of Mitchell's swinging punches, dancing in to hammer lefts and rights into the carman's bloodied face. The bell sounded for the end of the fifth round and by now most people in the marquee knew that the fight could not go on for much longer. Mitchell knew his strength was failing, and glanced over to where his sponsor was sitting. George Galloway sat impassively beside his son with his hands clasped over the silver knob of his walking-stick and did not meet his fighter's eye.

Mitchell lasted another two rounds, his face cut and streaked with blood. By now everyone had stopped cheering. Nellie was ashen-faced. She alone had sat silent for the whole fight. She could no longer watch, preferring to gaze at the floor instead. Carrie had slumped back down beside her. Her own hatred had made her feel dirty, and every time Danny landed further blows on his opponent she winced.

594

Near the end of the eighth round Danny struck Mitchell with a wicked right-hand punch high on the head and the carman sagged down on the canvas. With a last supreme effort he rose on shaking legs but a barrage of heavy blows floored him again. This time he was counted out by the referee and dragged back to his stool.

Carrie felt physically sick at the sight of Mitchell's face. She looked over to where William was sitting just in time to see him leaving. She had felt her compassion growing for the beaten fighter, but as she glanced over at Galloway's bowed figure a smile came to her lips.

Danny left the ring to loud acclaim, and when Mitchell finally stood up from his stool and was assisted out of the ring the applause was almost as loud. Everyone present had been moved by the man's courage in holding on for eight rounds against a much fitter and younger opponent. Even the Page Street women were generous to the man they had been ready to hate and stood up to clap him as he walked unsteadily from the marquee. George Galloway had turned his back on Mitchell and was talking to his son with a guarded expression on his florid face. Frank looked at him as if surprised and slowly shook his head as they walked slowly out of the marquee.

In a small room at the back of the pub Mitchell sat alone, plasters over one eye and across the bridge of his nose. Suddenly the door opened and George Galloway walked in.

''Ow d'yer feel, Jake?' he asked, leaning heavily on his cane.

'I've felt better,' Mitchell replied, trying to grin through his swollen lips.

Galloway walked slowly across to a bare wooden table and leaned against it. 'Yer met yer match ternight,' he said without a trace of pity. 'I warned yer, didn't I? I told yer the booze would catch up wiv yer, but yer chose to ignore me. I told yer one day some young striplin' would give yer a good pastin'. I'm only sorry it turned out ter be Tanner.'

Jake Mitchell winced as he felt the lump on his cheekbone. 'I'm sorry, Guv', if it cost yer ternight but yer gotta admit yer've done well in the past. I jus' wasn't meself,' he said quickly.

Galloway smiled and looked down at his black patent boots. 'Oh, I didn't lose. My money was on the Tanner boy,' he said with emphasis.

Mitchell looked up quickly, his bruised features rigid with shock. 'Yer mean yer backed the ovver bloke?' he asked hoarsely.

'That's right, I did,' Galloway replied. 'There was a bit o' rumourmongerin' goin' on an' it looked like somebody was out ter skin the bookies. I've lived round 'ere fer long enough. I know these people. There was a lot o' confidence in the boy, so I placed me money accordingly. I got a good price on Tanner.'

Mitchell looked hard at his employer. 'Yer knew that an' yer didn't fink ter warn me?' he snarled. 'Yer let me go in against the boy wivout a word o' warnin'? What sort of a bloke are yer?'

'I'm a businessman,' Galloway replied pointedly. 'I back winners, not losers. It's why I'm where I am terday.'

The beaten fighter slumped back in his chair. 'All right, so I lost ternight. There'll be ovver times,' he said in a low voice.

'Not wiv me there won't,' Galloway said quickly. 'All the young bucks'll be linin' up ter fight yer now, Jake. Take my tip, get yerself a steady job an' ferget the booths an' the pub circuits, or yer quite likely ter end up sellin' papers like 'im up at Dock'ead.'

'Yer mean yer sackin' me?' Mitchell said in a shocked voice.

George Galloway straightened and flicked at an imaginary object with his cane. 'That's right. There's two weeks' wages in there,' he said, throwing an envelope on the table. 'There's yer cut o' the purse money in there as well. Do yerself a favour, Jake, an' jack the fightin' in, before yer get 'urt bad.'

Mitchell watched dumbfounded as Galloway turned on his heels and walked out of the room. Slowly he stood up, holding his aching ribs as he reached out for the envelope. He was still counting the money when Billy Sullivan put his head round the door.

'My bloke wants ter 'ave a word wiv yer, if it's all right,' he said.

Mitchell nodded as he pocketed the envelope. 'Tell 'im ter come in.'

Danny Tanner walked in, followed by his father, and immediately held out his hand. 'No grudges?' he asked.

Mitchell smiled as he gripped the young man's palm. 'No grudges. Yer a good fighter. I reckon yer'll go a long way,' he said, sitting down heavily. 'If yer take my advice, though, yer'll get out while yer in one piece, before the likes o' Galloway gets their 'ooks inter yer.'

Will Tanner stepped forward and held out his hand. 'I gotta say yer got a lot o' guts, Jake,' he said. 'Most would 'ave stayed on the floor but you didn't.'

The battered fighter shook his hand and smiled painfully. 'Fanks, mate. By the way, I'm lookin' fer work as from Monday mornin'. If yer 'ear of anyfing, I'd be grateful fer a nod.'

'Yer mean Galloway sacked yer, jus' 'cos yer lost?' William asked him in a shocked voice.

Mitchell nodded. 'It seems 'e only backs winners.'

William leant against the wall and looked intently at Mitchell. 'Tell me straight, Jake. What's yer feelin's terwards Galloway now?' he asked quietly.

Mitchell spat, 'As far as I'm concerned, 'e can rot in 'ell.'

'Will yer do me a favour before yer go 'ome? Will yer 'ave a word wiv a pal o' mine?' asked William.

Mitchell nodded. 'Why not?'

The Tanners left the room and William walked quickly

597

over to Joe Maitland who was waiting in the yard. ''E said 'e'll see yer. Good luck, Joe.'

Florrie Axford was sitting in her parlour with a mug of tea at her elbow. Joe Maitland sat facing her, his face impassive as she questioned him.

'Well, tell me 'ow yer come ter get the proof yer needed then,' she coaxed.

He grinned finally. 'As a matter o' fact, Jake Mitchell come up trumps,' he said. ''E told me 'e was in the yard office when that crooked 'oreson of a copper put bets on wiv Galloway. What's more, 'e said 'e's actually seen the inspector at a couple o' the fights. Best of all, Mitchell's willin' ter make a statement.'

'Christ! 'E's takin' a chance, ain't 'e?' Florrie said.

'Not really,' Joe replied. 'I've sent everyfing ter Scotland Yard. Once it's out in the open, they'll give 'im protection. Anyway, Mitchell's leavin' Bermon'sey. 'E's goin' back over the water. 'E'll be safe enough in Stepney.'

'What about you, Joe? Are yer goin' back over the water ter live now yer've sorted fings out?' Florrie asked.

The young man leaned back in his chair, a sly smile on his face. 'Why should I? I like it in Bermon'sey,' he said. 'Besides, if I did leave yer might fink I 'ad somefink ter do wiv what 'appened ter the publican o' the Crown. I wouldn't want yer ter fink that, Flo.'

'I wouldn't fink anyfink o' the sort,' she said with a contrived show of disdain. 'The papers said 'e fell down the cellar steps an' died of a broken neck. Even 'is own wife said 'e'd bin drinkin' 'eavily that evenin'. Who am I ter say different.'

'Quite right too,' Joe replied, the smile still lingering on his face. 'After all, there's no reason fer anybody ter fink that somebody 'ad a score ter settle wiv 'im 'cos o' somefing that 'appened a long time ago, now is there? Nope, I fink I like it in Bermon'sey. I fink I'll move me buyin' an' sellin' over this side o' the water, an' the first fing I'm gonna do is get ole Will Tanner ter work wiv me. The poor bloke needs a decent job. Now put yer coat on an' I'll take yer up the Kings Arms fer a pint. I feel like celebratin'.'

Florrie took his arm as they walked up the street. 'If yer not careful yer'll 'ave the neighbours talkin' about us,' she grinned.

'Let 'em,' Joe laughed. 'If anybody asks what me an' you are doin' out tergevver, I'll tell 'em we're drinkin' a toast ter Jake Mitchell. After all, 'e did come up trumps.'

Florrie gave her lodger a crafty look. 'Yeah, I reckon 'e did,' she said.

Carrie Tanner crossed the busy Jamaica Road laden with shopping as she walked from the market through the thickening February fog. She wanted to see her parents before she returned to the café, and the urge to walk down the little cobbled backstreet where she had spent so much of her young life overcame her tiredness. As she turned into Page Street she saw the large weather-beaten sign over the Galloway yard looming out above the spluttering gas-lamp on the corner. It seemed to exude a vague sense of menace. The muted sound of a fog-horn carried into the turning and from somewhere nearby Carrie could hear a baby crying.

She changed the shopping-bag to her other hand and drew her coat tighter around her against the penetrating cold. The house where she was born and where she had grown up looked drab and cheerless now, with the last of the paint peeling from the front door and the windows heavily draped and showing no light. Carrie could almost hear the former laughter of bright sunlit days in the turning. In her imagination she could picture poor James walking along the road with his thumbs hooked through his braces and his cap askew, Charlie sitting unconcernedly before a banked-up coke fire with his head bowed over a book, or Danny fidgeting at the table and forever going on about Billy

Sullivan's boxing skills. Well, her young brother had developed skills of his own now, Carrie thought, and smiled to herself as she passed the yard and walked towards Bacon Street.

After the trials and tribulations of January, she felt sure that it would be a good year from now on. Trade at the café was booming, and Fred was a kind and devoted husband. Danny was back working on the river, and she sensed a new closeness growing between her parents now. Her mother did not look so ill anymore, and seemed to have made peace with herself after carrying her secret burden alone for much too long. Her father seemed happier than he had been for a long time, now that he had started working for Joe Maitland.

Before she reached Bacon Street Carrie stopped and glanced back along the little turning. She could see the fog swirling in the light of the gas lamp and suddenly recalled the times she had peeped through the drawn curtains as a frightened child and taken comfort from the soft, warm glow of the streetlight. She smiled to herself as she remembered the times she had ridden back atop a laden hay-cart and heard her father encouraging the tired horse with the click of his tongue as it pulled the load into the cobbled turning and drew into the shadowed yard.

Carrie unconsciously brushed her hand across her flat stomach as she thought about the new life that was just beginning to form inside her, and she sighed contentedly. Fred would be so happy when she found the right time to tell him.

Yes, it would be a good year, Carrie told herself as she walked through the gaslight in Page Street.

More compulsive fiction from Headline:

HARRY BOWLING
Conner Street's War

Behind the grimy wharves of London's docklands lies Conner Street, where women stand gossiping in doorways, small boys play marbles on the cobbles and the dockers pop down the 'Eagle' for a quick pint. Corner shops nestle beside tiny terraced houses and two minutes away is the Tower Road market where, it's said, if you can't buy something then it's not made.

Children swap cigarette cards while the wardens hand out gas masks. And when the wail of the air raid siren splits the night all of Conner Street rushes out to the shelter ... silly Bobbie – a bit slow since his father beat him round the head once too often; Patrick Flannagan, the genial Irishman who likes a drop and Stanley Nathan the grocer who falls for pretty Julie Brett, little guessing her dark past. Meanwhile, down the 'Eagle', Florrie the landlady tempts innocent Albert Conlin behind the blackout curtains with disastrous consequences ...

FICTION/GENERAL   0 7472 3063 3

A selection of bestsellers from Headline

FICTION

STONE COLD	John Francome	£4.50 ☐
PRODIGAL SINS	Rosalind Miles	£4.99 ☐
MAGGIE OF MOSS STREET	Pamela Evans	£4.99 ☐
SHADOWFIRES	Dean R Koontz	£4.99 ☐
REASONABLE DOUBT	Philip Friedman	£4.99 ☐
THE OLD CONTEMPTIBLES	Martha Grimes	£4.99 ☐
THE ASSIZE OF THE DYING	Ellis Peters	£3.99 ☐
WATERSMEET	Philip Boast	£4.99 ☐
TREAD SOFTLY ON MY DREAMS	Gretta Curran Browne	£4.99 ☐
THE POWER	James Mills	£4.99 ☐
PURPOSE OF EVASION	Greg Dinallo	£4.99 ☐

NON-FICTION

THE ENTERPRISE YEARS	Lord Young	£5.99 ☐
A Businessman in the Cabinet		

SCIENCE FICTION AND FANTASY

SETI	Fred Fichman	£4.50 ☐
RITNYM'S DAUGHTER	Sheila Gilluly	£4.99 ☐
WOLFKING	Bridget Wood	£4.99 ☐
THE GOD KILLER	Simon R. Green	£3.99 ☐

All Headline books are available at your local bookshop or newsagent, or can be ordered direct from the publisher. Just tick the titles you want and fill in the form below. Prices and availability subject to change without notice.

Headline Book Publishing PLC, Cash Sales Department, PO Box 11, Falmouth, Cornwall, TR10 9EN, England.

Please enclose a cheque or postal order to the value of the cover price and allow the following for postage and packing:

UK: 80p for the first book and 20p for each additional book ordered up to a maximum charge of £2.00

BFPO: 80p for the first book and 20p for each additional book

OVERSEAS & EIRE: £1.50 for the first book, £1.00 for the second book and 30p for each subsequent book.

Name ....

Address ....

....

....